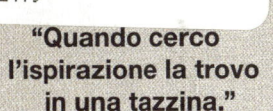

"Quando cerco
l'ispirazione la trovo
in una tazzina."

Ferran Adrià

Ferran Adrià, conosciuto
come lo chef più creativo
del mondo, ha scelto
di lasciarsi ispirare
dall'inconfondibile qualità
del caffè Lavazza.
Dal 1895, quella di Lavazza
è una storia di passione
per il caffè diventata
sinonimo di eccellenza.
Quattro generazioni
al vostro servizio per
garantire ovunque il piacere
dell'autentico espresso
italiano, a casa, al bar
e nei migliori ristoranti.

LAVAZZA

www.lavazza.com

osterie
d'Italia

**SUSSIDIARIO
DEL MANGIARBERE
ALL'ITALIANA**

Slow Food Editore

Collaboratori e segnalatori

Valle d'Aosta Pier Ottavio Daniele, Annalisa D'Onorio, Letizia Palesi, Leo Rieser

Piemonte Piercarlo Albertazzi, Stefano Barolo, Maura Biancotto, Massimo Bignardi, Carlo Bogliotti, Fabrizio Borasio, Dario Bragaglia, Fulvio Brizio, Luigino Bruni, Roberto Burdese, Valter Cambieri, Silvia Campo, Paolo Celoria, Silvia Ceriani, Gabriella Chiusano, Giuseppe Clementino, Lorenzo Conterno, Pier Ottavio Daniele, Marco Del Brocco, Marco Dell'Era, Martina Doglio Cotto, Alberto Farinasso, Enrico Gallese, Davide Ghirardi, Maurizio Gily, Luca Iaccarino, John Irving, Augusto Lana, Enzo Martinotti, Aligi Michelis, Serena Milano, Paola Nano, Giovanni Norese, Valter Oleastro, Fabio Palladino, Marco Peirotti, Raffaella Ponzio, Patrizia Rabagliati, Leo Rieser, Carlo Enrico Rol, Gabriele Rosso, Cinzia Scaffidi, Gabriele Varalda

Cantone Ticino Renato Carettoni, Luca Cavadini, Roberto Storni

Lombardia Alberto Alfano, Francesco Amonti, Luca Angelini, Elisabetta Astori, Eleonora Benaglia, Lorenzo Berlendis, Paolo Bernini, Michele Bodini, Marco Mario Brando, Lorenzo Colombo, Giuliana Daniele, Maria Grazia Delbò, Giovanni Fortuna, Ilaria Gambino, Alessio Iori, Leone Lorandi, Alessandra Mastrangelo, Alberto Mazzi, Antonio Moglia, Francesca Molteni, Silvano Nember, Antiniska Pozzi, Biagio Primiceri, Daniela Rubino, Massimo Scarlatti, Gilberto Venturini

Trentino Ivo Ceolan, Mario Demattè, Denise Eccher, Walter Forrer, Gianpaolo Gaiarin, Silvano Mattedi, Enzo Merz, Andrea Piccoli

Alto Adige Piero Bernabè, Karin Huber, Raoul Ragazzi, Franco Zanini

Veneto Rodolfo Agostini, Teresio Andretta, Davide Biasco, Luigi Boscolo, Gianni Breda, Marco Brogiotti, Massimo Bubbio, Massimo Capraro, Paolo Chieregato, Andrea Ciprian, Federica Dall'Ora, Andrea Degrandis, Sanzio Folli, Renato Grando, Marino Guiotto, Stefano Ianiro, Gianluca Lanteri, Francesco Lazzarini, Erica Moret, Eliana Pasotti, Attilio Saggiorato, Lorenzo Savoini, Silvano Sguoto, Leopoldo Simonato, Salvatore Solinas, Nicola Stocco, Sara Turco

Friuli Venezia Giulia Lorenzo Amat, Piero Bertossi, Livia Besek, Gianna Buongiorno, Carlo Carfagno, Eleonora Carletti, Gloria Catto, Laura Costaglione, Lorenzo Cucit, Laura Domenis, Daniela Doretto, Egidio Fedele Dell'Oste, Andrea Fracas, Gabriele Giuga, Michele Mellano, Licia Movia, Sergio Nesich, Luca Olivi, Linda Orzan, Massimo Toffolo, Rosetta Toniolo, Laura Vescul, Giles Watson, Franco Zanini, Massimo Zecchin, Piero Zucchi

Liguria Sandra Ansaldo, Paolo Baldo, Luciano Barbieri, Gianpaolo Barrani, Davide Bini, Camilla Bixio, Gianni Caglieris, Livio Caprile, Ettore Casagrande, Edmondo Colliva, Isabella Emiliani, Alberto Fiorito, Pietro Garibbo, Massimo Lagomarsino, Renzo Lumachelli, Maria Livia Merlo, Lorenzo Montaldo, Bruno Panzanato, Marco Pettinelli, Federico Rebora, Enrico Sala, Maurizio Stagnitto, Gabriella Tartarini, Luigi Todini, Luigi Tozzini, Sergio Tron, Laura Trucco

Emilia-Romagna Mauro Agolini, Artemio Assiri, Corrado Astrua, Vittorio Barbieri, Giorgia Canali, Giorgia Cannarella, Gianluca Castellari, Antonio Cherchi, Giorgia Croce, Raffaella Donati, Roberto Ferranti, Pietro Fiorentini, Sonia Galli, Giavedoni Fabio, Laura Giorgi, Nico Lusoli, Stefano Maestri, Enrico

Maltoni, Giuseppe Pazzoni, Simone Rosti, Davide Rovati, Pierluigi Tedeschi, Luca Toni, Fernando Tribi, Luisella Verderi, Mauro Zanarini, Guido Zanoni

Toscana Alberto Agresti, Bonaldo Agresti, Susanna Angeleri, Emilio Bellatalla, Adolfo Bertolotti, Massimo Bibbiani, Alessandro Bimbocci, Catia Bovi Campeggi, Emiliano Caselli, Luciano Ciarini, Fabiano Corsini, Fausto Costagli, Fabio D'Avino, Amelia De Francesco, Beatrice Ghelardi, Massimo Giannini, Duccio Lazzeretti, Marino Lencioni, Giovanna Licheri, Alessio Lombardini, Fabrizio Menini, Franca Mocali, Niccolò Montecchi, Marco Nardi, Filippo Giorgio Pernisco, Christian Petrucci, Daniele Proietti, Alessandro Schena, Paolo Scialla, Pier Donato Sommati, Susanna Tofanari, Andrea Tongiani, Nadia Viciani

Umbria Maurizio Amoroso, Loredana Angelantoni, Cinzia Borgonovo, Marco Braganti, Carla Chiuppi, Gian Paolo Ciancabilla, Sergio Consigli, Salvatore De Iaco, Daniele Falchi, Giovanni Maira, Mauro Masci, Monica Petronio, Piero Scotti, Maurizio Sparanide, Varazi Federico

Marche Renzo Ceccacci, Carlo Cleri, Alessia Consorti, Stefano Consorti, Domenica Contartese, Franco Frezzotti, Daniele Massa, Ugo Pazzi, Diego Pugliè, Francesco Quercetti, Manfredi Raniero, Roberto Rubegni, Maurizio Silvestri

Lazio Stefano Asaro, Barbara Bonomi, Ugo Bonomolo, Andrea Cortese, Goffredo De Andreis, Benito Di Poce, Mario Fiorillo, Fabio Fusina, Tommaso Iacoacci, Sandra Ianni, Ines Innocentini, Edoardo Isnenghi, Antonio Lauretti, Paolo Luxardo, Danilo Mastracco, Patrizio Mastrocola, Paolo Mazzola, Andrea Petrini, Fabrizio Picchiarelli, Lelio Pugliese, Alessandro Ragni, Francesca Rocchi, Paola Rocchi Soffici, Giancarlo Rolandi, Matteo Rugghia, Andrea Russo, Marco Schiavello

Abruzzo Davide Acerra, Giovanni Angelucci, Anna Berghella, Paolo Castignani, Pierluigi Cocchini, Eliodoro D'Orazio, Franco Gizzi, Francesca Piccioli, Fabio Riccio

Molise Pierluigi Cocchini, Franco Gizzi, Fabio Riccio

Puglia Carmela Angiulli, Adriano Anglani, Francesco Biasi, Nicola De Corato, Antonello Del Vecchio, Francesco Ghionda, Angelo Iaia, Cataldo Latorre, Marcello Longo, Domenico Maraglino, Francesco Muci, Stefania Pampolini, Salvatore Pulimeno, Alessandro Rizzo, Flora Saponari

Campania Michele Amoruso, Nerio Baratta, Giancarlo Capacchione, Mariangela Capodiferro, Marco Contursi, Antonino Corcione, Giorgio Del Grosso, Germano Faella, Tonino Ferrante, Roberto Musio, Maria Elena Napodano, Assunta Niglio, Antonio Pasqua, Antonio Puzzi, Valerio Reale, Valerio Salvatore, Mario Stingone

Basilicata Michele Calabrese, Emilia Cascella, Paride Leone, Francesco Linzalone, Francesco Martino, Mario Melucci

Calabria Emanuela Alvaro, Cesare Anselmi, Alberto Carpino, Michelangelo D'Ambrosio, Antonio D'Antonio, Nicola Fiorita, Giovanni Gagliardi, Raffaella Geracitano, Pino Giordano, Roberto Matrangolo, Gianbruno Meduri, Luigi Monaco, Domenico Mondella, Antonello Rispoli, Maurizio Rodighiero, Vincenzina Scalzo, Angela Sposato, Pierluigi Tavella

Sicilia Nino Bentivegna, Massimo Brucato, Marina Carrera, Damiano Chiaramonte, Daniela Corso, Giovanni Cucchiara, Stefano Ferrante, Annamaria Grasso, Rosario Gugliotta, Mario Indovina, Carmelo Maiorca, Salvo Paolo Mangiapane, Franco Motta, Rodolfo Paternicò, Francesco Pensovecchio, Giuseppe Raineri, Franco Saccà, Pasquale Tornatore, Maurizio Zingale, Sabina Zuccaro

Sardegna Giusi Acunzo, Renato Graziano Brotzu, Sara Contu, Anna Cossu, Fabrizia Fiori, Luca Galassi, Maria Eugenia Laria, Raimondo Mandis, Carla Marcis

Sommario

Osterie d'Italia 2015 7
le chiocciole 11
i formaggi 17
le bottiglie 23
Come leggere la guida 31
Indice dei locali 888
Indice delle località 907

VALLE D'AOSTA 34
Agriturismi nella Vallée 39
oltre alle osterie 43

PIEMONTE 44
Eno-bistrot a Torino 112
oltre alle osterie 122

CANTONE TICINO 126
Grotti Ticinesi 136
oltre alle osterie 137

LOMBARDIA 138
Etnici a Milano 164
Acque dolci
  di Lombardia 174
oltre alle osterie 190

TRENTINO 194
Andar per Malghe 202
oltre alle osterie 211

ALTO ADIGE 212
Törggelen e cibo
  nostrano 223
oltre alle osterie 233

VENETO 234
Mangiar veneto in pausa
  pranzo 264
Venezia: par bacari,
  a cicheti e ombre 298
Andar per goti a Verona 303
oltre alle osterie 308

FRIULI VENEZIA GIULIA 312
Osmize sul Carso 316
Andar per prosciutti
  a San Daniele 336
Buffet triestini 347
Udine, tajut vecchi
  e nuovi 351
oltre alle osterie 355

LIGURIA 356
I farinotti 364
Panigacci e testaroli 378
oltre alle osterie 383

EMILIA-ROMAGNA 386
La vera piadina, simbolo
  della Romagna 415
oltre alle osterie 440

TOSCANA 442
I trippai di Firenze 462
Vinai a Firenze 465
oltre alle osterie 513

UMBRIA 516
oltre alle osterie 541

MARCHE 542
Osterie e trattorie
  dello stoccafisso
  all'anconetana 546
Ascoli Piceno. L'oliva tenera
  ascolana 550
oltre alle osterie 578

LAZIO 580
Gli osti di Frascati 595
Sorprese e supplì 615
oltre alle osterie 629

ABRUZZO 632
Gli arrosticini 638
oltre alle osterie 660

MOLISE 664
oltre alle osterie 671

PUGLIA 672
Il fornello della Murgia 683
oltre alle osterie 703

CAMPANIA 704
La pizza e il cibo
  di strada 728
oltre alle osterie 755

BASILICATA 758
oltre alle osterie 771

CALABRIA 772
Morzello e putìche 777
oltre alle osterie 796

SICILIA 798
Mangiari di strada 833
oltre alle osterie 853

SARDEGNA 856
oltre alle osterie 884

Osterie d'Italia 2015

Osterie d'Italia compie 25 anni. Un anniversario importante, al quale arriviamo con una guida che continua a essere il principale punto di riferimento per molti lettori. Possiamo fare affidamento sul lavoro di una squadra di oltre 400 collaboratori (grazie di cuore a tutti loro) che visitano ogni anno le osterie in guida e ci segnalano novità e aperture. Una pubblicazione, la nostra, figlia di una storia unica, fatta di persone che hanno saputo raccontare un modello e un'idea di osteria, che hanno voluto e saputo guardare al passato più autentico per ragionare della cucina di domani. Così anche noi, nel pensare a quale guida faremo dal prossimo anno e di quale osteria parleremo in futuro, non possiamo fare altro che guardare alla nostra storia e alle nostre radici. Per questo, di seguito, rileggiamo con voi, attraverso brevi estratti, alcune delle prefazioni a *Osterie d'Italia* dal 1991 a oggi. Il modo migliore per rendere omaggio a tutti coloro che la guida l'hanno fatta e diretta, un'occasione per ripercorrere le tappe di un viaggio bello ed emozionante che, siamo sicuri, continuerà ancora a lungo.

Marco Bolasco e Eugenio Signoroni

1991
«*Parlare, oggi, di osteria è pura utopia?*
Certamente da tempo i costumi alimentari e sociali sono cambiati e l'osteria classica, intesa come locale di mescita di vino e somministrazione di cibi tipici locali, con servizio praticamente senza soluzione di continuità, appartiene più al passato che al presente. Eppure, e questa guida ne è la testimonianza, esistono piacevoli luoghi di convivialità che dell'osteria tradizionale hanno conservato alcuni importanti aspetti: l'ospitalità calda e generosa, il servizio familiare, la cucina di territorio, l'offerta di vino, il prezzo contenuto. È un mondo semisommerso di cucine regionali e tradizionali, un ambito quasi inesplorato della ristorazione che poco o nulla compare sulle "guide illustri"».

1992
«Tutti ci vengono a dire che siamo pazzi, che facciamo la guida dei poveri, dei locali di serie B, che le osterie non esistono più, che rischiamo di aprire una nuova via alla speculazione dei disonesti. [...] La lettura diffusa del territorio, che solo un'associazione come la nostra può permettersi [...] ci ha dato riscontri meno pessimistici».

1993

«Capacità di giudicare constestualizzando: potrebbe essere questo un buon metro per valutare le nostre osterie? Secondo lo spirito dello Slow Food, forse sì. È con questo spirito che abbiamo assegnato, quest'anno, il simbolo della chiocciola, una delle tante novità dell'edizione 1993. Ben consapevoli del fatto che ogni attribuzione di merito reca con sé larghi margini di soggettività, presentiamo ai lettori i "nostri" locali del piacere: luoghi che abbiamo apprezzato ora per la cucina di alto valore tradizionale, ora per l'ambiente, ora per il senso dell'ospitalità, ora per la presenza della cultura del vino, ora per tutte le qualità messe insieme».

1994

«A questi amanti della buona cucina di territorio e della filosofia slow, consegniamo quest'anno un "sussidiario del mangiarbere all'italiana" ancora più ricco e sfizioso. [...] C'è la ghiotta novità costituita da un migliaio di indirizzi golosi: botteghe artigiane, pasticcerie, gastronomie, mercati, enoteche, distillerie e quant'altro possa favorire piacevoli soste o acquisti "appetitosi" nelle vicinanze delle osterie segnalate».

1996

«Nel corso di questi sei anni abbiamo assistito al rilancio di un modello di cucina che ci è caro, quello che affonda le proprie radici nelle tradizioni del territorio, ma anche alla rinascita di quel gusto per l'osteria intesa come luogo di ritrovo e di convivialità, occasione per un buon bicchiere accompagnato da uno spuntino».

1998

«*Osterie d'Italia* ha svolto un suo piccolo grande compito: quello di aggregare persone che, a tavola come nella vita quotidiana, manifestano un preciso stile di comportamento. [...] nel suo ambito contribuisce a far crescere quel programma di educazione del gusto che si esprime in attività associative e pubblicazioni. [...] Ma che cosa è oggi la cucina di tradizione? Per molti dei cuochi delle "nostre" osterie significa riproposta fedele dei piatti di sempre. Per altri è la ricerca consapevole sui ricettari storici del territorio, vissuti come una materia viva e in evoluzione».

1999

«La prima (novità, *ndr*) è costituita da un nuovo simbolo che troverete in guida, quello che segnala i "Locali del buon formaggio"».

2000
«Buon compleanno, *Osterie d'Italia*! [...] le osterie sono rinate e molte di quelle già esistenti, ma statiche nella loro stanca routine, hanno ripreso vigore. *Osterie d'Italia* da dieci anni fotografa questo mondo in evoluzione, funge da stimolo [...]e, al tempo stesso, corregge inevitabilmente il tiro dei propri parametri di descrizione e di giudizio».

2001
«Noterete, scorrendo le recensioni dei locali segnalati, un'attenzione crescente per i prodotti usati in cucina o presentati in tavola [...]. È l'effetto – lo diciamo senza timore di smentita – di un altro importante progetto di Slow Food, quello dell'Arca e dei Presìdi».

2005
«Se il nemico è l'omologazione, oggi viviamo il rischio di "omologazione buona". Mi spiego. Il modello dell'osteria [...] ha avuto successo. E come tutti i fenomeni di successo mobilita schiere di replicanti».

2010
«Paola Gho: Se vent'anni fa *Osterie d'Italia* si propose di salvare certi ambienti, certe ricette, un certo stile di accoglienza, che cosa chiedi alle osterie del terzo millenio?
Carlo Petrini: Senza dubbio di ricreare le osterie come luogo di socialità, cosa che non sono più. [...] Mi piacerebbe, nei locali che amiamo, trovare queste disponibilità. Meno carte di cibi, vini, oli, acque... ma magari una chitarra».

2012
«*Osterie d'Italia 2012* è una guida nuova ma è sempre la stessa. [...] ha mantenuto intatta la sua identità, il suo obiettivo principale: raccontare le tante osterie che punteggiano l'Italia, ma che, almeno in parte, stanno cambiando, anche per la presenza dietro i fornelli di nuove generazioni di cuochi».

le chiocciole

VALLE D'AOSTA

42 LA VRILLE
Verrayes (Ao)

PIEMONTE

48 OSTERIA DELL'ARCO
Alba (Cn)

56 LOCANDA DELL'OLMO
Bosco Marengo (Al)

57 BATTAGLINO
Bra (Cn)

58 BOCCONDIVINO
Bra (Cn)

58 MARSUPINO
Briaglia (Cn)

59 BIANCA LANCIA DAL BARÒN
Calamandrana (At)

60 VIOLETTA
Calamandrana (At)

62 IL MORO
Capriata d'Orba (Al)

67 DA MARISA AL CASTELLO
Castell'Alfero (At)

69 MADONNA DELLA NEVE
Cessole (At)

70 LA TORRE
Cherasco (Cn)

72 LOCANDA DELL'ARCO
Cissone (Cn)

75 RISTORANTE DEL MERCATO DA MAURIZIO
Cravanzana (Cn)

77 ROMA
Cuneo

78 ROSSO RUBINO
Dronero (Cn)

87 LA TAVERNA DI FRA FIUSCH
Moncalieri (To)

90 CANTINA DEI CACCIATORI
Monteu Roero (Cn)

97 OSTERIA ALPINO
Paesana (Cn)

102 CORONA DI FERRO EX SAN BERNARDO
Saluzzo (Cn)

102 OSTERIA DELLA PACE
Sambuco (Cn)

103 MEIRA GARNERI
Sampeyre (Cn)

103 DEL BELBO DA BARDON
San Marzano Oliveto (At)

107 LA COCCINELLA
Serravalle Langhe (Cn)

110 LOU SARVANOT
Stroppo (Cn)

111 ANTICHE SERE
Torino

114 CONSORZIO
Torino

CANTONE TICINO

128 UL FURMIGHIN
Breggia

132 MORCHINO
Lugano

133 GROTTO DELL'ORTIGA
Manno

134 GROTTO DEL GIUVAN
Mendrisio

LOMBARDIA

141 AL PONTE
Acquanegra sul Chiese (Mn)

142 DISPENSA PANI E VINI
Adro (Bs)

142 LE FRISE
Artogne (Bs)

144 ALTAVILLA
Bianzone (So)

147 DENTELLA
Bracca (Bg)

149 LA MADIA
Brione (Bs)

151 LA PIANA
Carate Brianza (Mb)

152 HOSTARIA VIOLA
Castiglione delle Stiviere (Mn)

153 IL GABBIANO
Corte de' Cortesi con Cignone (Cr)

155 LOCANDA DELLE GRAZIE
Curtatone (Mn)

159 CAFFÈ LA CREPA
Isola Dovarese (Cr)

169 MIRTA
Milano

170 OSTERIA DEL CROTTO
Morbegno (So)

171 BURLIGO
Palazzago (Bg)

172 TRATTORIA DELL'ALBA
Piadena (Cr)

178 Via Vai Fratelli Fagioli
Ripalta Cremasca (Cr)

181 Le Caselle
San Giacomo delle Segnate (Mn)

TRENTINO

198 Maso Cantanghel Trattoria da Lucia
Civezzano (Tn)

200 Locanda delle Tre Chiavi
Isera (Tn)

201 Boivin
Levico Terme (Tn)

206 Osteria Storica Morelli
Pergine Valsugana (Tn)

208 Nerina
Romeno (Tn)

209 Fuciade
Soraga (Tn)

ALTO ADIGE

214 Kürbishof
Anterivo-Altrei (Bz)

226 Signaterhof
Renon-Ritten (Bz)

228 Jägerhof
San Leonardo in Passiria-Sankt Leonhard in Passeier (Bz)

229 Lamm Mitterwirt
San Martino in Passiria-Sankt Martin in Passeier (Bz)

232 Durnwald
Valle di Casies-Gsies (Bz)

VENETO

237 Alla Rosa
Adria (Ro)

238 Zamboni
Arcugnano (Vi)

248 Alle Codole
Canale d'Agordo (Bl)

249 Pironetomosca
Castelfranco Veneto (Tv)

257 Isetta
Grancona (Vi)

262 Al Ponte
Lusia (Ro)

263 Madonnetta
Marostica (Vi)

269 La Ragnatela
Mirano (Ve)

275 Da Paeto
Pianiga (Ve)

277 Arcadia
Porto Tolle (Ro)

279 Al Forno
Refrontolo (Tv)

281 Antica Trattoria da Nicola
San Donà di Piave (Ve)

283 Antica Trattoria al Bosco
Saonara (Pd)

286 Dalla Libera
Sernaglia della Battaglia (Tv)

287 Da Doro
Solagna (Vi)

291 La Tavolozza
Torreglia (Pd)

292 Il Basilisco
Treviso

295 Locanda Solagna
Vas (Bl)

301 Ostaria Da Mariano
Venezia

302 Al Bersagliere
Verona

FRIULI VENEZIA GIULIA

318 Ai Cacciatori
Cavasso Nuovo (Pn)

318 Borgo Poscolle
Cavazzo Carnico (Ud)

322 Borgo Colmello
Farra d'Isonzo (Go)

324 Ai Ciodi
Grado (Go)

330 Ivana & Secondo
Pinzano al Tagliamento (Pn)

341 Devetak
Savogna d'Isonzo-Sovodnje ob Soci (Go)

343 Da Afro
Spilimbergo (Pn)

343 Sale e Pepe
Stregna-Srednje (Ud)

344 Da Alvise
Sutrio (Ud)

354 Stella d'Oro
Verzegnis (Ud)

LIGURIA

359 Magiargè
Bordighera (Im)

360 Da Casetta
Borgio Verezzi (Sv)

361 Armanda
Castelnuovo Magra (Sp)

370 Ostaia da U Santu
Genova

371 La Molinella
Isolabona (Im)

375 ANTICA OSTERIA DEI MOSTO
Ne (Ge)

376 LA BRINCA
Ne (Ge)

376 DA FIORELLA
Ortonovo (Sp)

380 U GIANCU
Rapallo (Ge)

382 GLI AMICI
Varese Ligure (Sp)

EMILIA-ROMAGNA

389 OSTERIA BOTTEGA
Bologna

391 LA LANTERNA DI DIOGENE
Bomporto (Mo)

392 CAMPANINI
Busseto (Pr)

393 LOCANDA MARIELLA
Calestano (Pr)

400 LA BAITA
Faenza (Ra)

402 ENTRÀ
Finale Emilia (Mo)

405 LA CAMPANARA
Galeata (Fc)

405 ANTICA LOCANDA DEL FALCO
Gazzola (Pc)

406 DA GIOVANNI AL BELVEDERE
Guiglia (Mo)

407 OSTERIA DEL VICOLO NUOVO DA
ROSA E AMBRA
Imola (Bo)

414 OSTERIA DI RUBBIARA
Nonantola (Mo)

420 AI DUE PLATANI
Parma

421 ANTICHI SAPORI
Parma

435 DA OTTAVIO
Sogliano al Rubicone (Fc)

436 DA CESARE
Spilamberto (Mo)

TOSCANA

446 AIUOLE
Arcidosso (Gr)

449 IL TIRABUSCIÒ
Bibbiena (Ar)

450 I DIAVOLETTI
Capannori (Lu)

453 ANTICA FATTORIA DEL
GROTTAIONE
Castel del Piano (Gr)

454 LA TAVERNA DEL PIAN DELLE
MURA
Castiglione d'Orcia (Si)

455 IL GRILLO È BUONCANTORE
Chiusi (Si)

457 OSTERIA DEL TEATRO
Cortona (Ar)

461 IL CIBREO TRATTORIA
Firenze

471 MANGIANDO MANGIANDO
Greve in Chianti (Fi)

472 OSTE SCURO
Grosseto

475 LA PALOMA
Isola del Giglio (Gr)

478 IL MECENATE
Lucca

479 HOSTERIA LA VECCHIA RÒTA
Marciano della Chiana (Ar)

485 IL FRANTOIO
Montescudaio (Pi)

486 L'OSTE DISPENSA
Orbetello (Gr)

489 IL POZZO
Pieve Fosciana (Lu)

489 IL GARIBALDI INNAMORATO
Piombino (Li)

491 LA BOTTEGAIA
Pistoia

493 ANTICA TRATTORIA PELLICCIA
Pontremoli (Ms)

494 DA BUSSÈ
Pontremoli (Ms)

495 LA TANA DEGLI ORSI
Pratovecchio (Ar)

496 LE PANZANELLE
Radda in Chianti (Si)

502 ANTICO RISTORO LE COLOMBAIE
San Miniato (Pi)

503 OSTERIA DI SAN PIERO
San Piero a Sieve (Fi)

504 DA GAGLIANO
Sarteano (Si)

504 BISTROT DEL MONDO DA BOBO
ALL'ACCIAIOLO
Scandicci (Fi)

509 IL CANTO DEL MAGGIO
Terranuova Bracciolini (Ar)

510 LA BOTTE PIENA
Torrita di Siena (Si)

510 IL CONTE MATTO
Trequanda (Si)

UMBRIA

522 L'ACQUARIO
Castiglione del Lago (Pg)

523 La Miniera di Galparino
    Città di Castello (Pg)
525 Piermarini
    Ferentillo (Tr)
534 Stella
    Perugia

MARCHE

552 Guazza
    Cagli (Pu)
554 Il Giardino degli Ulivi
    Castelraimondo (Mc)
554 Chalet Galileo
    Civitanova Marche (Mc)
557 Da Maria
    Fano (Pu)
573 Coquus Fornacis
    Serra de' Conti (An)

LAZIO

587 Iotto
    Campagnano di Roma (Rm)
587 Lo Stuzzichino
    Campodimele (Lt)
588 Osteria del Tempo Perso
    Casalvieri (Fr)
597 Zarazà
    Frascati (Rm)
598 La Briciola di Adriana
    Grottaferrata (Rm)
598 L'Oste della Bon'Ora
    Grottaferrata (Rm)
599 Taverna Mari
    Grottaferrata (Rm)
599 A Casa di Assunta
    Ponza (Lt)
603 Hostaria della Piazzetta
    Monte San Biagio (Lt)
605 Sora Maria e Arcangelo
    Olevano Romano (Rm)
606 La Polledrara
    Paliano (Fr)
611 Da Armando al Pantheon
    Roma
612 Da Cesare
    Roma
617 L'Asino d'Oro
    Roma
619 Osteria del Borgo
    Roma
620 Osteria del Velodromo Vecchio
    Roma
623 Borgo Pio
    Terracina (Lt)
624 Saint Patrick
    Terracina (Lt)
628 Tredici Gradi
    Viterbo

ABRUZZO

637 Zenobi
    Colonnella (Te)
645 Sapori di Campagna
    Ofena (Aq)
647 Taverna de li Caldora
    Pacentro (Aq)
650 Taverna 58
    Pescara
651 Font'Artana
    Picciano (Pe)

MOLISE

667 La Grotta da Concetta
    Campobasso
670 Osteria Dentro le Mura
    Termoli (Cb)

PUGLIA

675 L'Aratro
    Alberobello (Ba)
676 Antichi Sapori
    Andria (Bt)
678 Perbacco
    Bari
679 Casale Ferrovia
    Carovigno (Br)
680 'U Vulesce
    Cerignola (Fg)
690 Cucina Casereccia - Le Zie
    Lecce
694 Falsopepe
    Massafra (Ta)
695 Masseria Barbera
    Minervino Murge (Bt)
696 L'Antica Locanda
    Noci (Ba)
697 Peppe Zullo
    Orsara di Puglia (Fg)
698 La Piazza
    Poggiardo (Le)
701 La Fossa del Grano
    San Severo (Fg)

CAMPANIA

707 La Pignata
    Ariano Irpino (Av)
708 Valleverde Zi' Pasqualina
    Atripalda (Av)

710 Nunzia
Benevento

714 Tre Sorelle
Casal Velino (Sa)

715 Gli Scacchi
Caserta

717 Al Convento
Cetara (Sa)

721 Fenesta Verde
Giugliano in Campania (Na)

722 Il Focolare
Barano d'Ischia (Na)

724 Lo Stuzzichino
Massa Lubrense (Na)

724 Di Pietro
Melito Irpino (Av)

738 Luna Galante
Nocera Superiore (Sa)

740 Osteria del Gallo e della Volpe
Ospedaletto d'Alpinolo (Av)

742 Angiolina
Pisciotta (Sa)

743 Perbacco
Pisciotta (Sa)

743 Abraxas
Pozzuoli (Na)

744 La Ripa
Rocca San Felice (Av)

745 La Locanda della Luna
San Giorgio del Sannio (Bn)

748 'E Curti
Sant'Anastasia (Na)

748 'O Romano
Sarno (Sa)

753 La Piazzetta
Valle dell'Angelo (Sa)

BASILICATA

761 Al Becco della Civetta
Castelmezzano (Pz)

767 Da Peppe
Rotonda (Pz)

768 La Mangiatoia
Rotondella (Mt)

770 Luna Rossa
Terranova di Pollino (Pz)

CALABRIA

774 Pecora Nera
Albi (Cz)

779 L'Aquila d'Oro
Cirò (Kr)

780 Max
Cirò Marina (Kr)

789 Calabrialcubo
Nocera Terinese (Cz)

793 Il Vecchio Castagno
Serrastretta (Cz)

SICILIA

804 U Locale
Buccheri (Sr)

808 Nangalarruni
Castelbuono (Pa)

822 Le Lumie
Marsala (Tp)

825 4 Archi
Milo (Ct)

826 La Rusticana
Modica (Rg)

828 La Perla
Naso (Me)

829 Trattoria del Crocifisso da Baglieri
Noto (Sr)

831 Andrea
Palazzolo Acreide (Sr)

832 Trattoria del Gallo
Palazzolo Acreide (Sr)

832 Ai Cascinari
Palermo

837 Piccolo Napoli
Palermo

838 Da Salvatore
Petralia Soprana (Pa)

845 Acquarius
Santo Stefano Quisquina (Ag)

847 Fratelli Borrello
Sinagra (Me)

849 Tischi Toschi
Taormina (Me)

SARDEGNA

862 Sa Piola della Vecchia Trattoria
Cagliari

865 Santa Rughe
Gavoi (Nu)

866 Monti Paulis
Genoni (Or)

867 Pintadera
Iglesias

869 Su Recreu
Ittiri (Ss)

872 Il Rifugio
Nuoro

877 Sas Benas
Santu Lussurgiu (Or)

i formaggi

VALLE D'AOSTA

36 LA BRASSERIE DU BON BEC
　　Cogne (Ao)

37 LES PERTZES
　　Cogne (Ao)

PIEMONTE

48 OSTERIA DELL'ARCO
　　Alba (Cn)

49 AI BINARI
　　Asti

54 'L BUNET
　　Bergolo (Cn)

55 TRATTORIA DEI COMMERCIANTI
　　Borgomanero (No)

56 LOCANDA DELL'OLMO
　　Bosco Marengo (Al)

58 BOCCONDIVINO
　　Bra (Cn)

58 MARSUPINO
　　Briaglia (Cn)

59 LA TORRE
　　Brondello (Cn)

61 OSTERIA DELLA GALLINA SVERSA
　　Calosso (At)

62 IL MORO
　　Capriata d'Orba (Al)

65 LA BOSSOLA
　　Casalnoceto (Al)

66 DA GEPPE
　　Castagnole Monferrato (At)

68 VINERIA DEL RISTORANTE LA NICCHIA
　　Cavour (To)

70 LA TORRE
　　Cherasco (Cn)

73 CASA DI BACCO
　　Collegno (To)

75 RISTORANTE DEL MERCATO DA MAURIZIO
　　Cravanzana (Cn)

80 TRATTORIA DEI TACCONOTTI
　　Frascaro (Al)

85 DIVIN PORCELLO
　　Masera (Vb)

87 LOCANDA FONTANABUONA
　　Mombercelli (At)

87 LA TAVERNA DI FRA FIUSCH
　　Moncalieri (To)

88 LA BELLA ROSIN
　　Moncalvo (At)

89 VALLENOSTRA
　　Mongiardino Ligure (Al)

90 CANTINA DEI CACCIATORI
　　Monteu Roero (Cn)

95 BARBA TONI
　　Orio Canavese (To)

96 IL BORGO
　　Ormea (Cn)

97 OSTERIA ALPINO
　　Paesana (Cn)

101 ALLA TORRE
　　Romagnano Sesia (No)

103 DEL BELBO DA BARDON
　　San Marzano Oliveto (At)

110 LOU SARVANOT
　　Stroppo (Cn)

111 BANCO, VINI E ALIMENTI
　　Torino

114 CONSORZIO
　　Torino

115 L'ACINO
　　Torino

115 LE RAMIN-E
　　Torino

117 SOTTO LA MOLE
　　Torino

118 LE MINIERE
　　Traversella (To)

121 CAVALLO ROSSO
　　Villanova Mondovì (Cn)

CANTONE TICINO

128 CENTRALE
　　Blenio

128 UL FURMIGHIN
　　Breggia

130 LA FRODA
　　Cevio

132 MORCHINO
　　Lugano

134 GROTTO DEL GIUVAN
　　Mendrisio

LOMBARDIA

142 DISPENSA PANI E VINI
　　Adro (Bs)

142 LE FRISE
　　Artogne (Bs)

143 DA ROBERTO
　　Barbianello (Pv)

144 ALTAVILLA
　　Bianzone (So)

147 DENTELLA
Bracca (Bg)

149 LA MADIA
Brione (Bs)

150 LOCANDA DEGLI ARTISTI
Cappella de' Picenardi (Cr)

151 LA PIANA
Carate Brianza (Mb)

152 HOSTARIA VIOLA
Castiglione delle Stiviere (Mn)

153 IL GABBIANO
Corte de' Cortesi con Cignone (Cr)

158 OSTERIA DELL'ANGELO
Gussago (Bs)

159 CAFFÈ LA CREPA
Isola Dovarese (Cr)

161 ANTICA OSTERIA AI RANARI
Mantova

163 GRAND HOTEL
Milano

168 L'OSTERIA DEL TRENO
Milano

169 MIRTA
Milano

170 OSTERIA DEL CROTTO
Morbegno (So)

171 OSTERIA DELLA VILLETTA
Palazzolo sull'Oglio (Bs)

172 TRATTORIA DELL'ALBA
Piadena (Cr)

180 OSTERIA DI MEZZO
Salò (Bs)

189 DA BORTOLINO
Viadana (Mn)

TRENTINO

197 DUE CAMINI
Baselga di Pinè (Tn)

200 CASA DEL VINO DELLA VALLAGARINA
Isera (Tn)

200 LOCANDA DELLE TRE CHIAVI
Isera (Tn)

206 OSTERIA STORICA MORELLI
Pergine Valsugana (Tn)

207 MIOLA
Predazzo (Tn)

208 NERINA
Romeno (Tn)

209 FUCIADE
Soraga (Tn)

209 CANT DEL GAL
Tonadico (Tn)

ALTO ADIGE

214 KÜRBISHOF
Anterivo-Altrei (Bz)

216 SEITERHOF
Dobbiaco-Toblach (Bz)

229 LAMM MITTERWIRT
San Martino in Passiria-Sankt Martin in Passeier (Bz)

230 OBERRAINDLHOF
Senales-Schnals (Bz)

232 DURNWALD
Valle di Casies-Gsies (Bz)

VENETO

238 ZAMBONI
Arcugnano (Vi)

243 LA CIACOLA
Breganze (Vi)

252 DA ANDREETTA
Cison di Valmarino (Tv)

257 ENOTECA DELLA VALPOLICELLA
Fumane (Vr)

261 LA FAVORITA
Lozzo di Cadore (Bl)

269 LA RAGNATELA
Mirano (Ve)

274 L'ANFORA
Padova

282 AL CJASAL
San Michele al Tagliamento (Ve)

284 VILLA DI BODO
Sarcedo (Vi)

288 ALLA CERTOSA
Sospirolo (Bl)

289 BELVEDERE DA TULLIO
Tarzo (Tv)

299 CAVATAPPI
Venezia

299 ENOTECA MASCARETA
Venezia

300 AL PROSECCO
Venezia

301 MORO
Venezia

301 OSTARIA DA MARIANO
Venezia

302 AL BERSAGLIERE
Verona

304 AL POMPIERE
Verona

305 PANE E VINO
Verona

305 ANTICA TRATTORIA BELLINAZZO
Villa Bartolomea (Vr)

307 BRUNELLO
Zero Branco (Tv)

FRIULI VENEZIA GIULIA

317 MULINO FERRANT
Cassacco (Ud)

318 AI CACCIATORI
Cavasso Nuovo (Pn)

318 BORGO POSCOLLE
Cavazzo Carnico (Ud)

321 AL CASTELLO
Fagagna (Ud)

341 DEVETAK
Savogna d'Isonzo-Sovodnje ob Soci (Go)

345 DA GASPAR
Tarcento (Ud)

346 OSTERIA DI VILLAFREDDA
Tarcento (Ud)

354 STELLA D'ORO
Verzegnis (Ud)

LIGURIA

376 LA BRINCA
Ne (Ge)

EMILIA-ROMAGNA

393 LAGHI
Campogalliano (Mo)

396 ANTICA OSTERIA DA CENCIO
Cento (Fe)

400 LA BAITA
Faenza (Ra)

403 DON ABBONDIO
Forlì

404 PETITO
Forlì

405 LA CAMPANARA
Galeata (Fc)

406 DA GIOVANNI AL BELVEDERE
Guiglia (Mo)

407 OSTERIA DEL VICOLO NUOVO DA ROSA E AMBRA
Imola (Bo)

413 ANTICA TRATTORIA CATTIVELLI
Monticelli d'Ongina (Pc)

431 LA ROCCA
San Leo (Rn)

431 TUBINO
San Pietro in Casale (Bo)

439 IL CANTACUCCO
Zocca (Mo)

TOSCANA

445 LA NENA
Anghiari (Ar)

451 LOCANDA APUANA
Carrara (Ms)

453 ANTICA FATTORIA DEL GROTTAIONE
Castel del Piano (Gr)

453 IL VECCHIO MULINO
Castelnuovo di Garfagnana (Lu)

456 SBARBACIPOLLA BIOSTERIA
Colle di Val d'Elsa (Si)

457 TAVERNA PANE E VINO
Cortona (Ar)

466 LE VOLPI E L'UVA
Firenze

468 TRE SOLDI
Firenze

472 OSTE SCURO
Grosseto

482 LA TANA DEI BRILLI PARLANTI
Massa Marittima (Gr)

485 BELVEDERE
Monte San Savino (Ar)

485 IL FRANTOIO
Montescudaio (Pi)

487 LA BOTTEGA DEI PORTICI
Palazzuolo sul Senio (Fi)

489 IL POZZO
Pieve Fosciana (Lu)

491 LA BOTTEGAIA
Pistoia

495 LA TANA DEGLI ORSI
Pratovecchio (Ar)

497 CACIOSTERIA DEI DUE PONTI
Sambuca Pistoiese (Pt)

499 OSTERIA DEL CARCERE
San Gimignano (Si)

499 DA ROBERTO TAVERNA IN MONTISI
San Giovanni d'Asso (Si)

509 IL CANTO DEL MAGGIO
Terranuova Bracciolini (Ar)

510 LA BOTTE PIENA
Torrita di Siena (Si)

510 IL CONTE MATTO
Trequanda (Si)

MARCHE

558 L'ENOTECA BAR A VINO
Fermo

573 OSTERIA DEI BORGIA
Serrapetrona (Mc)

574 Da Gustin
Serrungarina (Pu)

LAZIO

585 Le Delizie di Maria
Arpino (Fr)

586 La Tana dell'Orso
Bolsena (Vt)

587 Lo Stuzzichino
Campodimele (Lt)

588 Osteria del Tempo Perso
Casalvieri (Fr)

598 L'Oste della Bon'Ora
Grottaferrata (Rm)

600 La Taberna dei Lari
Latina

624 Saint Patrick
Terracina (Lt)

626 Ristorante Il Vicoletto 1563
Vignanello (Vt)

627 Il Moderno
Viterbo

628 Tredici Gradi
Viterbo

ABRUZZO

645 Sapori di Campagna
Ofena (Aq)

647 Taverna de li Caldora
Pacentro (Aq)

655 Osteria delle Spezie
San Salvo (Ch)

659 Vineria per Passione
Vasto (Ch)

MOLISE

667 Da Nonna Rosa
Campomarino (Cb)

PUGLIA

676 Antichi Sapori
Andria (Bt)

694 Falsopepe
Massafra (Ta)

696 Medioevo
Monte Sant'Angelo (Fg)

697 Peppe Zullo
Orsara di Puglia (Fg)

699 U.p.e.p.i.d.d.e.
Ruvo di Puglia (Ba)

700 Opus Wine
San Giovanni Rotondo (Fg)

CAMPANIA

707 La Pignata
Ariano Irpino (Av)

709 'A Luna Rossa
Bellona (Ce)

710 Nunzia
Benevento

713 I Moresani
Casal Velino (Sa)

715 Gli Scacchi
Caserta

720 La Pergola
Gesualdo (Av)

723 La Torre
Massa Lubrense (Na)

724 Lo Stuzzichino
Massa Lubrense (Na)

724 Di Pietro
Melito Irpino (Av)

725 I Santi
Mercogliano (Av)

740 Osteria del Gallo e della Volpe
Ospedaletto d'Alpinolo (Av)

743 Perbacco
Pisciotta (Sa)

743 Abraxas
Pozzuoli (Na)

744 La Ripa
Rocca San Felice (Av)

745 La Locanda della Luna
San Giorgio del Sannio (Bn)

754 Il Cellaio di Don Gennaro
Vico Equense (Na)

BASILICATA

761 Al Becco della Civetta
Castelmezzano (Pz)

770 Luna Rossa
Terranova di Pollino (Pz)

CALABRIA

776 Il Tipico Calabrese
Cardeto (Rc)

779 L'Aquila d'Oro
Cirò (Kr)

780 Max
Cirò Marina (Kr)

786 Magnatum La Degusteria
Longobardi (Cs)

792 Le Fate dei Fiori
Santo Stefano in Aspromonte (Rc)

SICILIA

- 808 **La Madonnina**
  Campobello di Licata (Ag)
- 812 **Mc Turiddu**
  Catania
- 831 **Andrea**
  Palazzolo Acreide (Sr)
- 841 **Cucina e Vino**
  Ragusa
- 845 **Acquarius**
  Santo Stefano Quisquina (Ag)
- 847 **Fratelli Borrello**
  Sinagra (Me)

SARDEGNA

- 865 **Ispinigoli**
  Dorgali (Nu)
- 865 **Santa Rughe**
  Gavoi (Nu)
- 872 **Il Rifugio**
  Nuoro
- 873 **Gikappa**
  Oliena (Nu)
- 881 **Grekà**
  Terralba (Or)

le bottiglie

VALLE D'AOSTA

36 LA BRASSERIE DU BON BEC
   Cogne (Ao)

37 LES PERTZES
   Cogne (Ao)

37 LOU RESSIGNON
   Cogne (Ao)

40 AL MANIERO
   Issogne (Ao)

PIEMONTE

48 OSTERIA DELL'ARCO
   Alba (Cn)

49 AI BINARI
   Asti

50 TASTÉ VIN
   Asti

52 TRATTORIA MODERNA IL SIMPOSIO
   Banchette (To)

54 'L BUNET
   Bergolo (Cn)

55 TRATTORIA DEL CICLISTA
   Borgomanero (No)

55 TRATTORIA DEI COMMERCIANTI
   Borgomanero (No)

56 BELVEDERE
   Borgosesia (Vc)

56 LOCANDA DELL'OLMO
   Bosco Marengo (Al)

58 BOCCONDIVINO
   Bra (Cn)

58 MARSUPINO
   Briaglia (Cn)

61 OSTERIA DELLA GALLINA SVERSA
   Calosso (At)

62 BELVEDERE 1919
   Cantalupo Ligure (Al)

62 IL MORO
   Capriata d'Orba (Al)

64 OSTERIA DEL BORGO
   Carrù (Cn)

65 LA BOSSOLA
   Casalnoceto (Al)

68 DA FAUSTO
   Cavatore (Al)

68 VINERIA DEL RISTORANTE LA NICCHIA
   Cavour (To)

69 MADONNA DELLA NEVE
   Cessole (At)

70 PANE E VINO
   Cherasco (Cn)

70 LA TORRE
   Cherasco (Cn)

71 LA BARITLERA
   Chianocco (To)

72 LOCANDA DELL'ARCO
   Cissone (Cn)

74 TRATTORIA DELLA POSTA DA CAMULIN
   Cossano Belbo (Cn)

75 RISTORANTE DEL MERCATO DA MAURIZIO
   Cravanzana (Cn)

76 4 CIANCE
   Cuneo

77 ROMA
   Cuneo

78 LA CAPUCCINA
   Cureggio (No)

78 ROSSO RUBINO
   Dronero (Cn)

79 LA GENZIANELLA
   Fabbrica Curone (Al)

79 LA SPERANZA
   Farigliano (Cn)

80 LA BRIOSKA
   Gattinara (Vc)

81 IL CAVENAGO
   Ghemme (No)

84 L'OSTERIA DEL VIGNAIOLO
   La Morra (Cn)

85 DIVIN PORCELLO
   Masera (Vb)

87 LOCANDA FONTANABUONA
   Mombercelli (At)

87 LA TAVERNA DI FRA FIUSCH
   Moncalieri (To)

88 LA BELLA ROSIN
   Moncalvo (At)

90 DA GIUSEPPE
   Montemarzino (Al)

90 CANTINA DEI CACCIATORI
   Monteu Roero (Cn)

92 LE DUE LANTERNE
   Nizza Monferrato (At)

92 VINERIA DELLA SIGNORA IN ROSSO
   Nizza Monferrato (At)

94 IL BANCO
   Novi Ligure (Al)

95 IL GATTO E LA VOLPE
Oleggio (No)

95 BARBA TONI
Orio Canavese (To)

97 OSTERIA ALPINO
Paesana (Cn)

98 BANDINI
Portacomaro (At)

101 ALLA TORRE
Romagnano Sesia (No)

102 OSTERIA DELLA PACE
Sambuco (Cn)

103 DEL BELBO DA BARDON
San Marzano Oliveto (At)

105 CORONA
San Sebastiano Curone (Al)

106 LA ROSA DEI VINI
Serralunga d'Alba (Cn)

107 LA COCCINELLA
Serravalle Langhe (Cn)

108 IL GIARDINETTO
Sessame (At)

109 IMPERO
Sizzano (No)

110 LOU SARVANOT
Stroppo (Cn)

111 BANCO, VINI E ALIMENTI
Torino

114 CONSORZIO
Torino

115 L'ACINO
Torino

116 LE VITEL ETONNÉ
Torino

116 SCANNABUE
Torino

117 SOTTO LA MOLE
Torino

CANTONE TICINO

129 AL GROTT CAFÉ
Brione sopra Minusio

133 GROTTO DELL'ORTIGA
Manno

LOMBARDIA

141 AL PONTE
Acquanegra sul Chiese (Mn)

142 DISPENSA PANI E VINI
Adro (Bs)

142 LE FRISE
Artogne (Bs)

144 ALTAVILLA
Bianzone (So)

145 OSTERIA NUMERO 2
Bigarello (Mn)

147 LA GROTTA
Brescia

149 LA MADIA
Brione (Bs)

150 LOCANDA DEGLI ARTISTI
Cappella de' Picenardi (Cr)

151 LA PIANA
Carate Brianza (Mb)

152 IL POETA CONTADINO
Casalbuttano ed Uniti (Cr)

152 HOSTARIA VIOLA
Castiglione delle Stiviere (Mn)

153 IL GABBIANO
Corte de' Cortesi con Cignone (Cr)

154 HOSTERIA 700
Cremona

155 LOCANDA DELLE GRAZIE
Curtatone (Mn)

158 OSTERIA DELL'ANGELO
Gussago (Bs)

159 CAFFÈ LA CREPA
Isola Dovarese (Cr)

160 ANTICA OSTERIA CASA DI LUCIA
Lecco

160 SALI E TABACCHI
Mandello del Lario (Lc)

163 GRAND HOTEL
Milano

170 OSTERIA DEL CROTTO
Morbegno (So)

171 BURLIGO
Palazzago (Bg)

171 OSTERIA DELLA VILLETTA
Palazzolo sull'Oglio (Bs)

172 TRATTORIA DELL'ALBA
Piadena (Cr)

174 COLLINA
Almenno San Bartolomeo (Bg)

175 TRATTORIA DEL MULINER
Iseo (Bs)

177 ANTICA LOCANDA DEL CONTRABBANDIERE
Pozzolengo (Bs)

177 ALL'ANGELO
Quistello (Mn)

178 VIA VAI FRATELLI FAGIOLI
Ripalta Cremasca (Cr)

180 OSTERIA DI MEZZO
Salò (Bs)

184 CASTELLO
Serle (Bs)

188 LE DUE COLONNE
Truccazzano (Mi)

189 DA BORTOLINO
Viadana (Mn)

TRENTINO

196 LE SERVITE
Arco (Tn)

198 MASO CANTANGHEL TRATTORIA DA LUCIA
Civezzano (Tn)

200 CASA DEL VINO DELLA VALLAGARINA
Isera (Tn)

200 LOCANDA DELLE TRE CHIAVI
Isera (Tn)

201 BOIVIN
Levico Terme (Tn)

204 LA TERRAZZA
Nago-Torbole (Tn)

206 OSTERIA STORICA MORELLI
Pergine Valsugana (Tn)

208 NERINA
Romeno (Tn)

209 FUCIADE
Soraga (Tn)

209 CANT DEL GAL
Tonadico (Tn)

210 IL LIBERTINO
Trento

ALTO ADIGE

214 KÜRBISHOF
Anterivo-Altrei (Bz)

221 DORFNERHOF
Montagna-Montan (Bz)

228 JÄGERHOF
San Leonardo in Passiria-Sankt Leonhard in Passeier (Bz)

229 LAMM MITTERWIRT
San Martino in Passiria-Sankt Martin in Passeier (Bz)

230 OBERRAINDLHOF
Senales-Schnals (Bz)

232 DURNWALD
Valle di Casies-Gsies (Bz)

VENETO

238 ZAMBONI
Arcugnano (Vi)

243 LA CIACOLA
Breganze (Vi)

248 ALLE CODOLE
Canale d'Agordo (Bl)

248 ALLA PASINA
Casier (Tv)

249 PIRONETOMOSCA
Castelfranco Veneto (Tv)

252 DA ANDREETTA
Cison di Valmarino (Tv)

253 AL PORTICO
Cona (Ve)

254 LA CORTE
Cornedo Vicentino (Vi)

257 ENOTECA DELLA VALPOLICELLA
Fumane (Vr)

257 ISETTA
Grancona (Vi)

259 LA TAVERNA
Jesolo (Ve)

261 LOCANDA AURILIA
Loreggia (Pd)

262 AL PONTE
Lusia (Ro)

269 LA RAGNATELA
Mirano (Ve)

271 DA MARIO
Montegrotto Terme (Pd)

271 ALLA RUOTA
Negrar (Vr)

272 CAPRINI
Negrar (Vr)

274 L'ANFORA
Padova

275 DA LUISA
Peschiera del Garda (Vr)

276 RIFUGIO CAROTA
Pieve d'Alpago (Bl)

283 DALLA ROSA ALDA
Sant'Ambrogio di Valpolicella (Vr)

283 ANTICA TRATTORIA AL BOSCO
Saonara (Pd)

284 VILLA DI BODO
Sarcedo (Vi)

284 ALL'ANTENNA
Schio (Vi)

286 DALLA LIBERA
Sernaglia della Battaglia (Tv)

288 ALLA CERTOSA
Sospirolo (Bl)

291 LA TAVOLOZZA
Torreglia (Pd)

292 IL BASILISCO
Treviso

293 SALIS
Valdobbiadene (Tv)

299 CAVATAPPI
Venezia

299 ENOITECA MASCARETA
Venezia

300 AL PROSECCO
Venezia

301 Moro
Venezia

301 Ostaria Da Mariano
Venezia

302 Al Bersagliere
Verona

303 Al Carro Armato
Verona

303 Monte Baldo
Verona

304 Al Pompiere
Verona

304 Zampieri La Mandorla
Verona

305 Pane e Vino
Verona

305 Antica Trattoria Bellinazzo
Villa Bartolomea (Vr)

307 Brunello
Zero Branco (Tv)

FRIULI VENEZIA GIULIA

318 Ai Cacciatori
Cavasso Nuovo (Pn)

319 Ai Mulinars
Clauzetto (Pn)

321 Al Castello
Fagagna (Ud)

322 Borgo Colmello
Farra d'Isonzo (Go)

326 Alla Frasca Verde
Lauco (Ud)

327 Al Piave
Mariano del Friuli (Go)

330 Ivana & Secondo
Pinzano al Tagliamento (Pn)

331 La Ferrata
Pordenone

338 L'Osteria di Tancredi
San Daniele del Friuli (Ud)

338 Il Favri
San Giorgio della Richinvelda (Pn)

340 Alle Nazioni
San Quirino (Pn)

340 Alla Pace
Sauris (Ud)

341 Devetak
Savogna d'Isonzo-Sovodnje ob Soci (Go)

343 Da Afro
Spilimbergo (Pn)

343 Sale e Pepe
Stregna-Srednje (Ud)

345 Da Gaspar
Tarcento (Ud)

346 Osteria di Villafredda
Tarcento (Ud)

LIGURIA

359 Magiargè
Bordighera (Im)

360 Da Casetta
Borgio Verezzi (Sv)

370 La Forchetta Curiosa
Genova

375 Antica Osteria dei Mosto
Ne (Ge)

376 La Brinca
Ne (Ge)

380 U Giancu
Rapallo (Ge)

EMILIA-ROMAGNA

388 Antica Trattoria della Gigina
Bologna

392 Campanini
Busseto (Pr)

393 Locanda Mariella
Calestano (Pr)

393 Laghi
Campogalliano (Mo)

396 Antica Osteria da Cencio
Cento (Fe)

397 Cerina
Cesena

397 Micheletta
Cesena

400 La Baita
Faenza (Ra)

401 Marianaza
Faenza (Ra)

402 Entrà
Finale Emilia (Mo)

403 Don Abbondio
Forlì

404 Petito
Forlì

405 Antica Locanda del Falco
Gazzola (Pc)

406 Hostaria 900
Imola (Bo)

407 Osteria del Vicolo Nuovo da Rosa e Ambra
Imola (Bo)

409 Il Ristorante dei Cantoni
Longiano (Fc)

409 Antica Trattoria del Teatro
Lugo (Ra)

413 Trattoria del Borgo
Monteveglio (Bo)

413 Antica Trattoria Cattivelli
Monticelli d'Ongina (Pc)

421 Antichi Sapori
Parma

423 San Giovanni
Piacenza

423 Santo Stefano
Piacenza

426 A Mangiare
Reggio nell'Emilia

431 La Rocca
San Leo (Rn)

431 Tubino
San Pietro in Casale (Bo)

432 La Sangiovesa
Santarcangelo di Romagna (Rn)

433 Osteria del Borgo da Fischio
Santa Sofia (Fc)

434 Osteria in Scandiano
Scandiano (Re)

436 Bohemia
Soliera (Mo)

439 Il Cantacucco
Zocca (Mo)

TOSCANA

445 La Nena
Anghiari (Ar)

446 La Torre di Gnicche
Arezzo

449 Il Tirabusciò
Bibbiena (Ar)

449 I Macelli
Borgo a Mozzano (Lu)

451 Su pe' i' Canto
Carmignano (Po)

453 Antica Fattoria del Grottaione
Castel del Piano (Gr)

453 Il Vecchio Mulino
Castelnuovo di Garfagnana (Lu)

454 La Saletta
Certaldo (Fi)

457 Osteria del Teatro
Cortona (Ar)

457 Taverna Pane e Vino
Cortona (Ar)

458 Silvio la Storia a Tavola
Cutigliano (Pt)

460 Da Burde
Firenze

465 Casa del Vino
Firenze

466 Le Volpi e l'Uva
Firenze

468 Tre Soldi
Firenze

470 La Vecchia Hosteria
Gavorrano (Gr)

470 Borgo Antico
Greve in Chianti (Fi)

472 Oste Scuro
Grosseto

473 La Botte Gaia
Porto Azzurro (Li)

476 Cantina Nardi
Livorno

477 Cassia Vetus
Loro Ciuffenna (Ar)

478 Il Mecenate
Lucca

483 Osteria di Porta al Cassero
Montalcino (Si)

485 Belvedere
Monte San Savino (Ar)

485 Il Frantoio
Montescudaio (Pi)

487 La Bottega dei Portici
Palazzuolo sul Senio (Fi)

488 La Porta
Pienza (Si)

489 Il Pozzo
Pieve Fosciana (Lu)

489 Il Garibaldi Innamorato
Piombino (Li)

490 Osteria dei Cavalieri
Pisa

491 Baldo Vino
Pistoia

491 La Bottegaia
Pistoia

492 Hostaria del Ceccottino
Pitigliano (Gr)

493 Il Maccherone
Pontassieve (Fi)

495 La Tana degli Orsi
Pratovecchio (Ar)

496 Le Panzanelle
Radda in Chianti (Si)

499 Da Roberto Taverna in Montisi
San Giovanni d'Asso (Si)

503 Osteria di San Piero
San Piero a Sieve (Fi)

506 Grotta di Santa Caterina da Bagoga
Siena

508 La Gramola
Tavarnelle Val di Pesa (Fi)

509 IL CANTO DEL MAGGIO
Terranuova Bracciolini (Ar)

510 LA BOTTE PIENA
Torrita di Siena (Si)

510 IL CONTE MATTO
Trequanda (Si)

UMBRIA

518 LA GABELLETTA
Amelia (Tr)

520 LA POSTA
Avigliano Umbro (Tr)

523 LA MINIERA DI GALPARINO
Città di Castello (Pg)

525 PIERMARINI
Ferentillo (Tr)

531 LILLO TATINI
Panicale (Pg)

533 CIVICO 25
Perugia

533 HOSTERIA WINE BARTOLO
Perugia

534 STELLA
Perugia

538 LILLERO
Terni

538 PANE E VINO
Todi (Pg)

540 SAN GIORGIO
Umbertide (Pg)

MARCHE

544 DA MARCELLO
Ancona

545 IL MOLO
Ancona

548 LA BAITA
Arcevia (An)

550 SANTA LUCIA
Appignano del Tronto (Ap)

554 CHALET GALILEO
Civitanova Marche (Mc)

555 AGRA MATER
Colmurano (Mc)

557 L'ARNIA DEL CUCINIERE
Falconara Marittima (An)

558 L'ENOTECA BAR A VINO
Fermo

559 IL DAINO
Frontone (Pu)

561 OSTERIA DELL'ARCO
Magliano di Tenna (Fm)

563 DAL MAGO
Morro d'Alba (An)

565 PENNESI
Pedaso (Fm)

573 OSTERIA DEI BORGIA
Serrapetrona (Mc)

LAZIO

583 FRASCHETTA DEL MARE
Anzio (Rm)

585 IL LAURETO
Arpino (Fr)

585 LE DELIZIE DI MARIA
Arpino (Fr)

587 IOTTO
Campagnano di Roma (Rm)

588 OSTERIA DEL TEMPO PERSO
Casalvieri (Fr)

591 ENOTECA FEDERICI
Ceprano (Fr)

593 LA PIAZZETTA DEL SOLE
Farnese (Vt)

594 IL GATTO E LA VOLPE
Formia (Vt)

598 L'OSTE DELLA BON'ORA
Grottaferrata (Rm)

599 TAVERNA MARI
Grottaferrata (Rm)

600 LA TABERNA DEI LARI
Latina

604 IL BOSCHETTO
Olevano Romano (Rm)

605 SORA MARIA E ARCANGELO
Olevano Romano (Rm)

607 LA CHIANINA
Poggio Mirteto (Ri)

610 PERSEI
Prossedi (Lt)

612 DA CESARE
Roma

614 GRAPPOLO D'ORO
Roma

614 IL QUINTO QUARTO
Roma

620 OSTERIA DEL VELODROMO VECCHIO
Roma

624 IL BISTROT DEL GRANCHIO
Terracina (Lt)

624 SAINT PATRICK
Terracina (Lt)

625 VINERIA CESARE 1963
Terracina (Lt)

626 AL VECCHIO OROLOGIO
Viterbo

ABRUZZO

637 **Zenobi**
Colonnella (Te)

641 **La Grotta dei Raselli**
Guardiagrele (Ch)

647 **Taverna de li Caldora**
Pacentro (Aq)

649 **Locanda Manthoné**
Pescara

650 **Taverna 58**
Pescara

651 **Font'Artana**
Picciano (Pe)

653 **Giocondo**
Rivisondoli (Aq)

655 **La Piazzetta**
Sant'Omero (Te)

658 **Da Ferri**
Vasto (Ch)

659 **Vineria per Passione**
Vasto (Ch)

PUGLIA

677 **Il Turacciolo**
Andria (Bt)

677 **Le Giare**
Bari

678 **Perbacco**
Bari

679 **Casale Ferrovia**
Carovigno (Br)

680 **Osteria del Pozzo Vecchio**
Cavallino (Le)

680 **'U Vulesce**
Cerignola (Fg)

681 **La Bottega dell'Allegria**
Corato (Ba)

682 **La Cuccagna**
Crispiano (Ta)

694 **Falsopepe**
Massafra (Ta)

696 **Medioevo**
Monte Sant'Angelo (Fg)

696 **L'Antica Locanda**
Noci (Ba)

697 **Peppe Zullo**
Orsara di Puglia (Fg)

699 **U.P.E.P.I.D.D.E.**
Ruvo di Puglia (Ba)

700 **Opus Wine**
San Giovanni Rotondo (Fg)

701 **La Fossa del Grano**
San Severo (Fg)

702 **Il Trappeto**
Vico del Gargano (Fg)

CAMPANIA

707 **La Pignata**
Ariano Irpino (Av)

708 **Valleverde Zi' Pasqualina**
Atripalda (Av)

709 **'A Luna Rossa**
Bellona (Ce)

714 **Tre Sorelle**
Casal Velino (Sa)

715 **Gli Scacchi**
Caserta

717 **Al Convento**
Cetara (Sa)

717 **San Pietro**
Cetara (Sa)

718 **Viva lo Re**
Ercolano (Na)

720 **La Pergola**
Gesualdo (Av)

721 **Fenesta Verde**
Giugliano in Campania (Na)

721 **La Marchesella**
Giugliano in Campania (Na)

724 **Lo Stuzzichino**
Massa Lubrense (Na)

724 **Di Pietro**
Melito Irpino (Av)

734 **Antica Cantina di Sica**
Napoli

737 **L'Europeo di Mattozzi**
Napoli

738 **Luna Galante**
Nocera Superiore (Sa)

740 **Osteria del Gallo e della Volpe**
Ospedaletto d'Alpinolo (Av)

742 **Angiolina**
Pisciotta (Sa)

743 **Perbacco**
Pisciotta (Sa)

743 **Abraxas**
Pozzuoli (Na)

744 **La Ripa**
Rocca San Felice (Av)

745 **La Locanda della Luna**
San Giorgio del Sannio (Bn)

747 **Tavernetta Marinella**
San Michele di Serino (Av)

752 **Reale Doc**
Tramonti (Sa)

BASILICATA

761 **Al Becco della Civetta**
Castelmezzano (Pz)

CALABRIA

775 IL GIARDINO DEGLI ALLORI
Campo Calabro (Rc)

780 MAX
Cirò Marina (Kr)

780 LA MAMMA
Cittanova (Rc)

786 MAGNATUM LA DEGUSTERIA
Longobardi (Cs)

790 DONNA NELA
Polistena (Rc)

791 HOSTARIA DE MENDOZA
Rende (Cs)

SICILIA

801 CAICO
Agrigento

803 ITALIANO CIBUS
Belmonte Mezzagno (Pa)

806 IL LOCANDIERE
Caltagirone (Ct)

808 NANGALARRUNI
Castelbuono (Pa)

810 CAVE OX
Castiglione di Sicilia (Ct)

811 CORTILE CAPUANA
Catania

812 MAJORE
Chiaramonte Gulfi (Rg)

815 IL CAPPERO
Pantelleria (Tp)

819 LE MACINE
Lipari (Me)

822 LE LUMIE
Marsala (Tp)

824 AL BAGATTO
Milazzo (Me)

825 4 ARCHI
Milo (Ct)

826 LE MAGNOLIE
Modica (Rg)

829 TRATTORIA DEL CROCIFISSO DA BAGLIERI
Noto (Sr)

831 ANDREA
Palazzolo Acreide (Sr)

831 LO SCRIGNO DEI SAPORI
Palazzolo Acreide (Sr)

841 CUCINA E VINO
Ragusa

842 U SULICCE'NTI
Rosolini (Sr)

844 ARRHAIS
Santa Flavia (Pa)

845 ACQUARIUS
Santo Stefano Quisquina (Ag)

850 CANTINA SICILIANA
Trapani

SARDEGNA

865 ISPINIGOLI
Dorgali (Nu)

872 IL RIFUGIO
Nuoro

874 JOSTO AL DUOMO
Oristano

881 GREKÀ
Terralba (Or)

Come leggere la guida

Ordinamento
Ogni esercizio è classificato sotto il comune di appartenenza, in ordine alfabetico all'interno delle singole regioni. È inoltre indicata la frazione (o località, contrada, sobborgo, quartiere) dove il locale ha sede.

Indicazioni geografiche
È indicata la distanza dal capoluogo di provincia. Per le grandi città è indicata la fermata più vicina di un mezzo pubblico.

Informazioni
Giorno di chiusura settimanale, orario di servizio, periodo di ferie, coperti sono dichiarati dai titolari degli esercizi.

Prezzi
Sono indicati secondo fasce calcolate sommando il costo medio di antipasto, primo e secondo o come costo unitario di un menù degustazione. Nel caso il prezzo faccia riferimento a un menù fisso, compare la dizione «menù fisso».
Quando non compare la dizione «vini esclusi» il prezzo è comprensivo del vino della casa.

✚ Indica che il prezzo medio, tendenzialmente, supera i 35 euro

All'interno della scheda sono indicati i prezzi di alcuni piatti, per esempio: arrosto misto (7,50 €)...

Carte di credito
American Express (AE), CartaSi (CS), Diners Club (DC), Mastercard (MC), Visa, Bancomat (BM)

Cartine

È presente almeno un locale segnalato negli **inserti** o in **oltre alle osterie**

È presente almeno un'**osteria**

È presente almeno un'osteria con la **Chiocciola**

Simboli

🐌 Un locale che ci piace in modo speciale, per l'ambiente, la cucina, l'accoglienza in sintonia con Slow Food.

🧀 «Locale del buon formaggio», che propone una selezione di prodotti caseari, fatta soprattutto sul territorio e raccontata al cliente.

🍷 Locale con una proposta di vini articolata, rappresentativa del territorio, con prezzi onesti.

🛍 Un negozio, un artigiano, un'azienda dove acquistare specialità gastronomiche locali e prodotti di qualità.

🍸 Un bar, un caffè, una mescita, una pasticceria per una sosta piacevole.

♿ Locale in possesso dei requisiti di accessibilità per quanti si muovono in carrozzella. La dichiarazione del titolare, su propria responsabilità, è il risultato di un'indagine condotta da Slow Food sui locali presenti in Osterie d'Italia in collaborazione con P.M. Vissani AISCRIS dis-SI di Confindustria e Bureau Veritas Italia.

🔵 Locale che aderisce al progetto Alimentazione Fuori Casa dell'Associazione Italiana Celiachia: la cucina prepara anche piatti senza glutine. Prima di prenotare si consiglia di controllare sul sito (www.celiachia.it) e telefonare al locale.

🍴 Locale che aderisce al progetto Alleanza tra i cuochi e i Presìdi Slow Food, una rete di 300 ristoranti e osterie che utilizzano regolarmente nei loro menù almeno tre Presìdi della propria regione e che indicano anche il nome dei produttori. L'elenco completo dei locali che aderiscono al progetto si trova su www.presidislowfood.it

🪴 Locale con orto di proprietà.

🌱 Locale nel quale è possibile scegliere un menù vegetariano.

novità
Segnalazione nuova rispetto all'edizione 2014.

scelti per voi
I piatti più significativi della tradizione gastronomica della regione e le osterie dove andarli a provare.

oltre alle osterie
Locali che ci piacciono in modo particolare ma che per prezzo – più alto della soglia dei 40 euro – e/o ambiente – elegante e ricercato – non hanno le caratteristiche per entrare nella selezione delle Osterie.

La guida è stata chiusa in redazione il 31 luglio 2014.
Le segnalazioni non possono tenere conto di mutamenti intervenuti dopo tale data.

osterie
d'Italia

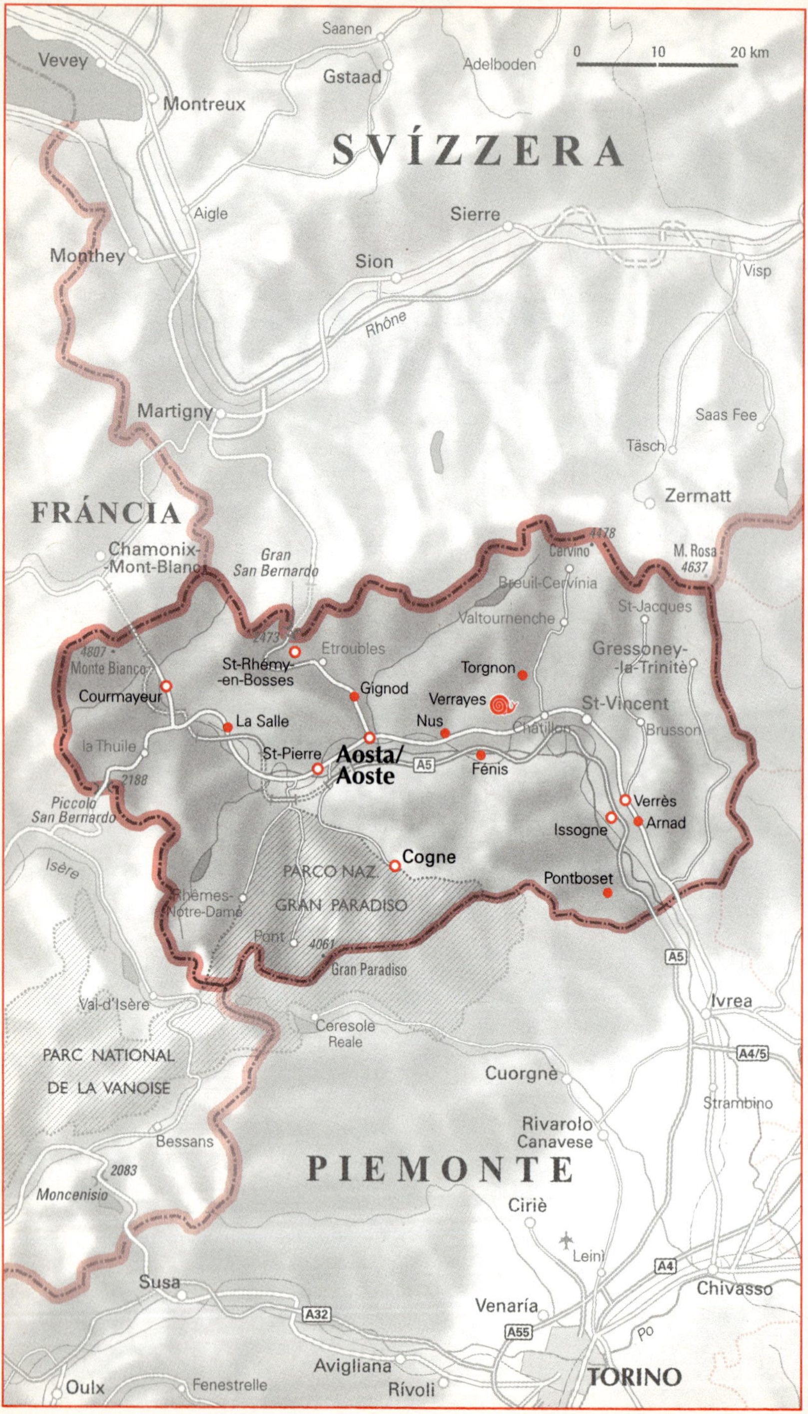

0
10
20 km
Saanen
Vevey
Gstaad
Adelboden
Montreux
SVÍZZERA
Aigle
Sierre
Monthey
Sion
Visp
Rhône
Martigny
Saas Fee
Täsch
Zermatt
FRÁNCIA
Chamonix-
-Mont-Blanc
Gran
San Bernardo
4478
Cervino
M. Rosa
4637
Breuil-Cervínia
St-Jacques
Valtournenche
2473
Etroubles
Gressoney-
-la-Trinité
4807
Monte Bianco
St-Rhémy-
-en-Bosses
Torgnon
Gignod
Courmayeur
Verrayes
St-Vincent
Nus
La Salle
Châtillon
Brusson
la Thuile
St-Pierre
Aosta/
Aoste
A5
Fénis
2188
Piccolo
San Bernardo
Verrès
Issogne
Arnad
Isère
Cogne
PARCO NAZ.
GRAN PARADISO
Pontboset
Rhêmes-
Notre-Dame
Pont
4061
Gran Paradiso
A5
Val-d'Isère
Ivrea
Ceresole
Reale
PARC NATIONAL
DE LA VANOISE
A4/5
Cuorgnè
Strambino
Rivarolo
Canavese
Bessans
2083
PIEMONTE
Moncenisio
Ciriè
Leinì
A4
Susa
Chivasso
Venaría
A32
A55
Po
Avigliana
Oulx
Fenestrelle
Rívoli
TORINO

VALLE D'AOSTA

Pur essendone stata conquistata in tempi relativamente recenti (fino alla metà dell'Ottocento a nord del forte di Bard il mais non si coltivava), la Vallée ha il merito di avere in un certo senso reinventato la polenta, arricchendola – nella popolarissima versione concia – con i suoi splendidi formaggi. Questi stessi prodotti, così come gli altrettanto celebri salumi, sono alla base di piatti che a rigore non dovrebbero considerarsi tradizionali, risalendo al boom turistico degli anni Sessanta del secolo scorso, ma che sono presenze quasi inamovibili dai menù dei locali di ogni tipologia. Una costoletta di vitello (con l'osso, che nelle varianti più sbrigative può mancare) farcita con una fetta di fontina, impanata e fritta nel burro ha dato origine alla scaloppa alla valdostana. Sempre la fontina costituisce sia (abbinata al prosciutto cotto) il ripieno sia (in forma di fonduta) il condimento delle crêpe o crespelle: più che un prestito della vicina Francia, un modo semplice e gustoso per valorizzare i prodotti della regione. Obiettivo, questo, perseguito da decenni dagli operatori del settore, che – retrodatando di qualche secolo la polenta concia e aggettivando come valdostane preparazioni ancora più "nuove" – sono riusciti a imporre un cliché gastronomico forse sterotipato, ma universalmente riconoscibile e potentemente evocativo. È il risultato di un gioco di squadra che continua ad avere imitatori, anche a livello di paese: un caso meritorio si registra a Cogne, dove tutti i ristoratori avveduti servono le specialità locali e cucinano in vari modi la trota di Lillaz, pescata nel torrente Urtier.

scelti per voi

crêpes (crespelle)

- 37 Lou Ressignon
  Cogne
- 42 La Vrille
  Verrayes

scaloppa

- 36 Praetoria
  Aosta
- 38 Baita Ermitage
  Courmayeur
- 40 Al Maniero
  Issogne

trota

- 36 La Brasserie du Bon Bec
  Cogne
- 37 Les Pertzes
  Cogne
- 38 Lou Tchappé
  Cogne

AOSTA-AOSTE

Praetoria
Ristorante
Via Sant'Anselmo, 9
Tel. 0165 44356
Chiuso martedì sera e mercoledì
Orario: mezzogiorno e sera
Ferie: variabili
Coperti: 120
Prezzi: 32-35 euro vini esclusi
Carte di credito: AE, CS, MC, Visa, BM

Siamo nel borgo di Sant'Orso, sede della celebre fiera, a due passi dalla porta orientale romana. Qui venticinque anni fa Ruggero Rigoni e la madre Fernanda Molino rilevarono questo storico locale, che oggi è un classico ristorante di territorio, semplice ma curato, sia nell'arredamento – numerosi gli oggetti recuperati nell'ultimo restauro – sia nell'offerta enogastronomica. Vi accomoderete in una delle accoglienti salette, tre al piano terreno e due sottostanti, con volte in pietra. Dalla cucina Fausto Murru propone, per iniziare, i tipici salumi della Vallée (lardo, prosciutto crudo, mocetta, 11 €), il vitello tonnato, una terrina di formaggi con mostarda di frutta o il flan di verdure con fonduta. Seguono ottimi **agnolotti**, le pappardelle Praetoria (con salsiccia), il **risotto alla fonduta** (10 €), le **crespelle**, la *seupa vapellenentse*. Tra i secondi consigliamo la *carbonade* **con polenta**, il fagottino impanato (altrove chiamato **scaloppa**) **alla valdostana**, la **trippa in umido** (11 €), ma assaggiate anche la gustosa salsiccetta o mantenete un po' di spazio per l'attenta selezione di formaggi della regione. Il venerdì, piacevole digressione con il baccalà. I dolci, casalinghi, prevedono panna cotta, bavarese ai frutti di bosco e la **crema di Cogne** con le tegole (6 €). L'ampia carta dei vini copre tutta la penisola soffermandosi su alcune etichette locali di piccoli produttori, disponibili anche al calice.

■ ♀ Per acquisti di formaggi e latticini, Bottega degli Antichi Sapori, via Porta Pretoria 63, e L'Erbavoglio, via De Sales 14. A La Vallée, via Sant'Anselmo 76, ottimi salumi. In piazza Roncas, Café Librairie per assaggi e letture.

COGNE

27 KM A SUD DI AOSTA SR 47

La Brasserie du Bon Bec
Osteria moderna
Rue Bourgeois, 72
Tel. 0165 749288
Chiuso il lunedì, mai luglio-agosto e Natale
Orario: mezzogiorno e sera
Ferie: variabili
Coperti: 47
Prezzi: 25-30 euro vini esclusi
Carte di credito: AE, CS, MC, Visa, BM

Tanto legno, quadri e fotografie alle pareti, ovunque oggetti e utensili del lavoro in montagna, cameriere in abiti tradizionali: un eccesso di folclore? No, perché tutto è all'insegna del buon gusto in questa "osteria nuova" nata oltre vent'anni fa come alternativa informale al ristorante del vicino grande albergo Bellevue. L'ambiente è caratteristico, il servizio puntuale, l'offerta gastronomica flessibile, adatta a soddisfare le esigenze di escursionisti e sciatori anche con piatti conviviali come la *braserade* (salumi, formaggio reblochon, patate, crêpe) e la *pierrade* (carni e verdure), cotte in tavola l'una sul braciere, l'altra sulla *losa*, ma anche la fondue chinoise, la bourguignonne, la piemontese *bagna caoda*. Può essere un piatto unico anche l'*assiette valdôtaine* (salumi serviti con castagne e burro), che tra gli antipasti affianca la trota del torrente Urtier affumicata e, in stagione, le lumache Bon Bec. I primi (8 €) alternano a qualche zuppa o crema di verdure la *favò* (pasta con le fave, specialità di Cogne), tagliolini e **crespelle** con vari condimenti o farciture. Tra i secondi, la **scaloppa alla valdostana** (15 €), la *frecacha* (delizioso tortino di carne bovina ripassata con patate e cipolle), le costolette di agnello impanate, la **trota** dell'Urtier **gratinata alle erbe**. Ampio e curato carrello dei **formaggi** e, come dessert, una fetta di torta, la **fonduta di cioccolato** o la **crema di Cogne** con le tegole (5 €). Carta dei vini con etichette di qualità, valdostane e non, offerte a rotazione anche in mescita.

■ Ottima fontina, tome, caprini e mocetta sono in vendita nella latteria di Dante Morzenti, in via Cavagnet 38.

COGNE

27 KM A SUD DI AOSTA SR 47

Les Pertzes

Brasserie-enoteca
Rue Grappein, 93
Tel. 0165 749227
Chiuso martedì e mercoledì, mai in estate
Orario: mezzogiorno e sera
Ferie: variabili
Coperti: 50 + 20 esterni
Prezzi: 30-35 euro vini esclusi
Carte di credito: CS, DC, MC, Visa, BM

In una delle strade centrali del capoluogo, Emanuele Comiotto e Luisella Biolcati conducono da oltre vent'anni questo bel locale, un tipico chalet con soffitti, pareti, tavoli e panche in legno. Fruibile anche per spuntini, ai pasti principali offre – cucinati dal patron con ingredienti di prossimità e di stagione – i piatti della tradizione regionale, comprensibilmente allargata alle confinanti aree di Piemonte e Francia. Come antipasto, in alternativa alla selezione di salumi la gentile Luisella vi proporrà un carpaccio di vitello, verdure con *bagna caoda*, un flan o un **tortino** (ottimo quello **di patate e porri con fonduta**, 8 €), le lumache alla bourguignonne. Notevoli i primi, asciutti e brodosi: **gnocchi** conditi **con seirass** (ricotta), toma di Gressoney o ragù anche di selvaggina, **ravioli alle erbe** (9 €), tagliolini ai funghi porcini, fonduta alla valdostana, *seupetta cogneintze* (risotto con pane e fontina), la zuppa di cipolle gratinata o la *vapellenentse*. Con l'eccezione della **trota salmonata** di Lillaz **al profumo di dragoncello** e dei piatti per vegetariani, i secondi sono di carne: **carbonade con polenta** (12 €), **guancetta di vitello brasata al vino rosso**, **costolette di agnello** alla provenzale, abbondanti grigliate. Ricca quanto curata selezione di **formaggi** vaccini e caprini, non solo valdostani, e dolci casalinghi, compresa l'immancabile crema di Cogne con le tegole (5 €). La carta dei vini riflette una cantina fornita di centinaia pregevoli etichette di ogni regione; ampia scelta anche di birre e distillati. Menù per bambini (tre portate e gelato) a 18 euro.

COGNE

27 KM A SUD DI AOSTA SR 47

Lou Ressignon

Ristorante con alloggio
Rue des Mines, 22
Tel. 0165 74034
Chiuso lunedì sera e martedì
Orario: mezzogiorno e sera
Ferie: prime tre settimane di giugno, novembre
Coperti: 75
Prezzi: 28-33 euro vini esclusi
Carte di credito: CS, MC, Visa, BM

A un indirizzo che ricorda il passato minerario di Cogne, una solida casa di montagna è la sede di Lou Ressignon, aperto quasi mezzo secolo fa come locale di intrattenimento per il dopocena e divenuto in breve un ristorante (oggi anche locanda, con cinque belle camere) noto non solo in regione per la qualità della cucina e la cordialità dell'accoglienza. I piatti sono quelli della tradizione valdostana, qui più che altrove venata di influssi piemontesi. In apertura, oltre all'*assiette* di formaggi e salumi, il primaverile carpaccio con *sarzet* (valeriana), formaggio grana e porcini sott'olio, la carne alla gressonara (con *bagna caoda*, 9 €), l'insalata all'aceto di mele con motzetta, caprino e pane di segale. Tra i primi, la *seupetta cogneintze* (risotto con crostoni di pane e fontina, 10 €), la classica *vapellenentse* (9 €), le **crespelle** di grano saraceno farcite con fontina e prosciutto cotto affumicato, le tagliatelle della casa, con verdure e prosciutto crudo, gli gnocchetti di patate e barbabietole con fonduta di bleu d'Aoste. Di secondo, o come piatto unico, *carbonade* **con polenta** (14 €), **sella di agnello al forno** in crosta di pane con salsa al vino rosso, carni e verdure o il **salmerino** di Lillaz **alla griglia**, le conviviali **fondute** (valdostana, bourguignonne, chinoise). Tra i dolci, alla crema di Cogne (5 €) fanno corona l'île flottante, la tarte tatin, in estate i frutti di bosco con gelato. Si bevono, disponibili anche in mezze bottiglie e al calice, ottimi vini valdostani e del resto d'Italia.

La Cave de Cogne, rue Bourgeois 50: buon assortimento di vini e distillati valdostani e nazionali.

VALLE D'AOSTA | 37

COGNE
Lillaz

30 KM A SUD DI AOSTA SR 47

Lou Tchappé
Ristorante
Frazione Lillaz, 126
Tel. 0165 74379
Chiuso il lunedì, mai in luglio e agosto
Orario: mezzogiorno e sera
Ferie: maggio e novembre
Coperti: 45 + 20 esterni
Prezzi: 30-35 euro vini esclusi
Carte di credito: AE, CS, MC, Visa, BM

All'esterno è un classico chalet, ma l'interno – grazie ai mobili in legno chiaro e ai tessuti dai colori vivaci – non ha l'austera oscurità dei locali di montagna; dalle finestre si intravede il panorama sul Gran Paradiso, di cui potrete godere appieno nelle giornate più calde, quando si apparecchiano i tavoli sul prato. In una borgata a pochi chilometri dal capoluogo comunale, il ristorante della famiglia Artini continua a essere un riferimento affidabile per gustare la cucina della Vallée. A chi sia reduce da un'escursione che gli ha stimolato l'appetito consigliamo l'antipasto misto (12 €) di salumi (motzetta, lardo d'Arnad, jambon de Bosses), formaggi (famosi i caprini al ginepro), paté, sformati di verdure, talvolta lumache alla bourguignonne. Tra i primi, oltre ai malfatti du Tchappé (maltagliati conditi con pancetta affumicata e poco pomodoro) e a una zuppa della tradizione, potreste trovare le **crespelle alla valdostana** (8,50 €), gli gnocchi di patate, di pane o, in autunno, di castagne, la *seupetta cogneintze* (risotto con fontina), in stagione di funghi l'orzetto ai porcini. Un secondo sostanzioso la *soça*, antica ricetta della cucina familiare di Cogne a base di carne, cavolo, patate e fontina. In alternativa, fonduta, *carbonade* **con polenta** (13 €), **agnello arrosto**, **scaloppa alla valdostana**, **trota** di Lillaz alla griglia o **con le mandorle**, petto d'anatra al forno con le mele; in stagione **selvaggina**, spesso cucinata **al** *civet*. Lasciate un posticino per la **crema di Cogne** con le tegole (5 €) o il gelato casalingo. Buona la scelta di vini, con i migliori valdostani e alcuni di altre regioni.

COURMAYEUR
Ermitage

40 KM A NO DI AOSTA SS 26 D

Baita Ermitage
Ristorante
Località Ermitage
Tel. 0165 844351
Chiuso il mercoledì, mai in luglio e agosto
Orario: mezzogiorno e sera
Ferie: giugno e novembre
Coperti: 50 + 30 esterni
Prezzi: 30-32 euro vini esclusi
Carte di credito: CS, MC, Visa, BM

Alla buona fama di questo ristorante a quasi 1500 metri di quota contribuiscono certamente la posizione, appartata anche se comodamente raggiungibile in auto con una breve salita da Villair per Plan-Gorret, e la vista spettacolare sui ghiacciai del Bianco. La cucina tuttavia ha i numeri per competere con il panorama, offrendo piatti della tradizione preparati con cura e con ingredienti di qualità: le verdure sono dell'orto di casa, per il resto Piero Savoye e Salvatore Degas si approvvigionano da piccoli produttori e artigiani della Valle. In una delle due salette (c'è anche un salottino con un unico tavolo, da prenotare) o, se il tempo lo consente, in terrazza, potrete cominciare con ottimi affettati – salame crudo, mocetta, lardo d'Arnad –, paté d'anatra su crostoni di pane nero, **vol-au-vent con fonduta e porri** (9 €), **involtini caldi di prosciutto con ripieno di fonduta**, **tomini al verde**, o con una fresca insalata. Tra i primi (10 €) la specialità della casa è la **zuppa** dell'Eremita (**di pane nero, spinaci e fontina**), ma troverete spesso anche il rotolo di pasta farcito di ricotta e spinaci e le **crêpe alla valdostana**. A seguire, naturalmente, la **polenta**: **concia** oppure **con la** *carbonade* (13 €), la salsiccetta, il coniglio, talvolta il cervo o il capriolo. Da ricordare anche la **scaloppa alla valdostana** (13 €) e le lumache alla parigina, in autunno, funghi porcini, crudi in insalata o impanati e fritti. Valida selezione di tome e fontine e dolci squisiti: torta di mele (6 €), tiramisù, in estate piccoli frutti con gelato o sotto grappa. La carta dei vini comprende buone etichette valdostane e piemontesi.

Agriturismi nella Vallée

ARNAD
Lo Dzerby
Frazione Machaby
Località Pied de Ville, 13
Tel. 0125 966067-329 2240573
Aperto maggio-luglio e settembre-ottobre sabato e festivi; agosto martedì-domenica
Orario: 12.30-19.00
Coperti: 70

Questo agriturismo, raggiungibile con una breve passeggiata e dove non si può pernottare, offre a pranzo, per 16 euro, affettati, castagne con il burro, cotechino con patate lesse e salignon, una zuppa, polenta grassa o polenta con coniglio, formaggi di casari della zona, dolce, caffè e grappa. Nel pomeriggio, spuntini a 10 euro.

FÉNIS
Le Bonheur
Località Chez Croiset, 53 A
Tel. 0165 764117
Aperto tutto l'anno
Orario: 12.30-16.30/19.30-23.30
Coperti: 65

Ristoro, pernottamento, servizi di turismo equestre e di fattoria didattica costituiscono l'offerta dell'azienda di Luigina Voyat. Prenotando, a pranzo e a cena potrete gustare, oltre a salumi e formaggi, torte salate, crespelle alla valdostana, gnocchi di patate o di verdure, polenta e spezzatino, *carbonade*, capretto arrosto. Prezzo sui 30 euro, merenda 10-15.

LA SALLE
Le Cadran Solaire
Frazione Challancin, 38
Tel. 0165 863935
Aperto su prenotazione agosto-ottobre e dicembre-giugno da martedì a domenica
Orario: 12.30-13.30 /20.00-21.00
Coperti: 32

A oltre 1600 metri di altitudine, l'agriturismo di Eliana Pascal offre solo servizio di ristoro, e solo ai pasti principali: niente merende. Le carni di animali allevati in azienda sono parte preponderante del ricco menù (25-30 €). Ottime la *carbonade* e la gallina arrosto, non da meno gnocchi, risotti e minestroni di verdura.

NUS
Maison Rosset
Via Risorgimento, 39
Tel. 0165 767176
Chiuso il lunedì e tre settimane in gennaio
Orario: solo sera su prenotazione, domenica (e sabato d'estate) anche pranzo
Coperti: 60

La sede storica dell'azienda Rosset accoglie gli ospiti in un ambiente elegante e curato. Una mezza dozzina di antipasti, polenta (cotta nel camino) con la fonduta, gnocchi o ravioli, crema di verdure, carne al ginepro con patate, gelato compongono un menù luculliano, che – compresi acqua, vino, caffè, grappa e tisana digestiva – non vi costerà più di 30 euro. Sul retro ci sono cinque camere per il pernottamento.

PONTBOSET
Le Moulin des Aravis
Frazione Savin, 55
Tel. 0125 809831-329 8013184
Aperto tutto l'anno su prenotazione
Orario: 13.00-14.00/20.30-21.30
Coperti: 50

Nell'appartata valle di Champorcher, Mauro e Piera Gontier hanno restaurato una segheria secentesca, con mulino mosso dalle acque del torrente Ayasse. Il menù tipo (25-30 euro) comprende castagne con il burro, salignon, verdure in agrodolce, cotechino e cavolo glassato con mele, minestra di castagne o risotto con funghi e mirtilli, spezzatino con polenta, coniglio alla lavanda, torta ai frutti di bosco o una crostata con confettura casalinga. Per il pernottamento ci sono quattro camere.

SAINT-PIERRE
Les Écureuils
Località Homené Dessus, 8 D
Tel. 0165 903831
Aperto le sere di venerdì e sabato e nei festivi a pranzo
Ferie: dicembre
Orario: 13.00-20.00
Coperti: 20

Capre, oche, galline e altri animali da cortile affiancano i proprietari nell'accoglienza a Les Écureuils, a oltre 1500 metri di quota. Straordinari i caprini, i paté e i prosciutti d'oca che a tavola precedono i piatti cucinati da Glory Gontier: gratin di porri, gnocchi di castagne o di formaggio, zuppe di cavolo o di ortiche, bollito misto, capretto al forno, *carbonade* di capra, torta di mele, dolce di ricotta o caprino fresco con miele e noci. Pasto 15-25 euro, degustazione o merenda 8-15. Cinque le camere per la notte.

TORGNON
Boule de Neige
Frazione Mazod, 11
Tel. 0166 540617
Chiuso tra metà giugno e metà luglio
Ristorazione solo per chi pernotta o, a cena – e la domenica a pranzo – su prenotazione
Orario: 12.30-13.30/20.00-21.00
Coperti: 30

Quella della famiglia Perrin è un'azienda multifunzionale: le materie prime usate in cucina dalla signora Elsa sono quindi al 90% di produzione propria. Per 25-30 euro gustereste ottimi salumi e formaggi, giardiniera, frittelle, *vapellenentse*, creme di verdura, crespelle, gnocchi di ricotta ed erbe, polenta concia, *carbonade*, coniglio al forno, arrosto ripieno. Oltre che nella sede principale si può pernottare, a breve distanza, in un moderno edificio in legno, Le Soleil Levant.

ISSOGNE

40 KM A SE DI AOSTA SS 26 O A 5 USCITA VERRÈS

Al Maniero
Ristorante con alloggio
Frazione Pied de Ville, 58
Tel. 0125 929219
Chiuso il lunedì, mai in agosto
Orario: mezzogiorno e sera
Ferie: 15-30 giugno
Coperti: 50 + 30 esterni
Prezzi: 27-35 euro vini esclusi
Carte di credito: CS, DC, MC, Visa, BM

A breve distanza dal castello degli Challant, Emanuela e Giovanni Paladini, con il figlio Mattia, gestiscono con passione e cura il Maniero, meta consolidata di un turismo che sa riconoscere la qualità e l'onesta proporzione con il prezzo. L'ambiente (con terrazza estiva) è raffinato e accogliente, il servizio puntuale e cortese, la cucina tradizionale della montagna. Sia la carta sia il conveniente menù degustazione (per almeno due persone, 22 euro) si aprono con ben selezionati salumi tipici (lardo d'Arnad, mocetta, prosciutto di Saint-Marcel, jambon de Bosses). Altri antipasti sono preparati, in estate, con le verdure dell'orto di casa: flan, strudel servito con la fonduta (9 €), peperoni con la *bagna caoda* (8 €). La polenta è, come prevedibile, un elemento che accomuna primi, secondi e piatti unici: **polenta concia**, *carbonade* **con polenta**, polenta con fonduta o – in stagione – funghi. Inoltre, tra i primi, gnocchi con la fonduta, **tortelli di salignon** (una ricotta speziata), *seupa vapellenentse* e, tra i secondi, **agnello alle erbe** (12 €), **scaloppa alla valdostana**, carpaccio caldo al forno. Per chi ama i formaggi, tome, fontine di alpeggio, tomini di capra sono disponibili a porzioni oppure in misto. In chiusura, un ottimo zabaione al vino bianco (7 €), la *piata* **di Issogne con cioccolato caldo** (5 €) o la torta di mele meringata. Bella carta dei vini, con buona scelta di etichette valdostane e nazionali. Per il pernottamento ci sono sei confortevoli camere.

SAINT-PIERRE
Vetan

21 KM A OVEST DI AOSTA SS 26

Vetan

Bar-trattoria con alloggio
Frazione Vetan Dessous, 77
Tel. 0165 908830
Aperto ven, sab e dom, sempre luglio-agosto e tra Natale e l'Epifania
Orario: mezzogiorno e sera
Ferie: variabili
Coperti: 50 + 30 esterni
Prezzi: 28 euro, menù fisso
Carte di credito: CS, DC, MC, Visa, BM

SAINT-RHÉMY-EN-BOSSES
Bourg

22 KM A NO DI AOSTA, 13 KM DAL COLLE DEL GRAN SAN BERNARDO SS 27

Suisse

Ristorante annesso all'albergo
Via Roma, 26
Tel. 0165 780906
Aperto venerdì-domenica, sempre d'estate
Orario: mezzogiorno e sera
Ferie: variabili in primavera e autunno
Coperti: 45
Prezzi: 35-40 euro vini esclusi
Carte di credito: tutte, BM

A circa cinque chilometri dal centro di Saint-Pierre, la frazione Vetan si caratterizza per lo splendido panorama sulla Grivola, per la bella pista di sci da fondo e per l'osteria della famiglia Montrosset. Dopo esservi inerpicati, su una strada tutta curve, fino a 1700 metri di altitudine, sarete accolti in una tipica baita dalla gentilezza di Antonella e di sua madre Elida, appassionate interpreti della cucina valligiana. Nella rustica sala, con una parete ricoperta da vecchie foto di famiglia, o se il tempo lo permette in terrazza, vi aspetta un menù (fisso) di semplici piatti della tradizione, preparati con maestria e con ingredienti locali, alcuni in particolare frutta e verdura) di produzione propria. Si comincia con vari antipasti: salumi accompagnati da castagne cotte nel burro, insalata di mele, noci e sedano, una torta di verdure di stagione, la ricotta con le erbette. Il primo è quasi sempre una zuppa – *vapellenentse*, pasta e fagioli, minestrone –, ma potreste trovare anche il **riso con verdure e fontina**. A seguire, l'immancabile **polenta**, **concia** oppure servita **con la** *carbonade*, **con la salsiccia** o **con** una **ratatouille di verdure**. Prenotandolo con qualche giorno di anticipo si può gustare il coniglio allevato in Valle, cucinato al forno e sfumato con la birra. I dolci comprendono budino al cioccolato, torta di mele e bavaresi di frutta. Nel prezzo del menù è compreso lo sfuso, ma la mensola all'ingresso espone una valida miniselezione di vini in bottiglia. Si consiglia di prenotare. È possibile pernottare in una delle sei camere dell'adiacente Abri de Vetan, gestito anch'esso dalla famiglia Montrosset.

Chi, in transito nella valle del Gran San Bernardo, non si aspetta altro ristoro che mocetta e fontina rimarrà sorpreso dall'accoglienza che gli riserva il ristorante dell'hotel Suisse, nel vecchio borgo di Saint-Rhémy. Laura, la giovane che ha in gestione la bella struttura storica, propone un menù apparentemente poco valdostano: la polenta non è nemmeno citata! Ma negli ingredienti dei piatti la tipicità si ritrova in fretta, a partire dall'*assiette* di salumi e formaggi (12 €) con miele di castagno e composta di frutta, o dal caprino caramellato su misticanza di montagna. Tra i primi (tutta la pasta è fatta in casa), i **tagliolini al ragù di cervo** (12 €) sono l'unico piatto per carnivori; noi consigliamo la **zuppa valdostana** (10 €), corroborante anche in piena estate a queste altitudini. Per il secondo la scelta può essere tra l'ottima **guancia brasata** alla birra rossa del Gran San Bernardo, il filetto con riduzione di passito (20 €), la **trota con jambon de Bosses**; tra i piatti vegetariani, il purè di fave con coste (12 €). A fine pasto non ci si può esimere dall'assaggiare le tegole artigianali, da tuffare nella crema di cioccolato o nella coppa Suisse; in stagione è da provare la crostata di pesche e amaretti (5 €). La lista dei vini offre una buona scelta, in particolare le etichette valdostane sono di piccole aziende attente al territorio. Chi passa per un pasto veloce può chiedere il menù del viandante (15 €), composto da piatto del giorno, dolce della casa, vino e caffè.

Il prosciutto di Bosses si acquista in estate nello stabilimento di fronte al Suisse, tutto l'anno nel negozio accanto al distributore di carburanti.

VALLE D'AOSTA | 41

VERRAYES
Grangeon

17 KM A NE DI AOSTA SS 26 O A 5 USCITA NUS

La Vrille
Azienda agrituristica
Località Grangeon, 1
Tel. 0166 543018-347 1165945
Non ha giorno di chiusura, in bassa stagione aperto solo nel fine settimana
Orario: sera, pranzo su prenotazione
Coperti: 30 + 30 esterni
Prezzi: 30 euro vini esclusi, menù fisso
Carte di credito: nessuna

La cucina di Luciana Neyroz Deguillame non sarà proprio «a centimetro zero», come la definisce lei, ma a metro zero (o quasi) sì: le vigne, l'orto, il frutteto, l'aia e la stalla dell'azienda forniscono la quasi totalità delle materie prime, il resto è raccolto nei boschi o acquistato nelle immediate vicinanze; persino il caffè è torrefatto in regione. L'alta qualità dei piatti, unita alla piacevolezza dell'ambiente, rende la sosta raccomandabile anche a chi non ama la formula del menù fisso, che qui – come in molti agriturismi – non ha alternative: si mangia quello che c'è (due antipasti, primo, secondo, formaggi, dolce), ma tutto è così buono da non far rimpiangere la possibilità di scelta. Nella rustica sala in pietra e legno, o in cortile con il bel tempo, vi saranno offerti in apertura, accompagnati da vari tipi di pane fatto in casa, ottimi salumi (anche l'insolita mocetta di pecora) e, spesso, una **mousse**: in estate ne abbiamo assaggiata una delicatissima, **di melanzane con crema di peperoni**. Tra i primi, **crêpe di verdure** (per esempio, **di zucca con salsa ai porri**), **tagliatelle al sugo di pecora**, **orzo e fagioli**, in autunno crema di castagne, in inverno zuppa di cavolo. Come secondo, **coniglio alla lavanda**, **capretto arrosto**, costolette di agnello al timo, spezzatino con polenta. In chiusura, formaggi di malga, frittelle di mele o torte casalinghe, e caffè nella moka. Accompagnano il pasto gli ottimi vini di Hervé Deguillame.

❝*Materie prime eccellenti, spesso di produzione propria, e l'appassionata cura di Luciana danno vita a una cucina di montagna tradizionale ma non stereotipata*❞

VERRÈS
Omens

38 KM A SE DI AOSTA SS 26 O USCITA A 5

Omens
Bar-trattoria
Località Omens, 1
Tel. 0125 929410-347 4775334
Chiuso il lunedì, ott-giu aperto sab, dom e festivi
Orario: mezzogiorno e sera
Ferie: variabili in inverno
Coperti: 60 + 35 esterni
Prezzi: 23 euro vini esclusi, menù fisso
Carte di credito: nessuna

In una borgata a 800 metri di altitudine, raggiungibile dalla stradina che sale dal fondovalle, lambendo il castello di Verrès, dal 1974 il semplice locale della famiglia Bertolin è alfiere della più schietta tradizione valdostana. Nell'unica sala o in veranda potrete gustare, in quantità abbondanti e a un prezzo contenutissimo, ottimi piatti, presentati con grande cortesia. Il menù completo (che affianca il turistico e il vegetariano, entrambi a 13 euro) comprende, per 23 euro, tre antipasti, due primi, un secondo di carne con polenta, dessert e caffè. Tra le entrée spiccano i salumi locali, compreso il *boudin* (ancora preparato con il sangue di maiale, altrove sostituito da un impasto di barbabietole e patate), le castagne glassate servite con fiocchi di burro di malga e il superlativo **cotechino con patate lesse e bagnetto verde**. Tra i primi è deliziosa la *vapellenentse*, così come la **polenta concia** che accompagna i secondi: **spezzatino**, **arrosto di vitello**, salsiccia, pollo o **coniglio in umido**. In chiusura, torte secche, panna cotta, frutta fresca, gelato. La selezione dei vini è limitata ma affidabile. Fuori dagli orari dei pasti principali è possibile rifocillarsi con panini, insalate o con la sostanziosa merenda valdostana (15 euro) a base di salumi – cotechino compreso –, lingua al verde e formaggi. Se vi recate da Omens a pranzo, nella bella stagione potrete approfittarne per una passeggiata nella natura; in tutte le altre occasioni si consiglia una visita al vicino Forte di Bard, che offre un ricco programma di mostre.

A **Hône** (12 km) l'azienda Alpe, via Stazione 28, produce e vende amari, infusi, genepì e grappe aromatizzate.

oltre alle osterie

GIGNOD - LA CLUSAZ

21 km a nord di Aosta ss 27

Locanda La Clusaz

Ristorante con alloggio
Frazione La Clusaz, 1
Tel. 0165 56075-56426
Chiuso il martedì e mercoledì a pranzo
Ferie: tra maggio e giugno e in novembre
Coperti: 40
Prezzi: 39-45 euro vini esclusi
Carte di credito: tutte, BM

La locanda appartiene alla famiglia Grange da una novantina d'anni, ma è molto più antica: risalirebbe addirittura al XII secolo. Per decenni modesto luogo di ristoro e soggiorno per valligiani o forestieri in transito tra Aosta e Martigny, è stato trasformato da Maurizio Grange e dalla moglie Sevi Math in un fascinoso tempio dell'ospitalità: ambiente di austera eleganza, servizio professionale, cucina raffinata e a tratti creativa, ma sempre ben radicata nel territorio. Due i menù, della tradizione a 39 euro e di stagione a 43, scomponibili in piatti che si possono ordinare anche singolarmente. Eccellenti salumi – di produzione propria, come le verdure e il pane –, tra i quali il raro *teteun*, mammella di vacca salmistrata, precedono, per restare alle ricette più tradizionali, la tartiflette alla fontina, gli straccetti di farina di segale con verza e crema di toma, la *carbonade* con polenta cotta a legna (alla carta, 14 €), lo stinco al vino rosso; dal menù di stagione, il risotto mantecato alla zucca con castagne affumicate e riduzione al Fumin, i ravioli di caprino ed erba cipollina, la pancia di maialino laccata al miele (18 €). In inverno non perdetevi il piedino di maiale farcito con carni bianche, le animelle e il musetto di vitello. Sontuoso il carrello dei formaggi (12-20 €), squisiti i dolci e la piccola pasticceria. Carta dei vini adeguata, con un occhio di riguardo per quelli di montagna, italiani, del Vallese e della Savoia.

Gstaad
Montreux
Sierre
Brig
Rotten
Biasca
Monthey
Sion
Chiavenna
SVÍZZERA
Rhône
Crodo
Locarno
Bellinzona
Cluses
Martigny
Masera
Saas Fee
Domodóssola
Täsch
Lago
Maggiore
PARCO NAZ. D.
VAL GRANDE
Lugano
Menaggio
Chamonix-
-Mont-Blanc
Gran
San Bernardo
Cervino
4478
4637
L. di
Como
Breuil-Cervínia
M. Rosa
Verbánia
Luino
Monte Bianco
4807
2473
VALLE D'AOSTA/
Aosta/Aoste
Courmayeur
Orta
San Giúlio
Varese
Como
Lecco
A5
Borgosésia
Borgomanero
Picc.
San Bernardo
2188
A8/26
A9
Guardabosone
Gallarate
Saronno
VALLÉE D'AOSTE
Oropa
Curéggio
Romagnano
Sésia
Ghemme
Monza
PARCO NAZ.
GRAN PARADISO
Occhieppo
Inferiore
Biella
Oléggio
Carema
A8
Sizzano
Isère
Séttimo
Vittone
Gattinara
Busto Arsízio
A4
4061
Gran Paradiso
Bellinzago
Novarese
Moûtiers
Traversella
A5
A26
Rho
Sesto
S. Giovanni
Chiaverano
Banchette
Ivrea
MILANO
Ceresole
Reale
PARC NATIONAL
A4/5
Viverone
A4
Novara
Ticino
DE LA VANOISE
Caravino
Ório
Canavese
Barone
Canavese
Rivarolo Canavese
Vercelli
Vigévano
A1
2083
Moncenisio
Mazzè
A26/4

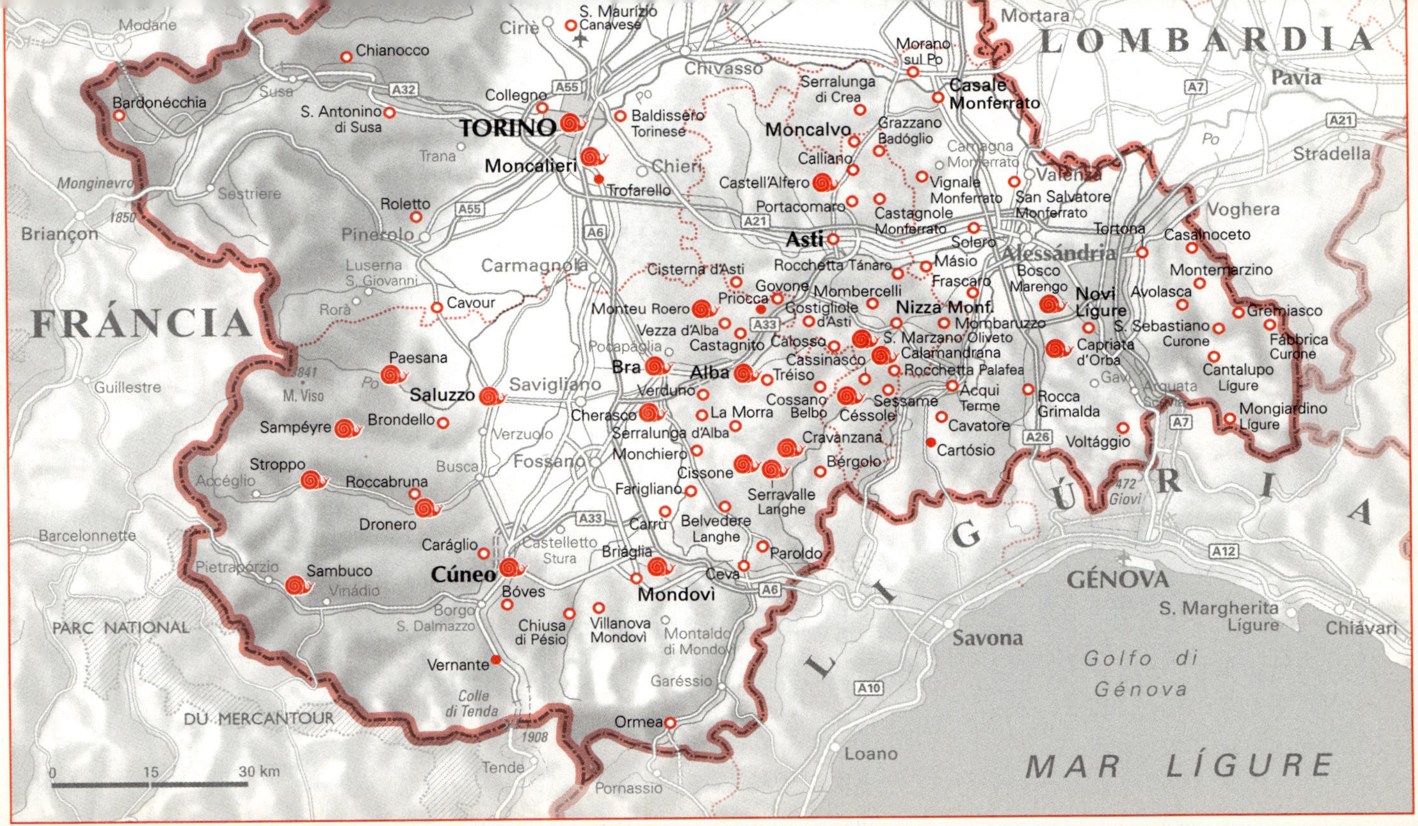
LOMBARDIA
FRÁNCIA
LIGURIA
MAR LÍGURE
Golfo di Génova
PARC NATIONAL DU MERCANTOUR
TORINO
Moncalieri
Asti
Alessándria
Cúneo
Mondovì
Alba
Bra
Saluzzo
Casale Monferrato
Moncalvo
Nizza Monf.
Novi Lígure
GÉNOVA
Savona
Pavia
Voghera
Stradella
Tortona
Mortara
Valenza
Chivasso
Chieri
Carmagnola
Savigliano
Fossano
Pinerolo
Modane
Bardonécchia
Chianocco
Susa
S. Antonino di Susa
Collegno
Ciriè
S. Maurízio Canavese
Trana
Monginevro
Sestriere
Briançon
1850
Roletto
Luserna S. Giovanni
Rorà
Cavour
Guillestre
M. Viso
3841
Po
Paesana
Sampéyre
Brondello
Stroppo
Accéglio
Roccabruna
Busca
Dronero
Verzuolo
Barcelonnette
Pietrapórzio
Sambuco
Vinádio
Caráglio
Borgo S. Dalmazzo
Bóves
Vernante
Colle di Tenda
1908
Tende
Chiusa di Pésio
Villanova Mondovì
Montaldo di Mondovì
Garéssio
Ormea
Pornassio
Loano
Baldissero Torinese
Trofarello
Serralunga di Crea
Morano sul Po
Grazzano Badóglio
Camagna Monferrato
Calliano
Castell'Alfero
Vignale Monferrato
San Salvatore Monferrato
Portacomaro
Castagnole Monferrato
Solero
Cisterna d'Asti
Rocchetta Tánaro
Másio
Frascaro
Bosco Marengo
Casalnoceto
Montemarzino
Avolasca
Gremiasco
Fábbrica Curone
S. Sebastiano Curone
Cantalupo Lígure
Mongiardino Lígure
Capriata d'Orba
Gavi
Arquata
Rocca Grimalda
Voltággio
Giovi
472
Monteu Roero
Priocca
Govone
Mombercelli
Costigliole d'Asti
Vezza d'Alba
Castagnito
Calosso
Pocapáglia
Mombaruzzo
S. Marzano Oliveto
Calamandrana
Rocchetta Palafea
Cassinasco
Tréiso
Verduno
Cossano Belbo
Sessame
Céssole
Acqui Terme
Cavatore
Cartósio
Cherasco
La Morra
Serralunga d'Alba
Cravanzana
Monchiero
Cissone
Bérgolo
Farigliano
Serravalle Langhe
Carrù
Belvedere Langhe
Castelletto Stura
Briáglia
Paroldo
Ceva
S. Margherita Lígure
Chiávari
A32
A55
A6
A21
A33
A26
A7
A12
A10
0
15
30 km

PIEMONTE

A distinguere le paste fresche di area padano-alpina è soprattutto l'aggiunta di uova a un composto che, basandosi prevalentemente su farine di frumento, manca della consistenza garantita dalle semole di grano duro, caratteristiche delle regioni meridionali e impastate quasi sempre con sola acqua. Le uova abbondano nei due più noti primi piatti piemontesi: i *tajarin* (tagliolini) e gli agnolotti (ravioli o raviole). Per i primi, che vanno tagliati a coltello da una sfoglia sottilissima, la proporzione standard è di 10 uova intere per chilo di farina, ma c'è chi usa solo tuorli, e in dosi anche quadruple: ne troverete parecchi esempi in queste pagine. La sottigliezza della sfoglia ha un'importanza ancora maggiore per gli agnolotti: dev'essere così fine da lasciar intravedere il ripieno, fatto di carni arrostite, brasate o stufate, legate da uova e unite a verdura o riso con funzioni ammorbidenti. L'agnolotto classico è un quadrato di un paio di centimetri, con il bordo dentellato, ma negli ultimi anni ha conosciuto grande popolarità l'agnolotto dal *plin*, chiuso con un pizzicotto, tecnica praticata un tempo solo in alta Langa. Molto diffusi in Piemonte, come del resto in tutto il Nord, sono gli gnocchi di patate e farina, mescolate in proporzioni tali da ottenere un impasto soffice ed elastico: se ne ricavano pezzetti che, fatti passare sui rebbi di una forchetta, si cuociono brevemente in acqua e si condiscono in vari modi. Completano il quartetto dei primi piatti i risotti: le ricette più tradizionali – comprese panissa e paniscia – arrivano dalle province di Vercelli e Novara, comprensorio risicolo tra i più importanti del mondo occidentale.

scelti per voi

agnolotti

- 60 Santisé
  Calliano (At)
- 62 Il Moro
  Capriata d'Orba (Al)
- 106 Cascina Schiavenza
  Serralunga d'Alba (Cn)
- 117 Sotto la Mole
  Torino

gnocchi

- 51 Bel Deuit
  Baldissero Torinese (To)
- 56 Belvedere
  Borgosesia (Vc))
- 59 La Torre
  Brodello (Cn)
- 85 Divin Porcello
  Masera (Vb)

risotti

- 55 Trattoria dei Commercianti
  Borgomanero (No)
- 80 La Brioska
  Gattinara (Vc)
- 91 Tre Merli
  Morano sul Po (Al)
- 109 Impero
  Sizzano (No)

tajarin

- 61 Osteria della Gallina Sversa
  Calosso (At)
- 74 Trattoria della Posta da Camulin
  Cossano Belbo (Cn)
- 90 Da Giuseppe
  Montemarzino (Al)
- 95 Barba Toni
  Orio Canavese (To)

ACQUI TERME

34 KM A SO DI ALESSANDRIA

Bo Russ
Osteria
Via Garibaldi, 98
Tel. 0144 321682
Chiuso il martedì, sabato e domenica a pranzo
Orario: mezzogiorno e sera
Ferie: 15 giorni im marzo
Coperti: 50 + 30 esterni
Prezzi: 27-30 euro vini esclusi
Carte di credito: CS, MC, Visa, BM

Un tempo albergo e stallaggio per i cavalli, oggi ristorante nel pieno centro di Acqui, a due passi dalla basilica dell'Addolorata: una sala interna, molto semplice e accogliente, e alcuni tavoli all'aperto, in direzione della piazza. La cucina, curata da Claudio, parte dalle tradizioni del basso Piemonte e accoglie richiami liguri e anche nazionali, in virtù della posizione e dell'attività termale e turistica di Acqui. I piatti sono elencati a voce, in sala, da Eugenio, che illustra volentieri la carta del giorno; il menù è leggermente ridotto a pranzo, più articolato la sera. Si può iniziare con un piattino di **farinata** (3,50 €), per poi passare agli antipasti: salumi misti tra cui il filetto baciato di Ponzone, carpaccio di carne cruda, un ottimo **vitello tonnato** all'antica (8 €), sformati di verdura secondo stagione, **baccalà mantecato**, polpo con patate, piccola catalana di pesce. Come primo ci sono spesso i **ravioli al sugo d'arrosto** (9 €), gli gnocchi al baccalà o al pesto, in estate le lasagnette con melanzane e basilico. Tra i secondi un classico del luogo è lo **stoccafisso all'acquese** (12 €), ma andrebbero assaggiati anche lo stinco arrosto, la **punta di vitello al forno**, la cima alla genovese, il fegato alla veneziana, le acciughe impanate e fritte. Si chiude con crostata di frutta di stagione, *bonet*, **salame dolce**, semifreddo al miele (4 €), crema catalana o mousse al cioccolato. Discreta selezione di formaggi e semplice ma curata carta dei vini.

ACQUI TERME

34 KM A SO DI ALESSANDRIA

Farinata Mazzini   *novità*
Osteria
Via Mazzini, 29
Tel. 0144 325347
Chiuso il lunedì
Orario: mezzogiorno e sera
Ferie: fine gennaio e metà luglio
Coperti: 30
Prezzi: 25 euro vini esclusi
Carte di credito: tutte, BM

Acqui Terme è una bella cittadina monferrina, di fondazione romana e sede delle antiche terme. Meta di villeggiatura, Acqui è caratterizzata da un microclima influenzato dal *marìn*, corrente d'aria marina proveniente dalla vicina Liguria. Il centro storico è ricco di siti di interesse culturale. Mazzini sforna **farinata** – il cibo di strada simbolo della tradizione locale – ed è osteria fin dal 1950. Denise – figlia d'arte, ristoratrice da tre generazioni – prepara pietanze dal piglio genuino, che si rinnovano nel menù a seconda delle disponibilità del mercato e dell'orto coltivato da Renato. Tra gli antipasti, le **acciughe con il *bagnet verd*** (6 €), le polpette in carpione, il flan di funghi porcini e in autunno largo spazio alla *bagna caoda* (8 €). Non mancano mai i ravioli conditi con il sugo di carne o al vino (8 €); tra le proposte del giorno invece possiamo incontrare il minestrone (7 €), la pasta e fagioli, i ***tajarin* con il tartufo** bianco o nero, le fettuccine di farina di ceci saltate in padella con il gorgonzola. Trippa (7 €), **stoccafisso all'acquese**, stinco di vitello al forno, spezzatino, **pollo alla cacciatora**, acciughe fritte (7 €) completano l'offerta dei secondi. Buona la selezione dei formaggi e, tra i dolci, il classico *bonet*, la **crema di torrone**, la crema al Moscato e il tiramisù (5 €), magari accompagnati da un calice di Brachetto d'Acqui, vino da vitigno autoctono. La carta dei vini è ben fornita e di etichette regionali.

PIEMONTE | 47

ALBA

62 KM A NE DI CUNEO, 29 KM DA ASTI SS 231 O A 33

La Piola
Osteria moderna
Piazza Risorgimento, 4
Tel. 0173 442800
Chiuso dom sera e lun, estate anche dom a pranzo
Orario: mezzogiorno e sera
Ferie: variabili in gennaio
Coperti: 50 + 40 esterni
Prezzi: 38-40 euro vini esclusi
Carte di credito: AE, CS, MC, Visa, BM

La cucina della Piola è più semplice di quella che ogni giorno è proposta, qualche gradino più su, nel ristorante tristellato di Enrico Crippa, eppure la qualità è la stessa: materie prime di alto livello, cotture precise, sapori definiti e sempre equilibrati. Per questo, anche se i prezzi sono un po' più alti della media dei locali in guida, abbiamo deciso di mantenere questa bella osteria nella nostra selezione. Potrete mangiare nell'unica sala, arredata in modo moderno e minimale, oppure godere dell'atmosfera di piazza Duomo nella veranda esterna. Il menù e i vini al calice sono indicati sulla grande lavagna posta di fronte all'ingresso. Potrete iniziare con *vitello tonnato* (11 €), insalata russa, carne cruda, in estate fiori di zucca ripieni su salsa ai pomodori crudi (11 €), oppure optare per una selezione con piccoli assaggi di tutto. I primi sono quanto di più tradizionale possa esistere: *tajarin al ragù di salsiccia*, *agnolotti dal plin con sugo d'arrosto* (13 €), gnocchi di patate al pesto. Tra i secondi, oltre alla tagliata di fassona con patate alla piastra e cicoria, c'è sempre una proposta alternativa che cambia spesso – molto buone le **crocchette di merluzzo con crema di patate, pesto e bietole** (15 €) – e una vegetariana. I dolci (6,50 €) sono quelli classici: pesca ripiena con gelato, semifreddo al torrone, *bonet*. I vini – ampia la proposta a bicchiere – sono soprattutto dell'azienda di casa, ma se la chiedete potrete avere a disposizione la bella carta del ristorante.

ALBA

62 KM A NE DI CUNEO, 29 KM DA ASTI SS 231 O A 33

Osteria dell'Arco
Ristorante
Piazza Savona, 5
Tel. 0173 363974
Chiuso domenica e lunedì, mai ottobre-novembre
Orario: mezzogiorno e sera
Ferie: non ne fa
Coperti: 50
Prezzi: 30-33 euro vini esclusi
Carte di credito: tutte, BM

L'osteria, affacciata sulla piazzetta interna a un cortile del centro, è accogliente e sobria, il personale di sala gentile e preparato. La grande attenzione alle materie prime, prevalentemente locali, unita alla bravura dello chef Maurizio Dellapiana, si riflette nell'alta qualità dei piatti. Tra i Presìdi Slow Food all'Arco troverete regolarmente la carne di razza bovina piemontese, il coniglio grigio di Carmagnola e, tra i formaggi, il caprino di Roccaverano. Imperdibili alcuni piatti preparati in modo magistrale da moltissimi anni, come, tra gli antipasti, il *vitello tonnato*, la carne cruda di razza piemontese battuta al coltello (9 €), la cipolla novella ripiena di carni bianche gratinata al forno (11 €). Tra i secondi si segnalano i *tajarin ai 40 tuorli d'uovo*, conditi con sugo di salsiccia di Bra (9,50 €) e con burro di alpeggio, e gli *agnolotti dal plin con sugo di arrosto*; buonissimi anche gli gnocchi di patate al castelmagno e gli gnocchetti di seirass (ricotta). Sempre per rimanere nell'ambito della tradizione, tra i secondi sono ottimi il **brasato di vitello al Barolo** (13,50 €) e il coniglio grigio di Carmagnola all'Arneis. Ci sono anche alcuni piatti di pesce: da assaggiare il baccalà con olive taggiasche e patate tiepide, ma anche i gamberi del canale di Sicilia o il polpo spadellato con verdurine. All'Arco si va anche per la mitica **panna cotta con pere madernasse al Moscato** e per lo squisito tiramisù. Ampia, curata e attenta ai prodotti piemontesi la carta dei vini.

> ❝ L'Osteria dell'Arco è uno degli emblemi della cucina di Langa più autentica, un caposaldo del mangiare slow ❞

ASTI
Mombarone

10 KM DAL CENTRO DELLA CITTÀ

Ai Binari
Trattoria
Frazione Mombarone, 145-ss Asti-Chivasso
Tel. 0141 294228
Chiuso domenica sera e lunedì
Orario: sera, sabato e festivi anche pranzo
Ferie: tra gennaio e febbraio, dopo Ferragosto
Coperti: 70
Prezzi: 27-32 euro vini esclusi
Carte di credito: CS, MC, Visa, BM

L'antica stazione ferroviaria, trasformata in osteria, si trova alla periferia di Asti, sulla statale per Chivasso. Suppellettili e parte degli infissi sono d'epoca, fotografie e manifesti documentano la vita del piccolo centro di Mombarone a inizio Novecento. In anni più recenti, invece, è stata costruita una veranda. Mara accoglie con estrema gentilezza gli ospiti, illustrando con competenza i vini e i piatti del giorno. Un'intera pagina del menù è dedicata ai fornitori, quasi tutti locali. Si può ordinare alla carta oppure optare per uno dei due menù degustazione da 30 e 36 euro, dai titoli evocativi: Littorina (con questo nome nel ventennio fascista si definivano le prime carrozze automotrici ferroviarie) e Littorina Allegra. Già tra gli antipasti si ritrovano i classici della tradizione piemontese: carne cruda di fassone, un ottimo **vitello tonnato alla maniera antica**, le **acciughe con bagnetto verde** (8 €). Tra i primi (8 €), immancabili gli **agnolotti ai tre arrosti con sugo di arrosto** e i *tajarin* (le farine dell'impasto sono di grani antichi da agricoltura biologica) conditi perlopiù con sughi vegetali. Come secondo, **rolata di coniglio grigio di Carmagnola**, stinco di maiale al forno (12 €), arrosto di vitello con nocciole. Non mancano però varianti più creative, come i pomodori al forno ripieni di verdurine e bra tenero, il risotto ai peperoni e gorgonzola di Novara oppure ancora i *tajarin*, ma **con baccalà e germogli di ortica**. Per finire, *bonet* o panna cotta. Pregevoli sia la selezione dei **formaggi** sia la carta dei vini, che offre un bel panorama dell'Italia enologica, con qualche puntata in Francia.

ASTI

Il Brillo Parlante
Osteria
Via Garetti, 26
Tel. 0141 598637
Chiuso il lunedì
Orario: sera, pranzo su prenotazione
Ferie: due settimane in agosto
Coperti: 30 + 20 esterni
Prezzi: 25-30 euro vini esclusi
Carte di credito: AE, CS, DC, Visa, BM

Il Brillo Parlante è una graziosa osteria in una delle vie più suggestive del centro storico di Asti. Il locale, intimo e curato, ha un'unica saletta con pareti e arredi dai colori pastello e una grande lavagna su cui è riportato il menù del giorno. Novità recente, con il bel tempo ci si può accomodare anche in un minuscolo dehors di fronte all'ingresso del locale, nella stradina chiusa alle auto: possibilità di cui abbiamo approfittato volentieri. Come antipasto ci sono piaciuti sia la **fesa marinata con spuma di ricotta e pane** (8,50 €) sia un classico **vitello tonnato**, ma siamo stati tentati anche dallo gnocco fritto con coppa piacentina, dalle acciughe al verde, dalla cipolla ripiena al forno con pomodoro. Come primo sono sempre disponibili gli **agnolotti**, **al ristretto di brasato** nei mesi freddi e **al burro fuso e timo** in estate; buoni anche gli **gnocchi di patate con baccalà e favette** (9 €) e le linguine di Gragnano con salsiccia, cicorietta e pomodorini infornati con briciole di pane. Tra i secondi la nostra scelta è caduta sul ricco **carpione** e sul **coniglio arrosto con olive taggiasche e pomodorini** (12 €), cui si affiancavano i filettini di maiale con crema di patate al timo e fagiolini e un invitante tagliere di formaggi. Buona scelta di dessert (5 €), con sorbetto alla fragola, semifreddo all'amaretto, ganache di cioccolato e pesca al forno. La carta dei vini lascia ampio spazio al territorio, ma non manca una buona selezione di etichette nazionali, con possibilità di servizio al bicchiere.

PIEMONTE | 49

ASTI

Osteria del Diavolo
Trattoria
Piazza San Martino, 6
Tel. 0141 30221
Chiuso lunedì e martedì
Orario: solo la sera
Ferie: variabili in agosto
Coperti: 40 + 25 esterni
Prezzi: 27-32 euro vini esclusi
Carte di credito: tutte, BM

Ospitata nei locali adiacenti a una chiesa sconsacrata, ora adibita a spettacoli e concerti, l'Osteria del Diavolo occupa tre graziose e raccolte salette. La cucina è semplice – ispirata alla tradizione astigiana ma con qualche incursione nella vicina Liguria – e le materie, ovviamente, sono dettate dalle stagioni. Qualche distrazione nel servizio, soprattutto per quanto riguarda le prenotazioni, sarà compensata dal clima rilassato che si respira nel locale e dalla bella proposta dei piatti preparati da Cristina, che sapranno appagare diverse esigenze. Per iniziare fugasette con salumi, battuta di fassone al coltello, **girello di fassone con salsa tonnata** (9 €), tris di carpione, crostatine di zucchine. Tra i primi piemontesi, i classici **agnolotti dal *plin* alle erbe aromatiche** e i *tajarin* al sugo di salsiccia (9 €), mentre come secondo potreste trovare brasato al Barbera vecchio, roastbeef, ossobuco di fassone alla milanese. Dalle specialità liguri ecco arrivare le **verdure ripiene**, il cappon magro (14 €), le tagliatelle brezza di mare, le trenette al pesto; tra i secondi, il tonno alla ligure e le immancabili **acciughe fritte** (11 €). Il *bonet* astigiano, il **budino di torrone al miele**, le estive pesche e cioccolato o pesche al Moscato, il semifreddo al pistacchio sono alcuni dei dessert. Tra i vini, in prevalenza locali, si trovano buone etichette, anche di aziende biologiche e biodinamiche. È possibile ordinare alcuni vini al bicchiere.

Tasté Vin
Vineria con cucina
Via Vassallo, 2
Tel. 0141 320017
Chiuso il martedì, sabato e domenica a pranzo
Orario: mezzogiorno e sera
Ferie: 10 gg in gennaio, 2 sett in agosto
Coperti: 35
Prezzi: 22-28 euro vini esclusi
Carte di credito: CS, DC, MC, Visa, BM

Quasi a suggerire una sosta prima o dopo lo spettacolo, a pochi passi dal cinema Nuovo Splendor c'è questo locale che, come fa intuire il nome, punta sul vino per caratterizzare la propria offerta. E infatti dall'ingresso con il banco di mescita si scende in un'ampia cantina con soffitti a volta in mattoni e pareti colorate. Cinzia e Claudio vi aiuteranno nella scelta dei piatti che, elencati su una grande lavagna appesa al muro, cambiano frequentemente, anche per adeguarsi alla disponibilità di verdure fornite dall'orto di casa. Tra gli antipasti consigliamo la carne cruda battuta al coltello (presentata in tre versioni), i tipici *caponet* (fagottini di verza e salsiccia), il primaverile involtino di asparagi gratinato al forno con pancetta. Se si vuole evitare la carne, **baccalà mantecato all'olio extravergine d'oliva** (8 €), **cardo gobbo di Nizza con fonduta di toma d'alpeggio**, sfogliette di zucca con fonduta di castelmagno. La variabile stagionale si percepisce in modo particolare tra i primi: in inverno **zuppa di verza e toma** o vellutata di patate e porri (6,50 €), in altri periodi **tagliolini con fonduta e noci** o con polpo e pomodorini. Sempre presenti i risotti, di verdure oppure con salsiccia e Barbera. Tra i secondi, tagliata di vitella di razza piemontese (12,50 €), cinghiale in umido, filetto di maiale scottato alla birra, **trippa** e il **carpione** misto, che può essere a base di carne, con bistecchine di pollo, o con le sarde. Per chiudere, crème brûlée con aromi vari o bavarese (4,50 €). Carta dei vini corposa e meditata, con molte etichette a bicchiere; inoltre, birre artigianali, tisane, distillati.

AVOLASCA

42 km a se di Alessandria, 18 km da Tortona

La Vecchia Posta
Azienda agrituristica
Via Montebello, 2
Tel. 0131 876254
Aperto venerdì e sabato sera, domenica a mezzogiorno
Ferie: gennaio e settembre
Coperti: 36
Prezzi: 35 euro, menù fisso
Carte di credito: MC, Visa, BM

Ad Avolasca, paesino tra le valli Grue e Curone, Roberto e Annemie gestiscono la loro azienda, impostata su criteri di ecocompatibilità, assecondando una scelta di vita. Sono apicoltori e produttori di vini biologici, coltivano ortaggi e frutta (soprattutto mele di varietà antiche), allevano pollame: molto di ciò che c'è nella dispensa del piccolo ristoro è frutto della loro attività o al massimo è fornito da altri agricoltori del posto. In cucina, Annemie fa uso, anche in modo creativo, di ingredienti naturali ormai dimenticati; in sala (un ex fienile con splendida vista sui colli tortonesi) sarete assistiti da Roberto, che non disdegnerà di farvi assaggiare i suoi vini, compreso il Timorasso. Del menù, fisso e stagionale, ricordiamo i salumi, tra cui un buonissimo salame crudo della valle, l'ovetto di cagliata con composta di pere e zenzero, la caramella di baccalà con insalata primavera, lo sformato di lisoni con sugo di spugnole, il cappuccino di zucca con crema di gorgonzola. I primi hanno ripieni e condimenti quasi sempre vegetali: **agnolotti di magro**, tagliolini basilico e crusca con pesto di ortiche, **risotto con verdure mantecate al tartufo nero**, o con erbe selvatiche e funghi o, ancora, **con topinambur e** *bagna caoda*. Poi, **guancetta di vitello brasata al Barbera**, **stinco di maiale al forno con erbe aromatiche**, cotechino in crosta con cavolo rosso e purè di porri, **trippa in umido**, coniglio alla trappista con prugne e birra (omaggio alle origini fiamminghe della cuoca). Annemie è anche una brava pasticciera: torta di pistacchi, millefoglie con crema e fragole, gelato di castagne, alla lavanda, alla cannella o al cardamomo.

BALDISSERO TORINESE

14 km a est di Torino

Bel Deuit
Trattoria
Via Superga, 58
Tel. 011 9431719
Chiuso il mercoledì
Orario: sera, sabato anche pranzo, domenica solo pranzo
Ferie: 18 agosto-4 settembre
Coperti: 60 + 30 esterni
Prezzi: 35-38 euro vini esclusi
Carte di credito: CS, MC, Visa, BM

Nel verde della collina torinese, a pochi passi dalla basilica di Superga, il Bel Deuit è un posto attraente, da consigliare a conclusione di una gita fuoriporta, soprattutto in estate, quando la terrazza, dislocata su due livelli, permette di godere della frescura serale. Piacevole è anche la cucina, tradizionale piemontese e molto attenta alle produzioni di prossimità: i riferimenti dei fornitori sono indicati in menù, consentendo di esplorare virtualmente la zona e di curiosare tra i prodotti tipici. Tra i piatti del giorno, elencati a voce, c'è il misto di antipasti (cinque assaggi a scelta, 14 euro) che, oltre a buoni salami, alle insalate di carne cruda e di bollito, al vitello tonnato, alla **lingua in salsa verde**, può comprendere, secondo stagione, fagottino di peperone con mousse di tonno, **crespelle con castelmagno e toma di Lanzo**, torte salate, flan di verdure con fonduta. I primi (10 €) alternano agli **agnolotti al burro ed erbe** i *tajarin* (classici o nella versione al Freisa di Chieri), i maltagliati di farina di castagne con salsiccia, gli **gnocchi con fonduta al raschera**, in inverno *tofeia* e *busecca*. Tra i secondi, notevoli il coniglio con olive taggiasche (14 €), il **brasato al Nebbiolo**, l'arrosto della vena all'Arneis; in primavera, asparagi di Santena in varie ricette. In chiusura, torta di nocciole con zabaione o crema pasticciera. La carta dei vini rispecchia una scelta attenta ai prodotti del territorio, anche a quelli meno conosciuti (per esempio, il Pelaverga di Verduno), con disponibilità di numerose mezze bottiglie. Il personale è gentile, attento ai tempi e alle esigenze dell'avventore.

BANCHETTE

48 KM A NE DI TORINO, 5 KM DA IVREA

Trattoria Moderna Il Simposio

Ristorante annesso all'albergo
Via Circonvallazione, 4 F
Tel. 0125 610210
Chiuso la domenica
Orario: mezzogiorno e sera
Ferie: 1 sett fra Natale e Capodanno, 1 a Ferragosto
Coperti: 50
Prezzi: 36-40 euro vini esclusi
Carte di credito: CS, MC, Visa, BM

Usciti dal casello autostradale di Ivrea, prima dell'ingresso in città, nel comune di Banchette, trovate l'hotel Crystal e il suo ristorante, che giustamente si qualifica come trattoria moderna. Nella sala spicca la cantina circolare, che ospita etichette di piccoli produttori canavesani, oltre a nomi più noti. La cucina è basata su materie prime locali, con sapiente uso di erbe e fiori. L'offerta si diversifica nettamente tra pranzo e cena: a mezzogiorno, oltre a una piccola carta, ci sono un menù di due portate a 14 e il trittico vegetariano a 12 euro; la sera la scelta si amplia, con una carta corposa e (servito per l'intero tavolo) il menù "guidato... al territorio": 36 euro per quattro piatti tradizionali, che variano con le stagioni. Qualche esempio tra gli antipasti (12 €): **trota di Traversella marinata all'arancia, girello con salsa tonnata**, lingua lessa con patate gialle e viola della zona, *caponet*. Come primo (12 €), **agnolotti alle tre carni con sugo d'arrosto**, tagliolini al ragù di coniglio, **zuppa di ajucche** (erba spontanea). Secondi (16-18 €) prevalentemente di carne (ma in menù ci sono almeno tre piatti vegetariani e due di pesce, spesso d'acqua dolce): **guancetta di vitello all'Erbaluce**, costata di maialino con cipolle caramellate e patate arrosto, sella di agnello al timo. Invitante scelta di formaggi e, tra i dolci, tiramisù, plumcake alle mandorle con scaglie di cioccolato (5 €), sorbetti e gelati fatti in casa. Del vino si è detto: se non riuscite a finire la bottiglia, potrete portarvela a casa.

A **Ivrea** (5 km), la pasticceria Balla, corso Re Umberto 16, custodisce l'antica ricetta della torta Novecento.

BARDONECCHIA

90 KM A OVEST DI TORINO

Etable

Ristorante
Via Medail, 82 B
Tel. 0122 96973
Chiuso lun- gio, mai dal 24/06-inizio sett e dicembre-Pasqua
Orario: sera, festivi ed estate anche pranzo
Ferie: variabili
Coperti: 43
Prezzi: 30-35 euro vini esclusi
Carte di credito: AE, CS, MC, Visa, BM

L'Etable è nella via principale di Bardonecchia, storica meta sciistica della montagna torinese: un luogo di ristoro semplice e schietto, con puntuale panoramica sui piatti della tradizione piemontese, articolato in due sale, con ampie vetrate che danno su via Medail. Peppo e Antonella lo gestiscono da quasi vent'anni, con proposte ben elaborate dalla cuoca Stefania. Tra gli antipasti, sformati e **torte salate** con verdure di stagione, ottime selezioni di salumi della valle, **vitello tonnato** (8 €), insalata di cavolo viola speziata, **peperoni con *bagna caoda***. Tra i primi si fa ricordare con piacere la **pasta e fagioli**, come pure la zuppa di lenticchie e grano saraceno e la **crema di porri con la toma** (10 €). In stagione di caccia, i **tagliolini al ragù di cervo** anticipano una serie di secondi di **selvaggina** abbinati alla polenta. Gustosa la **trippa** e delicato il salmerino cucinato in estate. **Baccalà con cipollotti e olive** (12 €), **spezzatino di cinghiale** e bistecche di cervo saltate in padella con frutta e aceto di mele completano un'offerta dei secondi all'insegna della tradizione montanara. Tra i dolci, accanto ai tradizionali *bonet* (5 €) e panna cotta spiccano la torta di ricotta con confettura di mirtilli e quella di nocciole e cioccolato, Non ampia ma valida l'offerta di vini, che promuove piccoli produttori soprattutto piemontesi.

Franco Ugetti, Via Medail 80, è un vero artista della pasticceria: dolci classici e invenzioni da prodotti tipici della montagna come il genepì. Provate le praline ai frutti di montagna, i marron glacé e i gelati.

BARONE CANAVESE

32 KM A NE DI TORINO A 5 USCITA SAN GIORGIO

Al Girasol
Ristorante
Via Roma, 8
Tel. 011 9898565-349 8361390
Chiuso il mercoledì
Orario: mezzogiorno e sera
Ferie: tre settimane in gennaio
Coperti: 35 + 35 esterni
Prezzi: 30 euro vini esclusi
Carte di credito: CS, DC, MC, Visa, BM

Barone Canavese è una spolverata di case. Un centro minuscolo attorno alla strada che, di qua e di là, conduce alle perle del Canavese: i laghi, le vigne, i castelli di Agliè, San Giorgio, Masino, la Serra. In questo piccolo borgo un'insegna invita a entrare: è quella di Al Girasol, piacevole e inaspettata osteria sulla strada principale, a un passo dalla *pera dal beuc* (un masso di origine preistorica «luogo di incontro dei giovani baronesi per moltissime generazioni», recita il cartello). Il locale è di quelli d'antica precisione – mattoni a vista, pareti ocra, sedie di legno e quadri –, ma la vera sorpresa (estiva) è il bel cortile interno tra botti, carriole trasformate in fioriere e piante. Il menù preparato da Rinaldo, classicissimo, parla di territorio, di carni di Castellamonte, di verdure di Mazzè: **tonno di coniglio** e battuta di fassone, *caponet* e **flan di cardi**, gnocchi alle ortiche con fondente di toma e burro nocciola, ottimi **agnolotti ai tre arrosti** con ristretto al timo, **tagliolini con ragù di coniglio** o con topinambur e *bagna caoda (*secondo stagione), **tagliata di fassone**, cocotte di lumache stufate in crema di erbe di campo. Facile dire i prezzi: 9 euro gli antipasti, 11 i primi, 13 i secondi con tre belle degustazioni a 27, 30 e 35 euro, cui si sommano le quattro incredibili proposte prandiali (8, 10, 12 e 15 euro per uno, due, tre o quattro piatti con acqua e caffè). Carta dei vini con ricarichi onestissimi, tra Canavese e resto del Piemonte, e birre artigianali. Il servizio condotto da Sara è allegro e dolce come l'immancabile **torta di nocciole con zabaione**.

BELLINZAGO NOVARESE
Badia di Dulzago

14 KM A NORD DI NOVARA SS 32

San Giulio
Osteria-trattoria
Località Badia di Dulzago
Tel. 0321 98101
Chiuso domenica sera, lunedì e martedì
Orario: mezzogiorno e sera
Ferie: in agosto e periodo natalizio
Coperti: 80
Prezzi: 27-32 euro vini esclusi
Carte di credito: CS, DC, MC, Visa, BM

Da Bellinzago, attraversando campi e risaie, si sale leggermente sino al complesso abbaziale di Dulzago: il locale è all'interno della corte. È la classica trattoria di una volta, due sale e una veranda con bella vista sulla campagna. Andrea e Daniele sono in sala, le mogli in cucina a preparare piatti che rispettano pienamente la tradizione. Si può iniziare con l'insalata di carne cruda marinata alla senape (7 €), lo sformato di spinaci alla salsa di gorgonzola, la sfogliata ai carciofi, il **salame d'oca in *bagna caoda***, oppure con l'antipasto Badia (14 €), abbondante misto di salumi, terrine di verdure, insalata di fagioli, cipolline all'aceto balsamico. Tra i primi vanno assaggiati gli **agnolotti al sugo d'arrosto**, gli **gnocchi di patate** al basilico o **al gorgonzola**, ma soprattutto, visto che siamo in risaia, la **paniscia** (6 €) insaporita dal *fidighin* e i **risotti** con ingredienti di stagione (funghi, asparagi, carciofi). A seguire, un'ottima **anatra al timo e limone**, l'**oca con le verze** (14 €), la sella di maialino al forno con salvia e rosmarino, lo stufato di manzo, la trippa alla parmigiana, le **lumache al verde**. In alternativa, o in aggiunta, assaggio di tre gorgonzola o di un formaggio stagionato 18 mesi, servito con mostarda. Una fetta di torta di mele (4 €), la panna cotta alla menta, un semifreddo o un sorbetto possono chiudere il pasto. Disponibile, a 30 euro, un menù molto ricco: antipasto Badia, due primi, secondo e tris di dolci. La cantina offre una buona scelta, soprattutto di vini dei Colli Novaresi.

■ A pochi passi dall'osteria, da Barbero, risi locali e farina per polenta. A **Momo** (10 km), in frazione Alzate, Apostolo produce toma e caciotta. Presso la latteria sociale di **Cameri** (9 km), gorgonzola e toma blu.

BELVEDERE LANGHE

44 km a ne di Cuneo

Trattoria del Peso
Osteria-trattoria
Via Merlati, 36
Tel. 0173 743009
Chiuso il sabato
Orario: solo a mezzogiorno
Ferie: in gennaio
Coperti: 45
Prezzi: 30 euro, menù fisso
Carte di credito: nessuna

Belvedere Langhe è un piccolo comune sulla strada che da Dogliani porta a Murazzano (e a Savona), ai confini tra la bassa Langa dei grandi vini e l'alta Langa delle nocciole e dei formaggi, dove il vento del mare, il *marìn*, nei mesi estivi rende piacevole trascorrere qualche giornata di riposo. In questo paese si trova una trattoria particolare e con tanta storia, un vero presidio della cultura enogastronomica di Langa. Un locale, dal 1912 di proprietà della famiglia Schellino (ora rappresentata dai fratelli Mauro, in cucina, ed Ezio, in sala), in cui sembra che il tempo si sia fermato a un giorno imprecisato del secolo scorso. Trattoria, ma anche bar e negozio di alimentari. Aperto solo a pranzo, nei feriali offre, a 10-12 euro, un menù fisso con primo, secondo e contorno, mentre la domenica celebra ritualmente la giornata di festa. Il menù – sempre a discrezione della cucina – propone, per 30 euro bevande incluse, almeno quattro antipasti (**toma di Murazzano con le nocciole**, carne cruda con tartufo nero, salsiccia in padella, piccolo fritto misto, **paté di tonno e olive**), due primi (*tajarin* e **agnolotti dal** *plin*), un secondo (**costolette d'agnello**, oppure **stracotto di vitello** o arrosto di maiale) e assaggi di dolci (panna cotta al caffè, *bonet*, **pere madernassa al vino**). In accompagnamento a tanto bendidio si bevono buoni vini del territorio.

🛍 In borgata **Pamparato di Dogliani** (10 km), Casa Matilda produce conserve di ortofrutta (antipasti, confetture, succhi di frutta). Sulla piazza principale di Dogliani (7 km) ogni sabato mattina da Pasqua a Natale si tiene il mercato dei contadini delle Langhe.

BERGOLO

78 km a ne di Cuneo, 37 km da Alba ss 29

'L Bunet
Ristorante annesso all'albergo
Via Roma, 24
Tel. 0173 87013
Chiuso il martedì, mai da aprile a dicembre
Orario: mezzogiorno e sera
Ferie: gennaio
Coperti: 50
Prezzi: 26-35 euro vini esclusi
Carte di credito: AE, CS, MC, Visa, BM

Non deve stupire il menù che riporta in due pagine fitte le descrizioni dei piatti anche in tedesco e in inglese: è nel carattere di Emilio, proprietario di questo grazioso ristorante, essere preciso e attento ai clienti che, in questa Langa tra Bormida e Uzzone, spesso sono stranieri. Piuttosto colpisce l'orto in cui Emilio coltiva – nei mesi freddi sotto serra, d'estate in pieno campo – gran parte delle verdure e delle erbe da usare in cucina: 2000 metri quadrati di terra che cura e difende dalle incursioni di cinghiali e caprioli. I piatti della mamma Angela e della moglie Janeth sono i classici della tradizione, alleggeriti ma mai stravolti. Un piccolo benvenuto (a noi è toccato un gamberetto in crosta di nocciole) e via con gli antipasti (6 €): rotondino in salsa antica, **marinata di coniglio con** *bagnet verd*, cestino di pasta sfoglia ripieno di tomino, cuori di carciofo con fonduta. Poi, i primi (8 €): *macaron del fret* **al ragù di salsiccia**, **agnolotti dal** *plin*, risotti di stagione. A seguire, **capretto al forno**, **coniglio arrotolato** (12 €), sottopaletta di vitello al sugo di nocciole. Lo spettacolare carrello dei **formaggi**, con una trentina di caci piemontesi che sarebbero tutti da assaggiare, precede dolci squisiti (5 €), tra cui la **mousse di nocciola** e il semifreddo al Barolo Chinato. Carta dei vini di assoluto rispetto, con selezione di etichette curata dal patron: di ogni bottiglia sono indicati il prezzo al tavolo e quello per l'asporto. "Stagione e territorio" è il titolo del ricco menù degustazione (30 euro), affiancato da un più ristretto (ma pur sempre di quattro portate) a 23 e da un menù per bambini a 12 euro.

BORGOMANERO

32 km a no di Novara ss 229

Trattoria dei Commercianti

Trattoria
Via Cornice, 35-37
Tel. 0322 841392
Chiuso il martedì
Orario: mezzogiorno e sera
Ferie: tre settimane in luglio-agosto
Coperti: 60
Prezzi: 35 euro vini esclusi
Carte di credito: tutte, BM

La Trattoria dei Commercianti è un luogo ideale per conoscere la tradizione gastronomica novarese, non senza riusciti "colpi di cucina" del cuoco Mauro Agazzone: qualche piatto innovativo e, in estate, alcune proposte di pesce. L'architettura secolare, gli arredi rustici e le lampade moderne rendono piacevole l'atmosfera della sala, governata con sicurezza e garbo da Lucia, moglie di Mauro, coadiuvata dalla loro figlia Silvia. Oltre a un'ottima selezione di salumi delle valli, potremo gustare in apertura il carpaccio di cavallo con rucola (14 €), l'**insalatina di galletto con paté di faraona**, il fagottino di melanzane su passato di pomodoro, fragranti verdure calde (12 €). Tra i primi, classici del territorio come la **paniscia** (10 €), i **tagliolini al ragù d'anatra**, il **risotto alle erbe aromatiche** (12 €), ma anche pappardelle di castagne con calamaretti e gamberetti (12 €). La scelta dei secondi può cadere sul piatto simbolo di Borgomanero, il **tapulone** (10 €), sulla gustosa **quaglia disossata farcita** (14 €), sul **brasato di manzo al Nebbiolo** o sul trancio di merluzzo con paté di pistacchi e timballo di riso venere. Ottime selezioni di **formaggi** – tome della Valsesia, caprini, mottarone, bettelmatt della Val Formazza –, mentre tra i dolci si fanno ricordare il semifreddo al torroncino (5 €) o all'uva fragola, il bavarese al tè verde con salsa di pesche, il *bonet*. Carta dei vini ben selezionata, ricca di proposte locali.

🍴 A **Fontaneto d'Agogna** (3 km), salumificio Sant'Antonio: salam 'dla doja, fidighina e altri salumi tipici. A **Gattico** (5 km), via Roma 10, macelleria Simonotti: carni di fassona piemontese e salumi di produzione propria.

BORGOMANERO

32 km a no di Novara ss 229

Trattoria del Ciclista

Osteria tradizionale-trattoria
Via Rosmini, 34
Tel. 0322 81649
Chiuso il mercoledì
Orario: mezzogiorno e sera
Ferie: ultima settimana di settembre-prima di ottobre
Coperti: 60 + 30 esterni
Prezzi: 25-30 euro vini esclusi
Carte di credito: nessuna

Eccola, a Borgomanero, una trattoria vera, fin dall'ingresso. La prima stanza del locale che la famiglia Mora conduce da novant'anni è un bar con tavolacci di legno, in cui prendersi un bicchiere di vino, leggere il giornale, fare una partita a carte. Da questa saletta viene da sospettare che, al di là di una porta, compaia una grande sala con tanto di mural ciclistico, omaggio al nome attuale come a quello delle origini: Usteria dal pedalor. Qui, come nell'ampio cortile estivo coperto, trovate tovaglie a quadri arancioni, sedie di legno, arredi ordinati e precisi. A pranzo come a cena il menù, raccontato a voce, prevede piatti semplici e molto buoni, a partire dall'antipasto misto (10 €) che riassume un po' tutto: l'ottima insalata russa, il salame di cavallo, il *salam 'dla doja*, i sottaceti. Non esagerate, però: la cucina è franca, i piatti tosti; sarebbe davvero un peccato rinunciare, il martedì, alla **paniscia** (4 €), tradizionale, gustosissimo riso con fagioli e verdure, oppure, tutti i giorni, agli **agnolotti d'asino** o ai raviolini di carne. Tra i secondi fa da padrona la carne di cavallo: da non perdere lo spezzatino del medesimo, il buonissimo **roastbeef di puledro** (8 €) e il **tapulone** (trito equino stufato in vino e brodo), cui si aggiungono, passando al vitello, l'arrosto, il **brasato**, il **bollito**. Bei formaggi locali, semplici dolci quali *bonet* o panna cotta (4 €), ben articolata carta dei vini che tra territorio, resto del Piemonte e dell'Italia tocca le 600 etichette.

🍴 In via Rosmini, Il Tagliere è un locale storico che propone carni di cavallo e di asino, salami e bresaole.

BORGOSESIA
Agnona

51 km a no di Vercelli

Belvedere

Trattoria
Via Solferino, 31
Tel. 0163 24095
Chiuso il martedì
Orario: mezzogiorno e sera
Ferie: tra febbraio e marzo
Coperti: 40 + 12 esterni
Prezzi: 34-35 euro vini esclusi
Carte di credito: AE, CS, MC, Visa, BM

Per trovare in città una cucina autenticamente casalinga occorre uscire dal centro storico e salire in località Agnona, dove, nascosto in una zona residenziale, sarete sorpresi di trovare questo punto fermo della ristorazione in Valsesia, condotto con esperienza e senso di ospitalità dalla famiglia Mussini. Consigliamo, per iniziare, un misto di antipasti (10,50 €), con un'ottima **insalata russa**, il tonno di coniglio, la **carne battuta al coltello** (Presidio Slow Food della razza bovina piemontese), le estive zucchine in carpione. Quindi, tra i primi, gli **agnolotti di carne al sugo d'arrosto** o gli **gnocchi di patate di montagna con le ortiche** (10 €), tra i secondi il **coniglio** nostrano **ripieno** e i *capuneit*. La sera si può optare per un completo menù degustazione a 28 euro, mentre a pranzo sono disponibili due menù di lavoro a 16 e 19 euro. Da assaggiare, nelle rispettive stagioni, i peperoni con *bagna caoda*, i funghi porcini impanati e fritti o trifolati, le lumache al guscio, le tagliatelle con funghi porcini, gli gnocchi di zucca al burro e rosmarino, il guanciale di manzo con polenta. A completare l'offerta, una buona selezione di formaggi locali e nazionali e i dolci della signora Marinella (6 €), tra i quali consigliamo, a seconda della stagione, le **pesche al forno con gli amaretti** o le **pere martin sec cotte nel vino rosso**. Tra prodotti del territorio, del resto della regione, nazionali ed esteri, la carta dei vini comprende poco meno di cento etichette, con discreta scelta di mezze bottiglie.

BOSCO MARENGO

13 km a se di Alessandria, 8 km da Novi Ligure

Locanda dell'Olmo

Ristorante
Piazza Mercato, 7
Tel. 0131 299186
Chiuso il lunedì e martedì sera
Orario: mezzogiorno e sera
Ferie: tra luglio e agosto e tra Natale e l'Epifania
Coperti: 30 + 12 esterni
Prezzi: 30-35 euro vini esclusi
Carte di credito: nessuna

Il piccolo locale della famiglia Bondi affaccia sulla piazza mercatale del borgo. L'interno è semplice, forse un po' datato, ma l'accoglienza è cordiale: Andrea e Giorgia vi guideranno amabilmente nella scelta dei piatti preparati da Gianni e Michela. La cucina – di territorio, con accenti liguri e qualche elemento di originalità – si esprime anche in tre menù a prezzo fisso: colazione di lavoro, con scelta di due piatti dalla carta, 22 euro; un antipasto, un primo o un secondo e un dolce a 25; il menù degustazione da 33 euro, che permette di scegliere ogni portata. Per cominciare ci sono sempre carne cruda (8 €), insalata russa, **vitello tonnato**, i fritti di pasta di pane (con fiori di zucchina nell'impasto in stagione), il peperone con *bagna caoda*. Poi, ottimi **ravioli** fatti a mano (11 €), *rabaton* (gnocchi di ricotta ed erbe), **gnocchi al montebore** o al castemagno, lasagne o **corzetti** conditi **con pesto** o con salsiccia e funghi. Tra i secondi, menzione d'onore alla **cima genovese** (10 €), cui si affiancano le acciughe fritte, un delicato **stoccafisso con pomodoro e olive**, il merluzzo al sugo o fritto, accompagnato dalla polenta, e ancora **arrosto della vena**, brasato, **rollata di coniglio**. **Formaggi** di piccoli produttori piemontesi (una decina di assaggi, 15 euro) e, tra i dolci, **coppa agli amaretti di Gavi**, crostate, timballo alla frutta di stagione. Buona selezione di vini, a partire da quelli dell'azienda di famiglia.

> *Per l'originalità e la schiettezza di una proposta territoriale molto particolare, espressione di una cultura di confine, realizzata con perfetta tecnica e fusione culturale*

BOVES
Fontanelle

9 KM A SUD DI CUNEO

Da Politano
Ristorante annesso all'albergo
Via Santuario, 125
Tel. 0171 380383
Chiuso lunedì sera e martedì
Orario: mezzogiorno e sera
Ferie: variabili
Coperti: 130
Prezzi: 30-32 euro vini esclusi
Carte di credito: MC, Visa

BRA

45 KM A NE DI CUNEO SS 231, 48 KM A SUD DI TORINO

Battaglino
Ristorante
Piazza Roma, 18
Tel. 0172 412509
Chiuso domenica sera e lunedì
Orario: mezzogiorno e sera
Ferie: 2 settimane in gennaio, 2 in agosto
Coperti: 60 + 30 esterni
Prezzi: 25-35 euro vini esclusi
Carte di credito: CS, MC, Visa, BM

Giunti da Cuneo alle porte di Boves, comune pedemontano a pochi chilometri dal capoluogo, proseguite per Fontanelle e qui, nei pressi del santuario Regina Pacis, troverete l'albergo-ristorante costruito nel 1959 di fronte all'osteria che Rosina e Sebastiano Politano gestivano fin dall'immediato dopoguerra. Il figlio Claudio e la moglie Ivana conducono tuttora il locale, un posto semplice ma raccomandabile per la buona cucina e l'atmosfera familiare. La patronne vi farà accomodare in una piccola sala (il salone è riservato ai banchetti) e vi illustrerà a voce i piatti cucinati da Claudio con materie prime di qualità. Il menù – più ampio nel fine settimana – può aprirsi, in estate, con la trota in carpione di Moscato, il fiore di zucchina ripieno, il **coniglio con** *ratatuia*, in altre stagioni con il **tortino di carciofi**, il paté di agnello, la **rollatina di quaglia**; quasi sempre presenti la carne cruda battuta al coltello e piatti meno territoriali, come i medaglioni di cappesante con salsa allo zafferano. Le paste fatte in casa dominano tra i primi: **ravioli** al burro e salvia o **ai** *luvertin*, tagliatelle ai funghi, cannelloni di melanzane con ricotta e pomodoro (7 €), crespelle con la fonduta. Coscia d'anatra o di coniglio arrosto, stinco di vitello, **agnello al forno** (13 €), **guanciale di vitello in umido** sono alcuni dei secondi. In stagione, **funghi** e **selvaggina**; nel periodo della *Fera freida* a Borgo San Dalmazzo, menù di **lumache**. Per chiudere, un dolce casalingo: strudel di castagne (5 €), crostata con confettura di prugne, zabaione alle mandorle, cremino di gianduia. I vini, con ricarichi onesti, sono piemontesi e nazionali.

Alessia – quarta generazione dei Battaglino – conduce con il socio Carlo Fanti questo storico locale che, recentemente rinnovato nella disposizione interna, conserva l'atmosfera di un tempo, espressa anche nelle belle affiche della Scala alle pareti, omaggio postumo alla melomania del nonno. In attesa del piatti ordinati vi sarà servito un piccolo preantipasto, per esempio un fiore di zucchina fritto. La stretta tradizione piemontese delle vivande parte dai croccanti grissini che arrivano in tavola prima della **salsiccia di Bra cruda** (8 €) servita con una morbidissima battuta di fassona piemontese. In alternativa, insalatina tiepida di gallina con schegge di castelmagno, **lingua in rosso**, vitello tonnato, in estate **carpionata mista** (pollo, zucchine, uovo). Strepitosi i primi piatti fresca tirata a mano: *plin* (12 €) e *tajarin* al burro e salvia, **al sugo di arrosto** o al ragù di carne, oppure morbidissimi gnocchi di patate al castelmagno. Tra i secondi, in autunno-inverno **trippa ai porri di Cervere**, **finanziera**, **bollito misto** (13 €), talvolta le lumache in guazzetto; frequenti le rolatine di coniglio con olive e pinoli, lo stinco di vitello arrosto, le costolette di agnello impanate e fritte. Carta dei dolci (4 €) tipicamente piemontese, con *bonet*, **panna cotta**, piccola pasticceria di accompagnamento al caffè. Una volta al mese, cena vegana a base di prodotti del territorio (comprese le verdure dell'orto di casa). La carta dei vini dà ampio spazio a etichette piemontesi, non senza qualche divagazione extraregionale.

> *Alessia e Carlo hanno saputo valorizzare una grande storia e la tradizione, senza sconvolgerle, ma donando loro un tocco di freschezza*

PIEMONTE | 57

BRA

45 km a ne di Cuneo ss 231, 48 km a sud di Torino

Boccondivino
Osteria moderna
Via della Mendicità Istruita, 14
Tel. 0172 425674
Chiuso domenica, non in autunno, e lunedì
Orario: mezzogiorno e sera
Ferie: non ne fa
Coperti: 60 + 30 esterni
Prezzi: 30-34 euro vini esclusi
Carte di credito: tutte, BM

Siamo in un cortile del centro, proprio "quel" cortile: dove è nata Arcigola, che poi è diventata Slow Food, che poi... Al primo piano, ombreggiato da rigogliosi glicini, c'è il Boccondivino, allora ritrovo degli arcigolosi e a tutt'oggi punto di riferimento per Slow Food (ma non solo). Se ci siete già stati tornerete per gustare una cucina che continua a preferire la tradizione a un rinnovamento avventuroso. Se ci andate per la prima volta ne apprezzerete la semplicità, la ricchezza dei sapori e dei profumi, l'alta qualità delle materie prime. Si inizia con gli antipasti storici (9 €): carne cruda al coltello, salsiccia di Bra, **vitello tonnato**, insalata russa, **tonno di gallina**, sformati di verdure con fonduta, carciofi con caprino. Tra i primi, i mitici ***tajarin* 40 tuorli** (9 €), fatti in casa come tutte le paste fresche, gli agnolotti dal *plin*, gli **gnocchi al roccaverano**; ci sono inoltre almeno un risotto e una minestra brodosa. Passando ai secondi, non manca mai il **coniglio grigio di Carmagnola** (Presidio Slow Food) **all'Arneis**, ma potrete gustare anche la **noce di vitello alle erbe aromatiche**, stracotti di vitello in umido (13 €) e qualche piatto di pesce. I dolci saranno quelli che vi aspettate: un'indimenticabile **panna cotta**, *bonet*, budini, semifreddi. Ampia e intonata al livello del locale la carta dei **formaggi**, così come quella dei vini, alcuni anche al bicchiere.

❝ *È la mamma (o il mammo) di Slow Food: come potrebbe non rispecchiare i valori che hanno ispirato l'associazione nella salvaguardia della cucina di tradizione?* **❞**

BRIAGLIA

34 km a est di Cuneo, 7 km da Mondovì

Marsupino
Ristorante con alloggio
Via Roma, 20
Tel. 0174 563888
Chiuso il mercoledì e giovedì a pranzo
Orario: mezzogiorno e sera
Ferie: gennaio, 10 gg tra giugno e luglio, 10 gg in settembre
Coperti: 80
Prezzi: 35-40 euro vini esclusi
Carte di credito: CS, MC, Visa, BM

Attraversando le Langhe del Monregalese tra vigne, noccioleti e campi coltivati, si arriva a Briaglia e al ristorante della famiglia Marsupino: un tempo modesto posto di ristoro con licenza di sale e tabacchi, è diventato ormai un locale di raffinata cucina tradizionale. Tutta la famiglia è impegnata tra sala, cucina e cantina, e la proposta prevede un menù alla carta o, a 38 euro, una degustazione di due antipasti, un primo a scelta, un secondo e il dolce. Nelle salette con volte a botte e mattoni a vista, su ogni tavolo troverete pane e focaccia fatti in casa. Si può iniziare con **carne cruda** *ciapulà* (11 €) e carpaccio di fassone su crema d'uovo, con l'insalata russa o il **vitello tonnato**, ma anche con un trancio di baccalà scottato su coulis di pomodoro cuore di bue e basilico. Tra i primi, **agnolotti** (11 €) o ***tajarin* ai 40 tuorli di ragù di coniglio** di cascina, gnocchi e **ravioli di carciofi con trota e rosmarino**. Passando ai secondi, **agnello al forno** (16 €), lumache di Cherasco alla borgognona, **stinco di manzo al Barolo** (14 €), in stagione **porcini fritti**. Tra i dolci, tortino al cioccolato gianduia (11 €), *bonet* alla nocciola tonda gentile, semifreddo al torrone con zabaione al Marsala, oltre a sorbetti e gelati casalinghi. Notevole scelta di **formaggi** ed eccezionale carta dei vini, con ottime proposte al bicchiere. Marsupino ha anche alcune camere per il pernottamento e il soggiorno.

❝ *Da ristoro con licenza di sali e tabacchi a locale di raffinata cucina della tradizione, che si regge sui grandi prodotti del Piemonte* **❞**

BRONDELLO

41 km a no di Cuneo, 10 km da Saluzzo sp 47

La Torre
Ristorante
Via Villa, 35
Tel. 0175 76198
Chiuso lunedì sera e martedì
Orario: mezzogiorno e sera
Ferie: variabili
Coperti: 70 + 30 esterni
Prezzi: 23-30 euro vini esclusi
Carte di credito: CS, MC, Visa, BM

Il ristorante, nato all'inizio degli anni Ottanta sulle ceneri di una vecchia osteria, vede al timone Ivano Maero, figlio dei fondatori, e in cucina Silvia. Si articola in due sale, una bella cantina e un dehors da cui si sentono i rintocchi dell'antica torre campanaria. Accoglienza e servizio cordiali, forte il legame con il territorio – la Valle Bronda, dove si coltivano mele, kiwi, ramassin (piccole susine) e uva (componente della Doc Colline Saluzzesi, di cui la famiglia Maero è produttrice). Una passione di Ivano sono i **formaggi**, che, da lui scelti e affinati, oltre a comporre un meraviglioso carrello diventano ingrediente principe di piatti quali, tra gli antipasti, le **girandolone di erbette con toumin del Mel** (8 €) e la **tartelletta di pasta brisée con crema di plaisentif** (7 €). Anche i classici **tonno di coniglio** e vitello tonnato (con salsa senza maionese) o la trota salmonata in agrodolce possono precedere le *coujëtte* – gnocchi di patate di Brondello conditi con formaggi di malga, 6 € –, un primaverile riso al *luvertin* e ortiche o i *tajarin* al sugo. Poi, tagliata di fassone, **agnello al *serpol*** (timo selvatico), **stinco di maiale** (10 €, cotto in estate **con i ramassin** del Presidio Slow Food), in inverno **bagna caoda**; nei periodi propizi, **funghi**, sempre e solo locali. Come dolce, rosellina di sfoglia con mele o pesche e salsa alla vaniglia, crema di latte alla lavanda, mousse al caramello. Menù degustazione a 23 euro. Si beve bene: soprattutto territorio, ma anche resto d'Italia e oltre confine.

🛏 A **Castellar** (4 km) Alida Borghino propone ramassin, vecchie varietà di mele, mais pignolet e altri prodotti bio. Telefonare prima di andare (0175 76214).

CALAMANDRANA
San Vito

25 km a se di Asti

Bianca Lancia dal Baròn
Ristorante annesso all'albergo
Regione San Vito, 14
Tel. 0141 718400-339 5871501
Chiuso il martedì
Orario: mezzogiorno e sera
Ferie: in gennaio
Coperti: 60 + 40 esterni
Prezzi: 30-35 euro vini esclusi
Carte di credito: CS, DC, MC, Visa, BM

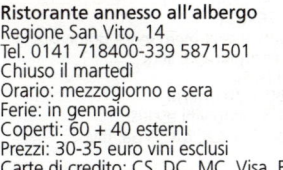

Da Calamandrana, a metà strada fra Canelli e Nizza, prendete la via che porta a Rocchetta Palafea e arriverete a questo ristorante d'hotel (un piccolo albergo: sette camere), solido riferimento per la gastronomia monferrina. Il Baròn è Beppe Gallese, che – piemontese di antico stampo e incontenibile vitalità – si occupa della cucina con la moglie Giovanna, mentre il fratello Pietro accoglie gli ospiti: un calice di spumante con uno stuzzichino vi darà il benvenuto. C'è una carta, ma preferiscono elencarvi i piatti a voce. Come antipasto (7 €) troverete pere e gorgonzola, carne cruda, **vitello tonnato**, rollata di pollo, peperoni con salsa di tonno, flan di verdura con fonduta. Tra i primi, i classici **agnolotti dal *plin* con ragù di carne** (8 €) o quelli di magro con raschera e zucchine, i *tajarin* conditi in stagione **con funghi** o tartufo bianco (i Gallese sono *trifolao* per tradizione di famiglia), la **pasta e fagioli** (cucinata tutto l'anno). Da assaggiare tra i secondi la **scaramella al forno** (10 €), i bocconcini di vitello ai funghi porcini, il **pollo alla cacciatora**, la faraona al Moscato, il **coniglio al forno alle erbe** di Provenza (9 €), il merluzzo (baccalà) con olive taggiasche. Prima del caffè – che il Baròn vi proporrà di correggere con un goccio di grappa –, un dolce casalingo: panna cotta, *bonet*, tiramisù, pesche cotte nel Moscato, semifreddo al torrone con cioccolato caldo, gelato. L'esposizione di bottiglie in sala lascia immaginare una cantina ben fornita, anche di etichette importanti.

> **❝** *Cucina schiettamente piemontese in questo ristorante animato dalla travolgente cordialità del patron* **❞**

CALAMANDRANA
Valle San Giovanni

25 km a se di Asti

Violetta 🐌
Ristorante
Via Valle San Giovanni, 1
Tel. 0141 769011
Chiuso martedì sera, mercoledì e domenica sera
Orario: mezzogiorno e sera
Ferie: gennaio
Coperti: 60 + 20 esterni
Prezzi: 30-35 euro vini esclusi
Carte di credito: CS, MC, Visa, BM
♿

Da Violetta si mangia bene, molto bene. La recensione potrebbe anche finire qui, ma forse non farebbe sufficiente onore all'osteria. Potrebbe capitare che, arrivando, non vediate il cartello e proseguiate seguendo le indicazioni per il parcheggio: fate attenzione, perché così finireste a casa del signor Tino, che con pazienza vi direbbe di retrocedere di qualche metro. La locanda è gestita da più di cinquant'anni dalla famiglia Lovisolo, e in cucina c'è l'ottantaquattrenne mamma Maria, ma a dire il vero più che il peso del tempo qui si avverte la sicurezza qualitativa nei piatti: sempre precisi, quando non emozionanti. Come antipasto, in una sera d'estate abbiamo assaggiato l'ottima **battuta al coltello** e il fresco sformato di zucchine con salsa di pomodoro, ma c'erano anche il **vitello tonnato**, il peperone farcito di tonno, l'aspic di verdure (8 €). L'offerta dei primi è abbondante: **gnocchi al sugo di salsiccia** (9 €), di consistenza impeccabile, *tajarin* (in stagione, ai funghi), i **ravioli quadrati di carne** o i *plin di magro* al burro. Poi, **faraona ripiena**, rollata di coniglio, costolette di agnello ai ferri, **stracotto di vitello** e l'imperdibile **finanziera** (17 €). Anche i dolci (7 €) parlano piemontese: panna cotta, *bonet*, pesche sciroppate, semifreddo al torrone. Carta dei vini legata al territorio, senza dimenticare le più importanti produzioni nazionali. Un ultimo consiglio: ricordate di chiedere i menù degustazione, a 35 e 40 euro.

> ❝ *La cortesia con cui i Lovisolo vi accoglieranno nella loro casa è superata solo dalla bontà dei piatti. Tradizione e mestiere marcano il territorio portata dopo portata* ❞

CALLIANO
San Desiderio

15 km a nord di Asti

Santisé
Ristorante
Strada Castelletto, 2
Tel. 0141 928747-347 9763247
Chiuso il lunedì, in inverno anche martedì
Orario: mezzogiorno e sera
Ferie: in gennaio
Coperti: 80 + 40 esterni
Prezzi: 32-38 euro vini esclusi
Carte di credito: AE, CS, MC, Visa, BM
🍷

In posizione decisamente panoramica sulle colline astigiane, Santisé (nome dialettale di San Desiderio) ha sede in un'antica villa ben ristrutturata, con un bellissimo giardino e, adiacente, l'orto che fornisce le verdure alla cucina. Il ristorante è a conduzione familiare, con Marco e Barbara che curano la sale e Marzia in cucina. Il menù, tipicamente di territorio, rivela una grande consonanza con le stagioni; da apprezzare, in carta, la segnalazione dei piatti che non contengono ingredienti di origine animale. Interessante, tra gli antipasti, il **quinto quarto**, ovvero trippa, animella, testina impanata con pistacchi e scorza d'arancia (12 €); molto delicato ed equilibrato il **tortino di porri**, come pure la torta di zucchine. Tra i primi segnaliamo i **rabaton di ricotta fresca e carciofi** (10 €) e gli **agnolotti gobbi ai tre arrosti**, ma in estate troverete anche la parmigiana di melanzane con pesto di basilico. Tra i secondi, il **coniglio al forno con pomodorini** (15 €), nei mesi caldi **carpione** misto leggero (**di vitello, pollo, zucchine, melanzane**), in autunno-inverno un'eccellente **finanziera**; su prenotazione, i grandi (e impegnativi) classici della cucina piemontese, come *bagna caoda*, bollito e fritto misto. Molto buoni anche i dolci: a noi sono particolarmente piaciute la meringa con sorbetto di lamponi in salsa gianduia (7 €) e la millefoglie alla crema chantilly e lamponi. La carta dei vini è strutturata soprattutto sul territorio, ma comprende anche altre etichette, piemontesi e nazionali.

CALOSSO

23 KM A SUD DI ASTI

La Crota 'd Calos
Osteria tradizionale
Via Cairoli, 7
Tel. 0141 853232
Chiuso il mercoledì, marzo-novembre il martedì
Orario: mezzogiorno e sera
Ferie: 7 gennaio-10 febbraio, prima sett di settembre
Coperti: 80 + 60 esterni
Prezzi: 24-27 euro vini esclusi
Carte di credito: tutte, BM

Nell'antico palazzo dove ha sede l'Enoteca comunale di Calosso, bel paese collinare a pochi chilometri da Canelli, il piano rialzato ospita questa osteria con tre sale e un dehors dal quale si gode il panorama della vallata. Ad accoglierci c'è Sebastiano, che illustra con toni quasi enfatici i piatti – della più schietta tradizione piemontese, ma presentati con un'eleganza sconosciuta alle *piòle* di un tempo – cucinati da Patrizia. Si può scegliere alla carta o optare per il menù degustazione, 27 euro per due antipasti, primo, secondo e dolce. I piatti variano con le stagioni, a cominciare da quelli di apertura (5,50 €): tra gli altri, battuta di fassone al coltello, **peperone con crema di acciughe**, sformati di verdura, lardo alle erbe, selezione di salumi monferrini. Tra i primi segnaliamo i *tajarin* al ragù o, in stagione di funghi, **ai porcini**, i ravioli del *plin* farciti di fonduta, gli **gnocchi al castelmagno**, al pomodoro e basilico (6 €) o al pesto, la **zuppa di trippa e fagioli** (con, se ci sono, porcini). A proposito di funghi, interessanti le **uova affogate in *bagna 'd bolé*** (7,50 €), servite come secondo in alternativa al **coniglio con i peperoni**, allo stinco di maiale, alla coscia di faraona al Marsala con soufflé di parmigiano. In chiusura, selezione di formaggi o dolci (5 €) classici: **bonet**, panna cotta, tortino di nocciole con zabaione, timballo di pere con salsa al cioccolato. Il pane, fatto in casa, e il coperto non gravano sul conto. La scelta dei vini è di qualità ma limitata ai produttori di Calosso che gestiscono l'Enoteca comunale; a rotazione è possibile degustare al bicchiere i prodotti di tre aziende.

CALOSSO
Piana del Salto

23 KM A SUD DI ASTI

Osteria della Gallina Sversa
Trattoria
Via Battibò, 9
Tel. 0141 853483
Chiuso il martedì
Orario: mezzogiorno e sera
Ferie: una settimana in agosto, 25-31 dicembre
Coperti: 35 + 20 esterni
Prezzi: 32-35 euro vini esclusi
Carte di credito: nessuna, BM

La famiglia Boursier gestisce dal 2004 questa graziosa trattoria di campagna: Ediliano e Rosaria sono ai fornelli, in sala o nel dehors si muovono con garbata efficienza Elena e Manuela. La cucina, schiettamente monferrina, fa uso di ingredienti di stagione, reperiti nei mercati o da piccoli produttori della zona. Come antipasto (8 €) nella nostra ultima visita abbiamo assaggiato le ottime **acciughe al bagnetto verde** e un eccellente **vitello tonnato**, ma in menù ci sono sempre anche la cruda battuta al coltello e, spesso, la **giardiniera con il tonno** o il tortino con uovo e robiola. I primi sono prevalentemente di pasta fatta in casa: **agnolotti dal *plin* al burro e salvia**, **gnocchi al castelmagno**, *tajarin* al ragù di salsiccia e, in primavera, la deliziosa carbonara monferrina di tagliatelle e asparagi (9 €). In una serata di aprile abbiamo provato gli asparagi anche nel classico abbinamento con uova, burro e parmigiano, che figurava tra i secondi con il filetto di fassona (15 €) e la **rollata di coniglio** (12 €); in autunno-inverno il menù punta su **brasato al Barolo**, **trippa**, baccalà con polenta. Si può anche optare per il tagliere di salumi Dop o per l'ottima selezione di **formaggi** locali, serviti con confetture casalinghe (13 €). Tra i dolci, panna cotta, semifreddo alla nocciola, zabaione arricchito in semifreddo. La carta dei vini parla quasi esclusivamente piemontese, con un'ampia scelta di etichette locali e non solo. Da qualche tempo, la domenica sera la Gallina Sversa offre anche pizze preparate con ingredienti di pregio: una novità ma anche un ritorno alle origini, dato che ha sede in quello che era il forno del paese.

PIEMONTE | 61

CANTALUPO LIGURE
Pessinate

68 KM A SE DI ALESSANDRIA, 45 KM DA TORTONA SP 35 BIS E 140

Belvedere 1919
Ristorante
Località Pessinate, 53
Tel. 0143 93138
Chiuso il lunedì
Orario: mezzogiorno e sera
Ferie: gennaio
Coperti: 45
Prezzi: 32-40 euro vini esclusi
Carte di credito: CS, DC, MC, Visa, BM

Capirete di avere fatto la scelta giusta già assaggiando i grissini e il pane fatti in casa, che mamma Marisa porterà in tavola appena vi sarete accomodati. Il Belvedere è in attività dal 1958, ma la data nell'insegna è corretta, essendo il ristorante figlio (o nipote) dell'osteria Italia, aperta poco distante proprio nel 1919. Quella di Fabrizio e Serena Rebollini, discendenti del fondatore Gianen, è una cucina curata, estrosa e "fusion", nel senso che amalgama le tradizioni di Piemonte, Liguria, Lombardia ed Emilia, qui vicinissime. La scelta è tra un menù di cinque portate (32 euro) e la carta: alla base dei piatti ci sono ottime materie prime locali, con l'ovvia eccezione del pesce di mare che, come il formaggio, è sempre presente con almeno una proposta. Si può partire, oltre che con il tagliere di salumi (alcuni autoprodotti), con il **tortino di stoccafisso con pomodorini, olive e pinoli**, la purea di cavolfiore con gamberi in crosta di polenta ottofile, in primavera la zuppa di cipolle, asparagi e uovo alla coque (10 €). Tra i primi, gli immancabili **agnolotti**, il **risotto al Barbera dei Colli Tortonesi con piccione** o con lumache e parmigiano, gli spaghetti con acciughe, pomodori secchi, aglio e pangrattato (13 €). A seguire, **controfiletto di manzo al fieno arso** (15 €), rombo alla mugnaia, **formaggi** della Val Borbera (10 €) abbinati a conserve casalinghe e birre artigianali. Imperdibili i dolci, specie il semifreddo alla meringa con fonduta di cioccolato. La ricca carta dei vini – custoditi in cantina e nelle cantinette climatizzate alle pareti – ha il giusto riguardo per le etichette locali ed è all'altezza della grande qualità della cucina.

CAPRIATA D'ORBA

23 KM A SUD DI ALESSANDRIA, 10 KM DA NOVI LIGURE

Il Moro
Ristorante-enoteca
Piazza Garibaldi, 6
Tel. 0143 46157
Chiuso domenica sera e lunedì, aprile-settembre lunedì
Orario: mezzogiorno e sera
Ferie: 10 gg tra dicembre e gennaio, 1 settimana variabile
Coperti: 30 + 15 esterni
Prezzi: 35 euro vini esclusi
Carte di credito: CS, MC, Visa, BM

In viaggio tra l'Alessandrino e il mare di Genova, merita sostare, sulla piazza centrale di Capriata, in questo ultracentenario ristorante – con belle salette e un ameno dehors fiorito – che a breve avrà alcune camere per il pernottamento. Una quindicina di anni fa il Moro è stato rilevato da Simona e Claudio Rebora, che con tenacia ed entusiasmo ne hanno rinverdito la fama. La cucina è un inno al connubio ligure-piemontese che caratterizza l'Oltregiogo e si traduce in invitanti menù di stagione, allestiti con pregevoli prodotti del territorio. In apertura, cruda al coltello, insalata russa, fiori di zucca farciti fritti in pastella (9 €), sformati di verdure (dell'orto di casa) con fonduta o *bagna caoda*, acciughe ripiene al forno. L'altalena tra Piemonte e Liguria continua con i primi: eccellenti **agnolotti** "a culo nudo" (non conditi), al vino o al tocco (13 €), **corzetti novesi con pinoli e maggiorana**, gnocchi verdi al roccaverano, **risotto mantecato al beigua** (pecorino dell'Appennino savonese); in dicembre si rinnova la tradizione locale degli gnocchetti di pasta in stretto di cappone. Tra i secondi, **guancino di fassone al Dolcetto**, un'ottima **cima genovese**, stoccafisso con patate e olive taggiasche (13 €), in inverno il bollito misto piemontese. Ineccepibile selezione di **formaggi** e dolci (7 €) squisiti. La ricca carta dei vini – disponibili anche per l'asporto nell'adiacente enoteca – spazia dai locali ai nazionali, con qualche capatina in Francia.

> *Il riuscito connubio ligure-piemontese, la conoscenza e l'amore per i prodotti del territorio ne fanno un piacevole approdo*

CARAGLIO
Paschera San Defendente

14 KM A NO DI CUNEO

Paschera dal 1894
Osteria-trattoria
Frazione Paschera San Defendente, 62
Tel. 0171 817286-335 8099056
Chiuso il lunedì
Orario: mezzogiorno e sera su prenotazione
Ferie: variabili
Coperti: 40
Prezzi: 30-35 euro vini esclusi, menù fisso
Carte di credito: MC, Visa, BM

Quasi nascosta in un piccolo nucleo di case di campagna, questa piacevole osteria (in passato anche locanda), che ha appena festeggiato i 120 anni di attività, si trova vicino allo storico Filatoio Rosso, apprezzata sede museale. La famiglia Rovera gestisce l'attività da cinque generazioni. Manuela si divide tra il lavoro in cucina con mamma Francesca e la presenza in sala con il marito Carlo Rocca: entrambi sono prodighi di dettagli su quel che c'è dietro la preparazione di ogni piatto. Il menù è fisso e si può concordare al momento della (indispensabile!) prenotazione. Di sicuro non potrà mancare l'eccellente *culumbot* (piccione), specialità della casa proveniente da un fidato allevamento locale e proposto nel sugo che accompagna i *tajarin* o cotto sulla stufa a legna. Ad aprire il pasto si potranno avvicendare i classici *batsoà* (piedini di maiale fritti), gli ottimi peperoni in agro con le acciughe, le torte di verdure, il cotechino, o qualche divagazione extraregionale (nel nostro caso, una valida caponata) suggerita dai viaggi di Carlo su e giù per lo Stivale. In alternativa al *culumbot* sono frequenti il pollo al *babi* e il coniglio alla ligure. Non preoccupatevi se non riuscirete a finire tutto: se vorrete, Manuela vi impacchetterà gli avanzi da portare via. Si chiude con frutta fresca di propria produzione, crostata o torta di nocciole con zabaione. La piccola carta dei vini elenca bottiglie di qualità, che però berrete in rustici bicchierini.

In località **Bottonasco** 28 (4 km), Cascina Rosa produce e vende composte di frutta e verdura, salse, succhi, frutta sciroppata e secca, miele, tutto biologico.

CAREMA

64 KM A NORD DI TORINO, 17 KM DA IVREA A 5 E SS 26

Ramo Verde
Trattoria
Via Torino, 42
Tel. 0125 811327
Chiuso lunedì e martedì, sabato a pranzo e domenica sera
Orario: mezzogiorno e sera
Ferie: 1 settimana in luglio, 1 in settembre
Coperti: 35
Prezzi: 33-38 euro vini esclusi
Carte di credito: CS, DC, MC, Visa, BM

Pochi chilometri separano Carema dal confine con la Valle d'Aosta, e questa trattoria si incrocia proprio percorrendo la statale che conduce a Pont-Saint-Martin e Donnas: una posizione strategica che la rende meta ideale dei piemontesi che si recano in Valle. Il locale è di quelli classici, di solida tradizione e grande piacevolezza. A gestirlo ci sono sempre Fabrizio Vairetto, discendente di una famiglia di ristoratori, assieme alla moglie Graziella. Lei accoglie gli avventori e illustra il menù, lui governa la cucina. Si sceglie alla carta o ci si abbandona felicemente al ricco menù degustazione da 38 euro. Cominciando dagli antipasti (misto di assaggi 15 euro), troverete l'immancabile carne di fassone battuta al coltello e qualche piatto stagionale: sformato di verdure, insalata di carciofi, asparagi con zabaione salato, tortino di porri. Paste fresche per proseguire: tagliolini di grano saraceno, ravioli con la borragine (8 €), linguine ai fiori di zucca. Memorabili la zuppa di ajucche in primavera e la trippa d'inverno. Restando in tema di carni, vera specialità del locale, sono molto buoni anche il capretto al forno (15 €), lo stinco di vitello con purè, l'arrosto con i funghi, il coniglio grigio di Carmagnola (Presidio Slow Food) alle nocciole, il guanciale al vino rosso. In chiusura, torta di mele con croccante alla nocciola e zabaione (3 €). Dal punto di vista enologico fa da padrone il Nebbiolo di Carema, primo vino italiano a essere tutelato da un Presidio Slow Food; lo affiancano altre etichette piemontesi e valdostane, oltre a un valido sfuso.

CARRÙ

31 KM A NE DI CUNEO SP 12 O USCITA A 6-A 33

Osteria del Borgo

Osteria moderna
Via Garibaldi, 19
Tel. 0173 759184
Chiuso martedì sera e mercoledì
Orario: mezzogiorno e sera
Ferie: un mese tra giugno e luglio
Coperti: 60
Prezzi: 30-35 euro vini esclusi
Carte di credito: CS, MC, Visa, BM

È quasi impossibile andare all'Osteria del Borgo di Carrù e non assaggiare l'eccellente **bollito misto**, fosse anche estate, un periodo che non si addice molto a questa sontuosa preparazione, in genere legata a festività invernali. Si svolge infatti nel mese di dicembre la fiera del bue grasso a pochi passi dalla piazza che ospita il singolare monumento al bue. Nell'osteria della famiglia Lubatti è sempre presente il bel carrello, con i sette canonici tagli corredati da altrettante salse, dalle più classiche a quelle interpretate con un pizzico di creatività: *bagnet ross* e *verd*, *saossa ëd tomatiche* (salsa al pomodoro), *saossa d'avije* (salsa al miele), *cognà*, *sënëvra* (salsa con la senape) e salsa con il cren. Scegliendo alla carta o affidandovi al menù degustazione (35 €), potrete assaggiare piatti altrettanto validi: **fiori di zucca ripieni**, vitello tonnato, **carne cruda battuta al coltello** (6 €), in estate carpione di carne e verdure, in inverno la trippa in umido e la **finanziera**; quando disponibile, il piccolo **fritto misto** (otto pezzi). La pasta fresca è fatta in casa: *tajarin ai funghi* o al ragù, **gnocchi** e **agnolotti dal *plin*** al sugo o **burro e salvia** (8 €). Ottimo il **coniglio in umido**, non da meno i bocconcini di vitello al Barbaresco (14 €) e le tagliate. Degna chiusura con il carrello dei formaggi e quello dei dolci: **panna cotta**, macedonia, *bonet*, torta di frutta cotta. Voluminosa carta dei vini, con oltre trecento etichette, langarole e nazionali.

In via Roma 48, Pasticceria Artigiana di Fabio e Anna: dolci preparati con ottime materie prime, tra cui la nocciola tonda e gentile; in stagione, panettoni e colombe lievitati con pasta madre.

CASALE MONFERRATO

30 KM A NO DI ALESSANDRIA A 26 O SS 31

Amarotto

Ristorante
Via Cavour, 53 A
Tel. 0142 781281-335 1358830
Chiuso martedì sera e mercoledì
Orario: mezzogiorno e sera
Ferie: 2 settimane in agosto, 2 in gennaio
Coperti: 65 + 25 esterni
Prezzi: 28-32 euro vini esclusi
Carte di credito: CS, MC, Visa, BM

Decenni di esperienza nel settore sono nel background dei gestori di questo ristorante, che coniuga eleganza e fedeltà alle tradizioni monferrine. In un bell'edificio in pieno centro, ambienti ariosi, arredi e apparecchiature in stile classico, con la simpatica eccezione dei piatti, decorati da *masnà* della scuola elementare vicina; accoglienza e servizio estremamente cordiali, in un'atmosfera rilassata; un menù "a doppio binario", con chiara alternativa tra la carta dei piatti dl territorio e quella dedicata alle proposte stagionali; prezzi corretti (degustazione a 26 euro per due antipasti, primo, secondo e dolce): questi i cardini dell'ospitalità "alla Amarotto". Scelto il vino – anche a bicchiere – in una carta che privilegia i locali Grignolino e Barbera, con qualche escursione soprattutto in Langa, potrete gustare come antipasto l'insalata di carne cruda (in stagione, con tartufo), il **tonno di galletto con giardiniera** casalinga (8 €), le sapide **acciughe al verde**, ma anche la millefoglie di pomodoro e scamorza affumicata. Tra i primi, ai classici **agnolotti al sugo di arrosto**, *tajarin* al ragù, gnocchi alla toma, *caplit* in brodo si affiancano le lasagnette gratinate o, in primavera, i ravioli agli asparagi (10 €). In autunno-inverno, pezzo forte del menù è il carrello dei **bolliti** (meglio però informarsi preventivamente circa la disponibilità); in alternativa, arrosto di vitello, filetto di maialino alle erbe, capretto al forno (15 €), **trippa alla monferrina**, su prenotazione fritto misto. Non potete congedarvi dalla famiglia Amarotto senza avere assaggiato, in chiusura, la **mousse allo zabaione con i krumiri** (5 €).

CASALNOCETO
Cascina Bossola

30 KM A EST DI ALESSANDRIA, 10 KM A EST DI TORTONA

La Bossola

Ristorante
Località Cascina Bossola, 10
Tel. 0131 809356
Chiuso lunedì e martedì
Orario: mezzogiorno e sera
Ferie: prima settimana di giugno, Natale-Epifania
Coperti: 22
Prezzi: 36 euro vini esclusi
Carte di credito: CS, MC, Visa

La sala da pranzo è al primo piano di una vecchia casa di campagna sobriamente ristrutturata: travi in legno, tavoli ampi e ben distanziati, un mobile antico con distillati di gran pregio. Il cuoco-patron, Enzo Marchetti, vi accoglierà proponendo eventuali piatti non in menù e suggerendo gli abbinamenti con i vini, che saranno la moglie Giuliana e la figlia Barbara ad assistervi con premura e discrezione. Dopo qualche fetta di ottimo salame crudo delle valli tortonesi e una flûte di spumante, sceglierete l'antipasto (10 €) tra **carne battuta a coltello**, peperoni con salsa di tonno, **vitello tonnato**, petto d'oca affumicato. Come primo (10 €) c'è sempre il **risotto al gorgonzola naturale con pistilli di zafferano**, affiancato nelle rispettive stagioni da quelli con asparagi, carciofi o funghi; inoltre, tagliatelle di farina di castagne con verdure e i meno territoriali tagliolini con puntarelle e acciughe. In inverno, fonduta e *bagna caoda* possono essere piatti unici. Tra i secondi (14 €), molto apprezzate sia la costoletta alla milanese (siamo a un passo dal confine con la Lombardia) sia le preparazioni di pesce, favorite dalla vicinanza alla Liguria; in alternativa, filetto di vitello con mandorle e uva, tagliata al sale, **bistecchine di agnello impanate** o la ricca e interessante selezione di **formaggi** (12 assaggi per 18 euro), Tra i dolci c'è quasi sempre un gelato casalingo. Da segnalare la competenza nella scelta e nel servizio dei vini, elencati in una carta di notevole spessore, che include etichette di buona parte dell'Italia, con qualche puntata all'estero, e mette in evidenza un'accurata rassegna di Timorasso.

CASSINASCO

34 KM A SUD DI ASTI, 10 KM DA CANELLI

La Casa nel Bosco

Ristorante
Regione Galvagno, 23
Tel. 0141 851305
Chiuso il martedì, in inverno aperto nel fine settimana
Orario: sera, festivi e su prenotazione anche pranzo
Ferie: variabili in inverno
Coperti: 35 + 25 esterni
Prezzi: 25-30 euro vini esclusi, menù fisso
Carte di credito: AE, CS, MC, Visa, BM

Cassinasco, porta della Langa astigiana, si raggiunge salendo da Canelli: un lembo del Piemonte meridionale di grande (e misconosciuta) bellezza. La Casa nel Bosco di Gianni e Mina Filippetti, appena sotto il paese, vi attende per un piacevole pasto che, in estate, potrete consumare all'aperto. Gianni sta in sala e, se avete voglia di chiacchierare, emergerà subito la sua passione per il mestiere che, con diversi ruoli e in diversi luoghi d'Italia, l'ha impegnato per tutta la vita. Cassinasco però è il paese in cui è nato, dove ha l'orto e può coltivare la verdura e la frutta che la cucina di Mina valorizza al meglio. Con il menù e la carta dei vini – lodevole la bella selezione di etichette del circondario, interessanti anche per i prezzi – arriva in tavola qualche stuzzichino: nella nostra ultima visita, estiva, fette di salame e una gustosa frittata di zucchine. Abbiamo poi assaggiato l'ottimo **involtino di peperone con paté di tonno** (8 €) e lo **sformato di fave con vellutata di pomodoro** (8 €), seguiti da gnocchi di ricotta e basilico con pomodoro e olive e da *tajarin* **con funghi porcini e finferli** (10 €). Tra i secondi (12 €), il **carpaccio di vitello al forno con taccole e patate** è un'alternativa fredda al filetto di maiale o all'involtino di melanzana con merluzzo mantecato. La gran parte dei dessert (7 €) è preparata con la frutta di Gianni, ma c'è anche un delizioso **semifreddo al torrone di Cassinasco**. Anziché ordinare alla carta, si può optare per uno dei tre menù degustazione a 25, 28 e 32 euro.

Lo storico torronificio Faccio, in via Colla 2, produce e vende torrone e nisulin.

CASTAGNITO

61 KM A NE DI CUNEO, 11 KM DA ALBA SS 231

Ostu di Djun
Osteria
Via San Giuseppe, 1
Tel. 0173 213600
Chiuso la domenica
Orario: solo la sera
Ferie: 1 settimana in agosto, tra Natale e Epifania
Coperti: 40 + 80 esterni
Prezzi: 30-35 euro
Carte di credito: nessuna

Vale la pena salire fino alla parte alta di Castagnito, per una sosta in questo locale dove, in estate, si può mangiare all'aperto. L'interno è un'unica, spaziosa sala, non avara di fotografie, stampe, suppellettili, con luci basse e candele accese sui tavoli. Luciano Marsaglia interpreta adeguatamente il suo ruolo di oste, interloquendo con gli ospiti come se fossero vecchie conoscenze. L'esperienza può essere divertente, ma sappiate che il patron impone le sue regole: per esempio, scegliete il vino (tra le migliori etichette di Langa e non solo) e vi portano un magnum, senonché a un certo punto, come in un minuetto settecentesco, *changez la dame!*, la vostra bottiglia passa a un altro tavolo, mentre ne arriva un'altra per voi. Dal menù, recitato a voce e semifisso, con possibilità di scelta solo per alcune portate, ricordiamo, tra gli antipasti, le *bagasce* (pasta di pane fritta) con prosciutto crudo, la carne marinata, l'**insalata russa**, il vitello tonnato. Poi, *tajarin*, il ragù di manzo o di coniglio, **ravioli** di carne o di erbette, risotti, zuppe. Se vi piace la carne bovina, apprezzerete il **brasato** e il filetto, ma anche l'osso sezionato in due parti, aperto in modo da poter gustare anche il midollo. Altri possibili secondi sono il **fegato di vitello**, lo stinco di maiale, il **coniglio al forno** e le fragranti acciughe fritte. La formaggetta servita calda o una selezione di formaggi precedono l'eventuale budino alla panna, il salame al cioccolato o il gelato; in ogni caso Luciano vi porterà un gran pezzo di torrone, il cui assaggio vi dovrete guadagnare scalpellandolo con gli appositi attrezzi.

CASTAGNOLE MONFERRATO

14 KM A NE DI ASTI

Da Geppe
Bar-trattoria
Via Umberto I, 10
Tel. 0141 292113
Chiuso domenica sera e lunedì
Orario: mezzogiorno e sera
Ferie: ultime 3 settimane di gennaio
Coperti: 50
Prezzi: 20-28 euro vini esclusi
Carte di credito: CS, MC, Visa, BM

Nei pressi del municipio, il vecchio bar-trattoria del paese è stato trasformato una decina d'anni fa in un piacevole luogo di ristoro. Ci si accomoda nell'ampia sala o, d'estate, nel dehors sovrastato da una meridiana. I piatti sono elencati a voce; se lo si desidera, si può scegliere tra due combinazioni, il menù del Viandante (un antipasto o un primo, secondo e calici di vino, 15-18 euro) o il menù del Gaudente (due antipasti, primo, secondo, dolce e calici di vino, 28-33 euro). Si parte con carne cruda battuta al coltello, tomino al verde, **insalata russa**, acciughe con bagnetto rosso, flan di verdure con fonduta; delizioso d'estate il **carpione** (8 €) a base di zucchine, petto di gallina bianca e muscoletto. La gallina bianca, eccellenza della zona, è proposta anche come secondo, ma noi ve ne consigliamo soprattutto l'ottimo ragù che condisce le **lasagnette quadre** (7,50 €). Altri piatti sono gli **agnolotti alle tre carni con sugo d'arrosto**, i ravioli al castelmagno e quelli di farina integrale con bieta e ricotta caprina, l'**arrosto della vena** (9 €), la **coda di vitello al Ruchè**. Il giovedì non mancano mai gli gnocchi e la trippa, mentre il venerdì è giorno di merluzzo; periodicamente si preparano il fritto misto e la **finanziera**. Di grande qualità la selezione di **formaggi** prodotti e affinati in zona. Si chiude con *bonet*, salame al cioccolato, torta di nocciole. Castagnole è la patria del Ruchè: ovvio che la carta dei vini dia ampio spazio ai suoi migliori produttori, oltre a proporre un'ampia scelta di altre etichette piemontesi.

66 | PIEMONTE

CASTELL'ALFERO

12 KM A NORD DI ASTI

Da Marisa al Castello
Ristorante
Via Castello, 1
Tel. 0141 204115
Chiuso lunedì e martedì
Orario: mezzogiorno e sera
Ferie: in gennaio
Coperti: 70 + 50 esterni
Prezzi: 35-40 euro vini esclusi
Carte di credito: CS, DC, MC, Visa, BM

Trovate quest'osteria in cima al paese, basta cercare il castello. D'estate vi accomoderete in una magnifica terrazza affacciata sulle colline del Monferrato, nelle altre stagioni in una delle due sale, ampie, con soffitti altissimi, stucchi, tovaglie candide e opere di pittori locali alle pareti. La cucina di Marisa – custode di una tradizione di famiglia che con lei è arrivata alla terza generazione – non tradisce mai le aspettative: alcuni dei suoi piatti sono ormai proverbiali e tutto il menù merita di essere esplorato. Tra gli antipasti segnaliamo l'**insalata russa** (10 €), la battuta di fassone piemontese, il vitello tonnato, il baccalà mantecato in crosta di pane, il soufflé di formaggi piemontesi, il **peperone al forno ripieno** (8 €). Accanto agli **gnocchi** (fatti con patate di montagna e conditi con sugo di salsiccia di Bra o alla bava) non mancano mai gli altri due classici della pasta piemontese: *tajarin* **ai 30 rossi al sugo di arrosto** e **agnolotti dal *plin* ai tre arrosti**. Bella proposta di secondi: **coniglio** nostrano **all'Arneis** (15 €), **stracotto di vitello fassone al Barbera**, capretto di Langa al forno, trippe in umido e la **finanziera sabauda**. Curata selezione di formaggi e dolci che spaziano dalla mousse al cioccolato (8 €) alla panna cotta, ai dessert di frutta di stagione: noi abbiamo assaggiato una schiacciatina di fragole e le ciliegie cotte nel Freisa. Nella carta dei vini, buone etichette monferrine e del resto del Piemonte.

> **"** *I piatti di Marisa sono pietre miliari della gastronomia piemontese e, dopo anni, continuano a rimanere scolpiti nella memoria, come tante madeleine* **"**

CASTELL'ALFERO
Perno

12 KM A NORD DI ASTI

Ristorante del Casot
Ristorante
Regione Perno, 76
Tel. 0141 204118-204114
Chiuso martedì e mercoledì
Orario: mezzogiorno e sera
Ferie: seconda metà di gennaio
Coperti: 40 + 25 esterni
Prezzi: 32-35 euro vini esclusi
Carte di credito: tutte, BM

«Grazie che ci siamo incontrati»: la scritta, ben leggibile all'ingresso della cucina, cita Romano Levi, forse il più celebre distillatore del Piemonte. Una frase che ben si addice alla famiglia Cussetti, peraltro in possesso di una bella collezione privata delle grappe di Levi. In sala i genitori, in cucina Ivan, per una proposta territoriale e stagionale, invariata da qualche anno anche nel prezzo: menù degustazione a 38 euro per tre antipasti, primo, secondo e dessert, un menù più contenuto (un solo antipasto) a 32 e, nei giorni feriali, colazione di lavoro a 20 euro. L'antipasto simbolo, intitolato "I tre modi per interpretare la carne cruda di fassone" (10 €), comprende la battuta al coltello, il filetto scottato e la farcita con robiola di Roccaverano. Da provare anche le lumache di vigna, il **girello arrosto in salsa tonnata** e il peperone quadro della Motta farcito. Poi, paste fatte in casa: **agnolotti gobbi d'Asti**, *tajarin* **dai 40 rossi al ragù di una volta** (10 €), gnocchi di patate rosse al castelmagno. La **finanziera reale** è veramente eccellente, ma se non amate il quinto quarto potrete scegliere tra carni di fassone (**arrosto della vena stracotto nella Barbera** – 15 euro –, tagliata al sale, filetto alla Barbera) e ovine (carré d'agnello alla griglia, **agnello al forno con rosmarino e timo**). Nel solco della tradizione anche i dessert: tradizionale *bonet* astigiano, **zabaione caldo al Moscato con torta di tonda gentile** (9 €), torta margherita con gelato alla crema. La cantina è di buon livello e non manca una ragionata scelta di etichette extraregionali.

PIEMONTE | 67

CAVATORE

40 KM A SO DI ALESSANDRIA, 11 KM DA ACQUI TERME

Da Fausto
Ristorante con alloggio
Località Valle Prati, 1
Tel. 0144 325387
Chiuso lunedì e martedì, estate lun e mar a pranzo
Orario: mezzogiorno e sera
Ferie: 1 gennaio-8 febbraio
Coperti: 55 + 50 esterni
Prezzi: 30-35 euro vini esclusi
Carte di credito: CS, DC, MC, Visa, BM

A Cavatore, sulle colline acquesi, troviamo – annesso al relais Borgo del Gallo – questo ristorante, ricavato in un casolare ottocentesco ristrutturato nello stile originario, con alcuni particolari moderni come la veranda affacciata sulle valli sottostanti e sulle Alpi. Gaia, figlia del titolare, consiglia con cortesia vini e piatti, che spaziano tra Piemonte e Liguria, com'è nella tradizione di queste colline. Dopo lo stuzzichino di frittelle offerto dalla cucina, abbiamo optato per un misto di antipasti (15 euro) con pesce, pomodorini e cipollotto di Tropea, *fiazzin* di patate con prosciutto crudo, carne cruda e peperone alla piastra ripieno: tutti molto buoni. Tra i primi, quadri di baccalà con pomodoro e gamberi, trenette integrali al basilico di Prà e patate (8 €), i classici **agnolotti al ristretto di arrosto** e i tipici *rabaton* **al forno burro e salvia**. A seguire, roastbeef al sale cotto nel forno, con misticanza, **cima alla genovese con bagnetto** (12 €), **faraona** nostrana **al forno**, fegato di coniglio all'aceto balsamico oppure acciughe fritte. Nei periodi propizi, **selvaggina** locale (lepre e capriolo) e **funghi** del vicino Sassello. Buona scelta di dolci, tra cui la crostata con confettura di albicocche, le pesche ripiene al forno, il gelato di Gaia (da assaggiare, in primavera, quello alle fragole). Ci si può anche affidare alle proposte di Rosella, la moglie del titolare, raccolte in tre menù di prezzo tra i 16 e i 34 euro (ma il più economico non è sempre disponibile). Ricca e completa la carta dei vini, suddivisa per vitigni, con produzioni del territorio ed etichette da tutta Italia e dal resto del mondo.

CAVOUR

48 KM A SO DI TORINO SS 589

Vineria del Ristorante La Nicchia
Osteria moderna
Via Roma, 9
Tel. 0121 600821
Chiuso mercoledì e giovedì a pranzo
Orario: mezzogiorno e sera
Ferie: due settimane in agosto
Coperti: 25 + 30 esterni
Prezzi: 22-25 euro vini esclusi
Carte di credito: tutte, BM

In un palazzo settecentesco del centro storico di Cavour, graziosa cittadina al confine con la provincia di Cuneo, nel 2002 Franco Turaglio, la moglie Giulia e Claudio Farina hanno dato vita a un locale "double face": ristorante elegante in una delle sale, vineria informale nell'altra. Prenotando, è bene specificare a quale delle due ci si riferisce, tenendo presente che vineria e ristorante hanno un'unica cucina, le materie prime (frutto di un'attenta ricerca sul territorio di piccole produzioni di qualità) e la cura delle preparazioni sono le stesse, la differenza sta nella diversa tipologia dei piatti e nell'ambiente, più semplice in vineria. Qui troverete, splendidamente interpretati, i classici della tradizione piemontese, elencati su una lavagnetta. Partendo dagli antipasti (7 €), battuta di fassone, vitello tonnato, una sublime **insalata russa**, flan di verdure, carpioni e una recente scoperta di Franco: un ottimo prosciutto crudo di Cuneo Dop, servito con giardiniera. Immancabili tra i primi (7 €) gli **gnocchi** di patate o **di saras del fen** (ricotta conservata nel fieno, Presidio Slow Food), gli **agnolotti dal** *plin* **con sugo d'arrosto**, in inverno minestre come la *cisrà*. Tra i secondi (9 €), cosciotto di maiale, coniglio o **scaramella al forno**, il roastbeef, soprattutto nei mesi freddi la **finanziera**. Eccellente selezione di **formaggi** delle vicine valli Pellice e Chisone. I dolci (4 €), dal *bonet* alla panna cotta, al semifreddo al Brachetto, sono tutti fatti in casa, così come il pane e i grissini. Ampia scelta di vini, anche al calice, e di birre artigianali, alcune prodotte in zona.

CESSOLE
Madonna della Neve

45 KM A SUD DI ASTI, 26 KM DA ACQUI TERME

Madonna della Neve

Trattoria con alloggio
Località Madonna della Neve, 2
Tel. 0144 850402
Chiuso il venerdì
Orario: mezzogiorno e sera
Ferie: 25 dicembre-15 gennaio
Coperti: 100
Prezzi: 35-38 euro vini esclusi
Carte di credito: tutte, BM

L'unica frazione di Cessole, nella Langa astigiana, ha preso nome dal santuario della Madonna della Neve, titolazione prestata anche all'osteria. Gestita dal 1957 dalla famiglia Cirio, ha sempre goduto di buona fama, ma ristretta per decenni alla gente del posto, che quando l'ha vista affollarsi di forestieri si è un po' allarmata: che fine farà la *curdunà*? Si chiama così un modo tradizionale di servire gli agnolotti, senza condirli e neppure impiattarli: si scolano, si versano su un tovagliolo e voilà. Ma per accogliere i nuovi avventori i Cirio si sono limitati a dare una rinfrescata al locale, dotandolo (oltre che di una dépendance per il pernottamento) di una carta dei vini di tutto il rispetto. Tra i primi (7 €), che comprendono anche *tajarin* e tortelloni di magro, ci sono sempre gli **agnolotti dal *plin* alla *curdunà***; la stessa pasta ripiena si può gustare condita, **con** burro e salvia, **sugo d'arrosto**, ragù o vino. Se avete in mente di fare il bis, tenetevi leggeri con gli antipasti, che pure meriterebbero tutti l'assaggio: carne cruda, vitello tonnato, **prosciutto in gelatina**, insalata di pollo, **polpettine in carpione**. Tra i secondi, l'ottimo **coniglio con le olive** (13 €), il cinghiale in umido, il capriolo al forno. Non andatevene senza avere reso omaggio a due eccellenti prodotti del territorio: la robiola di Roccaverano (stagionata dagli osti) e la nocciola tonda gentile, ingrediente di alcuni dolci (4 €).

❝ *Un posto semplice come il suo piatto simbolo: gli agnolotti alla curdunà, senza condimento. Tutto esprime amore per la cucina, per la propria terra, per la convivialità* ❞

CEVA

61 KM A EST DI CUNEO, 90 KM DA SAVONA A 6

Italia

Ristorante
Via Moretti, 19
Tel. 0174 701340
Chiuso domenica sera e lunedì
Orario: mezzogiorno e sera
Ferie: variabili
Coperti: 70 + 30 esterni
Prezzi: 25-34 euro vini esclusi
Carte di credito: AE, CS, MC, Visa, BM

Una piccola insegna verde fuori da una casetta di paese annuncia che siete giunti nel classico ristorante gestito da Vincenzo Bella e Paolo Pavarino. Vincenzo vi accoglierà con il suo sorriso sornione, facendovi accomodare nella spaziosa sala da pranzo e illustrandovi con competenza i piatti preparati da Paolo con la collaborazione di Giada. Il ricco menù degustazione da 28 euro mette alla prova gli stomaci più capienti, ma è davvero difficile scegliere tra le tante buone proposte. In apertura troverete il **vitello tonnato alla vecchia maniera** (8 €), il rotolo di tacchino alle erbette, la frittata cebana, lo sformato di verdure, l'insalata di carne cruda o di sedano, toma e noci. Se vi piace la **trippa**, non perdete la sua ottima versione **in umido**; in alternativa troverete sempre un risotto (8 €) e le classiche paste fresche fatte in casa: molto buoni gli **agnolotti** (9 €), i tagliolini alla langarola (8 €), gli **gnocchi verdi al raschera**. Nella scelta dei secondi, sorvolando su qualche proposta un po' convenzionale, convincono il bocconcino di vitello al Nebbiolo, l'**agnello spezzato in casseruola**, le acciughe fritte. Se disponibili, provate i piatti a base di funghi: i fragranti **porcini fritti** meritano la visita almeno quanto la trippa. Piccolo carrello di interessanti formaggi locali, chiusura con pesche ripiene, crostate, sorbetti e un *bonet* piuttosto alcolico. Buono il pane fatto in casa, specie quello di castagne garessine. Esauriente carta dei vini regionali.

PIEMONTE | 69

CHERASCO

45 km a ne di Cuneo, 17 km da Alba

La Torre
Osteria moderna
Via dell'Ospedale, 22
Tel. 0172 488458
Chiuso il lunedì
Orario: mezzogiorno e sera
Ferie: 15 giorni in luglio, 15 a Natale
Coperti: 45 + 20 esterni
Prezzi: 30-35 euro vini esclusi
Carte di credito: CS, MC, Visa, BM

La Torre rappresenta una tappa ineludibile per gli habitué e una piacevole scoperta per chi ci capita per la prima volta. In una casa ristrutturata del bel centro storico di Cherasco, una porta austera in legno, poi una in vetro molto moderna riassumono, in un'immagine, l'impostazione del locale: elegante unione di tradizione e contemporaneità, in sala come in cucina. Tra gli antipasti, carne cruda, **vitello tonnato** con una salsa da leccarsi i baffi, uovo "62" (cotto a bassa temperatura) con cardi saltati e fonduta al raschera. Se poi vi chiedete che cosa si possa fare con una semplice cipolla, la risposta la trovate qua: il più buono degli antipasti, ovvero cipolla ripiena di sé, con amaretti e fonduta (10 €). Ben fatti e serviti in porzioni abbondanti tutti i primi, dagli gnocchi al castelmagno ai *tajarin* **al ragù di coniglio** (9 €), agli **agnolotti dal** *plin*, di carne al burro e salvia o ripieni di ricotta. I secondi (12 €) sono una versione moderna, talvolta forse troppo, di piatti che affondano le radici nella tradizione piemontese. Noi abbiamo assaggiato i *batsoà* (deliziosi bocconi di piedino di maiale impanati e fritti), il sottofiletto in crosta di pane e il **guanciale di vitello al vino rosso**. In sala non può passare inosservato l'invitante carrello dei **formaggi**. Buona offerta di dolci: sorbetto al frutto della passione, semifreddo allo zabaione e amaretti, panna cotta (5 €), **torta di nocciole**. Ricca, ben strutturata e con prezzi corretti la carta dei vini.

❝ Conciliare tradizione e modernità: non è facile, ma questa osteria nuova sembra essere sulla strada giusta ❞

CHERASCO

47 km ne da Cuneo, 17 km da Alba

Pane e Vino
Trattoria con alloggio
Via Vittorio Emanuele, 18
Tel. 0172 489108-328 8634448
Chiuso lunedì e martedì
Orario: mezzogiorno e sera
Ferie: gennaio e agosto
Coperti: 55
Prezzi: 30-35 euro vini esclusi
Carte di credito: AE, CS, Visa, BM

Pane e vino: non serviva altro al contadino di un tempo per sorridere. E un bel sorriso è quello che vi accoglierà entrando in questa trattoria gestita da Flavio Marengo (in sala) ed Emiliana Morino (in cucina). Siamo a Cherasco, e mentre la guida va in stampa il locale si sta trasferendo dalla vecchia sede della Moglia a quella nuova nel centro storico, con apertura prevista per inizio settembre 2014. La capacità di essere accoglienti e di mettere a proprio agio gli ospiti è un punto forte di questa trattoria, ma decisiva è la qualità di una cucina che pesca a piene mani dalla tradizione e dai prodotti tipici del territorio (tra cui le lumache, che sono di casa a Cherasco, piccola capitale dell'elicicoltura). Tra gli antipasti, oltre ai grandi classici come il **vitello tonnato** e la carne di fassone battuta al coltello, spiccano una deliziosa **millefoglie di peperoni di Cuneo con** *bagnet verd* e la lingua di vitello con marmellata di cipolle rosse (10 €). Tra i primi (10 €), gnocchi di patate dell'alta Langa con sugo di verdure e toma d'Alba, **ravioli dal** *plin* **con sugo d'arrosto** e riuscitissimi *tajarin* **30 rossi al ragù di salsiccia**. Sostanziosi i secondi, dallo **stinco di maiale al Nebbiolo** alla "madama piemonteisa", ovvero la costata di vitella alla piastra. Non possono mancare, poi, le lumache alla parigina, né una bella selezione di formaggi (14 €). Come dolce, da non perdere il tradizionalissimo *bonet*. Ampia e di ottimo livello la carta dei vini, in cui si sentono la mano e il sorso appassionati di Flavio.

CHIANOCCO
Baritlera

47 km a ovest di Torino A32 o ss 25

La Baritlera
Trattoria
Via Baritlera, 10
Tel. 0122 647614
Chiuso lunedì, martedì, mercoledì
Orario: sera, domenica solo pranzo
Ferie: settembre
Coperti: 50 + 15 esterni
Prezzi: 27-33 euro vini esclusi
Carte di credito: CS, MC, Visa, BM

Dal casello di Chianocco la strada sale con decisione, su un dislivello che regala una splendida visuale della val di Susa, punteggiata di casette con le immancabili bandiere "No Tav" ai balconi. In pochi chilometri ci si trova a Baritlera, la borgata che ospita l'omonima graziosa trattoria dei coniugi Giorgia Ravizza e Andrea Chianale. Nel locale i titolari si vedono poco, in quanto operano in cucina, ma la loro presenza è tangibile nei piatti, ben eseguiti e personalizzati con gusto. Si può ordinarli alla carta o optare per il conveniente menù degustazione (27 euro per tre antipasti, due primi, un secondo a scelta, dolce e caffè). Come antipasti noi abbiamo gustato il **girello arrosto con maionese di capperi e olive taggiasche** e la **trota salmonata marinata su crema di carote**. Davvero buoni i primi: gnocchi agli asparagi e **tagliatelle di farro al ragù di stracotto** (8 €). Tra i secondi, un classico della cucina piemontese, il **brasato di manzo** (10 €) cucinato con l'Avanà, un rosso da vitigno autoctono della val di Susa; inoltre, **faraona in crosta di nocciole su salsa di mele**, capretto nostrano al forno, baccalà ai peperoni e l'ormai rara **trippa di vitello in umido**. Nei dessert ampia proposta casalinga tra bavarese al cioccolato con pere caramellate, panna cotta con zucchero di canna e l'ottima millefoglie alle fragole con crema pasticciera e panna montata (8 €). Una menzione di riguardo per la carta dei vini, che valorizza i prodotti della valle all'interno di un'ampia selezione di etichette piemontesi e di altre regioni, con qualche presenza estera. Si possono bere anche buone birre artigianali.

CHIUSA DI PESIO
San Bartolomeo

22 km a se di Cuneo

La Locanda Alpina
Ristorante con alloggio
Via Provinciale, 71
Tel. 0171 738287
Chiuso il martedì e mercoledì a pranzo, mai d'estate
Orario: mezzogiorno e sera
Ferie: febbraio
Coperti: 45
Prezzi: 24-26 euro vini esclusi
Carte di credito: CS, DC, MC, Visa, BM

Uscendo dal concentrico di Chiusa imbocchiamo la provinciale che conduce alla certosa di Pesio, storico monastero fondato nel 1173. La nostra meta è sulla strada, in frazione San Bartolomeo: un ristorante tradizionale, con camere per il pernottamento e il soggiorno. Natascia ci accoglie, ci fa accomodare e ci legge il menù, descrivendo con precisione e competenza i piatti preparati dal fratello Gianfranco. Come antipasto scegliamo il tris di assaggi (10 €), composto da **mousse di trota con frittella di grano saraceno**, uovo con fonduta, vitello tonnato, gustati i quali decidiamo di fare un altro giro con battuta al coltello (6 €) e **lingua in salsa verde**. Tra i primi ci sono un'insolita **lasagnetta con i luvertin** (6 €), buonissimi **ravioli dal *plin* ripieni di borragine**, tagliolini al ragù di carne, **gnocchi al raschera**, risotto con aglio selvatico. Fra i secondi, ottimo lo **stoccafisso mantecato** accompagnato da polentine di grano saraceno (9 €), poi trippe, ossobuco, lumache in umido con pomodoro. Dolci rappresentativi del Piemonte, come *bonet,* **panna cotta** (4 €), crème caramel, meringa. La presentazione dei piatti è molto semplice, ma al contempo curata e originale. La carta dei vini rappresenta bene le etichette della regione e invita all'assaggio offrendo la possibilità di ordinare anche mezze bottiglie.

A **Boves** (17 km), in via Roma 7, macelleria Martini: vitelli di montagna, capponi di Morozzo, capretti della Bisalta, bue grasso di Carrù, salumi di produzione propria.

PIEMONTE | 71

CISSONE

51 KM A NE DI CUNEO, 22 KM A SUD DI ALBA

Locanda dell'Arco
Ristorante con alloggio
Piazza dell'Olmo, 1
Tel. 0173 748200-335 5471605
Chiuso il martedì e mercoledì a pranzo
Orario: sera, pranzo su prenotazione
Ferie: variabili
Coperti: 30
Prezzi: 33-40 euro vini esclusi
Carte di credito: CS, Visa, BM

Sulla piazzetta di Cissone, piccolo paese dell'alta Langa con case ben ristrutturate, da venticinque anni Maria Querio e Giuseppe Giordano soddisfano con i loro piatti i palati più esigenti. Con l'arrivo in cucina di Marco e Andrea, Maria Pia può dedicarsi all'orto e alla cura degli animali da cortile. I piatti sono elencati in una carta che Giuseppe sa rendere viva specificando la provenienza di ogni ingrediente. La domenica è disponibile un conveniente quanto ricco menù: 35 euro per un tris di antipasti, primo, secondo e dolce. La cucina è di territorio, con qualche tollerabilissima divagazione. Classici gli antipasti (10-13 €) come la battuta al coltello, il vitello tonnato, un **tonno di coniglio** magistrale e i timballi di verdure. I primi spaziano dai filologici *tajarin* **al sugo di fegatini** (10 €) alle **raviole**, farcite e condite anche con ingredienti insoliti: ottime quelle **di oca con salsa ai porri**; da assaggiare anche gli **gnocchi di patate al murazzano**. Tra i secondi, in estate vale il viaggio il **coniglio ai lamponi** (13 €), affiancato dall'agnellino delle Langhe farcito di prugne e albicocche, profumato con il timo e cotto in forno; in inverno si cucinano con maggiore frequenza le carni bovine, per esempio il **tenerone al Barolo**. Dolci di tradizione, ma con l'inserimento di un curioso tiramisù al tartufo nero. La lista dei vini, sterminata per i grandi rossi di Langa e non solo, permette una valida scelta al calice.

> **Maria con la sua esperienza ventennale è maestra di cucina. L'uso eccellente delle materie prime è frutto di una profonda conoscenza del territorio**

CISTERNA D'ASTI

25 KM A SO DI ASTI

Garibaldi
Ristorante annesso all'albergo
Via Italia, 1
Tel. 0141 979118-333 1784635
Chiuso il mercoledì
Orario: mezzogiorno e sera
Ferie: due settimane in gennaio, due dopo Ferragosto
Coperti: 100
Prezzi: 26-30 euro vini esclusi
Carte di credito: tutte, BM

Dal 1939 la famiglia Vaudano gestisce il Garibaldi, che a sua volta è in attività addirittura dal 1875. L'ambiente è affascinante, avendo conservato più di qualcosa del suo passato. Nelle quattro sale si respira l'atmosfera di un tempo, anche se non tutto ciò che sembra antico lo è: il bel soffitto a cassettoni in gesso del salone da banchetti, per esempio, è opera recente di un bravo artigiano, molti oggetti sono frutto delle ricerche in cascine e botteghe di rigattieri di Lino Vaudano, grande appassionato de "cose vecchie". Comunque, dalla monumentale stufa di Castellamonte alle foto in bianconero, dal vasellame *d'antan* alle tende in pizzo, tutto riporta al passato. Il soffio della tradizione è ben percepibile anche nel menù, illustrato a voce. Si inizia con un misto di antipasti (10 €) comprendente insalata russa o di coniglio, **acciughe con bagnetto rosso**, sformatini di verdure, trota affumicata, prosciutto cotto in casa. Tra i primi, agnolotti al burro e salvia e *tajarin* **alle erbe** (6 €), ai funghi o alla cisternese (con sugo di salsiccia cotta nel Cisterna, vino Doc da uve croatina prodotto in 13 comuni tra Monferrato e Roero). Buoni anche i secondi: **coniglio arrosto**, brasato, stinco di maiale, quaglie al vino bianco e, soprattutto, il **fritto misto alla piemontese** (11 €). Si chiude con dolci casalinghi, tra cui *bonet*, mousse allo zabaione, gelato con mostarda d'uva di propria produzione (4 €). La carta dei vini offre un'interessante panoramica di etichette di Monferrato e Langa.

A **Canale** (5 km) segnaliamo la salumeria Faccenda per il prosciutto arrosto, la galantina e salami di grande qualità.

CISTERNA D'ASTI

25 KM A SO DI ASTI

Ras-ciamuraje
Ristorante-vineria
Piazza Rossino, 5
Tel. 0141 979330
Chiuso lunedì, martedì e mercoledì
Orario: 18.00-01.00, sab dom 10.30-15.00/17.00-01.00
Ferie: 2 settimane tra agosto e settembre
Coperti: 35 + 30 esterni
Prezzi: 22-35 euro vini esclusi
Carte di credito: tutte, BM

Ras-ciamuraje è, o meglio era, il soprannome collettivo dei cisternesi, molti dei quali fino all'inizio dell'Ottocento raschiavano i muri per ricavarne salnitro con cui produrre la polvere pirica. Ora è anche l'insegna di questo ristorantino, con sale disposte su due livelli e un dehors sulla piazzetta sottostante il castello. Condotto con simpatica presenza da Simona Vaudano, in sala, e controllato in cucina dalla madre Lucia, offre una cucina piemontese di base, con qualche felice inserimento moderno e un po' di spazio per il pesce povero. Strepitosa la lista degli antipasti, tra cui un piccolo **fritto misto piemontese** (7,50 €) oltre a **polpettine di baccalà fritte**, anguilla in carpione, carne cruda e filetto al sale, ottimi carciofi fritti, vitello tonnato, insalata di gallina. Per il primo potrete scegliere tra i classici **agnolotti** (6,50 €), tagliatelle e tagliolini di pasta fresca o la pasta secca di Gragnano con ragù di salsiccia. Passando ai secondi, ricordiamo l'**arrosto alle nocciole** (10 €), il **coniglio alle olive taggiasche**, lo stinco al forno, la toma calda con radicchio; in alternativa, ottime selezioni di formaggi locali. Ampia la scelta dei dolci: oltre alla **torta ras-ciamuraje con zabaione** (4,50 €), salame al cioccolato, panna cotta, semifreddo alla mostarda d'uva fatta in casa, sorbetti e gelati. La consistente carta dei vini ha un occhio di riguardo per il Cisterna d'Asti, prodotto anche dalla famiglia Vaudano.

■ A **San Damiano d'Asti** (6,5 km), la pasticceria Monticone Baracco propone baci di San Damiano, brutti ma buoni, melighe, nocciolini, torte e bignè preparati perlopiù con ingredienti del territorio.

COLLEGNO

11 KM A OVEST DI TORINO

Casa di Bacco
Trattoria
Via Verdi, 67
Tel. 011 4154879
Chiuso la domenica
Orario: pranzo, giovedì-sabato anche sera
Ferie: 10 giorni in agosto e 10 dopo Natale
Coperti: 40
Prezzi: 25-30 euro vini esclusi
Carte di credito: CS, MC, Visa, BM

Situata alla periferia della metropoli, la Casa di Bacco è comoda da raggiungere sia da Torino sia da più lontano, trovandosi a pochissima distanza dall'uscita di Collegno della tangenziale nord. È una tipica trattoria dalla cucina estremamente godibile, con i suoi classici piemontesi a comunicare semplicità e grande sostanza. Due salette – una all'ingresso e una più appartata – sono animate da cortesia ed efficienza nel servizio. Alla voce antipasti c'è l'imbarazzo della scelta tra i pilastri della tradizione: acciughe al verde, **insalata russa** casalinga, **giardiniera** di verdure e tonno, tomini rossi e verdi, vitello tonnato, **peperoni al brusco**. Se siete almeno in due, una degustazione di sei antipasti (12 €) vi darà un quadro esauriente e goloso. Tra i primi (8 €), **ravioli di borragine al burro aromatico di nocciole**, gnocchi di patate con pomodoro fresco, tagliolini con peperoni e salsiccia, minestre di verdure di stagione. Come secondo, un'ottima selezione di salumi della provincia, oppure tagliata di fassone piemontese alla griglia, scamone o roastbeef, un'impeccabile **tartara di fassone** (12 €), il filetto di maiale alle erbe, con i primi freddi il **fricandò di vitello** e la **finanziera**. Una selezione di **formaggi** regionali ampia e di ottima qualità può anticipare o sostituire dolci (5 €) quali panna cotta, aspic di lamponi, **pesche ripiene di cacao e amaretti** o una crostata con le confetture di casa. Menù degustazione a 28 euro. La carta dei vini, a prezzi equi, è concentrata su rossi piemontesi e bianchi del Nord Italia e offre possibilità di asporto. La domenica il locale resta aperto su prenotazione per gruppi.

COSSANO BELBO

78 km a ne di Cuneo, 29 km da Asti ss 592

Trattoria della Posta da Camulin
Ristorante
Corso Fratelli Negro, 3
Tel. 0141 88126
Chiuso domenica sera e lunedì
Orario: mezzogiorno e sera
Ferie: Natale-Epifania, un mese tra luglio e agosto
Coperti: 60
Prezzi: 30-38 euro vini esclusi
Carte di credito: AE, CS, MC, Visa, BM

Un locale storico, nel centro del paese, gestito dalla stessa famiglia, i Giordano, da tre generazioni. In sala Cesare, in cucina Lorenza e Stefano, per un'accoglienza cordiale e misurata nelle due belle sale in cui si articola il locale. Il menù, raccontato a voce da Cesare, inizia, di regola, con quattro antipasti (14 €), ma è anche possibile comporre la propria selezione a piacere. Non mancano mai la carne cruda, i **peperoni in agrodolce con l'acciuga**, il vitello tonnato; secondo disponibilità della stagione è possibile trovare in autunno-inverno il **cotechino con fonduta**, in estate il pomodoro con il *bagnet verd*. Il locale è particolarmente conosciuto per i *tajarin* (9 €), tagliolini sottili di pasta fresca all'uovo tirata a mano, conditi **con ragù**, oppure **burro e salvia** o funghi; altri primi sono gli agnolotti di magro, gli gnocchi con fonduta e l'imperdibile **pasta e fagioli**. Ben assortita la rosa dei secondi (12 €): **bollito misto con salse**, **trippa in umido**, capretto, **piccolo fritto misto piemontese**, coniglio al timo e olive, rolata di pollo. Finale con i dolci della tradizione (5 €): **mattone al caffè**, *bonet*, semifreddo al torrone; inoltre, frutta sciroppata di fattura casalinga. Una carta dei vini curata e attenta alle produzioni locali completa l'offerta del ristorante, presidio della cucina di Langa più autentica.

🛍 In via Caduti 25, il mulino Marino macina a pietra farine biologiche di mais, frumento, orzo, segale, kamut.

COSTIGLIOLE D'ASTI

15 km a sud di Asti

Cascina Collavini
Ristorante con alloggio
Strada Traniera, 24
Tel. 0141 966440
Chiuso martedì sera e mercoledì
Orario: mezzogiorno e sera
Ferie: in gennaio e in agosto
Coperti: 40 + 40 esterni
Prezzi: 28-32 euro vini esclusi
Carte di credito: CS, MC, Visa, BM

Nell'Astesana, incuneata tra Monferrato, Langhe e Roero, Costigliole è una comoda base di partenza per visitare le zone di produzione di Barbera e Nebbiolo. Poco fuori dal centro del paese, Bruno e Carmen Collavini – trent'anni di ristorazione alle spalle – gestiscono questo locale solo all'apparenza anonimo. La brigata è interamente familiare: in sala la figlia Cristina, in cucina i genitori con il figlio Gianpietro. I piatti sono semplici, ben eseguiti, preparati con verdure dell'orto di casa, carni e formaggi che hanno fatto poca strada. Tra gli antipasti ci sono sempre la battuta di fassona, il vitello tonnato (8 €), l'**insalata russa**, in estate il peperone di Motta farcito; non trascurate, se in carta, il paté di fagiano con i crostini. Ottimi, tra i primi, gli **agnolotti quadrati della vigilia** (8 €), anche con ripieno di baccalà, *tajarin* e agnolotti dal *plin* in varie versioni, le reginelle di farina di castagne al burro fuso; quasi sempre c'è anche una zuppa (6 €). Come secondo (13 €), **brasato di vitello al Barbera**, cinghiale in umido, **coniglio arrosto**, **fegato di vitello con le cipolle**. Tra i dolci (7 €) spicca il semifreddo di torrone con salsa al cioccolato; apprezzabile l'offerta, a fine pasto, di frutta fresca o sciroppata di produzione propria (4 €). Nella carta dei vini, Langa, Roero e Monferrato fanno da padroni, ma c'è anche una buona scelta di etichette nazionali. Nel fine settimana, specie in inverno, si organizzano appuntamenti con i grandi classici della convivialità, come *bagna caoda* o fritto misto. Cinque le camere per il pernottamento, intitolate a Moscato, Barbera, Barolo, Nebbiolo e Arneis.

CRAVANZANA

61 km a NE di Cuneo, 25 km a sud di Alba

Ristorante del Mercato da Maurizio

Trattoria annessa all'albergo
Via Luigi Einaudi, 5
Tel. 0173 855019
Chiuso il mercoledì e giovedì a pranzo
Orario: mezzogiorno e sera
Ferie: 7/01-13/02, 1 sett in luglio, 1 sett a Natale
Coperti: 50 + 20 esterni
Prezzi: 30-35 euro vini esclusi
Carte di credito: CS, DC, MC, Visa, BM

Raggiungete Cravanzana con calma, godendovi il paesaggio dell'alta Langa fino al cortile della trattoria: qui completerete il godimento con la vista sui noccioleti, prima di essere guidati da Maurizio Robaldo nella scelta di piatti e vini. Una formula raccomandabile è il menù degustazione che, per 35 euro, permette di scegliere dalla carta due antipasti, un primo, un secondo e un dolce. Delizioso, in apertura, il **tortino al Murazzano e ortaggi** (asparagi in primavera, topinambur in autunno-inverno) **con fonduta di toma d'Elva**, ma non sono da meno il vitello tonnato, la carne all'albese con scaglie di formaggio maira, l'estivo involtino con peperoni (8 €). Imperdibili gli **agnolottini dal *plin* ai tre arrosti con burro e salvia** e quelli di verdura con fonduta di toma d'Elva; tra gli altri primi (10 €), *tajarin* al ragù di carne e salsiccia o di carne e porcini, cannelloni di crespella al forno, gnocchi al pomodoro e basilico. Ottimi anche i secondi (12 €): faraona alle erbe e bacche di ginepro, **pollo** ruspante **alla cacciatora con peperoni**, **agnello di Langa al forno con timo**. Ricchissimo il tagliere di **formaggi** piemontesi. La tonda gentile di Langa domina, com'è giusto, nei dolci (6 €): torta di nocciole, mattone alle nocciole, variazione di *bonet*, bavarese alla nocciola, tortino al cioccolato con gelato alle nocciole. La carta dei vini, attenta alle piccole produzioni locali, pratica ricarichi onesti, comprende grandi bottiglie e permette di bere bene anche con meno di 15 euro.

>> *Tanta sostanza in questa centenaria trattoria, ottimamente presentata sia nel piatto sia nel bicchiere* <<

CRODO
Viceno

33 km a NO di Verbania, a 26 ed e 62 fino al confine, ss 659

Edelweiss

Ristorante annesso all'albergo
Località Viceno, 7
Tel. 0324 618791
Chiuso il mercoledì, mai d'estate
Orario: mezzogiorno e sera
Ferie: 2 settimane in gennaio, 3 in novembre
Coperti: 150
Prezzi: 30-35 euro vini esclusi
Carte di credito: tutte, BM

In una frazioncina del principale centro abitato della Valle Antigorio, la famiglia Facciola gestisce questo albergo-ristorante da più di cinquant'anni. La cucina, dove operano Ugo e papà Giancarlo, si basa su materie prime del territorio (carni, formaggi, verdure, queste ultime dell'orto di casa); della sala, dall'arredo classico, si occupa la sorella di Ugo, Cristina. Tra gli antipasti consigliamo, oltre ai salumi di propria produzione, le bruschette "con sorpresa", la **frittatina al bettelmatt**, la bresaola al caprino ossolano (9 €). Buoni i primi di pasta fatta in casa: **agnolotti con salvia e semi di papavero** (8 €), gnocchetti di ricotta e spinaci, **pappardelle al sugo di selvaggina**. Si può scegliere alla carta o optare per il menù degustazione a 32 euro. Tra i secondi prevalgono la grigliata mista di carni e verdure, il **filetto di torello** alla piastra (18 €), la tagliata di scottona alla griglia; i piatti di carne sono sempre affiancati, in carta, da uno vegetariano di ortaggi freschi e patate (8 €). Ottimo il tris di formaggi ossolani (vicino, bettelmatt, ossolano di Crodo) serviti con miele di castagno e confetture di produzione locale; crostate, *bonet* e altri dolci sono fatti in casa. La carta dei vini privilegia etichette del territorio, con una piccola appendice per prodotti di altre regioni d'Italia. Quanto all'albergo, l'Edelweiss ha una trentina di camere ed è dotato di centro benessere, oltre che di una favolosa vista sulle montagne.

A 100 metri, da Massimo Bernardini ottimi ricotta, burro, bettelmatt. A **Crodo** (5 km), in via Roma 10, Giampietro Crosetti vende salumi e prosciutti della Val Vigezzo; in via Circonvallazione, la Latteria Antigoriana propone tome e formaggi freschi.

PIEMONTE | 75

CUNEO

4 Ciance

novità

Osteria moderna
via Dronero, 8 C
Tel. 0171 489027-338 6484559
Chiuso il martedì e domenica sera
Orario: mezzogiorno e sera
Ferie: variabili
Coperti: 50
Prezzi: 30-32 euro vini esclusi
Carte di credito: tutte, BM

"Renzo in città", recita l'insegna. Un motto breve, che rispecchia l'identità di 4 Ciance, raccontandone senza giri di parole la storia. Il locale è nato nel 2012 da una costola di un'istituzione della ristorazione della Valle Stura: Da Renzo di Aisone. A dare vita all'evoluzione cittadina sono stati Giacomo Spada, figlio di Renzo, e Gianmaria Rossi (coadiuvati ai fornelli da Gaetano Zonno), coinvolgendo anche l'amico Daniele Banfo che si occupa della sala. Una cucina giocata sulla tipicità e sull'uso dei prodotti delle vicine montagne ma più moderna nell'attenzione alla leggerezza dei piatti e alla loro presentazione. Sono disponibili un menù dello chef con antipasto, primo, secondo e dolce a 24 euro e uno degustazione con tre antipasti, primo, secondo e dolce a 32. L'alternativa è la carta, recitata a voce. Ottimi gli antipasti (8 €), tra cui il **paté d'agnello sambucano**, la carne cruda di fassone e la *finanziera*. Tra i primi (8 €) c'è sempre un risotto e soprattutto c'è la pasta fresca fatta in casa: gnocchi, ravioli e, immancabili, i **cruset della Valle Stura**. Da non perdere i **ravioli dal *plin* alla *bagna grisa***. Il re dei secondi è l'agnello sambucano (15 €), ma non mancano mai i tagli di bovino, dalla guancia di vitello alla tagliata. Pregevoli i dolci (8 €) con gelati e sorbetti fatti in casa e la panna cotta con confetture alla frutta. Carta dei vini di livello, con tanti piemontesi, qualche francese e una selezione di etichette di altre regioni italiane.

■ In via Santa Maria 2, il forno a legna di Guido Basso prepara ottimi pani naturali; in corso Nizza 41, Ferruccio Rossi vende pani dei migliori forni a legna delle valle cuneesi.

CUNEO

Due Grappoli

Osteria moderna
Via Santa Croce, 38
Tel. 0171 698178
Chiuso domenica e lunedì
Orario: mezzogiorno e sera
Ferie: una settimana in gennaio, una in agosto
Coperti: 55
Prezzi: 15-30 euro vini esclusi
Carte di credito: CS, DC, MC, Visa, BM

Uno stabile del Settecento ospita l'osteria Due Grappoli. Se ne occupano Matteo Prato e i fratelli Meinero, Michele e Maurizio. Grazie all'esperienza maturata negli anni in cui hanno lavorato alla Bottega dei Vini di Langa, qui si beve bene, scegliendo da una carta dei vini che ha un occhio di riguardo per il Piemonte e un ottimo rapporto tra qualità e prezzo, e si mangiano i piatti del territorio. Il menù varia con la disponibilità degli ingredienti procurati al mercato: l'osteria si trova alle spalle della piazza che lo ospita. Nelle due accoglienti sale, a pranzo potrete optare per il menù degustazione a 15 euro – antipasto, primo, dolce, acqua e caffè – o scegliere tra i piatti scritti sulla lavagna; la sera, oltre alla carta, ci sono due proposte più strutturate a 24 o 28 euro. Per iniziare, flan e frittate di verdure, **insalata russa** (6 €), cipolla ripiena, **carne battuta al coltello**, carpaccio di polpo con salsa all'arancia, insalata di riso venere con gamberi e verdure. Non mancano mai i **ravioli** – ottimi quelli **di coniglio** (8 €) –, i *tajarin* **con ragù** o verdure, l'orzotto mantecato, le zuppe. Protagonista tra i secondi è la carne, con tagliata di fassone piemontese (12 €), bocconcini di agnello alle verdure, **trippa in umido**, **stracotto di guanciale di vitello**, coscia di faraona al Porto. Sempre in menù alcuni piatti di pesce, per esempio baccalà mantecato e un saporito filetto di trota salmonata alle erbe fini. Per chiudere, ***bonet***, torta di mele, semifreddo al cioccolato.

■ In corso Nizza 52, Tuttocarne vende carni di razza piemontese. Da Arione, piazza Galimberti 14, cuneesi al rum e meravigliose meringhe.

CUNEO

Roma
Trattoria
Via Roma, 14
Tel. 0171 791007
Chiuso il lunedì
Orario: mezzogiorno e sera
Ferie: variabili
Coperti: 40 + 20 esterni
Prezzi: 30-32 euro vini esclusi
Carte di credito: CS, MC, Visa, BM

Cuneo ha avuto per decenni una ristorazione meno che mediocre, ma da qualche tempo in centro storico abbondano i locali di qualità. Tra questi eccelle – in un antico palazzo davanti alla prefettura – la trattoria della famiglia Rabbia. Oltre l'androne, un cortiletto con tavoli per le giornate calde; all'interno, l'ingresso dove Davide accoglie gli avventori e, collegate da un corridoio, due belle salette. Annalisa e la figlia Marianna cucinano secondo tradizione splendidi prodotti del territorio. Per cominciare, salumi artigianali, cruda al coltello, **vitello tonnato** (8 €), in estate insalatina di faraona o **anguilla in carpione**. È fatta in casa la pasta all'uovo degli **agnolotti ai due arrosti e salame cotto** e dei *tajarin* (di soli tuorli) **al ragù di salsiccia** (9 €); inoltre, riso (coltivato a Bra, città natale di Annalisa) **ai formaggi** dell'alta Langa, in inverno l'*ola al forno* e la zuppa di fagioli, in estate la crema di zucchine. Ottime carni, spesso di Presìdi Slow Food, per i secondi: il mitico biancostato (13 €) e la tagliata di fassone piemontese, il **coniglio grigio** di Carmagnola cucinato, in stagione, **con i ramassin** della Valle Bronda, il capocollo di maiale arrosto (11 €), la **trippa in umido**, la **finanziera**. Carta a sé per i dolci, squisiti. Cantina molto ben fornita, con parecchie etichette alla mescita. Disponibile, se ordinato dall'intero tavolo, un menù degustazione di tre antipasti, primo, secondo e dessert a 32 euro.

❝ *Una semplice cucina di tradizione esalta la qualità dei prodotti del territorio. Elegante ma familiare, un esempio emblematico della rinascita gastronomica cuneese* ❞

Senza Fretta
Osteria moderna *novità*
Via Dronero, 3 bis
Tel. 0171 489174-335 6664576
Chiuso il lunedì
Orario: sera, sabato e domenica anche pranzo
Ferie: variabili
Coperti: 70
Prezzi: 28-30 euro vini esclusi
Carte di credito: AE, CS, MC, Visa, BM

«Vivere senza fretta» è ormai un mantra per pochi eletti. Eppure questo locale situato nel centro storico di Cuneo, nel cuore della zona della recente rinascita gastronomica del capoluogo, ha tutte le carte in regola per essere un'oasi al riparo dalla frenesia quotidiana. Perché "senza fretta" è innanzitutto la cucina di Daniela Marchisio: non nel senso che dovremo attendere all'infinito i piatti (il servizio è puntuale e rispetta i tempi richiesti da lavorazioni curate), ma piuttosto nel suo essere attenta ai tempi della natura e alla stagionalità. D'altronde Daniela e Marco Bertorello, di lei marito oltre che sommelier e direttore in sala, hanno costruito il loro progetto basandosi sulla cura nella selezione dei prodotti, perlopiù biologici. Tra i piatti sempre in carta spiccano la **battuta al coltello di fassone**, il tagliere di salumi artigianali, la tagliata di fassone (15 €) e la torta al cioccolato. Per il resto è tutta una questione di stagionalità: l'insalatina di gallina bionda piemontese (8 €), tra i primi gli gnocchi di zucchine novelle e salsiccia (9 €) e il risotto con tuorlo d'uovo, erbe fini e lardo (9 €). Poi, scaramella di vitello con nocciole Piemonte e il **filetto di trota della Valle Stura**. C'è spazio anche per i vegetariani: da provare il tortino di bietole e seirass con fonduta di raschera (8 €) o la **zuppa rustica di legumi, cereali e verdure**. Infine tra i dolci immancabile l'appuntamento con il *bonet* (6 €). Carta dei vini interessante, ampia e con piccole referenze selezionate.

CUREGGIO

30 km a no di Novara, ss 142

La Capuccina
Azienda agrituristica
Strada Capuccina, 7
Tel. 0322 839930
Chiuso lunedì, martedì e mercoledì
Orario: la sera, domenica a pranzo
Ferie: 1-15 gennaio
Coperti: 60 + 20 esterni
Prezzi: 32 euro vini esclusi, menù fisso
Carte di credito: AE, CS, MC, Visa, BM

A Cureggio, nell'alto Novarese, Gianluca e Raffaella portano avanti da un decennio la loro attività, che a oggi si basa su una buona parte di materia prima prodotta in loco, una parziale autonomia energetica, un ampio orto affiancato da stalla e caseificio, e, per quanto riguarda l'accoglienza, un servizio di alto livello e una cucina di classe. Un agriturismo vero, dove le carni sono quelle degli animali allevati in azienda (bovini, capre, animali da cortile), latticini, formaggi – eccellenti –, yogurt e gelato sono autoprodotti, e lo stesso discorso vale ovviamente per frutta e verdura. Per i pochi alimenti non di propria produzione ci si affida ad agricoltori o allevatori della zona, fino a coinvolgere una cooperativa di pescatori per offrire, di tanto in tanto, pesce di lago. Gianluca, tra l'altro, è stato tra i promotori dell'iniziativa che ha permesso di iscrivere la cipolla bionda di Cureggio e Fontaneto tra i Presìdi Slow Food. Il menù è fisso nel prezzo (32 euro) ma varia quotidianamente quanto a composizione. Tra i piatti ricordiamo gli ottimi **agnolotti** (come il pane, tutta la pasta è fatta in casa), il **risotto col midollo**, l'ampia varietà di carni, sia tra gli antipasti, con la **battuta di fassone**, sia tra i secondi, con il **capretto** o il **coniglio arrosto**, lo **stracotto di vitello**, la tagliata cotta nel sale e fieno. La carta dei vini è molto ampia, incentrata in massima parte su produttori locali, in particolare di Vespolina; vi consigliamo però, dopo averla consultata, di farvi guidare da Gianluca, che conosce vita, morte e miracoli di ogni bottiglia.

DRONERO

20 km a no di Cuneo

Rosso Rubino
Ristorante
Piazza Marconi, 2
Tel. 0171 905678
Chiuso il lunedì
Orario: mezzogiorno e sera
Ferie: 15 giorni in febbraio, 15 in novembre
Coperti: 30
Prezzi: 33-36 euro vini esclusi
Carte di credito: tutte, BM

Cittadina all'imbocco della Valle Maira, su un contrafforte roccioso alla confluenza nel torrente del rio Roccabruna, Dronero è il paese degli acciugai, che a fine maggio qui organizzano la loro fiera. Un punto fermo della Granda gastronomica è, sulla strada che attraversa il paese, questo piccolo locale gestito esemplarmente da Roberto Eandi, coadiuvato in sala da papà Albino e in cucina da mamma Maria. Dopo l'assaggio di benvenuto, vi dedicherete agli antipasti (11 €): sformatino di castelmagno su crema di peperoni, la meravigliosa **terrina di coniglio con cipolle rosse**, la carne cruda battuta al coltello accompagnata da pezzi di parmigiano, la trota del Maira affumicata. I primi (10 €), punto forte del locale, vanno dagli **agnolotti di pasta alle ortiche con nostrale e burro nocciola** al **risotto** alla Nino Bergese (**con parmigiano e fondo bruno**), entrambi indimenticabili. Tra i secondi (12 €) menzione particolare per l'**agnello sambucano al forno**, ma ci sono anche la **finanziera** e il maialino da latte al forno. Ricca la lista dei dolci (7 €): secondo stagione, insalata di fragole con crema inglese, torta alle ciliegie, soufflé di albicocche o di marroni con salsa alla vaniglia, zabaione al Moscato con paste di meliga e lingue di gatto. La carta dei vini è ricca e curata, anche nelle proposte dal bicchiere. Menù degustazione a 33 euro, di pesce a 45; a pranzo dei giorni feriali, piccolo menù a 17 euro per due portate, dolce e caffè.

> *La cura dei particolari e l'attenta selezione delle materie prime fanno di questo ristorante un approdo gastronomico sicuro*

FABBRICA CURONE
Selvapiana

62 km a se di Alessandria, 32 km da Tortona

La Genzianella
Ristorante annesso all'albergo
Via Forotondo, 7
Tel. 0131 780135
Chiuso lunedì e martedì, mai d'estate
Orario: mezzogiorno e sera
Ferie: settembre
Coperti: 60 + 15 esterni
Prezzi: 30-34 euro vini esclusi
Carte di credito: CS, MC, Visa, BM

In alta Val Curone, Fabbrica è il comune più orientale del Piemonte, al confine con la Lombardia (Oltrepò pavese), e Selvapiana una sua borgata a 770 metri di quota, tra fitti boschi. All'ingresso della frazioncina, ecco l'albergo-ristorante di Cristiana Rolandi: un ambiente semplice ma arredato con una certa cura. La cucina innesta su una base piemontese gli elementi tipici di un territorio che risente della vicinanza ad altre regioni (Lombardia, Liguria ed Emilia-Romagna) e si caratterizza per l'uso di erbe, funghi e altri prodotti del bosco, selezionati e in parte coltivati. I **salumi** serviti in apertura sono prodotti in loco e papà Angelo ne segue la preparazione e la stagionatura. Sempre tra gli antipasti troverete sformati di verdura (particolare la *turta in tra biela*, di pane raffermo e latte), fritture di erbe, il **vitello tonnato all'antica**. Tra i primi (6 €), **gnocchi di patata rossa** locale, **ravioli di ortica** o **di borragine**, taglierini al ragù (in stagione, ai funghi o al tartufo); in alternativa alle paste, il **risotto al Timorasso**. I secondi (10-15 €) prevedono **tonno di gallina** o di coniglio, manzo o maiale con funghi, a caccia aperta **selvaggina**, la degustazione di formaggi. Si chiude con dolci al cucchiaio, crostate casalinghe, salame al cioccolato. Menù degustazione a 35 euro. In cantina trovano ampio spazio i vini dei Colli Tortonesi e dell'Oltrepò, ma non mancano altre etichette piemontesi e nazionali.

FARIGLIANO

36 km a ne di Cuneo sp 12

La Speranza
Ristorante
Piazza Vittorio Emanuele II, 43 bis
Tel. 0173 76190
Chiuso domenica sera e lunedì
Orario: mezzogiorno e sera
Ferie: 20 gg in agosto, 1 settimana tra Natale e Capodanno
Coperti: 40 + 12 esterni
Prezzi: 35-38 euro vini esclusi
Carte di credito: CS, MC, Visa, BM

Per decenni semplice trattoria di paese, nella sua lunga storia – la prima licenza è datata 1881 – La Speranza ha alternato fasi di splendore e qualche momento di appannamento, fino a quando, nel 2008, è stata rilevata da Maurizio e Sabrina Quaranta. Lui cuneese della Valgrana, lei romana, reduci da esperienze in ristoranti di grido, hanno dato al locale una nuova veste (moderna, luminosa, colorata) e, soprattutto, una nuova anima: ricerca meticolosa delle migliori materie prime anche presso piccoli produttori della zona, ricette classiche di Langa alternate ad altre sensatamente creative, ampia carta dei vini attenta al territorio, servizio efficiente, prezzi corretti. Nella nostra ultima visita abbiamo assaggiato come antipasto la **galantina di coniglio** nostrano (8,50 €), il baccalà mantecato al vapore, il fritto di acciughe e carciofi. Tra i primi, ci sono particolarmente piaciuti gli **agnolotti ai tre arrosti al fondo bruno**, i tagliolini al coltello con ragù (8,50 €), gli **gnocchetti di farina integrale al gorgonzola**. Le carni sono del macellaio del paese: **brasato di vitello con polenta**, fassone al vino rosso, filetto di maiale alla senape, **quaglia disossata farcita di salsiccia di vitello** e cotta al forno (13 €), **coniglio arrosto con peperoni**, spiedini di agnello impanati. Tra i dolci, **panna cotta con pere madernassa al miele**, strudel di mele con gelato alla crema e il curioso cappuccino ghiacciato (6 €). Menù degustazione a 35 euro per tre antipasti, un primo, un secondo e il dessert.

A **Fabbrica Curone** (4 km) la salumeria Fittabile, via Roma 48, produce e vende il salame delle valli tortonesi, Presidio Slow Food, ottimi cacciatorini e cotechini.

FRASCARO
Tacconotti

18 KM A SO DA ALESSANDRIA, 20 KM DA ACQUI TERME

Trattoria dei Tacconotti

Trattoria
Frazione Tacconotti, 17
Tel. 0131 278488-333 2995252
Chiuso il mercoledì
Orario: mezzogiorno e sera
Ferie: in gennaio
Coperti: 40 + 30 esterni
Prezzi: 30-35 euro vini esclusi
Carte di credito: tutte, BM

Nella pianura tra Orba e Bormida, davanti a una graziosa chiesetta, una bella trattoria a conduzione familiare. Sarete accolti da Anna, che poi vi affiderà alle cure del marito Carlo, grande appassionato di vini. Il menù è semplice ma lascia ampie possibilità di scelta; gran parte delle verdure provengono dall'orto di casa. Noi abbiamo iniziato con l'assaggio di quattro antipasti (12 €): formaggetta di capra con cipolla di Breme, torta di sfoglia sottile ripiena di salsiccia e formaggio del territorio, pomodoro crudo farcito e una buonissima **insalata russa**. Come primo, malfatti alle erbe aromatiche (scelte e raccolte dalla cuoca) e ottimi **agnolotti** – fatti in casa – al burro, **al sugo di carne** o al vino (13 €). Da provare anche gli **gnocchi al sugo di salsiccia** e gli stracci con pesto di fave e basilico. Poi, largo alle carni – **vitello tonnato caldo all'antica** (12 €), lombo di coniglio ripieno alle erbe con peperoni – ma anche al **baccalà in umido** e alle acciughe fritte; inoltre ci sono sempre un paio di piatti vegetariani, come la torta di erbe selvatiche e melissa (10 €). In autunno, su prenotazione si possono gustare il gran fritto misto alla piemontese e la *bagna caoda*, mentre non ci sono limiti di stagione per la **finanziera**. Ricca e qualificata selezione di **formaggi**, serviti con le confetture di Anna, e, tra i dolci, bavarese, cremino al cioccolato, zabaione, gelato alla crema. La carta dei vini parla soprattutto piemontese, con particolare attenzione ai piccoli produttori: di alcune etichette potrete ordinare il formato da 3,75 cl, altrimenti se non finite la bottiglia sarete autorizzati a portarvela a casa.

GATTINARA

37 KM A NORD DI VERCELLI

La Brioska

Trattoria
Corso Valsesia, 1
Tel. 0163 835163
Chiuso martedì e mercoledì
Orario: mezzogiorno e sera
Ferie: 10 giorni in gennaio e in giugno
Coperti: 50 + 25 esterni
Prezzi: 28-30 euro vini esclusi
Carte di credito: CS, DC, MC, Visa

Sotto i portici della via centrale di Gattinara, patria dell'omonimo vino da uve nebbiolo, troverete questa simpatica trattoria che al vino ha voluto intitolarsi. Nel dialetto del posto *brioska* indicava infatti il locale – contrassegnato all'esterno da un ramo di ginepro – in cui il produttore era autorizzato a somministrare il vino avanzato dalle trattative con i grossisti, accompagnandolo con qualche stuzzichino. Qui però c'è ben di più: una ricca carta a forte impronta territoriale e un menù che esprime una cucina di tradizione basata su prodotti a chilometro zero (o quasi) di ottima qualità. Ai fornelli c'è Pinuccia Baruffi, in sala il marito Celestino e il figlio Piero, Il sostanzioso antipasto della casa (10 €) comprende salumi tipici (salame di capra, salame della *doja*, fesotto, prosciutto al Gattinara, pancetta ossolana), maiale tonnato (una variante più saporita del classico vitello) e il *frachet*, un formaggio fresco condito con aglio pestato, olio, sale e pepe. Tra i primi (8 €), **risotto al Gattinara** o **gnocchi con ragù di salsiccia**. Si può proseguire con il **coniglio al rosmarino** (12 €), il **filetto di maiale al vino rosso**, verdure ripiene o una selezione di tome locali servite con la *cognà* (6 €). In inverno, **tapulone con la polenta** e, su prenotazione, *bagna caoda*, bollito, oca con le verze, fritto misto. Si chiude con dolci (7 €) casalinghi, dal classico bonet a dessert più fantasiosi. A pranzo dei giorni feriali, menù a 12 euro con primo, secondo, acqua, vino e caffè.

In corso Valsesia 112, Enoteca Regionale: tutti i vini del Nord Piemonte. In via Galileo Ferraris, su prenotazione (tel. 348 8907804) Massimo Patriarca vende verdura e frutta di propria produzione.

PASTIGLIE LEONE s.r.l.

Via Italia, 46 - 10093 Collegno (Torino) - Italy
+39.011.484.759 - info@pastiglieleone.com - www.pastiglieleone.com

Da oggi acquista anche on line su
shop.pastiglieleone.com

Quanto è verde la tua attività?

**Scoprilo su www.philips.it/lampadinaverde
ed entra nel network delle osterie più efficienti d'Italia.**

Il progetto lampadina verde unisce l'esperienza di uno dei marchi leader al mondo nel settore dell'illuminazione, Philips, con quella della guida *Osterie d'Italia* di Slow Food Editore, che da 25 anni segue e racconta la migliore ristorazione di tradizione e di territorio. L'obiettivo è dare l'opportunità agli operatori del settore di ottenere un risparmio energetico e di contribuire alla diminuzione dell'impatto ambientale.

Supporta il progetto, calcola anche tu quanto è verde la tua attività. Compila l'autoanalisi e non perdere l'opportunità di guadagnare la lampadina verde a condizioni vantaggiose!

innovation+you

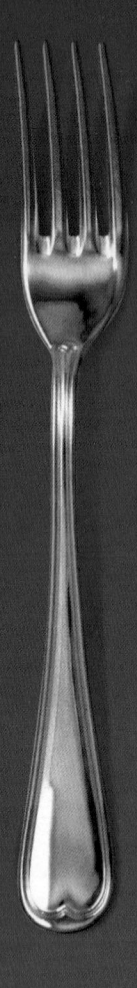

Inizia subito l'autoanalisi del tuo impianto su
www.philips.it/lampadinaverde

osterie d'Italia

PHILIPS

Terre del Barolo

Vigneti storici da chi ha fatto la storia del vino di territorio.

12060 CASTIGLIONE FALLETTO - ITALIA - Via Alba - Barolo n. 8 - Tel. 0039 0173 262053
www.terredelbarolo.com

GHEMME

25 KM A NO DI NOVARA

Il Cavenago

Azienda agrituristica
Cascina Cavenago
Tel. 0163 840215
Aperto venerdì e sabato sera, domenica a mezzogiorno
Ferie: 20 giorni dopo Natale
Coperti: 60
Prezzi: 22-32 euro vini esclusi, menù fisso
Carte di credito: CS, DC, MC, Visa, BM

Sulle colline a est di Ghemme, piccolo centro del Novarese che ha dato nome a uno dei grandi rossi del Nord Piemonte, l'azienda della famiglia Martinoli ha sede in un edificio fortificato secentesco, già casa di campagna dei conti Cavenago. Nella tenuta e negli annessi rurali si svolgono più attività: coltivazione – in tunnel e in pieno campo – di frutta e ortaggi, nonché di cereali ed erbe foraggere per le esigenze del settore zootecnico dell'azienda, allevamento – a terra – di polli, galline ovaiole, faraone, oche, anatre e conigli, lavorazione delle loro carni per la vendita diretta e l'approvvigionamento della dispensa dell'agriturismo. Le camere per gli ospiti e le sale del ristorante sono nella villa: pavimenti in cotto, soffitti a cassettoni, camini monumentali contribuiscono a creare un ambiente di grande fascino. Due i menù, il tipico a 22 euro e il menù del conte a 32: entrambi fissi, si differenziano per il numero, non per la tipologia dei piatti, sempre di tradizione. Si parte dai salumi della zona: *salam 'd la doja* (sotto grasso), *fidighin* (con fegato suino) e un ottimo prosciutto crudo di montagna. Poi, secondo stagione, fiori di zucchina in pastella, sformati di verdura, pere al forno con crema al gorgonzola. Il primo è quasi sempre un risotto: ai *luvertis*, ai porcini, al Nebbiolo e toma, o la tradizionale paniscia. Di secondo, faraona, coniglio o altri animali dell'aia aziendale, spesso cucinati arrosto, o il brasato al Ghemme. Come dessert, crostate con confetture casalinghe o il salame di cioccolato. Carta dei vini strettamente legata al territorio: Giorgio Martinoli vi suggerirà i migliori abbinamenti.

GOVONE

80 KM A NE DI CUNEO, 20 KM DA ASTI SS 231 O A 33

Pautassi

Trattoria
Via Boetti, 21
Tel. 0173 58010
Chiuso lunedì e martedì
Orario: mezzogiorno e sera
Ferie: 10 gennaio-13 febbraio
Coperti: 40 + 20 esterni
Prezzi: 30-32 euro vini esclusi
Carte di credito: CS, DC, MC, Visa, BM

Una delle cose che più colpiscono, in questa trattoria linda e fresca aperta qualche anno fa da Monica e dal compagno Luis, è il menù. Il semplice foglio in cui sono elencati i piatti, e brevemente descritti ingredienti e fornitori, contiene informazioni utili a quanti debbano o vogliano seguire una determinata dieta (celiaci, vegetariani) e la raccomandazione di segnalare eventuali intolleranze alimentari. L'offerta di uno stuzzichino precede gli antipasti, che potranno essere la tradizionale carne cruda, qui tritata molto fine, l'ottimo vitello tonnato, le ormai introvabili acciughe in salsa rossa e i "boscaiolo nell'orto" (8 €), un trionfo di formaggio fuso e verdure di stagione. Seguono i *tajarin* con 40 tuorli (11 €), gli agnolotti dal plin "alla moda nostra" o al seirass, secondo stagione il risotto all'ortica o gli gnocchi al radicchio. Coniglio alle erbe, muscolo al Nebbiolo (12 €) e un insolito capocollo al miele soddisfano i carnivori, così come il tagliere di salumi roerini (10 €); in alternativa, un'interessante selezione di formaggi cuneesi. Sarebbe un peccato non assaggiare almeno uno dei dolci, specialità di Monica: il sorbetto di lime e menta, la cassata Pautassi (5,50 €), il parfait di mele e pistacchi fanno concorrenza alla bavarese di zabaione all'Arneis e alla morbidissima al cioccolato. Luis, in sala con il figlio Giacomo, vi accompagnerà (potete fidarvi) nella scelta dei vini: alcuni bei nomi di Roero e Langhe ed etichette dei produttori di Govone offerte al bicchiere. Disponibile, se ordinato dall'intero tavolo, un menù degustazione a 30 euro per antipasto, primo, secondo, dolce, acqua e caffè.

GRAZZANO BADOGLIO

23 KM A NE DI ASTI

Il Bagatto
Ristorante con alloggio
Piazza Cotti, 17
Tel. 0141 925110
Chiuso lunedì sera e martedì
Orario: mezzogiorno e sera
Ferie: seconda e terza sett di gennaio e di luglio
Coperti: 60 + 30 esterni
Prezzi: 30-35 euro vini esclusi
Carte di credito: tutte, BM

Sulla piazza centrale del paese, l'edificio che ospita Il Bagatto appartiene alla famiglia Tappa dalla fine dell'Ottocento: originariamente locanda con stallaggio, poi caffè, nel 1964 è stato ristrutturato dagli attuali proprietari e trasformato in un ristorante di solida cucina monferrina. Franco Tappa, in sala con i figli Stefania e Andrea, vi farà accomodare in inverno nella sala dove scoppietta il caminetto, in estate nel raccolto cortile. I piatti – semplici e serviti in porzioni generose – sono preparati dalla signora Franca con prodotti locali di qualità. In alternativa alla scelta alla carta ci sono un menù degustazione a 32 euro, uno vegetariano a 22 e, a pranzo dei feriali, un menù del giorno a 20. Nel misto di antipasti della casa (15 €), disponibili anche singolarmente (8 €), spiccano i **bocconcini di lonza in carpione**, il **girello di vitello in salsa tonnata**, il tomino all'acciuga, la cruda di fassone battuta al coltello. Tra le paste fatte in casa il cavallo di battaglia del Bagatto sono gli **agnolotti al sugo d'arrosto** (8 €), affiancati dai tagliolini alle verdure o al ragù di carne, dagli gnocchi al gorgonzola o al pomodoro e basilico, dalla pasta e fagioli. Poi, **faraona** o quaglia **arrosto**, tenerone al forno, in stagione di funghi sottofiletto con porcini e in inverno, su prenotazione, bollito e **fritto misto** (20 €). Tra i dolci (4 €), *bonet*, zuccotto, torta di nocciole. Si bevono principalmente Grignolino, Barbera e il Ruchè prodotto dal patron, ma c'è una piccola carta dei vini con altre referenze; vale la consuetudine della *bota stopa*, equivalente enomonferrino del doggy-bag.

GREMIASCO

45 KM A SE DI ALESSANDRIA, 27 KM DA TORTONA

Belvedere
Ristorante
Via Dusio, 5
Tel. 0131 787159
Chiuso il martedì
Orario: pranzo e cena, ottobre-giugno lun-gio solo pranzo
Ferie: variabili
Coperti: 100 + 35 esterni
Prezzi: 30-32 euro vini esclusi
Carte di credito: CS, Visa, BM

Gremiasco, paesino dell'alta Val Curone ai confini con la provincia di Pavia, ospita questa raffinata trattoria di campagna, con due sale e una bella terrazza panoramica. Siamo in una zona – le valli tortonesi – ricca di prodotti interessanti (le pesche di Volpedo e il formaggio montebore, per esempio), che spesso troverete nei piatti preparati con cura da Agnese, in cucina con il figlio Giuliano, mentre l'altro figlio, Alberto, si occupa della cantina e dell'orto assieme a papà Benito. In alternativa alla scelta alla carta, si può optare per il conveniente menù degustazione a 30 euro per cinque antipasti, primo, secondo, tris di dolci e vino della casa. I piatti variano con le stagioni e, tra i tanti ciclicamente proposti, ci piace ricordare le ottime **insalata russa** e **crostata di cipolle bionde di Castelnuovo**, gli estivi fiori di zucchina e borragine fritti, la carne cruda, il vitello tonnato, gli sformatini di erbe (selezione a 10 euro). Tra i primi, **agnolotti di brasato al Barbera**, gnocchi di patate e zucca con montebore, tagliatelle al sugo di coniglio o, in stagione, con tartufo. Come secondo, **coniglio al Timorasso**, galletto al limone (8 €), brasato e, in periodo di caccia, un buon **cinghiale in umido** (10 €) **con polenta**. Nei periodi propizi Agnese cucina i **funghi** dei boschi vicini: approfittatene. Budini, mousse, crostate casalinghe, **bavarese con pesche di Volpedo** o al caffè per chiudere. La selezione dei vini è incentrata sul territorio, quindi berrete soprattutto – anche al bicchiere – Timorasso e Barbera.

🛍 In via Dusio 16, la macelleria di Lino Arsura propone, tra l'altro, il salame delle valli tortonesi.

GUARDABOSONE

57 km a no di Vercelli, ss 594 e ss 299

La Barrique
Osteria-pizzeria
Piazza Repubblica, 11
Tel. 015 761119
Chiuso il lunedì
Orario: mezzogiorno e sera
Ferie: prime due settimane di settembre
Coperti: 45 + 25 esterni
Prezzi: 28-32 euro vini esclusi
Carte di credito: AE, CS, MC, Visa, BM

Guardabosone è un borgo medievale splendidamente restaurato, definito "paese-museo vivo". Merita farci un giro, ma la visita sarà ancora più piacevole se la completeremo con una sosta in questa moderna osteria, all'inizio del borgo, con comodo parcheggio adiacente al porticato dove ci si può accomodare nelle giornate calde. La cucina fa uso di ottime materie prime e alterna i piatti della tradizione locale ad altri più creativi o meno connotati, con l'inserimento in menù di qualche preparazione di pesce (e, la domenica sera, delle pizze). Nel tagliere di salumi del territorio che può aprire il pasto spiccano la **paletta di Coggiola** e il petto d'anatra leggermente affumicato; in alternativa, l'**uovo croccante con fonduta di toma biellese e mandorle** (8,50 €), la battuta di fassone o il **salmerino della Valsesia**. Tra i primi abbiamo apprezzato un ottimo piatto di orecchiette di grano arso con pomodorini, mollica di pane e cacioricotta (8,50 €) e i **ravioli di paletta con crema di patate**. Non manca mai almeno un **risotto**, come quello **al Bramaterra** o alla crema di piselli, menta e calamaretti. Come secondo, una succulenta tagliata di scottona piemontese, le **costolette di agnello in crosta di pane aromatizzato** o la **lombata di coniglio ai sapori dell'orto** (12,50 €). Sempre disponibile una selezione di formaggi del territorio (8 €). Per concludere, *bonet* con gelato di nocciola di Langa (4,50 €) e crème brûlée alla vaniglia. Grande attenzione alle etichette di Nebbiolo del territorio meno note, e una buona selezione di vini nazionali, con ricarichi più che onesti.

🔒 In **località La Burla** (1 km), l'omonima macelleria propone ottimi tagli di carne.

IVREA

54 km a nord di Torino

Aquila Antica
Ristorante
Via Gozzano, 37
Tel. 0125 425550
Chiuso domenica sera e lunedì sera
Orario: mezzogiorno e sera
Ferie: una settimana dopo Carnevale; seconda e terza settimana di agosto
Coperti: 85 + 35 esterni
Prezzi: 32-35 euro vini esclusi
Carte di credito: tutte, BM

Il ristorante Aquila Antica è uno storico locale del quartiere Borghetto. L'arrivo, nel 2009, di Federico Cimadom ha portato a un rinnovamento della cucina e dell'ambiente che continua passo dopo passo. Lo chef rimane legato alla tradizione regionale e canavesana, anche se saggiamente svecchiata. In base alla disponibilità del mercato, si prepara anche qualche piatto di mare. A seconda delle stagioni, si possono trovare specialità che fanno parte della storia gastronomica di Ivrea e del Canavese, come **polenta e merluzzo** che si mangia a partire dal primo giorno di Quaresima, i fagioli grassi con le cotiche cotti nella *tofeja* e la **zuppa di ajuccke**, disponibile nel periodo primaverile. Seguendo il filo del menù, si può partire dalle **cipolle ripiene** (amaretto e uvetta) **alla cavesana** o dal flan di cardo gobbo con fonduta di toma e veline di topinambur (8,50 €). Da qualche tempo, la pasta è tutta fatta in casa. Ottimi i *tajarin* con funghi freschi. Le **tagliatelle del negretto** (9 €), con cacao nell'impasto, sono una specialità del locale da oltre trent'anni. Sempre in carta gli **agnolotti al sugo d'arrosto** e anche i **risotti** mancano raramente. Fra le carni Federico va orgoglioso della guancetta di vitello stracotta al Carema (15,50 €). Nel solco della tradizione locale anche la **trippa in umido** alla canavesana con cavolo verza. Il carrello dei formaggi (11 €) valorizza in particolare le produzioni della vicina Valchiusella (tome vaccine e caprini). Fra i dolci si segnalano per l'accuratezza della preparazione la panna cotta e lo zabaione al Moscato con torcetti (5 €).

PIEMONTE | 83

LA MORRA

50 KM A NE DI CUNEO, 15 KM DA ALBA

Locanda Fontanazza
Osteria moderna *novità*
Strada Fontanazza, 4
Tel. 0173 50718
Chiuso lunedì a pranzo e giovedì
Orario: mezzogiorno e sera
Ferie: tra gennaio e febbraio
Coperti: 40 + 20 esterni
Prezzi: 21-32 euro vini esclusi
Carte di credito: tutte, BM

A poche centinaia di metri da La Morra, sulla strada che dà il nome al locale, sorge questa moderna osteria il cui dehors, così come le ampie vetrate, affaccia sullo spettacolare panorama viticolo di Langa. Un caminetto centrale separa i due livelli di una sala piccola e accogliente; l'ambiente, essenziale e curato, si compone di elementi moderni e tavoli in legno classici e spartani. Pasta fresca, pane e grissini sono fatti in casa. La cucina è principalmente di tradizione, ma non manca qualche interessante pietanza originale. Il menù si articola in poche proposte, tutte di qualità; alla bontà si unisce anche un certo gusto estetico, come per esempio nella "primavera nel piatto", un ricco quanto colorato antipasto a base di verdure stagionali. In alternativa troverete insalata russa, carne battuta al coltello, **terrina di fegatini di coniglio con cipolle caramellate** (8 €), carpione di verdure e trota iridata. Si procede con *tajarin* **al sugo di arrosto** (9 €), le linguine con pane, burro e acciughe, il riso con asparagi e parmigiano. Curioso, tra i secondi, il "panino in padella", un pan brioche ripieno di punta di petto di vitello e raschera, ma valgono senz'altro l'assaggio anche il baccalà con crema di asparagi (13 €), il **coniglio arrosto** (10 €), l'indivia belga con crema di blu della Valle Maira, l'**agnello al forno**. Al momento del dessert, tortino di mele con gelato al rosmarino, sarass con fragole e meringhe, torta fondente al cioccolato. La carta dei vini, incentrata sulla ricca proposta di Langa e Roero, vede anche qualche presenza straniera.

LA MORRA
Santa Maria

50 KM A NE DI CUNEO, 15 KM DA ALBA

L'Osteria del Vignaiolo
Trattoria con alloggio
Regione Santa Maria, 12
Tel. 0173 50335
Chiuso mercoledì e giovedì
Orario: mezzogiorno e sera
Ferie: fine dicembre-gennaio, 2 settimane in estate
Coperti: 40 + 20 esterni
Prezzi: 33 euro vini esclusi
Carte di credito: CS, MC, Visa, BM

Siamo nel cuore delle Langhe, terra di grandi cru e di una cucina con solide radici nel territorio. In una villetta a due piani (che ospita anche cinque camere matrimoniali) è ubicata questa osteria rustica ma arredata con gusto, dall'unica lunga sala rettangolare con soffitti e volte a botticella. La scelta culinaria presenta, assieme a una consolidata cucina del territorio, alcuni piatti di pesce mai banali. Per iniziare, vitello tonnato, **carne cruda battuta al coltello con tartufo nero**, cialde di parmigiano con quaglie al rosmarino, fiori di zucchina fritti con ricotta e caprino (9 €). Proseguite con primi (9 €) come i ravioli dal *plin* burro e salvia, il risotto carnaroli con asparagi e taleggio o gli immancabili **tagliolini tagliati al coltello con ragù di salsiccia**. Per secondo, stinco di vitello al Nebbiolo, coniglio al timo e limone, **coscia d'anatra all'Arneis**, scamone scottato con pane alle erbette aromatiche (13 €). Poi, degustazione di formaggi con *cognà* (mostarda d'uva, frutta e spezie) per finire con semifreddo al torrone con salsa di cioccolato, gelato di pistacchio, **tortino caldo di nocciole** o di cioccolato, tarte tatin di mele renette con gelato al fiordilatte (7 €). Conveniente il menù degustazione a 35 euro, che prevede la scelta di due antipasti, un primo, un secondo e un dolce. Pani assortiti, sfogliette, grissini e una piccola pasticceria finale completano una proposta davvero soddisfacente. Naturalmente non può mancare una fornitissima carta dei vini, che offre molte delle migliori etichette del territorio.

MASERA
Cresta

44 km a no di Verbania ss 34 e 33

Divin Porcello
Ristorante con alloggio
Borgata Cresta, 11
Tel. 0324 35035-348 2202612
Chiuso il lunedì
Orario: mezzogiorno e sera
Ferie: una settimana in gennaio
Coperti: 60 + 20 esterni
Prezzi: 32-35 euro vini esclusi
Carte di credito: tutte, BM

La Valle Ossola è meta, oltre che di escursionisti, anche di appassionati buongustai. In uno dei suoi caratteristici borghi, si trova il locale dei fratelli Sartoretti – otto sale su due piani e la bella terrazza estiva –, rinomato per l'offerta gastronomica genuina. Dall'arte norcina di famiglia, Massimo e Corrado hanno ereditato la produzione dei **salumi tipici ossolani**, presenti nell'antipasto a base di salame di testa, mocetta di capra e filetto affumicato alle erbe alpine (10 €). Gustoso anche il **tonno di maiale**, un'originale ricetta dello chef Gianfranco Tonossi, servito con giardiniera e pane nero di Coimo. Si prosegue con la pasta fresca: **maccheroncini al ragù del norcino** (9 €), zuppa di verdure e patate e gli **gnocchi all'antica ossolana**. Protagonisti della carta i secondi di carne, tra i quali carne cruda all'ossolana, *lumbar* in salsa di mele e **costolette di cervo al Prunent** (10 €), un vitigno autoctono dell'Ossola. Tradizionale pietanza del locale è la lausciera, lonza e filetto cucinati direttamente al suo pietra ollare. In alternativa, **persico burro e salvia** (10 €) o altro pesce di lago. Inoltre, ampia selezione di formaggi d'alpeggio, tra cui il **bettelmatt**. Ricca la carta dei dolci di produzione propria: torta alle pere caramellate, meringata con gelato artigianale e sorbetti. Interessante la cantina, con tanto Piemonte ma spazio anche a etichette nazionali ed estere. Adiacenti tre accoglienti camere in stile rustico.

A **Coimo di Druogno** (6 km), via Bonari 24, il panificio Conti produce pane nero di Coimo. A **Domodossola** (4 km), via Galletti 8, da Brencio assortimento di prodotti ossolani.

MASIO

20 km a so di Alessandria

Antica Trattoria Losanna
Trattoria
Via San Rocco, 40
Tel. 0131 799525
Chiuso il lunedì
Orario: mezzogiorno e sera
Ferie: agosto, 15 giorni dopo Natale
Coperti: 60
Prezzi: 26-30 euro vini esclusi
Carte di credito: tutte, BM

La trattoria si trova a Masio, un piccolo paese posto tra l'Alessandrino e l'Astigiano, ed è il classico locale che offre la possibilità di gustare piatti tipici del Monferrato cucinati come vuole la tradizione. Franco Barberis è il titolare che gestisce con passione l'attività da oltre trent'anni. Iniziamo con l'antipasto, che può essere scelto alla carta, oppure in una selezione di cinque portate dove troviamo l'insalata russa, i fiori di zucchina ripieni, la gelatina di prosciutto, i peperoni farciti, un'ottima **battuta di carne** condita in stagione con il tartufo (6 €) e l'uovo di quaglia, il tutto accompagnato da focaccia tiepida. Tra i primi, ottimi **gnocchi al pomodoro e basilico** (8 €), strepitosi **agnolotti al sugo di arrosto** oppure burro e salvia, pasta e fagioli, *tajarin* ai funghi. Come secondo possiamo scegliere tra un favoloso **stoccafisso in bianco** (12 €) con pinoli e olive, un ottimo **carpione**, trippa, coniglio in casseruola. Non mancano infine squisiti dolci (4 €) tra cui il gelato alla vaniglia, la torta di pere e cioccolato, il *bonet*, la torta di mele. Due i menù a disposizione: antipasto, primo, secondo e dolce a 30 euro, oppure selezione di antipasti, primo, secondo e dolce a 40 euro. La carta dei vini presenta un'ottima scelta di etichette regionali ed è molto curata.

PIEMONTE | 85

MAZZÈ

40 km a ne di Torino

Santa Marta
Ristorante
Via delle Scuole, 2
Tel. 011 9835616-348 2636372
Chiuso il martedì
Orario: sera, domenica anche pranzo
Ferie: variabili
Coperti: 40
Prezzi: 35-37 euro vini esclusi
Carte di credito: CS, DC, MC, Visa, BM

Come tutti i piccoli tesori, questo locale è celato in una piccola via del centro storico di Mazzè. Non scoraggiatevi, parcheggiate nei pressi del castello e lo troverete senza grande difficoltà. L'interno, ricavato dalla chiesa di Santa Marta, ora sconsacrata, è una piccola sorpresa. Il banco bar al piano terra e la sala di pranzo, al piano superiore, sono il risultato di una ristrutturazione elegante, moderna e minimale, che mescola con piacevole contrasto l'altare in pietra all'arte contemporanea. La cucina di Marinella è la fotografia dell'ambiente: trae grande ispirazione dal territorio con misurati tocchi di modernità. Ne è espressione l'ottima **cipolla d'Andezeno caramellata**, mentre ci riportano decisamente al territorio "**I tre modi per dire vitello**" (14 €): battuta con robiola, salsiccia di bra e vitello tonnato alla vecchia maniera. Tra i primi piatti (10 €), oltre agli agnolotti dal *plin* ai tre arrosti, segnaliamo gli gnocchi di patate con ragù bianco di coniglio e la caratteristica **zuppa di ajucche e toma della Valchiusella**. Abbiamo poi assaggiato lo **scamone di vitello con crema di cavolfiore**, l'eccellente **finanziera** (15 €) e un'originale variazione di **trippa**, che comprende l'insalata, la millefoglie e la versione classica. Si chiude con tarte tatin di mele renette, sformatino di pasta frolla al caffè con crema gianduia, sorbetti e gelati casalinghi (4 €). Ottime notizie, infine, sul fronte menù degustazione: c'è una convenientissima ed elastica proposta a 27 euro che vi permette di spaziare su gran parte della carta, selezionando un antipasto, un primo, un secondo e un dessert.

MOMBARUZZO

34 km a se di Asti sp 456

La Marlera   *novità*
Osteria
Via Marlera, 35 A
Tel. 338 4442560
Chiuso lunedì e martedì
Orario: mezzogiorno e sera
Ferie: gennaio-14 febbraio
Coperti: 40
Prezzi: 30-35 euro vini esclusi
Carte di credito: CS, DC, MC, Visa, BM

Piccolo, intimo, arredato con gusto raffinato e gestito in modo semplice e attento: questa è la prima impressione che si coglie entrando all'osteria La Marlera. Il locale, nel centro di Mombaruzzo, è stato ricavato dalla ristrutturazione di una cantina dell'Ottocento ed è gestito con passione da Vittorio Baiardi assieme alla moglie. Al centro dei loro interessi c'è la ricerca di materie prime di qualità da piccoli produttori della zona per esaltarle in preparazioni che, pur garantendo grande attenzione alla tradizione, non mancano di offrire proposte diverse. Il pane, i grissini e la pasta fresca sono di produzione propria. È possibile scegliere tra la carta e un menù degustazione di tre portate e il dolce a 27 euro. Si può iniziare con grandi classici come la battuta di fassone (10 €), l'antipasto misto composto da vitello tonnato, insalata russa e torta di verdure di stagione, o con la consigliatissima **trippa tiepida in insalata con verdure in agro** (8 €). Si passa ai primi con **ravioli dal *plin* con sugo d'arrosto** o burro e salvia (9 €) e piatti di stagione come il risotto con asparagi e toma della Val Chiusella o le lasagne di borragine con ragù bianco di coniglio e taccole. Tra i secondi, costolette di fassone piemontese glassate (9 €), **pollo alla Marengo**, **finanziera nobile all'astigiana** e tagliata di fassone. Buoni i dolci, come gli estivi sorbetti e canestrini con gelato alla ricotta di pecora e limoni canditi. La carta dei vini suggella definitivamente il rapporto con il territorio proponendo quasi esclusivamente etichette di piccoli produttori locali.

MOMBERCELLI

25 KM A SE DI ASTI

Locanda Fontanabuona

Ristorante
Via Nizza, 595
Tel. 0141 955477
Chiuso martedì e mercoledì
Orario: sera, sabato e domenica anche pranzo
Ferie: 3 settimane dopo Natale, 1 tra giugno e luglio
Coperti: 70 + 30 esterni
Prezzi: 31-34 euro vini esclusi
Carte di credito: CS, MC, Visa, BM

La Locanda Fontanabuona si trova in aperta campagna, tra vigneti e colline, a pochi passi dal centro di Mombercelli. Il locale è totalmente ristrutturato, dotato di aree verdi e ampio parcheggio a disposizione degli ospiti. La sala interna è composta da un unico ambiente, mentre all'esterno c'è una bella veranda sotto il porticato. La proposta dei piatti è quella classica della tradizione piemontese e varia in base alla stagione, con materie prime sempre di qualità; la verdura proviene dall'orto di famiglia. Gli antipasti (8 €) comprendono il flan di verdure e l'**uovo affogato in polenta con vellutata di toma** nel periodo invernale, filetto di gallina con aceto balsamico ed erbe e millefoglie di melanzane alla parmigiana in estate. I primi piatti (9 €) sono preparati in casa con farine biologiche, come gli ottimi **tagliolini alle ortiche al burro fuso e menta**, gli gnocchi al castelmagno, i classici agnolotti dal *plin* al sugo di arrosto e i tagliolini al ragù di salsiccia. L'offerta dei secondi (12 €) prevede lo stracotto di vitello al Barbera, lo stinco di maiale al forno e l'**agnello al forno alle erbe aromatiche**. Curata la selezione di formaggi piemontesi vaccini e caprini d'alpeggio, come il raschera e l'erborinato della Val Varaita. Degni di nota i dolci (5 €) di produzione propria: strepitoso il **semifreddo al croccante di nocciole**, oltre allo zuccotto allo zabaione. Carta dei vini molto ampia e valida, con un occhio di riguardo alle etichette locali, di ottimo livello e a prezzi contenuti. Possibilità di ordinare mezze bottiglie o lo sfuso della casa.

MONCALIERI

10 KM A SE DI TORINO

La Taverna di Fra Fiusch

Ristorante
Via Beria, 32
Tel. 011 8608224
Chiuso il lunedì
Orario: sera; sabato, domenica e festivi anche pranzo
Ferie: variabili
Coperti: 60
Prezzi: 35-40 euro vini esclusi
Carte di credito: AE, CS, MC, Visa, BM

Se per voi un'osteria può essere un angolo di paradiso in terra, dovete venire al più presto alla Taverna di Fra Fiusch. Prendetevi il tempo necessario, scegliete una buona compagnia e munitevi di un sano appetito, perché la cucina di Ugo Fontanone è una delle tentazioni a cui si fatica davvero a dire di no. A chi è alla prima visita consigliamo vivamente di provare il generoso menù della tradizione a 35 euro, con piatti memorabili come il **vitello tonnato**, gli **agnolotti d'asino in salsa al Barbera**, il **capretto al forno**. Alla carta la cucina presenta tante proposte, con un bel mix di piatti classici e creatività, tra cui segnaliamo una sublime anguilla caramellata con panna cotta alla cipolla bionda (13 €), la **lingua piemontese tra bagnetto verde e piccola peperonata in agrodolce**, il risotto blu del Moncenisio e ciliegie di Pecetto, gli gnocchi di patate e toumin del Mel su vellutata di zucca e lardo croccante (10 €), il **piccione cottura rosa con aceto balsamico e miele** (18 €) e la grande **finanziera** che per molti vale, da sola, il viaggio. Golose anche le proposte per il dessert, tra cui un curioso semifreddo con sedano e sambuca con gelée al caffè e un aspic di frutti di bosco con gelatina di Moscato (8 €). Il carrello dei formaggi e la carta dei vini sono all'altezza della grande cucina e del servizio cordiale e attento.

❝Una tranquilla borgata sulla collina sopra Torino ospita un locale dove assaggiare, fra tradizione e fantasia, piatti sempre impeccabili❞

PIEMONTE | 87

MONCALVO

20 KM A NE DI ASTI SS 457

La Bella Rosin
Ristorante-enoteca
Piazza Vittorio Emanuele II, 3
Tel. 0141 916098
Chiuso il martedì
Orario: sera, sabato e domenica anche pranzo
Ferie: tre settimane in gennaio
Coperti: 50
Prezzi: 30-35 euro vini esclusi
Carte di credito: AE, CS, MC, Visa, BM

Moncalvo è nota per una delle più importanti e longeve Fiere del Bue Grasso e per aver dato i natali all'amante di Vittorio Emanuele II, la famosa Bella Rosin. Nella piazza intitolata al primo re d'Italia, un ristorante specializzato nei bolliti misti non poteva che chiamarsi così. Nella prima sala, pochi tavoli e tante bottiglie invitano a una degustazione tra le 600 etichette della fornitissima cantina. Il ristorante offre una cucina essenzialmente di territorio. La carta si rinnova ogni mese mantenendo fermi però alcuni classici come la carne cruda di fassone, il vitello tonnato all'antica maniera (8 €), gli **agnolotti** fatti in casa e la **tagliata di bue di Moncalvo**. Altre proposte interessanti per cominciare sono l'**insalatina di gallina tronchese**, il tortino di patate e funghi porcini, i cardi gobbi di Nizza con *bagna caoda*. I primi vedono i **tagliolini** con ricotta di capra e zucchine, **con il tartufo bianco** locale o con i porcini, gli gnocchi al castelmagno (10 €), il primaverile risotto al rosmarino e limone. Carni del posto "über alles" per i secondi: brasato di manzo al Barbera o al Barolo con polenta (15 €), **arrosto della vena di manzo** con patate al forno, tra novembre e dicembre carrello dei **bolliti misti con le salse**. Ottimo il tagliere dei **formaggi** con diversi Presìdi Slow Food: macagn, robiola di Roccaverano, montebore, caprini della zona e tome. *Bonet* (5 €), panna cotta, torta di mele, crostata e altri dolci tutti casalinghi per chiudere.

🛍 Nella macelleria Micco (piazza Garibaldi 8) bue grasso in inverno, bollito, testina, i quajeti (involtini); tutto l'anno, salame cotto e crudo stagionati nelle cantine sotto il negozio.

MONCHIERO

47 KM A NE DI CUNEO, 25 KM DA ALBA SP 12 E 661

Giro di Vite *novità*
Osteria-trattoria
Via Borgonuovo, 35
Tel. 0173 792007
Chiuso il lunedì
Orario: mezzogiorno e sera
Ferie: variabili
Coperti: 40 + 30 esterni
Prezzi: 28-32 euro
Carte di credito: tutte, BM

Di fronte alla stazione ferroviaria di Monchiero-Dogliani, in abbandono dopo la dismissione della Bra-Ceva, Carlo Frau, affiancato dal giovane Ivan Tribolo, gestisce con piglio amabilmente energico questa trattoria di schietta impronta langarola. In un ambiente vecchio stile, confortevole nella sua semplicità, il cordiale patron, esposte a voce le disponibilità di cucina e cantina – cinque o sei piatti per portata, ampia scelta soprattutto di grandi rossi della destra Tanaro –, stuzzica l'appetito degli avventori con fette di salame e spicchi di frittata, che ingannano la breve attesa degli antipasti (5 euro, 10 il tris di assaggi). Oltre a quelli di rito – carne cruda al coltello, insalata russa, peperoni freschi o sott'aceto con l'acciuga, **acciughe al verde**, sfilacci di galletto con sedano e noci, in estate il carpione – vi consigliamo l'insolita, gradevolissima **insalata di nervetti, cipolla e grani di senape**. A parte qualche zuppa invernale, i primi sono di pasta casalinga: **ravioli dal *plin* di bietole e seirass al burro e salvia** (10 €), *tajarìn*, *tacón* (maltagliati), gnocchi con vari condimenti. Merluzzo (baccalà) al verde, trota e lumache rappresentano le rare eccezioni ai secondi di carne (quella bovina è del Presidio Slow Food): l'eccellente **coda di vitello brasata** (12 €), arrosti, tagliate, **coniglio alla cacciatora**, nei giorni della fiera di Carrù – in dicembre – il bollito misto. In stagione, funghi e tartufi. Il dolce della casa è la torta rustica (4 €), ma ci sono anche *bonet*, panna cotta, pere al vino. In estate si può usufruire del dehors affacciato sulla purtroppo degradata ex stazione.

88 | PIEMONTE

MONDOVÌ
San Biagio

27 KM A EST DI CUNEO

Acquadolce
Azienda agrituristica
Strada di San Biagio, 13
Tel. 0174 686835-335 1863923
Chiuso lunedì, martedì, mercoledì e domenica sera
Orario: mezzogiorno e sera
Ferie: 3 settimane in agosto
Coperti: 40
Prezzi: 25-30 euro vini esclusi
Carte di credito: MC, Visa, BM

Aperto al pubblico dal 2008, Acquadolce è il posto ideale per trascorrere una bella giornata nel più completo relax. L'ambiente è accogliente – molti artisti hanno contribuito ad arredarlo e a loro è dedicato uno spazio perché possano esporre le loro opere –, il servizio professionale, la bravura del giovane cuoco, Ivo Bruno, raccontata dalle pietanze: il buon pesce fresco di Agritrutta – allevamento di alta qualità, – carni e verdure del territorio, vini di produttori selezionati del Cuneese. Le ricette sono quelle della tradizione rivisitate con un pizzico di fantasia, i piatti sono buoni e anche belli: viene voglia di fotografarli. La carta cambia ogni mese e, lasciando il vostro indirizzo e-mail, riceverete i diversi menù (anche quelli dedicati ai piccoli ospiti e alle grandi occasioni). Per iniziare, *rösti di fave e patate con trota iridea affumicata e salsa allo scalogno* (7 €), trota fario agrodolce con tomino e misticanza, timballo di zucchine e caprino con salsa di pomodoro, battuta di vitello al coltello. Seguono una superba **zuppetta di pesce con crostini di pane integrale** (10 €), maltagliati di grano saraceno con trota fario in umido, ravioli di verdura – ottimi quelli di asparagi – con gamberi d'acqua dolce, cappellacci di patate, formaggio e menta con datterini. Tra i secondi, accompagnati da contorni di stagione, storione alla piastra con erbe aromatiche (12 €), **salmerino in crosta di patate**, coscia di coniglio farcita all'ortolana. Si chiude con mousse di riso bicolore, **crème caramel con composta di ciliegie** (7 €), bavaresi. Menù degustazione – antipasto, primo, secondo, dolce e caffè – a 25 euro.

MONGIARDINO LIGURE

60 KM A SE DI ALESSANDRIA

Vallenostra
Azienda agrituristica
Cascina Valle, 1
Tel. 0143 94131
Aperto venerdì, sabato e domenica
Orario: mezzogiorno e sera
Ferie: da metà gennaio a metà febbraio
Coperti: 60
Prezzi: 28-32 euro vini esclusi
Carte di credito: CS, MC, Visa, BM

Il montebore è uno dei formaggi più rari al mondo. Roberto Grattone e Agata Marchesotti lo producono in questo caseificio al confine fra Piemonte e Liguria e propongono anche l'originale iniziativa "adotta una pecora", tramite la quale è possibile riservarsi il prodotto. La struttura del caseificio ospita anche l'agriturismo, dove vengono proposti prodotti dell'azienda o di altre realtà della zona dedite all'agricoltura biologica. La cucina è gestita da Agata e Alessandra (madre e figlia) e il benvenuto è affidato a un ricco assaggio di **formaggi** e salumi accompagnati da friselle calde e da focaccia appena sfornata. Per antipasto vengono proposti carne cruda battuta al coltello (eventualmente con tartufo, in stagione), **parmigiana di zucchine e melanzane**, verdure fritte e ripiene, insalata russa. Per poter gustare diversi antipasti consigliamo di ordinare il tris (12 €). Fra i primi (8 €) abbiamo gustato un raffinato **risotto in crema di montebore e fiori di zucchina**. Valide alternative sono i **tortelli di patate ripieni di pesto** o di zucca e salsiccia, il minestrone alla genovese, gli gnocchetti di castagne, i *tajarin*. Passando ai secondi (10 €) vi raccomandiamo lo **stufato all'agro con verdure** oppure agnello e maiale dell'allevamento aziendale. Da tenere in considerazione anche le focacce con verdure di stagione. Si conclude con **pesche al forno ripiene**, crostata di mele con gelato alla cannella oppure agrigelati con frutta di stagione. Fra i vini spiccano le etichette delle zone del Gavi e dei Colli Tortonesi, fra le quali un interessante Timorasso.

MONTEMARZINO

38 KM A SE DI ALESSANDRIA

Da Giuseppe

Ristorante
Via IV Novembre, 7
Tel. 0131 878135
Chiuso martedì sera e mercoledì
Orario: mezzogiorno e sera
Ferie: gennaio
Coperti: 80
Prezzi: 30-35 euro vini esclusi
Carte di credito: AE, CS, MC, Visa, BM

Dopo avere percorso una ventina di chilometri in Val Curone, imboccate una strada che serpeggia fra vigne e pescheti e che conduce a Montemarzino, un borgo panoramico dove si trova il ristorante della famiglia Davico. Attraversata la veranda, sarete in un ampio salone, sobrio ed elegante. La gestione è familiare: oltre a Giuseppe, che gestisce la piscina attigua, la vigna di quattro ettari, il pescheto e che alleva il maiale dal quale ricava ottimi salami, vi è Silvio, il figlio, che si divide fra la sala e la cucina. Alessandro, il nipote, sta in sala, mentre Camilla prepara piatti con ingredienti prevalentemente locali. La cucina è tipicamente piemontese. Troverete tra gli antipasti (10 €) **involtini di peperoni e salsa tonnata**, vitello al forno con insalatine di stagione, sformati di verdure o di funghi porcini o spugnole. Tra i primi (10 €) ottimi gli agnolotti di stufato, gli **gnocchi verdi** e i *tajarin* con i funghi o i carciofi o gli asparagi. Tra i secondi (12-14 €) dominano i piatti di carne di manzo piemontese (tagliata, costata e filetto), il **capretto al Timorasso** e in stagione non mancano funghi trifolati, fritti e al cartoccio. I dessert (6 €) sono preparati con frutta locale: meringata alle fragoline di Tortona, **pesche alla gelatina di Moscato** o in terrina, ma non mancano i classici *bonet* e semifreddi al torrone. La carta dei vini è ampia ma è consigliato scegliere tra gli ottimi vini prodotti da Giuseppe (Timorasso, Barbera, Croatina).

MONTEU ROERO
Villa Superiore

64 KM A NE DI CUNEO, 15 KM A NO DI ALBA SP 29

Cantina dei Cacciatori

Ristorante
Località Villa Superiore, 59
Tel. 0173 90815
Chiuso il lunedì e martedì a pranzo
Orario: mezzogiorno e sera
Ferie: 10 giorni in gennaio, 10 in luglio
Coperti: 45 + 25 esterni
Prezzi: 28-33 euro vini esclusi
Carte di credito: AE, CS, MC, Visa, BM

Siamo nella bella campagna del Roero, dove campi coltivati si alternano a vasti boschi di castagni. Posta a un bivio della provinciale, la casa che ospita l'osteria sembra attendere gli avventori di passaggio. La forte tradizione contadina si traduce in una solida cucina piemontese eseguita egregiamente. Il menù – potete scegliere la degustazione a 28 euro composta da tre antipasti, primo, secondo e dolce a scelta – è accattivante e ricco di prodotti di stagione. Partite con gli eccellenti antipasti tra cui l'**albese di fassone con salsa d'acciughe**, il **vitello tonnato** (8 €), le acciughe al bagnetto verde e rosso; d'ufficio vi saranno serviti fragranti *friciulin* **di fiori di zucchina e patate** cui è impossibile resistere. Tra i primi i *tajarin* ai 32 tuorli con ragù di salsiccia, gli agnolotti dal *plin* di castelmagno con asparagi di Santena (10 €) e gli gnocchi alle tome piemontesi e semi di papavero. Come secondo non perdete il **coniglio grigio di Carmagnola alle olive** (12 €) e l'arrosto di vitello all'Arneis, sostituito, d'inverno, dal brasato. Ben fornito il carrello dei **formaggi** (tra gli altri, il testun in foglia di castagno e la robiola di Roccaverano). Come dolci (5 €) i classici *bonet* e zabaione caldo con i biscotti di meliga oppure vari sorbetti e, in stagione, le fragole di Monteu Roero. Carta dei vini con una ricca selezione di etichette di Langa e Roero e menzione per il vino sfuso, uno schietto Arneis.

❝ *Caldo e accogliente d'inverno come d'estate, questo è un luogo dove vi sentirete a vostro agio grazie a una cucina classica fatta di ottimi ingredienti attentamente selezionati* **❞**

MORANO SUL PO
Due Sture

38 km a no di Alessandria, 20 km da Vercelli, 8 km da Casale

Tre Merli
Trattoria
Via Dante, 18
Tel. 0142 85275
Sempre aperto su prenotazione
Orario: mezzogiorno e sera
Ferie: tra Natale e l'Epifania
Coperti: 40 + 15 esterni
Prezzi: 25-30 euro vini esclusi
Carte di credito: nessuna

Non c'è carta e neppure menù fisso: il pasto va concordato al momento della prenotazione, indispensabile per gustare, in un luogo decisamente fuori mano, nella campagna risicola tra Casale Monferrato e Vercelli, le specialità di questa piccola trattoria ultracentenaria, incentrate su ingredienti a rigida connotazione stagionale e di incerta reperibilità. Il patron Massimo Bobba cucina infatti solo **rane** e **lumache** di raccolta, attività consentita, in deroga alla legge di tutela della fauna minore, in determinati periodi dell'anno e per un certo numero di esemplari. Le rane, in particolare, si possono catturare da luglio a novembre, ed è in questi mesi che potrete concordare telefonicamente il menù che le comprende (30 euro). Nelle altre stagioni, o se questi anfibi di risaia non vi interessano, spenderete 28 euro per antipasti, primo, secondo di carne e dolce, 25 sostituendo la carne con un piatto di formaggi. In ogni caso, il pasto si aprirà con tipici **salumi** monferrini (*salam 'd la doja*, mula – servita con il *bagnet verd* –, salsiccia, mortadella di fegato), seguiti da un tortino di verdure o, in estate, dal carpione di zucchine o di pesci d'acqua dolce. Come primo, Bobba vi avrà quasi certamente consigliato la **panissa**, sostanzioso e saporito risotto con fagioli e *salam 'd la doja*. Di secondo, bocconcini o stinco di maiale, **cotechino con cipolle** o polenta, **stracotto al Grignolino**, anatra arrosto, **pollo con peperoni**. Anche tra i dolci c'è un salame (di cioccolato), buono come la torta di nocciole e la zuppa savoiarda al caffè. In alternativa allo sfuso, bottiglie prevalentemente monferrine, alcune disponibili a bicchiere.

NIZZA MONFERRATO

27 km a se di Asti sp 456

Bun Ben Bon
Trattoria
Strada Vecchia d'Asti, 66
Tel. 0141 726347-340 2595948
Chiuso martedì sera e mercoledì
Orario: mezzogiorno e sera
Ferie: 2 settimane in luglio
Coperti: 30 + 30 esterni
Prezzi: 30 euro vini esclusi
Carte di credito: CS, MC, Visa, BM

Quando si dice Nizza se si pensa alla Barbera non si sbaglia mai. Ma non è tutto. L'Osteria Bun Ben Bon mette al centro della propria offerta il territorio con i suoi tesori, basti pensare al cardo gobbo quando è stagione. Il locale è semplice ma accogliente: oltre che in sala potrete cenare in una veranda in legno che ricorda i rifugi di montagna. Non ci sono fronzoli ma il servizio è attento e premuroso, con piatti abbondanti e prezzi onesti. È possibile scegliere tra un menù degustazione e uno alla carta, entrambi con precisi riferimenti ai fornitori delle materie prime. Tra gli antipasti, sformato di asparagi nostrani con fonduta di toma d'alpeggio, **battuta di fassone** (8 €), insalata russa di verdure fresche. Tra i primi spiccano gli **agnolotti al burro e maggiorana** (8 €), profumatissimi, poi gnocchi di patate spadellati con fonduta, crema di zucca nostrana con pane casereccio e le classiche tagliatelle al ragù. Ai secondi arriviamo già con la pancia piena, ma facciamo un po' di posto alla succulenta **tagliata di fassone** con patate al forno (13,50 €), alla rolata di faraona o alla cervella servita con il semolino dolce. I dolci vanno dal classico **crème caramel** al *bonet* di cioccolato e amaretti, alla composizione di pere al caramello (5 €). La carta dei vini è un inno al territorio: i prezzi sono una piacevole sorpresa e se vi capita di non finire la bottiglia, non vi preoccupate, potrete tranquillamente portarla a casa. Non andate via senza un caffè accompagnato da delicatissima piccola pasticceria.

PIEMONTE | 91

NIZZA MONFERRATO

27 km a se di Asti sp 456

Le Due Lanterne
Ristorante
Piazza Garibaldi, 52
Tel. 0141 702480
Chiuso lunedì sera e martedì
Orario: mezzogiorno e sera
Ferie: 20 giorni tra luglio e agosto
Coperti: 70
Prezzi: 27-35 euro vini esclusi
Carte di credito: AE, CS, MC, Visa, BM

La famiglia Ivaldi, con il papà Sandro in cucina e il figlio Luca in sala, gestisce da vent'anni questo ristorante, da sempre situato sulla principale piazza di Nizza Monferrato, città tra le "capitali" della Barbera d'Asti. Il locale è semplice e raffinato, con una sala ampia e accogliente distribuita su due livelli: al piano sotterraneo una saletta per le comitive può accogliere fino a una ventina di commensali. Le Due Lanterne è un riferimento per la cucina di tradizione in Valle Belbo, soprattutto per piatti della tradizione nicese come il cardo gobbo di Nizza con la fonduta o la *bagna caoda*. Negli stessi locali, un tempo c'era il ristorante Italo, meta di un turismo del vino proveniente da tutta Italia. Oggi, Luca e Sandro tengono viva la cultura dell'accoglienza e della genuinità proponendo antipasti sfiziosi come il **peperone farcito**, il tortino di polenta con fonduta e funghi (7 €), **peperoni e cardi gobbi con la *bagna caoda*** in stagione, la torta verde, il vitello tonnato (8 €). Tra i primi piatti regnano gli **agnolotti** (qui chiamati raviole) quadrati delle tre carni o dal *plin*, conditi con ragù o burro e salvia. Non mancano i classici **pasta e fagioli** e *tajarin* (8 €). I secondi di carni cotte nel vino fanno la parte del leone: da assaggiare lo **stracotto di manzo alla Barbera**. Ottime le **costolette d'agnello** (15 €) così come il galletto in gelatina e la faraona. Ampia la selezione di formaggi e, tra i dolci, gustosissimi *bonet*, mousse alla frutta fresca e la delizia al rum. Carta dei vini ampia e curata, naturalmente incentrata su Barbera d'Asti e sulla neonata Nizza Docg.

---

27 km a se di Asti sp 456

Vineria della Signora in Rosso
Osteria moderna
Via Crova, 2
Tel. 0141 793350-340 4013309
Chiuso lunedì e martedì
Orario: sera, ven, sab e dom anche pranzo
Ferie: terza e quarta sett di gennaio e terza sett di agosto
Coperti: 40 + 50 esterni
Prezzi: 20-25 euro vini esclusi
Carte di credito: tutte, BM

La Signora in Rosso è una delle prime vinerie nate nell'Astigiano. Accolta nelle belle cantine di Palazzo Crova (Museo del Gusto), offre ai visitatori la possibilità di godere di un'atmosfera calda e tradizionale. In estate, si mangia all'aperto nell'ampio e curato giardino. Una gestione familiare, con i cugini Fabrizio e Cristiano in sala e Chiara con Sabrina in cucina. I piatti presentati sono quelli tipici della tradizione monferrina, i fornitori sono riportati in carta. Ottime la selezione di salumi (7 €), l'**insalata fredda di bollito** (6 €) e la battuta di fassone. Grande spazio quindi alle carni (Nizza è una delle città mercato tra le più famose del Piemonte), ma anche alcune possibilità vegetariane come il tortino di melanzane, raschera e pomodoro (6 €), i **cardi gobbi con la fonduta** o la *bagna caoda*. Stagionalità rispettata nelle preparazioni, grazie anche alle disponibilità dell'orto coltivato da Ferruccio. Tra i primi, le **raviole con burro e salvia** oppure al ragù (8 €), i *tajarin* menta e limone e gli gnocchi al ragù di coniglio (7 €). **Gallo al Barbera** (9 €), trippa e il **merluzzo al verde** invogliano a inoltrarsi tra i secondi. Da segnalare anche le selezioni di acciughe di Spagna servite sia con al verde sia "nude e crude" con il burro (7 €). Buone anche le selezioni di formaggi e dolci che variano dai classici *bonet* e torta di nocciole agli estivi gelati e sorbetti di frutta. I vini sono forniti dall'Enoteca Regionale di Nizza, quindi si tratta di selezioni locali dove a fare la parte del leone è la Barbera d'Asti.

NOVARA

Trattoria dello Stadio
Trattoria
Via Sottile, 2 C
Tel. 0321 1645288
Chiuso domenica sera e lunedì
Orario: mezzogiorno e sera
Ferie: variabil
Coperti: 50
Prezzi: 32-35 euro vini esclusi
Carte di credito: tutte, BM

Subito fuori il centro storico di Novara, nei pressi del vecchio stadio, da quasi cent'anni il locale continua a essere un posto frequentato da tifosi, residenti del quartiere e ultimamente da chi vuole mangiare bene: a pranzo per un pasto frugale (menù a 13 euro con primo, secondo, contorno e bevande), a cena per gustare con maggiore tranquillità i piatti di Ivan. La Trattoria dello Stadio ha conservato quasi integro il suo aspetto, con il pavimento in legno, i tavoli e le vecchie fotografie alle pareti. La famiglia Traverso possiede anche una piccola azienda agricola da cui provengono verdure e animali da cortile. Il menù varia quasi ogni giorno ma immancabilmente presenta i salumi delle colline novaresi: il **salam 'dla duja**, la **fidighina** e il lardo con i sottoli; poi c'è la mocetta ossolana, talvolta abbinata alla mozzarella delle bufale allevate ad Oleggio, e ancora **pesce persico in carpione** (9 €). Altri piatti spesso presenti sono la **paniscia** e i **risotti** che spaziano dal **gorgonzola** (10 €) alla toma valsesiana, allo zafferano e fiori di zucca. In alternativa paste fresche come gnocchetti gratinati ai formaggi. Oltre a costate e tagliate di ottime carni, per il secondo la scelta potrà cadere su una classica **costoletta alla milanese** (13 €) o sul petto d'anatra, sul galletto in insalata o sul coniglio arrosto, e ancora, quando fa freddo, sul **tapulone d'asino**. Sempre in carta contorni di stagione. Lo chef mostra poi una bella mano per i dolci (5 €): crostate ai fichi, semifreddi al rum, bavaresi e panne cotte. I vini sono perlopiù locali, con ricarico onesto e la possibilità di optare per i calici.

NOVI LIGURE

23 KM A SE DI ALESSANDRIA

Cascina degli Ulivi
Azienda agrituristica
Strada Mazzola, 14
Tel. 0143 744598
Non ha giorno di chiusura
Orario: mezzogiorno e sera
Ferie: non ne fa
Coperti: 40 + 15 esterni
Prezzi: 30 euro, menù fisso
Carte di credito: CS, MC, Visa, BM

Salendo sulla collina sopra Novi Ligure, ci si ritrova immersi nel verde, in un ambiente molto rustico e vivace. Siamo a Cascina degli Ulivi, di proprietà del produttore di vini biodinamici Stefano Bellotti. Di fronte all'ingresso vi è il dehors estivo con una quindicina di posti, mentre la sala all'interno, semplice ma curata, ne contiene una quarantina. Il menù non tradisce le aspettative: grande attenzione per la stagionalità dei prodotti, materie prime in gran parte prodotte in cascina. Le verdure provengono dall'orto, mentre per le paste, tutte fatte in casa, si usano le farine di grani antichi di produzione propria, il resto è acquistato da aziende biologiche e biodinamiche di fiducia. Come antipasto abbiamo assaggiato un'insalata mista (6 €) e una **torta di verdure con formaggio**. Le altre proposte sono torta di polenta con lardo o un tagliere di salumi biologici e formaggi (12 €). Tra i primi, zuppa di verdure, **spaghetti al vino con guanciale** (9 €), ravioli di carne con salsa al Moscato Passito, tagliatelle al sugo di verdure. Come secondo abbiamo optato per l'**arrosto al latte** (12 €) e il **fricandò** astigiano. Tra gli altri, **zucchine ripiene con carne e verdure** e roast beef. I dessert cambiano spesso, in carta si possono trovare torte fatte in casa con le farine di grani antichi. I vini sono esclusivamente quelli dell'azienda.

NOVI LIGURE

23 KM A SE DI ALESSANDRIA

Il Banco
Osteria tradizionale
Via Monte di Pietà, 5
Tel. 0143 744690
Chiuso il lunedì
Orario: mezzogiorno e sera, estate solo sera
Ferie: Pasqua e Pasquetta, una settimana a Ferragosto
Coperti: 60
Prezzi: 20-25 euro vini esclusi
Carte di credito: CS, DC, MC, Visa, BM

Se volete fare uno spuntino, ma non solo, trovandovi in quel di Novi Ligure non vi potete sbagliare: ormai da più di un secolo è un'istituzione, Il Banco gestito dai fratelli Agostino e Rocco Longo assieme alle mogli. L'insegna "Farinata e birra" che troverete fuori dal vecchio ingresso non mente: dal forno a legna, potrete gustare la farinata (4 €), ottenuta miscelando farina di ceci, acqua, sale e olio. La torta, cotta in una teglia di rame, si può accompagnare con gorgonzola o crescenza. In alternativa, una buona pizza al tegamino o una focaccia con salumi di produzione artigianale. La cucina è quella tipica delle aree di confine tra il Piemonte e la Liguria. La carta è molto ampia, non troveranno difficoltà a cibarsi né i vegetariani, né i bambini. Oltre alle **bistecchine di pollo in carpione** (8 €), sono assolutamente da provare le frittelle di baccalà (6 €) e la panissa al rosmarino (4,50 €), ottenuta friggendo striscioline di polenta di ceci. Tra i secondi, lo **stoccafisso al forno bagnato con vino passito** (15 €), o alla ligure, la **cima genovese** e, in autunno-inverno, la minestra di ceci. Nei formaggi menzioniamo il montebore e la robiola di Roccaverano. Tiramisù, crema catalana, semifreddo al torrone o alle fragole, **tortino di mele** e panna cotta sono i dolci più frequenti. La carta dei vini è molto ricca: il locale da alcuni anni è stato ampliato a enoteca con mescita e si può trovare anche una vasta scelta di birre artigianali, sia italiane sia estere.

OCCHIEPPO INFERIORE

4 KM A OVEST DI BIELLA

La Taverna del Gufo
Ristorante
Via Caralli, 6
Tel. 015 590051
Chiuso lunedì e martedì
Orario: sera, pranzo su prenotazione
Ferie: una settimana tra agosto e settembre
Coperti: 40
Prezzi: 30-35 euro vini esclusi
Carte di credito: CS, DC, MC, Visa, BM

A Occhieppo, periferia di Biella, Stefania e Tojo gestiscono un locale protetto dai rumori della strada da una ricca vegetazione. L'ambiente è familiare, con atmosfera provenzale. Le quattro sale, accoglienti e luminose, si affacciano sul giardino privato con l'imponenza delle Alpi come sfondo. Stefania gestisce la cucina in autonomia, Tojo in sala dispensa preziosi consigli. Il menù è ricco e alcuni dei piatti più interessanti sono inseriti nel menù della Taverna a 30 euro (un antipasto, un primo, un secondo e un dessert a scelta). I vini sono elencati in un'accurata lista che spazia oltre il Piemonte, con un occhio di riguardo per i passiti. Tra gli antipasti (10 €), **carne cruda con noci e basilico in salsa di caprino tiepida**, tortino di verdure con fonduta delicata di maccagno, vitello al rosa in salsa con asparagi e briciole di uovo sodo. Ottimi il fiocco di culatello e la paletta stagionata di Coggiola con grissini di pasta fritta. Primi (10 €) di pasta fresca: ravioloni ai tre arrosti mantecati con burro, risotto all'Arneis con mele renette, menta e riduzione di aceto balsamico e l'ottima **carbonara monferrina di tagliatelle e verdure**. Tra i secondi (15 €) l'**antico arrosto casalese con senape e acciuga**, la rolata di coniglio ripiena in salsa, l'ottimo scamoncino d'agnello in panatura aromatica. Da segnalare il merluzzo mantecato con patate, olive taggiasche ed emulsione di basilico. Ricca carta dei dolci: gelato fatto in casa, tarte tatin di mele, **semifreddo allo zabaione**, crème brûlée al passito e strudel di mele tiepido, oppure i classici cantucci artigianali accompagnati da un bicchiere di passito.

OLEGGIO

19 KM A NORD DI NOVARA

Il Gatto e la Volpe
Osteria
Via Nebulina, 22-24
Tel. 0321 998256
Chiuso la domenica
Orario: mezzogiorno e sera
Ferie: in settembre
Coperti: 80 + 80 esterni
Prezzi: 24-35 euro vini esclusi
Carte di credito: CS, MC, Visa, BM

In una stretta via del centro storico di Oleggio, Daniele Bonini gestisce, con cortesia e professionalità, questa osteria che, oltre ad alcune salette arredate in modo semplice e accogliente, dispone di una terrazza coperta da cui si gode un'ampia vista sul Parco del Ticino. In sala il servizio è efficiente e il menù cambia in base alla stagione e all'offerta quotidiana dei fornitori locali. Si inizia con vari antipasti tra i quali abbiamo apprezzato, per delicatezza ed equilibrio, i peperoni ripieni di tonno, acciughe e capperi e una buona **insalata di nervetti** (7 €). Immancabile la tradizionale battuta di manzo. Tra i primi, ben fatte le chitarrine con gorgonzola, fagiolini e pancetta (7 €), e le **crespelle di ricotta, prosciutto e ortiche**. Due piatti tradizionali, come paniscia e agnolotti, sono previsti, prevalentemente, nel menù della sera. Più limitato il numero dei secondi; oltre a una selezione di formaggi, la lonza di maiale marinata (10 €), la **punta di vitello al forno** con patate e l'hamburger della casa. Sempre generose le porzioni. Fra i dolci (5 €) la **torta biscottata** e un ottimo latte cotto "vaniglia caffè". Per i vini, mancando la carta, si può chiedere consiglio al titolare o scegliere fra quelli esposti all'entrata del locale, soprattutto regionali, o quelli in cantina, dove si trovano parecchie bottiglie interessanti e di pregio. Possibilità di ordinare vini al calice.

ORIO CANAVESE

36 KM A NORD DI TORINO A 5, 22 KM A SUD DI IVREA

Barba Toni
Ristorante
Via Torino, 9
Tel. 011 9898085
Chiuso domenica sera e lunedì
Orario: sera, sabato e domenica anche pranzo
Ferie: agosto, 2 settimane dopo Natale
Coperti: 30 + 20 esterni
Prezzi: 33-38 euro vini esclusi
Carte di credito: CS, DC, MC, Visa, BM

Si ha fin da subito la sensazione di essere accolti in una residenza privata, dove Sara da più di un decennio fa gli onori di casa: vi spiegherà i piatti e vi consiglierà quali vini abbinare ai piatti dello chef Alain, che propone una cucina ben radicata nel territorio e attenta alle stagioni. Noi abbiamo provato, come antipasto, il fassone tagliato al coltello con frittatina alla menta, la **trota marmorata della Valchiusella** affumicata in casa con legni pregiati, un flan di asparagi e ottimi gamberi serviti con una leggera salsa di toma (10 €). Tra i primi assaggiate i tagliolini Barba Toni al doppio uovo (10 €), le *tajarin* **al ragù d'anatra**, il risotto al doppio cappone di Morozzo o alla liquirizia e zafferano. D'inverno, **agnolotti al brasato e cavoli**. Tra i secondi, interessante il diaframma di fassone (14 €), muscolo forse poco noto ma particolare, servito con una riduzione di Carema; inoltre il sottofiletto in crosta di pane e **coniglio all'Erbaluce**. D'inverno non perdetevi la *bagna caoda*, la finanziera e soprattutto la *tofeja* con i fagioli piattella di Coltereggio, Presidio Slow Food. Nei dolci il Passito di Caluso viene usato con abilità in interessanti varianti del classico *bonet* o dello zabaione caldo con paste di meliga (6 €); sorbetti e gelati completano l'offerta. Affidatevi ancora ad Alain se avete ancora spazio per un tour tra i **formaggi** del territorio. Ampia e ben curata carta dei vini, con interessanti etichette locali ma anche pregiati vini nazionali ed esteri.

ORMEA

84 KM A SE DI CUNEO, 49 KM DA IMPERIA SS 28

Il Borgo

Trattoria
Via Roma, 120
Tel. 0174 391049
Aperto venerdì sera, sabato pranzo e sera, domenica a pranzo
Ferie: variabili
Coperti: 35
Prezzi: 25 euro vini esclusi
Carte di credito: nessuna

Siamo in alta Val Tanaro: è montagna, ma dopo pochi chilometri, appena dietro il colle di Nava, si scende verso il mare. È Piemonte, ma dopo qualche tornante inizia la Liguria. La cucina del Borgo è in perfetto equilibrio fra questi due mondi: si basa sulle materie prime povere di queste terre, ovvero patate, porri, cipolle, castagne, grano saraceno, un antico cereale che alcuni contadini della valle hanno riscoperto, ma è insaporita da timo e rosmarino liguri, dalle olive taggiasche e dai pinoli. Trovate la trattoria al fondo della ripida via di pietra che attraversa il centro storico di Ormea, a pochi metri dalla bella chiesa romanica di San Martino. Il pasto si apre con la degustazione di numerosi antipasti in piccole porzioni: fozza (una focaccia locale), flan di erbette con fonduta, **panizza** (polentina di ceci), sformato di porri con crema di fave, polenta di grano saraceno, *tultea* (raviolo ripieno di erbette). Tra i primi, **tagliatelle di farina di castagne ai funghi** e ravioli ripieni di patate conditi con rosmarino e pinoli, lasagnette di Ormea (maltagliati integrali) al raschera e tagliatelle di ortiche. Si prosegue con le carni: **coniglio al timo**, agnello al rosmarino o bocconcini di vitello alle olive taggiasche. Un bel carrello di **formaggi**, per finire, e dolci ottimi: crostata con confettura di mirtilli, albicocche cotte nella grappa e la tipica **cassata di patate**. Buona la selezione di vini piemontesi. Tra le varie etichette non manca mai il vino rosso prodotto da alcune piccole cantine su queste montagne, l'Ormeasco.

ORMEA
Ponte di Nava

89 KM A SE DI CUNEO

La Curva

Bar-trattoria
Via Nazionale, 53
Tel. 0174 399881
Chiuso il lunedì
Orario: mezzogiorno, venerdì e sabato anche sera
Ferie: variabili
Coperti: 40
Prezzi: 20-22 euro vini esclusi
Carte di credito: tutte, BM

Il paesino di Ponte di Nava gode di una posizione particolarissima. A sud, al di là dell'omonimo colle, ci sono le spiagge della Riviera; a ovest, tra le Alpi Marittime e le valli occitane c'è il cosiddetto Paese Brigasco, noto per la "cucina bianca", quella pastorale della transumanza, fatta di farinacei, latticini e ortaggi pallidi di montagna. Tracce se ne trovano nel menù di questa minuscola trattoria: dal **flan di porri con fonduta** alle **lasagne all'ormeasca con patate e raschera**, fino alla polenta saracena con sugo di porri. Per il resto, la proposta è la solita "fusion" piemontese-ligure tipica di questa zona di confine: gli antipasti misti comprendono sia vitello tonnato sia panissa, i secondi sia **coniglio alla ligure** sia brasato al Barbera. Altri piatti – i **ravioli alle rape di Caprauna** (Presidio Slow Food), la trippa con fagioli di Bagnasco, la casalinga crème caramel con castagne di Calizzano – esaltano le ottime materie prime locali (l'elenco dei fornitori è stampato sul retro del menù). In stagione, non mancano funghi e tartufi. Le porzioni sono abbondanti, i prezzi più che ragionevoli (menù degustazione 22 euro). La breve lista dei vini è prevalentemente piemontese, Dolcetto e Bonarda sono serviti anche sfusi. Tra turisti diretti al mare ed escursionisti, il locale si riempie facilmente: meglio prenotare per tempo.

ORTA SAN GIULIO
Legro

65 KM A NORD DI NOVARA

Il Cucchiaio di Legno

Azienda agrituristica
Via Prisciola, 10
Tel. 0322 905280-339 5775385
Chiuso da lunedì a mercoledì
Orario: sera, sabato e domenica anche pranzo
Ferie: variabili
Coperti: 60
Prezzi: 25 euro vini esclusi, menù fisso
Carte di credito: CS, DC, MC, Visa, BM

Nelle vecchie cucine il cucchiaio di legno, realizzato in un pezzo unico solitamente di faggio, era il principale utensile con cui si mescolavano cibi e pietanze. In questa accogliente azienda agrituristica ubicata sulle colline sovrastanti il romantico lago d'Orta, vi è molto legno, a cominciare dalla confortevole veranda, con vista su giardino e sull'orto da cui provengono frutta e verdura utilizzate in cucina. Anche altri arredi sono in legno, come nella saletta interna, in cui si nota una bella stufa in ghisa per riscaldarsi nella stagione invernale. Il menù proposto è fisso e cambia settimanalmente. Si può iniziare con salumi locali (alcuni lavorati in azienda) serviti con pane ai cereali cotto a pietra, e ottimi grissini di grano arso, sempre di produzione casalinga. Gli antipasti proseguono con insalata di cereali, giardiniera, carpaccio di zucchine o pesce persico in carpione. Tra i primi ci sono sempre una pasta e un risotto: **torciglioni al ragù di cinghiale** o ravioli di magro, risotto al limone o la **paniscia** novarese. Fra i secondi, galletto alle erbe, **codone di manzo al rosmarino**, insalata di pollo, spalla di vitello al forno, il tutto accompagnato dalle verdure dell'orto. Per finire, semifreddo di caffè con crema di mascarpone e biscotto, torta di nocciole, salame di cioccolato. Per i vini, buona varietà di etichette prevalentemente piemontesi scelte con cura a prezzi corretti. Nell'azienda si può soggiornare e acquistare miele di produzione diretta.

PAESANA
Calcinere Inferiore

53 KM A NO DI CUNEO SS 662

Osteria Alpino

Ristorante
Calcinere Inferiore, 40
Tel. 0175 987238-348 7422315
Chiuso martedì e mercoledì, mai in agosto
Orario: mezzogiorno e sera
Ferie: 15 gennaio-15 febbraio
Coperti: 40
Prezzi: 20-30 euro vini esclusi
Carte di credito: tutte, BM

Risalendo la Valle Po verso il Monviso, superate Paesana e dopo un paio di chilometri troverete il borgo di Calcinere. Se volete fare una sosta per assaporare piatti genuini, potrete fermarvi in questa classica osteria di montagna, che nell'estate 2015 si sposterà nella piazza centrale del paese, in un locale ristrutturato con annesse alcune camere. Nelle due salette vi accoglierà Clelia Carle, assieme a Ilaria e Valentina, che vi serviranno i piatti preparati da Debora e Christian. Oltre alla carta avrete a disposizione tre menù a 20, 25 e 30 euro, più quello per bambini a 10 euro. Dopo una frittata di erbette come entrata, potrete gustare con il tris della tradizione: **carne cruda battuta al coltello**, insalata russa e acciughe al verde (9 €). Tra gli antipasti anche filetto di trota salmonata, il *brandacujun* con patate e salsa *aioli*, la galantina di coniglio, le **cipolle ripiene** e una selezione di prosciutti iberici. Ottimi i primi: agnolotti al fumo o al sugo d'arrosto, *tajarin* al ragù o **ai *luvertin*** (8 €), **gnocchetti di patate al pesto d'erbette**, risotti al vino e, a seconda della stagione, minestre e vellutate. Fra i secondi la trota del Po in padella (9 €), il **filetto di maiale al roquefort**, la **finanziera**, le costolette di agnello, il fritto di scamone, semolino e *subrich* (12 €). Si chiude con i **formaggi** o con un dolce: gelato di latte di capra, budino al miele, paste di meliga con zabaione al Moscato, torta di mele con gelato alla crema. Ampia la carta dei vini in cui primeggiano, giustamente, Piemonte e Francia.

> **"** *Una bella sosta verso le sorgenti del Po: accoglienza, grande qualità, ottimi prezzi* **"**

PIEMONTE | 97

PAROLDO

57 KM A EST DI CUNEO, 8 KM A NORD DI CEVA

Salvetti
Trattoria
Via Coste, 19
Tel. 0174 789131-347 8904709
Chiuso lunedì, martedì e giovedì
Orario: mezzogiorno e sera
Ferie: variabili
Coperti: 30 + 10 esterni
Prezzi: 30 euro vini esclusi, menù fisso
Carte di credito: CS, DC, MC, Visa, BM

Proprio di fronte al municipio di Paroldo, troviamo la trattoria che vede da ben tre generazioni la famiglia Salvetti avvicendarsi nella conduzione. Ad accogliervi un assaggio di benvenuto con un bicchiere di spumante Alta Langa che accompagna gonfiotti fritti ripieni di toma di Murazzano e salumi. Il menù, fisso, prevede quattro antipasti, due primi, un secondo e un dolce, proposti in porzioni abbondanti e presentati con cura e raffinatezza. Per cominciare potrete gustare il *vitello tonnato* alla maniera di una volta, il carpaccio di asparagi croccanti con mousse di raschera, il *caponet* con la *bagna caoda*, la sfoglia di parmigiano con carciofi, pancetta affumicata e fonduta di raschera. A seguire due primi legati alla stagionalità e al territorio: **gnocchetti di ricotta al sugo di verdure** e ravioli di carne conditi con il burro. Il menù prevede poi un secondo, ma è possibile avere un assaggio di due: la **rolatina di coniglio**, degna di nota, e l'arrosto di vitello. Anche nei dolci è possibile comporre un assaggio multiplo, che nel nostro caso comprendeva panna cotta alle rose, **bavarese al Barolo Chinato**, torta al limone con salsa di fragole, fragole con gelatina di Moscato. Buona la selezione dei vini, con etichette della zona e nazionali offerte a prezzi molto onesti.

PORTACOMARO
Migliandolo-Cornapò

12 KM A NE DI ASTI SP 38

Bandini
Ristorante
Via Cornapò, 135
Tel. 0141 299252
Chiuso il lunedì
Orario: mezzogiorno e sera
Ferie: primi 20 giorni di gennaio
Coperti: 65
Prezzi: 32-37 euro vini esclusi
Carte di credito: tutte, BM

Al Bandini si è colti da un piacevole senso di spaesamento: l'impronta del territorio è forte e decisa, ma l'arredamento, l'atmosfera e il menù sono raffinati e insoliti, parlano di un "altrove" che si esprime con tratti di assoluta originalità. Lo chef Massimo Rivetti e il maître Antonello Bera hanno un'esperienza ormai più che decennale: la loro filosofia consiste nell'offrire un menù equilibrato, che accontenti sia la clientela locale desiderosa di novità, sia i turisti che cercano la tradizione. Uno dei punti di forza è la carta dei vini, con una predilezione per quelli naturali, in particolare francesi. C'è la possibilità di gustarli al bicchiere e di scegliere un menù degustazione di tre antipasti, primo, secondo e dessert a 36 euro. Per antipasto (10 €), grandi classici come la **carne cruda** o il merluzzo in bianco o piatti più creativi come il **nido di scarola con bagnacaoda e uovo bazzotto**. Un orto di proprietà fornisce verdure fresche, le patate e le zucche finiscono negli ottimi gnocchi e nella **vellutata di zucca con code di gambero** (10 €). Il pesce è una proposta costante e arriva da Mazara del Vallo. Le carni, che siano bovine, di maiale o coniglio, provengono invece da allevatori locali. Notevole il **guanciotto di maiale con *belicada***, ovvero la farinata (15 €). In primavera, nel ripieno dei ravioli di verdure ci sono erbe spontanee (parietaria e pissacàn) e d'estate, quando entra nel menù il **carpione** di zucchine e capitone, le ortiche si trasformano in vellutata. I dolci, dal *bonet* al **gelato alla crema con composta di arance speziate** (7 €), sono delicati *coups de coeur*.

ROCCABRUNA

22 km a no di Cuneo sp 422 e 122

Locanda Occitana Ca' Bianca

Trattoria con alloggio
Strada Luisa Paulin, 53
Tel. 0171 918500-338 1974015
Chiuso la domenica
Orario: mezzogiorno e sera
Ferie: variabili
Coperti: 70 + 30 esterni
Prezzi: 15-30 euro vini esclusi, menù fisso
Carte di credito: CS, MC, Visa, BM

Roccabruna, all'uscita di Dronero, si trova nel punto in cui la Val Maira inizia a salire e si trasforma in montagna. A Tettorosso, capoluogo comunale, questo locale è aperto dalla fine degli anni Novanta, in un bel casolare degli anni Venti ristrutturato, in cui si può anche soggiornare in una delle quattro camere. L'impronta è decisamente familiare: le sorelle Isaia, Emanuela e Chiara, si dividono i compiti in cucina e in sala. Finalmente riaperto il sabato, è il posto ideale per un pranzo dopo una bella passeggiata nel bosco, a prezzi minimi: colazione di lavoro 10 euro, menù fisso serale da 15 a 30. Non esiste una carta ma, proprio come nelle trattorie di un tempo, i piatti sono proposti a voce da Chiara, come la piccola carta di vini piemontesi, che sarà raccontata se non si decide di bere il corretto vino della casa. Le ricette valorizzano materie prime di produzione locale. Immancabili in apertura del pasto le **acciughe** con *bagnet* rosso e verde, le cipolle ripiene (in stagione anche i fiori di zucchina raccolti nell'orto), frittate e flan di verdure. Tra i primi le tradizionali *couijëtte* – gnocchi di patate occitani – condite con panna e burro, la minestra di verdura, la crema di zucca, in inverno **minestra di trippe** o *supa mitonà*. Dai boschi intorno arrivano ottimi **funghi**. Classica la **döba**, uno spezzatino cotto nel vino rosso con spezie; inoltre, agnello, arrosto di maiale o di vitello e l'ottimo **lingua, patate e** *aioli*. Dessert casalinghi: torta di mele, tiramisù, pesche ripiene.

ROCCA GRIMALDA

30 km a sud di Alessandria, 5 km dal casello di Ovada della A 26

Alla Rocca

Trattoria
Piazza Senatore Borgatta, 12
Tel. 0143 873333
Chiuso lunedì sera (non in estate), martedì e mercoledì
Orario: mezzogiorno e sera
Ferie: 3 settimane dopo il 7 gennaio
Coperti: 50 + 20 esterni
Prezzi: 28-32 euro vini esclusi
Carte di credito: CS, DC, MC, Visa, BM

Se cercate la tradizione sicuramente qui la trovate. Un piatto su tutti: *perbureira*, tipica di Rocca Grimalda, protagonista esclusiva anche di una sagra. È una minestra di fagioli con lasagnette di pasta fresca, da arricchire di olio aromatizzato con aglio. All'interno dell'antico borgo che affaccia sulla valle dell'Orba, di fianco all'imponente castello dei Malaspina, si trova questa trattoria gestita da una decina d'anni dalla cordiale Alessandra Fossa. La cucina, che utilizza prodotti locali e dall'orto di proprietà, propone piatti della tradizione piemontese con alcune contaminazioni della vicina Liguria. Partendo dagli antipasti potrete scegliere tra misto alla piemontese costituito da diversi assaggi (9 €), tonno di coniglio e **tartara di fassone al rafano**. Pezzo forte tra i primi, oltre alla *perbureira*, i maltagliati al pesto di nocciole e salvia (10 €); inoltre, ravioli al tocco, gnocchi e taglierini al sugo di polpette. Tra i secondi segnaliamo il **fritto misto alla piemontese**, il bollito misto, la trippa e l'arrosto di maialino. Dalla vicina Liguria arrivano **frittelle di baccalà con cipolle rosse e mele** (10 €), acciughe ripiene o impanate e stoccafisso in casseruola. Buona scelta di formaggi. I dolci (5 €), prerogativa della padrona di casa, sono da scoprire sul momento e prevedono tra l'altro crostate di frutta fresca, torta di nocciole, bavarese e sorbetti. Sulla carta dei vini troviamo diversi Dolcetto e Barbera, ma anche qualche prodotto nazionale.

ROCCHETTA PALAFEA

35 km a se di Asti

Il Ristorantino della Cirenaica
Osteria-vineria
Piazza Berruti, 8
Tel. 0141 718352-340 5254320
Chiuso il lunedì
Orario: mezzogiorno e sera
Ferie: variabili
Coperti: 40
Prezzi: 24-30 euro vini esclusi
Carte di credito: tutte, BM

A Rocchetta Palafea, paese situato tra la Langa Astigiana e il Monferrato, troviamo questo locale disposto su due piani. Dall'anno scorso le sorelle Cristina e Monica, storiche titolari, hanno nuovi compagni di viaggio: Sandra e Alberto Masuello, per molti anni al Castello di Bubbio. Lei vi accoglierà in sala, mentre ai fornelli c'è Alberto. La sua è una cucina di tradizione con qualche tocco di modernità, molto attenta alla scelta delle materie prime del territorio. Oltre che alla carta potrete scegliere il menù degustazione a 28 euro. Tra gli antipasti troviamo gli involtini di peperone (7 €), l'ottimo tortino con fonduta al raschera, oppure la **sfogliatina di pere e gorgonzola** (9 €). Tra i primi vi segnaliamo i ravioli dal *plin*, conditi con sugo di arrosto o burro e salvia. Buono l'abbinamento di **agnolotti e crema di nocciole** (8 €), di particolare finezza il **risotto alle punte di asparagi e robiola**; in base alla stagione possiamo trovare zuppe come quella di pasta e fagioli (6 €). I secondi sono generalmente di carne: filetto di maiale alle mele e rosmarino (9 €), trippa in umido e la gustosa faraona al Moscato passito. Come dessert **pesche al forno con amaretto**, tortino di cioccolato, semifreddo alle nocciole. Per quanto riguarda i vini, buona selezione di etichette in particolare piemontesi.

ROCCHETTA TANARO

15 km a se di Asti

Da Taschet
Osteria-vineria
Piazza Piacentino, 11
Tel. 0141 644424
Chiuso il mercoledì
Orario: sera, sabato e festivi anche pranzo
Ferie: in febbraio
Coperti: 40 + 20 esterni
Prezzi: 25-30 euro vini esclusi
Carte di credito: nessuna

Giunti a Rocchetta Tanaro, zona di grandi Barbere e di produttori dai nomi noti, ci si trova di fronte la veranda di Taschet: ricordatevi di leggerlo così come si scrive e di arrivare dopo le 20, perché prima il locale è interamente dedicato agli aperitivi, con i vini che Carlo Bo, detto Taschet, cerca nei dintorni. Più tardi nella piccola sala si apparecchia la cena, in un ambiente da vera osteria. Nessuna brigata di cucina, o meglio nessun cuoco ufficiale: Carlo e Giovanni (detto Magilla) si alternano ai fornelli e in sala. Qui tutto è informale, anche menù e vini sono suggeriti a voce. Tra gli antipasti insalata russa, acciughe al verde, torta di spinaci, peperoni al forno. Non andate via senza aver assaggiato la **carne cruda**, semplicemente strepitosa, o il **vitello tonnato** (8 €): grande qualità e sapienza nell'utilizzo della carne che qui dimostrano di conoscere bene. I primi (8 €) sono tutti abbondanti: gnocchi al ragù di salsiccia, **ravioli al sugo di stufato**, pasta e fagioli. Per il secondo è possibile scegliere tra il pollo alla cacciatora, la **trippa**, saporita e profumata, il coniglio, la noce di fassone, il **bollito** di tre tagli, la costata il cui peso minimo sarà di un chilo (35 €). Ampia l'offerta dei dolci (4 €); *bonet*, crostata di mele e amaretti, torte di limone, di pesche, di nocciole, di pere e cioccolato. Vini locali e nazionali di buon livello.

🛍 Presso il Panaté di Mario Fongo, via Sardi 56, si comprano grissini, biscotti secchi, tirà e, soprattutto, le lingue di suocera. Al Pastificio Alloisio, piazza Piacentino angolo via Roma: pasta fresca e gastronomia.

ROLETTO

34 KM A SO DI TORINO, 7 KM A NORD DI PINEROLO SS 589

Il Ciabot
Ristorante
Via Costa, 7
Tel. 0121 542132
Chiuso il lunedì
Orario: mezzogiorno su prenotazione e sera
Ferie: variabili
Coperti: 50 + 15 esterni
Prezzi: 32-33 euro vini esclusi
Carte di credito: CS, Visa, BM

Un indirizzo facilmente raggiungibile da Torino in una zona pedemontana di notevole interesse storico, naturalistico e anche gastronomico. Le due sale sono arredate con eleganza: un caminetto, bei tendaggi, perfetta mise en place, accoglienza professionale da parte di Lorena Fenu che coordina il servizio in sala. Il marito, Mauro Agù, è lo chef che nei 23 anni passati a Roletto ha fatto del Ciabot un indirizzo di sicuro affidamento. Gli stuzzichini caldi, un tris di tortino di patate e lardo al rosmarino, tortino di cavolo rosso e verza con *bagna caoda* leggera e strudel di verdure con fonduta trovano spazio in carta accanto alla piccola melanzana alla parmigiana con burrata e cappesante e all'insalatina tiepida di orzo e mare (11 €). Classico il **vitello tonnato con misticanza di insalatina e uovo di quaglia**. Tra i primi (9 €) ci sono gli **agnolotti**, i fagottini alle ortiche e mentuccia al burro di montagna e timo, i tagliolini con vellutata al tartufo e il **risotto mantecato all'aglio orsino con filetto di baccalà al latte**. A seguire il sempre apprezzato petto d'anatra all'arancia (12 €), il **rotolo di coniglio in porchetta**, la **noce di fassone alle erbe di montagna**, il filetto di maiale in mantello di papavero al Calvados. Fra i dolci si segnalano un'ottima crema catalana, la panna cotta, bavaresi e semifreddi. Nella carta dei vini, d'ispirazione regionale, si possono scegliere alcune interessanti etichette poco conosciute del Pinerolese. Menù degustazione a 40 euro.

▌ A **Frossasco** (3 km), l'azienda agricola Luca Colli, via Frollasca 6, si segnala per la produzione biologica certificata di miele, propoli e pappa reale.

ROMAGNANO SESIA

30 KM A NO DI NOVARA SS 299

Alla Torre
Ristorante
Via I Maggio, 75
Tel. 0163 826411
Chiuso il lunedì
Orario: mezzogiorno e sera
Ferie: 27 dicembre-7 gennaio
Coperti: 50 + 20 esterni
Prezzi: 32-35 euro vini esclusi
Carte di credito: tutte, BM

È una cucina semplice e schietta quella che troverete in questo ristorante ubicato ai piedi di una torre quattrocentesca; l'arredamento è gradevolmente semplice, le materie prime provengono dal territorio e le paste sono fatte a mano. Il menù e sufficientemente ampio e dà la possibilità di scegliere tra diversi piatti della tradizione. Iniziando con gli antipasti potrete gustare il salame *d'la duja* e la fidighina novarese, la carne cruda battuta al coltello, il **vitello tonnato** (10 €) e una buona insalata di tacchinella con aceto balsamico, cipolle di Tropea e uvetta. Volendo si può approfittare del piatto misto di antipasti (12 €). Passando ai primi è possibile scegliere i classici *tajarin* con ragù al Nebbiolo che si alternano a maltagliati con asparagi, **gnocchi con fonduta di gorgonzola** (8 €), l'estivo risotto con le verdure. Per secondo vi consigliamo la **trippa in umido** (13 €) o l'arrosto di coniglio disossato; poi, groppa di manzo piemontese brasata all'aceto balsamico e cotolette di agnello, con panatura di erbe aromatiche, accompagnate da patate al forno. In stagione, fiori di zucchina ripieni di ricotta o asparagi con caprino. In alternativa, il piatto di **formaggi** (15 €) da comporre scegliendo dalla bella selezione di vaccini, pecorini e caprini freschi o di varie stagionature. Per dolce (5 €) *bonet*, crostate, **torta di pesche e amaretti** o di pere e cioccolato. La bella cantina privilegia le etichette del Nord Piemonte, soprattutto di piccoli produttori.

▌ A **Sillavengo** (15 km), in via Sesia 1, l'azienda agricola Valsesia alleva suini e vende carni e salumi.

PIEMONTE | 101

SALUZZO

33 KM A NORD DI CUNEO SP 25

Corona di Ferro ex San Bernardo
Ristorante
Via Martiri della Liberazione, 48
Tel. 0175 218975
Chiuso il mercoledì
Orario: mezzogiorno e sera
Ferie: ultimi 10 gg di gennaio
Coperti: 40 + 50 esterni
Prezzi: 30-35 euro vini esclusi
Carte di credito: tutte, BM

Nella Saluzzo storica, sotto i portici che costeggiano il fianco sinistro del Duomo, si trova la moderna elegante insegna di questa antica locanda che Alberto Mellano ha rilevato e rinnovato da poco, aiutato in cucina da Maurizio Morganti. Alberto fino al 2013 gestiva con bravura la cucina del San Bernardo a Verzuolo ma cause di forza maggiore e un desiderio di rinnovamento lo hanno convinto a tentare questa avventura. Il servizio è affabile, cortese e attento ai desideri dei clienti. Sul tavolo, ottimo pane e grissini di forno a legna. Un assaggio di focaccia e prosciutto al vapore anticipano i classici antipastini piemontesi (10 €) oppure il tortino di asparagi, la seppia arrostita o il **baccalà in zuppetta di pomodoro**. Tra i primi piatti (10 €) si possono scegliere i classici **agnolotti quadrati piemontesi**, i *tajarin* di solo tuorlo alle fave fresche, cannelloni di seirass o risotto alle erbette. Si prosegue con lo spallotto di vitello al cucchiaio (12 €), l'animella glassata, la coscia di maialino arrostita, la **scottata di fassona** oppure si può scegliere tra un paio di piatti di pesce "secondo mercato" e una selezione di formaggi delle valli saluzzesi. I dolci (7 €): **panna cotta alla menta**, babà al genepì, millefoglie con crema chantilly e fragole. La bella carta dei vini comprende una valida selezione di produttori locali e non. Menù degustazione a 30 euro per antipasto, primo, secondo e dolce.

❝ *Nella nuova avventura cittadina di Alberto ritroviamo le caratteristiche che hanno contraddistinto il suo percorso gastronomico di eccellenza* ❞

SAMBUCO

46 KM A OVEST DI CUNEO SS 21

Osteria della Pace
Ristorante annesso all'albergo
Via Umberto I, 32
Tel. 0171 96628
Chiuso il lunedì, mai luglio-agosto
Orario: mezzogiorno e sera
Ferie: 10 gg in giugno, un mese tra ottobre e novembre
Coperti: 40
Prezzi: 25-30 euro vini esclusi
Carte di credito: CS, DC, MC, Visa, BM

Chi volesse immergersi a 360 gradi nella tradizione gastronomica della Valle Stura non può fare a meno di fermarsi all'Osteria della Pace. Qui Bartolo Bruna e la sua famiglia hanno scritto, negli anni, alcune delle pagine più belle della cucina della montagna occitana, diventando un'istituzione sia per i cuneesi sia per i turisti che popolano la zona. Sambuco, le sue stradine, le case di pietra e i pascoli che la circondano fanno da sfondo a questo locale che regala soltanto certezze. A partire dalla cucina solida, ancorata ai prodotti del territorio e alleggerita sia nel gusto sia nelle forme. Una realtà che è rimasta fedele alle proprie radici e ha saputo conservarle vigorose nutrendole con amore e accompagnandole nella modernità. Un menù turistico a 15 euro, uno occitano a 23 euro e uno degustazione a 28, oltre a una carta che offre alternative per tutti. Tra gli antipasti (5 €), la rolata di coniglio con marmellata di cipolle rosse e la **trota marinata**. Come primo (6 €), non perdetevi i tipici *cruset* **della Valle Stura** con porri e patate; ottimi anche i *tajarin* o gli gnocchi al formaggio di montagna. A seguire, imperdibile l'appuntamento con l'**agnello sambucano al forno** (13 €) e con il brasato di cervo (11 €). Infine, qualche formaggio del posto e ottimi dolci, dal *bonet* alla torta di pesche e cioccolato. Carta dei vini di valore, frutto di un'attenta selezione tra produttori piemontesi e non.

❝ *Un'osteria che saputo resistere al passare del tempo mantenendo salde le sue radici, un punto di riferimento imprescindibile per tutta la montagna cuneese* ❞

102 | PIEMONTE

SAMPEYRE
Vallone di Sant'Anna

60 KM A NO DI CUNEO, 45 KM DA SALUZZO SP 105

Meira Garneri
Rifugio escursionistico
Località Meira Garneri
Tel. 389 8319723
Non ha giorno di chiusura
Orario: mezzogiorno e sera
Ferie: 1-20 maggio, novembre
Coperti: 60 + 60 esterni
Prezzi: 20-28 euro vini esclusi
Carte di credito: nessuna

A un paio d'anni dall'apertura, il rifugio è diventato un punto di riferimento anche per i meno appassionati di montagna, che si arrampicano fino a quota 1850 per assaggiare i piatti di Juri. Il giovane chef, con Alessandro che sta in sala, è uno dei protagonisti della rinascita delle valli cuneesi. L'idea è semplice e rivoluzionaria: tornare sulle montagne e raccontare i prodotti locali con grazia e tecniche acquisite nei ristoranti stellati. Erbe spontanee, farina macinata a pietra e toumin del Mel sono alcune delle materie prime su cui si basa la cucina. In estate si arriva in macchina o a piedi, mentre in inverno servono ciaspole, seggiovia o il gatto delle nevi. Nel menù della tradizione si assaggiano, tra gli antipasti, l'essenziale tuma, patate e aiolì (6 €) e le quiche di verdure. Come primo, notevoli le *raviolas del Blins* (gnocchi occitani) e il risotto al pino cembro (10 €), tra i secondi, la **guancia di vitello al vino con polenta** (12 €) e la finanziera. Se scegliete il menù "lasciate fare a noi" (28 euro) assaggerete piatti come l'**uovo con fonduta, nocciole e spinaci selvatici** e gli eccellenti **ravioli di grano saraceno ripieni di aglio orsino**. Non rinunciate ai dolci: la **panna cotta al fieno** (4 €) è un omaggio ai prati in fiore, fatela seguire dai digestivi preparati dai gestori. La carta dei vini predilige le etichette del territorio, raccontato anche dalle birre di un vicinissimo birrificio della valle.

66 *Materie prime semplici per una cucina che rilegge con grazia la tradizione e regala un'esperienza di altissimo livello* 99

SAN MARZANO OLIVETO
Valle Asinari

25 KM A SE DI ASTI, 5 KM DA CANELLI

Del Belbo da Bardon
Trattoria
Via Valle Asinari, 25
Tel. 0141 831340-347 2309036
Chiuso mercoledì e giovedì
Orario: mezzogiorno e sera
Ferie: tra dicembre e gennaio, 7 gg dopo Ferragosto
Coperti: 60 + 40 esterni
Prezzi: 35-40 euro vini esclusi
Carte di credito: tutte, BM

Senza tema di essere smentiti è facile asserire che questo locale, da cinque generazioni ai vertici dell'accoglienza piemontese, rappresenta l'archetipo della trattoria di famiglia di alta qualità. Con Andrea Cavallo e Alessandra Bardone in cucina, ancora sotto l'occhio vigile di mamma Anna, e la grande professionalità in sala di Gino e Andrea, il locale gira come un orologio. Che vi accomodiate nell'ampia sala interna o nella veranda, vi sentirete a casa. Gli antipasti (7 €, 18 la degustazione di quattro piatti) sono di ottima fattura: battuta al coltello, peperone cotto al forno ripieno, patate e carciofi con filettino di maiale al Moscato, insalatina con scorzone, robiola e frittata. Tra i primi fanno la parte del leone i classici *tajarin al sugo di carne e salsiccia* (9 €), con verdure o ai funghi porcini; inoltre non mancano mai raviolini dal *plin*, ravioli quadrati monferrini, gnocchi. Il carrello delle carni renderà la scelta ardua: stinco, coniglio, arrosto di punta, **stracotto alla Barbera**. Tutto questo se riuscirete a rinunciare alla **trippa in umido** (12 €) o alla finanziera. La selezione di formaggi è veramente da encomio e sarà difficile da saltare. A chiudere, *bonet*, panna cotta, **mattone di Canelli** (6 €), torta di mele. La carta dei vini è una vera enciclopedia e permette, soprattutto nelle selezioni di Nizza e Barbera d'Asti, verticali di profondità inaspettata a prezzi congrui. Serate tematiche settimanali: lunedì gallina, martedì bollito, venerdì merluzzo.

66 *Tradizione, materie prime d'eccellenza, un'accoglienza unica e un'attenzione che si percepisce appena varcata la soglia* 99

PIEMONTE | 103

SAN MAURIZIO CANAVESE
Malanghero

12 KM A NORD DI TORINO

La Taverna dei Tre Gufi

Ristorante
Via Devietti Goggia, 71
Tel. 011 9247047-331 2840743
Chiuso il giovedì
Orario: sera, domenica anche pranzo
Ferie: 3 settimane in agosto, 10 giorni dopo Natale
Coperti: 60 + 30 esterni
Prezzi: 30-35 euro vini esclusi
Carte di credito: CS, MC, Visa, BM

Sono rimasti Adriano ai fornelli con i figli Elisabetta e Alessandro. Le origini di Adriano sono nell'Eporediese; una grande passione per le erbe spontanee e la ricerca di materie prime d'eccellenza traspare in ogni sua proposta. Per iniziare vi consigliamo la degustazione di quattro antipasti (12 €) che variano seguendo le stagioni: la selezione dei salumi (salame di patate e barbabietole, *salam 'dla doja*, salame piccante, quello con le noci), la carne cruda condita con una delicata salsa di acciughe, il flan con salsa all'aglio orsino, il formaggio salignon, i crostini al cumino e una splendida gelatina di fiori di tarassaco. I primi sono sempre due (degustazione a 9 €), in genere un risotto e una pasta fatta in casa. Da provare il **risotto con salame di turgia** o al Barolo con il testun, le tagliatelle con asparagi e castelmagno, i ravioli di capriolo al burro e tartufo nero, la **panissa** vercellese e, soprattutto d'inverno, la *tofeja*. Tra i secondi (12 €) vi consigliamo di provare le **quaglie disossate, lardellate e cotte in forno** con una riduzione di Carema, la guancia di fassone al Nebbiolo, il **gallo al Carema con cipolline di Ivrea e porcini**, i bocconcini di cervo in civet. Con i dolci (5 €) si continua nel solco della tradizione piemontese: pesche ripiene, *bonet*, panna cotta, frutti di bosco con il ratafià. Ampia scelta di vini con attenzione ai piccoli produttori del Canavese.

SAN SALVATORE MONFERRATO
Squarzolo

13 KM A NORD DI ALESSANDRIA

Locanda dell'Arzente

Ristorante annesso all'albergo
Regione Guastrasone, 100
Tel. 0131 233969
Non ha giorno di chiusura
Orario: mezzogiorno e sera
Ferie: non ne fa
Coperti: 80
Prezzi: 24-35 euro vini esclusi
Carte di credito: tutte, BM

La Locanda dell'Arzente è un'isoletta di tranquillità, appollaiata su una collina e immersa nel verde, sulla strada che dalla pianura alessandrina corre verso il Casalese. In prossimità del ristorante si trova una distilleria: da qui il nome Arzente, che Gabriele D'Annunzio propose per la grappa invecchiata in contrapposizione al francese Cognac. L'ambiente è accogliente e curato, le sale ampie (il locale si presta a banchetti e cerimonie). Il menù è recitato a voce da Elisabetta, che vi proporrà anche il giusto abbinamento con i vini. In cucina, con materie prime locali, Michele potrà prepararvi, per cominciare, la battuta al coltello, la mousse di roccaverano con la *cognà*, i salumi misti, la cipolla al sale infornata, tortini e sformati di verdure secondo stagione; per i più golosi c'è il giro degli antipasti caldi e freddi (15 €). Piatto forte del locale sono gli **agnolotti**, da gustare **al sugo d'arrosto** (10 €) o alla maniera contadina (cotti in brodo e vino rosso); d'inverno vale senz'altro l'assaggio la **minestra di ceci con lo zampino di maiale**. Seguono l'arrosto della vena, il coniglio alla ligure, la **faraona al Dolcetto** (10 €), il merluzzo al verde. Su prenotazione gusterete il **fritto misto piemontese** e i mandrognini (salami fatti a mano e cotti alla piastra). Tra i dolci spiccano il casalingo gelato dell'Arzente, la mousse al cioccolato, la panna cotta ai cachi, la torronata.

SAN SEBASTIANO CURONE

45 km a SE di Alessandria, 25 km da Tortona

Corona

Ristorante annesso all'albergo
Via Vittorio Emanuele, 14
Tel. 0131 786203
Chiuso lunedì e martedì
Orario: mezzogiorno, venerdì anche sera
Ferie: in febbraio e luglio
Coperti: 60
Prezzi: 30-35 euro vini esclusi
Carte di credito: tutte, BM

La presenza di questo albergo elegante nel centro del paese racconta di un passato in cui questa valle a sud di Tortona era importante meta di villeggiatura e di sosta per chi transitava verso la Liguria. Oggi il turismo sta tornando in forme nuove, legate soprattutto al buon cibo e al buon vino. La famiglia Fontana di questa storia è stata e continua a essere protagonista: sin dalla fondazione nel Settecento l'albergo prima e il ristorante oggi sono stati solidamente nelle sue mani. Una piccola sala ben arredata è il benvenuto in questo luogo di pace. Il menù non è molto esteso ma non lascia insoddisfatti. Potrete iniziare con **vitello tonnato**, prosciutto in gelatina o con l'ottimo salame, ma se proprio siete indecisi o molto curiosi scegliete la degustazione a 8 o a 16 euro. Tra i primi i classici *tajarin*, gli gnocchi verdi al montebore, quelli alla bava di latte (9 €) e i ravioli con sugo di funghi (in stagione). Tra i secondi, polpettone e **cima alla genovese** sono i piatti da non perdere. I dolci sono semplici e ben fatti: crème caramel, *bonet*, pesche al Moscato. La carta dei vini, seppure non molto ampia, rappresenta in modo esauriente il territorio circostante: Timorasso, Barbera e Croatina saranno vostri piacevolissimi compagni nel corso della serata.

SANT'ANTONINO DI SUSA
Cresto

35 km a ovest di Torino ss 25 o a 32

Il Sentiero dei Franchi

Ristorante
Borgata Cresto, 16
Tel. 011 9631747
Chiuso il martedì
Orario: mezzogiorno e sera
Ferie: variabili
Coperti: 30
Prezzi: 35 euro vini esclusi
Carte di credito: tutte, BM

Siamo quasi in montagna, e si vede, da tutti i punti di vista. Prima di tutto, perché per giungere alla borgata Cresto dovrete fare un po' di tornanti di quelli che si avvitano su se stessi (non distanti dai sentieri che percorsero le truppe di Carlo Magno nell'VIII secolo). Poi perché, immediatamente prima del ristorante innestato nel borghetto, troverete un'area camper e un bar tra le fresche frasche. Il locale è in stile rustico, una casetta di quelle in pietra che accoglie i golosi al piano superiore, tra quadri, legni, lose, bottiglie e tovaglie color pesca. La cucina della famiglia Andolfatto è di quelle semplici, che sanno di vette, di greggi, di freddo. Si parte con un antipasto misto composto da **insalata russa**, tomino, **peperoni con *bagna caoda***, salame, toma d'alpeggio, miele e, in stagione, asparagi con fonduta (13 €). Si prosegue con la specialità – i tostissimi malfatti della casa (grossi gnocchi immersi in gorgonzola e panna, 9 €) –, con i *tajarin* o gli **agnolotti**. A seguire, un altro classico d'altura, la **carbonade alla birra artigianale** (8 €), ma anche la **lonza alle nocciole** o la salsiccia ai ferri. Si finisce con il **dolce Torino** (4 €) a base di savoiardi, cioccolato, rum e mandorle, il *bonet*, la panna cotta o, in estate, le pesche ripiene. Carta dei vini tra Piemonte e Val d'Aosta, servizio di montana sobrietà. La sosta migliore dopo aver consumato un po' di calorie in una delle passeggiate che partono dalla borgata.

A **Susa** (19 km), in piazza De Bartolomei 10, i dolci di Aldo Pietrini: pan d'la marchesa, lose golose, paste di meliga e baci.

SERRALUNGA D'ALBA

50 KM A NE DI CUNEO, 12 KM A SO DI ALBA

Cascina Schiavenza
Trattoria
Via Mazzini, 4
Tel. 0173 613115
Chiuso il martedì e la sera dei festivi
Orario: mezzogiorno e sera
Ferie: in gennaio, 15 luglio-15 agosto
Coperti: 40 + 20 esterni
Prezzi: 28-34 euro vini esclusi
Carte di credito: CS, DC, MC, Visa, BM

Ripetuti voli di cicogne, l'anno scorso, nel cielo di Serralunga: tre lieti eventi in pochi mesi hanno falciato lo staff – tutto femminile – della trattoria, costringendolo a sospendere l'attività, ripresa solo a fine agosto. Nel locale, ai piedi del castello e adiacente alle cantine dell'azienda di famiglia, tutto è rimasto com'era prima dell'arrivo ravvicinato di Carlo Umberto, Matilde e Marta. Dal giardino, passando per una piccola terrazza affacciata sulle vigne del Barolo, entrerete in una saletta semplice e linda, dove vi accoglieranno Enrica e la nipote Emanuela. Alla regia dei fornelli c'è sempre Maura – che la cicogna ha reso contemporaneamente nonna e zia –, con la supervisione della signora Lucia e l'aiuto di Viollca, una delle neomamme. La cucina è quella tradizionale di Langa, a cominciare dagli antipasti: carne cruda, insalata russa, crespelle farcite con verdure di stagione (raccolte «fin che ce n'è» nell'orto di casa), **vitello tonnato** (7 €), **insalata di galletto**, trota in carpione. Classicissimi anche i primi, di pasta tirata con il matterello e tagliata a mano: **ravioli dal *plin*** al burro e salvia (10 €), ***tajarin*** al ragù o con fonduta e – in stagione – tartufo. Da assaggiare tra i secondi il **brasato al Barolo** (10 €), il **coniglio con i peperoni**, la faraona alle erbe; su prenotazione, bollito e fritto misto. Selezione di formaggi serviti con la *cognà* e dolci casalinghi, anch'essi di tradizione. Vini dell'azienda di famiglia (anche al bicchiere) e di altri produttori di Serralunga. Ricco menù degustazione (tre antipasti, due assaggi di primi, altrettanti di secondi, dessert, acqua e caffè) a 35 euro.

SERRALUNGA D'ALBA
Parafada

50 KM DA CUNEO, 12 KM A SO DI ALBA

La Rosa dei Vini
Ristorante con alloggio
Località Parafada, 4
Tel. 0173 613219-348 0169578
Chiuso il mercoledì
Orario: mezzogiorno e sera
Ferie: tre settimane in febbraio
Coperti: 110
Prezzi: 32-35 euro vini esclusi
Carte di credito: CS, MC, Visa, BM

Guardando a est, il profilo del borgo su cui svetta l'altissimo dongione del castello; volgendo le spalle, il mare di vigneti della bassa Langa, con i paesini aggrappati alle colline e la chiostra delle Alpi sullo sfondo. Dal parcheggio della Rosa dei Vini, ristorante con camere a un paio di chilometri dal centro di Serralunga, il panorama è meraviglioso: in una giornata serena, col sole alto in cielo o al tramonto, vi attarderete a contemplarlo, ma potrete continuare a goderne anche dai tavoli, apparecchiati in una grande veranda. Il contesto – assieme alla fornitissima cantina – è un atout formidabile per il locale dei fratelli Fontana, un sostegno alla piacevolezza di un menù che non presenta sorprese. È quasi obbligatorio cominciare con gli antipasti: carne cruda, **vitello tonnato** (10 €), lingua in salsa verde, ***caponet*** (di fiori di zucca in estate, di foglie di verza in inverno) **con fonduta**, nei mesi caldi carpione di uova e zucchine. Tra i primi, gli immancabili ***tajarin*** e **agnolotti dal *plin*** (al burro e salvia o al ragù, 10 €), ma anche **ravioli di ricotta e spinaci** e, in autunno-inverno, i maltagliati ai porri. Le carni dei secondi sono spesso cucinate con i grandi vini della destra Tanaro: **bocconcini di vitello al Barolo** (10 €), stinco di maiale al Barbaresco; inoltre, coniglio con i peperoni, faraona alle erbe, quaglia arrosto al rosmarino. Con po' di fortuna, potreste trovare anche il **fritto misto**, sia pure in versione mini (cinque pezzi anziché i 10-15 canonici). In chiusura, *bonet* o torta di nocciole con zabaione (10 €). Tanta Langa anche nella corposa carta dei vini, assieme a molto del resto d'Italia e del mondo.

106 | PIEMONTE

SERRALUNGA DI CREA

50 KM A NO DI ALESSANDRIA A 26 E SS 457

Ristorante di Crea
Ristorante con alloggio
Piazza Santuario, 7
Tel. 0142 940108
Chiuso il lunedì, mai d'estate
Orario: mezzogiorno, sera su prenotazione
Ferie: gennaio
Coperti: 300
Prezzi: 30-32 euro vini esclusi
Carte di credito: CS, DC, MC, Visa, BM

È paradossale che di fronte a un santuario, meta di pellegrinaggi e, almeno idealmente, luogo di penitente devozione, si celebri quasi ogni giorno il rito del *fritto misto*, uno dei piatti più sontuosi della cucina piemontese. Ai tavoli del Ristorante di Crea (molti ma suddivisi in quattro sale, di cui una per banchetti) si può gustare anche senza prenotarlo, specie nel fine settimana. Consta, nella versione certificata dall'Accademia della Fricia che qui ha sede, di 15 parti, prevalentemente di carne: un piatto unico (18 euro, inserito anche nel menù degustazione da 33), come la *bagna caoda* (stesso prezzo), imbandita con tutto il suo corteo di ortaggi crudi e cotti, fettine di coscia di fassone e l'uovo da strapazzare nell'intingolo. Ma le buone forchette vorranno assaggiare anche altro del menù approntato con materie prime di qualità da Davide Caprino e Marta Frola, che con Paola Furbatto e Ugo Bertana gestiscono il locale: salumi, tra cui la muletta casalese, carne cruda, *vitello tonnato all'antica*, sformati di verdure di stagione (il misto di antipasti 15 euro), *agnolotti al sugo d'arrosto* (10 €), gnocchi, risotti, *coniglio disossato in umido* (12 €), coscia di tacchino arrosto, costolette di agnello alla griglia, stinco di maiale al forno. Confidando nell'Elisir del Prete offerto dopo il caffè, si può chiudere con un dolce casalingo (5 €): *bonet*, panna cotta, bavarese. Si bevono buone bottiglie soprattutto di Grignolino e Barbera, disponibili anche alla mescita. Menù turistico a 25 euro e, per chi voglia rifocillarsi durante la visita alle cappelle del Sacro Monte (Parco Naturale), cestino da picnic a 12.

SERRAVALLE LANGHE

54 KM A NE DI CUNEO, 22 KM DA ALBA

La Coccinella
Trattoria
Via Provinciale, 5
Tel. 0173 748220
Chiuso il martedì e mercoledì a pranzo
Orario: mezzogiorno e sera
Ferie: 10 gennaio-10 febbraio, variabili in estate
Coperti: 45
Prezzi: 38-40 euro vini esclusi
Carte di credito: CS, DC, MC, Visa, BM

Per arrivare qui, la strada è panoramica ma tortuosa; la meta da raggiungere, il locale dei fratelli Della Ferrera, vi ripagherà però di ogni fatica. La cucina, il servizio, la cura dei particolari fanno intendere la grande passione e professionalità che anima i gestori di questa elegante trattoria. Gli antipasti sono serviti singolarmente (10 €) o in degustazione (16 €): tonno di coniglio con fondente ai peperoni, galletto nostrano ripieno di verdure e uovo di quaglia, soufflé di asparagi e ricotta con fonduta di blu, cannolo di trota marinata ripiena di seirass e gambero rosso con asparagi e pesto di basilico. Fra i primi (12 €), ottimi i *tajarin* al ragù di capretto e verdure o di vitello, gli *agnolotti dal plin* con vari ripieni, gli gnocchi di patate ripieni di castelmagno al burro e rosmarino, i cannelloni di baccalà con cipollotto brasato e pesto di prezzemolo. Riguardo ai secondi (16 €), spiccano il coniglio con asparagi gratinati alle nocciole, l'*agnello con patate ripiene di cipollotti e lardo*, lo stinco di vitello brasato, il *piccolo fritto di scamone, zucchine e fiori di zucca*. Bella la selezione di formaggi di Langa. Dolci golosi: croccante al gianduia con granita al Barolo Chinato, cremoso di cioccolato fondente con fragole caramellate, zabaione freddo al pistacchio di Bronte. Imponente per quantità e varietà, la cantina annovera storiche etichette di Langa e grandi grappe delle migliori distillerie piemontesi.

❝ *La cucina, il servizio, la cura dei particolari fanno intendere la grande passione che anima i gestori di questa elegante trattoria* ❞

SESSAME
Giardinetto

SETTIMO VITTONE
Cornaley

39 KM A SE DI ASTI, 12 KM DA ACQUI TERME SP 30

60 KM A NE DI TORINO A 5, 14 KM DA IVREA

Il Giardinetto

Ristorante
Strada provinciale Valle Bormida, 24
Tel. 0144 392001
Chiuso il giovedì
Orario: sera, sab, dom e festivi anche pranzo
Ferie: in gennaio e febbraio
Coperti: 60 + 20 esterni
Prezzi: 28-32 euro vini esclusi
Carte di credito: CS, MC, Visa, BM

La Baracca

Bar-ristorante
Frazione Cornaley, 68
Tel. 0125 658109
Chiuso il lunedì
Orario: mezzogiorno e sera
Ferie: variabili
Coperti: 90 + 30 esterni
Prezzi: 25-30 euro vini esclusi
Carte di credito: tutte, BM

Trovate questo ristorante in una graziosa casa di campagna lungo la provinciale della Valle Bormida, a pochi chilometri da Bistagno. Nella sala, molto accogliente nella sua semplicità, troviamo Francesca che vi racconterà i piatti del giorno, preparati dalla sorella Valentina e dalla mamma Clara; completa lo staff papà Carlo che segue l'orto da cui giungono le verdure. Si può scegliere tra due menù degustazione (a 30 e 35 euro) oppure alla carta. Come entrata viene proposta la focaccia calda con il burro fatto in casa. Gli antipasti (5 €) possono comprendere insalata russa, frittatine con erbe, carne cruda battuta al coltello, **polpette in carpione**, salumi; disponibile anche la degustazione di cinque portate a scelta (17 €). Al momento dei primi (7,50 €) potrete gustare ottime zuppe che variano secondo stagione e paste fresche quali i validi *tajarin* **con la robiola di Roccaverano** e gli interessanti **ravioli dal** *plin* **con ragù**. I secondi sono perlopiù di fassone, animali da cortile e, quand'è stagione, di cacciagione; periodicamente proposti le acciughe fritte e lo stoccafisso. Buona selezione di formaggi (8-12 €). Per i dolci (5 €), da segnalare il **mattone al cioccolato**, le torte di albicocche e di mele. La carta dei vini offre una buona scelta di territorio, completata da etichette regionali e internazionali.

Salendo da Settimo Vittone per circa tre chilometri di tornanti tra caratteristiche viti a pergola, olivi centenari e castagni, si raggiunge il locale nel verde, in una splendida posizione panoramica. Alle due ampie sale (una riservata ai banchetti), nella bella stagione si aggiunge una trentina di posti sul terrazzo. Ad alcuni piatti di cucina internazionale si affiancano tante proposte della tradizione piemontese con qualche escursione nella vicina Valle d'Aosta. In ogni caso si tratta di piatti di grande semplicità, con una particolare attenzione alla cucina povera contadina. Citiamo le piacevoli **castagne bollite servite con il burro** (6,50 €), i salumi misti, le verdure con la *bagna caoda*, la battuta di carne cruda, le crespelle alla fontina, i **ravioli di carne e ortiche** (7,50 €), la polenta concia (7,50 €), le **lumache al prezzemolo** (13 €). Tanti i piatti a base di erbe spontanee come le ajucche che, in primavera, diventano anche il filo conduttore di un intero menù, gelato compreso, a 25 euro. Un altro menù monotematico, in autunno, è incentrato sui porcini (30 euro). I dolci sono quelli della tradizione piemontese: *bonet*, panna cotta, pere martin sec al vino rosso. La carta dei vini presenta soprattutto etichette di Langa e Roero e qualche chicca locale.

A **Bubbio** (5 km), via Consortile 18, L'Arbiora seleziona, stagiona e vende formaggi di qualità, in particolare la robiola di Roccaverano a latte crudo.

SIZZANO

22 km a no di Novara ss 299

Impero
Ristorante
Via Roma, 13
Tel. 0321 820576
Chiuso domenica sera e lunedì
Orario: mezzogiorno e sera
Ferie: 8-31 agosto, 26/12-7/01
Coperti: 40
Prezzi: 30-40 euro vini esclusi
Carte di credito: tutte, BM

Un bel ristorante nel centro di Sizzano, paese che deve la sua notorietà soprattutto al fatto di essere in un territorio vinicolo molto interessante: il Nord Piemonte, terra di Nebbioli leggeri e profumati, che nella carta dei vini trovano giusto spazio, con tutte le più importanti cantine elencate e poi presentate con grande passione e dovizia di particolari. A seguire cucina e sala – arredata con sobria eleganza – è la famiglia Maggi, con Emanuela e il fratello Federico a condurvi tra le tante scelte che la carta offre, in un giusto compromesso fra la tradizione di questo lembo di Piemonte già in aria di Lombardia e alcune proposte più innovative. Potrete aprire con una selezione di salumi o con piccole polpette di carne. Ma è con i primi che inizierete davvero a provare le grandi capacità di Paola, la cuoca: la **paniscia** – tipico risotto di queste terre con fagioli rossi, salamino e cavolo –, portata in tavola in abbondanti porzioni (non vi spaventate, è talmente buona che non avrete problemi a finirla), i **ravioli con gorgonzola al burro versato**, gli gnocchi con peperone e acciuga. Come secondo, assolutamente da provare la **gallina ripiena alle tre carni con mostarda e bagnetto verde** (12 €), servita ancora fumante dal carrello: da sola vale il viaggio, come il **fritto misto novarese**, che si compone di una rosticciata di carne e cipolle accompagnata da verdure, frutta e crema fritte. Tra i dolci, ottimo il biscotto pasticciato con crema di marcarpone.

SOLERO

6 km a nord di Alessandria sr 10

Duma c'Anduma
Osteria moderna
Via Faà di Bruno, 27
Tel. 0131 222994-340 5666480
Chiuso il lunedì
Orario: sera, domenica e festivi anche pranzo
Ferie: 10 giorni in gennaio
Coperti: 100 + 50 esterni
Prezzi: 25-30 euro vini esclusi
Carte di credito: nessuna, BM

Solero è un paesino alle porte di Alessandria sulla statale per Asti. L'osteria ha sede in un castello del XVI secolo ben curato: le salette all'interno del locale sono accoglienti, con arredi del Settecento e oggetti di modernariato. In cucina troviamo Maurizio Giusto, mentre a occuparsi dei clienti in sala c'è il figlio Federico, molto cordiale e preciso nello spiegare i piatti. Gli antipasti, proposti anche in un misto (12 €), comprendono **insalata russa**, vitello tonnato, peperoni con *bagna caoda*, vari sformati di verdure con fonduta al montebore, crespelle al roccaverano e pomodorini confit. Tra i primi piatti, vera specialità dell'osteria, spiccano sicuramente gli **agnolotti alessandrini** (9-14 €) con diversi ripieni: tre arrosti con ragù di salsiccia di Bra, stufato d'asino, cinghiale, arrosto di fassone e tartufo, borragine e seirass, cardo gobbo con *bagna coada*, asparagi di Vinchio e zabaione salato. Di secondo, impareggiabili i **salamini di Mandrogne** (frazione di Alessandria) abbinati a un gustoso *bagnet* (8 €), l'arrosto di fassone al ginepro (10 €), il brasato al Nebbiolo, lo **stracotto d'asina** (10 €). Ottima selezione di formaggi piemontesi. Si chiude con panna cotta, crema chantilly e meringhe, semifreddi allo zabaione di Moscato. Buona scelta di vini di qualità.

PIEMONTE | 109

STROPPO
Ruata Valle

46 km a no di Cuneo sp 22, 28 km da Dronero

Codirosso
Trattoria annessa alla locanda
Frazione Ruata Valle, 8
Tel. 348 8860680-380 5333955
Chiuso il mercoledì
Orario: mezzogiorno e sera
Ferie: ottobre-maggio
Coperti: 20 + 20 esterni
Prezzi: 20-24 euro vini esclusi
Carte di credito: CS, MC, Visa, BM

Salendo verso Stroppo, la Val Maira rivela il meglio di sé: pareti ripide ricoperte di boschi e una montagna selvaggia vi circonderanno. Oltrepassata la borgata Paschero, sulla destra vedrete le indicazioni per Ruata Valle. Qui Annamaria e Nicola si sono trasferiti per scelta di vita e da sedici anni gestiscono con passione questa locanda – quattro stanze cui si è aggiunto un monolocale appena ristrutturato – con annessa ristorazione. La proposta della cucina è semplice, genuina, ben eseguita. Il menù è scritto su una lavagna all'ingresso e vi sarà recitato al tavolo. Gli antipasti sono soprattutto a base di verdure: la bruschetta, i **peperoni con le acciughe**, l'insalata di grano, gli involtini di melanzane; disponibili anche buoni salumi e formaggi, perfetti se volete fare anche solo uno spuntino dopo una passeggiata. Se invece venite per pranzare o cenare (nel weekend) proseguite scegliendo tra i **maltagliati di grano saraceno** con patate, biete e burro d'Elva o i **ravioli dal *plin* al burro e salvia**. Come secondi il rotolo di vitello, il pasticcio di verdure o, in alternativa, un plateau di ottimi formaggi locali. D'inverno non mancano la classica polenta e formaggi e piatti tipici della tradizione occitana come le **ravioles**, gnocchi di patate e formaggio, **al burro fuso**. Per finire, *bonet*, semifreddo al torrone, torte fatte in casa. La carta dei vini conta pochi ma assai validi produttori di Langa e Doglianese. I coperti sono pochi per cui ricordatevi di chiamare. Nel periodo invernale e nelle festività la locanda è disponibile per gruppi previa prenotazione. D'estate potete mangiare fuori sul bel patio soleggiato.

STROPPO
Bassura

43 km a no di Cuneo ss 22, 25 km da Dronero

Lou Sarvanot
Ristorante
Via Nazionale, 64
Tel. 0171 999159
Chiuso da lunedì a giovedì
Orario: sera, sabato e festivi anche pranzo
Ferie: ultima sett di agosto-prime due di settembre
Coperti: 28
Prezzi: 28-30 euro vini esclusi
Carte di credito: CS, MC, Visa, BM

La strada che si inerpica in Val Maira è tortuosa. Ma vale la pena percorrerla perché in borgata Bassura, a Stroppo, c'è un piccolo gioiello della cucina occitana: Lou Sarvanot. A gestirlo con passione e caparbietà (il rilancio di questa zona è anche merito loro) ci sono Paolo Rovera e la moglie Silvia Massarengo. Lui si occupa della sala con garbo e competenza, ma è anche "autore" di buoni formaggi, che realizza nel minuscolo caseificio di borgata Cucchiales. Lei, in cucina, elabora le eccellenti materie prime di montagna: carni, formaggi d'alpeggio, verdure dell'orto di casa, erbe selvatiche e aromatiche che impreziosiscono ogni pietanza. Si sceglie alla carta o fra due menù a prezzo fisso: 32 euro per tre antipasti, due primi, un secondo e i dessert, 28 rinunciando a un primo o al secondo. Tra gli antipasti, un'ottima torta di bietole con fonduta di nostrale (6 €) e zucchine con ripieno di carne, ma anche la trota, servita con pinoli e salsa di olive nere, l'insalata di baccalà e patate, i carciofi con salsa di acciughe e la **finanziera**. Tra i primi degli ottimi **ravioles alla ricotta con burro e salvia** (9 €), maccheroni con peperoni e baccalà, maltagliati al grano saraceno con **comaut con porri e baccalà**. Quindi i secondi: stufato di cervo, **agnello sambucano al forno** o al miele di castagno, coniglio al vino bianco, reale all'uvetta, trota alla provenzale (11 €). Ottima la carta dei vini, soprattutto del Piemonte; da provare il locale genepì.

> *Impeccabile cucina di tradizione, fatta di genuine materie prime di montagna e impreziosita dal tocco inconfondibile di Silvia*

TORINO

Antiche Sere
Osteria tradizionale-trattoria
Via Cenischia, 9
Tel. 011 3854347
Chiuso la domenica
Orario: solo la sera
Ferie: 2 settimane in agosto, 2 a Natale
Coperti: 50 + 50 esterni
Prezzi: 30-35 euro vini esclusi
Carte di credito: CS, MC, Visa, BM

Dopo oltre vent'anni mamma e papà Rota si sono convinti a prendersi il meritato riposo lasciando completamente l'osteria in mano ai figli: Daniele in cucina, Antonella (coadiuvata dalla cognata Claudia) in sala. Per la verità fratello e sorella erano da tempo coinvolti nella gestione, e Daniele ne aveva perfezionato l'impronta continuando a proporre i piatti della tradizione, ma con uno sguardo ai Presìdi Slow Food. L'ambiente è semplice e piacevole, sia nelle tre salette sia nell'affascinante *tòpia* (pergolato) in cortile. Il menù si apre con l'assaggio di antipasti del giorno (12 €), che potranno essere carne cruda, salame cotto, tomini al verde, **vitello tonnato**, ma anche peperoni in *bagna caoda*, frittatine, insalata russa, *pess còj* (involtini di cavolo verza). Dopo, delicati **gnocchi di patate alla salsiccia** (8 €) o al gorgonzola (i Rota sono novaresi), **agnolotti dal *plin***, tagliatelle con verdure di stagione, minestra di ortiche, patate e riso. Il must tra i secondi è lo **stinco al forno** (12 €), che supera quelli bavaresi, ma non tralasceremmo il **coniglio al vino bianco**, il **pollo in agro** oppure le bistecchine, le zucchine e l'anguilla in carpione. La **panna cotta** (5 €) è una delle migliori che possiate gustare in Piemonte, ma anche il *bonet*, il semifreddo al torrone e lo zabaione meritano di essere messi alla prova del vostro palato. Carta dei vini con bottiglie piemontesi interessanti a prezzi assolutamente moderati.

❝ Una vera osteria, dove la semplicità dei piatti e dell'ambiente convive con la qualità delle preparazioni e delle materie prime e con un'accoglienza veramente speciale ❞

Banco, Vini e Alimenti
novità
Osteria moderna
Via dei Mercanti, 13 F
Tel. 011 7640239
Chiuso la domenica
Orario: lun-ven 12,30-00,30; sab 16,30-00,30
Ferie: variabili in agosto
Coperti: 26 + 15 esterni
Prezzi: 30-35 euro vini esclusi
Carte di credito: CS, MC, Visa, BM

La nuova avventura di Andrea Gherra e Pietro Vergano, animatori del ristorante Consorzio, ha preso vita a maggio del 2014, ma è già un punto di riferimento della città. Tante le forme che il locale può assumere, ma il Banco è innanzitutto un'osteria: un luogo che mette al centro il vino – la proposta è ampia e figlia della passione dei due per i produttori biologici e biodinamici – e la socialità; un posto dove andare a ogni ora, per un calice, uno spuntino veloce o un pasto completo. Tanti i piatti che si alternano sulla lavagna senza una vera e propria distinzione tra antipasti, primi e secondi: si va così dalla terrina di maiale alle *friciule* (fritttelle di erbe amare, 4,50), dai **batsoà** (piedini di maiale impanati e fritti) alle acciughe fritte. Qualche proposta di pasta fresca ripiena e non funge da primo, e così potete trovare i classici **tagliolini al sugo d'arrosto** (11 €), il cannellone, i ravioli o gli agnolotti. Tra i secondi, oltre al piccione e al **pollo allo spiedo** (intero costa 16 euro, ma ci si mangia in due), fagiani, maialino da latte, guancia di maiale con biete, parmigiana di melanzane. Tanti i dolci (5 €) con le imperdibili bombette fritte e la panna cotta al Barolo Chinato. Ma il banco è anche una gastronomia – la selezione di **formaggi** è tra le più interessanti a Torino con tipologie molto rare – dove acquistare una porzione di insalata russa, di **insalata capricciosa** (4,50 €) o qualche acciuga sotto sale (con pane e burro, 2 euro a pezzo), una rosticceria e un'enoteca: tutte le bottiglie possono essere acquistate per l'asporto. Oltre alla carta dei vini qualche birra artigianale alla spina e in bottiglia e una bella selezione di distillati.

Eno-bistrot a Torino

Eno-bistrot. Dunque: un po' enoteca, un po' bistrot. Insomma: soste informali, in cui il vino è protagonista ma, sempre, allegramente accompagnato da una cucina semplice, buona, fatta di prodotti del territorio e di ricette che affondano le radici nella memoria. Eno-bistrot: qui, a Torino, lo si potrebbe definire il bisnipote della *piòla*, l'antica, tradizionale osteria in cui si bevevano Barbera e Dolcetto, ci si scaldava attorno alla stufa, ci si raccontava storie e magari si inforcava la chitarra per dedicare un blues al Sangone. I tempi sono cambiati, le soste pure, ma non lo spirito: eno-bistrot significa sapori tosti, vini – grazie al cielo – più vari e anche nobili di quelli che riempivano i bottiglioni di allora, tavoloni conviviali per fare le ore piccole parlando di libri, di politica, di avventure. In questa piccola collazione ci sono soste diverse tra loro: le vere, poche, sopravvissute *piòle*, spacci gemmati da cucine più blasonate, financo un ristorantino francese, che bistrot lo è quasi per definizione. In tutti mangerete franco, berrete bene e spenderete una cifra che ondeggia attorno all'asticella dei 20 euro. E, soprattutto, sarete tra amici.

Luca Iaccarino e Leo Rieser

Bicchierdivino
Via San Quintino, 15
Tel. 011 5629664
Chiuso la domenica
Orario: solo a mezzogiorno
Ferie: due settimane in agosto

Antonio Dacomo è un'istituzione del vino torinese: già sommelier iridato, ha lavorato da Marchesi e da Scabin, per dire. Ma, incarnando alla perfezione un certo understatement, quando ha deciso di mettersi in proprio – stanco dei tour de force stellati – ha aperto con la figlia e la socia Maura Squillari un bar-osteria moderna che pasce, per una volta come si deve, avvocati, impiegati e lavoratori in genere in pausa pranzo. L'idea è quella di una *piòla* di Langa in città, e lo dimostra un menù che propone piatti tradizionali con timidi tocchi d'estro: e allora tagliatelle con fiori di zucca, verdurine e zafferano, ma anche carpioni, vitello tonnato all'antica, tonno di coniglio. Per essere un desco prandiale, ha una varietà di vini insospettabile (se non si conosce Antonio). Pranzo sui 10-15 euro, ma è il posto giusto anche solo per un bicchiere a metà pomeriggio.

Caffè-Vini Emilio Ranzini
Via Porta Palatina, 9 G
Tel. 011 7650477
Chiuso la domenica
Orario: 08.00-19.30
Ferie: variabili

Non c'è sosta a Torino che sia più *piòla* di questa. Ranzini è totalmente *piòla*, autenticamente *piòla*, fortissimamente *piòla*, da generazioni. Nel cuore del centro storico – a un passo dal duomo e dalla modaiola piazzetta IV Marzo –, ecco uno stanzino tutto legni, vecchie foto, affiches, bancone, bottiglie e uova sode per chi volesse esagerare. D'estate c'è pure un cortiletto semiclandestino che è una delizia, stipato com'è di tavolini e oggetti. Si mangia da merenda *sinoira*, solo piatti freddi. E dunque, oltre ai panini, il vitello tonnato, i tomini, le acciughe al verde, la lingua, il salame cotto... Ci si beve sopra una buona bottiglia piemontese – un po' di scelta c'è – e si conclude con un conto che difficilmente supera i 15 euro, che diventano la metà se si viene qua – ed è bello – solo per un bicchiere con due acciughe, quattro chiacchiere e un po' di *descanso*. Imprescindibile.

Enomagoteca
Via Matteo Pescatore, 10 C
Tel. 011 884143
Chiuso il lunedì
Orario: mezzogiorno e sera
Ferie: non ne fa

In breve tempo l'Enomagoteca è diventata il punto di riferimento per golosi e beoni (in senso buono) che vengano colti dall'improvvisa voglia di un piatto rigoglioso o di una bottiglia come si deve. Al posto di quella che fu la vineria Sorì, a un passo da piazza Vittorio e dal Po, lo stellato Marcello Trentini (suo il Magorabin, per cui si capisce il nome di questa sosta), la moglie Simona e il socio Piero Primatesta conducono le belle, calde sale di legno e il dehors estivo dove mangiare un piatto di salumi d'oca, un'acciuga al verde, *plin e tajarin* o anche solo un magoburger. Il tutto sostenuto da una bella cantina, cui approvvigionarsi per il pasto ma anche per un bicchiere all'aperitivo o dopo il cinema. Non si spendono mai più di 25 euro.

Enoteca Bordò
Via Carlo Ignazio Giulio, 4 G
Tel. 011 5211324
Non ha giorno di chiusura
Orario: sera, sabato e domenica anche pranzo
Ferie: agosto

Con il consolidamento nella sede di via Giulio, la cucina di Francesca Bordonaro ha raggiunto una nuova maturità, proseguendo nella linea che contempera gli influssi delle tre regioni guida del locale (Piemonte, Toscana, Sicilia) e spesso li fonde. Quindi, accanto alle polpette di chianina, al cuscus alla livornese e alla panzanella, spazio ai testaroli con pesto trapanese e vongole, alle panelle con sarde e pecorino toscano, senza dimenticare gli agnolotti al Ruché e lo stracotto di guancia di fassone all'Arneis. La carta dei vini (anche per l'asporto, alcuni naturali) migliora di anno in anno e si segnala sia per la qualità delle etichette sia per i prezzi molto contenuti.

Enoteca Parlapà
Corso Principe Eugenio, 17
Tel. 011 4365899
Chiuso la domenica
Orario: 09.30-23.00, lunedì 10.00-23.00
Ferie: una settimana in gennaio, tre in agosto

Enoteca tra le più fornite in città, con lodevole attenzione ai vitigni autoctoni e ai piccoli produttori, Parlapà continua a proporre piatti di eccellente fattura, sia nell'affollatissima pausa pranzo sia nelle serate, in cui vale la pena prolungare la sosta nella sala al piano inferiore. Rimane uno degli indirizzi più affidabili per il quinto quarto, con piatti come il rognone di sanato trifolato al limone e Sherry o le granelle di toro e le animelle di sanato al Marsala. Ben cucinati anche i classici della tradizione piemontese: insalata russa, vitello tonnato alla vecchia maniera, acciughe al verde, ravioli di seirass.

La Louche
Via Lombriasco, 4 C
Tel. 011 4332210
Chiuso lunedì e martedì, sabato a pranzo
Orario: mezzogiorno e sera
Ferie: due settimane in agosto

Un piccolo bistrot di taglio francese dove il giovane cuoco Frédéric Zahm riesce a unire creatività, materie prime italiane e accento d'oltralpe. Per iniziare, la carne cruda servita anche nella versione tartare (davvero buonissima), ma valide sono anche le tante proposte di verdure che cambiano nel corso dell'anno, come la crema di piselli o la vellutata di zucchine. In primavera da non perdere l'agnello in versione shepard pie con purè e fiori di timo. Carta dei vini piccola e divertente.

Vineria Tre Galli
Via Sant'Agostino, 25
Tel. 011 5216027
Chiuso la domenica
Orario: 18.00-02.00
Ferie: due settimane in gennaio

Il vitello tonnato e gli agnolotti al sugo d'arrosto sono quelli del quasi attiguo Tre Galline, locale madre nonché imprescindibile pezzo di storia della ristorazione subalpina. Ma qui la cucina, sebbene asservita a una monumentale carta dei vini, vive anche di vita propria con baccalà mantecato, crema di zucchine con il fiore ripieno di ricotta, fegato di vitello in salsa di cipolle, parfait di cioccolato e pere. Menù da ristorante adulto, quindi, ma non mancano mai le acciughe al verde, i formaggi piemontesi nonché pane, burro e salame biologico. L'ideale insomma per affrontare le fatiche enoiche e le frequenti manifestazioni come l'ormai classica "disfida delle bollicine". Piacevole il dehors estivo.

TORINO

Consorzio
Osteria moderna
Via Monte di Pietà, 23
Tel. 011 2767661
Chiuso sabato a mezzogiorno e domenica
Orario: mezzogiorno e sera
Ferie: variabili in agosto
Coperti: 45
Prezzi: 35-40 euro vini esclusi
Carte di credito: CS, MC, Visa, BM

Nel vecchio centro di Torino, una bella osteria aperta nel 2008 da giovani che amano il cibo e il vino e li propongono con serietà e gusto. Andrea e Pietro offrono piatti di alta qualità soprattutto per la scelta oculata degli ingredienti (molti Presìdi Slow Food) e della loro composizione. Si parte con una scelta di antipasti come la cruda (13 €) in tre versioni, l'eccezionale **tortino di baccalà gratinato all'aiolì e meringhette all'aceto e mosto cotto** (10 €) e l'acciuga nelle sue variazioni, assolutamente da provare. Poi, oltre all'**agnolotto gobbo** (13 €), una serie ogni volta diversa di **ravioli, alla finanziera, alla trippa, alle cervella**, i *plin* **di ortiche con caprino, burro d'acciughe e timo** (13 €), il risotto alle erbe e lumache di Cherasco. Come secondo vi consigliamo il **quinto quarto** (16 €), ma se proprio non riuscite a mangiare le frattaglie potreste optare per il **brasato di fassone al Ruché** con verdure di stagione (14 €) o il pollo tonchese croccante. Si arriva quindi al dessert con il tris di panna cotta (6 €), il classico *bonet* o la crema di mascarpone. Grande scelta di **formaggi**, con una selezione che spazia dai piemontesi ai francesi e ai britannici. Carta dei vini ricca di «eccessi e riflessioni», come recita il titolo, ma soprattutto frutto di esperienze e ricerche attente a qualità e innovazione, anche riguardo a vini naturali biologici e biodinamici. Menù degustazione di due antipasti, primo, secondo e dolce a 32 euro. Prenotate in tempo per essere sicuri di trovare posto.

❝Scelta rigorosa delle materie prime, voglia continua di mettersi in gioco ripensando costantemente la tradizione e cercando sempre nuove sfide. Una vera osteria moderna❞

TORINO

L'Acino
Osteria
Via San Domenico, 2 A
Tel. 011 5217077
Chiuso la domenica
Orario: solo la sera
Ferie: due settimane in agosto
Coperti: 40 + 15 esterni
Prezzi: 30-35 euro vini esclusi
Carte di credito: AE, CS, MC, Visa, BM

Ristoro tradizionale nel dedalo di vicoli del Quadrilatero romano, l'Acino propone una cucina regionale alleggerita, basata sui grandi classici piemontesi. Si può mangiare all'interno, in un ambiente spartano, fatto di tavolini apparecchiati con tovagliette di carta, oppure nel piccolo dehors, uno dei più belli della città, affacciato sulla piazzetta della chiesa di San Domenico. Colori caldi e abbondanza di legno rendono l'atmosfera piacevole, impressione confermata dal servizio, informale e diretto ma sempre attento. Tra gli antipasti abbiamo scelto un saporito vitello tonnato e peperoni con *bagna caoda* alla vecchia maniera; la carne cruda (8 €) è servita con sale, olio e limone a parte, per permettere al cliente di dosare i condimenti a piacere. Nei primi non mancano mai *tajarin* e agnolottini dal *plin*, conditi con sugo d'arrosto, ragù di salsiccia o burro e salvia. L'altro piatto di pasta fresca, vegetariana e realizzata con ingredienti di stagione, nella nostra visita erano i **ravioli di robiola con menta e zucchine** (9 €). Lo **stracotto con patate** fa da padrone tra i secondi; notevoli anche lo **stinco** (12 €), saporito e sugoso, e le lumache di Cherasco. I **formaggi** meritano un cenno a parte: la selezione è attenta e curata, dalle Dop piemontesi a quelli degli affinatori con cui i gestori hanno un rapporto di fiducia, fino alle tome di piccoli produttori di Langa. Carta dei vini completa, che ha la base in Piemonte ma copre tutte le regioni italiane, con etichette anche d'oltralpe.

TORINO

Le Ramin-e
Osteria moderna
Via Isonzo, 64
Tel. 011 3804067
Chiuso sabato a pranzo e domenica
Orario: mezzogiorno e sera
Ferie: in agosto
Coperti: 50
Prezzi: 27-35 euro vini esclusi
Carte di credito: tutte, BM

La scelta di aprire un locale in borgo San Paolo a Torino ha premiato lo chef Steven Lazzarini: come il quartiere è diventato un "paesino" all'interno della città, Le Ramin-e, con le sue volte a botte e le pareti di mattoni rossi, è l'osteria rustica e accogliente che non ci si aspetta di trovare in una metropoli. Si assaggia una cucina altrettanto piacevole, con il tocco di modernità dovuto alla lunga esperienza dello chef al Malan di San Germano Chisone. I grandi classici piemontesi sono presentati in modo alternativo, come il **bollito freddo** (9,50 €) servito in barattolini di vetro, accompagnato da giardiniera, o la battuta di fassone ricoperta da una cascata di finocchio. Innovazione anche tra i primi: lo chef stravolge con grazia la finanziera, alleggerendola e trasformandola in **tagliolini con i rognoncini** (8,50 €). In alternativa, i rassicuranti agnolottini di seirass o gli gnocchi di patate, conditi in modo diverso a seconda della stagione. Tra i secondi si assaggiano le **dodici lumache** (13 €) in un delizioso intingolo di burro e erbe, il manzo o il vitello al rosa, i volatili come la faraona. In stagione si trovano sempre i **funghi fritti** serviti al cartoccio. Fatevi consigliare dallo chef per un'indimenticabile degustazione di **formaggi**, tra le specialità piemontesi meno conosciute, come il saras del fen in diverse stagionature. Come dolci (6 €), l'ottimo **cremino al caffè** al cucchiaio, il biancomangiare alle mandorle, il tortino di mele di varietà antiche. La carta dei vini è dedicata soprattutto al Piemonte, con una buona scelta di vini considerati "meno nobili", come Freisa e Grignolino.

TORINO

TORINO

Metropolitana fermata Marconi

Le Vitel Etonné
Osteria moderna
Via San Francesco da Paola, 4
Tel. 011 8124621
Chiuso domenica sera e lunedì
Orario: mezzogiorno e sera
Ferie: 6-13 gennaio
Coperti: 40 + 24 esterni
Prezzi: 30-35 euro vini esclusi
Carte di credito: tutte, BM

Scannabue
Osteria moderna
Largo Saluzzo, 25 H
Tel. 011 6696693
Non ha giorno di chiusura
Orario: solo la sera
Ferie: Non ne fa
Coperti: 50 + 35 esterni
Prezzi: 30 euro vini esclusi
Carte di credito: AE, CS, MC, Visa, BM

L'atmosfera amichevole e rilassata della piccola, moderna osteria, gestita dall'energica Luisa, è sempre una certezza. Certezza che si riscontra anche nella solidità di una cucina basata su ricette tradizionali (cui si affiancano azzeccate digressioni), frutto dell'elaborazione di materie prime selezionate con cura, alcune di Presìdi Slow Food. Sembra quasi scontato partire dal **vitello tonnato** (10 €) che ha ispirato l'insegna, ma non sono da meno le acciughe al rosso e al verde, il **tonno di coniglio**, la cruda battuta al coltello, il flan di verdure. Deliziosi a seguire i *plin* **ripieni di seirass ed erbette**, buoni i *tajarin* di solo tuorlo alla carbonara monferrina (con le zucchine) e le **pappardelle al ragù di tre carni** (12 €). Tra i secondi, davvero succulenti il sottofiletto di fassone e la **bistecca di cinghiale in crosta alle erbe**; in alternativa, **galletto con patate al forno** (15 €), tagliata, filetto di maiale. Talvolta, specie nella stagione calda, si cucina qualche piatto di pesce: al momento della nostra visita erano presenti i *tajarin* con cappesante e asparagi e i ravioli ripieni di rana pescatrice allo zafferano. Tagliere di formaggi d'alpeggio piemontesi e buoni dolci casalinghi: torta di pere e cioccolato o di nocciole e mele, cheesecake, tarte tatin. Chiedete di visitare la cantina ottocentesca, con volte a botte e mattoni a vista, che ospita circa 400 vini piemontesi e del resto d'Italia. Disponibile qualche birra artigianale. Consigliabile la prenotazione, specie nel fine settimana.

Scannabue è in San Salvario, punto nevralgico di una Torino multietnica e vivace. Sulla piazzetta di largo Saluzzo lo scenario, di sera, è molto movimentato. L'osteria è accogliente, il servizio curato e puntuale; ci sono più sale e, per l'estate, un ampio dehors. Gianluigi Desana e Paolo Fantini gestiscono con passione il locale, presentando piatti di tradizione (raccolti anche in un menù a 30 euro) e altri adattati ai gusti contemporanei, ma preparati sempre con ottime materie prima a filiera corta; tutto è fatto in casa, anche il pane (con farine bio e lievito madre). A pranzo, oltre che alla carta, c'è la possibilità di scegliere, a un prezzo contenuto, un piatto abbinato a un calice di vino o a un dolce. Nel più ricco menù serale figurano antipasti come il **vitello tonnato** o l'**anguilla e uovo poché in carpione con insalata russa** (12 €), ma anche la julienne di calamaretti e gamberi appena scottati, definiti alla ligure. Tra i primi si possono trovare i *tajarin* – conditi anche **con ragù di coniglio** –, gli **agnolotti con fonduta di fontina di alpeggio**, la zuppa di cipolle (10 €). L'hamburger di fassone, la **guancia brasata al Barbera**, talvolta la **finanziera** (16 €) sono alcuni dei secondi, affiancati da piatti di pesce come il polpo del Mediterraneo doppia cottura su crema di fave (17 €). Tra i dolci, buoni e belli, ci sono piaciuti molto la variazione di cioccolato (8 €), la meringata e il babà con crema pasticciera e panna. Ampia e a carattere nazionale la carta dei vini, ben selezionati e descritti.

Da Defilippis, via Lagrange 39, paste artigianali secche, fresche e ripiene, oltre a piatti pronti e dolci, da gustare anche in loco.

Per un aperitivo, valida scelta di vermut di piccoli produttori (tra cui quello della casa) da Anselmo, via Belfiore 14.

TORINO

Sotto la Mole
Ristorante
Via Montebello, 9
Tel. 011 8179398
Chiuso il lunedì
Orario: mezzogiorno e sera
Ferie: variabili
Coperti: 50 + 20 esterni
Prezzi: 34-40 euro vini esclusi
Carte di credito: CS, MC, Visa, BM

Sotto la Mole può essere un porto di mare oppure silenziosissimo, se come occasione per cenarvi scegliete una sera in cui la città si ferma per le partite dei Mondiali. In ogni caso, non verrà meno la piacevole sensazione di essere accuditi da mille attenzioni e consigli, particolarmente efficaci per quanto riguarda la scelta del vino. Potrete ordinare il menù degustazione a 34 euro (per almeno due persone) oppure scegliere alla carta di cinque o sei voci per portata. Tra gli antipasti segnaliamo il **galletto alla moda rustica** (12 €), il timballo di carne cruda, salsa al rafano e cipollotto fresco, il *caponet* di ricotta su crema di peperoni. I primi spaziano dalle paste fresche casalinghe, come gli **agnolotti** pizzicati a mano (13,50 €) o i *tajarin* **con ragù di faraona** oppure con peperoni arrostiti, zucchine e acciughe, ai risotti (per esempio, allo zafferano con crema di bufala), ai passati di verdura (crema di fave e piselli con guanciale grigliato, vellutata di zucca con robiola di Roccaverano). Tra i secondi abbiamo provato una gustosa **spadellata di granelle e rognone con funghi porcini** (14 €) e il **filetto di maialino in crosta di rubatà**, mentre nel menù degustazione proponeva la rolata di coniglio con patate e olive taggiasche. Tanta frutta di stagione nei dessert, tra cui il sorbetto di mirtilli e la sfoglia con fragole e panna. Ampia e curata selezione di **formaggi**, tra cui quelli dei Presìdi Slow Food. La carta dei vini è prevalentemente orientata sul Piemonte, ma troverete anche una bella rappresentanza di altre regioni e delle principali zone vinicole del mondo.

TORTONA
Mombisaggio

22 km a est di Alessandria

Montecarlo
Ristorante
Strada Provinciale per Villaromagnano, 17
Tel. 0131 889114-340 3709043
Chiuso il martedì
Orario: mezzogiorno e sera
Ferie: 1-15 agosto
Coperti: 70 + 25 esterni
Prezzi: 35-40 euro vini esclusi
Carte di credito: tutte, BM

Siamo in una vallata verde e tranquilla, anche se a pochi chilometri dal centro di Tortona, nella frazione Mombisaggio. Una zona viticola importante, dove negli ultimi anni il turismo specializzato si è sviluppato soprattutto a seguito del "caso enologico" del Timorasso, un bianco da vitigno autoctono che ha conosciuto un forse inatteso rilancio, incontrando crescente favore tra i gourmet. Pino Cuniolo, il proprietario del ristorante, ha colto bene l'onda e propone una bella carta dei vini, ricca di etichette del territorio. Anche la cucina è focalizzata sulla tradizione e sulle materie prime locali (la zona è rinomata, tra l'altro, per i salami – qui spesso serviti in abbinamento a una polentina di ceci –, il formaggio montebore, le fragoline tardive di Tortona), ma offre un menù ampio, che si allarga a piatti di pesce, molto invitanti soprattutto d'estate e con un buon calice di Timorasso. Volendo restare nel solco della tradizione, vi consigliamo di assaggiare l'antipasto antico piemontese (12 €), gli **agnolotti al sugo di stufato** (12 €), gli gnocchi di patate al sugo di baccalà e olive nere o al montebore, la **lingua e testina di vitello in salsa verde** (14 €), lo stinco di vitello al forno. Per 17 euro, preferibilmente su prenotazione, **gran fritto misto piemontese**. Nelle stagioni opportune, **funghi** porcini, **tartufi**, cacciagione con polenta. Si chiude con *bonet*, crostate o altri dolci casalinghi.

PIEMONTE | 117

TRAVERSELLA

57 KM A NORD DI TORINO A 5 O SS 26

Le Miniere

Ristorante annesso all'albergo
Piazza Martiri, 4
Tel. 0125 749005
Chiuso lunedì e martedì, mai d'estate
Orario: mezzogiorno e sera
Ferie: in gennaio e febbraio
Coperti: 80 + 100 esterni
Prezzi: 30-33 euro vini esclusi
Carte di credito: tutte, BM

Nella piazza di questo piccolo paese di poco più di 300 abitanti, a lungo noto per le estrazioni minerarie e terra di resistenza partigiana durante la Seconda guerra mondiale si trova il ristorante dell'albergo Le Miniere. Qualche tavolo sulla piazza e all'interno un'ampia sala ben arredata. A gestire tutto la famiglia Arsini: donne in sala a servire e presentare i piatti, uomini in cucina e sui prati a raccogliere le tante erbe che di stagione in stagione compongono la ricca carta. Potete scegliere uno dei menù degustazione (a 29 o 33 euro a seconda che decidiate di saltare una portata o meno), oppure muoverui liberamente tra le proposte della carta. Gli antipasti cambiano continuamente, così potrebbe capitarvi il fiore di zucca ripieno di porcini, il girello di vitello con salsa tonnata o la terrina di fagianella. Tra i primi, **sgonfiotti con borragine e ricotta di Tallorno**, tagliolini con funghi porcini (12 €), polenta concia alle tome d'alpeggio, ravioli al castelmagno, crespelle con porcini. I secondi sono il trionfo della carne: si va dall'**agnello nostrano sfumato all'Erbaluce** (12 €) al capriolo in *civet* ai mirtilli con polenta, dalla punta di vitello al forno profumata con tre serpillo (11 €) alla finanziera alla valchiusellese. In stagione croccanti **porcini fritti** e trifolati (11 €). Per chiudere potete lasciarvi condurre tra i **formaggi** della Valchiusella oppure optare per uno dei tanti dolci proposti. Carta dei vini con una valida selezione del territorio e qualche etichetta fuori regione.

🛏 Ad **Alice Superiore** (9 km), in via Umberto I 3, vendita di tome piemontesi selezionate e affinate da Vinicio Villa.

TREISO

70 KM A NE DI CUNEO, 7 KM DA ALBA

Risorgimento

Trattoria
Viale Rimembranza, 14
Tel. 0173 638195
Chiuso il lunedì
Orario: pranzo, ven, sab, dom anche sera
Ferie: variabili
Coperti: 60 + 20 esterni
Prezzi: 25-30 euro vini esclusi
Carte di credito: CS, MC, Visa, BM

Da molti anni sulla breccia, la trattoria Risorgimento continua a rappresentare un riferimento sicuro nell'area della bassa Langa (Treiso è uno dei comuni del Barbaresco). Ci arriverete facilmente: è nel centro del paese, servita da ampi parcheggi pubblici. Varcata la porta, troverete a sinistra dell'ingresso con il bancone di mescita l'unica grande sala; nella bella stagione si attrezza un minuscolo dehors. In cucina la proprietaria, Maria Settima Vola, è coadiuvata da Elisa e Gioele; del servizio si occupa Cinzia. I piatti sono quelli della tradizione langarola, interpretata con costante fedeltà: tutto è semplice, curato e affidabile. Il menù (più ricco a cena) si apre, come prevedibile, con una lunga serie di antipasti, che potrete ordinare singolarmente oppure – a porzioni ridotte – in blocco (15 euro): carne cruda battuta a coltello, **vitello tonnato**, **insalata russa**, insalata di coniglio, acciughe al verde, baccalà con olive, in primavera crespelle di asparagi con fonduta (5 €), in estate carpionata con uovo, zucchine e pollo. Tra i primi, serviti in quantità abbondanti, meritano una menzione speciale i *tajarin* **al ragù**, gli **agnolotti dal *plin* al burro e salvia**, le lasagnette alle verdure, il **risotto con carciofi e salsiccia** (8 €). Come secondo, **filetto al Barbaresco**, faraona all'Arneis, **agnello al forno con finanziera** (12 €); su prenotazione, anche un fragrante fritto misto. Non si esce dal solco della tradizione con i dolci (4 €): *bonet*, panna cotta, torta di nocciole, in stagione mousse alle fragole o sorbetti di frutta. In alternativa al gradevole sfuso ci sono valide etichette di Langa, Roero e Monferrato.

118 | PIEMONTE

VERCELLI

Paolino
Trattoria
Via San Paolo, 12-14
Tel. 0161 214790
Chiuso il martedì
Orario: sera, domenica anche pranzo
Ferie: in gennaio e agosto
Coperti: 30
Prezzi: 35 euro vini esclusi
Carte di credito: tutte, BM

Innanzitutto non dovete credere a quello che potreste trovare scritto sulla lavagna all'ingresso, e cioè che «l'unica cosa che ci riesce bene è bere». Al titolare Paolino Talarico, che si divide tra la cucina e la sala, piace scherzare. Nel centro della città, il locale è piccolo: due salette con tavoli stile anni Cinquanta, scaffali carichi di bottiglie e una curiosa collezione di cavatappi appesi a una mensola; in estate si può usufruire del dehors, su un soppalco contornato da vasi e riparato da una copertura in ferro battuto. La cucina è tipicamente piemontese, come annuncia l'insegna all'entrata e confermano già gli antipasti (10 €): salumi artigianali, crudo di fassone, vitello tonnato, insalata di coniglio con pinoli e olive, millefoglie di lingua con robiola e noci. Ai primi (10 €) di pasta fatta in casa – *agnolotti del plin* **al sugo d'arrosto**, tortellini di ricotta e verdure al burro fuso – si affiancano quasi sempre un **risotto** (Vercelli è una capitale del riso), per esempio **con robiola di Roccaverano e nocciole**, e una **minestra** (da assaggiare quella **di trippa e fagioli**). Tra i secondi, oltre ai classici filetto di fassone (16 €) e **ganascino stracotto con purè**, non mancano piatti meno nobili ma di grande sapore come il **rognone trifolato all'aceto con polenta** o la **frittura di cervella**. Per i dolci la carta recita «chiedete a qualcuno», infatti a voce vi saranno elencati quelli del giorno: panna cotta, *bonet*, semifreddo allo zabaione e uno squisito gelato alla vaniglia di produzione propria. Il caffè è servito con piccola pasticceria casalinga. Cantina ben fornita di etichette piemontesi, anche di piccole aziende.

VERDUNO

54 KM A NE DI CUNEO, 15 KM DA ALBA

Ca' del Re
Azienda agrituristica
Via Umberto, 14
Tel. 0172 470281
Chiuso il martedì
Orario: sera, sabato e domenica anche pranzo
Ferie: 15 dicembre-15 febbraio
Coperti: 40 + 40 esterni
Prezzi: 24-28 euro vini esclusi
Carte di credito: CS, DC, MC, Visa, BM

Il re è Carlo Alberto di Savoia, cui appartennero – con la tenuta di Pollenzo – il castello e le terre di Verduno. Subentrata nella proprietà, la famiglia Burlotto ne fece un centro primario di produzione del Barolo ed è tuttora attiva sia nella vitivinicoltura sia nell'accoglienza. Gestiscono l'azienda agricola, con le figlie Giovanna e Marcella, Gabriella Burlotto e Franco Bianco, esponente di una dinastia di produttori di Barbaresco. Nella cascina che era del fattore del castello, i tavoli sono apparecchiati in una bella sala con caminetto e un affresco contemporaneo a tutta parete, oppure all'ombra di alberi venerandi, in vista della legnaia e della coniglera, tra cespugli di ortensie e gatti golosi. Il menù – fatto raro in Langa – è scritto ed esprime una cucina di tradizione mai banale o scontata. Come antipasto (5 €), tomini al verde, **acciughe sotto sale con crema di nocciole, lingua in salsa**, in estate anche peperoni in agrodolce, pomodori ripieni, melanzane grigliate. Tra i primi (6 €), **tagliatelle al burro e menta** o al ragù, **ravioli con fegatini di coniglio**, gnocchi alla crema di formaggio. **Bocconcini di vitello al Barolo, arrosto di maiale al Pelaverga**, coniglio al timo, quaglia all'Arneis sono alcuni dei secondi (10 €) cucinati da Giovanna; recente alternativa è il panino del re (spalla di maiale, senape, rucola, cipolla caramellata). In chiusura, formaggi o un dolce classico (4 €): *bonet*, panna cotta, torta di mele, semifreddo al torrone. Carta dei vini voluminosa e prestigiosa, incentrata ovviamente sui prodotti aziendali, con un paio di etichette al bicchiere. Servizio premuroso, conto amichevole.

VEZZA D'ALBA

47 KM A NE DI CUNEO, 11 KM DA ALBA

Di Vin Roero
Trattoria con alloggio
Piazza San Martino, 5
Tel. 0173 65114
Chiuso il lunedì
Orario: sera, sabato e festivi anche pranzo
Ferie: 1 settimana in gennaio, 1 in estate
Coperti: 50 + 50 esterni
Prezzi: 20-24 euro vini esclusi
Carte di credito: tutte, BM

Alla sommità del paese, in una casa affacciata sulla piazza del centro storico, proprio di fronte alla chiesa parrocchiale, troviamo questa graziosa trattoria a gestione familiare. Marco Grasso vi accoglierà con una gentilezza e una garbata spontaneità che saranno il miglior viatico per un viaggio tra i sapori di un tempo passato, testimoniato anche dall'arredo vagamente rétro, ma senza alcuna caduta di gusto. Il locale è disposto su due livelli e durante la bella stagione potrete accomodarvi sulla terrazza panoramica. La cucina è il regno di Rosa Borlengo – moglie di Marco –, da qualche anno coadiuvata dal figlio Ivan. Il menù degustazione (24 €) comprende quattro antipasti, primo, secondo, dolce e caffè, e la scelta alla carta conferma il favorevole rapporto tra qualità e prezzo. La delicata carne marinata con sale ed erbe aromatiche e le rinfrescanti insalatine con toma e verdure di stagione aprono la serie degli antipasti, seguita da un *tortino* (di asparagi, zucchine, porri...) **con fonduta** e, in estate, dall'ottimo **peperone al forno con salsa tonnata** (5 €). Tra i primi, *tajarin al sugo di carne* (7 €), **ravioli dal *plin* al burro e salvia**, gnocchi al castelmagno o al raschera. Come secondo, carni di grande qualità ben cucinate: **brasato al Barolo**, **tacchinella al Nebbiolo** (8 €), rolata di coniglio, **arrosto di maiale al latte**. Semplici e tradizionali anche i dolci: *bonet*, torta di nocciole. In stagione, e se disponibili, potrete rinforzare alcuni piatti con tartufi e **funghi**. Interessante e con ricarichi più che onesti la carta dei vini.

VIGNALE MONFERRATO

24 KM A NO DI ALESSANDRIA, 17 KM DA CASALE

Universo
Ristorante
Via Bergamaschino, 19
Tel. 0142 933052
Chiuso lunedì e martedì
Orario: sera, festivi anche pranzo
Ferie: due settimane in agosto
Coperti: 70
Prezzi: 35 euro vini esclusi, menù fisso
Carte di credito: nessuna

Vignale è un bel paese collocato sulle colline del Monferrato. A pochi passi dalla piazza principale, l'Universo offre una cucina raffinata ed elegante nel solco della tradizione monferrina. Il locale, ospitato da uno storico palazzo, è articolato in sale diverse e dallo splendido giardino si apre una meravigliosa vista sulle colline circostanti. Maria, in sala, e il giovane Marco, in cucina, dedicano passione e professionalità nel proporre gustose elaborazioni che vengono servite in sequenza al vassoio in un menù fisso. Incontriamo classici antipasti ,come la battuta di carne cruda di fassone, vitello tonnato, **tonno di coniglio** e proposte più insolite come la **galantina di faraona e tartufo nero** e tortino di porri e patate. Tra i primi a seconda delle stagioni si trovano gnocchi al castelmagno, **risotto all'Arneis e rosmarino**, tagliolini al tartufo, o al sugo di cacciagione, e gli **agnolotti ai tre arrosti**. I secondi, così come i dolci, vengono serviti al carrello e danno la possibilità di scegliere anche assaggi diversi: a seconda dei periodi: **stinco di vitello al forno**, petto d'anatra al Barbera, il coniglio disossato in casseruola e in stagione ottima cacciagione. **Bavarese alle fragole**, *bonet*, pere martin sec cotte nel Grignolino sono alcune delle dolci proposte del fine pasto. I vini sono quelli del territorio con particolare attenzione al Grignolino, che a Vignale trova una delle più vocate aree di coltivazione.

VILLANOVA MONDOVÌ

22 KM A EST DI CUNEO

Cavallo Rosso ☚
Osteria moderna
Via Orsi, 15
Tel. 0174 597611
Chiuso lunedì e martedì
Orario: mezzogiorno e sera
Ferie: una settimana in gennaio, una in agosto
Coperti: 80
Prezzi: 25-28 euro vini esclusi
Carte di credito: AE, CS, MC, Visa, BM

Siamo in Valle Ellero, a pochi chilometri dalle località sciistiche del Monregalese. Silvio Fenoglio (in cucina) ed Elisa Massa (in sala), giovani ma con significative esperienze alle spalle, vi accoglieranno nei locali un tempo sede della Società Operaia (c'è ancora la vecchia insegna vicino alla nuova), che hanno rilevato qualche anno fa. La cucina è saldamente piemontese, con alcune escursioni nel resto d'Italia. L'offerta di buoni salumi accompagna la scelta alla carta, che per l'antipasto potrà cadere sul prosciutto crudo di Roccaforte con la frutta (o la granita di frutta), le acciughe sotto sale con burro d'alpeggio (6 €), la carne cruda battuta al coltello, il **vitello tonnato**, in stagione il curioso (nel titolo) cappuccino di asparagi. Tra i primi, maltagliati di kamut al timo e burro, *tajarin* **con ragù di agnello**, agnolotti al **ristretto di stinco**, **gnocchi al castelmagno** (8 €), tagliatelle con castagne e raschera o i **maccheroni al ferro** serviti a mo' di piatto unico **con la carne** del sugo **e la ricotta di pecora** (14 €). Come secondo, **faraona alle nocciole**, stracotto di vitello all'Arneis, costolette di agnello scottadito, **stinco** di maiale al miele e birra o **di vitello al Nebbiolo** (10 €); in giugno, abbiamo assaggiato uno squisito **guanciale di vitello brasato** con le ciliegie. In menù anche alcuni piatti vegetariani o vegani. Ricco carrello di **formaggi** (d'inverno, 20-25 tipi) e, tra i dolci, classici in varianti inusuali – *bonet* **alle pesche** (4 €), panna cotta all'anice o alla liquirizia –, cremino al cioccolato fondente, semifreddo al torroncino. Buona carta dei vini, in prevalenza di Langa, con ricarichi onesti.

VOLTAGGIO

42 KM A SE DI ALESSANDRIA

Visconti
Ristorante con alloggio
Via Anfosso, 69
Tel. 010 9601139
Chiuso sabato a mezzogiorno e domenica sera
Orario: mezzogiorno e sera
Ferie: 15 gg in gennaio, 15 in luglio
Coperti: 50
Prezzi: 32-35 euro vini esclusi
Carte di credito: tutte, BM

C'è una novità, che recupera però una caratteristica delle origini, nell'ultracentenario ristorante della famiglia Cavo: i locali adiacenti, ristrutturati, sono stati adibiti al pernottamento e al soggiorno (quattro camere con angolo cottura), com'era ai tempi in cui il Visconti dava ospitalità ai carrettieri in transito fra Piemonte e Liguria. La posizione a cavallo tra le due regioni ne orienta da sempre la cucina, di cui oggi sono valide artefici la signora Rosalia e le figlie Monica e Cinzia, molto attente alla qualità degli ingredienti e delle esecuzioni. Dopo l'ottima focaccia di benvenuto, se tutti i commensali del tavolo sono d'accordo potrete ordinare il menù degustazione (32 euro) oppure scegliere alla carta, cominciando quasi obbligatoriamente dal carosello di antipasti freddi e caldi (11 €): affettati, carne cruda battuta al coltello, **torta di riso**, **verdure ripiene**, salamino con le fagiolane, panzerotti al formaggio, tortino di carciofi o altri ortaggi. Tra i primi ci sono quasi sempre le **crêpe al forno**, farcite con verdure di stagione, e spesso i **taglierini** conditi **con** sugo di capriolo o **funghi**, i **ravioli** (piemontesi) o i **pansotti** (liguri), nonché un eccellente **risotto al Gavi** (10 €): se siete indecisi, chiedete il tris di assaggi (16 €). Tra i secondi (12 €), tagliata, battuta o **roastbeef di fassone**, capriolo in umido con polenta, **costine di agnello** e un'interessante selezione di formaggi serviti con miele di Voltaggio. Dolci prevalentemente al cucchiaio, come la panna cotta e il semifreddo al torrone con cioccolata calda (5 €). Carta dei vini con etichette interessanti, dai ricarichi contenuti.

oltre alle osterie

CARTOSIO

50 km a sud di Alessandria. 16 km da Acqui Terme ss 334

Cacciatori

Ristorante annesso all'albergo
Via Moreno, 30
Tel. 0144 40123
Chiuso il mercoledì e giovedì, mai nei festivi
Orario: mezzogiorno e sera
Ferie: 1-15 luglio, 20 dicembre-20 gennaio
Coperti: 35
Prezzi: 40-55 euro vini esclusi
Carte di credito: CS, MC, Visa, BM

Ambiente elegante e minimalista in questo bel ristorante che ha passato i novant'anni ed è gestito sin dalla sua fondazione dalla famiglia Milano. Carla e Federica sono in cucina, dove a volte le cotture moderne lasciano spazio alla vecchia stufa a legna, Giancarlo e Massimo gestiscono la sala. Cucina solida, casalinga, eseguita con mano sicura, piemontese con qualche influenza ligure. Bisogna assaggiare la focaccia, la frittata di erbe, il vitello tonnato, la carne cruda, la giardiniera con la ventresca di tonno. Tra i primi, *tajarin* al pomodoro o agnolotti. Secondi all'insegna della carne con capretto cotto nel forno a legno o coniglio con olive e pinoli. Anche i dolci sono tradizionali. Ampia la carta dei vini che guarda con attenzione al territorio.

PRIOCCA

76 km a ne di Cuneo

Il Centro

Ristorante
Via Umberto I, 5
Tel. 0173 616112
Chiuso il martedì
Orario: mezzogiorno e sera
Ferie: variabili
Coperti: 55
Prezzi: 50 euro vini esclusi
Carte di credito: tutte, BM

Enrico Cordero e la moglie Elide reggono ormai da anni le redini di questa storica osteria piemontese che pur essendo cresciuta negli anni, sino a diventare uno dei ristoranti più ambiti della regione, ha mantenuto l'autenticità di un tempo. Enrico, con i suoi modi gentili e la sua grande conoscenza di vini e aneddoti, sa rendere la cena un momento piacevole e difficile da dimenticare; Elide, in cucina, combina le materie prime in pietanze dall'equilibrio perfetto. Il grande piatto del locale, il motivo per cui, da anni, tanti si spingono fino a Priocca, è il fritto misto alla piemontese – per poterlo provare bisogna mettersi in lista e aspettare di essere richiamati – ma la cucina si fa ricordare anche con i semplicissimi peperoni con acciuga, con gli agnolotti del *plin* (13 €), i *tajarin* o il guanciale caramellato con fichi e il fegato di coniglio. Per il vino affidatevi a Enrico, sarete tranquillissimi.

ROCCHETTA TANARO

15 KM A SE DI ASTI SR 10

I Bologna

Ristorante con alloggio
Via Sardi, 4
Tel. 0141 644600
Chiuso il martedì
Orario: mezzogiorno e sera
Ferie: un mese tra gennaio e febbraio
Coperti: 60 + 20 esterni
Prezzi: 45 euro vini esclusi
Carte di credito: tutte tranne AE BM

Il ristorante I Bologna continua ad avere le caratteristiche della grande osteria piemontese: atmosfera calda, sfoglia tirata a mano, grande carta dei vini. I piatti preparati da Mariuccia cambiano quotidianamente e su prenotazione potrete trovare le tipiche preparazioni della cucina piemontese: *bagna caoda*, bollito, fritto misto e finanziera. Tra le specialità della casa troverete vitello tonnato, agnolotti, tagliolini, gnocchi, stracotto e coniglio arrosto. Non c'è carta ma solo un menù degustazione che cambia tutti i giorni e che per 45 euro prevede due antipasti, primo, secondo e dolci. In estate c'è anche un piacevole giardino dove trovare un po' di frescura.

SALUZZO

33 KM A NO DI CUNEO

I Baloss di Poggio Radicati

Ristorante
Via San Bernardino, 19
Tel. 0175 248292
Chiuso domenica sera e lunedì a pranzo
Orario: mezzogiorno e sera
Ferie: variabili
Coperti: 80
Prezzi: 45 euro vini esclusi
Carte di credito: tutte, BM

I Baloss di Poggio Radicati sono uno splendido relais posto sulla collina di Saluzzo. In quella che un tempo era una villa signorile ci sono oggi lussuose stanze, una piscina e un ristorante che propone una rispettosa rivisitazione della tradizione piemontese. Il competente Germano Morina, in sala, vi guiderà tra la selezione di piatti che il giovane cuoco Davide Testa propone: spuma di coniglio con liquirizia e rosmarino, testina di vitello in carpione tiepido di verdura, i classici agnolotti ai tre arrosti con fondo bruno (11 €), tagliatelle di pasta fresca con seppioline su salsa di grissini rubatà o l'estroso risotto con candito di peperoncino e cioccolato Domori 100%. I secondi spaziano dalla suprema di faraona con vongole e salsa anisette (20 €) al rognone al tegame in umido con capperi e acciughe. Due i menù degustazione (a 44 e 35 euro) e uno dedicato ai bambini a 12 euro. Vasta la carta dei vini con bella selezione di Champagne.

TROFARELLO - VALLE SAUGLIO

14 KM A SE DI TORINO

La Valle

Ristorante
Via Umberto I, 25
Tel. 011 6499238
Chiuso il mercoledì
Orario: mezzogiorno e sera
Ferie: una settimana in gennaio, una in agosto
Coperti: 30
Prezzi: 50-60 euro vini esclusi
Carte di credito: tutte, BM

Da bar di paese a elegante ristorante con uno staff giovane e un esperto chef (Gabriele Torretto) a guidare la cucina che si affida a prodotti, soprattutto di zona e di stagione con grande attenzione alle erbe spontanee. I piatti in carta rivedono con sobrietà i classici della tradizione piemontese. Tra gli antipasti – c'è una degustazione di quattro assaggi a 30 euro –, fassone battuto al coltello (15 €), vitello tonnato con salsa all'antica e selezione di salumi artigianali. I primi (15 €) comprendono agnolotti gobbi al tovagliolo, tajarin con peperoni di Carmagnola oppure *plin* di gamberi e ceci. Nei secondi scelte tradizionali come l'agnello al sentore di anice stellato (25 €), la milanese torinese (25 €), il petto di faraona farcito con albicocche e pesche accanto a proposte curiose come l'hot dog di astice, come si mangia nel Maine. Dolci classici ma curiosi come tiramisù alleggerito secondo il nostro gusto o la crostatina ai frutti di bosco al cucchiaio e sorbetto di fragole. Molto valida la carta dei vini.

VERDUNO

54 KM A NE DI CUNEO, 15 KM DA ALBA

Real Castello

Ristorante *novità*
Via Umberto I, 9
Tel. 0172 470125
Chiuso il mercoledì
Orario: sera, sabato e domenica anche pranzo
Ferie: dicembre-metà marzo
Coperti: 40
Prezzi: 50 euro vini esclusi
Carte di credito: tutte, BM

Un castello, con tanto di fantasma. Il fantasma di un Savoia bambino che ogni tanto si manifesta in modo sempre gentile e mai spaventoso. Un vialetto d'ingresso e un'accoglienza quieta e professionale, e se ci andate nella bella stagione un meraviglioso giardino dove cenare. La famiglia Burlotto produce alcuni dei vini che troverete in carta e affida i fornelli all'ultima generazione: Alessandra Buglioni di Monale propone piatti che bilanciano la tradizione e gli ingredienti del territorio con la modernità delle preparazioni e dello stile. Se amate i fegatini (di pollo) scegliete la minestra *del bate 'l gran* (13 €), uno dei capolavori del locale. Tra i classici troverete anche la *giura* (17 €), un piatto di carne bovina, ma consegnatevi anche alle preparazioni meno classiche e fidatevi della straordinaria abilità della cuoca con le verdure: fritte, grigliate, al forno o crude, sformate o in versione minestra saranno sempre buonissime. Tra i dolci, torta di nocciole (9 €), *bonet*, palle di neve e sorbetti. Due i menù: 45 euro quello di stagione, 38 quello della tradizione.

VERNANTE

23 km a sud di Cuneo ss 20

Nazionale

Ristorante annesso all'albergo
Via Cavour, 60
Tel. 0171 920181
Chiuso il mercoledì, mai in alta stagione
Orario: mezzogiorno e sera
Ferie: variabili
Coperti: 20 + 20 esterni
Prezzi: 33-45 euro vini esclusi
Carte di credito: tutte, BM

Il Nazionale da queste parti è praticamente un'istituzione. Dal 1896 è gestito dalla famiglia Macario che ha reso questo albergo di montagna ai confini con la Francia un luogo elegante che ha al suo interno uno dei migliori ristoranti della regione. La cucina è affidata a Maurizio Macario, che non rinuncia a sperimentare partendo sempre da materie prime di grande qualità provenienti della regione. Potete, per esempio, iniziare con la battuta di trota iridea salmonata e crescione (12 €) o con l'insalata contadina di trippa, la fonduta di patate affumicate, gallinacci e uovo in crosta di polenta. Tra i primi, la crema di porcini e nocciole, i ravioli di bietola, la lingua di vitella scottata e salsa di genepì (12,50 €) o gli gnocchi soffiati su crema di castelmagno. Coniglio grigio, la sua salsa e anguria scottata o l'ottima faraona in doppia cottura e melanzana (15 €) i secondi di carne; in alternativa il salmerino con gallinacci e ribes rosso (14,50 €) o una selezione di formaggi. Buoni dolci come il cremino alle sette consistenze di cioccolato (10 €). Due i menù degustazione, a 33 e 38 euro. Ampia la carta dei vini con oltre 350 etichette.

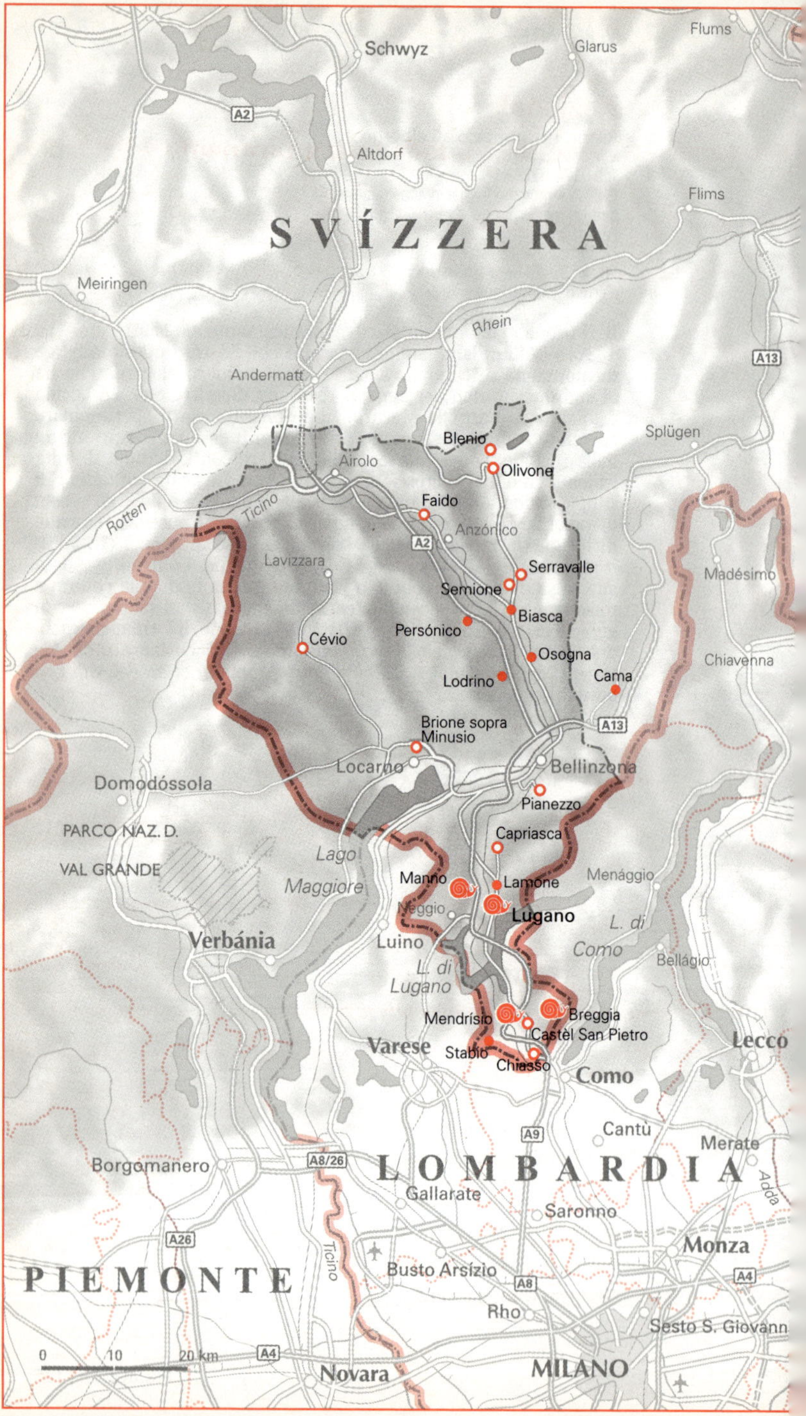
Schwyz
Glarus
Flums
A2
Altdorf
Flims
SVÍZZERA
Meiringen
Rhein
A13
Andermatt
Blenio
Olivone
Splügen
Airolo
Faido
Ticino
Rotten
Anzónico
A2
Lavizzara
Serravalle
Madésimo
Semione
Biasca
Persónico
Cévio
Osogna
Chiavenna
Lodrino
Cama
A13
Brione sopra
Minusio
Locarno
Bellinzona
Domodóssola
Pianezzo
PARCO NAZ. D.
VAL GRANDE
Capriasca
Lago
Maggiore
Manno
Lamone
Menàggio
Neggio
Lugano
L. di
Como
Verbánia
Luino
Bellágio
L. di
Lugano
Mendrísio
Breggia
Castèl San Pietro
Varese
Stabio
Chiasso
Lecco
Como
A9
Cantù
Merate
Borgomanero
A8/26
LOMBARDIA
Adda
Gallarate
Saronno
A26
Monza
Busto Arsízio
Ticino
PIEMONTE
A8
A4
Rho
Sesto S. Giovann
0
10
20 km
A4
Novara
MILANO

CANTONE TICINO

Cioccolato e formaggi: si regge su questo binomio la fama gastronomica della Svizzera, nota al mondo più per l'estro con cui chef di grido interpretano la cosiddetta cucina internazionale che per piatti davvero di tradizione. Ma il Paese è il più composito del continente europeo, suddiviso in aree che per civiltà e costumi sono tributarie delle nazioni vicine. Situato quasi per intero a sud delle Alpi, dalla Val Bedretto al Lago Maggiore, il Ticino è definito dalla Costituzione cantonale «una repubblica democratica di cultura e lingua italiane», abitata da un popolo «fedele al compito storico di interpretare la cultura italiana nella Confederazione elvetica». Cultura che, applicata ai fornelli, significa soprattutto cucina lombarda ma con alcune particolarità, frutto di contaminazioni perduranti nei secoli (da sempre crogiolo di elementi diversi, la Svizzera è, anche in età contemporanea, terra di immigrazione e di esilio politico). L'influsso mitteleuropeo ha determinato, per esempio, il frequente ricorso all'affumicatura per conservare le carni e una distinzione più labile che nella cucina italiana tra primi e secondi, spesso associati in voci elencate nei menù come piatti principali. Il brasato di manzo, cotto con vino rosso e spezie, è servito sia come condimento della pasta sia accompagnato dalla polenta, cibo più antico dei diffusissimi risotti, che viaggia in tandem anche con la cacciagione. Di sapore intermedio tra quelle dei mammiferi di allevamento (bovini, suini, conigli) e selvatici (lepre, cinghiale, capriolo, cervo) la carne di capretto, cucinata perlopiù arrosto. In forno cuociono la trota e gli altri pesci d'acqua dolce (salmerino, persico, cavedano, lucioperca) di cui abbondano laghi, torrenti e ruscelli. A chiusura del pasto si gustano dolci al cucchiaio, sulla falsariga della rosumada lombarda e dello zabaione piemontese, ma anche la torta di pane, profumata con scorza di limone e grappa.

scelti per voi

brasato di manzo
133 Grotto dell'Ortiga
   Manno
135 Canvett
   Semione di Serravalle

capretto arrosto
132 Morchino
   Pazzallo di Lugano
133 Antico Grotto Ticino
   Mendrisio

torta di pane
129 Al Grott Café
   Brione sopra Minusio
130 La Froda
   Foroglio di Cevio

trota al forno
131 Defanti
   Lavorgo di Faido
135 Osteria Paudese
   Paudo di Pianezzo

BLENIO
Olivone

40 KM A NORD DI BELLINZONA A2 USCITA BIASCA

Centrale

Trattoria con alloggio
Via alla Chiesa
Tel. 0041 (0)91 8721107
Chiuso mercoledì e giovedì, mai dal 10 luglio al 20 agosto
Orario: mezzogiorno e sera
Ferie: giugno e da fine novembre a Natale
Coperti: 50 + 20 esterni
Prezzi: 55 franchi vini esclusi
Carte di credito: nessuna

La trattoria Centrale raccoglie da tempo i favori di una clientela eterogenea: da parecchi anni Annemarie in cucina e Tiziano in sala fanno convivere armoniosamente gli avventori locali con i numerosi turisti di passaggio o che pernottano nelle belle camere (c'è anche un appartamento per soggiorni più lunghi). La scelta dei cibi è ampia e ben articolata: oltre alla carta – più ricca quella serale – ci sono tre menù, offerti a 14, 16 e 32 franchi a pranzo e a 18, 28 e 32 franchi a cena. I piatti dipendono dalle stagioni e dalla disponibilità dei prodotti forniti da contadini, macellai, norcini e casari della valle. Eccellente, tra gli ottimi salumi serviti in apertura, la **mortadella di fegato** stagionata 12 mesi (16 chf). A seguire, **gnocchi di ricotta**, **spezzatino di agnello** della valle di Blenio, cordon bleu di maiale dell'alpe di Pertusio, **stracotto con polenta** (le farine sono macinate in un vecchio mulino dei dintorni). Straordinarie le selezioni di caci d'alpeggio del Lucomagno e di **formaggi** misti stagionati (8 franchi l'etto). All'altezza del resto i dolci; crostate di frutta di stagione, torta di castagne (4,50 chf) e speciali parfait ai distillati (5,50 chf). Per il bere, all'offerta di vini (soprattutto Merlot, anche a bicchiere) si è aggiunta recentemente una gamma di birre artigianali prodotte a Faido.

🔒 Al n. 50 della strada cantonale per il passo del Lucomagno (5 km) ha sede il caseificio La Töira, che produce e vende burro, ricotte, crenga e altri prodotti biologici.

BREGGIA
Sagno

7 KM A NE DI CHIASSO

Ul Furmighin

Osteria con alloggio
Piazza Garuf
Tel. 0041(0)91 6820175-(0)78 7784055
Chiuso il martedì
Orario: mezzogiorno e sera
Ferie: gennaio, 2-8 agosto
Coperti: 55 + 80 esterni
Prezzi: 50 franchi vini esclusi
Carte di credito: tutte

L'osteria-locanda è sul piazzale all'entrata di Sagno: da parecchi anni la gestisce Anna Biffi, alla quale si sono aggiunti la figlia Giorgia e il figlio Andrea, cuoco con esperienze in vari ristoranti all'estero. Base del menù i prodotti locali e di stagione: salumi, patate, aglio ursino, polenta, carne di maiale, selvaggina, trote, formaggi. Alle ricette della tradizione Andrea applica tecniche innovative di stagionatura e cottura. Per esempio, lo **stinco di maiale**, servito **con** un **gratin di patate e porri** (22 chf), è cotto sottovuoto per un'intera notte; a bassa temperatura cuoce anche il ripieno dei **ravioli di pancetta con salsa e mele**, mentre il collo di maiale (10 chf) è stagionato tre mesi. Da assaggiare la **polenta** con uova o latte o **con il brasato di manzo**, gli **gnocchi** conditi in stagione **con pesto di aglio ursino**, i minestroni. In menù sono entrate anche le **frattaglie di vitello** – animelle, rognoni, cervello –, servite in vol-au-vent o saltate in padella (18 chf). In estate ottima la **trota affumicata** dallo chef **in botte** (16 chf). Impossibile ignorare il ricchissimo assortimento di **formaggi**: formaggini alti e bassi, zincarlin della valle di Muggio (Presidio Slow Food), formaggelle, vaccini e caprini. Un assaggio è quasi obbligatorio, anche se questo potrebbe fare rinunciare ai deliziosi dolci casalinghi, come la torta di mele e cannella o di ricotta e rabarbaro (4,50 chf).

❝ Prodotti locali, ricette della tradizione, tecniche di cucina innovative: i piatti di Andrea Biffi sono una festa per il palato ❞

BRIONE SOPRA MINUSIO
Val Resa

9 KM A NE DI LOCARNO

Al Grott Café

Osteria tradizionale
Val Resa
Tel. 0041 (0)91 7301132-0(9)79 3294258
Chiuso lunedì e martedì
Orario: mezzogiorno e sera
Ferie: novembre-maggio
Coperti: 30 + 40 esterni
Prezzi: 55 franchi vini esclusi
Carte di credito: nessuna

Bellissimo posto in fondo alla Val Resa, alla fine della stradina carrozzabile. Non è facile da trovare ma si possono avere indicazioni chiare consultando il rinnovato sito internet del locale. Angelo e Cinzia Capella hanno ristrutturato una vecchia stalla facendone uno dei rari veri grotti nei dintorni di Locarno. Ci si può rifocillare anche in orari diversi da quelli canonici dei pasti principali, perché la cucina è in funzione ininterrottamente dalle 12 alle 22. L'offerta è notevole, in un luogo dove il calore arriva dal fuoco del camino, dal forno a legna e dall'energia solare (non c'è corrente elettrica). La **grigliata mista di maiale** (29 chf) è di grande qualità, come il **coniglio alla cacciatora** (25 chf) e il **brasato di manzo** serviti **con la polenta**. Notevoli le fondue con aggiunta di formaggio ticinese. In autunno si cucinano anche piatti tradizionali più impegnativi: *cazzoeûla* (20 chf), camoscio in salmì, bollito misto. Come antipasto, o per uno spuntino, *taiada* di salumi nostrani, carne secca, roastbeef, terrine casalinghe, formaggi d'alpe vaccini e caprini. Non perdetevi, tra i dolci, la **torta di pane** (6 chf) cotta nel forno a legna. Molto ben fornita la cantina: con competenza e passione Angelo vi ha riunito tutti i migliori Merlot ticinesi.

A **Locarno** (9 km), in piazza Antonio 1, la macelleria Feminis propone salumi di capra, in particolare i cicitt e i violini, anche di camoscio. Ad **Ascona** (12 km), in via Ferrera 87, c'è il punto vendita dell'azienda agricola Terreni alla Maggia: vini, verdure, uova, pollame, confetture, riso, pasta.

CAPRIASCA
Roveredo

10 KM A NORD DI LUGANO

Locanda del Giglio

Ristorante con alloggio
Roveredo
Tel. 0041 (0)91 9300933
Chiuso il lunedì e martedì a mezzogiorno
Orario: mezzogiorno e sera
Ferie: gennaio e febbraio
Coperti: 50 + 30 esterni
Prezzi: 55 franchi vini esclusi
Carte di credito: tutte

Si torna sempre con piacere nella locanda di Mina e Fausto, che gode di una vista spettacolare sull'alta Capriasca e sul golfo di Lugano. Ci si arriva dal paesino di Roveredo oppure dal posteggio, con una breve arrampicata sulla scala che porta al giardino con piscina. Il ristorante è conosciuto per la qualità della cucina e per le serate a tema, gastronomiche e musicali. L'offerta di cibo è legata alle stagioni, a prodotti di qualità e alle ricette tradizionali ticinesi, con piacevoli escursioni in altri territori. I fornitori-produttori sono quasi esclusivamente locali e praticano metodi biologici. Piatti sempre presenti sono la selezione di **salumi**, la **polenta** di farina bio (di mais e di grano saraceno) macinata a pietra, che accompagna il **brasato**, gli gnocchi di patate (conditi in stagione con aglio ursino). L'ottimo pane integrale e la pasta delle **tagliatelle di farina di ceci** o di piselli (18 chf) sono fatti in casa. Grazie alla collaborazione con un pescatore professionista del lago di Lugano, si cucina spesso il pesce d'acqua dolce: da assaggiare il **filetto di lucioperca alla mediterranea** (32 chf) oppure il coregone (28 chf). Poiché la Val Colla è terra di cacciatori, durante la stagione venatoria troverete varie carni di **selvaggina** con i tradizionali contorni (spätzle e cabis – cavolo – rosso), preparati secondo vecchie ricette. Tra i formaggi segnaliamo lo zincarlin del Presidio Slow Food, i formaggini e le formaggelle di Rompiago e qualche cacio d'alpe. Per terminare, **crumble alla farina bóna** (altro Presidio) **con mele e cannella** (9 chf). In cantina, etichette di piccoli validi produttori prevalentemente ticinesi.

CANTONE TICINO | 129

CASTEL SAN PIETRO
Monte Generoso-Dosso dell'Ora

12 km a no di Chiasso

Dosso dell'Ora
Azienda agrituristica *novità*
Monte Generoso-Dosso dell'Ora
Tel. 0041(0)91 6493980
Chiuso lunedì-mercoledì, inverno lunedì-venerdì
Orario: sera, sabato e domenica anche pranzo
Ferie: non ne fa
Coperti: 48 + 50 esterni
Prezzi: 45 franchi vini esclusi
Carte di credito: nessuna

Ci troviamo sul crinale del Monte Generoso che chiude a sinistra la valle di Muggio, in località Dosso dell'Ora. L'òra è la brezza che spira in estate, dalle 13 alle 17, rinfrescando i commensali seduti ai tavoloni in legno massiccio sulla terrazza che permette un'ampia vista verso il Piemonte. Franco e Marina Cereghetti hanno, da alcuni anni, ristrutturato un vecchio cascinale e aperto un agriturismo. Franco, dopo anni di lavoro come ferroviere, è riuscito a realizzare il suo sogno tornando alle origini, nei posti in cui è nato; si occupa dell'azienda agricola e aiuta la moglie, capace cuoca, nella gestione del ristoro. Le ricette sono di stretta tradizione, tanto che nelle cotture non è ancora entrato l'olio di oliva. Le materie prime sono nella quasi totalità di produzione aziendale, i salumi di maiali allevati in loco. Si comincia in genere con un piatto di affettati, sette tipi (8 chf) tra i quali segnaliamo la **mortadella di fegato**, e si prosegue con la **polenta** abbinata a due carni (26 chf): sempre il **brasato**, secondo periodo e disponibilità, il capretto, l'agnello, il maialino, l'**ossobuco**; noi abbiamo assaggiato lo **stinco di maiale**, ottimo. Franco, abile cacciatore, in autunno procura la selvaggina, **cinghiale** o cervo da cucinare **in salmì**. Su prenotazione si può gustare anche la *cazzoeûla*. Da non trascurare i prodotti caseari di casa: formaggini alti e bassi della valle di Muggio, formaggi e formaggelle (8-10 chf). In chiusura, una fetta di torta casalinga. Piccola scelta di vini locali, principalmente Merlot del Mendrisiotto.

CEVIO
Foroglio

30 km a no di Locarno

La Froda
Osteria tradizionale
Foroglio-Valle Bavona
Tel. 0041 (0)91 7541181-(0)79 2309479
Non ha giorno di chiusura
Orario: mezzogiorno e sera
Ferie: 1 novembre-31 marzo
Coperti: 80 + 60 esterni
Prezzi: 55 franchi vini esclusi
Carte di credito: MC, Visa

Gestita da Martino e Sara Giovanettina, con il figlio Niccolò, La Froda è un punto di riferimento della cucina ticinese. Ci si arriva risalendo da Locarno la Valle Maggia e, da Bignasco, la Valle Bavona, su su fino alla spettacolare cascata di Foroglio, oltre 100 metri di enormi spruzzi. Poche le case, tutte di pietra, in un territorio conservato benissimo. L'osteria è molto conosciuta anche da scrittori, cineasti e altri intellettuali, e soprattutto durante il Festival di Locarno è facile incontrarvi qualche star internazionale. Obbligatorio in apertura un assaggio dei **salumi** della *mazza* (23 chf): salami, mortadelle di fegato, pancette e i prosciutti crudi stagionati in cantine vecchie di centinaia di anni, perfettamente arieggiate; Niccolò è particolarmente felice di averne ritrovata una dove si è potuto ampliare il deposito dei salumi. Nel camino cuoce la polenta gialla di farina locale: è Il classico accompagnamento del **brasato**, ma va assaggiata anche la **polenta ai quattro formaggi** (21,50 chf). La domenica c'è sempre un piatto di carne, per esempio il **capretto** (30 chf) o il **coniglio arrosto** (27 chf). Una specialità i **formaggi**, di cui la zona offre una ricca scelta; da provare anche la mascarpa, fresca e salata (d'estate). In chiusura, una delle tante versioni della tradizionale **torta di pane**. La famiglia Giovanettina svolge anche un'attività editoriale, con pubblicazioni sulla natura, il turismo e (ultima fatica) la storia gastronomica e culturale dell'arco alpino.

A **Bignasco** (7 km), il Punto Verde è un buon indirizzo per acquistare conserve, salse, formaggi e salumi della zona.

CHIASSO

54 km a sud di Bellinzona, 9 km da Como

L'Uliatt

Osteria moderna
Via dei Fontana da Sagno, 3
Tel. 0041 (0)91 6827057
Chiuso sabato e domenica
Orario: solo a mezzogiorno
Ferie: Pasqua, 2 sett in agosto, 1 in novembre, Natale e Capodanno
Coperti: 45 + 25 esterni
Prezzi: 25 franchi vini esclusi
Carte di credito: tutte

FAIDO
Lavorgo

42 km a no di Bellinzona A2 uscita Faido

Defanti

Ristorante annesso all'albergo
Nucleo Lavorgo, 7
Tel. 0041 (0)91 8651434
Chiuso il lunedì
Orario: mezzogiorno e sera
Ferie: gennaio e febbraio
Coperti: 60
Prezzi: 35-55 franchi vini esclusi
Carte di credito: tutte

«Avere degli scopi, raggiungere degli obiettivi attraverso il proprio lavoro rende ogni individuo più forte e responsabile». È il credo della Fondazione Diamante, da decenni all'avanguardia in Ticino nell'assistere e occupare i diversamente abili. Tra le molte attività troviamo anche, nel centro di Chiasso, questo piacevole luogo di ristoro, diventato meta di buongustai grazie allo chef Paolo Carugati e ai suo collaboratori. Aperto solo a mezzogiorno dal lunedì al venerdì, propone un menù a prezzo fisso, 25 franchi per tre piatti a scelta. La specialità sono i **risotti**: ogni giorno ne viene preparato uno diverso e tra i molti habitués ferve la discussione su quale sia il migliore, se quello **allo zafferano**, al radicchio, **allo zincarlin**, alla birra, **al Merlot**, alla barba dei frati... Noi abbiamo provato anche dei deliziosi gnocchi al cacao, non mancano crespelle e **lasagne con l'aglio ursino** del Mendrisiotto. I secondi appartengono alla tradizione ticinese-lombarda: **stinco di maiale** o **coniglio** accompagnati **con la polenta** di farina di mais macinata a Bruzzella, nella valle di Muggio; in estate, piatti più leggeri. Per dessert, frutti di bosco, gelati artigianali, torte fatte in casa e una squisita panna cotta, che a noi è stata resa ancora più gradevole dal sorriso di Rosanna. Meglio prenotare per assicurarsi la possibilità di usufruire, oltre che di una soddisfacente sosta gastronomica, di un'esperienza gratificante sotto l'aspetto umano.

Il San Gottardo è definito «la via delle genti». Lungo questa dorsale, nella piccola località di Lavorgo, la famiglia Defanti dal 1903 ha una "butega" e attualmente un albergo-ristorante, un negozio di alimentari e un distributore di benzina. Nonostante l'alta frequentazione turistica, i clienti del ristorante sono in maggioranza indigeni: merito di Sandra Defanti che con la sua cucina, le sue idee, le sue iniziative si è fatta conoscere in tutto il Ticino. I fornitori sono locali, perdipiù amici, e il menù segue le stagioni. Qui trovate le trote di Lavorgo, il manzo di Traversa (una valle laterale), i capretti di Chironico, i formaggini di capra. Grandissimo successo hanno le serate a tema, che coinvolgono sempre molti appassionati di tutto il Cantone. Ma anche in questi menù fantasiosi i piatti sono a base di prodotti locali. Pic Nic per esempio è un contenitore da insalata con una **tartare di lesso** di bovino locale (offerta anche a 13 chf) con "formiche finte" (chicchi di riso). Tra i primi segnaliamo gli **gnocchi di aglio ursino** (13 chf), tra i secondi la **lombatina di agnello in salsa di rafano** (23 chf) e l'ottima **trota** di Lavorgo **al forno** (28 chf). Essendo la Leventina zona di cacciatori, in autunno il locale diventa meta per gli appassionati della **selvaggina**, che è meglio prenotare. Un discorso a parte va fatto per il menù di mezzogiorno (dal lunedì al venerdì), 17 franchi per tre portate. Noi abbiamo assaggiato insalata di prosciutto floreale, pizzocheri, dessert *de la serva* (stupendo dolce di vecchia tradizione). Servizio anche in questo caso perfetto e grande disponibilità di Sandra a spiegare ogni piatto.

LUGANO
Pregassona

3 KM DAL CENTRO DELLA CITTÀ

Grotto al Mulino
Osteria tradizionale
Via Ramello
Tel. 0041 (0)91 9416701
Chiuso lunedì, martedì e mercoledì
Orario: mezzogiorno e sera
Ferie: 15 dicembre-15 marzo
Coperti: 70 + 80 esterni
Prezzi: 50 franchi vini esclusi
Carte di credito: tutte

Capita raramente di arrivare in un locale di successo, a mezz'ora dalla chiusura, e di essere accolti con estrema gentilezza e professionalità. Il maître in servizio nei fine settimana riceve l'avventore con molta simpatia e racconta con garbo le proposte della cucina, che sono quelle tipiche di un'osteria ticinese. È facile ritrovare vecchi amici nei tavoli vicini, come purtroppo avviene sempre più raramente. La cuoca e la sorella, che sovraintende alle sale, appartengono alla famiglia Morandi, molto conosciuta a Lugano per la gestione di una famosa discoteca che ha allietato le serate di più generazioni. Il menù è legato alla tradizione lombardo-ticinese. La sera dominano le **carni alla griglia**, con grandi porzioni di **costine di maiale**, cotte a fuoco lento al momento (meglio prenotarle), di salsicce, di vari tagli bovini. Ma la carta offre sia a pranzo sia a cena piatti accattivanti, preparati con ingredienti di stagione. Ci sono sempre una vellutata di verdure (9 chf), il minestrone, pesce del lago in carpione, lo **stinco di maiale con patate** (22 chf), la **polenta** gialla che accompagna la **trippa in umido** (16 chf) o i **fegatini di coniglio** (22 chf). Sempre con la polenta si possono gustare in primavera i fegatini di capretto e in autunno le lumache. Le verdure sono consegnate quotidianamente da un contadino che vive a pochi passi dal locale. Lo stesso produce anche un piacevolissimo vinello che si accompagna bene (e qui c'è l'abitudine di allungarlo con la gazzosa) con alcuni piatti. Sono preparati ogni giorno in cucina anche i dolci, dalle classiche crostate al gratin di mele.

LUGANO
Pazzallo

3 KM DAL CENTRO DELLA CITTÀ

Morchino
Osteria tradizionale
Via Carona, 1
Tel. 0041 (0)91 9946044
Chiuso il lunedì e sabato a pranzo
Orario: mezzogiorno e sera
Ferie: 23 dicembre-fine febbraio
Coperti: 40 + 45 esterni
Prezzi: 55 franchi vini esclusi
Carte di credito: tutte

Da Paradiso si sale verso il Monte San Salvatore e dopo qualche curva si incontra questa costruzione fuori dal tempo. Alberi secolari mantengono i tavoli al fresco anche nel pieno dell'estate; per i mesi invernali e per i giorni di pioggia c'è una bella sala con camino. Vi ricevono con grande calore i titolari e i loro validi collaboratori. La famiglia Olgiati era proprietaria del grotto già nel 1842. Pierluigi l'ha riaperto nel 2000, ispirato dalle tante memorabili feste private organizzate durante il periodo di chiusura negli anni Novanta. La sua passione per la gastronomia è stata premiata da un grande successo. I piatti dello chef Ivan seguono le stagioni: ecco quindi, secondo i periodi, gli asparagi, le spugnole, il **capretto**, la **selvaggina**. In autunno, due menù sono interamente dedicati alla zucca e alle castagne. Nella nostra visita primaverile abbiamo assaggiato una frittatina alle spugnole (22 chf) e il connubio **polenta e latte** (10 chf), che evoca ricordi di infanzia. In estate va alla grande la griglia. Per gli appetiti robusti c'è la *murchinada* (46 chf): **salumi**, **brasato con polenta**, **coniglio in umido con risotto**, **stinco di maiale con patate**, rotolo di castagne, caffè. Da non trascurare la selezione di **formaggi**: büscion di capra o di mucca, alpe e formaggella di Nante, zincarlin. Come dessert ogni giorno una crostata e la specialità della casa, il rotolo di castagne.

❝ In un contesto di rara bellezza, Pierluigi Olgiati – oste premuroso e cordiale, artefice della nuova vita del grotto di famiglia – propone una cucina sempre curata e fedele al territorio ❞

MANNO

7 KM A NO DI LUGANO USCITA A 2 LUGANO NORD

Grotto dell'Ortiga
Osteria tradizionale
Strada Regina, 35
Tel. 0041 (0)91 6051613
Chiuso domenica e lunedì
Orario: mezzogiorno e sera
Ferie: da Natale a fine gennaio
Coperti: 60 + 40 esterni
Prezzi: 55 franchi vini esclusi
Carte di credito: MC, Visa

Si accede da un porticato e si scopre una corte con una stupenda pergola di uva americana. Dentro, tre piccole sale: una con camino, un ex fienile, una *graa* (essiccatoio di castagne). L'accoglienza è garbata e discreta, e Totò ama raccontare i piatti agli amici-clienti. Vieni così a sapere che la carne secca arriva da Acquarossa o che l'uovo della frittatina proviene dalla fattoria dei diversamente abili dell'Otaf. La cucina, improntata alle tradizioni ticinesi e lombarde, è attenta alla stagionalità dei prodotti e alla professionalità dei fornitori, alcuni dei quali bio. Per cominciare, oltre al prosciutto crudo della Mesolcina e al salame della valle di Blenio (9 franchi l'etto), vi consigliamo l'**insalatina tiepida di foiolo** (15 chf), lo sformatino di ricotta o verdure, il lardo con castagne su letto di cipolle stufate. In stagione vanno assaggiati il **carré di agnello con carciofi** (32 chf), il capretto, i *cicitt di capra* cotti alla piastra **con porro e polenta** (10 chf). All'Ortiga la numerosa e fedele clientela va anche per il **risotto** e la **polenta** offerti **con il brasato, gli uccelli scapati, lo stracotto**. Menù di tre portate a 40 franchi e di quattro a 48. I formaggi sono locali (di Torricella), le formaggelle e i büscion di mucca di Arosio, altri caci arrivano dalla valli Bavona, Pontirone e Bedretto. Il dessert più richiesto è lo zabaione fatto con l'*oli da gumbat* (olio di gomito). Carta dei vini con etichette di validi piccoli produttori.

❝ *La costante ricerca della qualità da parte di Totò e Barbara fa di questo locale un punto di riferimento nel panorama gastronomico ticinese* ❞

MENDRISIO

15 KM A NO DI CHIASSO

Antico Grotto Ticino
Osteria tradizionale *novità*
Via alle Cantine, 20
Tel. 0041 (0)91 6467797
Chiuso il mercoledì
Orario: mezzogiorno e sera
Ferie: non ne fa
Coperti: 70 + 70 esterni
Prezzi: 55 franchi vini esclusi
Carte di credito: tutte

Le cantine di Mendrisio sono nate come luoghi privilegiati, in cui le famiglie patrizie conservavano il vino a temperatura costante in ambienti costruiti per sfruttare l'aria sotterranea del Monte Generoso. Sulla strada che ne porta il nome sono numerose le cantine private e molto rinomati i grotti. Vi segnaliamo l'osteria di Peter e Odette Raith. Peter, di origini bavaresi, grande tifoso del Bayern, ha lavorato nelle cucine di noti alberghi europei. Arrivato in Ticino molti anni fa, si è innamorato della cucina locale. Lavora con produttori della zona e prepara quasi tutti i piatti. Nell'accogliente saletta con camino al primo piano o nella bellissima sala con soffitto a volta al pianterreno, potrete iniziare con una **insalatina di nervetti** (13,50 chf) o un paté di fegato di coniglio, oltre che con i tradizionali salumi del Mendrisiotto. Tra i primi la specialità sono i **risotti** (ottimo quello al vino rosso e rosmarino, 19,50 chf) ma meritano l'assaggio anche gli gnocchi di patate al burro e salvia. La **polenta**, cotta nel camino, accompagna molti secondi: il **brasato al vino rosso**, la **luganighetta con cipolle brasate**, il **coniglio** della valle di Muggio (27,50 chf), nelle rispettive stagioni il **capretto** o i **funghi**. Gli amanti dei formaggi ne apprezzeranno la selezione: zincarlin, formaggini freschi e maturi della valle di Muggio, formaggelle e formaggi d'alpe (Bolla, Bedretto, Prato, Cristallina). Per almeno quattro persone, menù degustazione a 50 franchi. La carta dei vini comprende, con oltre 150 bottiglie, il meglio della produzione del Mendrisiotto ma anche altre valide etichette del resto del Ticino e italiane.

MENDRISIO
Capolago

12 KM A NO DI CHIASSO

Eguaglianza
Osteria tradizionale *novità*
Via Municipio, 20
Tel. 0041(0)91 6305617
Chiuso sabato e domenica
Orario: mezzogiorno e sera
Ferie: 15 dicembre-31 gennaio
Coperti: 30 + 40 esterni
Prezzi: 55 franchi vini esclusi
Carte di credito: CS, DC, MC, Visa

Siamo in riva al Ceresio – il lago di Lugano –, nell'area delle cantine, ovvero dei grotti. L'Eguaglianza è un locale storico che Alex Hatz ha rinnovato alcuni anni fa dopo averlo rilevato dalle due anziane sorelle che lo gestivano da decenni. Rispetto alla situazione precedente, in cui gli spazi erano distribuiti su due piani, gli interventi hanno permesso di raddoppiare la sala al pianterreno, collegandola a una cantina adiacente e aumentandone la luminosità, pur mantenendo il soffitto a volta in mattoni. Il grotto era conosciuto per il **persico del Ceresio al burro**, ancora oggi proposto (28 chf) grazie alla collaborazione di Alex con i pescatori locali, che gli permettono di cucinare anche altri tipi di pesce di lago come il **filetto di coregone** (24 chf). Tra i piatti di carne, il **capretto al forno**. Alex non è uno sprovveduto che si è inventato oste, ma viene da una trentennale attività quale gestore del Grotto della Salute di Massagno, da dove ha portato alcune sue specialità come gli **gnocchetti al bitto** (18 chf) e le tagliatelle alle chantrelles (funghi cantarelli, finferli): pasta e gnocchi sono fatti in casa. A mezzogiorno c'è la possibilità di ordinare un menù di due portate a 22 franchi. Per chiudere il pasto ci sono formaggi, in parte locali, e dolci fatti in casa come alcune varietà di gelato, torte e la spuma di yogurt (7 chf). Buona la scelta dei vini, ticinesi e italiani.

In piazza del Ponte, Il Magnifico Borgo vende lo zincarlin della valle di Muggio (Presidio Slow Food) e altri prodotti come formaggini, formaggi dell'alpe, miele, farine.

134 | CANTONE TICINO

MENDRISIO
Salorino

6 KM A NO DI CHIASSO

Grotto del Giuvan
Osteria con alloggio
Via Stradone, 19
Tel. 0041 (0)91 6461161
Chiuso lunedì e martedì
Orario: sera, sabato e domenica anche pranzo
Ferie: gennaio, una settimana in giugno
Coperti: 40 + 40 esterni
Prezzi: 50 franchi vini esclusi
Carte di credito: nessuna

Salendo da Mendrisio verso il Monte Generoso si incontrano il villaggio di Salorino e questo storico locale, gestito da parecchi anni da Serena e Fabio con meritato successo. La cucina, sempre curata, è attenta alle stagioni e alla qualità dei prodotti, di cui in carta sono indicati, con massima trasparenza, i fornitori, tutti ticinesi (o – per alcune carni e per gli asparagi di Cantello, paese di origine dei titolari – di confinanti aree lombarde. Il menù, che varia ogni mese, si apre con gli ottimi affettati dei salumieri di Castel San Pietro, tra cui la carne secca servita con scaglie di formaggio d'alpe, e con altri appetitosi antipasti, come l'**insalata di trippa e fagioli** (16 chf). Il grotto sorge davanti alla cantina di affinamento dello zincarlin da la val da Mücc, Presidio Slow Food: quasi obbligatorio quindi l'assaggio del **risotto allo zincarlin** (15 chf). In alternativa, ravioli (in estate, di pesce di lago), gnocchi o una **zuppa**, per esempio **di ortiche con riso venere** (13 chf) o la tradizionale *büseca*. Tra i secondi eccellono il **maialino al forno**, il **ganassino di manzo brasato con polenta** (28 chf), il fiocco di vitello alla griglia. Ottime le due selezioni di **formaggi**, una di ticinesi d'alpe (21 chf) e l'altra di caci del Monte Generoso (18 chf), comprendente naturalmente anche lo zincarlin. Casalinghi e deliziosi i dessert, tra cui la **panna cotta alla farina bóna** (Presidio Slow Food) o alla lavanda (9 chf).

> *L'accoglienza cordiale di Serena e Fabio, la disponibilità a spiegare i piatti, l'uso attento di prodotti del territorio fanno dell'osteria un luogo di eccellenza*

PIANEZZO
Paudo

SERRAVALLE
Semione

10 KM A SE DI BELLINZONA A 2 USCITA BELLINZONA SUD

30 KM A NORD DI BELLINZONA A 2 USCITA BIASCA

Osteria Paudese
Osteria con alloggio
Paudo
Tel. 0041 (0)91 8571468
Chiuso lunedì e martedì
Orario: sera, domenica anche pranzo
Ferie: metà dicembre-fine febbraio, ultima sett di agosto
Coperti: 30 + 40 esterni
Prezzi: 55 franchi vini esclusi
Carte di credito: MC, Visa

Canvett
Osteria tradizionale
Cà d' Varenzin, 6
Tel. 0041 (0)91 8702121-(0)78 6254877
Chiuso mar a pranzo e mer, primavera anche mar sera
Orario: mezzogiorno e sera
Ferie: giugno e da fine novembre a Natale
Coperti: 30 + 100 esterni
Prezzi: 55 franchi vini esclusi
Carte di credito: nessuna

Vi basterà un'occhiata al panorama – in basso il Lago Maggiore, tutto intorno la cerchia delle Alpi, estesa con il cielo terso fino al massiccio del Rosa – per capire perché questo piccolo borgo di montagna sia diventato il *buen retiro* di Charly e Mirna. Lui è approdato qui dopo avere frequentato le cucine di quotati ristoranti di vari Paesi del mondo, esperienze che si riflettono nell'offerta gastronomica dell'osteria, semplice e non molto vasta, ma impreziosita da tecniche di cottura innovative e da un'elegante presentazione dei piatti. Tutto è fatto in casa, con ingredienti che spesso il patron si procura direttamente, coltivando le sue passioni per la norcineria, la pesca e l'apicoltura. In una delle due sale, in veranda o in giardino (piacevole luogo di relax anche per gli ospiti delle quattro belle camere), potrete cominciare con i salumi della *mazza* o con il **millefoglie di büscion** (formaggino alto, 7 chf). Come primo Charly cucina volentieri i **risotti**, nelle versioni classiche delle tradizioni ticinesi e lombarde o in varianti più innovative. Un rinomato piatto di carne è l'**asino in umido con la polenta**, al quale in periodo di caccia si aggiunge la selvaggina: **lepre**, cervo o **capriolo in salmì** o **in spezzatino**. Se c'è, non perdetevi la **trota** pescata da Charly e cucinata perlopiù **al forno** (25 chf). Tra i dessert spicca la **crostata alla farina bóna** del Presidio Slow Food (7 chf). Carta dei vini con valide etichette ticinesi e italiane; a fine pasto, un bicchierino di grappa locale.

Continua il successo di questa osteria – un antico grotto – e di una cuoca che ha le idee ben chiare: proporre una cucina semplice ma sana e ricca di sapori. Alfreda Caprara-Chiecchi cura anche i dettagli: le verdure sono dell'orto, le uova del pollaio di casa, il resto è acquistato in un raggio di poche centinaia di metri, da aziende (indicate in carta) quasi sempre biologiche e che, nel caso degli allevamenti, hanno a cuore il benessere animale. Nelle giornate calde si mangia su un'ampia terrazza, altrimenti in una bella sala con camino. A pranzo si può ordinare anche solo un piatto unico (15,50 chf); sono previste molte mezze porzioni e c'è un menù per bambini. Dopo un assaggio di salumi, dal profumo e dal sapore davvero speciali, merita provare le paste casalinghe: **tagliatelle** o **gnocchi di patate** (14,50 chf) conditi **con il** delizioso **manzo brasato** servito anche come secondo, con la polenta. Altrettanto interessante è l'**arrosto tonnato con insalata di patate** (22,50 chf). In autunno i cacciatori della zona procurano la **selvaggina**: da assaggiare lo spezzatino di cervo con polenta (24 chf). In chiusura, zabaione, semifreddo al nocino (7,50) o lo squisito tortino al cioccolato tiepido con gelato alla vaniglia e coulis di lamponi. Si bevono buoni vini ticinesi e italiani. Ambiente idilliaco e personale gentile oltre che attento a esigenze particolari tipo allergie o intolleranze alimentari. Dal 10 luglio al 20 agosto il locale è sempre aperto.

A Malvaglia (7 km), sede comunale di Serravalle, la macelleria-salumeria Cavargna offre una ricca scelta di carni locali e di insaccati prodotti con maiali della valle di Blenio.

Grotti Ticinesi

Il grotto era in origine un luogo privato per la conservazione di vini, formaggi e salumi, ricavato in grotte naturali o in costruzioni in pietra che sfruttavano soffioni d'aria provenienti dalle viscere delle montagne. Dapprima ritrovo serale o festivo di amici per gustare i prodotti, con il tempo alcuni grotti si sono trasformati in locali pubblici. Senza perdere gli scopi principali, e in assenza di cucine attrezzate, vi si potevano gustare unicamente salumi e formaggi accompagnati da un tazzino di vino. Tra gli insaccati spiccava la mortadella di fegato, mentre l'assortimento dei prodotti caseari comprendeva, a seconda delle località, formaggini freschi e formaggi stagionati. Qualche gestore offriva, nel fine settimana, anche una scodella di minestrone o di busecca. Oggi i grotti autentici sono sempre più rari, ma con certosina ricerca siamo riusciti a trovarne alcuni che mantengono le caratteristiche originarie e sono collocati in luoghi praticolarmente affascinanti.

Luca Cavadini

BIASCA
Pini
Via ai Grotti, 34
Tel. 0041 (0)91 8621221
Aperto tuti i giorni da metà aprile a metà ottobre
Orario: 12.00-24.00
Coperti: 20 + 60 esterni
Carte di credito: nessuna

I grotti di Biasca hanno sempre avuto un posto di rilievo nella tradizione ticinese. Al Pini si va sul sicuro: tavoli di granito, alberi secolari, vino nostrano. I salumi sono della valle di Blenio, i formaggi degli alpeggi della regione. In carta anche un carpaccio di carne secca e nei fine settimana la busecca.

CAMA
Prandi
Tel. 0041 (0)91 8301629
Aperto tutti i giorni da marzo a ottobre
Orario: 11.00-23.00
Coperti: 40 + 80 esterni
Carte di credito: nessuna

Nel Cantone dei Grigioni, l'area dei grotti di Cama, completamente ristrutturata grazie a una fondazione, ha nel locale di Gian Paolo Prandi (il Paulin) una tappa da non mancare. Il famoso prosciutto crudo e tutte le altre tradizionali offerte dei grotti si gustano in un'atmosfera assolutamente unica, dopo una bella e salutare camminata.

LAMONE
All'Elvezia
Via Cantonale, 2
Tel. 0041 (0)79 8317173
Aperto da marzo a novembre
Chiuso il martedì
Orario: 11.00-24.00
Coperti: 40 + 40 esterni
Carte di credito: nessuna

Storico grotto di Lamone, vicino a Lugano, ha riaperto per iniziativa di un giovane che nella cantina ben ventilata stagiona ottimi salumi nostrani e formaggi delle Alpi. Da segnalare anche l'offerta di pesce in carpione, della busecca e, il venerdi, gnocchi.

LODRINO
Sacchi
Tel. 0041 (0)91 8632287
Aperto tutti i giorni da maggio a settembre
Orario: 17.00-24.00, sabato 15.00-24.00, domenica 14.00-24.00
Coperti: 80 esterni
Carte di credito: nessuna

Un grotto in posizione defilata, quasi nascosta: lo individuerete dal parcheggio sempre pieno, indice di alta frequentazione. Tanti tavoli in pietra, tutti all'aperto, e cibi della tradizione: salumi, formaggi, vini sfusi, talvolta minestrone o busecca. Su prenotazione per comitive, anche brasato o spezzatino con polenta.

OSOGNA
Al Pozzon
Tel. 0041 (0)76 2215667
Aperto tutti i giorni da maggio a settembre
Orario: 11.00-24.00, lunedì 17.00-24.00
Coperti: 60 esterni
Carte di credito: nessuna

Riaperto dai giovani eredi dei proprietari, Al Pozzon ha ripreso a vivere. Ha solo posti all'aperto e offre esclusivamente salumi, formaggi e busecca. Di straordinario interesse il contesto, nei pressi di una cascata del torrente Nala, paradiso di chi pratica il canyoning.

PERSONICO
Val d'Ambra
Tel. 0041 (91) 8641829
Aperto da marzo a novembre
Aprile-maggio e settembre-ottobre chiuso il lunedì
Orario: 11.00-24.00
Coperti: 40 + 60 esterni
Carte di credito: tutte

A Personico ci sono molti grotti, ma solo questo è aperto al pubblico. Lo gestiscono Remo e Nadine: lui cura la stagionatura dei formaggi e dei salumi della *mazza* (documentata da belle foto), lei rompe la tradizione con qualche buonissima fondue o raclette della sua terra d'origine, il Vallese.

oltre alle osterie

STABIO - SAN PIETRO
12 KM A NO DI CHIASSO

Montalbano
Ristorante
Via Montalbano, 34 C
Tel. 0041 (0)91 6471206
Chiuso sabato a mezzogiorno, domenica sera e lunedì
Orario: mezzogiorno e sera
Ferie: due settimane in gennaio, due in luglio
Coperti: 40 + 40 esterni
Prezzi: 60-90 franchi vini esclusi
Carte di credito: tutte

Volete assaggiare i tartufi del Cantone Ticino? Claudio Croci Torti è uno dei pochi cercatori-ristoratori che riescono a offrire ai clienti vari piatti con questo delizioso fungo sotterraneo. Un riso carnaroli con una grattatina di tartufo del Monte San Giorgio vale una visita al locale. Ma ci sono anche i pesci del lago di Lugano (lucioperca, luccio, carpa, tinca) affumicati, le verdure di Pro-SpecieRara, gli asparagi della vicina Cantello, i funghi dei boschi ticinesi, i formaggini della valle di Muggio. E quando è la loro stagione bisogna assolutamente assaggiare il capretto della Vallemaggia e la *cazzoeûla*, piatto nostrano per eccellenza che al Montalbano diventa una delizia. Lo stile di questo elegantissimo locale si basa sulla scelta di prodotti del territorio trasformati in piatti semplici ma di grande qualità, da accompagnare con i vini di un'ampia carta, serviti anche al bicchiere.

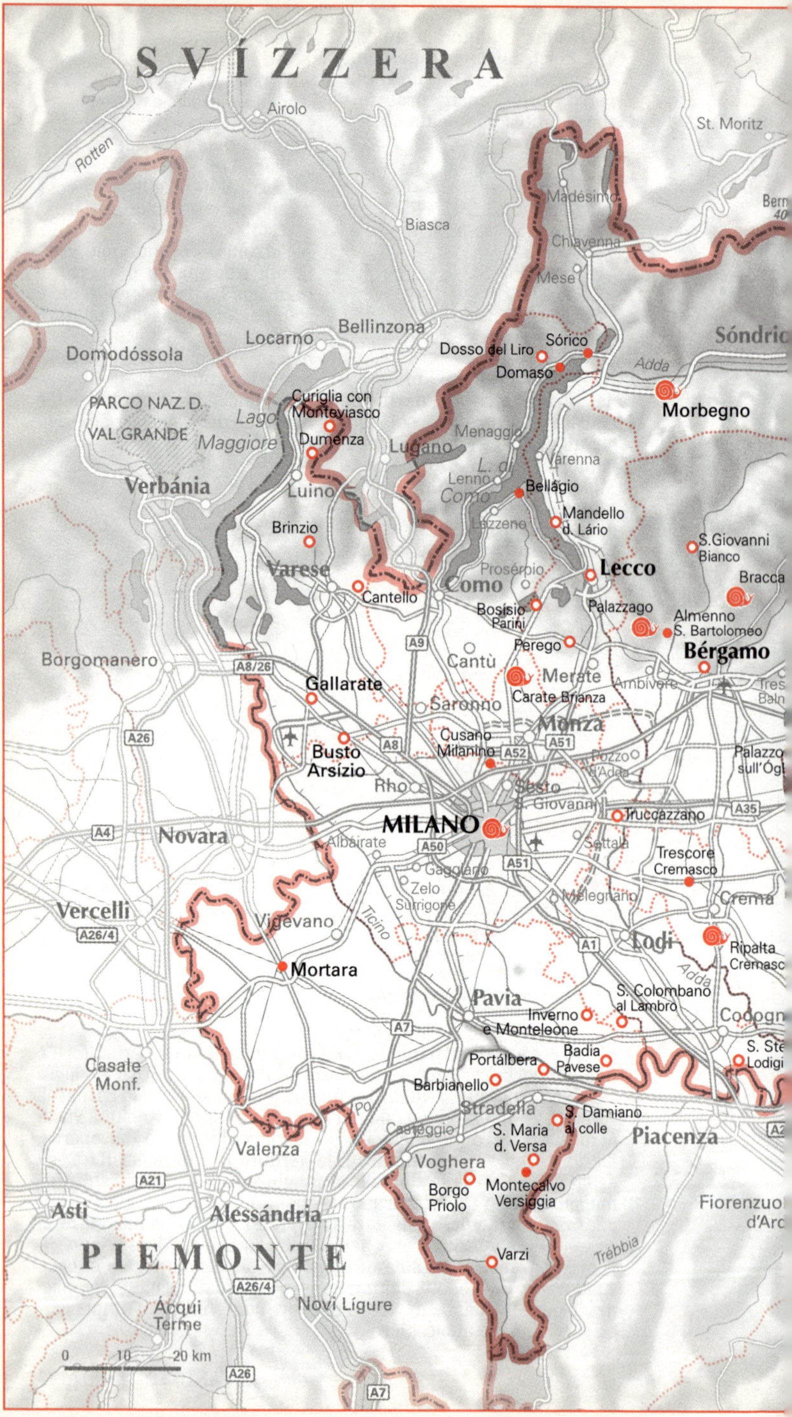

SVÍZZERA
Airolo
St. Moritz
Rotten
Madésimo
Biasca
Chiavenna
Mese
Bellinzona
Locarno
Domodóssola
Dosso del Liro
Sórico
Domaso
Sóndrio
Adda
Morbegno
PARCO NAZ. D.
VAL GRANDE
Lago
Maggiore
Curiglia con
Monteviasco
Dumenza
Lugano
Menaggio
Varenna
Lenno
L. di
Como
Bellágio
Verbánia
Luino
Mandello
d. Lário
Brinzio
Lezzeno
S.Giovanni
Bianco
Varese
Prosérpio
Lecco
Bracca
Como
Cantello
Bosísio
Parini
Palazzago
Almenno
S. Bartolomeo
Perego
Bérgamo
Borgomanero
A9
Cantù
A8/26
Gallarate
Merate
Ambivere
Carate Brianza
Saronno
Monza
A26
Cusano
Milanino
A52
A51
Busto
Arsízio
A8
Pozzo
d'Adda
Palazzo
sull'Ógl
Rho
Sesto
S. Giovanni
Truccazzano
A35
MILANO
A4
Novara
Albairate
A50
Settala
Trescore
Cremasco
A51
Gaggiano
Zelo
Surrigone
Melegnano
Crema
Vercelli
Vigevano
Ticino
A26/4
A1
Lodi
Ripalta
Cremasco
Mortara
Adda
Pavia
S. Colombano
al Lambro
Inverno
e Monteleone
A7
Badia
Pavese
Casale
Monf.
Portálbera
S. Ste
Lodigi
Barbianello
Po
Stradella
S. Damiano
al colle
S. Maria
d. Versa
Casteggio
Piacenza
Valenza
Voghera
A21
Borgo
Priolo
Montecalvo
Versiggia
Asti
Alessándria
Fiorenzuo
d'Arc
PIEMONTE
Trébbia
Varzi
A26/4
Novi Lígure
Ácqui
Terme
0
10
20 km
A26
A7

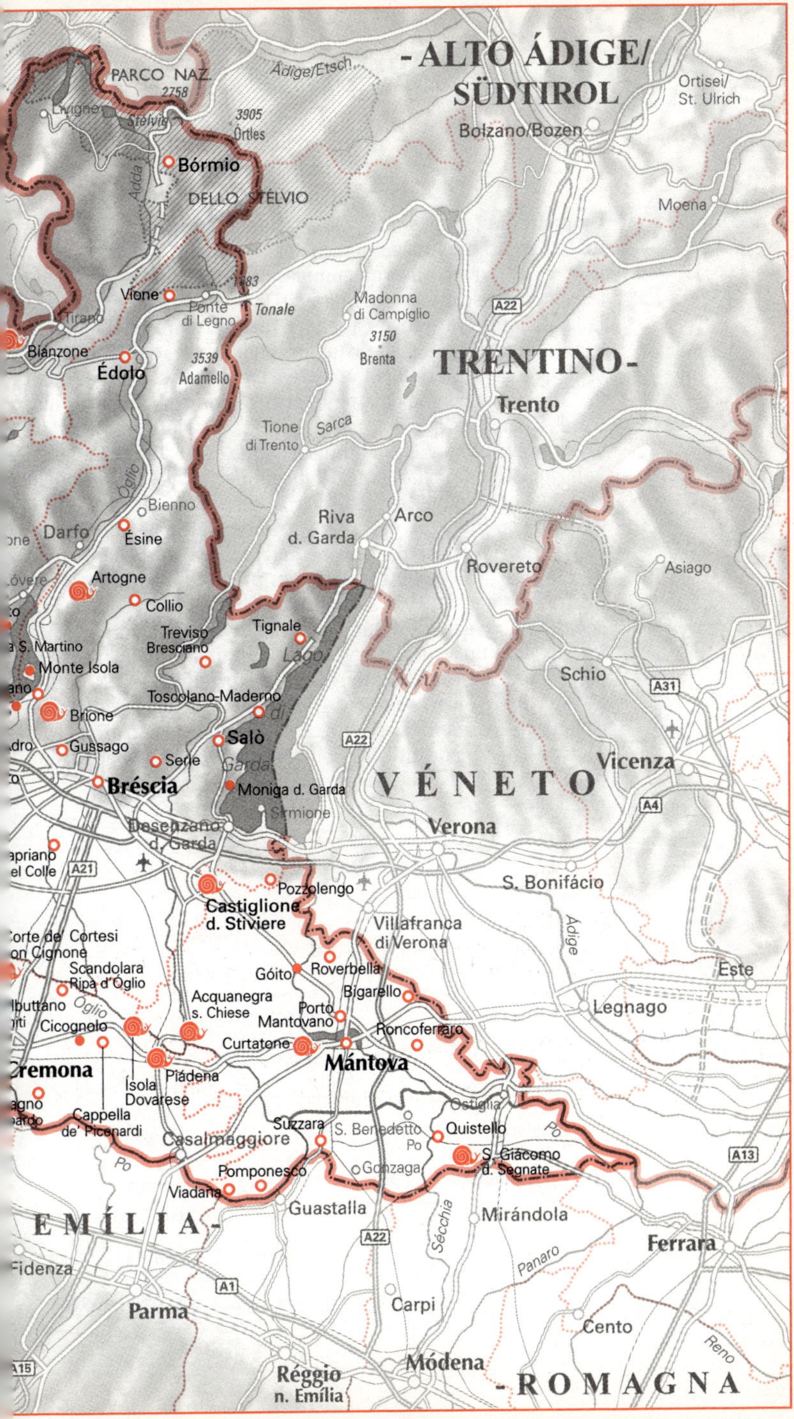

-ALTO ÁDIGE/
SÜDTIROL
PARCO NAZ.
DELLO STÉLVIO
Ádige/Etsch
2758
Stelvio
3905
Órtles
Livigno
Bórmio
Adda
Ortisei/
St. Ulrich
Bolzano/Bozen
Moena
1883
Vione
Ponte
di Legno
Tonale
Tirano
Bianzone
Édolo
3539
Adamello
Madonna
di Campíglio
3150
Brenta
A22
TRENTINO-
Trento
Tione
di Trento
Sarca
Óglio
Bienno
Darfo
Ésine
Riva
d. Garda
Arco
Rovereto
Asiago
Artogne
Collio
Lóvere
S. Martino
Monte Isola
Treviso
Bresciano
Tignale
Lago
di
Garda
Schio
A31
Brione
Toscolano-Maderno
Salò
Gussago
Serle
Bréscia
Moniga d. Garda
Sirmione
A22
VÉNETO
Vicenza
A4
Desenzano
d. Garda
Verona
A21
Capriano
del Colle
Pozzolengo
Castiglione
d. Stiviere
S. Bonifácio
Villafranca
di Verona
Ádige
Corte de' Cortesi
con Cignone
Scandolara
Ripa d'Oglio
Góito
Roverbella
Este
Bigarello
Acquanegra
s. Chiese
Porto
Mantovano
Legnago
Cicognolo
Curtatone
Roncoferraro
Cremona
Mántova
Piádena
Ísola
Dovarese
Cappella
de' Picenardi
Ostiglia
Suzzara
S. Benedetto
Po
Quistello
Po
Casalmaggiore
S. Giácomo
d. Segnate
A13
Po
Gonzaga
Pomponesco
Viadana
Guastalla
Sécchia
Mirándola
EMÍLIA-
Ferrara
Fidenza
Panaro
A1
A22
Carpi
Parma
Cento
Reno
A15
Réggio
n. Emília
Módena
-ROMAGNA

LOMBARDIA

Una pianura fertilissima, colline, montagne, laghi, grandi fiumi e torrenti impetuosi: manca solo il mare (*Si Milano avesse lu meri...*). Grazie alla sua complessità, il territorio lombardo offre numerose materie prime a chi voglia cucinare i piatti della tradizione. Piatti in cui anche le innovazioni frequentemente riscontrate sono giustificate, più che altrove, dal fatto che la regione è da sempre terra di intrecci etnici, di scambi ai quali la cultura gastronomica attenta attinge per evolversi e migliorare. Anche per questo, nell'anno di Expo-Nutrire il Pianeta abbiamo voluto dedicare un inserto alle cucine etniche, molto ben rappresentate a Milano. Gli Scelti per voi del 2015 evidenziano invece alcune tra le specialità dei quattordici locali i cui gestori, con impegno costante e grande passione, continuano a rispettare i criteri di selezione della nostra guida, sulla quale le loro osterie sono recensite, ininterrottamente, fin dalla prima edizione del 1991. Tributiamo questo doveroso omaggio segnalando tre piatti di natura molto diversa: i primi di pasta farcita (comuni a tutta la regione, ma in una grande varietà di fogge, ripieni e condimenti: marubini, tortelli di zucca o di erbe amare, ravioli di stufato, casoncelli agrodolci bergamaschi, casoncelli bresciani); le ricette che prevedono la cottura di carni di oca (forse per influsso della cucina ebraica, e oggi ormai poco praticate); i dolci a base di cioccolato.

scelti per voi

pasta ripiena
- 142 Le Frise
  Artogne (Bs)
- 170 Tagiura
  Milano
- 172 Trattoria dell'Alba
  Piadena (Cr)
- 182 Al Ruinello
  Santa Maria della Versa (Pv)
- 190 Osteria de l'Umbreleèr
  Cicognolo (Cr)
- 193 Antica Trattoria alle Rose
  Salò (Bs)

oca
- 163 Grand Hotel
  Milano
- 168 L'Osteria del Treno
  Milano
- 192 Prato Gaio
  Montecalvo Versiggia (Pv)
- 178 Via Vai Fratelli Fagioli
  Ripalta Cremasca (Cr)

dolci con cioccolato
- 160 Antica Osteria Casa di Lucia
  Lecco
- 170 Osteria del Crotto
  Morbegno (So)
- 171 Osteria della Villetta
  Palazzolo sull'Oglio (Bs)
- 184 Castello
  Serle (Bs)

ACQUANEGRA SUL CHIESE
Ponte sull'Oglio

33 KM A OVEST DI MANTOVA

Al Ponte

Trattoria
Via del Ponte Oglio, 1312
Tel. 0376 727182
Chiuso lunedì e martedì, mai nei festivi
Orario: mezzogiorno e sera
Ferie: 10 giorni in gennaio
Coperti: 35 + 20 esterni
Prezzi: 30 euro vini esclusi
Carte di credito: CS, DC, MC, Visa, BM

Sulla sponda mantovana dell'Oglio, fiume che qui segna il confine con la provincia cremonese, la trattoria di Vania continua a distinguersi per l'ospitalità e la buona cucina. Arte e passione nei piatti realizzati dalla patronne con le ricette di famiglia, inseriti in menù secondo i dettami delle stagioni. Buono l'assortimento degli antipasti, all'eccellente **frittura di *saltarei*** (gamberetti di fiume) **e zucchine** (9 €), da gustare con le mani, alla delicata composta di baccalà e patate cotti al vapore, alla lingua di vitello, che con la testina e il muscolo di manzo entra nella terrina alle tre carni. Protagonisti dei primi i **tortelli** all'erba di san Pietro, **di zucca al soffritto di pomodoro** (8 €) o con le prugne; inoltre **orzo mantecato con rognoncini di vitello** (8 €) preparato secondo tradizione, e gnocchetti di patate, zucca e cacao con code di gamberi e crema di porri. Tra i secondi, suggeriamo oca al forno con polenta, coppa di maialino da latte, arrotolato di faraona disossata al forno, **luccio in salsa** (13 €), code di gambero con verdure, frittura di pesce gatto e anguilla, patate al forno e tarassaco saltato in padella. Lunga lista di dolci, da quelli al cucchiaio alle torte preparate in casa. Ben articolata la carta dei vini che racconta bene molte regioni italiane – anche alcune etichette straniere –, con possibilità di scelta al bicchiere. A pranzo menù di lavoro a 15 euro, al venerdì e domenica sera menù degustazione a 25 (con il vino).

66 *Vania custodisce con orgoglio le antiche ricette di famiglia e sceglie con cura le materie prime per elaborare piatti dal sapore unico* **99**

ADRARA SAN MARTINO

34 KM A EST DI BERGAMO A 4 E SP 91

Ai Burattini

novità

Osteria moderna
Via Madaschi, 45
Tel. 035 933433-328 4286581
Chiuso il mercoledì
Orario: mezzogiorno e sera
Ferie: una settimana in giugno
Coperti: 50 + 50 esterni
Prezzi: 35-37 euro vini esclusi
Carte di credito: CS, DC, MC, Visa, BM

Al locale si accede varcando un bel portone ad arco e passando dal cortile dell'antico stabile. In questo luogo per anni si sono tenuti gli spettacoli di burattini che danno il nome al ristorante gestito dal giovane Gianmarco Bellini. Dalla sala d'ingresso con cucina a vista si passa in una piccola saletta arricchita da un bel camino di pietra. Gli arredi sono semplici, essenziali, di buon gusto: un'apposita stanzetta funge da "carta dei vini" e raccoglie con ordine le bottiglie con il prezzo al collo; in totale un centinaio di etichette. Si è colpiti dall'entusiasmo che Gianmarco ha nel proporre il menù: torte salate con selezione di salumi, baccalà con olive e pomodorini (11 €), battuta con olio e verdure. Tra i primi propone trippa in umido, lasagnette con verdure, **ravioli con baccalà, burro e pinoli**, gnocchi di patate tricolori, **casoncelli alla bergamasca** (9,50 €), pasta e fagioli. In stagione è presente il risotto con i porcini freschi. I secondi prevedono l'utilizzo della carne piemontese, Presidio Slow Food, e vengono cucinati in modo semplice, tale da non alterarne le caratteristiche tagliata con funghi porcini, **filetto con crema di taleggio stravecchio** e un **hamburger** particolarmente gustoso (11 €). **Coniglio arrosto**, bocconcini di cinghiale e stracotto di asino sono eseguiti secondo le ricette dei nonni di Gianmarco, anche loro gestori di osteria. Vari i dolci della casa proposti da Anna che con attenzione e discrezione segue le esigenze dei commensali. Possibilità di ordinare il menù degustazione a 11 euro (con un piatto, dolce, un calice di vino e caffè) oppure a 18, con due piatti.

LOMBARDIA | 141

ADRO
Torbiato

25 KM A NO DI BRESCIA

Dispensa Pani e Vini

Osteria moderna
Via Principe Umberto, 23
Tel. 030 7450757
Chiuso lunedì e domenica sera
Orario: mezzogiorno e sera
Ferie: una settimana in gennaio
Coperti: 50
Prezzi: 37 euro vini esclusi
Carte di credito: AE, CS, MC, Visa, BM

Dopo un pranzo alla Dispensa è spontaneo un ringraziamento a Vittorio Fusari, cuoco e patron, perché rende fruibile, a prezzi contenuti, il suo genio creativo nell'elaborare ingredienti eccellenti, che ricerca continuamente. Nel locale, che offre diverse possibilità – la formula ristorante, l'osteria e il bancone con piatti freddi e "panini d'autore" – scoprirete di volta in volta la piacevolezza delle pietanze, che cambiano spesso, seguendo l'andamento delle stagioni. Tra le materie prime, vero punto di forza della Dispensa, ci sono molti Presìdi Slow Food; i pesci di lago provengono, inoltre, da un'azienda agroittica di livello altissimo e i **formaggi** sono di piccoli artigiani locali. Battuta di barbina (carne rossa locale) al profumo di limone (12 €), insalata di patate, **terrina di tinca** con salsa ai lamponi, carpaccio di storione con il suo gelato (12 €), polenta con salsa di peperoni sono alcuni esempi di antipasti. Seguono il **risotto** dell'Alleanza **con fatulì e bagòss** (14 €), la trippa, i tortelli alla carbonara di menta, la zuppetta di pesci del lago d'Iseo, o di monococco al ragù di cortile, e molto altro. Tra i secondi, da non perdere il **manzo all'olio** (14 €), il coregone del lago d'Iseo pane e sale, l'oca, il carpaccio di barbina, il fritto di pescato locale e verdure. Per chiudere, panna cotta con sorbetto al limone e salsa alla liquirizia (6 €), **sbrisolona**, torta di carote con gelato alle spezie. Interessante menù degustazione a 35 euro.

66 *Il rispetto per la tradizione e le innovazioni nascono da grande competenza e si traducono in piatti che valorizzano il territorio* 99

ARTOGNE

51 KM A NORD DI BRESCIA SS 510 E 42

Le Frise

Azienda agrituristica
Località Rive dei Balti, 12
Tel. 0364 598298-598285
Aperto sabato sera e domenica a pranzo, giovedì e venerdì sera solo per gruppi
Ferie: in gennaio
Coperti: 70 + 30 esterni
Prezzi: 35-40 euro vini esclusi, menù fisso
Carte di credito: nessuna

Un luogo che merita una bella gita domenicale. Dimenticato traffico e folla, è bello rilassarsi in questo locale, che sembra una casa del secolo scorso, con la stufa a legna e i paioli alle pareti, e farsi coccolare dalla famiglia Martini. Per raggiungere Le Frise, si deve percorrere una stradina in salita appena fuori Artogne. Fatevela indicare da qualcuno del posto: tutti conoscono l'agriturismo condotto con passione da Gualberto, Emma e Luigi, la stessa passione che li guida nella produzione di **formaggi** caprini, conserve, insaccati e nella preparazione dei piatti. Semplici e curati, questi seguono senza deroghe il corso delle stagioni: frutta e verdura sono prodotte in azienda, la carne è degli animali allevati qui, le erbe spontanee sono raccolte nei dintorni. Il menù è fisso – due antipasti, due primi e due secondi – e varia in base a quanto offre la natura. Un esempio: in primavera potrete assaggiare in apertura un piatto di ottimi formaggi caprini serviti con confetture, un tagliere di salumi e **bruschette al luppolo selvatico**, continuando con **risotto al fatulì**, Presidio Slow Food, tortelloni ripieni di formaggio, **malfatti al perùc** (buonenrico), casoncelli di segale con ricotta di capra, seguiti da **capretto al forno** con il suo fegato, tagliate di manzo e buone carni di animali da cortile cotte sulla pietra. Si chiude con dolci al cucchiaio, sorbetti di frutta e crostate. Interessante carta dei vini, con etichette pregiate del territorio e non solo.

66 *Le Frise: la sicurezza di trovare prodotti del territorio cucinati in modo perfetto accanto a qualche abbinamento inusuale ma ben pensato* 99

142 | LOMBARDIA

BADIA PAVESE

29 km a SE di Pavia

Ai Due Taxodi
Azienda agrituristica
Cascina Pezzanchera, 3
Tel. 0382 728126-340 5589793
Chiuso il martedì
Orario: sera, sab anche pranzo, dom solo pranzo
Ferie: prime 2 sett di gennaio, ultima di luglio-prima di agosto
Coperti: 40 + 50 esterni
Prezzi: 27 euro vini esclusi, menù fisso
Carte di credito: CS, DC, MC, Visa, BM

I taxodi, due grossi alberi che sembrano sentinelle a guardia dell'agriturismo, danno il nome al locale della famiglia Capelli, locanda dal 1989. Capisaldi dell'attività: genuinità dei prodotti, semplicità e concretezza del servizio. Carne (chianina), salumi, verdure e riso provengono dall'azienda, formaggi e vini sono forniti da alcuni produttori locali, dolci e pasta sono preparati in casa. Il menù è fisso e si compone di tre assaggi di antipasto, due primi, due secondi e un dolce. Stagionalità quasi d'obbligo, vista la provenienza delle materie prime, proposte che variano continuamente ma aggiornate sul sito aziendale. Facciamo qualche esempio. Una bella apertura con salumi, seguiti da **cotechino nel pane** e da strudel di ricotta e verdure. Eccellenti i risotti – con luppolo selvatico, ortiche, zucca, cardi – e i **ravioli al brasato**, ben cucinati i secondi: **roastbeef** servito con verdure di campo, polli e conigli, **stinco arrosto** e, su richiesta, la selvaggina. Tra i dolci, **crostate** di stagione (zucca o frutti di bosco), gelati e sorbetti casalinghi (fragole, pesca, sambuco, giuggiole). Può migliorare la proposta del vino, che si limita ad alcune bottiglie di San Colombano, Oltrepò Pavese e Piacentino. Il locale è accogliente, con un grande camino acceso in inverno e un bel giardino, in cui pranzare nella stagione calda. Simpatia e cordialità in sala rendono oltremodo piacevole la sosta in questo storico locale alle porte di Milano.

■ In località **Cardazzo di Bosnasco** (15 km), via Mandelli 57, da Eugenio Maga ottimo pane casereccio: da non perdere la treccia, il pane di zucca e le focacce (eccellente quella con i ciccioli).

BARBIANELLO

20 km a sud di Pavia ss 35

Da Roberto
Trattoria
Via Barbiano, 21
Tel. 0385 57396
Chiuso lunedì e martedì
Orario: pranzo, venerdì e sabato anche sera
Ferie: in gennaio e in luglio
Coperti: 30
Prezzi: 18-30 euro vini esclusi, menù fisso
Carte di credito: AE, CS, MC, Visa, BM

Una trattoria raccolta in un borgo prevalentemente agricolo del basso Oltrepò, gestita da anni da Roberto con la moglie Maria Rosa. All'interno una grande sala rustica con tavoli ben apparecchiati e stufe per riscaldare l'ambiente nelle giornate fredde. Il locale è sede della Confraternita del Cotechino Caldo, che tutela il prodotto e i piatti tipici della zona. Si inizia con buoni salumi – culaccia, la parte migliore del prosciutto, senza osso, senza gambo e senza fiocco, salame e coppa –, seguiti da un'eccellente **insalata russa** casalinga, formaggio fresco condito con olio extravergine di oliva e spezie, in primavera frittata con le erbe di campo, nella stagione fredda **cotechino con fonduta** e polenta di mais marano macinato a pietra. Poi risotto con asparagi e castelmagno – gli ingredienti cambiano secondo stagione e disponibilità del mercato –, **ravioli al brasato**, un vero capolavoro, e tagliatelle con ragù di culatello. Tra i secondi si può scegliere tra tagliata di carne di fassone piemontese cotta sulla pietra, **vitello con salsa tonnata, coniglio con erbette** e altri animali da cortile. Buona proposta di **formaggi** di piccoli artigiani – formai del mut, tometta della Valle Staffora, blu del Moncenisio e altre tipologie – serviti con miele di castagno. Per finire **brasadé** con Moscato di Volpara, torta al cioccolato, gelati artigianali. La carta dei vini elenca etichette di produttori locali. A pranzo menù turistico a 18 euro.

■ A **Montù Beccaria** (16 km), in frazione Moriano 48, le confetture della solidarietà di Fausto Andi, che trasforma frutta con l'aiuto di giovani portatori di handicap.

LOMBARDIA | 143

BERGAMO

Al GiGianca
Trattoria
Via Broseta, 113
Tel. 035 5684928
Chiuso domenica sera e lunedì
Orario: mezzogiorno e sera
Ferie: due settimane in agosto, una in gennaio
Coperti: 40
Prezzi: 35 euro vini esclusi
Carte di credito: CS, DC, MC, Visa, BM

Solo 40 coperti, distribuiti in una sala che colpisce per il buon gusto dell'arredamento. Un valore aggiunto il servizio impeccabile e la bravura di Luigi, il padrone di casa, nel raccontare il menù. Dalla cucina, regno della giovane Alessia, arrivano in tavola i piatti della tradizione, la cui forza sta nelle materie prime, tra le quali spiccano numerosi Presìdi Slow Food (produttori elencati in fondo alla carta). Dopo gli antipasti – in inverno **insalatina di coniglio e carciofi** (10 €) ma anche polenta, salame e stracchino –, si può scegliere tra **risotto con carciofi e fatulì** (12 €), gnocchi di zucca con pasta di salame o i classici *casonsei* **alla bergamasca**. L'offerta dei secondi, molto gustosi, spazia dallo **stufato d'asino con polenta** (14 €) al capocollo di maiale cotto a bassa temperatura, al coniglio alla bergamasca. Per chi non ama la carne, un paio di piatti di pesce d'acqua dolce, per esempio bavette con missoltini tra i primi e pescato del Lario tra i secondi. Per chiudere, una degustazione di formaggi locali con confettura di cipolle rosse casalinga (ortaggi e frutta provengono in gran parte dall'orto di proprietà) o un dolce: salame di cioccolato, crostata o torta di mele (5 €). Interessante e onesta nei prezzi la carta dei vini; in alternativa qualche birra artigianale. Menù degustazione a 28 e 32 euro.

■ In via Mattioli 15, da Luigi Locatelli, veneziane all'albicocca, riccio dolce del Parco dei Colli, torte e pasticceria salata; in piazza Oberdan 2, da Ol Formager, formaggi selezionati. In Città Alta, via Colleoni 26, da Mimì, salumi, vini, confetture e miele bergamaschi, Presìdi Slow Food e piatti da asporto.

BIANZONE

21 KM A EST DI SONDRIO SS 38

Altavilla
Trattoria con alloggio
Via ai Monti, 46
Tel. 0342 720355
Chiuso il lunedì (no in agosto) e martedì a pranzo (solo in inverno)
Orario: mezzogiorno e sera
Ferie: metà gennaio-inizio febbraio
Coperti: 40 + 30 esterni
Prezzi: 33 euro vini esclusi
Carte di credito: AE, CS, MC, BM

Il terrazzo estivo adorno di fiori e le salette un po' retrò caratterizzano questa trattoria storica, un'istituzione per la Valtellina. Anna Bertola vi condurrà in un tour enogastronomico reso interessante dalla bravura del cuoco Mario Dal Farra e dall'attenta ricerca delle materie prime. La tradizione si esalta in antipasti ben preparati: *sciatt* con cicorino, *taroz* **con fagottino di sfoglia e salame nostrano** (12 €), tartara di trota di torrente, insalata di carciofini con scaglie di grana. Tra i primi hanno una collocazione territoriale precisa i *pizzoccheri* **con la cipolla** (ricetta di nonna Lucinda, 8 €) e la zuppa di pane di segale e formaggio d'alpeggio. Grande successo riscuote, come secondo, la spadellata di funghi con polenta di mais (16 €); in alternativa filetto di manzo al casera o **guanciale di vitello stufato con polenta**. La Valtellina non può non eccellere nei **formaggi**: verticale di bitto e selezione di caprini con composta di fragole. Per finire torte casalinghe, preparate con ingredienti di stagione, accanto a cremoso ai due cioccolati e gelato di vaniglia mantecato al Braulio Riserva (4 €). Notevole carta dei vini: in cantina invecchiano più di 500 etichette, con una nutrita rappresentanza di vini locali, prodotti con una passione eroica, viste le pendenze dei vigneti. Possono essere acquistate con altri prodotti locali. Tre menù degustazione: due tipici valtellinesi a 18 e 25 euro, e uno stagionale a 35.

❝ *La Valtellina in cucina e in cantina, ovvero come tradizione, cultura e passione per il territorio trovino forma e rappresentazione in una realtà enogastronomica locale* **❞**

BIGARELLO
Stradella

15 km a ne di Mantova

Osteria Numero 2
Osteria
Via Ghisiolo, 2 A
Tel. 0376 45088-348 7000176
Chiuso il martedì e sabato a pranzo
Orario: mezzogiorno e sera
Ferie: una settimana in gennaio, due in agosto
Coperti: 40 + 20 esterni
Prezzi: 30-35 euro vini esclusi
Carte di credito: CS, MC, Visa, BM

Nella frazione Stradella, poco distante dal casello autostradale di Mantova nord, Moreno Sgarbi con tutta la fidata brigata ha aperto una bella osteria, curata nei dettagli, accogliente, senza inutili fronzoli. In mostra tantissime bottiglie – vuote – di birre artigianali: l'osteria è sede, infatti, del Circolo del Luppolo. Un piacevole prato verde con uno spazio giochi riservato ai bambini è sfruttato spesso per feste e intrattenimenti. Il menù, costruito su pietanze tradizionali mantovane, cambia più volte nel corso dell'anno, secondo la disponibilità delle materie prime fornite da produttori fidati della zona e dai contadini del mercato di Mantova (tutti i nomi sono indicati in carta). Tra gli antipasti, involtini di parmigiana di melanzane, gnocco fritto e salumi, gustose acciughe con cavolo cappuccio rosso all'arancia (8 €). Si prosegue con la pasta lavorata a mano: maccheroncini al ragù di anatra e carciofi, risotto morbido al Lambrusco con salsiccia e lardo, appetitosi bigoli alla sardelle (7,50 €) e i classici tortelli di zucca declinati in svariati modi. Secondi di pesce, che dipendono dalla disponibilità del pescato, e di carne: eccellente il classico luccio in salsa con polenta (12 €), non da meno il fegato di vitello alle cipolle, il filetto di manzo al balsamico, i formaggi. Chiudono il pasto semifreddi, torte e mousse ma la regina resta la sbrisolona alle nocciole aromatizzata con carrube e servita con zabaione, salsa mu e gelato allo Strega (5 €). Ottima carta dei vini, serviti anche al bicchiere, dai ricarichi corretti, ricca selezione di distillati e carta delle birre di grande interesse.

BORGO PRIOLO
Schizzola

34 km a sud di Pavia

Quaglini
Ristorante
Località Schizzola Alta
Tel. 0383 892840
Chiuso lunedì e martedì
Orario: sera, sabato e domenica anche pranzo
Ferie: non ne fa
Coperti: 100 + 80 esterni
Prezzi: 30 euro, menù fisso
Carte di credito: tutte, BM

L'entusiasmo e la generosità di Marco Quaglini sono gli elementi portanti del locale che propone agli ospiti un ricco menù fisso. Pur consistendo in una decina di antipasti, tre primi, tre secondi, un assaggio di formaggio, frutta, dolce e distillati finali, la qualità è alta, grazie alla bravura in cucina della moglie di Marco, Michela Bertelegni, e dell'anziana mamma. Marco si procura buone materie prime del territorio e, da bravo sommelier, cura la proposta delle etichette, che abbina al menù fisso, e di quelle che vanno a comporre la carta dei vini. Tra gli antipasti, ottimi salumi, soufflé di verdure, che cambiano con la stagione – ottimi quelli con i funghi porcini e con la vellutata al tartufo, grande passione del patron, che cerca di proporre il pregiato ingrediente quasi tutto l'anno, cercando le varietà del momento –, speciale, quando fa freddo, il cotechino con cipolla ripiena. Tra i primi, ci sono sempre un risotto – il più richiesto è quello con porcini e tartufo nero –, e i tradizionali agnolotti di stufato di manzo, capriolo o cinghiale; si possono anche assaggiare tortelli piacentini e malfatti (tutta la pasta è fatta in casa). Secondi principalmente di carne, con tagliata di scottona, filetto di maialino con vol-au-vent alla prugna o ai mirtilli, cappello da prete brasato con verdure, servito in inverno con polenta e, d'estate, con caponata di verdure. In alternativa alla carne un tagliere di formaggi. Si chiude con un assaggio di formaggio, in stagione, con l'uva, e con dolci casalinghi: tiramisù ai pistacchi di Bronte, crostata di frutta e crema chantilly, meringata con fragole e cioccolato o con marroni.

BORMIO

69 KM A NE DI SONDRIO

Al Filò
Ristorante
Via Dante, 6
Tel. 0342 901732-338 4314218
Chiuso il lunedì e martedì a pranzo
Orario: mezzogiorno e sera
Ferie: tre settimane in giugno, tre in novembre
Coperti: 90
Prezzi: 32-37 euro vini esclusi
Carte di credito: CS, MC, Visa, BM

Percorrendo tutta la Valtellina, si raggiunge Bormio, importante meta turistica montana e rinomata località termale (suggestive le antiche terme dei Bagni Vecchi). Nell'accogliente ristorante del centro storico, ricavato in un'antica stalla, che conserva le caratteristiche volte in pietra risalenti al Seicento, il giovane Max Tusetti, cuoco e patron del locale, propone piatti legati al territorio e ai suoi prodotti, elaborandoli in chiave moderna ma senza stravolgimenti. Il menù ne è un esempio a partire dagli antipasti: sformato di grana con tempura di porcini, bresaola ripiena di insalata di cavolo, mela e uvetta (8,50 €), i classici *sciatt* **con cicorino**. Come primi, gnocchetti di pane e zucca in crema di casera e noci (8,50 €), tortelli ripieni di *taroz* al fondente di scalogno e guanciale affumicato e gli immancabili *pizzocheri* **alla valtellina**. Tra i secondi, trota e polenta alla griglia, **bocconcini di cervo in fricassea di verdure**, sempre con polenta, e la grigliata bastonata (14 €), che prevede tre differenti tipi di carne abbinati ad altrettanti salumi avvolti su spiedo di legno. Sempre disponibile un piatto unico vegetariano. Seguono assaggi di formaggi di piccoli produttori locali (15 euro la degustazione completa) e i dolci (6 €). Importante selezione di vini rappresentativa della Valtellina, con una discreta proposta anche al calice. Due menù fissi: tradizionale a 29 euro e degustazione a 31.

BOSISIO PARINI

11 KM A SO DI LECCO

Il Quinto Quarto
Ristorante
Via Beniamino Appiani, 8
Tel. 031 865502-339 3287453
Chiuso la domenica
Orario: pranzo, sab solo sera; giugno-luglio, ven solo sera
Ferie: 3 settimane in agosto, la prima di gennaio
Coperti: 60 + 40 esterni
Prezzi: 30-35 euro vini esclusi
Carte di credito: tutte, BM

Nel centro di Bosisio Parini, piacevole borgo della provincia di Lecco affacciato sul lago di Pusiano, i fratelli Arnaldo e Alessandra Corti gestiscono la Bottega del Fresco, storica macelleria e salumeria di famiglia, e contemporaneamente (ma solo a mezzogiorno e al venerdì o sabato sera) offrono agli ospiti della trattoria, con annesso portico per l'estate, una proposta gastronomica, che valorizza e privilegia i prodotti dell'attività artigianale in un ambiente curato e ospitale. È d'obbligo iniziare con l'antipasto della casa (12 €), che prevede una selezione di salumi di produzione propria (pancetta, coppa, salame brianzolo, salame cotto e mortadella), una serie di assaggi di carne – vitello tonnato, lingua in salsa verde, fegato alla veneta, **insalata di nervetti** o di carne di manzo, cervella impanata e fritta –, verdure sott'olio e sotto aceto. Si prosegue con **tagliatelle** di pasta fatta in casa **con ragù di carne** (12 €) o con verdure, per arrivare alla specialità del locale, i secondi di fassona di razza piemontese, affinata in stalla e poi macellata: tagliata alla piastra, costata (25 €), tartara, cotoletta impanata, nodino di vitello al burro e salvia, **animella fritta con polenta**. Si chiude con semplici dolci casalinghi – ottimo il classico **budino al cioccolato** – e il caffè preparato con la moka, come una volta. Vini nazionali, con un occhio di riguardo per il Piemonte, serviti anche al calice.

▪ In via De Simoni 22, la storica Latteria Sociale di Bormio propone una completa scelta di formaggi locali e una selezione di prodotti caseari valtellinesi, oltre a numerosi Presìdi Slow Food.

▪ La Fattoria Selva, in via Bonfanti 7, vende latte, formaggi caprini e vaccini, yogurt, salumi e carne.

BRACCA

25 km a ne di Bergamo

Dentella

Trattoria
Via Dentella, 25
Tel. 0345 97105
Chiuso lunedì sera, mai d'estate
Orario: mezzogiorno e sera
Ferie: 2 settimane in giugno,1 in gennaio
Coperti: 80 + 35 esterni
Prezzi: 33-38 euro vini esclusi
Carte di credito: tutte, BM

Per raggiungere la trattoria, si deve salire a Bracca, in Val Serina, inerpicandosi fino a a 600 metri di altitudine. La trattoria si trova nel borgo, proprio sotto la chiesa, lungo la via centrale, che porta il suo nome: è dedicata al fondatore, il cavalier Antonio Dentella, noto per l'impegno civico e l'attenzione per la tradizione e il territorio. Figli, nipoti e pronipoti hanno lavorato, e continuano a lavorare, qui. In sala, le sorelle Renata, con la figlia Federica, Pasquina e Vilma, in cucina Maurizio, il fratello. Giovanni, marito di Pasquina, grande esperto di carni, salumi e formaggi, si occupa della materia prima, proveniente quasi interamente delle valli bergamasche. Si comincia con l'antipasto misto (15 euro in due): salame, lardo e pancetta di propria produzione, coppa di Ardesio e prosciutto crudo stagionati nel fieno, polpette e **verdure sott'olio**. Tra i primi, **casoncelli al burro di malga e pancetta**, gustose crespelle con asparagi e stracchino all'antica (9 €). Seguono una tenera **lombata con crema di funghi e pancetta affumicata** (9 €), l'uovo al tegamino con il tartufo nero di Bracca e i bocconcini di stracotto d'asina. Accompagna il tutto la **polenta con strachitunt fondente** (7 €) o quella taragna con salsa al tartufo. Per finire, ricca selezione di **formaggi** delle Alpi orobiche e dolci casalinghi. La carta dei vini si concentra su etichette del consorzio Valcalepio, con qualche incursione lungo l'Italia.

66 *Una trattoria che rispetta storia e tradizioni del territorio, e lo racconta con i sapori dei piatti, preparati con una eccellente materia prima* **99**

BRESCIA

La Grotta

Osteria tradizionale
Vicolo del Prezzemolo, 10
Tel. 030 44068
Chiuso il mercoledì, in luglio la domenica
Orario: mezzogiorno e sera
Ferie: agosto
Coperti: 80 + 40 esterni
Prezzi: 37,50 euro vini esclusi
Carte di credito: tutte, BM

Entrando in vicolo del Prezzemolo avrete la sorpresa di trovare, in pieno centro storico, un angolo di borgo antico. Un valore aggiunto l'osteria, tra le più frequentate da generazioni di bresciani, che assicura, in un ambiente accogliente e arredato con gusto, piatti della tradizione collaudati e raccontati con garbo agli ospiti dal patron. In apertura eccellenti affettati, tra cui spiccano il cotto di Praga tagliato al coltello (un etto, 9 €), il crudo di Parma e di San Daniele, il patanegra. Parlano del territorio i primi: **casoncelli al bagòss** (8 €) o alla carne, **trippa in brodo**, pappardelle al salmì di lepre. La carne (di manzo, equina, di volatili o di coniglio) la fa da padrona tra i secondi, con **anatra ripiena** (14 €), costata di manzo o di cavallo e nodino di vitello cotti ai ferri, **fiandre di puledro marinate** in extravergine, capretto al forno, punta di vitello ripiena. Come accompagnamento, **polenta** bresciana, patate arrosto e una ricca scelta di contorni a buffet. Da non perdere un assaggio dei formaggi: bagòss e fatulì della Val Saviore, Presìdi Slow Food, gorgonzola Dop, un eccellente formaggio stagionato proveniente dalla malga Baret della Val Sabbia (6 €). Tra i dolci della casa, tutti buoni, spiccano la torta e il budino al cioccolato. Sempre disponibili alcuni piatti del giorno, che variano con le stagioni. Ricca offerta di vini, alcuni offerti al bicchiere, con ricarichi corretti.

Nelle immediate vicinanze dell'osteria, in via Cavour, la gelateria La Pecora Nera propone gusti tradizionali e innovativi di qualità, nel pieno rispetto delle materie prime.

LOMBARDIA | 147

BRESCIA

Osteria al Bianchi
Osteria tradizionale
Via Gasparo da Salò, 32
Tel. 030 292328
Chiuso martedì e mercoledì
Orario: mezzogiorno e sera
Ferie: due settimane in agosto
Coperti: 60 + 25 esterni
Prezzi: 33 euro vini esclusi
Carte di credito: tutte, BM

Ci troviamo a pochi passi dalla bellissima piazza della Loggia delimitata da edifici in stile veneziano e impreziosita, sopra ai portici, dalla singolare torretta dell'orologio. In questa bella cornice, l'osteria mantiene intatto il fascino di locale d'altri tempi, frequentato all'ora dell'aperitivo dagli avventori abituali per un "pirlo" o un calice di bianco accompagnati da polpette o *bertagnìn*. Si mangia nelle due sale attigue, arredate in stile anni Sessanta, dopo essere stati fatti accomodare ai tavoli in legno coperti da tovaglie a quadretti, e può capitare di dover condividere il tavolo con altri ospiti. Il servizio è informale, forse un po' troppo veloce. Il menù è quello classico della cucina bresciana. Si parte con un tagliere di salumi (5 €), a cui fanno seguito **casoncelli al burro versato**, ottime **pappardelle in salmì di lepre** (8 €) o con verdure di stagione, malfatti di spinaci al burro e salvia, pappa al pomodoro, pasta e fagioli. I secondi prevedono principalmente piatti di carne accompagnati da una buona selezione di contorni di stagione (3 €): carbonara di cavallo (15 €), **stracotto d'asino**, controfiletto di cavallo alla griglia, macinato di manzo condito con olio extravergine di oliva e limone, tagliata di vitello al rosmarino, **coppa ripiena**. In alternativa, lumache e un buon baccalà. Non mancano dolci casalinghi, tra cui spiccano la sbrisolona, le crostate con confetture artigianali, il **salame di cioccolato**, il semifreddo al torrone. La carta dei vini raccoglie etichette italiane, provenienti in modo particolare dal Garda e dalla Franciacorta, alcune delle quali sono disponibili al bicchiere.

BRINZIO

10 KM A NORD DI VARESE SP 62

I Runchitt
Azienda agrituristica *novità*
Via Cadorna, 6
Tel. 0332 435496
Chiuso lunedì e martedì
Orario: mezzogiorno e sera
Ferie: 20 luglio-5 agosto
Coperti: 40
Prezzi: 25 euro vini esclusi
Carte di credito: nessuna

Sono le stagioni a dettare il menù di questo ristoro, emanazione dell'azienda agricola appena fuori paese, in località I Runchitt. Si coltiva l'orto, si alleva pollame e, quindi si dispone soprattutto di uova si gestiscono i due ettari di castagneto con tre diverse specie del gustoso frutto autunnale. Tutti prodotti che ritroverete, nell'arco dell'anno, ben distribuiti nel menù. Il locale è piccolo, ma molto ben curato, con ampie vetrate che danno sul massiccio del Campo dei Fiori, principale vetta dell'omonimo Parco di cui Brinzio fa parte. L'accoglienza è gentile, premurosa e ben dispone alla lettura dei piatti da una carta piccola, ma senza costi per il coperto, che comprende anche il pane fatto in casa. Tra gli antipasti (7 €) **Varese in tavola**, salumi e formaggi prevalentemente di capra provenienti da produttori della provincia e accompagnati da marmellate. Poi consigliamo di assaggiare almeno una volta la **zuppa di galletto con maltagliati di castagne** (8 €), vero must del locale. In alternativa, nel periodo primaverile si possono scegliere i risotti (magari con fiori di sambuco e zucchine) e in autunno il canederlo di castagne. Per secondo, in stagione, polenta con i funghi colti nei boschi vicini o col cinghiale, trippa, tagliata di manzo, **maialino con salsa tonnata, patate e zucchine** (9,50 €) e, sempre di maiale, lo stinchetto alla birra. Dolci artigianali (3,50 €) a base di castagne e non solo, come la torta alla nocciola o la **crème brûlée alla camomilla**. Limitata, ma adeguata al locale, la scelta dei vini. Sotto l'osteria, nello stesso locale della cucina, c'è il punto vendita dell'azienda agricola.

BRIONE

16 KM A NO DI BRESCIA SP 10

La Madia
Trattoria
Via Aquilini, 5
Tel. 030 8940937
Chiuso lunedì e martedì
Orario: sera, festivi anche pranzo
Ferie: 15 giorni in febbraio, 10 in agosto
Coperti: 70 + 30 esterni
Prezzi: 35-40 euro vini esclusi
Carte di credito: tutte, BM

Non si arriva per caso alla trattoria del piccolo borgo della Val Trompia, che regala dalla terrazza lo splendore della Franciacorta e all'interno un ambiente molto accogliente. La passione e l'entusiasmo di Michele e Silvia sono subito evidenti ai loro ospiti: ricerca di materie prime di altissima qualità ed elaborazione di ricette della tradizione rese attuali con grande sapienza. Tra gli antipasti, **giardiniera di verdure bio**, violino di capra e di agnello, noce di maiale affumicata, *strachì parat* (10 €). Proseguendo, è difficile scegliere tra il risotto di cicoria d'alpeggio con riduzione di Braulio, le **tagliatelle con ragù di pecora**, gli gnocchi di ricotta con pesto di mandorle e sedano, i **malfatti di tombea ed erbe spontanee con crema di topinambur** (13 €). Non meno facile la decisione da prendere in merito ai secondi: **stracotto di pecora con ceci neri** dell'alta Murgia (13 €) o controfiletto di cavallo con salsa di vino cotto? Mora romagnola al profumo di karkadè o **manzo all'olio**? Buoni i contorni con verdure di stagione e ottima la degustazione di **formaggi**, il meglio della produzione locale accanto ad alcune tipologie francesi. In chiusura, suggeriamo di ordinare il sorbetto, anche solo per vedere come viene preparato. Interessante la carta dei vini, ricca di etichette di piccoli produttori locali e nazionali, con disponibilità a bicchiere. Tre menù degustazione, da 27 a 32 euro.

❝ *Grande attenzione per la tracciabilità degli ingredienti, spesso di piccoli produttori locali: di ognuno si conosce la provenienza e il modo in cui è stato coltivato o allevato* ❞

BUSTO ARSIZIO

26 KM A SUD DI VARESE, 35 KM A NO DI MILANO

La Rava e la Fava
Osteria moderna
Via Rossini, 29
Tel. 0331 683233
Chiuso il mercoledì
Orario: mezzogiorno e sera
Ferie: 7-21 agosto, 27 dicembre-6 gennaio
Coperti: 40
Prezzi: 35-39 euro vini esclusi
Carte di credito: CS, MC, Visa, BM

L'osteria si trasferirà a novembre nell'isola pedonale del centro storico, in via Milano 4. Non cambieranno il numero di telefono e neppure lo staff. Rimarranno in cucina Diego Dani Sansugaro e, in sala, Fabio Rivolta a gestire con gentilezza e sollecitudine le ordinazioni, fornendo innumerevoli informazioni sui piatti offerti e sulle caratteristiche della cucina bustocca che si cerca di proporre all'interno di un menù molto variegato. Aprono la sequenza dei piatti, come antipasti, i taglieri di salumi lombardi e toscani (13 €) e di formaggi, tra i quali spiccano alcuni Presìdi Slow Food: violino di capra della Valchiavenna, prosciutto del Casentino, bitto storico. L'offerta dei primi prevede zuppa di cipolle con crostone di pane e puzzone di Moena, **risotto con la luganiga** o ai porcini arrostiti, gnocchi di castagne al sugo di fagiano o di ricotta e ortiche al sugo vegetariano (12 €), penne della casa con pomodoro fresco e fave. Tra i secondi, *pulent'e brusciti*, rustisciada, *casoeûla*, costata e fiorentina di chianina, **stufato d'asino con polenta bio** (12 €), sfogliatina di capriolo con crema di porcini, filetto di maialino in crosta di pane con fonduta di fontina. Ottimo, tra i dolci, il cuore di fondente su vellutata di lamponi (6 €); inoltre crème caramel al rum con cacao e amaretti. Ricca carta dei vini con etichette nazionali dal giusto ricarico e possibilità di portare a casa la bottiglia non finita. Tre menù degustazione, due a 30 euro e uno a 35.

🔒 In via Tosi 2, la Casa del Parmigiano di Giovanni Frati offre un'attenta selezione dei migliori formaggi artigianali italiani a latte crudo.

LOMBARDIA | 149

CANTELLO

8 KM A EST DI VARESE

L'Osteria di Nerito Valter
Osteria tradizionale
Via Roma, 4
Tel. 0332 417802
Chiuso il mercoledì
Orario: mezzogiorno e sera
Ferie: 3 settimane in agosto, 25/12-10/1
Coperti: 60
Prezzi: 25-30 euro vini esclusi
Carte di credito: tutte, BM

Specialità asparagi, funghi e selvaggina: con questa insegna si presenta al pubblico lo storico locale situato nel centro di Cantello, borgo dell'alto Varesotto ai confini con la Svizzera. L'insegna, sebbene possa sembrare un po' retrò, stabilisce l'identità dell'osteria, orientata alla valorizzazione del territorio, in primis alla cultura dell'asparago. Alla guida del locale ci sono Valter, che segue – a modo suo – la sala, occupandosi degli ospiti, e la moglie Rosangela, addetta alla cucina. Tra aprile e maggio i riflettori sono puntati sull'**asparago bianco di Cantello**, proposto in svariati modi, a partire dal più semplice, **con burro e parmigiano** (6 €), e presente praticamente in tutte le portate: citiamo tra i primi (8 €), i **ravioloni** e le classiche crespelle. Da non sottovalutare la ricca selezione di antipasti, che contempla salumi artigianali, torte salate, sformati di verdure di stagione (6 €). La bravura di Rosangela traspare anche nei secondi a base di carne: in inverno un ottimo **brasato di manzo al vino** (13 €), servito **con polenta** preparata con farina macinata a pietra; non da meno il coniglio e, nella stagione della caccia, la selvaggina. I formaggi sono un must, a cui non si può sfuggire, e così i dolci di casa (5 €), tra i quali spiccano crostate, **panna cotta**, tiramisù. La selezione dei vini è minima ma onesta, con un occhio di riguardo verso piccole realtà artigianali. A pranzo, durante la settimana, è disponibile un menù di lavoro, semplice e corretto (10 €).

🛍 Fuori dal centro abitato, in via Pianezzo 34, l'azienda agricola di Federica Baj, certificata bio, coltiva e vende asparagi e verdure.

CAPPELLA DE' PICENARDI

17 KM A EST DI CREMONA

Locanda degli Artisti 🍷
Trattoria
Via XXV Aprile, 13
Tel. 0372 835576-335 6040738
Chiuso domenica sera e giovedì
Orario: mezzogiorno e sera
Ferie: non ne fa
Coperti: 65 + 12 esterni
Prezzi: 37 euro vini esclusi
Carte di credito: tutte, BM
♿

Nel piccolo borgo immerso nella campagna spicca la bella cascina rinnovata dalla famiglia Carboni con grande rispetto per la storia del luogo. Sergio, patron e cuoco, con un'esperienza anche internazionale, articola un menù ricco con variazioni sempre azzeccate. Qui il maiale la fa da padrone, per cui non possono mancare eccellenti salumi (13 €), che potrete ammirare dal vostro tavolo, attraverso la vetrata che divide la sala dalla cantina, appesi alle travi del soffitto sopra grandi vassoi di tagliatelle, fra le bottiglie di vino: guanciale di morbido lardo, salame cremonese, culaccia servita con fraganti brioche al gorgonzola. Tra le altre entrée, **luccio in salsa con polenta**, storione in carpione dolce, sformato di zucca con fonduta di castelmagno (13 €). La pasta fatta a mano è la protagonista dei primi: **marubini ai profumi dell'orto** (15 €), **tortelli di zucca con vincotto** (9 €), tagliatelle condite secondo stagione; in alternativa una nutrita serie di **risotti – con zucca e salsiccia** (13 €), ai formaggi lombardi, con radicchio rosso e provola – e gnocchi verdi con crema di taleggio. Tradizionali i secondi: filetto di maiale rosato in agrodolce (13 €), sovrana di faraona al pepe rosa, **cotechino con le verze**, baccalà in umido con capperi e patate, **pernice di manzo stufata**. Superba proposta di **formaggi** con qualche decina di tipologie, che potrete accompagnare con un buon bicchiere di vino consigliato da Michele, figlio di Sergio, in sala con il cugino (anche lui figlio d'arte), scegliendo in una carta di 180 etichette. Per finire, tra i dolci (6 €), **sbrisolona**, bavarese ai tre cioccolati, panna cotta, sorbetti.

CAPRIANO DEL COLLE
Fenili Belasi

15 KM A SUD DI BRESCIA

Antica Trattoria La Pergolina
Trattoria
Via Trento, 86
Tel. 030 9748002
Chiuso domenica e lunedì sera
Orario: mezzogiorno e sera
Ferie: 3 settimane in agosto, 1 in gennaio
Coperti: 70
Prezzi: 35 euro vini esclusi
Carte di credito: tutte, BM

Dal 1877 la trattoria propone ricette del territorio bresciano, imperniate su piatti di carne dai sapori decisi. A interpretare la tradizione locale in cucina c'è da alcuni anni Maria Olmi, coadiuvata in sala da uno staff attento e professionale. Gli arredi degli ampi locali restaurati si addicono maggiormente a un ristorante elitario che a un'osteria familiare, e così il menù che tuttavia, nonostante alcune concessioni, si mantiene perlopiù nel solco della consuetudine locale. Si inizia con eccellenti salumi, tra cui spiccano culaccia con puntarelle (12 €) e **lardo con crostini**, seguiti da timballo di zucchine con crema allo zafferano e bagòss e frittata di verdure con scaglie di pecorino. Tra i primi (11,50 €), **gnocchi di zucca al cucchiaio**, stracci di pasta fresca al salmì di fagianella, **tortelli di bagòss** o una rivisitazione dei casoncelli con ripieno di erbette. Grande protagonista dei secondi la carne, proposta sia alla griglia (16 €), in diverse preparazioni, che spaziano dalle costolette d'agnello scottadito a tagliate varie, sia in piatti robusti, quali il **filetto di manzo alla senape antica e trevisana** (23 €), di maialino su crema di bagòss o, ancora, di cavallo al profumo di agrumi. Volendo concludere con un dolce (5 €), arrivano dalla cucina semifreddo alla liquirizia con salsa alla menta, biancomangiare con salsa ai frutti di bosco, fragole con zabaione, tortino ai mirtilli con mantecato alla crema. Pane e focaccia sono fatti in casa ed è disponibile un menù degustazione tradizionale, con alcuni piatti a scelta, a 25 euro. Carta dei vini essenziale che lascia spazio alla produzione degli immediati dintorni.

CARATE BRIANZA

25 KM A NE DI MONZA, 13,5 KM DA MILANO

La Piana
Ristorante
Via Zappelli, 15
Tel. 0362 909266
Chiuso domenica sera e lunedì
Orario: mezzogiorno e sera
Ferie: 16-30 agosto
Coperti: 30 + 30 esterni
Prezzi: 37 euro vini esclusi
Carte di credito: CS, MC, Visa, BM

La verde e operosa Brianza offre al visitatore, oltre ad aree naturalistiche di grande bellezza e monumenti di valore storico e architettonico, l'accogliente ristorante del bravo Gilberto Farina. In apertura tartelletta di mais, tartara di verdure e bagnetto rosso (8 €), alici marinate con misticanza e limoni canditi, **insalata russa**. I primi variano con la stagione: **millefoglie di riso con ragù di agnellone** (12 €), tagliatelle all'uovo con pasta di salame e vellutata di piselli, passata di piattella canavesana con straccetti di baccalà, **riso al salto alla milanese**. Dalle acque dolci passano direttamente in padella il lavarello del Lario cucinato con erbe aromatiche, gli agoni e i **missoltini grigliati e serviti con polenta integrale** (13 €); arrivano, invece, dai pascoli le carni per l'**ossobuco di vitello in gremolada**, il rognoncino trifolato, il filetto di maiale gratinato al timo con tortino di patate e cipollotto, i *mondeghili* con purè di patate, il giovedì e il venerdì il gran bollito offerto con mostarda e salsa verde. Una nota di merito per la selezione dei **formaggi**, tra i quali spiccano numerosi Presìdi Slow Food. Chiudono i dolci (6,50 €): flan di cioccolato, crème brûlée alla menta piperita, torta della casa. Carta dei vini eccellente e possibilità di accompagnare i piatti con ottimi vini di cantine lombarde, serviti anche al calice, o con birre artigianali. Diversi menù degustazione a 29 euro.

❝ *Varcando la soglia del locale si ritrovano ogni volta competenza e amore per il territorio, ingredienti che confermano La Piana portabandiera della tradizione culinaria brianzola* ❞

LOMBARDIA | 151

CASALBUTTANO ED UNITI

14 KM A NORD DI CREMONA SP 86

Il Poeta Contadino
Ristorante con alloggio
Strada Provinciale, 6
Tel. 0374 361335
Chiuso domenica sera e lunedì
Orario: mezzogiorno e sera
Ferie: ultime due settimane di luglio
Coperti: 50 + 20 esterni
Prezzi: 30 euro vini esclusi
Carte di credito: CS, DC, MC, Visa, BM

A venti minuti dalla città, un tipico cascinale ben ristrutturato ospita il ristorante con annessa locanda, dotato di un bel porticato, sotto il quale si può mangiare nella stagione estiva. Il locale parla di tradizione, ma è allo stesso tempo raffinato, e chiaccherando con Marco, il cuoco, si percepisce l'impegno e la passione con cui vengono scelte ed elaborate le materie prime, di stagione e provenienti dalle campagne limitrofe. Si vogliono offrire agli ospiti piatti semplici ma ricchi di gusto, reinterpretando le ricette della tradizione con sapienza, e questo è chiaro a partire dagli antipasti: un delicatissimo **tonno di coniglio** (9 €) con insalatina di stagione – da non perdere – e l'immancabile tagliere di salumi con **verdure in agrodolce**. Per continuare si può scegliere tra l'*orzotto*, mantecato in stagione con salsiccia e funghi porcini trifolati, il risotto con punte di asparagi e stracchino, la pasta fatta in casa: da assaggiare i **ravioli di ricotta e ortiche** (7,50 €) e le tagliatelle con ragù d'anatra. Curati e impeccabili i secondi: tartara di fassona piemontese battuta al coltello (11 €), sella di coniglio disossata e farcita al forno (9 €), luccio in carpione leggero, una selezione di formaggi padani, il tutto accompagnato con le **mostarde** e le confetture fatte in casa. Semifreddi, mousse e torte casalinghe, tra cui un'ottima **sbrisolona**, concludono il pasto. Completa la carta dei vini, con un'attenzione particolare per le etichette da dessert.

A **Castelverde** (8 km), in via Licengo 1, da Carlo Eugenio Fiorani, un'azienda agricola a ciclo chiuso, è possibile acquistare pane, salumi, verdure e conserve di qualità.

CASTIGLIONE DELLE STIVIERE
Fontane

36 KM A NO DI MANTOVA, 29 KM DA BRESCIA SS 236

Hostaria Viola
Ristorante
Via Verdi, 32
Tel. 0376 670000
Chiuso domenica sera e lunedì
Orario: mezzogiorno e sera
Ferie: primi giorni di gennaio, settimana centrale di agosto
Coperti: 60
Prezzi: 35 euro vini esclusi
Carte di credito: CS, MC, Visa, BM

Stupisce la capacità della giovane cuoca Alessandra di condurre il cliente attraverso piatti e prodotti della tradizione mantovana con sicurezza e maestria: mai un errore, mai un eccesso. Anche le innovazioni si integrano con i piatti che da quattro generazioni la famiglia Viola propone. La stessa bravura si riscontra nella carta dei vini, che sorprende per i continui aggiornamenti. È Paolo, il marito, che segue la cantina e verifica ogni anno le eccellenti produzioni inserite «perché il vino non è uguale tutti gli anni», come fa con i distillati e le birre artigianali. In menù, alcuni piatti "doverosi", da provare: **sformato di polenta** *consa* **alla zucca** (7 €), **luccio in salsa** (9 €), **tortelli amari** – specialità di Castel Goffredo, paese di origine della famiglia – ripieni di erba san Pietro (11 €), **tortelli di zucca** e agnoli di carne, serviti anche in un trittico (12 €), **insalata di faraona alla Stefani**, secondo una ricetta gonzaghesca rivisitata (12 €), filetto di manzo al Lambrusco mantovano. Ma ci sono anche *sorbir* di agnolini, riso alla pilota, *capunsei*, zuppa di cipolle, **tagliolini in salsa di aglio orsino**, stinchetto di maiale al forno senza osso con purè di patate, stracotto alle verdure in olio del Garda (13 €), **baccalà mantecato**. Eccellente selezione di **formaggi**, con attenzione per le piccole produzioni. Buoni i dolci: sbrisolona, torta di mele e cannella, tiramisù espresso (6 €).

> *Hic manebimus optime (Qui staremo benissimo)!* La frase di un centurione romano, riportata da Tito Livio nella sua Storia Romana, sorge spontanea in chi è già stato all'Hostaria Viola

COLLIO

41 KM A NORD DI BRESCIA SP 345

Tamì

Trattoria *novità*
Piazza Zanardelli, 9
Tel. 030 927112-335 6846358
Chiuso lunedì e martedì, mai in agosto
Orario: mezzogiorno e sera
Ferie: variabili
Coperti: 50
Prezzi: 32-37 euro vini esclusi
Carte di credito: Visa, BM

Si trova a due passi dal Municipio il Tamì (soprannome della famiglia Lazzari), già noto come "casa del pellegrino" quando la nonna dell'attuale proprietario conduceva l'unica bottega del paese e non negava mai un piatto caldo e un bicchiere di vino al viandante che ne aveva bisogno. Scuola alberghiera prima e gavetta in giro per il mondo poi, il ritorno a casa per Mauro ha significato elaborare una cucina rispettosa sia della produzione locale sia della tradizione gastronomica valtrumplina, negli spazi dell'antica bottega chiusa da anni. Potrete quindi cominciare con un giro di salumi, **cervella con carciofi** (10 €) o fiori di zucca, tartare del Tamì a base di carne di bruna alpina tagliata al coltello. Per continuare **tortelli** (8 €) **con erbette e puina** (ricotta in dialetto), gnocchetti di patate con fonduta ai formaggi di malga o bagòss (Presidio Slow Food), pappardelle al ragù di cervo. Fra i secondi **guancine all'olio** (16 €), millefoglie di carne al bagòss e radicchio o **degustazione di formaggi del territorio** nostrano: della Val Trompia, formaggella di Collio, vaia dal monte omonimo vicino al Passo Maniva (10 €). Semplici ma gustosi i dolci: sfogliatine alle mele caramellate, gelato di malga, tortino al fondente. La carta dei vini comprende un discreto numero di etichette nazionali.

CORTE DE' CORTESI CON CIGNONE

18 KM A NE DI CREMONA SS 45 BIS

Il Gabbiano

Trattoria
Piazza Vittorio Veneto, 10
Tel. 0372 95108-335 8019063
Chiuso mercoledì sera e giovedì
Orario: mezzogiorno e sera
Ferie: 10 giorni in gennaio
Coperti: 60 + 30 esterni
Prezzi: 35 euro vini esclusi
Carte di credito: AE, CS, MC, Visa, BM

Nella piazza del piccolo centro padano, una trattoria che rivela grande attenzione per il territorio, la cultura cremonese e i prodotti di qualità. Il locale, accogliente e curato, ospita nell'ingresso un'enoteca di tutto rispetto e vetrine che espongono prodotti tipici, tra cui vari Presìdi Slow Food. Menù ricco e dettagliato, che suggerisce un vino, spesso disponibile al calice, per ogni piatto, e mette in risalto pietanze vegetariane e senza glutine. Tra gli antipasti, salumi locali, culatello di Zibello con focaccine, prelibatezze d'oca, **gosafer alla cremonese** (crema di sardine del lago d'Iseo) **con verdure e polenta** (10 €). Gustosi i primi: tortelli di ricotta e spinaci con salva cremasco (10 €), **marubini con salsa di noci e grana**, gnocchetti con ragù d'anatra e chiodini, risotto con carciofi e silter (aromatico formaggio della Valcamonica). Difficile la scelta tra i numerosi secondi (14 €): faraona di nonna Bigina con mostarda casalinga (storica ricetta del Settecento), **coscia d'oca arrosto con marroni**, bocconcini di cinghiale in umido con polenta, **coregone di lago alla gardesana**, costolette di agnello a scottadito con patate. Concludono il pasto una superba selezione di formaggi con confetture e allettanti dolci. Buone birre artigianali e una curata selezione di distillati, anche internazionali. Pranzo di lavoro a 12 euro e menù degustazione a 25 e 35, vini esclusi.

> 66 *Da oltre trent'anni la famiglia Fontana lavora con la certezza che solo con il rispetto della tradizione, la valorizzazione del territorio e dei suoi prodotti si possa raggiungere l'eccellenza* 99

CREMONA

Al Carrobbio
Ristorante annesso alla locanda
Via Castelverde, 54
Tel. 0372 560963
Chiuso mercoledì sera e giovedì
Orario: mezzogiorno e sera
Ferie: primi 15 giorni di gennaio
Coperti: 90 + 40 esterni
Prezzi: 30 euro vini esclusi
Carte di credito: tutte, BM

Un luogo fuori dal tempo, che le sorelle Monica, in cucina, e Sara con Eleonora, in sala, gestiscono ormai da molti anni. In aperta campagna, tuttavia poco distante dal centro di Cremona, dopo pochi chilometri di stradina stretta tra i campi di granturco si arriva in questo locale ricavato in una vecchia casa padronale ospitale e confortevole, con un ombroso parco e un utile spazio giochi per bambini. Il menù è accattivante, varia con le stagioni e si rinnova di mese in mese, con proposte vegetariane e abbinamenti a bicchiere. Ogni giorno per pranzo una proposta a 12 euro, due piatti a scelta fra tre primi e tre secondi. Prevalenza per le carni ma non mancano proposte di pesce secondo disponibilità del fresco giornaliero. Si comincia con il classico **piatto di salumi misti del territorio** (8,20 €) accompagnato da verdure all'agro e con cestini di polenta con gorgonzola dolce e salame di casa. Per primi, paste quali **tortelli di ricotta di bufala con zucchine e prosciutto crudo** (9 €), tagliolini all'uovo con tonno fresco e melanzane fritte, fagotti di spinaci con burro alle erbe e grana padano. Si può proseguire con tagliata di manzo cotta sulla pietra e servita con salsa di casa e verdure rosolate, **coscia di pollo bio disossata con patate arrosto e verdure grigliate** (10 €). In alternativa alle carni **schiacciatina di grano croccante con verdure e fontina** (9 €) e piatti vegetariani (8 €). Qualche dessert per finire; carta dei vini con molti biologici dai corretti ricarichi. Il menù degustazione costa 30 euro.

■ In via Gonfalonieri 7, Bio Caffè Tartatelle: degustazione e vendita di caffè, tè, birre, vini, miele da agricoltura biologica.

154 | LOMBARDIA

CREMONA

Hosteria 700
Ristorante
Piazza Gallina, 1
Tel. 0372 36175
Chiuso lunedì sera e martedì
Orario: mezzogiorno e sera
Ferie: non ne fa
Coperti: 90
Prezzi: 35 euro vini esclusi
Carte di credito: AE, CS, MC, Visa, BM

Gli ambienti, in particolare la sala rossa, ricavati in un palazzo ottocentesco con sale affrescate ed eleganti, potrebbero indurre a un iniziale spaesamento, che rientra subito grazie all'accoglienza cordiale e informale. Del resto l'impostazione è quella di un locale che segue la stagionalità e la disponibilità delle materie prime (di recente c'è stata l'introduzione di qualche piatto con pesce di mare fresco) e produce in proprio, oltre alle varie paste fresche, ottime mostarde, marmellate e confetture. Troviamo tra gli antipasti dei classici come la "sinfonia" della terra cremonese (12 €) o il **tortino di asparagi con fonduta di Asiago** (12 €). Tra i primi piatti, oltre ai fantastici risotti (ogni secondo giovedì del mese c'è una serata a tema) sono ottimi i **tortelli di torrone con fonduta di provolone** (11 €), che non potevano mancare nella capitale del torrone, oppure i tagliolini all'uovo con ragù d'anatra (11 €). Per i secondi, sul podio la **lombatina di agnello da latte con salsa di mirtilli e timballino di melanzane** (20 €) o la coscia di coniglio nostrano ripiena con purea di mele renette. Per concludere, degustazione di formaggi nazionali (12 €) con le mostarde, oppure si passa direttamente al dolce: tra gli altri, il semifreddo al torrone, la torta al cioccolato o la tarte tatin (5 €).

■ In via Latina 18, Enoteca Cremona: attenta selezione di etichette regionali e nazionali con buon rapporto tra qualità e prezzo. Vendita di piccole produzioni del territorio.

CURIGLIA CON MONTEVIASCO
Monteviasco

43 km a nord di Varese

Barchet
Trattoria
Via Leonardo da Vinci, 1
Tel. 348 8839418
Aperto sabato e domenica, luglio e agosto sempre
Orario: mezzogiorno, sera e altri giorni su prenotazione
Ferie: non ne fa
Coperti: 40
Prezzi: 25-30 euro vini esclusi
Carte di credito: nessuna

Se volete stimolare l'appetito, non avete che da evitare la comoda funivia e fare a piedi la salita fino a Monteviasco: faticherete sui mille e quattrocento scalini, ma ne varrà la pena. Poi vi rifarete, perché al Barchet le porzioni sono abbondanti. Inoltre, e non secondariamente, vi diciamo che questo borgo di case di pietra lontano da tutto varrebbe da solo la visita, dunque non disdegnate la camminata. In ogni caso, una volta seduti al tavolo troverete altri buoni motivi per non pentirvi: si può partire con un antipasto di salumi nostrani e verdure in agrodolce, oppure con un piatto di **formaggi caprini e vaccini con mostarda** fatta in casa (8 €). Come primo piatto *pizzocheri*, lasagne al ragù di cinghiale o **risotto slinzega e zafferano** (tutti a 8 euro). Quindi un trionfo di **polenta**: **con il brasato**, il cinghiale, i porcini, il formaggio fuso o **con le costolette di cervo** (12 €). Fra i dolci prevalgono proposte ben collaudate: tiramisù, crostate, torta di ricotta di capra e, sempre con latte di capra, un gelato con miele e frutti di bosco. È possibile scegliere anche menù completi, a prezzo variabile dai 23 ai 28 euro a persona. Carta dei vini limitata ma dignitosa.

🛡 In via Cesare Battisti 11, presso l'azienda agricola di Albino Gatta (comunità del cibo dei produttori di Curiglia. Monteviasco e Piero) ottimi formaggi di capra.

CURTATONE
Grazie

7 km a ovest di Mantova

Locanda delle Grazie
Ristorante
Piazzale Santuario
Tel. 0376 348038
Chiuso martedì e mercoledì
Orario: mezzogiorno e sera
Ferie: 1 sett in gennaio, 1 in giugno, 1 in agosto
Coperti: 90
Prezzi: 25-32 euro vini esclusi
Carte di credito: CS, DC, MC, Visa, BM

Nella Piazza del Santuario della Beata Vergine delle Grazie trovate questo locale dall'ambiente curato, gestito con competenza e spirito di accoglienza da una famiglia legata alle tradizioni mantovane, e in particolare da un'ostessa vera che non sa solo accogliere e consigliare ma anche raccontare. Porzioni generose, con schiacciatine, grissini e varie qualità di pane fatti in casa e un menù che omaggia la mantovanità. Si inizia con **salumi locali** accompagnati da giardiniera e mostarda fatte in casa, **luccio in salsa** con polenta abbrustolita, **frittata con i salterini**, **insalata di carni bianche alla Gonzaga** (con pinoli e uvetta) e cotiche con i fagioli stufati, di rara bontà. Dopo un **sorbir d'agnoli** (tortellini in brodo in tazza con Lambrusco mantovano) per annegare gli antipasti, si prosegue con un maestoso **risotto alla pilota** di vialone nano o con tortelli di zucca, **tagliatelle con l'anatra**, strepitose per leggerezza e succulenza. Tra i secondi, lo **stracotto di somarina** e il **cotechino**, di cui, durante la fiera dell'Assunta, se ne consumano ben 14 quintali. Per finire **sbrisolona**, millefoglie, **zabaione** e tortino di cioccolato. Ben fornita la cantina, con prevalenza di vini mantovani, e ricarichi molto onesti; decisamente consigliabile il sincero Lambrusco mantovano in bottiglia proposto dall'ostessa. Conto senz'altro equilibrato e favorevole. In vendita mostarde, tagliatelle, grissini e schiacciatine mantovane, salami, sbrisolona, gli stessi provati a tavola.

> *Miracoloso equilibrio tra qualità, tradizione, servizio, ambiente e prezzo*

LOMBARDIA | 155

DOSSO DEL LIRO

56 KM A NORD DI COMO

Aquila D'Oro
Trattoria
Via Civano
Tel. 0344 85882-334 3838043
Chiuso il martedì, mai in agosto
Orario: mezzogiorno e sera
Ferie: ultima settimana di settembre
Coperti: 50
Prezzi: 26-29 euro vini esclusi
Carte di credito: tutte, BM

Da Gravedona basta risalire per pochi chilometri la valle del Liro per raggiungere questa trattoria di montagna, luogo d'incontro per gli abitanti del piccolo borgo, che sostano volentieri nel bar adiacente alla sala per un bicchiere, una partita a carte, due parole. Ambiente semplice, con molte fotografie che ritraggono contadini al lavoro nella produzione di formaggi e salumi: un'attenzione ai prodotti della propria terra che Plinio Bossio ricerca con passione e coltiva anche in proprio. Inizierete allora con il tagliere di salumi e formaggi serviti con giardiniera di verdure provenienti dall'orto di proprietà e/o con la polenta e pancetta al pepe nero (8 €), prima di passare alle paste fatte in casa: **tagliatelle di grano saraceno con formaggio d'alpeggio** (8 €), gnocchetti di patate conditi con ricotta, pomodoro e basilico, pappardelle al ragù di salsiccia o cinghiale. Secondi prevalentemente di carne: **bocconcini di cinghiale brasato** (13 €), arrosticini di pecora serviti con polenta, tagliata di manzo oppure **tagliere di formaggi locali selezionati** (8 €). In stagione, pescato di giornata permettendo, vi saranno proposti gustosi piatti di pesce del vicino lago di Como. Potrete chiudere con torte o **sorbetti alla frutta di stagione** sapientemente preparati da Plinio e da mamma Graziella. Buona cantina, con una nutrita presenza di vini valtellinesi e lariani.

DUMENZA
Runo

34 KM A NORD DI VARESE

Smeraldo
Ristorante
Via Fiume, 1-3
Tel. 0332 517065
Chiuso il martedì
Orario: mezzogiorno e sera
Ferie: variabili
Coperti: 130
Prezzi: 33-35 euro vini esclusi
Carte di credito: MC, Visa, BM

In questo borgo immerso nel verde della Valdumentina, chiamata non a caso valle dello Smeraldo, sono nati sia il grande pittore Bernardino Luini sia Vincenzo Peruggia, autore del furto della Gioconda di Leonardo dal Louvre di Parigi, nel 1911. Ma la frazione di Runo, dove si trova il ristorante, ha dato i natali a un terzo personaggio, dalla fama più consona all'oggetto di questa guida: Bartolomeo Scappi, cuoco di ben tre papi nel Cinquecento. Allo Smeraldo si svolgono di tanto in tanto iniziative culturali-gastronomiche per ricordarne la figura. La terrina di coniglio di Carmagnola con le castagne e il **prosciutto di cinghiale con tartare di cipolla rossa** (12 €) figurano tra gli antipasti, i razzocheri (ravioli ripieni di bitto) e il ricco **risotto Smeraldo** (13 €) tra i primi – il patron e cuoco Alessandro Pelandella offre di che soddisfare i frequentatori, con piatti che impiegano Presìdi Slow Food – possono adeguatamente preparare all'ampia scelta di secondi: ossobuco con polenta, milanese e un eccellente **piccione farcito al fegato d'oca su scarola brasata** (19 €). Se si preferisce il pesce, non mancano persico dorato e **carpione del lago alla cipolla rossa** (14 €). Doveroso segnalare la presenza di formaggi di capra, tipicità di queste valli: **formaggino fresco** (6 €) o una più ampia selezione di prodotti. Tutti fatti in casa i dessert (5-6 €), dal leggero **tiramisù** allo zabaione con gelato. Servizio attento e cortese, carta dei vini adeguata alla proposta gastronomica.

In località **Due Cossani** (2 km), via Libertà 15, Ambrogio Rossi produce miele di montagna, polline e derivati del miele.

EDOLO

100 km a nord di Brescia, 48 km da Sondrio

Hostaria
La Corte di Bacco
Ristorante
Via Privata Mottinelli, 1 D
Tel. 0364 72025-338 5282541
Chiuso domenica sera e lunedì
Orario: mezzogiorno e sera
Ferie: 1 settimana tra gennaio e febbraio, 1 in ottobre
Coperti: 45 + 25 esterni
Prezzi: 30-35 euro vini esclusi
Carte di credito: CS, MC, Visa, BM

Il nome rimanda a una storica cantina camuna che aveva sede nello stesso edificio e di cui conserva calore ed elementi d'arredo: enormi botti adattate al servizio e alla mescita, un vecchio ufficio-cassa che domina la sala, pietra e legno alle pareti. Marco, coadiuvato da Daniela, ha fatto tesoro delle numerose esperienze extravalligiane; la sua cucina, infatti, sa coniugare tradizione alpina e qualche impulso innovativo: erbe spontanee, salumi, formaggi, funghi, tutto ciò che arriva nel piatto è frutto di una attenta e costante ricerca nel territorio. Potrete aprire con **insalata tiepida di testina e lingua in salsa verde** (9,50 €), zuppetta di fagioli cannellini e porcini, o con i tradizionali salumi, e continuare con **tagliatelle di castagne al ragù di lepre e finferli** (8,50 €), pappardelle ai funghi o trippa con funghi e borlotti. Fra i secondi, **costolette di maiale affumicate con cavolo e mela edolese** (15 €), tagliata di cervo o petto di fagiano farcito con castagne e servito con spinaci e bagoss (Presidio Slow Food), **degustazione di formaggi camuni** (13 €) **e fatulì** (altro Presidio). Per concludere uno strepitoso tortino di grano saraceno con crema ghiacciata alla liquirizia e pepe nero, tiramisù alle castagne o mousse di cioccolato fondente. Buona carta dei vini con possibilità di mescita a bicchiere. Un consiglio sine, infine: raggiungete Edolo col trenino che collega Brescia con Iseo e la Val Camonica (Gambadilegno, come lo chiamano i bresciani vi regalerà una passeggiata che non vi farà rimpiangere il tempo speso).

ESINE

62 km a ne di Brescia ss 510, 8 km da Darfo e da Breno ss 42

La Cantina
Trattoria
Via IV Novembre, 7
Tel. 0364 466411
Chiuso lun, mar e mer, in agosto e in dicembre solo mercoledì
Orario: sera, sabato e domenica anche pranzo
Ferie: in luglio
Coperti: 70 + 30 esterni
Prezzi: 22-25 euro vini esclusi
Carte di credito: nessuna

Trattoria ricavata con semplicità e buon gusto in una casa del centro storico, con una bellissima collezione di pentole e paioli di rame e una serie di piccoli attrezzi delle famose fucine camune. In cucina l'amabile Oriana, fedele interprete della cucina locale, parte dalla stagionalità e dalla scelta oculata delle materie prime di prossimità, enunciate in un elenco di fornitori visibile a ogni tavolo. In sala il marito Giacomo, vero granaio della memoria, illustra con cura e precisione il menù. Si inizia con l'assortimento di antipasti (4,80 €) – tagliere di salumi, con salame, pancetta e lardo deliziosi, **frittata all'erba di san Pietro**, polenta con fonduta di formagella, giardiniera fatta in casa, carpione di alborelle, ricotta caprina al miele – cui fanno seguito le paste fresche, le **foiade** (7,60 €) di farina di castagne con burro di montagna e salvia, oppure le tagliatelle di pasta fresca condite stagionalmente con sughi diversi, e l'**orzotto alle erbe dell'Oglio** (7,90 €). Tra i secondi, i filetti di **salmerino** (12,40 €), il capù (ripieno di carni varie nella foglia di bietola), il capretto al forno, lo stracotto d'asino. Buona selezione di formaggi sia vaccini sia caprini, tra i quali primeggiano il **fatulì della Val Saviore** (Presidio Slow Food) e il silter, e infine gustose torte caserecce – di cioccolato e ricotta, di mele – o, ancora, panna cotta. Cantina che privilegia i vini della Valcamonica, di Capriano del Colle e della Franciacorta. Ricca selezione di distillati casalinghi alle erbe, tra cui brodo di giuggiole e genepì.

Nel mulino a pietra di via Mazzini 41 Francesco Tognali macina le farine per la polenta camuna.

LOMBARDIA | 157

GALLARATE
Cascinetta

19 km a sud di Varese, 42 km da Milano

Osteria dei Peccatori
Osteria moderna
Corso Colombo, 39
Tel. 0331 777115
Chiuso il lunedì e martedì sera
Orario: mezzogiorno e sera
Ferie: tre settimane in agosto
Coperti: 85
Prezzi: 38-40 euro vini esclusi
Carte di credito: tutte, BM

Si lascia a Gallarate l'A 8 Milano-Varese per arrivare nel rione Cascinetta e fare una bella scoperta, tra capannoni industriali e palazzine: una piccola, gradevole casa su un solo piano ospita quest'osteria dai locali spaziosi, arredati con gusto semplice. L'accoglienza da parte di Anna Mascolo è gentile e amichevole, così come la disponibilità a spiegare le caratteristiche e la storia dei piatti, quasi tutti legati alla tradizione locale e lombarda. Sono cinque le proposte per rompere il ghiaccio, tra cui gli antipasti misti tipici (18 euro per due persone) comprendenti tra l'altro la delicata **cervella alla milanese**. Fra i primi **risotto con le lumache** (12 €) e riso offerto in altre sei varianti. In alternativa suggeriamo i semplici ma gustosi **spaghetti** fatti in casa **cacio e pepe** (10 €). I secondi sono illustrati in due liste: quella dedicata a ben sette tipi di cotolette, cucinate in vari modi, e quella delle altre proposte. Spiccano i *brüscitt* bustocchi (15 €), secondo la ricetta tradizionale della vicina Busto Arsizio: il nome significa "briciole", perché sono saporiti pezzettini di carne di manzo cotti nel vino e accompagnati dalla polenta. Particolari, e croccanti, le **rane di risaia fritte** (15 €). Non mancano la trippa, l'**ossobuco** e lo stufato d'asino. Si conclude con una buona selezione di formaggi e di dolci fatti in casa. Nella carta dei vini etichette lombarde e nazionali, con alcune scelte di alto livello.

GUSSAGO
Navezze

12 km a no di Brescia

Osteria dell'Angelo
Trattoria
Via Fontana, 25
Tel. 030 2770139-333 7307996
Chiuso il lunedì e martedì a pranzo
Orario: mezzogiorno e sera
Ferie: 10 giorni dopo l'Epifania
Coperti: 80 + 40 esterni
Prezzi: 33-36 euro vini esclusi
Carte di credito: CS, DC, MC, Visa, BM

È in piena Franciacorta l'Osteria dell'Angelo gestita da Emanuela ed Ettore Rovelli. Già sulla soglia il profumo di carni alla brace stimola a entrare nel locale luminoso e accogliente che si articola, dopo l'atrio col bancone bar, in due sale con opere di tema rurale alle pareti e una terrazza affacciata sulle colline per la bella stagione. Il menù, grazie all'assiduo rapporto con i produttori del circondario, rende onore a una cucina locale e stagionale, con la pasta e il pane fatti in casa. Buono l'antipasto camuno di bresaola, filetto di capra, **salame di Monte Isola** e composta di fichi, o in alternativa quello contadino a base di pancetta, coppa e sottoli (9 €). Proseguiamo con i **casoncelli** di nonna Caterina al burro di malga (9 €), i tortelli al radicchio e gorgonzola, le caramelle di pere con scagliette di bagòss (Presidio Slow Food) e le tagliatelle al pomodoro di Lucera. Imperdibili lo **spiedo bresciano** e **il manzo all'olio** (14 €), due capisaldi della tradizione bresciana; non mancano mai il maialino con crema di latte e nocciole, la robiola alla griglia con verdure e petto d'oca e, in stagione, le sarde del lago. Si può andare avanti con un'ottima selezione di **formaggi** e/o concludere con semifreddo di pistacchio, millefoglie ai frutti di bosco, torta tiepida al cioccolato con gelato alla vaniglia. La carta dei vini è ben fornita, con particolare attenzione alle etichette locali.

A **Rodengo Saiano** (6 km) la fattoria Paradello, in via Paradello 9, alleva capponi e galline, vende uova, farine, pasta e ortaggi biologici.

158 | LOMBARDIA

INVERNO E MONTELEONE
Monteleone

22 KM A EST DI PAVIA SS 235

Righini
Osteria tradizionale
Via Miradolo, 108
Tel. 0382 73032
Chiuso lunedì e martedì
Orario: sera, sab anche pranzo, mer e dom solo pranzo
Ferie: 7-31 gennaio, agosto
Coperti: 90
Prezzi: 37 euro, menù fisso
Carte di credito: nessuna

Gusti decisi, porzioni generose e accoglienza genuina: se siete in sintonia raggiungete, nella fertile e laboriosa campagna della Bassa padana, la trattoria della famiglia Zanaboni Forni, dove ancora oggi è possibile trovare l'instancabile ottantottenne mamma Ines che sovrintende alla cucina, mentre in sala è l'ospitale Battista che accoglie gli avventori. Dopo l'aperitivo a base di raspadura lodigiana (delicate sfoglie di grana poco stagionato) e lardo, veniamo accompagnati al nostro tavolo, apparecchiato con tovaglia verde a quadretti rosa. In sequenza, arrivano in tavola **frittata con verdure**, coppa, cotechino, salamella, tartare di carne cruda; a seguire – portati in sala su ampi carrelli – i ravioli con carciofi, il risotto funghi e asparagi, gli ottimi **raviolini al brasato**. I secondi, serviti fumanti, comprendono coniglia all'aceto, **faraona al vino**, roastbeef. Se dopo il rinfrescante sorbetto alla fragola doveste avere ancora fame, ecco servita la **polenta** messa a cuocere nel paiolo di rame sistemato nella sala centrale, accompagnata – a scelta – da lumache, funghi, castagne, fichi o gorgonzola. Infine torta di farina di nocciole con crema al mascarpone, gelato e cioccolato sciolto, o un'assortita macedonia con frutta di stagione. Il vino – bianco e rosso, fermo e mosso – che accompagna il lauto pasto è prodotto nella vigna curata personalmente da Battista Forni.

ISOLA DOVARESE

24 KM A EST DI CREMONA

Caffè la Crepa
Osteria tradizionale
Piazza Matteotti, 14
Tel. 0375 396161
Chiuso lunedì e martedì
Orario: mezzogiorno e sera
Ferie: 2 settimane in gennaio, 2 in settembre
Coperti: 40 + 20 esterni
Prezzi: 35-38 euro vini esclusi
Carte di credito: CS, MC, Visa, BM

La famiglia Malinverno conduce con rinnovato entusiasmo questa storica osteria: si tratti di terra o di acqua, le proposte sono filologiche e al tempo stesso attuali, partendo dalla cucina delle corti principesche e arrivando a quella delle cascine del Cremonese. L'esperienza gustativa va accompagnata da un tour nelle salette sottostanti dove le collezioni di vini, spiriti e conserve testimoniano i migliori terroir d'Europa, non senza un occhio a sostenibilità e innovazione. Si inizia con una dotta elaborazione dell'**insalata di faraona alla Stefani** con stuzzicanti tocchetti di frutta candita, con il raffinato piatto di pesce all'isolana o con le lumache nostrane alla moda di Borgogna (ciascun antipasto a 12 euro), senza tuttavia trascurare l'accurata selezione di salumi di territorio o la carne concia all'isolana (13 €). A seguire tagliolini con ragù di lago e verdure stagionali, sapidi ma delicati, oppure **tortelli amari all'erba San Pietro**, di pasta tirata in casa, come i **marubini asciutti o ai tre brodi** (11 €): comunque di decida se ne esce soddisfatti. Nei secondi primeggia un croccante e appetitoso **fritto di pesce d'acqua dolce** (18 €) ma c'è anche lo storione del Po (16 €). Di nuovo convincente la faraona, questa volta alla creta, come pure il bollito misto alla cremonese in salsa verde e mostarda, anche in versione estiva. Dopo la preziosa selezione di **formaggi** (3-6 €) vi aspetta un immancabile gelato della casa (6 €) o altri dessert quali lo zuccotto o l'uovo in tegame.

❝ *Vetrina di territori, agricolture e produttori, in cui prospera un nuovo modo di alimentarsi e nuova cultura del cibo* ❞

LOMBARDIA | 159

LECCO
Acquate

2 KM DAL CENTRO DELLA CITTÀ

Antica Osteria Casa di Lucia

Osteria-enoteca con cucina
Via Lucia, 27
Tel. 0341 494594-333 4728989
Chiuso sabato a pranzo e domenica
Orario: mezzogiorno e sera
Ferie: due settimane in agosto
Coperti: 40 + 40 esterni
Prezzi: 37 euro vini esclusi
Carte di credito: tutte

Acquate è un piccolo borgo della città di Lecco, dove rivivere le atmosfere manzoniane è più facile grazie a questa Casa di Lucia, osteria che conserva assetto e fisionomia antichi: il camino, le suppellettili, il bagno nel cortile e il pergolato estivo. Il patron e fondatore Carlo Piras, coadiuvato da uno staff collaudato, propone una cucina territoriale, lecchese e lombarda, attenta alle stagioni e alla disponibilità dei prodotti. Consigliabile in apertura la **brisaola di Chiavenna** di selezionatissima qualità e il classico, lariano **missoltino con la polenta** (entrambi a 10 euro), pesce agone essiccato e riscaldato sul camino. Si prosegue con i primi, tra cui i casoncelli burro e salvia e le **tagliatelle con trote e porri** (10 €) o con rucola e taleggio della vicina Valsassina; in stagione anche **risotto con i filetti di pesce persico**, paste con i funghi e **trippa**. Tra i secondi **involtini di verza ripiena** (12 €), faraona ripiena al forno, brasato al Barolo (14 €), sempre accompagnati da una buona polenta taragna, oppure tagliate di filetto di manzo e costate alla griglia. Vengono proposti assaggi di formaggi locali (imperdibile il **taleggio** Dop stagionato) e nazionali accompagnati con la mostarda (11 euro la selezione di sei prodotti), e non manca una proposta di dolci semplici fatti in casa (5 €) nonché la classica **torta di cioccolato** (4 €).

MANDELLO DEL LARIO
Maggiana

9 KM A NO DI LECCO, 35 KM DA COMO

Sali e Tabacchi

Osteria tradizionale
Piazza San Rocco, 3
Tel. 0341 733715
Chiuso lunedì e martedì
Orario: mezzogiorno e sera
Ferie: prime 2 settimane di gennaio, 2 dopo Ferragosto
Coperti: 30 + 10 esterni
Prezzi: 37 euro vini esclusi
Carte di credito: CS, MC, Visa, BM

Maggiana è una frazione medievale del bel paese lacustre di Mandello – che richiama motociclisti di tutto il mondo per via del museo e dello stabilimento Guzzi – da cui si gode una spettacolare vista del lago di Lecco. Nella piazzetta l'insegna Sali e Tabacchi indica l'ingresso dell'osteria dove la famiglia Lafranconi, attenta alla qualità delle materie prime, propone un'autentica cucina di lago e di tradizione lombarda. Si parte con antipasti (10 €) quali il **misto di pesce di lago** con assaggi di lavarello in tutte le sue originali declinazioni – paté, carpione, affumicato – petto d'anatra affumicato con insalatina, pere e noci, carpaccio di bresaola valtellinese. Si passa ai primi di pasta fatta in casa: **tagliolini con missoltini** (9 €), **lasagnette di verdure miste, asparagi e quartirolo della Valsassina** (10 €), gnocchi di patate con pomodori, favette e ricotta salata. Si prosegue con pesce di lago, secondo disponibilità – ottimo il **filetto di lavarello al burro e salvia** (14 €) – ma ci sono anche piatti di tradizione lombarda come brasato, ossobuco, selvaggina, accompagnati con **polenta oncia** (condita con burro e formaggio). In conclusione, degustazione di formaggi con miele biologico (9 €) e dolci casalinghi (5 €): crostate, crème brûlée o la **meascia**, tipica torta locale. Ampia scelta di vini, focalizzata sui prodotti di Montevecchia e della Valtellina, tutti offerti anche al calice.

Flavio Valassi ogni notte esce con la barca per gettare le reti nel lago e, al rientro, pulito il pesce, lo fornisce all'osteria.

UN MONDO BUONO E GIUSTO ANCHE A TAVOLA È POSSIBILE.

INTESA [mm] SANPAOLO

SALONE INTERNAZIONALE DEL GUSTO. TORINO, 23-27 OTTOBRE. NOI CI SAREMO.

In Intesa Sanpaolo privilegiamo da sempre le scelte rivolte alla sostenibilità, promuovendo un uso più attento delle risorse. Per questo siamo Official Partner del Salone Internazionale del Gusto e Terra Madre: cinque giorni dedicati alla cultura dell'alimentazione. Al Lingotto, porteremo la nostra passione, rinnovando il nostro sostegno a Slow Food, l'associazione internazionale nonprofit che promuove la cultura del cibo ecosostenibile, rispettando chi lo produce e chi lo porta in tavola.

Official Global Partner
EXPO MILANO 2015

www.intesasanpaolo.com

Salone Internazionale del Gusto Terra madre 2014

COME NUTRIRE IL PIANETA SARÀ LA NOSTRA SFIDA.

EXPO MILANO 2015.
PER PARLARE DI CIBO, FUTURO E BIODIVERSITÀ.

Per Expo Milano 2015 nutrire il Pianeta sarà la sfida del futuro: sconfiggere il problema della malnutrizione, e garantire cibo e acqua per tutti, in modo ecosostenibile.

Infatti Expo Milano 2015 ospiterà Slow Food con uno spazio interamente dedicato alla biodiversità con un itinerario a tappe che sfocerà nella Piazza della Biodiversità.

Perché salvare la biodiversità significa dare il giusto valore al cibo, rispettando chi lo produce, chi lo mangia e l'ambiente.

VIENI A SCOPRIRE IL PIÙ GRANDE EVENTO MONDIALE SULLA NUTRIZIONE.

MILANO 2015
1 MAGGIO • 31 OTTOBRE

www.expo2015.org

MANTOVA

Antica Osteria Ai Ranari

Osteria moderna
Via Trieste, 11
Tel. 0376 328431
Chiuso il lunedì
Orario: mezzogiorno e sera
Ferie: variabili
Coperti: 50
Prezzi: 32 euro vini esclusi
Carte di credito: CS, DC, MC, Visa, BM

Nel cuore di Mantova, lungo un porticciolo del Lago Inferiore, troviamo l'Antica Osteria Ai Ranari, vecchio ritrovo dei pescatori che dal lago attinge il ricco menù. La gestione rinnovata ha come soci tre donne, tra cui Antonella – già cuoca con i precedenti proprietari – che conferma la sua presenza. Il locale è piccolo, accogliente e curato nei particolari. Tra gli antipasti sono immancabili i salumi, non senza alcuni Presìdi Slow Food, come la mortadella Bonfatti di Cento, seguiti dalla **frittatina con porri e *saltareì***, gamberetti di fiume lunghi un paio di centimetri che s'incorporano perfettamente a frittate o risotti (8 €), e la **trippa in umido con verdure** (8 €). Per conoscere meglio la tradizione mantovana bisogna poi scegliere tra il famoso risotto alla pilota, i tortelli di zucca al burro fuso e salvia o i **bigoli al torchio** con guanciale, pecorino e aceto balsamico (8 €), rivisitazione di un piatto antico. Proseguendo con i piatti della tradizione sono imperdibili il luccio in salsa mantovana con polenta e i filettini tiepidi di coniglio in insalata con salsa alla senape (12 €), ma soprattutto il **filetto di san pietro dorato con caponata di verdure** (12 €). Ben fornito il carrello dei **formaggi** con mostarde; la carta dei vini è semplice ma curata, con un interessante Lambrusco mantovano di produzione biologica. **Sbrisolona** fatta in casa (in vendita, come le mostarde) per coronare un pasto con portate abbondanti e servizio cortese.

■ Le paste tipiche mantovane – tortelli di zucca, agnolini, tagliatelle, maccheroni al torchio – presso i panifici Freddi, piazza Cavallotti 7, e Truzzi, via XX Settembre 4.

Da Bice La Gallina Felice

Osteria tradizionale *novità*
Via Carbonati, 4-6
Tel. 0376 288368
Chiuso domenica sera e il lunedì
Orario: mezzogiorno e sera
Ferie: ultime due settimane di agosto
Coperti: 30 + 30 esterni
Prezzi: 30-35 euro vini esclusi
Carte di credito: CS, DC, MC, Visa, BM

Percorrendo un vicolo lastricato nella parte vecchia di Mantova si arriva in quest'osteria tradizionale, dove Stefania Berti, proprietaria e cuoca, saprà farvi sentire come a casa. Il locale è piccolo, con un'unica sala, dai tavoli ben disposti apparecchiati e curati nei minimi dettagli, e la possibilità di pranzare in un cortile esterno nella stagione più mite. A tavola un cestino di pane con la classica **mantovana**, qui in forma mignon, e la **chisulina** che ci introducono agli antipasti, tutti della tradizione, a partire dal tagliere Da Bice, composto da **salam casalin**, coppa, pancetta e ciccioli serviti con giardiniera e polenta abbrustolita; a seguire nervetti con fagioli e cipolla (8 €) e grana padano con mostarda. La pasta è fatta in casa, dai classici **cappelletti** ai **tortelli di zucca** (9 €) o ripieni di ragù di gallina e conditi con burro e salvia; inoltre bigoli con le sarde e pomodorini confit, maccheroncini con stracotto di manzo. Non da meno i secondi dove a far da padrone è sicuramente la carne: stinco d'agnello con purè di patate, tartare di controfiletto con cipolle rosse, capperi e zucchine, insalata di pollo tiepido con mele, noci e vincotto, brasato di manzo al vino (12 €.) Nel periodo invernale non mancano mai il baccalà con la polenta o il cotechino. La lista dei dolci soddisferà anche i più golosi con i classici **bisulan e torta sbrisolona**, zuppa inglese alla Bice, budino di cioccolato fondente e bocciolo di **torta delle rose** su letto di zabaione (4 €.) La carta dei vini esprime al meglio il territorio e si avvale principalmente di Lambruschi e proposte dai Colli Morenici.

LOMBARDIA | 161

MILANO
Cinque Giornate

Tram 12-27 fermata 22 marzo

Al Bacco
Osteria moderna
Via Marcona, 1
Tel. 02 54121637
Chiuso la domenica
Orario: mezzogiorno e sera
Ferie: tre settimane in agosto
Coperti: 30
Prezzi: 35-40 euro vini esclusi
Carte di credito: CS, DC, MC, Visa, BM

Questo simpatico locale a due passi dalla caotica piazza Cinque Giornate e dal traffico meneghino è un tranquillo punto di riferimento per "staccare la spina" e godere della semplicità di un buon pasto. Carola, in sala, e Andrea, in cucina, gestiscono l'osteria con ottimo spirito d'accoglienza e spensieratezza. L'ambiente è senza fronzoli, così come le proposte della carta che accolgono alcuni classici della tradizione meneghina, alternate da molti piatti a base di verdura di stagione con forte richiamo all'essenzialità delle materie prime. In primavera si può cominciare, ad esempio, con un'**insalata di carciofi, prosciutto crudo croccante e ricotta salata** (12 €), in alternativa al ricco piatto di salumi e gnocco fritto (16 €). L'immancabile **risotto allo zafferano al salto** (10 €) può essere sostituito dai maccheroncini al torchio con ragù bianco o dalle lasagne con patate, rucola e gorgonzola. Ampia la selezione di contorni e verdure, mentre tra le carni si può scegliere la fatidica **cotoletta alla milanese servita con patate** (16 €), il **capretto al forno** e qualche occasionale proposta di pesce. I dolci sono fatti in casa con cura. Degni di nota la torta sabbiosa, i semifreddi che variano in funzione della stagione e la tarte tatin. Carta dei vini essenziale, con riferimenti a tutta l'Italia. A pranzo, oltre al menù alla carta, si può optare per un piatto unico sostanzioso a 13 euro.

🍷 In Piazza Risorgimento 6, la pasticceria Sissi è un originale e piacevole ambiente per una colazione di altissima qualità: un connubio di milanesità e internazionalità dove gustare una delle migliori brioche della città.

162 | LOMBARDIA

MILANO
Baggio

Autobus linea 67 fermata via Rismondo

Alla Grande
Osteria tradizionale
Via delle Forze Armate, 405
Tel. 02 48911166
Chiuso domenica e lunedì
Orario: mezzogiorno e sera
Ferie: in agosto
Coperti: 50
Prezzi: 32 euro vini esclusi
Carte di credito: nessuna

Nel cuore di Baggio vecchia, quasi a presidio di una Milano che sta scomparendo, resiste l'osteria Alla Grande. Gli oggetti del passato appesi alle pareti (telefoni, radio, tritacarne, targhe e macinacaffè) raccontano, al pari dei piatti serviti in tavola, un pezzo di storia della città. Tra le due sale che ospitano gli avventori si muovono lo Smilzo, il proprietario, e il "socio" Sintesi, compagni fondatori delle Brigate Gastronomiche. Cibo genuino e vino buono a prezzi onesti, ovvero la ricetta dell'osteria di una volta: ottimi salumi per antipasto, piatto di legno con prosciutto d'oca di Mortara, slinzega della Valtellina e crema di caprino (14 €); gustosi e abbondanti i primi (8 €): **ravioli al brasato** saltati con sugo di arrosto, pasta e fagioli, tagliatelle al mitico ragù di Elena, che cucina risotti paradisiaci e grandi paste fatte in casa. Tra i secondi (13 €), la vera **trippa alla milanese**, carpaccio scottato con trevisana e fontina, rognoncino trifolato con patate lesse o involtini "alla Grande" con purè di patate, ma anche l'immancabile **cotoletta alla milanese** con patate saltate. Su ordinazione, e per un minimo di dieci persone, è possibile ordinare la **casoeûla con le verze e la polenta**. Per chiudere, un assaggio di ottimi formaggi – su tutti il gorgonzola di Nicorvo – e le sopraffine torte di Elena. Non molto ampia la lista dei vini, ma contenuti i ricarichi. Il coperto non si paga e a pranzo c'è un menù a 10 euro, che comprende primo secondo e contorno.

🛒 Il Gusto di Virdis, in via Piero della Francesca 38: vini, oli e sottoli, conserve, bottarga, pasta, marmellate e dolci di tutte le regioni.

MILANO
Navigli

METROPOLITANA LINEA 2 FERMATA ROMOLO

Grand Hotel
Osteria moderna
Via Ascanio Sforza, 75
Tel. 02 89511586-89516153
Chiuso il lunedì
Orario: sera, sabato e domenica anche pranzo
Ferie: agosto
Coperti: 60 + 60 esterni
Prezzi: 35-38 euro vini esclusi
Carte di credito: CS, MC, Visa, BM

Nascosta in una delle viuzze che affacciano sul Naviglio, indicata a fatica da una piccola insegna, Grand Hotel è da anni un'istituzione in città, e col suo ambiente che profuma della Milano che fu, resiste orgogliosamente alla nouvelle vague delle osterie cittadine di ultima generazione. Nella sala che ha ospitato parecchi cabaret nostrano, si possono gustare piatti che hanno come filo rosso quello di una cucina solida e basata sulla qualità delle materie prime. Tra gli antipasti non mancano mai il **paté d'anatra fatto in casa che accompagna il pan brioche caldo** (13 €) le **cosce d'oca in confit** o il baccalà mantecato con crema di broccoli, mentre tra i primi si spazia tra buoni spaghetti alla chitarra con guanciale e pecorino, gnocchi di zucca conditi con ricotta o, a volte, **riso al salto** (8 €), una ricetta della vecchia Milano nata per riciclare il risotto giallo avanzato. Tra i secondi, la carne la fa da padrona in numerose declinazioni: dalle morbidissime cosce d'oca in confit con purè di patate alla **coppa di maialino** cotta per molte ore a bassa temperatura (18 €), ma c'è anche un ottimo timballo di carciofi e patate. In chiusura un'eccellente selezione di **formaggi** che includono proposte di vario tipo, provenienza e stagionatura. Pochi i dessert in carta ma gustosi ed equilibrati, dalla tatin di mele servita calda (8 €) al soufflé di cioccolato. Ampia e curata la carta dei vini, di cui sono disponibili diverse etichette al bicchiere.

🛍 In via Quaranta 3-7, da Cream Garden gelati di ottima qualità; in corso San Gottardo 12, al panificio Doppio Zero un eccellente pane a lievitazione naturale con farina del Parco Agricolo Sud.

MILANO
Porta Romana

METROPOLITANA LINEA 3 FERMATA CROCETTA O PORTA ROMANA

La Bettola di Piero
Osteria
Via Orti, 17
Tel. 02 55184947
Chiuso la domenica
Orario: mezzogiorno e sera
Ferie: tre settimane in agosto
Coperti: 40
Prezzi: 30-40 euro vini esclusi
Carte di credito: nessuna

Via Orti, grazioso vicolo tra Porta Romana e Crocetta, è da apprezzare per il suo carattere fortemente meneghino, con un susseguirsi di case di ringhiera e simpatici locali. Tra questi spicca la Bettola di Piero, storico punto di riferimento del "dopo Carcano" – il celebre teatro a breve distanza – o per una semplice e conviviale sosta all'insegna della milanesità. È qui che Monica, oste e titolare, accoglie gli ospiti offrendo loro un condensato, a tratti immutato, di piatti della tradizione, con omaggi al Piemonte. Si parte con la selezione di salumi della casa (12 €), in alternativa all'insalata di quartirolo e tartufo o all'ottimo **merluzzo marinato** (7 €). Per i più audaci non mancano le lumache e un assaggio di *bagna caoda*. Tra i primi, immancabile il risotto, in primavera proposto con punte di asparagi e raspadura; buono anche quello al salto. Tra quelli di pasta fresca segnaliamo i **ravioli di brasato** (13 €). Come secondi, oltre alla cotoletta alla milanese, *rostin negàa* (20 €), **baccalà mantecato su polenta**, **coniglio in civet di cioccolato**. Curati i dolci della tradizione quali crostate, *bonet*, tiramisù e crème brûlée. Valida la proposta a pranzo: un piatto ricco a 10 euro, oppure un primo e un secondo a 14, acqua, vino della casa e coperti compresi. Carta dei vini semplice, lineare, con etichette lombarde e piemontesi essenziali.

🍷 Al civico 12, La Dolce Vita è pasticceria, tavola calda, bistrot e luogo, ideale per una fetta di torta, una tazza di tè, una pausa pranzo frugale.

LOMBARDIA | 163

Etnici a Milano

novità

La metropoli offre la possibilità di gustare piatti delle più svariate cucine etniche e così nell'anno di Expo vogliamo suggerire alcuni locali che permettono di conoscere come si nutrono gli altri popoli. In particolare abbiamo selezionato ristoranti con specialità cinesi, cingalesi, ebraiche, giapponesi, greche, indiane, libanesi, messicane e russe.

Accademia

Casoretto
Metropolitana linea 1 e 2
fermata Loreto
Cucina libanese
Via Accademia, 53
Tel. 02 2891569
Chiuso la domenica
Orario: mezzogiorno e sera

Nel locale che Aziz Afif gestisce con moglie e figlie, l'atmosfera è informale il servizio a tratti un po' brusco. Le portate: hommos (crema di ceci), moutabbal (crema di melanzane), labnè (yogurt e menta), kabis (sottaceti), falafel (polpette di fave, 5 €), sambousik (panzerotti con formaggio o carne), tutti con la classica pita (pane arabo) calda. Tra le carni alla griglia, i tipici spiedini (pollo, agnello, manzo, 12 €), kafta (carne trita con prezzemolo), costolette d'agnello, makanek e bastourma (salsicce e bresaola orientali). Dolci (4 €) di cocco, sesamo, pistacchi e vini provenienti della valle della Bekaa.

Asmara

Porta Venezia-Buenos Aires
Metropolitana linea 1 fermata
Porta Venezia, tram 9 e 33
Cucina eritrea e africana
Via Lazzaro Palazzi, 5
Tel. 02 29522453
Chiuso mercoledì a pranzo
Orario: mezzogiorno e sera

A Milano la comunità eritrea, da sempre presente, è ormai inserita anche da un punto di vista sociale. Il locale ha una sua clientela affezionata, l'accoglienza non è calorosa, ma il cibo strepitoso, a partire dal sambussa (involtini di carne speziati, 4 €) e antipasto vegetariano, con purea di ceci e di melanzane, verdure e sesamo, accompagnati dall'ingera, pane spugnoso tipico. Zighini misto (carni con salsa berbera, verdure e legumi) o spriss rosso, carni in salsa speziata, peperoncini verdi richiedono palati adatti; meno piccanti il lebleb misto e il gored gored, con carni molto tenere, accompagnati da un burro particolare (13 €). Ai vini è da preferire il tè alla cannella.

Carmel

Quartiere Ebraico
Metropolitana linea 1 fermata
Bande Nere, bus 67 e 95
Cucina kosher
Viale San Gimignano, 10
Tel. 02 416368
Chiuso sabato e lunedì
Orario: domenica-giovedì 12.00-14.30/19.00-22.30, venerdì 12.00-14.30

Il locale, semplice, ha un angolo per le abluzioni e tavoli ben distanziati, dove si servono le pietanze, mediorientali e italiane, preparate nella cucina all'igresso. Hummus (crema di ceci), tahina, felafel (polpettine di ceci), sambusek (involtini di frolla ripieni di formaggio), medias (frittelle di melanzane con yogurt) sono alcuni degli antipasti. Ottimi e molto abbondanti i calsones alla libanese (8 €), il riso alle verdure in brik (sfoglia), il branzino marocchino (18 €), il fish and chips. Dolci della casa e pochi vini provenienti da Israele. Telefonare il sabato per l'apertura serale (dipende dalla durata del shabbat).

Cueva Maya
Porta Romana
Metropolitana linea 3 fermata
Porta Romana, tram 9, 29 e 30
Cucina messicana
Viale Monte Nero, 19
Tel. 02 55185740-348 3590560
Non ha giorno di chiusura
Orario: mezzogiorno e sera

In un ambiente caratteristico, con ventilazione a pale e porte stile saloon, pochi ma curati piatti tradizionali: enchiladas (10 €), chili in almeno tre versioni, tacos e fajitas nonché un ottimo pollo borracho, ovvero marinato in tequila e lime e poi grigliato. Tutto è accompagnato da ottimo guacamole e dai tipici fagioli pinta messicani. Da non perdere i cocktail, sudamericani e non, preparati con prodotti freschi, così come i dolci, dal classico flan alla pina (ananas) con tequila, limone, scaglie di cocco e miele. A pranzo menù a 10 euro.

Dim Sum
Porta Venezia-Bacone
Metropolitana linea 1 fermata
Porta Venezia, tram 9 e 33
Cucina cinese
Via Nino Bixio, 29
Tel. 02 29522821
Chiuso il lunedì
Orario: 12.00-14,30/19.00-23.30

Un locale modernissimo, dove si possono gustare piatti cucinati a regola d'arte, allettanti anche alla vista, accompagnati da vini, birre, tè in grado di accontentare i palati più esigenti. Il personale in sala è un esempio di efficienza, gentilezza e professionalità, e non c'è da stupirsi visto che Dim Sum è la nuova creatura del Bon Wei, uno dei più eleganti ristoranti cinesi di Milano. Tra i piatti, ravioli di gamberi, riso al vapore in foglia di banana, tagliatelle con manzo, zuppa degli otto tesori, pollo fritto piccante, maiale agrodolce, rombo croccante, cappesante con salsa sambal.

Don Juan
Porta Romana-Bocconi
Metropolitana linea 3 fermata
Porta Romana, tram 9 e 24
Cucina argentina
Via Altaguardia, 2
Tel. 02 58430805
Chiuso la domenica
Orario: solo la sera

È il regno incontrastato delle carni di angus. Sulla parrilla originale sono passati per una giusta cottura tutti i tagli pregiati (filetto, 25 €), serviti con contorni e salsine. Da assaggiare l'entrata (diaframma, 16 €) e la grigliata mista (46 euro per due persone). Le porzioni sono abbondanti e il peso spesso evidenziato in menù. Si chiude con dulce de leche in più versioni: una bella degustazione di tre tipologie a 16 euro. Vini argentini eccellenti.

Koshi Koba
Niguarda-Ca' Granda
Metropolitana linea 5 fermata
Ca' Granda, tram 5 e 7
Cucina coreana
Via Moncalieri, 5
Tel. 02 66108265
Chiuso la domenica
Orario: mezzogiorno e sera

Due vaste sale, un accogliente dehors e un piccolo orto ben curato. Il menù, bilingue, è corredato dalle foto dei piatti per facilitare la scelta. Tra gli antipasti, frittura di gamberoni, spaghetti di soia (8 €), gnocchi coreani in salsa imperiale, spalla di maiale o tofu con kimchi (verdura in salsa piccante), pollo fritto. Poi riso con verdure e ragù servito in ciotola calda (13 €) e molte zuppe: di kimchi, di merluzzo, di salsiccia e verdure, di carne, di verdure miste. Una nota di merito per le carni alla brace, insaporite con salse piccanti o di soia. In chiusura, bevanda a base di tè, cannella, pinoli.

La Collina d'Oro
De Angeli-Selinunte
Metropolitana linea 1 fermata
Gambara o De Angeli, tram 16
Cucina orientale
Via Rubens, 24
Tel. 02 4043148
Chiuso il lunedì
Orario: mezzogiorno e sera

Un locale curato in ogni dettaglio, dall'arredo alla cucina, dalla scelta delle materie prime all'accoglienza, con Massimo, cinese cresciuto a Milano, a fare gli onori di casa. Merita andarci per l'involtino croccante di gamberi e verdure (tre pezzi, 4 €), le focaccine al cipollotto, la tempura mista (16 €), il tonno pinna gialla in crosta di sesamo. In chiusura, dolcetti di sesamo nero e riso o assiette di frutta fresca. Accanto alle birre cinesi, un'ottima birra milanese di abbazia e una ricca selezione di vini italiani di piccoli produttori.

Mykonos
Naviglio Martesana
Metropolitana linea 1 fermata
Gorla, bus 43, 44 e 81
Cucina greca
Via Tofane, 5
Tel. 02 2610209
Non ha giorno di chiusura
Orario: sera, lun, mer, gio, ven anche pranzo

Tre sale accolgono gli avventori con i colori, i profumi e i sapori della Grecia. Si inizia con le salse – tzatziki (yogurt, aglio, cetriolo), meligianosalata (melanzane, aglio, cipolla), tirosalata (feta e ricotta), taramosalata (uova di pesce) – servite con la pita oppure con peperoni ripieni di feta piccante (5 €). Tra i piatti principali, ndolmadakia (involtini di foglie di vite con riso e manzo), mussakàs (sformato di melanzane, carne, formaggio), spanakòpita (sfoglia con spinaci e feta), suvlaki (spiedini di lonza di maiale alla piastra, 11,50 €), gyros mepita (carne di pollo), exohikò (bocconcini di vitello, peperoni, cipolle), tas kebab (spezzatino di maiale in umido). I dolci: halvàs (di sesamo), risòjalo (budino di riso, latte, cannella, 4 €), yogurt greco con fichi o visciole o miele. Vini e liquori ellenici.

Oficina do Sabor
Porta Romana-Bocconi
Metropolitana linea 3 fermata
Porta Romana, tram 9 e 24
Cucina brasiliana
Via Agnesi, 17
Tel. 02 58304965
Chiuso il lunedì
Orario: solo la sera

Al locale fa riferimento non solo gastronomico la comunità carioca meneghina. A cena il simbolico e impegnativo churrasco (35 €), che comprende antipasto a buffet, carni alla griglia, fejioada, farofa, patate, cipolle, ananas grigliato. In alternativa, frango a passarinho (pollo fritto con salsa all'aglio) o una fejioada completa (25 €): un gustoso stufato di carni affumicate con vari accompagnamenti. Si chiude con frutta tropicale e si beve birra brasiliana.

Osaka
San Marco
Metropolitana linea 2 fermata
Moscova, bus 94
Cucina giapponese
Corso Garibaldi, 68
Tel. 02 29060678-63610967
Non ha giorno di chiusura
Orario: mezzogiorno e sera
Ferie: variabili

Nel centro di Milano invaso da finti sushi-bar, molto trendy ma senza alcun legame con la cucina di provenienza, un locale che offre piatti tradizionali, con un menù che varia a pranzo e cena seguendo le stagioni. Punti fermi, sushi e sashimi preparati con pesce di prima qualità – ume (sushi misto, dieci pezzi, 27 €) – ma anche ricette che utilizzano parti meno nobili del pesce, come kamayaki (guancia di branzino) e haramyaki (pancetta di salmone). Inoltre, alcune preparazioni in tenpura (con la n), fritti leggerissimi, nabe cucinati in tavola (shabu shabu – una sorta di fonduta –, 40 €). Da bere, saké e birra giapponese.

Podkova
Naviglio Pavese
Metropolitana linea 2 fermata Abbiategrasso, tram 3
Cucina russa
Via della Chiesa Rossa, 25
Tel. 02 89515776
Chiuso il lunedì
Orario: solo la sera

In due salette di stile inconfondibile, la ricca e complessa cucina russa. Tra gli antipasti, aringa su letto di verdure e patate (8 €), crêpe con salmone, caviale rosso o patate e funghi, formaggio fritto. Poi, borscht (zuppa calda di barbabietole, sedano, carote, cipolle, carne) e i classici pelmeni: fagottini di pasta ripieni di salmone o patate o ricotta, conditi con burro e smetana (panna acida) o serviti in brodo. Saporiti i secondi: filetto alla Woronoff (con salsa di funghi, 22 €), shashlyk (spiedini di storione marinato), anatra ripiena di prugne e mele al forno, filetto Stroganoff (manzo tagliato a pezzi con panna acida, senape e vodka) e, su prenotazione, maialino da latte farcito. Dolci: torta alle amarene ubriache (5 €) e crêpe. Si pasteggia con birra russa o vodka.

Poporoya
Porta Venezia-Bacone
Metropolitana linea 1 fermata Porta Venezia, tram 9 e 33
Cucina giapponese
Via Eustachi, 17
Tel. 02 29406797
Chiuso la domenica e lunedì a pranzo
Orario: mezzogiorno e sera

Correva l'anno 1977 quando Shiro aprì questo minuscolo negozio di alimentari giapponesi: allora il sushi era noto solo a pochi appassionati, ma lui decise di proporlo al frenetico pubblico milanese con una tale qualità e freschezza da renderlo presto familiare. Sashimi, chirashi, uramaki sono per voi termini ignoti? Una volta assaggiati da Poporoya sarete disposti a unirvi alla coda che aspetta fuori, perché non saprete più farne a meno! Non si accettano prenotazioni.

Re Salomone
De Angeli-Washington
Metropolitana linea 1 fermata De Angeli o Wagner, tram 16
Cucina kosher
Via Sardegna, 45
Tel. 02 4694643
Chiuso venerdì sera e sabato
Orario: mezzogiorno e sera

Aperto nel 2000 per soddisfare le esigenze alimentari della comunità ebraica, il ristorante offre piatti di cucina kosher e della tradizione mediorientale. Come antipasto, sigaro del Sinai (sfoglia con carne speziata) o fagottino del Mar Rosso (melanzana ripiena con carne trita e pomodoro, 8 €); tra i piatti più tipici, riso persiano (con pollo, uvetta e zafferano, 13 €), swharma (sottocoscia di tacchino con verdure grigliate, humus e cipolle), vari cuscus e qualche proposta di pesce. Sul versante bevande, vini e un paio di birre di Israele.

Serendib
San Marco
Metropolitana linea 2 fermata Moscova, bus 94
Cucina cingalese
Via Pontida, 2
Tel. 02 6592139
Non ha giorno di chiusura
Orario: 19.30-00.30

Tra candele e profumi di spezie, piatti – indiani e srilankesi – di carne, pesce e verdure, naturalmente accompagnati da riso: dal classico chicken ticka masala (10 €) al curry piccante di agnello cucinato com'è tradizione a Madras, passando per i nawa pala (verdure preparate secondo ricette dello Sri Lanka, 5 €), per arrivare ai dolci, dal sapore delicato. Menù degustazione a 23 euro.

Shri Ganesh

Porta Genova-Navigli
Metropolitana linea 2 fermata Romolo, tram 2, 9 e 19
Cucina indiana
Via Lombardini, 8
Tel. 02 58110933
Non ha giorno di chiusura
Orario: solo la sera

La classica cucina indiana tra luci soffuse, profumo d'incenso e musica a tema. La carta offre piatti tipici di carne, pesce e verdure, dal chicken tandoori (11 €) allo shaki korma (bocconcini di agnello cotti con pomodoro e insaporiti in salsa cremosa), accompagnati da riso basmati o byriani, e da vari pani (chapati, naan, cheese naan, garlic naan). Ampia la scelta degli antipasti, tra cui spicca un buon samosa (3,50 €), e gustosi i dolci: budino di riso e frittelle di semola con sciroppo alla rosa. Tre i menù degustazione – uno vegetariano – a 20, 22 e 24 euro.

MILANO
Repubblica-Stazione Centrale

METROPOLITANA LINEA 3 FERMATA REPUBBLICA

L'Osteria del Treno

Trattoria
Via San Gregorio, 46-48
Tel. 02 6700479
Chiuso sabato e domenica a pranzo
Orario: mezzogiorno e sera
Ferie: 20 giorni a Ferragosto, tra Natale e Capodanno
Coperti: 70 + 40 esterni
Prezzi: 36-39 euro vini esclusi
Carte di credito: MC, Visa, BM

A metà strada tra la Stazione Centrale e piazza della Repubblica, l'Osteria del Treno è da lungo tempo una garanzia; unica raccomandazione è quella di prenotare visto che il locale, anche se ampio, è sempre affollato di clienti, abituali e non. Il menù, improntato soprattutto sulla cucina milanese, impiega prodotti di tutt'Italia – tra cui molti Presìdi Slow Food – selezionati da Angelo Bissolotti. Tra gli antipasti, qui chiamati "stuzzicherie", potrete scegliere **salumi milanesi**, della val d'Orcia e di Sauris, o quelli **d'oca** (12 €) prodotti da Jolanda De Colò. Poi delicate **tagliatelle con ragù bianco d'agnello** (9 €), saporiti paccheri con sugo di pomodoro e salame pezzente, tortelli alle bietole, lasagnette ai porri, crema di ceci. Anche i secondi omaggiano principalmente la tradizione milanese, dunque troverete il *rostin negàa* (piccolo arrosto annegato), piatto che ha ottenuto la denominazione comunale, il **bollito di guanciale di manzo con bagnetto verde, rosso, rafano e mostarda di zucca** (16 €), e inoltre lumache alle erbe aromatiche con crostoni di pane, l'**oca al ginepro**, il galletto ripieno con prugne, salsiccia e il classico ossobuco. Grande selezione di **formaggi**. Dolci di stagione: sorbetti, gelati, torte e sfogliatine. Nutrita la carta dei vini, che spazia nell'intero ambito nazionale. A mezzogiorno la formula è a self service, con prezzi contenuti.

L'arte di offrire il tè, in via Macedonio Melloni 35: miscele e acque adatte alle diverse tipologie. Cantine Isola, in via Paolo Sarpi 30: vini italiani e stranieri, con stuzzichini.

168 | LOMBARDIA

MILANO
Casoretto

METROPOLITANA LINEA 1 FERMATA LORETO

Mirta
Trattoria
Piazza San Materno, 12
Tel. 02 91180496-338 6251114
Chiuso sabato e domenica
Orario: mezzogiorno e sera
Ferie: agosto, due settimane a Natale
Coperti: 40
Prezzi: 39 euro vini esclusi
Carte di credito: CS, DC, MC, Visa, BM

Periferia Nord di Milano: strade congestionate e fretta di fuggire dai "non luoghi". Per fortuna il cuoco Juan Lema Pena da Montevideo e la sua instancabile compagna Cristina hanno saputo creare una meta apprezzata dai golosi più attenti. La giornata inizia con la spesa che Juan cura personalmente, il menù di mezzogiorno è agile, economico e gradito dalla numerosa clientela. La sera, per un'apertura stuzzicante, ecco il crostone caldo di pane con salsiccia, radicchio e formai de mut dell'alta Val Brembana, la **torta calda di farina integrale, patate e fontina con maionese al parmigiano** (11 €), l'antipasto misto della casa: polpette di carne, formaggio di capra, salame di cavallo, pancetta e sottoli. Poi cavatelli al ragù di salsiccia, **crema fredda di verdure arrostite e zenzero con stracciatella fresca** (11 €), parmigiana di melanzane in crosta su passata di pomodoro di Torre Guaceto e gli ottimi secondi: faraona ripiena di pasta di salame con mostarda di mele (15 €), porchetta arrosto su cialda di pane con insalata di cavolo cappuccio, galletto disossato con fagiolini, manzo all'olio e agrumi, bocconcini di coniglio in umido con olive e pinoli. Nota di merito per la selezione dei **formaggi** italiani e francesi a latte crudo e per i dolci: **tortino caldo al cioccolato con salsa al caramello salato** (7 €), crème brûlée allo zabaione, zuppetta di cioccolato bianco, caprineve con amarene candite. Invitante e ricca di proposte originali la lista dei vini con ricarichi onesti.

❝ *Sapere, cura e arte dell'accoglienza sono gli ingredienti che la famiglia Lema offre quotidianamente* **❞**

MILANO
Porta Romana

METROPOLITANA LINEA 3 FERMATA PORTA ROMANA

Osteria dell'Acquabella
Osteria moderna
Via San Rocco, 11
Tel. 02 58309653
Chiuso sabato a pranzo, domenica e lunedì a pranzo
Orario: mezzogiorno e sera
Ferie: tre settimane in agosto
Coperti: 80
Prezzi: 35 euro vini esclusi
Carte di credito: CS, MC, Visa, BM

A due passi dal centro, un locale che propone tutto il campionario della cucina milanese, compresa la "bistecca del *magutt*" (del muratore manovale), cioè polenta e gorgonzola. I fratelli Liliana e Massimo Artuso, figli d'arte, accolgono gli ospiti in un ambiente che ha il giusto mix tra rusticità ed eleganza, con pareti abbellite da foto e stampe della città com'era anni fa. A metà della lunga sala, preceduta dal banco bar e da scaffali con i vini, troverete un tavolo con esposti i dessert del giorno e, sulla sinistra, l'ingresso di una saletta più raccolta e tranquilla. Assistiti da un servizio professionale e non invadente potrete accomodarvi e scegliere di cominciare con salumi e formaggi, insalata russa, nervetti, il tutto in varie combinazioni, oppure con la ciotola di raspadura lodigiana (formaggio a fette sottili). A seguire, i classici **risotti al salto** (8 €), allo zafferano o **al Buttafuoco** (7 €), pennette all'Acquabella, pasta e fagioli. E poi cotoletta alla milanese, una delle diverse interpretazioni dei **mondeghili** (9 €), **ossobuco con polenta** (14 €) o contorno di stagione, filetto alla Bonarda. Buona scelta di formaggi e dolci (5 €) davvero d'antan, **salame di cioccolato** e torta sbrisolona in primis. Un elogio alla carta dei vini, strutturata con criterio: giusti ricarichi, un occhio di riguardo alla produzione regionale meno nota e un congruo numero di proposte al calice.

Attimi di Gusto, negozio-laboratorio di dolci e gelati in via Vigevano 13: Enrico Rizzi propone dolci preparati con una straordinaria materia prima.

MILANO
Lorenteggio

AUTOBUS LINEA 90-91 FERMATA MISURATA FAVRETTO

Tagiura
Trattoria
Via Tagiura, 5
Tel. 02 48950613
Chiuso la domenica
Orario: pranzo, giovedì e venerdì anche sera
Ferie: 10-30 agosto, 24 dicembre-6 gennaio
Coperti: 200 + 120 esterni
Prezzi: 20-35 euro vini esclusi vini esclusi
Carte di credito: CS, MC, Visa, BM

Sarebbe limitativo attribuire una precisa identità a questo storico locale milanese che è bar per colazioni, tavola calda, ristoro frugale, locale per banchetti, punto per aperitivo serale e vera e propria trattoria meneghina: Tagiura mantiene una sua autorevolezza nel panorama della ristorazione della città. Il merito va attribuito alla versatilità di Rino Angelotti che ne è alla guida dal 1963. Gli ambienti contribuiscono a creare l'atmosfera, dalla sala dispensa a quella affrescata, dal dehors alla sala cerimonie, ma poi c'è la cucina a garantire, per abbondanza e quantità, l'immagine "barocca" del locale. A pranzo – di solito molto affollato – si gusta la minestra del giorno – buona quella di **carciofi e cannellini** (7 €) – o il classico **risotto giallo alla milanese**, servito anche con le scaloppine ai funghi (9 €). A cena, più rilassati, si può cominciare **dall'affettato misto con culaccia, coppa rovescalese e gnocco fritto** (7 €), per poi passare ai primi, tra i quali, oltre ai risotti, segnaliamo i **ravioli di magro burro e salvia**. Ampia selezione di secondi: **cotoletta di vitello alla carrettiera** (12 €), **magatello di vitello tonnato**, la classica **orecchia di elefante** (15 €). Notevole la proposta di formaggi, ricca la scelta di torte e dolci. Il menù degustazione è proposto a 35 euro. La carta dei vini è essenziale ma spazia da alcune immancabili firme dell'enologia lombarda a curiose proposte di piccoli vignaioli italiani. Ampia la selezione al bicchiere.

■ A **Coccaglio** (8 km), in via Lumetti 5, presso l'azienda agricola dei fratelli Mazzotti, latte appena munto.

MORBEGNO

25 KM A OVEST DI SONDRIO

Osteria del Crotto
Ristorante
Via Pedemontana, 22
Tel. 0342 614800
Chiuso domenica sera e lunedì a pranzo
Orario: mezzogiorno e sera
Ferie: 2 settimane tra agosto e settembre
Coperti: 80 + 50 esterni
Prezzi: 35-37 euro vini esclusi
Carte di credito: CS, MC, Visa, BM

In cucina Maurizio e Carlo, in sala Teresa, moglie di Carlo. Questa è la squadra che ha fatto di un vecchio crotto del 1814 una delle realtà di riferimento della cucina tradizionale valtellinese. Territorialità, stagionalità, ricerca di piccoli produttori locali, passione per le erbe spontanee di montagna, grande attenzione in cucina sono i segreti alla base del successo conclamato di questo locale. Il menù parla da solo: piatto di salumi nostrani, lavarello del lago in carpione (9 €), violino di capra con insalata e caprino, **tortino di erbe selvatiche** (10 €), per iniziare. Si prosegue con **spaghettoni ai missoltini** (10 €), farfalle di segale con asparagi e stracchino all'antica, tortelli di ricotta di capra orobica e ortiche, maltagliati di polenta di mais autoctono con ragù di lepre. Pesce di acqua dolce e carne anche tra i secondi, accompagnati sempre dal contorno: controfiletto al vino rosso, guancia di vitello stufata, **filetto di lavarello alla mugnaia**, tortino di patate bio. Lasciate spazio per un assaggio di **formaggi**: bitto, formaggi di capra locali, taleggio della vicina Valsassina. Dessert fatti in casa (come pane e pasta): **semifreddo alla grappa con cioccolato in scaglie** (5 €), crème brûlée ai fiori di acacia con tisana ai frutti di bosco e sorbetto al sambuco, flan di cioccolato. Carta dei vini non monumentale, ma che denota ricerca, anche tra i produttori di vini biodinamici.

> ❝ *L'amore per il proprio territorio, che si coniuga in ricerca di piccoli produttori, buone materie prime e ricette della tradizione, dà vita a una realtà di riferimento per la Valtellina* ❞

170 | LOMBARDIA

PALAZZAGO
Burligo

18 KM A NO DI BERGAMO

Burligo

Trattoria
Via Burligo, 12
Tel. 035 550456
Chiuso lunedì e martedì
Orario: sera, festivi anche pranzo
Ferie: 15 gg in settembre e prima settimana dell'anno
Coperti: 40 + 20 esterni
Prezzi: 30 euro vini esclusi
Carte di credito: CS, MC, Visa, BM

Per arrivare quassù ci vuole un po' d'impegno, ma la fatica verrà ricompensata. L'esterno dell'osteria, che prende il nome dalla località, non dà troppo nell'occhio, è quello di una casa dignitosa tra le altre, lungo la strada. L'interno trasmette calore: sembra di essere ospiti di amici, o di visitare una trattoria di altri tempi, semplice e genuina. Felice, il proprietario, è attento e sembra un po' timido. In cucina c'è Norma, sua moglie: insieme, si può dire costituiscano una sintesi del temperamento dei bergamaschi, di concretezza e riservatezza. Proposte semplici ma curate, a partire dagli antipasti: oltre ai salumi della Val Taleggio e di Vedeseta, ottimi *carciofi con uova* e anche *strudel di verdure* (entrambi a 8 euro). Tra i primi piatti (9 €) una stupefacente *minestra di trippa e coratella* e ottimi *gnocchi di pane e ortica con pancetta e caprino* stagionato di Brembilla. I secondi offrono gustosi prodotti locali, come il *salsicciotto della Val Taleggio* con purè di patate (12 €), il *bollito di manzo di Vedeseta (lingua e guancia) e gallina* con salsa verde (12 €), il *pollo dell'Albenza al vino rosso* (13 €). Ottima scelta di formaggi orobici, come taleggio, strachitunt di Vedeseta e formai de mut, nonché di dessert (6 €), tra cui la torta di farina gialla e il *gelato di fiordilatte con salsa di lamponi* dell'Albenza. Felice consiglia, con passione e competenza, una buona selezione di vini e liquori locali e nazionali.

❝ *Felice e Norma hanno lasciato occupazioni più tranquille per lanciarsi nell'avventura della cucina: una scommessa che hanno vinto* ❞

PALAZZOLO SULL'OGLIO
Calci

28 KM A NO DI BRESCIA USCITA A 4

Osteria della Villetta

Osteria tradizionale
Via Marconi, 104
Tel. 030 7401899
Chiuso domenica e lunedì, martedì e mercoledì la sera
Orario: mezzogiorno e sera
Ferie: agosto, 25 dicembre-2 gennaio
Coperti: 60 + 40 esterni
Prezzi: 35-38 euro vini esclusi
Carte di credito: AE, MC, Visa, BM

Entrare nell'Osteria della Villetta può dare la sensazione di essere tornati negli anni Cinquanta del secolo scorso: il bancone del bar all'ingresso, con la macchina per il caffè espresso – la storica Faema 61 – gli scaffali con bottiglie di liquori un tantino demodé, e tre tavoloni ai quali sembra di vedere ancora, intenti a giocare a carte, avventori del paese. In una delle due sale da pranzo il menù è sulla lavagna, ma vi sarà descritto anche a voce, con le variazioni e le aggiunte del giorno. I piatti sono in maggior parte della tradizione, alleggeriti nei condimenti, e con l'utilizzo di diversi di Presìdi Slow Food. Si può iniziare con *frittelle di baccalà* (10 €), leggere, saporite e assolutamente non unte, o con filetti di coregone in carpione caratterizzati da notevole delicatezza. Caratteristica che ritroveremo nei primi piatti (10 €), ovvero nella *trippa asciutta*, una tra le più buone mai assaggiate, e nella crema di fagioli bianchi con pasta, particolare versione della pasta e fagioli. Il piatto classico dell'osteria è composto da polpetta, involtino di verza e guanciale di manzo in salsa verde; interessante è pure la combinazione di frattaglie realizzata nelle *animelle di vitello e fegatini di coniglio* (€ 13). Si conclude con ottimi *formaggi* e dessert (6 €) quali la soffice *torta di mele*, budino al cioccolato e il gelato alla crema e halva. Carta dei vini completa e stimolante, con notevole attenzione ai prodotti del territorio e un'intera pagina dedicata ai Franciacorta.

A **Coccaglio** (8 km), in via Lumetti 5, presso l'azienda agricola dei fratelli Mazzotti, latte appena munto.

LOMBARDIA | **171**

PEREGO

PIADENA
Vho

17 KM A SUD DI LECCO

31 KM A EST DI CREMONA, 35 KM DA MANTOVA SS 10

La Costa

Azienda agrituristica
Via Curone, 15
Tel. 039 5312218
Aperto da giovedì a domenica
Orario: sera, giovedì e domenica anche pranzo
Ferie: gennaio
Coperti: 50 + 20 esterni
Prezzi: 37-40 euro vini esclusi
Carte di credito: tutte, BM

Trattoria dell'Alba

Trattoria
Via del Popolo, 31
Tel. 0375 98539
Chiuso domenica sera e lunedì
Orario: mezzogiorno e sera
Ferie: ultime 2 sett di giugno, prime 2 di agosto, Natale
Coperti: 35
Prezzi: 38 euro vini esclusi
Carte di credito: CS, MC, Visa, BM

Uno dei primi pensieri che ci passano per la testa una volta arrivati all'agriturismo La Costa è che non pensavamo di trovarci in un angolo di Toscana a mezz'ora d'auto da Milano. Invece il Parco Naturale di Montevecchia e della Valle del Curone riserva panorami ai quali gli occhi di molti lombardi non sono più abituati. La famiglia Crippa nel 1992 decise di investire risorse e cure in un progetto di recupero della cascina e dei terrazzamenti naturali, per riprendere una produzione vinicola abbandonata da decenni. Il risultato è una grande armonia dell'intero complesso, all'interno del quale si può anche soggiornare. Sono le stagioni a dettare i piatti proposti nel menù, composto da ricette semplici ma che valorizzano materie prime, i cui fornitori sono elencati in carta. Tra gli antipasti ricordiamo l'uovo morbido con crema di zucchine e fiori (7 €), la battuta di manzo brianzolo con verdure o i **salumi del territorio con conserve fatte in casa** (12 €). A seguire, ottimi **maltagliati al ragù di gallina e fave fresche** (10 €) o dei semplici risi e bisi, e poi un **coniglio arrosto con verdure** (16 €) o la cazzola estiva con le taccole accompagnata da polenta di mais macinato a pietra. Curata la degustazione di formaggi del territorio, come la **selezione di caprini del Parco del Curone** (9 €), accompagnata da mieli e composte di casa. Si conclude alla perfezione con i dolci (4 €): zuppa di ciliegie al vino rosso con gelato, sfogliatine di fragole e lamponi, semifreddo al miele di tiglio e scaglie di cioccolato. Pane e focaccia sono preparate in casa. Carta dei vini con l'intera produzione dell'azienda agricola.

All'Alba si respira un'aria vintage, tanto che con qualche stampa antica alle pareti si potrebbe pensare di essere negli anni Trenta. Omar e il fratello Ubaldo proseguono con maestria la gestione del locale iniziata dai loro avi più di un secolo fa: capacità e passione sono le stesse. Materie prime di qualità come le carni di maiale e chianina allevati in zona, la pasta fatta in casa, le verdure dell'orto sono le basi delle ricette originali, leggermente riviste per offrire piatti con una precisa impronta. Tra gli antipasti la culaccia di maiale 44 mesi con giardiniera e gli ottimi **caprini a latte crudo con salsa di erbette e polpettone di tonno** (8 €) oppure le **lumache nostrane con le erbette e verdure** (10 €). I primi piatti sono eccezionali: i **bigoli con le sarde** (di venerdì), e la **zuppa di melanzane alla parmigiana** i **marubini ai tre brodi** o le fettuccine con tartufo nero fresco (15 €). Tra i secondi, tutti a 17 euro, c'è l'imbarazzo della scelta: alba-burgher di chianina, filetto di maiale spadellato alla melagrana, bollito con le mostarde, **coniglio con cipolla, pinoli e aceto balsamico di Modena** o **carne tonnata con salsa** da ricetta originale di Pellegrino Artusi 1891. Imperdibili i **formaggi** a latte crudo con mostarde servite prima dei dolci, che concludono abbinati agli eccellenti vini proposti dall'esperto Omar non senza una preziosa massima che si legge nel menù dei dessert: «Originalità è il ritorno alle origini».

> *Semplicità e ricercatezza convivono nella cura delle materie prime di qualità e si traducono in piatti dal sapore delicatamente equilibrato*

POMPONESCO

40 KM A SO DI MANTOVA SS 358

Cavalier Saltini
Trattoria
Piazza XXIII Aprile, 10
Tel. 338 6121332
Chiuso il lunedì
Orario: mezzogiorno e sera
Ferie: 15 luglio-14 agosto
Coperti: 80
Prezzi: 32 euro vini esclusi
Carte di credito: Visa, BM

Ci troviamo sulla sponda sinistra del Po, dove la pianura gode ancora di qualche brezza collinare che mitiga la calura. La trattoria, situata nella bella piazza frutto del desiderio del marchese Giulio Cesare Gonzaga di emulare i fasti del cugino Vespasiano, signore di Sabbioneta, è proprio di fianco al municipio. Il servizio è curato da Danilo e Maurizio, mentre in cucina la sorella Mariastella affianca mamma Gilda. La carta prevede poche proposte, principalmente a base di carni. Si comincia con il classico antipasto di salumi: spalla cotta, salame, prosciutto di Parma accompagnati da luadel (8 €), un panino condito con olio e aromi che una volta veniva cotto nei forni prima del pane per controllarne la temperatura. Ci sono anche culatello di Zibello e spallotto e la mostarda di casa, di volta in volta di mele o pere, delicata e gustosa. Come primi **agnoli in brodo**, vera istituzione mantovana così come i classici tortelli di zucca (9 €). Fra le paste fatte in casa anche tagliatelle con sugo di anatra, **bigoli al torchio con prosciutto e funghi** (8 €), tortellini verdi. Si prosegue con **stinco di maiale al forno con patate**, anatra germano al forno, **stracotto d'asino con polenta** (12 €) e lumache in umido o alla bourguignonne. Una buona scelta di formaggi, anche dei Presìdi Slow Food, serviti con mostarda permette di chiudere il pasto o di precedere l'ampia offerta di dolci di casa, tra cui la sbrisolona e la torta mantovana, variante locale del sachertorte. Nella contenuta lista dei vini segnaliamo alcune etichette di Lambrusco e il Viadanese della casa di ottima beva.

PORTALBERA
San Pietro

22 KM A SE DI PAVIA, 3 KM DA STRADELLA

Osteria dei Pescatori
Trattoria
Località San Pietro, 13
Tel. 0385 266085-320 3713052
Chiuso il mercoledì
Orario: mezzogiorno e sera
Ferie: 2 settimane in gennaio, 3 in luglio
Coperti: 50
Prezzi: 28-30 euro vini esclusi
Carte di credito: CS, Visa, BM

Fin dal primo Novecento tappa fissa per i vignaioli provenienti dall'Oltrepò Pavese, che andavano a vendere il vino a Milano, ma anche per i milanesi che erano attratti dalle colline. È dal 1990 che Massimo Borgognoni e sua moglie Vittoria Schiappelli, lui ai fornelli per il salato, lei per i dolci, sono cari agli appassionati del buon desinare. Materie prime a chilometro zero, anche se la passione per formaggi e salumi di Massimo lo porta a fare assaggiare ai clienti prodotti di diversa provenienza. Il menù è caratterizzato da pesci d'acqua dolce e oca e varia ogni due mesi. Terrina di pesce gatto, flan di gamberi di fiume, carpacci di storione o di trota affumicata, fagottini di pesce persico possono costituire il **piatto di pesce d'acqua dolce** (9 €) dell'antipasto. Ottime alternative i salumi misti d'oca. Tra i primi, sono da provare le **troffiette fatte in casa con ragù d'oca** (9 €), come gli gnocchetti freschi con ragù di storione e i ravioloni di zucca e noci o con asparagi e pomodorini su vellutata di zucchine. A seguire **coscia d'oca in confit** (11 €), filetto di maiale con fonduta di porri, **petto d'oca con aceto balsamico**, storione con la rucola. Si finisce con **crostate di frutta o di marmellata fatta in casa** (5 €), mousse ai frutti di bosco, semifreddo al cioccolato. Carta dei vini di territorio, dai ricarichi onesti, e possibilità di chiudere con un passito o un ottimo rum.

A **Spessa Po** (2 km), il giovane Paolo Corbellini, nella bella cornice di Cascina Speziana, alleva bovini di razza chianina, offrendo saltuariamente pacchi famiglia di carne di prima qualità.

Acque dolci di Lombardia

Terra costellata di fiumi, laghi, colture irrigue e bacini artificiali, la regione assiste a una notevole diminuzione delle specie ittiche, a causa del degrado degli ecosistemi fluviali e lacustri, e a un impoverimento della proposta culinaria, con una vistosa diminuzione delle ricette di pesci in umido, al forno e marinati. Resiste un gruppo di locali che continua a scommettere su questa materia prima, rifornendosi da pescatori o cooperative locali, e su queste preparazioni. Di alcuni parliamo qui di seguito, su altri – Al Ponte di Acquanegra sul Chiese, Dispensa Pani e Vini di Adro, Locanda delle Grazie di Curtatone, Sali e Tabacchi di Mandello del Lario, Osteria del Crotto di Morbegno, La Stella di Porto Mantovano, Antica Locanda del Contrabbandiere di Pozzolengo, Osteria dei Pescatori di Pontalbera, Osteria di Mezzo di Salò, Lido Ariston Sales di Stagno Lombardo, Agriturismo del Gusto di Toscolano Maderno – ci soffermiamo in modo più dettagliato nelle singole schede. Per tutti vale una regola: quantità e varietà del pescato non sempre sono garantite, quindi alcuni esemplari potrebbero non comparire in menù: è segno della buona pratica di non utilizzare pesce proveniente da altre zone né specie catturate nei periodi di fermo pesca e neppure prodotti che arrivino dal congelatore.

ALMENNO SAN BARTOLOMEO (BG)
Collina
Ristorante
Via Ca' Paler, 5
Tel. 035 642570-328 3255830
Chiuso lunedì e martedì
Orario: mezzogiorno e sera
Ferie: 1-10 gennaio

In un ambiente elegante, Mario Cornali valorizza i produttori delle buone materie prime elaborate in cucina, citandoli nel menù. C'è anche un orto, coltivato dal papà. In apertura gran piatto di pesce del lago di Como (16 €): quattro assaggi di lavarello con olive taggiasche, filetto di pesce persico con mandorle, crema di missoltino e polenta nera, squartone (solitamente cavedano, sfilettato ed essiccato). Seguono ravioli di pesce di lago con crema di broccoletti e superspaghettoni con pomodorini e pescato del giorno (16 €). Come secondo, il gran fritto di lago o il lago e il bosco (18 €): filetti di pesce con scaglie di tartufo nero. Ricca carta dei vini con etichette interessanti e prezzi corretti. Menù degustazione a 48 e 50 euro esclusi i vini.

BELLAGIO (CO)
Silvio
Ristorante annesso all'albergo
Via Carcano, 12
Tel. 031 950322
Non ha giorno di chiusura
Orario: mezzogiorno e sera
Ferie: variabili

Strategica la posizione del ristorante, sia per la bellissima vista sul lago sia per la vicinanza ai giardini di Villa Melzi. Mani sicure in cucina e approvvigionamento diretto del pesce da parte del patron Cristian Ponzini rendono indimenticabile l'esperienza in questo locale. Da provare, tra gli antipasti, il misto del Lario – sette assaggi di diversi pesci tutti preparati a regola d'arte – e l'eccellente missoltino, Presidio Slow Food, con pannocchia tostata (6,50 €). Come primo, tagliolini di pasta fresca al profumo di lago o pasta estrusa al bronzo con verdure di stagione (9 €). Poi pescato del giorno in gratin di bergamotto e limone (17 €), frittura morbida di luccio, lavarello spinato alla piastra. In menù anche gustose preparazioni di terra a base di anatra, vitella, manzo e maiale.

DOMASO (CO)
Ruffino
Trattoria
Via Venini, 2
Tel 0344 95184
Chiuso il lunedì, mai d'estate
Orario: mezzogiorno e sera
Ferie: 20 settembre-10 ottobre

La trattoria è in un vicolo a pochi passi dal lago. Eccellente l'antipasto (10 €) di missoltino alla piastra, agone in carpione e lavarello marinato. Il riso al burro, salvia e formaggio con filetti di persico (12 €) può essere un piatto unico. Poi lavarello o agone alla piastra (arroventata sul fuoco del camino) e filetti di persico impanati (13 €). Vino sfuso oppure un'etichetta di un piccolo produttore comasco.

GOITO (MN)
Al Pescatore da Mino
Trattoria
Frazione Sacca
Via Mori, 50
Tel. 0376 60010
Chiuso il lunedì
Orario: mezzogiorno e sera
Ferie: non ne fa

L'ottimo luccio in salsa con polenta (8 €) è l'apripista della nutrita compagine di risotti con rane spolpate o pesce d'acqua dolce (7,50 €), seguiti da fritto misto – con anguilla, pesce gatto, rane, pesciolini, che qui chiamano *psina* –, baccalà alla vicentina con polenta (12 €) e croccanti filetti di persico. Carta dei vini limitata ma attenta al territorio.

ISEO (BS)
Trattoria del Muliner
Trattoria
Frazione Clusane
Via San Rocco, 16
Tel. 030 9829206
Chiuso il martedì
Orario: mezzogiorno e sera
Ferie: 15 giorni in ottobre

Il pesce è fornito dalla locale Cooperativa dei Pescatori e sapientemente elaborato da Andrea. La scelta spazia dai fritti alle grigliate di pesce, dagli affumicati ai filetti panati e dorati: insalata di luccio, alborelle fritte (8 €), spaghetti con sardine del Sebino (10 €), tagliatelle al persico, coregone alla griglia (11 €), tinca al forno con polenta, filetti di persico, salmerino al cartoccio. Carta dei vini adeguata.

MONIGA DEL GARDA (BS)
Al Porto
Ristorante
Via del Porto, 29
Tel. 0365 502069
Chiuso il mercoledì, mai 15 giugno-31 agosto
Orario: mezzogiorno e sera
Ferie: tra novembre e gennaio

Tinca di lago al tartufo, coregone in carpione con polenta integrale, strozzapreti con persico e ricotta, filetto di storione con scalogno in agrodolce e sapa sono alcune delle proposte di Wanda. Da non perdere il toast di sarda di lago con salsa alla senape antica (15 €), gli gnocchi di patate con storione e verdure speziate (14 €), il luccio tiepido profumato alla maggiorana con mousse di patate (22 €). Bella la carta dei vini.

MONTE ISOLA (BS)
Locanda al Lago
Ristorante
Frazione Carzano, 38
Tel. 030 9886472-347 9186478
Chiuso il martedì, mai d'estate
Orario: mezzogiorno e sera
Ferie: dall'Epifania all'ultima settimana di febbraio

Nando è ristoratore e pescatore, uno degli ultimi del lago d'Iseo. Vi racconterà come si essiccano la sardine (Presidio Slow Food), che qui si possono anche comprare, o come si cattura il cavedano, ma anche la storia dell'olio prodotto sulla più grande isola lacustre d'Europa e quella del salame locale. Alcuni esempi di piatti: millefoglie di sardine di lago con chips di polenta (12 €), risotto al pesce di lago con la sua bottarga, trenette alla

LOMBARDIA | 175

pescatora (9 €), coregone in umido con scaloppe di polenta, frittura mista (17 €). Buona selezione di vini.

RIVA DI SOLTO (BG)
Zù
Ristorante
Via XXV Aprile, 53
Tel. 035 986004
Chiuso il martedì, in estate aperto la sera
Orario: mezzogiorno e sera
Ferie: in gennaio

Il pescato giornaliero di Danilo Baiguini è cucinato dalla brava Patrizia Argenti. In apertura, sinfonia di profumi e sapori del Sebino (16 €), composta da agone del lago, sarda alla griglia, luccio in salsa su crostone di pane casereccio, mousse di lavarello affumicato, sarde in *saor*. Tra i primi (16 €), tagliatelle con agoni essiccati e tortelli di salmerino e ricotta. A seguire, salmerino su crema parmentier, filetti di persico reale fritti, coregone gratinato con polenta (16 €). Grande cantina dei vini.

SORICO (CO)
Beccaccino
Ristorante
Via Boschetto, 49
Tel. 0344 84241
Chiuso il lunedì
Orario: mezzogiorno e sera
Ferie: variabili
©

Il locale offre una cucina nazionale e un menù di pesce d'acqua dolce che dipende ogni giorno da quanto riesce a catturare il patron Romeo Landi. Si inizia con l'antipasto di lago (12 €): diversi assaggi di pesce tiepido o in cagnone e, se disponibile, la ricercata bottatrice. Seguono il riso mantecato con filetti di pesce persico o i ravioli casercci di lavarello al pesto con fagiolini e patate croccanti (13 €) e, come secondo, una ricca grigliata mista di lago con verdure (17 €) o un gustoso lavarello alle erbe aromatiche. La scelta dei vini è vasta e articolata.

PORTO MANTOVANO
Soave

9 KM A NO DI MANTOVA

La Stella
Trattoria
Via Martiri della Libertà, 129
Tel. 0376 300635
Chiuso lunedì sera e martedì
Orario: mezzogiorno e sera
Ferie: variabili
Coperti: 100 + 60 esterni
Prezzi: 35 euro vini esclusi
Carte di credito: tutte, BM

Per recarvi all'osteria seguite le indicazioni che portano a Soave e Bosco delle Bertone, cui è prossima. Il patron Daniele Toaldo ha proseguito il suo percorso di crescita attraverso l'attenta selezione di pregiate materie prime, tra cui alcuni Presìdi Slow Food come il bitto storico, presentato in una verticale di diverse annate e alpeggi (15 €). Tra gli antipasti, una notevole "accoglienza mantovana" che comprende diverse specialità locali, proposte anche separatamente: **salami misti con polenta e sottoli, luccio in salsa verde, insalata dei Gonzaga, nervetti con cipolle e fagioli**, grana con mostarda di pere. In alternativa si possono gustare un sorbir d'agnoli o di trippe. I primi piatti si rifanno da un lato all'immancabile pasta tirata a mano – **tortelli di zucca con burro e salvia** (10 €), agnoli in brodo – dall'altra ai **risotti alla pilota con pesce gatto spolpato** o **tinca** (11 €), tutti eseguiti con sapiente equilibrio. Fuori dal coro, per così dire, gli gnocchetti con pomodoro San Marzano e salsiccia e i maccheroncini al torchio con sugo di cinghiale. Cercando di glissare sulla esuberante proposta di carni d'oltremare, ci siamo concentrati con soddisfazione sui **rotolini d'anguilla marinata con polenta abbrustolita** (20 €) e sullo spezzatino di lepre sempre accompagnato dalla polenta. Sontuosa la carta dei dolci (5 €) con semifreddi e classici del luogo: sbrisolona e torta di mele, entrambe servite con un riuscitissimo zabaione tiepido. Adeguata l'offerta dei vini che comprende molte etichette locali e del vicino Garda, anche al calice.

POZZOLENGO
Martelosio di Sopra

40 KM A SE DI BRESCIA

Antica Locanda del Contrabbandiere
Ristorante con alloggio
Località Martelosio di Sopra, 1
Tel. 030 918151
Chiuso il lunedì
Orario: sera, festivi anche pranzo
Ferie: 7-31 gennaio
Coperti: 36 + 20 esterni
Prezzi: 35-38 euro vini esclusi
Carte di credito: CS, MC, Visa, BM

Per arrivare al locale si percorre una strada che attraversa colline, campagne ben curate e vigneti di trebbiano. L'Antica Locanda del Contrabbandiere è chiamata così fin dal Quattrocento per la sua posizione strategica di confine, a cavallo fra tre province. Entrati nel locale, accogliente e piacevole, sarete accolti dal titolare Lorenzo Bonato con un vol-au-vent di bufala aromatizzata al tartufo e un bicchiere di Bardolino. Il menù punta su pochi piatti, ai quali è però dedicata un'attenzione maniacale. Tra gli antipasti, cestino di formaggi teneri e radicchio, carpaccio di petto d'oca fumé con mele spadellate, **polpette di pesce di lago** su crema di cavolfiore (10 €). I primi non sono meno curati: bigoli di farina di castagne con ragù di cinghiale, **tagliatelle con sarde fresche** e gnocchi neri con calamari e porri (15 €). Seguono: guancale di vitellone brasato all'Amarone, **bocconcini di lavarello** in pasta fillo su crema di piselli (15 €), filetto di orata con julienne di verdure di stagione. I dolci, tutti fatti in casa e presentati con cura, vanno dal **biancomangiare su cialda** al tortino di cioccolato fondente con spuma alla menta, dal semifreddo con fichi marinati al rum al budino di cioccolato bianco con fragole. La carta dei vini è ben fornita di produzioni locali.

In via Santa Maria 21, alle Fattorie dei Colli Storici le migliori razze bovine italiane. I fratelli Castrini affrontano il tema del consumo etico, per ridurre gli sprechi alimentari, e promuovono l'iniziativa Spesa Famiglia con ampi consensi.

QUISTELLO

29 KM A SE DI MANTOVA SS 496

All'Angelo
Ristorante
Via Catone, 60
Tel. 0376 618354
Chiuso il lunedì, da ottobre ad aprile anche domenica sera
Orario: mezzogiorno e sera
Ferie: seconda settimana di gennaio, prime due di luglio
Coperti: 60
Prezzi: 40 euro vini esclusi
Carte di credito: tutte, BM

Nel centro del paese, la sede storica di questo locale porta ancora le ferite del terremoto del 2012: ritrovate Nadia e Denis Garosi poco fuori l'abitato, in una storica villa ottocentesca ben ristrutturata e con alcune camere a disposizione. In sala Denis vi accoglierà cordialmente e vi guiderà nella scelta raccontandovi i piatti che Nadia elabora a partire dalle eccellenti materie prime locali. Potrete cominciare con il classico antipasto all'italiana (12 €) di culatello, lardo, salame mantovano, pancetta oppure con **prosciutto in salsa tiepida di balsamico**. A seguire tagliatelle ai porcini, **maccheroni al torchio con fagioli** (10 €), tortelli di zucca al burro fuso e al pomodoro. La carne è la regina dei secondi: **guancialino alle mele brasate e Moscato** (15 €), lonza di maiale con mostarda, tagliata di petto d'anatra in salsa di vino rosso (15 €) oppure scaloppe in diverse preparazioni. Buona selezione di formaggi nazionali ed esteri. Per chiudere, la **mousse al croccante** (5 €) oppure la tradizionale sbrisolona o, ancora, sorbetti e gelati preparati da Nadia. Carta dei vini con ampia scelta di etichette nazionali ed estere e possibilità di degustazioni al bicchiere. Siamo nella zona del tartufo bianco mantovano che si raccoglie da ottobre a gennaio: la possibilità di un pranzo a tutto tartufo. Da aprile a ottobre menù degustazione a tema: carne, funghi, asparagi e tradizione mantovana.

In frazione **San Rocco**, via Boscarello 8 (4 km), Fiorenzo Soriani alleva allo stato semibrado suini e produce prosciutti crudi e salame mantovano.

LOMBARDIA | 177

RIPALTA CREMASCA
Bolzone

42 km a no di Cremona, 8 km da Crema

Via Vai Fratelli Fagioli

Trattoria
Via Libertà, 18
Tel. 0373 268232
Chiuso martedì e mercoledì
Orario: sera, domenica anche pranzo
Ferie: tra luglio e agosto
Coperti: 40 + 20 esterni
Prezzi: 38 euro vini esclusi
Carte di credito: CS, DC, MC, Visa, BM

Nel loro locale, immutato nel tempo, i fratelli Fagioli propongono piatti ricchi di storia in versioni alleggerite ma certo non snaturate. L'incipit è dato da salame cremasco con giardiniera (9 €), **terrina di faraona**, di melanzane e peperoni o di coniglio, il paté di tonno e patate con caponata e la mitica terrina di fegato grasso. Numerosi i primi (10 €): tortelli cremaschi di Stefano, **lasagnette con ragù d'anatra** o con verdure, gnocchi e ravioli che seguono le stagioni. Di lunga preparazione i secondi, tra i quali spiccano il **cosciotto d'oca con verze**, la coscetta di coniglio disossata farcita con verdure (14 €), l'**anatra arrosto** cotta a bassa temperatura, la lingua di vitello salmistrata con salsa verde, la trippa. Imperdibile il salva cremasco con le tighe: così buono e stagionato perfettamente si riesce a gustare solo qui. Tanti i dolci (5 €): crostatina con crema pasticciera, sorbetti di frutta fresca, bavarese allo yogurt, torta di amaretti e fichi in crosta di mandorle, la tipica torta bertolina di uva fragola, semifreddi vari e sbrisolona con crema al mascarpone. Marco cura la poderosa cantina, che offre un'eccellente scelta di vini al calice, e vi aiuterà a scegliere il giusto abbinamento con i piatti creati da Stefano e dalla sua brigata. Ottimo rapporto tra qualità e prezzo per le serate a tema organizzate settimanalmente; notevole il pacco natalizio per otto persone che permette di gustare in casa i piatti preparati da Stefano.

> *Piatti ricchi di storia e adattati al gusto di oggi, per una cucina estrosa con solide basi tradizionali*

RONCOFERRARO
Garolda

14 km a est di Mantova

Dal Gaia

Trattoria
Strada Ostigliese, 83/3
Tel. 0376 663815
Chiuso il lunedì e martedì sera
Orario: mezzogiorno e sera
Ferie: terza e quarta settimana di agosto
Coperti: 55 + 20 esterni
Prezzi: 30-35 euro vini esclusi
Carte di credito: AE, Visa, BM

Sulla statale che collega Mantova a Ostiglia troverete un bel arredato con stampe e attrezzi della cultura contadina, in cui vi accoglieranno Roberto, che si occupa della sala, e sua moglie Cosetta, abile cuoca e interprete della migliore tradizione mantovana. Inevitabile iniziare con i salumi serviti con pane caldo e salse (ottima quella di mascarpone e alici): **culatello** (9 €), coppa, pancetta, salame mantovano e la mortadella del Presidio Slow Food. Pasta fatta in casa per i primi, tra cui segnaliamo **tagliatelle con piccione e spugnole** (9 €), tortelloni di ricotta con radicchio e speck, tagliolini con verdure di stagione e gli immancabili agnoli in brodo e tortelli di zucca. Potrete continuare con secondi principalmente di carne ma, se è disponibile, provate il **luccio in salsa con polenta** (10 €); altrimenti medaglioni di maiale con porcini, brasato al Barolo, l'ottimo cosciotto d'oca all'aceto balsamico. Poi fatevi tentare dai dolci (5 €) preparati da Cosetta, semplici e gustosi: **mousse di castagne e salsa di cachi**, salame o tortino di cioccolato, budino di zucca al caramello. La carta dei vini privilegia il territorio con una buona proposta di Lambruschi mantovani, ma offre anche un'ampia scelta di bottiglie nazionali, alcune proposte al calice. Se desiderate chiudere con un buon distillato, non avete che l'imbarazzo della scelta fra numerose marche e annate eccellenti.

ROVATO

22 km a ovest di Brescia a 4

Trattoria del Gallo
Trattoria *novità*
Via Cantine, 10
Tel. 030 7240150
Chiuso domenica sera in estate
Orario: mezzogiorno e sera
Ferie: una settimana in agosto
Coperti: 50
Prezzi: 39 euro vini esclusi
Carte di credito: tutte, BM

ROVERBELLA
Canedole

16 km a nord di Mantova

La Pecora Nera
Trattoria
Via Baracca, 9
Tel. 0376 695147
Chiuso lunedì e martedì
Orario: mezzogiorno e sera
Ferie: variabili
Coperti: 40
Prezzi: 25-28 euro vini esclusi
Carte di credito: tutte, BM

Il territorio qui è ben rappresentato sia nei prodotti sia nelle ricette elaborate dalle esperte mani di Giovanna. Con sobrietà, misura, cortesia e attenzione per l'ospite Alberto e Onofrio gestiscono da qualche tempo questa storica trattoria posta nel centro di Rovato. Gustose proposte per iniziare: **sformato di zucchine con crema di zafferano** (13,50 €), sardina essiccata del lago d'Iseo, Presidio Slow Food, con polenta, petali di violino di capra con concassé di pompelmo bianco, polentina di mais con baccalà, degustazione di salumi di cervo, cinghiale e capriolo. Tra i primi, eccellenti **risotti** (13 €) – singolari quello con Franciacorta Rosé e fragole e quello con bagòss e polvere di liquirizia – i tradizionali casoncelli fatti in casa alla bresciana con burro fuso e salvia (9 €), intriganti gnocchetti di pane con guanciale croccante o di ortiche saltati con gamberi rossi di fiume, la zuppetta di ortaggi freschi e basilico. Ben eseguito il piatto storico del locale, il **manzo di Rovato all'olio con polenta di Castegnato e spinaci**. Eccellenti tutte le carni: costolette di agnello impanate con battuta di aromi (17 €), ossibuchi con piselli, uno strepitoso coniglio alla bresciana con patate, il **baccalà alla moda del Gallo**, la tagliata di pecora e, d'inverno, gli eccellenti bolliti. Buona selezione di formaggi e variegata offerta di dolci, dai sorbetti alle torte caserecce; da non perdere la sbrisolona confezionata con una ricetta particolare. Oltre settanta le etichette, con particolare attenzione per i vini della Franciacorta.

Il nome dell'osteria rimanda alla proprietaria, Vania, così soprannominata in famiglia e dagli amici per la sua indole vulcanica e la capacità di distinguersi. Ma a dispetto del nome e nonostante le effigie di pecore nere all'ingresso del locale, qui c'è colore ovunque, a partire dalle allegre decorazioni delle stoviglie, tutte di diversa foggia. Siamo nella profonda provincia mantovana, ben nota per la cucina di lago, a partire dai **risotti alla pilota con i *saltarei*** – gamberetti di risaia – il pesce gatto spolpato, le rane o i pesciolini. Tra gli altri primi consigliamo i tortelli di zucca e quelli ripieni di ricotta ed erba cipollina, con una gustosissima riduzione di Recioto (8 €), oppure le **tagliatelle** tirate in casa **con ragù di germano**. Passando ai secondi, Vania ha una mano particolare per il **fritto di pesce** (11 €): croccante e raffinato il persico, particolarmente sapido e inusuale il pesce gatto, delicate le rane, il tuotto accompagnato con verdure di stagione. Vale la pena assaggiare le carni sapientemente grigliate, il **ganascino con i porcini** (8,50 €), la tradizionale spalla cotta, le selezioni di salumi e di formaggi fatte in casa di anguria bianca, mele campanine e pere. I dolci (3,50 €), tra cui il sorbetto al nocino e liquirizia e il salame dolce, sono casalinghi, così come i liquori, da affrontare a fine pasto. La carta dei vini comprende diverse etichette di Lambrusco della zonae e altre del Nord Italia.

LOMBARDIA | 179

SALÒ

31 km a est di Brescia ss 45 bis

Osteria di Mezzo

Osteria moderna
Via di Mezzo, 10
Tel. 0365 290966
Chiuso il martedì
Orario: 12.00-23.00
Ferie: 10 gennaio-10 febbraio
Coperti: 30 + 8 esterni
Prezzi: 40 euro vini esclusi
Carte di credito: AE, CS, MC, Visa, BM

In una delle viuzze del centro di Salò affaccia questa osteria realizzata in un antico fondaco, arredata con cura ed elegante semplicità. Il servizio è offerto ai viandanti d'oggi ininterrottamente dalle 12 alle 23, come le osterie di un tempo, e il meglio del territorio – vini della Valtenesi, olio dell'alto Garda, miele – trova giusta vetrina. Nella saletta raccolta e nel dehors, il giovane Mauro e suo padre Gino accolgono con professionalità, mentre Vanni è in cucina con mamma Dory. Si apre con i **salumi di produzione propria** (9 €) – salame, coppa, pancetta e lardo – o con assaggi di pesci del Garda fritti, marinati o in insalata (11 €). I primi cambiano secondo le stagioni ma i **tagliolini con il persico** (9 €) sono una costante. Con il pesce di lago vengono condite le paste fatte a mano con farine di kamut, di farro o di avena, mentre la carne compare nei **bigoli con il ragù d'anatra** e il formaggio nelle crespelle con radicchio di campo. Eccellente il **coniglio al chiaretto**, accanto ad altre carni arrosto, alla griglia o stufate, e in alternativa al filetto di salmerino o alle **sarde di lago arrostite** (16 €). In stagione il baccalà o l'anguilla con la polenta. Carrello dei **formaggi** ricco di specialità bresciane, bergamasche e di tutto il Nord d'Italia; tra i dolci (8 €) spiccano quelli al cucchiaio: semifreddi, parfait, bavaresi, ma anche tortino fondente al cioccolato, crostate e, offerti alla fine del pasto, biscottini. Carta dei vini molto curata. Prima di chiudere non fatevi mancare un distillato: la lista è davvero invitante.

In via San Carlo 86, la pasticceria Vassalli: ottimi dolci e cioccolato.

SAN COLOMBANO AL LAMBRO
Mostiola

42 km a se di Milano

Sant'Ambrogio

Osteria tradizionale
Frazione Mostiola, 8
Tel. 0371 898675
Chiuso lunedì e martedì
Orario: mezzogiorno e sera
Ferie: in agosto e in gennaio
Coperti: 45 + 45 esterni
Prezzi: 35-40 euro vini esclusi
Carte di credito: AE, CS, MC, Visa, BM

Dall'uscita dell'A 1 di Casalpusterlengo, in pochi minuti raggiungerete questo locale, nella zona agricola a sud di Milano. Fuori un bel pergolato, all'interno ambienti raccolti con una calda atmosfera di vecchia osteria: banco bar all'ingresso e, nella sala principale pochi tavoli e un camino enorme, dove il patron Donato cuoce alla griglia le carni da lui selezionate. Dal menù potrete scegliere gli antipasti di salumi locali (8 €), cipolline, carciofi o tomino lardellato accompagnati da buon pane. I primi, tutti realizzati in casa con ripieni ben bilanciati e pasta sottile, sono: **cappelletti con stracotto in brodo** (13 €), tortelli di zucca e mostarda, ravioli di stracotto o verdi, tagliatelle al ragù. Fra i secondi vi consigliamo **carne mista alla griglia** (costine, salsiccia lodigiana e scottona), cotta con sapienza di fronte a voi, oppure gli ottimi **rognoncini trifolati** (18 €). Eccellenti le verdure di stagione, tra le quali il **cavolfiore** saltato in padella **con acciughe** e le **coste con pancetta** (5 €). Curata selezione di formaggi locali, abbinati alle confetture preparate da Ivana Delfanti, artefice anche dei buoni dolci: l'ottima **crostata alla confettura di albicocche** (5 €) e il goloso semifreddo *strachin gelaa*. I pochi vini, con onesti ricarichi, sono scelti con cura; quelli della zona appartengono all'unica Doc della provincia di Milano. Servizio curato e cortese.

A Lambrinia di Chignolo Po (5,5 km), in via Don Sbarsi 14, I Germogli, una cooperativa sociale che riunisce giovani provenienti da situazioni di disagio, inserendoli nella produzione di vini, miele e ortaggi.

SAN DAMIANO AL COLLE

33 km a se di Pavia

Fugazza
Trattoria
Località Boffalora, 11
Tel. 0385 75183
Chiuso il giovedì
Orario: mezzogiorno e sera
Ferie: variabil
Coperti: 60
Prezzi: 25-30 euro vini esclusi
Carte di credito: CS, DC, MC, Visa, BM

Persone semplici, vere, ospitali, Luisa e Stefano Fugazza. Nella loro trattoria la cura dei dettagli è evidente: molti piatti per celiaci, salumi, pasta e dolci fatti in casa, ricerca di piccoli produttori in zona, lista di vini contenuta, ma attenta a interessanti realtà locali e con ricarichi più che onesti. Nella veranda contornata di fiori e con vista sulla vallata sottostante, si può iniziare con ottimi **salumi, accompagnati da salsina verde e peperoni** (8 €) oppure con la battuta di manzo, con il tortino di borragine con fonduta di crescenza o un'insalata di baccalà con olive taggiasche e pomodori secchi condita con olio di basilico. Nei primi – la pasta ripiena è un marchio di fabbrica – spiccano i **ravioli della tradizione al sugo di brasato** (8 €) o, in stagione, i ravioli con punta di ortica e ricotta al burro e salvia, oppure i ravioloni con la dolce cipolla di Breme brasata, ricotta e grana stagionato al burro e timo. Da citare anche gli gnocchi senza glutine ripieni con punta di ortiche, ricotta e raspadura di pecorino di Pienza stagionato. Tra i secondi molta carne: tagliata di controfiletto, **ganassino di vitello brasato alla Bonarda** (10 €), la classica fiorentina. Da provare, quando disponibile, lo spiedino di lumache con purea di patate e porri. Assaggi di formaggi interessanti, tra cui quelli di capra del vicino Boscasso e, per chiudere, dolci fatti in casa: **tortino di mele al profumo di cannella** (5 €), crostate con confetture o marmellate casalinghe, come quella di arance, che accompagna la coppa di crema morbida di cacao. Valido menù degustazione a 20 euro.

SAN GIACOMO DELLE SEGNATE

36 km a se di Mantova

Le Caselle
Azienda agrituristica
Via Contotta, 21
Tel. 0376 616391-348 3859622
Aperto su prenotazione
Orario: mezzogiorno e sera
Ferie: 15 giorni in gennaio e in agosto
Coperti: 50 + 30 esterni
Prezzi: 30-35 euro vini esclusi
Carte di credito: CS, MC, Visa, BM

Per mangiare alle Caselle è consigliabile prenotare per concordare il menù a seconda della disponibilità stagionale dell'orto di famiglia e delle carni degli animali da cortile. Nell'agriturismo, con ampio parco, un bosco e un laghetto, c'è sempre, comunque, il menù alla carta. Si può iniziare con l'antipasto di **salumi, frittate alle erbette** e un'ottima **giardiniera di verdure** (9 €), oppure con l'insalata di cappone, proseguendo con primi piatti (9 €) quali **cappelletti in brodo di cappone**, ravioli di zucca, ravioli di farina integrale alle erbette con burro fuso e limone grattugiato, maltagliati al ragù d'anatra. Tra i secondi (13 €), in inverno, trionfano il **lesso**, il **cotechino**, la **lingua**, serviti con le mostarde preparate da Raffaella seguendo una ricetta di famiglia e usando solo frutta appena raccolta. Inoltre arrosto di faraona, di cappone o d'anatra, ma il piatto principe della casa rimane il **cappone in vescica di bue e canna di sambuco** che, come capirete dalla descrizione di Gianfranco, è un piatto che richiede estrema cura in cucina. Si passa poi ai formaggi, accompagnati anch'essi dalle mostarde, e ai dolci casalinghi (7 €), tra cui il salame dolce con zabaione al Recioto. Buona selezione di Lambruschi e vini regionali di qualità. Da tenere presente la possibilità di due camere per il pernottamento.

❞*All'agriturismo Le Caselle Raffaella e Gianfranco amano il loro lavoro e lo rimandano all'ospite in un mix di amore per la natura, sapori autentici e buona cucina*❞

LOMBARDIA | 181

SAN GIOVANNI BIANCO
Oneta

29 KM A NORD DI BERGAMO

Taverna di Arlecchino
Trattoria
Frazione Oneta
Tel. 0345 42458- 338 7600882
Chiuso lunedì sera e martedì
Orario: mezzogiorno e sera
Ferie: variabili
Coperti: 30 + 15 esterni
Prezzi: 28-32 euro vini esclusi
Carte di credito: CS, MC, Visa, BM

Approfittando di una bella passeggiata fuori porta, non mancherete una visita al borgo medievale di Oneta, situato sull'antica via Mercatorum – fino al termine del XV secolo l'unica via commerciale tra Bergamo e la Valtellina – nonché sede di questa graziosa trattoria. Il nome di questa taverna è dedicato alla storica maschera bergamasca: nell'edificio adiacente ha sede la casa natale di Arlecchino, ovvero un museo dedicato a Zanni, che ha ispirato il coloratissimo protagonista del Carnevale. Nel menù, raccontato a voce, viene proposto il classico tagliere di salumi e formaggi (9 €) di buona qualità, accompagnati da una deliziosa giardiniera. Poi **casoncelli alla bergamasca** (9 €) con pancetta croccante, risotto allo stracchino, oppure **tagliolini ai funghi porcini**. In alternativa si possono ordinare anche i tortellini con formaggio caprino e melanzane. Sia il pane sia la pasta, come si conviene, sono fatti in casa. Secondi piatti ben riusciti sono il **coniglio nostrano disossato** (13 €) **farcito con erbe aromatiche**, il capretto al forno, i bocconcini di cervo al ginepro ma anche la semplice **polenta taragna con funghi porcini** (12 €). Per concludere, una selezione di torte e semifreddi fatti in casa. Il vino proposto è un onesto Valcalepio sfuso, ma a richiesta è disponibile una piccola selezione di etichette scelte dal proprietario.

SANTA MARIA DELLA VERSA
Ruinello

28 KM A SE DI PAVIA, 8 KM DA STRADELLA

Al Ruinello
Ristorante
Frazione Ruinello di Sotto, 1 A
Tel. 0385 798164
Chiuso lunedì sera e martedì
Orario: mezzogiorno e sera
Ferie: 12 giorni in gennaio, 20 in luglio
Coperti: 40 + 20 esterni
Prezzi: 30-35 euro vini esclusi
Carte di credito: CS, DC, MC, Visa, BM

Attraversando le colline dell'Oltrepò pavese si arriva a Santa Maria della Versa, dove una tipica costruzione rurale ospita questo ristorante gestito con passione da Piero Bersani, la moglie Donatella e il figlio Cristiano. Un'unica sala, elegante e dal sapore antico, con un imponente camino al centro che rende l'ambiente caldo e accogliente, e tavoli finemente apparecchiati. Il buon pane, sia bianco sia integrale, è confezionato da un fornaio locale. Già dall'antipasto si coglie il preciso legame con il territorio: **filzetta**, pancetta, coppa e salame accompagnati da insalata russa (8 €) o, in alternativa, sformatino di verdure dell'orto. La proposta dei primi non è da meno: ottimi **ravioli ripieni di agnello con carciofi** (8 €), *pisarei e fasò* e risotti che variano in base alla stagionalità. Il vero punto di forza rimangono comunque i secondi: la proposta si articola tra **quaglie al Pinot Grigio** con polenta (13 €), faraona in umido, arrosto di vitello all'arancia, in inverno, stracotto di manzo e lepre in salmì. Interessanti anche i dolci, tra i quali crostata con confettura di lamponi, **semifreddo al caffè**, cupcake al cioccolato con lamponi, *bonet* al cioccolato e nocciole (4,5 €). Curata la carta dei vini, che riporta un nutrito elenco di produttori locali affiancato da una selezione di etichette nazionali.

Il Boscasso, a **Ruino** (11 km), in località Boscasso, offre ottimi caprini partendo da animali alimentati in modo naturale. Acquisto in loco e al Mercato della Terra di Milano.

SANTO STEFANO LODIGIANO
Località Chiavicone

35 km a se di Lodi sp 36

Il Barcaiolo

Osteria tradizionale *novità*
Località Chiavicone, 3
Tel. 0377 379300-389 5949967
Chiuso lunedì e martedì
Orario: sera, domenica anche a pranzo
Ferie: agosto
Coperti: 40 + 20 esterni
Prezzi: 25-30 euro vini esclusi
Carte di credito: tutte, BM

Il locale prende il nome dai barcaioli che il secolo scorso venivano qua a fare merenda. La tradizione di schietta accoglienza continua: Pierangelo Lodigiani, che con suo fratello conduce una vicina azienda agricola, e altri quattro amici hanno rinnovato il locale, mantenendo formula e spirito dell'osteria tradizionale. Il menù è contenuto, ma i generosi piatti proposti dalle mani sicure di Rosy sono eccellenti. Semplicità e bontà negli antipasti, dove primeggia il tagliere di salumi dell'azienda (tra tutti il sanfioranetto) accompagnati da gnocco fritto (8 €) e viene suggerito il piatto di formaggi (pannerone, gorgonzola, grana) provenienti da cascine della zona. Molto **risotto** tra i primi, **con salsiccia e funghi** (8 €), salsiccia e pannerone o salsiccia e zucca. Immancabili i **tortelli**, nelle versioni con salvia e melanzane, ricotta e spinaci, o di zucca. In inverno spazio anche ai ravioli in brodo. Su ordinazione panissa e trippa alla lodigiana. Ottima la **tagliata di manzo** (15 €), con carne proveniente da cascine locali e gustoso il maiale, dell'azienda di Pierangelo, che si trova in vari piatti: **costine con verze e polenta** (10 €), lonza tonnata oppure con limone e aceto balsamico (8 €); talvolta anche stinco con patate o al bollito. Come dolce, le **crostate di frutta**, il gelato artigianale di una gelateria vicina, oppure i semifreddi fatti in casa alla fragola, alla meringa o al torroncino. Territorio anche nella scelta di alcune birre artigianali, ma soprattutto nella lista dei vini, che denotano ricerca all'interno di una zona non molto conosciuta ma con espressioni culinarie degne di nota.

SCANDOLARA RIPA D'OGLIO

15 km a ne di Cremona

Locanda del Gheppio

Trattoria
Via Umberto I, 28
Tel. 0372 89140
Chiuso lunedì sera e martedì
Orario: mezzogiorno e sera
Ferie: due settimane in agosto
Coperti: 80 + 10 esterni
Prezzi: 32-35 euro vini esclusi
Carte di credito: CS, DC, MC, Visa, BM

La Locanda, a nord di Cremona e ai limiti della provincia di Brescia, è curata ed elegante, con tavoli ben apparecchiati e distanziati. Alvaro Ponzoni, chef di lunghissima esperienza, dirige la cucina a partire dalla ricerca di materie prime e con tecnica sicura, mentre in sala la moglie Giovanna e la figlia Laila vi illustreranno il menù e suggeriranno gli abbinamenti con i vini. Con il buon pane fatto in casa accompagnerete il percorso di piatti tradizionali o quello più innovativo a partire dagli antipasti: il classico di salumi con un ottimo salame cremonese e la culaccia (9 €), l'**insalata di cappone** (10 €), il timballo di melanzane, pomodoro e provolone. Talvolta troverete anche pesci d'acqua dolce, come l'anguilla in carpione e il filetto di pesce gatto. Fra i primi piatti (10 €) parlano il linguaggio della tradizione i marubini cremonesi, i **ravioli di tacchinella** o le tagliatelle al ragù, mentre come secondi vi consigliamo l'involtino di storione e gamberi (14 €), la coda di bue disossata e brasata, il petto di faraona al forno ripieno alla cremonese e, quando disponibile, la perfetta **frittura di pesciolini** d'acqua dolce (12 €). Ci sono anche piatti poveri come le rigaglie di pollo, il piedino di maiale e le lumache. Tutti fatti in casa i dolci, fra i quali il goloso **semifreddo al torroncino**. La lista dei vini è abbastanza ampia, con etichette dei territori limitrofi e ricarichi molto corretti. Ottimi i liquori fatti dallo chef: nocino, cherry e liquirizia. Possibilità di scegliere il menù degustazione di cinque portate di terra a 28 euro.

LOMBARDIA | 183

SERLE
Castello

21 KM A EST DI BRESCIA SS 45 BIS

Castello

Trattoria
Via Castello, 38
Tel. 030 6908114-6910001
Chiuso il martedì
Orario: mezzogiorno e sera
Ferie: variabili in estate
Coperti: 100 + 40 esterni
Prezzi: 35-40 euro vini esclusi
Carte di credito: tutte, BM

Più che un pranzo al Castello sembrerà di avere passeggiato tra le passioni della famiglia Zanola: Milio vi accompagnerà nella cantina scavata nella pietra e poi, attraverso le quattro eleganti salette di cui si compone la trattoria, nella cucina, dove vengono custoditi gli spiedi con i propri funamboli, infine nella splendida terrazza affacciata sul giardino-eden curato dalla moglie Lorena, quando non è ai fornelli. Nel menù, che racconta perfettamente il territorio, l'antipasto è unico ma molto ricco: lardo al rosmarino con polenta alla brace, salame e pancetta agliata, formaggio di montagna con extravergine del Garda, **polentina con fonduta e porcini**, **fagioli con le cotiche** (10 €). Non meno interessanti i primi: zuppa di porcini, **casoncelli al bagòss**, lasagne con ragù di coniglio e, naturalmente, la **minestra sporca con fegatelli di pollo** (6 €), preludio al caposaldo della proposta culinaria, ovvero lo **spiedo bresciano** classico che, in alternativa estiva, viene preparato con carni di pollo, coniglio, capretto e polenta di mais biancoperla. Tra i secondi anche guancialino di manzo, stinchetto al forno con crema di patate (13 €) e un'interessante selezione di formaggi dei Presìdi Slow Food accompagnati dal miele di alta montagna. I dolci fatti in casa sono presentati magnificamente: torte, tatin di mele, parfait all'arancia, **salame di cioccolato con zabaione** e ciambella al miele con salsa vaniglia (6 €). Carta dei vini davvero interessante, con attenzione particolare a prodotti locali e proposte nazionali e francesi.

A **Botticino** (13 km), l'Apicoltura del Sampì aderisce al Presidio Slow Food dei mieli di alta montagna.

STAGNO LOMBARDO

11 KM A SE DI CREMONA SP 59

Lago Scuro

novità

Azienda agrituristica
Via Pagliari, 54
Tel. 0372 57487
Aperto sabato e domenica a pranzo
Orario: mezzogiorno e sera
Ferie: agosto
Coperti: 40
Prezzi: 30 euro vini esclusi, menù fisso
Carte di credito: tutte, BM

Se cercate qualcosa di autentico, siete nel posto giusto. Il piatto è solo una parte di questa cascina multifunzionale, ove trovano spazio un asilo, il laboratorio del pane, tre stanze per poter dormire in una quiete assoluta. Il chilometro zero, qui, è una filosofia. "Da fuori" provengono solo burro e olio, biologici e selezionati. Lago Scuro ricalca perfettamente la filosofia che dovrebbe essere alla base di un'autentica azienda agrituristica e questo grazie alle competenze e alle capacità di Luca Grasselli e della moglie Federica. La cucina trasforma le materie prime in modo semplice e buono, il menù, a prezzo fisso (30 €), varia stagionalmente e propone una generosa carrellata di antipasti, un paio di primi, un secondo, di solito di carne, un paio di dessert e il caffè. Salumi nostrani, formaggio fresco (mozzarella o robiola), **frittata con cipollotto ed erbette**, di uova freschissime e biologiche, brioche farcita con formaggio e prosciutto per iniziare. Le ricette della nonna guidano la mano in cucina, dove spesso viene in aiuto anche il padre di Luca. Tra i primi, gnocchetti con verdure, rotoli di pasta fresca con besciamella e verdurine, **crespelle con piselli e zucchine**, tortelli di ricotta ed erbette o ai formaggi, farro con verdure. I secondi vedono la carne protagonista: magatello marinato con olio e limone, **roastbeef con verdurine**, brasati, arrosti. Bontà e semplicità anche tra i dessert: **crostata di frutta**, torta al cioccolato con crema chantilly, semifreddo al torrone e meringa. Carta dei vini contenuta ma ragionata e caratterizzata da proposte di vini biologici dai ricarichi onesti. Un valore aggiunto: qui si allevano vacche brune e con il loro latte di producono nostrano, provole, blu e mozzarelle.

STAGNO LOMBARDO
Brancere

12 km a se di Cremona

Lido Ariston Sales

Ristorante
Via Isola Provaglio, 8
Tel. 0372 57008
Chiuso lunedì sera e martedì
Orario: mezzogiorno e sera
Ferie: febbraio
Coperti: 100 + 40 esterni
Prezzi: 28-32 euro vini esclusi
Carte di credito: MC, Visa, BM

Dalle finestre della sala ristorante, al primo piano di questo locale anni Cinquanta, il paesaggio si divide tra il grande fiume (l'argine è a pochi metri) e il giardino con una balera evocatrice di coppie danzanti e di serate estive. Dopo l'impatto all'insegna dei ricordi, e passato il bancone bar all'ingresso, nella semplice e lunga sala gusterete l'**antipasto campagnolo** (9 €) con coppa piacentina, crudo di Parma, salame cremonese, frittata d'erbe di campo, lardo e pancetta con polenta oppure il **pesce in carpione**, sempre con polenta. Tra i primi spiccano i **malfatti alla ricotta e spinaci al burro e salvia** (8 €), i tagliolini alle ortiche con ragù d'anatra o i più classici marubini in brodo (10 €). Per secondo, oltre al sempre valido fritto di pesce di fiume – delicatissimo perché Tilda, la cuoca, cambia sempre l'olio – e allo **storione al forno** (10 €) le proposte di carne prevedono faraona disossata e ripiena, noce di vitello al forno con patate o con funghi e polenta, **cotechino con purea di patate e polenta** (9 €), coniglio con cipolle, bollito misto, stracotto di manzo. Per concludere, crostate e semifreddi preparati giornalmente, magari preceduti dal pregevole **tagliere di formaggi con mostarda di mele e limoni**. Una cinquantina i vini italiani in carta con ricarichi corretti e una meritevole attenzione alle zone di produzione più vicine.

SULZANO

28 km a no di Brescia sp 510

Cacciatore

Trattoria
Via Molini, 28
Tel. 030 985184
Chiuso lunedì sera e martedì
Orario: mezzogiorno e sera
Ferie: 6 gennaio-13 febbraio, una sett in ottobre
Coperti: 80 + 40 esterni
Prezzi: 28-35 euro vini esclusi
Carte di credito: MC, Visa, BM

«Piatti semplici, ma gustosi e nostrani, buoni vini e un gran panorama», promette la prima pagina del menù, ed è proprio quello che troverete in questa osteria, con la grande sala a vetri che permette di vedere il lago e qualche tavolo, nella bella stagione, apparecchiato proprio sul belvedere. I titolari organizzano serate ed eventi tema, come la settimana in autunno, dedicata al cinghiale, con apposito menù a prezzo fisso. Tra gli antipasti, ben apprezzati quello del cacciatore (9 €) con affettati e sottoli casalinghi, come pure quello del pescatore, con pesce marinato o essiccato. Per i primi (9 €) e i secondi si può scegliere tra specialità di terra o di lago: casoncelli al bagòss, **garganelli con il pesce persico**, tagliolini all'oca, **fettuccine dell'amico** condite con le sardine di lago essiccate (Presìdio Slow Food) frullate con l'olio extravergine del Sebino. Poi petto d'anatra alla crema di balsamico, costata di scottona di Franciacorta, **tagliata di filetto di maialino** (12 €), filetti di pesce persico dorato con le cipolle fritte, salmerino alla griglia. Tra i dolci (4 €), eccellente il **tiramisù**, oltre a mousse al cioccolato, semifreddo al torroncino, torta con farina gialla. Valida alternativa per chiudere il pasto il piatto di formaggi, con il fatulì della Val Saviore tra i protagonisti. Carta dei vini dedicata soprattutto alla Franciacorta. Se non finirete la bottiglia, vi inviteranno a portarla a casa, con apposito tappo e sacchetto.

A **Iseo** (6 Km), in via Mirolte 16 B, da Bonardi formaggi dei Presìdi Slow Food e gastronomia di qualità.

SUZZARA

20 KM A SUD DI MANTOVA

Mangiare Bere Uomo Donna
Enoteca con cucina
Viale Zonta, 19
Tel. 0376 1819339
Chiuso il martedì
Orario: solo la sera
Ferie: variabili
Coperti: 25 + 12 esterni
Prezzi: 30-32 euro vini esclusi
Carte di credito: CS, MC, Visa, BM

Corrado Leali e Amy Lim, lui di Suzzara, lei di Hong Kong, si sono incontrati all'Università di Scienze Gastronomiche di Pollenzo. Dopo diverse esperienze, hanno deciso di dare vita a questo particolare ristorante, ricavato in un'elegante palazzina del Novecento con una biblioteca di oltre 3000 titoli. Il legame con il territorio si fonde con la tradizione orientale, per piatti eseguiti in modo impeccabile. Possiamo iniziare con deliziosi salumi come culatello di Zibello, mortadella artigianale, salame mantovano, guanciale arrotolato, **spalla cotta di San Secondo** (6 €), poi involtini primavera e parmigiana di melanzane. Tra i primi piatti spiccano **sorbir di cappelletti della nonna Bice** (9 €), gli stessi cappelletti in brodo, tagliatelle della Edda al ragù di anatra e ravioli cinesi al vapore (fatti in casa con ripieno di carne suina e bovina, zenzero, cavolo cappuccio). Tra i secondi carni di **posteriore di manzo di razza autoctona italiana**, carré di agnello al forno con salsa alla senape di Digione e menta (17 €), mentre l'Oriente si può assaporare con pancetta al forno con cotenna croccante e pollo al curry con verdure e riso bianco (12 €). Per concludere un buon carrello di formaggi, la **sbrisolona**, servita con zabaione caldo, e il dolce della casa con gelato fiordilatte (5 €). Una giusta carta dei vini con ottime etichette e, da non tralasciare, la possibilità di tre camere per il pernottamento.

In via Baracca 18, la Boutique del Latte: formaggi italiani, francesi e del resto del mondo, con mostarde, confetture e vini.

TIGNALE
Gardola

59 KM A NE DI BRESCIA

La Miniera
Osteria moderna
Via Chiesa, 9 A
Tel. 0365 760225
Chiuso il martedì
Orario: mezzogiorno e sera
Ferie: 3 novembre-6 dicembre, 7 gennaio-13 Febbraio
Coperti: 90 + 60 esterni
Prezzi: 27 euro vini esclusi
Carte di credito: tutte, BM

Dovrete sobbarcarvi un po' di curve e tornanti, ma poi sarete ripagati da scorci meravigliosi del lago che incantò anche Goethe e D'Annunzio. Dopo avere lasciato l'auto di fianco alla chiesa di Gardola e percorso la breve salita che porta all'osteria sarete accolti dall'atmosfera slow che anima il locale gestito da Sergio e Silvia Demonti. La pace del luogo, il giardinetto con veranda estiva, la scritta in dialetto bresciano nella bacheca del menù – che, tradotta, suona così: «Se volete mangiar di corsa e poi smammare, non state neanche a perdere il tempo di guardare» – predispongono al menù, preparato in gran parte con prodotti locali e dell'orto, in ossequio alle stagioni. L'immancabile pesce di lago divide la scena con piatti di carne, pasta fatta in casa e risotti. Ottimi le **caserecce con la salsiccia e i broccoli** (7 €), gli **gnocchi conditi con zucca, *pestöm* e gorgonzola**, il **pesce di lago carpionato con la polenta** (7,50 €), i medaglioni di maialino da latte (12 €), teneri e gustosissimi. Scegliere, in realtà, non è facile: in lista ci sono anche il tomino alla griglia con radicchio e i crostoni, i *bigoi* freschi al tartufo nero, le zuppe, il coregone e i **filetti di persico fritti**, il pescato del giorno alla griglia. Per chiudere in dolcezza, spuma di mascarpone alla nocciola con amaretti e caramello, semifreddo al pistacchio con nocciole e salsa gianduia, tortino tiepido di cioccolato e cocco all'olio extravergine di oliva. Molto ben fornita la cantina, con ampia rappresentanza della zona gardesana e la possibilità di portarsi a casa la bottiglia non terminata.

TOSCOLANO-MADERNO

39 KM A BRESCIA

Agriturismo del Gusto
Azienda agrituristica
Località Lintrì Montemaderno
Tel. 331 3853817
Chiuso il mercoledì
Orario: sera, fine settimana e festivi anche pranzo
Ferie: 15 ottobre-15 dicembre
Coperti: 14
Prezzi: 35 euro vini esclusi
Carte di credito: nessuna

Arrivare in località Lintrì, nella frazione Montemaderno, non è semplice, nemmeno con il navigatore, ma sarete poi ripagati dalla tranquillità e bellezza del posto, oltre che dall'accoglienza di Fiorenzo Andreoli, perno dell'agriturismo: produttore attento di un ottimo monocultivar extravergine e bravo cuoco che si destreggia tra la cucina e il servizio in tavola. Pochi i coperti nell'unico ambiente che è sala da pranzo, cucina e, durante il periodo della molitura delle olive, anche frantoio, quando il locale chiude per ferie. Non c'è menù stampato, i piatti proposti seguono la stagionalità dell'orto, degli animali da cortile, dei salmerini del torrente vicino, del tartufo nero della Valtenesi e del cappero del Garda: un crostino con paté di olive e pomodori come stuzzichino, poi gli antipasti (8 €), tra i quali le **sarde di lago con capperi del Garda**, la **tartare di coregone e tartufo con caviale di salmerino**, i salumi di produzione propria. I primi piatti (8 €) sono a base di pasta fresca fatta in casa: **tagliolini alle verdure con scorza di limone del Garda grattugiata**, ravioli di caprino o di brasato, gnocchetti al bagòss. Per i secondi la scelta varia dal **capretto alla bresciana** (14 €) all'**insalata di luccio su letto di cipolle rosse** (12 €), ai filetti dorati di persico o al **carpaccio di barbina**. Infine i dessert (5 €), dove spiccano una buona mousse all'amaretto e il gelato ai pistacchi o alle fragole. La scelta dei vini è rivolta principalmente al territorio, con qualche escursione in altre regioni.

TREVISO BRESCIANO
Vico

46 KM A NE DI BRESCIA

Lamarta
Trattoria
Via Tito Speri, 36
Tel. 0365 83390
Chiuso il giovedì, mai d'estate
Orario: mezzogiorno e sera
Ferie: variabili
Coperti: 50 + 25 esterni
Prezzi: 30 euro vini esclusi, menù fisso
Carte di credito: tutte, BM

Se siete in prossimità del lago d'Idro o avete in programma una gita in zona, non potete mancare di salire a Treviso Bresciano per una sosta alla trattoria della signora Graziella Massari. L'ambiente è familiare e curato, ideale per gustare un'ottima cucina del territorio con materie prime di qualità. Il menù varia secondo la stagione ed è in genere fisso, per scelta della signora, che si accorderà con voi al momento della prenotazione – obbligatoria. Si comincia con ottimi salumi e verdure sott'olio fatte in casa. Primi piatti di pasta fresca, come **casoncelli al burro di malga**, **tagliatelle con frattaglie di capretto** o gnocchi al sugo di funghi, sono specialità della casa. In estate funghi crudi o saltati in padella, poi un delizioso **capretto al forno con polenta** che da solo vale la visita. Nella stagione più fredda, invece, si può assaggiare lo **spiedo valsabbino**. Si conclude con buoni formaggi locali tra i quali non può mancare il bagòss, Presidio Slow Food, e con dolci casalinghi. Nonostante la semplicità del locale l'offerta della cantina vanta etichette di prestigio, compresi alcuni Champagne e una buona selezione di distillati: merito del figlio Alessio, sommelier, e di sua sorella Rubina, che hanno saputo dare un'impronta più moderna all'offerta e al servizio.

LOMBARDIA | 187

TRUCCAZZANO
Albignano

23 km a est di Milano

Le Due Colonne

Trattoria
Largo Conti Anguissola, 3
Tel. 02 9583025-338 9362506
Chiuso il lunedì e il martedì sera
Orario: mezzogiorno e sera
Ferie: 16 agosto-2 settembre e 6-16 gennaio
Coperti: 70 + 50 esterni
Prezzi: 35-38 euro vini esclusi
Carte di credito: tutte, BM

Albignano è un piccolo borgo raccolto intorno all'antico palazzo dei conti Anguissola: il fascino un po' malinconico ci segue anche nelle ampie sale della trattoria. L'accoglienza di Piera, la titolare, rivela passione per un mestiere che la vede impegnata da oltre 15 anni, alla ricerca di vini per la fornita cantina ricavata nei sotterranei e di le materie prime da usare in cucina, carne in primis. Formaggi e salumi sono tra i perni del menù: gli appassionati non trascureranno la selezione di **salumi della tradizione** (10 €) che prevede anche una tartare di manzo al naturale o, se si prediligono aperture più leggere, la millefoglie con cipolla caramellata al rosmarino (8 €) o il crottino di capra con frutta secca. Primi della tradizione italiana con gli **spaghetti grezzi con aglio di Voghera**, peperoncini e mollica di pane tostato, ribollita tradizionale toscana oppure gnocchi di patate al ragù di cinghiale, o ancora l'ardito risotto al mascarpone con rosmarino, limone e zenzero. Si prosegue con carni quali il **misto alla griglia** (15 €) servito con patate al forno, il cappello del prete brasato al Barbera con polenta (15 €), la cotoletta alla milanese, la tagliata di controfiletto di manzo irlandese accompagnata da carciofi al timo. Ottima la selezione di formaggi di capra (8 €). Dolce conclusione con dessert golosi (5 €): **sfogliata di fragole e mascarpone,** crostata pere e cioccolato, salame di cioccolato, sorbetto alla mela verde, semifreddo al caffè.

VARZI
Bosmenso

57 km a sud di Pavia

Buscone

Osteria tradizionale
Località Bosmenso Superiore, 41
Tel. 0383 52224
Chiuso il lunedì
Orario: mezzogiorno e sera
Ferie: variabili
Coperti: 70
Prezzi: 25-30 euro vini esclusi
Carte di credito: tutte, BM

In alta Valle Staffora, zona rinomata per il buon vino e il salame di Varzi, oltre che per la natura incontaminata e il paesaggio bellissimo, dopo una sosta nel centro storico medievale di Varzi prendete la strada per Brallo e, in pochi minuti, attraversato il torrente Staffora, troverete Bosmenso, borgo in pietra ben restaurato. Sulla via principale, dopo una chiesetta, c'è la famiglia Buscone ad accogliervi con una cucina che si giova dell'orto e della loro abilità di norcini. Da provare, negli antipasti (8-10 €) i **salumi** di produzione propria (salame, coppa, pancetta, cotechino) **con insalata russa** e quiche tiepida di verdure; passando ai primi piatti, consigliati i ravioli al brasato senza dimenticare gli ottimi **risotti con asparagi e fave** (8 €) o altri prodotti di stagione quali carciofi, fiori di zucca e basilico, funghi. Ottimi anche i malfatti al pomodoro e funghi con burro e salvia. Squisita la selvaggina, fornita da cacciatori locali: in particolare il **capriolo in umido con polenta**, ottenuta da farine locali macinate a pietra; molto buone anche la fesa di scottona nostrana con patate, la faraona alle erbe caramellate all'arancia, la tagliata di carne locale, il **coniglio al forno** (8 €). Si conclude con dessert (4-5 €) come la bavarese con frutti di bosco stagionali, bignè al cioccolato, torta di amaretti. I vini sono consigliati da Roberta, brava sommelier, con una discreta scelta tra le etichette dell'Oltrepò Pavese.

A **Brignano Gera d'Adda** (15 km), La Via Lattea, piccolo caseificio artigianale, produce e vende formaggi di capra a latte crudo freschi, semistagionati ed erborinati.

VIADANA

45 km a so di Mantova, 23 km da Parma

Da Bortolino

Osteria moderna
Via al Ponte, 8
Tel. 0375 82640
Chiuso il giovedì sera
Orario: mezzogiorno e sera
Ferie: non ne fa
Coperti: 50 + 100 esterni
Prezzi: 35 euro vini esclusi
Carte di credito: tutte, BM

Da oltre vent'anni Bortolino è un riferimento in zona per i buongustai di tutte le tasche, ma il posto vale anche solo per bere un buon calice e far notte chiacchierando con gli amici. Il locale, piccolo e familiare, immerso nei pioppeti della golena, d'estate si amplia all'esterno con un bel pergolato. In cucina dirige lo chef Roberto Naldini, che da materie prime ben selezionate ripropone piatti tradizionali di questa zona di confine tra Lombardia ed Emilia con un pizzico d'inventiva e grande rispetto della stagionalità. In sala gli esperti Nicholas e Gianni vi aiuteranno negli abbinamenti. Fra gli antipasti ricordiamo i salumi misti e l'ottimo **culatello selezione Brozzi** di 24 mesi (13 €), la paleta iberica e il flan di amaranto. Tutte le paste (9 €) sono fatte in casa: eccellenti i **tortelli di zucca o d'erbetta**, i cappelletti in brodo, i bigoli al sugo d'anatra, ma anche piatti poveri come **spaghetti con sarde e trippa**. Le carni bovine sono di fassona piemontese: tagliata (14 €), tartara, costata e il buono e ironico **bortoburgher** (10 €). Eccellenti i formaggi, tra cui vari presìdi Slow Food, serviti con le mostarde, come pure i dolci fatti in casa. Anche i vegetariani trovano qui una buona scelta di piatti. Vasta lista dei vini, con spazio a locali e produzioni bio, con ricarichi modesti, e ampia scelta di distillati. Adiacente è l'Ostello Bortolino per riposare dopo il goloso pasto.

VIONE
Canè

116 km a nord di Brescia ss 42

Cavallino

Ristorante annesso all'albergo
Via Trieste, 57
Tel. 0364 94188
Chiuso il martedì
Orario: mezzogiorno e sera
Ferie: una settimana in giugno
Coperti: 80 + 12 esterni
Prezzi: 30-35 euro vini esclusi
Carte di credito: CS, DC, MC, Visa, BM

Occhi vispi e passo gagliardo, dall'alto dei suoi novant'anni Bambina ha diretto con piglio risoluto fin dal 1949 il Cavallino, il suo ristorante con annesso orto a Canè. Ora la mano è passata a quattro dei suoi figli, ma lei controlla con attenzione ogni preparazione: in questo modo ancora oggi è possibile gustare piatti dai sapori antichi. L'antipasto (13 €) è costituito da una superba **terrina di capriolo**, formaggio fuso, ricotta affumicata, torta con formaggio d'alpeggio, affettati quali speck, lardo e salame di casa, insalata di mele. Tra i primi (9 €) segnaliamo gli *gnòc de pulicc* fatti con pane ed erbe spontanee, risotti stagionali e tagliatelle ai funghi porcini. Vari i secondi proposti: **costatine di cervo al mirtillo e ginepro con pera e castagne**, porcini o finferli trifolati, trota pescata nei vicini torrenti, lepre o capriolo in salmì. Da provare, in conclusione, i diversi dolci e in particolare la **torta della sposa**, una sorta di tiramisù di cui Ernesta, la figlia di Bambina che cura personalmente la cucina, è riuscita a recuperare la ricetta: una buonissima bomba calorica. Avrete capito che si tratta di piatti dalle lunghe preparazioni, ormai introvabili e per i quali vale proprio la pena di arrivare fin quassù a Vione. Alla fine della vostra gustosa sosta chiedete di affacciarvi dal balcone del bar di famiglia, per non perdere la bellissima vista dell'Adamello. Buona carta dei vini, compresa la scelta delle grappe.

A **Casalmaggiore** (12 km), in località Valle, Ca' Vecchia, azienda agricola biologica di Valter Cavalli, offre angurie, meloni, pomodori, peperoni, patate, zucche.

oltre alle osterie

CICOGNOLO

14 km a est di Cremona ss 10

Osteria de l'Umbreleèr
Ristorante
Via Mazzini, 13
Tel. 0372 830509
Chiuso martedì sera e mercoledì
Orario: mezzogiorno e sera
Ferie: 1-20 luglio
Coperti: 100+30
Prezzi: 44 euro vini esclusi
Carte di credito: tutte, BM

L'osteria sorge in un villino immerso nella campagna intorno a Cremona. Ampio e piacevolissimo il porticato, eleganti e ben arredate le sale. La proposta è quella classica della cucina di questo angolo di Lombardia. Per iniziare potete quindi scegliere un piatto di solo culatello (una vera delizia). In alternativa il paté di fegato di coniglio e la terrina di luccio. Tra i primi, le tradizionali paste ripiene (tortelli di zucca e tortelloni al fegato di vitello) con la sfoglia sottile e il ripieno morbido. Nei secondi carni dell'aia, un paio di piatti di pesce e il baccalà. Valida la selezione dei dolci e dei formaggi. Carta dei vini che dà la possibilità a tutti di trovare ciò che fa per sé.

CUSANO MILANINO

10 km a nord di Milano uscita Cormano tangenziale

Armonie di Gusto
Osteria tradizionale
Viale Matteotti, 19
Tel. 02 66409732
Chiuso domenica sera e lunedì
Orario: mezzogiorno e sera
Ferie: due settimane in agosto, Natale e Pasqua
Coperti: 40 + 25 esterni
Prezzi: 32-35 euro vini esclusi
Carte di credito: tutte, BM

Un locale, moderno dall'atmosfera rétro, dove la parola chiave è qualità delle materie prime, dei vini, dell'accoglienza. Tante le proposte fuori regione. Si può iniziare con un antipasto misto a base di salumi, formaggi, caponata, verdure sott'aceto e cucinate. Tra i primi, gnocchi al grano saraceno, ravioli con vari ripieni, pasta e fagioli, spaghetti con colatura d'alici. Nei secondi, da non perdere, la costoletta alla milanese (22 €); in alternativa, animelle, fritto misto, costolette di agnello. Dolci ben fatti: torta di mele, pere e cioccolato, tiramisù, millefoglie. Bella e profonda la carta dei vini.

MILANO

Navigli

Erba Brusca
Ristorante
Alzaia Naviglio Pavese, 286
Tel. 02 87380711

Chiuso lunedì e martedì
Orario: mezzogiorno e sera
Ferie: variabili
Coperti: 60 + 60
Prezzi: 40-45 euro, vini esclusi
Carte di credito: CS, MC, Visa, BM

Siete a Milano ma seduti al tavolo di questo bel bistrot vi sentirete come in campagna. La creatura di Alice Delcourt, cittadina del mondo – un po' francese, un po' statunitense, un po' italiana e famosa per il suocuscus – è un'osteria con orto. Da qui provengono infatti molte delle verdure usate sapientemente in cucina. A pranzo l'offerta è più agevole, pur restando di livello assoluto: potete quindi scegliere tra insalata dell'orto, albicocche e bacon croccante (6 €), pasta al pesto o cuscus con pollo di Moncucco. La sera invece carta più ampia e articolata: crostoni con rilletes di coniglio, uva di Corinto e insalata (11 €), risotto con cipolle bruciate, timo e limone, tarte tatin di pomodori e melanzane con stracciatella e olio al basilico (16 €). Carta dei vini con ampio spazio a proposte naturali.

MILANO

ISOLA-PORTA NUOVA-METROPOLITANA LINEA 2 FERMATA GIOIA

Ratanà

Ristorante
Via De Castillia, 28
Tel. 02 87128855
Chiuso sab a pranzo e lunedì, in estate sab a pranzo e domenica
Orario: mezzogiorno e sera
Ferie: settimana di Ferragosto, primi 10 giorni di gennaio
Coperti: 50
Prezzi: 45-50 euro vini esclusi
Carte di credito: tutte, tranne DC, BM

Dove assaporare al meglio il risotto con l'ossobuco (30 €) alla milanese? Da Cesare del Ratanà. Nel cuore del quartiere Garibaldi, tra una foresta di grattacieli c'è un ex deposito delle ferrovie di fine Ottocento. È il Ratanà. Qui Cesare stupisce con la proposta del *rubitt*, versione squisitamente meneghina dell'aperitivo che permette di gustare in miniatura il ricco menù del ristorante: mondeghili, terrina di pesci di torrente con pomodoro olio al basilico e maionese di peperoni (15 €), mezzi paccheri con ortiche e macagn (15 €), risotto ai bruscandoli e semi di lino (16 €), vitello tonnato con cucunci di Salinaluccio (26 €). E i dolci? Un solo esempio: gioco di cioccolato fondente. A mezzogiorno *schiscèta* a 19 euro. La carta dei vini è eccellente, con scelte accurate.

MILANO

ISOLA-PORTA NUOVA-METROPOLITANA LINEA 3 FERMATA PIAZZALE CORVETTO

Trattoria del Nuovo Macello

Osteria moderna *novità*
Via Lombroso, 20
Tel. 02 59902122
Chiuso sabato a pranzo e domenica
Orario: mezzogiorno e sera
Ferie: 10-31 agosto
Coperti: 50
Prezzi: 45 euro vini esclusi
Carte di credito: nessuna

Lo stabile è collocato davanti al macello, che nel 1927 era stato appena costruito. Il locale ha mantenuto il fascino di un tempo e la cucina è rimasta fedele ai sapori della tradizione. La proposta è ampia: degustazione di antipasti (19 €), tartare di manzo, avocado, olive taggiasche e salmoriglio (12 €), risotto mantecato alla cipolla dolce di Tropea limone e nigella (12 €), l'imperdibile cotoletta del Nuovo Macello (26 €), agnello da latte arrostito in padella melanzane cardamomo e salsa al latte cagliato (20 €), baccalà sfogliato passata di fagioli cannellini pomodorini disidratati e sedano. Paola Traversone, segue con precisione e gentilezza la sala e vi accompagnerà nella scelta dei vini presenti nella ricca carta.

MONTECALVO VERSIGGIA - VERSA
34 KM A SE DI PAVIA

Prato Gaio
Ristorante annesso all'albergo
Località Versa, 16-bivio per Volpara
Tel. 0385 99726
Chiuso lunedì e martedì
Orario: mezzogiorno e sera
Ferie: tra gennaio e febbraio
Coperti: 60
Prezzi: 45-50 euro vini esclusi
Carte di credito: CS, MC, Visa, BM

L'Oltrepò Pavese è un territorio di straordinaria ricchezza, terra di salumi, formaggi, grandi carni e tanto altro ancora. Il menù che Giorgio Liberti e Daniele Calvi propongono riesce a raccontare questa varietà attraverso piatti che spaziano in grande libertà tra la tradizione e qualche scelta più creativa. Si può quindi decidere di iniziare con un piatto tipico della tradizione contadina – il *duls e brusc* (12 €) – oppure con l'Oltrepò sulla via del sale, tre piccoli assaggi a base di pesci sotto sale. Tra i primi, se sono ottimi i tradizionali agnolotti di stufato al burro d'alpeggio (10 €), non sono da meno il sorbir di ravioli o i tagliolini con sarde. I secondi sono quasi solo di carne: collo ripieno al fegato d'oca (18 €), lingua di manzo salmistrata con tortino di pomodoro e carote, arrosto morbido di coniglio con pere. Menù degustazione a 40 euro.

MORTARA - GUALLINA
37 KM A NO DI PAVIA SS 35 E 596

Guallina
Ristorante
Via Molino Faenza, 19
Tel. 0384 91962
Chiuso il martedì
Orario: mezzogiorno e sera
Ferie: tre settimane fra giugno e luglio
Coperti: 40
Prezzi: 40-60 euro vini esclusi
Carte di credito: CS, MC, Visa, BM

Quella di Elena Desù ed Edoardo Fantasma è una storica trattoria della Lomellina, dove oggi, come trent'anni fa, è possibile gustare piatti della più autentica tradizione. Tra gli antipasti vale la pena provare le lumache con tortino di cipolle di Breme (12 €), il paté di fegatini d'anatra o un misto di salumi. I primi, oltre a un risotto che cambia a seconda della stagione, vedono protagoniste paste fresche

WE
CYNAR
RICETTA ORIGINALE
A BASE DI ERBE E FOGLIE DI CARCIOFO
CYNAR
BEVI CYNAR RESPONSABILMENTE
WWW.CYNAR.IT

PARMIGIANO REGGIANO

VISITE AI CASEIFICI
TOURS OF DAIRIES

Vieni a visitare
il mondo del Parmigiano Reggiano,
potrai scoprire le bellezze del suo territorio,
incontrare i casari e acquistare direttamente
dai produttori il Re dei Formaggi.
Vai sulla pagina **www.parmigianoreggiano.it**
e prenota la tua visita!

Don't miss the chance
to enter the world of Parmigiano Reggiano,
discover the place of origin, meet the
cheese masters at work and buy the
King of Cheeses directly from the producer.
Visit **www.parmigianoreggiano.com**
and book your tour!

/parmigianoreggiano /theonlyparmesan #ParmigianoReggiano theonlyparmesan

www.parmigianoreggiano.it – www.parmigianoreggiano.com

e ripiene e alcune zuppe. Soprattutto carne nei secondi: piatti con rognoni di vitello al Marsala (14 €), rane nostrane fritte, lumache alla bourguignonne (20 euro per due persone). Molto allettante la selezione di formaggi e golosi i dolci. La carta dei vini offre un bello spaccato della produzione italiana.

SALÒ
31 KM A EST DI BRESCIA SS 45 BIS

Antica Trattoria alle Rose

Ristorante
Via Gasparo da Salò, 33
Tel. 0365 43220
Chiuso il mercoledì
Orario: mezzogiorno e sera
Ferie: variabili
Coperti: 65 + 65 esterni
Prezzi: 40-50 euro vini esclusi
Carte di credito: tutte, BM

Una piccola istituzione per la sponda ovest del lago di Garda. Le Rose di Salò sono uno di quei luoghi che ricorrono nei discorsi dei bresciani quando si parla di trattorie sul lago. Il motivo è semplice: siamo in una di quelle più autentiche del territorio, con il pesce di lago valorizzato in preparazioni semplici. Ottimi le sarde o il coregone cotti sulla brace (18 €), in piatti tradizionali come i tortelli con il bagòss, e in preparazioni poco più innovative, come gli spaghetti con gamberi. Ma la carta è decisamente più estesa, così come la carta dei vini. Tra i primi, oltre a quelli già citati, pappardelle al ragù d'anatra, tra i secondi tante carni e qualche piatto di pesce di mare. I dolci sono semplici ma tutti molto ben fatti.

TRESCORE CREMASCO
48 KM A NO DI CREMONA

Bistek

Trattoria
Via Alcide De Gasperi, 31
Tel. 0373 273046
Chiuso martedì sera e mercoledì
Orario: mezzogiorno e sera
Ferie: prima sett di gennaio, ultima di luglio, prime tre di agosto
Coperti: 90
Prezzi: 38 euro vini esclusi
Carte di credito: CS, MC, Visa, BM

Osteria storica, aperta nel 1968, che continua a trasmettere la passione e la cura per le materie prime del territorio. Da sempre l'attenzione per la provenienza dei prodotti è un aspetto centrale del lavoro dell'osteria. Nella carta non si possono perdere i tortelli cremaschi (12 €), i maltagliati con carbonara di piselli e zucchine, ma anche i salumi della tradizione sono ottimi. Il menù, non è suddiviso per portate ma per temi e cambia molto spesso con tanti piatti di pesce d'acqua dolce. La carta dei vini è ampia e pensata.

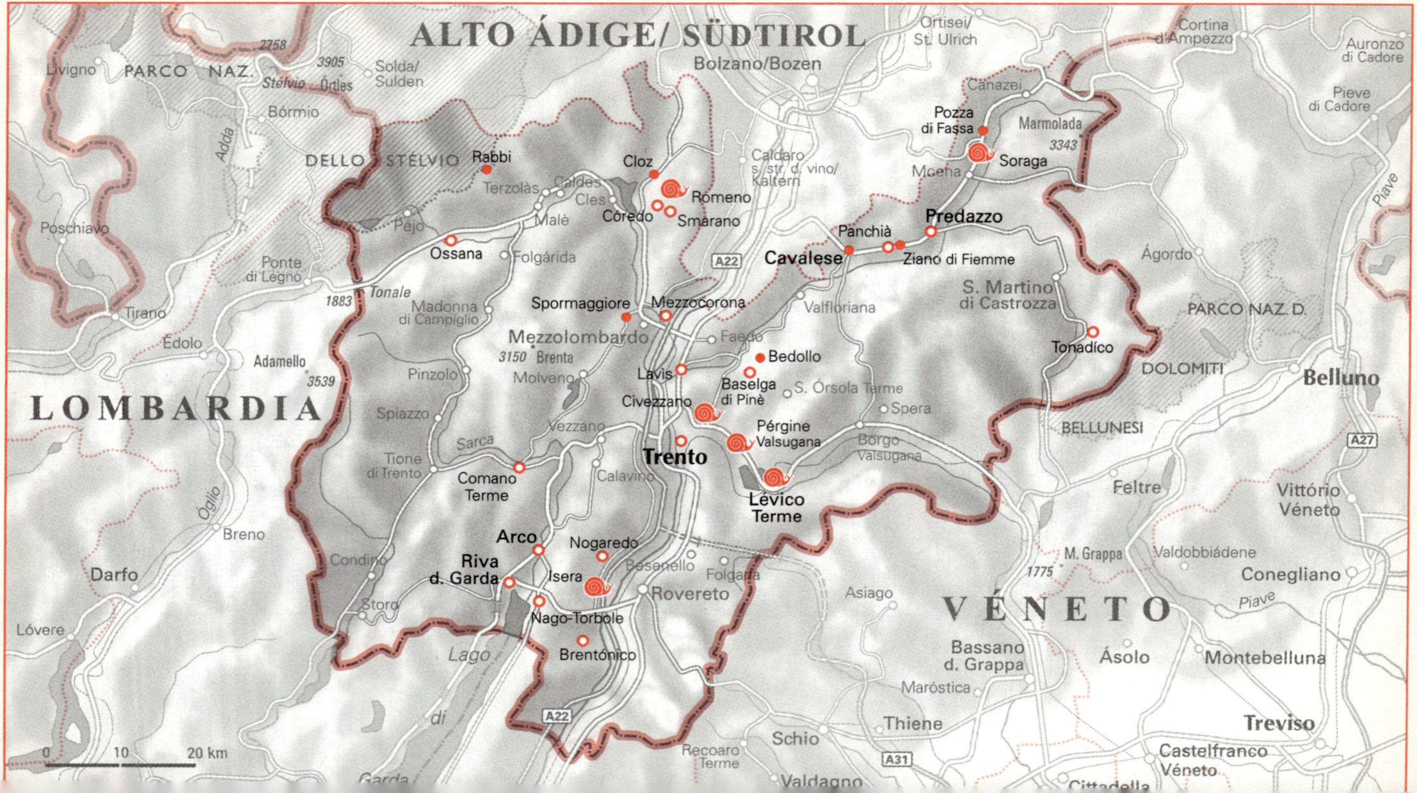
ALTO ÁDIGE/ SÜDTIROL
LOMBARDIA
VÉNETO
Livigno
PARCO NAZ.
DELLO STÉLVIO
Stélvio
Órtles
3905
2758
Solda/ Sulden
Bórmio
Adda
Poschiavo
Tirano
Ponte di Legno
Tonale
1883
Édolo
Adamello
3539
Óglio
Breno
Darfo
Lóvere
Rabbi
Terzolàs
Caldes
Cles
Malè
Pejo
Ossana
Folgárida
Madonna di Campiglio
Pinzolo
Spiazzo
Tione di Trento
Sarca
Condino
Storo
Lago
di
Garda
Cloz
Romeno
Côredo
Smarano
Caldaro s. str. d. vino/ Kaltern
Bolzano/Bozen
A22
Spormaggiore
Mezzocorona
Mezzolombardo
3150 Brenta
Molveno
Vezzano
Comano Terme
Arco
Riva d. Garda
Nago-Torbole
Brentónico
Isera
Nogaredo
Calavino
Besenello
Folgaria
Rovereto
Trento
Lavis
Faedo
Civezzano
Baselga di Pinè
Bedollo
S. Órsola Terme
Pérgine Valsugana
Lévico Terme
Borgo Valsugana
Spera
Valfloriana
Cavalese
Panchià
Ziano di Fiemme
Predazzo
Moena
Soraga
Pozza di Fassa
Canazei
Marmolada
3343
Ortisei/ St. Ulrich
Cortina d'Ampezzo
Auronzo di Cadore
Pieve di Cadore
Piave
Ágordo
S. Martino di Castrozza
Tonadíco
PARCO NAZ. D. DOLOMITI BELLUNESI
Belluno
A27
Feltre
Vittório Véneto
Conegliano
Valdobbiádene
M. Grappa
1775
Asiago
Bassano d. Grappa
Ásolo
Montebelluna
Maróstica
Thiene
Schio
Recoaro Terme
Valdagno
A31
Treviso
Castelfranco Véneto
Cittadella
0 10 20 km

TRENTINO

La gastronomia alpina trae la sua identità dai limiti che la montagna stessa le impone. Limiti riconducibili alle ridotte dimensioni degli spazi e contraddistinti dall'impegno profuso nel superarli. Un'identità fragile e da preservare, che risulta tanto più sostenibile, genuina e autentica quanto più in equilibrio con la natura. La biodiversità delle Alpi si esprime in una ricchezza qualitativa di colori, forme, odori e sapori di una bellezza disarmante. La cucina è soggetta a contaminazioni e scambi che la mutano e la arricchiscono, innovando colture, ricette e metodi di conservazione. Troviamo così numerose varietà di funghi crudi o fritti negli antipasti, in ragù con la pasta fresca, o accompagnati da polenta e formaggi di malga. Le erbe spontanee si prestano a preparazioni di creme, frittate e sformati, entrano negli gnocchi, nel ripieno per i ravioli e sono condimento per i risotti. Il pesce d'acqua dolce – trote, salmerini, sarde, persici e lavarelli –, considerato parente povero di quello di mare, è invece simbolo della ricchezza alpina. Tra le razze d'allevamento terrestri ne annoveriamo alcune che, dopo essersi adattate alle difficoltà del suolo e del clima di montagna, popolano ancora questo territorio grazie anche all'aiuto dei progetti di tutela: la vacca grigio alpina, la capra pezzata mochena, l'agnello della val di Fiemme. Concludiamo con i frutti di bosco, tanto più gustosi quanto più selvatici, che accompagnano il menù dagli antipasti ai dolci.

scelti per voi

funghi
- 197 Due Camini
  Baselga di Pinè (Tn)
- 198 Maso Cantanghel Trattoria da Lucia
  Civezzano (Tn)
- 207 Miola
  Predazzo (Tn)

erbe spontanee
- 205 Locanda D&D
  Nogaredo (Tn)
- 205 Antica Osteria
  Ossana (Tn)
- 206 Osteria Storica Morelli
  Pergine Valsugana (Tn)

pesce d'acqua dolce
- 196 Le Servite
  Arco (Tn)
- 201 Boivin
  Levico Terme (Tn)
- 204 La Terrazza
  Nago-Torbole (Tn)

razze alpine
- 200 Locanda delle Tre Chiavi
  Isera (Tn)
- 208 Nerina
  Romeno (Tn)
- 210 Il Libertino
  Trento (Tn)

frutti di bosco
- 197 La Stropaia
  Baselga di Pinè (Tn)
- 209 Fuciade
  Soraga (Tn)
- 209 Cant del Gal
  Tonadico (Tn)

ARCO
Varignano

37 KM A SO DI TRENTO

Belvedere
Trattoria *novità*
Via Serafini, 2
Tel. 0464 516144
Chiuso il mercoledì
Orario: mezzogiorno e sera
Ferie: da giugno a settembre
Coperti: 80
Prezzi: 28-30 euro vini esclusi
Carte di credito: CS, MC, Visa, BM

ARCO
San Giorgio

38 KM A SO DI TRENTO

Le Servite
Osteria moderna
Via Passirone, 68
Tel. 0464 557411
Chiuso il lunedì
Orario: solo la sera
Ferie: in febbraio e in novembre
Coperti: 60 + 40 esterni
Prezzi: 32-35 euro vini esclusi
Carte di credito: CS, DC, MC, Visa, BM

La trattoria Belvedere si trova dove Arco si avvicina alla montagna, tra frutteti e oliveti secolari. I Santorum, mamma Silvia tra cucina e sala con i figli Giuseppe e Maurizio, accolgono gli ospiti con invariabile cordialità anche a locale affollato. Sono pochi gli ingredienti del menù che non provengono dalla seconda attività di famiglia, quell'azienda agricola che li fa chiudere il locale nei mesi estivi, quando la campagna ha bisogno del lavoro di tutti. Il piatto protagonista qui è la carne *salada*: manzo conservato sotto sale con spezie e aromi, come da consuetudine diffusa in quest'area del Garda trentino. La ricetta è di famiglia dal 1895 e il miglior periodo per gustarla prevede il clima freddo. Vi sarà servita cruda come antipasto (9,50 €), insaporita con il loro olio extravergine di oliva, accompagnata dalla **giardiniera** di casa, dai salumi di produttori locali di fiducia, assieme al **pane con le *molche***, la polpa delle olive dopo la spremitura. Gnocchi, strangolapreti, **canederli** sono conditi con vari sughi; in alternativa, l'ottima **minestra di verdure con le trippe** o con l'orzo (6,50 €). Seguirà poi la **carne *salada* cotta**, gustosa e tenera, che molti gourmet locali considerano la migliore dell'alto Garda, accompagnata da fagioli con cipolle (12,50 €). I dolci, semplici e casalinghi nel senso vero e buono della parola, sono strudel, crostate di frutta, torta di mele e amaretti, frutta sciroppata (3,50 €). La carta dei vini è discreta, la trattoria consiglia il proprio vino sfuso.

Dieci anni fa Alessandro, figlio di albergatori, ha aperto questa moderna osteria in una casa rurale; l'accoglienza da parte di Linda è cordiale e l'illustrazione dei menù spigliata e precisa. Se dall'enoteca, allestita nella sobria sala da pranzo, emerge la cura per la scelta dei vini, la vista dal plateatico esterno su vigne e orto di proprietà spiega la fragranza delle verdure che troverete nel piatto. La lista dei cibi consta di tre menù, uno presente tutto l'anno, uno settimanale e uno degustazione stagionale, comprensivo dei vini, il cui costo varia dai 37 ai 40 euro. Tra gli antipasti possiamo trovare un ottimo **manzo con salsa verde e cipolle agre** (9 €) e i salumi misti con le verdure in agrodolce. A seguire non possono mancare i ***bigoi* con le sarde** (9 €), le tagliatelle con il ragù di coniglio e, in stagione, il risotto con gli asparagi. Spiccano tra i secondi il **lavarello del Garda alla trentina** (14,50 €), l'**ossobuco di vitello con dadolata di verdure** (16 €), la costata di taglio fiorentino, le preparazioni a base di baccalà tipiche dei mesi freddi. Per concludere, semifreddi, torta di ricotta, sbrisolona. Oltre a una interessante selezione di vini al bicchiere, la ricchissima carta comprende etichette trentine e nazionali, con un occhio di riguardo per le regioni del Sud; ottima la proposta dei vini da dessert.

BASELGA DI PINÉ

18 km a ne di Trento

Due Camini
Ristorante annesso all'albergo
Via del 26 Maggio, 65
Tel. 0461 557200
Chiuso dom sera e lun, mai in alta stagione
Orario: mezzogiorno e sera
Ferie: variabili
Coperti: 70
Prezzi: 33-35 euro vini esclusi
Carte di credito: AE, MC, Visa, BM

Due laghi, i boschi quale bucolico contorno: ecco l'immagine dell'altopiano di Piné incastonato tra la valle dei Mocheni e l'alta Valsugana. Si sale da Trento fino a 900 metri e, sulla strada che porta al Santuario della Comparsa, sulla sinistra, si incontra l'albergo Due Camini. Franca Merz è abile, dinamica ed estremamente preparata. Il segreto dei suoi piatti è nella leggerezza e nelle materie prime di stagione: erbe e asparagi in primavera, funghi in estate e autunno, selvaggina in inverno, tutto di produzione locale così come i **formaggi** di malga, i piccoli frutti, le paste fresche lavorate a mano. Potete cominciare con la delicata terrina di verdure con insalatine, la millefoglie di verdure con formaggi o un più saporito piatto di salumi misti con funghi sott'olio (8 €). Tra i primi, **gnocchi di polenta con lucanica e porcini** (9 €), canederlotti di formaggio, taglierini con funghi o verdure, diversi tipi di ravioli come i *rufioi* ripieni di zucca, **di verza al profumo di cannella** o di carne al profumo di timo. Tra i secondi, il gustoso **filetto di maiale in crosta di senape**, gli ottimi funghi porcini spadellati con polenta e formaggi di casari locali (16 €), lo **spezzatino di capriolo con polenta**. La creatività di Franca si manifesta soprattutto con i dessert: terrina di creme brûlée al cioccolato e ribes (6 €), tortino di ciliegie, semifreddi e sorbetti vari. Interessante il menù degustazione a 25 euro composto da antipasto, secondo e dolce.

BASELGA DI PINÉ
Miola

18 km a ne di Trento

La Stropaia
Azienda agrituristica
Via della Prestala, 20
Tel. 0461 557578-349 5703243
Aperto venerdì, sabato e domenica
Orario: sera, domenica a mezzogiorno
Ferie: da Natale a marzo, 2 sett in giugno, 2 sett in settembre
Coperti: 25
Prezzi: 28 euro vini esclusi, menù fisso
Carte di credito: nessuna, BM

La presenza dei laghi e la ricchezza dei boschi fa di Piné una delle mete preferite dai cittadini di Trento, che in pochi minuti raggiungono i mille metri di altitudine di questo bell'altopiano. A Miola c'è La Stropaia, una casa con tanto legno a vista vicina al lago di Serraia. L'arredo regala una sensazione di calore e pulizia, e le grandi vetrate si affacciano su un curato giardino dove è possibile sostare. Vi si può mangiare solo tre volte la settimana perché Sara Sighel, la titolare, si occupa anche della campagna, coltivata a frutti di bosco e ortaggi, destinati a divenire preziosi ingredienti della sua cucina. Le materie prime, quando non di propria produzione, arrivano da macellerie e caseifici poco distanti. Daniele in sala intrattiene i clienti con affabilità. Il menù è fisso e cambia ogni mese (28 €). Iniziamo con **strudel di grana trentino con verdure e formaggio** o sformato di patate alle erbe. Tra i primi, molto buoni gli **gnocchetti con rape rosse e ricotta affumicata** e il **rotolo di canederlo alle verdure con finferli nostrani e salsiccia**. Dopo un sorbetto ai frutti di bosco si passa al secondo, sempre accompagnato da polenta di mais locale o dai crauti di casa: **ossobuchi brasati al vino rosso**, fagottino di manzo biologico e speck, costine di maiale al forno. I mirtilli, i lamponi e le fragoline valorizzano le buone torte e i bavaresi. La carta dei vini è caratterizzata da scelte personali tra le etichette di alcune aziende trentine, preferibilmente biologiche.

A **Bedollo** (9 km), in via Sant'Osvaldo, l'azienda Le Mandre alleva vacche grigio alpine e rendene, pecore frisone e capre pezzate mochene, e produce formaggi di alta qualità.

A **Rizzolaga** (3,5 km) l'azienda agricola Maso Prener produce formaggi a latte crudo delle vacche di razza grigio alpina, Presidio Slow Food.

TRENTINO | 197

BRENTONICO
Palù

45 KM A SO DI TRENTO, 20 KM DA ROVERETO

Maso Palù
Trattoria
Via Graziani, 56
Tel. 0464 395014-3358241786
Aperto ven, sab, dom, festivi e prefestivi
Orario: mezzogiorno e sera
Ferie: in giugno
Coperti: 80 + 20 esterni
Prezzi: 35 euro vini esclusi, menù fisso
Carte di credito: tutte, BM

Affacciato sulle dolci distese prative dell'altopiano di Brentonico, questo locale tradizionale vi accoglie con un'atmosfera calda, piacevole e familiare. La titolare Emiliana Amadori si occupa della cucina, i figli Camilla e Tobia della sala. La proposta gastronomica si è consolidata nel tempo e propone un variegato menù fisso a 35 euro, comprensivo del vino della casa. È tuttavia disponibile una carta dei vini ricca e varia, rappresentativa soprattutto dei prodotti trentini. Il menù, che pur con alcune costanti cambia mensilmente, si compone di una serie di piatti tipici del territorio calibrati sulla stagionalità delle materie prime. Si inizia con un antipasto composto da carpaccio e tartara di carne *salada* con polentina tartufata, insalata di mele, formaggi, affettati e lingua salmistrata. Si prosegue con **orzotto con aglio orsino**, strangolapreti di ortiche con fonduta di formaggio, **tagliolini fatti in casa con radicchio e zafferano locali**. Fra i secondi, il classico *tonco del pontesel* con polenta, il baccalà alla trentina con purè di patate, il **manzo al tartufo del Baldo**. Le materie prime sono locali e trentine; in autunno non mancate di assaggiare il menù alle castagne con i marroni di Castione Dop. Come dessert, si può scegliere fra il tradizionale **strudel**, il millefoglie, lo yogurt con salsa all'arancia, il gelato con i frutti di bosco. Se rinunciate a qualche piatto, al momento del conto avrete la piacevole sorpresa di una piccola riduzione del prezzo complessivo.

CIVEZZANO
Forte

7 KM A NE DI TRENTO SS 47

Maso Cantanghel
Trattoria da Lucia
Osteria tradizionale
Via alla Madonnina, 33
Tel. 0461 858714
Chiuso sabato e domenica
Orario: mezzogiorno e sera
Ferie: 2 sett in agosto, 2 sett tra Natale e Capodanno
Coperti: 30
Prezzi: 35 euro vini esclusi, menù fisso
Carte di credito: tutte, BM

Un bel maso poco fuori Trento, tra orti, vigneti e l'attiguo forte austroungarico, rinasce nel 1981 come trattoria di campagna gestita da Lucia Gius. La cucina, aperta sulle due salette dall'arredo caldo ed elegante, contribuisce alla "sensazione casa". Il menù, scritto a mano, è fisso e consta di cinque portate, ma varia quotidianamente secondo quello che offrono il mercato, l'orto e il bosco. Piatti semplici, molto legati alla tradizione del territorio, da collaudate ricette apprese in una grande famiglia che da generazioni si occupa di ospitalità. In sala troverete Manuel Tamanini, cordiale e sorridente, che rispetterà un servizio dai tempi perfetti. Iniziate con **fiori di zucca impanati con ricotta**, pancetta condita con purè di sedano e cavolo cappuccio, **sformato di porri con pesce persico**, zucchine con ricotta, menta e pomodoro. Ai primi di pasta fresca si affiancano **risotto ai finferli**, zuppa d'orzo con cotenna, **pasta e fagioli**. Secondi memorabili sono l'ossobuco di vitello, il guanciale, la **faraona alle erbe aromatiche**, il coniglio al forno, la **salsiccia con polenta di farina di Storo**. Ottimi la crema gelato alla nocciola, d'inverno il torrone o lo strudel di mele renette; immancabile, dolce commiato, la piccola pasticceria con il caffè della moka. Alcune valide proposte al bicchiere completano l'offerta di una bella carta dei vini, prevalentemente regionale e rappresentativa dei vitigni autoctoni, ma che non trascura blasonate etichette nazionali. Ricordatevi di prenotare.

> **66** *Da trent'anni Lucia propone con professionale semplicità il meglio dell'autentica cucina trentina* **99**

COMANO TERME
Poia

31 km a ovest di Trento

Osteria della Locanda Fiore
Osteria con alloggio
Via Mazzini, 22
Tel. 0465 701401
Chiuso il lunedì, mai in alta stagione
Orario: mezzogiorno e sera
Ferie: 1-15 novembre
Coperti: 45 + 30 esterni
Prezzi: 28-32 euro vini esclusi
Carte di credito: Visa, BM

Siamo nel Bleggio, tra la Val Rendena e il lago di Garda: terra di terme, borghi, castelli, ma anche agricoltura (soprattutto patate e mais) e allevamento di bestiame. Da Comano Terme, capoluogo del territorio, si sale verso una delle tante frazioni disseminate lungo i pendii e si arriva a Poia. Un bel giardino alberato fa da cornice a questo albergo eretto nel 1863. L'accoglienza è semplice ma curata, la sala da pranzo è affrescata da grandi vedute agresti. Silvio, l'oste, con la sua famiglia vi condurrà alla scoperta di piccole realtà produttive della zona. Potrete così provare diversi salumi della valle, come la *ciuiga*, il salame alle noci o il filetto di maiale affumicato; diverse varietà di ortaggi e tipologie di formaggio. Idea azzeccata è quella di abbinare i crauti crudi al tagliere di salumi (12 €). Classici di casa sono i particolari gnocchi di patate rivisitati in *na feta e en gnoc* (9 €) e il *riso cotto e servito nel paròl con pasta di salame e grana*. In alternativa, ravioloni con ricotta e asparagi, strangolapreti, risotto al Teroldego o ai funghi, **canederli in brodo** o al burro fuso. Come secondo, tagliata di cavallo, **carne *salada* cotta con fagioli** (12 €), rotolo di salmerino alla nosiola e purè di patate viola. Per concludere tiramisù di patate (4 €), strudel di mele, zuppetta di frutta al vino cotto. Disponibile un menù degustazione a 28 euro. A fine pasto, se non ve la sentite di tornare sui vostri passi, potete prolungare la sosta in comode stanze accoglienti.

COREDO
Tavon

40 km a nord di Trento ss 12 e 43

Alla Pineta
Ristorante annesso all'albergo
Via Santuario, 17
Tel. 0463 536866
Non ha giorno di chiusura
Orario: mezzogiorno e sera
Ferie: 3 settimane a giugno, tra novembre e dicembre
Coperti: 90
Prezzi: 30 euro vini esclusi
Carte di credito: tutte, BM

Alla Pineta è un albergo diffuso: la casa principale, dove è collocato il centro servizi, con sala ristorante, bar e taverna, è collegata tramite tunnel alla zona benessere e a quella delle suite e delle camere. Altre palazzine ospitano piccoli appartamenti per famiglie dotati di cucina. Il ristorante, molto ampio, si compone di diverse sale arredate in legno. Grande prerogativa la scelta di prodotti genuini, molti dei quali a chilometro zero, come la mortandella, salume tipico della valle di Non, l'ossocollo, la lucanica, lo speck, che trovate nel piatto di salumi (8 €). Quand'è stagione, gli asparagi accompagnano diverse preparazioni come la carne *salada* fatta in casa e la salsa bolzanina. La scelta dei primi piatti può includere **canederli con l'ortica** (8 €), risotto o **tagliatele al tarassaco** o agli asparagi. Tra i secondi, filettino di maiale, guanciale con patate al rosmarino e funghetti, **sfilacci di manzo con asparagi croccanti e patate in padella** (17 €). In carta anche piatti unici come il classico *tortel* di patate con i salumi. I formaggi arrivano in gran parte dal caseificio di Coredo o dai produttori dei Presìdi del vezzena e del puzzone. Dolci casalinghi: **strudel alla vaniglia**, semifreddo all'amaretto e la pasticceria a sorpresa (5,50 €) realizzata da Elisabetta.

A **Fiavè** (6 km), Fontanel produce formaggi, burro e yogurt dal latte di vacche alimentate con fieno e mais di propria produzione.

Il nome Corrà è legato a macellerie e salumerie di qualità: in piazza dei Cigni 6 e a **Smarano** (3 km), in via Roen 2 C.

TRENTINO | 199

ISERA

27 KM A SO DI TRENTO A 22

Casa del Vino della Vallagarina

Osteria moderna
Piazza San Vincenzo, 1
Tel. 0464 486057
Non ha giorno di chiusura
Orario: mezzogiorno e sera
Ferie: non ne fa
Coperti: 120 + 60 esterni
Prezzi: 34 euro vini esclusi
Carte di credito: tutte, BM

La Casa del Vino ha sede nel secentesco palazzo De Probizer e consta di sale su più livelli, un'ampia terrazza sulla valle e otto camere per la notte. I vignaioli e le cantine sociali della Vallagarina hanno dedicato il luogo alla cultura del vino e della tavola del loro territorio: le 150 etichette disponibili anche al bicchiere permettono con ampia scelta il piacevole gioco dell'abbinamento al piatto. Da undici anni la gestione è di Luca Bini e Diletta Neri, affiancati da uno staff professionale e premuroso. Il breve menù varia quotidianamente ed è quasi interamente realizzato con ingredienti locali, di fornitori fidati quando non soci. C'è sempre un piatto di baccalà, ogni mercoledì un menù vegetariano, il giovedì una serata a tema, ogni mese un menù con prodotti stagionali. Tra gli antipasti (8,50 €) ricordiamo il **rotolino di carne** *salada* prodotta in casa e gratinata con verdure e il **baccalà fritto** con insalata di mele e senape. Passando ai primi (9,50 €) spiccano gli gnocchi di ricotta con pesto di basilico, il **risotto al Marzemino** con lardo e pistacchi, le lasagne al radicchio rosso e salsiccia. Nella scelta dei secondi (16 €), il **filetto di salmerino al vapore con purè di patate al limone**, costicine di maiale cotte nel fieno con patate al cartoccio, **scaloppina di cervo al miele e vino rosso con mele alla grappa**. Bella la selezione di **formaggi** locali. Tra i dolci (7 €), **torta di mele con crema e cioccolato** caldo, crostata alle fragole e rabarbaro, zuppa di spumante con sorbetti e piccoli frutti.

■ In via al Ponte 10, il panificio Moderno sforna pane con lievito madre, pizze, focacce, grissini e varie dolcezze.

ISERA

21 KM A SUD DI TRENTO CASELLO A 22 ROVERETO NORD

Locanda delle Tre Chiavi

Trattoria
Via Vannetti, 8
Tel. 0464 423721
Chiuso domenica sera e lunedì
Orario: mezzogiorno e sera
Ferie: non ne fa
Coperti: 60 + 60 esterni
Prezzi: 38-40 euro vini esclusi
Carte di credito: tutte

Annarita e Sergio hanno fatto della Locanda delle Tre Chiavi una vetrina del territorio e una scuola di buone pratiche in fatto di cibo. La proposta culinaria mette in evidenza territorialità e stagionalità delle materie prime, che sono acquistate da agricoltori locali privilegiando le colture biologiche. Si inizia con il classico ***tortel* di patate con puzzone di Moena e cappucci**, mortadella affumicata della val di Non, luganega, speck e carne di cavallo affumicata di Rovereto, tartara di carne *salada* con olio al limone, salsa alle mele e croccante di fagioli borlotti (11,50 €), salmerino marinato delle Valli Giudicarie con verdure in carpione. Tra i primi, **canederlotti verdi pressati al cuore di malga** con burro fuso e salvia, ***casonzei* di segale** ripieni di ricotta di capra ed erbe aromatiche con salsa al pomodoro fresco (11,50 €), rotolo di pollo ruspante bio al tarassaco con caponata di melanzane (16 €), noce di maiale nostrano affumicato in proprio e cotto a bassa temperatura, trancio di **salmerino** locale **in crosta di sesamo** con riso nero selvatico alle verdure, oppure il piatto della malga: un assortimento di sette varietà di **formaggi** a latte crudo senza fermenti. Per concludere, **strudel di mele** con gelato alla cannella (7 €), cialda con gelato mantecato e frutti di bosco, cheesecake di yogurt bianco aromatizzato al sambuco con confettura di pesche gialle. Articolata carta dei vini che valorizza le produzioni del Trentino Alto Adige.

❝ *Un baluardo della cultura gastronomica del Trentino, con grande attenzione alle materie prime, acquistate da agricoltori locali soprattutto biologici* ❞

LAVIS
Sorni

15 km a nord di Trento ss 12

Vecchia Sorni
Trattoria
Piazza Assunta, 40
Tel. 0461 870541
Chiuso domenica sera e lunedì
Orario: mezzogiorno e sera
Ferie: in febbraio e marzo
Coperti: 35 + 40 esterni
Prezzi: 35 euro vini esclusi
Carte di credito: tutte, BM

La trattoria si trova sulla collina dei Sorni, all'interno di un ameno paese dal quale si gode una bella vista che si apre su tutta la valle dell'Adige. L'ambiente è comodo ed essenziale: ci si può accomodare in una delle due salette, al piano terra o al primo piano. La cucina è del territorio, concreta e stagionale, con un sapiente uso delle erbe aromatiche che giungono dall'orto di proprietà. Spesso è disponibile il pesce di lago o di fiume: in questo senso sono da provare la **trota fario marinata su carpaccio di mela e mousse al rafano** (10 €) e le ottime crocchette di pesce coregone con insalata di puntarelle. Tra i primi, da non perdere le **pappardelle aromatiche con ragù grossolano di lepre al vino rosso**, tra i secondi il rombo rosolato con asparagi verdi e pomodori, piselli e cipolle bianche e la **costolette d'agnello in crosta di erbe aromatiche** con carciofi saltati (15 €). Non rinunciate alle sfiziose proposte della piccola carta dei dolci: noi abbiamo apprezzato la tortina di **mousse al caffè di Anterivo** con gelato alla vaniglia (5,50 €) e la torta di grano saraceno con marmellata di mirtilli rossi e gelato al gianduia. La carta dei vini propone buone etichette territoriali e una bella scelta al bicchiere. È consigliabile la prenotazione.

In via Matteotti 8, Alimentari Paoli, piccolo affinatore di formaggi e produttore di squisiti salumi: lucaniche, pancette, lardo, coppe, salami.

LEVICO TERME

20 km a se di Trento ss 47

Boivin
Osteria tradizionale
Via Garibaldi, 9
Tel. 0461 701670
Chiuso il lunedì, mai in luglio e agosto
Orario: sera, luglio-agosto domenica anche pranzo
Ferie: 15 giorni tra novembre e febbraio
Coperti: 50 + 20 esterni
Prezzi: 27-35 euro vini esclusi
Carte di credito: tutte, BM

Curiosità e tecnica sono le due connotazioni fondamentali di Riccardo Bosco e dell'impostazione che ha voluto dare al suo Boivin. Attenta ricerca e selezione di materie prime, in gran parte locali, proposte in ricette tradizionali con spunti originali che derivano dalla conoscenza che Riccardo ha delle cucine internazionali. Il menù varia in base al susseguirsi delle stagioni e alla disponibilità delle materie prime. Potreste iniziare con salmerino marinato con insalata di finocchio e arance, trota affumicata con insalata di mela e sedano rapa, **rotolino di carne *salada*** con cavolo cappuccio e spuma di mela verde (9 €), strudel di verza con fonduta di casolét, ottimi sformati di verdure, funghi crudi, grigliati o fritti. Proseguite con tortelli di fagioli al mosto cotto, **casoncelli di patate** con ripieno di formaggio puzzone e noci (9 €), gnocchi di zucca, **tagliatelle al ragù bianco** o di agnello, zuppa del giorno. Tra i secondi, immancabile salmerino alpino in scorza di larice, **baccalà in umido alla trentina**, brasato di manzo al Teroldego con polenta nostrana, **manzo all'olio con salsa *peverada*** (22 €), quinto quarto. Per dessert (5 €), strudel di mele, cheesecake, semifreddo, sorbetti di frutti di bosco, tenerina di cioccolato fondente, caffè accompagnato da un assortimento di dolci bocconcini. Carta dei vini ben strutturata, con qualche possibilità di scelta al bicchiere. Interessanti anche i due menù degustazione da quattro portate a 27 euro e da sette a 33 euro.

> *Boivin è da sempre rispetto del territorio e della tradizione senza però rinunciare a interessanti spunti originali*

TRENTINO | 201

Andar per Malghe

In Trentino le malghe rappresentano sempre più uno strumento utile ai fini sia della sopravvivenza della zootecnia nelle valli, sia della tutela del territorio, sia infine di una proposta turistica assai particolare, motivata dalla ricerca di autenticità e naturalità che solo la montagna può offrire. Per fronteggiare la tendenza all'abbandono degli alpeggi rilevata negli ultimi decenni, la Provincia Autonoma di Trento, in particolare, ha messo in atto incentivi a sostegno del recupero, della conservazione e dell'adeguamento igienico-sanitario delle strutture, finalizzando il tutto al benessere dell'uomo e dei pascoli. In tutte le valli trentine sono presenti alpeggi, con maggiore frequenza nelle zone montane più estese: Adamello-Brenta, alta val di Sole, Lagorai, Monte Baldo. Attualmente sono attive circa trecento malghe, di cui un'ottantina dedita alla trasformazione del latte direttamente in alpeggio, mentre le altre conferiscono il latte ai caseifici di valle. Trenta malghe, più o meno, offrono anche servizio di agriturismo: quelle che qui vi presentiamo sono luoghi dove acquistare e assaggiare queste produzioni.

Denise Eccher

BEDOLLO
Stramaiolo
Tel. 320 2357902-340 5428531

Unica malga dell'altopiano di Piné ancora utilizzata per l'alpeggio degli animali, è gestita da Andrea Giovannini, che casera in proprio il latte di vacche di razza grigio alpina. Si trova a oltre 1600 metri di quota e offre possibilità di ristorazione e alloggio.

BRENTONICO
Mortigola
Tel. 0464 391555
novità

Situata sul Monte Baldo, a circa 1200 metri di quota, appartiene alla famiglia Bongiovanni che qui trasforma il latte dei propri bovini alimentati con graminacee ed erbe di montagna. Potrete gustare e acquistare i prodotti aziendali oltre a qualche piatto tipico della cucina trentina.

CLOZ
Cloz
Tel. 0463 874537

Vacche allo stato brado e maiali per salumi nostrani, allevati in questo lembo di montagna trentina quasi in provincia di Bolzano, verso la val d'Ultimo. La gestione è dei fratelli Torresani, che hanno organizzato in malga anche una buona cucina fatta di piatti tipici: canederli, gulasch di manzo e formaggi di loro produzione.

LEVICO TERME
Montagna Granda
Località Vetriolo Panarotta
Tel. 0461 701800

A oltre 1500 metri di quota sgorgano acque termali ferruginose e con il latte delle bestie si caserano squisiti formaggi d'alpeggio. La malga della famiglia Stiffan propone anche alcuni piatti di tradizione: canederli, strangolapreti, arrosti di maiale, gulasch, crauti, puntine, ortaggi, funghi raccolti attorno alla malga.

POZZA DI FASSA
Contrin
Tel. 338 6227083-334 8244446

Konrad Haselrieder è un po' alpinista, un po' casaro: in questa malga nel cuore della

Marmolada – si raggiunge in due ore a piedi dalla stazione della funivia del Ciampac, tra Alba e Canazei – lascia pascolare giorno e notte oltre 200 capi di bestiame. Dal latte ricava formaggi e altre specialità per turisti poco sedentari.

RABBI
Monte Sole
Tel. 0463 985321-338 3170715

Oltre i 2000 metri di quota, sopra le terme di Rabbi e Pejo, nel Parco dello Stelvio, dispone di un centinaio di vacche e tanti maiali da ingrasso. Ben ristrutturata e gestita da Guido Casna, grande esperto di alpeggio, la malga è inserita nel circuito turistico della valle per consentire di vedere dal vivo il lavoro dei malgari, gustando il formaggio locale (casolét), burro e ricotte.

Stablasolo
Tel. 0463 985109

Una delle mlaghe più antiche, legata agli usi e costumi della gente di Rabbi, paese che risale al Quattrocento. Si raggiunge a piedi o con un bus navetta gestito dal Comune e propone una gustosa cucina di territorio curata da Anna Piazzola. È punto di partenza per facili escursioni.

SPORMAGGIORE
Spora
Tel. 0461 653348

Ci troviamo nel cuore del Parco Adamello Brenta, dove scorrazzano gli orsi trentini. Isolata e in posizione spettacolare – almeno due ore di strada a piedi, partendo da Andalo o dal rifugio Grostè, sopra Madonna di Campiglio – casera in proprio il latte delle vacche in alpeggio e offre la possibilità di dormire.

TONADICO
Juribello
Tel. 348 8925841

È una delle malghe gestite direttamente dalla Federazione trentina degli allevatori, nel cuore del Parco di Paneveggio, dove pascolano 140 vacche da latte e si organizzano dimostrazioni di caseificazione di formaggi quali la toséla (freschissima) e il tipico di Primiero. Funziona anche come scuola per pastori ed è attrezzata per il ristoro dei visitatori.

Malga Venegiòta
Tel. 0462 576044

La Val Venegia è talmente affascinante da essere usata come scenario per film, oltre che per escursioni alpinistiche quasi elitarie. La malga di Giancarlo Depaoli è punto di partenza per Baita Segantini e per sostare gustando piatti tipici e formaggi appena caserati, assieme a polente cotte nel paiolone in rame.

ZIANO DI FIEMME
Sadole
Tel. 348 7120227

Recentemente ristrutturata, è gestita da Fabio Vinante, dell'omonima azienda agricola, che d'estate porta in alpeggio le sue bovine da latte, a circa 1650 metri di quota. È possibile gustare i prodotti aziendali e qualche piatto tipico della cucina trentina.

MEZZOCORONA

21 km a nord di Trento

Maso Oliva
Azienda agrituristica *novità*
Via Cesare Battisti, 70
Tel. 0461 605637-348 3016421
Aperto venerdì, sabato, domenica e festivi
Orario: mezzogiorno e sera, venerdì solo sera
Ferie: variabili
Coperti: 40 + 20 esterni
Prezzi: 25-28 vini esclusi
Carte di credito: nessuna, BM

Per arrivare in questo agriturismo bisogna percorrere la vecchia strada che porta da Mezzocorona a Mezzolombardo e, prima del vecchio ponte, continuare diritti sulla strada stretta che costeggia il torrente Noce. Nei pressi del locale si trova un piccolo laghetto dove si allevano trote e altre tipologie di pesci. Il menù è raccontato a voce. Negli antipasti si possono trovare salumi, come lucanica, salame, speck, e formaggi freschi o leggermente stagionati (8 €), tutti di propria produzione. Tra i primi piatti troviamo strangolapreti, **gnocchi di pane e spinaci** (7 €), tagliatelle con i funghi o con trota e verdure, **canederli allo speck**. Si prosegue con **filetti di trota al forno con verdure** dell'orto (12 €), **coniglio alla trentina**, carne *salada* cotta o cruda accompagnata dai classici fagioli. Dulcis in fundo panna cotta o **strudel** (3,50 €). La famiglia De Vigili produce anche vino bianco e rosso (Teroldego Rotaliano) che viene servito sfuso, e alleva conigli e animali da cortile. Buona la carta dei vini, soprattutto locali, anche se non particolarmente ricca. Buono e veloce il servizio ai tavoli, con competenza, cortesia e affabilità. L'azienda fa parte del progetto Ecoristorazione Trentina, che riunisce locali impegnati a ridurre l'impatto ambientale dando la priorità ad alimenti e bevande di produzione biologica. È consigliato prenotare.

NAGO-TORBOLE

43 km a so di Trento

La Terrazza
Ristorante
Via Benaco, 24
Tel. 0464 506083-335 6034368
Chiuso il martedì, mai in luglio e agosto
Orario: mezzogiorno e sera
Ferie: variabili
Coperti: 20 + 40 esterni
Prezzi: 40 euro vini esclusi
Carte di credito: tutte, BM

Mangiare in questo locale è sempre un piacere, anche se nel corso degli anni ha perso la sua caratterizzazione di "osteria" per diventare un ristorante. Il menù è prevalentemente incentrato sui prodotti ittici del lago di Garda, la solida cucina è frutto delle curate elaborazioni del titolare Ivo Miorelli. Cercate di prenotare un tavolo sulla terrazza con vetrata per godere della stupenda vista sul lago. Il servizio è curato e professionale e il generoso menù affianca ai piatti di pesce di lago alcune proposte di carne e verdure raccolte nell'orto di proprietà. Negli antipasti, oltre ai classici *sisam* **alla torbolana** (rivisitazione del *saor* veneziano) e alle polpettine di cavedano, assaggiate il carpaccio di lavarello con pomodoro fresco pachino e basilico (12 €), la trota e il salmerino crudi, affumicati e in agrodolce (15 €), gli sformatini con ricotta di malga e verdure di stagione. Fra i primi non mancano i *bigoi* **alla torbolana con** *aole* **salate** (9,50 €), robusto piatto della tradizione; in alternativa, raviolo di tinca e suo ragù, risotto alla tinca con erbette (12 €), gnocchi di patate al ragù di pesce di lago. Tra i secondi piatti, consigliamo i **filetti di pesce persico reale dorati con burro di malga al profumo di salvia** (18 €) e l'ancora più delicato coregone alla mediterranea cotto a vapore. Il **misto pesce di lago** (25 €) costituisce un sontuoso piatto unico. La carta dei vini, particolarmente ampia, comprende etichette trentine, altoatesine e venete; possibilità di alcuni vini al bicchiere.

A **Mezzolombardo** (2,5 km) ampia scelta di formaggi e salumi dai fratelli Tait in via De Gasperi; stoccafisso norvegese e baccalà da Roat in via 4 novembre.

NOGAREDO
Sasso

25 km SE di Trento

Locanda D&D
Osteria moderna annessa alla locanda
Via Maso, 2
Tel. 0464 410777
Chiuso il martedì
Orario: mezzogiorno e sera
Ferie: non ne fa
Coperti: 50
Prezzi: 37-40 euro vini esclusi
Carte di credito: tutte, BM

Lungo la strada che da Villa Lagarina sale al piccolo paesino di Sasso si incontrano molti piccoli appezzamenti di vigneti, soprattutto di marzemino, e diverse antiche case coloniche: una di queste, ben ristrutturata, ospita la locanda di Sandrine Dossi. Le sale sono arredate con gusto e semplicità; è presente anche un un ampio caminetto con la griglia. Le pietanze preparate da Ivano Dossi sono impreziosite da materie prime locali ed erbe coltivate nel proprio orto. Da provare tra gli antipasti (10 €) i petali di trota affumicata, il tagliere dei formaggi (quasi tutti Presìdi Slow Food), il carpaccio di carne *salada* della Busa, il nido di pasta fillo alle verdure con fonduta di casolét. Seguono **spätzle allo zafferano di Crosano** (12 €), **zuppa di orzo e verdure**, spaghetti integrali alle tre farine con peperoni e sardelle, **gnocchetti di ricotta di capra alle ortiche**. Tra i secondi, filetti di salmerino con crema di polenta allo zafferano e verdura (18 €), **coniglio con polenta e sughetto al timo** alla piastra con erbe aromatiche dell'orto, l'ottima grigliata mista. Per dessert (6 €) meritano il morbidoso al cioccolato nero dal cuore tenero, il tradizionale **strudel di mele**, la mousse al cioccolato nero profumato all'arancia, il semifreddo di prugne di Dro e noci caramellate, la crema catalana. Pane e pasta fatti in casa. Carta dei vini molto ricca, soprattutto regionale. Disponibile anche un menù degustazione da 30 euro. Possibile pernottare in camera o in miniappartamento.

🛢 In via per Brancolino, da tre generazioni Marzadro produce ottime grappe abbinando tecnologie moderne e tradizione artigianale.

OSSANA

70 km NO di Trento ss 43 e 42

Antica Osteria
Ristorante
Via Venezia, 11
Tel. 0463 751713-338 5679258
Chiuso il mercoledì, mai in alta stagione
Orario: sera, fine settimana, estate e inverno anche pranzo
Ferie: non ne fa
Coperti: 55
Prezzi: 30-33 euro vini esclusi
Carte di credito: CS, DC, MC, Visa, BM

Il castello medievale di San Michele di Ossana, riportato al suo splendore con un pregevole lavoro di restauro, domina con la sua torre tutta l'alta val di Sole, terra di boschi, pascoli e colture in piccoli appezzamenti ben curati. Da questi, Mariano Dell'Eva, patron dell'osteria, trae i prodotti da trasformare poi in cucina: una cucina di tradizione fortemente ancorata al territorio. Il menù viene illustrato a voce da Mariano e cambia in base alla disponibilità delle materie prime. Troverete scritta solo l'indicazione dei prezzi: antipasti 7-8 euro, primi 8-9, secondi 13-14, dessert 4. Si può iniziare con il piatto di salumi, il carpaccio di cervo con ananas e mirtilli, l'antipasto misto composto da sformatino di verdure, ricottina con miele, torta di erbe e focaccia con lardo. Seguono poi paste fatte in casa quali gli **gnocchi di pane e formaggio di malga con speck croccante**, gli gnocchi di ricotta o di patate con prugne e cannella, **tagliatelle con cervo o capriolo in umido**, ravioloni di patate ripieni di verze, porri e noci; insolito il risotto alle ciliegie, porri ed erbe di campo, mantecato con yogurt acido. Tra i secondi, **costolette d'agnello**, filetto di maiale arrostito con confettura di mele, tagliata di cervo, **filetto di puledro cotto in padella con vino e cipolle**. Si conclude con gelati di noce, prugna o cannella, torta di mele con salsa alla vaniglia, semifreddo agli amaretti. Carta dei vini interessante. Possibilità di pernottare nell'adiacente Locanda dei Gentili.

🛢 A **Mezzana** (5 km) produzione di casolét e altri formaggi nostrani come fontal, ricotte e burro dal caseificio sociale Presanella, in via Bezzi 3.

TRENTINO | 205

PANCHIÀ

74 km a so di Trento

Osteria de l'Acquarol
Osteria moderna
Via Nazionale, 42
Tel. 0462 813082
Chiuso il lunedì
Orario: mezzogiorno e sera
Ferie: dopo Pasqua-fine maggio, metà ottobre-metà novembre
Coperti: 35
Prezzi: 38-40 euro vini esclusi
Carte di credito: CS, DC, MC, Visa, BM

Questo ristorante, situato all'ingresso di Panchià e ospitato nell'ottocentesco hotel Rio Bianco, è gestito da una giovane coppia che ha avviato questa iniziativa due anni fa, dopo significative esperienze all'estero e in regione. In cucina Alessandro Bellingeri elabora in modo ricercato i prodotti del territorio, talvolta contaminati da sapori mediterranei; in sala Perla Cardenas presenta con competenza la proposta gastronomica, contenuta ma variegata, e l'ampia scelta di vini. Per iniziare si può scegliere tra crudo di salmerino con mela verde e anguria (12 €) e tomino in crosta di segale con salsa fredda di verdure e insalata agra. Fra i primi è possibile gustare il **riso mantecato al burro di malga con piselli e uova di trota**, gli gnocchi di patate alla plancia con gamberi marinati al sambuco, caponata di porcini, asparagi e fave (13 €), una versione vegetariana dello *smacafam*. I secondi comprendono tra l'altro **agnello della val di Fiemme in tre cotture** (16 €), coregone candito al limone con giardiniera di frutta e verdura (15 €), **guancia di manzo al ginepro**. In alternativa, speck e salumi fatti in casa o la selezione di formaggi vaccini e caprini locali serviti con le mostarde. Intriganti i dessert, in particolare il gelato al geranio odoroso, rapa rossa e sedano bianco (8 €). È disponibile un menù degustazione di cinque portate (38 €). Varia e articolata la carta dei vini, attenta ai prodotti regionali; una piccola selezione è proposta al bicchiere.

🛍 In via Costa 32, L'Ònes di Massimo Donei produce e vende infusi artigianali di cirmolo, ginepro, prugnole, genziana e altro ancora.

PERGINE VALSUGANA
Canezza

16 km a est di Trento sp Valle dei Mocheni

Osteria Storica Morelli
Osteria
Piazza Petrini, 1
Tel. 0461 509504-347 4447150
Chiuso il lunedì e martedì a pranzo
Orario: mezzogiorno e sera
Ferie: variabili
Coperti: 30
Prezzi: 38 euro vini esclusi
Carte di credito: MC, Visa, BM

Ubicata all'imbocco della valle dei Mocheni, l'Osteria Morelli si merita davvero la qualifica di "storica". Non solo per i locali nei quali è collocata ma anche per l'integrità della tradizione, la semplicità ricca di contenuti, la forza dei sapori proposti, l'atmosfera caratterizzata da cordialità dell'accoglienza e disponibilità a raccontare caratteristiche delle materie prime e modalità di lavorazione. Si sceglie da un'ampia carta o ci si affida al menù degustazione da 35 euro. Fra gli antipasti, trovate l'**aspic di bollito con radicchio in** *saor* (10 €), il paté di fegato con crostini caldi, i salumi fatti in casa con sottaceti, la carne *salada* con i marzaioli crudi. Tra i primi, oltre ai tradizionali **canederli di speck in brodo ristretto**, meritano gli gnocchi di polenta di mais spin al ragù casereccio, le pappardelle fatte in casa al ragù di capriolo, i **casonziei fiemmesi con burro al papavero e ricotta affumicata** (10 €). Seguono ottimi piatti di carne – guancetta di vitello brasata con polenta e funghi, **fegato di vitello alla salvia con patate saltate** – ma anche una valida insalata di tarassaco con uovo d'anatra in camicia e pancetta croccante (12 €). Non manca il tagliere con i **formaggi** dei piccoli produttori trentini (12 €). I dolci sono una festa di sapori: abbiamo particolarmente apprezzato la variazione di gelati e sorbetti fatti in casa (5 €). La lista dei vini, riservata tutta al Trentino, presenta anche diverse piccole produzioni di rari e antichi vitigni.

> *Genuinità, bontà e tradizione si intrecciano alla valorizzazione dei prodotti locali e al rispetto per l'ambiente*

206 | TRENTINO

PREDAZZO
Miola

RIVA DEL GARDA

78 km a ne di Trento

48 km a so di Trento

Miola

Ristorante *novità*
Località Miola, 1
Tel. 0462 501924-340 3761958
Chiuso il mar, primavera e autunno lun-gio
Orario: mezzogiorno e sera
Ferie: variabili
Coperti: 60
Prezzi: 28 euro vini esclusi
Carte di credito: tutte, BM

Sant'Alessandro

Osteria moderna *novità*
Via Sant'Alessandro, 19
Tel. 0464 556777
Chiuso il lunedì
Orario: mezzogiorno e sera
Ferie: variabili
Coperti: 30 + 10 esterni
Prezzi: 35 euro vini esclusi
Carte di credito: tutte, BM

Bisogna arrivare a Predazzo e poi salire verso la montagna per trovare questo grande maso degli anni Cinquanta dove, nel 1981, i Dellantonio aprirono un bar, aggiungendo poi il ristorante e una grande terrazza con splendida vista sulla val di Fiemme. Oggi è la figlia Elisabetta a portare avanti la cucina, aiutata dal marito Paolo in sala e dal fratello Gianni al bar. Accoglienza e servizio sono autenticamente familiari e amichevoli: oltre che dalla moltitudine di turisti che affolla la valle, il Miola è molto apprezzato dai residenti che, nei fuori stagione, ci si sentono a casa. Pasta, carni, salumi e pesci provengono dalle cooperative o dai produttori della valle; le verdure, quando possibile, dall'orto di casa. Dall'elenco dei secondi è facile intuire che ci troviamo nel cuore della Strada dei **Formaggi** delle Dolomiti: sono infatti previsti, con meditata selezione, una verticale di puzzone (8 €) e il tagliere dei quattro caseifici (10 €), Presìdi compresi. Ogni piatto è abbondante e dal gusto deciso e la lista è quasi troppo ricca: concentrandoci sui piatti costruiti con ingredienti locali, potremo scegliere fra minestra di verdure, zuppa di trippe (7 €), tomino di malga in salsa di pistacchi (8 €), **spätzle di castagna al radicchio e ricotta affumicata** (8,50 €), **filetto di trota biologica in crosta di nocciole** (11 €), **stinco di maiale al forno** (10 €), gelato allo yogurt di capra con salsa di frutti di bosco (4 €). La carta dei vini è ricca e prevalentemente regionale.

Di recente apertura, la trattoria è gestita da Ilaria e Luca che, dopo diverse esperienze nel settore, hanno deciso di iniziare questa attività ricercando e selezionando piccoli produttori, agricoltori, allevatori e viticoltori, con i quali instaurare un rapporto di reciproca fiducia. Il locale è semplice, arredato in modo essenziale, curato ed elegante. Ilaria, in sala, ci accoglie e ci racconta del loro progetto illustrandoci il menù. Luca, in cucina, attingendo dalla propria esperienza, trasforma ottime materie prime in piatti gustosi. Per iniziare troviamo tagliere di salumi e formaggi nostrani, **fiori di zucca con ricotta di malga**, carne *salada* fatta in casa, ovetto in camicia (8 €) o trota iridea in carpione. Proseguiamo con canederli di erbette, ravioli ripieni di manzo con finferli, fettuccine fatte in casa con ragù di selvaggina e verdurine croccanti, crema di verdure, **bigoli al torchio con sarde di lago marinate** (10 €). Come secondo, **agnello biologico della val di Fiemme**, suinetto trentino arrosto alla senape (16 €), manzetta nostrana, salmerino alpino cotto nell'olio con verdure di stagione. Terminiamo con mousse di cioccolato bianco, **torta *de fregoloti*** (6 €), tiramisù nel vasetto, crema catalana. In alternativa, una piccola ma valida selezione di **formaggi**. Piccola carta dei vini con buona rappresentanza trentina e qualche divagazione toscana; possibilità di scelta a bicchiere.

La macelleria Dellantonio, in via Battisti 2, da quattro generazioni propone salumi tipici prodotti con la carne di animali allevati in valle.

In località San Nazzaro 4, presso Agraria Riva del Garda, la macelleria Bertoldi propone carne salada, lucaniche, wurstel, cotechini.

TRENTINO | **207**

ROMENO
Malgolo

42 KM A NORD DI TRENTO SS 43 D

Nerina
Trattoria annessa all'albergo
Via De Gasperi, 31
Tel. 0463 510111
Chiuso il martedì, mai in luglio e agosto
Orario: mezzogiorno e sera
Ferie: ultime due settimane di ottobre
Coperti: 50
Prezzi: 32 euro vini esclusi
Carte di credito: CS, Visa, BM

Questo albergo-trattoria è gestito da Nerina con i suoi quattro figli: noto per la cucina tipica e autentica, è situato a Malgolo, piccolo centro abitato nel cuore della val di Non. La particolarità del locale è il saper coniugare con abilità la tradizione trentina a quella napoletana, ereditata dalle origini campane del capofamiglia. Mario, che si occupa della cucina assieme alle sorelle Loredana e Cecilia, utilizza e sceglie esclusivamente materie prime del proprio orto o dei contadini della zona; si possono gustare anche ottimi salumi e insaccati di carni provenienti da allevatori del posto, preparati e stagionati da Sandro, l'altro figlio, che aiuta anche a servire in sala. Possiamo iniziare con mortadela della val di Non, lardo, speck e coppa serviti con la schiacciatina calda (9 €), proseguire con **gnocchi di pane e ortiche con salsiccia e cipolle brasate**, tagliatelle con i *brumoi* (varietà nonesa delle cime di rapa) e pomodorini, **ravioli di patate con ricotta affumicata**, tagliolini con le sarde del Garda, gnocchi di mais spin della Valsugana e ciuiga con fonduta di casolét (9 €), quindi assaggiare **rollé di agnello al forno** (15 €), bocconcini di coniglio con patate, **stinchetto di maiale al forno con salsa alla birra**. Buona la selezione di **formaggi** dei vicini caseifici, accompagnati da mostarde e miele (9 €). A fine pasto fatevi deliziare dagli ottimi dolci: crema catalana, tiramisù, gelato artigianale. Notevole anche la scelta dei vini, soprattutto di vitigni autoctoni.

❝ *Cucina tipica e autentica, mai banale, quella proposta dalla mitica Nerina con l'aiuto dei suoi quattro figli* ❞

SMARANO

42 KM A NORD DI TRENTO

Ostaria del Filò
Osteria
Viale Merlonga, 48 A
Tel. 0463 538057-339 223453
Chiuso il lunedì
Orario: mezzogiorno e sera
Ferie: non ne fa
Coperti: 35
Prezzi: 28-30 euro vini esclusi
Carte di credito: CS, DC, MC, Visa, BM

A circa 1000 metri, sulla sponda sinistra del torrente Noce, troviamo Smarano con il suo panoramico susseguirsi di montagne maestose. Il nome del locale deriva dall'espressione "fare *filò*" che, nell'antica tradizione contadina di montagna, consisteva nel trascorrere insieme le sere d'inverno nella stalla raccontando storie e socializzando. Entrando in questa osteria casalinga ammirerete una essenziale stufa a olle, un'antica *fornasela* e una moltitudine di piante molto curate. Al tavolo vi accompagna Stefano Rizzardi, che racconta i piatti preparati con cura e attenzione da Paolo Cescatti. Si può iniziare con polenta di riso con lenticchie e puzzone di Moena (8 €), crema di asparagi con praline d'orzo alla mortadela e Teroldego, sformato di verdure con fonduta di formaggio nostrano di Coredo. Tra i primi, da non perdere **gnocchi di patate farciti con mortadela e casolét al pesto di tarassaco** (9 €), tortelloni integrali di ciuiga del Banale ed erba medica al burro e salvia, risotto vialone nano al silene e Trento Doc, **zuppa d'orzo alla trentina**. Passando ai secondi, **guanciale di maialino brasato al Groppello e caffè di Anterivo** (11 €), trancio di filetto di ricciola alle erbe spontanee in cartoccio, **coniglio arrosto farcito alle erbe spontanee**, formaggio nostrano alla piastra con polenta. Varia la lista dei dolci: classico strudel di mele renette, yogurt al naturale con mela caramellata, tortino al cioccolato con creme di vaniglia (5 €). Interessante menù degustazione a 26 euro.

🛏 Ad **Amblar** (18 km), in via Roen 53, Giovanni Pezzini produce e vende cereali (orzo decorticato) e farine (frumento, segale, grano saraceno, mais).

SORAGA
Fuchiade

96 KM A NE DI TRENTO SS 48 E SS 346

Fuciade

Ristorante-Rifugio alpino
Località Fuchiade
Tel. 0462 574281-340 8194060
Non ha giorno di chiusura
Orario: mezzogiorno e sera
Ferie: variabili
Coperti: 120 + 60 esterni
Prezzi: 37-40 euro vini esclusi
Carte di credito: CS, DC, MC, Visa, BM

Mangiare al rifugio Fuciade è un'esperienza unica, per l'eccellenza del contesto e per la qualità elevata della cucina. Si arriva da Passo San Pellegrino con una bella passeggiata che attraversa verdi prati d'alta quota. Ci si ritrova in uno splendido anfiteatro naturale, protetto alle spalle dalle cime dolomitiche e aperto su un vasto orizzonte dominato dalle Pale di San Martino. Si mangia in diverse salette, molto calde e accoglienti, tutte piene di oggetti-simbolo della storia e delle tradizioni della cultura ladina della valle di Fassa. Il menù è generoso, vario, a tratti creativo. Tra gli antipasti, segnaliamo speck nostrano con cetrioli sotto aceto, guanciale di manzo con patate all'agro, cipolle di Tropea e finferli, tomino in crosta di pistacchio, radicchio trevigiano e composta di pomodori (12 €). Oltre alla **minestra di orzo alla trentina** e alla zuppa del giorno, tra i primi si trovano pappardelle caserecce di kamut biologico in salsa di selvaggina o funghi (12 €), **canederli allo speck con burro fuso**, *ciajoncie* (ravioli) ripiene di pere selvatiche e fichi con papavero e cannella. I secondi offrono **tagliata di cervo al pino mugo con purè di mele**, puntine di maiale tenero croccanti, **bocconcini di capriolo con polenta di Storo e pera allo zafferano**, cosciotto di pollo arrotolato con cavolo rosso brasato, salmerino crudo e cotto con le sue uova e caprino (15 €). Ottimi i dolci, ampia la selezione dei **formaggi**, splendida la carta dei vini.

66 *Fuciade è un tesoro da preservare e valorizzare: merito dell'amore per la propria terra, la ricerca e la salvaguardia di prodotti e tradizioni* **99**

TONADICO
Val Canali

110 KM A NE DI TRENTO SS 47 SS 50

Cant del Gal

Ristorante annesso all'albergo
Località Sabbionade, 1
Tel. 0439 62997
Chiuso il martedì, mai in alta stagione
Orario: mezzogiorno e sera
Ferie: novembre
Coperti: 60 + 20 esterni
Prezzi: 25-30 euro vini esclusi
Carte di credito: AE, CS, MC, Visa, BM

In una terra, dove un tempo erano presenti i galli cedroni, ora sorge un piccolo albergo capace di ospitare una ventina di persone, uno chalet di legno con vista sulle stupende Pale di San Martino in mezzo alla splendida Val Canali. È dal 2001 che Marzia Depaoli e Nicola Cemin vi accolgono nel loro ristorante, studiato in perfetto stile "primierotto". Nella stube, disarmante nella sua semplicità, i due osti offrono cibi e piatti della tradizione locale e dei vicini Presìdi Slow Food, accompagnati da una bella carta dei vini con etichette, prevalentemente del territorio, scelte con cura e competenza. Da segnalare il menù dell'Osteria Tipica Trentina, offerto a 20 euro, e quello della Strada dei Formaggi delle Dolomiti, a 25. La pasta è fatta in casa ed è condita con vari sughi, in stagione a base di finferli o porcini, o ragù, anche a base di cacciagione. Ricordiamo gli **gnocchi di mais** *sponcio* **con luganega e funghi**, gli **gnocchi di ricotta noci e burro fuso** (8 €) o, ancora, la carne *fumada* (affumicata) di Siror (9 €), la freschissima tosela del Primiero con polenta di Storo (8 €), lo **spezzatino di vitello alla trentina**, la braciola di cervo, il **capriolo in salmì**, il tagliere di **formaggi** trentini. Ancora da segnalare le birre artigianali e il vino proposto anche a bicchiere. Molti i dolci presenti nel menù, come il classico **strudel** e le varie crostate con confetture fatte in casa o con la frutta fresca.

■ In cima a Val Canali, nell'omonima malga (2 km), Gianna Tavernaro produce burro e formaggi. A **Mezzano** (10 km) formaggi tipici nel Caseificio Sociale di via Roma.

TRENTINO | 209

TRENTO
Piedicastello

Il Libertino

Ristorante-enoteca
Piazza di Piedicastello, 4-6
Tel. 0461 260085
Chiuso il martedì
Orario: mezzogiorno e sera
Ferie: in luglio
Coperti: 45
Prezzi: 35-40 euro vini esclusi
Carte di credito: AE, CS, MC, Visa, BM

Nella zona di Piedicastello, a pochi passi dal museo che racconta la storia del Trentino, si trova questo piccolo ma prezioso ristorante che di anno in anno si conferma come uno dei punti di riferimento della città. La squadra è ben affiatata e, mentre Assunta cucina, Luca in sala saprà consigliarvi sapientemente sull'abbinamento tra il cibo e il vino. La ricca carta dei vini concede comunque la possibilità di scegliere tra le zone più vocate del territorio, italiane e straniere. Per iniziare vi segnaliamo l'insalatina di denti di cane con l'occhio di bue e lo speck croccante (9 €), la tartara di carne *salada* e tosela con aspretto di mela, il classico *tortel* di patate accompagnato da salumi locali come la mortandela della val di Non o la lucanica. Tra i primi, i **tortelli con erbette spontanee al burro fuso e vezzena** (10 €) e la gustosa zuppetta di farro con verdure possono aprire la strada al **filetto di salmerino alpino in crosta di mais** o al **baccalà alla trentina** con polenta della Valsugana. A chi predilige la carne consigliamo la coscia di coniglio farcita (17 €) o la lombatina di vitello con panatura alle erbe aromatiche. Spiccano tra i dolci (6 €) il parfait al sambuco e limone con fragole al Moscato, la crostatina di ricotta nostrana, la crema di yogurt al miele con frutta e biscotto alle noci; per i più golosi, è disponibile la "trilogia dolce" (8 €). Da segnalare inoltre i menù degustazione a 22,50 e 37,50 euro.

Palazzo Roccabruna ospita l'Enoteca provinciale del Trentino dove è possibile degustare e acquistare i migliori vini della zona. La Casa del Caffè, in via San Pietro, propone ottimi caffè e cioccolato.

oltre alle osterie

CAVALESE

64 KM A NE DI TRENTO

Costa Salici

Ristorante *novità*
Via Costa dei Salici, 10
Tel. 0462 340140
Chiuso il lunedì, mai in stagione
Orario: mezzogiorno e sera
Ferie: variabili
Coperti: 35 + 25 esterni
Prezzi: 40-45 euro vini esclusi
Carte di credito: tutte, BM

Alla periferia di Cavalese, in un ristorante ben curato, Stefano Tait segue con passione le orme di papà Maurizio e mantiene del locale la stessa impostazione: cucina di territorio rispettosa delle tradizioni fiemmesi. Utilizzo dei prodotti valligiani quindi, come erbe spontanee, funghi, formaggi, selvaggina, frutti ed essenze del bosco. Si inizia con temolo spadellato, verdurine e salsa al tè affumicato (12 €), tartara di cervo profumata al ginepro e pain brioche, lasagnetta gratin al ragù di cervo e capriolo con salsa ridotta al Pinot Nero (10 €). Tra i primi, zuppa di castagne con raviolini allo speck o tortelloni di patate alle erbe spontanee. Si prosegue con costolette di agnello gratinate al pecorino e asparagi (21 €), entrecôte di grigia alpina al primo fieno, gratin di biete e taccole o *tonco de pontesel*. Per finire morbido di castagne e cioccolato con gelatina di cachi o frittelle di mele e confettura di mirtillo rosso.

ÁUSTRIA
SVÍZZERA
LOMBARDIA
TRENTINO
VÉNETO
FRIÚLI VENÉZIA GIÚLIA
PARCO NAZ. DELLO STÉLVIO
PARCO NAZ. D. DOLOMITI BELLUNESI
St. Anton am Arlberg
Landeck
Matrei am Brenner
Matrei in Osttirol
Sölden
Pfunds
Scuol
Brennero 1375
Val di Vizze/Pfitsch
Vipiteno/Sterzing
A22
Valle Aurina/Ahrntal
Campo Túres/Sand in Taufers
S. Leonardo in Passíria/St. Leonhard in Passeier
S. Martino in Passíria/St. Martin in Passeier
Vandóies/Vintl
Fálzes/Pfalzen
Brunico/Bruneck
Rasun Anterselva/Rasen Antholz
Valle di Casíes/Grieser
S. Cándido/Innichen
Sillian
Résia/Reschen
Senales/Schnals
Lagundo/Algund
Rifiano/Riffian
Varna/Vahrn
Chiénes/Kiens
Perca/Percha
Longega/Zwischenwasser
Dobbiaco/Toblach
Sesto/Sexten
Málles Venosta/Mals im Vinschgau
Castelbello-Ciárdes/Kastelbell-Tschars
Scena/Schenna
Bressanone/Brixen
Marebbe/Enneberg
Merano/Meran
Fúnes/Villnöss
Silandro/Schlanders
Lasa/Laas
Adige/Etsch
Lana
Laion/Lajen
Villandro/Villanders
Badia/Abtei
Ortisei/St. Ulrich
Cortina d'Ampezzo
Auronzo di Cadore
S. Pancrázio/St. Pankraz
S.Genésio Atesino/Jenesien
Renòn/Ritten
Corvara in Badia/Corvara
Selva di Val Gardena/Wolkenstein in Gröden
2758 Stélvio
Ortles 3905
Solda/Sulden
Martello/Martell
Ultimo/Ulten
Nálles/Nals
Terlano/Terlan
Fiè a. Sciliar/Völs am Schlern
Andriano/Andrian
Canazei
Pieve di Cadore
Bórmio
Lauregno/Laurein
Bolzano/Bozen
Appiano s. Strada del Vino/Eppan
Marmolada 3343
Caldaro s. Strada d. Vino/Kaltern
Moena
Malè
Cles
Cortàccia s. Strada d. Vino/Kurtatsch
Montagna/Montan
Piave
Adda
Ponte di Legno
Tonale 1883
Cavalese
Ágordo
Anterivo/Altrei
S. Martino di Castrozza
Salorno/Salurn
Madonna di Campíglio
0 10 20 km

ALTO ADIGE SÜDTIROL

L'Alto Adige è la provincia più a nord d'Italia, vicina ai paesi di area germanofona e ungherese che ne influenzano la cucina. Pochi i piatti veramente tradizionali, primi su tutti i canederli: ideati per il recupero degli avanzi e proposti spesso con speck, fegato, spinaci, formaggio, ma anche con erbe aromatiche e verdure selvatiche del territorio. La segale è un'altra importante produzione trasformata in eccellenti pani: ur-paarl (Presidio Slow Food), schuettelbrot, pusterer breatl. Altra ricetta tradizionale, ma di origine austriaca, è il gröstl (rosticciata) di patate, che diventa stockfischgröstl quando a base di stoccafisso, bauerngröstl, se di manzo o di maiale, herrengröstl se di carne di vitello. Le influenze del Nord sono evidenti nell'accostamento del dolce con il salato, come nel gulasch – spezzatino con paprica e cipolle. Tante le zuppe: frequenti quelle d'orzo e di crostini di milza, quasi persa la tradizionale mosa. Poche le assonanze con la cucina delle altre regioni, ma è da notare la presenza in molte ricette dell'erba cipollina, quasi onnipresente nei brodi e nelle minestre. Altra caratteristica sono i törggelen, festeggiamenti per la vendemmia che si svolgono nelle case contadine a partire dal pomeriggio fino tarda notte con largo consumo di castagne, burro, mosto e varie carni. Importanti i formaggi di alpeggio, vaccini e caprini, sempre in crescita il settore enologico.

scelti per voi

canederli o knödel

- 214 Schwarzer Adler
  Andriano-Andrian (Bz)
- 233 Oberraut
  Brunico-Bruneck (Bz)
- 226 Signaterhof
  Renon-Ritten (Bz)

capretto

- 229 Lamm Mitterwirt
  San Martino in Passiria-Sankt Martin in Passeier

cervo

- 221 Dorfnerhof
  Montagna-Montan (Bz)
- 228 Jagerhof
  San Leonardo in Passiria-Sankt Leonhard in Passeier (Bz)
- 232 Durnwald
  Valle di Casies-Gsies (Bz)

gibochns

- 231 Mösenhof
  Valle Aurina-Ahrntal (Bz)

schnalser nudel

- 230 Oberraindlhof
  Senales-Schnals (Bz)

spätzle

- 219 Sonne
  Lauregno-Laurein (Bz)
- 229 Torgglerhof
  San Leonardo in Passiria-Sankt Leonhard in Passeier (Bz)

ANDRIANO-ANDRIAN

10 KM A OVEST DI BOLZANO

Schwarzer Adler
Trattoria annessa alla locanda
Piazza Sant'Urbano, 4
Tel. 0471 510288
Chiuso il lunedì e martedì a pranzo
Orario: mezzogiorno e sera
Ferie: 15 gennaio-15 marzo, prima metà di luglio
Coperti: 70 + 50 esterni
Prezzi: 30 euro vini esclusi
Carte di credito: AE, CS, MC, Visa, BM

Lasciata la superstrada che da Bolzano porta a Merano, dopo pochi minuti si arriva in questo storico locale gestito da molte generazioni dalla famiglia Mathà. In estate ci si può accomodare all'aperto, sotto un bel pergolato, a fianco dell'orto di proprietà, oppure all'interno in una delle stuben. I piatti proposti sono quelli della tradizione, e variano in base a quello che il mercato offre nei diversi momenti dell'anno. Un periodo molto interessante è la primavera, quando a Terlano vengono raccolti gli asparagi: in questo caso vi consigliamo di assaggiare gli ottimi *ravioli di aglio orsino con formaggio di montagna, burro agli asparagi e pomodori* (9,20 €). Altro piatto particolare, realizzato per celebrare i duemila anni della via Claudia Augusta, l'antica strada di comunicazione romana, è l'orzotto con formaggio di capra, datteri e prugne. In alternativa, sono sempre presenti e molto apprezzati i *canederli*. I secondi sono principalmente a base di carne: vitello, maiale, manzo e in autunno la selvaggina. Molto buoni sono il *gröstl di vitello con insalata di cappucci allo speck* (14,90 €) e la *testina di vitello condita con olio e aceto*. Non ampia l'offerta dei dolci, fra i quali lo strudel, la torta Linzer, il *kaiserschmarren* (9,80 €). Interessante carta dei vini, con buona scelta di proposte al bicchiere.

🛍 A **Terlano** (5 km) Theo Nigg, piazza Carlo 3, propone il suo speck, marchiato dal Consorzio di tutela, e una serie di salumi e di specialità tipiche delle macellerie sudtirolesi.

ANTERIVO-ALTREI
Guggal

42 KM A SUD DI BOLZANO A 22 USCITA EGNA

Kürbishof
Ristorante con alloggio
Frazione Guggal, 23
Tel. 0471 882140-338 4378817
Chiuso il martedì
Orario: mezzogiorno e sera
Ferie: novembre, 4 settimane dopo Pasqua
Coperti: 25
Prezzi: 38-40 euro vini esclusi
Carte di credito: CS, MC, Visa, BM

Sbaglierebbe chi volesse stilare una lista dei migliori ristoranti della provincia di Bolzano senza avere mai visitato questa sperduta trattoria con tre camere nella frazione di Guggal, al limitare del bosco, proprio nel Parco Naturale Monte Corno. Noterete sicuramente l'enorme orto, che sembra quasi un giardino, e ammirerete il panorama che si spinge sino alla valle di Cembra. Gli ambienti sono curati e si respira un'aria di sobria eleganza. Un buon modo per iniziare il pasto sarà scegliere fra il petto d'oca affumicato in casa con la giardiniera dell'orto (9,50 €) o la crema di erbe del campo con piccoli ravioli di caprino. Tra i primi provate i canederli alla borragine su grattugia di ziegerkase (8,50 €) oppure i golosi *canederli di rape rosse*. La carne proviene dalla macelleria del paese, che acquista in gran parte animali di allevamenti locali: molto buoni il *carré d'agnello al forno con roascht* (patate e cipolle con polenta) e *cavolo rapa stufato*, il sempre goloso *herrengröstel* con cavolo cappuccio allo speck, le costine di agnello a scottadito (18,50 €). La selezione di *formaggi* trentini e altoatesini, abbinata alle mostarde fatte in casa, è molto ben curata da Hartmann. Infine ordinate almeno uno dei dolci di Sara e non ve ne pentirete: il dolce Angelika, classico o la variazione al caffè di Anterivo (7,50 €). Ampia e bene organizzata la carta dei vini. A fine pasto provate il caffè di Anterivo, una particolare specialità della zona.

> *Le materie prime sono eccellenti valorizzate con competenza in cucina dalla famiglia Varesco*

BADIA-ABTEI
Pedraces-Pedratches

---

71 KM A NE DI BOLZANO, 30 KM DA BRUNICO

Runch Hof
Azienda agrituristica
Località Runch, 11
Tel. 0471 839796
Chiuso la domenica
Orario: mezzogiorno e sera
Ferie: non ne fa
Coperti: 50 + 8 esterni
Prezzi: 28 euro vini esclusi, menù fisso
Carte di credito: nessuna

Nei pressi del municipio di Pedraces la strada si inerpica sulla costa della montagna e ci porta nella frazione di Runch, ai piedi del Parco Naturale Puez-Odle. Qui si trova l'agriturismo della famiglia Nagler, composto da una struttura con alcuni appartamenti, la stalla e una tipica abitazione ladina che mantiene inalterate le caratteristiche originarie del Settecento. La casa è calda e accogliente, con diverse stanze e comodi tavoli preparati con cura ed essenzialità. Tutta la famiglia si è impegnata: al tavolo ci accudiscono Enrico, il capofamiglia, e la nuora Monica; la moglie Maria e i figli si occupano della cucina. Le pietanze sono quelle della classica tradizione contadina, preparate con esperienza, maestria e un tocco di innovazione, utilizzando ingredienti semplici e genuini. Il menù è fisso e costa 28 euro. Si inizia con la *panicia* (classica minestra d'orzo contadina), delicata e sapida, a cui si affiancano i *tultres*, frittelle di pasta sfoglia fritte con ripieno di spinaci o crauti, i *cancì arstìs* (frittelle di patate con ripieno di spinaci e ricotta o confettura di mirtillo rosso, ricotta e semi di papavero), i *cancì t'ega* (ravioli di spinaci al burro fuso). Per il secondo è possibile scegliere tra una sostanziosa *giama de purcel cun pulëinta* (stinco di maiale con polenta), delicate **custëis y craut** (costine di maiale con crauti), il *golasc* (gulasch) **con canederli** o polenta. Per finire, strudel con il gelato o torta di mandorle. Buona selezione di vini.

BADIA-ABTEI
Pedraces-Pedratches

---

90 KM A NE DI BOLZANO, 30 KM DA BRUNICO

Sotciastel
Azienda agrituristica
Località Sotciastel, 5
Tel. 338 7640188
Chiuso la domenica
Orario: solo la sera, su prenotazione
Ferie: variabili
Coperti: 20
Prezzi: 16 euro, menù fisso
Carte di credito: nessuna

La Val Badia è conosciuta al mondo, oltre che per le sue bellezze naturalistiche e paesaggistiche o per gli impianti sciistici, anche per la sua enorme e variegata offerta di ristorazione, un alternarsi quasi unico di chef stellati e piccoli agriturismi come questo. Da Pedraces, frazione di Badia, dirigetevi a San Leonardo (San Linêrt), superate il paese e troverete le indicazioni per Sotciastel. Dopo qualche minuto, al termine di una strada a picco sulla valle, in prossimità di un sito archeologico dell'età del Bronzo, arriverete all'agriturismo, dove Hildegard Pitscheider e la sua famiglia vi accoglieranno come in casa propria. La piccola stube, dominata da una grande stufa, è disseminata di oggetti di artigianato e familiari. La proposta è contenuta e si articola in un menù fisso (16 €) che varia in base alla disponibilità delle materie prime. Latte, burro, formaggi, la carne di vitellone, così come sciroppi e confetture, sono di propria produzione. Potreste iniziare con *schlutzkrapfen* o *cajnci* (tipici ravioli ripieni di patate e ricotta) al burro. Proseguirete con **gulasch** servito come da tradizione **con canederli**, costine di maiale, **arrosto di manzo**. Per concludere, morbidi e squisiti *crafun* con confettura di mirtilli rossi e fragole, da leccarsi le dita. Vini della cantina di Colterenzio. La prenotazione è obbligatoria.

ALTO ADIGE SÜDTIROL | 215

CASTELBELLO-CIARDES
KASTELBELL-TSCHARS

52 KM A NO DI BOLZANO SS 38 VAL VENOSTA

Schlosswirt Juval
Trattoria
Località Juval, 2
Tel. 0473 668056
Chiuso il mercoledì
Orario: mezzogiorno e sera, dom-mar solo pranzo
Ferie: variabili
Coperti: 100 + 50 esterni
Prezzi: 30 euro vini esclusi
Carte di credito: CS, MC, Visa, BM

Schlosswirt è spettacolare oltre che per il cibo anche per la posizione: fa parte del Castel Juval che domina l'ingresso della Val Senales. La strada di accesso, erta e impegnativa, merita attenzione: forse per questo Reinhold Messner, celebre alpinista, ha eletto il castello a sua residenza. La famiglia Schölzhorn gestisce l'osteria da tanti anni. Qui gli ingredienti sono il massimo del genuino e il chilometro zero è davvero reale: le carni sono di animali allevati in loco o che potrete vedere pascolare nel caso in cui mangiaste all'esterno; altri ingredienti provengono dal grande orto e dai tanti alberi da frutto della proprietà, mentre i prodotti non reperibili nel maso vengono da aziende agricole della Val Venosta solitamente a regime biologico. In cucina, mamma Monika varia spesso il menù seguendo la stagionalità. Per iniziare consigliamo lo *juvaler brettl*, un tagliere di legno con gli eccellenti salumi e speck prodotti con le carni di maiali allevati nel maso, in alternativa, il carpaccio di maialino con scaglie di formaggio di malga (7,20 €) o la **zuppa di ur-paarl della Val Venosta con uova di quaglia** (4,70 €). Poi **tagliatelle fatte in casa con ragù d'agnello e pesto di timo** (7,50 €) o **gnocchi di formaggio e spinaci con graukäse e burro ai porri** (6,80 €). Tra i secondi, terrina di maialino (16,20 €) o **gulasch di manzo con i canederli**. Tra i dolci immancabili la pannaneve venostana e i semifreddi alla frutta. Pochi ma buoni i vini, perlopiù locali.

■ In località **Galsaun** (2,3 km), via alle Fonti 7, Walter Klotz distilla acqueviti. In località **Trumsberg**, nel maso Niedermair, salumi e carne di razza grigio alpina.

DOBBIACO-TOBLACH
Gandelle-Kandellen

100 KM A NE DI BOLZANO SS 49

Seiterhof ☙
Trattoria annessa alla locanda
Località Gandelle-Kandellen, 7
Tel. 0474 979114
Chiuso il martedì, mai in alta stagione
Orario: mezzogiorno e sera
Ferie: 10-31 gennaio
Coperti: 30 + 20 esterni
Prezzi: 30-35 euro vini esclusi
Carte di credito: CS, MC, BM

Passate dietro la chiesa di San Giovanni Battista, percorrete la Valle San Silvestro e arriverete a uno dei templi della cucina pusterese. In una stube raccolta o in una sala spaziosa, Herbert Kamelger propone un menù basato sulla scelta quasi maniacale di materie prime di assoluta eccellenza e sulla passione per le ricette che hanno fatto la storia di quest'angolo di paradiso. I prodotti dell'orto fanno pochi metri per arrivare nel piatto, lo speck e gli ottimi **formaggi** non ne fanno molti di più, la carne è dell'allevamento di famiglia. Tante le occasioni per riassaporare sapori che molti credevano perduti: la **testina di vitello con cipolla** (8 €), la mitica tartara di manzo che Sieglinde preparerà di fronte a voi, le succose costolette d'agnello al rosmarino (15 €), il fegato di vitello con le mele, i **medaglioni di capriolo in salsa bordolese**, il tradizionale *herrergeröstel* con cipolle e patate. Nonostante l'abbondanza di proteine, è però difficile resistere alla bella lista di zuppe della tradizione, fra cui quella di vino alla terlanese o la **zuppa della val d'Ultimo** (4 €), con le cipolle, lo speck e il pane nero. Carta dei vini di ampio respiro e lista di distillati profumati e preziosi. Dopo un menù simile è difficile scorrere con serenità la lista dei dolci, dove la frutta dell'Alto Adige arricchisce crostate, gelati e frittelle, ma arrivati fin qui si può almeno provare a dividere un *kaiserschmarrn* (7 €) pressoché perfetto. La prenotazione è necessaria.

■ In via Zipfanger 1, Bernhard Feichter sforna ottimo pane da farine macinate con mulino a pietra e impreziosito da erbe coltivate nel maso di famiglia a 1200 metri.

ALTO ADIGE SÜDTIROL

FIÈ ALLO SCILIAR-VOELS AM SCHLERN
Novale di Presule-Prösler Ried

10 KM A NE DI BOLZANO

Alter Fausthof
Osteria con alloggio
Località Novale di Presule-Prösler Ried, 6
Tel. 0471 601141
Chiuso la domenica
Orario: solo la sera, su prenotazione
Ferie: non ne fa
Coperti: 30 + 15 esterni
Prezzi: 28-32 euro vini esclusi, menù fisso
Carte di credito: nessuna, BM

In località Novale di Presule, a pochi chilometri da Bolzano, troviamo l'Alter Fausthof, maso che apre solo su prenotazione. Le antiche ricette della tradizione culinaria sono rivisitate con un tocco personale da Marta, padrona di casa con il marito Gerhard. Tutto è preparato con materie fresche di giornata, secondo le stagioni o il raccolto dell'orto: ecco perché il menù va concordato al momento della prenotazione. Al vostro arrivo troverete il pane fresco fatto in casa con semi di cumino, noci, papavero o altre spezie, e potrete iniziare con un antipasto composto da diversi strudel di verdure, il formaggio grigio con aceto, olio di oliva, e cipolle. Si prosegue con le appetitose **zuppe**, tra cui quella classica **d'orzo**, i **canederli** di grano saraceno con rapanello e mela oppure con le rape rosse, o ancora quelli di **fegato in brodo**. Tra i secondi, ottime le costine al forno con pomodorini e patate al rosmarino e lo **stinco di maiale** o di vitello **al forno** con contorni di verdure. Deliziosi i dolci: torta al papavero e mele, il classico **strudel** e altri dessert con le confetture di mele cotogne, albicocche, ribes, lamponi preparate dalla signora Marta e acquistabili in loco. Piccola carta dei vini con proposte prevalentemente locali e vino sfuso di una vicina cantina.

LAGUNDO-ALGUND
Velloi-Vellau

35 KM A NO DI BOLZANO, 8 KM DA MERANO

Oberlechner
Ristorante annesso all'albergo
Località Velloi, 7
Tel. 0473 448350
Chiuso il mercoledì
Orario: mezzogiorno e sera
Ferie: metà gennaio-metà marzo
Coperti: 80 + 40 esterni
Prezzi: 35-40 euro vini esclusi
Carte di credito: Visa, BM

A poco meno di 1000 metri, Velloi è una frazione che dista sette chilometri da Lagundo. Di giorno, chi volesse risparmiarsi il tragitto in automobile e i relativi tornanti, può godersi il viaggio in seggiovia. L'albergo-ristorante, da cui si domina uno splendido panorama, è gestito da generazioni della famiglia Gamper. Peter è in cucina, la moglie Sabine si occupa del servizio. È un vero piacere salire all'Oberlechner per ritrovare i sapori veri. Elaborando materie prime eccezionali, Peter crea piatti sempre freschi e interessanti, raro equilibrio fra tradizione e innovazione. Il ristorante dispone di tre sale: la più caratteristica è la storica stube rivestita in legno. Interessante, per cominciare, l'antipasto con verdure di stagione e caprino arrostito del locale caseificio (10,50 €). Tra i primi, oltre ai tradizionali e straordinari **canederli**, ottimi i **ravioli fatti in casa con ripieno di ricotta ed erbette** del proprio orto (11 €). Tante sono le proposte per i secondi, dai piatti più tradizionali, come la **bistecca** (di vitello o maiale) **impanata alla viennese** e servita con patate arrostite e confettura di mirtilli o le **polpettine con salsa di funghi e purè** (17,50 €), alle proposte più innovative come l'ottimo coniglio in mantello di sedano e mela con verdure e gnocchetti di patate e aglio orsino (20 €). Invitanti i dessert, di cui si può avere un piatto misto. La carta dei vini consente di scegliere bottiglie sia locali sia nazionali.

A **Lagundo** (7 km) opera la Biokistl, organizzazione di contadini che propone frutta e ortaggi biologici.

ALTO ADIGE SÜDTIROL | 217

LAGUNDO-ALGUND
Plars di Sopra-Oberplars

37 KM A NO DI BOLZANO, 11 KM DA MERANO

Schnalshuberhof
Azienda agrituristica *novità*
Plars di Sopra-Oberplars, 2
Tel. 0473 447324-335 5878822
Chiuso lunedì e martedì
Orario: solo la sera
Ferie: 21 dicembre-15 febbraio, 20 luglio-12 agosto
Coperti: 50 + 30 esterni
Prezzi: 20-25 euro vini esclusi, menù fisso
Carte di credito: nessuna

L'antico maso del XIII secolo è gestito dalla famiglia Unterweger-Pinggera da generazioni. Il biologico qui è da tempo una realtà assodata. Mamma Rosa è la regina della cucina ed è coadiuvata da Rosi, una ragazza di Lagundo che "firma" i piatti a base di **canederli**: seconda stagione, tante variazioni, dall'aglio orsino alle rape rosse, ai classici con spinaci o formaggio. In sala, papà Hansjörg e il figlio Christian vi porteranno per cominciare un tagliere di speck e salumi, tutti fatti in casa con carni di maiali allevati a Meltina da Christian. Accanto ai canederli, sempre validi gli *schlutzkrapfen* (mezzelune ripiene di ricotta e spinaci); imperdibile, d'inverno, la minestra d'orzo. Buone le **polpette di carne**, ottimi le **costine di maiale**, l'ossobuco di vitello, lo stinco di maiale, il **castrato** (quando disponibile); patate e verdure di contorno provengono dal proprio orto o dai masi vicini. In autunno il piatto forte è la *schlachtplatte*: carne affumicata, salsicce fatte in casa, sanguinacci e crauti. In primavera non rinunciate ai piatti a base di asparagi di Marlengo. Si chiude con krapfen ripieni di papavero o confetture, rotoli ai frutti del giardino, torte, in stagione canederli di albicocche. Christian, che è enologo, coltiva nel maso uve pinot bianco, schiava, pinot nero e la rara fraueler, da cui ricava validi vini. Si bevono anche sciroppi e succhi di sambuco, ribes e mela, nonché eccellenti distillati, tutti di fattura casalinga.

LASA-LAAS
Alliz

67 KM A NO DI BOLZANO SS 38

Sonneck
Trattoria
Località Alliz, 11
Tel. 0473 626589
Chiuso il martedì
Orario: mezzogiorno e sera
Ferie: variabili
Coperti: 45 + 30 esterni
Prezzi: 30 euro vini esclusi
Carte di credito: tutte, BM

È facile raggiungere questo locale: basta seguire le indicazioni stradali per Lasa e poi proseguire per Alliz; appena attraversato il ponte della piccola frazione, girate immediatamente a destra: a una decina di metri si trova il Sonneck. La terrazza panoramica permette di ammirare tutta la valle sottostante dove, duemila anni fa, passava la via Claudia Augusta, l'antica strada romana che dalle pianure del Po e dall'Adriatico portava fino al Danubio. Al Sonneck potrete accomodarvi al bancone per prendere l'aperitivo oppure sedervi al tavolo per un pasto vero e proprio. Buona la scelta di piatti, con possibilità di mangiare diversi cibi vegetariani, soprattutto nel periodo degli ottimi asparagi di Castelbello; alcune verdure, inoltre, arrivano dal vicino orto di proprietà. Si può iniziare con lo speck o un misto di formaggi. Tra i primi, da segnalare i **tagliolini all'aglio orsino con asparagi verdi e bianchi** (13 €) o con spezzatino di cervo, la crema di zucchini, gli *schlutzkrapfen* **con ripieno all'ortica** (10 €). Buoni i secondi: costata di manzo con burro alle erbe, patate arrostite e insalata (20 €), **spezzatino di cervo con patate** (23 €), il classico *gröstl* (rosticciata) **di patate con carne o baccalà**. Varia la scelta dei dolci (8 €), dallo strudel ai semifreddi. Buona la selezione dei vini, soprattutto locali, serviti anche al bicchiere; bella la carta delle grappe. La prenotazione è fortemente consigliata.

218 | ALTO ADIGE SÜDTIROL

LAUREGNO-LAUREIN
Gosseri-Gassern

60 KM A OVEST DI BOLZANO SS 42

Sonne
Osteria tradizionale
Località Gosseri-Gassern, 11
Tel. 0463 530280
Chiuso il mercoledì, mai in agosto
Orario: mezzogiorno e sera
Ferie: variabil
Coperti: 30 + 20 esterni
Prezzi: 20-25 euro vini esclusi
Carte di credito: nessuna, BM

L'osteria si trova a Lauregno, piccolo comune di nemmeno 400 abitanti nella zona più meridionale della val di Non, il cui nome deriva dal latino *laurus*, ovvero alloro. Posizionato a 1150 metri, gode di un suggestivo panorama delle montagne circostanti. È possibile ammirare antichissimi masi contadini e un'incantevole chiesetta del periodo tardo gotico; inoltre, da qui si snodano numerosi sentieri per gli appassionati di bicicletta o nordic walking. Sonne si trova proprio in questa zona dall'atmosfera bucolica: ne è proprietaria la signora Rosa Weiss. L'ambiente non è molto grande, ma è questo che lo rende tranquillo e familiare. Il menù comprende piatti cucinati con materie prime di stagione, in gran parte provenienti dall'orto o dagli allevamenti di proprietà. Potrete iniziare con **tortello di patate**, affettati misti (speck, luganega stagionata, formaggi), un primo a scelta tra **canederli allo speck**, gnocchi al formaggio o alle erbette dell'orto, un secondo di **polenta con cervo** o coniglio e, per finire, **strudel** o rotolo ai frutti di bosco. Le ricette sono della tradizione altoatesina, con un pizzico però di contaminazione trentina. Anche per quello che riguarda il vino si può optare per etichette altoatesine o trentine.

MALLES VENOSTA-MALS
Mazia-Matsch

95 KM A NO DI BOLZANO SS 38 E 40

Palla Bianca Weisskugel
Ristorante annesso all'albergo
Frazione Mazia, 10
Tel. 0473 842600
Chiuso il lunedì, mai in luglio e agosto
Orario: mezzogiorno e sera
Ferie: 1 dicembre-30 aprile
Coperti: 80 + 16 esterni
Prezzi: 25-30 euro vini esclusi
Carte di credito: CS, DC, MC, Visa, BM

Il maso Palla Bianca, azienda agricola e locanda, è gestito dalla famiglia Stecher. La struttura si trova in una valle laterale della Val Venosta, nella località montana di Mazia, e deve il suo nome alla cima più ardita della zona (3738 metri d'altezza, sul confine italo-austriaco). A causa della neve, apre solo dalla tarda primavera a fine novembre. La cucina rispecchia la cultura della zona, semplice e ricca dei sapori tipici della montagna. Qui la maggior parte dei masi produce e trasforma in modo autonomo le materie per ricavare, in particolar modo, formaggi – una signora conferisce quotidianamente i suoi caprini – e salumi. A seconda delle stagioni, il menù cambia e offre diverse specialità: **zuppa alle erbe di Mazia** (4,80 €), le speciali tagliatelle di segala croccanti con speck e funghi (12 €), **canederli con funghi**, con formaggio, con speck o con fegato. Nei mesi estivi da non perdere la specialità della zona, la singolare **zuppa di fiori di fieno**. Seguono arrosti di manzo o di maiale allevato in proprio, in stagione selvaggina o piatti unici come l'**agnello alle erbe di Mazia con orzotto e pomodorini** (25 €). Tradizionali dolci altoatesini come lo strudel di mele o di albicocche della Val Venosta (3,20 €) e il *kaiserschmarrn* con composta di mirtilli rossi. Per un soggiorno all'insegna della natura, il Palla Bianca dispone di alcune stanze.

Poco distante, nel maso Bäckerhof, la famiglia Kessler vende delizioso miele. A **San Felice** (5 km) e **Senale** (8 km), speck e salumi prodotti dai fratelli Kofler.

In frazione **Clusio** (2,5 km), al civico 8, la famiglia Agethle trasforma il latte della sua decina di vacche, proponendo alcuni ottimi formaggi venostani.

ALTO ADIGE SÜDTIROL | 219

MAREBBE-ENNEBERG
Mantena-Welschmontal

84 km a ne di Bolzano ss 12 e 49

Garsun

Osteria tradizionale
Località Mantena-Welschmontal, 9
Tel. 0474 501282
Chiuso il lunedì
Orario: mezzogiorno e sera
Ferie: giugno e novembre
Coperti: 30
Prezzi: 23 euro vini esclusi, menù fisso
Carte di credito: nessuna

Più che un'osteria, il Garsun sembra piuttosto una casa aperta al pubblico, e quindi si è trattati come amici più che come clienti. Il prezzo è fisso (23 euro), così come il menù, e tenete conto che talvolta la richiesta che vi viene fatta è di fissare il tavolo a un orario simile ad altri commensali, per poter servire i vari tavoli contemporaneamente. La ragione è molto semplice: mantenere uno straordinario rapporto tra qualità e prezzo. Missione compiuta, da anni. La signora Maria Luisa Obwegs vi accoglie all'ingresso per un bicchiere di vino, poi il locale si apre su due camere rivestite in legno e una bella stufa di maiolica. Se volete assaggiarli, dovreste prenotare i *tultres*, una pasta rotonda con ripieno di spinaci e poi fritta, piatto tradizionale della valle. Poi potranno arrivare la *panicia* (minestra d'orzo) o i *canci*, ravioli con ricotta, patate e spinaci da condire con formaggio o con zucchero e papavero. I secondi sono prevalentemente di carne, come il sontuoso *stinco* e vari piatti di selvaggina. Ottimi anche i contorni, fra cui le patate di montagna, un'insalata di verdure o di gallinacci o di porcini. Se vi resta ancora un po' di spazio, fate uno sforzo e affrontate i *puncerle*, sostanziose frittelle ripiene di confetture di frutti di bosco, oppure chiedete in aggiunta allo *strudel di mele*, con la panna montata, preparata all'istante con il latte delle vacche di loro proprietà. Alla fine concedetevi un biscotto con confettura preparata in casa. Curata ma limitata carta dei vini, con ricarichi molto onesti. Un locale che propone una cucina senza fronzoli, ma che saprà conquistarvi. Prenotazione obbligatoria.

MARTELLO-MARTELL
Alta Val Martello-Hintermartell

73 km a no di Bolzano ss 38

Waldheim

Ristorante annesso all'albergo
Località Santa Maria in der Schmelz, 16
Tel. 0473 744545
Non ha giorno di chiusura
Orario: mezzogiorno e sera
Ferie: in novembre
Coperti: 80 + 80 esterni
Prezzi: 30 euro vini esclusi
Carte di credito: CS, MC, Visa

L'albergo-ristorante gestito dalla famiglia Mair si trova nel cuore del Parco Nazionale dello Stelvio, ed è circondato da pittoresche alture fra le quali il massiccio dell'Ortles-Cevedale. La valle, oltre che per le bellezze paesaggistiche e per essere meta degli escursionisti, è nota per le diverse varietà di piccoli frutti che vi crescono nonché per le ampie colture di cereali e alberi da frutto. Verdure, cereali e frutta del Waldheim sono dunque di produzione propria e vengono utilizzati e rielaborati in cucina da Hermann per creare gustose preparazioni ispirate dalla tradizione altoatesina. Fra i piatti proposti consigliamo lo speck affumicato in loco (10 €), gli *schlutzkrapfen* (8 €), ravioli fatti in casa ripieni di spinaci, ortiche, asparagi o funghi, le **bistecchine di cervo con mirtilli rossi**. Le due principali specialità della casa sono gli **gnocchetti di farina e cappuccio rosso cotto al vapore** (17,50 €) e la **trota del buongustaio**, affumicata al momento (trenta minuti di attesa, ma ne vale la pena!) e servita con pane tostato, rafano e burro (13 €). Tra i dessert spiccano lo strudel di mele casalingo (4 €) e le omelette con marmellata di mirtilli rossi o di albicocca (8 €). Il figlio Alexander, oltre a servire in sala, si occupa della fornita cantina, principalmente dedicata ai vini altoatesini.

MONTAGNA-MONTAN
Casignano-Gschnon

29 km a sud di Bolzano ss 12 o a 22

Dorfnerhof

Osteria con alloggio
Località Casignano, 5
Tel. 0471 819798
Chiuso il lunedì
Orario: mezzogiorno e sera
Ferie: 5 settimane tra gennaio e febbraio
Coperti: 55 + 40 esterni
Prezzi: 30 euro vini esclusi
Carte di credito: MC, Visa, BM

Il Dorfnerhof è da molti anni una solida realtà. L'osteria, che propone piatti della tradizione sempre ben realizzati dallo chef Anton, è situata nell'abitato di Casignano, in una zona non molto distante da Mazzon, famosa per avere molti cru adatti alla coltivazione del pinot nero. La famiglia Dalvai produce in proprio molte materie prime che vende oppure utilizza in cucina, per i pasti o le colazioni degli ospiti che qui si fermano anche la notte: speck, lucaniche, pancetta, ortaggi, conserve. L'apparecchiatura elegante fa del Dorfnerhof un luogo adatto anche a occasioni importanti. Si può iniziare con un tagliere di affettati misti, oppure con una calda zuppa di stagione. Si prosegue con un tris di *schlutzkrapfen*, gnocchetti di ricotta e **canederli al formaggio** (16 €), che può valere anche come piatto unico. Altro piatto unico può essere l'arrosto di vitello nostrano con verdure del giorno e riso oppure il **prosciutto cotto** fatto in casa e **servito caldo con patate saltate e rafano** (14,50 €). Tra le altre proposte, filetto di salmerino della Val Passiria arrosto con *gröstl* di verdure e **gulasch di bue di Casignano con verdure e canederli di speck**. In stagione sono molti i piatti realizzati con i frutti dell'orto di proprietà. Curata la selezione dei formaggi, soprattutto del territorio. Molto ben presentati e davvero buoni i dolci: lasciatevi tentare dalla mousse al nougat con filetti di arance marinate oppure dal gelato cremoso con sciroppo d'acero, noci e salsa caramellata (8 €).

PERCA-PERCHA
Vila di Sopra-Oberwielenbach

81 km a ne di Bolzano

Moar

Trattoria *novità*
Via Sankt Nikolaus, 6
Tel. 0474 401177
Chiuso domenica sera e martedì
Orario: pranzo, sera su prenotazione
Ferie: in settembre e dicembre
Coperti: 60
Prezzi: 25 euro vini esclusi
Carte di credito: tutte, BM

C'è chi ci va approfittando di una visita alle vicine, spettacolari piramidi di terra, ma i più lo fanno perché entrare nel maso della famiglia Mayr vuol dire rivivere la tradizione contadina del Sudtirolo. E non solo per una presenza documentata dal 1413, anche se il Moarhof serve pasti "solo" dalla fine dell'Ottocento, ma perché le stube conserva l'antica atmosfera, dopo una ristrutturazione filologica spettacolare almeno quanto la vista che si gode dalla veranda. Non è da meno l'offerta gastronomica che Peter Mayr vi descriverà, a partire dall'antipasto di salumi misti (8,50 €), tutti fatti in casa, o dal saporito graukäse con cipolla acquistato dal maso del vicino. Fatti a mano dalla moglie Edith i diversi *knödel* e gli *schlutzkrapfen* **ripieni di ricotta e patate**, in alternativa alle **tagliatelle con ragù di capriolo** o con i funghi porcini (10 €), mentre le materie prime per il **gulasch con polenta** (12 €) e la carne affumicata con crauti e patate vengono dal piccolo allevamento del maso. Altra grande risorsa dei Mayr è l'orto, curato da Edith, da cui provengono non solo le verdure e le erbe, ma anche il rabarbaro per una delle tante, golose torte fatte in casa (4 €). In abbinamento ai profumati distillati di Peter ci sono anche una linzertorte da favola, un tiramisù leggero a base di yogurt e una saporita torta di pere e cioccolato. La cantina offre un repertorio limitato ma curato di etichette altoatesine. Gli orari sono rigorosi: qui la mattina ci si alza presto.

A **Montevila di Perca** (7 km) il Maso delle Erbe coltiva erbe officinali alpine e produce grappe, liquori, aceti aromatizzati, oli essenziali, tisane e cosmetici.

ALTO ADIGE SÜDTIROL

RASUN ANTERSELVA-RASEN ANTHOLZ
Anterselva di Mezzo-Antholz Mittertal

98 KM A NE DI BOLZANO SS 49

Eggerhöfe
Trattoria-maso
Località Masi Egger, 42
Tel. 0474 493030
Chiuso il lunedì, mai in luglio e agosto
Orario: mezzogiorno e sera
Ferie: 15 novembre-30 aprile
Coperti: 30 + 20 esterni
Prezzi: 20-25 euro vini esclusi
Carte di credito: nessuna

Una valle straordinaria in un paesaggio lussureggiante d'estate ma gelido e intimo d'inverno fanno da cornice a questi masi, che Marlies e Christian hanno ristrutturato e trasformato in una confortevole trattoria con alloggio. Oltre all'attività di ristorazione, i Leitgeb posseggono un microcaseificio in cui producono in proprio un ottimo burro e formaggi come il graukäse, allevano galline ovaiole e stagionano lo speck. Se desiderate, potete anche collaborare alle attività domestiche o agricole, ma noi vi consigliamo soprattutto di godervi l'accoglienza: sedetevi ad assaggiare il formaggio grigio della Valle Aurina condito in maniera perfetta, con olio, aceto, cipolla e pepe nero, come da tradizione, oppure l'immancabile *knödel* con diverse salse. Potete anche assaggiare i vari salumi accompagnati dal pane fatto in casa e appena sfornato. A seguire la **minestra di patate**, i vari tipi di *knödel* in brodo o con il burro fuso e l'insalata di crauti, gli *schlutzkrapfen* ripieni di ricotta e patate (8,50 €). Il grande classico da non perdere è il **gulasch con polenta** (13 €); quand'è stagione, sono sicuramente da preferire le ricette a base di funghi provenienti dal bosco vicino. Tra i dolci, tutti buoni, il *kaiserschmarrn* con confettura di mirtilli rossi (6,50 €) e le *apfelchiechlan*, le golose frittelle di mele. Non molto varia la scelta dei vini, tutti altoatesini, ma con il bonus di essere serviti al calice.

RENON-RITTEN

6 KM A NE DI BOLZANO

Baumannhof
Trattoria-maso
Località Signato-Signat, 6
Tel. 0471 365206
Chiuso il lunedì
Orario: mezzogiorno e sera
Ferie: metà luglio-metà agosto
Coperti: 25
Prezzi: 20-25 euro vini esclusi
Carte di credito: nessuna

Da quasi cinquant'anni Amalia, detta Mali, lavora nel maso circondato dai vigneti sulla strada del Renon, da sempre meta domenicale dei bolzanini. In cucina aiuta ancora la mamma con i suoi ottantotto anni. A parte la costruzione di una seconda struttura in cui si può pernottare, il maso è rimasto fedele al suo aspetto contadino; fedeltà che si riscontra anche nei piatti, nella loro presentazione e nell'attenzione calorosa per gli ospiti. Mali, autentica enciclopedia dei saperi contadini, sarà prodiga di aneddoti e spiegazioni. Meglio prenotare per concordare il menù: la preparazione di alcune ricette (come i *kniekiechel* o i fiori di sambuco in pastella fritti) necessita di un giorno di preavviso. Le materie prime sono di produzione propria o locale. Si inizia con lo speck accompagnato dalle verdure di stagione in agrodolce. Come primi, strudel di verdura, gnocchi di spinaci selvatici, **canederli con il buonenrico** o con le rape rosse. Se disponibili, assaggiate le crêpe con le coste colorate, la **zuppa del contadino** (cipolla, speck e vino bianco), le fette di cavolo rapa impanate con le nocciole. Solitamente le proposte di carne variano secondo stagione: capretto in primavera, vitello, manzo o maiale in estate, agnello e selvaggina in autunno e inverno. Si conclude con il rotolo alla panna, tenero e soffice, le frittelle di mele, i tradizionali *krapfen* **al papavero**. Per la scelta del vino affidatevi alla sapienza di Sepp. Prima di affrontare la strada di casa, d'obbligo il classico Treber, la genziana o il nocino fatti in casa.

🛍 Il panificio Seeber sforna dolci pusteresi, il breatl (pane nero) e lo struzen, pane di grano tenero e malto.

Törggelen e cibo nostrano

Migliaia di case contadine rendono indimenticabile il paesaggio dolomitico. Masi, piccole aziende agricole, luoghi isolati divenuti singolari osterie contadine, dove sono proposti piatti semplici, con ingredienti di produzione propria. E nei *buschenschank*, subito dopo la vendemmia, si può "far *törggelen*", ovvero girovagare per i masi assaggiando il mosto, il *nuien*, mangiando castagne arrostite, gustando speck e altre pietanze nostrane.

I masi della schiava, vitigno a bacca rossa

APPIANO SULLA STRADA DEL VINO
BURGSCHENKE HOCHEPPAN
Burgschenke Hocheppan
Via Castel Appiano, 17
Località Missiano-Missian
Tel. 0471 636081
Aperto solo a pranzo, da Pasqua a primi novembre

Il duecentesco castello accoglie una locanda che serve ricche merende dolci (torte e *strauben*) e salate (da provare salumi e speck prodotti con la carne dei propri maiali), oltre ad alcuni piatti locali.

Wieser
Strada Predonico, 29
Località Predonico-Perdonig
Tel. 0471 662376
Chiuso il mercoledì

Maso dove vino e cibo sono proposti tutto l'anno. Si mangiano salumi, speck, formaggi, omelette con confetture, caldarroste, carni di maiale. Grande attenzione al *suser* (mosto in fermentazione).

BOLZANO-BOZEN
Föhrner
Via Glaning, 19
Tel. 0471 287181
Aperto da giovedì a domenica da metà settembre al 20 dicembre e da metà gennaio a fine maggio

Maso antichissimo, offre buoni piatti (canederli, manzo all'agro, costine), merende e, in autunno, il tipico törggelen. Succhi (menta, sambuco, mela), vini (Chardonnay, Lagrein, Santa Maddalena) e torte sono fatti in casa.

Steidlerhof
Località Obermagdalena, 1
Tel. 0471 973195
Chiuso lun, mar e mer
Aperto solo la sera mar-giu e set-dic

In posizione panoramica, propone salumi, frittelle di patate, la *mosa* di latte e farina. Si bevono Neuer, Schiava, Lagrein, Sauvignon vinificati in proprio.

CALDARO SULLA STRADA DEL VINO
KALTERN AN DER WEINSTRASSE
Toerggelkeller
Località Bichl, 2
Tel. 0471 963421
Chiuso la domenica
Aperto da Pasqua a fine novembre

Il maso è dal 1871 di proprietà della famiglia Atz. Qui troverete ottimi canederli, vino spillato dalle botti, classici salumi e formaggi, carne di maiale con crauti. In stagione è meglio prenotare.

LAGUNDO-ALGUND
Schnalshuberhof
Località Oberplars, 2
Tel. 0473 447324
Aperto nei fine settimana da febbraio a Natale

Splendido maso che offre quasi esclusivamente piatti fatti con ingredienti propri. Anche i vini, tra cui il raro Chambursin, sono di propria produzione. Vasta scelta di grappe.

NALLES-NALS
Nalserbacherkeller
Via Prissian, 1
Tel. 0471 6786611
Chiuso il mercoledì
Aperto da marzo a metà dicembre

La famiglia Pallweber serve abbondanti merende a base di salumi, omelette, confetture e caldarroste. Fra i vini un buon Gewürztraminer e un fresco Schiava. Vendita diretta di miele, succhi e distillati.

I masi di Traminer, Sauvignon, Kerner, Sylvaner, Riesling e Mueller Thurgau

BRESSANONE-BRIXEN
Huberhof
Località Elvas, 3
Tel. 0472 830240
Chiuso il lunedì
Aperto la sera, a pranzo solo nei fine settimana: giovedì e venerdì dalle 15, sabato e domenica dalle 12, da metà settembre a inizio dicembre

In un maso del Duecento, la famiglia Huber propone speck, *kaminwurzen* e carne affumicata di propria produzione, ravioli, zuppe, dolci, da accompagnare con il Kerner e lo Zweigelt. Durante il törggelen si serve il mosto con castagne e noci.

Gummererhof
Località Pinzagen, 18
Tel. 0472 835553
Aperto dalle 15 da metà settembre a Natale

Posto tra castagni e vigneti, produce Blatterle – bianco semplice e beverino – e un curioso spumante. Vino nuovo e cibo sono in linea con la tipicità del maso.

CASTELBELLO-KASTELBELL
Niedermairhof
Località Trumsberg, 4
Tel. 0473 624091
Chiuso la domenica
Aperto da aprile a Natale

Nel maso di Ernst Kaserer gusterete sanguinacci, insaccati, crauti, speck, canederli, tutto fatto in casa. Straordinario il burro che accompagna le castagne, ottime le frittelle, gustosi i vini e le acquaviti.

LAION-LAJEN
Buchnerhof
Località Ried, 144
Tel. 0471 655829
Chiuso il lunedì
Aperto mezzogiorno e sera da metà settembre a Natale, solo la sera febbraio-aprile

Storica stube del Settecento per un maso vocato al vino di montagna. Si raggiunge da Chiusa, salendo verso la Val Gardena. Sono proposti alcuni piatti e il mosto.

SCENA-SCHENNA
Zmailerhof
Località Schennaberg, 48
Tel. 0473 945881-331 2918876
Sempre aperto da marzo a novembre, in luglio e agosto chiuso il venerdì

La cucina propone diverse portate tipiche dei masi di montagna, quali canederli, arrosti o piatti a base di uova. Concordandoli preventivamente, la signora Thaler, prepara dei prelibati menù. Da provare in primavera le insalate di cicoria di campo con i canederli.

TERLANO-TERLAN
Oberlegar
Via Meltina, 2
Tel. 0471 678126-334 3189520
Chiuso il martedì
Aperto la sera da metà marzo a fine dicembre, domenica anche a pranzo

La famiglia Schwarz propone prodotti semplici e di qualità: pane fatto in casa, vini Sauvignon, Schiava o Lagrein, formaggi dei masi vicini, speck, *kaminwurz*, zuppa d'orzo, ravioli di zucca, gnocchi al formaggio, capretto, l'autunnale *schlachplatte*, l'invernale cavolo navone.

VARNA-VAHRN
Strasserhof
Frazione Novacella-Unterrain, 8
Tel. 0472 830804
Chiuso il lunedì
Aperto da settembre a Natale

Maso dell'azienda vinicola di Hans Baumgartner. Qui gusterete speck e formaggi, zuppa d'orzo, *schlutzkrapfen* (mezzelune), arrosti e, su ordinazione, *erdäpfelblatteln* (frittelle con crauti), torta di castagne.

Hubenbauer
Vicolo Ombroso, 12
Tel. 0472 830051
Aperto da lunedì a venerdì sera, sabato e domenica a pranzo;
in estate venerdì sera, sabato e domenica a pranzo

In un edificio del Trecento, la famiglia Stolz propone carni e salumi di propria produzione, zuppa d'orzo, *knödel*, ravioli, dolci e vini della valle come lo Zweigelt e il Portugieser. Notevole anche la Kellerbier, birra ad alta fermentazione.

VILLANDRO-VILLANDERS
Röckhof
Località San Valentino, 9
Tel. 0472 847130
Chiuso il lunedì
Aperto da settembre a Pasqua

Questo maso è rinomato per i vini bianchi che accompagnano canederli e *gröstl*. La prenotazione è indispensabile.

RENON-RITTEN
Signato-Signat

8 KM A NE DI BOLZANO STRADA DEL RENON

Patscheiderhof
Trattoria-maso
Località Signato, 178
Tel. 0471 365267
Chiuso lunedì sera e martedì
Orario: mezzogiorno e sera
Ferie: in gennaio e luglio
Coperti: 35 + 70 esterni
Prezzi: 30-35 euro vini esclusi
Carte di credito: tutte

Bella e panoramica la strada ricca di curve che sale da Bolzano a Renon. A circa metà del versante, si devia sulla sinistra in direzione della frazione Signato. All'aperto, nel cortile interno delle costruzioni del maso (stalla, fienile e casa principale), ci sono alcune soleggiate terrazze. All'interno una bellissima stube antica racconta le vicissitudini della vita in montagna. Il maso è gestito dalla famiglia Rottensteiner con papà Alois in cucina e mamma e figlia in sala. Per iniziare con gli antipasti, sono da non perdere il grigio all'agro (formaggio a coagulazione acida condito con aceto e cipolla), la gustosissima **testina di vitello** (9,50 €), i classici affettati misti con speck, prosciutto cotto e formaggi (10 €). Segue il **tris di canederli** (10 €) che, secondo stagione, può diventare anche un quater ancora più interessante in base alla disponibilità delle verdure dell'orto. Per secondo, spicca l'arrosto di agnello (21 €); quando disponibile, provate lo ***stockfischgröstel*** (14,50 €), originale versione con il baccalà del tipico piatto altoatesino; in stagione, non mancano mai gli **asparagi con salsa bolzanina**. Al momento del dessert, varie torte o semifreddi casalinghi, tutti molto gustosi. Bella scelta di vini altoatesini. In autunno con le uve del proprio vigneto si fa anche il novello per il törggelen.

RENON-RITTEN
Signato-Signat

8 KM A NE DI BOLZANO STRADA DEL RENON

Signaterhof
Trattoria annessa alla locanda
Località Signato, 166
Tel. 0471 365353
Chiuso domenica sera e lunedì
Orario: mezzogiorno e sera
Ferie: 10/01-10/02, 10/06-10/07
Coperti: 50 + 20 esterni
Prezzi: 30 euro vini esclusi
Carte di credito: CS, DC, MC, Visa

Nella frazione di Signato, appartenente al comune di Renon, troviamo questa piacevole trattoria con alloggio che gode di una certa notorietà ed è giustamente considerata un locale storico del piccolo borgo. Erika e Gunther Lopiser la gestiscono con passione e dedizione: Erika si occupa dell'accoglienza della clientela e Gunther della cucina. La caratteristica che rende la struttura così incantevole e folcloristica è la stube del XVIII secolo dove vengono accolti gli ospiti. I piatti sono cucinati con ingredienti genuini, alcuni raccolti direttamente dall'orto di proprietà. Interessanti, per cominciare, il formaggio di capra con rape rosse marinate (11 €) o il piatto misto di affumicati composto da prosciutto cotto, manzo e speck sudtirolese prodotto in zona con carni di maiali allevati localmente. Seguono i **ravioli di sedano e formaggio di capra conditi con ragù d'agnello** (12 €), i canederli di speck o di fegato in brodo (5 €), gli *schlutzkrapfen* (mezzelune di ricotta e spinaci) fatti in casa con formaggio e burro fuso, i ravioli di formaggio grigio (11 €), il **gulasch di capriolo con purè di sedano e porcini**, le guance di manzo brasate con vino Lagrein, canederli e finferli, o il classico **gröstl di manzo con patate saltate, cipolla e insalata di cappucci** (12,50 €). Ottimi i dolci, tra cui il *kaiserschmarrn* servito in padella con le ciliegie (7,50 €) e il sorbetto di fiori di sambuco. Piccola selezione di vini locali.

❝ Locale storico del borgo, un luogo incantevole dove gustare piatti genuini della tradizione ❞

SALORNO-SALURN
Cauria-Gfrill

34 KM A SO DI BOLZANO A 22 O SS 12

Fichtenhof
Trattoria con alloggio
Località Cauria, 23
Tel. 0471 889028-338 3028653
Chiuso il lunedì
Orario: mezzogiorno e sera
Ferie: 6 novembre-25 dicembre
Coperti: 50 + 40 esterni
Prezzi: 28 euro vini esclusi
Carte di credito: CS, MC, Visa, BM

Il maso si trova su un altopiano della valle dell'Adige, conosciuta per la tranquillità e per le tante piste ciclabili che permettono agli sportivi e ai turisti di visitare agevolmente ogni angolo. Per raggiungere il Fichtenhof, superato Salorno si percorre una decina di chilometri in direzione di Cauria e si arriva a circa 1300 metri di quota. Il maso comprende un'accogliente locanda con diverse camere e una trattoria tipicamente altoatesina. La struttura è gestita dai fratelli Ingrid, Ulli e Christian Pardatscher, ciascuno con un proprio ruolo ben definito. Sul menù, elaborato e preparato da Ingrid, troverete, per cominciare, l'antipasto della casa, che varia secondo stagione (6,50 €), quindi gli **gnocchi di patate e ortiche** o di castagne con ragù di selvaggina, in primavera i **canederli di tarassaco** con insalata della medesima erba (9,50 €), quelli di speck e fegato in brodo, lo strudel salato con verdure, il **gröstl** (tipico manzo lesso con cipolle e patate saltate, 14,50 €) abbinato a un contorno di insalata di crauti. In chiusura, lo strudel di mele, la **torta di grano saraceno, nocciole e papavero** (4 €), il gelato di bacche di sambuco. Tutti i piatti sono preparati con verdure di propria produzione e carni ugualmente genuine, provenienti da vicini e fidati allevatori. Anche i vini, di cui si ha una buona scelta, sono del territorio. È consigliata la prenotazione.

SAN CANDIDO-INNICHEN

110 KM A NE DI BOLZANO SS 49

Jora

Trattoria-maso *novità*
Monte Baranci
Tel. 335 6561256-340 1524024
Non ha giorno di chiusura
Orario: mezzogiorno, sera su prenotazione
Ferie: aprile-maggio, tra ottobre e dicembre
Coperti: 60 + 60 esterni
Prezzi: 32 euro vini esclusi
Carte di credito: Visa, BM

I più pigri se la caveranno con venti minuti a piedi dalla seggiovia del Monte Baranci, gli altri ci arriveranno con gli sci o la mountain bike, ma tutti godranno di una delle cucine più interessanti della Val Pusteria. In questo rifugio ricostruito da Rosmarie e Toni Holzer con materiali antichi, il giovane Markus propone cucina altoatesina a volte rivisitata, ponendo la giusta attenzione per i migliori prodotti dei contadini della zona, quasi tutti convertiti al biologico. Potreste iniziare con un caprino di maso alla griglia con chips di zucca, miele e insalatina (9,50 €), il tris di speck con il radicchio tardivo, proseguendo con una **zuppa d'orzo con i** *tirtlan* **fatti in casa** (7,50 €), le **fettuccine al pane nero con speck, cipollotti e graukäse**, i cavatelli alle rape rosse con la burrata e il pesto. Tradizionali i piatti di carne: **rosticciata di patate e porcini**, stinco di maiale, *wienerschnitzel* di vitello o maiale (12,50 €). Golosi i dolci, con un'ampia scelta che va dalla **sachertorte** allo *strauben* con i mirtilli (6 €), dalle frittelle di mele al tortino di cioccolato rispettivamente con il gelato di vaniglia o di mele. La cantina, per ovvi motivi di spazio, offre una selezione limitata di etichette regionali scelte con intelligenza. Disponibili menù tematici (vegetariano, gourmet, della malga), interessanti serate a tema con trasporto incluso: per saperne di più, contattate Johanna, la giovane moglie di Markus.

◼ L'enoteca Karadar, in via Schranzhofer 2, pone un'attenzione particolare alle etichette biodinamiche e ai vitigni autoctoni della regione e del mondo. Grande selezione di distillati e vini da dessert.

SAN GENESIO ATESINO-JENESIEN
Valas

20 KM A NO DI BOLZANO

Lanzenschuster

Osteria
Frazione Valas, 48
Tel. 0471 340012
Chiuso il lunedì, mai da maggio a ottobre
Orario: mezzogiorno e sera
Ferie: 3 settimane tra febbraio e marzo
Coperti: 50 + 90 esterni
Prezzi: 20-25 euro vini esclusi
Carte di credito: nessuna

Ci troviamo a 1500 metri, sull'altopiano di San Genesio, zona alta che collega Bolzano a Merano. L'abitato di Valas è un comodo punto di partenza per effettuare molte escursioni in tutti i periodi dell'anno. Prima di accomodarvi al Lanzenschuster, potrete incontrare sulla vostra strada antichi boschi di larici, molti prati e pascoli. Dopo questa piacevole fatica, vi accomoderete nella grande terrazza o in una delle sale interne, e vi lascerete deliziare dalle buone pietanze proposte dallo chef Christian. È lui in persona a reperire presso le aziende locali tutte quelle materie prime che non riesce a produrre in proprio. Sono fatti in casa molti formaggi, le carni di agnello, capretto, bue e vitello sono di propri allevamenti e, specie in estate, troverete molte preparazioni realizzate con i prodotti dell'orto o dei campi circostanti. Si può iniziare con un classico tagliere misto oppure con un'insalata di manzo affumicato in casa e rapanelli marinati (9,50 €). Seguono i ravioli di patate fatti in casa ripieni di erbe selvatiche di campo e burro allo speck, i **ravioli di farina di segale ripieni di ortica e formaggio grigio della Valle Aurina** (9,50 €), gli inconsueti ma molto interessanti **canederli di ortica con ragù di asparagi**. Tra i secondi ritroviamo i canederli di ortica, come contorno a un ottimo **arrosto di bue** (13 €) oppure il **capretto al forno nostrano** cui in stagione si abbinano riso e asparagi. Ottima la *rolade* ai semi di zucca con panna e fragole, lo strudel e la golosa *kaesesahne*. Piccola ma valida la carta dei vini.

ALTO ADIGE SÜDTIROL | 227

SAN GENESIO ATESINO-JENESIEN
Avigna-Afing

17 KM A NORD DI BOLZANO

Tiefthalerhof
Trattoria
Località Avigna, 13
Tel. 0471 354077-348 0333391
Non ha giorno di chiusura
Orario: sera, sabato e domenica anche pranzo
Ferie: variabili in giugno e agosto
Coperti: 20
Prezzi: 30-32 euro vini esclusi, menù fisso
Carte di credito: nessuna

Ci troviamo ad Avigna, un'oasi di tranquillità immersa nel verde. Per assaggiare le prelibatezze che Annamaria prepara è indispensabile prenotare almeno tre o quattro giorni prima della visita, perché la trattoria apre soltanto su richiesta e bisogna concordare con anticipo il menù, ma se riuscirete nell'impresa, non ve ne pentirete. Annamaria segue l'allevamento di proprietà, da cui arrivano tutte le carni tranne quella di maiale, e l'orto da cui provengono le verdure e i frutti di bosco. Il locale è un unico ambiente con cucina a vista e un bel tavolone che può ospitare al massimo venti persone. Il menù degustazione (30-32 euro bevande escluse) è solitamente composto da quattro portate generose che variano seguendo l'alternarsi delle stagioni. Fra le proposte dei primi, i tortelloni alle ortiche con ripieno di porchetta o di melanzane e soppressa, i classici **schlutzer** (ravioli di ricotta e spinaci) **al burro fuso**, il pasticcio di denti di cane (tarassaco) e speck, gli immancabili **canederli**. Un ricco buffet di insalate prepara lo stomaco alla grigliata mista di agnello, di capretto e di manzo cotta nella cucina a vista da Corrado, alle gustose **guancette di manzo al Lagrein** con polenta e funghi, allo stinco di vitello con crauti, al gulasch di manzo con polenta di grano saraceno. Come dolce vi suggeriamo i semifreddi di frutta fresca, i *krapfen* con ripieno di diverse confetture, lo strudel. Gradevole il vino, prodotto da una piccola cantina di Bolzano. Se avete la fortuna di avere un pilota per il ritorno, assaggiate le ottime grappe alla genziana, al ginepro, alle fragoline, ai mirtilli, tutte fatte in casa.

SAN LEONARDO IN PASSIRIA
SANKT LEONHARD IN PASSEIER
Valtina-Walten

58 KM A NO DI BOLZANO, 29 KM DA MERANO

Jägerhof
Ristorante annesso all'albergo
Via Passo del Giovo, 80
Tel. 0473 656250-348 4420038
Chiuso lunedì e martedì
Orario: mezzogiorno e sera
Ferie: 10 novembre-10 dicembre
Coperti: 80 + 20 esterni
Prezzi: 35-37 euro vini esclusi
Carte di credito: Visa, BM

Affacciato sullo splendido panorama della Val Passiria, a pochi chilometri da Passo Giovo, l'hotel ristorante Jägerhof offre una proposta gastronomica contenuta e semplice, ma genuina e stagionale, in un ambiente accogliente. In cucina, con professionalità, Siegfried Augscheller reinterpreta i piatti della tradizione altoatesina; in sala il servizio è coordinato dalla moglie Irmgard e i piatti, ben confezionati, sono presentati con teutonica competenza. Si può iniziare con l'antipasto di salumi e formaggi della Passiria (9,90 €), fra i quali il manzo affumicato e il caprino fresco, quindi proseguire con i tipici **canederli in brodo** o al formaggio grigio con cappuccio in insalata (9 €), o con una pasta di farro con ricotta di capra ed erbe aromatiche; nel periodo autunnale troverete le interessanti **tagliatelle di farina e *schütterbrot* allo speck e crauti**. Fra i secondi, non si può non citare la specialità della casa, il **filetto di salmerino della Passiria cotto in cartoccio su bagno di fieno alpino** (17,90 €), ma sono ottimi anche i piatti di carne, come il petto di gallina biologica alle erbe e i medaglioni di vitello con gnocchetti di farina. Come dessert, molto interessante il caprino fresco con fragole e miele di dente di leone (6,90 €). Disponibile un ampio menù degustazione da 27,50 euro. La carta dei vini propone una calibrata selezione di etichette dell'Alto Adige; sebbene non specificato nel listino, sono disponibili anche vini al bicchiere.

❝ *Siegfried Augscheller reinterpreta i piatti della tradizione altoatesina, presentati con teutonica competenza dalla moglie Irmgard* **❞**

228 | ALTO ADIGE SÜDTIROL

SAN LEONARDO IN PASSIRIA
SANKT LEONHARD IN PASSEIER
Saltusio presso Merano-Saltaus bei Meran

35 KM A NO DI BOLZANO SS 44 BIS DIREZIONE PASSO DEL ROMBO

Torgglerhof
Ristorante annesso all'albergo
Località Saltusio, 19
Tel. 0473 645433
Chiuso il venerdì
Orario: mezzogiorno e sera
Ferie: 2 novembre-Pasqua
Coperti: 30 + 40 esterni
Prezzi: 33-38 euro vini esclusi
Carte di credito: CS, DC, MC, Visa, BM

A pochi chilometri da Merano, in direzione Val Passiria, incontriamo il piccolo centro di Saltusio. Per raggiungere il paesino, si percorre una strada panoramica che fa scoprire al visitatore le bellezze dell'hinterland meranese, dal castello di Scena ai vigneti e ai meleti che decorano in modo armonioso la vallata. Per vivere un'esperienza davvero slow, consigliamo di lasciare l'auto a Merano e percorrere a piedi o in bici il tragitto di nove chilometri: il Maiser Waalweg, che parte dal ponte di Tirolo, è un sentiero facile e adatto anche ai bambini. Su questo sfondo quasi pittoresco, immerso tra i frutteti, trovate l'albergo-ristorante gestito dalla famiglia Pircher, che propone ai clienti un menù diversificato e ricco di ricette della tradizione altoatesina, compresi piatti a base di mele di produzione propria. Tra le proposte che variano secondo stagione troviamo **caserecce con ragù di agnello**, carpaccio di manzo di grigia alpina con rucola e finferli (12 €), **gnocchi di ur-paarl con speck**, crema di mela e rafano con filetto di trota affumicata (6,50 €), **canederli ai funghi di bosco con burro fuso alle nocciole** su insalata di cavolo cappuccio (11,40 €), **arrosto di agnello** con patate e verdure di stagione. Per concludere, ottimi lo strudel e i canederli dolci con pere e semifreddo al liquore all'uovo con salsa tiepida di cioccolato (6,90 €). La cantina è ben fornita soprattutto di vini locali.

In via Salita alla Chiesa 5, a **Merano** (8 km), macelleria Gruber & Telfser: salumi, confetture, formaggi.

SAN MARTINO IN PASSIRIA
SANKT MARTIN IN PASSEIER

45 KM A NO DI BOLZANO SS 38

Lamm Mitterwirt
Osteria tradizionale
Via del Villaggio, 36
Tel. 0473 641240
Chiuso domenica sera e lunedì, in estate lunedì
Orario: mezzogiorno e sera
Ferie: 3 settimane in novembre
Coperti: 70 + 25 esterni
Prezzi: 30 euro vini esclusi
Carte di credito: tutte, BM

Al centro del piccolo insediamento di San Martino in Passiria, nel cuore dell'omonima valle, si trova questo locale che vanta una storia molto antica. Già osteria nel 1777, fungeva da luogo di incontro tra i contadini capeggiati da Andreas Hofer in rivolta contro le truppe napoleoniche. La struttura, che oggi appartiene alla famiglia Fontana, è gestita con sapiente maestria da Arnold e sua moglie Hildegard. La tradizione culinaria della Val Passiria incontra in cucina i sapori della Val Sarentino, zona d'origine della signora Hildegard. Dopo i salumi che si possono gustare come antipasto, tra i quali lo speck affumicato della Val Passiria (5 €), vi consigliamo le **tagliatelle al cren e trota affumicata**, il brodo di capretto con canederlo allo speck, i **canederli con rape rosse e formaggio grigio** (8,20 €), la crema di erbe di malga biologiche con speck, quindi l'agnello o il **capretto in umido**, l'arrosto di vitello o di agnello (15 €); chi preferisce il pesce apprezzerà le diverse preparazioni a base di salmerino. Disponibile una decina di **formaggi** a latte crudo di piccoli produttori d'eccellenza. I **canederli dolci** che, secondo stagione, potranno essere accompagnati da fragole e gelato al fiore di sambuco (9,50 €), sono uno dei dessert migliori. Notevole la scelta di vini perlopiù altoatesini: Arnold Fontana, sommelier, consiglia agli ospiti gli abbinamenti più adatti alle varie pietanze, e da poco tempo propone un vino di propria produzione.

❝ Cucina radicata nel territorio con grande attenzione alle materie prime elaborate con sapiente maestria da Arnold e sua moglie Hildegard ❞

ALTO ADIGE SÜDTIROL | 229

SENALES-SCHNALS
Madonna-Unser Frau in Schnals

58 KM A NO DI BOLZANO SS 38

Oberraindlhof
Ristorante con alloggio
Località Madonna, 49
Tel. 0473 679131
Chiuso il mercoledì
Orario: mezzogiorno e sera
Ferie: non ne fa
Coperti: 80 + 20 esterni
Prezzi: 37 euro vini esclusi
Carte di credito: tutte

All'Oberreindl ci si sente a proprio agio appena varcata la soglia. Alle pareti tanto legno locale tirolese, l'atmosfera è piacevole e ci si viene subito accolti dal calore della famiglia Raffeiner. La cucina propone tanti piatti della tradizione sudtirolese comprese alcune ricette oramai rare della Val Senales. La cura nelle preparazioni, la ricerca delle materie prime e una chiara influenza mediterranea rendono elegante e fresca la proposta di questo ristorante. Tra gli antipasti consigliamo il filetto di trota salmonata affumicata con insalatina e il petto d'anatra affumicato con mirtilli e rafano (9 €). Si può proseguire con le **tagliatelle di pane croccante di Certosa alla selvaggina della Val Senales** (11 €) o i canederli con carpaccio di rape rosse e salsa di formaggio di malga, anch'esso della Val Senales. Di secondo è imperdibile l'agnello, sia la **coscia in crosta di timo con gnocchi di patate e verdure** (22 €), sia l'arrosto tradizionale con patate. La carne proviene da un allevamento della valle. Ottimi di contorno gli *schupfnudeln*, tradizionali gnocchi ripassati in padella da abbinare al sugo delle carni. In stagione si può concludere il pasto con un semifreddo di castagne ricoperto di cioccolato e con ragù di cachi (7 €). Molto valida la selezione di **formaggi**. Helmuth, il padrone di casa, è un appassionato sommelier e saprà abbinare il giusto vino alle pietanze che sceglierete. L'acqua servita in tavola arriva dalla fonte che sgorga vicino al maso.

SESTO-SEXTEN

115 KM A NE DI BOLZANO

Waldruhe
Trattoria-maso *novità*
Monte di Fuori, 6
Tel. 0474 710512-348 5657027
Chiuso il lunedì
Orario: mezzogiorno e sera
Ferie: Pasqua-fine maggio, novembre-metà dicembre
Coperti: 45 + 40 esterni
Prezzi: 25-28 euro vini esclusi
Carte di credito: nessuna

Pochi minuti in auto, salendo a fianco della chiesa parrocchiale, vi porteranno abbastanza in quota da poter ammirare la Meridiana di Sesto, composta da alcune delle più belle cime delle Dolomiti pusteresi. Ma meglio sarebbe raggiungere a piedi questo splendido maso, magari passando dal Sentiero di Meditazione che attraversa il bosco e porta a una delle più belle cappelle della valle. Stefan Senfter e Melanie Rogger hanno preso sei anni fa il posto dei genitori di lui, continuando una tradizione quarantennale fatta di amore per la tradizione e ricerca di materie prime di qualità. Nelle due stube, calde e accoglienti, vengono serviti lo speck affumicato in casa, i formaggi locali, quindi gli *schlutzkrapfen* ripieni di patate e cipolla (8 €) fatti a mano così come le tante versioni degli *knödel* (ottimi quelli alle rape rosse) e i delicati saccottini con finferli e ricotta. Quando la stagione lo permette, funghi e selvaggina dominano il menù e sono alla base dei ricchi ragù delle pappardelle (8 €) o si sposano in piccoli capolavori di semplicità come il **filetto di cervo con i porcini** (16,50 €). Tanti i piatti a base di carni selezionate in zona, fra cui una saporita **testina di vitello** o il classico *leberkäse* da servire con le uova. Fatti in casa anche i dolci, fra cui un ottimo strudel di mele (4 €) e il tradizionale *kaiserschmarrn* con i mirtilli rossi. Una scelta di buone etichette altoatesine completa l'offerta del maso, dove è anche possibile pernottare in stanze semplici ma accoglienti.

In via Dolomiti 21, presso la macelleria Villgrater il meglio della salumeria pusterese e ottimi tagli di carne bovina allevata in zona.

ULTIMO-ULTEN
Santa Gertrude-Sankt Gertraud

57 KM A NO DI BOLZANO SS 38

Falschauerhof
Trattoria-maso
Località Santa Gertrude-Sankt Gertraud, 14
Tel. 0473 790191-349 0674975
Chiuso mercoledì e giovedì
Orario: mezzogiorno e sera
Ferie: gennaio
Coperti: 20
Prezzi: 25 euro vini esclusi, menù fisso
Carte di credito: nessuna

Val d'Ultimo: chi frequenta queste località, si rende conto che ancora oggi possiedono il carattere dell'eremo. Per giungere al Falschauerhof, ad esempio, si deve percorrere da Lana una strada di quasi un'ora. Però ne varrà assolutamente la pena: in questo maso è di casa l'autenticità. Lisi non ha una lista dei piatti, il menù lo propone al momento della prenotazione. I prodotti sono solo quelli di stagione: le verdure dell'orto, la carne dei produttori locali. Le ricette sono quelle della tradizione, profondamente legate al territorio. Sepp si occupa del vino, proponendo interessanti etichette regionali. Ci si accomoda in una delle sue accoglienti stuben. L'antipasto comprende spesso ottimo speck e diverse carni affumicate accompagnate da verdure in agrodolce (chi fosse interessato, può visitare l'affumicatoio). I **canederli** prevalgono tra i primi: secondo stagione vi saranno proposti con lo speck, con il formaggio, con gli spinaci, con le rape o in tante altre varianti; in alternativa, buoni gli **arrotolati di pasta sfoglia farciti di verdure**. Seguono **arrosti di agnello**, vitello, manzo, maiale e, in stagione, di selvaggina, serviti con curati contorni di verdure. Al momento del dolce non si possono perdere le **frittelle di mele** o *krapfen* con diverse farciture. La carta dei vini regionale propone etichette interessanti, anche biologiche. Il menù è fisso e costa 25 euro bevande escluse.

VALLE AURINA-AHRNTAL
Rio Bianco-Weissenbach

100 KM A NE DI BOLZANO, 15 KM DA BRUNICO

Mösenhof
Trattoria annessa alla locanda
Frazione Rio Bianco, 28
Tel. 0474 671768
Chiuso il martedì
Orario: solo la sera
Ferie: in giugno e in ottobre
Coperti: 40 + 40 esterni
Prezzi: 25 euro vini esclusi
Carte di credito: nessuna

Nella frazione di Rio Bianco, sopra Campo Tures, si estende un territorio noto per le sue bellezze naturali e specialità gastronomiche, la Valle Aurina. La zona, meta di sportivi e amanti della natura, è ricca di sentieri per le escursioni e offre ai visitatori un panorama unico. Il maso Mösenhof, che comprende oltre alla locanda una vivace trattoria, è gestito dalla famiglia Kirchler. Come gran parte dei masi di questa zona, produce formaggi con il latte del proprio allevamento, fra i quali il graukäse, il formaggio grigio specialità della Valle Aurina. Per cominciare vi consigliamo lo speck locale (8 €), per continuare con gli *schlutzer* (8 €), ovvero mezzelune ripiene di spinaci, i grandi ravioli di patate con crauti, i *pressknödel* (canederli pressati) **di graukäse**, i *kasnocken* (gnocchi di formaggio). Ottimi anche i piatti a base di carne proveniente da allevamenti del posto, come l'**agnello in umido con patate e verdure** (13,50 €), o di selvaggina cacciata in loco. Alcuni piatti, come da tradizione, vengono proposti in modo conviviale, servendosi da un unico grande vassoio: tra questi, i *gibochns* fatti con farina, latte e burro e cosparsi di zucchero o cannella, per dare degna conclusione alla serata; si farà a gara per prendersi la parte rimasta sul fondo della pentola. Altri dessert proposti: lo strudel di mele, i krapfen, il tortino caldo con mirtilli rossi (6,80 €). I vini sono tutti altoatesini.

🛒 A **Campo Tures** (12 km), via Wieren 14, l'azienda Innerhofer vende uova biologiche.

ALTO ADIGE SÜDTIROL | 231

VALLE DI CASIES-GSIES
Planca di Sotto-Unterplanken

99 KM A NE DI BOLZANO SS 49 BIVIO A MONGUELFO

Durnwald

Trattoria
Via Amhof, 6
Tel. 0474 746920
Chiuso il lunedì
Orario: mezzogiorno e sera
Ferie: 15-30 giugno, 8-24 dicembre
Coperti: 90 + 20 esterni
Prezzi: 33-36 euro vini esclusi
Carte di credito: tutte, BM

Non potrete che stupirvi nello scoprire la persona che sta dietro ai fornelli: una mano esperta che non rivela affatto la giovane età di Sylvia, che ha fatto sua, interpretandola, la tradizione locale. In sala, la mamma racconta con discrezione storie e aneddoti dei piatti serviti. La scelta dal menù sarà alquanto ardua, potreste essere indotti ad assaggiare più del possibile. Potrete cominciare con lo speck affumicato in casa (9,50 €) o il filetto di trota affumicata con insalata e salsa di rafano. Non perdete, tra le minestre, una squisita **crema di patate con graukäse e speck** (6,50 €) o i canederli tirolesi in brodo. Tra i primi asciutti consigliamo **ravioli con crauti, carne affumicata e burro alla senape** (9,50 €), pappardelle al ragù di capriolo e funghi, tipiche e difficili da trovare **tagliatelle al sangue con graukäse**. Tra i secondi, generose sfoglie di patate con crauti, salsiccia e burro alla senape (12 €), un saporito *zwiebelrostbraten* (controfiletto con le cipolle), **gulasch di cervo con polenta** o canederli, filetto di luccio con spinaci e patate; su prenotazione, è disponibile anche lo stinco di maiale o di vitello. Per concludere, strudel di mele (3,50 €), torta di grano saraceno con mirtilli rossi e panna o un piatto di **formaggi** selezionati presso i migliori produttori della vallata. A disposizione due menù degustazione da 38 e 48 euro. Ricercata la carta dei vini, con etichette locali, nazionali e internazionali. A Pasqua potrete trovare l'*osterochs*, bue macellato dopo due estati in malga.

> ❝ *Gioventù ed esperienza: un connubio ottimale al servizio della tradizione* ❞

VIPITENO-STERZING
Novale di Sotto-Ried

70 KM A NORD DI BOLZANO, 4 KM DA USCITA A 22

Schaurhof

Trattoria annessa all'albergo
Località Novale-Ried, 20
Tel. 0472 765366
Chiuso il martedì, mai in luglio e agosto
Orario: mezzogiorno e sera
Ferie: 2 settimane dopo Pasqua, 2 in novembre
Coperti: 45 + 30 esterni
Prezzi: 30 euro vini esclusi
Carte di credito: CS, DC, MC, Visa

Questa bella trattoria si trova pochi chilometri a nord del casello di Vipiteno e da tre generazioni ristora i viaggiatori che percorrono la tratta da e per il confine austriaco. L'edificio comprende anche alcune stanze e un piccolo centro benessere. Le stuben sono semplici ma accoglienti, e i piatti sono lo specchio della cucina tradizionale locale con qualche incursione creativa. Lo chef Georg Steurer potrà raccontarvi dell'orto di proprietà e della produzione di speck e di vari salumi che potrete abbinare a diversi tipi di pane; vi parlerà anche della carne di agnello fornita da un'associazione locale che alleva gli animali secondo uno scrupoloso disciplinare. Potrete iniziare con il carpaccio di cervo con finferli marinati (10,50 €), la **zuppa di segale** o quella d'orzo, i *pressknödel* di formaggio grigio della Valle Aurina, le frittelle di patate con crauti e carne salmistrata (9,50 €). Immancabili i vari tipi di canederli, proposti asciutti oppure in brodo, e gli *schlutzer* **con formaggio**, erbe o funghi, conditi con burro fuso. Ottimi, a seguire, l'**arrosto di agnello con polenta e frittelle di patate** (17,90 €) e lo spiedino di maiale con speck e verza (13,90 €). D'estate, nel fine settimana, è proposta una generosa grigliata di carne. Chiudete con la mousse di mascarpone e semifreddo ai lamponi o lo strudel di mele. Disponibile un menù di degustazione di quattro portate a 34 euro. Carta dei vini locale con interessanti etichette della Valle Isarco.

A **Vipiteno** (4 km), in via VIlla 2, il panificio Walcher ogni giorno sforna i pani tipici del Sudtirolo. Carni e insaccati tradizionali dalla macelleria Frick (Untertorplatz 5).

oltre alle osterie

BRUNICO-BRUNECK
AMETO-AMATEN

81 km a ne di Bolzano a 22 e ss 49

Oberraut

Trattoria con alloggio
Località Ameto
Tel. 0474 559977
Chiuso il giovedì
Orario: mezzogiorno e sera
Ferie: fine gennaio, fine settembre
Coperti: 40 + 25
Prezzi: 38-45 € vini esclusi
Carte di credito: AE, CS, MC, Visa, BM

Un ambiente idilliaco: dalla terrazza, nelle giornate di sole, si gode una bella vista su Brunico. Accanto alla casa c'è la stalla dove sono allevati gli animali che forniscono la carne per il ristorante, i prati dove gli animali pascolano e l'orto. Il ristorante è gestito da oltre quarant'anni dalla famiglia Feichter: nelle due stuben, eleganti e molto curate, si respira ancora l'aria dell'impero austroungarico. Fra le pietanze spiccano la tartara di torello con formaggio fresco (15,50 €), il prosciutto di cervo con rucola e finferli sotto aceto, la minestra d'orzo con *tirtlan* (frittella) di crauti, i cannelloni di patate ripieni di radicchio e speck (12,50 €), il gulasch di manzo con canederli di speck, lo spezzatino d'agnello con verdura mista (17,50 €). Per dessert, le frittelle di mele con salsa alla vaniglia o la leggerissima crema di latticello con salsa ai lamponi. Bellissima carta di vini altoatesini e italiani, ampia scelta di Champagne e vini dolci.

Map: Northern Italy — Veneto region and surroundings

Regions and major labels:
- ALTO ÁDIGE / SÜDTIROL
- TRENTINO-
- LOMBARDIA
- EMÍLIA-ROMAGNA

Towns and features:
- Málles Venosta / Mals im Vinschgau
- Merano / Meran
- Bressanone / Brixen
- Ádige/Etsch
- Ortisei / St. Ulrich
- Stélvio 2758
- PARCO NAZ. DELLO STÉLVIO
- Úrtles 3905
- Bórmio
- Bolzano/Bozen
- Marmolada 3343
- Cavi
- Adda
- Moena
- Édolo
- Ponte di Legno
- Tonale 1883
- Adamello 3539
- Madonna di Campíglio
- 3150 Brenta
- A22
- Fel
- Seren d. Grappa
- M. Grap 1775
- Enego
- Crespa d. Gra
- Óglio
- Tione di Trento
- Sarca
- Trento
- Solagna
- Bassano d. Grappa
- Rom d'Ezz
- Riva d. Garda
- Arco
- Rovereto
- Asiago
- Velo d'Astico
- Fara Vicentino
- Torrebelvicino
- Sarcedo
- Maróstica
- Breganze
- Tómbe
- Sandrigo
- Cittadella
- Brenzone
- S. Zeno di Montagna
- Brentino Belluno
- Lago di Garda
- Recoaro Terme
- Valdagno
- Schio
- A31
- Cornedo Vicentino
- Altíssimo
- Selva di Progno
- S. Giórgio in Bosco
- Cavaión Veronese
- Fumane
- Marano di Valpolicella
- Negrar
- Arzignano
- Vicenza
- Lazise
- S. Ambrógio di Valpolicella
- Montecchia di Crosara
- Arcugnano
- A4
- Mest
- Bréscia
- Desenzano d. Garda
- A21
- Peschiera d. Garda
- Lavagno
- Soave
- Montegalda
- Pádo
- Grancona
- Torrégli
- Sommacampagna
- Verona
- S. Bonifácio
- Téolo
- Castiglione d. Stiv.
- Valeggio sul Míncio
- Villafranca di Verona
- Ronco all'Ádige
- Montegrotto Terme
- Mons
- Trevenzuolo
- Ísola d. Scala
- Baone
- Sórga
- Cerea
- Legnago
- Este
- A1
- LOMBARDIA
- Mántova
- Villa Bartolomea
- Masi
- Ádige
- Lúsia
- Ostíglia
- Bergantino
- Badia Polésine
- Rovigo
- Arquà Polésine
- Castelnovo Bariano
- Polesella
- A22
- Po
- Guastalla
- Sécchia
- Mirándola
- Ferrara
- A1
- A15
- Parma
- EMÍLIA-ROMAGNA

ÁUSTRIA
FRIÚLI
VENÉZIA
GIÚLIA
SLOVÉNIA
S. Cándido/
Innichen
Comélico
Superiore
Gail
Cortina
d'Ampezzo
Lozzo
di Cadore
Pieve
di Cadore
Borca
di Cadore
Tarvisio
Tolmezzo
Canale
d'Ágordo
Piave
Bovec
PARCO NAZ.
D. DOLOMITI
Maniago
A23
Pieve
d'Alpago
Chiès
d'Alpago
Belluno
Sedico
Limana
Údine
A27
Vittório Véneto
Pordenone
Cisòn di
Valmarino
Tarzo
Codróipo
Follina
A34
Farra di
Soligo
S. Pietro di Feletto
Refróntolo
A4
A28
Sernáglia
d. Battáglia
Conegliano
Cervignano
d. Friuli
Monfumo
Susegana
Monfalcone
Portogruaro
Aquileia
Volpago
d. Montello
Nervesa
d. Battáglia
S. Michele
al Tagliamento
Piave
Grado
Treviso
Monastièr
di Treviso
Noventa
di Piave
Lignano
Sabbiadoro
Quinto
di Treviso
Casièr
S. Donà
di Piave
Zero Branco
Preganziòl
Méolo
Loréggia
Noale
Jésolo
Lido di Jésolo
Mestre
Umag/Umago
VENÉZIA
Mira
Stra
Camponogara
Saonara
Golfo
di
Venézia
Chióggia
Sottomarina
Cona
MAR
ADRIÁTICO
Rosolina
Ádria
Po
Porto Tolle
Mésola
Codigoro
0
15
30 km

VENETO

Quella del Veneto è una cucina di incontro fra le tradizioni delle pianure e dei monti e quanto di nuovo le navi veneziane portavano da terre lontane. Nel tempo, le grandi differenze sono diventate una ricchezza: ogni piatto ha una sua storia, scandita da abitudini e riti plurisecolari. Emblematico il caso del baccalà, termine che in area veneta indica lo stoccafisso, cioè il merluzzo essiccato (quello sotto sale, meno usato, si chiama *bertagnin*): pesce dei mari del Nord, quindi di per sé "esotico", è da secoli un pilastro della cucina di territorio, presente in tutta la regione con ricette della cui originalità e particolarità si fanno garanti e difensori le tante confraternite del baccalà. Modifiche e innovazioni hanno riguardato quasi sempre preparazioni già esistenti: nella tradizionale cucina dei volatili, per esempio, si sono inserite specialità come la *sopa coada*, tipica del Trevigiano, un pasticcio di piccione unito a pane raffermo, verdure e brodo, quindi "covato" in forno. Per citare un primo piatto, i bigoli, grossi spaghetti torchiati, si coniugano ora con l'*anara* del contadino di terra, ora con le sarde e le acciughe salate care ai "contadini del mare". Alla coltivazione di cereali e ortaggi arrivati dalle Americhe si devono la polenta di mais – gialla nella fascia montana e pedemontana, prevalentemente bianca in pianura – e piatti come la pasta e fagioli, che ha trasformato le povere zuppe vegetali precedenti in un cibo sostanzioso e saporito, sempre popolare, ma democraticamente interclassista.

scelti per voi

baccalà

262 Al Ponte
Lusia (Ro)

270 Da Culata
Montegalda (Vi)

275 Da Paeto
Pianiga (Ve)

302 Al Bersagliere
Verona

bigoi

240 Osteria del Gallo
Badia Polesine (Ro)

283 Dalla Rosa Alda
Sant'Ambrogio di
Valpolicella (Vr)

290 Da Antonio
Teolo (Pd)

305 Antica Trattoria Bellinazzo
Villa Bartolomea (Vr)

pasta e fagioli

239 Trattoria degli Amici
Arquà Polesine (Ro)

253 Al Portico
Cona (Ve)

259 Alla Grigliata
Jesolo (Ve)

305 Antica Trattoria Bellinazzo
Villa Bartolomea (Vr)

sopa coada

240 La Trave
Asolo (Tv)

278 El Patio
Preganziol (Tv)

281 Antica Trattoria Da Nicola
San Donà di Piave (Ve)

307 Brunello
Zero Branco (Tv)

ADRIA
Bellombra

29 km a est di Rovigo ss 443

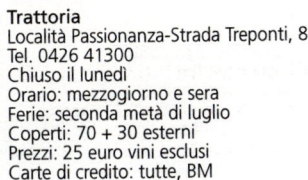

Alla Rosa
Trattoria
Località Passionanza-Strada Treponti, 8
Tel. 0426 41300
Chiuso il lunedì
Orario: mezzogiorno e sera
Ferie: seconda metà di luglio
Coperti: 70 + 30 esterni
Prezzi: 25 euro vini esclusi
Carte di credito: tutte, BM

Il locale, una grande casa con aia e portico, è situato in un territorio ricco di orti e campi, elemento strategico per questa trattoria gestita da oltre quarant'anni da Maria Rigoni e dalla sua famiglia: dagli orti provengono infatti gran parte delle materie prime che arricchiscono una cucina semplice e stagionale, solidamente terragna nonostante la vicina laguna. Ritrovo di buongustai, in un ambiente semplice ma curato, assseconderete i vostri desideri in un'atmosfera cordiale, senza troppi formalismi, con Andrea in sala pronto a raccontarvi i piatti e a proporvi un buon bicchiere di vino prodotto con i vitigni autoctoni della zona. Curiosando nei menù stagionali troviamo le immancabili *fritai* (frittate) – *co'la siòla*, *de spar'si* (asparagi), *coi s'ciopeti* o *coi scupiti* (erbe di campo) – accompagnate dai sottoli di casa (topinambur, fiori di tarassaco e zucca) e dagli affettati locali. Anche i **risotti** (6,50 €) sono classici: con i fegatini, di zucca, **con la mortandela**, con le verdure di stagione. Ottimi i **cappellacci con la zucca** o con la carne, così come i *maltaià col desfrito de nòna* (maltagliati con salame) e le tagliatelle con i piselli (6,50 €). I secondi (9 €) sono all'altezza: **anara ala caciatora** (anatra alla cacciatora), *polastro al limon* (pollo al limone), *straculo in técia* (maiale in umido), *anara del inverno* (anatra invernale). Lasciate un posticino per i dolci (4,50 €): *supa inglese* (zuppa inglese), *dolse al cafè* (dolce al caffè), *torta di spusi* (torta degli sposi).

❝ *Baluardo della memoria gastronomica polesana, Alla Rosa permette di conoscere il territorio in maniera vera; un locale autentico che vale la pena provare* ❞

ADRIA

22 km a est di Rovigo

Scirocco
Azienda agrituristica *novità*
Via Voltascirocco, 3
Tel. 0426 949503
Chiuso lunedì, martedì e mercoledì
Orario: sera, sabato e domenica anche pranzo
Ferie: tra gennaio e febbraio, tra giugno e luglio
Coperti: 40
Prezzi: 28 euro vini esclusi
Carte di credito: CS, DC, MC, Visa, BM

Entrare da Scirocco è come fare un salto indietro nel tempo. L'aia esterna del casolare dei primi dell'Ottocento, l'interno con il pavimento di mattoni, le travi in legno, il caminetto, le sedie impagliate sono solo le prime tracce di un viaggio che vi condurrà verso la genuinità. Andrea Vianna, in sala, e Mirko Zanella, in cucina, sono gli attori-registi di questo autentico agriturismo polesano che porta il territorio nel piatto. Nella giusta stagione è possibile gustare tartufo del Delta, ma sono i salumi che la fanno da padrone tra gli antipasti: gentile, zia, bondola con la lingua, coppa o soppressa sono solo alcune delle specialità proposte. L'attenzione al territorio è testimoniata anche dall'utilizzo di farina prodotta con grano locale per lavorare ottima pasta fatta in casa, pane biscotto e *pinza onta*. Ravioli con ricotta e bianchetto (8 €), gnocchi agli spinaci con scarola e gorgonzola, risotto agli asparagi o alla contadina, **bigoli al sugo di anatra** (7 €) sono esempi di ottimi primi. Tutti di carne i secondi: galletto di cortile (8 €), manzo di vicini allevamenti, **salsicce** fatte in casa, grigliate miste (12 €). Sono serviti vini sfusi (Malbech, Raboso o un uvaggio bianco) oltre a una piccola selezione di una decina di etichette. I dolci (3 €) sono una vera tentazione: panna cotta con crema di fragole fresche, **tenerina**, zuppa inglese, tiramisù e torta di mele sono presentati anche insieme, in piccole porzioni, per appagare i più golosi.

VENETO | 237

ALTISSIMO

38 km a no di Vicenza

Laita La Contrada del Gusto
Ristorante
Via Laita Righello, 3
Tel. 0444 429618
Chiuso lunedì e martedì
Orario: mezzogiorno e sera
Ferie: 2 settimane in gennaio, 2 in settembre
Coperti: 80
Prezzi: 27-35 euro vini esclusi
Carte di credito: tutte, BM

Uno dei grandi meriti della famiglia Bertinazzi è stato quello di avere riportato la vita in questa antica contrada, incastonata sui monti di Altissimo ma raggiungibile attraversando il comune di Crespadoro. Luogo di grande fascino, vi si arriva percorrendo alcune centinaia di metri di una via che si inoltra nella natura. Siamo in terra cimbra, un tempo abitata da questo popolo di origine bavarese che qui ha lasciato diverse tracce del suo passaggio: si possono ritrovare in alcuni dei piatti riproposti dal locale dove Francesco, coadiuvato dai genitori Rosanna e Giancarlo, è riuscito a coniugare la tradizione, la fantasia e l'attenzione ai prodotti del territorio con una grande sensibilità verso le intolleranze alimentari. Tra le proposte, che variano con una buona periodicità, è sempre presente un menù degustazione a 29 euro e uno dedicato ai *cornioi* (lumache) a 37. In alternativa, diversi piatti che esprimono la passione e l'amore nei confronti di questa terra. Alcuni esempi: tagliolini al ragù d'oca e piselli di Altissimo (8 €), **gnocchi di patate con trota affumicata** (10 €), **ravioli di tarassaco e noci al finocchio e tartufo**. Tra i secondi, splendidi l'**insalatina di coniglio** (12 €), i **bocconcini di agnello e rapa con tarassaco scottato** (16 €) o la guancetta di maialino al vino rosso con crema di lavanda. Dolci e gelati di propria produzione. Buona infine la proposta dei vini, con una vasta scelta di prodotti naturali e sempre alcune proposte al calice.

ARCUGNANO
Lapio

12 km a sud di Vicenza

Zamboni
Trattoria
Via Santa Croce, 73
Tel. 0444 273079-333 2268977
Chiuso lunedì e martedì
Orario: mezzogiorno e sera
Ferie: 1 settimana in gennaio, 1 in agosto
Coperti: 120 + 70 esterni
Prezzi: 35 euro vini esclusi
Carte di credito: tutte, BM

Continua l'avventura della famiglia Zamboni nella gestione di questo ristorante schietto, vero e familiare. La gestione è saldamente affidata all'intera famiglia, che giunta alla quarta generazione di ristoratori offre menù legati al territorio talvolta con uno spirito più innovativo. A fare da cornice il focolare sempre caldo con la brace, i piatti storici come il **baccala alla vicentina**, i prodotti dei Colli Berici (broccolo fiolaro, raperonzoli, i piselli di Lumignano, il mais marano) e gli interessanti vini autoctoni con tante etichette dai ricarichi invitanti e un'ampia possibilità di abbinamenti al calice. L'ambiente è accogliente, con sale luminose grazie alle ampie vetrate sulle colline. Il sorriso di Lucia e le attenzioni dell'intero staff vi faranno ancora più apprezzare le capacità di Giuseppe in cucina. Curiosando nelle varie stagioni, suggeriamo **trippette di vitello alle spezie**, flan di broccolo fiolaro (10 €), frange di pasta con ragù di selvaggina e finferli, **maltagliati con tartufo nero dei Berici** (10 €), bigoli con sarde e peperoncino, **piccione in cottura rosa su bruscandoli**, coniglio con olive taggiasche e pomodorini (13 €), **filetto di maiale avvolto nello speck su crema di broccoli**. Pane e grissini sono fatti in casa e il carrello dei **formaggi** invita a "palestre di assaggi" che rimangono impresse. Impossibile non citare almeno due dolci: semifreddo al mandorlato con salsa di cioccolato amaro e sfoglia caramellata con miele farcita con crema. Due i menù degustazione, a 30 e 45 euro.

> ❝ *Tante emozioni a tavola, nei piatti più semplici e in quelli della tradizione, ben interpretati e poi raccontati con dovizia di particolari* ❞

ARQUÀ POLESINE
Granze

8 KM A SO DI ROVIGO

Trattoria degli Amici

Trattoria
Via Quirina, 539
Tel. 0425 91045-347 5327985
Chiuso mer, luglio-agosto sab e dom a pranzo
Orario: mezzogiorno e sera
Ferie: 1 settimana in gennaio, 1 a Ferragosto
Coperti: 70 + 40 esterni
Prezzi: 32-35 euro vini esclusi
Carte di credito: AE, CS, MC, Visa

Molti ricordano il Polesine per l'alluvione del 1951, ma questa terra d'acque affianca una natura sorprendente a una ricchezza culturale che ritroviamo nei piccoli centri, nelle architetture di ville, palazzi e chiese, nei musei, nel calore delle sue genti e nelle tradizioni gastronomiche fatte di piatti gustosi che esprimono una sapiente semplicità, come la *fritaia dea rogna* (frittata rognosa), il *bisato in tecia* (anguilla), i *malafanti* (minestra di fagioli), il *barbon in tecia* (pesce gatto in umido) e la *miassa* (torta di zucca). Alla Trattoria degli Amici – due salette con travi a vista in un ambiente familiare che invita a fare tardi a tavola – la signora Edda con i figli Nicola e Valerio sapranno farvi apprezzare le tipicità del territorio, ben abbinate ad alcune delle numerose etichette di cui è ricca la cantina, proposte con corretti ricarichi. Il menù è scritto ma Valerio vi guiderà tra piatti e produttori, per la maggior parte locali; iniziate con un crostino di **polenta e baccalà mantecato**, puntarelle con alici e stracchino al pepe rosa (7 €), insalatina con pancetta croccante e asiago. Soprattutto pasta fresca tra i primi con tagliatelle al ragù di carni miste (7 €), **bigoli in salsa**, spaghetti alla carbonara con bruscandoli, **pasta e fagioli**. Tra i secondi l'anguilla merita un pensiero, così come l'altro pesce proposto solo se proviene da pescatori selezionati, ma la carne è protagonista: faraona alla brace con curcuma e carciofi croccanti (13 €), tartare di manzo senza uovo, capretto laccato al forno (14 €); ottime le rosole e le erbette di campo come contorno. Dessert casalinghi all'altezza.

ASIAGO

58 KM A NORD DI VICENZA SP 349 E A 31

Ca' Sorda Ai Pennar

Azienda agrituristica *novità*
Via Cassordar, 55
Tel. 0424 64031
Aperto venerdì sera, sabato e domenica
Orario: mezzogiorno e sera
Ferie: ottobre, da metà giugno a metà luglio
Coperti: 80
Prezzi: 20-22 euro
Carte di credito: Visa, BM

Appena fuori dal paese, poco prima del celebre caseificio Pennar, si trova questo agriturismo che, come l'adiacente azienda agricola, è da sempre gestito dalla famiglia Rigoni, ben felice di avere continuato questa impegnativa attività nel solco della tradizione, con le stagioni che dettano i ritmi dei lavori, a stretto contatto con la natura. L'edificio, che al piano superiore ospita alcune camere, si apre su una grande sala in cui il legno la fa da padrone e dove Annamaria, che si divide tra la gestione della sala e la cucina, provvede a elencare le proposte del giorno. I piatti provengono dalla cultura locale e sono preparati con materie di propria produzione. Di solito l'antipasto è a base di salumi ma non sempre viene proposto; viste le generose porzioni dei piatti, non se ne sente assolutamente la mancanza. Nei primi, molta pasta, tutta fatta in casa: **tagliatelle con ragù d'asino** (7 €), **bigoli all'anatra** (6 €), **gnocchi e pasticcio** con i sughi di stagione. Tanta carne tra i secondi, proveniente dalle proprie bestie, alimentate con fieno e materie prime selezionate e certificate: **manzo per gulasch e tagliate, coniglio in umido** (13 €), spezzatino d'asino. Valida alternativa il tradizionale piatto del malgaro, con formaggio, salsiccia e crauti. Per concludere, buona l'offerta di dolci, con crostate, torte alla frutta e un gelato al latte notevole. Limitata la proposta di vini e birra, tutti provenienti da cooperative agricole.

VENETO | 239

ASOLO
Pagnano

38 KM A NO DI TREVISO SS 248

La Trave
Osteria tradizionale
Via Bernardi, 15
Tel. 0423 952292
Chiuso il lunedì
Orario: mezzogiorno e sera
Ferie: 2 settimane in inverno, 2 in estate
Coperti: 70
Prezzi: 30-32 euro vini esclusi
Carte di credito: CS, DC, MC, Visa, BM

Una vera osteria la Trave, locale storico e seminascosto in una viuzza chiusa poco sopra il centro (si fa per dire) di Pagnano. Siamo a due passi dalla bella Asolo: l'ambiente è rustico, l'ingresso con il bancone bar sormontato dalla grande trave, che dà il nome al locale, è ancora oggi il luogo dove bere un'ombra, giocare a carte con gli amici e ritrovare serenità alla fine di una giornata di lavoro. Franca e Veronica gestiscono da sempre la bella sala arredata con semplici tavoli in legno e con una grande vetrata sul giardino e bosco adiacente; in cucina Guido e Paolo sono gli autori di una cucina schietta, sincera, realizzata quotidianamente con ciò che offre il mercato, anche quello del pesce locale. I piatti della cucina popolare ci sono tutti: **pasta e fagioli** (6,50 €), **faraona in salsa peverada** (11 €), **polenta e *s'cios*** (11 €), **baccalà alla vicentina**. Ma anche il resto del menù saprà regalarvi sapori veri: il morlacco nella crostatina con radicchio e *rustegot* in agrodolce (9 €), il ragù d'anatra che accompagna i **bigoli al torchio**, la carne di piccione in un'ottima *sopa coada*, gli asparagi proposti con le tagliatelle e nel pasticcio con le erbette primaverili, le seppie dell'Adriatico al nero con polenta, il **coniglio in *tecia*** con il tarassaco cotto e lo spezzatino di cervo ancora con polenta. Crostate e semplici torte da forno fatte in casa sono i dessert quotidiani, ma è la coppa d'Annunzio a riscuotere il maggior successo. Una ventina di vini locali, ben selezionati, sono sufficienti a garantire corretti abbinamenti.

BADIA POLESINE

25 KM A OVEST DI ROVIGO

Osteria del Gallo
Osteria
Via Cigno, 25
Tel. 0425 594760
Chiuso il lunedì
Orario: mezzogiorno e sera
Ferie: ultimi 10 gg di luglio, primi 10 gg di agosto
Coperti: 40 + 15 esterni
Prezzi: 28-33 euro vini esclusi
Carte di credito: CS, MC, Visa, BM

Adagiata sulla riva dell'Adige, Badia lega il suo nome all'abbazia benedettina della Vangadizza, nata prima dell'anno 1000: nel centro del paese, Ilaria Canali offre ospitalità in un locale piccolo ma grazioso. Menù concertato con il cuoco Alex, in omaggio alla tradizione ma senza disdegnare il pesce: antipasti come il **prosciutto crudo di Montagnana** (5 €), anche in tagliere (9 €), le lumache alla *bourguignonne*, il tris di polenta con monte veronese, lardo e funghi. Tra i primi, **bigoli all'anatra** (9 €), caserecce al radicchio con salsiccia e vino rosso, **tortelloni di zucca** con grana, burro fuso e amaretti. Nei secondi compare la **coscia d'oca in onto** con insalatina (Presidio Slow Food, 19 €), tagliate e filetti di carne e una selezione di formaggi. Interessante il menù di pesce, con alcuni piatti tradizionali come il risotto al nero di seppia (10 €) e il **baccalà con polenta** (14 €). Tra i dolci, fatti in casa, zuppa inglese, **salame al cioccolato** e tiramisù delicato (5 €). Nella bottega del Gallo annessa al locale, vendita di prodotti tipici e non, compresi alcuni Presìdi Slow Food. Buona la carta dei vini, prevalentemente italiani, anche al calice. Menù veloce a pranzo a 13 euro (un primo o un secondo e il contorno).

Alla Premiata Pasticceria Sanremo, in via San Giovanni 48, panettoni e pandori, pasticceria mignon, salatini, gelato artigianale, torte e frittelle con crema o zabaione.

BAONE

35 KM A SO DA PADOVA

Bar Venier
Trattoria *novità*
Piazza XXV Aprile, 26
Tel. 0429 4766
Chiuso il martedì
Orario: solo la sera
Ferie: variabili
Coperti: 50 + 20 esterni
Prezzi: 20-24 euro vini esclusi
Carte di credito: Visa, BM

Ritornare indietro nel tempo si può. Basta entrare in questo locale, situato all'interno di un edificio del Quattrocento per respirare l'aria delle trattorie di un tempo, con Antonio, il titolare, sempre pronto a scambiare una parola con tutti prima di ritirarsi in cucina a preparare le pietanze (secondo le regole tramandate dalla bisnonna) che la figlia Valentina poi provvederà a servire tra i tavoli. Piatti semplici, tradizionali, che privilegiano la stagionalità, utilizzando verdure raccolte negli orti della zona o carni di allevatori locali. Valido l'unico antipasto proposto (5 €), composto da salumi di propria produzione e verdure sott'olio o grigliate. Decisamente più varia la scelta sui primi: **risotto con gli ortaggi** (7 €) o **fettuccine** con cinghiale, ragù o verdure (6 €); in stagione sono vivamente consigliate quelle **con ragù di piselli del luogo e oca**. Tra i secondi non manca mai un piatto in umido (9 €): cinghiale, **oca** o **musso** (asino); in alternativa grigliata mista (8 €), tagliata ai ferri. Se avanza un po' di posto (nonostante le generose porzioni) non bisogna disdegnare i classici dolci preparati in casa come la pasta: crostate e torta margherita. Ridotta l'offerta di vini: viene servito un onesto vino sfuso locale o, a richiesta, qualche bottiglia di cantine dei Colli Euganei.

BASSANO DEL GRAPPA

39 KM A NE DI VICENZA SS 53 E 47

Al Cardellino
Osteria
Via Bellavitis, 17
Tel. 0424 220144
Chiuso il giovedì
Orario: mezzogiorno e sera
Ferie: variabili a fine luglio
Coperti: 50
Prezzi: 25-35 euro vini esclusi
Carte di credito: tutte, BM

Come amano dire i titolari, qui al Cardellino si fa «la cucina della memoria»: bella presentazione e grande verità. Sarà la sua posizione a pochi passi dal Ponte degli Alpini, ma qui la storia si può anche mangiare. L'accoglienza molto cordiale, le scritte in dialetto, le vecchie foto, l'arredamento caldo e rustico, i grandi tavoli con la classica tovaglia a quadretti rilassano sia il viandante, sia il curioso e il commensale abitudinario. I titolari, Patrizia e Dario, offrono il meglio della stagionalità e dell'essere vicentini. Tra gli antipasti, **aringa affumicata e polenta** (6 €), tortino con asparagi nostrani o il **morlacco del Grappa con cipolla rossa** (5 €). La tradizione per il buon cibo di un tempo si ritrova anche nei primi piatti: **bigoli fatti in casa con salsa bassanese** (sardine salate, cipolla, aglio, olio di oliva, 8,50 €), in stagione le tagliatelle e il risotto con gli asparagi, mentre non mancano mai la **pasta e fagioli** (8 €) e i bigoli fatti in casa con ragù di anatra. Tra i secondi è sempre presente il **baccalà alla vicentina con la polenta** (tranne naturalmente, nei periodi più caldi) e il **fegato di vitello alla veneziana** (14 €); ottimo l'ossobuco di vitello agli asparagi. Naturalmente anche i dolci sono di loro produzione: tiramisù, **tortino di mele** (4,50 €) e crème caramel. Bella la carta dei vini, molto legata al territorio veneto e completa, con un'ottima scelta di distillati e la possibilità di portarsi a casa la bottiglia di vino non finita.

BASSANO DEL GRAPPA
Valrovina

BELLUNO

39 KM A NE DI VICENZA SS 53 E 47

Melograno
Ristorante
Contrà Chiesa Valrovina, 35
Tel. 0424 502593
Chiuso il lunedì
Orario: mezzogiorno e sera
Ferie: 10 giorni in gennaio, 10 a fine agosto
Coperti: 80 + 60 esterni
Prezzi: 35-38 euro vini esclusi
Carte di credito: AE, CS, MC, Visa, BM

De Gusto Dolomiti
Osteria moderna
Via Sagrogna, 35
Tel. 0437 927503
Chiuso domenica sera e lunedì
Orario: mezzogiorno e sera
Ferie: variabil a fine giugno
Coperti: 80 + 60 esterni
Prezzi: 35 euro vini esclusi
Carte di credito: CS, DC, MC, Visa, BM

Una bella vallata a due passi da Bassano e dal famoso Ponte, una costruzione accogliente con un bel giardino – e il famoso melograno – una coppia appassionata del proprio lavoro: gli ingredienti giusti per una piacevole pausa ristoratrice. Gigi e Carla hanno costruito nel tempo diversi percorsi, un po' per seguire le stagioni, un po' per esaltare alcune eccellenze del territorio; se un menù è incentrato sugli asparagi di Bassano, un altro esalta il *biso de Borso*, senza tralasciare gli ottimi funghi e quanto porta con sé la stagione fredda. Si può aprire con un'insalatina di baccalà con patate di Rotzo, sedano e olive (10 €) oppure con un tortino di **finferli e morlacco** con porcini in tempura. A seguire una semplice **zuppetta di radicchio e fagioli**, degli ottimi **ravioloni di castagna con patata dolce**, fagianella e porcini (11 €) o un **risotto di zucca con cappesante e gamberoni**. Tra i secondi, la **faraona farcita con castagne e melagrana** (17 €), il **baccalà alla vicentina con polenta di mais marano** o un taglio di manzo al Teroldego e pepe nero (18 €). Curati e piacevoli i dolci (5 €), come le crêpe alle castagne con salsa agli agrumi e gelato. Discreta scelta dei vini, anche al calice.

C'era una volta una bella dimora di campagna, costruita nel 1600 da una nobile famiglia per la villeggiatura, poco lontano dalle rive del Piave. Oggi quella casa c'è ancora e, dopo un sapiente intervento di restauro che ne ha preservato tutto il rustico fascino, si presenta come un luogo ideale per gli incontri all'insegna dei piaceri enogastronomici e della convivialità. In cucina si prende spunto dalle ricette della tradizione e si utilizzano prodotti di prima scelta, con un occhio di riguardo per le carni, i salumi e gli ortaggi locali, senza scordare i formaggi, in particolare quelli delle Dolomiti bellunesi. Nelle accoglienti salette al pianterreno, o ai tavolini della terrazza estiva, sceglierete tra le proposte di un menù che varia con le stagioni e che dà grande risalto ai piatti classici della gastronomia bellunese. Potrete iniziare dalla torta salata con radicchio, ricotta e prosciutto, ma sono da assaggiare senz'altro anche il petto d'oca affumicato e lo speck d'anatra (9 €). Molto allettante, tra i primi, il **risotto mantecato con formaggio piave** e dadini di pere o, in alternativa, **le tagliatelle fresche con porcini e *pastin*** (saporito macinato di carne bovina e suina) e la **zuppa di cereali con verdure e cubetti di speck** (7,50 €). Interessanti le proposte dei secondi, tra le quali meritano ogni considerazione i bocconcini di cervo con mirtilli e Barbera e il ***pastin* con formaggio ai ferri e polenta** (13 €), immancabile da queste parti. Da non dimenticare il **baccalà alla vicentina** (18 €). Al momento del dessert lasciatevi tentare dai dolci della casa (4 €), come le crostate e la crema catalana. Carta dei vini di alto livello per spessore e profondità di annate.

BORCA DI CADORE

53 km a nord di Belluno ss 51

Cianzia
Ristorante
Via Cavour, 83
Tel. 0435 482119
Chiuso lunedì sera e martedì, mai in alta stagione
Orario: mezzogiorno e sera
Ferie: seconda quindicina di giugno
Coperti: 60 + 20 esterni
Prezzi: 30-32 euro vini esclusi
Carte di credito: CS, DC, MC, Visa, BM

Un locale tutto al femminile quello gestito da Bruna Montesel, patron e chef del ristorante Cianzia, aiutata in cucina da Daniela, la cognata, e in sala da Alice, nipote, e Carmen. L'ambiente è familiare e accogliente, frutto del lavoro di capaci artigiani locali; non manca la tradizionale stube e colpisce il gran lampadario in ferro battuto a forma di ramo che sovrasta la stanza. C'è attenzione alle materie prime usate e alla stagionalità, per questo il menù cambia spesso nel corso dell'anno. Si può cominciare con l'antipasto di **crudo di Sauris** (7,80 €) o con il **carpaccio di cervo marinato** (10 €). Continuate con i primi: timballo alle erbe di campo (8 €), tagliatelle caserecce al pino mugo con *pastin* di cervo, ricotta e rosmarino (9,80 €), *casunziei* **alle rape rosse**, gnocchi di patate bellunesi alla grappa con pomodoro e **fagioli gialèt** (Presìdio Slow Food, 8,90 €) e sempre presenti *gnoche da dota* (piatto di tradizione locale con pasta fatta in casa con erbe di stagione e condita con burro fuso e un particolare formaggio). A seguire i secondi accompagnati da polenta: gulasch di manzo alla birra integrale di Sauris (12,50 €), **bocconcini di capriolo con salsa peverada** (14 €) e costolette d'agnello alla scottadito. Per finire la classica fetta di **strudel** servita calda, magari con panna o gelato, una crema catalana o un sorbetto. Carta dei vini semplice con qualche possibilità di ordinare al calice o diversificare con una birra artigianale di Sauris.

BREGANZE

20 km a nord di Vicenza, 5 km da Thiene ss 349

La Ciacola
Enoteca con mescita e cucina
Via Marconi, 9
Tel. 0445 300001
Chiuso il lunedì
Orario: 18.00-01.00
Ferie: variabili
Coperti: 40
Prezzi: 25 euro vini esclusi
Carte di credito: nessuna

Dieci anni. Tanti ne sono passati da quando Enrico e Lorella hanno iniziato questa avventura, con il desiderio di creare in questo Circolo non una semplice osteria ma un centro di cultura enogastronomica, dove tutti possano godere delle continue e appassionate ricerche di prodotti d'eccellenza che Enrico effettua in prevalenza sul territorio veneto. L'ambiente è quello classico da osteria, caldo, informale, raccolto. Passando alle proposte della cucina, gli antipasti vengono sempre serviti con almeno sei tipi di pane e comprendono un'interessante selezione di affettati e **formaggi** (dove non mancano mai alcuni Presìdi Slow Food), che varia continuamente secondo disponibilità. Nei mesi più caldi, in alternativa, **pollo in** *saor* (8 €). Passando ai piatti caldi (6,50 €), non mancano mai una zuppa, i *bigoi* **mori alla veneta** e i **gargati col consiero** o, in alternativa, tutta una serie di paste (fusilli, fettuccine, pappardelle) proposte con carni e verdure di stagione. I secondi non sono previsti e, quindi, si passa subito al dolce, composto da una ricca offerta di proposte. Buona e con ricarichi onesti la carta dei vini: oltre 400 etichette a disposizione, in gran parte del territorio ma con una notevole scelta anche dal resto dell'Italia e con buona selezione al bicchiere.

VENETO | 243

BREGANZE

20 KM A NORD DI VICENZA, 5 KM DA THIENE SS 349

La Cusineta

Osteria tradizionale
Via Pieve, 19
Tel. 0445 873658
Chiuso domenica sera e lunedì
Orario: mezzogiorno e sera
Ferie: variabili, i primi di luglio
Coperti: 50
Prezzi: 30-35 euro vini esclusi
Carte di credito: tutte, BM

A pochi passi dal centro del paese e dalla chiesa – dove c'è anche la possibilità di parcheggiare – La Cusineta della famiglia Scapin, Terenzio, Marzia e Chetti, offre un ottimo connubio tra territorialità, stagionalità e tradizione. Appena si entra si avverte la bella atmosfera di casa, in cui la luminosità della sala da pranzo e i tavoli preparati in bella maniera mettono a proprio agio i commensali. Tra gli antipasti si possono assaporare la **sopressa nostrana con polenta** (5 €), il **radicchio di Treviso pastellato**, fritto e servito con lardo aromatizzato alle erbette (5 €) e le **sardine marinate** con aceto e cipolla. La fama di Breganze, oltre che al vino Torcolato è legata al torresano, il colombino di 40 giorni che si ritrova in alcuni primi quali i **bigoli alla breganzese** (8 €) e la *sopa coada*, un crostone di pane con la sua pregiata polpa in brodo (8,50 €). In alternativa, ottimi i ravioloni con ripieno di ragù di coniglio e le fettuccine con gli asparagi di Bassano. A seguire, naturalmente il **torresano cotto allo spiedo** e servito con polenta cotta in leccarda (15 €), il **guanciale di vitello al Cabernet di Breganze** e il **baccalà** in tre versioni: alla vicentina, mantecato e grigliato. Gustosi e ben presentati i dolci tra i quali il classico tiramisù e i semifreddi. I vini della carta e quelli consigliati negli abbinamenti sono frutto di una selezione nel territorio locale e regionale, scelta che si può anche allargare ad alcune valide etichette nazionali.

BRENTINO BELLUNO
Belluno Veronese

41 KM A NO DI VERONA SS 12 O A 22

Al Ponte

Trattoria
Piazza Vittoria, 12
Tel. 045 7230109
Chiuso martedì sera e mercoledì
Orario: mezzogiorno e sera
Ferie: tre settimane tra luglio e agosto
Coperti: 75
Prezzi: 23-28 euro vini esclusi
Carte di credito: tutte, BM

In questa parte della val d'Adige i paesi sono tutti molto simili, fanno pensare a tanta tranquillità e invogliano a una sosta gastronomica poco lontano dalla trafficata A 4. Nella via centrale di questa piccola frazione, lungo il percorso della ciclabile che va da Verona al Brennero ecco un angolo di buon gusto dove scoprire profumi e sapori delle Terre dei Forti: la trattoria di Monica Azzeti e Stefano Bridi ha un ambiente semplice, casalingo e ben curato composto dal bar al piano terra e dalla sala da pranzo al primo piano. Nel poco tempo libero Stefano segue l'orto di casa, da cui proviene la maggior parte delle verdure utilizzate in cucina, e si diletta con le sue viti dalle quali ricava qualche buona bottiglia che divide volentieri con gli amici. Inoltre cucina seguendo le ricette locali: **salame nostrano con *poenta brustolà***, **carne *salà* alla trentina** (6 €). Tanta pasta fresca tra i primi (7 €): bigoli, tagliatelle e tortelloni abbinati a funghi, carciofi, monte veronese, tartufo nero del Baldo, burro di malga, ragù di coniglio oppure di anatra e faraona; ancora **gnocchi di patate con la zucca** e crespelle agli asparagi. Nei secondi ritroviamo la **carne *salà* scottata** (11 €), lo **stracotto d'asino**, il **baccalà alla vicentina** e ottimi tagli di manzo alla griglia. Per finire **sbrisolona** di casa, crostata del giorno e semifreddo con noci e miele (4 €). Dalla cantina gli autoctoni locali (Casetta ed Enantio) e altre proposte veronesi

Il grissinificio Zorzi, in via XXIV Maggio 10, a Brentino, sforna grissini grossi e friabili, lavorati artigianalmente, venduti in sacchetti da 250 grammi.

BRENTINO BELLUNO
Belluno Veronese

41 A NO DI VERONA SS 12 O A 22

Roeno
Locanda con alloggio
Via Mama, 5
Tel. 045 7230110
Chiuso il lunedì
Orario: mezzogiorno e sera
Ferie: tra giugno e luglio
Coperti: 80 + 30 esterni
Prezzi: 25 euro vini esclusi
Carte di credito: CS, MC, Visa, BM

All'imbocco della Valdadige, al confine con il Trentino e non lontano dal lago di Garda, terra di forti e castelli, si trova la locanda Roeno, che è anche agriturismo e soprattutto cantina. Un connubio tra ospitalità, nelle belle e confortevoli camere, cucina casalinga e passione per le vigne e il vino. I fratelli Fugatti, Cristina, Roberta e Giuseppe, con la mamma Giuliana in cucina, interpretano con passione il territorio, fatto di apprezzabili vini e di buona cucina rurale veronese e trentina. A tavola s'impone la scelta dei vini della casa. Il menù propone i classici antipasti a base di salumi, **speck, carne affumicata**, soppressa con peperoni in agrodolce e polenta (6 €). I primi sono di pasta fatta in casa: tortelloni con radicchio, strangolapreti al burro e salvia, **canerderli alla trentina** asciutti e in brodo, tagliatelle con il capriolo (6 €). Tra i secondi la classica **carne *salà* cotta o cruda, coniglio e capriolo con polenta** (10 €), stinco di maiale, ma anche piatti di stagione come asparagi con le uova (9 €) e **polenta con i funghi**. Ottime le verdure cotte e gli appetitosi dolci del giorno proposti dalla maestria di mamma Giuliana.

BRENZONE
Castelletto

52 KM A NO DI VERONA

Alla Fassa
Ristorante
Via Nascimbeni, 13
Tel. 045 7430319
Chiuso il martedì, mai d'estate
Orario: mezzogiorno e sera
Ferie: inizio dicembre-metà febbraio
Coperti: 80 + 80 esterni
Prezzi: 35-40 euro vini esclusi
Carte di credito: tutte, BM

Per apprezzare la sponda veronese del lago di Garda, uno dei modi migliori è spingersi fino a Brenzone, paese dell'alto lago con alle spalle il Monte Baldo. Potete arrivarci in auto o in barca e tornerete a casa portando con voi un'istantanea di questa zona, grazie al bel panorama, ma soprattutto per i piatti cucinati da Tonino e Donatella, che da venticinque anni conducono con successo questo locale. Il menù si basa principalmente su prodotti del territorio locale: pescato di lago affiancato da verdure di stagione, qualche piatto di pesce di mare, carne e tartufo del Baldo. Nella piacevole veranda a bordo lago vi accoglieranno le figlie Fabiana e Michela con un aperitivo di benvenuto e un assaggio di olio nuovo (in stagione), elencandovi i piatti del giorno fuori menù. Per iniziare, ai classici **luccio in salsa con polenta** e **sarde in *saor*** (8,50 €) si affianca un ottimo **tortino di lavarello** con patate e tartufo del Baldo. Come primo potrete scegliere tra **gnocchetti di patate con ragù di tinca, tagliolini al tartufo** o fonduta di malga del Baldo o, ancora, tagliolini con pioppini e coniglio (12 €), mentre tra i secondi si segnalano millefoglie di persico e **lavarello croccante** con patate e porcini (15 €). Per chiudere: crema di mascarpone con salsa di cachi e praline di cioccolato, tortino tiepido di pere e cioccolato, crème brûlée al caramello. Ricca la carta dei vini, dedicata principalmente al territorio ma con proposte extraregionali e d'oltralpe. Valide le proposte al bicchiere. In autunno disponibili due menù degustazione a 45 euro (vini inclusi), dedicati all'olio nuovo e ai marroni.

VENETO | 245

BRENZONE
Porto di Brenzone

52 KM A NO DI VERONA

Taverna del Capitano
Trattoria
Via Lungolago, 11
Tel. 045 7420101
Chiuso il martedì
Orario: mezzogiorno e sera
Ferie: dall'8 dicembre a Pasqua
Coperti: 60 + 40 esterni
Prezzi: 32-39 euro vini esclusi
Carte di credito: tutte, BM

CAMPODARSEGO
Sant'Andrea

15 KM A NORD DI PADOVA SS 307

Da Nalin
Ristorante
Via Bassa Prima, 117
Tel. 049 5564177
Chiuso martedì sera e mercoledì
Orario: mezzogiorno e sera
Ferie: seconda metà di agosto, primi di gennaio
Coperti: 80 + 60 esterni
Prezzi: 25-30 euro vini esclusi
Carte di credito: tutte, BM

Il capitano Bortolo Brighenti è un personaggio estroso, grande custode della tradizione culinaria del lago di Garda, quella verace, profumata e saporita: la cucina del locale, ben interpretata in cucina dalla moglie Gianlucia, trae ispirazione e materie prime prevalentemente da lì, dai vecchi pescatori amici di famiglia (il papà di Bortolo ha aperto negli anni Cinquanta), dall'orto di casa e dalle pendici delle montagne che si specchiano nel lago, dove si raccolgono anche le olive con cui si produce l'ottimo olio utilizzato nel locale. L'unica sala si protende per tre lati sul lago, e sul più assolato vengono allineate a seccare le *aole* (alborelle), poi utilizzate per diverse profumatissime preparazioni, tra cui la salsa abbinata ai **filetti di luccio e di coregone** (11 €), o come condimento di spaghetti e **bigoli al torchio** (11 €). Per nostra fortuna il menù subisce poche variazioni, dettate più che altro dal pescato quotidiano: **polpettine di cavedano**, **lavarello con il *sisam*** (una preparazione a base di cipolle stracotte usata in passato dai viaggiatori della zona), filetti marinati di triotto, sarde ai ferri oppure fritte, maccheroncini al pesce di lago (9 €), trota cucinata a piacere, **zuppa di pesce**, uno splendido **fritto misto** e la grigliata del giorno (16 €). Pasta e pane sono fatti in casa e tra i dessert segnaliamo il semifreddo al cioccolato e un originale tiramisù. Le 50 etichette disponibili sono in grado di garantire i più corretti abbinamenti.

Aperto dal 1913, da oltre un secolo la stessa famiglia gestisce questo bel ristorante in Sant'Andrea di Campodarsego, a nord di Padova, nell'area del graticolato romano caratterizzata dal tracciato simmetrico delle strade. L'ambiente, ampio e piacevole, con tavoli ben distanziati, è dotato di giardino estivo e organizzato su due piani, con travi a vista. In sala Nicola, in cucina le donne di famiglia, Meri, Anna e Bernardina; Umberto presiede alla griglia. Buona scelta di antipasti, come gli straccetti di pollo nostrano in *saor* con uvetta e pinoli, il **baccalà mantecato** con crostoni di pane o la polentina morbida con funghi e grana (6 €). Tra i primi troneggia il piatto simbolo della casa, la **zuppa di verdure con trippa**, ma sono una buona scelta anche i **bigoli in salsa di sarde siciliane** (8 €), le **fettuccine con ragù d'anatra** al rosmarino o lo sformato con radicchio di Treviso e asiago. Tra i secondi, gli amanti della griglia troveranno soddisfazione nell'ampia scelta di tagli che arriva dal grande camino in pieno terra; dalla cucina arrivano i piatti tradizionali, come il **baccalà alla vicentina** con polenta, le **seppie in umido con polenta grigliata** (12 €), il **coniglio** o lo stinco di maiale **al forno** con patate (14 €). Dolci fatti in casa, come la crema catalana, il soufflé al cioccolato o la panna cotta al caramello. Carta dei vini non estesa, con qualche buona etichetta e ricarico ragionevole.

A **Pai di Torri del Benaco** (5 km), in via Carducci 18, Raffaella Bertoni Pirlo vende il miele dei propri alveari: millefiori della riviera gardesana e di castagno del Monte Baldo.

246 | VENETO

CAMPONOGARA

28 km a so di Venezia, 18 km da Padova

Al Fogher
Trattoria-pizzeria
Via Arzerini, 48/1
Tel. 041 462140
Chiuso mercoledì sera, sabato a pranzo aperto su prenotazione
Orario: mezzogiorno e sera
Ferie: non ne fa
Coperti: 100
Prezzi: 30 euro vini esclusi
Carte di credito: CS, DC, MC, Visa, BM

Il locale, periferico rispetto alla cittadina, ma facilmente raggiungibile e dotato di ampio parcheggio, dall'esterno potrebbe apparirvi poco simile a ciò che si è abituati a chiamare osteria, ma una volta entrati troverete la schietta ospitalità di chi è attento alle vostre richieste e fornito dei giusti argomenti. Raffaele vi accoglie e vi consiglia sul menù che ha il suo punto di forza nel baccalà (così si chiama in Veneto lo stoccafisso). Samuele e Annalisa sono invece ai fornelli. La proposta è, sin da un primo sguardo, incentrata sul pesce secco di origine nordica: **baccalà tradizionale alla vicentina** o **bianco mantecato**, o **rosso in umido** (12 €). Non mancano versioni più contemporanee come il baccalà al miele di barena, rustico con pancetta e fagioli, in opera con olive taggiasche pinoli e pomodorini (12 €). L'oste offre anche la possibilità di richiedere un assaggio misto di due o più varianti. Se non vi va il baccalà non vi spaventate, in carta ci sono trippe alla parmigiana, **bigoli in salsa**, *risi e bisi*, **bigoli all'aringa affumicata**, anatra selvatica ripiena. Dal lunedì al venerdì si servono anche risotti. Il locale inoltre propone pizze ben fatte, con buoni ingredienti, lievitazione lenta, giusta cottura e vasta scelta. La carta dei vini si compone di poche ma gradevoli proposte e contiene anche una piccola selezione di birre artigianali.

CAMPONOGARA

28 km a so di Venezia, 18 km da Padova

Hosteria Ai Mitraglieri
Osteria moderna
Piazza Marconi, 28
Tel. 041 5150872
Chiuso lunedì, in estate anche domenica
Orario: mezzogiorno e sera
Ferie: 15 giorni in agosto, 1 settimana in gennaio
Coperti: 40 + 25 esterni
Prezzi: 35-37 euro vini esclusi
Carte di credito: tutte, BM

L'osteria è collocata al centro di Camponogara, paese di passaggio fra Venezia e la riviera del Brenta. La conduzione è familiare: Monica e nonna Graziella sono in cucina, mentre Cristina e il marito Federico si occupano della sala. L'offerta è soprattutto di pesce proveniente dal vicino mercato ittico di Chioggia. A pranzo c'è la possibilità di scegliere un menù di lavoro a prezzi davvero contenuti. Fra gli antipasti emergono la selezione di crudo, le cappesante alla brace, i gamberi rossi marinati al lime (13 €), le **sarde in *saor*** (12 €) o un piatto al vapore con piovra, uova di seppia e gamberoni. Fra i primi, da non perdere i **tagliolini con vongole** e scorzette di limone (12 €), gli spaghettini con pesto di basilico (13 €), i maccheroncini con ricciola e asparagi, i **fusilli con calamari ed erbe di campo**, la zuppetta di pesce o i *bigoi* in salsa di acciughe. Passando ai secondi non si dovrebbe tralasciare la **frittura di laguna** (18 €). Molto buona la tagliata di calamari al treviglano o il **baccalà mantecato** e **alla veneta**. Se invece preferite la carne potete scegliere tra costicine di agnello alla brace o tagliata di manzo. Molto buoni i dolci e fra questi il tiramisù agli amaretti, la zuppa inglese, il gelato ai cachi (in stagione), gli **zaleti con lo zabaione** o la torta soffice di fragole. I vini, serviti anche a bicchiere, vengono presentati a voce e spaziano tra Trentino e Triveneto. Numerose le serate a tema organizzate dal locale, tra cui: ostriche e *moeche*, l'oca, il tartufo e l'uovo.

CANALE D'AGORDO

45 KM A NO DI BELLUNO SS 203

Alle Codole
Ristorante annesso all'albergo
Via XX Agosto, 27
Tel. 0437 590396
Chiuso il lunedì, mai a fine anno e in estate
Orario: mezzogiorno e sera
Ferie: 3 settimane in giugno, novembre
Coperti: 60
Prezzi: 35-40 euro vini esclusi
Carte di credito: CS, MC, Visa, BM

Codole deriva da *codoi*, in dialetto sassi: situato ai piedi della Marmolada, tra Belluno e Cortina, questo locale è un presidio della buona cucina, con un occhio alla tradizione e uno ai luoghi che lo circondano. La gestione è familiare, Oscar in cucina con mamma Olga, Diego in sala e a curare i vini. Si può mangiare alla carta, altrimenti ben tre i menù degustazione (bevande escluse): alto gusto (40 €), dell'amore (30 €) e tradizione (servito solo a pranzo a 20 euro). Tra gli antipasti, il pomodoro gratinato con lumache al burro aromatico e la **fonduta al formaggio agordino di malga** (12 €). Nei primi, gli **gnocchi di patate con ricotta affumicata** (8 €), gli gnocchi di carote con asparagi, fonduta al formaggio agordino di malga e pancetta croccante (12 €), i ravioli alle erbette e ceci, con mozzarella e pomodorini (12 €), l'ottima **zuppa d'orzo delle valli bellunesi** (Presidio Slow Food, 8 €). Naturalmente le carni nei secondi, provenienti dai macellai della zona, con il lombo di **cervo in farcia di porcini e mostarda di prugne** (20 €) o la tagliata di filetto di sorana con sale di Cervia. Nei dolci (7 €) la zuppetta di frutta con gelato al lampone (fatto in casa), il classico **strudel di mele** e la crema cotta con gelato alla liquirizia. Ampia la carta dei vini, in prevalenza italiani ma con molto spazio ai francesi.

" Un territorio che filtra dai piatti, con creatività ma senza stravolgere: anche questo è amore per la propria terra "

CASIER
Dosson

3 KM A SE DI TREVISO

Alla Pasina
Ristorante con alloggio
Via Marie, 3
Tel. 0422 382112
Chiuso domenica sera e lunedì
Orario: mezzogiorno e sera, in agosto solo sera
Ferie: 28 dicembre-2 gennaio
Coperti: 150 + 50 esterni
Prezzi: 36-38 euro vini esclusi
Carte di credito: MC, Visa, BM

Per arrivarci bisogna percorrere stradine che sembrano avvolte dai campi, e lì in mezzo il grande casale col bellissimo giardino accoglie gli ospiti predisponendoli già al benessere, alla serenità e alla buona tavola. La famiglia Pasin (Giancarlo e Teresa con i figli Nicoletta e Simone) propone nelle sale interne o, se il tempo lo permette, all'esterno, piatti di tradizione elaborati con creatività. Tra gli antipasti si può scegliere il tris di carne (terrina di fagianella, maiale affumicato, capocollo, 13 €) o il tris di pesce (**baccalà mantecato, scampi in** *saor*, **polenta e schie**, 13 €), oppure la sfogliatina di asparagi morlacco e crema di patate. I primi prevedono pasta fatta in casa con **tagliatelle ai fiori di zucca ed erbette** (9 €) oppure con radicchio rosso tardivo di Treviso, come pure il risotto al radicchio o agli asparagi. I secondi annoverano gli straccetti alla Pasina, l'eccellente **sella d'agnello ai pistacchi** (15 €), oppure la griglia con costata (15 €), fiorentina o tagliata. Ottima la selezione di **formaggi** (alcuni Presìdi Slow Food) ed eccellente la carta dei vini con un'attenzione particolare ai veneti, ma anche ai francesi. Ampia la disponibilità al calice. I dolci, tutti fatti in casa, vanno dal tiramisù alla mattonella di nocciole e cioccolato, alla fantastica terrina di mandorle e cioccolato fondente.

CASTELFRANCO VENETO
Treville

28 km a ovest di Treviso ss 52

Pironetomosca

Osteria moderna
Via Priuli, 17 C
Tel. 0423 472751
Chiuso lunedì e martedì
Orario: mezzogiorno e sera
Ferie: seconda metà di agosto
Coperti: 60 + 30 esterni
Prezzi: 29-32 euro vini esclusi
Carte di credito: tutte, BM

Locale dall'arredamento minimalista e dal piacevole spazio esterno. Tra i tavoli ben disposti, Moreno con grande naturalezza presenta, anzi racconta, le proposte della giornata. È questo un bel momento, nel quale traspare la passione e il desiderio di trasmettere le emozioni che lui, assieme al figlio Fabio, hanno provato nel creare i piatti, frutto di un grande lavoro di selezione di produttori biologici, sempre legati al territorio e in sintonia con le stagioni, senza mai dimenticare le tradizioni. Ed ecco allora apparire tra gli antipasti (6 €) **sarde e zucca in saor**, **agretti con acciuga e pomodoro**, nervetti con cipolla, affettati con verdure marinate. Tante verdure anche nei primi (9 €): zuppe, **gnocchi gratinati con fonduta**, riso venere con spinaci su crema di zucca; in più, ed ecco la tradizione, **bigoli con l'anitra**, tagliatelle con ragù tagliato a coltello. Da provare tra i secondi il **petto di garronese al forno** (13 €), ma non sono da meno le guancette brasate al Prosecco, il **coniglio alla veneta**, le trippe (10 €), l'agnello alla friulana, il baccalà alla vicentina cotto come una volta. Il pane e i dolci sono tutti di propria produzione e meritano sicuramente un plauso. Da menzionare la costante attenzione alle tradizioni, ricordate in diverse cene a tema, ma anche la sensibilità nei confronti di chi soffre di intolleranze alimentari o gradisce piatti vegetariani. Cantina in costante crescita, con buona scelta anche tra i vini naturali.

❝ *Le innovazioni apportate dall'arrivo del figlio Fabio non impediscono di mantenere i piedi ben piantati nella tradizione, nella coerenza, nell'attenzione ai prodotti* ❞

CASTELNOVO BARIANO
Vallona

52 km a ovest di Rovigo ss 16, ss 434 e sr 482

Corte Vallona

Ristorante
Via Cavetto Nappi, 548
Tel. 0425 87656-340 3467851
Chiuso il lunedì e martedì a mezzogiorno
Orario: mezzogiorno e sera
Ferie: due settimane tra agosto e settembre
Coperti: 40 + 60 esterni
Prezzi: 25-28 euro vini esclusi
Carte di credito: CS, DC, MC, Visa, BM

Le campagne sono quelle lunghe e piene di fossati, che si trovano facilmente in Polesine: qui la famiglia Strozzi nel Seicento si allietava con la caccia e la tranquillità della vita agreste e qui da diversi anni Elvira Mantovani con il figlio Michele ristora gli ospiti con tradizioni e ricordi di una cucina che quotidianamente incontra anche il Ferrarese, il Mantovano e il Veronese. L'ampio menù, che prevede piatti di carne e pesce, non trascura le **tigelle**, da tagliare e riempire con affettati, verdure e salsine (10 €), e gli **gnocchi fritti** (non dolci), ma si può virare sugli affettati della corte con sottoli (6 €). Tra i primi senz'altro i **risotti**, con riso veronese (10 €), **di rane**, pesce gatto, *salamela*, tartufo, zucca. Buoni anche i **tortelli di zucca burro e salvia** o al ragù di carne (8 €), così come i **bigoli al torchio con le sarde** o **al ragù d'anatra** (7 €). Addentrandosi nei secondi non si può trascurare l'**anguilla alla griglia** (18 €), il **pesce gatto fritto** (15 €) e il somarino con polenta (9 €), altrimenti una bella grigliata mista. Si conclude con un tiramizucca (versione speciale del tiramisù), una zuppa inglese, la **pazientina** o la tenerina. Al buon vino sfuso si accompagnano diverse bottiglie.

VENETO | 249

CAVAION VERONESE
Villa

30 KM A NO DI VERONA SP 1A O A 22

Villa
Trattoria
Strada Villa, 32
Tel. 045 7235426
Chiuso il lunedì
Orario: mezzogiorno e sera
Ferie: variabili
Coperti: 100 + 80 esterni
Prezzi: 25-28 euro vini esclusi
Carte di credito: CS, DC, MC, Visa, BM

Sulle colline digradanti verso il lago di Garda, contornata da olivi e vigneti, troviamo la trattoria Villa delle sorelle Mazzi. La grande sala interna non rappresenta la classica trattoria ma la tipologia della cucina e la qualità degli ingredienti dipanano ogni dubbio. Nella bella stagione è possibile usufruire degli spazi esterni. Sul tavolo non troviamo il menù (che viene elencato a voce) ma l'ottimo olio extravergine dell'oliveto di proprietà. Tra gli antipasti, squisiti il **luccio in salsa con polenta** e il carpaccio di carne *salà*, con radicchio rosso e formaggio monte veronese (7 €); buoni anche i sottaceti. La **pasta fatta in casa**, fiore all'occhiello, si può gustare in varie declinazioni: **con le sarde del lago** (8 €), con i piselli, con i funghi o con il ragù. Prelibati anche i tortellini burro e salvia (9 €). L'**agnello al forno** (9,50 €) rappresenta un cavallo di battaglia e la qualità delle carni è assicurata da un allevatore locale che d'estate porta il suo gregge a pascolare sulle pendici del Monte Baldo. Maialino al forno, coniglio in teglia, vitello arrosto (9,50 €), carni ai ferri e tagliate completano il menù che varia secondo stagione, per esempio con gli asparagi nel loro periodo. Anche i dolci sono fatti in casa e mantengono il livello qualitativo delle altre pietanze: torta di mele con marmellata di arance, semifreddo all'amaretto, crostata di pere (4 €). La carta dei vini è del territorio, con scelte mirate e giusti ricarichi.

CAVIOLA
Feder

48 KM A NO DI BELLUNO

Tabià
Ristorante *novità*
Località Feder
Tel. 0437 590434
Chiuso il martedì, mai in stagione
Orario: mezzogiorno e sera
Ferie: non ne fa
Coperti: 70
Prezzi: 25-30 euro vini esclusi
Carte di credito: AE, CS, DC, MC, BM

Quando si sente parlare di montagna, di salvaguardia dei piccoli paesi e delle tradizioni locali, si potrebbe pensare alle solite frasi fatte, ma in questo caso non è così. La famiglia Pescosta gestisce questo locale fin dal 1973, e dopo avere ristrutturato un vecchio fienile lo trasforma in ristorante tipico, dove propone i piatti della tradizione montanara. La cucina rispecchia la naturale semplicità degli ingredienti montani dove le patate, la ricotta, la polenta, la zucca, il burro fanno da filo conduttore ai piatti abbinandoli di volta in volta con i prodotti di stagione. Negli antipasti troviamo taglieri di salumi e vari formaggi locali o la **carne *salada* con fagioli in agrodolce** (9 €). Tra i primi, gli gnocchi di patate (o di zucca in autunno), sono conditi con i sapori delle stagioni e spolverati con la ricotta affumicata. Sua maestà la **polenta di mais sponcio** accompagna il *pastin* tipico del Bellunese o il *formai* **schiz** alla piastra a (7,50 €) o il **capriolo in salmì** (13,50 €). Anche i dolci rispecchiano la tradizione, ed eccolo **strudel di mele caldo** con crema alla vaniglia (3,50 €) o lo ***smorm*** (antico dolce con radici trentine) accompagnato dalla marmellata di mirtilli rossi. In occasione dei quarant'anni anni di attività del locale, viene riproposto il menù del 1973: tutto compreso a 30 euro. Possibilità di vini al bicchiere e semplice lista, con una varia disponibilità di grappe aromatizzate, completano l'offerta.

🛡 Per la carne di agnello, la medesima utilizzata nella cucina della trattoria Villa, potete rivolgervi presso l'allevamento Ovino di Pachera Elio e Alessandro, in strada Villa 25.

CHIES D'ALPAGO
San Martino d'Alpago

23 KM A NE DI BELLUNO

San Martino
Trattoria
Via Don Ermolao Barattin, 23
Tel. 0437 470191-40111
Chiuso lunedì e martedì sera e il mercoledì
Orario: mezzogiorno e sera
Ferie: non ne fa
Coperti: 60
Prezzi: 28-32 euro vini esclusi
Carte di credito: tutte, BM

Un borgo a novecento metri di quota, tranquillo, lontano dal traffico e immerso nelle Prealpi bellunesi. A San Martino si trova l'osteria gestita da oltre sessant'anni dalla famiglia Barattin, o meglio dalle donne della famiglia: ad accogliervi sarà Norina; in cucina Gabriella assieme alla nipote Giulia e in sala Alice, brava sommelier. L'orto è seguito da Enrica e il nipote Pierluigi si occupa degli animali, tra i quali il più importante è certamente l'agnello d'Alpago (Presidio Slow Food), dal quale si ottiene un ottimo fegato alla veneziana (10 €). Iniziate con i salumi di casa (come tutto il resto), l'insalata russa rivisitata con verdure freschissime, i **fiori di tarassaco in agrodolce**, le frittatine alle erbe. Zuppe e paste seguono le stagioni: **zuppa di patate con porri e porcini** (10 €), minestrone di fagioli, gnocchetti con ricotta affumicata o un ragù d'agnello, **pappardelle al capriolo**. Al momento della prenotazione potete chiedere l'**agnello d'Alpago al forno** (15 €). Ottimo anche il capriolo con la polenta, il cinghiale e, nei mesi estivi, gli *s'cioss* **alla pagota** (lumache). Tra i dolci la focaccia, lo strudel, crostate con mirtilli e lamponi, lo zabaione (4 €). Proposte al calice piacevoli e buona lista di vini, con alcune etichette nazionali. Per chiudere, qualche grappa e distillati tipici di montagna. È possibile anche acquistare alcune lavorazioni con la lana della pecora del Presidio.

A **Puos D'Alpago** (8 km), in via Canton 38, l'associazione Fardjma produce e vende coperte, pantofole e capi di abbigliamento realizzati artigianalmente con la lana degli agnelli di Alpago.

CHIOGGIA
Sottomarina

51 KM A SUD DI VENEZIA SS 309 O TRAGHETTO

All'Arena
Ristorante
Via Vespucci, 4
Tel. 041 5544265-328 9180220
Chiuso lunedì e martedì
Orario: mezzogiorno e sera
Ferie: 1 settimana in gennaio, 1 in settembre
Coperti: 35
Prezzi: 35-40 euro vini esclusi
Carte di credito: tutte, BM

Questo piccolo ristorante, gradevole e casalingo, gestito dalla famiglia Scuttari, si trova all'inizio del lungomare di Sottomarina, di fronte all'Arena spettacoli. Diego in sala e Alessio in cucina sono aiutati dai genitori (il papà per l'approvvigionamento del pesce conferito da piccoli pescatori locali, la mamma per la frittura e i dolci). Il menù è a base di pesce, sempre freschissimo, e può variare quotidianamente a seconda del pescato e di quanto offre il vicino mercato di Chioggia, meritevole peraltro di una visita. Si può iniziare con le **sarde in** *saor* (8 €), **canestrelli**, **cannolicchi e cappesante alla piastra**, in stagione granseola, **garusoli** o *sepe roste* (seppie arrostite) o un bel piatto di crudo, che non manca mai. Tagliolini fatti in casa o **spaghettini** (13 €) **con** verdure locali di stagione, come carciofi, asparagi, zucchine, radicchio, zucca sono abbinati a scampi, **gamberi di laguna**, granseola; in alternativa la lasagna con ragù di pesce o una buona **zuppa** (16 €). Tra i secondi non può mancare la classica **frittura** (15 €), in stagione le *moeche* (Presidio Slow Food), o la *luserna incovercià* (18 €), tipica ricetta chioggiotta. Poi il pescato del giorno al forno o alla griglia, semplice e perfetto, ma sappiate che se il pesce è pregiato il prezzo sale. Pochi e semplici i dolci, fatti in casa o provenienti da una pasticceria locale. Discreta la selezione di vini del Triveneto, con possibilità di alcune scelte al calice.

VENETO | 251

CISON DI VALMARINO
Rolle

39 km a no di Treviso, 15 km da Vittorio Veneto

Al Monastero di Rolle
Ristorante
Via Enotria, 21
Tel. 0438 975423
Chiuso lunedì e martedì
Orario: sera, sabato e domenica anche pranzo
Ferie: tre settimane in gennaio
Coperti: 50 + 35 esterni
Prezzi: 29-35 euro vini esclusi, menù fisso
Carte di credito: tutte, BM

CISON DI VALMARINO
Rolle

39 km a no di Treviso, 15 km da Vittorio Veneto

Da Andreetta
Ristorante
Via Enotria, 7
Tel. 0438 85761
Chiuso il mercoledì (luglio e agosto solo a pranzo)
Orario: mezzogiorno e sera
Ferie: prima settimana di gennaio
Coperti: 100 + 80 esterni
Prezzi: 28-30 euro vini esclusi
Carte di credito: tutte, BM

Superata Pieve di Soligo, nel cuore collinare dell'Alta trevigiana, si prosegue verso Follina e la sua abbazia e a metà strada si sale verso destra e si arriva a Rolle (dal 2004 primo borgo italiano tutelato dal Fai), un gruppetto di case e palazzetti circondato da vigneti terrazzati. Ai margini del borgo, l'ingresso seminascosto dalla vegetazione, troviamo questo bel locale ubicato in un edificio in pietra, arredato con mobili e oggetti che ricordano il passato contadino del paese. Dal 2001 Roberto Marin ha saputo convincere i trevigiani con una formula non usuale per queste terre: ogni sera una proposta diversa (il giovedì tocca al pescato dell'Adriatico, quello della mattina stessa) di più portate e senza alternative, se non quelle concordate in particolare per bambini e allergie alimentari, a un costo fisso di 29 euro (il giovedì 35 €). I vini non sono compresi, ma la cantina consente facili abbinamenti senza dover strafare e anche il vino della casa non delude. Oltre al giovedì, anche il percorso degli altri giorni è fisso, almeno nella portata principale mentre i tre antipasti e i due primi possono variare: ecco quindi l'**ossocollo di maiale intero** il venerdì, a mezzodì del sabato la **tagliata** e la sera il **pancettone allo spiedo**, **fiocco di vitello** la domenica a pranzo e un tagliere di spuntini vari la proposta della sera; si riparte il mercoledì con le **carni alla griglia**. Anche il dessert è compreso nel prezzo e varia secondo l'estro dello chef.

Si arriva da Andreetta salendo per pochi chilometri lungo una strada immersa nei boschi delle suggestive colline trevigiane, che si possono ammirare anche dalle salette e dalla terrazza coperta del locale (conosciuta come terrazza Martini), invidiabile luogo dove trascorrere al fresco le calde serate estive. Coppia inossidabile, Annamaria e Alberto Andreetta sono i garanti di una cucina di costante affidabilità, ben interpretata da Chiara e basata su ingredienti semplici e di qualità. È possibile ordinare alla carta, ma sono presenti anche alcuni menù degustazione (tra 35 e 40 euro con vini in abbinamento compresi) come quello veneto, quello per gli amanti del formaggio e quello della primavera del Prosecco. Dopo antipasti quali il prosciutto di cervo con mele al Prosecco e mostarda di fragoline di bosco, la crema di casatella allo zenzero o il tortino di carciofi con salsa al colmaggiore vecchio, tra i primi segnaliamo **tagliolini con salsiccia e radicchio** (8,50 €), strigoli con rucola e castel de conejan (9 €), sformato al ragù d'anatra, risotto al raboso. Carne protagonista tra i secondi: **capriolo in salmì**, lonza al latte con porcini, **faraona con salsa peverada**, **arrosto di coniglio al rosmarino** (14 €), maiale in agro con castagne (13 €). Ogni piatto è accompagnato da contorni indovinati e abbinare qualche buon calice di vino sarà facile, grazie alla competenza di Alberto e la non comune offerta della cantina. **Formaggi** e dolci di casa decisamente all'altezza del resto.

COMELICO SUPERIORE
Padola

73 km a ne di Belluno ss 52

Moiè
Azienda agrituristica
Via Valgrande, 54
Tel. 0435 470002
Aperto solo su prenotazione
Orario: mezzogiorno e sera
Ferie: 3 settimane in giugno, 3 in novembre
Coperti: 50
Prezzi: 25 euro vini esclusi
Carte di credito: MC, Visa, BM

Sarete accolti dal sorriso di Tiziana in sala, poi dai piatti di Loretta, la moglie del titolare, che segue personalmente la cucina. Germano De Martin Topranin segue l'azienda agricola della famiglia, gli orti e gli animali: è sua la produzione di formaggi, trasformati grazie alla collaborazione con la locale cooperativa La Genzianella. Il mais sponcio per la polenta e l'orzo (Presidio Slow Food) sono prodotti in provincia. I piatti seguono le stagioni dell'orto, così in estate ci sarà una gran varietà di verdure abbinate all'orzo in una bella insalata come inizio pasto o assieme a un tagliere di affettati. I primi (8 €) – la pasta fatta in casa è sempre in menù – sono rappresentati da **canederli**, *casunziei*, **gnocchi di ricotta** e *spätzle*, zuppe di stagione. I secondi (9 €), accompagnati da polenta o patate, sono invece soprattutto a base di carne: **braciola affumicata con crauti**, formaggio fuso, ottima versione personale di *krestel* (rosticciata di carni miste con patate). I vari dolci da forno sono della casa, i gelati di un artigiano del paese. I vini sfusi o in bottiglia provengono solo da aziende venete. Chiedete di Germano e lui, con pazienza, e pacatezza vi spiegherà tutto dei prodotti, dei boschi, dei prati e dei monti circostanti. Le aperture e chiusure sono strettamente legate alla stagionalità, ai lavori nell'azienda agricola e anche ai flussi turistici che nella zona sono legati allo sci per l'inverno e all'escursionismo d'estate.

La latteria cooperativa La Genzianella, in largo Calvi 9, produce ottimi formaggi freschi e stagionati con il latte degli allevatori locali.

CONA
Conetta

51 km a so di Venezia ss 309

Al Portico
Trattoria
Via Leonardo da Vinci, 14
Tel. 0426 509178
Chiuso il mercoledì
Orario: mezzogiorno e sera
Ferie: 20 giorni in agosto
Coperti: 45 + 25 esterni
Prezzi: 32-35 euro vini esclusi
Carte di credito: tutte, BM

Passandoci davanti, magari di sera al buio, non si sospetterebbe che sotto quel portico racchiuso da vetrate e dentro le stanze interne si preparerino cibi e ricette così ben fatti. Tiziano è l'oste padrone di casa che vigila su tutte le operazioni anche quando sembra apparentemente distratto. La figlia Francesca in sala rappresenta la quarta generazione di ristoratori che hanno fatto il nome e la fama di questa trattoria in piena campagna nell'entroterra veneziano. I piatti, preparati in cucina dalla moglie Maruzza e dal figlio Giovanni, fanno trasparire una ricercatezza non banale, una cucina saporita in modo tradizionale senza difetti e senza eccessi. Le proposte degli antipasti riguardano il **prosciutto di Montagnana** (7 €) e di Langhirano, un piatto di affettati misti con **verdure sotto aceto**, i carpacci di vitello con carciofi marinati e peperoncino oppure di girello di manzo con asparagi crudi (entrambi a 8 euro). Per i primi si può scegliere tra **pasta e fagioli**, **tagliatelle al ragù di cavallo** o **gnocchi al ragù di anatra** (entrambi a 7 euro). Per i secondi la scelta può spaziare tra lo spezzatino di manzo (12 €), il guanciale di vitello brasato (12 €), le **trippe alla parmigiana** o le carni alla brace. Durante la stagione estiva vanno segnalati i piatti, primi o secondi, che prevedono l'impiego della **rane** che, in questo locale, sono una tradizione. Tra i dolci, tutti della casa, citiamo, per dare un'idea, una particolare crema di stracchino (6 €). Per i vini c'è una offerta più che dignitosa e può essere interessante provare un Moscato secco qui presentato come vino bianco da pasto.

VENETO | **253**

CONSELVE

30 KM A SUD DI PADOVA

In Corte dal Capo
Trattoria *novità*
Via Padova, 38
Tel. 049 5384021
Chiuso lunedì sera e martedì
Orario: mezzogiorno e sera
Ferie: 1-6 gennaio, prime 3 settimane di agosto
Coperti: 90
Prezzi: 30-32 euro vini esclusi
Carte di credito: AE, CS, MC, Visa, BM

Una trattoria di paese nella Bassa padovana, un groviglio di strade in mezzo ai campi coltivati. Il locale, a conduzione familiare, è riscaldato da un grande camino centrale che, oltre a essere utilizzato per la cottura a vista delle carni, dona all'ambiente un'atmosfera intima e accogliente. Maurizio si occupa della sala mentre la moglie Marina prepara le tante pietanze di cucina tradizionale. La frutta e le verdure sono locali, le carni del vicino macello di Agna. Tra gli antipasti, la frittata con le erbette (8 €), le **sarde in** *saor* (10 €), i salumi tipici, tra i quali l'ottima carne *salada*, il tortino di zucchine con prosciutto crudo. I primi sono preparati con paste fatte in casa: pasta e fagioli, **bigoli in salsa**, pasta con ragù casalingo, **tagliatelle con ragù d'oca** (10 €) o d'anatra. Tradizione anche nei secondi (15 €): baccalà alla vicentina, **musso** (spezzatino di asino), carni alla griglia, **anatra in salmì**. Da non perdere infine la fresca millefoglie con un'ottima crema che vi sorprenderà per leggerezza. Interessanti il menù degustazione a base di baccalà (25 €) e quello vegetariano (20 €); disponibile anche un menù di lavoro da 13 euro. Discreta la scelta dei vini, alcuni anche al calice.

CORNEDO VICENTINO

27 KM A NO DI VICENZA SP 246

La Corte
Enoteca con mescita e cucina
Via Volta, 2 B
Tel. 0445 952910
Chiuso la domenica e giovedì sera
Orario: mezzogiorno e sera
Ferie: 10 giorni in agosto, 1 settimana in gennaio
Coperti: 40
Prezzi: 28-32 euro vini esclusi
Carte di credito: tutte, BM

Della originaria stazione di posta ormai è rimasto ben poco: l'ampio portico che ospita la sala da pranzo, il vecchio fienile sopra il locale, utilizzato come esposizione delle carrozze che nel secolo scorso vi transitavano. Piacevoli, nell'ingresso, gli ampi scaffali di legno che espongono prodotti di gastronomia e buona parte dei vini in carta, in modo da facilitare il cliente nella scelta. Enrico, in cucina, e Marisa, in sala, da decenni hanno costruito il loro sodalizio nell'ottica di proporre sempre prodotti freschi, allestendo un menù mai monotono, che può variare anche nell'arco della giornata, basato su quanto reperito al mercato e dai propri fornitori fidati. Con questi presupposti, risulta difficile evidenziare dei piatti rispetto ad altri. Interessante, negli antipasti, il tagliere di salumi, vario e ricco. Tanta pasta fatta in casa tra i primi (8 €), come i gargati con consiero, i **bigolotti al ragù di salame** e le **chitarrine ai fegatini**. In alternativa, sono degni di nota i fiocchi di ricotta con basilico e gli gnocchi di Valdagno al cumo (cumino dei prati). Fra i secondi non manca certo la carne, dal **filetto di maialino** (12 €) alle **costolette d'agnello**, passando per la tagliata di bue (14 €) e la tartara di manzo. Gratificanti anche i dolci, dove torte tradizionali sono affiancate da proposte stagionali. Carta dei vini leggermente ridotta rispetto agli anni precedenti: oltre un centinaio di etichette che comunque riescono a soddisfare ogni richiesta.

CRESPANO DEL GRAPPA

43 km a no di Treviso, 11 km da Bassano del Grappa

San Marco
Enoteca con cucina
Piazza San Marco, 12
Tel. 0423 539217
Chiuso lunedì sera e martedì
Orario: mezzogiorno e sera
Ferie: prime due settimane di gennaio
Coperti: 25
Prezzi: 25-28 euro vini esclusi
Carte di credito: nessuna

Per quelli convinti che non esistano più locali dove si mangia bene e si spende poco, arrivare al San Marco significa ricredersi: troveranno una cucina semplice e curata, la cui variabilità costringe Tosca e Roberto a riscrivere quasi ogni giorno il menù sulla lavagna appesa nell'unica saletta da pranzo situata in fondo al locale d'ingresso, frequentato e apprezzato come enoteca e per gli ottimi e gustosi *cicheti*. Una seconda e più grande lavagna elenca invece le numerose proposte al calice. In cucina Roberto, finto burbero, preferisce lavorare da solo, creando in base all'offerta del mercato senza rinunciare a qualche puntata in altre regioni, sulle quali propone mensilmente serate a tema. Il vostro angelo custode in sala sarà però Tosca: vi conquisteranno la sua gentilezza, le sue attenzioni e i suoi dolci, come la torta di patate dolci e castagne con mostarda di frutta (4 €). Roberto descrive la sua cucina semplice, spontanea e ancorata alle abitudini di ogni giorno, l'idea è farvi sentire più amici che clienti e, quindi, ecco il **baccalà con polenta** (10 €), le **trippe di sorana** (7 €), le seppie in umido (9 €), le guancette di vitello brasate, i **bigoli al torchio con salsiccia**, la zuppa di funghi, gli **gnocchi di patate e castagne**, le tagliatelle fresche con porcini, il reale di vitello al forno. Per dessert torta San Marco, crema catalana, un ottimo semifreddo al torroncino e il sorbetto all'Amarone.

ENEGO

81 km a ne di Vicenza

Sette Teste
Ristorante annesso all'albergo *novità*
Piazza San Marco, 20
Tel. 0424 490112
Chiuso mercoledì e giovedì, mai d'estate
Orario: mezzogiorno e sera
Ferie: variabili
Coperti: 30
Prezzi: 25-27 euro vini esclusi
Carte di credito: Visa, BM

Enego si trova all'estremità dell'altopiano di Asiago. Al centro del paese, antistante i resti della fortificazione scaligera eretta da Cangrande della Scala, è un piacere scoprire questo piccolo albergo-ristorante che propone una cucina semplice, saporita, rispettosa delle stagioni e tradizionale, leggermente alleggerita. Roberto, Giovanna e Annalisa si alternano tra sala e fornelli ma è soprattutto Roberto l'appassionato, quello che presenta a voce e illustra con amore un menù di pochi piatti che varia giornalmente in base all'estro e alle materie prime reperite. In attesa dei primi non è escluso un assaggio di salumi locali. La pasta è tutta fatta in casa: *asagnuni* con *farinele* (spinacio selvatico) **e burro di malga** (8 €), **lasagne con asiago e funghi** o, ancora, vellutate (7 €) con le verdure del momento; nei periodi freddi, notevole la zuppa di verze. I secondi spiccano per la qualità delle carni; Roberto è figlio d'arte (il padre era macellaio) e conosce la materia, la sa lavorare e la propone solamente se "merita": **costolette di agnello**, tagliata, ma anche tagli ingiustamente considerati minori come le **trippe** (13 €) e, quando disponibile, la **coratella di capretto** (10 €). Buona anche se limitata la scelta dei dolci, semplici e casalinghi. Non vasta ma interessante la carta dei vini (alcuni proposti anche al bicchiere), frutto di una costante ricerca di piccoli produttori italiani ma anche francesi.

FARA VICENTINO
Costalunga

25 km a nord di Vicenza ss 248

Costalunga
Azienda agrituristica
Via Costalunga, 10
Tel. 0445 897542-333 3722854
Aperto venerdì sera, sabato e domenica a pranzo; in settimana su prenotazione per gruppi
Ferie: dal 15 luglio al 15 agosto
Coperti: 70 + 20 esterni
Prezzi: 20-22 euro
Carte di credito: nessuna

Questo bell'agriturismo deve la sua fama non solo alla buona cucina, anche alle tante attività che Rosalina Pavan (titolare della struttura) riesce a organizzare nel corso dell'anno. Le verdure rappresentano certamente un elemento importante, che la patronne riesce sempre a valorizzare. Ma qui è un'intera famiglia a gestire ogni giorno il lavoro: Claudio (il marito) sta in cucina con Rosalina, mentre le figlie seguono principalmente la sala. Potete iniziare il vostro percorso con una bella selezione di salumi accompagnati da sottoli e sottaceti, prodotti in casa, dove spicca la tradizionale **soppressa**. I primi (6 €) sono un omaggio ai grandi classici vicentini e così avrete gargati col consiero, *miserie dee femene* (solo su prenotazione), un risotto di stagione. Nei secondi si celebrano invece gli animali da cortile allevati dalla famiglia Pavan: **pollo in umido** (8,50 €) come il coniglio, piccione e faraona in forno, anatra. Il tutto accompagnato con le ottime verdure dell'orto. I dolci sono fatti in casa, dal classico **macafame** alle semplici crostate. Il vino è principalmente sfuso, ma non manca qualche bottiglia di produttori locali.

FARRA DI SOLIGO
Col San Martino

32 km a no di Treviso ss 13

Da Condo
Ristorante
Via Fontana, 134
Tel. 0438 898106
Chiuso martedì sera e mercoledì
Orario: mezzogiorno e sera
Ferie: non ne fa
Coperti: 80 + 30 esterni
Prezzi: 25-30 euro vini esclusi
Carte di credito: tutte, BM

Affaccia sulla piccola piazza del paese la storica e accogliente locanda Da Condo. Fondata dal nonno Giocondo, questo raccolto luogo di ristoro conserva quasi intatti i sapori della tradizione culinaria trevigiana. Enrico, il cuoco, e la padrona di casa Beatrice vi guideranno attraverso la scelta dei piatti. Potrete iniziare con un antipasto misto di insaccati, radicchio e zucca in agrodolce, oppure preferire l'**involtino di verza con ragù di maiale** o il budino agli asparagi con *skenal* (carne salata di maiale) e mandorle (6 €). Tra i primi piatti spiccano un delicato rotolo di patate agli spinaci (6 €), per le giornate più fredde, una **pasta e fagioli** della tradizione o i **bigoli con ragù di coltello e funghi** (6 €). Per chi avesse voglia di assaporare gusti più freschi, consigliamo la zuppa di porri e patate. Tra i secondi piatti, abbondanti per volume e sapore, assaggiate lo **stracotto di manzo al Raboso** servito con contorno di polenta. In alternativa, provate le guance di maiale brasate al Prosecco o il classico primaverile di asparagi e uova. Tra i dolci, i datteri freschi alla crema di mascarpone e caffè, la pera al vino rosso e la panna cotta alla vaniglia. Prima di congedarvi, chiedete a Enrico di accompagnavi nella cantina con le vecchie botti di legno e fatevi guidare alla scoperta di più di cento etichette, oltre che dei vini dei colli di Valdobbiadene.

FUMANE

17 KM A NO DI VERONA

Enoteca della Valpolicella

Enoteca con mescita e cucina
Via Osan, 45
Tel. 045 6839146
Chiuso domenica sera e lunedì
Orario: mezzogiorno e sera
Ferie: variabili
Coperti: 70
Prezzi: 35 euro vini esclusi
Carte di credito: tutte, BM

Nel cuore della Valpolicella, in una casa padronale del Quattrocento, circondata da olivi e viti, vi danno il benvenuto Ada e Carlotta che dal 1996 condividono l'amore per il vino e la buona tavola. Propongono i vini della Valpolicella sostenuti da un menù legato alla tradizione e alle stagioni: pasta fatta in casa, verdure di stagione, erbe selvatiche, carni arrosto o ai ferri. Potete accomodarvi in una delle due sale comunicanti e godere della vista che vi si offre dalle finestre della sala maggiore. Per iniziare suggeriamo i migliori antipasti della tradizione (7 €): ricotta con mostarda di mele, luppolo con uovo all'occhio di bue e **tarassaco con monte veronese**, fiori di zucchina con salsa profumata al basilico. Tra i primi (10 €), entusiasmanti **tagliatelle fatte in casa** a scelta **con ragù di cortile**, carciofi o carne, ravioli con la papaverina o **risotto con erba silena**. Tra i secondi (14 €) si segnalano **stracotto di manzo all'Amarone**, agnello da latte al forno profumato con timo e salvia, **petto d'anatra con miele e Recioto** o dal camino costolette d'agnello e tagliata. Ampia la selezione di **formaggi**, proposti in degustazione o abbinati ad altri prodotti della tradizione locale. Per chi ha pazienza dolci fatti al momento: tiramisù con caffè caldo o millefoglie; in alternativa, fondente di cioccolato con scorzette di arancia, pastafrolla alle mandorle o ciliegie con gelato di cannella. Selezione accurata di vini provenienti da un centinaio di aziende della Valpolicella: dai nomi più prestigiosi ai nuovi piccoli produttori.

A **San Pietro in Cariano** (4 km), in via San Francesco 6, il martedì mattina il panificio Rossignati sforna il pane con l'uva.

GRANCONA
Pederiva

24 KM A SO DI VICENZA

Isetta

Trattoria con alloggio
Via Pederiva, 96
Tel. 0444 889521
Chiuso martedì sera e mercoledì
Orario: mezzogiorno e sera
Ferie: variabili
Coperti: 70 + 30 esterni
Prezzi: 35-39 euro vini esclusi
Carte di credito: AE, CS, MC, Visa, BM

La trattoria Isetta vanta una lunga tradizione di famiglia che Monica e Graziano proseguono con dedizione, lui occupandosi della sala con Manuela e in particolar modo della cantina, lei in cucina a interpretare e valorizzare in modo eccellente saperi e sapori che si coniugano con un'accoglienza calda e competente, in un contesto di tranquillità e buon gusto. Raggiungere Isetta nella bella stagione significa trascorrere qualche ora in una vallata verde e fresca, un'oasi di pace a pochi chilometri dalla città, in cui potersi anche fermare per la notte in una delle nove camere. Nel corso dell'anno sono molte le proposte che si avvicendano e anche per questo sono tanti i clienti che tornano spesso. Nella stagione fredda vi suggeriamo **straccetti con tastasale e broccolo fiolaro** (12 €), pappardelle con sugo di cinghiale e lepre, fettucine di farina di castagne con zucca e trombette, **cosce di oca confit con purè di patate**, frittatina di asparagi di bosco (12 €), colombino al forno, battuta di manzo con verdurine marinate (15 €), **risotto con tartufo nero dei Berici**. In autunno ecco l'insalatina di ovoli, il sofficiotto di porcini e tartufo, i **bigoli all'anatra**, il germano reale laccato miele e arancia, la **faraona alle prugne** (13 €). Da Isetta si va anche per l'ottima carne ai ferri: fiorentine, costate di chianina, filetti di manzo, costicine di agnello non mancano mai. Per dessert torta di mele o il gelato fatto in casa. La cantina raccoglie etichette da tutta Italia e una valida selezione d'oltralpe, con molte proposte al calice.

> *Una cordiale accoglienza e uno stretto legame con la cucina del territorio si abbinano all'accurata ricerca dei migliori prodotti locali*

VENETO | 257

GRANCONA

23 km a so di Vicenza

Toni Cuco
Osteria tradizionale
Via Arcisi, 12
Tel. 0444 889548
Chiuso lunedì e martedì
Orario: mezzogiorno e sera
Ferie: variabili
Coperti: 90
Prezzi: 35 euro vini esclusi
Carte di credito: MC, Visa, BM

Nel verde dei Colli Berici, a circa 20 minuti di strada da Vicenza, la famiglia Trentin-Zanella, lasciata la trattoria Il Bersagliere, nel centro del capoluogo, ha ritrovato, in questo luogo di amena bellezza, l'entusiasmo necessario a valorizzare una cucina tradizionale e, al contempo, di ricerca. Il locale della vecchia osteria è arredato con sobria eleganza e offre ai propri ospiti un'atmosfera accogliente esaltata dal calore dei caminetti accesi. Il menù, proposto secondo le stagioni, suggerisce antipasti accattivanti e squisiti; su tutti il **flan di broccolo fiolaro di Creazzo** (di cui narra Goethe nella tappa vicentina del suo viaggio in Italia) **con salsa parmigiana e rapatura di stravecchio di malga** (8 €). A seguire i primi, con la pasta tirata a mano, tra cui spiccano i tortelli alle mandorle spadellati con tartufo nero dei Berici (12 €) e le creme di carciofi o di funghi con crostini di pane al malto (anch'esso fatto in casa con lieviti naturali e farine macinate a pietra). Tra i secondi piatti, da segnalare le ottime carni provenienti da un'azienda agricola locale, che alleva i propri capi in pascoli in malga, e il tradizionale **baccalà alla vicentina con polenta morbida di Marano** (16 €). Per dessert, semifreddo al **mandorlato di Cologna Veneta** (6 €) o bavarese all'arancia con insalatina di fragole e salsa al frutto della passione. Degni di nota anche i sorbetti e i gelati mantecati al momento. Completa e curata la lista dei vini con interessanti proposte locali.

JESOLO
Lido di Jesolo

44 km a ne di Venezia ss 14 bivio a Portegrandi

Alla Grigliata
Osteria tradizionale
Via Buonarroti, 17
Tel. 0421 372025
Chiuso il mercoledì, luglio e agosto sempre aperto
Orario: sera, in primavera festivi anche pranzo
Ferie: Natale-metà marzo
Coperti: 150
Prezzi: 30-32 euro vini esclusi
Carte di credito: MC, Visa, BM

Il locale dei fratelli Lorenzon, Luigi alla griglia e Manola in sala coadiuvata dal marito Moreno, è aperto da quasi trent'anni. Nei pressi del parco acquatico, ha un aspetto rustico e un gran *fogher* per la cottura delle carni, con ampie griglie e bracieri disegnati da Luigi stesso. Questo luogo è il trionfo delle **carni alla griglia**, soprattutto di maiale, pollame e bue nostrani: costicine, salsicce, galletti (9 €), filetti (19 €), costate, pancetta, spiedini, tutti cotti alla perfezione sia a fuoco diretto – vale a dire a poca distanza dalla fiamma –, sia alla brace. Se non vi andasse la carne è buono il formaggio montasio alla brace (9 €) e la cucina propone anche validi antipasti (5 €), come la **salsiccia in crosta**, il **salame fresco alla brace** e la carne salata e affumicata con verdure marinate. Buoni i primi: pastasciutta o **gnocchi** (6 €) fatti in casa e conditi **con ragù** ottenuto dal sottocosta del maiale, **pasta e fagioli** (6,50 €), *radici e fasioi* (con fagioli passati e interi). Per accompagnare le carni non mancano le verdure di stagione del vicino litorale del Cavallino, come melanzane, peperoni o spiedini di pomodorini e cipolline grigliati. Tra i dolci casalinghi (4 €), il tiramisù, il salame al cioccolato e la torta di ricotta. Per i vini potrete scegliere lo sfuso locale o qualche buona etichetta veneta. Non manca qualche birra artigianale.

JESOLO
Cortellazzo

44 km a ne di Venezia ss 14 bivio a Portegrandi

La Taverna

Trattoria-pizzeria
Via Amba Alagi, 11
Tel. 0421 980113
Chiuso lunedì a pranzo, in inverno lunedì sera e martedì
Orario: mezzogiorno e sera
Ferie: gennaio
Coperti: 50 + 40 esterni
Prezzi: 35 euro vini esclusi
Carte di credito: MC, Visa, BM

La località di Cortellazzo, vecchio porto di pescatori, caratterizzato nel periodo estivo dal turismo, in prevalenza formato dai campeggiatori, nel resto dell'anno è un paesino tranquillo. Il locale gestito dalla famiglia Bettio ha una buona proposta di piatti semplici di pesce: i pescatori locali e il mercato di Carole sono infatti i fornitori principali della cucina. Vi saranno presentati due menù, uno a 28 euro che comprende due antipasti, un primo un secondo e un dessert, l'altro, più ampio, dove scegliere liberamente. Ogni giovedì è proposto il menù paesano (28 €). La cucina è prevalentemente marinara, così tra gli antipasti trovate **cozze alla marinara** (10 €), **canestrelli alla griglia** (11 €), **fritti con polenta**, **sarde in** *saor*, gran misto al vapore, polpi, cappesante e gransoporo. Tra i primi piatti si può cominciare con la **zuppa di pesce e cereali** (11 €), gli **spaghetti alle vongole** o agli scampi, gli gnocchi al granchio e il **risotto alla marinara**. Ampia scelta di secondi con **seppioline alla griglia** o in umido, baccalà alla veneziana (14 €), sogliole, rombi, gamberoni, mazzancolle e scampi alla griglia. Sempre valida la scelta del fritto: c'è il misto, quello di *moeche*, di scampi o di calamaretti. Non manca un semplice menù a base di carne. Tra i dolci, le crostatine, il tiramisù e la panna cotta. La carta dei vini conta circa 120 etichette di cantine selezionate, con buona presenza sia italiana sia internazionale. Ci sono sempre sei vini messi in degustazione al calice.

LAVAGNO
Vago

14 km a se di Verona

Il Busolo

Osteria tradizionale
Via Busolo, 1
Tel. 045 982146
Chiuso sabato a mezzogiorno
Orario: mezzogiorno e sera
Ferie: variabili
Coperti: 50 + 50 esterni
Prezzi: 30-35 euro vini esclusi
Carte di credito: tutte, BM

Ciò che più traspare, in questo locale, è il grande amore per il territorio che Loretta, la titolare, riversa in ogni suo gesto. Appassionata cuoca, ama descrivere i propri piatti, spiegando l'origine e la provenienza di ogni prodotto utilizzato, mentre il marito Damiano segue la sala e, con la sua competenza, sa consigliare al meglio gli avventori. Il locale si trova all'interno di una vecchia abitazione, sulla strada che collegava Venezia all'entroterra e da alcuni decenni è punto di riferimento sia per quanti amano ritrovare piatti del territorio sia per chi ricerca nuove proposte, coerenti con le stagioni. Tra gli antipasti (10 €), **bogoni** (lumache) **croccanti e tartufo**, **luccio in** *saor*, **frittura d'acqua dolce**. Tra i primi (12 €) sono interessanti il **risotto coi saltarei** (gamberi di fiume) **fritti**, ormai di difficile reperimento o, in alternativa, le **pappardelle di Amarone e tastasal**, i ravioli con asparagi, gli gnocchi di patate con le erbe di stagione. Ancora lumache nei secondi (14 €), presentate con salsa verde leggera, ma anche altre carni come la tacchinella, il maialino o l'agnello. Piacevoli i dolci proposti. Carta dei vini interessante, con circa 250 etichette frutto di una accurata e appassionata selezione di Damiano, con una costante offerta al calice a rotazione.

LAZISE

23 KM A NO DI VERONA

Il Porticciolo
Ristorante
Lungolago Marconi, 22
Tel. 045 7580254
Chiuso il martedì
Orario: mezzogiorno e sera
Ferie: 23 dicembre-1 febbraio
Coperti: 50 + 90 esterni
Prezzi: 30 euro vini esclusi
Carte di credito: CS, MC, Visa, BM

Nella località di Lazise, avamposto scaligero sul lago di Garda, Renato Azzi gestisce con maestria, ormai da più di venticinque anni, questo locale di tradizione. Il ristorante, che dispone di un'accogliente sala interna, dove è sito un braciere sempre acceso, di un'ampia veranda e di un ombreggiato dehors, offre una cucina di qualità incentrata sul territorio e consente di godere, la sera, di meravigliosi tramonti sul lago. Da provare l'**antipasto di pesce d'acqua dolce** al buffet (15 €) e il **luccio alla gardesana** con polenta alla brace (10 €). A seguire, un'invitante proposta di **risotti** con vialone nano, tra i quali si suggeriscono quelli **con la tinca o col cavedano** (10 €), oppure tagliatelle di pasta fresca con lavarello (coregone) profumato al tartufo del Baldo (12 €). Come secondi, pesce di lago o dei torrenti alpini alla griglia, cotto a vista sul grande camino, con scelta tra **lavarello** (12 €), **sarde** (agoni) o **salmerino** (13 €). Presenti altre proposte di pesce di mare – **baccalà con polenta** (nel periodo invernale) – e di carne. Tra i dolci merita una particolare menzione un'ottima zuppa inglese (5 €). Interessante la carta dei vini, con una valida selezione di bollicine locali o della non lontana Franciacorta.

LIMANA
Valmorel

7,5 KM A SO DI BELLUNO SP 1

Osteria dei Miracoli
Osteria
Valmorel Centro, 11
Tel. 340 3033788
Chiuso martedì sera e mercoledì
Orario: mezzogiorno e sera
Ferie: non ne fa
Coperti: 50 + 20 esterni
Prezzi: 25-33 euro vini esclusi
Carte di credito: nessuna

Quando Dino Buzzati sognò il perduto sacello di Santa Rita in quel di Valmorel, dal quale i "miracoli" nel titolo dell'opera e sull'insegna dell'osteria, v'immaginò custode il rustico eremita Toni Della Santa, spontaneo autore di sorprendenti pitture ex voto. Stefano Trevisson, riservato patron del locale, ne è il degno erede, concesso che i suoi arnesi son fornelli e non pennelli. La passione per l'arte qui si respira nelle molte iniziative rivolte alla musica, alle arti figurative, ai laboratori di creatività. Ma per non perdere il filo che c'interessa (quello, cioè, della polenta...), d'un menù rigido manco se ne parla; che "miracoli" sarebbero, se Stefano non raccogliesse quotidianamente quanto stagione e territorio offrono con anarchica imprevedibilità. Non mancano mai gli antipasti di salumi, di formaggi caprini e vaccini locali, con **frittate di verdure d'orto e d'erbe selvatiche**, e gli appetitosi *saor*. Fra i primi, accostabili anche in allettanti bis e tris, meritano plauso l'**orzotto con le erbe spontanee**, i *casunzièi* di matrice ampezzana, le zuppe, i tortelli alle verdure di campo. Degni di nota i secondi, fra i quali, intramontabili classici, le **bracioline d'agnello in crosta**, brasati e stufati d'una morbidezza d'altri tempi. Curati anche i contorni, sempre di lodevole provenienza. Dolci casalinghi, continuamente variati inseguendo le materie prime. Pochi vini scelti con cura e proposti con garbo e competenza.

🛡 A pochi chilometri, in località **Valpiana**, l'azienda agricola La Schirata, la famiglia De Toffol alleva capre e produce eccellenti formaggi a latte crudo freschi ed erborinati.

LOREGGIA

22 km a nord di Padova, 12 km da Castelfranco ss 307

Locanda Aurilia
Ristorante
Via Aurelia, 27
Tel. 049 5790395
Chiuso il martedì
Orario: mezzogiorno e sera
Ferie: 1-15 agosto
Coperti: 60
Prezzi: 32 euro vini esclusi
Carte di credito: AE, CS, MC, Visa, BM

Un locale con una lunga storia, meta di chi arrivava a Padova dalla strada del Santo: dagli anni Cinquanta lo conduce la famiglia De Marchi, prima i genitori, ora i figli. Osorio in cucina, Ferdinando e Lucia in sala: l'ambiente è un po' datato ma l'atmosfera tranquilla e i modi gentili. La cucina parte dalla tradizione, con le verdure del momento e qualche accostamento innovativo: troviamo così i **crostini con baccalà e acciuga** tra gli antipasti (8 €), ma anche una **trippa alla menta e formaggio** (7 €) e i nervetti e patate bollite con salsa verde. Con i primi un **risotto di verdure al grana padano** (9 €), le crespelle ai formaggi di malga e i bigoli all'Aurilia. I secondi si annunciano con un **baccalà e verdure fritte** (12 €), **rognone di vitello al vino Friularo e polenta**, costoletta di agnello o vitello alla griglia con patate al forno (14 €). Interessante la selezione di formaggi, sia locali sia esteri (8 €). Diversi i dessert proposti (5,50 €), come lo strudel di mele o le pere al vino Friularo e il gelato alla cannella. Il locale è anche enoteca, ecco perché la carta dei vini, curata dall'intenditore Ferdinando, è decisamente interessante: con cartine esplicative e ben documentata, presenta vini veneti, italiani e un po' di tutta Europa, con prevalenza di etichette classiche e un ricarico adeguato. Gli appassionati possono chiedere di visitare la bella e fornita cantina.

LOZZO DI CADORE

51 km a ne di Belluno ss 51 bis

La Favorita
Trattoria con alloggio
Via Giouda, 226
Tel. 0435 76142
Chiuso lunedì e martedì sera
Orario: mezzogiorno e sera
Ferie: 2 settimane in gennaio, 1 in ottobre
Coperti: 40 + 16 esterni
Prezzi: 26-30 euro vini esclusi
Carte di credito: MC, Visa

Sono ormai quarant'anni che la famiglia Forni gestisce questa accogliente trattoria ospitata in una antica casa del centro di Lozzo di Cadore. Siamo alla seconda generazione: nel 1993 il timone è passato infatti nelle mani di Andrea che ha raccolto l'eredità dei genitori dopo importanti esperienze in altre cucine. Ai fornelli il cuoco ama utilizzare le materie prime locali, creando piatti rispettosi della tradizione, semplici e immediati ma ben curati nella presentazione. Se la farina per la polenta arriva proprio da Lozzo, le verdure vengono raccolte direttamente nell'orto di casa. I boschi attorno al paese sono una preziosa fonte di funghi e di erbe spontanee, mentre, per i formaggi, Andrea si affida ai casari del Cadore e del vicino Comelico. Una volta accomodati nella piccola sala da pranzo, in un ambiente informale seppur curato nei dettagli, si può scegliere di optare per il menù degustazione di cinque portate (28 €) o di ordinare alla carta. In questo caso potrete iniziare con il **tagliere di salame nostrano di Lozzo, caciotta di capra, cetriolo e polenta** (8 €) oppure con la gustosa **polenta pasticciata** (8 €). Con i primi (7 €), spazio ai tagliolini fatti in casa con ragù di salsiccia e scalogno e ai *casunziei all'ortica con burro fuso e ricotta affumicata*. Tra i secondi, da provare il gulasch di manzo con polenta e canederlo (15 €) e il **filetto cadorino con salsa alle verdure** (18 €). Si conclude con i dolci della casa, come il morbido tiramisù. Lista dei vini soprattutto veneta, con possibilità di abbinamenti al calice.

LUSIA
Bornio

9 KM A NO DI ROVIGO SS 499

Al Ponte

Trattoria
Via Bertolda, 27
Tel. 0425 669890-669177
Chiuso il lunedì
Orario: mezzogiorno e sera
Ferie: una settimana in agosto
Coperti: 80 + 20 esterni
Prezzi: 32-35 euro vini esclusi
Carte di credito: CS, DC, MC, Visa, BM

Il nonno di Luciano ha ereditato la licenza giusto cento anni fa aprendo quella che di fatto era una semplice trattoria di campagna che, nel corso del tempo, ha evoluto la sua proposta pur mantenendo l'atmosfera originale. D'altra parte, questo lembo di terra polesana è famoso per la qualità dei propri prodotti ortofrutticoli. Ad accogliervi la famiglia Rizzato: Luciano e la figlia Silvia in sala, felici di illustrare i prodotti e i piatti che Giuliana e il figlio Enrico preparano sulla base di ricette storiche o di misurate innovazioni. Naturalmente le verdure sono sempre presenti: negli antipasti, fritte, in accompagnamento al salame di casa (5 €) o nei diversi assaggi proposti (7 €), nei primi (7 €), con **tagliatelle**, **sformato**, **risotto** e tortelloni. Tanta carne nei secondi, con filetto (15 €), **anatra arrosto** (13 €), carne al sale; non manca qualche proposta di pesce: **baccalà alla vicentina**, anguilla e l'introvabile **pesce gatto fritto** (consigliata la prenotazione). La trattoria è molto attenta nei confronti di chi preferisce piatti vegetariani e vegani, come pure si dimostra sensibile verso chi soffre di intolleranze alimentari. Buoni i dolci, in buona parte specchio della tradizione polesana. Carta dei vini con circa 200 etichette, con tanto Veneto ma significative presenze anche delle altre regioni.

66 *Grande esempio di professionalità e di amore per il proprio territorio ben rappresentato attraverso le vecchie ricette di famiglia* 99

MARANO DI VALPOLICELLA
Valgatara

16 KM A NO DI VERONA

Antica Osteria Paverno

Osteria
Via Paverno, 9
Tel. 045 6837199
Chiuso il giovedì
Orario: mezzogiorno e sera
Ferie: fine agosto-inizio settembre
Coperti: 60 + 40 esterni
Prezzi: 28-30 euro vini esclusi
Carte di credito: CS, MC, Visa, BM

Nella piccola frazione di Valgatara, sede di alcune importanti cantine della Valpolicella, potete trovare questa accogliente osteria, a conduzione familiare. Di recente ristrutturazione, con sasso a vista sui muri interni, sarete fatti accomodare in una delle tre piccole sale, con la possibilità nel periodo estivo di pasteggiare nel plateatico esterno. Il menù propone i piatti tipici della cucina veronese, basati principalmente su prodotti del territorio, rispettando le stagionalità. Carta dei vini essenzialmente basata su etichette provenienti dalle cantine della valle con qualche proposta al calice a completare l'offerta. Per iniziare, ai classici **polenta *brustolà* con salumi nostrani e giardiniera** e **polenta dorata con bogoni in umido** si affianca un'ottima terrina di fegatini di pollo con cipolle rosse stufate all'aceto balsamico, crostini caldi e bicchiere di Lugana passito (10 €). Come primo potrete scegliere tra **pasta e *fasoi* con le *codeghe*, trippe alla parmigiana** o, ancora, tortelli al monte veronese di malga e pero pisso (8 €). Tra i secondi si segnalano **stracotto di musso** (asino) **all'Amarone della Valpolicella con polenta morbida** (12 €) o, dal camino, costolette d'agnello scottadito e costata di manzo, sempre con patate al forno. Per chiudere, sbrisolana con Recioto, salame di cioccolato e torta di cioccolato con marmellata di arance.

MAROSTICA

28 km a ne di Vicenza, 8 km da Bassano del Grappa sp 248

Madonnetta
Osteria tradizionale
Via Vajenti, 21
Tel. 0424 75859
Chiuso il giovedì
Orario: 10.00-15.00 e 18.00-24.00
Ferie: Capodanno, Pasqua, Ferragosto, Ognissanti, Natale
Coperti: 40 + 40 esterni
Prezzi: 22-25 euro vini esclusi
Carte di credito: tutte, BM

Un piccolo locale, a due passi dalla bella piazza, con una grande storia che parla ai nostri occhi attraverso gli oggetti, i muri e i tavoli di questo antico locale. Affollato ma piacevole, vissuto quotidianamente, è un luogo di incontro dove si mangia, si beve e si fan le *ciacole*. Mamma Anna Maria in cucina, in sala i figli Barbara, Sandro e Wladimiro, con simpatica cortesia descrivono piatti e suggeriscono abbinamenti. Semplicità e tradizione la fanno da padroni, qualche Presidio Slow Food è presente tra gli ingredienti utilizzati. Tra gli antipasti (5 €), il baccalà mantecato, lo sgombro sott'olio con zucchine e cipolle in agrodolce, l'oca marosticense con broccolo di Bassano in agrodolce. Nei primi (7 €) diverse zuppe, come quella di trippe o di verdure, farro e orzo delle Dolomiti, ma anche la pasta del giorno con la *sardea*. Prevalente la carne tra i secondi, accompagnati quasi sempre da polenta, con le polpette in rosso (7 €), il fegato alla veneziana (8 €), il coniglio al mirto e l'immancabile baccalà alla vicentina (13 €). Di contorno verdure ed erbette in tegame, oltre a una selezione di formaggi locali con composte preparate in casa. Pochi i vini proposti ma validi, anche al calice; ampia la scelta tra distillati e liquori.

> *Un sorriso e una gentilezza accolgono più di tante parole, l'immediatezza dei piatti nel rigore della tradizione conquista*

MASI

60 km a so di Padova

Alla Nave
Ristorante annesso all'albergo
Via Garibaldi, 2
Tel. 0425 51764
Non ha giorno chiusura
Orario: mezzogiorno e sera
Ferie: 3 settimane in agosto, 1 in gennaio
Coperti: 100
Prezzi: 25 euro vini esclusi
Carte di credito: AE, CS, MC, Visa, BM

Nel 2016 la famiglia Rigobello festeggerà un secolo di attività in questo locale, sorto a fianco dell'Adige come punto di ristoro per chi usava il fiume per commerci o comunicazione. Ma, mentre un tempo la proposta era limitata ai soli pesci che offriva il fiume, ora che gli stessi sono divenuti più rari o addirittura introvabili, l'offerta è più completa, nel rispetto delle tradizioni e dell'andamento delle stagioni, senza disdegnare qualche piacevole proposta di mare. Inoltre, la sensibilità di Filippo, il cuoco, si ritrova nella costante attenzione riposta nei prodotti utilizzati, in buona parte della zona, come gli asparagi cui viene dedicata una rassegna in primavera, nella pasta e negli insaccati, tutti fatti in casa, oppure nelle proposte vegetariane. Perciò, negli antipasti (7 €), a fianco del pollo da passeggio si possono trovare le piacevoli zucchine nostrane in insalata o il guazzetto di polpo e cannellini. Nei primi (7 €) si spazia dalle tagliatelle al ragù di faraona agli straccetti al sugo di anatra. Tra i secondi non mancano mai il pollo fritto con verdure (10 €) e il baccalà alla veneta, in alternativa faraona in bassa cottura (12 €), somarino, tagliata di anitra, filetto di branzino. Dolci della tradizione, zuppa inglese, tiramisù, sfoglia con crema e pere, tutti di propria produzione. Carta dei vini limitata a una cinquantina di etichette, in parte locali, con una buona attenzione ai prodotti naturali.

VENETO | 263

Mangiar veneto in pausa pranzo

Con una vita frenetica e spostamenti in auto sempre numerosi, è piacevole sapere che esistono ancora luoghi dove è possibile concedersi un breve pasto a pranzo diverso dal solito anonimo panino o dall'abusata insalatona. È piacevole avere la certezza di trovare qualcosa di simile ai piatti della tradizione, che spesso, per la loro semplicità, bene si adattano a un momento che non ha grosse pretese ma può essere valorizzato al meglio. Per questo abbiamo pensato di proporvi una selezione di locali (bar, gastronomie, macellerie) dove è possibile consumare un pranzo informale e veloce senza rinunciare al piacere e alla scoperta del territorio.

Anita Inverardi

CEREA (VR)
La Bottega del Buongustaio
Negozio con piccola ristorazione
Via XXV Aprile, 62
Tel. 0442 31266
Orario: solo la sera
Chiuso da giovedì a sabato
Ferie: tra agosto e settembre
Coperti: 25
Carte di credito: tutte, BM

novità

L'idea di Luca Faggioni, esperto di formaggi, è quella dei negozi di un tempo, in cui si consumava qualcosa di buono con un bicchiere di vino nel retrobottega. Tutti i prodotti, compresi diversi Presìdi Slow Food, possono essere assaggiati nell'apposita saletta. Alcuni esempi: spaghetti con alici di menaica, paste di grani storici con parmigiano di vacche rosse o con pomodorini e ricotta (6 €), taglieri di salumi o formaggi. Un primo con acqua, vino e pane non vi costerà più di 10 euro. Si può acquistare la bottiglia a prezzo di negozio, assaggiarla e portarla poi a casa. Diverse le birre artigianali.

CONEGLIANO (TV)
Bar Palazzi in Corte delle Rose
Bar con piccola ristorazione
Corte delle Rose, 88
Tel. 0438 35673
Orario: 7.30-21.00
Chiuso la domenica
Ferie: 15 gg in agosto
Coperti: 20
Carte di credito: tutte, BM

Ottima qualità dei prodotti utilizzati, cucina curata e mai banale, linee eleganti, ricercatezza e cura dei dettagli: il Palazzi è un affermato lounge bar di nuova concezione. Dopo gli aperitivi, sempre accompagnati da sfiziosi *cicheti*, ogni giorno all'ora di pranzo viene proposta una decina di piatti, sempre ispirati alla stagione e al mercato, tra cui citiamo insalatina di tacchinella, tagliatelle fresche con asparagi, risotti vari, ravioli alle erbe, carpaccio di manzo, filetto, selezione di formaggi. Ottima proposta di vini al calice, con un occhio di riguardo alle etichette locali. Di grande livello anche la pasticceria.

MESTRE DI VENEZIA (VE)
Bar Perla
Bar con cucina
Via Mestrina, 28
Tel. 041 975884
Chiuso la domenica
Orario: 6.00-20.00
Ferie: due settimane in agosto
Coperti: 20 + 28
Carte di credito: nessuna

novità

Bar con pochi tavoli ma un bancone incredibilmente ricco di ogni sorta di tramezzino, con farciture classiche (tonno, uova, gamberetti, sfilacci, prosciutto, speck e radicchio), creative o personalizzate al momento su desiderio del cliente. Materie prime sempre freschissime sono la prerogativa di questo locale, tipico per uno spuntino veloce o per una pausa pranzo. La maionese freschissima è preparata nel locale secondo una ricetta segreta. A mezzogiorno si trovano spesso anche buoni primi. Birra e calice di Prosecco o qualche altra etichetta da sorseggiare.

MESTRINO (PD)
Bar Enoteca Centrale
Caffè con cucina, enoteca e pasticceria
Via IV Novembre, 59
Tel. 049 9004947
Chiuso la domenica e il mercoledì pomeriggio
Orario: 6.00-20.00
Ferie: non ne fa
Coperti: 25
Carte di credito: tutte, BM
novità

La pausa pranzo al Centrale è uno spettacolo invitante, l'atmosfera è frizzante e i piatti fanno venire l'acquolina in bocca. Ambiente moderno, servizio attento e tante piccole proposte in bella vista da portare a casa: olio, vini, pasticceria di qualità, conserve, birre, riso, aceto. Ogni giorno alle 11 sul sito vengono rese pubbliche le proposte per il pranzo: pasta e fagioli, crudo di Parma 22 mesi con bufala campana, insalatina di datterino e acciughe, radicchio tardivo fondente con tomino piemontese caldo, solo per citarne alcune.

PADOVA
Gourmetteria
Gastronomia con cucina
Via degli Zabarella, 23
Tel. 049 659830
Non ha giorno di chiusura
Orario: mezzogiorno e sera
Ferie: una settimana in agosto
Coperti: 50
Carte di credito: tutte, BM
novità

Ristorante inserito in un negozio di vini e prodotti gastronomici, compresi alcuni Presìdi Slow Food. L'ambiente è ampio e moderno. Menù di tradizione – ottima l'insalata di gallina padovana – oltre a qualche piatto innovativo, tutto accompagnato da un calice di vino veneto o una birra artigianale. A pranzo si può scegliere un piatto unico a 10 euro con tre assaggi, più dolce o caffè. Pranzo completo da 20 a 30 euro.

ROMANO D'EZZELINO (VI)
Enoiteca Pomo d'Oro
Enoteca con piccola ristorazione
Viale Europa, 3
Tel. 0424 33441
Chiuso dom e mar pomeriggio
Orario: lun-sab 12.00-14.30/gio-sab anche 19.30-23.00
Ferie: la settimana di ferragosto
Coperti: 25
Carte di credito: CS, DC, MC, Visa, BM

Un riferimento del mangiare e bere bene, con una lunga gavetta di negozio, ma sempre alla ricerca di eccellenze. Oggi Maurizio e Letizia, con la giovane Valentina, creano validi piatti con materie prime di tutto rilievo: dai formaggi ai salumi, dalle verdure ai tantissimi vini. Con 10-15 euro è possibile pranzare con soddisfazione; alla sera ci si può spingere oltre.

ROSOLINA (RO)
Bar Al Monte
Bar con frittura di pesce
Via Venezia, 32
Tel. 0426 337155
Orario: 12.00-20.00
Chiuso il lunedì
Ferie: primi 15 gg di novembre
Coperti: 20+10 esterni
Carte di credito: BM

Proposte di giornata ma soprattutto un buon fritto di pesce: Nicoletta nel suo semplice bar vi servirà sarde *in saor*, cozze e vongole, canestrelli e *moeche*, in base alla disponibilità del vicino mercato di Chioggia. Possibile anche un bicchiere di vino; spesa tra gli 8 e i 15 euro.

SAN PIETRO DI FELETTO (TV)
PER
Negozio con ristorazione
Località Bagnolo
Via Cervano, 77 D
Tel. 0438 34874
Chiuso il lunedì
Orario: mezzogiorno e sera
Ferie: non ne fa
Coperti: 80 + 60 esterni
Carte di credito: tutte, BM

novità

Simpatico, accogliente e innovativo il locale di Emanuela Perenzin e Carlo Piccoli. Protagonista il lungo banco dei tanti prodotti in vendita: in bella vista i formaggi (molti di produzione propria). Confortevoli e rilassanti gli interni, cucina e vini del territorio. Si può scegliere il semplice e veloce cheese bar (taglieri di formaggi e di salumi, insalatone, fondute) o assaporare i piatti ai comodi tavoli: carne *salada* con radicchio marinato e castel, fonduta di Feletto a latte crudo con uovo cotto, tortelli con ricotta, maccheroni del casaro (la pasta è fatta in casa), tagliatelle al ragù di capretto, crema di sedano rapa e formaggio in cera d'api, risotto *ai s'ciopetin*. Si prosegue con primo sale alla piastra e polenta, bocconcini di vitella alle pere con fonduta, patate e carciofi rosolati. Ottimo il pane. Non si paga il coperto. Spesa tra i 10 e i 20 euro.

SOAVE (VR)
La Casara e non solo...
Negozio e gastronomia con piccola ristorazione
Corso Vittorio Emanuele, 42
Tel. 045 6190367
Orario: lun 8.00-12,30/mar-sab 8.00-19.00
Chiuso la domenica e lunedì pomeriggio
Ferie: non ne fa
Coperti: 14
Carte di credito: tutte, BM

Accanto ai salumi di qualità, alcuni di produzione propria, tanti sono i formaggi selezionati ma soprattutto prodotti nel caseificio della famiglia Roncolato. Si possono creare così abbinamenti più o meno complessi, accompagnati dalla piccola gastronomia prodotta ogni giorno. Alcune birre artigianali e qualche calice di vino completano il tutto. Spesa dai 10 ai 20 euro.

SOTTOMARINA (VE)
Il Tavernino
Ristorante con gastronomia
Viale Veneto, 35
Tel. 041 5500822
Orario: 12.00-14.30/19.00-23.30
Chiuso il lunedì, in inverno anche domenica pomeriggio
Ferie: variabili
Coperti: 25
Carte di credito: tutte, BM

Più ristorantino che gastronomia, pur sempre presente: Cristina e Luigi offrono gustosi piatti di pesce, anche da asporto. Ampia scelta di antipasti, come le crudité, alcune paste e pesci locali. Sarde e scampi in *saor* e baccalà mantecato non mancano mai, magari con una bottiglia di vino, anche al calice. Qualche dolce come la buona catalana. Spesa indicativa 15 euro.

TREVISO
Vineria Vinum et Cetera
Negozio e ristorante
Via Castellana, 4
Tel. 0422 210460
Orario: mezzogiorno e sera
Chiuso la domenica
Ferie: non ne fa
Coperti: 40
Carte di credito: tutte, BM

La Vineria in pochi anni si è guadagnata credibilità e popolarità, anche fuori dell'ambito cittadino, grazie alle oltre 1500 etichette, disponibili, numerose anche al bicchiere. La cucina varia spesso e punta molto su diversi Presìdi Slow Food. I nostri suggerimenti per una sosta a pranzo spendendo tra i 10 e i 20 euro: broccolo fiolaro di Creazzo al vapore, crema di fagioli con radicchio di Treviso, bigoli con le sarde, seppie in umido, cheeseburger di fassona piemontese, fegato alla veneziana con polenta, selezione di sei formaggi e confetture.

VENEZIA
Birreria Forst
Birreria con cucina
Calle delle Rasse, 4540
Tel. 041 5230557
Orario: 10.00-23.00
Non ha giorno di chiusura
Ferie: non ne fa
Coperti: 34
Carte di credito: CS, DC, MC, Visa, BM
novità

Alle spalle della basilica di San Marco, questo piccolo locale è l'ideale per spezzare l'appetito durante il giorno o per una pausa pranzo. Si trovano tramezzini di pane nero ma anche paninetti. Farciture ricche, con insaccati, verdure, formaggi, ma anche peperonata, verdure grigliate, sfilacci, maionese, senape in un trionfo di sapori e colori. Vi troverete a sorseggiare una delle tante birre del noto birrificio altoatesino, in compagnia di turisti ma anche di gondolieri e veneziani che cercano un momento di sosta e ristoro. Materie prime fresche e ottima qualità dei prodotti sono il fiore all'occhiello di questo locale di Venezia, così diverso eppure così veneziano.

VERONA
Scapin
Bottega con cucina
Via Generale Diaz, 20
Tel. 045 8003552
Orario: 12.30-14.30/19.00-22.30
Non ha giorno di chiusura
Ferie: ferragosto
Coperti: 60
Carte di credito: tutte, Bm
novità

Il locale si presenta accogliente e ben arredato, il personale è molto gentile. Pochi e semplici i piatti proposti: pasta e fagioli, bigoli con le sarde (con porzioni abbondanti) oppure un veloce tagliere di salumi e formaggi della zona con del buon pan biscotto. Tutto è accompagnato da buona birra artigianale oppure da un bicchiere di vino.

MEOLO

37 km a ne di Venezia ss 14

Roma
Trattoria
Riviera 18 Giugno, 24
Tel. 0421 61280
Chiuso martedì sera e mercoledì
Orario: mezzogiorno e sera
Ferie: 10-30 gennaio
Coperti: 80
Prezzi: 30 euro vini esclusi
Carte di credito: CS, DC, MC, Visa, BM

Nel centro abitato di questo piccolo comune della campagna veneziana si trova la vecchia trattoria Roma. L'arredamento e l'ambiente sono semplici, il bancone con i *cicheti* veneti fa capire da solo che si è capitati nel posto giusto. La famiglia Pillon, con il figlio in sala e la madre in cucina, è la custode di questa bella realtà: cucina tipica, materie prime di qualità e del territorio, prezzi corretti sono le peculiarità del locale. La cacciagione è il perno di un menù dove abbondano lepri, fagiani, folaghe e altri volatili presenti in zona. Per iniziare c'è la bella selezione di *cicheti*, tra i quali spiccano il **baccalà mantecato** e le **sarde in saor** (8 €). Tra i primi ottimi le **pappardelle con il ragù di lepre** (3,50 €), la **pasta e fagioli** e la **zuppa di verdure**, che provengono dall'orto di casa. Nei secondi, in inverno, il bollito misto e l'imperdibile *sopa coada* (pane e piccione cotto molto lentamente nel suo brodo), il pollo (di produzione familiare) alla brace e in umido (8 €), l'anatra selvatica arrosto, la lepre in salmì e il **baccalà in umido**; nel periodo estivo non perdete il *bisato coi amoi* (12 €, anguilla con prugne selvatiche) oppure i sardoni alla greca. I dolci sono molto semplici e variano dallo strudel alla pinza, dal tiramisù allo zuccotto al mascarpone. I vini rossi sono quelli sfusi delle vigne locali che ben si adattano alle pietanze proposte.

MIRANO

20 KM A NO DI VENEZIA

Ballarin
Osteria tradizionale
Via Porara, 2
Tel. 041 431500
Chiuso martedì sera e mercoledì
Orario: mezzogiorno e sera
Ferie: agosto
Coperti: 80
Prezzi: 25-30 euro vini esclusi
Carte di credito: MC, Visa, BM

Ai margini del centro storico di Mirano troviamo questa antichissima osteria che, nonostante la ristrutturazione, ha mantenuto nelle due sale l'arredamento originale. Quando si entra il banco offre da metà mattina una serie di *cichet*i veneziani di pesce e di carne accompagnati da qualche vino sfuso. La gestione del locale è affidata all'intera famiglia Voltan: in cucina Andrea coadiuvato dai nonni Maria ed Emilio, in sala Renata e Marina. L'offerta dei piatti – semplici e di porzioni generose – è presentata con un menù scritto a mano su un foglio di carta paglia. Si possono trovare le classiche **sarde in *saor***, un'insalata di seppie (9 €), la coppa alla brace con asparagi e melanzane (10 €), il prosciutto crudo con sformatino di mele. Fra i primi si può continuare con spaghettoni con pesce spada, pomodori secchi e capperi (8 €) oppure alla busera; non mancano le tagliatelle con ragù di coniglio o, in inverno, con ragù d'anatra e porcini, la **zuppa di castradina** (7 €) e gli gnocchi con carciofi e asiago. I secondi variano tra il **baccalà in umido**, alla vicentina e mantecato (12 €), le **seppie alla veneziana in nero** e la rana pescatrice con gamberi. Tra i secondi di carne, il coniglio arrosto (10 €), l'arista di maiale al forno e, d'inverno, la **trippa alla parmigiana** (8 €) e il **bollito misto**. Si può finire con dolci artigianali, dal tiramisù al bavarese con fragole. Vini veneti in bottiglia, serviti anche a bicchiere, e dell'onesto vino sfuso accompagnano i piatti.

MIRANO
Scaltenigo

18 KM A NO DI VENEZIA A 4 USCITA DOLO

Il Sogno
Osteria tradizionale
Via Vetrego, 8
Tel. 041 5770471
Chiuso domenica sera e lunedì
Orario: mezzogiorno e sera
Ferie: non ne fa
Coperti: 30 + 80 esterni
Prezzi: 30-32 euro vini esclusi
Carte di credito: MC, Visa, BM

Aperta a fine 2010, questa osteria si propone già come una realtà dalle tante piacevoli caratteristiche: l'ubicazione, immersa nel verde della campagna circostante; l'accoglienza di Silvano e dei suoi collaboratori, tra cui Marco in cucina; l'offerta del menù, prevalentemente caratterizzato da carne e verdure di stagione, senza disdegnare qualche influsso marinaro, con materie prime di qualità e frequenti variazioni. Tra gli antipasti segnaliamo i nervetti con la cipolla (7 €), la **gallina padovana** (Presidio Slow Food) **in *saor***, i fiori di zucca ripieni (7 €), la carne battuta al coltello di sorana italiana e altro, secondo stagione e mercato. Seguono i primi, con gli gnocchi freschi con ragù di gallina padovana (7 €), i bigoli in tre salse (8 €), la **zuppa di trippe**, i paccheri gratinati alle erbette primaverili, i ravioli ripieni di verdure di stagione, la zuppa di cipolle. Tra i secondi la gran bistecca di sorana italiana (a peso, 4 euro l'etto), la cocotte di frattaglie, lo stracotto di manzo al Raboso, l'**anatra al forno col pien** e la **polenta di mais biancoperla** (Presidio Slow Food, 12 €), le costicine di agnello panate o il gran piatto alla griglia. Nei mesi freddi da provare il ricco carrello dei **bolliti misti**. I dolci variano dal tiramisù alla crema bruciata al caffè, dal sorbetto alla frutta fino alla sfogliatina di crema al mascarpone, con fragole e cioccolato. La carta dei vini comprende prevalentemente etichette del Triveneto.

A Mira (8,6 km) in località Piazza Vecchia, via Volontari della Libertà 38, si trova El Forno a Legna (dom-gio 15.00-18.00): pane fatto con farine biologiche, lievitato con pasta madre, cotto in forno a legna.

MIRANO
Scaltenigo

18 KM A NO DI VENEZIA A 4 USCITA DOLO

La Ragnatela
Ristorante
Via Caltana, 79
Tel. 041 436050
Chiuso il mercoledì a pranzo
Orario: mezzogiorno e sera
Ferie: non ne fa
Coperti: 80
Prezzi: 28-32 euro vini esclusi
Carte di credito: CS, DC, MC, Visa, BM

Trent'anni portati bene, una gran signora, che si presenta come trattoria cooperativa: due anime che s'incrociano nei piatti, passione che lega le persone come le materie usate nelle preparazioni. Uno sguardo alla tradizione, un altro ai prodotti del mercato e alle contaminazioni di Paesi lontani: affiorano i ricordi dei traffici veneziani di un tempo. Le tante proposte seguono percorsi diversi, alla carta o con convenienti menù completi, dalla tradizione al più innovativo mercato e ricerca. Accanto al *saor di sarde* (5 €) e di gallina padovana e al *savor di gamberi* (ricetta del Trecento veneziano), troviamo il sashimi di tonno alle erbe e il *fegato d'agnello* di Alpago *alla veneziana*. Si prosegue con i *bigoi mori in salsa* (4 €), gli **spaghettini con seppioline nere di laguna**, i ravioli ripieni di rapa, piselli e coriandolo (6 €). Tra i secondi, da non dimenticare le *moeche* o le seppie nere in *tecia*, entrambe con polenta di mais biancoperla, e il filetto di **ombrina incovercià** (antica ricetta chioggiotta). Ancora, la coda di rospo al cartoccio con gamberi e pomodorini, la peperonata marocchina con caprino (5 €) o una bella **trippa in umido** (6 €). Per gli appassionati, un'interessante selezione di **formaggi**. Qualche dolce, come gli **zaleti** con crema (4 €), il gelato alle spezie con sesamo, nocciola e caramello, la rovesciata di mele. Piccoli produttori e vini naturali, con ampia scelta, anche al calice. Nelle ampie fasce orarie del pranzo e della cena è possibile assaporare la Cicchetti jam: *cicheti* a un euro, con **baccalà fritto** e **folpeti lessi**.

> *Un porto sicuro, sempre uguale ma dal cambiamento lento e continuo. Da conoscere e riconoscere, come un vecchio amico.*

MONASTIER DI TREVISO
Chiesa Vecchia

15 KM A EST DI TREVISO

Il Tirante
Ristorante
Via San Pietro Novello, 48
Tel. 0422 791080
Chiuso il lunedì, martedì e sabato a pranzo
Orario: mezzogiorno e sera
Ferie: 16-31 agosto e principali festività
Coperti: 16
Prezzi: 32 euro vini esclusi
Carte di credito: tutte, BM

Semplicità, cura e tradizione: questi sono gli obiettivi che Luigi e Caterina hanno sempre presenti nella gestione del loro locale. Ecco quindi riconfermate semplicità e tradizione nell'offerta dei piatti, nella pasta fatta in casa e nell'utilizzo di prodotti per quanto possibile locali, a cui Caterina aggiunge un tocco personale. Ecco la cura nell'allestimento dell'accogliente piccola sala, dove pranzerete circondati da libri e bottiglie delle migliori cantine locali che, affidandovi ai consigli di Luigi, potrete abbinare ai piatti scelti. Tra le proposte si può scegliere come antipasto il piatto misto di salumi locali (6 €) oppure il lardo salato al rosmarino. A seguire la zuppa dell'osteria (9 €), i *bigoi* **al baccalà** o i ravioli ai carciofi con salsa di noci (9 €). Tra i secondi, il **morlacco cotto su radicchio** alla griglia (13 €) o il classico **baccalà alla vicentina**. Tradizionali e fatti in casa anche i dolci, come la crostata di marmellata d'arance, la torta di ricotta e cioccolato o la torta di mele.

VENETO | 269

MONFUMO
Castelli

38 KM A NO DI TREVISO

Dall'Armi
Osteria tradizionale
Via Chiesa Castelli, 1
Tel. 0423 560010
Chiuso martedì e mercoledì
Orario: mezzogiorno e sera
Ferie: ultima sett di agosto-prime due di settembre, una sett in maggio
Coperti: 36 + 30 esterni
Prezzi: 20-22 euro
Carte di credito: nessuna, BM

Un po' fuori dal mondo questo locale, perso tra le colline asolane: poche auto per la strada adiacente, regna il silenzio, solo in lontananza si fanno sentire il gallo e un cane che abbaia. Un'osteria di una volta: un po' di tavoli con le tovaglie a quadri, gli amici del paese che si bevono un *goto* di vino tra le chiacchiere, i piccoli ambienti e il "casolino". Elisa e Silvia accolgono con semplicità e gentilezza, in cucina mamma Anna prepara i pochi piatti della lista delle vivande. Antipasti: tenero **sgombro con dolce cipolla di Tropea** (6 €) oppure affettati con sottaceti. A seguire pasta asciutta con un semplice sugo o con verdure di stagione (5 €). La specialità tra i secondi è la **frittata con cipolla e soppressa** o con formaggio (13 euro in due), alta e servita nel tegame, ma disponibili anche l'asiago fuso e la braciola di maiale o manzo (7 €); su prenotazione anche il pollo in umido. Contorni di verdure e il dolce della casa per chiudere (2 €). Piacevole il vino dell'osteria.

MONTEGALDA

17 KM A SE DI VICENZA

Da Culata
Osteria tradizionale
Via Roi, 47
Tel. 0444 636033
Chiuso la domenica
Orario: pranzo, mercoledì e venerdì anche sera
Ferie: agosto
Coperti: 50 + 20 esterni
Prezzi: 28-34 euro vini esclusi
Carte di credito: Visa, BM

È dura da accettare, ma uno dei migliori baccalà alla vicentina della zona è proposto da… un sardo. Per carità, in cucina c'è la bravura e la tradizione della moglie Carla e della cognata Isetta, figlie di quel Culata che nel 1932 iniziò questa attività. Il locale si trova sulla strada tra Longare e Montegalda e, a parte qualche ammodernamento, mantiene sempre la classica struttura del negozio di *casolin* che aveva alle origini, con il bancone e gli scaffali, che tuttora offrono prodotti d'eccellenza del territorio. Nelle due salette laterali, sarà Vincenzo, il sardo, a illustrarvi a voce i piatti in menù. Per iniziare, **sopressa** di casa o baccalà mantecato per poi proseguire con un piatto di pasta, tutta di casa e fresca di giornata, come i **tagliolini con baccalà e bottarga** (9 €), la pasta e fagioli, il pasticcio o le **tagliatelle**, servite in brodo coi *fegadini* nei periodi freddi o con le verdure fresche, una delle poche concessioni alla stagionalità. Tra i secondi primeggia il **baccalà alla vicentina con polenta** (15 €); in alternativa carni alla griglia o arrosti, con contorno di verdure del proprio orto, come viene sottolineato dai titolari con una punta di orgoglio. Nei mesi invernali e su ordinazione, **bollito col cren**. Di casa anche i dolci: biscottini di pastafrolla, bignè, crostate. Carta dei vini ridotta, con buone proposte del territorio, prevalentemente finalizzata ad accompagnare il baccalà; recentemente si è iniziato a introdurre qualche vino naturale.

A fianco della trattoria sorge Il Palazzone, azienda agrituristica della distilleria Brunello, dove oltre alle ottime grappe si possono acquistare vini, insaccati, confetture di frutta e verdure sott'olio.

MONTEGROTTO TERME

12 km a so di Padova

Da Mario
Ristorante
Corso Terme, 4
Tel. 049 794090
Chiuso il martedì e mercoledì a pranzo
Orario: mezzogiorno e sera
Ferie: non ne fa
Coperti: 80
Prezzi: 35 euro vini esclusi
Carte di credito: tutte, BM

È bello sapere che, anche in un ambiente turistico come quello delle Terme Euganee vi è ancora qualche locale, che ha preferito rimanere nei solchi della tradizione veneta, anche se con alcune divagazioni, rifiutando la facile ristorazione, sicuramente meno impegnativa ma anonima. I fratelli Bernardi (Marco in cucina e Francesco in sala) conducono questo locale da oltre dieci anni proponendo una cucina imperniata sulla proposta di prodotti della zona, con un menù che varia anche più volte in una settimana, sulla base di quanto offre il mercato. Consigliabili tra gli antipasti (9 €) la terrina tiepida di agnello o gli splendidi carciofi al forno con uovo morbido; in alternativa **salame nostrano** e frittelle di pesce. Tra i primi (10 €) molto buona la tradizionale **pasta e fagioli** ma non sono da meno i tortellini fatti in casa, gli spaghetti guanciale, pecorino e pepe, le **lasagne con verdure**, le **pappardelle con i fegatini**. Nei secondi (15 €) si distingue il **baccalà alla vicentina** accanto a una buona e variegata è la proposta di carni alla brace e al forno. Per gli appassionati, sono sempre presenti anche alcuni piatti di pesce. Per concludere, buoni dolci, dove si ritrova la bravura di Marco. Interessante la scelta di vini sfusi: si nota la volontà di fare conoscere ai numerosi turisti la produzione locale; in alternativa una grande carta dei vini che comprende centinaia di etichette, nazionali ed estere, con alcune proposte al calice.

NEGRAR
Mazzano

18 km a no di Verona

Alla Ruota
Ristorante
Via Proale, 6
Tel. 045 7525605
Chiuso lunedì e martedì
Orario: mezzogiorno e sera
Ferie: variabili
Coperti: 80
Prezzi: 29-35 euro vini esclusi, menù fisso
Carte di credito: CS, MC, Visa, BM

Ai piedi della Lessinia, a pochi chilometri da Negrar, in posizione panoramica sulla Valpolicella, Alla Ruota è una meta nota ai buongustai: nella bella stagione si può mangiare sull'ampia terrazza. La qualità della cucina e degli ingredienti, l'accoglienza e la cordialità, l'ottimo rapporto tra qualità e prezzo fanno sì che ogni visita diventi un momento di vero piacere. Il menù segue l'andamento delle stagioni, imperniato attorno a un primo, un secondo e un dolce fissi della casa: **tortelli di carne all'Amarone**, **carni all'Amarone** secondo l'estro della cuoca, ruota di cioccolato. Tra gli antipasti potete gustare il **prosciutto crudo di Montagnana** 24 mesi, la torta salata di verdure, il **baccalà mantecato** e l'**insalata di gallina grisa della Lessinia**. Tra i primi, gli eccellenti **ravioli di lumache** e la vellutata di broccolo verde con polpette di maiale, i maltagliati con carciofi e coniglio, gli gnocchi con nocciole. Tra i secondi, la pressata di chianina, il delizioso tortino di faraona, il maialino con le mele. Per finire alcuni dolci che meritano di essere citati: la castagna – diverse consistenze per farvi conoscere le castagne e la stagionalità – tronchetto di ricotta affogato in un succo di uva cotto con cannolo e crema di latte. La carta dei vini è prevalentemente incentrata sul territorio e con giusti ricarichi.

NEGRAR
Torbe

19 KM A NO DI VERONA

Caprini
Trattoria
Via Zanotti, 9
Tel. 045 7500511
Chiuso il mercoledì
Orario: mezzogiorno e sera
Ferie: non ne fa
Coperti: 90
Prezzi: 25-30 euro vini esclusi
Carte di credito: CS, MC, Visa, BM

Bellissimo il colpo d'occhio della Valpolicella, che si gode dal piazzale della chiesa di Torbe, ma ancor più bella è la visione della pasta tirata a mano, distesa sui tavoli all'ingresso della sala da pranzo della trattoria della famiglia Caprini, che ormai da oltre un secolo propone un menù imperniato sulla tradizione e sul territorio, nella giusta convinzione che non debbano essere perse abitudini e memorie. L'ampio e arioso salone è il regno di Nicola e Sergio, mentre il terzo fratello, Davide, segue la cucina assieme ai genitori Francesco e Pierina. Chi non sceglie il menù degustazione (28 €) può optare sul semplice antipasto di affettati con giardiniera di propria produzione, cui fare seguire le immancabili **trippe in brodo** (7 €), i tagliolini coi fegadini o le superbe **tagliatelle** (7 €) proposte **con** diversi **ragù** (della Pierina, al pomodoro, di lepre). Tra i secondi c'è sempre una buona proposta di carni alla brace (13 €); in alternativa tipici piatti veneti quali il baccalà alla vicentina, il fegato alla veneziana o il **guanciale di manzo brasato al Valpolicella** (10 €). Nei periodi vocati si possono trovare il **bollito con la pearà** o l'agnello della Lessinia alla forno. Gratificante l'offerta dei dessert: la loro pastafrolla, il tortino al cioccolato o l'introvabile crema fritta. Carta dei vini prettamente imperniata sulla zona, con la possibilità di portare a casa il vino avanzato nell'apposito contenitore messo a disposizione dal locale.

Il panificio di Silvana Caprini, sotto la trattoria, sforna i cornéti di pane, la treccia (pane con lo zucchero) il sabato e i dolci della tradizione: pastafrolla sempre, brasadele broè a Pasqua e nadalìn a Natale.

NERVESA DELLA BATTAGLIA

35 KM A NORD DI TREVISO

La Panoramica
Ristorante
Via VIII Armata, 28
Tel. 0422 885170
Chiuso lunedì e martedì
Orario: mezzogiorno e sera
Ferie: 15-30 gennaio, 1 sett tra luglio e agosto
Coperti: 60 + 40 esterni
Prezzi: 30-32 euro vini esclusi
Carte di credito: tutte, BM

Uno sguardo dall'alto del Montello sulle luci della pianura verso il Piave è la prima sorpresa che ci riserva il ristorante La Panoramica. Il locale è costruito all'interno di una casa colonica dei primi del Novecento ed è attivo da circa cinquant'anni. Qui il sommelier Eddy Furlan, con i figli Giuliano e Francesca e la moglie e chef Antonella, propone piatti saporiti e tradizionali da accompagnare a vini e birre artigianali, per la cui scelta è d'obbligo il consiglio del padrone di casa. Iniziamo il nostro viaggio scoprendo antipasti a base di insaccati, come gli asparagi marinati con ossocollo montelliano (8 €), i **funghi porcini spadellati con soppressa** di casa oppure con la pancetta. Si continua con primi piatti rustici al sapore ma moderni nella presentazione, come gli gnocchetti di patate con ragout di coniglio e rosoline o i tagliolini con duetto di asparagi e pancetta (8 €). I secondi piatti sono a base di carne e formaggi nostrani. Potete scegliere tra il fritto d'agnello e cipollotti all'agro, il **filetto di maiale al vecchio carnia ed erbette** (16 €) o il classico **formaggio asiago grigliato con polenta e funghi** (13 €). Per chiudere con un sapore dolce, assaggiate la crostata alla frutta di stagione, la torta di mele selvatiche o il più fresco cremino alla vaniglia con fragole.

NOALE

26 km a no di Venezia

Agli Spalti
Ristorante
Via Bregolini, 32
Tel. 041 5800993
Chiuso la domenica, lunedì e martedì a pranzo
Orario: mezzogiorno e sera
Ferie: non ne fa
Coperti: 20 + 25 esterni
Prezzi: 28-30 euro vini esclusi
Carte di credito: MC, Visa, BM

La conduzione di questa bella osteria è esclusivamente familiare. In cucina Vania continua la tradizione di famiglia preparando piatti generosi con l'utilizzo di prodotti quasi solo del territorio e un ampio impiego di verdure dell'orto di famiglia. L'accoglienza è affidata al marito Mauro, che illustra le pietanze con dovizia di informazioni sui prodotti e tipi di cottura. Fra gli antipasti possiamo iniziare con la **gallina in *saor***, il cestino di grana con pere e pecorino di fossa, il **radicchio rosso con pancetta croccante** (6 €), il toast di mazzancolle con scarola mandorle e zabaione salato (7 €) oppure con un piatto di affettati. Fra i primi si può continuare con le tagliatelle o i **bigoli con ragù d'anatra**, con gli eccellenti tagliolini alle verdure e salsa di gorgonzola (8 €) oppure con pesto di ortiche e ricotta affumicata; in alternativa spaghetti neri con verdure gamberoni e salsa di zafferano, zuppa di porri (6 €) oppure **bigoli in salsa di acciughe.** Tra i secondi non mancano mai il **baccalà alla vicentina**, le **seppie in nero con polenta** (13 €), il filetto di maiale in salsa di rapa rossa e, ancora, ossobuchi in gremolada e roastbeef. Ma è sui dolci che la mano esperta di Vania dà il massimo: ottimo e particolare il tiramisù con biscotti secchi, semplice e profumato il tortino di mele e arance amare al rum (4 €). I vini, presentati a voce e con un corretto ricarico, sono di provenienza quasi esclusivamente regionale.

🔒 In via La Bova 6, vicino a piazza XX Settembre, l'enoteca Al Filò propone un'ottima selezione di vini italiani e birre, formaggi e salumi, raccontati e spiegati con passione.

NOVENTA DI PIAVE

37 km a ne di Venezia uscita a 4

Ca' Landello
Trattoria
Via Santa Maria di Campagna, 13
Tel. 0421 307010
Chiuso domenica sera e lunedì
Orario: mezzogiorno e sera
Ferie: non ne fa
Coperti: 80
Prezzi: 36-40 euro vini esclusi
Carte di credito: MC, Visa, BM

Alla periferia di Noventa, in prossimità dal casello autostradale di San Donà-Noventa, troviamo questo bel casale circondato dai vigneti di proprietà, ristrutturato di recente e trasformato in una elegante trattoria dai fratelli Stefano e Luigi Sutto, vignaioli da generazioni, con esperienze nella ristorazione. Cucina di carne e di verdure: tra gli antipasti il cosciotto nostrano con cren o il carciofo fritto con burrata (10 €). Si passa quindi ai ravioli ripieni di *schiopet* con burro fuso e ricotta affumicata, **radici e *fasioi coi sosoi*** (lardo pancettato), **bigoli con ragù di manzo tagliato al coltello**, risi e bisi, tagliatelle caserecce agli asparagi, risotto di Grumolo delle Abbadesse (Presidio Slow Food) coi bruscandoli. Tra i secondi **fegato alla veneziana con polenta** (18 €), asparagi di Cima d'Olmo con le uova (16 €) e, per finire, carni alla griglia: filetti, costate e tagliate di sorana e scottona, fritto misto di carni (avicola, suina e bovina). Buoni i dolci fatti in casa. Tra i vini, oltre alle etichette dell'azienda di famiglia, ci sono alcuni prodotti di prestigio a prezzi molto corretti. Sono presenti un menù vegetariano a 38 euro e uno degustazione a 40.

VENETO

Antica Osteria Dal Capo

Osteria moderna *novità*
Via degli Obizzi, 2
Tel. 049 663105
Chiuso la domenica
Orario: mezzogiorno e sera
Ferie: 1 sett dopo l'Epifania, prime 2 sett di agosto
Coperti: 25
Prezzi: 30-35 euro vini esclusi
Carte di credito: CS, MC, Visa, BM

L'antico ghetto di Padova si trova nel centro della città, a ridosso del fulcro dell'attività commerciale gastronomica, il mercato di frutta e verdura nelle piazze delle Erbe e della Frutta. È qui che Michele, titolare e cuoco dell'osteria, tende a rifornirsi, per offrire ai clienti un menù che rispecchi il territorio in tutti i suoi aspetti. Il locale, aperto nel 1936 come vineria, pian piano negli anni si è trasformato in osteria: la sala, piccola ma accogliente, è gestita con cortesia. Tra gli antipasti, l'insalata di gallina padovana con radicchio di campo e zucca candita, la mousse o l'insalata di baccalà, le **sarde in** *saor* (8,50 €), i fiori di zucca ripieni su passata di pomodoro. Da provare la pasta fresca fatta in casa: gnocchi di ricotta di Borgoforte, **pasta e fagioli** (8 €), zuppa di pesce in pagnotta oppure, in stagione, di finferli e porcini. I secondi vedono protagonisti gli animali della corte padovana: **torresano farcito**, petto d'anatra con albicocche profumato al miele fior d'arancio (15 €), **pollo** *in tocio dea nonna*. In alternativa, ossobuco di vitello con prugne e castagne, baccalà alla veneta o la rara e gustosa **trippa di baccalà**. Concludete con una selezione di formaggi veneti abbinati a un vino rosso passito o con dolci casalinghi quali la rovesciata di mele con salsa al Calvados o il latte in piedi con salsa all'arancia o cioccolato fondente. Buona carta dei vini prettamente regionale, ricca di etichette dei Colli Euganei.

L'Anfora

Osteria
Via dei Soncin, 13
Tel. 049 656629
Chiuso la domenica
Orario: 09.00-23.00
Ferie: la settimana di Ferragosto
Coperti: 40
Prezzi: 35 euro vini esclusi
Carte di credito: AE, Visa, BM

L'osteria propriamente detta è quella che per tradizione offre un servizio continuo dalla mattina, per la colazione o la merenda, fino a tarda sera con il bicchiere della staffa. L'Anfora, locale storico della città, con il bel bancone all'ingresso, offre nella vetrinetta una ricca proposta di **spuncioni**: fritto, uovo duro, pane e salame o pizza casereccia sempre abbinati a un calice di vino. A reggere tutto questo ci vuole un vero oste e qui ne troviamo uno con la "o" maiuscola: Alberto Grinzato che tiene le fila con professionalità e afflato amicale. Il menù è impostato sulla tradizione veneta e sul territorio, in particolare quello padovano. È per questo che si potranno trovare gli **sfilacci di cavallo** (8 €), le **sarde in** *saor*, i folpeti nostrani oppure l'impepata di cozze dell'Adriatico tra gli antipasti. Per seguire la tradizione potrete scegliere un piatto simbolo, **pasta e fagioli** (8 €), oppure i **bigoli freschi in salsa alla veneziana** (9 €) o gli spaghetti alle *bibarase*. Tra i secondi, da provare il piatto di formaggi misti di capra (13,50 €) oppure il pesci misto in *saor*. I dolci sono fatti in casa: ottima la torta di pere, cioccolato e cannella (4 €). La scelta dei vini è impostata soprattutto sul Triveneto e molte etichette sono in mescita con un basso ricarico.

▪ Pasticceria Biasetto, in via Facciolati 12, un vero tempio per brioche, torte, paste mignon e specialità al cioccolato. Caffè Pedrocchi, nella centrale via VIII Febbraio, storico locale molto frequentato, a due passi dall'Università.

PESCHIERA DEL GARDA

30 km a ovest di Verona

Da Luisa
Osteria tradizionale
Via Frassino, 16
Tel. 0457 550760
Chiuso il martedì
Orario: mezzogiorno e sera
Ferie: 24 dicembre-metà gennaio, 24 giugno-3 luglio
Coperti: 30
Prezzi: 30 euro vini esclusi
Carte di credito: tutte, BM

A Peschiera del Garda, nel centro abitato, non distante dal santuario della Madonna del Frassino, si trova l'accogliente trattoria Da Luisa, luogo di stampo familiare, dall'atmosfera rassicurante, scandito dal ritmo di Nadia e dall'esperienza di Paolo, cuoco agricoltore, come ama presentarsi, produttore di olio e del vino che porta con orgoglio a tavola. La stagionalità caratterizza la proposta del giorno, affiancando un menù che offre tradizionali antipasti – salame e lardo con polenta (7 €), la schiacciata di patate con lavarello e scorzone della Lessinia (10 €) – o ricercate selezioni di prosciutto crudo o di culatello. Poi i primi piatti: **pasta e fagioli**, **tortelli di zucca** (9 €), penne di Gragnano al baccalà o **tortellini di Valeggio** (8 €). Secondi di pesce e di carne: **lavarello del Garda ai ferri** (13 €), trota ai ferri, scaloppa di salmerino spadellata al limone, sella di agnello in crosta (16 €), **fegato alla veneziana** (14 €). In alternativa, ottime selezioni di formaggi (anche dei Presìdi Slow Food) serviti con miele e confetture (12 €). I dolci variano secondo le stagioni: ottima la crema bruciata al caffè con gelato alla liquirizia (5 €). Paolo Bazzoli, grande appassionato di buon vino, con attenzione vi saprà ascoltare e suggerirvi il miglior abbinamento.

PIANIGA

30 km a no di Venezia a 4 uscita Dolo

Da Paeto
Osteria tradizionale
Via Patriarcato, 78
Tel. 041 469380
Chiuso lunedì e martedì
Orario: mezzogiorno e sera, in agosto solo sera
Ferie: in agosto
Coperti: 40
Prezzi: 26-30 euro vini esclusi
Carte di credito: nessuna

Siamo nell'entroterra veneziano, in un locale in cui è facile sentirsi a proprio agio curiosando fra libri, riviste e una piccola dispensa di buoni prodotti. All'accoglienza Tommaso Zacchello che, con competenza e passione, vi spiegherà il menù e le materie prime utilizzate, quasi tutte locali. Largo a verdure come asparagi di Giare e piselli di Pianiga (in primavera), broccolo fiolaro, zucca marina, fagiolo nano di Levada (nella stagione fredda), con l'aggiunta del pesce della vicina laguna. Dalla cucina di Eddy Biasiolo, socio e chef, escono piatti eccellenti a base di pesce e di carne. Tra gli antipasti, salumi, **nervetti con le cipolle**, **sarde in *saor*** (6 €), carpaccio di baccalà affumicato o cotto a vapore con insalatina di porcini. La pasta è casalinga – così come il pane –, e la scelta è tra **tagliolini con i piselli e seppie nere** (10 €), spaghettini con gamberi di laguna e cipollotto, bigoli in salsa, gnocchi con le *sècoe*, **zuppa di trippa** o il risotto di baccalà (riso di Grumolo delle Abbadesse, Presidio Slow Food), da ordinare in anticipo. Il **baccalà** è quasi sempre presente (salvo in estate) e proposto in molteplici varianti – **mantecato**, alla vicentina, alla veneziana (il tris, 15 €) – ma è ottimo anche il fritto, sempre con polenta di mais biancoperla (Presidio Slow Food). Ricca la scelta dei formaggi e dei dolci siciliani. Rinnovata la carta dei vini, con etichette perlopiù venete e friulane, con qualche aggiunta da altre regioni disponibilità anche al calice e ricarichi onesti.

> ❝ *Una certezza grazie alla cura di ogni dettaglio e alla continua voglia di innovare senza perdere di vista il prodotto* ❞

PIEVE D'ALPAGO
Carota

17 KM A NE DI BELLUNO

Rifugio Carota
Ristorante con alloggio
Località Carota, 2
Tel. 0437 478033
Chiuso lunedì e martedì, mai d'estate
Orario: mezzogiorno e sera
Ferie: tre settimane tra gennaio e febbraio
Coperti: 50 + 15 esterni
Prezzi: 34 euro vini esclusi
Carte di credito: nessuna, BM

Sulla salita che da Pieve porta al Monte Dolada, conosciuto agli sportivi quale base di decollo per deltaplano e parapendio, in posizione panoramica dal 1969 c'è il Rifugio Carota. La famiglia Pellegrinotti lo gestisce da sempre e oggi i figli, Luca in sala e Daniele in cucina, portano avanti la passione per i prodotti locali, come l'agnello dell'Alpago (Presidio Slow Food) e la selvaggina. Vale la pena iniziare con il **cinghiale in saor** o con la degustazione di lumache. A seguire, fra i primi (9 €) troverete le zuppe stagionali, la **vellutata di trippa**, i tortelli agnello e timo, le **tagliatelle al ragù di germano reale** e, d'autunno, le **lasagne con pastin e carciofi**. Vale poi la pena chiedere le **costolette di agnello** (fritte sono una delizia) ma se volete continuare con la selvaggina non avete che da scegliere fra **tagliata di cervo**, sella di capriolo al forno (14 €) oppure cinghiale arrosto. Luca vi accompagnerà nella scelta dei vini: fra le proposte nazionali ed estere troverete molti rossi che tradizionalmente sposano le carni, ma suggeriamo di provare una fra le varie cantine di spumanti italiani e francesi presenti. Una decina circa le etichette di birre. In chiusura i dessert di casa, i freschi dolci di frutta al cucchiaio d'estate e, sempre, le classiche crostate. Buona la scelta di distillati.

POLVERARA

16 KM A SE DI PADOVA

L'Operaio dei Fornelli
Trattoria
Via Trieste, 16
Tel. 049 5855363
Chiuso il mercoledì
Orario: mezzogiorno e sera
Ferie: una settimana in agosto
Coperti: 40
Prezzi: 25-30 vini esclusi
Carte di credito: CS, DC, MC, Visa, BM

Polverara fa parte del territorio della Saccisica, ricco di acque e di storie, famoso per la gallina detta di Polverara, cugina della padovana. È qui che da qualche anno Federico, in cucina, e suo fratello Enrico, in sala, hanno rilevato un locale storico e ne hanno fatto un punto fermo della cucina del territorio. Tra gli antipasti potrete trovare la **gallina padovana** (Presidio Slow Food) **in insalata** (7,50 €), il **prosciutto crudo di Montagnana**, le **sarde in saor** e una **frittatina con erbette spontanee**. Proseguite poi con la pasta fresca: sicuramente da provare il tortello di *Toni dea Simia* (8,50 €), che prende il nome dallo storico proprietario dell'osteria. In alternativa vellutate di stagione, tagliolini con ragù di gallina padovana o lo **spaghettino con ragù di agnello carciofo brasato e coriandolo**. I secondi sono principalmente a base di carne: da provare il ***musso in tocio al vin Friularo*** (Docg della zona, 9 €), vari tagli di sorana, agnellino da latte al forno oppure per cambiare il **baccalà rosso**. I dolci, fatti in casa, annoverano prelibatezze come il semifreddo allo yogurt, panna cotta e crostate. Ottima la carta dei vini, tra cui buone etichette nazionali di vitigni autoctoni biologici e biodinamici.

276 | VENETO

PORTOGRUARO

60 KM A NE DI VENEZIA SS 14 A 4 O 28

Venezia

Trattoria
Viale Venezia, 10-12
Tel. 0421 275940
Chiuso la domenica
Orario: mezzogiorno e sera
Ferie: qualche giorno dopo Natale; tra agosto e settembre
Coperti: 45
Prezzi: 35-38 euro vini esclusi
Carte di credito: tutte, BM

La trattoria è facilmente raggiungibile dall'autostrada, non lontana del centro di Portogruaro, che merita una visita per le testimonianze storico-architettoniche quasi millenarie. Nel locale, semplice ma elegante, sarete accolti con garbo da Claudio e Lucia, mentre in cucina lavorano, con passione, Renzo e Maria. Il menù (chiedete i prezzi perché è solo descritto a voce) è a base di pesce ed è variabile a seconda del pescato. Per iniziare il classico antipasto misto, la seppia con bottarga e salsa di peperoni (7 €), il tortino di gamberi ricotta affumicata e porcini (o verdure di stagione), il **baccalà mantecato** o le **sarde in *saor***. Tra i primi piatti non mancano mai gli **spaghettini con calamaretti** o *zotoli* **di laguna** (15 €), o con le vongole. In stagione **gnocchi di zucca con canestrelli e pecorino** (12 €), crema parmentier con gamberi e cappesante. **Baccalà alla vicentina**, le *moeche* in stagione, il **fritto misto** (18 €) e il pescato del giorno completano l'offerta. I dolci sono preparati da Maria e spaziano dalle mousse con frutta di stagione alla panna cotta, dal semifreddo al torroncino alle bresciane, dal tortino di cioccolato caldo allo strudel, nei mesi invernali. In cantina etichette per lo più venete e friulane, anche al bicchiere, con ricarichi corretti.

PORTO TOLLE
Santa Giulia

71 KM A SE DI ROVIGO

Arcadia

Trattoria
Via Longo, 29
Tel. 0426 388334-347 7476359
Chiuso il mercoledì
Orario: mezzogiorno e sera
Ferie: fine gennaio-primi di febbraio
Coperti: 30 + 10 esterni
Prezzi: 30-35 euro vini esclusi
Carte di credito: tutte, BM

Locale piccolo ma non piccolissimo, caratteristico nell'arredamento fra pesca e caccia, appena sotto l'argine del Po di Gnocca: siamo nel cuore del Delta a due passi dalla Sacca di Scardovari. L'osteria è il regno di Arcadia, la cuoca, e della figlia Pamela che sovrintende la sala. Servizio veloce, affabile, coinvolgente, che fa sentire come a casa propria. Il pesce (il crudo va ordinato con un po' di anticipo) è sempre freschissimo. Il menù, pur non molto ampio, è ben strutturato, con i Presìdi Slow Food in giusta evidenza e una piccola sezione riservata a chi non ne vuole sapere del pesce. Oltre alla carta c'è **la cozzeria**: 11 piatti a base di cozze dell'allevamento di famiglia. La tradizione è presentata con le **sarde in *saor***, le **seppie in umido con polenta di mais biancoperla** (Presidio Slow Food), il **fritto misto di laguna** e di mare. In alternativa si può scegliere il carpaccio di ombrina con sale Camillone (Presidio Slow Food, 9 €), il **risotto di pesce con carnaroli del Delta** (11 €), il **fritto di *buratei*** (le piccole anguille selvatiche di laguna, 5,50 euro all'etto). Non manca una scelta di formaggi veneti o di salumi polesani. D'inverno piatti di cacciagione, dal **germano reale** ai fischioni, alla lepre. Pasta, dolci, gelati e sorbetti sono fatti in casa. Carta dei vini semplice e corretta con servizio anche al bicchiere. Importante la selezione di distillati.

> *Ogni piatto è un racconto di questo affascinante angolo di Veneto dove il pesce, anche quello più semplice, è indiscusso protagonista*

VENETO | 277

PREGANZIOL

7 KM A SUD DI TREVISO SS 13

El Patio
Ristorante
Via Croce, 35
Tel. 0422 93292-633240
Chiuso il martedì e mercoledì a mezzogiorno
Orario: mezzogiorno e sera
Ferie: non ne fa
Coperti: 100 + 40 esterni
Prezzi: 32-34 euro vini esclusi
Carte di credito: tutte, BM

Il nome ricorda la veranda affacciata sul verde, contesa dai clienti nelle belle giornate e nelle serate estive, una silenziosa oasi a due passi dal traffico del Terraglio. Vera anima del locale sono le donne Pistolato, da mamma Nori, che ancora non molla la cucina, alle figlie Giuliana e Marinella, in sala, per finire con Vanda che dispensa gentilezza mettendo chiunque a proprio agio. Le basi su cui si fonda l'attività del Patio non cambiano: rispetto delle tradizioni, qualità delle materie prime, rapporto schietto con i clienti e piatti mai scarsi. L'antipasto misto (10 €) è un buon consiglio e vi inizierà al territorio, che scoprirete meglio nella *sopa coada*, nella **pasta e fagioli** (8 €), nel **risotto al radicchio di Treviso**, protagonista anche nella zuppa con crostini. La pasta fresca viene preparata ogni giorno, ad esempio per pappardelle ai funghi e farfalle con i finferli al Marsala; in casa sono fatti anche gli **gnocchi di zucca con burro e salvia**. Se avete ancora fame, viste le porzioni abituali, la scelta è difficile e in ogni caso non sbaglierete: petto d'anatra laccato alle pere (15 €), costicine di agnello scottadito, **pollo casereccio in umido con patate** (14 €), ossobuco di vitello con funghi misti; **seppie alla veneta** e **baccalà alla vicentina** gli unici piatti di pesce. Non deludete Vanda, i dessert li prepara lei, in primis l'ottimo tiramisù e i biscottini misti. La scelta in cantina è limitata a etichette regionali, con poche eccezioni.

RECOARO TERME
La Guardia

45 KM A NO DI VICENZA SS 246

Piccole Dolomiti
Rifugio alpino
Strada di Campogrosso, 3300
Tel. 0445 75257
Chiuso lunedì sera e martedì
Orario: mezzogiorno e sera
Ferie: variabili, in estate sempre aperti
Coperti: 65 + 30 esterni
Prezzi: 25-28 euro vini esclusi
Carte di credito: MC, Visa, BM

Vale la pena salire fino a 1163 metri se poi si può godere di simili piaceri: lo splendido panorama sulla vallata e sulle cime circostanti e una cucina che sa di tradizione e di amore per il territorio. Adone, cuoco esperto, e la cordiale Giovanna hanno racchiuso qui lo spirito dell'autentica trattoria in un classico rifugio di montagna. Il locale è molto frequentato: punto di partenza per escursioni e passeggiate anche se, viste le generose porzioni, sarebbe preferibile considerarla la meta d'arrivo. Nel grande salone, con tanto legno e, alle pareti, antichi strumenti di lavoro e sci, sulle tavole trovano posto piatti semplici, con i prodotti e le verdure del luogo, nel pieno rispetto della stagionalità. Per iniziare, **polenta e salame fresco scottato**, **crostone e baccalà mantecato**, carpaccio di carne *salada*. Tra i primi non possono mancare gli **gnocchi con la fioretta** (7,50 €) o con ricotta di malga (9 €), i **gargati con consiero e funghi** (8,50 €), la pasta e fagioli, gli gnocchi di patate, le lasagne con le erbe spontanee, che qui si raccolgono fino all'inizio dell'estate. Bella scelta anche tra i secondi, a partire dal notevole **gulasch** (10,50 €); in alternativa, sella di coniglio con porcini, spezzatino di cervo (11 €), tagliata di petto d'anatra con verdure e baccalà alla vicentina (12 €). Se vi resta ancora spazio, ampia la proposta dei dolci, tutti casalinghi. Una trentina le etichette presenti nella carta dei vini, alcune anche al bicchiere, in prevalenza venete ma con qualche divagazione toscana.

Nel centro di **Recoaro** (8 km), in via Lelia, Chiara Perlotto nel suo piccolo negozio vende ottimi sottoli, sottaceti, confetture e composte di frutta. L'apertura è stagionale.

REFRONTOLO

34 km a no di Treviso, 14 km da Conegliano

Al Forno
Osteria tradizionale
Viale degli Alpini, 15
Tel. 0438 894496
Chiuso lunedì e martedì
Orario: pranzo, fine settimana anche sera
Ferie: agosto, 15 giorni in gennaio
Coperti: 40 + 40 esterni
Prezzi: 32 euro vini esclusi
Carte di credito: tutte, BM

Una grande tradizione, la voglia di dare al cliente sempre il meglio, di cambiare menù quasi ogni giorno, di coltivare e portare dal vicino passo San Boldo erbe e verdure che arricchiscono i piatti: questo è il locale di Mario e Rosita Piol. Lei fra i tavoli, a consigliare con affabilità il cliente e a raccontare il menù, lui al bar, in sala e, soprattutto, alla griglia, mentre dalla cucina escono piatti perfetti di cottura e di bella presentazione. Si può iniziare dall'immancabile *pastìn* **all'aceto balsamico con polentina e formaggio** (6 €), ma anche dallo sformatino di erbe, dalla zucca in *saor*, dal radicchio di campo saltato con lardo fuso e formaggio affumicato: la scelta non manca. Fra i primi, oltre ai *bigoi* **con l'anatra** si può optare per gli gnocchi ai semi di papavero su vellutata di erbe (9 €) o sugli ormai famosi **ravioli speck e mirtilli**. Impareggiabile, nei secondi, la **faraona con la peverada**, servita con polenta e verdura cotta (10 €), non da meno il coniglio arrosto, le lumache con polenta, il **musetto in crosta**, il pollo in umido con fagioli *sofegài*, il filetto di maiale al Refrontolo Passito. Da non perdere le costate di sorana e le altre specialità alla griglia. Dolci casalinghi con le crostate di frutta, il semifreddo al croccantino con caramello, i biscotti con il Marzemino Passito. Cantina quasi tutta locale che consente giusti abbinamenti al bicchiere, buono il quartino della casa, bianco e rosso.

66 *Una cucina che esalta la tradizione trevigiana con prodotti poveri e del territorio. Piatti moderni e leggeri pur nel profondo rispetto della tradizione: tutto questo grazie alla passione di Mario e Rosita* 99

RONCO ALL'ADIGE

26 km a se di Verona

Sofia
Trattoria
Via Baldo, 10
Tel. 045 6615407
Chiuso lunedì sera e martedì
Orario: mezzogiorno e sera
Ferie: variabil
Coperti: 80
Prezzi: 25 euro vini esclusi, menù fisso
Carte di credito: MC, Visa, BM

La pianura veronese è attraversata dall'Adige, fonte di approvvigionamento d'acqua per la fiorente agricoltura. Nelle campagne molte cose sono cambiate negli anni, ma a tavola le tradizioni e la regolare cadenza stagionale dei prodotti si mantiene viva. Sofia e le figlie nella propria trattoria offrono ancora questa opportunità a chi decide di fare qualche chilometro a sud est di Verona. Una grande sala ordinata e semplice e una più piccola, aperta all'occorrenza, ospitano i commensali che possono degustare **asparagi con uova** in giugno, nel caldo agosto le **rane**, la zucca gialla in autunno e i bolliti in inverno. Vi consigliamo di informarvi su ciò che la cucina offre, perché la regola di Sofia vuole che se viene servito in tavola il menù stagionale (25-30 €) le altre proposte generalmente in carta sono escluse. Piatti rispettosi delle ricette popolari, pochi ma generosi vini e la cordialità sono gli ingredienti base di questo luogo. I colori d'autunno li abbiamo ritrovati soprattutto nei primi piatti, nel **risotto di zucca gialla** (7 €) e nei delicati **tortelli di zucca con amaretti** (7 €) di chiara influenza mantovana. Tra i secondi, le carni grigliate miste (10 €), la **carne salà** (salata) scottata o cruda (5 €) e, per finire, il piatto dolce della casa (3,50 €), con tanti assaggi.

🔒 **Cologna Veneta** (15 km) è il regno del mandorlato: ottimi quelli con i marchi Gli Speziali di Cologna Veneta, San Marco, Rocco Garzotto & Figlio. A **Roveredo di Guà** (18 km) c'è il mandorlato Marani.

VENETO | 279

ROSOLINA
Volto

40 km a ne di Rovigo, 14 km da Chioggia ss 309

Al Monte
Ristorante
Via Venezia, 34
Tel. 0426 337132-338 9999010
Chiuso lunedì e martedì
Orario: mezzogiorno e sera
Ferie: 15 giorni in gennaio, 15 in settembre
Coperti: 50
Prezzi: 35 euro vini esclusi
Carte di credito: MC, Visa, BM

Chi penserebbe che lungo la Romea, strada che taglia il delta polesano come una ferita, piena di traffico legato alle molte attività che vi affacciano, possa vivere un locale piacevolmente familiare? Eppure Stefano Grossato, nipote del fondatore, con la moglie, la madre e il figlio al fianco, ne è la dimostrazione. Dedicato al pesce, ma anche alle verdure dei vicini orti sabbiosi di Rosolina e Chioggia, non mancano i piatti di carne e la piccola sorpresa dei **bussolà** (gli anelli di pan biscotto della zona). In apertura ricordiamo la polentina morbida con fritturina, la **granseola alla pescatora** (7,50 €), le immancabili vongole veraci in bianco (8 €), spesso le crudità miste di pesce. Da non perdere gli **spaghetti alle vongole veraci** (8 €), accanto ai tagliolini con branzino, rucola e pomodorini, o un buon **risotto di scampi**. A seguire ancora il pesce: alla griglia l'anguilla (15 €), il rombo e altro, al forno rombo con le patate (18 €) e branzino con patate e pomodorini. Non manca la frittura (9 €). Radicchio, insalate e altri ortaggi tra i contorni, oltre alle patate fritte maltagliate (chips, 3 €). Piacevole un sorbetto, ancora di più una panna cotta al caramello o la torta al cioccolato. Non male il vino della casa, un frizzante dei Colli Trevigiani, ma ben fornita la carta dei vini, nazionali con qualche puntata all'estero: Stefano vi saprà suggerire buoni abbinamenti, disponibili anche al calice.

ROVIGO

Ai Trani
Trattoria
Via Cavour, 30
Tel. 0425 25109-340 7358625
Chiuso il mercoledì
Orario: mezzogiorno e sera
Ferie: non ne fa
Coperti: 45 + 15 esterni
Prezzi: 28-30 euro vini esclusi
Carte di credito: tutte, BM

Si potrebbe dire un *ocio de portego*, un locale ritagliato sotto i portici che legano le piazze di Rovigo: al piano terra Andrea e Fabrizio si dedicano ai calici di vino e agli spritz, alle chiacchiere e agli incontri; al piano superiore papà Livio e mamma Mariarosa fanno assaporare con tranquillità i piatti della tradizione polesana, sempre accompagnati da ottimi vini e ampia scelta. Diverse le ricette recuperate dalla famiglia Conforto: la tradizionale **pinza** accompagna i salumi con verdure all'agro e il **luccio in** *saore*, mentre la polentina è per la soppressa (4 €). Seguono l'immancabile **pasta e** *fasoi* (6 €), le tagliatelle con verdure (7 €), il **risotto ai fegatini** o alle trippe (dipende dalla stagione), senza fare mancare i **bigoli in salsa**. Non tradiscono le aspettative i secondi, con baccalà o **seppioline in umido** (10 €), il **fegato alla veneziana** e le trippe, con contorni (4 €) di *fasoi in potacin*, *fasoeti* in salsa di acciughe o le verdure della stagione. Conclusione dolce con il tiramisù di Mariarosa, la sua zuppa inglese o la *brazadea*. Nei giorni feriali, a pranzo, il piatto unico che varia settimanalmente (9,90 €).

🛒 ⚲ Gelateria Godot, via Domenico Piva 1: nel locale giovane e vivace, Elio vi farà un gelato, decisamente diverso dal solito. In piazzetta Caffaratti (dietro le Poste) e in **frazione Borsea** (4 km dal centro), via XXV aprile 19, Blu Ice: gelati deliziosi prodotti da Gabriele e Mattia Mercuriali con frutta fresca e ottime materie prime.

SAN DONÀ DI PIAVE

38 km a ne di Venezia ss 14 o a 4

Antica Trattoria Da Nicola

Trattoria
Via Sauro, 56
Tel. 0421 54624
Chiuso lunedì sera e martedì
Orario: mezzogiorno e sera
Ferie: ultime due settimane di agosto, una in settembre
Coperti: 70 + 75 esterni
Prezzi: 32-35 euro vini esclusi
Carte di credito: Visa, BM

Nicola, nipote dell'omonimo fondatore, vi accoglierà in questo locale che da più di cento anni rappresenta nel basso Piave la cucina tradizionale di qualità. Il pesce fresco che arriva dal mercato di Chioggia, le verdure dell'orto, i salumi prodotti in Friuli appositamente per la trattoria vengono trasformati in piatti eccellenti che vi verranno raccontati illustrandovi il menù. Il ricco **antipasto di pesce** (10-30 euro secondo quantità) può essere un piatto unico, come pure l'antipasto di salumi friulani. Ottimi i risotti di pesce, molluschi e crostacei, le **tagliatelle al ragù di seppioline** (11 €), i **maltagliati astice e carciofi**. Tra i secondi, imperdibili il *bisato coi amoi* (anguilla cotta con prugne selvatiche), la tinca *rovessà* (tinca ripiena di soppressa ed erbe, 15 €), il baccalà alla vicentina e l'immancabile frittura. Se optate per un menù a base di carne, non perdetevi la *sopa coada* (11,50 €), gli gnocchi al ragù d'anatra (8 €) o il gran bollito misto (13 €). Tra i dolci, tutti fatti in casa, assaggiate i ferri di cavallo (biscotti secchi preparati secondo l'antica ricetta del nonno, 4 €) con le creme di melone, pesca o di mascarpone. Buona carta dei vini, con Raboso del Piave e Cabernet di piccole aziende locali in primo piano. Se capitate a pranzo, troverete anche un conveniente menù a 13,50 euro.

❝ *Ogni piatto ha una storia fatta di ricerca della materia prima dal piccolo produttore attento e fidato. Mangiare qui significa essere accolti tra amici appassionati e competenti* ❞

SANDRIGO

15 km a nord di Vicenza

Zolin

Osteria moderna
Via Roma, 14
Tel. 0444 750542
Chiuso domenica sera e lunedì
Orario: mezzogiorno e sera
Ferie: una settimana in agosto
Coperti: 45 + 20 esterni
Prezzi: 26-30 euro vini esclusi
Carte di credito: tutte, BM

Locale molto particolare, a partire dall'insegna "Ferramenta-Colori" che Luigi non ha voluto cambiare quando nel 2010 lo ha aperto, originariamente con l'intenzione di creare un negozio di prodotti alimentari d'eccellenza. Poi, a seguito delle numerose richieste e avuta la disponibilità della sorella Giuseppina, perfetta cuoca autodidatta, è partita questa avventura. Avventura, sì, perché l'idea non era solo proporre buoni piatti, ma recuperare quei gusti e quei sapori che fanno parte della vita e della storia di ognuno di noi. La soddisfazione è avere vinto questa scommessa con alcune proposte che restano fisse nel menù e l'aggiunta di altre che variano giornalmente sulla base di ciò che offrono l'orto e il mercato. Nelle due sale con scaffali colmi di tanti prodotti gastronomici, compresi diversi Presìdi Slow Food, si può iniziare con il classico pasticcio di Giuseppina o con **gnocchi col *pestàt*** (12 €), zuppe di verdure (9 €) e **tagliatelle con i fegatini** (se disponibili); i bigoli con vari ragù di carne e le paste secche sono le valide alternative. Tra i secondi non mancano mai il **baccalà alla vicentina** (14 €) e il pollo col *pestàt* (€.12); buoni anche la tagliata, la **faraona ripiena**, il vitello tonnato o la burrata con verdure, nella stagione calda. Carta dei vini limitata a una quarantina di etichette, per ora prevalentemente del territorio, con a rotazione alcune proposte al calice. Infine, una menzione particolare al pane, che, come la pasta, è preparato ogni mattina e ha un altro gusto.

VENETO | 281

SAN GIORGIO IN BOSCO
Sant'Anna Morosina

22 KM A NORD DI PADOVA SS 47

Da Giovanni
Ristorante
Piazza XXIX Aprile, 39
Tel. 049 5994010
Chiuso martedì sera e mercoledì
Orario: mezzogiorno e sera
Ferie: 1 settimana in gennaio, 3 in agosto
Coperti: 120
Prezzi: 25-30 euro vini esclusi
Carte di credito: MC, Visa, BM

Da oltre quarant'anni questo ristorante è gestito con passione dalla famiglia Pettenuzzo. Nella sala centrale campeggia una grande spianatoia, con un matterello fuori misura, con cui tira la pasta Giovanni, aiutato a volte dal figlio Martino, che dirige la cucina con mano sicura. La seconda generazione è rappresentata da Maria, che aiuta in sala il papà e la madre Anna. Con queste premesse, la pasta fatta in casa rappresenta una scelta sicura, in particolare nelle ottime tagliatelle alla Giovanni, condite con un ragù di carni miste tagliate a coltello. Sul menù sono segnalate le ricette tradizionali, i prodotti del territorio e quelli autoprodotti, tra cui un bel trittico di salumi – lardo, prosciutto e salame – (7 €), con cui potrete iniziare; in alternativa un tortino di zucca e rosmarino alla salsa di grana o, in stagione, gli **asparagi con salsa all'uovo**. A seguire, oltre alle **tagliatelle con piselli**, asparagi o sugo d'arrosto, i **bigoli con ragù d'anatra** (7 €) e gli gnocchetti di patate al gorgonzola. Frutto di un'attenta ricerca delle materie prime, alcune autoprodotte, tra i secondi troverete il **baccalà con polenta di mais marano o biancoperla** (13 €), l'**anatra al forno** – altra specialità della casa – oppure il pollo nostrano in umido; la griglia rappresenta un'ottima alternativa, con tagli di manzo e le costolette d'agnello. I dolci sono fatti in casa: il classico croccante alle mandorle e nocciole o un buon flan di cioccolato con salsa all'arancia. Carta dei vini contenuta, che spazia su buone etichette di tutta Italia, con qualche eccellenza regionale; sono corretti anche i vini sfusi del Piave.

SAN MICHELE AL TAGLIAMENTO
San Giorgio al Tagliamento

96 KM A NE DI VENEZIA SS 14 O A 4

Al Cjasal
Trattoria
Via Nazionale, 30
Tel. 0431 510595
Chiuso il mercoledì
Orario: mezzogiorno e sera
Ferie: 15 giorni in settembre
Coperti: 30 + 30 esterni
Prezzi: 35-37 euro vini esclusi
Carte di credito: tutte, BM

Entrare al Cjasal (casolare) è come andare a trovare vecchi amici: una bella casa con portico e grande giardino, ospitale, comoda e ricca di cose buone. La conduzione familiare è una certezza, con papà Enzo in cucina e i figli Stefano e Mattia, giovani ma ricchi di esperienze fatte in giro per l'Italia; la cortesia ed efficienza di Rosi, con il suo sorriso, vi seguiranno in sala per tutto il tempo, senza mai scadere nell'invadenza e nella fretta. L'ambiente è curato in modo quasi maniacale da Enzo, che in quelle mura trascorre la vita: ogni dettaglio è studiato per richiamare le tradizioni di questi posti nell'atmosfera e nei piatti realizzati, quando possibile, con ciò che offre il territorio e l'orto di proprietà. Piatti simbolo del locale sono la **quaglia in *savor* rigenerata al vapore**, la pitina della Val Tramontia con mais biancoperla fritto, i salumi d'Osvaldo di Cormons con cipolline in agrodolce, il **risotto con lumache ed erbe aromatiche** (12 €) o con lo *sclopit* (erbe spontanee), la **coscia d'anatra croccante con rucola selvatica**, le costicine di maiale arrostite lentamente, il **gelato alla *pinsa***. Il piatto di **formaggi** e composte da solo merita la sosta. Pane e grissini sono fatti in casa e la cantina saprà soddisfare ogni vostra curiosità.

SANT'AMBROGIO DI VALPOLICELLA
San Giorgio di Valpolicella

20 km a no di Verona

Dalla Rosa Alda
Trattoria annessa alla locanda
Strada Garibaldi, 4
Tel. 045 7701018
Chiuso domenica sera e lunedì
Orario: mezzogiorno e sera
Ferie: tra gennaio e febbraio
Coperti: 60 + 60 esterni
Prezzi: 35-38 euro vini esclusi
Carte di credito: tutte, BM

Vale la pena salire dalla Valpolicella alla frazione di San Giorgio, per ammirare la pieve romanica, lo storico borgo, lo stupendo panorama verso il lago di Garda e quindi sedersi alla tavola della trattoria Dalla Rosa Alda, accolti con professionalità e cortesia. Locale storico di queste terre dove la cucina tradizionale è protagonista assieme a una selezione di vini molto valida. La cantina nella roccia è da visitare e le sale interne sono confortevoli. Nel periodo estivo si può usufruire del cortile esterno impreziosito da un bellissimo pergolato. Si inizia con un antipasto della casa (11 €) con salumi tipici e verdure dell'orto. Tra i primi si gustano le ottime paste fatte in casa come le **tagliatelle *embogoné*** (con condimento a base di fagioli, 13 €) oppure i **bigoli con le *sardèle***, i tagliolini con il tartufo nero della Lessinia, le **pappardelle in brodo con fegatini di pollo**. Tra i secondi, il classico **brasato all'Amarone con polenta di mais marano** (14 €), la lepre in salmì, le polpettine di carne ed erbette cotte al *fogolar* (11 €). Tra i dolci, il gelato con le marasche in conserva e la **pissotta**, focaccia casalinga con olio extravergine della Valpolicella. In stagione trovate anche il tradizionale menù delle ciliegie della zona. La lista dei vini comprende un'ampia selezione di etichette locali con particolare attenzione all'Amarone e ai vini della Valpolicella prodotti sui terrazzamenti ricavati con le marogne (tradizionali muri a secco in pietra).

A **Valgatara** di Marano di Valpolicella (8 km), in via Cadiloi 55, Marco Scamperle produce ottimi gelati con frutta di stagione.

SAONARA

12 km a est di Padova

Antica Trattoria al Bosco
Trattoria
Via Valmarana, 13
Tel. 049 640021
Chiuso il martedì
Orario: mezzogiorno e sera
Ferie: 10 giorni dopo Natale
Coperti: 80 + 80 esterni
Prezzi: 30-35 euro vini esclusi
Carte di credito: tutte, BM

Non solo carne di cavallo in questa trattoria, che ha comunque conservato tutti i piatti che l'hanno fatta conoscere nel Padovano da quasi quarant'anni. Mentre Enrico in cucina elabora ricette tradizionali, Stefania accoglie i clienti in sala con cortesia e familiarità. Il menù cambia con le stagioni e in primavera saranno le erbette e gli asparagi a dominare. Sono i piatti della tradizione quelli più richiesti dalla clientela: **prosciutto dolce di Montagnana** con asparagi marinati, **sfilacci di cavallo con polenta di mais sponcio** (9 €), **baccalà mantecato** con crostini e sauté di carciofi. Fra i primi si può scegliere tra **pasta e fagioli** (8 €), **bigoli al ragù d'anitra**, tagliolini con ragù di gallina padovana e ortiche o **bigoi in salsa** (8 €). Tradizionale lo **spezzatino di cavallo con polenta di mais biancoperla** (12 €), la faraona con salsa peverada, il coniglio al forno. Da non trascurare la griglia dalla quale arrivano il cavallo, il manzo, il vitello e l'agnello (10-25 €). Contorni di stagione, interessante piatto di formaggi, con molti Presìdi Slow Food, servito assieme a composte. Arrivati al dessert ecco gli ottimi biscotti di credenza (4 €), la **pazientina** (5 €), tipico dolce padovano, o la crostatina ai frutti di bosco, ai quali si accompagnano interessanti vini dolci al calice. Molto valida la carta dei vini che conta oltre 400 etichette scelte tra il meglio della produzione dei Colli Euganei e del resto della nazione.

❝ *Qualità delle materie prime, senso dell'ospitalità, valorizzazione della tradizione più autentica. Questa trattoria è per tutti questi aspetti un sicuro punto di riferimento* **❞**

VENETO | 283

SARCEDO

24 KM A NORD DI VICENZA, 5 KM DA THIENE

Villa di Bodo
Enoteca con cucina
Via San Pietro, 1
Tel. 0445 344506
Chiuso il lunedì e sabato a pranzo; domenica sera, mai d'estate
Orario: mezzogiorno e sera
Ferie: una settimana a inizio anno e una a fine settmbre
Coperti: 40 + 40 esterni
Prezzi: 32-35 euro vini esclusi
Carte di credito: AE, CS, MC, Visa, BM

Sulle colline, appena fuori di Sarcedo, un'antica villa gentilizia ospita questa enoteca che i coniugi Zenari, Marilena in cucina e Gianfranco in sala, hanno elevato a punto di riferimento per gli appassionati della buona cucina e del buon bere. Nel luminoso salone, frutto della ristrutturazione dell'antica stalla, si può scorgere sugli scaffali buona parte della folta carta dei vini: circa 500 etichette suddivise fra produzione italiana ed estera. Il menù stagionale è soggetto a continue modifiche secondo il mercato e la natura. A questo si aggiunge l'estro di amalgamare prodotti del territorio con un buon numero di Presìdi Slow Food, dando vita a una serie di proposte di grande effetto, dove la poesia della descrizione è pari al piacere della degustazione. Tutto ciò porta a una scarna elencazione dei piatti, rimandando a ognuno la gioia della scoperta. Antipasti: selezione di affettati, **carpaccio di baccalà con farro e capperi**, tartara di carne, scaloppa di fegato grasso con ciliegie. Fra i primi spicca la pasta casalinga, come nei **ravioli con burrata su melanzane** (10 €) e nei **tagliolini con finferli e pistacchi**; seguono pappa al pomodoro e pappardelle al ragù della fratellanza (8,50 €). Tra i secondi immancabili la tosella con i funghi (12,50 €) e il **baccalà alla vicentina** (13,50 €); in alternativa filetto d'oca marinato, tagliata di scamone e qualche proposta di pesce. Per finire, oltre ai validi dolci, splendida la selezione di **formaggi** italiani e francesi.

SCHIO
Magrè

25 KM A NO DI VICENZA SS 46

All'Antenna
Ristorante
Via Raga Alta, 4
Tel. 0445 529812
Chiuso il martedì
Orario: solo la sera
Ferie: 15 giorni tra agosto e settembre
Coperti: 40 + 15 esterni
Prezzi: 30-35 euro vini esclusi
Carte di credito: Visa, BM

Arrivare qui vuol dire inerpicarsi per una delle colline che circondano Schio e scoprire questa costruzione che, solitaria, ne domina la cima. Splendido il colpo d'occhio offerto dalle ampie vetrate, con una impagabile vista, ancora più seducente al calar della sera. Ma, al di là del panorama, qui da oltre due decenni Giovanni ha saputo far convivere la tradizione e la fantasia, proponendo una cucina di livello, nel pieno rispetto delle stagioni e della semplicità delle origini. In sala, la moglie Laura vi illustrerà i piatti proposti, che variano con una certa frequenza, sulla base di quanto offre il mercato e la stagione. Si può iniziare con il classico **polenta e *scopeton*** (arringa salata) o con l'**insalata di arance e trota affumicata**, ma sono buoni anche il baccalà mantecato e il crostone con trippa e parmigiano. Seguono i primi (8 €): **i gargati col consiero**, risotto o zuppa con le verdure, cannelloni croccanti di ricotta e mozzarella e parmigiana di melanzane, tanto per citarne alcuni. Grandi classici nei secondi: **baccalà alla vicentina** (17 €), coniglio alla valleogrina (15 €), lombo d'agnello dorato, lumache in umido, **cervella fritta di vitello**, insalata di gallina padovana. Non è escluso trovare qualche proposta ittica. Per concludere, dolci di notevole fattura. La cantina offre una bella carta dei vini che spazia su tutto il territorio nazionale, con attenzione particolare alla regione.

A **Schio**, Dolci Pensieri, via Santissima Trinità 85: vasta scelta di pasticcini e altri dolci, compresa la tipica gata, prodotta con farina di mais marano, burro, miele, uova, mandorle e grappa. A **Thiene** (10 km), Enogramma, via San Simeone 32: ampia selezione di vini italiani ed esteri.

SEDICO
Mas

11 km a so di Belluno

Alla Stanga
Ristorante
Via La Stanga, 24
Tel. 0437 87611
Chiuso il lunedì
Orario: mezzogiorno e sera
Ferie: giugno e novembre
Coperti: 90
Prezzi: 30-35 euro vini esclusi
Carte di credito: MC, Visa, BM
☉

Fin dal 1802 il ristoro Alla Stanga era riferimento per il locale servizio postale che da Belluno portava ad Agordo; serviva da cambio cavalli, da esattoria dei pedaggi e forniva cibo ai viandanti. Sono passati molti anni, ma il ristorante continua a essere un importante punto di riferimento sia per il turista sia per gli appassionati che frequentano la valle (siamo nel pieno del Parco Nazionale delle Dolomiti Bellunesi). I piatti proposti si muovono tra innovazione e tradizione, curando la scelta delle materie prime e seguendo la stagionalità. Si può iniziare con tartare di manzo all'aceto balsamico (8,50 €) o **filetto di maiale affumicato** (6,50 €). Tra i primi (7,50 €), segnaliamo le **tagliatelle** fatte in casa **al ragù di cinghiale** o la crema di patate e *sciochet* (silene) in crosta di sfoglia. Per secondi un'interessante selezione di formaggi (il locale aderisce alla Strada dei formaggi e dei sapori bellunesi), il formaggio schiz con polenta (8,50 €) o la coscetta di coniglio farcita ai *bruscandoi* (luppolo, 13 €). Valida la proposta dei dessert (5 €) e buona la disponibiltà dei vini con possibiltà di ordinare anche solo un bicchiere.

SELVA DI PROGNO
Giazza

38 km a ne di Verona

Ljetzan
Osteria tradizionale
Piazza Don Domenico Mercante, 6
Tel. 045 7847026
Chiuso mar sera e mer, luglio e agosto sempre aperto
Orario: mezzogiorno e sera
Ferie: non ne fa
Coperti: 60
Prezzi: 28-30 euro vini esclusi
Carte di credito: CS, MC, Visa, BM

Giazza è una piccola frazione ai piedi della catena del Carega, punto di partenza per escursioni estive e invernali e uno dei pochi paesi dove ancora vengono mantenute vive le tradizioni e la lingua cimbra. Nella piazza di questo paesino si trova l'osteria Ljetzan gestita da Giorgio Boschi e dai suoi familiari, osti da più generazioni. Prodotti locali stagionali e della tradizione sono le caratteristiche di questo locale. Molti tra i piatti vengono cotti usando il carbone da loro prodotto nell'unica carbonaia ancora attiva in Lessinia. Tra gli antipasti (7 €), non può mancare la **trota salmonata affumicata**, il lardo alle erbette con confettura di fichi oppure un assaggio di selezione di salumi nostrani; vi consigliamo di chiedere anche una porzione di giardiniera da loro preparata. Come primi piatti (7 €) molto buona la **pasta e fagioli**, cotta direttamente sul camino, oppure gnocchi *sbatui* della Lessinia con ricotta affumicata o ancora tagliatelle nere con finferli e ricotta affumicata. Tra i secondi non può mancare il capriolo con polenta (9 €), la **braciola di cervo** (10 €) e, per chi non volesse carne la trota ai ferri (8 €) o la **polenta e baccalà** (9 €). Tra i dolci consigliamo la **torta cimbra**, quella di mele o la **sabbiosa**. Del territorio i vini, soprattutto della val d'Illasi, dove Valpolicella e Soave si contendono il confine.

VENETO | 285

SEREN DEL GRAPPA
San Siro

40 KM A SO DI BELLUNO, 9 KM DA FELTRE

San Siro
Azienda agrituristica
Via San Siro, 8 B
Tel. 0439 44628-389 6794152
Aperto sabato sera, domenica a mezzogiorno
Ferie: variabili
Coperti: 40
Prezzi: 27 euro, menù fisso
Carte di credito: nessuna

SERNAGLIA DELLA BATTAGLIA

31 KM A NO DI TREVISO

Dalla Libera
Ristorante
Via Farra, 24
Tel. 0438 966295
Chiuso il lunedì
Orario: pranzo; giovedì, venerdì e sabato anche la sera
Ferie: due settimane in agosto
Coperti: 60
Prezzi: 35 euro vini esclusi
Carte di credito: CS, MC, Visa, BM

Due cuori e un agriturismo. Fino a otto anni fa Ivano, feltrino di origine, si occupava di stampi per materie plastiche mentre Janine, la sua compagna, vicentina, lavorava come perito elettrotecnico. Lui ereditò una casetta tra i verdi boschi di Seren del Grappa, così cominciarono a frequentare la zona per portare a passeggio il figlioletto di due anni, curare l'orto e mantenere il vigneto. La tranquillità e la bellezza dell'ambiente e l'amore per la natura ebbero la meglio: mollarono tutto e si trasferirono qui per fondare un'azienda agricola e, subito dopo, l'agriturismo. Passo dopo passo, lavorando con impegno e passione, hanno creato una realtà dove si producono, in modo naturale, patate, peperoni, fagioli e tanti altri ortaggi. Non mancano una castagneto e un noceto e neppure le coltivazioni di fragole, lamponi e angurie. C'è anche l'allevamento di animali da cortile: polli, faraone, conigli e le galline che forniscono le uova alla cucina. Praticamente tutto ciò che bolle in pentola è prodotto in casa. La freschezza delle materie prime è quindi garantita così come è una certezza la piacevolezza dei piatti che compongono il ricco menù fisso (27 euro esclusi i vini). Si comincia con un poker di antipasti tra cui l'ottimo soufflé ai carciofi con fonduta di asiago. A seguire un tris di primi, tra i quali spiccano i **tagliolini caserecci con ragù di coniglio e verdure**. Poi il bis di secondi, come la **faraona al forno aromatizzata al timo** o lo **spezzatino di manzo con polenta**. Finale in dolcezza con golosi assaggini di mousse, gelati e biscotti.

L'appuntamento con la cucina di Andrea Stella è un incontro che non tradisce. Primo perché questo cuoco, schivo e appassionato del suo mestiere, rinnova quasi quotidianamente i suoi piatti, costruendoli con maniacale precisione quanto a cottura, accostamenti ed estetica, poi perché quegli 800 vini della cantina (ricarichi più che corretti, anche negli Champagne) sono la cartina di tornasole di una passione vera, come lo è quella per le erbe aromatiche. Cucina che attinge sì alla tradizione, ma che si fa più leggera nella rinuncia all'eccesso di grassi, moderna senza strafare e comunque sempre legata al territorio. Sposa, in un certo senso, anche la cucina povera (come nell'antipasto di **frittata di bruscandoli**) pur restando di altissima qualità e con un rapporto fra qualità e prezzo più che soddisfacente (pausa pranzo: primo e secondo a 18 euro; menù degustazione, tre piatti, 30 euro). Pane, pasta e dolci sono tutti fatti in casa. Si può iniziare anche con i peperoni ripieni di ricotta profumata alle erbe e proseguire con i ravioli ripieni di *canoce* o, in stagione, con il **raviolo di pura zucca** o gli **gnocchi al burro, salvia e ricotta affumicata**. Segue la grigliata mista di carne: filetto di maiale, **faraona in due cotture** e **salsiccetta di vitello** su letto di radicchio *verdon* appena spruzzato di aceto. Si conclude, secondo estro e stagionalità, con crostate di frutta e torta al cioccolato.

> *Andrea è un cuoco che tiene alta la bandiera della cucina tradizionale innovandola ogni giorno con fantasia. Cucina come quella di una volta, ma più leggera e moderna, pur mantenendo inalterati i sapori genuini delle materie prime d'eccellenza*

SOLAGNA

41 KM A NE DI VICENZA, 7 KM DA BASSANO DEL GRAPPA

Da Doro
Azienda agrituristica
Via Ferracina, 38
Tel. 0424 816026
Chiuso lunedì, martedì e mercoledì
Orario: sera, sabato e domenica anche pranzo
Ferie: tra fine gennaio e inizio febbraio; ultima sett di giugno-prima di luglio
Coperti: 40
Prezzi: 28 euro vini esclusi
Carte di credito: CS, DC, MC, Visa, BM

A Solagna, piccolo paesino che si incontra percorrendo la valle del Brenta, meglio nota come Valsugana, si trova una chicca della ristorazione locale all'interno di un antico e ben ristrutturato palazzetto. Passato il bancone della mescita si entra nella lunga sala da pranzo dall'atmosfera familiare. Anche l'aria che si respira sembra profumare di lindo e antico. L'oste Giovanni ha una passione che non riesce a trattenere per la cucina e per gli ingredienti locali. Il territorio lo si degusta nei piatti che si parli di verdure sia che si parli di carni. Le proposte degli antipasti spaziano dalla carne di maiale affumicata all'**aringa in bella vista** (7 €), alla cipolla ripiena. I primi variano dai **risotti con trota e biete** (9 €) ai **gargati fatti in casa al ragù bianco**, dalla **vellutata di rape** (8,50 €) agli intriganti spaghetti di pasta di grano duro con pomodoro freddo, salsa di zucchine e pane bruciato. I secondi (non troppo numerosi) prevedono una deliziosa **mousse di trota** (12 €) ma anche **coniglio al** *civet* e caprino con caponata (11 €). Anche i dolci (4,50 €) non sono numerosi ma molto graditi: dal semifreddo alle fragole al budino di ricotta, alla torta caprese. Carta dei vini con una bella selezione che pesca soprattutto dal Triveneto. Il pane è prodotto con lievito naturale e cotto a legna.

❝ *Giovanni e Anna portano a tavola la tradizione veneta con armonia ed equilibrio. Una splendida sintesi di quanto di meglio questo territorio esprime* **❞**

SOMMACAMPAGNA

13 KM A OVEST DI VERONA USCITA A 4

Al Ponte
Osteria
Via Corrobiolo, 38
Tel. 045 8960024
Chiuso lunedì sera e martedì
Orario: mezzogiorno e sera
Ferie: Natale, Pasqua e agosto
Coperti: 70 + 40 esterni
Prezzi: 25 euro vini esclusi
Carte di credito: AE, CS, MC, Visa, BM

Se state transitando sulla A 4 dalle parti di Verona all'ora di pranzo una sosta in questa osteria è quasi obbligata. Un posto semplice, quasi spartano, sia negli arredi sia nel servizio, che è però custode di una grande tradizione che la famiglia Pedrazzi porta avanti con sicurezza ormai da qualche anno. Due sale e un banco bar all'ingresso sono la cornice ideale per assaggiare i saporiti piatti che escono dalla cucina. Per iniziare un grande classico come il **luccio in salsa con polenta** (7 €), seguito da una buona selezione di primi piatti (7,50 €) soprattutto a base di pasta fresca ripiena e no. Il menù presenta quindi **tortelli di zucca**, tagliatelle con ragù, gnocchi. Talvolta sono disponibili anche i tortelli di Valeggio. Nei secondi, al di là del baccalà e del luccio – entrambi molto buoni –, la proposta è soprattutto di carne con costata di manzo (13 €), ossobuco, braciola di vitello. Tra i dolci, pochi ma ben fatti: millefoglie, crostate, sfoglie. Carta dei vini soprattutto veronese.

VENETO | 287

SOSPIROLO
Mis

15 KM A OVEST DI BELLUNO SS 203

Alla Certosa
Osteria tradizionale
Via Mis, 83
Tel. 0437 843143
Chiuso lunedì e martedì
Orario: sera, domenica anche pranzo
Ferie: 1 settimana in febbraio, 15-30 giugno
Coperti: 40
Prezzi: 22-24 euro vini esclusi
Carte di credito: CS, MC, Visa, BM

Nella loro osteria, sulla piccola piazzetta di Mis, Nadia e Casimiro mantengono uno stretto rapporto d'amore per il loro paese: lo si nota bene il 16 febbraio di ogni anno, giorno della patrona santa Giuliana, quando tutti mangiano le **trippe** che Casimiro cucina in almeno cinque modi diversi. Alla Certosa potete pranzare soltanto la domenica, mentre da martedì a sabato Casimiro cucina per voi solo a cena: la regola vuole che tutto il tavolo ordini le stesse pietanze, ma la qualità e la freschezza dei piatti che gusterete valgono questo piccolo sacrificio. Non vi affannate a chiedere, perché non ci sono secondi, ma un'accurata scelta fra i formaggi locali (7 €). Consigliamo invece di decidere con Casimiro quale fra le innumerevoli splendide bottiglie meglio vi accompagnerà in quella che sarà una vera scoperta del gusto. Le tante verdure arrivano dai due orti di proprietà e, d'estate, sono spesso abbinate a un tripudio di fiori locali, soprattutto nell'antipasto misto (8 €). Fra le possibili proposte, **storta all'aceto**, frittelle di pasta e fagioli, **coratella di capriolo**, zuppe stagionali, *ravi* in *saor*, quindi primi (8 €), quali tagliolini di farro con guanciale stagionato, con finocchietto e alici, **pappardelle al sugo d'asino**, risotto con borragine o con spugnole. Per dessert (4 €) consigliamo la mousse di castagne con salsa di cachi, il gelato alla vaniglia con zuppa di ciliegie o al Marsala stravecchio con l'uvetta.

STRA
Paluello

26 KM A OVEST DI VENEZIA, 14 KM DA PADOVA

Da Caronte
Osteria tradizionale
Via Dolo, 39
Tel. 041 412091
Chiuso martedì sera e mercoledì
Orario: mezzogiorno e sera
Ferie: due settimane in gennaio e in agosto
Coperti: 40 + 40 esterni
Prezzi: 33-35 euro vini esclusi
Carte di credito: CS, MC, Visa, BM

Roberto, in sala, e la moglie Maria Grazia, in cucina, gestiscono con passione per i piatti della tradizione questa osteria sulle rive della vecchia Brenta. È possibile mangiare nelle accoglienti sale interne oppure, tempo permettendo, nel giardino esterno, accompagnati dal lento scorrere del fiume. La cucina, sia di carne sia di pesce, prevede tra gli antipasti, le **sarde in *saor* con polenta** (6 €), il **baccalà mantecato**, il prosciutto crudo di Montagnana (9 €) o le verdure crude. I **bigoli in salsa** (8,50 €), le perle di ricotta con salmone affumicato, la **zuppa di pesce** e i tagliolini ai porcini freschi sono alcuni dei primi piatti. I secondi prevedono il **tris di baccalà** (15 €), l'ottima **frittura mista**, le **seppie alla veneziana col nero** (9,50 €), il **fegato alla veneziana**, la tagliata di manzo con funghi e rosmarino. I dolci (4,50 €) sono fatti in casa: crostata, zaleti, cestino di vaniglia e mirtilli, panna cotta. I vini sono in prevalenza dal Triveneto, alcuni anche a calice. Intrigante e ricca la scelta di grappe.

🍶 Nello spaccio della latteria sociale di **Camolino** (1,5 km) si possono acquistare formaggi, ricotta e burro, ma anche miele, mele essiccate, confetture e succhi di frutta.

🍶 A **Dolo** (6,5 km) in Via Ca' Tron 31, si trova il torronificio Scaldafero. Dal 1919 produce, con materie prime naturali, il tipico mandorlato veneto, che dopo la cottura viene lavorato a mano.

SUSEGANA
Musile

23 KM A NORD DI TREVISO

Borgoluce
Azienda agrituristica
Via Morgante II, 34
Tel. 0438 981094
Chiuso lunedì e martedì
Orario: mezzogiorno e sera
Ferie: non ne fa
Coperti: 60 + 40 esterni
Prezzi: 33 euro vini esclusi
Carte di credito: tutte, BM

Vale la pena, se passate nella Marca Trevigiana, visitare il castello di San Salvatore e la tenuta Borgoluce, da mille anni proprietà della famiglia Collalto: 1220 ettari di pascoli, boschi, allevamenti, campi coltivati, vigneti, frutteti, mulini, caseifici e un singolare museo delle arti e dei mestieri contadini. L'omonima agriosteria si trova fra le stradine di collina che portano a Collalto: la ricerca sarà premiata da una cucina semplice, modernamente ispirata alla tradizione, mai banale, realizzata con i prodotti della tenuta dallo chef Jonny Rui, ben coadiuvato in sala da Romina, sua compagna nel lavoro e nella vita, con la quale condivide l'amore per la natura. Inizierete con prosciutto cotto fatto in casa con cren e pan brioche, bresaola di bufalo, puntarelle all'arancia e caciotta (9 €), mozzarella di bufala con calamaretti e frittelle di patate. A seguire, tagliatelle con ragù di bufalo (9 €), **crema di lenticchie con *muset* e radicchio** (7 €), tortelli di bieta con fonduta di parmigiano, **agnello di razza alpagota** (17 €), tagliata di manzo, **filetto di maiale con purè di topinambur e pancetta**. Nella stagione invernale, viene proposto ogni venerdì il **gran bollito**; nel periodo pasquale è presente un menù dedicato alla *renga* (aringa) affumicata. Per dessert, linzertorte (dalle esperienze altoatesine di Jonny) con confettura di radicchio e un'ottima crème brûlée alla vaniglia. I vini della tenuta sono buoni, ma potrete scegliere anche valide etichette regionali e qualche chicca nazionale.

In località Musile 2, lo spaccio di Borgoluce, per portare anche a casa formaggi freschi, carni, salumi, vino, olio, farine, miele.

TARZO

40 KM A NO DI TREVISO, 12 KM DA VITTORIO VENETO

Belvedere da Tullio
Ristorante annesso all'albergo
Località Arfanta
Tel. 0438 587093
Chiuso il lunedì sera, mai d'estate
Orario: mezzogiorno e sera
Ferie: prime tre settimane di settembre
Coperti: 60 + 40 esterni
Prezzi: 26-30 euro vini esclusi
Carte di credito: tutte, BM

La cucina di Roberto Pilat riserva tante belle sorprese, oltre allo **spiedo di carni miste** curato nei minimi dettagli, dalla scelta dei pezzi alla lenta cottura sul fuoco del grande camino al centro della saletta. Spiedo che diventa una "religione" sulle colline a nord della Marca Trevigiana, sicuro rifugio da stress e caos: passeggiate sui sentieri boschivi, escursioni in bicicletta, itinerari gastronomici tra cantine e latterie, senza dimenticare cittadine storiche come Vittorio Veneto e Conegliano. Già arrivare al Belvedere è una bella gita, ma seduti in terrazza l'apprezzerete ancora meglio: la visuale è invidiabile (anche nella stagione più fredda, dalle ampie finestre della sala interna); la cortesia e la discrezione di Nadia e Alice completano l'opera. Difficile o addirittura inutile dare suggerimenti, qui è tutto buono: un inizio classico gli assaggini di antipasti (10 €), secondo l'estro della cucina, ma anche lumache al tegamino, polenta con sopressa e formaggio, girello marinato con verdure in agrodolce. A seguire **risotto con i *bruscandoi*** (7 €), tagliatelle fresche con asparagi e pancetta, **pasta e fagioli** (7 €). In alternativa allo spiedo provate la **coscia di coniglio arrosto alle olive** (10 €), il brasato di manzo e le ottime cotture sulla griglia: galletto, salsicce nostrane, costata di scottona; tipici contorni **fagioli *sofegai*** e radici e *fasoi*. Passione e vanto di Roberto la selezione di **formaggi**, anche stranieri, da provare senza pentimenti. Tra i dessert di casa, gelato alla vaniglia e ottimi sorbetti. La cantina è una piacevole sorpresa.

VENETO | 289

TARZO
Arfanta

40 KM A NO DI TREVISO, 12 KM DA VITTORIO VENETO

Mondragon
Azienda agrituristica
Via Modragon, 1
Tel. 0438 933021
Aperto venerdì sera, sabato e domenica
Orario: mezzogiorno e sera
Ferie: 15 giorni tra luglio e agosto
Coperti: 70
Prezzi: 20-25 euro vini esclusi
Carte di credito: CS, MC, Visa, BM

In poco tempo, salendo le rampe che portano alle colline di Arfanta, arriviamo in un'oasi di serenità che da oltre trent'anni vede attivo un agriturismo dove si allevano pecore, asini, maiali ma soprattutto oche. Si estende su 12 ettari, comprendenti la casa colonica, ed è gestito con amore e passione da Tina e Roberto con i figli Giovanni, Andrea e Manuela, che ha trovato nel marito Michael un validissimo sostegno. Si diceva dell'importanza dell'oca e proprio qui è nato il Presidio Slow Food della gustosa **oca in onto** (13 €); Manuela sarà felice di parlarvene, e di elencarvi anche le altre proposte: musetto con tarassaco, frittata con le erbette, agrodolce di fattoria (5 €), crostini e paté d'oca. Proseguendo, troverete le tagliatelle o gli **gnocchi al ragù d'oca** o di maiale (6 €), l'**orzotto alle erbe**, la zuppa di orzo e fagioli, risotti vari secondo stagione. D'inverno sono un classico le preparazioni allo spiedo, come l'ottimo maialino. Ancora **oca** tra i secondi, in umido, lessa, **arrosto con peverada e mais** spuncio o biancoperla (Presidio Slow Food), o ancora con le prugne e le castagne. Per la festa *de la Sènsa* (Ascensione), tra maggio e giugno, si prepara anche il *lenguaI* (cotechino con la lingua). Crostate di frutta e biscotti fatti in casa per finire. Nei festivi è proposto un menù fisso a 22 euro. Consigliamo di prenotare. L'annesso laboratorio artigianale Ochevino permette di acquistare i prodotti di Mondragon, che ora produce anche un suo vino Prosecco.

TEOLO

21 KM A SO DI PADOVA

Da Antonio
Ristorante
Via Molare, 48
Tel. 049 9925109
Chiuso il giovedì
Orario: mezzogiorno e sera
Ferie: due settimane in settembre
Coperti: 100 + 80 esterni
Prezzi: 24-26 euro vini esclusi
Carte di credito: CS, DC, MC, Visa, BM

Il filo conduttore dei nostri ricordi sarà probabilmente l'abbraccio incantevole dei Colli Euganei, con i tornanti, gli alberi, i vigneti: poter mangiare nell'ampia terrazza con un panorama che non stanca mai. Antonio divide da quarant'anni il posto ai fornelli con la moglie, proponendo una cucina semplice, che sa un po' di oggi e un po' di tradizione, ma che è sempre di grande piacevolezza. La figlia Patrizia si occupa della sala con il marito Paolo. Tra gli antipasti vale ricordare lo sformato di zucchine (4 €), le spinacine con speck e ricotta (6 €), l'immancabile prosciutto di Montagnana 18 mesi, la polenta abbrustolita con i salumi. A seguire, tra gli altri, i **bigoli con l'anitra**, gli gnocchi di pollo, le pappardelle con i funghi, le **tagliatelle con piselli** o verdure di stagione (6 €), l'immancabile grigliata mista a base di costine, pollo e salsiccia (10 €), l'**arrosto di coniglio** (9 €) o faraona, le braciole di vitello, l'arista di maiale. Di contorno, verdure al forno e la pressoché immancabile polenta. Dolci casalinghi (4 €): macedonia, salame al cioccolato, crema catalana, qualche torta. Per i vini, le proposte più interessanti sono giustamente dedicate alle cantine dei Colli, ma non manca qualche etichetta delle principali regioni, anche al calice.

TOMBOLO

33 KM A NORD DI PADOVA

Ai Mediatori
Trattoria
Via Roma, 2
Tel. 049 5969541-338 4362832
Chiuso lunedì sera e martedì
Orario: mezzogiorno e sera
Ferie: 2 settimane a Ferragosto, 1 dopo l'Epifania
Coperti: 60 + 40 esterni
Prezzi: 35 euro vini esclusi
Carte di credito: MC, Visa, BM

Al centro di Tombolo trovate questa bella osteria aperta da oltre un secolo e ristrutturata recentemente con l'aggiunta di una veranda estiva. Il nome è dovuto all'antico mercato del bestiame e alle mediazioni a suo tempo lì suggellate davanti a un buon piatto di trippa. Da oltre un decennio la famiglia Antonello – genitori in sala e i figli Fabio e Federico in cucina – ha preso con professionalità le redini della gestione, nel rispetto della tradizione e con l'inserimento di alcuni interessanti tratti innovativi. Mamma Stefania e papà Simone vi proporranno alcuni piatti fissi e altri che variano con la stagione: in apertura potrete assaggiare un ottimo carciofo ripieno di baccalà mantecato (9 €), il petto d'oca affumicato con radicchio trevigiano e olio alla senape, la **polentina di grano maranello con formaggio fuso**, gli sfilacci, il salame alla brace, gli involtino di trevigiano e pancetta, le verdure in carpione. Tra i primi campeggiano la zuppetta di radicchio con baccalà e frutti di mare (9 €), le tagliatelle con ragù di salsiccia, i **tortelli ripieni di verdure, speck e casatella, al burro e salvia**. Si può continuare con la carne alla griglia, la **trippa alla parmigiana** (storica specialità del locale), l'ottima coscia d'oca al forno, il **baccalà alla vicentina** (15 €) preparato secondo la ricetta della Venerabile Confraternita di Sondrigo. In stagione non mancano asparagi di Bassano, carletti e bruscandoli. I dolci sono fatti in casa. Carta dei vini che spazia anche fuori regione, con alcune buone etichette e ricarichi corretti.

TORREGLIA

16 KM A SO DI PADOVA

La Tavolozza
Ristorante
Via Boschette, 2
Tel. 049 5211063
Chiuso il mercoledì e giovedì a pranzo
Orario: mezzogiorno e sera
Ferie: fine luglio-inizio agosto
Coperti: 80 + 70 esterni
Prezzi: 30-35 euro vini esclusi
Carte di credito: CS, DC, MC, Visa, BM

A Torreglia i padovani arrivano volentieri, così come i turisti dalla vicina Abano Terme, magari alla fine di un pomeriggio dedicato all'abbazia di Praglia o all'eremo camaldolese, per godere qualche ora di pace o di frescura estiva in un contesto paesaggistico rilassante. Situato in un vecchio casolare ben ristrutturato, con ampio e curato giardino, questo locale non delude mai e si è affermato quale punto di riferimento della gastronomia dei Colli Euganei. È di moda parlare di territorio, ma Fabio Dal Santo (in cucina) e Paolo Putti (in sala) condividono soprattutto una grande curiosità e il desiderio di scoprire materie prime d'eccellenza: in questo trovano la forza per rinnovare costantemente la proposta, pur rimanendo nel solco della tradizione. I piatti simbolo: radicchio di Treviso e asparagi di Pernumia fritti, **salame nostrano ai ferri con *rapunsoli*** (9 €), tagliatelle fresche con piselli di Baone, **bigoli al torchio con sugo d'anatra**, piccione aperto gratinato al forno, **coscia d'oca glassata**. Nel corso dell'anno si possono provare anche insalata di gallina con puntarelle e acciuga, timballo di baccalà con crema di porri (9 €), **gnocchi di zucca con burro e salvia** (8 €), magrone d'anatra con miele e aceto balsamico (13 €), tagliata di lombo d'agnello alle erbe aromatiche. Dessert all'altezza: crema bruciata al Moscato naturale, torta tenerella, biscotti della credenza. La cantina ben fornita è in grado di assecondare ogni vostra curiosità di abbinamenti.

> *Accoglienza, ospitalità, materie prime d'eccellenza sono gli ingredienti utilizzati quotidianamente da Fabio e Paolo*

TREVENZUOLO
Fagnano

22 km a sud di Verona

Alla Pergola
Trattoria
Via Nazario Sauro, 9
Tel. 045 7350073
Chiuso domenica e lunedì
Orario: mezzogiorno e sera
Ferie: 24 dicembre-6 gennaio, 15 luglio-20 agosto
Coperti: 50
Prezzi: 25-30 euro vini esclusi
Carte di credito: CS, MC, Visa, BM

Da queste parti spesso si viene per fare una visita all'osteria della famiglia Bresciani, per il loro famoso carrello di bolliti e per il risotto all'isolana. Siamo nella zona di Isola della Scala e del suo riso. Il menù è recitato a voce e ha la caratteristica di non prevedere gli antipasti per concentrarsi sulle altre pietanze. Tra i primi (8 €), il magistrale **risotto all'isolana** con vialone nano semilavorato e carni di maiale e vitello tagliate a punta di coltello; in alternativa, pasticcio con i carciofi, tortellini di carne in brodo o al burro, **tagliatelle in brodo con i fegatini**, **al ragù d'asino** o di vitello. I secondi sono dominati dal rinomato **carrello di bolliti e arrosti** (12 €), famoso per la qualità delle carni proposte, dove spiccano l'arrosto di vitello, il **cotechino** e la **testina**; le carni sono accompagnate dalla classica **pearà veronese** (salsa calda a base di pane grattugiato, pepe, midollo, brodo e parmigiano), dalle altre salse (verde, con il cren) e dalle mostarde. Ottime le verdure cotte (4 €) preparate con particolare cura. I dolci (4,50 €), anch'essi fatti in casa, sono tutti golosi, soprattutto lo zabaione o il pandoro farcito; non da meno la torta elvezia (con nocciole e crema chantilly) e la crostata con pere e noci. La lista dei vini comprende il territorio veronese e qualche Lambrusco.

TREVISO

Il Basilisco
Ristorante
Via Bison, 34
Tel. 0422 541822
Chiuso la domenica e lunedì a pranzo
Orario: mezzogiorno e sera
Ferie: due settimane in agosto
Coperti: 40 + 40 esterni
Prezzi: 37 euro vini esclusi
Carte di credito: CS, MC, Visa, BM

Il Basilisco, a prima vista potrebbe sembrare un po' anonimo, ma entrando nelle sale troverete ambienti e atmosfera accoglienti che hanno saputo conquistare i trevigiani. Nella sua cucina Diego Tomasi realizza un'efficace sintesi delle tradizioni alimentari e gastronomiche di due regioni: il suo Trentino, da cui trae tante materie prime di assoluta qualità, e il Veneto, dove vive e lavora ormai da parecchi anni. Anima, all'inizio forse un po' timida, della sala, il patron saprà fornirvi ampie e particolareggiate spiegazioni su prodotti e produttori, guidarvi nelle scelte e nei migliori abbinamenti con le oltre 150 etichette dell'intelligente cantina, tra cui ogni giorno seleziona le proposte al calice. Pasta, pane e sottoli sono preparati quotidianamente, mentre i salumi provengono da un familiare: grande attenzione è riservata a ingredienti poveri come quinto quarto e pesce azzurro. I suggerimenti non servono, ma per darvi un'idea della proposta ricordiamo pesce serra dell'Adriatico affumicato in casa (10 €), tarte tatin di alici con cicoria e **carne *salada* salmistrata** (8€), a cui seguono **tagliatelle con ragù di coda di bue** (8 €), risotto con seppioline, **zuppa di fagioli di Lamon** e spaghetti con garusoli nostrani. Fra i secondi, coscia di coniglio al forno (16 €), **tagliata di coscia d'agnello alpagoto**, fricassea di piovra e verdure allo zenzero. Dessert del giorno a sorpresa, mai gli stessi.

> *Grande cura nella scelta delle materie prime, rinnovamento e raffinatezza nel rispetto della tradizione, professionalità nel servizio e passione nel racconto dei piatti: ecco ciò che caratterizza la proposta di Diego e del suo staff*

VALDAGNO
Contrà Maso

45 km a no di Vicenza sp 246

Hostaria A le Bele

Trattoria
Via Maso, 11
Tel. 0445 970270
Chiuso il lunedì e martedì a pranzo
Orario: mezzogiorno e sera
Ferie: 1 settimana in gennaio, 2 in agosto
Coperti: 90
Prezzi: 33 euro vini esclusi
Carte di credito: tutte, BM

A un paio di chilometri dal centro di Valdagno, in direzione Castelvecchio, troviamo uno storico locale oggi gestito da Vittorio e Paolo che, grazie anche alla sua posizione, offre un caldo rifugio d'inverno e bella frescura d'estate; ottima scelta per poter riposare, assaporando ciò che la stagionalità della natura e i produttori locali mettono a disposizione. Tutto ciò si ripete ormai da più di un secolo, da quando due sorelle (le *bele*, per l'appunto) ne avviarono l'attività. In queste sale eleganti e accoglienti si può iniziare il pasto con varie preparazioni a base di verdure (fiori di zucca, radicchio trevigiano, asparagi) oppure con il **baccalà mantecato**. Davvero gustosi i primi: **gargati con il consiero**, crema di verdura (7 €), **bigoli con il ragù d'anatra**, risotti (ottimo quello alle erbette raccolte in zona). I secondi, sempre abbinati a buoni contorni di verdure, comprendono diversi tagli di carne alla griglia, le **costicine di agnello** (14 €), il pollo alla diavola (12 €), il tradizionale **baccalà alla vicentina**. Per finire, crema fritta (6 €), tortino al cioccolato, semifreddi e sorbetti. I vini sono principalmente del territorio e della regione; onesti e non molto impegnativi i vini della casa. Il servizio è sicuramente di pregio e molto curato.

VALDOBBIADENE
Santo Stefano

39 km a no di Treviso

Salis

novità

Ristorante-enoteca
Strada di Saccol, 52
Tel. 0423 900561
Non ha giorno di chiusura
Orario: mezzogiorno e sera
Ferie: primi giorni di gennaio
Coperti: 30 + 20 esterni
Prezzi: 32-34 euro vini esclusi
Carte di credito: tutte, BM

Dominante sul cuore del Cartizze, le colline del Prosecco Superiore, con vista panoramica spettacolare, il locale di Chiara Barisan promette qualità e relax. Una cucina trevigiana ben interpretata sposa vini del territorio, con ovvia particolare predilezione per il Prosecco; si nota la cura per la ricerca delle erbe spontanee. Seduti dinanzi alla quiete delle verdi colline, si può iniziare con tortino di asparagi alla casatella trevigiana Dop (7 €), pollo marinato su primizie primaverili e con asparagi in *saor*, bauletto con *s'ciopet*, sopressa con *capee* (teste di porcini), altri salumi di produzione propria e locale. La pasta è fatta in casa: ottime le tagliatelle con i cipollotti freschi (8 €) o con gli asparagi verdi e il guanciale affumicato, il **risotto al basilico e Cartizze Superiore** o quello al Raboso e piave vecchio, le tagliatelle con le verdure, le **pappardelle al ragù di carni bianche**. Per secondo **coniglio al rosmarino con salsa peverada e patate** (14 €), rotolo di agnello alle erbe, stinco di vitello o di agnello al forno, faraona con la peverada, **baccalà alla vicentina**. Buoni i formaggi accompagnati da mostarde, specie quelli freschi di malga. Per finire, misticanza di frutta con sorbetto al limone, cestino croccante con crema all'amaretto, cuore morbido di cioccolato con sorbetto al fior di latte (4 €). Curata la carta dei vini, con oltre 200 etichette di cui circa 50 del territorio; la ricca proposta al bicchiere varia periodicamente. Non mancano interessanti birre artigianali locali.

VENETO | 293

VALEGGIO SUL MINCIO

26 KM A SO DI VERONA

Alla Borsa
Ristorante
Via Goito, 2
Tel. 045 7950093
Chiuso mar sera e mer, in inverno anche dom sera
Orario: mezzogiorno e sera
Ferie: fine febbraio, 15 luglio-15 agosto
Coperti: 200 + 80 esterni
Prezzi: 35 euro vini esclusi
Carte di credito: CS, MC, Visa, BM

Gestito ininterrottamente dal 1959 da Alceste Pasquali con il prezioso aiuto della moglie Albina e poi dei figli Nadia e Mirko, questo ristorante offre un ambiente elegante e un servizio curato e solerte. I menù stagionali propongono, tra gli antipasti, un piacevole mosaico di salumi e sfizi di cucina (13 €), ma tra i primi occorre senz'altro segnalare la specialità della casa: i famosi **tortellini di Valeggio nodo d'amore** (11 €), con una sfoglia sottilissima e tradizionalmente ripieni di brasato di carne oppure di ricotta ed erbette o, in autunno, zucca, mostarda e amaretti. Tra gli altri primi piatti è necessario menzionare le **tagliatelle con monte veronese e timo** e la sfogliata al forno con verdure. Tutti i primi piatti possono essere assaggiati con le formule coppia, trio o quartetto (14, 18 o 23 euro). I secondi comprendono una deliziosa **faraona al cartoccio** e un ottimo bollito con salse (14 €) accompagnati da contorni di verdure provenienti dagli orti locali. Di produzione propria anche la pasticceria: crostate con marmellate casalinghe, semifreddo all'amaretto e una squisita frutta sciroppata (6 €). La carta dei vini, con proposte anche di mezze bottiglie, comprende etichette che ben rappresentano il territorio.

VALEGGIO SUL MINCIO
Santa Lucia ai Monti

25 KM A SO DI VERONA

Belvedere
Ristorante annesso all'albergo
Località Santa Lucia ai Monti, 12
Tel. 045 6301019
Chiuso mercoledì e giovedì
Orario: mezzogiorno e sera
Ferie: variabili in febbraio e novembre
Coperti: 160 + 160 esterni
Prezzi: 28-35 euro vini esclusi
Carte di credito: CS, MC, Visa, BM

Questo ottimo ristorante, situato sulle colline moreniche dell'entroterra del Garda dimostra come si possano fare molti coperti mantenendo elevata qualità e un ambiente quasi intimo. Nella stagione fredda, nelle raffinate sale interne, o d'estate, nello splendido giardino, all'ombra di ippocastani centenari, potrete godere di una cucina tradizionale, legata al territorio, fatta di piatti preparati con cura. Subito, all'ingresso, non si può non ammirare la cucina a vista, dotata anche di un grande camino dove vengono cotte alla brace gustosissime e succulenti carni. Il classico antipasto veronese di affettati comprende salame e pancetta di produzione propria accompagnati da polentina grigliata croccante e prosciutto crudo di Modena (8 €); in alternativa **luccio in salsa con polentina grigliata**. Tra i primi – di pasta fresca di produzione propria – immancabile il **tortellino di Valeggio burro e salvia** (9 €) o in brodo, seguito dalle paste all'uovo: tagliatelle, fettuccine e **bigoli ai sughi di carne** o verdure. Secondi piatti di carne: dal camino pollo, costata, fiorentina e tagliata, dal forno stinco, faraona alle olive e **lepre in salmì** (12 €). Anche i dolci sono fatti in casa: panna cotta, tiramisù, millefoglie e budino al cioccolato fondente. La carta dei vini e l'offerta al bicchiere sono orientate al territorio con una continua ricerca di piccole e interessanti aziende vitivinicole della zona.

🔖 Il dolce tipico di **Villafranca di Verona** (10 km) è la friabile, burrosa sfogliatina: ottima la versione delle pasticcerie Molinari, Roveda e San Giorgio.

VAS

40 KM A SO DI BELLUNO SR 348 E SP 1 BIS

Locanda Solagna
Trattoria con alloggio
Piazza I Novembre, 2
Tel. 0439 788019
Chiuso il giovedì
Orario: mezzogiorno e sera
Ferie: non ne fa
Coperti: 38 + 30 esterni
Prezzi: 28 euro vini esclusi
Carte di credito: tutte, BM

Vas è un piccolo comune che ospita una grande cucina: quella della Locanda Solagna, gestita con passione e attenzione da Carla e Gerardo, affiancati in cucina dall'esperienza di Anna e dalla freschezza di Daniele. Sono tanti i trevigiani e i bellunesi che si fermano in questo locale, informale negli arredi dell'unica sala, che in estate consente di godere di un gradevole spazio esterno affacciato sul grande orto che rifornisce autonomamente la cucina. Il menù viene raccontato nei particolari, ma i piatti sono semplici e poco elaborati per valorizzare al massimo profumi, sapori e qualità delle materie utilizzate, tra cui diversi Presìdi Slow Food: orzo delle valli bellunesi, mais biancoperla, castraure di Sant'Erasmo e altri. Buon inizio l'insieme di assaggi: **frittatina con bruscandoli**, pitina friulana, castelmagno, strudel di verdura e ricotta, carciofini in tecia, crêpe di morlacco e asparagi. Ogni giorno si tira la pasta per i **tortelli con le erbette primaverili** (8 €) o con zucca e semi di papavero, per le **tagliatelle al ragù d'anatra**, ma non dimentichiamo **trippe in brodo** e risotti. Agnello al forno, anatra alla cortigiana, **capriolo in salmì** (10 €), coda di manzo e **s'cios con polenta** (15 €) i secondi classici. Per finire torta con pere e cioccolato (5 €) e il dolce con il corniolo (bacca selvatica), simbolo di lunga vita, scelto dalla Locanda Solagna come beneaugurante per tutti i suoi clienti. La cantina è ben fornita e consente i migliori abbinamenti.

❝ *Ogni giorno dell'anno qui si trova accoglienza familiare, cucina autentica, tradizione e qualità al giusto prezzo. Un posto unico che non lascia desideri insoddisfatti* ❞

VELO D'ASTICO

46 KM A NO DI VICENZA

Granpasso
Ristorante
Via Velo, 68
Tel. 0445 714349
Chiuso lunedì e martedì
Orario: mezzogiorno e sera
Ferie: due settimane in gennaio
Coperti: 50 + 20 esterni
Prezzi: 30-35 euro vini esclusi
Carte di credito: CS, DC, MC, Visa, BM

Nella splendida e tranquilla vallata tra Piovene Rocchette e Arsiero, vicino al centro di Velo, servito anche da una comoda pista ciclabile, troviamo questo piacevole ristorante. La famiglia Menegante interpreta la tradizione con giusto brio ed elegante vivacità, con un menù che varia solitamente una volta al mese e che, a seconda della stagione, è integrato con nuovi piatti. Aprono il pasto i salumi di produzione locale, il **baccalà con patate e olive** (9 €), la terrina di quaglia e tartufo nero. Esaltanti i primi: l'**orzotto mantecato** (9 €), i pagliafieno al ragù di fratellanza, gli **gnocchi di patate al tartufo nero di Velo** (9 €). L'importanza del territorio e della stagionalità si avverte anche nei secondi: **cartoccio di salmerino e asparagi** (14 €), brasato di sorana (scottona) al Tai Rosso (14 €) e l'immancabile **baccalà alla vicentina con polenta** (14 €). Imperdibili anche i dolci: **macafame**, gelato con salsa alla vaniglia, flan di cioccolato fondente, **torta sbrisolona**, chantilly al caffè. Ottima e completa la carta vini con un occhio di riguardo ai vini biologici e biodinamici; bella la possibilità di portare a casa la bottiglia che non si è terminata durante il pasto. Fornita la selezione di distillati e grappe, interessante la proposta di caffè, tè e infusi. Molto curato il servizio.

VENETO | 295

VENEZIA

VAPORETTO FERMATA RIALTO

Antico Calice
Osteria tradizionale-trattoria
San Marco, Calle degli Stagneri, 5228
Tel. 041 5209775
Non ha giorno di chiusura
Orario: mezzogiorno e sera
Ferie: una sett in gennaio, una fine luglio-inizio agosto
Coperti: 80
Prezzi: 35-38 euro vini esclusi
Carte di credito: tutte

Tra Rialto e San Marco, questo antico locale disposto su due sale, una delle quali al piano superiore, propone una cucina tradizionale di pesce con qualche piatto di carne. Ormai da due anni i nuovi soci hanno ridato vita all'osteria con proposte classiche rivisitate da qualche tocco di originalità e freschezza. Gli antipasti comprendono l'insalata di piovra, l'antipasto di pesce crudo, gli imperdibili **polpetti con sedano** o la **polenta e schie** (15 €). Tra i primi, con pasta fatta in casa, troviamo la **pasta con le seppie in nero** (15 €) oppure con la coda di rospo o, ancora, i *bigoi* **in salsa** (12 €). I secondi comprendono il **tris di** *saor* **con polenta** (18 €), il **tris di baccalà con polenta**, le seppie in nero con polenta (18 €), la frittura mista, il **fegato alla veneziana**. I dolci sono fatti in casa (5 €): tiramisù, salame di cioccolato, torta di mandorle e noci, semifreddo amaretto e ciccolato. I vini di circa 300 etichette, alcuni dei quali anche a calice, vengono proposti assieme a quelli della casa, che vanno dal Pinot Grigio al Cabernet Sauvignon in alternativa ai frizzanti Prosecco e Raboso.

VAPORETTO FERMATA CA' D'ORO

Ca' d'Oro detta Alla Vedova
Osteria tradizionale
Cannaregio, 3912-ramo Ca' d'Oro
Tel. 041 5285324
Chiuso il giovedì e domenica a pranzo
Orario: 11.30-14.30/18.30-22.30
Ferie: dal 20 luglio al 31 agosto
Coperti: 50
Prezzi: 28 euro vini esclusi
Carte di credito: nessuna

Locale storico veneziano, osteria dal 1891, si trova percorrendo la frequentatissima Strada Nova, nei pressi della Cà d'Oro, in una piccola calle laterale. Appena entrati, fanno bella mostra nel bancone originale tutta la serie di *cicheti*, che anche molti veneziani usano consumare abitualmente con un'ombra (piccolo calice) di buon vino. Imperdibili e gettonatissime le **polpette di carne** (1,50 euro l'una), il **baccalà mantecato**, le **sarde in** *saor*, i **folpeti** (moscardini) **lessi** e le **uova di seppia**. Oltre alla classica funzione di *bàcaro*, dove si consuma in piedi, vale la pena entrare in un clima di venezianità, dove i fratelli Renzo e Mirella propongono anche un menù classico, tipicamente veneziano, usando materie prime fresche e di qualità. Si può iniziare con un misto di pesce lesso (12 €) o di verdure ai ferri, o passare ai primi scegliendo tra i **bigoli in salsa**, la lasagna vegetariana o lo **spaghetto al nero di seppia** (10 €). Frittura mista, **seppie nere** (12 €), *schie* (gamberetti) o polpo in umido, tutti serviti con **polenta bianca**, e **fegato alla veneziana** completano il menù, che si può concludere con dei biscotti tipici veneziani, magari da intingere in un buon bicchiere di vino dolce. Sufficiente la cantina con etichette prevalentemente del Nordest, alcune anche al calice; in alternativa il vino sfuso della casa. Una curiosità: non chiedete il caffè, perché non c'è!

Al 1561 di via Garibaldi, il negozio di formaggi e salumi di Gabriele Bianchi: molti Presìdi Slow Food, parecchi salumi e vini.

VENEZIA

Vaporetto fermata Ponte Tre Archi

Dalla Marisa
Trattoria
Cannaregio, 652 B-Fondamenta San Giobbe
Tel. 041 720211
Chiuso domenica, lunedì e mercoledì sera
Orario: mezzogiorno e sera
Ferie: agosto e Natale
Coperti: 25 + 45 esterni
Prezzi: 20-40 euro, menù fisso
Carte di credito: nessuna

Non lontano dalla stazione ferroviaria di Venezia (10 minuti a piedi), questa piccola trattoria offre un menù a prezzi accessibili all'abituale clientela di impiegati, operai, studenti e turisti di passaggio, che qui si godono la pausa pranzo spendendo non più di 15 euro. L'ambiente è spartano ma d'estate si può mangiare all'aperto in riva al canale di Cannaregio. Alla sera s'è solo il menù degustazione: di carne a 35, di pesce a 40 euro (scegliendo meno portate il prezzo scende). La titolare Anna, figlia della Marisa, a cui si deve il nome del locale, è ai fornelli e continua la tradizione gastronomica della famiglia. Tra i tanti piatti della tradizione, moscardini in umido, **baccalà mantecato**, branzino marinato e peoci (cozze). Nei primi il **risotto coe secoe** (pezzettini di cane vicino alle vertebre dei bovini), le **tagliatelle al sugo d'anatra**, i pasticci di carne, di pesce o alle verdura a seconda della stagione. Tra i secondi troviamo il bollito, la **spienza bollita** (milza), lo sguassetto a la bechera (polmone, milza, trippa e coda di vitello rosolati e aggiunti di brodo), l'arrosto di coniglio e la classica **frittura mista di pesce**. Il 21 di novembre, festa della Madonna della Salute, non manca la tradizionale **castradina** (carne di montone salata e affumicata) con verze, piatto associato alla fine della pestilenza che imperversò a Venezia nel Seicento. Il dolce è solitamente la crema di mascarpone e baicoli (biscotti veneziani), il vino è solo fuso ed è compreso nel prezzo.

VENEZIA

Vaporetto fermata Ca' Rezzonico

La Bitta
Osteria
Dorsoduro, 2753 A-Calle Lunga San Barnaba
Tel. 041 5230531
Chiuso la domenica
Orario: 18.30-24.00
Ferie: 2 settimane in luglio, 1 prima di Natale
Coperti: 28 + 14 esterni
Prezzi: 38-40 euro vini esclusi
Carte di credito: nessuna, BM

Molti i motivi per cui questo locale ci piace: la cura con cui si rispetta la stagionalità delle materie prime, il loro reperimento fatto solo nel territorio e, non ultimo, il fatto che è uno dei rari esempi di osteria – peraltro frequentatissima dai veneziani – solo di carne in un'area in cui domina il pesce. Piccolo, due sale molto ben curate, dove regnano Debora e Marcellino, che hanno un cordiale senso dell'ospitalità. La stagionalità è il filo conduttore della cucina: in primavera, ad esempio, si può iniziare con una insalatina di carciofi crudi con grana a scaglie e rucola o con la **porchetta trevigiana e salsa al rafano** (10 €). A seguire, le tagliatelle alla finanziera, il ragout di gallo (11 €), gli **gnocchi di patate con rape rosse e asparagi** o lo sformato di bruscandoli con fonduta di taleggio. Per secondo si può scegliere fra il galletto ai peperoni, il fegato di vitello alla veneziana (16 €), l'**anatra arrosto** o il **filetto di maiale alle erbe**. Stanchi di carne? Potete ordinare il piatto di formaggi, – una buona selezione – accompagnati da miele e mostarda. A chiudere dolci (6 €) che variano ogni giorno e sono fatti in casa. Per quanto riguarda i vini, la carta mostra una selezione del Triveneto curata e selezionata. C'è un buon vino della casa servito in bottiglia e pagato al consumo.

VENETO | 297

Venezia: par bacari, a cicheti e ombre

Se da un lato la vecchia tradizione veneziana di far do ciacole gustando un cicheto e bevendo un'ombra è andata via via scemando, dall'altro alcuni giovani ristoratori attenti, curiosi e innamorati di Venezia stanno tentando di riproporre quelle abitudini tradizionali con uno spirito più moderno e, soprattutto, con un'attenzione alla qualità dei prodotti spesso ignorata in passato. Allora, anche se non sempre si trova la spienza (milza) o la coradea (coratella), gustare il mezzo uovo con l'acciuga, il folpeto lesso, le sarde in saor, le seppioline alla griglia, il baccalà è sempre un'esperienza piacevole. Anche uno spiedino di gamberi alla griglia o di verdure fritte aiuta a rallentare il ritmo, a gustarsi attimi rubati alla frenesia, specie se accompagnato da uno degli ottimi vini del Triveneto ormai presenti nelle cichetterie più attente con una qualità media molto alta. Trovare, riconoscere e segnalare i bacari che stanno, con fatica, rinnovando la tradizione, è un impegno anche di questa guida. Le nuove esigenze del piccolo pasto in pausa pranzo possono trovare nei cicheti una valida risposta, tanto più se allargata a qualche piatto come i bigoli in salsa, gli spaghetti con le vongole, i peoci saltai, la zuppa di trippe, i nervetti con la cipolla, le masanete conse, i bovoleti agio e ogio. Certo, si trovano anche le mozzarelle in carrozza e i panini con gli affettati, ma se sono preparati con pane buono e non surgelato, con salumi e formaggi di qualità, magari con qualche Presidio Slow Food, meritano lo stesso rispetto del crostino di baccalà mantecato o della polenta abbrustolita con la fetta di musetto caldo. Di seguito i locali che ci convincono di più.

Rodolfo Agostini

All'Arco
Vaporetto fermata Rialto Mercato
San Polo 436-Rialto
Tel. 041 5205666
Chiuso la domenica
Orario: 08.00-14.30; da aprile a novembre mer-sab anche 18.00-20.00
Ferie: Natale, Pasqua e agosto

Il vicino mercato di Rialto è la fonte di ispirazione giornaliera per i *cicheti* proposti in questo piccolo e simpatico, locale. Si va dai panini con affettati, formaggi o verdure ai più classici folpeti lessi, dai crostini di baccalà mantecato alle sarde in *saor*, dal musetto a pesce e verdure fritte. Immancabile il Prosecco al calice, ma anche qualche etichetta del Triveneto, da sorseggiare guardando l'incessante viavai del mercato.

Al Bacareto
Vaporetto fermata San Samuele o Sant'Angelo
San Marco 3447-San Samuele
Tel. 041 5289336
Chiuso la domenica
Orario: 08.00-22.30
Ferie: tre settimane in agosto

È quasi un obbligo farsi un *cicheto* in questo bellissimo locale di Venezia. La scelta è molto ampia: sarde fritte, crostini di baccalà mantecato, seppioline ai ferri o fritte, polpettine di carne, pierini, frittura di verdura. C'è anche la possibilità di consumare qualche piatto come bigoli in salsa, gli spaghetti alle vongole, i risotti di pesce, le fritture miste, il fegato alla veneziana. Dolcetti fatti in casa e da bere del buon vino veneto o friulano e l'immancabile *goto* della casa.

Cantinone già Schiavi
Vaporetto fermata Zattere o Accademia
Dorsoduro 992-San Trovaso
Tel. 041 5230034
Chiuso la domenica
Orario: 08.30-20.30
Ferie: due settimane in agosto

La signora Alessandra da più di trent'anni prepara i suoi originali crostini di pane con svariati condimenti: zucchine ai ferri, uova sode e acciughe, baccalà mantecato, peperoni al tonno, sarde in *saor* o la seppiolina. In questo locale storico, davanti allo squero di San Trovaso è possibile accompagnare i *cicheti* con un calice di vino di una delle tantissime etichette in vendita nella bottiglieria. C'è anche un'ampia selezione di grappe e distillati italiani ed esteri.

Cavatappi
Vaporetto fermata Rialto o San Zaccaria
San Marco 525-526-Campo de la Guerra
Tel. 041 2960252
Chiuso il lunedì
Orario: 09.00-21.00, venerdì e sabato 09.00-24.00, domenica 09.00-19.00
Ferie: gennaio

La zona è turistica, vicino a San Marco, tuttavia Francesca e Marco continuano a proporre *cicheti* tradizionali di qualità sempre attenti alle materie prime, anche tra i salumi e i formaggi. Si possono trovare i folpeti, il baccalà mantecato, le sarde in *saor* e fritte, l'uovo sodo con l'acciuga. A pranzo c'è sempre qualche primo di stagione e alla sera si può cenare con pasto completo. Il calice di vino si può scegliere tra una buona selezione di etichette del Triveneto.

Codroma
Vaporetto fermata San Basilio
Dorsoduro 2540-Fondamenta Briati
Tel. 041 5246789
Chiuso la domenica
Orario: lun-mer 8.00-16.00, gio-sab 8.00-16.00 e 18.00-23.00
Ferie: agosto

Un'osteria che affonda le sue radici nella storia della Serenissima, della sua ospitalità e dei suoi piatti. Una storia antica che si rinnova anche oggi con polpette di carne e di pesce, il baccalà declinato in tre versioni, i folpeti, le verdure fritte, l'immancabile varietà di panini farciti, per arrivare a uno dei tipici dolci di Venezia: la crema fritta. Fra i piatti da scegliere ci sono il pasticcio di pesce, gli spaghetti alle vongole, le seppie in umido con polenta e il tris di polentine con *schie*, baccalà e seppie al nero. Buona la scelta dei vini sia bianchi (Veneto e Friuli in particolare) sia rossi.

Enoiteca Mascareta
Vaporetto fermata Rialto
Castello 5183- Calle Lunga Santa Maria Formosa
Tel. 041 5230744
Non ha giorno di chiusura
Orario: 19.00-02.00
Ferie: non ne fa

È la casa di Mauro Lorenzon, nel senso che è difficile pensare a questo locale senza ricordare chi ne è l'anima e la sostanza. Enoiteca, osteria, trattoria. La buona accoglienza qui è regola, ma alla Mascareta si viene per la grande scelta di vini e Champagne e per i taglieri di salumi e formaggi, qualche *cicheto* classico a scottadito, ma anche, a volte, ostriche, canestrelli e tartufi crudi. Non mancano piatti come pasta e fagioli, risotti di pesce fatti al momento, baccalà alla vicentina, seppie in umido. E volendo, dolci e scelte di distillati.

Al Ponte
Vaporetto fermata Ospedale
Santi Giovanni e Paolo
Cannaregio 6369-Calle della Testa
Tel. 041 5286157
Non ha giorno di chiusura
Orario: 08.00-22.00
Ferie: non ne fa

Nuova sede, poco più in là ma sempre nel sestiere di Cannaregio. Ivan e Romeo, infatti, hanno rilevato i locali che furono di uno dei grandi osti di Venezia dello scorso secolo: Ardenghi. E ne hanno irrobustito l'offerta con una scelta di *cicheti* davvero imponente: si va dalle verdure fritte alle polpette, dalle olive all'ascolana alle sarde in *saor*, dal baccalà mantecato ai folpeti, dalle seppioline all'insalata di polpo con patate, dal prosciutto crudo di Parma ai crostini al salmone. Volendo si può anche scegliere qualche piatto come le tagliatelle all'isolana o alla scogliera, lo sgombro in padella, il fegato alla veneziana. Buona la scelta di vini fra bianchi e rossi anche nazionali.

Al Portego
Vaporetto fermata Rialto
Castello 6015-San Lio
Tel. 041 5229038
Non ha giorno di chiusura
Orario: 10.30-15.00/17.30-22.00
Ferie: variabili

Tradizione vuole che il bancone dei *cicheti* del locale sia uno dei più imponenti delle osterie veneziane. Toverete infatti sarde in *saor*, polpette di carne e di pesce, piccole fritture di pesce e verdure, crostini di baccalà mantecato, panini con salumi o formaggi, cappesante gratinate, spiedini di ascolane, verdure ai ferri. Fra i piatti da scegliere ci sono gli spaghetti alle telline, le tagliatelle con gli scampi alla busara, la tagliata di pesce spada al balsamico, la frittura mista. Dolci della tradizione come biscottini e tiramisù. Scelta di vini del Triveneto, immancabile il *goto* della casa.

Al Prosecco
Vaporetto fermata San Stae
Santa Croce 1503-Campo San Giacomo dell'Orio
Tel. 041 524022
Chiuso la domenica e i festivi
Orario: 09.30-21.00
Ferie: agosto, gennaio

In campo San Giacomo dell'Orio, davanti a un piccolo orto (con spaventapasseri) curato dalla vicina scuola elementare, è possibile sedersi a uno dei tavolini esterni e gustarsi un *cicheto* e un'ombra guardando i bambini che giocano, i veneziani che chiacchierano e i turisti che passano. Davide vi può aver preparato un paninetto con la culatta reale di Parma o con il lardo di Colonnata. Oppure un piatto di bufala con verdure o un'insalata di formaggi con confetture naturali. Potete sorseggiare un calice di una delle tante etichette di Prosecco oppure di qualche altro vino bianco friulano o rosso veneto.

VENEZIA
Mestre

9 KM DAL CENTRO

Moro
Ristorante
Via Piave, 192
Tel. 041 926456
Chiuso la domenica
Orario: mezzogiorno e sera
Ferie: quarta settimana di luglio
Coperti: 28
Prezzi: 35-38 euro vini esclusi
Carte di credito: tutte, BM

Il Moro, centralissimo locale a due passi dalla stazione di Mestre, si presenta come una piccola struttura accogliente in una zona fortemente multietnica. Lino Moro in sala con la figlia Federica, vi accoglie sempre cordialmente, mentre la moglie Luisa e Daniele Favaron si occupano della cucina. La proposta è piuttosto varia, con qualche richiamo alla cucina regionale. È soprattutto con i piatti della tradizione che questa osteria dà il meglio di sé: **sarde in *saor*** (6 €), **baccalà mantecato** (9 €) e **fegato di vitello alla veneziana** (15 €). Tra gli antipasti, crostini di lardo di Colonnata (5 €), asparagi mimosa, bruschetta al pomodoro fresco. Con i primi piatti arrivano cappellacci di burrata, maccheroncini all'amatriciana, **spaghetti in salsa di moscardini**, gnocchi di patate al ragù. Tra i secondi, tagliata con rucola, hamburger di fassona, pollo fritto con patate fritte, piovra ai ferri. Interessante il carrello dei **formaggi** con alcune proposte golose e bella presenza di Presìdi Slow Food (12 €). Buona la scelta dei dolci. Cantina valida con prevalenza di proposte del Triveneto e un buon numero di mezze bottiglie.

In campo Bella Vienna un negozio di prodotti di qualità e formaggi del Veneto.

VENEZIA
Mestre

9 KM DAL CENTRO

Ostaria Da Mariano
Osteria tradizionale
Via Spalti, 49-angolo via Cecchini
Tel. 041 615765
Chiuso sabato e domenica
Orario: mezzogiorno e sera
Ferie: ultima settimana di luglio-metà agosto
Coperti: 40
Prezzi: 30-35 euro vini esclusi
Carte di credito: CS, DC, MC, Visa, BM

Vista da fuori potrebbe passare inosservata, ma appena si varca la soglia dell'Osteria Da Mariano si capisce subito che è un locale dove la buona cucina è di casa. Non si può fare a meno di notare le selezioni di **formaggi** sistemate con cura nel bancone all'ingresso e le numerose bottiglie esposte alle pareti come fossero libri. L'arredo, esclusivamente in legno, rende la sala calda e accogliente; i tavoli ben apparecchiati con tovaglie a quadretti richiamano la tradizione. In sala c'è Antonio, attuale proprietario e figlio di Mariano, che con maestria sa consigliare i commensali sui piatti del giorno, spiegando le ricette e raccontando gli ingredienti utilizzati, tutti di ottima qualità. In carta si possono trovare menù di carne o di pesce. Come antipasti segnaliamo i *cicheti* **veneziani** (tre a scelta, 15 €), le **sarde in *saor*** o l'insalatina di polipo con polenta (8 €). Tra i primi piatti, la **pasta al baccalà** o i tagliolini alle seppie (8 €), gli gnocchi di zucca marina al pomodoro o alle verdure. Tra i secondi di pesce, **baccalà mantecato**, **seppie alla veneziana** in umido con polenta oppure pesce del giorno con patate croccanti (15 €). Passando alla carne, invece, il classico **fegato alla veneziana**, la faraona disossata ripiena o il coniglio ripieno (15 €). Buona e curata la scelta dei formaggi. Dolci e biscotti fatti in casa. La carta dei vini propone molte referenze con un'attenzione particolare per i vini del Triveneto.

❝Passione e competenza, voglia di raccontare la propria tradizione e il territorio. Un grande classico, una costante certezza❞

Al Bersagliere

Ristorante
Via Dietro Pallone, 1
Tel. 045 8004824
Chiuso domenica e lunedì
Orario: mezzogiorno e sera
Ferie: variabili
Coperti: 60 + 20 esterni
Prezzi: 30 euro vini esclusi
Carte di credito: AE, CS, MC, Visa, BM

È un po' come andare a casa di un amico, dal carattere un po' burbero ma con tante storie da raccontare: in effetti, le foto alle pareti e i tanti oggetti, anche stravaganti, disseminati nelle tre salette del locale ce ne danno conferma. Chiedere a Leopoldo Ramponi la spiegazione di un piatto può riservare sorprese: con il figlio Alessandro in sala e la moglie Marina in cucina, a due passi dall'Arena, propone una cucina tradizionale, dai riferimenti precisi e senza tanti fronzoli. Si apre con diverse polente abbinate a lardo (7 €), soppressa o formaggio; in alternativa il prosciutto crudo, gli **sfilacci di cavallo** o la *stortina* veronese (Presìdio Slow Food). Non mancano mai la **pasta e fagioli alla veneta** (7,50 €), le **taglioline in brodo con fegatini**, i **bigoli al torchio con anatra**; irrinunciabili il **risotto all'Amarone** o quello al Bersagliere (salsiccia e fagioli, 6,50 €). Siamo tra i secondi: la famosa *pastissada* **con polenta** (13 €), il filetto all'Amarone, le diverse carni alla griglia, ma ancora **polenta con il baccalà** e, sempre tra i pesci, il persico al Soave (10 €) o la **trota del lago di Garda**. A concludere, diversi **formaggi** in degustazione, anche delle zone limitrofe, e alcuni dolci fatti in casa (5 €), come il diplomatico o la zuppa inglese. La carta dei vini è ampia, con doverosa rappresentazione del Veronese e una bella cantina del Duecento da visitare. Interessanti le carte delle grappe e dei whisky.

❝ *Leopoldo Ramponi si apre un po' alla volta, con semplicità, facendo intravedere la grande tradizione di cui è ambasciatore* **❞**

All'Isolo

Trattoria *novità*
Piazza Isolo, 5
Tel. 045 594291
Chiuso mercoledì sera
Orario: mezzogiorno e sera
Ferie: 16-30 luglio
Coperti: 50 + 30 esterni
Prezzi: 25 euro vini esclusi
Carte di credito: tutte, BM

Sul versante forse meno turistico dell'Adige ma a pochi passi dalle Arche Scaligere e da Palazzo Forti, nella piazza che oggi sostituisce l'antica ansa del fiume e che formava appunto l'isolo, affaccia questa trattoria veronese un po' defilata, tanto che può sfuggire allo sguardo di un passante distratto. Due piccole salette ospitano pochi coperti e il taglio domestico vi fa sentire veramente a casa. In estate, qualche tavolino fa la sua comparsa sulla piazza sotto gli ombrelloni. I piatti, presentati con semplicità, sono quelli della cucina di tradizione. Gli antipasti (6 €) possono comprendere un misto di salumi e il **luccio con polenta**. Seguono tagliatelle all'anitra, **pasta e** *fasoi*, fettucine al tartufo (7 €), **bigoli con le sarde**. Il baccalà alla vicentina, la **pastissada di cavallo**, il fegato alla veneziana, e d'inverno il **lesso con la peàra** (12 €) completano l'offerta. Ottimi i dessert tradizionali (3 €). Con una selezione limitata ma corretta di vini del territorio o con una proposta di vino sfuso generoso, si completa questa autentica esperienza nell'antica tradizione veronese delle osterie. Dal lunedì al venerdì, si pranza con 11 euro (primo, secondo, contorno e acqua), mentre la sera si può scegliere un piccolo menù di due portate a 15 euro. È consigliabile prenotare.

Andar per gòti a Verona

Le osterie rappresentano il cuore pulsante di questa città. Al bancone di questi luoghi si sono prese importanti decisioni e nel corso dei secoli si sono affrontati i discorsi più diversi. Ciò che non è mai cambiato è che ad accompagnare questi momenti ci sono sempre stati un *goto* di vino e qualcosa da mangiare. Passare da un'osteria all'altra rappresenta senza dubbio un modo originale per vedere questa bellissima città da un altro punto di vista. Nelle osterie che vi proponiamo qui di seguito, potete fermarvi per un aperitivo o per un pasto completo: non mancano mai, infatti, oltre ai salumi e ai formaggi, i grandi classici della tradizione veronese come pasta e fagioli, trippa, *pastisada de caval* e baccalà.

Al Carro Armato
Vicolo Gatto, 2 A
Tel. 045 8030175
Chiuso il lunedì
Orario: 11.00-02.00
Ferie: variabili
Carte di credito: BM

L'antica osteria, gestita da Annalisa Morandini e dalle figlie, deve il suo nome al primo oste, un ex carrista dell'esercito. Arredato con semplicità, offre al bancone un buon bicchiere di vino accompagnato da stuzzicanti bocconcini. Si può trovare accoglienza nell'adiacente sala da pranzo e gustare alcuni piatti della tradizione tra i quali meritano menzione nervetti con cipolle, pasta e fagioli, gnocchi (il venerdì), trippe e *pastisada de caval* (stufato di carne di cavallo). Di tutto interesse la selezione di vini italiani, in particolare del Veronese.

Alla Corte
Piazzetta Ottolini, 2 A
Tel. 349 2490987
Chiuso sabato pomeriggio e domenica
Orario: 7.30-21.00
Ferie: 15 giorni in agosto

Il bar-enoteca di Massimo Perini è sito nel quartiere della Carega. All'interno, di fronte al bancone, tre tavoli nella prima saletta e altri nell'attigua stanza destinata a una ristorazione meno affrettata (alcuni tavolini sono all'aperto nella tranquilla piazzetta). Il locale propone un'attenta selezione di vini italiani, in particolare del Veronese e del vicino Trentino Alto Adige. A pranzo sono proposti alcuni piatti tipici secondo stagionalità.

El Bacarin
Vicolo Fogge, 5
Non ha telefono
Chiuso il lunedì
Orario: 11.00-22.00
Ferie: non ne fa

Pochi tavolini all'aperto sotto gli ombrelloni e solo posti in piedi all'interno. Potrete scegliere un buon bicchiere di vino dalla lista sulla lavagna e qualche piatto caldo (bigoli al ragù, tortellini con panna, piselli e prosciutto) o freddo (roastbeef, bresaola, insalata). Ottime le tartine, proposte in notevole varietà.

Monte baldo
Via Rosa, 12
Tel. 045 8030579
Chiuso il lunedì
Orario: 10.00-15.00/17.00-22.00
Ferie: non ne fa

L'osteria è accogliente e molto frequentata. Ottima la proposta dei vini che potranno essere accompagnati dalle sfiziosissime tartine: con acciughe, crema di carciofi, peperonata, cipolle, salame (un euro l'una). Pochi piatti caldi e freddi (spezzatino di puledro, baccalà con polenta, roastbeef) vi saranno serviti nelle due piccole salette interne.

Ostaria A le Petarine
Vicolo San Mamaso, 6 A
Tel. 045 594453
Chiuso la domenica
Orario: 7.30-24.00
Ferie: due settimane in agosto

Tradizionale e rustico locale vicino a piazza delle Erbe. Gusterete sottaceti fatti in casa, salumi tradizionali, polpettine, acciughe, panini. Il tutto per accompagnare un'offerta di vini locali, tra cui spiccano tutte le espressioni di Valpolicella, Soave e Lugana tra i bianchi. A pranzo il menù è integrato con qualche piatto caldo.

Osteria Sottoriva
Via Sottoriva, 9 A
Tel. 045 8014323
Chiuso il mercoledì
Orario: 11.00-22.30
Ferie: non ne fa

Vivere ancora la sensazione dell'osteria con i tavoli di legno e le tovagliette di carta gialla sotto i loggiati della via veronese per eccellenza. Piatti della tradizione (sfilacci di cavallo, pasta e fagioli, *pastisada de caval*) a mezzogiorno e sera con quello spirito e un servizio dichiaratamente lento.

Zampieri La Mandorla
Via Alberto Mario, 23
Tel. 045 597053
Chiuso il lunedì, mai d'estate
Orario: 11.00-16.00/18.00-02.00
Ferie: non ne fa

Antico locale aperto ai primi del Novecento, si trova alle spalle di piazza Brà. La piccola enoteca, sistemata con qualche vezzo stilistico e molta cura nell'accoglienza, è disposta su due sale, una al piano terra e una interrata. Si tratta di un locale frequentato da una clientela giovane e allegra, con l'offerta enologica incentrata su un'ottima selezione di territorio e con l'accompagnamento di piccoli assaggi: polpettine, olive ascolane, panini e salumi. A pranzo si fa tutto con più calma, potendo degustare i piatti del giorno.

VERONA

Al Pompiere
Osteria
Vicolo Regina d'Ungheria, 5
Tel. 045 8030537
Chiuso la domenica
Orario: mezzogiorno e sera
Ferie: Natale-Epifania, 1 settimana in giugno
Coperti: 50
Prezzi: 38-40 euro vini esclusi
Carte di credito: AE, CS, MC, Visa, BM

A due passi da piazza delle Erbe, questa osteria offre piatti di qualità e della tradizione. Le due sale, ben arredate, sono seguite da personale attento e professionale capeggiato dal proprietario Marco Dandrea. Sicuramente, appena entrati, lo sguardo non potrà fare a meno di fermarsi ad apprezzare le molte foto in bianco e nero di persone illustri e non appese alle pareti. Nella sala principale, oltre a un bancone con un'ampia selezione di **formaggi** (tutti italiani), c'è l'angolo in cui vengono affettati dalla storica Berkel rossa più di trenta tipi di salumi tra con molte proposte locali, quali prosciutto veneto stagionato, lardo dei Lessini e soppressa veronese, serviti con una giardiniera di verdure. Tra i primi piatti, ci piace segnalare la crema di broccolo fiolaro (€10) gli **spaghetti alle acciughe salate** (€ 14), il **risotto al tastasal** o all'Amarone, gli gnocchi di patate al pomodoro con scaglie di parmigiano di montagna (14 €), la **pasta e fagioli**. Seguono la guancia di manzo brasata nell'Amarone (18 €), la **gallina *grisa* della Lessinia** (18 €), il cosciotto di agnello alle erbe, il **baccalà con polenta**. Disponibile anche un menù di degustazione da 40 euro. Tra i dolci (8 €), da provare il cremoso al pistacchio con salsa al caffè, la torta di mele con salsa vaniglia e gelato alla crema, il pandorino con zabaione caldo. Ben fornita la carta dei vini, con proposte anche al bicchiere, e una bella selezione di vini veneti per un totale di oltre 350 etichette. Si consiglia di prenotare con un certo anticipo.

VERONA

Pane e Vino

Trattoria
Via Garibaldi, 16 A
Tel. 045 8008261
Chiuso il martedì
Orario: mezzogiorno e sera
Ferie: 1-4 gennaio
Coperti: 60
Prezzi: 30-38 euro vini esclusi
Carte di credito: AE, CS, MC, Visa, BM

Lungo le sponde dell'Adige, il ponte Garibaldi, ci introduce nell'antico Decumano Massimo, la Verona che custodisce vie dalle geometrie romane, con forti segni medievali e il duomo. A pochi passi dalla cattedrale, si trova l'osteria Pane e Vino, locale raccolto e informale, arredato con gusto rustico e gestito con garbo da Alessandro. Qui si viene per il cibo della tradizione, ma a chi volesse iniziare con l'antipasto si consiglia l'insalata di **petto di faraona all'Amarone e monte veronese** (9 €) oppure la polenta morbida con funghi e scaglie di grana o, ancora, il **baccalà mantecato** all'olio extravergine (9 €). Tra i primi piatti la **pasta e fagioli con i bigoli** (9 €) esprime bene l'essenza della cucina veronese; molto buoni anche il **risotto all'Amarone** (10 €) e gli gnocchi di patate con pomodorini. Tra i secondi non mancano la **tagliata di filetto di cavallo** (17 €), il filetto di manzo con salsa all'Amarone e per chi non volesse la carne, il **baccalà alla vicentina con polenta** (15 €). Solo alla domenica, non perdetevi il **carrello dei bolliti**, con la tradizionale pearà, il cren e la salsa verde. Molto curata la selezione dei **formaggi** e valida la lista dei vini che vede ben valorizzato il territorio circostante. Da segnalare l'Amarone in caraffa, cosa piuttosto rara ma valida alternativa alla bottiglia. Non mancano naturalmente i dolci, proposti in una selezione che va dal tiramisù al mascarpone, alla mousse morbida di liquirizia, e ai più golosi si consiglia la piccola pasticceria.

In piazza San Zeno, Zeno Gelato & Cioccolato propone gelati di frutta di stagione e prodotti tipici veronesi. Eccellente la pralineria al cioccolato.

VILLA BARTOLOMEA
Carpi

52 KM A SE DI VERONA

Antica Trattoria Bellinazzo

Trattoria
Via Borgo Chiesa, 20
Tel. 0442 92455
Chiuso lunedì sera e martedì
Orario: mezzogiorno e sera
Ferie: agosto
Coperti: 90
Prezzi: 25-27 euro vini esclusi
Carte di credito: tutte, BM

Quando si dice la Bassa, campagne e fossati a perdita d'occhio, dove il basso Veronese abbraccia la terra di Rovigo: un piccolo paese e la trattoria, di vecchia data, dove mangiare i semplici piatti della tradizione e bere un buon bicchiere di vino. Il brusio nelle due salette, l'andirivieni del personale e i profumi dei piatti ci dicono che siamo nel posto giusto. Daniele Bellinazzo, sempre un po' di corsa, consiglia i piatti preparati dalla moglie Chiara, come **prosciutto crudo di Montagnana 24 mesi** (6,50 €) e **monte veronese a latte crudo**, polentina con lardo, cimbro di fossa e filetto d'oca. Seguono **pasta e** *fasoi* (6,50 €), **bigoli al torchio col musso** (somarino), fettuccine al sugo di stagione. Tra i secondi la **polentina e** *pastizzà* **di musso** (8 €), la **polenta e baccalà** (10 €), la **tagliata di puledro** e una combinazione di carni alla brace. Diversi **formaggi** proposti in abbinamento a mostarda di frutta, miele o ottimi vini: la carta, che enfatizza giustamente il Veneto, lascia spazio a parecchie valide cantine, con servizio anche al calice. Interessante la proposta di un menù colazione di lavoro a 13,50 e 15 euro.

VENETO | 305

VILLADOSE
Canale

12 KM A EST DI ROVIGO

Da Nadae
Trattoria
Via Garibaldi, 371
Tel. 0425 476082
Chiuso il martedì
Orario: mezzogiorno e sera
Ferie: 6-15 gennaio, 16-31 agosto
Coperti: 75
Prezzi: 28-33 euro vini esclusi
Carte di credito: CS, DC, MC, Visa, BM

Questa osteria, non molto visibile dalla strada, con un'insegna molto semplice e spartana e un ambiente accogliente nella sua semplicità, si trova a Canale dagli anni Cinquanta. La gestiscono le sorelle Mariuccia e Gabriella, che l'hanno ereditata dal nonno, a cui è dovuto il nome del locale. Gabriella è ai fornelli, Mariuccia vi accoglie e illustra il menù a voce evidenziando la genuinità, la freschezza e la stagionalità dei prodotti proposti. Si può partire, scegliendo tra i vari antipasti, da un piatto di sarde in *saor* o di **schie** (gamberetti di laguna) **con la polentina**. Sempre rimanendo sul pesce potrete assaggiare i **bigoli con le sarde** (7 €), altrimenti sono buone anche le fettuccine con il ragù di *rovinazzi* (carne tagliata al coltello); semplice ma non meno gustosa la pasta e *fasoi* (7 €). Tra i secondi è da menzionare sicuramente il **baccalà** (12 €) preparato arrosto, **alla polesana**, alla frattona, alla Nadae; altra specialità del locale è costituita dalle **anguille fritte** (12 €). Fra i piatti di carne spiccano il mussetto e le **trippe** (9 €). Chiudono il pasto i dolci fatti in casa (3,50 €): zuppa inglese, panna cotta, tiramisù, salame dolce, torta di mele. Carta dei vini semplice che si rifà alle richieste della clientela: bianco e rosso della casa più una decina di etichette.

VITTORIO VENETO
Serravalle

40 KM A NE DI TREVISO SS 13 E 51 O A 27

Hostaria Via Caprera
Osteria tradizionale
Via Caprera, 23
Tel. 0438 57520
Chiuso il giovedì
Orario: mezzogiorno e sera
Ferie: variabili
Coperti: 80 + 40 esterni
Prezzi: 28-36 euro vini esclusi
Carte di credito: CS, MC, Visa, BM

Si parte dalla tradizione in questa osteria dalla lunga storia per intercettare gusti più moderni attraverso la rivisitazione della cucina di sempre, con qualche concessione alla creatività, proponendo snack tutti i giorni fino a mezzanotte o facendo omaggio di un segnalibro ai clienti per suggerire un semplice pranzo di mezzodì a 11 euro. Un piccolo gruppo bene affiatato di persone lavora per una carta articolata, con piatti sempre disponibili e menù tematici che cambiano di settimana in settimana con il mutare delle stagioni. È anche disponibile un menù degustazione a 38 euro. **Pasta e fagioli**, nervetti con le cipolle, **trippe in *tecia*** sono i piatti che non mancano mai perché sono parte della storia del locale. Tra gli antipasti (8,50 €) segnaliamo poi una gustosa ratatouille con i crostini e le **sarde in *saor*** (9 €) sono certamente la buona **zuppa di cipolle** e i particolari gnocchi di carote, così come meritano l'assaggio, a seguire, il **coniglio con le verdure** (14 €) e la parmigiana di pesce spada. Si conclude con torta di fragole, salame dolce e una torta di crema e frutta fresca priva di glutine. Nel menù, che illustra con dovizia la selezione di formaggi, salumi e *cicheti*, è presente una breve lista di vini consigliati, anche al bicchiere, integrabile con la carta dei vini completa per una scelta più personale. Aperta la bottiglia, è tutta vostra: se non la finite, la ritappate e la portate via.

🛒 In via Rizzo 79 e in via Liona 7, da La Mesa prodotti da forno tradizionali e non, anche con pasta madre. Le specialità sono il pane biscotto cotto nel forno a legna e la pinza alla munara.

VOLPAGO DEL MONTELLO

22 km a no di Treviso

Bosco del Falco
Azienda agrituristica
X Presa-via Battisti, 25
Tel. 0423 619797-335 6883415
Aperto giovedì e venerdì sera, sabato e domenica a pranzo
Ferie: 3 settimane in gennaio, 2 in agosto
Coperti: 80
Prezzi: 35 euro vini esclusi, menù fisso
Carte di credito: Visa, BM

ZERO BRANCO
Scandolara

18 km a so di Treviso

Brunello
Ristorante
Via Scandolara, 35
Tel. 0422 345106
Chiuso il lunedì
Orario: mezzogiorno e sera
Ferie: variabili in estate
Coperti: 50
Prezzi: 30-32 euro vini esclusi
Carte di credito: CS, MC, Visa, BM

I tanti consensi che questo agriturismo continua a collezionare sono la prova di una crescita di qualità costante, di una proposta sempre più legata ai prodotti del grande (un ettaro) e bellissimo orto che vi consigliamo di visitare, degli alberi da frutta e degli animali da cortile allevati nei terreni che circondano la costruzione principale, una parte della quale è anche la casa di Elena e Paolo. Questa simpatica coppia diversi anni fa si è convinta a lasciare la pianura e altri lavori per trasferirsi su queste colline. Elena segue la cucina, sua grande passione, Paolo coordina gli aiuti di sala e ha una parola per tutti. Un completo menù degustazione (35 €) rappresenta la proposta tipica della casa e consente un esauriente percorso tra i sapori stagionali del territorio. Si può cominciare con salumi, verdure pastellate, sformatino di erbette di campo o di zucca con fonduta ai formaggi, e proseguire con un ottimo risotto (con verdure, con i funghi, con la zucca) o varie paste fresche e ripiene: ne sono un buon esempio i **tortelli con morlacco e carletti** (strigoli) e quelli di farina di castagne con pere e noci. Le carni da cortile sono protagoniste dei secondi: **gallo in tecia**, anatra al Raboso, **faraona in salsa peverada**, oca *rosta*; in alternativa, guancetta di vitello brasata al radicchio, **baccalà mantecato** o con i funghi barboni. Il bicchiere di benvenuto è il Prosecco della casa; a seguire, valide proposte di piccoli ma interessanti vignaioli locali. Il pane è fatto in casa. Imperdibili le crostate di Elena.

L'abilità e la passione di mamma Franca hanno contribuito moltissimo a fare di questa osteria di paese un punto di riferimento della cucina popolare della Bassa trevigiana. Alla sala ristorante si accede ancora tramite una porta nel locale bar: pochi tavoli apparecchiati con gusto, mobili d'epoca alle pareti, la grande stube tonda e la vetrata sulla nuova cantina, regno di Andrea, dove potrete andare a scegliere la vostra bottiglia tra le tante in bella vista. I profumi della cucina sapranno conquistarvi: Franca ha saputo coniugare i suoi saperi di cuoca di casa con i migliori prodotti locali (asparagi, radicchio, animali da cortile, baccalà, erbe primaverili, pesce della laguna) e la selvaggina preda del marito. Come inizio lo sformatino di radicchio e fonduta di morlacco (8 €), il **baccalà mantecato**, un'ottima battuta di sorana con burratina e puntarelle crude (9 €). Si passa poi al risottino primavera con gelato al basilico o con la fagianella, ai ravioli di cinghiale con salsa di sedano rapa e pancetta croccante (9 €). Il cinghiale lo trovate anche nello spezzatino e nel ragù che accompagna le tagliatelle fresche; la **lepre è in salmì** e il **coniglio** cotto **in tecia**. Protagonista delle serate invernali un'ottima *sopa coada* (9 €), con la carne di piccioni allevati da alcuni conoscenti: da non perdere. Difficile resistere ai dessert di Franca, provateli.

Alla Macelleria Michielan, in piazza San Martino 13, a **Scorzè** (6 km), potete trovare le migliori carni locali, scelte e macellate in proprio.

oltre alle osterie

ASOLO
34 KM A NO DI TREVISO SS 248

Locanda Baggio
Ristorante
Via Bassane, 1
Tel. 0423 529648-335 5292716
Chiuso il lunedì
Orario: mezzogiorno e sera
Ferie: non ne fa
Coperti: 80 + 40 esterni
Prezzi: 40-45 euro vini esclusi
Carte di credito: tutte, BM

Dopo avere gestito per diciotto anni la storica Osteria Ca' Derton, nel centro di Asolo, la famiglia Baggio dal 2010 ha rilevato una vecchia locanda trasformandola in un accogliente bel ristorante, con ampi spazi interni ed esterni. Papà Nino dirige con bella mano e cura della tradizione la cucina, aiutato dal figlio Guido, mentre mamma Antonietta con la figlia Cristina vi sapranno accogliere e guidare alla scoperta del menù, con proposte di carne e pesce. In apertura potrete assaggiare il filetto di coniglio in olio cottura con crema di cipolla rossa di Bassano e funghi porcini scottati, oppure le cappesante scottate in extravergine di Bassano su crema di *bisi* di Borso e chips di patate viola. Per continuare, tortelli di morlacco del Grappa con ristretto di vino rosso e pere, oppure spaghetti Felicetti con vongole veraci, vellutata di cozze e caviale di salmerino. Tra i secondi, da non perdere la guancetta di vitello brasata al vino rosso con purea di patate di Rotzo. Di bella impostazione e valore la carta dei vini, con estensione sovranazionale e ricarichi corretti.

BRENZONE - CASTELLETTO
25 KM A NO DI VERONA

Al Pescatore
Osteria
Via Imbarcadero, 31
Tel. 045 7430702
Chiuso il lunedì, in inverno anche martedì
Orario: sera; domenica, mai d'estate, a pranzo
Ferie: da Natale a metà gennaio
Coperti: 30
Prezzi: 45-50 euro vini inclusi
Carte di credito: tutte, BM

Il lago di Garda offre scorci meravigliosi e una grandissima varietà di specie ittiche, molte delle quali non così note al pubblico. È bello quindi che esistano personaggi come Livio Parisi – che non a caso tutti chiamano il professore del lago – capaci di raccontare, a parole e con gustosi piatti preparati dalla moglie Rosaria, la grande offerta che il lago sa esprimere. A tavola in successione vi arriveranno polpettine di cavedano, agole fritte, sarde di lago (ottime essiccate e curiose nelle versioni fresche), paste fresche condite con vari sughi, pesci semplicemente cotti alla griglia. Un'esperienza davvero unica quella di cui si può godere in questo luogo, non solo per il palato ma anche per la propria curiosità.

FOLLINA

41 KM A NO DI TREVISO

Dai Mazzeri

Ristorante
Via Pallade, 18
Tel. 0438 971255
Chiuso il lunedì e martedì a pranzo
Orario: mezzogiorno e sera
Ferie: 15 gg tra febbraio e marzo, ultimi 10 gg di luglio
Coperti: 75 + 35 esterni
Prezzi: 35 euro vini esclusi
Carte di credito: tutte, BM

Accanto alla bella abbazia cistercense di Follina, nei locali dell'antica casa comunale, i fratelli Mazzero hanno ricavato questo bel ristorante dove gustare i veri sapori delle terre del Prosecco. Sarete accolti con cortesia e professionalità da Mauro, che gestisce con occhio attento la sala, mentre in cucina Vito trasforma i prodotti che provengono da piccoli produttori agricoli e allevatori del territorio. Tra gli antipasti, un ottimo prosciutto di Sauris con castraure di Sant'Erasmo cotte al tegame, le lumache alla Borgogna e i crostini con porcini freschi e speck d'anatra (12 €). I primi sono solo di pasta fresca, con i tortelli di melanzane o i tagliolini con finferli (12 €), la pasta e fagioli e i ravioli all'anatra e funghi. Nella stagione fresca, tra i secondi primeggiano lo spiedo misto e l'agnello dell'Alpago. Ottimi formaggi e dolci all'altezza della cucina. La carta dei vini spazia essenzialmente sul Veneto, con un buon lavoro di ricerca su vitigni e nuove etichette, ma presenta anche diverse eccellenze nazionali.

LIMANA - VALMOREL

17 KM A SUD DI BELLUNO

Al Peden

Osteria tradizionale
Via Peden, 6
Tel. 0437 918000
Chiuso lunedì e martedì, mai in estate
Orario: mezzogiorno e sera
Ferie: 15 gennaio-28 febbraio
Coperti: 40 + 20 esterni
Prezzi: 40-45 euro
Carte di credito: CS, DC, MC, Visa, BM

Un comodo rifugio facilmente raggiungibile con la strada che attraversando la vallata assicura panorami stupendi. Massimo Cazzaro, assieme alla famiglia, l'ha trasformato in un tempio della gastronomia d'eccellenza, dove ogni materia prima è scelta e utilizzata nel migliore dei modi. Pane e grissini sono fatti in casa e il resto della cucina è di livello. Tra gli antipasti, il piatto di salumi di propria produzione con verdure in agrodolce o fritte, l'ottimo porcino al cortoccio (6 €). A seguire i primi: gnocchi alle erbe, i cannelloni ai porcini o al ragù (11 €), il *moss* (rotolo di polenta e erbe con ricotta affumicata). I secondi, accompagnati sempre da polenta di mais marano, annoverano molte carni (cervo, muflone, cinghiale) ma anche diversi piatti a base di formaggio come il *formai frit* (dalla fusione di una dozzina di formaggi, 10 €) ripieno di peperoni, cipolle o altro. Potrebbero chiudere il pasto una crema pasticciera (7 €) o una bavarese ai frutti di bosco. Notevoli le carte dei vini e delle acque.

SAN ZENO DI MONTAGNA

39 km a no di Verona ss 12 o a 22

Taverna Kus
Ristorante
Via Castello, 14
Tel. 045 7285667
Chiuso lunedì e martedì, mai da Pasqua a settembre
Orario: mezzogiorno e sera
Ferie: dall'Epifania a fine febbraio
Coperti: 80 + 20 esterni
Prezzi: 40-45 e euro vini esclusi
Carte di credito: AE, CS, MC, Visa, BM
&

A pochi chilometri dal lago di Garda, del quale si continua a sentire l'influenza fino a qui. il ristorante di Giancarlo Zanolli è ricavato in un cascinale del Seicento ed è piacevolmente ristrutturato, reso ancora più bello da una veranda ricavata nel portico e da un dehor dove passare le serate d'estate. La cucina, dove lavora Mara, utilizza ottime materie prime in piatti che spesso guardano alla tradizione, senza però rinunciare a qualche slancio più creativo. Si può così iniziare con carne di manzo marinata e affumicata, crudo di Montagnana e salame, monte veronese e sottoli. Tra i primi sempre buone le paste fresche: fettuccine con ragù, gnocchi con rape rosse, orzotto mantecato all'Amarone (15 €) o tortelli di carne brasata con crema di finocchio e peperone. Tra i secondi, tagliata di filetto di manzo con cremoso di basilico e pomodorini (20 €) o il petto d'oca all'arancia. Importante la carta dei vini che conta oltre 300 etichette da tutta Italia.

VENEZIA

Vaporetto fermata Rialto

Alle Testiere
Osteria
Calle del Mondo Novo-Castello, 5801
Tel. 041 5227220
Chiuso domenica e lunedì
Ferie: agosto e 23 dicembre-12 febbraio
Orario: mezzogiorno e sera
Coperti: 22
Prezzi: 60-70 euro vini esclusi
Carte di credito: tutte tranne AE, BM

Non è facile da raggiungere, del resto si sa che le calli si assomigliano tutte: questa è stretta, sempre trafficata, una piccola entrata per un piccolo locale, con pochissimi tavoli. È d'obbligo la prenotazione per immergersi nella tranquilla ospitalità del luogo. Luca e Bruno si muovono sicuri nel preparare piatti di tradizione veneziana, con materie prime freschissime e abbinamenti delicati. In bella vista il menù con la puntualizzazione che dipende unicamente da quanto offre il mercato del pesce. Ritroviamo così il baccalà mantecato con polenta di mais biancoperla (Presidio Slow Food, 18 €), le vongole veraci allo zenzero, la granceola alla veneziana e le cozze in cassopipa. Deliziosi gli spaghetti alle vongole bevarasse (21 €) o gli gnocchetti di patate ai calamaretti e cannella. Buona scelta di vini, con diverse eccellenze venete e puntate fuori dai confini, anche al calice.

VENEZIA

Vaporetto 41 o 51 fermata San Zaccaria

Wildner

Ristorante annesso all'albergo
Riva degli Schiavoni, 4161
Tel. 041 5227463
Chiuso il martedì
Orario: mezzogiorno e sera
Ferie: dal 10 gennaio a fine mese
Coperti: 60
Prezzi: 50 euro vini esclusi
Carte di credito: tutte, BM

Una posizione invidiabile per godere Venezia e il suo brulichìo con la vista sull'isola di San Giorgio, le guglie e i ponti, in lontananza il Canal Grande. Una cucina veneziana imperniata sul pesce del vicino mercato di Rialto, con molti piatti tradizionali e qualche puntatina fuori regione. Luca Fullin trasmette la passione nel descrivere i piatti (ampio l'utilizzo dei Presìdi Slow Food) e i vini, alla ricerca continua di piccoli produttori interessanti. Tanti i classici, come le sarde e gli scampi in *saor* con polenta di mais biancoperla (17 €), il baccalà mantecato con alici del Cantabrico e capperi di Salina o il polpo alla griglia in insalata di fagiolini e patate (16 €). Notevoli la zuppa di pesce (19 €) e il risotto di pesce del giorno, accanto a un insolito gazpacho (zuppa fredda di pomodoro). Ben fatti il pesce alla griglia o al forno, le seppie in nero e *bisi* (17 €) o il fegato alla veneziana, entrambi con la polenta di mais biancoperla, Tante verdure di contorno e qualche dolce casalingo. Validi i vini proposti, anche al calice, con lavorazioni naturali e bio.

0
15
30 km
ÁUSTRIA
Gmünd
Lienz
Drau
Spittal a. d. Drau
Villach
Gail
Forni Avoltri
Cercivento
Paluzza
Prato Cárnico
Ovaro
Sútrio
Ravascletto
Malborghetto Valbruna
Tarvisio
Kranjska Gora
Pieve di Cadore
Sáuris
Móggio Udinese
A23
Láuco
Forni di Sopra
Tolmezzo
Verzégnis
Cavazzo Cárnico
Piave
TRIGLAVSKI NARODNI PARK
Bovec/ Plezzo
Clauzetto
Tarcento
Cavasso Nuovo
Castelnovo del Friuli
Andréis
Cassacco
Púlfero
Grimacco
Tolmin/ Tolmino
Maniago
Pinzano al Tagliamento
S.Daniele d. Friuli
Stregna
Cividale d. Friuli
San Leonardo
Spilimbergo
Fagagna
S. Pietro al Natisone
A23
Remanzacco
A27
S. Giórgio d. Richinvelda
Údine
SLOVÉNIA
S. Quirino
Vivaro
Vittório Véneto
Campoformido
Buttrio
Cormòns
Caneva
Cordenòns
Mossa
Gorízia
Codróipo
Mariano d. Friuli
Pordenone
Farra d'Isonzo
Prata di Pordenone
A28
Fiume Veneto
Palmanova
Savogna d'Isonzo/ Savodnje ob Soči
Bagnária Arsa
A4
Gradisca d'Isonzo
Porpetto
Conegliano
Cervignano d. Friuli
Monfalcone
Pasiano di Pordenone
Sgonico/ Zgonik
Piave
Aquiléia
Duino Aurisina/ Devin Nabrežina
Portogruaro
VÉNETO
Isola di Anfora
Grado
Trieste
Lignano Sabbiadoro
Múggia
S. Dorlig d. Valle Dolina
Treviso
S. Donà di Piave
A4
Koper/Capodístria
A57
Lido di Jésolo
Mestre
Umag/Umago
Buje/Búie
VENÉZIA
Golfo di Venézia
Novigrad/Cittanova
CROÁZIA
Poreč/Parenzo
Chióggia
MAR ADRIÁTICO
Rovinj/Rovigno

FRIULI VENEZIA GIULIA

Per quanto piccola, la regione si distingue per una varietà di piatti rappresentativi di antichi usi e tradizioni dei diversi territori che la compongono. Tali piatti mantengono (anche nelle interpretazioni in chiave moderna fornite dai migliori cuochi) il gusto delle preparazioni con materie prime elementari, coltivate con cura nel mondo contadino e oggi oggetto di ricerca da parte di chi vuole pietanze biologicamente genuine. Un vasto repertorio di gnocchi (di patate, di zucca, di spinaci, di erbe spontanee...), modellati con le dita o con il cucchiaio – *sedon* – e variamente conditi (burro fuso, ricotta, ragù di oca...), si trova in tutto il Friuli storico, dal Livenza all'Isonzo. Nella stessa area, il *salam tal asêt* è un salame fresco, appena insaccato, cotto nell'aceto e adagiato su un letto di cipolle. In questa breve selezione di eccellenze gastronomiche non può mancare una specialità che ripropone il tema della regione crocevia di culture mitteleuropee e slave: il gulasch, preparato con carne di manzo o di cinghiale e servito molto spesso con la polenta. Infine, un dolce che ha origine nelle valli del Natisone (Benecia, nel dialetto slavo che si parla lungo il confine con la Slovenia): gli *struki* lessi. Sono fagottini di pasta di patate (o di farina di frumento e, nelle versioni più povere, di pane raffermo ammollato nel latte) ripieni di uvetta, noci, nocciole, pinoli, prugne, cotti in acqua dentro un canovaccio, per evitare che il prezioso impasto si disperda nella pentola, e conditi con burro fuso e cannella. Una variante commerciale li vuole fritti e confezionati in buste sottovuoto: comodi per il consumo, ma meno saporiti di quelli originali.

scelti per voi

gnocchi

314 Mulino delle Tolle
  Bagnaria Arsa (Ud)
321 Al Castello
  Fagagna (Ud)
323 Mulin Vecio
  Gradisca d'Isonzo (Go)
338 Il Favri
  San Giorgio della Richinvelda (Pn)

gulasch

328 Vecchie Province
  Mossa (Go)
329 Aplis
  Ovaro (Ud)
340 Alla Pace
  Sauris (Ud)
344 Da Alvise
  Sutrio (Ud)

salame all'aceto (salam tal asêt)

315 A le Patrie dal Friûl
  Campoformido (Ud)
320 Al Curtif
  Cordenons (Pn)
330 Ivana & Secondo
  Pinzano al Tagliamento (Pn)
338 Osteria di Tancredi
  San Daniele del Friuli (Ud)

struki lessi

342 Milic
  Sgonico-Zgonik (Ts)
325 Alla Posta
  Grimacco-Garmak (Ud)
333 Al Vescovo–Skof
  Pulfero-Podbonesec (Ud)
343 Sale e Pepe
  Stregna-Srednje (Ud)

BAGNARIA ARSA
Sevegliano

23 KM A SUD DI UDINE A 23 O A 4

Mulino delle Tolle
Azienda agrituristica
Via Julia, 1
Tel. 0432 924723
Aperto da giovedì a domenica
Orario: mezzogiorno e sera
Ferie: Pasqua, 15-30/7, 24/12-15/1
Coperti: 80 + 50 esterni
Prezzi: 25 euro vini esclusi
Carte di credito: Visa, BM

Il Mulino delle Tolle, detto anche Casa Bianca, si trova a pochi chilometri dalla stellata Palmanova, nota città fortezza. Il complesso è stato ristrutturato mantenendo inalterati gli elementi rurali tipici friulani, *fogolar* compreso, ed è da sempre gestito dalla famiglia Bertossi. L'offerta dell'azienda agricola spazia dalla mescita e vendita dei vini prodotti da Giorgio (apprezzato consulente enologico) al soggiorno e al ristoro degli ospiti. Il menù, trattandosi di un agriturismo, è incentrato sulle produzioni aziendali: oltre ai vini, soprattutto carni, fresche e conservate, e ortaggi. I salumi (6 €) che aprono il pasto – pancetta, ossocollo, salame – sono preparati secondo tradizione e serviti con semplicità. Tra i primi degni di nota troviamo la **minestra di orzo e fagioli** e gli **gnocchi con ragù di oca** (6 €). A seguire, il *frico* **con polenta** (7 €) e carni prevalentemente di animali da cortile, come l'**arrotolato di coniglio con patate** o il **pollo in umido** (7 €). Nei mesi invernali, se disponibili non perdetevi le **trippe**. Semplici e casalinghi i dolci, soprattutto crostate e strudel. Ampia scelta di vini bianchi e rossi di produzione propria.

🔒 ♀ Nella splendida piazza di **Palmanova** (5 km), la storica e pluripremiata Caffetteria Torinese è il posto giusto per un aperitivo con prodotti a chilometro zero consigliati da Nereo e Marina. A **Mereto di Capitolo** (8 km), frazione di Santa Maria La Longa, ci si può rifornire di formaggi nell'azienda della famiglia Gortani, che alterna l'allevamento bovino tra pianura e montagna (malga Pozof).

BUTTRIO
Caminetto

13 KM A SE DI UDINE SR 56

Il Vagabondo
Ristorante con alloggio
Via Beltrame, 18
Tel. 0432 673811
Chiuso domenica sera e lunedì
Orario: sera, domenica a pranzo
Ferie: ultime tre settimane di gennaio
Coperti: 80
Prezzi: 28-30 euro vini esclusi
Carte di credito: tutte, BM

Questo grazioso relais si trova vicino all'imponente insediamento industriale della Danieli, ma defilato, in una tranquilla zona pianeggiante vicina ai colli vitati di Buttrio. Il locale è inserito in una bella struttura architettonica, dove dominano pietra e legno, e offre più possibilità: ristorante tradizionale, struttura per cerimonie e feste, luogo di incontri di lavoro. Curati giardini ingentiliscono l'insieme e predispongono ad apprezzare gli spazi interni. L'ampia sala da pranzo è arredata in modo classico; l'intero ambiente conserva oggetti d'epoca e attrezzi del mondo contadino del tempo passato. Il menù è descritto a voce, ma si può consultare su una lavagna all'ingresso. Per cominciare, misticanza con formadi frant, Presidio Slow Food (8 €), paté d'oca con speck anch'esso d'oca, strudel salato, tagliere di salumi locali. Poi, **ravioli al montasio** (7 €) o **con formadi frant**, mezzelune di verdure e ricotta, **garganelli al ragù d'anatra** (8 €), gnocchi con radicchio di Treviso e speck, orzotto con verdure. Classiche le carni: filetto in varie maniere (piacevole quello con speck e cren, 12 €), **agnello alla scottadito**, tagliata di roastbeef, **guancia di maiale e polenta**; inoltre, baccalà alla vicentina. I contorni seguono le stagioni. Dolci alla frutta e crostate chiudono il pasto. Esigua la scelta dei vini prodotti in azienda, anche tenuto conto che ci si trova a pochi passi da note e importanti cantine dei Colli Orientali. Sono disponibili 13 camere e una spa per rilassarsi.

CAMPOFORMIDO

8 km a so di Udine ss 13 o a 23

A le Patrie dal Friûl
Osteria con alloggio
Largo Municipio, 24
Tel. 0432 632116-347 2460539
Chiuso lunedì e martedì sera
Orario: mezzogiorno e sera
Ferie: una settimana a fine giugno e Ferragosto
Coperti: 60 + 12 esterni
Prezzi: 25 euro vini esclusi
Carte di credito: nessuna

Entrati nel locale, magari sostando al banco per bere un aperitivo con Luciano, ci vuole poco a capire che qui si prende il concetto di territorio sul serio: i – tanti – vini, gli arredi della sala con gli stemmi dei Comuni, il menù raccontato da Elena in sala, o da Renato se si affaccia dalla cucina, sono quasi senza eccezione rigorosamente friulani. Un piatto su tutti: il baccalà, o meglio **stoccafisso** ragno battuto a maglia, cotto **in bianco**, secondo la ricetta di Renato. E le divertenti serate a tema non mancano. Ma andiamo con ordine. Invitanti e presentati con cura gli antipasti (8 €), tra i quali troverete affettati come lo speck con cren, formaggi e la (trota) rosa di San Daniele. Anche i primi (8 €) sono da provare: eccellenti i *biechi* (maltagliati) **con pitina** (carne affumicata della Val Tramontina, Presidio Slow Food), e in primavera le **tagliatelle con lo *sclopìt*** (silene) offrono un'alternativa al più classico, e altrettanto gustoso, risotto o alle minestre con verdure di stagione. Passando ai secondi, c'è una buona tagliata di pezzata rossa (14 €) oppure un generoso *frico* (10 €), minimo due persone), il *salam tal asèt* (salame cotto nell'aceto) o il summenzionato baccalà, magari con un contorno di verdure dall'orto dei proprietari. I dolci (5 €) concludono degnamente un pasto che avrete potuto annaffiare con una bottiglia tra le tante scelte oculatamente da Luciano. E, se non vi sentite di affrontare la strada del ritorno, prenotate una delle due camere.

CANEVA
Sarone

17 km a no di Pordenone ss 13

Trota Blu
Trattoria *novità*
Via Santissima, 2
Tel. 0434 77027
Chiuso lunedì sera e martedì
Orario: mezzogiorno e sera
Ferie: variabili
Coperti: 80 + 50 esterni
Prezzi: 26 euro vini esclusi
Carte di credito: tutte, BM

Chi decide di desinare in questa bella trattoria dedichi un po' di tempo alla scoperta dei luoghi di interesse naturalistico e storico di un lembo di terra friulana poco frequentato: il villaggio palafitticolo di Palù di Livenza (patrimonio Unesco), le sorgenti di Polcenigo, il santuario della Santissima... La Trota Blu è inserita in una cornice di purissime acque correnti alimentate dalle sorgenti del Livenzetta, che scorrono nella limitrofa acquacoltura, a indirizzo biologico. Il menù è ovviamente incentrato su piatti a base di trota. Per iniziare, **trota affumicata** a caldo e freddo con insalatina (9 €) o un tris di assaggi del pesce (tartare, marinata, carpaccio). Come primo, **ravioli di trota alle erbe** (9 €), gnocchi con asparagi e trota, linguine con trota affumicata, paccheri alle verdure. Si può proseguire con il piatto unico caldo (14 €), che assembla **rosticini, filetti fritti, verdure e patate al forno**, ma sono da provare anche la **trota ai ferri** o al forno (8 €), gli involtini, le perle e i bastoncini di trota fritti. C'è anche qualche piatto di carne. Tra i dolci (5 €) meritano un assaggio la **crostata al figomoro di Caneva** (un fico nero di cui il consorzio di tutela e valorizzazione ha censito tutti gli alberi), la torta della nonna, il tortino con cuore fondente. Curata la selezione di vini di piccole aziende locali; interessante la birra aromatizzata con il figomoro, prodotta a pochi metri dal ristorante. Alcune preparazioni di trota sono disponibili anche per l'asporto.

FRIULI VENEZIA GIULIA | 315

Osmize sul Carso

Nel 1784, con un decreto di Giuseppe II d'Asburgo che riprendeva disposizioni molto più antiche, ai contadini delle attuali province di Trieste e Gorizia fu concesso di vendere in casa i loro prodotti per un periodo di otto giorni. Nasceva così l'*osmiza*, da *osem*, otto in lingua slovena. Tuttora molte aziende agricole, spesso ubicate in luoghi panoramici dell'altopiano, accolgono compaesani e turisti per una sosta ristoratrice, che può estendersi per periodi più lunghi, in qualsiasi stagione. Oltre al vino, nelle *osmize* è permesso servire pane, salumi, formaggi e prodotti dell'orto sott'olio o sotto aceto, ma non cibi cucinati. L'orario è nonstop, in genere dalla tarda mattina a sera inoltrata. La presenza di un'*osmiza* è segnalata dalla caratteristica frasca.

Sergio Nesich

DUINO-AURISINA
DEVIN-NABREZINA

Radetic

Frazione Medeazza-Medjavas, 10
Tel. 040 208987
Aperto 20 maggio-5 giugno e 5-31 luglio
Posti a sedere: 40 + 50 esterni

Da novembre a maggio, nei fine settimana la famiglia Radetic gestisce un ristoro agrituristico, con menù comprendente pietanze calde, mentre nei mesi estivi continua la tradizione dell'*osmiza*. Anima dell'azienda è Sidonja, allevatrice e casara di qualità: ottimi i suoi formaggi a latte crudo vaccino, offerti in varie stagionature. Qualche maiale serve a fornire salumi casalinghi, mentre le vigne adiacenti danno un discreto vino da vitigni autoctoni.

Skerk

Frazione Prepotto-Prapot, 20
Tel. 040 200156
Aperto 20 giorni dopo Pasqua e 10 tra novembre e dicembre
Posti a sedere: 50 + 50 esterni

Sotto la casa degli Skerk, spettacolare balcone panoramico sul golfo di Trieste e sulla laguna di Grado, alcuni piccoli ambienti ben arredati accolgono il pubblico. Al banco di mescita si possono ordinare, oltre ai vini dell'azienda, sfusi e imbottigliati, formaggi di produttori locali, uova sode, pane con cotechino e un ottimo prosciutto crudo da maiali di casa allevati allo stato brado nelle vicinanze. La signora Maria confeziona vasetti di finocchio selvatico, un liquore di vino Terrano e altri alle erbe locali. L'azienda è molto nota in campo vinicolo e ha meritato eccellenti valutazioni: Sandi e Boris ne sono fieri anche per il positivo ritorno, economico e di immagine, su questo piccolo territorio.

Zidarich

Frazione Prepotto-Prapot, 23
Tel. 040 201223
Aperto tre settimane dopo Carnevale, tre in luglio, ultima settimana di novembre-prima di dicembre
Posti a sedere: 40 + 100 esterni

È l'*osmiza* prediletta dagli estimatori dei vini naturali, che in Beniamino Zidarich hanno un pioniere e portabandiera conosciuto anche all'estero. In estate ci si può accomodare sul prato o sulla terrazza sovrastante la cantina scavata nella roccia. Qui, o nella luminosa sala interna, si possono degustare vini sfusi e in bottiglia, accompagnandoli con ottimo pane, prosciutto crudo e arrosto, salame, formaggi vaccini di casari del Carso.

SAN DORLIGO DELLA VALLE-DOLINA
Zahar
Frazione Sant'Antonio in Bosco-Borst, 58
Tel. 040 228451
Aperto 20 giorni tra maggio e giugno
Posti a sedere: 30 + 30 esterni

Dagli anni Sessanta, in tarda primavera, la famiglia Zahar apre la sua casa per offrire agli appassionati locali e agli enoturisti un buon bicchiere di vino da uve autoctone. Da qualche tempo una parte del prodotto – Malvasia, Refosco, Vitovska – è imbottigliata e conservata in modo ottimale nella bella cantina centenaria. Degno di nota l'olio extravergine dell'azienda, apprezzato dai consumatori gourmet e dalla ristorazione più attenta.

TRIESTE
Ferluga
Via dei Molini, 26
Tel. 040 417649
Aperto le prime tre settimane di maggio e le ultime due di dicembre
Posti a sedere: 40 + 60 esterni

Bastano pochi minuti di automobile per raggiungere, dal centro della città, il rione di Roiano e la sovrastante località Piscanci: un'oasi di verde e di quiete; dove alcuni abitanti, come Silvano Ferluga e i suoi familiari, vivono ancora di agricoltura. Silvano è un contadino di grande intelligenza e cultura, profondo conoscitore della sua terra, dove coltiva vite e olivo, produce salumi, vini e liquori. Nei periodi di apertura dell'*osmiza* offre agli avventori vini sfusi e imbottigliati, accompagnati da prosciutto, salame, pancetta, verdure e germogli sott'olio. Straordinario il contesto ambientale: dalle terrazze o dalle vetrate della sala degustazione, lo sguardo spazia fino alle coste istriane.

CASSACCO
Conoglano

16 KM A NORD DI UDINE, 4 KM DA TRICESIMO

Mulino Ferrant
Trattoria
Via dei Mulini, 8
Tel. 0432 881319-335 5488537
Chiuso martedì e mercoledì
Orario: sera, sabato e festivi anche pranzo
Ferie: 15 giorni in giugno, 15 in settembre
Coperti: 50 + 70 esterni
Prezzi: 31-33 euro vini esclusi
Carte di credito: tutte, BM

È senza dubbio suggestivo il colpo d'occhio che si ha arrivando in questa trattoria ricavata in un mulino del Settecento dismesso, in prossimità del torrente Cormor. Sapientemente ristrutturato, il locale ha conservato la giusta atmosfera per una piacevole permanenza: ritratti fotografici di vita contadina del secolo passato impreziosiscono un arredo molto semplice e rustico. Nella stagione calda ci si può accomodare all'aperto, per meglio apprezzare il bel contesto naturalistico. Paolo, assieme alla sua famiglia, propone una cucina semplice ma mai banale, con materie prime dei produttori locali sempre protagoniste. Tra gli antipasti, oltre alla tavolozza di formaggi friulani accompagnata da composte di frutta, miele e polenta morbida (8 €), merita l'assaggio il **lidric cul pok** (una cicoria di campo) servito **con cicciole di maiale e speck di Sauris** (6 €), un connubio di ingredienti vegetali e animali che ben rappresenta il territorio. Da segnalare tra i primi le caramelle ripiene di carne d'oca, la minestra di **orzo e fagioli** e i **cjalsons** della casa (7,50 €). Ma è soprattutto con i secondi che la cucina sa distinguersi: la **costata di pezzata rossa friulana** cotta su pietra lavica costituisce da sola un ottimo motivo per la visita; valide alternative sono lo **stinco di maiale al forno con le mele** e il **brasato di manzo al Refosco** (10 €). Interessante selezione di **formaggi** di piccoli caseifici locali, tra cui il formadi frant del Presidio Slow Food, e ottimi dolci. In accompagnamento, un buon vino della casa ma anche qualche etichetta regionale.

CAVASSO NUOVO

32 KM A NORD DI PORDENONE SS 552

Ai Cacciatori
Trattoria
Via Diaz, 4
Tel. 0427 777800
Chiuso domenica sera, lunedì e martedì
Orario: mezzogiorno e sera
Ferie: variabili
Coperti: 35
Prezzi: 30-35 euro vini esclusi
Carte di credito: tutte

La cura e la tradizione si percepiscono già dall'aspetto della sala da pranzo: le suppellettili, le bottiglie d'annata, i piatti decorati esposti trasmettono l'amore dei proprietari per l'ospitalità e il buon cibo. Ci si sente a proprio agio mentre Daniele recita il menù dando sempre suggerimenti e spiegazioni su materie prime e ricette: evidente il suo desiderio di soddisfare gli ospiti. La cucina, governata dalla moglie Angelina, sfrutta ingredienti di qualità di produzione locale, come la cipolla rossa di Cavasso e della Val Cosa o la pitina (Presìdi Slow Food), trasformandoli in piatti radicati nella tradizione, interpretata talvolta con un tocco di originalità. Ottimi gli antipasti: **crostino di pan di zucca e cipolla rossa**, tortino di porri, prosciutto d'oca con cren, arrosticino di capocollo di maiale. Tra i primi (10 €), **gnocchi con pitina croccante** o **con ragù di faraona**, **blecs con sugo di pitina** o con funghi, tagliatelle, ravioli. Ricco l'assortimento di secondi (15 €) a base di carne: da provare il **capretto al forno**, il **bollito**, le lumache, in stagione la **selvaggina**. Gli appassionati non possono perdersi gli eccellenti **formaggi** locali, da gustare con gelatine e miele. Squisiti anche i dolci (4 €), come la crostata o la torta di ricotta. La carta dei vini parte da un'ampia selezione di aziende locali per espandersi in maniera articolata sul resto d'Italia, con etichette anche estere; gradevole il rosso della casa.

❝ *I prodotti della Pedemontana pordenonese sono i protagonisti di una cucina piacevolissima, da gustare in ambiente che è la quintessenza dell'ospitalità* ❞

CAVAZZO CARNICO

45 KM A NO DI UDINE SR 512

Borgo Poscolle
Trattoria
Via Poscolle, 21 A
Tel. 0433 935085
Chiuso martedì e mercoledì
Orario: mezzogiorno e sera
Ferie: una settimana tra gennaio e febbraio, una a fine ottobre
Coperti: 40 + 20 esterni
Prezzi: 33 euro vini esclusi
Carte di credito: CS, DC, MC, Visa, BM

Per chi è alla ricerca di sapori genuini è d'obbligo una visita a questa trattoria di un paesino alle pendici dei primi monti della Carnia. Qui Rita e Lucio, con passione e competenza, trasformano i prodotti del territorio, e del loro orto, in piatti tradizionali e raffinati. L'interno è raccolto, accogliente, con piccole finestre che inquadrano scorci bucolici. Poi c'è la cordialità di Rita, che narra dove ha trovato e come ha trasformato le materie prime di ogni piatto, raccontando per esempio della ricotta di capra, ingrediente del **tortino** servito come antipasto **con**, secondo stagione, **crema di zucca**, piselli, asparagi selvatici. La pasta dei primi è uno dei vanti della casa: *fregoloz* **alle erbe con salsa di pomodoro e formadi frant** (9 €), bigoli all'avena con salsa di noci e speck, mezzelune al formaggio di Raibl, *blecs* **al saraceno con broccoli e acciughe**, tagliatelle con funghi porcini di Cabia; inoltre, *jota* o minestra di orzo e fagioli. Anche i secondi sono una gioia per il palato: **capretto con patate al forno**, petto di faraona con pancetta croccante (15 €), **trippe di vitello in umido con polenta**, filetto di salmerino di Sutrio. Raccomandabile la selezione di **formaggi** di Carnia e invitanti i dolci (6 €): fichi al forno con marzapane e crema di mascarpone, crostata con confettura di marasche e gelato alla vaniglia, cremoso al cioccolato equatoriale, torta di nocciole e cioccolato. Buona scelta di vini, non solo regionali.

❝ *Vale la pena raggiungere questo paese per provare i prodotti della Carnia nella sapiente rilettura e valorizzazione della cucina di Rita e Lucio* ❞

CERCIVENTO

66 km a no di Udine, 16 km da Tolmezzo ss 52 bis

In Plàit
Osteria con alloggio
Via di Sot, 51
Tel. 0433 778412-346 5982771
Sempre aperto su prenotazione
Orario: mezzogiorno e sera
Ferie: non ne fa
Coperti: 20
Prezzi: 30-35 euro vini esclusi
Carte di credito: nessuna

Tra le splendide montagne carniche, Stefania e William vi accoglieranno in un ambiente caldo, conviviale, arredato con buon gusto e creatività, ricavato nella vecchia casa di famiglia, che è diventata «libreria con cucina e b&b». William fa il pane e coltiva l'orto, da dove provengono tutte le verdure e le piante aromatiche, mentre erbe e funghi sono raccolti nel bosco vicino. Stefania si occupa con passione della cucina, dove studia e rielabora antiche ricette della tradizione friulana e della sua terra di origine, l'Appennino toscoemiliano. Come antipasto è possibile scegliere una selezione di insaccati locali o di formaggi prevalentemente della valle del But, accompagnati da verdure dell'orto marinate, oppure un piatto con vari assaggi di tortelli, mousse e sformatini di verdura (9 €). Tutta la pasta è fatta in casa e tirata con il matterello: da provare i **ravioli** con lo *sclopìt* o **alle erbe** (ricetta della nonna, 10 €); se si preferisce una **minestra**, ottima quella **di fagioli**. Tra i secondi, **verdure ripiene**, trippe alla fiorentina, **spezzatino**, filetto di maiale o di vitellone, **polpettine di vitello** (9 €), scaloppine al profumo di limone, **trota**. I dolci spaziano dalle crostate di frutta alle torte di ricotta e spezie, dallo strudel di mele (3 €) alla crema pasticcera con bacche di vaniglia, ai gelati. Buona anche se non ampia la selezione di vini, offerti a prezzi convenienti.

CLAUZETTO

50 km a ne di Pordenone, 18 km da Spilimbergo

Ai Mulinars
Ristorante
Via della Val Cosa, 83
Tel. 0427 80684
Chiuso il lunedì
Orario: mezzogiorno e sera
Ferie: variabili
Coperti: 55 + 45 esterni
Prezzi: 35 euro vini esclusi
Carte di credito: AE, CS, MC, Visa, BM

Il contesto è decisamente ospitale e rilassante, sia all'esterno sia all'interno del locale. Siamo nel verde della Val Cosa, in un luogo piuttosto isolato molto grazioso, nel comune di Clauzetto, conosciuto come «il balcone del Friuli». Il ristorante, a gestione familiare, vi accoglie con il classico *fogolar*, ma l'ambiente mescola caratteri di tradizione con dettagli moderni, così come il menù: i piatti sono cucinati con materia prima prevalentemente locale e qualche sporadico tocco di esotico. Prosciutto di San Daniele, ricotta fresca, formaggi locali, **pitina**, radìc di mont e verdure sott'olio, salame di casa sono gli antipasti, che è possibile ordinare in un unico piatto degustazione (12 €). Tra i primi, **involtini di melanzane con guanciale e montasio** (8,50 €), **cjalsons con speck e formaggio** o altra pasta fatta in casa condita secondo l'estro dello chef, zuppe (per esempio di cipolle), **orzotto con la salsiccia** (9 €). I secondi, prevalentemente di carne, prevedono **costicine di agnello alla griglia** (18 €), tagliata di cervo, altra selvaggina, lumache alla bourguignonne; da non trascurare il *frico* **con patate** e la polenta con funghi di stagione. Infine i dolci: mousse alla frutta, torte casalinghe (pan di Spagna con crema pasticciera e noci), strudel (5 €), da accompagnare con un bicchierino di grappa. Buona scelta di vini, con molte etichette soprattutto regionali sulle quali l'oste saprà darvi validi consigli.

A **Sutrio** (3 km), in via Val Calda 13, Mr. Zoncolan: vini, birre e prodotti tipici, anche dei Presìdi Slow Food. Sempre a Sutrio, viale Europa Unita 2, il Marangon, enoteca-prosciutteria: aperitivi con degustazione di salumi e formaggi locali.

CORDENONS

5 KM A NE DI PORDENONE

Al Curtif
Osteria
Via del Cristo, 3
Tel. 0434 931038
Chiuso lunedì sera e martedì
Orario: mezzogiorno e sera
Ferie: 1-10 gennaio, tre settimane in agosto
Coperti: 50 + 50 esterni
Prezzi: 30 euro vini esclusi
Carte di credito: tutte

Michela e Luca vi accolgono con sincera affabilità nella loro osteria di Cordenons, alle porte di Pordenone, che mantiene i segni di un edificio rurale costruito con sassi di fiume lasciati a vista. Il locale è un punto di riferimento per il *frico* (8-10 €), sempre disponibile in varie versioni: al porro, alle pere, alla salsiccia, allo speck di Sauris, al radicchio di Treviso. Sapori semplici e contemporaneamente originali, che richiamano tempi e tradizioni trascorse. Ci sono poi altri piatti, in buona parte riconducibili al territorio. Come antipasto, tortino di polenta, **pitina scottata e montasio fuso** (9 €), **salame all'aceto con polenta abbrustolita**. Tra i primi (8 €), l'orzotto al *grisol* (silene) o i panciotti agli asparagi (in primavera), gli spaghetti alla carbonara friulana (con pitina), le **tagliatelle all'ortolana**. Qua e là qualche proposta estemporanea come le fettuccine al guancialetto iberico o, tra i secondi, il secreto di patanegra. Più in sintonia con il luogo sono le **costolette d'agnello alle erbe fini** (15,00 €), il **baccalà con polenta**, le **trippe**. Per chiudere, dolci casalinghi (4 €): strudel, torta alle noci, sachertorte. Carta dei vini discretamente ampia, centrata soprattutto su etichette regionali, con possibilità di servizio al calice. Nella bella stagione ci si può accomodare sotto il pergolato, in cortile (*curtif* in friulano).

▪ In via Sclavons 75, Gelateria Scian: gelati artigianali da asporto di altissima qualità, preparati con materie prime fornite dai migliori produttori italiani, tra cui alcuni Presìdi Slow Food.

DUINO AURISINA-DEVIN NABREZINA
Slivia-Slivno

14 KM A NO DI TRIESTE SS 14 E 202

Sardoc
Osteria tradizionale-trattoria
Località Slivia-Slivno, 5
Tel. 040 200146
Aperto da giovedì a domenica
Orario: mezzogiorno e sera
Ferie: variabili
Coperti: 80 + 80 esterni
Prezzi: 28-30 euro vini esclusi
Carte di credito: CS, DC, MC, Visa, BM

Strade in salita delimitate dai caratteristici muretti a secco e il mare alle spalle. Qui si deve arrivare di proposito, facendo attenzione al cartello per Slivia e senza confondersi con un locale omonimo poco distante. L'attività ha inizio con la nonna nel 1957 e oggi la gestione è di squadra: Elena, da cinquant'anni ai fornelli, e i figli Ranko, re della griglia, e Roberta, dedita ai dolci e alla sala. Il menù, carsolino con influenze mitteleuropee, è raccontato a voce e la cucina solo espressa. I piatti sono sostanziosi e non è il caso di attardarsi con gli antipasti. Potete iniziare con la *jota* (5,50 €) o con uno dei primi asciutti (6,50, tris di assaggi 7,50 €), tutti eccellenti, come il **rotolo di patate e spinaci con sugo d'arrosto**, gli **gnocchi** di patate o **di pane con gulasch**, le crespelle alle erbe, gli **gnocchi con le susine**. Tra i secondi trionfano le carni, di allevamenti locali o, per il manzo, della vicina Slovenia. Valgono il viaggio lo **stinco di maiale** (9 €), servito intero, o **di vitello** (12 €), tagliato a fette spesse, ma anche il **pollo fritto** e una *ljublianska* dall'impanatura perfetta. Rinomata è la grigliata, di qualità fin dalla legna che Ranko seleziona personalmente. Per il dessert (3,50 €), oltre alla classica sfogliata di crema, segnaliamo i dolci di stagione – strudel di mele o ciliegie o fichi – e quelli tipici del Carso quali lo **strucolo bollito** e la *palacinka*. Gli sfusi – Friulano, Cabernet e Terrano verace – sono godibili ma, anche per i ricarichi davvero onesti, vale la pena scegliere una buona bottiglia tra le 150 etichette regionali e nazionali. Ardua la digestione ma leggeri lo spirito e il conto.

FAGAGNA

13 KM A NO DI UDINE

Al Castello

Ristorante
Via San Bartolomeo, 18
Tel. 0432 800185
Chiuso il lunedì
Orario: mezzogiorno e sera
Ferie: seconda metà di gennaio
Coperti: 50 + 35 esterni
Prezzi: 35 euro vini esclusi
Carte di credito: tutte, BM

Da trent'anni i fratelli Negrini gestiscono con professionalità e passione questo noto esercizio nella Pedemontana a nord di Udine. La cucina è un giusto connubio fra la tradizione e una ponderata rivisitazione che rispetta stagionalità e caratteristiche degli ingredienti. Per cominciare Stefano potrà consigliarvi il prosciutto crudo accompagnato, in primavera, da tarassaco con ciccioli e bocconcini di ricotta e salame (10 €), il prosciutto di spalla affumicato di Timau, la mousse fondente di formaggio con misticanza, lo sformato di castagne con vellutata di zucca. Secondo stagione troverete poi asparagi bianchi con uovo sodo, *gnocs di sedon* (al cucchiaio) **di ricotta e polenta con maiale croccante**, fagottini di zucca con ricotta affumicata, **ravioli di formadi frant** (Presidio Slow Food), **gnocchi di castagne con sugo di salsiccia**, tagliolini al tartufo, **orzo e fagioli**. Come secondo il cuoco Angelo prepara spesso il **coniglio ripieno al forno con prugne in camicia** (15 €), i bocconcini di fegato con mele e fondente di cipolla di Tropea (12 €), le **animelle croccanti su vellutata di aglio ursino**, il roastbeef d'anatra con sformato di cereali, il filetto di cervo, il **guanciale di maiale stufato**. Apprezzabile la scelta dei **formaggi**, serviti con varie salse. Tra i dolci, il *pan di mei* (antica ricetta friulana di mele e crema di prugne speziate), il croccantino con salsa al caramello e un delizioso parfait all'arancia. La scelta dei vini, giustamente di impronta regionale, non esclude interessanti proposte delle migliori etichette nazionali.

FAGAGNA
Casali Lini

15 KM A NO DI UDINE

Casale Cjanor

Azienda agrituristica
Via Casali Lini, 9
Tel. 0432 801810
Chiuso dal lunedì al giovedì
Orario: mezzogiorno e sera
Ferie: non ne fa
Coperti: 80 + 30 esterni
Prezzi: 28-32 euro vini esclusi
Carte di credito: CS, DC, MC, Visa, BM

In un paesaggio collinare che trasmette serenità, il casale della famiglia Missana richiama i luoghi della tradizione contadina: all'interno una delle sale è arredata con gusto sobrio intorno al *fogolar*, all'esterno l'aia dell'azienda agricola permette, con la bella stagione, di mangiare tranquilli sotto un pergolato. Anche i piatti esprimono la tradizione, seppure con note di unicità. Ne è un esempio il **pestàt** (Presidio Slow Food, 7 €), servito tiepido in simpatici vasetti: una piccola aggiunta di pomodoro esalta le erbe che lo compongono, deliziosamente amalgamate dal lardo. Sempre tra gli antipasti spiccano i salumi d'oca (i volatili sono allevati in azienda, come gran parte degli animali che forniscono le carni cucinate): il salame d'oca (8 €), in particolare, denota maestria nella lavorazione. Tra i primi si distinguono le **lasagne al sugo d'anatra** (9,50 €) e il profumatissimo **orzo e farro agli asparagi e urticjons**. Gli animali da cortile sono presenti anche tra i secondi: **anatra in casseruola con la polenta** (14 €) e, in primavera, uova d'oca e asparagi trifolati, serviti su una fetta di pane. L'originalità torna nei dessert, con il caffè gourmand (6,50 €) accompagnato da dolcetti, tra cui segnaliamo la panna cotta alla cannella e la meringa di fragole e menta; inoltre, una magistrale torta gianduia con ricotta e nocciole (4,50 €) e la crostata con confettura di uva fragola, dalla frolla croccante. L'offerta enologica è adeguata, con etichette friulane in aggiunta al buon vino sfuso.

FARRA D'ISONZO

9 km a so di Gorizia ss 351

Borgo Colmello
Ristorante-enoteca con alloggio
Strada della Grotta, 10
Tel. 0481 889013
Chiuso lunedì, inv anche dom sera, est anche sab a pranzo
Orario: mezzogiorno e sera
Ferie: non ne fa
Coperti: 50 + 50 esterni
Prezzi: 35 euro vini esclusi
Carte di credito: tutte, BM

Imboccando la breve salita che dalla strada tra Gorizia e Gradisca porta a Borgo Colmello, vi troverete in un angolo di paradiso: un insediamento rurale restaurato in Museo della civiltà contadina e in una struttura che unisce ristorante, enoteca e locanda. Qui i ritmi diventano lenti al punto giusto, e il personale si adopererà per farvi sentire fuori dal mondo senza dimenticare le più belle realtà delle campagne vicine. In un menù improntato al rispetto delle stagioni, zucche, asparagi, radicchi ed erbe dell'orto si alternano in piatti a un tempo semplici e raffinati. Sarete accolti dall'immancabile *toc' in braide*, da un San Daniele tagliato al coltello o da uno **sformatino di verdure con fonduta di montasio** (8 €), accompagnati da pane fatto in casa. A seguire, una delicata crema di patate alla salvia e melissa, ma anche sostanziosi **gnocchi di patate con il cinghiale**, ravioli con ricotta ed erbe di campo, **blecs con il ragù d'anatra** (8 €). I secondi spaziano nella tradizione più pura, con il *frico* con patate e le **trippe in umido con montasio stagionato** (10 €), ma offrono anche una succulenta guancia di maiale brasata al Merlot o di manzo al Refosco. Nei dolci (6 €), strudel e millefoglie alla crema pasticciera competono con preparazioni legate alla frutta di stagione. Per i vini si può attingere alla lunga lista della vicina enoteca, ma è da provare il rosso della casa. Da non perdere le cene a tema e le degustazioni con abbinamenti enologici stuzzicanti.

❝*La ricchezza della cucina di frontiera è esaltata dalla professionalità e dalla scelta di materie prime di assoluta eccellenza*❞

FIUME VENETO
Praturlone

11 km a se di Pordenone ss 13 e sp 60, 47 e 6

Turlonia
Osteria con cucina *novità*
Corso Italia, 5
Tel. 0434 561586
Chiuso il mercoledì, d'estate domenica a pranzo
Orario: mezzogiorno e sera
Ferie: variabili
Coperti: 30
Prezzi: 24-26 euro vini esclusi
Carte di credito: CS, DC, MC, Visa, BM

Il giovane Federico Mariutti, promettente ed entusiasta chef, coadiuvato dalla moglie Isabella e dalla brava Veronica in sala, nel 2009 ha aperto questa osteria con cucina in un territorio – la pianura tra Livenza e Tagliamento – a cavallo tra il Friuli e il Veneto: questa collocazione geografica dà anche l'impronta alla cucina, che spazia abilmente dal *frico* al baccalà. Il pasto può iniziare con il tagliere di salumi e formaggi del territorio, lo sformatino di ricotta e radicchio tardivo con salsa al montasio (7 €), l'insalatina di cereali e verdure croccanti all'aceto balsamico. Tra i primi, **gnocchi al ragù di capriolo** (7,50 €), ravioloni di asiago e radicchio alla crema di noci, **orzotto alla zucca e carciofi con pitina croccante**, *jota* alla carsolina. I secondi, a parte il *frico* e il **baccalà con polenta**, sono a base di carni, anche di selvaggina: da provare il *masurin* (germano reale) **in umido con polenta**, il **cosciotto di agnello arrosto alle erbe** (9 €), le guance di maialino brasate al Pignolo. Da ottobre a marzo, tutti i giovedì a pranzo e cena e la domenica a pranzo si cucina il gran bollito misto, con sette tagli di carne, quattro salse caserecce e verdure (15 €). I dolci (3,50 €) sono prevalentemente crostate e sorbetti fatti in casa. La carta dei vini, con ricarichi contenuti, comprende una cinquantina di etichette del territorio e dei Colli Orientali.

GORIZIA

Alla Luna
Osteria tradizionale
Via Oberdan, 13
Tel. 0481 530374
Chiuso domenica sera e lunedì
Orario: mezzogiorno e sera
Ferie: seconda quindicina di luglio
Coperti: 60
Prezzi: 25-30 euro vini esclusi
Carte di credito: CS, DC, MC, Visa, BM

Gorizia, città di confine, ospita questa osteria, rinata negli anni Cinquanta per iniziativa di Milan Pintar, dopo essere stata meta di viandanti che qui si fermavano allo spuntar della luna. La vedova Celestina e le figlie Elena e Roberta proseguono l'attività, continuando a rendere piacevole la sosta di viaggiatori e non con un'ottima cucina, un'accoglienza cordiale e un ambiente dall'arredo curioso, molto caratteristico. I piatti sono quelli della tradizione goriziana, contaminata dalle tante genti che nei millenni sono passate di qua. Tra gli antipasti (8 €) troverete il **prosciutto con il cren**, il prosciutto crudo, il lardo, i formaggi tipici della regione (formadi frant, montasio). Nei primi piatti (8 €) la tradizione locale delle zuppe e degli orzotti si alterna a quella slovena, rappresentata, per esempio, dagli **gnocchi (di pane al sugo di carne** o **di frutta)**. I secondi sono principalmente di carne: **gulasch alla goriziana**, *frico*, salsicce affumicate e polenta, *ljublianska* (bistecca farcita di prosciutto cotto e formaggio, 9 €), salame friulano saltato in padella. Il sapore del mare è rappresentato dal pesce azzurro della vicina laguna di Grado o dal **baccalà in bianco** (11 €). Di contorno (3,50 €), cren in *tecia*, *kartofolis* e *kipfelrn* di patate, emblema dell'esercito turco che assediò Vienna. Invitante l'offerta di dolci (4, €), con la **gubana**, gli strucoli, lo strudel, le *palacinke* ripiene. I vini, di buona qualità, sono prevalentemente regionali. Consigliate le grappe aromatizzate da mamma Celestina.

GRADISCA D'ISONZO

12 KM A SO DI GORIZIA SS 351

Mulin Vecio
Osteria tradizionale
Via Gorizia, 2
Tel. 0481 99783
Chiuso mercoledì e giovedì
Orario: 10.30-15.00/18.00-23.00
Ferie: variabili
Coperti: 150 + 100 esterni
Prezzi: 15-20 euro vini esclusi
Carte di credito: nessuna, BM

In questa storica osteria si respira il sapore della tradizione, delle fatiche, della convivialità dei tempi passati. La percezione è immediata, sia nelle due grandi sale, decorate con un'infinità di paioli in rame, sia nella corte adiacente, dov'è ancora attiva la ruota del mulino. A pochi passi dal centro storico, nei pressi del parco della Rotonda, trovate da quarant'anni la stessa famiglia, la stessa cordialità e la stessa cucina confortante che si tramanda da generazioni. Il menù, elencato e spiegato a voce, varia in base ai prodotti di stagione disponibili. Elemento fisso è l'apertura con salumi tagliati al coltello (solo per citarne alcuni: mortadella, **prosciutto cotto nel pane**, crudo di San Daniele, salame) accompagnati da una grande varietà di formaggi freschi e stagionati (il prezzo, a peso, e per una selezione mista è di circa 10 €). **Gnocchi di patate con il gulasch** (8 €), *jota*, pasta e fagioli (6 €) sono i possibili primi. Per alcuni dei secondi vale la tradizionale abitudine della rotazione settimanale: trippe il martedì, baccalà il venerdì, e inoltre **gulasch con polenta** (7 €), **salsicce di Vienna e Cragno con i crauti**, nei mesi freddi cotechino con brovada. Per chiudere, una grande fetta di **strudel** (2,50 €). La lista dei vini comprende etichette soprattutto locali e regionali; piacevole e ben abbinabile ai piatti lo sfuso.

▪ A un centinaio di metri dall'osteria, in via Boccaccio 4, la pescheria Da Michele ha pesce di laguna sempre fresco.

GRADO

43 KM A SO DI GORIZIA

Agli Artisti
Ristorante
Campiello Porta Grande, 2
Tel. 0431 83081
Chiuso il martedì, mai maggio-settembre
Orario: mezzogiorno e sera
Ferie: variabili in inverno
Coperti: 35 + 60 esterni
Prezzi: 30-32 euro vini esclusi
Carte di credito: CS, MC, Visa

Il ristorante Agli Artisti, segnalato da tempo nella nostra guida, si conferma un indirizzo da non perdere. Si trova nel centro storico di Grado, là dove sorgeva il *castrum* romano, oggi caratteristica e animata zona pedonale. Il locale conserva al suo interno testimonianza di questo passato: sotto il pavimento sono state riportate alla luce antiche pietre, visibili attraverso una spessa vetrata. Ad accogliervi trovate Lisa, sorridente e gentile, che vi proporrà, per cominciare, le **sarde in** *savor*, un assaggio di *boreto* **di seppie con polenta bianca** (8 €) o lo sgombro alla mediterranea (10 €). Nel menù, ricette di pesce attinte da varie cucine di mare si alternano a quelle tipiche della tradizione lagunare gradese, le une e le altre preparate e impiattate con cura da Alessandro Corrazza, lo chef. Tra i primi, gli spaghetti con le vongole, l'orzotto ai frutti di mare (11 €) e i deliziosi **spaghetti con sardoni e pomodorini** (12 €). Non da meno i secondi: il *boreto* **di rombo** (15 €), piatto tradizionale gradese rivisitato in base alla disponibilità del pescato, e il fritto misto (13 €), variegato e croccante, sono le principali specialità di mare; quelle di terra sono preparate con prodotti stagionali e freschi del territorio friulano. Ottima la scelta dei dolci. Buona la lista dei vini, prevalentemente locali, a cui si affiancano importanti etichette nazionali e una interessante selezione delle vicine Slovenia e Croazia. Favorevole il rapporto tra qualità e prezzo.

GRADO
Isola di Anfora

43 KM A SO DI GORIZIA + MOTONAVE

Ai Ciodi 🐌
Azienda agrituristica
Località Anfora
Tel. 338 9568142-338 5679822
Non ha giorno di chiusura
Orario: 11.30-19.00
Ferie: metà ottobre-vigilia di Pasqua
Coperti: 25 + 150 esterni
Prezzi: 27-30 euro vini esclusi
Carte di credito: nessuna

Per visitare questa osteria non bisogna davvero avere fretta: si trova sull'isola di Anfora, a metà della laguna di Grado e Marano, e si raggiunge esclusivamente via acqua. Chi non è dotato di imbarcazione propria può partire in motonave o in motoscafo dal porto di Grado; in ogni caso il paesaggio anticiperà agli occhi le delizie che il palato sta per assaporare. L'agriturismo della famiglia Tognon, in un casone dove un tempo i *graesani* alloggiavano per dedicarsi alla pesca, offre semplici ma curati piatti di pesce, di provenienza esclusivamente locale, in un contesto di grande suggestione. Il menù prevede di iniziare con gli antipasti: **sarde in** *saor*, cozze e vongole, **cefalo marinato** (9 €), insalata di seppie o di polpi. Ampia la scelta di primi: spaghetti alla marinara, **con i fasolari**, alle vongole o con il granchio (12 €), **maltagliati con le sarde** (11 €), risotto alla marinara. I secondi sono incentrati sul pescato del giorno – orata, volpina, cefalo, rombo, seppie... –, sulla grigliata mista (13 €), sul **fritto misto** e sul tipico *boreto*, misto (15 €) e *de bisato* (anguilla). I vini sono prevalentemente regionali. Si chiude con un dolce casalingo, con il caffè di moka e, volendo, con un bicchierino di santonego, liquore aromatizzato con assenzio marino: l'ultimo tocco di autenticità prima di salpare l'ancora. Per chi volesse prolungare il soggiorno c'è la possibilità di pernottare in quella che un tempo era la scuola per i figli dei pescatori e ora è una delle sedi dell'albergo diffuso di Grado.

❝ *Su una piccola isola della laguna, ottimo pesce e accoglienza cordiale, in un contesto di singolare bellezza* ❞

GRADO

43 km a so di Gorizia

Zero Miglia
Osteria moderna
Riva Dandolo, 22
Tel. 0431 80287
Chiuso il martedì, mai 1 giugno-15 settembre
Orario: mezzogiorno e sera
Ferie: 7 gennaio-28 febbraio
Coperti: 100 + 50 esterni
Prezzi: 37 euro vini esclusi
Carte di credito: CS, DC, MC, Visa, BM

La Cooperativa Pescatori di Grado, attiva dal 1930, anni fa ha aperto questa "osteria di mare" dal nome quanto mai appropriato, che descrive la filiera corta dalla rete alla tavola. In estate è suggestivo stare all'aperto in riva al porto-canale, ma è piacevole anche l'interno, dal semplice arredamento moderno improntato all'ambiente lagunare e marino. Molto aggraziate sono l'apparecchiatura e la presentazione di menù e carta dei vini, gentilissime le cameriere dirette dalla sempre attenta signora Luisa. La proposta gastronomica, non ampia, denota grande cura nella selezione degli ingredienti. Pescilini in *savor* e olio del Carso triestino, **cozze alla marinara in *cugiaron*** (10 €), seppie al vapore o quattro tipi di pesce crudo marinato (16 €) stuzzicano l'appetito. A seguire, spaghetti con cappelunghe o con *canocie*, calamarata con pescilini e molluschi, **gnocchi ai fasolari** (12 €). Tra i secondi l'*otregan brusao* (cefalo dorato) su letto di burrata, il classico **boreto alla gradese con polenta** (14,00 €), il fritto misto di pesci e verdure in tempura. Volendo si può optare per il pesce intero alla griglia, al forno o al vapore (55 euro al chilo). Casalinghi e gradevoli i dolci: crema bruciata con zenzero e lime (5 €), mousse e soufflé al cioccolato. Oltre allo sfuso si possono bere alcuni buoni vini regionali. In novembre e dicembre il locale è aperto solo nei fine settimana.

Nell'attigua pescheria si possono acquistare (dal lunedì al venerdì, 8,30-12) i pesci appena scaricati dalle barche.

GRIMACCO-GARMAK
Clodig-Hlodic

33 km a ne di Udine, 15 km da Cividale

Alla Posta
Trattoria
Via Roma, 22
Tel. 0432 725000
Chiuso martedì e mercoledì
Orario: sera, domenica anche pranzo
Ferie: variabili
Coperti: 40
Prezzi: 25-30 euro vini esclusi, menù fisso
Carte di credito: nessuna

Una natura quasi selvaggia e un glicine centenario che abbraccia una vecchia casa vi accoglieranno in questa esperienza in terra di Benecja (il comprensorio delle valli del Natisone). Alla Posta potrete gustare le tradizioni più schiette: una "cuciniera" artista, la signora Maria, vi offrirà piatti di tutti i giorni ingentiliti dalla sua passione per i profumi e i sapori di erbe e frutti che raccoglie nell'orto di casa o nei boschi vicini. Il menù è fisso, nel senso che si mangia quello che c'è. Fanno da preludio la *pinca* **con salame lesso e** *skuta* o la spirale di pancetta. Come primo, da assaggiare in autunno la zuppa di castagne e porcini (10 €) o la **minestra di brovada e patate**; in primavera, gli gnocchi al pomodoro, presentati nel cuore del carciofo, la *buje* (palla di farina di mais) di pere o riso di montagna, i *bleki* della festa; in estate, la *briza* (minestra di patate, fagioli, zucca bianca e *batuda*, ovvero latte acido). Tutti i primi sono senza carne, che entra invece nei secondi piatti: **guancialino di maiale con mele e cappuccio rosso**, coniglio alla vecchia maniera, in stagione di caccia cinghiale o cervo con *stakanje* e **lepre al *most*** (10 €). Non mancano la trota del Natisone e il *frico* "bomba" (con salame, formaggio, polenta e uovo). Per chiudere, frutta al forno con vino cotto, crostata al sambuco, alle pesche selvatiche o al rabarbaro, la classica gubana, i mitici *struki* **lessi**. Si bevono vini del Collio e dei Colli Orientali, anche al calice. Nel fine settimana si può usufruire di un menù degustazione a 25 euro bevande escluse.

LAUCO

62 km a no di Udine, 11 km da Tolmezzo sr 52

Alla Frasca Verde

Ristorante annesso all'albergo
Via Capoluogo, 64
Tel. 0433 74122-74291
Chiuso il lunedì
Orario: mezzogiorno e sera
Ferie: 3 settimane tra settembre e ottobre, 1 in giugno
Coperti: 80 + 30 esterni
Prezzi: 33-35 euro vini esclusi
Carte di credito: tutte, BM

Come negli altri centri della Carnia, anche a Lauco nella notte precedente il 24 giugno è tradizione che le donne dei vari borghi preparino il *mac di San Zuan*, una composizione di erbe medicinali, piante aromatiche e fiori spontanei a ornamento delle case in cui «si fermerà il santo per benedire con la sua rugiada». Vi consigliamo la visita, magari con pernottamento in una delle case dell'albergo diffuso e sosta gastronomica alla Frasca Verde. Qui potrete assaporare piatti di ispirazione carnica, il ché significa iniziare con la **polentina tenera di mais con crema ai formaggi**, in stagione il budino di porcini e ricotta o "la selvaggina nel piatto" (12 €). Dalla cucina escono altre specialità legate al territorio di montagna, come la **crema di patate con tortelli e formaggi carnici** (8 €), i tradizionali *cjarsons*, i tortelli con mirtillo nero, galletti e maggiorana, il risotto con asparagi, la mousse di montasio e pancetta croccante. Si passa quindi alla **sella di maialino da latte con salsa di semi di senape** su letto di verzotti e patate (14 €), al **coniglio in crosta di olive con salsa ai peperoni**, al cinghiale all'anice stellato e sambuco. La selezione dei formaggi punta su prodotti provenienti dalle aziende locali; se preferite qualcosa di dolce, terminate con un sorbetto al sambuco o ai frutti di bosco (5 €), un semifreddo, la bavarese di cioccolato bianco e cocco con lamponi. Bella la selezione dei vini, serviti anche al calice. Disponibile un menù degustazione, Carnia in tavola, a 35 euro bevande escluse.

LIGNANO SABBIADORO

62 km a so di Udine sr 353 e 354

Al Guscio

Osteria moderna *novità*
Via Carso, 4
Tel. 339 6014415
Chiuso il mercoledì sera
Orario: mezzogiorno e sera
Ferie: 21 dicembre-6 gennaio
Coperti: 40 + 20 esterni
Prezzi: 30 euro vini esclusi
Carte di credito: CS, DC, MC, Visa, BM

È uno dei pochi locali di Lignano aperti non solo nella stagione balneare ma tutto l'anno. Maddalena Racchelli lo conduce da circa tre anni: l'ambiente è piccolo, semplice e informale, rallegrato dai colori marinari del bancone, dei tavoli, dei quadri e dall'accoglienza cordiale. I prodotti ittici sono al centro del menù e Maddalena, che proviene da una famiglia di cuochi (a sovrintendere in cucina c'è il papà), racconta come trasforma il pescato proveniente da Marano in piatti tipici della costa dell'alto Adriatico. Si comincia con gli antipasti: *carusoi* (molluschi gasteropodi) **in umido con polenta** (10 €), cappesante al forno, polpo in insalata, tagliata di cappesante alla rucola, sauté di vongole e cozze, **sarde in *saor***. Come primo si possono scegliere spaghetti allo scoglio (15 €), **bigoli in salsa**, pasta al nero di seppia, pasta alle sarde, spaghetti al ragù di mare, con gamberi e zucchine, **risotto di mare** (11 €). I secondi prevedono **seppie in umido con polenta**, sarde ai ferri (10 €), branzino sempre ai ferri, **grigliata mista** con il pescato del giorno. Chi volesse può terminare con un dolce casalingo come crostata di ciliegie o sfoglia al cioccolato. In alternativa all'apprezzabile sfuso della casa c'è qualche etichetta regionale.

MALBORGHETTO-VALBRUNA
Malborghetto

76 km a ne di Udine, 12 km da Tarvisio ss 54

Antica Trattoria da Giusi

Osteria-trattoria
Via Bamberga, 19
Tel. 0428 60014
Chiuso lunedì e martedì, solo lunedì in agosto
Orario: mezzogiorno e sera
Ferie: seconda e terza settimana di giugno
Coperti: 60
Prezzi: 30 euro vini esclusi
Carte di credito: AE, CS, MC, Visa, BM

Ci si trova nel punto in cui Austria, Slovenia e Italia si toccano, in posizione strategica per il controllo dei confini e delle vie di traffico. In età napoleonica, qui fu costruito, su progetto del capitano del Genio Friedrich Hensel, un forte, a lungo conteso tra austroungarici e francesi. Il menù della trattoria – ricavata nelle cantine dell'antico palazzo dei Della Grotta – prende copiosamente spunto da quegli epici eventi. Giuseppina in cucina, il marito Alfredo al banco e Valentina fra i tavoli renderanno piacevole la vostra sosta. Gli antipasti prevedono formaggi con confetture e creme della Val Canale (7,50 €), salumi con verdure sott'olio (9,50 €), cervo e petto d'oca affumicati. Tra i primi (7,50 €), oltre alla **minestra di orzo e fagioli**, ravioli al formaggio e noci, pappardelle al cervo o al cinghiale, **gnocchi di patate con speck e ricotta affumicata**, nonché le più fantasiose margherite di Elvis. Per proseguire, l'ottimo **gulasch con polenta** (10,50 €), la carne *salada*, il **filetto di maiale al Cabernet** con crema di ricotta e funghi (12,50 €). Vanno però menzionati i piatti che rievocano le vicende di inizio Ottocento: menù del capitano Hensel (**zuppa di cereali e carne** leggermente piccante in una scodella di pane), menù del viceré Eugène Beauharnais (cervo, gnocchetti verdi e porcini, 15 €), ravioli con zucca e ricotta affumicata, tortelli al ragù di cervo, minestra di crauti e fagioli, **pollo alla Marengo**, zuppa gallica (con cipolla). Tra i dolci (4,50 €) la torta napoleonica, con mandorle e cioccolato, e la Napoleonschnitten, pasta all'uovo soffice con mandorle e confettura di mirtilli. Buona la lista dei vini.

MARIANO DEL FRIULI
Corona

12 km a so di Gorizia

Al Piave

Trattoria
Via Cormons, 8
Tel. 0481 69003-380 5418102
Chiuso il martedì
Orario: mezzogiorno e sera
Ferie: prima settimana di febbraio, prima di luglio
Coperti: 35 + 20 esterni
Prezzi: 30-35 euro vini esclusi
Carte di credito: AE, CS, MC, Visa, BM

Rilevata nel 1991 e ristrutturata nel 2005, la trattoria piace a quanti ricercano un ambiente caldo e rilassato, apprezzato anche dalla clientela di confine. Al banco, sempre animato, si consuma il rito del *tajut* con invitanti stuzzichini rinforzati dal pollo impanato espresso. Nelle due salette con *fogolar* o, in estate, nella bella corte interna, Claudia, aiutata dalla cognata Patrizia, è sempre disponibile a consigliare nella scelta. Ai fornelli il cuoco Patrizio è ora affiancato dal fratello Stefano. La sorpresa è continua, anche per le proposte consolidate, tanto è precisa la cottura dei cibi e curata la presentazione dei piatti. Per aprire ci sono salumi e altri affettati, come il filetto di maiale con pere e montasio o il carpaccio di cervo, ma anche il *frico* morbido (7.50 €); di sicuro effetto i cubetti di ossocollo dorati su germogli di pungitopo in tempura (10 €). Tra i primi, oltre a un classico **risotto** (8.50 €), allo strudel di bruscandoli e alle **crespelle con *sclopìt* e ricotta**, anche tagliatelle con l'anatra, gnocchi con la lepre, **gnocchi verdi ripieni di montasio, ragù di cervo e ricotta affumicata**. Il principe dei secondi è l'eccellente **stinco di vitello con patate in *tecia*** (14 €); in alternativa, **coniglio al finocchio selvatico e carciofi** (16 €), in stagione filetto di cervo e altra selvaggina. Invitanti i dolci, tra cui il gelato casalingo di crema con salsa ai mirtilli o con fichi al rum. La lista dei vini, aggiornata periodicamente, comprende una trentina di etichette, variabili anche a calice, con attenzione alle cantine locali. Valido lo sfuso a chilometro zero con etichetta personalizzata.

MOSSA

6 KM A OVEST DI GORIZIA

Blanch
Trattoria
Via Blanchis, 35
Tel. 0481 80020
Chiuso martedì sera e mercoledì
Orario: mezzogiorno e sera
Ferie: ultima settimana di agosto-prima di settembre
Coperti: 120 + 50 esterni
Prezzi: 25-30 euro vini esclusi
Carte di credito: tutte, BM

Siamo nella valle del Preval, a due passi il confine con la Slovenia: tutt'intorno, le incantevoli colline vitate del Collio goriziano. In questa zona, conosciuta non solo dai cultori del vino ma anche da ciclisti di ogni genere per le splendide piste che la percorrono, è attiva fin dal 1904 la trattoria della famiglia Blanch. Qui si viene, da sempre, per la specialità della casa, i ***blecs al sugo di gallo*** (6 €). Sono pezzi irregolari di pasta fresca (*blec* in friulano – *blek* in sloveno – significa toppa), sorta di maltagliati che i Blanch ricavano da una sfoglia sottile e condiscono con morbidissimi bocconcini di carne di gallo e con la sua vellutata, gustosissima salsa. Da scarpetta! Se volete iniziare con un antipasto, potete scegliere tra i salumi locali selezionati dagli osti. Oltre che con i *blecs* si può continuare con altri ottimi primi piatti (6 €) come, solo per citarne un paio, la classica ***pasta e fagioli*** o, in stagione, i ***tagliolini allo*** *sclopìt* (silene, erba selvatica primaverile). Tra i secondi, lo ***stinco di maiale*** o di vitello (10 €), le carni alla griglia, la frittata con le erbe (7,50 €). Non perdetevi, per chiudere, la deliziosa ***sfogliatina alla crema*** (4 €). Non c'è menù scritto, i piatti sono elencati a voce. Buona la scelta di vini in bottiglia, che giustamente predilige i produttori della zona.

■ Insaccati e carni di maiale stagionati di qualità presso lo spaccio agricolo di Simone Turus, in via Campi 6.

MOSSA

6 KM A OVEST DI GORIZIA

Vecchie Province
Trattoria
Via Zorutti, 18
Tel. 0481 808693
Chiuso lunedì e martedì
Orario: mezzogiorno e sera
Ferie: non ne fa
Coperti: 70 + 80 esterni
Prezzi: 26 euro vini esclusi
Carte di credito: tutte, BM

A Mossa, nei pressi di Gorizia, terra di confine, l'ingresso alle Vecchie Province è segnalato da un fanale, il *feral*, che nei tempi andati indicava ai viandanti la presenza di un luogo di ristoro. Si accede dal cortile, dove in estate si mangia all'ombra degli alberi. La sapiente guida del Mic, al secolo Francesco Di Lena, ha dato un intrigante taglio al menù, legato alla tradizione del territorio, con sconfinamenti nella vicina Slovenia. Ora alla gestione provvedono il figlio Cristiano, ai fornelli, e la sua compagna Angela, in sala. La caratteristica del locale è di proporre in sequenza assaggi di antipasti, primi e secondi, ma potrete anche scegliere primi (7-10 €) e secondi (7-12 €) in porzioni normali. Prosciutto cotto nel pane e cren, tortino di patate, carpaccio di manzo sono alcuni degli eccellenti antipasti. Tra i primi vi segnaliamo il minestrone di orzo e verdure, i primaverili ***ravioli di*** *sclopìt* (silene), gli ***sljkrofi al sugo d'arrosto,*** gli gnocchi con marmellata di arance fatta in casa. Se ce la fate ad arrivare ai secondi, troverete ***gulasch***, ***pancetta alla carsolina*** cotta nel vino rosso, ***cevapcici***, ***ljublianska***, tagliata di manzo e, nel periodo pasquale, agnello, allevato appena oltre confine. I produttori di carni e verdure sono locali e della vicina Slovenia. Particolarmente invitanti, tra i dolci, lo ***strucolo lesso*** e il gelato alla frutta di stagione (in autunno, al caco o all'uva fragola, 3 €). Si bevono esclusivamente – beverini e offerti a prezzi più che onesti – vini della casa, i cui vigneti si trovano in territorio sloveno.

OVARO
Applis

70 KM A NO DI UDINE SS 13 O A 23

Aplis
Ristorante annesso all'albergo
Località Applis, 2 C
Tel. 0433 619008
Chiuso il lunedì, mai in luglio e agosto
Orario: mezzogiorno e sera
Ferie: tra ottobre e novembre
Coperti: 100
Prezzi: 32 euro vini esclusi
Carte di credito: CS, DC, MC, Visa, BM

PALUZZA
Timau-Tischlbong

77 KM A NO DI UDINE SS 13 O A 23 E SS 52

Matiz da Otto
Ristorante annesso all'albergo *novità*
Via Plozner Mentil, 15
Tel. 0433 779002
Chiuso il martedì sera in inverno
Orario: mezzogiorno e sera
Ferie: tra gennaio e febbraio
Coperti: 80 + 15 esterni
Prezzi: 30-32 euro vini esclusi
Carte di credito: AE, CS, MC, Visa, BM

A poca distanza dal centro di Ovaro, il complesso turistico ambientale di Aplis, ricavato dalla segheria settecentesca Micoli-Toscano, comprende anche un museo dell'avifauna carnica, mentre il terreno un tempo coltivato dai lavoratori dell'azienda è stato trasformato in orto di piante aromatiche. Le erbe dei boschi sono un motivo per visitare il ristorante dell'albergo, dove la signora Lella allestisce menù incentrati sui prodotti locali e Antonio Piva, il gestore, dà sfogo alla sua passione per la botanica per recuperare ricette tradizionali e preparare buone grappe. Si può, per esempio, esordire con **speck e radic di mont** (7,50 €), continuare con un **orzotto alle erbe** (7,50 €) e concludere con del **vitello con salsa di spinaci selvatici** (10 €). Ma non mancano altri classici della cucina carnica, a partire da antipasti che privilegiano formaggi e latticini delle malghe vicine (formadi frant, *scueta fumada*), prosciutti di cacciagione, carni marinate. Per proseguire, *cjarsons* **al burro fuso e ricotta affumicata**, *blecs* **al cinghiale**, in stagione paste condite con funghi. Tra i secondi, a fianco dell'immancabile *frico* compaiono varie ricette a base di carne, anche di selvaggina (**cervo con polenta, gulasch di cinghiale**). Buoni i contorni, mentre hanno ancora margine di crescita i dolci. La cantina può migliorare ma già offre un buon numero di produttori di alto livello.

Timau è un piccolo paese dell'alta Carnia, nella valle del But, a pochi chilometri dal confine austriaco. Ricco di testimonianze della prima guerra mondiale, è anche il posto dove si trova questo albergo-ristorante che ci ha convinto per la cucina semplice ma curata, equilibrata nei sapori e con un pizzico di innovazione che non guasta. È di proprietà della famiglia Matiz dal 1870 e vede da oltre trent'anni al timone Diego e Antonietta, marito e moglie. Non aspettatevi ambienti rustici ma una linda, grande sala dove assaggiare le preparazioni di Stefano Buttazzoni, al governo della cucina. Cucina che propone piatti classici della Carnia, come il **radic di mont con la pancetta** (6 €), i *cjalsons* (9 €), il *frico* (10 €), il **cervo con la polenta**, ma anche un gradevole sformato di tarassaco con le erbe di montagna, un fine carpaccio di manzo con lamelle di porcini, un saporito **stinco di agnello al timo**. Anche tra i dolci accanto al classico **strudel di mele** (4 €) troviamo un soffice *pie* di pere o un delicato bavarese al sambuco con salsa ai mirtilli. Non potete chiudere il pasto senza assaggiare una delle grappe aromatizzate da Diego con le erbe o i frutti della zona. L'offerta dei vini comprende un buon sfuso del Colli Orientali del Friuli e una lista di bottiglie regionali di valore. Per chi, oltre a godere della cucina, volesse passare qualche giornata tra i monti della Carnia, sono a disposizione dieci confortevoli camere.

A poche centinaia di metri, subito dopo la frazione Luincis, I Salumi di Carnia: un ottimo indirizzo per acquistare carni, formaggi, insaccati di propria produzione. In estate c'è anche La Braceria: direttamente dal bancone alla tavola.

PASIANO DI PORDENONE
Villotta di Visinale

11 KM A SO DI PORDENONE

Da Carmelo
Osteria tradizionale-trattoria
Via Villotta, 41
Tel. 0434 620259
Chiuso martedì e mercoledì
Orario: mezzogiorno e sera
Ferie: tre settimane in luglio
Coperti: 70 + 20 esterni
Prezzi: 25-28 euro vini esclusi
Carte di credito: CS, DC, MC, Visa, BM

Il sorriso di Gabriele ti fa sentire di casa, tra amici. In questo locale a gestione familiare (sede in passato di un consorzio agrario con bar e spaccio di coloniali) il clima è caldo e sereno e la cucina, fusione della tradizione friulana e veneta, è una garanzia di genuinità, caratterizzata da sapori decisi, profumi intensi, porzioni generose. Insomma, senza retorica: la bontà di una volta. Purtroppo manca un menù scritto, ma Gabriele e la moglie Lisa spiegano bene i piatti. Le materie prime sono ottime, di stagione, quasi sempre di prossimità, spesso prodotte dalla famiglia, come la porchetta cotta e aromatizzata in casa che spicca tra gli affettati (5 €) serviti come antipasto in alternativa ai **fegatini con la polenta** (6 €). Come primo, nella nostra ultima visita abbiamo assaggiato una profumata zuppa di porro (8,50 €), eccellenti **tagliatelle** (fatte in casa come tutta la pasta) condite **con ragù d'anatra** (8,50 €), un delicato pasticcio di fagiano ed erbette. Il re dei secondi è il gallo, protagonista di vari piatti ma in particolare del simbolo del locale, il **gallo in *tecia*** (12 €), ruspante e saporito. Presenze costanti sono le **trippe in umido** e, d'inverno, il musetto in crosta. La cantina garantisce una buona scelta, ma il notevole vino della casa – uvaggio di un famoso produttore del Collio friulano tagliato appositamente su suggerimento di papà Carmelo – si abbina perfettamente ai piatti.

PINZANO AL TAGLIAMENTO
Manazzons

45 KM A NE DI PORDENONE SP 1

Ivana & Secondo
Osteria con cucina
Via Manazzons, 62
Tel. 0432 950003-950612
Chiuso domenica sera e lunedì
Orario: mezzogiorno e sera
Ferie: seconda metà di settembre
Coperti: 50 + 50 esterni
Prezzi: 30-32 euro vini esclusi
Carte di credito: CS, DC, MC, Visa, BM

All'inizio della suggestiva val d'Arzino, nella piccola frazione di Manazzons, questo locale esiste dal 1878 e da sempre è adibito a osteria con vendita di coloniali. Ad accogliervi Luca Brosolo (figlio di Ivana e Secondo) con il socio Massimo Aviani: il menù è scritto su una grande lavagna ma preferiscono raccontarvelo. I piatti, rispettosi del territorio e della tradizione, con molti ingredienti di produzione propria, sono sapientemente interpretati dal cuoco Alessandro Cortiula. La degustazione di antipasti (11 €) nella nostra visita primaverile comprendeva tarassaco con uovo sodo e guanciale, *frico* con patate, lardo con cappuccio e grana, **flan di erbette con fonduta di montasio**, asparagi gratinati con pancetta stufata, cestino di pasta phyllo con fonduta di montasio, crostino con aringa, maionese e uova di trota salmonata. Come secondo abbiamo gustato un risotto alle erbe selvatiche e l'ottimo **raviolo con *orticions*, coniglio e ricotta** (7 €). Tra i secondi ritorna l'immancabile *frico*; inoltre, **salame all'aceto** (10 €), asparagi e uova in stagione, pollo, **coniglio in *tecia***, anatra o **selvaggina** come capriolo, cervo, cinghiale (13 €). I dolci li prepara Luca: squisiti il millefoglie con crema chantilly e frutti di bosco (5 €), il tortino al cioccolato, il bavarese ai lamponi. Molto interessante la selezione dei vini, prevalentemente friulani ma anche sloveni, trentini e alcuni piemontesi. Ampia scelta di grappe.

> **"** *Un locale storico che ha saputo rinnovarsi senza stravolgimenti, dando alla cucina tradizionale del territorio il supporto di ottime materie prime* **"**

Antico Burchiello

Osteria moderna
Corso Garibaldi, 11 D
Tel. 0434 524886
Chiuso il martedì, da maggio a settembre la domenica
Orario: mezzogiorno e sera
Ferie: intorno a Ferragosto
Coperti: 35 + 30 esterni
Prezzi: 29 euro vini esclusi
Carte di credito: Visa, BM

Dopo avere condotto a lungo una bella osteria tra i monti della Valcellina, da alcuni anni Cristiana e Franco sono scesi in città per gestire questo locale in pieno centro. Qui presentano un menù a rotazione giornaliera che, limitato a due primi e a due secondi, è frutto prezioso della trasformazione quotidiana di prodotti freschi del territorio. Contribuisce a rendere raccomandabile la sosta, anche semplicemente per un aperitivo, l'accoglienza discreta e cordiale di Franco, sempre disponibile a orientare l'ospite sulla scelta di un buon bicchiere, in base alle disponibilità registrate sulla lavagna all'ingresso, e a costruire assieme, al tavolo, gli abbinamenti delle pietanze con il vino. Tra gli antipasti ci sono piaciuti la *scuota* **andreana** con cipolla brasata, polenta gialla morbida e fagioli (8,50 €), la crema di patate con pera, caprino e noci, la patata al forno con formaggio salato e sfilacci di carne secca, l'insalata di zucchine con semi di senape e mandorle, servita con speck di Sauris. **Zuppa di fagioli e zucca** (8,50 €), zuppa di lenticchie, orzotto mantecato al montasio, **pasticcio con salsiccia e verze** sono alcuni dei possibili primi. I secondi propongono cosce di faraona al forno con polenta al profumo di agrumi, costicine di maiale nel latte, **insalata di bollito di manzo con cren e noci** (12,50 €). Tra i dolci, crostate e ciliegie nel vino rosso su gelato di vaniglia (4 €).

🍴 In corso Garibaldi 50, La Pasticceria: dolci da forno con ottime farine e lievito madre, ampia selezione di cioccolato. All'Ariston Bar, nella galleria omonima, eccellenti formaggi, salumi e vini friulani, trentini, piemontesi, sloveni.

La Ferrata

Trattoria-enoteca
Via Gorizia, 7
Tel. 0434 20562
Chiuso il martedì
Orario: sera, sabato e domenica anche pranzo
Ferie: luglio
Coperti: 70
Prezzi: 30 euro vini esclusi
Carte di credito: CS, MC, Visa, BM

Sono almeno tre le buone ragioni per raggiungere questa trattoria: è occasione per percorrere il corso principale della città, fiancheggiato da palazzi storici; è piacere di immergersi nel clima di una tradizionale osteria, con pavimenti in granito seminato e scaffali in legno naturale o dipinto; ma è soprattutto opportunità di assaggiare cibi di territorio, con un menù che varia ogni tre o quattro settimane. Cordiale l'accoglienza di Anna Scorza e Pino Ranieri, che propongono le pietanze sapientemente cucinate da Ugo De Rigo con materie prime locali. Tra queste va considerato lo stesso baccalà, ove si ricordi che la famiglia Querini, pordenonese, a metà del Quattrocento iniziò a importare lo stoccafisso dalle isole Lofoten. Tra gli antipasti ci sono sformati di zucchine o altre verdure e un piatto di affettati e formaggi della Carnia con mostarde fatte in casa (8,50 €). I primi: *sòpe di fasui* con crostoni profumati (7 €), risotto al *grisol e radìc*, *fasui* con **ciccioli**. Il **baccalà in tecia** con polenta (11 €), il *frico* con *cartufoles* (patate), **speck e polenta brustolà** sono alcuni dei secondi. Tra i dolci (4,50 €), semifreddo della tradizione pordenonese e gelato di yogurt con frutti di bosco. La carta dei vini elenca alcune valide etichette friulane e una significativa selezione di quelle di altre regioni italiane, anche al calice. Buono lo sfuso, bianco e rosso, con ottimo rapporto tra qualità e prezzo.

🍴 L'Orto in Città, via Grandi 2: frutta e verdura, salumi e formaggi di latterie locali, vini, birre e tutti i Presìdi Slow Food della regione. Prosciutteria Fratelli Martin, piazza della Motta 20 A: degustazione di salumi e formaggi tipici, piatti caldi.

PRATA DI PORDENONE
Ghirano

16 KM A SO DI PORDENONE

Allo Storione
Ristorante
Piazza Mazzini, 11
Tel. 0434 626028-626010
Chiuso sabato a pranzo e lunedì
Orario: mezzogiorno e sera
Ferie: tre settimane in agosto
Coperti: 70 + 20 esterni
Prezzi: 30-35 euro vini esclusi
Carte di credito: tutte, BM

Sulla piazza di Ghirano troverete il ristorante della famiglia Buzzi, che a poche decine di metri gestisce anche un albergo. Il signor Giacomo vi farà accomodare nell'ampia sala in cui troneggiano da una parte un grande *fogolar* e dall'altra – installata da poco – una bella stufa in maiolica. La descrizione a voce del menù vi consentirà di scegliere assieme allo chef quello che più vi stuzzica e di conoscere la provenienza delle materie prime, apprezzando la passione che anima il patron. Volendo iniziare con un antipasto, vi consigliamo i fichi (provenienti dall'orto di famiglia) caramellati con formadi salat e prosciutto di San Daniele o la squisita **terrina di coniglio**. Molti dei prodotti usati in cucina sono di Presìdi Slow Food, come l'immancabile **pitina**, il formaggio delle latterie turnarie di Buja e il formadi frant che arricchisce i profumatissimi ***cjalsons*** **alle erbe** (9 €); da assaggiare come primo anche i ***blecs*** **con ragù di agnello**. Per proseguire, **faraona al forno** con le verdure dell'orto e, secondo stagione, **capretto arrosto**, **lumache al verde**, **storione** o altri pesci d'acqua dolce tra cui la **trota marinata** in casa. Tra i dolci (4 €) ci è particolarmente piaciuta la crostata con confettura di albicocche e albicocche fresche. L'offerta dei vini si focalizza su alcuni produttori delle Grave, del Collio e dei Colli Orientali, arrivando fino al Piemonte.

🛏 A **Rorai Piccolo di Porcia** (15 km), Sfoglia d'Oro di Martina Cavallari: tortelli e altra pasta preparati con farine bio macinate a pietra e, per i ripieni, prodotti di alta qualità, anche dei Presìdi Slow Food del Friuli Venezia Giulia.

PRATO CARNICO
Pesariis

72 KM A NO DI UDINE, 27 KM DA TOLMEZZO

Sot la Napa
Azienda agrituristica
Frazione Pesariis, 61
Tel. 0433 695103
Aperto da ven a dom, sempre 15/7-31/8 e nel periodo natalizio
Orario: mezzogiorno e sera
Ferie: novembre e tre settimane in gennaio
Coperti: 45
Prezzi: 30 euro vini esclusi
Carte di credito: tutte, BM

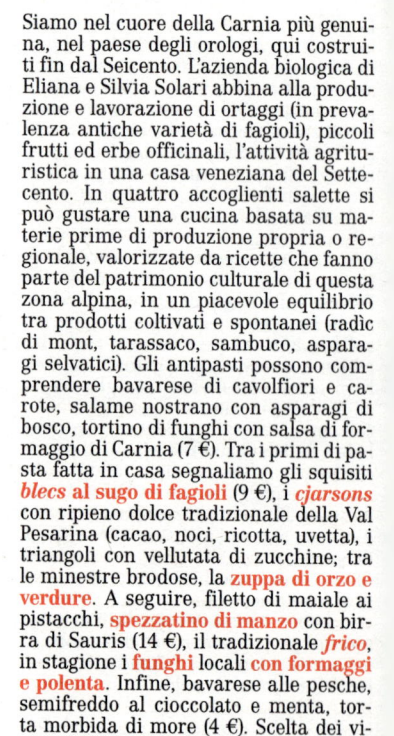

Siamo nel cuore della Carnia più genuina, nel paese degli orologi, qui costruiti fin dal Seicento. L'azienda biologica di Eliana e Silvia Solari abbina alla produzione e lavorazione di ortaggi (in prevalenza antiche varietà di fagioli, piccoli frutti ed erbe officinali, l'attività agrituristica in una casa veneziana del Settecento. In quattro accoglienti salette si può gustare una cucina basata su materie prime di produzione propria o regionale, valorizzate da ricette che fanno parte del patrimonio culturale di questa zona alpina, in un piacevole equilibrio tra prodotti coltivati e spontanei (radic di mont, tarassaco, sambuco, asparagi selvatici). Gli antipasti possono comprendere bavarese di cavolfiori e carote, salame nostrano con asparagi di bosco, tortino di funghi con salsa di formaggio di Carnia (7 €). Tra i primi di pasta fatta in casa segnaliamo gli squisiti ***blecs*** **al sugo di fagioli** (9 €), i ***cjarsons*** con ripieno dolce tradizionale della Val Pesarina (cacao, noci, ricotta, uvetta), i triangoli con vellutata di zucchine; tra le minestre brodose, la **zuppa di orzo e verdure**. A seguire, filetto di maiale ai pistacchi, **spezzatino di manzo** con birra di Sauris (14 €), il tradizionale *frico*, in stagione i **funghi** locali **con formaggi e polenta**. Infine, bavarese alle pesche, semifreddo al cioccolato e menta, torta morbida di more (4 €). Scelta dei vini limitata ma interessante, con prodotti quasi tutti regionali e biologici a prezzi più che onesti.

🛏 In frazione **Avausa** (4 km), la macelleria Polzot vende carni, insaccati, formaggi, ricotte e burro prodotti dall'azienda agricola Val Pesarina di Ovaro, frazione Entrampo.

332 | FRIULI VENEZIA GIULIA

PULFERO-PODBONESEC

29 km a ne di Udine, 12 km da Cividale ss 54

Al Vescovo-Skof
Ristorante annesso all'albergo
Via Capoluogo, 67
Tel. 0432 726375
Chiuso mercoledì, inverno anche martedì
Orario: mezzogiorno e sera
Ferie: febbraio
Coperti: 110 + 50 esterni
Prezzi: 30-32 euro vini esclusi
Carte di credito: tutte, BM

Luoghi come questo, che fino a pochi anni fa rappresentavano un sicuro riferimento a pochi chilometri dal confine con la Slovenia, caduta la frontiera sembravano avere perso la loro ragione d'essere. Ma Pulfero e Al Vescovo meritano tuttora una visita, perché offrono la possibilità di immergersi in un ambiente naturale incontaminato e di vivere l'esperienza sempre più rara di notti silenziose e prive dell'inquinamento luminoso con cui siamo troppo spesso costretti a convivere. A ciò si aggiunge una proposta gastronomica che riflette gusti friulani e sloveni e la competente affabilità di Michela, sempre disponibile a fornire spiegazioni sui piatti – non raramente riscoperti dopo decenni d'oblio – e sulle ricette, spesso originali. Tra i primi (8 €), in primavera minestra di ortiche, tagliolini al pesto, gnocchi di ricotta e rucola; in autunno, **zuppa di castagne**, *zlicnijaki* **di zucca, brovada e fagioli**; tutto l'anno, *bleki* variamente conditi. Come secondo, coniglio alle erbe aromatiche (11 €), **bocconcini di cinghiale con polenta, stinco di vitello al forno**, costicine di agnello a scottadito, selvaggina di territorio. Di contorno, polenta *obiajena* o *stakanije* (3,10 €). Tra i dolci (3,50 €), *struki* lessi (ripieni di uva passa, noci e pinoli), torta di ricotta e pere, semifreddo al caffè. Apprezzabili il Friulano e il Merlot sfusi; in alternativa, anche al calice, una trentina di etichette regionali.

■ In frazione **Montefosca** (13 km) lo spaccio annesso alla Latteria Sociale vende formaggi preparati con ricette e attrezzi tradizionali.

PULFERO-PODBONESEC
San Giovanni d'Antro-Svet Ivan u Celè

29 km a ne di Udine, 12 km da Cividale ss 54

Gastaldia d'Antro
Azienda agrituristica
Via Antro, 179
Tel. 0432 709247
Chiuso lunedì e martedì
Orario: mezzogiorno e sera
Ferie: gennaio
Coperti: 30 + 30 esterni
Prezzi: 30 euro vini esclusi
Carte di credito: tutte, BM

La cucina delle valli del Natisone, che da Cividale del Friuli si estendono verso i confini con la Slovenia, è molto ricca e saporita. Uno dei luoghi giusti per gustarla si trova, al termine della carrozzabile, all'inizio del sentiero che conduce alla grotta di San Giovanni d'Antro, antichissimo luogo di devozione popolare. In un bell'edificio ristrutturato – antica dimora del gastaldo, l'amministratore del territorio per conto del re –, l'agriturismo della famiglia Pitassi, dotato di quattro camere e una suite per il pernottamento, dispone di 60 coperti suddivisi tra una sala interna e una terrazzina per i mesi caldi. Maurizio vi illustrerà i piatti preparati da Marisa, tutti costruiti su un filo conduttore eccezionale: le erbe del territorio, coltivate nell'orto di casa o raccolte nei boschi circostanti. Il menù varia con le stagioni. Si può iniziare con un antipasto composto da una decina di assaggi di erbe, frittate, formaggi crudi e cotti (4 €). Consigliabile la proposta di primi misti (12 €), cinque, serviti uno alla volta, tra i quali nella nostra visita primaverile abbiamo particolarmente apprezzato gli **gnocchi con il sugo di primule** e le **linguine all'aglio ursino**. Meno originali i secondi, basati sulla carne, come gli involtini di vitello alla ricotta con asparagi (10 €) o, nel periodo più freddo, le **costicine di maiale in brodo di polenta**. Del tutto tradizionali i dolci: da non perdere gli **struccoli lessi** (4 €). La carta dei vini conta una scelta sufficiente di etichette, con ricarichi assai contenuti. Dopo il caffè è obbligatorio sorseggiare la grappa alle erbe offerta da Maurizio.

FRIULI VENEZIA GIULIA | 333

RAVASCLETTO

75 km a no di Udine, 23 km da Tolmezzo

Bellavista
Ristorante annesso all'albergo
Via Roma, 22
Tel. 0433 66089
Chiuso il giovedì
Orario: mezzogiorno e sera
Ferie: novembre
Coperti: 130 + 40 esterni
Prezzi: 27-35 euro vini esclusi
Carte di credito: MC, Visa, BM

Per il Giro d'Italia, il Monte Zoncolan è il "mostro carnico", con la sua scalata improba di sei lunghissimi chilometri, ma visto dalla terrazza dell'hotel Bellavista assume un aspetto più invitante, soprattutto per gli sciatori. Ad accoglierli sono Piero De Infanti e Dina Biancotto che, rispettosi di una plurigenerazionale tradizione di famiglia, propongono un menù carnico "a basso chilometraggio", con prodotti anche dall'orto dell'albergo e comunque scelti con cura presso malghe, mulini e macellerie della zona. Al Bellavista gli antipasti sono una garanzia, a cominciare dall'imperdibile *toc' in braide* (9 €), che abbina una polentina morbida preparata con farina di Socchieve a un ricco intingolo di ricotta affumicata, burro e latte; da assaggiare anche il lardo all'aceto balsamico. Se siete in due, il tagliere di salumi carnici (20 €) offre una gustosa introduzione alla norcineria del comprensorio. Spiccano tra i primi i classici *cjarsons di Monaj* (10 €), ma non sono da disdegnare le pappardelle alla boscaiola con funghi porcini secchi, i **ravioli di grano saraceno con cervo, mele e speck** (10 €) e gli **gnocchi di prugne speziati alla cannella**. Per il secondo, scegliete il cosciotto di agnello al rosmarino, i **bocconcini di cervo con la polenta** (12 €), il guanciale o brasato di manzo, un buon piatto di *frico* e polenta oppure una carne alla piastra, come la tagliata di manzo su letto di rucola o le bracioline di agnello scottadito. Buoni anche i dolci (6 €), tra i quali i mirtilli caldi con gelato, la *pita di mele*, il salame di cioccolato e il tiramisù della casa. Corta ma accorta la lista dei vini friulani.

REMANZACCO
Cerneglons

8 km a ne di Udine ss 54

Ai Cacciatori
Osteria tradizionale
Via Pradamano, 28
Tel. 0432 670132
Chiuso il lunedì
Orario: mezzogiorno e sera
Ferie: agosto
Coperti: 60
Prezzi: 20 euro vini esclusi
Carte di credito: CS, DC, MC, Visa, BM

Classica vecchia osteria, Ai Cacciatori funge anche da luogo di ritrovo per gli abitanti – anziani e non – del piccolo paese, che ha come riferimenti i centri urbani di Udine e Cividale. Da segnalare che qui si può giocare a bocce anche quando piove. I locali sono accoglienti, anche se l'arredo è un po' retrò. Dalla sala si vede ciò che accade in cucina e questo rassicura sempre il cliente. I piatti sono corretti, al giusto prezzo, tipici della tradizione friulana; l'accoglienza è schietta e genuina. Fatto non secondario, la stessa famiglia gestisce il locale da sessant'anni: in cucina Marcello Zanon, con l'aiuto della sorella Leonda che serve anche ai tavoli, al banco Vanessa, in sala Nadia e Cristiana. Già all'ingresso il menù, appeso a lato della porta, fa pregustare le prelibatezze che si potranno assaggiare. Prosciutto di San Daniele, pancetta e salame locali aprono il pasto. I primi alternano **minestra di orzo e fagioli**, **pappardelle con sugo di selvaggina** (5 €) e, in estate, un delizioso orzotto freddo con verdure di stagione. Il *frico* è stupefacente, bello gonfio, dorato e con la crosta croccante: varrebbe la pena venire qui solo per questo (6 €). Poi, frittata con le erbe (5 €), **trippe**, **cotechino e brovada** (preparata da Marcello), **salame cotto nell'aceto**, **stinco di vitello**; in stagione di caccia l'osteria onora la sua insegna con lepre, cinghiale, cervo (10 €), pernice. Tra i dolci l'immancabile gubana, innaffiata con lo slivoviz (4,50 €), torta di mele, crostate. Il vino sfuso è di buona qualità.

SAN DANIELE DEL FRIULI

23 KM A NO DI UDINE

Al Cantinon
Ristorante
Via Battisti, 2
Tel. 0432 955186
Chiuso il giovedì
Orario: mezzogiorno e sera
Ferie: una settimana in gennaio, una in estate
Coperti: 180 + 20 esterni
Prezzi: 34-36 euro vini esclusi
Carte di credito: MC, Visa, BM

Nel pieno centro di San Daniele, celeberrima capitale del prosciutto crudo omonimo, questo storico locale è ora gestito dalla cooperativa sociale La Cjalderie, che ha quale obiettivo la formazione professionale per la ristorazione di persone svantaggiate. Il locale è elegante e l'accoglienza assai cordiale; sarete subito informati del fatto che la cooperativa gestisce anche due orti che riforniscono il ristorante di verdure e fiori (ingrediente in determinate stagioni di alcuni piatti). Quasi obbligatorio iniziare il pasto con il **prosciutto di San Daniele**, servito da solo o in vari abbinamenti, tra cui da non perdere quello **con radicchio gratinato** (12 €). Tra i primi i *cjarsons*, i tagliolini al San Daniele (8 €), la **crema di porri** o di fagioli, i risotti di stagione. I secondi sono a base di carne, soprattutto alla griglia, ma anche in gustose elaborazioni quali i **guancialetti brasati al Cabernet con polentina** (13,50 €). Interessanti i menù a tema stagionale di quattro portate, dedicati per esempio agli asparagi o ai più insoliti fiori (rispettivamente 28 e 25 euro). I dolci sono tradizionali e la carta dei vini offre soprattutto prodotti della regione; gradevole lo sfuso, che si può degustare anche al banco.

🛍 In piazza Vittorio Emanuele, Boutique dell'Alimentare di Aldo Garlatti: eccellenti specialità gastronomiche, friulane e non.

SAN DANIELE DEL FRIULI
Aonedis

27 KM A NO DI UDINE

Da Catine
Trattoria
Località Aonedis, 78
Tel. 0432 956585
Chiuso lunedì sera e martedì
Orario: mezzogiorno e sera
Ferie: una settimana in gennaio e la settimana di Ferragosto
Coperti: 55
Prezzi: 30 euro vini esclusi
Carte di credito: CS, MC, Visa, BM

Il piccolo borgo di Aonedis è una delle frazioni di San Daniele, località rinomata per la produzione di un famoso prosciutto crudo. Un altro prodotto di indiscutibile qualità, forse meno noto, è la trota, pesce d'acqua che un'itticoltura avveduta e un abile artigianato hanno saputo valorizzare come alimento sia fresco sia conservato. Da Catine, un locale semplice nei modi e negli arredi, propone un ventaglio di preparazioni gastronomiche che ben esprimono queste eccellenze locali. L'insegna riprende il nome in friulano della fondatrice Caterina, che negli anni Venti del secolo scorso aprì una bottega di alimentari, cui poi si affiancò la trattoria, oggi gestita con passione dai discendenti Nella e Raffaele Zurro, assieme ai figli Caterina e Luca. Per iniziare non possono mancare il **prosciutto crudo**, stagionato per 19 mesi, e la **trota regina** di San Daniele, servita **con crostini caldi**; inoltre, **salame all'aceto**, sottoli casalinghi e un ottimo **strudel** – di asparagi, funghi porcini o radicchio, secondo stagione – **su crema di montasio** (7 €). Tra i primi, da provare gli **gnocchetti di spinaci con ricotta affumicata** (6,50 €) e i riccioli di pasta al ragù bianco di vitello. La scelta dei secondi può comprendere filetto di maiale al balsamico, **coniglio disossato al forno**, filetto di trota ai ferri (8 €), **baccalà con polenta**. Per finire, biscotti tipici serviti con vino Ramandolo (4 €), crostate, dolci al cucchiaio, semifreddo al pistacchio. Vino della casa di ottima qualità e discreta scelta di etichette regionali, offerte anche al calice.

🛍 Friultrota, via Aonedis 10: regina di San Daniele e altre specialità a base di pesce conservato.

Andar per prosciutti a San Daniele

San Daniele per i friulani rappresenta la capitale della loro lingua (tanto che è chiamata la Siena del Friuli), mentre nella gastronomia italiana è sinonimo di prosciutto crudo (e in misura minore di trota: regina di San Daniele). Quando e perché nasce questo primato alimentare delle cosce stagionate del maiale? I documenti scritti datano al XV secolo la produzione di prosciutti (*breciutis* o *persutti*), ma è verosimile che i Romani la conoscessero, poiché ad Aquileia, sul cippo funerario di un macellaio, compare in bella evidenza uno zampino di maiale a forma di prosciutto. Proprio da questo rilievo lapideo è stato derivato il logo del Consorzio, che viene impresso a fuoco sulla cotenna del San Daniele. A dare sapore delicato e particolare al salume è il microclima del luogo, posto in cima a un ameno colle che fa parte dell'anfiteatro morenico dell'alta pianura friulana, dove i venti freschi provenienti dalle Alpi si incontrano con le brezze miti che risalgono dall'Adriatico. La quotidiana alternanza di aria umida e secca produce sulle cosce appese a stagionare un benefico effetto massaggiante, delicato e continuo, che favorisce la naturale disidratazione della carne. Ma non è solo il microclima a rendere famosi i prosciutti: sono determinanti la qualità dei maiali (provenienti – stabilisce il disciplinare di produzione – esclusivamente da regioni del Nord e Centro Italia, di età non inferiore a nove mesi, con un peso medio di 160 chili) e il rispetto dei metodi di produzione tradizionali (impiego di solo sale marino, preparazione a mano della coscia, pressatura per conferire la tipica forma a chitarra, stagionatura per almeno 13 mesi). Il successo si condensa in pochi dati: sono più di trenta i produttori (tutti operanti a San Daniele) che aderiscono al Consorzio, 4300 gli allevamenti dei maiali, tre milioni circa i prosciutti prodotti ogni anno. E ogni anno Aria di Festa ripropone, a fine giugno, un intenso programma di eventi culturali, musicali, sportivi, ricreativi, gastronomici incentrati sul prosciutto, da degustare con i vini della regione nelle vie del centro storico o negli stabilimenti di produzione.

Giorgio Dri

Ai Bintars

Via Trento e Trieste, 63
Tel. 0432 957322
Chiuso mercoledì pomeriggio e giovedì

Prosciutti, perlopiù di piccoli produttori, e una ricca selezione di altri salumi tipici, come il salame tagliato a punta di coltello, deliziano quanti scelgono questa storica osteria, il cui nome ricorda uno stile di vita non proprio esemplare: i *bintars* erano gli emigranti stagionali, lavoratori in Germania nei mesi invernali e nullafacenti in paese nel resto dell'anno. Lo spazio interno – in parte dedicato alla mescita e alla consumazione in piedi, in parte riservato a sala da pranzo con *fogolar* – è ampio e nella stagione estiva è possibile mangiare nel cortile esterno ombreggiato.

Al Baccaro

Via Kennedy, 121
Tel. 0432 955019
Chiuso il giovedì

I *bacheri* erano spacci aperti nel Nord Italia per smerciare i vini meridionali. In questo locale della prima periferia di San Daniele, la famiglia Coradazzi, di lontana immigrazione pugliese, offre il prosciutto di sua produzione accompagnato da frutta fresca e conservata, verdure sott'olio, burrate e latticini della terra di origine. Ci sono uno spazio all'aperto per la stagione calda e una grande sala con ampie vetrate: con identico piacere si può osservare il panorama e seguire il rito del taglio del prosciutto o la preparazione dei piatti di portata (ottime le bruschette).

Al Paradiso
Via Battisti, 28
Tel. 0432 957252
Chiuso la domenica

Ai piedi del colle di San Daniele, questa simpatica trattoria, con giardino per l'estate, propone la degustazione del prosciutto prodotto dalla Bagatto – piccola azienda familiare che vende anche per asporto – accompagnato da formaggi di varie stagionature e verdure sott'olio. D'inverno, oltre ai piatti freddi, un buon minestrone di fagioli o di verdure rende più piacevole la sosta. È possibile visitare lo stabilimento di produzione e di stagionatura dei prosciutti.

Al Portonat
Piazza Dante, 7-9
Tel. 0432 940880
Non ha giorno di chiusura
☻

Siamo in prossimità del grande arco in pietra (Portonat, appunto), progettato dal Palladio, di una delle porte di accesso alla città. Un elegante arredamento moderno fa da cornice al prosciutto Morgante accompagnato da altre specialità locali, come la trota regina di San Daniele, e del resto della regione. Completa l'offerta qualche piatto caldo preparato con prosciutto o trota.

Enoteca Alla Trappola
Via Cairoli, 2
Tel. 0432 942090
Non ha giorno di chiusura

Anni fa l'Enoteca portava il nome di Spezieria pei Sani: spezieria come luogo di rigenerazione del corpo e dell'anima. Il carattere storico del locale (nel Medioevo era sede per la stipula di contratti e atti pubblici notarili) si riscontra nell'architettura: volte a crociera in mattoni e pietre squadrate a vista. Alla Trappola si assaggiano il prosciutto ma anche altri salumi (la pitina delle valli pordenonesi) e vari tipi di formaggio. Frequenti sono le degustazioni guidate di specialità locali e le occasioni di ascoltare musica dal vivo davanti a un piatto di prosciutto e a un buon bicchiere di vino di aziende regionali e nazionali.

L'Osteria
Via Trento e Trieste, 69
Tel. 0432 942091
Chiuso lunedì sera e martedì

Trovare Tisiot, il titolare, impegnato ad affettare il prosciutto per guarnire grissini (confezionati artigianalmente e quindi più buoni del solito) o riempire piatti e vassoi non è un fatto eccezionale, perché all'Osteria la degustazione del prodotto principe di San Daniele è sempre attiva. Al prosciutto si accompagnano mozzarelle, funghetti e altre verdure sott'olio; delizioso anche il lardo, servito su crostini caldi. Ma attenzione: il locale non è ampio, meglio prenotare.

Prosciutterie Dok Dall'Ava
Via Gemona, 29
Tel. 0432 940280-957335
Non ha giorno di chiusura

Un grande edificio, la cui architettura ricorda la sagoma di un prosciutto, è il luogo dove si può degustare la vasta produzione dell'azienda Dall'Ava: San Daniele di varie stagionature (fino a 48 mesi), Nebrodok (da giovani esemplari di suino nero dei Nebrodi), Patadok (da cerdo iberico dell'Estremadura), Hundok (da maiali di razza mangalica allevati nelle steppe dell'Ungheria, Presidio Slow Food). Oltre ai prosciutti, ampio e periodicamente rinnovato è il menù del giorno, con tanti piatti caldi: dalla minestra di fagioli ai tortellini ripieni di prosciutto, dalla frittata alla tagliata di maiale. Un ricco banco di prodotti confezionati sollecita e soddisfa ogni curiosità alimentare. Molto interessante la visita al museo-stabilimento di produzione.

SAN DANIELE DEL FRIULI

23 km a no di Udine

L'Osteria di Tancredi

Osteria-enoteca
Via Monte Sabotino, 10
Tel. 0432 941594
Chiuso il mercoledì
Orario: mezzogiorno e sera
Ferie: variabili
Coperti: 25 + 8 esterni
Prezzi: 30 euro vini esclusi
Carte di credito: CS, MC, Visa, BM

Iniziamo dal nome: Tancredi Clochiatti, padre di Silvia e nonno di Guendalina, che gestiscono il locale, faceva il minatore e la figlia ha voluto ricordarlo dedicandogli l'osteria e presentarlo agli avventori in una gigantografia al centro della sala. Il carattere familiare del posto si ritrova anche nei piatti: semplici, tradizionali, genuini. A tavola ci si sente come a casa, tra amici, partecipi di quanto avviene nel locale. Un avvertimento: l'osteria è piccola e quindi è bene prenotare. Piccola e molto curata. Da non perdere, per cominciare, due specialità locali, il prosciutto e la **trota** regina di San Daniele **affumicata**, serviti con sottoli e confetture (9 €); chi ama i sapori decisi apprezzerà il **salame all'aceto**, mentre se si preferisce un antipasto di verdure ci sono sformatini di asparagi, zucchine o altri ortaggi. I primi più tipici giocano sul contrasto tra salato e dolce: eccellenti i ***cjarsons*** della Val Pontaiba (8,50 €) e gli **gnocchi di mele con ricotta affumicata, zucchero e cannella**, cui si affiancano piatti meno insoliti ma altrettanto gradevoli come le lasagne gratinate, i tagliolini al San Daniele, la zuppa di **orzo e fagioli**. Poi, a seconda delle stagioni, potrete scegliere, oltre al ***frico* con patate**, lumache in umido, **guanciale di maiale** (14 €), salsiccia con polenta, ***brovade e muset***. Per finire, biscottini croccanti da intingere nel vino dolce, crostata di ricotta, torta di pane raffermo, torta di mele e cannella con gelato alla crema. Buona la selezione di vini, quasi tutti della regione, per soddisfare ogni esigenza e, ordinati a bicchiere, per accompagnare ogni piatto.

SAN GIORGIO DELLA RICHINVELDA
Rauscedo

18 km a ne di Pordenone

Il Favri

Osteria tradizionale
Via Borgo Meduna, 12
Tel. 0427 94043
Chiuso il mercoledì e domenica sera
Orario: mezzogiorno e sera
Ferie: una settimana a fine febbraio, 15-30 giugno
Coperti: 40 + 50 esterni
Prezzi: 30 euro vini esclusi
Carte di credito: AE, CS, MC, Visa, BM

Lungo la via principale del paese, leader mondiale per la produzione di barbatelle, si trova questa osteria non molto diversa dalle tante del Friuli rurale. Si passa per il bar e, lasciata una saletta, si entra in una sala, con caminetto e grande vetrata, affacciata su un bel giardino e attigua a una cantina molto fornita. Tutto appare improntato a una schietta semplicità, cui contribuisce la calorosa accoglienza del gestore Mauro. La cucina trasuda territorio e i piatti rappresentano un compendio del Friuli. Salumi e formaggi di piccoli validi produttori locali (8 €) sono un ottimo punto di avvio. Si può proseguire con **gnocchi ripieni di formaggio** al San Daniele croccante (9 €), ravioli o altra pasta casalinga, **zuppa di orzo e fagioli di Lamon** (8 €). Passando ai secondi, il ***frico* con patate** (8,50 €), la frittata del giorno, la salsiccia in padella (8,50 €), sempre accompagnati dalla polenta, rappresentano quanto di più caratteristico si possa gustare, assieme al **salame all'aceto**. Inoltre, **guancia di maiale in umido con polenta** (12 €) o cuore di costata ai ferri, ma dalla cucina escono anche il **baccalà** di nonna Palmira **con polenta**, la regina di San Daniele con burrata (13 €) e, per spaziare fuori regione, la tartara di fassona piemontese con le salse. Offerta interessante di dolci fatti in casa come la torta di ricotta di pecora e gocce di cioccolato (5 €). Sfuso della cantina di Rauscedo e bottiglie delle migliori etichette locali e nazionali.

SAN LEONARDO
Clastra

28 km a ne di Udine ss 54, 10 km da Cividale sp 19

Il Melo Innamorato
Azienda agrituristica
Frazione Clastra, 1
Tel. 0432 723532-723849
Aperto da venerdì a domenica
Orario: mezzogiorno e sera
Ferie: gennaio, prime due settimane di luglio
Coperti: 40 + 40 esterni
Prezzi: 30 euro vini esclusi
Carte di credito: nessuna

I colori della natura circondano il grazioso agriturismo con alloggio di Luca e Daniela. Il locale, su un declivio da cui si gode un bel panorama sulle valli del Natisone, è una piacevole sosta se volete percorrere un itinerario insolito e rilassante, tra chiese votive e sentieri della Grande Guerra. La cucina propone piatti sostanziosi preparati con materie prime di qualità, molte di propria produzione. Dopo l'aperitivo, ecco gli antipasti (7 €): salumi e formaggi locali accompagnati da *kipfel* di patate, il **cotechino con brovada** e ottime verdure in agrodolce. Tra i primi (7 €) spiccano le **crespelle** del malgaro, ripiene **di formaggi ed erbe** e condite **con burro fuso e ricotta affumicata**; in alternativa, gnocchetti di mais al burro, salvia e prosciutto di San Daniele, in primavera *spätzle* agli asparagi e farrotto mantecato con l'ortica. Come secondo, **spiedone di carni suine con patate in tegame** (12 €), **rotolo di coniglio al rosmarino**, una profumata **frittata alle erbe spontanee**, la polentina morbida con funghi e formaggio montasio, l'immancabile *frico* e, per i più affamati, il piatto di specialità friulane (*frico*, frittata, polenta, cotechino, 10 €). Gradevoli i contorni (4 €) di verdure dell'orto. Tra i dolci (4 €), la crema catalana ai due caramelli (uno morbido, l'altro croccante), i piccoli strudel con le prugne, il "dolce dell'amore" (bavarese con cuore di fragola e salsa al cioccolato). Pochi ma buoni vini locali, molto piacevoli quelli della casa (Cabernet, Merlot e Friulano). Interessante la selezione di grappe aromatizzate. Menù degustazione a 29 euro, bevande escluse, per un minimo di quattro persone.

SAN PIETRO AL NATISONE
ŠPIETAR SLOVENOV

23 km a ne di Udine

Le Querce
Trattoria
Via del Klancic, 5
Tel. 0432 727665
Chiuso il martedì
Orario: mezzogiorno e sera
Ferie: due settimane in settembre
Coperti: 70 + 15 esterni
Prezzi: 22-25 euro vini esclusi
Carte di credito: tutte, BM

La trattoria è in bella posizione panoramica sulla strada per il valico tra le vallate del Natisone e dell'Alberone. Aperta dal 1988, mantiene la gestione di allora; è graziosa, tradizionale, riscaldata in inverno da uno scoppiettante fuoco di caminetto e da una caratteristica stufa a legna, rinfrescata in estate dal bosco di querce che la circonda. Il menù, elencato a voce dalla proprietaria e cuoca, Ediliana Coren, non riserva sorprese, offrendo costantemente piatti semplici, casalinghi, preparati con ingredienti locali di stagione. Gli affettati (3 €) sono un buon inizio per chi non voglia passare direttamente ai primi: pasta all'uovo (*blecs*, pappardelle) o gnocchi di patate conditi **con sugo di anatra**, selvaggina, funghi, in primavera con ortiche e rucola (6 €), talvolta anche **gnocchi di susine al burro e cannella**. Immancabili tra i secondi il *frico*, emblema gastronomico della regione, e i *cevapcici* di matrice slava (polpettine cilindriche di carne speziata di manzo e di agnello); inoltre, **stufato con fagioli piccanti**, anatra arrosto, costolette di agnello alla griglia e, nel periodo di pesca, la **trota** del Natisone (12 €). Le verdure di contorno (3 €) sono raccolte nell'orto di casa. In autunno si può usufruire di un menù degustazione incentrato su zuppe, **funghi** e **selvaggina**. Tra i dolci, arrivano dalla cucina la torta alla crema e pinoli (4 €) e la sfogliata alle pere, mentre la tradizionale **gubana** è sfornata da panificatori locali. Ai vini sfusi si affiancano poche etichette dei Colli Orientali.

SAN QUIRINO

10 km a nord di Pordenone

Alle Nazioni
Osteria tradizionale
Via San Rocco, 47
Tel. 0434 91005
Chiuso domenica sera e lunedì
Orario: mezzogiorno e sera
Ferie: non ne fa
Coperti: 50
Prezzi: 28-30 euro vini esclusi
Carte di credito: AE, MC, Visa, BM

SAURIS
Sauris di Sotto

81 km a no di Udine, 34 km da Tolmezzo ss 52

Alla Pace
Ristorante
Via Roma, 38
Tel. 0433 86010
Chiuso il mercoledì, mai d'estate
Orario: mezzogiorno e sera
Ferie: 20 giorni in giugno, 15 prima di Natale
Coperti: 40 + 15 esterni
Prezzi: 29 euro vini esclusi
Carte di credito: Visa, BM

A pochi metri dalla cinquecentesca chiesetta di San Rocco, nella via omonima che porta alla suggestiva Villa Cattaneo, l'osteria Alle Nazioni da oltre vent'anni suggerisce un singolare percorso nei sapori dei Magredi, ultimo lembo di prateria i cui caratteri intrecciano leggende e storia botanica. L'osteria condivide cucina, ingredienti e cantina con il prestigioso attiguo ristorante (con camere) La Primula, anch'esso gestito dalla famiglia Canton. I cinquanta posti sono distribuiti in tre sale, arredate con gusto moderno ma con attenzione alla tradizione locale, rilevabile pure nel menù, stagionale, che presenta piatti essenziali ma di gran pregio. Se ha tempo, Emanuela Canton si siede a tavola con voi e ve lo illustra. Cottura rapida a bassa temperatura per l'insalata di pesce (10 €), servita tiepida con un filo di extravergine, e affumicatura casalinga su legno di ginepro per il salmone (9 €); completano la scelta degli antipasti selezioni di salumi e il crudo di San Daniele. Chi viene qui lo fa anche per gli **gnocchi** conditi **con ricotta affumicata** (7 €), affiancati da tagliatelle, fatte in casa, abbinate secondo la stagione ad asparagi, funghi o selvaggina (8 €). Da provare anche le creme e, in inverno, le numerose zuppe. Tra i secondi spiccano l'**ossocollo brasato al vino rosso** (12 €), tutto l'anno, **musetto e brovada** nei mesi freddi, le seppie in umido negli altri. Tra i dolci (3,50 €) è molto richiesta la **torta di renette caramellate**, ma ci sono anche semifreddi e i biscottini di mais con crema inglese o di cioccolato bianco. La carta dei vini è inevitabilmente imponente, suddivisa tra Friuli, resto d'Italia ed estero.

Sauris, comune composto da tre borgate sui 1200 metri di quota, merita una visita sia per il fascino del paesaggio (con le tipiche e curate case in pietra e legno) sia perché ospita alcune importanti realtà gastronomiche: salumifici, un affinatore di formaggi di malga, un birrificio artigianale. In un antico palazzo borghese di influenza tedesca la famiglia Schneider (che gestisce anche un'accogliente locanda) continua da generazioni a raccontare la tradizione culinaria saurana, fatta di contaminazione friulana e austriaca. In un ambiente gradevolissimo, dall'atmosfera rilassante, mamma Franca, sempre pronta a uno scherzoso scambio di battute, propone subito un delizioso cestino di *frico* croccante e poi consiglia un buon antipasto con prosciutto e lardo di Sauris (8 €). Dal menù, esposto a voce, si può scegliere il primo fra le mezzelune alle erbe, gli **gnocchetti di pane e speck** (7,50 €), la **lasagna con verze e salsicce** (7,50 €) o con *sclopìt* in primavera, la **minestra di orzo e ortiche**. Sempre consigliato a voce il **gulasch con polenta** (10 €), sostanzioso contorno che accompagna anche altre pietanze, come il **cervo in umido**, polenta e speck con formaggio fuso e, in stagione, **funghi**. La carta dei dolci è curata dalla figlia Elena: torta calda alle mele con gelato, semifreddo alle mandorle e pinoli, bavarese croccante al caffè (5 €), tortino caldo al cioccolato. Buona scelta di vini regionali ma anche nazionali.

Il prosciuttificio Wolf (Sauris di Sotto 88) vende direttamente il famoso prosciutto affumicato. Malga Alta Carnia di Pietro Crivellaro, Sauris di Sotto 98 A: vendita e degustazione di formaggi di malga.

SAURIS
Lateis

79 KM A NO DI UDINE, 32 KM DA TOLMEZZO

Riglarhaus

Ristorante annesso all'albergo
Località Lateis, 3
Tel. 0433 86049
Chiuso il martedì, mai d'estate
Orario: mezzogiorno e sera
Ferie: 15 gennaio-15 febbraio
Coperti: 50 + 30 esterni
Prezzi: 30 euro vini esclusi
Carte di credito: Visa, BM

Seguendo la strada che si inerpica nella stretta e scoscesa Val Lumiei, ecco finalmente aprirsi la verde conca, con vista sul lago di Sauris. Sulla via delle malghe, in frazione Lateis, l'albergo-ristorante Riglarhaus funge anche da ritrovo dei pochi residenti nel bar che divide le due sale da pranzo, una riscaldata dal caminetto e l'altra da un bel *fogolar*. Nella buona stagione è possibile godersi il sole e il panorama sulla terrazza, cordialmente accolti da Paola. La cucina, curata e attenta ai prodotti locali, propone i piatti tradizionali iniziando con i salumi del vicino prosciuttificio o il tris di formaggi e salse (7 €). Il connubio di dolce e salato, caratteristico della cucina carnica, si gusta nei *cjarsons* **alle erbe di campo e ricotta di malga** (7 €) o negli gnocchi di zucca alla cannella e salvia; in alternativa, orzotto al *keere* (silene), tortelloni con ricotta di capra ed erbette (6,50 €), **triangoloni al formadi frant e noci**. Cervo o capriolo al ginepro (14 €) è il tipico piatto di montagna, ma si cucinano anche l'invernale *dunkatle* (carni di maiale dalla particolare cottura) o l'estiva *schottendunkatle* (crema di ricotta di malga, 12 €), il **coniglio** nostrano **al forno con polenta**, il **cosciotto d'agnello al timo selvatico** (13 €), il *frico* di patate, anche in versione croccante (8,50 €). Crostata casereccia con confettura di lamponi, tartelletta alla crema e fragole, strudel di mele sono alcuni dei dolci, mentre tutto il pasto può essere ben accompagnato da vini regionali e alcuni piemontesi.

A **Sauris di Sopra** (9 km) si produce la birra artigianale Zahre, acquistabile nel birrificio e nei bar del paese.

SAVOGNA D'ISONZO
SOVODNJE OB SOCI
San Michele del Carso-Vrh

7 KM A SO DI GORIZIA

Devetak

Trattoria-gostilna con alloggio
Via Brezici, 22
Tel. 0481 882488
Chiuso lunedì, martedì, mercoledì e giovedì a pranzo
Orario: mezzogiorno e sera
Ferie: variabili
Coperti: 70 + 25 esterni
Prezzi: 35-40 euro vini esclusi
Carte di credito: tutte, BM

Salendo a San Michele si percorre una strada che porta tra il verde e le asperità del Carso. Il paesaggio ben dispone a gustare cibi che rimandano alla terra appena attraversata: il pensiero va ad asparagi selvatici, a profumi di erbe spontanee, a bacche. Augustin Devetak vi accoglierà e vi illustrerà le pietanze preparate con passione dalla moglie Gabriella, che ha saputo conservare i segreti della cucina del territorio aggiungendovi leggerezza e innovazione. I prodotti provengono per la maggior parte dalla zona e dall'azienda agricola della figlia Sara, che produce ortaggi, confetture e composte. Dopo il prosciutto crudo tagliato a mano (9 €), abbiamo assaggiato un risotto con formaggio tabor, asparagi ed erbe primaverili (8,80 €) e una **crema di cipolle e asparagi con knodel di ricotta all'erba amara** (7,80 €); *snidjeno testo* (gnocchetti di pasta lievitata con ragù di coniglio e semi di finocchio selvatico), *selinka* (minestrone di sedano e maiale), *jota* sono alcuni dei primi più tipici. Come secondo, **capretto** o agnello della landa carsica **al forno** (18 €), **scaloppe di petto d'anatra** (cotto a 68°C per tre ore) **marinato al miele**, con pere al vino bianco e anice stellato. Concedetevi anche i **formaggi** e il dolce: *bela potica* (gubana bianca con mandorle, 6 €), *buhtelni* (pasta lievitata con confettura e crema alla vaniglia). Disponibili menù degustazione a 45 euro e vegetariano a 40. L'ampia carta dei vini percorre la penisola ma privilegia le aziende della zona e contermini.

❝ *Augustin Devetak e le sue donne sono artefici di una cucina di territorio e tradizione che sa rinnovarsi in modo esemplare* ❞

FRIULI VENEZIA GIULIA | 341

SGONICO-ZGONIK
Sagrado-Zagradec

10 km a nord di Trieste

Milic
Azienda agrituristica
Località Sagrado-Zagradec, 2
Tel. 040 229383-333 6804874
Aperto da venerdì a domenica
Orario: 10.00-22.00
Ferie: 1 settimana in febbraio, 1 dopo Ferragosto
Coperti: 80 + 20 esterni
Prezzi: 20-25 euro vini esclusi
Carte di credito: nessuna

L'agriturismo Milic ha tutto il carattere e il fascino dei posti di confine. Chi conosce il Carso ci arriva facilmente, per gli altri è più pratico seguire, dall'uscita autostradale di Sgonico, la provinciale 8 fino al piccolo bivio che, tra Rupin Piccolo e Rupin Grande, prelude all'ingresso nel borgo di Sagrado, dove la famiglia Milic risiede almeno dal 1530. Bastano pochi istanti per essere sedotti dal luogo, dall'incanto riservato e cortese di chi lo gestisce, dai profumi di malva e rosmarino in primavera e da una piacevole quiete anche nei giorni di maggior affollamento. Bernarda Milic governa il menù con vivace curiosità per le antiche ricette di famiglia e con ingredienti quasi tutti prodotti in azienda. Oltre al famoso prosciutto crudo stagionato in casa e al **salame sotto cenere** (4 €), chi per l'antipasto si fa tentare dai formaggi misti del Carso può scoprire un'ottima ricotta condita con olio di zucca (5 €). Tra i primi (6 €), gnocchi e tagliatelle fatte a mano e lo **strudel di canederli** cucinati nel tovagliolo e conditi con i sughi del giorno; meritano attenzione anche le minestre, tra cui la *jota* **carsolina** (3,50 €), più leggera di quella triestina. Per il secondo la scelta comprende carni alla griglia – molto richiesti *pljeskavice* e *cevapcici* (6 €) –, **cotechino lesso nel Teran** (4 €), stracotti e **gulasch** a cottura lenta. In chiusura, **strucolo bollito** (4 €), *potica*, strudel, creme al cucchiaio (3 €), caffè *de cogoma* a volontà e grappe aromatizzate. Beverini i vini della casa.

SPILIMBERGO

33 km a NE di Pordenone, 33 km da Udine

Al Bachero
Osteria tradizionale
Via Pilacorte, 5
Tel. 0427 2317
Chiuso la domenica e lunedì sera
Orario: mezzogiorno e sera
Ferie: tra giugno e luglio
Coperti: 90
Prezzi: 20 euro vini esclusi
Carte di credito: nessuna

A pochi passi dal centro storico di Spilimbergo, che si distingue per i suoi borghi antichi ed è conosciuta a livello mondiale per la tradizione musiva (una scuola di mosaico è presente dall'inizio del secolo scorso), Al Bachero è una vecchia osteria: fondata a fine Ottocento per la vendita di vini e oli pugliesi, è rinata negli anni Settanta e ha mantenuto fino a oggi una piacevole semplicità. Le accoglienti sale, con molti degli arredi originari, fotografie e cartoline d'epoca e il caratteristico *fogolar*, continuano a essere un punto di riferimento, assieme alla famiglia Zavagno, della gastronomia locale. Tutto l'anno potrete gustare i piatti che di questo locale hanno fatto la storia, il **baccalà** (9 €), in bianco o mantecato, e le **trippe** (8 €) **con polenta**. Il menù riportato sulle informali tovagliette parla chiaro: la cucina è quella del territorio e offre, oltre alle citate specialità, prosciutto di San Daniele, salame nostrano, formaggio salato, **gnocchi** (4,50 €) al ragù o **con burro e ricotta affumicata**, **minestrone di orzo e fagioli**, manzo alla piastra, **spezzatino con patate**, **salame all'aceto**, *frico*. Curata la selezione dei vini; una nota distintiva va riservata a quelli meridionali da dessert, serviti con biscottini in alternativa ai dolci casalinghi, tra cui il buonissimo strudel.

▪ Pasticceria Nova, via XX Settembre 25: qui si acquista il dolce di Spilimbergo, leggero e croccante, con il cuore di crema di mandorle. Ottimi formaggi da Tosoni, via Barbeano 9 F.

SPILIMBERGO

33 km a ne di Pordenone, 33 km da Udine

Da Afro
Trattoria con alloggio
Via Umberto I, 14
Tel. 0427 2264
Chiuso domenica sera
Orario: mezzogiorno e sera
Ferie: non ne fa
Coperti: 30 + 30 esterni
Prezzi: 35 euro vini esclusi
Carte di credito: tutte, BM

Spilimbergo vale bene una passeggiata per ammirare le bellezze delle sue architetture storiche, i mosaici realizzati dalla locale Scuola mosaicisti, per trascorrere momenti piacevoli in un'osteria che appaga gli occhi e il palato. L'arredamento con il legno in evidenza e la cura di ogni dettaglio sui tavoli trasmettono gradevoli sensazioni, confermate dalla cucina guidata con maestria da Dario Martina. Il menù è continuamente rielaborato ma presenta sempre alcuni piatti caratteristici. Per cominciare, il prosciutto di San Daniele (9,50 €) affettato sulla maestosa Berkel in sala, altri salumi locali, varie **verdure** sott'olio e **in agrodolce**. Da non perdere i **risotti** elaborati con erbe spontanee, asparagi o funghi, la zuppa di trippe (in stagione), le crespelle, gli **gnocchi** (7 €), ma il piatto che a Martina piace proporre è la *balota* (8,50 €), un grosso gnocco di farina di mais riempito con formaggio fuso. I secondi sono caratterizzati da sapori forti resi gradevoli da cotture particolari: **salame cotto nell'aceto**, *brovade e muset*, frittate alle erbe, **coniglio** o **piccione ripieno** (13 €) **con** l'immancabile **polenta** e le verdure dell'orto di casa. Fra i dolci va menzionata la crema di Afro, cotta a bagnomaria. Molto ampia la carta dei vini, regionali e nazionali, che possono essere scelti anche a bicchiere. Per chi pensa che dopo cena non sia consigliabile mettersi alla guida, ci sono otto deliziose camere.

❝ *Ambiente curato, accoglienza cordiale, servizio premuroso e una cucina di alto livello: Dario Martina non delude mai* ❞

STREGNA-SREDNJE

31 km a ne di Udine, 14 km da Cividale

Sale e Pepe
Osteria moderna
Via Capoluogo, 19
Tel. 0432 724118-724081
Chiuso martedì e mercoledì, inverno lunedì-giovedì
Orario: sera, sabato e domenica anche pranzo
Ferie: variabili
Coperti: 40
Prezzi: 30-32 euro vini esclusi
Carte di credito: CS, Visa, BM

A Stregna, comune di 400 abitanti delle valli del Natisone, al confine con la Slovenia, una natura ancora intatta – ci si arriva percorrendo una strada tra i boschi – è la cornice di questo interessante luogo di ristoro. Si è accolti in maniera piuttosto formale da Franco Simoncig, ma subito la piacevolezza dell'ambiente mette l'ospite a suo agio e lo prepara a gustare i piatti preparati con cura, professionalità e passione da Teresa Covaceuszach, che interpreta con equilibrio e misurata creatività la cucina della tradizione. Il menù cambia con le stagioni ed è improntato a un largo uso di prodotti del territorio, in particolare di erbe spontanee; le verdure sono raccolte nell'orto di casa. Tra gli antipasti, insalata di prosciutto bianco, cavolo, mela e finocchietto (8 €), **polentina di grano saraceno con ricotta, mela e cren**, in primavera sformatino di erbe con fonduta di montasio, in autunno il "tutto oca". *Marvice* condite con sughi di stagione (9 €), **gnocchi di susina**, fiori di patate al finocchietto e pinoli, splendide zuppe come la *bizna* sono alcuni dei primi piatti. Si può proseguire con guanciale di vitello alla birra, *ripza* (filetto di maiale) **al ribes rosso**, braciolinine di agnello gratinate al timo, spiedini di coniglio con frutta di stagione (13 €), a caccia aperta anche **selvaggina**. Il dolce più tipico sono gli *struki* **lessi** (4 €) serviti con burro fuso. Carta dei vini con almeno 300 etichette ben scelte e dai ricarichi contenuti.

❝ *I prodotti del territorio, in particolare le erbe spontanee, sono la base di una cucina tradizionale e originale insieme* ❞

SUTRIO
Noiaris

62 km a no di Udine, 13 km da Tolmezzo ss 52 bis

Alle Trote
Trattoria con alloggio
Via Peschiera
Tel. 0433 778329
Chiuso il martedì, mai in agosto
Orario: mezzogiorno e sera
Ferie: 2 sett in marzo, 3 fra sett e ott
Coperti: 70 + 30 esterni
Prezzi: 22-24 euro vini esclusi
Carte di credito: AE, CS, MC, Visa, BM

Altro che chilometro zero: le trote, protagoniste assolute della cucina di Anna Fabris, aiutata dal figlio Marco, sono allevate a una manciata di metri. La disponibilità dell'impianto ittico, la qualità della materia prima, la cura e la competenza nella preparazione dei piatti sono da oltre trent'anni i punti di forza della trattoria. Doveroso citare gli evergreen serviti con garbo da Gianni Badini, marito di Anna, e dalla figlia Francesca: **bocconcini di trota fritti** (5 €), filetti di trota impanati o alla piastra (8 €), **crostini con trota affumicata** (5 €). Le varianti prevedono che la **trota** sia cucinata **al forno con patate al peperoncino, in crosta di pane** (11 €) o che diventi il ripieno di gustosi ravioli o l'ingrediente principale del ragù per le tagliatelle. Per chi non ama il pesce ci sono paste con sughi di selvaggina, la **minestra di orzo e fagioli** (6,50 €), la **zuppa di cipolle**, la tagliata di manzo con verdure, lo spiedone di carne con riso. A proposito, la signora Anna è un'esperta risottista: su prenotazione prepara le "verticali" spaziando tra pesce, verdure e carne, fino a nove portate. Di produzione casalinga anche i dolci, tra cui la panna cotta allo yogurt, il gelato al croccantino, il biancomangiare, lo strudel di mele o di ricotta e le crostate (3,50 €). Piacevole lo sfuso della casa, prodotto nei Colli Orientali, ma è possibile stappare anche qualche valida bottiglia regionale.

🔒 Caseificio Val But, viale Martiri 1: ottimi formaggi prodotti con il latte locale. A **Cedarchis di Arta Terme** (7 km) Giancarlo Morassi vende i formaggi tipici che produce con il latte, anche crudo, delle mucche del suo allevamento.

SUTRIO

64 km a no di Udine, 15 km da Tolmezzo ss 52 bis

Da Alvise 🐌
Trattoria con alloggio
Via I Maggio, 5
Tel. 0433 778692
Chiuso il mercoledì
Orario: mezzogiorno e sera
Ferie: non ne fa
Coperti: 40 + 25 esterni
Prezzi: 24-30 euro vini esclusi
Carte di credito: CS, DC, MC, Visa, BM

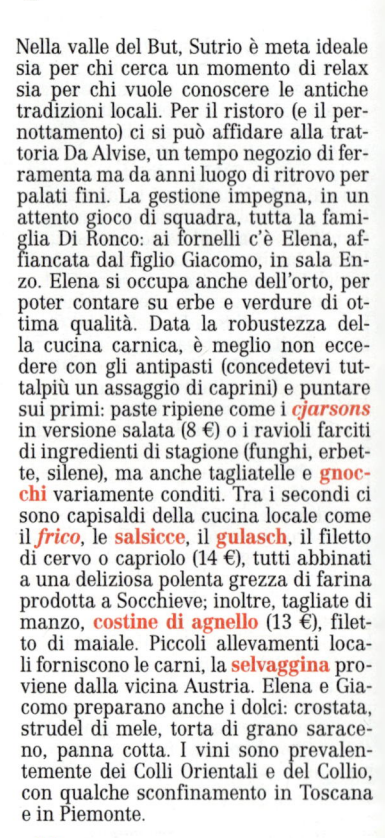

Nella valle del But, Sutrio è meta ideale sia per chi cerca un momento di relax sia per chi vuole conoscere le antiche tradizioni locali. Per il ristoro (e il pernottamento) ci si può affidare alla trattoria Da Alvise, un tempo negozio di ferramenta ma da anni luogo di ritrovo per palati fini. La gestione impegna, in un attento gioco di squadra, tutta la famiglia Di Ronco: ai fornelli c'è Elena, affiancata dal figlio Giacomo, in sala Enzo. Elena si occupa anche dell'orto, per poter contare su erbe e verdure di ottima qualità. Data la robustezza della cucina carnica, è meglio non eccedere con gli antipasti (concedetevi tuttalpiù un assaggio di caprini) e puntare sui primi: paste ripiene come i *cjarsons* in versione salata (8 €) o i ravioli farciti di ingredienti di stagione (funghi, erbette, silene), ma anche tagliatelle e **gnocchi** variamente conditi. Tra i secondi ci sono capisaldi della cucina locale come il *frico*, le **salsicce**, il **gulasch**, il filetto di cervo o capriolo (14 €), tutti abbinati a una deliziosa polenta grezza di farina prodotta a Socchieve; inoltre, tagliate di manzo, **costine di agnello** (13 €), filetto di maiale. Piccoli allevamenti locali forniscono le carni, la **selvaggina** proviene dalla vicina Austria. Elena e Giacomo preparano anche i dolci: crostata, strudel di mele, torta di grano saraceno, panna cotta. I vini sono prevalentemente dei Colli Orientali e del Collio, con qualche sconfinamento in Toscana e in Piemonte.

❝ *La Carnia nel piatto: condita dalla passione degli osti per il loro mestiere, un'ottima cucina racconta le tradizioni della montagna friulana* ❞

TARCENTO
Segnacco

20 km a nord di Udine ss 13 e sr 356

Al Gjal Blanc
Trattoria
Via Alfieri, 16
Tel. 0432 793260
Chiuso martedì e mercoledì
Orario: mezzogiorno e sera
Ferie: variabili
Coperti: 40 + 10 esterni
Prezzi: 30-32 euro vini esclusi
Carte di credito: CS, MC, Visa, BM

Fabrizio Munini, che con la moglie Bruna Costantini gestisce questa piacevole trattoria sulla collinetta di Segnacco, frazione di Tarcento, è stato allievo di Vinicio Dovier, lo chef gradese che fu uno dei guru della cucina di territorio in Friuli, e la mano del maestro si riconosce nei piatti preparati dall'allievo: anche solo per questo motivo vale la pena visitare il locale. Tra gli antipasti, oltre al classico *toc' in braide* con salsiccia, ci è particolarmente piaciuto il **rotolo di coniglio al basilico** (7,50 €). Come primo, la scelta può essere tra crespelle ai formaggi di malga, **tagliatelle al ragù di cervo** (10 €), linguine e ceci o, in stagione, lasagnette di asparagi gratinate. I secondi offrono anche qualche piatto di pesce: si dovrà comunque assaggiare il carré d'agnello all'aceto balsamico (15 €) o il **guanciale di manzo brasato**. Buona la selezione di formaggi misti della zona e di malga (10 €). I dolci (4 €) sono fatti in casa: oltre al tortino di cioccolata con salsa vanigliata, è consigliabile una superba torta di pere. La carta dei vini conta una cinquantina di etichette, quasi tutte friulane, con un corretto rapporto tra qualità e prezzo.

TARCENTO
Zomeais

20 km a nord di Udine ss 13 e sr 356

Da Gaspar
Trattoria
Via Gaspar, 1
Tel. 0432 785950
Chiuso lunedì e martedì
Orario: mezzogiorno e sera
Ferie: prima settimana di gennaio, un mese in estate
Coperti: 50 + 12 esterni
Prezzi: 30 euro vini esclusi
Carte di credito: CS, Visa, BM

Se vi capiterà di arrivarci di sera, in una giornata uggiosa, tra il tardo autunno e l'inizio della primavera (per i piatti proposti è il periodo migliore), magari schivando le ranocchie che attraversano la strada, la prima impressione sarà di aggirarvi in un ambiente degno dello sfondo selvatico di qualche quadro cinquecentesco: un paio di cartelli gialli vi conforteranno, siete sulla buona strada. La seconda considerazione che facilmente potrebbe venirvi in mente è che, se questo locale esiste da circa centocinquant'anni, qualche buona ragione ci deve essere. In effetti, la trattoria gestita dalla famiglia Boezio è calda, accogliente, con un servizio gentile e attento, una cucina affidabile e una cantina impostata per soddisfare anche i palati più esigenti. Il menù ruota attorno a ricette di consolidata tradizione come il **salame all'aceto con polenta**, i *cjarcions di Cjabie* (9 €), i risotti di stagione (minimo due persone), la **costa con le verze** (13 €), la **trippa in umido**. Da provare sia le **pappardelle con ragù d'anatra** (9 €) sia il **coniglio in umido** (14 €); se poi ambite esplorare orizzonti culinari più ampi, il fegato grasso con mele caramellate, la tartara di manzo (su ordinazione) o il girello di vitello all'arancia possono rappresentare buone alternative. Oltre ai dolci casalinghi, meritano segnalazione una piccola carta dei **formaggi** con alcune curiosità regionali (compreso un erborinato prodotto in Carnia, il pastorut) e la carta delle bibite dai gusti dimenticati.

TARCENTO
Pradandons

19 km a nord di Udine ss 13 e sr 356

Ostarie di Santine
Osteria-trattoria *novità*
Via Pradandons, 21
Tel. 0432 783701
Chiuso il lunedì
Orario: sera, sabato e domenica anche pranzo
Ferie: non ne fa
Coperti: 40
Prezzi: 28 euro vini esclusi
Carte di credito: tutte, BM

La storica Ostarie di Santine ha riaperto dandosi una nuova identità. Augusto, il titolare, spiega che ha voluto caratterizzarla con lo spiedo, in considerazione dell'attuale scarsissima diffusione di questo tipo di cottura. L'osteria è suddivisa in più salette, ma vale la pena sedersi in quella dove troneggia un grande *fogolar*, usato, più che per riscaldare l'ambiente, per preparare le braci della griglia e dello spiedo. E vedere Augusto che sorveglia le cotture e compone i piatti fa una bella impressione. La cucina, com'è facile intuire, è orientata sulle carni e questa impostazione si nota fin dagli antipasti. Per iniziare, salumi tipici, **bocconcini di manzo al rosmarino** (9 €), tartara di manzetta. I primi piatti propongono la tradizione friulana con ministre brodose (**zuppa** di fagioli, di zucca, **di trippe**) e paste (fatte in casa): da provare i *carui* di Santine (8 €). Poi, tagliata d'anatra ai ferri, **filetto di maiale alle prugne** (12 €), **coniglio in padella**, costa di maiale con verze. La domenica a pranzo (ma su ordinazione è sempre disponibile), lo **spiedo**: faraona, coniglio, germano reale (15 €), con la segnalazione che gli animali arrivano da piccoli allevamenti della zona. Non mancano un bel piatto di formaggi locali con confetture e, in stagione, l'**anguilla** (*bisat*) **alla brace**. Per finire, dolci e gelati di propria produzione (5 €). Lo sfuso (rosso e bianco) dei Colli Orientali ben si abbina ai piatti; per i più esigenti c'è una selezione di etichette locali con ricarichi contenuti.

TARCENTO
Loneriacco

16 km a nord di Udine ss 13 e sr 356

Osteria di Villafredda
Trattoria
Via Liruti, 7
Tel. 0432 792153
Chiuso dom sera e lun, in gennaio lun-gio
Orario: mezzogiorno e sera
Ferie: ultima settimana di luglio e due in agosto
Coperti: 80 + 40 esterni
Prezzi: 30 euro vini esclusi
Carte di credito: tutte, BM

Accanto al borgo murato medievale di Villafredda, un edificio con tre grandi archi, che fronteggiano il cortile con un antico pozzo e la pergola, ospita questa osteria. L'ambiente è sobrio, accogliente e un bel *fogolar* campeggia nella sala principale; i proprietari, Luca Braidot in cucina, con alcune uscite tra i tavoli, e la moglie Barbara Spinato in sala, sono affabili e premurosi. Tra gli antipasti troverete sempre un ricco tagliere di salumi (8 €) con prosciutto di San Daniele, salame a punta di coltello, lardo stagionato, culatello di Sauris, accompagnati da sottoli, sottaceti e verdure di stagione. Non meno interessanti i **formaggi** (5,50 €): ricotta fresca, montasio fresco e stagionato con polenta, blu di Ramandolo, formadi frant con miele di castagno, latteria *sot la trape* (sotto le vinacce) con gelatina di uva. Non mancano il *frico*, le frittate con le erbe e, in stagione di funghi, uno splendido sformatino ai porcini con fonduta di montasio (7 €). Tra i primi, oltre a un'ottima **zuppa di orzo e fagioli** (6 €), i *cjalcions* di Villafredda, le tagliatelle al San Daniele, gli **gnocchi di patate con ragù d'anatra** (8 €), le crespelle ai fiori di zucca e zucchine. Dei secondi si devono provare il **rognone di vitello alla senape** (12,50 €), le coscette di pollo fritte, il petto d'anatra alle ciliegie, le polpettine con funghi e polenta. Tra i dolci (5 €), tutti casalinghi, crostata di pere, strudel di mele, torta alla ricotta. Lo sfuso è onesto e di buona beva, ma c'è anche un'ampia lista dei vini delle migliori aziende friulane.

A **Tricesimo** (5 km) ottimi formaggi da Franco Savio, via De Pilosio 8.

Buffet triestini

Di fronte all'industrializzazione delle macellerie, con la conseguente scelta di anteporre i numeri alla qualità, i buffet triestini sono alla continua ricerca di piccoli produttori in grado di mantenere un livello di qualità adeguato. Perché da più di un secolo i buffet della città sono muniti di apposite caldaie metalliche dove scaldare specialità servite al piatto o in sostanziosi panini per il *rebechin*, lo spuntino di metà mattina. In un brodo mantenuto appena sotto la temperatura di ebollizione cuociono i tagli tradizionali del bollito di maiale. Il pezzo più richiesto, da sempre simbolo indiscusso della caldaia, è la porcina, una parte di un paio di chili della coppa o della spalla, ma ogni buffet come si deve ha una propria selezione degli altri tagli fondamentali: il cotechino, lo zampone, la pancetta e la lingua salmistrata, il *kaiserfleisch* (ricavato dal carré, opportunamente affumicato) e i diversi würstel, che qui ancora si chiamano luganighe di Vienna o di Cragno, con la grana rispettivamente fine o più grossa. Qualche buffet propone ancora, pur in tempi di lotta al colesterolo, la tentazione di una succulenta scelta di zampetti, orecchie e porzioni di testina. A insaporire i diversi pezzi non mancano poi, su richiesta, un velo di senape o una generosa grattugiata di cren fresco. La tradizione vuole l'abbinamento di una birra chiara, ma non è infrequente l'accoppiamento con un'etichetta di vino del Friuli o del Carso triestino. Per completare l'offerta, i buffet offrono una selezione di *sbecolezi*, quali varie tartine (le più classiche prevedono il formaggio liptauer o il baccalà in bianco), prosciutto cotto ancora fumante, piccoli fritti di pesce e verdure. Ma alcuni locali servono anche pranzi e cene, privilegiando le ricette più tipiche del territorio: *jota* carsolina, gnocchi di patate o di pane e tanti piatti a base di sardoni, trippe e baccalà.

Franco Zanini

Benningan's Pub
Riva Ottaviano Augusto, 2
Tel. 040 306840
Chiuso domenica a pranzo
Orario lunedì-giovedì 10.00-24.00, venerdì-sabato 10.00-01.00
Ferie: non ne fa

L'arredamento da pub inglese può trarre in inganno, ma qui si gusta una delle migliori caldaie di Trieste, con materie prime di ottima qualità sempre fresche, grazie anche al flusso continuo di clienti. Il menù è lunghissimo, dai piatti della tradizione locale (da provare il gulasch con gli gnocchi di pane) alle specialità alla piastra, dai primi, classici e creativi, a una carta di novità del giorno sempre interessante. Il locale, ubicato a un'estremità delle Rive, è spazioso e accogliente; in estate scatta la lotta per accaparrarsi i tavoli all'aperto, vuoi per godere della brezza marina, vuoi per sbirciare l'attività delle vicine società di vela e remi in uno degli angoli più suggestivi del capoluogo regionale.

Da Pepi
Via Cassa di Risparmio, 3
Tel. 040 366858
Chiuso la domenica
Orario: 08.30-22.00
Ferie: ultime due settimane di luglio

Eroe eponimo della caldaia alla triestina, Pepi S'ciavo (come viene chiamato da sempre questo buffet a pochi passi da piazza della Borsa) continua a offrire a tutte le ore il meglio del maiale, grazie alla scelta accuratissima delle materie prime, alla grande professionalità degli addetti alla cottura e al taglio, nonché a una continua affluenza che permette di godere di panini e piatti misti sempre freschi. Grande attenzione anche per i dettagli, dalle tipologie di pane alla cura per una senape sempre perfetta (con una piccola aggiunta di birra per arrotondarne il sapore), alla preparazione dei profumatissimi crauti. Una selezione minimale di birre e vini di qualità completa il tutto. Il prezzo finale è un po' più alto del solito, ma ne vale la pena.

Da Siora Rosa
Piazza Hortis, 3
Tel. 040 301460
Chiuso domenica e lunedì
Orario: 08.00-22.00
Ferie: variabili

Popolarissimo buffet a pochi passi dai dipartimenti storico-letterari dell'Università, è uno dei templi della cucina tradizionale triestina: pasticci di carni e verdure, gnocchi di pane e patate dai tanti condimenti, gulasch, trippe e varie interpretazioni del baccalà. Ma il locale (con tavoli all'aperto in estate) è affollato anche nelle ore dello spuntino del mattino e della merenda pomeridiana, quando trionfa la caldaia del bollito accanto a una scelta sempre diversa di panini, polpette e tartine. Buona la birra, discreta la scelta di vini locali. Notevole l'attenzione alle scelte vegetariane.

L'Approdo
Via Carducci, 34
Tel. 040 633466
Chiuso sabato pomeriggio e domenica
Orario: 08.00-20.00
Ferie: tre settimane in luglio

Continua a crescere l'offerta di questo locale molto frequentato, a poca distanza da piazza Goldoni e dal mercato coperto: sempre più ricca la scelta di vini, non solo locali, e di birre di qualità, sempre maggiore l'attenzione ai prodotti del vicino Carso. Qui la caldaia è in funzione nei mesi freddi, ma tutto l'anno si può approfittare di una scelta imponente di golosità. Per uno spuntino ci sono tartine, arricchite da formaggi e salumi di pregio, e qualche fritto. A pranzo i classici del territorio, come gli gnocchi di patate con gulasch alla triestina e gli spaghetti con gli scampi alla busara. Il venerdì la cucina apre al repertorio di pesci dell'Adriatico e il martedì si concede una divagazione extraregionale con la coda alla vaccinara.

Rudy
Via Valdirivo, 32
Tel. 040 639428
Chiuso la domenica (non a dicembre)
Orario: 09.00-24.00
Ferie: ultima settimana di luglio e prime due di agosto

Un esempio di "fusion" tra culture vicine: il buffet triestino va a braccetto con la birreria bavarese e l'offerta varia a seconda delle ore della giornata. Mattina e pomeriggio sono dedicati alla cultura del luogo, con i classici della caldaia, buoni affettati e qualche gustosa tartina con il liptauer in due versioni. A pranzo si cucinano piatti veloci ma sempre legati alla tradizione, mentre a cena trionfa la birra di qualità, degno accompagnamento a una lista lunghissima di piatti di matrice bavarese (maiale, patate, cavoli). Ma anche la sera non mancano mai il bollito e il prosciutto cotto nella crosta di pane.

Sandwich Club
Via Economo, 10 B
Tel. 335 6625130
Chiuso sabato e domenica pomeriggio (in estate anche domenica mattina)
Orario: 07.00-23.00
Ferie: variabili

I prodotti della caldaia sono a disposizione solo durante i

mesi freddi, e si tratta di carni di altissima qualità preparate con cura. Ma questo tradizionale buffet si distingue soprattutto per la ricca lavagna con l'elenco dei vini, con una scelta sempre diversa di etichette di qualità per accompagnare un repertorio davvero goloso di spuntini di ogni tipo. Ottime le tartine di baccalà in bianco o con salumi e le tartare di manzo, gustose le conchiglie gratinate e i fritti di pesce, appetitosi i diversi panini a base di salumi, carni e verdure. Per un pranzo come si deve Claudio si affida ai capricci della stagione e del mercato, ma se chiamate in anticipo potreste farvi preparare una delle sua specialità a base di funghi e tartufi o una tradizionale spaghettata con gli scampi alla busara.

Toni da Mariano
Viale Campi Elisi, 31
Tel. 040 307529
Chiuso la domenica
Orario: 08.00-24.00
Ferie: seconda metà di giugno e ultima settimana di agosto

La vetrinetta dei fritti all'ingresso fa capire che qui non si scherza, e già alle prime ore del mattino Mariano schiera una serie di bocconi golosissimi di preparazioni di pesce e verdure profumate e croccanti. Ottimi panini e una caldaia di maiale assolutamente all'altezza completano l'offerta di spuntini di questo popolarissimo buffet a poca distanza dalle strutture portuali della città. A pranzo il mercato detta le regole per una serie sempre diversa di piatti unici a base di carne e pesce, dove pasta, polenta e gnocchi si sposano ora al gulasch, ora agli scampi alla busara, ora ancora allo stinco di maiale. Da segnalare la cantina: Mariano, sapiente sommelier, propone etichette sempre interessanti.

TRIESTE

Antica Trattoria Suban
Trattoria
Via Comici, 2 D
Tel. 040 54368
Chiuso il martedì
Orario: sera, sabato e domenica anche pranzo
Ferie: variabili
Coperti: 80 + 80 esterni
Prezzi: 34 euro vini esclusi
Carte di credito: tutte, BM

Anche prenotando con molto anticipo, è difficile trovare posto in questa trattoria davvero antica (fondata nel 1865) del rione di San Giovanni: la buona cucina, l'ampia scelta di piatti della tradizione giuliana e slovena, l'ambiente conviviale, i prezzi corretti continuano a farne il punto di riferimento per le cene importanti e i pranzi domenicali dei triestini. Cordialmente assistiti da Mario Suban, che gestisce il locale con le figlie Giovanna e Federica, in una delle due sale o in giardino potrete aprire il pasto con un assaggio di **prosciutto cotto in crosta di pane**, crudo carsolino, cren e liptauer, con l'insalata di petto d'oca affumicato, aceto balsamico e pinoli, con uno sformato di verdure o uno strudel di formaggi. *Jota* **carsolina** e **zuppa di cren** si alternano tra i primi (8 €) ai **fusi all'istriana con spezzatino di gallina**, alle *palacinke* alla mandriera (ripiene di basilico e formaggio di capra), al fagottino servolano (mezzelune di pasta di patate farcite con carne di vitello, salsiccia e spinaci). I secondi più richiesti sono lo **stinco di vitello al forno**, il **gulasch** e la *pastizzada* (specialità dalmata a base di carne di vitello, frutta secca, spezie e vino, 14 €); inoltre, fegato alla veneziana e carni alla brace. Tradizionali anche i dessert (5 €): strudel di mele, *rigojancsi*, *palacinke* dolci. Ampia carta dei vini, prevalentemente regionali.

🔒 ♀ Alcuni indirizzi per degustare e acquistare ottimi vini: Gran Malabar, piazza San Giovanni 6; Enoteca Bere Bene, viale Ippodromo 2-3; Enoteca Nanut, via Genova 10. Pasticceria Pirona, largo Barriera Vecchia 12: eccellenti dolci della tradizione (presnitz, putizza, pinza).

UDINE

Ai Frati
Trattoria *novità*
Piazzetta Antonini, 5
Tel. 0432 506926
Chiuso la domenica
Orario: mezzogiorno e sera
Ferie: non ne fa
Coperti: 70 + 30 esterni
Prezzi: 28-30 euro vini esclusi
Carte di credito: tutte, BM

Invidiabile la collocazione di questo storico locale, affacciato su una piazzetta preclusa al traffico veicolare, di fronte a Palazzo Antonini, prestigiosa architettura urbana di Andrea Palladio. Belle le stanze del piano terra, che conservano l'atmosfera antica, e imperdibili quelle del piano superiore, con terrazza che prospetta sulla roggia di Udine. Dopo varie gestioni non sempre adeguate si è consolidata la conduzione di Rosa Paolini, che ha saputo riannodare il presente con il passato, trasformando la vecchia osteria in luogo di incontro sia per i clienti di un tempo, sia per docenti e studenti della vicina Università. Sgranocchiando i crostini che troverete in tavola, potreste scegliere come antipasto un buon prosciutto di San Daniele, il *toc' in braide* del norcino (9 €) o i piatti "cortigiana" e "giullare", che possono costituire un pasto completo. **Gnocchi di patate al ragù d'anatra** (9 €), **zuppa di orzo e fagioli** (8 €), tagliatelle con ragù di coniglio e funghi porcini, orzotto di stagione danno modo di assaggiare alcuni primi della cucina tradizionale friulana. Ancora tipicità tra i secondi: **guancetta di maiale** (12 €), **baccalà in bianco** e *frico* (tutti serviti con una buona **polenta**) accanto a qualche piatto di manzo e di pollo. Il venerdì, calamari e frittura di pesce, per conservare un'abitudine della ristorazione udinese. Molti i vini in bottiglia, ma dignitosissimi sono gli sfusi della casa.

UDINE
Cussignacco

4 KM DAL CENTRO DELLA CITTÀ

Alle Alpi
Osteria tradizionale
Via Veneto, 179
Tel. 0432 601122
Chiuso il lunedì
Orario: mezzogiorno e sera
Ferie: 15 giorni in agosto
Coperti: 60
Prezzi: 30 euro vini esclusi
Carte di credito: tutte, BM

Pochi chilometri a sud del centro, dove la frenesia della città cede il posto alla tranquilla pianura friulana, troviamo Alle Alpi, un locale dove tutto riporta alla tradizione del territorio, dal bancone all'ingresso, che invita a sorseggiare un buon *tajut*, alla sala principale, arredata con gusto e riscaldata da un caratteristico *fogolar*: qui cuociono le **carni alla griglia** che sono la specialità dell'osteria. Volendo cominciare con un antipasto classico potremo optare per un delicato prosciutto crudo di San Daniele (8,50 €) che ben si accompagna ai casalinghi sottoli in agrodolce. All'insegna di tradizione e stagionalità anche il **radicchio trevisano gratinato allo speck**, il pecorino alla piastra con miele e speck, l'involtino di prosciutto di Praga con ricotta e mandorle. Tra i primi c'è l'imbarazzo della scelta tra orzotti, tagliolini e gnocchi fatti in casa, ma è nei secondi e in particolare nelle carni, cotte magistralmente in sala da Alberto, che l'osteria dà il meglio di sé. Si può scegliere quindi tra il filetto di manzo (19 €), la tagliata, il roastbeef, la costata o la fiorentina, solo per elencare le principali. In alternativa alle preparazioni alla griglia, il **filetto di maiale alla senape**, la **fagiolata** (fagioli in umido con carni miste, 10 €), il montasio con verdure alla piastra. Dolci casalinghi, prevalentemente al cucchiaio. Lista dei vini con etichette perlopiù regionali dai ricarichi onesti.

Udine, tajut vecchi e nuovi

Da quando le occasioni di incontro per bere un bicchiere di vino sono diventate anche un momento di degustazione consapevole, è cambiata la geografia del *tajut*. Questo rito tradizionale non si consuma più solo nelle classiche osterie del centro storico, in compagnia di avventori affezionati (che in qualche caso avevano eletto a proprio domicilio questo o quel locale) e ingannando il tempo (solitamente molto) per consentire a tutti i partecipanti di pagare il loro "giro". Le nuove modalità del rito propongono nuovi locali, includono nuovi modi di stare in compagnia e di bere, coinvolgono luoghi diversi della città. In questo senso il *taj* (cioè il taglio, l'ottavino di vino che riempie fino all'orlo un tozzo bicchiere, al giorno d'oggi quasi scomparso a favore di eleganti calici di cristallo), "bianco" prima del pranzo e "nero" la sera, non è solo un pretesto per riunire gli amici attorno a una tavola o davanti a un bancone di osteria. Quasi sempre è l'occasione per degustare un vino di qualità, sfoggiando competenze enologiche, esaltando questo o quel produttore, discettando sulle annate migliori. Con l'inevitabile conseguenza che il tradizionale "giro" dei tagli di vino non è sempre rispettato, per il costo non proprio economico dei bicchieri ma soprattutto per la nuova considerazione di cui gode la qualità rispetto alla quantità. Rimane, naturalmente, il nucleo principale del rito: la conversazione con gli amici e gli altri avventori, commentando un avvenimento sportivo o politico, concludendo un affare, o semplicemente oziando un po'. Per certi versi la trasformazione dell'ultimo decennio è un fenomeno naturale (molte osterie storiche hanno chiuso i battenti o sono state ristrutturate perdendo il fascino di un tempo) e generazionale (da quando si è diffusa la necessità di consumare il pranzo di mezzogiorno fuori casa), che si riflette sulla maggiore possibilità di scelta dei vini e coinvolge il piacere di bere bene. Con il risultato, neppure immaginabile anni fa, di un radicale rinnovamento degli avventori delle osterie. Ragazze e ragazzi, appoggiati al bancone o seduti ai tavoli, si confrontano su questo o quel vino, su questa o quell'etichetta, lasciando ben sperare che il *tajut*, cambiati i luoghi di incontro e le forme di espressione, sia sempre un ottimo pretesto per stare assieme.

Giorgio Dri

Al Cappello
Osteria con cucina
Via Sarpi, 5
Tel. 0432 299327
Chiuso la domenica
Orario: 10.00-15.00/17.00-23.00
Ferie: due settimane in giugno-luglio, due in inverno

Se la moderna insegna in ferro non è un indizio sufficiente, per capire che siamo al Cappello basta alzare gli occhi al soffitto, tappezzato da copricapo di tutte le fogge e mode. Lampadari formati da bicchieri o posate, pareti ricoperte da quadri, disegni, cuoricini in ferro battuto sottolineano il carattere démodé del locale, che – sempre affollato – ha un ruolo di prim'ordine nel panorama enologico udinese. Una lavagna, che occupa l'intera parete, elenca le centinaia di etichette disponibili, e sono numerose le bottiglie in degustazione. Non secondaria l'ampia offerta di tartine, stuzzichini, polpette e semplici piatti caldi e freddi che soddisfano ogni esigenza. Molto ambita, tempo permettendo, la sosta all'esterno, di fronte al mercato del pesce (pregevole edificio liberty restaurato e adibito a Museo della fotografia), che diventa un'occasione per parlare ad alta voce, farsi notare e – quasi sempre – non rinunciare ad accendere la sigaretta.

Caucigh

Caffetteria-pasticceria
Via Gemona, 36-38
Tel. 0432 502719
Chiuso il lunedì
Orario: 07.00-24.00 e oltre
Ferie: non ne fa

Locale storico, detentore della targa d'oro che la Regione Friuli Venezia Giulia assegna a quegli ambienti che, aperti da almeno sessant'anni, costituiscono testimonianza culturale e ambientale dell'attività svolta, Caucigh è l'unico che a Udine restituisca la memoria fedele di un caffè dell'epoca liberty. Qui si può godere la tranquilla atmosfera mitteleuropea del tempo che fu (con musica classica in sottofondo), ci si può trovare immersi in festeggiamenti di laurea, si può ascoltare (il venerdì sera) jazz dal vivo. La clientela è quanto mai assortita: studenti e professori, politici e intellettuali, qualche artista e tanti lettori di quotidiani (i giornali sono sostenuti da leggii di legno che è sempre più raro trovare nei locali pubblici). Onesti i vini e appetitose le proposte gastronomiche che a mezzogiorno accompagnano la sosta in un salotto (con un pizzico di ironia chiamato "refettorio"), dove il tempo sembra essersi fermato.

La Ciacarade

Osteria moderna
Via San Francesco, 6 A
Tel. 0432 510250
Chiuso il martedì
Orario: 07.30-15.00/17.00-24.00
Ferie: due settimane in luglio

A due passi da piazza della Libertà, cuore pulsante della città, e a fianco del trecentesco duomo, La Ciacarade propone un'ottima scelta di *taj* (ma anche di birre artigianali) al banco, da accompagnare con stuzzichini o piatti semplici che si rinnovano settimanalmente; per una pausa meno frettolosa ci si può accomodare in una delle salette adiacenti o, nella stagione calda, in giardino. I clienti sono fedeli avventori che qui incontrano gli amici, ma non mancano gli impiegati in pausa pranzo. Una novità: l'apertura è stata anticipata al mattino per poter servire anche la prima colazione, con prodotti di aziende biologiche. Verso sera Emanuele, il gestore, offre un piattino di risotto (era questa un'antica usanza di moltissime osterie udinesi) a tutti i presenti, con il risultato che immancabilmente il rito del *tajut* si arricchisce di un altro giro di bicchieri, allungando le chiacchiere (*ciacarade* è il termine udinese per chiacchierata) prima del ritorno a casa.

Al Fagiano

Osteria con mescita e spuntini
Via Zanon, 7
Tel. 0432 297091
Chiuso la domenica e lunedì pomeriggio
Orario: 10-00-15.00/17.00-22.00
Ferie: due settimane in settembre

Della vivace *plaze dal polam* (la piazza che, ombreggiata dal monumentale platano detto «di Napoleone», ospitava l'antico mercato degli animali da cortile) ben poco è rimasto. A parte questa osteria, che conserva la patina del tempo nelle rustiche finiture – con una felice concessione alla pittura moderna espressa in un affresco a tutta parete di Giorgio Celiberti, affermato artista udinese –, nel semplice arredamento e nei quadri del titolare, Giordano Floreancig. Oste autentico, il patron si è segnalato per la strenua difesa del nome Tocai Friulano che, uscito forse troppo frettolosamente dal vocabolario enologico ufficiale, ritroviamo nello scontrino fiscale: «Osteria al Fagiano-Tocai Friulano sas». Un'ampia scelta di calici di vino e piatti freddi di buona gastronomia rendono gradevole la sosta. D'estate è d'obbligo sedersi all'aperto per sentire il lento fluire della roggia, che lambisce via Zanon, e l'allegro vociare della città.

Al Fari Vecjo
Osteria tradizionale
Via Grazzano, 78
Tel. 346 2241351
Chiuso la domenica
Orario: 8.00-22.00
Ferie: due settimane in luglio

Un paio di faretti di illuminazione incassati nel marciapiedi segnalano la presenza di questa osteria aperta in borgo Grazzano nel 1804. Al Fari Vecjo riprende in lingua friulana una precedente insegna (All'Antico Fabbro), anche se nel tempo il locale ha avuto vari nomi, tra cui Alla Fenice e Ai Due Caporali. Le strutture e gli arredi *d'antan* delle salette, ben restaurate, contribuiscono a creare l'atmosfera tipica dei sempre più rari ritrovi tradizionali del rito del *tajut*. Un buon bicchiere di vino, da scegliere fra tante etichette delle migliori aziende regionali, e un vasto repertorio di stuzzichini, che a mezzogiorno diventano primi e secondi piatti, garantiscono una sosta piacevole tra avventori che giocano a carte, parlano udinese, rievocano il passato. Simone al banco e ai tavoli e mamma Tiziana ai fornelli assicurano una qualificata scelta di vini e una cucina curata.

Leon d'Oro
Osteria con cucina
Via dei Rizzani, 2
Tel. 0432 508778
Chiuso la domenica
Orario: 9.00-15.00/17.00-24.00
Ferie: due settimane in agosto

Siamo nell'area che un tempo fu il parco del Pecile, attrezzata negli anni Cinquanta ad Arena Italia, centro di spettacoli (opere liriche, teatro, cinema) all'aperto. In estate, un paio di tavoli sulla piazzetta di largo dei Rizzani, occupati a ogni ora del giorno da persone con un bicchiere in mano, annunciano la presenza del Leon d'Oro. La mattina prevalgono gli anziani che affollano il locale per leggere un giornale o giocare a carte; all'ora di pranzo e cena sono perlopiù i giovani che riempiono di voci festose ogni spazio e si lasciano tentare dagli appetitosi stuzzichini (polpette, nervetti, uova sode con acciuga, frittate, formaggi, salumi) che possono risolvere il pasto. Ma c'è anche un'ampia scelta di piatti caldi (per citarne alcuni: pasta e fagioli, baccalà, asparagi e uova sode), accompagnati da un'altrettanto ampia offerta di vini locali. L'osteria è anche enoteca e dispone di un centinaio di etichette di aziende del territorio.

Da Pozzo
Osteria tradizionale
Piazzale Cella, 2
Tel. 0432 1746350
Chiuso la domenica
Orario 9.00-22.00
Ferie: due settimane in agosto
novità

Dopo qualche anno di chiusura, la storica "osteria e coloniali" Da Pozzo (l'insegna sulla facciata recita «Vini liquori alimentari») ha ripreso l'attività. Senza snaturare più di tanto l'arredamento e l'offerta di vini (di numerose aziende regionali) e stuzzichini (soprattutto piatti di salumi, con il classico accompagnamento di peperoncini sott'aceto). Cambiata, e molto, è invece la clientela: ora sono i giovani a prevalere, riempiendo di vita questo angolo di città al limite del centro storico, che negli anni Cinquanta fu vivacissimo e che negli ultimi tempi aveva perso la sua animazione. I nuovi gestori hanno avuto la felice intuizione di mantenere l'immagine dell'osteria tradizionale, innovando quel tanto che serviva per rispettare gli attuali standard di funzionalità. L'osteria, oltre alle sale, ha un gradevole spazio all'aperto, ombreggiato da tende e arredato in modo spartano, apprezzato da chi vuole immaginare di essere lontano dai rumori urbani.

UDINE

Al Vecchio Stallo
Osteria tradizionale
Via Viola, 7
Tel. 0432 21296
Chiuso il mercoledì, d'estate la domenica
Orario: mezzogiorno e sera
Ferie: 3 settimane in agosto, 25/12-7/01, Pasqua
Coperti: 100 + 30 esterni
Prezzi: 23-27 euro vini esclusi
Carte di credito: nessuna

A qualcuno sembra persino troppo semplice, ma a noi continua a piacere questa osteria dagli arredi spartani, con tavoli convivialmente ravvicinati e pareti tappezzate da ritagli di giornali, fotografie, caricature e ricordi lasciati da avventori più o meno noti. Affollata anche al di fuori delle ore canoniche dei pasti per il rito del *tajut*, ha una clientela di habitués che ci si ritrovano per bere un bicchiere, fare uno spuntino, chiacchierare o giocare a carte con gli amici (in estate, sotto una fresca pergola di vite). A pranzo e a cena si può usufruire di un menù che, pur comprendendo anche piatti di pesce e qualche preparazione poco caratterizzata, offre molti classici della cucina friulana. Per cominciare, **prosciutto con il cren**, crudo di San Daniele, salame, ossocollo, pancetta, lardo. Come primo (7 €), *cjarsons* **burro e ricotta**, *mignaculis cu la luanie* – gnocchetti conditi con ragù di maiale –, **orzo e fagioli** o un'altra zuppa. Tradizionali e sostanziosi i secondi: *muset e broada*, salame all'aceto, **pitina** (Presidio Slow Food) all'aceto balsamico, **bollito con salse**, spezzatino, polpette, trippe e l'immancabile *frico* servito **con la polenta** (7,50 €). Se non siete a dieta ordinate in chiusura il dolce della casa, la coppa Stallo. Vino sfuso o in bottiglia, di provenienza regionale.

🛍 Da Fiordilatte, in via Cividale 53, buoni gelati artigianali, semifreddi e pasticceria mignon. Ogni lunedì, martedì, giovedì e sabato, in piazza del Grano merita una visita il mercato di verdure, pesce e formaggi.

354 | FRIULI VENEZIA GIULIA

VERZEGNIS
Villa

48 KM A NO DI UDINE SS 13

Stella d'Oro 🐌 ⓒ
Osteria tradizionale
Via Tolmezzo, 6
Tel. 0433 2699
Chiuso domenica sera e lunedì, mai in agosto
Orario: mezzogiorno e sera
Ferie: tre settimane in febbraio
Coperti: 50 + 12 esterni
Prezzi: 30-35 euro vini esclusi
Carte di credito: MC, Visa, BM
🛍

L'azienda agricola dei fratelli Marzona, con orto, frutteto e apiario, è attiva dagli anni Ottanta. Nel 2004 la passione per la terra ha incontrato il desiderio di sperimentarsi nella ristorazione contagiando Sara Paschini, entrata in società, e oggi l'osteria ha fama consolidata in Carnia. È un piacere apprendere da Francesco come siano le materie prime a ispirare piatti che mescolano tradizione e innovazione. Per esempio, la **brovada** si ottiene fermentando la rapa di Verzegnis in mele autoctone di propria produzione, ed Emanuele la propone **con** salsiccia sbriciolata o **pitina di cervo**. Altri antipasti rappresentativi: *toc' in braide* e *frico* (9 €), asparagi selvatici e uovo sodo, **sformatino di tarassaco** o *sclopìt* **con salsa di formadi frant**. Come primo (8,70 €), un pasticcio casalingo – di verze, asparagi, funghi, carciofi – ma anche tagliolini all'oca, **blecs con selvaggina** ed eccellenti paste ripiene, come i tipici *cjarsons*. Tra le carni, cinghiale o **capriolo in umido** (12 €), sella di cervo al Cabernet o altra cacciagione **con la polenta**. Più delicati il **rotolo di coniglio con radìc di mont**, il petto d'anatra caramellato, la trota in crosta di zucchine. Raccomandabile la degustazione di **formaggi** carnici (10 €), in alternativa o in aggiunta a un dolce casalingo: strudel, tiramisù, gubana. Oltre al Friulano sfuso, lista di una cinquantina di etichette prevalentemente regionali, anche a calice. Gradito l'infuso di miele e semi di mela a fine pasto.

> ❝ *Connubio felicissimo di materie prime di propria produzione e piatti che innovano la tradizione, con qualche abbinamento insolito* ❞

oltre alle osterie

GORIZIA

Rosenbar
Ristorante
Via Duca d'Aosta, 96
Tel. 0481 522700
Chiuso domenica e lunedì, luglio-agosto anche sabato a pranzo
Orario: mezzogiorno e sera
Ferie: una settimana in inverno, una in estate
Coperti: 40 + 40 esterni
Prezzi: 45-50 euro vini esclusi
Carte di credito: tutte, Bancomat

Prodotti locali di assoluta qualità e di stagione, incentrati sul binomio pesci-verdure, sono gli ingredienti della cucina di Michela Fabbro, che con il marito Piero Loviscek, addetto alla sala e alla cantina, gestisce questo bel ristorante a pochi passi dal centro storico. La dispensa attinge largamente, oltre che al mare più vicino, ai Presìdi Slow Food della regione: radicchio rosa di Gorizia, aglio di Resia, pitina, pestàt di Fagagna, formadi frant sono protagonisti dei piatti, tutti di elaborazione casalinga. Secondo i periodi, potrete gustare frittate di erbe di campo, zuppa all'aglio di Resia con le triglie, rosa di Gorizia con fagioli e *frizze*, gnocchi di pesce con cozze e vongole *scottadeo* (12 €), gnocchi di susine con burro e cannella, pasta e fagioli con pestàt e olio del Carso, sarde ripiene al forno, branzino o orata arrosto, fritto di pesce e verdure (15 €). Tra i dolci tipici, gibanica e koch di semolino. Menù degustazione a 40 euro vini esclusi.

TRIESTE

Scabar
Ristorante
Erta di Sant'Anna, 63
Tel. 040 810368
Chiuso il lunedì
Orario: mezzogiorno e sera
Ferie: variabili
Coperti: 50 + 70 esterni
Prezzi: 50 euro vini esclusi
Carte di credito: tutte, Bancomat

Su una collinetta in bella posizione panoramica, da quasi mezzo secolo questo ristorante è un punto di riferimento per la cucina di mare. A parte il merluzzo, degustabile in forma di baccalà, tutto il pesce proviene dall'alto Adriatico, e sono vicine anche le fonti di approvvigionamento degli altri prodotti: l'orto di casa per le erbe aromatiche e alcune verdure, l'altopiano del Carso per carni, formaggi, funghi, olio extravergine (Dop Tergeste), la penisola istriana per i tartufi. Ai fornelli, con Claudio Rosso, c'è Ami Scabar, mentre alla sala sovraintende il fratello Giorgio, sommelier. Si può cominciare con il misto di pesci crudi (20 €) o passare subito al primo: fettuccine o maltagliati con crostacei, ravioli di scampi o canestrelli (13 €), paccheri con calamari tostati e pesto al timo, risotti di pesce. Tra i secondi, brodetto con polenta gialla, trancio di ombrina al forno, fritto di calamari e verdure. Dolci casalinghi e carta dei vini con 150 etichette prevalentemente friulane, slovene e croate.

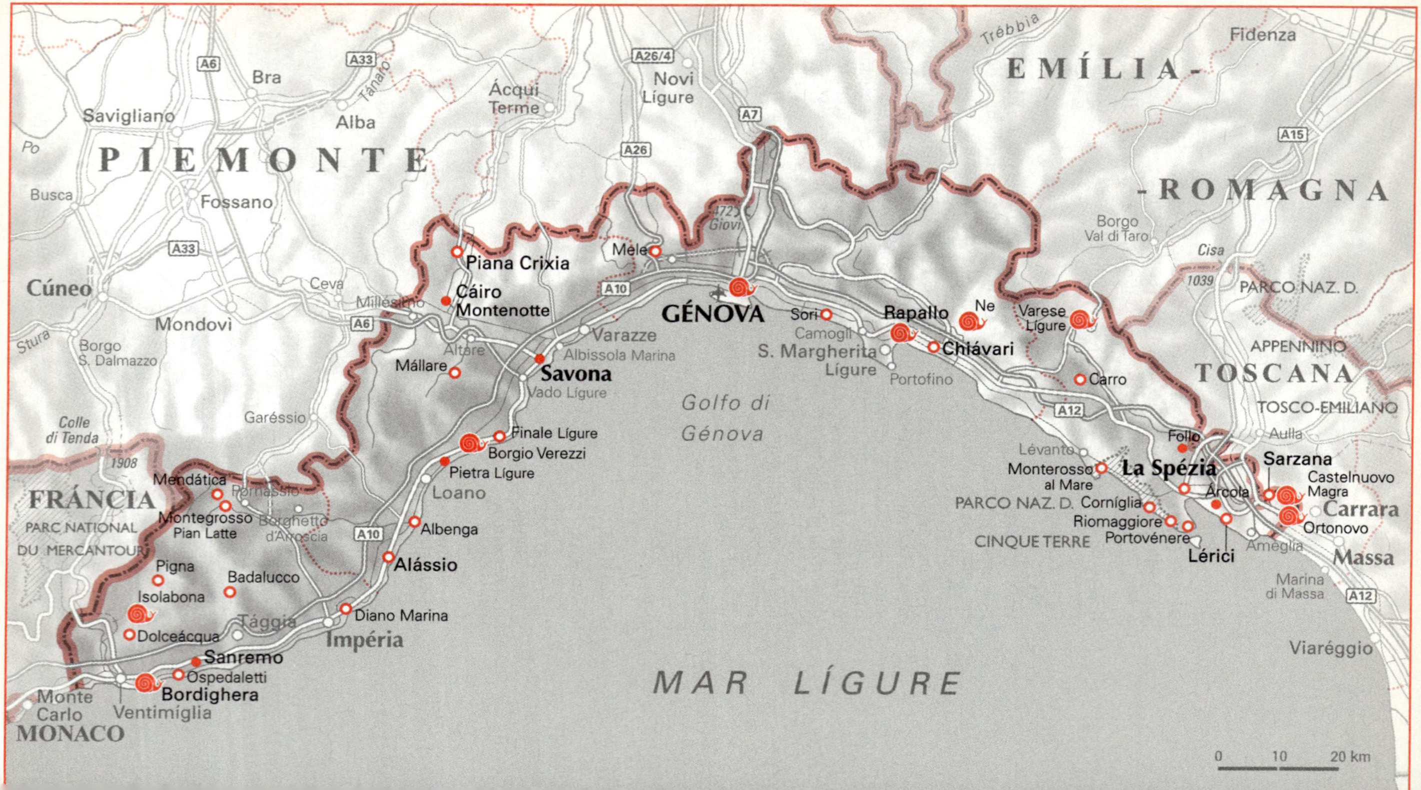
EMÍLIA-
-ROMAGNA
PIEMONTE
TOSCANA
FRÁNCIA
MONACO
MAR LÍGURE
Golfo di Génova
GÉNOVA
Savona
La Spézia
Impéria
Sanremo
Bordighera
Ospedaletti
Ventimíglia
Monte Carlo
Dolceácqua
Isolabona
Pigna
Badalucco
Tággia
Mendática
Montegrosso Pian Latte
Pornassio
Borghetto d'Arróscia
PARC NATIONAL DU MERCANTOUR
Colle di Tenda
1908
Diano Marina
Alássio
Albenga
Loano
Pietra Lígure
Borgio Verezzi
Finale Lígure
Vado Lígure
Albissola Marina
Varazze
Mállare
Altare
Cáiro Montenotte
Piana Crixia
Millésimo
Ceva
Garéssio
Mondovì
Cúneo
Borgo S. Dalmazzo
Stura
Busca
Po
Fossano
Savigliano
Bra
Alba
Tánaro
Ácqui Terme
Novi Lígure
Mele
Giovi
472
Sori
Camogli
S. Margherita Lígure
Portofino
Rapallo
Chiávari
Ne
Varese Lígure
Carro
Borgo Val di Taro
Cisa
1039
PARCO NAZ. D. APPENNINO TOSCO-EMILIANO
Trébbia
Fidenza
Lévanto
Monterosso al Mare
PARCO NAZ. D. CINQUE TERRE
Corníglia
Riomaggiore
Portovénere
Lérici
Árcola
Follo
Aulla
Sarzana
Castelnuovo Magra
Carrara
Ortonovo
Ameglia
Massa
Marina di Massa
Viaréggio
A6
A33
A26/4
A26
A7
A10
A12
A15
0 10 20 km

LIGURIA

Se a Genova la cucina ha avuto apporti esterni legati alle attività dei naviganti, agli scambi commerciali, ai contatti con l'Oriente, nelle più povere riviere la genialità dettata dal bisogno ha attinto alla fantasia, all'orto, agli erbaggi, all'olio, alla capacità di sfruttare ogni elemento commestibile a disposizione. Poca la carne e, nonostante tanto mare, pochi i pesci. Con una maggiore e diversa disponibilità delle materie prime, nei primi decenni dell'Ottocento la cucina di tradizione locale si è mescolata alle aspirazioni della borghesia per assumere quella fisionomia che tuttora conosciamo, riportata in un ampio ricettario condiviso da osterie e ristoranti. Sebbene non abbondino, non mancano validi luoghi d'incontro, in cui fare positive esperienze gastronomiche fra tradizione e rivisitazione, passato e presente. Il pesto resta un vessillo della cucina ligure, ma godono buona fama il cappon magro, connubio tra prodotti di mare e di terra, il brandacujun, ricco stoccafisso mantecato con patate che avrebbe origine dalla cucina di bordo dei pescherecci, e i muscoli ripieni, la cui patria di elezione è lo Spezzino. C'è il mare anche nella genovese *buridda*, zuppa di origine orientale, e nel *ciuppin*, peculiare della riviera di Levante. Tra le tipologie di pasta ideali con il pesto le trofie e le trenette; da ricordare i corzetti, sia quelli a forma di otto tipici della Valpolcevera, in origine conditi con pinoli e maggiorana, sia quelli a forma di dischetto accompagnati dai funghi. E ancora le piccagge, lunghe strisce di pasta chiamate matte se preparate con farina di castagne. Poi ravioli di magro, di patate, di carne, pansotti, testaroli... Al viaggiatore il piacere di andare avanti nella scoperta.

scelti per voi

brandacujun

359 Cian de Bià
   Badalucco (Im)

360 Da Casetta
   Borgio Verezzi (Sv)

363 A Viassa
   Dolceacqua (Im)

371 La Molinella
   Isolabona (Im)

ciuppin

359 Magiargè
   Bordighera (Im)

muscoli ripieni

372 La Rosa Canina
   Lerici (Sp)

372 Picciarello
   Marola di La Spezia (Sp)

375 Il Ciliegio
   Monterosso al Mare (Sp)

376 Da Fiorella
   Ortonovo (Sp)

pansotti con salsa di noci

369 Da Pippo
   Genova Fontanegli (Ge)

380 U Giancu
   Rapallo (Ge)

382 Da Drin
   Sori (Ge)

ALASSIO

51 KM A SO DI SAVONA, 22 KM DA IMPERIA SS 1 A 10

I Matetti
Osteria tradizionale
Viale Hanbury, 132
Tel. 0182 646680
Chiuso il lunedì, mai in luglio e agosto
Orario: mezzogiorno e sera
Ferie: variabili
Coperti: 70
Prezzi: 27-30 euro vini esclusi
Carte di credito: CS, DC, MC, Visa, BM

Il locale, in un anonimo palazzo che fa sospettare una trappola acchiappaturisti, prospetta sul trafficato viale Hanbury: siamo invece in presenza di una cucina ben connotata per attinenza al territorio. L'interno è quello di una chiassosa osteria, con tavoli essenziali, sedie in legno e pareti con centinaia di vecchie foto di bambini (i *matetti*). Una nota di colore è costituita dai proprietari che vi accoglieranno con fare burbero e sbrigativo, e durante il servizio fingeranno fastidio e insofferenza con siparietti oltremodo divertenti. I piatti, in questa categoria di prezzo, sono tra i più corretti e generosi della zona. Non si può rinunciare agli iniziali "stuzzichini" (10 €), in realtà una serie di antipasti che includono torte di verdure, acciughe ripiene, baccalà mantecato, polpo e cozze. Passando ai primi è difficile la scelta tra ravioli di pesce, **pasta e fagioli** (9 €), ravioli della nonna con vari condimenti, **tagliatelle alla bottarga**. Molti, tra i secondi, amano il ricco fritto misto di pesce, ma a noi piace ricordare le equilibrate **seppie con zucchine e patate** (12 €), il sempre presente polpo con patate, la buona **trippa accomodata**. A questo punto verranno offerte frittelle di mele e un calice di vino rosato: una sorta di apripista al tiramisù, al budino, alle torte di casa (5 €). Si beve vino sfuso ma, per chi preferisce, sono disponibili alcune etichette liguri. Prenotazione necessaria specie nei fine settimana e d'estate.

ALBENGA

44 KM A NO DI SAVONA

Osteria del Tempo Stretto
Ristorante
Regione Rollo Inferiore, 40
Tel. 0182 571387-338 8936837
Chiuso la domenica, in luglio domenica sera
Orario: mezzogiorno e sera
Ferie: 1 settimana in febbraio, 1 in settembre
Coperti: 35 + 15 esterni
Prezzi: 35-40 euro vini esclusi
Carte di credito: Visa, BM

La posizione del locale, che affaccia sulla statale, non gli rende merito: all'interno troviamo un ambiente ben curato, gradevole e accogliente; nella bella stagione poi, mangiare nel giardinetto con i monti sullo sfondo è il valore aggiunto a una cucina meritevole. Nel menù troverete tutti gli elementi della cucina ligure di tradizione, a volte rivisitati con semplicità, e basati su materie prime locali di prima qualità. La passione per il lavoro e la conoscenza del territorio dei titolari – Cinzia e Massimiliano – verrà messa, volentieri, a vostra disposizione per saperne di più sui piatti proposti nel menù. Per iniziare, vale la pena farsi conquistare dalla freschezza dei gamberi al vapore con zucchine trombette, dalle più rustiche ma delicate **sardine in carpione leggero** (9 €) o ancora dalle leggere frittelle di calamari. Molto buono il **tortino di asparagi violetti di Albenga con fonduta di pecora brigasca** (9 €), entrambi prodotti "presidiati" da Slow Food. Per continuare, **corzetti alla maggiorana con vongole veraci e zucchine trombette di Albenga** (12 €), gnocchi agli asparagi violetti, farfalle caserecce con calamari. I secondi variano in base al pescato del giorno: buoni, ad esempio, i calamari spadellati con asparagi violetti, ottimo il **polpo al vino Rossese** (16 €). A disposizione menù degustazione tematici e stagionali (35 €). Ben curata la carta dei vini. Da lodare la collaborazione dell'osteria con le aziende agricole più virtuose del territorio.

In corso Dante 80, Dargè propone pasta fresca artigianale ligure (ravioli) o piemontese (agnolotti alle tre carni, tajarin), pesto e altre salse.

358 | LIGURIA

BADALUCCO

28 KM A NO DI IMPERIA

Cian de Bià
Osteria moderna
Via Silvio Pellico, 14
Tel. 320 6622079
Aperto da venerdì a domenica o su prenotazione
Orario: solo la sera
Ferie: 10-30 gennaio
Coperti: 20
Prezzi: 30 euro vini esclusi, menù fisso
Carte di credito: Visa, BM

Da Arma di Taggia ci si inoltra nella Valle Argentina, per un lungo tratto vestita di olivi. Raggiunto Badalucco, il locale si trova nel centro storico, in una vecchia costruzione accortamente ristrutturata e resa accogliente e familiare. Ad animarlo ci sono Franca Lanteri e Ivo Orengo: lei in cucina ha mano sapiente, memoria di antiche ricette e grande passione; lui in sala con le sue attenzioni, gentilezza e simpatia vi farà sentire come un amico di famiglia. La materia prima è reperita perlopiù localmente; in parte proviene da una piccola azienda agricola di proprietà (olio e ortaggi), mentre per carni e formaggi ci si affida ai pastori della valle. Il menù è fisso (30 euro) e le pietanze variano secondo stagione. Generalmente si può contare su cinque antipasti fra i quali fiori ripieni, lumache con erbe aromatiche, insalata russa, vitello tonnato, *frandura*, funghi, trippe con i fagioli, frittelle di zucchine trombette, *brandacujun*. Sempre molto buoni i primi: pappardelle al cinghiale, ravioli, gnocchetti al pesto e pomodori, pasta *cu pesigu* e verdure, **tagliolini ai gamberi di fiume**, zimino di fagioli e costine di maiale. Con l'apertura della caccia compaiono in menù varie preparazioni a base di cinghiale; più frequente la presenza del coniglio alla ligure e della cima ponentina; a tempo debito, **agnello brigasco con carciofi** e capretto in padella. Chiedendolo con anticipo, vale il viaggio lo **stoccafisso alla baucogna**. Sigillano il pasto frittelle di mela, *fugassa*, crème caramel. La cantina non delude: vini liguri, piemontesi, toscani e friulani a prezzi corretti. Meglio prenotare.

BORDIGHERA

38 KM A OVEST DI IMPERIA, 5 KM DA VENTIMIGLIA SS 1 O A 10

Magiargè
Osteria moderna
Piazza Giacomo Viale, 1
Tel. 0184 262946
Chiuso il giovedì
Orario: pranzo e sera, luglio e agosto solo sera
Ferie: 2 settimane in novembre, 1 in febbraio
Coperti: 45 + 40 esterni
Prezzi: 38-40 euro vini esclusi
Carte di credito: CS, MC, Visa, BM

Nel centro storico di Bordighera Alta, raggiungibile a piedi dal comodo parcheggio di piazza del Capo, troviamo questo accogliente locale, gestito da circa vent'anni da Mauro Benso e dalla moglie Carmen Manfredi. In cucina Zaira Sbai elabora piatti della tradizione ligure e mediterranea. Il titolare, sempre disponibile nel raccontare le portate e dare consigli sui vini, sa mettere gli ospiti a proprio agio creando una piacevole atmosfera. Gusterete così l'intramontabile *brandacujun*, la **buridda di seppie con i carciofi di Perinaldo** (12 €), il piccolo cappon magro alla genovese, i calamari ripieni con passata di pomodoro siccagno, la passata di trombette con muscoli grigliati al salmoriglio. Come primi si possono trovare il *ciuppin*, il risotto piccante al ragù di moscardino, i buoni **tagliolini verdi con pesce bianco e azzurro, finocchietto e mollica** (12 €) e altre proposte che variano secondo disponibilità degli ingredienti. In base alla stagionalità del pescato, possono seguire la palamita scottata con cipolla di Tropea e spinacini freschi, l'orata di acquacoltura al forno, l'ottimo **baccalà con cuscus di verdure** (15 €). Tra le carni: coniglio nostrano al Pigato, filetto di fassona piemontese con salsa al Rossese. Al momento del dolce (6 €), semifreddo al torroncino, gelato di nocciole Piemonte Igp, tortino di farina di castagne, mele e cioccolato bianco, sorbetti di frutta fresca. Volendo, c'è la possibilità di scegliere tra due menù a 19 e 26 euro. Ampia e varia la carta dei vini, con proposte al calice e prezzi onesti.

❝ *Stagionalità delle materie prime e amore per l'accoglienza. Questi i segreti di Magiargè* ❞

BORGIO VEREZZI

29 KM A SO DI SAVONA SS 1 O A 10

Da Casetta
Azienda agrituristica
Via XX Settembre, 12
Tel. 019 610166
Chiuso il martedì
Orario: sera, in inverno sab e dom anche pranzo
Ferie: variabili
Coperti: 40 + 15 esterni
Prezzi: 35-40 euro vini esclusi
Carte di credito: CS, DC, MC, Visa, BM

Si trova nel borgo vecchio di Borgio il locale in cui la famiglia Morelli propone una cucina di territorio basata su diverse materie prime del proprio orto. L'ambiente è accattivante: due salette con volte in mattoni, giusta atmosfera e accoglienza cordiale. Nella scelta dell'antipasto – per ingannare l'attesa vengono offerte focaccette calde con un calice di spumante – è da considerare l'appetitoso **cappon magro** (20 €), ordinabile anche come secondo: un piatto a base di pesce e verdure meritevole per leggerezza ed equilibrio. In alternativa, l'antipasto misto mette insieme verdure ripiene e diverse torte salate. Quand'è stagione sono proposti molti piatti con i carciofi. Fra i primi ricordiamo i **ravioli di asparagi violetti di Albenga** (12 €), quelli di brasato e verza con sugo alla verezzina (11 €), gli gnocchi o le picagge accompagnati dal pesto. Fra i secondi non manca lo stoccafisso *brandacujun* (13 €); da provare anche le lumache alla verezzina e la leggera frittura alla ligure (18 €) di verdure e carne. Occasionalmente si possono trovare le **seppie in zimino** e, su richiesta, la cacciagione da pelo. Rispetto al livello delle portate entusiasmano meno i dolci che elencano torta al cioccolato con crema di mascarpone e zabaione, budino al gianduia, sorbetto al chinotto di Savona (Presidio Slow Food). Cantina interessante, con buone etichette locali, nazionali ed estere, oltre ad alcune birre artigianali.

> *Un locale dove tornare con piacere per l'accoglienza, l'attenzione alle materie prime e l'alto livello della cucina*

CARRO
Pavareto

48 KM A NO DI LA SPEZIA A 12

Ca' du Chittu
Azienda agrituristica
Isolato Camporione, 25
Tel. 0187 861205-335 8037376
Non ha giorno di chiusura
Orario: sera, domenica e festivi anche pranzo
Ferie: variabili
Coperti: 54
Prezzi: 25 euro vini esclusi, menù fisso
Carte di credito: nessuna

Se cercate una campagna incontaminata dove l'aria è fresca, profumata di erbe e di resine, raggiungete questa azienda agrituristica nell'entroterra spezzino. Ad accogliervi ci saranno Ennio e Donatella Nardi che, con l'aiuto del figlio Mattia, si danno un gran da fare tra fattoria, ospitalità e ristorante. La cucina utilizza materie prime biologiche di produzione propria: frutta, verdura, carni di oche, polli, conigli e maiali di cinta senese. Il menù è fisso e, date le premesse, varia inevitabilmente con l'alternarsi delle stagioni. Gli antipasti, come le altre pietanze, ricalcano la cucina tradizionale: *cuculli*, frittelline di pasta di pane con erbe aromatiche, zucchine alla *giadda*, **verdure ripiene** o alla moda spezzina, salumi casalinghi, frittelle di fiori di sambuco in primavera. Gratificano il palato primi quali i ravioli di carne e verdura col tocco, il minestrone alla genovese, la pasta con borragine e sugo di pomodori secchi, ricotta, pinoli e capperi, i tagliolini con i funghi, i **pansotti con salsa di noci**, in stagione gli gnocchi alla barbabietola e le **picagge di farina di castagne**. Per continuare ci sono gli arrosti, il **coniglio alla ligure**, torte di verdura con *prescinseua*, maiale con le castagne. Il pane è fatto in casa. Si conclude con torte e crostate di frutta e, d'estate, con gelatine di frutta e gelati impreziositi dallo sciroppo di rose. Da bere, oltre al loro vino bianco, semplice e genuino, etichette di produttori liguri.

In località Sepponi, Silvia Bonfiglio fa parte della comunità del cibo di Terra Madre dei raccoglitori di funghi di Carro e produce miele, castagne fresche, secche e farina.

CASTELNUOVO MAGRA

25 KM A EST DI LA SPEZIA SS 1

Armanda
Trattoria
Piazza Garibaldi, 6
Tel. 0187 674410
Chiuso martedì sera e mercoledì, mai in agosto
Orario: pranzo e sera; estate sera, sab dom anche pranzo
Ferie: periodo natalizio
Coperti: 25 + 25 esterni
Prezzi: 30-38 euro vini esclusi
Carte di credito: CS, MC, Visa, BM

Nell'Armanda, storica trattoria della Lunigiana, ci si imbatte poco prima dell'ingresso all'antico borgo di Castelnuovo, accoccolato su un colle che domina la piana del fiume Magra. L'aspetto esteriore è di poche pretese ma quello che conduce qui un'eterogenea clientela è la cucina, votata soprattutto alla tradizione. Entrando, l'ambiente è raccolto, con tavoli un po' vicini ma bene apparecchiati; l'atmosfera è familiare, l'accoglienza del titolare Valerio cortese. Con la bella stagione, rappresenta un valore aggiunto il piccolo ma curato spazio all'aperto. Il menù, che bene esprime i sapori di questa terra, è il medesimo e consolidato da tempo, ma può essere integrato dalla cuoca Luciana, nuora della signora Armanda, con varianti che dipendono dalla stagionalità delle materie prime. Tra gli antipasti ricordiamo la marocca di Casola (Presidio Slow Food) con il lardo di Colonnata, le verdure ripiene (10 €), le frittelle di baccalà, la prosciutta castelnovese. Oltre alle **lattughine ripiene in brodo** (13 €), i primi annoverano i **panigazzi** all'extravergine o con il pesto, la pasta e fagioli alla castelnovese. Buoni i secondi di carne: **coniglio alla ligure** (15 €), cima ripiena, **costolette di agnello di Zeri impanate e fritte**. Interessanti, alla voce dolci, il gelato al latte di capra con emulsione di arancia ed extravergine (6 €) e il semifreddo caldo allo zabaione con caramello e pinoli. In cantina diversi vini di produttori del Levante oltre a bottiglie toscane e piemontesi.

> **❝** *Una cucina di tradizione, solida e gustosa, in una storica trattoria dalla calda accoglienza familiare* **❞**

CHIAVARI

43 KM A SE DI GENOVA SS 1 O A 12

Luchin
Osteria tradizionale
Via Bighetti, 51
Tel. 0185 301063
Chiuso la domenica
Orario: mezzogiorno e sera
Ferie: variabili in giugno e novembre
Coperti: 80 + 40 esterni
Prezzi: 28-30 euro vini esclusi
Carte di credito: nessuna

L'osteria, in attività dal 1907 senza interruzione, neppure negli anni delle guerre, è oggi gestita dalle ultime generazioni delle famiglie Bonino e Mangiante (zio Tony e papà Nicola a seguire il banco, i vini e la clientela, il figlio-nipote Luca a gestire la cucina). Il locale, al passo con i tempi per quanto riguarda "i ferri del mestiere", mantiene però il forno a legna, da cui esce un'imperdibile farinata di ceci, e il *ronfò*, usato per cuocere l'ottimo **minestrone Luchin** (8 €), la pasta e fagioli, le zuppe, la polenta. La scelta degli antipasti comprende torte e ripieni di verdure, polpettone, torta di riso con fiori di zucchini, panissa fritta o in insalata con i cipollotti, le acciughe fritte intere o ripiene (10 €), oppure al limone con burro e crostini. Ampia la proposta dei primi e dei secondi. Da consigliare i **ravioli al** *tuccu*, gli spaghetti al sugo di muscoli, la pasta con il pesto, quindi la ***capponadda***, l'insalata di polpo e patate, i muscoli ripieni, le sarde alla vernazzina, la **cima alla Luchin** (10 €), il coniglio in fricassea, lo stracotto *zeneise*. I dolci (4 €), semplici ma apprezzabili, prevedono ***bonetto***, torta di farina di castagne o di mandorle con frangipane, *laite in pe'*. Cantina ben fornita in alternativa al Vermentino sfuso. Non viene servito il caffè. È possibile acquistare le pietanze del locale anche nella attigua gastronomia. D'estate si può approfittare dei tavolini all'aperto che affacciano sull'arieggiato carruggio antistante il locale.

CORNIGLIA

27 km a no di La Spezia

A Cantina de Mananan
Trattoria
Via Fieschi, 117
Tel. 0187 821166
Chiuso il martedì
Orario: mezzogiorno e sera
Ferie: variabili
Coperti: 25
Prezzi: 30-35 euro vini esclusi
Carte di credito: nessuna

Corniglia, al centro delle Cinque Terre, è l'unico borgo costruito in alto, a circa 100 metri di quota. Arrivarci in treno è l'opzione più comoda, poi dalla stazione per salire c'è un minibus a pagamento; a piedi la scelta è fra una bella strada o una lunga scalinata. Giunti in paese, affacciarsi dalle terrazze belvedere è un piacere per gli occhi; quello per la gola lo proverete nel locale di Agostino Galletti, ricavato in una vecchia cantina di famiglia. In sala lavora Andrea, simpatico e competente; in cucina Agostino prepara piatti soprattutto a base di pescato locale, verdure di stagione e prodotti del circondario. Il poker di acciughe marinate, sottosale, fritte e allo scabeccio (15 €) vale sia da antipasto sia da secondo; in alternativa, **torte di verdure**, formaggi e salumi locali (13 €). Il pane, a lievitazione naturale, è cotto nel forno a legna. Accattivanti i primi di pasta fresca: **ravioli di borragine**, testaroli con *u tuccu*, con la salsa di noci o il pesto (10 €), **taglierini ai frutti di mare** (15 €). Seguitando, in tavola possono arrivare filetti di bonito agli aromi (16 €), carpaccio di polpo, **muscoli della Spezia alla marinara** (13 €). Unico intruso di terra, il coniglio alla ligure (16 €). Dolci semplici e casalinghi: semifreddi con frutta di stagione, tiramisù, panna cotta. In cantina prodotti delle Cinque Terre e vino della casa.

◾ Al civico 123, la gastronomia Pan e Vin propone oltre alle colazioni, con ottima pasticceria e focaccia, diversi vini e prodotti del luogo.

DIANO MARINA

6 km a ne di Imperia

Tavernazero   *novità*
Ristorante-pizzeria
Via Milano, 39
Tel. 0183 493198
Non ha giorno di chiusura
Orario: mezzogiorno e sera
Ferie: non ne fa
Coperti: 65 + 55 esterni
Prezzi: 35 euro vini esclusi
Carte di credito: tutte, BM

Due giovani, Daniele Sessa e Nico Giannasi, dopo avere capitalizzato esperienze in altri locali della zona, hanno aperto questo accogliente ristorante nel centro di Diano Marina. Il nome, Tavernazero, sta a indicare il principio base della cucina: prodotti stagionali acquistati da agricoltori della zona, utilizzo di pesce nostrano, anche di specie neglette, carni reperite da un vicino allevatore di Diano San Pietro. L'approvvigionamento influisce pertanto su un menù molto variabile. Gli antipasti possono comprendere un buon **polpo alla ligure con fagioli di Conio e patate** (12 €), il *brandacujun*, il timballo di acciughe e verdure, la battuta di manzo, il tortino di spinaci con fonduta di toma di pecora brigasca. Passando ai primi, meritano le piccagge al Vermentino con pesto, fagiolini e patate (8 €), le linguine con le vongole veraci e l'aglio di Vessalico, i fusilli di pasta fresca con triglie e porri, i **ravioli di magro** *au tuccu* **di carne**. Nel prosieguo, **pesce lama al forno con zucchine trombette e patate** (12 €), trancio di tonno alletterrato (in realtà uno sgombride) con filetti di pomodoro cuore di bue e olive taggiasche, moscardini locali al Rossese su crostone di panissa (12 €), *ciuppin*. I dolci (5 €), piacevoli ed equilibrati, vanno dal cheesecake ai frutti di bosco, alle tartellette con crema pasticciera e fragole, alla crostata con crema al limone e pinoli. Conveniente, nei giorni lavorativi, il menù del pranzo a 12 €. La cantina offre un dignitoso vino sfuso, sia bianco sia rosso, più qualche etichetta del Ponente ligure.

DOLCEACQUA

48 km a ovest di Imperia

A Viassa

Ristorante
Via Liberazione, 13
Tel. 0184 206665
Chiuso il lunedì
Orario: mezzogiorno e sera
Ferie: 1 settimana in febbraio, 2 in novembre
Coperti: 35 + 15 esterni
Prezzi: 32-40 euro vini esclusi
Carte di credito: CS, MC, Visa, BM

Non molto distante dal castello dei Doria e da quel ponte a schiena d'asino "gioiello di leggerezza", come lo definì e poi dipinse Claude Monet nel 1884, si trova il locale gestito da Stefano e Aimone Cassini. Il primo cura con professionalità la sala, il secondo è il collaudato e affidabile titolare dei fornelli. L'ambiente, con cucina a vista, è moderno e minimalista; la proposta gastronomica è il frutto della combinazione tra fresche materie prime locali e tradizione rivisitata. Affrontando gli antipasti, potrete cominciare con i saporiti *frescioi di baccalà e misticanza* (12 €), i gamberi scottati con zucchine trombette marinate ed emulsione di pomodoro, gli immancabili *barbagiuai* con composta di cipolle di Tropea (11 €) oppure optare per i classici cappon magro e *brandacujun* con pane di Triora. Nel prosieguo, suggeriamo gli straccetti integrali con melanzane, pomodoro fresco e primo sale di capra (11 €), il risotto al ragù di mare, i tagliolini con sarde, maggiorana e pinoli tostati. Passando ai secondi, il pescato del giorno in varie preparazioni, i **calamari grigliati con carciofi violetti di Perinaldo**, il tradizionale **coniglio al Rossese di Dolceacqua con patate grigliate** (16 €). A fine pasto, parfait al caffè e briciole di meringa, crema di yogurt con crumble allo zenzero, crostatine di frutta fresca, gelato fiordilatte. La buona carta dei vini comprende le migliori etichette del territorio di Ponente. Disponibile un menù degustazione a 32 euro.

FINALE LIGURE
Finalborgo

26 km a so di Savona

Ai Quattru Canti

Osteria tradizionale
Via Torcelli, 22
Tel. 019 680540
Chiuso domenica sera e lunedì, estate lunedì
Orario: mezzogiorno e sera
Ferie: variabili
Coperti: 20
Prezzi: 25-31 euro vini esclusi
Carte di credito: nessuna

Il comune di Finale Ligure è diviso in tre nuclei: Final Pia, Finale Marina e Final Borgo, quest'ultimo sviluppato nell'entroterra in epoca medievale, per essere meglio difeso dagli sbarchi saraceni. In una delle strette stradine in prossimità di piazza Garibaldi, annunciato da un'insegna pendente in ferro battuto, troviamo questo locale: pochi tavoli (meglio prenotare), arredo semplice, belle volte in mattoni. Uno dei pochi esemplari di osteria ligure la cui proposta di cucina spazia dalle verdure al pesce azzurro, ai molluschi. Il cuoco, davvero bravo, è Patrizio Cirio, mentre in sala, a svolgere un servizio rapido ma attento, c'è Roberta Drago. Oltre all'immancabile farinata – di grano e di ceci – cotta nel forno a legna, gli antipasti (9 €) prevedono torte di verdure, peperoni con acciughe, tomino piccante. Elencati su una lavagna d'ardesia, fra i primi (9 €) potreste leggere **tagliolini piccanti alle acciughe** o al vino, ravioli di borragine al tocco, *mandilli de sea* o trofie al pesto, **pansotti al sugo di noci**. Anche i secondi (10 €) rimandano alla tradizione: coniglio alla ligure o disossato e fritto, trippa, *buridda* di stoccafisso, **baccalà con extravergine, pinoli e pomodoro fresco**, calamari con patate e zucchine, **fritto di acciughe**. Per finire, una deliziosa millefoglie con crema pasticciera e vari tipi di crostate. Cantina limitata a etichette locali e birra artigianale.

I farinotti

La ricetta della farinata è semplicissima: farina di ceci, olio di oliva extravergine, acqua, sale. Cotta in forno in grandi teglie di rame stagnato a bordi bassissimi, rinforzati robustamente, va mangiata appena fatta, ben calda, spolverata di pepe nero. Adatta alle stagioni fredde, è proposta anche in versioni più ricche: con il rosmarino, il cipollotto fresco, i carciofi. Non si tratta di una specialità esclusivamente ligure: nel Nizzardo, con gli stessi ingredienti si prepara la *zocca*, tra Pisa e Livorno la *cecina*. Ma per i liguri, *a fainà* (chiamata *frisciolata* nell'Imperiese) è una vera e propria istituzione. Se ne considerano, se non gli inventori, quantomeno i codificatori. I locali che la preparano, un po' in tutta la regione, sono spesso senza nome, con pochi tavoli o magari dotati di appena qualche sgabello vicino al bancone, dove consumare un rapido spuntino accompagnandolo (quando c'è) con il vino offerto alla mescita. C'è chi, per fare fronte alla domanda si è un po' allargato preparando tranci di pizza o trasformandosi in un ibrido tra friggitoria e tavola calda. Assediati dalle pizzerie, incalzati da nuove abitudini alimentari, sono quasi in via di estinzione. Ma in quanto testimoni di un'antica cultura del cibo, sono un patrimonio da salvare. Ecco una panoramica dei migliori, da Ponente a Levante.

Diego Soracco

SANREMO (IM)
Pasta Madre
Via Corradi, 54
Tel. 338 3559955
Chiuso la domenica
Orario: 7.00-20.00
Ferie: 15 giorni in novembre
novità

I Silvano, fornai dal 1890, sono tornati nell'antica sede del locale oggi ristrutturata. Oltre all'asporto, sono disponibili comodi tavoli e un dehors. Da assaggiare l'ottima sardenaira, la focaccia all'olio extravergine, la farinata, le torte verdi stagionali, la torta pasqualina. Disponibile anche qualche piatto caldo.

ALBENGA (SV)
Puppo
Via Torlaro, 20
Tel. 0182 51853
Chiuso il lunedì, mai in agosto
Orario: 12.00-14.00/18.00-22.00, domenica e in estate 18.00-22.30
Ferie: 10 giorni in novembre, 10 tra giugno e luglio, una settimana tra febbraio e marzo

In uno dei carruggi del centro trovate il locale gestito dalla famiglia Ghigliazza. Da non perdere la farinata di ceci all'albenganese (più consistente e morbida di quella savonese). Non mancano poi le torte verdi, le verdure ripiene, ma anche fritto misto, pesci in scabeccio, coniglio alla ligure, frittelle di baccalà, carciofi ripieni, insalata di polpo, torte e crostate casalinghe. Discreta scelta di vini locali e qualche birra artigianale.

PIETRA LIGURE (SV)
Da Virginia
Via Mazzini, 70
Tel. 019 615755
Chiuso lunedì pomeriggio e domenica, mai d'estate
Orario: 17.00-20.00, festivi anche 11.00-13.00
Ferie: variabili

Tra i carruggi del centro ci si imbatte in questo storico negozietto di alimentari. Qui, a fine mattinata e nel tardo pomeriggio, dal forno a legna esce una croccante farinata da portare a casa o consumare per strada. Sempre presente quella di ceci e, su richiesta di un testo intero, anche la versione savonese con farina di grano.

CAIRO MONTENOTTE (SV)

Da Luciano
Piazza della Vittoria, 54
Tel. 334 8003120
Chiuso la domenica
Orario: sera, mercoledì, giovedì e venerdì anche pranzo
Ferie: variabili

Il locale vanta sessant'anni di attività. Il suo successo va attribuito alla cura di Guido nella ricerca delle materie prime che usa nella preparazione della pizza al tegamino e della farinata (il locale è nato per l'asporto) proposta nella versione classica e con diverse guarnizioni. Interessante l'offerta di birre artigianali italiane.

SAVONA

Vino e Farinata
Via Pia, 15 R
Non ha telefono
Chiuso domenica, lunedì e festivi
Orario: mezzogiorno e sera
Ferie: un mese tra agosto e settembre

Il locale è noto per le sue farinate di ceci e di grano, quest'ultima specialità tutta savonese. Vino e Farinata, a pranzo e a cena, si riempie di clienti: alcuni attendono in fila il loro cartoccio di farinata da asporto, ottima soluzione per una pausa pranzo veloce ma di qualità, altri, invece, prendono posto ai tavoli. Per prenotare è necessario passare di persona.

GENOVA BOCCADASSE

L'angolo della Farinata
Via Boccadasse, 69 R
Tel. 010 3760174
Chiuso la domenica, in giugno e luglio anche sabato
Orario: 11.00-14.30/17.00-20.30
Ferie: agosto

Maria e Daniele propongono le tipiche ricette della cucina di strada genovese. Non solo farinata, quindi, ma anche le torte salate di riso o di verdure, il polpettone, i *friscieu*, la panissa, le verdure ripiene e poi i piatti del ricettario genovese in versione da asporto: minestrone genovese, lasagne al pesto, ceci in zimino, acciughe fritte, stoccafisso, baccalà. Tra i dolci: castagnaccio, frittelle di castagne, latte dolce e crème caramel.

GENOVA CENTRO

Antica Sciamadda
Via San Giorgio, 14 R
Tel. 010 2468516
Chiuso domenica e festivi
Orario: 10.00-15.00/17.00-19.30
Ferie: in luglio e agosto

Un locale dalla tradizione secolare. L'ambiente è piccolo ma ricco di fascino. I forni (uno dei quali a legna, per la farinata) sono sempre in funzione. I polpettoni, i minestroni, le torte salate, lo stoccafisso bollito o in umido, le frittelle di baccalà, le trippe si possono portare via o gustare in piedi, bevendo un fresco bicchiere di vino bianco locale.

Sa Pesta
Via dei Giustiniani, 16 R
Tel. 010 2468336
Chiuso lunedì sera e domenica
Orario: mezzogiorno, sera su prenotazione
Ferie: fine luglio-inizio di settembre

Non lontano dall'Acquario, prepara la farinata fin dall'Ottocento. Il grande forno a legna è utilizzato per la cottura della maggior parte dei cibi. La farinata è proposta nella versione tradizionale o arricchita da carciofi o cipolline, ma anche altre specialità meritano di essere assaggiate: ripieni, torte di verdure, torta di riso, castagnaccio. Per chi non vuole mangiare in piedi, ci sono due salette con tavoli spartani da dividere con altri commensali.

LA SPEZIA CENTRO
La Pia
Via Magenta, 12
Tel. 0187 739999
Chiuso la domenica
Orario: 08.00-22.00
Ferie: variabili

La farinata della Pia è un manifesto della spezzinità. In via Magenta c'è la moda di starsene in piedi a gustarla nella carta gialla. Qualcuno preferisce mangiarla in mezzo alla focaccia: è la mezzetta, o quartino, come la chiamano gli spezzini. Tante le varianti: con il pesto, con lo stracchino di Brugnato o la salsiccia di Pignone. Da provare anche il castagnaccio con la farina di castagne della val di Vara.

LA SPEZIA LA CHIAPPA
Da Pipeo
Via Genova, 169-173
Tel. 0187 703100
Chiuso il martedì
Orario: mezzogiorno e sera
Ferie: variabili

La farinata di Pipeo è sottile e croccante, e può essere anche farcita con stracchino, salsiccia o cipolla. Il locale si trova sulla via che, dopo pochi chilometri, inizia a salire in direzione di Genova lungo la via Aurelia. Se si desidera pizza e farinata da consumare in piedi o per l'asporto si entra in una piccola sala dove campeggiano i due forni a legna e si può ordinare direttamente; le salette per il servizio al tavolo hanno un ingresso separato.

LA SPEZIA MIGLIARINA
Da Luca
Via Michele Rossi, 114
Tel. 0187 564181
Chiuso il martedì
Orario: 18.00-22.00
Ferie: variabili

All'imbocco dell'Aurelia, il piccolo locale di Luca è un valido esempio di imprenditoria giovanile, e quella sfornata è sicuramente una farinata di buona qualità. Si può portare via o consumare nel piccolo spazio davanti al bancone.

Pagni
Via Sarzana, 12
Tel. 0187 503019
Chiuso la domenica
Orario: 08.00-14.00/16.00-21.00
Ferie: agosto

Pagni è osteria, farinotto, sosta per un bicchiere e due chiacchiere ormai da cento anni. La potrete gustare nella piccola saletta attigua con i tavolini di marmo accompagnata da un bicchiere di bianco.

LA SPEZIA REBOCCO
Capolinea
Via Rebocco, 57
Tel. 0187 701250
Chiuso il lunedì
Orario: mezzogiorno e sera, luglio e agosto solo sera
Ferie: agosto

Alberto, che gestisce l'esercizio assieme ai familiari, è un sicuro riferimento per chi apprezza qualità e tradizione. L'ambiente offre un ampio spazio all'ingresso e due comode sale. Con focacce e pizze non manca la farinata farcita con cipolle, pesto o stracchino. È consigliata la prenotazione.

ARCOLA (SP)
Il Tagliere 2
Via Valentini, 218
Tel. 0187 987553
Chiuso il martedì
Orario: 18.30-22.30
Ferie: variabili

Matteo propone nel suo locale una farinata davvero croccante, nella versione classica ma anche con l'aggiunta dello stracchino, delle cipolle "fresche e dolci" o del pesto. Proposte molto richieste anche nel servizio a domicilio: lo spazio del locale, infatti, è pochissimo.

SARZANA
Pizzeria Forno Bugliani
Piazza San Giorgio, 20
Tel. 0187 620005
Chiuso la domenica
Orario: 06.30-13.00/16.30-20.00, in estate 17.30-21.00
Ferie: non ne fa

Nata nel 1945, è la più vecchia panetteria di Sarzana. Il locale ha una piccola sala interna dove, oltre alla focaccia, si possono consumare la torta "scema" (a base di riso cotto lungamente, olio e pane grattugiato), la torta di verdura con bietole e ricotta, la farinata con olio extravergine locale. Il forno è a legna, le farine di buona qualità.

Riccardo Bugliani
Via XXV Aprile, 4
Tel. 0187 620001
Chiuso il mercoledì
Orario: 18.30-23.30
Ferie: 15 giorni in febbraio

Il locale, gestito da Riccardo con la moglie Laura, è alle porte di Sarzana: offre un'ottima pizza, sia al taglio sia al mattone, oltre a torte di riso come la "scema" e la dolce. Piatto forte è la farinata, tra cui spicca quella realizzata con extravergine locale. Disponibili alcune birre artigianali.

FINALE LIGURE

26 KM A SO DI SAVONA

La Gioiosa
Ristorante annesso all'albergo
Via Manie, 55
Tel. 019 601306
Chiuso il martedì, mai d'estate
Orario: mezzogiorno e sera
Ferie: ultime 3 sett di novembre, 15 gennaio-15 marzo
Coperti: 30 + 40 esterni
Prezzi: 35-38 euro vini esclusi
Carte di credito: tutte, BM

La bellezza del luogo predispone lo spirito, ma anche la gola vuole il suo piacere e questo non può che venire dalle invitanti e genuine proposte della cucina della Gioiosa. Orto e oliveto di proprietà, il pescato del giorno fornito da un familiare dei titolari (pescatore di professione), l'abilità della cuoca Luisa Ganduglia sono i segreti della buona riuscita delle pietanze che giungono in tavola. Una volta gustato il "bocconcino della casa" a base di verdure fresche e paté di olive taggiasche, Flavio – figlio di Luisa – vi accompagnerà nella scelta dei piatti, fra tradizione e qualche sperimentazione ben riuscita. Il misto della casa (13 €) propone assaggi di verdure ripiene, torte di verdure, insalata di mare e acciughe marinate. Nell'alternarsi dei primi ricordiamo con piacere le **trenette alle acciughe** (10 €), le tripoline con verdure al pesto, i **ravioli di magro con ragù di coniglio** (10 €). A seguire è sempre valido il classico coniglio alla ligure; da provare anche la **cima alla genovese** (10 €), un **fritto misto di pesce** asciutto e leggero, il pescato locale cotto al forno con erbe fini in crosta di patate, gli appetitosi calamari saltati in padella con aglio, olio e peperoncino (15 €). Freschi e gradevoli i dolci preparati con confetture casalinghe. Carta dei vini prettamente territoriale.

GENOVA

Barisone
Trattoria
Via Siracusa, 2 R
Tel. 010 6049863
Chiuso domenica e lunedì
Orario: mezzogiorno e sera
Ferie: agosto
Coperti: 60 + 40 esterni
Prezzi: 35-40 euro vini esclusi
Carte di credito: CS, MC, Visa, BM

Una cucina parzialmente a vista, un ingresso-giardino con tavoli all'aperto, una grande sala dagli arredi semplici: siete in un locale a conduzione familiare che vanta una storia lunga settant'anni e che continua a tenere in gran conto il ricettario genovese. Conosciuta e apprezzata per la freschezza del pesce che vi si prepara, la trattoria mette in menù anche qualche pietanza di carne e, cosa importante, varia le proposte in base alle materie prime reperite quotidianamente al mercato. Si diceva che il mare ha il posto d'onore: è quindi facile trovare le cappesante gratinate, l'insalata di polpo, le **lumachine in umido** (10,50 €), cucinate in modo da esaltare la peculiarità dei sapori di ciascun ingrediente. A seguire si trovano spesso semplici e deliziosi **spaghetti con i muscoli**, ma anche tagliolini con astice, ravioli di pesce, gustosi **corzetti al polpo** (11,50 €). Valgono l'assaggio le fritture, generose e croccanti, tra le quali lascia il segno quella di **moscardini novelli** (15 €); altrettanto validi i muscoli, le acciughe nostrane, il pesce del giorno alla ligure, i calamari, i totanetti e (ma il prezzo sale) i gamberoni di Santa Margherita alla griglia. Piacevoli i dolci della casa (5 €): semifreddi, gelati, bacioni di dama. Discreta selezione di vini in buona parte regionali. È consigliata la prenotazione. Su richiesta si preparano piatti per vegani, vegetariani e bambini.

In via Branega Inferiore 14, l'azienda dei fratelli Sacco è un'istituzione nella produzione di basilico di Pra. Possibilità di acquisto diretto del pesto genovese.

GENOVA
Murta

17 KM DAL CENTRO CITTÀ

Da Ö Colla
Osteria
Via alla Chiesa di Murta, 10
Tel. 010 7408579
Chiuso lunedì e martedì
Orario: sera, domenica solo pranzo
Ferie: variabili in gennaio e in estate
Coperti: 60
Prezzi: 32-35 euro vini esclusi
Carte di credito: nessuna

Da una ventina d'anni i fratelli Risso, originari del luogo, hanno rilevato questa osteria di antica tradizione, dando vita a un locale in cui l'accoglienza è cordiale e il servizio senza fronzoli. Le materie prime sono ricercate con cura dai titolari che si avvalgono del lavoro del papà nell'orto di proprietà, di cacciatori e di piccoli produttori amici per carni e formaggi. L'impronta della cucina è tipicamente genovese, ma c'è spazio anche per l'estro di Andrea. L'abbondante antipasto misto (12 €) offre spesso sformati di verdure, insalata russa, torte salate e qualche salume locale. In estate, quando disponibili, non lasciatevi scappare le ottime **verdure ripiene alla genovese**. Le paste, oltre ad essere condite con l'intramontabile pesto, sono servite con sugo di coniglio, pinoli e olive (9 €), di stoccafisso e, in inverno, di cinghiale. Da provare il **riso arrosto alla genovese**, quasi introvabile altrove. A seguire, lo stoccafisso e/o il baccalà vengono declinati in varie preparazioni: accomodato con olive e patate, al verde, *brandacujun* (13 €). È raro trovare altre pietanze di pesce, se non talvolta in forma di zuppa. Chi ama la carne apprezzerà il **coniglio ripieno**, la battuta di manzo nostrano, lo spezzatino di cinghiale, i filetti di maiale con formaggio erborinato (d'inverno) o con pesto di olive, pinoli, pomodorini (in estate). Quand'è stagione, sono proposti diversi piatti a base di funghi. Per finire torta di pesche e amaretti, **biancomangiare allo sciroppo di rose** (5 €), torta caprese, crostata con confetture casalinghe. La lista dei vini, dai prezzi corretti, dà ampio spazio ai rossi; in alternativa, ci sono alcune birre artigianali.

GENOVA
Fontanegli

16 KM DAL CENTRO CITTÀ

Da Pippo
Trattoria
Salita Chiesa di Fontanegli, 13 R
Tel. 010 809351-347 0866436
Chiuso il lunedì e martedì sera
Orario: mezzogiorno e sera
Ferie: variabili
Coperti: 60 + 60 esterni
Prezzi: 30 euro vini esclusi
Carte di credito: tutte

Per raggiungere il locale bisogna risalire la Val Bisagno e svoltare per Fontanegli. Qualche tornante e ci si ritrova subito in campagna. L'osteria è lì dal 1870, sempre della stessa famiglia, i Villa: oggi ci sono Christian in sala e Matteo in cucina, i figli di Carlo, papà tuttofare. L'ambiente offre due sale confortevoli e un pergolato dove d'estate si approfitta di una brezzolina sempre presente. L'orto di casa fornisce alcune materie prime, come nel caso degli antipasti: zucchine, cipolle e melanzane ripiene, polpettone di fagiolini, insalata russa. Da non perdere le **acciughe fritte** (8 €): fatevi portare entrambe le versioni, aperte impanate e chiuse infarinate. I primi comprendono tutti i classici genovesi e vanno dalle **lasagne col pesto** (8 €) ai ravioli col tocco, dai **pansotti con salsa di noci** al minestrone di verdure dell'orto. Alcuni secondi sono stagionali: fra Natale e Pasqua, ad esempio, si possono gustare le **costine di agnello con i carciofi** (10 €). Tutto l'anno si trovano invece il fritto misto genovese, lo *stocche* o le trippe accomodati, le succulente **seppie in zimino** (9 €) con bietole e pomodoro. Uniche digressioni dal menù ligure, ma molto apprezzate dai clienti, sono le tartare di fassone o di palamita. Ciliegie degli alberi intorno al pergolato (ovviamente d'estate) e ottimi dolci, come la crostata al mandarino, il latte dolce fritto, il soufflé al cioccolato, i canestrelli, chiudono una piacevole esperienza. Christian vi saprà indicare il giusto abbinamento con i vini della cantina; interessante la selezione di Champagne.

GENOVA

Il Genovese
Ristorante
Via Galata, 35 R
Tel. 010 8692937
Chiuso la domenica
Orario: mezzogiorno e sera
Ferie: variabili
Coperti: 50
Prezzi: 27-30 euro vini esclusi
Carte di credito: tutte, BM

Nel cuore della città, non lontano dalla stazione ferroviaria di Brignole, il locale che un tempo ospitava un farinotto è oggi la sede del Genovese. Il ristorante, articolato su due piani, presenta un ambiente semplice e informale. I fratelli Roberto e Sergio Panizza propongono una cucina fedele al ricettario ligure. Le materie prime provengono in gran parte da piccoli produttori che vendono la loro merce nell'adiacente mercato orientale. Appena accomodati ai tavoli, vi serviranno, in un piccolo mortaio di marmo, del pesto genovese accompagnato da pane cotto a legna; si può quindi proseguire con alcuni fritti fra i quali *friscoeu*, panissette (bastoncini di farina di ceci) e persino la trippa. Le paste sono fatte in casa: degni di nota gli **gnocchi di patate quarantine al pesto** (8,50 €), i *pansoti* con salsa di noci, i **ravioli di cabannina al *toccu* genovese** (9,50 €); notevole anche il ricco e denso minestrone alla genovese con brichetti e pesto. Per quanto riguarda i secondi non ci si sbaglia orientandosi sulla **cima genovese** con patate al forno (9,50 €), oppure scegliendo le delicate polpette di cabannina (sia nella versione con pomodoro sia con le patate), il coniglio alla ligure con olive taggiasche e pinoli, le **trippe in umido con le patate** (8,50 €). Sempre presenti le insalate, le torte genovesi e una selezione di formaggi e salumi perlopiù liguri. Si chiude con latte dolce fritto, canestrelli, baci di dama e la friabile stroscia. Buona selezione dei vini liguri. Si consiglia di prenotare.

LIGURIA | 369

GENOVA

GENOVA
Voltri

15 KM DAL CENTRO CITTÀ

La Forchetta Curiosa
Ristorante
Piazza Negri, 5 R
Tel. 010 2511289
Non ha giorno di chiusura
Orario: mezzogiorno e sera
Ferie: non ne fa
Coperti: 35 + 20 esterni
Prezzi: 35 euro vini esclusi
Carte di credito: tutte, BM

Ostaia da U Santu
Osteria
Via al Santuario delle Grazie, 33
Tel. 010 6130477
Chiuso domenica sera, lunedì e martedì
Orario: mezzogiorno e sera
Ferie: variabili
Coperti: 40 + 60 esterni
Prezzi: 30-32 euro vini esclusi
Carte di credito: CS, MC, Visa, BM

In pieno centro storico, di fronte al teatro della Tosse e alla chiesa di Sant'Agostino, Roberto Gillo propone menù sempre diversi con prodotti freschi, di qualità e legati alle stagioni, in un ambiente da tipica osteria. Qui si utilizzano in gran parte gli ingredienti della tradizione genovese (pesce, verdure di stagione, alcuni Presìdi Slow Food), cui si aggiunge la carne di fassona: terra e mare si combinano in ricette classiche rivisitate, alcune delle quali risalgono al Cinquecento. Tra gli antipasti: insalata di seppie con panissa e nocciole, schiacciatina di polpo e patate, il classico **cappon magro** (16 €). La pasta fresca è fatta in casa utilizzando farine e semole biologiche di ottima qualità: consigliamo i ravioli di pesto con salsa di pinoli e le fettuccine di pasta di olive con polpo e pomodorini. Lo *scucuzzun* (antico formato di pasta secca) accompagna sia il sugo di mare (10 €) sia il classico **minestrone alla genovese**. Protagonista dei secondi è sempre il pesce: branzino alla ligure rivisitato, totani ripieni di borragine, trancio di ricciola agli asparagi, *buridda* di seppie (18 €). I dolci spaziano dal classico **cobeletto** ripieno di marmellata alla cassatina con chinotto di Savona (Presidio Slow Food), alla mousse di *prescinseua* con frutti di bosco (5 €). Una nota di merito va all'ampia e interessante carta dei vini: tutti naturali o biodinamici, di piccoli produttori anche stranieri, con ricarichi corretti.

La schiettezza e sobrietà ligure di Gianni Barbieri, la gioviale accoglienza parmigiana della moglie Silvana sono i tratti distintivi di questo locale unitamente a una cucina con i fiocchi. L'osteria è graziosa, con due salette interne e un ampio pergolato vista mare, ideale in estate, a pochi metri dal curato ortofrutteto, risorsa delle cuoche. Specialità della casa è il **cappon magro**, in tavola l'ultima decina del mese, da ottobre ad aprile, oppure su ordinazione; altrettanto valide le pietanze a base di stoccafisso o **baccalà** – su tutte quella all'antica **con noci e pinoli** (13 €) – gli gnocchi con ragù di stoccafisso, la zuppetta di baccalà in umido di pomodoro. Alla voce antipasti (5 €) risponde un tris composto da *capponadda*, *brandacujon* e fiore fritto di zucchina con cuore d'acciuga; in alternativa, salumi misti con crescentine. Meritano i primi (9 €): sottili lasagnette o trofie con il pesto (spesso arricchito da fagiolini e patate), l'originale risotto verde, i ravioli alla genovese o di magro, le fettuccine all'ortica con verdure, la vellutata di zucchine trombetta. Tra i secondi, la **cima** (12 €), le trippe in umido, la carne di vitella alla ligure, le **acciughe al verde**, l'agnelletto in tegame; richiami emiliani nel coniglio "in arrosto" al rosmarino. Dolci casalinghi: crostate, budini, torte di frutta, coppetta di zabaione e la panera, tradizionale semifreddo al caffè. Cantina con prevalenza di etichette liguri e piemontesi. Soprattutto d'estate è opportuna la prenotazione.

❝ *Un'oasi di pace e tranquillità dove gustare piatti di grande qualità e tradizione* **❞**

370 | LIGURIA

ISOLABONA
Molinella

LA SPEZIA

61 KM A NO DI IMPERIA, 14 KM DA VENTIMIGLIA

La Molinella 🐌
Azienda agrituristica
Via Aldo Moro, 10
Tel. 0184 208163
Aperto venerdì e sabato sera, domenica a pranzo; giugno-ottobre tutte le sere
Ferie: variabili tra novembre e febbraio
Coperti: 40 + 40 esterni
Prezzi: 30 euro vini esclusi, menù fisso
Carte di credito: CS, DC, MC, Visa, BM

Da Gianni
Osteria tradizionale
Corso Cavour, 352
Tel. 0187 717980
Chiuso la domenica
Orario: pranzo, mescita al banco fino alle 20
Ferie: ultima sett di agosto-prima di settembre
Coperti: 30 + 15 esterni
Prezzi: 11-20 euro
Carte di credito: nessuna

Il locale ha un paio di sale interne dai colori caldi e dall'arredo rustico e moderno; all'esterno un comodo dehors imbriglia-canicole. Lo gestiscono da tempo i fratelli Moro: Nicola, artefice di una cucina nel solco della tradizione, e Piermichele, gentile quanto discreto, occupato nel servizio in sala. La madre Gioia, pur avendo passato il testimone, torna ai fornelli quando occorre; Ugo, padre contadino, fornisce verdure e frutta dalle campagne di famiglia. Per il resto ci si affida perlopiù a produttori locali. Il menù è recitato a voce e cambia secondo stagione. Di antipasti ve ne serviranno quattro: sempre presenti *brandacujun* e *barbagiuai*, mentre nei mesi caldi si alternano *frisceui* di zucchine, coniglio marinato, tartare di palamita, acciughe o **verdure ripiene**. Con i primi freddi si cambia: *previ*, *frisceui* di baccalà o di carciofi, *fugassun*. Le paste, fatte in casa, comprendono ottimi ravioli di bietole e borragine, gnocchi con zucchine trombetta e zafferano, pasta *sciancà*, *parpagliui* o **cordelle di San Martino con il pesto**, tagliatelle con i porcini. Sono frutto di sapienti esecuzioni il coniglio alla ponentina, la capra e fagioli di Pigna, la cima, lo **stoccafisso alla frantoiana**. Tra i dolci di casa, semifreddo di fragole, pesca al forno con gelato, *fugassun* di mele, zabaione con le bugie, *cubaite* di antica memoria. Selezione di vini del territorio, soprattutto Rossese di Dolceacqua, oltre ad alcune etichette del Centro-Nord.

Il locale è uno dei preferiti dagli spezzini anche per la sua posizione centrale, in prossimità del quotidiano mercato cittadino. Di regola si può solo pranzare ma, ultimamente, Gianni apre su prenotazione anche le sere del venerdì e del sabato. Continua invece la consuetudine pomeridiana di offrire acciughe fritte, frittelline di stoccafisso, **torta di riso** o di verdura e un bicchiere di vino. Il menù varia giornalmente e a rotazione troverete **pasta con le acciughe** (5 €), *mes-ciua*, **minestra di pasta e ceci**, lasagne o trofie al pesto, spaghetti con i muscoli (5 €), **stoccafisso con le patate** (10 €), uova e zucchine, roastbeef, trippa in umido. In relazione alla disponibilità del pescato, troverete frittura di alici o di paranza (8 €). Da qualche tempo il menù si è arricchito di pietanze a base di verdure, sempre preparate dalla moglie e dalla figlia del titolare, la cui cucina è tipicamente casalinga. Ben lo sanno i frequentatori abituali – anziani, operai e lavoratori in genere – che bazzicano questa "vera" osteria. Ultimamente Gianni è un po' meno "selvatico" e il servizio in tavola è decisamente migliorato, soprattutto nei tempi d'attesa. Il locale, sobrio nell'arredo, dichiara la sua età ma è pulito e ordinato; inoltre si spende poco (a pranzo 11 euro inclusi acqua, vino della casa e caffè, la sera poco di più) e si mangia bene.

> ❝*La freschezza della materia prima, il livello della cucina e l'accoglienza familiare ne fanno un sicuro punto di riferimento gastronomico*❞

🛍 Dall'Artigiano del Cioccolato, in via Nino Bixio 46, tavolette, praline, tartufi. In piazza Brin, ogni prima domenica del mese al mattino, il mercato contadino dove acquistare verdure, oli, frutta, formaggi.

LA SPEZIA
Marola

3 KM DAL CENTRO CITTÀ

Picciarello
Trattoria
Viale Fieschi, 300-302
Tel. 0187 779237
Chiuso il lunedì
Orario: sera, sab e dom anche pranzo
Ferie: variabili in inverno
Coperti: 50
Prezzi: 30-35 euro vini esclusi
Carte di credito: tutte, BM

Picciarello si trova in un piccolo borgo sul mare – Marola – lungo la strada napoleonica per Portovenere. Ne sono l'anima e il motore Stefano Poles, che si occupa degli ospiti, e la moglie Laura, cuoca dalla mano felice. Il locale, diviso in due ambienti, una saletta e una sala più ampia, è curato e arioso, con scaffali che accolgono vini interessanti, non solo locali. Il menù è prevalentemente di pesce; Stefano lo acquista sempre direttamente dai pescatori, quindi i piatti sono legati alla cattura giornaliera (non a caso il turno di chiusura è il lunedì, data la pausa domenicale dei pescherecci). Molte delle verdure utilizzate, invece, provengono dall'orto di casa. Guardando la carta, tra gli antipasti – in media sette o otto a 13 euro – ci sono le tipiche torte di verdura, il delicato tortino di acciughe con le patate, fritti leggeri e croccanti come gli spiedini di totanetti e zucchine o le acciughe ripiene. Seguono paste fatte a mano: **tagliatelle di borragine con cozze e zucchine** (12 €), maltagliati di farro con acciughe di Monterosso, piccagge di farina di castagne con totani e pesto, **tagliatelle al sugo di cicale**. Da provare poi il polpo alla diavola (16 €), i calamari a beccafico, i classici **muscoli ripieni**, la gustosa frittura di paranza con verdurine. Buoni dolci la crema inglese con fragole, la panna cotta allo Sciacchetrà con cioccolato (6 €), la crostatina di pesche. È disponibile un menù degustazione a 25 euro vini esclusi.

LERICI
La Rocchetta

16 KM A SE DI LA SPEZIA

La Rosa Canina
Azienda agrituristica
Località Monti Branzi, 16
Tel. 0187 966719-340 9636790
Non ha giorno di chiusura
Orario: mezzogiorno e sera
Ferie: non ne fa
Coperti: 30 + 30 esterni
Prezzi: 30 euro vini esclusi
Carte di credito: AE, CS, DC, BM

Se state facendo una gita nel Parco Naturale di Montemarcello cogliete l'occasione per arrivare fino a questo agriturismo appollaiato a 300 metri d'altitudine sopra Lerici. Troverete una vera osteria, buona musica, molti libri negli scaffali che arredano il locale e una calda accoglienza da parte di Marco Bonvicini, artefice di tanti buoni piatti che prepara con ingredienti del suo orto e altri scelti da produttori biologici. Gli antipasti variano dalle sei alle otto portate (12 €): fra le possibili proposte, **acciughe in *scabecio***, torte di verdura, panizza, focaccia con acciughe e formaggio, involtini di melanzane con mozzarella di bufala. La pasta è sempre fatta in casa: provate i testaroli della Lunigiana o le trofie al pesto, oppure le **tagliatelle** e i ravioli con le zucchine o **con fagioli e muscoli** (6 €). Anche nei secondi la territorialità è sempre presente: acciughe fritte, **muscoli ripieni**, **seppie in umido con bietole o piselli**, faraona con frutta di stagione, **coniglio alla ligure** (10 €) sempre abbinati a verdure dell'orto. Una nota di merito per l'olio di produzione propria. Curata la selezione di formaggi accompagnati da confetture della casa. Tra i dolci, semplici e buoni, la crostata con frutta fresca, la torta di mele e quella al cioccolato. Per il vino si può contare su una piccola cantina di etichette locali. Disponibile un menù degustazione a 30 euro vini esclusi. È richiesta la prenotazione

Da Odio il Vino, in via Manin 11, ricca selezione di vini al bicchiere. Da Arte Bianca, in via Sapri 79, formaggi a latte crudo, marocca di Casola (Presidio Slow Food) e altre specialità.

MALLARE

22 km a ovest di Savona sp 5 o a 6 uscita Altare

La Lanterna
Ristorante
Località Panelli, 1
Tel. 019 586300
Chiuso il giovedì
Orario: mezzogiorno e sera
Ferie: variabili
Coperti: 35
Prezzi: 30-32 euro vini esclusi
Carte di credito: CS, MC, Visa

Questo ospitale ristorante dell'entroterra propone i sapori di un ricettario di confine tra Liguria e Piemonte. Da tempo, a dargli l'impronta della buona qualità ci sono Daniele Minetti in cucina e sua moglie in sala. Erbe e verdure dell'orto di casa, materie prime della zona, funghi, quand'è stagione, compongono piatti di tradizione rivisti con criterio. Una volta accomodati in un ambiente gradevole nell'arredo e nell'oggettistica, vi saranno offerti come benvenuto funghi locali (conservati sotto sale) accompagnati da una toma di latte vaccino. Tra gli antipasti spiccano il filetto di maiale conciato alle spezie con castagne al miele, il **flan di topinambur** con salsa di pomodoro e peperoni alla brace con *bagna caoda* (8 €). A seguire piatti appetitosi come le **piccagge di castagne con ragù di stoccafisso** (8 €) o gli originali gnocchi di pane e ortiche al pesto di timo (8 €). I secondi sono tutti di carne: tra questi l'**arrosto di maialino** (8 €) e il **coniglio al Rossese con olive taggiasche** (8 €): le cotture nel forno a legna conferiscono una morbidezza e un sapore particolari. Per finire, dolci deliziosi come il tiramisù alla nocciola e castagna o il tortino di cioccolato con cuore morbido associato a una gelée di arance amare. Pochi ma buoni i vini. Disponibile un menù degustazione a 28 euro escluse le bevande.

Domenico e Piero, in via Corsi 30, propongono salumi artigianali e carni piemontesi macellate in proprio.

MELE
Acquasanta

21 km ovest di Genova, 6 km dall'uscita Voltri a 10 ss 456

Osteria dell'Acquasanta
Trattoria
Via Acquasanta, 281
Tel. 010 638035
Chiuso il lunedì
Orario: mezzogiorno e sera
Ferie: variabili in gennaio
Coperti: 80 + 40 esterni
Prezzi: 28-34 euro vini esclusi
Carte di credito: CS, Visa, BM

L'osteria è poco distante dal santuario e dalle terme. Il locale, spazioso e semplice nell'arredo, è condotto con competenza da Alessandro e Marco in cucina e da Fabio, amichevole anfitrione, in sala. Il menù propone alcune ricette della cucina genovese, a base, quando possibile, di prodotti locali. Il ricco antipasto dell'osteria (10 €) comprende torte salate, sardenaira, focaccia al formaggio, sfogliate con ripieni, insalata russa o di patate, salumi. Fra i primi (8 €) ci sono sempre i ravioli e gli ottimi *mandilli con il pesto*; a volte è presente il minestrone alla genovese, mentre sono invernali le minestre di legumi. Altre proposte: tagliolini con sugo di puntine di maiale al Barbera, fettuccine con ragù bianco di vitello, linguine di orzo e grano duro con pesto di pomodori secchi, pistacchi e mandorle. Nel periodo pasquale compaiono le **lattughe ripiene alla genovese**. Prevalgono tra i secondi le carni rosse e bianche: coniglio o faraona alla ligure (10 €), rognoni o reale di vitello al vino rosso, carpaccio di manzo con nostrano del Tonale. A rotazione disponibili anche **stoccafisso accomodato**, *buridda* di seppie o calamari, acciughe fritte, totani ripieni, *bagnun di acciughe* e, su prenotazione, il cappon magro. Con l'assortimento di formaggi (10 €) e i dolci (cremino di panna con salsa al caffè, bavarese allo zabaione con salsa al cioccolato, strudel di mele, cheesecake di ananas e pesche) il pasto è servito. Buona scelta di vini dai ricarichi contenuti, oltre ad alcune birre artigianali.

LIGURIA | 373

MENDATICA

36 KM A NO DI IMPERIA SS 28

Il Castagno
Azienda agrituristica
Via San Bernardo, 39
Tel. 0183 328718-349 2961932
Non ha giorno di chiusura
Orario: mezzogiorno sera
Ferie: non ne fa
Coperti: 40
Prezzi: 25 euro, menù fisso
Carte di credito: nessuna

Siamo in una vallata al confine tra Liguria e Piemonte. Nel piccolo centro di Mendatica si pratica ancora la "cucina bianca", povera di colori ma prodiga di sapori apportati da farina, latticini, carni e patate, ingredienti propri di un'agricoltura antica e della pastorizia transumante. L'agriturismo Il Castagno è nelle buone mani della signora Pelassa, anima della cucina, e della figlia Simona impegnata in sala: l'accoglienza familiare e i piatti legati alla tradizione ne fanno un indirizzo da annotare, anche per via del loro caseificio che produce il formaggio di pecora brigasca (Presidio Slow Food). Al costo di 25 euro si gustano portate che variano di volta in volta in relazione alla disponibilità delle materie prime: la proposta comprende alcuni antipasti, due primi, due secondi e il dolce. Per cominciare possono capitare salame, *brusso* di capra su patate bollite, fiori di zucca ripieni, torta di patate e porri, *friscieui* di prezzemolo, insalata di pollo con erbette selvatiche, *turle* (grosso raviolo con ripieno di menta e patate). Tra i diversi tipi di pasta, ci sono i **suggelli** (gnocchetti di acqua e farina) **con *brusso***, i ravioli di spinaci selvatici al burro e salvia o al sugo, gli ***streppa e caccia là***. Poi è la volta della **capra e fagioli**, del coniglio in umido, del maiale in *civet*, del cinghiale con la polenta, del capretto al forno. Gran finale con squisite frittelle di mele o ricotta di capra con miele di castagno. Unico vino disponibile un beverino Ormeasco di Acquetico. Si digerisce con un arquebuse di propria produzione. Prenotare sempre.

MONTEGROSSO PIAN LATTE

34 KM A NO DI IMPERIA

Osteria del Rododendro
Osteria
Via IV Novembre, 4
Tel. 0183 752530-329 3429028-347 4514631
Aperto sabato e domenica a pranzo, gli altri giorni su prenotazione; estate sempre aperto
Ferie: seconda metà di settembre
Coperti: 40
Prezzi: 25 euro, menù fisso
Carte di credito: CS, MC, Visa, BM

Il locale della famiglia Cordeglio è ormai diventato un sicuro punto di riferimento per chi voglia conoscere la cucina bianca, incentrata sugli ingredienti specifici dell'ambiente montano dell'alta Valle Arroscia, quali la farina di grano, i latticini, il cavolo bianco, i porri, l'aglio, le rape, le patate. Notevole è l'attenzione prestata alle materie prime, con l'impiego di verdure dell'orto di casa, di erbe spontanee che danno aromi e freschezza alle preparazioni, di formaggi e carni acquistate da produttori vicini. Il menù a prezzo fisso (25 euro) comprende quattro antipasti, assaggi di tre primi, il secondo e il dolce. L'antipasto prevede una sequenza che può comprendere il tortino di bietole e carciofi, il fiore di borragine, le foglie di tarassaco e le ortiche fritte in pastella leggera, il **coniglio disossato e fritto**, il bauletto di verza ripiena. Seguono primi meritevoli tra i quali i **fagottini di erbe crude** conditi con extravergine di propria produzione, le **mezzelune ripiene di patate al sugo di porri**, le farfalle di pasta fresca con lo stoccafisso. Tra i secondi più rappresentativi, il **coniglio con le olive taggiasche**, la cima, le lumache sgusciate al profumo di menta. Si finisce con formaggi locali, gelato di castagne e miele, cremino al caffè, budino al forno. Compreso nel prezzo un interessante Ormeasco privo di solfiti; in alternativa, alcune buone etichette del territorio

MONTEROSSO AL MARE
Beo

34 KM A OVEST DI LA SPEZIA

Il Ciliegio
Ristorante
Località Beo, 2
Tel. 0187 817829-328 8006115
Chiuso il lunedì
Orario: mezzogiorno e sera
Ferie: 5 novembre-5 febbraio
Coperti: 60 + 60 esterni
Prezzi: 35-40 euro vini esclusi
Carte di credito: tutte, BM

A pochi chilometri da Monterosso, protetto dalle colline e rivolto al mare, questo ristorante offre cucina territoriale, ambiente confortevole e pause meditative. Oltre alla sala interna, spaziosa e accogliente, si può usufruire di un ampio spazio esterno con vista d'eccezione. Dato il luogo, è il prodotto della pesca a dominare il menù; la quotidiana disponibilità del mercato ne decide le voci. Molto richiesta è la pasta fatta in casa: noi consigliamo le **trofie al pesto** (13 €) o con il sugo di pesce; buoni anche gli spaghetti con muscoli e vongole (11 €). Per la maggiore vanno anche i **muscoli ripieni** (13 €) e la **frittura di paranza** (14 €). Irrinunciabile il **tris di acciughe** fritte, aperte a cotoletta e ripiene (12 €). Su prenotazione, e se disponibile la materia prima, ci si possono concedere la zuppa di pesce e il pescato al forno con patate e olive. Non manca qualche piatto di carne di buona qualità e di apprezzabile esecuzione. Dolci onesti e prevalentemente di fattura casalinga. La lista dei vini non è molto ampia e prevede bianchi delle Cinque Terre e dei Colli di Luni. Disponibile un discreto sfuso. Chi arriva a Monterosso al mare con il treno, previa telefonata, può fruire del servizio navetta gratuito messo a disposizione dal ristorante. Da febbraio a Pasqua il locale apre solo il fine settimana e su prenotazione.

In via Roma 62, l'Enoteca Internazionale per uno spuntino, l'acquisto di vini e prodotti gastronomici liguri. Al civico 17, Golosone per gelati artigianali.

NE
Conscenti

53 KM A EST DI GENOVA SS 1 O A 12 USCITA LAVAGNA

Antica Osteria dei Mosto
Trattoria
Piazza dei Mosto, 15/1
Tel. 0185 387942-348 3383529
Chiuso il mercoledì
Orario: mezzogiorno e sera, luglio e agosto solo sera
Ferie: variabili
Coperti: 40
Prezzi: 32-35 euro vini esclusi
Carte di credito: tutte, BM

Entrati nel locale, di fronte al mercato agricolo della Val Graveglia, che si svolge ogni sabato mattina da maggio a ottobre, è un piacere fare la conoscenza di Catia Saletti che lo gestisce dal 1989, si occupa della cucina e, con passione, ricerca materie prime presso piccole aziende del territorio. Per comprendere l'impostazione della trattoria non si può prescindere dall'abbondante antipasto con assaggi di torte di verdure, cuculli, testaroli al pesto (12 €). Dei primi (10 €) non si può che dire un gran bene: da ricordare i **ravioli di borragine al sugo di carne** o conditi con extravergine di Zerli e le gasse alle nocciole del Parco dell'Aveto; i tortelli di patate al burro si devono alla volontà di Catia di recuperare le tradizioni delle nonne ferraresi. Tra i secondi, si apprezzano la cima al forno (12 €), le **lattughe ripiene in umido**, la gallina ripiena. Ottimo il **fritto misto**, in cui la panatura delle verdure è arricchita da sfoglie di mandorla (13 €), buoni i formaggi del Genovesato (caciorì della val d'Aveto, caprini di San Massimo). Per dolce, crostate, tenerina al cioccolato, *galanne* fritte, sorbetti di frutta e un'ampia scelta di pasticceria secca. Su richiesta, menù degustazione di quattro portate a 30 euro. Importante carta dei vini suddivisa per territori e discreta scelta di birre artigianali; nel caso in cui non finiste una bottiglia, potreste portarla via. Idem per il pasto: quello che non riuscirete a mangiare vi sarà confezionato da asporto.

66 Catia Saletti ricerca con passione le materie prime presso piccole aziende locali, trasformandole in ottimi piatti del territorio 99

LIGURIA | 375

NE

53 KM A EST DI GENOVA A 12 O SS 1

La Brinca
Trattoria
Via Campo di Ne, 58
Tel. 0185 337480
Chiuso il lunedì
Orario: sera, sab dom e festivi anche pranzo
Ferie: variabili
Coperti: 80 + 20 esterni
Prezzi: 32-40 euro vini esclusi
Carte di credito: tutte, BM

La famiglia Circella rappresenta da quasi trent'anni una certezza. Accoglienza cortese e sala in perfetto ordine sono il benvenuto per chi percorre i nove chilometri dal casello di Lavagna fino a quest'angolo della Val Graveglia. Ne vale la pena, perché La Brinca racconta davvero il suo territorio; l'orto di proprietà e il bosco forniscono molte delle materie prime trasformate in piatti di grande qualità. Sceglierete per cominciare fra *prebugiun* di Ne (antico piatto contadino di patate e cavolo nero), **torta baciocca** preparata con la patata quarantina bianca, *testaieu* al pesto di mortaio (10 €). Deliziosi tra i primi i **ravioloni di erbette e *sarazzu* con salsa di nocciole** (12 €), il minestrone alla genovese, taglierini o piccagge con i sughi di coniglio, di funghi, di lepre. Si prosegue con le **tomaxelle** (involtini di vitella ripieni), il **fritto misto alla genovese** (15 €), il coniglio in fricassea con olive e scorzonera, l'agnello con uova e maggiorana, e preparazioni di magro quali il budino di erbe e ricotta dell'Aveto con verdure ripiene. Ricercata la selezione di **formaggi** (13 €) provenienti da casari locali e abbinati alla confettura di cipolla rossa di Zerli. Si conclude con torte, cioccolato "alla nostra maniera" e storici semifreddi quali il brinchetto e la **panera** al caffè. La cantina custodisce una straordinaria varietà di vini, distillati e birre artigianali; i ricarichi sono adeguati. Disponibili anche alcune etichette servite al calice.

66 *Grande conoscenza delle materie prime, piatti storici o dimenticati realizzati con passione. Un posto da cui uscire sempre soddisfatti* **99**

ORTONOVO
Nicola

26 KM A SE DI LA SPEZIA

Da Fiorella
Osteria tradizionale
Via per Nicola, 46
Tel. 0187 66857-328 6817514
Chiuso il giovedì
Orario: mezzogiorno e sera
Ferie: in gennaio e in settembre
Coperti: 75
Prezzi: 30-35 euro vini esclusi
Carte di credito: tutte, BM

Il caratteristico borgo di Nicola, dai suoi 180 metri di altitudine, offre uno splendido panorama della val di Magra. Qui, la nonna di Nicola – attuale titolare – negli anni Cinquanta fece da apripista avviando una cantina con generi alimentari, e, ancora oggi, è possibile ritrovare quei sapori e quell'atmosfera che caratterizzano quest'angolo di Liguria. Tra gli antipasti (8 €) meritano, oltre ai buoni salumi locali, le torte di verdura, le verze ripiene, la carne salata ottenuta da bovini di razza piemontese. Consigliamo poi il bis di panigacci cotti su testo di ghisa (variante della bassa val di Magra) conditi con pesto o semplicemente con extravergine delle colline limitrofe e formaggio (6 €); in alternativa, tagliolini alle cozze, lunette di radicchio e gorgonzola, e gli immancabili **ravioli al ragù** (8,50 €) che sono un concentrato di tradizione e gusto. Vi invitiamo quindi ad assaggiare i Presìdi Slow Food (12 €): l'agnello di Zeri fritto o alla brace, il pollo gigante nero della val di Vara (quando disponibile), il **coniglio di Carmagnola fritto**. Inoltre, baccalà marinato, **muscoli ripieni** (8,50 €) e un'ampia scelta di carni come la faraona e il piccione alla brace. Alla voce dolce si può trovare la **torta di riso alla carrarina** o il gelato di produzione propria (da provare quello con bacche di vaniglia). La carta dei vini propone diversi Vermentini e rossi dei Colli di Luni assieme a etichette di altre regioni.

66 *L'atmosfera cordiale e familiare fa da cornice a una cucina semplice e genuina, frutto di ottime materie prime* **99**

OSPEDALETTI

32 km a ovest di Imperia, 11 km da Ventimiglia ss 1 o a 10

La Playa
Ristorante
Via XX Settembre, 153
Tel. 0184 688045-328 5823845
Chiuso il martedì, mai d'estate
Orario: solo a mezzogiorno
Ferie: ottobre e novembre
Coperti: 35 + 40 esterni
Prezzi: 35-40 euro vini esclusi
Carte di credito: MC, Visa, BM

Sono ormai trentacinque anni che questo stabilimento balneare, ai bordi della bella ciclabile di 24 chilometri che collega Ospedaletti a San Lorenzo al Mare, è gestito con successo dalla famiglia Incerti. Fabrizio governa in modo informale la sala e il dehors estivo; Paola e Liliana Vegetta, cuoche per passione, coniugando semplicità e freschezza fanno della qualità della materia prima la forza della loro proposta che sa di mare e di orto. Le stagioni e il pescato del giorno dettano il menù. Si parte con un'ottima tartara di palamita, un cappon magro rivisitato e tiepido, l'imperdibile insalata di gamberi di Sanremo, finocchi e puntarelle (13 €), il classico polpo con patate e colatura di alici, le sapide **acciughe ripiene alla ligure** (12 €), le totanacette spadellate su crema di patate. Sempre interessanti i primi tra cui gli scialatielli con vongole veraci, i **paccheri con ragù di polpo** (12 €), gli gnocchetti al pesto, i ravioli di borragine al burro e timo, le trofie con ragù di pesce. Molto richiesti, a seguire, il fritto misto di paranza locale, la **parmigiana di pesce lama**, i merlani impanati con caponatina, la **ricciola di fondale alla provenzale con patate** (18 €). Per finire, zabaione freddo con le fragole, taglio al caffè su gelato di nocciola, cialda con gelato e mosto di vino caramellato. Piccola carta dei vini con buona presenza di etichette del Ponente ligure. Sempre consigliabile la prenotazione.

PIANA CRIXIA

35 km a no di Savona sp 29

Tripoli
Trattoria
Via Chiarlone, 2
Tel. 019 570028
Chiuso il mercoledì
Orario: mezzogiorno e sera
Ferie: non ne fa
Coperti: 30
Prezzi: 20-25 euro vini esclusi
Carte di credito: nessuna

Un tempo, lungo le strade che collegano la Liguria con il Piemonte era facile trovare trattorie come questa, che mettevano in tavola piatti casalinghi, senza fronzoli ma di sostanza. Ora vanno fatalmente sparendo: da qui l'importanza di conservarne l'identità e l'appartenenza al territorio, come nel caso di questo locale, semplice e spartano, gestito da più di un secolo dalla famiglia Chiarlone. Il fatto che il menù consti di pochi piatti è garanzia di qualità, freschezza e genuinità. Gli antipasti (5 €) che abbiamo gustato al momento della nostra visita erano composti da frittate di verdure del proprio orto, **peperoni con acciughe**, salumi locali e formaggetta, ma di solito ci sono anche insalata russa, vitello tonnato e frittelle. I primi (7 €) rimandano alla cucina delle nonne, con paste fatte in casa (tagliatelle e ravioli), condite con ragù, burro e salvia, pesto o sugo di funghi. L'influenza della regione confinante si avverte anche nei secondi (7 €), tra i quali una squisita **trippa** (proposta tutto l'anno), il pollo o il **coniglio alla cacciatora**, il bollito. Concluderete il pasto con validi dolci (3 €) quali mattonella, *bonet*, **torta di nocciole**, e magari una chiacchierata con il signor Dogliotti, un arzillo novantunenne che racconta volentieri la sua storia e quella della trattoria.

LIGURIA | 377

Panigacci e testaroli

Sono due specialità della tradizione lunigiana, a cavallo fra La Spezia e Massa-Carrara. L'antica ricetta è la stessa per entrambi: si tratta di dischi sottili ricavati da una pastella di farina, acqua e sale, cotta su strumenti di forma rotonda (testi di ghisa o terracotta). La primogenitura dei panigacci si attesta sulla collina di Podenzana e proprio lì è nato un consorzio per proteggerla, al quale aderiscono alcuni ristoratori locali; in zona c'è anche un'antica produzione di piccoli testi in terracotta. Nella vallata del Magra il termine si trasforma in panigazzi, preparati in piccoli testi di ghisa dai manici lunghi, ma la sostanza non cambia. I testaroli (eccellenti quelli artigianali di Pontremoli, Presidio Slow Food) si preparano su grandi testi di ghisa arroventati su un fuoco di legna di faggio o di castagno. Tagliati in losanghe, sono consumati dopo un'immersione veloce in acqua calda salata. Si trovano spesso tra i primi nei menù delle nostre osterie, soprattutto in quelle di campagna, conditi con sugo di funghi o al pesto o con olio e parmigiano. I panigacci fanno storia a sé perché esistono locali a loro dedicati, dove in alternativa si cucina poco altro: i testi di terracotta, continuamente arroventati in un grande camino, sono riempiti di morbida pastella e sono impilati in modo che l'uno cuocia con il calore dell'altro. Si mangiano accompagnati da salumi e formaggi.

Gabriella Molli

LIGURIA

FOLLO (SP)

Vecchio Mulino
Via dei Mille, 16
Località Valdurasca
Tel. 0187 947510
Chiuso il martedì
Orario: solo la sera
Ferie: novembre

Nel cuore di un territorio immerso nel verde, un locale rustico e curato con una sala interna e una luminosa veranda. Vengono serviti fragranti panigacci con salumi, stracchino, gorgonzola, lardo di Colonnata, ma non manca una versione dolce. Dalla cucina piatti casalinghi come ravioli al ragù, tagliatelle ai funghi, carne cotta alla brace.

LA SPEZIA CENTRO

Basta Curve
Piazza Chiodo, 35
Tel. 0187 896037
Chiuso il mercoledì
Orario: mezzogiorno e sera; in agosto solo sera
Ferie: variabili

In centro città, sulla piazza dove si trova l'ingresso principale dell'Arsenale Militare, Basta Curve – come ci suggerisce l'insegna – ci permette di assaggiare i panigacci comodamente in città senza doversi arrampicare in collina dove sono ubicate la maggioranza delle panigaccerie, sia quelle più antiche sia quelle sorte di recente. I panigacci sono accompagnati da salumi e gorgonzola oppure rinvenuti in acqua e conditi con un tris di sughi. In alternativa, trofie al pesto, i classici ravioli spezzini al ragù, le grigliate di carne. Buoni i dolci di fattura casalinga.

TOSCANA

PODENZANA (MS)

Da Gambin
Via Provinciale 190
Località Barco
Tel. 0187 410106
Chiuso il giovedì
Orario: mezzogiorno e sera
Ferie: variabili

Il locale è immerso nel verde nella collina di Podenzana. Il piatto principe è il panigaccio condito con pesto, olio extravergine o sugo di funghi, oppure accompagnato da una buona selezione di salumi di produzione casalinga o con stracchino e gorgonzola. Non mancano diverse ricette della cucina di Lunigiana. Ottimi i dolci.

Mirador
Via del Gaggio 22
Località Casalina
Tel. 0187 410064
Chiuso il lunedì
Orario: mezzogiorno e sera
Ferie: variabili

Il Mirador è situato in una delle migliori zone panoramiche di Podenzana: da qui si possono ammirare, in direzione del golfo di La Spezia, le isole della Palmaria e del Tino e, quando il cielo è particolarmente terso, persino la Corsica. Oltre a gustare i fragranti panigacci appena sfornati accompagnati da buoni salumi e formaggi, si possono assaggiare focaccette di mais, torte di verdura, pasta fatta in casa e carne alla brace.

PIGNA

53 km a ovest di Imperia, 27 km da Sanremo

Terme
Ristorante annesso all'albergo
Località Madonna Assunta
Tel. 0184 241046-347 8466669
Chiuso il mercoledì
Orario: mezzogiorno e sera
Ferie: 15 gennaio-15 febbraio
Coperti: 80 + 25 esterni
Prezzi: 22-32 euro vini esclusi
Carte di credito: tutte, BM

In questo ristorante dell'alta Val Nervia, circondato da boschi e olivi, opera la famiglia Lanteri: in cucina Gloria prepara con maestria i gustosi piatti del territorio, in sala il marito Silvio e i figli Claudio e Maura si occupano con cortesia degli ospiti. Oltre ai menù degustazione da 22 e 30 euro, cui in stagione si aggiunge quello dedicato ai funghi, si può scegliere dalla carta. Imperdibile il misto di antipasti (12 €) con cinque assaggi caldi e tre freddi: *barbagiuai* (ravioli fritti ripieni di zucca e *bruzzu*), tortino di zucchine trombetta o di carciofi, *preve* (lattuga ripiena), crêpe di asparagi, paté di olive, pomodori secchi, salamino fresco. Tra le paste fatte in casa potrete apprezzare i raviolini di verdura e carne (10 €) e i pansotti alla ricotta con salsa di noci e pinoli; ottimo il *gran pistau* (minestra di grano e/o farro pestato), valida la zuppa di maltagliati con costine di maiale e fagioli bianchi di Pigna, Presidio Slow Food (12 €). Al momento dei secondi, il classico **stufato di capra e fagioli bianchi di Pigna** (12 €), l'agnello da latte al forno alle erbe aromatiche (12,50 €), i bocconcini di cinghiale in salmì con la polenta, lo stoccafisso accomodato, le trippe, la tometta di capra con il *bruzzu*. Dal carrello dei dolci (5 €) sceglierete fra zuppa inglese e torte casalinghe di pere o mele. Cantina con oltre 300 etichette liguri, piemontesi e toscane.

In via San Francesco 23, presso il forno Le Due Sorelle, la famiglia Papalia propone il tipico pane nero di Pigna a base di farina integrale.

PORTOVENERE

13 km a sud di La Spezia

Antica Osteria del Carugio
Osteria tradizionale
Via Capellini, 66
Tel. 0187 790617
Chiuso il giovedì
Orario: mezzogiorno e sera
Ferie: in novembre
Coperti: 60
Prezzi: 20-25 euro
Carte di credito: nessuna

È uno dei più antichi locali di Portovenere e si trova nel cuore del borgo, giusto a metà della via che porta alla chiesa romanica di San Pietro, arroccata sulla scogliera verso il mare aperto. L'ambiente, due sale allestite con stretti, lunghi tavoli e panche, è ospitale e gradevole, di ispirazione marinara come suggeriscono il legno alle pareti e vari strumenti di navigazione in bella mostra. L'osteria, molto frequentata, non prende prenotazioni: per questo, specialmente la sera, conviene arrivare presto. Antonio Clerici, il patron, lo troverete in sala a fare gli onori di casa e a raccontarvi i piatti della tradizione ligure preparati dalla madre Maria, cuoca di lunga esperienza. I primi sono davvero invitanti: gli **spaghetti alle acciughe**, la squisita *mes-ciua* (6 €), una delle migliori del golfo, i **testaroli con il pesto** (9 €). Difficile poi rinunciare ai **muscoli ripieni** (10 €), al polpo con patate (12 €), alle **acciughe di Monterosso con aglio, origano e peperoncino** o con pane casereccio e burro (11 €). In alternativa, il tagliere di salumi e un formaggio caprino avvolto nelle erbe aromatiche con olio extravergine (4 €). Disponibile un vino sfuso locale nonché una piccola selezione di etichette del territorio. Finale con una fetta di pandolce genovese.

RAPALLO
San Massimo

31 km a est di Genova a 12 o ss 1

U Giancu
Trattoria
Via San Massimo, 78
Tel. 0185 260505-261212
Chiuso il mercoledì, mai d'estate
Orario: sera, domenica anche pranzo
Ferie: variabili in gennaio e in estate
Coperti: 90 + 60 esterni
Prezzi: 35 euro vini esclusi
Carte di credito: CS, MC, Visa, BM

Il locale mantiene i tratti distintivi di sempre: la collezione di strisce di fumetti originali appesi alle pareti, la cordialità di Fausto, la competenza di Martino nel gestire la cantina, l'attenzione per le esigenze, alimentari e di gioco, dei bambini, fanno di questo locale una macchina ben oliata e pronta a soddisfare la clientela più esigente. Per quanto riguarda la tavola si comincia con il gianc'antipasto (11 €): focaccette con il formaggio, frittelline di cipolla, bruschette con pomodoro e pesto, gli ottimi crostini di pane casereccio con burro della Savoia e acciughe cantabriche. Tra i primi, variabili secondo stagione e produzione dell'orto di famiglia, ricordiamo i **testaroli al pesto o con sugo di funghi** (11 €), le fettuccine di farro con verdure fresche, i **pansotti con la salsa di noci**, le zuppe di verdura. Seguono la tagliata con funghi crudi o con il *prebuggion* (insalata di erbe e fiori), il **galletto di San Massimo**, le ottime **costine di agnello**, gli sformati di verdura (13 €), la selezione di formaggi, anche liguri. Al traguardo, frittelle di mele con gelato alla cannella, spuma di zabaione di Mimì (7 €), torta di pere e cioccolato, gelati, sorbetti. Carta dei vini ricca, curata, attenta al prezzo. Da quest'anno la famiglia Oneto, per merito del suo membro più giovane, Emanuele, mette a disposizione alcune birre artigianali prodotte nell'annesso microbirrificio.

> **❝** *Il locale della famiglia Oneto è sempre una certezza per qualità della cucina e dell'accoglienza* **❞**

RIOMAGGIORE

13 KM A OVEST DI LA SPEZIA

Ripa del Sole
Ristorante
Via De Gasperi, 282
Tel. 0187 920143
Chiuso il lunedì
Orario: sera, pranzo su prenotazione
Ferie: gennaio e febbraio
Coperti: 40 + 40 esterni
Prezzi: 30-35 euro vini esclusi
Carte di credito: tutte, BM

Nella parte alta di Riomaggiore, in una zona tranquilla da cui si ammira uno splendido panorama sul paese e sul mare, Daniela Bertola, cuoca anche impegnata a valorizzare i Presìdi Slow Food, prepara piatti ispirati al ricettario ligure o dovuti a piacevoli sterzate fantasiose. Ambienti curati e un dehors che guarda l'orizzonte completano il quadro. Il menù propone pietanze preparate con l'utilizzo di materie prime provenienti dalle varie comunità del cibo della val di Vara e da piccoli pescatori del luogo. Per iniziare si va sul sicuro con polpo e patate, *condiggion* (mosciame di tonno e verdure), soppressata di polpo, gamberi con fonduta di ricotta e pistacchi di Bronte (12 €). Seguono squisiti **pansotti di ricotta e *prebuggion***, trenette bruschettate con la colatura di alici di Cetara, risotto con le seppie e limone mantecato alle erbe aromatiche (11 €). Tra i secondi, oltre alla **frittura di paranza**, consigliamo il coniglio alla ligure, il cosciotto di agnello al timo e, in stagione, le **seppie con i carciofi di Perinaldo** (12 €). Per finire in bellezza un pensierino va fatto sulla millefoglie con mantecato di ricotta salata e chinotto di Savona o sullo **zabaione allo Sciacchetrà**. Quanto ai vini si può scegliere tra quelli nazionali o su prodotti di aziende dello Spezzino custodi di un territorio difficile da mantenere e da lavorare.

SARZANA

16 KM A EST DI LA SPEZIA

Il Lupo
Trattoria
Via Cisa, 72
Tel. 0187 622619-339 7964846
Chiuso il lunedì
Orario: solo la sera
Ferie: 15 giorni in settembre
Coperti: 25
Prezzi: 25-28 euro vini esclusi
Carte di credito: nessuna

A pochi passi dal centro storico di Sarzana, lungo la storica via Cisa, si trova questo piccolo e semplice locale che fa delle forniture a chilometro zero l'elemento cardine della sua proposta gastronomica. Roberta Pelliti lo conduce con passione, preparando piatti che ripercorrono la tradizione locale di una terra di confine in cui la cucina ligure dialoga con la toscana. Tutte le materie prime provengono dal Mercato della Terra di via Gori, che si svolge ogni sabato mattina, presso cui è possibile, fra l'altro, trovare la *spungata*, classica sfoglia farcita con confetture, spezie e Vermentino, che sarà la conclusione ideale di ogni pasto. Da quest'anno è presente anche un menù cartaceo, ma Roberta, con lo zelo di un'archeologa del gusto, vi racconterà con la passione che la contraddistingue le caratteristiche dei vari piatti. Tra gli antipasti più significativi ricordiamo la **farinata con le acciughe** (6 €), le torte di verdura (4 €) e quelle di farro. A seguire si va sul sicuro con i **tortelli di erbette e ricotta** (8 €), la zuppa di muscoli e cannellini accompagnata da crostini all'aglio (10 €), la ***mesciua*** (piatto della cucina povera spezzina a base di legumi e cereali) e, da una vecchia ricetta sarzanese, le tagliatelle verdi con sugo di coniglio. Si prosegue con il ***bagnun*** (zuppa di pomodoro con acciughe), i muscoli ripieni (10 €), la trippa in umido. L'amore per il territorio si ritrova anche nella buona selezione di vini della Doc Colli di Luni.

All'imbocco della via dell'Amore dalla parte di Riomaggiore, da A Piè de Mà acciughe, carpacci di pesce e insalate accompagnati da una buona scelta di Cinque Terre.

SORI
Capreno

16 km a se di Genova ss 1 o a 12

Da Drin
Trattoria
Frazione Caprено, 66
Tel. 0185 782210
Chiuso il mercoledì
Orario: mezzogiorno e sera
Ferie: variabili
Coperti: 50 + 20 esterni
Prezzi: 23-26 euro vini esclusi
Carte di credito: CS, MC, Visa, BM

Per raggiungere Caprено bisogna addentrarsi nel paese di Sori per poi salire fra terrazzamenti olivati e rigogliosa macchia mediterranea. Da Drin, osteria con antichi trascorsi, non delude mai: la cucina della famiglia Castagnola è frutto di una lunga esperienza e di un forte legame con il territorio. Il locale dispone di una veranda e di un terrazzino dove, appena la temperatura lo consente, ci si rifocilla guardando verdi colline e un lembo di mare godibile in modo esclusivo al tramonto. Semplicità e sostanza sono le parole d'ordine della cucina di mamma Marilva; il servizio è curato dai figli Gabriele e Gianni, che all'occorrenza danno volentieri una mano ai fornelli. Da assaggiare, per cominciare, le **focaccine con il formaggio** fritte in padella (3 €) e le verdure ripiene. Tra le paste, di fattura casalinga, sono veramente buoni i delicati **pansotti in salsa di noci** e le **trofie al pesto con fagiolini e patate** ("attorcigliate a spirale" una a una da Gabriele, 6 €); il lunedì è giorno di minestrone alla genovese, ricco e saporito, preparato con le verdure dell'orto di famiglia. A seguire, consigliamo il **coniglio alla ligure in casseruola** (8 €), le costine di agnello con carciofi fritti (da ottobre ad aprile), il **fritto misto alla genovese** (8 €); il venerdì non manca mai lo stoccafisso accomodato, mentre d'autunno spiccano i funghi fritti. Accattivanti i dolci, tra cui le crostate con frutta di stagione e il tortino di mele caldo con gelato. La carta dei vini propone etichette liguri e nazionali; onesto lo sfuso. La prenotazione è obbligatoria.

VARESE LIGURE

52 km a no di La Spezia ss 523

Gli Amici 🐌
Ristorante annesso all'albergo
Via Garibaldi, 80
Tel. 0187 842139
Chiuso il mercoledì, mai d'estate
Orario: mezzogiorno e sera
Ferie: 15 dicembre-15 gennaio
Coperti: 100
Prezzi: 25-30 euro vini esclusi
Carte di credito: CS, MC, Visa, BM

Varese Ligure è stata la prima località in Italia ad avere ottenuto la certificazione di qualità ambientale. Arrivarci significa fare una gita fuori porta attraversando una buona parte della val di Vara, uno spettacolo della natura che ripaga ampiamente del tragitto. La sala del ristorante, ampia e luminosa, riporta un po' indietro nel tempo: alti soffitti, tavoli ben disposti con tovagliati e posateria di una certa eleganza. L'accoglienza è squisitamente familiare e misurata e i tempi del servizio sono pressoché perfetti. Il menù varia spesso, ma la qualità degli ingredienti rimane costante, con la presenza di carni e prodotti caseari biologici delle locali cooperative e vini di piccoli produttori del territorio. Per cominciare, non mancano mai i crostini al lardo locale, le **acciughe al limone** (7 €) e lo sformato di carote in crema di capperino. Scegliendo i primi (8 €), tenete in conto i **ravioli al sugo di carne**, le trofie ai fiori di zucca e zafferano e, soprattutto, i croxetti di Varese al battuto di pinoli e maggiorana. Per secondo (10 €), **coniglio alla ligure**, filetto di maiale al castelmagno e gli invitanti **crocchini**, piccole polpette cilindriche di carne avvolte nelle ostie e fritte. Si conclude con la selezione di formaggi biologici della valle (7 €), le crostate fatte in casa o il superbo semifreddo all'amaretto dal cuore di biscotto. Lista dei vini con etichette locali e delle regioni vicine; buono lo sfuso dei Colli di Luni.

> ❝ *L'accoglienza, la qualità della cucina e delle materie prime locali, fanno degli Amici una tappa gastronomica più che consigliata* ❞

oltre alle osterie

ALTARE
13 KM A OVEST DI SAVONA

Quintilio
Ristorante
Via Gramsci, 23
Tel. 019 58000
Chiuso domenica sera e lunedì
Orario: mezzogiorno e sera
Ferie: non ne fa
Coperti: 45
Prezzi: 45-50 euro vini esclusi
Carte di credito: tutte, BM

Quasi al confine tra Liguria e Piemonte troviamo lo storico locale della famiglia Bazzano. La cucina risente ovviamente dell'influenza piemontese anche se è la Liguria a farla da padrone: piatti solidi e curati nella presentazione, con qualche intelligente commistione creativa. La pasta e il pane sono fatti in casa, molte delle verdure provengono dall'orto di famiglia. Tra i piatti più legati alla tradizione si segnalano il vitello tonnato, il cappon magro, i corsetti altaresi con i funghi, il fritto misto alla piemontese (25 €), il brasato al Barolo, lo stoccafisso mantecato con cialde al parmigiano e paté di olive taggiasche (22 €). Quand'è stagione sono proposti menù dedicati al porcino e al tartufo valbormidese. La corposa carta dei vini unisce grandi nomi a piccoli produttori con onesti ricarichi; si può bere anche al calice e acquistare presso la piccola enoteca. Per il pernottamento sono a disposizione cinque confortevoli camere. La gestione è molto cortese e professionale.

RIOMAGGIORE - GROPPO
23 KM A OVEST DI LA SPEZIA

Cappun Magru
Ristorante
Via Volastra, 19
Tel. 0187 920563
Chiuso lunedì e martedì
Orario: sera, domenica anche pranzo
Ferie: tra gennaio e febbraio
Coperti: 18
Prezzo: 42-50 euro vini esclusi
Carte credito: tutte tranne DC, Bancomat

Sopra Riomaggiore, a 200 metri di altitudine, in un luogo che sembra sospeso nel tempo, una casa tipica del borgo di Groppo, raggiungibile da Manarola lungo la strada che conduce a Volastra, ospita il piccolo raffinato ristorante gestito dallo chef Maurizio Bordoni assieme alla moglie Christiane. Oltre il piccolo ingresso, una prima saletta è arredata con mobili antichi. Al piano superiore si trova la sala con la cucina a vista. Le materie prime, in buona parte biologiche, sono locali. Potrete scegliere alla carta o affidarvi al menù degustazione di quattro portate (42 €). Una delle specialità è quella che dà il nome al locale, il *cappun magru* (20 €), nella sua ricetta più autentica. Notevoli anche il *ciuppin* (13 €), le lattughe ripiene, gli spaghetti allo zafferano e muscoli della Palmaria. Il servizio, curato, è impeccabile e familiare allo stesso tempo. La prenotazione, viste le dimensioni del locale, è pressoché obbligatoria.

Monza
Milano
Sesto S. Giovanni
Bréscia
Lago di Garda
Desenzano d. Garda
Castiglione d. Stiv.
Villafranca di Verona
Crema
Lodi
LOMBARDIA
Pavia
Codogno
Cremona
Mántova
Monticelli d'Ongina
Rottofreno
Stradella
Piacenza
Fiorenzuola d'Arda
Busseto
Sissa
Trecasali
Soragna
Gazzola
Agazzano
Carpaneto Piacentino
Rivergaro
Castell'Arquato
Ponte dell'Ólio
Fidenza
Vernasca
Farini
Guastalla
Corréggio
Campogalliano
Parma
Sala Baganza
Montécchio Emília
Réggio n. Emília
Lesignano de' Bagni
Langhirano
Traversetolo
Calestano
Neviano degli Arduini
Scandiano
Casalgrande
Sassuolo
Baiso
Borgo Val di Taro
Cisa
1039
Corníglio
Vetto
Castelnovo ne' Monti
Sécchia
PARCO NAZ. D. APPENNINO TOSCO-EMILIANO
Pavullo n. Frignano
Frassinoro
Lama Mocogno
M. Cimone
2165
Abetone
LIGÚRIA
Rapallo
Chiávari
S. Margherita Lígure
Aulla
La Spézia
Sarzana
Carrara
Massa
PARCO NAZ. D. CINQUE TERRE
Pistoia
Viaréggio
Lucca
Montecatini Terme
MAR LÍGURE
Pisa
Arno
Pontedera
Livorno
0
15
30 km
Í. DI GORGONA

Vicenza
A31
A4
Mirano
A57
Lido di Jésolo
Mestre
VENÉZIA
Mira
A4
S. Bonifácio
Pádova
Golfo di Venézia
V É N E T O
Monsélice
Chióggia
Legnago
Este
Ádige
Rovigo
Ádria
Po
Po
A13
Porto Tolle
Mésola
Mirándola
Finale Emília
Panaro
Ferrara
Codigoro
Cento
Bomporto
Comácchio
MAR
S. Pietro in Casale
Nonántola
Reno
Argenta
ADRIÁTICO
BOLOGNA
Monte S. Pietro
Savigno
Bagnacavallo
Lugo
M4dir
Ravenna
Russi
Pianoro
Ímola
A14
Faenza
Cérvia
Brisighella
Forlì
Forlimpopoli
Cesenático
A1
Reno
Cesena
Gambèttola
Bertinoro
S. Mauro Pàscoli
Savignano sul Rubicone
Santerno
Rímini
Pépoli
Passo della Futa
903
Longiano
Galeata
Roncofreddo
Santarcangelo di Romagna
Riccione
Borgo S. Lorenzo
PARCO NAZ. D.
Mercato Saraceno
Sogliano al Rubicone
S. Marino
S. Sofia
Monte Colombo
FORESTE CASENTINESI,
A14
Prato
M. Falterona 1654
Bagno di Romagna
S. Leo
S. MARINO
FIRENZE
M. FALTERONA
Casteldelci
E CAMPIGNA
Verghereto
Urbino
Pontassieve
A1
Arno
Bibbiena
MARCHE
T O S C A N A
Montevarchi
Città di Castello
Poggibonsi
Arezzo
ÚMBRIA

EMILIA-ROMAGNA

Dici Emilia-Romagna e senti i profumi di un territorio che regala emozioni in ogni stagione. Ogni momento ha tanto da raccontare e lo fa nel migliore dei modi, la buona accoglienza è regola naturale ed è facile sentirsi a casa. Il vero viaggio, però, è assaporare materie prime e cibi, frutto dell'opera secolare di donne e uomini, che hanno trasmesso sapienza e amore per questa terra in una tradizione gastronomica abbondante, saporita e gustosa. È imperdibile l'assaggio delle minestre (qui significa soprattutto pastasciutta) con la pasta sfoglia tirata al matterello, in cui si cimenta la maestria delle donne di casa, da sempre reggitrici (*rezdore*, *azdore*...) della vita familiare. Ecco allora l'esteso catalogo di tortellini, tortelli, cappelletti, anolini, tagliatelle, pappardelle, lasagne e cannelloni, con fattura e ripieni che riescono sempre a stupire. E se le colline offrono una vasta scelta di carni, la cucina si arricchisce con le prelibatezze del pescato dell'Adriatico. Ampia e interessante è la produzione di salumi, da quelli cotti (salama da sugo, spalla cotta, zampone e cotechino) a variegati insaccati come salami, salsicce, prosciutto e coppa. I formaggi raccontano le sfumature di un territorio ricco, dalla produzione del parmigiano reggiano ai morbidi raviggiolo e squaquerone. E se per apprezzare al meglio il territorio preferite girovagare fra costa e collina, rinfrancatevi con un assaggio di alcune imperdibili delizie di cibo di strada come torta fritta e piadina.

scelti per voi

pesce azzurro

398 Osteria del Gran Fritto
Cesenatico (Fc)

396 Al Deserto
Cervia (Ra)

427 Il Pescato del Canevone
Rimini

426 Terrae Maris
Ravenna

tortellini

389 Osteria Bottega
Bologna

391 La Lanterna di Diogene
Bomporto (Mo)

411 Aldina
Modena

414 Osteria di Rubbiara
Nonantola (Mo)

tagliatelle

405 La Campanara
Galeata (Fc)

406 Da Giovanni al Belvedere
Guiglia (Mo)

429 Osteria dei Frati
Roncofreddo (Fc)

439 Il Cantacucco
Zocca (Mo)

tortelli, tortelloni

390 Trattoria di Via Serra
Bologna

401 Albergo dei Cacciatori
Farini (Pc)

405 Antica Locanda del Falco
Gazzola (Pc)

420 Ai Due Platani
Parma

435 Da Ottavio
Sogliano al Rubicone (Fc)

AGAZZANO
Sarturano

24 km a so di Piacenza

Antica Trattoria Giovanelli

Trattoria
Via Centrale, 5
Tel. 0523 975155
Chiuso il lunedì, mercoledì e festivi sera
Orario: mezzogiorno e sera
Ferie: 16-31 agosto, 15 gg febbraio-marzo
Coperti: 55 + 55 esterni
Prezzi: 28-30 euro vini esclusi
Carte di credito: AE, CS, MC, Visa, BM

Siamo in Val Luretta, piccola valle che si incunea tra le più note Trebbia e Tidone, in una raccolta frazione del comune di Agazzano. Un territorio che risente delle influenze e degli usi di quattro province – Piacenza, Pavia, Alessandria e Genova – ospita questa storica trattoria gestita da tre generazioni dalla famiglia Giovanelli, oggi rappresentata da Raffaella, in cucina, e dal fratello Marco, in sala. All'interno tre accoglienti salette che d'estate vengono disertate a favore della bella e spaziosa veranda. In un menù essenziale e strettamente legato al territorio, tra gli antipasti è quasi d'obbligo l'assaggio dei **salumi**, stagionati nella cantina del locale, cui si aggiunge uno stuzzicante **carpaccio di lombo** (8,50 €). Tra i primi troviamo alcuni capisaldi della gastronomia piacentina: *pisarei e fasò*, anolini in stracotto in brodo e **tortelli di erbette e ricotta** (8 €), preparati e riempiti al momento, serviti con burro e salvia o **con un sugo di funghi**. La carne la fa da padrona tra i secondi con il **misto di arrosto** o di bollito (10 €), oltre a salame cotto, **tasca di vitello ripiena**, stinco di maiale e faraona al forno. Possibile la degustazione di qualche formaggio grana prima di passare ai dolci, tutti fatti in casa: buoni il **ciambellone** e le crostate di frutta (4 €). Il vino della casa è servito nel tradizionale *scudlein* (tipica scodella di maiolica bianca) e la carta presenta un'interessante selezione delle etichette piacentine.

BAGNO DI ROMAGNA
San Piero in Bagno

56 km a so di Cesena ss 71 o e 45

Alto Savio

Ristorante
Via Battistini, 76
Tel. 0543 903397
Chiuso il sabato
Orario: mezzogiorno e sera
Ferie: settimana dopo Ferragosto, 23/12-8/1
Coperti: 90 + 20 esterni
Prezzi: 25-30 euro vini esclusi
Carte di credito: CS, DC, MC, Visa, BM

🍴

Diffidate della prima impressione: visto da fuori, questo locale, appena discosto dalla strada alberata che conduce a San Piero in Bagno, sembra più o meno un grosso bar di paese. Superata però la zona con il bancone, luogo di ritrovo per molti abitanti della zona, si arriva nell'ampia e accogliente sala dall'arredo genuinamente demodé: qui potrete gustare un'ampia quanto valida scelta di piatti della tradizione romagnola, con qualche digressione nella vicina Toscana. Mente e anima di Alto Savio è il giovane Alessandro Bravaccini, preparato ed entusiasta, che ha ereditato dal padre la passione per la ristorazione ed è aiutato nell'accoglienza in sala dalla moglie Paola. Il ricco menù renderà difficile scegliere. Dopo una buona partenza a base di crostini misti o taglieri di salumi e formaggi, si prosegue con uno dei punti di forza del locale: la pasta fresca, opera quotidiana di affiatate *rezdore*. Tagliatelle e paste ripiene saranno condite secondo stagione con funghi, tartufo, cacciagione o ragù; non mancano inoltre i **passatelli in brodo** (7,50 €) e la **ribollita** (7 €). Meritano senz'altro l'assaggio anche la trippa, la fiorentina, lo **stinco al forno** (8,50 €) e, soprattutto, gli arrosti di **agnello** (10 €), coniglio, capretto, maialino, piccione), sempre accompagnati da saporite verdure. In stagione abbondano i funghi e, su prenotazione, la cacciagione. Sarebbe un peccato non lasciare un po' di spazio per il dessert: zuppa inglese, **lattaiolo**, crostate, cantuccini. Carta dei vini limitata, principalmente di territorio.

BAISO
Lugo di Baiso

29 KM A SUD DI REGGIO EMILIA SS 467 E 486

Ca' Poggioli
Trattoria
Via Lugo, 7
Tel. 0522 844631
Chiuso lunedì sera e giovedì
Orario: mezzogiorno e sera
Ferie: 10-31 agosto, 1 settimana in gennaio
Coperti: 60
Prezzi: 28-32 euro vini esclusi
Carte di credito: CS, DC, MC, Visa, BM

Percorrendo la fondovalle che costeggia il Secchia verso Passo Radici, poco prima della galleria Case Poggioli svoltate a destra verso Lugo e dopo alcune centinaia di metri troverete, sempre sulla destra, all'interno della vecchia stazione di posta, la trattoria gestita da oltre vent'anni dalla famiglia Branduzzi. Mamma Gianna, in cucina, prepara sapientemente piatti della cucina tradizionale reggiana mentre Gabriele gestisce la sala raccontando il menù, spiegando i piatti e consigliando i clienti in modo cordiale e professionale. S'inizia con l'antipasto misto di **salumi** (salami e coppe affinati nelle cantine di proprietà) e **polpettine fritte di baccalà** (8 €) accompagnati da un particolare gnocco fritto insaporito nell'impasto da parmigiano reggiano. Tra i primi, **tortelli di erbette e ricotta** o di zucca (9 €) e gli ottimi **cappelletti in brodo di manzo e gallina** (9 €). Passando ai secondi, dove le carni la fanno da padrone, non mancate i **berzigoli di castrato** scottati con aglio e rosmarino oppure le **costolette d'agnello** (13 €), dorate o alla griglia, o ancora i morbidi arrosti misti e il coniglio al forno. In stagione troverete preparazioni a base di funghi (spugnole e porcini) ma anche con l'ottimo tartufo bianco della zona. Infine fra i dolci la torta di riso, quella di tagliatelle, la torta nera e una buonissima **zuppa inglese**. La carta dei vini propone interessanti produzioni di Lambruschi reggiani e modenesi e una panoramica di etichette nazionali.

BOLOGNA

Antica Trattoria della Gigina
Ristorante
Via Stendhal, 1 B
Tel. 051 322300
Non ha giorno di chiusura
Orario: mezzogiorno e sera
Ferie: tre settimane in agosto
Coperti: 100
Prezzi: 32-36 euro vini esclusi
Carte di credito: CS, MC, Visa, BM

La Trattoria della Gigina accoglie i suoi clienti da quasi sessant'anni, ed è oggi ancora sulla breccia grazie a Rosalba Vigorito e Carlo Cortesi che hanno acquistato il locale quattordici anni fa. L'ambiente è articolato in diverse sale disposte su differenti livelli e arredate in stile liberty con bei pavimenti in graniglia, ma le ricette sono quelle originali della Gigina: cucina bolognese ben preparata e presentata. Tra gli antipasti spiccano la **spuma di mortadella con gelatina di balsamico e pan brioche** e il roastbeef della Gigina con la sua salsa di cottura (12 €), ma potrete assaggiare anche prosciutto di Parma stagionato e culatello di Zibello. Passando ai primi, ottimi **tortellini in brodo** (12 €), le imperdibili **tagliatelle al ragù**, ma anche il gramignone sporca faccia con salsiccia, gli gnocchi di spinaci in fonduta di parmigiano e tartufo (15 €) o i maccheroncini al torchio con prosciutto e asparagina di Altedo. I secondi passano in rassegna le più classiche preparazioni di carne tra cui, in inverno, la **cocotte di bolliti con friggione e salsa verde** (12 €), il coniglio al forno (12 €), il **fegato di vitello grigliato con rete e lauro**, la cotoletta alla petroniana anch'essa con tartufo. Se avrete lasciato un po' di spazio per il dolce non mancate un classico emiliano: la zuppa inglese. Ottima la cantina che, oltre a esplorare il territorio, spazia tra le migliori produzioni enologiche nazionali.

La Caramella di Gino Fabbri, via Cadriano 27/2, è una eccellente pasticceria. Salumeria Bruno e Franco, via Oberdan 16: salumi, formaggi nazionali e prodotti di gastronomia.

BOLOGNA

Meloncello
Trattoria
Via Saragozza, 240 A
Tel. 051 6143947
Non ha giorno di chiusura
Orario: mezzogiorno e sera
Ferie: due settimane in agosto
Coperti: 55
Prezzi: 30-33 euro vini esclusi
Carte di credito: tutte, BM

A pochi passi dall'Arco del Meloncello e da Porta Saragozza, all'inizio della salita che conduce al Colle della Guardia e al Santuario della Madonna di San Luca, è d'obbligo una sosta in questa trattoria d'altri tempi. Alle pareti, in bella mostra, autografi e foto di artisti testimoniano la vicinanza al Teatro delle Celebrazioni e allo stadio calcistico Dall'Ara: degno sfondo al racconto del menù. Come da tradizione tanti i primi fatti in casa: **tagliatelle al ragù** (10 €), tortelli o **passatelli in brodo** (9 €) che, preparati con brodo leggero mantengono una buona croccantezza (e da soli valgono il viaggio), tortelloni ricotta e salvia e, anche se in porzioni limitate, **lasagne alla bolognese**. Interessanti i secondi dove, senza ombra di dubbio, spiccano il **coniglio disossato alla cacciatora** (12 €) e le **polpettine con patate e piselli** (11,50 €). Un'attenzione particolare è riservata alla preparazione dei contorni (3,50 €) che seguono l'offerta stagionale. Ottimi in inverno le **patate al forno** e il purè, mentre in estate si possono gustare pomodori gratinati oltre agli immancabili friggione e fricandò. Eccellenti i dolci fatti in casa. Abbiamo assaggiato il **tiramisù**, freschissimo e dal gusto pieno e cremoso, la zuppa inglese e il fiordilatte. Discreta la selezione dei vini con una particolare attenzione dedicata alle etichette dei Colli Bolognesi.

🔖 Le Sfogline, in via Belvedere 7 B, propone ottima pasta fresca artigianale: tortellini, tagliatelle, lasagne, gnocchi, passatelli. In via delle Tofane 38, la salumeria Pasquini propone ottimi salumi della tradizione bolognese.

Osteria Bottega
Osteria tradizionale
Via Santa Caterina, 51
Tel. 051 585111
Chiuso domenica e lunedì
Orario: mezzogiorno e sera
Ferie: agosto, 10 gg Natale-Epifania
Coperti: 26 + 10 esterni
Prezzi: 35-40 euro vini esclusi
Carte di credito: MC, Visa, BM

Se cercate la cucina bolognese, quella più autentica e genuina, questa è una tappa da cui non potete prescindere. Sotto i portici di via Santa Caterina c'è Daniele Minarelli a custodir una tradizione che ha fatto guadagnare alla città l'appellativo di "grassa". Dell'Osteria Bottega sono ormai (giustamente) celebri i **tortellini in brodo**, la sontuosa lasagna (15 €) e la **cotoletta alla petroniana**: interpretazioni filologicamente ineccepibile dei classici. «Buono, sì, ma mia nonna lo fa meglio» è una frase che qui non sentirete mai dire. Perfino le *rezdore* più severe saranno costrette ad ammettere che non capita spesso di assaggiare un **polpettone con peperonata** (14 €) così. La carta spazia anche fra le preparazioni meno universalmente note della cucina emiliana come, solo per darne qualche esempio, le **tagliatelle bianche con asparagi verdi di Altedo** (12 €) e il baccalà con passata di pomodorini, olio e basilico. Una festa per il palato, la **giardiniera** sott'olio (6 €), accompagnata dall'ottima scelta di pecorini e salumi, e prima su tutti la mortadella di Pasquini, per cui si può scomodare l'aggettivo di sublime. La spesa è commisurata alla soddisfazione e giustificata da una buona carta dei vini locali e nazionali oltre che da un'accoglienza che rimane familiare e piacevole.

> *Gli anni passano, l'Osteria Bottega resta mantenendo saldamente nel tempo il primato – non facile – di luogo dove i bolognesi consigliano di mangiare a Bologna. Tutto è impeccabile*

BOLOGNA

Serghei
Trattoria
Via Piella, 12
Tel. 051 233533
Chiuso sabato e domenica
Orario: mezzogiorno e sera
Ferie: agosto, una settimana in gennaio
Coperti: 28
Prezzi: 35 euro vini esclusi
Carte di credito: CS, MC, Visa, BM

Questa centralissima osteria – siamo a pochi passi da via dell'Indipendenza e dalla zona universitaria – rappresenta un pezzo della Bologna di un tempo. Ai suoi tavoli, ancora oggi, si trovano bolognesi, universitari, turisti di passaggio, attratti dall'atmosfera di grande semplicità e autenticità che si respira appena entrati. Il banco del bar, la sala con le pareti coperte di legno e i piccoli tavoli sono l'ambiente ideale per assaggiare i piatti della tradizione che si alternano nel menù. In sala sarete seguiti da Saverio Pasotti, mentre la cucina è affidata alla sorella Diana e alla madre Ida. Potrete iniziare con le paste fresche ripiene e non – tortelli di zucca o di ricotta e spinaci, tagliatelle al ragù (10 €), **tortellini in brodo** e lasagne – oppure con zuppa di verdure, pasta e fagioli e lasagne. Tra i secondi ha un ruolo di primo piano il **bollito servito con la salsa verde**, ma sono valide anche le zucchine ripiene e le polpette in umido, il coniglio, l'ossobuco con purè (presente solo in inverno) e la **faraona al forno** (13 €). I dolci (6 €) sono quelli classici: **zuppa inglese**, crème caramel, crostata. Vini del territorio emiliano-romagnolo e poche etichette fuori regione.

Trattoria di Via Serra
Osteria moderna
Via Serra, 9 B
Tel. 051 6312330
Chiuso lunedì e martedì
Orario: sera, ven, sab e dom anche pranzo
Ferie: variabili
Coperti: 40
Prezzi: 30-35 euro vini esclusi
Carte di credito: CS, DC, MC, Visa, BM

Vi occorreranno soltanto pochi minuti a piedi dalla stazione centrale per raggiungere via Serra e trovarvi di fronte alla vetrata della Trattoria, valido motivo per fare una sosta nel vostro viaggio. Il locale è arredato con semplicità e finezza e organizzato in tre piccole salette. L'ambiente familiare è confermato dalla cordialità di Flavio, oste accogliente che vi illustrerà i piatti del giorno che vanno ad aggiungersi a un menù contenuto, con proposte che utilizzano prodotti del territorio in ricette tradizionali e non. Tra gli antipasti (8 €), bella la valorizzazione del **tosone di bianca modenese** che viene avvolto nella pancetta e cotto al forno, gustose le animelle su insalata di asparagi, fresca la **vellutata fredda di pomodori, succo d'arancia e zenzero**. Tra i primi (10 €), piatti tipici della tradizione bolognese come la **gramigna al torchio al ragù di salsiccia montanara** o i **tortellini** in brodo, affiancati da interessanti alternative come gli gnocchi agli asparagi e porcini o i **tortelloni di sfoglia gialla con ripieno di ricotta di bianca modenese ed erbette**. I secondi si affidano a una semplice offerta tra cui le ottime tigelle di grano marzotto con il pesto di lardo. Tra le stuzzicanti proposte del giorno, potreste trovare la **noce di manzo cotta al sale** (16 €) o il coniglio arrosto avvolto nella pancetta. I dolci, come le mistocche di castagne, sono fatti in casa e variano con le stagioni. Particolare attenzione all'agricoltura biologica e biodinamica regionale nella carta dei vini.

■ In via Giuseppe Petroni i gelati di Stefano Bio (anche per celiaci). Ottimi pani ai cereali, farro e grani biologici al Forno di Calzolari, in via delle Fragole 1.

■ In via Santo Stefano 88 A, Silvio Scapin produce e vende ottimi salumi tra i quali spicca la mortadella classica (Presìdio Slow Food).

BOMPORTO
Solara

14 KM A NE DI MODENA SS 12

La Lanterna di Diogene

Osteria-trattoria
Via Argine Panaro, 20
Tel. 059 801101
Chiuso lunedì e martedì sera
Orario: mezzogiorno e sera
Ferie: prime due settimane di gennaio
Coperti: 40 + 40 esterni
Prezzi: 33 euro vini esclusi, menù fisso
Carte di credito: tutte

Per trovare un locale che incarni la filosofia del buono, pulito e giusto, nel senso più genuino e onnicomprensivo del termine, bisogna andare a Solara di Bomporto. È qui, lungo l'argine del Panaro, che sorge la cooperativa La Lucciola, al cui interno un gruppo di ragazzi disabili gestisce l'osteria La Lanterna di Diogene. Dall'allevamento (maiali, galline) alla coltivazione dell'orto, dalla produzione di aceto balsamico al servizio in sala, sono loro a fare tutto, guidati da Giovanni Cuocci, un oste come ne esistono pochi: tanta passione ed entusiasmo nelle parole e nello sguardo. Difficile essere esaustivi quando si parla di questo luogo, molto più facile visitarlo e innamorarsene. Antipasto a buffet (7 €) con **verdure** dell'orto, **torte salate** e cereali. Piatti semplici, freschi e colorati: una gioia per gli occhi e per il palato che richiede almeno un secondo giro. Tranne qualche excursus fuori regione, nel menù domina la tradizione emiliana. Imprescindibile un assaggio dei primi (10 €): tirata a regola d'arte la pasta dei **tortellini in crema di parmigiano** o dei tortelloni di ricotta. Tra i secondi spicca la **ricotta con aceto balsamico** (12 €) e non delude la **gallina modenese in padella** (15 €). Materie prime di ineccepibile qualità, pochi salamelecchi e molta sostanza. Impossibile non concludere il pasto con un liquore, anche quello fatto in casa, o un assaggio dal goloso buffet di dolci (5 €). Vino bio della casa e alcune etichette regionali.

❞ *Qui il chilometro zero è un modo di vivere. Un posto al di fuori dagli stereotipi e dalle mode, dove assaggiare piatti genuinamente emiliani con dietro le quinte un'etica da premiare* ❞

BRISIGHELLA
Monteromano

50 KM A SO DI RAVENNA, 20 KM DA FAENZA SS 302

Croce Daniele

Trattoria
Via Monteromano, 43
Tel. 0546 87019
Chiuso lunedì e martedì sera; sett-mar solo sab e dom
Orario: mezzogiorno e sera
Ferie: non ne fa
Coperti: 120 + 50 esterni
Prezzi: 20-25 euro vini esclusi
Carte di credito: CS, MC, Visa, BM

Lasciata la statale all'altezza del cartello che divide la provincia di Ravenna da Firenze, si sale per alcuni chilometri in direzione Monteromano. Arrivati all'altezza dell'osservatorio si prosegue fino a raggiungere la chiesetta di un piccolo borgo, accanto alla quale si trova la trattoria. All'esterno c'è una terrazza panoramica utilizzata nel periodo estivo e, superati alcuni gradini, l'ingresso. Sulla destra troverete il forno in pietra utilizzato per la cottura degli arrosti e subito dopo l'ampia sala. Luciano Gentilini gestisce il locale con la sua famiglia, i piatti proposti fanno parte della tradizione contadina e ne ripropongono la semplicità e l'immediatezza. Non esiste un menù scritto, le proposte del giorno sono elencate a voce. Si parte con un antipasto di **crostini misti** (3 €) o una selezione di salumi seguiti dai primi fatti in casa (7 €): tagliatelle al ragù, **tortelli di ricotta al burro** e **di patata con l'extravergine di Brisighella**. I secondi (7 €) sono prevalentemente di carne: oltre alla classica **grigliata di** maiale o di **castrato**, potrete trovare agnello, **capretto**, coniglio, pollo e **faraona cotti nel forno a legna**. Tra i contorni, verdure di stagione e le patate cucinate al forno. Per finire dolci della tradizione come zabaione, latte brulé, mattonella al caffè e semifreddo di ricotta proposti anche in assaggio misto. Tra i vini qualche etichetta locale, ma principalmente Sangiovese sfuso.

BRISIGHELLA

50 KM A SO DI RAVENNA, 20 KM DA FAENZA SS 302

Osteria del Guercinoro
Osteria moderna
Piazza Marconi, 7
Tel. 0546 80464
Chiuso il martedì
Orario: sera, settembre-maggio e festivi anche pranzo
Ferie: 20 dicembre-7 gennaio
Coperti: 30 + 15 esterni
Prezzi: 30-35 euro vini esclusi
Carte di credito: nessuna

Nel centro medievale di Brisighella, vicino alla pittoresca via degli Asini, questa piccola osteria scavata nel gesso e gestita da Franco Ricci Maccarini, aiutato in sala dalla cordiale Elena, vi condurrà in un percorso gustativo che risente dell'influenza della vicina Toscana. Il piccolo menù, raccontato a voce e trascritto sulla lavagna appesa all'ingresso, offre scelte sempre fortemente contestualizzate: pochi piatti ma ben costruiti in accordo con le disponibilità stagionali tese a dare qui il loro meglio. In ingresso potrete trovare la **frittatina con i fiori di acacia**, la ricotta, proveniente da un locale produttore, con extravergine di Brisighella oppure, per gli amanti dei classici, il piatto di **salumi artigianali** (10€) di ottima qualità. Il capitolo delle paste riserva, giustamente, un posto d'onore a quelle fresche all'uovo: da segnalare le **tagliatelle con i piselli** (9 €) e le lasagnette con gli asparagi. Con i secondi piatti, invece, la tradizione toscana prende il sopravvento: battuta di chianina al coltello, **tagliata di manzo** (16 €) e lombatina di maiale allevato allo stato brado danno risalto alla materia prima, cucinata senza fronzoli per esaltarne la qualità. Buona selezione di formaggi (10 €) e dolci, che variano quasi quotidianamente. La carta dei vini non c'è, ma l'oste sarà felice di proporvi etichette di produttori locali, riservandovi anche qualche chicca da vero intenditore.

BUSSETO
Madonna dei Prati

42 KM A NO DI PARMA SS 558

Campanini
Trattoria
Via Roncole Verdi, 136
Tel. 0524 92569
Chiuso martedì e mercoledì
Orario: sera, festivi su prenotazione anche pranzo
Ferie: 2-15 gennaio, 15 luglio-15 agosto
Coperti: 52
Prezzi: 28-32 euro vini esclusi
Carte di credito: CS, DC, MC, Visa, BM

Arrivare a Madonna dei Prati, nella campagna tra Piacenza e Parma, significa compiere un viaggio nel cuore della Bassa parmense. Varcare poi la soglia della ormai storica trattoria con bottega permette di respirare appieno l'atmosfera di queste terre. L'ambiente è essenziale, alle pareti foto e documenti di vita contadina e, all'accoglienza, la sorridente Franca Campanini. In cucina, il fratello Stefano e la mamma Maria perpetuano le tradizioni gastronomiche del luogo. D'obbligo iniziare con la **torta fritta** (4 €) e gli eccellenti **salumi** misti (10 €), che da soli valgono il viaggio, prodotti e lungamente stagionati grazie alla passione di Stefano: prosciutto di Parma, spalla cruda e cotta, salame, coppa e culatello. Tra i primi, ottime le paste ripiene fatte in casa, come i classici **tortelli di mucca** (8,50 €) e i **cappelletti in brodo** (la domenica, 9 €). I secondi? Tra guanciale, stinco, trippa della nonna e **bollito** (la domenica, 20 €) c'è l'imbarazzo della scelta, ma l'ottima **mariola con mostarda di pere e mele, zabaione, balsamico e purè** (10 €) è un classico del locale. Tra i dolci, semifreddi, crostate e il gelato di crema della casa. La carta dei vini dà risalto alle bollicine, spaziando dai piccoli artigiani della Champagne a nostrani Metodo Classico, ai classici del luogo Fortana e Lambrusco, compagni ideali della cucina del territorio. Come da tradizione il lunedì, dalle 18, il menù prevede unicamente torta fritta e salumi.

> **"** *Un viaggio nello spirito e nell'essenza della Bassa. La famiglia Campanini continua imperterrita a raccontare le tradizioni culinarie del luogo* **"**

CALESTANO
Fragnolo

36 km a so di Parma

Locanda Mariella

Trattoria
Località Fragno
Tel. 0525 52102
Chiuso lunedì e martedì
Orario: mezzogiorno e sera, inverno pranzo su prenotazione
Ferie: variabili
Coperti: 60 + 40 esterni
Prezzi: 35-38 euro vini esclusi
Carte di credito: MC, Visa, BM

Ci sono molte ragioni per arrivare fino a Fragnolo, incastonato nel bell'Appennino parmense, e fermarsi alla Locanda Mariella. Intanto è una tappa obbligata per chi ama il vino: una cantina da collezionisti, quali sono Mariella e Guido, con bottiglie dai ricarichi molto onesti, frutto di una passione e di una ricerca davvero inusuali, che spazia fra selezioni locali, regionali, nazionali e straniere. Poi c'è la tradizione della cucina schietta, tramandata dalla nonna Luigia e dalla mamma Adriana. Il locale, curato, con il suo arredo allo stesso tempo antico e moderno, e lo stile informale, invita alla convivialità. Ai fornelli c'è Maurizio Pistritto, ma è ancora presente anche il padre di Mariella, Virgilio. La cucina esalta materie prime locali di grande qualità e, in particolare, il tartufo nero di Fragno. Prima di attingere alla stimolante lista dei piatti del giorno, cominciate con un antipasto di ottimi salumi, paté di fegato con composta di cipolle o con **polentina con fonduta di formaggi al tartufo nero** (12 €). Fra i primi, i tradizionali **cappelletti in brodo** (10 €), i **tortelli** di erbette, o quelli **dolci con amaretto, mostarda di mele e zucca**, gli gnocchetti di patate con crema di formaggi al tartufo. Tra i secondi, il **guancialino di vitello brasato al vino rosso con polentina tenera** (11 €), l'**arrosto di anatra** (11 €), il maialino al forno, la notevole selezione dei formaggi. Bella offerta di dolci al cucchiaio, gelati, mousse, bavaresi e torte della casa (6 €).

66 *Una cucina semplice, attenta alla tradizione, tramandata nel tempo attraverso la passione per i prodotti locali e per il mondo del vino* 99

CAMPOGALLIANO

9 km a no di Modena uscita a22

Laghi

Ristorante
Via Albone, 27-Laghi Curiel
Tel. 059 526988
Chiuso il merc; marzo, aprile, ottobre e novembre aperto ven-dom
Orario: mezzogiorno e sera
Ferie: dicembre-febbraio
Coperti: 90 + 120 esterni
Prezzi: 25-30 euro vini esclusi
Carte di credito: CS, MC, Visa, BM

Poco dopo l'uscita di Campogalliano seguendo le indicazioni per Laghi Curiel si raggiunge un ampio parcheggio che serve la zona parco. Immerso nel verde, circondato dai laghi per la pesca sportiva, si trova il ristorante. Marcello Righi, che si occupa della sala, vi illustrerà il menù che lo chef, e proprietario, Paolo Reggiani costruisce utilizzando materie prime di qualità, prodotti locali, erbe officinali coltivate nell'orto adiacente e alcuni Presìdi Slow Food. Partendo dagli antipasti, ottima la selezione di **salumi con gnocco fritto** nel lardo (9 €), le frittelline di baccalà con crema di spinaci e l'originale **da ov e da lat**: antica ricetta di aringa cucinata nel mosto cotto. Tra i primi, tagliatelle con salsiccia gialla (prodotta dallo chef secondo una ricetta segreta), **riso** grumolo delle Abbadesse (Presidio Slow Food) **con Grasparossa e salsiccia sgranata** (10 €) e tortelli di erbette con aglio dolce. Tra i secondi troviamo guancialino brasato al Grasparossa, **trittico di bolliti con salse** della tradizione (14 €) e la cotoletta della zia Iris. Per chi apprezza i **formaggi**, sicuramente consigliato il tagliere con mostarde e confetture fatte in casa. Per finire, tra i dolci, assaggiate il **semifreddo con croccantino e mandorle di Toritto** (Presidio Slow Food, 5 €), la zuppa inglese, la crostata con le visciole e, se disponibile, il gelato di mele cotte con croste di formaggio e pistacchi. La carta dei vini propone una buona selezione di vini nazionali, con un'accurata ed esauriente selezione di Lambruschi.

EMILIA-ROMAGNA | 393

CARPI
Cantone di Gargallo

7,5 KM A SO DI CARPI SP 468

Trattoria Cantone
Trattoria *novità*
Via Fornace, 36
Tel. 059 664317
Chiuso martedì e domenica sera
Orario: mezzogiorno e sera
Ferie: due settimane in agosto
Coperti: 50 + 40 esterni
Prezzi: 20 euro vini esclusi
Carte di credito: nessuna

In un angolo di campagna tra Modena e Reggio nell'Emilia, la Trattoria Cantone assolve un ruolo in passato fondamentale in queste zone: quello di luogo di ritrovo. Gli avventori abituali sono, infatti, persone che vanno per un bicchiere o una sfida a biliardo o a carte e, tra una partita e una discussione sui fatti del giorno, è come fare un salto nel tempo. Se si raggiunge la sala da pranzo sul retro, Giorgio e la sua famiglia vi faranno assaggiare alcuni piatti tipici della zona, presentati senza fronzoli e con tanta sostanza. Il benvenuto è fornito da qualche fetta di salame locale. Si passa quindi ai primi, tutti fatti a mano, dove spiccano paste ripiene come i **tortelli** di ricotta e spinaci, di patate o **di zucca** (7 €), i tortellini in brodo, i **maccheroni al pettine con costine** (7 €) e le **caramelle con ripieno d'anatra**. Tra i secondi, ampio spazio è lasciato alle carni di maiale: **guanciale in umido** (8 €), costine di maiale, grigliata di salsiccia e cotechino con purè. Non manca nemmeno il manzo, con la punta di vitello al forno e il filetto alla griglia. I contorni sono quelli semplici di casa: insalata, spinaci e patate al tegame. Volendo concludere con un dolce, la scelta si muove ancora nel solco della tradizione con la **zuppa inglese** (4 €), la sbrisolona e la crostata di prugne. La cantina offre alcuni Lambruschi locali ed etichette nazionali. A pranzo è possibile scegliere un menù fisso al prezzo di 15 euro. Si consiglia la prenotazione.

CASALGRANDE
San Donnino di Liguria

19 KM A SE DI REGGIO NELL'EMILIA

Badessa
Ristorante
Via Casa Secchia, 2 A
Tel. 0522 989138
Chiuso lunedì e sabato a pranzo
Orario: mezzogiorno e sera
Ferie: due sett in estate, una in inverno
Coperti: 50 + 20 esterni
Prezzi: 30 euro vini esclusi
Carte di credito: CS, DC, MC, Visa, BM

La Badessa è l'avventura di due amici ventenni, Alberto Ruozzi e Luca Ferrari, che hanno dimostrato come materie prime di qualità e cultura del cibo e del vino siano carte vincenti nella ristorazione moderna. La filosofia del locale si basa sulla ricerca dei migliori prodotti del territorio e su una cucina che lascia agli ingredienti il compito di raccontare un piatto. Una squadra di coetanei, appassionati e competenti, completa l'accoglienza in un ambiente gradevole e curato. Il consiglio è di iniziare con le **frittelle di baccalà e rosmarino con salsa all'arancia** (10 €), il ventaglio di salumi (dagli allevamenti di suini della famiglia) servito con gnocco fritto e il flan dello chef, che cambia secondo stagione. Tra i primi piatti è la tradizione a segnare la strada: tortelli di zucca con burro e salvia, cappelletti in brodo di cappone e ganassino, e un piatto dalla storia del territorio l'*ajeda*, tagliatelle a doppia pasta con battuto di gola e pancetta (10 €). Tra i secondi si segnala la **faraona agrumata in crosta di pancetta croccante** (14 €), le guance di maialino brasate al Lambrusco con polenta bianca al rosmarino scottata alla piastra, le costolette di agnello con mentuccia e rosmarino. Per concludere, la classica **zuppa inglese** (6 €), le crostate di frutta fatte in casa, il tiramisù. Degna di nota la cantina, con una buona rappresentanza di etichette nazionali e un'attenzione ai Lambruschi del territorio, in particolar modo a quelli rifermentati in bottiglia e biologici.

CASTEL D'AIANO
Rocca di Roffeno

46 KM A SO DI BOLOGNA SS 64

La Fenice
Azienda agrituristica
Via Santa Lucia, 29
Tel. 051 919272
Chiuso lunedì-mercoledì, mai d'estate
Orario: mezzogiorno e sera
Ferie: gennaio-febbraio
Coperti: 60 + 40 esterni
Prezzi: 25-30 euro vini esclusi
Carte di credito: CS, MC, Visa, BM

Se siete frequentatori del Mercato della Terra di Bologna, non sarete di certo riusciti a resistere ai profumi che provengono dal banchetto dell'agriturismo, che tutti i sabati mattina (da settembre a giugno, o il mercoledì sera da giugno a luglio) delizia i visitatori con tigelle ripiene, porchetta e salumi. Da qui il passo a conoscere più da vicino l'azienda agrituristica e la sua cucina è davvero breve. Immerso nelle colline bolognesi, e in un clima di puro relax, con piscina e animali a fare da contorno, la Fenice propone una cucina semplice, familiare e di territorio. Negli antipasti (5 €) è messa in particolare evidenza la loro produzione con i **salumi** di mora romagnola. Volendo rimanere sulla carne di mora, molto interessante è il suo utilizzo nel ripieno dei casonetti mentre, per un'alternativa più leggera, si consigliano le **tagliatelle alle erbette selvatiche con pancetta stufata** (8 €) o gli gnocchi con i funghi porcini. Nei secondi suggeriamo nuovamente le carni di maiale: da nonperdere il **maialino al forno** (10 €) servito al tavolo oppure la delicata e morbida **crema di parmigiano reggiano con funghi porcini** (8 €). Tra i dolci, da provare la **torta di panna, ricotta e mirtilli** (3 €) che, a dispetto di quanto sembrano annunciare gli ingredienti, risulta leggera e fresca. La carta dei vini propone una panoramica di etichette delle varie denominazioni regionali.

CASTIGLIONE DEI PEPOLI

58 KM A SO DI BOLOGNA, 6 KM DAL CASELLO DI PIAN DEL VOGLIO

Taverna del Cacciatore
Ristorante *novità*
Via Cavanicce, 6
Tel. 0534 91143-338 1253996
Chiuso il lunedì, d'inverno anche dom sera
Orario: mezzogiorno e sera
Ferie: variabili
Coperti: 70
Prezzi: 28-32 euro vini esclusi
Carte di credito: tutte, BM

Parlando con Lucia Antonelli, chef del locale, vi accorgerete subito della passione autentica che la anima e del suo desiderio di far conoscere il proprio territorio, posto al confine fra Emilia e Toscana. I piatti della sua cucina sono tradizionali, legati saldamente alla identità locale trasmessale dalla nonna, ed emersi quando, venticinque anni fa, decise di subentrare agli suoceri nella gestione del ristorante. Siamo alle porte di Castiglione dei Pepoli e le proposte gastronomiche, grazie anche al prezioso aiuto dalla suocera Rosina, risentono delle caratteristiche locali, con particolare attenzione alla selvaggina. Accomodati in un'unica moderna sala, luminosa e con bella vista sulla vallata, iniziate assaggiando i **crostini caldi con fegatini**, le polpettine piccanti, il **cinghiale marinato** (5 €) o la ricotta al tartufo nero. Passando poi ai primi di pasta al matterello sono d'obbligo i **tortellini tradizionali in brodo** (piatto che ha reso famoso il locale). In alternativa, i ravioli all'ortica con porcini (10 €), le classiche tagliatelle al ragù o i tortelli di patate con cinghiale (11 €). Ecco poi le carni: tagliata di manzo, **agnello scottadito con salsa allo yogurt** (€ 12), stinco di maiale con purè all'aglio, **germano arrosto con pancetta e uva**, colombo selvatico arrosto. Le porzioni sono generose, ma riservate una spazio ai dolci casalinghi (4 €): zuppa inglese, budino di castagne, panna cotta con frutti di bosco, muffin alle mele con zabaione. Carta dei vini ben pensata e attenta alle cantine del territorio.

A **Savigno** (7 km) troverete l'azienda agricola Carboni Lamberto che produce le ottime patate di Tolè acquistabili direttamente.

CENTO

25 KM A SO DI FERRARA SS 255

Antica Osteria Da Cencio
Osteria-enoteca con cucina
Via Provenzali, 12 D
Tel. 051 6831880
Chiuso lunedì, in estate anche domenica
Orario: mezzogiorno e sera
Ferie: 20 gg in agosto, 20-31 dicembre
Coperti: 70
Prezzi: 35-40 euro vini esclusi
Carte di credito: tutte, BM

Tutte le anime dell'Emilia-Romagna si incontrano a tavola: la combattente e la godereccia, la lavoratrice e la generosa. E non c'è luogo migliore della tavola per celebrare una terra che, due anni fa, è stata colpita tanto duramente dal terremoto. Quindi si sale in macchina e si va a Cento: nelle vie del centro storico c'è l'Antica Osteria. Basta varcare la porta per sentirsi accolti dall'atmosfera accogliente e informale, la stessa sensazione rassicurante che si prova una volta aperto il menù. Vietato saltare la sezione antipasti, vuoi per la selezione di **salumi** (compresa la mortadella Presidio Slow Food) con sottaceti, vuoi per il cestino del fornaio (6 €) con i prodotti del vicino forno, o per una versione filologicamente corretta della piadina romagnola (5 €). Soddisfa anche il **tortino di zucca con taleggio e gocce di aceto balsamico** (8 €), così come, passando ai primi piatti, i **tortellacci ripieni di ricotta ed erbette con manzo, funghi e scaglie di parmigiano** (10 €), merito anche di una materia prima di eccellente qualità. I secondi si distaccano dalla tradizione e osano di più, con risultati alterni. Se non volete osare anche voi ordinate i **formaggi con miele e confetture** (15 €): ottima e abbondante selezione, come se ne vedono poche. Molto ben fornita anche la carta dei vini con selezione di etichette locali e nazionali offerte anche al calice. I dolci sono casalinghi.

■ Il forno Palladino (via Donati 7) propone pane, specialità e prodotti per celiaci. In via Ugo Bassi i salumi, le carni bovine, suine e il pollame della macelleria Ceresi. A **Renazzo di Cento**, via Alberelli 28, la salumeria Bonfatti produce diverse tipologie di salumi tra i quali la mortadella classica (Presìdio Slow Food).

CERVIA
Pinarella

35 KM A SUD DI RAVENNA

Al Deserto
Ristorante
Strada Statale 16 Adriatica, 52
Tel. 0544 976151
Chiuso da lunedì a mercoledì
Orario: sera, sabato e domenica anche pranzo
Ferie: dicembre-febbraio
Coperti: 80 + 40 esterni
Prezzi: 33-35 euro vini esclusi
Carte di credito: CS, MC, Visa, BM

Il locale si trova nel cuore delle saline di Cervia, lungo la statale. Vi consigliamo di arrivare all'imbrunire e godere dello spettacolo naturale che la riserva offre. Potete scegliere tra lo spazio interno e quello all'aperto, affacciato sulle vasche. Roberto Bagnolini vi aprirà le porte di una cucina tipicamente marinara, che Enrico Lubrano arricchisce con qualche proposta creativa. Gustosi i **calamaretti fritti su vellutata di patate e salsa balsamica** (13 €), ottimi anche il carpaccio di pesce spada affumicato con melanzane grigliate (12 €) e l'insalata di calamari con pomodori secchi e timo (10 €). Da non perdere le **mazzancolle al sale della Camillona con verdure** (14 €). Ricchi i primi: **spaghetti piccanti alle vongole, uvetta e pinoli** (12 €), risotto alla marinara (10 €), tagliolini al pesto di spinaci e scampi (12 €), tortelli al pistacchio di Bronte con gamberi e salvia (12 €). I secondi si dividono fra fritti e grigliate: fritto misto o frittura di pesce con rucola e polenta (14 €), **grigliata mista di pesce azzurro alla cervese con aceto rosso di Sangiovese** (disponibile solo giovedì, venerdì e sabato a pranzo, 16 €) oppure mazzancolle alla diavola (15 €), sogliole (16 €) e grigliata mista (21 €). Tra i dolci la classica zuppa inglese o un interessante semifreddo di squacquerone e fichi. La carta dei vini riserva particolare attenzione ai bianchi con un discreto sfuso alla mescita. In primavera e autunno, il giovedì c'è un menù dedicato al pescato di giornata a 25 euro e il vino potete portarlo da casa.

CESENA
San Vittore

6 KM DAL CENTRO DELLA CITTÀ

Cerina

Ristorante-pizzeria
Via San Vittore, 936
Tel. 0547 661115
Chiuso lunedì sera e martedì
Orario: mezzogiorno e sera
Ferie: 1 sett in gennaio, 1 in giugno, 1 in agosto
Coperti: 150
Prezzi: 30 euro vini esclusi
Carte di credito: tutte, BM

A pochi minuti dal casello autostradale Cesena nord, troverete dalla Cerina una cucina radicata nelle tradizioni di campagna di questa zona. Il ristorante, che ha una storia di mezzo secolo, è a conduzione familiare e propone piatti che utilizzano prodotti stagionali del territorio. A vostra disposizione la saletta dedicata all'osteria, le due sale del ristorante-pizzeria e la fresca veranda interna. L'accoglienza è affidata a Graziella, mentre in cucina ci sono la sorella Rosanna e il figlio Piergiorgio. Si può cominciare con frittatina di funghi prugnoli, salumi di mora (Presidio Slow Food) con crostone al lardo e piadina o **fegatini di coniglio con cipolla** (7,50 €). Fra le paste al matterello: **tagliatelle ai porcini** (10 €), agli stridoli o ai piselli, **cappelletti** o passatelli **in brodo**, ravioloni di ricotta e spinaci al burro e salvia. Trovate solo qui il *canolo* della casa, un rotolo di sfoglia ripiena con ragù e besciamella. Gustoso il galletto alla cacciatora, il coniglio al forno con patate, le polpette al sugo, che si alternano alle zucchine ripiene, e l'**agnello ai ferri** (10 €). Venerdì e sabato si possono gustare anche piatti di mare, secondo il pescato giornaliero: sardoncini al tegame con limone, strozzapreti con mazzancolle, vongole, calamari e pomodorini, fritto di paranza, sgombro al forno, canocchie. Tra i dolci, panna cotta, mascarpone alle fragole, salame di cioccolato, ciambella con la crema, crostate con marmellate e *savor*. Ampia la carta dei vini, con attenzione alle produzioni dei Colli Romagnoli, serviti anche al bicchiere.

Nel negozio La Delizia della famiglia Falchetti, in via Savio 1171, formaggi e prodotti dei Presìdi Slow Food, biscotteria fatta in casa, carni e salumi.

CESENA

Michiletta

Trattoria
Via Strinati, 41
Tel. 0547 24691
Chiuso la domenica
Orario: mezzogiorno e sera
Ferie: variabili
Coperti: 90 + 10 esterni
Prezzi: 28-30 euro vini esclusi
Carte di credito: tutte, BM

La più antica osteria nel centro di Cesena, a due passi dal duomo, da qualche anno nella sua nuova sede vi accoglie, all'ingresso, con il bancone in legno e metallo che l'oste ha portato con sé assieme ad altri oggetti, fra cui la storica insegna, che danno un tocco di calore e la misura di quanta storia della città sia passata da qui. L'ambiente in cui vi accoglie Johanna è sobrio, informale e allo stesso tempo curato. La cucina di Rocco Angarola è basata su prodotti e materie prime locali e verdure di stagione, saldamente ancorata alle tradizioni romagnole ma con uno sguardo anche ad altre realtà. C'è sempre qualche piatto del giorno fuori menù, d'inverno anche a base di cioccolato. Come antipasto, oltre al tagliere di salumi, lo **sformatino di pancotto alle erbette** (7 €), imbroglio di radicchi con bruciatini e zucca al gorgonzola. Fra i primi, gli **stringhetti con salsiccia e spinaci**, le tagliatelle con radicchio e prosciutto (9 €), i ravioli al peperone dolce o i tagliolini di farro alle verdure di stagione. Fra i secondi, filetti di manzo e di maiale, straccetti, **coniglio al forno con patate** (11 €) ma, per i nostalgici della cucina d'osteria, **fegatelli nella rete con patate** (9 €) e **trippa in umido**. Interessante ricerca di pecorini della zona presentati con *savor* e marmellate. Dolci al cucchiaio, con l'immancabile zuppa inglese, crostate, pere cotte al Sangiovese e gelati fatti in casa. Bella cantina, con tutta la migliore produzione romagnola, servita anche al bicchiere. Due i menù degustazione a 26 e 30 euro.

A **Gambettola** (13 km), Il Buongustaio, largo Don Poloni 34: pecorino stagionato con foglie di noci, formaggio di fossa e di grotta.

CESENATICO

53 km a est di Forlì ss 9 e 304

Osteria del Gran Fritto
Osteria moderna
Corso Garibaldi, 41
Tel. 0547 82474
Non ha giorno di chiusura
Orario: mezzogiorno e sera
Ferie: non ne fa
Coperti: 110 + 40 esterni
Prezzi: 28-35 euro vini esclusi
Carte di credito: CS, MC, Visa, BM

Lungo il porto canale di Cesenatico, con i suoi antichi barconi dalle vele coloratissime attraccate accanto ai moderni pescherecci, troverete l'osteria di Stefano Bartolini. Non si accettano prenotazioni, ma se non c'è posto subito vi chiederanno il numero di telefono e, appena un tavolo si libererà, vi chiameranno. All'interno l'atmosfera è piacevole con le tele azzurre di Tinin Mantegazza e, nella sala attigua, grandi foto d'epoca sui pescatori. Il menù lo troverete sulla tovaglietta di carta che fa da coperto. L'offerta varia a seconda della stagione e di quello che il mare offre. Il fritto è il vanto della casa: dal **gran fritto di pesce dell'Adriatico** (13,50 €) a quello senza spine "per i vagabondi", alla sarda fritta spinata con pomodoro aromatico, ai calamaretti con carciofi croccanti. Dalla tradizione marinara arrivano il **risotto alla moda di una volta** (9 €) e i tagliolini al ragù bianco di pesce. Consigliamo di assaggiare anche i **sardoncini saltati in tegame all'olio e limone** (8,50 €) per gustare la fragranza del **pesce azzurro**. Seguono *poverazze* alla marinara, cozze nostrane in zuppetta di pomodoro, **saraghina scottata alla griglia** (13 €), spiedini di calamari e gamberi, insalata di polpo e patate. Ottimi i dolci, dalla crema di gelato alle bucce di arancia, ai sorbetti di sola frutta fresca, al gelato al pistacchio di Bronte (Presidio Slow Food), alla terrina morbida alla crema con colata di zabaione fresco (6.50 €). La lista dei vini propone una selezione di bollicine, etichette romagnole e nazionali con qualche proposta al calice e alcune birre artigianali.

COMACCHIO

52 km a se di Ferrara bretella a 13

Da Vasco e Giulia
Trattoria
Via Muratori, 21
Tel. 0533 81252
Chiuso il lunedì e mercoledì sera
Orario: mezzogiorno e sera
Ferie: 7-31 gennaio
Coperti: 40
Prezzi: 28-35 euro vini esclusi
Carte di credito: nessuna, BM

Vale la pena fare una passeggiata in questa singolare città lagunare, tra molti dei canali ancora esistenti e i suoi suggestivi ponti, fra cui spicca il famoso Trepponti con le sue caratteristiche cinque scalinate. Poco lontano si trova questa storica trattoria gestita dalle donne della famiglia Fogli: ad accogliervi la signora Giulia, coadiuvata dalle figlie Irene, in sala, ed Elena in cucina. Il menù, principalmente di pesce, con un occhio rivolto anche all'entroterra, riserva una sezione tutta dedicata al prodotto principe del territorio: l'**anguilla**. Scegliete fra le varie ricette della tradizione: in risotto, alla griglia, **stufata con le verze** (12 €), marinata e in brodetto. Per chi non ama particolarmente questo pesce, il menù offre, nel rispetto della stagionalità e del pescato giornaliero, valide alternative come le **vongole alla marinara** (9 €) e l'antipasto tiepido di pesce. Tra i primi, un ottimo e delicato **risotto di mare** (9,50 €) e i garganelli al sugo di pesce. I secondi propongono un freschissimo **misto pesce ai ferri** (18 €) e un fritto leggero e croccante, anche con pesci di paranza (12 €). Le cotture alla griglia sono eseguite nel camino, essenziale soprattutto per la perfetta preparazione dell'anguilla. Per finire le ottime torte della casa e un altrettanto ottimo sorbetto al limone. La carta dei vini ha un occhio di riguardo per quelli del territorio: i vini delle sabbie della Doc Bosco Eliceo.

■ Presso la pescheria Lidomar, nella piazza adiacente i Trepponti, troverete in stagione l'anguilla marinata tradizionale del Presidio Slow Food.

CORNIGLIO
Ghiare

40 KM A SO DI PARMA

Da Vigion
Trattoria con alloggio
Via Provinciale, 21
Tel. 0521 888113
Chiuso lunedì e martedì
Orario: mezzogiorno e sera
Ferie: 10-20 giugno, 1-10 settembre
Coperti: 80 + 20 esterni
Prezzi: 25-27 euro vini esclusi
Carte di credito: CS, MC, Visa, BM

Nel cuore dell'Appennino parmense, a pochi chilometri dal centro di Corniglio, la famiglia Rabaglia perpetua le tradizioni culinarie di questa zona dal 1947, da ormai tre generazioni. Elda continua a guidare la cucina assieme alla nuora Gabriella, mentre il figlio Carlo (norcino) e la nipote Celeste sono i responsabili della sala. Ambiente rustico e semplice (con la caratteristica boiserie alle pareti), ma curato, per un servizio cortese e disponibile. Il menù, generalmente raccontato a voce, vi farà compiere un viaggio nella cucina di queste zone, a partire dai classici **salumi** misti (6 €) che, tra gli altri, comprendono anche spalla cruda e cicciolata. In stagione, potrete anche optare per una insalata di porcini freschi. Tra i primi, immancabili, e da provare, i **tortelli di erbetta al burro fuso** (8 €) e i saporiti **cappelletti in brodo** (9 €), oltre ai tortelli di patate ai porcini e i tagliolini ai funghi. Numerosi i secondi di carne, dove spiccano gli arrosti (stinco di maiale, vitello, faraona e anatra), ma non possono mancare i **bolliti misti con le salse** (10 €). Da segnalare anche la **coppa o la spalla di maiale al forno** (8 €), e, in stagione, i **funghi** (fritti, **grigliati** o trifolati). Dolci ricchi e sostanziosi come la torta calda di mele e cioccolato, le gustose crostate e il torroncino con cioccolata calda. Carta dei vini incentrata prevalentemente su etichette del territorio parmense ed emiliano-romagnolo.

CORREGGIO

17 KM A NE DI REGGIO EMILIA SS 468

Tre Spade
Trattoria
Via Roma, 3 A
Tel. 0522 641500-340 3128829
Chiuso domenica sera
Orario: mezzogiorno e sera
Ferie: le due settimane centrali di agosto
Coperti: 40 + 15 esterni
Prezzi: 30-35 euro vini esclusi
Carte di credito: CS, MC, Visa, BM

Come tanti paesi della Bassa, forse tutti, anche il centro storico di Correggio ha i suoi portici che accolgono le attività commerciali e sotto i quali è piacevole passeggiare per raggiungere la rossa vetrina in legno del Tre Spade. Da un trentennio le sorelle Masoni, Marzia tra i tavoli e Cinzia ai fornelli, accolgono i clienti in una piacevole atmosfera da antica trattoria. Dalla cucina un ottimo erbazzone o fragranti ciccioli arriveranno al tavolo mentre studiate il menù scritto su una lavagna alla parete. Non sono indicati gli antipasti, ma naturalmente prosciutto, salame e coppa non mancano. S'inizia quindi con gli immancabili **cappelletti in brodo**, oppure con gli ottimi **cappellacci verdi al prosciutto**, i **tortelli di zucca** (9 €) o i tortelli di patate alla crema di tartufo (15 €). Tutte le paste sono fatte in casa con farina di grano tenero e condite con verdure e prodotti di stagione: troverete il risotto agli asparagi o al radicchio, o ai funghi. Passando ai secondi, diverse le proposte di carne: gallina bianca di Saluzzo al forno (13 €), **coniglio al balsamico**, ma anche stinco di maiale al forno (12 €) e filetto al balsamico. In stagione non mancate il **cotechino con purea di patate**. Per finire una piccola selezione di formaggi, tra cui parmigiano reggiano di vacche rosse, e dolci come le pere alla crema o le tradizionali zuppa inglese e torta di tagliatelle. La carta dei vini presenta una bella panoramica di Lambruschi, con una buona diversificazione delle varie tipologie e uno sguardo alla produzione nazionale.

FAENZA

31 KM A SO DI RAVENNA SS 9 O USCITA A 14

La Baita
Enoteca con cucina
Via Naviglio, 25
Tel. 0546 21584
Chiuso domenica e lunedì
Orario: mezzogiorno e sera
Ferie: 1-15 gennaio, 2 settimane a metà agosto
Coperti: 55 + 55 esterni
Prezzi: 30 euro vini esclusi
Carte di credito: CS, MC, Visa, BM

Storico locale del centro della città, la sala d'ingresso è una tradizionale drogheria dove nel grande bancone frigorifero sono esposti una notevole quantità di salumi, **formaggi** e altre specialità gastronomiche che si troveranno poi disponibili nel menù. Il locale è costituito da tre accoglienti salette arredate con cura mentre in estate si può pranzare in un ampio cortile. Ad accogliervi Roberto con il figlio Fabio e la moglie Rosanna, che vi acquistate da produttori locali. Fra i primi piatti (9,50 €) segnaliamo le **tagliatelle con gli stridoli**, il risotto al ragù di colombaccio, i **passatelli alla carbonara**. Come secondi consigliamo quelli a base di selvaggina, l'**agnello in casseruola con porcini e patate** (14,50 €), lo **spezzato di coniglio al forno con carciofi e olive** (13,50 €), l'arrosto di campagna con patate (14 €), fra i secondi di mare il **baccalà in umido**. Per finire vi è una buona scelta di dolci (5 €), tra cui la torta caprese, il latte alla portoghese o la ricca zuppa inglese. Molto ampia e ragionata è la carta dei vini con numerosissime etichette e particolare attenzione a piccoli produttori non sempre facili da trovare.

❝ È un po' come essere a casa di amici che ti dedicano piatti della cucina tradizionale preparati con amore ❞

FAENZA

31 KM A SO DI RAVENNA SS 9 O USCITA A 14

Manuëli
Trattoria
Via Santa Lucia, 171
Tel. 0546 642047
Chiuso domenica sera e lunedì
Orario: mezzogiorno e sera
Ferie: 2 settimane in febbraio, 1 in settembre
Coperti: 90 + 90 esterni
Prezzi: 30-33 euro vini esclusi
Carte di credito: CS, Visa, BM

Una trattoria di sostanza. Unica e ampia sala interna dalle pareti dipinte e una spaziosa veranda esterna. Grazia, Alieto e l'efficiente personale garantiscono un servizio che non dimentica di elargire qualche simpatico scambio di battute, come si conviene alla tradizione romagnola di cui il locale è espressione verace. Il menù può spaventare: tante proposte fra menù classico e quello del giorno, entrambi molto assortiti. Il nostro consiglio è di affidarvi alle proposte più originali del territorio: paste casalinghe, carni di maiale, agnello e castrato, saporite preparazioni di verdure. Ottima, se disponibile, l'insalata di ovoli con formaggio fresco vaccino (11 €), gli **involtini di radicchio rosso e pancetta all'aceto**, il rotolo freddo di coniglio con verdure e olive (9,50 €). In alternativa, tortino di porri e patate e crema di patate con funghi porcini (8 €). Pasta fresca in trionfo con minestra matta, cappelletti e crespelle, strepitosi **strichetti con ragù bianco di faraona e peperoni** (9,50 €) e *curzul* allo scalogno, o al ragù di castrato. Le carni alla brace restano una sicurezza con l'**agnello romagnolo agli odori** (13 €), un molto tenero **spezzatino di castrato con patate**, il fegato di coniglio all'olio e salvia (8 €), il piccione e l'anatra al forno. Spazio alle verdure con **frecandò di stagione** (6 €), spinaci in padella e patate alla cacciatora. Se arrivate ai dolci, buoni la crema fritta (4,40 €) e il biancomangiare. Carta dei vini in crescita, con quasi tutta la Romagna da bere, una buona selezione di etichette nazionali (anche 375 cl) e qualche birra artigianale.

FAENZA

31 km a so di Ravenna ss 9 o uscita a 14

Marianaza

Trattoria
Via Torricelli, 21
Tel. 0546 681461
Chiuso mar e mer, luglio-agosto mer e dom
Orario: mezzogiorno e sera
Ferie: agosto
Coperti: 50
Prezzi: 30-35 euro vini esclusi
Carte di credito: tutte

Marianaza a Faenza è un'istituzione. La sua storia è lunghissima, ma dal 1969 la gestione è saldamente in mano alle donne della famiglia Cucchi, oggi rappresentate da Natascia che troverete all'accoglienza in sala. Il locale è arredato con semplicità, si respira un'aria di serenità con il calore del camino che caratterizza da sempre la trattoria. Semplici e territoriali gli antipasti: una piccola puntata fuori regione con il lardo di Colonnata, ma per il resto spazio a **salumi misti con piadina** e a un ricco assortimento di bruschette (7,50 €). Tra i primi casalinghi consigliamo le **tagliatelle** al ragù o **al prosciutto e piselli**, condimento usato anche per i garganelli, in alternativa buoni anche al radicchio; molto richiesti gli spaghetti alla buttera (leggermente piccanti) e i **tortelloni al ragù** (9 €). Il grande camino lascia intendere quale sia il piatto forte fra i secondi: la **carne ai ferri**, e allora via con pancetta, castrato, coppone, salsiccia, per un succulento misto sulle braci (16 €). Per gli amanti del genere ottimo il fegato nella rete, mentre chi cerca costate e fiorentine troverà soddisfazione grazie alle carni di chianina. Tra i dolci, spiccano alcune ricette tradizionali come **zuppa inglese**, mascarpone, crostata, oltre a una sfiziosa torta alla robiola (6 €). Molto curata la carta dei vini, dove non passa inosservata l'attenzione riservata alle etichette romagnole.

FARINI
Mareto

53 km a so di Piacenza sp 654

Albergo dei Cacciatori

Ristorante annesso all'albergo
Località Mareto
Tel. 0523 915131
Chiuso il lunedì
Orario: mezzogiorno e sera
Ferie: non ne fa
Coperti: 150
Prezzi: 20-25 euro vini esclusi
Carte di credito: CS, DC, MC, Visa, BM

L'alta Val Nure resta un posto incontaminato. Da queste parti le osterie sono ancora luoghi di aggregazione dove gli abitanti dei piccoli centri si ritrovano anche solo per bere un bicchiere di vino e i piacentini mantengono l'abitudine di soggiornarvi in estate per sfuggire all'afa della città. A Mareto, negli anni Cinquanta, Giovanni Morandi ampliò la piccola osteria e aggiunse alcune stanze per il pernottamento. Oggi, nel locale ancora noto in zona come Morandi, trovate ad accogliervi Renzo, Eleonora e Alessandro, mentre ai fornelli c'è Elena. Il menù è proposto a voce. L'antipasto (6 €) è a base di salumi: salame di produzione propria, coppa e pancetta stagionati in loco, accompagnati da giardiniera e dalla torta di patate (De.co.) preparata con le ottime patate della zona. Tra i primi (6 €) troverete **tortelli** al burro e salvia o **con sugo di funghi**, tagliatelle al ragù, **cannelloni** o anolini in brodo. I secondi sono tutti di carne (7 €): coppa o vitello arrosto, **faraona**, carpaccio di bovino oppure **cinghiale in umido**. Per finire, crostata, ciambella, **semifreddo all'amaretto** o con cioccolata calda. Vino sfuso della casa e una selezione di etichette di cantine del territorio. Il posto è perfetto per camminatori e amanti del trekking: si trova su un ramo della via Francigena noto come Via degli Abati. Inoltre il locale si segnala per l'ottimo rapporto tra qualità e prezzo.

FARINI
Groppallo

52 km a sud di Piacenza ss 654

Fratelli Salini
Trattoria con alloggio
Viale Europa, 46
Tel. 0523 916104
Chiuso il mercoledì, mai d'estate
Orario: mezzogiorno e sera
Ferie: variabili
Coperti: 80
Prezzi: 24-30 euro vini esclusi
Carte di credito: CS, MC, Visa, BM

Quella dei fratelli Salini è una delle più antiche e autentiche trattorie di questa zona di alta collina della provincia piacentina. Arrivarci non è certo agevole eppure una volta seduti a tavola, in una delle belle sale arredate con gusto e calore, smetterete di sentire la stanchezza del viaggio tanto saranno piacevoli i profumi e sapori che vi verranno proposti. L'inizio del pasto è quasi d'obbligo: i salumi dell'antipasto misto (8 €) – pancetta, coppa, mariola (Presidio Slow Food), salame – sono infatti una certezza. I Salini prima ancora che osti sono una nota famiglia di norcini e questo lavoro continua a essere portato avanti con entusiasmo. Assieme agli insaccati troverete una croccante giardiniera, il *grass pist*, la torta di patate, i nervetti e qualche torta salata che varia a seconda della stagione dell'anno. Tra i primi (8 €) sono imperdibili i *pisarei e fasò*, ma si può tranquillamente affermare che l'intera proposta a base di pasta fresca, ripiena e non, sia di assoluto livello: **tortelli di patate con pasta di salame** o, in stagione, di zucca, ravioli di carne in bordo o con sugo di funghi, tagliatelle. Tra i secondi (8 €) sono le carni a dominare la scena con i bolliti e gli **arrosti** a farla da padroni nelle stagioni più fredde dell'anno. Valide alternative sono comunque la trippa, l'ossobuco, il fegato di vitello alla salvia, il brasato. Dolci casalinghi di buona fattura e carta dei vini con una buona selezione di etichette locali.

FINALE EMILIA
Massa Finalese

42 km a ne di Modena ss 12 e 468

Entrà
Trattoria
Via Salde Entrà, 60
Tel. 0535 97105
Chiuso lunedì e martedì
Orario: solo la sera
Ferie: 7-14 gennaio, 16 agosto-primi di settembre
Coperti: 40 + 40 esterni
Prezzi: 25-28 euro vini esclusi
Carte di credito: MC, Visa, BM

È difficile arrivare in questa piccola trattoria d'antan sperduta nelle campagne della Bassa modenese. Ma è ancora più difficile andar via, superando il desiderio di bere un altro bicchiere di Lambrusco rifermentato in bottiglia (uno dei vini di una cantina che non t'aspetti) in compagnia di Antonio Previdi, con una fetta del salame con cui si era cominciato. Entrà è un posto in cui si impara meglio il significato delle parole semplicità, cura e dignità. La cucina della sorella Elvira è quella della mamma, tramandata per imitazione e supportata dal frutto dell'appassionata ricerca di Antonio sulla genuinità e bontà dei prodotti e delle materie prime. Si inizia con l'antipasto di **salumi** (salame, pancetta, mortadella, prosciutto crudo, 5,50 €) per poi passare ai primi: i tortellini e i passatelli in brodo, il risotto con le verdure, i *gratin* con i fagioli borlotti, i **maccheroni al pettine al ragù** (9 €). Ragù, come vuole la tradizione della Bassa, anche sui **tortelli di zucca** (9,50 €) e, ovviamente, sulle tagliatelle. Fra i secondi, carni della tradizione contadina: il **cotechino con i fagioli in umido**, lo stracotto di somaro, la trippa, la **faraona arrosto con patate** (12 €) ma anche il baccalà con la polenta. Fra i dolci **zuppa inglese** (4 €), semifreddo al mascarpone, torta tenerina o di mandorle. Stupefacente l'abbinamento dei sapori con i vini del territorio: dalla insolita acidità del vino da uva pellegrina alla acidità e sapidità di quell'indimenticabile Lambrusco.

> *Elvira e Antonio sono militanti, forse inconsapevoli, della gastronomia della liberazione: un esempio di come il cibo, e non il denaro, può renderci felici*

FIORENZUOLA D'ARDA   FORLÌ

22 KM A SE DI PIACENZA SS 9

Battibue
Azienda agrituristica
Località Battibue, 278
Tel. 0523 942314-335 5891585
Chiuso lunedì e martedì a pranzo
Orario: sera, pranzo su prenotazione
Ferie: due settimane in settembre
Coperti: 70 + 70 esterni
Prezzi: 18-26 euro vini esclusi, menù fisso
Carte di credito: CS, DC, MC, Visa, BM

Don Abbondio
Osteria-enoteca
Piazza Guido da Montefeltro, 16
Tel. 0543 25460
Chiuso dom sera, luglio-dicembre sab pranzo e dom
Orario: mezzogiorno e sera
Ferie: agosto, una settimana in gennaio
Coperti: 45 + 20 esterni
Prezzi: 28-34 euro vini esclusi
Carte di credito: AE, CS, MC, Visa

A pochi chilometri dall'uscita di Fiorenzuola, questo agriturismo, oltre a ristorarvi con una sana cucina di casa, saprà regalarvi momenti di vero relax soprattutto nella bella stagione, quando è possibile godere del grande giardino. Ricavato dalla ristrutturazione di un vecchio casolare, all'interno la sala principale ha una caratterista forma ottagonale con tanti attrezzi da lavoro appesi alle pareti. Giampiero e la moglie Monica vi accoglieranno con calore, proponendovi i menù fissi del giorno (26 euro completo, 18 ridotto; si possono anche concordare). La partenza è d'obbligo con i buoni **salumi** (culaccia, pancetta, salame e soprattutto la favolosa **coppa**) e il gorgonzola, il tutto con gli immancabili chisolini che, a pochi chilometri da qui, si chiamano torta fritta o gnocco fritto. Seguono alcuni primi, che possono essere i notevoli **tortelli con ricotta e spinaci**, gli anolini in brodo e le crespelle; non mancano quasi mai i *pisarei e fasò*, patrimonio della cucina piacentina. Fra i secondi succulenti le **costine** e la coppa **di maiale al forno** e a rotazione lo stracotto di ganassino, l'anatra e l'oca al forno. In accompagnamento verdure di stagione (straordinari gli asparagi) e patate al forno. Dolci di ottima fattura come la sbrisolona e la torta al cioccolato, o in alternativa alcuni gelati. Una nota di merito per la carta dei vini, snella ma ben organizzata con una bella fotografia dei vini del territorio. Gradita la prenotazione.

Nel centro di Forlì, di fianco a una delle sedi museali più attive, il locale di Simone Zoli vi accoglierà in un ambiente caldo e familiare. Aprendo il menù si può facilmente intuire la passione dell'oste, tutto è curato fin nei minimi particolari: dai fornitori, tutti locali, ai piatti, alla carta dei vini, nulla è lasciato al caso. La linea di cucina va dal tradizionale alla rivisitazione contemporanea dei grandi classici. Cominciate con lo **spiedino di saraghina gratin con pane alle erbe e misticanza** (8 €) o con le polpe di bovina romagnola con salsa di pomodoro. Tra i primi (9 €) ottimi i **basotti con crema al pecorino di fossa e scaglie di mortadella** o i passatelli con cozze, vongole poveracce e lischi (agretti). Fra le pietanze spiccano la **trippa** di bovina romagnola **con verdure e parmigiano reggiano** (12 €), lo strudel di verdure con salsa di carote o lo stracotto di manzo al Sangiovese con patate, porri e purè di sedano rapa. Per il finale c'è solo l'imbarazzo della scelta tra **formaggi** e dolci, tra cui segnaliamo la **cassata romagnola** (5,50 €) e la zuppetta di fragole con sorbetto al basilico. Il vino merita un discorso a parte, la carta è ricchissima di etichette locali e nazionali affatto scontate, con numerose proposte al calice e diverse bottiglie con diverse fasce di prezzi. L'oste propone anche tre menù degustazione, uno di terra, uno di mare e uno dell'orto, tutti a 28 euro.

A **Soarza di Villanova** (15 km) Cascina Pizzavacca prepara e vende eccellenti succhi di frutta, sottoli, sottaceti, creme di verdure e confetture con materie prime di propria produzione.

Gelateria biologica Puro & Bio, viale Vittorio Veneto 24: ottimi gusti alla frutta, e, fra le creme, quella al pistacchio di Bronte.

EMILIA-ROMAGNA | 403

FORLÌ

Petito
Osteria moderna
Viale Corridoni, 14
Tel. 0543 35784
Chiuso la domenica
Orario: mezzogiorno e sera
Ferie: due settimane in agosto
Coperti: 55 + 25 esterni
Prezzi: 33-35 euro vini esclusi
Carte di credito: AE, CS, MC, Visa, BM

Lungo i viali alberati che circondano il centro troverete questa moderna osteria. Il proprietario, Roberto Zondini, si occupa della sala con il figlio Andrea, mentre in cucina c'è lo chef Davide Gardini affiancato dalla signora Tina. L'elenco dei fornitori al termine del menù, l'accurata descrizione dei piatti e l'utilizzo dei Presìdi Slow Food sono i segnali della cura che Roberto e la sua squadra mettono nella ricerca della qualità, ben coniugata con la tradizione. Si parte da antipasti come selezione di **salumi di mora romagnola** (Presidio Slow Food, 13 €), tartara di bovina romagnola (altro Presidio) e **bocconcini di coniglio con salsa di yogurt e menta**, tutti accompagnati da piadina calda. Tra i primi consigliamo tagliatelle al ragù delle due razze romagnole (9 €), **cappelletti con pesto di pomodorini secchi e ricotta** biologica, passatelli asciutti su crema di piselli, guanciale di mora e tartufo nero. Passiamo ai secondi, tutti terragni: **grigliata mista di mora** con verdure e patate al forno (16 €), tagliata di manzo al sale dolce di Cervia e olio extravergine di Brisighella, con contorno di verdure di stagione e patate al forno (6 €). In alternativa alla carne, potrete scegliere da un'accurata selezione di **formaggi**. Interessanti e ben fatti i dessert, tra cui crostate e scroccadenti, dolci al cucchiaio e semifreddo al pistacchio di Bronte (7 €), accompagnati da una buona selezione di distillati. Ottima e ampia la cantina con tutte le migliori etichette dei produttori locali disponibili anche alla mescita.

FRASSINORO
Fontanaluccia

66 KM A SO DI MODENA SS 486

Alla Peschiera
Osteria-trattoria
Via Ponte Volpi, 1
Tel. 0536 968275
Chiuso il lunedì
Orario: mezzogiorno e sera
Ferie: variabili
Coperti: 90
Prezzi: 25 euro, menù fisso
Carte di credito: nessuna

Il luogo va conquistato, curva dopo curva, tornante dopo tornante, ma una volta giunti a Fontanaluccia sarà naturale immergervi con calma in questo piccolo angolo montano. La trattoria si trova in un vecchio casale con ampie vetrate sul torrente Dolo. Già dalla fine degli anni Sessanta i genitori di Franco Manni, attuale patron, gestivano un chiosco per ristorare i pescatori di trote e salmerini. Molta strada è stata fatta da allora, ma la **trota** è sempre il piatto forte del locale: gustatela **fritta**, cotta alla piastra, con maionese fatta in casa e pomodori (trota primavera). Per iniziare assaggiate la **selezione di salumi** (salame, coppa, pancetta e prosciutto) accompagnati da ottime verdure sott'olio. Dalla cucina, il regno di Valeria, ecco i primi di pasta sfoglia: **tortellini in brodo**, **tagliatelle ai funghi**, o al prosciutto, tortelloni di ricotta. Fra i secondi di carne, buono l'arrosto di maiale, la **cacciagione** e il roastbeef. Fra i dolci non perdete la **zuppa inglese** o le crostate tradizionali. Lambrusco e Trebbiano della casa accompagnano i piatti. Ultima tentazione, i liquori casalinghi: nocino, corniolo, prugnolo selvatico. A fine pasto, val la pena fare due chiacchiere con Franco, personaggio eclettico, riservato, ma di sostanza che colleziona vecchi apparecchi radio, chitarre acustiche, macchine d'epoca e compressori a vapore, dedicandosi anche al recupero di vecchie realtà agricole come con il recente restauro di un mulino ad acqua. Un luogo dove ritornare.

GALEATA
Pianetto

32 km a so di Forlì ss 310

La Campanara
Osteria moderna
Via Pianetto Borgo, 24 A
Tel. 0543 981561-333 4073324
Chiuso lunedì e martedì
Orario: sera; sab, dom e festivi anche pranzo
Ferie: variabili
Coperti: 40 + 60 esterni
Prezzi: 30 euro vini esclusi
Carte di credito: CS, MC, Visa, BM

Pianetto è un piccolo borgo medievale al quale si giunge inerpicandosi lungo una provinciale immersa nel verde. L'atmosfera incantata e d'altri tempi si ritrova in questa piccola costruzione in sasso, cinquecentesca canonica del paese, che Alessandra e Roberto, lei maestra, lui geometra, hanno deciso di restaurare nel 2005 trasformandola in una curata, piacevolissima osteria; a questa si è aggiunta, un paio di anni fa, una locanda altrettanto accogliente, con sei camere e una graziosa piscina nella corte del palazzo. La passione dei due emerge nella cura di ogni dettaglio, negli ambienti come a tavola: la loro cucina, particolarmente sostanziosa, è evidente frutto di una mano competente. Consigliamo di iniziare con il tortello alla lastra con giardiniera sott'olio fatta in casa, o con l'irresistibile **cartoccio di polpettine** di razza bovina romagnola (8 €); di romagnola sono anche la **trippa al sugo** (13 €) e il ragù con cui sono condite le **tagliatelle**. Fra le altre proposte ugualmente piacevoli, i **passatelli asciutti agli stridoli e pancetta** (9 €), i tortelli ripieni di erbe spontanee, la **ribollita** (8 €), le **polpette di lesso rifatte in padella**, le diverse pietanze a base di funghi. Davvero interessante la selezione di **formaggi** caprini e pecorini della zona. Accompagna il tutto il buon pane sciocco, come impone la vicinanza con la Toscana. Meritano in chiusura gli scroccadenti e il tradizionale ramerone di Pianetto. La piccola carta dei vini è prettamente locale.

66 *Una cucina classica, sostanziosa ma curatissima. La passione di Alessandra e Roberto emerge in ogni singolo dettaglio* **99**

GAZZOLA
Rivalta

21 km a so di Piacenza

Antica Locanda del Falco
Ristorante
Località Rivalta
Tel. 0523 978101
Chiuso il martedì
Orario: mezzogiorno e sera
Ferie: non ne fa
Coperti: 80 + 60 esterni
Prezzi: 35-40 euro vini esclusi
Carte di credito: CS, MC, Visa, BM

Sulle prime colline della Valtrebbia, sede della famosa battaglia fra le truppe di Annibale e le legioni romane, sorge il borgo di Rivalta. Il ristorante si trova all'interno delle mura e già al primo approccio regala belle sensazioni con i profumi e i colori dei prodotti in vendita nella bottega interna. Il locale è composto da tre sale accoglienti e nella bella stagione è possibile cenare in un curato cortile coperto dai glicini. Coadiuvata da Tomo e Yurika in cucina, Sabrina Piazza, la titolare, è presente anche in sala con Marco e Filippo, proponendovi, per iniziare, un assortimento di **salumi** Dop **con verdure sott'olio casalinghe** (14,50 €) o in alternativa insalata di cappone e verdure all'agro con maionese della casa (11 €). Si prosegue con i classici primi tra cui **anolini in brodo di cappone** (13 €) e **tortelli al burro e salvia**; buoni anche i tagliolini al sugo di funghi porcini (11 €). Un'ampia varietà di carni sono proposte per i secondi, tra cui segnaliamo il **maialino al forno con miele e limone** (€14,50), l'**oca con le mele** (18 €) oppure lo storione in salsa di olio, capperi e limone. La carta dei dolci (8 €) permette abbinamenti con vini dolci: in stagione da non perdere la semplice ma squisita zuppetta di ciliegie alla vaniglia con fiordilatte e la tarte tatin alle pere caramellate con gelato alla panna, oltre a semifreddi al torroncino, caffè, nocciole. Cantina molto ricca con ampie possibilità di scelta fra etichette territoriali, nazionali e internazionali.

66 *L'accoglienza, la qualità delle materie prime e la stagionalità delle proposte, franche e nitide nei sapori, sono le cifre del locale* **99**

GUIGLIA — IMOLA

Da Giovanni Al Belvedere

Ristorante annesso all'albergo
Via Roma, 22
Tel. 059 792451
Aperto da venerdì a domenica e su prenotazione
Orario: sera, festivi anche pranzo
Ferie: due settimane in ottobre
Coperti: 40
Prezzi: 35 euro vini esclusi, menù fisso
Carte di credito: AE, CS, MC, Visa, BM

Da trentasei anni la lezione di Giovanni Montanari è semplice: i nostri sensi possono essere facilmente ingannati dai manipolatori del cibo, scegliere prodotti biologici è quindi un presupposto fondamentale per ritornare a gustare i sapori veri, per reimparare il buono attraverso un'agricoltura che non fa male alla Terra e all'uomo. Ma fate attenzione: Giovanni è un istrione e un polemico nato, che rischia di attirare solo su di sé l'attenzione e di sottrarla al bello e buono di cui è circondato: la splendida vista sulla valle del Panaro e la grande pianura, che si gode dalle vetrate del locale, semplice e sobrio, e il magnifico colpo d'occhio sul buffet all'entrata, che dà grande e insolita rilevanza alle verdure nell'Emilia della sfoglia e del maiale. In questo spazio, già sufficientemente ricco per togliere la fame, troverete verdure cotte e crude, insalate di cereali, **formaggi** e salumi accompagnati da crescentine, gnocco fritto e pane fatto in casa. Trattenetevi se volete assaggiare il resto: **tortellini in brodo**, **tagliatelle** al ragù di bianca modenese, **zuppe di legumi** o di verdure, secondo disponibilità. Classiche le carni modenesi: **cotechino** o zampone con purè, poi pollo e coniglio, arrosto o in umido, lo **stracotto di bianca modenese**. Dolci di tradizione, al cucchiaio (**zuppa inglese**, panna cotta, crème caramel) e non (crostate e tortina di cioccolato). Selezione di vini biologici o, come il Lambrusco della casa, in via di certificazione.

66 *La chiocciola premia la coerenza di una vita passata a predicare il primato del biologico e dell'ecologia sull'economia: si comincia a salvare il Pianeta con le scelte fatte a tavola* 99

Hostaria 900

Osteria moderna
Viale Dante, 20
Tel. 0542 24211
Chiuso sabato a pranzo e domenica
Orario: mezzogiorno e sera
Ferie: 15 giorni in agosto
Coperti: 60 + 60 esterni
Prezzi: 35 euro vini esclusi
Carte di credito: tutte, BM

A pochi chilometri dall'autodromo, in una bella villa liberty, ha sede questa osteria che negli anni è diventata tappa fissa per tutti coloro che siano alla ricerca di una cucina tradizionale fatta di materie prime di grande qualità e stagionali. È ampio anche l'utilizzo di Presìdi Slow Food e spesso sono presenti alcune proposte di mare, a completare una carta che valorizza comunque soprattutto le verdure e le carni. Per iniziare potete lasciarvi tentare dai fiori di zucca ripieni di ricotta, dal **tortino di patate e funghi porcini** (10 €), da un saporito carpaccio di romagnola o da una classica selezione di affettati locali (12 €) serviti con piadina e squacquerone. Le paste fresche sono le protagoniste dei primi piatti – **cappelletti verdi 900 con prosciutto croccante**, cappelletti in brodo di cappone (12 €), **tortelli di ricotta**, passatelli verdi con salsiccia e porcini. Ampia la scelta dei secondi che spaziano dal castrato alla brace con pomodoro (14 €) al filetto di romagnola con verdure, fino a una golosa **spalla di mora romagnola con funghi porcini e schiacciata di patate** (18 €). Per concludere potete scegliere una selezione di formaggi oppure uno dei tanti dolci che popolano la carta: crème caramel, semifreddo al mascarpone con scaglie di cioccolato, frittelle di mele con gelato alla crema (6 €). Sono disponibili due menù degustazione a 26 e 30 euro e un percorso tutto pesce sempre a 30 euro. Carta dei vini molto valida con bella selezione di etichette locali e molte informazioni.

IMOLA

33 km se di Bologna ss 9 o a14

Osteri del Vicolo Nuovo da Rosa e Ambra

Ristorante
Vicolo Codronchi-angolo Via Calatafimi, 6
Tel. 0542 32552-338 9249555
Chiuso dom e lun, novembre e dicembre dom sera e lunedì
Orario: mezzogiorno e sera
Ferie: 20 luglio-20 agosto
Coperti: 60 + 40 esterni
Prezzi: 35 euro vini esclusi
Carte di credito: tutte, BM

L'ambientazione, in un secentesco palazzo affacciato su un vicolo in cui d'estate è possibile mangiare all'aperto, è già di grande fascino, e se a questo aggiungete la simpatia delle titolari, Ambra e Rosa, avrete la miscela ideale per sentirvi davvero a vostro agio. La qualità della cucina non è da meno e lo testimoniano l'uso di vari Presìdi Slow Food, la variabilità stagionale dell'offerta e l'intrigante accostamento di alcune proposte marittime che affiancano quelle più tradizionali. Si comincia con la **crostatina di spinaci e scquacquerone** (8 €), il tortino di porri con mazzancolle e vellutata di ceci, gli involtini di melanzana con ricotta alle erbe. In alternativa, il ricco tagliere di salumi. La pasta al matterello contrassegna i primi: la **lasagnetta con zucchine allo zafferano e provola** (10 €), i garganelli allo scalogno di Romagna e pancetta, gli strozzapreti con gamberi rosa e basilico e le immancabili tagliatelle al ragù. Fra i secondi di pesce ottimi i calamari ripieni su crema di fave e l'insalata catalana di gamberi all'arancia (16 €); tra le carni optate per il **coniglio arrosto** e la tagliata di scottona al sale di Cervia. Davvero ricco il galà di **formaggi** (13 €) con miele di castagno e confetture. Zuppa inglese, torta sabbiosa, crespella di marroni con ricotta e marmellata di pera cocomerina, sono alcune delle proposte dolci (7 €). Vasta e ragionata la carta dei vini, con le migliori etichette del territorio e una articolata selezione nazionale, con qualche puntata anche oltre confine.

> *Qualità, cordialità e tradizione le cifre di un locale dove si sta davvero bene*

LAMA MOCOGNO
La Santona

56 km a sud di Modena, 30 km da Abetone

Miramonti

Ristorante
Via Giardini, 601
Tel. 0536 45013
Chiuso il martedì, mai d'estate
Orario: mezzogiorno e sera
Ferie: 1 settimana tra settembre-ottobre
Coperti: 40 + 12 esterni
Prezzi: 20-25 euro vini esclusi
Carte di credito: tutte, BM

Il ristorante Miramonti è sulla strada statale che porta all'Abetone e, da alcuni decenni, questo autentico e rustico locale è un punto di riferimento locale. Dalla sala da pranzo si gode una splendida vista sulla valle e sulle pendici del Cimone. Vittorio Galli e la moglie Lidia, aiutati dai figli, accolgono sobriamente l'ospite. Una proposta di antipasti di **salumi** (5 €) può diventare nel fine settimana un pranzo completo da abbinare, su prenotazione, a crescentine e gnocco fritto. Da apprezzare in tutta la loro consistenza e spessore le paste fresche lavorate a mano. Sono loro che giustificano più di tutto il viaggio. In carta troverete sapide e corpose **tagliatelle** al ragù o **ai funghi**, porcini soprattutto, ma nella giusta stagione anche prugnoli (8 €). In alternativa, **tortelloni di ricotta**, al ragù o **con burro e salvia** (8 €), e tortellini in brodo di carne (8,50 €). Passando ai secondi, tanta carne di maiale (salsiccia alla griglia, **prosciutto al forno**, lonza), le grigliate miste e le carni bianche (cacciatora di pollo o di coniglio, 10 €). Contorni essenziali, con ottime patate al forno e, se siete fortunati, **funghi fritti**. Dolci della casa come la zuppa inglese, la torta nera e quella al cioccolato. La proposta dei vini resta limitata ad alcune cantine del Modenese e della poco distante Toscana. Da rimarcare e premiare un ottimo rapporto tra qualità e prezzo mantenuto nel corso degli anni.

A **Barigazzo** (10 km) la gastronomia La Sorgente del Benessere, via Nazionale 32, offre confetture, infusi, prodotti di cosmetica e specialità a base di frutti di bosco.

EMILIA-ROMAGNA | 407

LANGHIRANO
Pilastro

10 KM A SUD DI PARMA SS 665

Masticabrodo
Osteria-trattoria
Strada Provinciale per Torrechiara, 45 A
Tel. 0521 639110
Chiuso domenica sera e lunedì
Orario: mezzogiorno e sera
Ferie: 2 settimane in gennaio, 2 in agosto
Coperti: 60 + 70 esterni
Prezzi: 25-30 euro vini esclusi
Carte di credito: tutte, BM

LESIGNANO DE' BAGNI
Rivalta

31 KM A SUD DI PARMA

Capelli
Trattoria
Via Fossola, 10
Tel. 0521 350122-335 6694279
Chiuso il giovedì
Orario: mezzogiorno e sera
Ferie: non ne fa
Coperti: 75
Prezzi: 30-32 euro vini esclusi
Carte di credito: CS, DC, MC, Visa, BM

Da Parma seguite l'indicazione per Langhirano e arriverete nel piccolo borgo di Pilastro dove troverete l'osteria, sulla sinistra, vicino al Castello di Torrechiara. Qui, in due sale semplici ma accoglienti, sarete accolti da Ida, mentre Francesco Bigliardi spignatta in cucina. Nella stagione estiva è fruibile anche un giardino esterno. La carta è improntata sulla classica cucina parmigiana, con alcune variazioni secondo stagione e sempre qualche fuori menù presentato in modo molto originale. Formaggi e salumi provengono da produttori locali così come le verdure. Ottimo l'inizio con la degustazione di **salumi** della zona (10 €) o con la spalla cotta di San Secondo (8 €); in alternativa eccellente la cipolla caramellata con mousse di parmigiano all'aceto balsamico. Tra i primi casalinghi, il fiore all'occhiello, consigliamo gli **anolini in brodo** (10 €) e i **tortelli di erbetta** (8 €) fatti al momento, che per la tenerezza e la sottigliezza della sfoglia vale la pena assaggiare. Troverete inoltre tagliolini al prosciutto di Parma (8 €) e gnocchi di patate con pasta di salame e rosmarino. Fra i secondi un'ottima **rosellina del Pilastro** – filetto di maiale farcito con parmigiano e prosciutto (12 €) –, la **trippa alla parmigiana** e guancialetti di vitello al san marzano piccante. Si chiude con tortino di mele servito con gelato fatto giornalmente, sorbetti e **semifreddo al croccante** (5 €). Vini del territorio con varie proposte di etichette nazionali.

Arriverete a questa trattoria percorrendo una strada panoramica sulle prime colline dell'Appennino tra Parma e Reggio Emilia. Si raggiunge dopo una scalinata esterna il cortile con l'ingresso ala trattoria articolata in tre sale, una con il camino e tanta aria di casa. All'accoglienza Cristina e Vincenzo, che vi proporranno il ricco menù consigliandovi fra le proposte del giorno. La partenza è d'obbligo con i **salumi**, in particolare l'imperdibile prosciutto di Parma 36 mesi. A seguire gli invitanti primi piatti, realizzati dalla *rezdora* Carla: tortelli di patate in soffritto rosso, o verdi di ricotta con spalla cotta, burro e salvia, **tagliatelle al ragù di salsiccia**, di fagiano (8,50 €) o, in stagione, al tartufo nero; volendo potete combinarli anche in un bis o un tris. Come secondo tante carni **alla cacciatora** (12 €): galletto, capriolo, lepre, **cinghiale** e altrettanti arrosti costituiscono il fiore all'occhiello dell'offerta, tutti accompagnati da polenta. In alternativa il coniglio ripieno o il **brasato all'agrodolce** (11 €) e le uova con pancetta e polenta fritta. Anche sui dolci c'è da scegliere fra tante possibilità: oltre all'intramontabile zabaione cotto con le visciole, le crostate (4 €) e il **tiramigiù** a base di mascarpone, mandorle, amaretti e Marsala. Interessante la proposta di formaggi. La carta dei vini propone una buona rappresentazione del territorio e non solo.

🛒 In via Torchia 12, il caseificio biologico Iris: ricotte, caciotte, burro, caciocavallo e un ottimo parmigiano reggiano.

LONGIANO

16 KM A SE DI CESENA

Il Ristorante dei Cantoni

Ristorante
Via Santa Maria, 19
Tel. 0547 665899
Chiuso il mercoledì
Orario: mezzogiorno e sera
Ferie: 15 febbraio-15 marzo
Coperti: 80 + 70 esterni
Prezzi: 30-35 euro vini esclusi
Carte di credito: tutte, BM

Nell'affascinante borgo di Longiano, in quello che era una volta il quartiere povero della cittadina medievale, proprio sotto la Rocca Malatestiana, troverete il ristorante dei Cantoni, aperto nel 1989 dallo chef Danilo Bianchi e dalla moglie Teresa. L'ambiente è elegante e accogliente con cura dei dettagli e attenzione per la tradizione. Il menù offre una selezione di piatti preparati con attenzione verso le materie prime del circondario. Si comincia con **frittelle di melanzane ripiene di gamberi allo zenzero** (9 €), misticanza di radicchi con pancetta calda all'aceto balsamico, culatello di Parma con squacquerone e piadina, la tavolozza di formaggi selezionati da produttori locali. Le paste sono tirate al matterello: **tagliatelle con funghi prugnoli** (8 €), o classiche al ragù, pizzicotti e cappellacci ripieni, **passatelli in brodo di carne**. Si prosegue con **straccetti di filetto di mora romagnola** avvolti nella pancetta e cotti sulla graticola, serviti con verdure (10 €), spezzato di coniglio disossato cotto nel coccio con patate, carciofi e limone, fiorentina di scottona di romagnola. I dolci spaziano dalla tradizionale ciambella con crema e salsa di cioccolato, o con un bicchiere di Albana passita (4,50 €), fino a dolci più elaborati come la millefoglie con crema chantilly alle arance, granella di caramello ai pistacchi di Bronte e fili di cioccolato. Buona la selezione dei vini, serviti anche al calice, con uno sguardo privilegiato alla Romagna.

LUGO

25 KM A OVEST DI RAVENNA SS 253

Antica Trattoria del Teatro

Ristorante
Vicolo del Teatro, 6
Tel. 0545 35164-348 6110114
Chiuso domenica e lunedì
Orario: mezzogiorno e sera
Ferie: 1 settimana in gennaio, 20 gg in agosto
Coperti: 50
Prezzi: 30-34 euro vini esclusi
Carte di credito: tutte, BM

Si tratta di un'antica osteria risalente al 1804, ubicata a pochi metri dal teatro e vicina al celebre porticato del Pavaglione. Il locale è gestito da Daniele Francesconi e dalla moglie Fiorella, che da anni portano avanti con passione la tradizione di questo luogo, con rispetto della stagionalità. Tra gli antipasti della casa non possono mancare i salumi misti, come il **salame di mora romagnola con piadina** (10 €) e la spalla di San Secondo tiepida con salsa verde (14 €); buoni anche l'insalata di cicalis marinate e verdure, il baccalà mantecato con crostone (10 €) o l'**insalata con uova di quaglia, crostini e pancetta affumicata** (12 €). La specialità della casa, assolutamente da non perdere, è la **zuppa di fave alla romagnola** (7 €), ma sono consigliati anche i tradizionali **cappelletti in brodo di carne** (12 €) e l'originale risotto al parmigiano con salsa al Sangiovese. Tra i secondi suggeriamo l'**ossobuco di vitello con patate al prezzemolo** (14 €) e il fegato di vitello con cipolla (12 €). Nella stagione primaverile, assaggiate la frittata con erbe di primavera o la costata di manzo con salsa allo scalogno di Romagna e patate arrosto. L'osteria propone anche un menù degustazione di quattro portate al prezzo di 30 euro bevande escluse. Per finire, è possibile scegliere tra una selezione di formaggi o di squacquerone con confettura. I dolci (6 €) cambiano ogni settimana, mentre la lista dei vini, ampia e ben costruita, è attenta alle produzioni del territorio e alle migliori etichette di respiro nazionale.

EMILIA-ROMAGNA

MERCATO SARACENO
Ciola

33 km a sud di Cesena ss 71 o e 45

Allegria
Osteria
Via Ciola, 381
Tel. 0547 692382
Chiuso domenica sera e lunedì
Orario: mezzogiorno e sera
Ferie: giugno
Coperti: 40
Prezzi: 25 euro vini esclusi
Carte di credito: nessuna

Non scoraggiatevi se, lasciato l'abitato di Mercato Saraceno, avrete la sensazione di esservi smarriti. Dopo circa otto chilometri di salita, raggiunta la frazione Ciola, troverete questo bar trattoria. Aligria era il soprannome del fondatore: oggi siamo alla terza generazione. Il locale è semplice, l'accoglienza di Anna è calda e spontanea, vi sentirete ospiti graditi. La cucina è un esempio di rispetto delle stagioni e del legame con il territorio. Potrete iniziare con salumi (il **salame** è una specialità artigianale di Massimo, il fratello di Anna) e formaggi serviti a tavola con tagliere e coltello. Come primi piatti, **tagliatelle al ragù** classico, **di lepre**, oppure ai funghi (7€), e in alternativa buoni tortelloni di ricotta. Sempre disponibile la **grigliata di** carne, con una nota di merito per il **castrato** (10 €), ma ottimi anche l'agnello al forno, il **pollo ruspante alla cacciatora** (10 €) e le costolette di agnello. In autunno e inverno troverete la cacciagione, **funghi** e tartufi proposti a prezzi veramente onestissimi. I dolci sono casalinghi: un'ottima e cremosa **zuppa inglese** (4 €), mascarpone e, nel periodo Pasquale, la tipica pagnotta dolce. Vini di alcuni produttori locali qualche etichetta nazionale a prezzi corretti. Uscirete soddisfatti da questo locale d'altri tempi, con una leggera tristezza dovuta alla profezia di Anna: «Quando smetterò il locale è destinato alla chiusura»; il problema non è all'ordine del giorno e noi speriamo che si proponga il più tardi possibile.

MERCATO SARACENO
Montecastello

29 km a sud di Cesena ss 71 o e 45

Da Elena
Trattoria
Via XXX Aprile, 104
Tel. 0547 91565
Non ha giorno di chiusura
Orario: pranzo, sera su prenotazione
Ferie: 3 settimane tra gennaio-febbraio, in luglio
Coperti: 70
Prezzi: 25 euro vini esclusi
Carte di credito: AE, CS, MC, Visa

Mimetizzata tra le case del paesino di Montecastello, la trattoria Da Elena si apre su un'unica sala semplice e accogliente: alle pareti quadri di figure risorgimentali e, sulla sinistra, la cucina da cui si intravede la sfoglia pronta a essere destinata al taglio o al ripieno. Elena, che gestisce il locale coadiuvata dalla famiglia, propone un menù semplice ma ricco di tradizione, basato su ricette e prodotti locali. Dopo un antipasto di crostini misti (5 €) con porcini, o nella versione classica con salumi e formaggi e piadina calda, si passa ai primi dove è protagonista la pasta tirata al mattere llo: **tagliatelle ai piselli** leggermente piccanti (7 €), ravioli di ricotta con burro e salvia, **strozzapreti ai porcini** (in stagione) e i tradizionali cappelletti in brodo, o con il ragù; in occasioni speciali o su prenotazione troverete anche lasagne al forno e pasta verde. Nei secondi ottima la carne cotta alla brace da allevamenti locali: l'immancabile grigliata mista, il **castrato** e la **tagliata con sale grosso e rosmarino** (15 €). In alternativa, fiorentina di razza romagnola con osso e filetto, e una significativa scelta di carni **arrosto** e al tegame come coniglio, piccione e **agnello**. Tra i contorni **verdure gratinate** (5€), carciofi in agro ripassati al forno e funghi fritti. Tra i dolci, tutti casalinghi, panna cotta, crème caramel e, la domenica, il mascarpone (5 €); su richiesta anche il tradizionale porcospino, dolce tipico mercatese.

Presso la Bottega del Pane, in piazza Mazzini, e il panificio Bertozzi, piazza Gaiani, pagnotta dolce di Pasqua e, in ottobre, le fave dei morti. In via Saffi, la pasticceria Van den Bergh prepara buoni dolci.

Aldina
Trattoria
Via Albinelli, 40
Tel. 059 236106
Chiuso la domenica
Orario: pranzo, ven e sab anche sera
Ferie: 24 dicembre-6 gennaio, 29 luglio-31 agosto
Coperti: 70
Prezzi: 18-20 euro vini esclusi
Carte di credito: nessuna, BM

Un piccolo pezzo della Modena degli anni Sessanta, rimasto praticamente intatto, a cominciare dall'insegna rossa in campo giallo Trattoria Aldina, inserita tra le finestre al primo piano, sopra il portone d'ingresso. I proprietari Giancarlo Ferri, in sala, e Gaetano Strippoli, in cucina, l'hanno lasciata così com'era: la semplicissima trattoria al primo piano di Via Albinelli conserva il suo fascino antico: fortemente legata al bel mercato antistante, in stile liberty, è frequentata dagli studenti, dagli operai, dalla gente del mercato ma anche abitualmente da molti professionisti. Il rumore, se il locale è pieno, e quasi sempre lo è, è lo stesso concerto per voci, piatti e posate di un tempo. Il menù è raccontato a voce, ma c'è un prezziario bello grande appeso sulla porta d'ingresso. La porzioni sono abbondanti e niente antipasti. Si comincia subito con le paste fatte in casa: **tortellini in brodo** (8 €), tortelloni, tagliatelle al ragù, **lasagne** (7 €) e gnocchi di patata. Fra quelle secche: la gramigna con ragù di culatello. Seguono arrosti e il bollito misto; in alternativa, **cotechino con i fagioli** (8 €), la tagliata di manzo, lo stinco o il **filetto di maiale all'aceto balsamico** (8 €), le frittelle di baccalà. Patate arrosto, verdure lessate, insalata accompagnano le pietanze e si finisce con macedonia o dolci classici: zuppa inglese (3 €), **mascarpone**, crème caramel alla zucca (3 €), torta al cioccolato. Il vino è in caraffa ma c'è anche una selezione di Lambruschi. Prezzi per le tasche degli studenti e degli operai, come allora.

Ermes
Trattoria
Via Ganaceto, 89-91
Tel. 059 238065
Chiuso la domenica
Orario: solo a mezzogiorno
Ferie: luglio-agosto, variabili tra Natale e Capodanno
Coperti: 30
Prezzi: 15-20 euro vini esclusi
Carte di credito: nessuna

Questa tradizionale trattoria si trova nel centro storico, poco distante dalla piazza principale. Il locale è costituito da un'unica semplice sala con antiche foto e riconoscimenti di giornali e varie associazioni alle pareti. Qui sembra che il tempo si sia fermato, non si può prenotare e all'accoglienza troverete Ermes, gestore del locale da oltre cinquant'anni, che in poco tempo vi farà accomodare a uno dei grandi tavoli conviviali accanto ad altri avventori con i quali, grazie alla simpatia del gestore, risulterà facile socializzare. Non esiste un menù scritto e i pochi piatti del giorno vi saranno illustrati velocemente da Ermes. Non aspettatevi pietanze moderne o rivisitazioni: in cucina, la moglie Bruna prepara con maestria piatti tipici della tradizione emiliana che si avvicendano durante la settimana. Tra i primi, le classiche **tagliatelle al ragù**, i passatelli in brodo, il venerdì **pasta e fagioli** e il sabato tortellini in brodo. I secondi riservano gustose **zucchine ripiene in umido con piselli**, l'**ossobuco con patate**, il bollito misto di manzo e gallina con salsa verde e, al venerdì, il **baccalà**. La scelta dei dolci è ristretta alla semplice ciambella, da intingere nel vino, o alla crostata. Ad accompagnare il pasto è d'ufficio messo in tavola un discreto Lambrusco o un Pignoletto che, se si è soli, si può condividere con altri commensali. Non conviene lesinare con le portate e il vino, il conto non supererà comunque i 20 euro.

MONTECCHIO EMILIA

16 KM A OVEST DI REGGIO EMILIA, 18 KM DA PARMA

La Ghironda
Ristorante
Via XX Settembre, 61
Tel. 0522 863550
Chiuso domenica sera e lunedì
Orario: mezzogiorno e sera
Ferie: prima settimana dell'anno, 3 sett lug-ago
Coperti: 15
Prezzi: 35-40 euro vini esclusi
Carte di credito: CS, MC, Visa, BM

Dopo una decina di anni di consolidata attività, Camillo (in sala) e Daniele (in cucina) hanno ridisegnato l'impostazione del locale riducendo drasticamente i coperti, ma conservando inalterate qualità e varietà della proposta gastronomica. Accanto al classico erbazzone, tra gli antipasti potrete trovare la **fonduta di asparagi bianchi** (11 €), o di zucca, formaggi d'alpeggio, *caval pist* (battuta di carne di cavallo) e mortadella artigianale con schiacciata montanara. Seguono gli ottimi **tortelli di ricotta, spinaci ed erbe di campo** (11 €) e, secondo stagione, lasagne ai carciofi, maltagliati con fagioli freschi e gli intramontabili bigoli al torchio con guanciale e pepe. Una valida alternativa è rappresentata dalle **zuppe** (11 €) di ortaggi o di carciofi, patate e maggiorana. Tra i secondi piatti menzione d'onore per la **trippa di vitellone all'emiliana** (15 €), gli arrosti di anatra, o di coniglio, e un'intrigante insalata di baccalà e tartufo dell'Appennino reggiano. In alternativa, tartara di cavallo, cruda o rosolata nella versione tipica parmigiana – la cosiddetta *vècia* – o la degustazione di parmigiano reggiano 30 mesi con eccellenti mostarde di frutta artigianali. I dessert (7 €) propongono lo zuccotto di zucca, la pesca ripiena, la zuppa inglese e la pera al forno. I suggerimenti per il vino sono dati a voce: la disponibilità di etichette è più limitata rispetto al passato, ma capace di accompagnare degnamente i piatti con etichette regionali e nazionali.

MONTE SAN PIETRO
Montepastore

35 KM A SO DI BOLOGNA SP 26

Antica Trattoria Belletti
Trattoria
Via Lavino, 499
Tel. 051 6767004
Chiuso il lunedì
Orario: pranzo e sera, gen-feb solo pranzo, sab anche sera
Ferie: variabili
Coperti: 50 + 40 esterni
Prezzi: 25-30 euro vini esclusi
Carte di credito: tutte, BM

Montepastore è una piccola frazione nella quieta vallata del Lavino. Qui la famiglia Belletti, il babbo Ubaldo con l'indispensabile aiuto in cucina della moglie Edvige e della simpatica figlia Camilla, gestisce la trattoria aperta da oltre un secolo. L'entrata è situata nella zona del bar, frequentato dalla clientela locale. Sul retro si aprono due salette con pareti in sasso a vista molto accoglienti e calde. Il menù si avvale di pochi piatti tradizionali che badano alla sostanza e alla qualità della materia prima. Potrete iniziare con una buona selezione di salumi, oppure con ottime **polpettine preparate con il ripieno dei tortellini** (5 €). A seguire le **tagliatelle al ragù** (8,50 €), oppure i tortellini in brodo, gli gnocchi di patate con prosciutto e asparagi, gli **stianconi** (una sorta di maltagliati strappati a mano) **di farina integrale al ragù di coniglio** (9,50 €). La carne è la protagonista dei secondi piatti: castrato, salsiccia artigianale ai ferri, **coniglio nostrano arrosto** (10 €) in alternativa un invitante piatto montanaro con crescentine fritte, tigelle, salumi, sottoli e caciotta di Monte San Pietro. Tra i contorni primeggia la **padellata di funghi porcini**. In autunno potrete trovare tartufi e tagliatelle di castagne. Buoni i dolci, prevalentemente al cucchiaio. Oculata la carta dei vini, con attenzione ai Colli Bolognesi e alle etichette regionali con qualche digressione fra i principali produttori nazionali; il tutto proposto a prezzi molto corretti.

MONTEVEGLIO

26 km a ovest di Bologna

Trattoria del Borgo

Trattoria
Via San Rocco, 12
Tel. 051 6707982
Chiuso il martedì
Orario: sera, festivi anche pranzo
Ferie: 2 settimane in gennaio, 1-10 settembre
Coperti: 40 + 35 esterni
Prezzi: 30 euro vini esclusi
Carte di credito: tutte, BM

Una ripida salita vi porta all'interno del complesso medievale dell'abbazia di Monteveglio, da cui si dominano i vigneti dei Colli Bolognesi. Oltrepassata a piedi la porta del borgo, la trattoria si trova sulla destra, ricavata in una casa annessa alla cinta muraria e composta di tre piccole sale disposte su più livelli, sobrie e informali; d'estate potrete mangiare anche all'aperto. Paolo Parmeggiani, con la moglie Alessandra, in sala, e Andrea Rubini, ai fornelli, non solo propone una cucina di tradizione, ma dimostra sensibilità per la ricerca di materie prime locali, in particolare le verdure, valorizzando il lavoro degli agricoltori locali. Sono disponibili quattro menù degustazione: i piatti della tradizione (25 €), funghi, tartufo fresco e patate di Tolè (35 €), vegetariano (25 €) e la tigellata (crescentine con pesto al lardo al rosmarino, salumi e formaggio fresco, 15 €). Alla carta troverete antipasti come zucchine e fiori fritti (8 €), e bocconcini di polenta croccante, mentre i primi sono tutti di tradizione: **tortellini nel brodo buono** (11 €), tortelloni di ricotta, **strichetti al ragù**, tagliolini alle verdure e **tagliatelle ai funghi** (13 €). I secondi propongono guancialino di vitella, **spalla d'agnello al tegame** (13 €), **ossobuco** di bianca modenese **in umido** (13 €) e cotoletta di melanzane. Tra i dolci, le crostate e qualche insolito, ma invitante, dolce al cucchiaio. Bella la carta dei vini che valorizza i Colli Bolognesi, con attenzione alle etichette biologiche e biodinamiche.

MONTICELLI D'ONGINA
Isola Serafini

23 km a ne di Piacenza ss 10, 8 km da Cremona

Antica Trattoria Cattivelli

Trattoria
Via Chiesa, 2
Tel. 0523 829418
Chiuso martedì sera e mercoledì
Orario: mezzogiorno e sera
Ferie: 2 settimane tra luglio e agosto
Coperti: 150 + 15 esterni
Prezzi: 35-40 euro vini esclusi
Carte di credito: tutte, BM

Curioso trovarsi su un'isola quando si è nel cuore della pianura padana. Succede sull'Isola Serafini del fiume Po, alla Trattoria Cattivelli che, da oltre mezzo secolo, propone una cucina sospesa tra acqua e terra. Papà Valentino e mamma Cesira hanno lasciato il locale nelle capaci mani delle figlie, Claudia ed Emanuela, che hanno appreso bene la lezione sull'importanza della materia prima, fresca e di stagione. Luca e Massimiliano, in sala, sapranno consigliarvi con sapienza una buona scelta. Il nostro consiglio è di seguire il filo della tradizione per vivere un'esperienza da ricordare. Si può incominciare con il **tortino dell'orto su letto d'insalata** (11 €) o il culatello stagionato in proprio 20 mesi accompagnato dalla giardiniera. Tra i primi, tutti fatti in casa, si segnalano i maccheroni al torchio al ragù di agnello e carciofi, i tortelli piacentini di ricotta e spinaci, i tradizionali *pisarei e fasò* (10 €). Ampia e articolata la proposta dei secondi: ottimi i fritti (tutti in olio extravergine di oliva), come l'anguilla e i **filetti di pesce gatto e acquadelle** (15 €); tra le carni, il cosciotto d'oca rosolato, la **faraona disossata e ripiena** (16 €), le lumache alla piacentina. Da segnalare la selezione dei **formaggi a latte crudo**, con alcuni Presìdi Slow Food. Tra i dolci, su tutti spicca la **spongata** di Monticelli (7 €), antica ricetta locale recuperata dalla trattoria. Bella la cantina, con grande attenzione ai piccoli produttori del territorio ed etichette nazionali selezionate.

A Monticelli, via Martiri della Libertà 75, il panificio Migliorati produce e vende un'ottima spongata.

NEVIANO DEGLI ARDUINI

30 km a sud di Parma

Mazzini
Ristorante
Via Ferrari, 16
Tel. 0521 843102
Chiuso lunedì e martedì
Orario: mezzogiorno e sera
Ferie: ottobre
Coperti: 50 + 40 esterni
Prezzi: 35 euro vini esclusi
Carte di credito: CS, MC, Visa, BM

L'accuratezza dell'ambiente è già parte della premurosa accoglienza che Roberto, in sala, e Marina, in cucina, saranno in grado di regalarvi. Vale la pena iniziare con il piatto degli **antipasti** (12 €), una serie di piccole proposte tra cui spiccano polenta abbrustolita con il lardo, torta fritta con prosciutto crudo, cipolla fritta, torta di patate, parmigiano reggiano con aceto balsamico e finocchi, fiori di zucca. L'offerta dei primi piatti (9 €) prevede sia paste ripiene, come i **cappelletti in brodo** e i classici tortelli parmigiani variamente conditi, sia piatti più innovativi come **lasagne con melanzane e pomodoro**, gnocchi alle verdure e taleggio, paccheri al forno con ragù. In stagione non mancano i funghi e i tartufi dell'Appennino. I secondi piatti (14 €) strizzano l'occhio più alla carne ovina e di bassa corte che alla immancabile proposta di tagli di suino e bovino (buoni la tagliata e il filetto di manzo): da provare le **cotolette di coniglio**, le costolette d'agnello, la **coscia d'oca al forno**. In alternativa, la degustazione di parmigiano reggiano e la ruota dei formaggi, tra cui un ottimo pecorino dolce con pere e confettura di fichi e noci (12 €). Si chiude con dolci sostanziosi e di buona fattura (5 €): **semifreddo di nocciola e gianduia**, zabaione tiepido con biscotti, budino di nonna Pepa, cheesecake ai frutti di bosco. La cantina è una sintetica carrellata di valide proposte regionali e nazionali, con alcuni Lambruschi biologici davvero interessanti e una buona proposta di mezze bottiglie.

NONANTOLA
Rubbiara

12 km a ne di Modena ss 255

Osteria di Rubbiara
Osteria tradizionale
Via Risaia, 2
Tel. 059 549019
Chiuso il martedì
Orario: pranzo, ven e sab anche sera
Ferie: 15 dicembre-15 gennaio, agosto
Coperti: 35 + 40 esterni
Prezzi: 25-30 euro vini esclusi
Carte di credito: Visa

Negli anni sono stati spesi fiumi di inchiostro per descrivere Italo Pedroni, l'oste burbero e originale che serve prima gli uomini e poi le donne. Beh, la persona va ben oltre il personaggio e, se avete delle curiosità, fatelo chiacchierare e ve ne renderete conto. La cucina non lascia spazio alle innovazioni, ma si affida alle mani capaci della moglie Franca con le sue preparazioni tradizionali. Dall'orto di proprietà provengono i pomodori per la conserva e il radicchio. Per iniziare, ottima la **frittatina all'aceto balsamico tradizionale** che vi introdurrà ai primi tra cui, in inverno, gli ottimi **tortellini in brodo** (7 €) e le tagliatelle o gli *strichet* **al ragù di carne**; in estate troverete anche i **tortelloni di ricotta** (7 €) al burro o **all'aceto balsamico tradizionale**. Passando ai secondi, carni di maiale in diverse varianti, tra cui, eccellenti per qualità e cottura, le **costine arrosto**, il **pollo al Lambrusco** (7 €), il coniglio arrosto o alla cacciatora (7 €). Il sabato sera e la domenica a pranzo il menù è fisso (35 €) e adatto ad appetiti robusti. Buoni dolci casalinghi, tra cui **torta di tagliatelle**, al cioccolato, alla ricotta e le crostate. I vini locali, Lambrusco di Sorbara, Pignoletto e Ruggine (da un vitigno bianco autoctono conservato grazie alla passione del patron) sono di produzione propria. Per finire un assaggio dei vari infusi e distillati casalinghi. È gradita la prenotazione, ma non lo sono i cellulari.

> *Il tramandare antichi saperi, non solo gastronomici ma anche storici, è il valore aggiunto di questo tradizionalissimo locale*

La piadina, cibo di strada e bandiera della Romagna

La ricetta in apparenza è la più semplice che possa esistere: farina, acqua, un po' di strutto, un pizzico di sale. Nella sua particolarità territoriale (nelle 100 e più Romagne) le ricette possono prevedere nell'impasto pochi altri ingredienti: bicarbonato, lievito, latte, miele, olio al posto dello strutto. Non siete in Romagna, però, se non sentite profumo di piadina. Parliamo naturalmente di quella prodotta dai chioschi che costellano tutto il territorio romagnolo dove il ruolo della *piadinaiola* specialista ha sostituito quello della *azdora* casalinga. Si tratta di donne che hanno salvato un prodotto simbolo di questi luoghi inventandosi, agli albori degli anni Sessanta, un nuovo mestiere. La sentirete chiamare in maniera diversa – *pieda*, *pida*, *piè*, *piada* – dato che il nome della piadina cambia da zona a zona come cambia l'inflessione del dialetto e il modo di farla: differenze di spessore, di diametro, di sapore. E poi conta l'attenta cottura valutata a occhio, l'accurata manualità nella preparazione. Una volta si cucinava sul testo di terra refrattaria posto sulle braci del camino di casa, oggi invece si cuoce sulla piastra di metallo, ma la vera piadina romagnola è questa! Non certo quella delle industrie, che la producono in maniera meccanica, imbustandola per la lunga conservazione e che vorrebbero addirittura ottenere l'Igp, equiparando il loro prodotto a quello tradizionale dei chioschi. La piadina, autentico simbolo della Romagna ed eccellente cibo di strada, si può gustare con salumi e formaggi (tipico è lo squacquerone). Ci sono poi i guscioni – o crescioni o cassoni – fatti con lo stesso impasto, tradizionalmente farciti con erbe di campagna o con zucca e patate. Una piadina costa 0,80-0,90 euro, ripiena con prosciutto 3,50-4,00 euro, un crescione alle erbe 2,30-3,00 euro. Ecco alcuni indirizzi dove fare assaggi.

Gianpiero Giordani

BERTINORO
La Casa della Piadina
Largo Cairoli, 5 A
Tel. 340 7914950
Orario: feriali 15.00-23.00, festivi 9.00-23.00
Chiuso il lunedì

Situato a pochi passi dal borgo medievale, Marina, oltre alla tradizionale piadina, vi propone il crescione alle erbe saltate in padella (2,50 €) e le proprie innovazioni sul tema. 30 coperti in estate e inverno.

CESENA
Giuseppina Ceccaroni
Via Zazzeri, 13-San Michele
Tel. 333 4214798
Orario: 16,00-20,00
Chiuso il sabato

Il chiosco è ubicato accanto a un grande parco pubblico con area giochi. Una panchina per sedersi e gustare piadina e crescioni alla mozzarella e pomodoro o alle erbe (2,30 €).

La Mia Piadina Acqua e Farina di Donatella Ricci
Viale Marconi, 300
Tel. 328 7139120
Orario: 16.00-20.30
Chiuso il sabato

Si trova sul vecchio tracciato della via Emilia e dispone di tre panchine e due tavolini. Specialità: rotoli con prosciutto crudo e formaggio, sfogliatine con salumi (3,50 €), piadina al sesamo, al rosmarino e alle olive, fricò, panetti sfiziosi e piadina dolce.

La Regina della Piadina di Maria Casadei
Via San Remo, 35-Torre del Moro
Tel. 340 3598263
Orario: 16.30-21.00
Chiuso il martedì

Pochi tavoli con 16 posti a sedere, vicino a un ampio parcheggio. Uno dei pochi chioschi dove si cuoce su teglie di materiale refrattario. Specialità: crescioni con erbe (2,10 €) e ortaggi coltivati direttamente nella azienda agricola di famiglia.

L'Antica Piadina Della Valdoca
Contrada Albertini, 48
Tel. 333 2906832
Orario: 11,30-13,30/16,00-20,00, in estate 17,00-20.30
Chiuso martedì, in inverno anche sabato mattina

Piccolo laboratorio e negozio situato nel centro storico. Fra le specialità, una piadina speciale grande e spessa, cotta su una piastra refrattaria. Crescioni alle erbe cotte con il lardo (2,40 euro) e di zucca e patate.

La Piadina del Chiosco
Via Giardini Savelli, 10
Tel. 349 5143818
Orario: 11,30-15,00/17,00-01,00, in inverno 11,30-14,00 /17,00-21,00
Chiuso domenica a pranzo, in inverno giovedì

Diversi posti a sedere ai tavoli all'aperto, sui muretti e sulle panchine. Affettati e formaggi selezionati, piadina al kamut con olio extravergine di oliva, anche senza lievito. Salsiccia alla griglia, piadipizza, crescioni con verdure alla griglia, mozzarella e pomodoro (3 €), alle erbe, alla zucca e patate.

Maria Pavirani
Piazza Fabbri, 15
Tel. 0547 28163
Orario: 12,30-14,30/15.30-21.00
Chiuso il mercoledì

Lo trovate in pieno centro storico, accanto alla Biblioteca Malatestiana. Una ventina di posti ai tavoli. Rotoli alle verdure, crescioni con zucca e patate (2,30 €) e con cipolla e radicchio.

Micamat
Piazzale Ambrosini 27-Zona Ippodromo
Tel. 347 3023886
Orario: 9.00-21.00, estate 9.00-22.00
Chiuso domenica e lunedì

Vicino all'ippodromo, con ampio parcheggio. Una cinquantina di posti ai tavoli. Varie piadine innovative e classiche, fino ai tradizionali crescioni con spinaci (2,50 €) e al pomodoro e mozzarella.

Piadina di Loretta e Germano
Via Versilia, 190 - San Mauro in Valle
Tel. 340 9884794
Orario: 11.00-14.00/17.00-21.00
Chiuso la domenica

Chiosco, con parcheggio e tavolini per un totale di dieci posti, ospitati in un giardino con panchine e giochi per bambini. Specialità: piadina all'olio extravergine di oliva e crescioni con verdure fresche di stagione: con fagiolini, salsiccia e pomodoro, zucca e patate (2,80 €).

Tiziana Zanelli
Via Padre Genocchi 485-Ponte Abbadesse
Tel. 347 3235350
Orario: 15.00-20.30
Chiuso il lunedì

Il chiosco dispone di qualche tavolo e alcune panchine, vici-

Cavicchioli, piacere premiato!

Vigna del Cristo

Vigna del Cristo
il Sorbara in purezza
da sempre.

Gambero Rosso 2014 — Tre Bicchieri

5 Grappoli di BIBENDA 2014

L'ALBERO DELLA VITA

L'Albero della Salute L'Albero della Pace L'Albero d'Argento

Terra Gentile

De' Coppini

Novolivo

Il frutto

Antico Orcio

Rocca de' Rossi

Signore degli Ulivi

Tardo Autunno

Olive&Limoni

Gentiluomo Agricoltore

Olive&Mandarino

Materia Prima

Marmellata
Sinfonia di Sapori

Sugo
di Mamma Vanna

Carcioffi
Parma Delicatessen

Olive
in Salamoia

Caponata
di Mamma Vanna

Olive
Scacciata & Cunzat

...Siamo foglie del tuo albero

MUSEOAGORÀ
Orsi Coppini
ARCA DELLA CULTURA
www.museorsicoppini.it

COPPINI ARTE OLEARIA
L'ALBERO D'ARGENTO
AZIENDE AGRICOLE

vi aspettiamo

ITAL
EXPO MILANO

www.coppini.it

no al parco con area giochi e pista ciclabile. Specialità i crescioni: cipolla, fricò e salame piccante, zucca, patate e salsiccia, mozzarella, pomodoro, acciughe e origano (3,50 €).

BORELLO DI CESENA
La Piadina di Melania Facciani
Piazza San Pietro in Solfrino, 3
Tel. 340 5822637
Orario: 15.00-20.00, in estate 16.00-21.00; festivi 11.00-13.00
Chiuso il lunedì

Chiosco, con possibilità di parcheggio, posto nella piazza centrale, accanto al giardino con panchine. Specialità: crescioni con cavoli e pancetta, zucca e patate (2,50 €), ma anche salsiccia e verdure alla griglia.

MACERONE DI CESENA
E' Tulir Di Francesco Ricci
Via 18 agosto 1994, 490
Tel. 339 1272339
Orario: 14.30-22.30
Chiuso il mercoledì

Ubicato in un parco pubblico con panchine e giochi per bambini, ha a disposizione una settantina di posti ai tavoli. Specialità: battilarda con crescioncini di verdure fresche grigliate e la *piadaza*, farcita con erbe, formaggi e pancetta (6,50 €).

PIEVESESTINA DI CESENA
Maria Cellini
Via Dismano, 4830
Tel. 333 8703263
Orario: 11.00-14.00/16.00-20.30, in estate 11.00-14.00/17.00-20.30
Chiuso il lunedì

Una trentina di posti a sedere con tavolini, ombrelloni e possibilità di parcheggio, non distante da un parco con panchine e giochi per bambini. Specialità: piadina al rosmarino e alle olive, crescione zucca e patate (3 €).

PINARELLA DI CERVIA
Chiosco della Pineta
Via Mezzanotte-Zona Mare
Tel. 338 3256827
Orario: 11,30-15/17-22,30
Aperto da aprile a settembre
novità

In attività dal 1963, e tramandato dalla nonna Teresina alla figlia Carla, il chiosco è ora gestito dalla nipote Sabina, dal marito e dai figli. Prodotti di qualità farciscono la piadina a pochi passi dal mare, all'interno della pineta, con tavoli e panchine. Crescione alle erbe e mozzarella (4,50 €), salsiccia, squacquerone, salame nostrano, prosciutto di Parma 24 mesi.

PONTE PIETRA DI CESENA
Da Rita di La Porta Rita
Via Cesenatico, 1777
Tel. 368 3180483
Orario: 16.00-20.00, in estate 16.00-20.30
Chiuso il lunedì, mai in estate

Ubicato sulla strada principale che porta a Cesenatico dispone di una trentina di posti ai tavoli, disseminati nell'ampio parco con panchine e giochi per i bambini. Piadina di ottima fattura, poco condita e crescioni classici alle verdure (2,40 €).

SAN CARLO DI CESENA
Marina Guidazzi
Via Castiglione, 33
Tel. 349 7448174
Orario: 11.30-13.30, domenica 9-13.30/16.00-21.00
Chiuso il mercoledì

Chiosco di passaggio, posto sulla strada che dalla chiesa porta verso il fiume Savio. Fra le proposte, piadina con farina di farro biologico senza strutto e crescioni alle erbe (2,40 €).

SANT'EGIDIO DI CESENA
Acqua e Farina di Montanari Andrea
Via Cerchia di Sant'Egidio, 2365
Tel. 349 3173638
Orario: 16.00-21.30, in estate 17.00-22.00
Chiuso il martedì

Chiosco con una quarantina di posti a sedere, sito nel parco pubblico, con panchine e giochi per bambini. Specialità: rotoli con squacquerone, prosciutto crudo e rucola (4 €), crescioni alle erbe, specialità al farro.

SAVIGNANO SUL RUBICONE
Al Giardinetto di Alessandra Ricci
Via Emilia Ovest
Tel. 0541 946456
Orario: 12.00-21.00
Chiuso il martedì dalle 15,30 e il mercoledì

Sulla via Emilia, all'ingresso della cittadina, è provvisto di un gazebo, con panche e tavoli per una quarantina di posti. La piadina si assottiglia per la vicinanza al Riminese: da assaggiare quella con lo squacquerone e crescioni con erbe e verdure fresche.

SOGLIANO AL RUBICONE
Da Giuli e Stefano Pumdor
Via Montepetra Piolo, 73 B
Tel. 347 2786637
Orario: 14.30-22.00, sab e dom 11.30-22.00
Chiuso il lunedì

Il chiosco è sulla strada statale, a poche centinaia di metri dall'uscita di Montecastello di Mercato Saraceno della superstrada E 45. Trenta posti a sedere. Specialità: crescioni con zucca e patate, alle erbe (2,50 €) e con salsiccia alla griglia.

CERVIA
Al Parco Da Eleonora
Via Salara-angolo Strada Statale Adriatica, 12
Tel. 339 7049199
Orario: 12.30-14.30/16.30-21
Chiuso il martedì, mai d'estate

A disposizione alcuni posti a sedere e, da non perdere, l'incredibile panorama al tramonto. Suggestiva e piacevole l'atmosfera nel piccolo prato adiacente: il chiosco è affacciato sulle storiche saline. Specialità della casa il rotolino preparato in molte varianti e la piada croccante sale e rosmarino (1,20 €) o con sale di Cervia e cipolla.

FORLIMPOPOLI
Tom & Jerry
Via Armando Diaz-angolo giardini La Malfa
Tel. 339 1314711
Orario: 16.00-21.00, festivi 10.00-12.30/16.00-21.00
Chiuso il lunedì

A pochi passi dalla città artusiana, potrete accomodare in un comodo gazebo con 12 posti ai tavoli. Un ampio giardino rende ancora più piacevole la degustazione. Le specialità consigliate, specie nel periodo invernale, sono il crescione ai fagioli e salsiccia e quello alla verza e pancetta (3,80 €).

GAMBETTOLA
80 Voglia Di Piada di Andrea e Roberta
Piazza Cavour, 8
Tel. 349 4709080
Orario: 16.30-21.00
Chiuso il lunedì

Il chiosco è di fianco alla chiesa principale del paese e a un piccolo parco con panchine e due tavolini. Le specialità sono i crescioni e la piadina con salsiccia alla griglia (4 €), i rotoli, la piadipizza e gli impasti senza glutine.

LONGIANO
Gradisca di Manuela Bianchi
Piazza 11 ottobre, 2
Tel. 333 4611401
Orario: 15.00-21.00
Chiuso il lunedì

Lo troverete nella piazza accanto alle poste, nell'ampio parcheggio antistante. Una ventina di posti a sedere e ottimi crescioni alle erbette (2,70 €), alle patate e salsiccia, al pomodoro e mozzarella. In alternativa anche pasta fresca al matterello: tagliatelle, cappelletti e lasagne.

BUDRIO DI LONGIANO
Box 23
Piazza Aldo Moro
Tel. 328 7139115
Orario: 16.00-20.30
Chiuso il mercoledì

È posto sulla strada che porta dalla via Emilia a Longiano, su un ampio parcheggio accanto a un parco con panchine e giochi per i bambini. Specialità: rotoli ripieni con formaggi e salumi, e crescioni con erbe e salsiccia (2,80 €).

MERCATO SARACENO
Ruggero e Gemma
Tel. 347 6881180
Via Sandro Pertini, 1
Orario: 15.00-21.00
Chiuso lunedì e martedì

Custode di una lunga tradizione di famiglia, il chiosco, situato nei pressi della piscina comunale, ha a disposizione 30 posti con tavolini sotto un gazebo. Oltre alla piadina assaggiate i guscioni alle erbe (2,30) e alle melanzane. Ampio parcheggio e area sosta camper.

PIAVOLA DI MERCATO SARACENO
L'Oasi della Piadina
Via Pietro Nenni 55
Tel. 342 5931634
Orario: 16.00-19.30, in estate 16.30-20.30
Chiuso il mercoledì

Accanto al campo sportivo di calcio, vicino al torrente Borello, è a vostra disposizione una ventina di posti a sedere intorno ai tavoli posti nel gazebo. Ottimi la piadina e i crescioni alla zucca e patate (2,60 €), alle erbe e alla salsiccia e cipolla.

BORA DI MERCATO SARACENO
Piadineria il Minatore
Via Torricelli, 8
Tel. 0547 323257
Orario: 11.30-23.00
Chiuso il lunedì

Piadineria con cucina. Nato come chiosco, il locale prepara anche piatti da gustare con piadina e crescioni. Assaggiate il coniglio arrosto con il latte e il crescione con verze e cotechino (3 €). Ci sono 150 posti all'interno e 100 nella terrazza estiva.

RAVENNA
Tradizione Dolce & Sale
Via Cassino-Stadio Benelli
Tel. 0544 400621
Orario: 15.00-20.15
Chiuso il lunedì

Ubicato sulla strada vicino allo stadio comunale, ha solo qualche sedia, senza tavolini. Ottimi piadina e crescioni alle melanzane e alla salsiccia e cipolla (3,10 €) con l'utilizzo di prodotti e verdure di stagione. Da assaggiare anche la piada croccante a velo (sbriciolona).

SAN MAURO MARE
La Piadina di Bicio e Vale
Via della Libertà, 22
Tel. 340.4953002
Orario: 11.30-14.30/18.00-fino a tarda sera
Aperto da marzo a settembre, ottobre-febbraio solo sab e dom

Ospitata nel parco pubblico Benelli, dispone di tavoli e panche per un totale di 60 posti a sedere. Specialità il crescione con le erbette saltate in padella e la piadina 9 Colli, con scaglie di formaggio di fossa, miele e olive (8 €).

RIMINI
Doppio Zero
Via Dario Campana, 78 B-C
Tel. 335 6575169
Orario: 10.30-21.30
Chiuso il lunedì

Poco distante da Castel Sismondo, dal centro città e dal parco 25 Aprile, la struttura dispone di tavolini all'interno e all'esterno per un centinaio di posti. Le specialità della casa sono i cassoni farciti con ingredienti di prim'ordine – provate quello mozzarella e pomodoro (2,50 €) – e il rotolo con i sardoncini. A pranzo si può anche ordinare qualche piatto da accompagnare alla piadina.

Bar Ilde-Il Baretto della Buona Piadina
Via Covignano, 245
Tel. 0541 753274
Orario: 12.00-24.00
Aperto da aprile a fine settembre
Non ha giorno di chiusura

Sulla collina di Covignano, circondato dal verde, offre, fra interno ed esterno, circa 180 posti a sedere. Speciali le piade farcite con insalate, verdure e squacquerone. Ottima anche la piadina con prosciutto crudo, squacquerone e rucola (6,50 euro).

Nud e Crud
Viale Tiberio, 27-29-Borgo San Giuliano
Tel. 0541 29009
Orario: 11.00-16.00/18.00-24.00
Non ha giorno di chiusura

Piada, cassoni, bar e cucina: una formula innovativa e giovanile che propone la classica piada accanto a prodotti con filiera rintracciabile, dalla colazione all'aperitivo, dal pranzo e alla cena. Tra gli assaggi la piada di farine biologiche con sardoncini (6,90 €) o radicchio e cipollotto, e i cassoni con le rosole e con patate e salsiccia.

PARMA
Coloreto

7 KM DAL CENTRO DELLA CITTÀ

Ai Due Platani
Ristorante
Via Budellungo, 104 A
Tel. 0521 645626
Chiuso lunedì sera e martedì
Orario: mezzogiorno e sera
Ferie: 15 febbraio-2 marzo; 15 agosto - prima sett di settembre
Coperti: 65 + 65 esterni
Prezzi: 25-30 euro vini esclusi
Carte di credito: CS, DC, MC, Visa, BM

Immerso nella campagna, ma a pochi minuti da Parma, il borgo di Coloreto trasmette il senso dei poderi emiliani. Nel suo cuore, oltre alla piccola chiesa, si trova questo ristorante che continua nella tradizione dell'osteria, poggiando le basi sulla cucina tipica, con brevi incursioni in piatti e ingredienti di territori diversi. Matteo Ugolotti ai fuochi, e Giancarlo Tavani in sala, non sono dei neofiti del mestiere, e dimostrano, oltre a un'infinita passione, capacità e professionalità. Non si può prescindere dagli antipasti, dove la fanno da padrone i salumi di ottima qualità, come la coppa, la **spalletta cruda 24 mesi** (7 €) e l'immancabile crudo di Parma, accompagnati dalla torta fritta; da provare anche il vitello tonnato vecchia maniera (senza maionese). Tra i primi piatti, le paste ripiene sono l'orgoglio di Matteo: ottimi i **tortelli di zucca** (10 €), o di erbette, ma sono buoni anche i maccheroni al pettine con ragù di coniglio. Passando ai secondi, si segnala il baccalà croccante con crema di patate al nero di seppia, la **battuta** al coltello di fassona **con giardiniera casalinga** (14 €), la coscia d'anatra al forno. Si chiude con zabaione caldo e sbrisolona, un ottimo gelato alla crema offerto con diversi abbinamenti, la **zuppa inglese** (5 €). La cantina si distingue per proposte locali selezionate e una buona offerta di etichette nazionali.

❝Passione, competenza e ricerca sul territorio caratterizzano l'osteria, nel rispetto della materia prima e della stagionalità❞

PARMA
Gaione

7 KM DAL CENTRO DELLA CITTÀ

Antichi Sapori
Ristorante
Via Montanara, 318
Tel. 0521 648165
Chiuso il martedì
Orario: mezzogiorno e sera
Ferie: le due settimane centrali di agosto
Coperti: 80 + 80 esterni
Prezzi: 35 euro vini esclusi
Carte di credito: tutte, BM

Il ristorante Antichi Sapori, nella campagna parmense, è piacevole per tante ragioni: caldo e accogliente nell'arredamento semplice ma curato, ha colori luminosi e un piccolo spazio giochi per i più piccoli che gli permette di essere adatto anche alle famiglie. Aprendo il menù si incontra la doppia anima della cucina di Davide e del suo patròn, con piatti della tradizione che si alternano a idee innovative portando il palato verso nuove esperienze gustative. Con queste belle premesse tra gli antipasti emerge il classico **prosciutto di Parma stagionato** (9 €) al quale risponde la gustosa **melanzana caramellata con crema di parmigiano e sorbetto al pomodoro** (10 €). In perfetta linea con la tradizione emiliana della pasta all'uovo sono i **tortelli di erbetta** (9 €) e gli anolini in brodo, anche se altrettanto centrato è l'abbinamento degli gnocchetti di grano arso con peperone giallo e olive essiccate. Tra i secondi, è da provare la **punta di vitello ripiena al forno** (12 €) mentre per gli amanti del pesce, sono da segnalare alcune proposte di mare, come i passatelli asciutti con vongole, gamberi, mandorle e cipollotti. Nei formaggi, l'attenzione è sul prodotto principe della zona, il parmigiano reggiano, con la possibilità di fare una verticale per apprezzare le varie sfumature della stagionatura. Fra i dolci (6 €) ottime la mousse di zabaione e la torta sbrisolona. La carta dei vini mostra una buona scelta di etichette italiane ed estere e una sezione dedicata ai vini naturali.

> ❝ *L'abilità di fare cucina tradizionale svolgendo anche un'accurata ricerca verso piatti moderni che giocano con consistenze, abbinamenti e sapori nuovi* ❞

PARMA
Botteghino

6 KM DAL CENTRO DELLA CITTÀ

Da Romeo
Trattoria
Via Traversetolo, 185
Tel. 0521 641167
Chiuso il giovedì
Orario: mezzogiorno e sera
Ferie: 15 agosto-7 settembre, una sett in gennaio
Coperti: 150 + 150 esterni
Prezzi: 35-38 euro vini esclusi
Carte di credito: CS, MC, Visa, BM

Dai primi anni Cinquanta la famiglia Zanichelli accoglie i parmigiani lungo la via che porta a Traversetolo in località Botteghino, un tempo aperta campagna e oggi assorbita dalla crescita urbana della città. Lorenzo, il figlio di Romeo, gestisce la sala e la cantina con competenza e simpatia, mentre in cucina c'è la moglie Antonia affiancata da mamma Paola. Le sale interne sono arredate nello stile tipico delle trattorie anni Settanta, e, in estate, potrete anche usufruire dell'ampio e piacevole pergolato esterno. La cucina è supertradizionale, con sapori decisi e porzioni generose. D'obbligo iniziare con l'antipasto misto di **salumi** (salame, coppa, prosciutto crudo di Parma, culatello di Zibello, 12 €). Tra i primi (12 €) scegliete fra i **tortelli di erbette e ricotta** (che da soli valgono lo viaggio), o di patate, con funghi o, in stagione, **con la zucca**, ma sono buoni anche i **cappelletti in brodo**, le **tagliatelle ai funghi** e, in inverno, la pasta e fagioli. Passando ai secondi (13 €) troverete **coniglio alla cacciatora**, **punta al forno ripiena** (un classico della cucina parmigiana), gli arrosti misti; in inverno anche cotechino e cinghiale. Infine, se vi sarà rimasto lo spazio, i dolci con torte e crostate casalinghe. La carta dei vini è stata rimpicciolita, ma propone buone etichette locali e una panoramica delle varie produzioni nazionali, con una discreta scelta di distillati per concludere.

▪ Torrefazione del Gallo, piazzale San Bartolomeo 7: da Gianluca Montanari per gustare uno dei migliori caffè della città.

EMILIA-ROMAGNA | 421

PARMA
Castelnovo

11 KM DAL CENTRO DELLA CITTÀ

Le Viole
Trattoria
Strada Nuova di Castelnovo, 60 A
Tel. 0521 601000
Chiuso lunedì e martedì, giugno-agosto domenica e lunedì
Orario: mezzogiorno e sera
Ferie: ultime 2 settimane di agosto e di gennaio
Coperti: 45
Prezzi: 28 euro vini esclusi
Carte di credito: AE, CS, MC, Visa, BM

Sono ormai venticinque anni che la trattoria, adagiata in questa verde porzione di pianura, ha aperto i battenti. Fedeli al detto «squadra che vince non si cambia», Roberto, ai fornelli coadiuvato da Rosanna, e Lucia, in sala, sanno proporre una cucina territoriale gustosa, e ben preparata e fortemente radicata alle usanze gastronomiche della zona con qualche tocco in più. Le materie prime sono selezionate con cura, a cominciare dalla spalla cruda di San Secondo e dal prosciutto crudo di Parma, che danno il via agli antipasti, così come il **salame fresco con vino e fichi** (7 €), perfetto per l'estate, e il gustoso flan di parmigiano con salsa ai porcini (8 €). Fra i primi segnaliamo i tortelli di erbetta, gli **agnolotti di patate con fonduta di cipolle** (8 €) e i *blinis* alle viole (8,50 €); in alternativa potete assaggiare anche il savarin di riso e le lasagnette di montasio e carciofi. Passando poi ai secondi, dove prevalgono le carni, rosse e bianche, ci sono piaciuti in modo particolare la **coppa** (capocollo) **con cipolline caramellate** (12 €) e il lombo di porchetta in agrodolce (10 €). Tra le altre proposte buoni l'anatra al forno con ciliegie, il **guanciale di manzo brasato al vino rosso con polenta** e il coniglio con pomodori e olive taggiasche. Tra i dolci (6 €), il semifreddo alla nocciola con cioccolato bianco e zabaione, e la torta di mele con gelato alla cannella e frutti di bosco sono insuperabili. Variegata carta dei vini, con diverse etichette regionali e nazionali proposte con ricarichi adeguati.

PIACENZA

Da Marco Osteria del Trentino
Ristorante *novità*
Via del Castello, 31
Tel. 0523 324260
Chiuso la domenica
Orario: mezzogiorno e sera
Ferie: non ne fa
Coperti: 35 + 20 esterni
Prezzi: 33-35 euro vini esclusi
Carte di credito: nessuna

L'Osteria del Trentino è una delle più antiche di Piacenza: aperta nel 1910, quando a frequentarla erano gli operai delle vicine manifatture, è oggi, grazie alla gestione di Marco Piazza, il posto ideale per una cenetta romantica, gustando ottime proposte di cucina. L'ambiente, piccolo e raccolto, è curato nel dettaglio, con un delizioso cortiletto con pergolato fruibile in estate. Le ricette sono quelle della cucina tradizionale piacentina, con prodotti locali di alta qualità. Si comincia con salumi e giardiniera casalinga, lardo con crostini caldi (8 €) o strudel di verdure (9 €). Tra i primi piatti (9 €), troviamo i tipici **tortelli piacentini con le code**, gli anolini in brodo, i *pisarei e fasò* e le lasagnette al forno con zucchine. Tanta tradizione anche nei secondi e tanta carne, anche nei tagli poveri del quinto quarto: **trippa di manzo con fagioli** (9 €) e animelle di vitello, trifolate o fritte (13 €). In alternativa, ottime le **bracioline** di agnello con erbette (18 €) e quelle **di maialino fritte** (12 €), servite con piccoli pezzetti di cotenna. Chi non ama la carne potrà optare per lo storione al forno con verdure croccanti (16 €) o lo sformato di verdure. Buoni i contorni (4 €) con le patate arrosto con pancetta e ginepro o in stagione gli asparagi. Numerosi i dolci di casa: croccantino al cioccolato, torta di mele con gelato e semifreddo allo zenzero (9 €). Il caffè è quello della moka, servito con la sbrisolona. Cantina ricca di etichette dei Colli Piacentini e nazionali, con una selezione di passiti. Consigliato prenotare.

PIACENZA

San Giovanni
Ristorante
Via Garibaldi, 49
Tel. 0523 321029
Chiuso lun a pranzo, mag-set anche dom
Orario: mezzogiorno e sera
Ferie: in agosto
Coperti: 40
Prezzi: 30-35 euro vini esclusi
Carte di credito: AE, CS, MC, Visa, BM

Ritornare in questo locale è sempre un piacere. Roberto e Carla, i due titolari, sanno accogliere i clienti con un sorriso e proposte gastronomiche in linea con la stagionalità e con un pizzico di originalità. Ci teniamo a precisare che Roberto, dove possibile, utilizza verdure del proprio orto e materie prime locali. Per cominciare, ovviamente, largo ai **salumi piacentini**, che i proprietari affinano nelle proprie cantine (10 €), per continuare con **guazzetto di lumache alla bobbiese** (11 €) e bavarese di gorgonzola con composta di fichi e balsamico (9 €). A seguire i tradizionali **tortelli con la coda** (9 €), i passatelli con cime di rapa e scaglie di pecorino (un classico rivisitato) e l'ottimo **risotto con rapa rossa e fonduta di gorgonzola**. Vale la visita, tra i secondi, il **guanciale di manzo al Gutturnio** (13 €); il filetto di maialino al miele di castagno e castagne (14 €) e il timballo di zucca con scalogno al balsamico (9 €) completano il menù. Per i dolci la nostra scelta è caduta su tortino fondente di cioccolato al 72% con zuppetta di fragole (5 €), semplicemente perfetto, ma troverete anche diverse altre proposte stagionali. Per i vini Roberto cerca di tenere in carta le migliori produzioni locali, con particolare attenzione alle nuove proposte naturali e biologiche.

La Taverna del Gusto, via Taverna 27, propone ottimi vini locali, formaggi e salumi dei Presìdi Slow Food. Il Giusto Gusto, via Calzolai 4, prepara buoni panini con prodotti dei Presìdi. In corso Garibaldi 12 la Gelateria K2 produce ottimi gelati con materie prime di qualità.

PIACENZA

Santo Stefano
Osteria moderna
Via Santo Stefano, 22
Tel. 0523 327802
Chiuso domenica sera e lunedì
Orario: mezzogiorno e sera
Ferie: agosto
Coperti: 45 + 30 esterni
Prezzi: 25-30 euro vini esclusi
Carte di credito: CS, DC, MC, Visa, BM

Questa piccola trattoria nel centro di Piacenza è riuscita nel giro di pochissimo tempo a diventare uno dei luoghi prediletti di molti. Senza dubbio uno degli elementi che più colpiscono è la capacità di fondere semplicità, ricerca e leggerezza. Le tante proposte che popolano la bella lavagna con il menù del giorno – che cambia a seconda delle stagioni e della disponibilità del mercato – raccontano di una cucina in grado di affrontare con la stessa sicurezza grandi classici della tradizione e piatti frutto della fantasia del cuoco. In sala sarete accolti da Francesco e Clara, mentre la cucina è affidata a Camillo Pavesi. Iniziate con la bella selezione di salumi locali serviti assieme a una croccante giardiniera di verdure e non resterete delusi. Per proseguire non avrete che l'imbarazzo tra i tradizionali *pisarei e fasò* e gli ottimi tortelli con ricotta e spinaci. Assolutamente da non perdere la **bomba di riso**: uno sformato di riso condito e ripieno di ragù di piccione (da mangiare almeno in due). I secondi sono dominati dalle proposte di carne: trippa con i ceci, guancia di maiale in umido con polenta, *picula ad caval* e, per i più golosi, la **testa di maiale con erbe di stagione**, un piccolo gioiello della cucina povera. Non manca qualche proposta di pesce. Dolci in linea con il resto della proposta. Carta dei vini curiosa e frutto di grande ricerca, con molte etichette provenienti da piccole cantine (spesso naturali), qualche birra artigianale e validissimi distillati.

PIANORO
Rastignano

13 KM A SUD DI BOLOGNA

Osteria
al Numero Sette
Osteria moderna
Via Andrea Costa, 7
Tel. 051 742017-335 323894
Chiuso il lunedì
Orario: mezzogiorno e sera
Ferie: variabili
Coperti: 30
Prezzi: 31-35 euro vini esclusi
Carte di credito: CS, MC, Visa, BM

Nella frazione di Rastignano troverete questa osteria dall'aspetto moderno, un tempo bottega del paese. Vi accoglierà con gentilezza e cordialità Piero Pompili, in sala, che con Arnaldo Laghi, in cucina, gestisce il locale dal 1996. Attenzione per le materie prime e utilizzo di prodotti selezionati sul territorio sono le caratteristiche di una cucina che rispetta la tradizione ma che ha saputo reinventarsi con gusto. Fra gli antipasti (8 €) la *crostatina di cipolle caramellate*, le melanzane alla parmigiana, la panna cotta con gorgonzola dolce e pere, l'antipasto di salame rosa e mortadella. Le minestre, anche in nome della antica vocazione del posto, sono il piatto forte. E per minestre qui si intendono anche le paste tirate a mano, come le *tagliatelle al friggione bolognese* (8 €), o al ragù, la lasagnetta gratinata alle verdure, i *tortellini in crema di parmigiano* (14 €), o in brodo, i passatelli asciutti con salsa di parmigiano, ragù bianco di pinoli e uvetta (10 €). Fra i secondi, la battuta di carne cruda di fassona (Presidio Slow Food), immancabile il *guanciale di vitello brasato* e la coscia d'anatra cotta al forno (14 €). I dolci: fiordilatte al caramello, semifreddo al mascarpone con nocciole e amaretti (5 €), mousse di yogurt con frutti rossi, semifreddo allo zabaione. La carta dei vini presta attenzione ai Colli Bolognesi e Imolesi, con servizio anche al calice. Si può scegliere fra alcune birre artigianali della Romagna e del Nord Italia, il tutto in un clima di gradevole cortesia.

PONTE DELL'OLIO
Biana

28 KM A SUD DI PIACENZA

Bellaria
Trattoria
Località Biana, 17
Tel. 0523 878333
Chiuso il giovedì
Orario: mezzogiorno e sera
Ferie: prime tre settimane di settembre
Coperti: 50 + 30 esterni
Prezzi: 30-33 euro vini esclusi
Carte di credito: CS, MC, Visa, BM

Biana è un piccolo paese tra Ponte dell'Olio e Bettola, dove le colline iniziano a diventare un po' più aspre e la vegetazione fitta. A poca distanza dalla statale si trova questa trattoria dalla storia centenaria, da oltre quarant'anni condotta dalla famiglia Trecordi. Nonostante gli adeguamenti i prezzi restano convenienti, ma quello che più conta è che la qualità dei piatti da anni non conosce flessioni, garantendo una esperienza gustativa di alto livello. Il ventaglio di scelta tra gli antipasti varia con la proposta stagionale, ma per fortuna, si trovano sempre alcuni classici come l'ottima *burtleina* (frittata di farina e acqua): piatto tradizionale un po' dimenticato dagli osti delle valli piacentine, ma che qui accompagna i classici salumi piacentini (6,50 €). Tra i primi, meritano una menzione particolate i *pisarei e fasò* (9 €), ma non sono da meno i *tortelli con ricotta e spinaci* (10 €): provare per credere. Anche tra i secondi c'è un ampio margine di scelta: dalla classica tagliata al Gutturnio ai classici arrosti, fino alla tradizionale *picula ad caval* (battuta di carne equina stufata e accompagnata con contorni stagionali, ottima con il purè di patate (9 €). Per concludere, eccellenti le crostate e lo zabaione ghiacciato al Porto, ma per i più golosi non manca un piatto di formaggi. Buona scelta dei vini, incentrata per la maggior parte su quelli piacentini con ricarichi onesti.

Potete acquistare il pane con il bollo – il pane dei pellegrini che percorrevano la via Francigena – presso il panificio Pelizzoni a Ponte dell'Olio, in via Vittorio Veneto 79.

PORRETTA TERME

60 KM A SO DI BOLOGNA

Trattoria delle Tele
Trattoria
Piazza Massarenti, 1
Tel. 0534 24575
Chiuso martedì sera e mer, luglio e agosto sempre aperto
Orario: mezzogiorno e sera
Ferie: prima settimana di settembre
Coperti: 30 + 10 esterni
Prezzi: 32-35 euro vini esclusi
Carte di credito: CS, DC, MC, Visa, BM

Nella cittadina di Porretta Terme, famosa per le acque termali, dove da anni si svolge uno dei più importanti festival soul d'Italia, Emiliano Valdisserri, con l'aiuto dei genitori Giovanni ed Elisabetta, ha aperto questa trattoria vicino alla stazione ferroviaria. Il locale si avvale dell'esperienza e della passione dei titolari affinché siano sempre privilegiate la qualità e la scrupolosa ricerca delle materie prime di cui il territorio è ricco (castagne e funghi). Arredi semplici, ambiente raccolto e frequentato da gente del posto che qui trova piatti genuini e curati, espressione di una cucina emiliana già contagiata dalla vicina Toscana. Sapori netti e un menù che cambia spesso, secondo stagione, sono le cifre di un locale che propone pasta fatta in casa e una accurata selezione di carni, salumi e formaggi. Ottimo inizio con i **fiori di zucca con ricotta** di vacca bianca modenese (7 €), lo sformato di melanzane (8 €) e la selezione di salumi del Casentino (10 €). Tra i primi, assaggiate il **tortellone montanaro con ricotta e parmigiano reggiano** (10 €), per il quale vale la pena affrontare il viaggio, i **balanzoni vecchia Bologna** (10 €) e gli gnocchi di patate di Tolè. Passando alle carni, ottime le **costolette di agnello fritte** (12 €), la **cotoletta alla petroniana** e, in estate, alcune proposte a base di pesce. Buona la selezione dei formaggi. Per gli amanti dei dolci crème brûlée, zabaione con cantucci (4 €) e crostata di ricotta. Ampia la carta dei vini. A pranzo è proposto un menù a 15 euro, bevande incluse.

RAVENNA

Osteria dei Battibecchi
Osteria moderna
Via della Tesoreria Vecchia, 16
Tel. 0544 219536
Non ha giorno di chiusura
Orario: mezzogiorno e sera
Ferie: 15 luglio-15 agosto
Coperti: 45 + 25 esterni
Prezzi: 30-33 euro vini esclusi
Carte di credito: CS, MC, Visa, BM

Un indirizzo sicuro per gustare una buona cucina romagnola nel pieno del centro storico di Ravenna che, non dimentichiamo, è stata capitale imperiale e vanta uno straordinario patrimonio artistico. Il piccolo locale – di recente è stato un po' ampliato – è semplice e informale nell'arredamento e nel servizio: ricorda le osterie degli anni Sessanta, con un tavolone all'ingresso dove possono mescolarsi gli avventori, il bancone del bar e i tavolini fitti, uno vicino all'altro. Quella di Nicoletta Molducci, simpatica ed esuberante proprietaria, è la cucina casalinga della *azdora*: il menù è scritto in bella calligrafia sull'apposito quaderno, i piatti del giorno sono segnalati nella lavagna appesa alla parete. Assieme al pane arriva la piadina calda, tirata a mano, che può anche essere ordinata farcita, con prezzi fra che vanno dai 2,5 ai 7 euro. Fra gli antipasti, oltre ai salumi e ai formaggi, assaggiate la **saraghina marinata** (6 €) o le frittatine di zucchine e cipollotti. Seguono le **tagliatelle al ragù** (8 €), gli gnocchi di patate, le lasagne, i tortelloni e, **in brodo**, i **cappelletti** o i passatelli (10 €). Tra i secondi, il classico **castrato** (15 €) e le altre carni **ai ferri**, il coniglio con le patate rosse, ma anche lo **squacquerone con i fichi caramellati**. I dolci, tutti a 5 euro, spaziano dalla zuppa inglese alla crostata della nonna, fino ai tortelli alla mostarda. Carta dei vini ampia, con una giusta attenzione per quelli del territorio.

◾ In via Rava 6 c'è l'enogastronomia I Grisi: specialità alimentari della Romagna e di altre regioni, con diversi Presìdi Slow Food.

RAVENNA
Mezzano

14 KM DAL CENTRO DELLA CITTÀ

Terrae Maris
Trattoria
Via Reale, 440
Tel. 0544 529048-333 7185253
Chiuso domenica sera e mercoledì, estate mercoledì
Orario: mezzogiorno e sera
Ferie: variabili
Coperti: 40
Prezzi: 35-40 euro vini esclusi
Carte di credito: tutte, BM

Il locale si trova a Mezzano nei pressi del ponte che attraversa il fiume Lamone e, a dispetto dell'esterno un po' anonimo, la sala è curata e accogliente. Damiano Proni, proprietario e chef, propone una cucina di mare che spazia dai crudi, che strizzano l'occhio alla moda, a piatti molto tradizionali come l'anguilla in brodetto. Attenzione alla provenienza del pesce (di cui è indicato il territorio di pesca) e cura del prodotto, mai coperto da intingoli troppo elaborati o da cotture prolungate, sono la cifra della proposta. Il menù varia spesso ed è consigliabile consultare la lavagna che riporta i piatti del giorno. Si può partire con qualche crudità per assaporare poi il baccalà mantecato, le **sarde in *saor*** o il fumante **brodetto d'anguilla con cipolla all'agro** (9 €), la frittura di cozze con ristretto di pomodoro piccante. Tra i primi, **riso** carnaroli di Pontelagorino **con polpa di anguilla** (10 €), **ravioli di ricotta e branzino con pachino e mazzancolle**, orecchiette alle alici e pomodoro acidulo. Come secondi consigliamo **pesce azzurro** alla griglia (12 €), il pescato del giorno oppure il classico **brodetto di pesce**, tra i contorni crudità di verdure, patate fritte con sale grosso di Cervia (4 €) o verdure grigliate. Anche i dolci variano spesso: millefoglie in crema, zuppa inglese, scroccadenti alle mandorle, latte al forno caramellato (5 €). La carta dei vini è prevalentemente locale, con qualche gradevole bollicina. Per chi non ama il pesce è presente un piccolo menù dedicato.

REGGIO NELL'EMILIA

A Mangiare
Ristorante
Viale Monte Grappa, 3 A
Tel. 0522 433600
Chiuso la domenica, estate sabato a pranzo
Orario: mezzogiorno e sera
Ferie: 1-8 gennaio, 3 settimane in agosto
Coperti: 40
Prezzi: 35-40 euro vini esclusi
Carte di credito: AE, CS, MC, Visa, BM

Dal 2002 in guida, A Mangiare è un piccolo ma sicuro baluardo della ristorazione di qualità in città. La sua evoluzione è quella di tante trattorie che nel tempo, per restare sul mercato, si sono trasformate in ristoranti che intrecciano alcuni piatti della tradizione con pietanze di cucina innovativa e internazionale. Donatella Donati con garbo e competenza illustra i piatti e presenta una notevole carta dei vini (circa 150 le etichette proposte). In cucina c'è Olatz Agoues, cuoca di origini basche, assistita da Alex Coviello. A disposizione anche un menù degustazione di quattro portate (30 €) che coniuga i tortelli di patate al calamari alla piastra, o alla finta aragosta (rana pescatrice). Scegliendo alla carta, antipasti di qualità come la **giardiniera** (7 €), l'affettato misto con gnocco fritto (10 €) o la spuma di parmigiano reggiano con mostarda di pere (9 €). Doppio binario di tradizione e cucina innovativa anche per i primi: classici **tortelli verdi**, tortelli di sgombro arrosto, crema di barbabietola e fiammiferi di speck (10 €); possibile il tris a 18 euro. Tra i secondi molte proposte di carne: **guanciale di suino in agrodolce** (15 €), agnello, tagliate, ma anche suprema di **rana pescatrice arrosto con taccole, insalatina di patate e battuto di olive verdi** (17 €). Da segnalare la selezione di formaggi italiani (4-6 assaggi, 12-18 €). Nella carta dei dolci segnaliamo la zuppa inglese (7 €) e il gelato con radice di zenzero e prugne sciroppate.

In via Roma 76, la bioosteria Ghirbia, dove bere una buona birra artigianale, un vino biologico, tra un concerto e un "seminario" indie.

Il Pescato del Canevone

Ristorante
Via Luigi Tonini, 34
Tel. 366 3541510
Chiuso il lunedì
Orario: mezzogiorno e sera, sabato solo sera
Ferie: durante il fermo pesca
Coperti: 80 + 80 esterni
Prezzi: 35-40 euro vini esclusi
Carte di credito: tutte, BM

La famiglia Francioni, che possiede alcuni pescherecci e un banco vendita al mercato del pesce della città, ha ristrutturato un antico edificio di origine medievale per realizzare il ristorante che prende il nome dall'edificio stesso, il Canevone. Il pesce cucinato è quello catturato, ed è quindi prevista la chiusura durante il fermo pesca e in condizioni meteorologiche avverse. Il locale, costituito da un'unica ampia sala arredata con vele e attrezzi, durante l'estate si allarga nell'ampio giardino adiacente. Ad accogliervi Alberto e la moglie Arianna, che vi illustreranno i piatti del giorno consultabili anche nella grande lavagna affissa all'ingresso. L'Adriatico è l'unica zona di pesca prevista con aperta predilezione per il pesce azzurro. Iniziate con i **sardoncini fritti con cipolla di Tropea** (9 €), le polpette di tonno e baccalà al sugo e il **filetto di sgombro con cipolle caramellate** (10 €). Fra i primi si segnalano il **risotto al nero di seppia** (12 €), le tagliatelle con ragù rosso di pesce, i **rigatoni al sugo di canocchie**. Fra i secondi troverete il tradizionale fritto di paranza (17 €), il **polpo gratinato con cicoria**, i gamberoni spaccati alla brace, lo spiedone del pescato alla brace (17 €) o un piacevole **brodetto** (18 €). Per finire, ricca scelta di dolci tra cui lo zabaione ghiacciato al caramello (4 €), il mascarpone e sorbetti vari. Ampia la carta delle bollicine, sia italiane sia francesi, e una discreta scelta di etichette nazionali. Consigliabile la prenotazione.

La Marianna

Trattoria
Via Tiberio, 19
Tel. 0541 22530
Non ha giorno di chiusura
Orario: mezzogiorno e sera
Ferie: non ne fa
Coperti: 110 + 100 esterni
Prezzi: 30-35 euro vini esclusi
Carte di credito: tutte, BM

Osteria di mare, accogliente e arredata con stile, La Marianna si affaccia su borgo San Giuliano, a pochi passi dal ponte di Tiberio. Originale residenza di pescatori, di cui oggi conserva la facciata ristrutturata, propone una cucina di tradizione, qualità e stagionalità, grazie alla bravura dello chef Angelo Iervolino. Il pesce è quello fresco del mercato cittadino e l'efficiente personale di sala, guidato da Enrica, si prenderà cura di voi, guidandovi nella scelta dei piatti. Disponibili anche due menù degustazione da 30 e 40 euro. Tra gli antipasti, con i sardoncini marinati all'aceto si va sul sicuro, ma sono buoni anche l'**insalatina di seppioline con verdure croccanti** (12 €) e il classico vongole e cozze alla marinara. Arrivati ai primi non rinunciate alla pasta fatta in casa e tirata al matterello – **tagliatelle alle poveracce** (9 €), passatelli con mazzancolle, calamaretti, pomodorini e asparagina – oppure optate per il risotto alla marinara. Tra i secondi, non mancano gli spiedini misti di calamaretti e mazzancolle, i sardoncini fritti e, da provare, il **fritto misto di calamaretti, mazzancolle, zanchetti e verdure** (13 €). Il tutto si può accompagnare con contorni di verdure crude o alla griglia. Al momento dei dolci, di produzione propria, potrete scegliere tra zuppa inglese (5 €), crema catalana, **panna cotta al caffè con gelo di Sambuca**, sorbetto al caffè o al limone. La carta dei vini offre una selezione di etichette del territorio, con diverse possibilità al calice. È consigliata la prenotazione, specie nei weekend.

RIMINI

Osteria dë Börg
Osteria moderna
Via Forzieri, 12
Tel. 0541 56074-56071
Non ha giorno di chiusura
Orario: mezzogiorno e sera
Ferie: non ne fa
Coperti: 90 + 60 esterni
Prezzi: 30-33 euro vini esclusi
Carte di credito: tutte, BM

Nella Rimini famosa come città del divertimento troverete, vicino al ponte di Tiberio, l'antico borgo di San Giuliano: persone sedute sulla soglia di casa a chiacchierare, vecchie case con dipinti che ricordano Fellini, ristorantini e bar che rivelano l'altra faccia della città. Qui incontrerete questa storica osteria, una volta sede di un circolo operaio, che resta una delle soste consigliate in zona. Confortevole e ospitale l'ambiente con, al piano terra, per la cottura delle carni e della piadina un grande camino. Il locale è stato rinnovato da poco ed arredato in modo semplice e informale con tante stampe che ricordano Tonino Guerra. Tra le proposte, l'aperitivo e la pizza prodotta con farina biologica integrale cotta nel forno a legna e guarnita con alcuni prodotti tutelati dai Presìdi Slow Food. Si comincia con ottima piadina abbinata alla selezione di formaggi (9 €) o a salumi di mora romagnola. Tra i primi, da non perdere le **tagliatelle con ragù tradizionale** al coltello (8,50 €), i cappelletti in brodo, o alle carote, e gli **gnocchi di patate gialle** di Gemmano **con crema di fossa, verza e noci**. Si prosegue con la costata o la fiorentina della Val Marecchia, oppure con il **castrato** o il misto di mora romagnola **alla brace**. Da raccomandare anche il **galletto al tegame con pomodorini** (10 €). Dolci di produzione propria, tra cui zuppa inglese e **sfogliatine** dell'osteria (6 €). La carta dei vini privilegia la produzione romagnola. Menù degustazione a 28 o 35 euro per un minimo di due persone.

RIVERGARO

18 KM A SUD DI PIACENZA

Caffè Grande
Ristorante
Piazza Paolo, 8
Tel. 0523 958524
Chiuso il martedì, inverno anche lunedì
Orario: mezzogiorno e sera
Ferie: 20 gg in gennaio, 1 settimana a fine settembre
Coperti: 70 + 80 esterni
Prezzi: 32 euro vini esclusi
Carte di credito: CS, DC, MC, Visa, BM

Conosciuta dai clienti anche come Da Sugò (dal soprannome di uno degli storici osti), la trattoria, gestita dalla famiglia Bertuzzi, è una certezza. Betty, in cucina, propone piatti della tradizione rivisitandoli quel tanto da renderli graditi anche ai gusti più moderni, senza intaccare la generosità delle porzioni. Tra gli antipasti meritano una citazione i **salumi** (10 €), misti (pancetta, salame, coppa) o di solo culatello, abbinati con una delicata giardiniera. Lo sformato di ricotta ovina con erbe aromatiche è una piacevole alternativa. I *pisarei e fasò* (8 €) aprono le danze dei primi; seguono anolini in brodo di cappone (secondo la ricetta piacentina con il ripieno di stracotto) e tortelli di ricotta e spinaci al burro fuso e parmigiano. In autunno provate il **timballo di riso con lingua salmistrata**, mentre in primavera l'asparago piacentino accompagna diverse specialità. Molto buoni nei secondi l'**involtino di coniglio con verdure e mandorle** (12 €) e il **guanciale di vitello** (12 €), in inverno servito con una riduzione di Gutturnio, in estate con un purè di sedano e rape. In alternativa, filetto di maiale (anch'esso nella doppia versione stagionale, con le castagne oppure con le erbe), maialino cotto sottovuoto e costolette di agnello. Fra i dolci (7 €), tarte tatin alle mele o torta sbrisolona servite con gelato alla crema, zabaione di Zibibbo con lingue di gatto, crostata con crema pasticciera. Carta dei vini orientata a valorizzare il territorio, senza dimenticare valide etichette di livello nazionale.

RONCOFREDDO

48 KM A SE DI FORLÌ

Osteria dei Frati
Osteria moderna
Via Romolo Comandini, 149
Tel. 0541 949649
Chiuso lunedì e martedì
Orario: sera, sabato e domenica anche pranzo
Ferie: variabili
Coperti: 40 + 40 esterni
Prezzi: 25-32 euro vini esclusi
Carte di credito: tutte, BM

Il sorriso di Valentina vi darà il benvenuto in questa osteria dove l'accoglienza si sposa con l'attenzione ai prodotti del territorio e alla sapienza nel trasformarli in gustosi piatti legati alla tradizione. Ai fornelli c'è mamma Emanuela, assieme al genero Giorgio. Iniziate con l'ottima giardiniera, i salumi e i formaggi, accompagnati dalla fragrante piadina o dal pane fatto in casa. Assaggiate anche le bruschette o le **polpettine di vitello con purè di patate** (8 €). Ampio uso di Presìdi Slow Food nelle prelibate **tagliatelle al ragù delle due romagnole** (9,50 €) – la mora e la bovina –, oppure nei cappelletti di ricotta e parmigiano delle vacche rosse con crema di zucchine e menta; ancora i passatelli in brodo di stridoli e strozzapreti di farina integrale al ragù di salsiccia, melanzane e cacioricotta. Tra i secondi si spazia dall'**agnello al tegame con cicoria saltata** (14 €) al coniglio alla cacciatora con patate al forno, dalla salsiccia di mora romagnola con cavolo verza e olive taggiasche allo **spezzatino di vitello con piselli** (11 €). Interessanti anche i contorni come la misticanza d'insalate ed erbette aromatiche, le erbe di campo al tegame, i carciofi, il fricò di verdure al forno, i fiori di zucca ripieni di ricotta (5 €). Sfiziosi i dolci (5 €): salame di cioccolato, biancomangiare, dolce di ricotta con amaretti e savoiardi allo Strega, **pere volpine cotte nella Cagnina** con gelato alla vaniglia, frutta sciroppata e al liquore. La carta dei vini offre una selezione di etichette locali e nazionali. In luglio e agosto è chiuso domenica a pranzo.

■ In piazza Allende, presso la Fossa dell'Abbondanza di Renato Brancaleoni e della figlia Anna, trovate ottimi formaggi.

ROTTOFRENO
Centora

12 KM A OVEST DI PIACENZA SS 10

Antica Trattoria Braghieri
Trattoria
Località Centora, 8
Tel. 0523 781123
Chiuso il lunedì
Orario: pranzo, venerdì e sabato anche sera
Ferie: 1-13 gennaio, 25 luglio-25 agosto
Coperti: 100
Prezzi: 20-26 euro vini esclusi
Carte di credito: tutte, BM

Una spartana e felicemente demodé trattoria che esiste da oltre cinquant'anni in quella provincia agricola piacentina che già guarda alla Lombardia. Le generazioni si sono succedute, e ora è Floriana a tenere le redini della sala e della cucina, affiancata da solide ed efficienti *rezdore*. Si entra nella sala ristorante come ormai non capita quasi più: dalla sala bar, ricca di reliquie vintage occhieggianti alle pareti. Il locale lavora molto a pranzo (menù fisso, 12 €), ed è aperto la sera solo il venerdì e il sabato: altro segnale di luogo che guarda alla sostanza dei piatti e al territorio in cui lavora. Valgono il viaggio gli ottimi antipasti: **salumi** (coppa, pancetta, salame, prosciutto, 8 €) e fesa di manzo alla tartara con salsa verde (6 €). Tra i primi, i tradizionali *pisarei e fasò* e i **tortelli con le code**; in alternativa la lasagna ai funghi è un piacevole sorpresa per la qualità della sfoglia (7 €). Ancora pasta con i ravioli agli asparagi, agli spinaci, alle patate e funghi, a seconda della stagione. I secondi piatti sono un altro buon motivo per il viaggio a Rottofreno: eccellente la **faraona all'albicocca** (7 €) e, in stagione, lo **stracotto d'asino** e il cinghiale alla cacciatora, da affiancare alle patate arrosto o ai carciofi. Tra i dolci, quello a tre strati della casa, la mousse al gianduia e la meringata. La cantina è quella del territorio, con una ventina di etichette rappresentative dall'onesto ricarico.

■ Dolce Risveglio, via Emilia Ovest 16 A, produce ciambelline e varie torte con ingredienti provenienti da agricoltura biologica.

EMILIA-ROMAGNA | 429

RUSSI
Ponte Vico

15 KM A SO DI RAVENNA

Da Luciano
Trattoria
Via Montone, 1
Tel. 0544 581314
Chiuso lunedì sera e martedì
Orario: mezzogiorno e sera
Ferie: seconda e terza settimana di agosto
Coperti: 80 + 30 esterni
Prezzi: 28-30 euro vini esclusi
Carte di credito: AE, CS, MC, Visa, BM

Sull'argine destro del fiume Montone, al confine tra le province di Ravenna e di Forlì, sorge l'antica trattoria Da Luciano. Un tempo osteria di passaggio, conta oggi su una clientela variegata che si siede ai tavoli per gustare piatti della tradizione dai sapori autentici. La sfoglia si tira ancora a mano e le materie prime sono locali, provenendo dalla verde campagna antistante, dall'orto e dal pollaio di proprietà. La cucina è il regno di mamma Mina, che garantisce un menù fortemente radicato nel territorio, con qualche genuina variazione e nuova attenzione alle farine alternative, come kamut e grano saraceno. Da segnalare la presenza di piatti unici di carne con contorno, i piatti vegetariani e i taglieri assortiti. In apertura la scelta è tra i crostini misti (6 €) e l'**antipasto rustico**, mentre tra i primi segnaliamo le **tagliatelle** o i cappelletti **al ragù**, i tortelli alle erbe o le più stagionali **taglioline di grano saraceno agli asparagi** (9 €). Grande spazio è concesso alle carni ai ferri tra i secondi: coniglio e **faraona arrosto** (12€), quaglia e piccione, oltre a un invitante **castrato**. Disponibili anche il misto ai ferri e una buona tagliata di manzo. Interessante l'assortimento di formaggi e di dolci che rimangono nel solco della tradizione con zuppa inglese, crostate casalinghe e semifreddi: in stagione consigliamo quello alla crema pasticciera con fragole (5 €). La scelta dei vini, proposta con equo ricarico, è limitata a quelli di Romagna.

SALA BAGANZA

14 KM A SUD DI PARMA

Milla
Trattoria
Via Maestri, 40
Tel. 0521 833267
Chiuso giovedì, in inverno anche lunedì
Orario: sera, sab e dom anche pranzo
Ferie: 1-15 gennaio, 15 giorni in agosto
Coperti: 50 + 40 esterni
Prezzi: 30 euro vini esclusi
Carte di credito: CS, DC, MC, Visa, BM

Dal 1947, quando la signora Milla la rilevò, questa trattoria situata nelle colline parmensi è un baluardo della genuina cucina del territorio. Ora sono il figlio Luciano e la moglie Catia che ne portano avanti la tradizione con l'aiuto della figlia Paola. Oltre al variegato menù, sulla lavagna troverete sempre altre proposte del giorno. Da non perdere l'eccellente tagliere con **torta fritta e** salumi: **prosciutto crudo 36 mesi** (9 €), strolghino, spalla cruda e lardo di maiale nero alle erbe aromatiche. Fra gli altri antipasti la polentina tenera al gorgonzola e il tortino di verdure. Come primi piatti, notevoli le **tagliatelle con i carciofi** e i **tortelli alle ortiche** (9 €), preparati con una sfoglia sottilissima, oppure gli gnocchetti di patate in fonduta di tartufo, il riso con verza e pasta di strolghino e gli anolini in brodo, che non mancano mai. Molto interessanti, fra i secondi, lo stinco di maiale alla birra e i tenerissimi **guancialini di maiale alla paprica dolce** (11 €); segnaliamo inoltre il collaudato **bollito con le salse**, lo stracotto di asinina, la coscia d'anatra e la costata di manzo. Dolci golosi: semifreddo di torroncino con zabaione caldo e salsa al cioccolato, torta di mele con gelato alla vaniglia e panna (5 €) e per un gusto più estivo, il tris di sorbetti di frutta fresca. Carta dei vini di spessore, con una bella panoramica territoriale e nazionale, a cui si aggiunge una bella proposta di bollicine anche d'oltralpe.

SAN LEO

26 KM A SO DI RIMINI SP 258

La Rocca
Ristorante annesso all'albergo
Via Leopardi, 16
Tel. 0541 916241
Chiuso il lunedì, mai in luglio e agosto
Orario: mezzogiorno e sera
Ferie: gennaio e metà febbraio
Coperti: 80 + 100 esterni
Prezzi: 30 euro vini esclusi
Carte di credito: AE, CS, MC, Visa, BM

Ivo Rossi e la sorella Anna Lisa si apprestano a festeggiare il cinquantennale di questo locale: un'antica falegnameria rilevata dai genitori a metà degli anni Sessanta, adibita a locanda e poi a punto di ristoro. Siamo vicini alla imponente Rocca che domina il borgo di San Leo e qui Ivo, persona schietta e cordiale, vi farà accomodare nell'unica grande sala (ex campo di bocce) con il maestoso camino. D'estate si pranza invece sul fresco terrazzo. Si inizia con un assaggio di salumi del territorio – lonza, pancetta, salame e soprattutto **prosciutto di Carpegna** (8 €) – oppure con il carpaccio di chianina affumicato. Spazio poi ai primi di pasta fresca tirata a mano: passatelli asciutti al tartufo, cappelletti in brodo (8 €), tagliatelle al ragù, **tortelloni con formaggio di fossa ed extravergine di Cartoceto**. Nella stagione giusta, non fatevi sfuggire i piatti a base di **funghi**, **tartufi** e **selvaggina**. Buono anche l'agnello, proposto in vari modi: carré al timo, spalla all'ambra di Talamello (formaggio di fossa, 8 €), **cosciotto al Sangiovese e zenzero**. Particolare cura è riposta nella selezione e nell'affinamento dei **formaggi** di pecora e di capra, accompagnati con confetture e miele. Infine i dolci casalinghi: crostata di farro con confettura di fichi e albicocche, **mousse di visciole con gelato** (6 €), soufflé ghiacciato al cioccolato. Bella e convincente la proposta enologica di Ivo (dal corretto rapporto tra qualità e prezzo), attento ai piccoli produttori del territorio e a quelli nazionali.

SAN PIETRO IN CASALE

24 KM A NORD DI BOLOGNA

Tubino
Trattoria
Via Pescerelli, 98
Tel. 051 811484
Chiuso il venerdì e sabato a pranzo
Orario: mezzogiorno e sera
Ferie: una settimana in estate
Coperti: 40
Prezzi: 30-35 euro vini esclusi
Carte di credito: tutte

Un locale semplice (una saletta all'ingresso, una più ampia al primo piano con singolare balconata interna) e un ambiente familiare dove vi sentirete a vostro agio. La cordialità caratterizza infatti il Tubino, che sorge a due passi dal centro del paese. Daniela, in sala, e Pierluigi (Pigi), in cucina, propongono da oltre vent'anni piatti della tradizione locale, con escursioni mirate in altre regioni, partendo da materie prime di qualità (anche Presìdi Slow Food), frutto di costante ricerca. Il menù segue le stagioni grazie a forniture in gran parte locali. In una serata invernale abbiamo iniziato assaggiando le **crescentine con salumi** nostrani, lo sformato di funghi porcini su crema di ricotta (10 €), le lumache al burro con creme di stagione. Fra i primi, oltre ai tradizionali **tortellini in brodo di cappone** e alle tagliatelle verdi con ragù bolognese, ecco i saporiti **tortelli di zucca con pancetta di mora romagnola** e i più ricercati gnocchi di patate al pesto di radicchio rosso e baccalà (10 €). I secondi privilegiano le carni: petto d'anatra allo zenzero e agrumi, **spezzato di bovina romagnola con verze e patate**, misto di mora romagnola servito sulla pietra ollare. In alternativa fatevi tentare dall'ottima fantasia di **formaggi con miele e marmellate** (15 €). Per finire, **castagnaccio con crema di zabaione** (6 €), bicchiere di crema al cioccolato bianco con biscotti e gelato di crema all'aceto balsamico tradizionale. Piccola, ma di qualità, la carta dei vini, curata personalmente da Daniela, che vi saprà consigliare al meglio.

EMILIA-ROMAGNA | 431

SAN PROSPERO

19 KM A NE DI MODENA SS 12

Bistrò
Trattoria
Via Canaletto, 38 A
Tel. 059 906096
Chiuso il mercoledì
Orario: mezzogiorno e sera
Ferie: 2-3 settimane in agosto, 23 dicembre-3 gennaio
Coperti: 60 + 40 esterni
Prezzi: 30-35 euro vini esclusi
Carte di credito: tutte, BM

Siamo a San Prospero, operosa cittadina della Bassa modenese, colpita duramente dal sisma del maggio 2012. La famiglia Fregni, che gestisce la trattoria, ha superato questa avversità e continua a lavorare con dedizione e impegno proponendo agli avventori, oltre a una richiestissima pizza, una cucina semplice, genuina e territoriale fatta di materie prime locali, ricette e preparazioni casalinghe. Tra gli antipasti, imperdibile la **frittata di cipolle e aceto balsamico** di propria produzione (9 €), ma buone anche la selezione di salumi accompagnati da gnocchini fritti e le lumache alla bourguignonne. Nei primi di pasta fatta in casa, meritano menzione i **tortelli di zucca con scaglie di parmigiano e aceto balsamico**, i maccheroni al pettine con anatra, le tagliatelle con prosciutto e piselli, i **tortellini in brodo di cappone** (12 €). In stagione, troverete anche gli gnocchi di patate con salsiccia e asparagi. Fatta eccezione per un buon baccalà, è la carne la regina dei secondi: tagliata di manzo, filetto all'aceto balsamico, noce di vitello arrosto e **guancialino brasato** (14 €). In alternativa sono ottimi il **coniglio alla cacciatora** e le costine d'agnello a scottadito. Dolci fatti in casa come zuppa inglese, crème caramel e, da non perdere, la **torta di tagliatelline e limone** (4 €). Interessante, seppur ristretta, la selezione dei vini incentrata sul Lambrusco: siamo nella zona del Sorbara.

SANTARCANGELO DI ROMAGNA

10 KM A OVEST DI RIMINI

La Sangiovesa
Ristorante-osteria
Piazza Balacchi, 14
Tel. 0541 620710
Non ha giorno di chiusura
Orario: la sera, domenica e festivi anche pranzo
Ferie: vigilia di Natale e 1 gennaio
Coperti: 240 + 50 esterni
Prezzi: 35-38 euro vini esclusi
Carte di credito: AE, CS, MC, Visa, BM

Santarcangelo è un bel borgo sulla prima collina riminese che guarda il mare: piacevole fare una passeggiata fra le strette vie, zeppe di localini cool e tradizionali che si alternano in un festoso inanellarsi. Fra questi, entrare alla Sangiovesa regala un'emozione in più, per diversi motivi. Il primo, prepotente, è quello scenico: il locale è una sorta di cittadina al coperto, con tanti ambienti, come slarghi all'angolo di una via, dove i tavoli appaiono come accadeva un tempo fuori dalle case nei mesi estivi. Il secondo è la completezza di questo progetto che realizza una filiera chiusa quasi completa: l'osmosi con la tenuta Saiano permette al ristorante di lavorare carni, salumi, formaggi di propria produzione a cui si aggiungono le paste al matterello e i dolci di cucina. Il terzo è la bontà dei piatti: alla Sangiovesa si mangia bene, saporito, ma lo è la cucina romagnola. Si comincia con i salumi misti (12 €) – o con il solo salamino – sottoli, frittate, **cassoni** e squacquerone. Seguono pasta e fagioli, **stringhetti con cipolla, goletta e scaglie di formaggio**, lasagne verdi, tagliatelle al ragù, ravioli ai porcini: tutti a 12 euro. Carni e formaggi chiudono il giro: ottima la selezione di quelli freschi e stagionati, anche di fossa (14 €), eccellenti la **trippa** (15 €), la salsiccia con cipolla, lo scortichino di filetto con balsamico, la **pollastra alla cacciatora** (16 €). Numerose le proposte dell'orto, che prevedono anche un menù vegetariano (36 €). Bella la carta di vini, birre e distillati, territoriale ed esaustiva, e dolci che profumano di casa: assaggiate la crema in scodella (7 €).

In via Ruggeri 8, Laura propone pasta all'uovo tirata al matterello.

SANTA SOFIA
Campigna

60 KM A SO DI FORLÌ SS 310

Il Poderone
Azienda agrituristica
Via Poderone, 64
Tel. 0543 980069
Non ha giorno di chiusura
Orario: mezzogiorno e sera
Ferie: variabili
Coperti: 80
Prezzi: 28-32 euro, menù fisso
Carte di credito: tutte, BM

Troverete il Poderone, addentrandovi nel Parco delle Foreste Casentinesi, a tre chilometri da Campigna. Imboccando una stradina sterrata, incontrerete questo casale in pietra perfettamente ristrutturato. Ad accogliervi Lorenzina Benilli, che già al momento della prenotazione mette in chiaro le regole: si pranza alle 13, si cena alle 20, il menù è fisso, ma cambia continuamente e non lo troverete scritto da nessuna parte. Se siete vegetariani, o con intolleranze alimentari, basta avvisare prima. L'atmosfera è quella di una cena a casa di amici, sul tavolo troverete una bottiglia di vino rosso e una brocca di acqua di fonte, il personale è gentile e attento. Siate curiosi e fate domande: Lorenzina vi racconterà la storia dei suoi piatti e la provenienza di tutto quello che mangerete. Potreste cominciare con pappa al pomodoro o **acquacotta**, mentre, tra i primi, assaggerete **tortelli con ripieno di patate** leggermente gratinati, ottime tagliatelle al ragù o **polenta con i fagioli**. I secondi, prevalentemente di carne selezionata da Lorenzina fra i produttori del territorio, sono accompagnati dall'insalata e dalle verdure del magnifico orto dietro al casolare. **Anatra arrosto**, costolette di maiale, pancetta, ma anche piccione e l'ormai nota **scottiglia**, sono alcune delle proposte in cui potreste imbattervi. Dolci di casa: la crostata con confettura di propria produzione, zuppa inglese e semifreddi. È sempre necessaria la prenotazione, e magari potrete pernottare in una delle quattro accoglienti camere a disposizione.

SANTA SOFIA

29 KM A SO DI FORLÌ SS 310

Osteria del Borgo da Fischio
Osteria moderna
Via San Martino, 61 B
Tel. 0543 970417-347 2121158
Chiuso il giovedì
Orario: mezzogiorno e sera
Ferie: prima sett di gennaio, prima di luglio
Coperti: 50 + 30 esterni
Prezzi: 25-30 euro vini esclusi
Carte di credito: CS, MC, Visa, BM

Siamo al confine delle Romagna, già in odore di Toscana. In cucina, Fabio Castellucci e la mamma Mirella costruiscono il menù sulle eccellenze del territorio esaltandole con preparazioni semplici. In sala sarete invece accompagnati da Franco, detto Fischio, che saprà consigliarvi sui piatti e sui vini. Non trascurate l'antipasto misto, composto da crostini, salumi e formaggi (7 €), oppure di soli **salumi di mora romagnola** (11,50 €); in alternativa i **tortelli alla lastra**. La pasta è casalinga e freschissima: ottimi le **tagliatelle con ragù bianco di cinghiale** (9 €), i cappellacci di ricotta con burro, rosmarino e mandorle; i tortelli verdi con prosciutto, pomodorini e pecorino (7,80 €). Chiedete qual è la proposta del giorno e, se arrivate in primavera o in estate, non perdetevi le **tagliatelle ai prugnoli** (10 €) o ai porcini. I secondi sono all'insegna della carne: eccellente lo stinco di maiale al forno (11.50 €), il brasato di manzo al Sangiovese (9,50 €), il prosciutto arrosto (8,90 €) e da non perdere **costole e salsicce di maiale in umido con sedano** (8,90 €). A seconda della disponibilità potete trovare anche piatti a base di selvaggina. I dolci (4 €) vi sapranno tentare: torta al caffè, ricotta con marmellata, lattaiolo, crema tradizionale e castagne spiritose. La carta dei vini è ricca e saggia: grande attenzione all'area romagnola, ma offerta ottima anche fuori regione. Se passate nel pomeriggio entrate per una gustosa merenda.

SAVIGNANO SUL RUBICONE

15 KM A SE DI CESENA SS 9, 15 KM DA RIMINI

Trattoria dell'Autista
Trattoria
Via Battisti, 20
Tel. 0541 945133
Chiuso domenica, venerdì e sabato sera
Orario: mezzogiorno e sera
Ferie: 3 settimane in agosto, 2 a fine dicembre
Coperti: 50 + 35 esterni
Prezzi: 20-25 euro vini esclusi
Carte di credito: tutte, BM

Il tempo non cambia questa trattoria di Savignano ai bordi della via Emilia, qui si continua a gustare una buona cucina di casa. Mauro e il figlio Nicola, in sala, vi racconteranno i piatti preparati da mamma Valentina, perché il menù (affisso nella bacheca sulla soglia del locale) cambia ogni giorno secondo stagione. Gli antipasti sono quelli casarecci: piadina protagonista con salumi o formaggio morbido (7 €), o il classico prosciutto e melone. Fra i primi al matterello, ottimi i **tortelli di ricotta e prezzemolo al ragù**, al pomodoro o burro e salvia (8 €), le tagliatelle al ragù (8 €) all'uso di Romagna, un po' più larghe di quelle emiliane. Non mancano, nei periodi giusti gnocchi di patate, **passatelli in brodo** e pasta e fagioli. La **grigliata di carne** occupa la scena dei secondi e comprende: fiorentina di bovina romagnola, l'introvabile fegato di maiale nella rete e la braciola di castrato (8 €). In alternativa, da provare il **coniglio al forno** (8 €), e in stagione trippa e baccalà. Per contorno sempre presenti le verdure ripassate in padella (fagiolini, erbette, spinaci), le patate o le cipolle al forno (4 €). Segue una bella ruota di locali formaggi caprini (3,50 €) o misti (5 €), serviti con confettura casalinga di fichi, o uno dei dolci tradizionali: zuppa inglese, crostate, crème caramel, mascarpone o la torta di ricotta. Piccola e locale la carta dei vini, ma è buono anche lo sfuso, bianco e rosso.

SCANDIANO

12 KM A SO DI REGGIO EMILIA

Osteria in Scandiano
Ristorante
Piazza Boiardo, 9
Tel. 0522 857079-335 6450209
Chiuso il giovedì, in estate la domenica
Orario: mezzogiorno e sera
Ferie: agosto, da fine anno all'Epifania
Coperti: 38 + 30 esterni
Prezzi: 40 euro vini esclusi
Carte di credito: tutte, BM

Qui da trent'anni la famiglia Medici fa dell'attenzione gastronomica una filosofia di vita. Mamma Nadia e il figlio Andrea, in cucina, papà Contrano e l'altro figlio, Simone, in sala, propongono una carta che vive di forte stagionalità, con qualche proposta di degustazione alcuni piatti di pesce e attenzione rivolta alle disponibilità del sottobosco e della cacciagione. Si inizia con **polenta fritta con crema di formaggio e tartufo nero** (15 €) e mini brioche con scaloppa di fegato d'anatra, indivia, radicchio, mele, noci, uva e aceto di lamponi. In alternativa, battuta di fassona con valeriana, salse di capperi e cipolla di Tropea con uova di quaglia, salumi tipici e gnocco fritto o **culatello con spuma di reggiano e pan dolce**. Sempre presenti, tra le minestre, i cappelletti in brodo di cappone (13 €) e i passatelli, ma sono ottimi anche il risotto con fiori di zucca, zafferano e crema di reggiano, i **tortelli con zucca** di Novellara **al soffritto** (11 €) e la tagliatelle con funghi galletti. Tra i secondi, stinchetto di maialino con tartara di melanzane e tartufo e **bolliti con salse e mostarde**. Interessanti anche il coniglio al forno con patate (16 €) e il filetto di scottona all'aceto balsamico, con fagiolini e confettura di cipolla. Concludete con zuppa inglese (8 €), hamburger di meringhe ai pistacchi e yogurt al limone o con la ricca cioccoterapia. Carta dei vini ampia, ma chiedete una buona bottiglia prodotta dal vitigno autoctono spergola di Scandiano e non rimarrete delusi.

SISSA
Gramignazzo

25 KM A NORD DI PARMA

Laghi Verdi
Trattoria
Via Co' di Sotto, 74
Tel. 0521 879028
Chiuso lunedì e martedì
Orario: mezzogiorno e sera
Ferie: dicembre-febbraio
Coperti: 90 + 60 esterni
Prezzi: 30 euro vini esclusi
Carte di credito: CS, DC, MC, Visa, BM

Concedetevi una passeggiata lungo gli argini del Po, ritrovando paesaggi senza tempo e verdi spazi pianeggianti fino ad arrivare all'ombra di grandi pioppi che guardano un'area costellata da piccoli laghi. È qui che Maurizio Bergamaschi da tanti anni alleva il pesce gatto. Siamo nel regno fluviale di una cucina ricca e fortemente territoriale. La signora Mirella e il figlio Andrea si prenderanno cura di voi in sala e vi faranno sentire come a casa. Iniziate con **pesce gatto in carpione e salsa di prezzemolo, cipollotto ed extravergine** (8,50 €); se invece preferite i salumi buone la culaccia e la spalla cruda di Palasone (7,50 €). Tra i primi casalinghi, oltre ai classici **tortelli** di erbetta burro e salvia, spiccano quelli di **pesce persico al burro ed erbe aromatiche** e i *pisarei* **al pesce gatto e fagioli** (8,50 €), ma sono davvero gustosi anche gli spaghetti al sugo di pesce gatto (8 €). Secondi ricchissimi di sapori un po' dimenticati: **frittura** di pesce gatto (13 €), di alborelle (10 €) e **di anguilla** (20 €), oppure **pesce gatto in umido con piselli** (11 €) e al forno con aceto balsamico o con le patate (10 €). Se preferite altro trovate abitualmente trippa alla parmigiana, merluzzo fritto, guancialini al Barolo (10 €) e anatra arrosto con patate (12 €). Concludete con la classica sbrisolona oppure con una sottile e tiepida cialda di mandorle a tocchi (5 €). Vini con attenzione al territorio e qualche etichetta fuori regione.

SOGLIANO AL RUBICONE
Savignano di Rigo

30 KM A SUD DI CESENA

Da Ottavio
Ristorante
Via Savignano di Rigo, 3
Tel. 0547 96000
Chiuso il martedì
Orario: mezzogiorno e sera
Ferie: due settimane in gennaio
Coperti: 70 + 12 esterni
Prezzi: 25-28 euro vini esclusi
Carte di credito: CS, MC, Visa, BM

Dalla superstrada E 45 Ravenna-Orte uscite a Mercato Saraceno, risalite il colle del Barbotto, molto frequentato dai ciclisti, e raggiungete la piccola località di Savignano di Rigo, un tempo borgo popoloso con un'economia legata alla vicina miniera di zolfo di Perticara. Dalla cucina di Mariolina e Fabiano escono prelibati antipasti (9 €) come le focacce salate alle erbe, alle cipolle o con altre verdure di stagione, le insalatine, il **bustrengo** di pane, uova, formaggio e ancora salumi e formaggi da gustare con l'ottima piadina calda, che non manca mai. Tra i primi della tradizione (8 €) gli squisiti cappelletti in brodo, le tagliatelle al ragù, o con le verdure, i **tortelli** alle erbe e le **minestre di sughi matti**. Interessanti alcuni primi rivisitati: i **cappellettoni di ricotta**, le sfogliatine ai funghi e le mezzelune di verdura. In autunno anche piatti con il tartufo bianco, su richiesta. Seguono le ottime carni locali: **agnello al forno con salvia e aceto**, che da solo vale il viaggio, (10 €), coniglio in porchetta con finocchio selvatico (8 €), faraona alla frutta (8 €), fiorentina e maiale in porchetta. Tra i dolci (4 €) assaggiate il delizioso **lattaiolo**, le torte, la ciambella, le crostate, le pesche con la crema e, in stagione, la tradizionale pagnotta di Pasqua. Pochi i vini, selezionati fra alcuni produttori locali. È vivamente consigliato prenotare.

❝ *Eccelle per la qualità degli ingredienti e l'amabilità dell'accoglienza: piatti preparati con cura e rispetto della tradizione, materie prime povere che danno vita a piatti di sorprendente originalità* ❞

EMILIA-ROMAGNA | 435

SOLIERA
Sozzigalli

12 KM A NORD DI MODENA

Bohemia
Ristorante con alloggio
Via Canale, 497
Tel. 059 563041
Chiuso domenica e lunedì
Orario: mezzogiorno e sera
Ferie: 3 sett in agosto, 26/12-5/1
Coperti: 25 + 15 esterni
Prezzi: 32-35 euro vini esclusi
Carte di credito: CS, MC, Visa, BM

Poco lontano dall'argine del Secchia, in questa fertile pianura che si estende a nord di Modena c'è Angelo Lancellotti con la sua osteria e il suo orto, due passioni per lui legate in modo indissolubile. Non tradisca il nome, dato in onore delle origini della moglie, a cui è dedicato qualche piatto in menù: qui la tradizione è ancorata e solida. Si parte subito con il **lardo aromatizzato con le erbe del nostro orto** (8 €) o la sfiziosa insalatina di pere, tarassaco, aceto balsamico tradizionale e scaglie di parmigiano. Tra i primi, imperdibili i **tagliolini all'erba cipollina, tarassaco e cerfoglio** (11 €), il risotto all'aceto balsamico di Modena con foglia d'oro o anche i tortelloni di zucca al battuto di lardo e scalogno. Passando alle seconde portate, la **frittatina alle erbette aromatiche con aceto tradizionale di Modena** (9 €) è un piatto che ben rappresenta lo stile del locale; in alternativa troverete anche diversi tagli di carne di manzo e di maiale in varie cotture e un ottimo petto di anatra alla menta selvatica, che potranno soddisfare anche i palati più esigenti. Per chiudere, consigliamo la **crostata di amarene** (4 €) o una delicata zuppa inglese che daranno un ultimo tocco alla piacevole esperienza. La carta dei vini è ampia, con etichette selezionate fra le principali cantine di tutta Italia, conservando, giustamente, un occhio di riguardo per la migliore produzione locale.

SPILAMBERTO

20 KM A SE DI MODENA SS 623, 4 KM DAL CASELLO MODENA SUD

Da Cesare
Trattoria
Via San Giovanni, 38
Tel. 059 784259
Chiuso domenica sera, lunedì e martedì
Orario: mezzogiorno e sera
Ferie: 20 luglio-20 agosto
Coperti: 28
Prezzi: 25-35 euro vini esclusi
Carte di credito: AE, CS, MC, Visa, BM

«La sfoglia sente il calore della mano, ecco perché non ci sono sfoglie uguali». Con questa semplice affermazione Giancarlo Sola scolpisce la migliore presentazione possibile dei primi piatti, vanto del locale: **tagliatelle al ragù tradizionale** (€ 9), o verdi con ragù bianco, o ai funghi, **tortelloni di ricotta alle erbe**, maltagliati con i fagioli e, nel fine settimana, tortellini in brodo. Tutte le sfoglie hanno uno spessore diverso, questa la maestria di Marica, che ha con il marito un unico cruccio: quello di non avere trovato per ora giovani a cui trasmettere la propria esperienza e capacità di interpretare a tavola un territorio. Accomodandovi nell'unica grande sala al primo piano del locale, in pieno centro a Spilamberto (capitale dell'aceto balsamico tradizionale di Modena), a pochi passi dalla Rocca Rangoni, troverete all'arrivo un piatto di cubetti di mortadella con cipolla, pecorino e balsamico tradizionale, a cui consigliamo di fare seguire una frittata con aceto balsamico (5 €). Meglio frenare la golosità (le porzioni sono generose) così da riservare un posticino ai secondi: non fatevi scappare il **fritto di carciofi, fiori di zucca, formaggio e crema**, la tenera guancia di vitello o il saporito **coniglio arrosto** (8 €). Per finire scegliete, senza timore di sbagliare, fra **zuppa inglese**, torta di cioccolato, croccante, torta di riso e pesche all'Alchermes (5 €). Validi i Lambruschi proposti a voce da Cesare, ma non mancano buone etichette regionali e nazionali.

436 | EMILIA-ROMAGNA

TRAVERSETOLO
Castione de' Baratti

25 km a sud di Parma sp 513 R

Lo Scalocchio
Osteria moderna
Via Provinciale, 50
Tel. 0521 842500
Chiuso lunedì sera e martedì
Orario: mezzogiorno e sera
Ferie: in settembre
Coperti: 40 + 15 esterni
Prezzi: 30-35 euro vini esclusi
Carte di credito: nessuna

Passione, profumi e amore per il territorio. Le sorelle Lorenza e Manuela vi accoglieranno con una cucina verace, in armonia con le stagioni. Vi sarà proposto un menù "stanziale" ma ricordate di chiedere i piatti di quello "nomade", frutto di incontri inconsueti. Siete nella terra dei salumi e quindi è doveroso assaggiare il prosciutto di Parma (8,50 €) o lo **strolghino di culatello** (8,50 €); se però preferite affidarvi agli stuzzichini della casa (8 €) troverete qualche interessante sorpresa calda e fredda, come i microspiedini di salsiccia o quelli di pancetta e prugne. Primi di pasta all'uovo con tortelli al radicchio, o alle erbette (7,50 €), piccoli **tortelli d'anatra con sfoglia di farina integrale** (8,50 €), ombelichi con fonduta di parmigiano (8,50 €), **tagliatelle di fegatini di coniglio e acciughe**. Se amate le erbe spontanee siete nel posto giusto e, in estate, chiedete le tagliatelle al misto di raccolto, tra cui ortica e menta. Tra aprile e maggio da non perdere la pasta all'uovo di oca. Fra i secondi dovete assaggiare il **filetto di maiale affumicato** su foglie di alberi da frutto essiccate, in crosta di pane e pepe verde con pere, scalogni e salsa di yogurt della casa (15 €), ma altrettanto buoni il **carpaccio** di manzo o **di petto d'oca** (11 €) e di sicura sostanza il filetto di limousine al gorgonzola (18 €). Tra i dessert (5 €) perfetta la crema-gelato con patate di Rusino. Buona la scelta di aziende locali, ma altrettanto valida la proposta di etichette nazionali nella carta dei vini.

TRECASALI
Viarolo

12 km a no di Parma

La Porta a Viarolo ex La Porta di Felino
Trattoria
Via Provinciale Cremonese, 103
Tel. 0521 836839
Chiuso mercoledì e domenica sera
Orario: mezzogiorno e sera
Ferie: variabili
Coperti: 45 + 40 esterni
Prezzi: 28-32 euro vini esclusi
Carte di credito: tutte, BM

A pochi chilometri dal casello di Parma Ovest, e dalla Fiera, la famiglia Zerbini gestisce da molti anni l'osteria, che da qualche tempo non è più a Felino, ma a Viarolo di Trecasali, lungo la statale. Giuliano "Ciccio" e la figlia Nicole, in cucina, la moglie Paola in sala, aiutata dai figli Martina e Simone, propongono piatti tradizionali, attenti ai produttori locali e a ciò che il mercato quotidianamente offre secondo stagione. Cominciate con la tradizione della norcineria parmense: la fantasia di **salumi** locali (10 €), con coppa, salame di Felino, spalla cotta di San Secondo e culaccia **con torta fritta** (2 €). Buono anche il tortino di patate con porro e crema di parmigiano. Tra i primi, i **tortelli di zucca** o di erbette (8,50 €), i tradizionali anolini in brodo di manzo, cappone e vitello, gli **gnocchi di patate con culatello**, il risotto alla salsiccia ed erba cipollina. Passando ai secondi, degni di nota la trippa alla parmigiana, la punta di vitello ripiena, il **coniglio disossato e ripieno con patate arrosto** (11€). In alternativa, la **vecchia con polpette di cavallo** o il cavallo pesto, dalla grande tradizione di queste zone. Come contorno, le verdure al forno o crude. Per chiudere, i dolci preparati da Nicole: crostate, torta sbrisolona e zabaione con Marsala (5€). La cantina, a vista sulla sala e accessibile per visite, ospita anche i salumi e propone etichette delle colline piacentine e parmensi, oltre alle classiche di fuori regione.

VERGHERETO
Alfero

63 KM A SO DI CESENA

Lanzi
Ristorante con alloggio
Via Don Babbini, 10
Tel. 0543 910024
Chiuso il mercoledì, mai dal 21/6 al 31/10
Orario: mezzogiorno e sera
Ferie: febbraio
Coperti: 70
Prezzi: 30-35 euro vini esclusi
Carte di credito: AE, CS, MC, Visa, BM

Il ristorante, annesso all'albergo, si trova proprio nel centro di Alfero. Due le sale: una piccola, con un grande camino e arredata con antichi mobili di famiglia, una più grande, meno caratteristica. All'accoglienza gentile del patron di casa, Giovanni Maria, a cui potrete rivolgervi al momento della scelta dei piatti. La cucina è quella semplice del territorio, con un largo uso di prodotti della vallata e, in stagione, di funghi e tartufi. Per ingannare l'attesa, prima di cominciare vi sarà servito un assaggio di salumi e formaggi, accompagnati da pane di montagna e olio extravergine. Tra gli antipasti consigliamo il **prosciutto e crostino con lardo fuso di Colonnata** (8,50 €), «quello vero» ci tiene a sottolineare il signor Lanzi, e, quando disponibile, l'insalata ai porcini. Arrivati ai primi la scelta è tra paste tirate al matterello: tagliatelle al ragù o ai porcini, tortelli di patate o i **cannoli alla Rossini** (8 €). Tra i secondi prevalgono le carni che Giovanni Maria seleziona con cura dai produttori della zona. Gli amanti dell'**agnello** potranno scegliere tra la preparazione al forno, alla brace o **al tegame con aglio e rosmarino**. Eccezionale la **faraona al ginepro** (8 €), mentre il piccione è solo su prenotazione. Da provare anche gli stagionali **porcini fritti**. Casalinghi i dolci: zuppa inglese, crème caramel e crostata con confettura di more. La carta dei vini non è ampia, ma attenta al territorio.

VERNASCA
Trinità

48 KM A SUD DI PIACENZA SP 6 O SS 9

Trinità
Trattoria *novità*
Località Trinità, 16
Tel. 0523 898133-333 8392331
Chiuso il mercoledì e giovedì a pranzo
Orario: mezzogiorno e sera
Ferie: due settimane a fine agosto
Coperti: 80 + 50 esterni
Prezzi: 30 euro vini esclusi
Carte di credito: tutte, BM

Al confine tra le province di Parma e Piacenza, alle spalle dell'incantevole borgo di Vigoleno, la piccola frazione di Trinità ospita questa trattoria, baluardo della cucina territoriale. In sala, Filippo propone ottime selezioni di salumi, di propria produzione o di fidati fornitori: **spalla cotta di San Secondo** (9 €), prosciutto crudo, lardo e polenta, o un invitante misto delle Dop piacentine (salame, coppa, pancetta), accompagnati da torta fritta, salse, sottoli e sottaceti della casa. Le paste casalinghe di mamma Ornella segnano la proposta di primi piatti, con particolare attenzione a quelle ripiene di ispirazione parmense: tortelli di ricotta e spinaci, verdi con il sugo di funghi, e **anolini in brodo** (8 €) con ripieno di formaggio. Completano l'offerta gli immancabili *pisarei e fasò*, tagliolini al ragù e gnocchi. Tra i secondi spiccano il **guancialino di vitello al Gutturnio** (12 €), il filetto di maiale al rosmarino, la punta di vitello con patate. Gli animali da cortile fanno capolino con il **pollo fritto** (9 €) e la faraona farcita. In stagione, presenti piatti di selvaggina (cinghiale, lepre, capriolo), anche nei condimenti. Non mancano i formaggi (ottimo il parmigiano reggiano), serviti con miele, confetture e mostarde. Dolci semplici (4 €) – crostate e semifreddi – da accompagnare a un calice di Vin Santo di Vigoleno (6 €). In cantina, assieme alle migliori produzioni del territorio, anche una valida selezione di etichette nazionali curata personalmente dall'oste.

🛒 Non lontano dal ristorante, La Dispensa della Nonna: confetture, sughi, biscotti di farina di castagne

VIGNOLA

23 km a se di Modena ss 623

Trattoria La Bolognese

Trattoria
Via Muratori, 1
Tel. 059 771207
Chiuso sabato e domenica
Orario: solo a mezzogiorno
Ferie: in agosto e dal 24/12 al 6/1
Coperti: 40
Prezzi: 20-25 euro vini esclusi
Carte di credito: CS, MC, Visa, BM

Adiacente alla Rocca di Vignola, nel centro storico di questo grazioso paese noto per la produzione di ottime ciliegie, troverete il locale delle sorelle Franchini, pronte ad accogliervi con una giovialità e una simpatia fuori dal comune. Non esiste un menù scritto, i piatti vi saranno elencati a voce, in un ambiente semplice, informale e sobrio anche nell'arredo. La tradizione gastronomica di questa zona di confine tra la provincia di Modena e quella di Bologna è perfettamente rappresentata dalla cucina, che la interpreta con mano saggia e senza eccessi. Tra i primi (6,50 €) si segnalano le **tagliatelle alla bolognese** – non potevano mancare – o la sostanziosa **pasta e fagioli**, ma meritano menzione anche gli ottimi gnocchi di patata e i tradizionali tortellini. Passando ai secondi, il vanto della signora Lara è il **fegato alla veneziana** (7,50 €); in alternativa assaggiate le tenere scaloppine e non ve ne pentirete; tutte le portate sono accompagnate da verdure saltate, patate al forno o insalata. I dolci sono la giusta conclusione, anch'essi nel solco della tradizione: consigliatissima la **torta tipo Barozzi** (non perdetevi il racconto sull'origine del nome) o, se preferite, la buona torta di mele o il crème caramel (3,50 €). Per quanto riguarda i vini, la scelta è piuttosto ristretta, ma intelligentemente legata al territorio: Lambrusco e Pignoletto sono offerti anche al consumo.

■ La pasticceria Gollini, in piazza Garibaldi 1, propone la tradizionale torta Barozzi, a base di cioccolato e caffè. Da maggio ad agosto, nei fine settimana, in piazza Maestri del Lavoro, il mercato contadino.

ZOCCA
Missano

48 km a se di Modena sp 623

Il Cantacucco

Ristorante
Via Montalbano, 5500 B
Tel. 059 985067
Chiuso il giovedì
Orario: mezzogiorno e sera
Ferie: 15 giorni in giugno, 15 in settembre
Coperti: 60
Prezzi: 32-35 euro vini esclusi
Carte di credito: CS, DC, MC, Visa, BM

Lasciata la fondovalle, il ristorante appare all'improvviso, come una sentinella, dopo una serie di tornanti. Carla è la *rezdora* della cucina, mentre Roberto si cura della sala, proponendovi una cucina sincera, frutto di una costante ricerca sulle materie prime. Già dagli antipasti si coglie l'essenza del locale: **tagliere di salumi** con le tigelle (8 €; da ottobre ad aprile ci sono anche i borlenghi, sottile crêpe da accompagnare con il lardo pesto), crostini misti, battuta di manzo con tartufo, **insalata di galletto** nostrano. I primi piatti sono il festival della pasta fresca: **tagliatelle** (al ragù o ai funghi), pizzicotti di ricotta, o lasagne, ai porcini, **gnocchi di patate al parmigiano** di bianca modenese (Presidio Slow Food) **con aceto balsamico tradizionale** (9 €), tortellini in brodo, pappardelle al sugo di lepre. Selvaggina e carni bianche sono l'ossatura dei secondi piatti, accompagnati dalle verdure del proprio orto: **brasato di cervo** (10 €), cinghiale in umido con olive nere, tagliata di faraona, coniglio all'aceto. Non mancano il **coppone di mora romagnola al latte** (10 €), le costate di manzo e le costolette d'agnello dorate. Sontuosa la ruota di **formaggi**, dove, assieme a molte altre tipologie, assaggerete il parmigiano reggiano 24 mesi di bianca modenese. Si chiude con i dolci (4-5 €): ottimi la zuppa inglese, la crema chantilly, i semifreddi e la torta di tagliatelle. La carta dei vini, con diverse proposte al calice, è ricca: accanto alle migliori etichette regionali, sono disponibili selezioni accurate di cantine nazionali e internazionali.

■ A **Zocca**, in via Rosola 1083, lo spaccio aziendale del caseificio Rosola: latticini di vacca bianca modenese, parmigiano e, su prenotazione, carne di bianca modenese.

EMILIA-ROMAGNA | 439

oltre alle osterie

BOLOGNA

Caminetto d'Oro
Ristorante
Via dei Falegnami, 4
Tel. 051 263494
Chiuso la domenica
Ferie: 6-20 agosto, 31/12-10/01
Coperti: 40 + 20 esterni
Prezzi: 50-60 euro, vini esclusi
Carte di credito: AE, CS, MC; Visa; BM

Dove grande materia prima e tradizione si toccano: il Caminetto è una certezza, Paolo Carati e la madre Maria da anni selezionano e portano in tavola un'ottima cucina bolognese, senza negare interessanti novità. Da leccarsi i baffi la selezione di salumi con verdure in agrodolce (14 €), non da meno l'insalatina con alici marinate e scorzette di agrumi, la lingua di manzo con salsa verde e cipolla di Tropea in agrodolce o il paté di fegatelli con gelatina di vino e pan brioche. Tra i primi i tortellini in brodo sono un classico senza tempo e le tagliatelle alla bolognese con ragù tradizionale (14 €) seguono a ruota. Buonissimi la lasagnetta verde con ricotta ed erbe aromatiche (14 €) e i tortellacci con crema di formaggio e pere. Lasciate spazio a secondi gustosissimi: branzino al forno con agretti e finocchi al vapore (20 €), coniglio ai grani di senape con caponata di verdure (18 €), cosciotto d'agnello con patate, pomodorini e cipolline confit. Grande carta dei vini che spazia tra etichette nazionali ed estere. A fianco troverete il Twinside, localino più informale, per una cucina ottima ma veloce.

SAVIGNO

31 KM A SO DI BOLOGNA SP 75

Amerigo dal 1934
Ristorante
Via Marconi, 14-16
Tel. 051 6708326
Chiuso lunedì, gennaio-maggio anche martedì
Orario: sera, festivi anche pranzo
Ferie: variabili
Coperti: 50 + 30 esterni
Prezzi: 45-50 euro vini esclusi
Carte di credito: tutte, BM

Amerigo dal 1934 è l'archetipo dell'osteria italiana, fondata su tradizione, territorio, biodiversità, stagionalità, cura e ospitalità. Il locale di Alberto Bettini si sviluppa su due piani ricchi di fascino: all'entrata gli scaffali ordinati della bottega della Dispensa di Amerigo; a fianco la sala in cui campeggia lo storico banco del bar; al primo piano il mondo fantastico del trompe l'oeil realizzato da Gino Pellegrini. Preziose ed uniche le cinque camere della locanda. Tra gli antipasti, la mortadella su crescenta bolognese (8 €), le tigelle con gelato di parmigiano all'aceto balsamico tradizionale, la cruda di bianca modenese. Poi i tortellini in brodo (15 €), le tagliatelle al ragù, le lasagne al forno e le altre paste fatte in casa con verdure, funghi e tartufi di stagione. Nei secondi si spazia dal salmerino del Corno alle Scale (19 €) al baccalà alla bolognese, dalla zucchina bianca ripiena di carne, al capocollo di maiale brado di mora romagnola. Selezione eccellente di formaggi e vini, soprattutto dei Colli Bolognesi. Dolci da scoprire. Menù delle premiate trattorie a 34 euro, in linea con i limiti di prezzo di questa guida.

SORAGNA
35 km a no di Parma a1

Stella d'Oro
Ristorante
Via Mazzini, 8
Tel. 0524 597122
Non ha giorno di chiusura
Orario: mezzogiorno e sera
Ferie: non ne fa
Coperti: 45
Prezzi: 65 euro vini esclusi
Carte di credito: CS, Visa, BM

Questo è uno dei migliori ristoranti presenti nella regione: la cucina che vi verrà proposta appartiene alla più pura tradizione emiliana, l'accoglienza è quella delle grandi case e la carta dei vini è per ricchezza, diversità e profondità di grande interesse (anche grazie a una bella selezione di Champagne). Iniziate con la selezione di salumi o con il bianco di galletto morbido, insalate novelle, uovo marinato e vinagret di lamponi e non resterete delusi. Tra i primi non potete perdervi il savarin di riso, uno dei piatti simbolo della cucina italiana (inventato e reso immortale dalla famiglia Cantarelli di Samboseto) e del locale; in alternativa anolini in brodo, tortelli di erbette o buoni risotti. I secondi sono soprattutto a base di carne: suprema di faraona, bollito o punta di vitello farcita. Dolci di grande livello.

MAR ADRIÁTICO
EMÍLIA-ROMAGNA
LIGÚRIA
S. MARINO
MARCHE
BOLOGNA
FIRENZE
Borgo Val di Taro
Cisa
1039
PARCO NAZ. D. APPENNINO TOSCO-EMILIANO
Castelnovo ne' Monti
Sassuolo
Sécchia
Vignola
Pavullo n. Frignano
Panaro
Reno
Pontrémoli
Bagnone
Podenzana
Aulla
La Spézia
Sarzana
Carrara
Massa
PARCO NAZ. D. CINQUE TERRE
Marina di Massa
Pietrasanta
Viaréggio
Massarosa
Lucca
San Giuliano Terme
Pisa
Livorno
Pontedera
Calci
Pieve Fosciana
Castelnuovo di Garfagnana
Barga
Borgo a Mozzano
M. Cimone
2165
Abetone
Cutigliano
San Marcello Pistoiese
Villa Basilica
Péscia
Montecarlo
Capannori
Montecatini Terme
Pistóia
Sambuca Pistoiese
Montale
Prato
Carmignano
Signa
Scandicci
Arno
Empoli
Montelupo Fiorentino
San Miniato
Montopoli in Val d'Arno
S. Casciano in Val di Pesa
Tavarnelle Val di Pesa
Certaldo
San Gimignano
Poggibonsi
Passo della Futa
903
San Piero a Sieve
Borgo S. Lorenzo
Vicchio
Santerno
Palazzuolo sul Sénio
Marradi
Fiésole
Bagno a Ripoli
Pontassieve
Pélago
Rignano sull'Arno
Greve in Chianti
Radda in Chianti
Gaiole
San Giovanni Valdarno
Montevarchi
Loro Ciuffenna
Terranuova Bracciolini
PARCO NAZ. D. FORESTE CASENTINESI, M. FALTERONA E CAMPIGNA
M. Falterona
1654
Pratovecchio
Marciano
Bibbiena
Sansepolcro
Anghiari
Arezzo
Città
Ímola
Faenza
Lugo
Ravenna
Forlì
Cesena
Cérvia
S. Marino
S. Leo
A1
A11
A12
A14
A15

MAR
TIRRENO
Cécina
Montescudáio
Guardistallo
Bibbona
Castagneto
Carducci
Suvereto
Massa
Maríttima
1060
Siena
Buonconvento
San Giovanni d'Asso
Trequanda
Lucignano
A1
della Chiana
Cortona
Torrita
di Siena
Lago
Trasimeno
PERÚGIA
Montepulciano
Pienza
Montalcino
Chiusi
ÚMBRIA
Castiglione
d'Orcia
Sarteano
Cetona
Tévere
Civitella
Pagánico
Castèl
del Piano
M. Amiata
1738
Arcidosso
Ombrone
Í. DI CAPRÁIA
Piombino
Follónica
Gavorrano
Grosseto
Portoferráio
Í. D' ELBA
Rio Marina
Marciana
Porto Azzurro
Capolíveri
Castiglione
della Pescáia
Acquapendente
Orvieto
Todi
Semproniano
Sorano
PARCO NAZIONALE
Pitigliano
Bolsena
L. di
Bolsena
Amelia
Scansano
Manciano
Í. PIANOSA
Montefiascone
A1
DELL'ARCIPELAGO TOSCANO
Orbetello
Tuscania
Orte
Viterbo
M. Argentario
635
Ansedónia
Í. DI MONTECRISTO
Í. D. GÍGLIO
Vetralla
LÁZIO
Tarquínia
Í. DI GIANNUTRI
0
15
30 km

TOSCANA

La cucina toscana è famosa in tutto il mondo, con piatti tipici conosciuti ovunque con il loro nome originario (ribollita, fiorentina, *pici*, cacciucco). Un alimento fondamentale è senza dubbio il pane, presente in tutta la regione in mille forme e sapori, dal filone alla ruota, dai crostini alle focacce, dalla schiacciata all'olio al pan di ramerino. Il pane è utilizzato anche in tante ricette: la più nota è la pappa al pomodoro, una semplice zuppa contadina in cui al pane sciocco (senza sale) leggermente raffermo si uniscono pomodori maturi, basilico e aglio. Il pane lo ritroviamo anche in un altro piatto della tradizione, la zuppa di cipolle, chiamata carabaccia dal nome del contenitore di coccio dove cuoce: secondo alcuni la ricetta risalirebbe al Cinquecento, quando già si gustava accompagnandola con fette di pane toscano. Origini antiche avrebbe anche il cibreo, una preparazione di fegatini e creste di gallo rosolati, stufati e legati con uova battute con limone e brodo. Artusi lo considerava un «intingolo semplice, ma delicato e gentile, opportuno alle signore di stomaco svogliato, e ai convalescenti». Leggenda vuole che Caterina de' Medici (non si può evitare di citarla parlando di cucina toscana), pur non essendo né convalescente né tanto meno di stomaco svogliato, ne facesse una tale scorpacciata da rischiare una poco dignitosa morte per indigestione. Un secolo prima di Caterina de' Medici, ha segnato la storia gastronomica toscana il peposo alla fornacina, un secondo tipico fiorentino con radici nel Chianti e precisamente a Impruneta, paese noto per le sue terrecotte. Si dice infatti che i fornacini, gli addetti alle fornaci, fossero usi pranzare con questo piatto, composto da muscolo di manzo, pepe nero in grani e vino rosso, cucinato per ore al calore residuo dei forni spenti.

scelti per voi

cibreo

- 460 Da Burde
  Firenze
- 496 La Bottega a Rosano
  Rignano sull'Arno (Fi)
- 504 Da Gagliano
  Sarteano (Si)

pappa al pomodoro

- 461 Del Fagioli
  Firenze
- 483 Osteria di Porta al Cassero
  Montalcino (Si)
- 494 Cibbè
  Prato

peposo

- 471 Mangiando Mangiando
  Greve in Chianti (Fi)
- 502 Antico Ristoro Le Colombaie
  San Miniato (Pi)
- 509 Il Canto del Maggio
  Terranuova Bracciolini (Ar)

zuppa di cipolle

- 454 La Saletta
  Certaldo (Fi)
- 499 Osteria del Carcere
  San Gimignano (Si)
- 512 La Carabaccia
  Volterra (Pi)

ABETONE
Le Regine

46 KM A NO DI PISTOIA SR 66

La Locanda dello Yeti
Bar-trattoria
Via Brennero, 324
Tel. 0573 606974
Chiuso lunedì sera e martedì
Orario: mezzogiorno e sera
Ferie: 15 gg in giugno, 15 in settembre
Coperti: 20 + 20 esterni
Prezzi: 35 euro vini esclusi
Carte di credito: Visa, BM

Dalle Regine, due chilometri prima dell'Abetone, partono gli impianti di risalita per la Selletta. La piazza su cui affaccia l'osteria è anche il parcheggio degli sciatori. Qui ti aspetti di trovare la polenta con i funghi e gli altri soliti (gustosi) piatti per i transfughi vacanzieri dalla città. Scopri invece un piccolo paradiso del gusto, sei accolta da un caldo clima da artigianato dell'ospitalità. Elisabetta ci ha raccontato tutti i piatti del menù, anche quelli non scritti, come l'ottima tartare con il pecorino. L'elenco non è breve, le preparazioni sono invitanti e i vini di qualità, compreso il Chianti servito anche in mezze bottiglie, che non ricorda certo i mediocri "vini della casa" di altri posti. Non resistiamo all'invito dei **tagliolini ai funghi porcini** (10 €), pasta fresca e funghi "dei nostri". Straordinari i **tortelli** al cacao, ripieni **di ricotta di pecora** e conditi con una salsa di burro salvia e pecorino, impreziosita da riccioli croccanti di speck (10 €). I nostri vicini lamentano che oggi non ci siano le chicche di patate con pesto alla menta: ne parlano come di squisiti e inusuali gnocchi equilibratamente aromatici. Sapiente è l'uso degli aromi, delle erbette e degli odori. Il **filetto di maiale alle bacche di ginepro** (13 €) compendia queste abilità, sicuramente aiutate da un territorio che offre grandi occasioni per conquistare sensi e fantasia. Come con il dolce finale: crostata alla confettura di frutti di bosco o alla ricotta e scaglie di cioccolato.

🛍 In località **La Secchia** (4 km) l'azienda agricola di Giuseppe Corsini vende formaggi vaccini freschi ed erborinati, ma anche animali da cortile.

ANGHIARI

27 KM A NE DI AREZZO

La Nena
Ristorante
Corso Matteotti, 10-14
Tel. 0575 789491
Chiuso il lunedì, mai d'estate
Orario: mezzogiorno e sera
Ferie: variabili in inverno
Coperti: 50 + 20 esterni
Prezzi: 35 euro vini esclusi
Carte di credito: tutte, BM

Ad Anghiari, splendida cittadina medievale, la cucina dello storico ristorante di Paolo Severi, Palmira Alberti e Sergio Cappetti si rifà, con un menù molto vasto, alle tradizioni aretine e della Valtiberina. Le materie prime, tutte di stagione, sono acquistate in zona da piccoli produttori; le ricette esaltano gli ingredienti trasformandoli in piatti semplici, dai sapori decisi. Tra gli antipasti, gli splendidi **salumi di grigio** casentinese (10 €), i crostini di fegatini e milza, in primavera la ricotta con prugnoli (funghi molto profumati). Tra i primi, particolari **tagliatelle** di grano duro, fatte in casa e condite **con ragù bianco di fegatini**, i **bringoli al sugo finto**, gli gnocchi di patate viola al ragù di capriolo, la pappa al pomodoro (8 €), altre zuppe, ottimi risotti. Per il secondo la scelta può essere tra **grifi al sugo**, **costoliccio di maiale**, sformato di selvaggina (15 €), trippa al sugo, grigliata mista. Di contorno, sformati di verdure, fagioli in bianco, in stagione funghi fritti. I dolci sono tutti fatti in casa: crostate, panna cotta, pan caffè (4 €) e gli immancabili cantucci da intingere nel Vin Santo. Buona la selezione di oli extravergini e di **formaggi**, soprattutto pecorini, di piccoli produttori locali. La carta dei vini predilige le etichette aretine ma ne propone anche del resto della Toscana, con scelte accurate che privilegiano i legami con il territorio. Buono anche il vino della casa.

🛍 In piazza Mameli 10 c'è il punto vendita dei produttori associati nella Strada dei Sapori Valtiberina Toscana. In località Casale, la cooperativa Montemercole produce e vende formaggi a latte crudo, salumi e carni.

ARCIDOSSO
Bivio Aiole

58 KM A NE DI GROSSETO

Aiuole
Ristorante annesso all'albergo
Località Bivio Aiole
Tel. 0564 967300
Chiuso domenica sera, in inverno anche lunedì
Orario: mezzogiorno e sera
Ferie: in gennaio
Coperti: 80
Prezzi: 29-33 euro vini esclusi
Carte di credito: AE, CS, MC, Visa, BM

Da quasi mezzo secolo Ugo Quattrini incarna la figura dell'oste come dovrebbe essere. Profondo conoscitore del territorio, non si lascia influenzare dalle tendenze del momento, forte di una cultura gastronomica che lo pone fra le persone del settore più esperte del comprensorio dell'Amiata. Qui egli provvede a rifornirsi di tutti gli ingredienti da usare in cucina, grazie a una rete di produttori di fiducia che si è creato negli anni: verdure dell'orto di proprietà e di uno vicino, salumi di una macelleria di Piancastagnaio, carni di piccoli allevamenti e selvaggina della zona, formaggi di un microcaseificio. Non c'è spazio per materie prime di provenienza non definita e questo principio trova ampio sostegno nella moglie Lionella, che prepara i piatti della tradizione misurando i sapori, mai scorretti o eccessivi, ma sempre con l'impronta del territorio a caratterizzarli. Ne sono esempi, tra i primi, la **polenta di farina di castagne con animelle di maiale in umido** (10 €), nonché preparazioni di pasta fatta in casa come i **tortelli** o le tagliatelle **al ragù** e gli *gnudi* **di ricotta e ortiche** (10 €). Tra i secondi, cervo o capriolo in salmì (12 €), **coniglio alle erbette** (10 €), **maialino al Brunello** (12 €). I dolci (5 €) vanno da uno squisito latte alla portoghese a una semplicissima ricotta accompagnata da confettura di castagne casalinga. Carta dei vini attenta a prodotti di zona emergenti.

66 *L'impegno profuso negli anni offrendo piatti di tradizione creati con prodotti del territorio, legati alla semplicità e alla stagionalità delle preparazioni, ne fa un locale da non perdere* 99

AREZZO

La Torre di Gnicche
Osteria-enoteca con cucina
Piaggia San Martino, 8
Tel. 0575 352035
Chiuso il mercoledì
Orario: 12.00-15.00/18.00-01.00
Ferie: non ne fa
Coperti: 30 + 18 esterni
Prezzi: 23-30 euro vini esclusi
Carte di credito: CS, DC, MC, Visa, BM

A due passi da piazza Grande, fulcro della vita cittadina, si affaccia in un vicolo laterale alle logge del Vasari l'osteria, il cui nome è ispirato a Gnicche, brigante aretino dell'Ottocento. Ha un'unica saletta con tavoli in legno e pareti impreziosite da bottiglie, circa 800 etichette prevalentemente della zona, e su ognuna il costo: un'alternativa alla carta dei vini. Ampia l'offerta al bicchiere e gradevole il vino della casa. In cucina la titolare, Lucia Fioroni, coadiuvata in sala da Stefano, che da dodici anni accompagna i commensali. I piatti sono legati alla tradizione, con materie prime di stagione reperite in loco. Tra gli antipasti, oltre gli affettati toscani, troviamo ottimi sottoli, le acciughe al pesto (7,50 €) e svariate bruschette (7,50 €). Da segnalare tra i primi la **zuppa di cipolle infornata**, la **ribollita** e la pappa al pomodoro; alternative raccomandabili per l'estate sono l'insalata di farro e/o legumi (7 €), il cuscus di verdure e la **panzanella**. Vari i secondi: **spezzatino con patate**, **polpettone**, **trippa**, baccalà in umido e un piatto della tradizione aretina del quinto quarto, i **grifi** (11 €), parti magre e callose del muso del vitello. Proposta di verdure stagionali con sformati e, tra i legumi, eccellenti i fagioli zolfini. Oculata la selezione di formaggi pecorini e caprini. Si chiude con un dolce casalingo (5 €): crostate con frutta fresca o confetture, creme, torta di riso o la deliziosa torta al cioccolato.

In via Margaritone 35, la macelleria Tonioni offre carne di chianina e buoni salumi. In località **Battifolle** 3 (8 km), Paola Camaiani coltiva senza uso di prodotti chimici lo zafferano.

BAGNO A RIPOLI
Grassina

8 KM A SE DI FIRENZE SS 222

Osteria del Rosso
Trattoria
Via Costa al Rosso, 20
Tel. 055 640240
Chiuso la domenica
Orario: mezzogiorno e sera
Ferie: due settimane in agosto
Coperti: 38 + 40 esterni
Prezzi: 27-30 euro vini esclusi
Carte di credito: AE, CS, MC, Visa, BM

BAGNO A RIPOLI
Antella

13 KM A SE DI FIRENZE SS 222

Staccia Buratta
Osteria-trattoria *novità*
Via di Pulicciano, 22
Tel. 055 621643
Non ha giorno di chiusura
Orario: mezzogiorno e sera
Ferie: variabili
Coperti: 20 + 10 esterni
Prezzi: 27-30 euro vini esclusi
Carte di credito: tutte, BM

Paolo Sani e Gino Barbieri hanno saputo trasformare, ormai da più di dieci anni, quello che era un antico forno alimentare in una trattoria a pieno titolo, mantenendo il sapore della tradizione di un tempo: un ritrovo di convivialità e genuina simpatia per clienti abituali e nuovi. L'atmosfera è rustica, calda e accogliente e si sposa bene al desiderio di comunicare al commensale la passione del buon mangiare. In menù ci sono piatti – alcuni di pesce – mai scontati, che attingono dalla tradizione toscana e sono preparati quotidianamente da Boris e Gino. Si può aprire con l'antipasto del Rosso (8 €), un tagliere di salumi, formaggi locali e crostini, oppure con le alici marinate sott'olio. Poi – in porzioni generose –, ravioli di ricotta e ortica al burro, **paccheri al sugo** (6,50 €), linguine al polpo, **bistecca** alla fiorentina, **polpettone con fagioli** (10 €), **baccalà** *di no' altri* **con ceci**. Tra i dolci, tiramisù (4 €), torta al cioccolato, **zuccotto**. La cantina, curata da Paolo, custodisce una buona selezione di rossi provenienti perlopiù da cantine toscane. Dopo avere deliziato il palato si può far visita al negozio della trattoria, dove è in vendita una selezione di prodotti locali e regionali.

«Stacciaburatta, la micia e la gatta, la gatta va al mulino, a fare un focaccino/Suona mezzogiorno, il pane è cotto in forno, l'uva nel paniere, il vino nel bicchiere/Letto rifatto, sotto c'era un gatto, gatto in camicia, che scoppia dalle risa...». Stacciaburatta non è solo una filastrocca ma anche una piccola grande trattoria all'Antella, a 10 minuti d'auto dalla periferia sud di Firenze. L'ambiente è raccolto e accogliente, arredato in modo informale e un po' stravagante (le mutande della nonna appese), forse d'altri tempi; in estate si mangia anche nel piazzaletto antistante. Lo staff è composto quasi interamente da donne (Ivana e Bianca, ovvero la micia e la gatta), appassionate di fornelli e della buona tavola. L'interesse a fare le cose bene si nota anche dalla scelta dei prodotti, freschissimi, di stagione e a chilometro zero. Il menù è da leccarsi i baffi, dalle acciughe marinate o dal **collo di pollo ripieno** come antipasti per finire ai biscotti fatti in casa. Nel mezzo tante altre proposte, a cominciare dai salumi e formaggi di produzione artigianale, per proseguire con la **passata di fagioli**, i *pici al ragù* o i ravioli ripieni di crema di fave, e ancora con il superbo **cervello fritto** (che poi più che fritto è saltato nel burro), la **trippa alla fiorentina** o le strepitose polpettine di **carne bianca**. In menù anche qualche piatto di pesce, come gli spaghetti con le vongole o il baccalà mantecato. Anche per i vini si rimane in zona, con etichette di aziende delle colline fiorentine. Valida la scelta di caffè gourmet a fine pasto.

TOSCANA | 447

BAGNONE

53 KM A NO DI MASSA SS 62

La Lina
Trattoria con alloggio
Piazza Marconi, 1
Tel. 0187 429069-347 0959026
Chiuso il giovedì
Orario: mezzogiorno e sera
Ferie: non ne fa
Coperti: 50
Prezzi: 26-28 euro vini esclusi
Carte di credito: CS, MC, Visa, BM

A metà strada tra Pontremoli e Aulla, Bagnone è un piccolo borgo dell'alta Lunigiana. Nel centro storico, al primo piano di un antico edificio, Walter Pigoni, dopo averci fatto accomodare in una delle due sale dagli arredi piacevolmente retrò, saprà bene illustrarvi i piatti della moglie, Francesca Ruzzi, che in cucina ha fatto tesoro della grande esperienza della madre Lina. Accoglienza, cortesia, ottima cucina rappresentativa del territorio e delle stagioni sono gli elementi vincenti di questa trattoria. Il modo migliore per cominciare è l'antipasto della casa (10 €), che oltre a salumi e sottoli locali comprende **torte** salate della tradizione come quella *d'erbi* e la **barbotta**. Tra i primi, la zona "obbliga" a scegliere i **testaroli artigianali con il pesto** (6 €), ma sarebbero da provare tutte le paste fresche, sempre fatte in casa: **tordelli** ripieni di carne oppure ai carciofi, **lasagne bastarde** (maltagliati con farina di castagne) condite con olio extravergine di oliva ligure e formaggio. Un'altra scelta obbligata tra i secondi riguarda, se disponibile, l'**agnello di Zeri al forno** (12 €); in alternativa, costolette di agnello fritte, **coniglio** o tacchino **farcito** con verdure ed erbe locali. Tutte le carni sono acquistate da allevatori della zona. Dalla cucina arrivano anche i dolci (3 €), di squisita fattura e ben presentati. Vini della casa di facile beva e discreta carta con etichette del territorio a base di vitigni autoctoni.

A **Villafranca in Lunigiana** (4 km), via provinciale per Mocrone 48, Il Testarolo di Graziella Ravera è un laboratorio artigianale dove si possono acquistare i testaroli della tradizione.

BARGA

39 KM A NORD DI LUCCA SS 445

L'Altana
Trattoria
Via di Mezzo, 1
Tel. 0583 723192
Chiuso il mercoledì e giovedì a pranzo
Orario: mezzogiorno e sera
Ferie: ottobre
Coperti: 30 + 10 esterni
Prezzi: 28 euro vini esclusi
Carte di credito: tutte, BM

Nei pressi della porta principale del borgo troviamo L'Altana, termine che riprende quello delle caratteristiche terrazze a loggetta dove nella vecchia Barga si metteva ad asciugare il grano. La gestione del locale – diviso in salette molto accoglienti, con alcuni tavoli all'aperto per l'estate – è familiare e tutta al femminile, sia in cucina sia in sala. Qui alla tradizione della Garfagnana si affianca quella fiorentina, dal momento che storicamente Barga è legata a Firenze. Il menù prevede piatti per gran parte di territorio, con qualche escursione nella cucina nazionale. Tra gli antipasti (10 €) domina il prosciutto bazzone (Presidio Slow Food) accompagnato da crostini o pecorino e, in primavera, dai baccelli. Il capitolo dei primi comprende l'ottimo **minestrone di farro** (7 €), zuppe e vellutate, risotti, le orecchiette alla salsiccia e vari tipi di pasta fresca conditi con verdure di stagione: **lasagne con zucchine e porri**, **ravioli all'ortica**. Nei mesi invernali è possibile gustare l'**infarinata**, cavolo nero e fagioli cotti con farina di mais e brodo di maiale. Tra i secondi compaiono spesso la **trippa alla fiorentina** (8 €), il **fegato di vitello con cipolle**, la **bistecca di cinta senese ai semi di finocchio** (11 €), l'ossobuco, carni alla griglia e il baccalà cucinato in vari modi. Non mancano sformati e altri piatti a base di verdure raccolte nell'orto di famiglia. Molti dolci sono fatti in casa, come il cheesecake, la torta di riso e la crema di ricotta. Buono il vino lucchese in caraffa.

448 | TOSCANA

ALESSI
The Useful Art

"Cha"
Bollitore/teiera
design Naoto Fukasawa
2014

www.alessi.com follow us on

Olio su piatto.

In vendita da EATALY
alti cibi

Scopri l'emozione di gustare una rarità **ligure** che rende ogni piatto un'opera d'arte.
Il Carte Noire Roi è un olio extravergine millesimato, nato dalla selezione annuale e territoriale delle migliori olive taggiasche.

»ROI«
Extravergini Millesimati

www.olioroi.com   Seguici su   facebook.com/OlioF

BIBBIENA

32 KM A NORD DI AREZZO SS 70 O 71

Il Tirabusciò

Ristorante
Via Scoti, 12
Tel. 0575 595474
Chiuso lunedì a pranzo e martedì
Orario: mezzogiorno e sera
Ferie: variabili
Coperti: 30
Prezzi: 35 euro vini esclusi
Carte di credito: AE, CS, MC, Visa, BM

Elegante punto di riferimento della cucina casentinese, Il Tirabusciò è condotto da Alberto Degl'Innocenti, chef apprezzato per la continua ricerca di materie prime eccellenti e di ricette che reinterpretano con genialità i piatti della tradizione. La moglie Marinella aiuta in cucina e condivide con Alberto l'amore per questa terra fatta di volti e di passioni di chi produce e trasforma i prodotti. Per iniziare, la deliziosa battuta a coltello di chianina (8 €) con insalatina di cavolo cappuccio e acciugata, il flan di carciofo, il paté di fegato d'anatra o il **sugo di piccione nel coccio** servito con pane toscano tostato. Tra i primi, ottimi i **tortelli di patata rossa di Cetica con ragù di grigio del Casentino** (8,50 €), i **raviolini di anatra** conditi con burro, noce moscata e parmigiano reggiano delle vacche rosse, gli **gnocchi di baccalà con crema di topinambur**. Le carni provengono da allevamenti locali: da assaggiare il filetto di maiale grigio al pepe (15 €) con pistacchi di Bronte, i **petti di piccione arrosto farciti** con il fegato del volatile al Vin Santo, il **coniglio in porchetta** con carote allo zenzero e finocchi. Tra i dolci, ai quali si può abbinare un calice di vino da dessert, il lattaiolo con il suo caramello e la tortina di mele con crema inglese e pinoli (5 €). Ampia scelta delle migliori etichette toscane, con particolare attenzione alle terre di Arezzo e del Casentino; anche distillati e birre artigianali.

> ❝ *L'attenta scelta di materie prime stagionali e il desiderio di fondere la passione per la cucina con l'amore per il Casentino danno vita a percorsi gustativi esaltanti* ❞

BORGO A MOZZANO

21 KM A NORD DI LUCCA

I Macelli

Osteria moderna
Via del Cerreto
Tel. 0583 88700-347 7602166
Chiuso il lunedì e mercoledì a pranzo
Orario: mezzogiorno e sera
Ferie: variabili
Coperti: 35 + 30 esterni
Prezzi: 30 euro vini esclusi
Carte di credito: CS, DC, MC, Visa, BM

Appena fuori dal centro storico di Borgo a Mozzano, grazioso paese della valle del Serchio, nei locali che un tempo ospitavano i macelli pubblici, questa piacevole osteria coniuga elegantemente stile moderno e retrò. Il menù, presentato su lavagne mobili, cambia spesso e comprende piatti di terra e di mare che Samuele, il patron, è pronto a descrivere. Tra gli antipasti, al classico prosciutto tagliato al coltello e al carpaccio di noce di manzo con riccioli di grana si affiancano i tentacoli di polpo spadellati con crema di ceci (10 €). Come primo la cuoca Lara prepara spesso la tradizionale **minestra di farro** (8 €) e vari tipi di pasta fresca conditi con sughi di stagione, per esempio i **tagliolini agli asparagi di monte** (10 €), o di mare, in particolare cozze e vongole. Tra i secondi l'arrosto di anatra all'arancia, il **coniglio ripieno** (10 €), il **cinghiale in umido**, l'arrotolato di vitella al forno, carni e pesci alla griglia e il **baccalà marinato con ceci**, molto apprezzato dai clienti abituali. Nei periodi giusti, **selvaggina** e tartufi. Di contorno, verdure di stagione, proposte anche in sformati. Non moltissimi ma tutti fatti in casa i dolci: torta agli amaretti, cheesecake e dessert al cucchiaio. La carta dei vini presenta molte etichette dell'area lucchese, con un occhio di riguardo per quelle biologiche e, soprattutto, biodinamiche.

📍 A **Ghivizzano** (8 km), salumi tipici della Garfagnana presso l'Antica Norcineria, via Rinascimento 6.

TOSCANA | 449

BUONCONVENTO

27 km a se di Siena

Da Mario
Trattoria
Via Soccini, 60
Tel. 0577 806157
Chiuso il sabato
Orario: mezzogiorno e sera
Ferie: agosto
Coperti: 70 + 80 esterni
Prezzi: 25 euro vini esclusi
Carte di credito: tutte, BM

Lungo la Via Francigena che conduceva dal Nord Europa a Roma, intorno al castello di Percenna, nel basso Medioevo nasceva il borgo di Buonconvento, divenuto presto dominio di Siena che vi fece costruire, nel XIV secolo, la bella cinta muraria in mattoni ancora oggi perfettamente conservata. Chi non fa trekking sulla Francigena può comodamente arrivarci in auto seguendo la consolare Cassia e godendosi il paesaggio delle Crete Senesi. Nel centro storico, uno dei Borghi più belli d'Italia, dal 1971 la famiglia Pallassini gestisce questa deliziosa trattoria, frequentata anche da numerosi stranieri, turisti e residenti. Da Mario si possono riassaporare i piatti della migliore tradizione toscana, quelli che si mangiavano la domenica nelle fattorie e nei poderi. Noi abbiamo ritrovato i piaceri di quei pranzi memorabili nei *pici* **all'aglione**, una semplice pasta fresca fatta con acqua e farina che nel Senese chiamano *pinci*, nella **ribollita** (7 €), nella **guancia al vino rosso**, nella **faraona agli agrumi**, nell'**agnello ai carciofi** (10 €). Per dessert, cantuccini con il Vin Santo (5 €) o dolci al cucchiaio (4 €) come la zuppa inglese, tradizionale chiusura dei pranzi domenicali. Non molto ampia ma di eccellenza la carta dei vini, con etichette provenienti dalla vicina Montalcino, tutte offerte anche al bicchiere; buono lo sfuso della casa.

CAPANNORI
Camigliano

10 km a est di Lucca

I Diavoletti
Ristorante
Stradone di Camigliano, 302
Tel. 0583 920323-328 7340634
Chiuso il mercoledì
Orario: sera, settembre-maggio anche pranzo
Ferie: variabili
Coperti: 50 + 40 esterni
Prezzi: 30-35 euro vini esclusi
Carte di credito: CS, MC, Visa, BM

Percorrendo la strada che porta a Camigliano, a un centinaio di metri dalla storica Villa Torrigiani, troviamo il ristorante I Diavoletti. Gestito dalle sorelle Bosi, Alda ai fornelli e Paola in sala, il locale propone una cucina toscana con grande attenzione alle tipicità, privilegiando prodotti del territorio e dei Presìdi Slow Food. Non mancano alcune rivisitazioni, più che appropriate, dei piatti. L'arredamento è semplice, con tavoli e sedie in legno e qualche mobile rustico; molto curata l'apparecchiatura. Il menù, semplice ma ben articolato, è completato a voce da Paola, che presenta i piatti del giorno trasmettendo tutta la passione che ha per il suo lavoro e i prodotti del territorio. Come antipasto è sicuramente da provare il tagliere di salumi artigianali (9 €). Tra i primi ricordiamo i **tordelli con ripieno di fagiolo rosso di Lucca**, serviti con accasciato, un formaggio a latte crudo della Garfagnana, e i *pici* **con ragù bianco di cinta senese** (€ 9); in primavera da non perdere un assaggio di **garmugia**, zuppa lucchese di antiche origini a base di verdure e carne di manzo. Passando ai secondi, ottimo il **coniglio ripieno con cipolle** (9 €), non da meno **la trippa lucchese**, il fritto dell'aia con verdure di stagione, l'**agnello alla brace**, la tagliata con rucola o porcini. Tra i dolci (4 €), tutti fatti in casa, il tortino al cioccolato fondente e la torta monferrina con mele. La carta dei vini privilegia i prodotti biodinamici.

> **"** *Nella campagna lucchese, in un ambiente di raffinata semplicità, le sorelle Bosi propongono una cucina di territorio basata su prodotti eccellenti* **"**

CARMIGNANO

12 KM A SO DI PRATO

Su pe' i' Canto
Enoteca con mescita e cucina
Piazza Matteotti, 25-26
Tel. 055 8712490
Chiuso il lunedì
Orario: mezzogiorno e sera
Ferie: in agosto
Coperti: 30 + 20 esterni
Prezzi: 30 euro vini esclusi
Carte di credito: MC, Visa, BM

In una delle piazze centrali di Carmignano troviamo questa caratteristica osteria. Il locale – non molto grande, con terrazza fruibile in estate – è accogliente e arredato con cura in stile rustico. La gestione è familiare e i piatti appartengono alla tradizione toscana, in particolare pratese. Tra gli antipasti (7 €) ci sono affettati misti e crostini, ma anche il filetto di aringa marinata e il lampredotto. I primi presentano classici toscani come la **ribollita**, saltata in padella secondo l'uso pratese, la **pappa al pomodoro**, la farinata di cavolo nero, i **tortelli di pecorino e pere**, i *pici al ragù di anatra*, di coniglio o di pecora (10 €). Ritroviamo la **pecora**, **in umido** (15 €), tra i secondi, a fianco o in alternativa al **coniglio con olive e pinoli** (13 €), al fritto di pollo, coniglio e verdure, all'arista con le prugne, al peposo. Il menù varia con le stagioni: in estate-autunno si cucinano i funghi (in insalate, nei sughi, gratinati, fritti), la panzanella e l'insalata di trippa, in autunno-inverno cardi e carciofi, in maggio e giugno lo stufato di baccelli. Tutti casalinghi gli ottimi dolci (6 €): bavarese allo yogurt, castagnaccio, schiacciata con l'uva, crème caramel ai cantuccini, frutta cotta al Vin Santo. Di grande interesse la selezione dei vini, con gran parte della produzione di Carmignano, comprese etichette di piccole aziende difficili da reperire fuori dalla zona di origine.

La Bottega d' Fochi, via Roma 10: dolci tipici tra cui, nel periodo pasquale, anche il pan di ramerino.

CARRARA
Colonnata

7 KM DAL CENTRO DELLA CITTÀ

Locanda Apuana
Trattoria
Via Comunale, 1
Tel. 0585 768017
Chiuso domenica sera e lunedì
Orario: mezzogiorno e sera
Ferie: Natale-fine gennaio
Coperti: 58
Prezzi: 28-30 euro vini esclusi
Carte di credito: tutte, BM

Salendo verso Colonnata e vedendo le cave, è difficile non pensare alle opere d'arte che sono nate da quei marmi: siamo nella terra del bianco di Carrara. A Colonnata, oltre a quello delle cave, c'è il bianco del famoso lardo, che ha la sua particolarità nella stagionatura: in salamoia nelle conche di marmo, dove sta dai 6 ai 24 mesi. Nel centro del paese, la Locanda Apuana è una trattoria con più di cinquant'anni di attività. Entrando, ecco subito, in bella vista, il lardo prodotto da Fausto Guadagni nella larderia al di là della strada; sua sorella Carla è la cuoca, mentre alla sala sovrintende Dario, che illustra il menù. Per iniziare non mancano lardo e altri salumi in alternativa all'antipasto dell'osteria (9 €), arricchito da crostini e bocconcini di cecina fritta. Tra i primi, la **pasta e fagioli con cotenne** (7 €), i **tordelli carrarini** (9 €), le tagliatelle di castagne con panna e gorgonzola. Consigliabili come secondo il **coniglio lardellato ripieno** e la **ciccina del cavatore** (10 €), ovvero le rifilature di magro suino tolte per preparare il lardo, servita con contorno di patate al forno con lardo. Per chiudere, flan di ricotta con composta di mele cotogne (5 €) o **torta di riso alla carrarina**. Molto interessante la selezione di **formaggi**. Oltre allo sfuso della casa, c'è una bella carta dei vini, in prevalenza toscani e piemontesi, offerti a prezzi onesti.

TOSCANA | 451

CARRARA
Colonnata

7 KM DAL CENTRO DELLA CITTÀ

Venanzio
Ristorante
Piazza Palestro, 3
Tel. 0585 758033-366 5635877
Chiuso il giovedì e domenica sera, mai in agosto
Orario: mezzogiorno e sera
Ferie: 22 dicembre-15 gennaio
Coperti: 45 + 20 esterni
Prezzi: 32-35 euro vini esclusi
Carte di credito: tutte

CASTAGNETO CARDUCCI
Bolgheri

68 KM A SUD DI LIVORNO SS 1 E SP 39

Magona
Osteria moderna *novità*
Piazza Ugo, 2-3
Tel. 0565 762173
Chiuso il lunedì
Orario: sera, domenica anche pranzo
Ferie: febbraio
Coperti: 60 + 20 esterni
Prezzi: 30-35 euro vini esclusi
Carte di credito: AE, CS, MC, Visa, BM

Nella piazza principale di Colonnata, piccola gemma delle Alpi Apuane, si trova il ristorante Venanzio, dove il lardo prodotto dalla famiglia dei titolari fa da padrone. È il posto giusto anche per fare uno spuntino dopo una bella passeggiata, degustando gli ottimi crostini caldi con lardo e pomodorini o acciughe (6 €) oppure il lardo con mostarda. Roberto in sala e Alessio in cucina, con Pamela e Anna, sapranno guidarvi amabilmente nella scelta per un ottimo pranzo o per una cena estiva all'aperto. Per iniziare potrete assaggiare l'antipasto della casa (12 €), che comprende lardo, carne in salamoia condita con l'ottimo olio extravergine di oliva di produzione propria, un tortino di verdure stagionali, flan di verdure e verzette ripiene, oppure la polenta lardellata con radicchio e taleggio. Tra i primi, **lasagnette verdi con borragine al ragù di salsiccia** (8 €), tagliolini di farro con salsiccia, pappardelle alla lepre in autunno. Come secondo, ancora l'ottima carne in salamoia con, in stagione, tartufo nero (15 €), la tartara di chianina al tartufo o con lardo, il **filetto al lardo in salsa al Chianti** con verdure saltate in padella, l'**agnello al forno al rosmarino**, il **coniglio disossato e farcito al lardo** con patate arrosto lardellate. I dolci sono tutti fatti in casa, a cominciare dalla torta di mele al profumo di Calvados. Buona e attenta al territorio la carta dei vini. Per almeno due persone, menù degustazione a 40 euro bevande escluse.

In via della Fontana 52, di fronte alle cave, Renata Ricci produce e vende lardo, vergazzata (pancetta stagionata in conche di marmo), crema di lardo.

All'interno delle mura di Bolgheri, luogo che non ha bisogno di presentazioni, Gionata D'Alessi, cuoco e proprietario, ha fatto della cucina di terra della Maremma livornese il centro dei suoi interessi, proponendo ricette della tradizione rivisitate con garbo. Cura delle materie prime, uso di prodotti del territorio e di alcuni Presìdi Slow Food, fattura casalinga di molti ingredienti dei piatti, a cominciare dalla pasta, fanno sì che il piacere della tavola sia debitamente appagato. Lo stile del locale è sobrio ma curato: nelle due sale e nella veranda (dove campeggia un grosso pino che esce dalla copertura), così come nel giardinetto davanti all'entrata, i tavoli sono apparecchiati con stoviglie e posate di qualità; il servizio, guidato da Alessandro, è professionale e premuroso, mai invadente. Nel menù, portato e spiegato al tavolo, compaiono come antipasti la degustazione di tartara, arrosticini e bocconcini (10 €), i salumi tipici con crostini e il gran piatto di formaggi e confetture. Gli *gnudi* **con lardo di cinta senese** (8 €) o i ravioli di ricotta del pastore ed erbette di campo cacio e pepe possono precedere la **tagliata d'anatra con aceto balsamico** (13 €) o il **piccione** della Magona. Salendo con il conto, anche lombata o **bistecca** (fiorentina e panzanese) preparate con ottimi tagli di carne. I dolci, che variano in funzione dell'estro del cuoco, sono sempre abbinati a gelati di produzione propria (squisito quello al pistacchio). Cantina a preponderanza locale, com'è logico in un territorio vocato come questo, ma con incursioni interessanti in altre regioni, oltre a una piccola selezione di Champagne.

CASTEL DEL PIANO
Montenero

50 KM A NE DI GROSSETO

Antica Fattoria del Grottaione

Osteria moderna
Via della Piazza, 1
Tel. 0564 954020-349 8202575
Chiuso il lunedì
Orario: mezzogiorno e sera
Ferie: tra gennaio e febbraio
Coperti: 40 + 40 esterni
Prezzi: 32-40 euro vini esclusi
Carte di credito: AE, CS, MC, Visa, BM

Non lontano da Arcidosso, sulla strada che arriva dal mare e da Civitella, è vivamente consigliata una deviazione fino al borgo collinare di Montenero per assaggiare i piatti del Grottaione. Flavio Biserni – il proprietario, amiatino purosangue – e Renzo Galeazzo – lo chef, veneto trapiantato in Toscana – hanno dato vita a un sodalizio dai risultati gastronomicamente eccellenti. Il locale, un antico granaio arredato con mobili e oggetti rustici, è molto bello; nella stagione calda si può pranzare in terrazza. Il menù valorizza in ricette tradizionali i prodotti del territorio: la carne bovina di razza maremmana, i formaggi, gli oli (c'è anche una carta degli extravergini). Le verdure sono raccolte nell'orto di casa, il resto proviene da fornitori locali o da Presìdi Slow Food. La maremmana battuta al coltello (13 €) è l'antipasto di prammatica. Tra i primi segnaliamo la **zuppa arcidossina** (10 €), i *pici alle briciole*, in stagione i ravioli di castagne con scottiglia di cinghiale. Potremo poi deliziarci con il **peposo** (12 €) o con la **guancia di maremmana brasata al Brunello**, senza dimenticare la **scottiglia di cinghiale al Vermentino** (12 €). Gli appassionati di **formaggi** non se ne faranno sfuggire la ricca selezione, ma anche per loro sarebbe un peccato rinunciare ai dolci fatti in casa, spesso a base di ricotta. Due i menù degustazione, a 30 e 40 euro. Molto interessante la carta dei vini, che privilegia le etichette della Maremma e di Montalcino.

66 *Un posto caldo e accogliente, ideale per conoscere e gustare le eccellenze del territorio, dalla carne di maremmana agli oli da cultivar locali* **99**

CASTELNUOVO DI GARFAGNANA

49 KM A NO DI LUCCA SR 445

Il Vecchio Mulino

Osteria tradizionale
Via Vittorio Emanuele, 12
Tel. 0583 62192-347 3664566
Chiuso il lunedì
Orario: 07.30-20.00
Ferie: tra ottobre e novembre
Coperti: 30
Prezzi: 15-25 euro vini esclusi
Carte di credito: CS, MC, Visa, BM

Andare a Castelnuovo e non fermarsi al Vecchio Mulino è come andare a Roma e non vedere il Colosseo. Coadiuvato dalla sorella Cinzia e da Debora, l'oste Andrea Bertucci è un'istituzione. Non aspettatevi un'osteria con cucina e cuochi: qui si trovano quasi solo piatti freddi e il meglio di salumi, formaggi e altre specialità tipiche; abbondano i prodotti dei Presìdi Slow Food, come il pane di patate, la marocca di Casola, il prosciutto bazzone e il biroldo della Garfagnana. C'è un menù degustazione a 20 euro, ma si può scegliere alla carta, cominciando per esempio da una **torta salata** (5 €) **con erbe**, patate, cipolle o porri. Tra i salumi (da 8 €), oltre a quelli dei Presìdi, ci sono il lardo di Colonnata, la mondiola, vari salami, dal toscano al milanese, e una splendida mortadella, che quando arriva in negozio pesa 150 chili ed è affettata al coltello. In alternativa, il **carpaccio di manzo di pozza** o i **filetti di trota affumicata** della Garfagnana. Non manca una bella selezione di **formaggi**, pecorini e vaccini, accompagnati da confetture. Per finire, una fetta di torta casalinga, come quella con ricotta e frutti di bosco. Non esiste carta dei vini, le bottiglie – tante, italiane ed estere – sono tutte in bella vista, compresi gli Champagne e le birre artigianali. Anche per il caffè c'è un'ampia scelta di miscele. Un'altra particolarità del locale è il lungo tavolo dove si possono sedere più persone, anche di gruppi diversi, e dove la convivialità, complice il vino, è assicurata.

TOSCANA | 453

CASTIGLIONE D'ORCIA
Vivo d'Orcia

62 KM A SE DI SIENA

La Taverna del Pian delle Mura

Ristorante
Via delle Casine, 12
Tel. 0577 874009-330 289297
Chiuso il lunedì
Orario: sera, sab, dom e festivi anche pranzo
Ferie: variabili
Coperti: 36 + 14 esterni
Prezzi: 33-39 euro vini esclusi
Carte di credito: tutte, BM

A Vivo d'Orcia, piccolo centro alle falde dell'Amiata, Luisa ai fornelli e Nadia in sala, coadiuvate da Umberto, animano un locale che utilizza esclusivamente prodotti biologici e biodinamici locali, con uso di farine di grani antichi e di castagne, sia per la pasta sia per il pane fatti in casa. Si inizia con salumi di cinta senese, carpaccio di chianina, pecorini e caprini con composte di frutta; se volete farvi un'idea dello stile del locale, non perdetevi la fantasia della Taverna (10 €), realizzata anche con le erbe spontanee di cui Luisa è grande esperta. Per il primo, la scelta può essere tra *pici* all'aglione, tagliolini o strozzapreti al sugo bugiardo (carne cotta nel vino rosso, senza pomodoro) o, in stagione, con i funghi, **strozzapreti di castagne con salsiccia di cinta senese** (13 €), **acquacotta**. Tra i secondi, fegatelli di cinta senese, trippa, **coniglio alle erbette**, **faraona al Vin Santo**, **agnellone amiatino al forno** (razza autoctona, 14 €). Per chiudere, **caffè in forchetta con zabaione** (4 €) oppure tortino di mele o di cioccolato con crema calda. La carta dei vini, piccola ma ben strutturata, si fonda sul territorio, così come l'ottimo sfuso. A fine pasto non perdetevi un bicchierino di giulebbe, antico liquore di cui Umberto vi racconterà volentieri la storia. I prodotti che Luisa usa in cucina li potrete trovare in vendita nella Dispensa di fronte al locale.

> *Una cucina di tradizione che coniuga la bontà dei piatti alla compatibilità ambientale, rappresentata dall'uso esclusivo di prodotti biologici e biodinamici del territorio amiatino*

CERTALDO

46 KM A SO DI FIRENZE SP 125

La Saletta

Osteria
Via Roma, 4
Tel. 0571 668188
Chiuso il martedì
Orario: mezzogiorno e sera
Ferie: periodo natalizio
Coperti: 20 + 15 esterni
Prezzi: 33-35 euro vini esclusi
Carte di credito: AE, CS, MC, Visa, BM

Da vent'anni Giampiero Niccolini, con la mamma Eda in cucina, gestisce questo piccolo, confortevole locale, situato in pieno centro e collegato internamente con la pasticceria di famiglia, Dolci Follie. Dal momento che Giampiero è da solo al servizio ai tavoli e ogni tanto deve anche dare una mano ai fornelli, a volte i tempi si allungano, ma l'inconveniente è ampiamente compensato dalla disponibilità, preparazione e cortesia del titolare, sempre pronto a dare spiegazioni, consigli e a suggerire abbinamenti. I piatti sono prevalentemente della tradizione, a volte modificati e modernizzati con risultati piacevoli. La carta dei vini è vasta, ben selezionata e basata, in grande maggioranza, su prodotti toscani, anche con pezzi di assoluto valore (e prezzo); si possono comunque ordinare a bicchiere varie etichette e un piacevole sfuso della casa. Per cominciare ci sono i tradizionali salumi toscani con sottoli e pecorino (12 €) ma anche l'insalata di petto d'oca con parmigiano e aceto balsamico o i crostini di lardo di Colonnata. Tra i primi, la **zuppa di cipolle di Certaldo**, i *pici* di Eda **al coniglio ubriaco** (10 €), i **ravioli alla maremmana in salsa d'anatra**, le mezze maniche alla cinta senese, gli *gnudi* **di spinaci in salsa di noci e ricotta**. Come secondo, **trippa alla fiorentina**, cinghiale alla maremmana, coniglio di Fonterutoli all'aceto balsamico (18 €), filetto ai profumi di sottobosco (20 €), **tonno del Chianti**, sformato di verdure. Sempre disponibili alcuni contorni (4 €) tra cui l'insalata biologica. Per i dolci La Saletta, ovviamente, si appoggia quasi integralmente alla pasticceria di famiglia.

CHIUSI

77 KM A SE DI SIENA USCITA A 1 O SS 326

Il Grillo è Buoncantore
Ristorante-pizzeria
Piazza XX Settembre, 10
Tel. 0578 20112-335 8716238
Chiuso il lunedì, mai d'estate
Orario: mezzogiorno e sera
Ferie: 10 giorni in novembre
Coperti: 60 + 20 esterni
Prezzi: 35 euro vini esclusi
Carte di credito: tutte, BM

Se cercate un locale dove la ricerca di materie prime di qualità si coniughi con preparazioni sapienti e presentazioni di alto livello, ecco il posto che fa per voi. Tiziana Tacchi ha un vero culto per la scelta degli ingredienti dei piatti, che cucina con cura e consolidata professionalità. Oltre ai prodotti offerti da un territorio di per sé generoso, primo fra tutti la carne di chianina, usa una lunga serie di altri Presìdi Slow Food: marocca di Casola, prosciutto bazzone, fagiolina del Trasimeno, lenticchie di Ustica, carote di Polignano. Per esempio, tra gli antipasti si potrà scegliere la morbidezza di spinaci glassata con uova e lardo su marocca di Casola (9 €) oppure la millefoglie di polenta di mais biancoperla, gorgonzola e speck al forno. Tra i primi, **fagotti ripieni di stinco di maiale e patate** con pomodori fiaschetti di Torre Guaceto (11 €) o zuppetta di lenticchie di Ustica con salsiccia e tartufo. Per il secondo, la scelta potrà cadere sul **filetto di maiale grigio in crosta di noci con timballo di melanzane** oppure sul **cappello da prete di chianina brasato al Nobile** con cipollotti al forno (12 €). Da provare, come dessert, la crème brûlée con delicato peperoncino (5 €) e il dolce di ricotta e pere con glassa al fondente. Buona la lista dei vini, non solo locali, con possibilità di consumo al calice. Ampia scelta di birre artigianali.

❝ *Accoglienza cordiale, attenzione per il territorio, approvvigionamento delle materie prime presso aziende locali, atmosfera da vecchia osteria toscana pur in presenza di piatti di alta cucina* ❞

CHIUSI

77 KM A SE DI SIENA USCITA A1 O SP 326

La Solita Zuppa
Osteria-trattoria *novità*
Via Porsenna, 21
Tel. 0578 21006-349 8173286
Chiuso il martedì
Orario: mezzogiorno e sera
Ferie: tra gennaio e febbraio
Coperti: 45
Prezzi: 30 euro vini esclusi
Carte di credito: tutte, BM

Terra di confine con Lazio e Umbria, Chiusi rimane legata al territorio cui appartiene da tanti ricordi che la ricollocano nel suo passato etrusco. Andrea e Lorella hanno raccolto un testimone pesante quando hanno rilevato la Solita Zuppa, ma con l'applicazione che ci hanno messo i risultati non si sono fatti attendere: la ricerca di materie prime di qualità e la capacità di interpretarle in cucina rendono piacevolissima la visita all'osteria. Quasi tutti i prodotti in dispensa sono del territorio e di fornitori locali, dalle carni di chianina e di cinta senese al pollame, alle verdure ed erbe spontanee di stagione. La fattura casalinga delle paste fresche, parate con farine di un mulino artigianale, si apprezza particolarmente nei *pici*, una delle espressioni territoriali che non mancano mai. Gli antipasti (7,50 €) comprendono il **lampredotto in salsa verde**, affettati di cinta senese, piatti stagionali come la ribollita estiva o la lingua salmistrata, e sono offerti con l'abbinamento a un vino. Tra i primi (9 €), oltre ai *pici* **alla** *nana*, **all'aglione** o al ragù di cinta, i ravioli allo zenzero e una selezione di **zuppe** di verdure e legumi molto interessante. Come secondo (11 €) **guancia alle spezie, maiale alle mele** o al rosmarino, **coniglio allo zenzero, agnello al buglione**. Raccomandabile la selezione dei formaggi, di produttori toscani e affinatori piemontesi e lombardi. Se ce la fate (le porzioni sono abbondanti) chiudete con uno dei dolci casalinghi: panna cotta, crostate, torta di mele. Carta dei vini dedicata, eccetto alcuni bianchi, alla Toscana, con prezzi ragionevoli; buono lo sfuso, proveniente da Montalcino.

CIVITELLA PAGANICO
Civitella Marittima

35 km a ne di Grosseto ss 223

Locanda nel Cassero
Trattoria con alloggio
Via del Cassero, 29-31
Tel. 0564 900680-338 3030033
Chiuso il martedì, autunno e primavera anche giovedì a pranzo
Orario: mezzogiorno e sera
Ferie: dicembre-febbraio
Coperti: 55 + 25 esterni
Prezzi: 32 euro vini esclusi
Carte di credito: tutte, BM

Civitella Marittima è una frazione del comune di Civitella Paganico, raggiungibile dalla strada che da Siena porta a Grosseto. Se vi domandate perché questo paesino arroccato su una bella collina porti nel toponimo l'aggettivo marittimo, anche se dal mare dista una cinquantina di chilometri, sappiate che la specificazione sta per "della Maremma" (in latino *Maritima*). Al centro della cerchia muraria del borgo, Alessandro Prosperi gestisce la Locanda nel Cassero, con cinque camere e un ristorante che fa una lunga apertura stagionale e qualche apertura straordinaria durante le feste natalizie. Il menù è stagionale, preparato anche con verdure dell'orto di famiglia. Tra gli antipasti la carta può elencare, oltre al tipico antipasto toscano di bruschette, salumi e sottaceti, il rivolto del Cassero (6 €), un pane farcito di pancetta e pecorino, e la **millefoglie di polenta e porri con intingolo al baccalà**. Come primo Paola, che cura i tavoli, ha consigliato ottimi gnocchi di patate saltati con gamberi e asparagi allo zafferano di Maremma (12 €), i *pici* **alla chitarra con sugo bugiardo** aromatizzato al pollo e rosmarino, i **tortelli maremmani con carciofi, fave e pecorino**. Si può proseguire con l'**agnello fritto con carciofi e patate** (14 €), il filetto di vitellone arrosto sfumato all'aceto balsamico con punte di asparagi, il **piccione farcito con purea di ceci**. Tra i dolci, la crostata di ricotta servita con confetture di frutta fatte in casa (5 €). Buona scelta di vini locali, che si possono bere anche al bicchiere.

COLLE DI VAL D'ELSA

30 km a no di Siena sr 2 e ss 68

Sbarbacipolla Biosteria
Osteria moderna
Piazza Bartolomeo Scala, 11
Tel. 0577 926701-339 7030331
Chiuso il martedì
Orario: sera, domenica e lunedì anche pranzo
Ferie: variabili in inverno, 15 gg in agosto
Coperti: 30 + 15 esterni
Prezzi: 28 euro vini esclusi
Carte di credito: CS, DC, MC, Visa, BM

Nella "Colle Bassa", a poca distanza da piazza Arnolfo, Chiara Salvadori e Nicola Bochicchio hanno dato inizio da qualche anno a questa attività nella quale riversano tutto il loro entusiasmo e la conoscenza di prodotti del territorio per la quasi totalità biologici e biodinamici. Sono principi che Nicola ha maturato fin da bambino e ora applica in cucina. I vegetali, grande passione dello chef e ora in massima parte provenienti dall'orto di proprietà (un ettaro in permacultura), fanno da padroni nel menù, che varia quotidianamente per rispettare la stagionalità; anche le altre materie prime sono acquistate ogni giorno direttamente dai produttori, come le farine selezionate solo da grani antichi e macinate a pietra. Da provare gli sformatini di verdure (7 €), i crostini vegetariani, la **crema di lenticchie** (9 €) o di altri legumi, la **pasta e ceci al rosmarino**, gli gnocchi di farro o gli *gnudi* **con la ricotta** di un microcaseificio della zona, le polpette di quinoa (10 €) o i **fegatelli di cinta**, questi ultimi tra le poche concessioni alla carne all'interno di un menù che Chiara illustra con amabile competenza. Lo studio costante per i **formaggi**, quasi tutti a latte crudo e caglio vegetale, consente di gustare eccellenze toscane non comuni. Particolari e deliziosi i dessert. Carta dei vini non ampia ma in crescita, con prezzi giusti e improntata sui monovitigno con offerta al bicchiere; caffè in pressofiltro di diverse varietà.

Il Cipollino, adiacente alla Biosteria, vende molti dei prodotti utilizzati da Nicola e comprende un settore enoteca basato su vini biodinamici e naturali.

CORTONA

28 KM A SE DI AREZZO SS 71

Osteria del Teatro
Ristorante
Via Maffei, 2
Tel. 0575 630556
Chiuso il mercoledì
Orario: mezzogiorno e sera
Ferie: due settimane in novembre
Coperti: 70 + 16 esterni
Prezzi: 30-35 euro vini esclusi
Carte di credito: tutte, BM

Siamo a Cortona, splendida cittadina della val di Chiana, vicino alla piazza del Comune. Una breve rampa di scale conduce all'ingresso del locale, situato in un palazzo signorile del Cinquecento e articolato in tre sale dagli arredi originali e curati. Emiliano Rossi cucina piatti legati al territorio con i migliori prodotti della zona; in sala, la moglie Ylenia vi metterà a vostro agio con un'accoglienza calorosa e spiegando come vengono preparati anche alcuni piatti che si rifanno alla cucina etrusca. Le molte voci del menù variano nel corso dell'anno. La **terrina di coniglio con carciofi** (8,50 €), il tris di zuppe toscane, lo scrigno di chianina con pinzimonio denotano un grande rispetto per la materia prima, che rimane ben distinta nei sapori. La pasta fresca è tutta preparata a mano, in un piccolo laboratorio all'interno del locale: *pici* **con ragù di chianina e funghi porcini** (9 €), **gnocchi di farro con ragù di lepre e pere al vino**, ravioli ai fiori di zucca e zucchine. Tra i secondi, **spiedo di porco brado con fagiolina del Trasimeno** (15,50 €), petto di faraona ripieno di pecorino e porcini, tagliata con salsa all'acciugata e pomodoro grigliato. Per finire, accanto ai dolci non possono mancare il gelato e il tagliere di cioccolato, due autentiche passioni di Emiliano realizzate attraverso un costante studio e una continua ricerca sia delle tecniche sia dei prodotti di alta qualità necessari alla loro preparazione. Ottima la carta dei vini.

❞ *Una cucina che usa, rispettandole, materie prime eccelse, piatti di grande semplicità ed eleganza, un'accoglienza schietta e gentile* ❞

CORTONA

28 KM A SE DI AREZZO SS 71

Taverna Pane e Vino
Ristorante-enoteca
Piazza Signorelli, 27
Tel. 0575 631010-347 3493583
Chiuso il lunedì
Orario: mezzogiorno e sera
Ferie: 16-30 giugno
Coperti: 55 + 55 esterni
Prezzi: 30 euro vini esclusi
Carte di credito: CS, MC, Visa, BM

In una delle piazze centrali di Cortona, su cui affacciano il Palazzo Pretorio, sede del Museo dell'Accademia Etrusca, e il Teatro Signorelli, ma che ospita anche i banchi del mercato, troverete, nelle cantine di un edificio trecentesco, questo locale dall'arredamento rustico molto gradevole. Arnaldo Rossi vi riceverà con grande gentilezza e saprà consigliarvi i vini da abbinare ai piatti, attingendo a una cantina fornita di un migliaio di etichette. In cucina si preparano con cura pietanze che rispettano stagionalità e territorialità degli ingredienti. Per iniziare avrete un'ampia scelta di bruschette (4 €), dalla classica aglio e olio a quelle con fagioli e aringa affumicata o con sgombro e capperi, di salumi e di **formaggi**, locali e non. Difficile rinunciare, tra i primi, ai tradizionali *pici* **alle molliche** (pane, acciuga e peperoncino, 7 €) e, in inverno, a un bel piatto di **ribollita** (6,50 €). Come secondo vi consigliamo il **piccione** intero **al forno** con verdure (13 €) e l'**anatra arrotolata** cotta al forno con finocchio selvatico e verdure; ottimo anche il **baccalà con bietole e ceci** (9 €). Data la stagionalità della cucina, in estate potrete trovare sicuramente altri piatti, come la tartara di chianina. Per terminare, i dolci della Taverna: crema calda con zucchero di canna e biscottini (4 €), torta lingotto e i tradizionali cantuccini con il vino dolce (3 €). A breve distanza, la famiglia Rossi offre ospitalità per la notte in un antico edificio con giardino.

CUTIGLIANO

40 KM A NO DI PISTOIA

Nonno Cianco
Ristorante *novità*
Viale Europa, 23
Tel. 0573 68041
Chiuso il giovedì
Orario: mezzogiorno e sera
Ferie: 7-17 gennaio, ultima settimana di giugno
Coperti: 60 + 40 esterni
Prezzi: 28-32 euro vini esclusi
Carte di credito: CS, DC, MC, Visa, BM

Un'appassionata conduzione familiare caratterizza questo ristorante: in cucina Andrea Alisi, con un passato da pasticciere, affianca l'esperta madre Graziella Destefani, in sala la moglie Tatiana Strufaldi è affabile nel descrivere e consigliare i piatti. Il locale è stato rilevato nel 2001, battezzandolo Nonno Cianco in onore del nonno di Andrea, che negli anni Venti gestiva a Firenze una trattoria denominata Il Cianco. Quindi la passione per la cucina si è trasmessa per due generazioni, fino ad approdare nella bella val di Lima. Il ristorante, in prossimità della funivia che porta alle piste da sci della Doganaccia, si presenta come un classico rifugio in quota, con un'ampia vetrata che dalla sala principale si prolunga nella veranda. I prodotti della montagna (funghi, castagne, frutti del sottobosco) hanno, nei giusti periodi, un ruolo di primo piano nel menù. Dopo l'antipasto del Cianco (9 €), assaggi che cambiano con la stagione, ecco le paste fatte in casa: **tagliolini ai funghi porcini**, **maccheroni pistoiesi** (di farine integrali macinate a pietra) **al ragù di anatra** o manzo, *gnudi al burro e salvia* o al ragù e le gustose gonfiate al gorgonzola (8 €), che sono morbidi gnocchi di patate di Melo, una località vicina; inoltre, **zuppa di cipolle** o altre minestre. Tra i secondi, **cinghiale in umido con polenta** (12 €), **trippa**, **peposo** con purè e, nella stagione di raccolta dei porcini, il magnifico controfiletto Doganaccia. I dolci sono preparati, visti i suoi trascorsi, dal bravo Andrea: tra tutti ricordiamo la crema di ravaggiolo con purè di lampone (4 €). Apprezzabile il vino della casa, un Sangiovese di Montespertoli.

CUTIGLIANO
Pianosinatico

41 KM A NO DI PISTOIA

Silvio
La Storia a Tavola
Ristorante
Via Brennero, 181-183
Tel. 0573 629204
Chiuso il martedì
Orario: mezzogiorno e sera
Ferie: 15 giorni in maggio, 15 in ottobre
Coperti: 40
Prezzi: 25-30 euro vini esclusi
Carte di credito: tutte, BM

La storia, la tradizione e il valore delle ricette del passato sono il pregevole carattere distintivo del ristorante. Silvio Zanni, patron da molti anni, coadiuvato in sala da Andea Vannucci, esperto sommelier, e da Lidia Gaggini, impegnata anche nella preparazione dei dolci, sa bene che la stagione propizia per proporre i suoi piatti più accattivanti è quella della raccolta dei funghi ed è proprio in questo periodo che soddisfa maggiormente i clienti. A partire da fine marzo i "dormienti" appaiono in cucina, per lasciare posto all'inizio dell'autunno principalmente ai porcini. Si può iniziare con la **polenta fritta con funghi**, gli affettati misti tra cui la mortadella di Prato, la patata di Melo (località vicina a Cutigliano) al tartufo nero, il filetto di trota affumicata. Tra i primi la rinomata **zuppa di dormienti** (7 €) o di porcini, il passato di piselli e porcini, il **guazzo di funghi**. Per chi non rinuncia alla pasta, gnocchetti al tartufo oppure **straccetti di germe di grano ai porcini** (o dormienti) o **al capriolo**. Tra i secondi, tagliata o filetto con funghi (12 €) e pancetta di vitella arrosto con salsa al tartufo. Da non perdere, quando ci sono, i **porcini fritti** (8 €). Per chiudere consigliamo il **castagnaccio** e le castagne al naturale con cioccolata calda. La curata carta dei vini, dai ricarichi molto contenuti, privilegia le etichette toscane; in alternativa i rossi della casa (provenienza Carmignano e Greve in Chianti).

A **Cutigliano** (6 km), in via Pacioni 17, la latteria di Tiziana Pagliai vende i formaggi degli allevatori della zona, tra cui il pecorino a latte crudo della montagna pistoiese (Presidio Slow Food).

FIESOLE
Pian di San Bartolo

5 km a ne di Firenze

Tremoto
Trattoria
Via Bolognese, 16
Tel. 055 401425
Chiuso il mercoledì
Orario: solo a mezzogiorno
Ferie: agosto
Coperti: 50
Prezzi: 24-27 euro vini esclusi
Carte di credito: tutte, BM

Lungo la via Bolognese, davanti al cimitero di Trespiano, al confine tra Firenze e Fiesole, Tremoto è il classico locale di paese – bar, alimentari e trattoria insieme –, gestito da generazioni dalla famiglia Fabiani. Entrandovi i meno giovani avranno l'impressione di fare un salto all'indietro nel tempo, perché il negozio e le salette del retrobottega hanno un arredo tipico degli anni Settanta-Ottanta. Accoglienza e servizio sono alla buona ma estremamente cortesi; i proprietari-camerieri fanno più volte il giro dei tavoli per sincerarsi che tutto proceda nel modo migliore. Si può ordinare il menù a prezzo fisso (13 euro, con scelta fra tre primi, tre secondi e due contorni) oppure i piatti elencati a penna su fogli di carta gialla. Per iniziare, crostini misti (3 €) o l'antipasto di Tremoto (8,50 €) con salumi, formaggi e crostini. Un primo classico è la **ribollita** (7,50 €) ma meritano l'assaggio anche la pappa al pomodoro, le penne alla carrettiera, i ravioli al pomodoro, i **tortelli al ragù**. Tra i secondi vi consigliamo il **fegato alla salvia** (10 €), che da solo vale il viaggio, il **pollo fritto** (10 €), la bistecca, il baccalà alla livornese. La domenica, come in famiglia, c'è l'arrosto. Ottimi anche i contorni (3,50 €): fagioli all'olio, patate fritte (quelle di una volta, tagliate a mano), broccoli saltati. Per chiudere, crostate, tiramisù o gelato (3,50 €). Il vino della casa è apprezzabile e si ha la possibilità di scegliere tra alcune etichette.

FIESOLE

9 km a ne di Firenze

Vinandro
Osteria
Piazza Mino da Fiesole, 33
Tel. 055 59121
Chiuso il lunedì, mai in primavera-estate
Orario: mezzogiorno e sera
Ferie: non ne fa
Coperti: 26 + 12 esterni
Prezzi: 25-28 euro vini esclusi
Carte di credito: AE, CS, MC, Visa, BM

Nella piazza principale di Fiesole si apre questo piccolo, caratteristico locale che richiama, nell'ambientazione e nell'arredo ma soprattutto nei piatti, le vecchie osterie fiorentine. Lo gestisce, con l'aiuto in cucina di Riccardo Toschi, Alessandro Corradossi che, anche in considerazione del notevole flusso di turisti, di giorno offre la possibilità di spuntini e pranzi veloci; la sera l'atmosfera diventa più tranquilla e rilassata. Il menù varia con le stagioni ed è affiancato da piatti del giorno illustrati a voce. Per cominciare ci sono il classico antipasto toscano di salumi e crostini, il crostone di carciofi e stracchino (6,50), il **tonno del Chianti**, le alici marinate con cipolla di Tropea. Tra i primi (la pasta fresca è tutta fatta in casa), le **tagliatelle col ragù di lampredotto** (9 €), i maccheroncini con broccoli e acciughe, la **ribollita**. Come secondo, **peposo** (11 €), **trippa alla fiorentina**, **lampredotto bollito con salsa verde** (10 €), polpette al sugo, frittata di patate e cipolle accompagnati da contorni classici (3,50 €) come i **fagioli all'uccelletto**, le patate fritte, l'insalata mista. I dolci, preparati da Alessandro, sono elencati a voce. La scelta dei vini è limitata ma, per i rossi, abbastanza rappresentativa del territorio; sono disponibili anche etichette a bicchiere e gli sfusi della casa, un più che accettabile Sangiovese di San Casciano come rosso e una Vernaccia di San Gimignano come bianco.

Al Tranvai

Trattoria
Piazza Tasso, 14 R
Tel. 055 225197
Chiuso la domenica e lunedì a pranzo
Orario: mezzogiorno e sera
Ferie: la settimana di Natale
Coperti: 40
Prezzi: 30 euro vini esclusi
Carte di credito: tutte, BM

Al Tranvai è un tipico locale popolare fiorentino dove il titolare Graziano Scorteccia propone i piatti della tradizione toscana integrati da un po' di nostalgia per le sue origini umbre (l'olio proviene dall'azienda della sorella, la pasta fresca da Perugia «perché lì è più buona»), da esperienze professionali non comuni (ha frequentato uno stage in Giappone per migliorare le tecniche di frittura) e da alcune invenzioni, come l'uso del finocchio nel ragù alla chiantigiana o le foglie di menta sminuzzate sopra il rognone trifolato. Di fatto ci si trova in un ambiente senza ricercatezze ma corretto, con un servizio gentile e rapido. Il menù, che cambia mensilmente e a volte è integrato da un elenco dei piatti del giorno, è scritto a mano su fogli di carta gialla. Per cominciare si può scegliere tra i classici **crostini di fegato** (6 €), polenta fritta e lardo, un carpaccio di carciofi. Come primo, la fiorentinissima **zuppa di cipolle**, la **ribollita** (8 €), la pappa al pomodoro, i tortellacci ai funghi porcini. Tra i secondi, presenti sempre trippa e lampredotto e spesso il **peposo**, il **lesso rifatto**, il baccalà con porri e patate, lo splendido **coniglio fritto con zucchine** o carciofi (13 €). Non perdetevi i dolci fatti in casa da Antonella Petroni, tra cui una squisita **torta di fichi e noci** (5 €), la crostata di crema e mele, la torta di cioccolato e pere, il budino di castagne. Non c'è una carta dei vini e il grosso del consumo è dato dallo sfuso, più che valido, servito in fiaschi e calcolato "a calo".

Da Burde

Trattoria
Via Pistoiese, 154 N
Tel. 055 311329-317206
Chiuso la domenica
Orario: mezzogiorno e ven sera, altre sere su prenotazione
Ferie: la settimana di Ferragosto
Coperti: 90 + 30 esterni
Prezzi: 25-35 euro vini esclusi
Carte di credito: tutte, BM

Sulla strada per Pistoia, erede di un'ultracentenaria fiaschetteria e tuttora preceduta da un caratteristico bar-bottega, la storica trattoria dei fratelli Andrea e Paolo Gori è arredata in modo semplice e tradizionale, con tavoli in legno e sedie impagliate. La cucina è quella classica toscana, attenta alla stagionalità e alla provenienza delle materie prime. L'ampio menù, elencato a voce ma anche riportato su carta, si apre con crostini toscani e ottimi salumi: finocchiona, soprassata, lardo in conca, tarese del Valdarno e mortadella di Prato (Presìdi Slow Food). Tra i primi (7,50 €) l'irrinunciabile specialità sono le zuppe: **farinata di cavolo nero**, ribollita, **minestra di pane**, zuppa lombarda. La pasta può essere condita con sugo toscano o al pollo scappato (senza carne). Vasto anche il repertorio dei secondi (9,50 €), tra **polpettone in crosta**, fegatelli di maiale nella rete, **peposo**, trippa, **cibreo**. Sicuramente da non perdere, per chi ne è amante, il **bollito misto con salse** (14 €), servito in modo impeccabile. I numerosi dolci fatti in casa si alternano stagionalmente: cavallucci di Siena, torta di mele, crostate di frutta, schiacciata con uva bianca o nera, torta di fichi. Molto ampia e curata la carta dei vini che, oltre a comprendere numerose etichette toscane, riporta una buona scelta di nazionali ed estere.

In via del Ponte di Mezzo 20, il pasticciere Claudio Pistocchi produce in varie versioni la torta fondente di cioccolato.

FIRENZE

Del Fagioli
Trattoria
Corso de' Tintori, 47 R
Tel. 055 244285
Chiuso sabato e domenica
Orario: mezzogiorno e sera
Ferie: agosto
Coperti: 50
Prezzi: 30 euro vini esclusi
Carte di credito: nessuna

Situata in pieno centro, questa trattoria resta uno dei riferimenti più solidi e affidabili del mangiare fiorentino, tanto che la sua fama ha ormai travalicato i confini nazionali e, per evitare la fila fuori dalla porta, è necessario prenotare. Fu aperta subito dopo l'alluvione del 1966 da Luigi Zucchini che la volle dedicare a un poeta satirico che tra Seicento e Settecento si esibiva in un teatro poco distante. Oggi l'attività è portata avanti con passione e coerenza dai figli Simone e Antonio (in sala) e dal genero Maurizio (in cucina). Dopo l'iniziale scelta tra bruschette e affettati toscani (5 €), si presenta un bel repertorio di minestre (8 €): dalla **pappa al pomodoro** alla **ribollita**, dalla **zuppa di cavolo nero e fagioli** alla pastina in brodo di gallina. In alternativa, i più inusuali spaghetti di farro con pecorino toscano, olio *bono* e pepe. Tra i secondi, i bolliti (**gallina** nostrale **lessa**, **bollito misto in salsa verde**) si alternano agli umidi (involtini alla contadina, **braciole rifatte**) e a classiche preparazioni al forno o alla griglia; da provare le **polpettine** della nonna **fritte**. Il venerdì ci sono anche due opzioni di magro (10 €), baccalà al pomodoro e totani in zimino. Pochi ma tutti fatti in casa i dolci, cantuccini compresi. Oltre ai vini della casa, un Chianti di Montespertoli e un rosso di Bolgheri, ci sono bottiglie dalle principali denominazioni regionali, con qualche spunto interessante.

▪ In via de' Neri 84 R, la storica macelleria Anzuini e Massi vende, in un bell'ambiente di fine Ottocento, ottime carni e salumi di propria produzione, tra cui la finocchiona.

Il Cibreo Trattoria
Trattoria
Via de' Macci, 122 R
Non ha telefono
Chiuso il lunedì
Orario: mezzogiorno e sera
Ferie: 10 giorni tra gennaio e febbraio, agosto
Coperti: 36
Prezzi: 30 euro vini esclusi
Carte di credito: tutte, BM

Da un antico piatto fiorentino, il cibreo appunto, prende nome questa trattoria gestita dal noto chef Fabio Picchi. Picchi è riuscito a creare in Sant'Ambrogio, grazie anche al blasonato ristorante Il Cibreo, all'omonimo bar e al Teatro del Sale, un vero e proprio centro gastronomico-culturale. Arredata in modo semplice e rustico, la trattoria, conosciuta come Il Cibreino, non accetta prenotazioni: occorre quindi attendere che il locale apra oppure aspettare che si liberi un tavolo o anche una sua parte, per accomodarsi accanto ad altri commensali. La cucina, in comune fra trattoria e ristorante, propone piatti della tradizione toscana con alcune rivisitazioni. Si può iniziare con crostini di paté, sformatino di salsiccia e pecorino con salsa al cardamomo, **insalata di trippa**, scordiglià paté del Cibreo (7 €). Il menù non comprende paste asciutte, ma solo zuppe e minestre brodose, peraltro ottime, come **ribollita**, passato di pesce o di porcini, **minestra di pane**; inoltre, **sformato di ricotta e patate** (8 €), Come secondo, **cervellino di vitello al cartoccio**, **collo di pollo ripieno**, **polpettone con maionese** casalinga (15 €), coniglio ripieno, seppie in inzimino, baccalà mantecato con patate. Da segnalare tra i dolci (7 €) la torta al cioccolato, la torta al formaggio e il bavarese al caffè. La lista dei vini è limitata ad alcune etichette toscane, ma si può usufruire dalla ben più ampia carta del ristorante.

> ❝ *La qualità della cucina è la stessa del rinomato (e ovviamente più caro) ristorante adiacente. Piatti di tradizione, grandi materie prime, atmosfera da classica trattoria toscana* ❞

TOSCANA | 461

I trippai di Firenze

Quella dei trippai è stata una delle corporazioni più importanti a Firenze per quanto riguarda il settore delle carni, seconda solo a quella dei macellari i quali, agli inizi del grande sviluppo urbanistico e commerciale della città, cioè con l'avvento dei Medici, avevano le loro botteghe sul Ponte Vecchio. Altre corporazioni del settore erano quelle degli agnellai, dei pollaioli, dei frattagliai e dei testai, che potevano trattare solo le teste degli agnelli. Ogni corporazione aveva campi di intervento precisi e ben delimitati. Solo i trippai potevano commercializzare le frattaglie acquistate dai macellari, vendendole nelle botteghe dei mercati o anche in maniera ambulante. La tradizione persiste e, seppure qualcuno si sia fatto prendere la mano da hamburger e salsicce, molti trippai continuano a interpretare il vero e "rigido" street food fiorentino, rappresentato principalmente dal panino al lampredotto (l'abomaso bovino) e dalla trippa servita in vari modi.

Gian Marco Mazzanti

Mario Albergucci
Piazzale di Porta Romana
Orario: lunedì-venerdì 8.30-15.30
Ferie: tre settimane in agosto

La presenza di Mario in questa piazza è ormai storica, quasi come quella della porta romana a pochi metri dal suo chiosco. Da Marione, sempre attento alla tradizione e alla qualità, si possono gustare il vero panino al lampredotto e un'ottima trippa alla fiorentina; merita una citazione anche il bollito misto.

Marco Bolognesi
Via Gioberti
(all'altezza del civico 133 R)
Orario: lunedì-sabato 08.00-20.00
Ferie: agosto

Impossibile, nella trafficatissima via Gioberti, non notare il furgone di Marco, parcheggiato a bordo strada e sempre circondato da una folla di avventori, molti dei quali abituali. La specialità è il bollito di frattaglie definito "erotico" (vi lasciamo immaginare gli ingredienti...), ma vanno assaggiati anche trippa e lampredotto.

Lupen e Margò
Via dell'Ariento-angolo via Sant'Antonino
Orario: lunedì-sabato 09.00-18.30; ottobre-marzo anche domenica
Ferie: due settimane in agosto

Nel vivace quartiere di San Lorenzo, una nuvoletta di fumo proveniente dai pentoloni segnala la presenza del chiosco di Beatrice Trambusti, nota agli habitué come "la trippaina d'i' mercato centrale". Turisti di tutto il mondo ma anche tanti fiorentini passano di lì e pochi resistono alla tentazione dei panini al lampredotto e delle altre semplici preparazioni della cucina del quinto quarto.

Sergio Pollini
Via de' Macci-angolo borgo La Croce
Orario: lunedì-sabato 09.00-15.30
Ferie: agosto

Il chiosco dei Pollini (padre e figlio) occupa uno spazio dove pare che già ai tempi di Firenze capitale stazionasse il barroccio di un trippaio. Strepitoso il panino con lo stracotto di guancia, ma non sono da meno le altre proposte, tutte in linea con la tradizione.

Mario Tato
Piazza Alberti-angolo via Aretina
Orario: lunedì-venerdì 09.00-19.00; giugno-luglio 09.00-16.00
Ferie: agosto

Oltre a uno dei più buoni panini con il lampredotto di Firenze, da Mario Tatini, detto Tato, troviamo ogni giorno una specialità diversa: lampredotto e trippa abbinati a legumi o verdure, in insalate fredde o in umidi fumanti.

Leopoldo Torrini
Piazzetta del Bandino
Orario: lunedì-venerdì 09.00-14.30/16.00-19.30, sabato 09.00-14.30; luglio 09.00-14.30
Ferie: agosto

Non si è mai capito se alla regia dei fornelli del "trippaio di Gavinana" ci sia Leonardo o sua moglie Silvia. Il dubbio può rimanere anche per sempre, come per sempre è da consigliare l'assaggio della migliore trippa alla fiorentina della città e di un sontuoso panino al lampredotto.

Le Trippaie
Piazza Dalmazia
Orario: lunedì-venerdì 8.30-14.30/17.00-20.00, sabato 8,30-14,30; giugno-agosto, lunedì-venerdì 8.30-14.30
Ferie: in agosto

Chiosco tutto al femminile (mamma e due figlie) che non lascia niente a desiderare nel confronto con i colleghi maschi. In evidenza, oltre al lampredotto, la trippa in abbinamento a verdure e legumi.

Il Trippaio di San Frediano
Piazza de' Nerli
Orario: lunedì-venerdì 10,00-19,00, sabato 10,00-15,00
Ferie: agosto

Anche se l'atmosfera del quartiere non è più quella di un tempo, piazza de' Nerli resta uno dei luoghi più caratteristici dell'Oltrarno fiorentino, storico rione di trippai. Qui Simone dispensa ottimi panini con il lampredotto, anche nella versione "ubriaca".

Il Trippaio di Sant'Ambrogio
Mercato di Sant'Ambrogio
Piazza Ghiberti
Orario: lunedì-sabato 08.00-15.00
Ferie: tre settimane in agosto

Dal 2005 i fratelli Giannelli, Stefania e Fabrizio, gestiscono questo chiosco all'interno del mercato di Sant'Ambrogio. Oltre a lampredotto e trippa in vari modi, ci sono altre proposte, come le appetitose polpettine di mastro Pelliccia, fatte "con tante patate e poca ciccia".

La Tripperia delle Cure
Mercato Rionale delle Cure
Piazza delle Cure
Orario: lunedì-sabato 08.00-15.00
Ferie: due-tre settimane in agosto

Sotto le tettoie del mercato delle Cure, è un chiosco storico (un barroccio era lì già negli anni Sessanta): Luca e Massimo lo gestiscono da pochi anni, ma ormai sono noti come le tettoie stesse. I gestori preparano panini e piatti della più schietta tradizione, con una nota di originalità rappresentata dalla trippa con scorza di arancia, basilico e pecorino.

FIRENZE

Il Magazzino
Osteria-tripperia
Piazza della Passera, 2-3 R
Tel. 055 215969
Non ha giorno di chiusura
Orario: mezzogiorno e sera
Ferie: non ne fa
Coperti: 36 + 20 esterni
Prezzi: 30-34 euro vini esclusi
Carte di credito: tutte, BM
🍷

Siamo nel cuore della vecchia Firenze, nel caratteristico quartiere di San Frediano. Qui, ormai dieci anni fa, Luca Cai e Alessandro Caldini, con alle spalle un passato da trippaio il primo e da rappresentante di vini il secondo, hanno aperto questo locale che definiscono osteria-tripperia: giustamente, perché protagonisti della loro cucina sono le frattaglie e i tagli di carne meno nobili, quelli che i più evitano, non sapendo cosa si perdono. Le preparazioni sono un elogio dei cosiddetti sottoprodotti della macellazione; quindi, largo alla trippa, alla lingua, alla guancia, alla poppa, al musetto, al lampredotto. L'inizio consigliato è sicuramente l'antipasto del trippaio (**polpette di lampredotto**, carpaccio di lingua e **poppa in tegame**, 9 €), per continuare con i **ravioli di lampredotto con cipolla di Tropea** (13 €), la chitarra del trippaio o le chiocciole al fegatino toscano; a seguire, meritano l'assaggio il **lampredotto bollito** (9 €) e la classica trippa alla fiorentina. Volendo, ci sono anche la tagliata di manzo o di pollo, il coniglio alla cacciatora e l'ossobuco con fagioli, ma una menzione va sicuramente alla **guancia di vitello con cipolline in agrodolce** (13 €). Inoltre, piatti vegetariani. Si chiude con dolci casalinghi, come il budino di pistacchio o la torta al cioccolato, preparati con rotazione giornaliera; sempre disponibili i classici cantucci con il Vin Santo. Bella la carta dei vini, con circa 170 etichette, quasi tutte toscane, alcune servite anche al bicchiere; ma il vino della casa, un rosso del Chianti anche in bottiglia da mezzo litro, fa un'ottima figura.

La Casalinga
Trattoria
Via dei Michelozzi, 9 R
Tel. 055 218624
Chiuso la domenica
Orario: mezzogiorno e sera
Ferie: tre settimane in agosto
Coperti: 90
Prezzi: 20-25 euro vini esclusi
Carte di credito: CS, DC, MC, Visa, BM

Il nome è quanto mai appropriato: in questa trattoria del quartiere di Santo Spirito si mangia davvero come se si fosse a casa propria. Graziella, che sta ai fornelli da anni, proseguendo l'attività iniziata dal padre nel 1964, cucina con passione mantenendo la semplicità e la stagionalità delle ricette («se di una cosa non è stagione, la cottura non vale la soddisfazione»); per questo in inverno potremo trovare la **polenta al sugo** o il **bollito alla toscana** e in estate la **panzanella** o il roastbeef. Il menù è comunque sempre molto ricco e propone tanti piatti caratteristici: crostini misti, salumi tipici (sbriciolona su tutti), **ribollita**, **pasta e fagioli** (5,50 €), **lesso rifatto con le cipolle**, coniglio in umido, arista con l'osso, **trippa alla fiorentina**, l'immancabile **bistecca** (38 euro al chilo) e il mitico baccalà alla livornese (8,50 €). I contorni sono sempre di stagione e molti dolci sono fatti in casa, come la torta di fichi (4,50 €). Per gli approvvigionamenti delle materie prime, in particolare carne e pesce, si fa riferimento ai banchi del mercato centrale di San Lorenzo. La carta dei vini è molto semplice e comprende soprattutto etichette di rossi toscani; buono lo sfuso. Come dicono Paolo e Beppe, «qui si viene a mangiare, a ridere, a chiacchierare... e a bere!», ed è per questo che tutti i giorni, gomito a gomito, professionisti, commercianti, pensionati, studenti e turisti si ritrovano per parlare di quello che succede nel mondo, ma soprattutto per mangiare "alla casalinga".

Vinai a Firenze

Ai tempi del Villani (1276-1348), una novantina di vinattieri esercitavano attività di mescita al minuto in celle e fondachi raggruppati specialmente in Oltrarno. A incrementare il già imponente fiume di vino ci si mise, alla fine del Quattrocento, l'avanzare della crisi del settore delle stoffe e dei panni di lino, che portò i mercanti fiorentini a impegnare i loro denari in tenute agricole, vigneti in particolare. Anche al piano terreno dei palazzi dei proprietari terrieri si cominciò così a vendere il vino nelle tipiche fiaschette (bocce di vetro soffiato, rivestite di paglia). La vendita, per evitare l'introduzione di popolani all'interno di case nobiliari, avveniva attraverso originali "buchette" a forma di tabernacolo (piccole aperture ad altezza d'uomo, sormontate da un archetto e chiuse da un sportello in legno) poste nelle facciate degli edifici, in corrispondenza delle cantine. Oggi le "buchette", pur se ancora visibili in tanti palazzi fiorentini, sono chiuse; ormai fuori uso, sono degnamente sostituite da luoghi dove il vino si continua a servire a calici accompagnato da assaggi che vanno dai crostini alle polpette, dai panini ai taglieri di salumi.

Gian Marco Mazzanti

All'Antico Vinaio
Via de' Neri, 65 R
Tel. 055 2382723
Chiuso domenica pomeriggio
Orario: 10.00-21.30
Ferie: non ne fa

Individuerete questa bottega dalla fila di persone che sempre sosta davanti all'ingresso. Doppia possibilità per i clienti: la storica vineria dove si mangia e si beve in piedi, di fronte l'osteria con tavoli e sedie. Alla vineria vanno i maggiori consensi per le proposte semplici, come gli assaggi di vari tipi di polpette o crostini, da abbinare a buoni vini sfusi a disposizione sul bancone. Ottimi anche i panini con l'arista e la schiacciata all'olio con la sbriciolona.

Casa del Vino
Va dell'Ariento, 16 R
Tel. 055 215609
Chiuso la domenica, giugno-settembre anche il sabato
Orario: lunedì-venerdì 09.30-18.00, sabato 09.30-17.00
Ferie: agosto

Una vecchia vineria che da tre generazioni (oggi dietro al bancone troviamo Gianni Migliorini) offre ottimi vini, non scontati e frutto di meticolose ricerche, abbinandoli ad assaggi di trippa, crostini vari (splendidi quelli con uovo sodo, acciuga e peperoncino), panini farciti con ingredienti appetitosi (per esempio, uova di aringa e scorza di arancia). Gli arredi di fine Ottocento valgono da soli la visita.

I Fratellini
Via de' Cimatori, 38 R
Tel. 055 2396096
Chiuso la domenica in luglio e agosto
Orario: 09.00-20.00
Ferie: una settimana in agosto

Forse non ha più il fascino di una volta, ma è sempre molto valida la proposta dei vini al bicchiere e invitante l'assortimento dei panini. Davanti alla minuscola bottega (la vera mescita fiorentina di un tempo) oggi ci sono quasi solo stranieri provenienti dal tutto il mondo e di fiorentini se ne vedono ben pochi.

Il Santino
Via Santo Spirito, 60 R
Tel. 055 2302820
Non ha giorno di chiusura
Orario: 10.00-23.00
Ferie: una settimana in agosto

Il Santino rappresenta senz'altro il nuovo concetto di vinaio

TOSCANA | 465

a Firenze. Ambiente piccolo e tradizionale (siamo in una cantina del Cinquecento), ma moderno e accattivante con le sue proposte al bicchiere di grande ricerca, in abbinamento a panini e taglieri di prodotti d'eccellenza, come i salumi del Casentino o la carne della Granda.

Le Volpi e l'Uva
Piazza de' Rossi, 1 R
Tel. 055 2398132
Chiuso la domenica
Orario: 11.00-21.00
Ferie: non ne fa

Graziosa enoteca, da più di vent'anni gestita da Emilio, Riccardo e Ciro, in una piazzetta a pochi passi dal Ponte Vecchio. È il posto ideale per sorseggiare un buon bicchiere (tante le etichette italiane, tante anche le francesi, tutte di ricerca). Ai vini sono abbinati taglieri con selezioni di formaggi italiani e francesi decisamente di alta qualità, oppure crostoni farciti con eccellenze toscane e non solo. Una piccola grande enoteca da non perdere.

Zanobili
Via Sant'Antonino, 47 R
Tel. 055 2396850
Chiuso la domenica
Orario: 09.00-14.00/15.30-20.00
Ferie: la settimana di Ferragosto

La vineria di Mario Zanobini, conosciuta in tutta Firenze per la vasta offerta di etichette (più di 2500 tra vini, liquori e distillati), è sempre frequentata da appassionati e avventori occasionali, trovandosi in uno dei quartieri più affollati della città, San Lorenzo, noto anche per il mercato. La bottega non propone spuntini o assaggi, ma solo mescita con servizio al bicchiere oltre alla vendita di bottiglie.

FIRENZE

Mario
Trattoria
Via della Rosina, 2 R
Tel. 055 218550
Chiuso domenica e festivi
Orario: solo a mezzogiorno
Ferie: agosto
Coperti: 50
Prezzi: 20-25 euro
Carte di credito: nessuna, BM

Nata come mescita di vini per i lavoratori del quartiere di San Lorenzo e cambiata pochissimo negli anni, la trattoria è ora gestita dai nipoti del fondatore, Romeo e Fabio. Il locale, aperto dalle 12 alle 15,30, non accetta prenotazioni: bisogna aspettare il proprio turno fuori dalla porta fino a quando si viene fatti accomodare a uno dei tavoli comuni. Il posto è di quelli rustici, con poche smancerie, come avverte il cartello vicino alla cassa, ma il cibo è genuino. Il menù, esposto a voce, è incentrato sui piatti della cucina casalinga fiorentini, serviti in porzioni abbondanti. Si può cominciare con un assaggio di salumi tipici oppure passare direttamente al primo: ribollita, **minestra di riso e ceci** (5 €), **ravioli al ragù** (6,50 €), talvolta una pasta condita con sugo di cacciagione come cinghiale, cervo o capriolo. Per il secondo le alternative alla **bistecca**, cotta al sangue come da tradizione e molto apprezzata dagli avventori, sono il **peposo**, l'**arista di maiale allo spiedo**, di tanto in tanto l'**agnello con i carciofi** (12,50 €). Il venerdì è disponibile qualche piatto di pesce, il sabato l'ossobuco. Di contorno (3 €) **fagioli all'olio**, insalata, patate lesse o fritte. Si chiude con cantucci e Vin Santo. Il vino della casa è il tipico fiasco di Chianti prodotto sulle alture a est di Firenze; in alternativa alcune buone bottiglie toscane.

In via dei Tavolini 19 R, a poche decine di metri dalla casa di Dante, da Perché No! ottimi gelati preparati con ingredienti naturali di alta qualità, anche dei Presìdi Slow Food.

FIRENZE

Ruggero
Trattoria
Via Senese, 89 R
Tel. 055 220542
Chiuso martedì e mercoledì
Orario: mezzogiorno e sera
Ferie: metà luglio-metà agosto, 2 sett in inverno
Coperti: 40
Prezzi: 30-32 euro vini esclusi
Carte di credito: tutte, BM

In questa accogliente trattoria appena fuori dal centro della città, Riccardo e Paola portano avanti con garbo e professionalità il lavoro del babbo Ruggero, che da qualche tempo ha passato loro il testimone. La cucina è tradizionale, i piatti rispettano le stagioni e l'orto di proprietà fornisce alcuni degli ingredienti; il menù, quindi, è aggiornato seguendo quello che la natura e il territorio offrono. In sala, Daniele e Ivan, che parlano anche inglese e francese, soddisferanno ogni vostra curiosità sulle ricette, offrendo un servizio veloce ma sempre attento. Tra gli antipasti non mancano mai i classici crostini toscani (6 €), così come tra i primi piatti troverete gli spaghetti alla carrettiera, la **ribollita** (8 €) e, secondo la stagione, la **farinata di cavolo nero**, il risotto ai funghi o quello, ottimo, agli asparagi (10 €). Tra i secondi, da provare il **bollito misto**, la **bistecca**, la cacciagione, il **piccione arrosto** o il pollo di fattoria con patate (12 €). Come contorno, fagiolini e zucchini bolliti, carciofi al tegame, **fagioli all'uccelletto** (6 €). Il venerdì il menù si arricchisce con il pesce: risotto di mare, baccalà alla livornese, totani in zimino. Anche i dessert sono fatti in casa, a partire dalle semplici quanto squisite mele al forno, da gustare magari con un po' di gelato. Per accompagnare il vostro pasto, accanto a una selezione di etichette toscane, c'è il vino della casa, Roger, prodotto nella vigna di famiglia a Mercatale in Val di Pesa, che potrete anche acquistare.

Sabatino
Trattoria
Via Pisana, 2 R
Tel. 055 225955
Chiuso sabato e domenica
Orario: mezzogiorno e sera
Ferie: agosto
Coperti: 70
Prezzi: 15-20 euro
Carte di credito: CS, MC, Visa, BM

È la classica espressione della trattoria fiorentina di un tempo, un locale semplice dove Ilaria e famiglia continuano con passione il lavoro iniziato nel 1956 dai nonni Sabatino e Fidalma. L'atmosfera *d'antan* si respira appena si entra: arredamento spartano, apparecchiatura essenziale, accoglienza cortese ma senza tante cerimonie, presentazione informale dei piatti. Il cibo è in linea con l'ambiente, a cominciare dall'antipasto di salumi e crostini toscani. Discreta la varietà di primi, sia a minestra, come la **farinata** e la **ribollita** d'inverno o la pappa al pomodoro d'estate, sia asciutti come la pasta al sugo (3 €). Più ampia la scelta dei secondi: a parte la **bistecca**, sempre disponibile, si cucinano a rotazione la **francesina** (4,15 €), la **trippa**, i **fegatelli di maiale al forno**; in alternativa ci sono pietanze meno impegnative, come il **vitello steccato arrosto** o l'**arista disossata**. Il venerdì si trovano anche alcuni piatti di pesce, tra cui l'inzimino di seppie e il baccalà alla livornese (4,80 €). Un plauso va alla presenza in menù di molte verdure di stagione (alcune dell'orto di proprietà), crude, lesse, cucinate in umido con il pomodoro o saltate in padella (2-3 €). I legumi non mancano mai: troverete ceci o **fagioli** all'olio e **all'uccelletto**. Alcuni dei dolci tipici sono fatti in casa. La scelta dei vini è limitata e spazia tra le tipologie toscane classiche; quello della casa è un Igt di Tavarnelle, rosso e bianco.

TOSCANA | 467

FIRENZE

Sergio Gozzi
Trattoria
Piazza San Lorenzo, 8 R
Tel. 055 281941-338 7213618
Chiuso domenica e festivi
Orario: solo a mezzogiorno
Ferie: agosto
Coperti: 70
Prezzi: 20-25 euro vini esclusi
Carte di credito: CS, MC, Visa, BM

Su una piazza San Lorenzo finalmente sgombra dalle bancarelle e quasi irriconoscibile rispetto al recente passato, affacciano parecchi locali di ristoro: riconoscerete la trattoria Sergio Gozzi per la fila di persone in attesa che si liberi un tavolo. Gestita dalla stessa famiglia dal 1915, è meta di una clientela variegata, dagli studenti che vogliono mangiare a un prezzo corretto ai turisti che cercano i piatti della tradizione. Come da usanza delle osterie fiorentine più popolari non si prenota, si arriva e si aspetta il proprio turno per sedersi a uno dei tavoli in marmo apparecchiati nelle due grandi sale. Andrea vi illustrerà il menù preparato dal fratello Alessandro, incentrato sulla tradizione con l'aggiunta di alcuni piatti di pesce. Non ci sono antipasti, ma le porzioni abbondati non ne fanno sentire la mancanza. Si può cominciare con una pasta asciutta, per esempio **topini di patate al ragù** o **pici** alla carrettiera, o una minestra brodosa: **passato di ceci e fagioli** (5 €), **ribollita**, pappa al pomodoro; tra i primi di pesce, il risotto di seppie e calamari. I secondi più tradizionali sono il **peposo con patate in umido** (10,50 €), la **francesina**, l'**agnello al tegame con i carciofi**, la **trippa alla fiorentina** (9,50 €). I contorni sono generalmente compresi ma chi volesse può ordinare le ottime patate fritte (3 €) o i classici **fagioli all'olio**. Si chiude con cantucci e Vin Santo. Lo sfuso della casa accompagna degnamente il pasto.

FIRENZE

Tre Soldi
Trattoria
Via D'Annunzio, 4 A R
Tel. 055 679366
Chiuso il sabato, in estate anche venerdì sera
Orario: mezzogiorno e sera
Ferie: agosto
Coperti: 38 + 30 esterni
Prezzi: 35 euro vini esclusi
Carte di credito: tutte, BM

In via D'Annunzio si cominciò a trovare ristoro nel lontano 1951, quando la famiglia Romano aprì un locale per la vendita di vini. Oggi sono Massimo e Lorenzo che, assieme ai loro collaboratori, si dividono tra cucina e servizio in sala. L'ambiente è elegante, l'atmosfera conviviale. Se desiderate un antipasto sostanzioso, ordinate il gran tagliere di cinta senese (10 €); in alternativa, **tonno di maiale** – sempre di cinta – **con fagioli e cipolla**, lardo di Colonnata, crostini toscani. Un primo molto richiesto è la spadellata Tre Soldi con basilico e pinoli (8 €), una pasta risottata cotta per pochi minuti in acqua e poi saltata in padella con il condimento. Troverete inoltre, secondo stagione, tagliolini al tartufo marzolo del Mugello o di grano saraceno ai porcini, testaroli lunigiani al pesto e formaggio (9 €), **tortelli di patata olio pecorino e pepe**, **gnudi** burro e salvia, pasta e fagioli, zuppa di cipolle. Poi è un trionfo di carni, tutte di alta qualità e di allevamenti della regione: **bistecca** di chianina, tagliata o **chitarrina di maiale** di cinta senese, cinghiale al profumo di ramerino, trancio di coscio d'agnello al timo e l'insolito **stufato di ciuchino** (11 €). Di rilievo la ricca selezione di **formaggi** del territorio (una decina di tipi). Specialità tra i dolci sono il gelato al pistacchio di Bronte e il sorbetto al mandarino tardivo di Ciaculli, preparati con prodotti dei Presìdi Slow Food. La cantina – visitabile – è ben fornita di etichette importanti, toscane e non.

All'interno del Mercato Centrale di San Lorenzo, dal lunedì al sabato dalle 7 alle 14, cercate il banco di Baroni: ottime selezioni di formaggi e salumi italiani e stranieri.

GAIOLE IN CHIANTI

28 km a ne di Siena ss 408

Al Ponte
Osteria moderna
Via Casabianca, 25
Tel. 0577 744007-328 4021957
Chiuso il lunedì, mai d'estate
Orario: mezzogiorno e sera
Ferie: metà gennaio-fine febbraio
Coperti: 50 + 100 esterni
Prezzi: 32-35 euro vini esclusi
Carte di credito: tutte, BM

Antonio Cabizza gestisce da parecchi anni questa osteria. Tra le sue passioni ci sono i tartufi e i carciofi: se capitate nella stagione giusta dovete assaggiare i **carciofi nel cartoccio**, ricetta semplice che valorizza la qualità del prodotto. Il punto di forza del locale sono proprio le materie prime selezionate da Antonio, che acquista le verdure da contadini della zona e si approvvigiona di olio, salumi, carne (chianina se possibile), pane, vino da aziende vicine o comunque della regione. In sala è bravissimo Tony, giovane albanese ben integrato nella cultura locale e appassionato di vini. Il menù è incentrato sui piatti della tradizione toscana, con l'inserimento di alcune specialità di altre regioni. Tra gli antipasti, oltre al misto della casa, in stagione troverete le uova al tartufo e il carpaccio di carciofi al tartufo (9 €). Per il primo la scelta può andare dagli **straccetti al ragù** alla **ribollita**, dai tagliolini al tartufo alle trofie con broccoli e salsiccia (9 €). **Bistecca** e tagliate di manzo sono i piatti di punta tra i secondi, ma meritano l'assaggio anche il **coniglio al tegame**, la **trippa alla gaiolese** (13 €) e la parmigiana di melanzane. Tra i contorni, oltre alle patate arrosto e all'insalata, fagioli zolfini (6 €) e verdure alla griglia o in padella. I dolci sono fatti in casa: noi abbiamo assaggiato il tiramisù. La carta dei vini spazia tra le classiche tipologie toscane; è possibile ordinare anche lo sfuso della casa, un Chianti Classico della fattoria proprietaria del fondo.

Macelleria Chini, via Roma 2: ottimi salumi di propria produzione, stagionati in una cantina che merita la pena visitare.

GAIOLE IN CHIANTI
San Regolo

26 km a ne di Siena

Il Carlino d'Oro
Ristorante con alloggio
Località San Regolo, 33
Tel. 0577 747136
Chiuso il lunedì
Orario: solo a mezzogiorno
Ferie: ultima settimana di luglio
Coperti: 60
Prezzi: 25 euro vini esclusi
Carte di credito: CS, DC, MC, Visa, BM

Nel piccolo borgo di San Regolo, a pochi chilometri dal centro di Gaiole, di fronte al castello di Brolio e circondato dai vigni del Chianti Classico, il Carlino d'Oro si compone di due ambienti, una sala e una veranda con fantastico panorama sulle colline circostanti. Il locale – semplice, ordinato, luminoso – dà la sensazione di essere in casa di amici. La famiglia Fabbri ne è proprietaria da sempre: il babbo Carlo e Fabrizio vi accompagneranno per tutto il pranzo, assistendovi con gentilezza e cordialità, mentre in cucina le rispettive mogli, Marisa e Roberta, preparano i piatti della tradizione regionale. Il menù ha inizio con gli antipasti: il classico toscano, quello della casa (12 €), crostini e sottoli. Tra i primi, un'ottima **ribollita** (5 €), le **tagliatelle al sugo di cinghiale** o ai funghi porcini, lasagne e ravioli fatti in casa. Di secondo potrete scegliere tra l'immancabile **bistecca**, carni alla griglia come piccione, maiale o fegato di bove, l'**arista arrosto** o in porchetta, l'**anatra in porchetta** (8 €). Di contorno, insalata, patate o verdure di stagione fritte, per esempio carciofi (4 €). Tra i formaggi segnaliamo il pecorino "abbucciato" o fresco. Per concludere i dolci, dalla panna cotta fatta in casa (4 €) ai cantucci con il Vin Santo, oppure frutta fresca. La carta dei vini è quasi interamente dedicata alle etichette del Chianti Classico; da segnalare gli ottimi sfusi della casa, prodotti da tre aziende locali. Per il soggiorno ci sono tre appartamenti con piscina.

GAVORRANO
Bagno di Gavorrano

38 km a no di Grosseto, 14 km da Follonica

La Vecchia Hosteria
Ristorante
Viale Marconi, 249
Tel. 0566 844980
Chiuso il giovedì
Orario: mezzogiorno e sera
Ferie: gennaio
Coperti: 70 + 70 esterni
Prezzi: 35 euro vini esclusi
Carte di credito: CS, DC, MC, Visa, BM

A Bagno, popolosa frazione di Gavorrano, a valle del capoluogo comunale, la Vecchia Hosteria ci accoglie con un delizioso dehors pienamente godibile nella stagione calda. Entrando nel locale, semplice e rustico, si capisce subito che ci attende un tipo di cucina tradizionale, casalinga, preparata con la semplicità e la cura che i piatti della tradizione maremmana richiedono. Semplicità e cura che esaltano le materie prime scelte accuratamente nel territorio, e poi sapientemente lavorate, dal patron Alberto Rabissi, e proposte ai commensali dal figlio Tommaso. Tra gli ingredienti una menzione particolare spetta all'olio extravergine di oliva di propria produzione. Come antipasto sono da provare la polenta alla piastra con lardo e i gran misti dei fattori o di selvaggina (9 €). Tra i primi (8-9 €), interessanti i **tortelli di ricotta e bietola** conditi **con burro e salvia**, gli gnocchi ai porcini, le **pappardelle al cinghiale**. Si può proseguire con il fritto misto di carne (10 €), con varie carni alla piastra o con il **baccalà alla livornese** (10 €); speciale la **bistecca alla fiorentina** servita su pietra ollare (45 euro al chilo). Tutti i dolci sono casalinghi, compresi il sontuoso latte alla portoghese (4 €) e la delicata panna cotta. La cantina è impressionante per quantità e qualità dei vini, non solo locali, anche molto costosi. La scelta è comunque talmente vasta e variegata da consentire a ciascuno di bere bene al prezzo che può permettersi.

GREVE IN CHIANTI
Passo del Sugame

32 km a sud di Firenze sr 222

Borgo Antico
Ristorante
Via delle Convertoie, 11 A
Tel. 055 851024
Chiuso il martedì
Orario: mezzogiorno e sera
Ferie: 7 gennaio-13 febbraio
Coperti: 80 + 50 esterni
Prezzi: 33-35 euro vini esclusi
Carte di credito: tutte, BM

Siete amanti della pasta fatta in casa? Patrizia vi preparerà gli spaghetti di semola di grano duro, le tagliatelle e le pappardelle all'uovo, anche di farina di castagne: tutte ricette imparate dalla sua mamma. Se avvertite prima, vi farà trovare altre specialità come la trippa, il coniglio in fricassea, il cinghiale in dolce e forte. Il marito Stefano vi accoglierà con gentilezza e disponibilità senza mai essere invadente. Il locale, trasferito qui dalla vecchia sede di Lucolena, è in posizione defilata e tranquilla, tra il verde, sulla strada per Figline Valdarno. La cucina è tradizionale e i prodotti provengono perlopiù da aziende vicine. Tra gli antipasti, **crostini di fegatini** (7 €) e ai funghi porcini, **fettunta** con o senza lardo e affettati tipici, anche di oca. Tagliatelle e **pappardelle** sono condite **con ragù** di manzo, di cinghiale in stagione con funghi porcini o tartufo; ottime anche le paste ripiene, come i **ravioli** pere e gorgonzola (9 €) e quelli **ricotta e spinaci** conditi **con sugo di pomodoro piccante**. Presenza fissa tra i secondi sono gli arrosti, il **fritto di coniglio, pollo e verdure** (14,50 €), la **bistecca** o la tagliata. Per i vegetariani ci sono il pecorino al forno (10 €) e il tegamino al forno con uovo, passata di pomodoro e pecorino. I dolci sono fatti in casa e variano ogni giorno. La scelta dei vini è ampia soprattutto per il Chianti Classico, ma si può ordinare anche lo sfuso, servito a consumo, che proviene da Montalcino. Non si paga il coperto.

In via Marconi 185, panificio Cambri e Bondani: bella varietà di pani, schiacce e dolci tradizionali.

GREVE IN CHIANTI
Strada in Chianti

20 KM A SUD DI FIRENZE SR 222

Da Padellina
Ristorante
Corso del Popolo, 54
Tel. 055 858388
Chiuso il giovedì
Orario: mezzogiorno e sera
Ferie: in gennaio
Coperti: 70 + 25 esterni
Prezzi: 35 euro vini esclusi
Carte di credito: tutte, BM

In questo ristorante sulla Chiantigiana troviamo ad accoglierci su un bel vassoio tre grandi pezzi di lombata da bistecca, invitante preludio a quanto ci aspetta a tavola. Da Padellina è gestito da tempo immemorabile dalla famiglia Parenti, con zio Rolando e Francesco in cucina, Daniele, Andrea e l'immancabile Alvaro in sala. Proprio lui ha introdotto, oltre a molte ricette del territorio, la passione per Dante e la *Divina Commedia*, divenuta vanto e prerogativa sua e del locale, dove sono disseminate copie del testo in ogni lingua conosciuta. Tra una cantica e l'altra ci si prepara ad affrontare le voci del menù, cominciando con l'antipasto di crostini e salumi di una macelleria vicina (6 €), prosciutto e fettunta. Si prosegue con le classiche **penne strascicate**, le particolari **penne sul gallo** (9 €), i rigatoni pasticciati ai funghi, le **pappardelle al cinghiale**, la **pasta e fagioli**. Regina dei secondi è la **bistecca** (36 euro al chilo se il manzo non è di razza chianina), cui fanno corona il **peposo**, la **nana muta arrosto** (un'anatra da fattoria molto saporita e di sapiente cottura, 12 €), l'arista al forno, gli ottimi fegatelli di maiale. Di contorno (4 €) patate arrosto, varie verdure di stagione, **fagioli all'uccelletto**. In chiusura i cantuccini di Panzano con il Vin Santo, la mattonella "dai-dai" al cioccolato caldo, la torta di ricotta e pere. Nel locale è possibile acquistare l'olio extravergine di oliva usato in cucina e presente in tavola, molto buono.

■ Pastificio Fabbri, piazza Landi: pasta preparata con semole di grani duri coltivati a Panzano in Chianti, trafilata al bronzo ed essiccata a bassa temperatura.

GREVE IN CHIANTI

30 KM A SUD DI FIRENZE SR 222

Mangiando Mangiando 🐌
Osteria moderna
Piazza Matteotti, 80
Tel. 055 8546372
Chiuso il giovedì, mai da aprile a ottobre
Orario: mezzogiorno e sera
Ferie: in gennaio
Coperti: 30 + 30 esterni
Prezzi: 35 euro vini esclusi
Carte di credito: CS, MC, Visa, BM
♿ 🏠

Su una delle più belle piazze del Chianti, l'osteria di Salvatore Toscano è sosta obbligata per chi ama la genuina cucina regionale. Scorrendo l'elenco dei fornitori allegato alla carta – ampia e integrata a voce con i piatti del giorno – ci si fa un'idea della vasta rete di produttori locali e di Presìdi Slow Food che forniscono le materie prime rielaborate da Salvatore. Tra gli antipasti compaiono vari tipi di crostini, per esempio il **crostone al lampredotto e cavolo nero su crema di fagioli cannellini** (8,50 €), salumi artigianali e la tartare di girello di vitellone chianino. Il menù suddivide il capitolo successivo in "Zuppe e pan bagnato" e "Primi piatti". Nella prima categoria ricordiamo la **ribollita**, sostituita in estate dalla pappa al pomodoro, e la **crema di patate allo zafferano del Chianti e tarese del Valdarno** (10 €); tra i primi asciutti citiamo le **lasagnette di cavolo nero con ragù di fagioli rossi di Lucca** (12 €). Da maggio la lista dei secondi comprende anche alcuni piatti di pesce, ma a fare da regina è sicuramente la carne: accanto alla tagliata troviamo il **peposo di chianina alla fornacina**, la **scamerita di maiale alla crema di verza e cipolline borettane all'agresto** (17 €), il **lampredotto** e la trippa. Tra i tanti dolci fatti in casa, il budino di latte al cioccolato e la crema bruciata. Carta dei vini con valide etichette non solo toscane.

> ❝ *Un pezzo di storia della ristorazione regionale. Uno dei migliori esempi di legame tra cucina e territorio, rappresentato da Salvatore che è l'incarnazione dell'oste toscano* ❞

TOSCANA | 471

GREVE IN CHIANTI
Montefioralle

30 KM A SUD DI FIRENZE SR 222

Taverna del Guerrino
Trattoria
Via di Montefioralle, 39
Tel. 055 853106-2029821-393 2326588
Chiuso lunedì e martedì, in inverno lunedì e venerdì
Orario: mezzogiorno e sera
Ferie: una settimana in luglio, alcune in inverno
Coperti: 40 + 40 esterni
Prezzi: 28-32 euro vini esclusi
Carte di credito: MC, Visa, BM

Il borgo di Montefioralle sorge su un poggio chiuso al traffico; i parcheggi più ampi sono alla base del colle e, a meno di un colpo di fortuna, c'è da camminare un po', in salita, per arrivarci. La trattoria, all'interno di un palazzo antico, si presenta piacevole; con il bel tempo, dalle finestre (e in estate dalla veranda) si ha una splendida vista sulle colline del Chianti. La famiglia Niccolai – in sala Marco e la moglie Idelia, in cucina la madre di lui, Gabriella Bindi – gestisce con professionalità e grande cortesia un locale molto legato al territorio e alle sue tradizioni. Anche i fornitori sono prevalentemente di zona, sia per i cibi sia per i vini, compreso lo sfuso della casa. A un menù che rimane sostanzialmente invariato tutto l'anno si aggiungono i piatti del giorno, elencati a voce. Per cominciare, oltre al classico antipasto di crostini e affettati si può scegliere il **crostone al lardo di maiale** del Chianti (€ 4) o la fettunta. Si prosegue con gli **spaghetti al ragù di cinghiale** grevigiano (10 €), al ragù di manzo alla contadina o al pomodoro, oppure con la **ribollita**, la panzanella, la pappa al pomodoro. Ottime le carni alla brace, come la **bistecca** di chianina (40 euro al chilo), le **rosticciane** e le **salsicce**, accompagnate da verdure o fagioli cannellini (5 €). Per chiudere una selezione di formaggi o un dolce fatto in casa.

Nel centro di Greve, in piazza Matteotti 69-70, Antica Macelleria Falorni: carni e salumi tradizionali. In località Greti (3 km), in via di Citille, il Podere Le Fornaci produce ottimi caprini biologici.

GROSSETO
Braccagni

10 KM DAL CENTRO DELLA CITTÀ

Oste Scuro
Osteria moderna
Via Malenchini, 38
Tel. 0564 324068-339 8781794
Chiuso lunedì e martedì
Orario: mezzogiorno e sera
Ferie: variabili
Coperti: 20 + 8 esterni
Prezzi: 33-39 euro vini esclusi
Carte di credito: tutte, BM

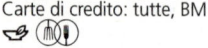

Nella piccola frazione di Braccagni da parecchi anni il piemontese Ezio Enrico Formica conduce questa osteria dall'aspetto moderno, curato e accogliente. La cucina, che fa ampio uso di prodotti dei Presìdi Slow Food (una trentina a rotazione), è rigorosamente stagionale, con menù a larga maggioranza di terra variabili in funzione delle materie prime reperite, trasformate come da tradizione ma anche con belle commistioni di stampo contemporaneo. Sulla lavagna all'interno del locale sono elencati i piatti del giorno, generalmente due primi e due secondi, di cui almeno uno di mare. Sempre presenti per cominciare l'antipasto toscano "merenda" (12,50 €), le acciughe (intere) sotto pesto con fiocchi di burro d'alpeggio e una curatissima selezione di **formaggi** dell'Amiata con miele, composte e mostarde. Tra i primi, **gnocchetti di patate rosse di Cetica con ragù di chianina** (10,50 €) arricchito da funghi porcini secchi dell'Amiata e le **mezzemaniche al sugo finto** (vegetariano). Come secondo, tagliata di controfiletto di manzo su specchio di salsa di Marsala e pepe rosa o un'ottima **trippa alla maremmana** (12,50 €). Anche i dolci – crema catalana, semifreddi, crostate – esprimono maestria e cura inflessibile. Ottima la carta dei vini, con grande scelta di etichette a prezzi corretti, alcune proposte anche al bicchiere; all'occorrenza Ezio saprà consigliarvi per il meglio. Da segnalare la vasta disponibilità di distillati e la carta dei caffè.

❝ *Tutto quello che vorreste trovare in un locale della guida: semplicità, accuratezza, competenza, garbo, convivialità, buon cibo, bel bere* ❞

ISOLA D'ELBA
Porto Azzurro

12 KM DA PORTOFERRAIO + TRAGHETTO DA PIOMBINO

Cecconi
Osteria-trattoria *novità*
Via Ricasoli, 21
Tel. 339 1442907
Chiuso il mercoledì, d'estate mercoledì a pranzo
Orario: mezzogiorno e sera
Ferie: variabili
Coperti: 35
Prezzi: 30 euro
Carte di credito: tutte, BM

Aggirandosi per le vie del centro storico di Porto Azzurro, affacciato sul golfo di Mola, ci si imbatte in una piccola osteria con l'interno tutto in legno e qualche tavolo sulla calata che scende al porto: nessuna auto... finalmente! L'apparecchiatura è minimale, con tovagliette di cartapaglia. La gestione è familiare: Angela in cucina, il figlio Federico, ristoratore-artigiano (a lui si devono le insegne del locale e i quadri all'interno), e Antonio, l'unico non isolano, oste di lungo corso, che ha pensato che l'Elba fosse un luogo perfetto per una vera cucina di territorio. Il cibo è semplice, i prodotti locali e sempre freschi: pesci appena catturati, frutta e verdura solo di stagione, procurati con un rapporto diretto con pescatori, contadini e vignaioli dell'Elba. Il menù, presentato su una lavagna, cambia a seconda delle disponibilità stagionale degli ingredienti. Qualche esempio di ciò che potrete gustare: alici marinate, **acciughe fritte** (7 €), palamita in olio (€ 9), **polpo lesso all'elbana** (cottura al dente e con la pelle, servito nell'acqua di cottura), **zerri scavecciati** (marinatura locale), **fritto di paranza** (13 €), spaghetti con il grongo, minestra di riso, fagioli e finocchietto, **seppie con cipolla**, sgombro ai ferri, **gurguglione** (piatto di verdure), fave coll'*ova*. Valida la selezione di formaggi italiani (12 €), tra cui parecchi Presìdi Slow Food, e qualche buon salume anche per il dopocena, essendo il locale aperto fino a tardi. Dolci caserecci, con cantucci e **schiaccia** *briaca* da ricette di famiglia. Selezione di vini di piccoli vignaioli italiani e francesi molto attenta al loro rapporto con il territorio.

ISOLA D'ELBA
Porto Azzurro

12 KM DA PORTOFERRAIO + TRAGHETTO DA PIOMBINO

La Botte Gaia
Osteria tradizionale
Viale Europa, 5-7
Tel. 0565 95607
Chiuso il lunedì, mai d'estate
Orario: solo la sera
Ferie: 1 dicembre-10 febbraio
Coperti: 40 + 30 esterni
Prezzi: 35-40 euro vini esclusi
Carte di credito: CS, MC, Visa, BM

Una delle gemme dell'Isola d'Elba è Porto Azzurro, località frequentatissima nel periodo estivo ma altrettanto gradevole in primavera e autunno. La Botte Gaia, pur non essendo nel cuore pulsante del turismo, raccoglie molti consensi grazie a un uso accorto dei prodotti di mare e di terra da parte di Antonella, garante di una cucina di costante affidabilità, e all'efficiente gestione del servizio in sala, diretto dal marito Riccardo. Il menù, non ampio, comprende piatti tradizionali e altri più innovativi, ma sempre rispettosi delle materie prime e delle stagioni. Si spendono 34 euro, vino compreso, ordinando il menù degustazione, un po' di più scegliendo alla carta. Per stuzzicare l'appetito ci sono le **palamita con giardiniera** fatta in casa (10 €), lo stoccafisso con crema di zucca, la fantasia di mare, variabile secondo disponibilità e stagione. Tra le paste (quella fresca è di produzione propria), le **tagliatelle di grano saraceno al pesce con carote e zucchine**, i magistrali **tonnarelli con ceci e vongole** (12 €), i paccheri al ragù di polpo e, tra i primi di terra, i ravioli di ricotta e pistacchi all'aceto balsamico. Per il secondo, il pesce del giorno (60 euro al chilo) cucinato perlopiù al forno o all'acquapazza, lo **stoccafisso in umido con pinoli, olive e patate**; in alternativa, carni toscane o un'interessante selezione di formaggi. Per finire, semifreddo di schiaccia *briaca*, morbido di cioccolato (6 €), mousse di zabaione con amaretti e scaglie di mandorle. Ricca e valida la carta dei vini, con molte etichette dell'isola e del resto della Toscana.

TOSCANA | 473

ISOLA D'ELBA
Marciana Castello

27 KM DA PORTOFERRAIO + TRAGHETTO DA PIOMBINO

Osteria del Noce
Osteria tradizionale
Via della Madonna, 27
Tel. 0565 901284
Non ha giorno di chiusura
Orario: mezzogiorno e sera
Ferie: ottobre-marzo
Coperti: 30 + 45 esterni
Prezzi: 32-36 euro vini esclusi
Carte di credito: AE, CS, MC, Visa, BM

Salendo tra i vicoli del borgo montano di Marciana, sotto la fortezza pisana un vecchio noce vi indicherà l'ingresso dell'osteria. Alberto e Rita vi accoglieranno nella caratteristica saletta interna o, con il bel tempo, sulla terrazza panoramica. La lavagnetta con il menù gira fra i tavoli e i piatti elencati mostrano le origini liguri dei proprietari, intrecciate con ricette e ingredienti locali. Simona, sempre pronta a dare spiegazioni sui cibi, vi porterà subito un bel cestino di pane (bianco e di castagne) fatto in casa. L'antipasto del leudo (10 €), che prende nome da un'antica imbarcazione di origine catalana, è composto da mosciame di tonno e verdure di stagione; per cominciare possono esserci anche le **acquadelle in scabeccio** di matrice ligure o l'**insalata di polpo con fagioli**. Tra i primi, tagliolini al ragù antico di pesce (€ 11), **gnocchi di castagna con la bottarga**, **trofie all'arzillo di mare** (€ 11) e il classico **brodetto all'elbana** (9 €). Per il secondo avrete la possibilità di scegliere quello che più vi convince dal vassoio del pescato del giorno, da cucinare alla genovese con patate, olive e pomodoro, o di assaggiare un ottimo **filetto di sarago in crosta di nocciole**, il **capone con semi di finocchio** o il *bagnun* di acciughe (13 €). Note montane si ritrovano nei dolci, tra i quali spiccano la torta di castagne e la spuma di menta selvatica. Molte le etichette locali presenti nella carta dei vini.

In via del Pretorio 2, Il Capepe è un piccolo laboratorio artigianale dove si possono acquistare e degustare conserve, confetture e creme di frutta.

ISOLA D'ELBA
Capoliveri

17 KM DA PORTOFERRAIO + TRAGHETTO DA PIOMBINO

Summertime
Ristorante
Via Roma, 56
Tel. 0565 935180
Chiuso lunedì e martedì a pranzo
Orario: mezzogiorno e sera, agosto solo sera
Ferie: variabili in inverno
Coperti: 30 + 20 esterni
Prezzi: 35-40 euro vini esclusi
Carte di credito: CS, MC, Visa, BM

Nel centro storico di Capoliveri, conserva caratteristiche antiche la strada che conduce al ristorante di Maurizio Tosi, con le volte dei vicoli che si raccordano e i terrazzini guarniti di piante fiorite. Un'unica sala accogliente e pochi tavoli esterni per la bella stagione, in un locale che da oltre vent'anni offre una ristorazione fondata su specialità marinare, fresche di giornata, cucinate dallo stesso titolare in maniera semplice, secondo le tradizioni isolane. Si può iniziare con un carpaccio di pesce (13 €), con la combinazione di pesci marinati o con il **frittino di pani e pesci**. Tra i primi, da non perdere i **maccheroncelli dorati alle acciughe con pistacchi** (12 €), i tagliolini al pesce di scoglio, le **linguine ai frutti di mare**, i fedelini con vongole veraci, zucchine e zafferano. Pesci azzurri del Tirreno compongono la grigliata (15 €), accompagnata da verdure come il pesce del giorno al forno; da assaggiare anche il tipico **polpo al vino bianco**. Per chi ama le carni di qualità il menù aggiunge piatti che soddisfano questa preferenza. Al momento del dessert non può mancare la tradizionale **schiaccia *'mbriaca***; in alternativa, gelato al pistacchio, semifreddo al torrone e pistacchio (9 €), sorbetti di frutta. Discreta scelta di vini, sfusi o in bottiglia, con varie possibilità al bicchiere, e buona selezione di oli.

A **Portoferraio** (13 km), in via Scoscesa, Enoteca della Fortezza: i migliori prodotti dell'arcipelago toscano e tutti i vini Doc del territorio e non solo. In calata Mazzini 14, La Tonnina: piattini e panini con acciughe, polpo e con la tonnina (filetti di palamita sotto sale), specialità dell'Elba.

ISOLA DEL GIGLIO
Giglio Porto

52 KM DA GROSSETO + TRAGHETTO DA PORTO SANTO STEFANO

La Paloma
Ristorante
Via Umberto I, 48
Tel. 0564 809233
Chiuso il lunedì, mai in luglio-agosto
Orario: mezzogiorno e sera
Ferie: variabili
Coperti: 20 + 40 esterni
Prezzi: 30-40 euro vini esclusi
Carte di credito: CS, DC, MC, Visa, BM

LIVORNO
Banditella

6 KM DAL CENTRO DELLA CITTÀ

Caciaia in Banditella
Osteria moderna
Via Puini, 97
Tel. 0586 580403-335 5758275
Non ha giorno di chiusura
Orario: sera, domenica anche pranzo
Ferie: variabili
Coperti: 80 + 40 esterni
Prezzi: 28-30 euro vini esclusi
Carte di credito: tutte, BM

L'insegna dice «cucina spontanea». Chiediamo cosa signifìchi a Claudio Bossini, storico patron della Paloma, e lui ci risponde ridendo che «il cuoco fa un po' quel che gli pare». È proprio così, qui si cucina solo ciò che viene portato al mattino – pesce, frutta, verdura – e quindi il menù varia ogni giorno: una carta esiste, ma è puramente indicativa. Claudio ha deciso di mantenere alta la qualità senza cedere al richiamo del "fast food" turistico che il Giglio offre in quantità, specie nei mesi estivi. La soddisfazione di questa scelta traspare sul volto dell'oste, che porta avanti la sua idea di cucina da più di tre decenni, mettendo in pratica i principi del "buono, pulito e giusto" nonostante difficoltà oggettive. Ci si accomoda nell'unica saletta o, quando il tempo lo permette, in giardino. I piatti – raccolti anche in un menù degustazione a 30 euro – cambiano a seconda del pescato, ma l'esecuzione è sempre semplice, con tecniche di cottura minimali. Qualche esempio: polpette di razza e patate, ombrina di laguna affumicata, **risotto al polpo**, spaghetti con vongole e molluschi (12 €), **pesce sciabola in crosta di patate** (18 €), bonito alla piastra, **murena fritta**, **timballo di pesce bandiera** (14 €). Tutto da applausi, come la sfoglia di mele calda con gelato (8 €) e il panficato. Anche la cantina rispecchia l'essenzialità del locale, con poche etichette della vicina costa, tranne un Ansonica prodotto sull'isola.

Nella zona sud di Livorno, a pochi passi dal mare, questa moderna osteria si caratterizza per le materie prime di qualità e i prezzi contenuti. L'accogliente sala – con tavolo comune al quale Gangio, il patron, fa accomodare chi arriva solo – è contornata da un'ampia biblioteca che serve anche a mettere in mostra i vini disponibili, rappresentativi di produzioni locali e di altre regioni italiane. Una lavagna riporta i piatti del giorno, che il personale descrive agli avventori con competenza e cordialità. La cucina, ben visibile dalla sala, elabora ricette di schietta tradizione livornese affiancandole ad alcune rivisitazioni che non alterano l'equilibrio dell'insieme. L'attenzione alle materie prime e alla loro lavorazione si rivela anche nella disponibilità di una linea di cucina per celiaci. Per aprire c'è una buona scelta di antipasti (8 €) tra cui il ricco misto mare Caciaia, i caratteristici **chiocciolini di mare** e la **zuppetta di cozze**. Come primo (10 €) noi abbiamo gustato il **riso nero** e la **minestra di pesce**, con qualche rimpianto per gli gnocchi alla polpa di capone e ciliegini e per gli spaghetti sulle pietruzze. Tra i secondi (12 €) domina il pescato del giorno – ricorrenti il **cacciucchino**, le cozze ripiene, i totani alla piastra –, ma c'è anche un ottimo **baccalà con i porri**. Buona la scelta di dolci, quasi tutti casalinghi. La serata non può concludersi senza il classico **ponce alla livornese**.

> *Cucina spontanea. In queste due parole si compendia il segreto dell'arte di Claudio: pesci e altri prodotti freschissimi, per piatti cucinati con semplicità*

LIVORNO

Cantina Nardi

Enoteca con mescita e cucina
Via Cambini, 6-8
Tel. 0586 808006
Chiuso domenica e festivi
Orario: solo a mezzogiorno
Ferie: tre settimane in agosto
Coperti: 35 + 32 esterni
Prezzi: 23-28 euro vini esclusi
Carte di credito: tutte, BM

La Cantina Nardi, gestita dagli attuali proprietari da decenni, è un punto di riferimento per i livornesi amanti del vino e della buona tavola. In cucina c'è la simpatica ed esperta Nora Nardi, sempre attenta alla scelta dei migliori prodotti di stagione: tutte le mattine lei o il marito Massimo si recano al mercato centrale della città per acquistare pesci, carni e verdure. L'ambiente è all'insegna della convivialità: il vino e i suoi derivati fanno bello sfoggio, tappezzando muri, scaffalature e mobiletti. Il menù varia quotidianamente e i piatti del giorno – due o tre primi e altrettanti secondi – sono elencati su una lavagnetta. Siamo in prossimità del mare, ma la cucina propone sempre, oltre al pesce, ottime pietanze di terra. Dopo un benvenuto con focaccine calde, la scelta potrà essere tra i **batuffoli con le cicale** (6 €), i fusilli ai cannolicchi, la **minestra con i fagioli dall'occhio**. Tra i secondi, razza alla livornese (11 €), **aringhe con i fagioli rossi di Lucca**, **insalata di galletto con patate e asparagi** (€ 10), **francesina**. La brace è sempre pronta per accogliere pesci e bistecche da cuocere secondo le indicazioni del cliente. Su prenotazione si prepara il cacciucco. Come dolce, oltre alla torta di carote e a quella di cioccolato è possibile gustare la squisita mattonella o la **torta di riso** (4 €). La carta dei vini si può leggere nelle migliaia di etichette esposte; ottima la gamma di vini a bicchiere, che spaziano dalla Toscana alla Francia. Attenta anche la scelta dell'olio, con l'uso sia in cucina sia in tavola di eccellenti prodotti locali di ultima frangitura.

LIVORNO
Antignano

7 km dal centro della città

In Piazzetta

Ristorante
Piazza Bartolommei, 1
Tel. 0586 504201
Chiuso il lunedì
Orario: sera, inverno sabato e domenica anche pranzo
Ferie: 1 settimana prima di Pasqua, 20 gg in novembre
Coperti: 55 + 40 esterni
Prezzi: 25-35 euro vini esclusi
Carte di credito: tutte, BM

Da fuori non si percepisce quello che si troverà all'interno: l'ingresso un po' defilato, su una piazzetta-parcheggio lungo la vecchia statale Aurelia, cela del tutto le due sale accoglienti e curate, con un giusto connubio tra elementi strutturali di vecchia data e rifiniture più moderne. La cucina di pesce che il locale propone è sicuramente semplice e, anche per questo motivo, veramente gradevole; nessun volo pindarico, nessun accostamento azzardato, tutto ben ponderato e ben eseguito, con preparazioni espresse. Silvia Salti, coadiuvata da Simone in sala e da Elena, Rossella e Christian in cucina, vi accoglierà con competenza e simpatia in questo bel locale con un giardino sul retro e la vetrina del pesce all'ingresso. Il menù lo decide la disponibilità del pescato giornaliero, soggetto a diminuire nell'offerta a seconda dell'orario scelto per sedersi a tavola. L'antipasto Piazzetta Mare (9 €) è un buon inizio: potrà contenere polpette di pesce, **polpo e patate**, cuscus di mare o altri assaggi. I primi del giorno (9 €) sono elencati a voce; se disponibile, provate il **bordatino di mare** con cavolo nero, brodo di fagioli, pesce da lisca, cozze, vongole e crostini. Poi i secondi (12-15 €), tra cui **frittura** di totani o **di paranza**, crostacei, catalana di scampi e gamberi, **baccalà in crosta di patate**; su prenotazione, cacciucco e paella di mare. Tra i dolci fatti in casa (4 €), cheesecake, flan al cioccolato, sfogliatina con crema chantilly, tarte tatin, crème brûlée. Discreta cantina a prevalenza di bianchi, con etichette toscane e di altre regioni; il vino della casa, bianco o rosso dei Colli di Luni, è comunque un'ottima scelta.

LIVORNO

Osteria del Mare
Trattoria
Via Borgo dei Cappuccini, 5
Tel. 0586 881027
Chiuso il giovedì
Orario: mezzogiorno e sera
Ferie: tra fine agosto e settembre
Coperti: 40
Prezzi: 30-35 euro vini esclusi
Carte di credito: AE, CS, MC, Visa, BM

Dopo un giro per la città o rientrando da un viaggio dalle vicine isole, non potete mancare di visitare questa trattoria semplice e accogliente, per assaporarne l'ottima cucina. Il locale è organizzato in due piccole sale con quadri e crest alle pareti che bene rispecchiano lo spirito marinaro e dove il legno rimanda un immediato calore. In cucina c'è il patron Claudio Mazza che, attraverso la ricerca e la lavorazione del prodotto, saprà conquistarvi con piatti semplici o elaborati ma sempre gustosi. Iniziando dagli antipasti, potrete assaggiare le **cozze alla marinara** (7 €), la zuppa di cozze, i crostini Osteria del Mare o l'originale macedonia ai frutti di mare, con frutta di stagione. La scelta del primo spazia dagli spaghetti allo scoglio a quelli alle vongole veraci, passando per i **rigatoni agli scampi** fino ad arrivare al **riso al gambero rosa** (8 €) e al riso nero, oltre al classico riso di mare. Tra i secondi potrete ordinare il pescato del giorno e quindi deciderne il tipo di cottura, lasciandovi guidare nella scelta: alla griglia, all'Osteria del Mare, al cartoccio, alla Vernaccia, all'isolana, all'acquapazza. Da consigliare anche la **grigliata mista** (21 €) e l'ottimo e immancabile **cacciucco** (porzioni generose e buona varietà di pesci). Tra i dolci, tutti fatti in casa da Marila, il tortino di pere e cioccolato e il tiramisù. Valida e dai ricarichi onesti la selezione dei vini.

🍷 In via dei Funaioli 2, angolo viale Italia (lungomare), da Caprilli gelati di buona qualità preparati con ingredienti naturali.

LORO CIUFFENNA

30 KM A NO DI AREZZO SP 1

Cassia Vetus
Osteria
Via Setteponti Levante, 18 C
Tel. 055 9172116-338 8322358
Chiuso lunedì e martedì, primavera-estate mercoledì
Orario: sera, sabato e domenica anche pranzo
Ferie: tra fine gennaio e febbraio
Coperti: 30 + 60 esterni
Prezzi: 25-30 euro vini esclusi
Carte di credito: AE, CS, MC, Visa, BM

Nel marzo 2015 Cassia Vetus lascerà la storica sede di Loro Ciuffenna per trasferirsi a Terranuova Bracciolini, in via Manzoni 9-11 (locale con 40 coperti, chiuso il lunedì). Ma, assicura il patron Claudio Cavaliere, l'impostazione dell'osteria, che è anche enoteca e gelateria, non cambierà: i piatti continueranno a essere preparati con gli stessi prodotti, frutto di una selezione attenta – e guidata da una lunga esperienza – dei fornitori, molti dei quali fanno capo a Presìdi Slow Food. Il pane è fatto con farine dell'antico grano verna, le verdure e gli oli extravergini, anche monocultivar, provengono da aziende del territorio, le castagne dal Pratomagno, e tra i prodotti dei Presìdi ci sono la tarese del Valdarno, il prosciutto di grigio del Casentino, la bottarga di muggine di Orbetello, il pistacchio di Bronte, le mandorle di Toritto. I prodotti sono cucinati in versioni tradizionali o in modo più elaborato, ma sempre rispettando la stagionalità. Come antipasto, eccellenti salumi, crostini, formaggi a latte crudo oppure crespelle farcite di verdura. Tra i primi, **pappardelle al ragù di chianina**, *pici al sugo d'anatra*, in primavera tagliatelle all'ortica (10 €), oppure zuppe come la **ribollita**. Di secondo, **coniglio** (13 €) o anatra **in porchetta**, pollo al limone, **stracotto alla fiorentina**; di contorno, o se si vuole rinunciare alla carne, il **tegamaccio di verdure** (4 €). Per chiudere, un delizioso gelato o un altrettanto squisito cannolo. Carta dei vini ampia e ben assortita, con etichette anche biologiche e biodinamiche.

LUCCA
Meati

5 KM DAL CENTRO DELLA CITTÀ

Antica Osteria di Meati
Bar-trattoria
Via della Chiesa Ottava, 1245
Tel. 0583 510373-347 7233179
Chiuso il martedì
Orario: sera, sabato e festivi anche pranzo
Ferie: un mese dopo l'Epifania
Coperti: 60 + 70 esterni
Prezzi: 25-28 euro vini esclusi
Carte di credito: CS, DC, MC, Visa, BM

A Meati, a pochi chilometri dalla cinta muraria della città, quello che era punto di sosta e ristoro per i barrocciai in viaggio tra Lucca a Pisa è ora un'osteria che ha mantenuto le tradizioni dell'accoglienza passata. Fabio e Francesca offrono un ambiente immerso nel verde, dove gustare i piatti che da sempre caratterizzano la cucina della Lucchesia e della vicina Garfagnana. Della spesa e dell'orto si occupa Fabio, procurando ingredienti freschi e genuini per menù che variano con le stagioni. Già al momento degli antipasti il territorio emerge, oltre che nel classico misto di salumi toscani e crostini, nel lardo di conca di Colonnata, nel biroldo della Garfagnana con polenta fritta (6 €), nei **fagioli cannellini con carne di bigoncia**. È sempre fatta in casa la pasta dei primi: **tortelli con ripieno di piccione** nostrale (autunno-inverno), **tortelli di ricotta, spinaci e borragine con sugo bianco di cinta senese**, fettuccine ai funghi pioppini o porcini (7 €), tacconi alla Meati. Inoltre, risotto alle erbe fini e, tra le zuppe, la **minestra di farro della Garfagnana** (7 €). Come secondo, **pollo e coniglio fritto** (9 €), grigliata di maiale con rapini saltati, trippa servita in stagione con i funghi, bistecca del norcino e il **baccalà** in più versioni (**alla griglia con passata di ceci**, fritto con carciofi e zucchine). In alternativa, o in aggiunta, un tagliere di formaggi. Alcuni dolci sono fatti in casa, come il latte alla portoghese (4,50 €) e le torte di frutta. Una lavagna elenca i vini alternativi all'onesto sfuso locale.

LUCCA

Il Mecenate
Ristorante
Via del Fosso, 94
Tel. 0583 512167-511861
Non ha giorno di chiusura
Orario: mezzogiorno e sera
Ferie: 10 giorni in novembre, 10 in febbraio
Coperti: 50 + 35 esterni
Prezzi: 35 euro vini esclusi
Carte di credito: tutte, BM

Il ristorante occupa i locali della Antica e premiata tintoria-lavanderia Verciani, nel centro di Lucca. L'ambiente è molto curato nella sua rusticità. Per quanto il menù cartaceo sia chiaro e ben strutturato, Stefano De Ranieri, il patron, è sempre pronto a dare ulteriori spiegazioni, con competenza ed entusiasmo. In cucina la moglie Soledad usa principalmente materie prime fornite da piccoli produttori locali; tradizione e stagionalità emergono in tutti i piatti. Tra i numerosi antipasti spiccano i salumi artigianali (9 €) serviti con la marocca di Casola (tradizionale pane di patate, Presidio Slow Food), il budino di peperoni rossi alla crema di formaggio, il ricco misto del Mecenate. I **testaroli** artigianali di Pontremoli, i maltagliati alle tre farine al profumo dell'orto e cacio di mucca stagionato, i **tordelli**, la primaverile **garmugia** sono alcuni dei primi (11 €). Tradizione e tipicità si intrecciano anche nei secondi, con le **rovelline lucchesi** (carne fritta ripassata nel pomodoro, 13 €), il **coniglio** nostrale **marinato alle erbe aromatiche**, il filetto di maiale in crosta; in alternativa, o in aggiunta, una selezione di formaggi a latte crudo. Tutti di matrice lucchese, oltre che casalinghi, i dolci (6 €): zuppetta di buccellato con crema e fragole, budino di pane, **piatto forte**. Ricca di buone etichette la carta dei vini: se siete disorientati affidatevi ai consigli di Stefano.

> *Un locale dove si sta veramente bene, al di là dei piatti e dei vini: accogliente, caldo, tradizionale senza essere vecchio. Stagionalità e territorio ispirano i titolari e sono ben presenti nel menù*

MANCIANO

56 KM A SE DI GROSSETO SS 322

Da Paolino
Trattoria
Via Marsala, 41
Tel. 0564 629388
Chiuso il lunedì
Orario: mezzogiorno e sera
Ferie: tra gennaio e febbraio, in novembre
Coperti: 40 + 40 esterni
Prezzi: 35 euro vini esclusi
Carte di credito: AE, CS, MC, Visa, BM

Nel centro storico di Manciano, è un grazioso locale, con sale ben arredate dove piccole finestre offrono una stupenda vista fino al mare; in estate alcuni tavoli sono apparecchiati nella via pedonale antistante. Marino Pieraccini e Sabrina Benicchi accolgono gli avventori con grande cordialità e li assistono, senza essere invadenti, per tutta la durata del pasto. I piatti cucinati da Paola Boscherini e Pina Perugini (elencati nella carta o aggiunti a voce) sono prevalentemente tradizionali. Si può cominciare con crostini e bruschette (7 €), filetti di cinghiale o polentina al forno con pancetta e rosmarino. Tra i primi (9 €) non può mancare l'**acquacotta**; ottimi anche i *pici* **alla campagnola**, i **tortelli maremmani**, i ravioli ripieni di caciotta in salsa di pomodoro. In primavera è in è possibile trovare insalata di farro, trofie con zucchine, maltagliati in crema di cannellini e altri piatti legati ai prodotti di stagione, come le melanzane. Il **maialino al forno** (14 €) affianca tra i secondi il piatto forte della zona, il **cinghiale**, qui cucinato alla maremmana e **con finocchio selvatico**. Apprezzabile la degustazione di pecorini del caseificio locale, serviti con miele e confetture. I contorni variano con le stagioni. Buoni i dolci (5 €), in particolare quelli a base di ricotta. La carta dei vini non è molto ampia ma fortemente legata al territorio.

🛍 All'inizio del paese, in piazza della Pace 5, la macelleria di Raffaele Giannarini lavora carni di bovini maremmani, allevati nell'azienda di famiglia, preparando buoni salumi.

MARCIANO DELLA CHIANA

22 KM A SO DI AREZZO

Hosteria 🐌
La Vecchia Ròta
Osteria tradizionale
Via XX Settembre, 4
Tel. 0575 845362-335 5912812
Chiuso lunedì e martedì
Orario: mezzogiorno e sera
Ferie: variabili
Coperti: 60 + 40 esterni
Prezzi: 35 euro vini esclusi
Carte di credito: Visa
🍽

L'osteria si trova a pochi metri dalla porta di accesso al nucleo più antico del paese. Alcuni scalini immettono nella sala a piano terra, ben arredata; un'altra sala è al piano superiore e in estate ci si può accomodare nella piazzetta antistante. Massimo Giovannini, un vero personaggio, gestisce il locale dal 1997. La conoscenza e la voglia di riproporre i piatti in uso nel territorio fino al secondo Novecento emergono con forza dal menù e dalla descrizione che ne fa il patron. Le verdure sono coltivate nell'orto di casa e tutto, compresa la pasta, è preparato nella cucina dell'osteria. Il menù, non molto ampio, varia con le stagioni. Si inizia con l'antipasto toscano (10 €) o con i crostini misti. Come primo ci sono sempre le particolari pezze della nonna (condite con formaggio, pere e peperoncino, 12 €); raccomandabili anche i *pici* **al ragù di anatra** o di lepre e le zuppe. In primavera si possono assaggiare gli spaghetti "pasqualini", le tagliatelle con fave e finocchio selvatico, gli **gnocchi con asparagi di bosco e prugnoli**. Poi, **bistecca** di chianina Igp, **tagliata** classica o **all'aretina, con acciughe e capperi**, **maialino al forno con finocchio selvatico** e il **pollo arrosto** "cotto come una volta" (13 €). Di contorno, fagioli al forno (4 €), cipolle sotto la cenere o patate arrosto. Cantucci con il Vin Santo, panna cotta, in stagione fragole al limone o con la panna chiudono il pasto. Buono il rosso della casa, ma si può scegliere anche qualche etichetta in carta. Su prenotazione il locale apre anche il lunedì e il martedì.

❝ *La voglia di non perdere le vecchie tradizioni, semplici ma importanti, si ritrova nei racconti e nei piatti che Massimo mette in tavola* ❞

MARRADI

64 km a ne di Firenze sr 302

Il Camino
Trattoria con alloggio
Via Beccarini, 38
Tel. 055 8045069
Chiuso il mercoledì
Orario: mezzogiorno e sera
Ferie: 1-10 settembre
Coperti: 90 + 50 esterni
Prezzi: 30-35 euro vini esclusi
Carte di credito: tutte, BM

La trattoria, appena fuori dal centro di Marradi, là dove la Toscana incontra l'Emilia-Romagna, riassume in sé le caratteristiche del posto. L'ambiente, rustico e informale, ci ricorda che siamo in montagna: legno e ceramiche alle pareti, il camino nella sala principale. La cucina è quella tipica di una terra di confine. Illustra le pietanze Mirco, genero della storica proprietaria Rita che, ora assieme alla figlia Simona, governa da sempre la cucina. Gli antipasti sono rappresentati da **crostini** caldi con funghi, formaggi e fegatini (10 €) e, a cena, dalle **crescentine** con salumi. Le paste sono fatte in casa: notevoli i **cappelletti in brodo** (7 €) e le **tagliatelle al ragù di cinghiale** (8,50 €). Specialità da segnalare i tortellini fritti caldi di marroni (in stagione) e la **crema di fagioli**. Tra i secondi, il **fritto misto** all'italiana comprende verdure, formaggi e persino frutta, ma non carni: una golosa alternativa per i vegetariani. Consigliamo anche l'assaggio del **filetto** del Camino (**ripieno di prosciutto** e, in stagione di funghi), i **bocconcini ai porcini con polenta** (9 €). I dolci più richiesti sono il bicchierino di zabaione e l'ostrica, due mele fritte farcite di gelato alla vaniglia. Buona la selezione di vini toscani ed emiliani. Una novità è la carta delle birre artigianali locali, tra cui spicca quella ai marroni. Recentemente i locali sopra il ristorante sono stati ristrutturati e adibiti al pernottamento degli ospiti.

■ ♀ Fornaio Sartoni, via Fabbrini 22: pane cotto a legna, dolci e biscotti con farina di marroni e un ottimo castagnaccio. Squisito il gelato di marroni della pasticceria bar Bianco, piazza Scalelle 19.

MASSA
Castagnetola

5 km dal centro della città

Emma
Trattoria
Via Bergiola, 14 A
Tel. 0585 41931
Chiuso il martedì
Orario: mezzogiorno e sera
Ferie: due settimane in settembre
Coperti: 30 + 50 esterni
Prezzi: 25-28 euro vini esclusi
Carte di credito: tutte, BM

A Castagnetola si ha l'impressione di trovarsi sulla costa sorrentina: alberi di limone da tutte le parti e il mare. Invece siamo sopra Massa, sotto le Alpi Apuane, accanto al castello dei Malaspina. Dalla piccola strada che si inerpica sulla collina, scendendo tre scalini arriviamo nella trattoria di Emma Cristiani. Il locale, semplice e curato nell'apparecchiatura, ha due sale e una terrazza con vista mare, circondata da limoni, che nelle belle giornate viene usata anche in inverno. In cucina Emma (suoi i piatti e tutta la pasta fresca), in sala la figlia Sara e la nuora Caterina, che a voce presentano il menù e si trattengono volentieri al tavolo per spiegare le ricette. L'offerta rispetta la tradizione gastronomica dell'entroterra massese e la stagionalità. Classico e abbondante l'antipasto di salumi e crostini. Tra i primi non mancano i tipici **tordelli al ragù** (9 €), i **tagliolini nel brodo di fagioli** (8 €), le tagliatelle al cinghiale o con i funghi. Carne e pesce si alternano nei secondi: bistecca, tagliata di manzo, **cinghiale in umido** (8 €), **trippa**, **fritto di pesce** (12 €), stoccafisso, qualche volta anche zuppa di pesce. I dolci, compresi il buccellato (3 €) e la **torta di riso**, sono tutti casalinghi, come il limoncello offerto in chiusura. Non c'è carta dei vini, solo qualche etichetta toscana in alternativa al discreto sfuso della casa.

■ A Massa (5 km), Gastronomia Valeria, via Fermi 1: ottimi prodotti e piatti da asporto. In via Aurelia Ovest 42, presso la macelleria di Daniele Galeotti, eccellenti salumi e carni equine e asinine.

Un solo vitigno. Una sola collina. Un solo vino. La Selvanella.

Vigneti
La Selvanella.
Dal cuore storico
del Chianti Classico,
l'armonia
di un cru unico.

www.cantinemelini.it

tutta l'Italia
bicchiere
alla mano

13,5% vol.
LOTTO 09.2010

Nell'affascinante e suggestivo complesso neogotico di Pollenzo, alla porta delle Langhe, ha sede la Banca del Vino che, nata per raccogliere la memoria storica dei migliori vini d'Italia, è oggi una struttura viva e funzionante. **Un museo dal grande fascino dove è possibile percorrere e conoscere tutta l'Italia del vino**. Le cantine che ospitano le circa 100.000 bottiglie stoccate sono le stesse volute da Carlo Alberto (re di casa Savoia) nella prima metà del 1800, qui avrete la possibilità di assaggiare i migliori vini della produzione nazionale all'interno di una struttura che ha conservato intatto il fascino di due secoli fa. Venite a visitare la Banca del Vino e immergetevi nell'incanto delle nostre cantine, **bicchiere alla mano**, percorrendo idealmente tutta l'Italia e fermandovi, regione per regione ad assaggiare i vini che rappresentano la storia e il territorio da cui provengono

PRODOTTO E IMBOTTIGLIATO ALL'ORIGINE DA BANCA DEL VINO
PIAZZA VITTORIO EMANUELE - POLLENZO DI BRA (CN) ITALIA

75 cl. e

CONTIENE SOLFITI-CONTAINS SULPHITES-ENTHALT SULFITE

www.bancadelvino.it

laBancadelVino
p.zza Vittorio Emanuele 13, 12042 Pollenzo di Bra (Cn) tel. 0172 458418, info@bancadelvino

SCRIBA STUDIO

MASSA

MASSA MARITTIMA

50 KM A NO DI GROSSETO SS 439

Osteria del Borgo
Ristorante
Via Beatrice, 17
Tel. 0585 810680-331 8123739
Chiuso il martedì
Orario: sera, in inverno domenica anche pranzo
Ferie: 1 settimana fine febbraio, 1 fine settembre
Coperti: 30 + 25 esterni
Prezzi: 28-30 euro vini esclusi
Carte di credito: CS, MC, Visa, BM

Da Tronca
Trattoria
Vicolo Porte, 5
Tel. 0566 901991-338 7437073
Chiuso il mercoledì, mai in agosto
Orario: sera, da Pasqua a settembre anche pranzo
Ferie: variabili in inverno
Coperti: 50
Prezzi: 30 euro vini esclusi
Carte di credito: CS, DC, MC, Visa, BM

Nel dedalo di viuzze del centro storico, l'Osteria del Borgo è un ambiente semplice e curato, dove Alessio Raffaelli, la moglie e mamma Ivana trasmettono il calore della gestione familiare. I titolari hanno fatto della stagionalità e della prossimità degli ingredienti il punto di forza del locale e i menù variano di conseguenza, arricchiti dalla passione dell'oste per la birra. Alessio produce birre legate al territorio, che non solo accompagnano ma fanno parte dei suoi piatti; pasta, pani (anche di composizione inusuale) e dolci sono fatti in casa. Come antipasto (8 €) ci sono sempre il tagliere del porco (affettati massesi e garfagnini da gustare con pane impastato con salame e vino) e la galletta dell'oste con pane di castagne; nei periodi giusti, anche insalate di funghi. Tra i primi (8 €), le tradizionali **lasagne stordellate**, i **testaroli** alla rucola o con salsa ai pistacchi, la **zuppa di farro** o di patate e funghi alla birra. **Stinco di maiale al forno con mandorle e prugne, coppa di cinta senese alla griglia**, tagliata di scamone con salsa di cipolle rosse e birra o con rucola e pecorino (13 €) sono alcuni dei secondi, sostituibili con la grigliata mista di verdure e formaggi (10 €). I dolci (5 €), prevalentemente al cucchiaio, variano anch'essi con le stagioni. Cantina di buon livello, con etichette locali e nazionali, e molto gradevole il vino della casa, un Candia servito nel gotto; in alternativa, birre artigianali. Simpatica l'idea di riportare proverbi e modi di dire massesi sulle tovagliette di carta che ricoprono i tavoli.

A Massa Marittima, in un vicolo a pochi passi dal duomo, da oltre vent'anni esiste questa trattoria gestita dai fratelli Venturi, Giancarlo (Tronca) e Moreno, assieme a Enzo Congiu. Nel locale, disposto su due livelli e con pareti scavate nella roccia, l'accoglienza è cordiale, il servizio attento, l'apparecchiatura semplice ma curata. I piatti rappresentano l'essenza della rustica tradizione della Maremma, esaltata dall'ottima qualità delle materie prime, tutte provenienti da produttori locali, e dalla bravura di chi le elabora in cucina. Per iniziare la scelta è tra sette tipi di **crostini** (10 €), le bruschette o il tipico antipasto toscano (8,50). Tradizionalissimi i primi: **tortelli alla maremmana**, **pappardelle al cinghiale** (9,50 €), le deliziose conchiglie alla pastora (pomodoro, ricotta di pecora e ricotta piccante), i **tagliolini ai ceci**, l'**acquacotta** (8 €). Sulla stessa linea i secondi, che spaziano dalla **trippa alla maremmana** (€ 9,50) al **cinghiale alla cacciatora**, dalla tasca di vitellone con cipolline in agrodolce (€ 12,50) al baccalà alla maremmana. Ottimi, tra i contorni, gli sformati di bietole selvatiche o di carciofi. I dolci sono per la maggior parte fatti in casa: segnaliamo le ottime crostate (3,50 €) e il panpepato ai fichi. Carta dei vini con poche etichette soprattutto del territorio; godibilissimo il bianco della casa e corretto il rosso proveniente da Montalcino.

Enoteca Il Bacchino, a due passi dal duomo: 800 vini tra cui tutti quelli della Doc Monteregio di Massa Marittima, formaggi, salumi e altri prodotti gastronomici di eccellenza (molti Presìdi Slow Food).

TOSCANA | 481

MASSA MARITTIMA

50 KM A NO DI GROSSETO SS 439

La Tana dei Brilli Parlanti

Osteria moderna
Vicolo del Ciambellano, 4
Tel. 0566 901274
Chiuso il mercoledì
Orario: mezzogiorno e sera
Ferie: novembre
Coperti: 10 + 6 esterni
Prezzi: 28-35 euro vini esclusi
Carte di credito: nessuna

Partiamo dall'ambientazione: un caratteristico vicolo iperfotografato a pochi passi da una delle piazze più belle della Toscana, nella quale troneggia la basilica di San Cerbone. Poi il locale: quattro tavoli, tre da due posti e uno da quattro. Quindi, la proprietaria: Raffaella Cecchelli, cresciuta nella trattoria di famiglia. Il cuoco: Ciro Murolo, un appassionato autodidatta con una curiosità verso il mondo gastronomico che rasenta la fissazione. A seguire, i prodotti: carni, oli e verdure della zona. Infine, i Presìdi Slow Food: tantissimi. La scelta migliore per iniziare è l'antipasto della casa (20 €), una selezione di salumi, crostini e formaggi variabili in funzione di quali Presìdi sono stati reperiti; se non chiedete la versione ridotta, può essere anche un piatto unico, vista la quantità di assaggi. Tra i primi, ottimi gli *gnudi di ricotta e verdura con burro e salvia* (9 €) e la pappa al pomodoro; tra i secondi una menzione va allo *stinco di maiale alla birra cotto in forno con patate al vino bianco* (15 €), ma se siete cultori dei *formaggi* non perdetevi il relativo tagliere misto. Dolci a rotazione, secondo l'estro del cuoco; se presente, assaggiate l'*infornata di ricotta* (5 €). Il caffè (Terre Alte, Presidio Slow Food) è servito al tavolo nella moka. L'ottimo sfuso della casa, Sangiovese o Vermentino di aziende locali, non fa rimpiangere la minuscola cantina, peraltro in linea con le dimensioni del locale. Nel conto non troverete né il servizio né il coperto.

MASSAROSA
Piano di Conca

23 KM A NO DI LUCCA SR 439

Da Ferro

Ristorante
Via Sarzanese Nord, 5324 A
Tel. 0584 996622
Chiuso il martedì
Orario: mezzogiorno e sera
Ferie: 15 giorni in ottobre
Coperti: 150 + 150 esterni
Prezzi: 28-30 euro vini esclusi
Carte di credito: tutte, BM

Nell'entroterra versiliese, un ristorante vecchio stile in cui da decenni la famiglia Ceragioli porta avanti una tradizione di cordiale ospitalità. L'ambiente è tipico degli anni Cinquanta e Sessanta, con ampie sale, ma c'è anche un piacevole giardino per l'estate. Vittoriano, bisnipote del fondatore Ferruccio, detto Ferro, accoglie gli avventori e si occupa della scelta delle materie prime. L'orto di proprietà, i contadini e i piccoli allevatori della zona forniscono gli ingredienti di ricette che cambiano con le stagioni; ogni giorno, con cadenza settimanale, si cucina un piatto della più schietta tradizione. La carta, esposta all'ingresso, è raccontata al tavolo, come pure i menù degustazione da 20, 25 e 28 euro. Crostini toscani di fegatini e con il sugo sono serviti in attesa degli antipasti (8 €), che comprendono, oltre a salumi e formaggi, **verdure in agrodolce** e conservate di propria produzione. Nei primi (8 €) la pasta fatta in casa è protagonista dei **tordelli al ragù** e dei **tagliolini** conditi **con il cinghiale** o, in estate, con il pesto; inoltre, **zuppa di farro** o di verdure. Anche i secondi (9 €) sono di tradizione: **coniglio fritto** o **in umido con le olive**, **spezzatino di vitello**, **trippa**, arrosti (di faraona, maiale, manzo), stoccafisso o baccalà alla brace. Per finire, dolci (4 €) fatti in casa, come il tiramisù. In alternativa allo sfuso, buono, si può scegliere una bottiglia di vino in una selezione basata su etichette toscane.

MONTALCINO

41 km a se di Siena

Osteria
di Porta al Cassero

Osteria tradizionale
Viale della Libertà, 9
Tel. 0577 847196
Chiuso il mercoledì
Orario: mezzogiorno e sera
Ferie: gennaio, una settimana in novembre
Coperti: 40
Prezzi: 20-25 euro vini esclusi
Carte di credito: AE, CS, MC, Visa, BM

A Montalcino i soci Slow Food dovrebbero sentirsi di casa: al paese è strettamente legata la nascita dell'associazione, dalla visita alla Sagra del tordo che vi fece nell'ottobre 1982 il gruppo Arci Langhe capitanato dal giovane Petrini al primo congresso nazionale di Arcigola nel 1988. Poco distante dalla bella e intatta fortezza c'è questa piacevole osteria, arredata semplicemente con tavolini *d'antan* in marmo e ghisa, apparecchiati con tovagliette di carta gialla. Qui Piero e Silvia Cecchini vi faranno gustare i piatti della tradizione ilcinese, che potrete accompagnare con le etichette di un'ampia selezione di Brunello e Rosso di Montalcino, alcune offerte anche a bicchiere. Come antipasto salumi, crostini (con fegatini, cipolla o pomodoro fresco e aglio), bruschette. Per primo *pici*, che nel Senese chiamano *pinci*, all'aglione, **alle briciole** o al sugo (8 €), oppure zuppa di pane o di funghi o **pappa al pomodoro** (7 €). Da provare tra i secondi il **coniglio in arrosto morto** (9 €), la **scottiglia di cinghiale con fagioli** (10 €) o la **trippa allo zafferano**, da ricetta medievale. Per chiudere ottimi dolci al cucchiaio (4 €) e cantucci da intingere nel Vin Santo (5 €). Il conto sarà una sorpresa in positivo, ancora di più se avrete pasteggiato con l'ottimo vino della casa in caraffa.

🍯 Il miele è una grande risorsa del paese: una vasta gamma di prodotti e di varietà si può trovare all'enoteca La Fortezza, nel mastio della Rocca.

MONTALE
Fognano

13 km a ne di Pistoia sp 5

Il Fienile

Ristorante
Via Martelli
Tel. 0573 590624-329 1755711
Chiuso il martedì
Orario: mezzogiorno e sera
Ferie: variabili
Coperti: 60 + 60 esterni
Prezzi: 30-35 euro
Carte di credito: MC, Visa, BM

In un'oasi verde sulle colline del torrente Agna, un vecchio fienile ristrutturato con gusto è la sede del ristorante dei fratelli Monticelli. Una sala a sinistra dell'entrata accoglie singoli, coppie e piccoli gruppi, mentre le comitive più numerose trovano posto al tavolone della sala al piano superiore; in estate ci si può accomodare all'aperto. Francesco dirige il servizio, Tommaso la cucina. Il menù non è enorme, a vantaggio di un'attenta selezione di prodotti di stagione e di una frequente alternanza di piatti. Per stuzzicare l'appetito ci sono crostini, salumi e formaggi di qualità, integrati nel periodo estivo da altri antipasti come la lingua fredda con salsa tartara e il carpaccio di baccalà. Cavallo di battaglia dello chef sono le zuppe, di cui molti avventori ordinano un bis o un tris: **pappa con il pomodoro** (8,50 €), **farinata gialla con cavolo nero**, zuppa di porri (9 €), di cipolle, di ceci e bietole. Chi preferisce una pasta asciutta può optare per i **maccheroni all'anatra** o conditi, in autunno-inverno, con sughi di cacciagione, pecora, maiale conciato, o per i **tortelli di patate al ragù**. Il secondo più caratteristico è il **peposo** (13 €), rivisitato utilizzando, quando possibile, carne di razza calvana cotta con vino di Carmignano; degni di nota anche il **pentolaccio di maiale**, la **trippa alla fiorentina**, le polpette di ricotta (12 €). In chiusura, una fetta di torta, il castagnaccio, gelato o frutta fresca. Discreta la carta dei vini, prevalentemente toscani, e buono lo sfuso della casa.

🍖 Nella macelleria Meoni, a 50 metri dal Fienile, si possono acquistare salumi locali, gli stessi serviti nel ristorante.

MONTEPULCIANO

68 km a se di Siena

Osteria dell'Acquacheta

Trattoria
Via del Teatro, 22
Tel. 0578 758443
Chiuso il lunedì
Orario: mezzogiorno e sera
Ferie: la settimana di Natale, metà gennaio-metà marzo
Coperti: 35
Prezzi: 25-30 euro vini esclusi
Carte di credito: AE, CS, MC, Visa, BM

Questa osteria si differenzia dalle altre e fa della sua diversità un punto di forza. I tavoli condivisi con altri commensali contribuiscono, assieme alla cordiale accoglienza di Giulio e Chiara, a creare un clima conviviale e goderecchio. Anche la tovaglietta di carta gialla su cui si farà il conto (modico), il bicchiere unico, i posti assegnati in base al numero dei clienti, predisposti dal proprietario come in un puzzle, diventano parte di un gioco preparatorio destinato a esaltarsi all'arrivo dei cibi, caratterizzati dalla qualità e semplicità della tradizione toscana. Al menù che elenca i piatti tipici sempre presenti si aggiunge una lista del giorno sull'immancabile carta gialla. Nel primo compaiono gli antipasti – preparati con pane fatto in casa e ingredienti locali –, la pasta fresca casalinga con condimenti a scelta e la **bistecca**, di ottima qualità (30 euro al chilo). Il menù del giorno è la parte più interessante dell'offerta, rappresentando con preparazioni legate alla stagionalità dei prodotti anche piatti diversi da quelli solitamente disponibili nelle osterie. Qualche esempio: **frittata di prugnoli**, un delizioso pecorino al forno con tartufo (6 €), le **tagliatelle ai tartufi** (12 €), i **pici al ragù di cinghiale** (€ 7,50), dal sapore deciso ma equilibrato, la **coratella di capretto e agnello** (7,50 €). Buonissimi, per chiudere, i casalinghi cantucci con il Vin Santo (4 €). La scelta dei vini è limitata alle poche bottiglie esposte.

MONTEPULCIANO
Valiano

74 km a se di Siena

Piccola Trattoria Guastini

Trattoria
Via Lauretana Nord, 20
Tel. 0578 724006
Chiuso il mercoledì
Orario: mezzogiorno e sera
Ferie: novembre
Coperti: 35 + 35 esterni
Prezzi: 30-35 euro vini esclusi
Carte di credito: tutte, BM

Se volete gustare ottimi piatti tradizionali, preparati secondo i vecchi insegnamenti delle massaie della val di Chiana, la Piccola Trattoria Guastini merita senz'altro una deviazione, anche di parecchi chilometri. Vi aspetta un locale lindo, ben arredato, e piatti che nulla concedono a fronzoli di facciata e a presentazioni da chef stellati, ma puntano alla sostanza, in primo luogo a qualità e territorialità delle materie prime. In sala sarete coccolati da Davide (il proprietario) e da Katia, mentre a deliziare il palato con cibi di sapiente fattura casalinga provvedono Emanuela (moglie di Davide) e Giorgia. Tra gli antipasti troviamo il solo piatto non di territorio, ma da assaggiare per la sua originalità e per l'azzeccato accostamento di sapori, le acciughe del Mar Cantabrico con cantucci salati. Volendo rimanere sul classico, ci sono il carpaccio di chianina (9,50 €) e i **fegatelli con mele e cipolle**. Tra i primi, i **ravioli di piccione con olio extravergine e lardo di Colonnata** e le **pappardelle al ragù bianco di chianina** (9,50 €). Dopo, da provare la superba tagliata di chianina (15 €) oppure il **maialino al forno** (13 €), cotto a puntino, croccante fuori, morbido e succoso dentro. Tra i contorni, oltre a verdure di stagione, le gustosissime patate fritte (chips). Ampia scelta di dolci, legati all'estro di Emanuela. Valida lista dei vini, prevalentemente locali, con possibilità di degustazione al calice; si possono bere anche buone birre artigianali.

MONTE SAN SAVINO
Bano

20 KM A SO DI AREZZO SS 73

Belvedere
Ristorante
Località Bano, 226
Tel. 0575 844262
Chiuso lunedì e martedì, in inverno anche mercoledì
Orario: mezzogiorno e sera
Ferie: ultime due settimane di novembre
Coperti: 80 + 80 esterni
Prezzi: 35 euro vini esclusi
Carte di credito: tutte, BM

Il ristorante si trova in collina, a pochi chilometri dal centro di Monte San Savino: dalla terrazza e dalle ampie finestre si può ammirare il panorama della Valdichiana. Il Belvedere è gestito molto professionalmente dal proprietario e chef Massimo Rossi, mentre in sala il figlio Lucio vi darà ottimi consigli sui vini da abbinare ai cibi. Il menù è stagionale e si fa molta attenzione alla qualità dei prodotti, parecchi dei quali sono di Presìdi Slow Food. Potrete cominciare con una gradevole dadolata di **nervetti all'olio extravergine** (7 €), con crostini e salumi oppure con il **lampredotto** con pane croccante. Le paste dei primi piatti sono fatte in casa: *pici* trafilati al bronzo **all'aglione** (8 €), pappardelle al sugo bianco di chianina, maccheroni torti all'uovo con sugo di cinghiale. In alternativa, il risotto carnaroli riserva alla zucca o ai carciofi oppure una bella zuppa, come la tradizionale **ribollita** o la vellutata di fagioli rossi di Lucca (Presìdio Slow Food) e semi di girasole (8 €). Tra i secondi, pollastro alla griglia, **cinghiale alla cacciatora**, **spezzatino al ginepro** (10 €) o, se siete vegetariani, le millefette di patate alle verdure (9 €); gli ortaggi sono coltivati dai ristoratori. Casalinghi i dolci (6 €): da segnalare la zuppa inglese con crema calda e lo zabaione al Marsala. Non perdetevi l'ampia selezione di **formaggi** dell'Aretino serviti con confetture o mieli particolari. La carta dei vini, quasi esclusivamente toscani, è molto curata, attenta anche a etichette poco conosciute e con ricarichi non eccessivi. Ottima la carta degli oli, con ampia scelta di extravergini della zona.

MONTESCUDAIO

62 KM A SUD DI PISA SS 206, 10 KM DA CECINA SS 68

Il Frantoio
Ristorante
Via della Madonna, 9
Tel. 0586 650381-388 1403989
Chiuso il martedì
Orario: sera, festivi invernali anche pranzo
Ferie: 10 gennaio-10 febbraio
Coperti: 40
Prezzi: 35 euro vini esclusi
Carte di credito: CS, MC, Visa, BM

La collinetta di Montescudaio, prossima al litorale di Cecina, offre panorami memorabili; se a ciò uniamo l'esperienza di mangiare al Frantoio, il piacere sarà ancora maggiore. Da oltre un quarto di secolo Giorgio Scarpa conduce il locale con immutata passione e attenzione per il territorio, del quale incentiva materie prime e antiche ricette, che talvolta rivisita senza mai banalizzarle. Acquista carni di qualità, verdure da contadini del posto e, ogni giorno, il pesce catturato nel mare più vicino da pescatori che conosce da sempre. La sua è una cucina genuina, rispettosa degli ingredienti e legata alle stagioni. Antipasti (10 €) semplici come le **acciughe marinate** o più elaborati come l'ottima caramella di pecorino, acciuga, dattero e fico secco per cominciare, in alternativa ai classici salumi. **Pappa al pomodoro**, tagliolini al pesto o sul gambero rosso, **gnocchetti di patate con carciofi e salsiccia**, *pici* **al ragù di funghi** (9 €) sono alcuni dei primi. Tra i secondi, **brasato di chianina con carciofi** (16 €), la tartare o la **bistecca** della stessa razza, oppure cacciucchino di polpo e cozze. Pregevole selezione di **formaggi** toscani e piemontesi. Deliziosi i dolci (6 €): tortino di frutta secca con crema pasticciera, torta di pere al cioccolato, crumble di mele, sformato di ricotta. Carta dei vini interessante, improntata al territorio ma allargata ad altre etichette importanti. Non si pagano coperto e servizio.

> *Da materie prime di qualità, piatti della tradizione toscana marinara e terragna interpretata con sagacia e raffinatezza da Giorgio Scarpa. Ambiente familiarmente ospitale*

TOSCANA | 485

ORBETELLO
La Parrina

40 KM A SUD DI GROSSETO SS 1

La Posta di Torrenova
Ristorante annesso all'albergo
Strada Provinciale della Parrina, 46
Tel. 0564 862479-327 1889927
Chiuso il martedì, mai d'estate
Orario: mezzogiorno e sera
Ferie: 15-30 novembre, 15-29 febbraio
Coperti: 50
Prezzi: 35 euro vini esclusi
Carte di credito: CS, DC, MC, Visa, BM

Il locale è all'interno di un'amena residenza turistico-alberghiera, lungo la provinciale della Parrina, non distante dall'Aurelia. Massimo Lombardelli, il patron, è coadiuvato in sala da Ilenia, mentre Maurizio Grossi in cucina elabora piatti fondati sulla qualità dei prodotti e sulla volontà di esprimerli senza snaturarli. L'ambiente è funzionale, luminoso, elegante. L'offerta gastronomica, di mare e di terra, varia con le stagioni e fa ampio uso di prodotti dei Presìdi Slow Food. Tra gli antipasti, oltre al classico tagliere di salumi e formaggi (ottimi i crostini di pane fatto in casa), segnaliamo le alici marinate su letto di cuscus alla mediterranea e cipolle rosse di Certaldo (6 €). Come primo, spaghetti alla chitarra con bottarga di Orbetello e olio alla maggiorana, ***gnudi* su crema di pecorino con straccetti croccanti di prosciutto bazzone** (10 €), **ravioli di ricotta e spinaci con ragù di maremmana** (10 €). Tra i secondi, **frittura di paranza** o mista (14 €), turbante di spigola su letto di crema di asparagi locali, **peposo di maremmana**, tagliata di manzo con rosmarino e verdure di stagione. Per terminare, semifreddo al caffè, soufflé al cioccolato con cuore fondente (6 €), cantucci fatti in casa con Vin Santo. Buona la proposta di vini, prevalentemente locali o del resto della Toscana, con selezione al bicchiere. Conveniente il menù degustazione a 35 euro per quattro antipasti, primo, secondo, dolce.

In frazione **Albinia** (5 km), via Maremmana 66, Pasticceria Millevoglie di Paolo Rufo: dolci preparati con prodotti biologici e dei Presìdi Slow Food. Specialità: mignon, torte, gelati, cioccolato (anche uova pasquali).

ORBETELLO
Giannella

40 KM A SUD DI GROSSETO SS 1

L'Oste Dispensa
Ristorante annesso all'albergo
Via Provinciale Giannella, 113
Tel. 0564 820085-347 1803679
Chiuso il martedì, mai d'estate
Orario: mezzogiorno e sera
Ferie: 22 dicembre-15 febbraio
Coperti: 40
Prezzi: 35 euro vini esclusi
Carte di credito: MC, Visa, BM

Una grande attenzione al territorio della laguna di Orbetello, al pesce negletto e ai Presìdi Slow Food caratterizza il locale gestito con grande passione da Stefano Sorci e dalla moglie Francesca. Il menù è un inno al pesce dimenticato, come ama chiamarlo Stefano, con preparazioni tradizionali che si alternano ad accostamenti innovativi per tirare fuori sempre il meglio dagli ingredienti. Oltre ai due menù a prezzo fisso (25 e 35 euro), c'è una carta che può elencare in apertura il "nudo e crudo", il barchino in laguna (13 €), vari assaggi della tradizione orbetellana (bottarga e preparazioni a base di alici tra le quali ne spicca una molto interessante con la marocca di Casola). Come primo, il **risotto con cefalotto affumicato**, pomodori secchi, pinoli e limone caramellato (14 €), gli **spaghetti alla chitarra con bottarga di Orbetello**, il **testarolo** artigianale **pontremolese al pesto di erbe aromatiche, filetto di celeta e cozze** (12 €). Proseguendo consigliamo il filetto di pesce su verdure sabbiose, il pesce di giornata alla griglia, l'**acquapazza** (6 euro l'etto). Anche le pietanze di carne, come il **brasato di maremmana al Ciliegiolo**, sono preparate con prodotti del territorio e narrano la storia del luogo. Per finire, lo sfratto dei goym, se disponibile, e dessert di tradizione familiare. Vini di aziende della Maremma e birre di un paio di birrifici artigianali. Nella seconda metà di febbraio il locale è aperto solo nel fine settimana.

> *Pesce freschissimo, un cuoco che conosce e ama il prodotto che cucina, la carta di identità di ogni ingrediente: il territorio sopra tutto*

486 | TOSCANA

PALAZZUOLO SUL SENIO

62 km a ne di Firenze

La Bottega dei Portici

Osteria-enoteca
Piazza Garibaldi, 3
Tel. 055 8046580
Chiuso il lunedì
Orario: mezzogiorno e sera
Ferie: in settembre
Coperti: 30 + 50 esterni
Prezzi: 35 euro vini esclusi
Carte di credito: CS, DC, MC, Visa, BM

Siamo nel Mugello, sull'Appennino al confine con la Romagna: la strada per raggiungerlo è un po' disagevole, ma il posto è molto bello. Come si intuisce dall'insegna, il locale è articolato in più ambienti: uno spazio destinato alla vendita di prodotti artigianali tipici – pani, pasta, dolci, formaggi locali –, un'enoteca molto ben fornita, con notevoli etichette di vino dai ricarichi onesti e birre artigianali, e la sala dove è possibile consumare un pasto completo o una semplice merenda. Francesco Piromalli, il patron, ci accoglie cordialmente e ci affida alle cure di una collaboratrice molto socievole e simpatica. Nel menù, i piatti della tradizione toscana sono contaminati da influenze romagnole, in un connubio interessante. Come antipasto (6 €) segnaliamo i **crostini**, di fegatini (dal sapore deciso) e misti, e il tomino con bruciatini all'aceto balsamico. Tra i primi (9 €), i **tortelli ai ceci** o ai carciofi costituiscono interessanti varianti della classica pasta ripiena; di impronta decisamente romagnola i **passatelli asciutti con prosciutto e zucchine**. Le porzioni sono generose: anche tra i secondi, la tagliata di scottona (15 €) può sfamare abbondantemente due persone; per chi desidera un piatto più elaborato, ci sono il coniglio alla birra con patate, lo **stinco di maiale al forno**, la **trippa alla fiorentina** (8 €). Per chiudere, tagliere di **formaggi** con miele e confetture o ottimi biscotti artigianali, in vendita nella bottega.

PESCIA
Monte a Pescia

28 km a so di Pistoia ss 435

Monte a Pescia Da Palmira

Ristorante
Via del Monte Ovest, 1
Tel. 0572 490000-338 6874019
Chiuso il mercoledì
Orario: sera, festivi anche pranzo
Ferie: tre settimane in ottobre
Coperti: 80 + 70 esterni
Prezzi: 30-35 euro vini esclusi
Carte di credito: CS, DC, MC, Visa, BM

Vale la pena salire i tre chilometri della stretta strada che porta a Monte a Pescia, per godersi uno splendido panorama e per gustare, nel ristorante omonimo del borgo, piatti tradizionali, preparati con eccellenti materie prime di stagione. In un ambiente caldo e accogliente vi guiderà nella scelta Roberto Ghilardi, che gestisce il locale con la moglie Patrizia Pellegrini in cucina e il figlio Fabio alla griglia. Potrete optare per uno dei tre menù degustazione da 20, 25 e 30 euro oppure ispirarvi alla carta. Per cominciare troverete salumi abbinati a frutta e, in periodo di funghi, insalata di porcini e ovoli (8 €). Tra le paste fatte a mano, maccheroni spianati, maltagliati, **malfatti** (7 €), tortelli conditi secondo stagione **con** pomodoro, burro e salvia, **ragù di cinghiale**, funghi, asparagi di Pescia, tartufo bianco di San Miniato. Le minestre in brodo, come la **zuppa di farro**, si cucinano principalmente in inverno, mentre tra i secondi ci sono sempre le carni alla griglia con **bistecca**, tagliata, filetto, rosticciana e salsicce, **piccione** (14 €), **pollo** e coniglio **al mattone**. Da non perdere il **fritto di pollo e coniglio** e la **cioncia alla pesciatina** (10 €), piatto che – fatto con tutte le parti del muso del vitello e cotto per ore – era, assieme alla trippa, il desinare giornaliero dei conciatori del luogo. Tra i dolci, in stagione il castagnaccio, le frittelle di farina dolce, i favolosi **necci** (5 €) con foglie di castagno cotti sui testi e serviti con un'ottima ricotta. Buono lo sfuso della casa; nella carta dei vini, numerose etichette toscane e non.

TOSCANA | 487

PIENZA
Monticchiello

59 km a se di Siena ss 146

La Porta
Ristorante
Via del Piano, 3
Tel. 0578 755163
Chiuso il giovedì, mai d'estate
Orario: mezzogiorno e sera
Ferie: 10 gennaio-5 febbraio
Coperti: 30 + 30 esterni
Prezzi: 35-40 euro vini esclusi
Carte di credito: CS, Visa, BM

La val d'Orcia è uno dei luoghi più incantevoli della Toscana, da anni dichiarata dall'Unesco patrimonio mondiale dell'umanità. In questo scrigno di tesori naturali e artistici, uno dei gioielli di maggior pregio è Monticchiello, borgo medievale della Repubblica senese. Proprio a Monticchiello Daria Cappelli, come una premurosa e cortese padrona di casa, gestisce La Porta, un locale accogliente, di dimensioni raccolte, arredato con mobili di solida tradizione toscana, dalle apparecchiature essenziali ed eleganti. Appena seduti a tavola vi sarà servito un benvenuto dello chef, da assaporare durante la scelta del vino: la lista comprende oltre 250 etichette, non solo toscane, e prevede un'ampia offerta al bicchiere; sono proposte anche birre artigianali di microbirrifici della zona. Il servizio è spedito, ben cadenzato, cortese e non invadente, i piatti, tutti basati sulla stagionalità e sul territorio, eccellono non solo per la preparazione ma anche per l'accuratissima presentazione. Da provare la **lasagnetta croccante di baccalà mantecato** (12 €), le pappardelle al capriolo e i *pici* **al ragù di anatra** (12 €). Ottima la tagliata di manzo alle erbette spontanee (18 €) e strepitoso il **peposo di guancette di manzo** (16 €). Gustosi i dessert, come gli amaretti bagnati nel caffè e serviti con crema chantilly e mascarpone (6 €). Ampia e accurata selezione non solo di distillati, ma anche di insoliti amari dell'Amiata. C'è la possibilità di pernottare nella locanda San Lorenzo, che la signora Cappelli gestisce a breve distanza dal ristorante.

A circa 3 km da Pienza, in direzione Sant'Anna in Camprena, la Fattoria San Polo produce e vende ottimi pecorini.

PIETRASANTA

30 km a no di Lucca

Alla Giudea
Osteria-trattoria
Via Barsanti, 54-angolo vicolo dei Lavatoi
Tel. 0584 71514
Chiuso il lunedì, mai d'estate
Orario: mezzogiorno e sera, estate solo sera
Ferie: due settimane in novembre
Coperti: 40 + 30 esterni
Prezzi: 35 euro vini esclusi
Carte di credito: AE, CS, MC, Visa, BM

A pochi chilometri dal mare della Versilia, Pietrasanta è una cittadina ricca di storia, dove si possono ammirare anche molte opere di artisti contemporanei che vivono qui. In via Barsanti, dove un tempo si addensavano le case di famiglie ebree, oggi si trova la trattoria Alla Giudea, un locale semplice con tratti tipici sia nel dehors, coperto da un ombrellone, sia nell'ampia sala con vista sul giardino, arredata con tavoli di marmo bianco di Carrara. Graziella Bertellotti gestisce con precisione e cura il servizio in sala, Luciano Lucchi è lo chef. Si può iniziare con il misto di assaggi della casa, l'insalata di **polpo e patate** (13 €), il crostone di arselle o con un tagliere di ottimi salumi. Tra i primi, oltre agli immancabili **tordelli versiliesi al ragù** (9 €), **straccetti di farro con baccalà e ceci**, spaghetti alle arselle nostrali, **bavette con le acciughe**. A seguire, l'**arista alla pietrasantina con patate** (12 €), la guancia brasata, il baccalà alla livornese. Si può anche scegliere uno dei due menù degustazione, di terra e di mare, offerti rispettivamente a 28 e 30 euro. Si termina con uno dei semplici dolci fatti in casa, quali torte e, in primavera, il cestino di sfoglia con crema e fragole (5 €). Buono il vino della casa e, in carta, etichette che ben rappresentano la Toscana.

In via Mazzini 90, l'Antica Norcineria Macelleria Lanè dal 1907 produce ottimi salumi con carni di suini allevati in proprio.

PIEVE FOSCIANA

PIOMBINO

52 km a no di Lucca ss 445 e 324

82 km a sud di Livorno ss 1

Il Pozzo

Ristorante-pizzeria
Via Europa, 2 A
Tel. 0583 666320
Chiuso il mercoledì
Orario: mezzogiorno e sera
Ferie: variabili
Coperti: 130 + 130 esterni
Prezzi: 25-30 euro vini esclusi
Carte di credito: tutte, BM

Il Pozzo ha sede in un edificio rustico e curato, ricavato da una stalla dei primi del Novecento. Gestito da Maurizio Romei (in cucina) e Giordano Andreucci (in sala), offre piatti che valorizzano i prodotti del territorio, le tradizioni garfagnine e i Presìdi Slow Food di zona: il pane di patate, il prosciutto bazzone, il birolo. La carta varia ogni settimana, nel rispetto delle stagioni, e si può scegliere anche fra due o tre menù: il tipico (25 euro), il degustazione (30) e quello di pesce, non sempre presente. Nell'orto di proprietà si coltivano patate e verdure, come i rapini che d'inverno si abbinano alle carni di maiale. Gli agnelli, i bovini di razza garfagnina e gli animali da cortile sono acquistati da allevatori locali. I formaggi, di cui c'è un'ampia selezione, provengono da caseifici della valle, il pesce di mare dalla Versilia, la trota è locale. Tra gli antipasti segnaliamo il manzo di pozza con rucola e grana (8,50 €), come primo la **minestra di farro Igt della Garfagnana** e le **tagliatelle** o altra pasta casalinga **con ragù di cacciagione** o tartufo. Da assaggiare il filetto di manzo alla brace (14 €), la tagliata alle erbette, il **petto di faraona al forno**. Per finire la degustazione **formaggi** (8 €) o un dolce della casa, come la torta squisita (3,50 €). Ampia carta dei vini, per un terzo del territorio.

66 *La scelta attenta delle materie prime, la valorizzazione della storia in cucina e l'appassionata cura per i piatti della tradizione raccontano al meglio la Garfagnana e i suoi sapori. L'accoglienza e la piacevolezza dell'ambiente accrescono il senso di una calda ospitalità* 99

Il Garibaldi Innamorato

Trattoria
Via Giuseppe Garibaldi, 5
Tel. 0565 49410-329 9634748
Non ha giorno di chiusura
Orario: mezzogiorno e sera
Ferie: variabili
Coperti: 45
Prezzi: 33 euro vini esclusi
Carte di credito: tutte, BM

Pesce povero alla riscossa! Finalmente un ristorante dove lavora un cuoco, Roberto "Pippo" Filippeschi, capace di far apprezzare ai commensali le proprietà nutritive e organolettiche di quella "branca ittica" spesso relegata nelle retrovie dei menù. Pippo e i suoi collaboratori sanno consigliare pesci dai nomi spesso sconosciuti ai più (come il centrofolo viola), catturati nel mare di casa con tecniche sostenibili e cucinati con sapienza. L'offerta è costruita sul pescato del giorno, per cui prima del servizio conosceremo solo i prezzi delle varie combinazioni, fino a un massimo di 38 euro per antipasti, tre assaggi di primi e un secondo. Noi abbiamo optato per l'en plein degli antipasti (otto, 20 €), che comprendeva **polpo e fagioli**, tartare di cernia e arancia, **fritto di sciabola**, **acciughe all'aceto**, gamberetti saltati alla grappa, **palamita alla diavola**, baccalà con maionese all'aglio, **centrofolo viola alla piastra**. Tra le altre portate una menzione speciale va alla rinomata **zuppa corsa** (10 €), un passato di pesce da versare su crostoni di pane abbrustoliti spalmati con salsa piccante e ricoperti di formaggio. Tra i dolci (4 €) ricordiamo le **lingue di gatto** da inzuppare nella crema calda. Per quanto riguarda i vini, oltre a una vasta selezione di Champagne ci sono numerose interessanti etichette della zona e non. Anche il vino della casa, un bianco etichettato Garibaldi Innamorato, è di tutto rispetto.

66 *Un menù costruito sul pescato del giorno, soprattutto specie ittiche misconosciute e neglette, che Pippo è bravo a reperire, cucinare e descrivere* 99

TOSCANA | 489

PISA

Osteria dei Cavalieri

Ristorante
Via San Frediano, 16
Tel. 050 580858
Chiuso sabato a pranzo e domenica
Orario: mezzogiorno e sera
Ferie: agosto, 30 dicembre-7 gennaio
Coperti: 60
Prezzi: 30-35 euro vini esclusi
Carte di credito: AE, MC, Visa, BM

Il locale si trova tra il lungarno mediceo e la suggestiva piazza dei Cavalieri, al piano terra di un'antica casatorre. Le due sale, dall'atmosfera vissuta e vivace, sono meta di avventori che vogliono ritrovare i sapori della tradizione nei piatti preparati con ingredienti di stagione dal cuoco Liano Pratesi e presentati in sala da Francesca Pratesi e Franco Saiocco. Tre i menù degustazione, di terra, di mare e vegetariano, rispettivamente a 30, 32 e 26 euro, ma a pranzo si può optare anche per un piatto unico a 11 euro. Per stuzzicare l'appetito ci sono la pasta fritta (leggera e per nulla unta) con prosciutto toscano, lo sformatino di formaggio con crema di fagioli (6 €), l'**antipasto di trippa**, la zuppetta di vongole veraci e cozze. La pasta fresca, prevalentemente **tagliatelline**, è condita con funghi pioppini, con coniglio e asparagi, con **anatra alle carote e bacche di ginepro** (9 €), con cannolicchi; in alternativa, gli ottimi **ravioli di pecorino e pepe nero con fagioli e pomodori** (10 €), gli gnocchi alla gallinella di mare o, tra le zuppe, minestra di farro e passato di ceci. Anche tra i secondi si alternano terra e mare: tagliata con pioppini e piattella pisana, coniglio all'origano, **ossobuco in umido con fagioli** (12 €), totanini alla piastra con rucola, filetto di pesce del giorno con verdure. Per finire un accattivante flan al cioccolato o una crostata di pere e cannella (5 €). Eccellente la carta dei vini, con valide etichette toscane, nazionali ed estere; buono il vino della casa.

PISA
Coltano

6 KM DAL CENTRO DELLA CITTÀ

Re di Puglia

Ristorante
Via Aurelia Sud, 7
Tel. 050 960157-345 4390931
Chiuso lunedì e martedì
Orario: sera, domenica anche pranzo
Ferie: gennaio
Coperti: 80 + 70 esterni
Prezzi: 35-40 euro vini esclusi
Carte di credito: nessuna, BM

Sulla via Aurelia, tra Livorno e Pisa, un edificio rurale restaurato ospita questo ristorante. La sala da pranzo occupa un unico grande spazio che ha al centro un enorme braciere, vero cuore del locale, usato per la cottura delle carni. In estate è possibile mangiare all'aperto, dove viene spostato anche il barbecue. Il ruolo di primo piano assegnato alle carni non esclude la presenza di piatti a base di sole verdure: c'è un menù vegetariano e già tra gli antipasti, in alternativa ai crostoni caldi e alla selezione di salumi della Lucchesia (15 €), compare un insieme di sformati di ortaggi serviti con freschissima ricotta di pecora. Per il primo la scelta può essere tra i tortiglioni al caprino, rughetta e prosciutto (10 €), le **pappardelle al montone** o **al coniglio e rosmarino**, i tagliolini al pesto di rucola e noci. Tra i secondi dominano le carni alla griglia, tutte di animali allevati in loco: **bistecca** di manzo, di maiale o **di montone**, tagliata di maiale con salsa di uva e nocciole, di manzo con carciofi, di cavallo al pepe nero, salsicce con salsa alla diavola; di contorno, verdure anch'esse grigliate. Inoltre, **coniglio disossato impanato** e **trippa alla pisana** (10 €). Numerosi i dolci (5 €), dalla morbidella di cioccolato bianco con salsa di lamponi al semifreddo alle fragole con salsa alla menta, alle pere al vino con crema di mandorle. La carta dei vini propone, con ricarichi adeguati, molte etichette locali, pur non essendo limitata al territorio pisano.

De Bondt, lungarno Pacinotti 5: eccellente produzione di cioccolato; da assaggiare quello al tè, allo zenzero e al peperoncino.

Baldo Vino

Ristorante-enoteca
Piazza San Lorenzo, 5
Tel. 0573 21591
Chiuso sabato a pranzo e domenica
Orario: mezzogiorno e sera
Ferie: 1-5 gennaio, tre settimane in agosto
Coperti: 50 + 20 esterni
Prezzi: 32-35 euro vini esclusi
Carte di credito: tutte, BM

Nel centro della città, Francesco Balloni saprà accogliervi, per un pranzo di lavoro come per una cena romantica, in un ambiente al tempo stesso elegante e informale, con una cucina curata e attenta alle materie prime. Il menù è vario e comprende piatti sia di terra sia di mare, preparati con ingredienti di stagione. Come antipasto potrete scegliere il prosciutto toscano stagionato 24 mesi, lo sformato di asparagi su fonduta di parmigiano e lardo di cinta, il **flan di cavolfiore su ragù di gallinella di mare** (10 €), i calamaretti spadellati con briciole tostate su letto di carciofi. Passando ai primi piatti, da assaggiare i **paccheri con ragù di zampina di vitello alla fiorentina** (10 €), le **pappardelle al ragù d'anatra**, i tagliolini all'uovo con sugarello, pomodori secchi, scalogno e capperi, la calamarata con scorfano e olive taggiasche (12 €). Tra i secondi il **cervello di vitello fritto** (12 €), la guancia di vitello alla pesciatina, i filetti di sarde e alici fritti, il baccalà alla livornese (14 €). C'è anche un'ampia scelta di menù degustazione, a prezzo variabile dai 22 ai 32 euro: della tradizione, del mare, del pesce azzurro, vegetariano e, da ottobre a febbraio, del quinto quarto. Buoni i dolci da abbinare ai vini da dessert consigliati. La carta dei vini è ricca, con etichette italiane ed estere, che è possibile anche acquistare magari dopo avere visitato l'interessante cantina di proprietà. Da segnalare il buon assortimento di distillati.

Gastronomia Al Gusto Giusto, via Leoncavallo 1: formaggi, salumi e piccola enoteca.

La Bottegaia

Osteria moderna
Via del Lastrone, 17
Tel. 0573 365602
Chiuso il lunedì, mai d'estate
Orario: solo la sera
Ferie: due settimane in agosto
Coperti: 35 + 60 esterni
Prezzi: 35-40 euro vini esclusi
Carte di credito: tutte, BM

Siamo a pochi metri da piazza della Sala, sede un tempo del mercato più importante della città, dove ancora oggi ci sono botteghe con banchi in pietra e sporti in legno. L'osteria è costituita da tre piccole accoglienti sale, e all'esterno di da uno dei due ingressi c'è uno spazio per la buona stagione. Alessandro Olmi e Carlo Malentacchi gestiscono da oltre quindici anni il locale e con lo chef Cristian Ercolini interpretano al meglio il panorama gastronomico del territorio. Carlo seleziona le materie prime con il criterio della filiera corta e Cristian usa metodi di cottura innovativi. Possono aprire il pasto un bel tagliere di salumi e crostini, un'ottima selezione di **formaggi della montagna pistoiese** (10 €), la terrina di coniglio e nocciole con composta di prugne e insalatina (8 €). Tra i primi, i tipici **maccheroni di San Jacopo sull'anatra** (9 €), la **zuppa di farro**, il risotto biologico ai carciofi e taleggio. I secondi variano dal fritto di costolette di agnello in crosta di pistacchi di Bronte con carciofi (18 €) alla **guancia di vitello in zuppetta di lenticchie** a cottura lenta (13 €), alla carne cruda di razza piemontese battuta a coltello. Tra i dessert, oltre ai cantucci, la **pera in giulebbe** (5 €), cotta nel vino rosso e servita con spuma di Cognac. La cantina, gestita con cura da Alessandro, è fornita di etichette di valore, toscane e non, alcune disponibili al calice. Presenti anche buone birre artigianali.

❝ *Questa osteria calda e vivace interpreta bene un territorio ricco di tradizioni. Carlo e Alessandro presentano in modo ottimale i piatti sapientemente preparati da Cristian* ❞

TOSCANA | 491

PISTOIA

PITIGLIANO

74 KM A SE DI GROSSETO SS 322

Trattoria dell'Abbondanza

Trattoria
Via dell'Abbondanza, 10-14
Tel. 0573 368037
Chiuso il mercoledì e giovedì a pranzo
Orario: mezzogiorno e sera
Ferie: 15 giorni in maggio, 15 in ottobre
Coperti: 40 + 40 esterni
Prezzi: 30-35 euro vini esclusi
Carte di credito: CS, MC, Visa, BM

L'osteria è in pieno centro, un po' defilata dal brulicare della movida serale, ma cercarla merita la pena perché la qualità è di alto livello. Il menù che ci porta al tavolo il patron Patrizio "Iccio" sta tutto in una pagina, ma è una proposta completa, che riflette una cucina attenta alla materia prima, alla storia e, perché no, alla vicenda quotidiana: sulle tovagliette di carta è stampato il programma della manifestazione cittadina in corso, a sottolineare partecipazione civica e coralità, che sono degno complemento di una convivialità ben vissuta. Nel menù ci sono le tradizionali **ribollita** e **pappa al pomodoro**, ma anche un cuscus di verdura (8 €) e gli spaghettini alla chitarra con i gamberi (10 €). Noi partiamo con il classico antipasto toscano (crostini con fegatini di pollo o pomodorini tritati, salumi tra cui la soppressata di cinta senese). Poi assaggiamo la **panzanella** e i **maccheroni al ragù** (10 €), un'esplosione di sapori. Come secondo potremmo ordinare **bistecca**, tagliata, filetto al Chianti (18 €) o **pollo fritto**, ma noi torniamo sulla cinta senese: un piatto in cui generose porzioni di **scamerita** cotta con sapienza si accompagnano **con spinaci saltati**. Ci dicono che qui si viene anche per il tiramisù, ma noi abbiamo scelto una torta con arance amare e mandorle, senza farina e senza burro: meravigliosa! L'olio, ci dice Iccio, lo produce un suo cognato, nei dintorni. Anche il Sangiovese della casa è di questa zona. Abbiamo voluto vedere la carta dei vini: ricca il giusto e onesta nei ricarichi.

Hostaria del Ceccottino

Ristorante
Piazza San Gregorio VII, 64
Tel. 0564 614273-393 9790069
Chiuso il giovedì
Orario: mezzogiorno e sera
Ferie: 10 gennaio-10 marzo
Coperti: 45 + 30 esterni
Prezzi: 30-35 euro vini esclusi
Carte di credito: AE, CS, MC, Visa, BM

La valorizzazione del territorio ispira Alessandro Francardi, patron dell'Hostaria del Ceccottino, nella composizione del menù, dove molti piatti portano l'indicazione "km 0": le carni sono lavorate nel macello di Pitigliano, le verdure raccolte nei piccoli orti che circondano il paese, i formaggi prodotti da allevatori-casari del posto. Le pietanze, preparate secondo ricette secolari opportunamente ammodernate nelle cotture e nelle presentazioni, consentono di gustare i sapori della cucina pitiglianese, compresi quelli della comunità ebraica che ha fatto guadagnare al paese il titolo di "piccola Gerusalemme". La trattoria è nella piazza principale, accanto al magnifico duomo, a due passi dalla sinagoga e dal ghetto. Da provare tra gli antipasti il particolare crostino con salsiccia e stracchino di Sorano (6 €). Continuando con i primi, imperdibili i *pici al ragù bianco di anatra* (11 €) e, in stagione, le **tagliatelle con carciofi e rigatino di cinta senese**. Secondi spesso in carta sono il **coniglio alle erbette** (13 €) e il **cinghiale alla cacciatora**. Deliziosi i dolci, come il bavarese al Vin Santo con scaglie di mandorle (6 €) e il fagottino di mele con crema alla cannella. Bella lista dei vini, anch'essi per la maggior parte strettamente locali, con possibilità di servizio al calice; in alternativa, birre artigianali. A pochi passi dal ristorante, in via Roma, Le Camere del Ceccottino offrono la possibilità di pernottare in ambienti molto confortevoli.

Pasticceria Celata, via Unità d'Italia 48: dolci tipici tra cui gli sfratti, biscotti della tradizione ebraica ripieni di noci, miele e frutta secca.

PONTASSIEVE
Doccia

21 km a ne di Firenze ss 67

Il Maccherone
Ristorante
Via Doccia, 69
Tel. 055 8364194-328 6477383
Chiuso lunedì e martedì
Orario: sera, sabato e domenica anche pranzo
Ferie: variabili in estate
Coperti: 40
Prezzi: 25 euro vini esclusi
Carte di credito: tutte

A Doccia, sulle colline a ovest della Valdisieve, merita una visita il locale della famiglia Somigli, composto dall'ingresso-bar e da un'unica sala da pranzo, luminosa e accogliente. Qui quasi ogni giorno da circa quarant'anni si interpreta con passione e competenza la cucina del territorio, ben rappresentata dalle preparazioni di Aldo e Lisetta, che trasformano in piatti della tradizione locale i prodotti a filiera corta di agricoltori e artigiani di fiducia. L'accoglienza è compito della figlia Sabrina, attenta e gentile. Il menù è ben presentato, così come la carta dei vini, incentrata su valide piccole realtà del Chianti Rufina che vi saranno illustrate dalla stessa Sabrina, sommelier. Si inizia dagli antipasti: soppressata con pane caldo, tagliere di prosciutto, salame e finocchiona, **crostone di trippa al burro e salvia** (4 €), miniparmigiane di melanzane, crostini di mozzarella e acciuga. A seguire, **pappardelle al cinghiale** (7,50 €), **garganelli di farina di marroni con bardicci e cavolo, tortelli di patate mugellane** (7 €). Tra i secondi più presenti, il **fritto di coniglio e pollo** (11 €) e la steccata al forno con rosmarino e pepe verde (12 €); inoltre, **bistecca** e altre carni alla brace. Classici i contorni (4 €), come fagioli bianchi e ceci all'olio. Per chiudere, oltre ai cantuccini di Prato da intingere nel Vin Santo, uno dei dolci di Sabrina, tra cui la mousse di yogurt e la crème brûlée.

A **Diacceto di Pelago** (17 km), Antica Macelleria Spolveri, via Casentinese 45: carne bovina e suina da allevamenti locali e salumi di produzione propria.

PONTREMOLI

56 km a no di Massa, 40 km da La Spezia ss 330 o a 15

Antica Trattoria Pelliccia
Ristorante
Via Garibaldi, 137
Tel. 0187 830577
Chiuso il martedì
Orario: mezzogiorno e sera
Ferie: luglio
Coperti: 45
Prezzi: 38 euro vini esclusi
Carte di credito: AE, CS, MC, Visa, BM

In Lunigiana, terra di confine e conquista, con la sua gente semplice e asciutta, il borgo di Pontremoli è un bell'acquarello, con il fiume che lo attraversa e le vecchie case. Superato il ponte traballante, si entra da Porta Parma e, fatti pochi passi, ecco la trattoria. Al primo piano vi accoglieranno Veronica Tosi e la figlia Valentina, competenti e discrete. Sale e salette sono ben arredate, con tocchi di sobria eleganza e bella apparecchiatura. In cucina Raffaello Cerutti propone un'ampia scelta di piatti, molti della tradizione locale. Si può iniziare con ottimi salumi accompagnati dai ***padletti*** – frittelle di acqua e farina –, **torte di verdure**, baccalà alle erbe aromatiche (12 €), sfilacci di puledro con carote e aceto balsamico. Continuando con i primi, i **testaroli della Lunigiana al pesto** non possono essere ignorati, ma meritano l'assaggio anche la **zuppa di cipolle gratinata**, le tagliatelle ai funghi porcini trifolati, gli gnocchetti di castagne con toma (10 €). Prevalentemente carni tra i secondi: l'eccellente **agnello di Zeri** (Presidio Slow Food) **al forno con patate** (14 €), il petto d'anatra caramellato con miele e aceto balsamico, l'entrecôte di manzo ai porcini; inoltre, **baccalà al forno con lardo e rosmarino**. Tra i dolci segnaliamo il tortino di confettura di castagne con crema di rum. La carta dei vini comprende, oltre a etichette del resto della Toscana e nazionali, prodotti locali interessanti, alcuni disponibili anche al calice.

> *Una sosta obbligata per conoscere le tradizioni della Lunigiana e assaporare piatti ottimamente cucinati con prodotti del territorio*

TOSCANA | 493

PONTREMOLI

56 km a no di Massa, 40 km da La Spezia ss 330 o a 15

Da Bussè 🐌

Trattoria
Piazza Duomo, 31
Tel. 0187 831371
Chiuso il venerdì
Orario: pranzo, sabato e domenica anche sera
Ferie: due settimane in luglio
Coperti: 45
Prezzi: 25-28 euro vini esclusi
Carte di credito: CS, MC, Visa, BM

Dagli anni Trenta questa trattoria è un punto di riferimento per la Lunigiana e non solo. La gestiscono i fratelli Bertocchi, Antonietta, Luciano e Isa, con il prezioso aiuto di Elisa, Lorena e Maura. Nelle tre salette affrescate l'ambiente è semplice e curato. Il mercoledì e il sabato, dalle 9 alle 12, agli avventori si offre per colazione la **zuppa del pellegrino** di Bussè (5 €): servita in una tazza di coccio, con pane raffermo tagliato a pezzi, brodo e sugo di carne, pecorino o parmigiano, potrete ordinarla anche a pranzo. La cucina, di tradizione e di stagione, privilegia i prodotti del territorio. Il menù, descritto a voce, si apre sempre con la **torta** *d'erbi* o altre torte salate. Il primo più tipico sono i **testaroli** artigianali **al pesto** (fatto nel mortaio di legno); in alternativa, **tortelli di verdura** (7 €), tortellini con ripieno di carne, tagliatelle e, in inverno, le lasagne dolci condite con olio e formaggio. Tra i secondi segnaliamo la **cima ripiena**, l'arrosto di vitello (9,50 €), il **polpettone**. Si chiude con la **spongata**, dolce tradizionale della Lunigiana, la torta di mandorle o il crème caramel "sexy" (5 €), guarniti con gelato, miele e frutta di stagione. Niente caffè, ma a fine pasto si può sorseggiare un buon bicchiere di china. La cantina non ha molte etichette: consigliamo il Vermentino della Lunigiana e il vino della casa, prodotto in zona.

❝ *Nell'antica trattoria dei fratelli Bertocchi – un monumento alle tradizioni della Lunigiana –, la storia e i sapori del territorio sono trasmessi dalla cucina, dall'ambiente e dai racconti di Luciano* ❞

PRATO

Cibbè

Trattoria
Piazza Mercatale, 49
Tel. 0574 607509
Chiuso la domenica
Orario: mezzogiorno e sera
Ferie: agosto, tra Natale e Capodanno
Coperti: 45
Prezzi: 28-30 euro vini esclusi
Carte di credito: MC, Visa, BM

In una piazza storica appena dentro le mura, questa piccola trattoria vi riporterà indietro negli anni. L'ambiente, con volte in mattoni e arredi essenziali, è caldo e accogliente. Giuseppina Panerai ai fornelli e Spartaco Monticelli in sala propongono una cucina semplice e gustosa, fatta di piatti della tradizione, attenta alla stagionalità e qualità delle materie prime, tra cui alcuni Presìdi Slow Food (mortadella di Prato, fagiolo rosso di Lucca). Spartaco vi elencherà le voci del menù, che si apre con il classico antipasto di crostini e salumi. Tra i primi, le minestre brodose si alternano alle paste asciutte: **pappa al pomodoro**, **zuppa** toscana o **di fave e lattughino** (7 €), toppe o **tagliatelle** condite con verdure, **con il sugo di anatra** o con quello contadino (misto di pollo, coniglio, faraona, magro di maiale), **gnocchetti di farina di farro con pesto e ricotta stagionata**. A seguire, involtini, polpette di ricotta, **trippa**, **lampredotto lesso con salsa verde**, **peposo**, magro all'olio, faraona al mandarino (12 €), ai funghi o alla ghiotta, baccalà (fritto alla livornese in inverno, in carpaccio con verdure in estate). Di contorno, purè di patate, fagioli (3,50 €) e verdure di stagione. Dalla cucina arrivano anche i dolci, tra i quali spiccano le torte (4 €), di mela, di farro, di riso con crema all'arancia o ai frutti di bosco. Buono lo sfuso della casa e piccola carta dei vini soprattutto della zona di Carmignano.

🔖 La bozza di Prato, pane sciocco a lievitazione naturale, si compra da Loggetti, in via Matteotti 11. In via Garibaldi 23, Pasticceria Nuovo Mondo: pesche di Prato, sfogliatine alla crema, cremini e millefoglie.

PRATO

La Vecchia Cucina di Soldano

Trattoria
Via Simintendi, 1
Tel. 0574 34665
Chiuso la domenica
Orario: mezzogiorno e sera
Ferie: agosto
Coperti: 70
Prezzi: 23-26 euro vini esclusi
Carte di credito: CS, MC, Visa, BM

A pochi minuti a piedi dal centro della città, Lisa Mattei e Alessandro Ranfagni, con l'esperta supervisione di Aldo, padre di Lisa, gestiscono questo locale che unisce una cucina toscana tradizionale a prezzi decisamente bassi ed è quindi piuttosto frequentato. Nel corso dell'anno sono previsti lavori di riorganizzazione delle sale e, in tempi più lunghi, anche la realizzazione di camere al piano superiore. Il servizio è corretto e rapido. La carta, scritta a mano, è divisa in due parti: una riporta il menù stagionale, l'altra i piatti del giorno. Tra gli antipasti, il pratese (mortadella di Prato, Presidio Slow Food, e crostini di funghi, 4,50 €), quello di nonno Oreste (fettunta con pomodori e acciughe), quello della zia Carla (prosciutto crudo, lardo e coccoli). Per il primo la scelta può essere tra **tortelli di patate al ragù** (4,50 €), **tagliolini sui fagioli**, *pici* al capriolo o al ragù, lasagne al forno, **acquacotta**. Tutti di carne i secondi: **bollito misto con salsa verde**, **brasato alla pratese** (€ 7,50), coniglio fritto, **collo di pollo ripieno** (6,50 €), **trippa alla fiorentina**, arrosti (porchetta, galletto, carré di maiale) e griglia (bistecca, fegato di vitella, pollo, maiale, spiedini e cotolette di agnello). Dolci casalinghi e di buona pasticceria (cantucci, pesche di Prato). Non amplissima ma ben assortita la carta dei vini: tutti toscani i rossi, qualche etichetta di Veneto e Trentino per i bianchi.

In via Ricasoli 20-22, il biscottificio Mattei sforna biscotti di Prato, brutti e buoni, mantovana di Prato e la schiacciata fiorentina.

PRATOVECCHIO

46 KM A NORD DI AREZZO SS 71 E 310

La Tana degli Orsi

Osteria-enoteca
Via Roma, 1
Tel. 0575 583377-329 8981473
Chiuso martedì e mercoledì
Orario: solo la sera
Ferie: 1 settimana in primavera, 1-15 luglio
Coperti: 18 + 18 esterni
Prezzi: 30-35 euro vini esclusi
Carte di credito: CS, DC, MC, Visa, BM

A Pratovecchio, cittaslow del Casentino, la Tana degli Orsi ha un arredo rustico e curato, nell'unica sala con capriate in legno e parti di tini e botti che un tempo erano nelle cantine di famiglia. Qui da molti anni Simone Maglioni e Caterina Caporalini offrono un'ottima cucina tradizionale, a base di prodotti di qualità del territorio e di alcuni Presìdi Slow Food. Alla Tana si può andare sia per un pasto completo sia, nel dopocena, per uno spuntino con salumi, focacce cotte a legna, un calice di vino (l'enoteca conta centinaia di etichette di pregio) o un boccale di birra artigianale. Ad accogliervi c'è Caterina, alla quale vi sarete rivolti con buon anticipo per la prenotazione. Il menù elaborato da Simone è suddiviso tra piatti "della storia" e "del momento". Per cominciare, brioche calda con asparagi, taleggio e prosciutto crudo, tartara di chianina con fagioli di Garliano e funghi porcini, **sformatino di formaggio di fossa, salsa di pere e lardo di Colonnata** (7,50 €). Tra i primi, **gnocchi di patate con rigatino di grigio casentinese** e **ravioli di trota fario con crema di patate** (8 €). A seguire, **bocconcini di coniglio con mirtilli e funghi porcini** (13,50 €), il filetto di manzo all'imperiale (14,50 €) e l'hamburger "a chilometro zero". Ricca selezione di **formaggi** e, tra i dolci (5 €), spumino di limone con frutta fresca, crostatina di crema cotta con caramello ai pinoli, gelato al cioccolato.

> *Eccellenti interpreti della tradizione gastronomica casentinese, Simone e Caterina proseguono virtuosamente la loro attività, accogliendo con calore gli ospiti e proponendo ottimi piatti*

RADDA IN CHIANTI
Lucarelli

40 km a nord di Siena

Le Panzanelle

Trattoria
Località Lucarelli, 29
Tel. 0577 733511
Chiuso il lunedì
Orario: mezzogiorno e sera
Ferie: 10 gennaio-fine febbraio
Coperti: 50 + 35 esterni
Prezzi: 30-35 euro vini esclusi
Carte di credito: CS, DC, MC, Visa, BM

Lucarelli è una piccola frazione al confine fra le province di Siena e Firenze, nel bel mezzo delle colline del Chianti, ed è qui che da oltre dieci anni due amiche di Panzano, da cui l'insegna Le Panzanelle, gestiscono questa trattoria frequentata da una clientela che spazia dal turista all'avventore locale, passando per l'appassionato di vino. In un ambiente caldo e accogliente, suddiviso in due sale, una al piano terra con splendido pavimento in mattoni e una più piccola al primo piano, gusterete una cucina tipica toscana sapientemente elaborata. Il menù consegnato ai tavoli varia con frequenza mensile e comprende cinque o sei voci per portata; una lavagna all'ingresso riporta i piatti del giorno, alcuni dei quali talvolta sono di pesce. Si può iniziare con crostini misti, tra cui spicca quello ai fegatini, oppure con il **lampredotto in inzimino** (6 €). Tra i primi (8 €), gli ottimi **stracci** di Pesticcia, conditi **con salsiccia e funghi**, i *pici* all'aglione, le lasagne all'ortica, le **pappardelle sul cinghiale**. Oltre che sull'immancabile **bistecca**, la scelta per il secondo potrà cadere sullo **stracotto di agnello ai carciofi** (13 €), sul **peposo** o su una generosa porzione di **ossobuco al pomodoro**. Noi abbiamo chiuso con il gelato al Vin Santo e con una buona panna cotta (3,50 €) con composta di fragole. La lista dei vini è ampia, con interessanti etichette di tutto il territorio nazionale con un settore interamente dedicato al Chianti Classico, suddiviso anche per comune.

❝ *Piatti legati al territorio eseguiti con cotture magistrali, ambiente piacevole, servizio sempre attento* **❞**

RIGNANO SULL'ARNO
Rosano

19 km a se di Firenze sp 34, ss 67 o a 1

La Bottega a Rosano

Trattoria
Via I Maggio, 10
Tel. 055 8303013
Chiuso il lunedì
Orario: pranzo, venerdì e sabato anche sera
Ferie: 3 settimane in agosto, 10 gg a Natale
Coperti: 60 + 60 esterni
Prezzi: 23-28 euro vini esclusi
Carte di credito: CS, DC, MC, Visa, BM

Nei pressi dell'antichissimo monastero di Santa Maria a Rosano, questa Bottega è raffigurata nella sua prima veste di spaccio di alimentari già in alcune foto del 1901. Condotta dal 1989 da Romana Fantechi, dagli anni Sessanta presenta l'attuale assetto di servizi, che è, come dice Matteo, «un mescolone»: qui ci si può fermare per un panino al bancone o per un dolcetto al bar, per un pranzo veloce – scegliendo il menù alla cassa prima ancora di accomodarsi in veranda – oppure, il venerdì e il sabato, per una cena molto più slow. Il classico antipasto toscano con crostini di fegato o un assaggio di pecorini freschi a latte crudo (4,50 €) sono un buon inizio. Per il primo la scelta può essere tra **gnocchi** fatti a mano **al ragù di capriolo**, testaroli al pesto fresco e patate, *gnudi* **di ricotta e carciofi** (8,50 €), spaghetti alle briciole. Come secondo consigliamo l'abbondante gran **fritto di carni miste, animelle, cervello e verdure** (14,50 €), il tradizionale **cibreo**, la lombata di maiale con mele e semi di finocchio. Tra i contorni, sformato di cipolle e verdure della zona in insalata, fritte o lesse. Si chiude con cantuccini e Vin Santo o con un dolce casalingo (4,80 €): torte, crostate e, in stagione, il castagnaccio. Dall'anno scorso il settore principale dell'enoteca annessa al negozio di alimentari è dedicato alle etichette del Consorzio Chianti Rufina, che troviamo elencate anche nella notevole carta dei vini, con possibilità di servizio al calice.

496 | TOSCANA

ROSIGNANO MARITTIMO
Castelnuovo Misericordia

30 km a se di Livorno ss 1 e sp 39

Bacco & la Volpe

Osteria-enoteca con cucina *novità*
Via dei Poderini, 1
Tel. 0586 744323-392 9685385
Chiuso il lunedì, in inverno lunedì e giovedì
Orario: sera, in estate sabato e domenica anche pranzo
Ferie: non ne fa
Coperti: 35 + 40 esterni
Prezzi: 31-35 euro vini esclusi
Carte di credito: CS, MC, Visa, BM

SAMBUCA PISTOIESE
Pavana

27 km a ne di Pistoia raccordo ss 64

Caciosteria dei Due Ponti

Osteria-trattoria con alloggio
Ponte della Venturina, 47
Tel. 0573 892520
Chiuso il sabato, in estate anche venerdì sera
Orario: mezzogiorno e sera
Ferie: variabili
Coperti: 60
Prezzi: 28-33 euro vini esclusi
Carte di credito: tutte, BM

Nell'entroterra livornese, da qualche anno Silvia Volpe e la sua famiglia si dedicano alla riscoperta del pesce povero: siamo in collina, ma è il mare il protagonista del menù – variabile in funzione del pescato giornaliero –, anche se non mancano validi piatti di terra. Spesa quotidiana fatta personalmente da produttori locali, largo uso di Presìdi Slow Food, rispetto della stagionalità, tradizione e innovazione ben coniugate: queste le caratteristiche principali dell'osteria. Gamberoni bruschettati con nidi di cipolla rosa caramellata (11 €), **misticanza a mare calda** e millefoglie di carasau con verdure grigliate, pecorino sardo e granella di amaretti sono due dei possibili antipasti. Come primo, spaghetti con colatura di alici di Cetara e pomodoro del piennolo (11,50 €), **carbonara di mare** con uova bio, **pappardelle** tirate a mano **al ragù di scottona e maiale** nostrano. Silvia cucina benissimo anche i secondi: a noi è toccata una leggera e fragrante **frittura di gamberi biondi e calamari con verdure in pastella**. Da sottolineare il fatto che con il pesce del giorno (13 €) il locale aderisce al progetto Mr. Goodfish, una campagna per il consumo responsabile delle risorse marine promossa dal World Ocean Network con la collaborazione, in Italia, degli acquari di Genova e di Livorno. Tra i dolci, la mousse di ricotta con miele di ape nera sicula e zuppa di frutta (6 €) e tarte tatin alle mele. Due i menù degustazione, di terra a 32 e di mare a 35 euro. La cantina (il locale è anche enoteca) conta una cinquantina di etichette, perlopiù della zona, alcune disponibili anche a bicchiere; piccola selezione di vini da dessert.

Sulla Porrettana, in viaggio tra Pistoia e Bologna o in occasione di una gita in montagna (meta particolarmente affascinante sono i laghi di Suviana e Brasimone), non si dovrebbe fare a meno di fermarsi alla Caciosteria dei Due Ponti di Pavana. La trattoria – con negozio di specialità alimentari e due camere per il pernottamento – è l'evoluzione del mestiere di famiglia dei titolari, esperti affinatori di formaggi, ma è anche strategicamente vicina a un'ottima macelleria-salumeria: prodotti caseari, carni fresche e conservate sono quindi i punti di forza del menù. Già in apertura c'è l'imbarazzo della scelta tra l'antipasto di cinta Dop (biologica), il "gioco dell'oca romagnola" (13 €), con vari tipi di salumi derivanti dal volatile in questione, e l'eccellente selezione di **formaggi**, benissimo presentati e descritti. Tra i primi vi consigliamo i tortelloni di burrata allo shropshire, gli ***gnudi di ricotta di bufala al pesto***, il **cacio e pepe** tradizionale o nella variante **con pecorino di fossa** (9 €). La brace è la modalità di cottura preferita per i secondi, siano carni o formaggi: **bistecca**, filetto, **cinta** biologica **alla brace** (15 €), tomini caldi; inoltre, **arista al forno**, roastbeef con salsa verde, nodino di vitello impanato. Formaggi e latticini sono protagonisti anche tra i dolci, con il delizioso cheesecake "rovesciato" e la mousse di ricotta. Per il bere può essere interessante farsi consigliare un percorso di vini al bicchiere da abbinare alle varie portate. A pranzo, piccolo menù a 14 euro.

TOSCANA | 497

SAN CASCIANO IN VAL DI PESA

16 KM A SO DI FIRENZE SS 2 O USCITA SUPERSTRADA

Cantinetta del Nonno
Trattoria
Via IV Novembre, 18
Tel. 055 820570
Chiuso il mercoledì
Orario: mezzogiorno e sera
Ferie: tra gennaio e febbraio
Coperti: 40 + 20 esterni
Prezzi: 25-30 euro vini esclusi
Carte di credito: MC, Visa

In questo storico locale, un tempo mescita di vino e tuttora bottega di alimentari, composto da due sale e una terrazza, potrete gustare la classica cucina della tradizione toscana. La signora Gianna ai fornelli e il titolare Giuseppe Casu ai tavoli, in un'atmosfera calda e accogliente, presentano menù in cui ad alcuni piatti sempre presenti se ne affiancano altri che variano con le stagioni. Partendo dagli antipasti, oltre al misto toscano e alle bruschette al lardo e al cavolo nero, potrete trovare caprino e carciofini sott'olio, paté di fegato di cinghiale (6 €), in inverno lo sformato di cavolo nero con salsa di pecorino. Tra i primi, **pappardelle** o altre paste fresche condite **con sugo di anatra**, cinghiale o capriolo (8 €), tagliatelle agli asparagi di bosco, gnocchetti al cavolo nero, **zuppa di porri** o di cavolfiore e la **ribollita**. Come secondo, la **trippa alla fiorentina**, il **peposo** (12 €) nella versione di Impruneta, paese di origine di Gianna, e una vasta scelta di carni alla griglia – **bistecca**, rosticciana, salsiccia – accompagnate da verdure di stagione o **fagioli all'olio**; inoltre, il baccalà all'acquapazza, con i porri o alla livornese. Per finire un piatto di formaggi o un dolce casalingo: crème caramel, zuppa inglese, a rotazione anche torta di mele o pere al cioccolato, torta di ricotta con frutti di bosco (5 €), sfogliatina di pere con crema chantilly. Carta dei vini in crescita, con buona selezione al bicchiere; piacevole lo sfuso.

SAN CASCIANO IN VAL DI PESA
Calzaiolo

17 KM A SO DI FIRENZE SS 2 O USCITA SUPERSTRADA

Mammarosa
Trattoria
Via Cassia per Siena, 32
Tel. 055 8249454
Chiuso domenica sera e lunedì
Orario: mezzogiorno e sera
Ferie: non ne fa
Coperti: 70 + 60 esterni
Prezzi: 35 euro vini esclusi
Carte di credito: CS, DC, MC, Visa, BM

Sulla Cassia, non lontano dallo svincolo di San Casciano, Mammarosa è un luogo di sosta raccomandabile a chi sia in viaggio nella campagna tra le province di Firenze e Siena. Arrivando si ha la sensazione di entrare in un'abitazione privata, anche se l'interno, molto curato, è piuttosto grande, con particolari di arredo in stile moderno. Tradizionale è, invece, la cucina. I piatti in carta non sono molti, ma – a parte qualche preparazione banale e poco caratterizzata – il loro legame con il territorio è stretto. Gli antipasti sono classici: crostini misti, tagliere di salumi e crostini (10 €), **coccole con prosciutto e stracchino**. Tra i primi, il capitolo zuppe (7 €) può comprendere **ribollita**, **pappa al pomodoro** e zuppa di farro. Per chi preferisce la pasta ci sono, tra gli altri, i **tortelli di patate al sugo** e i *pici*, cacio e pepe (9 €) o **all'aglione**. La lista dei secondi elenca il **peposo alla fornacina** (10 €), la **trippa alla fiorentina**, tagliata di manzo, filetto alla griglia, **fritto di pollo, coniglio e verdure** e altri piatti di carne. Immancabili i fagioli cannellini tra i contorni. In chiusura, tiramisù, tortino al cioccolato o cantuccini con il Vin Santo. Si serve solo vino della casa, in bottiglia, decisamente gradevole.

🛈 A **Mercatale** (6 km), Il Panaio di Giuseppe Scialabba, via Gramsci 12: molti tipi di pane, stuzzichini e dolci prodotti spesso con farine di frumento coltivato in zona.

🛈 A **Bargino** (5 km), via Pergoleto 3, la cooperativa La Ginestra vende prodotti biologici di qualità.

SAN GIMIGNANO

38 km a no di Siena

Osteria del Carcere

Osteria moderna
Via del Castello, 13
Tel. 0577 941905
Chiuso il mercoledì e giovedì a pranzo
Orario: mezzogiorno e sera
Ferie: metà gennaio-metà marzo
Coperti: 30
Prezzi: 35 euro vini esclusi
Carte di credito: nessuna

San Gimignano costituisce una delle più genuine testimonianze dell'urbanistica medievale della regione e conserva tuttora il fascino del passato. Nel XII secolo, periodo di maggiore splendore della città, il Comune offriva ospitalità a chiunque la chiedesse concedendogli anche il permesso di costruire il proprio palazzo. La stessa ospitalità vent'anni fa hanno ricevuto Elena Merelli, milanese, e Ribamar Da Costa, brasiliano. Può sembrare strano trovare una milanese e un brasiliano al timone di un'osteria toscana, ma possiamo assicurare che qui si mangia toscano molto più che da altre parti. L'atmosfera è accogliente e la musica lirica di sottofondo aiuta a creare il clima giusto per gustarsi la cena. Anche la presenza di Ribamar, che canticchia arie d'opera muovendosi tra i tavoli in maniera professionale, rende l'atmosfera rilassante. Il menù: non chiedete primi di pasta, ci sono solo zuppe (9 €, splendida la **zuppa di cipolle**), che potrete far precedere da una **terrina** (10 €), per esempio quella **di agnello alle olive** o quella rinascimentale alle prugne, o da un eccellente assortimento di salumi e **formaggi** del territorio. Tra i secondi, la tacchinella ai pistacchi e arance (16 €), la **faraona alle castagne**, il **tonno del Chianti con fagioli**. Non deludono i dolci (7 €): tarte tatin, cheesecake e altri, tutti fatti in casa. Ben fornita la cantina, con alcune etichette al bicchiere e un buon vino della casa.

SAN GIOVANNI D'ASSO
Montisi

47 km a se di Siena ss 2

Da Roberto Taverna in Montisi

Trattoria
Via Umberto I, 3
Tel. 0577 845159
Non ha giorno di chiusura
Orario: mezzogiorno e sera
Ferie: metà novembre-metà marzo
Coperti: 25 + 15 esterni
Prezzi: 26-31 euro vini esclusi
Carte di credito: tutte, BM

Nel borgo di Montisi, incantevole località della val d'Orcia, un giardino e una veranda introducono alla trattoria dove Roberto Crocenzi vi accoglierà come se foste ospiti a casa sua. L'arredamento è semplice ma curato; se ci capitate in estate, la veranda vi farà invidiare dai passanti. Il menù cambia con le stagioni e ogni portata evidenzia un'accurata scelta di materie prime e di prodotti dei Presìdi Slow Food (ben 17 nella nostra ultima visita). L'insalata di legumi (13 €), la bruschetta con tartufo nero delle Crete Senesi (8 €), l'insalata di polpo con patate, olive e sedano sono un buon inizio. Imperdibili tra i primi i *pici* di grano Cappelli **al ragù di chianina** o **con le briciole** (10 €) e le tagliatelle di farro condite in stagione con tartufo delle Crete Senesi; nei mesi freddi troverete anche la **ribollita**. Per quanto riguarda i secondi, con il contorno del giorno, vi consigliamo il **polpettone di cinta senese** (16 €) e lo **stracotto di fracosta di chianina alle cipolle** (18 €); non da meno la bistecca di capocollo di cinta (19 €) e la bistecca alla fiorentina. Da provare l'assortimento di **formaggi** a latte crudo (18 €) e i dolci, tutti fatti in casa, come la panna cotta (7 €) e la ricotta fresca di pecora con caffè e miele millefiori. La carta dei vini offre più di 120 etichette, toscane e del resto d'Italia, alcune servite a bicchiere; si possono bere anche un buon vino della casa e alcune ottime birre artigianali.

TOSCANA | 499

SAN GIOVANNI VALDARNO

40 KM A NO DI AREZZO SP 85 O A 1

Osteria dell'Angelo
Osteria tradizionale
Via della Madonna, 3-5
Tel. 055 943799
Chiuso domenica sera e lunedì
Orario: mezzogiorno e sera
Ferie: una settimana a Ferragosto
Coperti: 35 + 20 esterni
Prezzi: 32 euro vini esclusi
Carte di credito: AE, CS, MC, Visa, BM

In un vicolo affacciato sulla bella piazza Masaccio, questa piccola osteria è composta da due salette arredate in modo informale e in pieno stile toscano. L'atmosfera accogliente, unita al caloroso benvenuto del personale di sala, vi farà sentire subito a vostro agio. Qui si possono assaggiare piatti che si rifanno alla tradizione valdarnese e seguono l'andamento delle stagioni. In cucina la titolare Rossana Capaccioli è aiutata da Annunziata, mentre in sala Alberto vi guiderà con cordialità e competenza nella scelta. Tra gli antipasti, oltre agli immancabili crostini di fegatini, salumi (anche di cacciagione), sottoli, bruschetta con cavolo nero e lardo di Colonnata, crema di ceci con cuore di baccalà, **insalatina di coniglio con pancetta e patate alla crema di porri** (9 €). I primi asciutti sono di pasta fatta in casa, come i maccheroni al sugo toscano, i triangoli con barbabietole rosse, burro fuso e pecorino (9,50 €), i ***pici al sugo di faraona***; in alternativa, pappa al pomodoro, **ribollita** e **zuppa di cipolle**. Tra i secondi la specialità locale è lo **stufato alla sangiovannese** (13 €), uno stracotto molto speziato, cui si affiancano il **lampredotto con salsa verde**, le cotolette di agnello con spinaci, la **trippa** dell'Angelo. I dolci (6 €) sono fatti in casa e variano spesso. Carta dei vini con un occhio di riguardo alla Toscana e sfuso di buona qualità (come l'olio extravergine, di Reggello); disponibili anche alcune birre artigianali.

SAN GIULIANO TERME

6 KM A NE DI PISA

Pasta e Vino
Ristorante *novità*
Vicolo Corto, 1
Tel. 050 815181
Chiuso il lunedì
Orario: mezzogiorno e sera
Ferie: due settimane in novembre
Coperti: 32 + 24 esterni
Prezzi: 35 euro vini esclusi
Carte di credito: CS, MC, Visa, BM

A pochi passi dall'ingresso principale delle Terme di San Giuliano, in posizione un po' defilata, Pasta e Vino ha un'unica sala con pareti dai colori vivaci e tavoli di legno apparecchiati in modo semplice, ma con un tocco di ricercatezza. All'accoglienza e al servizio c'è Lucia Landi, in cucina Virgilio Casentini. Come aperitivo vi sarà offerto un calice di Prosecco con un raviolo fritto ripieno di carne (solitamente di mucco pisano). Tra gli antipasti ricordiamo la fantasia di terra (cinque assaggi di crostini vegetali e tortini di verdure, 12 €), il tagliere di salumi toscani e dei Presìdi Slow Food, i totani ripieni (9,50 €), il **baccalà con composta di cipolle**. I primi sono il cavallo di battaglia del locale, anche perché prima di diventare ristoratori i titolari hanno gestito per una quindicina d'anni un rinomato pastificio artigianale: ottimi i quadrucci, conditi con verdure o, in versione marinara, con scampi e verdure (11 €), i ***pici al pesto di cavolo nero***, le **pappardelle al cinghiale**, gli gnocchi di patate con tarese del Valdarno e piselli; da menzionare inoltre i ravioli di miele di spiaggia, pecorino di Coltano e pinoli del Parco di San Rossore. Anche tra i secondi terra e mare si alternano: **bocconcini di filetto al Chianti** (16 €), **tagliata con fagioli al fiasco**, **seppie in zimino** (15 €), filetto di pesce all'acqua pazza. Vini pisani e del resto della Toscana; tra i dolci segnaliamo il tortino al cioccolato con cuore fondente e i sorbetti.

SAN MARCELLO PISTOIESE

29 km a no di Pistoia sr 66

Il Poggiolo
Ristorante annesso all'albergo
Via del Poggiolo, 52
Tel. 0573 630153
Chiuso martedì sera e mercoledì
Orario: mezzogiorno e sera
Ferie: variabili
Coperti: 70
Prezzi: 26-30 euro vini esclusi
Carte di credito: nessuna

San Marcello, nel cuore dell'alta montagna pistoiese, è un paese affascinante, orlato di boschi e con stupendi panorami. Qui, in un'antica stazione di posta, ha le sue insegne l'albergo-ristorante gestito da Giuseppina Colti e dal figlio Giampaolo. La conduzione familiare, una lunga esperienza e il forte radicamento nel territorio si esprimono in una cucina genuinamente casalinga, legata alle ricette e ai prodotti locali, in particolare **funghi** e **selvaggina**. Profumatissimi porcini possono essere gustati, nei periodi giusti, in tutte le portate: crudi e croccanti in insalata o racchiusi in un nido di polenta fritta (9 €) come antipasto, nel condimento dei **tagliolini** (9 €), dalla sfoglia sottile tirata a mano da Giuseppina, nella **zuppa di funghi**, nel **filetto di manzo con cappella di porcino**. Ma meritano l'assaggio anche gli altri piatti: **tortelli alla ricotta** di montagna, **agnello al forno**, anatra al profumo d'arancia (9 €), **trippa**. Appetitosi i contorni di verdure di stagione. Anche i dolci, tra i quali la crostatina di crema chantilly ai frutti di bosco (4 €), sono fatti in casa. L'accoglienza in sala è curata da Giampaolo, come la selezione dei vini, quasi tutti toscani. Chi lo desidera potrà prolungare la sosta in una delle 15 camere dell'albergo, semplici ma dotate di tutti i comfort.

SAN MARCELLO PISTOIESE
Maresca

23 km a no di Pistoia ss 632 e 66

La Vecchia Cantina
Trattoria
Via Risorgimento, 4
Tel. 0573 64158
Chiuso lunedì sera e martedì, mai d'estate
Orario: mezzogiorno e sera
Ferie: Natale, ultime tre settimane di gennaio
Coperti: 40 + 20 esterni
Prezzi: 28 euro vini esclusi
Carte di credito: tutte, BM

🍷

Nel centro di Maresca, punto di partenza per escursioni nella foresta del Teso, la trattoria è gestita da una giovane coppia: Marco Giovannetti, marescano, addetto ai fornelli, e Daniela, altoatesina, che si occupa della sala. La cucina fa uso, in piatti della tradizione locale e in altri un po' "fusion", di prodotti del territorio e non, ma sempre di qualità e di stagione. Molto interessante l'antipasto della Vecchia Cantina (8 €), nel quale si possono assaggiare, secondo i periodi, frittelle di castagne, crostini con crema di lardo, ravioli di sfoglia variamente farciti, bruschetta e speck. Si può iniziare il pasto anche con un camembert fuso al forno con confettura di ribes rossi o con un piatto di lardo di cinta senese con fettuna ai fagioli cannellini. Tra i primi meritano di essere citati la **zuppa di farro** della montagna pistoiese (6 €), i **maccheroni** casalinghi **con farina di castagne alla salsiccia**, i tortelloni di capriolo al burro e bacche di ginepro, le crespelle ai funghi porcini. Come secondo, **cinghiale in umido con olive taggiasche e polenta grigliata**, tagliata (12 €) ai profumi di bosco, al tartufo o ai funghi porcini, filetto di manzo in salsa al Chianti, **baccalà in umido con porri e polenta**. Per chiudere, un dolce casalingo: soufflé di castagne (€ 5), strudel di mele, mousse di mascarpone o zabaione con cioccolato caldo. Oltre alla sfuso c'è una carta dei vini con etichette toscane e non.

🛒 In via Uffiziatura 156 B, l'azienda agricola di Franco Pagliai produce il pecorino a latte crudo della montagna pistoiese, Presidio Slow Food.

SAN MINIATO
San Miniato Basso-Catena

40 KM A SE DI PISA, 40 KM DA FIRENZE USCITA SUPERSTRADA

Antico Ristoro Le Colombaie

Ristorante
Via Montanelli, 22
Tel. 0571 484220
Chiuso il lunedì
Orario: sera, domenica anche pranzo
Ferie: tre settimane in gennaio
Coperti: 32 + 40 esterni
Prezzi: 30 euro vini esclusi
Carte di credito: CS, Visa, BM

Il ristorante, disposto su due piani, occupa un antico fienile, di cui nella ristrutturazione sono state mantenute le caratteristiche architettoniche. Il menù, curatissimo, non è una semplice lista di pietanze, ma la carta d'identità del locale e dello chef, Daniele Fagiolini, che sarà ben lieto di trasmettervi il suo entusiasmo. Molta attenzione è prestata alla stagionalità: il menù cambia più volte durante l'anno, spesso affidandosi a lavagnette. Tra gli antipasti, oltre ai taglieri di formaggi (alcuni affinati in cantina da Daniele) e di affettati, noi abbiamo trovato la millefoglie di melanzane con crema di porri, pomodoro fresco e quenelle di burrata (9,50 €). I primi sono valorizzati dalla pasta fatta in casa con uova e farine biologiche: ricordiamo i **malfatti con ragù di chianina** (10 €) e la carbonara con guanciale di cinta senese e uova biologiche; in stagione, i tagliolini sono conditi con il celebre tartufo locale. Eccellente anche il **raviolo fritto**, ripieno di mallegato di San Miniato con cipolla di Certaldo, su crema di pecorino toscano (9,50 €). Tra i secondi, l'eccezionale **peposo** con pepe di Rimbas, ma anche il **leprino** viterbese (allevato nella vicina Corazzano) **in umido con verdure** (15 €). Particolari i dolci, come la zuppa inglese (crema fatta con vaniglia del Madagascar) servita in bicchiere e la mousse di ricotta con latte di alpeggio e confettura calda di fichi e mandorle. Interessante la carta dei vini.

> 66 *Un locale vivo ma soprattutto raccontato: ogni piatto è un viaggio nel territorio attraverso i suoi prodotti, che lo chef usa con rispetto e passione* 99

SAN MINIATO
Corazzano

42 KM A SE DI PISA SS 67

La Taverna dell'Ozio

Trattoria
Via Zara, 85
Tel. 0571 462862
Chiuso il lunedì
Orario: mezzogiorno e sera
Ferie: variabili
Coperti: 30 + 15 esterni
Prezzi: 30-32 euro vini esclusi
Carte di credito: nessuna

Se volete andarci, specialmente di venerdì o di sabato, dovrete prenotare con molto anticipo. Che si fatichi a trovare posto si spiega non solo con le minuscole dimensioni del locale (piccolo e ben curato, con tavoli all'esterno per la bella stagione) ma con l'alta qualità della cucina e l'ampia selezione dei vini. Simone Fiaschi, lo chef, gestisce la Taverna con competenza e passione, proponendo anche molti piatti fuori carta che cambiano quasi ogni giorno seguendo le stagioni. In sala Giorgio Castaldi, esperto sommelier, opera con competenza e gentilezza. A San Miniato, città del tartufo, non può non avere un ruolo di rilievo, nelle sue varie tipologie, il prezioso fungo sotterraneo, di cui Simone è esperto cercatore e che potrete gustare in versioni semplici, come nei **taglierini al tartufo** (8,50 €), veramente superlativi, o a scaglie sulla tagliata, ma anche in preparazioni più elaborate come i **ravioli di pecorino di fossa con tartufo estivo**. Le verdure sono dell'orto di proprietà e c'è molta attenzione anche nell'acquisto degli altri prodotti. Tra i piatti più frequenti, oltre all'ampia scelta di antipasti, citiamo la **zuppa di orzo e verdure**, gli gnocchi al ragù, lo **stracotto di asino**, in primavera si trovano spesso anche le lumache, la **trippa fritta** e le rane fritte (10 €). I dolci sono fatti in casa e variano ogni giorno. La carta dei vini presenta molte etichette del territorio, ma anche nazionali e francesi di un certo livello, anche di grandi formati. È possibile ordinare anche lo sfuso, servito in caraffa.

A **San Miniato Alto** (10 km), via Conti 18-20, la storica macelleria Falaschi vende carni di chianina e di cinta senese fresche e conservate e altri prodotti gastronomici lavorati in proprio.

SAN PIERO A SIEVE

26 KM A NE DI FIRENZE SR 65

Osteria di San Piero

Enoteca con mescita e cucina
Piazza Cambray Digny, 6
Tel. 055 8487109
Chiuso lunedì e martedì
Orario: solo la sera
Ferie: non ne fa
Coperti: 25 + 10 esterni
Prezzi: 30 euro vini esclusi
Carte di credito: CS, DC, MC, Visa, BM

Corsi di degustazione, incontri con i produttori, eventi, un angolo con libri, riviste e guide, insomma l'unico vero dopo-teatro mugellano è l'Osteria di San Piero, un'enoteca con cucina che si propone come locale di intrattenimento: per bere un buon bicchiere di vino, per una serata tra chiacchiere e spuntini o per una cena informale. La grande passione di Elisabetta in cucina e la grande competenza di Roberto in enoteca danno vita a uno dei locali più interessanti del Mugello, tappa imperdibile per il turista-ospite in cerca di atmosfera e di sapori tipici. Il menù è costituito da dieci piatti che cambiano quasi ogni giorno, scritti su un leggio che gira tra i tavoli e non suddivisi per portata, perché ognuno può essere un po' antipasto, un po' primo, un po' secondo, tutti con un unico denominatore: una rigida offerta stagionale e del territorio. Verdure, formaggi, pollame e altre carni arrivano per la maggior parte dalla zona, a integrare l'orto di casa, e anche l'olio extravergine di oliva usato per cucinare o da aggiungere in tavola proviene perlopiù dalle aziende del vino presenti in carta. Qualche piatto di stagione: **tortino viola di patate e cavolo cappuccio** (9 €), lasagne con emmenthal e carciofi (10 €), **bocconcini di maiale al mirto selvatico** (16 €), **polpettone** delizioso (14 €), zuppa inglese con scaglie di fondente, **torta al cioccolato con le pere** (6 €). In chiusura troverete anche la carta dei caffè. Pane e coperto sono inclusi nel prezzo.

66 *Semplicità, tradizione, accoglienza, stagionalità, territorio, cura del particolare: tutto ciò che vorremmo trovare in ogni osteria* 99

SANSEPOLCRO

38 KM A NE DI AREZZO SS 73

Fiorentino

Ristorante con alloggio
Via Pacioli, 60
Tel. 0575 742033
Chiuso il mercoledì
Orario: mezzogiorno e sera
Ferie: ultima settimana di gennaio, novembre
Coperti: 90 + 20 esterni
Prezzi: 28-30 euro vini esclusi
Carte di credito: CS, DC, MC, Visa, BM

Un tuffo nel passato: questa è la sensazione che si prova varcando la soglia del Fiorentino, presente dal 1807 nel centro storico di Sansepolcro. Si trova al primo piano dell'edificio perché all'epoca, come ci ha spiegato la proprietaria, Alessia Uccellini, al piano terra c'erano le stalle per i cavalli, dunque i ristoranti di un certo tono stavano al piano superiore. Gustando i piatti proverete la stessa sensazione che avete avuto entrando: pietanze dai sapori antichi. I titolari sono molto attenti alla qualità delle materie prime e si riforniscono da produttori locali; disponibile tra l'altro un'ampia selezione di oli aretini e umbri. Tra gli antipasti, a parte i tradizionali crostini e salumi, ci sono piatti di stagione come il tortino di riso nero con fonduta di ricotta e tartufo nero invernale (12 €) oppure l'insalata di arance, finocchi, sedano e melagrana (7,50 €). Le paste sono tirate a mano e condite con sughi vari; noi abbiamo trovato ottimi i **ravioli di castagne con ricotta, basilico e olio nuovo** (9 €) e i classici tortellini (fatti a mano) in brodo di carne (€ 8.5), ma abbiamo apprezzato anche la **zuppa di cicerchie e farro**. Come secondo, **involtini di vitello ai carciofi** (9,50 €), **piccione alle olive** (11,50 €), tagliata alle erbe aromatiche, coniglio alle mele. I dolci, serviti al carrello come una volta, sono tutti tradizionali e di produzione casalinga. La carta dei vini presenta una scelta di etichette del territorio circostante, che comprende anche l'Umbria, e il fratello di Alessia saprà consigliarvi bene.

In Valtiberina, piazza Gramsci: il meglio della produzione agroalimentare e artigianale della valle.

TOSCANA | 503

SARTEANO

87 KM A SE DI SIENA SS 2

Da Gagliano
Trattoria
Via Roma, 5
Tel. 0578 268022
Chiuso mar e mer, inverno aperto solo fine settimana
Orario: mezzogiorno e sera
Ferie: variabili in inverno
Coperti: 24
Prezzi: 29-30 euro vini esclusi
Carte di credito: nessuna

Giuliano Gonnelli e la moglie Angela Olmi sono gli interpreti del buon mangiare nella loro trattoria ai limiti della val d'Orcia, a due passi dalla Valdichiana: un condensato di sapori unici si ritrova in questo semplice e caratteristico locale. L'accoglienza di Giuliano è squisita, trasmette buonumore. In cucina Angela elabora prodotti di eccellenza fin dagli antipasti, come la tartara di chianina (8,50 €), la pappa al pomodoro, il tortino di porcini con crema di parmigiano, la terrina di paté di petto d'anatra con pere o, per chi apprezza le rigaglie, il **cibreo**. La scelta tra condimenti di carni o verdure di stagione non manca mai nei primi, con gli **stringozzi al ragù di chianina** (9,5 €) o al sugo d'autunno (verza, zafferano, noci), il farro a risotto con zucca e tartufo, il rotolo di ricotta e barbabietola con parmigiano, burro e mandorle; in alternativa una **zuppa**, per esempio **di cavolo nero e fagioli** o di ceci e porcini. Proseguendo, sono da provare il **polpettone di farro e manzo con ceci**, il **capocollo farcito con prugne e prosciutto** (12 €), la quaglia ripiena al forno, il coniglio ripieno ai porcini, la terrina di baccalà, verza e patate. Da non trascurare i dolci: bavarese di pistacchi o di yogurt, mousse al cioccolato fondente, crema con castagne glassate al cioccolato. Ristretta carta dei vini, alla quale si sommano due sfusi, attenta al territorio, come le birre artigianali e gli extravergini in tavola.

❝ *Filiera corta e qualità della materia prima, grande competenza in cucina, cordialità in sala, prezzi onesti rendono questo posto un caposaldo del territorio di appartenenza* ❞

SCANDICCI

7 KM A SO DI FIRENZE

Bistrot del Mondo Da Bobo all'Acciaiolo
Osteria moderna
Via Pantin-angolo via Scarlatti
Tel. 055 7351620-346 8857447-348 2865659
Chiuso sabato a mezzogiorno e domenica sera
Orario: mezzogiorno e sera
Ferie: non ne fa
Coperti: 80 + 80 esterni
Prezzi: 30 euro vini esclusi
Carte di credito: MC, Visa, BM

Il locale, primo circolo culturale della Fondazione per la Biodiversità, è gestito da Slow Food Scandicci, ovviamente con criteri di rispetto dell'ambiente, delle tradizioni e delle stagioni. È difficile raccontare il menù che Francesca Cianchi, affiancata da validi collaboratori, propone di mese in mese, dato che varia a seconda delle materie prime a disposizione; però piatti come i salumi di cinta senese, i crostini misti, l'insalata tiepida di polpo e patate (10 €) o l'insalata di fagioli del San Ginese con cuori di sedano e bottarga di Orbetello sono presenze ricorrenti in carta. Tra i primi, le **linguine con pesto di cavolo nero** o i tortiglioni al sugo leggero di salsiccia si alternano a zuppe e vellutate di verdure di stagione come il **passato di fagioli rossi di Lucca** con cozze, seppioline e pepe di Rimbas. Anche per i secondi il filo conduttore è la stagionalità, con piatti più corposi in inverno e freschi in estate, passando dallo **stracotto alla fiorentina** (14 €) e dal **lampredotto in umido con porri e patate** al baccalà agli agrumi con patate al prezzemolo o a una selezione di formaggi con composta di limone della casa (10 €). Come dolce (6 €), cheesecake con paste di meliga, ricotta del pastore e marmellata di arance, torta di mele morbida con panna al rum. Si bevono vini del territorio, in prevalenza biologici e biodinamici, birre artigianali e acqua naturalizzata.

❝ *Non un ristorante ma un locale dove si fa cultura a cominciare dal cibo. Un posto dove i produttori, la tradizione e la stagionalità sono raccontati tramite i piatti* ❞

SCANDICCI
San Colombano

15 KM A OVEST DI FIRENZE

Dino
Trattoria con alloggio
Via San Colombano, 78
Tel. 055 790005-393 8720219
Chiuso il lunedì, mai d'estate
Orario: mezzogiorno e sera
Ferie: variabili in inverno
Coperti: 50 + 20 esterni
Prezzi: 35 euro vini esclusi
Carte di credito: MC, Visa, BM

L'osteria di fine Ottocento era probabilmente una stazione di sosta, come lascia intendere il fatto che sono rimaste una bottega di alimentari, una pizzicheria e una mescita. All'interno arcate importanti delimitano gli spazi: tutto pare fermo nel tempo, al tempo di una ristrutturazione moderna ma già lontana. Il menù è ricchissimo, con i fogli inseriti in cartelle di cellophane. Purtroppo, di quel bendidio poche sono le cose disponibili, sia per il rispetto rigido (e lodevole) della stagionalità, sia perché questo pare un luogo di alte frequentazioni solo la domenica. Conviene dunque affidarci alla signora in sala. Buona la **ribollita** (9 €), preceduta da un classico antipasto toscano (9 €) con salumi di cinta senese e crostini di fegatini. Come secondo abbiamo scelto una grigliata per due accompagnata da verdure fritte. Notevoli il **pollo**, la **braciola di maiale** e la **salsiccia**, incantevoli le **verdure**: carciofi, cipolle e zucchine, **fritte** come pochi sanno fare (20 € carne e verdure). Non abbiamo preso il dolce, ma abbiamo spiato il carrello: panna cotta, cantuccini col Vin Santo e torta di mele (5 €). Abbiamo sorseggiato un Chianti Doc di ottimo livello, scelto da una carta ben fornita. Eccezionale la qualità dei distillati, con una ricca selezione di rum e di Cognac di pregio. Un posto dove la sorpresa più grande è scoprire che ci sono ancora posti così.

🛄 A **Scandicci** (6 km), in via Monti 14, Francesco Montrone e Antonella Urzi preparano cioccolato artigianale con i migliori cacao. In via della Pieve 1 (6 km dal centro), La Volpe e La Volpe: formaggi, salumi, vini, distillati, conserve, pasta, riso, pane e schiacciate.

SEMPRONIANO
Catabbio

65 KM A SE DI GROSSETO SS 322

La Posta
Trattoria
Via Verdi, 13
Tel. 0564 986376-338 3953177
Chiuso il lunedì
Orario: mezzogiorno e sera, inverno lun-ven solo sera
Ferie: 7 gennaio-28 febbraio
Coperti: 60 + 20 esterni
Prezzi: 30-35 euro vini esclusi
Carte di credito: MC, Visa, BM
☕

Tra Semproniano e Saturnia, nel piccolo centro di Catabbio, Danilo Zammarchi, con il fratello Giulio in sala e la madre Antonella Pinzi in cucina, mantiene viva la tradizione familiare della ristorazione maremmana. La parola d'ordine è filiera corta: la pasta si fa in casa e tutto arriva da un raggio ridottissimo di chilometri, la carne da una macelleria con allevamento di Pitigliano, l'olio e la cinta senese da Cinigiano, i formaggi (soprattutto pecorini a latte crudo) da Semproniano. E con i prodotti locali Antonella dimostra di saperci fare: ne sono la prova i semplici ma gustosi crostini (4 €), l'ottima **frutta e verdura in pastella**, così come i **tortelli maremmani al ragù** (8 €), il **fritto** di pollo o **di costolette di agnello** (12 €, leggerissimo), il **cinghiale** (12 €), cucinato nella maniera classica **con le olive** oppure con prugne o polenta. Il menù lo detta la stagione, nei periodi giusti vi imbatterete nelle tagliatelle agli asparagi o ai funghi oppure nei carciofi fritti. Salendo con il prezzo, è possibile gustare la tagliata di manzo maremmano, il filetto o la **bistecca**; su prenotazione, buglione di agnello. Dolci tutti fatti in casa, come la zuppa inglese (4 €), la crema dell'Antonella e il tronchetto al cioccolato. Piccola ma significativa la carta dei vini, che valorizza le etichette locali; una buona scelta è comunque rappresentata dal rosso di Scansano della casa. Discreta selezione di grappe.

A **Roccalbegna** (20 km), in località Paiolaio, il caseificio Il Fiorino è rinomato per la produzione di pecorino toscano e marzolino. Nel punto vendita si degustano e acquistano, oltre ai formaggi, altri prodotti del territorio.

TOSCANA | 505

SIENA

Grotta di Santa Caterina da Bagoga

Ristorante
Via della Galluzza, 26
Tel. 0577 282208
Chiuso domenica sera e lunedì
Orario: mezzogiorno e sera
Ferie: 15-31 gennaio, ultima settimana di luglio
Coperti: 60 + 24 esterni
Prezzi: 30-33 euro vini esclusi
Carte di credito: AE, CS, MC, Visa, BM

Dal 1973 Pierino Fagnani gestisce questo locale dove tradizione e arte culinaria, fatta di semplici materie prime locali e di stagione, formano un appagante connubio. Da tempo nella sua Grotta c'è anche il figlio Francesco, addetto alla sala e ai vini, ma Pierino, cucina permettendo, ama aggirarsi tra i tavoli per chiacchierare con i commensali. Per iniziare noi abbiamo trovato un gustoso tortino di formaggio con crema alle noci (7 €), il tonno dei colli senesi – carne di maiale cotta conservata sott'olio –, il **collo di pollo ripieno**, crostini; in autunno e inverno ci sono anche antipasti caldi. Tra i primi, *pici* all'aglione, al cinghiale o ai porcini (10 €), pappardelle con sughi di cacciagione, in stagione gli ottimi gnocchetti al tartufo, la **zuppa di fagiano e lenticchie**. Accurata la selezione delle carni dei secondi, comprese quelle alla griglia: **bistecca**, tagliata, filetto. Originalità e tradizione si sposano nel **gallo indiano** (9 €), ricetta speziata del Quattrocento, e nel **peposo** del Brunelleschi; notevoli il coniglio alle Crete Senesi, la **tegamata di maiale**, la tagliata di pollo in più versioni. Come contorno, fagioli, ceci e verdure di stagione; possibile anche una degustazione di formaggi. Panpepato, pinolata, panforte, torta di riso, fantasia di bavarese sono i dolci (7,50 €), serviti con un calice di vino da dessert. Francesco, oltre ai vini che produce in terre di Brunello e al buon Chianti della casa, offre un'oculata scelta di etichette, prediligendo il territorio, con possibilità di servizio al bicchiere. Disponibili anche birre artigianali e grandi distillati.

Hosteria Il Carroccio

Ristorante
Via del Casato di Sotto, 32
Tel. 0577 41165
Chiuso il mercoledì
Orario: mezzogiorno e sera
Ferie: febbraio e novembre
Coperti: 35 + 20 esterni
Prezzi: 32-35 euro
Carte di credito: nessuna

Nel centro della meravigliosa Siena, il locale è piccolo: una stanza con una trentina di posti, in estate qualche tavolo anche fuori. L'ambiente è accogliente e Renata, la proprietaria, ti mette subito a tuo agio. Il menù cambia con le stagioni, ma la tradizione si respira sempre, magari anche con i versi ironici riportati nel menù. Si inizia con gli antipasti: il medievale, il classico toscano (10 €), i fegatini di pollo al Vin Santo piccanti, i crostini neri di milza, il **lampredotto** alla Re', l'*ovo* sodo con l'acciuga sotto pesto. Tra i primi, imperdibili i *pici*, **cacio e pepe** o al Carroccio (8 €), le tagliatelle al ragù, il risotto al radicchio rosso, pinoli e gorgonzola. Una menzione anche per le zuppe, come la **ribollita**, la pappa al pomodoro, la **zuppetta** *inceciata* **con salsiccia** (8 €). Per secondo vi consigliamo la **tegamata di maiale** (14 €), squisita, o la fettona di scamerita fritta, ma meritano l'assaggio anche lo spezzatino alla Re', il **coniglio allo zimino di spinaci** (18 €), la **bistecca**. Di contorno, fagioli all'uccelletto, patate rosolate, tombolino di fagioli e guancia di maiale, rapetti saltati con l'aglio (5 €). Tra i dolci, torta di pere e cioccolato con peperoncino (4 €), ricotta al Marsala con cioccolato fuso (5 €), ricciarelli e cantuccini. Si chiude con l'offerta di grappa aromatizzata e Vin Santo. Valida selezione di etichette toscane; buono il Sangiovese della casa. Se si è almeno in due si può ordinare il menù degustazione, 30 euro bevande incluse.

SIGNA
Sant'Angelo a Lecore

16 km a ovest di Firenze ss 66

Antica Trattoria di' Tramway
Trattoria
Via Pistoiese, 353-357
Tel. 055 8778203-333 4636068
Chiuso domenica sera e lunedì
Orario: mezzogiorno e sera
Ferie: in agosto
Coperti: 75 + 25 esterni
Prezzi: 25-30 euro vini esclusi
Carte di credito: tutte, BM

A qualche centinaio di metri dalla villa medicea di Poggio a Caiano, patrimonio dell'umanità, vi sembrerà di fare un salto indietro nel tempo entrando in questa trattoria, già annessa al capolinea della tranvia da Firenze (soppressa nel 1921). Morando, detto Stoppino, ha iniziato l'attività nel 1961 in quello che era un ritrovo «per un caffè, una partita a carte e due bestemmie» e sarà ben contento di raccontarvene la storia e l'evoluzione. Passando dal negozio di alimentari sarete accolti da Sandro e Adelina in una delle due ampie sale dall'aspetto un po' retrò, che nei giorni di festa sono affollate da famiglie del posto. In cucina Margherita, la nuora di Morando, si è mantenuta fedele alle ricette sulle quali il locale ha costruito la sua fama, in particolare alle preparazioni a base di carne di pecora. Per iniziare, in alternativa ai crostini misti consigliamo il tagliere di cinta senese (12 €), davvero un'ottima selezione di salumi. Si può proseguire con i **maltagliati al sugo di pecora**, i **maremmani al pomodoro** o le lasagne al forno (8 €). Tra i secondi, **pecora** o cinghiale **in umido**, bistecchine di pecora (12 €) e altre carni alla griglia, **bollito misto**, polpette, **trippa alla fiorentina**; i **fagioli all'uccelletto** (3 €) sono il contorno più tradizionale. Al momento del dolce c'è la possibilità, ormai sempre più rara, di scegliere tra una selezione di Vin Santi quello da abbinare ai cantuccini. In alternativa al vino della casa si può pescare qualche bottiglia interessante tra i rossi della vicina denominazione Carmignano.

A **Scandicci** (10 km), in via Aleardi 27-29, Caseus: ottima selezione di formaggi italiani e stranieri.

SUVERETO

82 km a se di Livorno ss 1

I' Ciocio
Osteria moderna
Piazza dei Giudici, 1
Tel. 0565 829947
Chiuso il lunedì
Orario: mezzogiorno e sera
Ferie: 20 giorni in febbraio, una settimana in novembre
Coperti: 50 + 50 esterni
Prezzi: 35-40 euro vini esclusi
Carte di credito: AE, CS, MC, Visa, BM

Nel cuore medievale di Suvereto, splendido borgo dell'alta Maremma, l'osteria utilizza la struttura di un antico frantoio dove la pietra, il ferro battuto e il legno creano un'armonia rustica ma al contempo raffinata. Una lavagnetta elenca i piatti del giorno; quelli riportati nell'ampio menù necessitano di una certa attesa perché sono tutti preparati al momento. Tra i molti antipasti, il fegato di chianina con cavolo cappuccio all'uva passa (9 €), il flan di zucchina in fiore e ricotta con sandwich di testina di maiale tiepido e pecorino a crosta fiorita, nonché degustazioni plurime (sei assaggi) di pesce o di stuzzichini caldi (12 €). Da provare come primo le crespelle con caprino e nocciole su verdure croccanti, gli **gnocchetti di ricotta e pecorino nella crema di ceci e porri** (8 €), la carbonara di calamaro e seppie in blu. Tra i secondi un ricordo della fiorentinità di Fabrizio, il **lampredotto con le sue salse** (8 €), e poi **cinghiale stufato ai mirtilli con polenta di ceci** (16 €), **reale di chianina marinato nel mosto**, cotto a bassa temperatura, petto di galletto farcito con pecorino. Alcune voci della ricca carta dei dolci: tiramisù, crespelle al mascarpone e fiori d'arancio in salsa d'arancia e pinoli (6 €), tortino rustico all'olio extravergine di oliva con mele passite e crema fredda al miele. La lista dei vini rispetta il territorio, con in evidenza prodotti della val di Cornia integrati da altre etichette toscane. Due i menù degustazione, uno dedicato ai piatti storici di terra (sei portate, 35 euro), l'altro di mare (sette assaggi di antipasti, un primo, un secondo, due dolci, 45 euro).

TOSCANA | 507

SUVERETO
San Lorenzo

86 km a se di Livorno ss 1, ss 398 e sp 22

San Lorenzo Da Ghigo
Trattoria
Località San Lorenzo, 73
Tel. 0565 845153-334 9315899
Chiuso il mercoledì
Orario: mezzogiorno e sera
Ferie: febbraio
Coperti: 40 + 40 esterni
Prezzi: 25-35 euro vini esclusi
Carte di credito: tutte, BM

A San Lorenzo, piccola frazione di Suvereto immersa nel verde della campagna, la trattoria è all'interno di una casa colonica che dispone anche di uno spazio all'aperto per la bella stagione. Sergio Righetti, detto Ghigo, saprà condurvi in un viaggio enogastromico fedelmente rappresentativo del territorio, nel rispetto della stagionalità delle materie prime, con attenzione ai prodotti locali e grande cura nella presentazione dei piatti, serviti con cortesia, puntualità e professionalità. Il menù esprime "toscanità" già a iniziare dagli antipasti: crostini (5 €), salumi delle Crete Senesi, polenta grigliata con lardo di Colonnata, sformati di verdure di stagione con fonduta di pecorino (6 €). È fatta in casa la pasta dei **tortelli** ripieni **di ricotta** conditi **con ragù**, pomodoro o burro e salvia, delle **pappardelle al cinghiale**, degli **gnocchi di patate rosse di Cetica al ragù di chianina** (10 €); in alternativa, zuppa toscana, **acquacotta** o **minestra di farro**. Le carni trionfano nei secondi: **cinghiale alla maremmana in umido con olive** (15 €), filetto di manzo alla griglia con cipolle stufate nell'aceto balsamico e vino rosso, **peposo di chianina dell'Impruneta** (15 €), tagliata di cinta senese con caponata di verdure, **bistecca** alla fiorentina. Di tanto in tanto si cucinano lo stoccafisso, e, solo in estate, alcune preparazioni di pesce fresco. Ottimi i dolci, tutti casalinghi, compresi i cantuccini da intingere nel Vin Santo. La carta dei vini è ben fornita di etichette del territorio; validi i due sfusi reperiti da un produttore locale.

TAVARNELLE VAL DI PESA

30 km a se di Firenze ss 2 o superstrada Fi-Si

La Gramola
Osteria-enoteca
Via delle Fonti, 1
Tel. 055 8050321-338 6039356
Chiuso il martedì, mai in giugno-luglio
Orario: mezzogiorno e sera
Ferie: non ne fa
Coperti: 70 + 30 esterni
Prezzi: 32-35 euro vini esclusi
Carte di credito: tutte, BM

È sempre piacevole concedersi una sosta in questo piccolo paese, dopo avere ammirato il paesaggio delle colline tra la val di Pesa e la val d'Elsa. Alla Gramola, osteria dal clima familiare e discreto al contempo, gestita da circa vent'anni da Massimiliano e Cecilia, si ha la possibilità di scoprire i prodotti del territorio – ortofrutta, carne, formaggi, farine – con i quali Cecilia elabora i piatti della tradizione. Tra gli antipasti, oltre a salumi e formaggi, una gustosa frittatina con le erbette (5 €), insalate e sformati di verdure di stagione. Nei primi varie zuppe, come la **vellutata di zucca gialla** (8 €), si alternano a gnocchi, ravioli, pappardelle e a un ottimo **risotto al Chianti Classico** (10 €). Anche nei secondi non si dimentica il territorio: **nodini di manzo alla salsa di Chianti con purea di patate**, tagliata di manzo all'aspretto di Chianti, spiedino di pollo, maiale e salsiccia con insalatina di campo, un buon **coniglio ripieno con prosciutto toscano e verdure al tegame** (16 €). È "toscanizzato" anche l'hamburger, proposto in due versioni: di chianina con pecorino, pane, salse dell'Osteria e verdure di stagione (12 €) e di bardiccio fiorentino (o salsiccia matta, insaccato di carne suina e bovina). Per finire, gelati o dolci di produzione propria (6 €). Discreta scelta di vini del Chianti, anche in mezze bottiglie o al bicchiere; ampia e molto valida la carta delle etichette disponibili in cantina. Piatto unico a 20-22 euro, menù degustazione a 30, 35 e 45 euro.

Poco lontano, in via Roma 184, dal Caratello troverete i migliori vini della zona, che potrete degustare con formaggi, salumi e altri prodotti tipici.

508 | TOSCANA

TERRANUOVA BRACCIOLINI
Penna Alta

40 KM A NO DI AREZZO SS 69 O A 1

Il Canto del Maggio
Osteria moderna
Località Penna Alta, 30 D
Tel. 055 9705147-339 2641672
Chiuso il lunedì
Orario: sera, festivi anche pranzo
Ferie: variabili
Coperti: 30 + 40 esterni
Prezzi: 32-35 euro vini esclusi
Carte di credito: CS, DC, MC, Visa, BM

Volete capire come una fiaba diventi realtà? Recatevi al Canto del Maggio! Con fatica e pazienza, la famiglia Quirini ha ridato vita al vecchio e abbandonato borgo di Penna Alta, trasformandolo in un gioiello della campagna toscana e dando vita a un'osteria d'altri tempi. Oggi la fatina della fiaba è Simona Quirini ed è lei, con la sua bacchetta magica, a dirci cosa bolle in pentola: «La verdura del nostro orto, le erbe del nostro giardino, il pane a lievito naturale cotto a legna che produciamo settimanalmente, la pasta all'uovo fatta in casa, i *pici* di farina biologica macinata a pietra, i pomodorini anche in inverno perché li raccogliamo d'estate e poi li conserviamo sotto vetro. E quello che non produciamo lo acquistiamo da produttori locali». Il menù sarebbe da descrivere tutto, ma dovendo fare una scelta le nostre preferenze ricadono sulla terrina di ciccio con pistacchi e salsina di patate di Cetica (8 €), sui *pici* **con cavolo broccolo, acciughe e briciole di pane** (9 €), sulla vellutata ai ceci rosa con rigatino croccante, sul **peposo alla fornacina** (19 €), sul **cinghiale con olive e peperoni**. Da non trascurare i dolci (opera della fatina): zabaione alla birra con gelato e cialda croccante al tè (6 €), cheesecake ai cantuccini con gelée di Vin Santo. In menù anche una valida selezione di **formaggi** di piccoli produttori della zona. La carta dei vini è incentrata su etichette locali, tutte di ricerca e a buon prezzo. E, come in tutte le fiabe, c'è un lieto fine: si può pernottare nella locanda annessa.

> *La formula è semplice: una cucina che racconta il territorio. Autentica e perfetta*

TERRANUOVA BRACCIOLINI
Cicogna

40 KM A NO DI AREZZO SR 69 O A 1

L'Acquolina
Ristorante con alloggio
Via Setteponti di Levante, 26
Tel. 055 977497
Chiuso il lunedì
Orario: mezzogiorno e sera
Ferie: non ne fa
Coperti: 80 + 60 esterni
Prezzi: 35 euro vini esclusi
Carte di credito: CS, DC, MC, Visa, BM

Tra le colline del Valdarno, dopo avere percorso la statale Setteponti, si imbocca una strada sterrata che conduce a questo locale circondato dagli olivi. La sala è grandissima, con pareti rosse e numerosi quadri appesi, ma divisa in zone più piccole da separé e colonne che rendono l'ambiente caldo e accogliente nonostante l'ampiezza. L'insieme è un gradevole mix di moderno e arte povera toscana. Paolo Tizzanini, la moglie Daniela e il figlio Giulio, bravo sommelier, gestiscono l'osteria con grande professionalità, passione, attenzione e rispetto per l'ospite. Il menù, illustrato a voce con dovizia di particolari, propone piatti della tradizione regionale, e specificamente valdarnese, preparati con attenzione alle stagioni e alla qualità delle materie prime; l'orto e l'oliveto di proprietà forniscono verdure, erbe aromatiche e olio. L'unico antipasto è composto da tortini, verdure, crostini, polpette, dagli ingredienti variabili con le stagioni. Tra i primi (12 €) non mancano i **risotti** di una varietà di carnaroli coltivata in Toscana, i **pici** al pesto di salvia o **al ragù di chianina**, le zuppe (**acquacotta**, **ribollita**, passato di fagioli). Come secondo potrete gustare l'immancabile **stufato alla sangiovannese** (12 €), l'**anatra in porchetta**, il fritto misto, i fegatelli di cinta senese. Tra i dolci, tutti fatti in casa, la crema di latte al rum (4 €), la zuppa inglese e il castagnaccio. Vino della casa piacevole e carta legata al territorio, con etichette di qualità, alcune disponibili anche al bicchiere. In due piccoli edifici tra gli olivi ci sono le quattro belle camere della locanda.

TOSCANA | 509

TORRITA DI SIENA
Montefollonico

51 KM A SE DI SIENA, 6 KM DA PIENZA SS 326

La Botte Piena
Osteria moderna
Piazza Cinughi, 12
Tel. 0577 669481
Chiuso il mercoledì
Orario: mezzogiorno e sera
Ferie: gennaio e luglio
Coperti: 45 + 25 esterni
Prezzi: 28-30 euro vini esclusi
Carte di credito: tutte, BM

Se ci venite per cena, intuendo la bellezza dei paesaggi attraversati e del borgo che è la vostra meta, rimpiangerete di non avere scelto un orario diurno. Troverete La Botte Piena dentro le antiche mura di Montefollonico. L'ingresso è un preludio eloquente a quanto vi attende a tavola: l'enoteca con molte delle bottiglie di tutto il mondo presenti nella straordinaria carta dei vini, il fornitissimo banco dei formaggi, salumi in quantità (e di qualità) altrettanto rilevante. Nelle due sale, travi in legno a vista, formelle in cotto, botti, damigiane, scaffali, vecchie credenze e un camino trasmettono un senso di calda ospitalità. Sarete accolti con cortesia e accompagnati con spiegazioni esaurienti nella scelta di piatti e vini (anche al bicchiere). Il menù riflette una cucina che usa con maestria prodotti di territorio e di stagione. Tra gli antipasti dominano eccellenti selezioni di salumi e **formaggi**, accompagnate da una grande varietà di crostini (3 €) e bruschette, ma noi abbiamo assaggiato anche un ottimo **sformato di parmigiano con salsa alle pere** (7,50 €). Come primo, *pici* al sugo, all'aglione o **alle briciole**, le rustiche **caserecce al ragù di cinta senese** (9,50 €), zuppa di legumi, **ribollita** o pappa al pomodoro. Secondi saporiti e sostanziosi: fegatelli di maiale, salsiccia o **cotiche con fagioli**, trippa (anche in versione estiva) e il magistrale **piccione nel tegame** (14 €). La chiusura più classica è con i cantucci, ma ci sono anche torte e dolci al cucchiaio casalinghi.

❝ *La valorizzazione del territorio e l'attenzione a ogni particolare fanno di questa osteria una meta obbligata* **❞**

TREQUANDA

44 KM A SE DI SIENA

Il Conte Matto
Ristorante con alloggio
Via Taverne, 40
Tel. 0577 662079
Chiuso il martedì, in estate lunedì e martedì a pranzo
Orario: mezzogiorno e sera
Ferie: variabili in inverno
Coperti: 60 + 50 esterni
Prezzi: 25-35 euro vini esclusi
Carte di credito: MC, Visa, BM

La famiglia Arriguci gestisce da più di trent'anni questo accogliente locale affacciato sullo splendido panorama delle Crete Senesi. Davide, coadiuvato in sala da Chiara e Sebastiana, vi guiderà nell'assaggio di piatti della tradizione risalenti anche al Rinascimento, come il **cinghiale in dolceforte** (11 €), alla base dei quali ci sono materie prime d'eccellenza provenienti da fornitori locali e da Presìdi Slow Food; olio, dolci e pasta fresca sono di produzione propria. La calda accoglienza, la professionalità sia nella spiegazione dei piatti sia nei consigli sui vini, e l'alta qualità della cucina rendono memorabile la visita. Il menù segue le stagioni, ma alcuni piatti sono presenti tutto l'anno. Potrete cominciare con la tartara di vitellone chianino con carciofi (12 €), la degustazione di crostini neri di fegati e altre frattaglie, il fiore di lingua con patate saltate e salsa verde all'arancia. Tra i primi, *pici* **alle briciole**, gnocchi di patate con guanciale, fave e scaglie di pecorino o **ribollita con cipolla fresca** (7 €). I secondi: anatra disossata in porchetta, **scottiglia di polmone**, coda, lingua e muscolo di chianina con erbe saltate, **bistecca**. Ampia e curata la selezione di **formaggi** locali. Per finire, tortino al cioccolato, crostate con confetture fatte in casa e cantucci. La carta dei vini presenta etichette molto interessanti, legate al territorio; buono anche il vino della casa.

❝ *Non possono bastare poche righe per descrivere questo locale dove il territorio e la stagionalità sono esaltate senza essere stravolte: un locale che va assaporato* **❞**

VIAREGGIO

29 KM A NO DI LUCCA SS 439 O A 11

Buonumore
Trattoria
Viale Capponi, 1-angolo via Marco Polo
Tel. 339 6920936
Chiuso il lunedì, mai d'estate
Orario: pranzo e cena, inverno mer-gio solo cena
Ferie: dicembre
Coperti: 25 + 60 esterni
Prezzi: 35 euro vini esclusi, menù fisso
Carte di credito: nessuna

Nella pineta di Levante, poco distante dalla passeggiata a mare, una baracca di legno in stile marinaro è sede della trattoria di Amelio Fantoni, noto operatore della ristorazione versiliese. Amelio lavora in sala, la figlia Simona in cucina, con l'aiuto di Emanuele Morelli. Il locale è molto semplice ma piacevole, con un bello spazio all'aperto, l'ingresso con il bancone del bar rivolto anche all'esterno per il servizio al dehors e, sulla sinistra, una saletta con tavoli in legno e tovaglie di carta. A pranzo c'è una scelta di piatti piuttosto limitata, la sera il menù è fisso: si mangia quello che la cucina ha preparato con il pescato del giorno, tutto locale, spesso di specie neglette. Amelio vi descriverà minuziosamente sia i pesci sia le ricette, basate su condimenti e tecniche di cottura minimali, per preservarne sapori e freschezza. Le verdure sono biologiche, il pane è fatto in casa da pasta madre con farine di qualità. Ai tre assaggi dell'antipasto di mare (15 €) possono affiancarsi il **pancotto** (zuppetta di pane, pomodoro e seppia), la crudité di gamberi, le polpettine di razza e chiocchioline di mare, i rinomati crostini di fegato di razza. Di solito il secondo è servito subito dopo l'antipasto: nella nostra ultima visita ci è toccata una fragrante **frittura di gamberi e totani** (15 €). Se non volete rinunciare al primo, ecco le bavette con muggine e asparagi (10 €), le **linguine alle cicale**, gli spaghetti con cozze e vongole. In chiusura i dolci di Simona, come il quadretto di torta al cioccolato e bicchierino di crema (5 €). Carta dei vini, anche naturali e biodinamici, con buone etichette, perlopiù toscane.

VICCHIO

40 KM A NE DI FIRENZE SR 65

Giotto
Trattoria *novità*
Via del Popolo, 63
Tel. 055 844195
Chiuso il mercoledì
Orario: solo a mezzogiorno
Ferie: variabili
Coperti: 40
Prezzi: 23 euro vini esclusi
Carte di credito: CS, DC, MC, Visa, BM

«... Giotto stende un gran foglio di carta bianca. Poi intinge il pennello nel barattolo del rosso e vi traccia a mano libera, in un baleno, un cerchio così perfetto che sembra eseguito con il compasso. "Ecco il mio miglior dipinto!", esclama, dando il foglio al messo del Papa». Con questo semplice gesto è cominciata la fama di Giotto nel mondo; oggi, altri semplici gesti li ritroviamo nella cucina, tradizionale e genuina, di mamma Rosa. La statua di Giotto è lì, nella piazzetta di Vicchio, quasi a vigilare sulla trattoria che porta il suo nome. Se avete voglia di mangiare davvero toscano, questo è il posto che fa per voi. Una trattoria vecchia maniera: babbo e mamma in cucina, il figlio Massimo tra i tavoli. Una trattoria senza grandi pretese, con un menù di poche portate, ma tutte buone, e offerte a un prezzo contenutissimo. Assolutamente da provare i primi piatti, tutti di pasta fatta in casa, in particolare i **tortelli di patate** (tipici del Mugello) conditi **con ragù** di vitello o **di anatra**, con i funghi o con il pomodoro; buone anche le **tagliatelle** e le **lasagne**. Il menù, descritto a voce da Massimo, prevede anche un fragrante **fritto di pollo**, il **coniglio ripieno**, le **bracioline ripassate nel pomodoro**, l'**arista** e, la domenica, un favoloso e "vero" arrosto girato, con lombi, fegatelli, pollo e altro. I contorni variano secondo stagione e i dolci sono fatti in casa: da segnalare una ruspante versione del tiramisù. Piacevole il vino sfuso. Arriva Massimo con il conto, ed è un altro cerchio perfetto!

🔒 🍷 La Casa del Prosciutto, via Ponte a Vicchio 1: vendita e degustazione di salumi e formaggi locali, pane, schiacciate.

TOSCANA | 511

VOLTERRA

66 KM A SE DI PISA SS 68 E 439

Da Badò
Trattoria
Borgo San Lazzero, 9
Tel. 0588 80402-342 3958385
Chiuso il mercoledì
Orario: mezzogiorno e sera
Ferie: non ne fa
Coperti: 40
Prezzi: 35 euro vini esclusi
Carte di credito: CS, DC, MC, Visa, BM

Appena fuori dal centro storico della città etrusca, troverete questa trattoria a conduzione familiare, con bar dove è possibile fare uno spuntino a base di salumi e formaggi locali. Nella sala, ravvivata da una bella apparecchiatura color vinaccia e da scaffali con bottiglie di vino, vi accoglierà Giacomo Nencini, anima della trattoria assieme alla madre Lucia, cuoca di grande capacità ed esperienza. Si deve a lei la proposta di una cucina di schietta tradizione territoriale, dai sapori tipicamente decisi. Il capitolo antipasti è rappresentato, oltre che dai classici salumi e crostini, da sformati di verdure di stagione. Le paste, preparate da un artigiano locale, sono molto appetibili: *pici al ragù di maiale* o di anatra (12 €), **pappardelle al cinghiale** o alla lepre e gli eccellenti **tortelloni al pecorino erborinato**. In alternativa, la tradizionale **zuppa alla volterrana** (10 €), variante della più nota zuppa toscana. Tra i secondi ci hanno particolarmente convinto la **faraona al Vin Santo**, il **cinghiale in umido**, la **trippa**, il **baccalà rifatto** (13 €); se siete fortunati, potrete gustare il **collo di gallina ripieno**. Merito ancora di Lucia l'offerta dei dolci: oltre a buoni semifreddi, budino di ricotta alle more (6 €), crostate e torta di mele. Peccato che non ci sia una carta dei vini, ma Giacomo è solerte a consigliare una o più delle etichette disponibili, prevalentemente toscane; si può anche optare per il discreto sfuso, prodotto nella zona di Certaldo.

🔒 ♀ In via Don Minzoni 30, La Vena di Vino è un'enoteca con vasta selezione di vini toscani e nazionali da degustare assieme ai migliori formaggi e salumi locali.

512 | TOSCANA

VOLTERRA

65 KM A SE DI PISA

La Carabaccia
Osteria tradizionale
Piazza XX Settembre, 4-5
Tel. 0588 86239
Chiuso il lunedì, mai d'estate
Orario: mezzogiorno e sera
Ferie: in novembre
Coperti: 38 + 25 esterni
Prezzi: 24 euro vini esclusi
Carte di credito: tutte, BM

Regno di donne, questo piccolo locale del centro storico di Volterra: in cucina Patrizia Boldrini ed Enrichetta Lupi, in sala (ma anche artefice dei dessert) Sara Gremigni. Il tocco femminile si manifesta nell'arredo, semplice ma curato nei particolari, con pareti ornate da foto d'epoca, utensili del mondo contadino e altri ninnoli del tempo che fu. La particolarità è che, oltre agli antipasti e ai dolci, ci sono sempre solo due primi e altrettanti secondi, ogni giorno diversi. Una grande sfida delle cuoche, che con fantasia e capacità riescono a "sfornare" una miriade di ricette, per la maggior parte della tradizione locale. La scarsa scelta è ampiamente compensata dalla freschezza dei prodotti e dai piatti cucinati al momento. La vetrinetta all'entrata, che espone formaggi e salumi locali, vi darà un'idea dell'antipasto della casa, accompagnato da crostini vari (8,50 €). Per il resto dobbiamo limitarci a segnalare solo alcuni dei tanti piatti proposti. Tra i primi di pasta fatta in casa, *pici all'aglione* o al ragù, tortelli, **pappardelle al sugo di lepre**, cinghiale o coniglio; tra le zuppe, la **carabaccia** e la zuppa di verdure alla volterrana (6,50 €). A seguire, **cinghiale con polenta**, **piccione ripieno** o al Vin Santo, chiocciole alla volterrana, **fritto misto di coniglio, cervello e animelle** (9,50 €). Il venerdì c'è sempre anche un piatto di pesce, spesso il baccalà. Per concludere, il gelato o uno degli altri dolci (3 €) preparati da Sara. Discreto il vino della casa, prodotto nella zona di Montaione, limitata la scelta di etichette toscane. Non si paga il coperto.

La Grappa
dal 1977

MAROLO

www.marolo.com

Alleanza Slow Food dei Cuochi

L'Alleanza è una rete solidale che riunisce cuochi, ristoratori e osti impegnati a sostenere i progetti di Slow Food a tutela della biodiversità.

I cuochi dell'Alleanza sposano la filosofia di Slow Food: scelgono materie prime locali, rispettano le stagioni, lavorano direttamente con i piccoli produttori, per conoscerli e valorizzarli.

I cuochi che aderiscono al progetto impiegano regolarmente, nei loro menù, i prodotti di almeno tre Presìdi, privilegiando quelli del proprio territorio, e indicano i nomi dei produttori dai quali si riforniscono con il logo

La rete dell'Alleanza al momento è attiva in Italia, dove coinvolge 400 ristoranti, e in Olanda e in Marocco.

PUOI VEDERE L'ELENCO DEI LOCALI ADERENTI, LE DATE DELLE CENE DELL'ALLEANZA E TROVARE INFORMAZIONI SU COME ADERIRE AL PROGETTO, SUL SITO: WWW.FONDAZIONESLOWFOOD.IT

oltre alle osterie

BIBBONA - MARINA DI BIBBONA
46 KM A SUD DI LIVORNO SS 11

La Pineta
Ristorante
Via dei Cavalleggeri Nord, 27
Tel. 0586 600016
Chiuso il lunedì e martedì a pranzo
Orario: mezzogiorno e sera
Ferie: 10 ottobre-10 novembre
Coperti: 45
Prezzi: 60-70 euro vini esclusi
Carte di credito: tutte, BM

Alla fine di una strada che costeggia la spiaggia per chilometri, si arriva a una piccola capanna di legno: è la Pineta di Luciano Zazzeri, da lui definita "baracca", meta di gourmet. La cucina è a vista, di fronte un grande tavolo da lavoro, su una parete laterale un bel mobile-vetrina ad ante. In sala o in veranda sarete perfettamente assistiti dal figlio Andrea assieme a Roberto, che è anche sommelier, e Giovanni. Il menù è una poesia di cucina di mare: usano materie prime di qualità eccezionale e tutto è "fatto e servito", mai riscaldato. Tra i piatti che potrete gustare, la millefoglie di baccalà mantecato con vellutata di porri, i ravioli ripieni di cacciucco (20 €), la ricciola in tegame con rosmarino, capperi e olive (28 €), il pesce bollito con maionese e bottarga; in chiusura, millefoglie con crema di mele verdi e Calvados. Carta dei vini enciclopedica, con ricarichi contenuti.

GUARDISTALLO - CASINO DI TERRA
72 KM A SE DI PISA SS 1 O A 12 E SR 68

Mocajo
Ristorante
SR 68 per Volterra
Tel. 0568 655018
Chiuso il mercoledì
Orario: mezzogiorno e sera
Ferie: variabili
Coperti: 35 + 10 esterni
Prezzi: 40-42 euro vini esclusi
Carte di credito: tutte, BM

Dal 1963 il Mocajo soddisfa la clientela offrendo deliziose specialità di selvaggina e piatti a base di carni toscane selezionate con la massima cura. Anche le altre materie prime sono di primissima qualità, fornite da produttori locali che usano metodi biologici. La semplice trattoria avviata da Lia e Adelmo, è oggi uno dei ristoranti più rinomati della zona. In un menù che varia con le stagioni potrete trovare, per esempio, la coppa di zabaione verde con asparagi, erbette e ricotta alle spezie, le lumache fritte in pastella di farina di riso, i tortelli di maiale su salsa di fagioli e melanzane, le lasagnette d'anatra con petto d'anatra e carciofi (13 €), l'arrosto di agnello pomarancino (18 €), la beccaccia al gin con funghi. Come la pasta, i dolci sono fatti in casa: segnaliamo la millefoglie di brigidini. Carta dei vini con etichette toscane e non. Attigua al ristorante, la Dispensa è un luogo per pranzi veloci e acquisti.

LIVORNO

In Vernice
Ristorante
Via Sproni, 32
Tel. 0586 219546
Chiuso la domenica
Orario: mezzogiorno e sera
Ferie: 15 giorni in settembre
Coperti: 50
Prezzi: 35-40 euro vini esclusi
Carte di credito: CS, DC, MC, Visa, BM

In uno dei vicoli ottocenteschi del centro, tra il Cisternone e piazza XX Settembre (nota per il mercatino americano), il locale è disposto su due livelli negli ambienti prima occupati da un pub che si chiamava Vernice Fresca. Nell'ingresso-bar il bancone per gli aperitivi, al primo piano da un lato la sala da pranzo, dall'altro la cucina. Qui si preparano piatti, prevalentemente di terra, con ingredienti di ottima qualità, elaborati da cuochi abili ed esperti. Da assaggiare il tortino di melanzane con bufala, le mezze maniche con verdure in carbonara (12 €), il coniglio in pasta fillo con crema tartufata, il piccione arrostito con salsa al mirtillo (13 €). I dolci sono tutti fatti in casa. Cantina ben fornita di vini toscani, italiani e francesi; c'è anche una vasta scelta di birre locali e non.

MONTOPOLI IN VALDARNO

35 KM A SE DI PISA SUPERSTRADA FI-PI-LI

Quattro Gigli
con Trattoria dell'Orcio Interrato
Ristorante annesso all'albergo
Piazza Michele da Montopoli, 2
Tel. 0571 466878
Chiuso il lunedì a pranzo
Orario: mezzogiorno e sera
Ferie: variabili
Coperti: 50 + 50 esterni
Prezzi: 50 euro vini esclusi
Carte di credito: tutte, BM

Lungo la via di crinale che attraversa tutto il paese troverete questo famoso ristorante (è anche albergo da oltre ottant'anni), gestito da sempre dalla famiglia Puccioni. Oltre che alla carta si può scegliere il menù della tradizione, oppure la pizza, in sole quattro versioni, con pasta lievitata per 36 o addirittura 48 ore. Tra i piatti ricorrenti, la terrina all'anatra muta, la millefoglie di funghi porcini e parmigiano, le linguine nere alla carbonara di mare, i ravioli di cavolfiore (13 €), i gamberi in rete con filetto di cinta in tempura, le costolette di agnello con miele e mandorle (18 €). Bella scelta di formaggi e dolci. Interessante la carta dei vini; molto buono anche il vino della casa, bianco e rosso.

SCANSANO
30 KM A SE DI GROSSETO SS 322

La Cantina
Ristorante-enoteca
Via della Botte, 1-3
Tel. 0564 507605
Chiuso domenica sera e lunedì
Orario: mezzogiorno e sera
Ferie: 10 gennaio-secondo venerdì di marzo
Coperti: 50 + 8 esterni
Prezzi: 40-50 euro vini esclusi
Carte di credito: CS, MC, Visa, BM

Scansano si trova in quella parte della Maremma, tra le valli dell'Albegna e dell'Ombrone, dove il Morellino ha la sua principale zona di produzione. Al centro del paese, una vecchia cantina in mattoni è la sede di questo bel ristorante. La cucina di Silvia Bargagli si ispira al territorio, rispetta la stagionalità degli ingredienti e usa spesso il Morellino in ricette che sposano tradizione e innovazione. Qualche esempio: strudel dell'ortolano, coniglio in porchetta con carote e zucchine, gnocchi all'acquacotta (8,50 €), lasagnetta al Morellino con sugo di coniglio al finocchio selvatico, stracotto di cinghiale marinato al Morellino, filetto di maiale con tortino di radicchio al mosto d'uva morellino, agnello disossato spadellato in bianco con carciofi all'alloro (20 €). Ottimi i dolci della casa, accompagnati da un calice di passito. Il vino si sceglie nel reparto enoteca e mantiene al tavolo lo stesso prezzo dello scaffale.

SIENA

Le Logge
Ristorante
Via del Porrione, 33
Tel. 0577 48013-339 7494795
Chiuso la domenica
Orario: mezzogiorno e sera
Ferie: due settimane dopo l'Epifania
Coperti: 70 + 40 esterni
Prezzi: 50 euro vini esclusi
Carte di credito: tutte, BM

In quella che era una rivendita di alimentari ottocentesca, di cui conserva mobilio e vetrate, Le Logge è un punto di riferimento sicuro sia per i tanti turisti che affollano la vicina piazza del Campo sia per i senesi. Lo chef Gianni Brunelli rivisita le ricette della tradizione toscana, cucinando ingredienti di ottima qualità, spesso di produzione biologica, con metodi di cottura che rendono i piatti più leggeri. Da segnalare tra gli antipasti l'insalata di puntarelle e la cialda di farina di castagne con julienne di sedano rapa, tra i primi le lasagne al ragù di maiale, verza e provolone piccante (12 €), tra i secondi la coda di bue in terrina (24 €). Casalinghi anche i dolci, come il gelo di mandarino o la sfera di cioccolato. Carta dei vini ben articolata, con etichette – alcune disponibili a calice – per tutti i gusti (e prezzi, naturalmente). Un posto dove vorrete ritornare, a prescindere dalla bellezza della città.

EMÍLIA-ROMAGNA
Rímini
Riccione
0 10 20 km
S. MARINO
S. Marino
Pésaro
MAR
ADRIÁTICO
PARCO NAZ. D.
FORESTE CASENTINESI,
M. FALTERONA
E CAMPIGNA
S. Leo
A14
Fano
Urbino
Senigállia
Arno
Bibbiena
MARCHE
Falconara
Maríttima
Jesi
Arezzo
Città
di Castello
A1
Gúbbio
TOSCANA
Tevere
Fabriano
Umbértide
Cortona
Tolentino
Lago
Trasimeno
Nocera
Umbra
Corciano
PERÚGIA
Assisi
Castiglione
d. Lago
Magione
Spello
PARCO NAZ. D.
Torgiano
Cannara
Panicale
MONTI SIBILLINI
Deruta
Foligno
Visso
Cetona
Bevagna
Tevere
Montefalco
Trevi
Preci
M. Vettore
2476
Giano
dell'Úmbria
Castel
Ritaldi
Nórcia
Campello
sul Clitunno
Massa
Martana
Acquapendente
Todi
Orvieto
Spoleto
Scheggino
Porano
Montécchio
Acquasparta
Baschi
Avigliano
Umbro
Ferentillo
L. di
Bolsena
Bolsena
Terni
Amélia
A1
Montefiascone
Narni
Stroncone
Terminillo
2216
Tuscania
Orte
Rieti
Viterbo
Vetralla
Tarquínia
LÁZIO
A24
Civitavécchia
L. di
Bracciano
ABRUZZO
A12
Bracciano
A1dir
A1

UMBRIA

Per secoli la campagna è stata il legame identitario della regione grazie al simbiotico scambio tra città e contado, tra borgo murato e villa aperta. Oggi, nonostante la parentesi industriale novecentesca, sviluppatasi e conclusasi nell'Umbria meridionale, il rapporto con la tradizione agricola è ancora vitale e forte. Da qui prende avvio il costante mantenimento di una tradizione gastronomica fondata sulle coltivazioni dell'olivo, della vite e del grano, sull'allevamento ovino e bovino, ancora di dimensioni familiari, e sull'apporto dei boschi. L'olio è perciò compagno insostituibile nella preparazione di paste di acqua e farina (strangozzi, umbricelli, gnocchi e ciriole), zuppe di legumi e cereali, carni, salse e intingoli appetitosi, come il salmì, che in Umbria ha sapore agrodolce grazie all'unione con cipollina, alloro e aceto di vino. Una preparazione schietta, forte e frugale, cuore vero della sua tradizione. Salumi e carni alla brace, bovine e suine, come l'onnipresente porchetta venduta nei chioschi di tutte le piazze, sono l'ordito di un tessuto gastronomico ricco e variegato, completato da tartufo bianco e nero, prodotti del bosco e cacciagione, da penna e da pelo, preparata alla leccarda e alla ghiotta. Il Trasimeno e il Tevere con i suoi affluenti aggiungono poi una nota acquatica: gamberi, trote, carpe, lucci, persici e anguille, magnifici singolarmente, compongono intense mescolanze di sapori, di cui il tegamaccio è l'espressione più tipica.

scelti per voi

pesce di lago
522 L'Acquario
Castiglione del Lago (Pg)
527 I Bonci
San Feliciano di Magione (Pg)

cipolla
522 Perbacco
Cannara (Pg)

cacciagione
530 La Palomba
Orvieto (Tr)
518 La Gabelletta
Amelia (Tr)
523 La Miniera di Galparino
Città di Castello (Pg)

fegatelli
537 Il Testamento del Porco
Terni
539 La vecchia Posta
Trevi (Pg)

paste fatte a mano
525 Piermarini
Ferentillo (Tr)

AMELIA

25 KN A EST DI TERNI

La Gabelletta
Ristorante e residenza di campagna
Via Tuderte, 20
Tel. 0744 981775
Chiuso il martedì
Orario: mezzogiorno e sera
Ferie: non ne fa
Coperti: 100 + 60 esterni
Prezzi: 30-35 euro vini esclusi
Carte di credito: tutte, BM

Ospitata in una antica locanda settecentesca di campagna, La Gabelletta è un luogo per mangiare, e dormire, all'insegna dello stare bene. Il menù è stagionale e consigliamo, anche a chi predilige le carni, di assaggiare almeno un piatto con le erbe di stagione, specialità della casa. Tra gli antipasti ricordiamo il classico baccalà fritto, la primaverile **pentolaccia di fave, piselli, carciofi e lattuga con pansecco al mentastro** (7 €) e il paniere di pecorino umbro ripieno di fava cottòra dell'Amerino (Presidio Slow Food). Sempre disponibili ottimi formaggi umbri con mostarda, miele e frutta di stagione. Tra i primi vi consigliamo i **panzerotti alle erbette di stagione e ragù di castrato**, gli spaghetti cacio e pepe, la zuppa di farro di Monteleone, le classiche **ciriole al tartufo estivo** (13 €) e i piatti a base di funghi. Tra le carni, oltre a quelle di maiale, cinghiale, vitello e agnello alla brace o allo spiedo, non perdete il pollo ruspante del Gabelliere, il coniglio fritto con verdure e il **piccione alla ghiotta con crostone di santoreggia** (14 €). Sempre presenti proposte per i vegetariani, come il flan di zucca ai funghi con pesto di noci ed erbe (10 €). I contorni, tutti a base di erbe e ortaggi stagionali, costano 4-6 euro. I dolci spaziano dalla tradizionale crostata alla **millefoglie ai fichi** (5 €), fino al dolcemangiare alle fragole. Cantina con i migliori vini del territorio, etichette nazionali e d'oltralpe. Completa l'offerta una selezione di birre artigianali e di distillati, cui è dedicata una sala degustazione.

ASSISI

27 KM A EST DI PERUGIA

Malvarina
Azienda agrituristica
Via Pieve di Sant'Apollinare, 32
Tel. 075 8064280
Non ha giorno di chiusura
Orario: sera, mezzogiorno su prenotazione
Ferie: non ne fa
Coperti: 65 + 65 esterni
Prezzi: 30 euro vini esclusi, menù fisso
Carte di credito: AE, CS, MC, Visa, BM

Immerso nel verde di querce e olivi secolari, sulle pendici del Monte Subasio, tra Assisi e Spello, questo agriturismo offre ai suoi ospiti materie prime di produzione propria nel rispetto della tradizione e della genuinità. Oltre il 70% di quello che è servito agli ospiti è prodotto in azienda, motivo di giusto orgoglio per il proprietario Claudio Fabrizi e il suo fido collaboratore Giacomo, uomo tutto fare che si occupa dell'allevamento degli animali da cortile, dei maiali, delle pecore, dei vitelli e della coltivazione dell'orto nel rispetto delle norme biologiche. Anche gli insaccati e i formaggi sono prodotti in loco, così come l'ottimo olio extravergine che ha ottenuto numerosi riconoscimenti. Con queste materie prime, la signora Patrizia Menghinella, moglie di Claudio, prepara piatti invitanti, gustosi e marcatamente locali. Il menù è fisso e varia ogni giorno in base alle disponibilità dell'azienda: ordinate con tranquillità, non resterete delusi. Si comincia con salumi fatti in casa, parmigiana di melanzane, **crostini di paté di fegato** e fagioli con le cotiche. Tra i primi variegate preparazioni: dagli **strangozzi con germogli d'aglio e barbozza** alle tagliatelle al ragù d'oca, fino alla **pasta con fave e pecorino**. Fra i secondi prevalgono le carni con il coniglio ripieno, l'**oca arrosto**, il cosciotto d'agnello e il piccione alla brace. Si conclude con zuppa inglese o **rocciata**. La carta dei vini privilegia le etichette locali.

ASSISI

24 KM A EST DI PERUGIA SS 147 E SS 75

Pallotta

Trattoria con alloggio
Via Volta Pinta, 2
Tel. 075 812649
Chiuso il martedì
Orario: mezzogiorno e sera
Ferie: fine febbraio-primi di marzo
Coperti: 80
Prezzi: 30-35 euro vini esclusi
Carte di credito: CS, MC, Visa, BM

Assisi è sicuramente una delle città umbre più visitate dal turismo religioso e da quello d'arte a livello nazionale e internazionale. Nei pressi del tempio di Minerva, splendidamente conservato, trovate questa trattoria gestita dalla famiglia Balducci. La signora Margherita ogni mattina cura personalmente gli approvvigionamenti presso produttori di fiducia, per poi mettersi ai fornelli e, al bisogno, aiutare, in sala, il lavoro dei tre figli. Il servizio è informale ma preciso. Iniziate con i taglieri di salumi umbri o di pecorini locali con miele e salse (8,50 €), in estate la tradizionale panzanella con pomodori e cipolla condita con eccellente olio extravergine della zona, in inverno il **tortino di farro con formaggio fuso** o l'antipasto misto vegetariano. Seguono, fra i primi, i deliziosi cappellacci al pecorino di fossa e miele (10 €), gli strangozzi al tartufo estivo, o con pesto di olive e funghi piccantini (9 €), la **zuppa** di verdure, o **di fagiolina del Trasimeno** (Presidio Slow Food). Il **baccalà** è spesso presente in carta: provate quello **in umido con uvetta e pinoli** (14 €) o, in alternativa, la grigliata mista, il coniglio alla cacciatora, il **piccione alla ghiotta su crostone di pane** (18 €) e l'agnello a scottadito, il tutto con contorni di stagione. Tra i dolci: rocciata umbra, zuppa inglese, tortino al cioccolato con crema d'arancia, tozzetti con vino dolce. Sono proposti convenienti menù a prezzo fisso di cui uno vegetariano a 26 euro. Discreta la cantina, visitabile su richiesta.

AVIGLIANO UMBRO

29 KM A NO DI TERNI SS 3 BIS

La Casareccia

Ristorante
Strada Pian dell'Ara, 69
Tel. 0744 933482
Chiuso il lunedì
Orario: mezzogiorno e sera
Ferie: variabili
Coperti: 100 + 25 esterni
Prezzi: 30 euro vini esclusi
Carte di credito: tutte, BM

Nelle vicinanze della foresta fossile di Dunarobba e dei castelli di Sismano e Toscolano, in una zona di grande fascino, si trova questa trattoria a conduzione familiare, in cui i sapori tipici del territorio trovano ottima espressione. Il locale è semplice e il servizio cordiale, ma il punto di forza sono i piatti schietti e saporiti. L'essenziale menù di base è arricchito da un'ampia scelta di piatti fuori carta proposti sulla base della disponibilità dei prodotti stagionali: si apre con gli antipasti di bruschette al tartufo, al pomodoro o all'olio (3-6 €) e salumi locali, per proseguire con le paste fatte in casa con farina macinata a pietra. Si fanno notare i **manfricoli** di acqua e farina, conditi con pomodoro (5 €), tartufo (10 €) o **con carbonara di asparagi** (8 €), e le fettuccine servite al sugo con le interiora di pollo o con pomodorini ,pancetta e pesto di rucola (8 €). Da provare, se disponibili, anche gli **gnocchi al sugo di castrato** e la polenta. Come secondo è offerta una selezione di carni di manzo, maiale o **agnello alla brace**, tutte di provenienza locale (3-8 €), oppure la **pizza sotto il fuoco**, una focaccia cotta sulla pietra, da gustare accompagnata da pancetta, prosciutto, formaggio, salsicce o verdure (4-10 €). In alternativa tacchino con carciofi e nocciole (7 €), **fave stufate con verza e guanciale** (6 €) e cinghiale alla cacciatora (8 €). Per terminare il pasto una golosa zuppa inglese (4 €) servita nel vasetto delle conserve. Da segnalare l'ottimo vino della casa.

A **Santa Maria degli Angeli** (4 km) il caseificio Brufani: formaggi stagionati e freschi.

AVIGLIANO UMBRO

29 km a no di Terni ss 3 bis

La Posta
Ristorante con bottega
Via Matteotti, 21
Tel. 0744 933927
Chiuso lunedì e martedì
Orario: sera, festivi anche pranzo
Ferie: variabili
Coperti: 45 + 45 esterni
Prezzi: 30-35 euro vini esclusi
Carte di credito: tutte, BM

Il ristorante della famiglia Venturini, oggi anche panetteria, si trova sulla via principale di Avigliano Umbro, poco lontano da Amelia. La cucina, come sempre, spicca per qualità della materia prima, non solo locale. Ad accogliervi sarà il figlio Guglielmo che prepara anche il pane e la pizza: ottime le focacce, prodotte con lievito madre e farine biologiche, condite con fior di latte di produzione locale (7,50-9,50 €), disponibili anche a pranzo assieme ai fritti e ai salumi. Per cena, invece, il padre Piero, in cucina, realizza piatti semplici e gustosi, nel pieno rispetto della stagionalità dei prodotti utilizzati. Si comincia con gli antipasti, in prevalenza fritti, tra cui vanno menzionate le deliziose **crocchette di melanzane con salsa di pomodoro** (7 €), i supplì al ragù (5€) o con alici e fiori di zucca (8 €), i **fiori di zucca ripieni** di ricotta conditi **con salsa di pomodoro e sesamo** (7 €). La scelta non è troppo ampia, ma il menù offre piatti sia vegetariani, sia di carne o pesce; tra i primi si va dai paccheri con sugo di pomodoro, guanciale croccante e cacioricotta caprino (8 €) alle classiche **tagliatelle**, stese al mattarello e condite **con tartufo** (10 €), passando attraverso gli spaghetti al tonno preparato in casa (10 €). I secondi, invece, propongono **fondi di carciofo con uova e tartufo** (14 €), **baccalà in guazzetto** (14 €) e un croccante pollo fritto con tempura di verdure (12 €). Da segnalare la scelta dei vini, con buon rapporto tra qualità e prezzo, e una bella selezione di etichette locali e nazionali.

BEVAGNA

38 km a se di Perugia

Antiche Sere
Osteria *novità*
Piazza Garibaldi, 10
Tel. 0742 361938
Non ha giorno di chiusura
Orario: mezzogiorno e sera
Ferie: variabili
Coperti: 16 + 20 esterni
Prezzi: 30-35 euro vini esclusi
Carte di credito: tutte, BM

Antiche Sere, situata all'ingresso di Bevagna, sotto la torre della meridiana, è una bella realtà locale. Bevagna è diventata famosa per il "mercato delle Gaite", una rievocazione dei mestieri e del mercato medievale, tra le più storicamente fedeli, che si volge ogni anno alla fine di giugno e offre al turista, che si trova in città in quel periodo, un vero e proprio viaggio nel tempo. L'osteria gestita da Luciano Sabbatini è composta da un'unica sala interna, accogliente e familiare, con le pareti ricoperte da vecchie stampe. L'accoglienza è piacevole e curata, volta a far sentire da subito l'ospite come a casa propria. I piatti proposti sono una buona elaborazione della tradizione umbra. Luciano valuta con attenzione le materie prime, con spiccata predilezione per quelle locali e stagionali: per questo motivo il menù del giorno varia in base alla reperibilità di mercato. Potrete iniziare con la classica **panzanella** (6 €), la frittata al tartufo fresco, oppure con un buon prosciutto tagliato a mano. Tra i primi, gli **gnocchi al Sagrantino passito** (10 €), gli stringozzi e l'amatriciana con guanciale di mora romagnola (Presidio Slow Food) e pecorino. Per secondo, **coniglio casereccio in porchetta**, **piccione arrosto** servito intero (15 €) o guanciale brasato al Sagrantino. La lista dei vini annovera perlopiù quelli locali, con una interessante selezione di bollicine che ben accompagnano le specialità proposte.

BEVAGNA

38 KM A SE DI PERUGIA

La Tavernetta di Porta Guelfa

Ristorante
Via Raggiolo, 2
Tel. 333 4300722
Chiuso il lunedì
Orario: sera, pranzo su prenotazione
Ferie: variabili
Coperti: 25 + 15 esterni
Prezzi: 20-25 euro
Carte di credito: nessuna

Nella splendida cornice di Bevagna, percorrendo i vicoli medievali perfettamente conservati della città, si giunge a Porta Guelfa, una delle quattro antiche porte cittadine, dove troverete questa piccola osteria, a gestione familiare. Ad accogliervi, Silvestro Taccucci che, da buon oste, saprà mettervi a vostro agio, senza mai essere invadente, suggerendovi i piatti semplici e d'impostazione territoriale cucinati con cura dalla moglie Annarita. A lei spetta il compito quotidiano di supervisionare le materie prime, scelte con cura seguendo il ritmo delle stagioni: niente fronzoli inutili ma preparazioni di alta qualità nel solco della tradizione. Il menù (a prezzo fisso) varia in base alla reperibilità di mercato: lasciatevi condurre in un percorso gustativo che non vi deluderà. Per iniziare, un antipasto misto, buono e abbondante, con **salumi**, formaggi, insalatine, frittate, bruschette e altro ancora. Fra i primi piatti spiccano le paste fatte in casa, **ravioli** ripieni **di ricotta con fave e guanciale**, tagliatelle al ragù di chianina, cappelletti e gnocchi. Fra i secondi grande spazio è concesso alla carne di vitello, ma un buon consiglio è quello di prenotare in anticipo, visto i pochi posti del locale, e ordinare piatti speciali, come **lumache in umido**, quaglie ripiene, **trecciola di agnello**. Il vino della casa è perlopiù locale e di buona fattura. Il menù completo varia dai 20 ai 25 euro, vino della casa compreso. Da segnalare che non ci sono spese per il coperto.

CAMPELLO SUL CLITUNNO
Fonti del Clitunno

54 KM A SE DI PERUGIA, 10 KM DA SPOLETO, 15 KM DA FOLIGNO SS 3

La Trattoria

Trattoria
Strada Statale Flaminia, km 137
Tel. 0743 275797
Chiuso domenica sera e lunedì
Orario: mezzogiorno e sera
Ferie: gennaio
Coperti: 70 + 70 esterni
Prezzi: 30-35 euro vini esclusi
Carte di credito: CS, DC, MC, Visa, BM

Trovandovi a passare in questa località, a pochi chilometri da Spoleto, una sosta alle Fonti del Clitunno vi allieterà il cuore e gli occhi. Tra le varie realtà gastronomiche non sempre felici del luogo, spicca la trattoria di Gabriele Ceccarelli, conosciuta dagli indigeni e dagli avventori di un giorno. Nella sala ampia e ben arredata in stile moderno, Gabriele, appena seduti, vi snocciolerà le proposte del giorno segnalate su una lista stringata ma mai banale. Gli antipasti seguono le stagioni proponendo varie frittate con tartufo, asparagi e zucchine. Ottimi anche i **salumi** che provengono da allevamenti della vicina Valnerina. Semprevverdi, anche per il colore brillante dell'olio locale, le bruschette miste. I primi piatti vanno dalla classica **fettuccina** ai tradizionali strangozzi **con tartufo** o asparagi selvatici (10-13 €) alle buone zuppe, come quella di lenticchie o la fenomenale **zuppa di ceci e baccalà** (10 €); in alternativa, da non dimenticare una delicata pasta ripiena in brodo. I secondi sono ancora più sfiziosi: si comincia con una **parmigiana di sedano nero di Trevi** (Presidio Slow Food, 12 €), pollo fritto (12 €), **palombacce alla ghiotta** e tanti tagli di carne alla brace, dal maiale al vitello. I contorni sono spesso abbinati ai piatti e vanno dalle verdure saltate al tegame a piccoli assaggi di legumi. Dolci classici della tradizione italiana con tiramisù, crostate (5 €) e biscotti secchi. Buona la qualità dei vini proposti, locali e nazionali.

UMBRIA | 521

CANNARA

31 KM A SE DI PERUGIA

Perbacco
Osteria moderna
Via Umberto I, 14
Tel. 0742 720492
Chiuso il lunedì
Orario: sera, domenica e festivi anche pranzo
Ferie: fine giugno-inizio luglio
Coperti: 50
Prezzi: 30-35 euro vini esclusi
Carte di credito: CS, DC, MC, Visa, BM

Ernesto Parziani va fiero della possibilità che offre ai suoi clienti di verificare che effettivamente nella sua osteria la pasta è fatta il casa, tanto da allestire, nei giorni più tranquilli, in sala un tagliere e tutto il necessario per preparare e cucinare i primi piatti davanti alla clientela. Il menù è vario e segue l'andamento stagionale. Cannara è nota per la dolcissima cipolla, che regala il terreno argilloso, e la sua lavorazione, e questo ingrediente è presente in molte proposte in carta. Per iniziare: paté di fegato caldo, **sformato di cipolle con crema al parmigiano e crostini di cipollata** (7 €), **lumache in umido**, parmigiana di melanzane, salumi misti di Norcia e torta al testo (9 €). Seguono ottime paste asciutte come gli spaghetti Perbacco, con acciuga e cipolla (9 €), i **taglierini** ai funghi porcini e quelli **con carbonara di fave**; in alternativa sempre gustosa la zuppa di cipolla con pane tostato e groviera gratinata (7 €). I secondi, serviti con ottimo pane appena sfornato, sono i grandi classici umbri preparati ad arte: **faraona alla leccarda** (13 €), involtini di capocollo tartufati con crema di fave, costolette di agnello impanate alle erbe, tartara di chianina (17 €). Come contorno: panzanella con cipolla rossa (4 €) o cartoccio di verdure. I dolci cambiano settimanalmente con alcuni capisaldi come la zuppa inglese e il salame del re. La carta dei vini è ricca e ben strutturata, con presenze anche internazionali.

CASTIGLIONE DEL LAGO

44 KM A OVEST DI PERUGIA RACCORDO A1 O SS 559

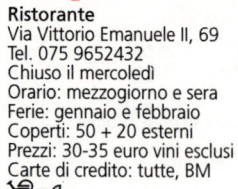

L'Acquario
Ristorante
Via Vittorio Emanuele II, 69
Tel. 075 9652432
Chiuso il mercoledì
Orario: mezzogiorno e sera
Ferie: gennaio e febbraio
Coperti: 50 + 20 esterni
Prezzi: 30-35 euro vini esclusi
Carte di credito: tutte, BM

Proprio nel centro del bellissimo borgo, lungo il corso principale, questo locale ormai storico continua a proporre una cucina senza cedimenti sul versante della qualità. L'esperienza e le antiche usanze dei pescatori e agricoltori del Lago Trasimeno costituiscono la spina dorsale di un menù, che sa ancora stupire per la scelta impeccabile delle materie prime mirabilmente elaborate in cucina con mano sicura e competente. Si comincia con antipasti di terra o di lago, ma una menzione speciale la meritano il **caviale del Trasimeno** su crostini caldi (7,50 €) e i gamberi di lago con porro e mandorle (8 €). Primi piatti fenomenali, come gli ottimi **cappellacci con formaggi e pinoli alla salsa di luccio e tartufo** (13 €), i chitarrini con tinca affumicata ed erbette (9,50 €) o i *pici* con sugo d'oca, precedono gustosi secondi che spaziano fra mare e terra. I filetti d'anatra con salsa di fichi e aceto di lamponi (14,50 €), la **grigliata mista di lago** (14 €), il **filetto di persico con tartufo, timo pinoli e fagiolina del Trasimeno** (Presidio Slow Food, 13,50 €) sono alcune delle proposte. Gradevole la stagionale selezione di formaggi e buoni i dolci della casa. Il tutto è accompagnato da una discreta carta dei vini.

❝La sapienza nel destreggiarsi tra le ricche materie del posto, unendo terra e lago, è l'essenza di questo accogliente locale❞

CITTÀ DI CASTELLO

54 km a nord di Perugia ss 3 bis e 257

Dagamò
Ristorante
Via Lapi, 2 D
Tel. 075 3721419-333 2465882
Chiuso la domenica
Orario: mezzogiorno e sera
Ferie: la settimana di Ferragosto
Coperti: 40 + 45 esterni
Prezzi: 28-30 euro vini esclusi
Carte di credito: CS, DC, MC, Visa, BM

Città di Castello è una piccola realtà tutta da scoprire, tra vicoli, piazze medievali e due musei legati al grande artista contemporaneo Alberto Burri. Tra le tante proposte gastronomiche del centro cittadino, noi consigliamo una visita da Mirko, proprietario del Dagamò. In cima alle scale che introducono alla piacevole sala moderna, il patron vi accoglierà con premura e cortesia, esponendovi le proposte del giorno che Patrizio ha preparato per voi. Gli antipasti sono il primo segnale che tutto in questo locale è tradizione e territorio: **mozzarella locale ripiena di ricotta** (8 €), tagliata di fegato d'anatra con pinoli (8 €), il classico e ricco antipasto della casa (12 €) con salumi e formaggi locali. Fra i primi tanta pasta casalinga e secca di altissima qualità: ottimi i pennoni gorgonzola e pinoli e i focosi **cappelletti piccanti** (8 €). Tra i secondi meritano attenzione il classico **scottadito di agnello** (14 €), i vari tagli di chianina e la tagliata di manzo (14 €). Come contorni assaggiate le verdure grigliate e le erbe di campo ripassate in padella. I dolci variano tra proposte classiche rivisitate, come il tiramisù soffiato e la crème brûlée all'arancia, e dolci della tradizione umbra come il **torcolo con Vin Santo** (4 €). Buone le proposte dei vini, con alcune etichette locali e nazionali; per chi non vuole esagerare è possibile scegliere al calice fra alcune bottiglie del territorio.

■ Alimentari Il Girasole, via Liviero 2 M (viale della stazione): classico negozietto di alimentari specializzato in salumi, formaggi, dolci tipici e Presìdi Slow Food.

CITTÀ DI CASTELLO
San Secondo

54 km a nord di Perugia ss 3 bis e 257

La Miniera di Galparino
Azienda agrituristica
Vocabolo Galparino, 34
Tel. 075 8540784-347 6140798
Aperto gio-sab; primavera-autunno anche dom pranzo
Orario: solo la sera
Ferie: non ne fa
Coperti: 40 + 25 esterni
Prezzi: 25 euro vini esclusi, menù fisso
Carte di credito: nessuna

Immerso fra le colline umbre, questo agriturismo offre una proposta fortemente legata a prodotti e preparazioni tradizionali con qualche concessione all'estro creativo della cuoca Chiara. La cucina si avvale soprattutto dei prodotti dell'azienda agricola (biologica), tra i quali un pregevole olio extravergine. Tra gli antipasti ricordiamo il tomino con verdure grigliate e la mortadella alla griglia con scaglie di grana e balsamico; in primavera ottimi i **fiori di acacia fritti** e gli sfogliotti di borragine, mentre in autunno è da assaggiare lo **sformatino di pecorino con riduzione di pere** e il flan di funghi con tartufo. In estate non trascurate la panzanella ai semi di papavero. Primi di sostanza quali le tagliatelle con basilico nero, ciliegini e pecorino, gli **gnocchi al mazzafegato** (Presidio Slow Food) **e rape**, il cinghiale in bianco con polenta di farro e le tagliatelle con sugo alle rose. I secondi, a base di carne, restano stagionali: in autunno-inverno piatti di **cacciagione**, come capriolo al ginepro con cipolla stufata all'aceto, in estate i bocconcini di pollo alla lavanda, in primavera il **coniglio al rosmarino**. Fra i dolci, **torta alla crema e ciliegie**, crostata alla cannella e mirtilli, zuccotto all'albicocca, magari con un calice di Vin Santo affumicato, di una piccolissima produzione locale. La carta dei vini è molto ampia e curata, con belle sorprese come la vasta scelta di liquori alle erbe casalinghi.

> *Un locale eccelso sotto tutti i punti di vista: dall'accoglienza alle materie prime di produzione propria. Piatti di forte impronta territoriale realizzati con maestria*

UMBRIA | 523

CITTÀ DI CASTELLO

54 km a nord di Perugia ss 3 bis e 257

Lea
Trattoria
Via San Florido, 38
Tel. 075 8521678
Chiuso il lunedì
Orario: mezzogiorno e sera
Ferie: metà luglio-metà agosto
Coperti: 50
Prezzi: 20-25 euro vini esclusi
Carte di credito: tutte, BM

Non ci sono più le trattorie di una volta... Sbagliato! La Lea è una trattoria come si deve. Nel cuore della città, questo locale è punto di riferimento per una clientela composita e affezionata, attratta dalla cucina sospesa fra l'Umbria e la vicinissima Toscana. Aperta nel 1986 da Lea, oggi è gestita dai figli Cristiano e Marco che hanno deciso di mantenere inalterato il carattere popolare del locale, nel senso più positivo possibile. Partendo dagli antipasti troverete **prosciutto nostrano al coltello** (5 €), bruschetta al lardo o al pomodoro fresco (4,50 €) e panzanella. I primi sono fatti in casa: **agnellotti al ragù** (5 €), immancabili cappelletti in brodo (7 €), penne alla norcina, **tagliatelle ai porcini**, minestrone di verdure, pasta e ceci. Interessante il tris di primi al tartufo di stagione (8,50 €). Tra i secondi ottimi l'**agnello e il castrato alla brace** (9 €), il **mazzafegato** (Presidio Slow Food); in alternativa filetto di manzo ai porcini e tagliata di manzo (9,50 €). Ogni giorno c'è una specialità dettata dall'estro dello chef. Contorni stagionali: radicchio di campagna (2,50 €), verdura cotta, **porcini** alla brace, in padella e **fritti** (8 €), ceci e fagioli all'olio. Buona la selezione di pecorini freschi e stagionati. Nei giorni feriali anche trippa, coniglio e agnello in padella. La carta dei vini è ricca e ben strutturata con molte presenze toscane e uno sfuso con un buon rapporto tra qualità e prezzo. Obbligatoria la prenotazione.

CORCIANO
Mantignana

13 km a no di Perugia

Taverna dei Sapori *novità*
Osteria
Via Alighieri, 12
Tel. 075 605720
Chiuso il martedì
Orario: solo la sera
Ferie: non ne fa
Coperti: 30 + 10 esterni
Prezzi: 25-30 euro vini esclusi
Carte di credito: tutte, BM

Sulla via che porta al castello antico di Mantignana, bellissimo borgo fortificato in mezzo alle colline che fanno da corona alla piana di Corciano, troverete questo piccolo locale a conduzione familiare, ricavato nell'antica cantina del castello. Con un arredamento sobrio, quasi essenziale, sono le storiche mura ad avere il compito, pienamente raggiunto, di rendere accogliente l'ambiente. La cucina è governata dalla signora Francesca, depositaria della tradizione culinaria di questa terra, mentre ai tavoli lavora il figlio Cristian. La spesa è quotidiana e solo presso produttori locali. Il menù è strettamente stagionale con pane e pasta preparati in casa. Si comincia con antipasti di bruschette all'olio, crostini misti (4 €) salumi locali o il tradizionale arvoltolo, salato o dolce. In alternativa l'immancabile **torta al testo farcita con affettati**, salsicce o erbe. I primi vanno dalla **zuppa di farro** con osso di prosciutto (7,50 €) alle tagliatelle al ragù; ottimi anche i taglierini al tartufo. I secondi annoverano grigliata mista di maiale (12 €), il **coccio** – pane, pecorino e sella di San Venanzo (8 €) – scaloppine con pomodori secchi e olive, **tasca di tacchino al tartufo** (12 €). I contorni hanno come delizioso capofila la fritturina mista di verdure. Su richiesta è possibile gustare ricette di pesce di lago, come **tegamaccio**, carpa in porchetta, agoni fritti. La carta dei vini privilegia le produzioni locali, con una buona scelta per qualità e prezzo.

▪ In piazza Fanti 8 C, Sergio Bendini seleziona salumi, vini, olio e altre specialità locali.

FERENTILLO

18 KM A NE DI TERNI

Piermarini

Ristorante con alloggio
Via Ancaiano, 23
Tel. 0744 780714-335 5456128
Chiuso domenica sera e lunedì
Orario: sera, domenica anche pranzo
Ferie: variabili
Coperti: 50
Prezzi: 35 euro vini esclusi
Carte di credito: tutte, BM

Appena varcato il cancello, si entra in un giardino curatissimo, preludio alla bella sala di questo locale di radicata tradizione. La famiglia Piermarini propone in tavola per la maggior parte i prodotti della propria azienda agricola realizzando così una virtuosa filiera chiusa che permette di gustare piatti di qualità davvero eccelsa. Il tutto si traduce, giustamente, in un menù senza fronzoli, di quattro o cinque efficacissime scelte per portata, cucinate con attenzione e rivolte ad esaltare il naturale sapore degli ingredienti. Fra gli antipasti, immancabile il **coccorè**, che troverete in tutte le stagioni: uovo alla coque con salsa tartufata e crostini di pane (15 €). Seguono la formaggetta al tartufo (13 €), il lonzino in carpaccio con sformato di formaggio (8 €), le verdure fritte con arancini (9 €). I primi piatti propongono gli spaghetti al tartufo nero pregiato (25 €), gli **stringozzi alle erbette con asparagi** (8 €), il risotto allo zafferano e fiori di zucca (10 €), le **pennette con porcini e tartufo** (12 €). I secondi sono tutti a base di carne: tagliate classiche, filetto di vitellone, ma anche **maialino arrosto al limone con purè di mele** (10 €) e un perfetto **cosciotto d'agnello arrosto**. Dolci all'altezza del menù, e ampia la carta dei vini con diverse etichette di respiro nazionale e numerose proposte di qualità disponibili anche al calice.

66 *Le materie prime eccellenti, la mano leggera in cucina e la gradevole accoglienza, complice la bellezza del genius loci, deliziano la clientela in una vera oasi di relax* 99

FOLIGNO

37 KM A SE DI PERUGIA SS 75

Osteria del Teatro

Osteria *novità*
Via Petrucci, 8
Tel. 347 3401778
Chiuso domenica sera e lunedì a pranzo
Orario: mezzogiorno e sera
Ferie: non ne fa
Coperti: 40 + 30 esterni
Prezzi: 27-32 euro vini esclusi
Carte di credito: CS, MC, Visa, BM

Nel vicolo che si diparte dal fianco della casa medievale del medico Gentile da Foligno, c'è l'ingresso di questo locale caratteristico, dalla cucina verace e scandita dalla spesa quotidiana. Il menù vi sarà raccontato dalla voce del possente patron Piero de Mai, coadiuvato dalla signora Roslana che lo aiuta nella preparazione dei gustosi piatti che avrete modo di assaporare seduti a uno dei tavoli. Sempre presente una buona scelta tra primi e secondi basati sulla stagionalità e la freschezza delle materie prime, che seguono sfiziosi antipasti costituiti da piccoli e variegati assaggi. Cominciamo da questi. Assaggerete in un corteo di scodelle e piattini **insalata di farro**, caponata, cuscus alle verdure, frittatina di bieta, melanzane alla parmigiana, fiori di zucca fritti. Tra i primi piatti non lasciatevi scappare i tortelli ricotta e tartufo, le tagliatelle (tirate a mano) agli asparagi o condite con guanciale e zucchine, la **zuppa d'orzo e patate**. I secondi concedono giusto spazio alle carni: **piccione ripieno alla folignate**, stinco di maiale arrosto, **coniglio in casseruola**, pollo arrosto con patate, porchetta e varie tagliate di bovino. Di stagione non mancano le lumache in umido e, assolutamente da assaggiare, i classici piatti del **quinto quarto**, come trippa, coratella e coda alla vaccinara, di ottima fattura. I dolci sono casalinghi, mentre la carta dei vini riserva una buona selezione di etichette regionali e nazionali.

GIANO DELL'UMBRIA
Bastardo

40 KM A SE DI PERUGIA

4 Piedi & 8.5 Pollici
Osteria moderna
Piazza del Mercato, 10
Tel. 0742 99949-3339979958
Chiuso la domenica
Orario: mezzogiorno, sera e domenica su prenotazione
Ferie: variabili
Coperti: 25
Prezzi: 27-35 euro vini esclusi
Carte di credito: CS, MC, Visa, BM

Se vi trovate a passare tra i Monti Martani e le valli sottostanti, proprio nel cuore dell'Umbria, fate una sosta in questa bizzarra osteria: bizzarro il nome e il posto in cui si trova, un ampio e grigio parcheggio nella piazza del mercato. L'aria che si respira entrando è tutta al femminile, come confermeranno le parole di Laura Saleggia, padrona di casa dai modi diretti che vi racconterà come è nata in lei l'idea dell'osterie la storia dei piatti che saprà proporvi. Molto accattivanti gli antipasti, fra cui è difficile scegliere: taglieri di **salumi** locali con focaccia bianca e ottimi formaggi accompagnati da confetture casalinghe (speciale quella alle rose), **bruschette con uova sbattute e tartufo e paté di fegatini** (12 €). La pasta è perlopiù casalinga (10 €) con condimenti che variano secondo stagione: **strangozzi con guanciale, capperi e pomodoro**, maltagliati alle melanzane e ricotta salata, alcune paste ripiene proposte a rotazione. I secondi offrono un'ottima tartara di chianina, **straccetti al tartufo** (12 €), stracotti e carni alla griglia. I dolci (6 €) variano, ma troverete spesso la torta sbrisolona, lo zabaione caldo e un semifreddo di vaniglia accompagnato da sciroppi fatti in casa o da confettura di rose. Buono il vino sfuso, accanto al quale sono presenti anche diverse etichette, tutte del territorio.

GUBBIO
Santa Cristina

20 KM A NE DI PERUGIA SS 3 BIS O E 45 USCITA PONTE PATTOLI

Alcatraz
Osteria moderna
Località Santa Cristina
Tel. 075 9229911
Sempre aperto su prenotazione
Orario: mezzogiorno e sera
Ferie: non ne fa
Coperti: 60 + 60 esterni
Prezzi: 25 euro vini esclusi, menù fisso
Carte di credito: tutte, BM

Se andrete alla Libera Università di Alcatraz, gestita da Jacopo Fo, resterete incantati oltreché dalla bellezza del paesaggio anche dal luogo, dove fantasia e ironia si sposano con la concretezza del risparmio energetico e della sostenibilità. Alcatraz non è solo un agriturismo e uno spazio di sperimentazione e cultura unico nella sua originalità, ma anche un eccellente ristorante che utilizza materie prime di alta qualità, stagionali e biologiche. Il menù, messo a punto dall'impagabile Angela, è fisso, ma cambia quotidianamente. La modalità è quella del buffet. Jacopo e Angela con i loro collaboratori sono comunque a vostra disposizione per qualsiasi richiesta e necessità eventualmente legate a intolleranze alimentari. Grande varietà di antipasti, tra cui i più originali sono i **fiori fritti di calendula e sambuco** e quelli di zucca ripieni di ricotta ed erbe aromatiche. Tra i primi molte **zuppe** invernali, tagliolini al ragù d'anatra, **malfatti con ricotta, borragine ed erbe di campo in salsa di parmigiano**. Fra i secondi, assaggiate il **coniglio in porchetta con finocchio selvatico**, l'agnello al timo, il pollo allo yogurt e mirtilli. Tutte le carni provengono da piccoli allevamenti locali. Molti i contorni di verdure fresche e grigliate dell'orto di proprietà. Buona scelta di formaggi da accompagnare con confetture di mele cotogne, rosa e sambuco, preparate in casa. Tra i dolci, i tradizionalissimi arvoltolo e brustengolo, oltre a sorprese davvero deliziose. La cantina è rappresentata da una discreta selezione di vini biologici.

MAGIONE
San Feliciano

20 km a no di Perugia ss 75 bis

I Bonci
Trattoria
Via Lungolago Alicata, 31
Tel. 075 8479355
Chiuso il mercoledì, mai d'estate
Orario: mezzogiorno e sera
Ferie: tra gennaio e febbraio
Coperti: 35 + 60 esterni
Prezzi: 35 euro vini esclusi
Carte di credito: tutte, BM

Sul lungo lago, nella frazione di San Feliciano, troverete questo caratteristico locale che saprà come farvi assaporare la bontà del pescato d'acqua dolce. Con la complicità della Cooperativa dei Pescatori del piccolo borgo, nella cucina di Matteo e Alessandro Moschi, titolari del ristorante, arrivano i migliori prodotti ittici della zona. Con il prezioso aiuto di Sabrina ai fornelli qui potrete davvero godervi una gustosa sosta, iniziando magari con una saporita **ricotta con anguilla affumicata** (in casa) **e miele** (9 €), che da sola varrebbe già il viaggio, ma è bene accompagnata dalla **bruschetta con caviale del Trasimeno** (7 €) e dalle patate ripiene di tinca. I primi (10 €), comprendono **tagliolini al ragù di lago**, gnocchetti alla tinca affumicata e risotto ai gamberi d'acqua dolce. Ancora pesce tra i secondi: menzione d'onore per i **filetti di persico in crosta di patate** (16 €) e l'ineccepibile **tegamaccio**, una gustosa zuppa tradizionale (18 €). Non mancano buone proposte di terra, come i taglieri di salumi e formaggi, il filetto di maiale in crosta, e qualche piatto di pesce di mare, sempre freschissimo grazie alla vicinanza al mercato ittico. Dolci semplici e piuttosto classici di buona fattura, equilibrata la carta dei vini con un buon ventaglio di etichette regionali e nazionali.

MASSA MARTANA

57 km a se di Perugia a 14

Fontana delle Pere
Azienda agrituristica
Vocabolo Perticara, 138 B
Tel. 075 889506-348 6929826
Chiuso domenica sera
Orario: mezzogiorno e sera su prenotazione
Ferie: seconda metà di gennaio
Coperti: 45
Prezzi: 24-33 euro, menù fisso
Carte di credito: nessuna

L'agriturismo si trova vicino alla provinciale che porta dalla E 45 a Massa Martana, ai piedi del monte omonimo. Ad accogliervi troverete Alessia ed Alessandro, che con professionalità vi guideranno nella scelta dei piatti. La cucina è il regno di Serenella e Rossella che propongono i salumi prodotti in azienda, le verdure dell'orto e le carni dell'allevamento di animali da cortile, che consigliamo di visitare. La sala è abbellita da vecchi attrezzi contadini e in estate è possibile mangiare all'aperto. Sceglierete fra i tre menù degustazione a 24, 27 e 30 euro, che variano in base alle disponibilità dell'azienda e alla stagionalità. Si comincia con una sequenza di antipasti caldi con schiacciata rossa, alla cipolla e al rosmarino, per proseguire con piatti di stagione, come legumi lessi e salvia fritta, e terminare con salumi casalinghi (ottimo il **salame**) accompagnati da schiacciata bianca. Uno o due primi, a seconda del menù scelto, di pasta fatta in casa: maltagliati con asparagi di bosco, **fettuccine con sugo di carne mista**, o con sugo e ossi di maiale, **stringozzi con fiori di zucca e salsiccia**. Anche i secondi variano: arrosti misti di pollo, **coniglio ripieno in porchetta**, piccioni, faraona, oca, **agnello al forno** e maiale, che in inverno vedrete cuocere nel camino della sala. I contorni sono quelli dell'orto ma non mancano mai patate arrosto e insalata. Per concludere, il dolce della casa e crostate di produzione propria. Acqua, vino della casa, caffè e digestivo sono compresi.

UMBRIA | 527

MONTECCHIO

50 km a no di Terni

La Locanda
Osteria
Via Alessandro degli Atti, 1
Tel. 0744 951017-340 7508342
Chiuso il martedì
Orario: mezzogiorno e sera
Ferie: primi 15 giorni di ottobre
Coperti: 40 + 50 esterni
Prezzi: 30-35 euro vini esclusi
Carte di credito: tutte, BM

A poca distanza da Orvieto, il borgo medievale di Montecchio è immerso nel verde, arrampicato tra vigne e boschi in un'atmosfera seducente che vede l'abitato raccolto entro le vecchie mura di cinta. Il locale è accogliente e da subito, scambiando quattro chiacchiere con Luciano capirete quanto forte sia la passione che lo anima. Gran parte delle materie prime che giungono nella cucina di Maria De La Paz, chef colombiana naturalizzata umbra, provengono dall'orto curato dal proprietario. Nei suoi menù si ritrovano tutte le sfumature di questa terra ricca: le carni sono locali, la pasta è tirata al matterello e i diversi tipi di pane, con lievito madre, sono sfornati quotidianamente. Stagionalità e una carta in continua evoluzione permettono di assaggiare piatti sempre diversi e originali: durante l'apertura dell'attività venatoria troverete la selvaggina e frutta di stagione, utilizzata con piacevole equilibrio su molte pietanze. Sempre presenti le ricette della tradizione, dallo **spezzatino di cinghiale in umido** (8 €) alla **pagnottella di grano duro ripiena di trippa al sugo** (8 €), oltre agli immancabili salumi e formaggi locali. Fra i primi, sono da assaggiare gli **umbricelli con agretti, aglio, porro e pancetta** (12 €), ma anche le pappardelle e i ravioli proposti con vari condimenti. Tra i secondi da non perdere la **faraona con albicocche e finocchio selvatico** (14 €) e le diverse carni alla brace. Buoni i dolci, preparati al momento, alcuni dei quali saranno completati sotto i vostri occhi.

MONTECCHIO
Melezzole

63 km a no di Terni a1 uscita Attigliano

Semiramide
Ristorante-pizzeria
Via Pian dell'Ara, 1
Tel. 0744 951008
Chiuso il martedì, in inverno anche il mercoledì
Orario: mezzogiorno e sera
Ferie: variabili
Coperti: 40 + 40 esterni
Prezzi: 30 euro vini esclusi
Carte di credito: tutte, BM

Raggiungere il piccolo borgo di Melezzole, nel cuore dei Monti Amerini, tra boschi di castagni, è già di buon auspicio per chi vuole mangiare bene. All'ingresso sarete accolti, con grande gentilezza, da Chiara e Pierluigi, figli di Antonio e Semiramide, giovani esperti, amanti della loro terra e delle sue preziose materie prime. Accanto alle carni della cooperativa locale tanti prodotti del bosco: funghi, castagne, asparagi ed erbe selvatiche. L'antipasto misto (8 €) comprende salumi di maiale stagionati in casa, sottoli di produzione propria e la **cicoria in pastella** (6 €) con acqua, farina e borragine. Tra i primi, tutti fatti a mano, le gustose **tagliatelle al ragù di chianina** (8 €), i maltagliati di borragine al pomodoro con guanciale (8 €), le **ciriole**, pasta di acqua e farina, **con gli asparagi** (10 €). Da non perdere, tra i secondi, la bistecca e il filetto alla brace (15 €) oppure le **salsicce di maiale** (7 €) preparate dal norcino di casa. Consigliamo, ma da prenotare: il pollo, il coniglio ripieno e il **piccione allo spiedo** preparato secondo la ricetta tradizionale. I contorni sono ottimi, con verdura di stagione e selvatica: la bieta, la **scafata con patate e carciofi** (4€) e l'immancabile misticanza dell'orto (4€). Il pane è preparato con lievito madre, così come la pizza. Dolci casalinghi di ottima fattura. Carta dei vini molto semplice con alcune etichette del territorio.

528 | UMBRIA

NARNI
Schifanoia-Moricone

15 km a so di Terni ss3

Da Sara
Trattoria
Strada Calvese, 55-57
Tel. 0744 796138
Chiuso il mercoledì
Orario: mezzogiorno e sera
Ferie: variabili
Coperti: 60 + 25 esterni
Prezzi: 20-25 euro vini esclusi
Carte di credito: CS, DC, MC, Visa, BM

Nel verde delle colline, sulla strada che da Narni conduce a Calvi, non lontano dall'abbazia di San Michele Arcangelo, troverete questa graziosa osteria fondata da Sara Cianchini nel 1927 e oggi gestita dal figlio Ravisio e dalle nipoti Catia e Lorella. L'uso quasi esclusivo di materie prime della zona, verdure dell'orto e animali da cortile allevati dalla famiglia è la base dei piatti della tradizione che vi saranno offerti. La **scafata di fave**, servita con salumi, formaggi, sottoli e crostini di fegatini è un buon inizio per chi voglia compiere un percorso gastronomico di stretta osservanza territoriale. I primi sono casalinghi: **manfricoli con verdure di stagione** (6 €), o al locale tartufo scorzone (7 €), gnocchi alle ortiche e cappellacci agli asparagi selvatici. In inverno, optate per la **zuppa di cipolle** o la vellutata di zucca. Varietà nei secondi: **piccione ripieno** (8 €), carni alla brace, pollo alla diavola, agnello a scottadito, **faraona** o palombaccio **alla leccarda** (10 €) e coratella d'agnello sono accompagnati, durante la caccia, da tordi e allodole allo spiedo. Contorni ricchi con *raponzoli* e misticanze selvatiche: cacciallepri, crispigni e cicoriette (5 €). Ottime, per finire, la zuppa inglese e le crostate. I vini, anche sfusi, sono territoriali, con una buona presenza del locale vitigno ciliegiolo. In estate potrete godere della piacevole terrazza all'ombra del pergolato. Nei giorni festivi è vivamente consigliata la prenotazione.

ORVIETO

72 km a no di Terni ss 71 uscita a 1

Antica Cantina
Osteria *novità*
Corso Cavour, 212
Tel. 0763 344746
Chiuso domenica sera e lunedì
Orario: mezzogiorno e sera
Ferie: variabili
Coperti: 45 + 14 esterni
Prezzi: 30-35 euro vini esclusi
Carte di credito: CS, DC, MC, Visa, BM

Quattro amici, nel 2010, hanno rilevato questo locale che da sempre propone una cucina tradizionale con materie di prima scelta, dandogli un'impronta ancora più legata al territorio. Cecilia in sala e Ludmila (di origini moldave, ma con esperienza gastronomica umbra) ai fornelli propongono piatti tipici in un'osteria che da vent'anni ospita le compagnie teatrali del vicino Mancinelli, come testimoniano le numerose locandine affisse alle pareti. Il menù è stagionale e offre anche una selezione di piatti vegeteriani e senza glutine. Ottimi i **fiori di zucca farciti e fritti** (6 €) e il carpaccio di pere e noci con rucola, pecorino e aceto balsamico. Immancabili le bruschette miste e i **crostini al lardo di cinta senese e fagioli cannellini**, o al tartufo (9 €). Tra le specialità, i locali salumi di maiale. Se siete fortunati potrete assaggiare anche un'ottima lingua di vitellone con salsa verde all'orvietana (capperi, uovo lesso, aglio, limone e olio). La pasta secca è quella di Gragnano, dagli spaghetti pomodoro e basilico (8 €), ai **rigatoni all'aglione** (10 €); in alternativa le classiche tagliatelle ai funghi porcini (12 €) o al tartufo. Le carni sono locali, da quelle di maiale, con le **costolette al timo** (12 €), all'arrosto di vitello al forno con le erbette o la **faraona in salmì** (13€). Gustoso lo stinco di maiale con le erbe. Per le verdure è privilegiata la cottura al vapore. Tra i dolci fatti in casa, da provare la torta di pane con pere, cacao e cannella (6 €). Grande attenzione nella scelta dei vini del territorio.

ORVIETO

72 km a no di Terni ss 71 uscita a 1

La Grotta
Trattoria
Via Signorelli, 5
Tel. 0763 341348
Chiuso il martedì
Orario: mezzogiorno e sera
Ferie: variabili
Coperti: 60
Prezzi: 30-35 euro vini esclusi
Carte di credito: tutte, BM

Dopo una visita al bellissimo duomo di Orvieto, vi consigliamo una sosta in questo locale dove arte e cucina si completano a vicenda. Ricavata in una antica scuderia quattrocentesca, La Grotta vi accoglierà con i sapori del territorio, proposti con competenza e professionalità, rispettando il ciclo delle stagioni. Per cominciare, gli antipasti: salumi e una buona ruota di formaggi, scelti tra le varie aziende locali dal titolare, Franco Tittocchia, ristoratore di lunga esperienza. Tra i primi invernali, ottime le **zuppe**, un classico della cucina umbra, e le minestre, tra cui merita menzione particolare quella **di ceci**. La pasta è fatta in casa, dai classici **umbrichelli** orvietani all'arrabbiata, anche nella variante **cacio e pepe**, ai tagliolini con il ragù di anatra, ai maltagliati con i carciofi e alle **pappardelle al ragù di cinghiale** (8,50 €). Squisiti anche gli gnocchi, in particolare agli asparagi. Fra i secondi tante carni alla griglia, agnello alla cacciatora, un morbidissimo **ossobuco con piselli** e diversi volatili che sono la specialità della zona: da assaggiare il **piccione alle olive** (15 €) e la faraona in salmì. I contorni, preparati secono stagione, sono conditi con una straordinario extravergine della Dop dell'Orvietano. Tra i dolci non perdete il tiramisù (5 €), una istituzione nella zona, ma sono buonissimi anche i tozzetti bagnati con Vin Santo. La carta dei vini offre le migliori cantine locali, un ottimo sfuso e una selezione di etichette nazionali.

ORVIETO

72 km a no di Terni ss 71 uscita a 1

La Palomba
Trattoria
Via Manente, 16
Tel. 0763 343395
Chiuso il mercoledì
Orario: mezzogiorno e sera
Ferie: variabili in luglio
Coperti: 50
Prezzi: 30-35 euro vini esclusi
Carte di credito: tutte, BM

Questa trattoria d'altri tempi è gestioa dalla famiglia Cinti da quarantanove anni. Situata nel centro storico di Orvieto, si presenta come un locale accogliente, dall'arredo semplice e ben curato, e si articola in due sale, in cui arrivano invitanti profumi dalla cucina della signora Giovanna, attenta a preparazioni tradizionali con materie prime di grande qualità. In sala troverete Giampiero, il fratello, che con la figlia Enrica saprà guidare le vostre scelte. Per iniziare, alcune tipiche proposte di antipasti, dalle bruschette con affettati misti al **pane e salsiccia** (8 €): l'insaccato fresco è acquistato da fornitori di fiducia e servito crudo da spalmare sul pane. Tra i primi, **tagliatelle alle rigaglie di pollo** (9 €), al ragù di cinghiale o **al tartufo** grattato sul piatto al momento del servizio. Per secondo il piatto simbolo dell'osteria, la **palomba alla leccarda** (su prenotazione, 15 €); in alternativa agnello a scottadito e **trippa** alla palomba. Buona la selezione di formaggi provenienti da produttori locali, tra cui caprini e vaccini che possono essere una valida opzione per un inizio pasto o una degna conclusione. Alcuni dolci, tra i cui il caldo freddo alla palomba, chiudono il menù. La carta dei vini denota la ricerca di bottiglie dal buon rapporto fra qualità e prezzo, con maggiore spazio concesso alle etichette della zona orvietana.

▮ ♀ In piazza Duomo 14, la gelateria Pasqualetti: creme, gusti alla frutta e qualche creazione originale.

▮ In via Manente 20, Il Dolce Forno per il pane a lievitazione naturale, le focacce e le tipiche lumachelle dolci e salate

ORVIETO

72 km a no di terni ss 71 uscita a 1

La Pergola
Trattoria
Via dei Magoni, 9 B
Tel. 0763 343065
Chiuso il mercoledì
Orario: mezzogiorno e sera
Ferie: 3-30 novembre e febbraio
Coperti: 30 + 45 esterni
Prezzi: 30-35 euro vini esclusi
Carte di credito: CS, Visa, BM

Dalla funicolare di Orvieto che lenta sale lungo la rupe si nota la bellezza di questa città che vale la pena visitare. La Pergola è sicuramente una sosta che non tradisce le aspettative: locale a gestione familiare, ambiente sobrio e atmosfera di casa. Gli antipasti, semplici ma non banali, sono molti e tutti appetitosi, dalle classiche bruschette miste al **crostino caldo con caprino** (6 €) per passare al guanciale cotto nell'aceto servito con una foglia di salvia. Tra i primi, consigliamo il minestrone di verdure e farro, i **maccheroni cacio e pepe con fave fresche e baffo** (10 €), le tagliatelle al ragù di anatra, le **ciriole all'arrabbiata** (8 €) e gli gnocchi cacio e pepe. I secondi, accompagnati da pani preparati in casa, propongono tagliata o entrecôte di manzo, **petto d'anatra al finocchietto** (14 €), cinghiale alla cacciatora, pollo alla brace (12 €), trippa in umido e, per finire, un classico del locale e della città: il delicatissimo **baccalà all'orvietana** (14 €); come contorni verdure di stagione. I dolci casalinghi sono quelli della tradizione con piccole varianti: tiramisù, zuppa inglese e zuccotto di ricotta e cioccolato (6 €). Carta dei vini del territorio, con una piccola occhiata alle regioni vicine; ottima la selezione al calice che potrete consultare su una lavagnetta all'entrata del locale.

PANICALE

34 km a so di Perugia

Lillo Tatini
Ristorante
Piazza Umberto I, 13
Tel. 075 837771-329 0764614
Chiuso il lunedì
Orario: mezzogiorno e sera
Ferie: tra gennaio e febbraio
Coperti: 30 + 20 esterni
Prezzi: 35 euro vini esclusi
Carte di credito: tutte, BM

Panicale è un grazioso centro in posizione privilegiata, che permette allo sguardo di spaziare libero dalla pianura del Lago Trasimeno fino alle colline del Senese e alle montagne dell'Appennino umbro che fanno da corona allo specchio lacustre. Nella piazza, abbellita da una fontana medievale, troverete il ristorante Lillo Tatini. Patrizia Spadoni ne è il motore e l'anima riuscendo, con straordinaria abilità, a coniugare tradizione, territorio e innovazione nella variegata proposta di piatti che troverete nel menù. Nei primi è evidente la contaminazione della cucina tradizionale del lago, che si mescola con le specialità appenniniche. Da non perdere i **cannelloni di pesce su letto di lenticchie di Castelluccio** (12 €) e le tagliatelle con ragù di persico del Trasimeno (12 €). Ancora pesce d'acqua dolce nei secondi, fra cui consigliamo senza riserve l'**anguilla gratinata con uvetta e pinoli** (14 €). Se preferite la carne, troverete comunque soddisfazione con le **polpettine di chianina** o di cinghiale **in agrodolce**. Dolci tradizionali di buona fattura, come la squisita **rocciata** di Assisi con gelato, e ottima la cantina, con attenzione ai vini del territorio, ma anche un'ampia selezione delle migliori etichette nazionali che ben si adattano a esaltare il gusto di questi piatti, accontentando anche i palati più esigenti.

PERUGIA

Al Mangiar Bene
Osteria-pizzeria *novità*
Via della Luna, 21
Tel. 0755 731047
Chiuso la domenica e lunedì a pranzo
Orario: mezzogiorno e sera
Ferie: metà luglio-primi di agosto
Coperti: 60
Prezzi: 30-35 euro vini esclusi
Carte di credito: CS, MC, Visa, BM

Passeggiando per l'acropoli sacra perugina, scendendo per una delle magnifiche scalinate, incontrerete l'ingresso di Al Mangiar Bene: penserete a un nome un po' pretenzioso, ma una volta accomodati in una delle belle sale con volte a crociera, dopo aver ordinato qualcuna delle specialità proposte, a cominciare dagli ottimi taglieri di **salumi** locali (9 €) o dalla variegata selezione dei formaggi (12 €), non avrete più alcun dubbio: siete nel posto giusto. Davide Bortolo, in sala, Enrico Curci ed Emma Mascietti, in cucina, sono gli artefici di questo progetto culinario dove semplicità, maestria e passione sono le parole d'ordine. Sono fatti in casa il pane con lievito madre, e la pasta per i primi: umbricelli, tagliatelle, pappardelle che potete abbinare con ragù bianchi o rossi. Da non perdere le **pappardelle con ragù di chianina** (9,50 €), o i classicissimi e ben preparatati **umbricelli cacio e pepe** (7 €). Nei secondi ottimo il ventaglio delle carni selezionate con cura: oltre alle bovine, troverete anche quelle di diversi animali reperiti da piccoli allevatori di fiducia. Da gustare l'eccellente **trippa al sugo** (7 €) e la **tagliata** di chianina **al rosmarino con sformato di verdura** di stagione (14 €). Curata la cantina, che offre una bella panoramica delle principali etichette del territorio, e buoni i dolci di fattura artigianale. A cena, se preferite, troverete anche la pizza preparata con lievito madre.

Altromondo
Ristorante
Via Caporali, 11
Tel. 075 5726157
Chiuso la domenica
Orario: mezzogiorno e sera
Ferie: la settimana di Natale
Coperti: 80
Prezzi: 30-35 euro vini esclusi
Carte di credito: tutte, BM

All'inizio di via Caporali, a due passi da corso Vannucci, centralissima via della città vecchia, si apre l'ingresso all'Altromondo. Ad accogliervi, dopo quasi cinquant'anni di gestione, il viso sempre sorridente della signora Guglielma che, assieme al marito, si prenderà cura di voi facendovi sentire ospiti graditi. Tutto, in questo locale, sembra immutato nel tempo: le antiche volte a mattoncini, i curiosi trofei di concorsi ippici incorniciati e appesi alle pareti, le sedie impagliate. Così resta affidabile la cucina, che ripropone, anno dopo anno, i sapori della tradizione perugina. Una cucina semplice, senza nessuna ricercatezza, assolutamente tipica e genuina, che utilizza e sa valorizzare le materie prime del territorio; in particolare i salumi, le carni, le frattaglie, le verdure. Una piccola eccezione è costituita dalle proposte di pesce, che entrarono a far parte del menù un paio di anni fa, ma sono comunque legate a ricette tradizionali: una fra tutte, il **fritto di baccalà**. Di spiccata matrice terragna contadina sono, invece, i crostini di fegatini o l'antipasto misto di salumi (8,50 €). Seguono le **pappardelle al cinghiale** (15 €), le ottime tagliatelle con le interiora di pollo e, fra i secondi, la **trippa in umido** o la parmigiana di melanzane. In alternativa la grigliata di carni Altromondo (12 €) e le **polpettine alla pizzaiola** (12 €), accompagnate con patate fritte o arrosto. Dolci semplici, come la crostata con crema pasticciera o la spuma di zabaione. I vini privilegiano le classiche cantine umbre.

532 | UMBRIA

Civico 25

Osteria moderna
Via della Viola, 25
Tel. 075 5716376
Chiuso la domenica
Orario: solo la sera
Ferie: due settimane in agosto
Coperti: 40 + 15 esterni
Prezzi: 35 euro vini esclusi
Carte di credito: tutte, BM

In un vicolo del centro storico, a poca distanza dallo storico mercato coperto, troverete questa osteria con mescita gestita e frequentata soprattutto da una clientela giovane e internazionale. A Perugia ha sede l'Università per Stranieri ed è facile incontrare studenti di tutto il mondo. Arredamento in stile bistrò, tavoli piccoli, tovagliette di carta, un piacevole soppalco e, nella bella stagione, alcuni tavoli esterni. Il menù segue la stagionalità grazie alla competenza dei gestori, esperti di cibo quanto di vino. In bella vista c'è sempre un ottimo **prosciutto** locale tagliato al coltello (10 euro la porzione intera, 5 la mezza); in alternativa buoni il tagliere di formaggi (10 €) e la tartara di chianina accompagnata da varie salse (14 €). La piccola proposta dei primi si esplica, in inverno, con fumanti zuppe, **lasagna ai porcini e salsiccia** e gnocchi al ragù d'agnello; in primavera compaiono invece in menù gli **strangozzi con fave fresche e pancetta** (10 €) o con pomodori, guanciale e pecorino. Ottimi, fra i secondi, la **strapazzata d'uova con asparagi**, o con tartufo estivo (13 €), l'ossobuco di vitello, lo stinco di maiale e, se disponibile, il **brasato al Sagrantino** (14 €), magari accompagnato da radicchi di campo (4 €). Tra i dolci, tortino al cioccolato fondente e millefoglie con ricotta e fragole. Carta dei vini importante, con tutto il meglio del territorio e attenzione alle piccole realtà produttive. Ottima scelta anche di vini nazionali ed esteri, proposti con ricarichi onesti e professionalità.

Hosteria Wine Bartolo

Osteria moderna
Via Bartolo, 30
Tel. 075 5716027
Chiuso il mercoledì
Orario: sera, domenica anche pranzo
Ferie: la vigilia e il giorno di Natale
Coperti: 40
Prezzi: 30 euro vini esclusi
Carte di credito: CS, MC, Visa, BM

Lungo via Bartolo, nel cuore della città, troverete questa storica Hosteria, da alcuni anni ristrutturata con buon gusto e gestita da Umberto Bava, cuoco e patron. Il locale, dalle belle volte di mattoni, è ricco di scaffali pieni di bottiglie che richiamano una carta attenta alle nuove proposte e alle nuove tendenze; vini naturali, biologici, biodinamici; con una discreta proposta di etichette regionali e al bicchiere. La cucina è prevalentemente incentrata sulla valorizzazione della carne chianina umbra. Presente anche un menù degustazione a 20 euro: girello di vitellone marinato sotto sale con salsa di agrumi, tagliatelle fatte in casa (come il pane e tutte le paste) con ragù bianco e stracotto di vitellone con patate al forno. In carta troverete, fra gli antipasti, **uova strapazzate al tartufo nero di Norcia**, tartara di chianina con burro e senape, orzotto biologico alla menta su crema di peperoni. Fra i primi piatti, oltre ai **chitarrini** fatti in casa **con pomodorini, pistacchio di Bronte e ricotta di pecora salata** (10 €), sono da segnalare i **cappellacci con tinca del Trasimeno e cipolla di Cannara** (10 €), interessante abbinamento tra due eccellenze umbre. I secondi prevedono vari tagli di **carne alla griglia**, dalla chianina al maiale, e ancora costolette di agnello e di pecora, tutti di provenienza locale e variamente assortiti nel misto (18 €) secondo le disponibilità di mercato.

La vicinissima Pasticceria Sandri, in corso Vannucci 32, offre dolci di ottima fattura e tradizione.

PERUGIA

La Lumera
Trattoria
Corso Bersaglieri, 22
Tel. 075 5726181
Chiuso il lunedì
Orario: sera, mezzogiorno su prenotazione
Ferie: 1 settimana in giugno, in settembre e in gennaio
Coperti: 60 + 20 esterni
Prezzi: 30-35 euro vini esclusi
Carte di credito: tutte, BM

A ridosso delle mura di cinta, questo locale gestito da Roberto Sammartano, in cucina, e Antonio Staltari Ferraro, in sala e cantina, offre una cucina impostata sulla tradizione locale, attenta alla qualità dei prodotti (molti Presìdi Slow Food), senza disdegnare richiami alle origini siciliane e calabresi dei titolari. La trattoria è graziosa e informale con un gradevole dehors. Il servizio è attento e la descrizione dei piatti accurata. Assaggiate l'antipasto Lumera (salumi, formaggi e verdure, 12 €), il **paté alla perugina battuto a coltello**, la degustazione dei Presìdi: fagiolina del Trasimeno, roveja e farrechiata in salsa di alici, birolo su marocca di Casola, pitina di capra, mortadella classica, puzzone di Moena (12 €) e, in autunno, la **parmigiana di sedano nero di Trevi** (8 €). Tra i primi, da non perdere gli **umbricelli guanciale e pecorino** (8,50 €), gli strascinati di grano saraceno con speck e carciofi, o con pomodorini, basilico, fagiolini e ricotta forte pugliese (9,50 €), i taglierini con ricotta di pecora, salsiccia e scorzone (12 €) e i ravioli di fiori di zucca e porri con crema al sedano rapa e pancetta. Variegati i secondi: stinco di maiale arrosto al ginepro (14 €), coniglio in salsa di capperi, alici e vino bianco (14 €), **faraona alla ghiotta** (13 €) e **stracotto al rosso di Montefalco** (15 €). In onore alla Sicilia, Roberto offre anche piatti di pesce fresco accompagnati da ortaggi locali. Terminate con il semifreddo al bergamotto e quello alla fagiolina del Trasimeno. Carta dei vini di respiro nazionale con ampia scelta di vini al calice.

PERUGIA
Casaglia

4 KM DAL CENTRO DELLA CITTÀ

Stella
Ristorante-enoteca
Via dei Narcisi, 47 A
Tel. 075 6920002
Chiuso il martedì
Orario: sera, festivi in inverno anche pranzo
Ferie: due settimane in agosto
Coperti: 35 + 20 esterni
Prezzi: 35 euro vini esclusi
Carte di credito: tutte, BM

Varcata la soglia di questo piacevolissimo locale, proverete un senso di benessere e tranquillità come foste di casa: onore e merito a un personale competente e ospitale. Arek e Silvia vi dedicheranno discrete attenzioni e ogni vostra richiesta sarà esaudita con cortesia e premura. La proposta gastronomica, curata da Silvia con l'ausilio del cuoco Nicola, ripercorre il territorio toccandone le eccellenze, anche tutelate da Presìdi Slow Food. Tra gli antipasti ci piace ricordare il **prosciutto artigianale di Visso** (7 €), i supplì (6 €), l'**antipasto di quinto quarto** di chianina Igp (7 €) e i fiori di zucca fritti. Si prosegue con **linguine con tinca affumicata** (9,50 €), stringhetti fatti in casa con fave e pecorino (9 €), cappellacci con fior di latte e pomodoro (9 €). I secondi sono tutti all'insegna della carne con pollo alla diavola (10,50 €), straccetti di chianina con roveja (Presidio Slow Food, 11,50 €), **coscio di agnello** di Visso **arrosto** con battuto al rosmarino (12,50 €). Contorni di stagione e buonissimi dolci e gelati fatti in casa per concludere. La cantina è fornitissima con sorprendenti proposte al bicchiere. Ottimo il pane.

❝*La cura minuziosa nella ricerca delle materie prime e nelle preparazioni, l'accoglienza suadente e sapiente dei titolari fanno scegliere con fiducia questo affermato locale mai sopra le righe*❞

534 | UMBRIA

PORANO

77 km a no di Terni, 9 km da Orvieto

La Locanda di Colle Ombroso

Azienda agrituristica *novità*
Strada Provinciale 55, Km 4,800
Tel. 0763 616588
Chiuso il lunedì
Orario: mezzogiorno e sera
Ferie: variabili in novembre
Coperti: 12 + 20 esterni
Prezzi: 30 euro vini esclusi
Carte di credito: nessuna

Nella locanda di Eleonora e Ivan ogni materia prima proviene dalle produzioni interne o da piccole aziende locali con cui i proprietari collaborano in un progetto di partnership. Ne derivano prodotti originali come i formaggi di capra ricoperti con la crusca e le salsicce di maiale preparate con il mirto che Ivan coltiva. Nell'antico fienile adibito a sala, Eleonora propone buoni antipasti: salumi di maiale grigio e pecora sopravvissana, farinata, frittatine dell'orto con caprino fresco, caprini e pecorini stagionati con confetture dell'orto (13 €). Il pane e la pasta sono ottenuti con farine molite a pietra di produzione propria. Tra i primi invernali, vellutata di ceci con caprino e noci, pasta al guanciale croccante con crema di latte di capra (8 €); in estate pasta con zucchine e zafferano (9,50 €) o con pesto di erbe, pepe, mandorle, parmigiano e olio al lime. Carni locali per i secondi: filetto di chianina con uova di quaglia e mosto cotto, involtino di pollo ruspante con peperoni rossi, menta e salsa di peperone giallo (8 €). Sempre presenti piatti vegetariani come il tortino di pomodorini e basilico oppure di patate e zafferano. Vari i contorni (4 €): caponata con pinoli, uva passa e basilico, verza al vino rosso e patate al burrolio. Ottimi anche i dolci: torta al cacao e crema di mascarpone, semifreddo alla vaniglia con gelée di pomodorini e menta, coppa campagna con crema, panna, riduzione di caramello, mandorle, lamponi e fragole. Interessante la selezione di vini, principalmente di piccole aziende locali, naturali, biologici o biodinamici.

SCHEGGINO

88 km a se di Perugia, 31 km da Terni

Baciafemmine

Osteria
Vicolo Baciafemmine
Tel. 0743 618311
Chiuso il mercoledì
Orario: mezzogiorno e sera
Ferie: variabili
Coperti: 60
Prezzi: 28-32 euro vini esclusi
Carte di credito: CS, DC, MC, Visa, BM

Lasciato il parcheggio e superato il ponte sul Nera, non resta che inerpicarsi per i caratteristici vicoletti della capitale del tartufo della Valnerina, per giungere al vecchio frantoio che ospita la graziosa osteria. L'ambiente accogliente ben dispone all'assaggio dei gustosi piatti, preparati con materie prime quasi tutte provenienti dall'azienda agricola di famiglia. Salumi, carni e verdure compongono un menù, che inizia con prelibatezze norcine di produzione propria: sfizi dell'oste o la strapazzata al tartufo (9 €). Tra i primi, immancabili gli strangozzi a *culo mosso*; preparati con impasti poveri, senza uova, secondo una tradizione antica che è oggi la cifra distintiva del locale. In alternativa ottimi gli gnocchi fatti a mano ai gamberi di fiume e zafferano di Cascia (9 €). Le carni trionfano fra i secondi con succulenti braciole di castrato, filetto di maiale alla birra con mele e miele, fegatelli e costine alla brace o agnello a scottadito. Dal fiume arriva anche una delicata trota cucinata arrosto con il tartufo (10,50 €). I contorni (2,50 €) sono un buon compendio stagionale con cui accompagnare i piatti. Non sono da meno i dolci, realizzati in casa con semplicità e gusto. Discreta la carta dei vini con varie etichette della regione. Il supplemento per il tartufo pregiato è di 3 euro a portata; sono presenti anche due menù degustazioni proposti a 20 e 25 euro.

UMBRIA | 535

SPELLO

31 km a se da Perugia ss 75

La Cantina di Spello
Ristorante
Via Cavour, 2
Tel. 0742 651775
Chiuso il lunedì
Orario: sera; sabato, festivi e in estate anche pranzo
Ferie: non ne fa
Coperti: 60 + 30 esterni
Prezzi: 30-35 euro vini esclusi
Carte di credito: tutte, BM

Una suggestiva osteria tra le strette vie di questa cittadina, forse una delle più belle dell'Umbria. Entrati nel grazioso locale Efisio Troffa, socio della cooperativa agricola, vi introdurrà ai piatti e alle proposte del giorno con dovizia di particolari e profonda conoscenza degli ingredienti autoprodotti (legumi, tra cui il fagiolo di Cave, tartufi, animali da cortile). Iniziate con l'**antipasto della cantina** (12 €) per avere un'ampia panoramica di ciò che il menù propone: frittate al tartufo o agli asparagi, prosciutto nostrano, mezzemaniche con fave, guanciale e pecorino, gli gnocchi di patate al tartufo, le **pappardelle con baccalà e carciofi su crema di ceci**. Passando ai secondi, molto gustoso in un menù così completo non mancano i dolci casalinghi, tra i quali particolare attenzione va alla panna cotta allo zafferano (5 €). La carta dei vini predilige le cantine locali e quelle delle regioni vicine.

Tra i primi, da assaggiare la **zuppa di legumi** (10 €), i **paccheri con ragù di coniglio e pomodorini**, le mezzemaniche con fave, guanciale e pecorino, gli gnocchi di patate al tartufo, le **pappardelle con baccalà e carciofi su crema di ceci**. Passando ai secondi, molto gustoso il **guanciale di vitello brasato al Sagrantino** (14 €); in alternativa piccione alla diavola, lumache in umido, galletto alla brace, coniglio con capperi e limone e, ovviamente, carni di chianina alla griglia. Molti contorni: verdure ripassate, fagioli, sformatini e patate al rosmarino.

STRONCONE

10 km a sud di Terni sp 16

Taverna La Mola
Ristorante
Via del Sacramento, 2
Tel. 0744 608100-328 3283301
Chiuso il giovedì
Orario: sera, festivi anche pranzo
Ferie: variabili in luglio
Coperti: 100
Prezzi: 30-35 euro vini esclusi
Carte di credito: tutte, BM

Arrivati al piccolo borgo godrete di una vista, che spazia dalla città di Narni fino ai monti del Terminillo. Questa osteria è ricavata in un vecchio frantoio e tutto all'interno del locale ricorda la vita rurale, patrimonio storico del luogo in cui ci troviamo. La conduzione è familiare e attenta all'accoglienza. Si inizia con una lista ricca di antipasti, tra i quali vi segnaliamo quello della casa, con salumi locali e piccoli assaggi di fagioli, coratella, paté di fegato da spalmare sul pane caldo e panzanella; in alternativa potrete provare i crostini misti preparati al momento. Tra i primi c'è da scegliere tra minestre al cucchiaio, **zuppa medievale di ceci** e zuppa del nonno (8 €) o pasta in forchetta: maltagliati della nonna (9 €), **tagliatelle con coratella di agnello** (10 €), taglierini Anna Maria (ricetta segreta), **ciriole profumate** (9 €) o le sempreverdi pappardelle al cinghiale. Vasta anche la scelta dei secondi, a partire da vari tagli alla brace (bistecca e punte di petto di vitella), tagliata e arrosto misto fino ad arrivare al **filetto di maiale** cucinato in svariati modi: **con lamelle di tartufo** (11 €), radicchio, funghi trifolati o con pecorino fuso e tartufo (13 €). Da assaggiare la tipica **pizza sotto il fuoco** accompagnata da salumi locali o da verdure cotte. I dolci sono preparati ad arte in casa. Semplice ma efficace la lista dei vini.

TERNI
Cesi Scalo

11 KM A NO DI TERNI

Il Testamento del Porco

Osteria tradizionale
Via della Lince, 4
Tel. 0744 241029-327 6898811
Chiuso il mercoledì
Orario: sera; sab e dom anche pranzo, mai d'estate
Ferie: variabili
Coperti: 70 + 80 esterni
Prezzi: 20-25 euro vini esclusi
Carte di credito: CS, DC, MC, Visa, BM

Nelle vicinanze della stazione ferroviaria di Cesi Scalo, troviamo "la bettola" come ama definirla il proprietario Leonardo Rengo. Il locale è costituito da un'unica sala a pianterreno: aspettatevi un'atmosfera molto rustica e tanta simpatia. L'ambiente è spartano, l'apparecchiatura semplice e senza fronzoli, con tovagliette di carta paglia e, all'interno della sala, un vistoso stemma piratesco nel quale il teschio è stato sostituito dalla testa del maiale, un logo che ritroverete sulle magliette del personale. Nella bella stagione si può mangiare all'aperto, in un ampio giardino. Il personale, caloroso e giovane, vi proporrà i vari piatti che vedono, non c'è bisogno di dirlo, il maiale signore incontrastato. Le carni provengono da macellai di fiducia, gli altri ingredienti locali e scelti secondo le disponibilità stagionali e di mercato, nel pieno rispetto della tradizione. Le proposte ruotano secondo il momento con una netta prevalenza di secondi. Fra gli antipasti assaggiate **spalletta con pecorino e paté** (8 €), bruschette e verdure grigliate. Seguono le **ciriole**, tipica pasta acqua e farina del Ternano, **con ragù bianco** (8 €) o con aglio, olio e pomodoro e, quando disponibili, ottimi gnocchi di patate. Vasta la gamma dei secondi, fiore all'occhiello dell'osteria: la **padellaccia** (8 €), lo spezzatino di maiale con fagioli, lo stinco di maiale, i **fegatelli**, le braciole e lo **scottaporco** del testamento, che potremmo definire una sorta di fiorentina di maiale (16 €). Chiudono il menù i dolci del giorno. Da bere solo vino sfuso.

TERNI

La Mora

Trattoria
Strada San Martino, 44
Tel. 0744 421256
Chiuso il martedì
Orario: mezzogiorno e sera
Ferie: fine luglio-15 agosto
Coperti: 60 + 40 esterni
Prezzi: 25-30 euro vini esclusi
Carte di credito: tutte, BM

A questi tavoli si sono accomodate intere generazioni di ternani per gustare una cucina che fosse all'altezza delle tradizioni familiari, e con la stesso atteggiamento Andrea e la mamma Stella propongono ancora piatti costruiti con semplicità ma con i sapori della memoria. Il locale è parte di un piccolo agglomerato di case sulle sponde del Nera, con uno spazio esterno dove mangiare nella bella stagione. D'inverno, invece, potrete sedere nelle due accoglienti salette interne. Consigliamo di iniziare con una selezione di salumi locali (9,50 €), con bruschette miste oppure, in stagione, con i **fiori di zucca pastellati** (3,50 €). Non possono mancare le **ciriole alla ternana** (aglio, olio e pomodoro, 6,50 €) ma potete anche assaggiarle con altri condimenti stagionali come il tartufo o gli asparagi selvatici. In alternativa le paste ripiene, le tagliatelle al ragù, i **tagliolini con pesto di fave e ricotta salata**. Passando ai secondi, buoni il **coniglio in padella con erbe aromatiche** (9), la **trippa** di bovino **al sugo**, la coratella di agnello, la tradizionale faraona alla leccarda e le carni alla brace. In stagione anche piatti di lumache. Varietà nei contorni con patate alla brace, agretti, cicoria, la classica scafata (fave in padella con barbozzo e pomodoro). Discreta offerta di formaggi e, per finire, dolci casalinghi (4 €) come crostate, zuppa inglese, cialde con crema e fragole. Il vino è sfuso o scelto in una discreta carta di vini locali, anche da mezzo litro.

UMBRIA | 537

TERNI

Lillero

Trattoria
Via De Filis, 8
Tel. 339 5914140
Chiuso la domenica sera, d'estate anche a pranzo
Orario: mezzogiorno e sera
Ferie: una settimana in gennaio e luglio
Coperti: 30
Prezzi: 24-27 euro vini esclusi
Carte di credito: tutte, BM

Paolo ed Elena conducono questo locale, che trae le sue origini da una antica mescita del Seicento, con autenticità e profonda conoscenza della cucina, cercando, oggi più che mai, di ritrovare il dialogo perduto fra città e campagna. A riprova di ciò nel menù di Lillero non mancano mai verdure di stagione ed erbe spontanee. Gli antipasti propongono selezioni di salumi e formaggi umbri, con un'ottima spalletta di maiale, appositamente preparata da un artigiano norcino. Da non perdere la **frittatina morbida al tartufo** (10 €) e, da segnalare per i vegetariani, la presenza di ottimi formaggi locali con caglio vegetale e caprini a coagulazione acida. Tra i primi segnaliamo i bombolotti alla Lillero (mezze maniche condite con guanciale e pecorino) e le primaverili **tagliatelle alla vignarola** (9 €), condite con gli ultimi carciofi, le prime fave, asparagi, vitalbe, guanciale, patate e pecorino di fossa. D'inverno buona la scelta delle **zuppe**: eccellente quella **di ceci e castagne**. Tra i secondi invernali le carni in umido, accompagnate da parmigiana di cardi, oppure l'agnello fritto, un classico della cucina ternana. Ottimi anche la **faraona alla leccarda** (12 €) e lo scottadito di maiale con verdure stagionali. Dolci della tradizione: dalla torta al cioccolato (5 €) ai tozzetti, al tiramisù; poi mousse con yogurt e frutta di stagione. Vini di grande livello, anche lo sfuso, con etichette regionali e nazionali e particolare predilezione per i naturali, biologici e biodinamici. Eccellente la selezione di distillati.

■ In corso Vecchio 145, la Cioccolateria Artigiana Fani: dolci di produzione propria e buona riserva di bottiglie.

TODI

45 km a sud di Perugia ss 3 bis

Pane e Vino

Osteria-enoteca con alloggio
Via Ciuffelli, 33
Tel. 075 8945448
Chiuso il mercoledì
Orario: mezzogiorno e sera
Ferie: variabili
Coperti: 50 + 40 esterni
Prezzi: 25-30 euro vini esclusi
Carte di credito: tutte, BM

La città di Jacopone da Todi non è famosa soltanto per l'illustre frate e poeta medievale, ma per la sua bellezza architettonica e per la splendida piazza. Il paesaggio della campagna circostante mantiene inalterato l'aspetto delle coltivazioni e della vegetazione collinare che caratterizzano la zona. Lasciata a sinistra la basilica di San Fortunato, troverete il vicoletto che ospita l'osteria. Fabio si occupa del servizio e la moglie Loredana della cucina. L'ambiente è piacevole e familiare, con due sale di cui una a soppalco. Si comincia con i ricchi antipasti, fra cui carpaccio di petto d'oca affumicato, pancetta Giocanda o **mortadella di cinghiale grigliata** entrambe **con aceto balsamico** (7,50 €). Tra i primi, le lune Pane e Vino (ravioli ai formaggi con rucola, pomodoro e ricotta salata) e gli **strangozzi al tartufo nero estivo** (10 €); per chi ama le **zuppe**, quella gustosissima **di ceci e porcini**. I secondi sono il trionfo delle carni, stufate e arrosto. Scegliete tra **bocconcini di cervo alla cacciatora**, crostone di **maiale affumicato con porcini e tartufo nero** (15 €), stinco di maiale al forno e coscia di agnello speziato con tartufo nero. Per concludere, mousse al cioccolato, tozzetti al Sagrantino passito, amor polenta con crema e frutti di bosco (5 €). La carta dei vini è ben assortita con le migliori etichette nazionali e le piccole cantine territoriali. L'osteria dispone anche di alcune camere e di un piccolo spaccio di prodotti locali.

■ A **Pian di Porto** (6 km) in via Campette, al caseificio Montecristo potete acquistare i prodotti caseari dell'istituto Ciuffelli, antica scuola agraria d'Italia.

TORGIANO
Miralduolo

14 KM A SUD DI PERUGIA SS 3 BIS

I Birbi
Ristorante
Località Le Casacce
Tel. 349 8698253
Chiuso il lunedì
Orario: sera, sab-dom e festivi anche pranzo
Ferie: variabili
Coperti: 80 + 80 esterni
Prezzi: 30-35 euro vini esclusi
Carte di credito: MC, Visa, BM

A Miralduolo, e più precisamente in località Le Casacce nel comune di Torgiano, si trova questo ristorante ospitato in un bel casolare, in cima alla collina, a cui si accede attraverso una strada bianca di campagna stretta e panoramica, costeggiata da olivi. La struttura, piacevole e ben organizzata, è composta da più sale su due piani e da una ampia e fresca terrazza in magnifica posizione, dove è piacevole mangiare durante il periodo estivo. L'arredo è semplice e accogliente: tavoli spaziosi e legno scuro creano un'atmosfera dove è facile sentirsi a proprio agio. Il titolare, Luca Ciabattini, riceve gli ospiti con garbo e discrezione riservando a tutti la giusta attenzione e consigliando i piatti preparati dalla moglie Amanda. Dalla cucina escono buone proposte, alcune con una garbata commistione fra cucina umbra e toscana, dovuta alle origini della cuoca. Consigliamo di iniziare con l'antipastone del birbone (per due persone, 19 €), i salumi di cinta senese, le **patate alla brace con tartufo**. Fra i primi optate per le **pappardelle al ragù bianco di coniglio** (10 €), gli spaghettoni alla carbonara di carciofi, i *pici* con colatura di alici e pangrattato. I secondi offrono un buon ventaglio di carni, tra cui il *piccione con fichi caramellati*, il carré di agnello al forno con pistacchi (19 €) e il fritto misto di carne. La scelta dei dolci è ampia, con proposte casalinghe. Buona la carta dei vini con etichette nazionali ed estere che rivelano la grande passione di Luca per questa bevanda.

TREVI

50 KM A SE DI PERUGIA, 52 KM DA TERNI SS 3

La Vecchia Posta
Ristorante con alloggio
Piazza Mazzini, 14
Tel. 0742 381690-393 9010099
Non ha giorno di chiusura
Orario: mezzogiorno e sera
Ferie: non ne fa
Coperti: 40 + 25 esterni
Prezzi: 30-35 euro vini esclusi
Carte di credito: tutte, BM

Il ristorante, che dispone anche di cinque stanze nell'attiguo palazzo rinascimentale, occupa la sede dell'antica stazione di posta, nella bella piazza di Trevi. La cucina trevana e umbra sono alla base della vasta proposta di Marco Morosini e della sua famiglia. Gli antipasti comprendono un misto di bruschette, **torta al testo con salumi** di Norcia (9 €), paté di fegato, patata al cartoccio con lardo di pata negra (5 €), focaccia con verdure di campo (7 €) e il **guanciale di maiale cotto nell'aceto**. Tra i primi, da non perdere gli **strangozzi** alla trevana (pomodoro fresco, basilico e peperoncino, 6,50 €), **agli asparagi selvatici** o al tartufo, i ravioli al radicchio (8 €) e le pappardelle al cinghiale (8,50 €). I secondi, a base di carne, spaziano dallo spezzatino di cinghiale in bianco (14 €), alla pancetta di maiale in porchetta con patate al forno (11 €), agli ottimi **fegatelli di maiale caramellati al forno con patate** (11 €). In autunno non mancate di assaggiare il sedano nero (Presidio Slow Food), cucinato secondo un'antica ricetta locale. Presenti in menù anche vari piatti di verdura che potrete scegliere come contorno o secondo leggero: erbette ripassate in padella (5 €), insalata di carciofi, insalatina di farro con rucola e pomodori. Dolci casalinghi: tortino di mele in crema calda (5 €), cialda con gelato artigianale e amarene (5 €), tozzetti alle mandorle con Sagrantino passito. La carta dei vini è essenzialmente umbra, con particolare attenzione alle produzioni della vicina Montefalco.

UMBRIA | 539

UMBERTIDE
Niccone

34 KM A NORD DI PERUGIA

Locanda di Nonna Gelsa
Ristorante
Via Caduti di Penetola, 31
Tel. 075 9410699
Chiuso il martedì
Orario: mezzogiorno e sera
Ferie: tra gennaio e febbraio
Coperti: 60 + 80 esterni
Prezzi: 27-32 euro vini esclusi
Carte di credito: AE, CS, MC, Visa, BM

Il ristorante si trova lungo la vecchia strada che segue il corso del Fiume Niccone e gode dell'atmosfera un po' trasognata delle trattorie d'altri tempi. L'ambiente è semplice ma curato con un bel giardino fresco e riparato, ideale per le giornate estive. La cucina rispecchia l'atmosfera: semplice, pulita, senza sbavature. Caratteristica del locale i salumi artigianali, le carni di animali allevati in piccole aziende locali e gli ortaggi freschissimi provenienti dagli orti dei dintorni, nel tentativo di mantenere sempre corta la filiera e proporre menù che rispettino la stagionalità. Chiara in sala sarà lieta di esporvi il menù e le varianti del giorno, a cui si affidano l'estro e la sensibilità dello chef. Tra gli antipasti, il classicissimo **arvoltolo** della tradizione perugina (impasto di acqua e farina fritto) magari accompagnato da un'antologia di ottimi salumi locali. Tra i primi, tutti buoni, sono particolarmente degni di nota gli **strongozzi con fagiolina del Trasimeno** (Presidio Slow Food) **e guanciale** o con il persico reale (8 €), ma potete anche assaggiare le varie paste con ragù di animali di bassa corte. Tra i secondi, imperdibili il **piccione in salmì** (9 €) e il **coniglio all'arrabbiata con torta al testo** (9 €). I dolci sono fatti in casa e prevedono torta della nonna e semifreddo al croccante (3,50 €). Importante cura nella scelta dell'extravergine e della proposta di cantina, che contempla un discreto numero di etichette, in prevalenza locali.

UMBERTIDE

34 KM A NORD DI PERUGIA.

San Giorgio
Ristorante
Via Mancini, 3
Tel. 075 9412944
Chiuso il martedì
Orario: mezzogiorno e sera
Ferie: non ne fa
Coperti: 30 + 16 esterni
Prezzi: 35 euro vini esclusi
Carte di credito: CS, DC, MC, Visa, BM

Il ristorante, articolato in due salette e un piccolo soppalco, dispone anche di un bel porticato, fruibile in estate, che affaccia sulla piazza principale dove, ogni sabato mattina, si svolge il Mercato della Terra. Ad accogliervi, con cordialità e attenzione, troverete Mirko e Paolo che da sette anni gestiscono il San Giorgio. Le carni provengono dall'azienda Agri Simba, i formaggi dall'affinatore di Foligno Cosimo Romito, le verdure dal mercato locale e dal Mercato della Terra. La pasta, il pane e i dolci sono tutti fatti in casa. Tra i vari antipasti meritano menzione particolare la tartara di chianina con uova e tartufo (10 €), lo sformatino con ricotta di bufala, l'antipasto della tradizione (12 €) e la selezione dei formaggi. Tra i primi spiccano le ottime mezzelune con ripieno di carbonara e asparagi (9,50 €) e le **tagliatelle al ragù bianco di manzo** ma assaggiate anche i maccheroni con cime di rapa e baccalà e i ravioli di ricotta con pomodoro e basilico. Fra i secondi consigliamo il **piccione petto scottato coscia farcita e foie gras** e la pancia di manzo stracotta con verdure saltate (16 €). In alternativa, il coniglio con olive taggiasche e il **capocollo di maiale in porchetta**, tutti accompagnati da verdure di stagione. I dolci sono casalinghi, buona la mousse di pere con gianduia. La carta dei vini presenta un'attenta e ricca selezione di etichette nazionali e regionali con buon rapporto fra qualità e prezzo. Disponibili anche affermate birre artigianali umbre.

oltre alle osterie

BASCHI - CIVITELLA DEL LAGO
74 KM A NO DI TERNI

Trippini
Ristorante con alloggio
Via Italia, 14
Tel. 0744 950316
Chiuso il lunedì
Orario: mezzogiorno e sera
Ferie: un mese dopo l'Epifania e una settimana in ottobre
Coperti: 25
Prezzi: 35-50 euro vini esclusi
Carte di credito: tutte, BM

La bella cornice del lago di Corbara è degno accompagnamento di una esperienza gastronomica assoluta: quella che farete sedendovi a uno dei tavoli del ristorante della famiglia Trippini. Tre i menù degustazione proposti: la tradizione (38 €), la proposta dello chef (48 €) e il menù della storia (70 €), con tutti i piatti più significativi che hanno fatto grande il ristorante negli anni. Diversamente potrete scegliere alla carta fra tante allettati proposte come l'uovo morbido, asparagi e patate al limone, la quaglia arrostita con melone e capperi, gli gnocchi di patate con ricotta e menta, scaglie di parmigiano e olio di frantoio. Se amate le carni, ecco la tagliata di maiale umbro con melanzane allo yogurt e l'agnello, proposto in tre cotture (fritto, arrosto e in fricassea). Non da meno i dolci: zuppa di ciliegie, cannolo croccante e mousse di cioccolato bianco, biscotto al mandarino e cioccolato bianco.

PERUGIA

Giò Arte e Vini
Ristorante annesso all'hotel
Via Ruggero d'Andreotto, 19
Tel. 075 5731100
Chiuso la domenica sera
Orario: mezzogiorno e sera
Ferie: non ne fa
Coperti: 200
Prezzo: 35-45 euro vini esclusi
Carte di credito: tutte, BM

Un luogo speciale e ricco di tante anime: un hotel curatissimo, un centro congressi, un ristorante eccellente, per ricerca delle materie prime e per l'elaborazione impeccabile, un'enoteca con emporio gastronomico che conta più di mille pregiate etichette e prodotti di altissimo livello. Il menù si mantiene vicino alla tradizione con il flan di pecorino di Colfiorito con salsa di baccelli di fave (8 €), il tagliere dei salumi e l'uovo al coccio meringato con il tartufo. Paste artigianali con i ravioli ai formaggi e crema di zucca gialla, spaghetti trafilati al bronzo con baccalà abbrustolito (10 €), e in alternativa la classicissima zuppa di lenticchie di Castelluccio. Seguono coniglio umbro in porchetta (16 €), baccalà alla perugina con prugne e uvetta e la guanciola di manzo umbro stracotta al Sagrantino, accompagnati da contorni stagionali. Ai dessert è dedicata una carta a parte, così come ai vini: tanti, blasonati, territoriali e splendidamente assortiti.

Map of the Marche region (Italy)

MAR ADRIÁTICO

EMÍLIA-ROMAGNA
- Ravenna
- Cérvia
- Cesena
- Rímini
- Riccione
- Gabicce Mare

S. MARINO
- S. Marino
- Tavúllia

Marche / Pésaro-Urbino area
- Pésaro
- Fano
- Colbordolo
- Vallefoglia
- Serrungarina
- Urbíno
- Sassocorvaro
- Piandimeleto
- Mondolfo
- Senigállia
- Acqualagna
- Mondávio
- Fossombrone
- Morro d'Alba
- Cagli
- Frontone
- Serra de' Conti
- Arcévia
- Jesi
- Falconara Maríttima
- ANCONA
- M. Cónero
- Sirolo
- Stáffolo
- Serra S. Quírico
- Cingoli
- Fabriano
- Loreto
- Porto Recanati
- Recanati
- Potenza Picena
- Macerata
- Morrovalle
- Civitanova Marche
- S. Severino Marche
- Matélica
- Tolentino
- Monte S. Giusto
- Castelraimondo
- Colmurano
- Porto S. Giórgio
- Serrapetrona
- Loro Piceno
- Fermo
- Camerino
- S. Ángelo in Pontano
- Magliano di Tenna
- Petrítoli
- Pedaso
- Ortezzano
- Cupra Maríttima
- PARCO NAZ. DI MONTI SIBILLINI
- Ripatransone
- Grottammare
- Visso
- Montalto d. Marche
- Offida
- Comunanza
- Appignano d. Tronto
- S. Benedetto d. Tronto
- Venarotta
- M. Vettore 2476
- Áscoli Piceno
- Maltignano
- Nórcia
- Acquasanta Terme
- PARCO NAZ.

Other regions
- Città di Castello
- Gúbbio
- PERÚGIA
- Assisi
- Foligno
- ÚMBRIA
- Orvieto
- Todi
- Spoleto
- Amélia
- Terni
- Orte
- Terminillo 2216
- Rieti
- Viterbo
- Gran Sasso d'Itália 2912
- MONTI DEL GRAN SASSO
- Téramo
- Giulianova
- D. LAGA
- L'ÁQUILA
- **ABRUZZO**
- **LÁZIO**

0 — 15 — 30 km

MARCHE

Polenta e verdure trovate, polenta e salsiccia, polenta e sapa (mosto cotto concentrato), polenta con ragù di pesce oppure con stoccafisso o magari con le vongole. Praticamente a tutto campo troviamo ricette marchigiane a base di polenta, forse il cibo quotidiano più rappresentativo della civiltà contadina, che resta componente determinante della gastronomia regionale. Il mais ebbe un ruolo centrale a partire dal Settecento, quando la polenta si impose come piatto principale e spesso unico nella dieta dei contadini poveri, soprattutto al Nord ma anche nelle regioni dell'Italia centrale: è ancora ben visibile nelle Marche la presenza di mulini e forni, oltre che di granai, distribuiti strategicamente e capillarmente nei territori, a testimoniare la centralità alimentare cerealicola dopo l'anno Mille, ovvero a partire dalla presenza decisiva degli insediamenti monastici. Oggi la polenta non è più cibo di sussistenza, anzi è diventato un piatto conviviale per eccellenza, amichevole e, se vogliamo, evocativo di un passato non del tutto dimenticato: alcune delle osterie segnalate nelle prossime pagine conservano l'uso di servire la polenta nella *spianatora* da cui ciascun commensale può prendere la sua porzione. In questa regione, dove anche prima dell'arrivo del mais esistevano diversi tipi di polenta fatta con altri cereali o legumi (fava, farro, grano saraceno, orzo, miglio...) si è continuato a fare la polenta anche con la farina bianca: è il caso dei frascarelli, una sorta di minestra popolare diffusa soprattutto nel Maceratese, condita di solito con grasso e magro di maiale e, nelle consuetudini popolari, considerata il cibo congeniale alle puerpere.

scelti per voi

polenta con 'mbignata di maiale
569 Iervasciò
   Ripatransone (Ap)

polenta con salvia e acciuga
563 Ponterosa
   Morrovalle (Mc)

polenta con sugo di baccalà
568 Osteria del Vicolo
   Potenza Picena (Mc)

polenta con sugo di maiale
566 Osteria de le Cornacchie
   Petritoli (Fm)
571 Da Pippo e Gabriella
   Sant'Angelo in Pontano (Mc)

polenta con sugo di pesce
557 Da Maria
   Fano (Pu)

ACQUASANTA TERME
San Martino

24 km a se di Ascoli Piceno

Mini Ranch

Bar-trattoria
Località San Martino
Tel. 0736 807143
Chiuso il mercoledì, mai d'estate
Orario: mezzogiorno e sera
Ferie: non ne fa
Coperti: 30
Prezzi: 25-28 euro vini esclusi
Carte di credito: nessuna

San Martino è una piccola frazione all'interno del Parco della Laga, tra le Marche e l'Abruzzo, non facilmente raggiungibile ma di buona soddisfazione, specie per chi ama i funghi. Di fronte alla chiesa del piccolo e quasi disabitato centro troviamo l'osteria della famiglia Orsini, al piano terra di un casolare centenario: prenotazione consigliata, con possibilità di concordare il menù, che altrimenti di solito è fisso. Si parte con antipasti a base di prosciutto tagliato al coltello, lonza e salsicce stagionate; a seguire bruschette ai porcini ed **assogna** (carne e grasso di suino con l'aggiunta di spezie) o ventricina, insalata di sottaceti e, nel periodo estivo e autunnale, **insalata di porcini crudi**. Pecorino stagionato e ricotta fresca completano le prime portate. I primi sono il fiore all'occhiello del locale: **tagliatelle** (tagliate al momento) **ai porcini**, ma anche **ravioloni con galletti** al pomodoro o burro e salvia e, nei mesi più freddi, polenta con cinghiale. Consigliamo di optare sempre per i funghi di stagione, anche se i porcini sono sempre disponibili, conservati: a primavera ci sono spugnoli e spinaroli, in autunno chiodini e piopparelli, d'estate i galletti. Per secondo grigliate miste di **agnello nostrano alla brace**, maiale e vitello serviti con funghi, fagiolini con patate e mentuccia, verdure di stagione. Dolci fatti in casa e serviti caldi, come le castagnole accompagnate da genziana della casa, tipico amaro del luogo. Onesto il vino sfuso della casa, oltre a qualche etichetta locale.

ANCONA
Portonovo

12 km dal centro della città

Da Marcello

Ristorante
Località Portonovo
Tel. 071 801803
Chiuso il mercoledì, mai d'estate
Orario: mezzogiorno e sera
Ferie: 15 gg in novembre, 15 gennaio-1 marzo
Coperti: 80 + 40 esterni
Prezzi: 35-40 euro vini esclusi
Carte di credito: tutte, BM

Non chiamatele cozze, perché a Portonovo si chiamano moscioli selvatici e si catturano solo a mano, in profondità, dove crescono spontaneamente sugli scogli immersi della baia. Oggi, ad Ancona, sono sinonimo di ambiente, territorio e gastronomia. La loro pesca, il cui destino è intimamente legato ai progetti di tutela di Slow Food (è Presidio dal 2003), ha innescato un processo virtuoso in termini economici e sociali, grazie al sodalizio e alla naturale condivisione di tutti gli operatori presenti. Anche Marcello ha un gran bel da fare. Titolare dell'omonimo ristorante, è da sempre impegnato nella valorizzazione dei moscioli (si pescano da aprile a settembre) e della cucina di pesce locale. Cordiale e dalle buone maniere, anche nei periodi congestionati dell'estate (periodo in cui è d'obbligo la prenotazione), segue la sala e cerca di accontentare tutti. Si comincia con la serie completa degli antipasti (19 €), oppure si può scegliere alla carta: **moscioli scoppiati** (10 €) o con le molliche, raguse in porchetta, sardoncini in panure al pesce azzurro a scottadito, scampi al vapore con rucola e pomodorini. Tra i primi, **spaghetti con i moscioli** (10 €) o alle vongole, seguiti da una ben articolata grigliata del pescato del giorno (19 €), dalla frittura (di solo pesce o mista), dal pesce al vapore con sale di Cervia o dalla **coda di rospo in potacchio**. Per finire sorbetto al limone (3,50 €), semifreddo al caffè, torroncini ma soprattutto **ciambellone di Gina con Varnelli**. La carta dei vini è ben curata, con giusto privilegio regionale.

544 | MARCHE

ANCONA
Portonovo

12 KM DAL CENTRO DELLA CITTÀ

Emilia da Marisa
Ristorante
Località Portonovo
Tel. 071 801109
Chiuso lunedì a mezzogiorno
Orario: mezzogiorno e sera
Ferie: fine ottobre-metà aprile
Coperti: 40 + 40 esterni
Prezzi: 35-40 euro vini esclusi
Carte di credito: tutte, BM

ANCONA
Portonovo

12 KM DAL CENTRO DELLA CITTÀ

Il Molo
Ristorante
Località Portonovo
Tel. 071 801040
Chiuso il martedì, mai d'estate
Orario: mezzogiorno e sera
Ferie: novembre-marzo
Coperti: 80 + 20 esterni
Prezzi: 35 euro vini esclusi
Carte di credito: tutte, BM

Oltre che spiaggia prediletta degli anconetani (è a una dozzina di chilometri dal centro di Ancona, da cui dipende amministrativamente), la baia di Portonovo è una parentesi di verde e rocce che interrompe una certa monotonia della costa marchigiana. Da tempo Emilia, nata come il primo, pionieristico baracchino della baia dove mangiare negli anni Cinquanta spaghetti ai moscioli e poco altro, interpreta la cucina di mare in modo assai fedele a una memoria locale ancora ben viva. Oggi la gestione del ristorante è saldamente nelle mani di Federica. Nella nostra ultima visita abbiamo assaggiato – ancora una volta – i **moscioli** (Presidio Slow Food) sia **alla marinara** (10 €) sia gratinati, seguiti da insalatina di seppie, bomboletti e raguse in porchetta, gamberoni con maionese fatta in casa, **sgombro con pacasassi** (si tratta di un'erba spontanea marina) **in aceto**. Poi trovate **spaghetti con i moscioli** (10 €) o con vongole locali, gnocchetti con calamari e scampi, calamarata con vongole e cicerchia di Serra de' Conti (altro Presidio, 10 €), linguine con alici e pomodorini e, passando ai secondi, la grigliata mista, il buon **bollito di pesce** (15 €), spiedini di calamari, frittura mista dell'Adriatico (15 €). Tra i dolci il tortino al cioccolato, il tiramisù, **panna cotta con lonzino di fichi e sapa** (5 €), zuppa inglese. La carta dei vini contiene una buona selezione di regionali e nazionali ben calibrati rispetto alle proposte di pesce.

Ci sono molti ristoranti affacciati sul mare, ma Il molo dà la sensazione di esserci quasi dentro: a pochi metri dall'acqua, sulla spiaggia di sassi bianchi che splende nel verde dell'anfiteatro naturale della baia di Portonovo. Costruito da Ilario Giacchetti più di cinquant'anni fa, utilizzando il legname recuperato da una nave naufragata nei paraggi, e successivamente ampliato lasciando comunque intatta la piacevole atmosfera dei primi capanni marinari, questo locale, condotto da Fabrizio con l'aiuto del figlio Giacomo, offre la possibilità di mangiare ottimo pesce con proposte e prezzi adatti a tutti gli appetiti e a tutte le tasche. Con 30 euro si possono avere due antipasti, un primo, una frittura, un sorbetto e il caffè, spendendone 40 l'antipasto è quello "completo". Il menù "tuttomolo" (50 €) è un'avventura che inizia con il crudo e finisce con il dessert e per passare la giornata al mare con 20 euro si può pranzare con antipasto, primo, sorbetto e caffè. Naturalmente si può scegliere dalla ricca carta, da cui raccomandiamo gli **spaghetti al mosciolo selvatico di Portonovo** (11 €), le **tagliatelle ai frutti di mare** (10 €), la squisita **carbonara di pesce** (12 €), per proseguire con frittura dell'Adriatico, **moscioli selvatici gratinati** (11 €), grigliata, brodetto o **zuppa del Molo** (20 €) e pesce al forno. Presente un menù per celiaci. Buoni dolci e notevole carta dei vini con ricarichi sorprendentemente contenuti soprattutto per le etichette più blasonate.

MARCHE | 545

Ancona: osterie e trattorie dello stoccafisso all'anconetana

Il forte legame con questo piatto, che simboleggia la vocazione anconetana agli scambi culturali e commerciali, e la consuetudine diffusa a considerare lo stoccafisso all'anconetana, se non un cibo da strada, una pietanza "da asporto", alimenta questa tradizione che riteniamo utile segnalare. La particolarità della ricetta, e la sua ragione storica, va appunto cercata nell'apertura di commerci che portarono la flotta di Ancona nel Baltico: se presso i popoli nordici lo stoccafisso ha mantenuto un'identità di cibo d'emergenza, ben diversamente andarono le cose nei porti mediterranei, da Venezia e Genova alla stessa Ancona. Come per altre ricette (vedi ad esempio il brodetto), diffidiamo di chi afferma essere depositario «dell'unica, autentica ricetta dello stocco» e vi suggeriamo semmai di divertirvi e di confrontare sottili differenze tra vari cuochi ma anche tra famiglie di diversi quartieri di Ancona. Vale tuttavia la pena di assaggiare il piatto – oltre che nei locali da noi di seguito indicati – nel ristorante dell'Hotel Fortino Napoleonico a Portonovo, dove è nata e ha sede l'Accademia dello stoccafisso all'anconitana e dove è stata codificata quella che potremmo chiamare la ricetta ufficiale. Si può individuare una componente fortemente caratteristica della tradizione anconetana, ancora oggi molto viva, in una serie di particolari di cottura (lenta, attorno alle due ore), a partire dalle canne stagionate sistemate sul fondo del largo tegame per evitare che i pezzi di stoccafisso si attacchino al fondo, e dall'abbondante impiego di vino bianco, Verdicchio in particolare. Agli inizi del secolo scorso erano circa 200 le trattorie anconetane che proponevano, magari saltuariamente, lo stocco; oggi il numero si è abbassato, ma resta tuttavia considerevole. Lo stoccafisso, ad Ancona, è considerato piatto soprattutto invernale, pertanto si trova, di regola, da metà settembre ad aprile-maggio, quasi sempre il venerdì.

Antonio Attorre

Gino

Piazza Rosselli, 26
Tel. 071 43310
Chiuso la domenica
Orario: mezzogiorno e sera
Ferie: non ne fa
Prezzi: 30 euro
Carte di credito: tutte

L'aspetto modesto non tragga in inganno: questo locale, proprio di fronte alla stazione ferroviaria, offre una cucina tradizionale di qualità, con particolare importanza per le specialità marinare, in particolare per lo stoccafisso all'anconetana. Umberto Polverini, che ha vinto con questo piatto numerosi concorsi ed è considerato un'autorità in materia, sceglie con cura meticolosa tutte le materie prime, con particolare attenzione ai prodotti locali. Lo stoccafisso all'anconetana è sempre disponibile anche da asporto.

La Bottega di Pinocchio

Via Pinocchio, 48
Tel. 071 898010-338 4440543
Chiuso la domenica
Orario: pranzo, settembre-giugno anche ven e sab sera, sempre su prenotazione
Ferie: tre settimane in agosto
Prezzi: 25 euro
Carte di credito: tutte

La trattoria ha ormai consolidato il successo iniziale con un'offerta gastronomica tradizionale. I piatti sono quelli tipici della cucina anconetana di carne e di pesce con un buon rapporto tra qualità e prezzo. Oltre all'ottimo stoccafisso all'anconetana troverete un'attenta selezione di formaggi e salumi e qualche interessante etichetta di vini marchigiani. Lo stoccafisso è sempre disponibile il martedì e il venerdì, anche da asporto, ma è consigliabile comunque prenotare.

Trattoria del Piano
Piazza d'Armi, 2
Tel. 071 894339
Chiuso la domenica
Orario: solo a mezzogiorno
Ferie: 15 giorni in agosto
Prezzi: 20 euro
Carte di credito: le principali

Nell'unico ambiente – di fronte al Mercato del Piano – troverete il bar e una stanza in cui a fatica ci stanno 25-30 persone. Aperto solo a pranzo, è un continuo ricambio di ambulanti e operai. I piatti sono quelli della cucina tipica anconetana, e cambiano ogni giorno; secondo stagione si possono trovare interessanti preparazioni legate ai prodotti del mare: bombetti in porchetta, seppie ripiene e moscioli, del Presidio Slow Food, arrosto. Naturalmente lo stoccafisso è il piatto più rappresentativo e dietro prenotazione è disponibile anche per l'asporto.

Il Giardino
Via Filzi, 2
Tel. 071 2074660
Chiuso il lunedì
Orario: mezzogiorno e sera
Ferie: non ne fa
Prezzi: 30 euro
Carte di credito: tutte

Il ristorante, che riesce a coniugare grandi numeri con una buona qualità e prezzi onesti, si trova vicino a piazza Diaz, in pieno centro e a quattro passi dal Passetto. Si mangia in una bella veranda con aria condizionata. Ampia scelta di piatti di mare e di terra e una buona versione casalinga dello stoccafisso all'anconetana – sempre in carta anche se è consigliabile prenotarlo per tempo, tanto più se da asporto.

La Botte
Via Tavernelle, 14
Tel. 071 85325
Non ha giorno di chiusura
Orario: sera, domenica anche a pranzo
Ferie: non ne fa
Prezzi: 35 euro
Carte di credito: le principali
novità

In periferia, nel popoloso quartiere di Tavernelle, il ristorante è una meta apprezzata – oltre che per l'ottima pizza – per una buona cucina di carne e di pesce con piatti prevalentemente legati ai prodotti e alle ricette del territorio. Qui lo stoccafisso all'anconetana non è più preparato per il venerdì, come d'abitudine, ma per la domenica come richiestissimo piatto della festa. Naturalmente è possibile anche trovarlo su prenotazione e da asporto.

ANCONA
Torrette

5 KM DAL CENTRO DELLA CITTÀ

La Tavola del Carmine
Osteria moderna
Via del Carmine, 51
Tel. 071 889403 -327 9592768
Chiuso lunedì sera, sabato a pranzo e domenica
Orario: mezzogiorno e sera
Ferie: 2 settimane in settembre, 2 in gennaio
Coperti: 35 + 20 esterni
Prezzi: 35 euro vini esclusi
Carte di credito: CS, DC, MC, Visa, BM

Dal centro di Ancora dovrete percorrere pochi chilometri per raggiungere questo locale dall'atmosfera rilassata, che offre una cucina tradizionale di qualità con attenzione alle materie prime. La tavola del Carmine è prima di tutto un'azienda agricola che produce un pregiato extravergine – a cui riserva un menù degustazione a 30 euro – frutta e verdura biologici e segue un allevamento di animali da cortile. La cucina, a vista, è curata da Alice Cerni e Raffaella Perri, nel segno della trasparenza oltre che della genuinità di quanto verrà servito. Tra i piatti ricordiamo un'accurata selezione di salumi marchigiani nel "gran tagliere" (13 €), di **formaggi a latte bufalino e vaccino**, ottimi **carciofi gratinati** con fonduta di pecorino canestrato e sfoglie di pasta brisée (10 €). Poi le **tagliatelle** all'uovo fatte a mano **con ragù di papera** oppure di pollo, olive, mandorle e parmigiano (10 €), o riso venere con lenticchie, pancetta e carote croccanti. Tra i secondi costine di maiale al miele e aceto balsamico con patate arrosto, **pollo ruspante alla cacciatora** (10 €), proposte alla brace – anche vegetariane come l'hamburger di ceci e lenticchie – con erbette e insalata croccante, e fragranti verdure dell'orto nei contorni di stagione (5 €). Da non perdere il **semifreddo di ricotta di bufala** con miele e praline di mandorle (5 €). In carta buona selezione di vini del territorio, e menù dedicato alla birra artigianale.

ARCEVIA
Costa

65 KM A SO DI ANCONA, 26 KM DA FABRIANO

La Baita
Ristorante
Via Monte Sant'Angelo, 115
Tel. 0731 9424-984528
Chiuso il giovedì
Orario: mezzogiorno e sera
Ferie: novembre
Coperti: 400 + 40 esterni
Prezzi: 28-35 euro vini esclusi
Carte di credito: tutte, BM

Nel 2013 è stata redatta la Carta di Arcevia, il manifesto punto di riferimento dell'agricoltura ecologica e sostenibile dei prossimi anni, sottoscritta dal mondo agricolo biologico italiano. Questo luogo, così ricco di tradizioni e circondato da una natura incontaminata, non è stato scelto a caso. Ed è proprio qui dove l'Appennino marchigiano assume le forme del Monte Sant'Angelo, che dopo una passeggiata nei boschi, dove fu protagonista la lotta partigiana, una sosta alla Baita vi permetterà di assaporare una cucina basata sui migliori prodotti della terra senza tralasciare l'utilizzo anche di Presìdi Slow Food. Entrando nella ampia sala, che può ospitare grandi banchetti, non perdetevi e focalizzate l'attenzione su due particolari significativi: il carrello degli oli e quello dei sali che vi accompagneranno durante il pasto. Iniziate con salumi, formaggi e **crescia di Cicerchia di Serra de' Conti** (8 €) per proseguire con i primi fatti quasi tutti in casa, come la tradizionale *cresc' tajat*, ovvero maltagliati di farina di mais (8,50 €), proposta con vari sughi, oppure gli ottimi **spaghetti con sugo di capriolo** (8,50 €). Tra i secondi segnaliamo i piatti recuperati dalla memoria contadina come la **conditella con verdure** (tipica del periodo della battitura del grano) o le **quaglie alla brace** (10 €). Dolci casalinghi (4 €), come crostate o **lonzino di fichi**, e una ammirevole cantina che si sposa adeguatamente al menù renderanno il tempo trascorso ancora più piacevole.

ASCOLI PICENO
Piagge

6 KM DAL CENTRO DELLA CITTÀ

C'era una Volta
Trattoria
Località Piagge, 336
Tel. 0736 261780
Chiuso il mercoledì
Orario: mezzogiorno e sera
Ferie: in settembre e durante il Vinitaly
Coperti: 40 + 40 esterni
Prezzi: 25 euro
Carte di credito: CS, MC, Visa

Lasciatevi consigliare: una volta arrivati chiedete a Marco, il titolare, di farvi accomodare in veranda, dove apprezzerete uno dei più suggestivi scorci panoramici della città di Ascoli. Questa trattoria, situata sulla strada che porta a Colle San Marco, è un fedele omaggio alla cucina picena dell'interno. Non esiste menù, i piatti del giorno sono recitati a voce, ma per fortuna senza tedio, da Marco che dispenserà consigli e suggerimenti. Si inizia con un fritto misto di zucchine e **olive all'ascolana** (6 €), prosciutto di Montemonaco tagliato al coltello, salumi nostrani, **frittata con le tolle** (i germogli delle piante dell'aglio), trippa in bianco. Tra i primi (7 €), **gnocchi di patate ripieni di carne o ricotta**, maccheroncini di Campofilone al ragù tradizionale, maltagliati ai funghi porcini, ravioli con ricotta e noci, pasta all'intrecciata con tolle, fave e piselli freschi. Le carni sono di provenienza locale: maiale e **agnello scottato e ripassato in padella** (7 €), faraona con funghi, spezzatino, involtino di vitello, sempre accompagnati da contorni di verdure di stagione. Il venerdì, e solo su prenotazione, è possibile mangiare il **baccalà** (25 euro l'intero menù). I dolci (3 €), confezionati con prodotti biologici, sono di fattura casalinga: **crostate con marmellata**, crema catalana, panna cotta, zuppa inglese, millefoglie e crema con fragole. La lista dei vini è contenuta ed essenzialmente territoriale. Apprezzabile il Rosso Piceno sfuso.

ASCOLI PICENO

Ristorante del Corso
Trattoria
Corso Mazzini, 277
Tel. 0736 256760
Chiuso domenica sera e lunedì
Orario: mezzogiorno e sera, dom su prenotazione
Ferie: 2 settimane in agosto e in ottobre, 1 a Natale
Coperti: 30
Prezzi: 35-40 euro vini esclusi
Carte di credito: CS, MC, Visa

In un palazzo del XVI secolo, in quello che è probabilmente il più bel centro storico delle Marche, questo piccolo ristorante offre una cucina di pesce onesta e senza fronzoli, basata sull'approvvigionamento quotidiano presso il vicino porto peschereccio di San Benedetto del Tronto, uno dei più importanti d'Italia. Gino D'Ignazi, sambenedettese doc, conduce il locale occupandosi della sala e della scelta della materia prima, contando sulla consolidata esperienza di sua moglie, in cucina, e sulla disponibilità del mercato. Si può iniziare con l'antipasto completo (17 €) o con alcune delle proposte, divise tra assaggi freddi e caldi: **panocchie** (cicale di mare) bollite, insalatina di seppie, scampi al vapore, lumachine di mare in umido o in porchetta, salmone bollito, **zuppa di polpi con fagioli**. Tra i primi (12 €), risotto alla marinara, mezze maniche ai granchi o agli scampi, **tagliatelline alla spigola**. Si prosegue con la **frittura mista** (15 €) o di soli calamari e gamberi, oppure con la grigliata mista alla brace, con la sogliola o la rana pescatrice al vino bianco, con il **guazzetto** o, su prenotazione, il brodetto di pesce. Chiusura con un semplice sorbetto; proposta dei vini orientata su alcune selezionate etichette regionali. La prenotazione è sempre raccomandata, anche per il limitato numero di posti.

Libreria Rinascita, piazza Roma 7: piccolo winebar con fornito scaffale riservato alla migliore editoria enogastronomica.

Ascoli Piceno, l'oliva tenera ascolana

Pur essendo una ricetta ricca ed elaborata, l'oliva all'ascolana conserva quel carattere amichevole di cibo da strada, da consumare in un cartoccio passeggiando per la città. Ricetta di grande raffinatezza e di presumibile origine ricca e borghese, anche se alcuni studiosi ne ipotizzano una lontana derivazione di piatto di recupero, risulta una preparazione quasi barocca: la snocciolatura a spirale per ospitare adeguatamente la ricca farcia e custodirla fa pensare più alle invenzioni culinarie decorative di scuola francese che alle spartane e proletarie polpette. La ricetta tradizionale – ma ogni famiglia ascolana custodisce qualche piccola variante segreta – prevede tra gli ingredienti carni di manzo, maiale e pollo, rosolate in un tegame con carota, sedano, cipolla. Ultimata la cottura il tutto è macinato e amalgamato con uovo, parmigiano e noce moscata. L'impasto, di morbida consistenza, costituisce il ripieno con il quale l'oliva denocciolata è riempita riassumendo quasi la forma originaria. Passate in successione nella farina, uovo battuto e pangrattato, le olive sono poste a friggere in abbondante extravergine e consumate calde come piatto unico o insieme con altri fritti, quali carciofi, zucchine, crema, cotoletta d'agnello, come nel tradizionale fritto misto all'ascolana. Fondamento di questa prelibatezza gastronomica e ingrediente essenziale è l'oliva della cultivar tenera ascolana: dal retrogusto leggermente amarognolo è tra le olive da mensa una di quelle di maggior pregio. Coltivata in un'area limitata delle province di Ascoli Piceno e Teramo conobbe le sue fortune all'epoca della civiltà picena, quando i soldati romani iniziarono l'esportazione verso Roma, dove erano consumate all'inizio e alla fine di ogni banchetto che si rispettasse. Le olive tenere ascolane si apprezzano tutto l'anno grazie al tradizionale metodo di conservazione in salamoia, anche se è alla frittura che resta legata maggiormente la loro fama. I locali che vi segnaliamo garantiscono per larga parte dell'anno l'utilizzo della varietà nella preparazione.

Antonio Attorre

APPIGNANO DEL TRONTO (AP)

Santa Lucia
Ristorante
Valle Chifenti, 93
Tel. 0736 817177
Chiuso il lunedì
Orario: mezzogiorno e sera
Ferie: gennaio o novembre
Coperti: 50 + sala banchetti
Prezzi: 25-30 euro vini esclusi

Salendo lungo la strada provinciale che collega il capoluogo con Appignano, si trova il locale che da anni è gestito dai fratelli Graziano e Nazzareno Simonetti. L'asprezza del paesaggio è stemperata dalla calda accoglienza di questo ristorante che offre una cucina di territorio di livello per gourmet ma anche per cerimonie e banchetti. Le olive farcite e fritte ci sono sempre, come del resto diversi altri piatti quali la coratella d'agnello, la tacchinella sedano e grana, gli gnocchi di ricotta e patate, le tagliatelle piccione e tartufo o ai funghi, i ravioli di ricotta, il coniglio al forno. Buone etichette, con bella panoramica regionale, ottimi dolci tra cui diversi flambé.

ASCOLI PICENO

Case rosse
Azienda agrituristica
Frazione Case Rosse, Poggio di Bretta
Tel. 0736 403995
Aperto sabato e domenica, sempre su prenotazione per gruppi
Ferie: variabili
Coperti: 75
Prezzi: 25 euro vini esclusi

Da Ascoli centro seguite le indicazioni per Poggio di Bretta e raggiungerete questo agriturismo. La cooperativa presieduta da Ugo Marcelli conduce circa 100 ettari di terreni con larga diffusione di oliveti. Nel vecchio casolare ristrutturato sono proposti piatti territoriali, a volte davvero rari da trovare (la spalla di pecora con fagioli o la pasta di ricotta in brodo di pecora, che riportano all'antica transumanza). Di regola sono disponibili salumi, ricotta fresca, verdure, oliva tenera in salamoia e *caccia' nnanza* e gustosa focaccia; a seguire gnocchi, rigatoni al sugo di pecora, olive farcite dalla leggera panatura, carni di agnello, maiale, coniglio cotti nel forno a legna.

Gallo d'oro
Ristorante
Corso Vittorio Emanuele, 54
Tel. 0736 253520
Chiuso sabato a pranzo e domenica
Orario: mezzogiorno e sera
Ferie: variabili
Coperti: 120
Prezzi: 25-30 euro vini esclusi

L'accogliente locale sito in Corso Vittorio Emanuele, condotto da Bruno Pignotti, si conferma come una credibile interpretazione cittadina della classica trattoria borghese. Le olive, e la frittura ascolana nelle sue varie forme, sono il piatto principale del locale, accanto ad altre proposte di cucina del territorio non trascurabili come gli spaghetti di magro con tonno e olive verdi e, prevalentemente il venerdì, piatti a base di baccalà. Tartufi e funghi in stagione, carta dei vini con prevalenza di etichette regionali.

Kursaal
Ristorante-enoteca
Via Luigi Mercantini, 66
Tel. 0736 253140
Chiuso la domenica
Orario: mezzogiorno e sera
Ferie: non ne fa
Coperti: 80
Prezzi: 20-25 euro vini esclusi

Lucio Sestili fonda il Kursaal alla fine degli anni Cinquanta e da allora, sebbene abbia cambiato indirizzo (oggi, si trova a due passi dal centro storico, in posizione defilata), è considerato uno dei luoghi storici di Ascoli. Sommelier professionista, spesso duetta in sala con la figlia Simona, brava esperta di extravergini, che vi farà da guida. La ricetta dell'oliva tenera ripiena all'ascolana è un punto di forza, come pure gli spaghetti di magro con tonno e olive e diverse altre proposte a base di carne, funghi e tartufi della tradizione ascolana.

Migliori
Trattoria-gastronomia
Piazza Arringo, 2
Tel. 0736 250042
Chiuso il lunedì
Orario: mezzogiorno e sera
Ferie: non ne fa
Coperti: 25
Prezzi: 20-25 euro vini esclusi

A Nazzareno Migliori, in arte Zé, va il merito di avere promosso il recupero dell'oliva tenera ascolana (Olea Europae Sativa), e di riproporla non solo nella classica ricetta ascolana, ma anche nella versione, altrettanto classica, detta *liva concia*, oliva ascolana del Piceno in salamoia Dop. La gastronomia, per cibi da asporto, è anche una trattoria dove il festival dell'oliva cede volentieri il passo ad altre ricette del territorio, dal baccalà alla trippa. E in più, davanti all'ingresso, c'è sempre il banchetto dei fritti, per portarsi a spasso il tradizionale cartoccio.

MALTIGNANO (AP)
L'Arco
Trattoria
Via IV Novembre, 63-65
Tel. 0736 304490
Chiuso il mercoledì
Orario: mezzogiorno e sera
Ferie: 15-30 luglio
Coperti: 60
Prezzi: 20-25 euro vini esclusi

Da Ascoli Piceno prenderete la strada che raggiunge la Val Vibrata per pranzare in questo raccolto locale che è proprio nel centro di Maltignano. La gestione è prettamente familiare: lo capirete già dalla fattura delle olive farcite a mano, sempre disponibili in apertura, come contorno o nel fritto misto all'ascolana. Tra i primi le ceppe, pasta artigianale tipica del Teramano – siamo infatti sul confine con l'Abruzzo – ai funghi, gli spaghetti all'amatriciana, come secondi l'agnello scottadito, lo spezzatino d'agnello. La vera specialità del locale resta il menù completo a base di baccalà disponibile tutti i venerdì. Chiusura con zuppa inglese della casa; vini tra Marche e Abruzzo.

VENAROTTA (AP)

Il casolare
Ristorante
Via Case Sparse, 31
Tel. 0736 362162-362139
Chiuso lunedì e martedì
Orario: mezzogiorno, venerdì e sabato anche sera
Ferie: in inverno e a fine estate
Coperti: 100
Prezzi: 30-35 euro vini esclusi

Nel locale che Tonino gestisce con la moglie Rita e la figlia Laura – poco fuori dal capoluogo piceno – la cucina parla ascolano a partire dalle calde frittellette accompagnate da un profumato prosciutto nostrano. Si continua con un fritto di verdure pastellate, polentine e il tradizionale fritto misto all'ascolana (cotolette d'agnello, olive farcite e cremini). Tra i primi meritano le tagliatelle al tartufo bianco (da ottobre a dicembre) o nero pregiato, la pasta e ceci, lo scottadito di agnello nostrano alla brace, lo stinco di vitello, i porcini arrosto. Discreta selezione di etichette, ma si apprezza anche il vino della casa.

CAGLI

25 KM A SUD DI URBINO, 62 KM DA PESARO

Guazza
Osteria tradizionale
Piazza Federico da Montefeltro, 1
Tel. 0721 787231
Chiuso il venerdì
Orario: mezzogiorno, sera su prenotazione
Ferie: 15 giorni tra luglio e agosto
Coperti: 50
Prezzi: 30 euro vini esclusi
Carte di credito: nessuna

Un pranzo al ristorante Guazza rappresenta un tuffo nella memoria con i pranzi della domenica di una volta. Sbirciando nella cucina di Maria non vedrete sifoni o termometri per le cotture a bassa temperatura ma la spianatoia per le paste, un camino per carni alla brace, teglie, casseruole, persino una vecchia stufa a legna. Non esiste menù scritto: ogni giorno si cucina il meglio che si è trovato dai fornitori di fiducia, secondo regole e ricette immutate nel tempo. Tra le varie portate che costituiscono l'antipasto completo (12 €), da non perdere la gustosa **coratella d'agnello** – piatto pasquale richiestissimo tutto l'anno – magari accompagnata da un assaggio di crostini e formaggio e, in primavera, la baggiana, un'aromatica zuppa di fave e biete. Punto di forza del locale i primi piatti, con paste all'uovo preparate ogni giorno: maltagliati con le fave, **tagliatelle ai funghi di stagione** (10 €), **vincisgrassi** (10 €) o dei morbidissimi gnocchi al pomodoro. Consigliate le **erbe di campo ripassate in padella**, da sole o con patate schiacciate, perfette per accompagnare i sapidi secondi: grigliate di castrato, carni miste, il **pollo in fricò** (11 €) cotto a lungo in padella con aglio, rosmarino e una leggera spruzzata di aceto. Lasciate spazio per una delle rustiche torte o un assaggio di biscotti secchi, tutti preparati in casa e disponibili anche per la colazione, nel bar annesso al locale. Pochissime bottiglie disponibili, compensate da uno sfuso di buon livello e dalla purissima "acqua sindacale".

> *Un modello di cucina di stampo autenticamente familiare e piacevolmente demodé*

CAGLI

25 KM A SUD DI URBINO, 62 KM DA PESARO

Nani
Osteria
Via Porta Vittoria, 27
Tel. 0721 787292-338 297977
Chiuso lunedì, martedì e mercoledì
Orario: sera, sabato e domenica anche pranzo
Ferie: 1 sett in marzo, 2 in settembre-ottobre
Coperti: 35 + 10 esterni
Prezzi: 30-33 euro vini esclusi
Carte di credito: CS, DC, MC, Visa, BM

Ci sono almeno due motivi per sostare da Nani, piccolo locale in pieno centro a Cagli gestito da Anastasia (Nani) Pieri: la qualità delle materie prime e la cura con la quale sono realizzati i piatti. L'arredo minimale, moderno, potrebbe suggerire uno dei tanti locali alla moda che strizzano l'occhio all'ultima tendenza. Da Nani invece c'è sostanza, passione, voglia di proporre una cucina fresca, con piatti espressi. La **coratella d'agnello** (9 €) e i crostini di fegatini di pollo con capperi di Salina convincono per l'equilibrio, il **fritto misto di verdure** (7 €) – che a seconda delle stagioni alterna broccoli, carciofi, funghi, asparagi, fiori di zucca e mela di Montelabate – è particolarmente fragrante e dorato, mentre nei carpacci di fesa e filetto di cinghiale e suino bio allevati allo stato brado (9 €) si apprezza la grande qualità delle carni. Proseguendo con i primi piatti (10 €), **tagliatelle al ragù di piccione**, ravioli di erbe e ricotta al pomodoro, vincisgrassi. Nei secondi è eccellente la cottura delle **bracioline di agnello alla griglia** (14 €) rosate e profumate con emulsione di olio e rosmarino; in alternativa piccione in umido (14 €) e lombata di vitellone alla griglia. Torta con fragole, crema e panna o mascarpone e fondente (4 €) sono le proposte tra i dolci, oltre al gustoso sorbetto di pompelmo rosa o al mandarino tardivo di Ciaculli (4 €). La lista dei vini, pur non molto ampia, contempla ottime etichette marchigiane.

CAMERINO
Polverina

40 KM A SO DI MACERATA SS 77

Il Cavaliere
Ristorante annesso all'albergo
Via Mariani, 33-35
Tel. 0737 46128
Chiuso il lunedì
Orario: mezzogiorno e sera
Ferie: non ne fa
Coperti: 65
Prezzi: 23-28 euro vini esclusi
Carte di credito: AE, CS, MC, Visa

Per raggiungere il locale si percorre la vecchia strada statale 77 che collega l'entroterra maceratese all'Umbria: e all'altezza del Castello di Varano, nella frazione di Polverina, si trova l'accogliente ristorante gestito, da sempre, dalla famiglia Moreni. I piatti sono quelli della tradizione maceratese: dai salumi fatti in casa (ciauscolo, salame lardellato, fegatini) ai pecorini della zona, dalle bruschette con l'eccellente e raro olio di Coroncina alle salsicce dolci (impasto con carne, pinoli e uvetta, ma solo in inverno). Primi piatti degni di nota, come gnocchi e ravioli ai funghi o ricotta e spinaci, le eccellenti **tagliatelle fatte in casa al tartufo** o al ragù (6 €). Tra i secondi spiccano i piatti alla brace: ricorrente l'**agnello alla brace** (12 €), oppure fritto o cotto al forno, e davvero notevoli i **fegatini di maiale alla brace**. In menù trovate anche pollo ruspante alla cacciatora, piccione ripieno al forno, cinghiale in salmì, accompagnati da buone insalate con vari tipi di erbe o da verdure cotte. Per chiudere, dolci casalinghi come la torta pinolata, la zuppa inglese, la crostata di nonna Colomba e il **tortiglione con mele e cannella** (1,50 €). La carta dei vini è incentrata su un centinaio di etichette regionali dai prezzi equilibrati.

MARCHE | 553

CASTELRAIMONDO
Castel Sant'Angelo

40 KM A SO DI MACERATA

Il Giardino degli Ulivi
Trattoria
Via Crucianelli, 64
Tel. 0737 642121-338 5036078
Chiuso il martedì, mai in agosto
Orario: mezzogiorno e sera
Ferie: 15 giorni in settembre
Coperti: 60 + 60 esterni
Prezzi: 35 euro vini esclusi
Carte di credito: CS, DC, MC, Visa, BM

Arrivare agli Ulivi, nella frazione Castel Sant'Angelo di Castelraimondo, vuol dire, in qualche modo, fare un piccolo viaggio nel tempo e immaginare così i luoghi delle zone rurali prima dell'abbandono. Non fatevi sfuggire l'occasione di fare due passi tra le case e la natura circostante. In un locale ricavato dalle stalle restaurate di una antica casa colonica, Francesco e sua moglie Dori vi proporranno i piatti, ereditati da mamma Maria Pia – da quest'anno meritatamente a riposo –, che costituiscono un vero canone della cucina maceratese interna preappenninica. Gli antipasti (13 €) di salumi, formaggi o verdure sono sostanziosi: ottimi i salumi tradizionali, prodotti da un norcino di fiducia e stagionati in proprio, e i formaggi accompagnati da confetture fatte in casa. Tra i primi piatti (10 €), variati stagionalmente, consigliamo le penciarelle al sugo di capriolo, sorta di bigoli tirati a mano da un impasto di pasta di pane, ottimi per esaltare una salsa a base di cacciagione, o anche i ravioli con ripieno di ricotta ed erbe aromatiche. Tra i vari secondi (15 €), tutti completi di contorno di stagione, si può optare per il capriolo in salmì, il prosciutto ai frutti di bosco cotto nel forno a legna, la faraona all'aceto nero. Casalinghi naturalmente anche i dessert, tra i quali ricordiamo la mousse al cioccolato e la selezione di dolci secchi. Poche etichette disponibili, ma di decisa impronta regionale. D'estate è possibile mangiare sulla rustica pavimentazione dell'aia.

Una trattoria diventata roccaforte della storia e della cultura gastronomica del territorio

CIVITANOVA MARCHE

27 KM A EST DI MACERATA SS 485

Chalet Galileo
Ristorante
Via IV Novembre
Tel. 0733 817656
Chiuso il martedì
Orario: mezzogiorno e sera
Ferie: variabili
Coperti: 44
Prezzi: 35-40 euro vini esclusi
Carte di credito: CS, DC, MC, Visa, BM

Intanto che ci si mette d'accordo se sia Dio o il Diavolo a nascondersi nei dettagli, noi non abbiamo dubbi circa l'importanza decisiva di questi – purché non si tratti di futili specchietti per le allodole – per qualificare un locale e regalarci qualche piccola gioia. Ecco allora le ostriche adriatiche (3 €) ad esempio – ottime –, i fornitori di pesce, di oli, paste scrupolosamente indicati in carta, l'assenza dell'aggravio di pane e coperto, indice di un'attenzione ai prezzi che, per un locale tra i migliori sulla costa marchigiana, restano competitivi e favorevoli al consumatore anche quando – come capita con pesci di grossa pezzatura – possono sforare la cifra da noi indicata. Uno staff di cucina femminile, la sala-bomboniera candida e marina in mani maschili, a partire dal responsabile Stefano Orso (ma c'è anche la giovanissima figlia a dare una mano). Dopo l'encomiabile assaggio di un olio regionale scelto con competenza, quando non di propria produzione, la stagione detterà paccheri con fave e vongole, spaghetti alici, capperi e pinoli (10 €), mezze maniche con carciofi e mazzancolle (12 €), i passatelli asciutti, il risotto con asparagi, vongole, calamaretti. Poi si va dalla fragrante frittura (15 €) alla grigliata (23 €), al bollito misto con verdure (24 €), ai guazzetti e all'eccellente san pietro con verdure. Nel segno di una marchigianità rinnovata (il gusto dell'anice è un fil rouge) i dessert; carta dei vini ampia, aggiornata e calibrata.

Con attenzione costante all'approvvigionamento e ai particolari nella realizzazione dei piatti, Galileo conferma la sua proposta esemplare

CIVITANOVA MARCHE

27 km a est di Macerata ss 485

Locanda Fontezoppa
Osteria moderna *novità*
Contrada San Domenico, 38
Tel. 0733 801551
Chiuso domenica sera e lunedì
Orario: mezzogiorno e sera
Ferie: variabili
Coperti: 60
Prezzi: 30-35 euro
Carte di credito: tutte, BM

Non lontana dal casello autostradale di Civitanova Marche, raggiungibile agevolmente seguendo le indicazioni per Civitanova Alta e poi la segnaletica relativa alla cantina e alla locanda stessa, Fontezoppa, frutto di un bel recupero architettonico, è un progetto riuscito che riesce a coniugare l'attrattiva per i vini dell'azienda, un'offerta gastronomica territoriale curata, appuntamenti culturali, musicali e incontri di degustazione, senza trascurare la clientela quotidiana di quest'area abbastanza fitta di realtà aziendali. Tra gli antipasti non mancano salumi e formaggi locali di produzione artigianale, dal **ciauscolo** al prosciutto stagionato, dal pecorino a formaggi vaccini e caprini accompagnati da pani e focacce a lievitazione naturale. **Ravioli al pomodoro** (9 €), **tagliatelle con tartufi o funghi** (14 €) in stagione, oppure condite con sughi di carne e ancora, in primavera, con asparagi o carciofi sono le proposte più frequenti tra i primi piatti, non senza ricordare i **cappelletti in brodo della** madre di Francesco Pettorossi, la signora Agata. Buone carni come secondi piatti: **agnello a scottadito** (12 €), **coniglio in porchetta**, tagliate, filetti con verdure di stagione. Zuppa inglese e gelati fatti in casa per chiudere. L'olio extravergine è di propria produzione, il vino, ovviamente di casa, entra in gioco anche in piatti quali il filetto con bacche di ginepro o il risotto al radicchio. Disponibili cinque stanze per la notte. Bella veranda estiva, menù convenienti a mezzogiorno con piatti espressi.

COLMURANO

20 km a sud di Macerata ss 77 e 78

Agra Mater
Azienda agrituristica
Contrada Monti, 3
Tel. 339 3769357
Aperto venerdì-domenica; estate martedì-domenica
Orario: sera, fine settimana e prefestivi anche pranzo
Ferie: variabili
Coperti: 40 + 20 esterni
Prezzi: 30-35 euro vini esclusi
Carte di credito: MC, Visa, BM

Poco fuori il centro abitato di Colmurano, Lara e Melissa gestiscono questa giovane realtà con passione e complicità. Colpiscono la quiete, l'ordine e la bellezza della natura che le due sorelle titolari preservano nella conduzione della loro attività agrituristica. L'amore per le tradizioni e un tocco personale regalano piatti equilibrati, senza sbavature, e la costante qualità della materia prima, proveniente dai propri campi e dalle piccole aziende vicine, assicura freschezza e genuinità. Come antipasto (14 euro la serie di cinque piatti) **lingua croccante con erbe di campo** e agrodolce di lamponi, tortino di pecorino dei Monti Sibillini con crema di fave in porchetta e porri fritti o, ancora, spalla di maiale cotta al vapore con cipolla in agrodolce, confettura di lamponi e semi di girasole. Tra i primi pasta secca (9 €) o all'uovo (10 €): trenette con pesto aromatico e mandorle tostate, **tagliatelle** tirate a mano **al ragù tradizionale** o ravioli con ricotta di pecora. Si prosegue con **guanciola di vitellone brasata al Rosso Piceno** e patata morbida (15 €), **carciofo alla maceratese** con vino bianco, prezzemolo, finocchietto e pane, oppure in versione cruda con mentuccia e formaggio di fossa, o fritto e in cocotte (12 €). È ancora faraona disossata al forno con ratatouille di verdure. Buoni i dolci (6 €): crema bruciata all'orzo e gelato al Varnelli, sfera di cioccolato con mousse di cioccolato e pere, semifreddo alle mandorle e vaniglia. Curata la lista dei vini del territorio.

COMUNANZA

33 KM A NO DI ASCOLI PICENO SS 78

Da Roverino
Trattoria con alloggio
Via Ascoli, 10
Tel. 0736 844242-844549
Chiuso la domenica
Orario: mezzogiorno e sera
Ferie: settembre o ottobre
Coperti: 100
Prezzi: 25-30 euro vini esclusi
Carte di credito: tutte

Crocevia nell'area dei Monti Sibillini, Comunanza è un paese su cui gravitano una serie di borghi minori, a cavallo tra Ascolano e Fermano. Il tessuto sociale, in parte industriale, da anni comprende anche realtà agricole e turistiche che, come Da Roverino, sono una sorta di testimonianza delle tradizioni montane. Il giovane cuoco Stefano Morganti affianca lo storico Peppe Cutini nella conduzione di questo locale che ha una sua chiara fisionomia. Il menù, che varia spesso anche con piatti fuori carta, annovera tra gli antipasti (7 €) il pecorino fritto in pastella, le **olive all'ascolana**, la frittata in trippa, la coratella, formaggi e salumi, tutti locali e di qualità. Tra i primi, **zuppa di castagne con fagioli e costine di maiale**, zuppa di ceci, patate e funghi porcini, tagliatelle fatte a mano al ragù di carne o di cinghiale, **gnocchi con sugo di piccione** (8 €). Si segnalano poi i **tordi matti** (un piatto tradizionale di Comunanza a base di carne di maiale, con velo del fegato e bacche di ginepro, cotta arrosto), baccalà arrosto o bollito, trippa, pollo con i peperoni, piccione in casseruola, **arrosto misto** (12 €). Per finire crostate fatte in casa (da non perdere quella con la confettura di mela rosa), oppure dolci con noci e miele e pizza ripiena. La cantina prevede una piccola selezione incentrata principalmente su vini regionali e qualche nazionale di grido. Prezzi onesti.

CUPRA MARITTIMA

46 KM A NE DI ASCOLI PICENO SS 4 E A 14

Pepenero
Osteria moderna *novità*
Via Castello
Tel. 335 6115534
Chiuso lunedì e martedì in inverno
Orario: sera, in inverno anche domenica a pranzo
Ferie: variabili
Coperti: 30 + 15 esterni
Prezzi: 25 euro, menù fisso
Carte di credito: tutte, BM

Vale la pena salire al minuscolo borgo medievale di Marano, forse più noto come Cupra Alta, per ammirare uno dei panorami costieri più suggestivi del medio Adriatico. Prima di giungere in cima, tra le *rue* acciottolate, sotto il castello si trova questo locale rilevato due anni fa da Michele Alesiani, oste che da sempre sa coniugare il vino e la buona cucina, in un ambiente con arredi informali e originali. Si mangia sotto gli alti soffitti ad arco, tra un vecchio bancone da osteria restaurato, oggetti di modernariato, grandi dipinti alle pareti e vecchie credenze ora color verde pisello. Il menù fisso non è scritto e varia di continuo, prevedendo di solito due antipasti, due primi, secondo e dolce. Tra gli antipasti, al sempre presente tagliere misto di **salumi nostrani con gnocco fritto**, di volta in volta si trovano carciofo su fonduta di formaggio, ottime **rape con acciughe**, polpettina di carne con verdura e polentina di mais, tortino di carne bollita. Quindi lasagna con funghi e carciofi, riso agli asparagi selvatici, tagliatelle al ragù "di babbo", **gnocchi al sugo di papera**. Poi si avvicendano girello al forno con cicoria, faraona in salmì, coniglio in porchetta, **agnello con carciofi**. Per finire, assaggi di crostate, biscotteria secca o una tradizionale **pizza sbattuta** alle creme. C'è solo vino sfuso locale, compreso nel prezzo del menù, tuttavia è consentito, anzi sollecitato, portarsi buone bottiglie da casa e non è previsto diritto di tappo.

■ Pasticceria Irma, in via Trieste 5: torte al cioccolato, al caffè, mousse e pasticcini di ottima fattura. Presso la salumeria Bruno Strada, in viale Dante 58, selezione di salumi, formaggi e altro.

FALCONARA MARITTIMA

10 KM A NO DI ANCONA

L'Arnia del Cuciniere

Ristorante
Via Baluffi, 12
Tel. 071 9160055-339 6586107
Chiuso il lunedì
Orario: mezzogiorno e sera
Ferie: variabili
Coperti: 120
Prezzi: 30-38 euro vini esclusi
Carte di credito: tutte, BM

L'Arnia ha cambiato sede: ha fatto poca strada in realtà, salendo nel vecchio borgo di Falconara Alta accanto al castello duecentesco. Nel cambio il ristorante ha guadagnato in numero dei coperti: ora ha due sale e da quella superiore si gode un bel panorama marittimo, con vista che spazia fino al "gomito" di Ancona. In cucina e in sala sono sempre al loro posto Claudio Api e Alessio Andreoni, e come sempre sia pesce sia carne sono scelti con cura. Ampia l'offerta degli antipasti, con due piatti impegnativi come la degustazione di crudità di mare (19 €) e la sinfonia di mare, ovvero antipasti caldi e freddi, oppure le seppie e piselli con mentuccia e crema di pomodoro, guazzetto di vongole con pendolini e baccalà fritto. Tra i primi (10 €), ottimi gli **gnocchi di patate al ragù di brodetto** e la padellata di chitarrine con crostacei e molluschi. La frittura mista dell'Adriatico, la grigliata alla moda del Cuciniere (18 €) e lo **stoccafisso all'anconetana** sono i secondi. Se invece preferite il menù di carne trovate ottimi **salumi con crescia** (8 €), i tortelloni di carne con pecorino di Farindola e tartufo, la grigliatona di carne con verdure e crostini ai formaggi (16 €), vero e proprio piatto unico. Tra le varie proposte di dolci da segnalare il **lonzino di fico con pecorino fresco e sapa** (4 €). Lista dei vini ampia e ben articolata, con ricarichi equilibrati.

FANO

12 KM A SE DI PESARO SS 16 O USCITA A 14

Da Maria

Trattoria
Via IV Novembre, 86
Tel. 0721 808962
Chiuso la domenica, mai d'estate
Orario: sera, pranzo solo su prenotazione
Ferie: Natale e Pasqua
Coperti: 30 + 20 esterni
Prezzi: 35-40 euro vini esclusi
Carte di credito: nessuna

Avevamo prenotato e siamo stati accolti eccezionalmente, nella veranda rinfrescata dall'edera e protetta dai rumori esterni, a pranzo, perché ora Maria, ci dice, resterà aperta solo la sera: in ogni caso vi suggeriamo di telefonare sempre anche perché, com'è noto ai cultori di questo locale, se non c'è abbastanza pescato qui si resta chiusi. Abbiamo ritrovato una cucina indimenticabile e indefinibile se non con termini appropriati per l'estetica zen: l'essenzialità riservata a pesci appena sbarcati a riva (nel nostro caso un rombo, una sogliola, gamberi rosa, scampetti, mazzolina, suro e qualche cozza) e quel quasi nulla di cottura ad esaltarne le caratteristiche. Accompagnata da una **polentina con ragù di pesce**, bruschetta di pane fatto in casa e da verdura con olio di propria produzione – a cura dalla figlia Domenica che si occupa premurosamente della sala – quel piatto era l'offerta del giorno. Noi abbiamo gradito anche degli **spaghetti alle vongole**, in altri giorni avrebbero potuto esserci le notevoli **tagliatelle** fatte a mano **con sugo di sogliole** o le **triglie al sugo**, la **rana pescatrice arrosto** o il **brodetto**, che Maria cucina alla sua maniera con la salsa di pomodoro in una pentola di terracotta. Avrete capito che il fascino di questa cucina sta nei mezzi toni e nella grande materia prima, e immaginiamo che potrebbe restare deluso chi non gradisse l'informalità o la limitatezza delle portate. Noi continuiamo a considerarla una singolarità abbastanza eccezionale.

> *Una mano quasi invisibile, quella di Maria, ma la sapienza delle cotture minimali, domestiche e popolari è un segno di grande modernità*

FERMO

L'Enoteca Bar a Vino
Osteria moderna
Via Mazzini, 2
Tel. 0734 228067-348 9035257
Chiuso il lunedì e martedì a pranzo, mai d'estate
Orario: mezzogiorno e sera
Ferie: variabili
Coperti: 35 + 35 esterni
Prezzi: 40 euro
Carte di credito: CS, MC, Visa

Chi capita a Fermo la prima volta resta incantato da piazza del Popolo, congeniale allo spirito contemplativo e pienamente godibile da uno dei tavoli esterni di questa osteria-enoteca ricavata in locali di proprietà comunale sotto il porticato di San Rocco. Peppe e Roberta la gestiscono curando le scelte di cucina – di approvvigionamento, in primis –, di vini e di atmosfera, un ingrediente non secondario anche all'interno, con un'ispirazione francese dichiarata già nell'insegna, che richiama i bar à vin, e nelle belle foto disseminate in sala. Nel menù degustazione a 40 euro, comprendente tre vini (bianco, rosso, da dessert), troverete sempre il tagliere di salumi locali (dal **ciauscolo** al prosciutto di 24 mesi) e, in stagione, fave e pecorino con focaccia, sformatino di ricotta con zucchine e peperoni o con tartufo, panzanella con pomodori e cipolline, crostini con erbe spontanee e formaggio a latte crudo, **zuppetta di ceci, fave e cicoria** o di carciofi e lenticchie. Poi **parmigiana di melanzane** in estate, **vincisgrassi**, maccheroncini di Campofilone al ragù, pollo o coniglio in padella con patate, **agnello al forno**, galantina o porchetta. Infine dolci con frutta della Valdaso. L'Enoteca è frequentabile anche in modo informale: merenda-mini cena a 15 euro, spizzichino con vino (8 €), oppure si può scegliere la selezione di formaggi, che è un punto di forza del locale, o i salumi da abbinare ai vini (per esempio quelli naturali, conservati nella parete-cantina a vista). L'indicazione di queste opzioni e delle proposte del giorno all'esterno gioverebbe alla trasparenza.

FOSSOMBRONE

20 km a se di Urbino, 37 km da Pesaro

Osteria dalla Vipera
Osteria tradizionale
Via La Peja, 3
Tel. 0721 714181
Chiuso il lunedì
Orario: mezzogiorno e sera
Ferie: variabili
Coperti: 50 + 15 esterni
Prezzi: 25-32 euro vini esclusi
Carte di credito: MC, Visa, BM

Se per voi il pasto è occasione di piacere, relax e benessere, l'Osteria dalla Vipera sarà tappa obbligata, specie se siete dalle parti di Fossombrone – dove l'Appennino inizia ad aprirsi verso l'Adriatico – che rappresenta una sorta di ponte, una sentinella, tra l'affascinante gola del Furlo e la valle del Metauro che conduce al mare fanese. Nella via principale del centro l'osteria – che è anche "bottega del gusto", ovvero negozio di specialità dotato di un'accogliente sala dove gustare – offre una coinvolgente cucina marchigiana accompagnata dalla notevole proposta della cantina. Atmosfera semplice e curata nei particolari – con fiori freschi ai tavoli, luce adeguata e musica di sottofondo – e un menù che inizia con l'**antipasto della vipera** (12 €) o il piatto di formaggi per proseguire con le **chitarrine ai porcini e zafferano** (10 €) o la zuppa di legumi biologici. Tra i secondi si va dalla tartare di marchigiana o chianina tagliata al coltello alle ottime e casalinghe **polpette di carne alla crema di basilico e purè** (12 €). Da raccogliere la sfida dell'accattivante scelta di dolci fatti in casa, come la crostata di mandorle e miele o la **torta caprese di cioccolato e mandorle** (5 €). Concluderemmo che questa Vipera (il cui nome viene da un'antica ostessa con la lingua lunga), lungi dall'avvelenarvi, saprà anzi servire antidoti efficaci alla banalità e al cattivo vivere.

FRONTONE

35 KM A SE DI URBINO

Il Daino

Ristorante annesso all'albergo
Via Roma, 19
Tel. 0721 786101-338 7757518
Chiuso il lunedì, mai in luglio e agosto
Orario: mezzogiorno e sera
Ferie: in ottobre
Coperti: 120
Prezzi: 30 euro vini esclusi
Carte di credito: tutte, BM

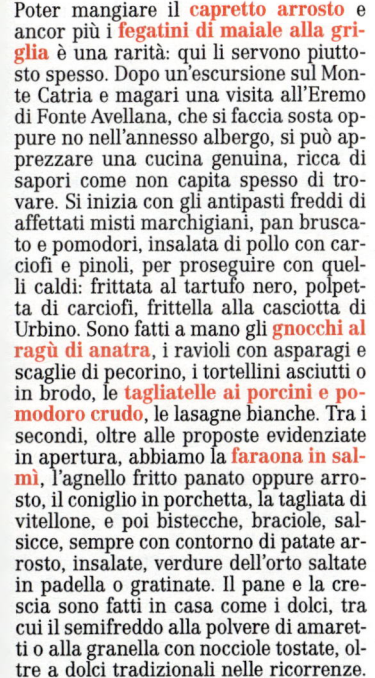

Poter mangiare il **capretto arrosto** e ancor più i **fegatini di maiale alla griglia** è una rarità: qui li servono piuttosto spesso. Dopo un'escursione sul Monte Catria e magari una visita all'Eremo di Fonte Avellana, che si faccia sosta oppure no nell'annesso albergo, si può apprezzare una cucina genuina, ricca di sapori come non capita spesso di trovare. Si inizia con gli antipasti freddi di affettati misti marchigiani, pan bruscato e pomodori, insalata di pollo con carciofi e pinoli, per proseguire con quelli caldi: frittata al tartufo nero, polpetta di carciofi, frittella alla casciotta di Urbino. Sono fatti a mano gli **gnocchi al ragù di anatra**, i ravioli con asparagi e scaglie di pecorino, i tortellini asciutti o in brodo, le **tagliatelle ai porcini e pomodoro crudo**, le lasagne bianche. Tra i secondi, oltre alle proposte evidenziate in apertura, abbiamo la **faraona in salmì**, l'agnello fritto panato oppure arrosto, il coniglio in porchetta, la tagliata di vitellone, e poi bistecche, braciole, salsicce, sempre con contorno di patate arrosto, insalate, verdure dell'orto saltate in padella o gratinate. Il pane e la crescia sono fatti in casa come i dolci, tra cui il semifreddo alla polvere di amaretti o alla granella con nocciole tostate, oltre a dolci tradizionali nelle ricorrenze. Curata e ben articolata la carta dei vini, con arricchimento a ogni Vinitaly. Quasi sorprendente il rapporto tra qualità e prezzo.

In località Montesecco 149, a **Pergola** (12 km) la Fattoria Montesecco produce e commercializza cereali biologici (farro, orzo e grano) anche sotto forma di farine e paste.

GROTTAMMARE

40 KM A NE DI ASCOLI PICENO SS 16 O A 14

Don Diego

Ristorante
Via Lungomare De Gasperi, Concessione 25
Tel. 0735 588257
Non ha giorno di chiusura
Orario: mezzogiorno e sera
Ferie: da novembre a marzo
Coperti: 40
Prezzi: 30-35 euro vini esclusi
Carte di credito: tutte, BM

Un connubio freschissimo, davvero riuscito tra erbe aromatiche e pesce di giornata è un po' la ragione sociale di questo chalet-ristorante sul lungomare di Grottammare. Gradito a chi ama i particolari: agli **spaghetti alle vongole ed erba cipollina** (9 €) si potranno preferire quelli con cozze e timo, e invece delle **mezze maniche** con cicale di mare e foglie di salvia c'è chi sceglierà gli spaghetti al nero di seppia o **con le vecchie** (granchi locali). In ogni caso nessun accostamento è casuale, e le oltre 70 specie presenti nell'erbario sapientemente e pazientemente curato dal titolare Giuseppe De Santis (zio Peppe), e da cui sua moglie Cinzia attinge, garantiscono un piacevole tocco mediterraneo alle **seppie e fave al finocchietto** (7 €), alla ricciola avvolta in foglie di pepe, alle alici marinate alla pimpinella, all'aspic di polpo (versione di mare della galantina in gelatina). In menù c'è la proposta di antipasto con tre, cinque o sette assaggi a 15, 20 o 25 euro, tra i secondi la **frittura adriatica**, mai banale, a 15 euro. Oltre a diversi menù a prezzo fisso (25-30-40 euro) si sa che scegliendo rombo, pesce san pietro o spigole all'amo i prezzi inevitabilmente salgono. I giorni feriali sono i migliori sia per l'assortimento sia per i tempi di servizio, più problematici nei fine settimana di piena estate. Dessert ancora nel segno erboristico, con deliziosi sorbetti e gelati alla menta o al pistacchio. La cantina valorizza i bianchi locali, in particolare gli autoctoni Pecorino e Passerina; anche gli extravergini sono piceni.

MARCHE | 559

JESI

29 KM A SO DI ANCONA SS 76

Antonietta
Trattoria
Via Garibaldi, 19
Tel. 0731 207173
Chiuso la domenica
Orario: pranzo, venerdì e sabato anche sera
Ferie: tre settimane in agosto
Coperti: 45
Prezzi: 25 euro vini esclusi
Carte di credito: CS, MC, Visa, BM

Antonietta non c'è più e ora è Roberta Castaldi, giovane jesina figlia d'arte, che gestisce questa secolare trattoria a poche centinaia di metri da Porta Garibaldi, uno delle ingressi al bellissimo centro storico. Roberta è andata sul sicuro affidandosi alla semplicità dei piatti e alle specialità della tradizione jesina e anconetana. In due piccole sale dagli arredi caldi e sobri lo snello menù quotidiano, narrato a voce, prevede sempre paste fatte a mano e una variegata proposta di verdure di stagione. Il venerdì, su prenotazione è possibile mangiare polenta o tagliatelle con stoccafisso (10 €) e lo **stoccafisso in umido** (15 €). Di solito non sono previsti antipasti, anche se a volte potrete trovare un tagliere di salumi e formaggi con crescia di polenta e bruschetta (13 €), che può fungere anche da secondo. Tra i primi zuppe e paste asciutte di ottima fattura: vellutata di porri e patate con crostini, **cannelloni ripieni di carne**, cappelletti in brodo, **tagliatelle** al ragù tradizionale o al **ragù bianco di coniglio** (7 €), rigatoni all'amatriciana. Secondi a base di carne: **coniglio alla cacciatora** (12 €), vitello arrosto, grigliata mista di carne, bistecca di manzo, con contorni di **erbe di campo strascinate**, verdure di stagione gratinate, verza profumata al rosmarino (4 €). Infine le crostate di confettura (5 €). Il Verdicchio della casa è appena discreto, ma nella piccola e ben assortita carta dei vini trovate ottime bottiglie locali con un ricarico molto contenuto. Una nota di merito per il servizio, sorridente, gentile e puntuale.

MACERATA

Osteria dei Fiori
Trattoria
Via Lauro Rossi, 61
Tel. 0733 260142
Chiuso la domenica
Orario: mezzogiorno e sera
Ferie: da Natale a Capodanno
Coperti: 30 + 20 esterni
Prezzi: 30 euro vini esclusi
Carte di credito: tutte, BM

La lunga scalinata, il piccolo dehors e il suggestivo vicolo del centro storico di Macerata accrescono l'appeal di questa piacevole osteria, attiva fin dagli anni Ottanta. Da allora, i fratelli Carducci hanno mantenuto intatto l'impegno nel fare buona cucina con prodotti e ricette locali. Iginia, la più grande dei tre, è l'anima della cucina, mentre Paolo e Letizia sono in sala con tono discreto e attento. Si può partire con una **panzanella alla maceratese con mentuccia e ciauscolo** (6 €), crescia al farro con salumi marchigiani, **crostone all'olio di mignola con cicoria, ceci e ciauscolo**, pecorino dei Monti Sibillini alla griglia accompagnato da insalate fresche. Tra i primi sono irrinunciabili i tradizionali **vincisgrassi alla maceratese** (8 €), nella versione originaria "in bianco", o i **tagliulì pelusi** con sugo finto, ceci e guanciale; non da meno le tagliatelle al ragù bianco di anatra e verdure al timo, e gli spaghetti con pomodoro fresco, fave e basilico. Per i secondi si utilizzano solo carni locali: **coniglio in porchetta al finocchio selvatico** (14 €), bocconcini di agnello in fricassea con carciofi, filetto di maiale con riduzione di vino cotto, tagliata di vitello alla griglia con sale grosso e rosmarino (14 €), sempre accompagnati da verdure campagnole. I dolci sono casalinghi: semifreddo al caffè con mistrà Varnelli, neve nel bicchiere con la sapa (mosto cotto), biscotti, savarin al rum con macedonia di frutta fresca. La carta dei vini è essenzialmente territoriale, con ricarichi corretti.

MAGLIANO DI TENNA

16 KM A OVEST DI FERMO, 62 KM DA ASCOLI PICENO

Osteria dell'Arco

Osteria moderna
Piazza Gramsci, 27
Tel. 0734 631630
Chiuso il mercoledì
Orario: pranzo e sera; estate sera, festivi e prefestivi anche pranzo
Ferie: variabili
Coperti: 35 + 30 esterni
Prezzi: 35 euro vini esclusi
Carte di credito: tutte, BM

Considerate la torre campanaria con l'orologio del vecchio Palazzo Comunale quale punto di riferimento per l'osteria, che affaccia sulla piazza del piccolo borgo di Magliano ed è gestita con esemplare professionalità e senso dell'accoglienza da Tiziano Natali e sua moglie Nataliya Hayrish. In una delle due piccole sale, che in estate si arricchiscono di una terrazza con bella vista panoramica sulla vallata del Tenna, inizierete con buoni salumi accompagnati da una soffice focaccia (9 €), con l'imperdibile **galantina di pollo** e insalata russa (8 €), con l'assaggio di **coniglio in porchetta**, il fritto misto e il manzo freddo con pecorino di fossa. Si prosegue con ravioli ripieni di magro e con tartufo, **maccheroncini di Campofilone al ragù di carne**, spaghetti ai funghi porcini (10 €). La griglia per la carne è a vista, nel vecchio camino, curata da Tiziano: consigliamo le **costolette di agnello a scottadito** con patate arrosto, il filetto con lardo, la tagliata di scottona con contorni di stagione o patate arrosto (16 €). Dolci (6 €) sempre all'altezza: millefoglie con crema chantilly e fragole, crema catalana al caffè, semifreddo alla liquirizia con cioccolato caldo. Tutt'altro che banale la carta dei vini che Tiziano, sommelier professionista, segue personalmente con una valida selezione di etichette regionali e nazionali, dai giusti ricarichi.

A **Belmonte Piceno** (8 km), in contrada Castellano d'Ete 11, il caseificio Fontegranne produce formaggi ovini, caprini e vaccini a latte crudo.

MONDAVIO
Cavallara

39 KM A SE DI URBINO SS 73 BIS

Maria

Trattoria
Località Cavallara, 2
Tel. 0721 976220
Chiuso domenica sera e lunedì, agosto solo lunedì
Orario: mezzogiorno e sera
Ferie: una settimana in marzo, tre in luglio
Coperti: 80 + 20 esterni
Prezzi: 25-35 euro vini esclusi
Carte di credito: CS, MC, Visa

Potremmo dire che dalla Maria, Angela ed Elena praticano una cucina correttamente rivisitata, con particolare attenzione alla costruzione, al contrasto di consistenze e al cromatismo del piatto per gli antipasti e primi, scegliendo invece di lasciare nel solco del collaudato i robusti secondi basati su cacciagione, maiale e pollame. In sala Gabriele saprà poi consigliarvi su una ridotta ma bene impostata cantina, con ricarichi correttissimi. Potreste iniziare con salumi e formaggi, oppure optare per la più ampia degustazione di antipasti (15 €) che comprende **polentina con formaggio fuso e porcini**, carpaccio di maiale con rafano e agrumi, crema di patate con pancetta croccante e uova, tortino di zucca con fonduta. Gli stessi antipasti sono offerti anche singolarmente (7 €). Si prosegue con risotto carnaroli al salmì di fagiano, gli elaborati "gianduiotti" (pasta verde ripiena) con zabaione, parmigiano e verdure, **gnocchi di patate ripieni di salmì di cacciagione**. Fuori carta o su ordinazione è possibile optare per paste tirate al matterello con sughi tradizionali. Tutti validi a nostro parere i secondi piatti, dalla **faraona alle olive** (12 €) al **filetto di maiale ai carciofi** (12 €), alle carni alla griglia (che variano secondo disponibilità, non seguendo quindi uno standard codificato), di semplice impostazione ma di ottima fattura. Per chiudere, abbiamo apprezzato particolarmente un ottimo semifreddo alla moretta fanese.

MARCHE | 561

MONDOLFO
Marotta

26 km a sud di Pesaro ss 16, 60 km da Urbino

El Gatt

Ristorante
Lungomare Colombo, 10
Tel. 0721 967307
Chiuso il mercoledì
Orario: mezzogiorno e sera
Ferie: dicembre-marzo
Coperti: 35 + 30 esterni
Prezzi: 35 euro vini esclusi
Carte di credito: tutte, BM

Non appariscente ma tutt'altro che anonimo questo El Gatt, una trattoria in una casa di fronte al mare, in origine di gente di mare poi di pescatori che anni fa hanno iniziato «a fare cucina» e vino, prima dell'arrivo degli attuali gestori che, ormai da 16 anni, conducono il locale. Una piccola sala con tavoli molto ravvicinati e un servizio attento e simpatico anche se non propriamente veloce, in quanto la maggior parte dei piatti è espressa. Le porzioni sono decisamente abbondanti. Si inizia con una vasta scelta di antipasti, tra i quali insalata di seppie e di polpo oppure alici marinate all'arancia: se si vuole assaggiarli tutti si potrà ordinare l'antipasto "mille delizie" (20 €), altrimenti si sceglierà tra le proposte del giorno. Ampia l'offerta di primi (10 €), dal risotto alla marinara alla pasta e ceci con le vongole o alle **tagliatelle allo scoglio**. Buona la tradizionale *rustita*, ovvero la grigliata di pesce azzurro (11 €), come pure i sardoncini a scottadito e il **fritto misto** (11 €) con i pesci poveri e saporiti dell'Adriatico. Solo su ordinazione e per almeno due persone si possono avere guazzetto e brodetto (32 €). Disponibile un menù degustazione completo, sempre per almeno due persone, a 40 euro. Tra i dolci buono il **tiramisù** (4 €). L'offerta dei vini è limitata ad alcune dignitose etichette di Verdicchio e Bianchello del Metauro e a qualche bollicina.

MONTALTO DELLE MARCHE
Porchia

32 km a ne di Ascoli Piceno sp 24

Fattoria Marchetti

Azienda agrituristica
Contrada Maliscia di Porchia, 50/1
Tel. 0736 829001
Aperto ven e sab, dom e pranzo su prenotazione
Orario: mezzogiorno e sera
Ferie: febbraio
Coperti: 40
Prezzi: 35 euro vini esclusi
Carte di credito: tutte, BM

Tra le verdi colline della Val Menocchia, a due passi dal capoluogo, nella piccola frazione di Porchia trovate la Fattoria Marchetti, frutto di un progetto nato dalla brillante mente imprenditoriale di Giovanni Lucci e di sua moglie Luigina Marchetti. Nel bell'agriturismo, nato nel 2007 dalla ristrutturazione dell'antico casolare ottocentesco, l'atmosfera della piccola sala è calda e raccolta; in cucina c'è Luigina, che con grande cura usa ingredienti provenienti esclusivamente dalla fattoria. Il menù è fisso e le porzioni abbondanti. Si parte con il tradizionale antipasto della Fattoria (8 €) con pane, pizza e grissini cotti nel forno a legna, formaggio pecorino con mostarda, **frittura di olive all'ascolana e cremini**, un ottimo primo sale vaccino. Tra i primi piatti **ravioli fatti a mano con ripieno di ricotta e salsiccia** (9 €) o maccheroncini di Campofilone al ragù di carne di animali da cortile. Il pollame è l'ingrediente principale tra gli arrosti: ottime le **cosce di pollo** come anche l'arrosto di maiale o di agnello serviti con verdure di stagione (13 €). A concludere dolci di produzione casalinga, tra cui un'ottima **zuppa inglese** (5 €) e il vino cotto di propria produzione con i cantucci alle mandorle. Discreto il vino della casa, ma si sta lavorando anche sulla carta dei vini. Consigliata la prenotazione.

MORRO D'ALBA

29 km a ovest di Ancona, 11 km da Jesi

Dal Mago
Ristorante
Via Morganti, 16
Tel. 0731 63039
Chiuso il mercoledì
Orario: mezzogiorno e sera
Ferie: 15 giorni tra gennaio e febbraio
Coperti: 70 + 40 esterni
Prezzi: 35 euro vini esclusi
Carte di credito: tutte, BM

Raoul Romiti ha ereditato il titolo di "mago" – della cucina, si intende – dal padre, che negli anni Cinquanta iniziò l'attività di ristorazione in questo locale. Lo troverete sulla strada prossima alle alte mura di cinta della cittadina nota per il vino Lacrima di Morro d'Alba, un rosso che profuma di viola e rosa tea. L'accoglienza del patron e di suo figlio Loris è in tono con l'ambiente semplice e informale. Nessun menù scritto, ma la recita a voce dell'offerta quotidiana enfatizza le migliori proposte della cucina di Lorena, moglie di Raoul. L'arrivo in tavola, prima dell'ordinazione, della schietta pizza pasquale al formaggio e di bruschette condite con ottimi extravergini monovarietali regionali, che vengono poi proposti sui piatti, è un buon segno distintivo del locale, assieme alla costante presenza di piatti di cacciagione. Raccomandabile assaggiare la **frittata al mentastro** (8 €) o al tartufo nero, oppure i salumi tagliati al coltello, poi le **pappardelle in bianco con fave, lonza croccante e pecorino 20 mesi** (8 €), i maccheroni alla pecorara, le tagliatelle o gli gnocchi al ragù di papera o di selvaggina, il galletto o il **coniglio in potacchio** (18 €), il girello brasato, lo **spezzatino di capriolo al pomodoro** (18 €), la bistecca di marchigiana, accompagnati da verdure gratinate o fave in porchetta (4 €). Si finisce con ciambellone al cioccolato, crostata di confetture, cantucci e pasticceria secca. Di buon livello il rosso sfuso, con una piccola carta dei vini dedicata soprattutto a Verdicchio e Lacrima di Morro d'Alba.

MORROVALLE

14 km a est di Macerata

Ponterosa
Azienda agrituristica
Contrada Montigliano, 14
Tel. 0733 222954-328 0851908-392 9105810
Chiuso da lunedì a giovedì, mai d'estate
Orario: sera, sabato e festivi anche pranzo
Ferie: variabili in febbraio e in novembre
Coperti: 25
Prezzi: 33-36 euro vini esclusi
Carte di credito: CS, DC, MC, Visa, BM

Grande attenzione alla stagionalità dei prodotti, materie prime biologiche di produzione propria o di piccoli produttori dei dintorni e del commercio equo e solidale: in sintesi è questo l'identikit di base di Ponterosa, al quale aggiungeremmo la non secondaria produzione del buon pane fatto in casa con lievito madre. L'agriturismo trova sede nella dolce campagna maceratese, a pochi chilometri da Morrovalle, in una vecchia casa colonica, ben ristrutturata, con i tavoli sistemati nella raccolta sala da pranzo con la mangiatoia, dove ora riposano alcune delle bottiglie elencate nella curata carta che contiene anche diverse birre artigianali. Fabrizio e Iolanda, i titolari, aderiscono all'Associazione Cuochi di Campagna, il cui manifesto si trova sul sito del locale. Alla cura, naturalmente, si aggiunge l'abilità nella trasformazione degli ingredienti, che tiene conto dei saperi familiari e territoriali e non si sottrae a creazioni anche intelligentemente originali. Citiamo dal menù, tra gli antipasti (7 €), gli ottimi salumi di suini allevati in casa, il **tortino di fave al finocchietto** con toast al formaggio o il carciofo incartato. Come primi piatti (9 €) troviamo per esempio in primavera, **cannoli di pane ricotta e carciofi** e chitarrina con pecorino profumato, in inverno **polenta con salvia e acciuga**. I secondi spaziano dalla **faraona all'agro** (13 €) allo stracotto di cinghiale (13 €), all'**agnello con molliche aromatizzate** (14 €). Per quanto riguarda i dolci (6 €), segnaliamo un buon **semifreddo ai fichi e noci caramellate**.

OFFIDA

28 km a ne di Ascoli Piceno sp 1 bis e sp 43

Ophis

Osteria di recente fondazione
Corso Serpente Aureo, 54 C
Tel. 0736 889920
Chiuso lunedì sera e martedì
Orario: mezzogiorno e sera
Ferie: fine novembre-inizio dicembre
Coperti: 40
Prezzi: 25-30 euro vini esclusi
Carte di credito: tutte, BM

Oltre che per il merletto a tombolo, Offida si ricorda per una delle più singolari piazze d'Italia, a pianta triangolare, luogo scenico, tra l'altro, di un animato Carnevale storico. A due passi dalla piazza troviamo Ophis: un portoncino, come tanti nel paese, che affaccia su una piccola corte all'aperto – con il dehors estivo – prima di entrare nelle stanze del ristorante, ricavate nell'ex stalla dell'antico palazzo Alessandrini. La cucina dello chef Daniele Citeroni è solida e sincera sia per l'utilizzo di prodotti freschi del territorio sia per l'elaborazione dei piatti. In sala troverete professionalità e cortesia, anche per la scelta dei vini da una carta attenta al territorio. L'inizio è tradizionalmente affidato alla classica selezione di **salumi artigianali** locali, al crostino con il guanciale di casa (12 €), all'ottima **galantina di pollo e giardiniera** oppure al piatto di formaggi (15 €) con prodotti artigianali di livello e, ancora, al carpaccio di carciofo. Tra i primi (9 €), **taccù** (maltagliati) **con pomodoro fresco e pancetta**, rigatoni con porro, borlotti biologici e guanciale croccante, paccheri di Gragnano con formaggio di fossa e pepe. A seguire grigliata mista di agnello, vitello e maiale (15 €), **pollo 'ncip 'nciap**, coniglio in porchetta con cicoria saltata e patate arrosto. Dolci casalinghi come la zuppa inglese, chiamata coppetta 3-6-9, che deve il nome alle dosi degli ingredienti.

ORTEZZANO

27 km a so di Fermo, 45 km da Ascoli Piceno

I Piceni

Ristorante con alloggio
Piazza Savini, 1
Tel. 0734 778000
Chiuso il martedì
Orario: sera, sabato e festivi anche pranzo
Ferie: 1 sett settembre-ottobre, 2 gennaio-febbraio
Coperti: 35 + 30 esterni
Prezzi: 33 euro vini esclusi
Carte di credito: tutte

«Stoccafisso e baccalà, tutta robba da villà»: così un detto marchigiano, a significare che il merluzzo conservato era cibo per povera gente, per contadini, consumato nell'interno della regione soprattutto nei periodi quaresimali e nei giorni di magro. Nessuna meraviglia se in questo ristorante della media Valdaso viene ripresa la tradizione. Giampiero Giammarini nella sequenza di piatti di baccalà non lesina la sua intelligente personalizzazione: l'antipasto millefoglie di patate e baccalà è mantecato con cipolle caramellate, la **lasagnetta in bianco con verdure** (8 €) è equilibrata, come pure il baccalà in tegame con porri, carciofi e ceci. Naturalmente poi la linea del ristorante è basata prevalentemente sulla carne, e i piatti seguono le stagioni con un'attenzione particolare ai prodotti del territorio; in più, soprattutto in estate, c'è in carta qualche piatto di pesce. Si può iniziare con l'antipasto I Piceni (10 €) che propone un sostanzioso assaggio di **coniglio in porchetta**, manzo freddo al fumo di alloro con pecorino di fossa e ottimi salumi. Tra i primi (8 €), **maccheroncini di Campofilone al ragù tradizionale** e ravioli di anatra con tartufo nero. Per secondo (15 €) troviamo **piccione grigliato con cime di rapa**, l'agnello scottadito con le erbette, il maialino croccante con cavolfiore e il tagliere di formaggi con confetture (10 €). Si chiude con il **fagottino di mele rosa dei monti Sibillini con gelato alla cannella** (6 €). Ampia scelta di vini soprattutto regionali, con un'attenzione particolare ai produttori del Piceno.

PEDASO

17 km a se di Fermo, 50 km da Ascoli Piceno uscita a 14

Pennesi

Trattoria
Via Battisti, 50
Tel. 0734 931382
Chiuso domenica sera e lunedì
Orario: mezzogiorno e sera
Ferie: variabili
Coperti: 35 + 35 esterni
Prezzi: 25-30 euro vini esclusi
Carte di credito: tutte

Una prerogativa di questo modesto, affidabile, familiare locale nel centro di Pedaso, e allo stesso tempo a pochi metri dal casello autostradale, è l'originale **parmigiana di melanzane con sugo di pesce** che la signora Albina Mattetti tiene regolarmente in carta, compatibilmente con la reperibilità della materia prima, com'è ovvio, e che gode di un piccolo, meritato culto tra gli aficionados. Due salette, di cui una più raccolta, e una veranda per la bella stagione, ospitano un numero sempre limitato di coperti che una clientela in buona parte abituale, ma non irriducibili fan soprattutto estivi, occupa volentieri. È il figlio della signora Albina, Massimo, a occuparsi della sala e della scelta dei vini, non moltissimi ma con occhio particolare ai prezzi oltre che alla qualità. La serie completa degli antipasti (16 €), scorporabile per così dire tra freddi (triglia marinata all'arancia, scampetti, insalata di mare, **mammelle di seppie**, crostino con ottimo fegato di pescatrice, sgombro) e caldi (alici scottadito, **zuppetta di cozze e vongole**, sformatino di salmone e broccolo e la parmigiana di pesce). Seguono **spaghetti con alici fresche** o con sarde, uvetta e pinoli (8 €), o ancora alle vongole, chitarrine con calamaretti, maccheroncini di Campofilone con scampi, mezze maniche allo scoglio. Poi **fritture** (12-14 €), grigliata mista, **coda di rospo in potacchio**, guazzetto misto con poco pomodoro e breve cottura in umido. Qualche dolce casalingo per chiudere.

PEDASO

17 km a se di Fermo, 50 km da Ascoli Piceno

Tilt 2

Trattoria *novità*
Via Dante Alighieri, 13
Tel. 0734 931916-380 7908210
Non ha giorno di chiusura
Orario: pranzo, fine settimana anche sera
Ferie: variabili
Coperti: 30
Prezzi: 15-25 euro
Carte di credito: CS, MC, Visa, BM

Incuriositi dal nome del locale, vagamente fumettistico, e fiduciosi nel consiglio ricevuto da qualche amico più attento al tam-tam, abbiamo varcato la porta di questo locale nel centro di Pedaso (è proprio dietro la chiesa) e sulla sinistra dell'anonimo bar abbiamo trovato la saletta, modesta e "quotidiana", con sei o sette tavoli, una credenza e una madia non puramente decorative, ma proprio funzionali a tenere l'occorrente. La composizione sociale, per così dire, degli avventori, fatta di operai, habitué, un paio di inglesi di passaggio, lo staff di uno studio professionale locale al completo ci ha confermato l'impressione di trovarci in una trattoria-trattoria e infatti, nell'elencazione dei piatti del giorno, abbiamo ritrovato la rassicurante familiarità di piatti come il minestrone, "volendo, la bistecca", "oggi le **polpette**" (sia di carne sia di pesce), accanto a proposte di tono comunque domestico e, prevalentemente, di mare: **calamari ripieni** (7 €), alici marinate, antipasto di mare freddo o caldo (rispettivamente 10 e 12 euro, 20 l'intera processione), **maltagliati con sugo di pesce** (8 €), paccheri allo scoglio, spaghetti alle vongole, spiedini di calamari e gamberi, **frittura mista** (7 €), grigliata di pesce. Quest'ultima, accompagnata da verdura cotta di stagione, non è mai standard bensì basata sul pescato locale del giorno e decisamente economica. Sfuso della casa ma anche buone etichette per accompagnare il pasto.

MARCHE | 565

PESARO

Taverna Zongo
Osteria di recente fondazione
Via Zongo, 15
Tel. 0721 67042-347 7505242
Chiuso il mercoledì, mai d'estate
Orario: mezzogiorno e sera
Ferie: non ne fa
Coperti: 20 + 20 esterni
Prezzi: 20-25 euro vini esclusi
Carte di credito: tutte, BM
&♿︎ ☕︎

A Pesaro e dintorni una ricetta di indubbia matrice popolare, condivisa davvero da tutti, è la *rostita* – che si distingue dall'omonima, tipica grigliata riminese – di cui Taverna Zongo, a due passi da Piazza del Popolo (i pesaresi meno giovani ricordano qui l'antica osteria del Ferro) offre una versione molto corretta a prezzi convenienti (14 €). Si fa con pesce bianco ma anche con acciughe, sarde, piccoli sgombri, triglie, paganelli, merluzzetti e altri pesciolini cotti al forno, spruzzati di succo di limone e poi nascosti sotto una coltre di pangrattato, da cui il termine di arrosto segreto, variamente aromatizzato. Il piatto simbolo della raccolta e amichevole osteria, gestita da Fabrizio Tartaglia (Enci) e sua moglie Sabrina Pecchia, è affiancato da semplici proposte quali *caserecce con sarde, pinoli, uvetta*, rigatoni fave e pecorino, ravioli con formaggio di fossa o al sugo di pinoli, al ragù bianco o ai porcini, penne al farro con melanzane e ricotta salata, *tagliatelle con ragù di vitellone marchigiano* (8 €). Per quanto riguarda i secondi troviamo coniglio in porchetta (10 €), *pollo al limone* o al rosmarino (9 €), accompagnati da verdure di stagione (4 €), sempre molto presenti, fresche e selezionate con cura – come del resto le altre materie prime – da produttori biologici. Convenienti le proposte più facili pensate per una clientela giovanile (c'è anche il wifi gratuito), come le olive all'ascolana, i crostini misti, le bruschette, salumi e formaggi. Si chiude con crema catalana o con semifreddo al caffè (3 €); la cantina si muove tra qualche etichetta locale e un onesto sfuso biologico.

PETRITOLI

18 km a sud di Fermo, 48 km da Ascoli Piceno

Osteria de le Cornacchie
Osteria tradizionale
Via del Forno, 10
Tel. 0734 658707-333 3526523
Chiuso il martedì, mai d'estate
Orario: sera, festivi d'inverno mezzogiorno
Ferie: variabili
Coperti: 35 + 10 esterni
Prezzi: 23 euro, menù fisso
Carte di credito: tutte, BM

Si mangia tutti insieme alle 13 e alle 20,30 in due tavolate che accolgono sia avventori locali sia turisti, in un ambiente caldo, vivace ed estremamente conviviale. Questa è la prima cosa che occorre sapere se decidete di prenotare in questa bella trattoria dove, in un'unica sala caratterizzata da un grande camino e da salumi appesi alle travi, vivrete una schietta esperienza di cucina popolare del Fermano. La formula proposta da oltre trent'anni da Sergio Federici, oste bonariamente rude che si affida esclusivamente al vino servito in brocca, prevede un menù fisso che coniuga semplicità e genuinità e che trova nell'ampia teoria di antipasti il punto di forza. Dalla cucina vi arriveranno per iniziare un tagliere con ciuscolo, salsicce e coppa di testa da affettare, prosciutto, lonza e formaggio vaccino, poi *trippa col mentastro* (menta selvatica), fagioli in umido con gambuccio, *funghi con uova strapazzate*, *alici marinate con cipolla rossa*, erba di campo in padella e, nella stagione giusta, lumache in umido e fave 'ngrecce. Il primo è la *polenta* servita sulla spianatoia e coperta da *sugo di costarelle di maiale*; il secondo lo *stinco di vitello* tagliato al momento e accompagnato da patate al forno. Buono il *ciambellone* casalingo da gustare sorseggiando il liquore mistrà fatto in casa nella versione classica o a base di ginepro. Le generose porzioni consigliano di far seguire al pasto una bella passeggiata nei vicoli dell'antico borgo medievale.

🔖 A **Monte Vidon Combatte** (4 km) la macelleria Passamonti, in via Leopardi 12, offre ciauscolo, salamelle di fegato e lonze.

PIANDIMELETO

38 KM A EST DI URBINO

Le Contrade
Trattoria-pizzeria
Via IV Novembre, 37
Tel. 0722 721797
Chiuso il lunedì
Orario: mezzogiorno e sera
Ferie: variabili in giugno-luglio
Coperti: 50
Prezzi: 35 euro vini esclusi
Carte di credito: tutte, BM

Tartufi e funghi a volontà, senza dover accendere un mutuo: una buona ragione per cui questo locale semplice e accogliente merita la visita, e si fa perdonare la strada per raggiungerlo, alle porte della località appenninica marchigiana prossima alla provincia di Arezzo. Marcello Rivi con le sue presentazioni esalta i piatti, spesso di accento toscano, che la moglie Norina prepara privilegiando il tartufo bianco, conservato così bene in modo da poterlo offrire anche oltre il periodo della raccolta. Si può optare per la piccola degustazione al tartufo (18 €) o la grande con sette assaggi, oppure scegliere alla carta iniziando dall'antipasto "del toscano" o "dell'aretino" e continuando con zuppa di fagioli, strozzapreti pomodoro e mozzarella, tagliatelle, ravioli o gnocchi al ragù di carne (6 €), **matassina di farro cacio e pepe** o **cappelletti fatti a mano con ragù e crema di latte** (8 €). Ancora tartufo per il **filetto di vitello glassato al midollo di ossobuco** (18 €), altrimenti stinco di maiale al forno (9 €), tagliata di vitellone ai funghi porcini, filetto con cappella di porcino (17 €), fiorentina. Tra i dessert spiccano la neve di Carpegna (gelato fiordilatte con frutti di bosco caldi), la cagliata di crema all'arancia amara, il soufflé di cioccolato con cuore caldo. I vini in carta sono prevalentemente marchigiani e toscani.

PORTO RECANATI

30 KM A NE DI MACERATA, 18 KM DA ANCONA

Il Diavolo del Brodetto
Ristorante
Via Emilio Gardini, 10
Tel. 071 9799251
Chiuso domenica sera e lunedì
Orario: pranzo e sera; inverno pranzo, ven e sab anche sera
Ferie: 15 ottobre-15 novembre
Coperti: 40
Prezzi: 38-40 euro vini esclusi
Carte di credito: CS, MC, Visa, BM

Seduti ai tavoli della veranda o nella sala interna di questa piccola trattoria sul lungomare si ha proprio l'impressione di essere a casa della famiglia Giri. Oggi sono i due fratelli Giuseppe e Piera a proseguire la lunga tradizione di famiglia: lui ai fornelli gestisce in modo scrupoloso le cotture del pesce, lei in sala con informalità si occupa dei clienti, presentando i piatti del giorno. La proposta della cucina non è mai troppo ampia e utilizzando solo pesce fresco il menù varia in funzione del mercato. La fama del locale è legata a due piatti della tradizione, che si possono considerare piatto unico: il **brodetto alla portorecanatese** (30 €) – lievemente rosato – in cui è facile trovare varietà di pesce poco conosciute, e la **grigliata di pesce** (30 €) la cui cottura impeccabile esalta la qualità delle carni. In alternativa, tra i secondi piatti, c'è anche l'ottima frittura di paranza (20 €). Il pasto si può ampliare scegliendo alcuni degli antipasti e dei primi del giorno: si consigliano le alici marinate in casa (5 €) – a cui talvolta si può perdonare la pungenza dell'aceto –, il **sauté di moscioli di Portonovo** (10 €), l'insalatina di mare (7 €) e in stagione le raguse in porchetta. Tra i primi **spaghetti alle vongole nostrane** (13 €), molto saporiti, oppure tagliatelle allo scoglio (misto di crostacei e molluschi). Per accompagnare il pasto, oltre all'eccellente sfuso, alcune etichette locali. È consigliata la prenotazione, anche per il brodetto.

A **Numana** (10 km) l'Enoteca Azzurra vende produzioni artigianali marchigiane: oltre all'ampia scelta di vini si trovano salumi, formaggi, oli, miele, confetture.

MARCHE | 567

PORTO SAN GIORGIO

7 km a est di Fermo

Lorè

Trattoria *novità*
Via Giordano Bruno, 271
Tel. 0734 673870-338 3758433
Chiuso il lunedì, martedì e mercoledì sera
Orario: mezzogiorno e sera
Ferie: in settembre e in gennaio
Coperti: 40 + 15 esterni
Prezzi: 35 euro vini esclusi
Carte di credito: tutte, BM

Oltre quarant'anni fa Lorenzo Traini – Lorè, appunto – e la moglie Maria Zazzetta decisero di lasciare la campagna per aprire una mescita di vino per i pescatori del paese. Dapprima timidamente, poi con la sicurezza di chi segue le proprie passioni, Maria ha cominciato a offrire piatti basati su un pescato freschissimo, assimilando i segreti della cucina di mare di questa parte d'Adriatico e, con l'aiuto della figlia Edi, perfetta padrona di casa, continua a proporre piatti che restano nella memoria. Se aggiungiamo un'interessante carta di vini in prevalenza marchigiani, e una bella selezione di oli, la sosta diventa davvero piacevole. Tra gli antipasti (la degustazione a 19 euro) consigliamo le delicate **olive ascolane ripiene di pesce** (6 €), le canocchie bollite con arancia, gli strepitosi **bombetti al sugo bianco**, le frittelle di baccalà e uvetta o la trippa di rana pescatrice. Buonissimi poi i ravioli di pesce, fatti in casa, e gli **spaghetti allo sgombro** (9 €). La disponibilità del mercato locale regola l'offerta dei piatti, soprattutto tra i secondi che troverete alla brace o fritti. Sempre presenti i **sardoncini scottadito e cipolla** (12 €), il croccante e dorato fritto di paranza e, per godere appieno della assoluta qualità della materia prima, il **bollito di mare con verdure** (18 €). Presenti diversi piatti con gli scampi, che ovviamente faranno lievitare il prezzo. Si conclude con i semifreddi che provengono da fidati pasticcieri.

POTENZA PICENA

18 km a ne di Macerata

Osteria del Vicolo

Trattoria
Via Battisti, 1
Tel. 0733 672340
Chiuso il giovedì
Orario: mezzogiorno e sera
Ferie: tre settimane in giugno
Coperti: 35
Prezzi: 25-30 euro vini esclusi
Carte di credito: CS, MC, Visa, BM

Un'osteria quasi archetipica, sia perché ricavata nei locali di un vecchio locale del centro, con il soffitto basso e gli ambienti interni divisi da archi, sia perché ben sintetizza lo stile delle osterie di nuova generazione che interpretano il territorio, sono attente ai vini e alle materie prime in generale, e riescono a condurre una politica dei prezzi equilibrata con la formula dei menù degustazione. Qui, ad esempio, ce n'è uno a 25 euro (cinque antipasti, due assaggi di primo e un dolce) e uno a 30. Pane, pasta e confetture sono fatti in casa e da quest'anno c'è anche la possibilità di scelta alla carta (preferibilmente nei giorni feriali). Al fascino del borgo di Porto Potenza corrisponde un'atmosfera accogliente, piacevolmente datata degli interni. Si può iniziare con salumi e formaggi con confettura di pomodori verdi o cipolle, la **panzanella**, la ricottina al vapore, mela e tartufo, il **baccalà mantecato su polenta al nero di seppia** o con pane al nero di seppia e giardiniera, la frittata con tartufo nero e tortino di funghi, la trippa con pecorino di fossa. Poi sedanini con pesto al basilico estivo, **chitarre con guanciale e fagioli borlotti**, tagliatelle al ragù, frascarelli al sugo con pecorino di fossa (8 €), crespelle ripiene di carciofi. **Coniglio in porchetta**, brasato al Rosso Conero con purè di rafano (13 €), maialino in crosta con finocchietto e purè di patate, agnello ai ferri con cicoria o al forno con le patate tra i secondi, e per finire tris di assaggi di dessert quali crostata, mousse estiva di melone o cocomero, zuppa inglese. Apprezzabile selezione dei vini, con preferenza regionale.

RECANATI

20 KM A NE DI MACERATA SP 571

Osteria di Via Leopardi
Osteria di recente fondazione
Via Leopardi, 7
Tel. 071 7574374
Chiuso il mercoledì
Orario: mezzogiorno e sera
Ferie: variabili in autunno-inverno
Coperti: 60 + 30 esterni
Prezzi: 35 euro vini esclusi
Carte di credito: tutte, BM

In questa osteria potrete trovare tutto ciò che rende piacevole una sosta: ambiente curato, buoni vini con giusti prezzi che mettono in risalto il meglio della produzione marchigiana e non solo, vetrina di prodotti tipici locali, con la possibilità di degustazioni anche fuori orario, ma soprattutto una cucina di impronta territoriale. Che poi il locale si trovi nel centro storico di Recanati, a pochi passi dalla torre del "passero solitario" di leopardiana memoria, diventa un valore aggiunto di non poco conto. Mauro Mengoni propone diversi piatti dedicati al baccalà, da sempre il pesce della campagna, tra i quali spiccano il cappuccino di patate e baccalà e le **lunette di baccalà, passatina di ceci e rosette di cavolfiore** (12 €). Per cominciare, antipasti o zuppe come il **guazzetto di cannellini con coniglio e pesto di salvia** (9 €), gli involtini di verza con fonduta di patate e gorgonzola o la zuppa di lenticchie dei Sibillini con medaglioni di verza e salsicce (9 €). I primi da provare sono i **ravioli allo stracotto e bietoline saltate** (10 €) o gli gnocchetti alla maggiorana al ragù bianco d'anatra. Tra i secondi assaggiate il tenerissimo **filetto di maiale in padella** con spinaci, ovetto e crema di parmigiano (13 €) o il piccione della tradizione con guazzetto di funghi e tortino di verze. Se non avete molto appetito e volete fare solo uno spuntino chiedete la tavoletta di salumi del Maceratese (10 €) o la selezione di formaggi (10 €); per dolce potrete scegliere lo strudel di mele o la torta bavarese al triplo cioccolato.

RIPATRANSONE

38 KM A NE DI ASCOLI PICENO

Iervasciò
Azienda agrituristica
Contrada San Michele, 18
Tel. 0735 97936-333 7742482
Aperto venerdì e sabato sera, domenica mezzogiorno
Orario: mezzogiorno e sera
Ferie: periodo della vendemmia
Coperti: 50
Prezzi: 22-25 euro
Carte di credito: Visa, BM

Una bella chitarra banjo appesa al camino tradisce la passione per la musica della famiglia Giannetti, che gestisce da sempre questo agriturismo immerso nella campagna ripana a soli sette chilometri dal mare e dal bivio sulla statale adriatica. Materie prime di produzione propria e l'uso pressoché esclusivo del forno a legna per cucinare, dal pane alle carni, dai dolci alle paste, sono i cardini della cucina. Massimo ha ereditato sapienza e tocco delicato ai fornelli dalla mamma mentre il simpatico barbuto Attilio si occupa con discrezione e premura della sala. La formula prevede un menù fisso stagionale, descritto a voce e servito con puntuale celerità. Si può iniziare con veraci **salumi**, poi cicoria e fagioli, **fegatini e uova**, **olive all'ascolana**; a seguire **vincisgrassi bianchi**, *taccù* (maltagliati fatti in casa a base di acqua farina) con carciofi e piselli, quindi carni al forno (pollo, castrato, maiale). A chiudere una crostata con confettura di prugne accompagnata dal vino cotto. Su prenotazione si cucina baccalà e **stoccafisso in salsa** alla maniera ripana, d'estate si trovano *li cuccelò* (lumache di terra) e in inverno la **polenta con 'mbignata di maiale**. Nel periodo pasquale assieme al pane viene servita anche una squisita pizza di formaggio, cotta a legna neanche a dirlo. Ad accompagnare il pasto c'è il vino sfuso di produzione propria, ma sono disponibili alcune buone bottiglie di vignaioli della zona. Il centro storico di Ripatransone, antico e fiero borgo piceno e patria di poeti, artigiani e barbieri, dista solo cinque chilometri: prima o dopo, una visita è un obbligo da assolvere.

MARCHE | 569

SAN BENEDETTO DEL TRONTO
Porto d'Ascoli

33 km a est di Ascoli Piceno ss 16 o a 14

Caserma Guelfa
Osteria moderna
Via Caserma Guelfa, 5
Tel. 0735 753900
Chiuso il lunedì
Orario: mezzogiorno e sera, luglio solo sera
Ferie: durante il fermo pesca, 1 settimana dopo l'Epifania
Coperti: 60 + 30 esterni
Prezzi: 35-40 euro vini esclusi
Carte di credito: tutte

Alcuni piatti, prerogativa del locale, sono entrati a pieno diritto nel culto indigeno e anche di avventori non locali che periodicamente tornano per non rischiare di dimenticare che sapore hanno le **triglie marinate**, gli spaghetti o i **paccheri con cozze e pesto di basilico**, la minestra in brodo di pesce, di tanto in tanto disponibile. In estate si cena nella corte interna, con tavoli al riparo sotto il porticato, mentre la sala interna in mattoni con volte a botte è parte della dogana cinquecentesca, luogo di confine tra Stato Pontificio e Regno delle Due Sicilie. Con l'aiuto prezioso in cucina di Amelia Scipioni, e ora del figlio Francesco, Federico Palestini, ex pescatore di notevole esperienza e competenza ittica, è titolare e anima del locale. Polpo con peperoni e patate, insalata di calamaretti, crema di patate con gambero fritto, alici salate con cicoria e melecchie, **trippa di rana pescatrice** (5 €) tra gli antipasti; un menù ridotto nelle proposte è sempre disponibile a 35 euro, ma si sale di prezzo scegliendo alla carta o con i fuori lista del giorno, specie se pesci di una certa pezzatura. Spaghetti con le *cazòle* (uova di pesce) o **linguine al battuto di coda di rospo** (entrambi 12 euro) tra i primi. Da prenotare il **brodetto di pesce sambenedettese** (25 €), piatto che vale l'intero pasto, altrimenti fritture, san pietro bollito con verdure, rombo al forno con patate, rospo in potacchio. Semifreddi e dolci casalinghi per finire e diverse buone etichette, non solo marchigiane, da bere.

SAN BENEDETTO DEL TRONTO

33 km a est di Ascoli Piceno ss 16 o a 14

Vinicio
Ristorante
Via Colleoni, 40
Tel. 0735 659632
Chiuso domenica sera e lunedì
Orario: mezzogiorno e sera
Ferie: non ne fa
Coperti: 40
Prezzi: 30-35 euro vini esclusi
Carte di credito: CS, DC, MC, Visa, BM

Ogni mattina, per Domenico e Luca, è d'obbligo fare la spesa al mercatino del pesce, prima di aprire il ristorante di cui sono titolari da poco più di tre anni. La loro proposta è onesta e davvero "giornaliera", con piatti che parlano il dialetto locale, non senza qualche scintilla creativa e gradevoli presentazioni. Si raccomanda sempre la prenotazione, soprattutto nel fine settimana, perché il pieno (e non si va oltre i 40 coperti) è quasi una routine. Si può iniziare con la serie completa degli antipasti (25 €) che può anche fare da pasto completo e che tra le 11 portate – calamari gratinati, **suro menta e limone gratinato in padella**, spigola al vapore, merluzzo nostrano, salsa verde e cipolla caramellata, triglia marinata, insalata di sgombro, mentuccia, limone e pepe rosa – comprende anche il crudo locale: battuto di mazzolina, gamberi rosa e scampi. Potrete scegliere singolarmente ogni piatto (5 €). Tra i primi, oltre ai tradizionali e buoni **spaghetti alle vongole dell'Adriatico**, mezze maniche all'amatriciana di mare (10 €) o allo scoglio. Si prosegue con **mazzolina in umido o in guazzetto** (18 €), scampi e calamari alla griglia, rombo al forno con patate, guazzetto dell'Adriatico con pomodoro fresco o la tradizionale **frittura di pesce** (12 €). Dolci casalinghi, offerti dalla casa e dunque non in conto. La carta dei vini è essenzialmente territoriale, con prezzi corretti e chiaramente esposti in sala, bottiglia per bottiglia.

SANT'ANGELO IN PONTANO

28 KM A SUD DI MACERATA

Da Pippo e Gabriella
Trattoria
Viale l'Immacolata, 33
Tel. 0733 661120
Chiuso il lunedì
Orario: mezzogiorno e sera
Ferie: 10 gennaio-primi di febbraio, 1 settimana in giugno
Coperti: 70
Prezzi: 26-30 euro vini esclusi
Carte di credito: CS, DC, MC, Visa, BM

Ecco un buon esempio di ristorazione territoriale basata su una proposta semplice e mai banale, su una gestione familiare partecipe e premurosa, gratificata da una clientela locale fidelizzata e da avventori occasionali e gourmet di passaggio. Ci arrivate percorrendo un'incantevole strada panoramica che da Falerone, nel Fermano, va verso Macerata; a due chilometri da Sant'Angelo in Pontano trovate il locale, ricavato al piano terra di una casa colonica, dove Pippo e suo figlio Fabio conducono, con spontanea cordialità, la sala. Si inizia con ottimi salumi di propria produzione (tra i quali un notevole **ciauscolo**) accompagnati da verdure in agrodolce o grigliate (7 €), oppure con frittatine e sottoli. Le paste tirate a mano da Gabriella tengono banco tra i primi: **tagliatelle al ragù**, crespelle di ricotta alla crema di spinaci, **agnolotti di carne al ragù** o ai funghi porcini (8 €), oppure cannelloni di carne gratinati al forno, e in inverno **polenta con sugo di maiale** e polentone (lasagna con farina di mais autoctoni della zona); da non perdere, nel periodo natalizio, i cappelletti in brodo e la galantina di pollo. Di secondo, a proposito di carne, ampia scelta tra agnello, maiale, manzo arrostiti ad arte sul grande camino a vista, dall'**agnello a scottadito** (12 €) a lombate di vitello e filetto di manzo, braciole o costine di maiale (7 €) o fegato di vitello, sempre con verdure di contorno o patate fritte sottili tagliate a mano. Tiramisù, ciambellone e zuppa inglese (in realtà si tratta della tradizionale **pizza sbattuta**, buonissima) da non mancare. Buona cantina, con etichette regionali e nazionali e con ricarichi corretti.

SENIGALLIA

26 KM A NO DI ANCONA SS 16 O USCITA A 14

Cibo e Vino   *novità*
Osteria
Via Fagnani, 16-18
Tel. 071 63206
Chiuso il lunedì
Orario: mezzogiorno e sera
Ferie: variabili
Coperti: 20 + 15 esterni
Prezzi: 25-30 euro vini esclusi
Carte di credito: nessuna

Pochi passi dalla piazza del palazzo municipale e vedrete un minimale dehors – in estate naturalmente – e la scritta che segnala un indirizzo in più, nel già godibile panorama di piccoli locali dedicati al vino e alla gastronomia, nel centro storico e anche nell'area balneare di Senigallia. Solo che qui ci è sembrato di cogliere subito, seduti a uno dei quattro tavoli all'interno – altrettanto minimale ma senz'altro caldo e accogliente – una cura e una sostanza in più. E una mano sicura in cucina, visto che la **minestra di pesce con *bocca in capa*** (10 €), che ci aveva incuriosito (solo chi ha una frequentazione assidua con la realtà ittica locale sa che questo è il soprannome del pesce prete) nella lavagnetta-menù informale e articolata, è risultata molto ben eseguita e decisamente buona. Tornati più volte, e non solo per dovere di cronaca, abbiamo apprezzato **tagliolini con sugo di coda di rospo, granseole e seppioline** (10 €), linguine di grano non trattato con sardoncini e pinoli, stesso prezzo, deliziose **seppioline scottate con pane aromatico** (14 €), baccalà con pomodoro confit. La lavagnetta del giorno – niente indicazioni di primi o secondi: si sceglie ciò che si vuole, anche un semplice e gustosissimo **panino allo sgombro** (5 €) – contempla un solo piatto di carne, come il vitellone di razza marchigiana tagliato sottile con verdure. Una trentina di etichette nella carta dei vini, ben scelte e con vetrina marchigiana, in gran parte disponibili al calice, completa l'offerta.

SENIGALLIA

26 km a no di Ancona ss 16 o uscita a 14

Palazzo Barberini   *novità*
Osteria moderna
Via Mastai Ferretti, 17-18
Tel. 071 7926703
Chiuso il lunedì
Orario: mezzogiorno e sera
Ferie: variabili
Coperti: 25
Prezzi: 25-30 euro vini esclusi
Carte di credito: CS, DC, Visa, BM
☙

Già il profumo fragrante del pane che, in diverse tipologie (anche di canapa o di segale), viene fornito da un produttore bio di Scapezzano in determinati giorni della settimana, segna un primo punto a favore di un locale raccolto, centrale, grazioso, senza pretese ma quanto mai attento, senza affettazione o ostentazioni, a materie prime di qualità di cui, peraltro, è facile trovare indicazioni per l'eventuale acquisto nel locale stesso. Seduti a una delle otto piccole tavole nella saletta con molto legno e una luminosa vetrata affacciata sulla via Mastai Ferretti, gusterete ottimi **paccheri con sugo di campagna**, a base di salsiccia, **tagliolini** di buona consistenza **con fagioli** (9 €), vincisgrassi, ravioli con sugo di carne o, il venerdì, *cresc' tajat* (sorta di maltagliati piuttosto spessi a base di farina di frumento) **con ceci e mazzancolle** (12 €). Poi un gradevole **coniglio alle prugne** (12 €), un pollo bio "all'usanza" (specialmente la domenica), diverse proposte anche vegetariane come seitan con verdure di stagione o l'hamburger vegano a base di bieta e patate. Le porzioni sono generose e alcuni piatti in particolare, a base sia di carne sia di pesce ma con verdure e legumi, di fatto possono essere considerati piatti unici completi. Crostata con crema chantilly e fragole o con cioccolato e more, e ottimi biscotti secchi completano l'offerta. Scelta dei vini oculata, ben calibrata sulla cucina.

SENIGALLIA

26 km a no di Ancona ss 16 o uscita a 14

Rimante
Osteria
Via Pisacane, 59
Tel. 071 7929384
Chiuso il mercoledì
Orario: solo la sera
Ferie: 15 gg tra maggio e giugno, fine settembre
Coperti: 40 + 25 esterni
Prezzi: 30-35 euro vini esclusi
Carte di credito: tutte, BM

È una cucina di terra quella che Cesare De Rocco propone nel suo locale di via Pisacane – stradina pedonale che costeggia il teatro La Fenice –, in una Senigallia che sempre più si conferma come luogo della buona cucina. Nelle salette, e, in estate, ai tavoli posti sulla strada di fronte al locale, vi saranno serviti piatti di tradizione con alcune semplici e sensate rivisitazioni, che la cuoca Giuseppina Ciarloni prepara con l'aiuto di Paola Longarini. Per prima cosa vi arriveranno in tavola i pani, ottimi, fatti in casa, quindi come antipasto potrete scegliere tra carne marinata al sale in salsa di agrumi, **millefoglie di melanzane**, coniglio in porchetta con sformato di spinaci, prosciutto nostrano, ricotta di bufala e altri ancora. **Tagliatelle al matterello con ragù**, passatelli alla crema di ortiche e casciotta, gnocchi con salsiccia, porri e pomodorini o menestrelle al radicchio e pecorino di fossa sono alcuni dei primi piatti della carta. Da non perdere, in estate, il **filetto di maiale con ciliegie e Vernaccia di Serrapetrona**, l'oca al forno con patate o il **fritto tradizionale** di carne, cremini, olive all'ascolana, mozzarella in carrozza e verdure croccanti. Sempre presenti buoni contorni di stagione: biete con limone e fagiolini saltati in padella in alternativa all'insalata di radicchio e alle patate al rosmarino. Zuppa inglese o la **moretta** – tipica bevanda dei pescatori di Fano che qui è da mangiare – chiudono il pasto. Vini marchigiani e non solo, con alcune interessanti proposte al calice.

🔒 ♀ Ser Caramello, di fianco al locale, gestita da Simonetta De Rocco, è una splendida sala da tè e pasticceria.

572 | MARCHE

SERRA DE' CONTI

52 km a ovest di Ancona, 29 km da Senigallia ss 360

Coquus Fornacis

Ristorante
Via Fornace, 7
Tel. 0731 878096
Aperto ven sab e dom, festivi e prefestivi
Orario: mezzogiorno e sera
Ferie: 1 settimana in gennaio
Coperti: 60 + 20 esterni
Prezzi: 30 euro vini esclusi
Carte di credito: AE, CS, MC, Visa, BM

La ciminiera e il portico circolare dell'antica fornace di laterizi mirabilmente ristrutturata e poi l'imperdibile **zuppa di cicerchia di Serra de' Conti in pagnotta** (7 €) sono i segni distintivi di questo bel ristorante. Marco Giacomelli evidenzia la provenienza di tutte le materie prime, ben cadenzate nel menù che segue le stagioni. Si inizia ad esempio con antipasti quali il **capriccio di coppa di testa con finocchio e arancio** (5 €) o con il fritto del Coquus, per poi passare alle **mezze maniche con lardo su crema di ceci**, ai passatelli asciutti con carciofi, alle **tagliatelle al sugo *de'na volta*** (8 €), oppure al risotto Grumolo delle Abbadesse con tartufo bianchetto (10 €). Se la scelta non manca fra i primi, analoga varietà troviamo tra i secondi a base di carne: coniglio in porchetta, **agnello in casseruola con erbe e pomodoro** (13 €), stracci di cappello da prete al Rosso Conero, filetto di vitello alla mela rosa dei Sibillini. Vi raccomandiamo di lasciare un po' di spazio per non dover rinunciare alla mousse di Varnelli con salsa al caffè; in alternativa, tortino di cioccolato caldo con salsa di rum, millefoglie di mandorle con mascarpone e ananas o semifreddo all'arancia con salsa al cioccolato (6 €). Spesso si può mangiare anche del buon pesce. La carta dei vini privilegia Verdicchi e altre etichette regionali, con ricarichi modesti.

> *Un bell'esempio di recupero di archeologia industriale, una cucina in grado di elaborare al meglio i sapori del territorio, con servizio professionale e cordiale e prezzi molto equilibrati*

SERRAPETRONA
Borgiano

30 km a so di Macerata ss 77

Osteria dei Borgia

Osteria tradizionale
Via Cameraldo, 3
Tel. 0733 905131
Chiuso il lunedì, in inverno anche martedì
Orario: solo sera, domenica dalle 16,30
Ferie: ultima settimana di giugno-prima di luglio
Coperti: 60 + 50 esterni
Prezzi: 30 euro vini esclusi
Carte di credito: CS, MC, Visa, BM

Memori di precedenti gustosi assaggi abbiamo chiesto le erbe di campo in padella, ma ci è stato risposto che la cuoca aveva deciso di non cucinarle più perché ormai la stagione era finita: «I crispigni sono ormai alti un metro e sono duri, ora ci sono altre verdure». In effetti la stagionalità detta legge in questa simpatica trattoria di una frazione di Serrapetrona, il paese della Vernaccia, a metà strada tra le fertili campagne del Maceratese e l'Appennino. Le stagioni condizionano a tal punto l'offerta che non c'è un menù scritto perché i piatti cambiano continuamente. A noi è capitato di gustare il tris di antipasti (16 €) di insalatina di fave fresche con mousse di pecorino dolce, **sformatino di asparagi, zenzero e fonduta di pecorino**, polentina di farro con costine al finocchietto. Poi tagliatelle al ragù bianco sfumato alla Vernaccia, **tortelloni di ricotta con asparagi, piselli e carciofi** (7,50 €), e per secondo un tenero **maialino al forno con patate arrosto** (10 €). In alternativa, oppure a seguire, un ricco plateau di ottimi **formaggi**. Oltre alla classica zuppa inglese con cioccolato caldo e alla panna cotta, tra i dolci (4,50 €) si può scegliere il bavarese all'ananas e fragole, la coppa al Varnelli con cuore di caffè e meringhe e un'ottima **mousse di zabaione al Marsala con croccantino**. Oltre alla Vernaccia, declinata in tutte le tipologie, la carta riporta vini soprattutto regionali e qualche buona etichetta nazionale.

A **Tolentino** (7 km), Tre Mori, in via Santa Lucia 27, vende torroni e miele ed è un punto di riferimento per le aziende biologiche che producono orzo.

MARCHE | 573

SERRUNGARINA
Bargni

34 km a so di Pesaro ss 16 e 73 bis, 35 km da Urbino

Da Gustin

Osteria tradizionale
Via Castello, 27
Tel. 0721 891517
Non ha giorno di chiusura
Orario: mezzogiorno e sera
Ferie: in inverno
Coperti: 12 + 12 esterni
Prezzi: 30 euro vini esclusi
Carte di credito: CS, MC, Visa, BM

Pochi posti possono incarnare meglio di questo locale la quintessenza dell'osteria e anche della locanda: un luogo di ristoro lontano da tutto, sul crinale di dolci colline che dominano la Val Metauro, con vista su quello che fu campo di battaglia per Cartaginesi e Romani e oggi è un pacifico mosaico di vigne, olivi e campi. Per trovare il piccolissimo borgo di Bargni occorre inerpicarsi oltre Serrungarina e cercare parcheggio fuori borgo, dove giustamente le auto non entrano. Pochi passi e l'insegna Da Gustin indica un rifugio di pochi tavoli a stretto contatto con bancone, caminetto e monumentale affettatrice, dove Virginio e Catia vi elencheranno e spiegheranno il menù che la stagione consiglia. Noi abbiamo provato come antipasti il notevole **crost'uovo al bianchetto** (13 €) e l'imprescindibile tagliere di formaggi e salumi locali, mentre tra i primi (10 €) sono ottime le **tagliatelle al matterello** e le **cresc' tajat al ragout di cinghiale**. Tra i secondi la stagione suggeriva **coniglio alla cartocetana** (13 €) e il galletto con pancetta e aromi, con **erbe di campo saltate** (3 €), ovviamente all'olio extravergine di Cartoceto. Buona l'offerta di vini locali, serviti anche al calice, da gustare al tepore del camino in inverno, e nella bella stagione in uno dei tre tavoli all'aperto. Il locale non ha giorno di chiusura, basta telefonare per prenotare oppure suonare il campanello: di regola, vi sarà aperto.

SIROLO

20 km a sud di Ancona

Il Ritorno

Azienda agrituristica *novità*
Via Piani d'Aspio, 12
Tel. 071 9331544-333 1496165
Chiuso lunedì e martedì, in estate solo a pranzo
Orario: mezzogiorno e sera
Ferie: febbraio, 2 settimane in novembre
Coperti: 70 + 100 esterni
Prezzi: 30 euro vini esclusi
Carte di credito: CS, MC, Visa, BM

Chi conosce la cucina marchigiana sa bene che iniziare il pasto con piatti dai sapori decisi è prassi consueta; in questo agriturismo, nella campagna alle pendici del Monte Conero e, dunque, nel territorio del Parco Naturale, la famiglia Clementi non fa eccezione alla regola, e come prima pietanza vi proporrà, oltre a salumi e formaggi, anche un'ottima **trippa in bianco con le patate** (8 €) o una saporita **coratella di agnello**. Il fatto è che i fratelli Federico e Mirco, dopo anni di grande passione per l'equitazione, hanno intrapreso la strada di una ristorazione di grande qualità, forte dell'olio e delle carni bovine certificate bio che provengono dall'azienda di famiglia nonché dei prodotti della locale cooperativa Terre del Conero: pane, legumi e farine. Le paste sono fatte in casa a partire dai buonissimi **spaghetti marchigiani trafilati al bronzo con pancetta, salsiccia, pomodori, ricotta e ceci** (8 €) e dagli gnocchi ripieni di carne con pendolini e timo. Tra i secondi, carne alla brace e un buon **carpaccio tiepido di vitello con caponata di verdure** (12 €) accompagnati da erbe e ortaggi di stagione (3 €). Ciambellone e crostata (3 €) per chiudere, come nella migliore tradizione. La carta dei vini non c'è, ma oltre a buoni sfusi, bianco e rosso, in brocca, sono proposte alcune bottiglie di bravi produttori di Rosso Conero. Il locale vi accoglie in inverno al caldo di un camino, d'estate nell'aia al fresco della brezza del vicino mare.

STAFFOLO

46 KM A SO DI ANCONA SS 76

Vino e Cucina
Trattoria
Via XX Settembre, 54
Tel. 0731 779783
Chiuso il lunedì
Orario: sera, sabato e domenica anche pranzo
Ferie: prime tre settimane di luglio
Coperti: 50
Prezzi: 25-32 euro vini esclusi
Carte di credito: tutte, BM

A Staffolo, uno degli storici Castelli di Jesi – e del Verdicchio – è facilissimo trovare questa trattoria che ha l'ingresso a ridosso di una delle due porte ad arco sulle mura di cinta. L'accoglienza di Gabriella Scortichini è cordialmente informale: alla richiesta di delucidazioni sugli gnocchi al sugo di papera, ci dice che «gli gnocchi sono ottimi, ma chi viene qui in genere lo fa per provare le paste, anche ripiene, che facciamo a mano, anche per celiaci». Accettate il consiglio. Dopo l'offerta di un dado di frittatina agli asparagi e pomodoro può andar bene assaggiare uno dei gustosi antipasti, ma rinunciandoci potreste concedervi due, o anche tre primi, magari a mezze porzioni, scegliendo tra **tagliatelle al ragù** (8 €), ai porcini o al tartufo nero, **ravioli ai porcini** (10 €) o burro e salvia o al tartufo, per arrivare ai **cappelletti in brodo** o asciutti oppure ai cartocci ripieni di ricotta, zucchine e carote. Buoni anche i secondi, tra cui il coniglio in porchetta, l'**oca in potacchio**, la **faraona al prosciutto** (10 €), il maialino al forno, l'agnello a scottadito, per arrivare alla **trippa** (7 €) o alla coratella d'agnello, sempre con contorni di stagione. Tra i dolci, **mousse di ricotta con fragole** o al caffè (3,50 €), crema caramellata, semifreddi e dolcetti della casa. La breve carta dei vini propone soprattutto Verdicchi e rossi marchigiani, ben scelti e con ricarichi modesti.

TAVULLIA
Rio Salso-Case Bernardi

19 KM A SUD DI URBINO, 23 KM DA PESARO

Agri Rio
Azienda agrituristica *novità*
Via Ofanto, 4
Tel. 0721 478239
Chiuso sabato a pranzo, domenica sera e lunedì
Orario: mezzogiorno e sera
Ferie: variabili
Coperti: 45
Prezzi: 30-34 euro vini esclusi
Carte di credito: nessuna

Nella piccola frazione di Rio Salso-Case Bernardi, a pochi chilometri da Pesaro sulla strada che costeggia la Romagna, è situato Agri Rio: ristorante, bed and breakfast, azienda agricola e "agrinido", ovvero asilo per bambini con mensa di prodotti aziendali. La cucina, curata e davvero generosa nelle porzioni, attinge gran parte della materia prima dall'azienda agricola: verdure biologiche, maiali allevati allo stato brado, salumi senza glutine e conservanti, pane, piada, grissini e dolci prodotti in casa. Si può iniziare con "antipastiamo" (12 €): ampia degustazione di salumi e formaggi, tortino di spinaci o altre verdure, crocchetta fritta di miglio e verdure, schiacciata di patate con guanciale e cipolla, **cascione** (piccolo calzone) **ripieno di verdure**. In alternativa c'è il più ridotto antipasto di territorio (9 €) con salumi e formaggi, crostino al lardo, zucchine sott'olio e olive della casa. Tra i primi piatti (8 €) consigliamo i **passatelli asciutti con carciofi e salsiccia**, le tagliatelle con ragù di maialino, gli gnocchi ripieni di ricotta con sugo di coniglio e porcini. Ottime carni di produzione propria: agnello alla brace con patate arrosto (12 €), **coniglio disossato con guanciale e cipollotti fritti**, tagliata di costata al rosmarino. Per finire biscotti secchi e crema al mascarpone con visciole di Cantiano. Vino da scegliere tra valide etichette locali. Interessanti i menù proposti per l'intero tavolo: antipasti e primo a 20 euro, primo e secondo a 18.

TAVULLIA

17 KM A OVEST DI PESARO

Da Rossi
Ex Osteria degli Ultimi

Osteria-pizzeria
Via Battisti, 1 A
Tel. 0721 476765
Chiuso il martedì, mai d'estate
Orario: mezzogiorno e sera
Ferie: gennaio
Coperti: 60 + 100 esterni
Prezzi: 25-35 euro vini esclusi
Carte di credito: CS, DC, MC, Visa

Molti sono i cambiamenti all'Osteria degli Ultimi di Tavullia, a partire dal nome: quel "Da Rossi" vuol dire (anche) locale ufficiale del Valentino Rossi fan club. Accorpati gli spazi dell'adiacente pizzeria sono aumentati i coperti all'esterno, e in ogni saletta c'è un televisore per seguire gli eventi sportivi (leggi: gli exploit di Valentino). A questo punto si potrebbero nutrire seri dubbi sulla qualità dell'offerta culinaria, che invece resta piacevolmente invariata, con piatti di ottimo livello e ampio uso di Presìdi Slow Food marchigiani e romagnoli, anche per le pizze. Scegliendo alla carta, consigliamo di non perdere l'ottima **giardiniera di verdure** (3,5 €) o il carpaccio di capocollo marinato con erbe aromatiche, magari accompagnando il tutto con la crescia sfogliata. Tra i primi (9 €) suggeriamo **strozzapreti di patate al ragù di mora romagnola**, maccheroni al ragù di uvetta sultanina, cappelletti gratinati. I secondi sono incentrati sulle carni alla griglia, ma noi abbiamo apprezzato anche le ottime **polpette di mora romagnola al sugo** (9 €) accompagnate da verdure gratinate, ben curate come del resto gli altri contorni. Tra i dolci (5 €) vi consigliamo il **mascarpone alle visciole di Cantiano** o la zuppa inglese. Poche ma ben scelte bottiglie, in alternativa al comunque ottimo sfuso della casa. Per almeno due persone si può optare per il menù "degusteria" (20 €) composto da un antipasto assai ricco di verdure, formaggi e salumi, e completato da un primo a scelta.

URBINO
Gadana

6 KM DAL CENTRO DELLA CITTÀ

Ca' Andreana

Azienda agrituristica
Via Gadana, 119
Tel. 0722 327845
Chiuso il lunedì, mai d'estate
Orario: sera, pranzo nei festivi su prenotazione
Ferie: in gennaio
Coperti: 35 + 25 esterni
Prezzi: 30-35 euro vini esclusi
Carte di credito: CS, MC, Visa, BM

Dallo splendido centro storico di Urbino si raggiunge Ca' Andreana, casale ristrutturato, isolato nella campagna che già preannuncia il vicino Appennino, scendendo a Gadana, prendendo per Pieve di Cagna, e dopo un paio di chilometri imboccando un breve tratto di strada sterrata. Qui, volendo, sei camere molto curate completano l'offerta per un piacevole soggiorno. La cucina, ricca e varia, è basata su prodotti, prevalentemente biologici, in gran parte di produzione propria; le carni bovine e suine, salumi e formaggi provengono da aziende agricole quasi confinanti, di notevole qualità e affidabilità. Non c'è carta e si rischia di perdersi nella ricca offerta, proposta a voce, di piatti che variano spesso, seguendo le stagioni. Un classico in apertura è la "sfilata" degli antipasti (22 euro per due persone): vellutata di patate ai funghi porcini, ottimi **salumi con la crescia**, tortino di zucca con fonduta di caciotta e zafferano, sformato di spinaci e bruschetta all'olio di Cartoceto con i pomodorini. Tra i primi, eccellenti **ravioli con le erbe di campo al burro e parmigiano** (10 €), tagliatelle con porcini, gnocchi di patate con formaggio di fossa e noci. Seguono coniglio in porchetta, galletto ai funghi porcini, **stinco di maiale** (13 €). Tra i dolci (5 €) da segnalare la torta di mele, la zuppa inglese e la millefoglie con zabaione e frutti di bosco. Non molto ampia ma centrata la carta dei vini, soprattutto regionali.

Azienda agricola Cal Bianchino, in via Gadana 114: allevamento biologico di cinta senese e produzione di carni, salumi e uova.

URBINO
Montesoffio

9 KM DAL CENTRO DELLA CITTÀ

La Valle del Vento
Azienda agrituristica *novità*
Via Monte Olivo, 12
Tel. 0722 57215-329 3538059
Chiuso il lunedì
Orario: sera, domenica e festivi anche pranzo
Ferie: 15 giorni in ottobre
Coperti: 60 + 60 esterni
Prezzi: 28-30 euro
Carte di credito: MC, Visa, BM

Lungo il panoramico percorso della statale che collega Urbino a Urbania arriverete in località Montesoffio, per poi svoltare verso Monte Olivo e seguire i cartelli per La Valle del Vento. Francesco e Sara vi accoglieranno con garbo e discrezione proponendovi i piatti di una cucina semplice, curata e rispettosa della materia prima. Si inizia con "antipasto goloso" (10 €) che secondo stagione comprende **frittatine di erbette**, crostino con lardo, una confortante **zuppa di farro e legumi**, cuscus di verdure, salame di lumache (alle carni di maiale sono aggiunte lumache, allevate in loco) e un formaggio stagionato in grotta. In alternativa formaggi a latte crudo con confetture aziendali (8 €) o selezione di salumi. Tra i primi (8 €) tagliatelle di farro con zucca gialla e salsiccia e dei rustici e gustosi **gnocchi di patata di Sompiano con ragù di cinghiale**. Come secondo **filetto di maiale ai ferri** con sale di Cervia (14 €) o il "marchigian burgher". Da sottolineare la cura dei contorni (4 €), tra cui ottime **erbe di campo ripassate in padella**. Identica cura per i pochi dolci disponibili in carta, semplici e casalinghi, come le crostate fatte con le confetture aziendali. Disponibili, in alternativa al pane, le tradizionali cresce sfogliate, anche farcite, per un pasto veloce e gustoso. L'orgoglio per il proprio territorio si evidenzia anche nell'offerta di vini, birre, distillati e liquori, incentrata su produttori della provincia. Tutti i fornitori sono correttamente indicati in carta e nel sito internet; ben concepiti i menù degustazione (20 e 25 euro), con porzioni generose.

VALLEFOGLIA
Capponello

16 KM A NE DI URBINO, 20 KM DA PESARO SP 30

Locanda Montelippo
Azienda agrituristica *novità*
Via Canarecchia, 29-31
Tel. 0721 416735
Chiuso lunedì a mezzogiorno e martedì
Orario: mezzogiorno e sera
Ferie: variabili
Coperti: 50 + 20 esterni
Prezzi: 28-30 euro vini esclusi
Carte di credito: CS, MC, BM

Un complesso ristrutturato con tecniche di bio edilizia, autosufficiente sotto il profilo energetico, ospita la Locanda Montelippo, azienda agricola con vendita diretta, ristorazione e camere per il pernottamento. Ai fornelli c'è Andrea Aiudi che tre anni fa, dopo esperienze all'estero, ha deciso di dare il giusto completamento all'azienda agrituristica di famiglia. Coltivano in proprio verdure e frutti di bosco, allevano animali da cortile e ovini e il resto lo forniscono gli artigiani locali. La cucina è tradizionale, ben curata, senza grandi personalismi e in grado di esaltare le materie prime. Nel menù, la pagina riservata ai "classici" comprende salumi artigianali e formaggi, tagliatelle al ragù, passatelli in brodo chiarificato (7 €), tagliata di fesa di manzo (11 €); poi ci sono le specialità di stagione, tra le quali consigliamo le **coratelle d'agnello ai carciofi** (7 €), gustose e molto equilibrate, il girello di vitello con insalata di carciofi, le fave dell'orto con pecorino. Proseguendo con le paste fatte in casa, **tortelli con asparagi e pomodorini** (8 €), strozzapreti acqua e farina con carciofi e pancetta, gnocchi di ricotta al ragù di cinghiale. Perfetto il **coniglio in porchetta** (13 €) morbido e delicato, come pure il piccione ripieno al forno. Tra i dessert **panna cotta e frutti di bosco** (4 €) o mousse di mascarpone con crema di rosa canina. Interessante la proposta di cinque portate a 27 euro, bevande incluse. La carta dei vini ha impronta regionale; disponibili alcune proposte al calice. Nel coperto è compresa l'acqua.

oltre alle osterie

ANCONA

Mandracchio
Ristorante
Largo Fiera della Pesca, 11
Tel. 071 202990
Chiuso domenica sera e lunedì, d'estate anche domenica a pranzo
Orario: mezzogiorno e sera
Ferie: agosto e durante il fermo pesca
Coperti: 60
Prezzi: 40-45 euro vini esclusi
Carte di credito: tutte

Nel cuore dell'area portuale, al primo piano di un anonimo edificio nei pressi della fiera si trova questo gioiello della gastronomia marinara dell'Adriatico. La cucina è il regno della squadra di chef, tutta maschile, condotta da Mariano, il servizio guidato da Teresa è tutto al femminile. Tra gli antipasti, insalata russa di merluzzo e arancino in crosta fritta di caprino (12 €), poi spaghetti alle verdure arrosto o tortelli ai carciofi. Secondi classici come crescia alla griglia (16 €), piccione ripieno e scampi bolliti. Infine fondente di cioccolato amaro e lamponi e granita di violetta. Scelta dei vini ampia e intelligente.

JESI

29 KM A SO DI ANCONA SS 76

Hostaria Santa Lucia
Trattoria *novità*
Via Marche, 2 B
Tel. 0731 64409
Chiuso la domenica solo in estate
Orario: mezzogiorno e sera
Ferie: 10-30 agosto
Coperti: 40
Prezzi: 30-42 euro vini esclusi
Carte di credito: MC, Visa, BM

Gianni Giacani a Jesi è sinonimo di olio e di pesce: oltre all'ottimo olio da lui prodotto, la cucina di pesce è esemplarmente poco manipolata. Consigliamo linguine con le sarde e olive, spaghetti di bottarga di muggine ed erbette, ravioli ricotta e basilico, filetti di triglie e zenzero, composta di pesci al vapore, filetti di testoline al sale marino e olio di frantoio oppure san pietro ai profumi dell'orto. Interessante la carta dei vini con ampia scelta di etichette locali ed alcune proposte nazionali, raggruppate per fascia di prezzo.

LORETO

31 KM A SUD DI ANCONA

Andreina
Osteria
Via Buffolareccia, 14
Tel. 071 970124
Chiuso martedì e mercoledì

Orario: mezzogiorno e sera
Ferie: una settimana in luglio
Coperti: 150
Prezzi: 50-60 euro vini esclusi
Carte di credito: tutte

La fondatrice, Andreina, ha lasciato le redini del locale, o meglio della sua cucina (o meglio ancora dello spiedo), al nipote Errico Recanati che prosegue l'opera con un esempio perfetto di come tradizione e innovazione possano andare a braccetto. Dalla carta si scelgono baccalà e pomodoro (18 €), i ravioli di pollo in potacchio, un'interpretazione del fritto marchigiano (20 €), anatra, burrata e ciliegie. Alla magistrale padronanza delle antiche cotture alla brace e allo spiedo è anche dedicato un menù, a 60 euro per l'intero tavolo.

MACERATA

Enoteca Le Case

Ristorante
Località Mozzavinci, 16-17
Tel. 0733 231897
Chiuso il lunedì
Orario: sera, domenica anche pranzo
Ferie: 10 giorni in gennaio, 2 settimane in agosto
Coperti: 40
Prezzi: 50-70 euro vini esclusi
Carte di credito: tutte

Il nome, per una volta, corrisponde realmente alla struttura: Le Case è un piccolo borgo contadino composto di tre edifici con ristorante, albergo e l'enoteca, aperta nel 2005, che qui segnaliamo. Elvia, la titolare, è grande conoscitrice di erbe, sua figlia Francesca di vini (la carta è strepitosa), Michele Biagiola, lo chef, propone piatti di tradizione marchigiana, di terra e di mare – a partire dai vegetali con l'orto nel piatto. Interpretazioni felicissime, dai ravioli di coniglio con finocchietto e fave al *pistacopp* (piccione) ripieno.

PORTO SAN GIORGIO

7 KM A EST DI FERMO, 60 KM DA ASCOLI PICENO

Damiani e Rossi Mare

Trattoria
Lungomare Gramsci, Concessione 29
Tel. 0734 674401-335 5224454
Chiuso lunedì e martedì
Orario: mezzogiorno e sera; ottobre-aprile solo sera, festivi anche pranzo
Ferie: in inverno
Coperti: 30 + 40 esterni
Prezzi: 50-55 euro vini esclusi
Carte di credito: CS, MC, Visa, BM

Aurelio Damiani è stato, ed è, uno chef decisivo nella ristorazione marchigiana, apripista e forse meno noto del meritato (anche per riservatezza caratteriale). A Porto San Giorgio ha ristrutturato un vecchio stabilimento balneare, dopo l'esperienza in collina (segnalata su questa guida con la Chiocciola). Ricordiamo i filetti di sogliola dorati in pastella di borragine, gli stracci di pasta all'uovo con pomodoro fresco, melanzane, basilico, il filetto di spigola e verdure con salsa di olive nere, la ciambella al limone con gelato fiordilatte oltre a brodetto, grigliate e fritture di giornata.

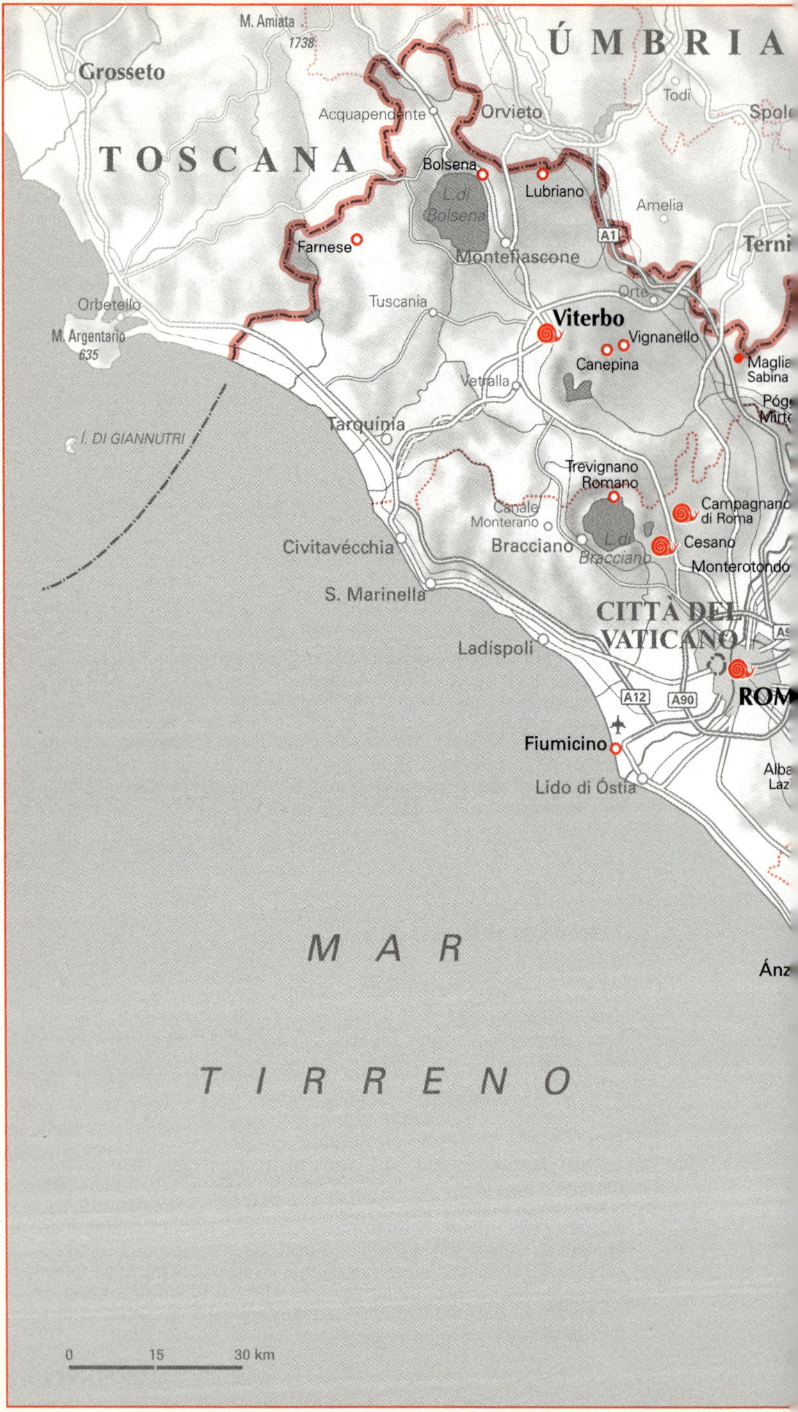
M. Amiata
1738
ÚMBRIA
Grosseto
Todi
Acquapendente
Orvieto
Spole
TOSCANA
Bolsena
Lubriano
L. di Bolsena
Amelia
A1
Farnese
Montefiascone
Terni
Orte
Orbetello
Tuscania
M. Argentario
635
Viterbo
Vignanello
Canepina
Maglia Sabina
Vetralla
Tarquínia
I. DI GIANNUTRI
Trevignano Romano
Canale Monterano
Campagnano di Roma
Civitavécchia
Bracciano
L. di Bracciano
Cesano
Monterotondo
S. Marinella
CITTÀ DEL VATICANO
Ladíspoli
A12
A90
ROM
Fiumicino
Lido di Óstia
Alba Lazi
MAR
Ánz
TIRRENO
0
15
30 km

Map of Central Italy (Lazio, Abruzzo regions)

Regions/Seas:
- MARCHE
- MAR ADRIÁTICO
- ABRUZZO
- MOLISE
- CAMPÁNIA

Cities and towns:
- Nórcia
- Giulianova
- Amatrice
- PARCO NAZ. DEL GRAN SASSO
- Téramo
- Roseto d. Abruzzi
- Labro
- Cantalice
- Terminillo 2216
- Rieti
- ontigliano
- Gran Sasso d'Itália 2912
- MONTI D. LAGA
- A24
- A14
- Pescara
- Chieti
- L'ÁQUILA
- Póggio Moiano
- Orvínio
- A24
- Sulmona
- PARCO NAZ. la Maiella 2793
- ivoli
- Avezzano
- A25
- D. MAIELLA
- scati
- Olévano Romano
- Arcinazzo Romano
- Colonna
- S. Cesareo
- Paliano
- Píglio
- PARCO NAZ. D'ABRUZZO, LAZIO E MOLISE
- M.te Pórzio Catone
- Grottaferrata
- Artena
- A1
- Anagni
- Alatri
- Ferentino
- Sora
- Casalvieri
- Picinisco
- oma
- Frosinone
- Arpino
- Isérnia
- etri
- Cori
- Carpineto Romano
- Supino
- ília
- Sezze
- Prossedi
- Castro d. Volsci
- Cepráno
- Cassino
- uno
- Latina
- Priverno
- Amaseno
- Campodimele
- A1
- Monte S. Biágio
- Fondi
- Castelforte
- PARCO NAZ. D. CIRCEO
- Sabáudia
- Terracina
- Sperlonga
- Fórmia
- Minturno
- Capo Circeo
- Gaeta
- G. di Gaeta
- Cápua
- A56
- ÍSOLE PONZIANE
- Í. DI PONZA
- Ponza
- Í. VENTÓTENE
- Ventótene
- NÁPOLI

LAZIO

La pasta è probabilmente l'elemento più rappresentativo della cucina tradizionale laziale, fatta anche di abbacchio a scottadito, coda alla vaccinara, trippa alla romana e molto altro. I primi di cui vi parliamo (cacio e pepe, gricia, amatriciana e carbonara) sono i più conosciuti e consumati in regione e fuori di essa, anche se a volte reinterpretati con esiti che lasciano perplessi. Una regola che vale per tutti è quella di non utilizzare olio in nessun momento della preparazione, ma di ricorrere al grasso del guanciale, o all'acqua (nel cacio e pepe), per amalgamare il sugo. Fondamentale è poi l'utilizzo del guanciale, e non della pancetta, per gricia, amatriciana e carbonara, così come il formaggio deve essere esclusivamente pecorino, non mescolato al parmigiano. Questo se si vuole essere fedeli alle ricette originali, che prevedono anche di fare soffriggere il guanciale fino a renderlo croccante (ma c'è chi preferisce lasciarlo morbido). Vino bianco per sfumare e pomodori sono poi previsti per l'amatriciana. Quali formati di pasta utilizzare? Sono quasi scomparsi i bucatini, che andrebbero invece rivalutati, specie nell'amatriciana. Gli spaghetti sono adatti per tutti e quattro i sughi, così come i rigatoni (o i paccheri e similari), ma anche gli gnocchi di patate possono essere un ottima alternativa. Infine, il vino da abbinare: puntate su un bianco di buona struttura o su un rosso giustamente tannico.

scelti per voi

cacio e pepe
- 584 Da Silvana
  Arcinazzo Romano (Rm)
- 598 L'Oste della Bon'Ora
  Grottaferrata (Rm)
- 620 Osteria del Velodromo Vecchio
  Roma
- 621 Roberto e Loretta
  Roma

gricia
- 599 Taverna Mari
  Grottaferrata (Rm)
- 601 Teresa
  Latina
- 603 La Rocca del Gusto
  Monterotondo (Rm)
- 611 Da Armando al Pantheon
  Roma

amatriciana
- 583 Lo Scoiattolo
  Amatrice (Ri)
- 590 Il Ruspante
  Castro dei Volsci (Fr)
- 597 Pietrino e Renata
  Genzano di Roma (Rm)
- 605 Sora Maria e Arcangelo
  Olevano Romano (Rm)

carbonara
- 612 Da Cesare
  Roma
- 614 Grappolo d'Oro
  Roma
- 618 L'Osteria
  Roma
- 619 Osteria del Borgo
  Roma

AMATRICE

66 KM A NE DI RIETI

Lo Scoiattolo
Ristorante
Via Ponte Tre Occhi Sud, Km 1,5
Tel. 0746 825086
Chiuso il lunedì, mai primavera-estate
Orario: mezzogiorno e sera
Ferie: non ne fa
Coperti: 140 + 60 esterni
Prezzi: 25 euro vini esclusi
Carte di credito: nessuna, BM

Il magnifico scenario dei Monti della Laga e della piana di Amatrice fa da contorno a un villaggio turistico nel cui ristorante, dotato di terrazza che affaccia su un laghetto da pesca, cucina la famiglia Berardi. Famiglia impegnata nella gastronomia e norcineria e fortemente legata alle tradizioni amatriciane, abruzzesi e persino pugliesi, che si ritrovano espresse nel loro carattere come nel menù. Apre il pasto un misto di gustosi salumi e pecorini locali: la norcineria, curata da Ernesto, è famosa per il Presidio della mortadella di Campotosto. Tra i primi non possono mancare le **pasta all'amatriciana**, la gricia, il raro gnocco riccio, le **orecchiette con i broccoletti** (7,50 €). Il menù prosegue con ottime carni alla griglia di produzione locale, il **brasato di manzo al Montepulciano d'Abruzzo** (10 €), l'agnello alla cacciatora. Il laghetto da pesca offre **trote** freschissime che la cuoca cucina ai ferri, vera prelibatezza. I dolci sono di propria produzione, la carta dei vini è limitata ma il Montepulciano d'Abruzzo sfuso è di buona qualità. Il ristorante ha aderito a un progetto di turismo rurale ecocompatibile che propone ai clienti un menù bilingue nel quale vengono indicate le emissioni di gas clima-alteranti collegate alla gestione del servizio e alla preparazione dei singoli piatti.

ANZIO

57 KM A SE DI ROMA SS 207 O SS 601

Fraschetta del Mare
Trattoria
Corso del Popolo, 38
Tel. 06 9846240
Chiuso il lunedì
Orario: mezzogiorno e sera
Ferie: in gennaio e in novembre
Coperti: 50 + 40 esterni
Prezzi: 16 euro vini esclusi, menù fisso
Carte di credito: CS, DC, MC, Visa, BM

La fraschetta dei fratelli Naciti è un valido indirizzo dove mangiare buon pesce povero, fresco e di qualità, in una zona piena di locali turistici poco ancorati al territorio. La formula prevede menù fisso a 16 euro, un prezzo veramente contenuto. L'atmosfera è informale: anima da trattoria di mare dalla cucina semplice ma gustosa, rispettosa della stagionalità delle materie prime, variabili in funzione del pescato che le barche locali offrono quotidianamente. Pietanze preparate secondo l'estro del cuoco e le disponibilità dell'orto di proprietà. La sala è affidata a ragazzi motivati e gentili che vi racconteranno dei quattro antipasti del giorno, seguiti da un abbondante primo, come gli **gnocchi con le vongole** (giovedì) e del tris di secondi. Il dolce sarà invece alla carta (4 €). Impossibile indicare con precisione le pietanze ma è questa la forza di chi punta tutto su freschezza e costi contenuti. Con temperature rigide potreste trovare **polenta grigliata con alici e olive**, fragolini con puntarelle, in estate **panzanella con sgombro** e **cuscus con baccalà**. Abbondanti spaghetti sono proposti con vongole, cozze, lupini e, quando disponibili, le telline del Presidio Slow Food. Tonno alletterato, pesce sciabola, sugarelli, aguglie e molti altri saranno cucinati in tegame o al forno, al sugo o alla cacciatora. Il vino della casa (Malvasia o Syrah) è di una vicina azienda. In alternativa, una carta oculata consentirà un'ampia scelta tra bollicine e vini fermi, anche in mezze bottiglie.

Da Paolo Pollastini, in via XX Settembre 16, pescato fresco, crostacei e frutti di mare, tra cui la tellina del litorale romano, Presidio Slow Food.

ANZIO

57 KM A SE DI ROMA SS 207 O SS 601

Il Grecale
Ristorante
Riviera Zanardelli, 57
Tel. 06 9846822
Chiuso il mercoledì
Orario: mezzogiorno e sera
Ferie: variabili
Coperti: 48 + 50 esterni
Prezzi: 33-35 euro vini esclusi
Carte di credito: AE, CS, MC, Visa, BM

Il porto, con i suoi suggestivi pescherecci, fa da cornice alla cucina di mare di Anzio, anche se non è sempre facile trovare solidi ancoraggi nella sua ristorazione. Il Grecale, di Severina e Silvestro Gervasi, non ha la vista sul mare ma la sua scelta di privilegiare il pesce locale anche povero e la cucina che valorizza la materia da queste parti possono valere anche molto di più. Il locale si presenta essenziale nella sua semplicità, pur con un'apparecchiatura curata. Nella buona stagione si può scegliere la veranda esterna che affaccia su un tranquillo vicoletto. L'antipasto, assieme ai panini fatti in casa, è sicuramente la cosa più sfiziosa con due proposte: una di otto diversi assaggi (11 €) e la seconda, più ampia, di undici (15 €). Tra le curate, piccole pietanze servite espresse troviamo **melanzana ripiena con pesce sciabola**, alici fritte farcite con provola e prosciutto, tortino gratinato di zucchine con cernia, calamaretti ripieni, morbida **insalata di mare** con fragrante olio e ottimo **sauté di cozze**. Dopo il soddisfacente antipasto si può tranquillamente chiudere con un primo (10 €): una singolare **gricia di polpo** con maltagliati di acqua e farina fatti in casa, i ravioli con ripieno di pesce, gli originali gnocchetti con gorgonzola e mazzancolle, le buone **linguine con cannolicchi e vongole**. Tra i secondi, rombo al gratin (per due persone 35 €), frittura di paranza, crostacei quali scampi, mazzancolle, gamberi. Qualche dolce della casa, discreta carta dei vini dagli onesti ricarichi. Servizio sempre attento e gentile.

ARCINAZZO ROMANO
Altipiani di Arcinazzo

90 KM A EST DI ROMA, 49 KM DA FROSINONE

Da Silvana
Ristorante
Via Sublacense, 33
Tel. 0775 598002
Chiuso il martedì
Orario: mezzogiorno, agosto anche sera
Ferie: non ne fa
Coperti: 80 + 20 esterni
Prezzi: 28 euro vini esclusi
Carte di credito: AE, CS, MC, Visa, BM

È nella splendida vallata degli altipiani di Arcinazzo, a pochi chilometri dal santuario della Santissima Trinità, che troviamo questo locale arredato come una baita di montagna. La titolare e sommelier Giovanna propone una cucina fortemente radicata nella tradizione. La pasta e il pane sono fatti in casa con farine integrali macinate a pietra da un antico mulino nelle vicinanze. Si può iniziare con i tortini della nonna con ripieno di verdure (7 €), il tagliere di formaggi, fra i quali spiccano il cacio di Morolo e la marzolina di Campoli Appennini, salumi artigianali, come il prosciutto di Guarcino, accompagnati dalla polenta. Tra i primi, consigliamo i **paccheri cacio e pepe** (7 €), le fettuccine al ragù, gli spaghettoni con funghi porcini. Sempre presenti la **polenta con le spuntature** e il **pallocco**, un ricco piatto unico composto da polenta in bianco, brasato al Cesanese, cicoria di campo e fagioli ciavattoni. Si prosegue con robusti secondi quali l'arista di maiale al Cesanese, le costolette di agnello a scottadito (10 €), il coniglio alla cacciatora, la tagliata di manzo locale. Dolci tipici e una squisita torta di mele con gelato artigianale di marroni. I vini sono prettamente laziali. Ampia scelta di liquori e distillati, per esempio quelli alla genziana, al mandarino e al caffè.

▪ Ad **Affile** (10 km), in via Santa Croce 11, l'azienda Elis vende lumache allevate in regime biologico.

Il Laureto

28 km a est di Frosinone

Azienda agrituristica
Via Campostinelli
Tel. 0776 883310-335 5899675
Chiuso il martedì, mai d'estate
Orario: sera, in estate anche mezzogiorno
Ferie: variabili in inverno
Coperti: 60 + 40 esterni
Prezzi: 30-35 euro vini esclusi
Carte di credito: CS, DC, MC, Visa, BM

Immerso nelle belle campagne della Ciociaria intorno a Collecarino, l'agriturismo di Massimo Viscoglioso è inserito in un parco di sette ettari tra olivi secolari, una piscina e fabbricati ristrutturati in legno, pietra e cotto. Il ristorante è ospitato in una delle strutture principali: la cucina è quella di Pasquale Leone, fondata sulle materie prime fornite direttamente dall'azienda, dove crescono maiali, pecore e animali da cortile. Le verdure, sempre di stagione, si accompagnano con l'olio extravergine di oliva, di produzione propria. Iniziate con un antipasto scegliendo tra quello di salumi e formaggi (10 €), il **tortino di patate affumicate all'olivo con fonduta di pecorino e radicchio**, la crespella gratinata con ricotta e erbette di montagna. Tra i primi, degni di nota i **paccheri con crema di porro e caciocavallo affumicato** (9 €), i tagliolini al farro tagliati al coltello e fagioli di Atina, le pappardelle al cinghiale. Come secondo proseguite con petto di anatra brasato con riduzione di Cesanese e arancia (12 €), **magro di maiale scaloppato con crema di melanzane e sedano rapa**, grigliata mista con animali della fattoria. Concludete con un dolce di pere al Moscato di Terracina (3 €), una torta di mele e cioccolato, una **mousse al cioccolato bianco e ricotta di bufala**. La carta dei vini è incentrata sul territorio, con un'interessante selezione di proposte locali come la Doc Atina e la Docg Cesanese del Piglio.

Le Delizie di Maria

novità

28 km a est di Frosinone

Osteria
Via Scaffa, 84
Tel. 0776 882137-349 3672619
Chiuso il lunedì
Orario: mezzogiorno e sera
Ferie: variabili
Coperti: 50 + 50 esterni
Prezzi: 35 euro vini esclusi
Carte di credito: CS, MC, Visa, BM

Nato come pasticceria, questo locale è stato trasformato nel tempo in osteria con emporio. Maria seleziona e utilizza in cucina ingredienti di qualità. A coccolare il cliente ci pensa Giammarco, il marito che, senza essere invadente, spiega ciò che si mangia e che si beve. Tra gli antipasti, crostone di broccoletti con pecorino Dop di Picinisco, **trippa di baccalà con ceci di Vallepietra**, carciofi fritti con peperone cornetto di Pontecorvo, stracciata di bufala di Amaseno, battuta di trota del Fibreno con erbe aromatiche (10 €). Seguono fettuccine al Cabernet di Atina Doc con vellutata di fagioli, ziti spezzati con zucchine e alici di Cetara, **rigatoni alla marzolina** (Presidio Slow Food), gnocchi con salsiccia e carciofi, spaghettoni con broccoletti, acciughe e ciambella di Morolo (10 €), quindi **stracotto di bufalo di Amaseno al Cesanese del Piglio Docg**, cosciotto di agnello a lenta cottura con erbe aromatiche dell'orto, sfilacci di baccalà con polenta, zuppa di aringhe, **pollo casereccio in padella con peperoni** (15 €). Giusta selezione di **formaggi** locali e nazionali con molti Presìdi Slow Food. Per finire, a disposizione un'intera pasticceria con quindici tipi torte monoporzioni, gelati, biscotti, pasticcini e una selezione di infusi, tè e tisane. Buona selezione di vini e spumanti, un centinaio di etichette locali, nazionali e internazionali, venti birre artigianali e una cinquantina di rum, tequile e grappe. Su prenotazione, menù vegetariani e vegani. Pane fatto in casa da Maria con lievito madre. In alcune sere è possibile mangiare la pizza.

ARTENA

43 KM A SE DI ROMA A 1 USCITA VALMONTONE

La Locanda del Principe

Ristorante
Via Principe Amedeo, 4
Tel. 06 9517712
Chiuso il lunedì
Orario: mezzogiorno e sera
Ferie: ultime due settimane di agosto
Coperti: 60
Prezzi: 33-35 euro vini esclusi
Carte di credito: tutte, BM

Nel caratteristico borgo di Artena, arroccato su mille vicoli e scale, si cela l'affascinante Locanda del Principe, che vede al timone Fabio Pomponi, specializzato nel lavoro di sala, e la moglie Rossana ai fornelli. Particolari e suggestive sono le salette interne scavate nella roccia che ben si addicono a una cucina semplice ma realizzata sempre a partire da ottime materie prime. Si inizia con un antipasto rustico della casa (10 €) composto da buoni affettati, verdure gratinate, polpettine, fiori di zucca fritti. Notevole è la qualità della pasta fatta in casa, sia quella all'uovo sia la più semplice, di acqua e farina, tirata a mano (**gnocchi lunghi**). Tanti i condimenti proposti, tra cui asparagi e guanciale, **zucchine, menta romana, pecorino, guanciale** (10 €) e, in stagione, funghi galletti al pomodoro. Non manca una particolare versione della cacio e pepe con gli gnocchi lunghi in cui si fa concessione a un po' di extravergine. In inverno la **zuppa di farro** è tra le specialità della casa, come, tra i secondi, lo è il **cinghiale al vino rosso**. Il punto forte restano le carni di ottima qualità e cucinate a puntino: abbacchio a scottadito, **maialino al forno con patate** (15 €), tagliata, un tenerissimo filetto. Il venerdì è presente il pesce fresco, secondo mercato. Si conclude con i dolci fatti in casa (5 €) tra cui tiramisù classico e alle fragole. Scelta dei vini limitata, discreto il Cesanese sfuso.

BOLSENA
Montesegnale

31 KM A NORD DI VITERBO SS 2 CASSIA

La Tana dell'Orso

Trattoria
Località Montesegnale, 162
Tel. 0761 798162
Chiuso domenica sera e giovedì
Orario: mezzogiorno e sera
Ferie: non ne fa
Coperti: 25 + 25 esterni
Prezzi: 27-30 euro vini esclusi
Carte di credito: CS, MC, Visa, BM

La vista sul lago di Bolsena è bellissima. Bruno Parrino e la moglie Rosella hanno spostato la loro attività al limitare del bosco, sulle colline subito fuori l'abitato: all'osteria si arriva salendo attraverso l'oliveto di proprietà, che dona peraltro un olio eccellente. Anche gli altri prodotti della carta sono locali: il pesce fresco di lago e la carne della vicina val d'Orcia. Si comincia con bruschetta, crostini con paté di fegatini di pollo, lardo di Colonnata e prosciutto della Valnerina. Fra i primi (7 €), memorabili gli **spaghetti al germe di grano con battuto di pesce di lago di Bolsena**; da non perdere la **pasta e fagioli del purgatorio**, piccoli e delicati legumi originari della vicina Gradoli. Fatti in casa gli gnocchi e i cannelloni di ricotta e radicchio. Di secondo: **filetto di coregone alle erbette croccanti** (12 €), fettine di maiale in padella con aromi naturali, degustazione di cinque **formaggi** regionali con miele di castagno di Bolsena (15 €), tagliata di carne con insalata dell'orto e finocchio selvatico (16 €). Oltre all'insalata croccante, fra i contorni (5 €) trovate funghi porcini, **cicoria ripassata in padella con aglio rosso di Proceno**, il particolarissimo tallo (germoglio) dell'aglio e, ancora, l'aglio grigliato con il prezzemolo. Chiudete con ricotta di pecora condita con zucchero, cannella e miele di castagno (5 €): vi sembrerà di tornare bambini. Trebbiano locale sfuso e Sangiovese, oltre ad alcune buone etichette regionali.

A **Bolsena** (1,5 km) l'enoteca gelateria Santa Cristina, corso della Repubblica 8: tra gli ottimi gelati, da non perdere quello ricotta e cannella.

CAMPAGNANO DI ROMA

34 km a nord di Roma

Iotto

Osteria moderna
Corso Vittorio Emanuele, 96
Tel. 06 9041746
Chiuso domenica sera, in estate anche pranzo, e lunedì
Orario: mezzogiorno e sera
Ferie: 23 dicembre - 2 gennaio
Coperti: 30 + 12 esterni
Prezzi: 30 euro vini esclusi
Carte di credito: CS, DC, MC, Visa, BM

Difficile trovare gli aggettivi giusti per questa piccola grande osteria sul corso centrale di Campagnano: tante le qualità e le caratteristiche, e di sicuro si viene qui per provare una solida cucina regionale. Questo è il locale di Marco e Ines, senza dimenticare Mirco in cucina: un'unica sala dall'estetica semplice in cui viene trasmessa la passione per questo lavoro in modo informale e coinvolgente. Tra gli antipasti è imperdibile il **fritto misto di Iotto** (12 €) per due persone con frittella di mela, zucchine, patata con mortadella, anelli di cipolla, stracchino e silano. L'offerta è molto diversa tra inverno ed estate: con il freddo possiamo scegliere l'ottima zuppa di castagne e porcini o le sagne con la cicoria, con il caldo la **calamarata con pomodoro, mozzarella di bufala e pesto di basilico** (9 €), eccellente nella sua semplicità, oppure ottime **tagliatelle con cicoria e pecorino** (9 €). A seguire i grandi classici, tutti ben fatti, come la coda alla vaccinara e il coniglio alla cacciatora; da non perdere le **polpette di un tempo che fu** (11 €) preparate con carne di manzo e di maiale. Fattura ottima anche per i contorni con cicoria ripassata e cazzimperio (pinzimonio). Le verdure arrivano dalla azienda agricola di proprietà. Dolci fatti da Ines: tiramisù e biscotti spumoni. La carta dei vini è ben strutturata, ricca, con particolare attenzione alla regione e ai vini naturali.

66 *L'autentica passione nello svolgere il proprio lavoro e l'attenzione alla stagione e a ciò che offre l'orto di proprietà sono gli ingredienti di una formula collaudata, che non perde un colpo* **99**

CAMPODIMELE
Taverna

87 km a se di Latina ss 7 e ss 82

Lo Stuzzichino

Ristorante-pizzeria
Via Taverna, 14
Tel. 0771 598131-349 3678486
Chiuso il mercoledì
Orario: mezzogiorno e sera
Ferie: variabili
Coperti: 50
Prezzi: 30-32 euro vini esclusi
Carte di credito: CS, DC, MC, Visa, BM

Campodimele è un piccolo paesino sui Monti Aurunci, a pochi chilometri dal mare. Francesco e sua madre Pina si occupano della cucina, il fratello Roberto in sala accoglie gli ospiti. Il menù varia in base all'alternarsi delle stagioni e alla reperibilità dei prodotti del territorio. La famiglia coltiva la cicerchia e, fra diciassette varietà, ha selezionato il ceppo originario del luogo. Potrete cominciare il pasto gustando il tortino di asparagi selvatici con crema di patate, la parmigiana di porcini (8 €), il **baccalà con passatina di cicerchie**, in inverno le zuppe di legumi. Tra i primi che meritano senz'altro l'assaggio ci sono gli gnocchetti di borragine con ragù di coniglio, olive itrane e pomodoro torpedino, e le **tagliatelle con asparagi e guanciale**. Al momento del secondo è ardua la scelta fra **spezzatino di capra** (10 €), cinghiale alla cacciatora, rotolo di coniglio e broccoletti con purè di patate (11 €), selvaggina in stagione. Tutte le carni sono di provenienza locale. Ampia scelta di ottimi formaggi del territorio, dolci casalinghi tra i quali spicca il cheesecake di caprino con croccantini di cicerchie e miele. Carta dei vini attenta alle migliori etichette della provincia.

66 *Un bell'esempio di cucina del passato che guarda al futuro grazie a un tocco di fantasia e a grandi materie prime* **99**

LAZIO | 587

CANEPINA

13 KM A EST DI VITERBO SP 1

Il Calice e la Stella
Azienda agrituristica
Piazza Garibaldi, 9
Tel. 328 9024761
Chiuso dal lunedì al giovedì
Orario: mezzogiorno e sera
Ferie: 25 gugno-15 luglio
Coperti: 50
Prezzi: 28 euro vini esclusi
Carte di credito: tutte, BM

Il ristorante gestito dai fratelli Arletti sa rappresentare bene il proprio territorio puntando sulla propria azienda agricola, attiva nel comprensorio collinare di Canepina, piccolo borgo medievale immerso tra castagneti e noccioleti. Il locale, composto da tre strutture fuse insieme, ospita due sale con capienza diversa: si pranza in quella al piano terra, la più grande, ma se si vuole più intimità ci sono dodici posti al primo piano. L'azienda fornisce nocciole, castagne, olio extravergine, ortaggi e confetture che vanno a far parte dei prodotti utilizzati in cucina; tutto quello che non si produce si reperisce nel circondario. Il menù prevede un antipasto con bruschette miste, affettati della Tuscia e formaggi da scegliere in vari formati con, prezzi da 5 a 9 euro, oppure un buon tortino di melanzane. I primi sono caratterizzati dalla particolare pasta fatta in casa tipica del posto, il **fieno** (di cui si hanno cenni storici dal Seicento) e i **ceciliani** (8,50 €), da condire con pesto di nocciole, al profumo di bosco, ai porcini o al ragù. In alternativa **ravioli ripieni alle castagne** e gnocchi di castagne al ragù. Sapori intensi per i secondi che vedono la carne in primo piano, con filetto di **maialino al timo castagne e funghi** (8,50 €), polpettone con cuore di castagna e **coniglio leprino viterbese alla cacciatora**. Tra i dolci il gran caffè Maria (4 €), una mousse con panna caffè e cioccolato. Cantina con vini biologici locali.

CASALVIERI

45 KM A EST DI FROSINONE

Osteria del Tempo Perso
Osteria moderna
Piazza San Rocco, 13
Tel. 0776 638039-329 4031223-340 2532207
Chiuso il lunedì
Orario: sera, domenica e festivi anche pranzo
Ferie: 1 settimana in luglio, 2 in settembre
Coperti: 60
Prezzi: 30 euro vini esclusi
Carte di credito: CS, MC, Visa, BM

Nata nel 2003, in un paesino della valle di Comino di tremila anime, quest'osteria ha in una famiglia il motore dell'attività. Grande l'impegno verso una materia prima buona e certificata, che ha portato a iniziare l'avventura di un'azienda agricola propria, per riportare alla luce prodotti locali scomparsi. La cucina nasce dalle mani sapienti di mamma Sabrina e del figlio Matteo, che anno dopo anno, migliorano i loro piatti e cambiano il menù seguendo le stagioni. L'antipasto è composto da sei pietanze calde, affettati e formaggi (8 €) mentre la pasta fresca è prodotta con una selezione di farine locali: **gnocchi di cicoria**, pecorino di Picinisco Dop e guanciale croccante di maiale nero casertano, **malfatti acqua e farina con la salsiccia di produzione propria, pomodoro e finocchietto**, paccheri di Campofilone con zucchine, fiori di zucca e zafferano (8 €). Fra i secondi, gustoso lo stracotto di manzo maremmano e purè che, nella stagione estiva, si trasforma in **insalata di manzo con verdure croccanti e salse** (14 €). Piatti storici dell'osteria: il **polpettone**, ricetta che appartiene alla nonna romagnola, l'abbacchio in padella con rosmarino e il filetto di maiale in salsa di Cabernet Atina Doc. Le carni sono scelte e frollate da Matteo, come la tagliata di marchigiana allevata a chilometro zero. Le verdure vengono consegnate ogni mattina dai produttori della zona, pulite e cucinate. La carta dei vini spazia dalle produzioni locali a quelle nazionali.

> *La costanza e la caparbietà di questa famiglia nel portare avanti la loro idea di osteria sono ammirevoli*

CASTELFORTE

100 KM A SE DI LATINA SS 7

Bacchettone e Zazzà
Ristorante
Via delle Terme, 77
Tel. 0771 607015-1907330
Chiuso il mercoledì
Orario: mezzogiorno e sera
Ferie: non ne fa
Coperti: 60 + 40 esterni
Prezzi: 35 euro vini esclusi
Carte di credito: tutte, BM

Chi si reca in visita alla stazione termale di Suio, una frazione di Castelforte, può completare la piacevolezza regalata da una giornata trascorsa nell'acqua calda con una cena in questo bel ristorante ai piedi dei Monti Aurunici. Nella veranda in pietra e mattoni, se la stagione lo consente, si assaggiano i piatti tipici di Bacchettone e Zazzà, nomignoli dati dalla madre ai gestori quando i due erano bambini. Nella stagione invernale, l'atmosfera è ravvivata dal grande camino centrale, suggestivo, soprattutto quando sul fuoco cuociono le zuppe di legumi nei tradizionali pentoloni di coccio. Si può iniziare dagli antipasti di salumi e formaggi di produzione locale, dalle lumache in salsa di cipolle e pomodoro (8 €), o, quando è il tempo, dall'**uovo con il tartufo bianco**, raccolto personalmente da uno dei due proprietari, Antonio, appassionato e competente cercatore. Proseguite poi con i primi, a scelta tra pasta all'uovo fatta in casa con funghi porcini, **ravioli di speck e provola in salsa amatriciana** o caserecce con il ragù di cinghiale (8 €). I secondi si dividono tra quelli alla brace come scottona, arrosticini di pecora (8 €), agnello e salsicce, e quelli di pesce, come le **anguille** del fiume Garigliano, pescate da un artigiano della zona. Per finire crostate con marmellate di arance di Suio e cialda nocciolata ripiena. La carta dei vini è completa e ben fornita di etichette nazionali, con una particolare attenzione ai produttori locali.

CASTELFORTE

100 KM A SE DI LATINA SS 7

Terra di Briganti
Osteria
Via delle Terme, 60
Tel. 0771 608730-336 4452671
Chiuso martedì sera
Orario: mezzogiorno e sera
Ferie: non ne fa
Coperti: 60
Prezzi: 26 euro vini esclusi
Carte di credito: tutte

Un tempo Terra di Lavoro, consumata dai fenomeni di brigantaggio da cui prende il nome l'osteria, è oggi un chiaro esempio di quella cucina di confine, a cavallo tra due regioni, la Campania e il Lazio, che offrono diverse eccellenze italiane. Le trasformazioni di questo locale negli anni sono state molte: per volontà dei cugini Alberto e Michele Loretta da pub è diventato un'osteria moderna votata alla convivialità, come testimoniano le numerose serate a tema organizzate dai gestori. Le materie prime provengono dal Lazio e dalla Campania, come i vini, di vitigni autoctoni, che vanno a integrare la ben più internazionale carta delle birre, incentrata sul Belgio, lascito del vecchio pub. Porzioni abbondanti e cucina sincera, a partire dagli antipasti, come quello del brigante, una selezione di salumi locali e formaggi accompagnati da trippa, bruschette e olive. In alternativa si può scegliere il tipico pane *cuotto* o gli **asparagi in frittata con pancetta croccante**. Tra i primi, i classici bucatini all'amatriciana, gnocchi al ragù di capra (7,50 €), spaghetti al baccalà alla moliternese o la rassicurante **pasta e fagioli con le cotiche**. Si continua con un secondo a base di carni di capra, abbacchio e maiali locali, oppure con gli ottimi **medaglioni di vitello con asparagi, patate e carciofi spadellati**. Anche il baccalà (10 €) e l'**anguilla in umido** trovano posto nel menù. Il tutto è condito con l'olio extravergine di produzione propria. Ampia scelta tra i dolci (4 €) realizzati con confetture casalinghe.

CASTRO DEI VOLSCI

24 KM A SE DI FROSINONE A 1 USCITA CEPRANO O E 45

Il Ruspante
Azienda agrituristica
Via Pozzotello, 18
Tel. 0775 686750-335 8238647
Chiuso martedì, mercoledì e domenica sera
Orario: mezzogiorno e sera
Ferie: ultima sett di agosto-prima di settembre
Coperti: 60
Prezzi: 28-30 euro
Carte di credito: tutte, BM
☻

Nella verde e rigogliosa campagna ciociara, circondato da un giardino con piccolo parco gioco e da un patio per mangiare all'aperto, questo agriturismo a conduzione familiare propone una gustosa cucina di territorio. Antonella, ai fornelli, ama ricette dai sapori antichi con specialità stagionali e utilizzo di prodotti dell'azienda di famiglia o di produttori locali. Buona l'accoglienza di sala di Pasqualino e del figlio Diego, coadiuvati da uno staff al femminile. S'inizia con un ricco antipasto (12 €) a base di **salsiccia di Castro dei Volsci**, prosciutto, formaggi (tra cui ricotta e **marzolina di capra**), frittatine, peperoni di Pontecorvo, verdure grigliate, **patate ripassate con cicorietta di campo**. Tra i primi ottima la **pasta all'uovo fatta a mano** (8 €), poi paccheri al pomodoro con scaglie di ricotta di capra, **strozzapreti all'amatriciana**, tagliolini al pomodoro fresco, secondo stagione, o in bianco con porcini e salsiccia o con asparagi selvatici, pappardelle al sugo di cinghiale, polenta con spuntature e varie zuppe. Eccellenti le **carni alla brace** (10 €): manzo, pollo, maiale (salsicce, pancetta, spuntature), abbacchio. Oppure **lumache al sugo**, trippetta di abbacchio, pecora in umido e, su ordinazione, faraona cotta sotto terra. Buoni dolci casalinghi (4 €): ciambelline al vino, amaretti, crostate. Da bere solo lo schietto vino della casa. Si può pernottare nell'adiacente locanda in confortevoli stanze arredate con materiali di recupero sapientemente lavorati da abili artigiani locali.

CASTRO DEI VOLSCI

24 KM A E DI FROSINONE A 1 O E 45

Locanda del Ditirambo
Ristorante annesso alla locanda
Via dell'Orologio, 11
Tel. 0775 662091
Chiuso lunedì-mercoledì
Orario: sera, domenica solo pranzo
Ferie: fine gennaio
Coperti: 45 + 50 esterni
Prezzi: 35 euro vini esclusi
Carte di credito: CS, MC, Visa, BM
☻

Siamo a Castro dei Volsci, chiamato balcone della Ciociaria per la vasta e incantevole visuale. Dopo avere percorso la cerchia di mura medievali, si arriva nella piazza caratterizzata da un'antica fontana che ospita questo ristorante annesso all'albergo. La proprietaria, Daniela Accolla, accoglie gli avventori con giovialità e simpatia, l'ottima cucina di tradizione è realizzata con materie prime locali. Si può iniziare con gli involtini di peperone e mousse di baccalà (8 €), il carpaccio di bufaletto con caciottine di bufala (9 €), quindi proseguire con un'eccellente **pasta e patate con scamorza affumicata, pancetta e basilico**, le fregnacce del casaro (tagliatelle con pomodoro, ricotta e finocchio selvatico), la **zuppa di cicerchie di Serra de' Conti** (8 €). Ricchi di gusto i secondi: **millefoglie di agnello con patate alla salvia** (15 €), stufato di bufaletto con i fagiolini, **baccalà alla pofana** (14 €). Ottimi dolci fatti in casa come la ricotta con cialda mandorlata e melangoli canditi, la mousse alla menta e cioccolato, le crostate di frutta. Il territorio è ben rappresentato anche sulla carta dei vini: Cesanese, Cabernet di Atina, Bellone, Nero Buono di Cori, che possono anche essere gustati al calice.

🛏 A **Patrica** (24 km), sulla statale 156 Monti Le pini al km 9, la cooperativa Stella offre mozzarelle di bufala ciociara e diverse tipologie di carni e salumi bufalini.

CEPRANO

21 KM A SE DI FROSINONE A 1

Enoteca Federici
Enoteca con mescita e cucina
Piazza Martiri di via Fani, 8
Tel. 0775 914048
Chiuso il martedì
Orario: mezzogiorno e sera
Ferie: variabili
Coperti: 30 + 40 esterni
Prezzi: 25-30 euro vini esclusi
Carte di credito: CS, DC, MC, Visa, BM

A Ceprano, sulla piazza principale, si trova Federici, bar con pasticceria e gelateria annesse, ristorante e pizzeria, oltre che fornitissima enoteca (oltre 200 le etichette) con referenze soprattutto locali e laziali. Il patron Luca ha saputo costruire negli anni un luogo capace di offrire un'esperienza totale delle eccellenze del territorio: dai piatti classici della tradizione contadina a rivisitazioni azzeccate. Il menù segue le stagioni, ma non mancano i fuori carta che cambiano a seconda delle disponibilità del mercato. Luca fa la spesa ogni giorno e si serve esclusivamente dai produttori locali, il latte utilizzato per i gelati arriva caldo di mungitura, i formaggi (ottime ricotte e mozzarelle di bufala) provengono da aziende a pochi chilometri dal locale, così pure uova, farine e verdure. Apre il pasto un **tortino in pasta di pane con scarola, olive di Gaeta e acciughe**. I primi sono semplici e deliziosi: su tutti spicca il **raviolone del fattore con un ripieno di ricotta di mucca** (9 €). Da provare i classici **cacio e pepe** (8 €), carbonara e amatriciana, che sono protagonisti nel menù. Fra i secondi classica costata di marchigiana oppure tagliata (15 €). Se poi siete in città il 28 luglio, giorno del patrono Sant'Arduino, potrete provare il **pollo con peperoni** o i fini fini con rigaglie di pollo. Fornitissimo il reparto dolci su cui spicca la crema chantilly (4 €) servita con frutti rossi e fragole in estate, con castagne e cioccolato in inverno.

CONTIGLIANO
Collebaccaro

12 KM A OVEST DI RIETI

Il Liocorno
Osteria moderna
Via Sant'Andrea, 18
Tel. 334 8672496
Chiuso lunedì e martedì
Orario: sera, domenica anche pranzo
Ferie: settembre
Coperti: 30
Prezzi: 30-35 euro vini esclusi
Carte di credito: nessuna

La visita ai tanti luoghi sacri a Francesco d'Assisi porta a un piccolo borgo abbarbicato sulle colline reatine dove prosegue l'avventura gastronomica di Alessandra e Francesco, determinati a offrire accoglienza e qualità in un luogo difficilmente raggiungibile dal turismo di massa. Nel locale ristrutturato con gusto, Alessandra descrive con competenza e passione un menù stagionale, sempre con qualche sorpresa che Francesco riesce a inserire nei piatti. Da non perdere l'**antipasto del Liocorno** (12 €) composizione sapiente di sapori e colori a base di salumi di maiale nero reatino, pecorino, erbe aromatiche e fiori di campo. Tra i primi, sono tipici gli **stringozzi** fatti a mano e conditi **con funghi galletti** o con ragù bianco di chianina. Farro e legumi del territorio sono invece gli ingredienti di gustose zuppe arricchite con tartufo nero e accompagnate da crostini e olio extravergine Sabina Dop. Le aziende del territorio reatino offrono le carni di maiale nero, agnello e manzo che vengono cucinate alla brace; in alternativa un ottimo manzo alla bourguignonne, filetto di **maiale nero con radicchio stufato** (12 €), **pecorino fresco al forno con il miele**. Ottima anche la proposta di dolci, tutti fatti in casa. Dalla sala da pranzo si accede a un'antica cantina scavata nella roccia che custodisce una buona scelta di vini non solo laziali.

La Fattoria Maiuri, in via delle Cese 8, produce formaggi vaccini bio. Caseificio Valle del Liri, in via Campo Stefano 223, località Carlesimo: mozzarelle e formaggi di bufala.

CONTIGLIANO

12 km a ovest di Rieti

Le Fontanelle
Azienda agrituristica
Via Madonna del Piano, 6
Tel. 0746 707143-339 1346068
Chiuso lunedì-giovedì, mai d'estate
Orario: mezzogiorno e sera
Ferie: febbraio
Coperti: 100 + 30 esterni
Prezzi: 28-36 euro vini esclusi
Carte di credito: CS, DC, MC, Visa, BM

Poco prima di raggiungere il centro storico di Contigliano, merita una visita l'azienda agrituristica Le Fontanelle che, da quattro generazioni, alleva allo stato brado cavalli, bovini e suini di razze autoctone come il maiale nero dei Monti Sabini. Il posto è incantevole: alle spalle la montagna coperta di fitti boschi, non lontano i santuari francescani di Greccio, Fonte Colombo e Poggio Bustone. Nella bella stagione si mangia fra vecchie botti e carretti trasformati in fioriere piene di lavanda, rosmarino, rose e gerani; il resto dell'anno nell'ex fienile, con un camino sempre acceso e la griglia pronta per la carne che l'avventore sceglie personalmente (salsicce, braciole e **spuntature di maiale** a 2,50 euro l'etto, fiorentina a 4,50, filetto a 6). Ottime le paste fatte a mano (8 €): stringozzi, tagliatelle, fregnacce e **gnocchi al sugo di agnellone**, alla gricia, con asparagi, funghi e, in primavera, con guanciale e fave. Prosciutto e salumi, che come le altre carni sono acquistabili nell'attigua macelleria aziendale, arricchiscono l'antipasto della casa (10 €) che comprende anche verdure fritte provenienti dall'orto. Oltre alle carni alla brace ci sono i **bocconcini di vitellone** e la scamorza con il prosciutto (7 €). Poi torte e crostate con confetture fatte in casa (4 €) o il gelato di un vicino laboratorio artigianale. Per concludere, un digestivo da scegliere da una originale carta delle Genziane, prodotte da due piccole e già affermate distillerie locali. La cantina privilegia il territorio del vicino Abruzzo e delle province di Rieti, Viterbo, Latina e Frosinone; non mancano birre artigianali locali e nazionali.

CORI
Giulianello

26 km a nord di Latina

Osteria del Contadino
Osteria
Via Anita Garibaldi, 55
Tel. 06 9665414
Chiuso il martedì
Orario: mezzogiorno e sera
Ferie: 15-31 agosto
Coperti: 50 + 20 esterni
Prezzi: 25 euro vini esclusi
Carte di credito: tutte, BM

Cucina tipica romana quella dell'osteria gestita da Tonino Martelloni e sua moglie Simonetta Garbati, attenti padroni di casa. Il locale, semplice e accogliente, si trova in prossimità del borgo medievale di Giulianello. Tra gli antipasti ci sono tutto l'anno favolose **verdure dell'orto** di proprietà in **pastella e grigliate** (le varietà cambiano ovviamente in funzione delle stagioni) e un misto di salumi e formaggi locali (7 €). Sempre presenti ottime zuppe, tra le quali fagioli e cavolo nero e la **scafata**, molto simile alla più famosa vignarola (7,50 €). I primi, come le tagliatelle con funghi o, in stagione, gli asparagi, sono realizzati a partire da pasta fatta in casa. Fanno parte della proposta dei secondi, invece, sapidi piatti come la **coratella di abbacchio**, l'arista di maiale con le castagne, la trippa, il **coniglio con finocchietto** e l'interessante baccalà in guazzetto. Non è raro, infine, imbattersi in piatti arricchiti dalle erbe spontanee raccolte personalmente da Tonino. Infine i dolci, fra i quali spicca una squisita zuppa inglese e i tanti dolcetti della tradizione, come le crostate con confetture casalinghe. I vini sono prevalentemente del territorio e di Cori ma non mancano etichette nazionali.

FARNESE

44 KM A NO DI VITERBO

La Piazzetta del Sole

Trattoria
Via XX Settembre, 129
Tel. 0761 458606-328 6907493
Chiuso il lunedì
Orario: sera, sabato e festivi anche pranzo
Ferie: variabili
Coperti: 35
Prezzi: 27-33 euro vini esclusi
Carte di credito: CS, MC, Visa, BM

In piena Tuscia, non lontano dall'arte romanica di Tuscania, dal lago di Bolsena e dalla Riserva Naturale Selva del Lamone, c'è la meno conosciuta cittadina di Farnese. Tra i vicoli fioriti del suo centro si trova una casa d'epoca dove due donne determinate e appassionate, Miriam e Antonella, hanno creato un locale accogliente, dove ognuno si sente come a casa. Le produzioni agricole e la storia del territorio ispirano le proposte della cucina, rielaborazioni di ricette con materie prime tradizionali e locali. Tra gli antipasti, ricottina al forno con pomodorini e origano (8 €), il classico tagliere di formaggi e salumi, l'insalata di finocchi, arance e coppa di testa, il paté di fegatini con verza marinata, il baccalà sfilettato con crema di ceci. I primi piatti sono tutti buoni, ma una menzione speciale va alle **tagliatelle alla vignarola** (8,50 €), al risotto con i porri e il tartufo, alle lasagne con asparagi e provola affumicata. In stagione è possibile trovare preparazioni con i funghi del circondario. Carne, tra i secondi: **coratella d'agnello con carciofi** (12 €), agnello a *buione*, **coniglio porchettato**. Ottime le **patate al forno** (3,50 €) con il finocchietto locale. Antonella, infine, prepara ottimi dolci (6 €): millefoglie con crema chantilly, **cassatina alle rose con salsa al cioccolato**, mousse al cioccolato con salsa di lamponi. Cantina non solo laziale, curata con competenza da Miriam, con attenzione al biologico e al biodinamico.

FIUMICINO
Isola Sacra

31 KM A SO DI ROMA

Pinzimonio

Ristorante
Via Formoso, 95
Tel. 066 5029764
Chiuso il giovedì, mai d'estate
Orario: mezzogiorno e sera
Ferie: non ne fa
Coperti: 85
Prezzi: 30-35 euro vini esclusi
Carte di credito: tutte, BM

È una semplice ma autentica tavola di mare, quella che si nasconde in uno dei vicoli di Isola Sacra, a poche decine di metri dal mare e in comoda posizione per chi viene da Roma o dall'aeroporto di Fiumicino. L'accoglienza è curata in prima persona da Carmine, che vi farà accomodare in uno dei comodi tavoli dell'ampia sala esterna o nel piacevole dehors estivo. La proposta comprende numerose pietanze presenti stabilmente in menù e una scelta di piatti del giorno costruita in base all'offerta stagionale. Nel nostro caso l'abbondantissimo antipasto misto per due (21 €) comprendeva, fra le altre cose, un buon tortino di polpo e patate, le cozze e vongole in guazzetto alla marinara, il **pomodoro ripieno di cuscus con ragù di gallinella** (sorta di gioco sul tradizionale pomodoro col riso romano), lo **sgombro in umido** e la caponatina (singoli antipasti proposti invece a 8 euro). Fra i primi piatti si segnalano gli ottimi **spaghetti con le telline del litorale romano** (10 €) o le linguine con alici, pinoli e marzolina. Per proseguire ricca frittura di paranza (16 €), secondo pescato, oppure un'equilibrata, saporita e abbondante **zuppa di pesce** (18 €). Proposta enologica varia e articolata e, soprattutto, buona capacità di accompagnare il cliente nelle scelte, sia per quanto concerne il menù sia per l'abbinamento con i vini. La cordialità è di casa, l'esperienza complessiva sempre piacevole e, cosa non da poco, anche conveniente in rapporto alla qualità della materia prima.

In via San Magno 61, l'azienda biologica La Poppetta produce e vende extravergine di oliva canino, ciliegie e confetture.

LAZIO | 593

FORMIA

76 KM A SE DI LATINA SS 7 O 213

Il Gatto & la Volpe
Ristorante
Via Abate Tosti, 83
Tel. 0771 21354
Chiuso il mercoledì, mai d'estate
Orario: mezzogiorno e sera
Ferie: tra Natale e Capodanno
Coperti: 70 + 50 esterni
Prezzi: 30-35 euro vini esclusi
Carte di credito: tutte, BM

Una volta era la storica via Appia Antica il vicolo da cui si accedeva al ristorante. Nel locale, un antico mulino, i fratelli Giancarlo e Tonino, con grande attenzione per la storia che li ha preceduti, hanno lasciato intatto l'angolo della cucina economica, dove ancora oggi vengono preparate alcune pietanze in pentole di terracotta. Si può iniziare con l'antipasto del Gatto e la Volpe (12 €), che comprende sette diversi assaggi: seppioline arrostite col nero, polpo e patate (8 €), **guazzetto di tellina laziale con crostini** (10 €), salumi e formaggi di provenienza locale. Tra i primi, lo spaghettone di Gragnano con colatura di alici di Cetara (9 €), la **pasta mischiata con fagioli di Controne e cozze** (9 €). I **calamari farciti** sono invece un secondo, servito nel "piatto di Cicerone", un piatto dipinto a mano che poi si può portare a casa. E ancora **zuppa di pesce al coccio**, fritturella di paranza (10 €) e pesce secondo l'offerta del mercato. Dolci fatti in casa fra i quali spicca la crostata di pesche tabacchiere. Ampia e intelligente la scelta di vini, che privilegia le bottiglie laziali e campane, spesso offerte anche al calice.

FRASCATI

21 KM A SE DI ROMA SS 215

Da una Cantina
Ristorante
Via Ottaviani, 18
Tel. 06 9417379
Chiuso il lunedì, domenica in estate
Orario: sera, domenica solo mezzogiorno
Ferie: agosto
Coperti: 40 + 10 esterni
Prezzi: 30-35 euro vini esclusi
Carte di credito: tutte, BM

A Frascati, nei vicoli che si inerpicano dietro la cattedrale, Pier Paolo e sua moglie Marina gestiscono un piccolo e accogliente locale dove ricevono i clienti con garbo e cortesia. Spinti dalla passione per la ristorazione, hanno lasciato le precedenti esperienze lavorative e si sono circondati di mani esperte: in cucina quelle di Mariella, che elabora con sapienza i piatti della tradizione locale e, al mercato, quelle di Irma, che a Grottaferrata vende i migliori ortaggi. Pier Paolo è sommelier e si dedica soprattutto alla preparazione degli antipasti e dei dolci: è molto orgoglioso della sua rivisitazione al tegame dello stinco di maiale con ananas e porri (14 €). I piatti del giorno sono elencati su una lavagna; si preparano anche piatti per celiaci. Noi consigliamo di iniziare con gli **sfizi** (8 €), cinque piccoli assaggi (pizzelle fritte, frittata di zucchine e menta, ricottina con marmellata di arance, muffin salato, torta rustica). Fra i primi: **mezzelune di ramoracce su vellutata di patate** (12 €), tonnarelli tirati a mano al cacio e pepe, **carbonara di fave e pancetta**. Tra i secondi di carne, **abbacchio delle campagne romane a scottadito** o con carciofi, arista di maiale alle prugne. Imperdibile la **misticanza di campo di Irma con battuto di alici** (5 €). Fra i dessert (5 €), torta morbidona di ricotta e mascarpone con salsa di cioccolato caldo, zabaione semifreddo al Marsala con uvetta e brandy, triangolo di millefoglie con crema chantilly e gocce di cioccolato, zuppa inglese. La carta dei vini è ben costruita e comprende 135 etichette non solo locali e regionali.

Ad Itri, in via Appia al km 136,30 si gustano deliziosi formaggi affinati da Enzo Recco.

Gli osti di Frascati

Da quasi cinque anni è in attività una comunità del cibo che si ricollega ai luoghi della mescita e a un vino millenario, salvaguardando la più autentica e riconosciuta attività secolare di accoglienza e di custodia alimentare: la comunità degli osti di Frascati. La figura dell'oste rappresenta in sintesi un esempio di produzione artigiana e consumo locale, portando da sempre elementi di valenza assoluta nell'aggregazione popolare. Oggi questi nostri vivandieri desiderano avere l'occasione di riconquistare la dignità del ruolo, impegnandosi a utilizzare le produzioni proprie anche nelle proposte gastronomiche, rappresentando la volontà di un nuovo rinascimento dell'antico concetto di ospitalità. Tutto ciò si collega a una serie di locali, stagionali o permanenti, nei quali è sempre presente la vendita di vino proveniente da produzioni proprie o da aziende vitivinicole locali. In questi tinelli, fraschette e osterie, l'attività prevalente non è quella di cucinare, anche se alcuni sanno farlo in modo eccellente, ma quella della mescita, cui si vanno ad accompagnare, se possibile, diverse proposte alimentari, talvolta mantenendo la possibilità di accogliere gli ospiti con cibi propri. Questa comunità è l'esempio emblematico della convivialità popolare, dell'accoglienza al viaggiatore o al turista, senza contare il valore sociale immenso che ha rappresento la frequentazione quotidiana di generazioni intere che spesso vi hanno trovato lavoro, amicizia, conforto, consiglio e talvolta pure famiglia. Il vino, se venduto sfuso, deve provenire dalla lavorazione in proprio di uve coltivate e vinificate nel territorio del Frascati Doc o in aree immediatamente confinanti. I prodotti che vanno in tavola arrivano prevalentemente dai propri orti, frutteti, vigne o da artigiani locali che forniscono pane, miele, formaggi, salumi... L'oste è indiscutibilmente una figura di fiducia e riferimento, nel suo locale sa parlare con passione e cura del proprio territorio e di ciò che propone: durante il servizio aspettatevi anche racconti di vita e di vino, aneddoti e memorie personali. Ecco di seguito l'elenco dei locali della comunità degli osti di Frascati.

Stefano Asaro

Cantina Bucciarelli
Viale Regina Margherita, 27
Tel. 06 94010871
Chiuso il martedì, mai d'estate

Siamo sul belvedere dello struscio estivo e il locale si distingue, tra le tante offerte, per la qualità e la tipicità delle ricette che la cucina elabora quotidianamente. Enzo Bucciarelli e consorte accolgono con garbo gli ospiti, proseguendo l'antica attività di famiglia.

Cantina Ceccarelli
Via Fontana, 61
Tel. 06 9419441
Aperto tutti i giorni solo in estate

Osteria stagionale, aperta solo in estate, colloca i propri tavoli nella vicina piazza San Rocco e offre il vino di produzione familiare alla mescita. Luca e papà Giancarlo, osti di vecchia tradizione, accettano clienti che hanno cibi propri ma sanno proporre un valido assortimento di specialità locali.

Cantina da Santino
Via Campana, 15
Tel. 06 94298110
Non ha giorno di chiusura

Ci si può accomodare anche con cibi propri per accompagnarli al vino dalle casa, in un ambiente tipico e piacevole. Felice Ramaccia ha deciso di continuare l'attività del padre Santino che per mezzo secolo aveva garantito un tavolo ai tanti avventori delle gite romane *for de porta*.

Cantina del Principe
Via del Castello, 25
Tel. 335 8132576
Non ha giorno di chiusura

Questa fraschetta esiste da una dozzina d'anni, ma il titolare Ennio De Luca (vicepresidente dell'Associazione produttori uve del Frascati) viene da ben più lunga esperienza. Si trova proprio sotto al muro di via Pensa e offre buon vino e cibi di propria produzione.

Cantina Grappolo d'Oro
Piazza Filzi, 5
Tel. 06 9422014
Non ha giorno di chiusura

Fondata dalla famiglia Vanelli a inizio Novecento, oggi l'osteria è ben condotta da Stefano e Isabella, che propongono qualche piatto caldo oltre alla degustazione di formaggi, salumi e conserve vegetali. Posti anche all'esterno, con area riservata e accogliente.

Cantina Martini
Via delle Fratte, 5
Tel. 347 7176546
Non ha giorno di chiusura

Mauro Martini vi accoglierà con il suo abituale buonumore per una sosta tra i tini e le bottiglie stipate in bella mostra. Ad aiutarlo ancora oggi è la mamma ultranovantenne. Lui non bada troppo alle formalità, offre il suo vino bianco e rosso con orgoglio e racconta volentieri le storie del territorio.

Cantina Simonetti
Piazza San Rocco, 4
Tel. 347 6300269
Chiuso il lunedì, in inverno anche martedì

Osteria tra le più antiche di Frascati, si è affermata negli ultimi anni grazie all'impegno in cucina di Fabrizio Simonetti, che giornalmente varia l'offerta del cibo. Si trova in una delle piazze più frequentate nella stagione estiva, dalla quale si gode un ampio panorama sulla capitale.

Osteria dell'Olmo
Piazza dell'Olmo, 5
Tel. 347 4045273
Non ha giorno di chiusura

Forse l'osteria frascatana per antonomasia: si trova in una piccola piazza del centro storico. Difficile datarne la fondazione, è Rita Reggi a condurla da sempre con arguto spirito conviviale e a portare spesso ai clienti i prodotti del suo orto e la sua frutta. D'estate si può stare anche a uno dei tavoli all'aperto.

Vinoteca Trinca
Viale Balilla, 14
Tel. 06 94010266
Chiuso il lunedì

La famiglia Trinca ha lunga esperienza nella produzione di vino e nell'attività di accoglienza per la mescita. In questo rinnovato e suggestivo locale, Andrea e Luca hanno aggiunto l'offerta di un buffet fortemente improntato a prodotti caseari e norcini dell'area castellana.

FRASCATI

21 KM A SE DI ROMA

Zarazà

Ristorante
Via Regina Margherita, 45
Tel. 06 9422053
Chiuso il lunedì
Orario: mezzogiorno e sera
Ferie: in agosto
Coperti: 50 + 30 esterni
Prezzi: 32 euro vini esclusi
Carte di credito: AE, CS, MC, Visa

Continua a percorrere le strade della tradizione questo bel ristorante di Frascati, situato su un belvedere che permette di godere di un ampio panorama dell'area castellana così come della vicina Roma. Comoda la sala interna e piacevole la terrazza utilizzata (e molto ambita) durante la stagione estiva. Racconta il patron della famiglia Bronzetti che questo curioso nomignolo dato al ristorante non ha un significato preciso: alcuni avventori russi e argentini l'avrebbero legato alla loro lingua. Con professionalità viene gestito il servizio di sala, sempre cordiale e attento alle esigenze dei clienti, merito di padre e figlio, mentre la moglie è impegnata in cucina. Piatti di tradizione romana nel menù, a cui si aggiungono, il venerdì, quelli a base di pesce. Si può cominciare con un antipasto composto da melanzana in pastella, torta rustica, olive, orzo con il pesto (5,50 €). Primi classici come i **tagliolini con ragù di coda alla vaccinara** (11 €), le mezze maniche alla norcina (10 €), i **bucatini all'amatriciana** (10 €). Il tipico **abbacchio scottadito** (14 €) resta uno dei secondi più validi, così come il prosciutto di maiale al forno con patate e, quando disponibili, i **guancialini di vitello al tegame** (12 €). Per finire, pecorini laziali e dolci fatti in casa dalla signora Piera: fra tutti, il tiramisù alle fragole. In cantina un'ampia e approfondita selezione di etichette castellane e laziali.

❝ *Una calda e accogliente osteria in cui si respirano l'attenzione per la tradizione e il territorio* ❞

GENZANO DI ROMA

25 KM A SUD DI ROMA

Pietrino e Renata

Osteria tradizionale
Via Generale Lordi, 70
Tel. 06 97249478
Chiuso il lunedì
Orario: mezzogiorno e sera
Ferie: variabili
Coperti: 120 + 100 esterni
Prezzi: 30 euro vini esclusi
Carte di credito: CS, MC, Visa, BM

Nuova sede per Pietrino e Renata, più ampia della precedente e con un comodo parcheggio privato. Forse l'ambiente manca un po' di personalità ma il calore delle due figlie Giorgia e Claudia, che vi descriveranno una cucina solidamente ancorata alla tradizione genzanese, renderà l'ambiente piacevolmente familiare. La materia prima è reperita localmente, frutta e verdura provengono dai mercati vicini, la carne da macellerie di fiducia, mentre molta pasta fresca è fatta in casa da Pietrino. Inizio obbligatorio con l'antipasto misto della casa (9 €), molto ricco, in cui troverete a rotazione piatti stagionali come la **scafata** (vignarola), coppa, prosciutto, fritti vegetali, formaggi, fagioli con le cotiche. Fra i primi, ottime le trenette con funghi galletti, zucchine, menta romana e pecorino, i **tagliolini ai carciofi con guanciale e pecorino** (9 €), le fettuccine con cinghiale e ginepro. Non mancano i classici: **amatriciana** e ragù con *rigaje* di pollo. Anche per i secondi c'è un'ampia scelta di piatti tradizionali: trippa alla romana, coda alla vaccinara, bollito alla picchiapò, un ottimo **coniglio porchettato** (12 €). Non dimentichiamo le carni sulla brace, curata direttamente da Pietrino: eccellente il **maialino alla brace** (12 €) ricco di erbe aromatiche; buone anche le spuntature di vitella alla fornara. Contorni stagionali molto ben fatti, come i carciofi alla romana (3 €) e una cicoria ripassata d'altri tempi. Interessante la carta dei vini, con una netta prevalenza di laziali.

Nella norcineria Azzocchi, in corso Don Minzoni 47, Danilo continua una tradizione artigiana che risale al 1830.

LAZIO | 597

GROTTAFERRATA

20 km a se di Roma ss 511

La Briciola di Adriana
Ristorante
Via D'Annunzio, 12
Tel. 06 9459338
Chiuso domenica sera e lunedì
Orario: mezzogiorno e sera
Ferie: in agosto
Coperti: 35 + 15 esterni
Prezzi: 35 euro vini esclusi
Carte di credito: tutte, BM

Calore e familiarità sono le sensazioni che si provano una volta varcata la soglia di questa piccola osteria dei Castelli Romani dove il tempo sembra essersi fermato sulle lancette della tradizione e della genuinità. A gestirla ci sono Adriana, Alberto e il loro figlio Raul. Il menù, bene illustrato dalla padrona di casa, è incentrato su materie prime stagionali e di assoluta qualità fornite principalmente dai contadini del territorio. Tra gli antipasti, il piatto forte sono le **zucchine alla velletrana** (10 €); quando disponibili, la vignarola di Adriana (10 €) e la misticanza con nervetti sono davvero deliziose. I primi piatti (10 €) raccontano di una cucina solida e casalinga: ne sono chiari esempi le **pappardelle al ragù della Briciola**, la zuppa di fagioli e finocchietto, le **farfalle al verde** fatte con un pesto di freschissime erbe selvatiche locali. Tra i secondi, tutti di grande sostanza, una menzione speciale va allo spezzatino di filetto con i peperoni; poi i **fagottini di vitella** (15 €) e, per chi ama il pesce povero, il tegamino di aliciotti e indivia (14 €). Tra dolci (6 €), tutti artigianali, spiccano la golosa millefogliolina di Adriana, il crumble di ciliegie, il babà al rum giamaicano con zabaione. Carta dei vini incentrata su prodotti del territorio anche se il vino della casa, di qualità, rappresenta una buona scelta.

66 *Un locale accogliente e familiare dove materie prime di qualità danno vita a pietanze genuine* **99**

GROTTAFERRATA

20 km a se di Roma ss 511

L'Oste della Bon'Ora
Ristorante
Via Vittorio Veneto, 133
Tel. 06 9413778
Chiuso il lunedì
Orario: mezzogiorno e sera
Ferie: 20 giugno-10 luglio
Coperti: 25 + 15 esterni
Prezzi: 35 euro vini esclusi
Carte di credito: tutte, BM

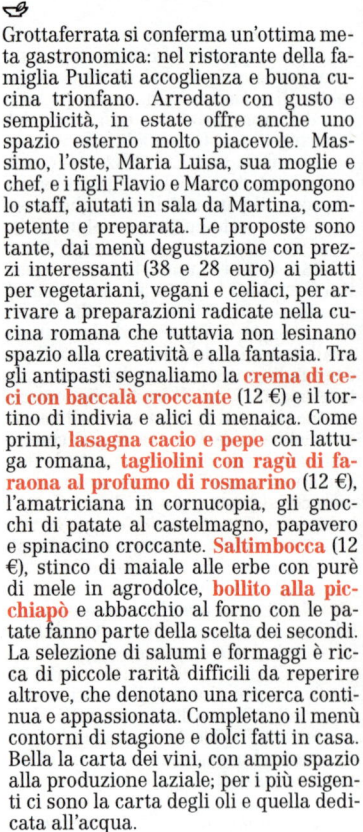

Grottaferrata si conferma un'ottima meta gastronomica: nel ristorante della famiglia Pulicati accoglienza e buona cucina trionfano. Arredato con gusto e semplicità, in estate offre anche uno spazio esterno molto piacevole. Massimo, l'oste, Maria Luisa, sua moglie e chef, e i figli Flavio e Marco compongono lo staff, aiutati in sala da Martina, competente e preparata. Le proposte sono tante, dai menù degustazione con prezzi interessanti (38 e 28 euro) ai piatti per vegetariani, vegani e celiaci, per arrivare a preparazioni radicate nella cucina romana che tuttavia non lesinano spazio alla creatività e alla fantasia. Tra gli antipasti segnaliamo la **crema di ceci con baccalà croccante** (12 €) e il tortino di indivia e alici di menaica. Come primi, **lasagna cacio e pepe** con lattuga romana, **tagliolini con ragù di faraona al profumo di rosmarino** (12 €), l'amatriciana in cornucopia, gli gnocchi di patate al castelmagno, papavero e spinacino croccante. **Saltimbocca** (12 €), stinco di maiale alle erbe con purè di mele in agrodolce, **bollito alla picchiapò** e abbacchio al forno con le patate fanno parte della scelta dei secondi. La selezione di salumi e formaggi è ricca di piccole rarità difficili da reperire altrove, che denotano una ricerca continua e appassionata. Completano il menù contorni di stagione e dolci fatti in casa. Bella la carta dei vini, con ampio spazio alla produzione laziale; per i più esigenti ci sono la carta degli oli e quella dedicata all'acqua.

66 *Passione, convivialità e amore per la cucina romana sono la cifra di un locale che sa accontentare clienti e gusti diversi da anni* **99**

GROTTAFERRATA

20 km a se di Roma ss 511

Taverna Mari
Ristorante
Via Piave, 29
Tel. 06 93668261-340 1042466
Chiuso il mercoledì
Orario: mezzogiorno e sera
Ferie: seconda metà di agosto
Coperti: 60 + 60 esterni
Prezzi: 32 euro vini esclusi
Carte di credito: tutte, BM

Ci si sente in famiglia alla Taverna Mari: una bella casa, dagli arredi curati e dagli ampi spazi esterni, con mamma Iole in cucina e papà Enzo in sala, affiancato da Fabrizio con la moglie Marianna. La solida esperienza dei genitori si armonizza con la voglia di essere al passo con i tempi di Fabrizio che, tra prodotti di nicchia e una cantina di tutto rispetto, propone un menù originale pur mantenendosi nel solco della tradizione. L'antipasto misto (11 €) è sempre valido: una selezione di affettati, poi fritto vegetale, morbida **trippa alla romana**, melanzane alla parmigiana "povera", gustose frittate strapazzate con asparagi, bruschetta con lardo di mora romagnola. Ottima, come primo, la pasta all'uovo fatta in casa (10 €): **tagliatelle con le regaje di pollo**, con i broccoli o con carciofi, guanciale e pecorino. Completano la proposta le tradizionali cacio e pepe, carbonara, l'amatriciana e la **gricia** realizzate con paste secche artigianali. La carne è protagonista dei secondi: abbacchio a scottadito e alla cacciatora come la faraona, **saltimbocca alla romana** (11 €), involtini al profumo di alloro, tagliata di manzo. Nella giusta stagione il **carciofo romanesco alla giudia** (6 €) e la misticanza di campo valgono un pranzo assieme alle ramoracce. Attenta selezione di formaggi nazionali, gustosi i dolci fatti in casa: millefoglie ai frutti di bosco, torta di mele, crema catalana, tiramisù. Encomio alla cantina, dai corretti ricarichi, con oltre 100 etichette e il Lazio protagonista.

❝ *L'accoglienza, l'ambiente e la professionalità sostanziano una cucina del territorio interpretata con amore* **❞**

ISOLA DI PONZA
Ponza

Traghetto da Anzio, Formia, Terracina, S. Felice Circeo

A Casa di Assunta
Ristorante
Via Panoramica
Tel. 0771 820086-338 8041766
Non ha giorno di chiusura
Orario: solo la sera
Ferie: novembre-marzo
Coperti: 60
Prezzi: 40 euro vini esclusi
Carte di credito: CS, DC, MC, Visa

Lo spettacolo della natura è la prima emozione che si prova a Casa di Assunta: dallo storico edificio settecentesco si gode la vista del mare e del porto, contornato da faraglioni e ginestre. Vi accoglierà Assunta: accanto a lei uno staff tutto al femminile. Qui troverete la cristalliera di famiglia, con le stoviglie e i bicchieri della trisnonna. Ma anche prodotti da filiera corta, pescato fresco e ortaggi dai terrazzamenti. Si comincia dagli antipasti (10 €): insalata di polpo e patate, tonno alalunga sott'olio, parmigiana di zucchine, panzarotti, melanzane in barchetta. Primi (15 €) di fantasia ma senza stravolgere la materia prima: fusilli al ferretto al pesto di Palmarola, **gnocchi alla Ferdinando**, di ortica e conditi con fiori di zucca, vongole e un filo di colatura di alici, la **pasta con i suonne** (granchi tipici del luogo dal gusto intenso di mare, da non confondere con le granseole), le zuppe di cicerchie e lenticchie, la **scarola con i fagioli**. I secondi (17 €) sono proposti "in purezza": polpo arrosto, **calamari ripieni grigliati**, ricca frittura, cotoletta di pesce spatola, **rana pescatrice in zuppetta di ceci**, pezzogne e ciò che offre il pescato del giorno. Nel fine settimana anche **coniglio alla ponzese** e trippa alla cacciatora. Dolci invitanti come la mattonella bicolore, la nonna Chiatta (frolla con crema pasticciera e cioccolato con meringa morbida), le creme ghiacciate. La carta dei vini è esclusivamente del Lazio, fatta eccezione per le bollicine.

❝ *Assunta trasmette l'amore per l'isola con le sue bellezze e i suoi prodotti. Ci si sente veramente a casa* **❞**

LAZIO | 599

LABRO

22 KM A NORD DI RIETI

Boccondivino
Enoteca con mescita e cucina
Via Garibaldi, 9
Tel. 0746 636086
Chiuso il lunedì
Orario: sera, domenica e festivi anche pranzo
Ferie: 15 gennaio-15 febbraio
Coperti: 25 + 12 esterni
Prezzi: 28 euro vini esclusi
Carte di credito: tutte, BM

Affacciato sul lago di Piediluco, Labro è un piccolo borgo medievale magnificamente conservato, pulito e curato dai suoi abitanti. Tra il castello nobiliare e la Porta Reatina, Mauro e Valeria accolgono gli avventori nella piccola e accogliente enoteca, con una ventina di coperti, sotto il palazzo del Comune. Dietro una parete ricavata dalle casse di vino c'è la cucina dove le radici sarde di Valeria, unite a una grande perizia nell'uso delle spezie e delle erbe aromatiche, incontrano la tradizione gastronomica sabina di montagna. L'antipasto (10 €) comprende una selezione di salumi artigianali, mortadella di prosciutto, formaggi e **frittelle di erbe selvatiche**. Al momento dei primi (7,50 €), tutti di pasta fatta in casa, la scelta è difficile tra i maltagliati con menta, guanciale e roquefort, la **girella di pasta ripiena** e le **ciriole di carciofi e pancetta**. Tra i secondi non bisogna perdere invece l'**ovetto del pollaio di Mauro meringato al tartufo** o agli asparagi (10 €), così come il carpaccio di chianina al tartufo servito in una zucchina tonda ripiena di meliloto, una pianta officinale. Tra i dolci (4 euro) il croccantino ripieno di ricotta e canditi con cioccolato fondente e la panna cotta con ganache di cioccolato. Fornita cantina ricavata in locale attiguo e vino disponibile anche al calice (3,50 €) mentre per gli amanti della birra c'è qualche bottiglia artigianale del vicino Terminillo.

■ Il forno Taddei Vittori ha due punti vendita, a Rieti in via Garibaldi 150 e a Vazia in Via del Terminillo, fa pane-pizza, pagnotta con patate, filoni casarecci, ciambelloni. Anche caffetteria, fino alle 21.

LATINA

La Taberna dei Lari
Osteria
Via Leopardi, 21
Tel. 0773 411061
Chiuso il lunedì
Orario: solo la sera
Ferie: in agosto
Coperti: 40 + 25 esterni
Prezzi: 35 euro vini esclusi
Carte di credito: tutte, BM

I Lari, figure della mitologia romana che rappresentano gli spiriti protettori degli antenati che vegliavano sul buon andamento della famiglia, della proprietà o delle attività in generale, da tempo vigilano sull'insegna di questa trattoria pontina. Siamo proprio nel centro della città e il locale, accogliente e curato, ha una veranda dove è possibile accomodarsi in primavera e in estate. La gestione è familiare: Isabella Faraglia e sua figlia si impegnano particolarmente nel reperimento delle materie prime, scelte giornalmente dagli artigiani e dagli agricoltori della zona, così da avere sempre prodotti stagionali e genuini. Tra gli antipasti, quest'anno abbiamo provato un **tortino di zucchine e alici** e la panzanella croccante, con calamari alla piastra (8 €), entrambi validi. In stagione c'è un sostanzioso flan di zucca con fonduta di gorgonzola e noci, mentre, per continuare, tagliolini al tartufo estivo (12 €) o **fusilli lunghi con alici e *muddica*** (12 €). Piatto molto richiesto la ricchissima calamarata allo scoglio (13 €). Tra i secondi rombo al forno con patate (15 €), pesce spada con pomodorini, capperi e olive, **polpettine di bufala con erbe aromatiche su vellutata di piselli**. Notevole l'assortimento di **formaggi** soprattutto laziali, come le marzoline e le caciottine di capra, ottimi il formaggio di fossa e il gorgonzola artigianale. Chiudono il pasto semifreddo alla ricotta e cannella o al caramello e zenzero, tiramisù con caffè amaretti e cioccolato, oltre alla pasticceria secca di Cori. Ampia la carta dei vini, soprattutto regionali.

LATINA

5 KM DAL CENTRO DELLA CITTÀ

Teresa
Trattoria
Strada Statale 148 Pontina, km 76,100
Tel. 0773 241754
Chiuso sabato a pranzo e domenica
Orario: pranzo, venerdì e sabato anche sera
Ferie: 2 settimane in agosto
Coperti: 42 + 30 esterni
Prezzi: 28-35 euro vini esclusi
Carte di credito: AE, CS, MC, Visa, BM

In viaggio sulla Pontina, magari verso il bel Parco del Circeo, la sosta da Teresa è sempre piacevole. Siamo nell'Agro Pontino dove la dura storia dei bonificatori lascia oggi un patrimonio alimentare importante, con l'allevamento delle bufale tra gli elementi più significativi dell'economia locale. Entrando nella trattoria, ci troviamo davanti a un grande camino, con brace di quercia, a dominare l'ambiente. Ornella e Alice curano la sala mentre Teresa segue la cucina: è lei che tira la sfoglia e segue la preparazione di tutte le paste fatte in casa. Nel solco della tradizione, il marito Francesco si dedica alla griglia. Gli antipasti vanno dal "tutto bufalino" alla piacevole **mini parmigiana di melanzane** (5 €) passando per l'insalatina di batata, una particolare patata di colore viola che cresce in questa zona. Tra le paste, panzerotti ripieni di carne di bufala e ricotta al burro e salvia, **tagliatelle alla gricia** e gli ottimi **maltagliati di grano saraceno con salsiccia bufalina, funghi e tartufo fresco estivo** di Campoli Appennino (10 €). I secondi vedono alla cottura alla brace esaltare la carne di bufala nelle salsicce, nelle bistecche e nel tenerissimo **filetto** (16 €). Interessante anche la coscia di pollo alla brace con leggera marinatura. Plauso ai dolci (5 €), tra cui un cremoso **tiramisù al caffè**, il semifreddo al Marsala e nocciole e quello al pistacchio. Belle le carte dei vini, con attenzione al Lazio, e delle birre.

LUBRIANO

33 KM A NORD DI VITERBO

Il Vecchio Mulino
Trattoria
Via Marconi, 25
Tel. 0761 780505
Chiuso il mercoledì
Orario: mezzogiorno e sera
Ferie: variabili
Coperti: 28 + 8 esterni
Prezzi: 28 euro vini esclusi
Carte di credito: tutte, BM

Siamo nell'alta Tuscia viterbese, dove si incontrano Lazio, Umbria e Toscana. Il piccolo comune di Lubriano merita una visita per il panorama con vista su Civita di Bagnoregio, la "città che muore", e sui boschi e i calanchi di tufo che la circondano. Il Vecchio Mulino si trova all'inizio del paese e propone una cucina saldamente imperniata sui piatti tipici della zona, con immancabile presenza (quando è stagione) dei funghi raccolti nei boschi circostanti. La cuoca Barbara Pettinelli prepara piatti dai sapori decisi: si parte con antipasti come la pappa al pomodoro, la **trippa in insalata**, i crostini misti, le fantasie del Vecchio Mulino (9 €). A seguire fettuccine con funghi porcini freschi (12 €), **pappardelle al cinghiale**, tortelli di ortica con cavolo nero e ricotta, taglionlini con guanciale e pecorino. Non mancano, nei mesi meno caldi, le zuppe: ribollita (8 €), carabaccia, ceci e castagne. Tra i secondi ecco la **coda alla vaccinara**, il coniglio in porchetta, i porcini arrosto con patate, lo stracotto al Chianti (12 €), la **coratella con cipolla**, la tagliata al rosmarino, la bistecca alla fiorentina. Di contorno i fagioli cannellini o borlotti con cipolla fresca e le verdure di stagione. Si chiude con i dolci fatti in casa: millefoglie, tiramisù, zuppa inglese. Non male il vino bianco e rosso della casa; in alternativa alcune etichette di aziende della zona.

LAZIO | 601

MONTE PORZIO CATONE

25 KM A SE DI ROMA

Fontana Candida
Ristorante
Via Fontana Candida, 5
Tel. 06 9449030
Chiuso domenica sera e lunedì, mai d'estate
Orario: mezzogiorno e sera
Ferie: non ne fa
Coperti: 100 + 30 esterni
Prezzi: 30 euro vini esclusi
Carte di credito: CS, MC, Visa

Un piccolo angolo di serenità gastronomica nei Castelli Romani, dove farsi coccolare con professionalità e simpatia da Antonio Ciminelli, pacato ma attento cerimoniere dell'osteria che prende il nome dall'attigua storica cantina del Frascati. Tanto spazio, sia tra i freschi tavoli all'aperto sia nell'ampia sala d'ingresso. Maria garantisce lo stile dei piatti, ben presentati, gustosi, profondamente castellani, con qualche richiamo ad altri angoli della regione. Si parte subito con alcune proposte di assoluto livello, come la millefoglie di patate con coppa di testa e scorza di agrumi, le polpette di bollito con misticanza cotta, il mitico **spiedino di quaglia alla brace con funghi pioppini** (8 €). Fra i primi, vermicelli di Gragnano con carbonara di agnello, generosi **gnocchi di patate con ragù di vaccinara** (12 €), ravioli di pecorino alla vignarola, cioè con fave, piselli e carciofi (ma solo in primavera). Si lavora molto di griglia e di brace, quindi troverete l'intramontabile abbacchio scottadito (15 €) e le **costolette di maialino in panatura croccante** (10 €), davvero degne di nota. In alternativa, un ottimo **tegamino di baccalà con pomodorini e cipollotti** (12 €). Il momento del dessert è curato con la stessa attenzione: il morbido sorbetto di limone e menta romana (con i limoni di casa e la menta dell'orto) e la sfoglia calda con mela, uvetta e pinoli su zabaione al Marsala. La cantina attinge all'ampio bacino di etichette consentendo abbinamenti per ogni tipo di passione.

MONTE PORZIO CATONE

25 KM A SE DI ROMA

Il Monticello
Ristorante *novità*
Via Romoli, 27
Tel. 06 9449353
Chiuso il lunedì, in inverno anche domenica sera
Orario: mezzogiorno e sera
Ferie: 16-22 agosto
Coperti: 120 + 120 esterni
Prezzi: 28-32 euro vini esclusi
Carte di credito: AE, CS, MC, Visa, BM

La famiglia Intreccialagli festeggerà tra poco il trentesimo anniversario di attività e il loro impegno, nel proporre con rigore cucina di territorio, è testimoniato da questo ritorno in guida. Mamma Imperia è sempre presente nella preparazione delle paste fresche, in cucina c'è Angela, mentre Erasmo e Fulvio provvedono all'accoglienza in sala. Entrando dal cancello si nota sulla destra l'orto di proprietà, che rifornisce la cucina di ogni verdura. Ottimo inizio può essere un classico supplì con sugo di *regaje* di pollo, una bruschetta con caciotta di pecora e puntarelle, la cocotte con cavolo cappuccio e provola affumicata (5 €), il tagliere di salumi realizzati con carne di maiali allevati in proprio. Qui le paste fresche hanno buon gioco: si servono quotidianamente tagliolini e fettuccine con vari sughi ma noi consigliamo soprattutto i profumati **ravioli di ricotta e melanzane con pomodorini e mentuccia** (12 €). Passione della casa anche la toscaneggiante **zuppa di fagioli con cavolo nero** (10 €). Oltre alla griglia, fra i secondi, ci sono classici come la **trippa alla romana** (13 €) e la coratella con cipolle, le **polpette fritte di agnello e carciofi** (15 €). Dal mare arrivano buone idee, come lo sgombro scottato con insalata al pesto di aglio e alici. Discorso a parte meritano i funghi, perché ne troverete di freschi, locali e stagionali, grazie alla collaborazione di un raccoglitore professionista. Tra i dolci, crème brûlée, gelati della casa e l'autunnale bavarese di castagne (7 €). Circa 500 etichette danno forma a una carta dei vini a prova di appassionato.

MONTEROTONDO

29 km a ne di Roma

La Rocca del Gusto
Ristorante
Via della Rocca, 36
Tel. 333 9243753
Chiuso domenica e lunedì
Orario: solo la sera
Ferie: agosto
Coperti: 24
Prezzi: 30-35 euro vini esclusi
Carte di credito: nessuna

Monterotondo è un comune di antiche origini medievali sovrastato dall'imponente e ancora ben conservato palazzo Orsini-Barberini; sul lato sinistro dell'edificio si trova il piccolo ristorante gestito da Maria Luisa Conrado. Nulla qui è lasciato al caso: la ricerca di materie provenienti da agricolture biologiche e di prodotti dei Presìdi Slow Food è continua, la vicinanza ai produttori una condizione essenziale. La sala, piccola e ben arredata, contribuisce all'atmosfera familiare; gli ospiti sono quasi coccolati da Maria Luisa, sempre pronta a dare puntuali informazioni sui piatti e sui vini da abbinare. Tra gli antipasti, spiccano la selezione di formaggi (10 €) e una **crema di ceci di Capena su pane croccante con melanzane sott'olio di Nerola**. Segnaliamo poi la **pasta alla gricia**, le **mezze maniche artigianali con crema di pecorino e fave fresche** o con pomodoro di Torre Canne e guanciale (9 €), il cuscus speziato alle verdure, le crespelle. Per secondo, invece, **uova di anatra in trippa alla romana** (11 €), gli **straccetti di vitellone ubriachi all'olio di minuta siciliana**, la carne ai ferri. I contorni variano giornalmente, mentre in chiusura c'è una piccola ma ricercata selezione di dolci fatti in casa, tra cui il biancomangiare con salsa alle fragole e una torta al cioccolato 70%. La carta dei vini è modesta ma ben compilata: piccoli produttori, a volte naturali, che confermano la voglia di ricerca.

MONTE SAN BIAGIO

53 km a se di Latina ss 7

Hostaria della Piazzetta
Trattoria
Viale Littoria, 13
Tel. 0771 566793
Chiuso il martedì
Orario: mezzogiorno e sera
Ferie: non ne fa
Coperti: 45
Prezzi: 28-30 euro vini esclusi
Carte di credito: nessuna

Il tempo sembra non passare mai all'Hostaria della Piazzetta. Alla porta ci accoglie Flaviano Rizzi con il grembiulone da oste di una volta. Poi ci presenta i piatti che sua moglie Luisa prepara con antica maestria. Iniziamo con il tradizionale antipasto di salumi (**lonza, lonzino e guanciale**) o la tipica salsiccia con il coriandolo, fatta preparare secondo la tradizionale ricetta di famiglia. Si sposano felicemente con la marzolina da capre autoctone e con le frittate con verdure di stagione. Si prosegue nella tradizione con i primi (7 €): fettuccine condite, secondo stagione, con asparagi o porcini della vicina sughereta di San Vito, linguine con i gamberetti del lago di Fondi, zippi con broccoletti e salsiccia, *pittia* e fagioli, zuppa di fagioli con l'erba di santamaria. Il territorio si fa sentire anche tra i secondi (10 €): dal lago vengono i cefali alla brace e i gamberetti fritti con maestria, dai monti Ausoni le capre e le pecore per lo spezzatino e per gli abbuoti (budelline avvolte intorno a un bastoncino di grasso). Degno di attenzione il **baccalà alla brace**. Tra i contorni (3 €) spiccano la **cicoria selvatica** e i fagioli con l'occhio. Nel segno della tradizione anche i dolci (4 €): crostate con le marmellate di casa, il pan di Spagna farcito e il tiramisù. Flaviano ci saluta offrendoci uno dei suoi liquori con le essenze di erbe aromatiche: basilico, alloro, mirto.

> ❝ *L'emozione di un tuffo nel passato: Flaviano e Luisa celebrano e preservano la tradizione culinaria di questo territorio, esaltando i prodotti del lago, della campagna e delle colline* ❞

NETTUNO
Acciarella

66 KM A SUD DI ROMA

La Nuova Fattoria
Azienda agrituristica
Via di Valmontorio, 11
Tel. 077 3644111-339 4729076
Chiuso da lunedì a mercoledì, in estate martedì
Orario: sera, sabato e domenica anche pranzo
Ferie: non ne fa
Coperti: 80 + 50 esterni
Prezzi: 32-35 euro vini esclusi
Carte di credito: CS, DC, MC, Visa, BM

Nella zona di confine tra le province di Roma e di Latina, lungo la strada che da Nettuno porta a Torre Astura, si trova l'azienda agricola Di Pietro. La struttura gestita dalla simpatica e festosa famiglia Taurelli è la meta ideale per gli amanti dei prodotti dell'orto, delle conserve fatte in casa, dell'oliva itrana. Michela è sommelier, suo cognato Emiliano l'aiuta nelle sale interne e, nelle giornate dal clima mite, nel giardino che profuma di fiori e frutti, mentre Alessandra sovrintende in cucina. Quest'anno, oltre al menù degustazione del giorno (35 €), si può scegliere alla carta, che è fin troppo vasta. Come antipasto meglio preferire i piccoli assaggi a quello "della casa": ricotta di bufala con mandarino cinese del "nostro" frutteto (5 €), pecorino romano con mostarda di pomodori verdi, mozzarella di bufala dell'Agro Pontino. Tra i primi piatti, **fettuccine all'uovo cacio e pepe con mentuccia romana e carciofo croccante** (12 €), **pasta al forno**, cannelloni e ravioli ripieni di ricotta di bufala e spinacio fresco in salsa di pomodorini. Una bella e grande griglia troneggia in una sala aperta verso l'esterno e, quindi, si prosegue con **grigliata mista** (15 €) o **costata di manzo**, ottima opzione anche come piatto unico. Si conclude con tortino di frolla di mandorle con cuore di uva fragola e mele o millefoglie di sfoglia al burro fatta a mano con crema pasticciera (8 €). La proposta vinicola è incentrata sulle apprezzabili bottiglie di un produttore biologico locale.

OLEVANO ROMANO

56 KM A EST DI ROMA A 1 USCITA VALMONTONE

Il Boschetto
Ristorante annesso all'albergo
Viale San Francesco d'Assisi, 95
Tel. 06 9564025
Chiuso il mercoledì
Orario: mezzogiorno e sera
Ferie: 10-15 giorni in novembre
Coperti: 100
Prezzi: 30 euro vini esclusi
Carte di credito: tutte, BM

Ristorante tradizionale gestito da Silvestro Ciolli, con la figlia in sala e la moglie Margherita in cucina. Immerso nel verde, dispone di un ampio spazio interno molto caldo e ben ristrutturato. Silvestro gestisce anche una realtà vitivinicola, la Compagnia di Ermes, che si sta sempre più specializzando in vini naturali e di territorio. La cucina rispecchia le tradizioni del territorio, negli ingredienti e nelle ricette proposte, talvolta leggermente rivisitate. Si apre scegliendo fra numerosi antipasti: l'ottimo prosciutto crudo di Bassiano e la mozzarella di bufala di Amaseno (8 €), la crema di finocchi con pepe nero, il fiore di zucca fritto ripieno di alici e mozzarella, le polpette di fassona in crema di patate, mentuccia e pecorino, la cocotte di provola con funghi porcini e tartufi, la parmigiana di asparagi, tartufi e uovo di quaglia. Molto buoni, fra i primi, le **codine di acqua, farina e Cesanese con guanciale di Bassiano, pomodoro scottato e scamosciato cinque anni** (8 €) e gli spaghettoni con pomodori freschi, alici e finocchietto. Seguono la **guancia di bovino adulto brasata al Cesanese** (14 €) e le **costine di agnello di Pereto a scottadito** (14 €). Si può concludere con formaggi, tra i quali spicca un erborinato di bufala di Amaseno, o con un abbondante zuccotto servito con crema pasticciera e frutta. La cantina è ben fornita di etichette soprattutto regionali.

A **Nettuno**, in via Terminillo 25, L'Apeoperosa produce e vende miele di acacia, castagno, tiglio, millefiori e la melata.

OLEVANO ROMANO

56 KM A EST DI ROMA A 1 USCITA VAL MONTONE

Sora Maria e Arcangelo

Osteria
Via Roma, 42
Tel. 06 9564043
Chiuso lunedì sera e mercoledì
Orario: mezzogiorno e sera
Ferie: 10-30 luglio
Coperti: 80
Prezzi: 35 euro vini esclusi
Carte di credito: tutte

Il ristorante di Giovanni Milana rappresenta da decenni un punto di riferimento per la gastronomia della zona e accoglie i visitatori in un ambiente che recupera con attenzione vecchie pietre, archi e pavimenti dello storico edificio in cui risiede. La stessa attenzione si manifesta nell'atmosfera informale, con un servizio senza sbavature, e nelle proposte del menù: la descrizione dettagliata degli ingredienti riflette lo sforzo di selezione delle materie prime, in massima parte locali. Tra gli antipasti (10 €) spiccano la **trilogia di polpette** (baccalà in salsa di ceci, bollito in salsa verde, carciofi con fonduta di pecorino), le animelle scaloppate con robiolina di capra, il fiore di zucchina farcita di ricotta di bufala con pomodoro san marzano. Tra i primi (10 €) "classici" come i **cannelloni della sora Maria** (ripieni di pasticcio di vitellone), le **code di *soreca*** (pasta fresca tirata a mano) **all'amatriciana**, i primaverili ravioli di ricotta ed erbe spontanee. Ampia scelta di secondi (15 €): la nostra preferenza va all'**abbacchio di Carpineto** (cotoletta croccante e coscio al tegame alle erbe e pecorino) e al **baccalà morro con la vignarola** (fave, piselli, carciofi). Ottimi dolci (9 €), tra cui tiramisù alle fragole di Terracina e sorbetti. Carta dei vini ricca di informazioni, con numerose proposte del Cesanese.

66 *Qualità del cibo, valorizzazione dei prodotti tipici, senso dell'ospitalità: tutto concorre a rendere Sora Maria e Arcangelo un posto speciale* **99**

ORVINIO

41 KM A SE DI RIETI

Vini e Cucina

Osteria moderna
Via Roma, 7
Tel. 0765 933002
Chiuso il lunedì
Orario: mezzogiorno e sera
Ferie: non ne fa
Coperti: 40
Prezzi: 25 euro vini esclusi
Carte di credito: CS, DC, MC, Visa, BM

Orvinio è un piccolo borgo medievale, meta degli amanti dell'architettura religiosa così come di naturalisti ed escursionisti, che seguono i sentieri del Parco dei Monti Lucretili. A pranzo o a cena, l'osteria Vini e Cucina, situata al centro del borgo, offre una cucina tradizionale attenta e curata. Il menù è prettamente stagionale e costruito sulla disponibilità di prodotti locali. Si comincia con un antipasto della casa (4-8 €) che prevede salumi locali, pietanze a base di legumi, ricotta freschissima e pecorini di diverse stagionature accompagnati da miele di acacia. La pasta è fatta a mano: ottimi **ravioli con ricotta e borragine** (9 €), da non perdere le sottili **fettuccine al farro locale condite con il sugo di coda alla vaccinara**, così come il **polentone**, gustoso piatto unico della stagione invernale. Per gli amanti della carne, consigliati la grigliata (10 €) e il **bollito della casa** (10 €). Buona l'offerta dei contorni (3,50 €): cicoria di campo ripassata in padella, insalata di zucchine e pecorino, verdure grigliate, patate in varie preparazioni. Il pane è a lievitazione naturale e sulla tavola c'è un ottimo extravergine sabino, della zona di Scandriglia. Al termine vale la pena assaggiare la millefoglie (4,50 €), il tiramisù, il dolce di ricotta al cioccolato.

PALIANO

37 KM A NORD DI FROSINONE

La Polledrara
Azienda agrituristica
Via Polledrara
Tel. 0775 533277-339 8680993
Aperto ven-dom, maggio-settembre anche mer-gio
Orario: mezzogiorno e sera
Ferie: gennaio
Coperti: 50 + 100 esterni
Prezzi: 27 euro vini esclusi, menù fisso
Carte di credito: CS, MC, Visa, BM

Qualche anno fa Francesca e Vincenzo hanno trasformato un ex allevamento di cavalli in un accogliente agriturismo all'insegna del mangiar sano e di qualità, comprensivo di alloggi e piscina, alle porte della Selva di Paliano. Il menù a prezzo fisso (27 €) varia settimanalmente e si compone di un antipasto, due primi, due secondi, dolce, acqua, caffè e digestivo. Tutte le materie prime sono locali, di produzione propria o di aziende limitrofe. Sarete accolti con gentilezza e garbo dalla figlia Chiara, che vi farà accomodare nella sala rustica e accogliente. Si comincia con taglieri di ottimi salumi e formaggi della zona, tra i quali alcuni Presìdi Slow Food, verdure fritte e frittatine. Seguono fettuccine e pataccacce fatte a mano, gustose **casarecce fresche** di acqua e farina **con fiori di zucca e zafferano di Affile**, il fresco **timballo al ragù bianco con carote e menta**. Tra i secondi, segnaliamo il **brasato alle erbe aromatiche** e un delizioso **maialino al limone** servito con patate arrosto e insalata mista dell'orto; in stagione sono proposti anche il cinghiale e il fagiano di provenienza locale. Originali e buoni i dolcetti della casa, con la possibilità di gustarli bevendo vini laziali da dessert. Il vino consigliato, e non poteva essere altrimenti, è un ottimo Cesanese del Piglio Docg, servito in bottiglia o al calice, così come le altre 40 etichette, quasi esclusivamente regionali, con un ottimo rapporto tra qualità e prezzo. Non mancano birre artigianali.

" Qui la ricerca dell'eccellenza nei piatti come nell'accoglienza è una costante irrinunciabile "

PICINISCO

60 KM A EST DI FROSINONE SR 509

La Locanda di Arturo
Trattoria *novità*
Piazza Capocci
Tel. 347 8314388-333 3844728
Chiuso martedì, gennaio-aprile anche mercoledì
Orario: mezzogiorno e sera
Ferie: in novembre
Coperti: 40
Prezzi: 25-30 euro vini esclusi
Carte di credito: tutte, BM

Circondati da un bellissimo panorama, Annamaria e Martina, in cucina, e Davide, in sala, propongono nel loro locale menù stagionali ed eccellenze del territorio. Davide è perito agrario e sommelier, nonché allevatore di quarta generazione di bovini di razza marchigiana allo stato brado. Il benvenuto della casa prevede bruschetta al **lardo di maiale nero** di Arpino e **ricottina di pecora**. Segue una selezione di salumi artigianali, tra cui il **prosciutto di capra** e la **mortadella d'asino**, e pregiati formaggi della tradizione come il **pecorino Dop**. Poi degustazione di salumi, formaggi, fritti e carni in umido (12 €). Gustosi primi: **fettuccine al ragù di vitellone bianco** o sugo di capretto, tagliolini e fagioli cannellini di Atina, **gnocchi di patate con orapi** (spinaci selvatici), ravioli di rape rosse, gnocchetti verdi all'ortica e guanciale di maiale nero, spaghetti di grano duro al limone e pesto di basilico. La pasta fresca è fatta a mano. Eccellenti le **grigliate** (10 €). Verdure dell'orto (2 €), condite con il delicato olio del papà di Annamaria. Occhio alla lavagna per i fuori menù: lumache, tartufi, porcini, interiora, cacciagione, carne d'asino. L'ottima pasticceria di Martina propone crostata di crema al limone (3 €), semifreddo al cioccolato, cannolo siciliano con ricotta locale, babà analcolico. La cantina seleziona etichette della zona con particolare attenzione al Cabernet Doc di Atina.

A **Casalvieri** (20 km), nella piazza centrale del paese, La Bottega del Macellaio di Roberto Mazzola vende carni fresche di allevatori locali, tra cui il maiale nero di Arpino, salumi e formaggi artigianali.

PIGLIO

42 KM A NO DI FROSINONE

Osteria del Vicolo Fatato
Osteria moderna
Vicolo del Forno Fatato, 11
Tel. 320 9653464
Chiuso il mercoledì, domenica e festivi la sera
Orario: mezzogiorno e sera
Ferie: 15 giorni in settembre
Coperti: 25
Prezzi: 30 euro vini esclusi
Carte di credito: CS, DC, MC, Visa

Competenza e passione per la cucina e per il proprio lavoro: è questa l'atmosfera che si respira al Vicolo Fatato. Pompeo Domenico De Bellis e sua moglie Nadia Aglitti, nel cuore del borgo, quindici anni fa hanno deciso di reinterpretare il territorio ciociaro e la sua espressione culinaria in chiave diversa, utilizzando prodotti locali e rispettando i ritmi stagionali. Nadia crea deliziose leccornie, vere tentazioni come il ricco antipasto (12 €), una sorta di "menù degustazione" da otto portate illustrato, piatto dopo piatto, dall'eclettico Pompeo e dal giovane Andrea, suo cognato. Tra gli antipasti potrete assaggiare **frittella di acetosa e caprino fresco**, spiedini con salsiccia, polpetta di manzo, friggitelli e verdure marinate allo zenzero. Per i primi (5 euro, il tris 10) è possibile ordinare zuppa di cicerchie o di fagioli di Atina, **gnocchetti ciociari con ragù di castrato** o con salame piccante, ortica e zafferano, tagliolini al sugo di pancetta d'agnello. Tra i secondi (8 €) **coscio di capra in salsa di vino rosso e cacao**, pollo ruspante alla cacciatora con origano selvatico, **pancia di manzo con scorzone ciociaro**, collo di maiale nero dei Monti Lepini con ginepro e prugne. In chiusura, gustosi dolci casalinghi (il tris 5 euro): tiramisù con ciambelle al vino, ciliegie e mirtilli, coppa biscotto con crema, fragole e ciliegie. Passerina e Cesanese i vini sfusi, ai quali si aggiungono una ventina di aziende locali, focus completo sulla produzione enologica ciociara.

POGGIO MIRTETO

42 KM A SO DI RIETI

La Chianina
Osteria moderna
Via Matteotti, 235
Tel. 0765 22197
Chiuso la domenica
Orario: mezzogiorno e sera
Ferie: ultime due settimane di luglio
Coperti: 30 + 20 esterni
Prezzi: 30-32 euro vini esclusi
Carte di credito: tutte, BM

«Non solo carne» recita il manifesto all'ingresso del negozio di gastronomia e dell'annessa osteria: indubbiamente, però, la qualità eccelsa della carne (soprattutto chianina) è il biglietto da visita di Stefano Facioni, continuamente alla ricerca di prodotti e di aziende di un territorio non sempre valorizzato a dovere; l'ultima sua avventura è l'acquisto di svariati ettari di terreno per coltivare il prezioso grano senatore Cappelli. L'osteria dispone di una sala e di un dehors per i mesi più caldi. Il menù è vasto, a cominciare dagli antipasti: prosciutto di cinta senese tagliato a mano (9 €), bruschette miste, carpaccio di chianina, tagliere di salumi e formaggi, oppure il ricco antipasto misto. La proposta dei primi prevede **gnocchi di patate al ragù di cinghiale** (9 €), paccheri con ragù di faraona, zuppa di ceci con crostini, **stringozzi al tartufo**, pappardelle al ragù di chianina e porcini, **pasta alla gricia**: tutti piatti abbondanti e dai sapori forti. Su questa linea si continua con la tagliata di chianina (14 €) proposta in dieci possibili versioni. In alternativa, il coniglio con i funghi porcini (12 €), le **costolette di abbacchio con pancetta**, l'abbacchio a scottadito, la grigliata mista dal banco di macelleria. Si chiude con dolci fatti in casa. L'ampia carta dei vini consente ogni tipo di abbinamento.

LAZIO | 607

POGGIO MIRTETO

42 km a SE di Rieti

Terra Sabina
Azienda agrituristica
Via Santa Lucia, 5
Tel. 0765 446037
Chiuso lunedì e martedì
Orario: pranzo, sabato e domenica anche sera
Ferie: variabili
Coperti: 50 + 50 esterni
Prezzi: 20-28 euro vini esclusi
Carte di credito: CS, MC, Visa, BM

A pochi metri dalla strada statale ternana, sulla destra si biforca la via campestre Santa Lucia dove si trova, al numero 5, l'agriturismo Terra Sabina. L'accoglienza di Serena è semplice e cordiale e può capitare di attendere l'inizio del pasto riposando nel bel giardino antistante, ampio e dotato di panchine. Il menù a 28 euro, che è uguale per tutti e utilizza i prodotti freschi dell'orto biologico, può essere "alleggerito" delle carni presenti sotto forma di affettato saporito nell'antipasto, di condimento del primo piatto, e della pietanza nel secondo. In questo caso il "menù vegetariano" prevede un costo inferiore, 18 euro. Nel nostro caso, **bruschette** con una base di eccellente olio sabino, una pizzetta con piccola melanzana colta quel mattino, formaggi e affettati biologici di qualità, frittatina e buonissime **zucchine crude marinate**. Al ricco antipasto ha fatto seguito un piatto di trofie con sugo morbido di zucchine e cipolle rosse, con bocconcini di pancetta rosolata; a seguire un **pollo** (biologico) **con peperoni**, memorabile per sapore e cottura che esaltava la carne escludendone qualsiasi parte più asciutta. Il pollo era accompagnato da un'insalata mista croccante. Il dolce, in un giorno d'estate, consisteva in un **gelato alla pera** e al pistacchio. L'agriturismo offre alcune camere per il pernottamento e mette in vendita vasetti di confettura, verdure sott'olio, miele e bottiglie di olio biologico. Tutti i prodotti vengono dell'azienda agricola di proprietà.

POGGIO MOIANO

30 km a sud di Rieti

Da Maria Fontana
Osteria
Viale Manzoni, 13
Tel. 0765 876169
Chiuso il lunedì
Orario: pranzo, sera su prenotazione
Ferie: una settimana in agosto
Coperti: 70
Prezzi: 25-30 euro vini esclusi
Carte di credito: Visa, BM

Da anni raccontiamo di questo locale della tradizione reatina, che i figli di Maria Fontana gestiscono con competenza nel bellissimo territorio del Parco Regionale del Monti Lucretili. Rodolfo e Rosa coniugano al meglio il rapporto tra produzioni locali, tradizioni e saperi di questo angolo della Sabina in un'osteria accogliente e semplice sui cui tavoli sono sempre presenti fiori freschi. Le erbe di campo, i sottoli con i prodotti del loro orto, la ricotta, i pecorini e una selezione di affettati locali sono gli ingredienti dell'antipasto (7 €), nel quale non manca mai una prelibata **coratella di agnello**. Qui si viene per gustare le paste fatte in casa, in particolare le sagne (capelli d'angelo), i **ravioli di ricotta**, le fettuccine di farina di castagne o di ortiche, gli gnocchetti, che si possono richiedere anche in tris (9 €). La griglia sempre accesa fornisce in tavola ottime carni di manzo, agnello e maiale locali biologiche; in alternativa, l'ottimo **capretto alla cacciatora** (13 €), le scaloppine in diverse preparazioni, il tutto accompagnato da verdure stagionali, misticanza o erbe selvatiche, raccolte da Rodolfo nei campi del Parco. Anche i dolci evocano sapori tradizionali: **crostata di visciole**, panna cotta alle more selvatiche e moretta al cioccolato. Rodolfo ha migliorato l'offerta di vini e birre artigianali, cui si aggiunge una selezione di liquori di propria produzione (al finocchietto, alla genziana, alle more).

PRIVERNO

30 KM A EST DI LATINA SS 7

Glio Montano
Ristorante
Via Majo, 10
Tel. 0773 903838
Chiuso lunedì e martedì
Orario: mezzogiorno e sera
Ferie: due settimane tra luglio e agosto
Coperti: 70
Prezzi: 32 euro vini esclusi
Carte di credito: CS, DC, MC, Visa, BM

Lungo la centrale "strada della bufala", chiamata così dagli allevatori della valle dell'Amaseno, Glio Montano è il locale gestito dai cugini Ines e Luigi Lia, rispettivamente in cucina e in sala. Si può scegliere alla carta o affidarsi a due menù degustazione da 20 o 25 euro. Filo rosso della proposta gastronomica, dall'antipasto al gelato, è la bufala con i suoi derivati. Interessante per cominciare l'antipasto rustico (13 €), che consta di una bella selezione di prodotti tipici locali; in alternativa ci sono il tagliere di formaggi e, soprattutto, il delicato carpaccio di bufala con carciofi e marzolina (formaggio fresco di capra, Presidio Slow Food). A seguire, buoni **fusilloni con speck di bufala, pachino e ricotta secca** (8 €), fettuccine con ragù di bufalina e scaglie di marzolina; nella stagione giusta, da non perdere la **bazzoffia**, gustosa zuppa di fave, piselli, bieta e carciofi di Sezze con aggiunta di uovo. Proseguendo si segnalano il misto di carne sulla pietra ollare (24 €), adatto ad almeno due persone, e lo **spezzatino di bufala al coccio** (10 €). Quando disponibili, provate i *chiacchetegli*, broccoletti locali provenienti dal piccolo orto biologico paterno. Tra i dessert troviamo la millefoglie con crema chantilly ai frutti di bosco, le coppettine con cantucci, cioccolato e crema al mascarpone (4 €), i gelati tra cui quello di latte di bufala. Discreta selezione di vini regionali, con qualche etichetta nazionale.

PRIVERNO
Fossanova

37 KM A EST DI LATINA

Locanda Borgo Antico
Ristorante con alloggio *novità*
Via dei Guitti
Tel. 0773 1875674
Chiuso lunedì e martedì
Orario: mezzogiorno e sera
Ferie: variabili
Coperti: 35 + 30 esterni
Prezzi: 35 euro vini esclusi
Carte di credito: CS, DC, MC, Visa, BM

Siamo in un piccolo borgo medievale, meta di gite turistiche per la maestosa abbazia fatta costruire dai frati cistercensi. Il ristorante, che si trova dietro la chiesa, ha un elegante spazio all'esterno ed è arredato con gusto e sobrietà nel rispetto delle regole su cui vigila la Soprintendenza. Mariacarla, la proprietaria, assieme al cuoco, Andrea Ciarla, propone con passione molti piatti della tradizione setina. Si può iniziare con un abbondante antipasto "all'italiana", composto da salsiccia, lonzino di maiale nero, verdure in tempura, carciofini sott'olio, carpaccio di bufala e mozzarella. Siccome siamo in terra di grandi carciofi, segue, tra i primi, la **lasagnetta ai carciofi di Sezze** (10 €), alla quale si aggiungono gli strozzapreti al ragù di cinghiale e tartufo e gli **gnocchi con asparagi selvatici e ricotta salata**. Come secondo la scelta è tra il **pollo ruspante con patate al forno** (12 €), il divertente bufala burger (10 €) e l'abbacchio al forno. Tra i dolci segnaliamo il **semifreddo alla vaniglia con moscato di Terracina** e la crostata di visciole. La carta dei vini contempla etichette nazionali ma soprattutto di Terracina e di Cori. È possibile scegliere un invitante menù degustazione, proposto a 30 euro, che comprende ben sei assaggi di antipasti, due primi, un secondo, un dolce e un calice di vino.

La macelleria di Gaetano Mastrantoni, in via della Grotta, vende solo carni di bufala (carpaccio, speck, salame, coppiette) e di maiale.

PROSSEDI

38 km a ne di Latina ss 156

Persei
Osteria
Vicolo del Montano, 3
Tel. 0773 957351-339 2331930
Chiuso lunedì-mercoledì, mai in agosto
Orario: la sera, domenica anche pranzo
Ferie: variabili
Coperti: 45
Prezzi: 30-32 euro vini esclusi
Carte di credito: Visa, BM

Parcheggiata l'auto fuori dalle mura del grazioso paese medievale di Prossedi, seguendo le indicazioni, pochi metri di strada e una scalinata portano all'entrata dell'osteria Persei, che fino agli anni Ottanta era un frantoio con tanto di molazze di granito e presse. Oggi è un elegante locale articolato su più livelli: due salette interne (una con camino), l'ampia terrazza che affaccia sull'alta e affascinante valle dell'Amaseno, il godibile e curato giardino. Ricco il menù, che varia con le stagioni, dove a farla da padrona è la carne di bufala. Tra gli antipasti, la **delizia di bufala** (selezione di salumi e formaggi), il **carpaccio di bufala** (7,50 €) e dall'estro dello chef, l'insalata di petto d'oca affumicato con caprino, pere e vinaigrette di balsamico. Tra i primi, dove la pasta è fatta in casa, i fini fini con speck affumicato di bufala e pachino (7,50 €), i cappellacci Persei, le lasagnette con ragù di papera muta e radicchio trevigiano. Venendo ai secondi, si segnalano i vari tagli bufalini alla griglia (tagliata, lombata, filetto) o alla cacciatora, l'**abbacchio a scottadito** (13 €), l'**agnello fritto panato**, la ciambella di Morolo affumicata alla piastra o al coccio con verdure grigliate (9 €). I biscottini della casa, le cialde croccanti di mandorle con crema e lamponi, lo **sformato di pinolata in foglia di pere con Moscato Passito di Terracina e pinoli**, sono alcuni tra i numerosi dolci. Molto interessante il menù degustazione "km 0" a 25 euro, con la possibilità di scegliere alla carta un antipasto, un primo e un secondo. La famiglia offre anche ospitalità nell'omonima locanda.

RIETI

Antonietta
Osteria moderna
Via San Rufo, 12
Tel. 0746 202105
Chiuso la domenica
Orario: solo a mezzogiorno
Ferie: non ne fa
Coperti: 50
Prezzi: 22 euro vini esclusi
Carte di credito: CS, MC, Visa, BM

Chi è in cerca di una cucina reatina dal carattere casalingo trova in questa trattoria il posto adatto per un pranzo economico di sostanza e qualità. Ci si sente bene accolti nel piccolo locale del centro storico di Rieti dove Guido serve in sala e la moglie Stefania è impegnata in cucina. Chi viene spesso sceglie il menù degustazione da 18 euro bevande incluse; il cartello appeso all'entrata indica non solo le specialità, ma anche i giorni in cui si possono consumare. Come primi le paste reatine fatte con acqua e farina: gli stringozzi e i **pizzicotti al ragù di maiale** o con zucchine e pancetta, gli gnocchi (al giovedì), la **pasta e ceci** al venerdì (6 €). Tra i secondi, ottimi la **punta di petto di vitello arrosto** e il classico **polpettone in bianco con cipolla e uvetta**; ogni venerdì disponibili alcuni piatti di pesce tra cui spicca il baccalà cucinato alla livornese, in guazzetto o fritto in pastella. Buona varietà di verdure di contorno, cotte o ripassate in padella; da provare in autunno le rape reatine. Tra i dolci casalinghi trionfa nella sua semplicità il ciambellone tricolore servito con panna, crema chantilly e crema al cioccolato, ma sono molto buoni anche la zuppa inglese o il tiramisù. L'offerta dei vini è modesta, ma lo sfuso è di qualità; per digestivo consigliamo la genziana di produzione locale.

RIETI

L'Osteria
Trattoria
Vicolo Fra' Fedele Bressi, 4
Tel. 0746 496666
Chiuso la domenica
Orario: mezzogiorno e sera
Ferie: variabili in estate
Coperti: 25 + 25 esterni
Prezzi: 22 euro vini esclusi
Carte di credito: nessuna, BM

Costeggiando la bella cinta muraria che circonda il centro storico di Rieti, tra le porte Cinthia e Conca si apre un vicoletto pedonale sul quale affaccia L'Osteria della famiglia Mancini, nota ai reatini come l'Archetto: è un piccolo locale con 30 coperti, che d'estate dispone anche di quattro tavoli all'aperto lungo il muro della vicina chiesa. È gestito da Francesca con la sorella in sala e il fratello Luca in cucina. Sul grande foglio di carta paglia il menù cambia ogni giorno, mantenendo però costante la presenza della tradizione culinaria romanesca. Si comincia con il generoso "stuzzico" dell'osteria o la bruschetta al ciauscolo (5 €), mentre tra i primi la scelta spazia tra **bucatini all'amatriciana**, pappardelle ai broccoli, **stringozzi alla gricia con le fave** (8 €). Tra i secondi è ampia l'offerta del "quinto quarto": coda alla vaccinara, **trippa alla romana**, bollito e lingua in salsa verde; delizioso anche il **baccalà mantecato con peperoni** (8,50 €) servito su un letto di patate lesse, contorno di peperoni e olio extravergine sabino a crudo. Per i vegetariani c'è un tomino con porcini o la parmigiana di melanzane "espressa" molto leggera. I contorni constano di patate e carciofi alla romana o di puntarelle. I dolci fatti in casa (4 €) comprendono crostate di crema e frutta o una fresca ricotta con miele e pinoli. La cantina è piccola ma ben fornita e dai ricarichi onesti; buoni gli sfusi delle vicine Marche.

🛡 Vincenzo Marchetti, dell'azienda agricola Le Fontanelle di **Contigliano** (12 km), alleva esemplari bradi di suino nero reatino ricavandone carni fresche e salumi senza additivi.

ROMA
Pantheon

TRAM LINEA 8 FERMATA ARGENTINA

Da Armando al Pantheon 🐌
Trattoria
Salita de' Crescenzi, 31
Tel. 06 68803034
Chiuso sabato sera e domenica
Orario: mezzogiorno e sera
Ferie: agosto
Coperti: 35
Prezzi: 35 euro vini esclusi
Carte di credito: AE, CS, MC, Visa, BM
🍵

A 50 metri dal Pantheon, questo piccolo locale rispetta e valorizza la tradizione romana, sia nei piatti sia nel rapporto con la clientela. In cucina lo chef Claudio Gargioli e in sala il fratello Fabrizio (figli di Armando) curano gli ospiti con professionalità e senza invadenza. La scelta dei prodotti stagionali viene fatta con la massima cura e il risultato è evidente nel piatto. Qui arrivano clienti da tutto il mondo in cerca di una tavola di qualità ma al contempo semplice, curiosi di scoprire la tipica cucina romana. Si comincia con bruschette al pomodoro o al burro e alici di Sicilia (8 €) o con l'ottima **coratella d'abbacchio** (10 €), la mozzarella di bufala di Cancello Arnone, le **aringhe con fagioli verdolini di Viterbo, cipolla rossa e aceto balsamico** (10 €). Ampia la scelta dei primi piatti: spaghetti alla matriciana, **alla gricia** o alla carbonara (10,50 €). In alternativa cacio e pepe o le **fettuccine con le rigaglie di pollo** (13 €). In stagione anche zuppe, come quella di farro spezzettato alla romana o la stracciatella. Trippa alla romana di secondo, con mentuccia e pecorino (15 €), celeberrimi saltimbocca (16 €), vitella arrosto con patate, aliciotti all'indivia (14 €) o "sua maestà" la **coda alla vaccinara** (18 €). Verdure di contorno: cicoria saltata e puntarelle. Torta antica Roma (con ricotta e confettura di fragole) per chiudere. Indispensabile la prenotazione con largo anticipo.

❝ *I fratelli Gargioli fanno conoscere la vera cucina romana nel mondo, con piatti semplici ma fatti alla perfezione e con amore* ❞

ROMA
Monteverde Nuovo

TRAM LINEA 8 FERMATA CASALETTO

Da Cesare

Trattoria-pizzeria
Via del Casaletto, 45
Tel. 06 536015
Chiuso il mercoledì
Orario: mezzogiorno e sera
Ferie: variabili in autunno
Coperti: 60 + 80 esterni
Prezzi: 30 euro vini esclusi
Carte di credito: CS, MC, Visa, BM

La scommessa lanciata da Leonardo Vignoli e dalla moglie Maria Pia appare vinta. Quella trattoria di quartiere, "mezzi litri, partite a carte e porzioni abbondanti" in un palazzo come tanti in via del Casaletto, è diventata una delle mete romane del gusto. Una sala chiara con tavoli e arredi gradevoli – nella bella stagione anche dehors con pergolato d'uva – dove il cliente è seguito con cortesia e competenza. I classici della tradizione romana sono eseguiti con cura e le porzioni sono sempre generose. Antipasto nel segno della frittura: **polpette di bollito** con pesto delicato o di melanzane con salsa all'arrabbiata (6 €), supplì, fiori di zucca, gnocchi di patate fritti al cacio e pepe. Nei primi, i condimenti di tradizione si sposano con formati di pasta altrettanto consueti (**spaghetti alla carbonara**), ma troviamo anche ravioli all'amatriciana, fettuccine alla gricia con i carciofi (10 €), **minestra di broccoli e arzilla** (8 €) e altre preparazioni secondo stagione, come i **tagliolini con la vignarola** (11 €), classico stufato che annuncia la primavera con il verde di fave, carciofi e piselli. Poi trippa, **involtini al sugo** (11 €), cotolette d'abbacchio panate, **baccalà alla romana** (14 €). La sera il locale è anche pizzeria. Dolci e gelati fatti in casa; è possibile ordinare un piatto di assaggi misti. Carta dei vini sempre più interessante e, soprattutto, scelte autentiche, frutto di incessante ricerca, servite e raccontate fuori dalla retorica.

❝ *Ricerca costante della qualità e miglioramento continuo, senza forzature, ma con impegno, passione e discrezione nel cucinare e nel servire in tavola* ❞

ROMA
Colonna

BUS LINEA 116 FERMATA PARLAMENTO

Dal Cavalier Gino

Trattoria
Vicolo Rosini, 4
Tel. 06 6873434
Chiuso la domenica
Orario: mezzogiorno e sera
Ferie: agosto
Coperti: 48
Prezzi: 30 euro vini esclusi
Carte di credito: nessuna

A pochi metri dalla Camera dei deputati, nascosto in un minuscolo vicoletto, ecco un avamposto della cucina romanesca, una trattoria vera, forse una delle poche rimaste. Oggi Gino, nominato Cavaliere dal presidente Saragat, è affiancato dai due figli Carla e Fabrizio che si assicurano, sempre sorridenti, che i tanti ospiti siano a loro agio. Qui si mangia gomito a gomito con i vicini di tavolo, il servizio è veloce ma cortese: la fila fuori dal locale, soprattutto a pranzo, lo impone. Il menù è basato sui piatti della tradizione romana; all'ingresso troverete una lavagna con quelli del giorno. Primi di sostanza come gli ottimi **spaghetti alla carbonara** (8 €), i buoni tonnarelli cacio e pepe, gli eccellenti **rigatoni al ragù di polpo** (10 €), la minestra di ceci in brodo d'arzilla. Anche i secondi non deludono: una bella sorpresa, quando disponibili, è costituita dalle **alici gratinate** (10 €) e dal buon baccalà alla romana con pomodorini, ma meritano anche gli immancabili classici: la coda alla vaccinara, i saltimbocca alla romana, il **bollito alla picchiapò**. Contorni a rotazione stagionale come **cicoria ripassata** (5 €) e carciofi alla romana. Dolci casalinghi ma meno memorabili, come tiramisù e crostata di visciole. Onestà la disponibilità della cantina con parecchi vini laziali. Il caffè non viene servito, ma i tanti bar dei dintorni suppliranno a questa mancanza.

ROMA
Testaccio

BUS FERMATA MARMORATA-VANVITELLI

Felice
Trattoria
Via Mastro Giorgio, 29
Tel. 06 5746800
Non ha giorno di chiusura
Orario: mezzogiorno e sera
Ferie: 3 settimane in agosto
Coperti: 90
Prezzi: 35 euro vini esclusi
Carte di credito: tutte, BM

Il locale, nato nel 1936 per mano di Felice Trivelloni, burbero oste d'altri tempi, è ancora oggi in mano alla famiglia, nella persona del figlio Franco. Se il quartiere in cui è immerso, quel Testaccio allora proletario ed oggi di gran moda, è molto cambiato con la presenza del Macro e della Città dell'Altra Economia, la cucina del ristorante appare pressoché immutata, ancorata com'è alla tradizione romanesca. Il menù propone alcune proposte fisse e altre che variano secondo il giorno della settimana. Tra le presenze quotidiane spiccano i **tonnarelli cacio e pepe** (11 €), le mezze maniche alla gricia o all'amatriciana, i rigatoni alla carbonara, l'**abbacchio al forno con patate** (18 €), gli involtini al sugo. Si alternano invece il carciofo alla romana, i filetti di baccalà in pastella, le alici fritte, i rigatoni al sugo di abbacchio, la pasta e ceci, gli spaghetti alla Felice (con pomodorini, ricotta salata, timo, maggiorana, menta, basilico e origano), le **polpette di bollito**, il baccalà, l'arzilla in bianco, la coratella con carciofi, alla romana o alla cacciatora, le costolette di abbacchio panate. Sono buoni contorni il purè (5 €), la cicoria, i carciofi, le **puntarelle con alici**. Si chiude con torta di pere e ricotta (7 €) o di cioccolato, ricotta e visciole. Accanto al Cesanese sfuso c'è un'ampia scelta di vini, interessante specie nella sezione laziale.

ROMA
Testaccio

METROPOLITANA LINEA B FERMATA PIRAMIDE

Flavio al Velavevodetto
Osteria tradizionale
Via di Monte Testaccio, 97
Tel. 06 5744194
Non ha giorno di chiusura
Orario: mezzogiorno e sera
Ferie: Ferragosto
Coperti: 100 + 110 esterni
Prezzi: 35 euro vini esclusi
Carte di credito: tutte, BM
🍴

In un fabbricato dall'apparenza rurale, nel popolare rione di Testaccio, troviamo Flavio, maestro di cortesia e buona cucina tradizionale. Nelle serate calde chiedete un posto all'aperto, in quello che era il cortile della casa o sul ballatoio del primo piano. All'interno, le sale penetrano nelle cavità del Monte dei Cocci, da cui Testaccio prende il nome (*testum*, coccio). Flavio De Maio anni fa lasciò i fornelli di un locale poco distante per aprire questa osteria con cucina dall'atmosfera familiare, ciarliera, piacevolissima. I coperti sono numerosi, ma il servizio è efficiente grazie a una squadra di giovani affiatati. Il menù, su carta paglia, mostra sul retro il certificato di rintracciabilità del manzo utilizzato, maremmano tosco-laziale. Le verdure provengono spesso dall'orto di Flavio che si trova a Cerveteri. Si comincia con fior di latte artigianale (7 €), formaggi di pecora locali, nervetti. Ai classici primi, quali amatriciana, **gricia**, carbonara, **cacio e pepe**, si affiancano i ravioli alla Velavevodetto con ricotta dentro e fuori (12 €). La pasta all'uovo è fatta in casa. Tra i secondi, **polpette di bollito**, pollo ai peperoni e lo spettacolare **involtone al sugo** (14 €). Il pesce arriva da Ladispoli, il pane è di un apprezzato fornaio della zona. Si chiude con tiramisù, crostate, semifreddi, tutti casalinghi. Buon vino sfuso (Merlot e Malvasia biologici) affiancato da una rispettabile scelta di etichette.

🛒 In via Beniamino Franklin, il mercato rionale del Testaccio ospita macellai, droghieri, pescivendoli, fruttivendoli.

ROMA
Campo de' Fiori

BUS FERMATA ARGENTINA

Grappolo d'Oro
Ristorante
Piazza della Cancelleria, 80-84
Tel. 06 6897080
Chiuso mercoledì a pranzo
Orario: mezzogiorno e sera
Ferie: Ferragosto
Coperti: 85 + 30 esterni
Prezzi: 35 euro vini esclusi
Carte di credito: AE, CS, MC, Visa, BM

ROMA
Farnesina

BUS FERMATA PONTE MILVIO

Il Quinto Quarto
Osteria moderna
Via della Farnesina, 13
Tel. 06 3338768
Chiuso la domenica
Orario: pranzo, sabato solo sera
Ferie: una settimana ad agosto
Coperti: 40
Prezzi: 35-37 euro vini esclusi
Carte di credito: CS, MC, Visa, BM

Si può ormai considerare quasi un lusso quello di poter ancora assaggiare vera cucina tradizionale nel cuore di Roma. Qui a Campo De' Fiori, dove Antonello Magliari resiste con la sua osteria e la sua brigata, si continua con la voglia di raccontare Roma attraverso i suoi sapori e di accogliere turisti e appassionati. Vale la pena di provare le esemplari **animelle burro e salvia** o con i carciofi (9 €), quando è stagione, o ancora le **polpette di bollito o di coda e sedano** (10,50 €). Interessanti anche la millefoglie di burrata sempre fresca, dove sono le alici a fare la differenza, il polpo alla pignata, le crocchette di baccalà e patate in salsa d'aglio, infine la vignarola in primavera con le sue fave, i carciofi, i piselli, la lattuga. Senza indugio, la scelta tra i primi della tradizione va al **cacio e pepe** (9 €), poi amatriciana e **carbonara**. Da provare anche le mezze maniche con il sugo di coda alla vaccinara o, in inverno, gli gnocchi fatti in casa con spuntature di maiale (10 €). Di secondo agnello e abbacchio alla romana, quindi con aglio, acciughe, rosmarino e salvia, o a scottadito; in alternativa, l'abbondante **baccalà alla romana** con uvetta, pinoli e olive di Gaeta (16 €), accompagnato da erbe di campo, cicorie, puntarelle, carciofi. Dolci fatti in casa (6,50 €) per concludere, come lo zabaione e la crostata di ricotta e visciole, di mamma memoria ebraica. Importante e attenta la carta dei vini con 130 etichette e un'ottima selezione dedicata al Lazio con particolare cura per novità e vini naturali.

Difficile dire se qui al Quinto Quarto valga più la qualità dell'accoglienza o quella dei cibi: a noi sono piaciute entrambe. Amaranta e Federico, con competenza e garbo, sanno indirizzare i loro ospiti in un percorso che si muove tra tradizione e piccoli spunti creativi. Deliziosa la **caponatina di melanzane con tuorlo fritto** (7 €), proposta come antipasto, così come la **passatina di ceci con baccalà**. Imprescindibili i fritti, di cervella o quello alla romana, composto da baccalà, crocchette di patate, mozzarella in carrozza e broccoli. Non manca poi la degustazione di salumi e formaggi, tutti di piccoli produttori. Tra i primi, accanto alle immortali carbonara e amatriciana, la **gricia con le pere** (10 €), i rigatoni con pajatina d'abbacchio, i superbi e abbondanti **tonnarelli cacio e pepe**. Tra i secondi segnaliamo il guancialetto di manzo stracotto, la **variazione di polpettine** – al pomodoro, di patate, e di lesso – (13 €) e la coda alla vaccinara nella classica ricetta che prevede uvetta, pinoli e cacao. Trippa, coratella e altre carni ampliano l'offerta ma il menù cambia regolarmente con le stagioni. Per i ghiottoni, la crema di tiramisù (5 €), il tortino al cioccolato fondente, la pera cotta su crema inglese. Ci sono tre interessanti menù degustazione, a 30, 25 e 18 euro. Ottima e misurata la scelta dei vini – anche al calice – prevalentemente laziali, così come quella di birre artigianali e di grappe locali.

In via Flaminia Vecchia 468, Mondi è un'istituzione per caffè, dolci e gelati.

Sorprese & supplì

Mi ricordo, sì io mi ricordo i supplì di riso.
Ma comprarli tutti i giorni non si poteva, costavano 40 centesimi.

Marcello Mastroianni

Come e quando nasce nessuno lo sa: nei racconti e nelle cronache ghiottone dedicate a Roma il supplì compare solo nel Novecento. Nel 1907, Hans Barth nel suo Osteria, quando cerca fritti trova granelli, costolette d'abbacchio, pesci di fiume e gli splendidi carciofi e filetti di baccalà di Padre Abramo, a Monte de' Cenci, dove oggi c'è Piperno. Ma supplì no. Troviamo dei souplis di riso in una lista della Trattoria detta del Lepre, ai numeri 9 e 10 di via Condotti, una tavola celebre nell'Ottocento, com'è famosa anche la lista, che molti datano al 1847. Un acquarello della serie Roma sparita di Ettore Roesler Franz rappresenta uno scorcio di Via Giulio Romano dove si vede l'insegna di una friggitoria; poco sotto, in un cartello più piccolo, è scritto supplì al buon gusto. Questi segni fanno pensare che il supplì sia arrivato nella capitale con i cuochi e rosticcieri che diedero da mangiare alla Roma umbertina e ai nuovi cittadini che s'insediavano nei quartieri appena costruiti; il nome poi, dal francese surprise, esprime quella volontà di dare fascino a una palla di riso fritto con una vera sorpresa di rigaglie al centro. Il celebre "al telefono", con la provatura filante, evoca i telefoni con l'apparecchio appeso al muro e l'auricolare collegato da un lungo filo. Di certo c'è il riso al pomodoro, il dado di mozzarella filante (ma senza uovo per amalgamare), la presenza di ripieni che favoriscano la compattezza, dalle primitive rigaglie ai sughi di carne o semplice pomodoro. Questa nuova "onda" è portata alle rivisitazioni, ma il classico è sempre presente. Prima di loro, pochi bravi rosticcieri avevano seguito la via della qualità, e il supplì precotto e surgelato aveva gran diffusione. Comunque oggi possiamo dire che gustare un supplì bello e buono è facile: in molti hanno ritrovato quella cultura del cibo da *magnà all'impiedi*, che aveva radici ben prima dello street food.

Giancarlo Rolandi

Pizzarium
Trionfale
Via della Meloria 43
Tel. 06 39745416
Aperto al lunedì al sabato dalle
ore 11 alle 22; la domenica dalle
12 alle 16 e dalle 18 alle 22

Di tutte le collaborazioni locali e progetti nel mondo del cibo, la casa madre di Gabriele Bonci è il luogo che ci piace di più: strapieno nelle ore dei pasti, non abbassa la qualità e la ricerca di materie prime. La scelta dei supplì è vasta: il classico (1,50 €) – con chicchi ben sgranati e ragù abbondate – e tra quelli che cambiano spesso quelli di radicchio, gorgonzola e speck, di pollo e coniglio, di salsiccia e pomodoro. Poi, c'è la pizza: 40 tipi di lievito madre e 1500 preparazioni. Da bere vino biologico, birre e bollicine.

Trapizzino
Ponte Milvio
Piazzale di Ponte Milvio 13
Tel. 06 33221964
Aperto dal lunedì al giovedì dalle
ore 11 alle 01, venerdì e sabato fino
alle 02, domenica dalle 12 alle 24
Testaccio
Via Giovanni Branca 88
Tel 06 43419624
Chiuso il lunedì
Orario: dalle 12.00 alle 24

È il nuovo locale di Stefano Callegari e soci, dedicato al triangolino di pizza, farcito con squisiti ripieni. Troverete il supplì classico (2 €), un bombolone con battuto di cipolla, carota e sedano, macinato di manzo, abbondante parmigiano e foglie di basilico. Un grande supplì. Poi, inconsueti accostamenti in quelli più piccoli: zucchine e taleggio, melanzane e mozzarella, *su-*

plong con pollo e curry. In entrambi i locali tavolini, sgabelli, birre, vini, spumanti e Champagne.

Supplizio
Campo de' Fiori
Via dei Banchi Vecchi, 143
Tel. 345 4257013-347 6170085
Chiuso la domenica
Orario: 12-20

Per anni Arcangelo Dandini, chef del ristorante l'Arcangelo, ha sentito lodi per i supplì. Nel 2014 con Lorenzo D'Ettorre, nasce Supplizio, un salottino dove i supplì (3 €) sono espressi. Preparati con riso extrafino, ripieno di rigaglie, fior di latte, ragù di carni miste, pomodoro per la variante rossa, e infine panatura. Poi, crocchette di patate affumicata (2 €), crema fritta con pecorino, zucchero e cannella (2 €) e polpetta di allesso. Materie prime eccellenti, birre artigianali, calici di vino e Champagne.

Sisini
Appio Latino
Piazza Re di Roma 20
Tel. 06 70491409
Trastevere
Via di San Francesco a Ripa, 137
Tel. 06 5897110
Chiuso la domenica
Orario: 9.30-21.00

Due locali per la stessa proprietà, a Trastevere e a Piazza Re di Roma: cortesia, cose buone. Un supplì molto ricco di saporito pomodoro, oblungo, con cuore di mozzarella filante, ben fritto e con il riso al dente. Oltre al classico (1,10 €), versioni all'amatriciana e cacio e pepe. Poi crocchette, arancini, olive ascolane e calzoni. Buona pizza al taglio e piatti pronti. C'è qualche sgabello; da bere bibite e birre.

Al Mattarello d'Oro
Via della Bufalotta, 292
Tel. 06 87141390
Chiuso la domenica
Orario: 10.00-21.30

Ricordi di parecchi anni fa: supplì come palloni per i ragazzi della Bufalotta, di Talenti e Montesacro. Al Mattarello ha aperto nel 1981 e da allora frigge supplì classici (1,50 €) voluminosi e ben conditi. Buone anche le crocchette di patate, i calzoni e le pizze, con qualche reperto degli anni Ottanta, come la pizza salmone e gamberi. Una tipica pizzeria di quartiere, condotta con attenzione dalla signora Fiorani. Birre, bibite e niente più.

Freetto
Sallustiano
Via Silvio Spaventa, 20
Tel. 06 42014797
Chiuso la domenica
Orario: 12-21, venerdì e sabato 12-01

Un nome e una missione: fare del buon fritto espresso con materie prime di qualità. Ci si può accomodare sugli sgabelli o, per l'asporto, farsi preparare un contenitore termico. Oltre al supplì classico (1 €), oblungo e croccante, dominato da una nota di buon parmigiano, ci sono amatriciana, gricia e cacio e pepe, ben eseguiti. Il patron Federico Gallitti si è affidato a Claudio Galloni per una proposta di fritture ampia: verdure pastellate, calzoni, fritti di pesce, filetti di baccalà, polpicce con salsiccia e semi di finocchio, fiori di zucca, crocchette di patate e menta. Centrifughe fresche, mezze bottiglie di Champagne, birra e vino in bottiglia.

I Fritti de Sora Milvia
Ponte Milvio
Via Cassia, 4
Tel. 06 332220828
Aperto dalle 12 alle 24, lunedì 17,30-24; venerdì e sabato dalle 12-02

Riccardo Cangini, il patron, collabora in cucina con Giacomo Lepri e Davide Fracasso. Supplì classico al ragù con riso ben cotto e varianti come amatriciana piccante, cacio e pepe, radicchio e gorgonzola (1,20 €). Poi, polpette, panzerotti, mozzarella in carrozza, crocchette, fiori di zucca, filetti di baccalà, carciofi, verdure pastellate. Piccolo spazio esterno e qualche bottiglia di birra.

ROMA
Monti

METROPOLITANA FERMATA CAVOUR

L'Asino d'Oro

Ristorante
Via del Boschetto, 73
Tel. 06 48913832
Chiuso domenica e lunedì a pranzo
Orario: mezzogiorno e sera
Ferie: 16-30 agosto
Coperti: 40 + 20 esterni
Prezzi: 35 euro vini esclusi
Carte di credito: tutte

Difficile fare la differenza tra le decine di locali che affollano la movida di questo spicchio di Roma, racchiuso tra pochi isolati di edifici storici, ricchi di botteghe artigiane; Lucio Sforza sembra avere trovato la sua formula vincente, grazie a una proposta gastronomica sicuramente ampia, dalla forte impronta mediterranea, spesso intrecciata con elementi regionali ben evidenti. L'ambiente è confortevole e molto piacevole. Non appena seduti, vi sarà servito un piccolo appetizer nell'attesa delle ordinazioni, in primo piano, una lunga serie di piatti che potrete utilizzare non solo come antipasti, quali la frittata di fichi acerbi con crema di fave secche e finocchietto (10 €), la classica **trippa alla romana**, le ben note lumache in umido. La gamma dei primi piatti, variabili in funzione del periodo, riserva spazio anche alle zuppe, come la **crema fredda di lenticchie di Onano** (piatto dal richiamo vagamente medievale), ma tiene sempre in evidenza le paste fresche ripiene fatte a mano, come i **ravioloni verdi con pomodori infornati e mentuccia** (13 €). Tra i numerosi secondi di carne, abbiamo optato per uno stinco di agnello brasato con emulsione di rughetta e cipolla al cartoccio, ma in alternativa potreste scegliere il **baccalà con cipolla e uva di Corinto su passata di peperoni rossi** (16 €). I dolci sono frutto dell'estro del patron, come il "suo" tiramisù. La carta dei vini si concentra sulle produzioni del Centro Italia. A pranzo formula a prezzo fisso a 12 euro.

❝ *Fantasia, impronta mediterranea e tradizione contadina combinati con maestria* **❞**

ROMA
Trastevere

TRAM LINEA 3 FERMATA TRASTEVERE

La Tavernaccia

Trattoria
Via Giovanni da Castel Bolognese, 63
Tel. 06 5812792
Chiuso il mercoledì
Orario: mezzogiorno e sera
Ferie: due settimane in agosto
Coperti: 75
Prezzi: 32-75 euro vini esclusi
Carte di credito: tutte, BM

Cinquant'anni e due generazioni sono i numeri che certificano la dedizione familiare per la ristorazione legata a questo indirizzo. Grandi infissi rosso scuro che contrastano con le pareti di pietra chiara e la mise en place che riprende lo stesso gioco cromatico, per un effetto pulito e armonico. La cucina non è priva di qualche sbavatura ma le consistenti porzioni sono ben cotte e condite con equilibrio. Il menù è attento alle materie prime e alla stagionalità; molte pietanze, pizze incluse, sono impreziosite dalla cottura in forno a legna. Gli antipasti comprendono una buona selezione di formaggi laziali, salumi umbri e bruschette: ottime quelle con cicoria ripassata e con melanzane (6 €). Ai sempre presenti primi capitolini (9 €), come **carbonara**, **amatriciana** e **pajata**, si aggiungono preparazioni con verdure e, in alcuni giorni della settimana, con pesce, tra le quali saporiti spaghettoni con pomodorini e moscardini (13 €), serviti senza eviscerarne la testa per esaltarne il sapore. I secondi vedono protagonista la carne, dal **quinto quarto** agli **involtini alla romana** (10 €), senza dimenticare il tenerissimo maialino al forno con patate profumate ai semi di finocchietto e rosmarino (13 €). A chiudere, oltre ai dolci della casa, preparazioni di un celebre pasticciere campano. Buona selezione vinicola con alcune etichette biologiche; in alternativa un paio di birre artigianali.

📕 In via Ettore Rolli 29-35, "C'è pasta... e pasta" produce pasta fresca secondo i dettami kosher.

ROMA

Lo'steria

Osteria moderna
Via dei Prati della Farnesina, 61
Tel. 06 33218749
Chiuso lunedì in inverno, domenica in estate
Orario: sera, giugno e luglio anche dom a pranzo
Ferie: 2 settimane in agosto
Coperti: 60 + 40 esterni
Prezzi: 26-31 euro vini esclusi
Carte di credito: tutte, BM

Lo'steria è un locale moderno, nato per l'iniziativa dei fratelli Ogliotti, Luca in cucina e Andrea in sala, che hanno scelto Ponte Milvio, loro quartiere di origine, per la nuova impresa. L'arredamento è semplice ma accogliente, con tavoli di legno e grandi lavagne che riportano la lista dei piatti del giorno. Se lo stile è nuovo, i menù sono più che tradizionali: troverete infatti alcuni dei piatti più caratteristici della cucina romana. Tutte le pietanze sono realizzate con uno stile frutto di una notevole competenza professionale in cucina: preparazioni che pongono in risalto le materie prime con giusta attenzione ai condimenti ma anche alla leggerezza. Si può iniziare con gli antipasti (6 €), tra cui (in stagione) un ottimo carciofo alla giudia o alla romana, il **saccoccio di fritti** (supplì, baccalà, polpetta di lesso, verdure), la bruschetta con guanciale cotto al vino di Cori. In alternativa, il tagliere di formaggi e salumi laziali (15 euro per due persone). Tra i primi (8 €), **bombolotti alla *gricia*** o all'amatriciana, spaghettone con pancetta e asparagi, **rigatoni con il sugo di coda**, gnocchi alla romana, **carbonara**. Si prosegue con secondi quali saltimbocca alla romana (12 €), coniglio alla cacciatora, animelle fritte, **coratella con i carciofi** (15 €), a cui abbinare come contorno (5 €) **cicoria ripassata e pancetta**, agretti, misticanza, patate arrosto. Si chiude con i dolci (5 €), tra cui ciambelline e Cannellini (vino dolce), crema bruciata, tiramisù. Carta dei vini con buone proposte di etichette nazionali e particolare riguardo alle aziende laziali.

ROMA
Monteverde

Tram linea 8 fermata Gianicolense-San Camillo

L'Osteria di Monteverde

Ristorante
Via Pietro Cartoni, 163-165
Tel. 06 53273887
Chiuso lunedì a pranzo
Orario: mezzogiorno e sera
Ferie: variabili
Coperti: 40
Prezzi: 25-30 euro vini esclusi
Carte di credito: CS, MC, Visa

Entrando in questo piccolo e semplice locale nel quartiere di Monteverde avrete subito la sensazione di essere in un'osteria romana tradizionale. Anche l'accoglienza e l'apparecchiatura, del tutto giovani e informali sembrano preludere a una proposta nel solco della classicità. E invece... Invece qui un gruppo di appassionati racconta una storia e un'identità originale, in un menù che parte dal territorio ma che guarda anche lontano. Ci sono i "primi della tradizione di Roma" (8,50 €), ovvero amatriciana, **carbonara**, **gricia**, cacio e pepe, e sono fatti davvero bene. Ma, intorno, linguina al pesto di pistacchi e aliciotte fresche (9,50 €), **mezzelune ripiene di ricotta di bufala e 'nduja**, tagliolini con piccione marinato all'arancio. E prima polpo rosticciato, panzanella alla puttanesca e acqua di mozzarella di bufala o **animella glassata con zucchine romanesche e crema inglese alla carbonara** (9,50 €). Secondi che attingono materia prima dal territorio, come il **baccalà arrosto con pecorino, broccoletti, carbonara, acqua di pomodoro e vaniglia** (15 €) o da Ponza come il padellotto crudo e cotto (di pesce, ovviamente). Molto buono anche il controfiletto marchigiano (nel senso della razza bovina) con insalata di fagioli freschi (17 €). Tutto è preparato in maniera impeccabile e presentato in modo semplice senza alcuna retorica. Una sorta di racconto di vita, di viaggio e di esperienze che rappresenta un'interessante idea di osteria contemporanea lontana da quella di ristorante creativo. Stessa originalità anche nella proposta di vini, attenta alle cantine sensibili ad ambiente e viticoltura naturale.

ROMA
Cesano

40 KM DAL CENTRO DELLA CITTÀ

Osteria del Borgo

novità

Trattoria
Via Borgo di Sopra, 21
Tel. 06 30430023
Non ha giorno di chiusura
Orario: mezzogiorno e sera
Ferie: non ne fa
Coperti: 45
Prezzi: 30-35 euro vini esclusi
Carte di credito: tutte, BM

Ci troviamo a 40 chilometri dal centro di Roma, nel cuore del borgo di Cesano, piccolo, silenzioso e autentico, come la cucina di Andrea Boscatti e la gestione di Stefano Gismundi, appassionati di cose buone e di eccellenze alimentari regionali. Salumi e caci (7,50 €) vengono proposti come antipasto: tra questi l'ottimo **caciofiore di Columella** e il prosciutto di Bassiano; come inizio si possono scegliere anche i crostini con il lardo o quelli di caccia, i **fagioli di Sutri con le cotichelle**, il **tallo di Proceno**, ovvero lo stelo del fiore dell'aglio sott'olio, la panunta con il guanciale croccante. Assai buoni i primi "romani": una **amatriciana** (7 €) di grande fattura e una **cacio e pepe** a regola d'arte. Degni di nota anche la **carbonara**, le pappardelle al cinghiale e i ravioli fatti in casa. Il giovedì, come consuetudine, gnocchi. Tra i secondi, tagliate e bistecche di manzo ben frollate e cotte alla griglia, salsicce, costine di cinghiale alla cacciatora (10 €), e poi l'anatra confit con fegato e cipolla rossa in agrodolce, il **petto di piccione con fegato d'oca**, il coniglio porchettato e la trippa (ma solo il sabato). I dolci, fatti in casa, variano ogni giorno: noi abbiamo assaggiato un ottimo babà (6 €) e una delicata crema catalana. Un'ampia selezione di extravergini regionali affianca quella dei vini, accuratamente scelti tra i produttori del luogo. Anche vini nazionali "estremi", prodotti da uve raccolte necessariamente a mano, coltivate in luoghi impervi, fazzoletti di terra strappata al mare o alle rocce.

66 *È una piccola e autentica trattoria di una volta, gestita da grandi appassionati di eccellenze alimentari* **99**

ROMA
Trionfale-Piazzale Clodio

METROPOLITANA FERMATA OTTAVIANO-SAN PIETRO

Osteria dell'Angelo

Osteria
Via Bettolo, 24
Tel. 06 3729470
Chiuso la domenica, lunedì e sabato a pranzo
Orario: mezzogiorno e sera
Ferie: agosto
Coperti: 60 + 20 esterni
Prezzi: 25 euro vini esclusi
Carte di credito: nessuna, BM

Il locale si presenta come un libro aperto di ricordi, che Angelo Croce ha raccolto durante la sua celebre carriera sportiva. A testimonianza, le numerose maglie di rugby autografate, vecchie fotografie e qualche cimelio che lo lega al paracadutismo militare. Gli anni sono passati ma la tempra è la stessa, trasmessa ai dipendenti che con magliette sportive prendono le ordinazioni con sobria e schietta parlata romana. Vecchi tavoli di legno con marmo rosso sono apparecchiati con tovagliette di carta paglia che riportano un conciso prezzario. A pranzo si ordina alla carta, a cena prezzo fisso: 25 euro con ciambelline al vino e Cesanese dolce di Olevano Romano, 35 per chi vuole la bistecca ai ferri. Gustoso l'antipasto: bruschette, affettati, *tonno de guera* da spalmare (patate, tonno, acciughe, capperi, maionese). Tra *li primi* (7 €), se fa freddo, pasta e ceci, zuppa di fagioli, pasta con broccoli in brodo d'arzilla, altrimenti favolosi **tonnarelli** (fatti in casa) **cacio e pepe**, rigatoni all'amatriciana, gricia, carbonara o al sugo di coda alla vaccinara, gnocchi con spuntature di vitella. A seguire **spezzatino alla picchiapò** (8 €), coda alla vaccinara, l'immancabile **trippa alla romana** delicata e gustosa, involtini o polpette di vitella, coniglio alla cacciatora, da accompagnare a contorni della tradizione (4 €): cicoria ripassata, patate al forno, se stagione puntarelle o carciofi in tegame. Il rosso della casa è di un'azienda romana mentre il bianco è dei Colli Lanuvini.

🍴 In via dei Gracchi 272, la gelateria artigianale dei Gracchi offre una bella scelta di gusti di frutta e crema.

LAZIO | 619

ROMA
Appio-Tuscolano

METROPOLITANA FERMATA COLLI ALBANI

Osteria
del Velodromo Vecchio
Osteria moderna
Via Genzano, 139
Tel. 06 7886793
Chiuso la domenica
Orario: pranzo, gio-sab anche sera
Ferie: 20 giorni in agosto
Coperti: 65
Prezzi: 35 euro vini esclusi
Carte di credito: tutte, BM

A pochi passi da largo Colli Albani, sulla via Appia, dove una volta c'era il vecchio Velodromo, in funzione fino alla fine degli anni Cinquanta, c'era un'osteria di quartiere con un bel pergolato estivo. C'era una volta e c'è oggi, perché il locale rilevato dal 1995 è gestito da Matteo Ballarini, in cucina, e da sua moglie Alessandra, in sala. Due ambienti semplici in cui si è accolti con calore e premura mentre la cucina, espressa, detta i suoi tempi. Per cominciare l'antipasto del velodromo (12 €) consiste in un'eccellente selezione di salumi e formaggi, bruschetta e tanto altro, mentre per i primi ci si muove entro una galleria di classici: **gnocchi al sugo di coda**, carbonara, amatriciana, **pasta e broccoli con brodo d'arzilla**, **cacio e pepe**, pasta e fagioli, **pasta e ceci**, ma anche linguine al coccio e paccheri con stufato di manzo. Tra i secondi **trippa**, coda alla vaccinara, **abbacchio e coratella con i carciofi** (11 €), baccalà e scaloppa del Velodromo, un involtino farcito di verdure saltato in padella. E ancora l'ottimo **tortino di alicotti e indivia** (12 €). Tra i contorni vignarola, cicoria e puntarelle. Per i dolci (5 €) si può scegliere tra torta di ricotta e cioccolato, **crostata di visciole**, torta di crema e mele. La carta dei vini prevede oltre trecento etichette, con selezionate presenze del Lazio. Non mancano proposte di vini al bicchiere dai ricarichi contenuti, che lasciano trasparire una grande passione.

❝ Una cucina romana espressa, che fa storia e detta i suoi tempi. Un chiaro esempio di autenticità territoriale ❞

ROMA
Monteverde

TRAM LINEA 8 FERMATA PIAZZA SAN GIOVANNI DI DIO

Osteria Palmira
Osteria tradizionale *novità*
Via Abate Ugone, 29
Tel. 06 58204298
Non ha giorno chiusura
Orario: mezzogiorno e sera
Ferie: gennaio
Coperti: 70
Prezzi: 30-35 euro vini esclusi
Carte di credito: tutte, BM

Dal 2013 a Monteverde, vicino al Gianicolo, l'Osteria Palmira è il ritrovo degli appassionati della cucina romanesca e amatriciana. Entrando un cartello chiarisce: «Benvenuti ad Amatrice, 940 metri sul livello del mare, nel Parco Nazionale del Gran Sasso e Monti della Laga». L'attenta selezione delle materie prime (formaggi, guanciale, gelati e birre artigianali, olio extravergine di oliva, carni e vini di origine laziale) si somma alla cordiale accoglienza dei gestori. Il ricco antipasto della casa include formaggi e salumi biologici di montagna e un'ampia selezione di assaggini, ma sono i primi piatti a illustrare l'ampia varietà e qualità della tradizione romana e sabina: gli **spaghettoni all'amatriciana**, alla carbonara e alla **gricia** (pepe e guanciale), gli **gnocchi ricci** (12 €) al ragù, quasi introvabili fuori da Amatrice, la pasta e ceci con bruschette e olio della Sabina, la polenta con salsicce e spuntature, la zuppa del contadino. Il quinto quarto, protagonista della cucina romanesca, è presente con i **rigatoni alla pajata**, al sugo di coda o di durelli di pollo, la trippa e la coda alla vaccinara, il bollito in salsa verde e alla picchiapò, le **polpette di bollito al forno** (10 €). Tra le carni la scelta spazia dal petto di vitella alla fornara alle costolette di abbacchio panate e fritte, agli involtini alla romana. Ottimi i dolci fatti in casa, come le crostate alla confettura di prugne o visciole (4 €), le pere cotte al vino rosso, il gelato artigianale di Casperia. Con poche etichette di pregio a un prezzo ragionevole, la cantina si completa con birre artigianali locali e nazionali.

ROMA
Centocelle

Bus fermata Centocelle

Pro Loco D.O.L.
Osteria *novità*
Via Domenico Panaroli, 35
Tel. 06 24300765
Chiuso la domenica
Orario: mezzogiorno e sera
Ferie: due settimane in agosto
Coperti: 45
Prezzi: 27 euro vini esclusi
Carte di credito: tutte, BM

Il locale è l'evoluzione naturale del progetto D.O.L., Di Origine Laziale, che quindici anni fa ha messo in piedi un punto di diffusione di specialità gastronomiche, esclusivamente dal Lazio, promuovendo la tutela delle aziende tradizionali, dei piccoli artigiani e di un'agricoltura ecocompatibile. Il nome Pro Loco deriva da un'espressione di origine latina che significa "in favore di un luogo, per il territorio": è questa la filosofia che anima il locale gestito da un affiatato gruppo di ragazzi sotto i quarant'anni, Gianfranco, Marina, Serenella, Vincenzo e Zazà, e che vede in cucina il ventitreenne Fabrizio. Il locale è accogliente ed essenziale, dominato da un'enorme lavagna (il menù cambia ogni giorno) e da un grande bancone per la vendita di salumi e formaggi, frutto di selezioni, ricerche e viaggi per il Lazio. Potrete anche gustarli al tavolo: ottimo il raro conciato di San Vittore, un formaggio salvato dall'estinzione. Tra i primi **fusilli acqua e farina con pomodoro confit e pesto di salvia** (12 €) o con zucchine e pomodorini, e zuppe di legumi biologici. I secondi, che prevedono sempre un contorno, vanno dallo **stinco di maiale cotto nella birra** (14 €) alla **pizzaiola di vitella** (12 €). Ancora carni di agnello, di coniglio leprino viterbese, di maiale, di razza mangalica, allevato nella Tuscia. Dolci, in monoporzioni, dal **tiramisù alla genziana** al semifreddo. Circa 60 etichette di vini, biologici e biodinamici, e alcune birre artigianali, neanche a dirlo, tutte esclusivamente laziali. Non manca la pizza, a lievitazione naturale con farine biologiche, cotta però in teglia.

ROMA
San Giovanni

Metropolitana fermata Re di Roma

Roberto e Loretta
Ristorante
Via Saturnia, 18-24
Tel. 06 77201037
Chiuso il lunedì
Orario: mezzogiorno e sera
Ferie: 2 settimane in agosto
Coperti: 100
Prezzi: 35 euro vini esclusi
Carte di credito: tutte, BM

Continuando la tradizione del padre Alfredo, che aveva la trattoria poco distante, in via Gabi, Roberto Mancinelli, la moglie Loretta e il figlio Riccardo conducono questo classico ristorante romano. Classico perché arredi, stampe e atmosfera riportano agli anni Sessanta-Settanta, quando andare a mangiare fuori molte volte voleva dire ritrovarsi in un ambiente accogliente e informale, proprio come quello di casa. La cucina si basa sulla tradizione romana, con piatti che richiamano altre regioni ma sempre con l'attenzione alla stagionalità delle materie prime. Di antipasto, **sformatino di baccalà bianco con patate al vapore e cipolla di Tropea** (11 €), involtino croccante con orata, carciofi e pinoli, fiore di zucchina fritto ripieno con alici e mozzarella, insalata di radicchio con polpo verace e noci. Oltre ai primi della tradizione romana – **cacio e pepe** in primis – troviamo i tagliolini con orata, fiori di zucca e scaglie di pecorino, il **timballo siciliano di anellini con melanzane e provola fresca** (10 €), i tonnarelli ai sapori di bosco con funghi e gorgonzola. Abbacchio al forno con patate, **timballo di alici fresche e carciofi cotto al forno** (14 €), melanzane alla parmigiana, coniglio disossato al tartufo nero e filetti di baccalà in umido sono alcuni secondi, completati da varie carni alla brace. Contorni di stagione e dolci fatti in casa (5 €) tra i quali menzioniamo il tiramisù, il cremolato alle fragole, la mousse allo zabaione. Buona la carta dei vini che dedica giustamente ampio spazio alla produzione laziale con ricarichi corretti. Il servizio è attento e preciso.

LAZIO | 621

ROMA
Prati

Velavevodetto Ai Quiriti
Trattoria
Piazza dei Quiriti, 4
Tel. 06 36000009
Non ha giorno di chiusura
Orario: sera, festivi anche pranzo
Ferie: Ferragosto
Coperti: 70 + 30 esterni
Prezzi: 35 euro vini esclusi
Carte di credito: tutte, BM

Sarà che qui prima c'era un ristorante esotico conosciuto perché faceva tendenza, perché il quartiere Prati è avaro di trattorie o perché Flavio – con il successo del locale di Testaccio – è conosciuto un po' in tutta la città, ma "il cacio e pepe dei Quiriti" è diventato un punto di riferimento per molti. Il dehors durante la bella stagione affaccia sulla piazza luminosa, a due passi da San Pietro e da Castel Sant'Angelo. Il locale internamente è confortevole ma un po' scuro: qui si bada alla sostanza. La stessa che, come si diceva, è alla base di un piatto semplice quanto richiesto: i **tonnarelli cacio e pepe** (10 €) che da Flavio sono un vero e proprio oggetto di culto. Sostanza e generosità anche nelle fettuccine al ragù di capretto e negli altri classici romani come amatriciana e carbonara. Molto saporiti anche i **ravioli alla Velavevodetto**, conditi con sugo di pomodoro. Gli antipasti sono invece essenziali e vertono sui tipici fritti della tradizione capitolina (6 €), su affettati o su una buona mozzarella di bufala. I secondi piatti sono prevalentemente "umidi", dunque **coda alla vaccinara**, polpette alla romana e **involtino al sugo**, proposti anche in un interessante piatto misto (16 €). In alternativa (e c'è chi le chiede anche come antipasto) le polpette di bollito (14 €), una volta piatto di risulta, oggi fra i più amati da avventori e turisti. Disponibili anche tagli di carne (bistecca e costata) da razze locali, allevate in un'azienda agricola di proprietà. Verdure ripassate, puntarelle in stagione e dolci del giorno (6 €). Atmosfera conviviale e buona scelta di vini.

SEZZE

21 KM A NE DI LATINA SS 156

Santuccio
Ristorante
Via Santi Sebastiano e Rocco, 95
Tel. 0773 888573-320 0332122
Chiuso il mercoledì
Orario: mezzogiorno e sera
Ferie: tra gennaio e febbraio
Coperti: 90 + 50 esterni
Prezzi: 35 euro vini esclusi
Carte di credito: tutte, BM

Tante le occasioni sono buone per venire qui, ma il momento migliore è quello della stagione locale dei carciofi (qui a fine inverno, primavera) quando trionfa il romanesco, detto anche cimarolo o mammola. I sacerdoti di questo straordinario fiore sono la mamma Lina e i figli Giannino e Sisto. E può capitare che uno dei fratelli si sieda al vostro tavolo e chieda un parere su ciò che state mangiando: approfittatene, ne verrà fuori una bella conversazione. L'inizio è un trionfo: carciofi al forno, crudi, fritti e in vari altri modi, prosciutto di Bassiano, ricottine e mozzarelle di bufala, polenta fritta, crostini con i funghi, peperoni gratinati: è l'antipasto, di fatto un pranzo completo (18 €). Se si vuole proseguire, tra i vari primi (10 €) si possono assaggiare le penne con i carciofi, mantecate con uova e formaggio, gli strozzapreti all'amatriciana, la zuppa di fagioli, il gustoso **raviolone di ricotta e carciofi**, il risotto con gli spinaci. Carciofo anche come ripieno del **filetto di maiale**, un ottimo secondo piatto. Altrettanto appetitosi, le **costolette di agnello alla scottadito** (15 €), il coniglio in tegame, lo ***gnorante***, saporito filetto cotto alla brace adagiato su un crostone di pane bruschettato, ricoperto da sottili fette di lardo e tartufo nero. Non mancano le bistecche di scottona e la tagliata di manzo. Tiramisù, panna cotta (5 €), bocconcino di pasta sfoglia con crema chantilly e frutta, sorbetto al limone, fragole con panna, per concludere. La cantina, pur non molto ampia, propone un'ottima selezione di vini di produttori locali.

SPERLONGA

55 km se di Latina ss 7

Ricciola Saracena

Osteria moderna *novità*
Via Porta Piccola della Chiesa
Tel. 333 2146844
Chiuso da lunedì a giovedì, mai d'estate
Orario: solo la sera
Ferie: in novembre e 15-02/15-03
Coperti: 25 + 10 esterni
Prezzi: 25-35 euro vini esclusi
Carte di credito: tutte, BM

Sono le sorelle Chinappi ad avere dato vita a questa piccola osteria moderna. Il locale è stato realizzato a quattro mani interamente da loro: sedie, panche e vecchie botti dipinte come i tavoli, tutte rigorosamente bianco e blu come vuole la tradizione marinara, con qualche tocco di rosso acceso. Bocconi e calici a chilometro zero, con una proposta che sintetizza bene l'idea di osteria di nuova generazione. Menù all'insegna dei pochi ma buoni: una selezione di piccoli produttori locali, al di là dei soliti noti. Anche dalla cantina prodotti del territorio: vini e birre artigianali davvero interessanti. Dalle 18.30 in poi la possibilità di scegliere tra una degustazione di mare (12 €) e una di terra che consistono in tre bocconi, fra cui possono capitarvi il **crudo di ricciola** e il gratin di alici e melanzane. Oltre alle degustazioni, la cucina sforna sempre due o tre piatti del giorno: noi segnaliamo il **crostone con lenticchie di Ventotene e polpo** (13 €), la **panzanella alici e tonno di Ponza** (10 €) e la **tagliata di alalunga**. I dolci non mancano mai: ottima la **torta di ricotta di bufala e miele** (5 €), tipiche le ciambelline al Moscato Passito di Terracina. Per un buon bicchiere di vino il bar è aperto in estate anche dopo le 22.30. Menzione speciale per il coraggio di Irene di fare del suo lavoro non una semplice attività stagionale ma di trasformarla in un'ottima dispensa aperta tutto l'anno, garantendo un servizio di qualità, non sempre facile in una città che appare quasi "fantasma" nella bassa stagione.

TERRACINA

40 km a se di Latina ss 148

Borgo Pio

Osteria
Via Marconi, 10
Tel. 0773 703769–338 2271663
Chiuso il martedì
Orario: mezzogiorno e sera, 30/6-31/8 solo sera
Ferie: 10 gg in novembre e in gennaio
Coperti: 40 + 30 esterni
Prezzi: 25-35 euro vini esclusi
Carte di credito: tutte, BM

Nel centro di Terracina, tra le numerose trattorie marinare, che popolano la piazza principale, troverete con facilità l'osteria Borgo Pio, nascosta dietro un angolo. L'ambiente è quello di un locale moderno, ampliato durante il periodo estivo con una fresca veranda. Roberta Palazzi e Pierpaolo Rossi hanno fatto una scelta ben precisa: valorizzare non solo la tradizionale cucina di pesce povero, ma anche quella dell'entroterra. È un piacere ritrovare in un menù, assieme, la **zuppa di erba pazza** (7 €) e la **minestra di pesce**. Verrete accolti con frittelline alle verdure di stagione, come benvenuto. Buoni anche il **baccalà fritto su cipolla rossa di Tropea**, gli **involtini di melanzane con mozzarella di bufala e alici**, il coniglio alla cacciatora, la trippa al sugo, gli **straccetti di carne bufalina**, l'estivo carpaccio di bufala e melone (12 €) e l'immancabile tiramisù. Una particolare attenzione è data alla stagionalità del pesce, proveniente direttamente dalla piccola pesca locale: arzille, sgombri, palamite, alici, polpi veraci, pannocchie. Se li trovate in carta, ordinate i tonnarelli alici e pecorino (10 €) o il **sughero in guazzetto** (12 €) e il notevole fritto di paranza. Per finire, le crostate alla frutta di stagione non mancano mai e sono buonissime le ciambelline al vino. In carta piatti per vegetariani che nascono da ortaggi scelti con altrettanta cura. Carta dei vini dedicata alla regione.

> *Attenzione per i prodotti del territorio testimoniata dalla conoscenza diretta di produttori, contadini e pescatori: Pierpaolo visita le aziende per selezionare le migliori materie prime*

LAZIO | 623

TERRACINA

40 km a se di Latina ss 14

Il Bistrot del Granchio

Osteria moderna
Via San Francesco Nuovo, 80
Tel. 0773 709696
Chiuso il lunedì
Orario: sera, domenica anche a pranzo
Ferie: una settimana in novembre o febbraio
Coperti: 40
Prezzi: 35 euro vini esclusi
Carte di credito: tutte, BM

Quella dei coniugi Ciamberlano è stata una felice intuizione: affiancare all'impegno già ampiamente celebrato del loro ristorante – Il Granchio – una proposta più conviviale, semplice ma non banale. Quando vi metterete a sedere ai tavoli del Bistrot, in una posizione panoramica davvero rara, vi arriverà una carta delle vivande che presenta le proposte del giorno in ordine non ortodosso. La felice e precisa mano di Daniela Onorato farà il resto, mentre Luca, pur impegnato nella sala del ristorante, non mancherà di portare tra i tavoli la sua vena sagace. Tra i piatti che potremmo considerare d'apertura, ottime **alici marinate** o fritte (9 €) e la porchetta della casa su vellutata di patate, ma soprattutto, secondo disponibilità, l'antica **minestra di sgavaglioni** (8 €), piccoli pescetti locali saporitissimi. A seguire un nutrito gruppo di piatti, fra i quali ci ha sorpreso lo **spaghetto di Gragnano con alici e pecorino**, di raro equilibrio nel sapore. Buona anche l'insalata di ceci, polpi, seppie, calamari e cipolla dolce, così come l'arzilla fritta su panzanella di pomodoro (13 €). E se proprio amate la carne, un filetto grigliato con cipolle caramellate. I prodotti sono locali e freschissimi, e a tavola se non manca mai l'olio extravergine di monocultivar itrana, oltre a sale e pepe selezionati. Tra i dolci stagionali, ricordiamo la torta di mele con crema alla cannella e lo sfizio di una coppa di fragole favetta di Terracina con panna montata al momento. Equilibrio e sensibilità nella proposta enologica che, anche al bicchiere, sa garantire davvero un percorso originale e appagante.

TERRACINA

40 km a se di Latina ss 148

Saint Patrick

Enoteca con mescita e cucina
Corso Anita Garibaldi, 56
Tel. 0773 703170
Chiuso il martedì
Orario: solo la sera
Ferie: tra novembre e dicembre
Coperti: 45 + 35 esterni
Prezzi: 32-35 euro vini esclusi
Carte di credito: CS, Visa, BM

In un bel palazzetto medievale nell'affascinante centro storico di Terracina, Ivana e Massimo Masci accolgono con rara cordialità gli affezionati clienti, e i turisti che d'estate affollano il litorale pontino. Nato come vineria, questo locale si è affermato anche per la sua cucina, con un menù che cambia spesso secondo le stagioni, perché Massimo ha un occhio attento alla scelta dei prodotti. Appassionato di **formaggi**, ce ne propone di rari e particolari, provenienti da ogni parte del globo. A noi interessano soprattutto le eccellenze del territorio: le **marzoline di pecora o capra** (6 €), la ricotta e la mozzarella di bufala dell'Agro Pontino. Tra i salumi spiccano la **coppa stagionata al Moscato di Terracina**, le coppiette e il prosciutto di Bassiano, la pancetta alle erbe di Itri, la salsiccia di Monte San Biagio con i broccoletti. Tra i primi, degni di nota gli involtini di melanzane ripieni di tagliolini (9 €). Le proposte di carne più interessanti sono il tris di carne di maiale e il delicato **spezzatino di carne di bufala con la polenta** (15 €). Nelle serate estive si fanno ben apprezzare la panzanella con tonno e mozzarella e il carpaccio di zucchine. I dolci (5 €): budino di pane, **torta di fragole favetta di Terracina o di fichi**. Alla ricca carta di vini, che dà il giusto rilievo alle eccellenze dell'enologia pontina, si affiancano interessanti proposte di birre artigianali di qualità.

66 *Professionalità, cortesia e cura nella scelta dei prodotti sono la cifra distintiva di questa enoteca, sicuro riferimento per chi si avvicina all'enogastronomia del territorio* **99**

TERRACINA

40 km a se di Latina ss 148

Vineria Cesare 1963

Vineria con cucina
Via San Francesco Nuovo, 5
Tel. 0773 703921
Chiuso il mercoledì
Orario: sera, domenica anche a pranzo
Ferie: 15 giorni in novembre
Coperti: 35 + 70 esterni
Prezzi: 35 euro vini esclusi
Carte di credito: CS, MC, Visa, BM

Massimo Cappellanti ha raccolto da qualche anno il testimone dal papà per ridare vitalità a questo locale storico di Terracina. Ha dato l'impronta di vineria, con ricca offerta di etichette da tutta Italia e una particolare attenzione alle laziali e pontine. Altrettanto varie sono le proposte della cucina, che attinge a piene mani dal mare di Terracina, dalle campagne e dagli allevamenti dell'Agro Pontino. Ben accolti nella piccola e piacevole sala o nel più ampio giardino interno, possiamo allora iniziare con le **polpette di pesce**, con i fiori di zucca fritti, col carpaccio di carne bufalina, con la **frittura di occhioni** (8 €) o con la parmigiana di zucca e zucchine. Seguono i primi: riccioli di Gragnano al ragù di pesce (12 €), cuscus con verdurine dell'orto e pesce, tortino di riso venere con i gamberi. Le origini reatine della famiglia si ritrovano negli spaghetti cacio e pepe, o, quand'è stagione, nei funghi utilizzati sia per condire la pasta sia per la preparazione di varie pietanze. Il pesce ritorna dominante nella millefoglie di pesce con asparagi o carciofi, nella **frittura di totani** (14 €), nel **tortino di alici e mozzarelle**. Tra i secondi di carne si fanno apprezzare gli hamburger di bufala. Si può finire scegliendo una delle numerose proposte di dolci (5 €), tra cui spiccano i cannoli di pasta sfoglia con ricotta e fragole, la crème brûlée ai pistacchi e i gustosi sorbetti alla frutta.

■ Il Mercato della Terra e del Mare, ogni prima domenica del mese in via del Rio, non è un mercato qualunque, ma il luogo giusto per conoscere e acquistare i prodotti del territorio.

TREVIGNANO ROMANO

58 km no di Roma sr 2

Il Porticciolo

Ristorante *novità*
Via Settevene Palo Est, 197
Tel. 06 9999604-335 5405770
Chiuso il lunedì
Orario: mezzogiorno e sera
Ferie: periodo natalizio
Coperti: 30 + 55 esterni
Prezzi: 35 euro vini esclusi
Carte di credito: AE, CS, DC, Visa, BM

Proprio in riva al lago, su quel terreno che una volta costituiva l'orto di famiglia e al tempo stesso la rimessa della barca da pesca del nonno Marzio, oggi due piccole salette e un incantevole giardino, da godere durante la bella stagione, accolgono i clienti. La conduzione familiare vede Carla Berti dirigere la cucina e i figli Fabrizio e Enrico in sala. Molto sfizioso l'antipasto di lago (12 €), rigorosamente di pescato locale, che prevede polpettine di persico, **pesce marinato**, secondo la ricetta tradizionale, carpaccio di luccio con salsa giardiniera, pesce persico al pepe rosa e involtini di coregone con uva passa. Tra i primi piatti, da non perdere le tagliatelle all'uovo, fatte a mano, o quelle alle rape rosse (10 €), i cannelloni ripieni di ricotta e persico, **ravioli con ricotta e borragine con sugo di coregone** (12 €) oppure l'**acquacotta** e la **pasta e fagioli con quadrucci** (10 €). Tra i secondi non manca mai il pesce di lago: in frittura, alla trevignanese (10 €), alla piastra o in salsa verde; solo a novembre, su ordinazione, l'anguilla alla cacciatora. Come contorno le verdure dell'orto di proprietà: broccoletti, carciofi, zucchine e pomodori. Pane del vicino forno del paese e dolci fatti in casa: la **zuppa inglese** con sopra l'albume, il tiramisù o le crostate con confettura di more o con crema e arance amare. Molto curata la carta dei vini, con una buona presenza di etichette locali e proposte al bicchiere dai ricarichi sempre contenuti.

■ Azienda agricola Acquaranda (via dello Sboccatore, 8): formaggi ovini, in particolare il caciofiore della campagna romana, Presidio Slow Food.

LAZIO | **625**

VIGNANELLO

18 KM A SE DI VITERBO

Ristorante Il Vicoletto 1563

Ristorante
Piazza della Repubblica, 18
Tel. 0761 754073
Chiuso martedì e mercoledì
Orario: mezzogiorno e sera
Ferie: non ne fa
Coperti: 36 + 20 esterni
Prezzi: 30-35 euro vini esclusi
Carte di credito: tutte, BM

Il Vicoletto lo trovate nella piazza centrale di Vignanello, il numero 1563, che segue il nome del locale, indica l'anno in cui la famiglia dei "Lagrimanti" iniziò la costruzione di questo palazzo. Risalire a ritroso nel tempo è infatti la caratteristica del modus operandi del giovane cuoco e patron Ezio Gnisci. Il menù viene rivisto circa quattro volte durante l'anno, i piatti vengono proposti solo dopo lunga sperimentazione effettuata con rigore dallo stesso proprietario. L'accoglienza nella sala è riservata alla giovane Agnieszka Lubacha, ma quando trova il tempo, anche Ezio lascia i fornelli per chiacchierare con i commensali in un'atmosfera piacevolmente rilassata. Gli antipasti (9 €) propongono **formaggi** e salumi locali in tante varietà ma la scelta è ampia anche per le zuppe (9 €) ai vari legumi del territorio, così come per le paste. Fra queste, ottimo il **tagliolino carciofi e pecorino romano** (9 €), gustoso lo **gnocchetto di patate e nocciola al ragù di cinghiale** (€ 9), originali i ravioloni di ricotta di capra. Interessanti i secondi (serviti tutti con contorno) per la selezione delle carni proposte, tra i quali segnaliamo il **salsicciotto di coniglio verde leprino** (15 €) e i medaglioni di maiale con scalogno, pere e zucca in salsa di balsamico. I dolci (4 €) fatti in casa sono tutti di ottima fattura. Curata la selezione dei vini, con prevalenza di cantine naturali e biodinamiche del Viterbese e buone etichette nazionali dal corretto rapporto qualità-prezzo. Presenti anche birre artigianali.

VITERBO

Al Vecchio Orologio

Osteria tradizionale
Via Orologio Vecchio, 25
Tel. 335 337754
Non ha giorno di chiusura
Orario: sera, sabato e domenica anche pranzo
Ferie: 10-20 agosto
Coperti: 40
Prezzi: 30 euro vini esclusi
Carte di credito: AE, CS, MC, Visa, BM

Una delle vie che partono dalla splendida piazza delle Erbe, sede della secentesca Fontana dei Leoni, ci porta nel locale di Paolo Bianchini. Tre archi a tutto tondo sorretti da solide mura in peperino e pietra tipica viterbese sono la cornice delle tre salette di cui è composta l'osteria attiva dal 1966. Paolo in sala illustra i piatti che vengono preparati in cucina da Ester e Claudio, valorizzando i produttori locali da cui attinge le materie prime. Pasta, pane, pizze e focacce sono fatte in casa, l'olio extravergine è quello dei migliori produttori della zona. Iniziate con l'abbondante antipasto misto (9 €) a base di verdure in pastella, crostini misti, ottimi formaggi e salumi, compresa la susianella viterbese (Presidio Slow Food). Tra i primi (8,50 €), se siete nel periodo giusto, assaggiate la **carbonara con i carciofi** o i **tonnarelli con asparagi e guanciale**; altrimenti amatriciana, riso e lenticchie, pasta e fagioli o, d'inverno, la **zuppa di ceci e castagne** e quella di legumi. Sapori intensi anche per i secondi (9,50 €), dove la carne la fa da padrona: **trippa alla romana**, fagioli con le cotiche e salsiccia, **cosciotto di pollo alla viterbese**, carne alla griglia; per contorno cicoriella e fiori di zucca pastellati, patate alla paracula, broccoli strascinati. Dolci della casa (5 €) per chiudere: biscotteria secca, crostata con crema chiboust e frutti rossi, tartufo di nocciola e cacao. Menzione particolare per la scelta dei vini: Paolo ha ampliato la sua proposta locale e laziale con oltre 100 etichette e le bottiglie di due birrifici artigianali; possibilità di mescita al bicchiere.

VITERBO
Bagnaia

6 KM DAL CENTRO DELLA CITTÀ

I Giardini di Ararat

Azienda agrituristica *novità*
Strada Romana, 30
Tel. 0761 289934-328 6484484
Chiuso lunedì e martedì
Orario: mezzogiorno e sera
Ferie: non ne fa
Coperti: 80 + 60 esterni
Prezzi: 30-35 euro vini esclusi
Carte di credito: tutte, BM

VITERBO
San Martino al Cimino

5 KM DAL CENTRO DELLA CITTÀ

Il Moderno

Ristorante-Pizzeria
Piazza Buratti, 22
Tel. 0761 379952
Chiuso il martedì
Orario: mezzogiorno e sera
Ferie: 15-30 giugno, periodo natalizio
Coperti: 70 + 70 esterni
Prezzi: 30-35 euro vini esclusi
Carte di credito: CS, MC, Visa, BM

Un casale familiare, cinque ettari di terreno visitabili ai piedi dei Monti Cimini e tanta voglia di testimoniare un modo sostenibile di fare piccola agricoltura finalizzata alla trasformazione sul posto, prevedendo anche momenti divulgativi e didattici: questo sono I Giardini di Ararat. Laura è il perno su cui ruotano l'azienda agricola e la cucina, Sergio sforna pane e pasta, l'affabile Emanuela cura con gusto e competenza l'allestimento e l'accoglienza. Il ricco menù varia secondo approvvigionamento stagionale. In apertura antipasto rustico dei giardini, un misto da comporre secondo gli ingredienti del giorno, che può prevedere **sformato di ricotta caprina e verdure** (9 €) oppure succulente verdure pastellate fritte in padella. Ampia scelta tra i primi (10 €): **maltagliati di castagna con pomodorini di Pachino e finocchietto**, stracchetti al ragù di coniglio leprino in bianco con timo (il coniglio è allevato in azienda), fettuccine con le patate (vecchia ricetta della nonna di Laura). Saporiti i secondi: **leprino alla cacciatora** o fritto dorato (15 €), guanciale ai lamponi, pancia di vitella in agrodolce, uova di oca in terrina con tartufo e verdure, parmigiana di melanzane e verdure al forno. Zuppe perlopiù invernali, come la **scafata** di fave e piselli, quella di ceci e castagne e, quando disponibile, quella ai funghi (10 €). Tra i dolci buone la mela fritta alla cannella con crema calda (5 €) e le visciole maraschinate. Cantina con 20 etichette perlopiù locali.

Situato all'interno del territorio dei Monti Cimini, e vicino alla riserva del piccolo lago vulcanico di Vico, San Martino si colloca in un'invidiabile posizione tra splendidi paesaggi naturali e bellezze architettoniche del passato. Il locale della famiglia Grani si trova nella piazza principale del paese, all'inizio della salita che porta alla cattedrale, visibile dalla veranda esterna dove si può pranzare nelle calde estati. L'impronta della cucina è stata impressa negli anni da Aldo, cuoco di lungo corso e affinatore di formaggi per hobby, e da suo figlio Maurizio che ha aggiunto un po' di voglia di sperimentare. Iniziamo con **formaggi** o salumi (presenti anche Presìdi Slow Food) con mostarda della casa e miele locale, oppure con **mela in pastella, pecorino romano e miele** (8,50 €). Tra i primi, ottimi **gnocchi di castagne** con sugo di funghi, al cinghiale o allo scorzone, o i gustosi ma semplici **lombrichelli al sugo di fave**. Saporiti i secondi: carne alla brace, **trippa alla romana** (8 €), agnello ai carciofi (9 €), **padellata di porcini e patate**; su ordinazione il pollo ruspante alla creta (cottura lenta al forno). Per finire, i balocchi di nocciola, uvetta e pinoli (ricetta della mamma), il tiramisù agli amaretti e il gelato di nocciola al cioccolato bianco. Cantina con molte etichette della zona, mescita anche al bicchiere e birra artigianale locale. Possibilità di piatti e pizza per celiaci.

Nei pressi di Viterbo, al km 2,200 della strada provinciale 7, l'azienda agricola Montelugo produce formaggi caprini.

LAZIO | **627**

'L Richiastro

Osteria tradizionale
Via della Marrocca, 16-18
Tel. 0761 228009
Chiuso da domenica sera a giovedì
Orario: mezzogiorno e sera
Ferie: da luglio a settembre compreso
Coperti: 60 + 20 esterni
Prezzi: 25-30 euro vini esclusi
Carte di credito: nessuna, BM

Tutto iniziò nel 1981 quando Giovanna, professione architetto, stanca di organizzare in quel di Viterbo pranzi e cene per vari artisti, d'accordo con il marito Cesare ha deciso di aprire un'osteria anche per fare conoscere la tradizione gastronomica derivante dall'antica Etruria. Il nome stesso del locale rievoca il passato: per richiastro si intendeva il cortile interno del palazzo. Emiliano, figlio della coppia, vi accoglierà illustrandovi il menù: si inizia dall'antipasto classico composto da bruschettine con quattro salse a rotazione (buone quelle con i fegatelli), per poi passare alla **zuppe di ceci e castagne** (7 €), di lenticchie e funghi o di farro e cicoria, proposte nel periodo invernale, mentre le pastasciutte (8 €), tutte fatte in casa, variano con i condimenti a seconda del periodo: possiamo trovare i **lombrichi alla vitorchianese** (con pomodoro, finocchio selvatico e pecorino), le fettuccine all'uccelletto pazzo, gli gnocchi con il guanciale. Intingoli speziati accompagnano le carni: interessanti gli **spiedini di maiale** con salsa di prugne (10 €) con peperoncino e miele o con salsa tredura, succulento l'arrosto ai fichi secchi o al vino rosso in agrodolce, ben fatta la **trippetta di maiale in bianco con cannella**. I dessert casalinghi (5 €) sono perlopiù al cucchiaio; in alternativa raccomandiamo i biscottini accompagnati dall'Ippocrasso, vino rosso cotto con varie spezie e servito freddo. Il vino della casa è un rosso della zona.

Tredici Gradi

Osteria tradizionale
Via Cardinal La Fontaine, 28
Tel. 0761 305596
Chiuso lunedì d'inverno e domenica d'estate
Orario: mezzogiorno e sera
Ferie: 15 giorni in gennaio
Coperti: 45 + 30 esterni
Prezzi: 30 euro vini esclusi
Carte di credito: CS, MC, Visa

Situata nel cuore della città dei Papi, questa osteria è un punto di riferimento per chi è in cerca di buona accoglienza: la passione per la cucina locale si coniuga con la ricerca dei prodotti del territorio. Ci si può accomodare in una delle sale interne oppure nel rustico patio esterno, se confortati dalla bella stagione. Spesso il pasto si apre con un misto di **formaggi e salumi della tradizione locale** e nazionale forniti dall'invitante bancone, comprendenti alcuni Presìdi Slow Food, oppure con uno stuzzicante antipasto misto della casa (9 €). Passando ai primi, si può scegliere fra il rinomato **fieno al ragù**, i classici lombrichelli cacio e pepe (10 €) e le saporite **fettuccine al cinghiale**. In stagione, segnaliamo le coinvolgenti zuppe di **lenticchie alle castagne** e di fagioli al finocchietto. Fra i secondi, di stampo robusto ma preparati con mano leggera, meritano una menzione lo spezzatino con prugne e pinoli (14 €), il **coniglio leprino viterbese alla cacciatora** e il bollito alla picchiapò. Come contorno, l'immancabile cicoria saltata o le patate al forno con finocchietto. Volendo chiudere con un dolce (4 €), fra i tanti preparati quotidianamente in casa, ricordiamo una deliziosa crostata di visciole. Il locale è nato come vineria, quindi la cantina comprende numerose etichette, con un occhio particolare per la vicina Tuscia; particolarmente apprezzato il rosso della casa.

> *Il rispetto della tradizione e il misurato ma informale garbo con cui vengono presentati i piatti rendono il locale una perla del Viterbese*

oltre alle osterie

ALBANO LAZIALE
24 km a se di Roma

La Galleria di Sopra
Ristorante *novità*
Via Leonardo Murialdo, 9
Tel. 06 9322791
Chiuso il lunedì
Orario: sera, domenica anche pranzo
Ferie: dal 15 al 30 agosto
Coperti: 35
Prezzi: 40-50 euro vini esclusi
Carte di credito: CS, DC, MC, Visa, BM

Il locale dei fratelli Carfagna nei suoi dieci anni di vita non ha mai smarrito l'identità e l'obiettivo di proporre una gastronomia evoluta ma fatta di materie prime locali. L'ambiente è di grande comodità e piacevolezza. Andrea entra nel merito del menù del giorno curando i clienti in sala, Claudio lo realizza in cucina dimostrando sicurezza ed estro sensoriale; entrambi tengono molto alle radici familiari, all'orto da cui attingono ciò che la stagione dà, alla scelta del pesce freschissimo. Alcuni piatti simbolo posso aiutarci a completare il quadro: i pomodori (quattro tipologie per altrettante cotture), i cannelloni di melanzane e cacio di Morolo (12 €), la triglia in cartoccio di timo (13 €), l'agnello in due cotture (coscio brasato e sella a bassa temperatura), la crema brunita alla genziana con gelato alla liquirizia. Saggia carta dei vini con alcune annate a favore dei clienti più sapienti.

ISOLA DI VENTOTENE - Ventotene
76 km da Latina + 18 minuti di traghetto da Anzio, Formia e Terracina

Il Giardino
Ristorante
Via Olivi, 43
Tel. 0771 85020
Chiuso lunedì a pranzo
Orario: mezzogiorno e sera
Ferie: non ne fa
Coperti: 80
Prezzi: 45 euro vini esclusi
Carte di credito: CS, DC, MC, Visa

Giovanni Impagliazzo ogni giorno reperisce materie prime di qualità eccelsa che offre con il consueto entusuasmo nel suo locale: una casa perfetta in ogni particolare, accogliente e affascinante come lo è questa piccola isola del Mediterraneo. I cardini del menù restano il pescato giornaliero e i prodotti orticoli locali, primi fra tutti le pregiate lenticchie, elaborati in portate schiette dai sapori ben riconoscibili. Due i menù degustazione: uno di tre portate a 30 euro, e il secondo di sei a 50, vino incluso. La scelta alla carta è sempre possibile e legata alla proposta di mercato: assaggiate le linguine al dentice, la parmigiana di melanzane e merluzzo, la murena in scapece.

MAGLIANO SABINA - Madonna degli Angeli

86 km a so da Rieti

Ristorante degli Angeli

Ristorante
Località Madonna degli Angeli
Tel. 0744 91377-91892
Chiuso domenica sera e lunedì
Orario: mezzogiorno e sera
Ferie: tra luglio e agosto
Coperti: 80
Prezzi: 40-45 euro vini esclusi
Carte di credito: tutte

Un riferimento importante quello costruito e mantenuto vivo dalla famiglia Marciani: un hotel e un ristorante con bottega che rappresentano un pezzo importante dell'ospitalità e della gastronomia sabina. La ricca proposta rivisita, alleggerendoli, i classici della cucina di carne e selvaggina, impreziositi dalle orticole reperite localmente. Ottimi, tra i primi piatti, il raviolo farcito e i tagliolini al guanciale, mentre tra i secondi hanno un ruolo di primaria importanza le carni di bassa corte, il montone e le frattaglie, fra cui un ottimo fegato di maiale con miele e uvetta. In alternativa, ottime le proposte a base di baccalà, spesso cucinato alla brace con il rosmarino. Notevole la cantina, con una vasta scelta di etichette importanti, distillati e una bella carta degli oli.

ROMA - Prati

Bus Fermata Cicerone-Cavour

Arcangelo

Osteria moderna *novità*
Via Belli, 59
Tel. 06 3210992
Chiuso sabato a pranzo e domenica
Ferie: 20 giorni in agosto
Coperti: 40
Prezzi: 50-60 euro vini esclusi
Carte di credito: AE, MC, Visa, BM

Arcangelo Dandini da qualche anno ha cambiato formula. Via le tovaglie, menù più centrato sul territorio romano e laziale, formula semplice. E il suo ristorante si è quasi trasformato in un'osteria. Certo, ha prezzi un po' più alti, ma qui si mangia una cucina romana perfetta. Merito della conoscenza e della passione che ha il titolare per la materia prima, dalla quale nascono dunque grandissime paste (rigatoni alla carbonara, spaghettoni all'amatriciana con i pomodori del piennolo, pennoni pepe bianco, pecorino e olio alle erbe), una trippa di vitello con menta romana e pecorino semplicemente perfetta, così come la coda alla vaccinara e le animelle. Piatti che attingono dalla cultura della cucina tradizionale, realizzati con apparente semplicità ma in realtà studiati nelle cotture, negli equilibri e in ogni dettaglio. Interessantissima carta dei vini.

SAN CESAREO

30 KM A SE DI ROMA

Osteria di San Cesario

Osteria
Via Corridoni, 60
Tel. 06 9587950
Chiuso domenica sera e lunedì
Orario: mezzogiorno e sera
Ferie: prime due settimane di agosto
Coperti: 50
Prezzi: 50 euro vini esclusi
Carte di credito: AE, CS, MC, Visa, BM

Cuoca dal fare spigliato, Anna Dente propone una cucina fatta di territorio, di sapori veraci, affatto timida nel presentarsi nelle sue vesti più popolari ed energiche. I rigatoni *ar sugo de coda a la vaccinara* o con la *pajata de vitella* restano i suoi biglietti da visita. Seguono la *pulenta co le spuntature e zazzicchie* e l'indiscussa qualità delle carni, proposte nelle tre cotture tradizionali: ai ferri, al forno e al tegame. Necessari, parlando romanesco, i piatti della cucina povera del quinto quarto, che qui trovano espressione piena. Fanno da contorno un buon compendio di verdure – immancabili i carciofi – e qualche buon formaggio dell'Agro Pontino. Dolci di sostanza, come tutto il resto, e vino *ar litro*.

Map of Abruzzo Region

MAR ADRIÁTICO

0 — 15 — 30 km

MARCHE
- Loreto
- Recanati
- Macerata
- Tolentino
- Civitanova Marche
- Fermo
- PARCO NAZ. D. MONTI SIBILLINI
- Visso
- M. Vettore 2476
- Ascoli Piceno
- S. Benedetto d. Tronto

ÚMBRIA
- Norcia
- Terminillo 2216

Abruzzo:
- Colonnella
- Mosciano S. Angelo
- S. Omero
- Giulianova
- Castellalto
- Téramo
- Notaresco
- Roseto d. Abruzzi
- Canzano
- Pineto
- Città S. Angelo
- Castilenti
- Montesilvano
- Ísola d. Gr. Sasso d'Itália
- Gran Sasso d'Itália 2912
- MONTI
- Picciano
- Penne
- Spoltore
- **Pescara**
- Farindola
- Loreto Aprutino
- Moscufo
- Villa Celiera
- Pianella
- S. Giovanni Teatino
- Ortona
- Póggio Picenze
- D. LAGA
- Civitella Casanova
- **Chieti**
- S. Vito Chietino
- **L'ÁQUILA**
- Ofena
- Carpineto della Nora
- Rocca S. Giovanni
- Prata d'Ansidonia
- Guardiagrele
- Lanciano
- PARCO NAZ.
- Caramánico Terme
- Castèl Frentano
- Vasto
- Carsóli
- A24
- Sulmona
- Maiella 2793
- Bomba
- S. Salvo
- Avezzano
- A25
- Pacentro
- Anversa d'Abruzzi
- D. MAIELLA
- Rivisóndoli
- Rosello
- Pescassèroli
- PARCO NAZ. D'ABRUZZO
- Schiavi di Abruzzo

LÁZIO
- Alatri
- Sora
- LAZIO E MOLISE
- M.ti della Meta 2247
- Frosinone
- Cassino
- A1

MOLISE
- Pescolanciano
- Isérnia
- **CAMPOBASSO**

- Latina
- PARCO NAZ. D. CIRCEO
- Sabáudia
- Terracina
- Fórmia
- Gaeta
- G. di Gaeta
- **MAR TIRRENO**

CAMPÁNIA
- Cápua
- S. Maria Cápua Vétere
- Caserta

ABRUZZO

L'Abruzzo per la sua conformazione geografica e per le sue vicende storiche e sociali vive da sempre una doppia identità culinaria: da un lato la cultura agricola e pastorale, dall'altro quella marinara, che spesso si incontrano. E dunque non appaia un controsenso la rana pescatrice o coda di rospo alla cacciatora (e non alla pescatora) cotta in padella con aglio e rosmarino, talvolta con peperone dolce secco – localmente fuffellone o bastardone. Un passo verso l'entroterra consente di scoprire virtuosismi culinari dovuti più alla necessità che all'ingegno, dovendosi nutrire con materie prime di recupero, quando la carne non era per tutti e per tutti giorni. Ecco allora le pallotte cac' e ova, ossia polpette di pane raffermo bagnato nel latte, strizzato e unito a uova e formaggio grattugiato, fritte in extravergine e calate in un sugo "finto", cioè di solo pomodoro. Una squisitezza, la cui eccezionale riuscita sta tanto nel dosaggio degli ingredienti quanto nell'equilibrio tra la delicatissima croccantezza esterna e la morbidezza o spugnosità dell'interno. Due passi verso la montagna significano invece entrare nella cucina pastorale, quella più vera e, se vogliamo, ancestrale, con le interiora di agnello: si utilizza spesso la coratella (ossia fegatini, polmone, cuore, rognone e animelle), in un involtino di 8-10 centimetri legato con il budellino per diventare torcinelli in provincia di Chieti o avvolta nelle foglie di indivia nel caso delle mazzarelle teramane, cucinate in padella talvolta in un sughetto di pomodoro; diventa marro nell'Aquilano e quasi raddoppia di dimensione per la brace. Se si scelgono soltanto i fegatini, sono cotti in padella con o senza pomodoro, o molto più frequentemente con cacio e uova e serviti come antipasto.

scelti per voi

coda di rospo alla cacciatora
637 Osteria delle Piane
   Chieti
648 Il Corallo
   Pescara

pallotte cacio e uova
642 Santa Chiara
   Guardiagrele (Ch)
656 La Valletta
   San Vito Chietino (Ch)

coratella di agnello (o torcinelli, marro e mazzarelle)
636 Pervoglia
   Castellalto (Te)
644 La Bilancia
   Loreto Aprutino (Pe)
647 Taverna de li Caldora
   Pacentro (Aq)
654 Lo Scamorzaro
   Rosello (Ch)

fegatini
644 La Bilancia
   Loreto Aprutino (Pe)
651 Font'Artana
   Picciano (Pe)

ANVERSA DEGLI ABRUZZI

75 km a SE di L'Aquila, 15 km da Sulmona ss 479

La Fiaccola
Trattoria
Corso Raynaldo D'Anversa, 7-9
Tel. 0864 49474-329 8528958
Chiuso il martedì, mai d'estate
Orario: mezzogiorno e sera
Ferie: variabili
Coperti: 70
Prezzi: 22-27 euro vini esclusi
Carte di credito: CS, MC, Visa, BM

Scoprire questo locale significa scoprire un pezzo dell'Abruzzo interno, bello e vero. La condivisione totale delle esperienze agropastorali di Bianca Marcelli, in sala, e di suo marito Gino, in cucina, si ritrova nell'atmosfera semplice e sincera di questa trattoria situata quasi di fronte alla chiesa di San Marcello, con il suo meraviglioso portale, uno degli elementi caratteristici di Anversa, paese di *La fiaccola sotto il moggio* di D'Annunzio. Per gli amanti del buon formaggio e di carni ovine questo è il posto giusto. L'inizio pertanto passa obbligatoriamente per plateau (8 €) di ricotte e formaggi pecorini biologici accompagnati da salumi (anche di pecora). Imperdibili gli **gnocchi del pastore**, piatto della casa con noci e crema di formaggi locali, o le trofie con ricotta, zafferano e pecorino oppure con ricotta, pomodoro e pecorino (7 €); poi ci sono i piatti del giorno, tra i quali ravioli di burrata al sugo semplice e i **maccheroni alla mugnaia con tartufo e funghi**. Si scelga la brace per lo straordinario **agnello** (10 €), per le salsicce di maiale, per il pecorino arrosto con mandorle e miele o per gli **arrosticini di pecora**, pietanza tipica dell'Abruzzo montano, tagliati a mano (un euro l'uno), magari accompagnati dai contorni stagionali. Squisiti anche i dolci della casa (4 €). Vini del territorio con onesti rincari e birre artigianali accompagnano degnamente il pasto.

■ Non lontano dalla trattoria, l'azienda biologica cooperativa Porta dei Parchi propone ottimi formaggi di capra e di pecora, ricotte fresche e affumicate, e salumi di pecora.

634 | ABRUZZO

CANZANO

15 km a EST di Teramo

La Tacchinella
Trattoria
Via Roma, 18
Tel. 0861 555107-333 6633125
Chiuso dom, lun e mar sera, mai d'estate
Orario: mezzogiorno e sera
Ferie: 1-15 settembre
Coperti: 50
Prezzi: 28-30 euro vini esclusi
Carte di credito: tutte, BM

Questa trattoria prende il nome dal piatto simbolo della Val Vomano, una delle ricette più raffinate della regione: il **tacchino alla canzanese** (7 €), cotto lentamente, disossato, lasciato riposare e servito freddo assieme alla sua gelatina. Ma non è l'unica specialità di questo locale gestito da tre generazioni dalla famiglia Di Clemente con Antonietta, e la nuora Aurora, ai fornelli, mentre in sala si muovono il figlio Dario e la giovane nipote Antonietta. Si parte con un ottimo prosciutto, pecorino locale e sottoli fatti in casa, il **riso del moro** (7 €), gli spaghetti alla lacrima saltati in padella con vino e peperoncino, le **scrippelle 'mbusse**, le fettuccine tricolore con ventrigli di pollo e funghi o la tradizionale **chitarrina con le pallottine di carne**. Ogni 1° maggio e nei giorni subito precedenti e successivi, ci sono le **virtù** (8 €): gustosa minestra contadina per la quale è consigliabile la prenotazione. Oltre al tacchino ci sono le **mazzarelle** (8 €), l'agnello alla scottaditto, tagli di manzo e di maiale alla brace e, di tanto in tanto, il baccalà. Tipici dolci locali, come lo **storione** (4 €) e la pizza dolce abruzzese (3 €). Essenziale la cantina con le migliori etichette del territorio. Merita una visita la splendida veduta del Duecento nei sotterranei del locale, dove si può anche cenare alla luce di fiaccole e candele, prenotando con largo anticipo.

■ Il tacchino alla canzanese si può acquistare in confezioni sottovuoto nel vicino laboratorio della famiglia Michini o, su prenotazione, da Erardo Di Battista in contrada Santa Maria.

CARAMANICO TERME
San Vittorino

53 km a so di Pescara a 25 uscita Alanno-Scafa e ss 487

La Locanda del Barone
Ristorante con alloggio
Contrada Case Del Barone, 1
Tel. 085 92584-340 5104509
Chiuso il lunedì in inverno
Orario: mezzogiorno e sera
Ferie: non ne fa
Coperti: 60
Prezzi: 29-33 euro vini esclusi
Carte di credito: AE, CS, MC, Visa, BM

Una stradina tortuosa appena fuori dal paese nel cuore del Parco Nazionale della Majella porta in questa azienda che ama definirsi "custode del territorio". Il titolare Biase Bucciferro racconta quanto ultimamente sia difficile l'approvvigionamento di prodotti locali per la scomparsa dei piccoli produttori; tuttavia questo non gli ha tolto la forza di lottare e di stimolare chi come lui resiste a queste difficoltà. Seduti in terrazza con vista su una natura incontaminata si è accolti con cordialità e attenzione; la cucina è tipica di questo versante montano, strettamente legata alla stagionalità, con un tocco di leggerezza. L'antipasto "proposte della casa" (10 €) è ampio: piccoli soufflé con broccoli o cavolfiore, le immancabili **pallotte *cac' e ova*** e rotoli di verza con salsiccia al sugo. Altrettanto gustosi il tagliere di salumi di maiale nero, allevato in azienda, e la selezione di formaggi di diversa stagionatura (10 €). Tra i primi, le **lane di pecora** (pasta di fattura casalinga piuttosto grossa) **con sugo di maiale**, i maccheroni con stracotto di cervo e gli gnocchi di patate rosse con broccoli e salsiccia (7 €). Seguono le carni, ben fatte, come il tenero **agnello alla brace** (13 €), le salsicce (7 €), gli **arrosticini di pecora** (1,10 euro l'uno), il petto di pollo in crosta o ripieno (9 €). I dolci della casa (4 €) spaziano dalla mousse all'arancia al tipico parrozzo, fino alle torte di amaretto, crema e ciliegie o cioccolato. Adeguata la lista dei vini, parte dei quali anche al bicchiere.

CARPINETO DELLA NORA

42 km a so di Pescara sr 602

La Roccia
Trattoria
Contrada Versante al Bosco, 35
Tel. 085 849142-333 5759822
Chiuso il martedì
Orario: mezzogiorno e sera su prenotazione
Ferie: 2 settimane tra settembre e ottobre
Coperti: 90 + 90 esterni
Prezzi: 20-25 euro vini esclusi
Carte di credito: tutte, BM

A un paio di chilometri dall'abitato di Carpineto della Nora c'è questo piacevole ristorantino a conduzione familiare. All'interno ci sono due sale, mentre d'estate ci si può accomodare all'aperto a contatto con la natura selvaggia di quest'area incontaminata del versante pescarese del Parco Nazionale del Gran Sasso, a due passi dalla stupenda Valle del Voltigno, dalla quale provengono quasi tutte le materie prime usate nelle varie preparazioni. Un'ubicazione che, specie in inverno, rende più che consigliabile la prenotazione durante la settimana. Adelina Scena, regina dei fornelli dal 1979, e le figlie Cinzia e Sonia, che si dividono tra sala e cucina, conducono questo locale. Si inizia con l'antipasto La Roccia (5 €) a base di formaggi, insaccati e sottoli (tutti fatti in casa) e con la classica pallotta *cac' e ova*, poi i rinomati **ravioli di ricotta al pomodoro** (5 €) e la **pasta alla mugnaia all'alloro** (5 €), le tagliatelle ai funghi e tartufo, ma per due persone è possibile scegliere un assaggio di tre primi "rossi" (6 €). Tra i secondi, spazio alle carni di maiale, agnello, vitello, serviti singolarmente o nell'arrosto misto (9 €), ma la vera specialità sono gli **arrosticini di carne e di fegato** (0,80 euro l'uno), tagliati e infilati a mano, sempre affiancati da buoni contorni con verdure che arrivano dall'orto di proprietà. Sono fatti in casa anche i dolci, tra i quali scegliamo sempre la classica **pizza dolce abruzzese** (2,50 €). Discreta l'offerta di etichette abruzzesi.

CASTEL FRENTANO

40 KM A SE DI CHIETI SS 81 O A 14

Da Peppone
Osteria tradizionale
Via Ripitelli, 1
Tel. 0872 56152-348 5114870
Chiuso il martedì, mai in luglio e agosto
Orario: mezzogiorno e sera
Ferie: non ne fa
Coperti: 30 + 30 esterni
Prezzi: 35 euro vini esclusi
Carte di credito: CS, MC, Visa, BM

Questa vivace osteria alle porte di Castelfrentano, gestita da Giuseppe (Peppone) Di Donato e da sua moglie Patrizia, è una delle migliori tavole dove poter gustare il **baccalà**, pesce molto diffuso in questa zona anche grazie alla presenza di uno dei più noti importatori di baccalà d'Italia. A tutto baccalà dunque, con la possibilità di scegliere un menù degustazione – che comprende cinque antipasti e un primo al costo di 30 euro – oppure costruire da soli un percorso che partendo dagli antipasti (7 €) lo prevede in carpaccio, fritto, in insalata con peperoni secchi e arrosto, in involtino, al forno con patate e cipolle, o in umido. Tra i primi (8 €), linguine con baccalà o bottarga di baccalà, **sagnette con ceci e baccalà**, pennette con cavoli e baccalà e infine **lingue, teste e trippa di baccalà**. Solo su prenotazione, lo chef cucina altre ricette di tradizione come le pappardelle di castrato, un ottimo **coniglio sotto il coppo** e il pollo ruspante al tegame di coccio: da maggio a settembre, dal mercoledì alla domenica, sempre su prenotazione, è possibile gustare un menù di pesce dell'Adriatico. In estate il locale offre la possibilità di pranzare sulla bella terrazza. Ogni pasto si conclude con lo squisito **bocconotto** di Castelfrentano. La cantina, non ampia, offre una selezione di etichette prevalentemente regionali e un discreto vino sfuso.

🛍 Per acquistare il bocconotto, soffice tartelletta di pasta frolla con ripieno di mandorle e cioccolato: Pierino Bucci alla Bottega del bocconotto, in via dei Peligni 6, Rosa Lo Bosco, in Contrada Clementi 4, e Il bocconotto di Liliana, via Trastulli 7.

CASTELLALTO
Castelbasso

20 KM A EST DI TERAMO

Pervoglia
Osteria moderna
Via XXIV Maggio
Tel. 0861 508035-57970
Chiuso domenica sera e lunedì, mai d'estate
Orario: mezzogiorno e sera
Ferie: 15 ottobre-15 novembre
Coperti: 50 + 30 esterni
Prezzi: 30-32 euro vini esclusi
Carte di credito: tutte, BM
♿ 🍽

Castelbasso si trova a metà strada tra Castellalto e Castelnuovo Vomano, raggiungibile sia dal capoluogo Teramo per strada interna sia attraverso la più comoda Val Vomano. Un borgo in parte ristrutturato con sapienza e in grado di trasmettere una bella atmosfera di sospensione del tempo che si respira nei vicoli e nelle fiorite piazzette, soprattutto nella bella stagione quando si anima di manifestazioni artistiche. L'arte della cucina è invece affidata alla passione di Marco Di Stefano e a sua moglie Elenia Alcantarini che al ristorante hanno da poco affiancato uno spazio winebar, sotto le antiche volte, arredato con moderni tocchi di design. Territorio prima di tutto, poi una rodata squadra di famiglia ai fornelli per un menù che iniziando dall'antipasto propone salumi teramani e aquilani (7 €), le piccole e ben eseguite fritterie di formaggi, e due gustosi capisaldi della locale cucina come il **tacchino alla canzanese** e le **mazzarelle** (4 €). Buoni i **ravioli con fiori di zucca e zafferano** (8 €) o la **chitarra teramana con le polpettine** (7 €); poi timballo di scrippelle, le **costolette d'agnello panato** (6 €), le tagliate di razze pregiate e il filetto di maiale al Montepulciano d'Abruzzo. I buoni dolci sono semplici e fatti in casa, mentre la carta dei vini riserva agli intenditori non poche e piacevoli sorprese, con il plus degli onesti ricarichi e di una bella scelta di birre artigianali.

CHIETI
Chieti Scalo

5 KM DAL CENTRO DELLA CITTÀ

Osteria delle Piane
Osteria
Via Benedetto Croce, 496-498
Tel. 0871 551804
Chiuso domenica e lunedì sera
Orario: mezzogiorno e sera
Ferie: 3 settimane in agosto, 2 a Natale
Coperti: 35
Prezzi: 32-35 euro vini esclusi
Carte di credito: CS, MC, Visa, BM

Se siete a Chieti e volete mangiare pesce non dovete necessariamente raggiungere la costa pescarese: nell'area di Chieti Scalo l'Osteria delle Piane è il locale giusto per chi cerca una schietta cucina marinara in un ambiente informale, dove la cortesia e la cura sono garantite da Valeria, in sala, moglie del cuoco Gianfranco Di Girolamo. Da sempre appassionato cultore della più fresca materia ittica reperita dai porti di Ortona e di Pescara, nell'ampio menù, che cambia a seconda del pescato, vi fara trovare il piatto di crudi o la serie di freddi e caldi in otto portate (18 €) ma si potranno scegliere tra i singoli antipasti (6 €) le alici e le triglie marinate, il **carpaccio di baccalà**, il frittarello misto spinato o i **calamari ripieni alle verdure**. Le porzioni dei primi piatti sono piuttosto abbondanti: spaghetti con scampi sgusciati, limone e noce moscata, ravioli ripieni di pesce (12 €) e gustosi spaghetti con alici e capperi. Tra i secondi impedibili la **sogliola alla mugnaia** (10 €), la **coda di rospo alla cacciatora** o al forno con ortaggi di stagione e gli scamponi alla brace o in padella, così come il classico fritto o la grigliata mista. Infine, alcuni dolci al cucchiaio fatti in casa, sorbetto o semifreddo. Adeguata la cantina con etichette regionali. C'è un menù degustazione completo a 35 euro (antipasto caldo e freddo, primo e secondo a scelta, dessert e caffè).

Al civico 554 di via Pescara, la pasticceria Veronese è tra le migliori per croissant, bignè, torte e gelati. In Via Ravizza 28, Piccola Salumeria offre un'accurata selezione di salumi, formaggi e vari prodotti dei Presìdi Slow Food.

COLONNELLA
Rio Moro

46 KM NE DA TERAMO, 10 KM DA SAN BENEDETTO DEL TRONTO

Zenobi
Ristorante
Contrada Rio Moro, 132
Tel. 0861 70581
Chiuso il martedì, mai in agosto
Orario: mezzogiorno e sera
Ferie: 3 sett dopo l'Epifania; febbraio aperto solo nel fine settimana
Coperti: 80 + 60 esterni
Prezzi: 32-35 euro vini esclusi
Carte di credito: AE, CS, MC, Visa, BM

Non solo un ristorante ma dieci ettari di natura a fare da cornice all'eccellente esperienza gastronomica offerta dalla famiglia Zenobi, da quattordici anni premiata con la Chiocciola. Buona parte dei prodotti utilizzati provengono dall'azienda di proprietà: l'extravergine, il vino Montepulciano d'Abruzzo, le verdure di stagione, le erbe dell'orto officinale e il miele. Poi c'è la cucina di Patrizia Corradetti che ha accanto, ormai da qualche anno, la figlia Cristiana, mentre l'altro figlio Marcello è un simpatico e competente uomo di sala e di cantina, dotata di una buona scelta regionale e non. E se l'occhio vuole la sua parte, pranzare all'aperto durante la stagione estiva assicura un paesaggio rilassante. D'obbligo iniziare con il ricco antipasto Zenobi (13 €) composto da salumi locali, formaggi, miele di propria produzione, focaccine, **panzerotti ripieni** dei sapori della Val Vibrata, broccoletti e guanciale con salsa di patate e filetti di baccalà. Passando ai primi (8 €) troviamo la zuppa di ceci con quadraccioli di farro, gli **gnocchi di patate al ragù di verdure** croccanti, il timballo tradizionale, la classica chitarra alla teramana e i ravioli ripieni di ricotta fresca conditi con pomodoro fresco e ricotta secca. Il **coniglio rosolato alle olive**, il pollo alla cacciatora, il filetto di maiale al ginepro, l'agnello alla brace e una straordinaria **capra alla neretese** (10 €) compongono la lista dei secondi. Consigliato il tiramisù fatto in casa (3 €).

❝ *Una grande esperienza gastronomica, che soddisfa appieno il palato, in un luogo in cui regna ancora una natura incontaminata* ❞

ABRUZZO | 637

Gli arrosticini

La carne ovina costituiva la base dell'alimentazione dei pastori transumanti che dalle montagne scendevano verso il mare e il consumo di carni di agnello, pecora, castrato e capretto è da sempre molto diffuso in Abruzzo, sia nella cucina dei ristoranti sia in quella di casa. In particolare nella zona pedemontana situata sul versante orientale del Gran Sasso, è tradizione mangiare gli arrosticini o le rrustelle, una gustosa specialità preparata con la carne di castrato (oggi quasi esclusivamente di pecora adulta) tagliata a piccoli pezzi, infilata in spiedini di legno e cotta su un braciere stretto e lungo (la furnacella). La tradizione racconta che due grandi greggi furono colti da un'improvvisa bufera di neve nell'altopiano del Voltigno e i pastori furono costretti ad alimentarsi per qualche giorno con le pecore più vecchie cotte a pezzetti infilzati in piccoli rami sulla brace. Il profumo della carne così invitante convinse molti abitanti di quella zona ad adottare quella tecnica tramandata fino a oggi. Si gustano (in numero di circa 10 per persona) nelle sagre e nelle feste patronali, in chioschetti mobili nelle fiere e nei mercati, meglio ancora in locali semplici di campagna o di montagna, accompagnati da pane unto con extravergine locale, qualche fetta di formaggio pecorino e di salume, vino Montepulciano d'Abruzzo. Le segnalazioni qui riportate si riferiscono a luoghi dove c'è attenzione alla materia prima e alla manifattura artigianale o casalinga.

Massimo Di Cintio

CASTILENTI (TE)
Perilli

Contrada Casabianca - Via Quote, 1
Tel. 0861 999220
Chiuso il lunedì, mai luglio-agosto
Orario: solo la sera
Ferie: 20 giorni in dicembre
Coperti: 100
Prezzi: 15-20 euro vini esclusi

L'attività di bar-tabacchi e rosticceria della famiglia Perilli ha compiuto trent'anni. Il posto è semplice ed è gestito ancora dal capofamiglia Camillo e dalla moglie Annamaria, coadiuvati dai figli. L'acquisto delle pecore giovani di razza bergamasca, alimentate con prodotti naturali, la lavorazione manuale delle carni con l'aggiunta di un sottilissimo strato di grasso e la cottura esemplare rendono l'arrosticino davvero tenero e gustoso. Nell'attesa, salumi e formaggi locali, ortaggi sott'olio e bruschette; qualche buon vino regionale.

CIVITELLA CASANOVA (PE)
Macalusa

Piazza del Borgo, 57
Tel. 085 846731
Chiuso il martedì
Orario: solo la sera
Ferie: variabili
Coperti: 50
Prezzi: 10-25 euro vini esclusi
novità

Situato all'ingresso del paese, questo bel locale era originariamente un frantoio "a mulo". Marco in sala e la moglie Sonia in cucina, da qualche anno sono diventati uno dei punti di riferimento nella zona per gli arrosticini di carne e di fegato, tagliati a mano, cotti a regola d'arte; le carni (di pecora), però, non sono di provenienza abruzzese ma francese (verità che i ristoratori spesso non hanno l'onestà di confessare). Troverete anche la pecora alla callara (al tegame), la trippa, mentre la brace arde anche per bistecche di vitellone di razza marchigiana. Vino sfuso dignitoso e birra alla spina servita in bicchieri di coccio freddissimi.

FARINDOLA (PE)
Villa Cupoli
Località Villa Cupoli, bivio Farindola
Tel. 085 823381-338 7421345
Chiuso il lunedì
Orario: sera, pranzo su prenotazione
Ferie: variabili
Coperti: 70 + 70 esterni
Prezzi: 15-18 euro vini esclusi

L'osteria, gestita da Modestino Mascia e dal figlio Domenico, continua a essere un'autorità in materia di arrosticini. La carne, proveniente da piccoli allevatori locali, è di ottima qualità e viene cotta con cura e professionalità. Il pane, l'olio extravergine di oliva e i sottoli sono fatti in casa e accompagnano alcuni salumi e l'immancabile pecorino di Farindola. In estate – e in inverno su prenotazione – sono proposti anche ravioli di ricotta di pecora, chitarra al ragù o al pomodoro, e gli strapezzoni (pasta di acqua e farina) aglio e olio. Vino sfuso e alcune etichette regionali.

Lu Strego
Strada provinciale per Rigopiano
Tel. 085 823104-333 3054780
Chiuso il mercoledì, mai in agosto
Orario: sera, in estate e la domenica anche pranzo
Ferie: variabili
Coperti: 120
Prezzi: 15-18 euro vini esclusi

In attività da oltre quarant'anni, il locale è guidato dal simpatico Franco Marzola, terza generazione nell'arte della preparazione e della cottura dell'arrosticino di carne di pecora e della variante con il fegato. Da assaggiare i sottoli della signora Maria, serviti con il prosciutto locale e il pecorino di Farindola, ma ci sono anche qualche buon primo piatto e altre squisite preparazioni di carne.

MOSCUFO (PE)
Torre Antica
Contrada Pischiarano, 2
Tel. 085 979346-328 7834256
Chiuso il martedì
Orario: sera, settembre-maggio aperto anche domenica a pranzo
Ferie: variabili
Coperti: 80 + 100 esterni
Prezzi: 8-25 euro vini esclusi
novità

Torre Antica, appena fuori dal centro cittadino, è da sempre uno dei luoghi del buon mangiare della zona ma, pur aperto dal 2005, solo da un paio di anni si è trasformato da circolo per tesserati a luogo aperto a tutti. Alla guida c'è sempre la famiglia Cilli, con Francesco in sala e i genitori Enzo e Pina in cucina. Ed è Enzo che si occupa della selezione, preparazione e cottura degli arrosticini e delle altre carni alla brace, mentre Pina è brava a realizzare preparazioni casalinghe con materie prime di qualità come salumi e formaggi, polpette al sugo, ortaggi ripieni, cipollata, *pependon' e ova* (peperoni e uova), ravioli di ricotta e pasta alla mugnaia, salsicce di carne e di fegato, agnello alla brace. Bella la selezione di etichette.

SAN GIOVANNI TEATINO (CH)
Zaff
Via Chieti, 2
Tel. 085 4469048-333 9547137
Chiuso il lunedì
Orario: solo la sera
Ferie: variabili
Coperti: 100
Prezzi: 16-18 euro vini esclusi

"Non solo arrosticini" potrebbe essere lo slogan di questo locale, gestito da Romolo Chiacchiaretta, che si trova sulle colline della Val Pescara. Oltre agli spiedini di pecora fatti a mano, una serie di stuzzichini: ricche bruschette (pomodoro, salsiccia o peperone con l'uovo), cime di cicoria, carnose melanzane sott'olio, peperoni arrosto, pomodoro, prosciutto al coltello e pecorino. Dalla brace possono arrivare anche la bistecca di vitello, la salsiccia, lo spezzatino di pecora, la trippa o qualche primo. Vino sfuso o birra.

PESCARA
Il Signore delle Pecore
Via Marco Polo, 12
Tel. 085 7930067
Chiuso il martedì, mai d'estate
Orario: solo la sera
Ferie: variabili
Coperti: 15 + 30 esterni
Prezzi: 8–20 euro vini esclusi
novità

Bella l'idea di Brunella Spinozzi, contitolare di una nota macelleria in città (Il Signore delle Pecore) di aprire un piccolo ma funzionale locale (sottotitolo: Bello di Notte) dove degustare, portar via o mangiare ottimi arrosticini, ben preparati e perfettamente cotti dal professionale e gentile Gianluca Curti. Qualche tavolo all'interno e qualche altro, come da tradizione, per strada, nel periodo estivo. A completare l'offerta arrosticini di fegato (bovino), salsicce di carne e fegato, bruschette, focacce e panini. Piccola ma valida la selezione di vini e birre regionali.

PIANELLA (PE)
La Quercia
Via San Martino, 2
Tel. 085 971107
Chiuso mar e mer, mai d'estate
Orario: sera, pranzo su prenotazione
Ferie: variabili
Coperti: 45 + 40 esterni
Prezzi: 20-23 euro vini esclusi

Nevio Fidanza e la moglie Violetta sono alla guida della trattoria, una delle realtà più affidabili per la qualità delle carni alla brace. Accanto agli arrosticini e agli altri tagli di carne, è possibile gustare qualche piccola preparazione che varia giornalmente, oltre al tagliere di salumi e formaggi di diversa stagionatura. In inverno buoni primi piatti e zuppe. Il vino è lo sfuso della casa; in alternativa qualche etichetta regionale.

Osteria Margherita
Via Regina Margherita, 3
Tel. 085 972204
Chiuso il lunedì
Orario: solo la sera
Ferie: 23 agosto-5 settembre
Coperti: 70 + 20 esterni
Prezzi: 15-18 euro vini esclusi

È una storica osteria e punto di riferimento per generazioni di appassionati dell'arrosticino di carne di pecora – il martedì anche i rari arrosticini di fegato –, ben cotto e accompagnato con pane e buon olio extravergine locale. Bruschette miste, ottime salsicce di carne e fegato, buoni vini regionali completano l'offerta. Prenotate sempre in anticipo: nei giorni di alta affluenza c'è da tollerare qualche attesa.

VILLA CELIERA (PE)
Delle Querce
Contrada Santa Maria, 202
Tel. 085 846211
Chiuso il martedì
Orario: sera, domenica anche pranzo
Ferie: non ne fa
Coperti: 80 + 10 esterni
Prezzi: 12-15 euro vini esclusi

Maria, oggi affiancata dal genero Serafino cresciuto alla scuola dello scomparso patron Erasmo, continua la tradizione avviata con il marito. Poche formalità nel servizio semplice e spartano, ma conta la grande abilità nel selezionare i tagli e preparare i pezzi di carne di pecora da infilare negli spiedini. Antipasto con pane e olio extravergine, prosciutto e formaggi locali. Vino sfuso di buona qualità, birra e qualche altra bevanda. Su prenotazione, arrosticini di fegato.

GIULIANOVA
Lido

25 KM A NE DI TERAMO SS 16 O USCITA A14

La Stracciavocc

Ristorante
Via Trieste, 159
Tel. 085 8005326-348 7243119
Chiuso domenica sera e lunedì
Orario: mezzogiorno e sera
Ferie: due settimane in novembre
Coperti: 50 + 30 esterni
Prezzi: 37 euro vini esclusi
Carte di credito: CS, MC, Visa

La trattoria si trova su una strada tra la Nazionale 16 e il lungomare sud di Giulianova, nei pressi del porto. Il locale prende il nome dialettale della cicala di mare, che qui vi sarà servita un po' in tutte le salse. L'ambiente è informale e confortevole con una clientela variegata, con molti habitué che sanno di poter gustare una cucina semplice e schietta, a base di materie prime di qualità. Ad accogliervi con gentilezza sarà Fabio Spitilli mentre in cucina ci sono sempre mamma Maria e la moglie Monia. Per gustare appieno la buona tradizione culinaria della zona è consigliato iniziare con la lunga carrellata di antipasti caldi e freddi (19 €): passata di ceci con filetti di triglie, alici marinate, **sgombro su pane al nero di seppia**, gli scampetti con il pomodoro, cozze e cicale di mare ripiene, fritto di calamaretti e guazzetto di cozze. Ampia e gustosa è la scelta tra i primi piatti partendo dai deliziosi **straccetti di grano saraceno con i frutti di mare** (10 €), gli strozzapreti con spigola e scampi o le tagliatelle nere con le seppie e pescatrice. Il **brodetto alla giuliese** è quasi un piatto unico di rara bontà, altrimenti si può continuare con le classiche grigliate (16 €) e fritture miste (9,50 €) o con un pesce di spina cotto al forno. Buona l'offerta dei dolci e la selezione dei vini che include produttori abruzzesi e nazionali.

GUARDIAGRELE
Comino

25 KM A SUD DI CHIETI SS 81

La Grotta dei Raselli

Ristorante
Via Raselli, 146
Tel. 0871 808292-347 8694693
Chiuso martedì sera e il mercoledì
Orario: mezzogiorno e sera
Ferie: 10 giorni in gennaio, 10 in luglio
Coperti: 55
Prezzi: 30-33 euro vini esclusi
Carte di credito: tutte, BM

Scavato nella roccia, al piano terra di un'abitazione nella piccola contrada Raselli, nel Parco Nazionale della Majella, il piccolo ristorante, gestito con passione da Franco e Anna Spadaccini, ha un fascino particolare. La sala è ricavata in una grotta un tempo utilizzata come magazzino di carbone; qui troverete una cucina di tradizione talvolta proposta in chiave moderna. Per cominciare, la selezione di salumi o di formaggi locali, le **lumache alla guardiese**, il carpaccio di baccalà, coriandolo e olio al cedro o la fonduta di pecorino con ovetto nostrano e tartufo (10 €). Prevalentemente fatti a mano i primi, come la chitarra al farro con ragù di coniglio e zafferano (8 €), gli **anellini alla pecorara con verdurine e ricotta fresca**, i laganelli guardiesi con ragù di cinghiale e i ravioli di baccalà ed erba cipollina. Tra le carni, preparate alla brace o al forno, il buon **coniglio farcito alla guardiese** *cac' e ova* **con misticanza di campo strascinata** (10 €), il gustoso filetto di vitello bardato con guanciale e burro aromatizzato al falso pepe, ma anche agnello, maiale e cervo in diverse ricette. Fine pasto con mousse alla vaniglia e amaretto, semifreddi e l'ottima cheesecake con piccoli frutti rossi (4 €). Diversi menù tematici: vegetariano a 28 euro, per gli amanti della pasta a 22, tutto baccalà a 30 e il classico a 35. Ampia la carta dei vini, che spazia tra le migliori cantine della regione e importanti presenze dell'enologia italiana.

GUARDIAGRELE

25 KM A SUD DI CHIETI SS 81

Santa Chiara
Ristorante
Via Roma, 10
Tel. 0871 801139
Chiuso il martedì
Orario: mezzogiorno e sera
Ferie: in febbraio
Coperti: 70
Prezzi: 28-33 euro vini esclusi
Carte di credito: tutte, BM

Guardiagrele è un dinamico centro montano della provincia di Chieti, porta di ingresso del Parco Nazionale della Majella e scrigno di eccellenze agroalimentari di numerose aziende. Grazie al lavoro di ricerca dell'esperto e appassionato Gino Primavera, fondatore e anima del ristorante, assieme ai soci Domenico Scotti Del Greco e a Valerio Liberatoscioli, il menù si basa sui prodotti di questo territorio ed è piuttosto articolato, con una bella scelta di piatti del giorno e specialità preparate solo su prenotazione. Sapori e profumi d'Abruzzo con gli antipasti (8 €): crema di pecorino, **ventricina vastese con spuma di patate**, orzo mantecato con funghi e caffè, tortino rustico al formaggio con prosciutto. Tra i primi piatti (8 €) le **crespelle con cicoria e pecorino**, le linguine di farro pomodorini e cacio, gli spaghetti al sugo di salsiccia e, solo su prenotazione, le meritevoli **sagne stracciate con i cascigni**, le scrippelle 'mbusse e i tacconi grezzi brodosi al sugo finto. Per i secondi si spazia dalle classiche **pallotte cac' e ova** (9 €) all'agnello gratinato alle erbe (12 €) o al reale di maiale allo zenzero. Le braciole di cavallo alla guardiese, il capretto farcito o il cif' e ciaf' di maiale sono i grandi piatti della tradizione e devono essere richiesti con anticipo. La carta dei vini presenta le migliori etichette regionali.

🛍 La pasticceria Lullo, in via Roma 99, è il luogo dove acquistare le sise delle monache, mentre al numero 212 c'è il Tempio del Gusto che propone salumi e formaggi tipici e prodotti speciali di un pastificio locale.

ISOLA DEL GRAN SASSO D'ITALIA
San Pietro

40 KM A SUD DI TERAMO SS 81, 150 E 491

Il Mandrone
Ristorante
Frazione San Pietro
Tel. 0861 976152-334 1104311
Chiuso il martedì, inverno anche mercoledì, mai in agosto
Orario: mezzogiorno e sera
Ferie: 15-30 novembre, 15-31 gennaio
Coperti: 45
Prezzi: 20-26 euro vini esclusi
Carte di credito: tutte, BM

Il nome di questo locale è legato all'attività pastorale che aveva, nella stretta piazzetta del paese, il crocevia obbligato delle mandrie da e verso i pascoli. Siamo alle pendici del Gran Sasso che conserva ambienti belli e selvaggi, puntellati da pochi, minuscoli borghi. In uno di questi c'è l'attività della famiglia Canuti, che resiste alle distanze con una cucina sempre molto affidabile, semplice e genuina. Nelle tre salette di una caratteristica casa di pietra e legno, Nada spiegherà i piatti preparati dalla sorella Loredana mentre il fratello Nicola è l'addetto alla brace e mamma Assunta, da oltre quarant'anni, prepara il pane in un vecchio forno a legna. Si comincia con l'antipasto misto (6 €) di prosciutto e formaggio, crostini caldi con cacio marcetto e la squisita **ventricina teramana**, crocchette di ricotta e melanzane, salsicce di cinghiale e un'ottima **zuppa di ceci e porcini**. Ogni giorno ci sono paste fatte a mano, come le **strongole alla barcarola** (6,50 €) con ragù bianco di carne, funghi ed erbe del Gran Sasso (18 euro nei mesi invernali, ben 25 in estate), le ceppe ai funghi porcini, le sorprese del pastore, ovvero crespelle con ricotta di pecora e zucchine, oppure la tipica chitarra al sugo di polpettine di carne. Particolare attenzione alle carni ovine con la **pecora alla callara** (7 €), l'agnello al coccio e gli arrosticini (su prenotazione) ma sono ottime le salsicce di maiale alla brace servite con ortaggi dell'orto di famiglia. Chiudono il pasto la torta di ricotta o la classica pizza dolce. Da bere, un dignitoso vino sfuso e qualche etichetta regionale.

L'AQUILA

Antiche Mura
Osteria tradizionale *novità*
Via XXV Aprile, 2
Tel. 0862 62422
Chiuso la domenica
Orario: mezzogiorno e sera
Ferie: variabili
Coperti: 40
Prezzi: 30 euro
Carte di credito: tutte, BM

Entrando a L'Aquila da ovest, sotto i resti delle antiche mura medievali della città, non sarà difficile scorgere questo locale un tempo adibito a dazio, trasformato negli anni Trenta in Vini e Cucina. Gli attuali proprietari, che lo gestiscono dal 1992, hanno riaperto l'osteria nel dicembre 2010, un anno e mezzo dopo il terremoto che ha distrutto il capoluogo abruzzese. Articolato in sei sale, tutte arredate con mobili d'epoca e distribuite su due piani, il ristorante, che si trova non lontano dal palazzo del Tribunale, è gestito da Antonello De Dominicis, in sala, e da Maurizio Videtta, ai fornelli, che vi proporranno, come benvenuto, un assaggio di **sagnarelle e fagioli** o pasta e patate, scelti fra le zuppe sempre presenti in carta. Fra i primi **pasta alla chitarra, pomodoro e basilico** oppure all'amatriciana (10 €), maccheroni con guanciale e pecorino oppure paste ripiene di fattura casalinga. Ampia la scelta dei secondi che include le **polpette di vitello al sugo** (9 €) oppure in umido al vino bianco, il coniglio allo zafferano (12 €), il gallo al tegame o l'agnello alla brace, oltre a scamorza allo spiedo e pecorino alla brace. Tra i dolci della casa (5 €) si segnalano la buona crema con meringa e cioccolato, la pera cotta nel Montepulciano, le **ferratelle** aromatizzate con buccia di arancia. Ampia la scelta dei vini abruzzesi. Tre i menù degustazione: di mezzogiorno a 30 euro, delle tenebre a 35, gran menù aquilano a 40.

L'AQUILA

La Rupe
Trattoria
Via San Giacomo, 7
Tel. 0862 27481-347 9044084
Chiuso domenica sera e lunedì
Orario: mezzogiorno e sera
Ferie: 2 settimane in luglio, 1 in settembre
Coperti: 80
Prezzi: 25 euro vini esclusi
Carte di credito: tutte, BM

A pochi passi dal quartiere Torrione, sulla strada per San Giacomo, questa trattoria da oltre quarant'anni è un riferimento sicuro per gli amanti della buona tavola. Siamo già alla seconda generazione ma Peppe Brocchella, lo storico fondatore, continua a mantenere dritta la barra del locale con l'apporto determinante dell'intera famiglia che si divide tra fornelli e sala. La cucina è fatta di ingredienti semplici, genuini, in gran parte di provenienza locale, e il forte legame territoriale si concretizza in gustose proposte che hanno sempre scrupolosi riferimenti stagionali. Il vero cult del locale è rappresentato dalle inimitabili **fregnacce** (6 €), pasta fresca tirata a mano condita con pomodoro, pancetta, guanciale e pecorino, ma sono ottime anche la **chitarra al ragù bianco** e le calde zuppe di legumi. Tanta carne tra i secondi, con lo straordinario **agnello alla cacciatora** (11 €) a tirare la volata fianco a fianco con la tradizionalissima **scamorza allo spiedo** (5 €). Tutt'altro che scontata la lista dei contorni, con freschissime verdure di stagione pronte a essere saltate in padella. Si chiude con buoni dolci al cucchiaio: pizza dolce, zuppa inglese, **sfogliatine con crema** (4 €) o con la tipica pasticceria secca. Giusta attenzione alla cantina con una buona produzione regionale.

🛍 🍷 Nel vicino quartiere Torrione, in viale Alcide de Gasperi 26, L'Angolo dei Buongustai seleziona il meglio della produzione alimentare abruzzese e non solo. Il bar dei fratelli Nurzia, in piazza Duomo, simbolo della rinascita del capoluogo, è la casa del torrone tenero aquilano prodotto dal 1835.

ABRUZZO | 643

LORETO APRUTINO

24 KM A OVEST DI PESCARA SS 51

La Bilancia
Ristorante
Contrada Palazzo, 11
Tel. 085 8289321
Chiuso il lunedì
Orario: mezzogiorno e sera
Ferie: variabili in gennaio
Coperti: 100
Prezzi: 25-28 euro vini esclusi
Carte di credito: tutte, BM

Semplicità e autenticità sono le parole d'ordine di questo ristorante situato ai piedi del centro storico di Loreto Aprutino, piccolo paese immerso nel ricco territorio di eccellenze vinicole e olivicole. Qui Nicola Sergio Di Zio e la moglie Antonietta Marrone da ben quarant'anni si dedicano ai sapori della cucina e ai buoni prodotti della terra, peraltro mantenendo un livello qualitativo (e prezzi) da applausi anche quando, nei giorni festivi e prefestivi, si registra l'afflusso anche di grandi gruppi. In una delle sale campeggia la grande brace posta davanti alla cucina, a vista, dalla quale escono ottimi pani e paste fatti in casa. E il resto non è da meno, a cominciare dalla serie di antipasti (10 €) che, secondo stagione, può offrire **coratella di agnello**, **trippa di vitello**, pallotte cacio e uova, **fegatini**, fino alla estiva ciaudella o pan cotto (d'inverno) e a una selezione di formaggi e salumi locali. Tra i primi, i **maccheroni alla mugnaia** (7 €) – conditi con aglio, olio e peperoni dolci essiccati al sole o con sugo di castrato – a rappresentare uno dei piatti storici assieme ai **cavatelli alla trappetana**, alle pappardelle al ragù di lepre o ai ravioli di ricotta (8 €). Perfetta cottura alla brace per l'agnello (12 €), il vitello e il maiale, tra costatine e **salsicce di carne e fegato**, mentre coniglio (8 €), pollo e piccione sono cotti al tegame; infine scamorza appassita e formaggio sui carboni. Dolci della casa, buon vino sfuso e diverse etichette regionali.

MOSCIANO SANT'ANGELO
Selva de' Colli

25 KM A NE DI TERAMO A 14, SS 80 E 262 D

Borgo Spoltino
Ristorante
Strada Selva Alta
Tel. 085 8071021
Chiuso domenica sera, lunedì e martedì
Orario: sera, domenica a pranzo
Ferie: novembre
Coperti: 45 + 50 esterni
Prezzi: 32-35 euro vini esclusi
Carte di credito: CS, DC, MC, Visa, BM

A pochi chilometri dal casello di Teramo della A 14 troverete le indicazioni che conducono a un vecchio casale ben ristrutturato con annessa chiesetta (San Pietro ad Spoltinum, dell'anno Mille). Immerso tra campi di grano e olivi secolari, da oltre dieci anni è il regno di Gabriele Marrangoni, cuoco autodidatta che si definisce "integralista del prodotto tipico", affiancato dal socio e cuoco Mauro Angeloni. In sala ci sono Adriana Lo Nigro, compagna di Gabriele, e l'ormai storico maître e sommelier Gabriele Ruffini, bravi a illustrare il menù, nel quale sono evidenziate le eccellenze del territorio, compresa una interessante selezione di vini. A parte i quattro percorsi consigliati con tre vini in abbinamento – Tradizione e territorio, e Vegetariano, entrambi corposi e invitanti, a 33 euro, A modo nostro con sette portate a 45, Baccalà a 38 – c'è una carta sempre varia a partire dal filetto crudo di vitellone marchigiano al coltello, dalle **mazzarelle alla teramana** (9 €) o dal ricco tagliere di salumi e formaggi della zona. Difficile resistere alla tentazione della **chitarrina alla teramana con pallottine di carne** (9 €), assieme alla minestra di pappicci verdi con i fagioli tondini del Tavo e conserva di pomodoro, e al farrotto con carciofi e liquirizia di Atri. Poi, la trippa alla teramana (12 €), la tradizionale **pecora alla callara** (12 €) e diversi tagli di carni bianche e rosse da cuocere al tegame o alla brace. Si può chiudere con il **tortino alla ratafià** (4 €) oppure con la classica pizza dolce.

In contrada Salmacina, l'azienda Del Proposto produce e vende eccellenti ricotte, formaggi pecorini e carni di animali da cortile.

NOTARESCO

36 km a ne di Teramo

Osteria dei Sani
Ristorante *novità*
Via Martiri della Libertà, 24
Tel. 085 8958031
Chiuso il lunedì
Orario: mezzogiorno e sera
Ferie: variabili
Coperti: 60 + 50 esterni
Prezzi: 20-30 euro vini esclusi
Carte di credito: CS, Visa, BM

Luca Mettimano si è spostato, da un anno, dall'angusta e storica sede dal centro storico in un nuovo e moderno locale, con ampie vetrate che regalano una bella veduta sulle colline teramane, un arredamento semplice con tocchi di eleganza e una terrazza per la bella stagione. In cucina c'è la moglie Annamaria Ferrara brava a preparare pietanze di impronta casalinga utilizzando prodotti del suo orto o di fornitori della zona, per un cucina di terra. Se non si vuole esagerare all'inizio con l'abbondante antipasto dei Sani (15 €) – composto da salumi, formaggi, accompagnati da focaccia fatta in casa, una zuppa e un tortino di patate con lardo – si può scegliere un semplice carpaccio di manzo o il tagliere misto piccolo o grande. Stimolanti i primi con le **tagliatelle con ragù d'agnello** e cardamomo (6 €), la **chitarra con asparagi**, gli gnocchi con i funghi o i paccheri con sugo di lepre. Quindi le tagliate di maiale o d'agnello alla brace, la **trippa** (6 €) o le tipiche **mazzarelle** (3 €), ossia la coratella di agnello avvolta in foglia di indivia. Nel menù si possono trovare anche le lumache (pure come condimento della pasta) e il baccalà comunque presente in ogni portata. Per finire buoni dolci al cucchiaio. La carta dei vini è misurata e con onesti ricarichi. Menù degustazione a 25 euro.

OFENA

48 km a est di L'Aquila ss 17 e ss 153

Sapori di Campagna
Azienda agrituristica
Contrada Colonia Frasca, km 7,800
Tel. 0862 954253-348 4804773
Chiuso il giovedì e la sera dei festivi
Orario: mezzogiorno e sera
Ferie: 1 sett maggio-giugno, in novembre
Coperti: 30 + 20 esterni
Prezzi: 30-38 euro vini esclusi
Carte di credito: tutte, BM

Una sosta in questa deliziosa casa colonica, gestita dalla famiglia Di Battista, è sempre un'esperienza appagante, in ogni periodo. L'accuratezza nella scelta delle materie prime, la scrupolosa aderenza alle stagioni e la serietà delle esecuzioni sono la rigida regola della cucina governata dalla signora Gabriella Costantini con le simpatiche figlie Livia e Serenella in sala. Erbe spontanee, verdure, legumi, pecorini, funghi, tartufi e carni degli allevamenti di casa garantiscono la freschezza e la fragranza dei piatti della tradizione montanara. A cominciare dagli ottimi antipasti, periodicamente rinnovati, accompagnati dal "calore" di una croccante pizza fritta, per preparare il trionfo degli antichi sapori della **chitarra all'aglio rosso di Sulmona con erbe aromatiche** (8 €) o delle sontuose zuppe di legumi, tra cui spicca l'inimitabile lenticchia di Santo Stefano di Sessanio (Presidio Slow Food). Secondi di grande personalità, come il rarissimo **agnello panato** (15 €) con i profumi dei vicini pascoli del Gran Sasso o l'originale **uovo composto del contadino** (10 €). Per finire un'ottima selezione di **formaggi**, crostate e tortini della casa o una delicatissima **mousse di ricotta fresca** (5 €) accompagnata da un calice di vino passito. Anche la carta dei vini è nel segno dell'affidabilità della migliore produzione regionale e locale.

❝ *Materie prime di produzione propria, semplicità della cucina di tradizione e accoglienza di rara piacevolezza sono i punti di forza di questa tranquilla oasi di campagna alle pendici del Gran Sasso* ❞

ABRUZZO | 645

ORTONA

29 km a est di Chieti ss 649 e 16

Al Vecchio Teatro
Ristorante
Largo Ripetta, 7
Tel. 085 9064495
Chiuso il mercoledì, mai d'estate
Orario: mezzogiorno e sera
Ferie: non ne fa
Coperti: 35 + 30 esterni
Prezzi: 30-40 euro vini esclusi
Carte di credito: tutte, BM

L'attenzione ai prodotti del territorio, il legame saldo con i pescatori storici del luogo, tra cui il più che ottantenne Pasquale Palermo, e alcune buone ricette della tradizione sono i punti di forza di questo ristorante che propone anche qualche piatto di carne e alcune preparazioni per celiaci. Poi ci sono la passione e la professionalità di Armando Carusi, che con la moglie Daniela, in cucina, e la figlia Leonora conduce il locale. Ci si può sedere sulla terrazza, che guarda la passeggiata orientale, e iniziare con la carrellata di antipasti che possono prevedere i carpacci di ricciola con pesto di rucola e di pescatrice al finocchietto, oltre a scampi marinati all'arancia, nido di carciofi con calamari alla griglia (12 €), gamberi sgusciati con lardo croccante (14 €), totanetti affogati e i più classici **guazzetti di cozze e vongole**. I tacconi con cime di ortica e rana pescatrice, la chitarrina con i granchi o allo scoglio con pomodorini (€10), le **pappardelle al nero con seppie e fave** sono solo alcuni dei primi piatti. A seguire la **frittura di paranza** e l'orata al forno con patate e asparagi ma, in base alla disponibilità del pescato, potrete trovare anche pesci al sale e le mormore all'ortonese gratinate al forno (14 €). Ottimi i semifreddi e i dolci alle creme: vi consigliamo di provare le **nevole ortonesi** (4 €), morbide cialde al mosto cotto e cannella servite con gelato. Ben selezionata la carta dei vini, in cui s'impongono le migliori etichette regionali. Due i menù degustazione, dal mare (30 €) e dalla montagna (25 €). Coperto 3 euro.

ORTONA

29 km a est di Chieti ss 649 e 16

San Domenico
Trattoria
Vicolo San Domenico, 1
Tel. 085 9066442
Chiuso dom sera e lunedì, in estate dom a pranzo e lunedì
Orario: mezzogiorno e sera
Ferie: variabili
Coperti: 30 + 30 esterni
Prezzi: 30-35 euro vini esclusi
Carte di credito: CS, Visa, BM

Semplicità è la parola chiave che può ben descrivere quest'accogliente ristorantino di mare. Il titolare e cuoco Sergio D'Ottavio – ormai da diversi anni rientrato dalle sue esperienze in Italia e all'estero – alla freschezza del pesce dell'Adriatico aggiunge il rispetto nella preparazione di ricette gustose, ispirate alle tradizioni marinare. D'estate si può mangiare all'aperto – con vista sull'imponente castello di Ortona, roccaforte di epoca angioina affacciata sul mare, restaurata pochi anni fa –, in inverno i pochi tavoli sono ospitati in un ambiente piccolo ma suggestivo. La scelta è limitata e varia di giorno in giorno, ma è sempre interessante e si può riassumere nel menù degustazione (30 €) dove si possono trovare l'**insalata di polpo con patate e prezzemolo** (6 €), le sogliole al vapore con verdure, i totanetti mollicati con i peperoni (7 €), gli stuzzicanti pesciolini alla siciliana con pomodorini, origano e capperi. Lo **spaghettone con seppie e peperone** (10 €) è gustoso e restituisce il sapore del mare così come il **brodetto dell'Adriatico** (20 €), praticamente un piatto unico, che racchiude tutti i tesori del pescato locale. Coerenti con la filosofia territoriale anche i dolci della casa (2 €): amaretti, crostata di ricotta e di uva, là più tipica delle golosità ortonesi, le nevole al mosto cotto. Da bere, oltre al vino della casa, c'è una piccola selezione della produzione abruzzese.

♀ In corso Matteotti l'Enoteca Regionale d'Abruzzo è il luogo ideale per degustare e acquistare tutti i vini e i liquori abruzzesi.

PACENTRO

70 KM A SE DI L'AQUILA, 8 KM DA SULMONA

Taverna de li Caldora
Ristorante
Piazza Umberto I, 13
Tel. 0864 41139
Chiuso dom sera e mar; gennaio-marzo anche lun
Orario: mezzogiorno e sera
Ferie: variabili
Coperti: 100
Prezzi: 35 euro vini esclusi
Carte di credito: AE, CS, MC, Visa, BM

La Taverna de li Caldora racconta con precisione la ricchezza del territorio montano. Nel borgo medievale di Pacentro, che si fa apprezzare per le rue, le piazzette e il suo dominante castello, seduti ai tavoli in una delle due sale di questo ristorante ospitato in un palazzo cinquecentesco della piazza principale, godrete della cucina di Teresa Cercone, che Carmine vi presenterà con cura raccontandovi di produttori e prodotti selezionati nella zona, con particolare attenzione, senza tralasciare di celebrare le etichette della sua cantina che sapranno appagare tutti i gusti e tutte le tasche. L'antipasto della casa (15 €) è la scelta giusta per comprendere il territorio attraverso la ricottina di capra, la **coratella d'agnello cacio e uova**, gli straccetti d'agnello in pastella con e verdure croccanti, i **formaggi** e i salumi di pregio e altre piccole altre ricette di stagione. Tra i primi (10 €) meritano decisamente un assaggio le tagliatelle al ragù d'anatra, i **maccheroni alla chitarra** con sugo di capriolo o di castrato, la chitarrina al tartufo e gli impareggiabili ravioli di ricotta conditi al pomodoro. I secondi abbracciano il panorama delle carni della Majella con la **pecora al cotturo** (12 €), l'agnello e il **capretto alla brace**, il fegatazzo e, in base alla disponibilità, anche il cinghiale (14 €), capriolo e lepre. Si conclude con l'intramontabile **pizza dolce**, le crostate e i dolcetti tradizionali di donna Teresa.

> *La famiglia Cercone mantiene con costanza la forte identità della cucina agropastorale, fatta di prodotti stagionali genuini e di preparazioni senza tempo*

PENNE

33 KM A OVEST DI PESCARA SS 151

Osteria del Leone
Osteria moderna
Piazza XX Settembre
Tel. 085 8213224-328 7732168
Chiuso il lunedì
Orario: mezzogiorno e sera
Ferie: una settimana a inizio novembre
Coperti: 50
Prezzi: 26-28 euro vini esclusi
Carte di credito: tutte, BM

Penne è uno dei centri più importanti dell'area vestina, forte di una storia antica, con interessanti palazzi storici e chiese, mentre appena fuori paese si trova la bella Riserva Naturale Lago di Penne, porta di accesso al Parco Nazionale del Gran Sasso e Monti della Laga. In una delle piazzette del centro storico c'è l'osteria di Antonio Catone, agronomo con la passione per la cucina, che nel tempo è diventata la sua attività, coadiuvato dal figlio Silvio che si occupa della sala e della selezione di vini (soprattutto regionale), disponibili anche al calice. Le materie prime, scelte da produttori della zona o coltivate in proprio, sono la base delle ricette che partono dalle tipicità abruzzesi per estendersi a proposte per vegetariani e vegani. L'ampio antipasto della casa (17 €) si compone di assaggi freddi e caldi: carpaccio di manzo e di maiale marinato alle erbe, insalata di bulgur e pecorino di Farindola, borragine fritta e fagiolini, crocchetta di patate e miglio, millefoglie di verza, **pallottine *cac' e ova***, tortino di ortica, cipolla croccante pastellata, formaggio lazzato, funghi ripieni, frittatina di verdure, fiore di zucca, peperoni e uova. Poi ravioli al profumo di bosco con tartufo e funghi (8 €), gnocchi con zucchine e zafferano o i rinomati **maccheroni alla chitarra** con pomodoro. I secondi variano da una gustosissima tagliata di controfiletto con riduzione di Montepulciano alle scaloppine al Trebbiano d'Abruzzo passando per la **trippa alla pennese** (9 €). Buoni dessert al cucchiaio, crostate e dolcetti tipici delle feste. Tre menù degustazione: turistico a 20 euro, rustico a 28, vegano a 25.

ABRUZZO | 647

PESCARA

Acquapazza
Trattoria
Via Italica, 94
Tel. 085 4514470
Chiuso sabato a pranzo e domenica
Orario: mezzogiorno e sera
Ferie: variabili
Coperti: 35 + 12 esterni
Prezzi: 35-38 euro vini esclusi
Carte di credito: tutte, BM

Pur essendo a pochi passi dal dedalo di viuzze della movida pescarese e a poca distanza dalla stazione ferroviaria di Portanuova, l'osteria è silenziosa e rilassante, anche nella bella stagione, quando si apparecchiano i tavoli all'esterno. La cucina è schietta e affidabile e si basa sulla disponibilità del pescato. Ernesto Vianello e Paola Cetrullo si prenderanno cura di voi consigliandovi con garbo i piatti del giorno. Iniziando dagli antipasti, composti generalmente da sei o sette pietanze, tra quelli freddi è facile trovare le **alici marinate**, l'insalata di mare e di polpo con patate o le seppie e cozze in umido, mentre i caldi – serviti generalmente in padelle di cottura – possono comprendere scampetti saltati con gli asparagi, seppie e piselli, sogliole in guazzetto, cozze gratinate al pomodoro o **seppie ripiene**. L'ottima **chitarrina con i frutti di mare**, i bucatini con alici e peperone secco, gli spaghetti con radicchio, rucola e frutti di mare sono tre dei primi piatti più gettonati. Stagione e condizioni del mare determinano anche la proposta dei secondi, come nel caso della **frittura di paranza**, dell'arrosto misto o di pesci all'acquapazza, un tipo di cottura in acqua, olio, vino bianco, pomodorini e odori vari, da cui prende il nome il locale. Limitata ma buona l'offerta dei dolci tra cui il **tiramisù** o il gelato della casa. Da bere qualche etichetta regionale e italiana.

🍴 Sul lato opposto di piazza Garibaldi c'è il bar pasticceria Caprice di Fabrizio Camplone: semifreddi, paste, praline e un'ampia varietà di gelati realizzati con prodotti locali.

PESCARA

Il Corallo
Trattoria
Via Primo Vere, 71
Tel. 085 4514490
Chiuso dom sera e lun, in estate dom e lun sera
Orario: mezzogiorno e sera
Ferie: variabili dopo Natale
Coperti: 90 + 90 esterni
Prezzi: 38 euro vini esclusi
Carte di credito: CS, Visa, BM

È grande la famiglia Pacchione, così come il suo amore per il mare. Nonno Ennio lasciò ai sei figli non solo un peschereccio, che porta il suo nome, ma la grande passione per il pesce e il rispetto per il mare. Da diversi anni alla pesca hanno affiancato la ristorazione, così si dividono i compiti Rosaria e Stefania in cucina assieme ai fratelli Paolo e Massimiliano addetti alla brace, mentre i giovani Maria, Ennio e Mattia si prendono cura degli ospiti con uno stile semplice e informale. Il ristorante, ricavato all'interno di uno stabilimento balneare, ha un'unica sala con vetrata fronte mare e due terrazze estive. Alici marinate, polpette di merluzzo, cozze e cannolicchi gratinati, moscardini al tegame, sgombro e palamita con cipollotto, **lumaconi di mare con peperone e pomodoro**, **seppie arrosto** e al tegame con carciofi, scampi bolliti, sauté di cozze e vongole sono una parte dell'antipasto (15 €). Tra i primi (9 €) i paccheri con gli scampi, le **linguine al sugo di granchi pelosi**, i bucatini con sugo di seppie alla marinara o i classici spaghetti allo scoglio. Oltre ai sublimi misti di arrosto e di **frittura di paranza** (9 €), meritano menzione la **coda di rospo alla cacciatora**, il brodetto alla marinara (25 €) e la razza al pomodoro, oltre a rombo e scorfano da cuocere alla brace, al forno o in padella a seconda delle dimensioni. Qualche dolce casalingo, come la buona cheesecake, e bella carta dei vini con prevalenza abruzzese.

🍴 In via dei Bastioni 81, nella zona di Portanuova di fronte al mercato dei contadini, la macelleria Rino propone una intelligente selezione di carni e piccole preparazioni.

PESCARA

Locanda Manthoné
Osteria moderna
Corso Manthoné, 58
Tel. 085 4549034
Chiuso la domenica
Orario: solo la sera
Ferie: variabili
Coperti: 70 + 25 esterni
Prezzi: 35-39 euro vini esclusi
Carte di credito: tutte, BM

Pescara Vecchia merita una passeggiata per alcuni edifici monumentali, come la casa natale di Gabriele D'Annunzio e quella di Ennio Flaiano e ancora il Museo delle Genti d'Abruzzo ricavato nel vecchio Bagno Borbonico (il carcere), ma anche per essere un luogo di alta frequentazione notturna, con molti locali che affacciano sulle piazzette e i vicoli della zona. Qui hanno deciso di unire le loro esperienze Luca Panunzio ed Enzo D'Andreamatteo per dedicarsi rispettivamente alla sala e alla cucina di questa osteria, dove si privilegiano le materie prime locali per creare un menù che esprime piatti di tradizione e nuovi accostamenti. In apertura le **pallotte cac' e ova**, i cacigni (verdura spontanea tipica delle campagne abruzzesi) con fagioli tondini del Tavo e peperone secco (10 €), il carciofo ripieno e ricotta allo zafferano. Tra i primi (10 €), da segnalare i ravioli di burrata e tartufo nero, la tradizionale **chitarra con le polpettine di carne**, i fusilli con ventricina del Vastese, pomodoro e pecorino. Ci sono sempre delle preparazioni a base di baccalà ma tra le carni il ruolo principale spetta all'**agnello alla brace** (16 €), cottura riservata anche a braciole, salsicce, filetti e costate di manzo. Dolci della casa (6,50 €), tra cui il **soufflé al cioccolato con crema all'inglese** e la millefoglie con crema casereccia. La cantina offre una buona selezione di etichette abruzzesi e nazionali, con diverse digressioni oltralpe.

In via Trento 84, da Cicchelli Generi Alimentari c'è ampia scelta di salumi, formaggi, pane, oli e sottoli. Al 111 la Chitarra Antica produce dolci e buonissime paste fresche, ripiene e non.

PESCARA

Nonna Bruna
Osteria di recente fondazione
Via Michelangelo Forti, 34
Tel. 085 2401923-338 4890905
Chiuso domenica e lunedì, inverno dom sera e lunedì
Orario: mezzogiorno e sera
Ferie: 20 giorni in agosto e nel periodo di Pasqua
Coperti: 25
Prezzi: 33-35 euro vini esclusi
Carte di credito: tutte, BM

Menù minimalista per questa piccola osteria del centro di Pescara che in tre anni di attività si è ritagliata una buona notorietà. E questo grazie alla semplicità di chi la gestisce e ai sapori genuini dei piatti preparati dalla vivace signora Bruna, ben supportata dal figlio Lorenzo Cigliano, che vi accoglierà nell'unica saletta che compone il locale e si occupa degli acquisti del pescato assieme al padre Antonio. Le proposte variano molto e le trovate scritte, in maniera molto dettagliata, sulla lavagna in sala. L'antipasto Nonna Bruna (12 €) è composto da più mini portate – che possono essere anche ordinate singolarmente (4 €) – con **calamari ripieni**, tortino di cozze e pomodoro, polpo con i fagiolini o le patate, sgombro marinato o le delicate polpettine di pesce. I primi piatti (10 €) hanno il gusto della pasta di casa: i **maltagliati gamberi e zucchine**, le saporite **sagne con ceci e cozze**, le fettuccine verdi con le vongole. Tra i secondi ci sono sempre la **frittura di paranza** (14 €), l'arrosto, gli scampi alla brace e qualche pesce del giorno. Un'alternativa è rappresentata dal **brodetto alla pescarese** (28 €) che deve essere ordinato con anticipo e per almeno due persone. Semifreddo alla panna con amaretti sbriciolati e cioccolato fondente fuso, e millefoglie (4 €) per concludere. Adeguata la carta dei vini con buone etichette locali anche al bicchiere.

A metà del centralissimo Corso Umberto, il bar Excelsior merita una sosta per il caffè al vetrino e non solo. Per il dopo cena, la movida è nell'adiacente via De Cesaris, con bei locali dove trovare grandi vini e distillati: Papille, Zolfo, Visaggio e Caracò.

ABRUZZO | 649

PESCARA

Taverna 58
Ristorante
Corso Manthoné, 46
Tel. 085 690724
Chiuso venerdì e sabato a pranzo, la domenica
Orario: mezzogiorno e sera
Ferie: agosto e 1 settimana tra Natale-Capodanno
Coperti: 50
Prezzi: 34-40 euro vini esclusi
Carte di credito: AE, CS, MC, Visa, BM

Da sempre è uno dei migliori luoghi del buon mangiare a Pescara, tanto da rendere indispensabile la prenotazione anche durante la settimana. Il patron Giovanni Marrone e i suoi straordinari collaboratori conservano da quasi trent'anni uno stile sempre imitato e mai eguagliato per cui una sosta si può trasformare in una divertente esperienza gastronomica e culturale. Prima di cominciare si può chiedere al simpatico Gino, responsabile di sala, di sbirciare nella ricca cantina e poi sfogliare il menù che gioca tra le parole per esaltare la tradizione con un misurato tocco di creatività e con l'uso di materie prime, in parte prodotte in proprio. Ecco la fellata (tagliere con affettati, formaggi e verdure), la trippa alla pennese o il **farro con misticanza di campo** (9 €). Poi una delicata **minestra di ceci con verdure** (9 €), gli strangozzi alla borbonica con sfrigoli, cioccolato e peperoncino, rievocativi del piatto che veniva servito la domenica agli "ospiti" del bagno penale) o la **polenta di granturco con lumache**. C'è sempre un buon piatto di baccalà, ma anche il **vitellone palluto**, scottato sulla piastra in tavola, o il **pollastrello in porchetta al miele** (16 €) che consigliano di mangiare con le mani. Nel carrello dei dolci c'è l'imbarazzo della scelta: la crespella con Aurum flambé e il budino di Domenico (colonna della cucina insieme allo chef Giuseppe Marro) possono essere valide scelte.

> **66** *Da quasi tre decenni rappresenta uno dei luoghi simbolo della ristorazione abruzzese, il posto ideale per scoprire e gustare da vicino la gastronomia tradizionale* **99**

PESCASSEROLI

100 KM A SE DI L'AQUILA, 36 KM DA SULMONA SS 83

Plistia
Ristorante annesso all'albergo
Via Principe di Napoli, 28
Tel. 0863 910429-910732
Chiuso il lunedì
Orario: mezzogiorno e sera
Ferie: 1 settimana in maggio
Coperti: 35
Prezzi: 35-38 euro vini esclusi
Carte di credito: tutte

Quello di Cicitto Decina è senz'altro uno di quei posti dove si va sicuri di ritrovare sempre una buona cucina tradizionale. Se a questo aggiungiamo che Pescasseroli, in estate come in inverno, è una delle località turistiche più frequentate del Parco Nazionale d'Abruzzo, e paese natale di Benedetto Croce, è evidente come anche una sosta più lunga possa rivelarsi una scelta piacevole. Plistia si trova in pieno centro e dispone anche di una decina di camere. Cicitto con il suo stile affabile, a tratti sbrigativo, incarna lo stile tipico dell'oste e sa guidare l'avventore nella scelta delle pietanze, preparate dalla moglie Laura, e nelle migliori soluzioni di una cantina a prevalenza regionale. Per cominciare, un'ottima selezione di salumi e formaggi locali, la **coratella d'agnello** e, in stagione, una deliziosa teoria di **fritti** (4 €): fiori di zucca, salvia, fiori di sambuco, pasta di pane con lardo. Gustosi i primi piatti (12 €) come i **carratelli con gli orapi** (spinaci selvatici), la pasta con patate e ricotta salata, le lasagne in brodo con polpettine di carne e scamorza, in inverno le minestre a base di lenticchie, con ceci neri del Gran Sasso o con fagioli e farro. Tra i secondi regna ovviamente la carne, bianca o rossa, cotta alla brace, al forno o al tegame, tra bistecche di manzo, **agnello** e animali di bassa corte. In alternativa **patate maritate** (8 €), altro must dell'osteria. Buoni i dolci casalinghi.

Nel centro storico, in via della Chiesa 83, c'è la Bottega del Formaggio: formaggi, freschi e stagionati, di pecora, vacca e capra. Buono lo yogurt artigianale, disponibile tutti i giorni.

650 | ABRUZZO

PICCIANO

24 km a ovest di Pescara ss 16 bis e ss 151

Font'Artana
Trattoria
Piazza Duca degli Abruzzi, 8
Tel. 085 8285451
Chiuso il martedì
Orario: sera, festivi anche pranzo
Ferie: ultima sett di gennaio, prima di luglio e di settembre
Coperti: 50 + 15 esterni
Prezzi: 32-37 euro vini esclusi
Carte di credito: AE, CS, MC, Visa, BM

Il portone, seminascosto, di questa osteria affaccia su una piazzetta del centro storico e introduce in un bell'ambiente, con legno e pietre a vista. Scendendo le scale si potrà apprezzare la piccola grotta che ospita la cantina, primo biglietto da visita del patron Antonio Di Gioacchino, bravo e appassionato anche nel descrivere i piatti preparati dalla moglie Cristina, saltuariamente affiancata dai giovanissimi figli Filippo e Saverio. Dal ricco antipasto, accompagnato dai pani fatti in casa e dalla calda *pizz'onta,* si potrà apprezzare la mentuccia pastellata con pecorino e mosto cotto, la **frittatina con le tolle** (germogli) dell'aglio rosso di Sulmona (€ 5) e la pizza di *randinjie* con cipolla bianca. Tra i primi la delicata la zuppa di strapizzi con fagioli tondini del Tavo, gli **gnocchi con ortica e pecorino** (10 €) o con sugo di capra, a piselli, lo sparone (dal nome dello strofinaccio usato per attorcigliare la pasta) con carciofi, le fettuccine integrali con melanzana e salsiccia. D'altri tempi la **fracchiata** (polentina di ceci e cicerchia) **con le sarde e il peperone secco fritto**. Oltre ai classici tagli di agnello o di maiale (alla brace o in padella, *cif' e ciaf'*) ci sono lo **stracotto di pancetta di capra**, il galletto ruspante alla brace (13 €), il coniglio porchettato alle melanzane, i **fegatini**. Dolci e torte di casa, come la tradizionale lattarola, la crema di ricotta e arance, il semifreddo di ricotta e cannella chiudono il pasto.

> *La straordinaria passione per i prodotti e per la cucina di tradizione, trasmessi alle nuove generazioni con competenza e con rigoroso rispetto delle stagioni*

PINETO

48 km a se di Teramo ss 16 o a 14

Bacucco d'Oro
Trattoria
Via del Pozzo, 8
Tel. 085 936227
Chiuso il mercoledì
Orario: mezzogiorno e sera
Ferie: due settimane in novembre
Coperti: 30 + 80 esterni
Prezzi: 25-28 euro vini esclusi
Carte di credito: CS, MC, Visa, BM

Il binomio vincente passa per l'asse mamma-figli: Isolina Petrini è una bravissima cuoca e ha insegnato ai figli Francesco e Morena la cultura della tradizione, che i giovani interpretano con entusiasmo: il primo è in sala a raccontare con enfasi ogni curiosità (e si nota la passione per erbe e verdure spontanee e funghi), lei ad aiutare la madre tra i fornelli, con passione per i dolci. Ha appena compiuto il quarto di secolo di attività questo locale dall'ambiente semplice e dalla cucina schietta fondata sulle specialità teramane. Accanto al tagliere di formaggi abruzzesi (sei tipi, 8 €) o di salumi, quasi tutti di produzione propria, alcune piccole preparazioni di cucina, per poi passare ai primi con la **chitarrina con polpettine di carne** (7 €), la pasta alla pecorara con ricotta fresca, peperoni e melanzane fritte, il timballo alla teramana, i fusilli, tirati a mano da un impasto di acqua e farina, con orapi e ricotta salata, le **scrippelle' m busse** oppure le classiche **virtù del Primo Maggio**. Tra le carni meritano un assaggio il coatto, un saporito spezzatino di capretto in umido (8 €) e le tipiche **mazzarelle** di interiora di agnello, proposte anche nella variante più delicata con il capretto, ma c'è anche il baccalà arrosto con i peperoni (12 €). I dolci spaziano dalla crema al cucchiaio alla classica **pizza dolce** (3 €) oppure ci si può fare tentare dalla spuma al torrone. Essenziale l'offerta dei vini con la carta di etichette locali.

POGGIO PICENZE

15 KM A SE DI L'AQUILA

Paneolio
Ristorante *novità*
Via Umberto I, 89-91
Tel. 0862 80101-347 4014765
Chiuso il martedì
Orario: mezzogiorno e sera
Ferie: non ne fa
Coperti: 50
Prezzi: 25-30 euro vini esclusi
Carte di credito: CS, DC, MC, Visa, BM

Eugenio torna alle origini dopo un brillante periodo di apprendistato e riapre il locale della nonna Maria (conosciuto con l'insegna Sorelle Urbani) con una rinnovata impostazione, che punta decisamente su tradizione e territorio. L'ambiente è luminoso, con alcuni angoli più suggestivi con mattoni a vista e volte a crociera, rustico con piccoli tocchi di modernità, proprio come la sua filosofia di cucina. Il risultato è positivo, con un'offerta gastronomica ampia e originale. E allora pronti per partire con uno stuzzicante antipasto come il pot pourri di riso selvatico (6 €) o l'intrigante **pinzimonio di baccalà**, salumi e formaggi locali e una buona **coratella di agnello**. Mano sicura e sapori equilibrati nella **tagliatella di grani antichi con verdurine croccanti** (7 €) e nello spizzico di asparagi e zafferano con paste fatte in casa e spesso con grani coltivati in proprio. Una menzione a parte merita lo **spaghetto Paneolio** cotto in un fondo bruno e servito con pecorino fresco. Tra i secondi, le carni valorizzate da una sapiente selezione dei tagli migliori, come l'intramontabile agnello alla griglia o il più impegnativo **brasato al Montepulciano d'Abruzzo** (9 €). Squisito il **soffice di ricotta con pere caramellate** (4,5 €), vero vanto del locale, o un insolito pane e cioccolato. Contenuta ma intelligente la selezione di vini, con una meditata attenzione alle migliori produzioni regionali. Per provare un po' di tutto disponibile anche un menù degustazione a 25 euro. Una bella esperienza incorniciata dal sorriso di un'accoglienza ineccepibile.

PRATA D'ANSIDONIA

23 KM A SE DI L'AQUILA SS 261 E SS 17

Il Borgo dei Fumari
Osteria tradizionale *novità*
Via 25 aprile, 14
Tel. 0862 931456-347 2718589
Chiuso domenica sera e lunedì
Orario: mezzogiorno e sera
Ferie: 10 gg in ottobre, 1 settimana luglio-agosto
Coperti: 40
Prezzi: 30-33 euro vini esclusi
Carte di credito: CS, DC, MC, Visa, BM

Siamo nell'antica città romana di Peltuinum, nel territorio abitato dal popolo dei Vestini, affacciato sull'altopiano di Navelli e un tempo luogo strategico legato alle economie della transumanza. In un antico edificio del Trecento, ristrutturato con gusto e passione, opera da qualche anno Lino Marascio, cuoco patron di origini pugliesi che ha realizzato un luogo magico, in un labirinto di sale e salette tutte riscaldate dai camini che hanno ispirato il nome dei Fumari. La sua cucina si basa sulla ricerca dei migliori produzioni della zona (soprattutto zafferano e tartufi) che sa unire con giusta creatività ed equilibrio. Si parte con una ricchissima selezione grand gourmet (15 €) proposta quasi come piatto unico, considerato il numero di prodotti e di preparazioni che arrivano in tavola tra salumi, formaggi e ricotte, **zuppette di legumi** e piatti con diversi ortaggi di stagione. A seguire primi come **ravioli lune di miele** (12 €) preparati con ricotta di Castel del Monte e zafferano, gnocchi con peperoncino cotto al forno e chitarra al tartufo. Non deludono i secondi, con il trionfo dell'**agnello alle erbe aromatiche** (15 €) e il filetto di maialino con pancetta semi stagionata. Una **spuma di arancia** (5 €) per chiudere, magari dopo avere assaggiato un pecorino locale. Carta dei vini con presenza di buone etichette regionali.

RIVISONDOLI

96 km a se de L'Aquila, 32 km da Sulmona ss 17

Giocondo
Trattoria
Via del Suffragio, 2
Tel. 0864 69123
Chiuso il martedì
Orario: mezzogiorno e sera
Ferie: variabili
Coperti: 40
Prezzi: 30-35 euro vini esclusi
Carte di credito: tutte, BM

Ben conosciuta nella zona, questa piccola trattoria si trova nel centro storico di Rivisondoli, caratteristico borgo sull'altopiano delle Cinque Miglia a poca distanza dagli impianti di risalita di Roccaraso Aremogna. Arredato in maniera rustica e tipicamente montana, con apparecchiatura all'insegna della semplicità, il locale è oggi guidato da Elisabetta, la figlia del compianto Giocondo, che vi accompagnerà al vostro tavolo e vi illustrerà a voce il menù. Le proposte variano a seconda della stagione, ma in inverno sarà facile iniziare con gli ottimi salumi e formaggi locali (12 €), tra cui una squisita ricotta di fuscella, serviti con ortaggi casalinghi sott'olio. Pezzo forte dell'osteria restano le paste (8 €), tutte fatte a mano, tra cui spiccano le **tagliatelle alla morronese**, servite con ragù bianco, peperone e cicorietta di campo, e le **cordicelle** (pasta lunga tirata con la macchinetta delle salsicce) condite con pancetta, prosciutto, salsiccia e pecorino; non da meno i classici **cazzarielli** (gnocchetti) **con i fagioli** o la polenta con broccoli e salsiccia. Di provenienza locale le carni, cucinate prevalentemente alla brace (15 €), che compongono la scelta tra i secondi piatti assieme a una selezione di **formaggi alla griglia** accompagnati con i mieli della zona. In conclusione qualche dolce al cucchiaio, semifreddi o crostate con confetture artigianali. Carta dei vini ben dedicata al territorio, con limitate puntate in altre regioni.

A pochi passi Enogiò, della stessa proprietà, propone per l'acquisto una buona selezione di vini e di prodotti tipici locali, tra formaggi, salumi, zafferano, mieli e confetture.

ROCCA SAN GIOVANNI

47 km a se di Chieti a 14

La Balena
Osteria
Contrada Vallevò, 158
Tel. 0872 609201
Chiuso il lunedì
Orario: mezzogiorno e sera
Ferie: una settimana a dicembre, Pasqua
Coperti: 35 + 35 esterni
Prezzi: 35 euro
Carte di credito: tutte, BM

Potrete pranzare con vista sulla costa dei Trabocchi in questa osteria di mare – ristrutturata prima dell'ultima riapertura annuale – che si incontra percorrendo la tranquilla e panoramica strada statale 16 Adriatica, tra San Vito e Fossacesia. Ad accogliervi ci sarà Stefano Tucci, assieme ai giovani dello staff di sala, che vi proporrà un menù che si fonda sulla qualità del fresco pescato locale e che, di contro, non sempre rende disponibili alcune pietanze. Si comincia con il **sauté di vongole e cozze** e le **cozze ripiene** (8 €), con "la nostra insalata di polpo", con il crudo di baccalà al pepe rosa, per poi proseguire con la chitarrina con i cannolicchi, il **rentrocele** al sugo di razza e cozze (11 €) e i tacconcelli casarecci al sugo di panocchie (canocchie). Leggera e croccante la **frittura di paranza** (12 €), delicato lo spiedino di calamari e scampi alla brace, tipo di cottura riservato anche a rombo, dentice, san pietro o ricciola, secondo il pescato del giorno. In alternativa (ma è meglio prenotarli) si può scegliere il **brodetto** (piatto unico, 35 €) o il mini brodetto. Limitata la scelta dei dolci fra sorbetti e pasticceria secca, con i buonissimi **celli pieni** di San Vito Chietino. Curata la carta dei vini che spazia anche fuori regione con scelte ragionate. Menù degustazione a 35 euro, coperto 3 euro.

ROSELLO

77 km a sud di Chieti ss 81 e ss 652

Lo Scamorzaro
Azienda agrituristica
Contrada Fonte Ginepri, 4
Tel. 0872 948441-340 0710773-333 1825905
Chiuso il mercoledì
Orario: mezzogiorno e sera
Ferie: non ne fa
Coperti: 50 + 20 esterni
Prezzi: 25 euro vini esclusi
Carte di credito: AE, CS, MC, Visa, BM

Situata a circa mille metri di altitudine e sul confine tra Abruzzo e Molise, Rosello è famosa per l'Abetina, riserva naturale dal 1992, che ospita l'ormai raro abete bianco e oltre sessanta specie vegetali. Insomma un ambiente incontaminato, peraltro ricco di tartufi, di funghi e di attività agropastorali, come quelle praticate in questo agriturismo autentico, gestito da sole donne: alla cucina, ai tavoli, all'allevamento – di bovini, suini, agnelli e animali di bassa corte – così come all'arte casearia si dedicano instancabili la signora Dina, le figlie e la nuora, mentre la nonna soddisfatta fa capolino dalla cucina. Non c'è menù scritto. L'antipasto (10 €) di norma prevede formaggi, ricotta fresca, prosciutto, lonza, salsicce e si compone anche di ricette tipiche come coratella di agnello, **pallotte cac' e ova** al sugo di pomodoro e peperone, zuppetta di farro e legumi, torte rustiche con verdure di stagione. Buoni anche i primi piatti che esprimono manualità e genuinità di condimenti, tra **ravioli ripieni di ricotta e spinaci con funghi** o zucchine, guanciale, gnocchi di patate o **chitarrina al sugo di agnello** (serviti in porzioni abbondantissime con pezzi di agnello saporito e tenerissimo), sagne e fagioli. La scamorza arrosto, l'**agnello** (7 €) e le salsicce di produzione propria hanno un sapore quasi dimenticato, così come l'ampia scelta di torte fatte in casa. Un bel viaggio dunque, con la possibilità di portare a casa qualche ricordo attraverso l'acquisto dei prodotti aziendali.

SAN SALVO
San Salvo Marina

91 km a se di Chieti, 11 km da Vasto

Marina
Ristorante
Via Pigafetta, 21-SS 16, piazzale Agip
Tel. 0873 803142
Chiuso domenica e lunedì sera
Orario: mezzogiorno e sera
Ferie: 1 settimana in settembre, tra Capodanno e l'Epifania
Coperti: 50
Prezzi: 35-38 euro vini esclusi
Carte di credito: tutte, BM

Il bel locale di Michele Raspa compie venticinque anni di attività, un traguardo raggiunto senza affanni grazie a una cucina dal solido impianto tradizionale e a una professionalità di tutto rispetto. Una formula ben collaudata, che vede Michele gestire i tempi e coordinare con garbo e competenza la sala mentre la madre Adele e la sorella Anna sono impegnate in cucina. Il menù, all'insegna del pescato giornaliero, verte su piatti poco elaborati e preparati al momento, una scelta che permette di apprezzare al meglio la freschezza e la qualità del pescato. Si può iniziare con i carpacci, con un antipasto freddo, oppure optare per uno (6 €) o più antipasti caldi serviti in tegami di rame, tutti molto buoni, come gli **scampi al peperone trito dolce**, le seppioline con l'erba cipollina, la **ricciola alla pizzaiola**, il guazzetto di alici. Tra i primi c'è un'ampia scelta di paste, tirate a mano, come i fusilli con pomodoro fresco, ricciola e capperi (10 €), la chitarra allo scoglio, i cavatelli con scampi e pomodoro, i vermicelli ai frutti di mare, gli **gnocchi con calamari, pomodoro fresco e basilico** e l'immancabile risotto alla marinara. Ottimi i secondi, sempre all'insegna della tradizione, con il classico brodetto di pesce, la fragrante **frittura di paranza** (13 €) e i pesci di spina all'acquapazza (18 €). Dolci di fattura casalinga, preparati dalla moglie Patrizia, tra cui un'interessante rivisitazione della **pizza dolce** (4 €). Carta dei vini ben congegnata con tanto Abruzzo e un'intelligente selezione di etichette nazionali ed estere.

SAN SALVO

86 km a se di Chieti ss 16, 11km da Vasto

Osteria delle Spezie

Osteria moderna
Corso Garibaldi, 44
Tel. 0873 341602
Chiuso il mercoledì e domenica sera
Orario: mezzogiorno e sera
Ferie: in settembre
Coperti: 35
Prezzi: 32-35 euro vini esclusi
Carte di credito: CS, MC, Visa, BM

Come molti comuni litoranei anche San Salvo, situato al confine tra Abruzzo e Molise, si divide tra la parte marina e il centro storico collinare. Quasi a rimarcare questa breve ma significativa distanza, Giancarlo Cilli ha scelto molti anni fa di praticare una cucina di terra, schietta e generosa, diventando da subito un punto di riferimento. L'ambiente è piccolo e curato e l'accoglienza appare subito cordiale nonostante il carattere riservato di Giancarlo Cilli, il patron, al quale è bene affidarsi nella scelta dei piatti che variano al passare delle stagioni. Si parte dall'antipasto dell'osteria (10 €) con salumi e formaggi selezionati tra produttori della zona, preparazioni a base di ortaggi e con qualche "chicca" come il cappuccino di porcini o, a primavera, la *sfogliatina croccante di fave e cicoria*. Si procede con i *caprini* (12 €), ottimi raviolini fatti in casa con ricotta e formaggio di capra alle erbe, con i pennoni con mandorle, zafferano e pecorino o con i *paccheri con le melanzane*. Tra i secondi, che comprendono anche un contorno, il baccalà in padella (15 €) o in pastella, il *capocollo di maialino al finocchietto* (12 €) oppure il filetto di manzo al mosto cotto, ma nel periodo primaverile non si può trascurare l'assaggio del carciofo di Cupello farcito. Si chiude tra torte, mousse, gelati preparati quotidianamente o al momento. Carta dei vini prevalentemente regionale con prezzi molto corretti.

Alla gastronomia della famiglia Roberti, in via Istonia 31, ottimi salumi come la tradizionale ventricina del Vastese e una pregevole porchetta arrosto.

SANT'OMERO

25 km a ne di Teramo

La Piazzetta

Ristorante
Via alla Salara, 9
Tel. 0861 88530
Chiuso la domenica
Orario: mezzogiorno e sera
Ferie: due settimane in agosto
Coperti: 35 + 20 esterni
Prezzi: 30 euro vini esclusi
Carte di credito: CS, DC, MC, Visa, BM

Affermare che qui si viene soprattutto per il baccalà preparato in tanti modi, classici e non, potrebbe non fare onore alla cucina di Roberta Nepa. Certo il baccalà è l'ingrediente principe, forte di una tradizione molto radicata in una cittadina che lo celebra da oltre trent'anni nel mese di luglio (per l'occasione menù a 25 euro), ma la nostra cuoca sa esprimersi con bravura con tutta la cucina tradizionale teramana, tra timballi, trippa, *capra alla neretese*, coniglio in padella, mazzarelle e altri tagli di agnello in varie cotture. Il locale, situato di fronte all'ospedale, ha una duplice veste: a pranzo si entra dal bar e ci si accomoda in uno dei pochi tavoli della sala attigua (peccato per la tv accesa), mentre alla sera e nei festivi si apre la sala grande e si amplia il menù. Conviene affidarsi al figlio Nico che guida alla piccola ma intelligente cantina e alle sfiziose variazioni di antipasto: il baccalà a carpaccio con zenzero, al vapore con arancio e finocchio, con peperone alla griglia, oppure caldo nelle polpettine fritte con salsa all'aglio, alla portoghese o con guanciale e patate (8 €). Da non perdere, quando disponibile, la *lingua in umido con pomodorini* (6 €), mentre tra i primi (8 €) sorprendono la bontà della *carbonara di baccalà con bottarga fresca di baccalà* e degli gnocchi con asparagi e guanciole di baccalà. A seguire, lo squisito *baccalà in potacchio* (10 €) oppure mantecato per accompagnare una crema di ceci. Dolci classici come la pizza dolce (4 €) e le *loffe delle monache*, sfoglie croccanti con zucchero a velo.

ABRUZZO | 655

SAN VITO CHIETINO
Sant'Apollinare

39 km a se di Chieti a 14 a ss 16

La Valletta
Trattoria
Largo Colle Fonte, 30
Tel. 0872 58587-380 3064741
Chiuso il martedì
Orario: sera, domenica anche pranzo
Ferie: tra gennaio e febbraio
Coperti: 100
Prezzi: 25-30 euro vini esclusi
Carte di credito: tutte, BM

Situato nella prima collina frentana, tra oliveti e vigneti, La Valletta è uno dei luoghi dove gustare i piatti più classici della tradizione culinaria frentana, preparati come una volta in casa. Le mani in cucina sono quelle della signora Anna che con il figlio Carlo Dragani gestisce questo locale dal 1983 e si basa su un menù limitato ma consolidato. In apertura c'è una buonissima *pizz' e foje*, piatto invernale della tradizione contadina che abbina alla pizza di granturco le verdure di campo ripassate in padella e insaporite con sarde e peperoni secchi. Tra gli antipasti da non perdere anche le ***pallott cac' e ova*** (5 €), polpette di pane, formaggio, uova e sugo di pomodoro. Tante la paste fresche casalinghe, tra cui spicca il ***rentròcelę*** (8 €), grande spaghetto, a sezione quadrata, realizzato con un impasto di acqua e farina e tagliato a mano, condito **con ragù**. Tra i secondi, – è meglio ordinarli prima – il **coniglio sotto al coppo con le patate** (10 €), cotto in una speciale casseruola posta nel caminetto sotto la cenere, la trippa e buone carni di vitello, agnello o maiale cotte alla brace. Chiusura dolce con i tipici **celli pieni sanvitesi** e con i biscotti alle mandorle serviti con il vino cotto. Da bere, una piccola selezione di etichette regionali o vino sfuso.

🛍 A **San Vito Marina** (7 km), L'Arte del Pane di Venceslao Ruccolo (via San Rocco 232 e via Sauro 31) per il pane casereccio a lievitazione naturale. Al 17 di via Nazionale Adriatica si può acquistare il pesce fresco da Rocco, al 10 ci sono i gelati di Copa de Dora.

656 | ABRUZZO

SCHIAVI DI ABRUZZO

99 km a sud di Chieti, 58 km da Vasto ss 650

Antica Trattoria Vittoria
Trattoria
Località Valloni, 5
Tel. 0873 970250-338 3532484
Chiuso il giovedì, mai in agosto
Orario: mezzogiorno e sera
Ferie: 1-10 ottobre
Coperti: 70 + 25 esterni
Prezzi: 25 euro vini esclusi
Carte di credito: tutte, BM
🍴 ⚱

Non sarà certo il caso a portarvi da queste parti, a circa 50 chilometri dalla costa adriatica, in questo lembo di Appennino centro-meridionale, tra piccoli borghi, storia (i Templi Italici di origine sannitica del II secolo a.C. meritano una visita), tanta natura ma anche tante pale eoliche che, piaccia o meno, ormai caratterizzano numerosi crinali montani d'Italia. Qualunque sia la ragione che vi ha condotti in zona, non mancate di fare una sosta in questa storica trattoria fondata da Vittoria Di Bello nel 1929 e attualmente condotta dal nipote Vittorio Di Carlo. Esteriormente farete quasi fatica a notarla, tanta è la semplicità della costruzione, ma una volta entrati la rilassata accoglienza di Vittorio vi farà sentire a casa. Nel classico antipasto (9 €), tra salumi, formaggi, sottoli, bruschette con fegatini di pollo e verdure di stagione, prestate attenzione alla **ventricina vastese**, un eccellente insaccato tradizionale dell'area interna. A seguire primi semplici e generosi come la chitarra con asparagi e ricotta o con verza e baccalà, gli **gnocchi al sugo di ventricina**, i taglilolini in brodo di gallina, i *tajarill'* con i fagioli (4,50 €). Tra i secondi il **pollo al mattone** (4,50 €), piatto simbolo del locale, ottime grigliate di carne con bistecche di vitello, agnello e salsiccia. In alternativa, baccalà al sugo con patate (9 €) e le tipiche e molto apprezzate ***pallotte cac' e ova*** (3 €). Piccola ma ben calibrata la cantina, dolci di fattura casalinga. Da novembre a marzo, la sera, i primi tre giorni della settimana il locale apre solo su prenotazione.

SPOLTORE
Villa Raspa

9,5 km a ovest di Pescara ss 16 bis o asse attrezzato e ss 16

La Corte
Ristorante
Via Montani
Tel. 085 4159787-335 8487763
Chiuso il martedì e dom sera; d'estate dom a pranzo
Orario: mezzogiorno e sera
Ferie: variabili
Coperti: 80
Prezzi: 38-40 euro vini esclusi
Carte di credito: tutte, BM

È facilmente raggiungibile questo casale contadino con granaio, bel modello di ristrutturazione conservativa. Distribuito su due piani, si fa apprezzare ancora di più nella bella stagione grazie all'ampio giardino. All'ingresso fanno bella mostra salumi e formaggi, i cui produttori locali sono meritoriamente elencati nel menù. Lo staff è gentile e affiatato, ben coordinato anche negli affollati fine settimana, con Rocco Cardone in sala e con Maurizio Della Valle tra i fornelli, artefici di una delle più belle novità del panorama pescarese. Si può iniziare con l'antipasto della casa (18 €), che prevede gli affettati e una serie di classici come pallotte cacio e uova, fegatini in padella, frittata con cipollotto, peperoni in agrodolce e baccalà in pastella. Tra le paste fresche un ottimo **timballo di polpettine e cardi in brodo di cappone**, pasta pazza con verza stufata o saporite **sagnacce con ragù bianco d'agnello** (10 €). Da provare tra le carni il gustoso **gallo in padella al vino bianco** (14 €), la trippa alla pennese o il **baccalà alla neretese**, il cif' e ciaf' di costatine di maiale, oppure la tradizionale brace con l'agnello "scotta dita", salsicce o tagli vari di vitellone. Per finire un sorprendente tortino di pizza dolce o la crema bruciata con ciliegie. Menù degustazione sia a pranzo (20 €) sia a cena (38 €). Bella selezione dei vini della regione.

■ Il forno Da Maria, in Via Pescarina 46, prepara pane e pizze al forno a legna e buonissimi fiadoni di formaggio. Si possono acquistare buone carni al numero 100 di viale Europa nella fornita macelleria Fabio o da Pompa di via Italia 64.

SULMONA

56 km a se di l'Aquila ss 17

Clemente
Ristorante
Piazza Solimo
Tel. 0864 210679-333 6558100
Chiuso il giovedì e domenica sera
Orario: mezzogiorno e sera
Ferie: prime due settimane di luglio
Coperti: 90 + 40 esterni
Prezzi: 30-35 euro vini esclusi
Carte di credito: nessuna

Un'esperienza piacevole in un locale curato e accogliente, con personalità e un tocco di fantasia. Clemente Maiorano ha vinto la scommessa con la nuova sede e con l'originale bistrot che affianca il ristorante classico. I piatti esaltano la ricerca stagionale dei prodotti locali, con la piacevolezza di fragranze tutt'altro che banali. La tradizione è ben bilanciata con elaborazioni di cucina più moderna, con azzeccati accostamenti di colori e di sapori. Si può iniziare con un elogio al porco? Da Clemente sì, con una degustazione di salumi tipici di piccoli produttori locali. Più dolce l'ingresso con un **pecorino fritto in pastella con miele** (6 €) o con una varietà di assaggi vegetariani. Tra i primi (8 €) meritano un assaggio gli ottimi gnocchi con zucchine e zafferano o i **paccheri con melanzane e cacio ricotta**. Secondi alla griglia o in padella, come riporta il menù, tra una tagliata di coscia di agnellone (14 €) e un **coniglio al tegame con porcini**. Forse non guasterebbe in carta un'aggiunta di carni bovine. Epilogo con dessert preparati in casa (4 €) come la **crostata di ricotta e cioccolato al profumo di Centerbe** o la classicissima torta di mele. La cantina popone vini regionali e non, anche biologici.

■ In città Pelino, William Di Carlo e Rapone per confetti e torroni, Reginella d'Abruzzo per i latticini, Pingue per salumi e aglio rosso di Sulmona. A **Pratola Peligna** (9 km) Colle Salera di Walter Pace per i mieli.

TERAMO

VASTO
Punta Penna

75 km a se di Chieti ss 16 o a 14

Antico Cantinone
Ristorante *novità*
Via Ciotti, 5
Tel. 0861 250881-335 5651112
Chiuso il mercoledì
Orario: mezzogiorno e sera
Ferie: una settimana a fine luglio
Coperti: 50
Prezzi: 28-30 euro vini esclusi
Carte di credito: tutte, BM

Da Ferri
Trattoria
Via Osca, 58
Tel. 0873 310320-334 1203017
Chiuso domenica sera e lunedì
Orario: mezzogiorno e sera
Ferie: variabili
Coperti: 80 + 30 esterni
Prezzi: 38 euro vini esclusi
Carte di credito: CS, MC, Visa, BM

La famiglia Pompa ha scritto la storia della ristorazione teramana nell'ultimo secolo e oggi a rappresentare la dinastia è Paolo che si divide tra questa insegna del centro storico del capoluogo e la Locanda del Pompa nella vicina Campli, ristoro di campagna con annesse camere. L'Antico Cantinone è ospitato in palazzo d'inizio Novecento e dispone di un'unica sala con volte a crociera e archi con mattoni a vista e con pareti di colore azzurro. Si può iniziare con l'antipastone (20 euro per due persone) comprendente verdure di stagione, formaggi freschi e salumi, oppure con un saporito prosciutto tagliato al coltello e pecorino dei vicini Monti della Laga o con la sostanziosa torretta di melanzane con caprino, pomodoro, pesto di rucola e mandorle (8 €). Nei primi ci sono tutti i classici della cucina teramana: le *scrippelle 'mbusse* (7,50 €) immerse in un delicato brodo di gallina, la chitarrina con le pallottine di carne (8 €) e *lu rentrocele* (8 €), antica pasta al torchio condita con prosciutto, olive nere, capperi e pomodoro al basilico. Il 1° maggio (giorno in cui è d'obbligo la prenotazione) e nei giorni appena antecedenti e successivi, ecco le classiche virtù, il piatto che riunisce mirabilmente avanzi invernali e primizie spontanee secondo l'antica tradizione contadina. Poi, l'agnello della Laga alla scottadito (13 €) oppure tagli di maiale e di manzo e, come dessert, la pizza dolce. Conoscendo la competenza di Paolo, sorprende la mancanza di una carta che consentirebbe una scelta più agevole delle migliori etichette teramane e regionali.

Situato non lontano dalla splendida Riserva Naturale Punta Aderci, e a pochi passi dal faro di Punta Penna, questo locale ha conservato negli anni lo stile autentico della trattoria di famiglia. Italo Ferri ha ereditato dai suoi genitori l'arte della cucina marinara e con la moglie Patrizia ha aggiunto al locale professionalità e un tocco di eleganza, con i tavoli disposti tra la sala principale e la bella balconata con vista sul porto. Già il cestino con le fette di pane abbrustolite e il bavaglione anti-macchia lascia intuire che l'impegno gastronomico andrà affrontato con la dovuta calma. Il piatto principe del luogo è infatti *lu vrudatt*, il brodetto alla vastese (29 €), che da solo vale il viaggio. Servito nel tegame di coccio fumante, è un trionfo del pescato dell'Adriatico con triglia, pannocchia, testone, tracina, razza, scampi, cozze, vongole e quel bel sughetto profumato con pomodorini e peperone dolce che, se rimasto alla fine, indurrà il cuoco a buttarci dentro due spaghettini per completare quella che può considerarsi una vera e propria opera d'arte culinaria. Che tuttavia rischia di far passare in secondo piano il resto del menù che presenta altri classici e numerose variazioni secondo il pescato del periodo. Tra gli antipasti, gli scampi bolliti, le alici in *scapece* e il carpaccio di gallinella, la chitarrina ai frutti di mare (12 €), i tubetti in brodo di pesce, le panocchie con la bietola, la croccante frittura di paranza (12 €) così come i buoni dolci fatti in casa (4 €). Bella e ragionata scelta di vini anche non abruzzesi, con giusti ricarichi.

VASTO

75 km a SE di Chieti ss 16 o a 14

Vineria per Passione

Enoteca con cucina
Via Santa Maria, 9
Tel. 0873 391907-366 5749718
Chiuso il lunedì, mai in agosto
Orario: sera, pranzo su prenotazione
Ferie: variabili
Coperti: 30 + 20 esterni
Prezzi: 20-25 euro vini esclusi
Carte di credito: CS, DC, MC, Visa, BM

Restare bloccati in un ingorgo può anche avere risvolti positivi; si è costretti a pensare e può capitare di prendere decisioni importanti. Ed è in questo modo che Giorgio Suriani ha detto addio a un lavoro poco stimolante per seguire la sua grande passione: l'enogastronomia. Qualche anno di studi e assestamenti e il progetto prende forma nel bel centro storico di Vasto. Giorgio e la moglie Silvia vi condurranno con garbo e competenza in un percorso fatto di ottime materie prime, vini (con un bell'assortimento di abruzzesi e nazionali) e birre artigianali. Si può iniziare con le alte selezioni di **formaggi** e di **salumi** accompagnati da pani speciali a lievitazione naturale, confetture e mieli, con il tortino di melanzane alla menta su crema di bufala o con il girello di vitello al profumo di senape (9 €). A seguire primi piatti, ben presentati e con un pizzico di innovazione, tra cui segnaliamo la **chitarra con aglio, olio e alici di Menaica**, cicoria, pinoli e pane tostato (9 €), gli gnocchetti con asparagi selvatici e zafferano, la passata di ceci con cornetto al baccalà. Tra i secondi ci sono la scamorza arrostita con prosciutto crudo, il caciocavallo al cartoccio, il filetto di maiale con mele e cannella, i bocconcini di pollo con pesto di pistacchio, pomodorini e caciocavallo, il **baccalà con pomodori e olive verdi** (11 €). Da segnalare un'eccellente proposta di contorni a base di verdure di stagione, come la **cicoria con pomodorini e olive** (6 €) e i fagiolini alla menta su crema di patate. A chiudere una sfogliatina di ricotta, noci e pere con gelato al pistacchio o **cantuccini** e **ferratelle** (4,50 €).

VILLA CELIERA

41 km a SO di Pescara

Nonno Liborio

Trattoria
Via Sant'Egidio, 64
Tel. 085 846155
Non ha giorno di chiusura
Orario: mezzogiorno e sera
Ferie: non ne fa
Coperti: 40
Prezzi: 22-24 euro vini esclusi
Carte di credito: tutte, BM

Nonno Liborio è insieme bar e trattoria, come nelle migliori tradizioni dei piccoli paesini della provincia italiana. Poche anime e intorno tanta natura protetta dal Voltigno, una delle propaggini del versante pescarese del Gran Sasso, zona di passaggio delle greggi transumanti, dove la tradizione agropastorale sembra immortalata in alcune preparazioni di grande genuinità. Lo sa bene la signora Maria (moglie di Liborio) che da tanti anni è un riferimento della zona e che assieme alla figlia Alessandra propone una cucina semplice e ricca di sapore in un ambiente semplice e rustico. Ecco i salumi locali e l'immancabile **pecorino di Farindola** (a latte crudo, l'unico al mondo realizzato con caglio di suino e rigorosamente fatto dalle donne della zona), la ricotta fresca, la **cipollata**, gli ortaggi sott'olio, le zuppe di legumi, la coratella di agnello e le pallotte cacio e uova. Poi, ricche porzioni di primi piatti fatti a mano, tutti buonissimi come i famosi **maccheroni alla molinara** (8 €), ai quali è dedicata anche una frequentata sagra estiva, i ravioli ripieni di ricotta con sugo di pomodoro, le **sagne con i ceci** (in bianco) o con i fagioli (al sugo), gli gnocchi con sugo di anatra. Quindi la scelta delle carni: agnello o il misto alla brace (8 €), spezzatino di vitello (6 €) e **spezzatino di capretto** con indovinate cotture in padella. Si chiude con i dolci di casa, dalla **pizza dolce** alle crostate di crema o di frutta, passando per chiacchiere, caggionetti e altre tipicità delle feste agrarie e religiose. Discreto vino sfuso e qualche etichetta regionale.

oltre alle osterie

AVEZZANO
55 km a sud di L'Aquila a 24 e a 25

Mammaròssa
Osteria moderna *novità*
Via Giuseppe Garibaldi, 388
Tel. 0863 33250
Chiuso la domenica
Orario: solo la sera
Ferie: 10 giorni in gennaio
Coperti: 60 + 40 esterni
Prezzi: 35-45 euro vini esclusi
Carte di credito: tutte, BM

Binomio vincente quello di cucina e design voluto dallo chef autodidatta Franco Franciosi e dalla sorella Daniela. Mammaròssa si ispira alla bisnonna (mamma grossa) da cui hanno ereditato la passione per la cucina. I piatti proposti, con una variazione quasi giornaliera del menù, prevedono l'utilizzo di molti prodotti dell'orto di proprietà. All'inizio l'uovo con mugnuli selvatici (varietà di cavolo), la parmigiana cocktail (12 €), composta da salsa di datterini con mozzarella di bufala, melanzane affumicate e parmigiano, seguiti da gnocchi con crema di zucchine, tolle d'aglio, cozze e pecorino (16 €), dalla zuppetta di ceci con cicoria di campo e gamberi, dal lonzino o dalla pollastrella ruspante (16 €). Si chiude con il tiramisù di pane (12 €) composto da pan di noci e caffè, crema, capperi e limone.

CARSOLI
58 km a se di L'Aquila a 24

L'Angolo d'Abruzzo
Ristorante
Piazza Aldo Moro, 8-9
Tel. 0863 997429
Chiuso il mercoledì
Orario: mezzogiorno e sera
Ferie: non ne fa
Coperti: 70
Prezzi: 45-50 euro vini esclusi
Carte di credito: tutte, BM

Un nucleo familiare ben saldo quello della famiglia Centofanti, così come il suo nome nella ristorazione abruzzese. Da quasi trent'anni la filosofia di questo ristorante si basa sul rispetto per la terra, per la pastorizia e per l'agricoltura ecosostenibile. Lanfranco Centofanti e la compianta Maria Teresa hanno educato con questi principi i figli Valentina e Valerio. Agropastorale è la parola che rappresenta appieno la proposta dell'Angolo d'Abruzzo: frittata con orapi (15 €), insalata di ovoli, panzanella con baccalà o salumi contadini, pappardelle alla pecora ciavarra con pecorino dell'alta valle del Turano (15 €), tagliatelle di grani antichi con ragù bianco di tre carni, chitarrina con il tartufo, ravioli con ricotta di pecora. Varietà nelle carni, dal maialino lattonzolo in doppia cottura con patate (20 €) ai bocconcini d'agnello ai funghi porcini (23 €), fino al galletto alla brace. Dolci da non perdere e cantina decisamente profonda con scelta quotidiana al bicchiere.

CIVITELLA CASANOVA
42 km a so di Pescara

La Bandiera
Ristorante con alloggio
Contrada Pastini, 4
Tel. 085 845219
Chiuso il mercoledì e domenica sera
Orario: mezzogiorno e sera
Ferie: 20 giorni in gennaio
Coperti: 80 + 30 esterni
Prezzi: 45 euro vini esclusi
Carte di credito: tutte, BM

Tra i colori rilassanti delle colline pescaresi, un luogo di intensa soddisfazione gastronomica, da sempre famoso per un'interpretazione raffinata della cucina abruzzese: il ristorante La Bandiera, gestito da Marcello e Bruna Spadone, con l'integrazione perfetta dei due figli Alessio e Mattia. A tavola: il cracker di coniglio, la battuta tiepida di vitellone con granita di finocchio (15 €), i bottoncini di caciocavallo in brodo di cipollotti, gli gnocchi di rape rosse e patate affumicate, provola e maggiorana (12 €), le animelle al mosto cotto, la faraona farcita con i suoi fegatini e purè di mele, il cosciotto di agnello all'oliva e misticanza (18 €). Felice chiusura con lo zabaione caldo-freddo (8 €), il dolce orto o la pazzia di cioccolato.

GUARDIAGRELE
25 km a sud di Chieti ss 81

Villa Maiella
Ristorante con alloggio
Via Sette Dolori, 30
Tel. 0871 809319-809362
Chiuso domenica sera e lunedì
Orario: mezzogiorno e sera
Ferie: due settimane in luglio, 10 giorni in febbraio
Coperti: 60 + 20 esterni
Prezzi: 45 euro vini esclusi
Carte di credito: tutte, BM

Villa Maiella è tradizione, famiglia, passione. Un ristorante di forte identità, diventato negli anni emblema della ristorazione abruzzese, dimostrando una crescita qualitativa arricchita dalla piccola azienda agricola. È bello vedere fianco a fianco le generazioni: Arcangelo in cucina al fianco di mamma Angela e di nonna Ginetta mentre Pascal gestisce la sala con il patron Peppino Tinari. L'eccellente risultato è espresso dai menù degustazione Tradizione (45 €) e Proposta (60 €), oppure dai piatti della carta, con i salumi di produzione propria, l'insalata di funghi e pecorino, le paste fatte in casa (da applauso i maccheroni alla chitarra, 12 €) con vari condimenti di stagione, i ravioli di burrata o le zuppe di farro con tartufo. Quindi coniglio in porchetta (18 €), spalla di agnello al ginepro, pollo al vino cotto e filetto di maiale con spinaci e pancetta, per chiudere con dolci di straordinaria bontà. Carta dei vini ampia.

RIVISONDOLI
96 KM A SE DI L'AQUILA, 32 KM DA SULMONA SS 17

Spazio
novità

Osteria moderna
Via Regina Elena, 49
Tel. 085 8931170
Aperto da venerdì a domenica, sempre d'estate e a Natale
Orario: sera, sabato e domenica anche pranzo
Ferie: variabili
Coperti: 40
Prezzi: 20-30 euro vini esclusi
Carte di credito: AE, CS, MC, Visa, BM

Una volta era il Reale ora è Spazio, dedicato esclusivamente ai ragazzi della scuola di cucina Niko Romito Formazione, che il "tristellato" chef ha aperto nella vicina Castel di Sangro. A loro è data così la possibilità di mettersi alla prova dopo aver terminato il corso: niente tovaglie, niente carta dei vini e nessun cameriere o cuoco ma dodici giovani che cambiano ogni stagione e che si alternano tra sala e cucina. Alla base l'utilizzo di materie prime stagionali e misurata creatività. Alcuni piatti: baccalà mantecato con i peperoni, il manzo marinato con la salsa tonnata (8 €) poi le fettucce con pesto di fagiolini e basilico (10 €) e buonissimi tortelli di ricotta e pecorino. I secondi vanno dal coniglio fritto in scapece al galletto arrosto con i peperoni (10 €), dall'agnello al bianchetto di vitello. La zuppa di cioccolato e sorbetto di yogurt (5 €) chiudono il pasto. Un'avvertenza finale: conviene prenotare per accertarsi dei giorni e degli orari di apertura che variano in base al calendario dei corsi.

ROSETO DEGLI ABRUZZI
32 KM A EST DI TERAMO SS 81 E 150

Vecchia Marina

Ristorante
Lungomare Trento, 37
Tel. 085 8931170
Chiuso domenica sera e lunedì
Orario: mezzogiorno e sera
Ferie: variabili
Coperti: 45 + 60 esterni
Prezzi: 40-60 euro vini esclusi
Carte di credito: AE, CS, MC, Visa, BM

Una delle migliori trattorie di pesce, dove la passione dei fratelli Loredana e Gennaro D'Ignazio e del cognato Giovanni Parnanzone si esprimono nei piatti spesso realizzati con il pescato minore. Non manca mai la selezione di crudi, poi sfiziosi molluschi o crostacei sbollentati o al vapore, talvolta accompagnati da verdure di stagione. Ottimi i quadrucci con ceci o fagioli in brodo di mare (11 €) oppure un sorprendente spaghetto aglio e olio con peperoni e totanetti, mentre va considerato un piatto unico il guazzetto alla rosetana (25 €) con circa un chilo di filetti e tranci dei pesci della stagione preparato e servito nel tegame. In alternativa un gustoso rombo mollicato al forno (20 €) o singoli pesci di spina alla griglia. Buonissimi sorbetti alla frutta e dolci al cucchiaio. A pranzo menù degustazione a 26 euro, a cena tre menù: 38, 45, 63 euro. In cantina diverse e buone etichette, non solo regionali.

SAN SALVO - SAN SALVO MARINA

83 km a se da Chieti a14

Al Metrò
Ristorante
Via Magellano, 35
Tel. 0873 803428
Chiuso domenica sera e lunedì, luglio-15 agosto martedì a pranzo
Orario: mezzogiorno e sera
Ferie: variabili
Coperti: 40
Prezzi: 40-45 euro vini esclusi
Carte di credito: tutte, BM

Nicola Fossaceca è capofila dei valorosi giovani chef d'Abruzzo. Appena trentenne ha già raggiunto una notevole maturità in cucina, condita da una giusta dose di umiltà e di simpatia, insomma un esempio per le nuove leve. Con lui, l'inseparabile fratello Antonio a governare la sala e la cantina e a illustrare i piatti in un modo che rivela stile e personalità: l'insalata di mare con mandarini e finocchio (14 €), i cannolicchi gratinati aglio e prezzemolo, il riso con calamaretti, zenzero e sugo di cicale, i ravioli di ricotta nel brodetto di crostacei, fino al baccalà patate e peperoni (20 €) o al dentice con verdure al salto e foie gras. Giusta conclusione con il cioccobiscotto di gelato, pesche e pistacchio (6 €). Valida carta dei vini che segue tendenze biologiche e naturali.

SAN VITO CHIETINO

40 km a se di Chieti

Bottega Culinaria Biologica
Osteria moderna
Contrada Pontoni, 72
Tel. 0872 61609-339 1421111
Chiuso il lunedì
Orario: sera, domenica solo mezzogiorno
Ferie: variabili
Coperti: 35 + 35 esterni
Prezzi: 35-38 euro vini esclusi
Carte di credito tutte, BM

Il piccolo ristorante gestito da Cinzia Mancini, autodidatta abruzzese di talento, è nell'immediato entroterra della costa dei Trabocchi circondato dalla natura e dall'orto di proprietà. Pochi tavoli (gli stessi che in estate si trasferiscono all'esterno), gestiti con bravura, e creatività nei piatti da una cuoca che dopo anni di apprendimento e contaminazioni europee decide di dedicarsi a quanto di buono ha da offrire la sua terra d'origine. Dalla cucina: uovo con scampo e radicchio, cannellone green ripieno di cuscus con zucchine e menta, baccalà mantecato avvolto in una sottile sfoglia di peperone, ravioli primavera al vapore, tortelli ripieni di melanzane con pomodoro e crema di parmigiano. Tra i secondi un gustoso vitello erbaceo, anatra e pere o coniglio laccato. Cantina misurata e menù degustazione a 30 e 38 euro.

A14
Pescara
0
10
20 km
Francavilla al Mare
Ortona
MAR
ADRIÁTICO
Chieti
A25
Lanciano
PARCO
Orsogna
ABRUZZO
Vasto
NAZ.
Cásoli
la Maiella
2793
Bomba
S. Salvo
Térmoli
A14
D. MAIELLA
Campomarino
Guglionesi
Montecilfone
Capracotta
Roccaraso
Larino
PARCO NAZ.
Trivento
Agnone
Castèl
di Sangro
Montelongo
Casacalenda
D'ABRUZZO,
Carovilli
M.ti della
Meta
2247
Pescolanciano
LAZIO E MOLISE
PÚGLIA
Isérnia
CAMPOBASSO
Venafro
Bojano
S. Bartolomeo
in Galdo
A1
Morcone
Teano
Ariano
Irpino
CAMPÁNIA
Benevento
Grottaminarda
Cápua
Caserta
S. Maria
Cápua Vétere
Maddaloni
Aversa
A1
A30
A16
MAR
TIRRENO
Nola
Avellino
NÁPOLI
PARCO NAZ.
D.VESÚVIO

MOLISE

La cucina del Molise è sostanzialmente contadina e pastorale, con un cenno più limitato ma di sicuro interesse per l'ambito marinaro. Come tale dunque ha alcune similitudini con le tradizioni dell'Abruzzo e qualche traccia comune con quelle della Puglia e della Campania. L'allevamento dei bovini ha destinazione prevalentemente casearia evidente nella bontà dei formaggi a pasta filata, mentre gli ovini, perso il valore della lana, svelano la duplice attitudine, da carne e da latte per i formaggi a pasta dura. Ovviamente c'è il maiale: più che una ricchezza è stata sempre una certezza, grazie all'utilizzo integrale di ogni sua parte, intorno al quale si ripetono riti agrari con il corollario di preparazioni culinarie molto particolari. Una di queste prevede l'utilizzo del fegato e della cosidetta *rezza* o rete (altro non è che il peritoneo del maiale, ammorbidito in acqua tiepida), nella quale il fegato è avvolto assieme a una foglia di alloro, sale e pepe, per essere poi cotto alla brace. Una prelibatezza ormai piuttosto rara, così come la pizza di granturco, che per secoli è stata il pane quotidiano dei poveri e nella *pizz' e* minestra ha la sua esaltazione. Realizzata con farina di granturco impastata con acqua bollente, olio e sale, è cotta per circa un'ora nel forno o sul fondo del camino (chiamato la liscia) sotto la coppa, una specie di coperchio di metallo sul quale viene messa la brace ardente. La pizza, spezzata grossolanamente, è poi saltata velocemente in un tegame nel quale sono state cotte verdure invernali, preferibilmente rape, foglie nere o broccoli.

scelti per voi

Pizz 'e minestra
669 Osteria del Borgo
   Larino (Cb)
670 La Nostrana
   Montelongo (Cb)

Fegato di maiale con rezza
667 La Grotta Da Concetta
   Campobasso
666 Aciniello
   Campobasso

BOJANO

14 km a so di Campobasso ss 17

Da Filomena
Trattoria
Località Limpilli, 199
Tel. 0874 773078
Chiuso il lunedì
Orario: pranzo, sabato su prenotazione anche sera
Ferie: luglio
Coperti: 70
Prezzi: 25-30 euro vini esclusi
Carte di credito: CS, MC, Visa, BM

Siamo ai piedi del Matese, a metà strada tra le due province del Molise, terra di pascoli e di allevamenti bovini grazie ai quali Bojano è diventato famoso con i suoi latticini. Appena fuori l'abitato, pur con qualche difficoltà di segnaletica stradale, si incontra questa trattoria a gestione familiare, il cui menù si ripete negli anni con poche variazioni ma con alcune certezze. Come quelle che provengono dalla cucina di tradizione fatta di legumi, verdure e carni, oltre che di funghi e tartufi, di cui questa zona è ricca. Donna Filomena è in cucina, mentre il figlio Stefano coadiuva in sala papà Teodoro il quale provvede a preparare la pasta a mano e sceglie i vini molisani presenti nella piccola carta. Nel più classico degli antipasti ci sono salumi, formaggi pecorini e vaccini, ortaggi sott'olio, ma subito dopo arrivano le portate più interessanti iniziando con primi piatti come pantacce con i fagioli, **taccozze con i ceci** (6,50 €), lasagne o cannelloni al forno, lumaconi ripieni di ragù di carne, paccheri con gamberi di fiume, zucchine e pomodorini, **chitarrone con funghi porcini** (7,50 €) e ravioli di ricotta al pomodoro. Come secondi si possono trovare il baccalà, la trota salmerino cotta alla brace, come pure la scamorza, e vari tagli di carne mista, tra cui spicca un sontuoso **agnello** (12 €) dal quale si ottiene anche il particolare torcinello di interiora (6 €). Si chiude con buoni dolci (3 €) quali **tiramisù**, crostate e quelli tipici delle feste.

■ Fior di latte e scamorze di Bojano dai caseifici Biferno, via San Bartolomeo 31, e La Molisanella, via Calderari 109.

CAMPOBASSO

Aciniello
Trattoria
Via Torino, 4
Tel. 0874 94001-328 5585484
Chiuso la domenica
Orario: mezzogiorno e sera
Ferie: 10-24 agosto
Coperti: 50 + 20 esterni
Prezzi: 23-28 euro vini esclusi
Carte di credito: tutte, BM

Ha appena festeggiato il quarto di secolo questa trattoria situata nei pressi del centro storico di Campobasso. Semplice negli arredi e nell'impostazione (peccato per la tv sempre accesa), gestita dai fratelli Raffaele e Christian Di Cesare che con gentilezza elencano i piatti del giorno (con porzioni abbondanti), sempre diversi, preparati dalla mamma Maria. C'è un piccolo menù per chi ha fretta (una entrée e un primo, 15 €), altrimenti si può iniziare con il misto di antipasti (10 €), piuttosto corposo: salumi e formaggi della zona, sformati di patate e verdure (anche pastellate), frittate, l'immancabile e saporita pallotta cacio e uova. Tra i primi, piatti delicati come le **pantacce al sugo di baccalà** (8 €) o la richiestissima zuppa di ceci con filetto di baccalà e crema di tartufo, sostanziosi cavatelli con pomodoro e cipollina, zuppe di legumi e la classica *pizz' e minestra* (7 €), la tipica pizza di mais spezzettata e ripassata con verdure di campo. Tra i secondi non mancano mai i torcinelli (involtini di interiora di agnello e aromi), il **baccalà arraganato** (10 €) cotto al forno, le carni alla brace, la delicata trippetta di agnello al pomodoro o il **fegato di maiale con la rezza** (7 €). Essenziale la proposta dei dessert, tutti preparati in casa, come il semifreddo alle mandorle e nocciole (3,50 €) o la pizza dolce. La carta dei vini è composta dalle migliori etichette molisane.

■ Buone carni e salumi nella macelleria di Michelina Roselli, in via XXIV Maggio 165. A **Matrice** (11,5 km), il panificio Petrella Laurino, in via Calvario 55, produce eccellente pane con semola di grano duro e lievito naturale.

CAMPOBASSO

La Grotta Da Concetta

Trattoria
Via Larino, 9
Tel. 0874 311378
Chiuso sabato, domenica e festivi
Orario: mezzogiorno e sera
Ferie: in agosto
Coperti: 50
Prezzi: 25-30 euro vini esclusi
Carte di credito: nessuna

La Grotta è la quintessenza della trattoria tradizionale con la sua schietta cucina di territorio e la vivace e informale accoglienza. Il locale è stato recentemente ristrutturato e oggi si compone di tre belle salette, due dedicate alla ristorazione e una alla degustazione e vendita di prodotti locali. La presentazione dei piatti è diventata più attenta senza intaccarne la semplicità. La trattoria è di solito piuttosto affollata e può capitare di trovarsi in tavoli comuni, ma Lucia e Fabio vi metteranno a vostro agio. Si può iniziare con un carpaccio di baccalà con insalata di melone e sedano, carciofi o **peperoni ripieni** (8 €), pizza di patate, melanzane fritte con provola affumicata, insalata di muscolo di vitello con salsa *jevzarola* (salsa agrodolce), involtino di verza con pasta di salsiccia e purè di patate. Tra i primi *pizz' e minestra* (8 €), torta di farina di granturco con verdure (anche nella versione estiva con mais croccante), le paste fatte in casa – dai cavatelli agli scialatielli da condire con ragù di carni miste o con verdure di stagione – la zuppa di fagioli cannellini e bietole. Ampia la scelta dei secondi, dalla classica braciola al sugo alla **pancetta arrosto con fave fresche**, dal bollito di gallina al **fegato di maiale con la rezza**. Baccalà arracanato in alternativa alla carne. Per chiudere il pasto buone crostate di frutta, pizza dolce (4 €) e **mandorle atterrate**. In crescita la piccola, intelligente cantina.

> *Il fascino di un locale tradizionale dove i piatti, preparati da Concetta, vi sapranno regalare grandi emozioni*

CAMPOMARINO

69 km a ne di Campobasso ss 647

Da Nonna Rosa

Trattoria
Via Biferno, 41
Tel. 0875 539948-348 9040059
Chiuso il martedì
Orario: mezzogiorno e sera
Ferie: 10 giorni in settembre, a Natale
Coperti: 25
Prezzi: 32-35 euro vini esclusi
Carte di credito: tutte, BM

Un uomo solo al comando! Non ha la maglia bianco-celeste del mitico Fausto Coppi né il fisico dell'Airone ma indossa con giustificato orgoglio il doppiopetto bianco dello chef. Parliamo di Giuseppe L'Abbate, indiscusso patron di questo piccolo e delizioso locale ricavato in una viuzza del centro storico di Campomarino, la parte alta del paese dalla cui stupenda balconata, situata a pochi passi, si ammira una buona parte del litorale molisano. Qui, come si legge nell'introduzione del menù, non c'è una nonna tra i fornelli, ma la proposta, spesso rivisitata con la giusta dose di fantasia, richiama quei sapori della cucina di una volta interpretati dagli "angeli del focolare". Dopo uno stuzzicante **carpaccio di fesa di manzo marinato** (10 €) si passa ai primi della tradizione, tra **zuppa di farro e ceci** (7 €), orecchiette al ragù di agnello o **fettuccine ai funghi porcini** (9 €), che variano secondo stagione. Ma da Nonna Rosa si viene soprattutto per gustare le ottime carni, cotte nel camino in sala, e l'assaggio non delude le aspettative, con il sontuoso **filetto di manzo** (15 €) a tirare la volata, testa a testa con l'ottimo agnello nostrano. Una ricca selezione di **formaggi** e delicati dolci al cucchiaio chiudono il pasto. Buona selezione di vini, con una particolare attenzione alle produzioni molisane e del vicino Abruzzo.

MOLISE | 667

CAPRACOTTA

43 KM A NORD DI ISERNIA

Guado Cannavina
Azienda agrituristica
Contrada Macchia, 11
Tel. 0865 949135
Chiuso il giovedì
Orario: mezzogiorno e sera
Ferie: non ne fa
Coperti: 65
Prezzi: 18-24 euro vini esclusi
Carte di credito: tutte, BM

Nonostante sia fuori dalle rotte più battute, questo agriturismo è una tappa più che consigliata: ambiente semplice, limpida ospitalità e bella atmosfera informale, fatta anche del cicaleccio degli avventori abituali, alta qualità delle materie prime. È raggiungibile dalla vicina Agnone, proseguendo per qualche chilometro dall'ospedale civile in direzione di Rosello e Villa Santa Maria, senza dover arrivare a Capracotta. Il benvenuto spetta a un robusto antipasto misto (6,50 €): dove oltre ai salumi locali, funghi, fegatini di pollo e altre piccole preparazioni, c'è un'incredibile **ricotta** servita ancora tiepida che, assieme ai buoni latticini, farà felice gli appassionati del genere. A seguire troviamo la stessa generosità di porzioni e condimenti nelle **sagne a pezze al sugo di agnello** (4 €) e nelle sagnette con fagioli, ma anche nelle ottime carni alla brace tra le quali comandano l'agnello (8 €) e la **salsicce di carne e di fegato** (5 €), ingentilite da un tocco di buccia di arancia e sempre accompagnate da gustosi contorni di stagione (1,50 €). Chiude il viaggio nella territorialità molisana un assaggio dei semplici e gustosi dolcetti locali (1,50 €), mentre per il vino ci si limita allo sfuso e a qualche bottiglia regionale. Menù degustazione a 24 euro.

CAPRACOTTA

43 KM A NORD DI ISERNIA

L'Elfo
Ristorante
Via Campanelli
Tel. 0865 949131
Chiuso il lunedì
Orario: mezzogiorno e sera
Ferie: variabili in maggio e novembre
Coperti: 60 + 20 esterni
Prezzi: 28-30 euro vini esclusi
Carte di credito: CS, Visa, BM

Di anno in anno si avverte in questo locale il desiderio di sperimentare piccole, nuove traiettorie culinarie alla ricerca di soluzioni più moderne ma senza rinnegare le origini e la qualità elevata della materia prima di provenienza locale. Situato nel centro di uno dei comuni più alti dell'Appennino, è arredato in stile rustico ma con tocchi di eleganza e, come indica il nome, simpaticamente "invaso" da gnomi, elfi e altre creature di fantasia. A tavola si percepisce come il Molise si possa rivelare ancora una volta uno scrigno di sapori non ancora pienamente valorizzato. Michele in cucina e Franca in sala consiglieranno di cominciare dall'antipasto dell'elfo (7 €), che contiene quanto di meglio offre stagionalmente il territorio tra **sformatini** (molto buono quello **di patate e carciofi su vellutata di legumi**) e uova di quaglia in tegame con scaglie di tartufo bianco locale. In stagione ci sono la **chitarrina con orapi al profumo di limone** (8 €), la zuppa di cicoria selvatica, patate e lenticchie (7 €), i ravioli di stracciata e pistacchi. Poi piatti importanti come la **pezzata** (8 €), composta da tagli di carne ovina cotti con erbe aromatiche, il castrato agli agrumi o i **bocconi di cinghiale** con mele autoctone di Castel del Giudice. Buoni e mai banali i dolci, dove spicca la bella **crostata al semifreddo di ricotta** (5 €), così come risulta adeguata la carta enologica che si muove tra etichette regionali e nazionali.

In via Falconi, il caseificio Pallotta propone specialità altomolisane: stracciata, ricotta, scamorze e caciocavalli. In via Santa Maria di Loreto 13, l'azienda Trotta seleziona e stagiona caciocavalli e pecorini.

CAROVILLI

25 KM A NORD DI ISERNIA

Adriano
Osteria
Via Napoli, 14
Tel. 0865 838688
Chiuso il martedì
Orario: mezzogiorno e sera
Ferie: non ne fa
Coperti: 40
Prezzi: 32-35 euro vini esclusi
Carte di credito: tutte, BM

Da queste parti non si arriva per caso, chi decide di passarci lo fa a ragione veduta sapendo di trovare stupendi paesaggi montani, gente accogliente e cibi genuini. Se la vostra meta è Carovilli, nel cuore dell'Appennino molisano, vi raccomandiamo la sosta all'osteria di Adriano Scarpitti che vi accoglierà con calorosa irruenza. Concedetevi il ricco antipasto (15 €) che comprende ottimi formaggi vaccini locali, verdure ripiene cotte al forno, uova al tegamino con cicorie selvatiche, pallotte cacio e uova, coratella di agnello con cipolle, e la quasi introvabile ormai *lesconda martièta*: lesche, ossia fette di pane, bagnate nell'uovo e fritte nel grasso della pancetta. Tra i primi piatti ecco pappardelle e cavatelli fatti in casa, con ragù di agnello e, quando è stagione, con funghi porcini o tartufo bianco; poi la classica lasagna in brodo, gli **gnocchi con pomodoro fresco e scamorza** (8 €), il timballo di riso con uova e salsiccia e ottime minestre, come le patate in brodetto con sedano e pomodoro fresco. Tra i secondi, un eccellente **agnello** (11 €) che potrà essere cotto sotto il coppo ricoperto di brace ardente, al forno o impanato e fritto. In alternativa alle carni ci sono le tipiche **scamorze arrosto**. Dopo avere chiuso il pasto con un delicato **dolce di ricotta** o una crostata di frutta, è il momento di accettare l'invito di Adriano a bere con lui un conviviale e digestivo grappino. Vini molisani e abruzzesi.

🛍 In via Roma, imperdibile la visita al caseificio Santo Stefano di Roberto D'Andrea, che produce straordinarie stracciate, ricotte, manteche e caciocavalli a latte crudo.

LARINO

56 KM A SO DI CAMPOBASSO SS 647 E 87

Osteria del Borgo
Osteria
Via Cluenzio, 44
Tel. 349 3928013
Chiuso domenica e lunedì
Orario: mezzogiorno e sera
Ferie: variabili
Coperti: 30
Prezzi: 25-30 euro vini esclusi
Carte di credito: nessuna
🍷

Nel bel centro storico dell'antica città frentana, tornato a nuova vita dopo il tragico terremoto del 2002, troviamo questa recente osteria gestita dai giovani Assunta D'Ermes e Domenico Starinieri. L'ambiente è accogliente e rilassato, con Assunta in sala che dispensa consigli e aneddoti sulla cucina storica della zona. La ricetta è semplice: materie prime del territorio e tradizione contadina, pur con qualche piccola concessione a una cucina se vogliamo più scontata (come nel caso della tagliata di angus argentino). Si inizia con gli antipasti (12 €) di salumi e formaggi locali, accompagnati, in successione, da piccoli assaggi a base di verdure di stagione, frittate, *pizz' e minestra* (verdure di campo e torta sbriciolata di mais), zuppa di cipolle e *pallotte cac' e ova*. Si continua, sempre all'insegna della semplicità, con le paste fresche lavorate a mano, tra le quali segnaliamo i **cicatelli al ragù di bianco di coniglio** (8 €) o alle cime di rapa, i cavatelli *'ncatenat* con formaggio uova e guanciale, i ravioli alla borragine e le chitarrine in bianco e nero con crema di caciocavallo e tartufo. Carni locali cotte alla griglia, dall'**agnello con arrosticini** (10 €) alle salsicce, di maiale caratterizzano i secondi. In alternativa filetto di maiale alle prugne (10 €), filetto di vitello alla Tintilia (l'autoctono vino rosso molisano) e i tradizionali **torcinelli**, ossia involtini di interiora di agnello. Dolci casalinghi di buona fattura e da bere, oltre al vino della casa, una piccola selezione di vini regionali.

MONTELONGO

54 km a ne di Campobasso ss 87 e ss 376

La Nostrana
Trattoria
Vico d'Ovidio, 6
Tel. 0874 838133-320 0458250
Chiuso il lunedì
Orario: mezzogiorno e sera su prenotazione
Ferie: variabili
Coperti: 50
Prezzi: 33-35 euro vini esclusi
Carte di credito: nessuna

Questa trattoria sita nel minuscolo borgo di Montelongo, quasi al confine tra Molise e Puglia, è un po' fuori dagli schemi, com'è nel carattere della sua cuoca e titolare Maria Concetta Pannunzio. La cucina l'ha appresa a casa in gioventù e quasi tutto ciò che viene servito è autoprodotto o raccolto in loco, come le erbe spontanee che accompagnano tanti piatti. Questa limpida e appassionante autarchia porta a perdonare se occorrerà stapparsi la bottiglia da soli, chiedere di spegnere la tv, sostituire una sedia malferma o riscaldarsi accanto al camino in inverno: l'esperienza culinaria non lascia dubbi. Si parte con il corposo antipasto (10 €) composto da salumi e formaggi, **giardiniera casalinga**, pizza con i ciccioli e saporite **frittatine**. Dopo, arrivano le paste di casa come le **taccozze con la fegatazza** (una saporita salsiccia di fegato), le orecchiette con ragù di galluccio ripieno o paste lunghe con la mollica e altri sughi secondo stagione. In alternativa **pizza e minestra**. Meritano decisamente l'**agnello brodettato** (12 €) e il coniglio alla cacciatora (9 €), qui in versione pomodoro e ristretto di vino, ma c'è anche la brace per carni e le scamorze e, su prenotazione, la testina di agnello al forno. Curiosi i dolci, con il semplice e saporito latte portoghese (3 €) oppure gli ormai dimenticati **tagliolini con il latte** (4 €), una pasta all'uovo cotta nel latte con zucchero, limone e cannella. A qualche etichetta molisana si aggiunge un passabile sfuso della casa.

TERMOLI

68 km a ne di Campobasso ss 647

Osteria Dentro le Mura
Osteria
Via Federico II di Svevia, 3
Tel. 0875 705951-349 1969470
Chiuso il mercoledì, in estate la domenica
Orario: sera, settembre-marzo anche domenica pranzo
Ferie: 10 giorni tra Natale e Capodanno
Coperti: 28 + 30 esterni
Prezzi: 35-38 euro vini esclusi
Carte di credito: CS, DC, MC, Visa, BM

Antonio e Lina Terzano si sono trasferiti a meno di cento metri, in un locale appena più comodo al piano terra di un vecchio palazzo del centro storico, all'ombra del castello svevo: volte a botte per la sala interna, la cucina a vista e qualche tavolo all'aperto nella stagione estiva. Lui cucina piatti deliziosi con il pescato del giorno, lei dirige la sala con simpatia e professionalità. Quindi il protagonista è il pesce che proprio Antonio, attento conoscitore del mare, sceglie al mercato ogni giorno e interpreta in cucina secondo tradizione e con indovinate riletture moderne, unendo prodotti dell'entroterra molisano, per un menù all'insegna della semplicità. Per antipasto potete scegliere tre crudità di mare e antipasti caldi: sgombro con peperoni arrosto, merluzzo in pastella con lo zafferano, **vongole alla termolese con brodetto di cipolle**. Da assaggiare la colazione del pescatore, cioè merluzzo o sogliola in brodetto su un crostino di pane cotto al vapore (7 €). Tra i primi, ottimi il risotto di mare o con i calamaretti (13 €) e le orecchiette con mazzancolle e rape, le **taccozze in brodetto di rombo** o la chitarrina con seppia ripiena al sugo. Si va sul classico con rombo o san pietro al guazzetto e arrosto, con le ottime **triglie alla 'ngorda** (14 €) oppure scegliendo la tradizionale **zuppa di pesce** (22 €). Buoni i dolci e interessante la carta dei vini. Sono disponibili due menù degustazione a 35 e 45 euro.

> *Un viaggio esplorativo nella migliore cucina di mare termolese, tra grande attenzione per il pescato locale e delicati piatti che si fanno ricordare*

oltre alle osterie

CAMPOBASSO

Vecchia Trattoria Da Tonino
Ristorante
Corso Vittorio Emanuele, 8
Tel. 0874 415200
Chiuso domenica sera e lunedì, in inverno anche martedì e mercoledì sera, in luglio e agosto sabato e domenica
Orario: mezzogiorno e sera
Ferie: una settimana in gennaio; una in luglio
Coperti: 25
Prezzi: 45 euro vini esclusi
Carte di credito: tutte, BM

Da oltre vent'anni la coppia vincente Aldo Casilli e Maria Margherita gestiscono questo valido ristorante nel cuore di Campobasso, storia e attualità della ristorazione molisana. Lei è un'esperta cuoca e propone piatti semplici ed essenziali dallo spiccato gusto, spaziando dalle carni alle ottime preparazioni di baccalà, lui è anima e cuore della sala dove serve i clienti con fare schietto ma garbato. Giusta partenza con gli sformati di verdure e ortaggi (8 €) e fiore di zucca ripieno di pecorino. Poi lo spaghetti con sugo di baccalà e mollica croccante (10 €) o i tagliolini impastati con tartufo bianco. Profumati e ben cotti la faraona ripiena di ricotta e verdura e il filetto di vitello al caciocavallo (18 €); millefoglie con crema chantilly (6 €) o altri dolci al cucchiaio per una giusta conclusione.

GUGLIONESI (CB)
58 KM A NE DI CAMPOBASSO

Ribo
Ristorante
Contrada Malecoste, 7
Tel. 0875 680655
Chiuso il lunedì
Orario: mezzogiorno e sera
Ferie: variabili
Coperti: 55
Prezzi: 45 euro vini esclusi
Carte di credito: tutte

In campagna, sulle colline che guardano il mare di Termoli, Bobo Vincenzi e Rita esprimono la loro grande passione, con delicati tocchi di creatività su una base fortemente territoriale, giusto equilibrio tra l'alta cucina e quella popolare. Il loro è una sorta di piccolo borgo dove ci sono il ristorante, l'enoteca con brace Terramia e alcune stanze per il soggiorno. Cartoccio di ortaggi, scampetti, pomodori e mozzarella per cominciare. Da provare le tagliatelle con fiori di zucca e scampi (12 €) e gli spaghetti con rombo e tartufo, così come i crostacei cotti al panno (12 €) che rappresentano una vera prelibatezza. I pesci di spina a seconda della taglia possono essere cotti in umido, al forno o alla brace, altrimenti c'è la zuppa tradizionale con pesce misto. Tra i dolci al cucchiaio merita una citazione la mousse di melanzane.

ÍSOLE TRÉMITI
PARCO NAZ.
D. GARGANO
Térmoli
Rodi
Gargánico
Péschici
Vieste
Lesina
San Nicandro
Gargánico
PARCO NAZ.
Vico
del Gargano
D. GARGANO
A14
S. Giovanni
Rotondo
1055
Monte S. Ángelo
MOLISE
S. Severo
Golfo di
Manfredónia
Manfredónia
Lucera
Fóggia
Margherita
di Savoia
Barletta
Trani
Orsara
di Púglia
Ándria
Bovino
Cerignola
Canosa
di Púglia
Corato
Minervino
Murge
Ruvo
di Púglia
A16
PARCO NAZ.
DELL'ALTA MURGIA
Melfi
S. Ángelo
d. Lomb.
Gravina
in Púglia
Muro
Lucano
CAMPÁNIA
POTENZA
Matera
Éboli
Basento
Salerno
Battipáglia
PARCO NAZ.
Laurenzana
DELL'APPENNINO
Pisticci
PARCO
LUCANO
BASILICATA
Agrópoli
NAZ. D. CILENTO
Sala
Consilina
Agri
EVALLO DI DIANO
A3
VAL D'AGRI
S. Arcángelo
Vallo
d. Lucánia
LAGONEGRESE
PARCO NAZ.
Palinuro
Sapri
Capo Palinuro
G. di
Policastro
Camerota
MAR
TIRRENO
D. POLLINO
Castrovillari
Scalea
CALÁBRIA

0   15   30 km

MAR ADRIÁTICO

BARI
Mola di Bari
Monópoli
quaviva d. Fonti
Sammichele Castellana
di Bari Grotte **Fasano**
Putignano
Alberobello
ssano d. Murge Noci Cisternino Carovigno
Gioia del Colle Locorotondo
téramo **Ostuni** **Bríndisi**
olle **Martina Franca** Céglie S. Vito
A14 Messápica d. Normanni
erza Castellaneta Villa Castelli
Crispiano Mesagne
Palagianello Massafra Latiano S. Pietro
inosa Palagiano Grottáglie Vernótico
Francavilla
Táranto Fontana **Lecce** S. Cataldo
Mandúria Cavallino
Ótranto
Nardò Corigliano
d'Ótranto **Máglie**
Golfo di Gallípoli Alézio Poggiardo
Lido di *Táranto* Taviano
Metaponto Tricase
Patù
MAR IÓNIO S. Maria di Léuca C. S. Maria
di Leuca

Golfo di
origliano

PUGLIA

La Puglia è un territorio vasto e complesso con un'anima comune, costituita dai valori della civiltà contadina, dal senso profondo per la famiglia, dalla laboriosità e dall'attaccamento alle proprie radici. Una terra meravigliosa e ricca per bellezze naturalistiche e per risorse agroalimentari e ittiche, di cui i pescosi laghi di Lesina e Varano sono solo un esempio. Dall'immenso Tavoliere arrivano il grano e i pomodori, dalle dolci pendici dei Monti Dauni fanno capolino i borghi immacolati e i ricchi pascoli, mentre la zona di Ostuni regala la sua bellezza senza tempo. Due elementi caratterizzano la regione, l'olivo e la vite. Gli splendidi oliveti secolari punteggiano la regione e donano i loro frutti (varietà peranzana, ogliarola, coratina, cima di Bitonto, cellina di Nardò) per il prezioso extravergine. Tre sono i vitigni principali: a nord l'uva di Troia, dalle note austere e tanniche, a sud il negroamaro, dai toni morbidi e complessi, e poi il primitivo, dalla spiccata alcolicità. La cucina delle osterie ricalca quella del focolare domestico, ricca di paste fresche, magari con farina di grano arso, verdure spontanee, olio extravergine e pomodori. Le proteine sono spesso rappresentate dai legumi, ma anche dal pesce e dai molluschi, specialmente crudi, e dalle carni ovine ed equine. In Puglia la cucina è semplice, senza fronzoli e adatta anche ai vegetariani, grazie al grande uso di verdure, legumi e cereali.

scelti per voi

fave e cicorie
692 Palazzo D'Auria Secondo
Lucera (Fg)
676 Antichi Sapori
Andria (Bt)

gnummaridd
682 La Cuccagna
Crispiano (Ta)
696 Medioevo
Monte Sant'Angelo (Fg)

orecchiette con cime di rapa
675 L'Aratro
Alberobello (Ba)
677 Le Giare
Bari

sagne 'ncannulate
682 Olo Kalò
Corigliano d'Otranto (Le)
690 Cucina Casareccia Le Zie
Lecce

ALBEROBELLO

55 KM A SE DI BARI SS 100 E 172 O 634

La Cantina

Osteria
Vico Lippolis, 8
Tel. 080 4323473-347 7401588
Chiuso il martedì
Orario: mezzogiorno e sera
Ferie: 15-20 gg in febbraio e in luglio
Coperti: 32
Prezzi: 30-35 euro vini esclusi
Carte di credito: tutte, BM

Questo bel locale a conduzione familiare si trova innanzitutto in un luogo davvero incantevole. La caratteristica principale del ristorante è quella che sarebbe riduttivo definire come "cucina a vista": quando si pranza o si cena qui (i posti sono soltanto 32, per cui la prenotazione è d'obbligo) si ha la netta impressione di trovarsi all'interno della cucina stessa, poiché non è separata dai commensali da alcun vetro. La sensazione, se possiamo azzardare, è quella di una sorta di reality di cucina, in cui il bravo chef improvvisa davanti ai nostri occhi le più svariate prodezze gastronomiche. Vi consigliamo di cominciare con l'antipasto misto (15 €), una ricca sequenza di piatti freddi e caldi che comprendono formaggi e salumi selezionati presso valide aziende locali, sottoli casalinghi, focacce di vario genere, **peperoni fritti** (gli squisiti cornaletti tipici di queste zone) e diverse altre leccornie. Tra i primi, che variano secondo stagione, annoveriamo le orecchiette integrali con salsiccia, zucchine e pomodorini (7,50 €), le appetitose **orecchiette al ragù pugliese** (sugo in cui sono stati cotti gli involtini di carne) nonché le tradizionali **fave e foglie** (fave bianche con cicorie). I secondi comprendono diverse carni cotte ai ferri, ma soprattutto l'ottima **trippa soffocata** (9,50 €), cotta a fuoco lento con sedano, carote, cipolle e pomodorini. Per concludere, imperdibili i dolcetti di mandorla. Soddisfacente la carta dei vini, con etichette prevalentemente pugliesi.

ALBEROBELLO

55 KM A SE DI BARI SS 100 E 172 O 634

L'Aratro

Ristorante
Via Monte San Michele, 25-29
Tel. 080 4322789
Non ha giorno di chiusura
Orario: mezzogiorno e sera
Ferie: non ne fa
Coperti: 50 + 50 esterni
Prezzi: 30 euro vini esclusi
Carte di credito: tutte, BM

Troviamo questo tipico ristorante, gestito dal 1996 dallo chef Domenico Laera, in cima a una bellissima scalinata. Ci si può accomodare all'interno dei trulli risalenti al XV secolo, sapientemente conservati e disposti su diversi livelli, o nella terrazza dalla tettoia in legno. Il servizio è molto professionale e cordiale. La cucina, semplice ma molto varia, è legata alla tradizione pugliese. La buona focaccia calda anticipa l'antipasto misto (18 €), sufficiente per due persone, e costituito da burratine e latticini locali, verdure in pastella e grigliate, ortaggi sott'olio, varie tipologie di sformati e frittate, ottimi salumi, polpette di pane. Tanti i Presìdi Slow Food che arricchiscono i primi piatti: fricelli con cavolfiore, caciocavallo podolico e pomodorini fiaschetto di Torre Guaceto (10 €), cavatelli di grano senatore Cappelli con fave e capocollo di Martina Franca, **orecchiette con cime di rape**. Ottimi secondi sono la **tiella paesana con agnello al forno, patate e lampascioni** (15 €), l'arrosto misto con salsiccia a punta di coltello, agnello e bombette, la **pecora in *pignata***. Dolci della tradizione, tra i quali il **semifreddo alla mandorla di Toritto** (Presidio Slow Food, 5 €). La cantina presenta una vasta selezione di vini prettamente pugliesi. Disponibili due menù degustazione da 16 e 35 euro.

> *L'attenzione di Domenico nella scelta delle materie prime è davvero ammirevole, e la sua cucina un autentico viaggio nella tradizione murgiana*

PUGLIA | 675

ALEZIO

39 KM A SO DI LECCE

Le Macare
Trattoria-pizzeria
Via Mariana Albina, 140
Tel. 0833 282192
Chiuso il martedì, mai d'estate
Orario: mezzogiorno e sera, inverno solo sera
Ferie: tra ottobre e novembre
Coperti: 45 + 50 esterni
Prezzi: 25-35 euro vini esclusi
Carte di credito: tutte, BM

Macàre è il termine salentino per indicare le maghe o le streghe: in questa trattoria però non troverete né filtri né pozioni magiche, le *macàrie* (sagne) hanno il sapore dei buoni piatti proposti in sala da Annarita, e preparati in cucina da Daniela. Ci si accomoda in un'unica sala arredata con sobrietà oppure, nella bella stagione, sul terrazzino che precede l'ingresso o sul gazebo allestito nel marciapiede antistante. Attenta la ricerca delle materie prime locali, con verdure dell'orto di famiglia, pesce di un pescatore di fiducia, formaggi delle masserie limitrofe e della comunità del cibo dell'alto Salento. Gli antipasti di terra e mare (10 €) constano di una decina di preparazioni quali parmigiana, **polpette di carne al sugo**, crocchette, *pittule* (frittelle di pasta lievitata), pitta di patate, sgonfiotti con capocollo, bruschette con cipolla rossa in agrodolce, carciofi arrostiti, tortino di alici, cozze al gratin, insalata di mare. Tra i primi, da provare le **linguine con i ricci**, le orecchiette al pomodoro fiaschietto di Torre Guaceto (8 €), in stagione gli spaghetti con sugo di pomodoro, fagiolini e cacioricotta. Secondi di carne con **carne a *pignatu*** (10 €), agnello o **capretto al forno**, mentre le proposte di pesce variano secondo la reperibilità giornaliera: ottima, se disponibile, la **palamita all'acquapazza**. Buoni anche i dolci: spumone (5 €), millefoglie con crema pasticciera, torta con pere e cioccolato, ottime crostate. Curata carta dei vini regionali, ottimo sfuso locale, buona proposta di birre artigianali pugliesi. Il locale funziona anche come pizzeria, con la stessa attenzione alla scelta delle materie prime.

ANDRIA
Montegrosso

15 KM DAL CENTRO DELLA CITTÀ

Antichi Sapori
Trattoria
Piazza Sant'Isidoro, 10
Tel. 0883 569529
Chiuso sabato sera e domenica
Orario: mezzogiorno e sera
Ferie: 3 settimane in luglio, 1 in dicembre
Coperti: 40
Prezzi: 35-38 euro vini esclusi
Carte di credito: tutte

Essere ospiti di Pietro Zito è un'esperienza unica. Nel suo locale, piccolo e sobrio, ci si sente coccolati come a casa. E poi ci si innamora della sua cucina, del suo modo unico di elaborare le materie prime, scelte con la massima cura: varietà autoctone, produttori e artigiani quasi sempre delle immediate vicinanze. Le verdure e le erbe spontanee provengono dal magnifico orto che Pietro coltiva con il padre a due passi dalla trattoria. La serie di antipasti (12 €) può comprendere fave lesse condite con olio, aceto e prezzemolo, involtino di bietola nera selvatica con ricotta e vellutata di carote di Polignano, carciofo ripieno, ricottina di vacca, focaccia al pomodoro o di farina di grano arso con origano. Fra i primi (8 €), le **orecchiette di grano arso con purè di cicerchie, olive dolci e ricotta salata**, gli strascinati di semola rimacinata con bietola nera selvatica, ricotta dura e pomodoro, il classico **purè di fave con cicoriette selvatiche**. Fra i secondi, carni nostrane cotte alla brace: arrosto misto, **costolette di agnello** (11 €), lombetti di diaframma di bufala, **filetto di asino**. Fantastico equilibrio di sapori per la classica **tiella di agnello della Murgia con patate e carciofi** (12 €): un piatto perfetto. Si chiude con ottimi **formaggi** o con la crostata di confettura di mele e limone, il tiramisù con amaretti, la cassata di ricotta e mandorle, accompagnati da rosoli fatti in casa e croccanti mandorle caramellate. I vini sono scelti fra le migliori etichette regionali.

> ❝ *Andare da Pietro Zito è una esperienza unica, per la cucina, la cura delle materie prime, l'accoglienza* ❞

ANDRIA

BARI

Il Turacciolo

Enoteca con mescita e cucina
Piazza Vittorio Emanuele, 4
Tel. 388 1998889
Chiuso il mercoledì
Orario: solo la sera
Ferie: seconda metà di luglio
Coperti: 30 + 25 esterni
Prezzi: 20-25 euro vini esclusi
Carte di credito: MC, Visa, BM

Le Giare

novità

Ristorante
Corso Alcide de Gasperi, 308 F
Tel. 080 5011383-328 0256168
Chiuso la domenica
Orario: mezzogiorno e sera
Ferie: tre settimane in agosto
Coperti: 40 + 40 esterni
Prezzi: 30-35 euro vini esclusi
Carte di credito: tutte, BM

L'accoglienza cordiale di Luciano Matera rende questa piccola osteria piacevolmente informale. All'unica saletta d'estate si aggiunge un piccolo dehors che affaccia sulla piazza più grande della città. Il menù cambia quasi giornalmente e sono spesso presenti pietanze a base di Presìdi Slow Food. L'antipasto (6 €) comprende formaggi garganici podolici, e caprini e salumi artigianali quali il capocollo di Martina Franca e il pezzente di Matera. Si continua con **purè di fave, grano e cime di zucchine** o cicorie selvatiche, **pancotto con cime di rape e pomodorino al filo** (6 €) e, in stagione, il piatto primavera a base di carciofi, cipollotti, asparagi selvatici, fave e piselli freschi. I secondi comprendono carpaccio di podolica con cipolla rossa di Acquaviva, pomodorini, fiore di capperi e rucola selvatica (7 €), **bocconcini di baccalà marinato** (8 €), tagliata di podolica, pancetta di maiale saltata con finocchietto, **capocollo di suino nero della Daunia abbrustolito** (7 €). Quand'è stagione, non perdete i piatti a base di tartufo locale. Tra i dessert, buonissimi la cassata di ricotta al pistacchio, il tiramisù con pane di Altamura e mosto cotto d'uva, il croccante di mandorle. La carta dei vini è curata con passione dallo stesso Luciano, esperto sommelier: la scelta è ampia e predilige il territorio, anche se non mancano etichette nazionali; disponibili anche alcuni vini al calice. Disponibile un menù degustazione con dodici assaggi caldi e freddi a 13 euro.

Il fattore umano caratterizza fortemente questa osteria. Massimo Lanini, fiorentino trapiantato in Bari da più di dieci anni, prima per lavoro e poi per amore, è una persona molto espansiva. Esperto di vini, ama in particolare quelli naturali, è sempre alla ricerca dell'eccellenza del territorio e, assieme alla compagna Flora in sala e di Giovanni Liuzzi ai fornelli, propone una cucina fresca, mai scontata che varia secondo stagione. Si può optare per il menù degustazione (30 euro) o scegliere, per cominciare, il calamaro ripieno di pane raffermo su passato di pomodori e basilico (10 €), l'ottimo **tortino di alici con crema di cicerchie**, la lonza di suino cotta "a modo nostro" con carciofi al naturale, la parmigiana di zucca e acciughe. Molto buoni anche i primi: lo spaghettone fresco con gamberi rossi di Gallipoli, le classiche **orecchiette di grano arso con aglio, olio e cime di rape** (9 €), la zuppetta di ceci, orzo perlato e funghi cardoncelli, gli gnocchetti alla crudaiola. Nei secondi si spazia dal pescato locale (specie quello povero) alle carni pugliesi selezionate da allevatori di qualità: **sgombro scottato con farina di taralli e insalatina selvatica** (11 €), trancio di pesce locale al profumo di limone, **filetto d'asino alla brace**, costine d'agnello nostrano e patata cotta sotto sale. Impossibile rinunciare ai dolci (5 €): l'ottima cassatina con mandorle e ricotta di pecora, il semifreddo ai fichi e vincotto, la crostatina di semola con crema chantilly, fragole e meringa. Cantina di grande pregio con ricarichi adeguati.

In via Gammarota 12, presso l'Antica Fabbrica di Confetti Mucci, ottime specialità dolciarie, degustazione gratuita e visita al museo del confetto.

BARI

Perbacco

Ristorante
Via Abbrescia, 99
Tel. 080 5588563-347 8957737
Chiuso sabato a pranzo e domenica
Orario: mezzogiorno e sera
Ferie: luglio e agosto
Coperti: 35
Prezzi: 35-38 euro vini esclusi
Carte di credito: tutte

A pochi passi dal teatro Petruzzelli e dal lungomare cittadino, Perbacco si conferma un sicuro riferimento gastronomico per la città. Veniamo accolti con il garbo e la cortesia di sempre nella comoda saletta con soppalco a vista dal tocco retrò. L'atmosfera rilassante ci fa sentire a nostro agio e il servizio non è mai invadente. Ci lasciamo consigliare volentieri e cominciamo con gli antipasti, dove spiccano il sapido flan di gamberi e un grande classico locale come **fave e cicorie** (7 €). La cucina ha le idee chiare: ripensare con profondo rispetto e senza stravolgimenti alcuni piatti della tradizione. Ne abbiamo conferma anche dai primi (10 €), che si distinguono per scelta attenta di ingredienti locali e di stagione manipolati con saggezza, come nel caso delle **orecchiette di grano arso con crema di cicerchie, cozze e gamberi**, dei cicatielli alla Perbacco o delle mezzelune ripiene di melanzana con pomodori regina e cacioricotta. Tra i secondi apprezziamo il **bocconcino di pescatrice alla maggiorana** e il filetto di scottona con le pesche (18 €), che risulta eccellente grazie alla primissima qualità della carne e alla cottura eseguita perfettamente. Concludiamo con un **semifreddo alla liquirizia** (6 €) e il tortino alle ciliegie che si sposano magnificamente con i liquori casalinghi. Qui si beve davvero molto bene ed è interessante la selezione numerosa e mai banale di etichette pugliesi e nazionali curata con personalità dal patron, grande esperto in materia.

❝ *Dal 1998 l'oste Beppe Schino dedica passione e forze alla sua creatura, dimostrandosi perdutamente innamorato del suo lavoro* ❞

BOVINO

37 KM A SO DI FOGGIA SS 90

La Cantina

Osteria moderna *novità*
Via Giovanni Barone, 1
Tel. 0881 961849-389 7897956
Non ha giorno di chiusura
Orario: mezzogiorno e sera, festivi solo pranzo
Ferie: tra settembre e ottobre
Coperti: 22 + 30 esterni
Prezzi: 25-30 euro vini esclusi
Carte di credito: MC, Visa, BM

I Monti Dauni, nella parte occidentale della provincia di Foggia, territorio dalle dolci colline, rappresentano un serbatoio di cultura e di bellezze di assoluto rilievo, con i propri piccoli borghi perfettamente conservati. Bovino, uno dei Borghi più belli d'Italia, merita una visita approfondita, dal castello ducale alla cattedrale, attraverso un dedalo di viuzze. In uno di questi vicoli, dove è possibile desinare all'aperto quando il clima lo permette, c'è il locale che il dinamico Nicola Consiglio gestisce assieme alla cuoca, la moglie Agata. La proposta si fonda su salumi e formaggi dell'azienda agricola di famiglia, verdure del proprio orto, una grande attenzione alle materie prime e una trasformazione attenta alle tradizioni ma con un approccio fresco e innovatore. Si può cominciare con l'antipasto della casa (15 €) abbondante e variegato, oppure scegliere le singole proposte: i fiori di ricotta, la mozzarella, la salsiccia e la soppressata a punta di coltello, la *misciska*, i fagioli con verze e cotiche, la minestra con verdure di campo. Secondo stagione, a seguire troverete le **pezzelle con i talli di zucchine**, le orecchiette con pomodorini e cacioricotta, i cavatelli con crema di broccoli, guanciale e pane croccante, i gustosi **paccheri al ragù di cinghiale** (9 €). Per i secondi ci si affida alle carni locali: l'ottimo **soffritto di maiale** (7 €), l'**agnello e torcinelli con patate al forno**, il coniglio in coccio, il maialino ai ferri. Ottimi i dolci fatti in casa (3 €): le crostate con confettura di fichi, gelso rosso o *spinatrigne*, il semifreddo di ricotta, il bastone pasquale.

BRINDISI

Antica Osteria La Sciabica

Osteria-pizzeria *novità*
Via Tahon De Revel, 29- 33
Tel. 0831 562870
Chiuso sabato a mezzogiorno
Orario: mezzogiorno e sera
Ferie: non ne fa
Coperti: 50 + 80 esterni
Prezzi: 35 euro vini esclusi
Carte di credito: tutte, BM

Questa caratteristica osteria si trova a pochi passi dalla Porta di Mare del Castello Svevo. Ospitata in un palazzetto padronale dell'Ottocento, si sviluppa su tre livelli. Gli arredi del piano terra sono in parte quelli del vecchio magazzino di equipaggiamenti navali che un tempo ospitava; il banco del bar, con al centro una bellissima polena di bronzo, è stato recuperato da una nave in via di demolizione. L'ultimo piano offre una vista mozzafiato sul porto. La cucina di Ernesto Palma segue la tradizione con qualche spunto innovativo. In sala Cosimo Alfarano vi riserverà un'accoglienza cordiale e un servizio efficiente e cortese. Potrete iniziare con frittatine e crocchette di verdure, focacce e frittelle, oppure con un antipasto misto di mare cotto o crudo (15 €). Tra i primi, **orecchiette di grano arso con cozze, pesto leggero e patate**, tortellacci neri farciti di pesce bianco in salsa di calamari e cozze (12 €), **minestra di fave e cicoriette**, spaghetti integrali fatti in casa con salsa agli scampi, orecchiette di grano saraceno con gamberi rosa e cavolo bianco (12 €), **risotto con capocollo di Martina Franca** (Presidio Slow Food) **e scamorza affumicata** (14 €). A seguire scampi, gamberi rossi di Gallipoli al forno o al vapore, seppie ai ferri con verdure, **zuppa di pesce con crostoni agliati** (14 €), fritto misto, lombetto di agnello a scottadito con spinaci croccanti. Si chiude con sbriciolata di babà e ottime crostate fatte in casa. La cantina annovera un buon numero di etichette regionali e alcune nazionali. Ottime anche le pizze, cotte al forno a legna di olivo e preparate con farine macinate a pietra.

CAROVIGNO

27 KM A NO DI BRINDISI SS 16

Casale Ferrovia

Ristorante-winebar
Strada Provinciale 34-Via Stazione, 1
Tel. 0831 990025
Chiuso il lunedì, mai d'estate
Orario: mezzogiorno e sera
Ferie: variabili
Coperti: 35 + 35 esterni
Prezzi: 30-35 euro vini esclusi
Carte di credito: tutte, BM

A metà strada tra Carovigno e la frazione costiera di Santa Sabina, a pochi passi dalla stazione ferroviaria, un antico frantoio ben ristrutturato è dal 2013 la nuova sede di questa osteria. Giuseppe Galeone e sua moglie Maria, con la loro consueta cortesia, vi accoglieranno proponendovi pietanze di qualità e mai banali, sintesi tra materie prime selezionate (molti i Presìdi Slow Food), ricette della tradizione e un pizzico di interessante innovazione. Giunto in tavola il cestino degli ottimi pani caldi aromatizzati, si può iniziare con il fagotto di burrata scottato in forno con capocollo di Martina Franca, le polpette di vitello con pappa di pomodoro fiaschetto di Torre Guaceto, il tortino di cefalo (5 €). Tra i primi piatti (10 €), le **orecchiette di cruschello senatore Cappelli con pomodori regina invernali di Torre Canne e ricotta forte**, la vellutata di cicerchia con polpo scottato a vapore e ricotta alle erbe aromatiche, la **zuppa di ceci neri della Murgia carsica con *minchiareddi* e crostini di pane croccante**. Per secondo (13 €) consigliamo il pollo nostrano con cicorielle selvatiche e pecorino e il **cosciotto di agnello farcito di carciofi brindisini e pancetta croccante**. Si può infine chiudere con i caratteristici **ditali di pasta all'uovo farciti con ricotta, canditi e uva passa al rum** (8 €). Ottima selezione di vini e distillati ospitati nella grotta un tempo adibita a cisterna dell'antico frantoio. Menù degustazione a 30 euro.

> *Una preziosa sintesi tra materie prime selezionate, ricette della tradizione e un pizzico di interessante innovazione*

PUGLIA | 679

CAVALLINO

5 KM A SUD DI LECCE

Osteria del Pozzo Vecchio

Osteria-pizzeria
Via Silvestro, 16
Tel. 0832 611649
Chiuso il lunedì
Orario: mezzogiorno e sera, estate solo sera
Ferie: non ne fa
Coperti: 100 + 100 esterni
Prezzi: 25-30 euro vini esclusi
Carte di credito: tutte, BM

In questo paesino dell'entroterra salentino a pochi chilometri da Lecce, Adelaide Della Monica porta avanti, con dedizione e immutato entusiasmo, la trattoria aperta vent'anni fa assieme al compianto marito, Fernando Calà, e ricavata da una vecchia osteria con mescita. Gradevoli gli ambienti, sia la sala interna sia il giardino aperto nella bella stagione. Il servizio è attento e cordiale, il menù ripercorre la tradizione salentina. L'antipasto della casa (7 €) comprende verdure stufate o alla griglia, croccanti frittini, parmigiana di melanzane, frittata di zucchine o peperoni, involtini di melanzane, polpette, e le immancabili *pittule* (frittelle di pasta lievitata). I primi spaziano fra terra e mare: *sagne 'ncannulate* (lasagne attorcigliate) **con ricotta forte** o cacioricotta, orecchiette con le cime di rape, *ciceri e tria* (8 €), tagliatelle al Negroamaro con frutti di mare, tubettini alla cernia, pasta e fagioli con le cozze, trofie con i ricci. Tra i secondi ampia proposta di carni miste alla griglia, agnello o cavallo alla brace, trippa in umido, e i tipici **pezzetti di cavallo al sugo** (6 €). Buona scelta anche di piatti di pesce, proposto alla griglia o fritto, buono il **polpo a** *pignatu*. Si chiude con lo spumone (3,50 €) o con le crostate fatte in casa. Ben articolata la carta dei vini, con etichette salentine, pugliesi, nazionali, dai ricarichi corretti. Buona attenzione riservata agli oli.

CERIGNOLA

37 KM A SE DI FOGGIA A 14 O A 16

'U Vulesce

Ristorante
Via Battisti, 3
Tel. 0885 425798
Chiuso domenica sera e lunedì, in estate la domenica e lunedì a pranzo
Orario: mezzogiorno e sera
Ferie: 15 giorni in agosto
Coperti: 40 + 35 esterni
Prezzi: 30-35 euro vini esclusi
Carte di credito: tutte, BM

La voglia irrefrenabile di qualcosa di buono è il significato della parola che, nel dialetto locale, dona il nome a questa piccola osteria situata a pochi passi dalla villa comunale di Cerignola. Il lavoro in cucina è coordinato con autorevolezza dalla signora Giuseppina, vero pilastro di saggezza gastronomica, quello in sala è sempre gestito con ospitalità e competenza da Rosario. I piatti, mai banali, sono quelli della tradizione gastronomica foggiana. Si parte da antipasti (9 €) quali tentacoli di polpo con purè di fave, olive e cicoria, carpaccio di gamberi rossi con olio alla vaniglia, **baccalà in pastella**, frittura di seppioline e calamari, insalata di gamberi. Variegata la scelta dei primi (16 €): puntarelle con purea di fave, **troccoli con taccole, pomodoro fresco, basilico e caciocavallo podolico**, **cicatelli di grano arso** con cozze, vongole e rucola o **con pomodoro infornato, finocchietto e cacioricotta**, risotto con zucchine, burratina e gambero rosso. Altrettanto allettante la scelta tra i secondi (16 €): tagliata all'aceto balsamico, cardoncelli trifolati, **trancio di ricciola in umido**. Davvero ampia la scelta tra i dolci (5 €): crostata di ricotta e pera o con panna e fragole, tiramisù, soufflé al cioccolato, **sporcamusi**. Soddisfacente la selezione dei vini.

> *Se avete voglia di gustare i piatti della tradizione gastronomica foggiana 'U Vulesce è il posto giusto per voi: ingredienti terragni di altissima qualità preparati ad arte*

CISTERNINO

49 km a no di Brindisi ss 16

Taverna della Torre
Ristorante
Via San Quirico, 3
Tel. 080 4449264
Chiuso il martedì
Orario: mezzogiorno e sera
Ferie: gennaio
Coperti: 45 + 45 esterni
Prezzi: 28-35 euro vini esclusi
Carte di credito: tutte, BM

Autentico gioiello nel cuore della Valle d'Itria, Cisternino è uno dei borghi più amati, con il suo centro storico e la meravigliosa zona rurale ricca di trulli e masserie. Accanto alla torre cittadina, Mario Lorusso gestisce con spirito di accoglienza ed eleganza il suo ristorante, dove cura nelle materie prime, stagionalità e tradizione sono il filo conduttore. Invitante il benvenuto: **polpettine di pane** e un fresco spumante. Si può scegliere dalla carta o optare per il menù degustazione di quattro portate a 28 euro. Si comincia con il tagliere di salumi locali, croccanti gamberi con verdure in tempura (10 €) o l'antipasto della casa a base di verdure del proprio orto grigliate, pastellate, alla parmigiana o in frittata; buoni in stagione i fiori di zucca ripieni di ricotta vaccina e menta. Fra i primi, ottimi il riso con fiori di zucca e gamberi, le **orecchiette con sugo di pomodoro fresco e cacioricotta** (9 €), i laganari di grano duro senator Cappelli con pomodori acerbi e ricotta, il purè di fave. Tra i secondi, ottima qualità e perfetta cottura per l'**arrosto misto** (13 €) e per il **coniglio della valle d'Itria al finocchietto e olive leccine**, freschezza e sapore per i gamberoni al cartoccio con capperi e pomodorini. Dolci fatti in casa: torta di ananas e limone con salsa alla vaniglia, panna cotta alla menta con frutta glassata, mousse di tiramisù, tartufi e il torroncino e cioccolato. Curata la carta dei vini regionali proposti a prezzi corretti.

CORATO

45 km a ovest di Bari ss 98

La Bottega dell'Allegria
Osteria-enoteca
Via Matteo Renato Imbriani, 49
Tel. 080 8722873-334 1137660
Chiuso il lunedì
Orario: mezzogiorno e sera
Ferie: 15 giorni in luglio
Coperti: 40
Prezzi: 30-35 euro vini esclusi
Carte di credito: CS, DC, MC, Visa, BM

Due anime caratterizzano il locale: l'osteria e l'enoteca; la proposta è fondata su piatti semplici e adatti ad accompagnare un calice di buon vino scelto da una carta ricca e articolata. L'ambiente è semplice e accogliente, la gestione è essenzialmente familiare. Savino Di Bartolomeo, patron del locale, illustra il menù, mentre la moglie Cinzia si occupa della cucina. Si può iniziare con l'antipasto (10 €) a base di focaccia e ricotta ovina, tortino di zucchine con passata di pomodoro, **timballo di patate e sivoni**, frittata con finocchio selvatico. Sono presenti almeno due primi di pasta fresca (8 €), come orecchiette con rucola selvatica e passato di pomodorini, taglierini con carciofi e salsiccia secca pezzente di Matera, fusilli con asparagi selvatici e pomodori secchi, **spaghettoni al caciocavallo podolico e pepe**, spaghetti con finocchietto e acciughe. Tra i secondi (8 €) segnaliamo la presenza costante della carne equina (da provare le **striscette di cavallo**), ma il pezzo forte del locale, se disponibile, è l'**agnello murgiano cotto nel coccio**. Buoni inoltre il pollo ruspante alla griglia e la salsiccia di suino a punta di coltello. Completano l'offerta i formaggi locali come pecorino, caciocavallo e canestrato. Per dessert, da non perdere il soufflé di mele e uva sultanina; buoni la torta al cioccolato con noci e mandorle, il tortino con cuore caldo di cioccolato e salsa alla vaniglia, il tiramisù. La carta dei vini comprende le migliori etichette regionali e alcuni dei nomi nazionali più noti, con ricarichi ragionevoli.

CORIGLIANO D'OTRANTO

23 KM A SE DI LECCE SS 16

Olo Kalò

Trattoria con alloggio
Via Umberto I, 5
Tel. 0836 471004-333 8466367
Chiuso il martedì
Orario: mezzogiorno e sera, estate solo sera
Ferie: 2 settimane in maggio, 2 in novembre
Coperti: 50 + 70 esterni
Prezzi: 30-33 euro vini esclusi
Carte di credito: CS, DC, MC, Visa, BM

Il locale, che consta, oltre che della trattoria, anche di alcune stanze per il pernotto arredate con gusto e sobrietà, è gestito da Enzo Potenza con la moglie Annamaria. Ci troviamo a Corigliano, uno degli undici comuni della Grecìa Salentina, dove si parla ancora il griko, un dialetto di tipo neo-greco: in questo idioma particolare, *olo kalò* significa "tutto il meglio", un messaggio benaugurante che racchiude anche l'invito a scoprire una cucina improntata sulla territorialità e sulle tradizioni locali. Per l'antipasto misto (5 €) si fa largo uso di verdure: peperoni, melanzane e zucchine cotti alla griglia, al forno o fritte affiancano crocchette di patate, polpettine di carne, latticini e pittule. I primi sono quelli della tradizione salentina: *ciciri e tria* (7 €), fave e cicorie, orecchiette (o *sagne 'ncannulate*) con salsiccia, melanzane, cacioricotta e pomodorini, *taieddha* salentina con patate, cozze, zucchine e cipolle. Tra i secondi figurano spesso le carni di agnello e capretto cotte alla brace, i *turcinieddhi* (involtini di interiora di agnello o capretto), gli immancabili **pezzetti di cavallo al sugo** (8 €), il diaframma equino alla brace. Per dessert vengono solitamente proposti la torta pasticciotto e le crostate di frutta o con confetture preparate in casa. La carta dei vini è ricca delle migliori etichette pugliesi e non solo; buono il vino in caraffa della casa.

CRISPIANO

17 KM A NORD DI TARANTO

La Cuccagna

Ristorante-enoteca
Corso Umberto, 168
Tel. 099 616087
Chiuso il martedì
Orario: mezzogiorno e sera, luglio e agosto solo sera
Ferie: 10-20 gennaio e 20-30 giugno
Coperti: 60 + 40 esterni
Prezzi: 35 euro vini esclusi
Carte di credito: tutte, BM

Questo ristorante, in cui ogni membro della famiglia trova il giusto spazio per esprimere la propria competenza, è nato nel 1969 sulle ceneri di una storica macelleria con fornello: Crispiano è infatti ancora oggi rinomata per questo particolare tipo di cottura della carne. Già gustando gli antipasti (12 €) si può evincere la particolare attenzione che i padroni di casa hanno nei confronti delle materie prime: una già accuratissima selezione di salumi e formaggi locali cede il passo a piatti ben strutturati come il flan di porri in salsa di caciocavallo, lo sformato di melanzane in salsa di olive, le **polpette fritte**, la verza al forno con capocollo e formaggio. Tra i primi più d'impatto troviamo i tortelli alla brasata con crema di asparagi (8 €), gli **gnocchi di patate al ragù bianco di maiale**, le ruote di zucca e capocollo in salsa di parmigiano. Non lasciare spazio per i secondi sarebbe un vero peccato, non fosse altro perché la maggior parte di questi, come prima accennato, sono cotti al fornello: bombette, salsicce, costolette di maiale. Buone le costate di scottona, succulenti i *gnummarieddi* (20 euro il chilo). Tra i dolci sono imperdibili le sbriciolate alla crema pasticciera e amarena con gelato alla vaniglia e il budino al cappuccino con crema chantilly alla sambuca (6 €). La carta dei vini risponde alle esigenze e ai gusti dei più fini intenditori: consta infatti di più di 500 etichette.

Il fornello della Murgia

Fornello pronto: questo cartello (generalmente di cartone e scritto a mano) esposto da molti macellai all'esterno della loro bottega, per la maggior parte dei non pugliesi rappresenta un vero e proprio arcano. Ebbene, si tratta di un baluardo della più verace tradizione regionale: il cartello indica che quella macelleria resterà aperta oltre l'orario di chiusura e che, soprattutto, lì c'è un fornello, ossia un piccolo forno in pietra, all'interno del quale vengono cotte innumerevoli prelibatezze di carne, infilzate su lunghi spiedi e poste a cuocere lentamente al calore dei carboni di quercia e olivo. Questa antica usanza, perpetuatasi fino ai nostri giorni, grazie alla passione e alla dedizione dei macellai della Murgia, dà la possibilità di assaporare in loco (ma è anche possibile l'asporto) gustose pietanze a prezzi contenuti: tra le succulente specialità, troverete le costolette di agnello, la salsiccia fine e a punta di coltello, i pregiati *gnummarieddi* (delicati involtini di fegato, polmone o rognone avvolti in budella di agnello o capretto), le bombette (involtini di capocollo di maiale farciti con formaggio canestrato pugliese).

Francesco Biasi, Carmela Angiulli, Salvatore Pulimeno

ACQUAVIVA DELLE FONTI (BA)
La Grigliata
Via Ciro Menotti, 57
Tel. 080 757677-349 5607750
Chiuso domenica e lunedì

Accoglienza cordiale e carne di ottima qualità sono gli ingredienti che hanno permesso alla macelleria di Michele e Rosa di diventare un vero e proprio punto di riferimento in città. Accanto ai tanti tagli classici, La Grigliata propone da qualche tempo il succulento panzerotto di carne (sorta di polpetta ripiena di prosciutto e mozzarella). Sempre buono il vino rosso sfuso della casa.

Macelleria dell'Arco
Via Sant'Agostino, 3
Tel. 080 767862
Chiuso giovedì e domenica

Da diverse generazioni ha sede nel centro storico la salumeria-macelleria di Vincenzo Pastore. In un'atmosfera tranquilla e familiare, Vincenzo propone ai suoi commensali, oltre alle mille leccornie di carne cotte al fornello, come la salsiccia mista di vitello e maiale o le *brasciolette* di vitello impanate, diverse specialità di produzione propria come i sottoli e la pancetta.

ALBEROBELLO (BA)
La Fontana 1914
Largo Martellotta, 55
Tel. 380 3696969
Chiuso la domenica, mai d'estate

Buono per una sosta veloce, consumando un buon panino farcito con salsiccia o bombette, altrettanto adatto a un tranquillo convivio nel suggestivo scenario dei trulli, questo bel localino situato ai piedi di una delle scalinate più affascinanti di Alberobello vede come suo "mentore" il buon Mimino, che con passione e maestria si dedica ormai da anni alla cottura delle carni al fornello. In una sala non grande ma accogliente potrete degustare la pancetta, le costolette di agnello, gli *gnummarieddi*, la salsiccia fine, quella a punta di coltello e tante altre rinomate specialità. Nel dubbio, lasciatevi guidare da Mimino.

CASSANO DELLE MURGE (BA)
Rizzi
Via Toti, 33
Tel. 080 764520
Chiuso giovedì e domenica

Recuperando un'antica tradizione dei pastori durante la transumanza, ovvero quella di essiccare al sole la carne di pecora o di capra per mangiarla poi nei mesi invernali, la macelleria Rizzi propone la "sua" *misciska*, ovvero straccetti di carne di cavallo essiccata, accompagnata dall'ottimo pane cotto nel forno a legna di un vicino panificio. È solo il preludio di un formidabile pasto composto da *gnummarieddi*, salsiccia fine, medaglione di vitellino ripieno e, volendo osare, la cassanina, una costata di vitello da un chilo debitamente frollata. Buono il vino locale.

CASTELLANA GROTTE (BA)
Carlo Pinto
Via Mater Domini, 51
Tel. 080 4961737
Chiuso lunedì, martedì e domenica

Carlo e Rossella Pinto continuano a offrire ai propri avventori mille bontà di carne cotta al fornello. Quello che contraddistingue questa macelleria con annesso fornello è sicuramente la competenza di Carlo nel consigliare e scegliere i migliori tagli di carne da cuocere e la gentilezza e il garbo della sua infaticabile consorte, che quasi ogni sera accoglie e serve i suoi ormai affezionati clienti offrendo loro i buoni sottoli di produzione della casa, le costatine di agnello, le bombette, la salsiccia a punta di coltello, la tagliata con rucola e grana.

CISTERNINO (BR)
Al Vecchio Fornello
Via Brasiliani, 18
Tel. 080 4446431
Chiuso il lunedì, mai d'estate

Da molti definito "il tempio della bombetta", questo rustico locale dall'atmosfera simpatica e informale propone ottime bombette semplici o impanate, salumi di propria produzione, salsicce, *gnummarieddi*, agnello allevato in proprio. Prima di accomodarvi ai tavoli (d'estate è davvero pittoresco cenare in uno degli stretti vicoli del paese vecchio), vi consigliamo di dare un'occhiata al bancone della macelleria, per scegliere con calma le delizie che maggiormente vi aggradano.

Pietro De Mola
Via Duca D'Aosta, 3
Tel. 080 4448300
Chiuso lunedì, martedì e giovedì, mai d'estate

Trattandosi di un vero e proprio luogo di culto e di ritrovo per i golosi della carne, è importante che nel locale di *zi* Pietro, affiancato nella gestione dal figlio Vincenzo, si prenoti o si arrivi presto la sera, altrimenti l'attesa potrebbe diventare molto lunga. Sceglierete la carne al banco all'ingresso, quindi vi accomoderete in una bella saletta in cui gusterete tagliata, costata, agnello ma, soprattutto, le specialità che hanno reso questo posto degno di fama: le bombette (favolose quelle avvolte nella pancetta), i *turcineddi* e le patate al forno.

Rosticceria L'Antico Borgo
Via Tarantini, 48
Tel. 080 4446400-346 1323000
Chiuso la domenica, mai d'estate

Tra i vicoli stretti e tortuosi di Cisternino, i suoi saliscendi e le sue casette bianche, si trovano diverse ruspanti macellerie che in una rustica saletta attigua fanno gustare ai propri avventori le carni cotte al fornello. L'Antico

Borgo può essere invece considerato un vero e proprio piccolo ristorante: accanto alle specialità del fornello, come ad esempio le eccellenti bombette impanate, sono presenti altre preparazioni fra le quali spiccano quelle di carne d'asino, come i succulenti involtini in umido.

CRISPIANO (TA)
Bello
Carni, Salumi e Fornello
Via Gravina, 40
Tel. 099616380
Chiuso la domenica e giovedì pomeriggio

Gli affezionati clienti di questo locale vorrebbero che qui si effettuasse il servizio al tavolo, ma caparbiamente Fabio, il proprietario, continua a rinunciarvi: c'è da dire, però, che gustare l'ottimo panino ripieno di bombette panate "arrangiandosi", magari trovando posto a sedere sugli scalini della casa di fronte, è un piacere che pochi sanno concedersi. Oltre al buon panino, Fabio prepara *gnummarieddi*, salsiccia a punta di coltello e un bel numero di salumi. Le carni sono tutte provenienti da allevamenti locali.

La Taverna del Cavaliere
Via Mazzini, 2
Tel. 099 616266
Chiuso il lunedì

All'angolo tra via Mazzini e il centrale corso Umberto I è ben visibile uno dei più antichi fornelli della zona, annesso alla macelleria di Anthony Ricci. Sottoli, salumi e formaggi locali servono a ingannare l'attesa di bombette, fegatini, salsiccia fine e a punta di coltello. L'ambiente è accogliente e rustico. Potrete accompagnare il pasto con un buon Primitivo sfuso o scegliendo un vino pugliese.

GINOSA (TA)
Franco Dragone
Via Roma, 117
Tel. 099 8245708
Chiuso giovedì e domenica, su prenotazione sempre aperto

Franco, titolare di questa elegante e fornita macelleria di Ginosa, la sera fa la spola tra il banco carni e l'attiguo fornello. D'inverno ci si accomoda nello scantinato, dove è allestita una piccola cucina per la cottura di involtini e polpette al sugo, d'estate è possibile sedersi all'aperto nella veranda del retrobottega. Salsiccia, *gnummarieddi*, bombette e agnello, accompagnati da pane e focacce cotte a legna e da un ottimo vino sfuso della casa, delizieranno i palati più esigenti.

Vito Ribecco
Via Lucania, 43
Tel. 099 8245731-347 2312838
Chiuso giovedì sera e domenica

Nel più classico dei retrobottega di macelleria con arredo spartano e tovagliato in carta, Vito Ribecco propone, oltre alle specialità al fornello, il marro al forno con patate, la trippa e gli involtini al sugo, gli straccetti con formaggio e pesto d'aglio. Potrete terminare la cena con limoncello e caffè.

LATERZA (TA)
Rizzi
Via Giannone, 45
Tel. 099 8213917
Chiuso la domenica

Dino Rizzi, patron dell'omonima macelleria vi accoglierà nel retrobottega o nelle bellissime sale d'epoca del primo piano con soffitti a volta affrescati. Prima però, al fornitissimo banco delle carni sceglierete i tagli da cuocere al fornello. Ingannerete l'attesa con sottoli, formaggi, olive e salumi, accompagnati da ottimi pane e focaccia cotti a legna e dal vino sfuso della casa.

Tamborrino
Via Roma, 58
Tel. 099 8216192
Chiuso la domenica

Dagli anni Cinquanta del secolo scorso la macelleria Tamborrino tiene viva la tradizione del fornello laertino. Nel retrobottega, al piano terra e sul soppalco, c'è posto per 60 avventori che, dopo avere scelto al banco gli *gnummarieddi*, i fegatelli, le salsicce di maiale e di vitello, l'agnello e le bombette, ne attendono la cottura nei due fornelli che Domenico ha a disposizione. Nell'attesa, la moglie Stella servirà caciocavallo, salsiccia secca, olive in salamoia, verdure sott'olio, pane, focaccia. Accompagnano il pasto un buon vino sfuso e una trentina di etichette pugliesi.

LATIANO (BR)
La Taverna di Pascalone
Via Roma, 82
Tel. 0831 726869
Chiuso il mercoledì
novità

Meggi e Pasquale (Pascalone per gli amici) da anni gestiscono con cura e attenzione questo fornello. Nell'attesa di apprezzare tutto il gusto genuino delle carni locali scelte dal bancone a vista, vi saranno serviti gli involtini di carne in *pignata* e le polpettine di carne fritte, accompagnati dall'ottimo pane e da crostini fritti. Chiudete con i dolci preparati da Meggi. Buono il vino della casa.

LOCOROTONDO (BA)
Da Nicola Semeraro
Contrada Lamie di Olimpia, 217
Tel. 080 4434238
Chiuso il lunedì
novità

Raggiungere questa contrada, tra le cento di Locorotondo, non è proprio facile, ma appena giunti vi troverete in un ambiente davvero piacevole e tranquillo. I salumi che precedono il fornello sono di propria produzione, il buon prosciutto crudo è frutto della scuola dei norcini di Faeto. Le bombette, la salsiccia a punta di coltello e le interiora di agnello sono le principali specialità. Accompagnano le carni alcune buone bottiglie di vino.

I Piaceri della Carne
Traversa Maestro Curri, 68
Tel. 328 4680743-320 3875362
Aperto mercoledì, sabato e domenica, sempre da luglio a settembre

Sempre con più attenzione Francesco seleziona in loco i capi che arricchiranno il banco macelleria. Giacomo effettua le lavorazioni e le preparazioni, mentre Corrado – il più giovane – si destreggia alle cotture, sempre perfette. Varie le specialità che spaziano dalle gustosissime bombette alle salsicce, dagli *gnumarieddi* alle costolette di agnello. Ottima la selezione dei salumi presentati come antipasto: la pagnottella (salame impanato con crusca di grano senatore Cappelli), le soppresse e il capocollo di Martina Franca (Presidio Slow Food), di cui questa macelleria è produttrice e che, ovviamente, è acquistabile in loco.

MARTINA FRANCA (TA)
Granaldi
Via Bellini, 108
Tel. 328 3218371-347 6833210
Non ha giorno di chiusura

Chiamate nel dialetto locale *gingumm* per via della loro caratteristica gommosità, gli ottimi involtini di polmone di vitellino sono una delle leccornie che si possono degustare in questa macelleria con annesso fornello. Il locale è accogliente ma piuttosto piccolo, motivo per il quale si consiglia la prenotazione. Degni di nota il filetto di vitello, il capocollo arrosto e gli straccetti di manzo con rucola. Buono il rosso della casa che si può scegliere tra dolce o secco.

Rosso di Sera
Macelleria Cervellera
Via Mottola, 68
Tel. 080 4838812-328 0069660
Chiuso la domenica

Da premiare in primis per la cordialità e la gentilezza di tutto lo staff, questa macelleria offre ai propri clienti tantissime bontà di carne cotte al fornello. Nell'attesa, però, deliziate i vostri palati assaggiando le patate alla brace, le olive, le buone verdure crude (secondo stagione finocchi, cocomeri, carote), le friselline condite con olio, sale, origano e pomodoro, i buoni formaggi e salumi di produzione propria, come il capocollo di Martina Franca (Presidio Slow Food). Per quel che riguarda il fornello, ottime le bombette, le salsicce miste e di vitello. Per finire amari fatti in casa e dolcetti tipici.

Vito Serio
Via Ferrucci, 20
Non ha telefono
Aperto martedì e sabato

Quella di cui parliamo è la più antica macelleria di Martina Franca. Essere graditi ospiti di Vito Serio, meglio conosciuto come *u' Salvasod*, significa fare un salto indietro nel tempo. Nel suo antico forno, Vito cuoce con maestria le tante gustose specialità locali: imperdibili le "sigarette" (salsicce di vitello e maiale), le bombette, le *gingumm*, gli *gnummarieddi*. Come da tradizione, non si effettua servizio ai tavoli e le bevande vanno portate da casa.

NOCI (BA)
Domenico Scarano
Via Vittorio Emanuele, 15
Tel. 080 4977315
Aperto mercoledì e venerdì, su prenotazione martedì, giovedì e sabato

A 20 metri dalla piazza principale troviamo questa macelleria rinomata da quattro generazioni, non solo per le carni fresche, ma anche per il fornello: le preparazioni sono sia da asporto sia da degustare direttamente in loco. Salsiccia di vitello e di maiale, nodini di vitello e maiale, involtini di agnello, testine al forno, costate di vitello, fiorentine, coniglio arrosto sono solo una parte delle interessanti proposte gastronomiche del buon Domenico. Niente male il rosso sfuso della casa.

PALAGIANO (TA)
L'Amico Rosticciere
Via Bernini, 29
Tel. 099 8883123
Chiuso domenica e lunedì

Troverete la macelleria di Franco Lazzaro vicino all'ufficio postale. Il banco, da cui sceglierete i tagli da cuocere al fornello, è sempre ben fornito di carni delle vicine Murge. Nell'attiguo locale dall'ambiente semplice – pochi tavoli per una ventina di commensali – in attesa delle carni Franco vi servirà olive, squisite patate cotte sotto la cenere, salumi e formaggi del territorio. Da bere, una decina di etichette di vino rosso pugliese e un buon Primitivo sfuso. Per finire, dolcetti di mandorle e rosoli di produzione propria.

PUTIGNANO (BA)
Marchio Murgia
Via Noci, 119
Tel. 080 4055443
Chiuso domenica e lunedì

Una bella squadra quella che compone questa macelleria. Le carni provengono dal proprio allevamento, le frollature sono corrette, le preparazioni a regola d'arte. L'attesa delle cotture dei bocconi scelti al banco prevede affettati di salumi locali, caciocavallo fresco e verdure di stagione; dal fornello arriveranno le bombette e le salsicce a punta di coltello, le costate di podolica e le costolette di agnello, una vera squisitezza. Fanno da cornice al pasto alcuni vini regionali; non male lo sfuso di Primitivo di Gioia del Colle.

SAMMICHELE DI BARI (BA)
La Tradizione
Via della Resistenza, 68
Tel. 080 8918467
Chiuso il lunedì

Un invitante e fornitissimo banco vi attende all'ingresso di questa oramai storica braceria sammichelina. La classica zampina, le bombette, gli *gnummarielli*, le costolette di agnello e l'entrecôte di vitello servita su pietra lavica sono le proposte più tradizionali ma sono ugualmente interessanti le polpette di carne aromatizzate al limone, lo spiedino con bocconcini di vitello e cipolla, gli involtini con pancetta e mozzarella o con prosciutto e formaggio. Accogliente la saletta che vi ospiterà al piano superiore. Discreto il rosso della casa proposto in alternativa a buone etichette pugliesi.

SANTERAMO IN COLLE (BA)
Casa del Puledro
Corso Roma, 142
Tel. 080 3039641-388 7933196
Chiuso la domenica

Il nome della macelleria dice già tutto: da queste parti la carne equina la fa da padrone. Oltre alle cotture al fornello, sono previste cotture al forno, più consone a questo tipo di carni. È quasi d'obbligo iniziare con un carpaccio per poi assaporare le *brasciole* cotte in *pignata*, lo spezzatino con erbe e ortaggi di stagione, le bistecche e le fettine di asino alla brace, nonché le verdure crude servite alla fine. Buono il vino della casa.

Da Mimmo e Valeria
Via Iacoviello, 47-49
Tel. 080 3039636
Chiuso la domenica

La voglia di migliorare e crescere, da parte dei componenti di questa macelleria, è diventata sempre più forte nel tempo; Mimmo si è anche diplomato sommelier e, oltre a proporre i consolidati piatti di carne, ora suggerisce vini e abbinamenti appropriati. Formaggi, salame d'asino, bruschette e carpaccio sono capisaldi da assaporare appena accomodati in questo tranquillo luogo casalingo, in attesa delle carni in *pignata*, delle *brasciole* in umido, degli arrosti piccanti.

VILLA CASTELLI (BR)
Pietro Alò
Via San Carlo Borromeo, 71
Tel. 0831 866058
Aperto su prenotazione

Punto di riferimento dei gourmet più attenti, questa macelleria rende a pieno l'idea del fornello: appena tre tavoli antistanti il banco carni, apparecchiati appena dopo l'ora di chiusura, secondo una tradizione ormai trentennale. Quando Pietro indossa le vesti dell'oste diventa un'altra persona, accoglie, suggerisce e racconta: le fattorie da cui reperisce le materie prime, le sue preparazioni, le tecniche di cottura. Formaggi locali e salumi prodotti in proprio anticipano le carni: *gnummarieddi*, spiedi di agnello, salsicce a punta di coltello, costate di manzo locale. Il vino sfuso in caraffa non è male.

FASANO
Speziale

44 km a no di Brindisi ss 16 e 379

Masseria Parco di Castro
Azienda agrituristica
Strada Statale 16, km 868,400
Tel. 080 4810944
Chiuso dom sera, lunedì e martedì, mai d'estate
Orario: sera, sab e dom anche pranzo
Ferie: tra gennaio e febbraio
Coperti: 100
Prezzi: 31-35 euro vini esclusi
Carte di credito: tutte, BM

Circondata da olivi e orti, sorge la bianca corte esterna, dove durante i periodi estivi è possibile cenare. All'interno, le tre sale sono molto raccolte e hanno un'aria casalinga. La cucina, proposta dalla signora Maria De Pasquale con l'aiuto di Martino, rispecchia le tradizioni locali; tante materie prime provengono dall'orto di proprietà e dalle vicine aziende del Parco Regionale Dune Costiere. Nel ricco antipasto (16 €), sufficiente per due persone, è possibile trovare le zucchine alla poverella, diverse frittate di verdure, il piatto di **fave e cicorie selvatiche**, i peperoni gratinati al forno, la parmigiana di zucchine o melanzane, le **polpettine di pane**, formaggi e salumi pugliesi, l'insalata di grano con pomodorini, sedano e cacioricotta. Tra i primi (8 €) di pasta fresca, ci sono i laganari con pomodorini regina di Torre Canne (Presidio Slow Food) gratinati al forno, capperi e basilico, i **fricelli con broccoli e capocollo di Martina Franca** (anch'esso Presidio), gli gnocchetti con gorgonzola e cicoria. Seguono coniglio arrosto in salsa di alloro (15 €), tagliata di maiale con pesto di rucola, grigliata mista (agnello, salsiccia e bombette), tutti accompagnati da gustose patate al forno o verdure grigliate. Per concludere, tortino al cioccolato, **crostata di ricotta e fichi**, mousse di ricotta con confettura di pere, dolcetti alle mandorle abbinati a limoncino e rosoli casalinghi. Buona selezione di vini prevalentemente pugliesi.

FOGGIA

Da Pompeo
Ristorante
Vico al Piano, 14
Tel. 0881 724640
Chiuso la domenica
Orario: mezzogiorno e sera
Ferie: variabili in agosto
Coperti: 60
Prezzi: 30 euro vini esclusi
Carte di credito: MC, Visa

Varcata la soglia di questo ristorante tipico, situato a pochi passi dal teatro Giordano di Foggia, ci si trova subito davanti all'ampia cucina a vista che caratterizza l'ingresso. Osservare Assunta e Ida, le due storiche cuoche, mentre sono alle prese con la preparazione dei piatti, è davvero un piacere. Il menù, descritto con dovizia di particolari da Pinuccio, è ispirato alla tradizione gastronomica dauna ed è realizzato con materie prime selezionate: paté di fave e cicorie (8 €), parmigiana di melanzane, frittatina di carciofi, timballo di patate, **tortino di acciughe**, antipasto a base di prodotti di mare del golfo. Da provare i primi a base di pasta fresca preparata in casa (8 €): **paccheri con pomodoro e ricotta dura**, orecchiette ai broccoletti, strascinati con rucola, troccoli con asparagi e pancetta. Per quanto riguarda i secondi di carne (12 €), *brasciola* (tipico involtino cotto in salsa di pomodoro), **agnello al forno con patate e funghi**, carne cotta sulla griglia del camino. Per quello che riguarda, invece, i secondi di pesce, seppioline o polpetti alla griglia, filetto di pescatrice in umido (17 €), orata al forno. Tra i dolci (5 €), davvero buone la mousse di ricotta e fragole, le crostate, la zuppa inglese. Discreta la scelta dei vini.

In Strada Statale 16, caseificio Crovace e figli: mozzarelle, altri formaggi e ricotte.

GRAVINA IN PUGLIA

58 km a so di Bari ss 96

La Murgiana
Ristorante
Via XXIV maggio, 25
Tel. 080 3250342-331 7396418
Chiuso domenica sera e lunedì
Orario: mezzogiorno e sera
Ferie: 15 giorni in luglio
Coperti: 70 + 20 esterni
Prezzi: 30-35 euro vini esclusi
Carte di credito: tutte, BM

Il locale, caratterizzato da due ambienti comunicanti con spessi muri e volte a botte, si trova a pochi passi dal centro storico, vicino ai viottoli che portano in gravina, una profonda fenditura carsica che dà il nome a questa cittadina della Murgia ricca di insediamenti rupestri. Patron e chef del ristorante è Franco Capozzo, che propone piatti semplici in cui si esalta la qualità delle materie prime utilizzate. Potrete cominciare con un abbondante antipasto (12 €) che prevede *u cuzzutidd* (carciofi crudi accompagnati da pomodorini e peperoni), la parmigiana di melanzane, le zucchine alla poverella o in pastella, le bietole in tiella, i nodini di mozzarella, la **trippa in umido**, le frittelle di lampascioni, lo sformato di ricotta. A seguire, cavatelli con asparagi selvatici, con broccoli, ceci e mollica fritta o, in inverno, con funghi cardoncelli e salsiccia (8 €), gli spaghetti con pomodorini, zucchine e cacioricotta, i tagliolini con purè di cicerchia condito con cipolla e funghi fritti. Tra i secondi si possono scegliere le **costolette di agnello con funghi cardoncelli** (12 €), l'agnello in umido con le erbe della Murgia, il misto di carne alla brace, il **capretto arrosto con le patate**. I dolci (4 €) prevedono crostate di frutta o di ricotta, **sasanelli** (tipici biscotti secchi locali), dolcetti di pasta di mandorle. Carta dei vini con alcune decine di etichette pugliesi e poche nazionali; discreti gli sfusi locali.

LECCE

Cucina Casereccia Le Zie 🐌
Trattoria
Via Costadura, 19
Tel. 0832 245178
Chiuso domenica sera e lunedì
Orario: mezzogiorno e sera
Ferie: Pasqua e Natale, fine agosto-inizio settembre
Coperti: 50
Prezzi: 25-30 euro vini esclusi
Carte di credito: tutte, BM

A pochi passi dalla villa comunale, ha sede la casa delle Zie. Casa sì, perche il locale, adibito ora per la ristorazione, era un tempo, un'abitazione. Calda e familiare l'atmosfera delle due sale; dalla più grande si osserva dare direttive o armeggiare direttamente, tra pentole e fornelli, Anna Carmela Perrone, la "zia" alla guida di questo luogo che, da circa cinquant'anni, rappresenta la migliore cultura gastronomica leccese, tradizionale e senza fronzoli. Consigliamo di iniziare con l'antipasto della casa (10 €) che, secondo stagione, può comprendere insalata di patate, frittelle con olive, capperi e pomodori, pitta di patate, pittule (tipiche frittelle di pasta lievitata), peperonata, fiori di zucchina ripieni e fritti, peperoni in agrodolce, cardi o carciofi con patate al forno. Tra i primi di pasta fatta in casa, si segnalano le orecchiette con le rape e le **sagne 'ncannulate** condite con sugo di pomodoro e cacioricotta o con ricotta forte; buono anche il **purè di fave con cicorielle** (7 €). Si prosegue con gli involtini o i **pezzetti di cavallo al sugo** (9 €), il polpettone in umido e, fra le proposte di mare, il calamaro ripieno, la *tiedda* di baccalà e patate, il **polpo** *a pignatu*. Immancabili, per finire, la tipica torta pasticciotto (4,50 €), lo spumone artigianale, la torta di ricotta. La scelta dei vini è mirata a poche ma significative etichette locali, ma ci si può affidare anche a un ottimo vino sfuso, servito in caraffa.

> **❝** *Da circa cinquant'anni, la migliore cultura gastronomica leccese, tradizionale e senza fronzoli* **❞**

LESINA

58 KM A NORD DI FOGGIA

Le Antiche Sere

Osteria tradizionale
Via Micca, 22
Tel. 0882 991942-347 3551079
Chiuso il lunedì, mai in agosto
Orario: mezzogiorno e sera
Ferie: prima quindicina di settembre
Coperti: 35 + 30 esterni
Prezzi: 30-35 euro vini esclusi
Carte di credito: CS, DC, MC, Visa, BM

Sulla riva del lago di Lesina, che assieme a quello di Varano rappresenta un'importante fonte di reddito grazie alla pesca dell'anguilla e del cefalo da cui ricavare un'ottima bottarga, troviamo l'intima e accogliente osteria gestita con grande passione dai coniugi Biscotti, Nazario in sala e Lucia in cucina. In particolar modo d'estate, consigliamo di accomodarvi nel bel dehors vista lago. La cucina è caratterizzata da piatti gustosi che rappresentano il territorio e si basano sull'abbinamento, talvolta anche inusuale, di materie prime di eccellenza. L'antipasto Antiche Sere (13 €) offre una buona panoramica di specialità che possono anche essere scelte singolarmente: tagliatelle di seppia con quinoa e crema di piselli e asparagi selvatici, carpaccio di cefalo con salicornia e ricotta mantecata alle erbe con emulsione di agrumi (8 €), flan di verza e anguilla con salsa di pomodoro. Le paste sono fatte in casa: **tagliatelle di grano arso con anguilla e pomodorini**, maltagliati al verde con cefalo e la sua bottarga, **orecchiette con cime di rapa, salsiccia, funghi cardoncelli e caciocavallo podolico**, fricelli ai ceci con salicornia e scampetti (12 €); su prenotazione gusterete la **minestra d'anguille**. I secondi, in base al pescato del giorno, propongono **frittura di paranza** (14 €), involtino di anguilla fritta, grigliata mista, scaloppa di cefalo con funghi. Si conclude con formaggi locali (5 €), quali caciocavallo podolico e canestrato pugliese, oppure con crostata di ricotta o tiramisù di pane raffermo e ricotta sifonata. La cantina offre una buona selezione di vini a prevalenza regionale e di distillati.

LOCOROTONDO

65 KM A SE DI BARI SS 16 O SS 172

La Taverna del Duca

Trattoria
Via Papadotero, 3
Tel. 080 4313007-388 9408339
Chiuso domenica e lunedì sera, mai d'estate
Orario: mezzogiorno e sera
Ferie: in gennaio
Coperti: 35 + 30 esterni
Prezzi: 25-30 euro vini esclusi
Carte di credito: CS, DC, MC, Visa, BM

In posizione collinare, nella suggestiva valle d'Itria, troviamo Locorotondo a pochi passi dalla costa adriatica. La piccola e accogliente osteria si trova nel centro storico: la gestisce Antonella Scatigna, chef per passione oltre che per mestiere, da sempre anche molto impegnata nel sociale. Accomodati al tavolo, vi verranno elencate le varie portate, spesso non comprese nel menù cartaceo; resterete molto colpiti dalla simpaticissima e professionale presenza in sala di Fabio. Il vostro percorso gastronomico, che dipende sempre dall'approvvigionamento giornaliero dei freschissimi ingredienti, molti dei quali a chilometro zero, può iniziare con un misto di antipasti (6-13 €) che comprende capocollo di Martina Franca (Presidio Slow Food), vari formaggi e latticini, frittatine con verdure di stagione, *cialledda* di pane. Buoni fra i primi i cavatelli di grano senatore Cappelli con i ceci neri biologici, le **orecchiette con braciole al sugo** (9 €), le **fave *n'capriata***, le zuppe di verdure (7 €). Si continua con l'asino o la **pecora in *pignata*** (10 €), lo stinco di maiale con verdure, gli involtini di trippa, il pollo con i peperoni; coniglio e agnello sono disponibili su prenotazione. In chiusura torta di ricotta o di mele e biscotti di Ceglie (Presidio Slow Food). Carta dei vini regionale, rosoli fatti in casa.

LUCERA

19 KM A OVEST DI FOGGIA

Palazzo D'Auria Secondo
Ristorante *novità*
Piazza Oberdan, 3
Tel. 0881 530446-333 9188472
Chiuso il lunedì
Orario: mezzogiorno e sera
Ferie: variabili in inverno
Coperti: 80 + 50 esterni
Prezzi: 30-35 euro vini esclusi
Carte di credito: AE, CS, MC, Visa, BM
€

In un palazzo nobiliare risalente al XVI secolo, il giovane Alberto Trincucci ha impiantato la sua attività ristorativa. Si accede ai locali del palazzo attraversando un bel cortile lastricato di chianche, dove è possibile accomodarsi per il pasto quando il tempo lo permette. Alberto, appassionato collezionista vintage, ha arredato il locale con bellissimi oggetti che rendono il locale accogliente e confortevole. La cucina è radicata al territorio, con continua ricerca di materie prime d'eccellenza e buona presenza dei Presìdi Slow Food. Vi consigliamo di cominciare con i gustosi antipasti (5 €) e nell'attesa, di assaggiare le fragranti **pettole fritte**; ottima la sfogliatina con burrata e cicorie di campo, delicato il tortino di ricotta di bufala in foglia di melanzana grigliata e pomodori prunil, il tentacolo di polpo alla brace con purè di fave di Carpino. Si prosegue con zuppe tipiche e pasta fresca fatta in casa: orecchiette con cime di rapa e mollica di pane soffritta (6 €), **fave e cicoria**, fagioli di Faeto con erbe spontanee, **pancotto**, ravioli di borragine al fumé di baccalà con olive nasuta e asparagi selvatici (8 €). I secondi sono perlopiù di carne di provenienza locale: salsiccia a punta di coltello con patate e lampascioni (8 €), filetto di vitello al mosto cotto pugliese, **involtini di cavallo al ragù**, asino stufato in terracotta, la saporita *misciska* di capra garganica con verdure di campo. Per finire dolci fatti in casa (4 €): da non perdere la torta passionata di una famosa pasticceria di Troia, il semifreddo al caffè e il tiramisù. Cantina molto ben assortita con etichette a prevalenza pugliese.

MANFREDONIA

39 KM A NE DI FOGGIA SS 89

Il Baracchio
Trattoria
Corso Roma, 38
Tel. 0884 583874
Chiuso il giovedì
Orario: pranzo, sabato anche sera
Ferie: non ne fa
Coperti: 70
Prezzi: 30-35 euro vini esclusi
Carte di credito: CS, MC, Visa, BM

In un locale semplice e conviviale, prossimo a un'energica ristrutturazione, Fiorenzo, gestore amante della poesia e della buona musica (come possiamo dedurre da quella ascoltata in sottofondo), vi accoglierà con la sua proverbiale cortesia. La proposta gastronomica è quella della tradizione marinara; il pesce fresco è elaborato con cura nella cucina a vista posta all'ingresso. Si può scegliere alla carta o affidarsi ad alcuni menù degustazione, ma se vi lascerete consigliare dal titolare non ve ne pentirete. L'insieme degli antipasti (10 €) comprende crudi di mare, alici marinate o fritte, seppie al nero, cozze ripiene, ostriche gratinate. Ricca la selezione dei primi, come gli eccellenti **troccoletti con filetti di triglia** (9,50 €), la tipica **zuppetta di mare**, gli spaghetti ai frutti di mare, le orecchiette con scampi e rughetta, i troccoli al sugo rosso o al nero di seppia. Seguono sgombro alla griglia con finocchietto (8 €), **seppia ripiena al sugo**, grigliate e fritture miste di pesce, profumatissime triglie al limone e origano, spigola al forno con olive. Infine i dolci (4,50 €): ostia ripiena, torroncini, cheesecake alla fragola e ottimi gelati artigianali. L'assaggio dei rosoli fatti in casa precederà la passeggiata digestiva sul lungomare di Manfredonia. Essenziale la carta dei vini.

MARGHERITA DI SAVOIA

14 KM A NO DI BARLETTA SS 159

Canneto Beach 2
Ristorante *novità*
Via Amoroso, 11
Tel. 0883 651091-392 8944799
Chiuso il lunedì
Orario: mezzogiorno e sera
Ferie: una settimana in gennaio, una in novembre
Coperti: 80 + 40 esterni
Prezzi: 35 euro vini esclusi
Carte di credito: tutte, BM
☉

Nella città delle saline più grandi d'Europa, nota anche per le sue terme, troverete a pochi metri dalla spiaggia il locale gestito dalla famiglia Riontino. Il ristorante, dall'atmosfera rilassante e piacevole, si articola in due sale spaziose. Appena entrati, noterete il grande forno e il banco del pesce e dei frutti di mare. Salvatore Riontino, chef e patron, propone piatti del territorio, perlopiù, com'è ovvio, a base di pesce fresco. Il ricco antipasto misto (10 €) può essere crudo o cotto: ottimi il polpo alla griglia con schiacciata di patate di Margherita di Savoia cotte al sale e aceto balsamico, le **seppie ripiene di erbe spontanee**, i ceci con asparagi e gamberi rosa. Tra i primi spiccano i **troccoli con le cicale**, gli spaghetti ai frutti di mare (12 €), il risotto alla pescatora, le linguine al nero di seppia. Ricco e croccante, a seguire, il **fritto misto di paranza** (9 €), buoni le triglie al cartoccio, la pescatrice o il **rombo al forno con patate**, la grigliata mista, la spigola di cattura, il dentice o il sarago al sale. Il pescato del giorno è venduto a peso; non mancano i crostacei, che inevitabilmente fanno lievitare i prezzi. Piccola scelta per chi non ama il pesce: filetto di maiale al pepe verde o nodino di vitello con rucola e grana. Si chiude con gelati, sorbetto o sgroppino. Ampia e a prezzi corretti la scelta dei vini, con un'ottima offerta anche di bollicine e distillati sistemati in un'apposita cella a temperatura controllata.

MARTINA FRANCA

30 KM A NORD DI TARANTO SS 172

La Tana
Ristorante
Via Mascagni, 2-4-6
Tel. 080 4805320-339 2495303
Chiuso il giovedì, mai d'estate
Orario: mezzogiorno e sera
Ferie: non ne fa
Coperti: 40 + 20 esterni
Prezzi: 25-35 euro vini esclusi
Carte di credito: CS, MC, Visa, BM

Martina Franca, con il suo elegante centro storico di architetture barocche, rappresenta una tappa obbligata per chi vuole godersi le bellezze della valle d'Itria. Il ristorante di Nicola Colucci ha sede in quelli che furono i granai del palazzo dei duchi Caracciolo, oggi sede del municipio. Le belle volte, il camino e le pareti in pietra regalano a questo posto un'atmosfera calda e accogliente. Si occupano della sala, con garbo e simpatia, Nicola e la moglie Rosa Amodio, mentre il fratello di lei, Martino, prepara curati piatti della tradizione con selezionate materie prime. Si comincia con un antipasto a base di verdure, salumi di Martina Franca e polpette di pane al sugo, oppure con un ottimo calamaro farcito in guazzetto di olive o con una gustosa **pepata di cozze tarantine con fette di pane amaro** (8 €). Per primo, molto buone le **tagliatelle con cardoncelli e tartufo nostrano** (14 €), i maccheroni con passata di fagioli con rosmarino, cozze e vongole, il risotto al Primitivo mantecato con la scamorza affumicata. Dominano tra i secondi le proposte di carne alla brace: agnello, scottona, *gnumarielli*, salsicce; in alternativa, stracotto di maialino con prugne in terrina ricoperta di sfoglia (14 €) e frittura di mare. Si chiude con il tipico **bocconotto farcito di crema e amarene** (5 €), il trancio di spumone artigianale, il pasticciotto di frolla farcito di ricotta e pere, accompagnati da rosoli o limoncello fatti in casa. Carta dei vini regionale.

MASSAFRA

16 KM A NO DI TARANTO

Falsopepe
Ristorante-enoteca
Via II Santi Medici, 45
Tel. 099 8804687
Chiuso il mercoledì e domenica sera
Orario: sera, d'inverno e festivi anche pranzo
Ferie: tre settimane in novembre
Coperti: 35 + 30 esterni
Prezzi: 30-35 euro vini esclusi
Carte di credito: tutte, BM

Andare a cena dall'eclettico Vincenzo Madaro e da mamma Anna Maria significa provare un'esperienza unica per ambiente, garbo, qualità dell'offerta enogastronomica. D'estate certamente questo ristorante acquista ancora più valore poiché è possibile cenare praticamente "sui tetti" di Massafra: il locale, infatti, dispone due incantevoli terrazze disposte su livelli diversi, da cui è possibile godere della vista della bella e candida città vecchia. In un'atmosfera calda e accogliente sarà possibile gustare rivisitazioni di piatti tradizionali, a volte nati da abbinamenti originali ma mai eccessivi: ne sono un esempio, tra gli antipasti, le **polpette di carne** arricchite da ciliegie o friggitelli. Gustosi anche i **formaggi**, il purè di fave con verdure di stagione e crostini di pane, e gli involtini di capocollo di Martina Franca con formaggio, erbette di stagione e gelatina d'arancia. Perfetto connubio fra tradizione e innovazione anche nei i primi: spaghetti alla chitarra con ragù bianco di agnello e pesto di carciofi (10 €), **paccheri freschi con purè di patate e cozze dell'Adriatico** (10 €). Degni di encomio i secondi: **costine impanate di agnello**, filetto di maialino sfumato alla birra (14 €), **terrina di calamari, cozze e polpo in umido**, filetti di orata aromatizzati alle erbette. Difficile indicare i dolci, perché variano molto spesso secondo l'estro dello chef. Carta dei vini riccamente assortita, con buona presenza di etichette biologiche; non mancano le birre artigianali.

❝ *Vincenzo e Anna Maria interpretano il territorio come pochi altri. Attraverso i loro piatti scoprirete nuove emozioni* ❞

MASSAFRA

16 KM A NO DI TARANTO

La Volpe e L'Uva
Ristorante *novità*
Vico IV SS. Medici, 12
Tel. 099 4004337-340 8452719
Chiuso il martedì
Orario: sera, estate e festivi anche pranzo
Ferie: non ne fa
Coperti: 35 + 20 esterni
Prezzi: 25-35 euro vini esclusi
Carte di credito: Visa, BM

Vicino alla suggestiva gravina San Marco risalta la bianca struttura di La Volpe e l'Uva. Il ristorante prende il nome dal tralcio di vite che si arrampica sulla facciata principale e dal cognome del patron e chef Antonio Volpe; lo coadiuva in cucina mamma Maria, che troverete spesso a impastare la semola di grano duro e a forgiare le tipiche orecchiette. D'estate, sotto l'affascinante pergolato, ci si accomoda anche solo per un bicchiere di vino o una buona birra artigianale, abbinati a stuzzichini della tradizione o a una più sostanziosa sequenza di piatti freddi (12 euro per due persone). All'interno, ci si accomoda in un locale scavato nella roccia e arredato con rustica semplicità. Per aprire il pasto vi consigliamo la selezione di formaggi e salumi locali (7 €), gli **involtini di cavallo**, i ceci con ricotta *ascant'* (piccante), in stagione il tortino di finocchi. Immancabili tra i primi le **orecchiette** condite **con pomodori secchi, ricotta salata, melanzane e basilico** (8 €) o semplicemente con sugo di pomodoro fresco e cacio; buone anche le **strascinate di grano arso con salsiccia locale, pomodorini e purè di fave**. Seguono la **costata di manzo** (13 €) cotta nella birra di un locale birrificio artigianale, la bistecca di scottona delle Murge alla brace, il filetto di manzo con cipolle e riduzione di Primitivo. Non deludono i dessert: il tradizionale gelato "tornerai" (biscotto ripieno intinto nel cioccolato) o lo spumone di nocciola e fiordilatte con liquore San Marzano (3,50 €). Selezione di buoni vini pugliesi e birre artigianali. Disponibili tre menù degustazione a 25, 30 e 35 euro.

MINERVINO MURGE

29 km a so di Andria ss 98, 34 km da Barletta

La Tradizione Cucina Casalinga
Trattoria
Via Imbriani, 11-13
Tel. 0883 691690
Chiuso il giovedì
Orario: mezzogiorno e sera
Ferie: 1-15 marzo, 1-15 settembre
Coperti: 40 + 16 esterni
Prezzi: 25-30 euro vini esclusi
Carte di credito: tutte

Siamo nel cuore della Murgia barese, territorio di indiscutibile bellezza e suggestione. Il locale si presenta rustico, con volte a botte e archi, le pareti piene di quadri e di foto d'epoca della città di Minervino Murge, mobili di arte povera e vari oggetti di tradizione contadina. L'accoglienza è cordiale ma senza fronzoli, proprio come la cucina dei fratelli Di Noia: semplice, genuina e legata alla migliore tradizione contadina dell'alta Murgia. L'antipasto (8 €) è ricco e articolato: salumi, ricotta e pecorino locali, verdure di stagione fritte o in umido, **lumache soffritte** con foglia di alloro e mentuccia, **trippa alla contadina**, asparagi o sponsali con pancetta arrosto. Tra i primi si segnalano i troccoli alla murgese con pomodoro ciliegino e ricotta dura (6 €), i maccheroncini con pomodorini, melanzane e sfilaccetti di baccalà, le orecchiette di grano arso con cime di zucchine, i cavatelli con tris di legumi. I secondi sono a base di ottime carni murgiane: agnello da latte o *brasciole* (involtini) *di cavallo al sugo* (6 €), coniglio ruspante alla cacciatora; solo su ordinazione, *u cutturidd' di agnello* con cime di rapa. Dolci casalinghi (4 €) le sfogliatine calde, il dolce di ricotta, i dolcetti di mandorle, il tiramisù. Buono il vino sfuso in alternativa a qualche bottiglia della zona di Castel del Monte. La prenotazione è caldamente consigliata.

MINERVINO MURGE

29 km a so di Andria ss 98, 34 km da Barletta

Masseria Barbera
Azienda agrituristica
Strada Provinciale 230 (ex ss 97), km 5,850
Tel. 0883 692095
Chiuso domenica sera e lunedì
Orario: mezzogiorno e sera
Ferie: 1-20 novembre
Coperti: 120
Prezzi: 30 euro vini esclusi
Carte di credito: tutte

Lungo la statale 97, appena fuori Minervino Murge, si trova la proprietà della famiglia Barbera: circa 50 ettari condotti a vigneti, frutteti, oliveti e pascolo. I locali adibiti a ristorante, nel secolo scorso, costituivano il nucleo principale della masseria. La cucina è strettamente legata al territorio, le ottime materie prime sono in buona parte prodotte in azienda. Si inizia con il benvenuto della masseria, un antipasto che comprende: zuppa dell'orto, baccalà con patata mantecata e pomodorino arrostito, **zuppa di sponsali e polpettine di carne al limone** (6 €). Tra i primi spiccano le **orecchiette di grano arso con verdure di campo e pane croccante** (8 €), i paccheri con il baccalà, gli spaghetti di grano senatore Cappelli con carbonara di verdure, i ravioli di ricotta e burro di Andria con acciughe del Cantabrico. Per i secondi la scelta si incentra sulle gustose carni locali: guancia di vitello al Nero di Troia con purè di patate affumicate (14 €), **tegame di agnello con funghi, patate e lampascioni al forno** (13 €), coniglio della masseria cotto alla cacciatora, grigliata mista. Buoni anche il pecorino e il caciocavallo podolico accompagnati da composta di frutta. I dolci comprendono il tiramisù al malto d'orzo e pistacchi tostati, la crostata, il pasticciotto di grano arso con crema fondente. Curata carta dei vini prevalentemente regionali. Disponibile un menù degustazione da 35 euro e uno per il pranzo da 20 euro.

" Il rispetto delle tradizioni e la cura nella selezione delle materie prime contraddistinguono l'intelligente proposta gastronomica di Riccardo Barbera "

MONTE SANT'ANGELO

55 KM A NE DI FOGGIA SS 272

Medioevo
Ristorante
Via Castello, 21
Tel. 0884 565356-348 8236162
Chiuso il lunedì, mai d'estate
Orario: pranzo e sera, inverno solo pranzo
Ferie: 15-30 novembre
Coperti: 60
Prezzi: 30-35 euro vini esclusi
Carte di credito: tutte, BM

Lungo la bassa scalinata che conduce al santuario di San Michele Arcangelo (patrimonio mondiale dell'umanità), una piccola casa caratteristica ospita questo accogliente ristorante, vera espressione del territorio. Nelle due salette con soffitto a volte, il patron Pasquale Mazzone illustra con passione le materie prime e i piatti preparati dallo chef Tonino Palumbo: la loro è un'affiatata collaborazione che dura da vent'anni. Si può iniziare con la focaccia di patate preparata con il lievito madre e con l'antipasto rustico (12 €) che comprende frittatine di verdure locali, ricotta di capra, formaggi del territorio, salumi di produzione propria ottenuti da maiali allevati allo stato brado. Tra i primi, ottime paste fresche quali troccoli al sugo di pomodoro e cacioricotta o al ragù di seppia con finocchi selvatici, orecchiette con pomodoro, agnello, rucola e pecorino (8 €) o con scampi e fiori di zucca, *lajine* (fettuccine) **con ceci e ragù di baccalà** o con funghi porcini. Molto buone anche le zuppe come il **pancotto con cavoli, patate e fave** (7,50 €) e le fave con verdure di campo. Fra i secondi spiccano il capretto e l'**agnello** locali al profumo del Gargano (14 €) o **in tiella con** *turcinieddi* **e patate**, il caciocavallo podolico alla piastra, in estate le seppie, le melanzane o i peperoni ripieni. Accurata la selezione di **formaggi** freschi e stagionati locali. Oltre ai dolci della tradizione (**ostie** *chiene*, mostaccioli, poperati), meritano l'assaggio anche le mousse. Da provare gli infusi casalinghi di foglie di olivo, gelso rosso, melagrana. Cantina regionale curata e ben fornita, ricarichi onesti, possibilità di vino al bicchiere.

NOCI

49 KM A SE DI BARI SS 100 E 634

L'Antica Locanda
Osteria tradizionale
Via Santo Spirito, 49
Tel. 080 4972460
Chiuso domenica sera e martedì
Orario: mezzogiorno e sera
Ferie: non ne fa
Coperti: 70 + 30 esterni
Prezzi: 30-35 euro vini esclusi
Carte di credito: tutte

Il centro storico di Noci, pavimentato con chianche, è caratterizzato da viuzze strette intervallate dalle gnostre che ospitano dimore contadine quanto austeri palazzi storici. In questo contesto troviamo l'osteria di Pasquale Fatalino: chef e patron, vi accoglierà in sale con pareti in pietra e, nella bella stagione, nella gnostra attigua all'ingresso del locale. Lasciatevi consigliare da Pasquale nella scelta delle pietanze: lo farà con competenza, premura e cordialità. In attesa del pasto vero e proprio, inizierete con polpettine di uova, lupini e olive verdi. L'antipasto (12 €) comprende mozzarelle fresche, formaggi e salumi di una vicina masseria, capocollo di Martina Franca (Presidio Slow Food), verdure fritte, sottoli, frittata di asparagi, lampascioni fritti con vincotto. La pasta fresca è fatta in casa: **orecchiette con funghi cardoncelli della Murgia** (8 €), maccheroncini di grano arso con ragù di coniglio, **cavatellini con ceci e baccalà**. Fra i secondi (12 €), tutti a base di carne, si segnalano la pecora in *pignata*, l'**agnello con patate e lampascioni al forno**, il coniglio disossato alle erbe, gli **involtini di trippa di vitellino**, i vari tagli di carne cotti alla brace di legna di quercia. Si conclude con dolcetti di mandorla (4 €) e amaretti di una pasticceria artigianale nocese, paste alla crema e crostata di frutta che potrete accompagnare a rosoli fatti in casa. Ottima carta dei vini, soprattutto regionali.

❝ *Competente e premuroso, Pasquale propone piatti tradizionali preparati con le migliori materie prime* ❞

ORSARA DI PUGLIA

44 KM A SO DI FOGGIA SS 90

Peppe Zullo
Ristorante con alloggio
Via Piano Paradiso, 11
Tel. 0881 964763-320 7470093
Chiuso il martedì
Orario: solo a mezzogiorno
Ferie: novembre
Coperti: 40 + 40 esterni
Prezzi: 35 euro vini esclusi, menù fisso
Carte di credito: tutte, BM

L'incontro con Peppe, patron e chef del locale dai modi schietti e affabili, è sempre un'esperienza emozionante. Le materie prime d'eccellenza arrivano in parte dal suo grande orto, che da poco è stato ulteriormente ingrandito, in parte dai propri allevamenti. Sono proposti tre menù degustazione a 35 euro, di cui uno vegetariano. Potreste quindi cominciare con primosale, pomodoro fresco e tartufo della Daunia, **ciambotta**, parmigiana di borragine, fico con capocollo e mosto cotto, fiori di zucca con caciocavallo e basilico, **involtini di melanzana con provola affumicata e menta**. A seguire, **troccoli con** *fogl'a misc* (erbe miste), fusilloni di grano senator Cappelli con ragù di melanzane al profumo di *pulio*, **maccheroncelli con ragù di polpette di pane**, orecchiette di grano arso con germogli di zucca, scialatielli di grano arso in salsa di marasciuolo. Al momento dei secondi spiccano il **coniglio con sponsali e pomodorini al forno**, la millefoglie di vitellino con erbe spontanee e provola affumicata, la cotoletta di borragine e patate al sale. La validissima selezione dei **formaggi** della Daunia è abbinata a confettura di zucca e arance e a miele locale. Si chiude con crostata di confettura di sambuco o di gelsi, croccante di mandorla con crema all'amarena. Ottima la selezione di distillati e di vini, tra i quali un interessante rosso autoprodotto da uve locali di varietà tuccanese.

66 *Mangiare da Peppe è sempre un'esperienza emozionante: merito della sapienza con cui elabora le eccellenti materie prime in buona parte autoprodotte* 99

OSTUNI

36 KM A NO DI BRINDISI

San Filippo
Ristorante
Corso Vittorio Emanuele, 222
Tel. 0831 334546
Non ha giorno di chiusura
Orario: mezzogiorno e sera
Ferie: non ne fa
Coperti: 70
Prezzi: 35-38 euro vini esclusi
Carte di credito: CS, DC, MC, Visa, BM

Perfettamente integrato nell'elegante struttura di un antico complesso, che dopo un attento restyling ha dato vita all'hotel Ostuni Palace, trovate il ristorante San Filippo. L'eleganza e la raffinatezza del posto potrebbero farvi pensare a un locale di fascia alta, mentre qui i prezzi sono abbastanza contenuti. Ad accogliervi troverete Francesca De Pascale, proprietaria e chef. Il menù, spesso arricchito da proposte fuori carta, comprende due carrellate di antipasti da 8 o 14 euro, che possono includere tartara di orata di Torre Guaceto con insalata e buccia di agrumi, **purè di fave con alici fritte, cornaletti e chicchi d'uva**, tortino di zucchine con pomodorini fiaschetto (Presidio Slow Food), *acquasala* con *frise* di grano Senatore Cappelli, cime di rapa stufate con tranci di sgombro fritto. Tra i primi piatti spiccano i *laganari* con verdure e capocollo di Martina Franca (Presidio Slow Food), gli spaghettoni alla chitarra con gamberi rossi di Gallipoli, i maltagliati con ragù di pesce (12 €), la **calamarata di Gragnano con pescatrice**. Anche tra i secondi si alternano mare e terra: filetto di pesce azzurro (12 €), fritture miste di pesce, **spiedino di bombette e salsiccia della valle d'Itria con patate sotto cenere**, costolette di agnello croccanti, coniglio ripieno e lardellato. Ottimi i dolci: torta di ricotta con canditi e mascarpone (6 €), semifreddo all'amaretto con mandorle e cioccolato fondente, sfogliatina alla crema di arance. Buona la carta dei vini.

PUGLIA | 697

PATÙ

65 KM A SE DI LECCE SS 275

Rua de li Travaj
Trattoria
Piazza Indipendenza
Tel. 349 0584531
Chiuso il mercoledì, mai d'estate
Orario: sera, nov-giu festivi solo pranzo
Ferie: ottobre
Coperti: 35 + 40 esterni
Prezzi: 25 euro vini esclusi
Carte di credito: CS, DC, MC, Visa, BM

Il **brasato al Negroamaro** di Fiorina giustifica ampiamente la sosta a Patù, piccolo borgo avaro di attrazioni per i tanti turisti che, soprattutto nel periodo estivo, affollano la penisola salentina. La trattoria, gestita da Gino De Salvo e dalla moglie Annamaria, è ricavata in un'antica costruzione con muri in pietra e caratteristiche volte in tufo, e prende il nome dall'antico toponimo di vicolo Cavallotti, a ridosso della piazza principale. Fiorina, suocera piemontese di Gino, oltre al gustosissimo brasato che svela le sue origini, prepara con maestria i migliori piatti della tradizione salentina. Per cominciare, una ricca carrellata di antipasti (15 €), soprattutto a base di verdure, che comprende frittate di cipolle, peperoni arrostiti, pizza rustica, pitta di patate, parmigiana di melanzane, pomodori *scattarisciati*, lampascioni e pomodori secchi sott'olio, melanzane arrostite, peperoni fritti con mollica di pane, insalata di patate e altre preparazioni secondo la stagione. Tra i primi piatti, alcune gustose zuppe di verdure o di legumi, minestra di farro e fagioli, i *ciciri e tria*, le orecchiette e le *sagne torte* o *'ncannulate* **al pomodoro e ricotta forte** (8 €). Tra i secondi, fatta eccezione per il *purpu alla pignata* (polpo in umido cotto in recipiente di coccio), figurano soprattutto piatti a base di carne: i **pezzetti di cavallo al sugo**, il coniglio al forno con patate (9 €), la grigliata mista, il polpettone. Buoni i dolci fatti in casa (5 €), accompagnati da alcuni rosoli variamente aromatizzati. Discreta la cantina, con le migliori etichette salentine e un buon rosso in caraffa.

POGGIARDO

32 KM A SE DI LECCE SS 16 E 275

La Piazza
Trattoria
Piazza Umberto I, 13
Tel. 0836 901925-339 7777073
Chiuso il lunedì, mai d'estate
Orario: sera, domenica e festivi anche pranzo
Ferie: novembre
Coperti: 35 + 60 esterni
Prezzi: 30-35 euro vini esclusi
Carte di credito: tutte, BM

Poggiardo è un piccolo comune dell'entroterra salentino che rappresenta ancora oggi un esempio virtuoso in termini di tradizione e qualità della vita. È in questa cornice di quiete e serenità che Stefano e Klejda portano avanti con passione il loro bel locale. Possiamo certamente dire che in questo ristorante si esprime appieno il concetto di chilometro zero: le materie prime sono esclusivamente reperite nelle realtà circostanti e al mercato locale. I primi come un po' tutto il resto variano a seconda di quello che i padroni di casa trovano quotidianamente. Il ricco antipasto misto (13 €) spazia tra terra e mare e annovera le polpettine di polpo, le cozze gratinate con purè di fave, i calamari o i fiori di zucca fritti ripieni di ricotta, le pittule (pasta di pane farcita e fritta), la torta di zucchine e alici e tante altre specialità. Davvero buoni i **maccheroncini al sugo con cacioricotta**, gli gnocchi di patate con fiori di zucca e gamberi (10 €), le *sagne torte* **alla ricotta** *scante*, le linguine alle uova di pesce. La **zuppa di pesce** (12 €) va ordinata almeno 24 ore prima; alternative tra i secondi, coniglio o gallo in casseruola (9 €), **polpette al sugo**, agnello al forno, piatti di carne di cavallo. I dolci sono casalinghi: da provare il gelato di cannella con amarene sciroppate al sole (6 €) e il delicatissimo parfait di mandorle. Etichette nazionali e regionali compongono una buona carta dei vini.

> *Ricerca accurata delle materie prime locali per un menù che guardando alla tradizione si lascia tentare da una pacata innovazione*

PUTIGNANO

42 KM A SE DI BARI SS 100 E 172

A' Cr'janz
Osteria
Via Goito, 22-24
Tel. 080 4055745-320 8999344
Chiuso il mercoledì e domenica sera
Orario: mezzogiorno e sera
Ferie: una settimana in settembre
Coperti: 40
Prezzi: 23-28 euro vini esclusi
Carte di credito: MC, Visa, BM

Quando si ha voglia di crescere e di mettere in gioco nuove energie avviene anche questo: Stefano D'Onghia e Rino Barletta hanno deciso, di comune accordo, di sdoppiare A Cr'janz e di affrontare nuove strade, ognuno per proprio conto. È Rino, con nuove figure in cucina, che resta nella sede storica, proseguendo sui medesimi binari di sempre: stagionalità, territorio e utilizzo di diversi Presìdi Slow Food pugliesi. Il ventaglio di antipasti (10 €) può includere purè di fave di Carpino con gamberi e cipolla rossa di Acquaviva, burratina biologica croccante con semola e crema di pomodori regina di Torre Canne, **tortino di patate di Polignano con alici**, zuppetta di ceci neri di Altamura con polpo ubriaco. Volgendo lo sguardo alla lavagna appesa alla parete, troverete elencati i piatti del giorno: le classiche **orecchiette con ragù di** *brasciole* **di asino**, le strascinate di grano senatore Cappelli con fagiolini freschi, cozze e cacioricotta (5 €), la zuppa di cicerchia. I secondi sono soprattutto di carne: le *brasciole* al ragù o lo stracotto di asino cotti a fuoco lento nella *pignata*, il **coniglio al forno con le patate di Polignano** (12 €), la costata di vacca podolica alla brace. Riservate un posticino per il dolce: ottimo il biscotto ai cinque cereali integrali con sangria di fragole e panna, farcito con mousse di formaggio podolico (4 €). La cantina comprende vini di valide aziende regionali.

RUVO DI PUGLIA

33 KM A OVEST DI BARI SS 98

U.p.e.p.i.d.d.e.
Ristorante
Via Sant'Agnese, 2
Tel. 080 3613879
Chiuso domenica e lunedì sera
Orario: mezzogiorno e sera
Ferie: 15 luglio-15 agosto
Coperti: 70
Prezzi: 30-35 euro vini esclusi
Carte di credito: CS, DC, MC, Visa, BM

Il significato del lungo acronimo è Unico posto esclusivo per individui di doppia esigenza, e la doppia esigenza è ovvia: mangiare e bere prodotti di qualità. Siamo a pochi passi dalla suggestiva cattedrale romanica, in un palazzo del XVI secolo dal tocco aristocratico. La tavola è curata, l'accoglienza calda, il servizio puntuale e mai invadente. Gli antipasti (13 €) comprendono lo sformato di patate e crema ai formaggi, il peperone ripieno, la buona selezione di latticini e salumi locali. Si prosegue con i **cavatelli con cardoncelli e purè di fave** (7,50 €) e con il piatto storico del locale: le **orecchiette alla pastora** (7 €). Due primi agli antipodi: il primo, delicato e basato su un perfetto bilanciamento delle materie prime, il secondo, eseguito magistralmente, caratterizzato da un'esplosione di sapori che rappresentano con orgoglio il terroir delle Murge. Poi un'ottima grigliata mista di carni nostrane (10 €) dove spiccano la sapidità dell'agnello e la delicatezza dei **torcinelli**, e i **funghi cardoncelli alla brace** (7 €). Da segnalare la curata selezione di **formaggi**. Fra i dolci (4 €) spicca il semifreddo al torroncino, ideale come abbinamento agli amari casalinghi. Merita una visita la ricchissima cantina curata con passione dal patron Dino Saulle, nella quale albergano anche bottiglie di annate importanti.

SAN GIOVANNI ROTONDO

41 KM A NE DI FOGGIA

Opus Wine
Ristorante-enoteca
Traversa Castellana, 12
Tel. 0882 456413-333 6574496
Chiuso la domenica
Orario: mezzogiorno e sera
Ferie: variabili
Coperti: 35 + 25 esterni
Prezzi: 25-30 euro vini esclusi
Carte di credito: AE, CS, DC, Visa

San Giovanni Rotondo fu fondata nell'XI secolo sulle rovine di un preesistente borgo del IV secolo a.C. Di questo antichissimo villaggio sono ancora visibili alcune tombe e un battistero rotondo che ha dato il nome alla cittadina di San Pio. Tra le viuzze del centro storico ci si imbatte nel ristorante-enoteca di Pietro Placentino e Matteo Melchionda: due sale in conci di tufo e pietra con volte a croce, arredate con mobili rustici sui quali campeggiano centinaia di bottiglie di vino. Gli antipasti (7 €) comprendono salumi di un'azienda della vicina Apricena e **formaggi** tra cui il canestrato pugliese e il caciocavallo podolico del Gargano (Presidio Slow Food); in stagione si trovano **cicoriette e purè di fave**, parmigiana di melanzane o di zucchine, cime di rape stufate. Le zuppe di legumi arricchiscono la scelta dei primi piatti (€ 7); in alternativa, **orecchiette con cime di rape** o alla crudaiola, insaporite dalla mozzarella di bufala di una masseria della zona, e cavatelli con guanciale e purè di patate. A seguire, il **filetto di vitello podolico** (12 €) o la bistecca di vacca podolica, la salsiccia al finocchietto, la *musciska* (filetti essiccati di diaframma di capra). Per terminare, dolci fatti in casa (3 €): cassate, biscotti di pasta frolla, semifreddo alle mandorle e al caffè. Eccellente la carta dei vini con etichette regionali e nazionali alle quali si aggiungono un bianco, un rosato e un rosso della casa; alcune birre artigianali e ottimi distillati.

SAN NICANDRO GARGANICO

57 KM A NORD DI FOGGIA A 14 USCITA LESINA

La Costa
Ristorante
Via Magenta, 11-15
Tel. 0882 471768-329 2098139
Non ha giorno di chiusura
Orario: mezzogiorno e sera
Ferie: non ne fa
Coperti: 40 + 25 esterni
Prezzi: 25-30 euro vini esclusi
Carte di credito: tutte

In una bianca costruzione al centro del borgo medievale, si trova un luogo di ritrovo gradevole e familiare: è il ristorante di Franchino Sticozzi, diviso fra la gestione della sala e la conduzione della cucina. Il locale ha subito qualche leggero ritocco che l'ha reso più luminoso e fresco. Da notare alle pareti le appliques fatte da un'artista locale su coppi di terracotta che raffigurano scorci del paese. Cresciuto in una famiglia di pescatori e agricoltori, Franchino è orgoglioso delle sue origini ed è un profondo conoscitore della cultura locale. Per tutto il pasto si alternano preparazioni di mare, di lago e di terra. Eccellente per cominciare il **tortino di alici e ricotta con fave e salicornia** (8 €), ottima la semplice e gustosa impepata di cozze, e poi lenticchie con sgombro, calamaretti ripieni di ricotta, un buonissimo carpaccio di cefalo (10 €). Tra i primi, cavatelli con salicornia e anguille di Lesina (8,50 €), **pancotto con le verdure di campo**, farfalle con bocconcini di rana pescatrice, **orecchiette al sugo di capretto garganico** (solo su ordinazione). L'offerta dei secondi spazia dal capretto o **agnello al forno con asparagi e finocchio selvatico** alla spigola al sale cotta nei cocci, dalla **tiella di polpo, patate e lampascioni** (12 €) alla frittura di paranza, dal capitone o cefalo dei laghi alla pescatora alla zuppa di pesce in terracotta (su prenotazione). Buoni formaggi di territorio, quali caciocavallo podolico e cacioricotta, pochi i dolci: *pupurato* con un ottimo mosto cotto di fichi e millefoglie di crostini di pane e ricotta. Cantina di vini regionali.

700 | PUGLIA

SAN SEVERO

29 km a no di Foggia ss 16, uscita a 14

La Fossa del Grano

Trattoria
Via Minuziano, 63
Tel. 0882 241122
Chiuso domenica sera e lunedì
Orario: mezzogiorno e sera
Ferie: 10 gg in agosto, Natale, Capodanno
Coperti: 35 + 35 esterni
Prezzi: 30-35 euro vini esclusi
Carte di credito: CS, DC, MC, Visa, BM

Nel cuore del centro storico di San Severo, questa osteria è gestita con passione immutata nel tempo dalla famiglia Stella. La bella sala colpisce per l'ampia volta del soffitto e i mattoni a vista. Carlo e Gino, cortesi e attenti, vi aiuteranno a scegliere nell'articolata proposta culinaria. Qualità delle materie prime e sprazzi creativi nella preparazione delle pietanze tradizionali costituiscono i punti di forza della cucina mai banale proposta da Tonia, Giuseppe e Teresa. L'antipasto (15 €) può comprendere mozzarella di bufala locale, frittelle di alici, fiori di zucca in pastella, sfoglia agli asparagi, sformato di ricotta di bufala, **baccalà con patate**, insalata di polpo, parmigiana di melanzane. Seguono primi (11 €) quali **orecchiette con funghi cardoncelli, salsiccia e patate**, paccheri con pescatrice e pomodoro fresco gratinato, tortelli con caciocavallo podolico, semola battuta con crostacei e zafferano di San Severo. Interessanti i secondi (15 €): tagliata di filetto al mosto cotto, grigliata mista, **agnello al pepe nero**, filetto di pescatrice con asparagi, tagliata di calamari. Ardua la scelta tra i dolci (4 €): torta di cioccolato e pere o di ricotta e cannella, croccante al cioccolato e mascarpone. La carta dei vini, ampiamente rappresentativa dei produttori dauni, propone anche un'attenta selezione di alcune etichette nazionali.

> *L'alta attenzione alla qualità delle materie prime si coniuga alla capacità di accostare tradizione e creatività*

SAN VITO DEI NORMANNI

21 km a ovest di Brindisi ss 16

La Locanda di Nonna Mena

Trattoria
Via Edison, 30
Tel. 349 6724204
Chiuso il mercoledì
Orario: mezzogiorno e sera
Ferie: 15 giorni in novembre
Coperti: 28 + 10 esterni
Prezzi: 25-30 euro vini esclusi
Carte di credito: tutte, BM

L'osteria si trova in una suggestiva viuzza del centro storico a un paio di minuti dal castello Dentice di Frasso. Graziosa la piccola sala della casa, un tempo proprietà di nonna Mena, che la famiglia Errico ha destinato alla sua attività. Molto bravo Toni, che in cucina elabora piatti della tradizione coadiuvato dalla moglie, mentre in sala i suoi due fratelli, Mariella e Luigi, offrono un servizio attento e cortese. Il menù è proposto a voce e varia secondo stagione. Gli antipasti (9 €) possono comprendere **acquasala** (zuppa di pane raffermo con olio, pomodori e verdure), salumi di Martina Franca e formaggi locali, polpettine con chips di carota rossa, **purè di fave con cicorielle e peperoni**, fresche verdure crude. Semplici ma impeccabili i maccheroncini di grano arso con pomodoro fiaschetto (Presidio Slow Food), basilico e cacioricotta, gustosi i **cavatelli di grano senatore Cappelli con cozze e calamaretti** (8 €), interessanti gli gnocchetti con monacelle (tipica lumaca) e fiori di zucca. Imperdibile in inverno la **zuppa di ceci**. Tra i secondi da segnalare gli **involtini di cavallo**, il rollè di coniglio con verdure di campo e capocollo (9 €), piatti di pesce, secondo la disponibilità del mercato, conditi in primavera con la salicornia. L'ottimo pane con lievito madre è fatto in casa come i dolci (3 €). Piccola e ragionata scelta di vini pugliesi, serviti anche al calice, dai ricarichi irrisori.

In via Vito Oronzo Errico 33, presso la comunità dei Produttori Caseari dell'Alto Salento tutti i formaggi tipici della zona.

PUGLIA | 701

TARANTO

VICO DEL GARGANO

101 km a ne di Foggia ss 89 e 528

Al Gatto Rosso
Ristorante *novità*
Via Cavour, 2
Tel. 099 4529875-340 5337800
Chiuso il lunedì
Orario: mezzogiorno e sera
Ferie: 1-15 settembre
Coperti: 45 + 40 esterni
Prezzi: 35 euro vini esclusi
Carte di credito: AE, CS, MC, Visa

Il Trappeto
Enoteca con cucina
Via Casale, 168
Tel. 347 9153363-320 6320017
Chiuso da lunedì a giovedì, mai d'estate
Orario: sera, domenica e festivi anche pranzo
Ferie: 15 giorni in marzo, 15 in ottobre
Coperti: 120
Prezzi: 20-33 euro vini esclusi
Carte di credito: tutte, BM

Il ristorante è in posizione strategica: di fronte al porto, con il museo archeologico alle spalle, a poca distanza dal Ponte Girevole, simbolo della città, e dalle vie dello shopping cittadino. La famiglia Bartoli gestisce il locale da sessant'anni; alla guida oggi c'è il giovane Agostino, il quale propone una serie di solidi piatti della tradizione marinara tarantina, cui affianca sempre due proposte di terra sia tra i primi, sia tra i secondi. Sarete accolti in due belle salette interne o in un arioso dehors e seguiti con professionalità dall'esperto personale. Tra gli antipasti, i classici frutti di mare crudi, **polpo al Negroamaro con purè di fave**, misto di pesce (13 €) con alici fritte e marinate, insalata di mare con carciofi e fagiolini, cozze gratinate, gamberoni in pasta fillo, polpettine di pesce spada, frittura con verdure. Seguono risotto ai frutti di mare, **paccheri con sugo di pescatrice**, gnocchetti con gamberi e melanzane fritte (10 €), **laganari di grano senator Cappelli con frutti di mare** oppure con carciofi e pancetta su fonduta di caciocavallo podolico. Al momento del secondo, **pesce in guazzetto**, calamaretti con rucola e pomodorini (12 €), gamberi con erbe aromatiche, **frittura di paranza**, tagliata di podolica, filetto al Negroamaro. Buona proposta di dolci (6 €), gelati e sorbetti. Discreta, ma non aggiornatissima, la carta dei vini; disponibile qualche birra artigianale.

Vico, uno dei più bei borghi del Gargano, sorge ai margini della Foresta Umbra, in una zona legata alla produzione di olive e di agrumi; il suo magnifico centro storico costituisce un ottimo richiamo per i turisti che d'estate affollano le coste garganiche. Il ristorante è ospitato in un bellissimo frantoio ipogeo scavato nella roccia calcarea; nella bella stagione si può godere anche della struttura all'aperto chiamata Orto del Conte, un orto botanico racchiuso da mura quattrocentesche. L'enoteca, fondata con tanta passione e amore da Edoardo Tomaiuoli, è da tre anni passata nelle mani altrettanto capaci del nipote Simone. La proposta gastronomica, sia di terra sia di mare, è tradizionale e di territorio, le verdure provengono dall'orto biologico di proprietà. Si comincia con le alici in pastella, il polpo in umido, *u caudedd* (bruschetta con olio o lardo), l'insalata di arance, i fiori di zucca in pastella, gli ottimi salumi e formaggi locali: si possono scegliere singolarmente o prendere un assaggio di tutti (15 €). Tra i primi segnaliamo le **orecchiette con ragù di cinghiale**, la minestra verde, i troccoli con i fagioli, le **fave di Carpino con le cicorie** (8 €). Seguono lo stracotto di cinghiale, lo **stufato di capriolo**, varie carni alla brace; il pesce è disponibile perlopiù su prenotazione, ma talvolta si trovano le seppie ripiene, la frittura di paranza (13 €), il **rombo in umido**. I dolci (4 €) sono preparati dalla sorella di Edoardo: sospiri, bocche di dama, spumette. La fornita cantina vanta parecchie etichette prevalentemente regionali.

oltre alle osterie

CEGLIE MESSAPICA
49 KM A OVEST DI BRINDISI

Cibus
Ristorante
Via Chianche di Scarano, 7
Tel. 0831 388980
Chiuso il martedì
Orario: mezzogiorno e sera
Ferie: 1-15 luglio
Coperti: 80 + 30 nella sala veranda esterna
Prezzi: 35-45 euro vini esclusi
Carte di credito: tutte

Nel borgo antico di Ceglie Messapica, a pochi passi dalla centrale Piazza del Plebiscito, si trova ormai da un ventennio questo piacevole ristorante, che propone piatti della tradizione regionale e mediterranea spesso rivisitati con creatività. Si può iniziare con una teoria di piccoli antipasti del territorio o con un misto di salumi e formaggi locali. Tra i primi, *sagna penta* con mollica di pane fritto, ricotta forte e ragù (10 €), bavette alle olive mennella con passata di fave novelle e pecorino, zuppetta di ceci neri (Presidio Slow Food) con baccalà, grano con fonduta di caciocavallo e tartufo. Seguono arrosto misto, coniglio nostrano con pomodorini di Torre Guaceto (Presidio Slow Food) e olive celline, porchetta di maialino nero con lampascioni (12 €), un'ottima selezione di formaggi pugliesi. Dessert casalinghi, cantina prevalentemente regionale.

PESCHICI
104 KM A NE DI FOGGIA

Porta di Basso
Ristorante
Via Colombo, 38
Tel. 0884 355167
Chiuso il giovedì, mai d'estate
Orario: mezzogiorno e sera
Ferie: tra dicembre e gennaio
Coperti: 40 + 10 esterni
Prezzi: 35-60 euro vini esclusi
Carte di credito: CS, DC, MC, Visa, BM

Domenico Cilenti coltiva la passione della cucina dai tempi in cui aiutava la madre nel ristorante di famiglia. Il pescato locale, le erbe spontanee o del proprio orto, le paste fatte in casa sono alla base delle preparazioni di un menù che cambia frequentemente. Ottimi per cominciare la zuppetta di fave di Carpino con salicornia e seppie (16 €) o il battuto di baccalà con patate, barbabietole e peperoni. Seguono spaghetti con zenzero e crostacei, risotto alla barbabietola con totani e sedano caramellato, orecchiette con pomodori infornati e stracciatella, ravioli al nero di seppia con bietola e rombo. I secondi sono in prevalenza di mare: zuppa di fave con gamberi al vapore (22 €), pesce azzurro in tempura con cipollotto infornato e carciofi, pescato con cime di rapa e patate violette. Si conclude con flan al cioccolato bianco e pepe con salsa di liquirizia, pasticciotto con crema e confettura di ciliegie. Prevalenza di vini regionali.

LAZIO
Arce
Cassino
Venafro
Minturno
Fórmia
Gaeta
G. di Gaeta
Céllole
Sessa Aurunca
Teano
Caianello
Vairano Patenora
Carínola
Mondragone
Cápua
S. Maria Cápua Vetere
Castel di Sasso
Bellona
Castel Morrone
Frattamaggiore
Giugliano in Campania
Quarto
NÁPOLI
Pozzuoli
S. Giorgio a Cremano
Bácoli
Ercolano
Torre d. Greco
Cércola
Pomigliano d'Arco
Somma Vesuviana
S. Anastasía
Boscoreale
Pompei
Castellammare di Stábia
Vico Equense
Meta
Sorrento
Ischia
Barano d'Ischia
I. D'ISCHIA
Massa Lubrense
I. DI CAPRI

Isérnia
MOLISE
CAMPOBASS
Bojano
Letino
Piedimonte Matese
Morcone
Cerreto Sannita
San Salvatore Telesino
Puglianello
Caiazzo
Telese Terme
Ponte
Paupisi
Benevento
Montesarchio
Caserta
Arpaia
Capriglia
Ospedaletto d'Alpinolo
Mercogliano
Forí
Sarr
Noc Infer
Scafati
No Sup
Tramonti
Atrani
Amalfi

MAR TIRRENO

0 10 20 km

L. di Occhito
Lucera
Fóggia
MAR ADRIÁTICO
PÚGLIA
Tróia
Orta Nova
Cerignola
Canosa di Púglia
Marco Cavoti
Molinara
A16
Ariano Irpino
Melito Irpino
Scampitella
Vallesaccarda
Melfi
Venosa
Gesualdo
Frigento
Bisáccia
Paternópoli
Rocca S. Felice
S. Ángelo dei Lombardi
Rionero in Vúlture
Atripalda
Montemarano
Lioni
Santo Stéfano del Sole
BASILICATA
San Michele di Serino
Muro Lucano
Giffoni Sei Casali
Oliveto Citra
Salerno
Campagna
Buccino
POTENZA
Basento
A3
Éboli
Battipáglia
PARCO NAZ.
Laurenzana
DELL'APPENNINO
PARCO
Sala Consilina
Trentinara
Padula
LUCANO
Agrópoli
Valle dell'Ángelo
Cicerale
NAZ. D. CILENTO
A3
Castellabate
Vallo d. Lucania
VAL D'AGRI
S. Mauro Cilento
Montecorice
Novi Vélia
Caselle in Pittari
LAGONEGRESE
Casal Velino
E VALLO DI DIANO
S. Marina
Torre Orsáia
Lagonegro
Pisciotta
Sapri
PARCO NAZ.
Palinuro
Camerota
G. di
Maratea
Capo Palinuro
Policastro
D. POLLINO

CAMPANIA

La capacità tutta campana di dare mille forme espressive al cibo e di reinventarsi ogni giorno desta nel semplice curioso o nell'attento scopritore il desiderio di conoscere quella che sin dall'antichità è nota come Campania Felix. Cercatori di scrigni, archetipi di schietta sapienza popolare, inusitati gesti della fatica contadina trovano compimento oggi in piatti che (ri)cercano, mai come ora, il legame territoriale dell'identità ritrovata. Nella nostra proposta rappresentativa riguardante la regione, abbiamo voluto privilegiare il lavoro per sottrazione: pochi, semplici, essenziali ingredienti ma estremamente caratterizzanti l'alta definizione qualitativa e in grado di esaltarsi nella non facile né scontata esecuzione a regola d'arte. Oggi come una volta è sulla sapienza di allevatori, contadini, casari e pescatori, che puntano gli interpreti vecchi e nuovi, qui celebrati, della gastronomia regionale. E allora, lungo un immaginifico tour che spazia dai verdi territori irpini al mare delle coste napoletane e salernitane, passando per le ricche aree produttive casertane e beneventane, si possono individuare alcuni prodotti simbolo: il pomodoro, San Marzano e piennolo, il fior di latte di Agerola, gli autoctoni agnelli, il pescato locale, esaltati in alcuni *topos* gastronomici, quali quelli che vi proponiamo. In tutti un'unica convinzione, che in questa terra il vero fuoco che brucia è quello nutritivo delle nostre tante braci e appassionate fucine di cultura alimentare.

scelti per voi

pasta al pomodoro

710 Nunzia
  Benevento
724 Lo Stuzzichino
  Massa Lubrense (Na)
738 Luna Galante
  Nocera Superiore (Sa)

pizza fritta

730 De' Figliole
  Napoli
731 La figlia del Presidente
  Napoli
732 Masardona
  Napoli
733 Pellone
  Napoli

agnello

712 Il Generale
  Caiazzo (Cs)
716 Masella
  Cerreto Sannita (Bn)
724 Di Pietro
  Melito Irpino (Av)
739 I due Cannoni
  Oliveto Citra (Sa)
748 'E Curti
  Sant'Anastasia (Na)

purpetielli in sassuola

714 Le Tre Sorelle
  Casal Velino (Sa)
735 Da Donato
  Napoli
736 Hosteria Toledo
  Napoli
748 'O Romano
  Sarno (Sa)

ARIANO IRPINO

49 KM A NE DI AVELLINO

La Pignata

Ristorante
Viale dei Tigli, 7
Tel. 0825 872571-872355
Chiuso il martedì
Orario: mezzogiorno e sera
Ferie: 10 giorni in estate
Coperti: 60
Prezzi: 35 euro vini esclusi
Carte di credito: tutte, BM

Ariano custodisce due delle spine della corona del Cristo, ed è ricordata come contea che divenne "ducato" durante il regno di Ruggero il Normanno; posizionato lungo il Regio Trattturo percorso un tempo da uomini e greggi, ha subito contaminazioni gastronomiche dalle confinanti regioni. La Pignata è un locale di famiglia, nato con Guglielmo e sua madre (nonna Rita), che oggi il figlio Ezio gestisce in un'atmosfera di piacevole accoglienza. La costante ricerca degli ingredienti e la passione per il proprio lavoro traspare nelle preparazioni. Tra gli antipasti gli affettati, il **pancotto di erbe di campo e fagioli tarantelli** (8 €), il tortino di baccalà. Tra i primi invernali la **minestra maritata** (8 €) e i cicatielli con broccoli e peperoni *cruschi* mentre d'estate si trovano tagliolini con fiori di zucca e ricotta locale. Il misto di carne al ragù, il **tegame arianese** (11 €) con maiale e peperoni, l'agnello con erbe e riduzione di Aglianico, nella bella stagione il medaglione di podolica con zucchine e provola e il **baccalà fritto con peperoni** *cruschi* (12 €) sono alcuni esempi di secondi. Sempre presente una buona selezione di **formaggi** irpini e di regioni limitrofe con qualche Presidio Slow Food. Tra i dolci il fagottino di sfoglia con mele e mandorle, il semifreddo al torrone e la delizia di frutta. Carta dei vini ampia, curata e costantemente aggiornata.

❝ *La passione per la cucina di un'intera famiglia che segue la tradizione, con professionalità e semplicità, senza disdegnare nuovi accostamenti di materie prime locali* **❞**

ARPAISE

15 KM A SUD DI BENEVENTO

Buca dei Ladroni

Osteria tradizionale
Corso Capone, 1
Tel. 0824 46699
Chiuso domenica sera e lunedì
Orario: mezzogiorno e sera
Ferie: 10 giorni nella seconda metà di luglio
Coperti: 35 + 20 esterni
Prezzi: 32-35 euro vini esclusi
Carte di credito: nessuna

Il nome del locale deriva da un'antica leggenda secondo la quale, in una località vicina, un gruppo di briganti aveva un nascondiglio (la buca), in cui avveniva la divisione del bottino frutto delle scorribande. Il locale è situato al piano terra di un palazzetto di inizio secolo, con un giardino dove d'estate è possibile sostare. Titolare è Giuseppe Puglisi, con un passato di enotecario convertitosi alla ristorazione. Il menù è di terra, robusto, incentrato su selezionati prodotti riproposti in vario modo. L'antipasto è, in genere comprende prosciutto di Venticano, lardo, ricotta, fagioli e frittelle con prosciutto, ed è arricchito d'estate con una crema di melanzane. Tra i primi, **rigatoni con ragù di carne e caciocavallo** o con polpette, salsiccia e caciocavallo (9 €), polenta con salsiccia (8 €) o con **pezzente** (salsiccia con parti meno nobili del maiale), che arricchisce anche la **fagiolata di cannellini**. In estate si trovano le mezze maniche con sugo di pomodorino al forno e origano, i cavatelli con pomodoro, provola e rucola selvatica. I secondi sono generalmente carni alla brace, **pezzente al vino** o alla brace, costolette di agnello in umido al vino bianco, guanciale di maiale con le papaccelle (peperoni dolci), carpaccio di carne con caciocavallo. Come formaggi il caciocavallo di Castelfranco e qualche pecorino. Tra i dolci casalinghi (3 €), i biscotti di Ceppaloni, crostate e torta al cioccolato. Come vini un Barbera sfuso servito fresco e alcune etichette locali e nazionali. Qualche fine pasto artigianale.

CAMPANIA | 707

ATRIPALDA

4 KM A EST DI AVELLINO

Valleverde Zi' Pasqualina

Trattoria
Località Pianodardine, 112
Tel. 0825 626115
Chiuso la domenica
Orario: mezzogiorno e sera
Ferie: ultime 2 sett di agosto, Natale e Pasqua
Coperti: 100 + 15 esterni
Prezzi: 30-38 euro vini esclusi
Carte di credito: CS, MC, Visa, BM

Il profumo del Ravece, straordinaria varietà di olio extravergine di oliva irpino, si mescola a quello della storia di questo posto, scandita per oltre sessant'anni da piacevolissime soste di anonimi inconsapevoli viandanti, di personaggi famosi ben informati, di clienti abituali. Alle pareti qualche foto e alcuni appunti scritti a mano della indimenticabile zi' Pasqualina, autentica icona della gastronomia irpina, suocera di Enza che con i figli gestisce ora la trattoria. Il menù è lo stesso da tre generazioni: zuppe di verdure e legumi di stagione accompagnate dalla ricca selezione di ottimi extravergini della zona, **pasta 'miscata cu fasule e cutechino** (8 €): Sabino presenterà il piatto chiarendo che i formati *li 'misca* personalmente la madre e che *lu cutechino* è un cotechino locale ben diverso da quello più famoso. Gli amanti della pasta fresca in inverno troveranno soddisfazione nei fusilli e nei ravioli al ragù antico (8 €), mantecato con il pecorino di Carmasciano o con ricotta salata di Montella. D'estate le stesse paste sono condite con pomodoro san sarzano e fiori di zucca (9 €) o con pomodori di Pachino, melanzane, basilico e cacioricotta di Lioni. Il **baccalà alla perticaregna** (14 €) tra i secondi assieme a **braciola di cotica al ragù** e al coniglio alla cacciatora (10 €). I dolci sono una specialità di Davide, come gli interessanti biscotti all'olio extravergine di oliva.

❝Una roccaforte della tradizione questa trattoria, perfetta per chi cerca semplicità e concretezza❞

BACOLI
Casevecchie

25 KM A OVEST DI NAPOLI

Da Fefè

Trattoria
Via della Shoah, 15
Tel. 081 5233011-331 9811174
Chiuso domenica sera e lunedì, mai d'estate
Orario: mezzogiorno e sera, d'estate solo sera
Ferie: 10 giorni in gennaio
Coperti: 40 + 80 esterni
Prezzi: 35-40 euro vini esclusi
Carte di credito: AE, CS, MC, Visa, BM

In una splendida location, con un gradevole servizio, Fefè dedica la sua cucina agli amanti del mare e dei suoi frutti, tutti provenienti dalla piccola pesca delle coste flegree e napoletane. Situato in località Casevecchie, il locale gestito da Bruno Esposito è una trattoria di mare dal sapore antico che si adagia sulla riva del porto di Miseno. La classica **insalata di mare** (10 €) è un buon apripista che può lasciare spazio a una **pasta con patate e calamaretti** (12 €) o agli spaghetti con alici, peperoncini verdi e pomodorini (13 €). Decisamente per i palati più forti sono invece le pappardelle di pasta fresca con cozze e zucchine. Molto gettonata la zuppa di cozze alla portoghese ma, se arrivate qui da fuori Napoli, non rinunciate a grandi classici come l'**impepata di cozze** (8 €) e la **frittura di paranza** o, altro cavallo di battaglia, la **genovese di polpessa**. I dolci sono tutti realizzati in casa, con passione per la semplicità. Tra questi, un'ottima **spuma di ricotta** (4 €) e il semifreddo alle mandorle con crema di caffè. Discreta la selezione delle etichette in cantina ma non dispiace il vino sfuso. Prima di alzarvi da tavola, non rinunciate a uno dei piacevolissimi cicchetti di produzione propria: oltre a limoncello e mandarino, potreste anche trovare liquori al basilico o al lauro. Fefè si conferma dunque una piacevole tentazione.

A **Pozzuoli** (7 km), in via Carlo Rosini 45, presso l'azienda Dolci Qualità troverete ottimo miele e altri prodotti locali.

BACOLI

23 KM A OVEST DI NAPOLI

La Catagna
Trattoria
Via Pennata, 50
Tel. 081 5234218-328 1679431
Chiuso domenica sera e lunedì
Orario: sera, sabato e domenica anche pranzo
Ferie: 1 settimana in agosto, 2 tra Natale e Capodanno
Coperti: 32 + 20 esterni
Prezzi: 35-40 euro vini esclusi
Carte di credito: nessuna

Proseguendo poco oltre l'ingresso della Piscina Mirabilis – una grandiosa cisterna di età augustea scavata nel tufo, realizzata per l'approvvigionamento della flotta romana di stanza nel porto di Miseno – nascosta tra semplici case affacciate sul mare, troverete questa piccola trattoria. I pochi tavoli sono divisi tra l'interno e il piacevole terrazzo pergolato. La proposta del locale è dettata dal pescato del giorno che Crescenzo, in cucina assieme alla mamma Amalia, procura personalmente, o acquista dai pescatori locali, e poi trasforma con grande abilità. Non troverete un menù ma affidatevi a Elio che vi illustrerà i piatti del giorno e vi guiderà nell'abbinamento del vino. Il ricco antipasto (15 €) comprende diversi assaggi, caldi e freddi: tra questi **zuppetta di alici**, riso in agrodolce con gambero crudo, purè di patate con totano, polpetta di baccalà. Gustosi i primi: **linguine con granchio locale e pomodorino del piennolo** (12 €), ragù di dentice, **spaghetti al nero di seppia**, pasta e patate con calamaretti. Per secondo scegliete una **frittura di paranza** (10 €) oppure l'orata e il dentice alla griglia con colatura di alici (13 €), il trancio di spigola o di ricciola. Buoni i dolci della casa preparati da Maurizio, fratello di Amalia: crostata, cassata, **babà** o millefoglie. Interessante la carta dei vini, con una selezione di etichette locali e non. Menù degustazione, anche questo variabile a seconda del pescato, a 40 euro.

In zona Fusaro, via Cuma 124, Giovanni Quadrano presenta un'accurata selezione di salumi e formaggi campani e nazionali. Latticini di bufala di produzione propria.

BELLONA

19 KM A NO DI CASERTA A 1 NAPOLI-ROMA, USCITA CAPUA

'A Luna Rossa
Ristorante-pizzeria
Via Vinciguerra, 106
Tel. 0823 966858-333 2561702
Chiuso il lunedì
Orario: sera, domenica anche pranzo
Ferie: luglio
Coperti: 80 + 30 esterni
Prezzi: 30-32 euro vini esclusi
Carte di credito: AE, CS, MC, Visa, BM

Siamo in un territorio fortemente vocato all'agricoltura con alcune produzioni di eccellenza, come il carciofo capuanella. In questo locale, con ambienti curati, c'è il vai vai tipico di un ristorante con annessa pizzeria. L'accoglienza la cura Lorenzo Pascarella, maître e sommelier. L'antipasto degustazione (10 €) è un buon repertorio di quanto offra la realtà locale; in alternativa suggeriamo il **baccalà con olive di Gaeta e purea di patate** (9 €), come anche la zuppa di piselli con maiale casertano e uovo affogato o il tortino di friarielli e pane raffermo su passata di fagioli con provolone del monaco. I primi (9 €) sono incentrati sull'elaborazione di ricette della tradizione campana con un tocco di originalità: **tubettoni con cavolfiore e colatura di alici di Cetara**, linguine con asparagi, pancetta e conciato romano, dal gusto deciso e robusto, e maruzze con fiori di zucca, cozze e pecorino. Tra i secondi l'imperdibile bufalo crudo, cotto, stracotto (€ 14), il **pollo ruspante con pomodorini e origano**, rotolo di agnello speziato in foglia di carciofi. Ampia e curata la selezione di **formaggi** di varie stagionature. Tra i dolci si segnalano la **crostata di mele annurche con gelato al profumo di cannella** (6 €) e la millefoglie con crema chantilly e amarene. Aggiornata e ricchissima carta dei vini, con il meglio della produzione nazionale e non solo. Ottima la selezione degli extravergini; sono presenti un menù degustazione a 35 euro e uno per celiaci.

CAMPANIA | 709

BENEVENTO

Nunzia
Osteria tradizionale
Via Annunziata, 152
Tel. 0824 29431
Chiuso la domenica
Orario: mezzogiorno e sera
Ferie: agosto
Coperti: 60
Prezzi: 22-25 euro vini esclusi
Carte di credito: tutte, BM

Una volta giunti nelle vie del centro storico della suggestiva città di Benevento concedetevi una sosta nella storica osteria, che dal 1927 accoglie clienti provenienti da ogni parte. La famiglia Nazzaro, che con Nunzia e il figlio Antonio rappresenta oggi la terza generazione, esprime una cucina prevalentemente sannita con ricche influenze napoletane e pugliesi, che ben si sposano tra loro creando gustosi accostamenti. Una formula semplice e ben collaudata. Una lavagna all'ingresso vi darà un'idea del menù del giorno: tra gli antipasti potreste trovare **mozzarella di bufala in carrozza** o il misto di salumi. Vi segnaliamo anche l'invernale **cardone**, piatto tipico a base di cardo, polpettine di vitello, brodo di pollo, stracciatella di uova e pinoli (7 €). Nunzia, sorridendo, vi guiderà tra la scelta dei primi: **paccheri al baccalà** (7 €) o al pomodoro fettuccine con carciofi e provola affumicata, lagane e ceci. Molto saporita la **padellata beneventana** con maiale, papaccelle e patate (8 €), ma gli involtini di vitello al ragù non sono da meno. Buoni anche i piatti a base di pesce come le seppie ripiene o accompagnate da zuppetta, carciofi e piselli. Variegata la selezione dei **formaggi** e dei dolci: il **babà** (2,50 €) è di produzione propria mentre le cassatine provengono da una pasticceria della zona. Per finire consigliamo il tradizionale gelato mela stregata. Buona attenzione ai vini del territorio con qualche piccola eccezione.

❝ *Prodotti selezionati, ricette tradizionali, atmosfera accogliente: tre ingredienti che Nunzia mette a tavola con abile maestria; un'importante tappa del territorio sannita* **❞**

BISACCIA

68 KM A NE DI AVELLINO

Grillo d'Oro
Trattoria con alloggio
Via Orto del Convento
Tel. 0827 89278-328 0256606
Chiuso domenica e lunedì sera
Orario: mezzogiorno e sera
Ferie: non ne fa
Coperti: 60
Prezzi: 30-35 euro vini esclusi
Carte di credito: CS, DC, MC, Visa, BM

L'antica osteria del Grillo d'Oro è una tappa obbligata per chi percorra questa zona dell'Appennino campano. Sono passati tanti anni da quando l'oste e fondatore del locale, Luigi, incominciò a proporre agli avventori la sua cucina spiccatamente di tradizione, che oggi il figlio Vito recupera, rinnovandone i piaceri. Si comincia con un abbondante antipasto, che potrebbe anche rappresentare il piatto principale (15 €): salumi e verdure di stagione, soffritto di maiale, fegatini di agnello in umido, **zuppa alla maniera ottocentesca fatta con ortaggi, uovo e formaggio**. Tra i primi, tutti di pasta tirata a mano, molto buoni sono i **cavatelli con i fagioli** (8 €) o con asparagi quando disponibili. Tradizionali sono i **marcannali al sugo di carne** o i ravioli ripieni di ricotta dell'altopiano del Formicoso. Buone le carni locali servite alla brace o al forno, come l'eccellente agnello cucinato con le patate. Per i palati più esigenti è da provare, su prenotazione, il **piccione in umido** o imbottito (15 €), storicamente una delle specialità della casa. Per concludere un buon caciocavallo della piana di Montella. I dolci (5 €) sono di fattura casalinga. Il pasto potrà essere accompagnato da un buon vino della casa o da dignitose etichette regionali.

🔒 Nel centro storico, in via Cavallerizza 65, il panificio Masucci: pane e pizza moscia, ottimi scaldatelli, biscotti con mandorle e cioccolato, taralli; a Pasqua pastiera e squarciarella.

BOSCOREALE

30 KM A SE DI NAPOLI SS 268, A 3 O A 30

La Locanda da Alfonso
Ristorante
Via Passanti Flocco, 405
Tel. 081 8593156-320 3172542
Chiuso domenica sera e lunedì
Orario: mezzogiorno e sera
Ferie: 10 gg in agosto, 10 tra Natale e Capodanno
Coperti: 30 + 30 esterni
Prezzi: 38-40 euro vini esclusi
Carte di credito: CS, MC, Visa, BM

Ai piedi del Vesuvio, nella cittadina di Boscoreale, dove è possibile visitare l'Antiquarium, che mostra le scoperte archeologiche rinvenute nella piana seppellita dall'eruzione del 79 d.C., è situata la Locanda da Alfonso. Il pesce servito ai pochi tavoli proviene dai pescatori di Torre Annunziata del mercato di Pozzuoli. L'antipasto (13 €) varia, in base alla stagione e al pescato, dai calamari e fagiolini verdi agli **involtini di pesce bandiera con scarola e provola**, dai totani e carciofi alle polpette di ricciola. A completare la scelta, crudi di pesce e frutti di mare (20 €). Tutti i primi (12 €), come i treccioni gamberi e zucchine, le fettuccine seppie e carciofi, i **paccheri ricciola e melanzane** si contraddistinguono per gli accoppiamenti di pesce e verdura e per la pasta a lenta essiccazione trafilata al bronzo. Come secondi, cucinati in maniera semplice per fare apprezzare la freschezza e il sapore del pesce, si possono **gustare la ricciola all'acquapazza, i polpetti** affogati (14 €) e le grigliate miste. Tra una portata e l'altra, verrà ad assicurarsi che tutto sia di vostro gradimento il simpatico proprietario Alfonso Cirillo, che ama definirsi «non uno chef, ma un buon cuciniere». Ad accompagnarvi nel pasto, una buona carta di vini locali con qualche etichetta nazionale. I dolci sono della famosa pasticceria di Pasquale Marigliano di Ottaviano.

In via Brancaccio 75 A, la cooperativa Arte & Pasta produce pasta a lenta essiccazione trafilata al bronzo.

CAIANELLO

40 KM A NO DI CASERTA A 1

Il Contadino
Azienda agrituristica
Via Starze
Tel. 0823 922043-339 5928649
Chiuso domenica sera, mai d'estate
Orario: mezzogiorno e sera
Ferie: non ne fa
Coperti: 60 + 60 esterni
Prezzi: 30-35 euro vini esclusi
Carte di credito: CS, DC, MC, Visa, BM

Non lontano dal casello autostradale di Caianello e in aperta campagna questo locale rappresenta un buon avamposto della cucina di territorio. Dopo una pausa di circa cinque anni, Berardino Lombardi lo ha inaugurato nel 2010: ambiente rustico, accogliente e un servizio arricchito da una giusta attenzione a tutti i particolari. La cucina è genuina, stagionale e attenta alle materie prime. Sei o sette assaggi compongono l'antipasto: il famoso **uovo a susciello**, affettati vari, frittatine di erbe spontanee, verdure grigliate e un paio di minestre si accompagnano bene tra loro. Tra i primi piatti (8 €) citiamo gli **ziti alla genovese** o al ragù; nella stagione più calda la proposta si allarga su piatti più immediati e semplici quali la pasta con la colatura di alici e la panzanella. D'estate godrete degli spazi esterni dove è in funzione un bel barbecue con un assortimento davvero buono di carni locali alla brace. Tra i secondi (10 €), prevalentemente di carne, vi invitiamo a provare il **pollo ruspante**, preparato in appetitose versioni, come alla diavola o allo spiedo; maiale e tracchiolelle chiudono la proposta. Gustatevi tra i dolci (5 €) le numerose torte preparate in casa o la fresca e profumata **delizia al limone**. Da bere vi sarà servito del buon vino sfuso e consigliata qualche etichetta del territorio.

CAMPANIA | 711

CAIAZZO

15 KM A NE DI CASERTA

Il Generale
Ristorante
Largo Plebiscito Veneto
Tel. 0823 862606-335 6854394
Chiuso lunedì e martedì
Orario: sera, sabato e domenica anche pranzo
Ferie: agosto
Coperti: 35
Prezzi: 25-30 euro vini esclusi
Carte di credito: tutte, BM

Siamo in Terra di Lavoro, nel cuore del centro storico di Caiazzo, città dalla solida tradizione olivicola. Qui le cisterne della cosiddetta Fattoria De Angelis, sorta sulle ceneri del secentesco palazzo feudale dei De Capua, ospitano dal 1988 il ristorante di Stefano De Matteo. Nelle sale, con le pareti originarie in tufo, Stefano – che si occupa anche dei fornelli – propone una cucina fedele alle radici gastronomiche locali, con qualche spunto creativo. Per cominciare vi consigliamo l'antipasto del Generale (7 €), con ricottina fresca di bufala, salsiccia stagionata, tortino di patate al rosmarino, carote in agrodolce, insalata di olive di Caiazzo, filoncino di maiale affumicato e **papaccelle ripiene**; in alternativa, blinis di patate con cicoria e fonduta di caciocavallo molisano. Tra in primi (7 €), da provare i rondelloni farciti con funghi porcini, gli gnocchi di melanzane con mozzarella e pomodorino di collina, la **zuppa di fagioli con scarola e crostini**. Ampia anche la scelta dei secondi: tra questi segnaliamo la gustosa entrecôte al radicchio rosso in salsa di Aglianico (8,50 €), il filetto di vitellone in salsa di timo e rosmarino, accompagnato da uno **sformatino di cicoria** come contorno, le costine di agnello o il **trancio di baccalà** con olive caiatine e pomodoro pendolino. Un dolce della casa (3,50 €) per finire: torroncino allo Strega con salsa di caramello e granella di nocciola, tortino di cioccolato caldo con crema alla vaniglia, zuccotto. Buona la carta dei vini, con prevalenza di bottiglie locali e regionali.

■ In via Cattabeni 34-36, la pasticceria Sparono produce un dolce particolare: sospiro d'angelo.

CAMEROTA
Marina

121 KM A SE DI SALERNO SS 562

La Cantina del Marchese
Osteria tradizionale
Via del Marchese, 13
Tel. 0974 932570-393 9659968
Sempre aperto giugno-settembre; aprile, maggio e ottobre solo fine settimana
Orario: sera, pranzo su prenotazione
Coperti: 140
Prezzi: 20-25 euro vini esclusi
Carte di credito: tutte, BM
🛍

In una viuzza del centro storico di Camerota c'è questa osteria d'altri tempi, dove la tradizione regna sovrana. Il personale di sala indossa antichi abiti cilentani, riportandoci all'epoca nella quale il marchese di Camerota soleva passeggiare nei pressi. Fino a circa quarant'anni fa il locale era adibito a degustazione di vini, salumi e della famosa **maracucciata** (7,50 €), polenta ottenuta dalla molitura del maracuoccio, un legume coltivato a Camerota e nella frazione di Lentiscosa. Ad accogliere i clienti il simpaticissimo Franco che gestisce l'osteria con la moglie Daniela e il cognato Antonio. Si comincia con un ricco antipasto della casa, con salumi di produzione propria e formaggi locali (9 €). Tra i primi ci sono le lagane fatte a mano con ceci, coltivati nell'orto di proprietà, e l'immancabile **zuppa di cannellini** con carote, porri e calamaretti (8 €). Fra i secondi piatti, le **alici in tortiera**, strati di alici e patate con alloro, e il coniglio alla cacciatora. Ottimi i dolci artigianali: **cannoli cilentani** (2,50 €), biscotti con le mandorle e crostata con frutta di stagione. Discreto lo sfuso della casa, presenti etichette delle migliori cantine cilentane e campane. Al bancone d'ingresso è possibile acquistare ottimi salumi prodotti dall'azienda di famiglia, alcuni formaggi del territorio e la farina di maracuoccio.

CAMPAGNA

43 KM A SE DI SALERNO A 3 E SS 91

'A Bersagliera
Osteria tradizionale
Largo della Memoria
Tel. 0828 46188-333 3625783
Chiuso il mercoledì e domenica sera, mai d'estate
Orario: mezzogiorno e sera
Ferie: 10 gg in settembre
Coperti: 50 + 15 esterni
Prezzi: 20 euro
Carte di credito: nessuna

Campagna è famosa per una delle tradizioni popolari più caratteristiche della Campania, *a chiena*. Durante quest'evento, tra metà luglio e metà agosto, il fiume Tenza viene deviato in città, anticamente, per la pulizia delle strade, ora per richiamare persone in cerca di divertimento e secchiate d'acqua. Dal 1994, in questo paese, opera questa osteria tradizionale, ospitata nel locale utilizzato dal dopoguerra come cantina per vendere e bere vino, dove oggi Palmira ('a bersagliera) si occupa della cucina e il figlio Roberto della sala. Affettati di prosciutto, capicollo, pancetta e soppressata compongono l'antipasto della casa (4 €), accanto a una interessante **insalata di alici, pappacella e olive**. La pasta è fatta in casa, così le **matasse condite con i ceci**, con i fagioli o con i porcini. Richiamano la tradizione anche gli spaghetti con il soffritto di vitello o agnello (4 €). Per secondo, oltre la brace di carne di allevamenti locali, si possono gustare *gnummarielli al sugo* (4 €) e cotica ripiena con salsiccia. Ampio spazio nel menù è dato al baccalà cucinato con olive e capperi, pappacelle o cipolle. I contorni (2 €) sono di verdure, selvatiche o di produzione propria. Anche le **zeppole** sono fatte in casa, gli altri dolci provengono da una pasticceria del paese. Ad accompagnare il tutto, un onesto vino prodotto in proprio, così come il ricco assortimento di digestivi che variano dal finocchietto al meloncello.

CASAL VELINO

80 KM A SUD DI SALERNO

I Moresani
Azienda agrituristica
Località Moresani
Tel. 0974 902086-347 3605586
Sempre aperto, nov-feb solo nel fine settimana su prenotazione
Orario: mezzogiorno e sera
Ferie: 10 gennaio-28 febbraio
Coperti: 60 + 30 esterni
Prezzi: 25 euro vini esclusi
Carte di credito: tutte, BM

Di agriturismi se ne trovano tanti ma pochi lo sono realmente come questo Moresani. Orto, allevamento di capre e maiali, erbe selvatiche, c'è tutto in questa bella struttura immersa nella campagna cilentana, posta su una collina da cui si potrà ammirare un panorama mozzafiato. Vi consigliamo la prenotazione. Qui si produce la **cacioricotta**, formaggio antico e Presidio Slow Food, proposto anche al profumo di mirto locale. L'antipasto (10 €) prevede i **salumi** di produzione propria, tra cui un'ottima soppressata, l'immancabile cacioricotta con le confetture fatte in casa e varie preparazioni a base di verdure dell'orto che variano in base alle stagioni. Tra i primi segnaliamo i **ravioli con asparagi e pancetta** (7 €) o i più semplici, ma gustosissimi, al burro e salvia. Non fatevi mancare un assaggio dei tradizionali *fusiddi* **con il ragù** e una spolverata di cacioricotta stagionato. Il pasto prosegue con un ottimo **capretto al forno** (12 €), braciole di vitello al sugo o carne di maiale alla brace. Sempre presenti i contorni (3 €) di verdure locali preparate in tanti modi, per esempio imbottite. Si chiude con i cannoli cilentani o le crostate di albicocche e ciliegie e un assaggio dei rosoli casalinghi, tra cui quello profumatissimo di finocchietto.

CAMPANIA | 713

CASAL VELINO

80 km a sud di Salerno

Tre Sorelle
Ristorante annesso alla locanda
Via Roma, 48
Tel. 0974 902024-366 4802452
Aperto da ven a dom, sempre 15 giugno-15 settembre
Orario: sera, domenica e festivi anche pranzo
Ferie: 1 ottobre-15 aprile
Coperti: 25 + 25 esterni
Prezzi: 35-38 euro vini esclusi
Carte di credito: tutte, BM

La grande dote di Franca Feola è la dimestichezza nella manipolazione delle materie prime, il pesce più di ogni altra cosa, del quale cura l'approvvigionamento quotidiano da fidati pescatori di Acciaroli e Casalvelino. Le tracce di questa familiarità sono da ricondurre al padre pescatore coniugata con una grande passione per i fornelli, l'incessante voglia di migliorarsi e il desiderio di valorizzare le eccellenze della propria terra. Nel bel locale di Casal Velino, primavera ed estate sono le stagioni dove ortaggi e pescato trovano in cucina la loro migliore espressione e il lavoro in sala si intensifica. Si può iniziare con un'**acquasale con alici marinate** (10 €) o una zuppetta di fiori di zucca con vongole e polpettine di alici di menaica, e continuare con le ottime paste fatte a mano, come i **tagliolini con seppie**, pomodorini datterini e crema di carciofi (10 €) o i tortelli bianchi e neri ripieni di gamberi rossi su crema di bieta. Di secondo vi possono capitare una bella pezzogna cotta al sale o alla griglia, una caprese di pesce bandiera (12 €), i **polpetielli in cassuola** o un semplice e gustoso **filetto di merluzzo** gratinato con pane profumato al limone (13 €). Tra i dolci della tradizione cilentana, la torta classica con pan di Spagna e naspro o il **cannolo con crema pasticciera bianca** e al cioccolato. La passione della chef, questa volta in veste di sommelier, la ritroviamo nell'accuratezza della carta dei vini.

> *La meticolosa scelta delle materie prime, la sapiente trasformazione in cucina e l'innata predisposizione all'accoglienza fanno di questo locale l'incarnazione del concetto di osteria che più ci piace*

714 | CAMPANIA

CASELLE IN PITTARI

130 km a se di Salerno, 25 km a no di Sapri

Zi' Filomena
Osteria tradizionale
Viale Roma, 11
Tel. 0974 988024-393 8448370
Chiuso il mercoledì, mai d'estate
Orario: mezzogiorno e sera
Ferie: variabili in inverno
Coperti: 60 + 20 esterni
Prezzi: 30-35 euro vini esclusi
Carte di credito: CS, MC, Visa, BM

A poca distanza dalla splendida oasi Wwf Grotte del Bussento di Morigerati troviamo quest'osteria a gestione familiare giunta alla terza generazione. La figlia di Zi' Filomena, Grazia (divenuta famosa per la preparazione dei cestini da pranzo per gli attori, tra i quali Sofia Loren e Omar Sharif, durante le riprese alla Certosa di Padula del film *C'era una volta*) gestisce la cucina coadiuvata dal figlio Mario, il quale si è prefissato l'obiettivo di «trasmettere la tradizione culinaria familiare e del territorio». L'antipasto Zi' Filomena (15 €) propone zucca, carciofi e melanzane sott'olio fatti in casa, diversi sformatini e frittate con ricotta, spinaci e cipolla, una serie di affettati tra cui pancetta, capicollo e una deliziosa **prosciutella** (tutti prodotti da un salumificio artigianale della vicina località di Sicilì). La proposta dei primi si compone di diversi tipi di pasta fatta in casa come ravioli, **fusilli** e cavatelli conditi in base al periodo dell'anno con carciofi, sugo con provola o **ragù** (7 €), ma è anche possibile provare le **tagliatelle ai funghi porcini** (9 €) o i tagliolini con il tartufo del Monte Cervati. Nel grande camino si arrostiscono carni di maiale (6 €), **agnello** e vitello abbinate a verdure, tra le quali i **fagiolini allardiati**. Per i dolci la scelta è tra **crostate di frutta** e mousse al cioccolato. Ottimo il vino della casa prodotto da una famosa cantina cilentana.

L'Art Cafè, via Roma 15, è un caffè, un'enoteca e una galleria d'arte. In vendita si trovano bottiglie di vino delle principali cantine del Cilento, al bar si preparano ottimi cocktail.

CASERTA
Caserta Vecchia

10 KM DAL CENTRO DELLA CITTÀ

Gli Scacchi

Ristorante
Strada Provinciale per Caserta Vecchia
Tel. 0823 371086
Chiuso il lunedì, inverno anche martedì e mercoledì
Orario: mezzogiorno e sera
Ferie: variabili in estate
Coperti: 70 + 30 esterni
Prezzi: 32-35 euro vini esclusi
Carte di credito: CS, DC, MC, Visa, BM

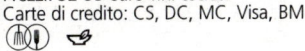

Arrivati per tempo a Caserta Vecchia vi consigliamo di lasciare l'auto nell'ampio parcheggio del ristorante e percorrere a piedi le strette stradine del monumentale borgo medievale. Attraversando un bel giardino si accede al locale dove sarete accolti dal patron Gino Della Valle che con calda ospitalità vi illustrerà le proposte. In cucina regna la moglie Marilena che, con indubbia fantasia e personalità, riesce a conferire nuovo charme ai piatti tradizionali. Si inizia con il ricco antipasto dell'orto (12,50 €): cialda di patate con insalatina di fagiolini su crema di zucca, strudel con scarola e fonduta di provola, polpettina di melanzane su passata di San Marzano, pomodorino *arracanato*; poi la **caponata di baccalà** o filetto di baccalà con fagioli di Controne (12 €). Presenti anche selezionati salumi del territorio. Per i primi buona pasta fresca preparata in casa come **ravioli ai profumi e sapori dell'orto** (10 €), pappardelle allo zafferano con ragù bianco di bufalo; d'inverno pettole e fagioli di Controne o ravioli di farina di castagne con patate e salsicce. Consigliamo di proseguire con i **bocconcini di bufalo all'Aglianico** (12,50 €) o l'immancabile agnello laticauda. Tra i dessert, torta di mele annurche o delizia al limone (€ 6). Molto ricca la carta dei **formaggi** con il meglio della produzione campana e testimonianze extraregionali. Ottima carta dei vini con proposte anche a bicchiere.

❝ *Gino e Marilena Della Valle conducono il gioco sensoriale vincendo e convincendo in virtù della loro capacità di innovarsi, rispettando principi, regole e saperi gastronomici consolidati* ❞

CASTEL DI SASSO
Le Campestre

27 KM A NORD DI CASERTA SS 87

Le Campestre

Azienda agrituristica
Via Strangolagalli
Tel. 0823 878277-347 0580014
Non ha giorno di chiusura
Orario: mezzogiorno e sera su prenotazione
Ferie: non ne fa
Coperti: 80 + 40 esterni
Prezzi: 30 euro, menù fisso
Carte di credito: CS, MC, Visa, BM

Quella della famiglia Lombardi è stata una scelta coraggiosa: dopo l'emigrazione in Belgio, alla ricerca di un futuro meno incerto, tornare nella propria terra d'origine per realizzare il sogno di renderla una risorsa produttiva. Liliana e Francesco, assieme al figlio Manuel e alla moglie Eulalia, hanno dato vita a questo agriturismo immerso nelle colline di Castel di Sasso e producono gran parte di ciò che arriverà in tavola: farina, legumi, carni, ortaggi, frutta (comprese alcune varietà ormai introvabili), olio, vino e formaggi. Hanno, inoltre, il merito di avere recuperato il **conciato romano**, Presidio Slow Food, un formaggio a latte crudo di antichissima origine, stagionato in orci di creta. Con il bel tempo sarete accolti nello spazioso terrazzo panoramico sul Monte Sasso, in inverno nella sala interna riscaldata dal bel camino centrale. Il menù fisso a 30 euro – comprendente anche il vino della casa – varia in base alla stagionalità e alla disponibilità delle materie prime e può prevedere, per antipasto fior di sale con pomodorini, olive caiazzane, frittata alle erbette, cavoli rossi in umido, salsiccia e pancetta di maiale nero casertano, **zuppa di fagioli, ceci e castagne**. Tra i primi, **scialatielli con vellutata di carciofi, pesto di finocchiella e conciato romano**, mezze maniche con ragù di tracchiolelle, fusilli al sugo tirato di casavecchia. Per secondo arista di maiale, **agnello al forno con patate** o carni bianche. Infine, mela annurca al forno con un assaggio di conciato romano, crostata con crema al limone e confettura per dessert. Completano il pasto liquori della casa.

CAMPANIA | 715

CELLOLE

54 KM A NO DI CASERTA SS 7

Locanda del Falerno ex Villa Matilde
Azienda agrituristica
Via Domitiana, 18
Tel. 0823 932088
Non ha giorno di chiusura
Orario: pranzo, luglio-settembre anche sera
Ferie: non ne fa
Coperti: 70 + 50 esterni
Prezzi: 30-35 euro vini esclusi
Carte di credito: AE, MC, Visa, BM

Lungo la strada Domiziana, ad appena un chilometro da Baia Domizia, si trova questo locale di proprietà della storica azienda vitivinicola Villa Matilde, dove l'atmosfera è curata e accogliente, il servizio preciso e solerte. Nel menù che esprime uno stretto legame con il territorio, sono evidenziati i prodotti usati e le materie prime dell'orto di proprietà, che la cucina della locanda elabora con passione e sapienza. Gli antipasti (10 €), preceduti da una entrée, prevedono nastri di verdure (cipolle, melanzane...) pastellate con salsetta al prezzemolo, sorprese mediterranee, ovvero spiedini di pomodoro e mozzarella impanati e fritti, zuppa al vino, zuppa di lenticchie di Ventotene con gnocchetti di pane fritto, **fiori di zucca ripieni di provola e formaggio di bufala**. I primi (10 €) privilegiano la pasta fatta in casa: trofie con zucchine e mandorle, tagliatelle tirate a mano con crema di zucca e guanciale, pettole con ceci e baccalà, **ravioli di carciofi al sugo di pomodorini e pancetta di maiale nero casertano**. Tra i secondi (15€) agnello al Cecubo (antico e pregiato vino), filetto di vitello con mele annurche, prugne e gelatina di Aglianico, **arista di maiale di nero casertano al latte** e per finire sorbetti di frutta di stagione, **torta al vino**, delizie di castagne. La carta dei vini prevede esclusivamente le numerose etichette dell'azienda. Menù degustazione di antipasto, primo, secondo con contorno e dolce a 35 euro.

CERRETO SANNITA

33 KM A NO DI BENEVENTO SS 372

Masella
Ristorante
Contrada Pezzalonga, 32
Tel. 0824 861975-328 6630576
Chiuso domenica sera e giovedì
Orario: mezzogiorno e sera
Ferie: non ne fa
Coperti: 110 + 20 esterni
Prezzi: 20-25 euro vini esclusi
Carte di credito: CS, MC, Visa, BM

Grande attenzione alla tradizione familiare, rispetto del territorio, buona cucina da trattoria. Questi sono gli ingredienti principali del ristorante Masella, situato nella suggestiva Cerreto Sannita, alle porte del Matese. Il cuoco, Dino, fedele alle ricette degli avi, propone un menù stagionale arricchito da una serie di prodotti provenienti direttamente dall'orto di proprietà: verdure, erbe e legumi locali. La cucina è semplice e genuina. Tra gli antipasti ricchi taglieri di salumi ma sono da provare anche le zuppe, come quella *d' cucuzz* (4 €), con zucchine, salsiccia di *poc'* e abbondante formaggio. Ancora prodotti locali con gli abbuoti (6 €) preparati con budella di agnello, o il prosciutto di Pietraroja. Se optate per un piatto di pasta vi segnaliamo gli **gnocchi con virno e pomodorini** (7 €) o i *curiul'* con il ragù di cinghiale (7 €). Tra i secondi di carne, molto saporita la **salsiccia sotto la cenere** (8 €) o l'**agnello cacio e uova** e il succulento arrosto misto. Molto delicati i dolci: **pizza dolce** realizzata con il latte nobile, Presidio Slow Food, pizza di Pasqua e torta sannita (2 €) con morsette, cioccolato e olio extravergine di oliva. Buona la carta dei vini. A due passi dal ristorante, punto vendita in cui è possibile acquistare prodotti dell'azienda come olio, mosto cotto e confetture varie.

A 50 metri dalla trattoria, il Forno Guarino propone le morsette e la pastorella della sposa, che in vista delle nozze le donne usavano regalare assieme ai confetti.

CETARA

8 KM A OVEST DI SALERNO

Al Convento
Ristorante
Piazza San Francesco, 16
Tel. 089 261039
Chiuso il mercoledì, mai d'estate
Orario: mezzogiorno e sera
Ferie: non ne fa
Coperti: 80 + 60 esterni
Prezzi: 35-40 euro vini esclusi
Carte di credito: tutte, BM

Cetara è un borgo marinaro della Costiera Amalfitana, tutelato come patrimonio dell'Unesco. Ancora oggi, all'alba, è possibile osservare le cianciole dei pescatori dirigersi in mare a pesca di alici o tonni. Ed è qui che troviamo il locale, ricavato in un convento del Seicento, gestito dalla famiglia Torrente, in cui troverete i piatti dell'antica attività marinara del paese e sarete trasportati in un percorso attraverso i sapori della tradizione, con qualche idea innovativa. Si incomincia con l'antipasto freddo – **alici marinate**, carpaccio di polpo, tonno affumicato e bruschetta di burro e alici (9 €) – o caldo con polpetta fritta di alici con uvetta e pinoli e parmigiana di pesce bandiera. Passando ai primi, consigliamo gli **ziti lisci spezzati a mano alla genovese di tonno**, gli **spaghetti alla colatura di alici** (10 €) oppure lo scammaro con la pasta e lacrime di colatura di alici, reinterpretazione della frittata di scammaro napoletana; ottimi anche gli spaghetti cacio e pepe con le cozze (9 €). Nel periodo invernale da assaggiare la polenta grigliata o i paccheri con puttanesca di pesce bandiera. Tra i secondi, segnaliamo tonno alla brace (14 €) e, secondo disponibilità, frittura del golfo, **pesci del golfo all'acquapazza** o, ancora, seppie e piselli. I dolci sono i classici della costiera: la delizia al limone e la torta ricotta e pera. Ampia la carta dei vini, ricca anche di proposte estere.

> *La famiglia Torrente continua a proporre un'ottima cucina di mare, di non comune equilibrio, interpretando le tradizioni locali*

CETARA

8 KM A OVEST DI SALERNO

San Pietro
Ristorante
Piazza San Francesco, 2
Tel. 089 261091-333 8296251
Chiuso il martedì, mai luglio e agosto
Orario: mezzogiorno e sera
Ferie: non ne fa
Coperti: 40 + 35 esterni
Prezzi: 38-40 euro vini esclusi
Carte di credito: CS, DC, MC, Visa, BM

La colatura di alici, Presidio Slow Food, il caratteristico intingolo ricavato dal procedimento di conservazione del pesce sotto sale, a Cetara era usata per gli spaghetti del cenone natalizio. Il ristorante San Pietro è un luogo istituzionale dove degustarla, iniziando dagli antipasti come il crostone con ricotta vaccina mantecata e alice affumicata o le fettine di tonno affumicate servite con extravergine e colatura. Poi si trovano anche le verdure croccanti, l'**insalata di farro con colatura di alici** (8 €) e i delicati gamberetti di nassa presenti nel breve periodo della loro pesca. Per primo si possono avere ditali alla genovese di tonno, risotto alla pescatora, pasta alla San Pietro (10 €) con pomodoro, provola, formaggio e basilico, oppure i tradizionali **spaghetti con colatura di alici** (13 €). Anche i broccoli e le patate all'insalata possono essere conditi con la colatura. I secondi di pesce spaziano da preparazioni più immediate e semplici, quali la **frittura mista del golfo** (18 €), ad altre decisamente più impegnative come la **zuppa di pesce** o il semplice merluzzetto in guazzetto con crema di patate. È possibile accompagnare il pasto con un vino campano o nazionale da scegliere dalla bella lista. Come dolce la **scomposta di millefoglie con crema chantilly** (6 €) oppure una fetta di torta caprese, preparata con uno spiccato aroma di mandorla.

Nettuno, corso Umberto I 64, Sapori Cetaresi, corso Garibaldi 44, e Cetarii, largo Marina 48-50, sono laboratori artigianali dove acquistare la colatura di alici e altre specialità marinare.

CAMPANIA

ERCOLANO

9 KM A SUD DI NAPOLI A 3 USCITA DI ERCOLANO

Viva lo Re
Ristorante con alloggio
Corso Resina, 261
Tel. 081 7390207
Chiuso domenica sera e lunedì
Orario: mezzogiorno e sera
Ferie: agosto
Coperti: 50 + 20 esterni
Prezzi: 35-38 euro vini esclusi
Carte di credito: tutte, BM

A pochi passi dai celebri scavi e nelle immediate vicinanze della bellissima Villa Campolieto è possibile scovare uno dei baluardi della gastronomia vesuviana, il cui carattere esplosivo si evince sin dal nome: Viva lo Re. Situato nel centralissimo corso Resina, questo locale trova i suoi punti di forza nell'accoglienza, nella accurata selezione delle materie prime e nella proposta gastronomica, sempre aggiornata e fortemente ancorata alla stagionalità. Ogni settimana il menù cambia completamente. La **zuppa di ceci con frutti di mare** (14 €), gli spaghetti con peperoncini verdi e cacioricotta o gli spaghetti aglio e olio su fonduta di parmigiano (10 €) sono straordinari esempi del sapere combinare la tradizione senza rinunciare alla ricerca. Tra i secondi il **baccalà** è il piatto forte ma anche il **polpo alla griglia su passatina di scarole e finocchi** (14 €) non è da meno. Per gli amanti delle carni invece sono consigliati il **maialino da latte** (15 €) e la tagliata di chianina. Impossibile non assaggiare il dolce (5 €): ecco dunque che il **tortino di mele annurche** o il tris di cioccolato diventano tentazioni per veri golosi. Oltre alla sempre ben fornita cantina, dalla quale è possibile scegliere l'etichetta preferita semplicemente guardandosi intorno, grande attenzione viene data ai formaggi, per i quali è stato istituito un apposito plateau (12 €). Un menù fisso consente di andare dall'antipasto al dolce con 35 euro, vini esclusi.

FORINO
Celzi

49 KM A SO DI AVELLINO SS 400

Tenuta Monte Laura
Azienda agrituristica *novità*
Via Due Principati, 101
Tel. 0825 762500
Chiuso il lunedì
Orario: mezzogiorno e sera
Ferie: non ne fa
Coperti: 60
Prezzi: 30 euro vini esclusi
Carte di credito: CS, MC, Visa, BM

Lungo la strada dei due Principati che collega Avellino a Salerno, nella frazione Celzi di Forino, si scorge il curato parco botanico della Tenuta Monte Laura. All'interno di un bel casolare con annessa osteria troverete la famiglia Tornatore ad accogliervi in un ambiente rustico, dove si respira il sapore dei tempi che furono. La cucina, rigorosamente del territorio, è frutto dell'interpretazione della cuoca Flavia, che vi delizierà con le sue gustose ricette. In sala Luigi e Raffaele sapranno consigliarvi i migliori piatti della stagione. Si inizia con un assaggio dei salumi prodotti in casa, tra cui un ottimo prosciutto di montone, per poi passare a una serie di portate a base di uova, ortaggi, legumi e altro ancora. Tra i primi **lardiata di zuzzeri** (6 €), pasta tirata a mano con pomodorini, pancetta e cipolla ramata con aggiunta di caciocavallo podolico. Ottimo il **mallone con pizza di mais** (7 €), tipica zuppa locale con verdure, patate e focaccia di grano duro. Da non perdere la **pasta e fagioli montorese**. Le carni sono tutte dell'azienda o locali: spicca il **maialino con castagne al forno** (8 €) come pure il coniglio ripieno. Ottimo l'agnello ai carciofi di Montoro (10 €). I dolci fatti in casa sono quelli della tradizione ta cui i biscottini alle nocciole e miele accompagnati da gustosi infusi di produzione casereccia. Ricca l'offerta dei vini, che va da quelli dal territorio alle migliori etichette regionali e nazionali; buono anche il vino della casa.

FRATTAMAGGIORE

15 KM A NORD DI NAPOLI

Mirù Cantina Nova
Ristorante *novità*
Via Padre Mario Vergara, 216
Tel. 081 19255529-347 5340510
Chiuso domenica sera e lunedì
Orario: mezzogiorno e sera
Ferie: 20 giorni in agosto
Coperti: 43
Prezzi: 28-30 euro vini esclusi
Carte di credito: Visa, BM

Ci troviamo a Frattamaggiore, centro dell'area metropolitana di Napoli, alla quale è collegato dalla grande via a scorrimento veloce detta asse mediano. Il locale, quasi a invocarne la protezione, nasce il primo novembre 2010, festività di Ognissanti, per iniziativa di Ruggero (cuoco e gestore) e Michele (inesauribile tuttofare), imprenditori appassionati di enogastronomia, che decidono di scommettere su questa attività in barba alle difficoltà del territorio e alla crisi. L'imperativo che guida le proposte è la cucina della tradizione campana, con un occhio alle nuove tendenze, sempre con la ricerca nei mercati locali delle materie prime di giornata. Come antipasto (10 €) solitamente vengono proposti cinque assaggi, per esempio **involtino di melanzane**, peperone imbottito, millefoglie patate e zucchine, cozza in carrozza, tutto secondo stagione. Tra i primi segnaliamo **pasta fagioli e cozze** (8 €), ziti alla genovese, il mezzano lardiato, spaghetto al tarallo sugna e pepe, pacchero baccalà e friarielli, spaghettone scampo, pomodoro giallo e fiore di zucca (15 €), orecchiette asparagi, acqua di mozzarella e primo sale. Ampia scelta di carne e di pesce: **stocco in cassuola**, baccalà in tempura o al vapore su crema di ceci (12 €), calamaro ripieno con provola patata e friarielli, scottona marchigiana o cilentana alla griglia. I dolci sono tutti casalinghi: ottimo il **tiramisù di lamponi** (5 €), non da meno la ricotta e pera o le crostatine alla frutta. La carta dei vini comprende circa 130 etichette locali e nazionali.

FRIGENTO
Fontana Madonna

48 KM A NE DI AVELLINO A 16 E SS 303, CASELLO DI GROTTAMINARDA

Fontana Madonna
Azienda agrituristica
Contrada Fontana Madonna
Tel. 0825 444647-333 7969793
Chiuso il martedì
Orario: mezzogiorno e sera
Ferie: 1 settimana in luglio, a Natale
Coperti: 40 + 100 esterni
Prezzi: 30 euro vini esclusi
Carte di credito: tutte, BM

Mangiare qui è piacevole e gratificante grazie al ricco menù tipico irpino, all'atmosfera rilassante della struttura in pietra e legno e alla simpatica accoglienza che non risparmia spiegazioni sui piatti, ingredienti e ricette. Le abilità culinarie esaltano la genuinità dei prodotti in gran parte di provenienza aziendale: marmellate, ortaggi e l'extravergine di oliva di due varietà autoctone. Diverse le portate dell'antipasto (12 €) che varia secondo il periodo: tortino di ortiche, tuorlo d'uovo scottato, gratinato e adagiato su letto di purea di fagioli, **minestra** *asciatizza* con erbe miste di campo e straccetti di carne (servita con pane azzimo che esalta l'amarognolo delle verdure), ricottina con fiori di borragine. Regina dei primi è la pasta fatta in casa: *cicatielli* o **ravioli ripieni di ricotta vaccina in salsa di noci**, patate, oppure peperoni *cruschi* sbriciolati, utilizzati sia come condimento sia nell'impasto (7 €). La scelta dei secondi (10 €), prevalentemente di carne, è possibile tra la bistecca di marchigiana cotta su pietra lavica, il coniglio imporchettato e aromatizzato con finocchietto, lo **stinco di maiale in salsa di mele cotogne** e le semplici tagliate. Le confetture artigianali consentono la preparazione di ottime crostate, che assieme al tortino di noci e alla **delizia di cachi** completano l'assortimento dei dessert (3 €). Vino dell'azienda e una bella lista di etichette irpine.

GESUALDO

40 KM A NE DI AVELLINO

La Pergola

Ristorante-pizzeria
Via Freda
Tel. 0825 401435
Chiuso il mercoledì
Orario: sera, sabato e domenica anche pranzo
Ferie: non ne fa
Coperti: 60 + 20 esterni
Prezzi: 25-35 euro vini esclusi
Carte di credito: tutte, BM

La Pergola – nota per la buona offerta di produzioni locali, soprattutto casearie e agricole – porta nei suoi piatti i sapori dell'alta Irpinia, proponendone le tradizioni culinarie già a partire dagli antipasti. Ottimi sono infatti il **pancotto con verdure di campo**, fagioli piattelli e pomodorini infornati, i salumi locali o, direttamente dagli orti di Gesualdo, lo sformato di verdure, ricotta, erbette e le verdure ripiene (7 €). Tra i primi (8 €) la polenta, che qui prende il nome di paparotta, e la pasta trafilata al bronzo come gli **spaghetti alla chitarra con peperoni friarelli, pomodorini e polpette di alici**. Colpisce inoltre la ricca proposta di secondi, che dà la possibilità di scegliere tra diverse ricette: il **carré di agnello con mollica di pane alle erbette aromatiche** (12 €), il maiale con alloro e cipollotti, lo stracotto di vitello all'Aglianico. Interessante la variante di cosciotto di agnello al fieno maggengo, piatto tipico del Settecento, disponibile solo su prenotazione. Da provare anche i **formaggi**, soprattutto il pecorino di Carmasciano e il caciocavallo podolico, provenienti dalle zone circostanti, dove si praticano ancora il pascolo di montagna e l'allevamento allo stato brado. I dessert (4 €) sono preparati in casa: un buon gelato alla fragola con mosto cotto o la **sfogliatella di mele annurche e crema alla vaniglia** completeranno il pasto. La varietà dei vini irpini presenti in cantina merita un elogio per la particolare cura nella selezione.

GIFFONI SEI CASALI
Capitignano

21 KM A NE DI SALERNO

Il Brigante

Osteria tradizionale
Località Sant'Anna, 2
Tel. 089 881854-328 3592987
Chiuso il martedì
Orario: sera, sabato e festivi anche pranzo
Ferie: 2 settimane a Natale
Coperti: 60 + 50 esterni
Prezzi: 25 euro vini esclusi
Carte di credito: tutte, BM

L'osteria la trovate a ridosso della bella pineta situata alle porte della frazione di Capitignano. Rosaria e Guido Brancaccio, di recente si sono trasferitisi nella nuova struttura con alcuni coperti in più e un orticello dove poter coltivare un po' di verdure e di erbe aromatiche. Guido in sala si prende cura degli ospiti e racconta i piatti, Rosaria si dedica alla sua cucina di sempre. Si può iniziare con due possibili proposte di antipasti (6 €), una di salumi e latticini, l'altra di verdure di stagione cucinate in vario modo, come zucchine alla *scapece*, parmigiana o polpette di melanzane, **fiori di zucca ripieni di ricotta** o **broccoli e fagioli**. Tra i primi (6 €) gli spaghetti alla nocciola tonda di Giffoni, la **pasta e fagioli** (con fagiolo occhio nero dell'alta valle del Sele) o i classici fusilli al ragù di cinghiale. Cottura alla brace per bistecche di vitello, salsicce di maiale, costolette di agnello oppure, saltuariamente, il **coniglio ruspante alla cacciatora** (7 €); il tutto accompagnato da contorni di broccoli saltati in padella, da patate e funghi porcini. I dolci del giorno sono offerti dalla casa: si potranno assaggiare la crostata di nocciole di Giffoni, le zeppole calde o i natalizi **calzoncelli**, ripieni di crema di castagne. Quanto ai vini la scelta è tra un onesto rosso della casa e un limitato numero di bottiglie di cantine del territorio.

Janis Cafè, in via Sant'Anna 15, per gustare la sfoglia con miele, nocciola, scaglie di cioccolato; a **Giffoni Valle Piana** (8 km), via Scarpone 2, la pasticceria Elia offre calzoncello con castagne e raviolo dolce con ricotta e cannella.

GIUGLIANO IN CAMPANIA

14 KM A NO DI NAPOLI

Fenesta Verde
Ristorante
Vico Sorbo, 1
Tel. 081 8941239
Chiuso domenica sera e lunedì
Orario: mezzogiorno e sera, festivi solo pranzo
Ferie: agosto
Coperti: 60 + 30 esterni
Prezzi: 35 euro vini esclusi
Carte di credito: AE, CS, MC, Visa, BM

A pochi passi da piazza dell'Annunziata – che la domenica successiva alla Pentecoste, si popola per la sentitissima e spettacolare festa della Madonna della Pace – sorge questa osteria. La storia ebbe inizio nel 1948, quando Andrea Guarino e sua moglie Luisa iniziarono l'attività nella loro cantina, prima adibita a rifugio antiaereo. Dopo due generazioni il locale, riammodernato, è gestito da Luisa, Laura e i rispettivi mariti, Guido e Giacomo. Oltre che nei graziosi spazi interni, d'estate è possibile mangiare sul terrazzo. L'antipasto è fisso e prevede otto deliziosi assaggi (12 €)che cambiano con le stagioni: il **gattò salsiccia friarielli e provola** o i peperoni ripieni, l'**insalata di farro e verdurine con cozze**, il polpo con patate. Tra i primi (8 €) oltre ai classici della tradizione preparati a regola d'arte come la **genovese**, il **ragù** e la pasta e patate con provola, segnaliamo gli ottimi ravioli ripieni con gamberi e zucchine e i **paccheri con frutti di mare e cime di rapa**. Tra i secondi da provare il **baccalà alla brace con scarole stufate** (10 €) e il maialino al forno e il misto di carne al ragù. Sublimi i dolci, preparati in casa: imperdibili la **millefoglie scomposta crema e amarena** (5 €) e il semifreddo alla nocciola. Fornitissima la cantina dove sono presenti etichette nazionali e internazionali con ricarichi onesti.

66 *L'accoglienza cortese e discreta, l'attenzione al meglio delle produzioni campane, la valorizzazione della tradizione e calibrati innesti innovativi, confermano questo locale tra le eccellenze della ristorazione campana* 99

GIUGLIANO IN CAMPANIA

14 KM A NO DI NAPOLI

La Marchesella
Ristorante
Via Marchesella, 13
Tel. 081 8945219
Chiuso il mer, mar-mag e ott aperto solo fine settimana
Orario: sera, pranzo su prenotazione
Ferie: novembre-marzo
Coperti: 140 + 20 esterni
Prezzi: 30-33 euro vini esclusi
Carte di credito: tutte, BM

Tommaso e Gena Iodice da anni operano nell'ampio e popolato territorio giuglianese, in continuità con una ricca e feconda tradizione familiare. Con grande attenzione alle materie prime, si divertono anche a rivisitare i piatti tipici locali grazie alla creatività giustamente calibrata di Gena. Il menù propone un assaggio di quattro antipasti di terra (8 €) – parmigiana di melanzane bianca, **gnocco fritto con pancetta**, fiore di zucca ripieno con ricotta e basilico, gateau di salsicce, friarielli e provola – e cinque di mare (12 €): gateau di asparagi e gamberetti, julienne di seppie e friarielli, alici ripiene, vellutata di patate con polpo, crema di fagioli con ricotta di bufala, crudité di gamberi e pomodorini. Tra i primi, segnaliamo gli immancabili **gnocchi con fonduta di caciocavallo** (9 €), la pasta con piselli e pancetta stagionata, gli spaghetti al pesto di basilico, cozze e caciocavallo irpino o, ancora, gli gnocchi di patate in tegame con mozzarella di bufala e ragù di carne gratinati nel forno a legna. Secondi di carne o pesce, tra i quali consigliamo la costoletta di suino casertano (10 €), la salsiccia con finocchietto, la **zuppa di cozze alla pupatella** o il classico baccalà fritto. Oltre agli ottimi contorni, tra cui la **scarola alla carrettiera con aglio e pinoli**, assaggiate i numerosi dolci: **zuppetta con babà al rhum e crema chantilly** (4 €), ananas e fragole al limone, crostatina calda con crema pasticciera e pinoli tostati. Ricca selezione di vini, con particolare attenzione alla Campania. Di sera il locale funziona anche come pizzeria.

ISOLA D'ISCHIA
Barano d'Ischia
Fiaiano

90 MINUTI DI TRAGHETTO DA NAPOLI + 9 KM DA ISCHIA

Il Focolare

Ristorante
Via Cretajo al Crocefisso, 3
Tel. 081 902944
Chiuso il mercoledì, mai d'estate
Orario: sera, fine settimana anche pranzo
Ferie: 3 giorni a Natale, 2 settimane fra febbraio e marzo
Coperti: 100 + 100 esterni
Prezzi: 35 euro vini esclusi
Carte di credito: CS, MC, Visa, BM

La famiglia d'Ambra continua da parecchi lustri la tradizione della cucina ischitana in questa singolare osteria che si trova in un bosco di castagni a pochi minuti di auto dal porto di Casamicciola. Quasi ci si dimentica di essere in un'isola, tra le più belle del golfo di Napoli, se non fosse per lo splendido panorama che si gode dall'ampio terrazzo prospiciente la sala da pranzo, anche perché l'offerta gastronomica è esclusivamente legata alla terra. La cucina offre un menù variegato e legato alla stagionalità, con largo uso delle materie prime del territorio e di alcuni Presìdi Slow Food. Si può iniziare gustando tra gli antipasti (9,50 €) una fantasia di verdure, tra cui **finocchi saltati con le mandorle e carote alla salvia** o il rotolo di zucchina con mozzarella di bufala. Continuando si può gustare un'invitante selezione di primi piatti: **gnocchi di melanzane con pomodorini e provola** (9,50 €), lasagna con asparagi e caciocavallo podolico, tortelli di patate con porri e salsicce, caponatina di fagioli zampognari. Tra i secondi si può scegliere tra lumache (di terra) alla Matilde Serao (11€), pollo in crosta di pane speziato, **coniglio all'ischitana** nel coccio di terracotta (solo su prenotazione, 47 euro per quattro persone). Per finire **crostata al limone di Procida**, pan di mele con lavanda e rosmarino (4,50 €). La carta dei vini è prevalentemente isolana e campana in genere, con buone eccezioni piemontesi e toscane.

❝ *La ciurma D'Ambra vi guiderà in un'allegra e sicura crociera lungo la gastronomia isolana, tra tappe classiche e nuove ed entusiasmanti scoperte* ❞

LETINO
Le Fossate

76 KM A NO DI CASERTA

Le Fossate

Azienda agrituristica
Contrada Licia
Tel. 0823 949595
Aperto da venerdì a domenica, prefestivi e festivi, sempre da giugno a settembre
Orario: solo a mezzogiorno
Coperti: 100 + 100 esterni
Prezzi: 25 euro vini esclusi
Carte di credito: tutte, BM

Qualche chilometro dopo l'abitato di Letino, in uno splendido e rigoglioso scenario montano del massiccio del Matese al centro dell'omonimo parco naturale, si trova l'azienda agrituristica Le Fossate, di proprietà di Agroturistica Matese Società Cooperativa. All'interno di una sala molto rustica, si scorgono vari attrezzi agricoli del passato, un grande braciere che serve da riscaldamento, un forno a legna che sforna fraganti **focacce**, servite al posto del pane e, in una saletta attigua, prodotti caseari e salumi in stagionatura (tutti di produzione propria grazie all'allevamento in loco di maialino nero casertano). Si inizia il pranzo con un abbondante antipasto (7 €) di salumi, formaggi e **giardiniera** casalinga preparata con verdure provenienti da agricoltura biologica. Tra i numerosi primi (7 €), tutti di pasta fatta in casa, troviamo ottimi **cavatelli e ceci**, sontuose **tagliatelle con sugo di cinghiale o di castrato** o tagliatelle e fagioli, zuppa di fagioli con le cotiche e polenta con sugo di salsiccia (8 €). Tra i secondi ci sono gli **abbuoti** (9 €) e il tipico soffritto di agnello (coratella); da segnalare anche le ottime carni alla brace o al forno, che si accompagnano con le patate di Letino dal sapore dimenticato. Buona la selezione di formaggi e vino della casa.

722 | CAMPANIA

LIONI

48 KM A EST DI AVELLINO

La Pentola d'Oro
Trattoria-pizzeria
Via Torino, 14
Tel. 0827 46102-347 8401675
Chiuso il martedì
Orario: mezzogiorno e sera
Ferie: in luglio e periodo natalizio
Coperti: 120
Prezzi: 28-30 euro vini esclusi
Carte di credito: tutte, BM

Quattro elementi rendono attraente questa osteria: l'ospitalità, il forno a legna in funzione a pranzo e a cena, la matassa (un tipo di pasta fresca preparata con le mani senza alcun attrezzo da cucina) e... l'albo dei fornitori, custodito gelosamente dai fratelli Di Sapio. Nel librone sono trascritti i nomi dei pastori che conferiscono al locale sia la carne per un succulento misto alla brace (14 €), sia le conserve di pomodori, come pure gli ortaggi, le uova e le erbe spontanee con cui Teresa prepara la **stracciatella di cardoncelli e agnello** (7 €). Oltre ai piatti in carta ci sono sempre quelli del giorno come le **matasse al ragù bianco** (8 €), preparato con il coniglio profumato al rosmarino, la **lardiata con tartufo** (8 €) o le orecchiette alla montanara, con salsiccia e cipolla. La **scarola e fagioli** e la *menesta sciatizza*, patate, scarola e peperoni secchi, vengono sempre condite con l'olio extravergine di varietà raveca che Imma offre anche ai tavoli. Lo stesso olio insaporisce il formaggio primo sale, assieme a menta e peperoncino. I dolci, preparati direttamente da Franco, provengono tutti dal grande forno a vista dal quale, un paio di volte a settimana, si sforna anche il pane. Buoni l'Aglianico del Vulture della casa, l'assortimento di vini dell'Avellinese e i liquori a base delle erbe più svariate di cui è ricca la campagna circostante.

🔖 Sulla statale Appia, al numero 7, il caseificio Perna offre prodotti lavorati artigianalmente: treccia di Lioni, cacioricotta e altri formaggi, freschi e stagionati, da latte biologico.

MASSA LUBRENSE
Santa Maria Annunziata

53 KM A SUD DI NAPOLI, 9 KM DA SORRENTO SS 145

La Torre
Ristorante
Piazzetta Annunziata, 7
Tel. 081 8089566-333 3966261-338 9438804
Chiuso il martedì, mai d'estate
Orario: mezzogiorno e sera
Ferie: variabili
Coperti: 60 + 120 esterni
Prezzi: 🞣 35-38 euro vini esclusi
Carte di credito: tutte, BM

Il ristorante si trova in prossimità della torre trecentesca del castello di Massa e del belvedere dell'Annunziata, dove «si è così vicini a Capri che sembra di toccarla». Dal 2000, Antonino e la sua bella famiglia allietano le serate di questo ameno angolo della costa sorrentina con piatti a base di pesce, dei pescatori locali, e prodotti della terra, dell'orticello di nonno Liberato. L'équipe è formata da Tonino "one fire", che gestisce la sala con la figlia Alessia, dalla moglie Maria in cucina e dall'altra figlia, la tuttofare Amelia. L'antipasto (14 €) è composto da sette assaggi che variano secondo stagione. Per citarne solo alcuni ricordiamo parmigiana di melanzane, zuppa di fagioli cannellini e dente di morto, polpetta di baccalà, **insalata di polpo con peperoncino verde di fiume**. Tra i primi caserecce fatte in casa con frutti di mare (12 €), **spaghetti con polpetto affogato**, pacchero con ragù di ricciola e **genovese di tonno**. Per il secondo, la ricciola viene preparata con pomodorini, capperi e olive (14 €), la **pezzogna al sale** e i gamberetti di Crapola sono serviti crudi o con pepe e sale. D'inverno, ad accompagnare il ragù di pomodoro San Marzano sono polpette e braciole. A conclusione del pasto c'è una buona selezione di **formaggi** o diversi dolci fatti in casa (4 €). Discreta è la scelta di vini campani, ma è possibile ordinare anche un onesto vino bianco della casa servito con le percoche.

CAMPANIA | 723

MASSA LUBRENSE
Sant'Agata sui Due Golfi

53 KM A SUD DI NAPOLI, 9 KM DA SORRENTO SS 145

Lo Stuzzichino
Ristorante
Via Deserto, 1 A
Tel. 081 5330010-333 3323189
Chiuso il mercoledì, mai in agosto
Orario: mezzogiorno e sera
Ferie: 25 gennaio-20 febbraio
Coperti: 50 + 80 esterni
Prezzi: 30-35 euro vini esclusi
Carte di credito: AE, CS, MC, Visa, BM

Giusto nel centro di Sant'Agata sui Due Golfi, il locale gode di un ampio spazio esterno e di una cucina a vista: fuori si potrà godere del clima turistico della costiera, dentro dell'allegria e del ritmo professionale della brigata di Paolo (cinquant'anni in cucina) che trasformano molte delle eccellenze campane in piatti che esaltano e arricchiscono la cucina sorrentina. Ci si può affidare con fiducia alla calorosa accoglienza di Mimmo e Dora che propongono tre menù a 30, 40 e 45 euro vini compresi. La pasta è quella di Gragnano, di assoluta qualità, e si accompagna con semplici, profumati sughi: il **pacchero con ricciola e alloro** (12 €) ad esempio rappresenta l'emblema di questa fortunata unione. I **ravioli** in estate sono farciti con ricotta e limone e conditi con zucchine e vongole (12 €) o **con sugo di pomodoro**, d'inverno la farcitura è con la scarola e la salsa di ricotta e noci di Sorrento. Nella stagione fredda si può trovare anche una saporita **minestra di verza con castagne di Montella** (8,50 €). Fra i secondi, **alici in tortiera** o totani e patate che, come la **'mpepata di cozze** conservano un intenso profumo di mare. Da gennaio a giugno si trovano i **gamberetti di Crapolla** (11 €); se il clima non permette la disponibilità di pescato fresco ecco il **baccalà con papaccella napoletana** (Presidio Slow Food). Ottimi **formaggi** locali, tra i quali un eccellente provolone del monaco, e torta di Nonna Filomena, babà, mousse al pistacchio chiudono il pasto. Cantina ricca delle migliori etichette.

❝ *In un'atmosfera semplice e serena sarete accompagnati in un percorso enogastronomico attento ai prodotti e alla tradizione* ❞

MELITO IRPINO

41 KM A NE DI AVELLINO

Di Pietro
Trattoria
Corso Italia, 8
Tel. 0825 472010
Chiuso il mercoledì
Orario: mezzogiorno e sera
Ferie: in settembre
Coperti: 90 + 15 esterni
Prezzi: 30-32 euro vini esclusi
Carte di credito: tutte, BM

Enzo Di Pietro accoglie ogni suo ospite con un sorriso gioioso, indossando l'immancabile mantesino (grembiule) dal quale estrae il blocchetto per prendere prontamente nota delle ordinazioni. Riesce a descrivere il classico menù stuzzicando l'appetito con l'elenco di piatti e ricette che risultano subito accattivanti. La sua trattoria è al centro del paese e dispone di una cantina allestita con i migliori vini italiani, che dimostrano capacità di dialogo col territorio, di cui Enzo conosce espressioni storiche e novità. Si inizia con un antipasto (10 €) composto da salumi locali, treccine di mozzarella, verdure dell'orto di famiglia, come i peperoni verdi saltati in padella con pomodori ciliegini, cardarelle alla pizzaiola, **insalata di farro con fave e cacioricotta**, bruschette al pomodoro. Grande varietà di pasta fatta a mano nei primi: ravioloni ripieni di ricotta e verdure al ragù, **cicatielli al sugo con menta selvatica** (9 €), orecchiette con salsa e cacioricotta. I secondi di carne (9 €) acquistata da allevatori del posto comprendono il **pollo ruspante alla cacciatora**, la **tasca di agnello ripiena**, il misto di carne alla brace, la braciola di maiale in padella. La dispensa conserva **formaggi** di gran qualità come il pecorino stagionato di Castel del Monte, il provolone del monaco, il montebore, inseriti nel menù dei Presidi Slow Food. Notevoli anche i dolci della casa (3 €): **croccante**, cioccolateria, biscotti secchi.

❝ *Enzo e Teresa sapranno deliziarvi con piatti della tradizione che conquistano un posto privilegiato tra i ricordi dei migliori momenti vissuti a tavola* ❞

MERCOGLIANO
Capocastello

7 KM A NO DI AVELLINO SS 374 D O USCITA A 14

I Santi

Osteria moderna
Via San Francesco, 17
Tel. 0825 788776
Chiuso domenica sera e lunedì
Orario: mezzogiorno e sera
Ferie: non ne fa
Coperti: 54
Prezzi: 35 euro vini esclusi
Carte di credito: CS, MC, Visa, BM

I fratelli Emilio e Federico Grieco gestiscono questo bel ristorante all'interno del borgo medievale di Mercogliano, a breve distanza dal capoluogo di provincia, ai piedi della via che sale su a Montevergine, importante luogo di culto regionale. Paziente ricerca delle materie prime, attenzione al cliente, puntuale e cordiale accoglienza sono alle base dell'affermazione del locale. La cucina è incentrata sui prodotti irpini con selezionate, periodiche puntate oltre confine. Per cominciare il tagliere di salumi e formaggi, per la maggior parte di espressione territoriale, o l'antipasto I Santi con ben 10 assaggi di ricette tipiche, molte secondo stagione: tra queste vi segnaliamo l'estiva **parmigiana fredda di zucchine**. Proseguirete con una trenetta lardiata (8 €), con **cecatiello con funghi porcini e tartufo nero** o con un raviolo con ricotta di Capocastello. I secondi sono tutti di carni di allevamenti dei dintorni, cui i fratelli Grieco dedicano scrupolosa attenzione. Vi segnaliamo il **maialino nero con mandorle formaggio e miele** oppure con Aglianico e rosmarino (15 €); in alternativa **bocconcini di vitello con funghi porcini e tartufo nero** (15 €), stracotto di cinghiale e una buona proposta di carni alla brace. I dolci comprendono un semifreddo al torrone, **crème caramel al Fiano cotto** (4 €) e semifreddo alle fragole e mentuccia. Bella selezione di **formaggi**, curata personalmente da Emilio, con gli immancabili carmasciano e caciocchiato. Buona anche la proposta enoica con quattro vini rossi e un bianco quotidianamente offerti al bicchiere. Due i menù degustazione a 30 e 35 euro.

META
Marina di Alimuri

44 KM A SE DI NAPOLI

La Conca

Osteria moderna
Via del Mare, III traversa Alimuri
Tel. 081 5321495-331 7356726
Chiuso il lunedì
Orario: mezzogiorno e sera
Ferie: 7-31 gennaio
Coperti: 35 + 35 esterni
Prezzi: 32-34 euro vini esclusi
Carte di credito: tutte, BM

Grazie alla splendida visuale della Marina di Alimuri il locale di Antonio Cafiero, che opera con il suo team di familiari e collaboratori, garantisce agli ospiti momenti di piacere non solo gastronomico. Il mare del golfo di Napoli incornicia e ispira i piatti proposti. Le materie prime sono selezionate in base alla stagionalità e al mercato. Tra gli antipasti, polpo alla griglia o i **marinati di pesce azzurro** (7 €) e, se disponibili, non perdete l'occasione di assaggiare i classici gamberetti sale e pepe (10 €). Riguardo ai primi, ottimi gli **spaghetti con alici e pangrattato** (10 €) o con un pesto di agrumi, noci, basilico e gamberi. Pesce, crostacei e molluschi vengono proposti in tutte le cotture: ricca e saporita la **grigliata di pesce azzurro** (13 €) **con pesce bandiera, palamita o alalunga, alici**, così come le classiche fritture o la preparazione all'acquapazza. Per i non amanti del pesce presenti buone alternative come i delicati ravioli capresi, le carni alla griglia o il tagliere di formaggi mediterranei con miele e confetture. Per finire ampia scelta di dolci fatti in casa, tra cui il tortino di mela annurca con crema pasticciera (5 €) o il **semifreddo al pistacchio**. Interessante la carta dei vini con circa 100 etichette campane ed extraregionali. Per concludere assaggiate nocino, finocchietto, limoncello o liquirizia, tutti infusi casalinghi.

CAMPANIA | 725

MOLINARA

31 KM A NE DI BENEVENTO

Al Borgo
Ristorante-pizzeria
Corso Umberto I, 1
Tel. 0824 994004
Chiuso il lunedì
Orario: mezzogiorno e sera
Ferie: variabili
Coperti: 70 + 40 esterni
Prezzi: 20-25 euro vini esclusi
Carte di credito: CS, MC, Visa, BM

Il locale è situato all'interno del centro storico di Molinara, oggetto di interessanti interventi di recupero e di conservazione del patrimonio edilizio di grande valore identitario. D'estate l'allestimento dei posti all'aperto è di sicuro effetto. A condurre il locale trovate il cordiale Rocco, il proprietario. Gli spazi interni sono curati e finemente semplici. Si inizia con un antipasto Al Borgo (7 €): affettati, caciocavallo, ricottina al forno e bruschette impreziosite da olio della varietà ortice. Si continua con primi come le paccozzelle con broccoli o con ceci, i cavatelli pomodorini e basilico e i **quagliatelli** (piccole lagane) **e fagioli** (6 €). Tra i secondi di carne, tutta locale, segnaliamo l'agnello alla brace, la costata di maiale, la salsiccia con le rape (solo d'inverno), la **trippa** (8 €) e i **mugnatielli** (involtini ripieni di interiora di agnello, di cuore, polmone e fegato). I contorni sono di verdure grigliate, cicoria e scarole. La pizzeria offre un ricco menù che riesce a coniugare la tradizione partenopea con interessanti contaminazioni di prodotti del territorio come il caciocavallo di Castelfranco in Miscano; ottime le pizze con verdure stagionali, fiori di zucca e provola e, d'inverno, con rape e salsiccia fresca. I vini proposti sono una selezione delle migliori cantine sannite. Il dolce è la **cassatina** di San Marco dei Cavoti, un dolcetto fatto di pan di Spagna, pasta reale e finissima ricotta con gocce di cioccolato.

◼ Al mini market Callisto, nella vicina contrada Gregaria, si possono trovare, nel reparto prodotti locali, i legumi della comunità del cibo del Fortore e i pomodorini gialli invernali.

MONTECORICE
Agnone Cilento

78 KM A SUD DI SALERNO

Paisà
Osteria
Via Marina Nuova, 82
Tel. 329 9121204
Sempre aperto, febbraio-giugno solo fine sett su prenotazione
Orario: mezzogiorno e sera
Ferie: novembre-gennaio
Coperti: 20 + 20 esterni
Prezzi: 35 euro vini esclusi
Carte di credito: nessuna

I fratelli Pasquale e Luca Tarallo, che da alcuni anni conducono la storica osteria di famiglia, situata sul piccolo lungomare di Agnone, da un po' di tempo hanno iniziato a produrre in proprio il pesce sott'olio, le alici salate, la bottarga e recentemente anche i capperi. La cucina è prevalentemente di mare, con poche elaborazioni e semplicità negli accostamenti. Il menù è condizionato dal pescato disponibile e spesso viene cambiato anche ogni giorno. È sempre preferibile prenotare, specialmente nei fine settimana estivi. Si inizia con un antipasto misto che comprende verdure di stagione e pescato (12 euro per due persone). Un primo piatto che troverete spesso è **spaghetti aglio extravergine e bottarga** (10 €), molto buono, accanto paccheri, melanzane e tonnetto, e a pasta e fagioli con il polpo. I secondi, con particolare attenzione al pesce azzurro, possono essere **sgombro pomodoro e capperi** (8 €) o **pancetta di alalunga alla griglia con menta** (15 €). Oltre al cacioricotta di capra, si trovano anche altri caprini a latte crudo, sia freschi sia stagionati. Una bella scoperta è la **mousse di ricotta di bufala e basilico con extravergine** di salella (4,50 €) e la **crostata con frutta di stagione** (4 €). Da bere alcuni liquori fatti in casa, diverse etichette di vini della zona e alcune regionali.

◼ La Bufalina, in corso Matarazzo 159 a **Santa Maria di Castellabate** (14 km), è una gastronomia ben fornita con particolare attenzione ai formaggi nazionali ed esteri.

MONTEMARANO
Ponteromito

32 KM A EST DI AVELLINO

Trattovia Il Gastronomo
Ristorante
Via Nazionale, 77 A
Tel. 392 2603952
Chiuso il mercoledì
Orario: mezzogiorno e sera
Ferie: 10 giorni in luglio
Coperti: 70 + 50 esterni
Prezzi: 25-35 euro vini esclusi
Carte di credito: tutte, BM

Montemarano è rinomato perché qui si organizza uno dei Carnevali più antichi e belli della regione. Francesco in sala racconta con orgoglio i piatti preparati con maestria dal cuoco Felice Gaglione, il quale segue l'impulso dato da Antonio Pisaniello, ideatore della filosofia del locale. Iniziate con l'antipasto del gastronomo (10 €): funghi porcini trifolati, **scarola e fagioli**, prosciutto di Ventecano, mozzarellina di Montella, purè di patate con crema di tartufo, insalatina di rucola selvatica con pecorino, formaggi e focaccine con cipolla ramata di Montoro. I primi, tutti fatti in casa, vengono riferiti a voce e variano ogni giorno a seconda della disponibilità dell'orto: troverete sempre la **maccaronara ai cecaluccoli** (6 €), la **minestra maritata**, le mezze maniche broccoli e alici, i paccheri con baccalà (7 €), varie zuppe di ceci, castagne e fagioli. Per il secondo il **baccalà** viene cucinato in diversi modi: **alla perticaregna** (12 €), con patate e sedano, e alla *ualanegna* (con aglio, olio, prezzemolo e peperoncino). Le carni sono di razza podolica e vengono proposte alla brace o con funghi porcini; ottima la pancia di maiale e l'**agnello** che consigliamo vivamente. Per i dolci (€ 4) da non perdere la **millefoglie amarene e cioccolato**, il cestino di frolla, il tortino al cioccolato caldo e biscottini con noci e mandorle. Molte le etichette locali e regionali – meriterebbero di essere ordinate e presentate su una lista – e molto buono il vino della casa.

Caseificio La Regina, contrada Ponte, a **Cassano Irpino** (7 km): eccellenti latticini vaccini, su tutti i nodini e le mozzarelline.

MORCONE

32 KM A NORD DI BENEVENTO SS 87

Mastrofrancesco
Azienda agrituristica
Contrada Piana, 262
Tel. 0824 957033-328 6229999
Aperto sabato e domenica, altri giorni su prenotazione
Orario: mezzogiorno e sera
Ferie: non ne fa
Coperti: 25
Prezzi: 25-30 euro vini esclusi
Carte di credito: nessuna

In un'oasi naturalistica, alle pendici di Morcone, è situata questa tranquilla osteria annessa all'azienda agrituristica che Dino, assieme ai familiari, gestisce con vera passione. L'atmosfera e il contesto in cui il locale è inserito, come ci si aspetta, sono specificamente rurali, con eventuale presenza nei pressi di animali da cortile. Lo spazio ristorativo è collocato nel vecchio casolare, ben restaurato. Si inizia con l'antipasto (7 €) con formaggi e una bella serie di **salumi** di maiale nero casertano, tutto di propria produzione e accompagnato da erbe di stagione, raccolte direttamente da Dino ed elaborate in varie ricette. Secondo disponibilità potrete scegliere delle zuppe, ad esempio di castagne o legumi. Tra i primi di particolare delicatezza gli **gnudi di ricotta al forno con erbette di campo** (7 €), buoni gli gnocchetti di ricotta con tarassaco, pancetta e formaggio morbido e invitanti le paste tirate a mano condite con il sugo o in bianco. Tra i secondi oltre al nero casertano in vari modi, il maialino cotto al forno o alla brace (9 €), la sella di vitello alla brace, il **pollo disossato**, cotto al forno con aromi selvatici. Delicata la **trota** del vicino fiume (9 €), cotta sottovuoto a bassa temperatura. Tra i dolci, la **spuma di ricotta di capra con scaglie di cioccolato** (5 €) e la mousse semifredda di fragole con granella di nocciole, mandorle e miele. Il vino è quello della casa con qualche etichetta regionale.

Sulla statale 87, al km 97,300, presso il caseificio Fortunato, caciocavalli, pecorini, fior di latte, stracciata e cremoso di latte vaccino.

CAMPANIA | 727

La pizza e il cibo di strada

Sarà per la difficile congiuntura economica, per quei corsi e ricorsi storici dall'andamento ciclico difficilmente interpretabile o, anche, per l'indubbio effetto amplificatore dei social network, più probabilmente sarà per queste e molte altre ragioni, fatto sta che mai come negli ultimi tempi la pizza e la cucina di strada hanno goduto di un'esposizione mediatica che, a nostro avviso, rischia di far perdere la loro anima popolare. Cibo semplice per eccellenza, la pizza oggi vive una fase di riscoperta all'insegna della qualità. Ciò detto, non possiamo sottacere il fatto che alcune esasperazioni o integralismi, spesso strumentali, relativi a caratteristiche, provenienza e modalità di lavorazione degli ingredienti, sembrano rispondere più a esigenze narcisistiche e mediatiche dei loro propugnatori che a un'autentica ricerca del giusto equilibrio tra la sapienza del fare e l'uso dei prodotti. E a volte si accendono dispute su elementi lontani da quanto noi, anche con semplice buon senso, riteniamo utile oggi ribadire: qualità delle farine e dell'impasto; appropriati tempi di lievitazione; uso, quando possibile, del *criscito*; cornicione alto; olio extravergine. Accanto alle pizzerie considereremo gli alfieri del cibo di strada, dalle friggitorie ai carnacottari, protagonisti della cucina che reinventa le parti povere – le frattaglie, la trippa –, fedeli custodi della tradizione partenopea. Questo inserto si propone a maggior ragione come una guida orientativa, ma non esaustiva, del territorio dell'area metropolitana di Napoli, cui va riconosciuto un diritto di anticipazione dei fermenti che si sono colti e sviluppati nel contesto regionale e ormai anche nazionale.

Pino Mandarano e Vito Trotta

Antica Cantina del Gallo

450 metri dalla stazione Materdei (Linea 1)
Via Telesino, 21
Zona Fontanelle-1° Crocifisso
Tel. 081 5441521-328 0813045
Chiuso la domenica sera
Orario: 10.00-15.30/19.00-23.00
Ferie: 20 giorni in agosto

Tra il rione Sanità, Materdei e le Fontanelle – luogo dove secondo la tradizione dimorano le anime del Purgatorio – sorge dal 1898 l'Antica Cantina del Gallo. La pizzeria, meta quotidiana di turisti e dei tanti operai che nei dintorni affollano queste strade ricche dell'eccellenza calzaturiera e di pelletteria partenopea, è un piccolo rifugio negli intricati e affascinanti vicoli napoletani. Offre ai suoi avventori un menù ricco dei grandi classici della tradizione, in cui abbondano prodotti di buona qualità. Oltre alla pizza, il locale ha una scelta di piatti tradizionali tra i quali primeggia il baccalà. Molto buoni i fritti, i pizzicotti e il cappello del prete, una specialità di pizza con bordo ripieno di salsiccia e friarielli.

Cafasso

200 metri dalla fermata Campi Flegrei (Linea 2)
Via Giulio Cesare, 156-158
Fuorigrotta
Tel. 081 2395281
Chiuso la domenica
Orario: 12.30-15.00/19.30-23.30
Ferie: agosto

A Fuorigrotta, vicinissimo allo stadio San Paolo e lontano dai flussi turistici della città, troviamo questa pizzeria che da oltre mezzo secolo continua a sfornare pizze seguendo l'antica ricetta di famiglia. Ugo Cafasso prepara pizze leggermente più piccole della media ma molto gustose: oltre alle classiche, anche alcune piacevoli varianti come la 3P (provola, patate e porcini) o anche il prato dell'amore, con filetto di pomodoro, mozzarella, melanzane, prosciutto crudo e rucola. Leggera e fragrante la frittura all'italiana. Completano l'offerta piatti della cucina classica napoletana: gnocchi alla sorrentina, linguine alle vongole, alici fritte e baccalà.

Carmenella
400 metri dalla stazione centrale,
200 metri dalla fermata della Circumvesuviana
Via Cristoforo Marino, 22
Tel. 081 5537425
Chiuso la domenica
Orario: mezzogiorno e sera
Ferie: 15-31 agosto

Lontano dai flussi turistici, ma con un prodotto di qualità, in questa pizzeria, nel popolare quartiere alle spalle di piazza Garibaldi, Vincenzo Esposito prosegue l'attività iniziata dalla nonna Carmela Sorrentino. Il locale è piccolo, l'atmosfera casalinga, le proposte richiamano la tradizione napoletana, con qualche esperimento innovativo. Noi preferiamo concentrarci sulle classiche margherita e marinara, dall'impasto leggero e saporito, con ingredienti in giusto equilibrio, o sull'ottimo ripieno, fritto o al forno. In estate consigliamo la pizza con pomodorini, fiori di zucca e ricotta fresca. Come dessert provate le graffette con la cioccolata.

Da Attilio
Fermata Montesanto della funicolare
Via Pignasecca, 17
Tel. 081 5520479
Chiuso la domenica
Orario: mezzogiorno e sera
Ferie: agosto

Ci troviamo a Pignasecca, uno dei quartieri più caratteristici di Napoli, in un mondo variegato di venditori e viandanti. È qui che troviamo, dal 1938, questa pizzeria oggi gestita da Attilio e Angelina con la mamma Maria Francesca. A pranzo il classico bancone per l'asporto e il consumo in piedi: la pizza piegata a libretto è servita per pochi spiccioli. La pasta è soffice e ben lievitata, le materie prime di qualità, la scelta è molto vasta: alle classiche marinara e margherita si aggiungono il ripieno al forno con ciccioli, ricotta e pepe, quella con salsiccia e friarielli o con pomodorini del piennolo e bufala. Singolare la pizza "sole nel piatto" con le estremità ripiene di ricotta. Come condimento un filo di ottimo extravergine. Buoni i fritti, da non perdere il crocchè gigante con salsiccia, friarielli e provola. Sono disponibili anche alcuni piatti della cucina napoletana.

Da Carminiello
Fermata Piscinola (Linea 1), poi bus per corso Secondigliano
Corso Secondigliano, 350
Tel. 081 7540037
Chiuso la domenica
Orario: aperto tutto il giorno, eccetto 16.00-18.00
Ferie: variabili

In corso Secondigliano troverete questa pizzeria gestita attualmente da Vincenzo e Maria De Lucia, che ereditano una tradizione familiare iniziata nel 1910 dal loro prozio Carmine. Da provare, per cominciare, i fritti, esposti nella vetrina esterna e, su richiesta, il crocchè grande. Le pizze sono caratterizzate da un impasto leggero e digeribile; consigliamo le classiche margherita con bufala e marinara, oltre al ripieno fritto e alla pizza Vesuvio. Target molto popolare.

Da Concettina Ai Tre Santi
Fermata Piazza Cavour (Linea 1 e Linea 2)
Via Arena alla Sanità, 7 Bis
Tel. 081 290037
Orario: 10.30-23.00
Chiuso la domenica
Ferie: la settimana centrale di agosto
novità

Il nome di questa pizzeria, situata nel cuore pulsante di Napoli, fa riferimento a un altarino votivo adiacente al locale. A gestirla è Ciro Oliva, rampollo di una lunga tradizione familiare iniziata nel 1951 da Concettina e Antonio. Con un occhio alla tradizione e l'altro all'invenzione di nuove varietà, l'intraprendente giovane pizzaiolo propone una serie di pizze caratterizzate da ingredienti di alta qualità. L'offerta è molto ampia: per iniziare i fritti, molto buoni, o il montragù, un tris di montanare con varie salse. Tra le pizze, oltre alle classiche margherita e marinara, segnaliamo quelle innovative: l'aumm (con carne di chianina) e il casatiello (con *cicoli* e crosta d'uovo). Per finire un dolcino a sorpresa. Il tutto accompagnato da birre anche artigianali.

Da Gaetano
Stazione centrale-Fermata metro Piazza Garibaldi (Linea 2)
Via Casanova, 109
Tel. 338 6038618
Chiuso la domenica
Orario: 9.30-21.00, sabato 9.30-23.00
Ferie: le due settimane centrali di agosto
novità

Fuori dai circuiti turistici, questa pizzeria può rappresentare l'esempio di un onesto artigianato popolare che resiste, incurante del clamore e delle mode. Il locale, attivo dal 1924 e rilevato da Gaetano Giaccio, ora è gestito da Giaccio Domenico e famiglia, e molto frequentato da una clientela attenta e competente. L'impasto è ben lievitato, saporito, ad alta digeribilità. Le pizze sono le tradizionali, a partire dalla marinara e margherita, con le varianti più classiche, capricciosa, ai funghi, al prosciutto. Di particolare equilibrio quella con salsiccia e friarielli. Prezzi popolari.

Da Michele
Fermata Piazza Garibaldi (Linea 2)
Via Cesare Sersale, 1-3-angolo via Colletta
Forcella
Tel. 081 5539204
Chiuso la domenica
Orario: 10.30-24.00
Ferie: tre settimane in agosto

Poco lontano dalla stazione centrale, troviamo questa pizzeria, annunciata visivamente dalla lunga fila di persone che aspettano il loro turno. Non spaventatevi: il servizio è molto rapido e solitamente ci si accomoda in tempi ragionevoli, magari condividendo il proprio tavolo (quello storico, in marmo) con altri avventori. L'attività fu avviata da Michele Condurro nel 1870 e ora è portata avanti dalla quarta generazione familiare all'insegna della tradizione: scelta limitata, solo marinara o margherita, entrambe ottime, ben lievitate, con cornicione basso, senza nessuna concessione modaiola. Insomma un vero e proprio baluardo della pizza napoletana.

De' Figliole
900 metri dalla Stazione Centrale di Piazza Garibaldi
Via Giudecca Vecchia, 39
Forcella
Tel. 081 286761
Chiuso la domenica
Orario: 10.00-20.00, sabato 10.00-24.00
Ferie: agosto

Siamo nella popolare zona a ridosso di Forcella, non lontano dal Castel Capuano, dove per più di cinquecento anni ha avuto sede il Tribunale di

Napoli. La storia di famiglia racconta che il locale risale all'Unità d'Italia; oggi le "figliole" che lo gestiscono sono Giuseppina, Immacolata e Carmela, assieme al nipote Francesco. Qui regna sovrana la pizza fritta. Cibo di strada per eccellenza è preparata con il classico impasto in due dischi sovrapposti con un ripieno all'interno, mentre oggi è più usuale trovare un disco farcito e ripiegato su stesso a forma di mezzaluna. Il contesto è popolare, con frenetico via vai di clienti e pizze. La proposta si concretizza nella "completa" con fior di latte, ricotta, ciccioli, pepe e pomodoro o anche con provola, ricotta, salame e pepe, o ancora con scarola cruda, provola, acciughe e olive. In inverno talvolta è proposta con il soffritto, esperienza consigliabile agli stomaci robusti.

Di Matteo
Via dei Tribunali, 94
Tel. 081 455262
Chiuso la domenica
Orario: 09.30-24.00
Ferie: due settimane in agosto

È una delle pizzerie più frequentate di Napoli. Nel perimetro del percorso storico dei Decumani, in via dei Tribunali, gestita ancora dalla famiglia Di Matteo, resta punto di riferimento e prototipo di pizzeria classica, distante dagli attuali stili. Le pizze, con un impasto ben fatto, sono tantissime e variegate. Noi continuiamo a preferire le tradizionali e su tutte la margherita, anche nella variante con provola o mozzarella di bufala. Nell'attesa di trovare posto, l'esterno bancone da asporto sforna di continuo numerosi fritti: sciurilli, crocchè, melanzane, arancini di riso, paste cresciute e le pizze da piegare a portafoglio. Servizio veloce ma attento e cortese in un ambiente colorato e sonoro. Prezzi popolari.

Gorizia 1962
Fermata Metro Quattro Giornate (Linea 1)
Via Albini, 18-20
Vomero
Tel. 081 5604642
Non ha giorno di chiusura
Orario: mezzogiorno e sera
Ferie: non ne fa

Il Vomero è un quartiere napoletano, che assieme a pochi altri, esprime un suo carattere identitario. Ne è esempio questo locale fortemente rappresentativo del contesto ambientale e culturale. Un simpatico prologo al menù racconta la storia della pizzeria e del suo fondatore don Salvatore, scomparso di recente. Oggi il locale è gestito dal figlio Antonio Grasso. Le tradizionali marinara e margherita sapranno conquistarvi, grazie alla lavorazione dell'impasto e alla cura nella selezione degli ingredienti. Ottimo il ripieno Gorizia con mozzarella e melanzane e la pizza Gorizia, bella variante della marinara con i carciofi. Il locale opera anche come trattoria, con piatti della cucina partenopea.

La Figlia del Presidente
Via del Grande Archivio, 23-24
400 metri dalla fermata Piazza Cavour (Linea B)
Tel. 081 286738
Chiuso la domenica, in estate anche lunedì sera
Orario: 08.30-16.00/18.30-24.00
Ferie: le due settimane centrali di agosto

Per i più giovani il riferimento a Bill Clinton può apparire oscuro, ma i cultori della pizza napoletana hanno impresse nella memoria le immagini del presidente americano, nel suo tour napoletano, alle prese con una pizza a libretto, per la verità dagli ingredienti improbabili (wurstel e patatine, ma se lì chiede il presidente…), preparatagli all'istante dal maestro Ernesto Cacialli. La figlia Maria, grazie a una predisposizione tanto genetica quanto affettiva e passionale, assieme al marito Felice Messina, fa onore alla tradizione familiare e nel suo locale propone pizze per tutti gusti. Da non perdere la pizza fritta con *cicoli* e ricotta, fragrante e leggera, uno spettacolo estetico-gastronomico. Prezzi popolari.

La Notizia
Via Caravaggio, 53-59
Vomero
Tel. 081 7142155
Chiuso il lunedì
Orario: 19.30-24.00, sabato e domenica 19.30-01.30
Ferie: agosto

Enzo Coccia, appena premiato con il Best Pizzeria AVPN 2014, è sicuramente tra i protagonisti più importanti della moderna storia della pizza. Ama definirsi «un artigiano al servizio di una delle attività più antiche di Napoli, un pizzajuolo» e, attraverso il cibo democratico per eccellenza, ha contribuito a orientare le coscienze dei gastronomi contemporanei verso la comprensione che il celebre disco di pasta è in realtà un prodotto che porta in sé una profonda sapienza culinaria. Nel locale di Enzo c'è solo pizza, dall'antipasto al dolce. Impossibile non lasciarsi tentare dalla Mastunicola (strutto e pepe) ma anche la pizza *coi sciurilli* (fiori di zucca) è una prelibatezza. Superate dunque con pazienza l'attesa necessaria per accomodarvi in sala e vivrete un'indimenticabile esperienza dei sensi.

Le Zendraglie
100 metri dalla stazione della Circumflegrea, funicolare e metro di Montesanto
Via Pignascesta, 14
Tel. 081 5511993
Chiuso la domenica
Orario: 09.00-22.00
Ferie: 14-23 agosto

A conferma che nella koinè linguistica-gastronomica partenopea la contaminazione è la regola (ragù, babà, sartù, *scapece*..), il termine zendraglie deriva dal francese *les entrailles* (interiora): in questo locale infatti queste ultime la fanno da padrona: trippa, ai tavoli o da asporto, in varie preparazioni, *'o pere e 'o musso*, stentiniello (intestino di agnello con patate). Ma la felice contaminazione non si ferma all'aspetto linguistico: la signora Liuba, di origini esteuropee, moglie del titolare Antonio, ha imparato a cucinare alla perfezione i piatti della cucina napoletana, serviti ai tavoli: polpi affogati, spaghetti con alici e peperoni, paccheri con baccalà, pasta e fagioli.

Masardona
Stazione centrale-Fermata Piazza Garibaldi (Linea 2)
Via Capaccio, 27
Tel. 081 281057
Chiuso il lunedì
Orario: 07.00-15.30, sabato anche 18.00-22.00
Ferie: in agosto

Nella zona popolare delle "case nuove", a dieci minuti a piedi dalla stazione di Napoli Centrale, è attiva da più di sessant'anni questa friggitoria, sempre affollata nonostante la sua lontananza dai flussi turistici e commerciali. Indiscusso protagonista è Enzo Piccirillo che continua l'opera della Masardona, sua nonna, alias Anna Manfredi. Dai crocchè (panzarotti) al battilocchio, ai pagnotielli, alla pizza fritta completa, con ricotta, *cicoli*, provola, pomodoro e pepe, da mangiare in piedi davanti al banco o ai tavolini dell'adiacente locale. Sono presenti numerosi varianti con scarole, salame, prosciutto e anche una pizza vegetariana. Accompagnate la pizza, come si usava un tempo, con un bicchierino di Marsala all'uovo.

Pellone
Stazione Centrale-Fermata Metro
Piazza Garibaldi (Linea 2)
Via Nazionale, 93
Tel. 081 5538614
Chiuso la domenica
Orario: mezzogiorno e sera
Ferie: 15-31 agosto

Colorata e variegata pizzeria e, ahinoi, anche affollata: per ridurre i tempi d'attesa, vi conviene dichiarare che siete disponibili a condividere un tavolo con altri avventori. Franco De Luca all'ingresso è puntuale nel porvi la fatidica domanda: «vi aggrego?». Nell'attesa un bel banco d'asporto, ricco di ottimi fritti e di pizze da consumare in piedi, saprà far trascorrere più velocemente il tempo. Le grandi pizze, ben oltre la media, sono molto ricche e conquistano per sapidità e qualità degli ingredienti. Su tutte la margherita e il ripieno con la scarola, ma è molto buona anche la pizza fritta. Il servizio, anche nei momenti più frenetici, è cortese e attento.

Gino Sorbillo
Fermata Metro Montesanto o
Piazza Cavour (Linea 2)
Via dei Tribunali, 32
Tel. 081 446643
Chiuso la domenica, mai nel periodo natalizio
Orario: 12.30-15.30/19.00-23.30
Ferie: in agosto

Percorrendo via dei Tribunali, non avrete bisogno di chiedere informazioni per trovare la rinomata pizzeria Sorbillo: basta infatti seguire il fiume di quanti, a pranzo e a cena, attendono pazientemente il proprio turno per gustare una delle pizze più famose del mondo. La famiglia Sorbillo, di cui Gino e Antonio sono la quarta generazione di pizzaioli, ha una tradizione invidiabile: nonno Luigi aveva 21 figli e sono diventati tutti affermati maestri nella lavorazione del "disco di pasta". Dalle classiche margherita e marinara alle più moderne elaborazioni, delle vere e proprie pop-art da gustare, ogni pizza, trasbordante dal piatto, conserva intatto il senso di leggerezza dell'impasto. Sapienza artigianale e accurata scelta dei prodotti fanno di questo luogo uno dei templi della gastronomia, per tutte le tasche.

Tripperia O' Russ
1800 metri dalle fermate Metro
Piazza Garibaldi o Piazza Cavour
Via Sant'Eframo Vecchio, 68
Tel. 081 5991701-349 66441604
Chiuso la domenica
Orario: 10.00-22.00
Ferie: non ne fa

La tradizione gastronomica del Sud è ricca di ricette a base di frattaglie, trippe e di tagli poveri di carne, il cosiddetto quinto quarto: un tempo Napoli, come testimoniano numerosi scritti, era piena di botteghe, i cui addetti erano chiamati carnacottari. Lontano dai flussi turistici troviamo questa tripperia a conduzione familiare, il luogo giusto dove ancora oggi potete gustare la tipica zuppa di carne cotta o anche la zuppa alla marescialla, con pomodoro. Nel periodo invernale da non perdere la zuppa di soffritto, o zuppa forte, un tipico condimento napoletano, particolarmente sapido, composto da interiora di bue e agnello e ciccioli di maiale, adatto per freselle o anche come condimento di primi piatti di pasta. Nel periodo estivo consigliamo 'o per' e 'o musso, condito con sale e limone, venduto da asporto in cartocci da consumare passeggiando o, anche, comodamente seduti ai tavoli.

CERCOLA (NA)
Del Pino
Via Don Minzoni, 225
Tel. 081 7331145
Non ha giorno di chiusura
Orario: mezzogiorno e sera
Ferie: due settimane di Ferragosto a pranzo

A Cercola, alle estreme propaggini dell'area metropolitana di Napoli, troviamo il regno di Mario Leonessa. Insolita per la grandezza, la pizzeria riesce a mantenere sempre un ottimo standard qualitativo grazie ai tre forni attivi nonché all'attenzione e professionalità del patron. Tra le pizze, di ottima fattura, oltre alle classiche, segnaliamo la margherita con ricotta di fuscella, quella con provola e numerose altre varianti; da provare anche il ripieno al forno con funghi. Oltre ai fritti, buoni, è presente una vasta scelta di contorni a buffet. Gradevoli i dessert, prodotti dall'omonima pasticceria.

SAN GIORGIO A CREMANO (NA)
Pizzeria Francesco e Salvatore Salvo
Via Largo Arso, 10-16
Tel. 081 275306
Chiuso la domenica
Ferie: in agosto

Nella piazzetta recentemente riqualificata del Largo Arso, troviamo quella che potrebbe essere identificata come il prototipo d'avanguardia tra le pizzerie napoletane: un locale moderno che punta sulla massima qualità degli ingredienti, selezionati fra i produttori locali, e su un impasto di eccellente fattura. Superlativi i fritti, fra cui spiccano la frittatina e il classico crocchè con patate interrate del Taburno. Oltre alle margherita e marinara e ai due ripieni (fritto o al forno), potrete assaggiare numerose pizze alternative: papaccelle e conciato, cipollotto e alici, la pizza con la burrata di bufala. In abbinamento un'estesa proposta di vini o birre artigianali. Per dessert graffette calde accompagnate dal Marsala.

NAPOLI
Vomero

METROPOLITANA LINEA 1 FERMATA VANVITELLI

Antica Cantina di Sica
Osteria moderna *novità*
Via Bernini, 17
Tel. 081 5567520-392 8035674
Chiuso domenica sera e lunedì
Orario: mezzogiorno e sera
Ferie: 15-30 agosto
Coperti: 45 + 25 esterni
Prezzi: 28-32 euro vini esclusi
Carte di credito: nessuna

Era il 10 Maggio 1936 quando Antonio Sica aprì la sua bottiglieria-trattoria. La fama della cucina di Sica si diffuse rapidamente e allora davanti a una minestra di spollichini (varietà di fagioli sgranati, che non hanno bisogno di ammollo) e a una caraffa di buon vino si ritrovò il meglio dell'intellighenzia cittadina, attratta dalla vivace atmosfera. Oggi come ieri in questo luogo, si gustano le specialità della cucina napoletana. In cucina Ciro Iacovelli ed Enzo Coppola, in sala Ciro Felleca coadiuvato dalla moglie Piera. Si può iniziare dagli antipasti, tra i quali segnaliamo la **parmigiana di melanzane** (4,50 €) e le montanarine fritte. I primi esprimono cura e ricerca degli ingredienti: la **genovese** color manto di monaco (7 €), la pasta e patate con provola affumicata di Agerola e vari risotti. Tra i secondi il baccalà in crema di limone (11 €), i **polpetti alla luciana**, l'entrecôte ai carciofi e nel periodo più fresco la **salsiccia rossa di Castelpoto**. Come alternativa al pranzo classico alcuni piatti unici: fantasia di pasta, abbondante tris di assaggi, il pescatore (zuppetta di pesce con colatura di alici di Cetara, frutti di mare e crostini (15 €). Sono poi presenti due menù degustazione, di mare a 28 euro e di terra a 24. Tra i dolci, tutti fatti in casa, la **cassata napoletana** infornata con latte nobile dell'Appennino campano (3,50 €) e un ottimo babà. La carta dei vini è ampia, con attenzione particolare ai biologici e biodinamici, e prevede anche buoni Passiti e distillati.

In via Belvedere 112, alimentari e drogheria Campania Mia propone il meglio delle produzioni artigianali campane e non solo.

NAPOLI

A' Taverna do' Re'
Ristorante-pizzeria
Via Supportico Fondo di Separazione, 2
Tel. 081 5522424
Chiuso domenica sera
Orario: mezzogiorno e sera
Ferie: non ne fa
Coperti: 65 + 25 esterni
Prezzi: 35 euro vini esclusi
Carte di credito: CS, DC, MC, Visa, BM

In piena "city", alle spalle del teatro Mercadante, in una traversa di piazza Municipio ancora interessata dai lavori per il completamento della metropolitana e che, dunque, tra breve cambierà volto, trovate questo ristorante, nelle cui sale, su due livelli, godrete di un'atmosfera familiare e rilassante. Ad accogliervi, guidandovi nella scelta delle proposte, Massimo Paduano, uso a una clientela variegata e poliglotta, che vi consiglierà sulle preparazioni del giorno. Lo chef Francesco Parrella opera seguendo i canoni della cucina napoletana, talvolta rivisitata ma senza stravolgimenti. Per iniziare potrete scegliere l'antipasto di mare crudo composto da cozze, taratufi, fasolari, gamberi, carpaccio di baccalà e seppie alla julienne, oppure l'antipasto caldo - **involtino di verza e baccalà** e parmigiana di alici e pesce bandiera (10 €) - o, nel periodo giusto, la buona impepata di cozze. Ricca la proposta dei primi, fra cui segnaliamo **spaghettoni di Gragnano con colatura di alici e crema di scarole** (8 €), paccheri zucchine e orata, spaghetti alla pescatora, zuppetta di patate e vongole con pomodorini del piennolo o anche, per chi non ama il pesce, pennoni o **ziti al ragù** o alla genovese, oltre a una saporita pasta e patate con la provola. Tra i secondi spigola all'acquapazza (15 €), orata al sale o, anche, **frittura di gamberi e calamari** e, tra le carni, ottime bistecche alla brace. Come dessert delizia al limone, pastiera, babà (4,50 €), millefoglie con crema amarena. Buona selezione di vini regionali arricchita da qualche etichetta nazionale.

NAPOLI

METROPOLITANA LINEA 2 FERMATA PIAZZA GARIBALDI O 100 MT TERMINAL CIRCUMVESUVIANA

Da Donato
Ristorante-pizzeria
Via San Cosmo fuori Porta Nolana, 26
Tel. 081 287828
Chiuso il lunedì
Orario: mezzogiorno e sera
Ferie: agosto, 25 e 26 dicembre, 1 gennaio
Coperti: 44
Prezzi: 25 euro vini esclusi
Carte di credito: CS, MC, Visa, BM

Prototipo della trattoria napoletana, questo locale propone molti dei piatti della cucina tradizionale, tutti cucinati con attenzione alla qualità delle materie prime, molte locali, e nel rispetto dei ritmi e delle cadenze che alcune classiche preparazioni richiedono. Aperta da Donato Amoroso nel 1956 è oggi alla terza generazione ed è gestita dalla figlia Marilena, in cucina, e dal marito Ciro Addo, in sala. Il menù è giornaliero con alcuni punti fermi: i ragù nella stagione meno calda, i piatti semplici e immediati della cucina di mare, la parmigiana, l'immancabile **zuppa di cozze** del Giovedì Santo. Tra gli antipasti si segnalano il **gattò di patate** (5 €) cotto nel forno al legna, l'insalata di polpo, l'impepata di cozze (7 €), i carciofi arrostiti o con patate. Sono presenti i primi piatti della cucina di casa: le paste con i legumi, la gustosa **pasta, patate e provola**, lo scarpariello, i mezzanielli lardiati, o alla genovese o, infine, con guanciale e pomodorini del Vesuvio, oltre alle linguine allo scoglio (12 €). Con la **parmigiana di melanzane** è proposta anche quella di patate o di zucchine. Tra i secondi di carne, acquistata dal macellaio di fronte, segnaliamo le carni della genovese e del ragù, la cotoletta alla Donato, fritta e ripassata nel forno a legna. **Alici fritte**, spigola all'acqua pazza, calamari ripieni e i *purpetielli* **affogati** (8 €), serviti all'interno di canestro anche di pizza, completano l'ampia offerta. I dolci (4 €) sono i tradizionali: caprese, babà, **pastiera** e tiramisù. I vini presentano una ridotta selezione di etichette campane. Il locale è anche pizzeria.

CAMPANIA | 735

NAPOLI

Hosteria Toledo
Osteria tradizionale
Vico Giardinetto a Toledo, 78 A
Tel. 081 421257-333 5859500
Chiuso martedì sera
Orario: mezzogiorno e sera
Ferie: 15 giorno in agosto
Coperti: 70
Prezzi: 25-30 euro vini esclusi
Carte di credito: AE, CS, MC, Visa, BM

È inerpicandosi nelle strette e ripide vie dei quartieri spagnoli che s'incontra la vera anima di Napoli. Qui, al vico Giardinetto, a pochi passi dalla centralissima via Toledo, Anna De Martino e suo marito Stefano continuano la tradizione intrapresa nel 1951 da mamma Sosora. A lei, raccontano gli attuali proprietari, bastava guardare un cliente per capire cosa offrirgli. La sala è allestita in un "basso", tipica abitazione delle zone popolari di Napoli, nella quale spesso le donne ivi residenti ponevano in vendita, per sbarcare il lunario, le loro preparazioni gastronomiche. Hosteria Toledo offre ai suoi avventori i piatti della più classica tradizione culinaria partenopea. Tra i primi il **sartù di riso** (10 €) e la **pasta e cavolo** sono irrinunciabili. Se poi amate il pesce, è possibile gustare i *purpetielli in cassuola* e con la bella stagione il *risotto alla pescatora*. I secondi sono ancora piatti semplici che esaltano la qualità delle materie prime: scaloppine ai funghi (12 €) e **filetto alla griglia** sono vivamente consigliati. Ottimi i contorni, come i **friarielli** (3 €), broccoli nani saltati in padella che è possibile gustare quasi esclusivamente a Napoli e nella sua provincia. Come dessert, non rinunciate al **babà** o allo **zeppolone**, un bignè con crema e amarene. A pranzo, è possibile fruire di un menù fisso a 13 euro che comprende primo, secondo e contorno. Discreta selezione di etichette campane e alcune piacevoli proposte extraregionali.

NAPOLI
Mezzocannone

METROPOLITANA LINEA 1 FERMATA UNIVERSITÀ

La Chitarra
Osteria tradizionale
Rampe San Giovanni Maggiore, 1 Bis
Tel. 081 5529103-347 6740073
Chiuso la domenica
Orario: sera, domenica pranzo su prenotazione
Ferie: tre settimane a Ferragosto
Coperti: 32 + 6 esterni
Prezzi: 25-32 euro vini esclusi
Carte di credito: tutte, BM

Peppino Maiorano, dopo la prematura scomparsa del fratello Luigi, continua con passione a portare avanti questa osteria, aperta solo di sera. Nel cuore della Napoli aragonese e vicino alla splendida basilica di San Giovanni Maggiore Pignatelli, al culmine di una rampa di scale il locale si apre su un ridotto terrazzo che presta lo spazio a due tavoli durante la bella stagione. Un ambiente unico, qualche addobbo con l'immancabile chitarra, clima partenopeo, clientela variegata, atmosfera cordiale. Proposta semplice, legata alle ricette classiche della Napoli che resiste all'omologazione, quindi niente spaghetti e vongole, frittura di calamari, come recita il decalogo affisso. Potete cominciare dall'antipasto della casa che, a seconda della stagione, comprende vari assaggi, tocchetti di frittata di cipolle, caciotta, salame, polpette di pane fritto, fior di latte. Tra i primi (7 €) si segnalano ziti al ragù napoletano, **allardiati** o alla genovese, pasta, patate e provola, **minestra maritata**, spaghetti con la colatura di alici di Cetara, fagioli alla maruzzara o **zuppa di soffritto**. Buona la scelta dei secondi: **salsiccia con provola e friarielli** (10 €), alici in tortiera, maiale con le papaccelle, carne alla pizzaiola (9 €), calamari con patate, baccalà su passatina ceci, cotica imbottita e **coroniello** (filetto dello stoccafisso) **alla napoletana** (12 €). Qualche dolce della classica tradizione partenopea (babà, pastiera, torta al limoncello) chiude il semplice menù. È possibile scegliere qualche buona etichetta campana, oltre a un discreto vino della casa.

LA BIRRA ARTIGIANALE COLLESI

Prodotte da: Fabbrica della Birra Tenute Collesi • Località Pian della Serra • 61042 Apecchio (PU) • Italy • Tel. e Fax +39 075 933118 • info@collesi.com • www.collesi.com

I NOSTRI PREMI

2014

Australian International Beer Awards
BIRRA NERA Silver Medal

World Beer Championships - Chicago
BIRRA ROSSA Gold Medal

2013

European Beer Star Germany
BIRRA NERA Gold Medal

World Beer Championships - Chicago
BIRRA NERA Gold Medal
BIRRA ROSSA Gold Medal
BIRRA TRIPLO MALTO Gold Medal

International Beer Challenge - Londra
BIRRA NERA Gold Medal
BIRRA ROSSA Bronze Medal

2012

World Beer Championships - Chicago
BIRRA ROSSA Gold Medal
BIRRA AMBRATA Gold Medal
BIRRA TRIPLO MALTO Silver Medal

The New York International Competition
MIGLIOR BIRRIFICIO INTERNAZIONALE DELL'ANNO 2012

International Beer Challenge - Londra
BIRRA CHIARA Gold Medal

World Beer Awards
Europe's Best Belgian Style Strong Dark Beer
BIRRA NERA

2011

International Beer Challenge Londra
BIRRA AMBRATA Silver Medal
BIRRA ROSSA Bronze Medal
BIRRA NERA Bronze Medal

Premio Design and Packaging
BIRRA NERA Bronze Medal

World Beer Championships Packaging Competition Chicago
INTERA GAMMA BIRRA COLLESI
Premio "Collezione"

CATEGORIA DESIGN GRAFICO BIRRA COLLESI
Silver Medal

CATEGORIA STYLE BIRRA COLLESI
Bronze Medal

COLLESI 1870

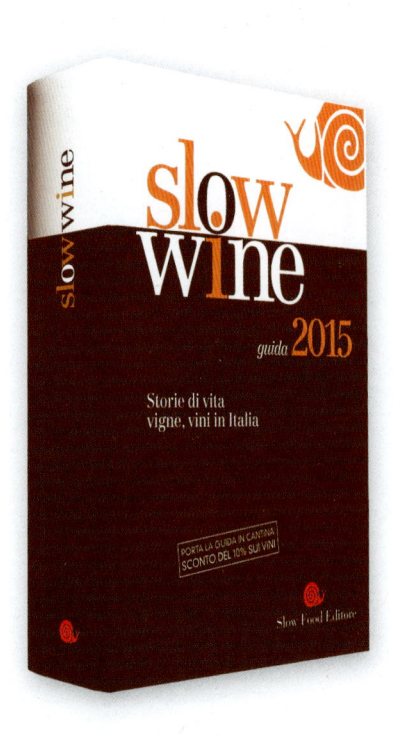

All'interno della guida troverete una selezione di oltre 800 cantine che riconosceranno uno sconto del 10% sull'acquisto di vino a chi presenta *Slow Wine 2015*.

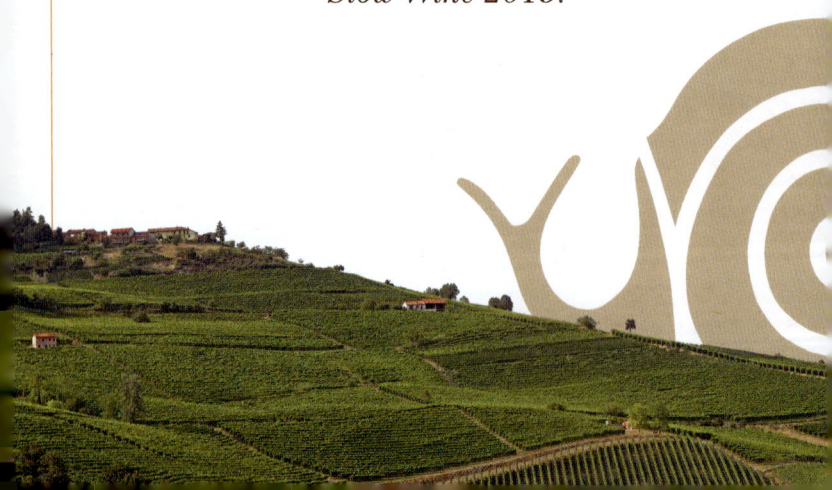

NAPOLI

METROPOLITANA LINEA 1 FERMATA UNIVERSITÀ

L'Europeo di Mattozzi

Ristorante-Pizzeria
Via Marchese Campodisola, 4-8
Tel. 081 5521323
Chiuso la domenica, inverno domenica sera e lunedì
Orario: mezzogiorno e sera
Ferie: due settimane in agosto
Coperti: 75
Prezzi: 38-40 euro vini esclusi
Carte di credito: tutte, BM

Molti ristoranti a Napoli sono identificati con il cognome Mattozzi, richiamando un simbolo di eccellenza nella tradizione gastronomica cittadina. Alfonso della storia familiare è un autentico, inconfondibile interprete, la figlia Luigia ha certamente ereditato dal padre la capacità comunicativa e la naturale propensione professionale. Entrambi sapranno guidarvi con sapienza tra le ricche proposte del menù. Segnaliamo come antipasti l'insalata caprese (12 €), il sauté di frutti di mare o il ricco antipasto della casa di terra con verdure in varie preparazioni. Tra i primi, **candele alla genovese**, tubettoni con fagioli e cozze (12 €), zuppa di fagioli del Cilento e seppioline, pasta e patate con provola e basilico, **paccheri di Gragnano con cozze e *sciurilli***. Si procede con **alici in tortiera** (12 €), polpette al ragù, filetto di pesce bandiera alla pizzaiola, salsicce e friarielli, polpetti affogati in cassuola. I contorni rappresentano benissimo il territorio: friarielli saltati in padella, **parmigiana di melanzane** (8 €), pomodorini di nonna Luisa all'insalata (6 €), peperoncini verdi con pomodorini. I dolci sono quelli tradizionali: babà, zuppa inglese, **mignon di graffette fatte in casa** (6 €). Sui vini, larghe possibilità di spaziare tra le migliori etichette nazionali ed estere. È attiva anche un'ottima pizzeria con due menù degustazione, comprensivo della bibita, a 15 e 18 euro.

NAPOLI
Chiaia

METRO LINEA 2 FERMATA PIAZZA AMEDEO

Umberto

Ristorante-pizzeria
Via Alabardieri, 30-31
Tel. 081 418555
Chiuso lunedì a pranzo
Orario: mezzogiorno e sera, agosto solo sera
Ferie: variabili
Coperti: 110
Prezzi: 32-35 euro vini esclusi
Carte di credito: tutte, BM

Questo ristorante, situato in posizione strategica nel cuore delle strade della movida napoletana, si caratterizza per essere l'espressione di una felice contaminazione e sintesi tra tradizione e modernità. I titolari, Lorella, Massimo e Roberta Di Porzio, riescono costantemente a esprimere la loro professionalità nel solco della lunga storia familiare che rappresentano, inserendovi i giusti e calibrati elementi di novità mutuati dalla loro attenzione, curiosità e cultura. Il menù, tra gli antipasti tipici prevede il "napoletano" (crudo di pesce, seppie e ostriche), i fiori di zucca ripieni (con ricotta e acciughe), la **mozzarella in carrozza** (7,50 €), le polpettine di ceci e gamberi con fonduta di mozzarella di bufala. Tra i primi segnaliamo linguine di Gragnano con scampi e pistacchi, tubettoni con polpetti veraci, olive nere, capperi e pomodorini (12 €), **paccheri di Gragnano con peperoncini verdi, provola e pomodorini** (10 €). Tra i secondi **involtini di pesce bandiera con scarole alla monachina** (12,50 €) o polpettine di nonna Ermelinda. Tra i contorni immancabili le zucchine alla *scapece* o la **parmigiana di melanzane** (5,50 €). Per chiudere il classico **babà napoletano con panna** (5 €), tartufo artigianale, fondant al cioccolato con salsa ai frutti di bosco. Completa la lista dei vini, con particolare attenzione alla Campania. Pizze di grande qualità.

Gelato artigianale e dessert di qualità, con attenzione alla scelta delle materie prime, da Fantasia Gelati, in via Toledo 381 (altri punti vendita in piazza Vanvitelli 22 e in via Cilea 80, quartiere Vomero).

NOCERA INFERIORE

19 km a NO di Salerno A 3

O Ca Bistrò
Osteria moderna *novità*
Via Papa Giovanni XXIII, 16-18
Tel. 081 923287
Chiuso il lunedì
Orario: mezzogiorno e sera
Ferie: agosto
Coperti: 40
Prezzi: 20-25 euro
Carte di credito: CS, DC, MC, Visa, BM

Davvero molto caratteristica questa osteria ubicata in un palazzo del Settecento. Qui, mantenendo la planimetria dell'epoca, Antonio Pepe e sua moglie Giovanna hanno creato il loro buen retiro per quanti amano prodotti e cucina di tradizione. Tutto il giorno funziona come salumeria con il meglio delle produzioni regionali, dai salumi di maiale nero ai formaggi dei Monti Lattari, ai pomodori San Marzano e corbarino, vanto locale. A pranzo e cena, nelle caratteristiche stanze con le travi originali si possono assaggiare la pizza fritta con corbarino e provolone del monaco (4 €), il **crostone di pane all'olio extravergine, cipollotto nocerino e fior di latte di Tramonti** o un tagliere di formaggi e salumi artigianali. Tra i primi, *'ndunderi* di ricotta di pecora con filetto di San Marzano e caciocavallo (7 €), **mezzi paccheri con cozze e patata ricciona** o una delicata genovese con cipollotto nocerino. Coniglio pieno di salsiccia e friarielli (12€), **frittata con friggitelli del Sarno e provola** (6€), stoccafisso arracanato per gli amanti della carne, una costata di marchigiana alla brace sono i secondi. Si chiude con millefoglie di sfogliatelle con crema all'arancia di Sant'Egidio (4 €) o con la **scomposta di pasta sfoglia allo sfusato amalfitano**. Da provare i rosoli che Antonio prepara con le erbe selvatiche del Monte Albino. Ricca carta dei vini con il meglio dell'enologia campana e un occhio attento alle piccole cantine.

NOCERA SUPERIORE

23 km a nord di Salerno, 36 km da Napoli

Luna Galante
Ristorante
Via Santacroce, 13
Tel. 081 5176065
Chiuso il lunedì
Orario: mezzogiorno e sera
Ferie: non ne fa
Coperti: 40 + 60 esterni
Prezzi: 25-35 euro vini esclusi
Carte di credito: tutte, BM

In una zona un po' distaccata dal centro, salendo una ripida stradina, ci imbattiamo nel regno di Lorenzo Principe: amante della sua terra, gestisce con passione il locale, ereditato dai nonni. Proprio in rispettoso omaggio al lavoro passato Lorenzo affiancherà a breve il nome storico del ristorante a quello di Famiglia Principe 1968. Il ristorante possiede due spazi esterni, di cui uno dedicato sperimentalmente alla pizza; l'accoglienza è calorosa, la proposta ricca e rispettosa delle tradizioni locali. È possibile scegliere il menù degustazione dell'agro a 25 euro, quello del mare a 30 o quello denominato *nu murzill* a 15, tutti da cinque portate. Alla carta, il patron propone zuppetta di cereali all'acqua di mare (8,50 €), **patata ricciona e carciofi di Starza** e l'immancabile frittatina con uova di filina e cipollotto nocerino, ma la scelta è molto vasta e muta secondo stagione. Analogo il discorso per i primi: dai tradizionali scarpariello con pomodori corbarini e dalle ottime **candele con San Marzano** (8,50 €) alla tagliatella bruna *allardiata*, ai paccheri alla starzese e alle linguine alla Antonio con colatura di alici e seppia. Per quanto riguarda i secondi il **duetto di maialino paretano**, il baccalà arenula con papaccelle (12 €) e il polpo scottato con broccoli dell'agro. Fra i dolci un eccellente **yogurt di bufala con biscotto alla nocciola** (4,50 €) e il classico babà. Ricca la lista dei vini, presente una buona selezione di salumi e formaggi.

❝Una cucina sempre consapevole delle sue radici e un'attenta gestione dell'ospitalità sono il tratto distintivo di questo locale❞

NOVI VELIA
Bivio di Novi Velia

90 km a se di Salerno

La Chioccia d'Oro
Ristorante
Via Novi Massa
Tel. 0974 70004-338 2998069
Chiuso il venerdì
Orario: mezzogiorno e sera
Ferie: 15 gg tra febbraio e marzo, prima sett di settembre
Coperti: 70 + 40 esterni
Prezzi: 25 euro vini esclusi
Carte di credito: tutte, BM

Ci troviamo a Novi Velia, nel cuore del Parco Nazionale del Cilento, Vallo di Diano e Alburni. Il ristorante nasce nel 1979 e il suo nome deriva da un'antica leggenda legata alla chioccia di Teodolinda, regina dei Longobardi. Ad accogliervi ci sono il simpaticissimo patron Giovanni Positano e la figlia Rosa, i quali guidano gli avventori nella scelta dei piatti della tradizione cilentana. Massima attenzione per la territorialità delle materie prime: pane cotto a legna all'olio extravergine, mozzarella nella mortella, ceci di Cicerale e soppressata di Gioi, Presìdi Slow Food. In cucina la moglie Maria e il cuoco Antonio operano sotto la supervisione della quasi centenaria nonna Peppoccia. Da non perdere il ricchissimo antipasto della casa (12 €) che varia in base alla stagione. Fra i primi piatti proposti spicca il nido Chioccia d'Oro (8 €), cioè **pappardelle** di pasta all'uovo preparate a mano, con besciamella, prosciutto cotto e mozzarella, servite in un tegamino di terracotta e condite con ragù di magro di vitello. Fra i secondi piatti, il **coniglio ripieno** con verdure di stagione, carciofi d'inverno e fiori di zucca d'estate, servito con contorno di **patate arraganate** (10 €). Si chiude con gli ottimi dolci della casa: **cannoli mignon** con crema pasticciera e crema al cacao (3 €), **pan di Spagna con ricotta, pere e granella di pistacchi** (3 €). Discreto il vino della casa con qualche buona etichetta cilentana e campana.

A **Pattano** (5 km), frazione di Vallo della Lucania, presso l'azienda agricola Starze è possibile acquistare la tipica mozzarella nella mortella; da provare anche la ricotta.

OLIVETO CITRA

53 km a ne di Salerno

I Due Cannoni
Ristorante
Piazza Monumento
Tel. 0828 793788-335 6224261
Chiuso domenica e lunedì sera, il martedì
Orario: mezzogiorno e sera
Ferie: due settimane in luglio
Coperti: 60
Prezzi: 20-25 euro vini esclusi
Carte di credito: AE, CS, MC, Visa, BM

In piena valle del Sele, a pochi chilometri dall'uscita di Contursi Terme dell'autostrada 3, si incontra il bel paese di Oliveto Citra; il nome rimanda fin da subito alla naturale vocazione agricola e produttiva di tale territorio, solo marginalmente scalfito dall'inquinamento prevalentemente estetico delle pale eoliche. Il locale è posto al centro del paese, di fronte al monumento cui si riferisce, celebrante la Prima guerra mondiale. Gli interni e le volte in pietra rendono suggestivi gli ambienti; oltre alla sala principale ve ne è una attigua, più riservata. Il titolare, Giuseppe Acquaviva, con simpatia e affabilità illustrerà le proposte del menù che prevedono come antipasto (5 €) un piatto con ottimo **prosciutto**, mozzarella, ricottina e salumi locali, delle buonissime **bruschette al pomodoro**. La qualità dei primi si esalta per la pregevolezza della pasta fresca, come nel must del locale, *lagan e fasul* (6 €), ma anche nei ravioli ai fiori di zucca o nei fusilli allo scarpariello. Tra i secondi segnaliamo **agnello alla brace** (10 €), vitello al forno con patate (6 €) e **fianchetto ripieno con uova e salsicce**. I dolci sono fatti in casa: la torta ricotta e pera, la millefoglie o il pan di Spagna. Discreto il vino della casa e presente qualche buona etichetta regionale.

OSPEDALETTO D'ALPINOLO

8 KM A NORD DI AVELLINO SS 374 D

Hosteria del Tritone
Ristorante-pizzeria
Piazza Demanio, 17
Tel. 0825 691334
Chiuso il mercoledì
Orario: sera, festivi a mezzogiorno
Ferie: 1-10 luglio, 24 dicembre-1 gennaio
Coperti: 80
Prezzi: 35-38 euro vini esclusi
Carte di credito: tutte, BM

Antonio Iannaccone, da buon padrone di casa, vi accoglierà con calore in questa piccola osteria di montagna, situata in una bella piazza. L'aria frizzante di Ospedaletto – da sempre meta di golosi per la produzione di torrone artigianale – accompagnata dalla bravura di Antonio nel raccontarvi il territorio, stimolerà l'appetito. I piatti proposti sono preparati con prodotti di provenienza locale. Tra gli antipasti troverete, a seconda della disponibilità, tartufi in accompagnamento a rucola e formaggio (10 €) e un bel tagliere di **salumi** e **formaggi** locali (10 €). Tra i primi di pasta lasciatevi tentare dal tagliolino al tartufo con aromi di montagna o dalle golose **fettuccine al cinghiale con Aglianico dell'Irpinia** (8 €). In alternativa potreste trovare il risotto con porcini e tartufo eccezionalmente serviti nella forma di caciocavallo podolico (10 €). Tra le carni vi segnaliamo la tagliata di vitello in tegame di terracotta *t'arrusti e t'a magni* e il **cinghiale brasato al vino rosso** (8 €). Accompagnate il pasto con un buon vino locale, lasciandovi consigliare dal personale o affidandovi alla buona proposta della carta. Tra le varie proposte di fine pasto ricordiamo il **bacio di castagna** o la torta tartufata, mentre merita sicuramente un assaggio il torrone locale (3 €).

La tradizione del torrone è ben onorata, nel paese, dal Torronificio del Casale, in via Casale 7, con un'ampia gamma di prodotti.

740 | CAMPANIA

OSPEDALETTO D'ALPINOLO

8 KM A NORD DI AVELLINO SS 374 D

Osteria del Gallo e della Volpe
Ristorante
Piazza Umberto I, 11-13
Tel. 0825 691225-328 0954246
Chiuso domenica sera e lunedì
Orario: sera, sabato e festivi anche pranzo
Ferie: 2 settimane in luglio, 10 giorni a Natale
Coperti: 45
Prezzi: 32-35 euro vini esclusi
Carte di credito: AE, MC, Visa, BM

Ospedaletto d'Alpinolo fa parte della Comunità Montana del Partenio ed è noto per la lavorazione del torrone (un tempo detto *copeto*), per la produzione di nocciole, di castagne (che infornate diventano le "castagne del prete") e di noci. Il ristorante si trova nella parte antica del borgo ed è gestito dalla famiglia Silvestro. Antonio si occupa della sala e della cantina, mentre la cucina è ormai saldamente nelle mani del giovane e bravo Davide, aiutato da mamma Filomena. La cucina irpina è interpretata con eleganza e all'occorrenza ingentilita con note innovative ma sempre sobrie ed equilibrate. Tra gli antipasti invernali la millefoglie di baccalà e patate, la **scarola farcita con pinoli, uva passa, noci** (8 €), mentre d'estate c'è la parmigiana o il tortino di pane e verdure. I primi prevedono candele alla genovese, fusilli con ragù di pezzente, **ravioli con ragù bianco di agnello laticauda** (9 €), in estate spaghettoni con pesto di erbe e cacioricotta, ravioli con i talli di zucchine (steli e fiori). Tra i secondi stracotto di guancia di vitello all'Aglianico, baccalà, **coniglio al forno in pancetta** (13 €), l'estivo capicollo di maiale con ortaggi e porcini oppure l'agnello farcito con mentuccia e pecorino. Come dolce l'ottima **mousse al torrone** (5 €) o il pasticciotto. **Formaggi** irpini e diversi Presìdi Slow Food. Vasta carta dei vini supportata dalla vicina enoteca di famiglia.

> *Un locale che ci piace per la cucina che parte sempre dalle materie prime locali di qualità e che nonostante qualche rivisitazione lascia sempre riconoscibile la tradizionale cucina irpina*

PADULA

105 km a se di Salerno a 3

Fattoria Alvaneta
Azienda agrituristica
Contrada Pantagnoni
Tel. 0975 77139-328 7046591
Chiuso il martedì
Orario: pranzo e sera, inverno sera solo su prenotazione
Ferie: 1-10 luglio
Coperti: 40
Prezzi: 23-25 euro
Carte di credito: MC, Visa, BM

Continua l'interessante esperienza di questo agriturismo, fattoria didattica e azienda agricola biologica di Francesco Barra, che di questi luoghi bellissimi rappresenta l'anima. In montagna, sopra l'abitato di Padula, a pochi chilometri dalla splendida Certosa di San Lorenzo, Patrimonio dell'Umanità dal 1998, seguendo una stretta e ripida strada di campagna arriverete alla Fattoria Alvaneta. Quasi tutto è di produzione propria: paste, carni, ortaggi e olio. In cucina ci sono Antonietta e Lucia. L'antipasto (12 €), davvero abbondante, è composto da **salsiccia** e **soppressata del Vallo di Diano** (Presidio Slow Food), frittelle con toma, toma fresca e ricotta con miele e noci, verdure di stagione. Dei primi piatti (7 €) citiamo fusilli al sugo di carne di cinghiale, tagliatelle con funghi porcini e tartufi, **cavatelli con porcini e salsiccia**, **lagane e ceci**, e un piatto unico quale la **cuccìa**, zuppa di legumi e cereali. Tra i secondi (10 €) le carni di agnello, maiale, capretto alla brace, polpette di pane, **pollo ruspante alla brace**, capicollo di maiale con *peperuol 'acit* e mollica di pane, pancotto con fagioli cannellini di Casalbuono. Per finire un panzerotto con le castagne o ricotta e cioccolato oppure con il sanguinaccio, canestrelli e crostate di frutta, oltre alla padulese **pizza di crema e amarene**, volendo, tutti accompagnati da infusi della casa. Discreto il vino aziendale. Menù degustazione a 23 o 25 euro.

🛡 A **Padula scalo**, in via Caiazzano, la macelleria Sant'Arcangela di Giovanni Videtta offre buoni insaccati; in via Nazionale, l'Antico Forno di Gaetana Rubino sforna un pane eccellente, cotto nel forno a legna.

PATERNOPOLI

30 km a ne di Avellino ss 400

Megaron
Ristorante
Via Neviera, 11
Tel. 0827 71588
Aperto sabato e domenica, altri giorni su prenotazione; chiuso il lunedì
Ferie: una settimana tra luglio e agosto
Coperti: 30
Prezzi: 35-38 euro vini esclusi
Carte di credito: CS, MC, Visa, BM

Seppur non sia al centro dei flussi turistici regionali, una tappa al Megaron di Paternopoli potrebbe rappresentare un'ottima esperienza per gli amanti della cucina tradizionale. Valentina Martone, proprietaria del locale, utilizza in modo ottimale i prodotti dell'orto per i suoi piatti di tradizione, talvolta rivisitandoli, ma mai in maniera eccessiva; il marito Giovanni provvede alla sala. I piatti vengono proposti, a seconda delle stagioni, racchiusi in menù degustazione, con sette portate: menù estivo, menù invernale e "i sapori di territorio" (ispirato ai prodotti della collina e della montagna) a 35 euro, "tra la mia terra e la mia famiglia" a 38 inclusi i vini, la colazione di lavoro a 18. Ecco alcuni esempi di antipasti e primi piatti: fior di carciofo su specchio di pomodoro, zuppa di castagne, porcini e zucca gialla, **sformatino di melanzana con pomodoro e pecorino bagnolese**, **lasagne di grano arso con fagioli e cotechino**, fusilli artigianali con baccalà e cipolla ramata, **fusilli al pesto di zucchine e mentuccia**. Tra i secondi vitella con mela annurca e glassa di Aglianico, **bocconi di carne al profumo di agrumi**, brasato di carne podolica irpina. Varie crostate con le confetture fatte in casa e gelato a concludere il pasto. L'offerta dei vini spazia tra le migliori realtà regionali e si allarga su tutto il territorio nazionale con etichette interessanti e ricarichi più che onesti.

🛡 A **Gesualdo** (8,5 km), nella piazza principale, di fronte al municipio, dal macellaio Mario Carrabs troverete pregiate carni locali e salumi di particolare fattura, oltre a prodotti tipici locali.

CAMPANIA | 741

PAUPISI

17 KM A NO DI BENEVENTO SS 88 E SS 372

'A Taccolella
Osteria
Via Valloni
Tel. 0824 886069
Chiuso il lunedì
Orario: mezzogiorno e sera
Ferie: variabili
Coperti: 65
Prezzi: 25-30 euro vini esclusi
Carte di credito: CS, DC, MC, Visa, BM

A pochi minuti dallo svincolo per Paupisi, tranquillo comune ai piedi del Monte San Mennato, si trova questa graziosa osteria. Passione e amore animano la cuoca Irene nella preparazione dei piatti della tradizione. Particolare cura è riservata alla selezione degli ortaggi che troverete ben inseriti in ogni pietanza. In sala Cosimo, giovane patron del ristorante, con garbo vi proporrà i piatti del giorno. S'inizia dall'antipasto (8 €) con formaggi e salumi di produzione propria, accompagnati con una varietà di insalate composte da ortaggi, legumi e altri ingredienti selezionati con sorprendente fantasia. Tra i primi, ottima la pasta mista con fave e pancetta con formaggio fresco (6 €) come pure la **girella di pasta all'ortolana cotta al forno** (7 €); poi lasagne con verdure di stagione e la taccolella *'imbriaca*, pasta tirata a mano con polpettine, salsiccia, fagioli e riduzione di Aglianico. Come secondi, tutti realizzati con carni provenienti dalla macelleria di famiglia, ottima la **spinacina di vitello al forno ripiena di carciofi** (8 €), lo **stufato di vitello in crosta al forno** e lo stinco di vitello o maiale. Come dolci, **biscottini nasprati** serviti con ciliege sotto spirito (3 €) e le torte della tradizione locale accompagnate dagli infusi fatti da Irene. Buona la carta dei vini che include gran parte dei produttori locali e regionali; disponibile un ottimo vino della casa.

🛡 A circa due chilometri, salendo verso il centro del paese, l'antica macelleria Rapuano seleziona le migliori carni del Sannio e produce ottimi salumi.

PISCIOTTA
Marina

103 KM A SE DI SALERNO SS 18 E SS 447

Angiolina
Ristorante
Via Passariello, 2
Tel. 0974 973188-333 1693993
Non ha giorno di chiusura, in aprile aperto su prenotazione
Orario: mezzogiorno e sera
Ferie: da ottobre a Pasqua
Coperti: 40 + 50 esterni
Prezzi: 35 euro vini esclusi
Carte di credito: tutte, BM

Angiolina c'è ancora con le sue novantaquattro primavere e l'esperienza di chi ha visto cambiare il Cilento negli ultimi cinquant'anni. Il mare è a due passi, seduti ai tavoli si sentono le onde infrangersi sulla spiaggia. Rinaldo, figlio di Angiolina si divide tra sala e cucina coadiuvato dalla moglie Ivana e dal giovane Italo. Cucina che parla il verbo più puro della tradizione, senza trascurare qualche digressione di moderata rivisitazione. Si inizia con il **cauraro** (8 €), una zuppa di alici ed erbe primaverili, con le classiche melanzane e patate *'mbuttunate* o con "piacere cilento" un piatto che vede protagonisti tutti i Presìdi Slow Food cilentani, tra cui le delicate **alici di menaica**, vanto della marina di Pisciotta. Tra i primi, la pura tradizione con **pasta con le alici** (10 €), i paccheri con il sugo della zuppa o, per chi ama sapori nuovi, i ravioli al nero di seppia con triglie e finocchietto. Pesce azzurro tra i secondi con ottime **alici alla *scapece*** (10 €) e il pescato del giorno al forno o alla griglia. Ricca la **zuppa di pesce** con il meglio di quanto il mare ha offerto in giornata, tra cui il gustoso e poco conosciuto pesce sciarrano. Buoni i dolci con la classica **pastiera con il gelato** (5 €) o la mousse di ricotta di bufala al limone. Ricca cantina con un occhio di riguardo alle eccellenze locali e liquori artigianali di finocchietto e mirto.

> ❝ *Da oltre cinquant'anni è un baluardo della cucina locale di terra e di mare, con un occhio attento alle produzioni artigianali locali* ❞

PISCIOTTA

96 KM A SE DI SALERNO SS 447

Perbacco

Osteria-enoteca
Contrada Marina Campagna, 5
Tel. 0974 973889-347 8957737
Sempre aperto giugno-15 ottobre, solo nei fine settimana Pasqua-maggio, chiuso il resto dell'anno
Orario: mezzogiorno e sera
Coperti: 45
Prezzi: 35-38 euro vini esclusi
Carte di credito: tutte, BM

Nacque come circolo Arcigola, un po' di tempo fa, nella tenuta di famiglia tra il verde dei maestosi olivi e il blu del mare, proprio di fronte a Capo Palinuro, e lo spirito è sempre lo stesso. L'artefice di allora è quello di oggi: Vito Puglia, profondo conoscitore di prodotti e persone dell'enogastronomia italiana. Nell'osteria ha coinvolto parte della famiglia, che assieme ai fidati collaboratori, vi accoglierà accompagnandovi nella scelta delle preparazioni del giorno. Il menù è un classico repertorio dei piatti della tradizione marinara e dell'entroterra cilentano. Consigliamo di iniziare con il giro di assaggi di princìpi (12 €), come qui vengono definiti gli antipasti, oppure con le **alici ammollicate in tortiera** (8 €) o in insalata. Per le paste **vermicelli alla marina campagna** (9 €) con friarielli e alici fresche, **tubetti in brodetto di pesce** (11 €), ravioli di ricotta e fusilli con un ragù di San Marzano. Tanti i piatti a base di pesce azzurro, specialmente alla brace, o in alternativa il **rombo al forno con patate** (8 €), l'ombrina al sale, o, tra le carni, il **filetto di bufalo alla brace** (16 €). Sempre notevole la selezione di **formaggi** a latte crudo. Infine un assaggio di torta di amaretti con crema al Marsala (6 €) e uno di **caprese** (6 €), singolare versione dell'osteria. In cantina, oltre alle etichette del territorio, ve ne sono di tutte le regioni d'Italia. Notevoli i distillati, che sono tanti.

❝ *In un contesto paesaggistico di grande fascino la storia di questa osteria continua a raccontarsi nell'espressione gastronomica cilentana* ❞

POZZUOLI
Lucrino

18 KM A OVEST DI NAPOLI

Abraxas

Osteria moderna
Via Scalandrone, 15
Tel. 081 8549347-339 2236700
Chiuso il martedì
Orario: sera, domenica e festivi anche pranzo
Ferie: 1 settimana in agosto, 1 a Natale
Coperti: 80 + 70 esterni
Prezzi: 30-33 euro vini esclusi
Carte di credito: CS, MC, Visa, BM

I Campi Flegrei, troppo spesso interessati nel recente passato da fenomeni di incuria e degrado colpevole, vivono da alcuni anni una ripresa che li sta opportunamente ricollocando al posto che meritano. Nando Salemme, con il suo locale, ha rappresentato certamente un antesignano di questa rinascita. Il menù prevede come inizio un assaggio di alici del golfo di Pozzuoli marinate al limone o di carpaccio di chianina con panzanella di verdura e salsa tonnata, per passare all'antipasto (11 €) composto da sette assaggi, tra cui **sbriciolata di peperoni**, **insalata di patate con verdure di stagione**, parmigiana di melanzane, pancotto di broccoli con crema di patate e altro ancora. Tra i primi lo **spaghettone con alici su crema di zucchine alla** *scapece* (11 €), gli gnocchi di patate e fiori di zucchine con lupini e ricotta di fuscella, gli invernali paccheri alla genovese. **Polpette di scottona con mozzarella di bufala** (10 €), zuppa di cozze di capo Miseno, *pullast 'mbuttunato* oppure coniglio con l'aceto (tipico della tradizione bacolese). Tra i dolci (5 €), oltre a quelli classici come il tiramisù o la cheesecake, imperdibile il **gelato di latte nobile alle nocciole**, il croccante con crema e amarena, il sorbetto agli agrumi. Carta dei vini completa per le proposte locali e nazionali, con ragionevole rappresentanza estera. Selezione di **formaggi** e salumi intrigante. Menù degustazione a 32 euro.

❝ *Una presenza nel territorio flegreo tanto solida e affermata quanto in continua e sorprendente evoluzione, grazie alla tensione propositiva di Nando Salemme, instancabile anima pensante del locale* ❞

CAMPANIA | 743

PUGLIANELLO

39 KM A NO DI BENEVENTO SS 372

Il Foro dei Baroni
Ristorante
Via Chiesa, 6
Tel. 0824 946033
Chiuso il lunedì
Orario: mezzogiorno e sera
Ferie: non ne fa
Coperti: 60
Prezzi: 28-30 euro vini esclusi
Carte di credito: tutte, BM

Ai confini tra il Beneventano e il Casertano, nella Valle Telesina, che si raggiunge agevolmente dalla fondovalle Isclero si trova il paesino di Puglianello, che ospita questo sicuro approdo per gli interessati a una gastronomia raffinata, diequilibrio e sostanza a prezzi decisamente abbordabili. Il cuoco e titolare Raffaele D'Addio ha saputo coniugare la ricerca di ingredienti di qualità e l'impostazione di una cucina di alta professionalità con la tradizione. Il menù varia secondo stagione ed estro del cuoco: si segnalano peperone arrosto, pane, mozzarella e pistacchi, crema di patate e olio ai capperi (6 €), l'**uovo poché, zucchine, crema di fiori di zucca, conciato romano** e un'interessante degustazione di formaggi "casaro nostrano", con un gran blu di bufala. Tra i primi, **gnocchi, caponata di verdure e salsa al pomodoro secco** (7,90 €), spaghetti con pomodorini secchi, acciughe di Cetara, capperi e pane croccante o la più classica mezza candela con genovese di manzo e salsa al formaggio. Come secondi il petto di faraona con baccalà mantecato e insalatina di scarola (13 €), il **coscio d'agnello** cotto a bassa temperatura con melanzane sott'olio e cipollotto all'agro, il capicollo di maiale nero casertano con papaccelle e confetture di visciole. Tra i dessert **crème brûlée di liquirizia, frutti rossi e nocciola** (4,90 €) o millefoglie con mousse di gianduia e agrumi cotti sotto cenere. Carta dei vini molto rappresentativa delle etichette campane.

ROCCA SAN FELICE

46 KM A EST DI AVELLINO

La Ripa
Ristorante
Via La Ripa, 2
Tel. 0827 215023-223751-347 2389097
Chiuso lunedì e martedì
Orario: sera, sabato e festivi anche pranzo
Ferie: non ne fa
Coperti: 60 + 20 esterni
Prezzi: 25-28 euro vini esclusi
Carte di credito: tutte, BM

Quattro amici, Enza, Rocco, Rino, Antonio e il realizzarsi di un'aspirazione, di una scelta, con questo museo-ristorante (così come indicato all'ingresso), approdo di un progetto di vita. Proprio sotto il castello, a poca distanza dalla piazza del paese, c'è questo ristorante, in un contesto ricostruito con cura e reale recupero dei materiali originali. La stagionalità ha qui un senso profondo e pertanto, darne una completa lettura, diventa operazione ardua. A partire dagli antipasti (7 €), come l'eccellente sformato di patate con fonduta di caciocavallo e funghi porcini, il **timballo di baccalà con zucchine in agrodolce**, il tortino di melanzane con pomodorini per proseguire con i primi: numerose zuppe, soprattutto di legumi, poi le paste fatte a mano (8 €), con gli estivi **cavatelli con ragù di ortaggi**, il maccaronaro con San Marzano, salsiccia secca e scaglie di cacioricotta, i ravioli o il paccheri aglio olio e alici di menaica. I secondi sono monopolizzati dalla carne, con qualche variante legata al baccalà: l'**agnello di Carmasciano alla griglia** (12 €), la tempura di baccalà su insalatina di spinaci (10 €), il **coniglio con asparagi e olive infornate di Ferrandina**. Completano l'offerta selezioni di **formaggi** e salumi. Per finire un **tiramisù tiepido al cocco** e il pasticcio di millefoglie con crema chantilly alla frutta di stagione (5 €). Curata e attenta selezione di etichette irpine.

> *Un premio alla costanza di Enza, e soci, e alla capacità di promuovere un territorio che custodisce elementi di grande valore e unicità*

SALERNO

Hostaria il Brigante Dal 1985

Osteria tradizionale
Via Fratelli Linguiti, 4
Tel. 089 251391-389 2625756–366 9315733
Chiuso il lunedì
Orario: mezzogiorno e sera
Ferie: variabili
Coperti: 40
Prezzi: 20 euro
Carte di credito: nessuna

Vecchia osteria, presente in guida dal lontano 1996, situata nel cuore antico di Salerno, a due passi dal Duomo. Poco è cambiato da allora, ambiente spartano, cucina di tradizione, clientela variegata e lui, Sandrino Donnabella, istrionico titolare ed ex veterinario che saluta tutti come vecchi amici. Si inizia con l'antipasto misto (6 €) con verdure preparate in vari modi (arrostite, saltate, a sformato) e qualche latticino. Tra i primi, troverete sempre la **sangiovannara** (6 €) ma da provare sono pure le paste fresche con i legumi o con borragine e cacioricotta. La **genovese di polpo** viene preparata qui da ben venticinque anni. Tra i secondi, tanto pesce azzurro (alici, lacerto, cefalo), saporito ed economico, un buon **baccalà con i peperoni** *cruschi* (7 €) o, per gli amanti della carne, un tenero agnello al formaggio o la **salsiccia vestita di verza**. I contorni seguono le stagioni, la cianfotta ad esempio è un trionfo di sapori estivi. Si chiude con la **torta caprese** (4 €) o con il budino preparato con profumati limoni della Costiera. Vino solo sfuso, conto davvero basso e, come nelle trattorie d'altri tempi, capita spesso di fare amicizia con i vicini di tavolo, che potranno essere studenti del vicino ostello, professori universitari, turisti stranieri o salernitani doc affezionati a un posto che negli anni si conferma per la sua semplicità e cucina gustosa e tradizionale.

In via De' Mercanti 75, la storica pasticceria Pantaleone offre preparazioni tradizionali campane: pastiera, babà, millefoglie, sfogliatelle e la scazzetta, un pan di Spagna con crema gialla e fragoline.

SAN GIORGIO DEL SANNIO

10 KM A SE DI BENEVENTO RACCORDO A 9

La Locanda della Luna

Ristorante
Via delle Oche, 7
Tel. 0824 40157-320 0478609
Chiuso lunedì e martedì
Orario: sera, festivi solo pranzo
Ferie: variabili
Coperti: 35 + 45 esterni
Prezzi: 32-34 euro vini esclusi
Carte di credito: CS, MC, Visa

Il locale lo troverete, un po' appartato in una traversina di piazza Bocchini, gradevolmente affacciato sulle verdi colline che tracciano il confine tra il Sannio e l'Irpinia. Daniele Luongo, che dall'Irpinia ha trovato dimora qui per amore della moglie Teresa, con le sue proposte di cucina è riuscito a coniugare l'impronta contadina delle sue origini con una naturale dote a elaborare ingredienti di qualità. Accompagnato da quattro tipi di pane, il pasto può iniziare con una selezione di **salumi** del Sannio o con il **pancotto di verdure** di stagione e alici di menaica su crema vegetale (8 €). Dal menù, che cambia con cadenza quindicinale, potete scegliere tra i primi (9,50 €) la **pasta e patata** (raviolone con patata e provola condito con pomodorini cotti al forno), i cavatelli di grano saraceno con salsiccia rossa di Castelpoto e crema di zucca o un risotto con verdure e fonduta di caciocavallo. Di secondo una rivisitazione del soffritto di maiale, diventato **maialino del Sannio agli aromi**, patate e papaccella napoletana (13 €), oppure il carrè di agnello con pane profumato (14 €) e, il venerdì, il **baccalà in umido** con erbette di campo e colatura di alici di Cetara. Per concludere una selezione di **formaggi** campani – il conciato romano con composta di fiori di zucca allo Strega – o i dessert come la millefoglie con crema al miele e una tartina di frutta con gelato alla vaniglia. Ampia e oculata la proposta dei vini. È necessaria la prenotazione.

> *Qualità della proposta, ricerca e cura dei piatti ci fanno apprezzare il locale di Daniele Luongo, bravo interprete di questo territorio*

CAMPANIA | 745

SAN MARCO DEI CAVOTI

36 km a nord di Benevento ss 212 e 369

U Magazzeo
Trattoria
Via Porta di Rose, 26
Tel. 339 3578733
Chiuso martedì sera e mercoledì
Orario: mezzogiorno e sera
Ferie: variabili
Coperti: 25
Prezzi: 20-25 euro vini esclusi
Carte di credito: nessuna

Il locale si trova nel centro storico di San Marco dei Cavoti, un delizioso borgo di origine provenzale, in cui risaltano preziosi portali di palazzi antichi in pietra calcarea. La trattoria è a pochi passi da una delle storiche porte d'ingresso al borgo. Gli interni presentano elementi di arredo in legno alla cui realizzazione ha collaborato il creativo titolare Alessio, che racconterà quello che prepara con la signora Lina. Poche regole: semplicità, prodotti locali, l'olio e la pasta di produzione propria come gli ortaggi. Tra gli antipasti formaggi di varia stagionatura, affettati, fritti e stuzzichini con erbe e verdure spontanee, **polpette di ceci** (8 €), involtini di cotica e verza. Tra i primi i cavatelli salsiccia e carciofi, la pasta e fagioli, gli gnocchi di ricotta con pomodorini del piennolo, la **pasta con sugo di piccione** (8 €), le zuppe di legumi. Poi carni cotte alla brace o al fornello: **bistecca di razza marchigiana alla brace**, salsiccia di maiale scomposta al forno, agnello alla griglia o in cartoccio con capperi, **trippa al sugo** (7 €), carciofi ripieni o fritti, baccalà fritto. Un bel forno a legna sforna la sera una buona pizza. Infine dolci casalinghi: **torta di ricotta**, semifreddo U Magazzeo (4 €), cantucci e paste di mandorle. Da bere uno sfuso e una buona selezione di etichette regionali e nazionali, liquori e distillati.

■ Per i tradizionali torroncini, croccantini e le varie specialità dolciarie sammarchesi, la Premiata Fabbrica Innocenzo Borrillo, via Roma 64, la pasticceria Laboratorio Serio, via Roma 30, e la cioccolateria artigianale Autore, via Beviera 64.

SAN MAURO CILENTO
Casal Sottano

85 km a se di Salerno

Al Frantoio
Ristorante
Via Ortale, 31
Tel. 0974 903243-348 8083497
Sempre aperto dal 15 giugno al 15 settembre; sabato, domenica e festivi gli altri periodi
Orario: mezzogiorno e sera
Coperti: 100 + 150 esterni
Prezzi: 20-25 euro vini esclusi
Carte di credito: tutte, BM

Lungo la litoranea tra Agropoli e Acciaroli, all'altezza della località Mezzatorre, si imbocca la salita che conduce al centro di San Mauro. La sosta al ristorante può essere la conclusione di una piacevole giornata al mare, o il punto di partenza di uno dei sentieri naturalistici che dal paese si snodano. Fermarsi in questo locale significa condividere un'idea nata con la realizzazione della cooperativa agricola Nuovo Cilento, che trova qui il crocevia di varie attività tra cui spiccano laboratori sensoriali, la biofattoria didattica, oltre ovviamente al ristorante. Tra i prodotti utilizzati, forniti dai soci della cooperativa, c'è l'extravergine di cui sono offerti sempre degli assaggi su patate cotte sotto la cenere, come si usava un tempo. In cucina la brava cuoca Carmela Baglivi che, dopo una laurea in Servizi Sociali, ha deciso di seguire la sua vera passione. Antipasto contadino e verdure grigliate sono in genere l'inizio. Seguono le zuppe con baccalà e cicerchie, *cicci 'maretati* (6 €) o zuppa di fagioli. Pasta fatta in casa come fusilli o **cavatielli al ragù di carne** (6 €), tagliatelle alla *gaggìa* (con zucchine e peperoni), lagane e ceci. Tra i secondi **coniglio ai semi di finocchio** (7,50 €), agnello al mirto, formaggio di capra arrostito o la parmigiana di melanzane e patate. Come contorni le verdure della cooperativa (carciofi *'mbuttunati*, bietole, broccoli). Come dolci il gelato di fichi e noci, i **cannoli cilentani** con crema pasticciera e cioccolato (2,50 €), la crostata alla menta. Vino sfuso della casa e una piccola selezione di vini soprattutto cilentani.

SAN MICHELE DI SERINO

9 KM A SUD DI AVELLINO RACCORDO AVELLINO-SALERNO

Tavernetta Marinella
Osteria moderna
Via Cotone, 3
Tel. 0825 595128
Chiuso domenica sera e lunedì
Orario: mezzogiorno e sera
Ferie: in luglio
Coperti: 90 + 15 esterni
Prezzi: 30 euro vini esclusi
Carte di credito: AE, CS, MC, Visa, BM

Siamo ai piedi del Monte Terminio in un contesto noto per la purezza delle sue acque, che da secoli alimentano l'acquedotto di Napoli. Il ristorante, nel cuore del paese, è caratterizzato dalla semplicità e dalla cordiale accoglienza di Giovanni Romano, erede di una storia familiare agganciata alla tradizione della cucina irpina. Si è accolti da un piatto di benvenuto con ricotta fritta e polpettina, proseguendo con un ricco antipasto (10 €) composto da un **tortino di patate e cipolle,** purè di patate con funghi porcini, ricottina di bufala, millefoglie di melanzane alla parmigiana e salumi paesani. I primi di pasta fresca spaziano dalle tagliatelle con lardo e noci ai **ravioli di ricotta con salsa ai pomodorini, basilico e olio di pinoli** (8 €), alle fettuccine al ragù di carne. Le zuppe, soprattutto invernali, sono quelle tipiche: castagne e funghi porcini, scarole e fagioli, **funghi chiodini e fagioli** (8 €). Fra i secondi piatti prevalgono quelli a base di carni, tutte locali, alcune servite su pietra lavica. Ben riuscito il **coniglio alla cacciatora** (10 €) come pure l'agnello arrosto e i filetti di maiale in cassuola, tutti accompagnati da verdure dell'orto di famiglia come le patate cotte sotto la cenere, affettate e ripassate in padella con olio e sugna. Per finire in bellezza i dolci casalinghi: **pan di Spagna con crema pasticciera e frutti di bosco** (3 €) e tortino caldo al cioccolato. Vini prevalentemente campani, ma non mancano etichette nazionali.

SANTA MARINA
Policastro Bussentino

151 KM A SE DI SALERNO

Il Ghiottone
Ristorante
Via Nazionale, 42
Tel. 0974 984186
Chiuso domenica sera e martedì, mai d'estate
Orario: mezzogiorno e sera
Ferie: novembre
Coperti: 70 + 35 esterni
Prezzi: 30-35 euro vini esclusi
Carte di credito: tutte, BM

Maria Rina da decenni profonde attenzione e maestria nella scelta e nella preparazione dei piatti, mai banali. Un cucina di terra e di mare, sintesi di ciò che si produce nell'orto e quello che la pesca del golfo permette, con particolare riguardo alle specie ittiche di minore pregio. Nel locale, luminoso e ben apparecchiato con tovaglie in fibra naturale, spesso c'è proprio lei ad accogliervi assieme alla gentilissima Maria Teresa, sempre sorridente, la quale vi accompagnerà nella scelta dei piatti e dei vini. Ovviamente il menù è raccontato in funzione delle stagioni e del pescato. Un ottimo carciofo croccante con pancetta e provolone del monaco (6 €) oppure le **alici in tortiera** (8 €), con pane aromatizzato e alloro, giusto per iniziare. Tra i primi segnaliamo le fresche linguine integrali con peperoncini verdi e alici sotto sale, i **tubetti patate e merluzzo** (10 €) oppure un piatto unico come la **zuppa di scarola e fagioli con lo scorfano** (15 €). Tra i secondi impeccabili la **frittura di paranza** (13 €), sempre diversa a seconda del periodo, il rombo al vapore in guazzetto di carciofi alla menta e non mancano proposte di terra quali il **nodino di manzo con ciambotta cilentana** o l'uovo in camicia e peperone. Anche i dolci (5 €) seguono la stagione: millefoglie di pane, fichi secchi, mousse di ricotta di capra, **cannoli cilentani.** Diverse le etichette di vini campani e nazionali, oltre a quelli del territorio. Un discreta selezione di Cognac, whisky, rum, grappe.

SANT'ANASTASIA

14 KM A EST DI NAPOLI SS 268

'E Curti
Osteria tradizionale
Via Padre Michele Abete, 6
Tel. 081 8972821-340 4651029
Chiuso domenica sera e lunedì
Orario: mezzogiorno e sera
Ferie: tre settimane in agosto
Coperti: 35
Prezzi: 35 euro vini esclusi
Carte di credito: tutte, BM

In Carmine e Angelina è sempre vivo l'entusiasmo della vita, lo si coglie in pochi attimi nella serenità delle parole, nella passionale cordialità che li caratterizza, nel cuore che mettono in tutto quello che fanno e propongono, ormai da... una vita. Oggi a loro si è unito il genero Roberto, immediatamente acclimatatosi. Profondi conoscitori del territorio selezionano piccoli fornitori campani: prosciutto irpino, fior di latte di un caseificio vicino, carni dal Monte Somma, vini di piccoli produttori vesuviani. Quale naturale conseguenza, i piatti esprimono la schiettezza delle cose semplici, come nel caso dell'antipasto di terra (9 €) con prosciutto, olive verdi conciate, pizzette di friarielli, **panzerotti** e altro, secondo stagione. Tra i primi **paccheri con lo stocco** (8,50 €), zuppa di fagioli cannellini e funghi pioppini, linguine con le cozze, casarecce con funghi pioppini, pomodorini e parmigiano a scaglie, **minestra maritata**. L'uva passa e i pomodorini del piennolo, sono alcuni degli ingredienti del *'o secchio d'a munnezza* (8,50 €) piatto simbolo del locale. Ricca la proposta dei secondi con **baccalà fritto con le papaccelle**, oppure arracanato, **agnello con i piselli** (12 €), 'ntrugliatielli, baccalà alla paulotta, calamaretti ripieni, **locena di maiale con i peperoni**, frittura di paranza. Per finire un casalingo **tiramisù** o il pasticciotto unito al nocillo dell'attiguo laboratorio. Accanto al vino della casa qualche etichetta campana e nazionale.

❝ *Tutti gli elementi distintivi della territorialità vesuviana si ritrovano in questo locale, custode della più schietta tradizione* **❞**

SARNO

33 KM A NO DI SALERNO USCITA A 30

'O Romano
Trattoria
Via Diego De Liguori, 81
Tel. 081 5136488-329 6117283
Chiuso domenica sera e lunedì
Orario: mezzogiorno e sera
Ferie: 2 settimane tra luglio e agosto
Coperti: 40 + 20 esterni
Prezzi: 25-30 euro vini esclusi
Carte di credito: CS, DC, MC, Visa, BM

Gaetano Cerrato e la moglie Antonietta, profondamente innamorati del lavoro e del loro territorio, sono gli indiscussi protagonisti di questa trattoria, nel centro del paese di Sarno, circondata da bei palazzi curati. Il locale si trova a ridosso di una delle quattro sorgenti, quella di Rio Palazzo, del fiume Sarno: acque limpide e cristalline dove Gaetano tiene le anguille. La proposta, tutta incentrata sul territorio, recupera molte ricette locali, alcune dimenticate: ammarielli (locali gamberi di fiume), anguille, carni di capra e baccalà rappresentano alcuni dei piatti che caratterizzano il menù. Si comincia con gli sfizi della casa: polpette, frittelle e **mescete** (pancotto con olio e verdure), gli imperdibili **ammarielli** oppure il baccalà affumicato o marinato (12 €). Tra i primi i **mezzi paccheri con stocco arracanato**, piatto forte del locale, ma anche la **minestra maritata** fatta con otto verdure diverse, noglia e cotica, i fusilli al ragù di capra (6 €), molte zuppe a base di cereali e legumi. Tra i secondi lo **stocco arracanato** (13 €), le anguille fritte, i **purpetielli in cassuola**, la braciola di capra, il baccala fritto e altre preparazioni a base di pesce azzurro quali la **parmigiana di pesce bandiera**. I dolci della casa (3,50 €) semplici e gustosi, sono la pastiera, crostate e pan di Spagna. Ridotta ma attenta selezione di vini regionali ad accompagnare il vino della casa.

❝ *Gaetano Cerrato è cuoco ante litteram: viscerale e appassionato esprime l'anima smarrita della Campania meno nota* **❞**

748 | CAMPANIA

SCAFATI

26 KM A NO DI SALERNO

Taverna Mascalzone Vini & Cucina
Trattoria
Via Trieste, 54
Tel. 081 8508717-393 6464132
Chiuso il martedì
Orario: mezzogiorno e sera
Ferie: settimane centrali di agosto
Coperti: 24 + 10 esterni
Prezzi: 28-30 euro vini esclusi
Carte di credito: CS, DC, MC, Visa, BM

Questa trattoria, a completa conduzione familiare, sta promuovendo, ormai da una decina di anni, il buono che la cucina di fiume può dare. Vengono allora esaltate le qualità gastronomiche di gamberi di fiume, anguille e soprattutto degli *iammarielli* del Sarno. In cucina arrivano quotidianamente materie prime di produttori sparsi per tutta la Campania e scelti con evidente competenza. L'antipasto guarda al Sannio e ai suoi saporitissimi **salumi di maiale nero**, ma anche ai Monti Lattari da cui arrivano il fior di latte e la ricotta. Con la pasta, prodotta da uno storico pastificio locale, si preparano **spaghetti con alici di menaica** (Presidio Slow Food), pomodorini e pane raffermo (8 €), **paccheri con baccalà** (9 €) o con gamberi di fiume, pomodorini e peperoncino. Antonietta, madre di Alberto, con cui porta avanti la piccola cucina, ha confessato che i clienti le impediscono di togliere dal menù la **pasta e patate con la provola** (9 €), che è allora possibile trovare tutto l'anno mentre solo d'inverno si mangia la **minestra maritata**. In estate gli **straccetti con peperoncini verdi** (8 €). Carmela si prende cura degli avventori e suggerisce, sempre sorridente, l'abbinamento con il semplice vinello prodotto per loro o con una birra artigianale anch'essa del posto. Con i gustosi dolci casalinghi invita ad abbinare un rosolio di pesca o un distillato di cannella preparati da *mammà*.

SCAMPITELLA

68 KM A NE DI AVELLINO A 16

La Vecchia Scalinata
Ristorante
Via Mazzini, 20
Tel. 0827 93656-349 1550341
Chiuso il martedì
Orario: mezzogiorno e sera
Ferie: a metà luglio
Coperti: 40 + 10 esterni
Prezzi: 25-30 euro vini esclusi
Carte di credito: CS, DC, MC, Visa, BM

Scampitella è al centro di un ampio territorio quasi interamente coltivato, tra Campania e Puglia: un susseguirsi di colline fino all'orizzonte. È appunto in questo contesto che Michele Flammia, all'attività agricola ha affiancato quella della ristorazione, semplice e a conduzione familiare. Assieme a lui vi è Maria Teresa, la moglie, che si occupa della cucina. L'unica sala del ristorante è ben apparecchiata, illuminata e arredata con garbo. Il menù è raccontato a voce e i piatti spesso cambiano anche tutti i giorni. Solitamente si comincia con un antipasto (7 €) di salumi e formaggi freschi accompagnato da verdure preparate in diversi modi. Tra i primi piatti ottime la **pasta e fagioli con il guanciale** (7 €) e le cannazze (simili alle candele) al ragù, con i porcini o con gli asparagi. Per i secondi – dove le carni la fanno da padrone e che Michele si preoccupa personalmente di reperire – segnaliamo il **filetto di maiale alla brace con porcini** oppure l'ottimo **brasato di vitello** (10 €). Sono presenti anche buoni formaggi del territorio come il caciocavallo e qualche pecorino. Tutte le proposte dei dolci sono di produzione propria, come la **crostata di castagne** (5 €) o quella di ricotta, assolutamente da provare. La carta dei vini è composta da alcune etichette del territorio più qualcuna nazionale e diversi distillati.

A **Nocera Inferiore** (10 km), in via provinciale Nocera-Sarno 6, Enoteca Some Wine: vasto assortimento di vini e oli campani. Pasticceria Mamma Grazia, in via Russo 136 a **Nocera Superiore** (13,5 km), per la torta di San Pasquale.

CAMPANIA | 749

SCAMPITELLA

68 KM A EST DI AVELLINO

Osteria dei Briganti
Ristorante-pizzeria
Via IV Novembre, 5
Tel. 0827 93572-347 9416175
Chiuso il lunedì
Orario: mezzogiorno e sera
Ferie: 10 gg tra giugno e luglio
Coperti: 70
Prezzi: 23-25 euro vini esclusi
Carte di credito: tutte, BM

Mario e Maurizio Lo Russo sono rientrati al paese d'origine dopo esperienze di lavoro all'estero, per approdare alcuni anni fa in questo rustico locale di Scampitella con la voglia di valorizzare la qualità dei prodotti e della cucina locali. A oggi questa scelta dà loro ragione visto che in zona ci si può approvvigionare di buoni salumi a Venticano come di latticini di mucca a San Sossio Baronia, della cicerchia a Frigento come del broccolo aprilatico a Paternopoli: tutte prelibatezze che Maurizio, con l'aiuto in cucina di Pina e Carmela, trasforma in pietanze essenziali e saporite. Dopo avere assaggiato come antipasto il tagliere di salumi e formaggi, si può continuare con qualche zuppa di stagione di scarole e fagioli (5,50 €), di ceci, o la classica **minestra maritata**. Da un pastificio artigianale provengono le paste per i **troccoli allo scarpariello** (7,50 €), in stagione con pomodorini del piennolo del Vesuvio; poi buoni **ravioli di ricotta ai funghi porcini** (8 €). Ottime le carni cotte arrosto, quelle bovine nei diversi tagli di filetto, fiorentina o tagliata, oppure il capretto o l'**agnello** (9 €) a cui non si può rinunciare. Il forno a legna del locale cuoce anche pizze. I dolci sono di fattura casalinga come il tiramisù, il flan al cioccolato o le **crostate di frutta**. Sorvolando sulla proposta del vino della casa si può richiedere la carta dalla quale scegliere una discreta selezioni di rossi irpini.

🛡 A **Vallata** (8 km), in piazza Garibaldi 3, la macelleria di Elio Ferrucci vende ottime carni locali bovine e suine, agnelli e capretti, e lavora salumi come soppressata, capocollo, pancetta.

SOMMA VESUVIANA

16 KM A EST DI NAPOLI SS 268, USCITA A 16

Antica Trattoria Zoppicone
Trattoria
Via Pomintella, 2
Tel. 081 5304618
Chiuso domenica sera e lunedì
Orario: mezzogiorno e sera
Ferie: 10 giorni in agosto
Coperti: 80
Prezzi: 25 euro vini esclusi
Carte di credito: nessuna

Non perdetevi d'animo se trovate difficoltà a raggiungere il locale: percorrete la strada che collega Sant'Anastasia a Somma Vesuviana, e sulla linea di demarcazione tra i due comuni, cercate l'insegna appena visibile dello Zoppicone. La trattoria, molto conosciuta in zona, vanta un'antica e solida tradizione legata soprattutto alla cucina dello stoccafisso e del baccalà, tradizionalmente oggetto a Somma Vesuviana di un fiorente commercio legato all'importazione dalla Norvegia. Per questo Diego Porricelli, trentenne chef formatosi alla scuola di mamma Jolanda, seleziona con molta oculatezza i pezzi destinati alla sua cucina. Nell'ampia sala, di recente ritinteggiata, Michele vi proporrà come antipasto fritture miste alla napoletana che servono da preludio al **pacchero allo stocco** (7,50 €), dal sapore deciso, alla pasta e fagioli o ai **mezzani lardiati** (4,50 €), popolare primo piatto. Chi è patito del pesce del Baltico potrà proseguire ancora con lo stoccafisso in differenti preparazioni, oppure scegliere il **baccalà** fritto o **in cassuola con il pomodoro** (8 €). Altre proposte di secondi prevedono braciole, cotiche, polpette (10 €) cotte a lungo nel ragù napoletano oppure la **salsiccia con friarielli** di grande bontà. Nei fine settimana si sfornano anche pizze cotte nel forno a legna. Consigliamo vivamente i dolci della tradizione come l'ottima **pastiera** e il migliaccio. Il vino offerto in caraffa proviene da uve catalanesche per il bianco, Aglianico per il rosso.

🛡 A **Sant'Anastasia** (2 km), via Antonio D'Auria 8, la cioccolateria Theobroma: cioccolati monovarietali, praline e frutta secca del Vesuvio ricoperta di cioccolato.

SOMMA VESUVIANA

16 KM A EST DI NAPOLI SS 268 USCITA A 16

La Lanterna
Ristorante-Pizzeria
Via Colonnello Aliperta, 8
Tel. 081 8991067-8991843
Chiuso il lunedì
Orario: mezzogiorno e sera
Ferie: non ne fa
Coperti: 60 + 30 esterni
Prezzi: 25-32 euro vini esclusi
Carte di credito: tutte, BM

Siamo alle falde del Vesuvio, terra di ortaggi, frutta e… baccalà. Somma Vesuviana, infatti era sin dal tempo dei Borboni sede dei depositi in cui veniva conservato tale prodotto d'importazione, per cui ancora oggi è il merluzzo delle isole Lofoten a essere protagonista della cucina di questo locale. Si inizia con un antipasto misto (8 €), che vede il baccalà preparato in vari modi: ottime le **frittelle** servite nel classico coppo di carta. In alternativa l'**insalata di mare con un polpo calloso** (10 €). Tra i primi ecco la versione essiccata del merluzzo, ossia lo stoccafisso, proposto con i paccheri e i pomodorini del piennolo (8 €) o il **risotto con baccalà, zucca e patate**. Da provare la **matriciana di baccalà** (8 €), gustosa rivisitazione in chiave locale del piatto laziale. Tra i secondi troviamo il baccalà in carrozza, il **baccalà fritto** (10 €), piatto vanto del locale, anche proposto al tegamino in un gustoso intingolo di cipolle e pomodori cotti nel rame. A volte è possibile assaggiare l'agnello con patate. Dolci della tradizione napoletana, vino sfuso della casa o una discreta selezione di vini del Vesuvio e italiani, anche se manca la carta così come il menù, che viene recitato a voce. Servizio cordiale, parcheggio di fronte al locale.

TORRE DEL GRECO

13 KM A SE DI NAPOLI

Il Veliero
Ristorante
Via Spiaggia del Fronte, 32
Tel. 081 8818712-8812630
Chiuso domenica sera e lunedì
Orario: mezzogiorno e sera
Ferie: 16-20 agosto e periodo natalizio
Coperti: 70
Prezzi: 25-28 euro vini esclusi
Carte di credito: nessuna, BM

L'istrionico Umberto assieme alla moglie Anna è l'indubbio protagonista di questo ristorante affacciato sul porto di Torre del Greco, cittadina nota in tutto il mondo per la lavorazione del corallo. Affabile, sinceramente cordiale, è buon cicerone della proposta di questo locale tutta improntata alla tradizione e alla semplicità, molto attenta alla stagionalità e legata alla disponibilità del vicino mercato. È cucina di mare diretta e senza fronzoli, sapida e schietta come era d'uso nelle trattorie di una volta. Clientela prevalentemente locale, prezzi popolari e servizio premuroso. Si comincia con **seppie e patate** (7 €), oppure con le frittelle di alghe, polpette di alici e di baccalà, polpo all'insalata con olive di Gaeta e patate, gattò di mare e **involtini di pesce al sugo**. I primi piatti sono i classici della cucina di mare: **linguine con alici fresche**, spaghetti ai frutti di mare, tubettoni con le cozze (6,50 €), d'inverno i cannelloni di mare e la zuppa di fagioli e cozze con crostini; su prenotazione le **linguine con i ricci di mare** (6,50 €). Come secondo vi consigliamo le **seppie arrostite** (8 €) o affogate, la frittura di paranza, i **calamari imbottiti**. Per finire i dolci classici della tradizione partenopea della vicina pasticceria Fontana. Discreto il vino della casa e qualche etichetta campana e nazionale.

🔖 La pasticceria Fontana, via Fontana 28, prepara ottimi dolci classici partenopei.

CAMPANIA | 751

TORRE ORSAIA

113 km a se di Salerno

Da Addolorata
Osteria tradizionale
Via Pulsaria, 16
Tel. 0974 985669
Non ha giorno di chiusura
Orario: mezzogiorno e sera, estate solo sera
Ferie: 15 giorni in ottobre
Coperti: 45
Prezzi: 18-22 euro
Carte di credito: nessuna

Entrare nell'osteria di Addolorata è come fare un salto nel passato, ritornare ai tempi in cui l'unica strada che collegava la Calabria a Napoli passava per Torre Orsaia e proprio lungo il percorso nasceva qualche locanda che sfamava i viaggiatori. La sala è arredata da una decina di tavoli, due grandi cristalliere che mostrano le stoviglie, sulle pareti bianche foto di figli e nipoti e qualche utensile della cultura contadina. L'accoglienza di Addolorata è quella che solo una nonna può dare, ci si sente subito a casa e a proprio agio quando ti fa accomodare e inizia a parlarti di quello che sta cucinando e ti porterà in tavola. Gli antipasti non sono considerati, qui si viene per mangiare la pasta fatta in casa. Lagane e ceci (5 €), **ravioli**, **cavatelli**, tagliatelle **con ragù**, zucca o porcini. In sostanza tutto ciò che, in base alla stagione, i contadini del luogo le portano. Il tutto è da condire, a scelta, con caciorticotta di capra e peperoncino di propria produzione. I secondi a base di carne spaziano dalle **polpette e salsicce al sugo** (6 €) al capretto o **pollo al forno** (7 €), tutti accompagnati da broccoli, **peperoni gratinati**, polpette di melanzane, ciambotta. Come Addolorata tiene a precisare «la cucina più semplice è, meglio è» e infatti il tutto risulta genuino e leggero. Il pasto si conclude con le immancabili **scaldatelle** (3 €) ricoperte di miele o zucchero e abbinate all'assaggio di limoncello, alloro, finocchietto e nocino, ovviamente fatti in casa. Vino sfuso e alcune etichette di provenienza locale.

TRAMONTI
Gete

26 km a ovest di Salerno ss 163

Reale Doc
Osteria
Via Cardamone, 75
Tel. 089 856144-333 1783788
Chiuso il mercoledì, mai in agosto
Orario: mezzogiorno e sera
Ferie: seconda metà di febbraio
Coperti: 55 + 30 esterni
Prezzi: 30-32 euro vini esclusi
Carte di credito: tutte, BM

Nonostante i soli pochi chilometri di distanza dalla costiera amalfitana, Tramonti è un paese ricco di vegetazione e boschi ed è sede della Comunità Montana della Penisola Sorrentina. Molta storia e tante bellezze artistiche: spicca su tutte la "cappella rupestre" sita proprio nella frazione di Gete. I fratelli Luigi e Gaetano sono anche produttori di vino di notevole fattura e pregio. Molti dei piatti proposti rappresentano l'unione tra la terra e il vicino mare. Si inizia con l'antipasto della casa (9 €) che comprende i pregiati latticini locali, i salumi di produzione propria e un ottimo **fior di ricotta con sfusato amalfitano**. Buoni il **sarchiapone ripieno**, zucca locale imbottita, e il timballo di verdure selvatiche e salsiccione. Tra i primi segnaliamo i cavatelli e patate cotti nella pignata (9 €), gli **'ndunderi con seppie e crema di piselli** conditi con ragù tradizionale. In primavera vengono proposte diverse paste con le verdure dell'orto di proprietà, fra cui i fusilli con i ricci di Minori, fave e guanciale. Per quanto riguarda i secondi da provare il **coniglio disossato con broccoli** o il filetto di maiale con pomodori secchi e olive (13 €). La chiusura del pranzo è affidata all'assaggio della **torta pere e cioccolato** (4 €) o del fiore di ricotta di Tramonti con sfusato amalfitano e scaglie cioccolato. È possibile sostare per il pernottamento.

In località **Chiancolelle**, via Chiunzi 172, l'azienda agricola Antonia Rastelli vende formaggi tipici, in particolare caciocavallo di San Francesco.

TRENTINARA

50 KM A SE DI SALERNO

Lu Vottaro

Osteria
Via Paolillo
Tel. 0828 821134-329 7793347
Chiuso il lunedì
Orario: sera, pranzo su prenotazione
Ferie: non ne fa
Coperti: 20 + 26 esterni
Prezzi: 28-30 euro vini esclusi, menù fisso
Carte di credito: nessuna

Siamo a Trentinara, un dedalo di viuzze e case abbandonate che lentamente stanno riprendendo vita. È chiamata "il balcone del Cilento" poiché dal belvedere è possibile ammirare uno degli scorci più belli di questo territorio, ancora, per fortuna, poco antropizzato. Qui, al piano terra di un palazzo del Settecento, si trova il locale: l'ambiente è quello di una vecchia casa di campagna, con un pozzo al centro della sala, la cantina a vista e, in inverno, un camino scoppiettante. Il menù è fisso, ma al momento della prenotazione vi chiedono gusti e intolleranze. Qui si parla il sano verbo della campagna circostante, ingentilito dal tocco muliebre di Cristina, oste raffinata. Si inizia con formaggi e salumi locali, e varie preparazioni a base di verdure coltivate e selvatiche, tra cui un ottimo **involtino di zucchine e noglia** (una sorta di salsiccia prodotta utilizzando le parti meno nobili, molto aromatica) o il delicato soufflé di ricotta di capra e grano. Due i primi che vi verranno portati in assaggio: potrete scegliere tra i **ravioli di ricotta e finocchietto**, gli strangolapreti con funghi e tartufo, l'uovo a susciello o la **zuppetta di verdure spontanee primaverili**. Agnello impanato, **sfrionzola** (uno spezzatino di maiale, con peperoni), cinghiale al forno, zucchine ripiene tra i secondi. Torta cioccolato e pere o **crostate di confettura di fiori d'acacia**, tra i dolci preparati da Cristina. Prezzo: 30 euro, per un pranzo completo. Buona scelta di vini cilentani. prenotazione obbligatoria.

VALLE DELL'ANGELO

96 KM A SE DI SALERNO A 3 USCITA ATENA LUCANA E SS 166

La Piazzetta

Osteria con alloggio
Piazza Canonico Iannuzzi, 2
Tel. 0974 942008-320 1403016
Non ha giorno di chiusura
Orario: mezzogiorno e sera
Ferie: una settimana in ottobre
Coperti: 30 + 20 esterni
Prezzi: 34 euro vini esclusi
Carte di credito: nessuna

Ogni possibile disagio per raggiungere questa piccola osteria nel cuore del Cilento sarà ricompensato una volta giunti al cospetto della cucina di Carmela. La sapienza tramandatale dalle massaie della piccola comunità in cui è cresciuta e l'utilizzo del cospicuo patrimonio dei prodotti degli orti e degli allevamenti di queste zone, sono le fonti di ispirazione per le sue preparazioni. L'insegna recita spiritosamente «confusi ma felici» ma quando si tratta di mettere mano ai fornelli le idee sono ben chiare. Dopo avere prenotato (è necessario) lasciate fare a Carmela e al marito Angelo che inizierà a servirvi per antipasto (10 €) dei **calzoni ripieni di bieta e alici** oppure di toma di pecora e riso, il tagliere di caciocavallo podolico, formaggio pecorino e caprino con confettura di fichi, rosa canina e composta di percoche. Le paste sono fatte con farine di grano locale prodotto in proprio: **fusilli**, *parmariedi* e ravioli di ricotta conditi **al ragù**, oppure **lagane e fagioli** con peperoni *cruschi* (10 €). I secondi (14 €) carne prevedono uno squisito **capretto al forno**, il maialino grigliato con verzetta spadellata oppure le braciole di vitello al ragù. Anche i dolci sono in ossequio alla tradizione: morzellette con confettura di fichi, miele e cannella e torte di pan di Spagna. I vini sono di alcune prestigiose cantine cilentane, con una piccola scelta di etichette nazionali.

❝ Carmela e Angelo, umili interpreti di una rinnovata cucina della tradizione, ricevono gli ospiti in un contesto di spontanea e serena accoglienza che invita a riscoprire il valore della lentezza ❞

CAMPANIA | 753

VICO EQUENSE
San Vito

41 KM A SUD DI NAPOLI SS 145

Il Cellaio di Don Gennaro

Ristorante
Via Raffaele Bosco, 92
Tel. 081 8798713-339 3529394
Chiuso il lunedì, in inverno aperto solo nel fine settimana
Orario: sera, sabato e domenica a pranzo
Ferie: 8 gennaio-13 febbraio
Coperti: 34 + 40 esterni
Prezzi: 30-32 euro vini esclusi
Carte di credito: CS, DC, MC, Visa, BM

Vico Equense vanta un circuito produttivo-ristorativo virtuoso e Il Cellaio di Don Gennaro ne fa senza dubbio parte; recentemente, l'apporto del giovane, esperto cuoco Vincenzo Maresca ha ulteriormente caratterizzato la cucina del locale. Le materie prime provengono quasi tutte dal territorio, le verdure dal piccolo ma ricco orto familiare. L'antipasto è quasi un piatto unico: assaggi plurimi, dal boccaccetto di zuppetta di fagioli butirri alle **alici indorate e fritte**, passando per verdure, salumi e formaggi (10 €). Sui primi (8 €) c'è solo da scegliere: **fusilli alla genovese di baccalà**, linguine cozze e limone, ravioli ai formaggi delle colline vicane con carciofi croccanti, la classica pasta e fagioli butirri del giorno prima, cotta nel forno a legna. Tra i secondi il *tianiello di baccalà* o il **pesce bandiera in carrozza con scarola e pomodori secchi** (10 €). Per contorno le classiche parmigiane di verdure (4 €). I dolci (4 €) sono fatti in casa: pasticciotto con le amarene e il **latte in piedi** con il latte nobile del Presidio Slow Food. I formaggi e i salumi sono di produzioni locali, con excursus tra le eccellenze nazionali. Buona la selezione di vini con circa una cinquantina di etichette principalmente campane. A fine pasto ottimi infusi artigianali: finocchietto, nocino, limoncello, con i frutti raccolti dalle piante di proprietà.

VICO EQUENSE
Arola

38 KM SE DI NAPOLI, 7 KM DAL CAPOLUOGO COMUNALE

Torre Ferano

Ristorante
Via Raffaele Bosco, 810
Tel. 081 8024786-339 6895701
Chiuso il martedì, mai d'estate
Orario: mezzogiorno e sera
Ferie: 10 gennaio-10 febbraio
Coperti: 40 + 40 esterni
Prezzi: 30-32 euro vini esclusi
Carte di credito: tutte, BM

Ad Arola, uno dei numerosi villaggi che si susseguono percorrendo le colline vicane, Toni Staiano e Camillo Sorrentino ci accolgono amichevolmente nella loro osteria, un bel casale rustico dove gli ambienti sono distribuiti su più livelli fino al terrazzo con vista spettacolare sul golfo di Napoli. I prodotti della penisola sorrentina sono il filone dal quale il giovane cuoco Luigi Sorrentino può attingere per le sue personali elaborazioni in cucina. Il menù si muove tra il pescato del giorno e i prodotti dell'orto, d'inverno più orientato su carni e legumi, con un occhio di riguardo a stoccafisso e baccalà. L'antipasto (10 €) comprende i latticini del caseificio di famiglia, salumi artigianali, **parmigiana di melanzane** e di zucchine, involtini di peperoni o fiori di zucca ripieni. Come primo è di rito lo **zito spezzato con la genovese**, d'inverno, al ragù napoletano; in alternativa pasta e patate con provolone del monaco, gnocchi fatti a mano con zucchine e gamberi e **paccheri ripieni di melanzane provola con salsa di pomodorini freschi e basilico** (10 €). Non fatevi mancare quando disponibili la **parmigiana di pesce bandiera con provola e basilico** (12 €), i gamberetti sale e pepe, una gustosa frittura di alici (9 €) e il baccalà fritto o in cassuola. Per chiudere, dolci di casa come il cannoletto ripieno di ricotta o, nelle ricorrenze, le **zeppole di San Giuseppe** e la pastiera pasquale. Il vino è quello della casa ed è prodotto in proprio.

▪ Nei pressi del ristorante il caseificio Gustami di Toni Staiano, via Bosco 803: provolone del monaco, fior di latte, ricotta e diavoletti (caciocavalli con olive nere e peperoncino).

oltre alle osterie

EBOLI
33 km a se di Salerno uscita a 3

Il Papavero
Ristorante
Corso Garibaldi, 111-112
Tel. 0828 330689
Chiuso domenica sera e lunedì
Orario: mezzogiorno e sera
Ferie: variabili
Coperti: 40 + 40 esterni
Prezzi: 32-40 euro vini esclusi
Carte di credito: tutte, BM

Le ottime credenziali di cui gode il Papavero sono frutto della sintonia tra il patron Maurizio Somma e lo chef Fabio Pesticcio che con estro giovanile realizza piatti di singolare fattura. Prodotti come il pomodorino del Vesuvio o la colatura tradizionale di alici di Cetara, le cipolle di Montoro o i fichi bianchi del Cilento sono degnamente preparati per stuzzicare il palato. Segnaliamo tra gli antipasti (9 €), razza panata agli agrumi su passatina di ceci di Cicerale e ricotta di bufala e tra i primi (10 €) gnocchetti di ceci neri su vellutata di patate al rosmarino, cannolicchi arrostiti e polvere di patate viola o il particolare raviolo ripieno di pesto di basilico, coulisse di pomodoro, salsa di burrata. La ricca selezione di vini è fatta con oculatezza. Menù degustazione a 32 e 40 euro.

NAPOLI

Veritas
Ristorante
Corso Vittorio Emanuele, 141
Tel. 081 660585
Chiuso domenica sera e lunedì, in estate domenica
Orario: solo la sera, festivi anche pranzo
Ferie: agosto
Coperti: 50
Prezzi: 45-55 euro vini esclusi
Carte di credito: tutte, BM

Il ristorante si trova lungo il panoramico corso Vittorio Emanuele, la prima ottocentesca tangenziale urbana cittadina. Il servizio è coordinato dal maître Pasquale Marzano, attento e discreto, mentre Stefano Giancotti, il gestore, e lo chef Gianluca D'Agostino cooperano in simbiosi per tracciare le linee delle proposte gastronomiche, sempre attente alla ricerca di un giusto mix tra tradizione e innovazione. Si segnalano tra gli antipasti passatina di borragine con mandorle e ostriche scottate, zuppetta di talli e frutti di mare al lime e peperoncino, mantecato di baccalà con ristretto di polpo e lenticchie di Ventotene. Tra i primi fettuccine al limone con gamberi e fiorilli, cavatelli con totani, fagioli di Controne e guanciale, ravioli di formaggio con salsa alla genovese mentre il piccione con purea di sedano rapa, cicerchie e salsa di lampone, e l'agnello arrosto con carciofo alla romana sono alcuni secondi. Tra i dessert mousse al caffè, biscotto al cioccolato, granita di mandarino e profiterole al cioccolato fondente con salsa di albicocche. Carta dei vini e distillati ricca e ragionevole.

QUARTO
20 km a ovest di Napoli

Sud
Ristorante
Via Santi Pietro e Paolo, 8
Tel. 081 0202708-327 0104725
Chiuso domenica sera
Orario: sera, sabato e domenica anche pranzo
Ferie: 1 settimana in gennaio e 3 in agosto
Coperti: 40 + 24 esterni
Prezzi: 40-65 euro vini esclusi
Carte di credito: tutte, BM

A Quarto, in un posto che non ti aspetti, Marianna Vitale, la cuoca, e Pino Esposito hanno dato vita a questa riuscita esperienza. Come racconta il sito web «Sud è una piccola idea con molte parole», utili soprattutto a raccontare come passione e impegno si possano tradurre in quotidiano esercizio di ricerca e attenzione alla qualità. Cucina di impronta fortemente innovativa che parte dalla tradizione e ne traccia confini diversi con accostamenti sorprendenti ma riusciti. In bella sequenza vi segnaliamo la zuppa di fagioli cannellini, sconcigli e funghi (18 €), lo sgombro arrosto, gazpacho e grano spezzato, gli spaghettoni con carciofi e colatura di alici (16 €), i tagliolini con vongole, pomodori gialli e profumo di liquirizia, baccalà e parmigiana di melanzane (18 €), il vitello stonnato. Disponibile un'eccellente selezione di salumi e formaggi. Tra i dolci mousse al caffè, cuore di liquirizia, salsa di cioccolato e sambuca (12 €). Carta dei vini curata e ampia. Sono disponibili tre menù degustazione a 40, 50 e 65 euro. Consigliamo la prenotazione.

TELESE TERME
31 km a no di Avellino ss 372

Kresios
Ristorante *novità*
Via San Giovanni, 59
Tel. 0824 940723
Chiuso domenica sera e lunedì
Orario: mezzogiorno e sera
Ferie: non ne fa
Coperti: 50
Prezzi: 45-75 euro esclusi i vini
Carte di credito: tutte, bancomat

All'interno del vecchio casolare di famiglia, Giuseppe Iannotti ha creato uno spazio ristorante, un attrezzato showroom di selezionate specialità della gastronomia, un caffè, una cantina e un albergo con poche belle stanze. Tutto il menù è giocato su inusuali accostamenti tenuti insieme da elementi di territorialità e tradizione. A cominciare dall'antipasto con mozzarella e pomodoro (13 €), la pizzaiola, minestra maritata di chiocciole di mare, o il 3P con pescatrice, patate e patanegra (20 €), per continuare con i primi, come raviolo mozzarella di bufala e gambero rosso di Mazara del Vallo con ragù di coniglio affumicato (16 €), pasta al burro o risotto al castelmagno, cardamono e rapa rossa. Morro in pastella di ginger ale, mela verde e germogli di erbe aromatiche (16 €) è un piacevole secondo piatto. Per chiudere marshmallow al limone e salsa alle more (15 €). Enciclopedica carta dei vini con incursioni in Francia, e in altri importanti contesti vitivinicoli.

VAIRANO PATENORA

43 KM A NO DI CASERTA

Il Vairo del Volturno

Ristorante
Via IV Novembre, 60
Tel. 0823 643018
Chiuso domenica sera e martedì
Orario: mezzogiorno e sera
Ferie: prime due settimane di luglio
Coperti: 60
Prezzi: 50-65 euro vini esclusi
Carte di credito: tutte, BM

La cucina di Renato Martino è saldamente legata alla tradizione terragna eppure straordinariamente aperta all'innovazione. Le materie prime sono quelle del territorio – agnello di laticauda, bufalo, maiale nero di razza casertana – i piatti sono frutto della vena creativa di Renato. Gateau di patate con tuorlo d'uovo, polvere di cipolla e zafferano (18 €), zuppa di lupini giganti di Vairano con aringa, castagne e zafferano (14 €) o anche ravioli di zucca, ricotta e zenzero con salsa di broccoli e fagioli cera, cavati di mozzarella con salsa di acciughe e pomodori secchi, il filetto di vitellone in olio cottura con zabaione alla birra (22 €) e il maiale nero casertano con anice stellato e confettura di papaccelle. Tra i dessert tortina alla mela annurca con salsa di pinoli e nocciole (10 €) e cremoso al cioccolato con granella di roccocò e gelatina di gassosa e peperoncino. Sono disponibili vari menù: colazione di lavoro a 30 euro, menù della tradizione a 40, menù di pesce a 50, menù delle idee e degli assaggi a 60. Buona e ricca selezione di etichette locali.

VALLESACCARDA

68 KM A NE DI AVELLINO

Oasis Sapori Antichi

Ristorante
Tel. 0827 97021-97444
Chiuso il giovedì e le sere dei giorni festivi
Orario: mezzogiorno e sera
Ferie: due settimane in luglio
Coperti: 60
Prezzi: 55-60 euro vini esclusi
Carte di credito: tutte, BM

L'Oasis è un luogo per chi ama la buona cucina, l'interpretazione in chiave moderna della tradizione dove, con visione lungimirante, è assecondata l'evoluzione del gusto con una ricerca ostinata di materie prime eccellenti. Vi accoglieranno i cinque fratelli Fischetti – i maschi in sala, le donne in cucina – pronti a servirvi piatti che riportano a sapori autentici: zuppe stagionali (10 €), tagliolini all'uovo con porro, zafferano di Lacedonia e limone (15), filetto di vitello all'extravergine di oliva, sentore di porcini secchi e tartufo irpino (22 €), e per dessert, ricotta mantecata con prugne secche, miele millefiori e gelato al caramello (10 €). La voluminosa carta dei vini consente un viaggio enologico senza confini. Sono presenti tre menù degustazione a 35, 45 e 55 euro, e un menù di lavoro a 19 (primo, secondo e frutta).

MAR
ADRIÁTICO
Fóggia
A14
Barletta
Trani
Bisceglie
BARI
Cerignola
Ándria
A14
Canosa
di Púglia
PÚGLIA
A16
Bitonto
PARCO NAZ.
DELL'ALTA MURGIA
A14
Melfi
Venosa
Rionero
in Vúlture
Gravina
in Púglia
Altamura
Gióia
del Colle
Ruvo del Monte
Rapone
San Fele
Avigliano
Muro Lucano
Irsina
Matera
Tricarico
Basento
POTENZA
Migliónico
PARCO NAZ.
Castelmezzano
Abriola
Accettura
DELL'APPENNINO
Laurenzana
Márscio Nuovo
Stigliano
Pisticci
Cirigliano
Sala Consilina
Lido di
Metaponto
Mársico Vétere
PARCO
NAZ. D. CILENTO
E VALLO DI DIANO
A3
LUCANO
Agri
S. Arcángelo
Policoro
Moliterno
Rotondella
Vallo
d. Lucánia
VAL D'AGRI
MAR
CAMPÁNIA
Lagonegro
LAGONEGRESE
IÓNIO
Latrónico
Francavilla
in Sinni
Sapri
Rivello
San Severino
Lucano
PARCO NAZ.
Palinuro
Terranova
di Pollino
Amendolara
Marina
Maratea
Capo
Palinuro
Rotonda
G. di
Policastro
Camerota
Golfo di
Corigliano
D. POLLINO
Castrovillari
Scalea
MAR
A3
Corigliano
Cálabro
Marina
di Belvedere
Rossano
TIRRENO
CALÁBRIA
PARCO NAZ.
DELLA
SILA
0
15
30 km
Páola

BASILICATA

Come in un sogno, si potrebbe immaginare una enorme tovaglia distesa a imbandire la tavola regionale della Basilicata, che ricopra dalle vette del Pollino alla costa jonica, dalle Dolomiti lucane al cratere del Vulture. Attorno a questa tavola immaginaria vedremmo affaccendarsi massaie alle prese con generosi impasti da trasformare in manate, mischiglio, frizzuli, cavatelli, strascinate, orecchiette, paste da condire con corposi ragù di podolica o di pancetta e cotenna di suino nero o, ancora, con funghi cardoncelli legati da scamorza, pecorino di Moliterno o di Filiano. Una robusta mezzaluna di caciocavallo podolico fa capolino da una collinetta di pane di grano duro di Matera; un pane dal colore e dal profumo invitanti, perfetto da abbinare alle olive infornate di Ferrandina, alle melanzane rosse di Rotonda, a un tocco di salsiccia pezzente o, semplicemente, a un filo d'olio di majatica dal penetrante profumo erbaceo. Ora l'immaginaria tavola vede giungere man mano gli avventori, viandanti, massari, contadini, e qualcuno depone due ricchi vassoi, uno con ragù di baccalà e uvetta, l'altro con l'inimitabile peperone *crusco*. Mentre bolle in una grossa caldaia di rame la pastorale di pecora, intorno alla brace rivivono arcaici riti arborei al suono di organetti e tammorre, scaldati da generosi fiumi di Aglianico. Un sogno, sì, quasi un quadro di Luzzati, ma con scenari e tradizioni che in Lucania sono ancora realtà.

scelti per voi

baccalà con peperoni cruschi
- 760 Gagliardi
  Avigliano (Pz)
- 761 Pietra del Sale
  Avigliano (Pz)
- 761 Al Becco della Civetta
  Castelmezzano (Pz)
- 767 Da Peppe
  Rotonda (Pz)

cavatelli con peperoni cruschi e mollica fritta
- 760 Gagliardi
  Avigliano (Pz)
- 764 La Taverna dei Gesuiti
  Latronico (Pz)
- 768 La Mangiatoia
  Rotondella (Mt)

mischiglio
- 763 La Fontana del Tasso
  Francavilla sul Sinni (Pz)
- 764 La Taverna dei Gesuiti
  Latronico (Pz)
- 769 Il Salice
  San Severino Lucano (Pz)
- 770 Luna Rossa
  Terranova di Pollino (Pz)

pastorale
- 760 Pezzolla
  Accettura (Mt)
- 761 Al Becco della Civetta
  Castelmezzano (Pz)
- 764 La Taverna dei Gesuiti
  Latronico (Pz)

ACCETTURA

82 KM A SO DI MATERA SS 277

Pezzolla
Ristorante con alloggio
Via Roma, 21
Tel. 0835 675008
Chiuso il venerdì
Orario: mezzogiorno e sera
Ferie: non ne fa
Coperti: 40 + 20 esterni
Prezzi: 25-35 euro vini esclusi
Carte di credito: tutte, BM

A guardare il sorriso pacato di zia Isa sembrerebbe che questa donna di 87 anni porti avanti ancora oggi lavori e pesi del passato con la leggerezza di una ragazza. Il figlio Mario ne segue le orme, con grande amore per questa terra e le sue specialità gastronomiche. Sapori autentici già dagli antipasti (6 €) sia freddi (salumi locali, manteca con tartufo della zona, sottoli, lampascioni) sia caldi: ortaggi, scamorza e funghi in pastella, peperoni *cruschi*, **rafanata**. Zia Isa è talvolta disponibile a mostrare l'abilità con cui prepara i diversi formati di pasta fresca: orecchiette al ragù di *brasciole* di podolica, manate alla sangiovannara, **pappardelle con tartufi e funghi misti** (6 €), ferricelli con rafano e mollica di pane, cicorie con guanciale e polvere di peperone. Con le carni di vitello podolico allevato nei pascoli delle Dolomiti lucane si preparano la **costata con arance di Scanzano** (10 €), le *brasciolette* o lo spezzatino al ragù; brace sempre pronta, inoltre, per capretto, agnello, salsiccia. Su ordinazione, la ricca **pastorale** e la coscia di agnello farcito. Ci si può orientare anche sui formaggi regionali: caciocavallo podolico con miele di castagno o con cotognata (3 €), pecorino di Filiano, canestrato di Moliterno. Dolci casalinghi: crostate di marmellate (3 €) o ricotta, mousse di cioccolata con fragole, zeppole o *finicchiosole* con miele o zucchero sotto Natale. Si beve un dignitoso vino sfuso o qualche bottiglia di Aglianico.

🔖 Accanto al ristorante, la macelleria del Centro carni delle vallate lucane propone tagli ovini e di podolica.

AVIGLIANO

21 KM A NO DI POTENZA

Gagliardi
Osteria tradizionale
Via Martiri Ungheresi, 18
Tel. 0971 700743-339 1529857
Chiuso domenica sera e lunedì
Orario: mezzogiorno e sera
Ferie: variabili
Coperti: 50 + 30 esterni
Prezzi: 25 euro vini esclusi
Carte di credito: tutte, BM

Avigliano è un paesino a 800 metri di altitudine, la cui attrazione più importante è rappresentata dal pregevole castello della vicina frazione di Lagopesole: voluto da Federico II di Svevia a scopo di vacanza e di caccia, è stato accuratamente ristrutturato ed è oggi sede di eventi culturali. Gastronomicamente parlando, qui domina in maniera indiscussa il baccalà. A questo ingrediente, facile da conservare e di costo esiguo, il paese dedica una sagra nel mese di agosto. Attorno al baccalà, spesso abbinato a vari legumi, ruoterà, se lo vorrete, il pasto che gusterete presso il ristorante Gagliardi: si trova al centro del paese, affacciato su una piazzetta che in estate ospita alcuni tavolini. In sala c'è Stefano Errichetti, in cucina Mario Pagliuca e Vito Scavone. Si parte con frittelle di baccalà, **frittata con baccalà e peperoni *cruschi***, insalata con baccalà e gamberetti, fagioli, zucchine, carote e olive, **parmigiana di baccalà**, baccalà al forno (8 €). Seguono **cavatelli con peperoni *cruschi* e mollica fritta**, ravioli con baccalà e crema di ceci, orecchiette con baccalà, cavoli e peperoni *cruschi*, **strascinate con sugo di baccalà** (6 €). Come secondi, **baccalà fritto**, oppure arrostito con funghi, alla brace con olio e limone, in umido con pinoli, uvetta, cipolla e pomodori (12 €). In alternativa si può scegliere fra alcuni salumi, formaggi e piatti di territorio, ma sarebbe davvero un peccato non provare questa specialità nelle sue innumerevoli declinazioni. In chiusura, mustazzuoli e sospiri. Discreta carta di vini locali e nazionali.

AVIGLIANO
Frusci-Monte Carmine

26 KM A NORD DI POTENZA SS 658

Pietra del Sale
Ristorante
Contrada Pietra del Sale
Tel. 0971 87063-348 3369155
Chiuso domenica sera e lunedì
Orario: mezzogiorno e sera
Ferie: non ne fa
Coperti: 80 + 30 esterni
Prezzi: 30 euro vini esclusi
Carte di credito: AE, CS, MC, Visa, BM

Il locale, posto a oltre 1100 metri d'altezza sulla strada che collega Avigliano a Castel Lagopesole, è ospitato in un antico casone dei Doria, ben restaurato, ai margini del bosco. La posizione dominante consente di godere la vista dell'antico maniero e del Monte Vulture, vulcano spento i cui due crateri ospitano i laghi di Monticchio. Da parecchi anni il locale è uno stabile punto di riferimento per chi ama la cucina tradizionale, basata su materie prime di qualità, in gran parte prodotte in proprio o da piccole aziende locali. Leonardo Samela assicura un servizio impeccabile, attento e garbato. Ricco l'antipasto lucano: salumi nostrani, mozzarelle artigianali, caprino in crosta, peperoni *cruschi*, ricottina al miele, fiori di zucca in pastella, funghi cardoncelli; in alternativa, l'**acquasale** del pastore (3 €). I primi sono di pasta fresca tirata a mano: **calzoncelli ripieni di baccalà** conditi **con mollica di pane, peperoni *cruschi* e pecorino di Filiano**, orecchiette con porcini e verdure di campo o con noci e mollica (6 €), **ferretto aviglianese al ragù di cinghiale**. Superlativi i secondi: **baccalà all'aviglianese con peperoncino e peperoni *cruschi*** (10 €), costolette di cinghiale alla brace (9 €), tagliata di podolica con rucola e cardoncelli (13 €). Buoni contorni di verdura variano secondo stagione. Per dessert crostata di lamponi, sospiri aviglianesi, vasetto lucano (crema di formaggio e cioccolato), cassata di ricotta ovina, gelato ai frutti di bosco. Buona selezione di vini, fra i quali primeggia l'Aglianico del Vulture.

CASTELMEZZANO

42 KM A SE DI POTENZA SS 407

Al Becco della Civetta
Ristorante annesso all'albergo
Vico I Maglietta, 7
Tel. 0971 986249-345 9864855
Chiuso il martedì, mai in agosto
Orario: mezzogiorno e sera
Ferie: variabili in inverno
Coperti: 80 + 20 esterni
Prezzi: 30-35 euro vini esclusi
Carte di credito: AE, CS, MC, Visa, BM

Il fantastico panorama delle millenarie Dolomiti lucane fa da cornice al locale di Antonietta Santoro, instancabile ricercatrice delle tradizioni e delle specialità gastronomiche della sua terra. Inizierete il pasto con salumi e **formaggi** tipici quali *a' ventr* (sorta di soppressata ripiena di uova e formaggio), la manteca, il caciocavallo podolico, il pezzente (Presidio Slow Food), magari abbinati a fiori di sambuco o acacia fritti in pastella; buona anche la burratina su crema di fave e tartufo (8 €). Ampia la scelta dei primi fra minestra maritata, **ravioli di ricotta con asparagi e cardoncelli** (9 €) o con tartufi e mozzarella, cavatellini con salsiccia, cicoria e crema di fagioli, manate con ragù di pezzente, zuppa di ceci bianchi e neri con i funghi. Sostanziosi i secondi: il **baccalà con peperoni *cruschi***, il ciambotto di peperoni e melanzane, la memorabile **pastorale di pecora**; fra le altre proposte di carne, pezzente al ragù, **agnello alle erbe** (12 €), *brasciola* di vitello podolico, polpette su schiacciata di patate, capocollo di maiale con rucola o portulaca. Le crostole al miele, il decotto di giuggiole con torrone e mandorle al cioccolato (5 €), i sospiri alla crema o il semifreddo al pistacchio saranno la degna conclusione soprattutto se abbinati a un ottimo distillato. Poderosa la cantina: ben 350 etichette regionali e nazionali, con qualche presenza straniera. Servizio attento e premuroso.

> *Antonietta è una instancabile ricercatrice e mirabile interprete della memoria gastronomica del suo territorio*

BASILICATA | 761

CIRIGLIANO

97 KM A SO DI MATERA

Il Mulino
Osteria
Via Fontana, 54
Tel. 0835 563215-328 4210997
Chiuso il martedì
Orario: mezzogiorno e sera
Ferie: 1-15 settembre
Coperti: 65
Prezzi: 25-30 euro vini esclusi
Carte di credito: nessuna

Le principali attrazioni di Cirigliano sono il castello dalla rara pianta ovale e l'antistante "parco avventura" all'interno del bosco di cerri. Il Mulino è un ristorante dall'ambiente semplice, dove la proposta gastronomica bada più alla sostanza che alla forma. In cucina, la signora Franca Urga prepara con materie prime stagionali di qualità diverse specialità del luogo. Nel locale troneggia un grande forno a legna, nel quale sono cotte diverse pietanze e, ovviamente, il pane. L'antipasto (7 €) si compone di sottoli fatti in casa, olive infornate di Ferrandina (Presidio Slow Food), frittate di verdure, peperoni *cruschi*, salami e capocollo di propria produzione, scamorze e manteche di podolica, ricotta e pecorino provenienti dal piccolo caseificio gestito da un familiare. I primi (8 €) sono tutti di pasta fatta in casa: **sanguittelle con mollica e salsiccia** o con asparagi e pancetta, cavatelli con pomodorino e basilico, ferricelli con pomodori secchi, mollica e acciughe, **tagliolini cotica e ceci**. Imperdibili i secondi di carne (8 €): capretto, agnello o salsiccia cotti alla brace e, solo su espressa richiesta al momento della prenotazione, l'ormai introvabile *cantart* (orecchie, muso e piedi del maiale cotti con le verdure). Al momento dei dolci, crostate di frutta, **sanguinaccio** e, sotto Natale, le scrippelle. Da bere un sincero Primitivo della casa. Indispensabile prenotare, in modo da consentire la preparazione dei piatti più elaborati.

FRANCAVILLA IN SINNI

135 KM A SE DI POTENZA SS 92 E 653

Il Crepuscolo
Azienda agrituristica
Contrada Piano Rivitale, 1
Tel. 0973 648900-333 3146682
Chiuso il lunedì, mai d'estate
Orario: mezzogiorno e sera
Ferie: gennaio e febbraio
Coperti: 60
Prezzi: 20-30 euro vini esclusi
Carte di credito: nessuna

Ci troviamo a quasi 900 metri d'altezza, nel verde lussureggiante del Parco Nazionale del Pollino, tra boschi di cerri, faggi, querce. L'agriturismo, che consta di due antichi fabbricati rurali in pietra, è stato battezzato Il Crepuscolo per la ricchezza di colori che si possono ammirare al tramonto. Sarete accolti da Eduardo Marziale, mentre ai fornelli si destreggiano la moglie Lidia e la sorella Elisabetta; il servizio in sala, attento e garbato, è opera dei figli. La varietà degli antipasti (9 €) è davvero sorprendente: salumi di propria produzione, come soppressata, capocollo e lardo, vari formaggi, tra i quali il caciocavallo podolico e il canestrato di Moliterno Igp, una squisita ricottina, e ancora polpettine di ricotta o di melanzane, funghi porcini ripieni, patate e peperoni *cruschi*, frittatine di sambuco (arbusto molto presente in zona) o di ceci con menta e asparagi, pancotto con l'uovo, cotica di maiale. I primi sono di pasta fatta in casa: *rascatieddi* (fusilli ottenuti con l'impiego di un ferro) **con funghi e tartufi** (6 €), ravioli di ricotta e verdure al pomodoro, **mischiglio** (5 €), **lagane con legumi e cotica**. Come secondi (10 €) ottime carni alla brace o al forno: agnello, maiale, salsiccia, miele, tutti di provenienza locale. Si conclude con dolci di frutta accompagnati da distillati di fragoline, di alloro o di finocchietto. Da bere Grottino di Roccanova e qualche etichetta di Aglianico.

A **Gorgoglione** (6 km), in via Roma, Giovanni Costa propone ottimi salumi e carni da allevamenti locali.

FRANCAVILLA IN SINNI
Scaldaferri

135 km a se di Potenza ss 92 e 653

La Fontana del Tasso
Azienda agrituristica
Contrada Scaldaferri, 40
Tel. 0973 644566
Chiuso il martedì
Orario: mezzogiorno e sera
Ferie: variabili
Coperti: 60 + 20 esterni
Prezzi: 18-33 euro vini esclusi
Carte di credito: nessuna

Il nome del locale si deve a una leggenda che racconta come, nella riserva di Rubbio, ci fosse una fontana dove veniva ad abbeverarsi un tasso. Qui, all'interno di un cascinale di pietra a vista o nella veranda prospiciente il bosco, sarete accolti da Prospero e Maria con i figli Veronica e Luca. L'insieme degli antipasti (18 €) da solo costituisce un pasto e, secondo stagione, potrà comprendere lardo, pancetta, soppressata, capocollo, salsiccia, soffritto di capretto, ricotta abbinata a varie confetture, formaggi aromatizzati, **pancotto al pomodoro e puleio** (un'erba spontanea), polpette di melanzane, fiori di zucca ripieni di ricotta, **minestra impastata** con fagioli verdi, patate, zucca e peperoni *cruschi*, pagnotta farcita con la **ciambotta** di ortaggi. Fra i primi (10 €), paste fresche con tartufi o porcini, **lagane e ceci**, ravioli di ricotta e salsiccia, **mischiglio**, rascatielli con peperoni *cruschi* di Senise e ricotta fresca, cavatelli con patate, pancetta e rosmarino. Tra i secondi (12 €) spicca il sontuoso **capretto imbottito** con un pesto di erbette, aglio, lardo e prezzemolo; in alternativa, agnello, puntine di maiale o pollo ruspante cotti nel forno a legna. Concludere il pasto con crostate, torte di crema e di ricotta, spesso accompagnati da un infuso d'erbe. Discreta selezione di vini regionali, numerosi rosoli di frutta ed erbe. La domenica il menù è fisso.

IRSINA

40 km a no di Matera

Nugent
Trattoria
Piazza Garibaldi, 6
Tel. 0835 628180-328 7768591-338 3741780
Chiuso il martedì
Orario: mezzogiorno e sera
Ferie: variabili
Coperti: 60 + 25 esterni
Prezzi: 25-30 vini esclusi
Carte di credito: tutte, BM

Il generale Laval Nugent von Westmeath, che nella guerra austro-napoletana sconfisse Gioacchino Murat, fece edificare a Irsina, l'antica Montepeloso, un bel palazzo: nel cortile acciottolato ha oggi sede il ristorante gestito con simpatia e competenza da Mario e Gigia. Lei accoglie gli ospiti in sala sempre con un sorriso e illustra il menù con dovizia di particolari. Gli antipasti (10 €) comprendono fave e cicorielle, pomodorini piccanti, uova e salsiccia, insalata di arance con aglio e peperone *crusco*, pettole, lampascioni fritti, baccalà con patate, salsiccia pezzente (Presidio Slow Food) in umido, **peperone *crusco* farcito di mousse di baccalà**. Tanti i formati di pasta fresca fatta a mano di diversi formati: **cavatellini con cardoncelli** (verdura selvatica), **cicerchie e fagioli** (7 €), orecchiette di grano senatore Cappelli con pezzente e pomodorini, o con lenticchie o ceci biologici. Da provare, in primavera, lo sformato di cardoncelli. Ottime a seguire le costate e il filetto di podolica, ma non è da mano di diversi la grigliata di agnello, salsiccia, ***gnummridd*** (involtini di interiora) e puntine di maiale (8 €). Prenotando con un po' di anticipo, potrete gustare la **pastorale**, sontuoso stufato ovino. In alternativa alla carne, diverse preparazioni a base di baccalà e una selezione di alcuni validi formaggi lucani. Per concludere dolci al vincotto, taralli al vino, mostaccioli e **mostaccere** (2,50 €). Accanto a un onesto vino sfuso, alcuni dei migliori Aglianici lucani e qualche buona birra artigianale.

BASILICATA | 763

LAGONEGRO
Monte Sirino

100 km a sud di Potenza sp 26 e uscita a 3

Valsirino
Azienda agrituristica
Contrada Ceraso, 4
Tel. 0973 41565-338 8158496
Chiuso il martedì
Orario: mezzogiorno e sera
Ferie: non ne fa
Coperti: 80 + 40 esterni
Prezzi: 25-27 euro
Carte di credito: nessuna

Siamo alle pendici del massiccio del Sirino. Il locale è ospitato in una baita di pietra circondata da un bosco, dove è possibile fare equiturismo e visitare il santuario della Madonna delle Nevi. La conduzione è familiare: con ben 35 anni di attività, Mario Civale può vantare una lunga esperienza nel settore della ristorazione e dell'ospitalità (ci sono anche delle camere a disposizione per chi volesse pernottare); ai fornelli ci sono la moglie Pina e la cognata Lucia. Si sceglie tra due menù degustazione da 25 e 27 euro vini esclusi, che prevedono per cominciare una teoria di antipasti, quali polpette di pane, **soffritto**, melanzane *mollicate*, zuppa di legumi misti, **cotiche con cicorie e fagioli**, patate con ricotta, funghi e peperoni, salumi di produzione propria, piselli e fave, patate e lampascioni, asparagi con uova strapazzate. Si prosegue scegliendo tra **fusilli con peperoni** *cruschi* (peperoni dolci essiccati al sole e fritti), tagliatelle ai porcini, ravioli con ricotta. Ampia la scelta di carni cotte prevalentemente alla brace; molto buono anche l'**arrosto di maiale nero** proveniente da un allevamento di proprietà. Concludete con ricotta e caciocavallo di propria produzione, crostata di fragole, torta di ricotta e pera. La scelta del vino è limitata allo sfuso della casa. È possibilità acquistare in loco i salumi e i formaggi aziendali.

LATRONICO

124 km a se di Potenza a 3 e ss 653

La Taverna dei Gesuiti
Ristorante
Via Lacava, 6
Tel. 0973 858294-389 1136116
Non ha giorno di chiusura
Orario: mezzogiorno e sera
Ferie: non ne fa
Coperti: 50 + 60 esterni
Prezzi: 30-35 euro vini esclusi
Carte di credito: tutte, BM

I fratelli Mastroianni (Francesco, Andrea e Salvatore) gestiscono con passione questo locale occupandosi della sala, mentre la mamma Maria Antonietta, in cucina, prepara ottimi piatti della tradizione. L'orto di casa è invece curato dal papà Agostino. Iniziando con gli antipasti (8 €) si potrà scegliere fra le **cime di rapa con salsiccione**, il ciambotto di peperone e zucchine, il peperone *crusco*, il baccalà fritto, i fiori di zucca, le alici alla *scapece*, l'involtino di mozzarella cotto in forno a legna. Alla conduzione partecipa anche la nonna dei tre fratelli con la produzione dei genuini ravioli di ricotta, spesso conditi con i porcini; in alternativa, mischiglio con broccoli, salsiccia e cacioricotta, **cavatelli con peperoni** *cruschi* **e mollica fritta**, **paccheri farciti di ricotta con baccalà, pomodorini e** *crusco* (8 €). Ampia la proposta dei secondi: costine, lonza, pancetta e salsiccia di maiale da preparare alla brace, filetto sotto sugna, **zuppa di trippa**, *gliummariedd*, l'ottima podolica, l'elaborata **coria e sausizzone** *cù l'uocchio cicat* (8 €), una preparazione a base di cotica, salsiccia pezzente e uovo. La **pastorale** e la coscia di pecora farcita sono preparate solo su ordinazione. La signora Minghina, casara di 92 anni, fornisce ancora oggi al locale i suoi ottimi pecorini e caciocavalli podolici. Dolci genuini, come la buona torta di ricotta e pere e il rotolo di castagne e cioccolato. La cantina non è ampia ma comprende valide etichette regionali; onesto l'Aglianico sfuso.

🛍 Nelle macellerie di Latronico eccellenti prosciutti e salsicce aromatizzate con la zafarana ricavata macinando i peperoni di Senise.

MARATEA
Massa

135 km a sud di Potenza a 3 e ss 585

Il Giardino di Epicuro
Ristorante
Località Massa
Tel. 0973 870130
Non ha giorno di chiusura
Orario: solo la sera
Ferie: non ne fa
Coperti: 30 + 50 esterni
Prezzi: 30-35 euro vini esclusi
Carte di credito: tutte, BM

In questo piacevole ristorante Antonio si occupa della sala, la mamma Milena della cucina, il papà Michele del reperimento delle materie prime. Gli antipasti della casa (10 €) sono ben assortiti: fritturine e frittate di stagione, sottoli e sottaceti, salumi locali, quali soppressata, salsiccia, capocollo, prosciutto, e ancora ricotta, caprino stagionato con confettura di mirto e, su prenotazione, la ricercata mozzarellina di Massa di Maratea. Quand'è stagione non mancano pietanze a base di funghi o tartufi. Vari i tipi di pasta lavorati a mano dalla signora Milena: richiestissimi i **ravioli di ricotta** (10 €) preparati anche con salsiccia e conditi con ragù di maiale, profumate le pappardelle con i porcini, ottimi gli **strascinati con la crema di finocchietto** (10 €) e i cavatelli o i fusilli al sugo di castrato o di cinghiale. Gustose, inoltre, la crema di verdure miste di stagione, di fagioli o di fave, le **lagane con i ceci** o con i fagioli. Vitello podolico, capretto e agnello sono preparati principalmente alla griglia. Su ordinazione è possibile gustare una **zuppa di pesce**. Potrete continuare con ottimi formaggi pecorini o caciocavallo podolico (8 €) freschi o alla griglia, e concludere con le crostate di ricotta e mirto, la torta al limone o alle noci, la caprese. In cantina diverse etichette regionali, in particolare Aglianico del Vulture. I buoni rosoli di finocchietto, basilico, limoncello, mirto sono preparati dalla sorella di Antonio, Annelia.

MATERA

Baccus
Ristorante
Piazzetta San Pietro Barisano, 5-6
Tel. 0835 330124-339 6337713
Chiuso il lunedì
Orario: mezzogiorno e sera
Ferie: non ne fa
Coperti: 50 + 25 esterni
Prezzi: 35 euro vini esclusi
Carte di credito: tutte, BM

Nell'incantevole Sasso Barisano, dopo un percorso panoramico lungo il torrente Gravina giungerete in via Fiorentini e quindi nella piazzetta San Pietro: qui troverete il ristorante Baccus. Ad accogliervi, con garbo e gentilezza, Mariella, moglie di Carlo Pozzuoli, cuoco di lunga esperienza. Il locale è luminoso e arredato con gusto e semplicità, la cucina a vista; durante il periodo estivo potrete mangiare nel piacevole dehors. Le pietanze variano secondo stagione e per soddisfare le diverse esigenze dei numerosi turisti che visitano la città. L'antipasto della casa (12 €) comprende salumi, pecorino delle Murge, caciocavallo impanato, zucchine e pomodori ripieni, cipolline all'agro, funghi sott'olio. Tra i primi potrete scegliere i **tagliolini con cicerchie e funghi** (8 €), le orecchiette al tegamino, le **lasagnette imbottite alla materana**, la zuppa estiva di patate, zucchine e basilico. I secondi sono perlopiù a base di carne: buone la **pizzetta di vitello** (15 €), le costatine di agnello al forno (18 €), la costata di podolica, il pollo alla diavola. Si può concludere il pasto con i tipici e gustosi **sporcamuso** (4 €); in alternativa troverete le meringhe. Cantina prettamente regionale. Buono il liquore di mandarini.

MIGLIONICO

19 KM A SUD DI MATERA

Hosteria del Malconsiglio

Osteria moderna *novità*
Extramurale Castello, 32
Tel. 0835 559941-347 6707258
Chiuso lunedì e martedì
Orario: sera, pranzo su prenotazione
Ferie: 1-15 settembre
Coperti: 60
Prezzi: 25-30 euro vini esclusi
Carte di credito: tutte

L'osteria di Attilio e Giulio Vesia prende il nome dal castello che sovrasta Miglionico e propone cucina tradizionale con qualche rivisitazione. Il menù, che vi sarà illustrato da Angelo Radogna, varia in parte secondo stagione e si apre con una lunga serie di antipasti caldi e freddi (12 €): salumi locali, caciocavallo podolico, ricotta di pecora, pecorino con confettura di peperoncino, scamorza affumicata su vincotto, sottoli casalinghi, frittatine di asparagi o di piselli, **polpette di pane fritte** e al sugo, rape selvatiche con salsiccia fresca, bruschette. I primi (7 €) comprendono strozzapreti con funghi cardoncelli, salsiccia e pomodoro, tagliolini con fagioli e lauro, **strascinati con borragine selvatica**, pappardelle di rosmarino con pancetta tesa e pomodoro, spaghetti alla San Giovannino con conserva essiccata al sole. Seguono *gnummerieddi* (involtini di interiora d'agnello) al pomodoro e lauro, costine d'agnello arrosto o in pignata con i lampascioni (10 €), salsiccia arrosto, braciole di cotenna di maiale, **trippa con patate** (4 €). In alternativa, non manca qualche piatto di pesce, come vongole e porcini, cozze con fagioli o cicerchie. Dolci tradizionali: sospiri, sporcamusi, pasticcini di mandorla e, su prenotazione, tortino di fichi secchi. Accanto a un onesto sfuso, una buona selezione di Aglianico del Vulture e alcune etichette nazionali. La prenotazione è consigliabile.

MOLITERNO

82 KM A SUD DI POTENZA SS 95 E SS 598

L'Eco del Fiume

Ristorante
Contrada Fiumara
Tel. 0975 668062
Chiuso il martedì
Orario: mezzogiorno e sera
Ferie: 6-18 gennaio
Coperti: 50 + 50 esterni
Prezzi: 20-25 euro vini esclusi
Carte di credito: tutte, BM

Ubicata in val d'Agri, nel Parco Nazionale dell'Appennino Meridionale, Moliterno è la patria del canestrato Igp, uno dei più apprezzati e gustosi pecorini lucani. Una volta qui, è davvero consigliabile una tappa gastronomica a L'Eco del Fiume, locale ricavato all'interno di un vecchio mulino ad acqua a pochi metri dal fiume Sciuava. Ne è l'anima Peppe Vitale che, dal 2001, propone gustosi piatti prevalentemente a base di baccalà, nel rispetto delle antiche tradizioni del territorio. In sala, Rosario vi accoglierà illustrandovi le varie portate. Consigliamo per cominciare il misto di **baccalà** (carpaccio, marinato, polpettine, crocchette, 7 €) o, in alternativa, i peperoni *cruschi*, il pecorino di Moliterno arrostito, il piatto di salumi locali (guanciale, soppressata, prosciutto di Marsicovetere). Passando ai primi, **lagane e fagioli di Sarconi** (6 €), ferricelli con salsa di noci, ravioli di pomodoro, *scialatielli* con baccalà e peperoni *cruschi* di Senise. Anche tra i secondi è protagonista il baccalà: fritto, arrosto, in zuppa, alla moliternese. La **trota** locale è proposta **alla diavola**, alla griglia, al cartoccio, alla contadina. Chi preferisce la carne troverà l'arrosto misto (agnello, maiale, salsiccia) e l'**agnello alla brace** (7 €). Buone anche le pizze cotte nel forno alimentato dalla legna di faggi locali. La carta dei vini è composta in prevalenza da etichette lucane come il locale Terre dell'Alta Val d'Agri, il Grottino di Roccanova, l'Aglianico.

In piazza Castello, la pasticceria-gelateria Tritto propone specialità quali puzzdolc (sorta di taralli glassati), limoncini, fichi ubriachi ricoperti di cioccolato.

In contrada **Pantanelle** (6 km), il pastificio Cirigliano Vito e figli produce, da venticinque anni, buona pasta tipica lucana.

RIVELLO

125 km a sud di Potenza a 3 e ss 585

Coccovello
Azienda agrituristica
Contrada Carpuscino, 2
Tel. 0973 428025-329 2239318
Chiuso il lunedì, mai d'estate
Orario: mezzogiorno e sera
Ferie: 3 settimane tra gennaio e febbraio
Coperti: 40 + 100 esterni
Prezzi: 25 euro vini esclusi, menù fisso
Carte di credito: nessuna

L'agriturismo si trova sulla fondovalle del Noce che conduce alla stupenda costa di Maratea. L'orto, recentemente ingrandito, nonché l'annesso allevamento di maiale nero, polli, conigli, forniscono quasi tutte le materie prime utilizzate nel ristorante. In un angolo del locale fanno bella mostra alcune delle produzioni casalinghe: miele, fagioli, confetture di fragole, albicocche, more selvatiche. Si sceglie alla carta o si approfitta di un menù degustazione (antipasto, primo, secondo e dolce) da 25 euro. L'antipasto misto (10 €) consta di una decina di assaggi: salumi di maiale nero lucano (salsiccia, capocollo, prosciutto, lardo, pancetta, *soperzata* di Rivello), formaggi (ricotta, primo sale, caprino stagionato nel fieno), frittelle di patate, fiori di zucca in pastella, peperone *crusch*, frittatine alle erbe o verdure, polenta di grano marrano, **zuppa di fagioli di Rotale** della varietà ziminella. Tra i primi, i gustosi **cavatelli con peperone e mollica di pane** (6 €), le pappardelle ai funghi porcini, i **fusilli al sugo di capra**, i ravioli di ricotta al sugo di pomodoro, le lagane con i fagioli. L'arrosto di carni miste (agnello, capretto, maiale nero) è la proposta immancabile tra i secondi, ma sono ottimi anche l'**agnello al forno con patate ed erbette aromatiche** (10 €) e la bistecca di carne podolica. Si conclude con buoni formaggi locali, crostate di frutta, friselline al miele e fragoline di bosco quand'è stagione. Cantina limitata, discreto il vino sfuso, buoni i liquori alle erbe.

In viale Monastero 133 B, presso La Podolica potrete acquistare ottime carni bovine macellate in proprio.

ROTONDA

141 km a se di Potenza a 3 e ss 19

Da Peppe
Ristorante
Corso Garibaldi, 13
Tel. 0973 661251-339 2706925
Chiuso domenica e lunedì sera
Orario: mezzogiorno e sera
Ferie: non ne fa
Coperti: 120
Prezzi: 30 euro vini esclusi
Carte di credito: tutte, BM

Siamo nel Parco Nazionale del Pollino, al confine con la Calabria, immersi in una vegetazione particolarmente rigogliosa. Gli immensi boschi nel periodo estivo si popolano di pastori e contadini che celebrano arcaici riti arborei: protagonisti i possenti buoi podolici. La carne di questa pregiata razza bovina è una delle principali materie utilizzate in cucina da Peppe De Marco e dalla moglie Anna. La figlia Angela vi accoglierà con un sorriso, la sorella Flavia, sommelier oltre che pasticciera, saprà consigliarvi sul miglior vino da abbinare al pasto. Ricco il menù del Parco (35 euro) che, in occasione della nostra visita, comprendeva lo sformato di patate e funghi porcini, i sottoli della casa, il **mischiglio** condito in vari modi, ravioli alle punte d'ortica, la zuppa di poverelli bianchi (tipici fagioli locali), il coniglio al profumo del Pollino, lo *zafarane crusche* (peperone dolce essiccato al sole e fritto) e il semifreddo al torroncino. La proposta alla carta comprende fra l'altro la selezione di salumi (7 €), la carne cruda di podolica, quindi i fusilli con bocconcini di cinghiale e pecorino (8 €), l'**agnello con patate, pomodori e cipolla rossa di Tropea** (13 €), il capocollo di maiale, il **baccalà con purè di fave** o con **peperoni** *cruschi*. Si chiude con il pecorino di Morano, il caciocavallo podolico, la **panna cotta ai frutti di bosco del Pollino**. I vini sono prevalentemente lucani, con predominanza dell'Aglianico del Vulture.

❝ *Un'osteria autentica, familiare, accogliente e verace, la cui cucina è specchio fedele del territorio* ❞

BASILICATA | 767

ROTONDELLA

102 km a sud di Matera ss 380 e 106

La Mangiatoia
Ristorante
Via Giotto, 23
Tel. 0835 504440-348 3820170
Chiuso il mercoledì
Orario: mezzogiorno e sera
Ferie: non ne fa
Coperti: 90 + 40 esterni
Prezzi: 25 euro vini esclusi
Carte di credito: tutte, BM

Da Rotondella, "balcone sullo Jonio" arroccato su un colle, la vista spazia dal fiume Sinni al golfo di Taranto. Si raggiunge percorrendo una strada circondata da alberi di albicocche, frutti cui d'estate è dedicata una sagra. Al centro del paese, questa semplice osteria permette di scoprire o ritrovare i sapori della cucina di tradizione. La signora Cosima utilizza in cucina molte materie prime del territorio, spesso dell'orto e dell'allevamento di proprietà. Tra gli antipasti (6 €), imperdibili i *pastizz* e i *falagoni*, tipici calzoni farciti di carni miste i primi, di verdure e ortaggi i secondi; inoltre sottoli, soppressata, salame al coriandolo, capocollo, burrata, ricotta, canestrato di Moliterno, peperoni *cruschi* di Senise, fave arrappate, cicoria sott'olio. La pasta è fatta a mano: **frizzuli** (cilindretti tirati con un ferretto) conditi **con ragù e mollica di pane fritta** (5 €), strascinate con i funghi, orecchiette verdi al ragù d'agnello, **cavatelli con peperoni *cruschi* e mollica fritta**, d'inverno **lagane e ceci**. Deliziosa, in primavera, la minestra di fave fresche e cicorielle selvatiche. Capretto, agnello, vitello podolico, pollo ruspante, coniglio (8 €) sono proposti alla brace; in alternativa, buone le frittate di peperoni *cruschi*, asparagi selvatici o zucchine. In chiusura *pastizzott* (2,50 €) di ceci, cioccolata e cannella, crostata di ricotta o di confetture fatte in casa. In sala Giuseppe vi allieterà con aneddoti e spiegazioni sui piatti, sua moglie Felicetta vi servirà con il suo schietto sorriso. Onesto vino sfuso, cantina con alcune etichette regionali.

> *Osteria semplice e verace, in cui ritrovare gli autentici sapori della cucina di tradizione*

RUVO DEL MONTE

71 km a no di Potenza

Al Giglio d'Oro
Ristorante
Contrada Serre Sant'Andrea
Tel. 0976 97516-388 6196389
Chiuso il lunedì
Orario: mezzogiorno e sera
Ferie: non ne fa
Coperti: 50 + 20 esterni
Prezzi: 25-30 euro vini esclusi
Carte di credito: nessuna

La locanda è stata aperta dieci anni fa dai coniugi Giglio, che in precedenza hanno lavorato per diverse strutture turistiche della regione. È una costruzione molto carina, riccamente circondata da fiori di diversi colori. In sala vi accoglierà con elegante professionalità Domenico, mentre Maria, la moglie, vi esporrà le sue preparazioni culinarie. Fra gli antipasti (6 €) sceglieremo le fave con la cipolla, le frittate di verdure, il soffritto di agnello con l'alloro, i peperoni e le melanzane arrostite, le verdure grigliate. I formaggi sono quelli di un noto caseificio della zona mentre i salumi sono in parte di produzione propria. Buoni i primi piatti: i **ravioli di ricotta e menta** conditi con il tartufo nero lucano, gli strascinati con melanzane o zucchine e caciocavallo, le orecchiette con salsiccia, i tipici **cavatelli con fagioli e ceci** (7 €), i fusilli al sugo di carne e, d'inverno, con il rafano piccante. Una delle specialità della signora Maria è l'**agnello**, preparato **in umido** (8 €) con le erbe aromatiche oppure alla griglia. Buoni anche il vitello ripieno di verdure, il cosciotto disossato con i carciofi, il **maiale in padella con i peperoni all'aceto**, lo spezzatino di vitello al vino bianco. Su prenotazione, disponibili il cinghiale al sugo o con prugne e pinoli, il coniglio o il pollo ripieno. I dolci li prepara Daniele, il figlio dei proprietari: torta alla crema pasticciera con la glassa oppure crostate con confetture. In cantina alcune bottiglie di Aglianico del Vulture.

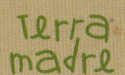

Slow Food *for* Africa

10.000 orti per coltivare il futuro

Insieme, possiamo realizzare questo sogno
www.fondazioneslowfood.it

1000 Gardens in Africa

NON È MAI STATO COSÌ SEMPLICE

AVERE IN TASCA IL MEGLIO DELLE GUIDE DI SLOW FOOD

mangia

bevi

slow wine 2014

birre d'Italia 2015

osterie d'Italia 2014

dormi

locande d'Italia 2013

Slow Food® Editore

DISPONIBILE SU

App Store

OSTERIE D'ITALIA È ANCHE SU

GET IT ON Google play

SAN FELE

56 KM A NO DI POTENZA

Tipicamente
Ristorante
Corso Umberto I, 40
Tel. 0976 94004-346 5885656
Chiuso il lunedì
Orario: sera, pranzo su prenotazione
Ferie: non ne fa
Coperti: 40
Prezzi: 30-35 euro vini esclusi
Carte di credito: tutte, BM

La cucina sanfelese, come d'altronde quella di tutti i paesi dell'entroterra lucano, risente della cultura agropastorale e delle tradizioni popolari. Lo sa bene Antonio Puppio, chef del ristorante, che sa coniugare molto bene la tipicità culinaria dell'area vulturina con il proprio estro creativo, realizzando con valide materie prime pietanze ben presentate e di ottimo gusto. Si sceglie alla carta o fra due menù degustazione da 30 e da 35 euro. L'antipasto più richiesto è il tris di baccalà (10 €), che comprende un tortino, la tempura e una frittella; buoni, in alternativa, il soufflè con asparagi e peperone *crusco* e la **ciambotta** di melanzane, peperoni e pomodori. La proposta dei primi è ben rappresentata dalle **fettucce di grano arso con pomodoro, arancia staccia di Tursi e caciocavallo podolico** (9 €), dai mezzi paccheri con friarielli, patate e uovo marinato, dalla classica **minestra di fave e cicorie**, dai ravioli ripieni di melanzana rossa di Rotonda e caciocavallo. Tra i secondi domina la carne di podolica in diverse preparazioni: noi vi consigliamo l'involtino con contorno di pistacchi, spinaci e patate all'olio. Molto valido anche il **baccalà con il caciocavallo** (12 €). I dolci sono casalinghi e variano spesso: tra le presenze più costanti, i bocconotti di mandorle e il parfait di pistacchi (5 €). Carta dei vini con prevalenza di Aglianico del Vulture e presenza di alcuni vini nazionali.

SAN SEVERINO LUCANO
Mezzana Salice

153 KM A SE DI POTENZA

Il Salice
Azienda agrituristica
Contrada Mezzana Salice
Tel. 0973 570091-349 3887285
Chiuso il martedì
Orario: mezzogiorno e sera
Ferie: in gennaio e febbraio
Coperti: 60 + 30 esterni
Prezzi: 22-24 euro vini esclusi
Carte di credito: nessuna

La locanda, gestita da Silvana Viceconti, si trova nel Parco Nazionale del Pollino. La proposta giornaliera non è molto ampia, ma vi stupirà per freschezza, gusto e profumi. Oltre che alla carta, si può scegliere un menù degustazione da 22 euro, un menù vegetariano e uno vegano. Gli antipasti (6 €) possono comprendere salumi (capicollo, salsiccia, prosciutto, soppressata), verdure al forno, alla brace o in padella, frittate con peperoni, asparagi o salsiccia, cicorietta con i fagioli, peperoni *cruschi* fritti in pastella, legumi cotti nella pignata, d'inverno con verza e cotenna di maiale. Saporiti i formaggi come la delicata ricotta di capra, i pecorini stagionati, la toma con mele, noci e fave fresche. Le paste sono tutte fatte in casa: squisiti i **rascatielli con mollica di pane** (4,50 €), i fusilli con il sugo di cinghiale, le tapparelle con i legumi, le pappardelle con il tartufo scorzone nero del Pollino, con i funghi porcini o con le verdure, il **mischiglio** condito in vario modo. Si continua con le carni alla brace (8 €): agnello, capretto, maiale, cinghiale, vitello e, su prenotazione, animali da cortile. Sempre su prenotazione, preparazioni più complesse della tradizione contadina come la pastorale (stufato speziato di pecora). Buone anche le cotolette di cinghiale al miele. Si chiude con le **crostate di ricotta**, di confetture o di frutta (mele, pere, ciliegie) di propria produzione. Oltre al vino sfuso si può scegliere tra poche etichette di vini regionali (Grottino di Roccanova e Aglianico del Vulture).

🛍 In via San Vincenzo 81, la macelleria Gioia: ottime carni podoliche, salumi di produzione propria, ovini dai pascoli del Pollino.

BASILICATA | 769

TERRANOVA DI POLLINO

154 km a se di Potenza ss 653 e 92

Giardini degli Dei
Azienda agrituristica
Contrada Casa del Conte
Tel. 0973 93037-340 5593514
Non ha giorno di chiusura
Orario: mezzogiorno e sera
Ferie: non ne fa
Coperti: 90
Prezzi: 25-30 euro
Carte di credito: tutte, BM

A Casa del Conte, piccolo centro a circa 1000 metri di altitudine, che ospita poco più di cinquanta famiglie, troviamo l'agriturismo gestito da Giuseppe Guarino e dalla moglie Maria. Giuseppe si alterna tra cucina e sala, Maria è sempre disponibile a raccontare i segreti delle sue ricette, comprese le tante confetture, i rosoli, il miele, mentre Il figlio Salvatore serve in tavola e illustra con dovizia di particolari le materie prime utilizzate; materie prime in gran parte autoprodotte, per una cucina semplice e gustosa. L'antipasto (9 €), oltre ai salumi di produzione propria, comprende ciambottella, **ingrattonato** (trippa di agnello con formaggio e uova), soffritto d'agnello, *gnummriedd*, fagioli e cotica, cicoriella e fave, melanzane grigliate, peperoni *cruschi*, frittatine con erbe e verdure, ricotte, caprini, pecorino, caciocavallo podolico. I primi piatti (6 €) sono a base di pasta fatta in casa: fusilli e orecchiette al sugo di carne o ai funghi porcini, **ravioli di ricotta e verdure campestri** conditi con ragù o burro e salvia o con peperoni *cruschi* e mollica di pane; buone anche le fave con cicorielle di campo. I secondi (9 €) sono prevalentemente a base di carne alla brace; in alternativa, **capretto al forno con patate**, interiora d'agnello o **agnello maritato**. Per chiudere, crema con frutti di bosco e fragole, crostate di frutta locale, dolci della tradizione. Il vino servito è un buon Aglianico del Vulture. È possibile pernottare in camere che affacciano su uno degli scorci più belli del Pollino.

🛍 Ottimi pecorini e ricotte biologici presso il caseificio Tosa di **San Paolo Albanese** (20 km) in contrada San Giovanni 1.

TERRANOVA DI POLLINO

154 km a se di Potenza ss 653 e 92

Luna Rossa
Ristorante
Via Marconi, 18
Tel. 0973 93254
Chiuso il mercoledì, mai d'estate
Orario: mezzogiorno e sera
Ferie: in ottobre
Coperti: 60 + 30 esterni
Prezzi: 35 euro vini esclusi
Carte di credito: tutte, BM

Federico Valicenti è ormai da tanti anni promotore e divulgatore delle produzioni tradizionali del suo territorio, e non mancherà di raccontarvi la storia dei piatti che gusterete nel suo locale. Si comincia con la **ciambottella** (10 €), il pane con i peperoni, la zuppa di porcini con una spolverata di farina di mais. Seguono le **fettuccine di mischiglio** (farina di cereali e legumi) con pomodoro e salsiccia, i petali di pasta rossa al peperone di Senise, i cavatelli con porcini e mollica di pane al finocchietto (10 €), i maccheroni ubriachi con salsa di vino Aglianico, polpettine di podolica, finocchietto, pomodoro e peperoni *cruschi* a scaglie, le foglie di olivo con ricotta fresca, cannella, limone e mosto cotto. Tra i secondi sono da provare il filetto di maiale su sale grosso con patate arrostite con olio alla cenere, il **capretto in salsa dorata** (ricetta medievale a base di farina di castagne, uova e limone), il **maiale all'arancia con peperoni *cruschi* e vincotto** (11 €), l'arista con cipolla dolce, bacche di ginepro e uvetta passita in vino Aglianico (10 €). In alternativa, o in aggiunta, una ricca varietà di **formaggi** lucani e nazionali. Validi anche i contorni, quali macco di fave e finocchietto o cappellette di porcini fritte all'origano. In chiusura, da assaporare con i rosoli, le pepite di mandorle con cioccolato caldo e la ricotta alla cannella con mandorle e miele di castagno. La cantina comprende una buona selezione di etichette nazionali, con evidente riguardo per l'Aglianico del Vulture.

> **❝** *Mangiare da Federico, paladino delle produzioni e delle tradizioni locali, è sempre una piacevolissima esperienza* **❞**

oltre alle osterie

MATERA

Le Botteghe

Ristorante
Piazza San Pietro Barisano, 22
Tel. 0835 344072-338 3038421
Non ha giorno di chiusura
Orario: mezzogiorno e sera
Ferie: non ne fa
Coperti: 95 + 50 esterni
Prezzi: 40 euro vini esclusi
Carte di credito: CS, DC, MC, Visa, BM

L'osteria, i cui locali accoglievano attività artigianali, ha tipiche volte in tufo. L'accoglienza di Paolo è familiare; Angelo si occupa delle cotture alla brace, Nicola delle altre preparazioni. L'antipasto misto (13,50 €) comprende caponata di melanzane e zucchine, carciofi gratinati, fiori di zucca ripieni, polpette di lampascioni o di melanzane e olive. In alternativa, carpaccio di manzetta con funghi e peperoni oppure salumi lucani e formaggi della Murgia. Tanti i primi, fra i quali le tagliatelle con ceci, cipolla e mollica fritta (10 €), i cavatelli con il pezzente (Presidio Slow Food), gli scialatielli al baccalà, il purè di fave con cicorielle. La podolica, l'agnello e il capocollo di maiale sono cotti nel grande camino in sala. Chi preferisce il pesce troverà baccalà in umido con peperone *crusco* (16 €), fritto o in tegame. Dolci casalinghi come gli sporcamuso e le meringhe. Carta dei vini regionale e nazionale.

BASILICATA
PARCO NAZ. DELL'APPENNINO LUCANO VAL D'AGRI LAGONEGRESE
Sapri
A3
PARCO NAZ.
D. POLLINO
Amendolara Marina
Trebisacce
Mormanno
Cívita
Scalea
Castrovillari
Saracena
Golfo di Corigliano
Sibari
Belvedere Marittimo
Marina di Belvedere
Corigliano Cálabro
Mirto
Rossano
Crosia
Cariati
Cerzeto
Acri
Longobucco
Crucoli
PARCO NAZ.
Cirò
Cirò Marina
Páola
Rende
Spezzano della Sila
1928
DELLA
Savelli
Stróngoli
Cosenza
Dipignano
Lorica
Longobardi
Cotronei
A3
SILA
Crotone
Amantea
Petilia Policastro
Soveria Mannelli
Conflenti
Cutro
Albi
Cerva
Isola di Capo Rizzuto
Nocera Terinese
Serrastretta
Sersale
Sellía Marina
MAR TIRRENO
Lamézia Terme
S. Eufemia Lamezia
Símeri-Crichi
Capo Rizzuto
CATANZARO
Curinga
Squillace
Catanzaro Marina
G. di S. Eufémia
Gasperina
G. di Squillace
Pizzo
Soverato
Tropea
Vibo Valéntia
Mileto
Serra S. Bruno
Stilo
Rosarno
Polístena
Caulónia
PARCO
Taurianova
Martone
Cittanova
MAR IÓNIO
Palmi
Siderno
C. Peloro
Scilla
NAZ. D.
Locri
A18
Villa S.Giovanni
1955
Str. di Messina
Messina
Campo Cálabro
Santo Stefano in Aspromonte
Cardeto
ASPROMONTE
Bagaladi
Réggio di Calábria
Condofuri
Motta S. Giovanni
Mélito di Porto Salvo
0
15
30 km

CALABRIA

Molti gli ingredienti che descrivono la cucina calabrese ben rappresentata nelle 44 osterie e 6 putiche di questa sezione: l'olio extravergine di oliva che, con il pane e il vino, è una componente della triade mediterranea, la frutta fresca o secca, la verdura, il pesce, la carne, i latticini, molti condimenti e spezie. Elemento imprescindibile, il peperoncino (*Capsicum annuum*), fresco o essiccato e poi macinato, trova in questa terra la sua regione di elezione, anche grazie alla valorizzazione – eccessiva secondo alcuni – sostenuta in questi anni da enti e associazioni: raro trovare una preparazione, a cui non dia sapore in modo contenuto o, spesso, esagerato. Lo troviamo adirittura ad aromatizzare liquori, confetture e gelati. La seconda posizione di questa graduatoria è occupata dai salumi di maiale: quello nero sta rubando la scena al cugino bianco, per fortuna, per cui si assiste alla reintroduzione di una razza che un tempo era la più diffusa. Non è un caso che su 21 Dop italiane quattro siano calabresi (capocollo, pancetta, salsiccia e soprassata) e che su cinque Presìdi Slow Food regionali due siano rappresentati da salumi (capicollo azze anca grecanico e gammune di Belmonte). I profumi di queste preziose creazioni artigianali si ritrovano in ogni contrada della regione ed è ancora diffusissima la produzione familiare. Terzo elemento, il pesce conservato. La Calabria è una regione che vanta 400 chilometri di costa. La cucina di mare dovrebbe quindi farla da padrona, mentre è sempre più in difficoltà. Il pesce di gran lunga più diffuso è il merluzzo, perfettamente integrato nella cucina italiana, in cui lo troviamo nelle forme conservate di baccalà e, soprattutto, stoccafisso: non deve sorprendere che l'ambasciatore italiano di questo pesce nel mondo, da poco nominato dal Ministero della Pesca norvegese, sia proprio un giovane chef calabrese.

scelti per voi

salumi

776 Il Tipico Calabrese
Cardeto (Rc)

783 La Taverna dei Briganti
Cotronei (Kr)

794 U Ricriju
Siderno (Rc)

peperoncino

776 Da Pepè La Vecchia Osteria
Catanzaro

782 Le Bistrot
Corigliano Calabro (Cs)

795 Zio Salvatore
Siderno (Rc)

pescestocco

780 La Mamma
Cittanova (Rc)

786 La Collinetta
Martone (Rc)

787 Turioleddu
Melito di Porto Salvo (Rc)

ACRI
Cocozzello

38 KM A NE DI COSENZA

Il Carpaccio
Ristorante-enoteca
Contrada Cocozzello, 197 A
Tel. 0984 949205-328 8429263
Chiuso il lunedì
Orario: mezzogiorno e sera
Ferie: non ne fa
Coperti: 90 + 25 esterni
Prezzi: 25-30 euro vini esclusi
Carte di credito: tutte, BM

Il locale, raggiungibile dall'uscita di Montalto Uffugo dell'A 3, salendo lungo la strada statale 660, che da Acri porta nella Sila Grande, piace a chi si lascia attirare dalla qualità e bontà della materia prima, proveniente da produttori locali selezionati, dai formaggi ai funghi e alle patate, cucinati nei modi più svariati, al suino nero calabrese, alla carne e all'olio. Una sala, una più grande, moderna ed elegante, impreziosita da un invitante carrello di formaggi e da una nutrita serie di bottiglie – la carta dei vini è in costante crescita – ospitate in scaffali e in vetrine-frigorifero, l'altra più piccolina e rustica. Gianluigi Miceli, il giovane titolare accoglie gli ospiti e li consiglia nella scelta dei piatti. Da non perdere l'abbondante antipasto della casa (10-12 €), con sottoli e sottaceti casalinghi, verdure crude e cotte, **carpaccio di podolica calabrese** (Presidio Slow Food), ricotta fresca, soppressata, prosciutto di suino nero calabrese, in stagione insalata di porcini silani. Come primo (6-7 €), **fusilli al ferretto con sugo di capra**, tagliatelle al tartufo del Pollino o ai porcini, **lagane e ceci**, zuppa di lenticchie, tagliolini alla calabrese e, come secondo (15 €), grigliata mista di carne, **agnello al forno**, tagliate. Spiccano, tra i contorni, le **patate** silane **'mpacchiuse**. Per concludere, il bocconotto alla mostarda d'uva, preparato in casa, oppure il tartufo di Pizzo, un goccio di liquore o una buona grappa.

ALBI
Buturo

55 KM A NE DI CATANZARO

Pecora Nera
Osteria con alloggio
SP 20, km 14
Tel. 339 4222531
Chiuso il lunedì, mai d'estate
Orario: mezzogiorno e sera
Ferie: 7 gennaio-1 marzo
Coperti: 30
Prezzi: 25-30 euro vini esclusi
Carte di credito: nessuna

Le strade che portano all'osteria – doghe in legno recuperato per i pavimenti e tinte naturali color pastello alle pareti – regalano il paesaggio incontaminato del Parco Nazionale della Sila. Il menù, raccontato da Stefano, è orchestrato da Raffaella in base alle stagioni e alla disponibilità dei prodotti forniti da contadini e aziende del territorio. Si può scegliere tra un ricco menù degustazione (27 €) e la carta. Come antipasti (7 €), arrivano in rapida successione capocollo, salsiccia e sopressata, **zuppa di fave con erbe di campo**, ricotta di bufala, pecorino e caciocavallo di Ciminà, di diverse stagionature, con confettura di fragole bio, salaturo (vasetto di ceramica con due manici) con olive schiacciate sott'olio, crostino di guanciale di suino nero, lardo in coccio di terracotta. Tra i primi (8 €), crespelle con cardi o carciofi, tortelli di patate e peperoni arrostiti con mollica e acciughe, **paccheri** di semola del senatore Cappelli **con fave e piselli** o al ragù con ricotta. Come secondo (10 €), **stinco di maiale** marinato nella birra con arance, stracotto di bufalo con cipollotto glassato al miele di castagno, **brasato al Cirò** con porcini, cima di vitello con le fave. Buoni i contorni (3 €), tra cui spiccano i pomodorini siccagni di Zagarise e l'insalata di arance, e i dolci (3 €), serviti con un infuso di mirto e Moscato di Saracena: crostata di ricotta e arance, **torta di cioccolato**.

❝ Stefano e Raffaella, fedeli alla straordinaria montagna che li circonda, testimoniano come la ristorazione nella loro terra si traduca in piatti ben fatti preparati con materie prime eccellenti ❞

BAGALADI

45 A SE DI REGGIO DI CALABRIA

Porta del Parco
Ristorante
Via Torrente Zervo
Tel. 0965 724806-346 6028815
Chiuso venerdì sera
Orario: mezzogiorno e sera
Ferie: variabili
Coperti: 100 + 30 esterni
Prezzi: 25 euro vini esclusi
Carte di credito: tutte, BM

Bagaladi, inserita nell'area grecanica, è una delle porte di accesso al Parco Nazionale dell'Aspromonte. Il locale di Carmelo e Peppe è situato all'interno dell'antico frantoio Jacopino, che ospita un impianto di molitura ad acqua dell'Ottocento, tuttora funzionante dopo attenti lavori di recupero. Nel ristorante, in un ambiente accogliente e familiare, si ripropongono i piatti di un tempo e se ne raccontano le storie. L'antipasto (6 €) prevede una selezione di salumi e formaggi aspromontani, sottoli, ricotta e siero tiepido, *vastedda* (pasta di pane fritta), patate – con la buccia – con cipolla e guanciale, frittelle di *sculimbri* (erbette di campo), melanzane, pomodori e peperoni ripieni. Tra i primi, ottimi i *curdeddi i jurmanu* **con sugo d'agnello** (6 €) e non da meno la minestra di fagioli e finocchietto, i *maccaruni* **con sugo di capra** o con fave fresche e melanzane, la pastina in brodo di capra con ricotta salata. Seguono spiedini d'agnello (6 €), **frittole** di maiale con insalata di arance e bergamotto, salsiccia e cicerchie, tortino di asparagi selvatici. Il pane, cotto nel forno a legna, e la pasta sono fatti in casa. Buoni i dolci della tradizione, tra cui *petrali, cudduraci e scaddateddi*. Accompagna il pasto un buon rosso locale; in alternativa alcune etichette regionali. Da visitare il piccolo museo sull'olio di oliva annesso al ristorante, presso il quale si tengono corsi sulla lavorazione della ginestra, del vimini e del baco da seta, oltre a laboratori su olio, latticini, miele, grano e farine.

CAMPO CALABRO

15 KM A NORD DI REGGIO DI CALABRIA, 5 KM DA VILLA SAN GIOVANNI

Il Giardino degli Allori
Ristorante
Via Sant'Angelo, 1
Tel. 0965 757548-335 5367920
Chiuso il lunedì, mai d'estate
Orario: mezzogiorno e sera
Ferie: dopo l'Epifania-fine gennaio
Coperti: 100 + 100 esterni
Prezzi: 25-35 euro vini esclusi
Carte di credito: tutte, BM

Sulle colline dello stretto di Messina, in una villa anni Sessanta, circondata da allori profumati e rigogliose piante di agrumi, Gabriella e Orlando accompagnano i loro ospiti in un percorso enogastronomico ispirato alla tradizione del territorio: la più autentica cucina calabrese, dai salumi di suino nero di Calabria ai formaggi tipici, alla pasta tirata a mano, alle conserve di pomodoro biologiche, con oli e vini di qualità abbinati alle gustose ricette. Il menù cambia secondo stagione e disponibilità degli ingredienti. In autunno e inverno, tagliatelle ai porcini d'Aspromonte, **maccheroni con ragù rosso di suino nero** o ragù bianco di agnello (veri capolavori), scialatielli al sugo di coniglio (9 €), linguine con ghiotta di stocco, **zuppe di legumi**, cappello da prete con broccoletti (8,50 €), **stinco di suino nero**, rollate al vino passito, agnello in umido. In estate la cucina si arricchisce di piatti tipici che privilegiano il pesce azzurro: **paccheri con pescato del giorno**, ravioli ripieni di pesce con crema di zucchine e menta o di ricotta con fiori di zucca, impareggiabili **cortecce 'ncaciate**, tortiere di alici, involtini di pesce spatola al bacio di pistacchio (10 €), **alalonga con cipolle di Tropea**. Per finire, ortaggi di stagione proposti ripieni o in gustosi tortini. Si chiude con dolci artigianali a base di pistacchio, cioccolato, mandorla, e con gelato al bergamotto affogato nel Primitivo (5 €). Fornitissima cantina con una selezione di etichette calabresi e del Sud Italia.

Nella zona industriale, al numero 7 A, il salumificio Benedetto vende eccellenti prodotti artigianali di suino nero calabrese.

CALABRIA | 775

CARDETO

18 KM A EST DI REGGIO DI CALABRIA

Il Tipico Calabrese
Trattoria
Via Torrente Sant'Agata, 53 B
Tel. 0965 343696-329 3436179
Chiuso il lunedì
Orario: mezzogiorno e sera
Ferie: dicembre
Coperti: 20 + 12 esterni
Prezzi: 25-30 euro vini esclusi
Carte di credito: nessuna

Costeggiando la fiumara di Sant'Agata, in un paesaggio di rara bellezza, si arriva a Cardeto (da *Carditum*, terra dei cardi) dove, tra le viuzze, in parte recuperate, Marcello Manti, intagliatore, ha aperto la trattoria con uno spazio per la commercializzazione di prodotti alimentari e dell'artigianato del territorio. Le pareti, in pietra, sono ricoperte di foto e attrezzi, testimonianza di un passato lontano. In cucina Giovanna, moglie di Marcello, voce narrante della sala, e la mamma. Si può optare per il menù fisso a 25 euro o scegliere alla carta. In entrambi i casi è d'obbligo l'antipasto (7 €): **formaggi** pecorini, caprini e ricotta *du massaru* si alternano a capicolli, lardo e verdure coltivate nell'orto di famiglia. Tra i primi (8 €), **strascinati di jurmanu** (segale) con zucchine, fiori di zucca, guanciale e ricotta, involtini di melanzana ripieni di pasta, caciocavallo di Ciminà ed erbe selvatiche, in primavera *cuppatedi* (pasta fresca arrotolata) **con fave e piselli**, in inverno zuppa di erbe selvatiche con fagioli e pane *jurmano* biscottato. Come secondi (12 €), **salsiccia** di Cardeto, speziata e bianca, **con "costa del capicollo"**, patate rosa locali al basilico, verdure saltate e, per i vegetariani, **polpette di erbe spontanee**. Si continua con un'ottima insalata di arance tardive san Giuseppe, olive nere e finocchietto, chiudendo con i dolci (3 €), impiattati dalla piccola Irene – **torta di cioccolato e mandorle**, gelati, crostate con le confetture di Giovanna – e con un bicchiere di mirto o di limoncello, preparato con limoni locali, o di amaro di erbe selvatiche.

CATANZARO

Da Pepè
La Vecchia Hostaria
Trattoria
Vico I Piazza Roma
Tel. 0961 726254-347 4564152
Chiuso domenica e festivi
Orario: 10.00-15.00/17.30-23.00
Ferie: non ne fa
Coperti: 40
Prezzi: 20 euro vini esclusi
Carte di credito: CS, DC, MC, Visa, BM

Ci sono luoghi che racchiudono nella loro storia i segni distintivi della cultura e dell'identità di una città e di un territorio: Da Pepè è uno di questi. Avvolta dal centro storico, la trattoria, piccola ma calda e accogliente, è da quasi un secolo il simbolo della gastronomia semplice e antica del Catanzarese, che il giovane cuoco Massimiliano Cartaginese vuole salvaguardare proponendo ricette della tradizione con grande attenzione alle materie prime locali. Si parte con ottimi antipasti (8 €), tra cui suggeriamo **bucce di patate silane fritte**, **morzello di trippa**, insaporito con alloro e origano e servito con la pitta, acciughe condite con extravergine, aceto e **peperoncino**, salumi di maiale nero, ricotte e pecorini, forniti dai pastori del territorio. Seguono appetitosi primi (6 €): **spaghetti con mollica e broccolo rapa**, saporiti gnocchi *'nduja* e gorgonzola, un ottimo macco con la pasta, condito al tavolo con un profumato extravergine. Nei secondi (7-8 €) convivono tradizione e un pizzico di creatività: morzello e baccalà, **timballo di zucchine e melanzane**, gustose patate silane, insaporite con pepe e origano. Preparate secondo le ricette di casa le ottime **crostate di marmellata di arance** e quella di crème caramel (4 €). Raffinata selezione di vini calabresi accanto a diverse etichette provenienti da Sicilia e da altre regioni italiane. Una bella esperienza, da ripetere.

A ridosso del centro storico, in Via Mario Greco 37, Le Bontà di Oreste: interessante selezione di formaggi e ricca offerta di prodotti calabresi. Largo spazio ai Presìdi Slow Food e ai prodotti di Libera Terra.

Morzello e putìche

U morzeddu – italianizzato in morzello –, piatto simbolo della gastronomia catanzarese è una preparazione gustosa e consumata in modo originale. Secondo tradizione, già nelle primissime ore della mattina si inizia la cottura in una grande pentola di un sugo molto piccante, che deve consumare lentamente. Entrano in esso, con l'origano e l'alloro, frattaglie di vitello – polmone, milza, fegato – e tutti i diversi pezzi della trippa (rumine, reticolo, abomaso e, in quantità maggiore, centopelli). Tre ore di cottura e il morzello è servito nella caratteristica pitta, focaccia calabrese di pasta da pane lievitata, concepita apposta per ospitarlo, e poi mangiato "a morsi". La *putìca* è la classica osteria catanzarese, in cui in passato si poteva consumare, con qualche altro piatto del giorno, bevendo il vino della casa non di rado mescolato con la gassosa. Oggi rimangono due soli locali, che possono essere considerati a tutti gli effetti delle *putìche*; è però possibile gustare un ottimo morzello in alcune trattorie a partire dalle 10 della mattina, rinnovando così una secolare tradizione cittadina.

Nicola Fiorita

CATANZARO
Da Talarico (Santo)
Putica
Scesa Poerio
Non ha telefono
Chiuso domenica e festivi
Orario: solo a mezzogiorno
Ferie: non ne fa

La più antica delle *putìche* esistenti, gestita dal 1962 da Santo Talarico con la moglie Patrizia, si compone di un'unica raccolta saletta con quattro tavoli e resta aperta fino all'esaurimento dei 10-12 chili di morzello cucinati ogni giorno. Oltre al morzello nella pitta (4 €), pronto dalle 8.30, pasta e ceci o fagioli, carne al sugo e, una volta alla settimana, soffritto di maiale. Dignitoso il vino sfuso.

Da Talarico (Salvatore)
Putica
Via Turco, 16
Tel. 0961 745179
Chiuso domenica e festivi
Orario: solo a mezzogiorno
Ferie: non ne fa

Nella *putica* di Salvatore Talarico e della moglie Maria Stella, a due passi dal tribunale, *u morzeddu*, cucinato qui dal 1972, è proposto (4 € nella pitta, 5 nel piatto) all'interno di un menù, che prevede due primi e due secondi, e cambia ogni giorno. Nonostante le due ampie sale, conviene non tardare, per evitare di trovare il pentolone vuoto.

La Furnacia
Trattoria-pizzeria
Via Jannoni, 46 A
Tel. 0961 720970
Chiuso la domenica
Orario: mezzogiorno e sera
Ferie: fine luglio

Trattoria a conduzione familiare – ai due capofamiglia, Pietro e Marisa, si sono aggiunti Andrea ai fornelli, Rosy e il marito in sala –, caratterizzata da una cucina, di carne e di pesce, che ha il morzello tra i suoi punti di forza. Buona la pizza e discreta la scelta dei vini dal ricarico contenuto. Saltuariamente, e su prenotazione, soffritto di maiale e morzello di baccalà.

A Tijana
Trattoria-pizzeria
Via degli Angioni
Tel. 0961 751838
Chiuso la domenica
Orario: mezzogiorno e sera
Ferie: variabili

La trattoria, nata tre anni fa, deve la sua fama alla *tijana* – agnello, carciofi e piselli ricoperti di pangrattato e cotti in forno, 8 € – e al morzello di Flora Virgilio. Trovate quest'ultimo ogni giorno nella versione classica (6 €), mentre dovrete prenotare quello di baccalà e il soffritto di maiale. Tra le altre specialità locali, scilatelle al sugo, baccalà in umido, zuppa di fagioli. Buono il vino sfuso e dignitose le etichette locali.

La Vecchia Posta
Osteria tradizionale
Via degli Angioini, 81
Tel. 330 815711
Chiuso la domenica
Orario: solo a mezzogiorno
Ferie: 15 giorni in settembre

Il vecchio ufficio postale del quartiere Sala, non distante dal centro storico, da ventitré anni ospita uno dei locali più noti della città. Stefano cerca di soddisfare gli avventori che affollano i sei tavoli dell'osteria, mentre la moglie Teresa cucina alici fritte o marinate, insalata di polpo, pasta al sugo, polpettine di carne... Il menù varia ogni giorno. Sempre disponibile il morzello (5 € nella pitta, 9 nel piatto) servito a partire dalle 9 del mattino.

LAMEZIA TERME (CZ)
Alla Pentolaccia
Osteria
Località Nicastro
Via Fratelli Muraca, 17
Tel. 366 2108610
Chiuso il lunedì
Orario: solo la sera
Ferie: non ne fa
novità

Il morzello fuori Catanzaro è una rarità. Nel cuore della Nicastro storica, in un ambiente magistralmente recuperato, Grazia e Franco propongono una cucina legata al territorio, di cui il morzello (6 €) è protagonista indiscusso, il venerdì anche nella versione con il baccalà (8 €). Nell'attesa, un antipasto della casa a base di verdure, salumi e formaggi (12 €). D'estate si può mangiare fuori ed è previsto un servizio di asporto.

778 | CALABRIA

CAULONIA

119 KM A NE DI REGGIO DI CALABRIA SS 106

Da Giglio
Osteria tradizionale
Contrada Carrubara, 20
Tel. 0964 861572-338 5435762
Chiuso il lunedì, mai d'estate
Orario: sera, domenica e su prenotazione anche pranzo
Ferie: variabili
Coperti: 40 + 50 esterni
Prezzi: 25-30 euro vini esclusi
Carte di credito: CS, DC, MC, Visa, BM

Ci troviamo nell'alto Jonio reggino, sulla sommità di una collina, con uno scenario che passa dal mare alle Serre d'Aspromonte. Scendendo dal borgo antico, s'incontra l'osteria a gestione familiare, nella quale assaggiare gustose specialità di terra. Ilario è attentissimo alla scelta delle materie prime, usate per la preparazione dei piatti. Il profumo dell'extravergine domina nelle eccellenti conserve, offerte in apertura con dorate frittelle di zucca e di fiori, saporite polpette di melanzane e di ricotta al sugo, **olive geracitane** (cultivar ottobratica) **alla trappitara** (condite con olio extravergine di oliva, pomodori tondini calabresi, origano e peperoncino); si continua con salumi di produzione propria, accompagnati da un fragrante pane cotto nel forno a legna da mamma Natalina (11 €). L'affabile padrone di casa seduce poi gli ospiti con spaghetti agli asparagi selvatici e pancetta, e *maccarruni* tirati a mano **con sugo di cococciuli** (cuori di cardo selvatico raccolti a maggio, prima che la pianta fiorisca, 9 €). Tra i secondi, **baccalà** impanato e **fritto**, una perfetta armonia tra croccantezza e morbidezza, che attesta un corretto uso del fuoco, o condito con la versatile salsa trappitara (9 €), e carni di animali allevati dai proprietari: ottimi il **coniglio alla cacciatora** e il capretto al sugo di pomodoro o alla brace. Si chiude con dolci casalinghi, accompagnati da liquori aromatici. Il vino di produzione propria privilegia le uve nere (nerello cappuccio) ma non mancano alcune etichette regionali.

CERZETO

38 km a no di Cosenza

La Giara

Osteria tradizionale
Piazza Santi Pietro e Paolo, 1
Tel. 0984 523465-330 700699
Chiuso il lunedì
Orario: mezzogiorno e sera
Ferie: non ne fa
Coperti: 35 + 30 esterni
Prezzi: 25-30 euro vini esclusi
Carte di credito: CS, MC, Visa, BM

La famiglia Rotondò gestisce nel piccolo centro di origine arbëreshë di Qana (Cerzeto in albanese) l'osteria ubicata sulla piazza del Duomo, un po' inquietante per il contrasto tra la chiesa ristrutturata e i palazzi nobiliari fatiscenti. La cucina è improntata sulla tradizione e il territorio, i piatti sono preparati partendo dai prodotti dell'azienda di proprietà – ottime le carni degli animali allevati, lavorate nella macelleria del figlio. Si inizia con un antipasto di salumi, formaggi, **polpette di melanzane** o di carne, ricotta con melassa di fichi, verdure, frittate e frittelle (10 €), seguito da appetitose paste fatte a mano (5 €): **lagane e ceci** in bianco con peperoni secchi o al pomodoro fresco, fusilli (o ziti) con carne di maiale o cinghiale, tagliatelle con porcini o verdure, *fjliglie* (striscioline di pasta arrotolata intorno a un bastoncino di ginestra) **con sugo di agnello** o di gallina, pasta imbottita con salsiccia stagionata, caciocavallo, uova e polpettine (la pasta degli sposi di un tempo). Seguono, in inverno, il maiale con le costine al sugo, il soffritto, i fegatelli, la carne, bollita nel pentolone di rame con il grasso, con verdura lessa e sottaceti, e per finire il sanguinaccio. In alternativa, carne di vitello e maiale arrostita con porcini e ovoli, **involtini di maiale**, capretto o agnello, con patate, spezzatino di agnello e **mazzacorde**, **baccalà al pomodoro con patate** o fritto con peperoni secchi (7 €). In chiusura **bocconotti**, ginetti, mostaccioli, scalille e turdilli. Vino della casa e buone etichette regionali.

CIRÒ
Sant'Elia

38 km a nord di Crotone ss 106

L'Aquila d'Oro

Trattoria-pizzeria
Via Sant'Elia, 7
Tel. 0962 38550
Chiuso il lunedì, mai d'estate
Orario: mezzogiorno e sera
Ferie: 15 giorni in ottobre
Coperti: 40 + 25 esterni
Prezzi: 25-28 euro vini esclusi
Carte di credito: nessuna

Nel borgo di Sant'Elia, l'Aquila d'Oro mantiene viva la cultura contadina a tavola con piatti identitari, che raccontano sapori e storie di un tempo. Accogliente e familiare, propone quanto di meglio possano offrire le stagioni elaborato con sapienza dalla signora Elisabetta. Si inizia con un ricco antipasto (10 €), che prevede salumi di propria produzione e **formaggi** locali serviti con mieli, confetture e mosto cotto, ricotta fresca e fritta, crostini con **frittole** (ciccioli di maiale) *e 'nduja*, uova strapazzate con cipolla e pomodoro, bucce di fave saltate in padella con mollica e aceto, conserva di alici con peperoncino, patate soffritte con peperoni conservati sotto sale. Seguono primi di pasta fatta in casa (8-9 €): **maccheroni al ferretto**, cavatelli e tagliatelle **con salsiccia, porcini e ricotta tosta** (salata) o ragù di maiale e polpettine; eccellente la **pasta ripiena alla cirotana con salsiccia**. Non mancano i legumi, come **fave** e fagioli, **con i cannarozzeddi** (ditali di pasta). Si passa ai secondi con un capretto cotto magistralmente al forno con le patate (11 €), il coniglio o la **lepre alla cacciatora**, lo spezzatino di cinghiale, in stagione eccellenti lumache con pomodoro e peperoni. Si chiude con torte e crostate casalinghe e i dolci delle ricorrenze, accompagnati da "spiriti" di alloro, finocchietto, mirto e melagrana di propria produzione. Vino della casa e alcune etichette di Cirò. Menù degustazione a 16 euro.

> *Un locale autentico, in cui la qualità dell'accoglienza si sposa con la cucina di Elisabetta, molto curata e capace di raccontare tradizioni e territorio*

CIRÒ MARINA

33 KM A NORD DI CROTONE SS 106

Max
Trattoria-pizzeria-enoteca
Via Pola
Tel. 0962 373009
Chiuso il lunedì, mai d'estate
Orario: mezzogiorno e sera
Ferie: non ne fa
Coperti: 90 + 70 esterni
Prezzi: 35-40 euro vini esclusi
Carte di credito: CS, DC, MC, Visa, BM

Al centro dell'accogliente località marina, Max accoglie gli ospiti in un locale luminoso e arredato con cura, dai tavoli ben apparecchiati. Il cuoco, Salvatore Murano, cordiale e disponibile, si prodiga nella descrizione dei suoi piatti, cucinati con prodotti del territorio, ricercati con impegno nel rispetto della stagionalità. Si può iniziare con un assortito tagliere di **formaggi**, tra i quali spiccano il pecorino crotonese e un eccellente podolico fresco o mediamente stagionato (8 €), o con le fantasie di mare (14 €), che variano in base al pescato. Come primo, ci si può affidare al piatto del giorno consigliato dallo chef, oppure scegliere tra gli innovativi tagliolini alla liquirizia con sugo di pesce (10 €), i pacchari al ragù, le **orecchiette alla pecorara** con pomodorini e ricotta fresca o affumicata, cucinate secondo un'antica ricetta paesana. Si prosegue con un ottimo **filetto di podolica calabrese** (Presidio Slow Food) **al vino rosso** di Cirò (14 €) e, sempre secondo disponibilità, saporiti piatti di pesce: seppie, spigole, **orate arrosto** con verdure di stagione (12 €), insalate o **patate della Sila** cotte **al forno**, fritture, zuppe di pesce. Per finire, un dolce casalingo al limone o al pistacchio in alternativa al tartufo di Pizzo. Appropriata la carta dei vini, che propone il meglio delle etichette locali e regionali, con qualche buon prodotto nazionale, e interessante l'offerta di liquori e distillati.

❝ *Locale accogliente e curato nei particolari, grande attenzione per le materie prime, selezionate con cura e valorizzate in piatti di terra e di mare che raccontano il territorio* ❞

CITTANOVA

66 KM A NE DI REGGIO DI CALABRIA

La Mamma
Trattoria
Via San Giuseppe, 33
Tel. 0966 660147-347 0393019
Chiuso il martedì
Orario: mezzogiorno e sera
Ferie: 15-31 luglio, 15-30 settembre
Coperti: 60 + 70 esterni
Prezzi: 25-28 euro vini esclusi
Carte di credito: tutte, BM

Trattoria che nasce dall'esperienza e dalla passione per la cucina di mamma Maria, e vede coinvolta tutta la famiglia D'Agostino: il padre Girolamo, che si occupa anche della cantina, i figli Enza, Rosanna, Isabella e Maurizio, che si dividono tra cucina e sala. Il locale, ubicato nel centro storico di Cittanova, si compone di tre salette e un piccolo giardino. Protagonista assoluto del menù lo stocco, a partire dall'antipasto: **insalata di stocco** con pomodorini, olive ottobratiche, capperi (6,50 €), carpaccio con finocchio selvatico e antipasto misto (7 €); in alternativa salumi, pecorino e ricottine locali, verdure dell'orto cucinate in vari modi. Tra i primi, **ravioli di stocco e pistacchi al pomodoro fresco** (6,50 €), **struncatura con stocco e olive** (6,50 €) oltre a un'ottima zuppa di fagioli rossi e verdure con crostoni di pane, strangozzi al pesto di pistacchi e carciofi, tagliatelle con porcini, pasta al forno con polpettine, soppressata e formaggio. Ancora **stocco** nei secondi: **in umido con olive verdi, patate e capperi** (9,60 €), alla griglia con salmoriglio e peperoni arrostiti, gratinato al limone, dorato a trancetti con olive nere. Da assaggiare i *ventriceddi ripieni*. Inoltre arrosti, involtini e grigliate di maiale e vitello. Per concludere, i dolci della casa, con torta setteveli e cannolo di ricotta. Ampia scelta dei vini con buona disponibilità di etichette regionali.

A **Taurianova** (7 km), in piazza Italia, le pasticcerie Murdolo e Taverna offrono torrone alle mandorle di Avola e miele di zagara, torrone al bergamotto, fichi ripieni e ricoperti di cioccolato.

CIVITA

72 km a nord di Cosenza, 13 km da Castrovillari

Kamastra
Ristorante
Piazza Municipio, 3-6
Tel. 0981 73387
Chiuso il mercoledì, mai in agosto
Orario: mezzogiorno e sera
Ferie: due settimane in novembre
Coperti: 80
Prezzi: 25-30 euro vini esclusi
Carte di credito: tutte, BM

Il locale è caldo e accogliente, la cordialità e la simpatia di Enzo Filardi, titolare del locale e profondo conoscitore di storia e tradizioni della comunità albanese di Civita, riescono a creare un'atmosfera rilassata che mette gli ospiti a proprio agio. Un consiglio: provate tutti gli antipasti, perché rispecchiano il territorio, dai salumi, di qualità eccellente, ai formaggi, caprini e ovini, da latte di animali allevati sui vicini pascoli, da fave, olive, peperoni, rape, **melanzane sotto aceto e sott'olio** ai piatti caldi: frittate, fagioli cannellini cucinati in molti modi, frittelle di verdure e con la *'nduja* (10 €). Tra i primi, tutti di pasta fatta in casa, spiccano i maccheroni al ferretto con ragù di capretto lattante (8 €) e le *stranguàle me neneze* (cavatelli con la nenesa, erba tipica del Pollino). Ottimi il *drömsat*, che si prepara setacciando la farina con un rametto di origano e cuocendola in un sugo di pomodoro e carne, e le lagane e ceci. Si continua con il cinghiale alla bracconiera, che per aroma e delicatezza compete con carni ben più rinomate, le **costine di maiale**, conservate nello strutto insaporito con pepe rosso, **alla campagnola** (con patate, capperi, peperoni e melanzane, 10 €), il capretto al tegame o alla brace. Per finire i **krustuli**, dolce tipico preparato con farina, uova, zucchero, cannella e condito con mosto cotto e marmellata di "piretto" (la limetta calabrese). La cantina privilegia alcune etichette locali ma, soprattutto, il buon vino sfuso della zona. Un valore aggiunto le rocce scoscese sulle Gole del Raganello, area naturale protetta, e sul ponte del Diavolo.

CONDOFURI
Amendolea

48 km a se di Reggio di Calabria

Il Bergamotto
Azienda agrituristica
Contrada Amendolea
Tel. 0965 727213-347 6012338
Sempre aperto su prenotazione
Orario: mezzogiorno e sera
Ferie: variabili
Coperti: 70 + 50 esterni
Prezzi: 17-20 euro vini esclusi, menù fisso
Carte di credito: nessuna

Nel Parco Nazionale dell'Aspromonte, in area grecanica, un locale che non si dimentica facilmente. Mangiare, in estate, sotto gli alberi, con lo sguardo sulla fiumara Amendolea, che si incunea tra le pendici aspromontane e, da argine ad argine, percorre quasi un chilometro, è un'esperienza da non perdere. Non si arriva facilmente al Bergamotto, anche perché il proprietario rifugge ogni forma di pubblicità che non sia il passaparola. Ugo Sergi è un uomo di poche parole, esercitava la professione di avvocato e dice di essere rinato a nuova vita da quando si dedica a tempo pieno all'azienda di proprietà. Come dargli torto, vista la località in cui vive? A pochi passi dal punto in cui lo Ionio si riversa nel Tirreno e all'estremità meridionale della regione, l'agriturismo si trova in un territorio ricco di storia, che richiederebbe una permanenza prolungata per esserne partecipe. Il menù è fisso e segue le stagioni. Si parte con un ricco antipasto che prevede salumi e formaggi, forniti da pastori e contadini locali e accompagnati da pane fatto in casa, **parmigiana** e **caponata**, zucchine agrodolci alla mentuccia, **focaccia rustica con erbe spontanee**. Fra i primi piatti spicca la pasta fatta a mano: **maccheroni con ragù di maiale** o capra, trofie con sughi di stagione (ottimo quello ai carciofi e pomodori secchi); da assaggiare, se disponibile, il risotto con zucca e bergamotto. Come secondo, **grigliata mista** di carne di maiale alla maniera grecanica, come contorno patate e insalata. Niente dolce perché il patron afferma si mangi solo nelle feste comandate. Da bere l'acqua della fonte e un gradevole vino sfuso, prodotto in azienda.

CALABRIA | 781

CONFLENTI
Muraglie

55 km a no di Catanzaro ss 19 o a 3

Le Muraglie
Azienda agrituristica
Contrada Muraglie
Tel. 0968 64367
Chiuso il lunedì, mai in agosto
Orario: mezzogiorno e sera
Ferie: non ne fa
Coperti: 65 + 30 esterni
Prezzi: 20-25 euro vini esclusi
Carte di credito: nessuna

Cortesia e professionalità contraddistinguono la gestione di Massimiliano Roperti e famiglia. La cucina, mai scontata, interpreta la tradizione del basso Savuto, partendo da ingredienti genuini provenienti dall'orto e da fornitori fidati (la carne è di allevatori locali), per offrire agli ospiti piatti profumati e gustosi. In apertura, un ricco antipasto di salumi, formaggi e conserve di verdure di produzione propria, seguito da eccellenti primi piatti (7 €): *pignata* di fagioli, fave e curacchio (cotica), come condimento della pasta fatta a mano ogni giorno, scilatelle, in stagione con porcini, strozzapreti con soppressata e olive nere, la classica lasagna. Per il secondo si può scegliere tra agnello al forno, costolette al sugo, coniglio alla cacciatora e pollo ruspante fritto, alla griglia o al forno, per i contorni si attinge all'orto di casa: verdure di stagione crude, saltate o stufate e patate fritte. Se capitate alle Muraglie in autunno o inverno, non perdete la maialata, un menù che vede protagonista il suino (25 €): gelatina e ottimi insaccati, pasta con i *frisoli*, *logna* con l'osso, curacchio con salsiccia. fegato alla griglia o fritto con rape soffritte, verza o altre verdure. Non si può uscire senza avere concluso il pasto con boccenotti all'uva e mostaccioli al miele, serviti con liquori artigianali al finocchio selvatico o liquirizia. Buona la scelta di etichette locali e regionali, dignitoso lo sfuso della casa.

🛍 A **Soveria Mannelli** (16 km) alcune piccole aziende conservano funghi, pomodori e peperoncini: tra i buoni indirizzi, Cimino, Luna Funghi, Belmonte, Artigiana Funghi.

CORIGLIANO CALABRO
Cantinella

61 km a ne di Cosenza

Le Bistrot
Trattoria *novità*
Via Favella Della Corte, 13
Tel. 0983 808025
Chiuso la domenica
Orario: mezzogiorno e sera
Ferie: prima settimana di settembre
Coperti: 30
Prezzi: 30 euro vini esclusi
Carte di credito: tutte, BM

L'accogliente trattoria di Patrizia Servidio fonde il meglio della cucina della Sibaritide della Magna Grecia con le antiche origini arbëreshë proprie delle comunità di lingua albanese che vivono in Calabria, grazie alle ricette custodite gelosamente da mamma Domenica. Si inizia con un antipasto, che prevede 15 assaggi (13,50 €) e varia seguendo la stagionalità degli ingredienti: sformato di zucchine, polpette di carne al sugo e di melanzana, patate e peperoni, salumi e formaggi della zona, sottoli casalinghi preparati con verdure coltivate e spontanee – carciofini, asparagi, *cipuddizzi* (lampascioni) – proposte anche appena raccolte, saltate in padella o in gustose frittate. Tra i primi (7 €) di pasta fatta in casa, una nota di merito per le tagliatelle con asparagi e salsiccia, i fusilli al ferretto con sugo di castrato o di maiale, gli gnocchi con ragù di pollo, la tipica pasta con finocchietto e fave o con ceci e olio rosso piccante, gli spaghetti con alici, peperoni *cruschi* (essiccati al sole) e olive nere, le eccellenti zuppe cotte nella *pignata* di fagioli e cicorie selvatiche, di ceci con verza o broccoli, o con quanto l'orto può offrire soprattutto in inverno. Andando oltre, sono cucinati secondo tradizione il capretto alla cacciatora (10 €), il coniglio con peperoni e olive, lo spezzatino di interiora di capretto, il muscolo di vitello con patate; sempre disponibile la buona carne del suino nero di Calabria cotta alla griglia o in padella. Si chiude con fragranti crostate e «spiriti» preparati in casa di liquirizia e finocchietto. Articolata la proposta dei vini che prevede etichette locali, regionali e nazionali.

COTRONEI

45 km a no di Crotone

La Taverna dei Briganti
Azienda agrituristica
Contrada Difisella
Tel. 0962 491979-328 7107431-389 9880492
Chiuso martedì sera
Orario: mezzogiorno e sera
Ferie: non ne fa
Coperti: 100 + 50 esterni
Prezzi: 20-30 euro vini esclusi
Carte di credito: tutte, BM

Dall'uscita per Cotronei della statale che congiunge Cosenza e Crotone, portando dal Tirreno allo Ionio e passando per l'altopiano silano, in una ventina di minuti si arriva all'azienda, quasi interamente a conduzione familiare: in sala i fratelli Andrea e Carmine Garofalo, in cucina la madre Teresa e la sorella Elena. Il locale, tipicamente montano, è luminoso, spazioso e accogliente. L'antipasto, caldo e freddo, prevede verdure dell'orto, erbette spontanee, **salumi di suino nero**, formaggi locali, **patate 'mpacchiuse con pomodori verdi, olive e polpette** (8 €). Si continua con primi di pasta fatta in casa (sul tavolo non mancano mai peperoncino e pecorino): una delicata lasagna bianca con radicchio o porcini, **scialatielli al sugo di suino nero** oppure di agnello o capretto (8 €). Una valida alternativa i legumi coltivati in azienda e cotti sul fuoco del camino. I secondi - la carne è prodotta in azienda - colpiscono per semplicità e delicatezza: oltre all'**arista di suino nero con porcini**, che merita un plauso, brasato di vitello, **capretto arrosto** (8 €), grigliate. Si chiude con dolci tipici fatti in casa o, in stagione, con una profumata torta di formaggio ai frutti di bosco (4 €). La cantina denota l'attenzione per il territorio con una buona scelta di vini della zona di Cirò e un buon sfuso biologico. Attiguo al ristorante il museo del brigantaggio, valore aggiunto per l'azienda, anche fattoria didattica, visitata da scolaresche per l'allevamento di suini, capre e ovini, e le coltivazioni tipiche della zona. Possibilità di acquistare prodotti nello spaccio aziendale e di soggiornare in graziose costruzioni.

CROTONE

La Pignata
Ristorante
Vico Orfeo, 8
Tel. 0962 22984-334 3340993
Chiuso la domenica
Orario: mezzogiorno e sera
Ferie: 1-15 luglio
Coperti: 30
Prezzi: 30-35 euro vini esclusi
Carte di credito: tutte, BM

Nella Crotone, in cui Pitagora fondò la sua scuola, a pochi passi dal porto, La Pignata propone in modo magistrale il meglio del territorio con piatti, preparati con cura e originalità nel rispetto della tipicità e della tradizione marinara del luogo. Il locale è raccolto e accogliente, il cuoco, in cucina, elabora un'ottima materia. Arrivano in tavola, come antipasto (10 €), prodotti che sanno di terra baciata dal sole e dal mare: **pomodori secchi gratinati con alici**, gamberetti con maionese fatta in casa o con pomodorini e peperoni, crudo marinato, cozze gratinate, seppie stufate con fagioli, gamberoni con vellutata di piselli. Tra i primi (9 €), gnocchi con broccoletti e vongole o con zucca, polpo e gorgonzola, **linguine con gli *scrini*** (anemoni di mare) al nero di seppia, orecchiette con tonno affumicato e fichi appena raccolti, paccheri ripieni di vongole e gamberetti con crema di ceci. Su ordinazione - da non perdere - la **zuppa di pesce** cotta nella *pignata* con crostini di pane o ditali di pasta. Tra i secondi (10-12 €), oltre alla classica e gustosa **frittura di paranza**, che non manca mai, una delicata sogliola al limone, tonno alalunga con patate e pomodorini, **ricciola con capperi al vino bianco**. In menù molte altre proposte dipendenti dalla stagione e dal pescato. Per chiudere un fresco sorbetto artigianale al limone, semifreddo al cioccolato, profiterole con ripieno di nocciola, un soffice pan di Spagna con crema pasticciera al cioccolato bianco, ottime crostate. Curata selezione di vini della regione ma non mancano etichette nazionali in abbinamento con i piatti di pesce.

CURINGA

42 KM A SO DI CATANZARO, 25 KM DA VIBO VALENTIA

Antico Frantoio Oleario Bardari
Azienda agrituristica
Contrada Trunchi, 1
Tel. 0968 789037-338 4288954
Chiuso il lunedì
Orario: mezzogiorno e sera su prenotazione
Ferie: primi 15 giorni di nov, ultimi 15 di gen
Coperti: 50 + 100 esterni
Prezzi: 35 euro vini esclusi, menù fisso
Carte di credito: CS, DC, MC, Visa, BM

Sulle colline che guardano al golfo di Sant'Eufemia, nel territorio del comune di Curinga, all'interno di un oliveto secolare di proprietà della famiglia Bardari, sorge questo antico frantoio, ristrutturato alla fine degli anni Novanta. La titolare, la gentilissima signora Patrizia, e i suoi familiari si occupano del ristorante, arredato in modo rustico e impreziosito da piccoli accorgimenti, che denotano eleganza e gusto (tovagliato in lino ricamato e piatti di porcellana). La sala, grande e accogliente, è dotata di una bellissima veranda in vetro che affaccia sugli olivi. La cucina interpreta il territorio, il menù rispetta le stagioni. La formula scelta è quella del menù fisso. Sono da assaggiare in apertura i formaggi del pastore (ricotta e pecorino) serviti con appetitose marmellate e confetture – arance, cipolle, uva – fatte in casa, i fiori di zucca ripieni, la **parmigiana di melanzane** o zucchine (8 €), gli involtini di verza, un'eccellente bieta gratinata, le crocchette ai porcini. Tra i primi, meritano una menzione particolare gli *strangujapreviti* (strozzapreti) **con salsiccia rossa e noci** (10 €), le tagliatelle con pesto di zucchine o, in stagione, funghi porcini, i cavatelli con crema di asparagi e prosciutto affumicato. Seguono un'ottima tagliata di vitello con patate croccanti (15 €), il **medaglione di suino nero alla contadina** (13 €), il capretto e l'agnello al forno. I contorni sono tutti preparati con prodotti raccolti nell'orto aziendale e serviti, secondo stagione, crudi o cotti. A fine pasto, **crostate** casalinghe di marmellata e crema. Dignitosa la selezione dei vini calabresi.

DIPIGNANO
Tessano

5 KM A SUD DI COSENZA

Da Livio
Ristorante
Via Pulsano, 63
Tel. 0984 445506
Chiuso il lunedì
Orario: pranzo e sera, domenica sera su prenotazione
Ferie: una settimana in luglio, una dopo Ferragosto
Coperti: 140 + 60 esterni
Prezzi: 20-25 euro vini esclusi
Carte di credito: CS, MC, Visa, BM

Il ristorante, semplice, spazioso e dotato di un comodo parcheggio, si raggiunge inerpicandosi lungo stradine di montagna che partono da Cosenza. Livio, cordiale e professionale, accoglie gli ospiti e descrive loro i piatti in menù, cucinati nel rispetto della tradizione, senza stravolgimenti che possano alterarne la natura. Di ogni piatto si racconta la storia e si descrivono gli ingredienti, a chilometro zero o provenienti da aree poco distanti. Le porzioni sono abbondanti, come succede in qualsiasi casa calabrese quando si riceve un ospite, e i costi onesti e contenuti. Gli antipasti (8 €), caldi e freddi, sono preparati dal patron: sottoli, **olive schiacciate**, funghi, melanzane marinate e in involtino, cipolle di Tropea in agrodolce, pomodori verdi, formaggi e salumi locali, **polpettine di carne**, frittate di verdure, il tutto accompagnato da un buon pane cotto nel forno a legna. Tra i primi – la pasta è fatta in casa –, **lagane e ceci** (6 €), pasta arrostita con pancetta e cipolla, **fusilli con salsiccia** (8 €), gnocchi di patate con ragù di maiale, tonnarelli con carciofi. Si prosegue con grigliata mista di carne (8 €), salsiccia e broccoli di rapa, **stinco di maiale** (10 €), capretto, fritture di pesce povero. Per concludere, non mancate di assaggiare i dolci – **crostate** con marmellate fatte in casa, mele in gabbia, tozzetti, torta di ricotta, cuculi (dolci pasquali preparati secondo la tradizione locale) – serviti con liquori casalinghi a base di finocchio selvatico, mirto e noci. Accompagnano i piatti un dignitoso vino sfuso e alcune etichette di provenienza soprattutto regionale.

GASPERINA

33 KM A SO DI CATANZARO

La Paladina

Ristorante-pizzeria
Via Pertini
Tel. 0967 48094-328 6622609
Chiuso il martedì, mai 15 luglio-31 agosto
Orario: sera, pranzo su prenotazione
Ferie: tra marzo e aprile
Coperti: 60
Prezzi: 25-30 euro vini esclusi
Carte di credito: CS, MC, Visa, BM

Sulla costa jonica catanzarese, lungo la strada che conduce a Gasperina, alla Paladina il giovane cuoco Nicola Macrina propone una cucina fortemente legata al territorio, valorizzandola con un tocco di creatività. Grande attenzione per la tradizione, la stagionalità e i prodotti locali: funghi, legumi, pesce azzurro, erbe spontanee si ritrovano costantemente nei piatti. L'ambiente è semplice e curato, il servizio cortese. Si può iniziare la degustazione con l'antipasto della casa (11,50 €), che contempla gustose proposte calde e fredde, tra cui patate silane all'origano, erbette selvatiche saltate in padella, **fagioli cotti nella *pignata*** sul fuoco del camino, salumi, formaggi, **ceci al rosmarino**, melanzane sott'olio, olive schiacciate; in alternativa piatti più elaborati di pesce, carne e verdura. Tra i primi, ravioloni di patate profumate, o funghi porcini e noci, con burro e salvia (7,50 €), saporiti **gnocchi con mozzarella di bufala, pomodoro e *'nduja*** (6,50 €), paccheri alla carbonara di mare, scilatelle caserecce al ragù di cinghiale. Tra i secondi di carne, si può scegliere tra tagliata di manzo d'Aspromonte con riduzione di aceto balsamico (13 €), costata di manzo podolico con verdure grigliate e patate arrosto, **stinco di maialino nero di Calabria con patate al rosmarino** (9 €). Per assicurarsi una più ampia scelta di secondi di pesce nel periodo invernale è bene fare la richiesta almeno un giorno prima. Interessante la carta dei vini e buono il rinomato vino di Gasperina della casa. Birre alla spina e in bottiglia accompagnano le pizze preparate dal titolare. Su richiesta menù vegetariano e privo di glutine.

LAMEZIA TERME

35 KM A NO DI CATANZARO

BarriQuando

Trattoria *novità*
Piazza Mercato Nuovo
Tel. 345 4940255
Chiuso la domenica, lunedì e sabato a pranzo
Orario: mezzogiorno e sera
Ferie: non ne fa
Coperti: 30 + 40 esterni
Prezzi: 30 euro vini esclusi
Carte di credito: tutte, BM

La trattoria si trova nella bella piazza Mercato Nuovo di Nicastro, il più grande dei tre ex comuni che formano la città. La sala da pranzo è piccola ma curata, con tavoli e sedie in legno, volte e soffitto in pietra. In estate si può cenare all'aperto. Il titolare, Roberto Lancillotto, appassionato di cibo e vino, è riuscito in pochi anni a conquistare la fiducia di chi ama la buona tavola. Gli ingredienti sono quelli del territorio e della tradizione – molti Presìdi Slow Food –, dai salumi ai formaggi, dalla carne al pescato, dalle verdure alla frutta. Il venerdì, menù degustazione di pesce: una nota di merito per i **tubetti con polpo *'ntumati*** (cotti e lasciati riposare nel coccio, 10 €), gli spaghetti con alici e mollica, il filetto di alalunga con mentuccia. Fra gli antipasti consigliamo caprino della piana lametina con gelatina di Gaglioppo (7 €), fiori di zucca ripieni di ricotta e nocciole, **polpette di podolica con crema di fave e finocchietto**, caciocavallo silano arrosto con spezie e confettura, il tagliere di ottimi salumi locali (capocollo, pancetta pepata, soppressata). Da provare, come primi, i *lagani* **con ragù bianco di macinato di podolica, verza e caciocavallo** di Ciminà (10 €) e i bucatini in rosso con crema di pomodorini secchi, olive nere carolea infornate, cipolla di Tropea e mollica tostata. Seguono gustosi secondi – bistecca di podolica silana e **filetto di suino nero calabrese** con mousse di peperoni (16 €) – e contorni preparati con verdure di stagione della zona. A concludere il pasto, torte e crostate casalinghe. Carta dei vini con attenta selezione di etichette nazionali e le migliori cantine calabresi.

CALABRIA | 785

LONGOBARDI

39 KM A SO DI COSENZA

Magnatum La Degusteria
Ristorante
Via Indipendenza, 56
Tel. 0982 75201
Chiuso domenica sera
Orario: mezzogiorno e sera
Ferie: non ne fa
Coperti: 16 + 20 esterni
Prezzi: 30-35 euro vini esclusi
Carte di credito: tutte

Quattro anni fa Francesco ha rilevato il vecchio Bar Sport, da sempre emporio, rivendita alimentare, tabaccheria, osteria, e ne ha mantenuto lo stile semplice ed essenziale – cinque tavolini di legno e sedici coperti –, inserendo, però, nel menù una serie sorprendente di specialità. È nata così Magnatum La Degusteria, che deve il nome al tartufo, di cui Francesco è grande cultore: qui si potrà degustare in tutta la sua bontà il poco valorizzato tubero calabrese e si scopriranno molti tesori del territorio e tanti Presìdi Slow Food. Il menù cambia ogni giorno, la scelta non è molto ampia ma è sempre possibile fare seguire al percorso gastronomico, suggerito in base alle stagioni, qualche piatto forte della cucina di Giovanna: la **frittata di patate** (sorta di millefoglie di patate senza uova), l'**insalata di baccalà** alla calabrese (12 €) con olive schiacciate e pomodori secchi, le **tagliatelle** della casa (8 €) **con cicoria, finocchietto e guanciale di maialino nero** di Calabria, la fesa, il **manzo affumicato** (8 €) con scaglie di pecorino crotonese, tartufo nero ed extravergine locale, gli ormai introvabili **panicelli** (uva zibibbo e scorza di cedro avvolti nelle foglie di cedro). Davvero straordinarie la carta dei vini, con oltre 300 etichette e scelte coraggiose, l'offerta di alcune birre artigianali, degli extravergini, dei **formaggi** (un assortimento notevole, con alcune tipologie di non facile reperibilità). È d'obbligo prenotare con anticipo e si consiglia di abbandonarsi alla proessionalità e alla competenza di Francesco.

MARTONE

99 KM A NE DI REGGIO DI CALABRIA SS 106

La Collinetta
Trattoria-pizzeria
Contradà Colacà
Tel. 0964 51680-338 8550930
Chiuso il martedì
Orario: mezzogiorno e sera
Ferie: variabili
Coperti: 80 + 10 esterni
Prezzi: 25 euro vini esclusi
Carte di credito: nessuna

A poca distanza da Gioiosa Jonica, nell'accogliente trattoria di Giuseppe Trimboli, la genuinità e la stagionalità dei prodotti sono garantite dalla produzione di gran parte di essi nell'azienda agricola di famiglia: verdura, **bomba**, una salsina di verdure piccante, usata per condire la pasta e sul pane, frutta, confetture, miele, olio, vino e liquori (da assaggiare quello alla liquirizia e l'amaro alle erbe). Il pranzo inizia con l'antipasto della casa (9 €), molto vario, che include una ventina di portate tra fritti, piatti di legumi, crema di fagioli, verdure ed erbette di campo, sottoli, formaggi, ricotte e salumi. Tra i primi di pasta fresca, spaghetti alla corte d'assise della Locride (con aglio, peperoncino e pomodoro fresco, 7 €), ottimi ma piccanti, gnocchi ripieni di speck e caciocavallo silani, **panzerotti di carne e caciocavallo**, pasta con porcini e noci o con porcini e salsiccia (7 €), gli immancabili **bucatini con lo stocco**; non mancano mai profumate zuppe di legumi. Come secondo, la cacciagione locale (faraona, quaglia, anatra, fagiano, cervo, cinghiale) cucinata in diversi modi, il baccalà gratinato (8 €), i funghi porcini alla martonese (con pane e patate, dal gusto piccante) e l'eccellente **cosciotto d'agnello** cotto nella creta (almeno sei porzioni). Finale con i dolci preparati in casa, tra cui tortino al cioccolato caldo, torta con limone e fragoline, sfoglia con crema pasticciera e crostate. Si innaffia il tutto con un gradevolissimo rosso della casa oppure scegliendo tra le diverse etichette regionali e qualche buona birra. Si conclude con i distillati di recente produzione aziendale, anche acquistabili.

MELITO DI PORTO SALVO

32 KM A SE DI REGGIO DI CALABRIA

Turioleddu

Osteria tradizionale
Piazza Municipio Vecchio-angolo via Olmo, 1
Tel. 0965 771783-339 8453558-366 5289141
Chiuso il lunedì, mai d'estate
Orario: mezzogiorno e sera
Ferie: 10 giorni in novembre
Coperti: 30 + 20 esterni
Prezzi: 25 euro vini esclusi, menù fisso
Carte di credito: nessuna

Vale la pena spingersi fino all'estrema propaggine meridionale della penisola, costeggiando un mare blu profondo; prima di arrivare a Melito di Porto Salvo, fate una deviazione di pochi chilometri verso l'interno e visitate Pentedattilo, antico borgo di grande fascino oggi abbandonato – anche se si sono avviate operazioni di recupero –, arroccato sulla rupe del Monte Calvario: dalla caratteristica forma, che ricorda una ciclopica mano con cinque dita, deriva il nome *penta daktylos* (cinque dita). Tornando verso il mare si incontra Turioleddu, un'osteria, nata come *putìca* – luogo di mescita di vino con qualche assaggio –, poi trasformata per merito dei figli del patron Turioleddu. L'accoglienza di Giuseppe è cordiale, il menù fisso (nei 25 euro è compreso un buon vino locale) cambia nei vari mesi dell'anno, perché in cucina si utilizzano solo prodotti di stagione, molti dei quali provengono dall'orto di proprietà. Si comincia con gli antipasti (8 €), che prevedono **tortiera di alici** e di carciofi, **polpette di melanzane**, parmigiana, zucchine e peperoni ripieni; non mancano mai, inoltre, olive, un gustoso pecorino, la vastedda fritta, pomodori secchi e soppressata. Seguono **maccheroni con melanzane** (6 €) o con sugo di agnello, tagliolini con legumi o con broccoli, il macco di fave. Passando ai secondi consigliamo il **pescestocco alla ghiotta con patate e olive** (9 €) o in insalata, condito con extravergine di oliva e limone, la salsiccia arrosto, la trippa con patate, il broccolo affogato, le cotolette di spatola. Una bella sosta fatta di semplicità e rispetto delle tradizioni.

MILETO

12 KM A SO DI VIBO VALENTIA SS 18

Il Normanno

Trattoria-pizzeria
Via Duomo, 12
Tel. 0963 336398-338.8576463
Chiuso il lunedì
Orario: mezzogiorno e sera
Ferie: 1-20 settembre
Coperti: 50 + 30 esterni
Prezzi: 20-25 euro vini esclusi
Carte di credito: tutte, BM

Nel centro di Mileto, antica residenza di Ruggero il Normanno, la trattoria di Giovanni Garoffolo continua a proporre i prodotti del territorio. In un ambiente rustico, caldo ed essenziale, il patron accoglie sorridente i suoi ospiti in due piccole salette e, d'estate, in una fresca veranda, mentre la signora Clementina cucina piatti semplici ma ricchi di sapore, utilizzando ingredienti locali di qualità. Si inizia con un antipasto ricchissimo (9 €), che si compone di salumi calabresi, pecorino del Monte Poro, ricotta, frittelle, polpette, verdure ripassate in padella, **legumi cotti nel coccio**, frittatine di patate e cipolle. Specialità della casa i primi, che si accompagnano con ottimi ragù e condimenti: da assaggiare la *filéja*, pasta fresca di acqua e farina, **con il ragù di capra** (6 €) o con fiori di zucca e salsiccia o, ancora, alla normanna, con melanzane, funghi, peperoni e pomodoro; non da meno le pappardelle casalinghe con porcini, noci, pancetta, le linguine al pesto di finocchio selvatico, la **pasta e fagioli** cotta nella *pignata* (pentola di terracotta). Davvero ricca la proposta dei secondi: grigliata mista (agnello, vitello, maiale, 10 €), trippa alla miletese, **baccalà al forno** con patate e peperoni, costolette di agnello impanate e fritte, stocco alla griglia, **pollo alla diavola** cotto lentamente nel forno a legna con peperoni e *'nduja*. Il tutto accompagnato da contorni, che variano con le stagioni: verdure grigliate, fresche insalate, *pipi* (peperoni) **e patate**. Per concludere il pasto, crostate, torte alla frutta o un buon gelato alla crema. Accanto allo sfuso locale, una discreta selezione di vini calabresi.

MORMANNO

96 KM A NO DI COSENZA

Osteria del Vicolo
Trattoria-pizzeria
Vico I San Francesco, 5
Tel. 0981 80475-339 5844132
Chiuso il mercoledì
Orario: mezzogiorno e sera
Ferie: in novembre
Coperti: 25
Prezzi: 25-30 euro vini esclusi
Carte di credito: tutte, BM

Sulla piazza del piccolo ma accogliente borgo, di fronte alla splendida facciata della cattedrale di Santa Maria del Colle, la trattoria, a conduzione familiare, offre un'eccellente sosta a chi voglia gustare le specialità della tradizione calabrese. Francesco Armentano e la moglie Katia ricevono gli ospiti con cortesia e lasciano trasparire nella descrizione delle pietanze cucinate da Vincenzo l'amore per il territorio e i suoi prodotti. Verdure e legumi sono quasi tutti dell'orto di proprietà – specialità della zona i fagioli e le lenticchie –, la pasta fresca è fatta in casa come le freselle, che accompagnano le zuppe, e i **bocconotti** cotti nel forno a legna da mamma Pina. Per iniziare, oltre ai salumi e ai formaggi locali, sottoli e sottaceti casalinghi, **tortino di lenticchie con cuore di zucca** (6 €), verdure grigliate e saltate. Da assaggiare, tra i primi, la **zuppa** di lenticchie al profumo di origano del Pollino, quella **di fagioli** della varietà poverello bianco (6 €) e, se disponibile, il riso nero su cialda di caciocavallo podolico con tartufo del Pollino (12 €). Proseguendo, sono degni di nota il baccalà gratinato al pistacchio con vellutata di fagioli, le **costolette di agnello con erbette aromatiche** (8 €), il maialino nero con porcini e noci. Accompagnano i piatti un buon vino rosso di produzione propria e alcune etichette regionali e nazionali. Per finire, oltre ai tipici bocconotti, le **crostate** della signora Pina (ottima quella **alla confettura di limoni dolci** di Sibari (4 €) con un buon Moscato o un liquore alle erbe preparato in casa.

🛒 In via Costapiana, da Silvana ottimi bocconotti e altri dolci tipici.

MOTTA SAN GIOVANNI
Fornaci-Lazzaro

23 KM A SUD DI REGGIO DI CALABRIA

AgriRiggio
Azienda agrituristica
Via Mameli, 7
Tel. 0965 712304-339 8117506
Non ha giorno di chiusura
Orario: mezzogiorno e sera su prenotazione
Ferie: non ne fa
Coperti: 60
Prezzi: 20-25 euro vini esclusi, menù fisso
Carte di credito: nessuna

Annunziato Riggio, titolare dell'agriturismo con i figli Giuseppe e Francesco, è un esperto di storia grecanica e della Magna Grecia e al termine del sontuoso pasto, che offre ai suoi ospiti, li intrattiene piacevolmente con interessanti racconti. Il pranzo è preparato con quello che si produce in azienda, il menù è fisso e rispettoso delle stagioni. Si parte con un ricco antipasto, che prevede verdure, **crespelle con la *'nduja*** o ripiene di salsiccia e cipolle o di cavolfiore, *alivi cunzati;* non mancano mai la focaccia farcita di costa di vecchia (erbe di campo) o di zucca selvatica, le ricottine di pecora o capra con confetture, i formaggi stagionati o freschi (ottimo il *musulupu* da latte misto, di pecora e capra) e *u curcuci cull'ovi* (uovo di gallina allevata a terra con le cotiche), da non perdere. Tra i primi, semplici ma gustosi maccheroni al ragù di maiale nero o **taglierini con ragù di agnello** o capra. Specialità della casa la **grigliata omerica**: la carne che, una volta cotta, viene spolverata con un po' di farina, risulta più delicata e tenera. Tra i secondi suggeriamo l'assaggio della *pecura grisca* (bollita per sei ore). Una menzione particolare merita il **capicollo azze anca grecanico**, Presidio Slow Food, prodotto in quantità limitate secondo antiche tecniche e stagionato sfruttando la brezza marina: da Agririggio si può acquistare con caprini e pecorini freschi e stagionati. Per concludere il pasto una ciambella tradizionale preparata con ricotta o il tipico *petruddhi*, di farina, uova e zucchero, con copertura di glassa. Il vino è un onesto Nerello e il pane è fatto in casa con lievito madre.

NOCERA TERINESE

59 km a NO di Catanzaro

Calabrialcubo

Azienda agrituristica
Contrada Pietra di Grotta
Tel. 0968 1903391-345 8924367
Chiuso il lunedì
Orario: mezzogiorno e sera
Ferie: in gennaio
Coperti: 60
Prezzi: 25-30 euro vini esclusi
Carte di credito: CS, DC, MC, Visa, BM

Chissà che cosa pensa la piccola Laura, nata tre anni fa a Nocera Terinese, dei suoi indaffarati genitori che hanno lasciato le Marche e la Spagna per costruire in Calabria una della realtà più riuscite di questa terra? Le mani di Claudio Villella rimaneggiano ogni giorno le eccellenti materie prime autoprodotte, l'energia è ricavata da fonti rinnovabili, l'acqua è imbottigliata in azienda. La cucina rispetta le stagioni. Sempre in menù i salumi e le conserve aziendali; dall'allevamento interno arriva lo **scamone di manzo marinato**, affumicato e servito con valeriana, melagrana e noci (8 €) ed è da ordinare, in estate, lo **sformato di melanzana** in cialda di pane su fonduta di caciocavallo (8 €). Tra i primi, il cuoco suggerisce un assaggio di risotto – ottimo, in stagione, quello ai porcini con erborinato e una spolverata di liquirizia (10 €) –, e una pasta ripiena (abbiamo gradito i **tortelli di ricotta affumicata** con asparagi e polpettine di pane. Tra i secondi, **stufato di muscolo alla birra** con cacio alla griglia e spinacino al pistacchio, grigliate di carni e, in estate, di verdure (18 €), alcuni piatti vegetariani. Una bontà i formaggi con confetture (8 €) e i dolci, tra cui spicca il cuore morbido di cioccolato bianco con frollino e confettura al corbezzolo (3,5 €). In cantina, buone birre locali e alcune tra le migliori etichette calabresi. Possibile il pernottamento.

❝ Bravi Asuncion e Claudio: Calabrialcubo è un mulino ad acqua ristrutturato bene e visitabile, un'azienda agricola di altissimo livello, un birrificio, un'eccellente trattoria e molto altro ancora ❞

PIZZO
Contrada Mangano

10 km a NE di Vibo Valentia

Go

Ristorante
Contrada Mangano
Tel. 335 8173379
Chiuso il lunedì, luglio-ottobre anche sab-dom a pranzo
Orario: mezzogiorno e sera
Ferie: 7-20 gennaio
Coperti: 70 + 80 esterni
Prezzi: 35 euro vini esclusi
Carte di credito: CS, MC, Visa, BM

Il coloratissimo murales, insegna del locale, evoca la nuova tendenza street art molto in voga oggi, ma Go è il calabresissimo diminutivo di Gregorio, fondatore di questo accogliente ristorante, espressione della più autentica tradizione non solo in cucina, ma anche nella ricerca etno-musicale di Vittorio, l'attuale padrone di casa che, quando è possibile, intrattiene i suoi ospiti con allegre tarantelle. Per raggiungere il bel casolare, che si compone di tre accoglienti salette dalle pareti di pietra, una delle quali ospita un camino sempre acceso d'inverno, e di un bel porticato, che consente di mangiare fuori con il bel tempo, è consigliabile uscire dall'A 3 a Sant'Onofrio. L'atmosfera è allegra e conviviale, i piatti in menù si dividono tra mare e terra. Si comincia con salumi, croccanti frittelle di zucca, saporite polpettine di carne, un'invitante **parmigiana di zucchine** e una eccezionale conserva di alalunga sott'olio (8 €). Seguono le paste casalinghe: un'ottima *fileja* – in bianco – **con frutti di mare** oppure con tonno o con sapidi **sughi d'agnello** (10-12 €), eccellenti **spaghetti alla cipolla rossa di Tropea**, regina assoluta degli ingredienti, che si può assaporare nelle più svariate declinazioni. Tra i secondi, **spatola ripiena di ricotta e verdura** (12), frittura di pesce azzurro o di paranza e, nel caso il mal tempo impedisca la pesca, *claureja* (cervella) di capra condita con pomodoro (piatto dell'entroterra), tagliate e filetti con verdure di stagione. A fine pasto dolci casalinghi e gelati pizzitani. La carta dei vini non è molto corposa ma dignitosa e ha un occhio di riguardo per la produzione regionale.

CALABRIA | 789

PIZZO

10 KM A NE DI VIBO VALENTIA

San Domenico
Ristorante
Via Colapesce, 2-8
Tel. 349 1390255-346 76544388
Aperto venerdì e sabato sera, la domenica e i festivi; sempre aperto in estate e su prenotazione
Ferie: non ne fa
Coperti: 30 + 30 esterni
Prezzi: 30-35 euro vini esclusi
Carte di credito: MC, Visa, BM

Su una panoramica terrazza, che affaccia sul porticciolo, Il giovane e bravo cuoco del ristorante San Domenico, Bruno Tassone, garantisce ai suoi ospiti piatti cucinati con una materia prima eccellente ed elaborati seguendo le ricette della tradizione con alcune interessanti innovazioni. A Pizzo, prima sede della marineria calabrese, il menù, che varia ogni giorno, non può che essere un susseguirsi di piatti di pesce, tutto di provenienza locale. Si può iniziare con spuma di topinambur con seppie croccanti, rapa rossa e il suo nero, polpo cotto alla piastra e servito con patate grigliate e salsa all'aglio (9 €), alici marinate, fiori di zucca ripieni o, ancora, **involtini di spatola**, che profumano di erbe aromatiche locali. Come primi piatti si possono scegliere classici e gustosi **vermicelli con cozze e vongole**, calamarata, tagliolini con la bottarga, **paccheri** con ventresca di tonno e cipolla rossa di Tropea, accompagnati da una vellutata di datterino (11 €), o **con alici e 'nduja** – da non perdere –, un superbo riso al nero di seppia. Seguono **filetto di branzino con patate viola**, pinoli, arancia candita e asparagi (14 €), in primavera parmigiana di alici e fiori di zucca, involtini e spiedini, che dipendono dalla disponibilità del pescato. Chiudono il pasto dolci (5 €) offerti con un assaggio di liquori locali: **sfogliatine con crema di mele**, meringata, tiramisù dissociato, una cassata rivisitata con coulisse di fragole allo zenzero e crema inglese, gelati e sorbetti. La cantina propone un'interessante selezione di etichette, in prevalenza calabresi, ma non mancano alcune proposte di altre regioni.

POLISTENA

43 KM A NE DI REGGIO DI CALABRIA A 3

Donna Nela
Ristorante-enoteca
Corso Mazzini, 23
Tel. 0966 932943-333 6572020
Chiuso domenica e lunedì a pranzo
Orario: mezzogiorno e sera
Ferie: 1-10 settembre
Coperti: 60 + 70 esterni
Prezzi: 25-30 euro vini esclusi
Carte di credito: tutte, BM

Nell'elegante centro storico di inizio Ottocento, tra portali di granito e raffinati decori architettonici, all'interno di un palazzo nobiliare ristrutturato con gusto – bellissimo il recupero dell'antico chiostro –, Donna Nela riceve i suoi ospiti in una sala accogliente e arredata con originalità. Giampiero e la moglie Erika, competenti ed entusiasti, elaborano con attenzione il menù – una sezione è dedicata ai vegetariani – partendo da una eccellente materia prima. Ricco e gustoso l'antipasto (8 €), con **salumi** dolci e piccanti della tradizione calabrese (soppressata, pancetta arrotolata, capicollo), ricotte, pecorino aspromontano, cipolla rossa e zucchine; in alternativa quello vegetariano, che prevede verdure di stagione grigliate, lesse o cotte al vapore, e condite con un ottimo olio extravergine della zona, cipolline all'aceto balsamico e formaggio locale vaccino. Ampia la scelta dei primi: oltre alla classica **stroncatura** (8 €), cortecce con ceci e pancetta, **scialatielli alla mediterranea** (con salsa di pomodoro, melanzane, cipolla rossa, olive nere e peperoncino), pennette 'nduja e ricotta in salsa rosa. Protagonista dei secondi l'eccellente carne di vitello locale, con tagliate aromatizzate in svariati modi, involtini alla griglia (9 €), **filetto ubriaco** con vino rosso, accanto a piatti di verdure variamente cucinati. Buone le torte servite a fine pasto (4 €). Fornitissima la cantina curata da Giampiero, che seleziona i migliori vini del territorio regionale e nazionale: si possono acquistare nell'enoteca di proprietà, adiacente al ristorante, con distillati, prodotti tipici e qualche Presidio Slow Food.

REGGIO DI CALABRIA

Baylik
Ristorante
Vico Leone, 1-5
Tel. 0965 48624-338 7876375
Non ha giorno di chiusura
Orario: mezzogiorno e sera
Ferie: non ne fa
Coperti: 80
Prezzi: 25-35 euro vini esclusi
Carte di credito: tutte, BM

Dagli anni Cinquanta, nel rione Santa Caterina, la tradizione culinaria della città dello stretto ha come rappresentante di eccezione la famiglia Zappia. Il locale, che affaccia sul porto, è purtroppo oscurato dalla nuova tangenziale. Lo gestisce Nato, figlio del fondatore Giovanni, che continua l'attività di famiglia, apportando alle ricette tipiche locali leggerezza e un tocco di novità. Assoluto protagonista in cucina è il pesce della marineria di Reggio, fresco, selezionato ed elaborato in ricette volutamente semplici, che vogliono mantenere intatto per gli ospiti il sapore della materia prima, vera forza del menù del Baylik. In apertura antipasti di mare crudi e cotti: da non perdere tra le fresche **insalate** quella di mare e **di grano all'agro** (con chicchi di grano, verdure e spicchi di arance, 9 €); inoltre **alici marinate**, polpo al vapore, biscotto con caponata. Per continuare con i grandi classici dei ristoranti di pesce, buoni gnocchetti con gamberetti, spaghettini al pesce azzurro con olive e bottarga, **carbonara di pesce** (12 €). Non da meno i secondi, che offrono una grande varietà di pescato fritto e arrosto: da assaggiare la **parmigiana di mare** (12 €), nella quale strati di melanzane si alternano a filetti di spatola, e le ricche grigliate di pesce. Si chiude con il **sorbetto al bergamotto**, l'agrume diventato ambasciatore della città, e con i buoni gelati della casa. Equilibrata la carta dei vini che prevede, accanto a una dignitosa rappresentanza regionale, alcune buone etichette provenienti da altre regioni. Eccellenti le birre artigianali fornite da Malto Gradimento.

RENDE

10 KM A NO DI COSENZA

Hostaria de Mendoza
Ristorante
Piazza degli Eroi, 3
Tel. 0984 444022-348 9280060
Chiuso martedì, a luglio domenica
Orario: mezzogiorno e sera
Ferie: tre settimane in agosto, 24-25-31 dicembre
Coperti: 46
Prezzi: 30 euro vini esclusi
Carte di credito: CS, MC, Visa, BM

In una curata piazzetta del piccolo borgo di Rende, un bel palazzo cinquecentesco, risalente alla dominazione dei De Mendoza, ospita l'omonima Hostaria, gestita dalla signora Elisa con grande competenza, nella quale si possono gustare i piatti della migliore tradizione culinaria montana della Calabria. Anche se non vanta produzioni proprie il ristorante dichiara di utilizzare ingredienti locali, scelti con cura dalla patronne ed elaborati in modo eccellente dalla nuora Maria Beatrice. Da assaggiare, tra gli antipasti, la **fonduta al tartufo nero** calabrese del Pollino **con crostini** (9 €) e il guanciale alle noci con miele e frutta. I primi, di pasta fresca, sono tutti ottimi: ravioli al basilico ripieni di formaggio con salsa al gorgonzola e pistacchio, **pappardelle al ragù di cinghiale** (8 €), risotto e tagliatelle, in stagione, con funghi e tartufo, una gustosa zuppa di fagioli e porcini (8 €). Articolata l'offerta dei secondi – tutta la carne è tenerissima –, tra i quali spiccano filetto di maiale in crosta di pistacchio con mousse di ricotta (16 €), **lombo di cervo con fondo al Porto e cipolle caramellate** (18 €), costolette di agnello a scottadito (13 €), filetto di vitello alla brace servito a diversi livelli di cottura, tagliate con salse casalinghe di eccellente fattura. A chiudere il pasto, millefoglie con cioccolato e nocciole o frutti di bosco, sbriciolata, **crema di mascarpone con pistacchi** (4 €) crema catalana. La piccola ma curata cantina si fa notare per le etichette di pregio calabresi e nazionali presentate con competenza da Antonio, figlio di Elisa.

CALABRIA | 791

SANTO STEFANO IN ASPROMONTE
Mannoli

29 KM A NE DI REGGIO DI CALABRIA

Le Fate dei Fiori
Ristorante
Via Nazionale, 55
Tel. 0965 749015-328 8103157
Aperto ven-dom e festivi, sempre d'estate
Orario: mezzogiorno e sera
Ferie: non ne fa
Coperti: 30 + 15 esterni
Prezzi: 30-35 euro vini esclusi
Carte di credito: CS, MC, Visa, BM

Nel Parco d'Aspromonte, a soli tre chilometri da Gambarie, località turistica frequentata da chi ama sciare e godere di un mare incontaminato, l'albergo-ristorante di Enzo e Teresa Milasi offre in un ambiente curato la possibilità di assaggiare la buona cucina calabrese fatta di materie prime eccellenti. L'accoglienza, di tipo familiare, è attenta a soddisfare ogni esigenza, la bravura ai fornelli del patron è subito evidente: Enzo ha grande rispetto per chi ha coltivato o allevato gli ingredienti che utilizza e vuole offrirli ai suoi ospiti preparandoli nel modo giusto e con la giusta attenzione per le cotture e i contorni. Un esempio: in autunno potrete assaggiare caciocavallo di Ciminà con porcini aspromontani, cestino di canestrato con cavatelli di pasta fresca, salsiccia di suino nero dei Nebrodi e ancora porcini, **quaglia farcita** con patate al rosmarino, **tortino caldo di cioccolato**. In estate è piacevole cenare in terrazza, nella stagione fredda godere del fuoco del camino, su cui cuoce la **polenta** preparata con un'ottima farina di mais locale. Molti altri piatti in carta: **tagliatelle con ragù di cinghiale**, risotti che variano con la stagione, **stinco di maiale con lenticchie**, tagliate, biancomangiare alle mandorle di Noto, dolce di ricotta con pistacchi di Bronte. Il menù è, dove possibile, "naturalmente" senza glutine (pasta e pane sono fatti in casa, e il locale aderisce alla campagna di resistenza casearia di Slow Food, proponendo una curata selezione di formaggi e raccontando le caratteristiche di ognuno di essi (in menù compaiono i produttori). Carta dei vini curata, che prevede etichette esclusivamente calabresi.

SCALEA

92 KM A NO DI COSENZA, 50 KM DA LAGONEGRO SS18

La Rondinella
Ristorante *novità*
Piazza Principe Spinelli, 1
Tel. 0985 91360
Chiuso la domenica, mai d'estate
Orario: mezzogiorno e sera
Ferie: non ne fa
Coperti: 42 + 12 esterni
Prezzi: 22-25 euro
Carte di credito: CS, DC, MC, Visa, BM

C'è ancora vita a Scalea, dopo decenni di turismo selvaggio, speculazione edilizia, devastazione della costa e dell'identità. C'è ancora vita anche grazie alla Rondinella, l'osteria che Francesca – dopo qualche mese di chiusura – ha rilevato dai genitori, ormai dediti esclusivamente all'azienda agricola. E proprio dall'azienda di famiglia proviene la gran parte dei prodotti utilizzati in una cucina che ha voluto mantenersi semplice e tradizionale. Scritti sulla lavagna all'ingresso si alternano i piatti del giorno, in una scelta contenuta ma affidabile. Per iniziare il tagliere di antipasti (8 €) con crespelle fritte, le **melanzane fritte con pomodorini**, il prosciutto di produzione casalinga, le zucchine saltate in padella con cipolla e peperone rosso sbriciolato, qualche frittatina. Tra i primi **spaghetti alla scaleota** (7,50 €) con alici, pomodorini e mollica di pane e le tradizionalissime lagane con fagioli (7 €). Ottime le **costine di maiale**, marinate con vino rosso, pepe rosso, odori e cucinate nel forno a legna (8 €), e le braciole di cotica cotte nel sugo e aromatizzate. Anche i dolci (5 €) variano quotidianamente: accanto alle tradizionali torte e **crostate** si trova qualche sperimentazione dovuta alla passione di Francesca per i dolci. Ottimo il pane di produzione artigianale. La carta dei vini è ridotta ma selezionata con intelligenza e onestà, mentre, grazie alla ricerca paterna, si può bere un discreto rosso della casa. A pochi metri dall'osteria, in una graziosa piazzetta, si trova un punto vendita con i prodotti dell'azienda.

SELLIA MARINA
La Petrizia

24 KM A NE DI CATANZARO SS 106

Alla Vecchia Osteria U Nozzularu
Trattoria
Località La Petrizia
Tel. 0961 969854-328 2630784
Chiuso il lunedì, mai d'estate
Orario: sera, estate e festivi anche pranzo
Ferie: ottobre
Coperti: 85 + 70 esterni
Prezzi: 25-30 euro vini esclusi
Carte di credito: CS, DC, MC, Visa, BM

Tra Crotone e Catanzaro, in un antico trappeto – si può ammirare la macina per le olive praticamente intatta – la trattoria, con muri portanti in pietra e tetto con travi in legno, offre ai suoi ospiti un ambiente caldo e accogliente. Merito del patron, Peppino Camastra, giovane agronomo che, conoscendo bene gli agricoltori della zona, punta sulle materie prime a chilometro zero: dalle partite di cereali migliori il cugino mugnaio ricava la farina per la **pizza** cotta nel forno a legna e la pasta fatta in casa. Verdure e legumi sono, invece, di produzione propria ed entrano nelle zuppe, che cuociono lentamente nelle *pignate* di terracotta, nei contorni e nell'antipasto misto della casa: ottime le **fave vaianate**, lessate e insaporite in padella con aglio, peperoncino, pangrattato, i salumi locali e la mozzarella di bufala reperita da un amico allevatore dei dintorni, che procura anche la carne per un saporito arrosto e per il ragù che condisce gli gnocchi. Da non perdere, tra i primi, gli **scilatelli alla Nozzularu** (9 €), conditi con cipolla rossa di Tropea e verdure di stagione o con il ragù di maiale o, ancora, con olive nere e funghi. Tra i secondi la fa da padrona la carne: **capretto** – coniglio o agnello – **al forno con patate** (12 €), grigliate di podolica; in alternativa **melanzane ripiene** (9 €). Dolci casalinghi, gelati di Pizzo e dignitose etichette calabresi. Menù degustazione a 25 euro, vino della casa compreso.

🔒 A **Soveria Simeri** (10 km), in località Guglielmina, l'azienda agricola Salazar produce ottimi pecorini e, da qualche anno, con successo, yogurt, mozzarelle, ricotte e formaggi erborinati di latte di bufala.

SERRASTRETTA

34 KM A NO DI CATANZARO, 30 KM DA LAMEZIA TERME

Il Vecchio Castagno
Ristorante
Via Alvaro, 1
Tel. 0968 81071-339 8410115
Chiuso il martedì
Orario: mezzogiorno e sera
Ferie: non ne fa
Coperti: 90
Prezzi: 25-30 euro vini esclusi
Carte di credito: CS, MC, Visa, BM

La fatica di inerpicarsi nella Sila catanzarese sarà ricompensata dai profumi del sottobosco – funghi, castagne ed erbe medicamentose – e dai sapori dei piatti di Delfino Maruca che gestisce, con la moglie Annarita e il resto della famiglia, una moderna osteria. Potrete, inoltre, ammirare bellissime sedie: una scuola antichissima ne ha dettato per secoli il design mondiale. Ma veniamo alla cucina bellissima, grande e ordinata, da cui escono tante buone pietanze. Come antipasti (10 €), salumi artigianali, formaggi, ricotte e svariati **sottoli casalinghi**. Seguono primi di pasta fresca (6,5 €): **garganelli con crema di carciofi**, tagliatelle di ortica o di farina di castagne, gnocchi di borragine conditi con sughi di stagione. La carta dei secondi (8,5 €) propone, quindi, agnello panato, **maiale con castagne e bacche di ginepro**, tortino di baccalà con crema di ceci, *u provaturu*: secondo un'antica ricetta la carne del maiale, tagliata al coltello, era insaporita con spezie, sale, peperoncino e, prima di essere insaccata, veniva "provata", soffriggendola in padella. Tra i dolci casalinghi, mousse, semifreddi, **praline di castagne** e un curioso tartufo foggiato a fungo. La cantina è a prova di sommelier, con etichette calabresi, qualche bottiglia nazionale, liquori e amari della casa, tutti artigianali. Non lasciate l'osteria senza avere chiesto di visitare la dispensa, dove riposano i salumi, che saranno pronti per la vostra prossima visita.

> *L'entusiasmo con cui Delfino e famiglia si occupano dell'osteria ne fanno un punto di riferimento per gli appassionati della cucina di questo territorio*

CALABRIA | 793

SERSALE

40 km a ne di Catanzaro ss 106

Scacco Matto
Trattoria
Via Salita De Seta, 29
Tel. 333 7334160
Chiuso il lunedì, mai in agosto
Orario: mezzogiorno e sera
Ferie: 1-15 settembre
Coperti: 30 + 8 esterni
Prezzi: 15-20 euro vini esclusi, menù fisso
Carte di credito: tutte, BM

Il ridente paesino dell'entroterra catanzarese, facilmente raggiungibile dalla strada statale 106 jonica, si trova in una posizione invidiabile per chi ami andare al mare ma anche avventurarsi in belle passeggiate (nelle vicinanze l'area naturalistica Valli Cupe e la Sila Piccola). Nel raccolto locale di Raffaella e Mario Rizzuti, dalle pareti tappezzate di poster del cinema d'autore, è il patron ad accogliere gli ospiti con cordialità e a raccontare con dovizia di particolari gli ingredienti elaborati in cucina. L'antipasto è quello classico di montagna, con un buon prosciutto locale, funghi sott'olio, **polpette di patate con *'nduja***, focaccia calda con peperoni arrostiti, un ottimo pecorino semistagionato, servito con miele di acacia. Proseguendo, suggeriamo l'assaggio del piatto della casa, di pasta fresca casalinga preparata con il ferretto, gli ***imparrettati* al ragù di cinghiale**; in alternativa tagliolini con porcini della Sila e una spolverata di scorzone, il tartufo nero locale. Come secondo, si può scegliere tra involtini di carne di vitello farciti con la buona provola della zona, grigliata mista di maiale e un'ottima **bistecca di maiale** servita **con porcini arrosto** e patate silane saltate in padella. Per accompagnare i piatti, un dignitoso vino della casa prodotto con uve gaglioppo in purezza e alcune etichette del Cirotano. Si chiude con dolci tipici e un buon digestivo alle erbe raccolte in zona. Considerata la disponibilità limitata di posti, consigliamo la prenotazione.

🛍 In via Michele Bianchi, vicino alle scuole elementari, si consiglia la sosta presso la pasticceria De Fazio o la gelateria Dolce Sila.

794 | CALABRIA

SIDERNO
Siderno Marina

106 km a ne di Reggio di Calabria, 72 km da Vibo Valentia

U Ricriju
Osteria tradizionale *novità*
Via Circonvallazione, 173
Tel. 0964 380399-389 9687228
Chiuso la domenica
Orario: mezzogiorno e sera
Ferie: variabili
Coperti: 60
Prezzi: 20-25 euro vini esclusi
Carte di credito: AE, MC, Visa, BM

Emìse immasto ecìno ti tRògome (Noi siamo quello che mangiamo): in questa frase, scolpita nel legno all'ingresso, c'è l'essenza dell'osteria. Ciccio Trichilo, il patron, è un giovane ma esperto cuoco, suonatore di lira calabrese e animatore a tutto tondo del locale, che cucina piatti semplici e gustosi con ingredienti a chilometro zero (mieli, **salumi di maiale nero calabrese**, preparazioni a base di bergamotto, marmellate e confetture, sottaceti e vini, che si possono anche acquistare). Si inizia con una serie di assaggi (12 €): **bruschette con *'nduja***, salsiccia secca al finocchietto, formaggi e ricotte con marmellata di bergamotto, cavolfiore *friddu c'acitu*, polpette di zucca, ***crispeddi c'alici***, frosa (frittata di acqua e farina), sottaceti, *patati e pitteji* (frittelle). Si prosegue con **pasta di *farina i jermanu*** (segale) *cu porcini e pumadurelli i resta* (6 €) e pasta *cu 'zzinurra* (cardo selvatico) e salsiccia. Da non perdere i ***purpetti* all'arangara** (8 €), grandi polpette di carne tagliata al coltello al sugo (8 €) e le **alici *chjini*** (ripiene), eccellenti; su prenotazione, la **crapa a cardola**, cotta nella terracotta per 15 ore al fuoco di una candela, e quella cucinata sotto terra secondo un'antica tecnica. Buono il vino di nerello, greco nero e gaglioppo; in alternativa etichette calabresi. Per finire, **crema vrusciata**, dolce al cucchiaio di latte di capra servito alla fiamma (3 €) e decotto digestivo di carruba, radici di liquirizia, fichi e alloro.

🛍 A **Marina di Gioiosa Jonica** (6 km), in via Torre Vecchia I, alla Cantina Micuicola i prodotti più interessanti del territorio e molti Presìdi Slow Food.

SIDERNO
Siderno Superiore

101 KM A NE DI REGGIO DI CALABRIA, 14 KM DA LOCRI SS 106

Zio Salvatore
Trattoria
Piazza San Nicola
Tel. 0964 385330-334 2438177
Chiuso il martedì
Orario: sera, mezzogiorno su prenotazione
Ferie: 1-15 settembre
Coperti: 100 + 50 esterni
Prezzi: 20-28 euro
Carte di credito: CS, DC, MC, Visa, BM

Siderno, come tanti borghi calabresi, può essere considerato un paese diviso in due: la marina, anonimo agglomerato urbano della costa calabrese, e il centro storico, che rimane in collina e ospita in piazza della Chiesa San Nicola, l'osteria che è un esempio per tutto il territorio. Al timone la famiglia Fragomeni, che vuole salvaguardare la cucina semplice della migliore tradizione calabrese. Si entra in un ambiente raccolto, adibito a bar, dalla quale si passa nella sala da pranzo – d'estate è disponibile una bella terrazza – e si capisce subito che qui non contano i fronzoli ma la sostanza. Si cucinano piatti contadini, rispettando le stagioni, e nonostante la vecchia insegna sia stata mandata in pensione per una più moderna, la filosofia del locale è rimasta fedele alla cucina delle nonne della Locride. Il menù prevede il tipico antipasto (6 €) delle trattorie calabresi, che si compone di **verdure ripiene** (melanzane, peperoni o carciofi, secondo il periodo) o grigliate, frittelle e timballi, formaggi di pecora freschi e stagionati, capocolli e soppressate. La pasta fatta in casa è il punto di forza del locale: da non perdere i **maccheroni al ferretto** (realizzati con il ferro a sezione quadrata, 6 €) **con il sugo delle polpette** o con i pomodorini arrosto e la soppressata stagionata e, in estate, la lasagna con verdure. Tra i secondi non mancano mai **polpette di carne e pane raffermo al sugo di pomodoro**, salsicce e **braciole arrosto** (8 €). Si chiude con il tartufo di Pizzo. Il vino è quello sfuso di uve rosse autoctone prodotto dalla famiglia, che trasforma anche maiali allevati in zona in eccellenti prodotti artigianali.

TROPEA

30 KM A OVEST DI VIBO VALENTIA SS 522

Osteria del Pescatore
Trattoria
Via del Monte, 7
Tel. 0963 603018-347 5318989
Non ha giorno di chiusura
Orario: sera, estate anche pranzo
Ferie: primi di novembre-fine marzo
Coperti: 36 + 12 esterni
Prezzi: 30-35 euro vini esclusi
Carte di credito: nessuna

Un raccolto locale in uno dei tanti e caratteristici vicoletti del centro storico di Tropea, nel quale si respira aria di casa, gestito dal 1980 da una famiglia di pescatori da generazioni, garanzia di una materia prima sempre fresca. La **frittura mista di pesce** (15 €) ne è la conferma: non è solito, infatti, trovare le sogliole tra i pesci di questo tipo di piatto. Danno il benvenuto ai clienti Gerardo e Francesca, due cognati che si prendono cura della sala, mentre in cucina preparano le pietanze la moglie di Gerardo, Anna, e l'altra cognata Rosalba. Aprire il pranzo con l'antipasto della casa (12 €) è quasi d'obbligo e, oltre alle **polpette di pesce**, alle verdure grigliate e alla regina della tavola tropeana, la cipolla rossa, in questo caso marinata, un particolare riconoscimento deve essere dato al formaggio, il pecorino di Monte Poro. Ancora *'nduja*, non particolarmente piccante, quasi a strizzare l'occhio a quanti difficilmente riuscirebbero ad apprezzarla, se preparata in modo tradizionale, e un piatto tipico della zona, le *pittea di cicinnea* (frittelle di cicerello, preparate con pane grattugiato, aglio, origano e peperoncino) o di alici. Ma il piatto che fa percepire a chi lo assaggia il legame del locale con il territorio è un primo, la **fileja alla tropeana** (9 €), pasta fresca di acqua e farina, condita con verdure di stagione, pecorino, cipolla, e servita in una ciotola di terracotta; potrete gustare la fileja anche con cozze e vongole o con un sugo al nero di seppia. Come secondo, oltre alla frittura mista, **spatola arrosto** e pescato del giorno grigliato. Il vino – sfuso o in bottiglia – è calabrese.

oltre alle osterie

SARACENA

71 KM A NO DI COSENZA

Porta del Vaglio

Osteria moderna
Vico Primo Santa Maria Maddalena, 12
Tel. 0968 666668
Chiuso il lunedì e martedì sera
Orario: mezzogiorno e sera
Ferie: 15-30 gennaio
Coperti: 28
Prezzi: 40 euro vini esclusi
Carte di credito: MC, Visa, BM

Ai piedi del Pollino, un'osteria moderna, condotta da Gennaro De Pace, 29 anni, che tornato dall'Emilia è diventato, con l'aiuto della compagna Rossana, un punto di riferimento per tutti gli appassionati della buona cucina. Sperimentazione e innovazione rendono unici piatti realizzati con materie prime del territorio e un rigido rispetto della stagionalità. Si comincia con polpo al pistacchio su crema di ceci e olive nere (€ 9), tartara di manzo podolico (€ 9) con grissini al peperoncino, liquirizia e finocchietto, focaccine con cipolla o con cetriolini e burro di olio di oliva aromatizzato al limone. Seguono paccheri aglio olio e peperone (9 €) e riso di Sibari con carciofi e gamberi. Tra i secondi, agnello laccato alla melassa di fichi (12 €) e filetto di manzo podolico al pepe verde. Per finire marquise al cioccolato nero e caffè con crema inglese (6 €). Cantina continuamente implementata con le migliori etichette calabresi.

SOVERIA MANNELLI

41 KM A NO DI CATANZARO

La Rosa nel Bicchiere

Ristorante con camere
Località Polso
Tel. 0968 666668
Chiuso domenica sera e lunedì
Orario: mezzogiorno e sera
Ferie: dall'Epifania a fine marzo
Coperti: 60
Prezzi: 35 euro vini esclusi
Carte di credito: tutte, Bancomat

Su una delle colline che circondano il borgo, la Rosa nel Bicchiere, tributo alla poesia di Franco Costabile, nasce per volere della famiglia Rubbettino, nota per la casa editrice. Il progetto è partito qualche anno fa con la ristrutturazione di un insediamento rurale che si componeva di antiche case contadine e di una masseria. La cucina del ristorante ha conosciuto importanti cuochi calabresi e oggi è in mano al giovane Orazio Lupia, che propone piatti del territorio con rivisitazioni interessanti. Alcuni esempi: insalata di baccalà e patate con pomodori di Belmonte e cipolla di Tropea (9 €), risotto con pomodori secchi, arancia e bottarga (9 €), rollé di maiale accompagnato da verdure di stagione (12 €) e, per finire, torta di cioccolata con crema di mandorle (4 €).

SPEZZANO DELLA SILA - CAMIGLIATELLO SILANO

31 km a est di Cosenza ss 107

La Tavernetta

Ristorante
Contrada Campo San Lorenzo, 14
Tel. 0984 579026
Chiuso il lunedì
Orario: mezzogiorno e sera
Ferie: variabili
Coperti: 80
Prezzi: 50 euro vini esclusi
Carte di credito: tutte, Bancomat

Nel Parco della Sila Grande, ricco di porcini e di eccellenti prodotti del sottobosco, La Tavernetta di Pietro e Denise Lecce non risponde allo stereotipo del ristorante da funghi ma è un locale di alta cucina, che valorizza i prodotti del territorio e le ricette tradizionali, aperto alla ricerca e all'innovazione. Per cominciare, prosciutto di maiale nero calabrese, salame di podolica, pancotto con pomodori e porcini, seguiti da fusilli al ferretto con ragù di cinghiale, spaghetti all'acqua di pomodoro, ravioloni di porcini al tartufo (14 €). Il boccone reale, in menù dal 1985, è un filetto di vitello su pane croccante e cappella di porcino; più elaborato il piatto dedicato al nero di Calabria: filetto steccato con radice di liquirizia e petto laccato con miele di fichi, serviti con patate all'olio e timo e gelatina di clementine (16 €). Ottima selezione di formaggi regionali e cantina sterminata: un migliaio di etichette da tutto il mondo.

MAR TIRRENO

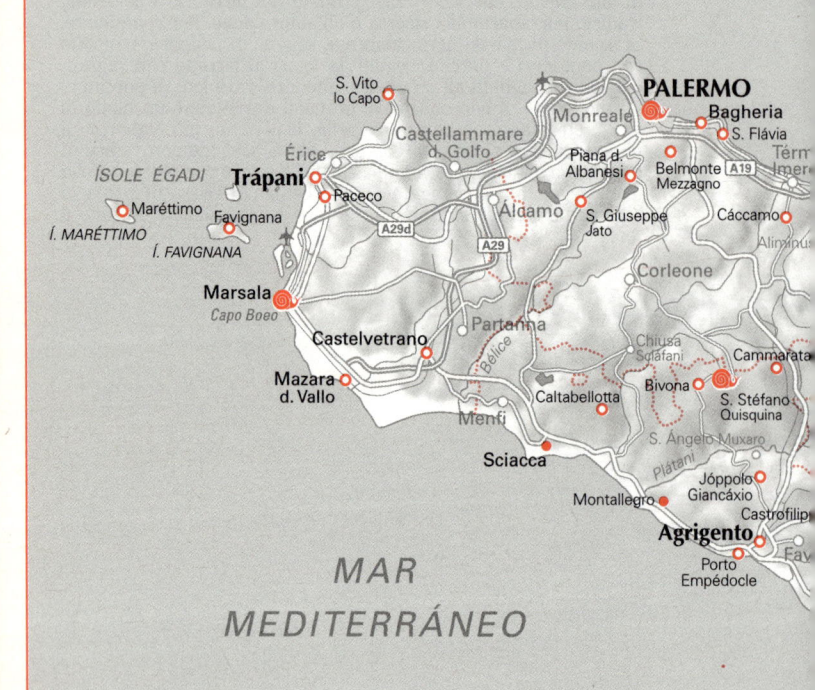

Í. DI ÚSTICA ○ Ústica

S. Vito lo Capo
PALERMO
Monreale
Bagheria
S. Flávia
Castellammare d. Golfo
Érice
Trápani
Piana d. Albanesi
Belmonte Mezzagno
Térm Imer
ÍSOLE ÉGADI
Paceco
A29d
Alcamo
A19
Maréttimo
Favignana
A29
S. Giuseppe Jato
Cáccamo
Í. MARÉTTIMO
Í. FAVIGNANA
Alimínus
Corleone
Marsala
Capo Boeo
Partanna
Chiusa Sclafani
Cammarata
Castelvetrano
Bélice
Bivona
Mazara d. Vallo
Caltabellotta
S. Stéfano Quisquina
Ménfi
S. Angelo Muxaro
Plátani
Sciacca
Jóppolo Giancáxio
Montallegro
Castrofilip
Agrigento
Fav
Porto Empédocle

MAR MEDITERRÁNEO

Í. DI LINOSA

Pantelleria
ÍSOLE PELÁGIE

Í. DI PANTELLERIA

Í. DI LAMPIONE
Lampedusa ○ **Í. DI LAMPEDUSA**

Mapa de Sicilia

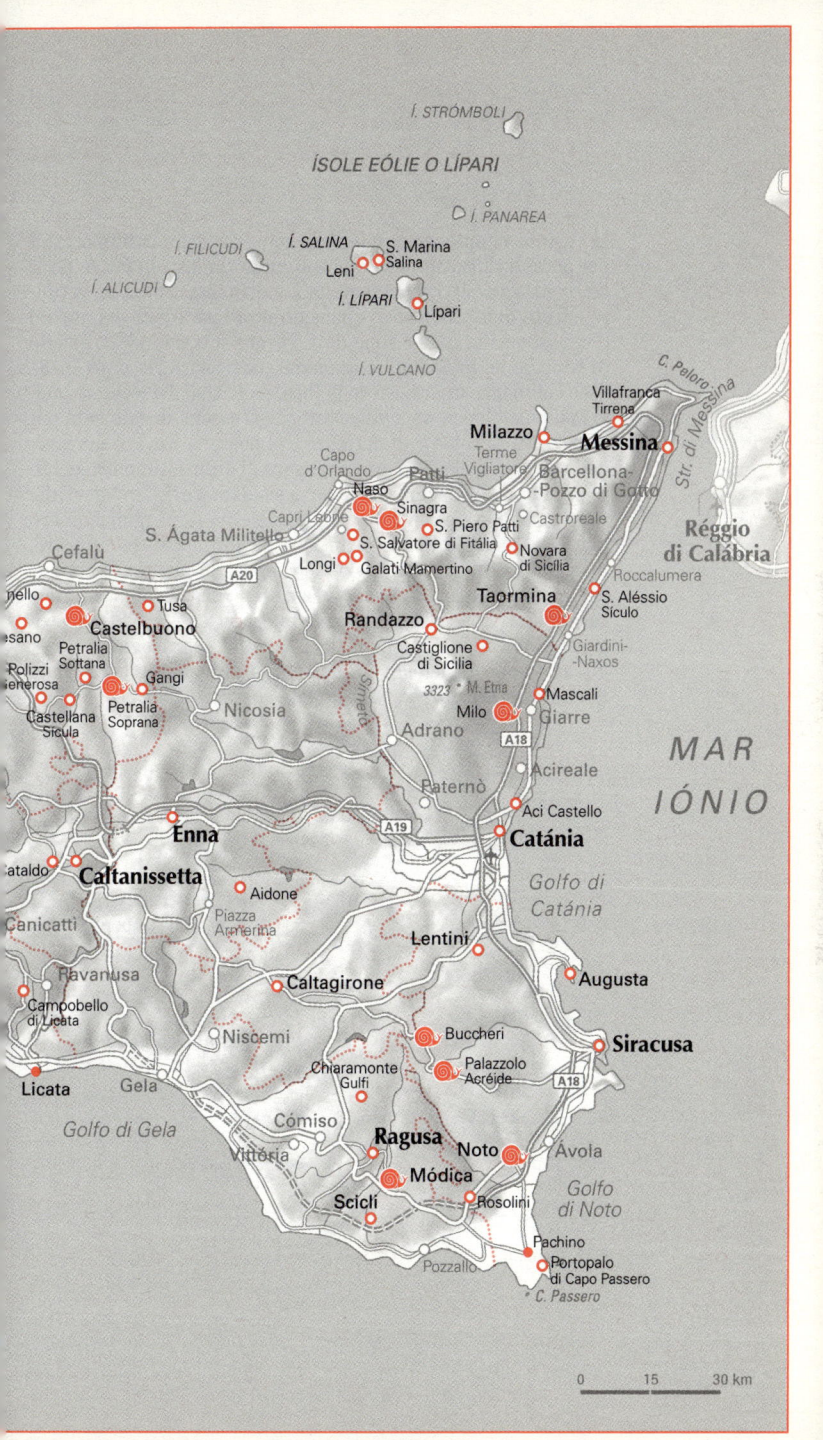

Ísole Eólie o Lípari
- I. Strómboli
- I. Panarea
- I. Filicudi
- I. Salina — S. Marina Salina, Leni
- I. Alicudi
- I. Lípari — Lípari
- I. Vulcano

Costa norte y este:
- C. Peloro
- Villafranca Tirrena
- Milazzo
- Messina
- Str. di Messina
- Réggio di Calábria
- Capo d'Orlando
- Patti
- Terme Vigliatore
- Barcellona-Pozzo di Gotto
- Naso
- Sinagra
- Capri Leone
- S. Ágata Militello
- S. Piero Patti
- Castroreale
- Cefalù
- Longi
- S. Salvatore di Fitália
- Galati Mamertino
- Novara di Sicilia
- Taormina
- S. Aléssio Siculo
- Roccalumera
- Giardini-Naxos
- Tusa
- Castelbuono
- Randazzo
- Castiglione di Sicilia
- Mascali
- Giarre
- Petralia Sottana
- Gangi
- Petralia Soprana
- Castellana Sicula
- Polizzi Generosa
- Nicosia
- 3323 M. Etna
- Milo
- Adrano
- Paternò
- Acireale
- Aci Castello
- Catánia

Interior y sur:
- Enna
- Caltanissetta
- Cataldo
- Aidone
- Piazza Armerina
- Canicattì
- Ravanusa
- Campobello di Licata
- Licata
- Gela
- Niscemi
- Caltagirone
- Lentini
- Augusta
- Siracusa
- Chiaramonte Gulfi
- Buccheri
- Palazzolo Acréide
- Cómiso
- Vittória
- Ragusa
- Noto
- Ávola
- Módica
- Sciclí
- Rosolini
- Pozzallo
- Pachino
- Portopalo di Capo Passero
- C. Passero

Golfos y mares:
- Golfo di Catánia
- Golfo di Gela
- Golfo di Noto
- MAR IÓNIO

0 — 15 — 30 km

SICILIA

Le piante spontanee alimentari sono da sempre importanti nei periodi di grave necessità o in quei contesti in cui le cucine di sussistenza rappresentano la normalità. Tuttavia, verdure e frutti di raccolta sono anche utilizzati per scelte dettate dal gusto, specie in quelle zone dove ancora si tramandano ricette di tradizione. In Sicilia ne abbiamo particolare riscontro nelle aree collinari e montuose degli Iblei, dell'Etna, dei Nebrodi, delle Madonie. Specie vegetali selvatiche crescono ovviamente pure in tratti di costa e di pianura, e si possono trovare nei mercati popolari delle città; basti pensare al diffusissimo uso del finocchietto nella cucina sia di terra sia di mare. Riferendoci alla ristorazione, è nell'entroterra che abbiamo il maggior numero di esempi significativi di gustosi piatti – paste, risotti, minestre, insalate, frittate, tortini, polpette – a base di piante spontanee, fra le quali *spariciu sarbaggiu* (asparago selvatico), borragine, *carduni* (carciofo selvatico), cardo mariano, *cavulicedddu* (cavolo rapiciolla della famiglia delle brassiche), sparacogna (germoglio di tamaro), bietola selvatica dai tanti nomi dialettali quali *aiti, anciti, giri, zarchi, mazzareddi, sacchi sabbaggi*.

scelti per voi

asparago
807 San Martino de Kamerata
 Cammarata (Ag)
814 Villa Rainò
 Gangi (Pa)
825 La Rusticana
 Modica (Rg)
831 Trattoria del Gallo
 Palazzolo Acreide (Sr)
847 Fratelli Borrello
 Sinagra (Me)

bieta selvatica
804 Da Calogero
 Bivona (Ag)
804 U Locale
 Buccheri (Sr)
827 Maria Fidone
 Modica (Rg)
842 Anzalone
 San Cataldo (Cl)

borragine
820 A Maidda
 Lentini (Sr)
830 Andrea
 Palazzolo Acreide (Sr)
831 Lo Scrigno dei Sapori
 Acreide (Sr)
852 Le Giare
 Tusa (Me)

cavuliceddu e sparacogna
810 Cave Ox
 Castiglione di Sicilia (Ct)
825 4 Archi
 Milo (Ct)
841 San Giorgio e il Drago
 Randazzo (Ct)

ACI CASTELLO
Aci Trezza

12 KM A NE DI CATANIA SS 114

Gente di Mare
Trattoria *novità*
Via Dietro Chiesa, 22
Tel. 095 8178781
Chiuso il lunedì
Orario: sera, festivi anche pranzo
Ferie: 15 giorni in novembre
Coperti: 36
Prezzi: 27-30 euro vini esclusi
Carte di credito: CS, DC, MC, Visa, BM

Nella borgata di Aci Trezza, poco distante dal porticciolo con la vista dei leggendari faraglioni dei Ciclopi, superata la chiesa di San Giovanni una stradina conduce a questa trattoria dall'atmosfera semplice e cordiale. Nata nell'ambito di un progetto della Cooperativa di Pescatori, è gestita da Rocco Petronio (attento conoscitore del mondo della pesca) che cura il servizio assieme a Danilo; nella cucina a vista opera invece Anna con la collaborazione di Pina. Valorizzazione del pescato locale, fra cui tipologie di solito ignorate dalla ristorazione, e stagionalità dei prodotti caratterizzano il menù a partire dall'antipasto misto (con tre proposte a 5, 8 e 13 euro). Se scegliete l'offerta più abbondante, prevedete almeno 14 gustosi assaggi quali alici e gamberetti marinati, fritture di gronchi o di *ope* (boghe), sarde a beccafico e in forma di polpette, cozze gratinate, involtini di melanzane con le sarde, parmigiana, peperonata, zucchine infornate. Fra i primi, saporite le pennette con gamberetti e pistacchio (12 €), le linguine con polpo e frutti di mare, la **pasta alla catanese** (con alici e piselli), con le sarde oppure alla Norma (10 €). Validi e gustosi pure i secondi tra i quali si avvicendano *sauri* (sugarelli) **all'*agghiata*** (12 €), tonno alletterato al forno, *aiula* (marmora) arrostita, alalunga *ca' cipuddata*, palombo *a ghiotta*, pesce castagna al sale, la **frittura mista** (12 €) di *spicara* (zero), *luvaro* (pagello), *scazzubbolo* (pesce della famiglia dei pagelli). Si finisce con il rinfrescante sorbetto al limone e cannella. Vino limitato a qualche etichetta siciliana e a un discreto sfuso.

AGRIGENTO
San Leone

7 KM DAL CENTRO DELLA CITTÀ

Caico
Ristorante
Via Nettuno, 35
Tel. 0922 412788
Chiuso il martedì
Orario: mezzogiorno e sera
Ferie: 2 settimane in novembre, 2 in gennaio
Coperti: 80 + 80 esterni
Prezzi: 30-35 euro vini esclusi
Carte di credito: tutte, BM

Nel ristorante della famiglia Maccarrone, aperto nel 1952, Marco e la moglie Patrizia propongono una cucina siciliana prevalentemente di pesce con qualche piacevole spunto innovativo. La materia prima è sempre fresca e acquistata nel vicino porticciolo. Si può cominciare con una squisita **spatola in agrodolce** (8 €) o con il polpo a *stricasale*. Fra gli altri possibili antipasti: polpette di spatola e baccalà, insalata di gamberetti e carciofi, caponata di pesce. Come primi ricordiamo la pasta fresca con pesce spada e melanzane (10 €), i *maccarrones* alla Caico (ricetta ideata dalla mamma di Marco), la **pasta con le sarde**, i ravioli di cernia con polpa di granchio, gli involtini del carrettiere, le invernali zuppe di legumi. Di secondo la scelta verte essenzialmente sul pescato del giorno: saraghi, dentici, triglie (5 euro l'etto), cucinati nelle classiche preparazioni arrosto e all'acqua di mare, cui si aggiungono la **frittura di paranza** (15 €), le marinature e qualche ben fatto piatto di carne come la **bistecca panata alla palermitana** e il filetto di manzo al Nero d'Avola. Non mancano i contorni quali l'insalata di arance e la sempre valida caponata di melanzane. Squisiti i dessert (5 €), dalle tradizionali cassate e torta rustica all'innovativo ricottamisù, all'estiva torta con le fragoline di Ribera (Presidio Slow Food). Curata la selezione degli oli. Ottima la carta dei vini, con ampio assortimento di etichette regionali e nazionali e significativa presenza di distillati.

Ad Agrigento, le suore del monastero di Santo Spirito preparano e vendono specialità dolciarie su prenotazione.

AIDONE

35 KM A SE DI ENNA

La Vecchia Aidone
Ristorante *novità*
Via Senatore Cordova, 88
Tel. 0935 87863-334 1443454
Chiuso domenica sera e lunedì
Orario: mezzogiorno e sera
Ferie: 15 giorni in luglio
Coperti: 80 + 20 esterni
Prezzi: 25-30 euro vini esclusi
Carte di credito: tutte, BM

Sui Monti Erei, a circa 850 metri di quota, Aidone conserva nella parte più antica il caratteristico reticolo medievale di vicoli e stradine. Un interessante motivo di visita della cittadina è senza dubbio la famosa Dea di Morgantina, esposta nel museo archeologico assieme ad altri preziosi reperti. Nei pressi del centro storico trovate questo ristorante, che presenta una sala dal tono rustico e un curato giardino utilizzato nella bella stagione. A condurre l'attività è lo chef Liborio Ganci, con la collaborazione della signora Cesira a coordinare il servizio. Il patron realizza pietanze nel solco della cucina tradizionale locale e regionale, con particolare riguardo alle materie prime del territorio, inclusi alcuni prodotti di Presìdi Slow Food e comunità del cibo siciliane. Si può cominciare con la polenta di cicerchia gratinata accompagnata da uno sformato di *piacentinu* e da assaggi di salumi e formaggi locali (8 €). Fra i possibili primi, buoni i tortelli fatti a mano ripieni di melanzane, i **maccheroncini al ragù bianco di suino nero dei Nebrodi**, le tagliatelle con cicerchia, finocchietto, pomodoro e ricotta (7 €), il **risotto con zucca gialla e scamorza affumicata**. L'offerta dei secondi vede alternarsi sostanziosi piatti di carne quali il filetto di maiale con verdure croccanti e sesamo (10 €), l'**agnello al forno con patate**, lo stinco di maiale infornato, il **coniglio in agrodolce** o alla cacciatora. Si finisce con la mousse di ricotta o con i galletti (3 €), biscotti al vino bianco tipici della zona. La cantina offre un buon assortimento di vini siciliani e di altre regioni.

AUGUSTA
Brucoli

39 KM A NORD DI SIRACUSA

I Rizzari
Trattoria
Via Libertà, 63
Tel. 0931 982709
Chiuso il mercoledì, d'inverno anche dom sera
Orario: mezzogiorno e sera
Ferie: 10-25 settembre
Coperti: 36 + 70 esterni
Prezzi: 38-40 euro vini esclusi
Carte di credito: AE, CS, MC, Visa

Posto davanti alla baia di Brucoli, il locale dispone di due minute salette e di uno spazio all'aperto a due metri dai bassi scogli e dal mare, dove da giugno a fine estate è montata una veranda di canne. La gestione è tutta familiare, con il patron e chef Emanuele Fede aiutato in cucina dal giovanissimo figlio Giulio, mentre la moglie Viviana Valente si occupa del servizio con la sorella Andrea. Il pescato in bella vista, in parte fornito dalla marineria locale, è selezionato da Emanuele che, tra gli altri ingredienti, usa anche spezie e piante aromatiche coltivate nel proprio orto. Per antipasto si possono provare il gambero marinato, le lumachine di mare con cipolletta e pomodoro, la zuppa "mare caldo" con cozze, vongole, gamberi e pomodorini, la tartara di dotto (10 €), pesce di fondale della famiglia delle cernie. Nella scelta dei primi, buone le **spaccatelle al ragù di triglie** (13 €) o con il dotto, i maccheroncini con vongole e carciofi, gli **spaghetti al nero di seppia**, la pasta fresca con telline e pomodori secchi, la **minestrina di pesce** solitamente preparata nei mesi invernali. Come secondi, validi la frittura di calamari, le saporite **seppie arrostite** (15 €), il tenero polpo bollito con formaggio "ubriaco" (12 €), nonché dentici, ricciole e altre tipologie prezzate a peso e cucinate all'acqua di mare, al sale o sulla griglia. Dall'autunno alla primavera si trova un discreto assortimento di formaggi siciliani e di altre regioni. Per dessert gelo di limone, sorbetti di frutta e qualche crostata casalinga. Discreta selezione di vini, perlopiù siciliani, oltre a qualche distillato e a birre artigianali.

BAGHERIA

16 KM A SE DI PALERMO USCITA A 19

Don Ciccio
Trattoria
Via del Cavaliere, 87
Tel. 091 932442
Chiuso mercoledì e domenica
Orario: mezzogiorno e sera
Ferie: agosto
Coperti: 80
Prezzi: 25 euro vini esclusi
Carte di credito: tutte

A pochi passi dalla splendida Villa Palagonia, troviamo questa trattoria che prende il nome dal fondatore, il quale aprì questo locale nel 1943. Ancora oggi la cucina è fedele alla tradizione di quegli anni: qui troviamo i veri piatti della cucina palermitana. Il locale è semplice, il servizio accogliente e veloce. L'attività è oggi gestita dal figlio Santo, con i figli Francesco e Salvatore, e dal nipote Santino. Appena seduti al tavolo vi sarà servito un uovo sodo con un bicchierino di vino Zibibbo o Marsala, retaggio storico delle osterie di un tempo. Il menù è declamato a voce, con ampie spiegazioni sui piatti e le loro cotture. Tra i primi ricordiamo gli spaghetti alla carrettiera (il classico pesto di pomodoro, aglio, basilico e olio extravergine) o con pesce spada e menta. Ottimi i **bucatini con le sarde alla paolina** (7 €) o con i *vruoccoli arriminati* (broccoli saltati in padella con cipolla, uvetta sultanina, concentrato di pomodoro e mollica tostata). Fra i secondi di carne, *bruciuluni* (falsomagro ripieno di cipolla, mollica, prezzemolo e caciocavallo), **trippa alla palermitana**, involtini di vitello alla palermitana (9 €). Chi preferisce il pesce troverà pesce spada arrosto o in forma di involtini (12 €), tonno *ammuttunatu* (steccato con aglio, prezzemolo, menta, caciocavallo e stufato in salsa di pomodoro e piselli), **sarde a beccafico**, una ricetta di origine baronale che eleva questo piatto povero a piatto di gran gusto. Per finire frutta di stagione, cannoli, cassata siciliana (3 €). Cantina con buona presenza di etichette siciliane.

BELMONTE MEZZAGNO

17 KM A SE DI PALERMO

Italiano Cibus
Trattoria
Piazza Martiri d'Ungheria, 14
Tel. 091 8720397-340 4866174
Chiuso il martedì
Orario: mezzogiorno e sera
Ferie: variabili in estate
Coperti: 50
Prezzi: 26-30 euro vini esclusi
Carte di credito: AE, CS, MC, Visa

Quindici i chilometri che si devono percorrere dal centro di Palermo per raggiungere il piccolo borgo di Belmonte Mezzagno, in dialetto *Bellumunti*, inerpicandosi sulle alte colline alle spalle della città, oltre gli antichi giardini di Ciaculli e Gibilrossa. L'osteria costituisce da anni l'attività della famiglia Italiano: mamma Maria conduce la cucina nel segno della tradizione, curando anche gli acquisti a chilometro zero, i figli Dario e Fabio si occupano rispettivamente della sala e della cantina. Non ci sono antipasti: la spiegazione risiede nel fatto che, a detta dei titolari, limitano il piacere delle portate principali. I primi comprendono bavette con polpa di agnello e tuma, **bucatini con i broccoli in tegame**, tagliatelle con carciofi e mollica tostata (8 €), caserecce al finocchietto di montagna e frutta secca, **ravioli di ricotta al ragù di maiale**, pasta e fagioli, zuppa di cipolle. I piatti a base di carne di agnello sono la specialità del locale: da non perdere quello in umido al vino bianco, la **spalla al forno** (30 euro per due persone), le costolette panate e fritte (12 €); valide alternative sono il **capretto in tegame**, il coniglio in umido, la costoletta di maiale farcita, l'arrosto di vitello ai funghi. Per dessert, dolci alle mandorle e cannolo di ricotta (2 €). Il menù degustazione costa 30 euro. La cantina conta una novantina di etichette, in prevalenza rossi isolani. La prenotazione è obbligatoria.

A **Piana degli Albanesi** (14 km), in contrada Ponte Rosso, Aura sforna pane di semola di grano duro, biscotti secchi, sfinciuni.

SICILIA | 803

BIVONA

61 KM A NORD DI AGRIGENTO

Da Calogero

Ristorante *novità*
Via San Pietro, 1
Tel. 0922 986007-328 7594429
Chiuso la domenica
Orario: mezzogiorno e sera
Ferie: 6-20 settembre
Coperti: 40
Prezzi: 20-25 euro vini esclusi
Carte di credito: nessuna

Lungo la via principale del paese, a pochi passi dalla vecchia piazza della Fiera con il *Mezzaranciu* (una fontana in ghisa a due cannelli risalente al XVIII secolo) trovate questo locale dove Calogero Lo Presti, patron e chef, si diletta da più di quarant'anni a cucinare e proporre prelibate pietanze di impronta territoriale. In sala, la moglie Patrizia accoglie gli avventori e cura il servizio in un'atmosfera sinceramente familiare. La verace proposta gastronomica si evince a cominciare da antipasti (6 €) quali le fave *a bozza cu i giri* (cotte con le bietole), la zuppa di ceci, la caponata di olive, le frittate con carciofi, asparagi o altre verdure di stagione. Tra i primi (5 €) ricordiamo i maltagliati con la borragine, gli ***attuppateddi*** **con il macco di fave**, gli gnocchetti con broccoletti e mollica tostata, la **pasta con le patate**. Nell'offerta dei secondi (9 €) ottimo il **manzo lesso**, ma sono degni di nota pure gli involtini alla siciliana, l'**agnello al sugo**, la lingua di bue con salsa verde, la trippa con i fagioli. Non manca mai qualche contorno di verdure cotte o crude. Si conclude con dessert (3 €) quali l'eccellente pignolata, l'***ucciardunedda*** (una sorta di cannolo di pasta frolla panato con granella di mandorle tostate e ripieno di ricotta), le estive pesche ripiene. L'offerta del vino è limitata a uno sfuso locale e a qualche etichetta regionale.

BUCCHERI

56 KM A OVEST DI SIRACUSA

U Locale

Trattoria
Via Dusmet, 14
Tel. 0931 873923
Chiuso il martedì
Orario: mezzogiorno e sera
Ferie: fine giugno-fine luglio
Coperti: 50 + 20 esterni
Prezzi: 20-25 euro vini esclusi
Carte di credito: nessuna, BM

Si torna sempre volentieri nella trattoria dei fratelli Formica: per l'atmosfera popolare delle due rustiche salette, gli arredi che rimandano al mondo contadino, l'accoglienza garbata di Pippo che illustra i piatti preparati con passione da Sebastiano nella minuta cucina a vista. Il menù varia in base alla reperibilità stagionale delle verdure e delle piante aromatiche coltivate nell'orto di casa. Di propria produzione sono i paté di olive, di pomodoro e di peperoncino spalmati sulle bruschette, proposte come antipasto assieme a lumache a *strecasale*, fave saltate in padella, finocchietto *ammuddicatu*, **frittate di verdure selvatiche** (3 €). Fra i buoni primi di pasta di grano duro tirata a mano, ricordiamo i taglierini con asparagi, finocchietto e *sinapa* (8 €), le **spaccatelle con il macco di fave**, i tagliolini con porcini, pinoli, timo e nepetella e, in estate, la **pasta con i tenerumi di zucchine** e l'*arricciata ca' lumia* (con limone e menta). Per secondo si avvicendano cosciotto di maiale alle mandorle, stinco di suino al forno, cinghiale o agnello alla griglia, trippa con i fagioli, e piatti difficili da trovare altrove come la **lingua alla stimpirata** (6 €), gli spiedini di pecora e la *lattuchedda* (7 €), nome dialettale del muscolo addominale bovino. Si finisce con uno squisito cannolo di ricotta o con l'estivo sorbetto, oltre ai *funciddi*, biscotti secchi di nocciole e mandorle della tradizione locale. Piccola selezione di vini siciliani a prezzi onesti.

> **❝** *Un posto autentico dove gustare pietanze di matrice contadina, valorizzate dalla bravura dello chef e dall'uso di ottime materie prime* **❞**

CACCAMO

44 KM A SE DI PALERMO A 19 E SS 285

A Castellana
Ristorante-pizzeria
Piazza Caduti, 4
Tel. 091 8148667-339 8699520
Chiuso il lunedì
Orario: mezzogiorno e sera
Ferie: non ne fa
Coperti: 180 + 170 esterni
Prezzi: 25-28 euro vini esclusi
Carte di credito: tutte

€

Il borgo medievale di Caccamo è dominato dall'imponente castello risalente al XII secolo, tra i pochi ancora visitabili nelle Madonie. Da oltre trent'anni la famiglia Porretta gestisce un ristorante-pizzeria negli ambienti che un tempo ospitavano i granai. Le sale sono arredate in modo rustico; è molto suggestivo l'esterno con terrazza. L'offerta gastronomica è ricca e propone i piatti tradizionali tipici del territorio. Si sceglie alla carta o fra due menù degustazione da 22 o 26 euro. L'antipasto rustico (8,50 €) comprende caponata, frittate di verdure, sfincionelli, bruschette, insalata di arance, ricotta, formaggi, salumi locali come la salsiccia pasqualora. Tra i primi, **pasta con i broccoli**, tagliatelle con salsiccia, funghi porcini, ricotta e scaglie di pecorino stagionato (9 €), **ditalini con la *frittedda*** (fave, piselli, carciofi e finocchietto). A seguire, il misto alla brace di costata di vitello, salsiccia e maiale (12 €), la salsiccia in crosta di lardo, le **braciole di maiale al Marsala**. Tra i contorni, funghi arrostiti e un'ottima insalata di cipolla con pomodori cotti in forno a legna e aromatizzati con origano. Si chiude con un eccellente **cannolo di ricotta** ovina (2,50 €); in alternativa, gelo di cannella e, in estate, gelo di anguria o gelato. La sera si può gustare anche un'ottima pizza a lunga lievitazione a base di farina di *tumminia* (timilia). Buona scelta tra i vini regionali, qualche etichetta nazionale, un buono sfuso locale e un paio di birre artigianali.

🛒 Salsiccia pasqualora e carni fresche di qualità presso le macellerie di Nino Siragusa Gullo, via Liccio 39, e Raimondo Canzone, via XII Novembre 11.

CALTABELLOTTA

65 KM A NO DI AGRIGENTO

M.A.T.E.S.
Trattoria con alloggio
Vicolo Storto, 3
Tel. 0925 952327-338 4133763
Chiuso domenica sera
Orario: mezzogiorno e sera
Ferie: 15 giorni in ottobre
Coperti: 50
Prezzi: 28-30 euro vini esclusi
Carte di credito: CS, DC, MC, Visa, BM

Situata a quasi mille metri di quota, Caltabellotta è nota fin dall'antichità per la ricchezza di acque sorgive e per la fertilità dei terreni circostanti, dove tuttora si estendono olivi plurisecolari. In un vicolo del centro storico troviamo questa trattoria dall'atmosfera rustica, rimarcata dalla presenza di vecchi oggetti e strumenti di lavoro del mondo contadino, fra i quali una macina in pietra. A gestire il locale è Felice Augello, con la moglie Laura e il figlio Leonardo che cucinano, e altri due figli ad aiutare il patron in sala. La formula è sempre la stessa: solo menù a prezzo fisso (30 €) nei festivi, possibilità di scegliere negli altri giorni, badando sempre di prenotare. L'abbondante antipasto misto (10 €) include ricotta ovina, caciocavallo, pecorino, salsiccia secca, caponata, frittate di verdure spontanee, cardi fritti, carciofi panati e altre preparazioni stagionali a base di ortaggi. Alcune conserve sono di propria produzione, così come l'olio extravergine. Come primi (8 €) si avvicendano la pasta fresca ripiena con ragù bianco di melanzane e guanciale di maiale, i **ditali con macco verde e finocchietto**, le busiate con melanzane e pistacchio di Raffadali, i **ravioli con ricotta ed erbette**, il risotto alla chitarra agli asparagi. Tra i possibili secondi (10 €) di carni provenienti da allevamenti locali, gustosi il **cosciotto di maiale al forno**, il castrato e la salsiccia cotti sulla griglia, l'**agnello in casseruola**. Si finisce solitamente con dolci di ricotta quali cannolo, cassatelle o tortini. Si beve scegliendo tra una decina di vini di aziende siciliane.

SICILIA | 805

CALTAGIRONE

68 KM A SO DI CATANIA

Il Locandiere
Ristorante *novità*
Via Luigi Sturzo, 55
Tel. 0933 58292
Chiuso il lunedì
Orario: mezzogiorno e sera
Ferie: variabili
Coperti: 35
Prezzi: 30-35 euro vini esclusi
Carte di credito: tutte, BM

A cento metri dalla scalinata di Santa Maria del Monte rivestita di mattonelle di maiolica, c'è questo ristorante suddiviso in due raccolte salette. Lo gestisce lo chef Mario Cannizzaro con l'aiuto del fratello Fabrizio, che cura il servizio, e di Fabrizio Cusumano in cucina. La proposta punta in larga parte su pietanze siciliane a base di pesce, acquistato perlopiù al mercato ittico di Aci Trezza. Fra gli antipasti freddi compaiono aringa con insalata di arance, alici marinate e noci, carpaccio di spada, mentre fra gli antipasti caldi (9 €) potrete trovare **baccalà con cipolle in agrodolce** o sarde ripiene con pecorino. Come primi ricordiamo le **mezze maniche con sarde, ricotta fresca e finocchietto** (12 €), gli gnocchetti con ricciola, pomodorino e pistacchio tostato, gli spaghetti con bottarga di muggine, noci e ricotta (14 €), le caserecce con il ragù di seppie e, per chi opta per piatti vegetariani, pasta con zucchine, pomodorino e mandorle o spaghetti aglio, olio e peperoncino. Fra i secondi (che variano in funzione del pescato e sono prezzati a peso) spiccano l'**alalunga alla siciliana** con pomodoro secco, olive e capperi, la *mupa* (pagello) impanata al forno o alla griglia, i filetti di dentice o di ricciola al cartoccio con patate o caponata infornata. Finale con delizioso **cannolo di ricotta al cucchiaio** con confettura di fichi calda, semifreddi di mandorla e pistacchi o estive granite di frutta. Cantina ben fornita di etichette regionali, con occhio di riguardo ai vini dell'Etna; buona scelta di distillati, presenza di qualche birra artigianale. Disponibili due menù degustazione a 24 e a 40 euro.

CALTANISSETTA

Sale & Pepe
Ristorante *novità*
Corso Umberto I, 146
Tel. 327 2394142
Chiuso il lunedì, in estate la domenica
Orario: mezzogiorno e sera
Ferie: variabili
Coperti: 60
Prezzi: 30-35 euro vini esclusi
Carte di credito: nessuna

A pochi passi da piazza Garibaldi si trova il ristorante gestito da Michele Tornatore e Valeria Pennisi che, affiancati dal giovane ed esperto cuoco Andrea Romè, propongono una cucina siciliana interpretata in chiave moderna. Come antipasti, buoni e ben presentati lo sformato di zucchine, caciocavallo ragusano, ricotta, miele, pistacchio e marmellata di arance (9 €), la caponata di pesce spada con crostini al pesto di basilico, la ricotta con miele d'arancia e pistacchi, i formaggi caprini in crosta con pere al vino rosso, miele e noci. La qualità delle materie utilizzate si evince anche nei primi piatti fra cui ricordiamo i **paccheri con pomodoro siccagno della valle del Belìce** (Presidio Slow Food), **ricotta, melanzane e bottarga** (10 €), le pappardelle con gamberoni rossi di Mazara, porcini, burrata e mandorle, il **macco di fave al finocchietto** con i crostini. Anche nei secondi spaziano dalla carne al pesce: involtini di pesce spada alla siciliana (12 €), **maialino porchettato con patate e composta di cipolla** (10 €), spigola di mare in crosta di patate e lardo di suino nero dei Nebrodi, **involtini al pistacchio con fonduta di piacentino ennese**. Una menzione per il pane che accompagna le pietanze, ottenuto da antichi grani biologici moliti a pietra. Tra gli squisiti dolci della casa, parfait di mandorle, semifreddo al melone, gelo di anguria, cui si aggiunge la cuddrireddra di Delia del Presidio. Buona selezione di vini regionali e birre artigianali.

In via Consultore Benintendi 60, La Botteguccia propone buoni formaggi tipici siciliani, salumi dei Nebrodi, olive, pomodori secchi, capperi, origano del territorio.

CALTANISSETTA

Vicolo Duomo al Collegio
Ristorante
Via Gravina, 9
Tel. 0934 680288-388 1106010
Chiuso la domenica
Orario: mezzogiorno e sera
Ferie: agosto
Coperti: 50 + 20 esterni
Prezzi: 25-28 euro vini esclusi
Carte di credito: CS, MC, Visa, BM

Il ristorante gestito dalla chef Angela Mendola e dal marito Aldo Scarlata si trova in un vicolo che dal corso principale porta alla *Strata 'a Foglia*, storico e suggestivo mercato ricco di colori, profumi e prodotti genuini provenienti dai territori del centro della Sicilia. In un ambiente semplice e accogliente si gustano pietanze tradizionali e non, arricchite dall'estro e dalla competenza di Angela. L'antipasto misto (8,50 €) può comprendere rotolini di zucchine con ricotta e menta, sformato di verdure grigliate con caciocavallo ragusano, sfincione alla palermitana, frittatina di verdure selvatiche. Nella valida offerta dei primi (9 €) vanno ricordati i maccheroncini con cipollotto bianco e alloro, i maltagliati con crema di fave e cicoria, i **ditali con fave, piselli e** *mazzareddi* (verdure spontanee), gli spaghetti alla zolfatara con zucchine fritte, ricotta salata e zafferano, le **tagliatelle alla** *cuncimata* **con ragù di maiale e finocchietto**, i fusilli conditi con un pesto a base di acciughe, finocchio selvatico, bucce e succo di arance e limoni. Tra i possibili secondi, buoni l'**arrotolato di coniglio con** *capuliato* **di pomodoro** (10 €), il fagottino con broccoletti e piacentino ennese, il **falsomagro alla nissena**, gli involtini al finocchietto con radicchio e tuma (9 €). Si chiude con i dessert della casa quali la mousse di limone e ananas, la torta di cioccolato e mandorle con granella di pistacchio, il rollò di ricotta. Piccolo assortimento di vini siciliani.

In via Canonico Pulci 14, il torronificio artigianale Geraci propone dal 1870 torrone, paste di mandorla e pistacchio, lavorati con prodotti del territorio.

CAMMARATA
Gianguarna

52 KM A NORD DI AGRIGENTO

San Martino de Kamerata
Ristorante
Via Ugo La Malfa, 10
Tel. 0922 905572-349 3930540
Chiuso il lunedì, mai in agosto
Orario: mezzogiorno e sera
Ferie: in settembre
Coperti: 50 + 60 esterni
Prezzi: 20-30 euro vini esclusi
Carte di credito: CS, MC, Visa, BM

Ricavato da una vecchia rimessa in pietra utilizzata fino agli anni Ottanta come deposito e abitazione contadina, il ristorante gestito dai coniugi Dario ed Egizia dispone di una sala accogliente, rustica nella struttura ma curata nell'arredo, e di un'ampia veranda estiva. Nell'alternarsi dei menù, compaiono fra gli antipasti (10 euro una selezione di assaggi) ricotta fresca, frittata di asparagi, impanata di verdure di campo, polpettine di patate o di carne al sugo, buoni formaggi di produzione locale. Seguono validi primi (6 €) quali il risotto con gli asparagi o con funghi porcini e lardo, i **ravioli di ricotta e noci al ragù** con scaglie di caciocavallo di vacca modicana (Presidio Slow Food), la **pasta con salsa al finocchietto**, gli gnocchetti al ragù bianco di asparagi. Per secondo, gustosi gli **spiedini di carne al rosmarino**, il maialino alla paprica (10 €), le costolette di agnello alla senape in crosta di pistacchio, il **filetto di vitello al Nero d'Avola**. Fra i possibili contorni, patate con pomodoro ciliegino e cipollotti, funghi saltati in padella. Nell'offerta dei dolci (4 €) spiccano il cannolo in coppa con ricotta ovicaprina dei Monti Sicani e il tortino di cioccolato al cuore morbido di amarena e pistacchio. Discreta selezione di vini siciliani e di altre regioni. Disponibile un menù degustazione a 20 euro.

In contrada Casalicchio, viale Sandro Pertini, Liborio Mangiapane produce e vende ottimi formaggi, fra cui il caciocavallo di vacca modicana.

SICILIA | 807

CAMPOBELLO DI LICATA

45 KM A EST DI AGRIGENTO

La Madonnina
Ristorante-pizzeria
Via Edison, 162
Tel. 0922 870177
Chiuso il martedì
Orario: mezzogiorno e sera
Ferie: seconda metà di ottobre
Coperti: 96
Prezzi: 25-30 euro vini esclusi
Carte di credito: CS, DC, MC, Visa, BM

Vale la pena fare un salto a Campobello per gustare i piatti proposti da Gianni Gruttad'Auria e dalla moglie Veronica. Tante le specialità locali, a cominciare dalle *'mpanate* (calzoni ripieni di spinaci, olive e pecorino) e dallo *'mpurnatu* (sorta di ziti cotti al forno a legna con sugo, cavolfiore e uova). Fra gli antipasti spiccano la busambrina (sorta di bresola locale), la torta alle erbe, il curato piatto di salumi e **formaggi** siciliani (fra i quali diversi Presìdi Slow Food), il polpo a *stricasale*, le classiche sarde a beccafico (5 €). A seguire meritano i **cavatelli con il macco di fave e la ricotta** (8 €), i busiati con biete, pancetta di suino nero dei Nebrodi e formaggio di capra girgentana, i bucatini con il *piacintinu* (formaggio ennese allo zafferano), il risotto con scampi, zucchine e pistacchio. Passando ai secondi, da non perdere l'**agnello al pistacchio**, gli involtini di filetto di suino nero (10 €), il **cosciotto di capretto al Marsala**. Il pesce, fornito quotidianamente dalla vicina marineria di Licata, è proposto alla griglia. Si chiude con la golosa bomba al pistacchio a base di ricotta di capra girgentana e pan di Spagna, con il semifreddo alle mandorle o la robiola di capra con marmellata di agrumi e frutta di stagione. La sera si preparano buone pizze, tutte con lievito madre e farine di antichi grani isolani. Non manca mai una bottiglia di buon extravergine locale. Discreta la carta dei vini, che privilegia le ottime cantine del territorio.

🔒 In contrada Montalbo, Giacomo Gatì produce formaggi di qualità con latte crudo conferito dagli allevatori della rara capra girgentana, tutelata dal Presidio Slow Food.

CASTELBUONO

89 KM A EST DI PALERMO A 19 SS 113 E 286

Nangalarruni
Ristorante
Via delle Confraternite, 5
Tel. 0921 671228-0921 671428
Chiuso il mercoledì
Orario: mezzogiorno e sera
Ferie: variabili
Coperti: 100 + 30 esterni
Prezzi: 23-35 euro vini esclusi
Carte di credito: tutte

Antico centro urbano dell'area madonita, Castelbuono ospita l'apprezzato ristorante di Giuseppe Carollo. Le materie prime del territorio sono eccellenti: nei boschi e nelle montagne circostanti si tutelano alcuni tra i migliori Presìdi dell'isola come la manna, la provola delle Madonie e il fagiolo badda di Polizzi; inoltre, erbe e verdure provengono dall'orto di casa e da una vicina azienda biologica. La prenotazione è consigliabile, soprattutto per gli amanti dei funghi e tartufi – specialità del locale – in modo da verificarne la disponibilità. Tre i menù degustazione: quello "piccolo" di tre portate più dessert (23 €), il vegetariano (25 €), quello dello chef (32 €). Si comincia con caponata, **sformato di funghi con patate e tartufo** (10 €), tortino di pane cotto con vellutata di pomodoro, funghi gratinati con ricotta, biete e caciocavallo affumicato. Poi **zuppa di funghi e legumi con verdure di campo**, fusilloni al ragù di maialino nero dei Nebrodi e prodotti dell'orto, spaghetti con melanzane, pomodorini, pesto di basilico, pistacchi e ricotta ai funghi basilischi (9 €). Tra i secondi, **filetto di maialino in crosta di manna, mandorle e pistacchi** (15 €), tagliata di manzo al sale affumicato con verdura cotta, stinco in salsa di agrumi e miele di ape nera sicula. Per dessert, **testa di turco** (4 €), gelo di cannella, cassata con gelato di ricotta. Il servizio è essenziale. La carta dei vini conta più di 300 etichette tra Sicilia e Italia; non manca qualche buona birra artigianale.

> *Erbe e verdure dall'orto di casa, tanti prodotti raccolti nei boschi circostanti. Un'osteria che, con semplicità, esalta il suo territorio*

CASTELBUONO

89 KM A EST DI PALERMO A 19 SS 113 E 286

Romitaggio San Guglielmo
Ristorante-Pizzeria
Contrada San Guglielmo
Tel. 0921 671323
Chiuso il mercoledì
Orario: mezzogiorno e sera
Ferie: variabili
Coperti: 80 + 50 esterni
Prezzi: 30 euro vini esclusi
Carte di credito: nessuna

Circondata dai boschi del Parco delle Madonie, la collina di San Guglielmo accoglie un'antica abbazia che dal 1981 ospita il ristorante gestito da Salvatore Baggesi. Ci si accomoda nelle due sale interne in stile rustico o sotto il porticato nella bella stagione. In cucina materie prime locali e, soprattutto, grande varietà di verdure di stagione e di funghi, di cui questa parte di territorio è particolarmente generosa: galletti, cardoncelli, porcini, ferule e basilischi, pregiata varietà primaverile. Fra gli antipasti, accompagnati da pane di grano duro cotto nel forno a legna, gustosi assaggi di provola delle Madonie (Presidio Slow Food), ricotta fresca, pecorino, capocollo, lonza affumicata, frittate a base di verdure selvatiche (*qualazze*, *sinapi*, cicoria, *napordi*, cardi, *gidi*, borragine). Si prosegue con gli abbondanti primi piatti a base di pasta fresca (8 €): **tortellacci di ricotta e verdure alle ortiche**, agnolotti alla carne con pomodoro aromatico, tagliolini con carciofi, asparagi e noci e, in stagione, ottime **pappardelle con funghi porcini**. A seguire, piatti a base di carne quali **stufato di cinghiale alle castagne** (13 €), castrato alla griglia, **cosciotto di maiale al forno** (12 €), salsiccia arrosto, coniglio alla cacciatora, stracotto di daino. Si chiude con cassata al forno, crostata alla frutta, semifreddo alle mandorle, **testa di turco** (dolce tipico di Castelbuono). Piccola varietà di etichette locali in alternativa a un discreto sfuso della casa.

🕮 In via Sant'Anna 6 trovate il punto vendita dell'azienda di Giulio Gelardi, produttore della manna delle Madonie aderente al Presidio Slow Food.

CASTELLANA SICULA

90 KM A SE DI PALERMO SS 120 A 19

Vinvito
Ristorante
Corso Mazzini, 16
Tel. 0921 562129
Chiuso il lunedì
Orario: mezzogiorno e sera
Ferie: 2 settimane in gennaio, 2 in luglio
Coperti: 70 + 50 esterni
Prezzi: 25 euro vini esclusi
Carte di credito: tutte

Tra i piccoli borghi caratteristici del Parco delle Madonie, Castellana Sicula è quello più giovane. La sua origine si fa risalire al XVIII secolo, ma non mancano testimonianze archeologiche degne di nota, come i resti di una villa romana del I secolo d.C. con annesse terme. Il ristorante si trova all'ingresso del paese, in un elegante casale in pietra; le due sale sono arredate con gusto. Santino Raineri si occupa degli acquisti e dirige la cucina con la moglie Anna Maria; spesso è anche in sala ad accogliere i commensali con l'aiuto di Ivan. Lo stile di cucina è casalingo ma curato, il menù varia secondo stagione. Si può cominciare con il tortino di funghi di ferla, di asparagi o di carciofi con fonduta di erborinato di capra, oppure con le **polpettine di maialino nero dei Nebrodi in agrodolce** (8 €). Tra i primi, lasagne vegetariane con favette, piselli, zucchine, funghi e radicchio trevigiano (8 €), maccheroni freschi trafilati al bronzo con sugo di salsiccia e asparagi selvatici, **pappardelle con cardoncelli**. Fra i secondi, agnello da latte o **capretto al forno con le patate** (13 €), filetto di maialino nero dei Nebrodi (10 €), **arrotolato di vitello farcito di pistacchi con salsa al rosmarino** (8 €). In chiusura, cassata castellanese (senza canditi e glassa), bavarese ai fichi o al mandarino tardivo di Ciaculli (Presidio Slow Food), tortino caldo al cioccolato con cuore fondente. Piccola scelta di vini siciliani, buono lo sfuso.

🕮 A pochi metri dal ristorante, in via Mazzini, la pasticceria Orlando produce lo sfoglio, torta di formaggio tipica della Madonie; ottimi anche gli amaretti.

SICILIA | 809

CASTELVETRANO

73 km a SE di Trapani

Da Giovanni
Trattoria
Via Milazzo, 26
Tel. 0924 89053
Chiuso la domenica
Orario: mezzogiorno e sera
Ferie: non ne fa
Coperti: 50
Prezzi: 28 euro
Carte di credito: nessuna

Città antichissima, che insiste su un'area di grande interesse storico e artistico, Castelvetrano ospita notevoli spiagge e una frazione, Selinunte, tra i siti archeologici più vasti del Mediterraneo. La trattoria si trova in centro: la gestisce Giovanni Santangelo con i figli Massimo e Matteo e l'ausilio di Filippo Lo Sciuto. L'ambiente e gli arredi sono rustici, come nelle vecchie trattorie siciliane, l'atmosfera è familiare. Il menù varia spesso secondo la disponibilità del mercato, i piatti sono raccontati con passione e nei particolari. Un insieme di panelle, bruschette, olive nocellara *cunzate*, piccola parmigiana, caponata, ricotta e formaggio primo sale accompagnati da pane nero di Castelvetrano (Presidio Slow Food) costituisce l'antipasto della casa. Molto buone anche l'insalata di mare e le frittate (eccellente quella di carciofi). Seguono la ministra con legumi e verdure, gli spaghetti alla Norma, la **pasta in brodo con fave, carciofi e piselli** (5 €), gli spaghetti allo scoglio con vongole e pesce spada, le penne al ragù di maiale e salsiccia. Per secondo, gamberoni alla griglia, **calamari arrosto** (8 €), fritto di triglie e merluzzi, sgombro o pesce spada, **involtini di carne alla palermitana** (5 €), grigliata di carne mista. Si chiude con frutta, cannoli, **cassatelle fritte di ricotta**. Lo sfuso della casa, bianco o rosso, è di quelli vigorosi.

CASTIGLIONE DI SICILIA
Solicchiata

55 km a NO di Catania e 45 e SS 120

Cave Ox
novità
Osteria-pizzeria
Via Nazionale, 159
Tel. 0942 9861171-328 1349683
Chiuso il martedì
Orario: mezzogiorno e sera
Ferie: variabili
Coperti: 50 + 50 esterni
Prezzi: 25 euro vini esclusi
Carte di credito: CS, DC, MC, Visa, BM

La frazione di Solicchiata si trova a pochi chilometri da Castiglione di Sicilia, nel versante nord dell'Etna. Qui operano alcune delle aziende vinicole più importanti dell'area, ed è facile incontrare qualche vignaiolo anche al Cave Ox (più o meno "grotta del bue") che Sandro Dibella gestisce con la moglie Lucia. Osteria a pranzo e pizzeria la sera, presenta alcune rustiche salette e qualche tavolo fuori. L'atmosfera è piacevolmente informale, complici le tante bottiglie vuote di vino sistemate in giro. Sandro, appassionato intenditore, ha circa 250 etichette fra Etna e altri territori del mondo, e numerosi vini naturali. Il piccolo menù propone piatti sempre ben cucinati da Lucia, molto attenta alla stagionalità dei prodotti. L'antipasto misto (8 €) può includere salame e formaggi siciliani quali canestrato o pecorino, pomodori secchi, olive, melanzane e zucchine grigliate, composta calda di ortaggi, peperoni gratinati in padella; in alternativa, frittate e sformati a base di verdure ed erbe selvatiche. I primi (8 €) comprendono la pasta con crema di zucchine e limone, gli gnocchi di patate con salsa fresca di pomodoro, la primaverile **pasta con le sparacogne** (germogli di tamaro), i **maccheroni con ragù di salsiccia**, la zuppetta del contadino con uovo, funghi e aromi. Fra i secondi, **polpette al forno** (9 €), melanzana alla pizzaiola, **castrato in casseruola** (9 €), grigliata mista. Buoni i dolci quali il semifreddo alle mandorle e il salame di cioccolato. Le pizze proposte la sera sono fatte con lievito madre e farina biologica rimacinata a pietra. Oltre all'ampia carta dei vini, ci sono alcune birre artigianali.

In via Parini 29, il Molino del Ponte macina a pietra le migliori varietà di grani antichi siciliani, ricavandone farine e pasta.

CASTROFILIPPO

24 KM A NE DI AGRIGENTO SS 122

Osteria del Cacciatore

Trattoria-pizzeria
Via Puglia
Tel. 0922 829824-347 6800918
Chiuso il mercoledì
Orario: sera, domenica pranzo
Ferie: una settimana in luglio
Coperti: 130
Prezzi: 20-25 euro vini esclusi
Carte di credito: nessuna

Le sorelle Eleonora, Giusi, Graziella, Maria Rita e Salvina Alessi proseguono l'attività nel locale avviato dai genitori negli anni Settanta. Con la collaborazione in sala di qualche altro parente, propongono una cucina di stampo tradizionale utilizzando anche alcune materie prime di propria produzione come l'olio, gli ortaggi, il pane cotto – come diverse altre pietanze – nel forno a legna del locale. Fra gli antipasti (3 €) meritano sicuramente l'assaggio la caponata di carciofi, la ricotta infornata, i cardi al cartoccio, le melanzane in pastella di ceci, le scacciate farcite con acciughe, olive nere e pecorino primo sale oppure con cipolla e pomodoro fresco. Ottima la *zabbinata*, un misto di verdure gratinate al forno, di solito disponibile nel periodo estivo. Tra i primi piatti, interessanti i ravioli di ricotta gratinati (6 €), gli anelletti con le melanzane, la *frascatula* (sorta di semolino) **con finocchietto e verdure di campo**. A seguire il coniglio alla cacciatora (8 €), le **stigliole**, la grigliata mista con vitello, castrato e maiale, la **trippa a spezzatino con patate**. Si conclude con la frutta di stagione, il cannolo di ricotta, i dolcetti di mandorle, il tortino di cioccolato, l'estivo sorbetto di limoni (3 €). Stringata offerta di vini siciliani, oltre al discreto sfuso della casa. È disponibile anche un menù degustazione a 25 euro compresi acqua e vino locale.

CATANIA

Cortile Capuana

novità

Osteria moderna
Via Capuana, 104
Tel. 095 534748-347 0379795
Non ha giorno di chiusura
Orario: solo la sera
Ferie: 10-31 agosto
Coperti: 45 + 40 esterni
Prezzi: 35-40 euro vini esclusi
Carte di credito: tutte, BM

Questa moderna osteria si trova in un affascinante cortile, all'interno di uno spazio multifunzionale comprendente un'enoteca e un punto vendita di eccellenze gastronomiche regionali. La giovane coppia titolare, Marco Corsale e Luna Guarnaccia, ha affidato la cucina allo chef Angelo Rapisarda che, valorizzando materie prime del territorio siciliano (fra cui diversi Presìdi Slow Food), prepara piatti ben presentati e gustosi. Finché l'estate lo permette, tra gli antipasti ci sono l'ottimo tortino di melanzana nera con fonduta di formaggio ragusano da latte di razza modicana (7 €) e la melanzana all'eoliana con crescenza di capra girgentana, capperi di Salina e pomodoro datterino; buona anche la masculina da magghia (alici) marinata con pancotto e, d'inverno, il matarocco con crostini e vastedda del Belice. Tra i primi, gustosi il tradizionale **timballo di anelletti al forno**, gli originali "paccheri al forno fuori Norma" (12 €), le **linguine con masculina da magghia, pomodorini e mollica atturrata**. Si può quindi continuare con il **filetto di suino nero dei Nebrodi con cipolla di Giarratana**, il tonno di coniglio (10 €), lo **stracotto d'asina all'Etna rosso** più consueto nel periodo invernale. Deliziosi i dolci (6 €) quali il semifreddo alla mandorla di Noto con scaglie di cioccolato di Modica al peperoncino. Ben fornita la cantina, che annovera una quarantina di vini di aziende siciliane, anche biologiche, un centinaio di altre regioni, più qualche birra artigianale.

Alla pasticceria Spinella, via Etnea 300, minni di vergini, frutta martorana, torroni e altri dolci della tradizione locale e regionale.

CATANIA

Mc Turiddu
Ristorante
Via Monsignor Ventimiglia, 15
Tel. 095 7150142
Chiuso la domenica sera
Orario: mezzogiorno e sera
Ferie: variabili in estate
Coperti: 40 + 20 esterni
Prezzi: 35 euro vini esclusi
Carte di credito: tutte, BM

In una traversa della parte alta di via Vittorio Emanuele si trova questo locale dall'ambiente semplice e luminoso. La dinamica Roberta Capizzi lo gestisce con la collaborazione di personale giovane e gentile sia in sala sia in cucina, dove a coordinare il lavoro è Gianluca Leocata. È encomiabile la selezione di materie prime siciliane, fra le quali tanti Presìdi Slow Food. Segnaliamo per cominciare i tortini di patate e pomodori secchi, di broccoletti e olive o di erbe di campo, l'**insalata di pescestocco alla messinese**, l'interessante *ke spert* (11 €), un vero e proprio kebab siciliano di straccetti di manzo, asino ragusano e suino nero dei Nebrodi, accompagnato da purè di ceci. Fra i primi, buoni gli **spaghetti con masculina da magghia** (alici) **e** *muddica atturrata*, le caserecce al pesto dei Presìdi (11 €), a base di pistacchi di Bronte, mandorle di Noto e aglio di Nubia, gli *stipateddi ripieni di ricotta con sugo di suino nero*, le zuppe di lenticchie di Ustica, di fagioli di Polizzi o di altri legumi. Nella scelta dei secondi spiccano gli **involtini di spatola** (pesce sciabola) con verdure alla stimpirata (12 €), la salsiccia tagliata al coltello (12 €), la bistecca panata alla palermitana, lo stocco alla brace con cipolle di Giarratana e pomodoro nocca. Ben curata la selezione di formaggi tipici siciliani. Deliziosi, tra i dolci, il fresco al mandarino di Ciaculli e il biancomangiare alle mandorle di Noto. La cantina è incentrata su vini e birre artigianali della regione.

🛍 Da Scollo, via Messina 225, buona selezione di formaggi, salumi, vini, arancini e altre specialità di rosticceria siciliana.

CHIARAMONTE GULFI

20 km a no di Ragusa

Majore
Ristorante
Via dei Martiri Ungheresi, 12
Tel. 0932 928019
Chiuso il lunedì
Orario: mezzogiorno e sera
Ferie: in luglio
Coperti: 105
Prezzi: 20-22 euro vini esclusi
Carte di credito: tutte, BM

Salvatore Laterra rappresenta la quarta generazione della famiglia Laterra-Majore che dal lontano 1896 gestisce questo ristorante. Al piano terra troverete la saletta storica con pochi tavoli, una ventina di coperti e belle pitture murali; al piano superiore c'è una sala più grande utilizzata quando occorre. La proposta gastronomica è da sempre imperniata su piatti e prodotti derivanti dalla lavorazione e trasformazione delle carni di maiale, rispecchiando tradizioni alimentari ancora radicate nell'area dei Monti Iblei. Salame, capicollo e *jlatina* di maiale (acquistabili anche da asporto ed esposti nel banco all'ingresso) compaiono nel classico antipasto della casa (5,50 €) completato dalla giardiniera di olive o dalla caponata. Fra i primi (5,50 €), immancabili **i ravioli di ricotta al sugo di maiale** e il risotto alla Majore, ricetta di famiglia che al sugo del suino aggiunge in modo significativo il caciocavallo ragusano. Tra le possibili alternative, in base anche alla stagione, tagliatelle con salsa fresca di pomodoro, trofie alla Norma, minestra di fave, **pappardelle con i porcini**. Altri punti fermi sono i *cuòsti chini* (costata ripiena, 7 €), l'altrettanto sostanzioso **falsomagro alla siciliana** (carne macinata farcita con salame, formaggio, uovo sodo e cipolla), la salsiccia arrostita o cotta nel sugo (6,50 €), il filetto di maiale ai ferri. Si finisce con la frutta fresca e il parfait di mandorle con gocce di cioccolato. La passione del titolare fa sì che la cantina annoveri circa 500 etichette di vini siciliani (con particolare attenzione al territorio ragusano) e di altre regioni italiane.

COLLESANO

66 km a est di Palermo

Casale Drinzi
Azienda agrituristica
Contrada Drinzi
Tel. 0921 664027
Non ha giorno di chiusura
Orario: mezzogiorno e sera
Ferie: 15 giorni in gennaio o febbraio
Coperti: 100 + 60 esterni
Prezzi: 24-28 euro vini esclusi
Carte di credito: CS, DC, MC, Visa, BM

L'accogliente agriturismo si trova appena fuori Collesano, immerso nel verde del Parco delle Madonie, ed è gestito da Giovanni Gulino in sala e Antonio Di Gaudio in cucina. L'ambiente è caratterizzato da una piacevole impronta rustica, con travi e tetto in legno, pavimenti in cotto e, posto in fondo al locale ristorazione, il grande forno a legna nel quale la sera si cuociono gustose pizze con impasto a lievitazione naturale. La proposta culinaria, improntata alla stagionalità e all'attenta scelta delle materie prime, prevede, per cominciare, la degustazione di antipasti rustici (7 €), il carpaccio di manzo con scaglie di tartufo, i formaggi madoniti serviti con confetture e mieli locali. Tra i primi si segnalano la zuppa del casale, gli **gnocchi al ragù di maialino nero dei Nebrodi**, le tagliatelle ai funghi, i tradizionali **maccheroni con sugo di castrato e scaglie di ricotta salata** (7,50 €). La carne è protagonista dei secondi con la costata di cavallo, lo stinco di maiale al vino rosso, il coniglio alla cacciatora, la tagliata di manzo, l'**agnello alle erbe madonite** (8 €). Invitanti i contorni che utilizzano in prevalenza le verdure selvatiche del territorio e gli ortaggi coltivati in proprio. Per dessert, il flan di pistacchio o di cioccolato, la **testa di turco**, le sfincette con ricotta (2 €). Cantina con etichette regionali, alcune disponibili anche al bicchiere. In alternativa qualche birra artigianale.

■ In contrada Santa Anastasia, l'azienda biologica Invidiata produce formaggi a latte crudo come la provola delle Madonie (Presidio Slow Food) e coltiva i fagioli badda di Polizzi, anch'essi Presidio.

ENNA

La Rustica
Trattoria
Via Gagliano Castelferrato
Tel. 0935 25522
Chiuso la domenica
Orario: mezzogiorno e sera
Ferie: agosto
Coperti: 35
Prezzi: 15-18 euro vini esclusi
Carte di credito: nessuna

Nella parte più nuova di Enna Alta trovate con facilità questa simpatica trattoria che propone piatti della tradizione popolare siciliana a prezzi altrettanto popolari. Cuoca e proprietaria è Carmela Messina, la quale, ormai da diversi anni, prosegue l'attività avviata dalla madre nel 1963. Ad aiutarla c'è il marito Gaetano Tilaro, che si occupa del servizio ai tavoli disposti nell'unica saletta. L'ambiente è veracemente casalingo, e a pranzo a frequentare il locale sono diversi impiegati degli uffici della zona durante la loro pausa di lavoro. Come antipasti (4 €) le nostre preferenze continuano ad andare alla **frittata di ricotta** o di patate e cipolla, ma valgono l'assaggio anche le melanzane ripiene infornate, la caponata, la peperonata. Fra i primi si alternano alcuni classici della cucina regionale quali la **pasta alla Norma** (5 €), quella alla carrettiera oppure con il cavolfiore o il pesto siciliano, gli spaghetti con acciughe e mollica abbrustolita, il **macco di fave**, le zuppe di fagioli, di lenticchie o di ceci. Le porzioni sono abbondanti anche nell'offerta dei secondi che annovera, di volta in volta, il gustoso **spezzatino con patate** (7 €), il polpettone ripieno all'ennese con salsa e piselli, la salsiccia arrostita, fritta o al sugo (6 €), il bollito, la costata di maiale, la **stigghiola**. Si finisce con la frutta fresca e qualche dolce fatto in casa. Piccola selezione di vini siciliani dai ricarichi onesti.

SICILIA | 813

GALATI MAMERTINO

110 KM A SO DI MESSINA SS 113 O A 20

Fattoria Fabio
Trattoria
Contrada Sciara Bacci
Tel. 0941 434042-389 1628966
Chiuso il mercoledì
Orario: mezzogiorno e sera
Ferie: variabili
Coperti: 40 + 30 esterni
Prezzi: 25 euro
Carte di credito: tutte, BM

Nei pressi di Galati Mamertino, la Fattoria Fabio è un'osteria di campagna circondata da olivi, noccioli e alberi da frutta, e che dispone di un orto e di un piccolo allevamento di suini e ovini. Salvatrice, con i figli Marco e Simone, prepara piatti che si rifanno alla tradizione. Il menù è raccontato a voce dal marito Giacomo e dall'altro figlio Francesco. Le frittate di verdura e ortaggi aprono la ricca offerta degli antipasti (8 €) che include anche salumi di suino nero e buoni formaggi quali canestrato, provola sfoglia stagionata, primo sale grigliato e ricotta di capra. Gustose le melanzane arrosto con mentuccia o impanate e fritte nell'olio extravergine di oliva di propria produzione. Con la pasta fresca fatta in casa si preparano diversi primi piatti: i primaverili ravioli di ortica ripieni di patate e verdure fresche e conditi con crescione d'acqua e pomodorini (6 €), i **maccheroni con il ragù di suino nero**, le tagliatelle con funghi porcini, carciofi o verdure spontanee, i **ravioli di ricotta con pistacchi**. Solo su ordinazione si possono invece provare il timballo di tagliatelle e gli involtini di maccheroni. La carne ovina locale è presente nell'arrosto di castrato e nell'imperdibile **agnello cotto in padella con le patate** (9 €), preparazione che trova una succulenta variante con il capretto. Le braciole di vitello completano l'offerta dei secondi. Per dessert ottima **cremolata di fragole** (2 €), semifreddo alle nocciole o alle mandorle, crocchette di nocciola (sorta di brutti ma buoni), il tutto accompagnato da un rosolio casalingo. Si beve scegliendo fra un dignitoso sfuso e alcune etichette del territorio.

GANGI

117 KM A SE DI PALERMO SS 120

Villa Rainò
Ristorante annesso all'albergo
Contrada Rainò
Tel. 0921 644680
Non ha giorno di chiusura
Orario: mezzogiorno e sera
Ferie: non ne fa
Coperti: 70 + 70 esterni
Prezzi: 23-28 euro vini esclusi
Carte di credito: tutte, BM

La cittadina di Gangi, entrata recentemente nel novero dei Borghi più belli d'Italia, merita una visita approfondita proprio per apprezzarne le straordinarie caratteristiche. Tante le manifestazioni turistiche nel corso dell'anno che rievocano antiche tradizioni e che scandiscono le stagioni: noi consigliamo la festa della Spiga che si svolge in agosto e ha il suo momento culminante con il corteo di Demetra, nel pomeriggio della seconda domenica del mese. Appena prima di arrivare a Gangi, provenendo dalla strada statale che arriva dalle vicine Petralie, si prende il bivio per contrada Rainò, dove troviamo questa affidabile trattoria annessa all'albergo. Sempre cordiale l'accoglienza del gestore Aldo Conte, mentre in cucina la moglie Nina prepara un ricco antipasto (9 €) con quanto di meglio il territorio offre secondo stagione: buone le frittatine con le verdure e il finocchietto, le **polpettine in agrodolce con uova e formaggio**, i salumi e i formaggi (compresa la provola delle Madonie, Presidio Slow Food), le **interiora di agnello fritte**. Seguono i primi di pasta fatta in casa (7 €): i **taglierini** *cu sucu* (ragù di carne mista), la pasta con broccoli, salsiccia e *muddica atturrata* (mollica di pane abbrustolita) o con carciofi e ricotta. Tra i secondi (9 €), coniglio alla cacciatora, grigliata di carni locali, **agnello al forno**, accompagnati da verdure di stagione, patate o insalate fresche. Tra i dessert (2,50 €), cannoli di ricotta o parfait di mandorle con cioccolato. Piccola selezione di vini regionali. È proposto un ricco menù fisso a 25 euro, comprendente un discreto vino locale.

ISNELLO

77 KM A SE DI PALERMO

La Brace

Trattoria con alloggio
Via Monsignor Romero
Tel. 0921 662810-328 9096457
Chiuso il lunedì
Orario: mezzogiorno e sera
Ferie: una settimana in settembre
Coperti: 55
Prezzi: 30 euro vini esclusi
Carte di credito: CS, MC, Visa, BM

Lo chef Giuseppe Capuano gestisce con grande impegno la cucina e ogni anno propone qualche interessante novità. Il menù è presentato da Santino: non è scritto, visto che varia tutti i giorni, in relazione a ciò che il territorio, ricchissimo di verdure selvatiche, funghi, legumi, formaggi di straordinaria bontà, offre quotidianamente. La pasta è fatta in casa con le migliori farine siciliane e il pane, servito caldo, è cotto nel forno a legna come diverse pietanze che acquistano così un gusto e un profumo unici. Tra gli antipasti **zuppetta di salsiccia, funghi e asparagi** (8 €), tuma calda e, in primavera, i funghi basilischi crudi con scaglie di provola delle Madonie (Presidio Slow Food). A seguire, **tagliatelle trafilate al bronzo con basilischi** (10 €) o con porcini, **maccheroncini freschi con ragù di castrato** o maialino locale, zuppe di ceci, di funghi e verdure selvatiche o di funghi e fagioli badda del Presidio Slow Food. Tra i secondi di carne ricordiamo il castrato alla griglia, il **coniglio in umido** (9 €), il filetto di maiale fritto in pastella accompagnato da marmellata di arance amare, la tagliata con i funghi. Buoni i contorni di verdure locali. Per concludere, **agrifoglio nero con ricotta** (3 €), testa di turco, semifreddo di pistacchio o mandorle. La sera si preparano anche pizze con farine siciliane. Buona cantina regionale e qualche birra artigianale.

ISOLA DI PANTELLERIA
Pantelleria

6 ORE DI TRAGHETTO DA TRAPANI, 5 ORE DA MARSALA

Il Cappero

novità

Trattoria-pizzeria
Via Roma, 33
Tel. 0923 912725-389 9659787
Chiuso il mercoledì, in estate domenica a pranzo
Orario: mezzogiorno e sera
Ferie: da novembre a febbraio
Coperti: 70
Prezzi: 30-35 euro
Carte di credito: CS, DC, MC, Visa, BM

Nel centro di Pantelleria, a pochi passi dalla piazza del Municipio, Il Cappero è uno dei locali storici dell'isola che, da un paio d'anni, è gestito da Salvatore e Serena Rizzo, forti di una precedente esperienza presso un altro ristorante. Salvatore si occupa della spesa – buona parte delle materie prime è locale – e cura la sala con Serena. In cucina troviamo il giovane Salvatore Zambito, le cui ricette sono quelle della tradizione pantesca. Dal forno a legna, utilizzato anche per magnifiche pizze, giungeranno buone focaccine per ingannare l'attesa. Tra gli antipasti, interessanti le alici all'acqua di mare (10 €), i **cappuccetti fritti**, l'insalata di polpo. Poi, spaghetti con filetti di pesce bianco e finocchietto selvatico (11 €) o con gamberi, zucchine e conza (un trito di pane raffermo e mandorle tostate), **ravioli di ricotta e menta** con burro e salvia o al pomodoro, zuppa di legumi ai frutti di mare (10 €). Immancabile il **cuscus** nella versione locale con pesce e verdure. A seguire, **calamari ripieni** o grigliati, seppie ripiene gratinate (14 €), gli involtini di pesce spada al Passito con mollica di pane, pinoli, cipolla imbiondita e uva passa (14 €). In inverno fanno la loro comparsa in menù la gustosa **zuppa di funghi panteschi e castagne con straccetti di pasta fresca** (14 €) o il cuore di vitello in piatto di ghisa. Per dessert, bacio pantesco e crostate. Piccola ma ben organizzata cantina nella quale spiccano un centinaio di etichette, pantesche e siciliane; valida la selezione di Passiti. Il servizio è cortese e informale.

Gustoso pane artigianale presso il forno Badamo, corso Vittorio Emanuele 56.

ISOLA DI PANTELLERIA
Pantelleria

6 ORE DI TRAGHETTO DA TRAPANI, 5 ORE DA MARSALA

Il Principe
e il Pirata

Osteria *novità*
Località Punta Karace
Tel. 0923 691108
Chiuso il lunedì, mai d'estate
Orario: mezzogiorno e sera
Ferie: da novembre ad aprile
Coperti: 40 + 80 esterni
Prezzi: 35-40 euro vini esclusi
Carte di credito: nessuna

Per trovare questo delizioso locale occorre lasciarsi alle spalle la perimetrale e imboccare una ripida strada che porta a Punta Karace, da cui si gode una vista che spazia da Punta Spadillo a Cala Levante. La gestione è della famiglia Casano, l'ambiente è piacevole e accogliente. In sala oltre a Luciano danno una mano i figli Marco e Simone, mentre la cucina è il regno incontrastato di Franca. I piatti sono quelli di tradizione, con piccole variazioni e alleggerimenti. Massima è l'attenzione alle materie prime, compresi alcuni Presìdi Slow Food della vicina costa siciliana. Tra gli antipasti (9 €) si segnalano la **vellutata di fave fresche e scampi**, l'insalatina tiepida di mare al vapore (con scampi, gamberi, polpo e calamaro), la particolare millefoglie di pane nero di Castelvetrano con rucola, tuma pantesca e filetti di alici di Favignana. Seguono i **ravioli panteschi di ricotta e menta ai ricci di mare**, i gustosi i maltagliati al sugo di scorfano con *conza* pantesca, capperi e olive (14 €), quindi una splendida e asciutta **frittura di paranza** (18 €), i calamari grigliati accompagnati dalle squisite zucchine locali (16 €), il pescato del giorno secondo le più classiche preparazioni. Tra i dolci, **baci panteschi**, tortino all'uva passa con crema chantilly al Passito, ottime estive granite alla frutta. La cantina ospita numerosi vini naturali; ampia selezione di Passiti di Pantelleria, qualche buon Marsala e alcuni distillati. In estate è possibile cenare all'aperto su una bella terrazza con vista mare. Servizio informale ma efficiente.

ISOLA DI PANTELLERIA
Pantelleria

6 ORE DI TRAGHETTO DA TRAPANI, 5 ORE DA MARSALA

La Favarotta

Trattoria
Contrada Kamma fuori Favarotta
Tel. 0923 915446
Non ha giorno di chiusura
Orario: solo la sera
Ferie: da ottobre a dicembre
Coperti: 40 + 40 esterni
Prezzi: 34-36 euro vini esclusi
Carte di credito: tutte, BM

Tra l'Africa e la Sicilia, Pantelleria è un'isola di origine vulcanica dalle caratteristiche uniche. Splendida la macchia mediterranea: dominano la ginestra, il corbezzolo, il pino marittimo e numerosissime piante aromatiche. Celebri poi il cappero e la viticoltura estrema dello zibibbo. La Favarotta è immersa nella tipica campagna isolana: da qui il vantaggio di poter utilizzare le verdure del proprio orto. L'ambiente è informale e accogliente. Alessandro Gabriele e Michele Liuzza, in cucina, propongono piatti dei ricettari isolani che, come noto, si intrecciano con quelli della cucina arabo-nordafricana: ne sono un esempio il cuscus di pesce o di verdure e la *ciaki ciuka*, una sorta di caponata a base di melanzane, peperoni, patate e cipolle (5 €), da usarsi anche come salsa per le bruschette o per contorno. L'antipasto della casa è costituito da tuma, olive, capperi e verdure cotte nel forno a legna. Tra i primi, **ravioli** fatti in casa **con ricotta e menta** (15 €), tagliatelle fresche alla pescatora, pasta alla pantesca con le verdure. Per secondo, una specialità è il **coniglio in agrodolce** (14 €) cotto con erbe e aromi isolani; inoltre calamaro al forno ripieno o in casseruola, seppie gratinate, pesce in bianco con patate lesse e uva zibibbo (16 €). Per dessert, il dolce della tradizione è il **bacio pantesco** (sfoglia croccante con crema di ricotta, 3 €); in alternativa, tiramisù alla pesca e Passito. Da bere un discreto sfuso e alcune etichette del Trapanese.

In piazzetta Messina 8, la pasticceria Cosi Duci propone baci panteschi, pasticciotti, mostaccioli.

816 | SICILIA

ISOLA DI USTICA
Ustica

75 MINUTI DI ALISCAFO DA PALERMO

Da Umberto
Trattoria
Piazza della Vittoria, 7
Tel. 091 8449542
Non ha giorno di chiusura
Orario: mezzogiorno e sera
Ferie: da ottobre ad aprile
Coperti: 40 + 70 esterni
Prezzi: 30-35 euro vini esclusi
Carte di credito: AE, CS, MC, Visa, BM

Da più di sessant'anni la famiglia Tranchina gestisce questa trattoria ubicata di fronte alla villetta comunale nel centro abitato dell'isola. Una piacevole terrazza precede la saletta interna dalle cui finestre si intravede il mare. In cucina, Giovanna Longo, moglie di Umberto, realizza deliziose pietanze ispirate alla propria esperienza e alle tradizionali ricette di mare. Tra gli antipasti, totani in agrodolce (10 €), filetto di pesce all'olio e limone, **zuppa di lenticchie di Ustica** del Presidio Slow Food con le verdure di Tramontana, **polpettine di finocchietto in agrodolce**. Tra i primi piatti, interessanti gli spaghetti al sugo di scorfano e profumo di capperi (8 €) e quelli con pesce azzurro, olive, capperi e mollica tostata, il risotto allo scoglio, la pasta con gamberetti di nassa al profumo di pistacchio. Tra i secondi, i rotolini grigliati di pesce spada, lo **scorfano in tegame con patate e basilico**, le seppie sfumate al vino bianco, il **totano all'usticese**, il tonno al ragù con aglio e mentuccia (13 €). Non mancano i contorni come le cotolette di melanzane e l'insalata usticese con patate lesse, cipolle, cetrioli, capperi, pomodorini e olive. Si termina con un ottimo budino di limone e con i gigi, palline di pasta fritta servite con vino cotto locale. In cantina qualche etichetta regionale.

ISOLE EGADI
Marettimo

1 ORA DI ALISCAFO DA TRAPANI

Il Veliero
Trattoria
Via Umberto, 22
Tel. 0923 923274
Non ha giorno di chiusura
Orario: mezzogiorno e sera
Ferie: da novembre a febbraio
Coperti: 60 + 80 esterni
Prezzi: 38 euro vini esclusi
Carte di credito: tutte, BM

*Hierà néso*s, ovvero luogo sacro: questo l'antico toponimo di Marettimo, l'isola più lontana delle Egadi, piccola terra meravigliosa nel blu del Tirreno. Al porto chiedete ai pescatori la possibilità di farne il periplo, e offriranno un bagno negli angoli più affascinanti. L'osteria si trova nel piccolo abitato, la gestione è familiare. Giuseppe e Alberto Bevilacqua si occupano del pescato – è il loro mestiere – mamma Paolina e la figlia Anna sono in cucina. Il resto della famiglia – Roberto, Enrico, Alberto e Alina – segue la sala. Gli arredi e gli ambienti sono semplici; d'estate si può mangiare all'aperto e godere della vista del mare. Verificate le disponibilità del giorno per la scelta del secondo, poi passate al buffet degli antipasti (8 €): verdure grigliate, sarde allinguate o a beccafico, **polpettine di pesce azzurro**, sgombro o tonno sott'olio, caponata. Tra i primi, non lasciatevi sfuggire – prenotatela prima verificandone il prezzo, è variabile – la **zuppa di aragoste con gli spaghetti spezzati**: è la specialità della casa. In alternativa, **busiate con pesto trapanese**, cuscus di pesce, spaghetti con pomodoro ciliegino, tonno, peperoni e pinoli tostati (14 €) o con pesce spada e pesto di limone (13 €). I secondi, come detto, valorizzano il pescato con semplici cotture alla griglia; buoni inoltre la ricciola al forno con cipolle, pomodorini, capperi e olive, il fritto di lenza, la bistecca di pesce spada, i calamari arrosto, nel giusto periodo il tonno con pesto di pistacchi, aglio e menta. Per dessert, cassatelle di ricotta, cannoli (3 €), sorbetto al limone o alla mela verde. Qualche vino di territorio.

SICILIA | 817

ISOLE EGADI
Favignana

20 MINUTI DI ALISCAFO DA TRAPANI

La Bettola

Trattoria
Via Nicotera, 47
Tel. 0923 1898140-921988
Chiuso il giovedì, mai d'estate
Orario: mezzogiorno e sera
Ferie: in autunno
Coperti: 30 + 60 esterni
Prezzi: 30-35 euro vini esclusi
Carte di credito: AE, CS, MC, Visa, BM

L'ex tonnara di Favignana, una delle più grandi del Mediterraneo, ristrutturata e ampliata dalla famiglia Florio a partire dal 1874, è oggi museo e fulgido esempio di archeologia industriale. A poca distanza è ubicata la trattoria a conduzione familiare della famiglia Messina. La cucina è il regno di Bastiano e di sua moglie Maria Teresa, i figli Maria e Peppe si occupano della sala, le pietanze sono ovviamente di mare. Si può iniziare con caponata di melanzane, pesci affumicati, gamberetti marinati o in frittelle. L'antipasto misto, particolarmente ricco, può considerarsi un piatto unico (12 €). La specialità principale è il *cuscusu di pesce alla trapanese*, sorta di trait d'union gastronomico fra la Sicilia e il Maghreb. In alternativa ci sono la **pasta con le sarde**, gli spaghetti al nero di seppia o con i frutti di mare e, tra maggio e giugno, le busiate, tipica pasta fresca, con polpette di tonno stufate nella passata di pomodoro (12 €). A seconda della disponibilità giornaliera, gusterete varie tipologie di pesce stufato, fritto o cotto alla griglia (ottima la ricciola); inoltre **sgombro lardiato** e tonno fritto con la cipollata in agrodolce (12€). Per dessert, frutta fresca, **cassatelle fritte** di ricotta ovina, cannolo scomposto, cassata siciliana. Piccola cantina con etichette regionali.

A La Pinnata, in via Garibaldi 43, ampia scelta di formaggi, salumi e prodotti tipici siciliani.

ISOLE EOLIE
Santa Marina Salina
Lingua

41 KM DA MESSINA + TRAGHETTO

'A Cannata

Ristorante annesso all'albergo
Via Umberto I, 13
Tel. 090 9843161
Non ha giorno di chiusura
Orario: mezzogiorno e sera
Ferie: non ne fa
Coperti: 120 + 150 esterni
Prezzi: 35 euro vini esclusi
Carte di credito: CS, DC, MC, Visa

Vicino al porticciolo di Lingua trovate il ristorante della famiglia Ruggera, che nel periodo estivo concentra l'attività nella grande veranda. A coordinare il servizio provvede Santino, mentre le sue sorelle Angela e Franca formano lo staff di cuoche di tutto rispetto assieme a mamma Concetta, ben valorizzando il pescato di stagione e le materie prime locali. Per cominciare, al classico antipasto all'eoliana, preparato con sottoli di propria produzione, si affiancano l'insalata di totani (10 €), le **polpette di ricciola in agrodolce**, quelle di totano, la parmigiana di *cucuzzi* (zucchine), la caponata di verdure. Fra i primi ricordiamo la saporita **pasta al ragù di scorfano** (10 €), le penne con pesto di capperi di Salina (Presidio Slow Food), olive e rosmarino, il risotto Stromboli al nero di seppia e pomodoro piccante, gli spaghetti del Postino (dedicato a Massimo Troisi, interprete dell'omonimo film girato sull'isola) e quelli Isola Slow, preparati in occasione dell'annuale manifestazione. Fra i possibili, gustosi secondi: *sauri* (suri) **con zucchine e menta**, involtini di cernia con salsa di finocchietto (15 €), **timballo di spatola** (pesce sciabola), totani ripieni alla Malvasia, filetto di *opa* (boga) gratinato al forno. Buoni anche i contorni quali peperoni con mollica e mele, melanzane grigliate con trito di capperi, scarola con uvetta, olive nere e pinoli. Si chiude con il semifreddo alle mandorle e, occasionalmente, con i tradizionali *spicchitedda* e *sfinci d'ova*. Discreta scelta di vini siciliani.

In piazza Marina Garibaldi, nel bar Da Alfredo ottime granite alla frutta, nonché un appetitoso pane cunsatu.

ISOLE EOLIE
Lipari
Pianoconte

TRAGHETTO DA MESSINA O DA MILAZZO + 5 KM

Le Macine
Ristorante-pizzeria
Via Stradale, 9
Tel. 090 9822387
Chiuso il martedì, mai d'estate
Orario: mezzogiorno e sera
Ferie: in febbraio
Coperti: 80 + 130 esterni
Prezzi: 35 euro vini esclusi
Carte di credito: tutte

Posto nella parte alta dell'isola, il locale aggiunge agli spazi interni tre gradevoli terrazze utilizzate principalmente nella bella stagione. A fare gli onori di casa sono Giovanni Cipicchia, la moglie Tina e il figlio Duilio; Emiliano, l'altro figlio, propone una cucina che accosta con buoni risultati i prodotti della campagna e del proprio orto alle materie prime provenienti dal mare. Tra gli antipasti meritano certamente l'assaggio la **parmigiana di alici** (8 €), il totano all'ortolana, il luvaro (pagello) marinato, il crostino con caponata di cappero, vino cotto e mentuccia, i fichi secchi di Pianoconte con formaggio di Vulcano. Fra i possibili primi, gustosi i tagliolini con spatola (pesce sciabola), zucca rossa, pesto di mentuccia e colatura di alici, le casarecce con alalunga, fiori di zucca, filetti di melenzane e mandorle di Noto (13 €), le **bavette con polpettine di pesce azzurro, verdure e miele di corbezzolo di Salina**, il risotto con pesce, fiori di zucca, capperi e zafferano. Potrete poi provare il girello di spatola agli agrumi e Malvasia, l'**alalunga ammuttunata** (14 €), il totano alla griglia con pesto di pomodoro secco e verdure (14 €), il pesce azzurro al pesto di pistacchio di Bronte e vino cotto. Fra i pochi piatti di carne, sempre meritevole il **coniglio in agrodolce**. Deliziosi il semifreddo all'arancia con crema di bergamotto e il croccante di mandorla con ricotta e polvere di caffè. Finale con biscotti sesamini e un bicchiere di Malvasia offerti dalla casa. Carta dei vini particolarmente curata.

ISOLE EOLIE
Leni
Salina

TRAGHETTO DA MESSINA O DA MILAZZO + 12 KM

Villa Carla
Ristorante
Via Santa Lucia
Tel. 090 9809013-334 1046851
Non ha giorno di chiusura
Orario: solo la sera
Ferie: non ne fa
Coperti: 12 + 20 esterni
Prezzi: 30 euro vini esclusi
Carte di credito: CS, BM

A Leni (una delle tre piccole municipalità che amministrano l'isola di Salina) la signora Carla, ottima cuoca, con il marito Carmelo ha destinato alla ristorazione alcuni spazi della sua abitazione. Pochi coperti e la fisionomia casalinga impongono di prenotare con un certo anticipo, ma ne vale la pena: pescato del giorno, verdure del proprio orto e qualche altro prodotto ben selezionato sono la base di pietanze tipiche e gustose. Fra gli antipasti (8 €), da provare le alici fritte accompagnate da formaggio primo sale, miele di castagno e cipolla in agrodolce, oppure i gamberetti saltati in padella con succo e buccia di limone, gli ortaggi di casa grigliati, l'insalata di capperi di Salina. Come primi (10 €) ricordiamo le paste fresche come i **tagliolini con la spatola** (pesce sciabola), le tagliatelle al pistacchio di Bronte e agrumi oppure con zucchina, ricotta e fiori di lavanda, i ravioli ripieni ai capperi di Salina e crema di formaggio. Secondo la disponibilità della materia prima ittica, troverete tra i secondi (12 €) **spiedini di alalunga marinati e scottati alla piastra**, spatola all'arancia, totani ripieni, **capone** (lampuga) **al forno**, involtini di *ope* (boghe) in salsa di pomodoro con olive e capperi. Sempre in sintonia con le stagioni, si chiude con piacevoli dessert quali il tiramisù all'arancia, la pesca cotta nel vino (e servita fredda con ricotta, limone e cannella) o i tradizionali dolcetti eoliani: *vastidduzzi* e *spicchitedda*. Si beve scegliendo fra qualche bottiglia di vino siciliano.

▪ Sulla stessa via, I Dolci di Marisa propone tra l'altro i tipici nucatula di pasta di mandorle e i sesamini.

▪ In via Rotabile, presso l'azienda agricola D'Amico, è possibile acquistare i capperi e i cucunci del Presidio Slow Food.

ISOLE PELAGIE
Lampedusa

8 km da Agrigento + 4 ore di aliscafo da Porto Empedocle

Da Bernardo
Trattoria
Via Terranova, 5
Tel. 0922 971925-339 3592140
Chiuso il martedì, mai d'estate
Orario: sera, estate anche pranzo
Ferie: in gennaio e febbraio
Coperti: 40 + 40 esterni
Prezzi: 32-35 euro vini esclusi
Carte di credito: tutte, BM

Poco distante dal centro abitato dell'isola si raggiunge questa trattoria di verace cucina marinara in attività da qualche decennio. Dotata di una sala interna e di un gradevole dehors, vi si coglie un'atmosfera casalinga. Il patron Luca Bernardo è artefice delle preparazioni culinarie assieme al figlio Gianni, il quale cura pure il servizio; nei giorni di maggiore affluenza danno una mano ai tavoli anche la figlia Fiorenza e il cugino Giovanni. L'antipasto al buffet (10 €) permette di scegliere fra invitanti e buoni assaggi quali il polpo con pomodorini e capperi, le sarde marinate, lo sgombro lessato, le **polpette al pomodoro**, la caponata, le conserve fatte in casa di alici sotto sale e di tonno sott'olio. Il pescato locale con le sue variabili di stagione influisce giustamente sul menù, che fra i primi include gli spaghetti al nero di seppia oppure alla Terranova con seppioline, capperi e acciughe (9 €), i **ravioli di cernia** conditi con il sugo di cottura dello stesso pesce. Da provare la **pasta fresca al *garum*** (9 €), ossia una colatura di alici, sgombro o altro pesce azzurro. Tra i possibili gustosi secondi ricordiamo il **calamaro ripieno**, il filetto di pesce serra panato al forno, le seppie gratinate e infornate (12 €), le triglie, il *praio* (pagro) e altri pesci cucinati arrosto. Solo prenotandola si può mangiare la **ghiotta alla lampedusana**, un magnifico piatto unico a base di cernia, patate e aromi. Si finisce con ravioli e rollò di ricotta, cannolo o cassata della nonna. Discreta la carta dei vini.

JOPPOLO GIANCAXIO

12 km a nord di Agrigento ss 118 e sp 18

Da Carmelo
Trattoria
Via Roma, 16
Tel. 0922 631376-340 7141844
Chiuso il mercoledì
Orario: sera, domenica anche pranzo
Ferie: variabili
Coperti: 48 + 30 esterni
Prezzi: 18-20 euro
Carte di credito: nessuna

Sulla strada principale di questo piccolo paese a pochi chilometri da Agrigento, il patron e cuoco Carmelo Argento e la moglie Concetta gestiscono, con la collaborazione del genero in sala, un'osteria d'altri tempi dall'atmosfera ruspante e popolare. Il locale, arredato con estrema semplicità, dispone di pochi posti all'interno, ai quali si aggiungono alcuni tavoli apparecchiati davanti all'ingresso durante la bella stagione. Per cominciare, se disponibili sono da assaggiare i cardi lessi o fritti e gli zarchi (biete) saltati in padella. Come primi, in base anche al periodo, si alternano i **ravioli di ricotta al ragù** (6 €), le zuppe di legumi, gli spaghetti aglio olio e peperoncino, la **pasta con il macco di fave**. Tra i secondi, gustosi lo **spezzatino di capretto con patate** (7 €), gli involtini di vitello, il coniglio in agrodolce, le chiocciolline in padella, oltre alle classiche carni cotte sulla brace come il castrato, la costata di maiale, gli spiedini. Per gli appassionati del quinto quarto l'offerta, più unica che rara, vede avvicendarsi la trippa al sugo o in bianco (6 €), i piedini di maiale, gli **involtini al sugo di trippa** o di cotenna, le stigghiole. In estate compare pure qualche piatto di mare come l'insalata di polpo e la frittura di calamari. Si finisce con la frutta. Il vino è purtroppo limitato a un ordinario sfuso prodotto in zona.

All'ingresso di **Raffadali** (4 km), buoni gelati artigianali, anche a base di pistacchio locale, presso i bar Le Cuspidi e Di Stefano.

LENTINI

44 km a NO di Siracusa

A Maidda
Trattoria-pizzeria
Via Alfieri, 2
Tel. 095 941537
Chiuso il mercoledì
Orario: solo la sera
Ferie: in agosto
Coperti: 80 + 40 esterni
Prezzi: 25-30 euro vini esclusi
Carte di credito: tutte

Una verace trattoria che lo chef Salvo Bordonaro gestisce con grande impegno e la collaborazione dei familiari. Alle salette interne, dai soffitti in legno e pietra viva alle pareti, si aggiunge in estate uno spazio all'aperto. Quando può, in sintonia col calendario della natura, il patron si dedica alla raccolta di verdure selvatiche che spesso utilizza in cucina: al riguardo sono da provare la **frittata con *anciti*** o asparagi, le polpette di borragine e di finocchietto, i cardi fritti che, di volta in volta, compaiono nell'antipasto rustico (8 €) assieme a caponata, parmigiana, involtini di peperoni. Diverse le cotture effettuate nel forno a legna, da cui arrivano ben calde le due tipiche focacce chiamate *facci 'i vecchia* e pizzolotto. Fra i primi spiccano le orecchiette alla crema di finocchio, le penne con zucchine e salsa di pistacchio di Bronte, le minestre di legumi, le **tagliatelle con le fave novelle** o con i porcini, le linguine all'arancia rossa (8 €), frutto per il quale la zona è particolarmente vocata. Ancora erbe spontanee si trovano nella pasta con gli *amareddi*, o di contorno, come la *sinapa* che accompagna la salsiccia di maiale al forno. Altri sostanziosi secondi sono il **coniglio alla stimpirata** o alla cacciatora (12 €), la **trippa in umido** (8 €), il suino nero dei Nebrodi arrosto, le lumache alla lentinese, la coda di bovino alla siciliana. Si finisce con dolci di ricotta, crostate agli agrumi, semifreddo alle mandorle. Piccolo assortimento di vini regionali e birre artigianali.

🛍 Navarria, via Conte Alaimo 12, propone specialità dolciarie e di rosticceria.

LONGI

117 km a SO di Messina

La Petrusa
Trattoria *novità*
Contrada Petrusa
Tel. 0941 485377-333 7406425
Non ha giorno di chiusura
Orario: mezzogiorno e sera
Ferie: non ne fa
Coperti: 90
Prezzi: 25 euro vini esclusi
Carte di credito: nessuna

Appena fuori Longi, troverete questo locale situato in un'affascinante zona paesaggistica con vista su Pizzo Muele e sul massiccio delle Rocche del Crasto. Gestita dal titolare e cuoco Nino Lazzara, La Petrusa è una trattoria che, ormai da diversi decenni, propone piatti semplici di cucina tipica basata essenzialmente su carni e verdure locali. Si comincia con una carrellata di antipasti (10 €) che da soli, almeno per qualcuno, potrebbero rappresentare l'intero pasto: sottoli casalinghi, salumi di suino nero di propria produzione, buoni caprini, pecorini e altri formaggi di casari della zona, ottime verdure sotto forma di tortini o fritte in padella come cicoria, cardi, broccoli bianchi, *smuzzatura* (broccoli verdi), parmigiana di zucchine e, nel periodo dei funghi, insalate di ovoli e porcini raccolti nei boschi circostanti. Fra i primi, potrete assaporare i **maccheroni di casa al ragù di suino nero dei Nebrodi**, gli invernali fagioli con pancetta di maiale e, sempre in stagione, le **tagliatelle con i funghi porcini** (6 €). La scelta fra i possibili, sostanziosi secondi include il **castrato arrostito**, la porchetta di suino nero (7 €), l'agnello o il **capretto al forno con patate**. Per chi volesse strafare, c'è l'abbondante grigliata mista con salsiccia *sutta e supra* e vari tagli di carne. Si finisce con le ramette di nocciola (dolce tipico di Longi) di una locale pasticceria. Unico vino disponibile, un discreto corposo rosso prodotto dal patron.

🛍 A **Galati Mamertino** (7 km), in via Cavour 94, da Emanumiele degustazioni guidate e vendita di mieli da ape nera sicula del Presidio Slow Food.

MARSALA

31 KM A SO DI TRAPANI

Il Gallo e l'Innamorata
Trattoria
Via Stefano Bilardello, 18
Tel. 0923 1954446
Chiuso il lunedì
Orario: mezzogiorno e sera
Ferie: variabili
Coperti: 42
Prezzi: 30-35 euro vini esclusi
Carte di credito: AE, CS, MC, Visa, BM

Da diversi anni Gabriele Li Mandri gestisce questo accogliente e raccolto locale del centro storico. Mentre in sala Dario Montalto accoglie gli ospiti con cortese simpatia, in cucina Gabriele si occupa della preparazione delle pietanze semplici e genuine. Poco lo spazio per le innovazioni: qui si fa cucina dai riferimenti precisi al territorio, alla tradizione e al rispetto delle stagioni. Per cominciare, polpettine di gattuccio alla menta (6 €), **insalata di polpo** con purè di patate e zucchine, oppure il ricco misto mare (12 €) che comprende, oltre agli antipasti già citati, altri stuzzichini tra i quali succulente arancine di pesce affumicato. Tra i primi, durante il periodo invernale, gnocchi con mandorle, pistacchi, salsiccia, pomodorino e basilico, in primavera ed estate, pasta fresca – solitamente **busiate – con ragù di crostacei** (12 €). Interessante anche la pasta con filetti di astice, uova di pesce spada, pomodorino e odori d'arancia. Triglie, orate, calamari e gamberoni sono quindi preparati alla griglia o in umido. Tra maggio e giugno è presente il tonno, servito arrosto con salsa alla menta, oppure stufato in agrodolce (12 €). Tra i secondi a base di carne, filetto di manzo al Marsala (16 €), oppure gli **involtini di manzo** ripieni di caciocavallo e prosciutto. Per dessert, oltre ai tradizionali cannoli, *cappidduzzi* **fritti** (ravioli di ricotta ovina) serviti caldi con un'abbondante spolverata di zucchero a velo. Piccola carta dei vini, ampia prevalenza di etichette locali.

■ Di fronte all'osteria, Gianfranco Vivona propone i classici dolci della pasticceria siciliana sia fresca sia secca.

MARSALA

31 KM A SO DI TRAPANI

Le Lumie
Ristorante
Contrada Fontanelle, 178 B
Tel. 0923 995197-334 9385512
Chiuso il mercoledì
Orario: mezzogiorno e sera
Ferie: novembre
Coperti: 40 + 40 esterni
Prezzi: 35 euro vini esclusi
Carte di credito: tutte, BM

Posto su un'altura che domina la campagna circostante fino allo Stagnone di Marsala, il ristorante di Emanuele Russo, chef e patron, si è ben presto conquistato i favori degli appassionati gourmand con la sua offerta culinaria, dove accurata scelta delle materie prime, attenzione al territorio e sapiente esecuzione dei piatti trovano una felice sintesi. In una sala curata e moderna potrete iniziare con caponata di pesce azzurro, gambero rosso crudi, seppia con la ricotta (8 €), scrigno di pesce spada con patate e scampo, tagliere di formaggi e salumi siciliani. Tra i primi, **busiate al pesto di mandorle e citronella**, risotto agli asparagi e bottarga di tonno, **cuscus di pesce** (12 €), gnocchetti freschi con macco di fave. Si prosegue con involtini di pesce spada su fonduta di primo sale o **filetto di capone** (lampuga) con patate al sale (12 €), ma si può optare anche per il **suino nero dei Nebrodi in crosta di pistacchio**, il filetto di vitello al Marsala e cioccolato di Modica, le costolette di agnello al timo. Le paste, il pane aromatizzato e i grissini sono di produzione propria, gli ortaggi e le erbe aromatiche provengono dall'orto di famiglia. Dolce conclusione con semifreddo di fichi secchi al Marsala (3,50 €) o granite di limone, gelsi neri (d'estate), mandorle. Cantina curata e incentrata su etichette regionali; buona presenza di vini naturali. Ampia selezione di Marsala e passiti di Pantelleria, qualche birra artigianale.

> *La cura nella scelta delle materie prime, unita alla schietta passione gastronomica, fanno di Emanuele un paladino della cucina siciliana*

MASCALI
Sant'Anna

36 KM A NE DI CATANIA

La Vecchia Posta
Trattoria
Via Spiaggia, 307 D
Tel. 095 971240-331 8554579
Chiuso il mercoledì
Orario: sera, domenica e festivi anche pranzo
Ferie: in novembre
Coperti: 40 + 40 esterni
Prezzi: 32-35 euro vini esclusi
Carte di credito: CS, DC, MC, Visa

La frazione di Sant'Anna si raggiunge percorrendo il lungomare che dal porto turistico di Riposto va verso Fondachello. Giovanni Savia gestisce questo ristorante di classica cucina siciliana di pesce con la collaborazione della sorella Antonella e del fratello Matteo ai fornelli, del padre Angelo alla cassa, mentre lui e la figlia Paola curano il servizio ai tavoli. Seduti nella saletta o nel dehors, si può cominciare con alici o gamberetti marinati, l'insalata di polpo, la zuppa o l'impepata di cozze, la frittura di pesci di paranza (12 €) come *masculine* (alici), pettini, *pante*, trigliole. A seguire buone le **linguine con il granchio** (12 €) di una varietà chiamata localmente "castagna", le pennette al finocchietto, la pasta al nero di seppia o con le vongole. Un interessante primo di stagione (da maggio a fine luglio), le **linguine con cozze e mauro**, un tipo di alga locale che viene proposta anche in insalata. La scelta del secondo prevede il pesce spada alla messinese (12 €), lo spiedino di gamberoni, lo stagionale tonno a cipollata o arrosto, il pescato del giorno (prezzato a peso) cucinato all'acquapazza o alla griglia. Tutti i lunedì, martedì e giovedì è disponibile un menù degustazione a 22 euro con tre portate di pesce azzurro: una frittura, un primo quale **pasta con le sarde** o con la masculina, sgombri, sauri (suri) o altre tipologie arrostite. Il martedì e il giovedì, inoltre, solo su ordinazione si può provare il **cuscus di pesce**. Fra i vari e squisiti dolci della casa, cassatelle di ricotta, torta setteveli ai pistacchi, tiramisù. Piccolo assortimento di vini siciliani.

MAZARA DEL VALLO

53 KM A SUD DI TRAPANI

Scopari
Osteria *novità*
Via Scopari, 3-5
Tel. 0923 933639
Chiuso il mercoledì
Orario: mezzogiorno e sera
Ferie: variabil
Coperti: 50 + 90 esterni
Prezzi: 30-32 euro vini esclusi
Carte di credito: nessuna

Dall'aspetto accogliente e casalingo, il locale di Gaspare D'Amico si trova in una viuzza del centro storico, a pochi passi dall'imponente cattedrale. Il servizio, oltre che da Gaspare, è curato dal dinamico e attento Nicola; in cucina opera Paolo Austero, chef d'esperienza, con l'aiuto di Francesco Macrì. L'approvvigionamento di verdure e ortaggi è curato direttamente da Paolo presso gli orti di agricoltori locali. Il **cuscus**, il cui condimento varia secondo stagione e disponibilità, è una delle specialità del locale. Trattandosi di città marinara, il pesce la fa da padrone fin dall'antipasto: polpette di pesce palombo, razza in agrodolce aromatizzata con chiodi di garofano e cipolle, **involtini di pesce spatola**. La pasta fresca è preparata con farine esclusivamente siciliane: da provare la **calamarata al pesto verde con pomodoro ciliegino, salsiccia pasqualora al finocchietto e ricotta fresca** (11 €) e le pappardelle con bietola, pesce san pietro e pomodorini secchi (15,50 €). Passando alla proposta dei secondi, oltre al pescato del giorno, interessante la tagliata di pesce spada su caponata leggera ed emulsione di mentuccia, i **calamari alla brace** oppure grigliati (14 €); chi preferisce la carne troverà la tagliata cotta su pietra lavica con erbe aromatiche (15 €) e il cilindro di filetto di manzo grigliato. Dolci casalinghi, tra i quali l'interessante gâteau di ricotta. Piccola carta dei vini prettamente trapanese. Il locale dispone anche di un forno utilizzato la sera per preparare la pizza.

MESSINA

Al Padrino
Trattoria
Via Santa Cecilia, 54-56
Tel. 090 2921000-349 1148198
Chiuso sabato sera, domenica e festivi
Orario: mezzogiorno e sera
Ferie: in agosto
Coperti: 50
Prezzi: 25 euro vini esclusi
Carte di credito: MC, Visa, BM

Per più di trent'anni, l'anima di questa trattoria è stato il pittoresco e ironico "padrino" Pietro Denaro. Andato in pensione, il locale comunque mantiene la sua fisionomia popolare, sia come ambiente sia come proposta gastronomica. Del resto, a operare nella cucina a vista è sempre la signora Cettina (sorella di Pietro) aiutata dalle figlie Lucia e Loretta, mentre il figlio Ugo si occupa del servizio in sala. L'antipasto misto (7 €) prevede un mix di stuzzicanti assaggi fra i quali si avvicendano caponata bianca con alalunga e melanzane, acciughe a beccafico, frittelle di cavolfiori, peperoni ripieni, crocchette di patate, involtini di melanzane, zucchine ammollicate, broccoletti affogati, frittelle di verdure. Come primi, sono abituali la **spaccatella con la ghiotta di stoccu**, la pasta con i ceci, con le lenticchie o con i fagioli (8 €), la **pasta** e patate e quella **"riposata" con il macco di fave**; il martedì si cucinano pure i rigatoni alla contadina con spezzatino, piselli e patate. Passando ai secondi, è immancabile il saporito pesce stocco alla ghiotta (10 €); buoni anche l'**alalunga con la cipollata**, le braciole di spatola (pesce sciabola) alla matalotta (10 €) e, tra le pietanze di carne, gli **involtini alla messinese**, il bollito *ammuddicatu*, lo spezzatino. Da provare, il giovedì e il venerdì, il pesce stocco arrostito. Si finisce con frutta fresca, cannolicchi di ricotta o di crema. Stringata presenza di qualche vino siciliano.

MILAZZO

41 KM A OVEST DI MESSINA

Al Bagatto
Osteria-enoteca con alloggio *novità*
Via Regis, 11
Tel. 090 9224212
Chiuso la domenica
Orario: mezzogiorno e sera
Ferie: in febbraio
Coperti: 40 + 15 esterni
Prezzi: 35 euro vini esclusi
Carte di credito: tutte, BM

In una stradina nei pressi del centro storico cittadino, troviamo questa moderna osteria ed enoteca. Il locale di recente è stato ampliato, aggiungendo alcuni tavoli nello spazio attiguo all'ingresso dell'annessa struttura ricettiva. A gestire l'attività e a coordinare accoglienza e servizio è Raffaele Esposito; la moglie Chiara in cucina prepara pietanze di moderna concezione territoriale, arricchite da ottime materie prime siciliane. Tra gli antipasti, da provare le melanzane al vapore con alalunga (12 €), l'insalata di coniglio con pomodori secchi e capperi di Salina, il **tortino di baccalà** (10 €) o, ancora, il carpaccio di carciofi e la tartara di vacca modicana. Nella proposta dei primi piatti (10 €), buoni gli gnocchi di pasta fresca con pomodoro e ricotta infornata dei Nebrodi, la **pasta con i fagioli cosaruciari di Scicli**, la crema di fave con verdure di campo saltate, i **paccheri al ragù bianco di suino nero**. Fra i secondi, gustosi l'**agnello in padella**, la tagliata di vacca modicana, il filetto di maialino dei Nebrodi con patate aromatizzate al pistacchio (13 €). Si finisce con piacevoli dessert quali la cassata al forno, la torta ai pistacchi di Bronte e mandorle di Noto, l'estivo gelo di anguria al gelsomino. Ampia e curata la cantina che offre un buon repertorio di vini siciliani e di altre regioni non solo italiane; non manca qualche birra artigianale.

A **Itala** (22 km), sulla strada statale, Sala Ausilia propone pasticceria tipica: pignolata, piparelli, zuddi e un dolce di limone Interdonato.

MILAZZO

41 KM A OVEST DI MESSINA

Mediterranima
Ristorante
Via dei Gigli, 13
Tel. 090 9210861-335 5981790
Chiuso il lunedì
Orario: sera, domenica e festivi anche pranzo
Ferie: in gennaio
Coperti: 60 + 90 esterni
Prezzi: 35 euro vini esclusi
Carte di credito: tutte

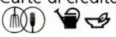

Situato a circa tre chilometri da Milazzo, questo ristorante è stato ricavato in una villa dei primi del Novecento contornata da un bel giardino. Accolti con gentilezza da Rossella e Santino, ci si accomoda negli ambienti interni ben arredati o nel piacevole dehors per mangiare gustose pietanze di pesce realizzate dallo chef Salvatore con la collaborazione della brava Maria. La cucina in buona parte attinge e rielabora ricette della tradizione marinara della zona. Per farvi un'idea, l'antipasto degustazione (12 €) può comprendere falsomagro di *prisintuni* (tombarello), **anemoni e lattuga di mare in pastella**, spatola (pesce sciabola) imbottita con gambero rosso, polpette di totano ripiene, carpaccio di polpo, rosette di melanzane con alalunga e mandorle, cozze ripiene, sformatino di patate con polpo, mentuccia e olive, fiori di zucca con ricotta e timo. Fra i primi (10 €) sono da provare la pasta alla Mediterranima (acciughe, pomodorino e mandorle), i **paccheri con alalunga e finocchietto di mare**, i tagliolini con anemoni, i tortelli ripieni di verdure e fiori (sambuco, malva, borragine, rubinia) in brodetto di cernia. Interessanti anche i secondi: i totani ripieni al sugo (13 €), la cernia in umido (14 €), la frittura di gamberetti di nassa e totani, il **filetto di sugarello in crosta di pistacchio di Bronte**. Si chiude con torta di ricotta e pistacchio, mousse di mandorla o fragola, gelatina di agrumi e altri dolci fatti in casa. Discreto assortimento di vini siciliani.

In via Risorgimento 151, la gastronomia di Michele Nania presenta un buon assortimento di prodotti, fra cui numerosi Presìdi Slow Food.

MILO

26 KM A NE DI CATANIA, 38 KM DA TAORMINA

4 Archi
Ristorante-Pizzeria
Via Crispi, 9
Tel. 095 955566
Chiuso il mercoledì
Orario: sera, sabato e festivi anche pranzo
Ferie: in novembre
Coperti: 60 + 20 esterni
Prezzi: 25-30 euro vini esclusi
Carte di credito: tutte

L'osteria, dalle salette rivestite in legno e dagli arredi vivaci, è molto frequentata nei festivi (fondamentale la prenotazione). Il simpatico patron Saro Grasso accoglie la clientela assieme a Francesco che coordina il servizio. A governare la cucina con bravura è invece Lina Castorina, che si avvale di eccellenti materie prime (diversi i Presìdi Slow Food) selezionate da Saro. L'antipasto misto al buffet (7 €) presenta alcuni classici siciliani quali caponata, peperoni arrostiti, zucchine ripiene, parmigiana, tortini di verdure, a volte accompagnati da arancini o altri stuzzichini caldi. Nell'avvicendarsi dei primi (10 €), ottimi gli gnocchi fatti a mano con ragù bianco di coniglio e la **pasta con il cavolo trunzu di Aci a *stufateddu***; buoni anche le tagliatelle di pasta fresca con funghi dell'Etna, i maccheroni al ragù di suino nero dei Nebrodi, la pasta con la masculina da magghia (alici), la **zuppa di fave fresche con i *caliceddi*** (una verdura spontanea). Sostanziosi e gustosi i secondi: le costine panate di suino nero (12 €), la tipica salsiccia dell'Etna alla brace, lo **stinco di maiale cotto nel forno a pietra** (11 €), il coniglio alle erbe aromatiche con i porcini, i **crastuni** (lumaconi) **in umido**, la trippa. Fra gli squisiti dessert della casa, budino di castagne al miele di ape nera sicula, semifreddi alle mandorle di Noto o ai pistacchi di Bronte. Curata scelta di vini siciliani, soprattutto del territorio etneo.

> **❝** *Da un'ottima selezione di materie prime nascono gustose e autentiche pietanze di impronta tradizionale* **❞**

MODICA

14 KM A SE DI RAGUSA

La Rusticana

Trattoria
Viale Medaglie d'Oro, 34
Tel. 0932 942950
Chiuso domenica sera, d'estate anche pranzo
Orario: mezzogiorno e sera
Ferie: non ne fa
Coperti: 40
Prezzi: 20-23 euro vini esclusi
Carte di credito: CS, Visa, BM

La trattoria della famiglia Giannone è da alcuni decenni un punto fermo della cucina modicana. L'ambiente è semplice: sala luminosa con tavoli apparecchiati in modo essenziale, bancone da bar, lavagnetta da osteria su cui sono elencati alcuni piatti. Il patron Francesco si occupa del servizio con il saltuario aiuto dei figli; la moglie Maria Teresa dimostra le sue doti di cuoca realizzando pietanze della tradizione locale e regionale. Sovente si comincia con l'apprezzato assaggio di **scacce** (focacce) ripiene di salsiccia e ricotta o di patate e cipolla. Si può anche piluccare della salsiccia secca, della gelatina di maiale o qualche fetta di caciocavallo ragusano: prodotti reperiti in zona, così come molti ingredienti che la signora Maria Teresa utilizza. Fra i gustosi primi di pasta fresca (7 €) si alternano **ravioli di ricotta al sugo di maiale**, gnocchi di patate, tagliatelle alla carrettiera, lolli con olio, peperoncino, origano e caciocavallo oppure conditi con le fave di varietà cottoia (Presidio Slow Food), che sono da provare anche in insalata. Buoni pure il minestrone di verdure e le zuppe di legumi. Come secondi, succulenti l'**agnello a spezzatino** o al forno (10 €), il coniglio alla stimpirata, il **bollito**, le polpette di carne, il fegato con cipolle, la frittata di ricotta e asparagi (7 €). In estate, valide alcune proposte di pesce quali le sarde a beccafico o a cotoletta (8 €) e i calamari infornati. Degno finale con geli di limone e di cannella o con il biancomangiare. Piccolo assortimento di vini siciliani dagli onesti ricarichi.

> **"** *Cucina di territorio semplice, verace e gustosa, in un contesto casalingo e a prezzi onestissimi* **"**

MODICA
Frigintini

14 KM A SE DI RAGUSA

Le Magnolie

Ristorante-pizzeria
Via Gianforma, 179
Tel. 0932 908136
Chiuso lunedì a pranzo e martedì
Orario: mezzogiorno e sera, luglio-agosto solo sera
Ferie: due settimane in gennaio
Coperti: 120 + 100 esterni
Prezzi: 33-35 euro vini esclusi
Carte di credito: tutte, BM

Questo locale ben arredato, dotato di salette disposte su due piani e ampio dehors, è gestito da Giuseppe Giunta con la moglie Emanuela Macauda, avvalendosi in cucina dello chef Massimiliano Schininà. L'offerta è incentrata su prodotti e pietanze dell'area iblea, coniugando tradizione e innovazione con soddisfacenti risultati. Sempre consigliabile l'antipasto degli Iblei (8 €) comprendente ricotta fresca, provola, salsiccia secca, focaccia modicana, pomodori secchi, insalata di fava cottoia (Presidio Slow Food) *a sali minutu*. Fra gli altri possibili piatti d'entrata ci sono il prosciutto cotto affumicato di propria lavorazione, i fagioli cosaruciaru di Scicli (altro Presidio) con gamberi e pancetta, l'antipasto di mare. Fra i primi, **tagliolini con acciughe e** *muddica atturrata* (9 €), *cavateddi* con il sugo di maiale, **lolli con le fave** o, d'estate, con il nero di seppia e la crema di tenerumi (13 €), lasagnette di grano *cuturru* con le sarde, ravioli di melanzane con il tartufo estivo di Palazzolo. Tra agosto e settembre, valide le tagliatelle con il locale fungo di carrubo. Come secondi gustosi il classico **coniglio alla stimpirata** (10 €), il filetto di maialino in crosta di *cuturru*, i rotolini di pesce spada con melanzane e nepitella (14 €), la **frittura di pesce in salsa agrodolce**. Per dessert, geli di frutta, biancomangiare di mandorla, estivi gelati. A tavola compaiono oli extravergini di produttori della zona. Buona selezione di vini siciliani e presenza di una decina di birre artigianali.

In via Gianforma 2, Michele Blandino propone tipiche focacce modicane quali scacce, pastieri e buccunedda variamente ripiene.

MODICA

14 km a se di Ragusa

L'Oste del Borgo

Trattoria *novità*
Via Pozzo Barone, 30
Tel. 0932 942423-329 4636746
Chiuso domenica sera e lunedì, d'estate solo lunedì
Orario: mezzogiorno e sera
Ferie: in novembre
Coperti: 60
Prezzi: 25-30 euro vini esclusi
Carte di credito: tutte, BM

A Modica Bassa, accanto a piazza Madonnina, salendo una scalinata arrivate al locale gestito dallo chef Marco Cannata con la collaborazione di Pietro Di Rosa in cucina e di Paola Bonomo in sala. I piatti di terra e di mare sonp realizzati con buone materie prime, erbe aromatiche dell'orto di casa e qualche conserva di propria produzione. L'antipasto del contadino (7 €) comprende mozzarella di bufala locale, insalata di manzo, *scaccia* modicana, verdure grigliate, conserve tipiche; il mix di mare include, tra l'altro, insalata di polpo, alici e gamberetti marinati. Si trovano anche la soppressata e altri salumi del territorio, nonché formaggi siciliani quali ragusano, pecorino, *piacentinu* abbinati a confetture artigianali di peperone o cipolla. Nell'alternarsi dei primi, validi i ravioli di verdure con pesto di ricotta e finocchietto, la **pasta con le sarde fritte** (8 €), quella di farina di carrubo con pesto alle mandorle, i ravioli di ricotta con fonduta di formaggio, i tortelli con ragù di coniglio, i tradizionali **lolli con le fave cottoia** (Presidio Slow Food) utilizzate anche nel classico *maccu*. Come secondi, gustosi la **costata di maiale ripiena**, il suino nero dei Nebrodi grigliato (8 €), lo stracotto d'asino, le sarde a cotoletta, lo sgombro in crosta di patate, l'**alalunga a cipollata** (12 €), la lampuga al vapore. Per dessert, gelato al cioccolato modicano con panna, geli di anguria e cannella, cannolo. Si beve scegliendo tra una sessantina di etichette siciliane.

🏠 Alla rosticceria Antichi Sapori, corso Vittorio Emanuele 2, e alla focacceria Don Puglisi, vico Denaro 9, buon assortimento di focacce tipiche modicane e arancini.

MODICA
Frigintini

14 km a se di Ragusa

Maria Fidone

Trattoria
Via Gianforma, 6
Tel. 0932 901135-335 8207153
Chiuso il lunedì
Orario: mezzogiorno e sera
Ferie: variabil
Coperti: 110 + 70 esterni
Prezzi: 20-22 euro vini esclusi
Carte di credito: nessuna

Il locale presenta una sala arredata in modo essenziale e un piacevole dehors per le serate estive. Sovrintende a tutto la signora Maria Fidone, cuoca sopraffina di piatti di autentica cucina di territorio, con l'aiuto ai fornelli e ai tavoli di figli e parenti vari. Riguardo alle materie prime utilizzate, diversi ortaggi vengono dall'orto di casa, olive e olio sono di propria produzione, così come qualche conserva; inoltre la pasta è tirata a mano e il pane è spesso di fattura casalinga. Cominciando dall'antipasto misto (10 €) il repertorio prevede ricotta fresca, pecorino, giardiniera di olive, pomodori secchi, tipiche focacce quali *scacce* ripiene di formaggio e cipolla, tomasine di ricotta e salsiccia, **pastieri** farciti con carni di agnello, maiale e vitello. Come possibili varianti stagionali ci sono la focaccia con favette verdi, la frittata di asparagi, il pasticcetto di *aiti* (bieta selvatica). Passando ai primi, immancabili i superlativi **ravioli di ricotta e maggiorana con il sugo di maiale** e i *cavateddi* al sugo o conditi con pomodoro e melanzane (5 €), ai quali si affiancano le minestre di verdure e di legumi e, meno frequentemente, i lolli con le fave. Validi pure i secondi (7 €): **coniglio alla stimpirata**, costata di maiale ripiena, salsiccia arrosto e al sugo. In estate sono abituali zucchine e pomodori gratinati, **peperoni** *ammuddicati*, parmigiana di melanzane (4 €). Delizioso finale con i geli di mandorla e di limone. Piccola presenza di vini siciliani. È sempre bene prenotare.

🏠 In corso Umberto 267, il laboratorio Don Puglisi produce dolci della tradizione e cioccolato realizzato con pasta di cacao dell'Ecuador.

MODICA

14 km a se di Ragusa

Taverna Nicastro
Trattoria
Via Sant'Antonino, 28
Tel. 0932 945884
Chiuso domenica e lunedì
Orario: solo la sera
Ferie: una settimana in giugno, Ferragosto
Coperti: 80 + 40 esterni
Prezzi: 23-26 euro vini esclusi
Carte di credito: CS, Visa, BM

Questa storica trattoria, aperta nel 1948, si trova in un angolo quieto di Modica Alta, in cima a una scalinata dove in estate vengono disposti alcuni tavoli per mangiare sotto le stelle. All'interno, salette accoglienti dagli arredi semplici. La cucina è governata dallo chef e patron Salvatore Nicastro con la collaborazione di alcune cuoche. L'offerta è in gran parte improntata su consolidati piatti legati alle tradizioni gastronomiche locali e, più in generale, del territorio degli Iblei. Per cominciare potrete scegliere fra gelatina di maiale, salumi e formaggi tipici, verdure grigliate, o gustosi rustici quali arancino al ragù, *scacce* (focacce), **pastieri** di carne; per assaggiare un po' di tutto si può scegliere l'abbondante antipasto completo della casa (8 €). Nell'elenco dei primi il sugo di maiale è l'immancabile condimento di **ravioli di ricotta** (7 €), tagliatelle e cavati. Buoni pure i fusilli con ricotta, sugo e salsiccia (8 €), i cavati con pomodorino, ricotta e finocchietto, la **pasta con le favette**, le zuppe di legumi. A seguire, diverse le pietanze a base di maiale: costata arrosto, salsiccia arrostita al Nero d'Avola (7 €) o al sugo. Altro punto fermo del menù è il **coniglio alla Nicastro**; in alternativa alla carne ci sono l'uovo fritto al pomodoro e la frittata con le patate. Fra gli squisiti dolci della casa, gelo di mandorla o di cannella e semifreddo al carrubo. Piccola selezione di vini siciliani a prezzi contenuti.

All'Antica Dolceria Bonajuto, corso Umberto 159, ottimi 'mpanatigghi, nucatoli, cedrata, cubbaita, cioccolato alla vaniglia, alla cannella e al peperoncino.

828 | SICILIA

NASO

90 km a so di Messina

La Perla
Ristorante
Località Contrada Franci
Tel. 0941 954135-339 7014178
Chiuso il lunedì, mai d'estate
Orario: mezzogiorno e sera
Ferie: variabili in inverno
Coperti: 70 + 100 esterni
Prezzi: 32-35 euro vini esclusi
Carte di credito: tutte

A un paio di chilometri da Naso, lo chef Franco Mentesana e la moglie Isabella gestiscono questo accogliente ristorante con dehors da cui si scorge la sagoma dell'Etna. Alle lunghe esperienze lavorative come cuoco e pasticciere, il patron aggiunge origini familiari marinare: l'ampia conoscenza delle specie ittiche contribuisce a una proposta culinaria orientata sul pesce di stagione, spesso associato a verdure ed erbe aromatiche dell'orto del locale. Per cominciare, si può scegliere tra filetti di pesce sciabola alla curcuma (7 €), alici marinate, arancini al nero di seppia, caponata con alalunga, pesci affumicati in proprio, **sformato di acciughe** o sarde con pinoli, uvetta, finocchietto e salsa alla Malvasia delle Lipari. La ricca degustazione di antipasti (15 €) da sola può costituire quasi un pasto. Fra i saporiti primi (molti di pasta fresca) che si alternano nel menù, ricordiamo le linguine al pesto di pistacchi e gamberi, le **tagliatelle col sughetto di scorfano** o di *fagianu* (capone gallinella), i tagliolini neri con seppie e favette, gli agnolotti ripieni di pesce (10 €) ai fiori di zucca, ai funghi freschi o con altri condimenti. Come secondi ottimi il **pesce balestra** in umido o **alla ghiotta**, il merluzzo all'acquapazza (13 €), i **totani ripieni alla Malvasia**, il pagello in crosta di sale. Encomiabili pure i dessert quali i bignè con crema pasticciera o ricotta, i semifreddi di frutta di stagione, le praline alle nocciole dei Nebrodi. Discreto assortimento di vini siciliani.

❝ *Ottima proposta gastronomica frutto di esperienza professionale, tecnica e grande conoscenza del pescato locale* **❞**

NOTO

31 KM A SO DI SIRACUSA

I Sapori del Val di Noto

Ristorante
Ronco Bernardo Leanti, 9
Tel. 0931 839322-329 3920442
Chiuso il lunedì
Orario: mezzogiorno e sera
Ferie: 2 settimane in novembre, 2 in gennaio
Coperti: 52 + 22 esterni
Prezzi: 33-35 euro vini esclusi
Carte di credito: tutte

Tra gli edifici barocchi del centro storico netino, in una traversa di via Nicolaci, giusto a lato del palazzo dei principi di Villadorata, si trova il ristorante gestito con passione dal giovane patron e chef Salvo Vicari assieme alla moglie Carmen. I sapori del Val di Noto – riecheggiati nel nome dato al locale – si esprimono a cominciare dall'antipasto della casa (10 €) che può comprendere ricotta impanata e fritta, *maccu di fave*, arancino al pistacchio, frittata di zucca gialla e cipollotto, formaggio ragusano, *sanapo* con pomodoro secco. Come piatti d'entrata, validi pure il baccalà fritto e il polpo al barbecue con crema di patate e un filo di buon olio extravergine locale. Passando ai primi, segnaliamo i classici **ravioli di ricotta** conditi con guanciale di maiale e crema di pistacchi di Bronte (12 €) oppure con salvia e mandorla del locale Presidio Slow Food, i maccheroni con crema di cavolfiori e ragù di maiale (9 €), gli spaghetti con carciofi, cozze, calamari e l'estiva **pasta con tenerumi di zucca e ragù bianco di ricciola**. Passando ai secondi, ricordiamo la lombata d'asino, l'agnello al forno, il **coniglio alla stimpirata** e, secondo la disponibilità del pescato, l'alalunga con porri e ciliegino, lo sgombro arrosto al salmoriglio, l'**involtino di spatola** (12 €), il tonnetto alletterato con cipolla stufata. Fra i dessert, deliziosi il semifreddo di mandorla e carrube e il tortino di cioccolato con gelato all'arancia. Discreto assortimento di vini siciliani, più qualche birra artigianale.

🔒 ♟ Allo storico Caffè Sicilia, corso Vittorio Emanuele 125, ottimi dolci, gelati, granite, torroni, mieli.

NOTO

31 KM A SO DI SIRACUSA

Trattoria del Crocifisso da Baglieri

Trattoria
Via Principe Umberto, 48
Tel. 0931 571151
Chiuso il mercoledì, nov-mar anche dom sera; mai d'estate
Orario: mezzogiorno e sera
Ferie: in gennaio
Coperti: 50
Prezzi: 33-35 euro vini esclusi
Carte di credito: tutte, BM

A Noto Alta, nei pressi della chiesa del Crocifisso, questo locale di buona cucina di territorio è disposto su due raccolte salette. Affiancato da personale in cucina e ai tavoli, il patron e chef Marco Baglieri propone sia alcuni inamovibili piatti della tradizione siciliana sia ricette di personale elaborazione. Così troverete il sempre valido antipasto rustico (10 €) che include polpette di patate, salsiccia secca, olive, cotoletta di melanzane e altri assaggi, l'altrettanto tipico macco di fave con ricotta (anche in una variante arricchita da triglia di scoglio), il saporito polpo arrosto su crema di patate al rosmarino e mollica al finocchietto, l'arancino di melanzane e ragusano. Passando ai primi (tutti di pasta di propria produzione trafilata al bronzo) vanno di certo menzionati i **ravioli di ricotta al sugo di maiale** o con il nero di seppia, la pasta con le sarde (12 €), la lasagna con broccoletti e salsiccia di Palazzolo. Si prosegue con il **coniglio alla stimpirata** abbinato a verdure in agrodolce, il filetto di maiale con le patate (12 €), l'agnello al forno. Come gustosi secondi di pesce, in base alla disponibilità, si avvicendano la ventresca di tonno con cipollata (14 €), il filetto di dentice con carciofi fritti, la **lampuga alla matalotta**. Si finisce scegliendo fra biancomangiare di mandorle, gelo di caffè e altri squisiti dessert. Curata selezione di vini siciliani e qualche buona birra artigianale.

❝ *Tra piatti della tradizione e qualche novità, Marco si avvale di ottime materie prime e mantiene sempre riconoscibile la sua identità siciliana* ❞

NOVARA DI SICILIA

72 KM A SO DI MESSINA

La Pineta
Trattoria
Via Nazionale, 159
Tel. 0941 650522
Chiuso il lunedì
Orario: mezzogiorno e sera
Ferie: 15 giorni in novembre
Coperti: 64
Prezzi: 22 euro
Carte di credito: CS, MC, Visa

La trattoria dei coniugi Giamboi dispone di alcune rustiche salette dove mangiare pietanze di convincente tipicità territoriale. Alle carni e ad altre materie prime di produzione locale, si aggiungono alcuni ortaggi e aromi coltivati nel proprio orto. L'antipasto della casa (6 €) comprende di solito sette o otto assaggi fra i quali potrete trovare (tenendo conto di varianti di stagione e disponibilità dei prodotti) olive, sottoli casalinghi, cipolla di Novara gratinata e infornata, ricotta fritta e al forno, melanzane ripiene, cavolfiori in pastella, formaggio maiorchino, *scacciata* (focaccia) con salsiccia e broccoletti, insalata di pesce stocco con cipollotto, pomodoro e peperoncino, favette fresche saltate e disponibilità in padella. A seguire, si avvicendano come primi (6 €) i classici **maccheroni di casa al sugo di maiale**, le pennette con zucchine e pancetta, i saporiti spaghetti al sugo di pesce stocco alla ghiotta, le mezze maniche con melanzane, carote e ricotta al forno, la **centime**, una polenta di grano grosso, condita con finocchietto selvatico e broccoletti, tipica della zona. Tra i secondi, validi l'agnello e il **capretto al forno**, lo stracotto di maiale, la trippa al pomodoro (9 €), lo **stocco a beccafico** con cipolla, pomodorino e peperoncino (8 €), l'immancabile grigliata mista di carni e, nella stagione dei funghi, il controfiletto di vitello con i porcini. Si finisce con cannolicchi e ravioli ripieni di ricotta. Il vino è purtroppo limitato a uno sfuso locale.

PACECO

7 KM A SUD DI TRAPANI

Il Piccolo Borgo
Ristorante *novità*
Via Principe Tommaso, 2
Tel. 0923 861132-320 0276757
Chiuso lunedì a pranzo
Orario: mezzogiorno e sera
Ferie: variabili in inverno
Coperti: 60 + 20 esterni
Prezzi: 35 euro vini esclusi
Carte di credito: CS, DC, MC, Visa, BM

Accanto alla piazza principale troviamo questo piccolo ristorante di proprietà del giovane chef Maurizio Bono che, dopo una lunga esperienza in altri ristoranti del territorio, ha deciso alcuni anni fa di mettersi in proprio. Esperto di cucina di mare, ogni mattina va a Trapani al mercato del pesce, dove acquista le materie prime da elaborare in cucina. Potreste iniziare con le **polpette di sarde stufate in salsa di pomodoro** (8 €), il tortino di alici e pistacchi con crema di arance, il tortino di melanzane, le bruschette con bottarga di tonno, i prodotti di tonnara della tradizione trapanese come mosciame e ficazza, il polpo lesso con olio e limone, i pesci marinati; l'antipasto della casa (14 €) racchiude circa quindici assaggi. Tra i primi piatti ricordiamo le tagliatelle nere con uovo di pesce e pomodoro tostato, le **busiate con il pesto trapanese** o con pesce spada, zucchine e mandorle tostate, gli spaghetti al nero di seppia (10 €), i bucatini con le sarde. A seguire, possiamo trovare il **pagro alla pantesca** con capperi, mandorle, origano e pomodorini, i calamari ripieni (10 €), le sarde allinguate, lo **sgombro lardiato**, il pesce spada scaloppato con mandorle, la cernia all'acquapazza o alla pantesca. Dessert fatti in casa come il semifreddo con ricotta e pera, il parfait di mandorle, la cassata siciliana, i dolci di riposto accompagnati da un bicchierino di vino Zibibbo. Piccola ma ben illustrata carta dei vini siciliani, e qualche birra artigianale.

In via Nazionale 119, la pasticceria San Nicola propone dita di apostolo e raviole di ricotta. Sulla stessa strada, carni di qualità presso la macelleria U Murgaellu.

PALAZZOLO ACREIDE

41 KM A OVEST DI SIRACUSA

Andrea

Ristorante-pizzeria
Via Judica, 4
Tel. 0931 881488
Chiuso il martedì
Orario: mezzogiorno e sera
Ferie: due settimane in novembre
Coperti: 55 + 35 esterni
Prezzi: 30-35 euro vini esclusi
Carte di credito: CS, DC, MC, Visa

Posto al primo piano di un palazzo d'epoca, il ristorante è gestito dallo chef Andrea Alì assieme alla moglie Lucia, che cura il servizio, con la collaborazione del fratello in cucina. Alle verdure selvatiche ed ad alcune materie prime della piccola tenuta di famiglia, Andrea aggiunge selezionati prodotti di aziende siciliane fra i quali diversi Presìdi Slow Food. Tenendo conto delle variazioni stagionali, ci piace ricordare, per cominciare, il tortino di cuscus con passata di lenticchie (7 €), il **macco di fave con verdure di campo**, il pane fritto con burrata e salame di suino nero dei Nebrodi, la frittata di asparagi selvatici, le polpette di finocchietto. Fra i primi, buoni i maccheroncini con salsiccia, finocchietto, pinoli e uva passa, le caserecce con pesto di borragine (9 €), i **ravioli di ricotta al pistacchio di Bronte**, la pasta con melanzane e ricotta salata, i tagliolini con i funghi freschi e quelli con il tartufo degli Iblei. Come possibili secondi, l'**agnello arrosto con agrodolce e patate** (11 €), il suino nero al pistacchio e cavolo cappuccio, il **bollito di vitello**, il baccalà con salsa alla carruba, il **coniglio alla stimpirata**, la salsiccia di Palazzolo (14 €) cucinata in vari modi. I croccanti panini sono fatti in casa, l'olio extravergine proviene da aziende dell'area iblea. Valido il plateau di **formaggi**, squisito il biancomangiare di latte d'asina. Carta dei vini di spessore e presenza di qualche birra artigianale. Disponibili due menù degustazione a 30 e 34 euro.

> **Materie prime selezionate o autoprodotte danno vita a ottime pietanze della tradizione**

PALAZZOLO ACREIDE

41 KM A OVEST DI SIRACUSA

Lo Scrigno dei Sapori

Ristorante-pizzeria
Via Maddalena, 50
Tel. 0931 882941
Chiuso il lunedì
Orario: mezzogiorno e sera
Ferie: in novembre
Coperti: 90
Prezzi: 25-30 euro vini esclusi
Carte di credito: CS, DC, MC, Visa

In quest'accogliente trattoria il patron e chef Paolo Di Domenico si destreggia in cucina aiutato dal fratello Luigi, mentre Lidia Cannata cura il servizio. Elaborando buone materie prime, Paolo propone piatti di sicura identità territoriale. Sempre consigliabile l'antipasto della casa (13 euro per due persone) comprendente tortini di ricotta e asparagi con macco di fave, sformatino di borragine o di ricotta e pancetta, involtini di carne, crema di ceci, una lonza di maiale affumicata di propria produzione. Fra i primi sono da provare i **ravioli di ricotta al tartufo ibleo** (10 €) e quelli con il sugo di maiale, i **maccheroncini con il pesto di mandorle di Noto** (Presidio Slow Food), la pasta con cinghiale e funghi freschi. Ogni tanto compare qualche pietanza di pesce come la pasta con la masculina da magghia, Presidio Slow Food (8 €). Ma sono i sapori di terra a connotare al meglio anche gli appetitosi secondi, come l'estivo **ossobuco con i piselli** (10 €), le puntine di maiale al miele di timo (9 €), lo stinco di suino, la **salsiccia di Palazzolo arrostita**, il coniglio farcito al tartufo nero invernale, l'agnello al forno con patate e, nel periodo pasquale, il tradizionale *iaddu cinu* (gallo ripieno). Per dessert, semifreddo ai fichi, alle mandorle o alla cannella e l'irrinunciabile tortino di pan di Spagna al cioccolato con ricotta, noci e crema di caffè. Ampia selezione di vini siciliani dal buon rapporto tra qualità e prezzo, piccola rappresentanza di birre artigianali.

Tre buoni interpreti delle tradizioni dolciarie locali sono Corsino, via Nazionale 2, Caprice, corso Vittorio Emanuele 21, e Infantino, corso Vittorio Emanuele 18.

SICILIA | 831

PALAZZOLO ACREIDE

41 KM A OVEST DI SIRACUSA

Trattoria del Gallo
Osteria-trattoria
Via Roma, 228
Tel. 0931 881334
Chiuso il mercoledì
Orario: sera, domenica e festivi anche pranzo
Ferie: tre settimane in luglio
Coperti: 62
Prezzi: 22-25 euro vini esclusi
Carte di credito: tutte

Giovanni Savasta, ai fornelli, e Heros Rizza, in sala, gestiscono questa verace trattoria situata nel popolare quartiere San Paolo, a due passi dall'omonima chiesa barocca. Diverse materie prime sono di provenienza locale o regionale; qualcuna è prodotta in proprio, come la gelatina di maiale. All'ingresso, un bancone espone pizze, arancini, polpette di carne e di patate, uova sode, già disponibili nelle ore pomeridiane quando il locale apre i battenti. Chi arriva a cena (o a pranzo nei festivi) si accomoda in una delle due attigue e rustiche salette. Il repertorio degli antipasti (7 €) prevede assaggi di frittate, polpette, ricotta fresca, formaggi tipici come *piacentinu* e ragusano. Nell'offerta dei primi, gustosi i **cavati di pasta fresca con il sugo di capretto** (10 €), il ragù di carne o quello bianco di suino nero, i ravioli di ricotta al sugo di maiale e, d'estate, la pasta con i peperoni e le lasagne con la zucca gialla. Quand'è stagione troverete anche le **tagliatelle con i funghi di ferula** (7 €), con gli asparagi selvatici o con i tartufi raccolti nei boschi vicini. Tra le preparazioni a base di carne suina ricordiamo la salsiccia e i **pittinicchi al sugo** (8 €), la costata ripiena, la porchetta alla palazzolese. Appetitosi pure il **capretto infornato**, la trippa con patate, il coniglio alla stimpirata o con i peperoni, i **crastuna** (lumache) **saltati in padella**. Finale con frutta di stagione e tortino di mandorle al cioccolato. Discreta selezione di vini siciliani.

❞ *Ottima aderenza territoriale dei piatti, ambiente accogliente con servizio informale e cordiale, prezzi decisamente onesti* **❞**

PALERMO

Ai Cascinari
Trattoria
Via D'Ossuna, 43-45
Tel. 091 6519804
Chiuso il lunedì
Orario: mezzogiorno e sera, mar e dom solo pranzo
Ferie: in agosto
Coperti: 75
Prezzi: 25-30 euro vini esclusi
Carte di credito: CS, MC, Visa, BM

Nel cuore di Palermo, vicino al mercato delle Pulci e poco distante dai monumenti più famosi quali Palazzo Reale, la Cattedrale e il Castello della Zisa, troviamo questo accogliente locale da sempre punto di riferimento per gli appassionati del cibo tradizionale. Appena entrati si nota a sinistra una grande finestra sulla cucina, dove Vito e i suoi aiuti confezionano prelibati piatti, frutto della continua ricerca dei profumi e dei sapori della tradizione, nonché dei migliori prodotti che il mercato offre. Il fratello Piero ci accompagna al tavolo in una delle tante salette che compongono il locale. Il menù è descritto con dovizia di particolari. Iniziamo dall'antipasto misto (8 €) dove spiccano le **polpette di melanzane con la salsa di pomodoro**, le panelle e le crocchè di patate, il bollito tiepido di carne con olive verdi e acciughe. Tra i primi piatti (7 €) segnaliamo i **bucatini con le sarde**, gli spaghetti con carciofi e caciocavallo di razza cinisara (Presidio Slow Food), la pasta con fagioli freschi o con le lenticchie di Ustica (anch'esse Presidio). Per secondo, un magnifico *bruciuluni* (8 €), gli involtini di carne, verdure o pesce (10 €), le **triglie panate**, la frittura mista. Per concludere, ottimi sorbetti di agrumi o fragole, torte casalinghe o la torta settevelli di una nota pasticceria locale. Buona la selezione di vini regionali e nazionali, ottime le birre artigianali.

❞ *La costante ricerca dei sapori tradizionali unita a garbo e professionalità fanno di questo locale un riferimento sicuro per i buongustai* **❞**

Il cibo di strada

La vita di Palermo è storicamente legata a quella della sua cinta muraria e delle sue tante porte che, oltre ad assolvere alla funzione protettiva di controllo degli accessi, regolavano anche il complesso sistema di approvvigionamento. Non è un caso che alcuni famosi mercati, attivi ancora oggi, si siano sviluppati nelle loro vicinanze: il Capo a Porta Carini, Ballarò a ridosso di Porta Sant'Agata e Porta di Vicari, Vuccìria presso l'approdo marinaro della Cala. Qui, in forme diverse, friggitorie, ambulanti, panificatori, stigghiolari, frittolari e buffettieri offrono il loro cibo di strada. Uno dei più diffusi è il sostanzioso pane e panelle con le crocchè. Ma ci sono anche il pane con la milza, schietta o maritata, se con la ricotta, e poi le arancine con carne, lo sfincione, spessa pizza al taglio con pomodoro, cipolla, cacio e acciughe, le stigghiole (budelli di agnello da latte arrostiti), e ancora frittole, musso e quarume, saporite frattaglie che costituiscono un pasto semplice ma gustoso.

Francesco Pensovecchio

Il mercato della Vuccìria

Stretto tra via Roma, il porto della Cala e corso Vittorio Emanuele, reso celebre da un dipinto di Guttuso, è il mercato più illustre della città. Il recupero di alcuni edifici storici e l'incremento dei prezzi delle abitazioni lo hanno un po' spopolato; si è però arricchito di piccoli locali notturni ed è adesso frequentato da un pubblico giovane e festaiolo. Di giorno, Rocky, il re della Vuccìria serve pane con la milza in piazza Caracciolo annunciando la mercanzia a gran voce con le *abbanniate* (cantilene ritmate). Tra le osterie, Il Maestro del Brodo (vedi pag. 836) e Zia Pina (vedi pag. 835). Sul curvone della Cala, infine, c'è Porta Carbone, un classico del pane con la milza.

Il mercato del Capo

Si estende lungo le vie Carini e Beati Paoli, via di Sant'Agostino e via Cappuccinelle, fra il Teatro Massimo e il Palazzo di Giustizia. L'ingresso principale è da via Volturno, attraverso Porta Carini. Notevoli la chiesa di Sant'Agostino (detta anche di Santa Rita) e il chiostro: risalgono al tempo degli Angioini, intorno al 1275. Tra i più attivi e vasti della città, il mercato è rinomato per l'ottima scelta e qualità del pesce. Lungo il corso, passando sotto la porta, ci sono delle bancarelle con sfincione, pane e panelle, e un paio di panifici. Particolare il nome di alcune delle strade quali via Sedie Volanti, via Scippateste, via Gioia Mia.

Il mercato di Ballarò

Si estende da piazza Casa Professa fino alla stazione Centrale, Porta Sant'Agata e il quartiere dell'Alberghería. Aperto 24 ore al giorno, è il più antico e frequentato tra i mercati della città. A Ballarò passato e presente si fondono in un caleidoscopio di suoni e colori; pesce, verdure, carne e altri generi alimentari si susseguono fittissimi. È il luogo perfetto per gli amanti del cibo di strada: iniziate dal pane e panelle e dallo sfincione degli ambulanti sui "lapini" (le moto Ape); in piazza del Carmine ce ne sono tre a rotazione. Presso i fruttivendoli potrete mangiare cipolle bollite o al forno, patate lesse, verdure grigliate. E poi ci sono i banchetti con polpo e limone, frittola, quarume o caldume (interiora di vitello bollite con cipolle, sedano, carote, prezzemolo e servite calde con sale, pepe, olio e limone).

Al Chioschetto da Viviano
Corso dei Mille-angolo via Ingrassia
Tel. 091 6173719
Chiuso giovedì e domenica, agosto e dicembre domenica e festivi
Orario: 6-21, sabato 6-23
Ferie: prime due settimane di settembre

Nei pressi della stazione centrale, aperto dalle sei del mattino sino a notte, è frequentato da chi va a letto all'alba. Gaetano, Giuseppe e Mimmo Viviano offrono alcune importanti specialità, soprattutto il pane *ca' meusa* (il pane con la milza).

Antica Focacceria San Francesco
Via Paternostro, 58
Tel. 091 320264
Non ha giorno di chiusura
Orario: mezzogiorno e sera
Ferie: due settimane tra gennaio e febbraio

Nata nel 1834, si trova di fronte alla trecentesca basilica di San Francesco d'Assisi. Il banco della cucina e parte degli arredi sono originali in ghisa, realizzati dalle Fonderie Florio. Al banco c'è il meglio della cucina di strada: sfincione, crocché, panelle, arancine con ragù o formaggio, anelletti e timballi di pasta al forno, bucatini con i broccoli arriminati, sarde a beccafico, pizze, e per finire cassata e cannoli alla ricotta. I prezzi partono da 3 euro per lo sfincione e il pane con la milza. Dal 2013 appartiene al Gruppo Feltrinelli, il quale ne ha fatto un brand di successo presente in varie città d'Italia.

Antichi Sapori Palermitani
Via Messina Marine, 683
Tel. 339 8470318
Non ha giorno di chiusura
Orario: mezzogiorno e sera
Ferie: variabili

In uno dei quartieri più densamente popolati della città, è una friggitoria con grill dove si possono gustare stigghiole, pane e panelle, pane *ca' meusa*, carne alla brace, verdure grigliate, caponata, anelletti al forno, gattò di patate, panini con salsiccia. Si mangia solo in piedi. Si trova nel tratto finale di via Messina Marina in direzione Villabate.

Antico Forno San Michele
Via Pipitone Federico, 61-63
Tel. 347 1986540
novità

Tra via Notarbartolo e Villa Sperlinga, nella zona residenziale della città, il forno di Ottavio Guccione offre pane, biscotti e pizze al taglio. Tra le specialità c'è la produzione di pane nero di Castelvetrano (Presidio Slow Food) ottenuto da farina di *tumminìa* (timilia). Molto saporito e compatto, è un pane che si conserva per svariati giorni.

Chiluzzo
Piazza Kalsa, 11
Non ha giorno di chiusura
Ferie: non ne fa

L'offerta è tra le più ricche: anelletti al forno, pane con panelle e crocchè, melanzane a quaglia o sotto forma di caponata o parmigiana, verdure in pastella o grigliate, polpette di carne, arancine, panini con sgombro sott'olio. Ci sono anche le cosiddette *rascature*, i residui grossolani e fritti degli impasti delle crocchette e delle panelle. Da bere, soft drinks e vino sfuso al bicchiere.

Da Davide
Via Villa Sofia, angolo via Croce Rossa
Tel. 329 0926747
Orario: 9.30-16.00
Chiuso la domenica
novità

È giovanissimo, meticoloso, profondo amante del suo lavoro e stupisce per l'offerta ricca e competente. La sua piccola friggitoria ambulante, un'Ape blu con un bel tendalino, si trova sul viale d'ingresso dell'ospedale Villa Sofia. Per panelle e crocchette potete scegliere fra tre tipi di pane (bianco, rimacinato, di *tumminìa*) cui se ne aggiungono altri su richiesta. Tra le altre specialità, melanzane, rosties (patate e cipolle), panini con acciughe o sgombro e pomodoro, patatine fritte.

Il Panellaro di Ballarò

Piazza del Carmine-angolo via Giovanni Grasso

Nel punto più centrale di piazza del Carmine, è un buon punto di ristoro per chi fa acquisti a Ballarò. Panelle e crocchè aromatizzate con menta e prezzemolo sono il suo forte: si possono anche acquistare crudi per poi friggerli a casa. Il momento migliore è dalle 10 alle 12, con il mercato nel pieno dell'attività: smette di friggere poco prima delle 13.

Zia Pina

Via Cassari, 67-69
Chiuso la domenica
Orario: mezzogiorno, venerdì e sabato anche sera
Ferie: variabili

Tra piazza Caracciolo (Vucciria) e il porto della Cala, rappresenta quello che una volta era il mestiere dei buffettieri: dal francese buffet o dallo spagnolo bufeta (tavolo), è un luogo dove scegliere la materia prima, opportunamente esposta, e farla cucinare secondo il proprio gusto. Sedie e tavoli sono in plastica, ci si apparecchia da soli con tovagliette di carta. I piatti sono semplicissimi: pasta alla Norma, spaghetti con aglio, olio, peperoncino e la *muddica atturrata*, con i ricci o con le vongole, grigliata di carne mista, frittura di gamberi, calamari e triglie. Servizio familiare, vino sfuso.

PALERMO

Ballarò

Osteria *novità*
Via Calascibetta, 25
Tel. 091 7910104
Non ha giorno di chiusura
Orario: mezzogiorno e sera
Ferie: due settimane in agosto
Coperti: 80
Prezzi: 25-35 euro vini esclusi
Carte di credito: tutte, BM

Tra piazza Borsa e la chiesa di San Francesco di Assisi, dunque non così vicino al popolare mercato da cui prende il nome, Ballarò è un locale versatile tutto-in-uno: street food con banco in strada, wine bar, osteria. Gli spazi delle ex scuderie di Palazzo Cattolica restituiscono ambienti suggestivi e alla moda. La famiglia Ribaudo è del mestiere: Gaetano sovraintende tutto, assistito dalla figlia Doriana con il marito Gianluca Buono. In strada troverete un banco con arancine (1,50-3 €), panelle, crocchè, verdure in pastella, muffolette, panino con la milza, *babbaluci* (lumache), **stigghiole di agnello** (7 €), fritturina di pesce, caponata, polpette di sarde. Al tavolo, alici marinate agli agrumi, **polpetti murati**, pepata di cozze, sauté di vongole, insalata *vastasa*, carpaccio di cinisara (Presidio Slow Food). Tra i primi, spaghetti ai ricci di mare, **margherite all'***anciova* (€ 10), paccheri alla Norma con ricotta fresca, zuppa di lenticchie di Ustica del Presidio, timballo di anelletti, **pasta con i broccoli arriminati** (9 €). Per secondo, polpette di sarde (10 €), involtini di pesce spada, baccalà o calamari fritti, **trippa *a' livitana*** (antica ricetta dei monaci olivetani), bistecca alla palermitana, falsomagro, bollito con i *giri* (biete). Si chiude con frutta, cannolicchi o il tagliere di formaggi siciliani. La carta vini annovera un centinaio di etichette siciliane. Servizio cordiale, prenotazione consigliata.

PALERMO

Il Maestro del Brodo
Trattoria
Vicolo Pannieri, 7
Tel. 091 329523
Chiuso il lunedì, in estate domenica
Orario: pranzo; gio, ven e sab anche sera
Ferie: due settimane a Ferragosto
Coperti: 80
Prezzi: 25-35 euro vini esclusi
Carte di credito: CS, MC, Visa

Il locale gestito a livello familiare da Bartolo Arusa con i figli Alessandro e Giuseppe si trova in vicolo Pannieri, strada di collegamento tra corso Vittorio Emanuele e il celebre mercato della Vucciria. Lo stile della sala è quello semplice delle trattorie di un tempo, la cucina è a vista. Nel corso degli anni la qualità della proposta è sempre migliorata, tanto da porre questo locale tra i migliori punti di riferimento per gli amanti della gustosa cucina tradizionale palermitana. Potrete iniziare con il ricco buffet di antipasti (8 €) che comprende funghi ripieni, alici marinate, pomodori secchi sott'olio, involtini di melanzane, **sarde a beccafico**, olive, frittatine, verdure grigliate. Tra i primi le buone linguine allo scoglio, il risotto ai sapori di mare, i **bucatini con sarde e finocchietto** (9 €), gli spaghetti con pomodoro e melanzane, i tortellini in brodo o al pomodoro. A seguire, ottimi secondi quali il **manzo lesso con patate e zafferano**, l'involtino di vitello alla siciliana, la **bistecca panata alla palermitana**. Dalla vetrina refrigerata si sceglie il pescato del giorno (il prezzo dipenderà dalla tipologia e dal peso) da cucinare alla griglia o all'acqua di mare. Tra le altre proposte ittiche, il trancio di pesce spada arrosto (11 €) e la frittura di calamari. Per concludere, frutta di stagione e, nel periodo invernale, la **cassata al forno siciliana** (3 €). Piccola cantina di vini siciliani. Servizio garbato e familiare.

PALERMO

Lo Bianco
Osteria *novità*
Via Emerico Amari, 104
Tel. 091 2514906-329 9036851
Chiuso domenica sera
Orario: mezzogiorno e sera
Ferie: non ne fa
Coperti: 70
Prezzi: 20 euro vini esclusi
Carte di credito: tutte, BM

Giulio Messina Vitrano e Michele Biondo sono due giovani e dinamici imprenditori che hanno rilevato nel 2009 questa storica osteria del centro di Palermo, a due passi da piazza Politeama, aperta per la prima volta nel 1931. Grazie a un lavoro di aggiornamento svolto negli ultimi due anni, il locale sta vivendo un nuovo rilancio, affermandosi come luogo adatto a gustare i piatti tipici della cucina palermitana. L'ambiente è unico, arredato con foto d'epoca e vecchi arnesi contadini. Lo staff è dinamico e competente, e si rivive quell'ambiente frizzante tipico delle vecchie taverne palermitane. Fra gli antipasti (4 €), troviamo **crocchette di latte e panelle**, involtini di melanzane, zucca in agrodolce, l'immancabile caponata. Passando ai primi (6 €), **pasta *aggrassata* con patate e bollito**, pasta con pomodoro, melanzane, mentuccia e pesce spada, **pasta *c'anciova*** (mollica, pomodoro, acciughe, uva sultanina e pinoli). Tra i secondi (8 €), **bollito con verdure**, involtino alla siciliana, **polpette di sarde al sugo**, stufatino con carote e piselli, sarde allinguate. I dolci (4 €) sono di propria produzione: cassata al forno, cannoli siciliani, tiramisù. Accanto al vino della casa si può scegliere tra una piccola selezione di etichette siciliane.

🔒 Buon assortimento di dolci tradizionali presso Scimone, via Miceli 18 B. Validi gelati e torte da Cappello, via Colonna Rotta 68.

PALERMO

Piccolo Napoli

Trattoria
Piazzetta Mulino a Vento, 4
Tel. 091 320431
Chiuso la domenica
Orario: pranzo; gio ven e sab anche sera
Ferie: 15-30 agosto
Coperti: 52
Prezzi: 30-35 euro vini esclusi
Carte di credito: tutte

In una piazza dello storico quartiere del Borgo Vecchio, la trattoria della famiglia Corona offre da generazioni una solida cucina tradizionale. In sala vi accoglieranno Orazio con il figlio Davide e Pippo con la moglie Rosamaria, mentre la cucina è il regno di Carlo. La qualità delle materie prime e l'accoglienza garbata e rassicurante fanno di questo locale una tappa obbligata per gli amanti della cucina di mare. Il locale è composto da una sala unica, ben arredata, con pochi tavoli. Si comincia con olive nocellara del Belice condite con olio extravergine e origano (4 €), **insalata di mare con polpo e calamari** (8 €), gamberi marinati, caponata di melanzane, *frittedda* di fave, piselli e carciofi. Passando ai primi, caserecce con pesce spada, menta e melanzane, spaghetti con i ricci di mare (12 €), **bucatini con broccoli arriminati** o con le sarde. Fra i secondi, oltre al pescato del giorno (orate, triglie, paolotti), spiedini di calamari e gamberi (12 €), **gamberi panati e arrostiti** (12 €), triglie allinguate, lampuga con le cipollata. Per finire, biscotti casalinghi di pasta di mandorla, oppure **buccellatino**, un tipico dolce di Palermo con pasta frolla, fichi secchi, noci, miele, cannella e cioccolato. Immancabile la cassata siciliana. La carta dei vini presenta una più che discreta selezione di cantine siciliane offerte a prezzi corretti.

❝ *La qualità delle materie prime e l'accoglienza garbata fanno di questo locale una tappa obbligata per gli amanti della cucina di mare* ❞

PALERMO

Trattoria del Pesce Fresco Al Vecchio Mafone

Trattoria
Via Judica, 22
Tel. 091 5079621-388 3675034
Chiuso il lunedì in inverno, la domenica in estate
Orario: mezzogiorno e sera
Ferie: tra agosto e settembre
Coperti: 50 + 40 esterni
Prezzi: 30 euro vini esclusi
Carte di credito: tutte, BM

Vicino a piazza Verdi e al teatro Massimo, in un quartiere del centro storico ancora fittamente abitato e, forse per questo, ricco di mercati e piccoli locali dove pasteggiare a prezzi ragionevoli, Antonio Mafone, con la moglie Grazia e i figli Anna e Vincenzo, offre una buona cucina di mare particolarmente attenta ai principi del «mangiamoli giusti». Non troverete tonno, neonata o altri pesci pregiati, bensì una scelta particolarmente sensibile alla sostenibilità ambientale. Il pesce arriva dal mercato del Capo, tra i migliori per scelta e qualità. Anche il locale nei suoi arredi è allineato verso l'essenzialità; d'estate, nel vicolo a fianco si aggiungono sei o sette tavoli. Si inizia con patate e alici, **polpette di sarde** (5 €), sarde fritte con aceto, impepata di cozze (6 €), insalata di polpo, **fritto di calamari e cappuccetti**. Tra i primi, **spaghetti con le sarde** in bianco con il finocchietto (8 €) oppure **alla palina** (con il pomodoro), risotto alla marinara, **spaghetti con i ricci** (8 €), pasta alla Norma. Quasi tutti i secondi prevedono classiche cotture in guazzetto o alla griglia di triglie, gamberoni, calamari, orate, spigole, occhiate (10 €). Si chiude con frutta fresca o sorbetto al limone. La cantina è limitata a cinque o sei etichette del territorio, ma adatte al tipo di cucina e proposte a prezzi corretti. Il menù fisso costa 25 euro e prevede un antipasto, un primo, un secondo con bibita e caffè. Si consiglia la prenotazione.

SICILIA | 837

PETRALIA SOPRANA

103 KM A SE DI PALERMO

Da Salvatore
Trattoria-pizzeria
Piazza San Michele, 3
Tel. 0921 680169
Chiuso il martedì, mai d'estate
Orario: pranzo; sabato, festivi e in estate anche cena
Ferie: 2 settimane in luglio, 2 in settembre
Coperti: 40 + 30 esterni
Prezzi: 25-30 euro vini esclusi
Carte di credito: tutte, BM

Petralia Soprana è un piccolo centro ricco di storia e di cultura, immerso nella natura del Parco delle Madonie. A pochi passi dalla piazza principale, l'osteria della famiglia Ruvutuso affaccia su una graziosa piazzetta dominata da una bella fontana in pietra. Accolti da Salvatore o dai figli che, con competenza, danno una mano in sala, respirerete subito un'aria familiare. In cucina, la moglie Maria utilizza prodotti locali di stagione per la preparazione di piatti d'impronta tradizionale. Difficile resistere all'assaggio delle tante portate dell'antipasto misto (12 €): peperoni con pomodori secchi, acciughe, uvetta e pinoli, **frittata con ricotta e menta**, provola delle Madonie (Presidio Slow Food) con confetture casalinghe, cavolo cappuccio con pecorino, funghi trifolati al Marsala, **caponata di melanzane**, formaggi e salumi locali; in stagione, porri, *cucuzzeddi* (carciofi selvatici) e bietole saltati in padella. Tra i primi, rigatoni al ragù di carne con funghi e finocchietto, o con salsa di zucchine e pancetta (8 €) o, ancora, con salsa piccante, olive e capperi. In stagione, ottime **minestre di legumi** (6 €), tra cui quella con i fagioli badda (Presidio Slow Food). Seguono squisiti secondi alla brace: **arrosto panato** (7 €), tris di capocollo, salsiccia e pancetta, grigliata mista (12 €). Come contorno, patate e insalata mista. Si chiude con dolci madoniti o frutta fresca. Vino sfuso in alternativa a qualche etichetta regionale. Menù degustazione a 30 euro.

66 *L'accoglienza e la cortesia di Salvatore rimangono impresse quanto le eccellenti pietanze della tradizione proposte da Maria* 99

PETRALIA SOTTANA

99 KM A SE DI PALERMO

Petrae Lejum
Ristorante
Corso Paolo Agliata, 113
Tel. 0921 641908-680154
Chiuso giovedì sera
Orario: mezzogiorno e sera
Ferie: 11-20 settembre
Coperti: 46
Prezzi: 25-30 euro vini esclusi
Carte di credito: tutte

La cittadina di Petralia, nel cuore del Parco delle Madonie, ha una posizione centrale nei percorsi escursionistici di carattere artistico, naturalistico e paesaggistico; chiese e palazzi sono ricche di opere d'arte. Nel centro storico troviamo questo caratteristico locale gestito da Vincenzo Occorsio: semplice ma gradevole, consta di un angolo bar che precede le due salette adibite a ristorante. Si inizia con gli antipasti madoniti (9 €): frittata con finocchietto, formaggi freschi e provola delle Madonie (Presidio Slow Food) accompagnati da miele o confetture, lardo di maialino locale, pecorino fuso. Nella cucina visibile dalla sala, si preparano ottimi primi: si segnalano i **paccheri al ragù di suidi** (ibridi tra maiale e cinghiale), che cuoce lentamente per 48 ore con aromi di montagna, le tagliatelle ai funghi, le penne alla montanara con mandorle, pomodori essiccati, basilico e acciughe, la **zuppa di fagioli badda** o di lenticchie di Villalba (entrambi Presìdi). Interessanti anche i secondi: **salsiccia di cinghiale** (€ 8), fagottino con pomodori secchi e caciocavallo (9 €), tagliata con riduzione di pecorino e vino rosso (14 €). Contorno di verdure grigliate, insalata mista o patate al forno. Per finire, semifreddo di nocciole di Polizzi con amaretti, sfoglio di Polizzi, **torta al pistacchio** e, in estate, cassata gelato. Una ventina di vini regionali anche al bicchiere e qualche birra artigianale.

PIANA DEGLI ALBANESI

24 km a SO di Palermo

Antica Trattoria San Giovanni
Trattoria
Via Matteotti, 34
Tel. 091 8561025-338 7129169
Chiuso martedì sera
Orario: mezzogiorno e sera
Ferie: 20 luglio-16 agosto
Coperti: 80
Prezzi: 25-28 euro vini esclusi
Carte di credito: nessuna

La fondazione di Piana degli Albanesi risale al XV secolo in seguito all'invasione dei Balcani da parte dell'Impero ottomano: alcune comunità cercarono rifugio nel Sud Italia e quella presente nella parte meridionale di Palermo è ancora oggi una delle più grandi. La trattoria si trova nel centro urbano di Piana, a pochi metri dal municipio. La gestione è familiare: Vincenzo Salemi si occupa della cucina e degli acquisti, la moglie Gina e la nuora Adriana sono in sala. Il pane è fatto in casa con il lievito madre. L'antipasto misto (5 €) consiste in alcuni assaggi tra cui formaggi affinati nelle vinacce, capocollo, prosciutto crudo di produzione propria, olive, verdure, pomodorini ripieni, bruschette con lardo di Colonnata (non è un vezzo, Gina è di Carrara); buoni inoltre gli involtini di melanzane alla brace (7 €). Tra i primi, fettuccine alla crema di pistacchi (7,50 €) o con ricotta salata, pancetta, olive e rosmarino, **caserecce con i funghi** o con pomodoro e carne di maiale, **ravioli di ricotta e spinaci con fave e finocchietto**, tortelli al ragù. Classica per secondo la grigliata mista di carne, abitualmente composta da vitello, puntine di maiale, agnello e salsiccia (9 €), con contorno di patate fritte o al forno e verdure selvatiche; inoltre **capretto al forno** (11 €), coniglio stufato, **stigghiole**. Per chiudere, cassata di ricotta con il caffè, parfait di mandorle, lo squisito cannolo di ricotta. Da bere un buon sfuso e alcune etichette locali.

POLIZZI GENEROSA

83 km a SE di Palermo

Itria
Trattoria-pizzeria
Via Beato Gnoffi, 8
Tel. 0921 688790-347 6868943
Chiuso il mercoledì
Orario: mezzogiorno e sera
Ferie: ultime due settimane di settembre
Coperti: 50 + 30 esterni
Prezzi: 28-32 euro vini esclusi
Carte di credito: CS, DC, MC, Visa, BM

Situata a poco più di 900 metri di altitudine, la cittadina di Polizzi, cui l'imperatore Federico II volle aggiungere l'appellativo di Generosa, domina questa zona del Parco delle Madonie caratterizzato da noccioleti e boschi di querce e lecci. A poca distanza da piazza Belvedere si trova il locale gestito da Giuseppina e Renato Tumminello. Nelle due salette dall'arredo rustico, con vecchi attrezzi da lavoro contadino appesi alle pareti, si respira un'aria semplice ma autentica. I piatti proposti sono veraci e fedeli alle tradizioni gastronomiche del territorio, qui davvero particolari; le materie prime variano secondo stagione. Potrete iniziare con un carpaccio di funghi locali (6 €), con il tortino di pasta sfoglia con verdure, con la frittata di asparagi selvatici. Nella scelta dei primi segnaliamo le pappardelle con ragù di cinghiale, la pasta o la **zuppa con fagioli badda** (Presidio Slow Food), i **ditali con la** *frittedda* (fave, piselli, carciofi e finocchietto), la gustosa pasta con tartufo e porcini (10 €). Tra i secondi, il castrato alla griglia, il **cosciotto di agnello al forno**, lo squisito filetto di maialino nero in crosta di pane (12 €), la salsiccia alla brace. Invitanti dessert (3 €): panna cotta, cassata siciliana, cannolo di ricotta, *sfogghiu* (tipica torta locale al formaggio). Piccola carta di vini regionali. Conveniente menù degustazione a 26 euro.

■ Da Gusti e Sapori di una Volta, via Kastriota 34, salumi, formaggi, conserve, vini locali e nazionali. Sulla stessa via, al civico 46, ottimi cannoli presso il Bar dello Sport.

■ Sfogghiu tradizionale, biscotti e altre specialità presso la pasticceria Vinci, via Garibaldi 134.

PORTO EMPEDOCLE

8 km a ovest di Agrigento ss 115

Salmoriglio
Trattoria
Via Roma, 27
Tel. 0922 636613-340 8680561
Chiuso il martedì
Orario: mezzogiorno e sera
Ferie: tra gennaio e febbraio
Coperti: 80 + 30 esterni
Prezzi: 30-35 euro vini esclusi
Carte di credito: tutte, BM

Trovate il ristorante sulla via principale del paese, a due passi dal porto. L'aspetto è molto curato ma la cucina è quella della classica trattoria di mare che utilizza il pesce e le materie prime locali. La gestione è dei fratelli Ravanà: Enzo, il maggiore, potete vederlo concentrato sulle preparazioni dietro la grande vetrata che offre la vista diretta della cucina, Alessandro, il minore, che prima stava sempre in sala, adesso dà una mano ai fornelli. A ricevere gli ospiti ci pensa invece sua moglie, Alessandra Zambuto. A piano terra c'è una saletta accogliente; un'altra, meno luminosa, si trova al piano superiore; nella bella stagione, davanti al locale viene attrezzato il dehors. Come antipasti troverete le buonissime **sarde a beccafico**, il pesce crudo, l'insalata di mare, la *parmiciana* Salmoriglio (10 €) con melanzane, pesce spada, provola delle Madonie e pesto di mandorle. Tra i primi potete ordinare varie tipologie di **pasta fresca con sarde e mollica**, con ragù di triglia e finocchietto (12 €), al nero di seppia o al pesto con i pomodori datterini. Per continuare, oltre all'abituale grigliata del pescato del giorno, buoni la **zuppetta di pesce con crostini all'aglio**, il polpo alla piastra e la seppia scottata con misticanza (12 €) da condire con buoni oli extravergini siciliani. Al momento del dessert, validi i semifreddi alla mandorla e al pistacchio, il gelo di agrumi (3,50 €) e, quando è tempo, il gustosissimo **sorbetto di gelso**. Discreta la carta dei vini, disponibile qualche birra artigianale.

PORTOPALO DI CAPO PASSERO

57 km a sud di Siracusa

Scala
Ristorante annesso all'albergo
Via Carducci, 6
Tel. 0931 842701
Non ha giorno di chiusura
Orario: mezzogiorno e sera
Ferie: variabili
Coperti: 45 + 15 esterni
Prezzi: 20-32 euro vini esclusi
Carte di credito: CS, MC, Visa, BM

A Portopalo di Capo Passero, sull'omonima isoletta di fronte alla costa si può finalmente visitare l'interessante fortezza del XVI secolo. Per soddisfare il palato c'è invece questo ristorantino di buona cucina di pesce, gestito da Corrado Scala con i figli Andrea, in sala, e Gabriele che divide la cucina con uno staff di esperte cuoche. Fermo restando che si può ordinare pure alla carta, c'è da dire che i menù a prezzo fisso (da 20 a 30 euro) offrono ampie e soddisfacenti possibilità. La proposta degli antipasti prevede non meno di sette o otto assaggi fra i quali potrete trovare polpo bollito, alici e gamberetti marinati, sgombro in agrodolce, **ghiotta di pesce palombo**, involtini di sarde o di spatola (pesce sciabola), caponata, frittura di triglie, merluzzetti o argentine, e altro ancora secondo la disponibilità del pescato fornito dalla marineria locale. Per gli amanti del crudo c'è da provare il misto di alici, triglie, pagello, seppia, polpo. Nell'avvicendarsi dei primi ricordiamo spaghetti con cernia e pomodorini, con la ricciola, con la rana pescatrice, al nero di seppia e ricotta, le penne con cozze, gamberetti e pistacchio di Bronte, gli **strozzapreti con il capone** (lampuga) **fritto**. Come secondi, validi e gustosi sono la **zuppa di ricciola** o di scorfano, il pagro o la **cernia con patate**, la seppia gratinata, l'occhiata o il pesce san pietro alla portopalese (con capperi, olive e pomodoro), la tagliata di tonno quand'è stagione. Si finisce scegliendo fra cannolo, tortino con cioccolato fondente e sorbetto di limoni. Discreto assortimento di vini siciliani dai ricarichi contenuti.

RAGUSA
Ibla

4 KM DAL CENTRO DELLA CITTÀ

Cucina e Vino

Trattoria
Via Orfanotrofio, 91
Tel. 0932 686447
Chiuso il mercoledì, mai d'estate
Orario: mezzogiorno e sera
Ferie: variabili in febbraio
Coperti: 40 + 45 esterni
Prezzi: 25-35 euro vini esclusi
Carte di credito: tutte

A fianco della chiesetta dell'Annunziata, l'affiatata famiglia Cilia gestisce questa trattoria che dispone di tre salette, un cortiletto interno e qualche tavolo davanti all'ingresso. In cucina, il valente chef Giovanni e la madre Mimma realizzano pietanze di evidente matrice siciliana, con particolare riguardo al territorio ragusano. A curare il servizio pensano invece papà Salvatore e la figlia Rossana. L'offerta è varia e alcune pietanze ruotano secondo stagione e disponibilità di mercato. Per cominciare si può ad esempio scegliere fra classiche focaccine ragusane, insalata di polpo e mandorle tostate, **spatola** (pesce sciabola) **con la cipolletta**, zucca gialla con il pomodoro secco, vastedda del Belice con la caponata. Come possibili primi spiccano le paste fresche – i cavati con pomodoro e melanzane, i **ravioli di ricotta al sugo di maiale**, i tagliolini con ragù di coniglio e verdure (7,50 €), la calamarata con la rana pescatrice (12 €) – le minestre di verdure e le zuppe di fagioli cosaruciaru di Scicli o di altri legumi. Sapori veraci connotano anche la scelta dei secondi quali la **trippa in umido** (8,50 €), la costata di maiale ripiena, il **falsomagro di vitello al sugo**, l'interessante ricciola scottata con patate (13 €), le triglie al pomodoro. Buona la selezione di formaggi tipici siciliani, alcuni dei quali Presìdi Slow Food. Si finisce con geli di frutta o cannolo di ricotta. La bella selezione di vini siciliani dà la giusta attenzione alla zona del Cerasuolo. Menù degustazione a 25 e 30 euro.

🍷 Squisiti gelati da Gelati DiVini, piazza Duomo 20, e da Mastro Ciliegia, via Valverde 2.

RANDAZZO

69 KM A NO DI CATANIA A 18 O SS 114 E SS 120

San Giorgio e il Drago

Trattoria
Piazza San Giorgio, 28
Tel. 095 923972
Chiuso il martedì
Orario: mezzogiorno e sera
Ferie: in gennaio
Coperti: 80 + 50 esterni
Prezzi: 25-28 euro vini esclusi
Carte di credito: tutte

Nelle antiche cantine del monastero di San Giorgio è stato ricavato questo accogliente locale, gestito da quasi vent'anni dai fratelli Anzalone, assieme alla mamma Paola, abile cuoca coadiuvata in cucina da un team tutto al femminile. Nella bella stagione è possibile accomodarsi ai tavoli nel fresco cortile esterno. Il menù è di impostazione territoriale e trae in gran parte ispirazione dalla disponibilità di verdure, carni e formaggi di piccoli produttori locali. L'apertura è affidata al ricco antipasto della casa (10 €): pecorino, provola con noci, **crocchette di patate**, salumi, caciotta affumicata, verdure sott'olio, grigliate o in umido. I primi piatti, preparati con pasta fresca, sono generosi nelle porzioni: orecchiette con zucchinette in fiore (7 €), maccheroni fatti in casa con salsa piccante, ravioli di melanzane alla Norma, **tonnacchioli con erbe dell'Etna** (8 €) quali, secondo il periodo, sparacogne, *cavulicedddi* e cicoria selvatica. Coniglio alla paolina, **ossobuco con verdure**, tagliata di manzo al pepe verde e rosmarino (10 €), **salsiccia nostrana con verdure selvatiche saltate in padella** (8,50 €) e la tradizionale grigliata mista sono le proposte dei secondi piatti. Si chiude con frutta di stagione, macedonia (2,50 €) e poche ma apprezzabili proposte di dolci (3 €): torta al cioccolato e vino, semifreddo con semi di zucca caramellati, tiramisù alle mandorle. In cantina buon assortimento di etichette, perlopiù dell'Etna.

🛍 In piazza Santa Maria 9, la pasticceria di Santo Musumeci prepara dolci di mandorle, di nocciole, di pistacchi, frutta martorana, mustaccioli, gelati artigianali.

SICILIA | 841

ROSOLINI

50 KM A SO DI SIRACUSA

U Sulicce'nti
Trattoria
Via Aprile, 3
Tel. 0931 859935-339 3143724
Chiuso domenica e lunedì sera, mai in agosto
Orario: mezzogiorno e sera
Ferie: variabili
Coperti: 25
Prezzi: 25-27 euro vini esclusi
Carte di credito: CS, MC, Visa, BM

*U Sulicce'nt*i significa "Il sole a occidente", e la chef Graziella Cataldi lo ha scelto riprendendo il nome utilizzato in passato dal padre per un altro locale. Insomma, una storia di famiglia, cominciata con la *putìa* aperta dal nonno nel 1936. A due passi da piazza Garibaldi, l'odierna trattoria che Graziella gestisce con il marito Santino Baglieri è un luogo grazioso, dagli arredi semplici e originali, con credenze, mensole, disegni vivaci e persino una corposa raccolta di fumetti d'avventura. Dalla cucina a vista arrivano saporite pietanze, elencate in un menù che indica anche i nomi dei fornitori locali delle materie prime utilizzate. Come antipasti, buone la parmigiana, la caponata, le "fritture della nonna" a base di polpette di carne e patate, frittatine di ricotta, di asparagi, di porri. Ricco il piatto di verdure quali zucchine, melanzane, peperoni, patate, spinaci, carote. Le paste, tirate a mano, sono fatte anche con farine di carruba, mandorla, castagna e pistacchio: gustosi i **cavati con ragù di sarde** (10 €), la pasta di farina di castagne con i porcini (10 €), i **ravioli di ricotta al sugo di maiale**. Seguono **coniglio alla stimpirata**, polpette cotte nella salsa, **salsiccia** *a rusalinara* (8 €), filetto di vitello al limone o al Nero d'Avola, baccalà fritto, spatola (pesce sciabola) in umido (10 €). Validi pure i contorni, fra i quali una particolare caponata di frutta. Si finisce con gelo agli agrumi, tortino di pistacchio e altri dessert. Buona offerta di vini regionali a prezzi equilibrati.

SAN CATALDO

8 KM A OVEST DI CALTANISSETTA

Anzalone
Trattoria
Piazza Crispi, 3
Tel. 0934 586624
Chiuso la domenica, mai da maggio a ottobre
Orario: mezzogiorno e sera
Ferie: agosto
Coperti: 75 + 40 esterni
Prezzi: 25 euro vini esclusi
Carte di credito: tutte, BM

In questo locale del centro storico, Claudio Rizzo alterna la sua presenza tra sala e cucina coadiuvato dalla moglie Filomena. La caponata, le frittate di verdura, le olive *cunsate*, i broccoli in padella, i pomodori secchi e le stagionali fave *spizzica e ammucca* sono una certezza tra gli antipasti (8 €), che comprendono anche mozzarella di bufala e alcuni formaggi di produzione locale. Passando ai primi, pasta alla carrettiera, alla Norma e con il pomodoro fresco in estate, zuppe di legumi d'inverno, **cavati con i mazzareddi**, una gustosa verdura spontanea locale, o con fave e piselli freschi in primavera. Presenze fisse sono invece il **macco di fave**, la pasta con la sminuzzatura e le olive, la pasta fresca con l'*asparacello* (fiori di cavolo) e la ricotta (6 €). Un piatto nuovo tra i secondi è il suino nero dei Nebrodi al finocchietto; per il resto il menù è collaudato dalla presenza della trippa in bianco o alla parmigiana, dei **carcagnola** (piedini di maiale) **bolliti**, delle costolette di castrato arrosto (7 €), del bollito di manzo, dello stinco di maiale al forno con le patate, delle **stigghiole** (interiora di vitello ripiene). Buoni anche i babbaluci, lumache saltate in padella con aglio, olio, prezzemolo e peperoncino e, in stagione qualche piatto di selvaggina. La scelta dei dolci (3 €) è limitata all'invernale torta di ricotta e pistacchi e, d'estate, ai sorbetti alla frutta. Discreto numero di vini regionali, ai quali si aggiungono alcune birre artigianali.

Alla pasticceria Campisi, piazza Giovanni XXIII 7, ottimi i dolcetti di pasta reale e pistacchi e il gelato al torrone con le mandorle intere.

SAN GIUSEPPE JATO

30 KM A SO DI PALERMO

Z'Alia
Trattoria
Via Piana degli Albanesi, 2
Tel. 091 8577065-338 8303743
Chiuso il martedì
Orario: mezzogiorno e sera
Ferie: 2 settimane in luglio
Coperti: 50 + 20 esterni
Prezzi: 32 euro vini esclusi
Carte di credito: tutte, BM

La strada che conduce da Palermo a San Giuseppe Jato, superato Poggio San Francesco, attraversa uno stretto canyon al di là del quale si trova una splendida vallata che a destra arriva fino al Lago Poma e a sinistra è sovrastata dal Monte Jato con le sue antiche vestigia. In questo territorio ricchissimo e altamente produttivo troviamo vigne, oliveti, frutteti e diverse aree coltivate a cereali; nelle campagne pascolano greggi e vacche dal mantello nero di razza cinisara. La trattoria, al centro del paese, è ben gestita dalla signora Maria, che ama raccontare il menù, preparato con materie prime di propria produzione e di provenienza locale. L'antipasto (12 €) è già un pasto quasi completo: ricotta, frittatine con verdure di stagione, funghi, formaggio locale e miele. Seguono i primi piatti: buone le **tagliatelle** fatte in casa **con funghi, salsiccia e finocchietto** (9,50 €) nonché le invernali minestre e vellutate di legumi. Noi abbiamo assaggiato un'ottima, quanto inaspettata, **pasta con le sarde** (6,50 €). Tra i secondi spiccano il *bruciuluni* (falsomagro) e **gli involtini di carne** con caciocavallo di razza cinisara (9 €); in stagione, da assaggiare i buoni contorni a base di funghi. Per finire, frutta di stagione, deliziose cassatelle di ricotta, parfait di mandorle, panna cotta con salsa alle fragole, cassata artigianale. Vini del territorio a prezzi corretti. La sera è possibile ordinare ottime pizze.

SAN PIERO PATTI
Sambuco

100 KM A SO DI MESSINA A 20 SP 122

Da Luciana
Trattoria
Contrada Sambuco, 1
Tel. 0941 660309-661049
Chiuso domenica sera e lunedì
Orario: mezzogiorno e sera
Ferie: non ne fa
Coperti: 80 + 40 esterni
Prezzi: 25-30 euro vini esclusi
Carte di credito: tutte

A pochi chilometri da San Piero Patti, in località Sambuco trovate questa piacevole trattoria di campagna. Luciana Bovaro la gestisce ormai da diversi anni, proponendo varie ricette di matrice siciliana. Alle materie prime acquistate, Luciana aggiunge alcuni prodotti provenienti dall'orto di famiglia. L'abbondante antipasto della casa (9 €) comprende una decina di assaggi quali ricotta fresca con confetture casalinghe, sottoli di propria produzione, tortino al pistacchio di Bronte, fagiolini alla pizzaiola, **polpettine al limone**, fiori di zucca ripieni, lonzino di suino nero con insalata di carciofi e altre preparazioni che cambiano anche in base all'alternarsi delle stagioni. Lo stesso succede per il resto del menù che, fra i primi (7 €), può includere i primaverili **girasoli con ragù di suino nero**, gli estivi rotolini di tuma con tagliolini al pesto di basilico e nocciole, mentre in autunno e inverno sono più consueti le pappardelle con i funghi e i **maccheroni al forno con finocchietto, salsiccia e provola**. L'offerta degli altrettanto sostanziosi secondi (8 €) vede avvicendarsi la coscia di agnello ripiena alle melanzane, l'arista di suino nero cotta al sale, gli involtini di vitello al pistacchio, l'arrosto di vitellina all'arancia, l'**agnello al forno con patate**. Validi anche i dessert: il gelo di mandarino, il parfait di nocciole locali, il semifreddo al torrone con miele, mandorle e pistacchi. Si beve scegliendo tra un piccolo assortimento di vini siciliani.

▪ Da Salvatore Cerniglia, in via Palermo, cannoli, cassate, biscotti e gelati nel solco della migliore tradizione albanese di Sicilia.

▪ A **Patti Marina** (25 km), in via Cristoforo Colombo 33, la salumeria Il Buongustaio propone un'ottima selezione di prodotti tipici locali e siciliani.

SICILIA | 843

SAN SALVATORE DI FITALIA

122 km a so di Messina ss 113 o a 20

La Vedetta dei Nebrodi

Azienda agrituristica
Contrada Bufana Alta, 101
Tel. 0941 421977-389 8062098
Non ha giorno di chiusura
Orario: mezzogiorno e sera
Ferie: non ne fa
Coperti: 20 + 20 esterni
Prezzi: 18-30 euro vini esclusi
Carte di credito: Visa, BM

Boschi di castagni, querce e noccioli circondano quest'azienda agricola poco oltre San Salvatore di Fitalia. Dora, Elena, Sebastiano e la moglie Giovanna si occupano del servizio; in cucina la madre Nuccia elabora i prodotti dell'orto e del bosco curati dal marito Carmelo, che provvede anche al piccolo allevamento di capre, mucche e suino nero. Una bruschetta introduce agli antipasti (7 €) a base soprattutto di salumi (tra cui il capicollo di suino nero) e formaggi prodotti in proprio. In stagione i porcini sono serviti al cartoccio, panati e in insalata. Il tortino di zucca o melanzane, gli asparagi selvatici saltati con il lardo di suino nero e i fiori di zucca ripieni arricchiscono l'offerta insieme con la tuma di capra in tegame, le frittelle di cardo mariano o cicoria selvatica e lo sformato di verdura con salsiccia. La pasta è fatta in casa da Nuccia: **tagliatelle con salsiccia di suino nero dei Nebrodi** o ai porcini (8 €), maccheroni al ragù di suino, ravioli al pesto di nocciole o di noci, tortino di linguine al radicchio rosso, cannelloni con ricotta di capra e spinaci. Gustoso, in tarda primavera, il **risotto agli asparagi selvatici**. Chi riesce può continuare con la **porchetta di suino nero infornata**, la grigliata mista di agnello, salsiccia e involtini di vitello, il **capretto al forno con le patate** (9 €). Per dessert (3 €) torte, croccantini, semifreddo di nocciole e crostate di frutta sono fatti in casa, così come i rosoli e l'amaro alle 25 erbe. La cantina è limitata a qualche etichetta siciliana e a un dignitoso vino sfuso.

SANTA FLAVIA
Porticello

17 km a est di Palermo

Arrhais

Ristorante
Largo Marino, 6
Tel. 091 947127-366 5491323
Non ha giorno di chiusura
Orario: mezzogiorno e sera
Ferie: non ne fa
Coperti: 50 + 150 esterni
Prezzi: 33-35 euro vini esclusi
Carte di credito: tutte

A pochi metri dal mercato ittico e dal porto che ospita una delle più importanti marinerie della Sicilia, i fratelli Giovanni e Calogero Tarantino gestiscono con passione il loro locale, ricavato da un'antica casa di pescatori, che si compone di due accoglienti sale, arredate in modo semplice e ordinato; nella bella stagione è disponibile un ampio e panoramico dehors. Il freschissimo pesce locale è scelto con cura, le varie portate esprimono sapori nitidi ed equilibrati, risultato di abilità ed esperienza in cucina. Si può cominciare con i numerosi antipasti: **sarde a beccafico**, crudi marinati, frittura di paranza, l'interessante involtino di spatola (pesce sciabola) aromatizzato all'arancia (8 €). Tra i primi ricordiamo gli **spaghetti con i ricci** o al nero di seppia, il risotto alla marinara, la gustosa pasta corta "eolie" con tocchetti di alalunga, capperi di Salina, pomodorino e basilico (13 €). I secondi annoverano i **calamari ripieni**, le polpette di sarde con salsa e mentuccia (14 €), il pescato del giorno da cucinare alla brace o all'acquapazza. Solo nei mesi di maggio e giugno troverete il tonno fresco, che fa la sua comparsa anche come condimento nei primi piatti. Per dessert (4 €), **cassatelle fritte**, cannoli di ricotta proveniente dalla rinomata località di Piana degli Albanesi, frutta di stagione. Molto ricca la carta dei vini, con etichette nazionali ed estere dai ricarichi equilibrati.

Ad **Aspra** (6 km) assolutamente da provare lo sfincione di Sardina e Martorana, in via Catania 18.

SANTA FLAVIA

21 KM A EST DI PALERMO

Villa Cefalà
Azienda agrituristica
Strada Statale 113, 48
Tel. 091 931545-349 5556930-347 7519390
Non ha giorno di chiusura
Orario: mezzogiorno e sera
Ferie: non ne fa
Coperti: 70 + 30 esterni
Prezzi: 30-35 euro vini esclusi
Carte di credito: tutte, BM

Villa Cefalà si trova sulla statale 113, a poche centinaia di metri dall'incrocio che porta allo svincolo autostradale di Casteldaccia. Per raggiungere questa dimora nobiliare si deve attraversare uno splendido agrumeto. La villa apparteneva alla famiglia di Rosolino Pilo, conte di Capaci, famoso patriota in epoca risorgimentale; oggi è possibile soggiornare in alcune camere. La sala è curata dal patron Giovanni Scaduto, assistito da Battista. Il menù varia secondo le stagioni, la produzione agricola locale e il pescato del giorno acquistato presso il vicino mercato ittico di Porticello. La cucina è firmata da Fabio Cardilio. Per antipasto, polpette di pesce azzurro, **caciocavallo di razza cinisara** (Presidio Slow Food) **fritto con origano e aceto** (7 €), involtini di melanzane alla palermitana. La pasta è fatta a mano con farine siciliane: **busiati con ragù di salsiccia, cannella e cacao amaro** (9 €), ravioloni di cernia al pesto di pistacchi e scampi, pasta di grano di *tumminìa* alla "fantasia di mare". Per secondo, il pescato del giorno cotto nei modi più classici, **filetto di vitello all'acciuga rossa** (16 €), involtini alla palermitana (12 €). Si chiude con frutta fresca e alcuni inusuali dessert, secondo antiche ricette del territorio preparate da Ignazio, quali la **frogia** (torta di ricotta e formaggio) e il cutumè (dolce arabo con miele, ricotta e cannella). Discreta cantina del territorio e qualche birra artigianale. All'atto della prenotazione di possono richiedere menù particolari.

🍽️ A **Bagheria** (3 km), in via Dante 66, l'Antica Pasticceria Don Gino propone ottimi dolci, gelati e specialità di rosticceria.

SANTO STEFANO QUISQUINA

73 KM A NORD DI AGRIGENTO

Acquarius
Ristorante-pizzeria
Via Attardi, 62
Tel. 0922 982432
Chiuso il mercoledì
Orario: mezzogiorno e sera
Ferie: non ne fa
Coperti: 50 + 70 esterni
Prezzi: 23-30 euro vini esclusi
Carte di credito: tutte, BM

Dopo un'escursione in mezzo ai boschi della Quisquina e una sosta al settecentesco eremo di Santa Rosalia, un lauto pasto da Ignazio: patron, chef e sommelier, è aiutato in cucina da Mario e, in sala, dal figlio Pier Paolo. La proposta dei piatti – preparati anche con materie prime del proprio orto – interpreta bene la tradizione gastronomica sicana. La ricca scelta degli antipasti al buffet (7 €) comprende fra l'altro ricotta fresca ovicaprina, funghi *Pleurotus* del Monte Mola, *alivi cunzati*, cardi in pastella, carciofi in umido alla stefanese, finocchietti fritti. Tra i primi piatti (7 €) sono da provare le **tagliatelle di grano *tumminìa* con asparagi selvatici**; buoni anche i paccheri con ragù di cinghiale, la minestra alla paesana (con carciofi e finocchietto o piselli e fave), la **calamarata 'ncaciata**. Pezzi forti tra i secondi sono il **fegato di maiale con la caiola** (rete), la rollatina di pancetta fresca con asparagi (10 €), l'**agnello al forno con patate** e, più di rado, il *farsumagru*. Il tutto accompagnato dall'ottimo pane fatto in casa con farine locali e cotto nel forno a legna. Il carrello dei **formaggi** include una buona selezione di prodotti caseari siciliani fra cui il caciocavallo sicano di vacca modicana, tutelata da un Presidio Slow Food. Delizioso finale tra sfinci fritti, cannoli di ricotta ovicaprina, testa di *turcu*, pignolata glassata al miele di ape nera sicula. La curata cantina presenta un bell'assortimento di etichette nazionali e vini del territorio dagli onesti ricarichi.

> **66** *Genuinità, semplicità e materie prime locali scelte con passione e competenza* **99**

SICILIA | 845

SAN VITO LO CAPO
Castelluzzo

31 km a ne di Trapani

Al Ritrovo
Ristorante con alloggio
Viale Cristoforo Colombo, 314
Tel. 0923 975656
Chiuso il martedì, mai d'estate
Orario: mezzogiorno e sera
Ferie: in febbraio
Coperti: 50 + 30 esterni
Prezzi: 28-30 euro vini esclusi
Carte di credito: CS, DC, MC, Visa, BM

Il ristorante di Peppe Buffa si trova sulla strada statale che conduce a San Vito Lo Capo, a circa 8 chilometri dal centro. Cuoco di grande personalità, abile nel riuscire a esaltare le materie prime locali, Peppe si occupa personalmente degli acquisti e rivisita con intelligenza i piatti della tradizione. È invece Antonio a farvi accomodare nell'elegante sala interna o nell'estivo dehors e a guidarvi nella scelta del pasto. Si comincia con crudi di pesce, **lampuga affumicata con purè di** *favuzze* (10 €), caponata di palamita, involtini di melanzane e vastedda del Belice (Presidio Slow Food). Fra i primi, riso basmati con verdure di campo, pesce crudo e ristretto al Marsala, spaghetti rotti in brodo di aragosta (13 €), **busiate fresche con ragù di alletterato** (pesce della famiglia dei tunnidi) e mandorle tostate, oppure con sgombro e pomodori secchi. Il piatto forte della casa è il *cuscusu di pesce alla sanvitese* o con maialino nero dei Nebrodi del Presidio Slow Food (12 €). L'offerta dei secondi prevede un'ampia scelta di pesce fresco locale, specie quello povero: fra le diverse preparazioni segnaliamo gli involtini dorati di pesce azzurro (13 €), lo **sgombro lardiato**, il trancio di cernia alla matalotta, in umido con zafferano e pomodorini di Pachino. C'è anche qualche secondo di carne, come braciole di maialino nero dei Nebrodi e involtini di carne alla siciliana. Per chiudere, sorbetti con frutta fresca e torta di ricotta al forno. Buona carta dei vini.

SAN VITO LO CAPO

39 km a ne di Trapani

Syrah
Ristorante
Via Savoia, 5
Tel. 0923 972028-347 1367315
Chiuso il lunedì, mai d'estate
Orario: mezzogiorno e sera
Ferie: in novembre e in febbraio
Coperti: 38 + 25 esterni
Prezzi: 35 euro vini esclusi
Carte di credito: AE, CS, MC, Visa, BM

Incastonata tra la Riserva Naturale dello Zingaro e quella di Monte Cofano, San Vito Lo Capo è una rinomata cittadina turistica. Il ristorante si trova nella parte finale di via Savoia, in pieno centro, a pochi metri dalla spiaggia. Vito Cipponeri, patron e chef, ha sempre fatto della qualità delle materie prime una caratteristica irrinunciabile, elaborando con equilibrio e sapiente creatività i piatti della cucina tipica del territorio. Il locale, arredato in stile etnico, si compone di una sala interna con pochi tavoli e di un'accogliente veranda esterna. Si comincia con la sfera di gambero con ragusano e zucchine (11 €), il **tortino di alici all'arancia** di Bronte, lo sformato di tenerumi, zucchine, patate e ricci di mare, la sfoglia di palamita con cipollata in agrodolce; l'abbondante degustazione dello chef (23 €) comprende ben quindici assaggi. Passando ai primi, tagliolini freschi con ragù di triglia e patate croccanti, *cuscusu di finocchietto e gamberi* (12 €) o al nero di seppia e ricci di mare, spaghetti con carbonara di tonno, busiate con carciofi e scampi. Fra i secondi, troviamo **spirale di spatola con crema di pistacchio di Bronte** (11 €), filetto di ricciola con cremolata di agrumi, fritto di paranza. Per finire, ottimi dolci al cucchiaio, cassata alle fragole, *cuscusu dolce* (4 €). La cantina offre circa cinquanta etichette non solo siciliane, grappe, Passiti e Marsala.

SCICLI

25 KM A SUD DI RAGUSA

La Grotta
Ristorante-pizzeria
Via Dolomiti, 62
Tel. 0932 931363-338 6555152
Chiuso il lunedì, mai da luglio a settembre
Orario: mezzogiorno e sera
Ferie: 2 settimane in novembre, 2 in gennaio
Coperti: 60 + 50 esterni
Prezzi: 28-33 euro vini esclusi
Carte di credito: AE, CS, MC, Visa, BM

Il locale deve il nome alla grotta naturale all'interno della quale sono state ricavate le salette e gli altri spazi destinati alla ristorazione, cui si aggiungono alcuni tavoli all'aperto. Lo chef e patron Angelo Di Tommasi propone pietanze di mare e di terra della tradizione siciliana affiancate da ricette personali. Si può cominciare con la bruschetta con ortaggi, alici marinate e fagioli cosaruciaru di Scicli (Presidio Slow Food), con il caciocavallo ragusano all'argentiera, oppure con i *purpiceddi affucati* (moscardini in umido con pomodoro, pinoli e uvetta) o, ancora, con l'originale tortino di cuturro (9,50 €), sorta di polenta di grano spezzato, melanzane e mandorla con ricotta e nero di seppia. Fra i primi ricordiamo i gustosi **paccheri con ragù di agnello e patate** (9,50 €), le caserecce con pomodoro, melanzane fritte e ricotta salata, le busiate con le sarde, i **ravioli di ricotta con sugo di maiale**, gli gnocchi di patate e farina di ceci con vongole e cosaruciaru oppure conditi con le cozze e i *tinniruma* di zucchina. Alcuni piatti si trovano solo in determinate occasioni, come il tiano di ceci (con cavati, riso, ceci e ricotta) tipico del periodo pasquale. Come secondi, validi lo **stracotto di maiale al sugo** (9 €), i medaglioni di carne al Nero d'Avola, il filetto di cernia al basilico, la seppia arrostita con insalata di finocchio e arance (13,50 €). Alla fine sorbetti di agrumi, semifreddo al caffè e altri buoni dolci della casa. Discreta selezione di vini siciliani, più un paio di birre artigianali. Da segnalare anche un menù degustazione a 25 euro.

SINAGRA

107 KM A SO DI MESSINA SS 139

Fratelli Borrello
Trattoria
Contrada Forte
Tel. 0941 594436-594844
Chiuso il mercoledì
Orario: mezzogiorno e sera
Ferie: 1-10 luglio
Coperti: 150
Prezzi: 26 euro vini esclusi
Carte di credito: tutte

La trattoria di Pippo, Franco e Graziella Borrello utilizza in gran parte i prodotti della propria e variegata azienda agricola: ortaggi, frutta, olive, funghi, carni, salumi, formaggi. Inoltre l'azienda è da tempo fra i produttori di extravergine di monocultivar minuta e dei Presìdi Slow Food del suino nero e della provola dei Nebrodi. Tutto ciò, nel popolare locale situato a tre chilometri da Sinagra, è alla base di una gustosa cucina ancorata a piatti di assoluta tipicità territoriale. Si parte dall'abbondante sequenza di antipasti (12 €) che include provola dei Nebrodi stagionata e al limone, canestrato, ricotta fritta, salsiccia secca, fellata e prosciutto crudo di suino nero, salsiccia fritta con le uova, e qualche variante stagionale come le preparazioni a base di funghi, l'insalata di asparagi e altre verdure selvatiche. Fra i possibili primi (7 €) buoni i **maccheroncini con ragù di maiale e ricotta infornata** e le tagliatelle fatte in casa condite con erbe spontanee, con i carciofi o con i porcini. Come secondi (7 €) non mancano mai costatine, involtini e salsicce di suino nero, nonché il **fegato di maiale arrosto avvolto nell'omento** dell'animale; meno frequenti l'**agnello arrosto** e, su ordinazione, il **capretto al forno** o in padella. Consueto finale con dolcetti di nocciola e un liquore casalingo. Piccola scelta di vini siciliani a prezzi contenuti. Nell'annesso punto vendita si possono acquistare da asporto salumi e altri prodotti aziendali.

❝ *È raro trovare un locale di vera filiera corta come questo: materie prime eccellenti al servizio di piatti di assoluta tipicità* **❞**

SICILIA | 847

La Gazza Ladra

Osteria moderna
Via Cavour, 8
Tel. 340 0602428
Chiuso il lunedì
Orario: solo la sera
Ferie: luglio e agosto
Coperti: 30
Prezzi: 25 euro vini esclusi
Carte di credito: nessuna

Nelle vicinanze di piazza Duomo, Marcello Foti e la moglie Maria Grazia Troncon conducono questa sorta di siculo bistrot con pochi tavoli, dall'atmosfera informale e scanzonata. Il locale apre i battenti nel tardo pomeriggio (indispensabile prenotare) e offre un buon repertorio di piatti di territorio, alcuni dei quali già posizionati nel banco a vetri: caponata, peperonata, olive *cunzate*, pomodori secchi, tortini di verdure e di patate, *piscirovu* (frittata) con ricotta e menta o con patate e cipolla, asparagi e biete selvatiche, carciofi al forno. Fra i primi sono abituali la **pasta alla siracusana** con le acciughe e la mollica abbrustolita (8,50 €), quella con i pistacchi di Bronte o con la crema di mandorle di Noto (Presidio Slow Food), le penne con la matalotta di pesce, gli **spaghetti con il ragù di alalunga** (10 €) o di palamita, la pasta con il sugo di sauri (sugarelli) o al nero di seppia. Nei mesi meno caldi trovano spazio in menù le minestre di ortaggi, il macco di san Giuseppe e altre zuppe di legumi. A parte l'invernale salsiccia al forno con le verdure, è il pescato dello Ionio con le sue stagioni il protagonista di secondi quali caponata di palamita (13 €), **lampuga alla matalotta**, filetti pesce sciabola al vino bianco, polpo con patate (10 €), *'nfanfula* (pesce pilota) **a** *stimpirata*, tunnina o alalunga coi peperoni, sgombri o sugarelli all'*agghiata*. Finale con gelo di mandorle o di carrube. Piccola scelta di vini siciliani, anche a bicchiere, dai ricarichi onesti.

Taberna Sveva

Trattoria
Piazza Federico di Svevia, 1
Tel. 0931 24663
Chiuso il mercoledì, mai d'estate
Orario: mezzogiorno e sera, giugno-settembre solo sera
Ferie: 3 settimane in gennaio
Coperti: 40 + 60 esterni
Prezzi: 30-35 euro vini esclusi
Carte di credito: CS, MC, Visa, BM

Nel centro storico di Ortigia si erge l'imponente castello Maniace di epoca sveva, che senza dubbio merita la visita. Nella stessa piazzetta troviamo questa trattoria dotata di gradevole veranda, aggiunta alle due salette interne spartanamente arredate. Il tutto è gestito dai simpatici Piero Bondì e Marco Crescimone, con la collaborazione ai tavoli di Giuseppe Attardo, mentre Antonio Galfo dirige il lavoro in cucina. Se volete iniziare con l'antipasto, quello di mare include sarde a beccafico, acciughe marinate, merluzzi, triglie o altri pescetti locali fritti. In alternativa il saporito **polpo alla luciana** (10 €), le polpette di patate, la zuppetta di cozze o l'altrettanto classica parmigiana di melanzane. Fra i primi, buoni i **tagliolini con alici fresche, pomodorini e mollica tostata** (9 €), le caserecce alla Norma, la pasta con il ragù di coniglio. Tipici dei mesi più freddi, le busiate con salsiccia, pomodoro secco, pistacchi, i **ravioli di ricotta al sugo di maiale** e secondi di carne quali lo stinco di maiale in casseruola e la salsiccia al sugo. Più varia l'offerta del pesce fra cui, secondo stagione e mercato, potrete trovare **totani ripieni** o in guazzetto (12 €), seppie o sgombri locali arrostiti, l'estiva tunnina con i peperoni, la **lampuga alla cipollata** o in crosta di patate (12 €) tipica del periodo autunnale, i gamberoni panati al miele. Per finire, frutta di stagione, tortino al cioccolato o sorbetto di limone. Piccola selezione di vini, perlopiù regionali, dai ricarichi contenuti.

■ Dolci tradizionali nelle pasticcerie Artale e Marciante, entrambe in via Landolina. Prodotti tipici alle Antiche Siracuse, in piazza Archimede.

■ Conserve, formaggi e salumi siciliani dai fratelli Burgio, in piazza Cesare Battisti, al mercato di Ortigia.

DIFENDI IL CIBO VERO.

COI DENTI.

DIVENTA SOCIO SLOW FOOD.

Slow Food promuove il diritto al piacere, difende la centralità del cibo e il suo giusto valore. Ne fa conoscere l'infinita diversità: una ricchezza che appartiene a tutti.

Con Slow Food impari a riconoscere, scegliere e apprezzare il cibo vero, partendo dalla tavola e dalla gioia della convivialità.

Associandoti, sostieni i produttori virtuosi con mercati, eventi, Presidi, guide, libri e attività didattiche.

Questo è il mondo Slow Food, fallo diventare anche tuo. Bastano 25 €. Mangiare buono, pulito e giusto è un diritto che ci appartiene.

Slow Food®
WWW.SLOWFOOD.IT

I ♥ CUOR DICAR

www.centroagroalimentareroma.it

SISTEMA CUOR DI CAR

Siamo produttori, grossisti, dettaglianti e consumatori: siamo parte di un unico sistema per la qualità, la salute e il benessere della nostra terra e comunità.
Abbiamo un grande cuore.
E ci tiene tutti insieme.

CENTRO AGROALIMENTARE ROMA
LA CITTÀ DEI COMMERCI

Cuor di Car
IL MEGLIO SCELTO PER VOI

UNISG

GET INTO THE FUTURE OF FOOD

Un'università internazionale, fondata da Slow Food, situata in Piemonte nel cuore delle Langhe.

Una nuova didattica esperienziale e interdisciplinare con viaggi didattici in tutto il mondo.

- 1 Laurea Triennale in Scienze Gastronomiche
- 1 Laurea Magistrale in Promozione e Gestione del Patrimonio Gastronomico e Turistico
- 3 Master in Food Culture and Communications
- 1 Master in the Slow Art of Italian Cuisine
- 1 Master in Cucina Popolare Italiana di Qualità
- 1 Master in Cultura del Vino Italiano
- 5 Corsi di Alto Apprendistato (panettieri e pizzaioli, mastri birrai, norcini, gastronomi di sala, affinatori di formaggio)

Università degli Studi di Scienze Gastronomiche
Piazza Vittorio Emanuele 9 - 12042 Pollenzo - Bra (Cuneo) Italia
Telefono + 39 0172 458511 - www.unisg.it

f | @UNISG | UNISGItalia

TAORMINA

52 KM A SUD DI MESSINA SS 114

Tischi Toschi
Ristorante
Via Francesco Paladini, 3
Tel. 339 3642088
Chiuso il lunedì
Orario: mezzogiorno e sera
Ferie: in gennaio
Coperti: 40
Prezzi: 35-40 euro vini esclusi
Carte di credito: tutte, BM

Nei pressi del duomo, alla fine di un vicolo è ubicato questo minuto e grazioso ristorante, preceduto da uno slargo che permette di apparecchiare qualche tavolo all'aperto. Dentro, alla saletta vivacizzata da quadri d'autore e ceramiche, si aggiunge un mezzanino con altri coperti. Luca Casablanca è ristoratore e cuoco per passione, prima a Messina, dal 2013 a Taormina. Conoscitore di storie e consuetudini gastronomiche, è passato dalla teoria alla prassi, valorizzando ricette della tradizione regionale, a cominciare dall'eccellente selezione delle materie prime. Fra gli antipasti potrete trovare **sarde a beccafico** o allinguate (8 €), pecorino al cartoccio (10 €), polpette di finocchietto, caponata, parmigiana, scauratello (ritagli di tunnide lessi con cipolla, capperi, aceto e origano). Altrettanto veraci e buoni i primi quali la pasta alla Norma o con le sarde, le tagliatelle di carruba, gli involtini di melanzane, le tagliatelle al ragù di mare (12 €), la **pasta di farina di *tumminìa* con aglio di Nubia, peperoncino e *muddica atturrata***. Nella scelta dei secondi, appetitosi lo **sgombro con cipollata e miele di ape nera sicula** (16 €), il pescestocco arrosto, l'**alalunga alla matalotta** (15 €), l'aguglia imperiale alla liparota, gli involtini e le braciole alla messinese, il manzo al fumo d'alloro. Per dessert, deliziosi i geli di limone e anguria e i semifreddi alle mandorle e al gianduia. Discreto assortimento di vini perlopiù siciliani oltre a qualche birra artigianale.

> **❝** *Luca propone una cucina che riesce a raccontare prodotti e tradizioni culinarie siciliane* **❞**

TRAPANI

Al Solito Posto
Trattoria
Via Orlandini, 30 A
Tel. 0923 24545
Chiuso la domenica
Orario: mezzogiorno e sera
Ferie: agosto
Coperti: 50
Prezzi: 30 euro vini esclusi
Carte di credito: tutte, BM

Appena fuori dal centro storico di Trapani, in una traversa di via Fardella, l'asse portante e commerciale della città, si trova questo accogliente locale gestito dai fratelli Basciano. Vito si dedica alla spesa e ogni mattina fa il giro dei suoi fornitori, dal mercato del pesce all'ortolano. Rudy si occupa della cucina, con un'interpretazione nel perfetto stile della cucina trapanese. Si può iniziare con sfiziosi antipasti fra i quali insalata di mare, polpo bollito, moscardini affogati in salsa di pomodoro, **polpette di pesce con crema di capperi** (8 €), ottimi tortini di melanzane, carciofi o sarde. A seguire, suggeriamo le busiate, tipica pasta fatta in casa che prende il nome dal fuso su cui si arriccia la pasta, condite con pesto trapanese, con sughi di mare o alla Norma; buoni anche gli **spaghetti con i ricci** o al nero di seppia, il **timballo di pasta con le triglie** o con le sarde (10 €), il cuscus di pesce. Il pescato del giorno vi sarà cucinato arrosto, al sale o all'acquapazza. Da provare anche una **frittura di calamari** (12 €) di notevole qualità, le seppie ripiene, la **cernia alla matalotta** (16 €). Solo tra maggio e giugno, come in tutte le trattorie di mare del Trapanese, è possibile ordinare il tonno, marinato, a cipollata, nel sugo per la pasta. Per finire, Teresa, moglie di Rudy, vi tenterà con i dolci: cannoli, cassata, semifreddi e gelati. Buona cantina con etichette siciliane, Marsala, grappe e Passiti.

🛈 Provate i cannoli siciliani, la pasticceria tradizionale, la rosticceria e i piatti pronti da Angelino, in via Ammiraglio Staiti 87.

SICILIA | 849

TRAPANI

Cantina Siciliana
Osteria tradizionale
Via Giudecca, 32
Tel. 0923 28673
Non ha giorno di chiusura
Orario: mezzogiorno e sera
Ferie: in novembre
Coperti: 45
Prezzi: 30-33 euro vini esclusi
Carte di credito: AE, CS, MC, Visa, BM

Il locale è un piccolo museo, impreziosito da maioliche antiche, vecchi attrezzi della cultura contadina, strumenti da cucina dei primi del Novecento. Il patron Pino Maggiore è un punto di riferimento per gli amanti della cucina trapanese: il suo modo appassionato di raccontare la storia dei piatti e della sua città conquista i numerosi avventori dell'osteria. Lo affiancano, da tempo e con passione, Ibitsen in sala e sua sorella Hajer in cucina. Fin dall'inizio del pasto la proposta gastronomica si snoda su percorsi di mare: crudi di pesce, **sarde allinguate** (6 €), gamberi marinati, polpi bolliti, serviti anche in antipasto misto. Passando ai primi, la specialità è il *cuscusu* **di pesce alla trapanese** (15 €), che può fungere da piatto unico perché servito in porzione generosa; in alternativa, frascatole al profumo di mare e gambero rosso di Mazara (15 €), caserecce con uova di tonno e mandorle di Noto, **busiate** fatte a mano condite **con pesto alla trapanese** (per la cui preparazione si usa l'aglio rosso di Nubia, Presidio Slow Food). Fra i secondi, **sgombri lardiati**, gamberi rossi panati, frittura mista di pesce povero, pesce spada alla pantesca (12 €). In chiusura, cassatelle di ricotta, quaresimali o parfait di mandorle di produzione propria. La cantina offre tutto il meglio della produzione enologica siciliana; ottima anche la scelta di grappe, Marsala e Passiti di Pantelleria.

TRAPANI

Caupona Taverna di Sicilia
Trattoria
Via San Francesco d'Assisi, 32
Tel. 0923 546618-340 3421335
Chiuso il martedì
Orario: mezzogiorno e sera
Ferie: in febbraio
Coperti: 30 + 24 esterni
Prezzi: 30-36 euro vini esclusi
Carte di credito: tutte, BM

A pochi passi dalla stazione marittima e di fronte alla chiesa del Purgatorio si trova il piccolo e accogliente locale gestito da Claudio Carbonari con la moglie Rosaria. L'offerta si modula sulla stagionalità e su quello che offre il mercato. Si può iniziare con il piatto dello chef (12 €), un misto di vari antipasti tra cui polpette di sarde stufate nel passato di pomodoro, polpette di sgombro in agrodolce, frittelle di gambero, polpette di seppie. In alternativa, *caupona* (la tipica caponata di pesce e melanzane), ragusano arrostito con miele di sulla, fiori di zucca con ricotta e bottarga, salumi di suino nero dei Nebrodi (Presidio Slow Food). Seguono gli spaghetti con i ricci, le **cassatelle intrecciate**, i ravioli di ricotta ovina in brodo di pesce, in inverno le zuppe di verdure e legumi, il **macco di fave**, le busiate con il pesto trapanese, il *cuscusu* di pesce; da provare, tra maggio e giugno, gli spaghetti con uova di minnole (€ 12) o con il lattume di tonno. Tra i secondi, seppioline cotte con il loro nero (12 €), **sgombro lardiato**, calamari arrosto o ripieni. In inverno si può optare per gli involtini di carne alla palermitana, il brasato di vitello al Nero d'Avola, la costata di maialino dei Nebrodi al forno. Si chiude con i cannoli, la cassata siciliana, il parfait di mandorle, le ottime cassatelle fritte di ricotta ovina (3 €). Buona scelta di vini siciliani, Marsala, Passiti e distillati.

In via delle Arti, la pasticceria Colicchia propone ottime granite, frutta martorana, dolci di mandorla e i tradizionali pupi di zucchero.

In via Gatti 3, La Rinascente propone ottima pasticceria classica siciliana.

TRAPANI

Trattoria del Corso
Trattoria *novità*
Corso Italia, 51
Tel. 0923 23475-328 6844555
Chiuso la domenica
Orario: mezzogiorno e sera
Ferie: 10-20 settembre
Coperti: 30 + 20 esterni
Prezzi: 25-30 euro vini esclusi
Carte di credito: tutte, BM

TRAPANI
Guarrato

13 KM DAL CENTRO DELLA CITTÀ

Vultaggio
Azienda agrituristica
Contrada Misiliscemi
Tel. 0923 864261-347 6696059
Non ha giorno di chiusura
Orario: mezzogiorno e sera
Ferie: in gennaio
Coperti: 55 + 55 esterni
Prezzi: 25-30 euro vini esclusi
Carte di credito: tutte, BM

È un'osteria storica sul corso centrale della città, a pochi passi dal quartiere della Giudecca. Il locale è piccolo e accogliente, e durante il periodo estivo è disponibile un gradevole dehors con una ventina di coperti. Puccio Salone, il patron, propone una cucina spiccatamente trapanese; l'accoglienza è informale e familiare ma di qualità. Impegnato sin dalla mattina con gli acquisti al mercato ittico (la preferenza va al pescato delle Egadi), Puccio affida a Letizia Lazzara e a Edia Gmadh l'elaborazione delle materie prime. Tra gli antipasti, troviamo sarde al gratin (8 €) o marinate, insalata di polpo, seppioline saltate con verdure di stagione, caponata di melanzane; nei mesi di maggio e giugno, periodo di pesca del tonno, è possibile gustare il raro lattume fritto. Seguono gli **spaghetti con i ricci di mare** (15€), le linguine con le patelle (12 €), la **pasta *ca'nciova* e *cucuzza*** (con acciughe in salamoia e zucchine), le busiate con il pesto alla trapanese. Fra i secondi, spatola con le fave o all'uva (12€), **sarde allinguate** (aperte a libro, marinate e fritte), zuppa di pesce, **totani ripieni** (12 €), e, ovviamente, il pescato di giornata preparato secondo le cotture più classiche. Per dolce, cannolo *scafazzato* o *tagliancozzi* (sorta di cantucci locali) serviti con il Passito della casa. La carta dei vini, non molto ampia, è limitata alla zona.

Lungo la statale 115 che collega Trapani con Marsala, in contrada Misiliscemi, si trova l'agriturismo della famiglia Vultaggio che dispone di un ristorante e di confortevoli camere. Gli antichi caseggiati rurali, modernamente ristrutturati, sono circondati da distese di oliveti e vigneti. La schietta cucina casalinga e di territorio proposta da questo locale si basa su alcuni Presìdi Slow Food e su molte materie prime di produzione propria quali ortaggi, frutta, vino e olio. Giuseppe con la moglie Giovanna si dedicano con garbo all'accoglienza, illustrando il menù che, per cominciare, prevede un abbondante antipasto misto composto da carciofini, panelle, olive *cunsate*, caponata di melanzane, frittatine di verdure, taronzoli (palline di formaggi panate e fritte); in alternativa, pecora bollita (7 €) o caciocavallo all'argentiera. La pasta è fatta in casa: **busiate con ragù di suino nero dei Nebrodi** (8 €), ravioli ripieni di zucchine e mentuccia o di ricotta ovina, **cuscus** con le verdure o **con i crastuna** (lumache). Tra i secondi, il gustoso **coniglio lardiato** (7 €), la costata di vitello, le costolette di cinghiale allo zibibbo, l'**agnello al forno con patate**, i formaggi siciliani con confetture di frutta e vino cotto. Buoni i dolci della casa: **cassatelle di ricotta**, parfait di mandorle (2,50 €), d'estate gelati e granite. Cantina con buon assortimento di etichette regionali, alcune servite al calice; disponibile qualche birra artigianale anche alla spina. Menù degustazione a 25 euro.

SICILIA | 851

TUSA

143 KM A OVEST DI MESSINA

Le Giare
Trattoria *novità*
Piazza Trento e Trieste, 9
Tel. 0921 330132
Chiuso il venerdì
Orario: mezzogiorno e sera
Ferie: variabili in inverno
Coperti: 40 + 60 esterni
Prezzi: 25 euro vini esclusi
Carte di credito: tutte, BM

Tusa è una località di montagna al confine fra Nebrodi e Madonie e tra la provincia messinese e quella palermitana. Nella piazza principale troviamo questa trattoria che l'oste Vincenzo ama definire "clinica del gusto", in quanto fermamente convinto della stretta relazione fra cibo e salute. Le buone materie prime reperite dal patron (comprese quelle del suo orto) vengono abilmente utilizzate in cucina da Marinella e da Marco. Si può cominciare con il ricco antipasto della casa (9 €) che di solito include una decina di assaggi come olive locali condite e passite, insalata di *purciddana* (porcellana) o di mela verde, misticanza, manna e limone siccagno di Pettineo, frittelle di verdure di stagione (cicoria, broccoli, bietole), tortino di finocchietto, melanzane e peperone a cornetto, carciofi sott'olio con aglio di Nubia. Fra i primi segnaliamo, secondo stagione, gli spaghetti con borragine e salsiccia (8 €), la **pasta con il macco di castagne** (8 €), la zuppa di ceci e, tradizionale a ferragosto, la sostanziosa **pasta *'ntaganata*** con carni di maiale, vitello e agnello. Gustosi anche i secondi quali la salsiccia al vino rosso, lo **spezzatino di agnello con patate** (8 €), i carciofi stufati con ricotta e menta, la *pitanzedda* (8 €) che è una zuppa di fave, piselli, carciofi, finocchietto, pancetta e un filo d'olio prodotto dallo stesso Vincenzo. Si chiude con un dolce di latte e biscotti imbevuti nel vermut o con la torta di mele, accompagnati dal limoncello di siccagno o da un liquore di amarene locali. Il vino è limitato a poche etichette siciliane e a uno sfuso.

VILLAFRANCA TIRRENA
Serro

15 KM A OVEST DI MESSINA

Hostaria Disio
Ristorante annesso all'albergo
Contrada Romeo
Tel. 329 7967075
Chiuso domenica sera, mai d'estate
Orario: sera, domenica a pranzo
Ferie: non ne fa
Coperti: 60 + 180 esterni
Prezzi: 35 euro vini esclusi
Carte di credito: CS, BM

Annesso all'hotel Il Parco degli Ulivi, questo ristorante dispone di una sala e di un grande giardino affacciato sull'incantevole panorama delle Eolie. Adriana e Nino curano l'attività con passione, a cominciare dalla buona selezione di materie prime, fra cui alcuni Presìdi Slow Food siciliani: ingredienti valorizzati dallo chef Antonio attraverso pietanze che interpretano in chiave moderna la cucina regionale. Da un menù periodicamente aggiornato in base alle stagioni, segnaliamo fra gli antipasti (10 €) il gustoso prosciutto di alalunga condito con olio extravergine di minuta, il crostone di pane con *tumminìa* con *anciove* affumicate, l'originale focaccia di pescestocco, la millefoglie di melanzane con formaggio maiorchino. Come primi meritano un cenno particolare gli **spaghettoni *ca' ghiotta da ventri*** (12 €), il tortello di stocco con pesto di capperi di Salina, il raviolo nero ripieno di baccalà con pesto di fiori di zucca, le linguine con gambero di Mazara, le **mafalde spezzate con purea di fave e bottarga di sgombro** fatta in casa. Seguono validi secondi quali la **spatola** (pesce sciabola) **con caponata di melanzane** (12 €), l'arrotolato di ricciola o di spada con guazzetto di frutti di mare e polpo (15 €), la **palamita con arance e finocchietto**, il fantasioso hamburger di alalunga con confettura di pomodoro datterino. Tra i dessert, geli di cannella, anguria o agrumi, pan di Spagna alle mandorle di Avola con crema chantilly, gelato all'olio di minuta, al maiorchino o al piacentino ennese. Buona selezione di vini siciliani e di altre regioni, presenza di birre artigianali. C'è anche un menù degustazione a 32 euro.

852 | SICILIA

oltre alle osterie

AGRIGENTO

Locanda di Terra
Ristorante
Via Crispi, 34
Tel. 0922 29742-392 6869736
Chiuso il lunedì, mai in estate
Orario: mezzogiorno e sera, in estate solo sera
Ferie: seconda metà di novembre
Coperti: 30 + 20 esterni
Prezzi: 40-43 euro vini esclusi
Carte di credito: tutte

Trovate questo piccolo e accogliente locale a due passi dalla stazione ferroviaria. A gestirlo con competenza è lo chef Fabio Gullotta. Grande l'attenzione alla qualità dei prodotti, selezionati da fornitori della provincia agrigentina di ortaggi, carni, pesci, ai quali si aggiunge una buona scelta di Presìdi siciliani di Slow Food. Fra i tanti piatti del giorno che si avvicendano, ricordiamo il macco di fave, la zuppa di cicerchie (12 €), le busiate con triglie e finocchietto (15 €), gli gnocchi di ricotta con pesce e verdure. Tra i gustosi secondi, da provare la parmigiana di spatola (16 €) e lo stufato di totani e cicoria. Ci sono buoni oli del territorio, vini interessanti e alcune birre artigianali. Nel menù sono disponibili diverse portate prive di glutine.

LICATA
44 KM A SE DI AGRIGENTO

L'Oste e il Sacrestano
Ristorante
Via Sant'Andrea, 19
Tel. 0922 774736
Chiuso domenica sera e lunedì, mai in agosto
Orario: mezzogiorno e sera
Ferie: tra ottobre e novembre
Coperti: 24 + 24 esterni
Prezzi: 35-45 euro vini esclusi
Carte di credito: CS, DC, MC, Visa, BM

Il locale di Chiara Sabella e Peppe Bonsignore è una briosa e creativa alternativa all'osteria tradizionale. Il genere è indefinibile e legato alla voglia di Peppe di elaborare sempre piatti nuovi. Il locale è minuscolo ma d'estate potrete mangiare ai tavoli nel vicolo. Il legame con il territorio è evidente nel menù "Io parlo siciliano" (38 euro): spremuta di pomodoro nero, ricotta con pane alle olive, fish & chips alla licatese, palamita con la panatura delle arancine, seppia arrosto con spaghetti di zucchine e carote e crema di patate, polpo cotto nel tè, piastrato in padella e affumicato, pesce d'amo cotto sulla sua pelle patata affumicata e olio al timo, cannolo di ricotta e piccola pasticceria. La carta dei vini è perlopiù siciliana; non mancano birre artigianali. Il menù business, tre portate a pranzo, costa 25 euro.

MODICA
14 KM A SE DI RAGUSA

Accursio
Ristorante *novità*
Via Grimaldi, 39
Tel. 0932 941689
Chiuso domenica sera e lunedì, mai d'estate
Orario: mezzogiorno e sera
Ferie: variabili
Coperti: 20 + 20 esterni
Prezzi: 35-75 euro vini esclusi
Carte di credito: AE, CS, DC, MC, Visa, BM

Locale dall'atmosfera deliziosa, propone piatti della tradizione e creativi. Il menù classico prevede quattro portate a 35 euro: arancina al ragù, scacce ragusane, melanzane con ricotta salata, panelle e crocchè di patate, quindi pasta alla Norma, involtino di pesce spatola con caponata in agrodolce, cassata alla ricotta. Tra gli altri piatti, panino con sgombro sott'olio e ortaggi (14 €), minestra di crostacei con pasta di farro e mandorle (14 €), cipolla ripiena. Splendida carta dei vini con attenzione a etichette biologiche e biodinamiche.

MONTALLEGRO
29 KM A NO DI AGRIGENTO

Capitolo Primo
Ristorante annesso all'albergo *novità*
Via Trieste, 1
Tel. 339 7592176
Chiuso lunedì, mai in agosto
Orario: mezzogiorno e sera
Ferie: variabili
Coperti: 40 esterni
Prezzi: 37-48 euro vini esclusi
Carte di credito: AE, CS, DC, MC, Visa, BM

Ristorante del piccolo e raffinato Relais Briuccia. Qui la materia prima locale è elaborata con estro. Disponibile un menù degustazione a 37 euro. Tra le proposte, filetti di sgombro e sarde al ristretto agrodolce di cipolle, pinoli e uvetta (10 €), lasagnetta alla Norma in salsa di pomodoro siccagno (10 €), minestra di ceci, tenerumi e *cucuzza* ai gamberi, sformato di spatola alle patate fondenti, falsomagro con crema di patate, cupoletta di pane nero di Castelvetrano e spatola alla tuma, gamberi e salsa di piacentino allo zafferano. La carta vini è regionale, con proposte dal resto d'Italia. Il servizio è ineccepibile.

PACHINO - MARZAMEMI
53 KM A SO DI SIRACUSA

La Cialoma
Ristorante
Piazza Regina Margherita, 23
Tel. 0931 841772
Chiuso martedì a pranzo, mai da aprile a ottobre
Orario: mezzogiorno e sera
Ferie: novembre
Coperti: 50 + 150 esterni
Prezzi: 45 euro vini esclusi
Carte di credito: AE, CartaSi, DC, MC, Visa, BM

Marzamemi è una minuta borgata marinara, oggi meta estiva di molti turisti. Qui, Lina Campisi ha deciso qualche anno fa di aprire questo bel ristorante che gestisce con il coinvolgimento di figli e parenti. Protagonista della cucina è ovviamente il pesce. I suoi piatti partono da un'eccellente materia prima fornita da pescatori di fiducia e trasformata con modalità sapienti. Impeccabili la cernia marinata (15 €), l'insalata di polpo, la pasta con le sarde, i tagliolini al nero (16 €), il tonnetto *cunzatu*, le triglie fritte. Mirata selezione di vini regionali. Il locale dispone anche di una gradevole terrazza.

SCIACCA

62 KM A NORD DI AGRIGENTO

Hostaria del Vicolo

Ristorante
Vicolo Sammaritano, 10
Tel. 0925 23071
Chiuso il lunedì
Orario: mezzogiorno e sera
Ferie: in novembre
Coperti: 38
Prezzi: 45-50 euro vini esclusi
Carte di credito: AE, CS, DC, MC, Visa, BM
☻

Da quasi trent'anni Nino Bentivegna gestisce questo ristorante affiancato dalla figlia Lila in cucina e dal nipote Matteo in sala. Uno dei punti di forza del locale è da sempre la buona qualità delle materie prime selezionate, compresi alcuni Presìdi Slow Food. Il pescato, assieme a ortaggi o legumi, sta alla base di moderne ricette di territorio come l'insalata tiepida di calamari e gamberi rosa con verdure crude (12 €), il polpo con lenticchie di Ustica, i paccheri al ragù di totani e melanzane (15 €), le tagliatelle agli scampi con crema di ceci e peperoni, il pesce san pietro alla birra (18 €), i medaglioni di rana pescatrice alle erbette. Disponibili piatti per vegetariani. Curata scelta di formaggi, deliziosi dolci della casa.

SIRACUSA

Don Camillo

Ristorante
Via delle Maestranze, 96
Tel. 0931 67133
Chiuso la domenica
Orario: mezzogiorno e sera
Ferie: due settimane in gennaio, due in luglio
Coperti: 70
Prezzi: 55-60 euro vini esclusi
Carte di credito: AE, CS, DC, MC, Visa, BM

A Ortigia, Giovanni Guarneri propone piatti di cucina siciliana di territorio, innovativi, equilibrati e che valorizzano le eccellenti materie prime, fra cui qualche Presidio Slow Food. Apprezzabili la crema di mandorle di Noto con gamberi in crosta nera (16 €), gli spaghetti con gamberi e ricci, le costolette di suino nero con caponata, il filetto di dentice al limone femminello e fichi agrodolci (20 €), la mousse di pesca e gelatina di Nero d'Avola. Ottima selezione di formaggi tipici siciliani. Carta dei vini ampia e ben illustrata.

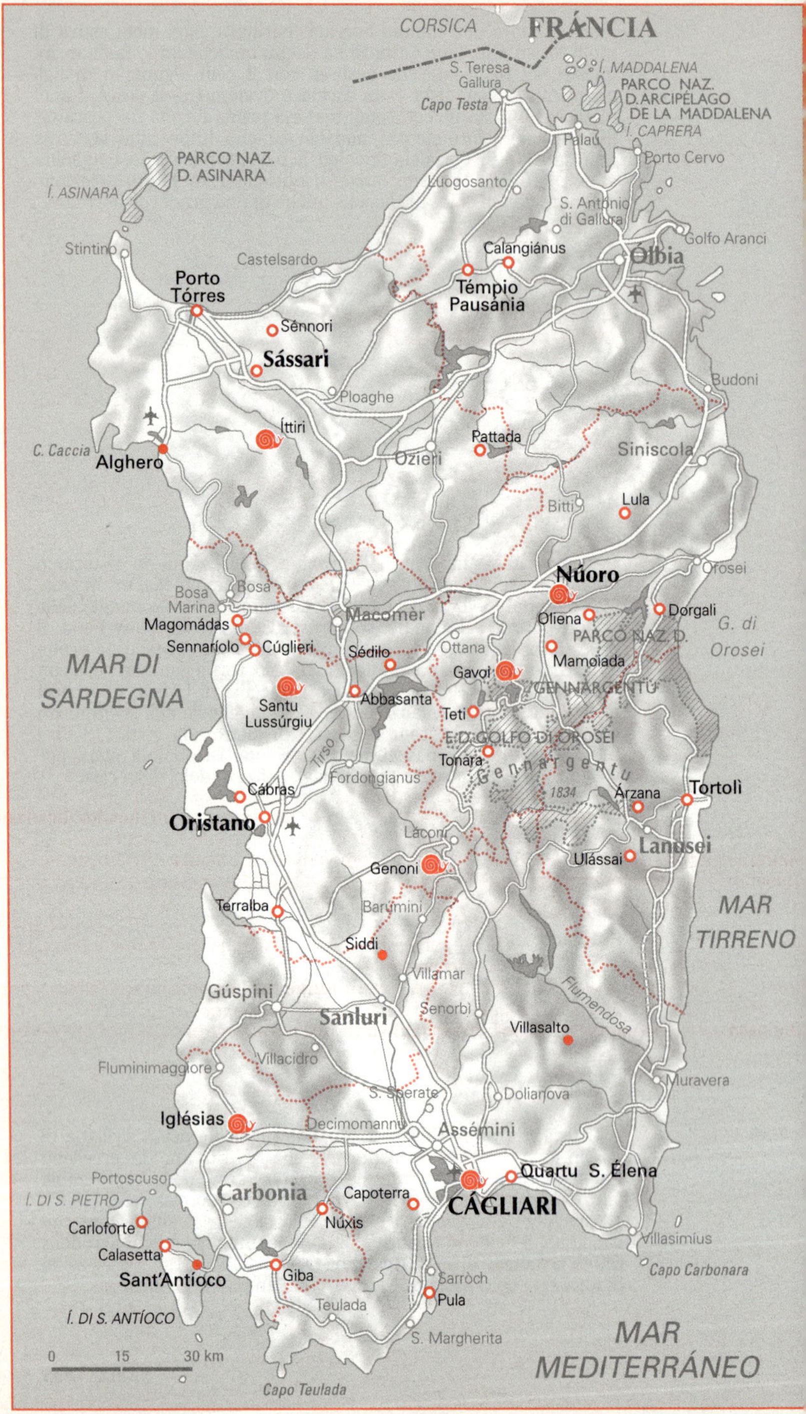

CORSICA
FRÁNCIA
S. Teresa Gallura
Í. MADDALENA
PARCO NAZ. D. ARCIPÉLAGO DE LA MADDALENA
Capo Testa
Í. CAPRERA
Palau
Porto Cervo
PARCO NAZ. D. ASINARA
Í. ASINARA
Luogosanto
S. Antônio di Gallura
Stintino
Calangiánus
Golfo Aranci
Castelsardo
Ólbia
Porto Tórres
Témpio Pausania
Sênnori
Sássari
Ploaghe
Budoni
Íttiri
Pattada
C. Caccia
Alghero
Ozieri
Siniscola
Bitti
Lula
Núoro
Orosei
Bosa Marina
Bosa
Macomèr
Dorgali
Magomádas
Oliena
G. di Orosei
Sennaríolo
Cúglieri
PARCO NAZ. D.
Sédilo
Ottana
Mamoiada
MAR DI SARDEGNA
Gavoi
GENNARGENTU
Santu Lussúrgiu
Abbasanta
Teti
E D. GOLFO DI OROSEI
Tirso
Tonara
Gennargentu
Fordongianus
1834
Cábras
Árzana
Tortolì
Oristano
Laconi
Lanusei
Genoni
Ulássai
Terralba
Barúmini
MAR TIRRENO
Siddi
Villamar
Flumendosa
Gúspini
Senorbì
Sanluri
Villasalto
Villacidro
Fluminimaggiore
Muravera
S. Sperate
Dolianova
Iglésias
Decimomannu
Assémini
Portoscuso
Quartu S. Élena
Í. DI S. PIETRO
Carbonia
Capoterra
CÁGLIARI
Carloforte
Núxis
Villasimíus
Calasetta
Giba
Capo Carbonara
Sant'Antíoco
Sarròch
Pula
Teulada
Í. DI S. ANTÍOCO
S. Margherita
MAR MEDITERRÁNEO
0
15
30 km
Capo Teulada

SARDEGNA

Anche la cucina sarda ha saputo guardare, in questi ultimi anni, al futuro. Caratterizzata da una forte attenzione alle materie prime, e concentrata sui prodotti territoriali – grigliate di mare e di terra, verdure crude, paste artigianali –, la cucina tradizionale non ha mai indugiato nella creatività per non rischiare di perdere la propria identità. Oggi il panorama è cambiato: giovani e giovanissimi cuochi vivono o ritornano in Sardegna per scoprire sapori autentici provenienti dalla campagna aperta, da allevamenti allo stato brado, da piccole oasi di pesca sostenibile, ma non si accontentano. Sanno che la loro cucina mira a un pubblico più vasto: giovani dai gusti meno ruspanti, donne che si intendono di vino, turisti consapevoli alla ricerca dell'identità del territorio. Tutto questo ha determinato una creatività inattesa e nuova: gli esempi sono tantissimi, basterà sfogliare queste pagine per scoprirli. La pecora diviene una tagliata o una preparazione impanata con le erbette locali, il pane carasau sostituisce la sfoglia della lasagna e diventa la base di un strudel con mele sarde, o ancora, dorato, sposa gamberi e crostacei. Allo stesso modo i migliori formaggi dell'isola diventano cestini per ospitare paste o verdure, pesci e frutti di mare si uniscono ad asparagi, funghi e zucchine, i ricci di mare si fanno impasto... Insomma, l'osteria sarda si riscopre luogo di innovazione senza abbandonare una tradizione fatta di rispetto per la natura e di sostenibilità ambientale: il cuoco sardo, soprattutto di recente formazione, promuove un nuovo messaggio slow e insieme invitante come nel passato.

scelti per voi

zuppetta di cozze e/o arselle
- 859 Flora
  Cagliari
- 862 Sa Piola della Vecchia Trattoria
  Cagliari
- 881 Da Lucio
  Terralba (Or)

ghisadu (umido di bue rosso)
- 877 Antica Dimora del Gruccione
  Santulussurgiu (Or)
- 867 Pintadera
  Iglesias
- 877 Sas Benas
  Santulussurgiu (Or)

zuppe tradizionali
- 875 Panifratteria Li Lioni
  Porto Torres (Ss)
- 862 Su tzilleri e su doge
  Cagliari
- 880 Il Purgatorio
  Tempio Pausania

carne di cighiale
- 875 Liberty
  Pattada (Ss)
- 873 Da Letizia
  Nuxis (Ci)
- 865 Santa Rughe
  Gavoi (Nu)

ABBASANTA

36 KM A NE DI ORISTANO SS 131

Su Carduleu
Ristorante
Via Sant'Agostino, 1
Tel. 0785 563134-339 7835284
Chiuso il mercoledì
Orario: mezzogiorno e sera
Ferie: variabil
Coperti: 35
Prezzi: 38 euro vini esclusi
Carte di credito: tutte, BM

Roberto Serra è un giovane chef emergente che ha avuto il coraggio, dopo importanti esperienze all'estero, di tornare nel piccolo, baricentrico, paese natio. Il locale è piccolo, con tavoli piuttosto vicini e uno stile di semplice eleganza molto piacevole. C'è un menù, ma molti piatti vi saranno elencati a voce, con un servizio che talvolta riserva piccole attenzioni, altre invece è un po' troppo celere. La cucina risponde alla tendenza moderna di rivisitare piatti della tradizione con qualche ritocco, ma con un ineccepibile rispetto e uso di prodotti locali, in particolare salumi, carni e formaggi; ne consegue una certa, e benvenuta, variabilità nelle proposte. Fra gli antipasti invernali ottimo il tagliere di salumi e vari assaggi di sottoli, zuppe e sformati, **carpaccio di muggine** (8 €) e **quaglietta in crosta** (7 €). Come primo piatto consigliamo le **tagliatelle** all'uovo **con montone e pecorino** locale (10 €) e i *culurgionis* con brodetto di gamberi e asparagi (12 €). Come secondo, *anzolu in pistoccu* oppure *in pani e casu* (agnello in crosta o con pane e formaggio, 16 €) oppure il controfiletto di melina (razza bovina autoctona, 15 €). Per concludere, il tortino di amaretti con gocce di cioccolato e il semifreddo con mandorle tostate (8 €). Sono presenti anche un menù degustazione di terra (25 €), di mare (32 €) e dello chef (42 €). Carta dei vini non vastissima e migliorabile, ma compensata da un'interessante selezione di birre artigianali sarde. Con il caffè vi saranno offerti dolci tradizionali sardi.

ARZANA

11 KM A OVEST DI TORTOLÌ, 8 KM DA LANUSEI

La Pineta
Ristorante-pizzeria
Vico I Don Orione, 5
Tel. 0782 37435-328 3205386
Chiuso il sabato
Orario: mezzogiorno e sera
Ferie: tre settimane fra settembre e ottobre
Coperti: 120 + 20 esterni
Prezzi: 30-35 euro
Carte di credito: tutte, BM

Nel cuore della selvaggia Ogliastra, fra le pendici del Monte Idolo e la foresta Perdas, su un'altura che offre una splendida vista sul mare, Arzana è luogo ideale per fare passeggiate, magari alla ricerca dei funghi porcini che hanno reso famosa la zona. Qui il ristorante La Pineta, della famiglia di Cesare Nieddu, propone dal 1977 i piatti tipici della cucina locale e i gusti autentici di paste fresche, carni, formaggi ed erbe aromatiche del territorio (il pesce è solo su prenotazione). La scelta è fra un robusto menù degustazione (35 €) o varie specialità alla carta, come le carni e i *culurgiones* (pasta ripiena di patate, formaggio e menta) chiusi a *spighitta* dalla bravissima cuoca Lina Sumas. Gli antipasti misti (10 €) offrono salumi locali (prosciutto, guanciale, coppa), ricotta salata, *casu agedu* (prima cagliata acida) e crema di pecorino, seguiti da frittelline di porcini, fagottini ai funghi e *orrubiolosus* (anelli di patate e cipolle). Fra i primi, ravioli di ricotta e carne, i *culurgiones* ai quattro sughi (porcini, asparagi, pomodoro, timo, 9 €) o, su ordinazione, zuppa di porcini e **fregola con ragù e porcini**. Le carni di maialetto, vitella, capretto, pecora e cavallo sono arrosto con pinzimonio, mentre il **cinghiale** è **in umido con i porcini** (10 €). I dolci vi lasceranno un ricordo speciale: *sebadas* di formaggio al miele (3 €) o *culurgioneddos* di ricotta con zucchero a velo. Vini (buono il Cannonau) e liquori sono quelli della casa o di qualche cantina locale.

CABRAS

10 KM A NO DI ORISTANO SS 131

Il Caminetto
Ristorante
Via Battisti, 8
Tel. 0783 391139
Chiuso il lunedì
Orario: mezzogiorno e sera
Ferie: 15 gennaio-15 febbraio
Coperti: 120
Prezzi: 32 euro vini esclusi
Carte di credito: AE, CS, MC, Visa, BM

Cabras è un suggestivo paese sulle rive dell'omonimo stagno, famoso per l'allevamento dei muggini e la preziosissima bottarga ricavata dalle loro uova, alla quale è legata la ricchezza economica della zona. In pieno centro storico, il ristorante è ospitato in una costruzione elegante e signorile e articolato in un'ampia sala accogliente, dominata da un imponente camino. La cucina ha una spiccata vocazione per menù a base di pesce, di qualità e freschezza indiscutibili, come potrete verificare assaggiando una qualsiasi delle specialità che vi saranno proposte dallo staff professionale e cortese. Le portate sono abbondanti e ben presentate in ampi piatti bianchi e il pesce è sempre spinato sotto i vostri occhi. Tra gli antipasti (10 €) consigliamo la zuppetta di cozze con crostini, la **mousse di bottarga**, la **razza con sugo in agliata**, le cozze gratinate, i moscardini piccanti e le verdure all'agro; se volete avere una panoramica completa potete optare per l'antipasto misto mare (12 €). Tra le paste ottima la **fregola con arselle**, gli spaghetti allo scoglio (10 €) e i tradizionali *malloreddus* **al pomodoro**. I secondi danno una giusta importanza alla cottura arrosto con le anguille e le seppie (4 euro l'etto); in alternativa aragosta alla bosana (12 euro l'etto) e **scorfano in umido con patate**. Particolarmente ricca la cantina con vini regionali e nazionali. Interessanti anche i dolci fatti in casa come crema alla catalana, cheesecake e crema con pinoli e ananas.

CAGLIARI

Flora
Ristorante
Via Sassari, 45
Tel. 070 664735
Chiuso la domenica
Orario: mezzogiorno e sera
Ferie: 1 settimana a Capodanno, 3 in agosto
Coperti: 80 + 50 esterni
Prezzi: 35 euro vini esclusi
Carte di credito: tutte, BM
€

Flora è un ristorante storico, situato nel centro di Cagliari, a pochi passi dal palazzo comunale e dai portici di via Roma, una delle parti più vitali della città. Il locale è arredato con gusto e ricercatezza e il servizio davvero accurato. Nella buona stagione è possibile mangiare anche nell'accogliente giardino interno. Il menù vi verrà raccontato direttamente dal titolare e dai figli che gestiscono con lui l'attività. Tra gli antipasti molto ampia la scelta tra menù di terra e di mare: **insalata di polpi** (7 €), frittura di novellame e di orziadas (anemoni di mare), cannolicchi, **cozze e arselle in salsa piccante** (7 €) o in un'invitante **zuppetta**, verdure di stagione in tempura e in frittata. Tra i primi di terra, particolarmente apprezzabili i ravioli al sugo ripieni di ricotta e il piatto tipico dell'Ogliastra, i *culurgionis*: ravioli ripieni di patate e menta preparati in casa. Ottimi gli spaghetti al cartoccio con cozze e pomodorini (10 €), gli **spaghetti alla bottarga** (10 €) o, fra le possibili varianti, con un ragù di cernia. Tra i secondi potrete scegliere tra le seppie o i calamari arrosto (12 €) e la **frittura mista del pescato del giorno** (15 €). Presenti anche molti piatti di terra come le squisite polpettine di carne o verdure, i ravioli di cipolla e la **pecora in umido**. Tra i dessert preferite il fresco croccantino con salsa di fragole (5 €) o il gelato con mousse al cioccolato. Buona la selezione dei vini, con le migliori etichette regionali.

In viale Diaz 162, Bonu propone numerosi prodotti sardi di qualità.

Il Fana'
Ristorante
Corso Vittorio Emanuele, 161
Tel. 070 680326
Chiuso domenica sera e lunedì
Orario: mezzogiorno e sera
Ferie: variabili
Coperti: 36
Prezzi: 35 euro vini esclusi
Carte di credito: tutte, BM

Confermiamo la validità della proposta gastronomica del ristorante di Maria Luisa Pinna, seppure convinti che qualche sorriso in più, nell'accoglienza e nella presentazione degli ottimi piatti, aumenterebbe la sensazione di sentirsi a casa, come recita il nome del locale. Troverete qui una schietta cucina di mare che guarda alla creatività in modo intelligente: all'arrivo vi saranno subito servite delle fette di pane *modditzosu*: grigliate con un filo di extravergine. Consigliamo di non esagerare con gli antipasti, equamente divisi fra classici e innovativi, se volete assaggiare il resto, ma non potete perdervi i **gamberi in crosta di carasau**. Ottimi i primi piatti casalinghi (12 €), dai *lados* (dischi di pasta fresca) **ai frutti di mare** alle tagliatelle al nero di seppia, fino ai ravioli ripieni di cernia al pomodoro fresco. Da segnalare, fra i secondi, l'**astice alla cagliaritana** (con salsa ricavata dalle uova e succo di limone, 20 euro al chilo), il trancio di tonno fresco panato con le erbette, il **pescato** del giorno alla griglia o **al forno con Vernaccia** (14 €). Elegante e originale la presentazione dei dolci: una serie di bicchierini di varie creme, sorbetti e mousse al caffè e al cioccolato con frutta e crème caramel. Interessante presenza di vini provenienti da cantine poco conosciute, anche nazionali, con attenzione particolare per le bollicine.

Is Fradis
Ristorante
Via Coco, 1
Tel. 070 657652
Chiuso domenica e lunedì a pranzo
Orario: mezzogiorno e sera
Ferie: due-tre settimane in agosto
Coperti: 40 + 8 esterni
Prezzi: 30-37 euro vini esclusi
Carte di credito: tutte, BM

Nel centro pedonale di Cagliari, in via Garibaldi, Is Fradis (i fratelli) Matteo (chef), Enrico e Candida Serreli offrono un'accoglienza raffinata nel piccolo ristorante moderno con bella veranda estiva. La cucina è una felice combinazione di creatività e prodotti locali di qualità, in equilibrio fra tradizione sarda e innovazione. Assaggiate, tra gli antipasti, l'insalata di seppia, finocchio e bottarga, la zuppetta di cozze, pomodori e crostini alle erbette, la ventresca di tonno affumicata con frutta e germogli, i fichi arrosto con erborinato di pecora e prosciutto, il *pani frattau* (sfoglie di carasau con pecorino, salsa di pomodoro e uovo poché (8 €). I primi (12 €) incantano: spaghetti con salicornia, gamberi e bottarga di tonno, **fregola con frutti di mare, zafferano e scorza di limone**, **lorighittas con ragù di salsiccia, cime di rapa e ricotta salata**, risotto alla zucca con guanciale, rosmarino ed erborinato di pecora. I secondi spaziano dal polpo abbrustolito con confettura di radicchio e cipolle rosse ai medaglioni di pecora con crema di peperoni e patate. Immancabili il maialino da latte arrotolato con salsa al mirto e pinzimonio e l'**agnellino al finocchio selvatico e carciofi** (17 €). Per chiudere i formaggi: **tronchetto di capra arrosto con pomodorini, noci e pinoli** (8 €) o ricotta e miele di asfodelo. Gustosi i dolci come il parfait di torrone con frutta e menta. Discreta la carta dei vini, nazionali e regionali, e interessanti birre artigianali. Da giugno a ottobre, gli stessi proprietari gestiscono anche Is Fradis Beach Club sulla spiaggia di Cala Sinzias, a Castiadas.

La Locanda dei Buoni e Cattivi

Ristorante
Via Vittorio Veneto, 96
Tel. 070 7345223
Non ha giorno di chiusura
Orario: pranzo, da gio a sab anche sera
Ferie: agosto
Coperti: 30 + 30 esterni
Prezzi: 20-30 euro vini esclusi
Carte di credito: MC, Visa, BM

Si può fare bene da mangiare favorendo l'inclusione sociale di ragazzi in difficoltà e collaborando con produttori locali per una crescita buona e insieme sostenibile? Questa è la scommessa vinta da Domus de Luna Onlus con questo piccolo ristorante con tre camere aperto in una zona della città stretta fra uffici regionali e la necropoli punico-romana Tuvixeddu. Accomodati in sala, o nel gradevole giardino, sarete conquistati dal talento di Luca Todde, che elabora prodotti regionali biologici in ricette raffinate, frutto degli insegnamenti di un grande chef che, assieme a produttori e vari sostenitori, ha creduto in questo progetto etico e sostenibile. Le proposte sono sempre diverse, con la possibilità di scegliere alla carta o fra i tanti menù degustazione: di lavoro (dal lunedì al venerdì, 16 €), *sa pichettada* – buffet domenicale (15 €) – vegetariano (giovedì sera, 22 €) e il buffet letterario (mercoledì sera, 22 €). Le variegate proposte comprendono **insalata di farro, cozze, pomodori e cicoria** (6 €), sformato di patate, zucchine e spinaci, frittura di zerri, flan di carciofi e fiore sardo, per cominciare. Seguono zuppa di cicerchie con verdure, mentuccia e pecorino, tagliatelle al nero di seppia con arselle, sedano e pomodoro (7,50 €), **lasagne di pane carasau con ragù, besciamella e pecorino** (7 €). Fra i secondi, **cefalo in guazzetto di cozze e arselle**, **pecora *a succhittu* con patate al forno** (10 €), frittate e, per chiudere, macedonia di frutta bio, millefoglie crema e cioccolato o budino alla menta (4 €). I vini, sfusi e in bottiglia, sono quelli di Cantine Argiolas, sostenitore del progetto.

Sa Domu Sarda

Ristorante
Via Sassari, 51
Tel. 070 653400
Chiuso sabato a mezzogiorno
Orario: mezzogiorno e sera
Ferie: periodo natalizio, Capodanno
Coperti: 70
Prezzi: 25-40 euro vini esclusi
Carte di credito: CS, MC, Visa, BM

Se siete amanti delle buone pietanze regionali, terragne e tradizionali, non potete non fare una capatina da Miro. A pochi passi dalla movida cittadina potrete gustare preparazioni territoriali, realizzate con passione, entusiasmo e le migliori materie prime. L'arredamento, di chiara ispirazione contadina, con foto storiche alle pareti, rivendica la ruralità dell'isola e della sua cucina. Per iniziare, consigliamo il tagliere di salumi o di formaggi misti (8 €), le **melanzane a *sa carrettonera*** (8 €) o, per gli appetiti robusti, la degustazione di antipasti della casa (per due persone, 15 €). Tra i primi potrete gustare i *culurgiones* **ogliastrini** nelle varie versioni: tradizionali, con noci e pinoli oppure in crema di porri (10 €); in alternativa un altro piatto forte, la **fregola *incasada* con lo zafferano** o con funghi e salsiccia (10 €). Passando ai secondi la scelta è ugualmente ampia: parasangue e costata di cavallo alla griglia (15 €) oppure tagliata di manzo con rucola e fiore sardo (20 €). Se invece volete assaggiare il **porchetto al mirto** o l'**agnello al forno** (15 €) ricordate di prenotarli prima. D'obbligo chiudere con i dolcetti sardi o quelli della casa, che variano in base all'ispirazione dello chef. La carta dei vini è prevalentemente regionale, con cantine anche poco conosciute che saranno una piacevole sorpresa. Presenti quattro menù degustazione con prezzi compresi dai 20 ai 35 euro.

Sa Piola della Vecchia Trattoria

Osteria moderna
Vico Santa Margherita, 3
Tel. 070 666714
Non ha giorno di chiusura
Orario: mezzogiorno e sera
Ferie: variabili
Coperti: 60 + 10 esterni
Prezzi: 40 euro vini esclusi
Carte di credito: MC, Visa, BM

Giuseppe Vinci ha dato a Sa Piola la sua impronta con alcuni prodotti di riferimento ormai classici (spesso tutelati dal Presidio Slow Food). La simpatia con cui gestisce la sala è coinvolgente: sempre pronto ad accogliere piccole esigenze e a disegnare menu ad hoc. Se volete gustare una panoramica della cucina e dei sapori del territorio avventuratevi nella degustazione completa di tutti gli antipasti (20 euro per quella di terra, 25 per i piatti di mare), ma vi avvisiamo che non vi consentirà di proseguire oltre se non con un dolce. Diversamente scegliete singole porzioni alla carta: ottimo il tagliere di salumi e formaggi (16 €), l'insalata di moscardini e cozze con orzo perlato (12 €), le **polpettine di bue rosso al Vermentino** (12 €), la frittura di mare, o di terra, con le verdure (16 €). Altre ottime proposte sono la trippa, i crudi di mare, la **zuppetta di cozze e arselle**, la tartara di bue rosso. Originali i primi, con attenzione alle paste artigianali sarde: **_lorighittas_ scampi e gamberi** (18 €), *ciccioneddas* al pesto di mare o al pomodoro (14 e 8 €), *fregula* al ragù di mare, **_talluzas_ al ragù di selvaggina**. Come secondo, bue rosso: non perdete le **melanzane** di nonna Pina **ripiene** (15 €) o lo stufato (14 €), ma non manca neppure un ottimo pescato del giorno preparato con zafferano e patate (20 €). I dolci strizzano l'occhio alla tradizione con le novità: tiramisù coi savoiardi di Dorgali (5 €), panna cotta con latte di capra, **strudel di *carasau* con mele di Barrali** (6 €). Bella cantina, sempre attenta alle novità regionali.

> ❝ *Accoglienza e sperimentazione di ricette ispirate al territorio: una vera antologia della cucina cagliaritana e sarda* ❞

Su Tzilleri e su Doge

Trattoria *novità*
Piazza San Giuseppe, 2
Tel. 327 1542216
Chiuso domenica sera
Orario: mezzogiorno e sera
Ferie: non ne fa
Coperti: 50 + 30 esterni
Prezzi: 35 euro vini esclusi
Carte di credito: tutte, BM

Il nome di questo locale del quartiere Castello, ben collocato fra la Torre dell'Elefante e il Bastione di Santa Croce, richiama l'unione fra l'osteria tradizionale sarda e la precedente gestione per metà veneziana, di cui porta traccia il menù dove sopravvivono polenta, baccalà e orzo. L'impronta resta territoriale: attenzione ai Presìdi Slow Food e alla riscoperta di antiche ricette. Claudio Ara è l'estroso chef-maitre-animatore della trattoria, organizzata su più salette arredate in tono rustico. Il menù varia con il mercato con alcune costanti: il bue rosso, presente negli antipasti – polpettine (14 €) o **trippa** – e nei secondi (*ghisadu*, stracotto e bollito), e le arselle di Santa Gilla, che condiscono le linguine e la *minestr'e'cocciula* (14 €). In carta anche i crudi di mare, la fregola con il ragù di pesce (14 €) e alcune specialità con il cappero selargino che insaporisce il **coniglio *a succhittu*** (cacciatora) e varie insalate. Ancora tradizione nelle ***ciccioneddas***, sorta di gnocchetti, **con casizolu e zafferano**, nel **matz' a murru** nei *nattalis* al ragù di selvaggina (16 €), nel tagliere di salumi e formaggi di piccoli produttori locali e nella gallina ripiena (18 €). La degustazione completa degli antipasti, di terra e di mare, praticamente un pasto intero, è proposta a 20 euro. Disponibili anche due menù degustazione: di terra (25-35 €) e di mare (30-40 €). Chiudono il cerchio il tiramisù con i biscotti di Dorgali, la panna cotta con latte di capra e il tradizionale *timball'e'latti*, (crème caramel), tutti a 8 euro. La proposta dei vini è interessante, prevalentemente sarda, con le piccole cantine protagoniste.

CAGLIARI
Giorgino

3 KM DAL CENTRO DELLA CITTÀ

Zenit da Minestrone
Ristorante
Viale Pula-Villaggio dei Pescatori
Tel. 070 250009-338 4350505
Chiuso il lunedì
Orario: mezzogiorno e sera
Ferie: 1-10 gennaio, 3 settimane in novembre
Coperti: 40 + 40 esterni
Prezzi: 32-35 euro vini esclusi
Carte di credito: tutte, BM

Questo locale è da tempo un sicuro approdo per chi cerca interpretazioni autentiche della tradizionale cucina cagliaritana di mare, con alcuni riferimenti incrollabili e introvabili altrove. Lo stile marinaresco caratterizza anche gli arredi della prima sala, mentre la bellissima terrazza coperta regala una splendida vista sulla storica spiaggia di Giorgino, nella costa occidentale dell'isola. Il recente cambio del personale che gestisce la sala, tuttavia, ci ha lasciato qualche perplessità sull'accoglienza e sulla puntualità del servizio. In qualche antipasto si eccede un poco nell'uso dell'aceto, ma rimangono comunque di buona esecuzione e fedeltà alla tradizione la **burrida** (gattuccio di mare preparato con interiora del pesce, noci e aceto, 7 €) e le cozze alla marinara (6 €). Fra i primi, davvero buona la **fregola in umido con le arselle** (10 €), presentata in tavola nella tradizionale zuppiera, mentre occorre venire nella stagione giusta (dal 1 novembre al 30 aprile) per gustare **con i ricci di mare** (12 €) gli **spaghetti**, buoni, in alternativa, con i gamberi (13 €) o con gli scampi. Fra i secondi, a parte le grigliate miste di pesce, da segnalare la delicata e abbondante **frittura mista** (15 €) e il **pesce cappone in umido con patate e zafferano** (6 euro l'etto). Dolci di carattere internazionale, mentre la cantina presenta una certa varietà di etichette sarde e qualche apprezzabile bollicina.

CALANGIANUS

9 KM A EST DI TEMPIO PAUSANIA, 35 KM DA OLBIA SS 127

Il Tirabusciò
Ristorante
Via Bixio, 5
Tel. 079 661849-347 0580548
Chiuso la domenica
Orario: mezzogiorno e sera
Ferie: variabili
Coperti: 30
Prezzi: 30-35 euro vini esclusi
Carte di credito: CS, DC, MC, Visa, BM

Questo locale si trova nel centro storico di Calangianus, ospitato in una casa in granito, come molti degli edifici dell'affascinante località. Siamo nel regno del sughero, e qui sono presenti aziende che estraggono e trasformano questa prezioso prodotto con cui si realizzano tappi pregiati esportati in tutto il mondo. Il ristorante è a gestione familiare e i giovani titolari, gentili e ospitali, vi presenteranno il menù costituito prevalentemente da specialità terragne, ma è possibile mangiare anche piatti di mare. Tra gli antipasti, ottimi i cavolfiori gratinati, le favette con la menta, gli involtini di melanzane e la frittata di asparagi; in alternativa ottimi i salumi e le **verdure in pastella** (7 €), mentre la degustazione completa degli antipasti è proposta 12 euro. La cucina esalta i primi piatti e in particolare la pasta fatta in casa, con porzioni davvero abbondanti: consigliamo i tradizionali *fiuritti*, gustosi tagliolini, **con ragù di salsiccia piccante** (8,50 €). Ottimi anche i *chiusoni* (gnocchi di patate) **con radicchio, speck e gorgonzola** (8,50 €) e la tradizionale zuppa gallurese. Tra i secondi molto saporito lo **stinco di maiale in umido** (10 €) e ottima la tagliata di manzo locale con rucola (13 €). I dolci riservano un ottimo **tiramisù** fatto in casa (5 €), i ravioli dolci fritti ripieni di ricotta e, stagionalmente, le fragole al limone. Buona la scelta dei vini, incentrata prevalentemente sulle cantine del territorio della Gallura.

SARDEGNA | 863

CAPOTERRA

20 km a SO di Cagliari ss 195

Il Rubino
Ristorante
Via Bari, 6
Tel. 348 7395596
Chiuso il lunedì
Orario: sera, estate ven-dom anche pranzo
Ferie: variabili in gennaio
Coperti: 40
Prezzi: 30-35 euro vini esclusi
Carte di credito: nessuna

Capoterra non è proprio di passaggio, anche se non è distante da Cagliari, e via Bari, che ospita il ristorante, non è facile da trovare. A questo si aggiunga una prima impressione non proprio delle migliori ma, una volta a tavola, la musica cambia. Graziano Zuddas, chef e all'occorrenza cameriere di sala, organizzerà il vostro menù sulla base del meglio che è riuscito a trovare al mercato del pesce e sulla sua grande fantasia e abilità ai fornelli. Le proposte che escono dalla cucina variano tutti i giorni: ogni volta è una diversa, bellissima avventura che sottolinea l'amore che il patron ha per il proprio lavoro e la sua inestinguibile creatività. Lasciatevi quindi guidare senza paura e assaggiate il misto di antipasti (per almeno due persone, 16 €): **frittura di piccola pesca**, spiedini di seppie, **cozze al pomodoro**, carpacci e gamberoni, il tutto condito con un ottimo extravergine e sempre ben presentato e accompagnato da verdure fresche. Fra i primi, buoni i **taglionini al nero di seppia e profumo d'arancia** (14 €) e raffinati e insoliti i **ravioli di pesce al pesto**. Ancora buon pesce come secondo, di cui la tagliata di tonno (12 €), gli arrosti, l'astice e i gamberoni (16 €) sono solo un esempio. Anche i dessert sono preparati in casa: crème caramel, profiterole e sorbetto alla mela verde (4 €). La cantina offre diverse etichette regionali, ma è ottimo il vino della casa: Carignano (rosso) e Vermentino (bianco).

CUGLIERI

40 km a nord di Oristano ss 292

Desogos
Ristorante
Vico I Cugia, 6
Tel. 0785 39660
Non ha giorno di chiusura
Orario: mezzogiorno, sab e dom anche sera
Ferie: non ne fa
Coperti: 60
Prezzi: 20-25 euro vini esclusi, menù fisso
Carte di credito: CS, DC, MC, Visa, BM

Arrivando nel Montiferru non potrete fare a meno di visitare Cuglieri, dalla cui sommità, punto in cui si erge il seminario vescovile, potrete ammirare il mare oristanese e la natura generosa. La scoperta del centro storico, tra vicoli in pietra affascinanti e autentici, vi regalerà un momento di grande piacevolezza che potrete coronare con una pausa da Desogos. Lasciatevi sedurre dalla curata familiarità di questa graziosa osteria, aperta nel 1949 e oggi giunta alla sua terza generazione con immutata passione verso l'attività ristorativa, tesa a esprimere al meglio le potenzialità del territorio. Cominciate con **verdure sott'olio** (4,50 €) e prosciutto crudo con salsiccia (7 €) per poi passare ai primi: assolutamente consigliati i **malloreddus** al sugo semplice (6 €) o **con salsiccia di cinghiale** (8 €). In alternativa, buoni i ravioli di ricotta (7 €). Tra i secondi assaggiate il **cinghiale alle olive** (10 €), l'**asinello in umido con i peperoni** (8 €) o il maialetto arrosto (10 €). Il pasto si conclude con ottimi dolci secchi realizzati artigianalmente. Il vino della casa è discreto, ma avrete a disposizione anche una carta dei vini regionali più signficativi. Da segnalare come ogni pietanza sia impreziosita da un ottimo olio extravergine del territorio. Varie le possibilità di menù degustazione per tutte le tasche; i bambini sono ospiti graditi e non pagano.

DORGALI
Ispinigoli

32 km a est di Nuoro ss 129 e 125

Ispinigoli
Ristorante annesso all'albergo
Strada statale 125, km 210
Tel. 0784 95268-94293
Non ha giorno di chiusura
Orario: mezzogiorno e sera
Ferie: ottobre-marzo
Coperti: 350 + 150 esterni
Prezzi: 30-38 euro vini esclusi
Carte di credito: AE, CS, MC, Visa, BM

In un territorio gastronomicamente ricchissimo opera da trent'anni con successo Piero Mula, noto per l'attenzione alle materie prime e la qualità dei piatti. Affacciandovi dall'ampia terrazza panoramica del locale capirete quali siano le fonti d'ispirazione del menù: i vigneti, l'oliveto, l'orto, gli animali, il bosco ma, soprattutto, il bellissimo golfo di Orosei, che offre i pesci che ritroverete nella grigliata mista e i *moscardini* preparati **in salsa piccante** (11 €). Tra i piatti di terra e quelli di mare trova spazio l'ampia selezione dei **formaggi**, molti dei quali provenienti dalla vicina cooperativa Dorgali Pastori, tra cui ricotta, *sa frue*, formaggio fresco acidulato proposto come antipasto – *tamata* e *frue salia* (6 €) –, e i numerosi pecorini e caprini di diverse stagionature. Sempre fra gli antipasti consigliamo la *casadina* dorgalese, un sostanzioso tortino di formaggio fresco e menta (8 €) e la pescatrice alla catalana. Come primo piatto *maccarones furriaos* con formaggi, timo e zafferano o i **ravioli al nero di seppia ripieni di ombrina e zucchine** (13 €). Immancabili, per proseguire, il maialetto arrostito (15 €) e il cinghiale aromatizzato alle erbe e Cannonau. Per concludere *seadas*, dolcetti dorgalesi, ma anche millefoglie barbaricina con ricotta e panna cotta al miele di cardo e vincotto (6 €). Se, fra le numerosissime etichette della carta dei vini, non sapete quale scegliere, lasciatevi guidare dalla professionalità della padrona di casa. Disponibili un menù degustazione (30 €), uno vegetariano (27 €) e uno per bimbi (15 €).

GAVOI

41 km a so di Nuoro ss 128

Santa Rughe
Ristorante-pizzeria
Via Carlo Felice, 2
Tel. 0784 53774
Chiuso il mercoledì, mai in agosto
Orario: mezzogiorno e sera
Ferie: in febbraio e in novembre
Coperti: 100 + 20 esterni
Prezzi: 30 euro vini esclusi
Carte di credito: tutte, BM

Gavoi, con il suo centro storico fatto di strade e case di solido granito, è icona della cultura agropastorale della Barbagia, custode di saperi persi in altre zone dell'isola. Santa Rughe ben si colloca in questa cornice e, sebbene oggi si sia arricchita di alcune specialità di mare, è nelle sue espressioni terragne che rispecchia l'identità di questo magnifico territorio. La selezione di antipasti (14 €) offre una carrellata di portate calde e fredde di alto livello, fra cui troviamo prosciutto crudo, guanciale, pecorino al mirto e la menta, fiore sardo dei pastori (Presidio Slow Food) con composte e miele, ricotta, *hazzau* (cagliata fresca acidula), peperoni e funghi sott'olio. Seguono, tra le entrate calde, favette con lente e menta, *purpuzza*, animelle di vitello al vino bianco, trippa con fiore sardo e cervellina fritte. Difficile proseguire ma altrettanto meritevoli sono i primi piatti (9 €): la scelta è fra **ravioli di formaggio al ragù di pecora**, gnocchetti con ricotta fresca, zafferano e menta, *maharrones curzos* con **patate e ricotta** e, in primavera e autunno, *s'erbuzzu*: una zuppa di 15 erbe selvatiche e formaggio fresco (9,50 €). Tra i secondi, non mancate la **grigliata mista** (13 €) con maialetto, vitella, salsiccia e *sa horda* (treccia di interiora). Il carrello dei **formaggi**, rimane un valore aggiunto che si conferma di anno in anno, ma sono un ottimo fine pasto anche i **raviolini fritti di ricotta e miele** (3,50 €). Cantina adeguata, perlopiù di ispirazione isolana.

> *L'attenzione per gli ingredienti si ritrova nelle preparazioni autentiche, raccontate con passione: un pasto qui è un'esperienza preziosa*

SARDEGNA | 865

GENONI
Giara di Genoni

51 km a se di Oristano

Monti Paulis

Trattoria con alloggio
Strada Provinciale 16 Genoni-Senis
Tel. 328 4915576
Chiuso il mercoledì
Orario: mezzogiorno e sera, su prenotazione
Ferie: variabili in inverno
Coperti: 70 + 100 esterni
Prezzi: 30-35 euro, menù fisso
Carte di credito: nessuna

L'altopiano di Genoni, impreziosito dal fitto bosco mediterraneo dove è ancora possibile scorgere i cavallini tipici della zona, è cornice della locanda Monti Paulis. Qui, nella strada che collega Genoni e Senis, Adriano Zucca, chef e insegnante di grandi capacità, gestisce questa trattoria con alloggio in bellissima posizione panoramica sulla vallata. Le escursioni a piedi, a cavallo o in bici sono ideale preludio all'eccellente binomio di creatività e prodotti locali proposto in due menù fissi, che cambiano secondo disponibilità: di pesce (proveniente dall'Oristanese) o di carne, con ortaggi, salumi e formaggi locali selezionati con cura. Si inizia con guanciale e prosciutto, formaggi, **insalatina di vitello al balsamico**, **gallina ripiena in crosta**, costine di agnello alle erbe, canestrini di pane con salsiccia e pomodoro, sardine gratinate o zuppetta di molluschi. La pasta fresca è fatta in casa: ottimi i **ravioli di ricotta e melanzane al pomodoro e menta**, gli straccetti con vitello, pomodori, zucchine e ricotta mustia (affumicata), le trofie con cozze e bottarga o la classica fregola alle arselle. Seguono secondi prelibati con il vitello con vino rosso e tartufo su rösti di patate e verdure, la **zuppa di pesce in crosta**, la cernia con patate, pomodoro e zafferano, o un superbo **porcetto arrosto** dalla cotenna croccante. Chiudono, fra i dolci, tiramisù alle fragole, spuma alla pesca con menta e semifreddo al miele, innaffiati da liquori casalinghi. Ottimi i vini della casa e l'assortimento ragionato delle etichette regionali.

66 *Dedizione per la ricerca di prodotti eccellenti del territorio e grande creatività diventano qui maestria nell'ospitalità e accoglienza* **99**

GIBA

22 km a se di Carbonia, 43 km da Iglesias

La Rosella

Ristorante annesso all'albergo
Via Principe di Piemonte, 135
Tel. 0781 964029-340 3134376
Non ha giorno di chiusura
Orario: mezzogiorno e sera, nov-mar solo pranzo
Ferie: nella seconda metà di dicembre
Coperti: 150
Prezzi: 35 euro vini esclusi
Carte di credito: tutte, BM

La Rosella è da sempre approdo sicuro per la cucina tipica del Sulcis grazie alla proposta di piatti semplici, senza fronzoli, legati alle ricette tradizionali e ai prodotti di stagione e del territorio, reperiti da aziende che operano nel raggio di pochi chilometri. Ottimo e fragrante il pane di semola sarda a lievitazione naturale, cotto nel forno a legna, che sarà piacevole compagno di tutto il pasto, rimanendo impresso per intensità di gusto e profumo. La selezione di antipasti misti, di terra, di mare, o un assaggio di entrambi (20 €), è abbondante e ottima, spaziando da piccole fritture a grigliate di verdure, anche selvatiche, dai crostini alle frittate di ortaggi; poi ancora salumi, zuppa di cozze, orziadas (anemoni di mare) fritte, pesce affumicato e seppie ripiene al pecorino. Le paste, di produzione artigianale, sono quelle della tradizione locale: ottimi i **ravioli agli asparagi** o ai carciofi (10 €), la fregola con le arselle e i *pillus* (dischetti di pasta) **con il ragù di capra** (10 €). Nei secondi zuppe di pesce, conchiglie e grigliate. Tra le carni, oltre ai classici arrosti di tagli locali selezionati, è da provare la **trattalia** (spiedo d'interiora di agnello o di capretto avvolte con i budelli, 12 €); in alternativa capra o capretto in umido e **agnello al finocchio selvatico** (12 €) o ai carciofi. Se disponibili, concludete con i raviolini fritti di ricotta e zucchero o le *seadas*. La selezione dei vini è piuttosto modesta, ma incentrata sul vitigno principe del territorio: il carignano del Sulcis.

866 | SARDEGNA

Pintadera

Trattoria
Via Manno, 22-24
Tel. 349 5228556-346 6770183
Chiuso il mercoledì
Orario: pranzo e sera, luglio e agosto solo sera
Ferie: non ne fa
Coperti: 90
Prezzi: 30-35 euro vini esclusi
Carte di credito: CS, MC, Visa, BM

La tradizione mineraria di Iglesias è riconosciuta dall'Unescu come patrimonio archeologico industriale. Nel centro storico del paese troverete questo piacevole locale gestito dal loquace patron Pietro Vivarelli, che vi guiderà in un percorso gastronomico fatto di eccellenze del territorio (anche Presìdi Slow Food) dai sapori autentici e di fattura impeccabile. Pietro saprà coinvolgervi con i suoi racconti, spiegandovi ogni pietanza, tutte di matrice terragna. Per iniziare l'ottimo **carpaccio salato di bue rosso**, seguito da salumi di pecora e maiale, treccina di agnello e casizolu del Montiferru al forno (quattro antipasti, 15 €). La pasta tradizionale è realizzata in casa: assaggiate i **ravioli di ricotta e ortica con burro, erbe e casizolu** (12 €), i ravioli di **brasato di bue rosso** (12 €) o i *culurgiones* di patate e menta (10 €). Pietro è un vero maestro nel settore delle carni, perciò è facile la scelta tra capra in umido (8 €), pecora arrosto con aromi (10 €) o **bue rosso** in tagliata (12 €), **costata** o fiorentina (5 euro l'etto). Se preferite il pesce ricordate di prenotarlo prima. Per concludere vi suggeriamo la *sebada* **di casizolu con mostarda di pompìa** (Presidio Slow Food) o il millefoglie di carasau con mirto e torroncino (tutti a 6 euro). La carta dei vini è regionale, con interessanti prodotti della casa di produzione locale che meritano attenzione e rispetto.

❝ *L'accoglienza e la sapienza narrativa di Pietro vi coinvolgeranno e renderanno indimenticabili pietanze che sono alta espressione del territorio* ❞

S'Arragatteri

Osteria tradizionale
Strada Provinciale 85-Località Cixerri
Tel. 340 5691246-331 4381947
Chiuso il lunedì
Orario: pranzo e sera, luglio-agosto pranzo su prenotazione
Ferie: prima settimana di ottobre
Coperti: 60 + 20 esterni
Prezzi: 30 euro vini esclusi
Carte di credito: CS, DC, MC, Visa, BM

S'Arragatteri, appena fuori la città di Iglesias, accoglie gli ospiti in un rustico di campagna ristrutturato e molto ben curato, con una piacevole sala interna, ricca di oggetti che ricordano il mare, e una suggestiva veranda che affaccia su un ampio terreno dove spicca lo splendido oliveto annesso all'osteria. La cucina si riconferma in tutta la sua freschezza e genuinità, con i prodotti che arrivano quotidianamente dai pescherecci di Sant'Antioco con cui Gianfranco collabora da tempo. La cura e la passione si evincono in tutti i piatti elaborati dalla moglie e dal figlio, che con preziosi consigli vi presenterà e vi farà scegliere il pescato di giornata prima della sua cottura. La tradizione prevale in ogni portata: la **selezione di antipasti**, che da sola può costituire un piatto unico (16 €), va dalle cozze gratinate ai deliziosi crostini con seppiette, dalle gustosissime sardine con patate al polpo con radicchio e noci, fino agli appetitosi bocconi (murici) e alle **cozze al pecorino**. Fra i primi spiccano gli **spaghetti ai ricci** (13 €), anche nella variante con aggiunta delle orziadas (anemoni di mare), ma sono buoni anche gli spaghetti allo scoglio (15 €). Tra i secondi sono da preferire il **fritto misto di mare**, asciutto, croccante e leggero (14 €) e l'immancabile pescato del giorno arrosto o al sale (4,50 euro l'etto). Il pasto si conclude con i dolci della casa, *sebadas* o raviolini fritti di ricotta. La scelta dei vini è costituita da una modesta selezione del territorio, ma il bianco della casa è molto gradevole.

ISOLA DI SAN PIETRO
Carloforte

33,5 KM A SO DI IGLESIAS SP 84 E TRAGHETTO

A Galaia

Ristorante *novità*
Via Don Nicolo Segni, 36
Tel. 0781 854081-0781 872152
Chiuso il lunedì
Orario: mezzogiorno e sera
Ferie: non ne fa
Coperti: 80 + 20 esterni
Prezzi: 30-35 euro vini esclusi
Carte di credito: CS, MC, Visa, BM

Quella di San Pietro è un'isola nell'isola dal Settecento, quando, dopo lo spostamento della colonia di pescatori da Tabarka, qui si è costituita un'enclave ligure in terra sarda, a 30 minuti di traghetto dalla punta di sudovest. La cornice naturale è straordinaria per bellezza e ricchezza del mare, una gita in questa zona equivale a un ritorno al passato, in un ambiente incontaminato e fragile. A questo si accompagna una gastronomia straordinaria, incentrata sul tonno di mattanza, re dei piatti locali. I fratelli Buzzo offrono un'abbondante e gustosa cucina di mare, attenta alla tradizione e ben raccontata nei suoi colori e sapori da Beppe, che troverete in sala. Dalla pesca di tonnara, eseguita con metodi antichi e sostenibili, arrivano antipasti a **tutto tonno** (20 €) – ventresca, mosciame, cuore, bottarga e affumicato (singolarmente, 10 €) –, *cappunadda* (pomodoro, cetriolo facussa, basilico e tonno su una galletta secca) e *panissa* (farinata di ceci fritta). Nei primi si trovano le tradizionali contaminazioni tra Genova e Tunisi nel **pasticcio carlofortino** (due tipi di pasta con pomodoro, pesto e tonno, 12 €) cui seguono spaghetti in carbonara di mare e bottarga o alle cozze e vongole. Sempre il tonno domina fra i secondi: alla carlofortina (con pomodoro e alloro, 12 €) o arrosto in tagliata; in alternativa la **cassòla** (zuppa di pesce, su ordinazione), il pesce spada o qualche proposta di carne locale alla griglia. I dolci sono il tiramisù all'arancia o il classico **canestrello** (biscotto glassato) con Moscato. Accurata la lista dei vini, tutti regionali. Disponibili anche due buoni menù a 25 e 35 euro.

ISOLA DI SAN PIETRO
Carloforte

33,5 KM A SO DI IGLESIAS SP 84 E TRAGHETTO

Osteria della Tonnara Da Andrea

Osteria moderna *novità*
Corso Battellieri, 36
Tel. 0781 855734
Chiuso il mercoledì
Orario: pranzo e sera, ottobre-aprile solo sera
Ferie: da metà gennaio a metà marzo
Coperti: 100 + 40 esterni
Prezzi: 35 euro vini esclusi
Carte di credito: nessuna

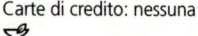

La straordinaria gastronomia di Carloforte, fra mare, paesaggi unici e ambiente incontaminato, è espressione di una comunità di pescatori liguri che hanno ripopolato l'isola di San Pietro avviando la tradizione della pesca, selettiva e sostenibile, del prezioso tonno rosso, o "di corsa" (mattanza a maggio-giugno), attraverso l'uso di gabbie che seguono il percorso naturale del pesce. Andrea Rosso, lo chef, dimostra passione per le contaminazioni creative, seguendo la stagionalità in una realtà non facile che vive di pesca: il tonno è quindi presente in molte ricette. Abbondante il misto di antipasti (18 €) con involtini di melanzane, *cappunadda* (tonno salato, cetrioli e pomodori su galletta secca), carpaccio di pesce spada, tris di sarde ai peperoni, limone e basilico, gamberi in tempura e misto tonno, con musciame, bottarga e filetti sott'olio. I primi rivisitano le tradizioni con **cascà** (cuscus) **alle verdure**, **bobba** (suprema di fave secche), lasagne tonno e pesto, spaghetti alla bottarga, fresine di Andrea (con olive verdi e nere, capperi, pecorino, scorza di limone, 12 €). In alternativa, pasticcio di crostacei o **cassulli alla carlofortina** (pomodoro, tonno e pesto, 12 €). Da non perdere, fra i secondi, il tonno, o la sua **ventresca**, arrosto, in tagliata **alla tabarkina**: con pomodoro, vino bianco e alloro (16 €). Concludete con il canestrello all'anice intinto nel Moscato o con la cassata (ricotta e cioccolato bianco, 6 €). Ottima cantina con vini, liquori e birre regionali.

ISOLA DI SANT'ANTIOCO
Calasetta

28 KM A SO DI CARBONIA, 49 KM DA IGLESIAS

Da Pasqualino
Ristorante
Via Regina Margherita, 85
Tel. 0781 88473
Chiuso il martedì, mai in agosto
Orario: mezzogiorno e sera
Ferie: 2 settimane in novembre, 15/01-28/02
Coperti: 70 + 20 esterni
Prezzi: 35 euro vini esclusi
Carte di credito: AE, CS, MC, Visa, BM

Se visitate il Sulcis e scegliete di recarvi sull'isola di Sant'Antioco, fermatevi a Calasetta da Pasqualino e non ve ne pentirete: una semplice, ma affidabile, trattoria a conduzione familiare giunta oramai alla terza generazione. L'accoglienza sincera e la passione per una cucina tutta ispirata al territorio vi conquisteranno. Le pietanze di mare dominano l'offerta e la scelta non sarà semplice, ma voi seguite i suggerimenti dell'affabile personale che riuscirà a mettervi subito a vostro agio. Vi suggeriamo di cominciare con l'**insalata di mare** (10 €) e il **misto di affettati di pesce** (11 €), piatto molto rappresentativo della cucina della zona. Tra i primi piatti potrete scegliere tra un **cuscus di pesce** (14 €), realizzato artigianalmente partendo dalla semola di grano duro, e i più classici, ma ugualmente godibili, **spaghetti alla marinara** (11 €). Tra i secondi, continua l'imbarazzo della scelta: optate per le **cozze alla marinara** (8,50 €), l'ottima frittura mista (14 €) o l'**orata alla griglia** (4,50 euro l'etto). I dolci della casa meritano un ultimo sforzo: le *sebadas* (4 €), il sorbetto (3 €) o assecondare l'offerta del giorno, che riserva sempre qualche buona sorpresa. La carta dei vini è tutta regionale: spiccano le ottime etichette delle cantine locali, a rappresentare egregiamente un territorio che possiede tutte le carte per affermarsi anche enologicamente.

ITTIRI
Butios

25 KM A SUD DI SASSARI

Su Recreu
Azienda agrituristica
Regione Camedda-Strada Provinciale 28 Ittiri-Romana
Tel. 079 442456-335 6529746
Chiuso il lunedì
Orario: mezzogiorno e sera
Ferie: non ne fa
Coperti: 80 + 100 esterni
Prezzi: 30-35 euro, menù fisso
Carte di credito: tutte, BM

Vicino a Ittiri, che porta memoria del passato baronale nei suoi palazzi in trachite, le colline del Logudoro offrono panorami incontaminati, siti nuragici e produzioni artigianali uniche. Qui, Gavino e Piera Demontis mantengono il senso di un'agricoltura vera, che insegnano con piacere ai bambini nella fattoria didattica e agli ospiti che godono dei piatti della cucina e della tranquillità delle stanze nelle *domittas*, piccole casette in mezzo ai campi. L'allevamento è un altro tassello di questo agriturismo che assicura grande qualità nei piatti tipici, raccolti nei menù stagionali: recreu (antipasti, primi, secondi, contorni e dolci, 30 €), buttios (antipasti, primi e un solo secondo, 25 €) e pitzinnos, per bambini (15 €). I robusti antipasti offrono: salumi, formaggi, fra cui il **tenerello fresco** (primo sale di capra), ortaggi sott'olio e in agrodolce, verdure pastellate, zuppe di legumi e pane con lievito madre. Fra i primi i oramai classiche *mariposas* (cannelloni di tenerello e asparagi), ravioli di ricotta ai carciofi, *pane zichi* (biscottato e cotto con brodo di pecora) **alle zucchine e fiori di zucca**, gnocchetti al sugo di pecora. Tra le carni, **capretto con finocchietto e olive**, **coratella con cipolle in agrodolce**, porcetto arrosto o rollata di agnello alle erbe con verdure dell'orto. Chiudete con il *recreu*, raviolo di formaggio e arancia fritto e condito con miele, crostate alle confetture casalinghe o dolcetti secchi e liquori fatti in casa.

> *Esempio eccellente di filiera chiusa, superba nelle elaborazioni gastronomiche di Piera, ben raccontate da Gavino Demontis*

LULA
Ogoli

46 km a ne di Nuoro sp 45 e 38

Janna e' Ruche
Azienda agrituristica
Strada Provinciale Lula-Sant'Anna, Località Ogoli
Tel. 347 7923393-333 8464983
Aperto sabato e domenica, altri giorni su prenotazione
Orario: mezzogiorno e sera
Ferie: tra gennaio e febbraio
Coperti: 200 + 100 esterni
Prezzi: 25-27 euro, menù fisso
Carte di credito: nessuna

Siamo a una decina di chilometri da Lula, località in passato nota per le miniere, sulla strada che porta in direzione Sant'Anna. Il luogo è molto bello e i 120 ettari dell'azienda, nata negli anni Ottanta, si estendono tra i boschi e il Montalbo, montagna calcarea ricca di fauna. I proprietari allevano pecore, mucche, capre, maiali e coltivano i prodotti dell'orto impiegati in cucina. Nel menù sono proposti varie specialità aziendali, con una particolare attenzione al latte di capra e ai suoi derivati. Si comincia con una grande scelta di antipasti di prevalenza orticola: cavoli, melanzane, **peperoni sott'olio**, guanciale, prosciutto, fritture di melanzane, zucchine e peperoni. Seguono frattaglie di maiale in agrodolce, polpette di salsiccia e le particolari rondelle di zucchine farcite con formaggio fresco di capra e pomodorini. Ottimo il **pane 'e gherda**, un piatto invernale che consiste in una focaccia condita con ciccioli di maiale. Poi torte salate ripiene di verdure, formaggio misto di capra e di mucca, *casadinas* **salate** ripiene di formaggi misti e menta. Tra i primi, ottimi i *maccarrones de busa*, sorta di bucatini al sugo serviti con abbondante formaggio, e i ravioli ripieni di ricotta di capra e spinaci. Tra le carni, oltre al tradizionale **maialetto**, molto saporito il **cinghiale in umido** cotto nel vino rosso. Tra i dolci, d'obbligo la *sebada* con il miele. Il vino della casa è un ottimo Cannonau di buona gradazione alcolica.

MAGOMADAS

54 km a nord di Oristano ss 292

Da Riccardo
Trattoria
Via Vittorio Emanuele, 13-15
Tel. 0785 35631
Chiuso il martedì
Orario: mezzogiorno e sera
Ferie: in novembre
Coperti: 35 + 10 esterni
Prezzi: 25-30 euro vini esclusi
Carte di credito: nessuna

Nella via principale di Magomadas, la trattoria a conduzione familiare Da Riccardo si trova quasi di fronte al municipio: un piccolo cortile con alcuni tavoli e una raccolta sala. Il menù è messo a punto quotidianamente secondo il pescato e le verdure offerte dalla stagione. Tra gli antipasti, **sardine con cipolle** o impanate e fritte, bocconi con verdure miste sott'olio preparate in casa e insalata con tonno; il misto di antipasti è proposto a 12 euro. La moglie di Riccardo – regina della cucina – combina gli ingredienti regalandoci ottime trofie con porcini e pesce spada (10 €) e più usuali **tagliatelle**, o spaghetti, **con l'aragosta** (15 €). In inverno è in carta un'ottima **zuppa con fave e finocchietto**, mentre sono sempre presenti i ravioli e i *culurgiones*. Fra i secondi, l'insuperabile **pesce alla griglia** (7 euro l'etto il pesce spada, 4 il muggine) o cucinato con finocchietto e cicoria di campo, disponibili anche come contorno (4 €). I dolci prevedono la classica *sebada*, la ricotta con cannella, miele e varie torte e semifreddi preparati secondo disponibilità. Il vino della casa, bianco o rosso di Cabras, è discreto e piacevole. Se avete voglia di fare due chiacchiere Riccardo vi racconterà volentieri della sua passione per il miele, che produce direttamente, delle sue escursioni alla ricerca di funghi, asparagi selvatici ed erbette di campo, descrivendovi anche le caratteristiche e i pregi dei pesci da lui arrostiti nel cortiletto dietro il ristorante, acquistati dai pescatori della vicinissima Bosa.

MAMOIADA

18 KM A SUD DI NUORO SS 389

Sa Rosada
Ristorante con alloggio
Piazza Europa, 2
Tel. 0784 56713
Chiuso il mercoledì
Orario: mezzogiorno e sera
Ferie: in novembre
Coperti: 30 + 20 esterni
Prezzi: 25-30 euro vini esclusi
Carte di credito: CS, DC, MC, Visa, BM

Augusto Sanna, l'affabile patron di Sa Rosada, è un convinto sostenitore della tesi secondo cui lo storico leader argentino Juan Peron sarebbe stato in realtà un cittadino di Mamoiada di nome Giovanni Piras, colà immigrato nel 1909. Di qui il nome del ristorante con locanda, ispirato alla sede presidenziale di Buenos Aires. A voi il compito di godervi la visita in un locale assolutamente calato nel territorio, per ambiente e proposta culinaria. Belli la sala interna, con maschere dei notissimi *mamuttones*, e il dehors estivo, ricavato nella corte. Ciò che arriva in tavola dipende dalla stagione, ma è sempre espressione della tradizione locale. Il menù completo, che include un buon Cannonau, costa 30 euro, mentre se si esclude il secondo piatto se ne spendono 25. Noi abbiamo assaggiato una serie di preparazioni calde in rosso: **piedini d'agnello**, trippa e patate, **cordula** (coratella di ovino), poi melanzane ripiene di cervellotto fritto, prosciutto di Villagrande, guanciale e pecorino locale. Con pomodoro anche i primi: ***culurgiones* ogliastrini**, ravioli di ricotta e spinaci, ***malloreddus* con salsiccia e melanzane**. Per secondo potrete scegliere fra tagli di carni bovine allevate nella zona e cucinate alla griglia, oppure cinghiale o **agnello in umido**. Per dessert una perfetta *sebada* al miele, il tiramisù della casa o il tradizionale pan di sapa. Qualche etichetta locale in alternativa al citato rosso sfuso.

NUORO

Il Portico
Ristorante
Via Monsignor Bua, 13
Tel. 0784 217641-232909-331 9294119
Chiuso il mercoledì
Orario: mezzogiorno e sera
Ferie: 2 settimane a fine luglio, 2 a fine gennaio
Coperti: 40
Prezzi: 35-40 euro vini esclusi
Carte di credito: CS, MC, Visa, BM

Il ristorante si trova all'inizio della salita che conduce alla cattedrale di Santa Maria della Neve, una delle zone più belle della città. È elegante, con soffitti a volta e tavoli distanziati fra loro e ben apparecchiati. In sala troverete l'affabile e competente Graziano Ladu, affiancato da Vania Tolu. La proposta culinaria, incentrata quasi esclusivamente sul mare (a eccezione di un menù vegetariano) mira a esaltare il pesce freschissimo proveniente da Golfo Aranci, attraverso ricette creative che valorizzano anche le verdure di stagione. Oltre al menù degustazione del mare proposto a 40 euro (per almeno due persone), potrete assaggiare ricchi e fantasiosi antipasti (misto completo, 18 €), fra i quali abbiamo apprezzato i filetti di triglia in crosta, i **calamari spillo in crema di cavolo**, il **flan di pecorino, bottarga e cuori di carciofo** e i filetti di sgombro al vapore (tutti fra 9 e 11 euro). Fra i primi, ottima la **zuppetta di fregola con asparagi e pescato del giorno** (12 €), i classici spaghetti con bottarga, calamari, vongole e pomodorini (11 €) e, per i carnivori, gli **gnocchetti** artigianali **con ragù d'agnello** (9,50 €). Fra i secondi è da provare il cartoccio al carasau di orata e gamberi (15 €) e da segnalare la totale interdizione delle fritture. Creatività nei dolci, che ripropongono classici sardi in nuova veste, come la **mousse di ricotta e sapa all'arancia** (5 €) o la selezione di pasticceria secca (5 €). Discreta la carta dei vini, con proposte interessanti del territorio.

SARDEGNA | 871

NUORO

Il Rifugio

Ristorante-pizzeria
Via Antonio Mereu, 28-36
Tel. 0784 232355
Chiuso il mercoledì
Orario: mezzogiorno e sera
Ferie: non ne fa
Coperti: 70
Prezzi: 35 euro vini esclusi
Carte di credito: AE, CS, MC, Visa, BM

Nel centro storico della città, a pochi metri dal duomo, Il Rifugio è luogo ideale per chi ama la buona cucina, per chi ricerca piatti della tradizione eseguiti magistralmente e anche per chi vuole assaggiare le proposte innovative preparate con fantasia dagli chef Silverio e Francesco Nanu. Nel locale vige una rigorosa ricerca della qualità, della stagionalità e della freschezza dei materiali impiegati, molti dei quali Presìdi Slow Food (fiore sardo, pecorino di Osilo, zafferano di San Gavino, pompìa). Potrete scegliere tra cucina di terra o di mare, ma è presente anche un menù degustazione tradizionale a 30 euro. Tra gli antipasti, prosciutto di cinghiale e di capra, lardo e guanciale di maiale allevati allo stato brado (10 €), crostini con ricotta e miele di castagno, **tempura di asparagi di mare** (salicornia) **in agrodolce** (10 €) o le ostriche di San Teodoro (12 €). Tra gli innumerevoli primi, i *culurgiones* ogliastrini con crema di pecorino, guanciale, mandorle e buccia d'arancia (12 €), i *maccarones de busa* (bucatini lavorati a mano) **con vongole e bottarga di muggine** (12 €) e il saporito **pistizzone**, una fregola mantecata con ombrina e salicornia (11 €). Tra i secondi spiccano la **pecora sarda con patate e fagiolini** (10 €) e il tonno con indivia e aceto balsamico (16 €). Come dessert, parfait alla grappa o semifreddo al miele d'arancio e pecorino con abbamele. Bella cantina con etichette nazionali, i migliori vini delle cantine sarde e birre artigianali.

66 *Un locale speciale per qualità degli ingredienti, crescita professionale e accoglienza. Perfetto esempio della cucina agropastorale sarda* **99**

NUORO

Montiblu

Ristorante-pizzeria
Via Roma, 22
Tel. 0784 231443-335 8787789
Chiuso il lunedì
Orario: mezzogiorno e sera
Ferie: non ne fa
Coperti: 80 + 30 esterni
Prezzi: 35-40 euro vini esclusi
Carte di credito: tutte, BM

In una palazzina d'epoca piacevolmente ristrutturata che si affaccia su piazza Deledda, Montiblu trova al terzo piano di un concept store che unisce all'esperienza della cucina la possibilità di acquistare abiti o complementi d'arredo: questi nel locale diventano parte integrante dell'ambiente, accompagnando l'ospite in un percorso di scale e stanze accoglienti dal carattere vintage e shabby chic. Piacevolmente disposti da questa accoglienza, la cucina si rivela, nella sua schietta semplicità, di altissimo valore. La selezione di antipasti misti di mare (22 €) sarebbe da sola un pranzo: dieci assaggi serviti in una sequenza di gusto e fantasia. Non volendo eccedere, potrete optare anche per piatti singoli, tra cui segnaliamo l'**insalatina tiepida di seppie con ceci e pancetta croccante** (11 €) e la selezione di salumi sardi (11 €). Tra i primi, *maharrones de busa* (pasta al ferretto) **con salsa di porcini e scampi** (15 €), spaghetti alla carbonara di verdure (10 €) e **raviolini neri di carciofi con salsa ai gamberi** (16 €). Impegnativo raggiungere i secondi, ma vale la pena assaggiare, tra gli altri, il **fritto del pescatore** (15 €), il trancio di pesce in guazzetto di carciofi (16 €) e la **cotoletta con patate fritte di Ovodda** (14 €). Tra i dolci, tutti di cucina, è possibile scegliere tra quelli al cucchiaio serviti al tavolo, come crema ai frutti di bosco e semifreddo all'arancia (6 €), o un trancio delle varie torte, accomodandosi nella piacevole sala da tè e caffetteria al piano terra.

872 | SARDEGNA

NUXIS

29 km a est di Carbonia, 39 km da Iglesias

Letizia

Ristorante-pizzeria
Via San Pietro, 12-14
Tel. 0781 957021
Chiuso il martedì
Orario: mezzogiorno e sera
Ferie: variabili in inverno
Coperti: 80 + 100 esterni
Prezzi: 30-35 euro vini esclusi
Carte di credito: CS, DC, MC, Visa, BM

Nuxis è un piccolo paese del basso Sulcis, lontano dal mare e circondato da fertili colline, dove la famiglia Fanutza raccoglie erbe selvatiche e funghi che trasforma, in cucina, in piatti originali e condimenti per paste e anche secondo ricette tradizionali. Il locale è arredato con vecchi oggetti, tessuti e fotografie che raccontano storie di miniera e di campagna. Un piacevolissimo giardino con vasca per i pesci e pergolato allieterà le cene estive, così come la produzione di ottime pizze cotte nel forno a legna, da cui escono anche le focacce e il pane casereccio serviti ai tavoli. È soprattutto negli antipasti (degustazione completa, 18 €) che apprezzerete la varietà delle stagioni: tortino di malva e ortica, **flan di tarassaco aglio e ricotta mustia**, frittelle di erbe, salumi, **fritture** di verdure o **di funghi**, strudel con lardo, melanzane e ricotta. Fra i primi non perdete i **ravioli di formaggio all'ortica** (10 €) ma sono ottimi anche quelli ai porcini come le lasagne di pane carasau con porcini e salsiccia. Fra i secondi, segnaliamo lo **stufato di capra ai profumi diversi** (serpillo e timo, 16 €) oppure il **cinghiale in umido**. Nei dolci (6 €) troverete un tocco di creatività nelle varie creme, nei gelati e nei sorbetti artigianali al caffè, al mirto, ai funghi e al finocchietto. In alternativa, buona la millefoglie ai frutti di bosco. Servizio cortese e affabile, forse un po' troppo succinto nella presentazione dei piatti.

OLIENA

12 km a se di Nuoro

Gikappa

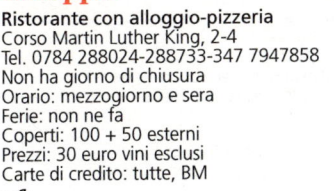

Ristorante con alloggio-pizzeria
Corso Martin Luther King, 2-4
Tel. 0784 288024-288733-347 7947858
Non ha giorno di chiusura
Orario: mezzogiorno e sera
Ferie: non ne fa
Coperti: 100 + 50 esterni
Prezzi: 30 euro vini esclusi
Carte di credito: tutte, BM

Il nuovo assetto societario ha portato alla modifica del nome del ristorante in GiKappa, portando altresì un po' di freschezza al locale rinnovato recentemente. A parte questo, null'altro è cambiato: al timone di comando troverete sempre gli storici proprietari Cenceddu e Killeddu, con le rispettive famiglie, che vi accoglieranno con lo stesso calore e la loro proposta di sapori indimenticabili. Fra gli antipasti, la selezione della casa (12 €) rimane sempre un ottimo punto di partenza: salumi locali, formaggi e olive, funghi trifolati e altre verdure che variano secondo stagione. Gustosa e interessante l'offerta delle paste, di produzione artigianale e tradizionale come i *macarrones hurriaos* (7 €), un particolare bucatino lavorato a mano con il ferretto, **con pecorino filante** o al pomodoro, e *culurgiones* (tipici ravioli) di patate chiusi a spiga (7 €). La scelta delle carni varia secondo la disponibilità stagionale: profumatissimo l'**agnello al finocchietto** (9 €) e, su prenotazione, il fantastico **porcetto arrosto** (10 €). Molto interessante la selezione dei **formaggi** (8 €): pecorini di diversa stagionatura e ricotta affumicata, a richiesta accompagnati dalla meravigliosa pompìa (Presidio Slow Food), un agrume selvatico candito con il miele. In alternativa, potete chiudere il pasto con pecorino fuso o con le più classiche, ma mai scontate, *seadas*, qui accompagnate con il miele di corbezzolo o di castagno. Tre i menù degustazione a 25, 30 e 35 euro.

SARDEGNA | 873

ORISTANO

Da Gino
Trattoria
Via Tirso, 13
Tel. 0783 71428
Chiuso la domenica
Orario: mezzogiorno e sera
Ferie: variabili
Coperti: 40
Prezzi: 35 euro vini esclusi
Carte di credito: CS, MC, Visa, BM

Facile da raggiungere per chi arriva a Oristano, e vicinissima al centro storico, la trattoria Da Gino rappresenta un'ottima occasione per una sosta. Nazzaro vi accoglierà con cortesia, proponendovi un menù che contempla sempre qualche variante suggerita dalle disponibilità di mercato. Tra gli antipasti, oltre ai piatti al carrello, **verdure in agrodolce** e alla griglia, insalata di polpo, **moscardini affogati** e, se siete fortunati, orziadas (anemoni di mare) e **i crostini con i ricci** (10 €), assolutamente da assaggiare. Il menù è ricco di proposte di pesce e di terra, ma la creatività del cuoco, Tonino Cappeddu, si manifesta soprattutto nelle preparazioni di mare. In particolare, tra i primi, gustosa la pasta con gamberi e funghi (10 €), con bottarga e carciofi, al nero di seppia o con i ricci, ma sono buoni anche gli **gnocchi alla campidanese** (8 €) e i ravioli al ragù. I secondi sono classici: pesce spada, calamari, seppie, triglie e sogliole arrosto, fritti o in tegame. Noi abbiamo assaggiato un croccante fritto misto (14 €) e la **rana pescatrice alla catalana** (14 €). Se disponibili, potrete trovare anche astici e aragoste nostrane (11 euro l'etto), mentre, se preferite la carne, optate per la tagliata ai funghi o con la rucola. I dessert sono ineccepibili: oltre alla classica *sebada* assaggiate i **raviolini di mandorle** fritti e conditi con miele, o zucchero, la coppa di amaretti al caffè con crema e salsa di fragole o il tiramisù, tutti fatti in casa. Discreta la scelta della cantina e piacevole il vino della casa.

Josto al Duomo
novità
Ristorante annesso all'albergo
Via Vittorio Emanuele II, 34
Tel. 0783 778061
Chiuso domenica sera
Orario: mezzogiorno e sera
Ferie: variabili
Coperti: 70 + 25 esterni
Prezzi: 28-35 euro vini esclusi
Carte di credito: CS, DC, MC, Visa, BM

Nel centro storico, in prossimità della cattedrale, nella zona in cui in febbraio si corre la Sartiglia, troverete questo ristorante che vi permetterà di assaggiare le delizie della cucina sarda in chiave innovativa, gestito, come l'hotel, dalla famiglia Fais. Il menù cambia secondo la stagione e l'estro del patron Pierluigi e dei giovani aiutanti Matteo ed Enrico. Largo quindi al maiale e alla **pecora al cubo** (brasati brevemente e poi panati e dorati al forno, 12 €), al filetto di muggine affumicato con scorza di limone e pecorino, che condisce gli spaghettoni di grano duro (14 €), alla **purpuzza** (polpa condita della salsiccia) **con vellutata di cardi selvatici** (8 €). In alternativa, ricci di mare con crema di finocchi, riso venere delle risaie locali e verdure di stagione in tegame con uovo poché (8 €). In carta anche grandi classici come i **ravioli al casizolu** (Presidio Slow Food) **e limone** (10 €), la frittura mista con patate fritte (per due persone, 22 €) e la **grigliata di carni locali**, tra cui quella di razza bovina melina. La sala è semplice e molto accogliente, così come il giardino interno apparecchiato in estate. Ampia la selezione dei formaggi locali (10 €) accompagnati da confetture e mieli. In sala troverete le gentilissime Chiara ed Elisabetta che vi guideranno nella scelta dei dolci: ottimi i mostaccioli con confettura e gelato artigianale (4 €). Attenzione per il territorio anche nella carta dei vini, con aziende piccole ma di valore, spesso produttrici in biologico o biodinamico. All'interno del locale anche un piccolo shop dove acquistare prodotti tipici di qualità.

PATTADA

70 km a se di Sassari

Liberty
Ristorante annesso all'albergo
Via San Martino, 7
Tel. 079 755384
Non ha giorno di chiusura
Orario: mezzogiorno e sera
Ferie: non ne fa
Coperti: 100
Prezzi: 25-35 euro, menù fisso
Carte di credito: CS, MC, Visa, BM

Pattada è nota soprattutto per essere il paese dei coltelli, detti appunto pattadesi, con negozi, laboratori e persino un museo che illustrano quest'arte tradizionale. Crocevia tra le province di Olbia, Sassari e Nuoro, le tradizioni di queste zone riempiono i tavoli del ristorante-albergo gestito dall'affabile e competente Tommaso Corveddu, tornato in Sardegna dopo importanti esperienze nel Nord Italia. Consigliamo il menù degustazione, che consente, con 30 euro, un assaggio di tante specialità preparate dalla signora Corveddu. Molto invitanti, in particolare, gli antipasti (quello misto alla carta, 12 €), che possono comprendere: affettati di produzione casalinga, squisiti tortini di pecorino con asparagi, porcini e zafferano, **lingua in verde**, **gelatina di carne in insalata**. Fra i primi, di schietta derivazione tradizionale, ricordiamo le *pellitzas*, ritagli di pasta di semola artigianale, conditi **con pomodoro e formaggio** (10 €) e i ravioli pattadesi al formaggio (10 €). I secondi comprendono preparazioni soprattutto al tegame, come il **brasato di cinghiale** (12 €) e l'**agnello con carciofi, olive e finocchietto** (12€), ma non mancano gli arrosti e, su prenotazione, il pesce, per chi desidera evadere dalla cucina di terra. Fra i dolci, a parte *sebadas* e la tradizionale pasticceria sarda, segnaliamo il particolarissimo duo di sorbetti al caffè e al mirto (8 €). Dignitoso lo sfuso della casa, ma sono anche presenti le principali etichette locali e qualche bottiglia nazionale.

PORTO TORRES
Li Lioni

20 km a no di Sassari sp 60 e sp 61

Li Lioni
Ristorante
Strada Statale 131-Regione Li Lioni
Tel. 079 502286-340 5226468
Chiuso mercoledì, inverno anche domenica sera
Orario: mezzogiorno e sera
Ferie: non ne fa
Coperti: 100
Prezzi: 27-35 euro vini esclusi
Carte di credito: MC, Visa, BM

All'ingresso della città, nel bel giardino alberato che ospita l'antica dimora di campagna ricca di riferimenti all'artigianato locale del legno e della ceramica, questa "panifratteria" costituisce un valido indirizzo. Il nome è dovuto alle ben dieci preparazioni a base di *pani frattau*: una pietanza tradizionale, sostanzialmente una zuppa, preparata con pane carasau, pomodoro, formaggio, variamente arricchita con ricotta mustìa, spezzatino, verdure... (6-8 €). In alternativa, il menù propone piatti della tradizione locale e regionale ben eseguiti con prodotti di genuina provenienza. Iniziate con un antipasto misto di buoni **insaccati locali** con verdure di stagione preparate in vari modi (10 €) e proseguite con uno degli originali primi, ad esempio i *macharones de busa* con ragù di *saccaja* (pecora, timo, finocchietto, 9 €), gli gnocchi *a li lioni* (gnocchettini al ragù, 8 €) o i **ravioli di ricotta mustìa** (8 €). Lasciate spazio per assaggiare le eccellenti **grigliate** di vitella o **di pecora** (13 €), la **vitella** *abis abis* (cotta in umido nel forno a legna, 13 €) e il saporitissimo pecorino arrosto (10 €). Memorabili i dolci (4 €): il tradizionale timballo della nonna, tipico flan di latte con aggiunta di uova, caffè e mandorle, le *sebadas* e la pasticceria secca locale. Buona scelta di bottiglie del territorio, ma davvero godibile anche il vino della casa, fornito da una importante cantina della vicina Usini. Il servizio, affabile e disponibile, è affidato ai titolari, i quattro fratelli Pintus, figli dei fondatori Giovanni e Baingia.

PULA
Nora

36 km a so di Cagliari ss 195

Fradis Minoris
Ristorante
Laguna di Nora
Tel. 070 9209544
Chiuso il lunedì
Orario: mezzogiorno e sera
Ferie: da novembre ad aprile
Coperti: 30
Prezzi: 35 euro vini esclusi
Carte di credito: MC, Visa, BM

All'ingresso dell'antica città fenicio-romana di Nora, lungo la lingua di terra che corre dietro la chiesetta consacrata al martirio di Sant'Efisio, a cui la Sardegna è devota, si trova la Laguna di Nora: tesoro ambientale unico dal panorama mozzafiato, soprattutto al tramonto, con le sue placide acque pescose divise dal mare da una barriera di sedimenti marini, resti fossili e spugne. Qui il Centro di educazione ambientale, che protegge il fragile ecosistema, e l'acquario per il recupero dei cetacei e della tartarughe marine, ospitano su una bella terrazza il ristorante Fradis Minoris. Le scelte restano fermamente legate al pescato e alle orticole coltivate secondo logiche ecosostenibili. Lo chef Emanuele Senis propone piatti di grande creatività che cambiano continuamente, con la riscoperta di specie povere e trascurate. La scelta è fra il menù degustazione (due antipasti, due primi, un secondo e un dolce, 35 €) e le proposte alla carta, di cui segnaliamo filettini di razza fritti con verdure locali e crema acida di capra, **polpo arrosto con maionese di rape rosse** e carpaccio di pesce con mandorle tostate e frutta fresca (18 €). Seguono zuppa di ceci, piante spontanee della laguna con pesciolini di scoglio e **zuppa di pesce con pomodori secchi e patate alle erbe** (18 €). Fra le portate principali, interessante la **scaloppa di pesce** del giorno, **con patate fritte, pomodori camone di Pula e misticanza**. Molto buoni i dolci, come i **fichi al vino con crema al pistacchio** o la zuppa di fragole al fiordilatte. Cantina essenzialmente regionale.

QUARTU SANT'ELENA

8 km a ne di Cagliari

Pani e Casu
Ristorante
Via Eligio Porcu, 53
Tel. 070 8675032
Chiuso lunedì a mezzogiorno e domenica sera
Orario: mezzogiorno e sera
Ferie: non ne fa
Coperti: 90
Prezzi: 35 euro, menù fisso
Carte di credito: AE, CS, MC, Visa, BM

Questo locale appartiene a un'antica famiglia di ristoratori che gestiscono anche un locale omonimo a Cagliari, in via Santa Croce. Siamo sul mare, ma i proprietari hanno fatto una scelta precisa dedicandosi esclusivamente alla cucina di terra, proponendo un menù degustazione con vari assaggi di antipasti, primi e diversi tipi di carni (25 €) e un menù fisso (35 €), che percorre un itinerario gastronomico nella tradizione agropastorale dell'isola. Il locale è molto accogliente e la sera è possibile ascoltare della gradevolissima musica jazz. Ogni piatto vi verrà presentato simpaticamente in lingua sarda e in italiano. Si comincia con una sequenza di portate che spaziano, in base alla stagione, dalla ricotta mustia a un'ampia scelta di salumi, dalle favette con pancetta a un delizioso antipasto composto da ceci, pomodorini, rucola e crostini di pane. Ottime le melanzane in rosso con crema di capperi. Tra i primi vi consigliamo i ravioli di ricotta, di carciofi o di cipolle, la **fregola sarda al pomodoro e pecorino**, i classici *malloreddus* **alla campidanese con sugo di salsiccia**. Tra i secondi, **capra in umido con lo zafferano**, stufato di **cinghiale al Cannonau**, lumache al sugo piccante, trippa con menta, gallina ripiena, **cordula di agnello con piselli**. Sono interessanti anche gli arrosti di asino, cavallo e maiale, la bistecca di vitella o di agnello e castrato. Per terminare, i dolci secchi della tradizione sarda, dagli amaretti ai guelfi, ai *pirichittos*. Buono il vino della casa, ampia la disponibilità di vini delle migliori cantine sarde.

SANTU LUSSURGIU

33 KM A NORD DI ORISTANO

Antica Dimora del Gruccione

Ristorante annesso alla locanda
Via Obinu, 31
Tel. 0783 552035-550300
Non ha giorno di chiusura
Orario: solo la sera
Ferie: gennaio
Coperti: 50
Prezzi: 35 euro vini esclusi, menù fisso
Carte di credito: CS, MC, Visa, BM

L'Antica Dimora è un luogo speciale: per la bellezza del luogo, la tranquillità del cortile e la cortesia della padrona di casa. Da più di dieci anni laboratori e piccoli eventi animano le serate in cui non manca mai il buon cibo. Lo chef emergente è ora Riccardo Porceddu che, coadiuvato da Daniele Craba, propone due menù degustazione: uno tradizionale e uno vegetariano. In entrambi, i prodotti delle piccole filiere locali e dei Presìdi Slow Food sardi ben si sposano con semi, bacche e spezie: un impegno volto al rispetto e alla sensibilità verso l'ambiente e di sostegno al mercato equosolidale. Fra gli antipasti, potrete assaggiare le **crocchette di casizolu** con panatura di mais e olive con pesto di rucola o l'insalatina di suino locale con caprino di Ittiri, cipolla rossa in agrodolce, senape e tartufo di Nurallao. Si continua con paste ripiene con farce a base di erbe selvatiche e con la **crema di finocchi con riso venere e** *ghisadu* (umido di bue rosso). Fra i secondi, rollè di coniglio e prosciutto crudo del Montiferru con verze tartufate e riduzione di Vernaccia, **stinco di razza sardo modicana**, ma anche millefoglie di polenta grigliata, bietole all'aglio e crema di pomodoro arrosto. Ottimo il pane, preparato con il lievito madre nei vicini forni della zona, e imperdibili i dessert: mousse di ricotta gentile al basilico con macedonia di frutta fresca e secca, **budino di riso venere** con spuma di *gioddu* al limone, croccante alla nocciola di Belvì.

SANTU LUSSURGIU

33 KM A NORD DI ORISTANO

Sas Benas

Ristorante con alloggio
Piazza San Giovanni, 31
Tel. 0783 550870-338 2912204
Chiuso il lunedì
Orario: mezzogiorno e sera
Ferie: non ne fa
Coperti: 50
Prezzi: 25-35 euro vini esclusi
Carte di credito: tutte, BM

Nel cuore del Montiferru, territorio ricco di eccellenze – spiccano i Presìdi Slow Food del bue rosso (carne bovina di razza sardo modicana) e del casizolu (formaggio vaccino a pasta filata) – in mezzo a boschi che profumano i pascoli, Santu Lussurgiu è un delizioso borgo in pietra vivacizzato da coloratissime celebrazioni carnevalesche, cori tradizionali e produzioni artigianali di coltelli e distillati. Sas Benas è un albergo diffuso sviluppato in antiche residenze patrizie poco distanti fra loro e il ristorante, che offre una cucina basata sui genuini prodotti del territorio, fondendo tradizione e un'interessante creatività. Le proposte, tutte terragne, mettono al centro i Presìdi locali e propongono, oltre alla carta, tre menù fissi (22, 25, 35 €). Si inizia con bruschette di pane con lievito naturale, **casizolu fuso su pane carasau** (8 €), zucchine ripiene, **bue rosso** in carpaccio con rucola e casizolu o **bollito con insalatina di olive e pomodori**. A seguire, il **cestino Montiferru** (13 €) – linguine al ragù di bue rosso, o ai porcini, in cialda di casizolu – linguine al cinghiale e porcini, o al radicchio e funghi, e ravioli di formaggio al pomodoro. Le carni sono quelle bovine di razza sardo modicana: **tagliata con rucola e casizolu** (12 €), o con porcini, costata, fagottini ripieni o filetto. In alternativa, non mancano maialetto (15 €) e vitella arrosto. Fra i dolci, buoni il semifreddo al mirto e al corbezzolo (5 €). Da bere il buon rosso della casa o le valide etichette regionali.

> **"** *I proprietari dimostrano costanza nel valorizzare i prodotti locali con rispetto della tradizione e creatività* **"**

SASSARI

L'Assassino
Trattoria
Via Pettenadu, 19
Tel. 079 233463-333 6284903
Chiuso domenica sera
Orario: mezzogiorno e sera
Ferie: 15-30 agosto
Coperti: 120 + 80 esterni
Prezzi: 23-35 euro vini esclusi
Carte di credito: tutte, BM

Il locale si trova in un caratteristico scorcio del centro storico di Sassari e dispone di un bel porticato che costituisce una gradevole alternativa estiva. La trattoria, che è da sempre conosciuta per i piatti tipici della cucina sassarese, ha oggi allargato l'offerta ad altri piatti lontani dalla tradizione: molti a base di pesce dai sapori vagamente spagnoleggianti e l'offerta di un aperitivo di sangria fanno un po' dimenticare la "sassaresità" del locale. Il nostro consiglio, e il motivo per cui il locale è presente in guida, è di restare in territorio conosciuto. Scegliete il menù degustazione "l'assassinata" (assaggi misti che variano secondo stagione, 20 euro per due persone) che prevede melanzane alla sassarese, fave aglio e prezzemolo, trippa, cordula, piedini di maiale, salsiccia con fagioli, lumaconi in rosso, grigliata di carne mista, asinello e cavallo con patate arrosto. In alternativa, dovesse essere troppo ricca la proposta completa, potete scegliere singolarmente i piatti in menù: ottime le **fave a ribisali con lardo** (7 €), la trippa alla parmigiana, le **lumache licchitte**, i lumaconi in rosso, le monzette alla sarda con aglio e prezzemolo (10 €), la **cordula con piselli** (10 €) e il **piatto da re** (frittura di granelli e cervello con patate, 16 €). Tra i primi, optate per la pasta fresca e gli **gnocchetti alla gallurese** (9 €). Dolci casalinghi (4 €) con *seadas* e specialità sarde. Da bere etichette regionali di tutto il territorio e un discreto Cagnulari padronale sfuso.

La Vela Latina
Ristorante
Largo Sisini, 3
Tel. 079 233737
Chiuso la domenica
Orario: mezzogiorno e sera
Ferie: agosto, 24 dicembre-14 gennaio
Coperti: 40 + 20 esterni
Prezzi: 35-40 euro vini esclusi
Carte di credito: CS, MC, Visa, BM

Il locale si trova nel centro storico di Sassari, in zona a traffico limitato. Francesco Fois, dal 1978, offre specialità della tradizione sassarese e pesce fresco del golfo dell'Asinara. In cucina lavorano le sorelle del patron, che accoglie gli ospiti e li intrattiene con un fare garbato e disponibile. La sala prevede diversi tavolini in un ambiente raccolto e vivacizzato dai colorati quadri alle pareti; d'estate è invece possibile mangiare all'aperto godendo di un angolo animato della città. Ricca l'offerta degli antipasti: misti di mare con sei assaggi (18 €) o scelte singole (10 €), tra cui polpo con rucola, spiedini di calamari e zucchine, **rana pescatrice in insalata**, sardine marinate con cipolle e, se preferite la carne, salumi e *gnagnarie* (formaggi e sottoli). Diversi i primi proposti: ottimi gli **spaghetti con sardine, pomodorini e capperi** (10 €), ai frutti di mare o con gamberi e pomodoro fresco; in alternativa zuppe di ceci, di fagioli o di frutti di mare. Numerose le proposte dei secondi. Fra le carni segnaliamo quelle di cavallo e di **asinello con patate al forno** (12 €), la **trippa al sugo e pecorino** (10 €), la cervella e i granelli fritti con patate (10 €), i lumaconi piccanti al forno o al sugo. Le proposte di mare prevedono, secondo disponibilità, **anguille** arrosto o **in cassola** (14 €) e pesce spada con capperi e pomodorini (14 €). Fra i dolci (4 €) segnaliamo *seadas*, dolcetti e frutta di stagione, anche in macedonia. I vini puntano l'attenzione sul territorio, con etichette di sole cantine isolane.

SEDILO
Talasai

47 KM A NE DI ORISTANO SS 131

Da Armando
Ristorante
Località Talasai, strada statale 131 Bis, km 13
Tel. 0785 568043-328 3847607
Chiuso il lunedì
Orario: mezzogiorno e sera
Ferie: non ne fa
Coperti: 50 + 40 esterni
Prezzi: 30-37 euro vini esclusi
Carte di credito: AE, CS, MC, Visa, BM

Ristorante dalla lunga tradizione familiare, sull'incantevole Lago Omodeo, a poche centinaia di metri da Sedilo, Da Armando rappresenta da tempo un buon riferimento per chi ama la buona cucina, di terra e di mare. Il servizio è accurato e il personale attento e cortese. Non esiste un menù cartaceo e i piatti del giorno vi verranno presentati direttamente dalla titolare che, assieme al marito, gestisce l'attività. I costi sono di 28-30 euro per il menù di terra, 30-37 per quello di mare. Molto interessante e variegata la proposta di antipasti di pesce: code di gamberi e baccalà in tempura, polpette di alghe, cozze fritte, insalata di polpi, aragostelle con pomodorini e cipolle dolci e infine zuppetta di cozze. Se scegliete il menù di terra, ottimi i salumi e i formaggi locali, le fritture di animelle, di cervella e di verdure di stagione. Tra i primi, gustose *sas spighittas* (ravioli con il ripieno di formaggio fresco e carciofi) **con gamberi e pomodorini**. Molto saporiti anche le **linguine con cozze e zafferano** e gli gnocchetti sardi al ragù. Tra i secondi, **ricciola con i funghi e zafferano** o tagliata di manzo proposta in modo originale, seguendo un'antica ricetta: cotta al forno dentro una tegola e condita con rucola e scaglie di pecorino. Ottimi anche i tradizionali arrosti di carne locale: maialetto, agnello e vitella. Tra i dolci, oltre alla tradizionale *sebada*, consigliamo un ottimo flan al caramello. Buona la carta dei vini, con le migliori etichette delle cantine sarde. Eccellenti le birre prodotte da un birrificio artigianale di Sedilo.

SENNARIOLO

45 KM A NORD DI ORISTANO

La Rosa dei Venti
Ristorante
Località Santa Vittoria
Tel. 349 0683862-340 2722713
Chiuso il lunedì
Orario: mezzogiorno e sera
Ferie: variabili in inverno
Coperti: 80 + 30 esterni
Prezzi: 28-35 euro
Carte di credito: nessuna

A pochi chilometri dalle località marine del comune di Cuglieri, circondata dalla campagna del Montiferru e da un panorama mozzafiato, La Rosa dei Venti occupa, dal 2002, una ex caserma ristrutturata. L'edificio mantiene le caratteristiche tradizionali e comprende anche un'area di sosta per i camper, una sala polifunzionale e alcune camere dove soggiornare. L'ambiente è stato risistemato in modo caldo e accogliente, con una sala interna con camino e una bella terrazza coperta circondata dalla macchia mediterranea. Il proprietario, Gianluca Del Rio, chef capace ed estroso, vi accoglierà con la sorridente Patrizia, che si occupa della sala e dei vini, proponendo i vari piatti della tradizione e qualche proposta innovativa. Molto gustosi i *maccarrones a ferrittu* **con sugo di pomodoro e carne di ariete** (9 €), i *cicciones* **alle erbe selvatiche e pecorino** (8 €), la *petta imbinada* (polpa di maiale marinata) **con crostini e cardi selvatici** (12 €). In alternativa, buona la zuppa di finocchietti, il misto alla brace di carne bovina di razza melina (comunità del cibo), il **pistizzone** *cun ghisadu* (fregola grossa con spezzatino, 9 €), l'agliata di razza al pomodoro e la *madrighe frissa* (pasta lievitata fritta) servita con abbamele. Per concludere, i dolci, tutti fatti in casa: semifreddo al mirto e *seada* con miele locale. Rigorosa la scelta delle materie prime: i mieli di Sennariolo, gli ortaggi di Riola, l'olio del Montiferru, l'offerta dei formaggi locali. La fornita cantina comprende etichette regionali di vini e di birre artigianali.

SARDEGNA | 879

SENNORI

19 km a ne di Sassari ss 200 e sp 29

Kent'Annos
Azienda agrituristica
Località Badde Nigolosu-strada provinciale 29, km 10
Tel. 079 512772-348 3330900
Non ha giorno di chiusura
Orario: solo la sera, ott-mag sab sera e dom a pranzo
Ferie: non ne fa
Coperti: 60 + 80 esterni
Prezzi: 35 euro, menù fisso
Carte di credito: tutte, BM

Il ristorante si trova nel cuore dell'Anglona, all'interno delle Tenute Dettori, note per l'omonima cantina e l'azienda agricola biologica. Dal piacevole parco verdeggiante che circonda l'edificio si può godere di una bella visuale sulla collina circostante e sul golfo, suggestiva, in particolare, al tramonto. Per chi lo volesse, è possibile anche visitare le cantine e acquistare in loco i vini prodotti. Il menù è fisso (35 €) e prevede un susseguirsi di pietanze della tradizione, preparate con materie prime della stessa azienda o di aziende agricole vicine. Sono offerti, fra gli antipasti, prosciutto, lardo, formaggio, fagiolini con carote, melanzane alla parmigiana, **polpettine in agliata** e peperoni in agrodolce. Due i primi: **zuppa anglonese**, preparata con pane, brodo di pecora, formaggi vaccini e ovini, e gnocchetti sardi fatti a mano e conditi con salsiccia. Stessa possibilità di scelta per i secondi, che sono rappresentati da un buon porcetto arrosto con le patate e dalla **pecora in rosso con olive**. I piatti sono accompagnati dal pane preparato in casa con la farina biologica di proprietà (ottimo il carasau). Il vino è quello aziendale: il Renosu, dai vitigni monica e cannonau, oppure un Vermentino con un 10% di uve moscato. Per gli intenditori, o i semplici amanti e curiosi, è possibile abbinare il menù a una degustazione di vini della cantina con un costo aggiuntivo di 15 euro. A chiudere il pasto vi saranno offerti dolcetti secchi (tiricche e amaretti) con acquavite o limocello.

TEMPIO PAUSANIA

Il Purgatorio
Ristorante
Via Garibaldi, 9
Tel. 079 634042
Chiuso il martedì
Orario: mezzogiorno e sera
Ferie: variabili in inverno
Coperti: 50
Prezzi: 30-35 euro vini esclusi
Carte di credito: MC, Visa, BM

Appena entrati nel centro storico del capoluogo gallurese, a poca distanza dal duomo, nel quartiere che dà al locale il curioso nome, troverete questo affidabile riferimento per quanti cerchino una cucina tradizionale con qualche discesa al mare, non così distante. Il ristorante, condotto con mano sicura da Francesca Suelzu, è piccolo e raccolto (non più di dieci tavoli). Si inizia con diversi antipasti che vanno dagli affettati di Oliena (10 €) al **filetto di cinghiale con pecorino** (10 €), fino alla selezione di verdure preparate in diversi modi (12 €). Primi giustamente molto territoriali: la **zuppa alla gallurese** (pane raffermo, brodo di pecora, prezzemolo, formaggio; sempre disponibile, ma potrebbe essere necessario attendere la preparazione, 13 €), i **ravioli di ricotta dolci al limone in rosso** (10 €), i *maccherones de busa* con pomodorini, bottarga e ricotta mustia (10 €) e i tagliolini scampi e zucchine. Fra i secondi, segnaliamo il cinghiale in agrodolce (15 €), la *rivea* (spiedino di parti povere dell'agnello avvolte nel suo budello assieme a grasso di prosciutto, 15 €), il formaggio arrosto (8 €) e una buona selezione dai caseifici locali (6 €); seguono fritture e grigliate di mare (15-20 €). Tradizionali anche i dolci, a cominciare da **raviolini di ricotta** (a volte un unico raviolone) **fritti** (4 €), *seadas* (5 €) o le proposte con l'abbamele (derivato dal miele, servito con ricotta o gelato, 4-5 €). Cantina interessante per i numerosi riferimenti al territorio con proposte originali. Servizio cortese e puntuale.

880 | SARDEGNA

TERRALBA
Marceddì

27 KM A SO DI ORISTANO

Da Lucio
Ristorante-pizzeria
Via Sardus Pater, 34
Tel. 0783 867130-0783 82633-348 8379894
Chiuso il giovedì
Orario: pranzo e sera, ottobre-maggio solo pranzo
Ferie: in novembre
Coperti: 60 + 30 esterni
Prezzi: 31-40 euro vini esclusi
Carte di credito: tutte, BM

Pranzare da Lucio è come fare un piacevole tuffo nel passato: le casette dei pescatori, le piccole barche sul porticciolo e piatti che ci riportano i sapori e i profumi di un tempo. Questo locale, aperto nel 1971 e oggi gestito da Cristiano e Fabio Putzolu, propone ricette tradizionali, preparazioni semplici e prodotti freschissimi, come quelli offerti dalla laguna: in particolare *sa cocciua niedda* (l'arsella nera di Marceddì), vera regina del menù. Vi consigliamo di iniziare con i **crudi di cozze e arselle** (10 €), i carpacci di scampi e gamberi o di muggine, secondo il pescato del giorno. In alternativa, l'antipasto misto (14 €), in cui potrete gustare l'insalata di polpo, la variante locale della burrida – preparata con la torpedine lessata e condita con una delicata agliata – o la **zuppetta di arselle nere** di Marceddì. I primi sono ben conditi e abbondanti: molto gustosi gli **spaghetti ai frutti di mare** con granchi, cozze e arselle (12 €), la fregola sarda in brodo e, nelle sere d'estate, buona anche la pizza (immancabile quella preparata con frutti di mare). Il secondo segue il pescato e le stagioni: da marzo ad agosto potrete trovare anche l'aragosta (14 euro l'etto), ma sono ottime le **seppie alla brace** (12 €), la grigliata mista, la frittura e, su ordinazione lo **zimino**: una ricca zuppa di pesce (25 €). Per concludere la tradizionale *seadas*, i dolcetti sardi, un ottimo tiramisù al limoncello e le crostate della casa preparate con la frutta fresca proveniente dalla vicina Terralba. Menù degustazione a 31 euro.

TERRALBA

23 KM A SUD DI ORISTANO, SS 131

Grekà
Ristorante-enoteca
Via Marceddì, 195
Tel. 0783 81761-329 8976709-340 7895480
Non ha giorno di chiusura
Orario: sera, pranzo su prenotazione
Ferie: non ne fa
Coperti: 25 + 10 esterni
Prezzi: 35 euro vini esclusi
Carte di credito: tutte, BM

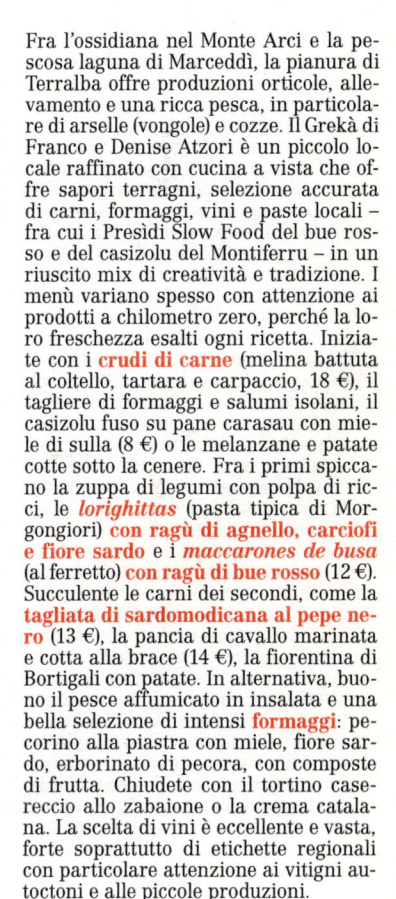

Fra l'ossidiana nel Monte Arci e la pescosa laguna di Marceddì, la pianura di Terralba offre produzioni orticole, allevamento e una ricca pesca, in particolare di arselle (vongole) e cozze. Il Grekà di Franco e Denise Atzori è un piccolo locale raffinato con cucina a vista che offre sapori terragni, selezione accurata di carni, formaggi, vini e paste locali – fra cui i Presìdi Slow Food del bue rosso e del casizolu del Montiferru – in un riuscito mix di creatività e tradizione. I menù variano spesso con attenzione ai prodotti a chilometro zero, perché la loro freschezza esalti ogni ricetta. Iniziate con i **crudi di carne** (melina battuta al coltello, tartara e carpaccio, 18 €), il tagliere di formaggi e salumi isolani, il casizolu fuso su pane carasau con miele di sulla (8 €) o le melanzane e patate cotte sotto la cenere. Fra i primi spiccano la zuppa di legumi con polpa di ricci, le *lorighittas* (pasta tipica di Morgongiori) **con ragù di agnello, carciofi e fiore sardo** e i *maccarones de busa* (al ferretto) **con ragù di bue rosso** (12 €). Succulente le carni dei secondi, come la **tagliata di sardomodicana al pepe nero** (13 €), la pancia di cavallo marinata e cotta alla brace (14 €), la fiorentina di Bortigali con patate. In alternativa, buono il pesce affumicato in insalata e una bella selezione di intensi **formaggi**: pecorino alla piastra con miele, fiore sardo, erborinato di pecora, con composte di frutta. Chiudete con il tortino casereccio allo zabaione o la crema catalana. La scelta di vini è eccellente e vasta, forte soprattutto di etichette regionali con particolare attenzione ai vitigni autoctoni e alle piccole produzioni.

TETI

58 KM A SO DI NUORO

L'Oasi
Ristorante
Viale Trento, 10
Tel. 0784 68211
Chiuso il lunedì
Orario: mezzogiorno e sera
Ferie: non ne fa
Coperti: 80
Prezzi: 35 euro, menù fisso
Carte di credito: CS, MC, Visa, BM

Luigi De Arca è il patron di questo bel ristorante dell'entroterra sardo, foriero di molti prodotti eccellenti costituiti da carni pregiate, primi piatti sostanziosi e verdure dell'orto e dei boschi. A questi si ispira la cucina del ristorante, adatta a chi voglia gustare la cucina territoriale abbandonando la costa e le sue molteplici proposte di pesce. Accomodati a uno dei tavoli del locale, che gode di una bella vista panoramica sulle colline della Barbagia e del Mandrolisai, vi verrà proposto un ricco menù fisso che varia con il susseguirsi delle stagioni. Si parte dall'abbondante selezione degli antipasti fra cui potrete trovare funghi e **cardi selvatici sott'olio**, *apara* (cipolline selvatiche) in agrodolce, **insalata di nervetti con fagioli e olive**, polpettine di capra al pomodoro e chiodini, salumi, come prosciutto e salsiccia locali, **cinghiale al vino**. Più ristretta, ma non meno gustosa, la scelta dei primi con i *culurgiones* di patate e formaggio in bianco, i **ravioli di ricotta e ramolaccio al sugo**, le trofie con pecorino e ortaggi di stagione. La carne segna i secondi: assaggiate il classico porcetto e l'agnello arrosto, il maiale alle castagne e il **vitello al tegame con funghi e rosmarino**. I dolci seguono la stessa linea: alcune proposte al cucchiaio, come crema di mascarpone e vari esempi della famosa pasticceria secca della regione. Cantina discreta, con buone proposte sfuse e qualche etichetta regionale, completata da liquori casalinghi e acquavite. In inverno il locale apre la sera solo su prenotazione.

TONARA

63 KM A SO DI NUORO SS 128

Muggianeddu
Ristorante annesso all'albergo
Via Monsignor Tore, 10
Tel. 0784 63885
Chiuso il lunedì, mai in agosto
Orario: mezzogiorno e sera
Ferie: 15 gennaio-15 febbraio
Coperti: 50
Prezzi: 25-30 euro vini esclusi
Carte di credito: CS, MC, Visa, BM

A Tonara, paese nel cuore della Barbagia ai piedi del monte Muggianeddu, troverete aria salubre, acqua pura e un territorio ricco di boschi e sorgenti. Nel caratteristico centro storico, con le antiche case dai balconi in legno, si respira un'atmosfera d'altri tempi, fatta di torrone e campanacci realizzati artigianalmente. L'accogliente ristorante, attivo dal 1965, regala un'atmosfera piacevole: due salette, una con una bella stufa in ceramica, l'altra con un antico caminetto, e arredi in legno. In cucina Mauro Zucca, in sala la moglie Tina, pronta a spiegare i piatti più caratteristici. Il menù è quello terragno del territorio. Si comincia con l'antipasto misto (10 €) con prosciutto, guanciale, salsiccia secca e verdure di stagione, in pastella e al forno, *bombasa cun bagna* (polpettine al sugo), raviolini di formaggio fresco e menta fritti, *casu axedu* (latte cagliato), caglio di capretto e piedini d'agnello piccanti. Deliziosi poi la *suppa e lampatzu* (6 €) e i *culurgiones* di patate (7 €), che consigliamo di mangiare in bianco. Fra i secondi (7 €), ottime le lumache al sugo, l'*erbè in cappotto* (pecora bollita), l'agnello in umido e la *corda cun pisurze* o *arrostu* (treccia di interiora di agnello con piselli o arrosto). Per il finale lasciatevi guidare nella degustazione dei dolci tipici: *arrubiolos* (frittelline di formaggio), pane di noci, torrone di Tonara, accompagnati dai liquori della casa. La selezione dei vini è limitata ad alcuni bianchi e rossi locali, ma consigliamo il rosso sfuso del vicino paese di Atzara.

■ In via Porru 13 potrete acquistare il torrone Pruneddu, ottimo esempio di una tradizione di qualità.

TORTOLÌ
Arbatax

5 KM DAL CENTRO DELLA CITTÀ, 19 KM DA LANUSEI

Lucitta
Ristorante
Viale Europa-Porto Frailis
Tel. 0782 664095
Chiuso il lunedì, agosto lun a pranzo
Orario: sera, pranzo su prenotazione
Ferie: da ottobre ad aprile
Coperti: 40 + 20 esterni
Prezzi: 32-35 euro vini esclusi
Carte di credito: tutte, BM

Un'incantevole terrazza sul mare, accoglienza professionale, cura dei dettagli nella presentazione dei piatti, materia prima locale, passione e tecnica sono le carte vincenti di Clelia Bandini, che dal 2011 propone deliziose rivisitazioni gastronomiche. Tanto lavoro e tanta fantasia riescono così a trasformare la carne di pecora in delicatissimi **carpaccio** e **tartara aromatica** (11 €), mentre lo studio sugli abbinamenti crea unioni perfette come nel tris di carpacci di pesce di mare (tonno, ricciola e dentice) con frutta fresca ed essenze vegetali ridotte in saporite polveri (15 €). Buona e varia la selezione dei pani casalinghi, così come dei primi, fra i quali potrete gustare gli **gnocchi di patate bianchi e neri con cozze, vongole e pomodori** (12 €) o la lasagna al ragù di agnello e ricotta mustia. Fra i secondi, indimenticabili la **ricciola in crosta di pane alle olive nere su guazzetto di granchio** (15 €) e la grigliata di crostacei (25 €). Le carni, di filiera cortissima, provengono dagli allevatori locali e sono valorizzate da preparazioni insolite, come la tagliata di pecora, o nuovi accostamenti come **maialino e indivia belga** (16 €). Per concludere, *sebadas* **e gelato allo zafferano** (7 €) o pesche di casa sciroppate con spuma di yogurt e crumble di mandorle. Buona la selezione dei vini, con etichette regionali e una piccola selezione di grappe e distillati. Disponibili anche due menù degustazione: di terra a 34 euro e di mare a 36.

ULASSAI

18 KM A OVEST DI LANUSEI

Su Bullicciu
Ristorante
Località Su Marmuri
Tel. 0782 79859
Non ha giorno di chiusura
Orario: solo a mezzogiorno
Ferie: da novembre a Pasqua
Coperti: 80 + 70 esterni
Prezzi: 30-35 euro vini esclusi
Carte di credito: tutte, BM

Della bettola citata nel nome questo locale ha solo l'insegna: accomodatevi e ve ne renderete conto immediatamente. Il lavoro di ricerca sulle materie prime è evidente, così come la cura nella preparazione dei piatti che non trascendono dalla tradizione, ma ne alleggeriscono la veste, nel pieno rispetto della cucina terragna che si può assaporare da queste parti. La collaborazione continua con la cooperativa della vicina Jerzu porta in tavola vini del territorio, orticole stagionali, patate, funghi dei boschi circostanti e ottime carni degli allevamenti locali: queste le direttive di un menù semplice per quanto ricco e saporito. Si inizia con i sottoli casalinghi, compresi nel ricco antipasto misto (9 €) così come il pane di patate con variegati **salumi** e un croccante *pistoccu* – una delle numerose specialità sarde in tema di arte bianca. Seguono primi piatti di fattura casalinga con gli immancabili *culurgiones* **di patate al pomodoro** (sorta di fagottini chiusi a spiga ripieni di patate e menta, 8 €) e gli gnocchetti al sugo di carne. Le carni sono protagoniste dei secondi e specialità della casa: tra i classici intramontabili regionali con cotture perlopiù arrosto o allo spiedo, assaggiate il porchetto (14 €) o la squisita **capra**, o pecora, **cotta nel forno a legna**. Se vi resta un po' di spazio, vi consigliamo l'assaggio dei pecorini di diverse stagionature o una porzione dei dolci locali, come *seadas* e *papassinas*. Disponibile anche un ricco menù degustazione, che propone una carrellata completa del menù, vino della casa compreso.

SARDEGNA | 883

oltre alle osterie

ALGHERO
36 km a SO di Sassari SP 15 D SS 127 bis

La Botteghina
Ristorante-pizzeria
Via Principe Umberto, 63
Tel. 079 9738375
Chiuso il giovedì
Orario: mezzogiorno e sera
Ferie: in febbraio e in novembre
Coperti: 20 + 20 esterni
Prezzo: 40 euro vini esclusi
Carte di credito: CS, DC, MC, Visa, BM

Le materie prime restano il fiore all'occhiello di questo bel ristorante di Alghero: Presìdi Slow Food, carni locali di bue rosso e di bovini di razza melina, piccola pesca e orticole di provenienza territoriale. Egualmente consolidati anche i cardini del menù, con preparazioni tradizionali che strizzano l'occhio a qualche interpretazione in chiave moderna. Assaggiate l'agliata di gattuccio (10 €), la fregola alle arselle e cozze (14 €) e i gustosi hamburger di carni pregiate (12 €). In alternativa, ottime pizze preparate con lievito madre e farine biologiche di grano senatore Cappelli, o di farro, impreziosite da ingredienti di alta qualità. Dolci casalinghi di ottima fattura e ben radicati nell'importante tradizione della pasticceria locale, con qualche interessante digressione fuori regione. Cantina assolutamente adeguata alle aspettative.

ISOLA DI SANT'ANTIOCO - SANT'ANTIOCO
28 km a SO di Carbonia, 49 km da Iglesias

Da Achille
Ristorante annesso all'albergo
Via Nazionale, 82
Tel. 0781 83105-840252
Chiuso la domenica, mai in estate
Orario: mezzogiorno e sera
Ferie: non ne fa
Coperti: 80
Prezzi: 40-60 euro vini esclusi
Carte di credito: AE, MC, Visa, BM

L'hotel Moderno coniuga la perfetta ospitalità in una cornice naturale di indubbio fascino a una cucina che, da sola, regala un pieno senso di appagamento. Alla poltrona di comando Achille Pinna, che in pochi anni ha scalato le vette della gastronomia di alto livello. Quattro le proposte di menù degustazione: di pesce (60 €), di tonno (50 €), di carne (50 €) e vegetariano (40 €). Si può, tuttavia, scegliere anche alla carta, fra le molte proposte che contemplano una grande varietà di carpacci (16 €), paste artigianali come *fregula* e ottime *lorighittas* con cozze e verdure (14 €), scaloppa di ricciola, cotoletta di luvaro e varie proposte alla griglia. Dolci e formaggi territoriali, importante la cantina, con proposte nazionali ed estere, oltre alla buona selezione di birre artigianali.

OLIENA

12 km a se di Nuoro sp 22

Su Gologone

Ristorante annesso all'albergo
Località Su Gologone
Tel. 0784 287512-287552
Non ha giorno di chiusura
Orario: mezzogiorno e sera
Ferie: novembre-marzo
Coperti: 350 + 250 esterni
Prezzi: 40-50 euro vini esclusi
Carte di credito: AE, Visa, MC, CS, BM

Un riferimento questo che negli anni ha saputo confermare la sua eccellenza tanto da diventare elemento imprescindibile, e fra i più rappresentativi, della cucina sarda d'eccellenza. I punti di forza della proposta gastronomica restano, tuttavia, la semplicità, la sensibilità per ingredienti di valore elaborati senza sopraffazioni. Tradizionalissimo il menù che prevede *filindeu* (antica pasta in fili sottilissimi intrecciati, quasi a formare un tessuto, cotti in brodo), *culurgiones* (9 €) e pasta al ferretto, localmente indicata come *maccarones de busa*. Ottime le carni, che dominano i secondi con preparazioni alla brace: il classico porcetto allo spiedo (13 €) e carne di vitella arrosto. Attenzione anche per gli ingredienti complementari a un buon pasto, come l'extravergine locale, il miele, le erbe spontanee, i formaggi e il vitigno cannonau, qui chiamato nepente.

SIDDI

14 km a nord di Sanluri sp 48

S'Apposentu a Casa Puddu

Ristorante
Vico Cagliari, 3
Tel. 070 9341045
Chiuso domenica sera e lunedì
Orario: mezzogiorno e sera
Ferie: variabili
Coperti: 35 + 35 esterni
Prezzi: 50 euro vini esclusi
Carte di credito: tutte, BM

Il regno di Roberto Petza apre le sue porte di gusto e qualità all'interno della Fondazione Casa Puddu, dove ha sede anche una rinomata Accademia di cucina. Materie prime di eccellenza assoluta sono rielaborate con stile e delicatezza dallo chef, che propone due menù degustazione (del territorio e del mare, 50 €) e diverse proposte alla carta, fra cui seppie arrostite alle erbe e fiori di campo con crema di ricotta affumicata e verdure croccanti (15 €), lasagnette con ragù di pecora, cipollotti, uvetta, pinoli e finocchietto (16 €), triglie croccanti con indivia e gelato al peperoncino (22 €). Di altissimo livello la proposta dei formaggi locali e irresistibile l'offerta dei dolci con la millefoglie con crema di liquirizia, albicocche allo sciroppo di Moscato e sorbetto (8 €). Adeguata la proposta enologica, anche in abbinamento ai menù con un sovrapprezzo di 15 euro.

VILLASALTO

64 km a ne di Cagliari ss 387

Paolo Perella
Ristorante
Corso Repubblica, 8
Tel. 070 956298
Non ha giorno di chiusura
Orario: mezzogiorno e sera, su prenotazione
Ferie: variabili
Coperti: 20
Prezzi: 45-50 euro vini esclusi
Carte di credito: nessuna

Prima ancora di un ristoratore Paolo Perella è un indagatore del gusto, un riscopritore di antiche ricette e di materie prime di valore assoluto, a cui da anni consacra tutte le proprie energie e che propone, elaborate dalla cucina della moglie, in portate che hanno la capacità di stupire l'ospite per equilibrio e freschezza. Una esperienza gastronomica, quella offerta a suoi tavoli, che è anzitutto la consacrazione degli ottimi prodotti territoriali che il patron non si stanca di illustrare e raccontare ai propri commensali. Assaggiare l'intera proposta è impegnativo, per varietà e abbondanza, ma lasciarsi guidare nel calembour di colori e sapori assolutamente necessario. Gli antipasti li troverete già sul tavolo all'arrivo, con giusta predominanza di formaggi di diversa tipologia, a cui seguiranno ravioli con verdure di stagione (8 €), cordula con piselli e stufato di capra (10 €) solo per citare qualche esempio, sebbene i piatti varino notevolmente da un'occasione all'altra. Non perdete, fra i dolci, l'interessante croccante di ghiande, ma sono disponibili anche diverse proposte più usuali. Ricerca e attenzione nel vino, con netta predilezione per le coltivazioni in biologico e biodinamico. Il locale è aperto solo su prenotazione.

INDICI

INDICE dei locali

0-9
4 Archi 825
4 Ciance
4 Piedi & 8.5 Pollici 526
80 Voglia Di Piada di Andrea e Roberta 418

A
Abbondanza, Trattoria dell' 492
'A Bersagliera 713
Abraxas 743
Accademia 164
Accursio 854
Achille, Da 884
Aciniello 666
Acino, L' 115
Acquabella, Osteria dell' 169
Acquacheta, Osteria dell' 484
Acquadolce 89
Acqua e Farina di Andrea Montanari 418
Acquapazza 648
Acquario, L' 522
Acquarius 845
Acquasanta, Osteria dell' 373
Acquolina, L' 509
Addolorata, Da 752
Adriano 669
Afro, Da 343
A Galaia 868
Agra Mater 555
AgriRiggio 788
Agri Rio 575
Agriturismo del Gusto 187
Ai Burattini 141
Ai Mediatori 291
Aiuole 446
Alba, Trattoria dell' 172
Albergo dei Cacciatori 401
Albergucci, Mario 462
Alcatraz 526
Aldina 411
Alfonso, La locanda da 711
Alla Borsa 294
Alla Fassa 245
Alla Grande 162
Alla Nave 263
Alla Stanga 285
Allegria 410
Alle Testiere 310
Alpi, Alle 350
Alpina, La locanda 71
Alpino, Osteria 97
Altana, L' 448
Altavilla 144
Alter Fausthof 217
Alto Savio 387
Altromondo 532
Alvise, Da 344
A Mangiare 426
Amarotto 64
Amerigo dal 440
Amici, Gli 382
Amici, Trattoria degli 239
Amico Rosticciere, L' 687
Andrea 831
Andreetta, Da 252
Andreina 578
Anfora, L' 274
Angelo, All' 177
Angelo, Osteria dell'
  Roma, 619
Angelo, Osteria dell'
  Navezze (Gussago, Bs), 158
Angelo, Osteria dell'
  San Giovanni Valdarno (Ar), 500
Angiolina 742
Angolo d'Abruzzo, L' 660
Angolo della Farinata, L' 365
Antenna, All' 284
Antica Cantina
  Orvieto (Tr), 529
Antica Cantina di Sica
  Vomero (Napoli), 734
Antica Dimora del Gruccione 877
Antica Fattoria del Grottaione 453
Antica Locanda, L' 696
Antica Osteria 205
Antica Osteria dal Capo 274
Antica Osteria di Meati 478
Antica Osteria La Sciabica 679
Antica Osteria Paverno 262
Antica Piadina della Valdoca, L' 416
Antica Sciamadda 365
Antica Trattoria Alle Rose 193
Antica Trattoria Belletti 412
Antica Trattoria San Giovanni 839
Antica Trattoria Zoppicone 750
Antiche Mura 643
Antiche Sere
  Torino, 111
Antiche Sere
  Bevagna (Pg), 520
Antiche Sere, Le
  Lesina (Fg), 691
Antichi Sapori
  Montegrosso (Andria, Bt), 676
Antichi Sapori
  Gaione (Parma), 421
Antichi Sapori Palermitani 834
Antico Burchiello 331
Antico Calice 296

Antico Cantinone 658
Antico Forno San Michele 834
Antico Grotto Ticino 133
Antico Vinaio, All' 465
Antonietta
  Jesi (An), 560
Antonietta
  Rieti, 610
Antonio, Da 290
Anzalone 842
Aplis 329
Approdo, L' 348
Aquarol, Osteria de l' 206
Aquila Antica 83
Aquila D'Oro
  Dosso Del Liro (Co), 156
Aquila d'Oro, L'
  Sant'Elia (Cirò, Kr), 779
Aratro, L' 675
Aravis, Le Moulin des 39
Arcadia 277
Arcangelo 630
Arco, All'
  Venezia, 298
Arco, L'
  Maltignano (Ap), 551
Arco, Locanda dell'
  Cissone (Cn), 72
Arco, Osteria dell'
  Magliano di Tenna 561
Arco, Osteria dell'
  Alba (Cn), 48
Arena, All' 251
Armanda 361
Armando al Pantheon, Da 611
Armando, Da 879
Armi, Dall' 270
Armonie di Gusto 190
Arnia del Cuciniere, L' 557
Arrhais 844
Artisti, Agli 324
Artisti, Locanda degli 150
Arzente, Locanda dell' 104
Asino d'Oro, L'617
Asmara 164
Assassino, L' 878
A' Taverna do' Re' 735
A Tijana 777
Attilio, Da 729
Aurilia, Locanda 261
Autista, Trattoria dell' 434
Avaneta, Fattoria 741

B

Bacareto, Al 298
Baccaro, Al 336
Bacchettone e Zazzà 589
Bacco, Al 162
Bacco & la Volpe 497
Baccus 765

Bachero, Al 342
Baciafemmine 535
Bacucco d'Oro 651
Badessa 394
Badò, Da 512
Bagatto, Al
  Milazzo (Me), 824
Bagatto, Il
  Grazzano Badoglio (At), 82
Baita Ermitage 38
Baita, La
  Costa (Arcevia, An), 548
Baita, La
  Faenza (Ra), 400
Baldo Vino 491
Balena, La 653
Ballarin 268
Ballarò 835
Baloss di Poggio Radicati, I 123
Banco, Il 94
Banco, Vini e Alimenti 111
Bandiera, La 661
Bandini 98
Baracca, La 108
Baracchio, Il 692
Bar Al Monte 265
Barba Toni 95
Barcaiolo, Il 183
Barchet 155
Bar Enoteca Centrale 265
Barisone 368
Baritlera, La 71
Barone, La locanda del 635
Bar Palazzi in Corte delle Rose 264
Bar Perla 264
BarriQuando 785
Barrique, La 83
Bartolo, Hosteria wine 533
Basilisco, Il 292
Basta Curve 378
Battaglino 57
Battibecchi, Osteria dei 425
Battibue 403
Baumannhof 222
Baylik 791
Beccaccino 176
Becco della Civetta, Al 761
Bel Deuit 51
Bele, Hostaria a le 293
Bellaria 424
Bella Rosin, La 88
Bellavista 334
Bellinazzo, Antica trattoria 305
Bello-Carni, Salumi e Fornello 685
Belvedere
  Santa Lucia ai Monti (Valeggio sul Mincio, Vr), 294
Belvedere
  Bano (Monte San Savino, Ar), 485
Belvedere
  Agnona (Borgosesia, Vc), 56

890 | INDICE DEI LOCALI

Belvedere
  Gremiasco (Al), 82
Belvedere
  Varignano (Arco, Tn), 196
Belvedere 1919
  Pessinate (Cantalupo Ligure, Al), 62
Belvedere da Tullio
  Tarzo (Tv), 289
Benas, Sas 877
Benningan's Pub 347
Bergamotto, Il 781
Bernardo, Da 820
Bersagliere, Al 302
Bettola di Piero, La 163
Bettola, La 818
Bianca Lancia dal Baròn 59
Bianchi, Osteria al 148
Bicchierdivino 112
Bice La Gallina Felice, Da 161
Bilancia, La 644
Binari, Ai 49
Bintars, Ai 336
Birbi, I 539
Birreria Forst 267
Bistek 193
Bistrò 432
Bistrot del Granchio, Il 624
Bistrot del Mondo Da Bobo
  all'Acciaiolo 504
Bistrot, Le 782
Bitta, La 297
Blanch 328
Boccondivino
  Labro (Ri), 600
Boccondivino
  Bra (Cn), 58
Bohemia 436
Boivin 201
Bolognese, Trattoria la 439
Bolognesi, Marco 462
Bonci, I 527
Bonheur, Le 39
Borgia, Osteria dei 573
Borgo, Al 726
Borgo Antico 470
Borgo Colmello 322
Borgo da Fischio, Osteria del 433
Borgo dei Fumari, Il 652
Borgo, Il 96
Borgoluce 289
Borgo, Osteria del
  Carrù (Cn), 64
Borgo, Osteria del
  Massa (Ms), 481
Borgo, Osteria del
  Larino (Cb), 669
Borgo, Osteria del
  Cesano (Roma), 619
Borgo Pio 623
Borgo Poscolle 318

Borgo Spoltino 644
Borgo, Trattoria del 413
Borrello, Fratelli 847
Bortolino, Da 189
Bo Russ 47
Boschetto, Il 604
Bosco, Antica trattoria al 283
Bosco del Falco 307
Bossola, La 65
Bottega a Rosano, La 496
Bottega Culinaria Biologica 663
Bottega dei Portici, La 487
Bottega del Buongustaio, La 264
Bottega dell'Allegria, La 681
Bottega di Pinocchio, La 546
Botte Gaia, La 473
Bottegaia, La 491
Bottega, Osteria 389
Botteghe, Le 771
Botteghina, La 884
Botte, La 547
Botte Piena, La 510
Boule de Neige 40
Box 23 419
Brace, La 815
Braghieri, Antica Trattoria 429
Brasserie du Bon Bec, La 36
Briciola di Adriana, La 598
Brigante dal 1985, Hostaria il 745
Brigante, Il 720
Briganti, Osteria dei 750
Brillo Parlante, Il 49
Brinca, La 376
Brioska, La 80
Brunello 307
Buca dei Ladroni 707
Buchnerhof 224
Bugliani, Pizzeria forno 367
Bugliani, Riccardo 367
Bun Ben Bon 91
Bunet, 'L 54
Buonumore 511
Burde, Da 460
Burgschenke Hocheppan 223
Burligo 171
Buscone 188
Busolo, Il 259
Bussè, Da 494

C

Ca' Andreana 576
Cacciatore 185
Cacciatore, Osteria del 811
Cacciatori
  Cartosio (Al), 122
Cacciatori, Ai
  Cavasso Nuovo (Pn), 318
Cacciatori, Ai
  Cerneglons (Remanzacco, Ud), 334
Caciaia in Banditella 475

Caciosteria dei Due Ponti 497
Ca' del Re 119
Ca' d'Oro detta Alla Vedova 296
Cadran Solaire, Le 39
Ca' du Chittu 360
Cafasso 728
Caffè Grande 428
Caffè la Crepa 159
Caffè-Vini Emilio Ranzini 112
Caico 801
Calabrialcubo 789
Ca' Landello 273
Caldora, Taverna de li 647
Calice e la Stella, Il 588
Calogero, Da 804
Caminetto d'Oro 440
Caminetto, Il 859
Camino, Il 480
Campanara, La 405
Campanini 392
Campestre, Le 715
Camulin, Trattoria della posta 74
Cannata, 'A 818
Canneto Beach 2 693
Cantacucco, Il 439
Cant del Gal 209
Cantina Bucciarelli 595
Cantina Ceccarelli 595
Cantina da Santino 595
Cantina, Da una 594
Cantina dei Cacciatori 90
Cantina del Marchese, La 712
Cantina del Principe 596
Cantina di Spello, La 536
Cantina Grappolo d'Oro 596
Cantina, La
 Esine (Bs), 157
Cantina, La
 Alberobello (Ba), 675
Cantina, La
 Scansano (Gr), 515
Cantina, La
 Bovino (Fg), 678
Cantina Martini 596
Cantina Nardi 476
Cantina Siciliana 850
Cantina Simonetti 596
Cantinetta del Nonno 498
Cantinon, Al 335
Cantinone già Schiavi 299
Canto del Maggio, Il 509
Canvett 135
Capelli 408
Capitano, Taverna del 246
Capitolo Primo 854
Ca' Poggioli 388
Capolinea 366
Cappello, Al 351
Cappero, Il 815
Cappun Magru 383

Caprini 272
Capuccina, La 78
Carabaccia, La
 Volterra (Pi), 512
Carcere, Osteria del 499
Cardellino, Al 241
Carduleu, Su 858
Carlino d'Oro, Il 469
Carlo Pinto 684
Carmel 164
Carmelo, Da
 Villotta di Visinale (Pasiano di
 Pordenone, Pn), 330
Carmelo, Da
 Joppolo Giancaxio (Ag), 820
Carmenella 729
Carminiello, Da 729
Caronte, Da 288
Carpaccio, Il 774
Carro Armato, Al 303
Carrobbio, Al 154
Carroccio, Hosteria il 506
Carugio, Antica Osteria del 380
Casa della Piadina, La 415
Casa del Puledro 688
Casa del Vino 465
Casa del Vino della Vallagarina 200
Casa di Assunta, A 599
Casa di Bacco 73
Casa di Lucia, Antica Osteria 160
Casale Cjanor 321
Casale Drinzi 813
Casale Ferrovia 679
Casalinga, La 464
Casa nel Bosco, La 65
Casara e Non Solo…, La 266
Casareccia, La 519
Cascina Collavini 74
Cascina degli Ulivi 93
Cascinari, Ai 832
Cascina Schiavenza 106
Caselle, Le 181
Caserma Guelfa 570
Case Rosse 550
Casetta, Da 360
Casolare, Il 552
Ca' Sorda Ai Pennar 239
Casot, Ristorante del 67
Cassero, Locanda nel 456
Cassia Vetus 477
Castagno, Il 374
Castellana, A 805
Castello
 Castello (Serle, Bs), 184
Castello, Al
 Fagagna (Ud), 321
Catagna, La 709
Catine, Da 335
Cattivelli, Antica Trattoria 413
Caucigh 352

Caupona Taverna di Sicilia 850
Cavaliere, Il 553
Cavaliere, La Taverna del 685
Cavalieri, Osteria dei 490
Cavalier Saltini 173
Cavallino 189
Cavallo Rosso 121
Cavatappi 299
Cavenago, Il 81
Cave Ox 810
Ceccaroni, Giuseppina 415
Cecconi 473
Ceccottino, Hostaria del 492
Cellaio di Don Gennaro, Il 754
Cellini, Maria 417
Cencio, Antica Osteria da 396
Centrale 128
Centro, Il 122
C'era una Volta 549
Cerina 397
Certosa, Alla 288
Cesare, Da
  Spilamberto (Mo), 436
Cesare, Da
  Roma, 612
Chalet Galileo 554
Chianina, La 607
Chiluzzo 834
Chioccia d'Oro, La 739
Chioschetto da Viviano, Al 834
Chiosco della Pineta 417
Chitarra, La 736
Ciabot, Il 101
Ciacarade, La 352
Ciacola, La 243
Cialoma, La 854
Cian de Bià 359
Cianzia 243
Cibbè 494
Cibo e vino 571
Cibreo Trattoria, Il 461
Cibus 703
Ciclista, Trattoria del 55
Ciliegio, Il 375
Ciocio, I' 507
Ciodi, Ai 324
Civico 25 533
Cjasal, Al 282
Clemente 657
Cloz 202
Coccinella, La 107
Coccovello 767
Codirosso 110
Codole, Alle 248
Codroma 299
Colla, Da ö 368
Collina 174
Collina d'Oro, La 166
Collinetta, La 786
Colombaie, Antico Ristoro Le 502

Commercianti, Trattoria dei 55
Conca, La 725
Concettina ai Tre Santi, Da 730
Condo, Da 256
Consorzio 114
Contadino, Il 711
Contadino, Osteria del 592
Conte Matto, Il 510
Contrabbandiere, Antica Locanda
  del 177
Contrade, Le 567
Contrin 202
Convento, Al 717
Coquus Fornacis 573
Corallo, Il 648
Cornacchie, Osteria de le 566
Corona 105
Corso, Trattoria del 851
Corte, Alla
  Verona, 303
Corte, La
  Cornedo Vicentino (Vi), 254
Corte, La
  Villa Raspa (Spoltore, Pe), 657
Corte Vallona 249
Cortile Capuana 811
Costa, La
  San Nicandro Garganico (Fg), 700
Costa, La
  Perego (Lc), 172
Costalunga 256
Costa Salici 211
Crepuscolo, Il 762
Cr'janz, A' 699
Croce Daniele 391
Crocifisso da Baglieri, Trattoria
  del 829
Crota 'd Calos, La 61
Crotto, Osteria del 170
Cuattru canti, Ai 363
Cuccagna, La 682
Cucchiaio di Legno, Il 97
Cucina Casereccia - Le Zie 690
Cucina e Vino 841
Cueva Maya 165
Culata, Da 270
Curtif, Al 320
Curva, La 96
Cusineta, La 244

D

Dagamò 523
Da Giovanni al Belvedere 406
Daino, Il 559
Dal Cavalier Gino 612
Dalla Vipera, Osteria 558
Damiani e Rossi Mare 579
Da Rossi Ex Osteria degli Ultimi 576
Davide, Da 834
Dë Börg, Osteria 428

Defanti 131
De' Figliole 730
De Gusto Dolomiti 242
Dei Frati, Osteria 429
Dei Miracoli, Osteria 260
Dei Sani, Osteria 645
Del Belbo da Bardon 103
Della Locanda Fiore, Osteria 199
Della Tonnara Da Andrea, Osteria 868
Del mercato da Maurizio, Ristorante 75
De Mendoza, Hostaria 791
De Mola, Pietro 684
Dentella 147
Dentro le Mura, Osteria 670
Deserto, Al 396
Desogos 864
Devetak 341
Diavoletti, I 450
Diavolo del Brodetto, Il 567
Diavolo, Osteria del 50
Di Matteo 731
Dim Sum 165
Dino 505
Di Pietro, Trattoria 724
Dispensa Pani e Vini 142
Divin Porcello 85
Di Vin Roero 120
Djun, Ostu di 66
Domenico Scarano 687
Domu sarda, Sa 861
Don Abbondio 403
Donato, Da 735
Don Camillo 855
Don Ciccio 803
Don Diego 559
Don Juan 165
Donna Nela 790
Doppio Zero 420
Dorfnerhof 221
Doro, Da 287
Dosso dell'Ora 130
Drin, Da 382
Duca, La taverna del 691
Due Camini 197
Due Cannoni, I 739
Due colonne, Le 188
Due Grappoli 76
Due Lanterne, Le 92
Due Platani, Ai 420
Due Taxodi, Ai 143
Duma c'Anduma 109
Durnwald 232
Dzerby, Lo 39

E
Eco del Fiume, L' 766
Écureuils, Les 40
'E Curti 748

Edelweiss 75
Eggerhöfe 222
Eguaglianza 134
El Bacarin 303
Elena, Da 410
Elfo, L' 668
El Gatt 562
Elvezia, All' 136
Emilia da Marisa 545
Emma 480
Enoiteca Mascareta 299
Enoiteca Pomo d'Oro 265
Enomagoteca 113
Enoteca Bar a Vino, L' 558
Enoteca Bordò 113
Enoteca della Valpolicella 257
Enoteca Federici 591
Enoteca Le Case 579
Entrà 402
Erba Brusca 190
Ermes 411
Etable 52
E' Tulir di Francesco Ricci 417
Europeo di Mattozzi, L' 737

F
Fabio, Fattoria 814
Fagiano, Al 352
Fagioli, Del 461
Falco, Antica Locanda del 405
Falschauerhof 231
Falsopepe 694
Fana', Il 860
Farinata Mazzini 47
Fari Vecjo, Al 353
Fausto, Da 68
Favarotta, La 816
Favorita, La 261
Favri, Il 338
Fefè, Da 708
Felice 613
Fenesta Verde 721
Fenice, La 395
Ferluga 317
Ferrata, La 331
Ferri, Da 658
Ferro, Da 482
Föhrner 223
Fiaccola, La 634
Fichtenhof 226
Fidone, Maria 827
Fienile, Il 483
Figlia del Presidente, La 731
Filò, Al 146
Filomena, Da 666
Fiorella, Da 376
Fiorentino 503
Fiori, Osteria dei 560
Flavio al Velavevodetto 613
Flora 859

894 | INDICE DEI LOCALI

Focolare, Il 722
Fogher, Al 247
Fontana 1914, La 683
Fontanabuona, Locanda 87
Fontana Candida 602
Fontana, Da Maria 608
Fontana delle Pere 527
Fontana del Tasso, La 763
Fontana Madonna 719
Fontanelle, Le 592
Font'Artana 651
Forchetta Curiosa, La 370
Forno, Trattoria al 279
Foro dei Baroni, Il 744
Fossa del Grano, La 701
Fradis Minoris 876
Fra Fiusch, La taverna di 87
Franco Dragone 685
Frantoio, Al
  Casal Sottano (San Mauro Cilento, Sa), 746
Frantoio, Il
  Montescudaio (Pi), 485
Frantoio oleario Bardari, Antico 784
Frasca Verde, Alla 326
Fraschetta del Mare 583
Fratellini, I 465
Firenze 465
Frati, Ai 350
Frise, Le 142
Froda, La 130
Fuciade 209
Fugazza 181
Furmighin, Ul 128
Furnacia, La 777

G

Gabbiano, Il 153
Gabelletta, La 518
Gaetano, Da 730
Gagliano, Da 504
Gagliardi 760
Gaia, Dal 178
Galleria di Sopra, La 629
Gallina sversa, Osteria della 61
Gallo, Antica Cantina del 728
Gallo d'Oro 551
Gallo e della Volpe, Osteria del 740
Gallo e l'Innamorata, Il 822
Gallo, Osteria del 240
Gallo, Trattoria del
  Palazzolo Acreide (Sr) 832
Gallo, Trattoria del
  Rovato (Bs) 179
Gambin, Da 379
Garibaldi 72
Garibaldi Innamorato, Il 489
Garsun 220
Gaspar, Da 345
Gastaldia d'Antro 333

Gatto e la Volpe, Il 95
Gatto & la Volpe, Il 594
Gatto Rosso, Al 702
Gazza Ladra, La 848
Generale, Il 712
Genovese, Il 369
Gente di Mare 801
Genzianella, La 79
Geppe, Da 66
Gesuiti, La taverna dei 764
Gheppio, Locanda del 183
Ghiottone, Il 747
Ghironda, La 412
Giancu, U 380
Gianni, Da 371
Giara, La 779
Giardinetto di Alessandra Ricci, Al 418
Giardinetto, Il 108
Giardini degli Dei 770
Giardini di Ararat, I 627
Giardino degli Allori, Il 775
Giardino degli Ulivi, Il 554
Giardino di Epicuro, Il 765
Giardino, Il
  Ventotene (Lt) 629
Giardino, Il
  Ancona 547
GiGianca, Al 144
Gigina, Antica Trattoria della 388
Giglio, Da 778
Giglio d'Oro, Al 768
Giglio, Locanda del 129
Gikappa 873
Gino 546
Gino, Da 874
Gino Sorbillo 733
Giò Arte e Vini 541
Giocondo 653
Gioiosa, La 367
Giotto 511
Giovannelli, Antica Trattoria 387
Giovanni, Da
  San Giorgio in Bosco (Pd) 282
Giovanni, Da
  Castelvetrano (Tp) 810
Girasol, Al 53
Giro di Vite 88
Giudea, Alla 488
Giuli e Stefano Pumdor, Da 418
Giuseppe, Da 90
Giusi, Antica Trattoria da 327
Giuvan, Grotto del 134
Gjal Blanc, Al 345
Go 789
Gologone, Su 885
Gorizia 1962 731
Gourmetteria 265
Gozzi, Sergio 468
Gradisca di Manuela Bianchi 419
Gramola, La 508
Granaldi 686

Grand Hotel 163
Gran Fritto, Osteria del 398
Granpasso 295
Grappolo d'Oro 614
Grazie, Locanda delle 155
Grecale, Il 584
Grekà 881
Grigliata, Alla 258
Grigliata, La 683
Grillo d'Oro 710
Grillo è Buoncantore, Il 455
Grotta da Concetta, La 667
Grotta dei Raselli, La 641
Grotta di Santa Caterina da Bagoga 506
Grotta, La
  Brescia, 147
Grotta, La
  Orvieto (Tr), 530
Grotta, La
  Scicli (Rg), 847
Grott Café, Al 129
Guado Cannavina 668
Guallina 192
Guazza 552
Guercinoro, Osteria del 392
Guerrino, Taverna del 472
Guidazzi, Marina 417
Gummererhof 224
Guscio, Al 326
Gustin, Da 574

H
Hostaria 900 406
Hostaria del Vicolo 855
Hostaria Disio 852
Hostaria La Corte di Bacco 157
Hostaria Santa Lucia 578
Hosteria 700 154
Hubenbauer 225
Huberhof 224

I
I Bologna 123
Iervasciò 569
I Fritti de Sora Milva 616
Ilde il baretto della buona piadina,
  Bar 420
Impero 109
In Corte dal Capo 254
In Piazzetta 476
In Vernice 514
Iotto 587
I Runchitt 148
Isetta 257
Is Fradis 860
Isolo, All' 302
Ispinigoli 865
Italia 69
Italiano Cibus 803
Itria 839

Ivana & Secondo 330

J
Janna e' Ruche 870
Jägerhof 228
Jora 227
Josto al Duomo 874
Juribello 203

K
Kamastra 781
Kent'Annos 880
Koshi Koba 165
Kürbishof 214
Kresios 756
Kursaal 551
Kus, Taverna 310

L
La Clusaz, Locanda 43
Laghi 393
Laghi Verdi 435
Lago Scuro 184
Laita La Contrada del Gusto 238
Lamarta 187
Lamm Mitterwirt 229
La nicchia, Vineria del ristorante 68
Lanterna di Diogene, La 391
Lanterna, La
  Mallare (Sv), 373
Lanterna, La
  Somma Vesuviana (Na), 751
Lanzenschuster 227
Lanzi 438
Lari, La taberna dei 600
Laureto, Il 585
Lea 524
Le Delizie di Maria 585
Le Fate dei Fiori 792
Le Fossate 722
Le Giare
  Bari, 677
Le Giare
  Tusa (Me), 852
Leon d'Oro 353
Leone, Osteria del 647
Le Servite 196
Letizia 873
Le Viole 422
Libera, Dalla 286
Libertino, Il 210
Liberty 875
Lido Ariston Sales 185
Lillero 538
Lillo Tatini 531
Lina, La 448
Liocorno, Il 591
Lioni, Li 875
Livio, Da 784
Ljetzan 285

Lo Bianco 836
Locale, U 804
Locanda al Lago 175
Locanda Apuana 451
Locanda Baggio 308
Locanda Borgo Antico 609
Locanda Corona di Ferro ex San Bernardo 102
Locanda D&D 205
Locanda dei Buoni e Cattivi, La 861
Locanda del Ditirambo 590
Locanda del Falerno ex Villa Matilde 716
Locanda della Luna, La 745
Locanda dello Yeti, La 445
Locanda di Arturo, La 606
Locanda di Colle Ombroso, La 535
Locanda di Terra 853
Locanda Fontanazza 84
Locanda Fontezoppa 555
Locanda, La 528
Locanda Montelippo 577
Locanda Occitana Ca' Bianca 99
Locanda Solagna 295
Locandiere, Il 806
Logge, Le 515
Lorè 568
Losanna, Antica trattoria 85
Lo'steria 618
Louche, La 113
Luca, Da 366
Luchin 361
Luciana, Da 843
Luciano, Da
  Ponte Vico (Russi, Ra), 430
Luciano, Da
  Cairo Montenotte (Sv), 365
Lucio, Da 881
Lucitta 883
Luisa, Da 275
Lumera, La 534
Lumie, Le 822
Luna, Alla 323
Luna Galante 738
Luna Rossa
  Terranova di Pollino (Pz), 770
Luna Rossa, 'A
  Bellona (Ce), 709
Lupen e Margò 462
Lupo, Il 381

M
Macalusa 638
Macare, Le 676
Maccherone, Il 493
Macelleria dell'Arco 683
Macelli, I 449
Macine, Le 819
Madia, La 149
Madonna della Neve 69
Madonnetta 263
Madonnina, La 808
Maestro del brodo, Dal 836
Magazzeo, U 746
Magazzino, Il 464
Magiargè 359
Magnatum La Degusteria 786
Magnolie, Le 826
Mago, Dal 563
Magona 452
Maidda, A 821
Maison Rosset 39
Majore 812
Malconsiglio, Hosteria del 766
Malvarina 518
Mamma, La 780
Mammarosa 498
Mammaròssa 660
Mananan, A cantina de 362
Mandracchio, Al 578
Mandrone, Il 642
Mangiando Mangiando 471
Mangiar Bene, Al 532
Mangiare Bere Uomo Donna 186
Mangiatoia, La 768
Maniero, Al 40
Manthoné, Locanda 649
Manuëli 400
Marcello, Da 544
Marchesella, La 721
Marchetti, Fattoria 562
Marchio Murgia 687
Marco Osteria del Trentino, Da 422
Mare, Osteria del 477
Margherita, Osteria 640
Maria 561
Maria, Da 557
Marianaza 401
Marianna, La 427
Mariano, Ostaria da 301
Mariella, Locanda 393
Marina, Ristorante 654
Marinella, Tavernetta 747
Mario
  Firenze, 466
Mario, Da
  Montegrotto Terme (Pd), 271
Mario, Da
  Buononvento (Si), 450
Mario Tato 463
Marisa al Castello, Da 67
Marisa, Dalla 297
Marlera, La 86
Marsupino 58
Masardona 732
Mascalzone vini & cucina, Taverna 749
Masella, Trattoria 716
Maso Cantanghel Trattoria da Lucia 198

Maso Palù 198
Masseria Barbera 695
Masseria Parco di Castro 689
Masticabrodo 408
Mastrofrancesco 727
M.A.T.E.S. 805
Matetti, I 358
Matiz da Otto 329
Mattarello d'Oro, Al 616
Max 780
Mazzeri, Osteria dai 309
Mazzini, Trattoria 414
Mc Turiddu 812
Mecenate, Il 478
Medioevo 696
Mediterranima 825
Megaron 741
Meira Garneri 103
Melograno 242
Melo Innamorato, Il 339
Meloncello 389
Metrò, Al 663
Mezzo, Osteria di 180
Mia Piadina Acqua e Farina di Donatella Ricci, La 415
Micamat 416
Michele, Da 730
Michiletta 397
Migliori 551
Milic 342
Milla 430
Mimmo e Valeria, Da 688
Miniera di Galparino, La 523
Miniera, La 186
Miniere, Le 118
Mini Ranch 544
Miola 207
Mirador 379
Miramonti 407
Mirù Cantina Nova 719
Mirta 169
Mitraglieri, Hosteria ai 247
Moar 221
Mocajo 513
Moderno, Il 627
Moiè 253
Molinella, La 371
Molo, Il 545
Monastero di Rolle, Al 252
Mondragon 290
Montagna Granda 202
Montalbano 137
Montano, Glio 609
Monte a Pescia Da Palmira 487
Monte Baldo 303
Montecarlo 117
Monte, Ristorante al 280
Monte Sole 203
Montiblu 872
Monticello, Il 602

Monti Paulis 866
Mora, La 537
Morchino, Grotto 132
Moresani, I 713
Moro
   Mestre (Venezia), 301
Moro, Il
   Capriata d'Orba (Al), 62
Mortigola 202
Mosto, Antica Osteria dei 375
Mösenhof 231
Muggianeddu 882
Mulinars, Ai 319
Muliner, Trattoria del 175
Mulino delle Tolle 314
Mulino Ferrant 317
Mulino, Grotto al 132
Mulino, Il 762
Mulin Vecio 323
Muraglie, Le 782
Murgiana, La 690
Mykonos 166

N

Nadae, Da 306
Nalin, Da 246
Nalserbacherkeller 224
Nangalarruni 808
Nani 553
Nazionale 125
Nazioni, Alle 340
Nena, La 445
Nerina 208
Nerito Valter, L'osteria di 150
Nicastro, Taverna 828
Nicola, Antica trattoria da 281
Nicola Semeraro, Da 686
Niedermairhof 224
Noce, Osteria del 474
Nonna Bruna 649
Nonna Gelsa, Locanda di 540
Nonna Mena, La locanda di 701
Nonna Rosa, Da 667
Nonno Cianco 458
Nonno Liborio 659
Normanno, Il 787
Nostrana, La 670
Notizia, La 732
Nud e Crud 420
Nugent 763
Numero 2, Osteria 145
Numero sette, Osteria al 424
Nunzia 710
Nuova Fattoria, La 604
Nuovo Macello, Trattoria del 191

O

Oasi della Piadina, L' 419
Oasi, L' 882
Oasis Sapori Antichi 757
Oberlechner 217

Oberlegar 224
Oberraindlhof 230
Oberraut 233
O Ca Bistrò 738
Oficina do Sabor 166
Oliva, Maso 204
Olmo, Locanda dell' 56
Olmo, Osteria dell' 596
Olo Kalò 682
Omens 42
Operaio dei Fornelli, L' 276
Ophis 564
Opus Wine 700
Ortiga, Grotto dell' 133
Osaka 166
Ostaria del Filò 208
Oste del Borgo, L' 827
Oste della Bon'Ora, L' 598
Oste Dispensa, L' 486
Oste e il Sacrestano, L' 853
Osteria di Monteverde, L'618
Osteria, L'
  San Daniele del Friuli (Ud), 337
Osteria, L'
  Rieti, 611
Oste Scuro 472
Ottavio, Da 435
Ozio, La Taverna dell' 502

P
Pace, Alla 340
Pace, Osteria della 102
Padellina, Da 471
Padrino, Al 824
Paeto, Da 275
Pagni 366
Paisà 726
Paladina, La 785
Palazzo Barberini 572
Palazzo D'Auria Secondo 692
Palla Bianca Weisskugel 219
Pallotta 519
Palmira, Osteria 620
Paloma, La 475
Palomba, La 530
Pane e Vino
  Verona, 305
Pane e vino
  Todi (Pg), 538
Pane e Vino
  Cheraso (Cn), 70
Pane e Vino, Taverna
  Cortona (Ar), 457
Panellaro di Ballarò, Il 835
Paneolio 652
Pani e Casu 876
Panoramica, La 272
Panzanelle, Le 496
Paolino
  Vercelli, 119
Paolino, Da
  Maniano (Gr), 479
  Papavero, Il 755
Paradiso, Al 337
Parco da Eleonora, Al 418
Parlapà 113
Paschera dal 1894 63
Pasina, Osteria alla 248
Pasqualino, Da 869
Pasta e Vino 500
Pasta Madre 364
Patio, El 278
Patrie dal Friûl, A le 315
Patscheiderhof 225
Paudese, Osteria 135
Pautassi 81
Pavirani, Maria 416
Peccatori, Osteria dei 158
Pecora Nera
  Buturo (Albi, Cz), 774
Pecora Nera, La
  Canedole (Roverbella, Mn), 179
Peden, Al 309
Pelliccia, Antica trattoria 493
Pellone 733
Pennesi 565
Pentolaccia, Alla 778
Pentola d'Oro, La 723
Pepè La Vecchia Hostaria, Da 776
Pepenero 556
Pepi, Da 347
Peppe, Da 767
Peppone, Da 636
PER 266
Perbacco
  Pisciotta (Sa), 743
Perbacco
  Cannara (Pg), 522
Perbacco
  Bari, 678
Perella, Paolo 886
Pergola, Alla 292
Pergola, La
  Gesualdo (Av), 720
Pergola, La
  Orvieto (Tr), 531
Pergolina, Antica trattoria la 151
Perilli 638
Perla, La 828
Persei 610
Pertzes, Les 37
Pervoglia 636
Pescato del Canevone, Il 427
Pescatore, Al 308
Pescatore da Mino, Al 175
Pescatore, Osteria del 795
Pescatori, Osteria dei 173
Pesce Fresco al Vecchio Mafone,
  Trattoria del 837
Peschiera, Alla 404

Peso, Trattoria del 54
Pesta, Sa 365
Petarine, Osteria a le 304
Petito 404
Petrae Lejum 838
Petrusa, La 821
Pezzolla 760
Piaceri della carne, I 686
Piadina del Chiosco, La 416
Piadina di Bicio e Vale, La 419
Piadina di Loretta e Germano 416
Piadina di Melania Facciani, La 417
Piadineria Il Minatore 419
Pia, La 366
Piana, La 151
Pian delle Mura, La Taverna del 454
Piane, Osteria delle 637
Piano, Trattoria del 547
Piave, Al 327
Piazza, La 698
Piazzetta del Sole, La 593
Piazzetta, Hostaria della 603
Piazzetta, La
  Sant'Omero (Te), 655
Piazzetta, La
  Valle dell'Angelo (Sa), 753
Picciarello 372
Piccola Trattoria Guastini 484
Piccole Dolomiti 278
Piccolo Borgo, Il 830
Piccolo Napoli 837
Piceni, I 564
Piermarini 525
Pietra del Sale 761
Pietrino e Renata 597
Pietro Alò 688
Pignata, La
  Ariano Irpino (Av), 707
Pignata, La
  Crotone, 783
Pineta, Alla
  Tavon (Coredo, Tn), 199
Pineta, La
  Novara di Sicilia (Me), 830
Pineta, La
  Arzana (Og), 858
Pineta, La
  Marina di Bibbona (Bibbona, Li), 513
Pini 136
Pino, Del 734
Pintadera 867
Pinzimonio 593
Piola della vecchia trattoria, Sa 862
Piola, La 48
Pipeo, Da 366
Pippo, Da 369
Pippo e Gabriella, Da 571
Pironetomosca 249
Pizzarium 615
Pizzeria Francesco e Salvatore Salvo 734
Plàit, In 319
Playa, La 377
Plistia 650
Poderone, Il 433
Podkova 167
Poeta Contadino, Il 152
Poggiolo, Il 501
Politano, Da 57
Polledrara, La 606
Pollini, Sergio 462
Pompeo, Da 689
Pompiere, Al 304
Ponte, Al
  Belluno Veronese (Brentino Belluno, Vr), 244
Ponte, Al
  Bornio (Lusia, Ro), 262
Ponte, Al
  Sommacampagna (Vr), 287
Ponte, Al
Venezia, 300
Ponte, Al
  Ponte sull'Oglio (Aquanegra sul Chiese, Mn), 141
Ponte, Al
  Gaiole in Chianti (Si), 469
Ponterosa 563
Poporoya 167
Porta al Cassero, Osteria di 483
Porta del Parco 775
Porta del Vaglio 796
Porta di Basso 703
Porta di Felino, La 437
Porta, La 488
Portego, Al 300
Porticciolo, Il 260
Porticciolo, Il 625
Portico, Al 253
Portico, Il 871
Porto, Al 175
Portonat, Al 337
Posta, Alla 325
Posta di Torrenova, La 486
Posta, La
  Avigliano Umbro (Tr), 520
Posta, La
  Catabbio (Semproniano, Gr), 505
Pozzo, Da 353
Pozzo, Il 489
Pozzon, Al 137
Pozzo Vecchio, Osteria del 680
Praetoria, Trattoria 36
Prandi 136
Prato Gaio 192
Principe e il Pirata, Il 816
Principe, La locanda del 586
Pro Loco D.O.L. 621
Prosciutterie Dok Dall'Ava 337
Prosecco, Al 300

Puppo 364
Purgatorio, Il 880

Q
Quaglini 145
Quattro Gigli con Trattoria dell'Orcio Interrato 514
Querce, Delle 640
Querce, Le 339
Quercia, La 640
Quintilio 383
Quinto Quarto, Il
  Roma, 614
Quinto Quarto, Il
  Bosisio Parini (Lc), 146

R
Radetic 316
Ragnatela, La 269
Ramin-e, Le 115
Ramo Verde 63
Ranari, Antica Osteria Ai 161
Ras-ciamuraje 73
Ratanà 191
Rava e la Fava, La 149
Röckhof 225
Real Castello 124
Reale Doc 752
Recreu, Su 869
Re di Puglia 490
Regina della Piadina di Maria Casadei, La 416
Re Salomone 167
Ressignon, Lou 37
Ribo 671
Riccardo, Da 870
Ricciola Saracena 623
Richiastro, 'L 628
Ricriju, U 794
Rifugio Carota 276
Rifugio, Il 872
Righini 159
Riglarhaus 341
Rimante 572
Ripa del Sole 381
Ripa, La 744
Risorgimento 118
Ristorante degli Angeli 630
Ristorante dei Cantoni, Il 409
Ristorante del Corso 549
Ristorante di Crea 107
Ristorante Il Vicoletto 1563 626
Ristorantino della Cirenaica, Il 100
Rita di La Porta Rita, Da 417
Ritorno, Il 574
Ritrovo, Al 846
Rizzari, I 802
Rizzi
  Cassano delle Murge (Ba), 684
Rizzi
  Laterza (Ta), 685
Roberto, Da 143
Roberto e Loretta 621
Roberto Taverna in Montisi, Da 499
Rocca, Alla 99
Rocca del Gusto, La 603
Rocca, La 431
Roccia, La 635
Rododendro, Osteria del 374
Roeno 245
Roma
  Cuneo, 77
Roma
  Meolo (Ve), 267
Romano, 'O 748
Romeo, Da 421
Romitaggio San Guglielmo 809
Rondinella, La 792
Rosa Alda, Dalla 283
Rosa, Alla 237
Rosa Canina, La 372
Rosada, Sa 871
Rosa dei Venti, La 879
Rosa dei Vini, La 106
Rosa nel Bicchiere, La 796
Rosella, La 866
Rosenbar 355
Rosso di Sera-Macelleria Cervellera 687
Rosso, Osteria del 447
Rosso Rubino 78
Rosticceria L'Antico Borgo 684
Roverino, Da 556
Rua de li Travaj 698
Rubbiara, Osteria di 414
Rubino, Il 864
Rudy 348
Ruffino 175
Ruggero 467
Ruggero e Gemma 419
Ruinello, Al 182
Runch Hof 215
Ruota, Alla 271
Rupe, La 643
Ruspante, Il 590
Rustica, La 813
Rusticana, La 826

S
Sabatino 467
Sacchi 136
Sadole 203
Saint Patrick 624
Sale e Pepe
  Stregna-Srednje (Ud), 343
Sale & Pepe
  Caltanissetta, 806
Saletta, La 454
Salice, Il 769

Sali e Tabacchi 160
Salini, Fratelli 402
Salis 293
Salmoriglio 840
Salvatore, Da 838
Salvetti 98
San Cesario, Osteria di 631
San Domenico 646
San Domenico 790
Sandwich Club 348
San Filippo 697
San Francesco, Antica Focacceria 834
San Giorgio 540
San Giorgio e il Drago 841
San Giovanni 423
Sangiovesa, La 432
San Giulio 53
San Lorenzo Da Ghigo 508
San Marco 255
San Martino 251
San Martino de Kamerata 807
San Piero, Osteria di 503
San Pietro 717
San Siro 286
Santa Chiara 642
Sant'Alessandro 207
Santa Lucia 550
Santa Marta 86
Sant'Ambrogio 180
Santa Rughe 865
Santi, I 725
Santine, Ostarie di 346
Santino, Il 465
Santisé 60
Santo Stefano 423
Santuccio 622
Santu, Ostaia da u 370
Sapori del val di Noto, I 829
Sapori di Campagna 645
S'Appósentu a Casa Puddu 885
Sara, Da 529
Sardoc 320
S'Arragatteri 867
Sarvanot, Lou 110
Sbarbacipolla Biosteria 456
Scabar 355
Scacchi, Gli 715
Scacco Matto 794
Scala 840
Scalocchio, Lo 437
Scamorzaro, Lo 654
Scandiano, Osteria in 434
Scannabue 116
Scapin 267
Schaurhof 232
Schlosswirt Juval 216
Schnalshuberhof 218
Schwarzer Adler 214
Scirocco 237

Scoiattolo, Lo 583
Scopari 823
Scrigno dei sapori, Lo 831
Seiterhof 216
Semiramide 528
Sentiero dei Franchi, Il 105
Senza Fretta 77
Serendib 167
Serghei 390
Sette Teste 255
Shri Ganesh 168
Signaterhof 226
Signora in rosso, Vineria della 92
Signore delle Pecore, Il 640
Silvana, Da 584
Silvio 174
Silvio la Storia a Tavola 458
Siora Rosa, Da 348
Sisini 616
Skerk 316
Smeraldo 156
Sofia 279
Sogno, Il 268
Solita Zuppa, La 455
Solito Posto, Al 849
Sonne 219
Sonneck 218
Sora Maria e Arcangelo 605
Sotciastel 215
Sot la Napa 332
Sotto la Mole 117
Sottoriva, Osteria 304
Spalti, Agli 273
Spazio 662
Speranza, La 79
Spezie, Osteria delle 655
Spora 203
Stablasolo 203
Staccia Buratta 447
Steidlerhof 223
Stella 534
Stella d'Oro
 Villa (Verzegnis, Ud), 354
Stella d'Oro
 Soragna (Pr), 441
Stella, La 176
Storica Morelli, Osteria 206
Storione, Allo 332
Stracciavocc, La 641
Stramaiolo 202
Strasserhof 225
Strego, Lu 639
Stropaia, La 197
Stuzzichino, Lo
 Taverna (Campodimele, Lt), 587
Stuzzichino, Lo
 Sant'Agata sui Due Goli (Massa Lubrense, Na), 724
Suban, Antica Trattoria 349
Su Bullicciu 883

Sud 756
Suisse 41
Sulicce'nti, U 842
Summertime 474
Su pe' i' Canto 451
Supplizio 616
Su Tzilleri 'e su Doge 862
Syrah 846

T

Taberna Sveva 848
Tabià 250
Tacchinella, La 634
Taccolella, 'A 742
Tacconotti, Trattoria dei 80
Tagiura 170
Tagliere 2, Il 366
Talarico (Salvatore), Da 777
Talarico (Santo), Da 777
Tamborrino 686
Tamì 153
Tana degli Orsi, La 495
Tana dei Brilli Parlanti, La 482
Tana dell'Orso, La 586
Tana, La 693
Tancredi, L'Osteria di 338
Taschet, Da 100
Tasté Vin 50
Taverna 58 650
Tavernaccia, La 617
Taverna dei Briganti, La 783
Taverna dei Sapori 524
Taverna dei Tre Gufi, La 104
Taverna del Cacciatore 395
Taverna del Gufo, La 94
Taverna di Arlecchino 182
Taverna di Pascalone, La 686
Taverna, La 259
Taverna la Mola 536
Taverna Mari 599
Tavernazero 362
Taverna Zongo 566
Tavernetta di Porta Guelfa, La 521
Tavernetta, La 797
Tavernino, Il 266
Tavola del Carmine, La 548
Tavolozza, La 291
Tchappé, Lou 38
Teatro, Antica Trattoria del 409
Teatro, Osteria del
  Cortona (Ar), 457
Teatro, Osteria del
  Foligno (Pg), 525
Tempo Perso, Osteria del 588
Tempo stretto, Osteria del 358
Tenuta Monte Laura 718
Teresa 601
Terme 379
Terra di Briganti 589
Terrae Maris 426

Terra Sabina 608
Terrazza, La 204
Testamento del Porco, Il 537
Tiefthalerhof 228
Tilt 2, 565
Tipicamente 769
Tipico Calabrese, Il 776
Tirabusciò, Il
  Bibbiena (Ar), 449
Tirabusciò, Il
  Calangianus (Ot), 863
Tirante, Il 269
Tischi Toschi 849
Toledo, Hosteria 736
Tom & Jerry 418
Toni Cuco 258
Toni da Mariano 349
Torgglerhof 229
Torre, Alla 101
Torre Antica 639
Torre di Gnicche, La 446
Torre Ferano 754
Torre, La
  Santa Maria Annunziata (Massa
  Lubrense, Na), 723
Torre, La
  Brondello (Cn), 59
Torre, La
  Cherasco (Cn), 70
Torre, Taverna della 681
Torrini, Leonardo 463
Tradizione Cucina Casalinga, La 695
Tradizione Dolce & Sale 419
Tradizione, La 688
Tramway, Antica trattoria di' 507
Trani, Ai 280
Tranvai, Al 460
Trapizzino 615
Trappeto, Il 702
Trappola, Enoteca Alla 337
Trattora dello Stadio 93
Trattoria Cantone 394
Trattoria delle Tele 425
Trattoria di Via Serra 390
Trattoria, La 521
Trattoria Moderna Il Simposio 52
Trattovia Il Gastronomo 727
Trave, La 240
Tre chiavi, Locanda delle 200
Tredici Gradi 628
Tre Merli 91
Tremoto 459
Treno, L'osteria del 168
Tre Soldi 468
Tre Sorelle 714
Tre Spade 399
Törggelkeller 223
Trinità 438
Tripoli 377
Trippaie, Le 463

Trippaio di San Frediano, Il 463
Trippaio di Sant'Ambrogio, Il 463
Tripperia delle Cure, La 463
Tripperia o' Russ 733
Trippini 541
Tritone, Hosteria del 740
Tronca, Da 481
Trota Blu 315
Trote, Alle 344
Tubino 431
Turacciolo, Il 677
Turioleddu 787
Turlonia 322

U
Uliatt, L' 131
Umberto 737
Umberto, Da 817
Umbreleèr, Osteria de l' 190
Universo 120
U.p.e.p.i.d.d.e. 699

V
Vagabondo, Il 314
Vairo del Volturno 757
Val d'Ambra 137
Valle del vento, La 577
Valle, La 124
Vallenostra 89
Valletta, La 656
Valleverde Zi' Pasqualina 708
Valsirino 764
Vasco e Giulia, Da 398
Vecchia Aidone, La 802
Vecchia Cantina, La 501
Vecchia Cucina di Soldano, La 495
Vecchia Hosteria, La 470
Vecchia Marina 662
Vecchia osteria u nozzularu, Alla 793
Vecchia Posta, La
  Sant'Anna (Mascali, Ct), 823
Vecchia Posta, La
  Trevi (Pg), 539
Vecchia Posta, La
  Avolasca (Al), 51
Vecchia Posta, La
  Catanzaro, 778
Vecchia Ròta, Hosteria la 479
Vecchia Scalinata, La 749
Vecchia Sorni 201
Vecchia Trattoria Da Tonino 671
Vecchie Province 328
Vecchio Castagno, Il 793
Vecchio Fornello, Al 684
Vecchio Mulino
  Valdurasca (Follo, Sp), 378
Vecchio Mulino, Il
  Castelnuovo di Garfagnana (Lu), 453

Vecchio Mulino, Il
  Lubriano (Vt), 601
Vecchio Orologio, Al 626
Vecchio Stallo, Al 354
Vecchio Teatro, Al 646
Vedetta dei Nebrodi, La 844
Vela Latina, La 878
Velavevodetto ai Quiriti 622
Veliero, Il
  Isole Egadi (Marettimo, Tp), 817
Veliero, Il
  Torre del Greco (Na), 751
Velodromo Vecchio, Osteria del 620
Venanzio 452
Venegiòta 203
Venezia 277
Venier, Bar 241
Veritas 755
Vescovo-Skof, Al 333
Vetan 41
Via Caprera, Hosteria 306
Via Leopardi, Osteria di 569
Viassa, A 363
Via Vai Fratelli Fagioli 178
Vicolo Duomo al Collegio 807
Vicolo Fatato, Osteria del 607
Vicolo Nuovo da Rosa e Ambra, Osteria del 407
Vicolo, Osteria del
  Potenza Picena (Mc), 568
Vicolo, Osteria del
  Marmanno (Cs), 788
Vigion, Da 399
Vignaiolo, L'osteria del 84
Villa 250
Villa Carla 819
Villa Cefalà 845
Villa Cupoli 639
Villa di Bodo 284
Villafredda, Osteria di 346
Villa Maiella 661
Villa Rainò 814
Villetta, Osteria della 171
Vinandro 459
Vineria Cesare 1963 625
Vineria per Passione 659
Vineria Tre Galli 114
Vineria Vinum et Cetera 266
Vinicio 570
Vini e Cucina 605
Vino e Cucina 575
Vino e Farinata 365
Vinoteca Trinca 596
Vinvito 809
Viola, Hostaria 152
Violetta 60
Virginia, Da 364
Visconti 121
Vitel etonné, Le 116
Vito Ribecco 685

Vito Serio 687
Vittoria, Antica Trattoria 656
Viva lo Re 718
Volpe e L'Uva, La 694
Volpi e l'Uva, Le 466
Vottaro, Lu 753
Vrille, La 42
Vulesce, 'U 680
Vultaggio 851

W
Waldheim 220
Waldruhe 230
Wieser 223
Wildner 311

Z
Zù 176
Zaff 639
Zahar 317
Z'Alia 843
Zamboni 238
Zampieri La Mandorla 304
Zanelli, Tiziana 416
Zanobini 466
Zarazà 597
Zendraglie, Le 732
Zenit da Minestrone 863
Zenobi 637
Zero Miglia 325
Zia Pina 835
Zidarich 316
Zi' Filomena 714
Zio Salvatore 795
Zmailerhof 224
Zolin 281
Zullo, Peppe 697

INDICE delle località

A

Abbasanta (Or), 858
Abetone (Pt), 445
Accettura (Mt), 760
Acciarella (Nettuno, Rm), 604
Aci Castello (Ct), 801
Aci Trezza (Aci Castello, Ct), 801
Acquanegra sul Chiese (Mn), 141
Acquasanta (Mele, Ge), 373
Acquasanta Terme (Ap), 544
Acquate (Lecco), 160
Acquaviva delle Fonti (Ba), 683
Acqui Terme (Al), 47
Acri (Cs), 774
Adrara San Martino (Bg), 141
Adria (Ro), 237
Adro (Bs), 142
Agazzano (Pc), 387
Agnona (Borgosesia, Vc), 56
Agnone Cilento (Montecorice, Sa), 726
Agrigento, 801, 853
Aidone (En), 802
Alassio (Sv), 358
Alba (Cn), 48
Albano Laziale (Rm), 629
Albenga (Sv), 358, 364
Alberobello (Ba), 675, 683
Albi (Cz), 774
Albignano (Truccazzano, Mi), 188
Alezio (Le), 676
Alfero (Verghereto, Fc), 438
Alghero (Ss), 884
Alliz (Lasa-Laas, Bz), 218
Almenno San Bartolomeo (Bg), 174
Alta Val Martello-Hintermartell (Martello-Martell, Bz), 220
Altare (Sv), 383
Altipiani di Arcinazzo (Arcinazzo Romano, Rm), 584
Altissimo (Vi), 238
Amatrice (Ri), 583
Amelia (Tr), 518
Amendolea (Condofuri, Rc), 781

Ameto-Amaten (Brunico-Bruneck, Bz), 233
Ancona, 544-548, 578
Andria (Bt), 676, 677
Andriano-Andrian (Bz), 214
Anghiari (Ar), 445
Antella (Bagno a Ripoli, Fi), 447
Anterivo-Altrei (Bz), 214
Anterselva di Mezzo-Antholz Mittertal (Rasun Anterselva-Rasen Antholz, Bz), 222
Antignano (Livorno), 476
Anversa degli Abruzzi (Aq), 634
Anzio (Rm), 583, 584
Aonedis (San Daniele del Friuli, Ud), 335
Aosta-Aoste (Ao), 36
Appiano sulla strada del vino-Eppan an der Weinstrasse (Bz), 223
Appignano del Tronto (Ap), 550
Applis (Ovaro, Ud), 329
Arbatax (Tortolì, Og), 883
Arcevia (An), 548
Arcidosso (Gr), 446
Arcinazzo Romano (Rm), 584
Arco (Tn), 196
Arcola (Sp), 366
Arcugnano (Vi), 238
Arezzo, 446
Arfanta (Tarzo, Tv), 290
Ariano Irpino (Av), 707
Arnad (Ao), 39
Arola (Vico Equense, Na), 754
Arpaise (Bn), 707
Arpino (Fr), 585
Arquà Polesine (Ro), 239
Artena (Rm), 586
Artogne (Bs), 142
Arzana (Og), 858
Ascoli Piceno, 549-551
Asiago (Vi), 239
Asolo (Tv), 240, 308
Assisi (Pg), 518, 519

Asti, 49, 50
Atripalda (Av), 708
Augusta (Sr), 802
Avezzano (Aq), 660
Avigliano (Pz), 760, 761
Avigliano Umbro (Tr), 519, 520
Avigna-Afing (San Genesio Atesino-Jenesien, Bz), 228
Avolasca (Al), 51

B

Bacoli (Na), 708, 709
Badalucco (Im), 359
Badia di Dulzago (Bellinzago Novarese, No), 53
Badia Pavese (Pv), 143
Badia Polesine (Ro), 240
Badia-Abtei (Bz), 215
Bagaladi (Rc), 775
Bagheria (Pa), 803
Bagnaia (Viterbo), 627
Bagnaria Arsa (Ud), 314
Bagno a Ripoli (Fi), 447
Bagno di Gavorrano (Gavorrano, Gr), 470
Bagno di Romagna (Fc), 387
Bagnone (Ms), 448
Baiso (Re), 388
Baldissero Torinese (To), 51
Banchette (To), 52
Banditella (Livorno), 475
Bano (Monte San Savino, Ar), 485
Baone (Pd), 241
Barano d'Ischia (Na), 722
Barbianello (Pv), 143
Barco (Podenzana, Ms), 379
Bardonecchia (To), 52
Barga (Lu), 448
Bargni (Serrungarina, Pu), 574
Bari, 677, 678
Baritlera (Chianocco, To), 71
Barone Canavese (To), 53
Baschi (Tr), 541
Baselga di Pinè (Tn), 197
Bassano del Grappa (Vi), 241, 242
Bassura (Stroppo, Cn), 110
Bastardo (Giano dell'Umbria, Pg), 526

Bedollo (Tn), 202
Bellagio (Co), 174
Bellinzago Novarese (No), 53
Bellombra (Adria, Ro), 237
Bellona (Ce), 709
Belluno, 242
Belluno Veronese (Brentino Belluno, Vr), 244
Belluno Veronese (Brentino Belluno, Vr), 245
Belmonte Mezzagno (Pa), 803
Belvedere Langhe (Cn), 54
Benevento, 710
Beo (Monterosso al Mare, Sp), 375
Bergamo, 144
Bergolo (Cn), 54
Bertinoro (Fc), 415
Bevagna (Pg), 520, 521
Biana (Ponte dell'Olio, Pc), 424
Bianzone (So), 144
Biasca (Cantone Ticino), 136
Bibbiena (Ar), 449
Bibbona (Li), 513
Bigarello (Mn), 145
Bisaccia (Av), 710
Bivio Aiole (Arcidosso, Gr), 446
Bivio di Novi Velia (Novi Velia, Sa), 739
Bivona (Ag), 804
Blenio (Cantone Ticino), 128
Bojano (Cb), 666
Bolgheri (Castagneto Carducci, Li), 452
Bologna, 388-390, 440
Bolsena (Vt), 586
Bolzano-Bozen, 223
Bolzone (Ripalta Cremasca, Cr), 178
Bomporto (Mo), 391
Bora (Mercato Saraceno, Fc), 419
Borca di Cadore (Bl), 243
Bordighera (Im), 359
Borello (Cesena, Fc), 417
Borgiano (Serrapetrona, Mc), 573
Borgio Verezzi (Sv), 360
Borgo a Mozzano (Lu), 449
Borgo Priolo (Pv), 145
Borgomanero (No), 55
Borgosesia (Vc), 56
Bormio (So), 146

Bornio (Lusia, Ro), 262
Bosco Marengo (Al), 56
Boscoreale (Na), 711
Bosisio Parini (Lc), 146
Bosmenso (Varzi, Pv), 188
Botteghino (Parma), 421
Bourg (Saint-Rhémy-en-Bosses, Ao), 41
Boves (Cn), 57
Bovino (Fg), 678
Bra (Cn), 57, 58
Bracca (Bg), 147
Braccagni (Grosseto), 472
Brancere (Stagno Lombardo, Cr), 185
Breganze (Vi), 243, 244
Breggia (Cantone Ticino), 128
Brentino Belluno (Vr), 244, 245
Brentonico (Tn), 198, 202
Brenzone (Vr), 245, 246, 308
Brescia, 147, 148
Bressanone-Brixen (Bz), 224
Briaglia (Cn), 58
Brindisi, 679
Brinzio (Va), 148
Brione (Bs), 149
Brione sopra Minusio (Cantone Ticino), 129
Brisighella (Ra), 391, 392
Brondello (Cn), 59
Brucoli (Augusta, Sr), 802
Brunico-Bruneck (Bz), 233
Buccheri (Sr), 804
Budrio (Longiano, Fc), 419
Buonconvento (Si), 450
Burligo (Palazzago, Bg), 171
Busseto (Pr), 392
Busto Arsizio (Va), 149
Butios (Ittiri, Ss), 869
Buttrio (Ud), 314
Buturo (Albi, Cz), 774

C

Cabras (Or), 859
Caccamo (Pa), 805
Cagli (Pu), 552, 553
Cagliari, 859-863
Caianello (Ce), 711
Caiazzo (Ce), 712

Cairo Montenotte (Sv), 365
Calamandrana (At), 59, 60
Calangianus (Ot), 863
Calasetta (Ci), 869
Calci (Palazzolo sull'Oglio, Bs), 171
Calcinere Inferiore (Paesana, Cn), 97
Caldaro sulla strada del vino-Kaltern an der Weinstrasse (Bz), 223
Calestano (Pr), 393
Calliano (At), 60
Calosso (At), 61
Caltabellotta (Ag), 805
Caltagirone (Ct), 806
Caltanissetta, 806, 807
Calzaiolo (San Casciano in Val di Pesa, Fi), 498
Cama (Cantone Ticino), 136
Camerino (Mc), 553
Camerota (Sa), 712
Camigliano (Capannori, Lu), 450
Camigliatello Silano (Spezzano della Sila, Cs), 797
Caminetto (Buttrio, Ud), 314
Cammarata (Ag), 807
Campagna (Sa), 713
Campagnano di Roma (Rm), 587
Campello sul Clitunno (Pg), 521
Campigna (Santa Sofia, Fc), 433
Campo Calabro (Rc), 775
Campobasso, 666, 667, 671
Campobello di Licata (Ag), 808
Campodarsego (Pd), 246
Campodimele (Lt), 587
Campoformido (Ud), 315
Campogalliano (Mo), 393
Campomarino (Cb), 667
Camponogara (Ve), 247
Canale (Villadose, Ro), 306
Canale d'Agordo (Bl), 248
Canè (Vione, Bs), 189
Canedole (Roverbella, Mn), 179
Canepina (Vt), 588
Caneva (Pn), 315
Canezza (Pergine Valsugana, Tn), 206
Cannara (Pg), 522
Cantalupo Ligure (Al), 62
Cantello (Va), 150

Cantinella (Corigliano Calabro, Cs), 782
Cantone di Gargallo (Carpi, Mo), 394
Canzano (Te), 634
Capannori (Lu), 450
Capitignano (Giffoni Sei Casali, Sa), 720
Capocastello (Mercogliano, Av), 725
Capolago (Mendrisio, Cantone Ticino), 134
Capoliveri (Li), 474
Capoterra (Ca), 864
Cappella de' Picenardi (Cr), 150
Capponello (Vallefoglia, Pu), 577
Capracotta (Is), 668
Capreno (Sori, Ge), 382
Capriano del Colle (Bs), 151
Capriasca (Cantone Ticino), 129
Capriata d'Orba (Al), 62
Caraglio (Cn), 63
Caramanico Terme (Pe), 635
Carate Brianza (Mb), 151
Cardeto (Rc), 776
Carema (To), 63
Carloforte (Ci), 868
Carmignano (Po), 451
Carota (Pieve d'Alpago, Bl), 276
Carovigno (Br), 679
Carovilli (Is), 669
Carpi (Villa Bartolomea, Vr), 305
Carpi (Mo), 394
Carpineto della Nora (Pe), 635
Carrara (Ms), 451, 452
Carro (Sp), 360
Carrù (Cn), 64
Carsoli (Aq), 660
Cartosio (Al), 122
Casaglia (Perugia), 534
Casal Sottano (San Mauro Cilento, Sa), 746
Casal Velino (Sa), 713, 714
Casalbuttano ed Uniti (Cr), 152
Casale Monferrato (Al), 64
Casalgrande (Re), 394
Casali Lini (Fagagna, Ud), 321
Casalina (Podenzana, Ms), 379
Casalnoceto (Al), 65
Casalvieri (Fr), 588
Cascina Bossola (Casalnoceto, Al), 65

Cascinetta (Gallarate, Va), 158
Caselle in Pittari (Sa), 714
Caserta, 715
Caserta Vecchia (Caserta), 715
Casevecchie (Bacoli, Na), 708
Casier (Tv), 248
Casignano-Gschnon (Montagna-Montan, Bz), 221
Casino di Terra (Guardistallo, Pi), 513
Cassacco (Ud), 317
Cassano delle Murge (Ba), 684
Cassinasco (At), 65
Castagneto Carducci (Li), 452
Castagnetola (Massa, Ms), 480
Castagnito (Cn), 66
Castagnole Monferrato (At), 66
Castel d'Aiano (Bo), 395
Castel del Piano (Gr), 453
Castel di Sasso (Ce), 715
Castel Frentano (Ch), 636
Castel San Pietro (Cantone Ticino), 130
Castel Sant'Angelo (Castelraimondo, Mc), 554
Castelbasso (Castellalto, Te), 636
Castelbello-Ciardes-Kastelbell-Tschars (Bz), 216, 224
Castelbuono (Pa), 808, 809
Castelforte (Lt), 589
Castelfranco Veneto (Tv), 249
Castell'Alfero (At), 67
Castellalto (Te), 636
Castellana Grotte (Ba), 684
Castellana Sicula (Pa), 809
Castelletto (Brenzone, Vr), 245, 308
Castelli (Monfumo, Tv), 270
Castello (Serle, Bs), 184
Castelluzzo (San Vito Lo Capo, Tp), 846
Castelmezzano (Pz), 761
Castelnovo (Parma), 422
Castelnovo Bariano (Ro), 249
Castelnuovo di Garfagnana (Lu), 453
Castelnuovo Magra (Sp), 361
Castelnuovo Misericordia (Rosignano Marittimo, Li), 497
Castelraimondo (Mc), 554
Castelvetrano (Tp), 810
Castiglione d'Orcia (Si), 454

Castiglione dei Pepoli (Bo), 395
Castiglione del Lago (Pg), 522
Castiglione delle Stiviere (Mn), 152
Castiglione di Sicilia (Ct), 810
Castilenti (Te), 638
Castione de' Baratti (Traversetolo, Pr), 437
Castro dei Volsci (Fr), 590
Castrofilippo (Ag), 811
Catabbio (Semproniano, Gr), 505
Catania, 811, 812
Catanzaro, 776-778
Caulonia (Rc), 778
Cauria-Gfrill (Salorno-Salurn, Bz), 226
Cavaion Veronese (Vr), 250
Cavalese (Tn), 211
Cavallara (Mondavio, Pu), 561
Cavallino (Le), 680
Cavasso Nuovo (Pn), 318
Cavatore (Al), 68
Cavazzo Carnico (Ud), 318
Caviola (Bl), 250
Cavour (To), 68
Ceglie Messapica (Br), 703
Cellole (Ce), 716
Celzi (Forino, Av), 718
Cento (Fe), 396
Centocelle (Roma), 621
Centora (Rottofreno, Pc), 429
Ceprano (Fr), 591
Cercivento (Ud), 319
Cercola (Na), 734
Cerea (Vr), 264
Cerignola (Fg), 680
Cerneglons (Remanzacco, Ud), 334
Cerreto Sannita (Bn), 716
Certaldo (Fi), 454
Cervia (Ra), 396, 418
Cerzeto (Cs), 779
Cesano (Roma), 619
Cesena, 397, 415-418
Cesenatico (Fc), 398
Cesi Scalo (Terni), 537
Cessole (At), 69
Cetara (Sa), 717
Ceva (Cn), 69
Cevio (Cantone Ticino), 130

Cherasco (Cn), 70
Chianocco (To), 71
Chiaramonte Gulfi (Rg), 812
Chiasso (Cantone Ticino), 131
Chiavari (Ge), 361
Chies d'Alpago (Bl), 251
Chiesa Vecchia (Monastier di Treviso, Tv), 269
Chieti, 637
Chieti Scalo (Chieti), 637
Chioggia (Ve), 251, 266
Chiusa di Pesio (Cn), 71
Chiusi (Si), 455
Cicogna (Terranuova Bracciolini, Ar), 509
Cicognolo (Cr), 190
Ciola (Mercato Saraceno, Fc), 410
Cirigliano (Mt), 762
Cirò (Kr), 779
Cirò Marina (Kr), 780
Cison di Valmarino (Tv), 252
Cissone (Cn), 72
Cisterna d'Asti (At), 72, 73
Cisternino (Br), 681, 684
Città di Castello (Pg), 523, 524
Cittanova (Rc), 780
Civezzano (Tn), 198
Civita (Cs), 781
Civitanova Marche (Mc), 554, 555
Civitella Casanova (Pe), 638, 661
Civitella del Lago (Baschi, Tr), 541
Civitella Marittima (Civitella Paganico, Gr), 456
Civitella Paganico (Gr), 456
Clastra (San Leonardo, Ud), 339
Clauzetto (Pn), 319
Clodig-Hlodic (Grimacco-Garmak, Ud), 325
Cloz (Tn), 202
Clusane (Iseo, Bs), 175
Cocozzello (Acri, Cs), 774
Cogne (Ao), 36-38
Col San Martino (Farra di Soligo, Tv), 256
Colle di Val d'Elsa (Si), 456
Collebaccaro (Contigliano, Ri), 591
Collegno (To), 73

INDICE DELLE LOCALITÀ | 911

Collesano (Pa), 813
Collio (Bs), 153
Colmurano (Mc), 555
Colonnata (Carrara, Ms), 451, 452
Colonnella (Te), 637
Coloreto (Parma), 420
Coltano (Pisa), 490
Comacchio (Fe), 398
Comano Terme (Tn), 199
Comelico Superiore (Bl), 253
Comino (Guardiagrele, Ch), 641
Comunanza (Ap), 556
Cona (Ve), 253
Condofuri (Rc), 781
Conegliano (Tv), 264
Conetta (Cona, Ve), 253
Conflenti (Cz), 782
Conoglano (Cassacco, Ud), 317
Conscenti (Ne, Ge), 375
Conselve (Pd), 254
Contigliano (Ri), 591, 592
Contrà Maso (Valdagno, Vi), 293
Contrada Mangano (Pizzo, Vv), 789
Corato (Ba), 681
Corazzano (San Miniato, Pi), 502
Corciano (Pg), 524
Cordenons (Pn), 320
Coredo (Tn), 199
Cori (Lt), 592
Corigliano Calabro (Cs), 782
Corigliano d'Otranto (Le), 682
Cornaley (Settimo Vittone, To), 108
Cornedo Vicentino (Vi), 254
Corniglia (Sp), 362
Corniglio (Pr), 399
Corona (Mariano del Friuli, Go), 327
Correggio (Re), 399
Corte de' Cortesi con Cignone (Cr), 153
Cortellazzo (Jesolo, Ve), 259
Cortona (Ar), 457
Cossano Belbo (Cn), 74
Costa (Arcevia, An), 548
Costalunga (Fara Vicentino, Vi), 256
Costigliole d'Asti (At), 74
Cotronei (Kr), 783
Courmayeur (Ao), 38
Cravanzana (Cn), 75

Cremona, 154
Crespano del Grappa (Tv), 255
Cresta (Masera, Vb), 85
Cresto (Sant'Antonino di Susa, To), 105
Crispiano (Ta), 682, 685
Crodo (Vb), 75
Crotone, 783
Cuglieri (Or), 864
Cuneo, 76, 77
Cupra Marittima (Ap), 556
Cureggio (No), 78
Curiglia con Monteviasco (Va), 155
Curinga (Cz), 784
Curtatone (Mn), 155
Cusano Milanino (Mi), 190
Cussignacco (Udine), 350
Cutigliano (Pt), 458

D

Diano Marina (Im), 362
Dipignano (Cs), 784
Dobbiaco-Toblach (Bz), 216
Doccia (Pontassieve, Fi), 493
Dolceacqua (Im), 363
Domaso (Co), 175
Dorgali (Nu), 865
Dosso Del Liro (Co), 156
Dosson (Casier, Tv), 248
Dronero (Cn), 78
Due Sture (Morano sul Po, Al), 91
Duino Aurisina-Devin Nabrezina (Ts), 320
Dumenza (Va), 156

E

Eboli (Sa), 755
Edolo (Bs), 157
Enego (Vi), 255
Enna, 813
Ercolano (Na), 718
Ermitage (Courmayeur, Ao), 38
Esine (Bs), 157

F

Fabbrica Curone (Al), 79
Faenza (Ra), 400, 401
Fagagna (Ud), 321

Fagnano (Trevenzuolo, Vr), 292
Faido (Cantone Ticino), 131
Falconara Marittima (An), 557
Fano (Pu), 557
Fara Vicentino (Vi), 256
Farigliano (Cn), 79
Farindola (Pe), 639
Farini (Pc), 401, 402
Farnese (Vt), 593
Farra d'Isonzo (Go), 322
Farra di Soligo (Tv), 256
Fasano (Br), 689
Favignana (Tp), 818
Feder (Caviola, Bl), 250
Fenili Belasi (Capriano del Colle, Bs), 151
Fénis (Ao), 39
Ferentillo (Tr), 525
Fermo, 558
Fiaiano (Barano d'Ischia, Na), 722
Fiè allo Sciliar-Voels am Schlern (Bz), 217
Fiesole (Fi), 459
Finalborgo (Finale Ligure, Sv), 363
Finale Emilia (Mo), 402
Finale Ligure (Sv), 363, 367
Fiorenzuola d'Arda (Pc), 403
Firenze, 460-468
Fiume Veneto (Pn), 322
Fiumicino (Rm), 593
Foggia, 689
Fognano (Montale, Pt), 483
Foligno (Pg), 525
Follina (Tv), 309
Follo (Sp), 378
Fontana Madonna (Frigento, Av), 719
Fontanaluccia (Frassinoro, Mo), 404
Fontane (Castiglione delle Stiviere, Mn), 152
Fontanegli (Genova), 369
Fontanelle (Boves, Cn), 57
Fonti del Clitunno (Campello sul Clitunno, Pg), 521
Forino (Av), 718
Forlì, 403, 404
Forlimpopoli (Fc), 418
Formia (Lt), 594
Fornaci-Lazzaro (Motta San Giovanni, Rc), 788
Foroglio (Cevio, Cantone Ticino), 130
Forte (Civezzano, Tn), 198
Fossanova (Priverno, Lt), 609
Fossombrone (Pu), 558
Fragnolo (Calestano, Pr), 393
Francavilla in Sinni (Pz), 762, 763
Frascaro (Al), 80
Frascati (Rm), 594-597
Frassinoro (Mo), 404
Frattamaggiore (Na), 719
Frigento (Av), 719
Frigintini (Modica, Rg), 826, 827
Frontone (Pu), 559
Frusci-Monte Carmine (Avigliano, Pz), 761
Fuchiade (Soraga, Tn), 209
Fumane (Vr), 257

G

Gadana (Urbino, Pu), 576
Gaiole in Chianti (Si), 469
Gaione (Parma), 421
Galati Mamertino (Me), 814
Galeata (Fc), 405
Gallarate (Va), 158
Gambettola (Fc), 418
Gandelle-Kandellen (Dobbiaco-Toblach, Bz), 216
Gangi (Pa), 814
Gardola (Tignale, Bs), 186
Garolda (Roncoferraro, Mn), 178
Gasperina (Cz), 785
Gattinara (Vc), 80
Gavoi (Nu), 865
Gavorrano (Gr), 470
Gazzola (Pc), 405
Genoni (Or), 866
Genova, 365, 368-370
Genzano di Roma (Rm), 597
Gesualdo (Av), 720
Gete (Tramonti, Sa), 752
Ghemme (No), 81
Ghiare (Corniglio, Pr), 399
Ghirano (Prata di Pordenone, Pn), 332
Gianguarna (Cammarata, Ag), 807

Giannella (Orbetello, Gr), 486
Giano dell'Umbria (Pg), 526
Giara di Genoni (Genoni, Or), 866
Giardinetto (Sessame, At), 108
Giazza (Selva di Progno, Vr), 285
Giba (Ci), 866
Giffoni Sei Casali (Sa), 720
Giglio Porto (Isola del Giglio, Gr), 475
Gignod (Ao), 43
Ginosa (Ta), 685
Giorgino (Cagliari), 863
Giugliano in Campania (Na), 721
Giulianello (Cori, Lt), 592
Giulianova (Te), 641
Goito (Mn), 175
Gorizia, 323, 355
Gosseri-Gassern (Lauregno-Laurein, Bz), 219
Govone (Cn), 81
Gradisca d'Isonzo (Go), 323
Grado (Go), 324, 325
Gramignazzo (Sissa, Pr), 435
Grancona (Vi), 257, 258
Grangeon (Verrayes, Ao), 42
Granze (Arquà Polesine, Ro), 239
Grassina (Bagno a Ripoli, Fi), 447
Gravina in Puglia (Ba), 690
Grazie (Curtatone, Mn), 155
Grazzano Badoglio (At), 82
Gremiasco (Al), 82
Greve in Chianti (Fi), 470-472
Grimacco-Garmak (Ud), 325
Groppallo (Farini, Pc), 402
Groppo (Riomaggiore, Sp), 383
Grosseto, 472
Grottaferrata (Rm), 598, 599
Grottammare (Ap), 559
Guallina (Mortara, Pv), 192
Guardabosone (Vc), 83
Guardiagrele (Ch), 641, 642, 661
Guardistallo (Pi), 513
Guarrato (Trapani), 851
Gubbio (Pg), 526
Guggal (Anterivo-Altrei, Bz), 214
Guglionesi (Cb), 671
Guiglia (Mo), 406

Gussago (Bs), 158

I

Ibla (Ragusa), 841
Iglesias (Ci), 867
Imola (Bo), 406, 407
Inverno e Monteleone (Pv), 159
Irsina (Mt), 763
Iseo (Bs), 175
Isera (Tn), 200
Isnello (Pa), 815
Isola d'Elba (Marciana Castello, Li), 474
Isola d'Elba (Porto Azzurro, Li), 473
Isola d'Elba (Capoliveri, Li), 474
Isola d'Ischia (Barano d'Ischia, Na), 722
Isola del Giglio (Gr), 475
Isola del Gran Sasso d'Italia (Te), 642
Isola di Anfora (Grado, Go), 324
Isola di Pantelleria (Pantelleria, Tp), 815, 816
Isola di Ponza (Ponza, Lt), 599
Isola di San Pietro (Carloforte, Ci), 868
Isola di Sant'Antioco (Calasetta, Ci), 869
Isola di Sant'Antioco (Sant'Antioco, Ci), 884
Isola di Ustica (Ustica, Pa), 817
Isola di Ventotene (Ventotene, Lt), 629
Isola Dovarese (Cr), 159
Isola Sacra (Fiumicino, Rm), 593
Isola Serafini (Monticelli d'Ongina, Pc), 413
Isolabona (Im), 371
Isole Egadi (Marettimo, Tp), 817
Isole Egadi (Favignana, Tp), 818
Isole Eolie (Santa Marina Salina, Me), 818
Isole Eolie (Lipari, Me), 819
Isole Eolie (Leni, Me), 819
Isole Pelagie (Lampedusa, Ag), 820
Ispinigoli (Dorgali, Nu), 865
Issogne (Ao), 40
Ittiri (Ss), 869
Ivrea (To), 83

J

Jesi (An), 560, 578
Jesolo (Ve), 258, 259
Joppolo Giancaxio (Ag), 820

L

L'Aquila, 643
La Clusaz (Gignod, Ao), 43
La Guardia (Recoaro Terme, Vi), 278
La Morra (Cn), 84
La Parrina (Orbetello, Gr), 486
La Petrizia (Sellia Marina, Cz), 793
La Rocchetta (Lerici, Sp), 372
La Salle (Ao), 39
La Santona (Lama Mocogno, Mo), 407
La Spezia, 366, 371, 372, 378
Labro (Ri), 600
Lagonegro (Pz), 764
Lagundo-Algund (Bz), 217, 218, 223
Laion-Lajen (Bz), 224
Lama Mocogno (Mo), 407
Lamezia Terme (Cz), 778, 785
Lamone (Cantone Ticino), 136
Lampedusa (Ag), 820
Langhirano (Pr), 408
Lapio (Arcugnano, Vi), 238
Larino (Cb), 669
Lasa-Laas (Bz), 218
Lateis (Sauris, Ud), 341
Laterza (Ta), 685, 686
Latiano (Br), 686
Latina, 600, 601
Latronico (Pz), 764
Lauco (Ud), 326
Lauregno-Laurein (Bz), 219
Lavagno (Vr), 259
Lavis (Tn), 201
Lavorgo (Faido, Cantone Ticino), 131
Lazise (Vr), 260
Le Campestre (Castel di Sasso, Ce), 715
Le Fossate (Letino, Ce), 722
Le Regine (Abetone, Pt), 445
Lecce, 690
Lecco, 160
Legro (Orta San Giulio, No), 97
Leni (Me), 819
Lentini (Sr), 821
Lerici (Sp), 372
Lesignano de' Bagni (Pr), 408
Lesina (Fg), 691
Letino (Ce), 722
Levico Terme (Tn), 201, 202
Li Lioni (Porto Torres, Ss), 875
Licata (Ag), 853
Lido (Giulianova, Te), 641
Lido di Jesolo (Jesolo, Ve), 258
Lignano Sabbiadoro (Ud), 326
Lillaz (Cogne, Ao), 38
Limana (Bl), 260, 309
Lingua (Santa Marina Salina, Me), 818
Lioni (Av), 723
Lipari (Me), 819
Livorno, 475-477, 514
Località Chiavicone (Santo Stefano Lodigiano, Lo), 183
Locorotondo (Ba), 686, 691
Lodrino (Cantone Ticino), 136
Loneriacco (Tarcento, Ud), 346
Longi (Me), 821
Longiano (Fc), 409, 419
Longobardi (Cs), 786
Loppia (Bellagio, Co), 174
Loreggia (Pd), 261
Loreto (An), 578
Loreto Aprutino (Pe), 644
Loro Ciuffenna (Ar), 477
Lozzo di Cadore (Bl), 261
Lubriano (Vt), 601
Lucarelli (Radda in Chianti, Si), 496
Lucca, 478
Lucera (Fg), 692
Lucrino (Pozzuoli, Na), 743
Lugano (Cantone Ticino), 132
Lugo (Ra), 409
Lugo di Baiso (Baiso, Re), 388
Lula (Nu), 870
Lusia (Ro), 262

M

Macerata, 560, 579
Macerone (Cesena), 417
Machaby (Arnad, Ao), 39
Madonna degli Angeli (Magliano Sabina, Ri), 630

Madonna dei Prati (Busseto, Pr), 392
Madonna della Neve (Cessole, At), 69
Madonna-Unser Frau in Schnals (Senales-Schnals, Bz), 230
Maggiana (Mandello del Lario, Lc), 160
Magione (Pg), 527
Magliano di Tenna (Fm), 561
Magliano Sabina (Ri), 630
Magomadas (Or), 870
Magrè (Schio, Vi), 284
Malanghero (San Maurizio Canavese, To), 104
Malborghetto (Malborghetto-Valbruna, Ud), 327
Malborghetto-Valbruna (Ud), 327
Malgolo (Romeno, Tn), 208
Mallare (Sv), 373
Malles Venosta-Mals (Bz), 219
Maltignano (Ap), 551
Mamoiada (Nu), 871
Manazzons (Pinzano al Tagliamento, Pn), 330
Manciano (Gr), 479
Mandello del Lario (Lc), 160
Manfredonia (Fg), 692
Manno (Cantone Ticino), 133
Mannoli (Santo Stefano in Aspromonte, Rc), 792
Mantena-Welschmontal (Marebbe-Enneberg, Bz), 220
Mantignana (Corciano, Pg), 524
Mantova, 161
Marano di Valpolicella (Vr), 262
Maratea (Pz), 765
Marceddì (Terralba, Or), 881
Marciana Castello (Li), 474
Marciano della Chiana (Ar), 479
Marebbe-Enneberg (Bz), 220
Maresca (San Marcello Pistoiese, Pt), 501
Mareto (Farini, Pc), 401
Marettimo (Tp), 817
Margherita di Savoia (Bt), 693
Mariano del Friuli (Go), 327
Marina (Pisciotta, Sa), 742
Marina (Camerota, Sa), 712
Marina di Alimuri (Meta, Na), 725
Marina di Bibbona (Bibbona, Li), 513
Marola (La Spezia), 372
Marostica (Vi), 263
Marotta (Mondolfo, Pu), 562
Marradi (Fi), 480
Marsala (Tp), 822
Martello-Martell (Bz), 220
Martelosio di Sopra (Pozzolengo, Bs), 177
Martina Franca (Ta), 686, 687, 693
Martone (Rc), 786
Marzamemi (Pachino, Sr), 854
Mas (Sedico, Bl), 285
Mascali (Ct), 823
Masera (Vb), 85
Masi (Pd), 263
Masio (Al), 85
Massa (Maratea, Pz), 765
Massa (Ms), 480, 481
Massa Finalese (Finale Emilia, Mo), 402
Massa Lubrense (Na), 723, 724
Massa Marittima (Gr), 481, 482
Massa Martana (Pg), 527
Massafra (Ta), 694
Massarosa (Lu), 482
Matera, 765, 771
Mazara del Vallo (Tp), 823
Mazia-Matsch (Malles Venosta-Mals, Bz), 219
Mazzano (Negrar, Vr), 271
Mazzè (To), 86
Meati (Lucca), 478
Mele (Ge), 373
Melezzole (Montecchio, Tr), 528
Melito di Porto Salvo (Rc), 787
Melito Irpino (Av), 724
Mendatica (Im), 374
Mendrisio (Cantone Ticino), 133, 134
Meolo (Ve), 267
Mercato Saraceno (Fc), 410, 419
Mercogliano (Av), 725
Messina, 824
Mestre (Venezia), 264, 301
Mestrino (Pd), 265
Meta (Na), 725

Mezzana Salice (San Severino Lucano, Pz), 769
Mezzano (Ravenna), 426
Mezzocorona (Tn), 204
Migliandolo-Cornapò (Portacomaro, At), 98
Miglionico (Mt), 766
Milano, 162-170, 190, 191
Milazzo (Me), 824, 825
Mileto (Vv), 787
Milo (Ct), 825
Minervino Murge (Bt), 695
Miola (Baselga di Pinè, Tn), 197
Miola (Predazzo, Tn), 207
Miralduolo (Torgiano, Pg), 539
Mirano (Ve), 268, 269
Mis (Sospirolo, Bl), 288
Missano (Zocca, Mo), 439
Missiano-Missian (Appiano sulla strada del vino-Eppan an der Weinstrasse, Bz), 223
Modena, 411
Modica (Rg), 826-828, 854
Molinara (Bn), 726
Molinella (Isolabona, Im), 371
Moliterno (Pz), 766
Mombarone (Asti), 49
Mombaruzzo (At), 86
Mombercelli (At), 87
Mombisaggio (Tortona, Al), 117
Monastier di Treviso (Tv), 269
Moncalieri (To), 87
Moncalvo (At), 88
Monchiero (Cn), 88
Mondavio (Pu), 561
Mondolfo (Pu), 562
Mondovì (Cn), 89
Monfumo (Tv), 270
Mongiardino Ligure (Al), 89
Moniga del Garda (Bs), 175
Montagna-Montan (Bz), 221
Montalcino (Si), 483
Montale (Pt), 483
Montallegro (Ag), 854
Montalto delle Marche (Ap), 562
Monte a Pescia (Pescia, Pt), 487

Monte Generoso-Dosso dell'Ora (Castel San Pietro, Cantone Ticino), 130
Monte Isola (Bs), 175
Monte Porzio Catone (Rm), 602
Monte San Biagio (Lt), 603
Monte San Pietro (Bo), 412
Monte San Savino (Ar), 485
Monte Sant'Angelo (Fg), 696
Monte Sirino (Lagonegro, Pz), 764
Montecalvo Versiggia (Pv), 192
Montecastello (Mercato Saraceno, Fc), 410
Montecchio (Tr), 528
Montecchio Emilia (Re), 412
Montecorice (Sa), 726
Montefioralle (Greve in Chianti, Fi), 472
Montefollonico (Torrita di Siena, Si), 510
Montegalda (Vi), 270
Montegrosso (Andria, Bt), 676
Montegrosso Pian Latte (Im), 374
Montegrotto Terme (Pd), 271
Monteleone (Inverno e Monteleone, Pv), 159
Montelongo (Cb), 670
Montemarano (Av), 727
Montemarzino (Al), 90
Montenero (Castel del Piano, Gr), 453
Montepastore (Monte San Pietro, Bo), 412
Montepulciano (Si), 484
Monteromano (Brisighella, Ra), 391
Monterosso al Mare (Sp), 375
Monterotondo (Rm), 603
Montescudaio (Pi), 485
Montesegnale (Bolsena, Vt), 586
Montesoffio (Urbino, Pu), 577
Monteu Roero (Cn), 90
Monteveglio (Bo), 413
Monteverde (Roma), 620
Monteviasco (Curiglia con Monteviasco, Va), 155
Monticchiello (Pienza, Si), 488
Monticelli d'Ongina (Pc), 413
Montisi (San Giovanni d'Asso, Si), 499
Montopoli in Val d'Arno (Pi), 514

INDICE DELLE LOCALITÀ | **917**

Morano sul Po (Al), 91
Morbegno (So), 170
Morcone (Bn), 727
Mormanno (Cs), 788
Morro d'Alba (An), 563
Morrovalle (Mc), 563
Mortara (Pv), 192
Mosciano Sant'Angelo (Te), 644
Moscufo (Pe), 639
Mossa (Go), 328
Mostiola (San Colombano al Lambro, Mi), 180
Motta San Giovanni (Rc), 788
Muraglie (Conflenti, Cz), 782
Musile (Susegana, Tv), 289

N

Nago-Torbole (Tn), 204
Nalles-Nals (Bz), 224
Napoli, 728-737, 755
Narni (Tr), 529
Naso (Me), 828
Navezze (Gussago, Bs), 158
Ne (Ge), 375, 376
Negrar (Vr), 271, 272
Nervesa della Battaglia (Tv), 272
Nettuno (Rm), 604
Neviano degli Arduini (Pr), 414
Niccone (Umbertide, Pg), 540
Nicola (Ortonovo, Sp), 376
Nizza Monferrato (At), 91, 92
Noale (Ve), 273
Nocera Inferiore (Sa), 738
Nocera Superiore (Sa), 738
Nocera Terinese (Cz), 789
Noci (Ba), 687, 696
Nogaredo (Tn), 205
Noiaris (Sutrio, Ud), 344
Nonantola (Mo), 414
Nora (Pula, Ca), 876
Notaresco (Te), 645
Noto (Sr), 829
Novale di Presule-Prösler Ried (Fiè allo Sciliar-Voels am Schlern, Bz), 217
Novale di Sotto-Ried (Vipiteno-Sterzing, Bz), 232
Novara, 93

Novara di Sicilia (Me), 830
Noventa di Piave (Ve), 273
Novi Ligure (Al), 93, 94
Novi Velia (Sa), 739
Nuoro, 871, 872
Nus (Ao), 39
Nuxis (Ci), 873

O

Occhieppo Inferiore (Bi), 94
Ofena (Aq), 645
Offida (Ap), 564
Ogoli (Lula, Nu), 870
Oleggio (No), 95
Olevano Romano (Rm), 604, 605
Oliena (Nu), 873, 885
Oliveto Citra (Sa), 739
Olivone (Blenio, Cantone Ticino), 128
Omens (Verrès, Ao), 42
Oneta (San Giovanni Bianco, Bg), 182
Orbetello (Gr), 486
Orio Canavese (To), 95
Oristano, 874
Ormea (Cn), 96
Orsara di Puglia (Fg), 697
Orta San Giulio (No), 97
Ortezzano (Fm), 564
Ortona (Ch), 646
Ortonovo (Sp), 376
Orvieto (Tr), 529-531
Orvinio (Ri), 605
Osogna (Cantone Ticino), 137
Ospedaletti (Im), 377
Ospedaletto d'Alpinolo (Av), 740
Ossana (Tn), 205
Ostuni (Br), 697
Ovaro (Ud), 329

P

Paceco (Tp), 830
Pacentro (Aq), 647
Pachino (Sr), 854
Padola (Comelico Superiore, Bl), 253
Padova, 265, 274
Padula (Sa), 741
Paesana (Cn), 97
Pagnano (Asolo, Tv), 240

Palagiano (Ta), 687
Palazzago (Bg), 171
Palazzolo Acreide (Sr), 831, 832
Palazzolo sull'Oglio (Bs), 171
Palazzuolo sul Senio (Fi), 487
Palermo, 832, 834-837
Paliano (Fr), 606
Palù (Brentonico, Tn), 198
Paluello (Stra, Ve), 288
Paluzza (Ud), 329
Panchià (Tn), 206
Panicale (Pg), 531
Pantelleria (Tp), 815, 816
Parafada (Serralunga d'Alba, Cn), 106
Parma, 420-422
Paroldo (Cn), 98
Paschera San Defendente (Caraglio, Cn), 63
Pasiano di Pordenone (Pn), 330
Passo del Sugame (Greve in Chianti, Fi), 470
Paternopoli (Av), 741
Pattada (Ss), 875
Patù (Le), 698
Paudo (Pianezzo, Cantone Ticino), 135
Paupisi (Bn), 742
Pavana (Sambuca Pistoiese, Pt), 497
Pavareto (Carro, Sp), 360
Pazzallo (Lugano, Cantone Ticino), 132
Pedaso (Fm), 565
Pederiva (Grancona, Vi), 257
Pedraces-Pedratches (Badia-Abtei, Bz), 215
Penna Alta (Terranuova Bracciolini, Ar), 509
Penne (Pe), 647
Perca-Percha (Bz), 221
Perego (Lc), 172
Pergine Valsugana (Tn), 206
Perno (Castell'Alfero, At), 67
Personico (Cantone Ticino), 137
Perugia, 532-534, 541
Pesariis (Prato Carnico, Ud), 332
Pesaro, 566
Pescara, 640, 648-650
Pescasseroli (Aq), 650
Peschici (Fg), 703

Peschiera del Garda (Vr), 275
Pescia (Pt), 487
Pessinate (Cantalupo Ligure, Al), 62
Petralia Soprana (Pa), 838
Petralia Sottana (Pa), 838
Petritoli (Fm), 566
Piacenza, 422, 423
Piadena (Cr), 172
Piagge (Ascoli Piceno), 549
Pian di San Bartolo (Fiesole, Fi), 459
Piana Crixia (Sv), 377
Piana degli Albanesi (Pa), 839
Piana del Salto (Calosso, At), 61
Piandimeleto (Pu), 567
Pianella (Pe), 640
Pianetto (Galeata, Fc), 405
Pianezzo (Cantone Ticino), 135
Pianiga (Ve), 275
Piano di Conca (Massarosa, Lu), 482
Pianoconte (Lipari, Me), 819
Pianoro (Bo), 424
Pianosinatico (Cutigliano, Pt), 458
Piavola (Mercato Saraceno, Fc), 419
Picciano (Pe), 651
Picinisco (Fr), 606
Piedicastello (Trento), 210
Pienza (Si), 488
Pietra Ligure (Sv), 364
Pietrasanta (Lu), 488
Pieve d'Alpago (Bl), 276
Pieve Fosciana (Lu), 489
Pievesestina (Cesena), 417
Piglio (Fr), 607
Pigna (Im), 379
Pilastro (Langhirano, Pr), 408
Pinarella (Cervia, Ra), 396, 417
Pineto (Te), 651
Pinzano al Tagliamento (Pn), 330
Piombino (Li), 489
Pisa, 490
Pisciotta (Sa), 742, 743
Pistoia, 491, 492
Pitigliano (Gr), 492
Pizzo (Vv), 789, 790
Planca di Sotto-Unterplanken (Valle di Casies-Gsies, Bz), 232

INDICE DELLE LOCALITÀ | **919**

Plars di Sopra-Oberplars (Lagundo-Algund, Bz), 218
Podenzana (Ms), 379
Poggiardo (Le), 698
Poggio Mirteto (Ri), 607, 608
Poggio Moiano (Ri), 608
Poggio Picenze (Aq), 652
Poia (Comano Terme, Tn), 199
Policastro Bussentino (Santa Marina, Sa), 747
Polistena (Rc), 790
Polizzi Generosa (Pa), 839
Polverara (Pd), 276
Polverina (Camerino, Mc), 553
Pomponesco (Mn), 173
Pontassieve (Fi), 493
Pontboset (Ao), 39
Ponte Abbadesse (Cesena), 416
Ponte dell'Olio (Pc), 424
Ponte di Nava (Ormea, Cn), 96
Ponte Pietra (Cesena), 417
Ponte sull'Oglio (Acquanegra sul Chiese, Mn), 141
Ponte Vico (Russi, Ra), 430
Ponteromito (Montemarano, Av), 727
Pontremoli (Ms), 493, 494
Ponza (Lt), 599
Porano (Tr), 535
Porchia (Montalto delle Marche, Ap), 562
Pordenone, 331
Porretta Terme (Bo), 425
Portacomaro (At), 98
Portalbera (Pv), 173
Porticello (Santa Flavia, Pa), 844
Porto Azzurro (Li), 473
Porto d'Ascoli (San Benedetto del Tronto, Ap), 570
Porto di Brenzone (Brenzone, Vr), 246
Porto Empedocle (Ag), 840
Porto Mantovano (Mn), 176
Porto Recanati (Mc), 567
Porto San Giorgio (Fm), 568, 579
Porto Tolle (Ro), 277
Porto Torres (Ss), 875
Portogruaro (Ve), 277
Portonovo (Ancona), 544, 545

Portopalo di Capo Passero (Sr), 840
Portovenere (Sp), 380
Potenza Picena (Mc), 568
Pozza di Fassa (Tn), 202
Pozzolengo (Bs), 177
Pozzuoli (Na), 743
Pradandons (Tarcento, Ud), 346
Prata d'Ansidonia (Aq), 652
Prata di Pordenone (Pn), 332
Prato, 494, 495
Prato Carnico (Ud), 332
Pratovecchio (Ar), 495
Praturlone (Fiume Veneto, Pn), 322
Predazzo (Tn), 207
Predonico-Perdonig (Appiano sulla strada del vino-Eppan an der Weinstrasse, Bz), 223
Preganziol (Tv), 278
Pregassona (Lugano, Cantone Ticino), 132
Prepotto (Duino Aurisina-Devin Nabrezina, Ts), 316
Priocca (Cn), 122
Priverno (Lt), 609
Prossedi (Lt), 610
Puglianello (Bn), 744
Pula (Ca), 876
Pulfero-Podbonesec (Ud), 333
Punta Penna (Vasto, Ch), 658
Putignano (Ba), 687, 699

Q

Quarto (Na), 756
Quartu Sant'Elena (Ca), 876
Quistello (Mn), 177

R

Rabbi (Tn), 203
Radda in Chianti (Si), 496
Ragusa, 841
Randazzo (Ct), 841
Rapallo (Ge), 380
Rastignano (Pianoro, Bo), 424
Rasun Anterselva-Rasen Antholz (Bz), 222
Rauscedo (San Giorgio della Richinvelda, Pn), 338

Ravascletto (Ud), 334
Ravenna, 419, 426
Recanati (Mc), 569
Recoaro Terme (Vi), 278
Refrontolo (Tv), 279
Reggio di Calabria, 791
Reggio nell'Emilia, 426
Remanzacco (Ud), 334
Rende (Cs), 791
Renon-Ritten (Bz), 222, 226
Rieti, 610, 611
Rignano sull'Arno (Fi), 496
Rimini, 420, 428
Rio Bianco-Weissenbach (Valle Aurina-Ahrntal, Bz), 231
Rio Moro (Colonnella, Te), 637
Rio Salso (Tavullia, Pu), 575
Riomaggiore (Sp), 381, 383
Ripalta Cremasca (Cr), 178
Ripatransone (Ap), 569
Riva del Garda (Tn), 207
Riva di Solto (Bg), 176
Rivalta (Gazzola, Pc), 405
Rivalta (Lesignano de' Bagni, Pr), 408
Rivello (Pz), 767
Rivergaro (Pc), 428
Rivisondoli (Aq), 653, 662
Rocca di Roffeno (Castel d'Aiano, Bo), 395
Rocca Grimalda (Al), 99
Rocca San Felice (Av), 744
Rocca San Giovanni (Ch), 653
Roccabruna (Cn), 99
Rocchetta Palafea (At), 100
Rocchetta Tanaro (At), 100, 123
Roletto (To), 101
Rolle (Cison di Valmarino, Tv), 252
Roma, 611-622, 630
Romagnano Sesia (No), 101
Romano d'Ezzelino (Vi), 265
Romeno (Tn), 208
Ronco all'Adige (Vr), 279
Roncoferraro (Mn), 178
Roncofreddo (Fc), 429
Rosano (Rignano sull'Arno, Fi), 496
Rosello (Ch), 654
Roseto degli Abruzzi (Te), 662

Rosignano Marittimo (Li), 497
Rosolina (Ro), 265, 280
Rosolini (Sr), 842
Rotonda (Pz), 767
Rotondella (Mt), 768
Rottofreno (Pc), 429
Rovato (Bs), 179
Roverbella (Mn), 179
Roveredo (Capriasca, Cantone Ticino), 129
Rovigo, 280
Ruata Valle (Stroppo, Cn), 110
Rubbiara (Nonantola, Mo), 414
Ruinello (Santa Maria della Versa, Pv), 182
Runo (Dumenza, Va), 156
Russi (Ra), 430
Ruvo del Monte (Pz), 768
Ruvo di Puglia (Ba), 699

S

Sacca (Goito, Mn), 175
Sagno (Breggia, Cantone Ticino), 128
Sagrado-Zagradec (Sgonico-Zgonik, Ts), 342
Saint-Pierre (Ao), 40, 41
Saint-Rhémy-en-Bosses (Ao), 41
Sala Baganza (Pr), 430
Salerno, 745
Salina (Leni, Me), 819
Salò (Bs), 180, 193
Salorino (Mendrisio, Cantone Ticino), 134
Salorno-Salurn (Bz), 226
Saltusio presso Merano-Saltaus bei Meran (San Leonardo in Passiria-Sankt Leonhard in Passeier, Bz), 229
Saluzzo (Cn), 102, 123
Sambuca Pistoiese (Pt), 497
Sambuco (San Piero Patti, Me), 843
Sambuco (Cn), 102
Sammichele di Bari (Ba), 688
Sampeyre (Cn), 103
San Bartolomeo (Chiusa di Pesio, Cn), 71
San Benedetto del Tronto (Ap), 570
San Biagio (Mondovì, Cn), 89

San Candido-Innichen (Bz), 227
San Carlo (Cesena), 417
San Casciano in Val di Pesa (Fi), 498
San Cataldo (Cl), 842
San Cesareo (Rm), 631
San Colombano (Scandicci, Fi), 505
San Colombano al Lambro (Mi), 180
San Damiano al Colle (Pv), 181
San Daniele del Friuli (Ud), 335-338
San Desiderio (Calliano, At), 60
San Donà di Piave (Ve), 281
San Donnino di Liguria (Casalgrande, Re), 394
San Dorligo della Valle-Dolina (Ts), 317
San Fele (Pz), 769
San Feliciano (Magione, Pg), 527
San Genesio Atesino-Jenesien (Bz), 227, 228
San Giacomo delle Segnate (Mn), 181
San Gimignano (Si), 499
San Giorgio (Arco, Tn), 196
San Giorgio a Cremano (Na), 734
San Giorgio al Tagliamento (San Michele al Tagliamento, Ve), 282
San Giorgio del Sannio (Bn), 745
San Giorgio della Richinvelda (Pn), 338
San Giorgio di Valpolicella (Sant'Ambrogio di Valpolicella, Vr), 283
San Giorgio in Bosco (Pd), 282
San Giovanni Bianco (Bg), 182
San Giovanni d'Antro-Svet Ivan u Celè (Pulfero-Podbonesec, Ud), 333
San Giovanni d'Asso (Si), 499
San Giovanni Rotondo (Fg), 700
San Giovanni Teatino (Ch), 639
San Giovanni Valdarno (Ar), 500
San Giuliano Terme (Pi), 500
San Giuseppe Jato (Pa), 843
San Leo (Rn), 431
San Leonardo (Ud), 339
San Leonardo in Passiria-Sankt Leonhard in Passeier (Bz), 228, 229
San Leone (Agrigento), 801
San Lorenzo (Suvereto, Li), 508
San Marcello Pistoiese (Pt), 501
San Marco dei Cavoti (Bn), 746

San Martino (Acquasanta Terme, Ap), 544
San Martino al Cimino (Viterbo), 627
San Martino d'Alpago (Chies d'Alpago, Bl), 251
San Martino in Passiria-Sankt Martin in Passeier (Bz), 229
San Marzano Oliveto (At), 103
San Massimo (Rapallo, Ge), 380
San Maurizio Canavese (To), 104
San Mauro Cilento (Sa), 746
San Mauro Mare (San Mauro Pascoli, Fc), 419
San Mauro Pascoli (Fc), 419
San Michele al Tagliamento (Ve), 282
San Michele del Carso-Vrh (Savogna d'Isonzo-Sovodnje ob Soci, Go), 341
San Michele di Serino (Av), 747
San Miniato (Pi), 502
San Miniato Basso-Catena (San Miniato, Pi), 502
San Nicandro Garganico (Fg), 700
San Piero a Sieve (Fi), 503
San Piero in Bagno (Bagno di Romagna, Fc), 387
San Piero Patti (Me), 843
San Pietro (Portalbera, Pv), 173
San Pietro (Isola del Gran Sasso d'Italia, Te), 642
San Pietro (Stabio, Cantone Ticino), 137
San Pietro al Natisone-Špietar Slovenov (Ud), 339
San Pietro di Feletto (Tv), 266
San Pietro in Casale (Bo), 431
San Prospero (Mo), 432
San Quirino (Pn), 340
San Regolo (Gaiole in Chianti, Si), 469
San Salvatore di Fitalia (Me), 844
San Salvatore Monferrato (Al), 104
San Salvo (Ch), 654, 655, 663
San Salvo Marina (San Salvo, Ch), 654
San Sebastiano Curone (Al), 105
San Secondo (Città di Castello, Pg), 523
San Severino Lucano (Pz), 769
San Severo (Fg), 701
San Siro (Seren del Grappa, Bl), 286
San Vito (Calamandrana, At), 59

San Vito (Vico Equense, Na), 754
San Vito Chietino (Ch), 656, 663
San Vito dei Normanni (Br), 701
San Vito Lo Capo (Tp), 846
San Vittore (Cesena), 397
San Vittorino (Caramanico Terme, Pe), 635
San Zeno di Montagna (Vr), 310
Sandrigo (Vi), 281
Sanremo (Im), 364
Sansepolcro (Ar), 503
Sant'Agata sui Due Golfi (Massa Lubrense, Na), 724
Sant'Ambrogio di Valpolicella (Vr), 283
Sant'Anastasia (Na), 748
Sant'Andrea (Campodarsego, Pd), 246
Sant'Angelo a Lecore (Signa, Fi), 507
Sant'Angelo in Pontano (Mc), 571
Sant'Anna (Mascali, Ct), 823
Sant'Anna Morosina (San Giorgio in Bosco, Pd), 282
Sant'Antioco (Ci), 884
Sant'Antonino di Susa (To), 105
Sant'Apollinare (San Vito Chietino, Ch), 656
Sant'Egidio (Cesena), 418
Sant'Elia (Cirò, Kr), 779
Sant'Omero (Te), 655
Santa Cristina (Gubbio, Pg), 526
Santa Flavia (Pa), 844, 845
Santa Gertrude-Sankt Gertraud (Ultimo-Ulten, Bz), 231
Santa Giulia (Porto Tolle, Ro), 277
Santa Lucia ai Monti (Valeggio sul Mincio, Vr), 294
Santa Maria (La Morra, Cn), 84
Santa Maria Annunziata (Massa Lubrense, Na), 723
Santa Maria della Versa (Pv), 182
Santa Marina (Sa), 747
Santa Marina Salina (Me), 818
Santa Sofia (Fc), 433
Santarcangelo di Romagna (Rn), 432
Santeramo in Colle (Ba), 688
Santo Stefano (Valdobbiadene, Tv), 293
Santo Stefano in Aspromonte (Rc), 792
Santo Stefano Lodigiano (Lo), 183

Santo Stefano Quisquina (Ag), 845
Santu Lussurgiu (Or), 877
Saonara (Pd), 283
Saracena (Cs), 796
Sarcedo (Vi), 284
Sarno (Sa), 748
Sarone (Caneva, Pn), 315
Sarteano (Si), 504
Sarturano (Agazzano, Pc), 387
Sarzana (Sp), 367, 381
Sassari, 878
Sasso (Nogaredo, Tn), 205
Sauris (Ud), 340, 341
Sauris di Sotto (Sauris, Ud), 340
Savignano di Rigo (Sogliano al Rubicone, Fc), 435
Savignano sul Rubicone (Fc), 418, 434
Savigno (Bo), 440
Savogna d'Isonzo-Sovodnje ob Soci (Go), 341
Savona, 365
Scafati (Sa), 749
Scaldaferri (Francavilla in Sinni, Pz), 763
Scalea (Cs), 792
Scaltenigo (Mirano, Ve), 268, 269
Scampitella (Av), 749, 750
Scandiano (Re), 434
Scandicci (Fi), 504, 505
Scandolara (Zero Branco, Tv), 307
Scandolara Ripa d'Oglio (Cr), 183
Scansano (Gr), 515
Scena-Schenna (Bz), 224
Scheggino (Pg), 535
Schiavi di Abruzzo (Ch), 656
Schifanoia-Moricone (Narni, Tr), 529
Schio (Vi), 284
Schizzola (Borgo Priolo, Pv), 145
Sciacca (Ag), 855
Scicli (Rg), 847
Sedico (Bl), 285
Sedilo (Or), 879
Segnacco (Tarcento, Ud), 345
Sellia Marina (Cz), 793
Selva de' Colli (Mosciano Sant'Angelo, Te), 644
Selva di Progno (Vr), 285
Selvapiana (Fabbrica Curone, Al), 79

Semione (Serravalle, Cantone Ticino), 135
Semproniano (Gr), 505
Senales-Schnals (Bz), 230
Senigallia (An), 571, 572
Sennariolo (Or), 879
Sennori (Ss), 880
Seren del Grappa (Bl), 286
Serle (Bs), 184
Sernaglia della Battaglia (Tv), 286
Serra de' Conti (An), 573
Serralunga d'Alba (Cn), 106
Serralunga di Crea (Al), 107
Serrapetrona (Mc), 573
Serrastretta (Cz), 793
Serravalle (Vittorio Veneto, Tv), 306
Serravalle (Cantone Ticino), 135
Serravalle Langhe (Cn), 107
Serro (Villafranca Tirrena, Me), 852
Serrungarina (Pu), 574
Sersale (Cz), 794
Sessame (At), 108
Sesto-Sexten (Bz), 230
Settimo Vittone (To), 108
Sevegliano (Bagnaria Arsa, Ud), 314
Sezze (Lt), 622
Sgonico-Zgonik (Ts), 342
Siddi (Md), 885
Siderno (Rc), 794, 795
Siderno Superiore (Siderno, Rc), 795
Siena, 506, 515
Signa (Fi), 507
Signato-Signat (Renon-Ritten, Bz), 225, 226
Sinagra (Me), 847
Siracusa, 848, 855
Sirolo (An), 574
Sissa (Pr), 435
Sizzano (No), 109
Slivia-Slivno (Duino Aurisina-Devin Nabrezina, Ts), 320
Smarano (Tn), 208
Soave (Porto Mantovano, Mn), 176
Soave (Vr), 266
Sogliano al Rubicone (Fc), 418, 435
Solagna (Vi), 287
Solara (Bomporto, Mo), 391

Solero (Al), 109
Solicchiata (Castiglione di Sicilia, Ct), 810
Soliera (Mo), 436
Somma Vesuviana (Na), 750, 751
Sommacampagna (Vr), 287
Soraga (Tn), 209
Soragna (Pr), 441
Sori (Ge), 382
Sorico (Co), 176
Sorni (Lavis, Tn), 201
Sospirolo (Bl), 288
Sottomarina (Chioggia, Ve), 251, 266
Soveria Mannelli (Cz), 796
Sozzigalli (Soliera, Mo), 436
Spello (Pg), 536
Sperlonga (Lt), 623
Speziale (Fasano, Br), 689
Spezzano della Sila (Cs), 797
Spilamberto (Mo), 436
Spilimbergo (Pn), 342, 343
Spoltore (Pe), 657
Spormaggiore (Tn), 203
Squarzolo (San Salvatore Monferrato, Al), 104
Stabio (Cantone Ticino), 137
Staffolo (An), 575
Stagno Lombardo (Cr), 184, 185
Stra (Ve), 288
Strada in Chianti (Greve in Chianti, Fi), 471
Stradella (Bigarello, Mn), 145
Stregna-Srednje (Ud), 343
Stroncone (Tr), 536
Stroppo (Cn), 110
Sulmona (Aq), 657
Sulzano (Bs), 185
Susegana (Tv), 289
Sutrio (Ud), 344
Suvereto (Li), 507, 508
Suzzara (Mn), 186

T

Tacconotti (Frascaro, Al), 80
Talasai (Sedilo, Or), 879
Taormina (Me), 849
Taranto, 702

Tarcento (Ud), 345, 346
Tarzo (Tv), 289, 290
Tavarnelle Val di Pesa (Fi), 508
Taverna (Campodimele, Lt), 587
Tavon (Coredo, Tn), 199
Tavullia (Pu), 575, 576
Telese Terme (Bn), 756
Tempio Pausania (Ot), 880
Teolo (Pd), 290
Teramo, 658
Terlano-Terlan (Bz), 224
Termoli (Cb), 670
Terni, 537, 538
Terracina (Lt), 623-625
Terralba (Or), 881
Terranova di Pollino (Pz), 770
Terranuova Bracciolini (Ar), 509
Tessano (Dipignano, Cs), 784
Teti (Nu), 882
Tignale (Bs), 186
Timau-Tischlbong (Paluzza, Ud), 329
Todi (Pg), 538
Tombolo (Pd), 291
Tonadico (Tn), 203, 209
Tonara (Nu), 882
Torbe (Negrar, Vr), 272
Torbiato (Adro, Bs), 142
Torgiano (Pg), 539
Torgnon (Ao), 40
Torino, 111-117
Torre del Greco (Na), 751
Torre del Moro (Cesena), 416
Torre Orsaia (Sa), 752
Torreglia (Pd), 291
Torrette (Ancona), 548
Torrita di Siena (Si), 510
Tortolì (Og), 883
Tortona (Al), 117
Toscolano-Maderno (Bs), 187
Tramonti (Sa), 752
Trapani, 849-851
Traversella (To), 118
Traversetolo (Pr), 437
Trecasali (Pr), 437
Treiso (Cn), 118
Trentinara (Sa), 753
Trento, 210

Trequanda (Si), 510
Trescore Cremasco (Cr), 193
Trevenzuolo (Vr), 292
Trevi (Pg), 539
Trevignano Romano (Rm), 625
Treville (Castelfranco Veneto, Tv), 249
Treviso, 266, 292
Treviso Bresciano (Bs), 187
Trieste, 317, 347-349, 355
Trinità (Vernasca, Pc), 438
Trofarello (To), 124
Tropea (Vv), 795
Truccazzano (Mi), 188
Tusa (Me), 852

U

Udine, 350-354
Ulassai (Og), 883
Ultimo-Ulten (Bz), 231
Umbertide (Pg), 540
Urbino, 576, 577
Ustica (Pa), 817

V

Vago (Lavagno, Vr), 259
Vairano Patenora (Ce), 757
Val Canali (Tonadico, Tn), 209
Val Resa (Brione sopra Minusio, Cantone Ticino), 129
Valas (San Genesio Atesino-Jenesien, Bz), 227
Valdagno (Vi), 293
Valdobbiadene (Tv), 293
Valdurasca (Follo, Sp), 378
Valeggio sul Mincio (Vr), 294
Valgatara (Marano di Valpolicella, Vr), 262
Valiano (Montepulciano, Si), 484
Valle Asinari (San Marzano Oliveto, At), 103
Valle Aurina-Ahrntal (Bz), 231
Valle dell'Angelo (Sa), 753
Valle di Casies-Gsies (Bz), 232
Valle San Giovanni (Calamandrana, At), 60
Valle Sauglio (Trofarello, To), 124
Vallefoglia (Pu), 577

Vallesaccarda (Av), 757
Vallona (Castelnovo Bariano, Ro), 249
Vallone di Sant'Anna (Sampeyre, Cn), 103
Valmorel (Limana, Bl), 260, 309
Valrovina (Bassano del Grappa, Vi), 242
Valtina-Walten (San Leonardo in Passiria-Sankt Leonhard in Passeier, Bz), 228
Varese Ligure (Sp), 382
Varignano (Arco, Tn), 196
Varna-Vahrn (Bz), 225
Varzi (Pv), 188
Vas (Bl), 295
Vasto (Ch), 658, 659
Velloi-Vellau (Lagundo-Algund, Bz), 217
Velo d'Astico (Vi), 295
Venarotta (Ap), 552
Venezia, 264, 267, 296-301, 311
Ventotene (Lt), 629
Vercelli, 119
Verduno (Cn), 119, 124
Verghereto (Fc), 438
Vernante (Cn), 125
Vernasca (Pc), 438
Verona, 267, 302-305
Verrayes (Ao), 42
Verrès (Ao), 42
Versa (Montecalvo Versiggia, Pv), 192
Verzegnis (Ud), 354
Vetan (Saint-Pierre, Ao), 41
Vezza d'Alba (Cn), 120
Vho (Piadena, Cr), 172
Viadana (Mn), 189
Viareggio (Lu), 511
Viarolo (Trecasali, Pr), 437
Vicchio (Fi), 511
Viceno (Crodo, Vb), 75
Vico (Treviso Bresciano, Bs), 187
Vico del Gargano (Fg), 702
Vico Equense (Na), 754
Vignale Monferrato (Al), 120
Vignanello (Vt), 626
Vignola (Mo), 439
Vila di Sopra-Oberwielenbach (Perca-Percha, Bz), 221
Villa (Verzegnis, Ud), 354
Villa (Cavaion Veronese, Vr), 250
Villa Bartolomea (Vr), 305
Villa Castelli (Br), 688
Villa Celiera (Pe), 640, 659
Villa Raspa (Spoltore, Pe), 657
Villa Superiore (Monteu Roero, Cn), 90
Villadose (Ro), 306
Villafranca Tirrena (Me), 852
Villandro-Villanders (Bz), 225
Villanova Mondovì (Cn), 121
Villasalto (Ca), 886
Villotta di Visinale (Pasiano di Pordenone, Pn), 330
Vione (Bs), 189
Vipiteno-Sterzing (Bz), 232
Viterbo, 626-628
Vittorio Veneto (Tv), 306
Vivo d'Orcia (Castiglione d'Orcia, Si), 454
Volpago del Montello (Tv), 307
Voltaggio (Al), 121
Volterra (Pi), 512
Volto (Rosolina, Ro), 280
Vomero (Napoli), 734

Z

Zero Branco (Tv), 307
Ziano di Fiemme (Tn), 203
Zocca (Mo), 439
Zomeais (Tarcento, Ud), 345

osterie d'Italia
guida 2015

SUSSIDIARIO DEL MANGIARBERE ALL'ITALIANA

Se vuoi collaborare alla prossima edizione compila il modulo e spediscilo a:

Slow Food Editore
Redazione di Osterie d'Italia
via della Mendicità Istruita, 45 – 12042 Bra (Cn)

oppure invia una e-mail a: ost.info@slowfood.it

Tra i locali segnalati in **Osterie d'Italia 2015** ho visitato

nome del locale: _____

indirizzo: _____

Il mio giudizio è complessivamente:

❏ positivo ❏ negativo motivazione _____

_____

_____

Desidero segnalare un locale meritevole

di far parte di **Osterie d'Italia 2016**

nome del locale _____

indirizzo _____

tel. _____

motivazione _____

_____

_____

Il segnalatore _____

Indirizzo _____

Città _____

DAI UN'ALTRA OPPORTUNITÀ A QUESTA GUIDA.
CON LA RACCOLTA DIFFERENZIATA
LA CARTA SI RICICLA E RINASCE. GARANTISCE COMIECO.

comieco
Consorzio Nazionale Recupero e Riciclo
degli Imballaggi a base Cellulosica